dtv

»Europa, unser gemeinsames Haus« – diese inzwischen sprichwörtlich gewordene Formulierung Michail Gorbatschows verweist auf eine Vision, die auch diesem Buch als Leitidee zugrunde liegt. Selbst wenn »Europa« als geographischer Begriff seit mindestens 2600 Jahren existiert, hat Herodots Diktum nach wie vor seine Gültigkeit: »Von Europa weiß offenbar niemand Genaues.« Die Umrisse dieses Kontinents – geographisch nur die größte Halbinsel der riesigen asiatischen Landmasse – scheinen willkürlich festgesetzt, die Gründe für die Zugehörigkeit von Völkern und Staaten zu Europa nur schwer nachvollziehbar. In diesem Buch soll der Unkenntnis über den politischen, kulturellen und geographischen Begriff »Europa« aus Sicht der Kulturwissenschaft kompetent abgeholfen werden. Die Autoren können keine endgültigen Antworten auf die Frage »Was ist Europa?« geben, doch sie spüren dem nach, was dieses Konglomerat aus Nationen und Kulturen neben allen Unterschieden verbindet: der Idee vom christlichen Abendland, politischen und sozialen Strukturen wie Monarchie und Demokratie und deren moralischen und rechtlichen Grundlagen, der Geschichte der Kunst und der Gebrauchsgegenstände sowie zahlreichen weiteren Einzelaspekten.
›Das gemeinsame Haus Europa‹ erkundet, was diese »Alte Welt« im Kern zusammenhält und das Haus mit Leben füllt.

Die Herausgeber:

Prof. Dr. Wulf Köpke, Studium der Ethnologie, Musikethnologie, Altamerikanistik und Südosteuropäischer Geschichte in Berlin. 1985 bis 1992 Leiter der Europa-Abteilung am Museum für Völkerkunde Berlin. Seit 1992 Direktor des Museums für Völkerkunde Hamburg. Ethnologische Feldforschungen in Italien, Portugal, Spanien, Türkei und Indien.
Dr. Bernd Schmelz, Studium der Ethnologie, Altamerikanistik, Psychologie, Vor- und Frühgeschichte und Politischen Wissenschaften in Bonn und Marburg. Seit 1995 Leiter der Europa-Abteilung am Museum für Völkerkunde Hamburg. Ethnologische Feldforschungen in Deutschland, Spanien, Polen und Lateinamerika.

DAS GEMEINSAME HAUS EUROPA

Handbuch zur europäischen Kulturgeschichte

Herausgegeben von
Wulf Köpke und Bernd Schmelz
Museum für Völkerkunde
Hamburg

Deutscher Taschenbuch Verlag

Ergänzend zum vorliegenden Handbuch erscheint die umfangreiche Bibliographie ›Das gemeinsame Haus – Fundgrube Europa. Bibliographie zur europäischen Kulturgeschichte‹ im Holos Verlag, Bonn. Dort finden Sie zu allen hier behandelten Themen ausführliche Literaturhinweise.

Ein Projekt der Edition diá, Berlin

Originalausgabe
Juni 1999

Redaktion: Daniel Bein, Wulf Köpke, Gudrun Müller, Caroline Schemmel, Bernd Schmelz, Hamburg
Lektorat: Kai Precht, Max Christian Graeff, Helmut Lotz, Berlin
Umschlagkonzept: Balk & Brumshagen
Umschlaggestaltung: Peter Schmidt Studios, Hamburg
Umschlagfoto: *Globus aus Schweden,* circa 1930 (Brigitte Saal, Hamburg)
Gesetzt aus der Sabon 10/13˙
Gestaltung und Satz: Rainer Zenz, Berlin
Druck und Bindung: C. H. Beck'sche Buchdruckerei, Nördlingen
Lithographie: Repro Peter Decker, Berlin
Gedruckt auf säurefreiem, chlorfrei gebleichtem Papier
Printed in Germany · ISBN 3-423-30722-6

Die ZEIT-Stiftung Ebelin und Gerd Bucerius hat die Konzeption und den Aufbau der Ausstellung »Das gemeinsame Haus Europa« ermöglicht und die Publikation des Handbuchs gefördert. Das Museum für Völkerkunde Hamburg dankt der ZEIT-Stiftung für die maßgebliche Unterstützung.

Inhalt

Einführung

Bild, Geschichte, Anspruch

Geographie

Geschichte und Gegenwart, Staaten und Ethnien

Struktur und Beziehung

Politische Strukturen

Soziale und wirtschaftliche Strukturen

Familiensysteme und die Beziehungen zwischen den Geschlechtern

Moral und Recht, Konflikt und Lösung

Judikative und Exekutive

Krieg und Frieden

Weltanschauung und Weltdeutung

Die Welt in der Vorstellung

Glaubensvorstellungen

Arbeit

Auf dem Lande, in der Stadt

In der Industriegesellschaft

Körper

Ernährung

Leben, Krankheit, Tod und Sterben

Sprache, Ausdruck und Kommunikation

Sprache und Schrift

Musik und Tanz

Kunst

Theater

Kleidung und Schmuck

Spiele und Sport

Kommunikation und Medien

Einführung

Vorwort

Die Sache erscheint zunächst verwunderlich: eine Europa-Abteilung inklusive Handbuch beim Museum für Völkerkunde? Europa – das kennen wir doch schon alles! Bei genauerem Hinsehen aber erschließt sich sehr schnell der Sinn dieses Vorhabens. 1999 bricht offiziell das Euro-Zeitalter an. Weitere Realisierungen lange vorbereiteter Integrationsmaßnahmen stehen ins Haus. Da ist es wichtig, einen Ausspruch Goethes im Gedächtnis präsent zu haben, nach dem Europa »Zusammenklang«, nicht »Gleichklang« sei. Und es stimmt ja: Wer die ganze Vielfalt unseres alten Kontinents als »Symphonie«, als Zusammenspiel begreifen und erfahren will, der wird eben diese Vielfalt erst einmal annehmen, verstehen und befördern müssen. Exakt diesen Versuch unternimmt das Museum für Völkerkunde mit diesem Projekt und insbesondere mit dem vorliegenden Handbuch. Europäische Vielfalt wird nicht nur in Klima, Geographie oder natürlicher Umwelt sichtbar. Sie äußert sich auch nicht primär in manchem Bruch, mancher Zerrissenheit in unserer Geschichte. In erster Linie ist sie kulturell definiert. Und dieser Pluralität der materiellen, geistigen und gesellschaftlichen Kultur sowie den Chancen auf gegenseitige Befruchtung und auf einen gleichberechtigten, kreativen Zusammenklang ist der großartige Entwurf dieses Projektes gewidmet. Dafür sei Herrn Köpke, seinen Mitarbeitern und den Autoren aufrichtig gedankt.

Europa ist immer multikulturell gewesen. Wenn diese uralte Tatsache doch der eine oder andere engstirnige Politiker stets aufs neue begriffe! Wenn der eine oder der andere Besucher sie spürte, der jenseits der eigenen Grenzen Sonne, Wein und Amusement »wie zu Hause« sucht! Dann würde das Projekt sein Ziel erreichen. Dem Handbuch wünsche ich deshalb viele aufmerksame Leser und der Ausstellung sowie der Europa-Abteilung viele positiv neugierige Besucher! Genau gesehen beginnt das Abenteuer der Entdeckung gleich hinter der nächsten Straßenecke. Und Europa hat sehr, sehr viele davon.

Prof. Manfred Lahnstein, Vorsitzender des Kuratoriums ZEIT-Stiftung Ebelin und Gerd Bucerius

Was ist Europa, wer Europäer?

Wulf Köpke

»Von Europa weiß offenbar niemand Genaues.« (Herodot)[1]

»Der Glaube, unter Wörtern wie ›Europa‹ und ›europäisch‹ verstehe man überall etwa das gleiche oder doch sehr Ähnliches, erweist sich als trügerisch; jede Nation stellt sich offenbar unter Europa etwas vor, was ihr selbst und ihrer Vorstellung von sich entspricht.« (Karl Schmid)[2]

»*Grattez le russe et vous trouverez le tatare.*« (»Kratzt den Russen und der Tatare kommt zum Vorschein.« Joseph Marie Comte de Maistre)

Europa ist der einzige unter den Kontinenten, der nicht von außen, sondern von seinen Bewohnern selbst definiert wurde. Einer bekannten Formulierung des Franzosen Paul Valéry von 1924 zufolge ist er eigentlich nur ein »Wurmfortsatz« Asiens, die größte Halbinsel der riesigen asiatischen Landmasse. Die in aktuellen Nachschlagewerken in der Regel lediglich etwas verschämt als »herkömmlich« oder »konventionell definiert« bezeichnete geographische Abgrenzung Europas umschließt den Raum zwischen Nordpolarmeer im Norden, Mittelmeer im Süden sowie dem Atlantik im Westen. Nur im Osten verläuft die Grenze im wesentlichen auf dem Lande. Der französische Geograph Jean Gottmann meint 1954, sie »folgt traditionsgemäß [...] dem Kamm der Gebirgskette des Ural [...] südwärts, dann dem Lauf des Uralflusses, der ins Kaspische Meer mündet. Die Grenze überquert das Kaspische Meer nach Süden und schwenkt westwärts zum Schwarzen Meer, entlang dem Kamm des Kaukasus«[3]. Die Umrisse dieses Kontinents erscheinen willkürlich gewählt, die Gründe für die Festlegung der Grenzen und besonders deren Verlauf scheinen heute nicht mehr nachvollziehbar.

Von Europa weiß offenbar niemand Genaues

Einig sind sich alle Autoren, daß der geographischen Festlegung ein kulturhistorisch herzuleitender, einheitlicher Europa-Begriff zugrunde liegt. Die Geister scheiden sich jedoch sofort und vehement, wenn es zu erklären gilt, welche gemeinsamen kulturellen Elemente denn die Anwendung eines gemeinsamen Oberbegriffs »Europa« auf eine Reihe von Staaten und Völker rechtfertigen und damit, implizit, andere ausschließen. Die Meinungen gehen so weit auseinander, daß Europa von einigen als eine bloße Fiktion angesehen wird, als eine Art Club, dessen Gründungszweck – wenn überhaupt präsent – der ist, dem Rest der Welt gegenüber einen Anspruch auf Exklusivität zu begründen. Vielfach wird bezweifelt, daß es überhaupt einen gemeinsamen Nenner für die Staaten gebe, die innerhalb des genannten, herkömmlich als Europa definierten Raumes liegen. Besonders heftig umstritten ist, ob die Türkei dazu gehört. Auch die Zugehörigkeit der russischen Länder Ukraine, Weißrußland und (Groß)-Rußland erscheint, trotz engen Kontakts mit Westeuropa über viele Jahrhunderte, nicht wenigen Beobachtern noch immer ungeklärt.

Hier sei beispielhaft Michael Stolleis zitiert, ein aktueller Autor; eher zufällig ist es ein Deutscher: »Historisch gehört die Türkei nicht zu Europa [...] Europa [hat] gerade durch die Abwehr der Türken seine Identität gefunden. Aber dieses historische Argument ist schwach. Die Bedrohung durch die Türken liegt Jahrhunderte zurück; ein Perspektivenwechsel wäre also [...] möglich. Aber die Differenzen lassen sich nicht wegreden: Von der tiefen Grundierung der Gesellschaft durch den Islam ganz abgesehen – europäisch geprägt und orientiert ist im wesentlichen die Oberschicht der westlichen Landesteile [...]« Und weiter zu Rußland: »Tiefgehende geistige Verbindungen hat es zwischen Europa und Rußland im Spätmittelalter und der frühen Neuzeit nicht wirklich gegeben [...] Selbst im 19. Jahrhundert ist ein bis zu den Fundamenten reichender Anschluß an das westeuropäische Denken nicht vollzogen worden.«[4]

Ebenfalls nicht zweifelsfrei ist die Zugehörigkeit Englands. Die Zweifler sind in diesem Fall jedoch weniger die übrigen Europäer als vielmehr die Engländer selbst. Noch 1946 klammerte Churchill sein Land aus dem europäischen Zusammenhang explizit aus: »Frankreich und Deutschland müssen (bei der Schaffung der Vereinigten Staaten von Europa) die Führung übernehmen. Die britische Völkerfamilie, [...] Amerika und [...] Rußland müssen die Freunde und Förderer dieses neuen Europa sein«.[5] Etwas verstummt sind in den letzten Jahrzehnten die Stimmen, die Amerika, zumindest seinen Norden, auch zu Europa rechnen möchten, analog zum russifizierten Sibirien im Osten.

Der Begriff »Europa« heute

Welche Faktoren gegenwärtig als konstituierend für die Zugehörigkeit zu Europa angesehen werden, ist stark von aktuellen politischen Überlegungen und von der parteipolitischen Couleur des jeweiligen Autors abhängig, weniger von historisch belegbaren Fakten. Einen Konsens scheint es nicht zu geben.

So dürfte die Annahme, Europa verdanke sich einer dominierenden christlichen Basis, derzeit auf eine konservative Einstellung deuten. Die uneingeschränkte Zurechnung der Türkei zu Europa weist auf eine eher ahistorisch-pragmatische Gesinnung hin, die sich an den Notwendigkeiten der Gegenwart orientiert. Als fortschrittlich, jedoch dabei historisch denkend, dürfte sich wohl der bezeichnen, der heute eine aufgeklärte liberale Gesinnung, das Prinzip der Demokratie und die Wahrung der Menschenrechte als elementar »europäisch« ansieht.

Die Begriffsverwirrung wird noch dadurch gesteigert, daß die heutige Europäische Union bereits seit ihrer Gründung als EWG den Begriff »Europa« exklusiv für sich mit Beschlag belegt hat. So kommt es zu absurd anmutenden Verlautbarungen wie »Bald gehört Polen zu Europa« – kränkend für Staaten, die sich seit tausend Jahren als Grundpfeiler europäischer Kultur ansehen. Oder umgekehrt: »Albanien (oder Serbien, Bulgarien ...) ist noch nicht reif für Europa« – eine irritierende Einschätzung gegenüber Völkern, die sich über Jahrhunderte als Schutzschild Europas gegen die »türkische Bedrohung« sahen. Dennoch ist diese usurpatorisch wirkende Aneignung des Namens Europa durch die EU im historischen Zusammenhang nicht völlig aus der Luft gegriffen und zumindest erklärbar – auch wenn sie politisch gesehen nicht immer geschickt sein mag.

Der »Anfang« Europas

Als geographischer Begriff existiert Europa seit mindestens 2600 Jahren. Das Wort stammt wahrscheinlich vom assyrischen *ereb* für dunkel, Sonnenuntergang. Für die alten Griechen bezeichnete es das Festland im Westen von (Klein)Asien (Asien, wohl vom assyrischen *assu*, Sonnenaufgang). In der Antike scheint der Begriff »Europa« im strikt geographischen Sinn als eine der gängigen Schiffahrtsrichtungen wie »Asia« oder »Libya« verwendet worden zu sein. Im 8. Jahrhundert läßt er sich erstmals für den westlichen Teil des Gebietes belegen, das wir heute als den europäischen Kontinent bezeichnen. Um 800, zur Zeit Karls des Großen, war Europa eine andere Bezeichnung für die vom römischen Papst angeführte lateinische Christenheit, die *christianitas*.

Die östliche Grenze dieses ersten Europa verlief von Norden nach Süden entlang der Flüsse Elbe, Saale und Leitha. Weiter folgte sie in etwa der ehemaligen Trennlinie zwischen den früheren Provinzen Noricum und Pannonia (auf den heutigen Gebieten von Ungarn und Rumänien) bis zur Adria. Im Süden führte die überall gegenwärtige arabisch-islamische Bedrohung dazu, daß das Mittelmeer, in antiker Zeit noch ein völkerverbindendes Binnenmeer, nun als Grenze angesehen wurde (mit Ausnahme der fast ganz islamisch besetzten Iberischen Halbinsel). Das innerhalb dieses Europa gelegene Reich Karls des Großen knüpfte direkt an römische Traditionen an und nannte sich daher auch »Imperium«. Dennoch war es keine bloße Fortsetzung des antiken Römischen Reiches.

Die gesellschaftlichen Strukturen der lateinischen Christenheit waren aus einer Vermischung von germanischen und christlichen Elementen mit spätantiken römischen und auch griechischen Traditionen entstanden. Grundlage dieser frühen christlichen Gesellschaft war eine feudale Organisation. Sie führte zur Bildung zahlreicher kleiner Herrschaftsterritorien und nicht, wie im Kaiserreich von Byzanz oder im islamischen Herrschaftsgebiet, zur Entstehung eines mächtigen Zentralstaates mit Millionenmetropolen. Im westlichen Europa entstanden zahlreiche vergleichsweise kleine freie Städte, zwischen denen ein reger Handelsaustausch stattfand. Neu entwickelte Agrartechniken erwiesen sich als erfolgreich und ermöglichten eine rasante Bevölkerungsentwicklung. Früh bildeten sich im Westen, angeregt durch die Zwei-Reiche-Lehre des Heiligen Augustinus, die geistigen Grundlagen für eine Trennung von Kirche und Staat – undenkbar für die orthodoxe Staatskirche von Byzanz oder für den Islam.

Rückschauend scheint es, als sei Westeuropa bereits in der damaligen Zeit in einer ständigen raschen Veränderung und Neuentwicklung seiner Strukturen begriffen gewesen. Und sehr früh war etwas durchaus Neues, Eigenständiges entstanden. Es unterschied sich von den Strukturen, die sich in den Gebieten der beiden anderen Erben des Römischen Reiches, Byzanz und dem arabisch-islamischen Kalifenreich, herausgebildet hatten. Um dieses Neue benennen und den Gegensatz zu den beiden »Miterben« und Konkurrenten markieren zu können, deuteten die lateinischen Christen die antiken Begriffe »Europa« und »Europäer« neu.

Die Entwicklung der Ostgrenze Westeuropas

Der oben skizzierte Verlauf der karolingischen Ostgrenze bestand nur relativ kurze Zeit. Dennoch bildete sie nach 1500 die westliche Grenzlinie der großen adligen Gutswirtschaften mit ihren leibeigenen Bauern, wie sie von Rußland bis nach Ostelbien bestanden, und behielt in vieler Hinsicht bis in die Moderne eine prägende Kraft als eine Art Kulturgrenze. So folgte noch 1130 Jahre nach dem Tode Karls des Großen der von Stalin, Churchill und Roosevelt vereinbarte Verlauf des »Eisernen Vorhangs« mit verblüffender Genauigkeit dem Verlauf der karolingischen Ostgrenze (mit einer Abweichung in Thüringen). So ist es auch nicht erstaunlich, daß die Ur-EWG dem Kern des Europa der Karolingerzeit entspricht und ihre Erweiterungen sich bisher weitgehend im Bereich der mittelalterlichen lateinisch-europäischen *christianitas* vollzogen. Die einzige wesentliche Ausnahme von dieser Regel ist Griechenland. Möglicherweise manifestiert sich hier eher bildungsbürgerliche Sentimentalität, zählte doch die altgriechische Kultur, vermittelt durch Rom, zu den Grundpfeilern abendländischer Kultur und europäischer Einheit – spätestens seit der berühmten Definition von Paul Valéry aus dem Jahre 1924: *»Toute race et toute terre qui a été successivement romanisée, christianisée et soumise, quant à l'esprit, à la discipline de Grecs, est absolutement européenne.«* (»Jede Rasse und jedes Land, das nacheinander romanisiert und christianisiert und der geistigen Strenge der Griechen unterworfen wurde, ist vollkommen europäisch.«)[6]

Um 1000 nach Christi Geburt wurden Polen, Böhmen und Ungarn für das lateinische Christentum gewonnen. Hinzu kamen wenig später noch die Gebiete, die der Deutsche Ritterorden eroberte. Die frühere Ostgrenze wurde somit weiter nach Osten verschoben und verlief im 12. Jahrhundert vom Baltikum direkt nach Süden zu den Karpaten. Sie folgte deren Bogen und zog sich dann westlich von den Ausläufern dieses Gebirges zur mittleren Adria. Diese Grenze markiert die äußerste Reichweite der Ausbreitung westeuropäischer Kultur. Romanik, Gotik, Reformation, Renaissance und Aufklärung gelangten nie über sie hinaus.

Die Wirksamkeit der Europäisierung der neu christianisierten Kulturen nach den Maßstäben der damaligen westlichen »Kerneuropäer« spiegelt sich in der Bereitschaft der heutigen EU, Polen, Tschechien und Ungarn relativ rasch zu integrieren. Auch die relative Offenheit gegenüber Slowenien und Kroatien läßt sich so erklären. Innerhalb dieses geographischen Großraumes ist neben der alten karolingischen Ostgrenze auch die ehemalige römische Limesgrenze noch deutlich ablesbar. Sie grenzt östlich des Rheins ein Mitteleuropa ab, das in den Augen der westlich davon wohnenden und im wesentlichen romanischen Europäer sein germanisches »Barbarentum« vielleicht bis heute nicht völlig abgelegt hat.

Seit dem großen Schisma, der Spaltung in je eine christliche West- und Ostkirche im Jahre 1054, entwickelten sich auf dem späteren Kontinent Europa mit *Europa occidentalis*, also der Westhälfte, und Byzanz zwei gegensätzliche Pole. Die mittelalterliche Ostgrenze markiert dabei bis heute die Trennung in die Sphäre der westlichen, lateinischen und die der östlichen, orthodoxen Kirche.

Europa und der Islam

Europa hat sich seit seiner Konstituierung immer deutlich sowohl von Byzanz als auch von den islamischen Staaten abgegrenzt. Dies verhinderte allerdings gerade im Mittelalter nicht einen regen Kulturaustausch mit den Gegnern. Aber ein nicht geringer Teil seiner betont christlichen Identität hat Europa erst durch die Abwehrbestrebungen gegen den Islam herausgebildet. Nach dem Fall von Konstantinopel 1453 verstärkte sich die antiislamische, seit dem 14. Jahrhundert speziell antiosmanische Komponente des Begriffs »Europa« noch. Das zeigen 1459 exemplarisch die Aufrufe von Papst Pius II. an die Europäer zum Türkenkreuzzug. Verstärkung erhielt das christliche Bewußtsein und Sendungsbewußtsein durch die Entdeckung neuer Welten in Übersee.

Das katholisch-orthodoxe Moskau und die westliche Christenheit

Das Auftauchen Moskaus an der Ostgrenze des damaligen Europa, nachdem es im 15. Jahrhundert die tatarische Herrschaft niedergeworfen hatte, und der Anspruch Moskaus, in der Nachfolge von Byzanz das dritte Rom zu sein, bildete für das Selbstverständnis dieses Europa, als Christenheit Mitte der Welt zu sein, eine Herausforderung. Zunächst standen die Begriffe »Europa« und »Rußland« einander gegenüber. Die Europäer hatten abenteuerliche Vorstellungen von ihrem östlichen Nachbarn. Die »Türkengefahr« machte sehr rasch notwendig, das moskowitische Reich in den

Kreis der europäischen Mächte aufzunehmen. Eine der geistigen Voraussetzungen dafür war, den Begriff der *christianitas* aus seiner einseitigen Verknüpfung mit dem lateinischen Christentum herauszulösen und auf das Gebiet der russisch-orthodoxen Kirche auszudehnen. So beziehen der Gelehrte Enea Silvio de Piccolomini (der spätere Papst Pius II.) Mitte des 15. Jahrhunderts und Luther 1520 das Moskauer Reich selbstverständlich in die Gesamtheit der Christenheit ein.

Gerade die römische Kurie sah in den Russen bis in das 17. Jahrhundert hinein die idealen christlichen Verbündeten gegen die Türken. Erfolgreiche Kriegszüge der Zaren gegen westliche Nachbarn bewirkten allerdings bei vielen Europäern bereits zum Ende des 16. Jahrhunderts eine gegenteilige, den Russen feindlich gesinnte Reaktion. Schon vorher grenzten viele Autoren Rußland potentiell aus der christlichen Staatengemeinschaft aus. Diese Abwehrreaktionen verdichteten sich bald zum Thema der »russischen Gefahr«: Die in Zukunft von Rußland zu gewärtigende Bedrohung verglich ein französischer calvinistischer Korrespondent bereits 1558 mit der »türkischen Gefahr«. Englische Beurteilungen des Russischen Reiches waren ebenso drastisch. Zum ersten Mal finden sich in ihnen auch Spuren der späteren Menschenrechtsdiskussionen, wenn sie nicht die Zugehörigkeit zum christlichen Glauben hervorheben, sondern die Tyrannei und Unterdrückung der russischen Untertanen anprangern und damit eine Zugehörigkeit der Russen zu Europa bestreiten. Tendenziell änderte sich die zwiespältige Haltung der Europäer erst ab 1700, mit den Reformen durch Zar Peter den Großen. Peter betrieb eine rigorose Europäisierung Rußlands. Eine vergleichbare durchgreifende Angleichung eines Landes an die »europäische Zivilisation« widerfuhr nur der Türkei ab 1923 unter Atatürk.

Ein erster Erfolg des reformierten Rußland war 1721 die vollständige Niederwerfung der damaligen europäischen Großmacht Schweden, dessen König Karl XII. das Zarenreich als leichte Beute angesehen hatte. Peter verschaffte sich und seinem Land mit diesem Sieg, mit seinen Reformen und schließlich mit seinem Beitritt zur antitürkischen »Heiligen Liga« enormes politisches Ansehen. Der deutsche Philosoph Leibniz war der erste und vehementeste Vertreter der Aufnahme dieses »erneuerten« Rußlands in die politische Konstellation Europas.

Die Festlegung einer neuen europäischen Ostgrenze

Es ist wohl kaum als Zufall anzusehen, daß in diese Zeit die noch heute im wesentlichen gültige geographische Festlegung des Urals als Ostgrenze Europas fällt. Auf der Weltkarte von Guillaume Delisle von 1725 ist zum ersten Mal das Uralgebirge als Grenze zu erkennen. Die erste wissenschaftliche Beschreibung der gesamten Ostgrenze im Jahr 1730 geht auf den Schweden Philipp Johann Tabbert, genannt Strahlenberg, zurück. Seiner Festlegung nach geht ihr Verlauf entlang des Uralkamms und zieht sich vom Südende dieses Gebirges aus entlang eines niedrigen Landrückens zur Wolga nach Kamyschin. Von dort aus folgt sie dem Abfall der Wolgahöhen südwärts bis zur pontisch-kaspischen Niederung und der Manytsch-Depression. Seine Festlegung der Grenze setzte sich, nicht zuletzt durch die bestätigenden Reiseberichte von Peter Simon Pallas anno 1771/73, noch im Laufe des 18. Jahrhunderts allgemein durch. Alle drei genannten Forscher standen in engem Kontakt mit russischen Herrschern und kannten die von ihnen zu Grenzgebieten erklärten Regionen aus eigener Anschauung.

Wir dürfen davon ausgehen, daß sie wußten, daß weder Ural noch Schwarzes Meer eine natürliche Grenze darstellen. Wohl aber war ihnen bewußt, daß Uralgebirge und -fluß sowie das Kaukasusvorland in ihrer Zeit die östliche Grenze der Christenheit darstellten. Sibirien, beginnend hinter dem Ural, gehörte damals zwar bereits seit mehr als 100 Jahren zum Russischen Reich. Es konnte jedoch zu Anfang des 18. Jahrhunderts kaum als christianisiertes Gebiet angesehen werden. Die massive Russifizierung des Landes, die heute diesen Grenzverlauf in der Tat fraglich macht, setzte erst ab 1807 ein. Bis zum Ural konnte Rußland jedoch weitgehend als christianisiert gelten. Das christliche Bild störten anscheinend nur die buddhistischen Kalmücken in den Wolgasteppen; dies täuscht jedoch, da sich der wesentliche Teil dieses Volkes erst in der zweiten Hälfte des 18. Jahrhunderts in der Region ansiedelte.

Europa und der Balkan

Die Anerkennung der russischen Orthodoxen als Europäer führte in der Folge zur Einbeziehung auch der orthodoxen Balkanländer in das Konzept eines christlich verstandenen Europa. Sie standen zwar, einschließlich des noch heute türkischen Thrakien, unter osmanischer Oberhoheit, waren aber mehrheitlich von Christen bewohnt. Im Eigenverständnis sahen sie sich wohl immer schon als Europäer. Gerade wegen ihres nachhaltigen Widerstandes gegen die Türken fühlen sie sich sogar, angesichts der nicht zu leugnenden antiislamischen Komponente des frühen Europa, als eine Art »Mustereuropäer«. Dies um so mehr, wenn sie, wie Teile des albanischen Volkes, bis heute Angehörige der lateinischen Kirche geblieben sind.

Angesichts dieser Selbsteinschätzung ist es fast absurd, daß die Balkanländer wegen ihrer langen Zugehörigkeit zum Osmanischen Reich heute von den EU-Europäern häufig unterschwellig als wenig wirklich europäisiert angesehen werden, als »nicht reif« für einen baldigen Beitritt zur EU. Auf absehbare Zeit wird keiner der Balkanstaaten, mit der bereits erwähnten Ausnahme Griechenlands, Mitglied der Europäischen Union werden dürfen. Als Begründung dient die wirtschaftlich desolate und meist auch politisch instabile Lage dieser Länder. Beides ist natürlich nicht völlig von der Hand zu weisen, doch waren nach 1989 auch andere Staaten des ehemaligen Ostblocks in einer wirtschaftlich schwierigen Situation. Sie wurden aber als europafähig angesehen und entsprechend gefördert. Im Umgang mit Jugoslawien, Albanien, Bulgarien oder Rumänien zeigen sich zahlreiche unterschwellige Ressentiments, die verdeutlichen, daß im westlichen Europa diese Staaten nicht wirklich für europäisch gehalten werden. Hierzu zählt nicht nur die völlig einseitige Parteinahme insbesondere der Deutschen für Kroatien in den Jugoslawien-Kriegen der neunziger

Jahre ... Angesichts der erwähnten Selbsteinschätzung der Serben, Bulgaren, Mazedonier, Montenegriner, Albaner und Rumänen als integrale Bestandteile europäischer Kultur und der europäischen Völker- und Staatenwelt ist die abschätzige Haltung der Westeuropäer fast tragisch zu nennen. Oder auch absurd, wenn es ihnen wirklich um ein einiges Europa geht.

Die Grenzen des »christlichen Europa«

Das Konzept eines Europa, das mit der Christenheit weitgehend identisch ist, zeigte in Strahlenbergs und Pallas' Grenzfestlegungen zum letzten Mal seine Wirkung in reiner Form. Daneben wird eine unmißverständliche antitürkische Stoßrichtung deutlich. Unterstrichen wird dies noch dadurch, daß ein Teil dieser Grenze mit der Expansion des Russischen Reiches vom Kaukaususvorland nach Süden geschoben wurde, bis sie die christlichen Königreiche der Georgier und Armenier erreichte. So werden heute vielfach die kaukasischen zu den europäischen Völkern und Sprachen gezählt. Dies ist allerdings nicht unumstritten.

Es ist festzuhalten: Die geographische Festlegung der Grenzen Europas im 18. Jahrhundert beruhte auf der in breiten Kreisen akzeptierten kulturellen Grundannahme, daß Europa ein zusammenhängendes christliches Gebiet sei. Es war aber bereits in dieser Zeit nicht mehr völlig deckungsgleich mit dem christlichen Abendland des Mittelalters. Allerdings ist die Definition Europas, die Strahlenbergs Auffassung zugrunde liegt, noch heute vielen Menschen präsent, wenn auch wohl den meisten nicht mehr voll bewußt. Als solche ist sie ernst zu nehmen und besitzt eine nicht unbeträchtliche Wirksamkeit – die bekannten Verzögerungen des EU-Beitritts der Türkei sind nur auf dieser Basis des Verständnisses von Europa zu erklären.

Europäische Werte der Neuzeit

Daß dieser Faktor nicht offen ausgesprochen wird, ist ein Indiz dafür, daß ein derartiges Selbstverständnis heute nicht mehr unbedingt von der Mehrheit der Europäer als alleiniges Kriterium für die Zugehörigkeit zu Europa gilt. Bereits Calvin hatte sich 1560 von einem nur politisch verstandenen Gemeinschaftsbegriff der *christianitas* emanzipiert und sah die Türken als geeignete Bundesgenossen des Protestantismus. Wenn aber das Christentum nicht mehr vorrangig bestimmend für die Zugehörigkeit zu Europa ist oder vielleicht überhaupt nicht mehr die Basis der Zugehörigkeit bildet – was macht dann heute Europa aus?

Aufklärung und Säkularisation sind gerade an den Bewohnern der westeuropäischen Industriestaaten nicht spurlos vorbeigegangen. Als besonders wichtig und konstituierend für die Zugehörigkeit zu Europa wird heute nicht mehr unbedingt nur die christliche Kultur, sondern das gemeinsame Vorhandensein moderner Errungenschaften angesehen wie Demokratie, Beachtung der Menschenrechte, freie Marktwirtschaft, freie Gewerkschaften, Rechtsstaatlichkeit. Bedeutende Historiker wie der Engländer Toynbee waren bereit, als Europäer auch all die Völker anzuerkennen, »die in der modernen Zeit die weltliche Zivilisation Westeuropas übernommen haben, ohne die westeuropäische Religion mit zu übernehmen«[7]. Den neuzeitlichen Erklärungen dessen, was europäisch sei, mangelt es jedoch an Eindeutigkeit. Zuviel haben mindestens Teile Europas mit den USA oder mit Kanada gemeinsam. Andere Elemente haben sich mittlerweile weltweit verbreitet. Auf eine weitere Schwierigkeit macht dankenswerterweise der Schweizer Karl Schmid aufmerksam. Ein Europa »an sich« ist für ihn nicht mehr erkennbar[8]. »Es gibt Europa immer nur aus der Sicht und in der Perspektive der Nationen«, das heißt, europäische Grundwerte mögen heute von französischer Warte aus anders aussehen oder zumindest anders gewichtet sein als aus deutscher, italienischer oder eben rumänischer oder russischer Sicht der Geschichte und Erfahrung der Gegenwart.

Europäisches Sendungsbewußtsein

Das Bewußtsein, sich selbst »erfunden« zu haben, beeinflußte die Europäer recht früh, sich für moralisch besser zu halten. Europa tendiert bis heute dazu, den Rest der Welt als Empfänger seiner Lehren zu betrachten, der seinem Beispiel folgen möge. Im 19. Jahrhundert, als ihr Selbstvertrauen noch größer war, benutzten die Europäer das Wort »Zivilisation«, wenn sie die europäische Zivilisation meinten, als sei diese die einzige. Im Gegensatz dazu sprachen sie von asiatischen und afrikanischen »Kulturen«.

Wer also zu Europa gehörte, brachte Sendungsbewußtsein mit und durfte sich dem Rest der Welt überlegen fühlen. Er hatte, so die Eigensicht, die historische Aufgabe, die übrigen Völker der Erde auf das eigene, als besonders hochstehend empfundene Niveau zu führen bzw., nach dem berühmten Ausspruch des Schriftstellers Kipling, *»the white man's burden«* zu übernehmen und die unmündigen (farbigen) Nationen gütig-väterlich zu lenken, auch gegen ihren Willen.

Ein wenig von diesem Hochmut klingt immer noch an, wenn heute darüber diskutiert wird, ob Rußland oder die Türkei zu Europa gehören. Gerade Westeuropa hält sich zu Recht noch immer für einen Club der Besserverdiener und – trauriger Rest der ursprünglichen christlichen Grundidee – zu Unrecht für moralisch überlegen. Dies verleiht der Diskussion gegenüber Nicht-Zugehörigen eine ziemliche Schärfe: Erklären wir die Türkei, die seit Atatürk große Anstrengungen unternahm, um sich im Toynbeeschen Sinn zu europäisieren, jetzt, nach 75 Jahren dieser Europäisierung, für nicht zu Europa gehörig, ist das mehr als eine geographische Feststellung oder eine simple kulturelle Beschreibung: Angesichts unseres moralischen Überlegenheitsanspruchs erklärt es den, der nicht dazugehören soll, implizit tendenziell für geringwertiger. Und zumindest die Türkei und Rußland würden dies, entsprechend der jeweiligen Vorerfahrung mit Europa, in genau dieser Weise deuten.

Gibt es »Europa« noch?

Wie deutlich wurde, ist der Kontinent Europa ein gedanklich-ideologisches Konstrukt. Seine Annahme bedeutete, zugleich davon auszugehen, daß alle zugehörigen Völker und Staaten eine in großen Teilen gemeinsame oder zumindest sehr ähnliche Kultur hätten. So stellte eine geographische Zugehörigkeit gleichzeitig auch immer eine kulturelle dar. Umgekehrt mußte eine beiderseitig akzeptierte kulturelle Zuordnung zu Europa stets zu einer Ausweitung der geographischen Grenzen des angenommenen Kontinents führen.

Über tausend Jahre hinweg war die geistige Basis Europas das Christentum, überwiegend in seiner römisch-lateinischen Ausprägung. Auf dieser Grundlage bewies es eine ungeahnte, ungeheure Formkraft – »ungeheuer« auch im Wortsinn, denkt man an die gewaltsame Ausbreitung europäischer Normen und Werte über die ganze Welt seit dem 16. und vor allem seit dem ausgehenden 18. Jahrhundert. Diese christlichen Werte, ebenfalls von Anbeginn an mit einer starken antiislamischen Komponente, spielen bis heute eine nicht unwesentliche Rolle in der Europa-Diskussion. Sie zu unterschätzen wäre töricht und unhistorisch. Doch die Annahme christlicher Werte als Grundlage europäischer Einheit reicht nicht mehr allein zur Bestimmung dessen aus, was Europa heute ist und sein muß. Säkularisierte Werte lösten zum Teil die christlichen ab oder entwickelten sie weiter, wie den aus christlichen Vorstellungen abgeleiteten Menschenrechtsbegriff. Sie besitzen aber nicht mehr *die* Verbindlichkeit über den ganzen Kontinent hinweg wie einst die christlichen Werte und erheben andererseits auch Anspruch auf Weltgeltung, können also nicht mehr den Europa-Begriff exklusiv untermauern. So erhebt sich die Frage: Gibt es Europa heute noch? Und: Wer gehört dazu?

Die Weiterführung der Trennung der Welt in Überlegene, Europäer, und Geringerwertige, Nicht-Europäer, ist ethisch-moralisch heute nicht mehr zu rechtfertigen. Angesichts des westeuropäischen Reichtums und des fast ungebrochenen Sendungsbewußtseins wäre eine derartige Trennung für die Kern-EWG jedoch zumindest nicht unverständlich gewesen. Eine logische Konsequenz hätte dann ein späterer Zusammenschluß mit den Staaten Nordamerikas sein können. Die EWG und ihre späteren Erweiterungen haben stets einen anderen Weg eingeschlagen. Sie haben immer grundsätzlich die Annahme des geistigen Konstrukts Europa akzeptiert. In der Anfangszeit der EWG war sogar gerade diese Akzeptanz für die Bevölkerung der beteiligten Staaten ein wesentlicher Motor des Zusammenschlusses.

Die heutige EU wirkt in diesem Punkt inkonsequent und zögerlich. Angesichts der oben beschriebenen Unklarheit des heutigen Europa-Begriffs ist das nicht unverständlich. Dieser Euro-Skeptizismus wirkt sich allmählich lähmend auf den politischen Einigungsprozeß aus. Dieser kann nur erfolgreich sein, wenn der Sinn für die kulturelle Zusammengehörigkeit geschärft wird.

Allen Fragen zum Trotz gibt es den kulturell bestimmten Kontinent Europa. Tausend Jahre gemeinsamer Geschichte und Erfahrungen haben ihrerseits gemeinsame kulturelle Prägungen und Werte hervorgebracht. Aus ihnen leitet sich heute das europäische Gemeinschaftsgefühl mit Recht ab. Soll der europäische Zusammenschluß gelingen, muß diesem historisch gewachsenen Gefühl mehr Rechnung getragen werden als bisher. Das jetzige, eher von wirtschaftlichen Erwägungen bestimmte Auswahlverfahren wäre dann aufzugeben. Doch welche sind die europäischen Gemeinsamkeiten? Haben die einzelnen Gesamteuropäer wirklich mehr untereinander gemeinsam als ein Westeuropäer mit den US-Amerikanern?

Es gibt in der Tat eine große europäische Gemeinschaft. Eine wichtige Aufgabe der Völkerkunde könnte es sein, deren Züge genauer zu bestimmen. Völker mit überwiegend ähnlichen bzw. weitgehend gemeinsamen Werten, Ansichten und Normen in einem supranationalen Staatsgebilde zu vereinigen erscheint vernünftig und legitim (wenngleich es noch keine Gewähr für das Funktionieren bildet). Es berechtigt aber nicht zur Beibehaltung des europäischen Überlegenheitsgefühls. Europa hat erst dann eine Chance auf eine weltweite geistige Akzeptanz, wenn es ein Staatenbund wird wie andere auch. Nur dann wird es möglich sein, mit Gelassenheit darüber nachzudenken, welche Völker und Staaten wirklich zu diesem Europa gehören sollten. Es wäre dann keine Frage mehr des Prestiges, sondern der Überprüfung, wie viele Werte wirklich gemeinsam sind und ob diese Gemeinsamkeit ausreicht. Dann darf auch die Frage gestellt und beantwortet werden: Wer gehört zu Europa?

Rußland und Europa

Die Zugehörigkeit Rußlands zu Europa scheint, trotz vieler Gegenstimmen, angesichts der vielfachen Durchdringung der Kulturen in den letzten 300 Jahren und gerade in diesem Jahrhundert für beide Seiten unwiderruflich erwiesen. Die Stärke der antieuropäischen altrussischen Bewegungen und des Neoisolationismus ist dabei allerdings schwer einzuschätzen. Wieweit die Russifizierung anderer Teile der ehemaligen UdSSR in der Zukunft bestehen bleibt, wird die Zeit zeigen. Rückschläge dort sind abzusehen. Dies könnte auch für Teile Sibiriens gelten.

Die südlichen Mittelmeerstaaten und Europa

Die türkische Kultur, ebenso wie die Israels, aber auch die der Staaten Nordafrikas, des Libanon und Syriens, gehört mit zu den Erben der griechisch-römischen Antike, auf die auch Europa sich beruft. In nicht geringem Maße gelangten, wie uns mittlerweile bewußt ist, unsere Kenntnisse antiker Schriften erst über die islamische Kultur nach Europa. Ebenso sind die für Europa als grundlegend angesehenen christlich-jüdischen Wurzeln zumindest zum Teil in den genannten Ländern ebenfalls vorhanden. Keinen Anteil hatten diese Völker (wohl mit indirekter Ausnahme Israels) an Renaissance, Reformation, Aufklärung und Humanismus. Die positiven Errungenschaften der Französischen Revolution wie etwa Menschenrechte, bürgerliche Freiheiten, Gewaltenteilung oder Herausbildung eines aktiven, vom Staat unabhängigen

Besitzbürgertums haben, wenn überhaupt, erst in diesem Jahrhundert Eingang in diese Gesellschaften gefunden.

Es gibt also eine Reihe von Gemeinsamkeiten, die eine Erweiterung Europas in Richtung Kleinasien/Vorderer Orient und Nordafrika prinzipiell möglich erscheinen lassen, so wie sich auch in der Vergangenheit Europa erweitert hat. Bestimmte Werte des neueren Europa fehlen allerdings oder sind nicht allgemein akzeptiert, so daß ein enges Zusammengehen zumindest zur Zeit als eher problematisch gelten darf.

Besonders verwickelt ist der Fall der Türkei. Seit 1923 hatte die Türkei unter Atatürk eine forcierte Europäisierung betrieben und machte deutlich, daß sie sich als fester Teil Europas fühlt. Seit 1950, seit der Verschärfung des Kalten Krieges im Zuge der Korea-Krise, ist die Türkei Mitglied des europäischen Flügels der NATO. 1959 stellte die Türkei ihren Antrag auf Assoziierung mit der EWG. 1963 wurde dann das Assoziierungsabkommen abgeschlossen. »Die Türkei ist ein Teil Europas«, stellte der damalige Präsident der EWG-Kommission, Walter Hallstein, bei der Unterzeichnung lapidar fest. Ein starkes Motiv ihrer Einbeziehung war mit Sicherheit ihre Einbindung in eine antisowjetische Allianz. Dies schien um so eher geboten, als die Türkei unter Atatürk hervorragende Beziehungen zur Sowjetunion gepflegt hatte. Nach der Öffnung der Grenzen des Eisernen Vorhangs wirkt die Bereitschaft der EU zur Aufnahme der Türkei stark abgekühlt; die antiislamische/antiosmanische Komponente der ursprünglichen Europa-Konzeption scheint wiederbelebt. Dies zeigen die wiederholten, öffentlich nur unzureichend begründeten Zurückstellungen türkischer EU-Aufnahmeanträge seit 1989/90. In der Türkei ihrerseits verstärken sich Tendenzen, die eine nichteuropäische Ausrichtung des Landes bevorzugen. Die Antwort auf die Frage, ob man die Türkei als zu Europa zugehörig betrachtet, erweist sich daher eher als ideologisch denn als kulturell bestimmt. Politisch erscheint mir eine enge Einbeziehung der Türkei in Europa sehr sinnvoll. Zu welcher Seite man die Türkei auch zählt – auf jeden Fall besitzt die türkische Kultur eine eindeutige Brückenfunktion zwischen der europäischen und der asiatischen Kultur.

1 Herodot, Historiai. Um 420 vor Christi Geburt. 4.45

2 Karl Schmid, Europa zwischen Ideologie und Verwirklichung, Psychologische Aspekte der europäischen Integration. Schaffhausen 1990 (Erstausgabe 1966).

3 Zitiert nach: Max Beloff, Europa und die Europäer, Eine internationale Diskussion. Köln 1959.

4 Michael Stolleis, Das »europäische« Haus und seine Verfassung. In: Kritische Vierteljahresschrift für Gesetzgebung und Rechtsprechung. 78. Jahrgang, 1995. S. 296f.

5 Zitiert nach: Hans Duus, Europa als Wirklichkeit und Aufgabe. Hamburg 1954. S. 10.

6 Zitiert nach: Schmid, a.a.O., S. 60.

7 Zitiert nach: Beloff, a.a.O., S. 33.

8 Schmid, a.a.O., S. 78.

Europa in der deutschen Volks- und Völkerkunde

Wulf Köpke und Bernd Schmelz

»Ein Europamuseum sollte noch etwas von der visionären Kraft der ›Idee Europa‹ besitzen. Es sollte vermitteln, daß die Einheit nicht nur aus der Angleichung wirtschaftlicher Normen besteht, sondern zuerst und besonders ein geistig-kultureller Vorgang ist.« (Wulf Köpke)[1]

»Europa« ist aktuell wie schon lange nicht mehr. Die Europäische Union steht mit der Einführung einer einheitlichen Währung vor einem großen Schritt auf dem Weg zu ihrer endgültigen Einigung. Zahlreiche andere Staaten unseres Kontinents bereiten sich auf den Beitritt zur Union vor. Fragt man jedoch, welche gemeinsamen Werte hinter dieser Einigungsbestrebung stehen, erhält man eher verlegene Antworten. Natürlich, da gibt es ein großes, noch wachsendes Gebiet mit einheitlichen Rechts- und Industrienormen, dirigiert von Brüssel. Und über allem schwebt der Euro ...

Die nach dem Krieg von großen Staatsmännern und Denkern wie de Gasperi, de Gaulle, Adenauer, Churchill, Schuman, de Madariaga, Gollwitzer, Toynbee, Jaspers, Eliot, Ortega y Gasset und vielen anderen beschworene geistige Einheit aller Europäer – wo ist sie geblieben? Es scheint, daß kaum einer sie mehr recht wahrhaben will oder eine Basis für sie sieht. Ist es nur noch die Vision eines großen europäischen Binnenmarktes, die den Integrationsprozeß beflügelt?

Auf der anderen Seite ist dem vehementen Nationalismus einzelner Völker keineswegs der Boden entzogen, wie viele einmal glaubten. Staunend und oftmals betroffen sehen wir ultranationalistische Tendenzen aufflammen, ob nun bei Basken, Korsen, Flamen, Serben, in Transsylvanien, in Moldawien, im Kosovo oder in Nordirland.

Es gibt einen polaren Gegensatz zwischen der Auffassung von der Machbarkeit der Einigung und der tiefen Prägung Europas durch die Verschiedenheit seiner Nationen. Diese Polarität scheint die Fruchtbarkeit europäischen Wesens auszumachen. »Einheit in der Vielfalt« heißt seit einigen Jahren die Formel, die das innere Wesen dieses Kontinents ausdrücken will, diesem »Wurmfortsatz Asiens«. Europa kann auf die Dauer nur existieren, wenn man seine Polaritäten der Einheit und Vielfalt versteht und berücksichtigt. Dazu muß aber der Inhalt hinter dieser Formel erklärt und vorgestellt werden. Wir sehen es als Verpflichtung an, dem alten und gleichzeitig so aktuellen Phänomen Europa auf den Grund zu gehen. Viel zu selten hat sich die Völkerkunde an dieses Thema gewagt, das mit seiner ethnischen Problematik sehr stark ihr Gebiet berührt. Hier sehen wir die Aufgabe und die Chance des Museums für Völkerkunde Hamburg. Es besitzt die größte Sammlung zur europäischen Völkerkunde auf dem Kontinent, gewachsen in fast 150 Jahren Sammeltätigkeit.

Die Erklärung von Verschiedenheiten und Übereinstimmungen in den Kulturen der Völker mit den Mitteln der Kulturtheorie ist Ziel der Ethnologie. Vorläufer der heutigen Völkerkunde sind seit der Antike Reiseberichte und aus vielen Quellen zusammengetragene Beschreibungen der Sitten anderer Völker. Erst im 18. Jahrhundert, in der Zeit der Aufklärung, bildeten sich die grundlegenden Ansätze zu einer Ethnologie als Wissenschaft heraus. Die meisten der gesammelten Erkenntnisse über andere Völker stammten natürlich von den Forschungsreisen zu den »Wilden«, den »Naturvölkern«, die die Europäer damals so zahlreich für sich entdeckten. Doch auch genaue Berichte und Studien über Völker Europas stießen auf Interesse. Gleichwohl konzentrierte man sich hierbei gerne auf besonders fremdartig wirkende Nationen wie zum Beispiel die skandinavischen Lappen, die Tscheremissen und andere kleine finnisch-ugrische Völker oder Basken, Albaner, Montenegriner.

Bereits die Gelehrten des 19. Jahrhunderts konnten so die Kulturen vieler Völker aus allen Erdteilen in ihre theoretischen Entwürfe mit einbeziehen. In der bis heute berühmten Mythensammlung ›The Golden Bough‹ (›Der goldene Zweig‹) von Sir James Frazer aus dem Jahr 1890 ist selbstverständlich europäischen Mythen und Bräuchen ein eigener Platz gewidmet. Unser ethnologischer Ansatz kann dazu beitragen, viele Facetten Europas klarer zu zeigen.

Völkerkundler wissen in der Regel mehr über außereuropäische als über europäische Familiensysteme. Wenig Überblick haben die meisten von uns über die Stellung der Frau in den verschiedenen europäischen Gesellschaften, über Heiratsregeln oder bäuerliche Wirtschafts- oder Rechtssysteme. Kaum bekannt sind die Wanderungen kultureller Einflüsse bei ländlichen Möbeln, bei der Ausprägung von Sprichwörtern oder Bräuchen und Festen. Viel zu wenig bewußt ist die Vielfalt der Küchen und der Nahrungsmittel, der Sozialordnungen oder der Krankenheilmethoden.

Gleichzeitig möchten wir mit der Ausstellung und dem vorliegenden Handbuch aufzeigen, in welchen Bereichen es kulturelle Gemeinsamkeiten gibt, warum es erlaubt oder gar geboten ist, eine Vielzahl unterschiedlicher Kulturen gemeinsam als »europäisch« anzusprechen, und wo die Grenzen des Begriffes liegen. Europa ist ein faszinierendes Thema, und seine kulturelle Landkarte enthält für die meisten von uns noch zahlreiche weiße Flecken.

Bei alldem machte sich die jahrzehntelange Trennung in ein östliches und ein westliches Europa erschwerend bemerkbar. Es war nicht leicht, Autoren zu finden, die sich zutrauten, über beide Teile des Kontinents zu schreiben. In einigen wenigen Fällen fanden wir niemanden. Wenn möglich, haben wir dann regionale Fallbeispiele herangezogen, die uns auch für andere Regionen repräsentativ erschienen. Einige Themen, die uns am Herzen lagen, mußten wir dennoch – zunächst jedenfalls – unbearbeitet lassen. Mit Sicherheit wird in den nächsten Jahren die Zahl der gesamteuropäischen Studien in Ethnologie und Volkskunde zunehmen. Wir sind zuversichtlich, mit unserem Handbuch auf der Grundlage des jetzigen Standes der Forschung einen entscheidenden Impuls zu geben. Doch sind wir uns darüber im klaren, daß es sich bei einem solchen Vorhaben nicht um das monumentale, endgültige Jahrhundertwerk, sondern »nur« um ein *work in progress* handeln kann. Wir sind stolz darauf, damit begonnen zu haben.

Die Anfänge der Völkerkundemuseen und das Thema Europa

Die ersten völkerkundlichen Museumsgründungen, zum Beispiel in Petersburg (1837), Dresden (1843) oder Kopenhagen (1848), wiesen von Anfang an auch kleinere Sammlungen zur vorindustriellen europäischen Volkskultur auf. Schon 1859 existierte im Vorläufer des 1873 gegründeten Berliner Völkerkundemuseums ein »europäischer Schrank«. Ähnliches gilt für die 1869 in Leipzig und 1879 in Hamburg gegründeten Museen. Diese Sammlungen entwickelten sich jedoch im allgemeinen recht zögerlich oder wurden sogar, wie in Dresden, sehr bald mit verschiedenen Museen gegen Objekte aus anderen Gebieten getauscht.

Erst um die Jahrhundertwende läßt sich in völkerkundlichen Museen wieder ein verstärktes Interesse an Europa feststellen. Die Gründe hierfür sind heute nicht mehr zu eruieren – vielleicht finden sich hier bereits erste Anklänge der paneuropäischen Interessen und Ideen eines Coudenhove-Kalergi oder Pannwitz, wie sie nach dem Ersten Weltkrieg populär wurden. Auch die Volkskundliche Abteilung des Basler Museums für Völkerkunde begann etwa in dieser Zeit, Europa in die vergleichende Betrachtung einzubeziehen und europäische Objekte zu sammeln. Kleinere Sammlungen zu Europa sind in einigen anderen Völkerkundemuseen zu finden, wie in Paris, Helsinki, Madrid (seit 1988), Zagreb oder dem Vatikan. Jedoch läßt sich nicht mehr im einzelnen feststellen, warum europäische Sammlungen in einige bedeutende Museen Europas einbezogen wurden, in andere – wie dem British Museum – praktisch überhaupt nicht.

Museen in Lissabon oder Budapest widmen zwar Europa keinen Raum, wohl aber der Kultur des eigenen Landes. Dagegen ist diese zum Beispiel in Berlin ausgeschlossen. Eine eigenständige Europa-Abteilung entstand außer im Hamburger nur im Museum für Völkerkunde Berlin. Letztere erhielt nach 1945 bis zu ihrer Ausgliederung und der Zusammenlegung mit dem Museum für Volkskunde Berlin zu einem Museum für Europäische Kulturen 1999 nie eine eigene Dauerausstellung. In Basel entstand aus der Volkskundlichen Abteilung des Völkerkundemuseums ein eigenes Schweizer Museum für Volkskunde, das auch europäisches Material enthielt. 1997 wurde es wieder mit dem benachbarten Museum für Völkerkunde zu einem Museum der Kulturen zusammengelegt.

Universitäre Völkerkunde und Europa

Die Aufnahme der Ethnologie in den Fächerkanon der Universitäten fand erst erhebliche Zeit nach Gründung der ersten völkerkundlichen Museen statt: Adolf Bastian, der Begründer des Berliner Völkerkundemuseums, wird 1869 der erste Dozent für Völkerkunde in Berlin. Auch in der ethnologischen Beschäftigung mit dem Thema Europa sollten die Museen die Vorreiter sein: Mit Gründung der Universität Hamburg 1919 lehrte dort der Europa-Kustos des Hamburger Völkerkundemuseums, Arthur Byhan, den Schwerpunkt Europa innerhalb des neu eingerichteten Faches Ethnologie. Später wurde er in diesem Bereich zum Professor ernannt. Sein Nachfolger am Museum, Wilhelm Bierhenke, setzte die Europa-Lehrtradition fort. Universitäre Europa-Studien blieben ansonsten in der Völkerkunde lange Zeit die Ausnahme. Bis in die sechziger Jahre dieses Jahrhunderts galt nach Nixdorff »die Ethnologie Europas – obgleich in allen Standardwerken der Völkerkunde mitverankert – als ›fünftes Rad am Wagen‹ dieses Fachgebietes«[2]. Das deutsche Ethnologenverzeichnis von 1981 weist ganze neun Europa-Interessenten auf. Im Verzeichnis von 1985 sind es schon 24. Der Workshop »Europäische Ethnologie« von Heide Nixdorff und Thomas Hauschild, beide arbeiteten in der Europa-Abteilung des Museums für Völkerkunde Berlin, hat mit Sicherheit das Interesse an Europa-Studien Anfang der achtziger Jahre nachhaltig belebt. Auch in der deutschen universitären Völkerkunde hat das Thema seither wieder einen festen Platz gefunden. Ein Blick in das Ethnologenverzeichnis von 1993 läßt das sprunghaft gestiegene Interesse noch deutlicher werden – die Anzahl der Europa-Engagierten betrug nun bereits weit über 100.

Als wichtiges Forum für kulturwissenschaftliche Forschungen zu Europa bildete sich seit 1992 das ›Anthropological Journal on European Cultures‹ heraus. 1993 organisierte der Völkerkundler Thomas Hauschild in Sankt Augustin die Tagung »Ethnologie Europas«, die schließlich zur Etablierung einer festen Arbeitsgruppe innerhalb der Deutschen Gesellschaft für Völkerkunde führte. In der deutschen Völkerkunde ist die Einbeziehung Europas bis hin zur eigenen Kultur gegenwärtig längst zur Selbstverständlichkeit geworden. Und so sind eine ganze Reihe von Völkerkunde-Lehrstühlen in Deutschland mit Europa-Spezialisten besetzt.

Volkskunde und Europa

Bereits der erste hauptamtliche Direktor des Museums für Völkerkunde Hamburg, Georg Thilenius, sah einen Bezug der Sammlungen des Museums zur Volkskunde, dem Schwesterfach der Völkerkunde:

> »Schon ein rascher Überblick über die europäischen Volkskunden zeigt dem Völkerkundler unzweifelhaft die ›Primitivität‹, die er von den außereuropäischen Völkern kennt; sogleich sieht er ihren Ausdruck in einer großen Zahl von Gegenständen. In der Besonderheit des Stoffes liegt eine Anknüpfung an den Besucher: Die Freikugel kommt nicht nur bei Carl Maria von Weber vor,

und jeder rechte Ewer der Elbe birgt im Bug den aufgefischten Menschenschädel, der ihn bestimmt zu einem Fischschwarm bringt. Solche Erwägungen führen das Museum für Völkerkunde zur Pflege einer europäischen Sammlung, die aus geschichtlichen Gründen mit der nord- und westasiatischen sowie der nordafrikanischen Sammlung verbunden werden mag. Dabei handelt es sich nicht um einen Wettbewerb mit den bodenständigen Museen für Volkskunde, sondern um die Betonung der Vergleichung. Das ist zunächst wissenschaftlich fruchtbar, denn die Vergleichung der europäischen Volkskunden untereinander ist notwendig; weiter aber behandeln sie Gegenstände, die von der Völkerkunde her Relikte sind, deren Verständnis sie erleichtern kann.«[3]

Der Name »Volkskunde« tauchte Ende des 18. Jahrhunderts auf. Er wurde damals in ähnlichem Sinn wie »Völkerkunde« verwendet, ein Begriff, der ebenfalls für diese Zeit zum ersten Mal belegt ist. Lange wurden die Bezeichnungen nebeneinander benutzt, und für viele Laien blieben sie bis heute identisch. In der Wissenschaft gewann dagegen die Volkskunde Mitte des 19. Jahrhunderts mit den Arbeiten des Kulturhistorikers Wilhelm Heinrich Riehl einen eigenständigen, betont nationalen deutschen Bedeutungsgehalt. Gegen Ende des Jahrhunderts wurden dann eigene volkskundliche Vereine, Zeitschriften und Museen für Volkskunde gegründet. Noch auf dem ersten Verbandstag des »Verbandes der Vereine für Volkskunde« 1906 trafen sich Volks- und Völkerkundler gemeinsam. Doch erstmals wurde hier ein fächerspezifischer Gegensatz deutlich, der 1907 zum Austritt aller völkerkundlichen Institute aus dem Verband führte und noch lange nachwirken sollte.

Die Volkskunde des deutschsprachigen Raums befaßte sich jahrzehntelang mit Kulturphänomenen eben dieses Gebietes, mit einer betont deutschen Komponente in Deutschland. Immer aber hatten Forscher schon ein Interesse über die nationalen Grenzen hinaus. Dies galt insbesondere für die österreichischen, noch durch eine gewisse K. u. K.-Tradition geprägten Kollegen.

Nach dem Zweiten Weltkrieg wurde in der europäischen, besonders jedoch innerhalb der deutschen Volkskunde eine heftige Standort- und Inhaltsdebatte geführt. 1955 empfahl schließlich der internationale Volkskundekongreß in Arnhem, Volkskunde als *regional ethnology* anzusehen und als Europäische Ethnologie in ein Gesamtkonzept der Ethnologie einzuordnen, das sich wiederum aus Völkerkunde und Volkskunde zusammensetze. Dies führte dazu, daß sich in Deutschland in den sechziger und siebziger Jahren einige Volkskunde-Institute in solche für Europäische Ethnologie oder Kulturanthropologie umbenannten. Die Europäische Ethnologie sollte die nationalen Grenzen überwinden und ihr Interesse auf ganz Europa ausweiten. Die Beschäftigung mit dem Eigenen sollte nun mit einer Reflexion über den Nachbarn und der Fremde erweitert werden. Diese Diskussionen wurden zunächst weitestgehend ohne Beteiligung von Fachvertretern der Völkerkunde geführt.

Die bislang strikte Trennung in Volks- und Völkerkunde existiert einzig in der deutschen Wissenschaftstradition. In anderen europäischen Ländern hat sich die Beziehung zwischen Völker- und Volkskunde wesentlich problemloser entwickelt. In den romanischen Ländern wird Ethnologie/Kulturanthropologie als eine unsere

Volks- und Völkerkunde umfassende Disziplin aufgefaßt. In vielen Regionen Osteuropas sind beide Fachrichtungen zumeist im selben Rahmen vereint und durch vielfältige Studien auch miteinander verknüpft. Allerdings überwiegt im Osten und Südosten Europas innerhalb einer so aufgefaßten Völkerkunde zumeist die Beschäftigung mit der eigenen Kultur in noch viel größerem Maße als in Deutschland. In den skandinavischen Ländern hat die Volkskunde ebenfalls traditionell eine enge Einbindung in die allgemeine Ethnologie. So war der Schwede Sigurd Erixon einer der ersten, der sich zwar auf die einheimische Kultur spezialisiert hatte, seinen Forschungen aber ganz konsequent auch eine europäische Dimension verlieh. In England bildete sich im Rahmen der Sozialanthropologie – ebenso wie in der amerikanischen Kulturanthropologie – eine spezielle euromediterrane Forschungsrichtung heraus.

1982 fand in Berlin der schon erwähnte Workshop »Europäische Ethnologie« von Nixdorff und Hauschild statt, bei dem Vertreter der Völker- und Volkskunde Inhalte, Theorien, Methoden und Aufgaben einer Europa-Forschung innerhalb der Ethnologie diskutierten. Das war ein entscheidender Schritt der Annäherung der beiden Disziplinen, der schließlich in den folgenden Jahren zu einem wesentlich intensiveren Dialog und interdisziplinären Austausch führte. Seitdem steigt sowohl in der Volks- wie in der Völkerkunde die Zahl der Feldforschungen in Europa stetig an. Wie die europainteressierten Ethnologen betrachten auch die Vertreter der Volkskunde/Europäischen Ethnologie die Erfassung, Beschreibung und Analyse der materiellen, sozialen und geistigen Kultur der in Europa lebenden Gruppen und Völker, ihrer kulturellen Ausdrucksformen und Werte- und Normensysteme im historischen Wandel als Aufgabe und Ziel der Forschung. Allerdings zeigt eine Analyse von Interesse und Arbeiten von Studenten des Instituts für Volkskunde der Universität Hamburg, daß grenzüberschreitende vergleichende Studien in der Volkskunde immer noch sehr selten sind.

Europa im Museum für Völkerkunde Hamburg

Das Museum für Völkerkunde in Hamburg hat seit jeher eine herausragende Bedeutung für das Thema Europa innerhalb des Faches Völkerkunde. Es verfügt über die wohl größte fachbezogene Themensammlung auf unserem Kontinent. Vor allem aber wurde die Europa-Ausstellung schon früh und dauerhaft als ein wichtiger Sammlungsteil des Hauses angesehen. Sie blieb bis heute ein Kernstück des Museums. Nicht umsonst beginnt die Neugestaltung der Dauerausstellungen ab 1999 mit dieser Abteilung. Es gehört zu den großen Leistungen dieses Hauses, daß es Erforschung und Präsentation der europäischen Volkskultur immer ernst genommen hat – unabhängig von gerade herrschenden wissenschaftlichen Moden.

Die Geschichte der Sammlungen

Die ab 1850 entstandene ethnographische Sammlung wies schon 1867 einen Europa-Bestand von 14 Objekten auf. Adolph Oberdörfer und Ferdinand Worlée führten in ihrem Bericht »Die Ethnographische oder Sammlung für Völkerkunde im Anschluß an das Naturhistorische Museum in Hamburg« diese Objekte auch einzeln auf: »1. Norwegisches Flatbrod aus Baumrinde, 2. Alter Steinkrug mit Zinndeckel, 3. Hamburgensie, Krankenbüchse der Korbmachergesellen, 4. Altholländischer Fajenceteller, 5. Schnupftabacksdose von Porzellan, 6. Dose mit Miniaturmalerei auf Elfenbein, 7. Miniaturmalerei auf Pergament, 8. Feingeschnitzter Elfenbeinfächer mit Malerei, 9. Navaja, spanisches Dolchmesser, 10.–14. Geschnitzte und gravirte Schaalen des Nautilus, altholländische Arbeit«.[4] 1879 wurde das Museum dann offiziell als staatliches »Museum für Völkerkunde« gegründet. Und Europa war von Anfang an auch im Rahmen der Ausstellungen vertreten, wie aus dem »Führer durch das Museum für Völkerkunde zu Hamburg« im Jahre 1893 hervorgeht: »Wenden wir uns jetzt zurück nach der südöstlichen Ecke, so sieht man nächst der Treppe den mit 100 bezeichneten Schrank. Derselbe enthält einige wenige Gegenstände von europäischen Ländern, aus Island, Lappland, Schweden und Norwegen, Russland, Bosnien, Türkei, Italien, Schweiz, Spanien, Frankreich und England, teilweise aus neuerer Zeit.«

Unter Georg Thilenius, der 1904 zum ersten hauptamtlichen Direktor berufen worden war, wurde der europäische Bestand systematisch und unter Einbeziehung der eigenen Kultur ausgebaut:

> »Bis in die neueste Zeit hinein sah man in der Regel das Arbeitsgebiet der Völkerkunde in der Erforschung der außereuropäischen Naturvölker. Durch meine Reisen in Nordafrika, Italien, Polen, den Vereinigten Staaten, der Südsee, später durch die Aufgaben, die ich an der Universität Breslau hatte, war ich zu einer abweichenden Auffassung gelangt. Ich sah die Aufgabe der Völkerkunde in der Erforschung des ›primitiven Menschen‹. Daraus folgte räumlich, daß die europäischen Völker nicht aus-, sondern eingeschlossen wurden und daß praktisch alle Völker zum Arbeitsgebiet der Völkerkunde gehörten. Dementsprechend begann ich sofort 1905 in den europäischen Gebieten zu sammeln, die verhältnismäßig noch reich an primitiver Kultur waren.«[5]

Ganz konsequent richtete er daher auch bereits 1906 eine eigene Abteilung ein, die Europa einschließlich der Vorgeschichte, Nord- und Westasien sowie Nordafrika umfaßte. Sie wurde als Eurasiatische Abteilung bezeichnet. Diese Gliederung entsprach nicht seiner Intention und war nur aus Personalmangel entstanden, wie Thilenius 1916 beschreibt:

> »Sind nicht ganz besonders günstige Umstände gegeben, so werden dabei Gebiete, die sachlich eigene Abteilungen bilden müßten, verwaltungsmäßig doch in einer Hand liegen, bis es möglich sein wird, sie geeigneten Spezialisten zu überweisen. In Hamburg gilt das zum Beispiel innerhalb der ethnographischen Abteilungen, neben denen eine ethnologische und anthropologische bestehen, vor allem für die eurasiatische, die einstweilen die Sammlungen aus Europa,

Nordafrika, Nord- und Westasien, dem polaren Amerika umfaßt. Sie beruht auf sehr kleinen älteren Anfängen und wird seit 1906 planmäßig ausgebaut, müßte aber heute schon in eine europäisch-nordasiatische und eine vorderasiatisch-nordafrikanische zerlegt werden.«[6]

Zum ersten Kustos der Eurasiatischen Abteilung wurde Arthur Byhan ernannt. 1905 und 1906 sammelte er bereits im Auftrag des Museums in Ungarn, Rumänien, Bulgarien und Rußland. Entscheidende Impulse erfuhren die europäischen Sammlungen in Berlin, Dresden, Leipzig und nicht zuletzt in Hamburg durch den gelernten Völkerkundler und Ethnographica-Händler Julius Konietzko. Durch ihn kamen zu Beginn des 20. Jahrhunderts bedeutende Sammlungen der Lappen, Finnen, Iren, Schotten, Spanier, Portugiesen, Italiener und Sarden ins Haus. 1917/18 trugen Konietzko und Byhan gemeinsam eine Sammlung aus Makedonien zusammen. 1926 arbeitete Byhan mehrere Monate auf Sardinien und erwarb dort 700 Objekte für das Museum. 1927 kaufte das Museum die gut dokumentierte Amulettsammlung des Augenarztes Siegfried Seligmann an. Im selben Jahr gelangte durch den Skandinavisten Hans Kuhn eine der besten ethnographischen Island-Sammlungen der Welt ins Museum.

Trotz des Ersten Weltkrieges wurden im 1912 fertiggestellten Neubau des Museums an der Rothenbaumchaussee 1915 die Schausäle der Eurasiatischen Abteilung eröffnet. 1917 konnte bei der deutschen Armeegruppe in Makedonien eine landeskundliche Kommission für Serbien und Makedonien gegründet werden, die aus deutschen und bulgarischen Wissenschaftlern bestand. Für das Museum, das die Organisation der ethnographischen Arbeiten übernommen hatte, war Byhan von Juli bis Dezember 1917 dort im Einsatz. Die wichtigsten Forschungs- und Publikationsschwerpunkte von Byhan, der Ende 1937 pensioniert wurde, waren vor allem Rumänien, Mazedonien, Rußland, der Kaukasus und Sardinien.

Im Jahre 1919 wurde die Universität Hamburg gegründet und Georg Thilenius als Direktor des Museums in Personalunion zum ordentlichen Professor für Völkerkunde berufen. Das Museum stellte ab diesem Zeitpunkt nicht nur Räumlichkeiten, sondern auch sein wissenschaftliches Personal, etwa Arthur Byhan als Dozent für Europa, für Lehrveranstaltungen zur Verfügung. Es war besonders Thilenius, der sich in jener Zeit in Vorträgen und Publikationen immer wieder für die Beschäftigung mit Europa innerhalb der Völkerkunde einsetzte:

»Bestimmend für den Aufbau des Hamburgischen Museums war die Frage, was unter Völkerkunde zu verstehen sei. Es gibt mehrere Begriffsbestimmungen, und die neueren weichen nur in wenigen Punkten voneinander ab. Sie erweisen die engere Verbindung der Völkerkunde mit der Kulturgeschichte; allgemein ist die Auffassung, daß die Völker im Vordergrunde stehen, nicht die Umwelt. Streitig ist eher die Frage, ob die Völker Europas einzubeziehen sind [...] Die Entscheidung mag theoretisch nicht allzu wichtig erscheinen, ist aber von vorneherein bedeutsam für das wissenschaftliche Arbeitsgebiet des Museums. Geschichtlich hat die Völkerkunde mit außereuropäischen Völkern begonnen, und die Neuzeit sieht in deren Kulturen die Leistungen eines Geistes, der gegenüber dem der ›Kulturvölker‹ im allgemeinen ›primitiv‹ ist. Eben dieser Geist ist aber keineswegs auf die außereuropäischen Völker beschränkt, sondern findet sich ebenso unter den europäischen der Gegenwart.«[7]

Thilenius erwies sich innerhalb der deutschsprachigen Ethnologie als konstituierend für die Beschäftigung mit den europäischen Kulturen. Viele Ideen von ihm erweisen sich auch heute noch als tragfähig. Seine konsequente Einbeziehung der eigenen Kultur und der europäischen Kulturen in die Museumssammlungen ermöglichen es seinen Nachfolgern, in der Ausstellungspolitik den heute aktuellen »Eine Welt«-Gedanken zu verfolgen und dabei doch die Kontinuität der Identität des Museums zu bewahren.

Nachfolger von Arthur Byhan als Leiter der Abteilung Eurasien wurde 1937 Wilhelm Bierhenke, der bereits vorher ein halbes Jahr als freiwilliger Mitarbeiter im Museum tätig gewesen war. Er war Spezialist für die Ethnographie ganz Europas. Sein besonderes Interesse galt den romanischen Völkern. 1927 forschte er in Spanien und war von 1931 bis 1936 Lektor an der Universität Murcia. Schon in dieser Zeit sammelte er viele ethnographische Objekte für das Museum. 1937 arbeitete er im Süden Portugals, wo er wiederum eine reichhaltige Sammlung zusammentrug. Bedauerlicherweise ist der größte Teil dieses Materials im Zweiten Weltkrieg verlorengegangen. Der durch den Krieg erlittene Verlust wird für die Eurasien-Abteilung auf circa 5000 Objekte geschätzt. Aber obwohl Wilhelm Bierhenke im Mai 1940 zum Militärdienst einberufen wurde – und allen Gebäudeschäden durch Luftangriffe zum Trotz –, wurde am 24. Oktober 1940 die einzige Sonderausstellung während des Krieges eröffnet: »Europäer und Eingeborene in tropischen Kolonialländern«. Erst im Juli 1952 konnte wieder ein Europa-Schausaal (»Volkskunde Europas und Nordafrikas«) der Öffentlichkeit zugänglich gemacht werden. In diesem Jahr setzte Bierhenke auch seine Feldforschungen in Spanien (Estremadura) fort. Neben der Gestaltung der Dauerausstellung gehörten Ausstellungen zu Schweden (1947/48) und zu Rumänien (Rumänische Volkskunde, 1958/59, und Rumänische Volkskunst, 1962) zu seinen wichtigsten Projekten. Noch im aktiven Dienst, starb er 1967.

1968 wurde Rüdiger Vossen Bierhenkes Nachfolger als Leiter der Abteilung Eurasien. 1971 und 1973 führte er in Spanien Feldforschungen zur traditionellen Töpferei durch, bei denen er und sein Forschungsteam nahezu alle der mehr als 250 Töpferorte des Landes besuchten. Ergebnis war eine etwa 3000 Objekte umfassende Sammlung von Keramik und Töpfereiwerkzeug. 1972 fand die Sonderausstellung »Töpferei in Spanien – Ende einer Tradition?« statt, die später auch in anderen deutschen Städten gezeigt wurde. 1976/77 sorgte die Ausstellung »Türkei – Heimat von Menschen in unserer Stadt« für Schlagzeilen. 1977 wurde der erste modernisierte Eurasiensaal mit der Ausstellung »Völker der Sowjetunion – vor und nach der Revolution« und 1978 der zweite Saal mit dem Thema »Europa und Vorderasien – Völker und Kulturen« eröffnet. Diese zweite Ausstellung entstand in enger Zusammenarbeit mit dem Volkskundler Ulrich Bauche vom Museum für Hamburgische Geschichte. Die auf Europa bezogenen Themenbereiche waren Sprache, Nation und Minderheiten, Religion und Konfession, Aberglaube, Magie und Wissenschaft, Masken aus dem Alpenraum, Töpferei in Spanien, Spielzeug, Trachten und Musikinstrumente.

Große Beachtung fand 1979 die von einer studentischen Hexen-AG konzipierte Sonderausstellung »Hexen«, die danach noch viele Jahre durch Deutschland wanderte. Die Basis für diese Ausstellung bildete das private »Archiv zur Bekämpfung des neuzeitlichen Hexenwahns« des im Ruhestand lebenden Lehrers Johann Kruse, der dieses über 60 Jahre aufgebaut und 1978 dem Museum geschenkt hatte. Dieses Archiv, das mittlerweile in »Johann-Kruse-Archiv zur Erforschung des neuzeitlichen Hexenglaubens« (im Volksmund kurz »Hexenarchiv«) umbenannt wurde, feierte 1998 mit dem Umzug in neue und der Öffentlichkeit besser zugängliche Räumlichkeiten sein zwanzigjähriges Jubiläum. Es wird seit seiner Übernahme konsequent weiter ausgebaut und enthält umfangreiche Materialien zum Thema Hexerei und Magie, mit Schwerpunkt Europa. Durch Sprechstunden, Vortragsreihen und verschiedene Forschungsprojekte findet ein reger Austausch mit einer breiten Öffentlichkeit, aber auch mit Fachwissenschaftlern ganz unterschiedlicher Disziplinen statt.

1981 begann mit der Sonderausstellung »Ostereier – Vom Symbol des Lebens zum Konsumartikel« eine sehr fruchtbare Zusammenarbeit des Museums mit der Brauchtumssammlerin Maud Pohlmeyer, die später für ihr Engagement und die Sammlungen, die sie dem Museum schenkte, zur Ehrenkustodin ernannt wurde. Weitere Ausstellungen, in denen sie ihre Sammlungen vorstellen konnte, waren 1985/86 »Weihnachtszeit – Wendezeit – Martini bis Lichtmeß – Weihnachten in Europa« und 1990/91 »Höhle – Stall – Palast. Weihnachtskrippen der Völker«.

1985 wurde auf ihre Initiative hin der Norddeutsche Ostermarkt und 1988 der Norddeutsche Christkindlmarkt am Museum eingeführt. Beide Märkte, die viele Jahre von ihr selbst organisiert wurden, finden seitdem jährlich statt und erfreuen sich auch in der Gegenwart einer großen Beliebtheit. An bis zu 50 Ständen wird traditionelles Oster- und Weihnachtsbrauchtum und -handwerk aus aller Welt – aber mit klarem europäischem Schwerpunkt – von Vertretern der jeweiligen Herkunftsregion präsentiert, authentisch und fachkundig erläutert und verkauft. Besonders große Beachtung fand 1994 die Jubiläumsausstellung »Zehn Jahre Norddeutscher Ostermarkt«. Allgemeines traditionelles Handwerk und auch modernes europäisches Kunsthandwerk (mit Schwerpunkt Deutschland) sowie eine Vorführung der entsprechenden Techniken wurde jährlich in der 1983 gegründeten Weihnachtswerkstatt angeboten, später in der Stattwerkstatt, die 1996 schließlich mit dem 1987 gegründeten Markt der Völker zusammengelegt wurde.

Neben den christlichen Brauchtumspräsentationen fand 1983 die Ausstellung »Zigeuner, Roma, Sinti, Gitanos – Zwischen Romantisierung und Verfolgung« und 1991 die Schau »Freundbilder/Feindbilder – Portraits sowjetischer Kriegsgefangener (1942–44)« statt. 1994 gelang es Bernd Schmelz als Volontär, trotz schwieriger Magazinbedingungen aus Beständen des Hauses die Ausstellung »Ausschnitte aus dem Leben der Völker Sibiriens« zu zeigen. Seit 1992 ist mit Wulf Köpke, dem früheren Leiter der Europa-Abteilung des Museums für Völkerkunde in Berlin, erstmals ein Europa-Spezialist Leiter unseres Hauses. In engem Kontakt mit Rüdiger Vossen hatten beide gemeinsam seit 1989 Konzepte für ein zukünftiges Europamuseum entwickelt. Nach dem Wechsel von Köpke nach Hamburg dienten sie als Basis für eine Neukonzeption der Europa-Dauerausstellung.

Die neue Europa-Ausstellung – das Konzept

Zuerst einmal wurde ab 1992 die Planung für den Umbau aller Ausstellungsräume des Museums begonnen. Sie wurde bald begleitet von einer Debatte über die Verselbständigung der Hamburger Staatlichen Museen, die unter anderem die Eigenverantwortung und wirtschaftliche Selbständigkeit der Museen stärken sollte. Die Verselbständigung des Museums für Völkerkunde wurde 1999 mit der Überführung in eine Stiftung Öffentlichen Rechts vollzogen.

Die erste Bedingung bei der Neuplanung war: Das neue Museum darf nicht langweilig sein. Die Frage war, was dies für ein Völkerkundemuseum bedeuten müsse? Leidet darunter die Wissenschaftlichkeit der Aussagen, wie einige Kollegen fürchteten? Bedeutet die angestrebte Publikumsnähe notwendigerweise einen Mickymaus-Effekt? Prostituiert sich das Museum gar, wenn es immer stärker publikumsnahe Themen suchen muß? Uns wurde bei der Analyse schnell deutlich: Völkerkunde – die Kunde von dem Anderen, dem Fremden – kann nicht länger das bloße Schauen auf Vitrinen, auf Museumsstücke sein, nostalgischer Rückblick auf vermeintlich idyllische Naturvolk-Zeiten. »Sich kundig machen« soll in Zukunft heißen »sich begegnen«, Menschen, die »sich begreifen«, die sich dadurch verstehen lernen. Die Welt ist (angeblich durch Vernetzung) nahe zusammengerückt. Und die Menschen, die Kulturen? Nur wenn sie sich verstehen, hat unsere immer enger werdende Welt eine Chance. Über das Sammeln und Bewahren hinaus möchten wir mehr sein als ein Museum mit Ausstellungsstücken, die wir aus dem Blickwinkel der vermeintlich besseren abendländischen Kultur heraus von oben herab behandeln. Wir reden nicht mehr distanziert/paternalistisch über das Fremde. Wir beziehen es ein, setzen uns mit anderen Sichtweisen auseinander, spiegeln auch unsere eigene Kultur und Wahrnehmung in fremden Augen. Im Museum sollte nicht mehr das Schauen auf das Exotische das Ziel sein, das dem Besucher mittels didaktischer Konzepte als wortwörtlich zu nehmendes Museums-Stück vorgeführt wird.

Aktueller Anlaß für die Neugestaltung des Museums für Völkerkunde in Hamburg gerade zum jetzigen Zeitpunkt ist die bevorstehende Einführung des Euro. Wir möchten mit dieser Ausstellung einen Beitrag zur Feststellung der europäischen Identität leisten. Dabei haben wir strikt Gesamteuropa im Blick, nicht das eingeschränkte »Brüsseler Europa«. Bewußt möchte sich die Ausstellung in die Diskussion um Europa einmischen und es ermöglichen, Stellung zu beziehen, sich ein eigenes Bild zu machen. Viel zu wenig wissen wir Europäer über uns und unsere Kultur. Warum dürfen, ja müssen wir eigentlich von »Europa« sprechen? Hier sehen wir unsere Aufgabe als Museum und unsere spezielle Fähigkeit als Ethnologen. Es soll eine grundlegende Orientierung über den unbekannten Kontinent Europa, über seine für die meisten Europäer sicher überraschend zahlreichen Völker, über seine kulturelle Vielfalt, aber auch über die weitverzweigten Gemeinsamkeiten seiner Bewohner gegeben werden. Dies sollte die Geschichte und Gegenwart Gesamteuropas mitsamt den Themen Sprache, Religion, Märchen, Literatur, Kunst, Musik, Handwerk, Handel und Industrie, Stadt- und Landkultur ebenso wie die wechselseitigen Beziehungen Europas zu den anderen Kontinenten beinhalten.

Einer Europa-Ausstellung kommt bei diesem Programm unserer Meinung nach innerhalb eines Völkerkundemuseums eine Schlüsselstellung zu. Daher erarbeiteten Wulf Köpke und Bernd Schmelz die Vorlage für eine neue Ausstellung, die weit über die bereits erwähnten Pläne hinausgeht. Eine erste Konsequenz dieser Arbeit war die bereits anno 1916 von Thilenius gewünschte Aufteilung der Eurasiatischen Abteilung in eine Abteilung Vorderer Orient und Nordafrika und eine eigentliche Europa-Abteilung, deren Leitung Bernd Schmelz 1995 übernahm, um so die besondere Bedeutung der Europa-Sammlungen des Museums auch nach außen deutlich zu machen.

Innerhalb der Dauerausstellungen wurde nicht ohne Grund der Umbau mit dem Europa gewidmeten Saal begonnen: Dieser Raum soll die Brücke des Verständnisses zu anderen Kulturen bilden. Wir halten eine Begegnung mit fremden Kulturen nur dann für sinnvoll, wenn man sich vorher über die eigene klar geworden ist. Die Ausstellung spricht zahlreiche Felder europäischer Kultur an. Das Muster wiederholt sich bei der Darstellung anderer Kulturen, so daß eine Vergleichbarkeit entsteht.

Das Problem in der konventionellen ethnographischen Darstellung von kulturellen Großräumen wie Europa ist immer die räumliche Begrenztheit des Museums. Eine an sich durchaus wünschenswerte regionale Abhandlung zum Beispiel der Kultur Spaniens neben der Frankreichs und Portugals wird durch den geringen Umfang, den die Präsentation haben kann, leicht lächerlich. Letztlich repräsentierten dann etwa zehn Keramikobjekte aus unserer berühmten Sammlung der traditionellen Keramik Spaniens die Kultur des gesamten Landes. Wir haben uns dafür entschieden, zahlreiche wichtige kulturelle Faktoren wie Familie, Handwerk, materielle Grundbedürfnisse, Religion, soziale Organisation und Wirtschaft aufzufächern. Wir stellen dar, was in diesen Bereichen für Europa als repräsentativ gelten kann. Auch hier ist der Platz begrenzt. Daher sind wir um Flexibilität bemüht. Doch auch die Verschiedenheiten sind herauszufinden und sichtbar zu machen.

Diese Verschiedenheit kann nur deutlich werden, wenn wir Europa als ein »ethnisches« Europa begreifen. Wir sollten uns der Tatsache stellen, daß es auf unserem Kontinent erheblich mehr Sprachen und Völker als sogenannte Nationalstaaten gibt. Und wir sollten uns klar machen, daß alle die kleineren Völker ihr Heil in Europa suchen werden, denn es ist in den meisten Fällen die einzige staatliche Organisation, die ihre kulturelle Existenz auf Dauer garantieren kann. Auch der geistige Beitrag der kleineren Völker zum europäischen Kulturerbe ist von unverhältnismäßig großer Bedeutung. Egon Friedells Satz »Große geistige Erneuerungen sind […] fast immer von Zwergstaaten ausgegangen«[8] läßt sich ohne weiteres auf die kleineren Ethnien unseres Kontinents anwenden.

Wir glauben jedoch nicht, in einer einzigen Dauerausstellung das Wesen der Kultur Europas umfassend darstellen zu können. Wie in der modernen Kunst das Prozeßhafte der Kunst immer wichtiger wird, so dürfen auch Darstellungen in einem Völkerkundemuseum immer weniger statuarisch sein. Unsere Dauerausstellung gibt eine Grundinformation. Vor diesem Hintergrund entfalten die zahlreichen Festivals, die wir in unserem Haus veranstalten, erst ihre Wirksamkeit. Zusätzliche Informationen, die sehr viel detailreicher sein können und mehr für Spezialisten geeignet sind, ergeben sich aus häufig wechselnden, kleineren Sonderausstellungen innerhalb der Dauerausstellung. Und zu guter Letzt bauen wir unsere Archive so um, daß interessierte Kenner und Sammler in wenigen Jahren alle unsere Objekte näher in Augenschein nehmen können.

Der Raum vor der Ausstellung ist der Verbindung Europas zu anderen Kulturen gewidmet: Kolonialkultur, europäisch beeinflußte Kulturen wie der westafrikanische Voudou oder brasilianische Candomblé, die Sicht von außen auf Europa und die Sicht der Europäer auf alles Fremde außerhalb ihres eigenen Kontinents. Auch diese Einbeziehung der Einflüsse Europas auf andere Kulturen war bereits ein Anliegen von Thilenius:

> »Wir sehen in der Völkerkunde die Wissenschaft, welche die Besonderheiten und die Entwicklung des geistigen Lebens und der äußeren Lebensführung des primitiven Menschen ursächlich erforscht und darstellt. Der primitive Mensch ist nicht nur in fernen Ländern, sondern auch in Europa und in der Großstadt vorhanden, und so ergibt sich die Einbeziehung der europäischen Völker der Gegenwart; er hört nicht zu existieren auf, wenn er europäische Waren, Vorstellungen und Gedanken aufnimmt, und darum führt die Arbeit des Museums in die Europäisierung hinein.«[9]

Eine Europa-Ausstellung ist komplex und schwierig. Für ein Völkerkundemuseum ist die besondere Herausforderung dabei, auch die großstädtischen und bürgerlichen Bereiche der Kultur durch Präsentation repräsentativer Objekte einzubeziehen – konzentriert sich der Blick der Völkerkundler doch sonst meist eher auf die rurale Bevölkerung. So hat das Museum begonnen, auch die sogenannte Stadtethnologie, die in Deutschland ein relativ junger Zweig der allgemeinen Völkerkunde ist, in seine Sammlungen und Forschungen mit einzubeziehen.

Die neue Europa-Ausstellung – Raumgestaltung und Design

Mit der Gestaltung der Ausstellung wurden die Designer Jörn Fenske und Heiko Donsbach beauftragt. Sie nutzen den Umstand, daß das Museum für Tageslicht konzipiert wurde, und arbeiten daher mit viel natürlicher Beleuchtung. Fenske und Donsbach, Bühnenmeister und Architekt, werden dem Raum ein neues Gesicht geben und zugleich dem bestehenden Baukörper des denkmalgeschützten Gebäudes den nötigen Respekt zollen. Das Monumentale, Wuchtige der Eingangshalle des Museums wird sich durchaus im Ausstellungssaal wiederfinden. So haben sie zunächst die Längsachse des Saales durchbrochen und in drei Teile neu gegliedert. Der längsgestreckte

Raum liest sich jetzt quer: ein hohes, von Tageslicht durchflutetes »Kirchenschiff« am Anfang und am Ende des Saales, in der Mitte ein in sich geschlossen wirkender, von einem Gewölbe aus Edelstahl eingerahmter Raum. In der Mitte dieses Raums steht eine große Saalvitrine aus der Erbauungszeit des Museums. Die neue Struktur wird auch über einen Wechsel der Fußbodenmaterialien – Kork und Industrieparkett – sichtbar. Vitrinen aus der Erstausstattung des Museums von 1911 formen wie damals Kojen und begrenzen so den Innenraum. Nur zwei von ihnen in der Mitte wurden entfernt, um dem Raum eine neue Akzentuierung geben zu können. Die Gestalter lassen dem alten Gebäude seine Identität; die ergänzenden Bauteile werden ihm nicht aufgedrängt. Die neuen Bauelemente stehen frei und sind durch dunkle Fugen von der bestehenden Bausubstanz, den Vitrinen, Böden und Wänden getrennt. Alte Materialien kommunizieren mit neuen, über den Gegensatz von Alt und Neu bekommt der Saal eine eigene Sprache. Das natürliche Licht, in das der Besucher in beiden Querschiffen getaucht wird, versteht sich als Mittel der emotionalen Gestaltung. Licht ist in der gesamten Gestaltung ein Hauptinstrument. Objekte werden so dargestellt, daß der Betrachter selbst entscheiden soll, wie er sie wahrnimmt. Die Ausstellung wird bewußt inszeniert. Dabei werden keine Figuren in erstarrten Bewegungen präsentiert; der Betrachter ist vielmehr gefordert, sich die Tänzer in der Bewegung vorzustellen. Die Absicht ist, Erinnerungen zu wecken und eine Stimmung zu erzeugen. Die Raumknappheit erzwingt Disziplin. Durch bewußtes Setzen von Rahmen für Objektgruppen wird ein Eindruck von Leere, von großzügigem Raumangebot erzeugt, obgleich viele Objekte zu sehen sind. Fast alles ist mobil, auswechselbar, verschiebbar. Nur Authentisches wird gezeigt, nichts wird mit Styropor oder ähnlichen Materialien nachgestellt. Figuren sind, sofern sie nötig sind, relativ abstrakt in Edelstahl und Holz gehalten. Nichts soll letztlich von den originalen Exponaten ablenken.

In Zusammenarbeit mit Dr. Jens Fischer/X-Media setzt das Museum erstmals in größerem Maße EDV-gestützte Information ein. Die Rechner und Bildschirme sollen Zusatzinformation vermitteln, sie ermöglichen ein Vertiefen der Aussage, erleichtern aber auch in vielen Fällen einen anderen, eher spielerischen Zugang. Die Spannbreite reicht von einem Rezeptautomaten, an dem man europäische Spezialitäten abfragen und sich Rezepte mit nach Hause nehmen kann, bis hin zu intensiven digitalen Bearbeitungen europäischer Geschichtsdaten. Die Bildschirme sind flach, eher unauffällig und in jedem Fall sehr leicht zu bedienen. Eine wichtige Funktion der Computer ist es, die Besucher mit Daten in europäischen Sprachen zu versorgen, um der Europa nicht angemessenen Einsprachigkeit ein Ende zu bereiten.

Die Ziele des Museums für Völkerkunde

Wir wollen ein Völkerkundemuseum neuen Typs mit neuen Möglichkeiten schaffen, weg von den Ansätzen und Fragestellungen der Gelehrtenwelt des 19. Jahrhunderts:

- Vom Vitrinenmuseum zum ganzheitlichen, lebendigen Museum
- Von der Distanz zum eigenen Erleben
- Vom Betrachten zum Begegnen, vom Begegnen zum (sinnlichen) Begreifen, vom Begreifen zum Verstehen, vom Verständnis zur Toleranz
  Nur durch Hinführung zur Toleranz können wir Haß abbauen und daran arbeiten, Feindseligkeiten zwischen den Angehörigen verschiedener Kulturen zu vermindern. Demokratie wird gestärkt durch das Bewußtsein, daß wir alle Kinder *einer* Welt sind.

Wir sind:

- Ein Forum der Begegnung der Menschen verschiedener Völker und Kulturen
- Dazu ein Informationszentrum zur Vermittlung des ersten Einstiegs in fremde Kulturen und der weiterführenden Kontakte

Das Konzept – Was ist neu?

Durch die Umgestaltung sollen unsere Dauerausstellungen flexibler und noch besser verständlich werden und dabei möglichst alle Sinne ansprechen. Der neue Ansatz bedeutet: Ein lebendiges Museum, nicht mehr beschränkt auf distanzgebietende Vitrinen, vermittelt einen ganzheitlichen Kulturansatz und ein tieferes Verständnis für eigene und andere Kulturen. Eine zentrale Bedeutung erhält dabei die unmittelbare, sinnliche Begegnung mit Menschen verschiedener Kulturen. Durch die gleichzeitige Begegnung mit den geistigen Inhalten dieser Kulturen über die Ausstellungsobjekte des Museums bekommt sie eine andere Qualität.

Neu ist:

- Die Unmittelbarkeit der Begegnung von Menschen unterschiedlicher Kulturen als regelmäßiges Programm
- Das Bemühen um das Ansprechen aller Sinne
- Die Entwicklung eines einheitlichen Leitsystems für alle Abteilungen
- Die rasche Aktualisierbarkeit der Dauerausstellungen
- Parallel dazu die häufigere Durchführung von Sonderausstellungen
- Unser Aktualitätsverständnis
- Die Betrachtung von Völkerkunde nicht ausschließlich als ästhetisches Ereignis, sondern auch als gesellschaftspolitische Aufgabe
- Das Erzählen von »Geschichten« mit Objekten, das heißt die Bevorzugung einer stark kontextualisierten Ausstellungsweise
- Eine konsequente neue Ästhetik in der Präsentation

Lebendiges Europa – Forschung, Festivals und Informationen

Entsprechend unserem Selbstverständnis als Begegnungszentrum der Angehörigen vieler Kulturen veranstalten wir besonders zum Thema Europa neben den Ausstellungen auch große Kulturfestivals, Veranstaltungen und Feste, die stets in partnerschaftlicher Zusammenarbeit mit Vertretern der jeweiligen Kultur vorbereitet und durchgeführt werden. Solche Aktionen gab es in den letzen Jahren zusammen mit Polen, Ungarn, Tschuwaschen, Bulgaren, Tscherkessen und Abchasen (Kaukasus), Iren, Schotten und Albanern. Herausragende Bedeutung erlangte das Arraial Português – ein portugiesisches Kulturfestival, bei dem seit 1993 das Museum einmal jährlich in ein portugiesisches Haus verwandelt wird und das einen wichtigen Beitrag zur Integration der in Hamburg lebenden Portugiesen und zur Vermittlung portugiesischer Kultur in Hamburg leistet. Es wird ganzjährig von zahlreichen kleineren anderen Aktivitäten in Zusammenarbeit mit der portugiesischen Gemeinde begleitet. Nach Wiedereröffnung der Europa-Dauerausstellung wird es möglich sein, diese Aktivitäten noch zu verstärken.

1993/94 führte die Eurasien-Abteilung ein großes interdisziplinäres Drachenprojekt durch, bei dem das Phänomen des Drachen in einem weltweiten Kulturvergleich ethnologisch untersucht wurde. Die Forschungsergebnisse konnten in Buchform einer größeren Öffentlichkeit zugänglich gemacht werden, ferner wurde ein Drachenarchiv angelegt.

Bei der intensiven internationalen Europa-Diskussion in den neunziger Jahren stellt das Museum stets ein wichtiges Informationszentrum und Diskussionsforum dar. Beim Symposium »Drache, Stern, Wald und Gulasch – Europa in Mythen und Symbolen« vermittelten Fachvertreter der Völkerkunde und der Volkskunde im Rahmen der Europawoche 1996 einem breiten Publikum ihre neuesten Erkenntnisse zu diesem Thema.

Auch die Kooperationen mit anderen Museen und Institutionen haben sich in den letzten Jahren vermehrt. 1996 konnte in Zusammenarbeit mit dem Ethnographischen Museum Zagreb die Ausstellung »Paška Čipka – Die hohe Kunst der kroatischen Spitze«, 1998 gemeinsam mit der Fotoagentur Focus (Hamburg) die Fotoausstellung »Die Sehnsucht nach dem Morgenrot – Erkundungen unter den Völkern zwischen Donau und Amu Daria« und 1998/99 zusammen mit dem finnischen Wissenschaftszentrum Heureka die große Sonderausstellung »Bären und Blockhütten – Ein europäisches Waldabenteuer« gezeigt werden.

Kennzeichnend für den Aktualitäts- und Informationsanspruch des Museums war eine Diskussionsrunde mit Politikern und Betroffenen über die aktuelle Situation im Kosovo im September 1998 vor großem Publikum. Das Museum möchte diese Art der Veranstaltungen, die nur aufgrund der guten Beziehungen zu den ausländischen Volksgruppen in Hamburg in dieser Qualität möglich sind, weiterhin ausbauen.

Danksagung

Viele Kollegen aus anderen Fachgebieten haben uns geholfen, Ausstellung und Handbuch zu realisieren. Wir möchten uns bei den Autorinnen und Autoren aus ganz Europa bedanken, die uns ihr Wissen so bereitwillig zur Verfügung stellten. Wir danken Dr. Gudrun Müller, Caroline Schemmel und Daniel Bein für ihre Ausdauer, Findigkeit und kluge Hilfsbereitschaft bei der Vorbereitung von Handbuch und Ausstellung sowie Nina Sylvanus für ihre Recherche-Fähigkeiten. Inga Renkhoff danken wir für etwas, was leicht aussieht, aber mühsam zu realisieren ist, denn sie stellte die gesamte umfangreiche Bibliographie zusammen, die in einem gesonderten Band unter dem Titel »Das gemeinsame Haus – Fundgrube Europa« erscheint. In der Recherche unterstützten sie Nicole Nowatzki und Alf-Tomas Epstein. Der ZEIT-Stiftung Ebelin und Gerd Bucerius danken wir für ihre intensive finanzielle Unterstützung, ohne die das ganze Unternehmen nicht zustande gekommen wäre, besonders aber dafür, daß ihr Vorstand mit uns an die Idee geglaubt hat, die wirklichen Wurzeln der gemeinsamen Kultur der Europäer und zugleich das Trennende zwischen den Kulturen aufzuzeigen und verständlich zu machen. Der Edition diá danken wir für Verständnis, Strenge und Geduld in der richtigen Mischung während des Lektorats.

Unsere Leserinnen und Leser möchten wir um Verständnis dafür bitten, daß wir nicht immer einer Meinung mit jedem unserer Autoren sind. Bei einem solch komplexen Thema wie »Europa« schien es uns unumgänglich, auch konträre Meinungen zuzulassen. Für den Inhalt der Beiträge ist jeder Autor selbst verantwortlich.

1 Wulf Köpke, Was ist typisch für Europa oder: Wie stelle ich eine Idee im Museum aus? In: Tribus 39, Stuttgart 1990. S. 167.

2 Heide Nixdorff, Vorwort. In: Heide Nixdorff und Thomas Hauschild (Hg.), Europäische Ethnologie, Theorie- und Methodendiskussion aus ethnologischer und volkskundlicher Sicht. Berlin 1982. S. 9.

3 Georg Thilenius, Das Museum für Völkerkunde und seine Besucher. In: Museumskunde, N. F. 7. Berlin 1935. S. 105.

4 Adolph Oberdörfer und Ferdinand Worlée, Die Ethnographische oder Sammlung für Völkerkunde im Anschluß an das Naturhistorische Museum in Hamburg. Hamburg 1867.

5 Georg Thilenius, Bericht an den Senator Werner von Melle. In: Werner von Melle, Dreißig Jahre Hamburger Wissenschaft, Bd. 2: 1891–1921. Hamburg 1924. S. 364–365.

6 Georg Thilenius, Das Hamburgische Museum für Völkerkunde, Berlin 1916. S. 147.

7 Georg Thilenius, Museum und Völkerkunde. In: Festschrift zum fünfzigjährigen Bestehen des Hamburgischen Museums für Völkerkunde (Mitteilungen aus dem Museum für Völkerkunde in Hamburg, 13). Hamburg 1928. S. 1–2.

8 Egon Friedell, Kulturgeschichte der Neuzeit, Die Krisis der europäischen Seele von der Schwarzen Pest bis zum Weltkrieg, Bd. III, München 1927–1932. S. 479.

9 Georg Thilenius, Aufgaben des Hamburgischen Museums für Völkerkunde. In: Tagungsbericht der Deutschen Anthropologischen Gesellschaft, 1.–13. August 1928. Hamburg 1929. S. 9.

Bild, Geschichte, Anspruch

Geographie und Ökologie Europas heute

Klaus Wehrs

Klima, geographische Vielfalt und Besonderheiten

Europa kann nur wegen seiner historischen Rolle als eigenständiger Kontinent bezeichnet werden. Geographisch betrachtet, ist unser nach Australien kleinster Teil der Erde eine Halbinsel am Westrand Asiens. Jedoch besitzt er aufgrund einer vielfältigen Differenzierung seiner prägenden Naturfaktoren als besonderes Merkmal einen relativ kleinräumigen Wechsel unterschiedlicher Naturlandschaften. Dies unterscheidet ihn erkennbar von anderen Erdteilen, auf denen morphologische Großgliederungen raumprägend sind. Nirgendwo sind geologische Baueinheiten vom Präkambrium bis zu Ablagerungen der Weichseleiszeit, alte Gebirgsrümpfe und junge Hochgebirge, immer noch aktive Vulkangebiete und Grabenbrüche, Ebenen, Schichtstufenländer, unterschiedliche Küstenformen, Boden- und Vegetationstypen auf so kleinem Raum konzentriert wie in Europa.

Durch diese Feststellungen ergibt sich erst einmal eine stark vereinfachte Raumbeschreibung, aber noch keine der geographischen Grenzen. Auf dem Wasser sind diese leichter zu finden: Barentsee, Europäisches Nordmeer, Nordatlantik, Mittelmeer, Marmarameer und Schwarzes Meer. Dabei wird Island zu Europa, Grönland hingegen zu Amerika gerechnet, ohne daß diese Zuordnungen schlüssig nachzuvollziehen wären. Problematisch sind sicher auch die Abgrenzungen an der Ägäis, am Bosporus und an den Dardanellen, umstritten auch die Zuordnung Zyperns zu Europa.

Viel schwieriger ist die Festlegung geographischer Grenzen auf dem Land, da es sich dort mehr noch als auf dem Wasser in der Regel um breite Übergangssäume handelt, in denen erst durch eine Definition eine Grenzlinie festgelegt werden kann. Die heute definierte Abgrenzung Europas gegen Asien wurde 1730 von Strahlenberg vorgeschlagen und von da an mit kleinen Abweichungen immer wieder bestätigt, unter anderem 1958 von der Geographischen Gesellschaft der Sowjetunion. Diese Grenze verläuft entlang der Wasserscheide im Uralgebirge und weiter längs des Uralflusses bis zum Kaspischen Meer. Zwischen diesem und dem Schwarzen Meer werden als Grenzlinie entweder die Manytsch-Niederung oder die Wasserscheide des Kaukasus genannt. Bei dieser Definition gehören die überwiegend christlichen Länder Armenien und Georgien nicht zu Europa, wohl aber Teile der islamischen Länder Aserbeidschan und Kasachstan sowie ganz Dagestan, Inguschien, Tschetschenien und etliche weitere vorwiegend islamische Territorien im Nordkaukasus und seinem Vorland.

Europa hat eine Gesamtfläche von 9 970 000 km². Von dieser Landmasse sind 6 520 000 km² Festland sowie 3 450 000 km² Inseln und Halbinseln. Die Tatsache, daß 34,6 Prozent der Gesamtfläche auf Inseln und Halbinseln entfallen, ist gleichzeitig ein wichtiger Faktor für die mit 37 200 Kilometern erhebliche Küstenlänge Europas. Eine weitere Folge ist der relativ geringe durchschnittliche Küstenabstand von 340 Kilometern, wodurch 62 Prozent des Kontinents als küstennah und nur 38 Prozent als küstenfern eingeordnet werden können. Mit mittleren Höhen von etwa 300 Metern über Normal-Null ist Europa zugleich der niedrigste Erdteil.

Nach den Landschaftsformen läßt sich das Gebiet westlich des Urals in sechs große Teile gliedern: Mit über 5 Millionen km² ist Osteuropa der bei weitem größte Teil Europas und, abgesehen von einem schmalen Streifen am Ostrand mit Faltengebirgen, fast ausschließlich niedriges Tafelland.

Südosteuropa (0,75 Millionen km²) umschließt die von Deckengebirgen durchzogene Balkanhalbinsel, die durch einzelne eingelassene Aufschüttungsflachländer charakterisiert wird. Südwesteuropa (1 Million km²) wird fast durchgehend von Deckgebirgen des alpidischen Typs eingenommen. Nur die westliche Hälfte der Iberischen Halbinsel weist Bruchschollenländer im Landschaftsbild auf.

Westeuropa (0,75 Millionen km²) ist ein vielgestaltiges Gebiet mit Aufschüttungsflach-, Bruchschollen- und Schichtstufenländern.

Mitteleuropa nimmt einen etwa 1 Million km² umfassenden Raum im Zentrum des Kontinents ein. Das Relief steigt stufenförmig von den Aufschüttungsflachländern an Nord- und Ostsee über die Bruchschollenländer im Bereich der Mittelgebirge bis zu den Alpen (Deckengebirge) an.

Nordeuropa (1,5 Millionen km²) besteht überwiegend aus niedrigen Rumpfflachländern, denen an der Westseite der Skandinavischen Halbinsel ein Kettenschollengebirge vorgelagert ist. Eine Besonderheit in Nordeuropa ist die Vulkaninsel Island.

Die heutigen europäischen Landschaftsformen sind das Ergebnis des erdgeschichtlich nachweisbaren Zusammenwirkens von endogenen und exogenen Kräften (morphodynamischen Prozessen), die Bauformen der Erdkruste schaffen, verändern und wieder vergehen lassen.

Klimageographische Grundorientierung

Seit rund 10 000 Jahren herrschen in Europa warmzeitliche Klimaverhältnisse. Ausnahmen bilden dabei der äußerste Norden des europäischen Festlandes und die europäischen Inseln im Nordatlantik sowie im Nordpolarmeer. Sie gehören zur polaren bzw. subpolaren Klimazone.

Nordeuropa und das nördliche Osteuropa sind überwiegend Teile der (kalt)gemäßigten borealen Zone. Der größte Flächenanteil Europas entfällt auf die (kühl)gemäßigte Zone. In ihr verändern sich die Klimamerkmale von den hochozeanischen und ozeanischen Waldklimaten Westeuropas allmählich hin zu den kontinentaleren Klimavarianten im Osten.

Im Südosten Rußlands und der Ukraine, jenseits der natürlichen Waldgrenze, gewinnen die winterkalten Steppenklimate des inneren Eurasien immer mehr an Einfluß.

Südeuropa liegt innerhalb der subtropischen Zone, wobei in den küstennahen Regionen meist das winterfeucht-sommertrockene Mediterranklima herrscht, während in einigen Beckenlandschaften des Binnenlandes oder im Regenschatten von höheren Gebirgszügen die Grenze der winterfeucht-sommerdürren Steppenklimate überschritten wird.

Charakteristisch für Europa ist die große Ausdehnung der kühlgemäßigten Waldklimate im Zentrum des Kontinents. Verantwortlich sind die Ausläufer des Golfstroms, der warme Wassermassen über den Atlantik heranführt. Diese »Warmwasserheizung« drängt an der atlantischen Flanke des Kontinents die Grenzen der gemäßigten, subpolaren und polaren Zone weit nach Norden zurück. Der Grenzsaum der kaltgemäßigten borealen Klimate verläuft in Europa um bis zu 25 Breitengrade nördlicher als beispielsweise an der Ostküste Nordamerikas. An der norwegischen Atlantikküste tritt, wenig nördlich des Polarkreises, die höchste Temperaturanomalie (in positiven Temperaturwerten) der Erde auf. Das Temperaturmittel liegt um 24 Grad Celsius über dem Durchschnitt der auf dieser Breitenkreislage der Nordhalbkugel gemessenen Temperaturen. Europa hat aufgrund des Golfstroms ein außergewöhnlich mildes, thermisch ausgeglichenes Klima. Das gilt besonders für seine westliche Hälfte, für die das Meer als Wärmespeicher zusätzlich die Temperaturen im Jahresgang dämpft.

Europas Klima

Im Gradnetz liegt Europa zwischen 37° und 71° Nord. Damit hat es Anteil an drei verschiedenen Klimazonen: der subtropischen, der gemäßigten und der polaren Zone. Die von Süd nach Nord abnehmende Strahlungsenergie führt zu einer charakteristischen zonalen Temperaturverteilung, die vor allem im Sommerhalbjahr (bei den Julitemperaturen) deutlich wird. Daneben wird das Klima Europas in starkem Maße vom Meereseinfluß geprägt. So stellt sich über dem Kontinent ein den Längengraden folgender (meridionaler), von West nach Ost gerichteter Klimawandel zwischen Maritimität und Kontinentalität ein, der im Winter, vor allem im Januar, besonders ausgeprägt ist. Der Zeitpunkt des Frühlingseinzugs, der durch den Beginn der Apfelblüte definiert wird, spiegelt den zonalen und meridionalen Klimawandel über Europa besonders gut wider – der Frühling beginnt im Südwesten Europas und setzt sich nach Nordosten fort. Die Niederschlagsverteilung Europas wird entscheidend von der Topographie beeinflußt. Dabei spielen neben der Höhenlage auch Luv- und Lee-Effekte eine wichtige Rolle.

Das Klima der Mittelbreiten, die weite Teile Europas einnehmen, und die angrenzenden Regionen der Subtropen und Polarregion werden in starkem Maße von unterschiedlichen Wetterlagen geprägt. Sie werden von dynamischen Hoch- und Tiefdruckgebieten gesteuert, die unter einer starken Höhenströmung, der Westwinddrift, gebildet werden. Die Mittelbreiten liegen das ganze Jahr über unter dem Einfluß dieses Windbandes, das sich durch den starken Temperaturkontrast zwischen Äquator und Pol im Bereich der Polarfront bildet. Jene trennt am Boden warme Tropikluft von kalten Polarluftmassen. Die Witterung der Subtropen und Polarregionen wird nur zeitweise von der Westwinddrift beeinflußt, das Klima ist zumeist beständiger. Dies gilt insbesondere für den Mittelmeerraum, der durch die Hochgebirge der Pyrenäen, Alpen und Karpaten vor Kaltlufteinbrüchen aus dem Norden weitgehend abgeschirmt ist.

Durch die tiefstehende Sonne im Winter (Januar) ist die Strahlungsbilanz überwiegend negativ. Der Wärmezufuhr vom Atlantik kommt daher eine wichtige Bedeutung zu. Der an die Westwinddrift und an die sich unter ihr bildenden dynamischen Hoch- und Tiefdruckgebiete gebundene Luftmassenaustausch steuert diesen Prozeß. So führen die vorherrschenden westlichen bis südwestlichen Strömungen über Europa im Winter zur Zufuhr relativ milder, feuchter Luft vom Atlantik. Der maritime Einfluß ist dabei in Westeuropa am stärksten ausgeprägt. Mit zunehmender Entfernung vom Atlantik nimmt der Grad an Kontinentalität nach Osten hin immer mehr zu. Die negative Strahlungsbilanz kommt immer stärker zum Tragen und läßt die Temperaturen durch die abnehmende Zufuhr milder Luftmassen von Westen her fallen. So verläuft die Null-Grad-Isotherme im Januar etwa auf einer Linie von Westskandinavien über Hamburg bis zum Schwarzwald. Während das Januarmittel im unmittelbaren Küstenbereich Westeuropas zumeist zwischen 5 und 10 Grad Celsius liegt, fallen die Temperaturen in Nordosteuropa bis unter -15 Grad.

Der von West nach Ost zunehmende Kontinentalitätsgrad kommt auch durch die Zunahme der Jahresamplitude der Temperatur zum Ausdruck. Sie beträgt im maritimen London weniger als 15 Grad Celsius, während im kontinentalen Bereich von Sankt Petersburg und Kiew fast 30 Grad erreicht werden. Im Sommer (Juli) zeigt sich über weiten Teilen Europas durch die überwiegend positive Strahlungsbilanz ein Nord-Süd-Wandel der Temperatur. Nun wirken sich die vergleichsweise kühlen Wassermassen des Atlantiks dämpfend aus, so daß die Juli-Isothermen über West- und Nordwesteuropa nach Süden verschoben sind. Die 20-Grad-Isotherme verläuft beispielsweise von Osteuropa bis nach Oslo etwa parallel zum 60. Breitengrad und knickt dann nach Südosten ab, weil die vorherrschenden Westwinde nun vergleichsweise kühle Luftmassen herantransportieren. Die höchsten Temperaturen werden infolge der stärkeren Sonneneinstrahlung und der weitgehend fehlenden Bewölkung in den vollariden Gebieten der Subtropen erreicht.

Die Durchschnittstemperaturen im Juli überschreiten im Inneren Südosteuropas mitunter 30 Grad Celsius. Die tiefsten Temperaturen des Juli in Europa werden mit 5 bis 10 Grad Celsius Monatsmittel im Norden Skandinaviens und auf Island erreicht. Darüber hinaus heben sich sowohl im Winter als auch im Sommer die Höhenlagen der Gebirge als kühlere Klimainseln hervor.

Der Großteil des Niederschlags Europas fällt aus wandernden Tiefdruckwirbeln. Diese Tiefdruckgebiete entstehen auf dynamischem Wege unter dem schnellen Höhenwindband der Westwinddrift (Polarfrontdrift), die ab einem gewissen Temperaturgefälle Äquator/Pol zu mäandrieren beginnt. Dadurch schieben sich Kaltlufttröge nach Süden und Warmluftrücken nach Norden vor. Unter der Vorderseite eines Troges entsteht unter der Westwinddrift durch Ansaugprozesse nach oben ein bodennahes Tiefdruckgebiet. Es lenkt im Gegenuhrzeigersinn auf seiner Ostseite warme Tropikluft nach Norden und auf seiner Rückseite im Westen kalte Polarluft nach Süden. Dabei entstehen die typischen Warm- und Kaltfronten. Im Bereich der voranschreitenden Warmfront gleiten die Luftmassen auf die in Bodennähe lagernde kühlere und damit schwerere Luft auf. Durch die einsetzende Kondensation bildet sich an der geneigten und sich zum Teil über mehrere hundert Kilometer erstreckenden Frontfläche Schichtbewölkung (Stratus). Aus ihr können langanhaltende Niederschläge fallen, die auch als Landregen bezeichnet werden. An der Kaltluftfront stoßen polare Luftmassen gegen die warme und damit leichtere Tropikluft vor. Dadurch wird diese angehoben, und es entsteht eine konvektive Bewölkung (Cumulus), aus der Schauerniederschläge fallen.

Diese Tiefdruckwirbel sind an die überlagernde Westströmung gekoppelt und wandern daher vom Atlantik in den europäischen Kontinent hinein. Da die Lebensdauer dieser sich bewegenden Zyklonen in der Regel nur wenige Tage beträgt, nehmen die mit ihnen verbundenen Niederschläge über Europa von West nach Ost allmählich ab. Dadurch ergibt sich ein entsprechendes Gefälle der Niederschlagsverteilung ins Innere des Kontinents. Darüber hinaus stellt sich nach Osten ein zunehmender Jahresgang der Niederschläge mit sommerlichem Regenmaximum ein, der auch als hygrische Kontinentalität bezeichnet wird. Die verstärkte Niederschlagstätigkeit im Sommer resultiert aus der starken Erwärmung der Festlandmassen im Inneren des Kontinents. Diese führt zu vertikalen Luftbewegungen und zu konvektiver Bewölkung mit entsprechenden Niederschlägen.

Neben dem tendenziellen West-Ost-Gefälle der Niederschlagsverteilung in Europa gibt es auch einen Höhenwandel der Mengen. Mit zunehmender Höhe steigen in der Regel die Niederschläge an. Ursache dafür sind sowohl Staueffekte als auch die höheren Windgeschwindigkeiten in den Bergregionen, die die Zufuhr feuchter Luftmassen beschleunigen. Eine Nord-Süd-Ausrichtung der Gebirgsketten verstärkt diesen Effekt durch die in der Höhe vorherrschenden Westwinde zusätzlich. Dies wird insbesondere an der Westabdachung des Skandinavischen Gebirges spürbar. Im Lee solcher Gebirge gehen die Niederschläge durch Föhneffekte erheblich zurück, wie etwa im Hochland von Spanien. Die westliche Höhenströmung, unter der die Tiefdruckwirbel entstehen und in deren West-Ost-Zirkulation sie eingebunden sind, verlagert sich im Jahresablauf. Entsprechend verlagern sich die Bahnen, auf denen die beweglichen Zyklonen nach Europa transportiert werden. Im Sommer lenkt ein Keil des Subtropenhochs über den Azoren die Tiefdruckgebiete über Europa nach Norden ab und hält sie dadurch vom Mittelmeerraum fern. Im Winter ist die Westwinddrift hingegen nach Süden verlagert und lenkt nun atlantische Tiefs auch ins Mittelmeergebiet. Darüber hinaus entstehen über dem relativ warmen Mittelmeerraum selbst eigenständige Tiefdruckwirbel, wie etwa über dem Golf von Genua. Aus diesem Grund fallen die Niederschläge rund um das Mittelmeer vor allem im Winterhalbjahr (Winterregengebiet).

Die Tief- und Hochdruckgebiete steuern durch ihre Eigenzirkulation die Zufuhr unterschiedlicher Luftmassen nach Europa und die mit ihnen verbundenen Temperatur- und Feuchtigkeitsverhältnisse. So führen Westwinde feuchte Luftmassen vom Atlantik heran; Niederschläge sind dann häufig. Von Norden her strömen kühle bis kalte Luftmassen ein, während eine südliche bis südwestliche Strömung für die Zufuhr feucht-warmer Luftmassen sorgt. Ostwinde haben in Europa zumeist trockenes Wetter zur Folge, das im Sommer mit Wärme aus dem Inneren des Kontinents, im Winter hingegen mit sibirischer Kaltluft verbunden ist. Das Klima in weiten Teilen Europas wird von der Häufigkeit solcher Wetterlagen bestimmt. Dadurch ergeben sich innerhalb und zwischen einzelnen Jahren mitunter erhebliche Differenzen des Wettergeschehens. Die Karten der Temperatur- und Niederschlagsverteilung in Atlanten und Handbüchern geben hingegen nur langfristige Mittelwerte wieder, aus denen die zum Teil erheblichen kurzzeitigen Schwankungen nicht hervorgehen.

Seit historischer Zeit ist der Beginn der Apfelblüte ein Indikator für den Frühlingseinzug und den zeitlichen Ablauf des Ereignisses. Die Apfelblüte markiert einen offenkundigen Südwest-Nordost-Wandel sowie eine markante hypsometrische (von der Höhe abhängige) Differenzierung. Je früher damit die Vegetationszeit einsetzt, desto länger dauert sie thermisch auch an. Besonders begünstigt sind das Mittelmeergebiet sowie das maritime Westeuropa. In Südportugal setzt die Apfelblüte bereits vor dem 21. März ein. Dort wirken sich die starke Maritimität und die mit der südlichen Lage verbundene hohe Insolation (Sonneneinstrahlung) günstig auf den Beginn der Vegetationsperiode aus. Bis Ende April beginnt die Apfelblüte generell im Tiefland etwa südlich des 45. Breitengrades. Über den Atlantik hinweg setzt sich diese Gunstregion nach Norden bis Südwestirland fort. Der warme Golfstrom hebt hier die Wintertemperaturen auf ein mediterranes Niveau. In Deutschland ist ein derartig früher Frühlingsbeginn nur im Oberrheingraben gegeben. In den Mittelgebirgen zieht sich der Frühlingsbeginn bis Ende Mai hin. Die im Frühjahr sehr kalten Randmeere der Nord- und Ostsee verzögern an den Küsten den Frühlingseinzug merkbar.

Im nördlichen Skandinavien beginnt der Apfelbaum ebenso wie nördlich von Sankt Petersburg in Nordwestrußland erst im Juni zu blühen. Der späte Beginn der Vegetationszeit im Nordosten Europas wird jedoch durch die relativ hohen Sommertemperaturen weitgehend kompensiert. Die Entwicklungsphasen der Pflanzen laufen schneller ab als im sommerkühlen Westeuropa. Jedoch sind auch die Winterlänge und der Frühlingseinzug in Europa recht variabel ausgebildet, je nachdem woher gerade die Luftmassen herangeführt werden. Während in der Höhe über Europa die Westwinde dominieren, bilden die resultierenden Druckgebilde im Mittel recht unterschiedliche Windrichtungen in den verschiedenen Gebieten Europas aus. Das Azorenhoch, um das die Winde im Uhrzeigersinn drehen, bedingt die nördliche Windkomponente des Sommers im dann ariden Mittelmeergebiet, früher Etesien genannt. Die Etesien sind regelmäßig wehende und trockene sommerliche Nord-Ost- bis Nord-West-Winde über dem östlichen Mittelmeer. Sie werden durch den Ausläufer des Azorenhochs über den Alpen und das vorderasiatische Tiefdruckgebiet gesteuert. Die Etesien gehen teilweise, wie auch andere Windsysteme über dem mittleren und westlichen Mittelmeer, ohne Frontstörung in den Nord-Ost-Passat Nordafrikas über. Im Winter dominieren dann im westlichen Mittelmeer eindeutig die regenbringenden Westwinde.

Vor der deutschen Nordseeküste zeigt das maritime Helgoland in allen Jahreszeiten eine Dominanz von Winden aus westlichen Richtungen, im Winterhalbjahr vor allem aus Südwest. Es unterliegt fast ganzjährig dem Einfluß des Westwindregimes. Das kontinentale Gdingen in Polen weist dagegen mehr meridionale Windrichtungen, also Nord- und Südwinde aus, die bereits stärker von Druckgebilden über dem Inneren des Kontinents geprägt sind.

Ökologische Probleme und Trends in Europa

Europa besteht größtenteils aus Waldland. Jedoch haben menschliche Eingriffe in den Naturhaushalt die Grenzen der natürlichen Vegetation weitgehend verwischt. Dies gilt für den Übergang von den lichten Eichen-Steppenwäldern im Osten und Südosten des Kontinents ebenso wie für die Pußta in Ungarn. Sie ist, wie viele andere Steppengebiete auch, das Ergebnis der durch den Menschen bewirkten Versteppung, hervorgerufen durch Abholzung der Wälder, Überweidung, Trockenlegung von Sümpfen und Bodenversalzung; oftmals kommen absichtlich gelegte Brände hinzu. Der ursprünglich weitgehend bewaldete Kontinent Europa hat seinen Wald zum größten Teil verloren, und die restlichen Bestände werden in der Zukunft voraussichtlich weiter schrumpfen. In Südeuropa fallen immer wieder große Waldflächen Brandstiftern zum Opfer oder verdorren. In Nordeuropa leiden die Wälder unter der anhaltenden Versauerung des Niederschlags und der Böden. Auch in Mittel- und Westeuropa, wo die Schadstoffbelastung der Luft am stärksten wirksam ist, schreitet das Baumsterben voran.

Die Umweltbelastung bleibt jedoch nicht auf das Festland beschränkt. So verhandeln beispielsweise die Nordsee-Anrainerstaaten seit 1974 über eine Verminderung der Schadstoffzufuhr zur Erhaltung des Lebensraums Nordsee. Dabei spielen im wesentlichen drei Schadstoffbereiche eine Rolle. An erster Stelle ist der Nährstoffeintrag zu nennen, der zur Algenüberpopulation (Algenblüte) führen kann und – aufgrund des damit verbundenen Sauerstoffmangels – zum Absterben von Meerestieren. Schwermetalle und Kohlenwasserstoffe werden entweder sedimentiert oder über die Nahrungskette im Organismus angereichert. Sichtbare Zeichen für diesen Schadstoffbereich sind krankhafte Gewebeveränderungen bei Fischen. Abschließend muß auf die Verschmutzung der Meere durch Öl hingewiesen werden. Besonders in Flachgewässern, die zu den produktivsten europäischen Meeresteilen zählen, verhindert die Bildung eines öligen Oberflächenfilms den Gasaustausch und zerstört das Bodenleben durch Sedimentation des Bitumenanteils. Trotz des Abschlusses mehrerer Abkommen zum Schutz der Nordsee ist deren Überwachung schwierig und teuer. Nicht zuletzt spielt dabei die Frage eine Rolle, ob eine direkte Verschmutzung des Meeres stattgefunden hat oder eine indirekte Verschmutzung über die eintragenden Flüsse und die Luft. Bei der erheblichen Küstenlänge, die Europa vorweist, sind die Probleme der Meere von zentraler Bedeutung für den Kontinent.

Mit der Auflösung der Sowjetunion sind die ökologischen Probleme der Nachfolgestaaten verstärkt in das Bewußtsein der Weltöffentlichkeit gelangt. Für Rußland und die größten GUS-Staaten, die Anteil an Europa haben, ergibt sich als Situationsbeschreibung nachfolgender Überblick (nach Stadelbauer).

Rußland

In der Russischen Föderation sind die Belastungen und Schädigungen der Umwelt am größten. Betroffen sind sowohl die besonders störungsanfälligen Ökosysteme in subpolaren und kaltgemäßigten Gebieten als auch industrielle und städtische Ballungsräume und sogar landwirtschaftliche Gunsträume. Unkontrollierter Holzeinschlag im borealen Nadelwald bedroht die größte zusammenhängende Waldfläche der Erde. An der Ausbeutung dieser Ressourcen sind westliche Holzfirmen beteiligt, ohne daß für eine hinreichende Wiederaufforstung gesorgt wird. Industrieabwässer und undichte Pipelines verseuchen die Flüsse und das Grundwasser. Besonders an den Standorten der Holz- und Zelluloseindustrie tritt starke Gewässerverschmutzung auf. Auch durch die ungereinigten Emissionen der Industrie und der privaten Haushalte kommt es zu bedrohlicher Luft- und Wasserverschmutzung. Besonders hohe Schwefeldioxidemissionen werden im subpolaren Bergbaugebiet auf der Halbinsel Kola, im Braunkohlentagebau des Moskauer Großraumes, bei der Eisenerznutzung im südlichen Ural und beim Kohlebergbau im Kusnezker Becken gemessen. In der Tundra und in der Taiga führt die Vegetationszerstörung, bedingt durch die geringe Regenerationsfähigkeit der subpolaren Vegetation, zur Ausbildung einer vom Menschen verursachten Kältewüste. Schwer zu beurteilen sind die Folgen radioaktiver Verseuchungen weiter Landstriche. Durch Niederschläge aus ober- und unterirdischen Atomwaffentests, Kernexplosionen für nichtmilitärische Zwecke und Unfälle wie dem von Tschernobyl wurden ganze Regionen und ihre Bewohner verstrahlt. Als unfallverdächtig gelten viele zivile Atomkraftwerke und militärische Reaktoren auch im europäischen Teil Rußlands. Bisher noch nicht erfaßt ist der Atommüll, der in erheblichen Mengen im Meer versenkt oder im Uralgebiet sowie im Westen Rußlands gelagert wurde.

Belarus (Weißrußland)

Nahe der südlichen Grenze Weißrußlands, nördlich von Kiew in der Ukraine, ereignete sich am 24. April 1986 im Kernkraftwerk Tschernobyl eine unkontrollierte Kernreaktion, die zu einem verheerenden Atomunfall führte. Auch heute ist der Unglücksreaktor wegen fehlender Finanzmittel noch nicht gesichert und seine provisorische Betonhülle weiterhin einsturzgefährdet. In Belarus stehen die radioaktive

Belastung von Boden und Vegetation durch diese Katastrophe unter den ökologischen Problemen an vorderster Stelle. Auf Weißrußland fielen nach dem Störfall rund 70 Prozent der radioaktiven Niederschläge. Über 20 Prozent der landwirtschaftlichen Flächen und 15 Prozent der Wälder sind kontaminiert. Insgesamt etwa zwei Millionen Menschen leben in den verstrahlten Gebieten und müßten zum Teil umgesiedelt werden. Trotz zahlreicher Hilfsmaßnahmen westlicher Länder und privater Initiativen reichen die Mittel zur Behebung der Unglücksfolgen nicht aus. Bedingt durch die – internationale diplomatische Regeln mißachtende – Außenpolitik des seit 1994 amtierenden Staatspräsidenten Lukaschenko wird das volle Ausmaß der Schäden und Probleme für die Weltöffentlichkeit kaum einschätzbar.

Ukraine

Neben Belarus ist besonders die Nordukraine selbst von der radioaktiven Verseuchung betroffen. Durch landwirtschaftlich bedingte Umweltschäden ist das agrarische Potential der ehemaligen »Kornkammer« erheblich beeinträchtigt. Die Ukraine ist unter anderem wegen Bodenerosion, Versalzung und Schluchtenbildung in der Steppenregion oftmals auf Nahrungsmittelimporte angewiesen. Das Schwarze Meer und das schrumpfende Asowsche Meer sind durch Schadstoffeinträge stark verschmutzt. Durch die Verseuchung der großen Flüsse und des Grundwassers mit industriellen und landwirtschaftlichen Giftstoffen kommt es zur Verunreinigung des Trinkwassers. Auch in Moldawien, das einseitig intensiv agrarisch ausgerichtet ist, werden Pflanzenschutzmittel, wie das in Deutschland verbotene DDT, stark eingesetzt. Die negativen Auswirkungen dieser Produktion betreffen nicht nur den Boden und den Grundwasserhaushalt. Die Bodenvergiftung erreicht über die Nahrungskette auch den Menschen.

Kasachstan

Die radioaktive Verseuchung atomarer Testgelände und Deponien aus der Sowjetzeit ist neben Industrie und Landwirtschaft der Hauptverursacher ökologischer Belastungen. Es ist bis heute unbekannt, in welchen Größenordnungen Atommüll in Kasachstan deponiert wurde. Altlasten aus dem Buntmetallerzbergbau und der Verhüttung schädigen die Böden. Sie sind zudem durch Erosion und Versalzung beeinträchtigt, wobei sich der weitverbreitete Anbau von bewässerungsabhängiger Baumwolle in Monokultur noch verstärkend auswirkt.

Globale Trends und Europa

Atmosphäre und Klima

Seit Beginn der Industrialisierung hat sich die Zusammensetzung der Erdatmosphäre verändert. Aktuelle Klimamodelle prognostizieren bis zum Jahr 2100 einen Anstieg der globalen Durchschnittstemperatur um weitere 3 Grad Celsius durch den Treibhauseffekt. Dabei ist der Temperaturanstieg in den tropischen Zonen höher als in den gemäßigten und kalten Zonen. Es ist anzunehmen, daß sich durch Temperatur- und Niederschlagsschwankungen die Klimazonen und mit ihnen die Vegetationszonen verschieben werden. Davon könnte Europa in seinen hohen Breitengraden profitieren, da eine Verlängerung der Vegetationsperiode eine Steigerung der Produktion ermöglicht. Die skandinavischen Länder, die nördlichen Teile der Russischen Föderation und auch Polen wären in diesem Fall betroffen. Hingegen würden im Süden und Südosten Europas voraussichtlich erhebliche Wasserversorgungsprobleme entstehen. Insgesamt wird in den Klimamodellen gleichzeitig ein Anstieg des Meeresspiegels unterstellt, wovon auch die dichtbesiedelten und industrialisierten Küstenregionen in Europa betroffen wären. Das gilt besonders für Regionen in Spanien, Frankreich, Großbritannien, Deutschland, Schweden, Italien und Griechenland.

Boden, Wasser, Biosphäre

Der Boden, das Wasser und die Biosphäre sind die zentralen Faktoren des Naturhaushalts und unabdingbare Lebensgrundlagen der Menschen. Weltweit schädigen Erosion, Desertifikation sowie chemische und physikalische Einwirkungen die Böden. Die Verknappung und Verschmutzung der Süßwasserreserven gefährden in wachsendem Maße die Trinkwasserversorgung. Die Biosphäre mit ihren Tieren, Pflanzen und Mikroorganismen ist bedroht durch fortwährende menschliche Eingriffe.

Gegenwärtig sind in Europa von der Gesamtlandfläche 2,19 Millionen Hektar (23 Prozent) degradiert. Als Hauptdegradationsursachen sind Rodung (38 Prozent), Ackerbau (29 Prozent) und Überweidung (23 Prozent) festzustellen. Bei den Degradationsformen hat in Europa die Erosion durch Wasser (56 Prozent) und Wind (28 Prozent) den Hauptanteil.

Wasser bedeckt 71 Prozent der Erdoberfläche. Es befindet sich zu 97 Prozent als Salzwasser in den Weltmeeren. Von den verbleibenden 3 Prozent Süßwasser sind weniger als 0,4 Prozent in Flüssen, Seen und Sümpfen direkt zugänglich. Gegenwärtig werden die in Relation zum Weltdurchschnitt geringen Wasservorräte Europas bei relativ stabilem Klima und regelmäßigen Niederschlägen vergleichsweise kalkulierbar erneuert. Bei weltweit steigendem Wasserverbrauch in Landwirtschaft (künstliche Bewässerung), Industrie und privaten Haushalten werden sich in Europa wegen der zunehmenden Grundwasserverschmutzung Gesundheitsrisiken ergeben, denen nur mit erheblichem Kostenaufwand zu begegnen sein wird. Hingegen sind in Europa keine gravierenden nationalen Konflikte um die Nutzung der begrenzten Ressourcen oder gar Migrationsbewegungen zu befürchten, wie sie zum Beispiel für den Nahen Osten oder die Sahelzone vermutet werden bzw. sich bereits ankündigen.

Die heutige Vielfalt der Biosphäre ist das Ergebnis der sich in langen Zeiträumen vollziehenden Evolution. Die Artenvielfalt ist ungleichmäßig über die Erde verteilt. Die gemäßigten Klimaregionen, die den Hauptteil Europas darstellen, verfügen über wenige, aber individuenreiche Arten. Die tropischen Klimaregionen zeichnen sich durch großen Artenreichtum bei geringer Individuenzahl aus. Auch in marinen Ökosystemen nimmt die Artenvielfalt von den Polen zum Äquator hin zu. Die biologische Vielfalt ist weltweit und auch in Europa weniger durch die Nutzung einzelner Arten als durch die Zerstörung ihrer Lebensräume gefährdet.

Nachhaltige Entwicklung gilt als unabdingbar für den Erhalt der natürlichen Lebensgrundlagen Boden, Wasser und Biosphäre. Nicht alle Staaten Europas sind wirtschaftlich in der Lage, die in internationalen Verträgen (etwa auf der Konferenz von Rio de Janeiro) getroffenen Umweltschutzvereinbarungen auch umzusetzen.

Klima im Wandel – Streit der Experten

In der Beschreibung künftiger Zustände ist nichts wirklich sicher außer der Tatsache, daß sich das Klima verändert. Dabei haben auch schon im bisherigen Verlauf der Erdgeschichte große Veränderungen stattgefunden. Die glutflüssige Erde hat sich abgekühlt, bis sich an der Oberfläche feste Landmassen und Ozeane herausbilden konnten und Leben möglich wurde. Die Astronomen lehren, daß jeder Himmelskörper vergänglich ist, auch die Erde. Bis dahin werden weitere Veränderungen stattfinden. Auf die Frage, wann genau was und in welchem Umfang und Tempo geschehen wird und inwieweit der Mensch in diese Vorgänge bewußt oder unbewußt eingreift, findet man keine eindeutige Antwort. 1996 wurde in der ›Frankfurter Allgemeinen Zeitung‹ eine heftige Diskussion um die »Klimakatastrophe« geführt, in deren Rahmen die beiden auszugsweise wiedergegebenen Leserbriefe erschienen:

Irrationale Zukunftsängste

»[...] sind die bis zum Überdruß strapazierten Klimakatastrophen nur ideologisch gesteuerte Angstsyndrome. Den publizistischen Abnutzungseffekt kompensieren Klimalügen jedoch durch immer neue Varianten besser als andere Modetrends [...] Konnte das Mittelalter seine irrationalen Zukunftsängste noch durch Hexenprozesse in der Form grausamster Denunziation oder durch Veitstänze abreagieren, so müssen wir heute dieselben Ängste humaner auf pseudowissenschaftliche Katastrophentheorien projizieren. Noch vor 20 Jahren wurde uns ständig eine kurz bevorstehende Eiszeit in Aussicht gestellt, die ›unwiderlegbar‹ durch eine langzeitige Temperaturabnahme der Weltmeere ›exakt‹ bewiesen war. Eine derzeitige Klimaerwärmung durch das Kohlendioxid ist ebenso unglaubwürdig, da frühere Epochen der Erdgeschichte mit extrem hohem Kohlendioxidgehalt, wie zum Beispiel das Präkambrium, sehr kalt waren. Wenn solche Klimakatastrophen auch dieselbe Realität wie fliegende Untertassen besitzen, so genießen sie doch ein weitaus höheres gesellschaftliches Ansehen. Ob ein Politiker seiner Sonntagsrede einen betroffenen und verantwortungsbewußten Klang geben möchte oder ob wir unsere letzten Erholungs- und Kulturlandschaften durch nutzlose Windkraftanlagen zerstören wollen, immer leistet der Hinweis auf die Kohlendioxidkatastrophe dabei gute Dienste. Da nun erste Anzeichen auf ein Abklingen des mediengestützten Kohlendioxidhorrors deuten, so sollten wir es endlich in seiner wachstumsfördernden und damit vielleicht auch klimaausgleichenden Weise ruhig wirken lassen und neuen zukünftigen Katastrophen gespannt entgegensehen.« (Prof. Dr. Lothar Hoischen, Marburg)

Mit zwingender Kausalkette zur Klimakatastrophe

»[...] die zeitlichen Änderungen all dieser Klimagrößen zeigen sich bei drei- bzw. vierdimensionaler, hemisphärer oder globaler Betrachtung in gegenseitig sinnvollem Zusammenhang: Verstärkung der atmosphärischen Zirkulation (Wind bis zwölf Kilometer Höhe) und des hydrologischen Kreislaufs. Das führt auf den (geo)physikalischen Kern des ganzen Problems: die von Kohlendioxid, Methan und anderen Treibhausgasen ausgelöste Zunahme des Wasserdampfgehalts der Luft über den weiten Flächen der tropisch-subtropischen Ozeane und die entsprechende Zunahme von Niederschlag (und Abfluß). Die Treibhausgase erwärmen auch die oberen Schichten der Ozeane bis zum Teil über 30 Grad Celsius; damit nimmt aber auch die Verdunstung zu und injiziert eine zusätzliche Energie von 10 bis 20 Watt pro Quadratmeter in der Luft [...] Die beobachteten Änderungen führen zwingend auf folgende Kausalkette: Erwärmung der oberen Mischungsschicht der Ozeane in den Tropen um rund 0,01 Grad Celsius pro Jahr infolge des geänderten Strahlungshaushalts, Intensivierung des hydrologischen Kreislaufs und Energiezunahme der Luftzirkulation. Ein Beispiel nur: Im Winter nahmen die das Islandtief umstreichenden bodennahen Winde zwischen den zwanzigjährigen Zeitabschnitten 1951 bis 1970 und 1971 bis 1990 um rund 30 Prozent zu; die Sturmhäufigkeit in diesem Bereich hat sich seit 1989 mehr als verdoppelt: Gibt es Klimakatastrophen? Beim Rückzug der großen Eisschilde der letzten Eiszeit hat es viele gegeben – in den letzten 4500 Jahren ist es glücklicherweise ruhiger geworden. Aber daß die Häufigkeit extremer Wetterlagen zunimmt, dafür gibt es jetzt verschiedene Anzeichen.« (Prof. Dr. Hermann Flohn, Bonn)

Klimawechsel in Europa?

Innerhalb der Klimaveränderungen sind kurzfristige Variabilitäten klar von langfristigen zu unterscheiden. Erst in jüngster Zeit werden natürliche Klimaumschwünge durch anthropogene Beeinflussungen ergänzt und in einem Maße überlagert, daß es gegenwärtig schwerfällt, zwischen natürlichen und anthropogenen Klimaveränderungen zu unterscheiden. Das komplexe Begriffsfeld wird im folgenden auf den Hauptfaktor »bodennahe Lufttemperatur« beschränkt.

Selbst bei der Betrachtung kürzerer erdgeschichtlicher Zeiträume, etwa der letzten Million Jahre oder auch des Abschnitts seit der letzten Eiszeit, wird erkennbar, daß das Klima sogar relativ kurzfristig nie so statisch war oder ist, wie die gängigen Klimadefinitionen vorgeben. Eindeutige Prognosen sind nicht einmal für kleinste Zeitintervalle möglich. Wenn die Abweichungen vom bisherigen mittleren Zustand des Klimas über einen längeren Zeitraum nur in eine Richtung zeigen, spricht man von einer Klimaänderung; kurzzeitige Abweichungen von dem langzeitigen Mittelwert, die auch in verschiedenen Richtungen auftreten können, bezeichnet man hingegen als Klimaschwankungen. Je kürzer der betrachtete Zeitraum ist, desto schwerer sind Veränderungen und Schwankungen voneinander zu unterscheiden; man behilft sich deswegen oft mit dem Sammelbegriff »Klimaänderung«.

Die Ursachen für globale oder großräumige Klimaschwankungen werden seit langem erforscht, aber eindeutige Kausalbeziehungen konnten bislang nicht hergestellt werden. Als mögliche Ursachenkomplexe können augenblicklich benannt werden:

- externe/kosmische Ursachen wie zum Beispiel
  Änderung der Solarkonstante durch eine Änderung der Sonneneinstrahlung
  Änderung von Erdbahnelementen durch Einwirkungen auf das Magnetfeld der Erde
  zyklische Vorgänge wie Verlagerung der Erdachse durch die Einflüsse von Sonne und Mond
- interne Ursachen im System Erde-Atmosphäre wie zum Beispiel
  natürliche Veränderungen im CO_2-Haushalt
  Veränderungen der planetarischen Reflexion aufgrund von Vulkanausbrüchen, wechselnder Eisbedeckung oder schwankender Land-Meer-Verteilung
- anthropogene Ursachen wie zum Beispiel
  vermehrte Abwärmeerzeugung an der Erdoberfläche und
  verstärkte Eingriffe unter anderem in den CO_2-Haushalt.

Auch für die Gegenwart läßt sich mit Sicherheit nur feststellen, daß die Welttemperatur schwankt. Ob es sich um eine echte Änderung des Weltklimas handelt, kann erst die Zukunft zeigen. Dennoch ist es nicht nur erlaubt, sondern sogar geboten, das rezente Geschehen hochzurechnen und über die möglichen Auswirkungen Rechenschaft abzulegen – auch für Europa.

»Entschleierung« eines Kontinents

Die Geschichte der Kartographie

Oswald Dreyer-Eimbcke

Die Säulen des Herkules auf Gibraltar markierten seit dem 5. vorchristlichen Jahrhundert im Westen Europas die Grenze der Weltkenntnis – *non plus ultra.* Von ihnen sagte noch Dante in der ›Göttlichen Komödie‹: »Wir wurden alte Männer, bis wir endlich an jene enge Wasserstraße kamen, wo Herkules die Warnungszeichen setzte, auf daß der Mensch sich hier nicht weiter wage.« Erst ab 1516 wählte der spätere Kaiser Karl V. als Herzog von Burgund und als designierter spanischer König die Devise »Plous Oultra«, Ende 1517 latinisiert als »plus ultra«. So verwandelten sich die Säulen des Herakles in das symbolische Tor zur neuen Welt.

»Finis terrae« soll die Nordwestecke Spaniens bei den Römern geheißen haben. Finisterre waren die Klippen im Atlantik noch im Mittelalter. Dorthin war auf einem schwankenden Boot der Leichnam des Apostels Jakobus aus dem Heiligen Land von den Wellen selbst gelenkt worden. Über seinem Grab wuchs im Laufe der Jahrhunderte eine Kirche, ein zweiter Fels, ungeachtet der Tatsache, daß diese Kirche, Santiago de Compostela, gar nicht am Meer liegt. Aber man stellte es sich so vor: grau wie der Stein der Klippen auch der der Kathedrale am Rand der Welt, vom Sturm bedroht.

Eigene naturalistische Darstellungen der Iberischen Halbinsel sind erst seit dem 14. Jahrhundert bekannt. Auf Portulanen (Sammlungen nautischer Unterweisungen sowie die sie begleitenden Karten) erscheint Spanien recht wirklichkeitsgetreu. Die Fortschritte in der Kartographie gingen mit der Entwicklung der überseeischen Handelsbeziehungen einher. Neben der relativ wirklichkeitsgetreuen Darstellung auf alten nautischen Karten erscheint Portugal Anfang des 16. Jahrhunderts kleinmaßstäblich – auch auf neuzeitlichen Weltkarten.

Die Wiederentdeckung des Werkes des Claudius Ptolemäus (um 100 bis um 160), alexandrinischer Astronom, Mathematiker und Geograph, in der Renaissance beeinflußte das Kartenbild des Mittelmeeres im 16. Jahrhundert. Die ptolemäischen Fehler wurden kopiert und die in Seekarten bereits erreichte Genauigkeit nicht berücksichtigt. Die Form der Insel Sizilien, die Umrisse des Adriatischen Meeres, die Küsten von Syrien und Anatolien sowie die Gestalt des Schwarzen und des Marmara-Meeres wurden abermals verzerrt, da sie auf den fehlerhaften Breiten- und Längenangaben ihrer Quelle beruhten. G. Francos Karte von Zypern (circa 1570) blieb der Prototyp der Darstellung bis in jüngere Zeit. Die erste genaue Karte von Sardinien stammt aus dem Jahre 1833; die genauen Karten von Korsika fertigten französische Kartographen im 18. und 19. Jahrhundert.

Der Hauptirrtum von Ptolemäus war die Einschätzung der Länge des Mittelmeers: Bei ihm betrug sie 5650 Kilometer. In Wirklichkeit sind es aber ungefähr 3800 Kilometer. Auch wenn Aristoteles schon über die Tiefe des Mittelmeers staunte, deren wahres Ausmaß wurde zu seiner Zeit nicht einmal erahnt. Er wußte noch nichts von den mehr als 4000 Meter tiefen Abgründen südlich des Kap Metapan.

Trotz vieler über die Jahrhunderte erzielter Fortschritte war die Hydrographie des Mittelmeers bis zum 18. Jahrhundert nicht sehr erkenntnisreich, vor allem bezüglich der von Handelsplätzen abgelegeneren Bereiche. Einer der Gründe dafür lag zweifellos im ständigen Kriegszustand zwischen Christen und Mohammedanern, selbst wenn Krieg nicht immer der Kartographie im Wege gestanden haben muß, sondern auch für gegenteilige Entwicklungen verantwortlich gemacht werden kann. Denn als am Ende des 18. Jahrhunderts Franzosen und Engländer um die Vorherrschaft im Mittelmeer kämpften, unternahmen sie große Anstrengungen zur Verbesserung der Kartographie. Originalaufnahmen des bedeutenden britischen Hydrographen und Kartographen Konteradmiral W. H. Smyth aus der Zeit um 1823 wurden sogar noch 1940 verwandt, als die Alliierten die Möglichkeit einer Landung an der sizilianischen Küste in Erwägung zogen.

In der Renaissance wurde Frankreich in den von Ptolemäus geprägten Atlanten schon annähernd richtig gezeigt. Als Philippe de la Hire um 1684 seinem König allerdings eine durch Koordinaten und vor allem durch die geographischen Längen geprägte Frankreich-Karte vorlegte, veranlaßte dies Ludwig XIV. zu dem Ausspruch, seine Kartographen hätten ihm mehr Land geraubt, als ein Feind es je zu tun vermocht hätte.

In seiner Europa-Karte stellte Gerhard Mercator (1512 bis 1594) zum ersten Mal Italien in einer flächengetreuen Projektion dar. Auf den ersten gedruckten Seekarten (ab 1485) waren die Küsten und Inseln von Griechenland schon recht wirklichkeitsnah eingetragen. Karten aus dem 15. Jahrhundert spiegelten die Situation der Balkanhalbinsel vor der Besetzung durch die Osmanen wider. Die frühen selbständigen Karten dieser Region gingen auf italienische Kartographen zurück. Später hatten die häufigen österreichisch-türkischen und russisch-türkischen Kriege für die kartographische Wiedergabe der Balkanhalbinsel weitreichende Folgen. Anfang des 19. Jahrhunderts fehlten dennoch kartographische Aufnahmen der Balkanhalbinsel mit Ausnahme der Walachei und Dalmatiens. Die Osmanen waren an einer Kartierung nicht interessiert. Die aufkommende »Balkanfrage« belebte aber rasch das Interesse an Landkarten dieser Region. Durch das Vordringen der Türken nach Mitteleuropa zog Ungarn in stärkerem Maße das Interesse auf sich, was unter anderem in verschiedenen Ausgaben der Lazarus-Karte (Ingolstadt, 1528) mit etwa 1600 Ortsnamen seinen Niederschlag fand. Während der türkischen Herrschaft (1525 bis 1686) ruhte auch in Ungarn die kartographische Tätigkeit. Die im westlichen Europa während des 16. und 17. Jahrhunderts erschienenen Ungarn-Karten waren zumeist Kompilationen, die nicht zuletzt auf Lazarus (geboren 1475) und W. Lazius (1514 bis 1565) zurückgingen.

Die Vermessung im modernen Sinne begann erst nach den Türkenkriegen Ende des 17. Jahrhunderts. Die Portulane brachten die 2850 Kilometer lange Donau in ziemlich geradem West-Ost-Verlauf. In der ›Geographie‹ des Ptolemäus entspringt sie einem See und verläuft zunächst nach Norden, von Ulm bis zum Wienerwald in West-Ost-Richtung. Von Buda bis zur Drau-Mündung ist der Lauf in Süd-Ost-Richtung gezeichnet. Diese Darstellungsweise wurde auf den Länderkarten bis zum 18. Jahrhundert beibehalten. Von Beginn des 18. Jahrhunderts an wurden von österreichischer Seite in den eroberten Gebieten der mittleren und unteren Donau Aufnahmen durchgeführt, die den Stromverlauf weitgehend klärten. Aber bis heute besteht keine Einigung über die Quelle des großen europäischen Stromes.

Leben und Persönlichkeit Alexanders des Großen gaben nach den Siegen über den persischen König Darius III. (333 und 331) schon früh Anlaß zur Sagenbildung, die auch die Kartographie bis in die Neuzeit hinein beeinflußte. Die am Kaspischen Meer gelegene Straße wurde als »Alexanderpforte« bezeichnet. Die Alexander-Legende erzählt, daß der große König den Übergang von der »zivilisierten Welt« zu der »Barbarenhorde« mit riesigen Toren abgeriegelt habe. Hinter ihnen befand sich der endzeitliche Feind des Gottesvolkes Gog und Magog, der zuerst auf einer Karte von circa 1307 zu finden ist.

Auf verschiedenen Mercator-Karten von 1554, 1569 und 1572 finden wir in Westsibirien noch das Idol »Zolotaia baba«. Dem erläuternden Text ist zu entnehmen, daß es sich um die goldene Statue einer Göttin in der Nähe von »Ob dorian« handelt, die dem Kult dient. Gedruckte Karten Rußlands entstanden ab dem 16. Jahrhundert anfangs noch außerhalb des Landes. Auf der Manuskriptseite des Danzigers Anton Wied aus dem Jahre 1542, die aber erst 1555 gedruckt wurde, ist das Weiße Meer als nördlichstes Gewässer dargestellt. Der steirische Adelige S. von Herberstein besuchte als Botschafter des römisch-deutschen Kaisers 1517 und 1526 Moskau und veröffentlichte 1546 eine Karte Rußlands. Das zentrale Gebirge in Rußland, das die Ptolemäus-Karten zeigten, wurde beseitigt. Die großen Flüsse kommen nun nicht mehr von den Bergen, sondern aus Seen. Ein anderer Diplomat, der Rußland mehrfach bereiste und als Ergebnis seiner Aufenthalte eine Rußland-Karte publizierte (1562), war der englische Kaufmann A. Jenkinson.

Mit dem Vordringen des russischen Reiches nach Osten ab dem 16. Jahrhundert wurde auch das Uralgebirge in seinem Gesamtverlauf erhellt, der seit dem 18. Jahrhundert auf Vorschlag von P. J. Strahlenberg (1730) und P. S. Pallas als Grenze Europas angesehen wird. Letzterer war einer der bedeutendsten wissenschaftlichen Reisenden vor Alexander von Humboldt. Der berühmte Gottorfer Hofgelehrte und bekannte Reisende des Barock A. Olearius schuf Ansätze einer russischen Stadt-Geographie. Seine Wolga-Karte (1656) verarbeitete neueste Kenntnisse über den großen Strom. G. Beauplan brachte mit seiner Dnjepr-Karte von 1662 erstmals den scharfen Knick im Unterlauf der Wolga zur Darstellung.

Als dann 1714 mit der Vermessung größerer Landesteile begonnen wurde, ließ Peter I. 1721 der Pariser Akademie der Wissenschaften eine Karte des Kaspischen Meeres überbringen, die dieses Binnenmeer erstmals in annähernd richtiger Form wiedergab und die 1723 in Paris veröffentlicht wurde. Die Römer hatten es für eine Einbuchtung des Nordmeeres gehalten, und vor der Zeit von Peter I. war die Ost-West-Erstreckung größer als die von Nord nach Süd gewesen. Frühe italienische Karten – namentlich Portulane ab 1351 und die Fra Mauro-Karte von 1459 – zeugen dagegen schon von einer genauen Kenntnis des Meeres in früherer Zeit.

Der Streit um Weltbilder setzte sich fort. Ende der dreißiger Jahre dieses Jahrhunderts begann die Verfälschung sowjetischer Landkarten, als die Geheimpolizei für die Kartenherstellung zuständig wurde.

Von ihrer Gründung 1364 an entwickelte die Krakauer Universität die Forschungsschwerpunkte Mathematik und Astronomie. Die ältesten polnischen Karten, die schon 1421 und 1466 in Streitigkeiten mit dem Deutschen Orden verwendet wurden, sind nur aus brieflichen Erwähnungen bekannt. Laurentius Corvinus beklagte um 1494 die Vernachlässigung Polens und Schlesiens durch die antiken Geographen.

Der eigentliche »Vater der polnischen Kartographie« war B. Wapowski (um 1415 bis 1535), der unter anderem mit N. Kopernikus drei in Krakau gedruckte Karten bearbeitete, die epochemachende Bedeutung für die Kenntnis des ganzen damaligen Osteuropa bis zum Längenkreis von Moskau-Asow hatten. Ein genaueres kartographisches Bild des damaligen Polen entstand mit französischer Hilfe in der Regierungszeit von Ladislaus IV. (1632 bis 1648).

Die Britischen Inseln sind erstmals auf einer Karte der ›Geographie‹ des C. Ptolemäus dargestellt. Die Darstellung der Küsten ist dadurch bemerkenswert, daß Schottland korrekt nördlich von England lag, sich aber nicht weiter nordwärts, sondern ostwärts erstreckte: Die Westküste zeigte nach Norden. Wales erschien ohne seine zwei Halbinseln, jedoch das südwestliche England wies – obwohl sich seine Gestalt noch nicht ausreichend zuspitzte – Wirklichkeitsnähe auf, die die nachfolgenden Jahrhunderte nicht erreichten. Irland wurde zu weit nördlich verlagert und ließ seine stark gegliederte Westküste vermissen. Dasselbe kann von Ostengland festgestellt werden, von dem kaum mehr als eine Andeutung der Themse-Mündung und der Wash-Bay vorhanden war.

Die Grundlagen der englischen Kartographie wurden im 16. Jahrhundert gelegt. König Heinrich VIII. beschäftigte geschickte Navigatoren und Mathematiker, um seine Seeleute in der Nautik zu unterrichten. Er ließ Manuskriptseiten von vielen Häfen der Südküste Englands anfertigen. Als »Vater der englischen Kartographie« gilt C. Saxton, von dem auch die erste moderne topographische Aufnahme stammt, die 1578 abgeschlossen wurde. Eine Verbesserung der Karte von Irland begann mit der englischen Eroberung des 16. Jahrhunderts. Diese fertigten eine Anzahl von Karten, die vermutlich nach Reisetagebüchern und mündlichen Berichten gezeichnet wurden. Sie zeigen die größeren Städte und Flußsysteme des Südostens in annähernd richtiger Position.

Der Norden Europas war, vom Heiligen Land aus gesehen, schon im Alten Testament die dunkle, verborgene Weltgegend. In der griechischen Mythologie waren die »Riphei Montes« die Berge im Norden, hinter denen die Sonne während der Nacht von Westen nach Osten zurückkreiste und von denen alle aus dem Norden fließenden Ströme kamen. Für die Geographen der Antike waren es diese Berge, die die Erde im Norden gegen die kalte, unbewohnbare Zone abgrenzten. In der Tragödie ›Medea‹ von Seneca hieß es aber schon vorausschauend: »Es wird eine Zeit kommen, im

Laufe der Jahrhunderte, die das Meer, den Gürtel der Erde, ausweiten und den Menschen eine ungeheuer große, unbekannte Erde enthüllen wird. Das Meer wird neue Welten offenbaren und Thule nicht länger die Grenze der Erde sein.«

Noch im 11. Jahrhundert hielt der Geograph des Nordens, Adam von Bremen, die Ostsee für ein nach Osten offenes Meer. Auch für die Anrainer des Mittelmeeres blieb der Norden noch eine dunkle Region, an deren Ergründung niemand wirklich interessiert war. Sie war von der Grenze unüberwindlichen Eises verriegelt und bedeutete nicht nur Kälte und Dunkelheit, sondern galt für die Christen als Ort der Verdammten. Der mittelalterliche Geograph hatte aus den genannten Gründen nur beschränktes Informationsmaterial darüber zur Verfügung. Die Karten bis zum 16. Jahrhundert bieten im Norden nichts, was über die Nachrichten der Portulan-Kartographen hinausgeht, denn Ptolemäus selbst hatte vom Norden nur bescheidene Kenntnis. Sibirien, Rußland und oft auch Nordeuropa wurden zu einem schmalen Landstreifen nördlich des Asowschen Meeres zusammengeschoben, der an das Nördliche Eismeer stößt.

Die ersten geographischen Informationen über Skandinavien stammten von dem griechischen Seefahrer Pytheas von Marseille, der 325 vor unserer Zeitrechnung eine Reise in den Norden unternahm. Er beschrieb das Gebiet als Insel und nannte es Thule. Die Bezeichnung »Skandinavien« erschien in Form von »Scatinavia« erstmals durch Plinius den Älteren (23 bis 79). Dieses antike Bild des Nordens fand auch 1477 auf der ersten Karte von »Scania« der wieder aufgenommenen ›Geographie‹ des Ptolemäus Eingang. Mit J. Zieglers Karte von »Schondia« aus dem Jahr 1532 wird Skandinavien erstmals in den Hauptzügen richtig dargestellt. Es erstreckt sich in Nord-Süd-Richtung und zeigt den Bottnischen und Finnischen Meerbusen. Damit erschien Finnland erstmals auf einer gedruckten Karte als eigene Halbinsel. Im Jahr 1539 wurde in Venedig die ›Carta Marina‹ des schwedischen Bischofs Olaus Magnus veröffentlicht. Die Karte bietet eine Fülle von ethnographischen und historischen Informationen über den gesamten Norden und das Baltikum. Trotz ihrer reichhaltigen Menschen- und Tierdarstellungen mit Seeungeheuern und Fabelwesen hatte die ›Carta Marina‹ großen Einfluß auf weitere Darstellungen bis zum 17. Jahrhundert. Litauen wird mit bildhaften Signaturen als zum Teil noch heidnisches Land bezeichnet.

Die apokalyptische Vorstellung von Thule war mit ein Grund, Island seit Zieglers Karte mit feuerspeienden Bergen darzustellen und der Insel Seeungeheuer und ewiges Eis beizugeben. Seitdem Island als Thule dargestellt wurde, ist es eine der an Zaubern, Mythen und Legenden reichsten Inseln Europas. Obgleich durch den isländischen Bischof Gudbrandur Thorlaksson Ende des 16. Jahrhunderts schon eine beachtlich wirklichkeitsgetreue Karte von Island gezeichnet wurde, die Ortelius 1590 und Mercator 1595 als Vorlage benutzten, war Europas größter Gletscher Vatnajökull erst 1771 auf einer Karte zu sehen. Fast ebenso lange hielten sich die um Island liegenden fiktiven Inseln Frisland, Estotiland und Drogeo. Mit Claudius Clavus (geboren 1388) wurden die Färöer-Inseln allgemein in der Kartographie bekannt; wirklich verbessertes Material erschien aber erst mit der Ziegler-Karte. Mit der ältesten und bekanntesten gedruckten Karte von Dänemark, gezeichnet 1587 von M. Jordan, ist im Vergleich zu anderem zeitgenössischen Kartenmaterial eine bedeutende Verbesserung in der Darstellung von Jütland zu verzeichnen. Jordan veröffentlichte schon vorher im Jahre 1559 in Hamburg die älteste Karte der damals unter dänischer Herrschaft stehenden Herzogtümer Schleswig und Holstein.

Das Mittelalter kannte noch keine Karte von Deutschland. Die älteste genauere Ortsbestimmung stammt aus Niedersachsen: Um 1328 bestimmte Johann von Hameln die Lage seines Klosters Riddagshausen bei Braunschweig durch Sonnenbeobachtungen mit einem im Meridian aufgestellten Quadranten – ganz nach Wikingerart. In seiner Ingolstädter Antrittsrede über das patriotische Bildungsprogramm postulierte der Humanist Konrad Celtis 1492 die nachdrückliche Beschäftigung mit der Geschichte und Geographie Deutschlands, um dem üblen Ruf der Deutschen bei den antiken Schriftstellern besser begegnen zu können. Insofern war die Schedelsche Weltchronik (›Liber chronicarum‹, Nürnberg 1493) »hochmodern«, stand sie doch am Anfang einer nachdrücklichen Beschäftigung der deutschen Humanisten mit Geschichte und Geographie der eigenen Heimat.

Im Mittelalter hieß das Land östlich des Rheins oft einfach Germania. Der Name hielt sich mit der Gelehrtensprache Latein bis ins 18. Jahrhundert, dann allerdings mit der Bedeutung »Deutschland«. Die früheste und bis zum letzten Drittel des 15. Jahrhunderts dominierende spezielle Karte des deutschen Kulturraums war die ›Germania-Karte‹ des C. Ptolemäus mit 94 Ortsnamen. Darin ist das Gebiet zwischen der Nordspitze Jütlands und der Donau bzw. zwischen Rhein und Weichsel dargestellt. Kennzeichen des ptolemäischen Kartentyps sind unter anderem der ungegliederte und horizontale Verlauf der deutschen Küsten und das starke Abknicken Jütlands nach Osten.

Die erste neuzeitliche Deutschland-Karte wurde um 1454 von dem Kardinal Nicolaus Cusanus geschaffen. Sie enthält das Dorf »Cues«, welches offenbar nur Aufnahme fand, weil Cusanus dort geboren wurde. Fälschlich erscheint die Iller als Quellfluß der Donau. Der Oberlauf verläuft schlangenförmig in östlicher Richtung. Der nördlichste Punkt liegt aber nicht bei Regensburg, sondern bei der Schüttinsel bei Wien. Völlig losgelöst von ptolemäischen Traditionen waren die Karten des Nürnberger Kompaßmachers und Astronomen Erhard Etzlaub (um 1460 bis 1532). Etzlaubs Karten sind südorientiert, um sie mit dem Sonnenkompaß benutzen zu können. Die Kartentypen von Cusanus und Etzlaub bestimmten das Deutschlandbild in der Kartographie bis Mitte des 16. Jahrhunderts.

Neben Donau und Rhein war das mitteleuropäische Flußsystem bei Etzlaub schon relativ korrekt angedeutet. Auf Etzlaubs Straßenkarte sieht man einen Fortschritt in der Zeichnung der Küstenumrisse und des Flußnetzes. Die Nord- und Ostsee haben nicht mehr den schematischen Verlauf. Zum ersten Mal erscheinen die Insel Rügen, das Stettiner Haff und die Danziger Bucht. Der Rhein fließt nicht mehr einfach von Süden nach Norden, sondern zeigt schon richtig seine Hauptwindungen, ebenso die Donau in ihrem Verlauf bis Wien. Die Weser entspringt aus Werra und Fulda, die Elbe nimmt die Havel, die Oder und die – allerdings viel zu lang gezeichnete – Neiße auf, die Weichsel macht ihren scharfen Knick bei Thorn und bildet richtig ihr Delta. Dagegen ist die Spree gänzlich falsch eingezeichnet: Sie fließt nordwärts bei Stralsund in die Ostsee. Diesem Fehler begegnen wir noch über ein halbes Jahrhundert lang.

Im Verkehrs-, Wirtschafts- und Kriegswesen spielte der Rhein zu allen Zeiten eine herausragende Rolle. Die ältesten Karten Europas zeigen deshalb stets den nach der Donau größten Strom West- und Mitteleuropas. Später entfachten die militärischen Auseinandersetzungen über die Jahrhunderte lang strittige Rheingrenze intensive kartographische Aktivitäten. In den Ptolemäus-Ausgaben erschienen die Niederlande als »Lange Landen« auf den Tafeln von »Germania« und »Gallia«. Die Flüsse »Tabula« (Schelde), »Mosa« (Maas), »Rhenus« (Rhein), »Vidnes« (Vecht) und »Amasius« (Ems) münden in den »Oceanus Germanicus«. Die dazwischen liegende Meeresküste verläuft vom »Itium Promotorium« (Kap Griz Nez) bis zur mittleren Rheinmündung in nördlicher, von da an in nordöstlicher Richtung.

Die bewaldete Gebirgsumrahmung Böhmens mit einigen Städten im Innern des Landes ist auf den Mitteleuropa-Karten seit dem 15. Jahrhundert zu sehen. Die Karte ›Magna Germania‹ der ›Geographie‹ des Ptolemäus zeigt mehr geographische Einzelheiten von Mähren als von Böhmen. Die Slowakei findet sich eingehender zum ersten Mal im Jahr 1528 auf der Ungarn-Karte von Lazarus aus Ingolstadt, mit fast 300 Städten, Burgen und Dörfern.

Die Kartengeschichte der Schweiz beginnt mit einer primitiven, aber historisch interessanten graphischen Darstellung von Albrecht von Bonstetten aus dem Jahr 1479. Die älteste allgemeine Karte des Landes von A. Tschudi (1538) blieb bis zu G. Mercator die Grundlage der Schweizer Karten.

Überraschend genau war nicht nur das Land nördlich der Donau, sondern auch das des österreichischen Alpen-Hauptkamms auf der vermutlich in Klosterneuburg bei Wien hergestellten sogenannten ›Fridericus-Karte‹ aus der ersten Hälfte des 15. Jahrhunderts. Demgegenüber brachten die zu Beginn der Neuzeit entstandenen Arbeiten von N. Cusanus und E. Etzlaub sowie die davon abgeleiteten Karten kleinere Rückschläge bei der Wiedergabe Österreichs. Als die älteste regionale graphische Darstellung Österreichs gilt ein Stadtplan von Wien, dessen Datierung auf die Jahre 1421 bis 1422 geschätzt wird.

Als in einer Reihe deutscher Fürstentümer eigene Territorialkarten – teilweise schon mit Hilfe einer Dreiecksvermessung – entstanden, verlangte man nach einer Deutschland-Karte, die anstelle der Reisewege eine genauere Verteilung der Gebirge, ein genaueres Flußnetz und vielseitigeres Siedlungsbild anbot. Mit der ›Germania-Karte‹ von G. Mercator von 1585 (Duisburg) wurde in der Tat ein wesentlicher Fortschritt mit genaueren Ortslagen und einem verbesserten Flußnetz erzielt. Eine kürzlich durchgeführte Genauigkeitsanalyse der Universität GH Essen tritt dafür den Beweis an. Es ergab sich ein mittlerer Punktlagefehler von 33,9 Kilometer. Dieser Wert ist beachtlich genau. Er bezieht sich auf 505 identische Punkte, die auf einer Fläche von etwa 1,2 Millionen km^2 liegen. Die traditionelle Ungenauigkeit der ptolemäischen Karten des 15. und 16. Jahrhunderts tritt also in der ›Germania-Karte‹ Mercators nicht auf. Diese verblüffende Genauigkeit der untersuchten Karte aus dem Jahre 1585 läßt sich nach dem derzeitigen Wissensstand über die damaligen vermessungstechnischen Instrumente und Verfahren und realisierten Landvermessungen nicht erklären. Sie ist allenfalls vergleichbar mit der Genauigkeit mittelalterlicher Portulane. Aber auch deren Ursprung liegt letztendlich im dunkeln. Die Mercator-Karten haben bis über die Mitte des 17. Jahrhunderts hinaus die Germania-Darstellung entscheidend geprägt.

Nach der Entschleierung der Nordküsten Europas und der ihnen vorgelagerten Inseln auf der Suche nach der nördlichsten Durchfahrt im 16. Jahrhundert rundete sich das Bild Europas. Es brauchte in späterer Zeit nur noch in Einzelheiten ergänzt zu werden, so durch die Entdeckungen des Franz-Joseph-Landes im Jahre 1873 und im arktischen Norden. Die Faszination der Geographie liegt in der Verbindung von Geheimnis und Entdeckung. Damit hat ihr Reiz seit jeher auch etwas Selbstzerstörerisches, weil die Entdeckung ein jedes Geheimnis auflöst.

Eurozentrisches und nichteurozentrisches Kartenbild

Oswald Dreyer-Eimbcke

»Ohne den Blick in die Unendlichkeit gleicht kein Weltbild der Wirklichkeit.«
(Friedrich Ratzel)

Vom nördlichen Mesopotamien ist eine über 5000 Jahre alte Darstellung erhalten, die in der Nähe Bagdads gefunden wurde. Die Abbildung rückt das wenige dessen, was vertraut war, in den Mittelpunkt. Babylon lag dort, wo die Götter auf die Erde herabstiegen. Auch die erste uns bekannte Erdkarte aus dem 7. oder 6. Jahrhundert vor unserer Zeitrechnung wurde nach der Devise »Wo wir sind, ist der Weltmittelpunkt« angelegt. In ein gebranntes Tonplättchen geritzt, entstand sie in Babylon.

In vielen Kulturkreisen hatte sich der Brauch durchgesetzt, besonders wichtige oder heilige Städte in den Mittelpunkt von Universalkarten zu stellen. Der Philosoph Heketalos machte seine Heimatstadt Milet zum Drehpunkt seiner kreisrunden Karte. Anaximander, Strabo, Herodot, Eratothenes und all die anderen Geographen der Antike gruppierten Afrika, Europa und Kleinasien um ein Zentrum mit dem Mittelmeer und der Region, die wir heute als den Nahen Osten bezeichnen. Die indischen Karten waren auf Buddha und seine heiligen Stätten, den Berg Meru und den See Anavalepta ausgerichtet, die aztektischen auf Kultstätten des Sonnen-Gottes. Die christlichen Kartographen verlegten ihre heilige Stadt Jerusalem in den Mittelpunkt.

Das Mittelalter kannte keine politischen Karten, in denen Grenzen eingetragen waren. In dieser Hinsicht mußte man Karten nie aktualisieren, sie dienten mithin auch nie der Durchsetzung von politischen Ansprüchen. Die Karten wurden aus der Sicht des Betrachters, sprich des Auftraggebers, entworfen. Solange man die Erde für eine Scheibe hielt, die naturgemäß einen Rand und ein Zentrum hatte, geschah das mit gutem Recht. Nur wer schon damals um die Kugelgestalt der Erde wußte, konnte solche »Zentrismen« als durchaus fragwürdig empfinden.

Für einen vollkommenen chinesischen Herrscher war die Hauptstadt dort zu finden, wo die Sonnenuhr mittags am Tag der Sonnenwende keinen Schatten warf. Das Chinesische Reich war, mißt man es an seinen Karten, so selbstgefällig, daß keiner darin einen Gedanken an entfernte Gebiete zu verschwenden schien. Die Große Mauer, die die Chinesen ab dem 3. Jahrhundert vor unserer Zeitrechnung errichteten, verschloß das Land nach innen und nach außen.

Als der italienische Jesuitenpater Matteo Rici im Jahre 1601 nach Peking kam, mußte er ernsthaft um seinen Kopf fürchten. Er hatte eine Karte im Gepäck, die China als Randzone der zivilisierten Welt auswies. Das großmächtige Reich der Mitte eine Randerscheinung? Was für eine Provokation! Natürlich hielten die Chinesen ihr Land für das Zentrum der Welt. Selbstverständlich wurde es, je weiter man sich von der Verbotenen Stadt – der Kaiserstadt in Peking – entfernte, immer unzivilisierter und barbarischer. Um seinen Kopf zu retten, besann sich der »barbarische« Pater auf einen simplen Trick: Er trennte seine Karte einfach von oben nach unten durch und setzte sie neu zusammen – mit China als Mittelpunkt!

Für den Japaner war die Harmonie mit dem Universum das höchste Ziel; der Mensch war ein kleiner unterprivilegierter Teil desselben. Die westlichen Menschen ordneten dagegen alles in der Natur nach dem Nutzen für sich selbst, die Krone der Schöpfung, ein. Eine große, genaue Weltkarte, die nicht eine Übersetzung einer europäischen Karte darstellte, wurde in Japan erst 1810 fertiggestellt. Die Bezeichnung der beiden Hemisphären erfolgte – bezogen auf europäische Karten – in umgekehrter Reihenfolge: linke Hemisphäre Eurasien und Afrika, rechte Hemisphäre Amerika, so daß Japan im Zentrum der Karte lag.

Eine ganz andere Art von Kartenbild hatten die Aborigines, die Ureinwohner Australiens. Sie orientierten sich auf ihren einsamen Wanderungen quer durch den Kontinent an Songlines, jenen gesungenen Landkarten, mit denen ihre mythischen Ahnen die Welt erst ins Leben gerufen hatten. Jeder, der mit Hilfe dieser liedhaften Wegweiser das Land durchwanderte, wies jedem Ding seinen Platz in der Welt zu. Mit der Ankunft der Europäer wurde für sie nicht nur die Welt, sondern auch ihr Weltbild zerstört.

Die Entschleierung der Erde stand in engem Zusammenhang mit den Möglichkeiten der Mobilität zu Land und vor allem zu Wasser. Mit dem Beginn der Neuzeit waren Portugiesen und Spanier die Träger europäischer Entdeckungsfahrten. Sie erhoben von Beginn an Anspruch auf die Beherrschung der von ihnen entdeckten Länder. Spanien erwirkte von dem gebürtigen Spanier Papst Alexander VI., Rodrigo de Borgia, einen Schiedsspruch. Er zog zwischen den Interessensphären beider Länder eine imaginäre Demarkationslinie vom Nord- zum Südpol. Schon auf den ersten Blick gewinnt man den Eindruck, daß der Papst in Fragen der Kosmographie nicht ganz so unfehlbar auftrat wie bei Dogmen-Entscheidungen. Aber diese Demarkationslinie konnte natürlich nicht genauer sein als die damals zur Verfügung stehenden Karten. Zudem verzerren alle Weltkarten die Wirklichkeit schon allein dadurch, daß sie nicht gleichzeitig winkel- und flächengetreu sein können, und immer in einem epochenspezifischen Deutungszusammenhang stehen.

Der deutsche Kartograph Caspar Vopel hatte die Veröffentlichung seiner Weltkarte von 1558 hinausschieben müssen, bis Karl V. ihm skrupellos bestätigte, daß, wie es Gerüchte besagten, der nordamerikanische Kontinent und Asien eine einzige Landmasse darstellten. So reichte das Reich Karls V., in dem die Sonne niemals unterging, westwärts bis China. Auch Frankreich machte auf Karten Weltansprüche geltend. Auf der Weltkarte von Jaugeon (1688) wird die Erde von zwei Sonnen beschienen, von ihr selbst und von Ludwig XIV.!

Die Karte wurde zum Gehilfen für eine symbolische Besitzergreifung. Sie war nicht so sehr Darstellung des Raumes als vielmehr Raum der Darstellung und der Selbstdarstellung. Die »Erdbeschreibung« wurde vielfach zur »Erdeinschreibung« pervertiert. Und noch heute betonen unsere Karten das, was uns selbst nahe ist und wichtig erscheint. Kontrollen über Territorien drücken sich in Staatsgrenzen aus, und es sind wiederum Karten, mittels derer man Bevölkerungen ethnisch »säubert«. Die großen Weltatlanten beweisen es: viele Seiten mit Europa in günstigem Maßstab, also recht groß, dann einige Blätter mit ständig veränderten Skalen für die anderen Kontinente. Selbst das ehemalige Staatsgebiet der DDR war in seinen Karten immer größer verzeichnet als es dem wirklichen Maßstab entsprach – und die alte Bundesrepublik entsprechend kleiner.

Seit ältester Zeit spielten die vier Haupthimmelsrichtungen eine wichtige Rolle in allen Sphären des gesellschaftlichen Lebens sowohl im profanen als auch sakralen Bereich. Je nach Volk und Zeit hatten sie unterschiedliche Bedeutung. Offensichtlich war der Osten für die Gesamtorientierung der Menschen lange Zeit die wichtigste Himmelsrichtung: *ex oriente lux*.

Obwohl uns die Karten nach dem alexandrinischen Astronom, Mathematiker und Geographen Claudius Ptolemäus (um 100 bis um 160) nur durch Kopien bekannt sind, welche frühestens ins 13. Jahrhundert datieren, läßt das Orientierungssystem in seiner ›Geographie‹ keinen Zweifel daran, daß seine Karten nach Norden orientiert waren. Die Kartographen der Renaissance, wie Ortelius und Mercator, schlossen sich dieser Sichtweise an und wurden dadurch zweifellos zu Trendsettern für die Nordorientierung. Historiker und Kartographen sehen als Motiv für die Beibehaltung der Nordorientierung bis in unsere Zeit den eurozentrischen Ausdruck der Industrieländer an. In den politisch einflußreichen Ländern sah man sich gern auch geographisch »oben«.

Aber allen Regeln zugunsten einer Nordorientierung zum Trotz ergeben sich auch Alternativen, die sich mit den speziellen Bedürfnissen der Kartenbetrachter erklären lassen: Die frühere Militärkartographie hatte ihre eigenen Gesetze. Sie richtete sich nach der Blickrichtung zum Feind! Die Festlegung eines Urmeridians, des sogenannten Null-Längengrads, wurde zu einer rein politischen Entscheidung. Eine gewisse Vereinheitlichung kam in der Kartographie bereits durch die 1643 erfolgte Einführung der westlichsten Kanarischen Insel Hierro als Nullmeridian auf Grund ihrer Lage als westlichster Punkt der Alten Welt zustande. Auf der Internationalen Meridiankonferenz, die 1884 in Washington abgehalten wurde, erklärten Vertreter der 26 Nationen den Längengrad von Greenwich zum internationalen Nullmeridian. Damit war nicht nur der Meridian festgelegt, von dem aus alle anderen als östlich oder westlich gezählt werden, sondern gleichzeitig gab es damit weltweit die einheitliche Zeit (Greenwich Mean Time). Bis zu dieser Washingtoner Konferenz hatten viele Staaten eigene Seekarten herausgegeben und darin als Nullmeridian beispielsweise den Längengrad angenommen, der durch die Zentren ihres Landes lief. Das Abkommen von Washington hinderte aber weder die Franzosen daran, bis 1911 an dem Pariser Meridian festzuhalten, noch beeinflußte es den amerikanischen Kongreß, für den bis 1912 der Washingtoner Meridian galt.

Für Greenwich sprach nicht nur das dort im Jahre 1675 gegründete Königliche

Observatorium. Der Beschluß war auch eine Anerkennung Großbritanniens als damals führende maritime Macht der Welt. *Britannia rules the waves!* Den Verfechtern dieses Vorschlags gelang der Nachweis, daß 65 Prozent aller Schiffe, die zum Verhandlungszeitpunkt die Weltmeere befuhren, Seekarten mit dem Greenwich Meridian als Nullmeridian verwendeten.

Noch immer kultivieren wir ein eurozentrisches nachkoloniales Bild der Erde, das in der Absurdität kulminiert, daß der Äquator möglichst nicht in der Mitte zwischen nördlichen und südlichen Breiten gezeigt wird, sondern deutlich nach unten verschoben ist, als sei dem Globus der Gürtel vom Bauch gerutscht. Einige englische Karten wiederholen sogar genüßlich die Darstellung von Australien und Neuseeland sowohl auf der linken als auch auf der rechten Seite der Erdkarte.

Dutzende neuer Meßverfahren und Projektionsmethoden konnte die Quadratur des Kreises, die darin besteht, eine Kugelgestalt auf eine Ebene zu transformieren, nicht lösen. Im Jahre 1965 begann der Bremer Historiker Arno Peters seinen Kampf gegen das Nord-Süd-Gefälle um Parität auf der Erdkarte. Damit sollte der Abschied von der unzureichenden Mercator-Projektion, die von Beginn des 17. Jahrhunderts an die Vorstellung der Menschen von ihrer Erde prägte, eingeleitet werden. Ein Vergleich mit dem Globus zeigt deutlich, in welchem Umfang die »Neue Kartographie« Mercators das Bild Afrikas, Südamerikas und Südostasiens verzerrt. Mit der Höhe der Breitengrade wächst die Verzerrung, so daß Grönland mit seinen 2,1 Millionen km^2 auf unseren gängigen Karten wesentlich größer als China aussieht. Die Insel erscheint ebenfalls größer als Südamerika, obgleich sie achtmal auf diesen Kontinent passen würde. England ist durch die Mercator-Projektion doppelt so groß wie das in Wahrheit mehr als doppelt so große Madagaskar. Das war aber nicht der einzige Grund, warum die Engländer sich von Mercator geschmeichelt fühlten. Mercator hatte nämlich seinen zentralen Meridian durch Greenwich und einen großen Teil des Empires laufen lassen. Geographen wie Max Eckerd-Greifendorf hatten Anfang dieses Jahrhunderts, im Zeitalter des Imperialismus, sogar den Spott übrig, daß die europäischen Mutterländer auf Mercator-Karten gar nicht richtig sehen könnten, wie schön groß ihre tropischen Kolonien seien!

Die Kritik des Bremer Geographen Arno Peters, die sich vorrangig gegen die für Erdkarten in der Tat wenig taugliche Mercator-Projektion richtete, folgte moralischen, nicht wissenschaftlichen Erwägungen. Seine Projektion gab die bisher als obligatorisch geltende Winkeltreue auf, um dafür Flächentreue zu erreichen. In einer nach ihm benannten Karte aus dem Jahr 1973 ließ er die Fläche der näher am Äquator liegenden Zonen optisch wachsen und versuchte vor allem, die klimatisch gemäßigten Zonen vom Vorwurf der Überheblichkeit zu befreien. Er packte gewissermaßen Südamerika am Kap Hoorn und am Isthmus von Panama und zog den Halbkontinent kurzerhand von oben nach unten in die Länge. Die Originallänge von Afrika wuchs von 8013,6 km auf 10 622,3 km. Dadurch wurden die Pole, die in Wirklichkeit Punkte sind, auf der Karte fast 28 000 km lang, der Äquator schrumpfte von 40 000 km auf 28 000 km. Australien wurde ein wenig an beiden Seiten »gequetscht«. Die Proportionen der einzelnen Erdteile, bei Mercator noch einigermaßen stimmig, gerieten nun völlig durcheinander – und die Nord-Süd-Achse obendrein aus dem Lot. Die Kontinente sähen aus, als wären sie aus »zerlaufenem Soft-Eis«, spottete die Deutsche Gesellschaft für Kartographie. Sie warf Peters eine »Vermarktung des schlechten Gewissens der Europäer gegenüber den einstigen Kolonien vor«. Dabei war Peters' Projektion gar nicht so neu, sondern ein Plagiat. Sie wurde bereits 82 Jahre zuvor von dem schottischen Kirchenmann James Gall entworfen.

Während die Karte von Arno Peters bei Kartographie-Experten ein überwiegend negatives Echo hervorrief, weil es so gut wie keinen Bereich gab, wo sie praktisch anwendbar war, fand sie aus politischen Gründen bei der UNICEF Zustimmung, deren Schweizer Komitee den weltweiten Vertrieb Ende der siebziger Jahre übernahm und bis 1990 etwa 18 Millionen Exemplare verkauft hatte. Die Londoner ›Daily Mail‹ schrieb zu seinem Atlas: »*This book changes the world*«.

Die renommierte National Geographic Society, Washington, entschloß sich 1988 für ihre Weltkarte zu einem ausgewogenen Kompromiß mit den höheren Breitengraden des Geographen Arthur H. Robinson. Sie erfordert keine große Umgewöhnung, denn der Norden bleibt »oben«. In seiner Erzählung ›Von der Strenge der Wissenschaft‹ erinnert Jorge Luis Borges an ein Reich, in dem die Kunst der Kartographie eine solche Vollkommenheit erlangt hatte, daß die Karte einer Provinz sich in ihrer Größe an jedem Punkt mit ihr gedeckt habe. Dieser Geschichte einer Wissenschaft, die verschwindet, indem sie mit ihrem Objekt verschmilzt, hat sich in den letzten Jahrzehnten eine konkrete Entwicklung zugesellt: Unter den unbestechlichen Kameras der Satelliten hat sich die Erde selbst inzwischen zum Globus im Originalmaßstab verwandelt. Luftaufnahmen und Satellitenfotos aus dem All sichern heute auch den Zugang zu entlegenen Regionen, die sich bisher der genauen Kartierung entzogen. Mit der Einführung automatisierter Meßverfahren wächst das kartographische Abbildungsvermögen. Das Medium Karte kann durch den Verschnitt mit Daten aus anderen Wissensgebieten zu einem universalen Informationsträger aufgebaut werden. Eine aktuelle Internetseite zeigt heute die Welt aus der Sicht eines Landes und rückt dieses damit in ein Zentrum, das es eigentlich gar nicht geben soll. Was spricht denn auch dagegen, das Eigene, Vertraute, Nahe zum Nabel der Welt zu machen? Gar nichts, denn jedes noch so kleine Dorf ist mitten auf dieser Erde, wenn man sich nur klar macht, daß es für Punkte auf der Oberfläche einer Kugel nun mal keine diskriminierenden Distanzen gibt. Heute befördert sich jeder kleine Kurort, jedes nicht zentral gelegene Hotel zum Kern seiner Region; mit Karten läßt sich alles machen!

Selten wohl haben politische Karten so schnell so alt ausgesehen wie in den Jahren nach dem Zweiten Weltkrieg. Ganz leise und unaufdringlich wurde von den damaligen Atlanten vermittelt, wie ein halbes Dutzend europäischer Kolonialmächte in kurzer Zeit ihre Weltgeltung verloren. Türkische Zyprioten, Tamilen aus Sri Lanka oder Russen von der Krim veröffentlichten Karten, die ihren jeweiligen politischen Bestrebungen Ausdruck verliehen und dabei Nationalgefühle schürten.

Eine Änderung haben die Weltkarten erneut nach der Auflösung der Sowjetunion und damit der politischen Bipolarität vollzogen. Während die Vereinigten Staaten von Amerika unverändert bleiben, schrumpft und zersplittert das Rot des sowjetischen

Imperialismus. Noch nie in der modernen Geschichte hat ein Land mit seiner Politik und seinen Produkten die Erde so flächendeckend dominiert wie die Vereinigten Staaten von Amerika heute. Vorbei ist damit auch der Eurozentrismus der früheren Epochen. Schon lange zeigen auch die pazifischen Staaten eigenes kartographisches Selbstbewußtsein, frei von einer eurozentrischen Gewichtung der Erde. Der »Ozean des 21. Jahrhunderts« ist für die 38 Anliegerstaaten zum Mittelpunkt der Welt geworden.

Naturschutz in Europa

Henry Makowski

Die gesellschaftspolitische Bedeutung des vielfältigen Mosaiks von europäischen Kultur- und Naturlandschaften demonstrierte der Europarat 1995 mit der Ausrufung des II. Europäischen Naturschutzjahres unter dem Motto »Zukunft gestalten – Natur erhalten«. Von Portugal bis Rußland, von Norwegen bis Zypern waren die Länder Europas aufgefordert, sich gezielt aus einer ganzheitlichen Sicht für einen umfassenden Schutz der Natur einzusetzen. Das erste europäische Naturschutzjahr, es wurde 1970 ausgerichtet, brachte europaweit den Durchbruch für ein neues Umweltbewußtsein, in dem die Landschaft und mit ihr die Wildtiere einen besonderen rechtlichen Stellenwert bekamen. In fast allen Ländern Europas wurden neue Nationalparke gegründet und alte Schutzverordnungen für bestehende Reservate den neuen Verhältnissen angepaßt. Auch der Ruf nach grenzüberschreitenden Schutzgebieten wurde aufgegriffen und verwirklicht. Für das II. Europäische Naturschutzjahr setzten sich die Politiker des Europaparlamentes das Ziel, für einen besseren Schutz der Vielfalt europäischer Landschaften außerhalb von Schutzgebieten zu werben.

Landschaft im Wandel

In Deutschland waren bereits im Jahre 1961 von Wissenschaftlern, Wirtschaftlern, Künstlern und Politikern erarbeitete Thesen für einen pfleglichen Umgang mit der Natur unter der Bezeichnung ›Grüne Charta von der Mainau‹ veröffentlicht worden. Einer der Kernsätze dieser Charta lautete: »Die gesunde Landschaft wird in alarmierendem Ausmaß verbraucht.« Dazu erhebt sich die Frage: Wo und wann gab es sie eigentlich, die »gesunde« Landschaft? Jede Epoche, jede Generation hat sie anders gesehen, und auch jede Gesellschaftsschicht sah sie mit anderen Augen. Der christliche Auftrag »Macht Euch die Erde untertan« hat die Landschaften Europas geprägt. Der wirtschaftende Mensch hat immer wieder versucht, aus der Natur herauszuholen, was sie nur hergeben konnte. Er sonderte aus, was er nicht nutzen, und bekämpfte, was ihm gefährlich werden konnte. Er schuf die Begriffe »nützlich« und »schädlich«, die heute noch sein Denken und Handeln bestimmen. Wälder wurden jahrhundertelang ausgeplündert, Flüsse bis hin zum kleinsten Bergbach bereits vor Generationen begradigt. Ganze Landstriche wurden in ihrer natürlichen Bodenfruchtbarkeit zerstört. Diese Übernutzung der Landschaft, diesen Raubbau an der Natur konnte der Mensch immer mit ökonomischen Zwängen begründen. Die Mechanismen, die die europäischen Landschaften geformt haben, sind – vereinfacht zusammengefaßt – die

Historische Mittelgebirgslandschaft

Besitz- und Nutzungsrechte an Grund und Boden, die jeweils herrschenden Marktlagen und, damit eng verbunden, die gesellschaftlichen Strukturen. Mit Beginn des industriellen Zeitalters veränderten sich die Strukturen verschiedener Landschaften so schnell und grundlegend, daß sich erste gesellschaftliche Proteste in der Öffentlichkeit meldeten. Dies war die Geburtsstunde des Naturschutzes. Ihr Pionier war der Berliner Musikpädagoge Ernst Rudorff, der um 1888 für Deutschland diesen Begriff prägte.

Vogelschützer als Avantgarde

Nicht die augenfälligen Veränderungen der Landschaft waren es, die die ersten Naturschutzaktivitäten auslösten – sie wurden gesellschaftlich im Zeichen des Fortschritts akzeptiert. Erst das rasante Verschwinden von Tier- und Pflanzenarten rief die ersten europäischen Naturschutzbemühungen auf den Plan. Vorreiter waren hier die Vögel, die über Ländergrenzen hinweg die Menschen emotional ansprachen. Die Hutmode, die um die Jahrhundertwende zu einem Raubbau an den schönsten und seltensten Vogelarten geführt hatte, wurde zum Auslöser internationaler Proteste. In dieser Zeit kam es in einer Reihe von europäischen Ländern zur Gründung von Vogelschutzvereinigungen. Sie setzten sich mit Vehemenz und Erfolg für gesetzliche Regelungen zum Schutz der Vögel ein. Da es in diesen Pioniertagen noch keine gesetzlichen Vorschriften gab, kauften sie Landflächen und gründeten ihre ersten Schutzgebiete. Sie nannten sie »Banngebiete« oder »Vogelfreistätten«. Ihre Rolle als Pioniere im europäischen Naturschutz haben die Vogelschützer bis heute gehalten. Als der Schwund von Moor- und Sumpfgebieten, von Brackwasserzonen und flachen Küstengewässern europaweit alarmierende Ausmaße annahm, bedrängten die Vogelschützer die Politiker. Sie setzten nach langen und zähen Verhandlungen 1971 die weltumspannende ›Ramsar-Konvention‹ durch, das »Übereinkommen über Feuchtgebiete von internationaler Bedeutung insbesondere als Lebensraum für Watt- und Wasservögel«. Die Ausweisung der Feuchtgebiete von internationaler Bedeutung ist allerdings nur mit einer Selbstverpflichtung der Staaten für einen besseren Schutz dieser Gebiete verbunden. Für eine Reihe wichtiger Feuchtgebiete, wie für den Wattenmeergürtel an der Nordseeküste, haben die international organisierten Vogelschutzverbände das Prädikat »Europa-Reservat« vergeben. Zur Verleihung dieses Prädikates müssen fünf Kriterien erfüllt sein: internationales Interesse, Lebensraum einer beachtlichen Zahl von Watt- und Wasservögeln, Teilverbot der Jagd und Ausschluß anderer Beunruhigungen, Sicherung des Kernbereiches als Naturschutzgebiet, Bewachung und wissenschaftliche Betreuung.

Mit der Hilfe des Europarates konnten weiter die Vertragswerke ›Berner Konvention‹ und ›Bonner Konvention‹ erreicht werden. Sie sollen sicherstellen, daß für Tierarten, die regelmäßig durch Europa wandern, entsprechende Schutzgebiete bereitstehen. Auch im Rahmen der Gesetzgebung der europäischen Gemeinschaft erzielten die Vogelschützer einen ersten Durchbruch. Im Jahre 1979 kam es zur Verabschiedung der EG-Vogelschutzrichtlinie zur »Erhaltung der wildlebenden Vogelarten«. Die Richtlinie verpflichtet die Mitgliedsstaaten, eine Liste von bedrohten Vogelarten aufzustellen und für geeignete Schutzgebiete zu sorgen. Sie müssen die Pflege dieser Gebiete gewährleisten. Das Ziel der Richtlinie ist der Schutz aller Vögel vor dem direkten menschlichen Zugriff.

Nationalparke – Schatzkammern der Natur

Eine zweite Naturschutzbewegung, die für die Welt und besonders für Europa wichtig wurde, ging von den Vereinigten Staaten aus. Die amerikanische Bundesregierung verabschiedete am 1. März 1872 ein Gesetz, das eine Berggegend im Nordwesten der USA, das Yellowstone-Gebiet, zum ersten Nationalpark der Welt erklärte. Die Natur sollte sich hier großräumig, ohne Einfluß des Menschen entfalten können. Sie sollte aber auch für den Menschen erlebbar sein. Die Idee der Nationalparke wurde nach kurzer Zeit von einer Reihe europäischer Länder aufgegriffen. Die schwedische Regierung erklärte im Jahre 1910 Teile ihrer Staatsländereien zu ersten Nationalparken Europas. Besonders in Mitteleuropa war es schwierig, Reservate auszusondern, die ohne menschliche Eingriffe der Natur überlassen bleiben sollten. In Deutschland begann man ab 1906, ein Netzwerk geschützter kleiner und kleinflächiger Naturdenkmale aufzubauen. Für die Ausweisung großer Schutzgebiete fehlten die Mittel für

Flächenkäufe oder Entschädigungszahlungen an Grundeigentümer für entgangene Nutzungen. Diesem Mangel versuchte der im Jahre 1909 in München gegründete Verein Naturschutzpark zu begegnen. Die Aufrufe dieses Vereins, bestimmte Landschaften durch Flächenkäufe in einem »urwüchsigen« Zustand zu erhalten, fanden ein so großes Echo, daß genügend Geld zusammenkam, um in der Lüneburger Heide und in den österreichischen Alpen jeweils ein Großreservat zu schaffen. Es dauerte jedoch einige Jahrzehnte, bis in Deutschland von staatlicher Seite die Nationalparkidee aufgegriffen wurde. Nach Erlaß des Reichsnaturschutzgesetzes im Jahre 1935 lagen im September 1939 die Planungen für fünf Nationalparke vor. Sie kamen des Krieges wegen jedoch nicht mehr zur Ausführung.

Geschützte Tierwelt im Gebirge: Steinböcke

Erst das Europäische Naturschutzjahr 1970 bescherte Deutschland seinen ersten Nationalpark, den Bayerischen Wald. Es folgten die Nationalparke Berchtesgaden und die Wattengebiete zwischen der dänischen und der holländischen Grenze. Mit der Wiedervereinigung Deutschlands übernahm die Bundesrepublik fünf weitere Nationalparke zwischen der Insel Rügen und der Sächsischen Schweiz, die zur Zeit der DDR von den Naturschützern geplant und gefordert, aber aus politischen Gründen nicht durchgesetzt werden konnten. Der Begriff »Nationalpark« mit seinem Ursprung in den USA war in einer Reihe osteuropäischer Länder verpönt. Dabei hatten nahezu alle Länder zwischen Oder und Ural Großschutzgebiete ausgewiesen, die es an Größe und einem Tierreichtum mit den amerikanischen Nationalparken aufnehmen konnten.

Naturschutz ohne Grenzen

Trotz der Trennung durch den Eisernen Vorhang quer durch Europa gab es enge Fachkontakte der europäischen Naturschützer untereinander. Der Hamburger Kaufmann und Kulturmäzen Alfred Toepfer hatte als Vorsitzender des deutschen Vereins Naturschutzpark 1956 ein Programm zur Ausweisung von Naturparken verkündet. Naturparke sollten vornehmlich als regionale Erholungsgebiete in naturgeschützten Landschaften bereitgestellt werden. Diese Idee begann sehr schnell in anderen europäischen Ländern, besonders in Frankreich und in Italien, Fuß zu fassen. Um eine gemeinsame Plattform für die Betreuer und Verwalter von Natur- und Nationalparken in West- und mit Osteuropa zu schaffen, gründete der Hamburger Mäzen 1973 die Föderation der Natur- und Nationalparke Europas (FNNPE) mit Sitz in der Schweiz. Der Verband für europäische Schutzgebiete war eingebunden in eine weltweite Organisation, die Internationale Naturschutzunion (IUCN), eine Vereinigung von über

100 Regierungen und etwa 500 Naturschutzverbänden. Seit Jahrzehnten bemüht sich diese Organisation, eine Inflation von Nationalparken zu verhindern. Kommissionen von Fachleuten werkelten an Kategorien, die es heute auch den Politikern von kleinen und überbevölkerten Ländern Europas ermöglichen, bei sich Nationalparke zu errichten, ohne dabei auf eine internationale Reputation verzichten zu müssen. Viele dieser Nationalparke sind eingebettet in ein Schutzsystem, das von der UNESCO seit 1976 im Rahmen des internationalen Programms »Der Mensch und die Biosphäre« (MAB) eingerichtet wurde. Ziel der Biosphären-Reservate ist es, Konzepte eines harmonischen Miteinanders von Mensch und Natur im Sinn einer ökologisch, ökonomisch und soziokulturell tragfähigen Entwicklung aufzustellen, zu erproben und dauerhaft umzusetzen. Das weltweite Netz der UNESCO-Biosphären-Reservate umfaßt heute nahezu alle europäischen Staaten und reicht von der Iberischen Halbinsel bis zum Ural.

Europa-Aktionen für den Naturschutz

Die grenzüberschreitenden Erfolge des ersten europäischen Naturschutzjahres 1970 bestärkten den Europarat in Straßburg, Naturschutz-Aktivitäten vermehrt in sein politisches Programm aufzunehmen. Bereits 1964/65 hatte er beschlossen, für bestimmte Schutzgebiete das »Europa-Diplom« zu vergeben. Die Verleihung dieses Prädikats wird in der Regel von Bedingungen abhängig gemacht; meist werden aber nur Empfehlungen für Schutz, Pflege und Entwicklung des Gebietes ausgesprochen und alle fünf Jahre überprüft.

Eine weitere Initiative des Europarates ist die Einrichtung eines Schutzgebietsystems als »Europäisches Netzwerk biogenetischer Reservate«. Für Zwecke wissenschaftlicher Forschungen werden hier Schutzgebiete aufgelistet, die für typische Lebensgemeinschaften oder Ökosysteme möglichst unbelastet von wirtschaftlichen Nutzungen für die Zukunft erhalten bleiben sollen. In den letzten drei Jahrzehnten haben sich drei länderübergreifende Schwerpunkte für die Naturschutzarbeit herausgebildet: die Ostsee, das Wattenmeer an der Nordseeküste und die Alpen. Die Umweltprobleme um diese drei europäischen Landschaftsräume machen deutlich, daß Fortschritte zu ihrer Lösung nur auf länderübergreifender Ebene unter Mithilfe interdisziplinärer Forschungen erreicht werden können. Für die Ostsee gibt es die »Helsinki-Konvention zum Schutz der Meeresumwelt des Ostseegebietes«, für das Wattenmeer ein trilaterales Abkommen, das die Niederlande, Deutschland und Dänemark unterzeichnet haben. Eine völkerrechtlich verbindliche Abmachung zum Schutz der Alpen, die Alpenkonvention, existiert seit 1991.

Mit dem wirtschaftlichen und politischen Zusammenwachsen der europäischen Staaten rückte die Zentrale der Europäischen Union in Brüssel immer mehr in den Mittelpunkt europäischer Naturschutzaktivitäten. Dies gilt besonders für die Verabschiedung von EG-Richtlinien mit Naturschutzvorschriften. Diese müssen von den Mitgliedsstaaten in die eigene Gesetzgebung und damit in die praktische Arbeit umgesetzt werden. Im Juni 1997 trat die EG-Richtlinie zur Erhaltung der natürlichen Lebensräume sowie der wildlebenden Tiere und Pflanzen als Flora-Fauna-Habitat (FFH-Richtlinie) in Kraft. Damit wurde erstmals eine gemeinschaftsweit verbindliche Rechtsgrundlage zur Erhaltung und Entwicklung des europäischen Naturerbes geschaffen. Die FFH-Richtlinie verpflichtet die Mitgliedsstaaten, unter dem Namen »NATURA 2000« ein zusammenhängendes europäisches Netz besonderer Schutzgebiete einzurichten, die wertvolle Lebensraumtypen für Tiere und Pflanzen beherbergen.

Wenn es gelingen sollte, die vielen Vorschriften zum Schutz der Natur, die in den letzten beiden Jahrzehnten verabschiedet wurden, auch vor Ort in die Praxis durchzusetzen, dann sollten an der Schwelle des nächsten Jahrtausends der Ausverkauf und die Devastierung europäischer Landschaften aufgehalten werden können.

Die Geschichte der politischen Idee »Europa«

Heinz Joachim Domnick

Unter den vielen Inhalten der politischen Idee »Europa« in den letzten Jahrhunderten hat sich letztlich das Ziel der politischen Einigung des seit dem Mittelalter zunehmend in eine Vielzahl souveräner Nationalstaaten zersplitterten Kontinents als wesentlich herausgestellt. Hinter diesem Gedanken stand als Haupttriebkraft allerdings nicht die vor allem in Zeiten äußerer Bedrohung gerne in Anspruch genommene kulturelle, religiöse oder zivilisatorische Zusammengehörigkeit der Europäer, sondern in erster Linie ihr Unvermögen, das (staatliche) Nebeneinander friedlich zu gestalten. Die nahezu endlose Kette von Kriegen, die bis weit ins 20. Jahrhundert hinein eine tragische Konstante der europäischen Geschichte bildet, veranlaßte schon in der frühen Neuzeit Denker dazu, auf der Suche nach einem »ewigen Frieden« ein umfassendes politisches Instrumentarium zu entwerfen, mit dem die europäischen Staaten ihr auf gegenseitiger Anerkennung beruhendes Verhältnis zueinander gestalten könnten. Im 19. Jahrhundert wurde dieses Instrumentarium inhaltlich um die Gesichtspunkte des nationalen Selbstbestimmungsrechtes, der Demokratie und der sozialen Frage erweitert. So wurde der politische Europagedanke in erster Linie von Anhängern dieser politischen Strömungen vertreten, während die Repräsentanten traditioneller politischer Institutionen ihre jeweiligen eigenen Interessen und Zielsetzungen über die Umsetzung gesamteuropäischer Konzepte stellten.

Im 20. Jahrhundert schließlich, nachdem der Kontinent sich an den Rand der Selbstzerstörung und der weltpolitischen Bedeutungslosigkeit gebracht hatte, entwikkelte der Europagedanke eine größere Breitenwirkung, die direkt in die europäische Einigungsbewegung nach dem Zweiten Weltkrieg mündete. Das sich in diesen kurzen Vorbemerkungen verdeutlichende »moderne« Verständnis des Europabegriffes erscheint auch in historischer Rückschau legitim, weil dieser trotz des hohen Niveaus des politischen Diskurses im alten Griechenland und trotz der beeindruckenden geographischen Ausdehnung des Römischen Reiches in der Antike letztlich bedeutungslos war. Später entwickelte sich im frühmittelalterlichen Karolingerreich und seinen Nachfolgestaaten nach der Verbindung des imperialen Gedankens mit dem Anspruch christlicher Herrschaftsausübung zwar eine Idee von Europa, die durchaus auch politischen Charakter hatte (so wurde Karl der Große nicht von ungefähr von seinen Zeitgenossen als Vater Europas bezeichnet) – auf die Dauer erwies sich das Konzept eines sakral legitimierten und zentral regierten europäischen Einheitsstaates jedoch nicht als stark genug, um die politische Einheit des Kontinents zu gewährleisten. Die europäische Geschichte seit dem Mittelalter wurde vielmehr von der bereits erwähnten Entstehung einer Vielzahl souveräner Nationalstaaten bestimmt, an deren Widerstand seit den Hegemonialkriegen der frühen Neuzeit von Napoleon bis Hitler sämtliche Versuche der Umsetzung einer imperialen Konzeption von Europa scheiterten.

Europa als politische Einheit war unzweifelhaft um so schwerer zu verwirklichen, je mehr es Europa als politische Vielfalt gab; gleichzeitig erwies sich die Anerkennung dieser Vielfalt paradoxerweise aber auch als bisher einzige erfolgversprechende Basis der Einheit. Wenn Europa als politische Idee also nur verwirklicht werden kann, indem die Vielfalt des Kontinents gewahrt bleibt, erfordert der Aufbau der Einheit vor allem die Begründung gemeinsamer Instanzen, nicht aber den Aufbau eines europäischen »Überstaates«. Zu dieser recht modern anmutenden Ansicht waren bereits die Vorläufer der europäischen Einigungsbewegung im 17. und 18. Jahrhundert gelangt. In einer Vielzahl von programmatischen Schriften (unter anderem William Penn's: ›Essay towards the Present and Future Peace of Europe‹ von 1693, John Beller's: ›Some Reasons for a European State‹ von 1701, Abbé de Saint-Pierres: ›Projet de paix perpétuelle‹, 1713 bis 1717, und Jean-Jacques Rousseaus: ›Gutachten über den Plan eines ewigen Friedens‹ von 1782) schufen sie mit der Forderung nach ständigen Kongressen, Schiedsgerichtsbarkeit bei internationalen Konflikten, Sanktionen gegen Friedensstörer und Abrüstung ein politisches Instrumentarium, das auch heute noch über die Verwirklichung der politischen Einheit Europas hinaus eine wichtige Rolle bei der Gestaltung der internationalen Beziehungen spielt. Die Suche nach verläßlichen Grundlagen für eine gemeinsame europäische Ordnung wurde über diese Aspekte des Verhältnisses der Staaten zueinander um einen wesentlichen Gesichtspunkt innerer politischer Organisation erweitert, als gegen Ende des 18. Jahrhunderts der Königsberger Philosoph Immanuel Kant die Bildung von Republiken als unverzichtbare Grundlage eines dauerhaften Friedens in Europa definierte. Auf der Ebene der praktischen Politik hatten diese Überlegungen, die ihrer Zeit weit voraus waren, zwar nur relativ geringe Auswirkungen – trotzdem spiegelten sie ein langsam entstehendes Bewußtsein wider, das Europa als eigenständigen politischen Faktor und als Möglichkeit für die Zukunft begriff. Diese Entwicklung fand ihre vielleicht deutlichste historische Umsetzung in Napoleon, der trotz strikter Hegemonial- und Machtpolitik durchaus einen Blick für die politische Kraft besaß, die der Europagedanke entwickeln konnte:

> »Einer meiner größten Gedanken war, Völker wieder zusammenzubringen, die in einem gemeinsamen geographischen Raum leben [...] bei solch einer Lage der Dinge hätte man Gelegenheit gehabt, überall die Einheit der Gesetzbücher, der Prinzipien, der Meinungen, der Empfindungen, der Gesichtspunkte und Interessen herbeizuführen. Dann würde es vielleicht [...] möglich sein [...] der großen europäischen Familie so etwas wie den amerikanischen Kongreß [...] zu geben. Welch eine Perspektive der Stärke, der Größe, des Wohlbefindens und des Wohlstands!«[1]

Im Scheitern Napoleons am Widerstand der von ihm beherrschten Völker deutete sich eine neue Qualität des politischen Bewußtseins an, die auch die Idee von Europa nachhaltig beeinflussen sollte. Während die Konzepte des 18. Jahrhunderts noch vorrangig darauf abzielten, einen Zustand dauernden Friedens zwischen den bestehenden Regierungen zu verwirklichen, forderten die Theoretiker Europas im frühen 19. Jahrhundert in Verbindung von romantischem und liberalem Gedankengut die Schaffung eines »Europas der Nationen«. Dabei zeigte sich allerdings eine auffällige Widersprüchlichkeit zwischen dem grundsätzlichen Bekenntnis zum Ideal der europäischen Einigung und einer unkritischen Überhöhung der eigenen Nation bzw. ihrer vermeintlichen »Sendung« im gesamteuropäischen Rahmen. Vor diesem geistigen Hintergrund konnte Hegel Deutschland als die Essenz Europas bezeichnen, während für Jules Michelet Frankreich am europäischsten war und Vincenzo Gioberti vom moralischen Primat der Italiener schrieb. Neben dem unklaren Verhältnis des jeweiligen einzelnen Volkes zu »Europa« fanden sich in den gesamteuropäischen Konzeptionen der Zeit auch nur relativ wenige und unpräzise Aussagen über die politische Organisation eines vereinigten Europa – so wie sich auch nur vereinzelte Stimmen für eine wirtschaftliche Integration des Kontinents als erstem Schritt zur politischen Einigung stark machten. In gewisser Weise bedeutete diese Entwicklung einen Rückschritt gegenüber dem 18. Jahrhundert, dessen Denker mit aufklärerischer Akribie zumindest ein umfassendes politisch-staatsrechtliches »Regelwerk« für die europäische Vereinigung erarbeitet hatten.

Romantische und liberale Grundhaltungen standen auch hinter der Bewegung des Bundes »Junges Europa«, der am 15. April 1834 von Deutschen, Italienern und Polen in der Schweiz gegründet wurde und der sich zu den Idealen der Französischen Revolution, der europäischen Einigung und des »Fortschritts« bekannte. Das vielleicht bedeutendste Mitglied dieses Bundes war der Italiener Giuseppe Mazzini (1805 bis 1872), der seit seiner Jugend für die politische Einigung Italiens kämpfte. Auch Mazzini war von der besonderen Sendung eines jeden europäischen Volkes überzeugt und entwickelte aus dieser Überzeugung heraus sein Konzept einer europäischen Föderation, die nach umfassender Umgestaltung der innenpolitischen Verhältnisse aus 14 verschiedenen »nationalen« Republiken bestehen würde, welche letztlich allerdings nur eine Zwischenstufe auf dem Weg nach Europa bilden sollten.

In den vierziger Jahren des vorigen Jahrhunderts gewann die zukünftige politische Gestalt des Kontinentes allmählich genauere Konturen, und dem indifferenten und verschwommenen Bild eines Europa der Nationen wurden in zahlreichen Veröffentlichungen die Vereinigten Staaten von Europa gegenübergestellt. Die von dem US-amerikanischen Pazifisten Burritt angeregten Friedenskongresse von Brüssel (1848), Paris (1849) und Frankfurt (1850) trugen zwar erheblich zur Verbreitung dieser Idee bei, konkrete Fortschritte auf dem Weg zur europäischen Einigung brachten sie jedoch trotz allen intellektuellen und emotionalen Engagements der Teilnehmer nicht. Die romantische Idee von Europa scheiterte an der weitgehenden politischen Machtlosigkeit ihrer Träger, an ihrem eigenen Unvermögen, den Nationalstaat geistig zu überwinden, und an ihrer mangelnden Auseinandersetzung mit den konkreten politischen, ökonomischen und sozialen Ursachen und Hintergründen der europäischen Vielstaaterei.

Den Beweis für die Möglichkeit einer anderen Sicht auf Europa lieferte der französische Denker Pierre-Joseph Proudhon, der die europäische Einigung aus ökonomischen Gründen zwar für unvermeidbar hielt, in ihr aber ganz nüchtern noch längst nicht das Ende aller Probleme sah: »[...] die Konföderation der europäischen Republiken wird kommen, und was uns dann noch bleibt, ist die soziale Frage. Das ist reichlich genug.«[2] Pierre-Joseph Proudhons Ansichten zu Europa schwankten außerdem zwischen dem Ideal der politischen Einigung und dem Schreckbild einer zerstörerischen Auseinandersetzung unter den europäischen Großmächten. In der Regel funktionierten allerdings in der zweiten Hälfte des 19. Jahrhunderts die Absprachen zwischen den europäischen Regierungen und die Gepflogenheit internationaler Politik so gut, daß es trotz zahlreicher internationaler Spannungen und lokaler Konflikte zu keinem großen europäischen Krieg kam. Als sich gegen Ende des Jahrhunderts das internationale Klima in Europa zusehends verschlechterte, versuchten die Befürworter einer europäischen Einigung, zu denen sich mehr und mehr auch Angehörige des internationalistischen linken Lagers und bürgerliche Pazifisten gesellten, vergeblich, dieser Entwicklung gegenzusteuern. Sie kämpften zwar dafür, daß in einer Zeit zunehmend aggressiver Nationalismen der Grundgedanke europäischer Kooperation weiter überliefert wurde, konnten aber nicht verhindern, daß machtpolitische Ambitionen, ökonomische Rivalitäten und chauvinistisches Denken direkt in die Katastrophe des Ersten Weltkriegs führten, der mit seinen Millionen von Toten und unermeßlichen Zerstörungen den Bankrott aller Bemühungen um Frieden und politische Einigung in Europa bedeutete.

Der Ausgang des Ersten Weltkriegs hatte sehr unterschiedliche Auswirkungen auf die politische Haltung zu Europa. Auf der einen Seite führten die Erfahrungen des Krieges bzw. die Bedingungen des Friedens zu einer Verhärtung der Fronten zwischen den Völkern. Auf der anderen Seite wuchs zunehmend die Überzeugung, daß die Beziehungen innerhalb Europas enger geknüpft werden müßten, um einen erneuten Krieg zu verhindern. Im Jahr 1924 faßte der österreichische Adlige Coudenhove-Kalergi das gesamteuropäische Denken der Zeit in einem »offenen Brief« an die französischen Parlamentarier zusammen, in dem er ein »paneuropäisches Programm« mit den Kernpunkten eines politischen, wirtschaftlichen und militärischen Bündnisses sowie der Schiedsgerichtsbarkeit und Garantien zwischen allen demokratischen Staaten des Kontinents formulierte. Zwei Jahre nach seinem Vorstoß bildete sich in Wien ein »paneuropäischer Kongreß«, dem so bekannte Persönlichkeiten wie Léon Blum, Edouard Daladier, Noël Baker, Hjalmar Schacht und Joseph Wirth angehörten. Im September 1929 forderte der französische Außenminister Aristide Briand in einer aufsehenerregenden Rede vor dem Völkerbund die Gründung einer europäischen Föderation. In einem nachfolgenden Memorandum präzisierte Briand seine Vorstellungen, doch die zwischenzeitlich ausgebrochene Weltwirtschaftskrise hatte das außenpolitische Klima in Europa wieder erheblich verhärtet, so daß es im Sommer 1930 abgelehnt wurde. Trotzdem sollte dieses Memorandum für die Zukunft nicht gänzlich bedeutungslos bleiben, da in seinem Umfeld ein gemeinsamer Markt konzipiert und eine Diskussion über den Vorrang von Wirtschaft oder Politik in der zu bildenden europäischen Gemeinschaft geführt wurde, die viele der Argumente vorwegnahm, die ein halbes Jahrhundert später erneut an Aktualität gewannen. Nichtsdestotrotz verlor die paneuropäische Bewegung angesichts der andauernden Wirtschaftskrise, der nationalsozialistischen Machtübernahme in Deutschland und dem Entstehen von nationalistischen Diktaturen auch in anderen europäischen Ländern endgültig an Kraft und Einfluß. Erst ein Jahrzehnt später setzten die Widerstandsbewegungen in den deutsch besetzten Ländern unter dem mörderischen Druck des Nationalsozialismus den politischen Zusammenschluß Europas wieder auf die Tagesordnung. Auf einer Vielzahl von Treffen und Kongressen wurde in der unmittelbaren Nachkriegszeit von Vertretern aller politischen Richtungen eine europäische Einigung engagiert diskutiert – dabei stand nicht mehr so sehr die Tatsache als solche im Mittelpunkt der Kontroverse, sondern vielmehr die Frage, ob ein relativ festgefügter europäischer Bundesstaat oder ein eher lockerer Staatenbund eines »Europa der Vaterländer« entstehen sollte. In der gleichen Zeit vollzog sich allerdings die Spaltung des Kontinents in zwei unterschiedliche ideologische und militärische Blöcke unter der jeweiligen Hegemonie der USA und der Sowjetunion. Dies führte dazu, daß die Versuche der europäischen Einigung über vier Jahrzehnte auf Westeuropa beschränkt blieben. Dabei folgten Zeiten einer gewissen Europa-Euphorie angesichts von kontroversen nationalen Interessen immer Phasen der Ernüchterung – insgesamt gesehen vollzog sich jedoch vor allem auf der wirtschaftlichen Ebene eine zunehmende Integration. Die gleichzeitig ausbleibende politische Einigung, insbesondere aber die mangelnde demokratische Legitimation der europäischen Führungsinstanzen, die in immer stärkerem Maß gesetzgeberische Kompetenzen an sich ziehen konnten, hat dabei auch immer wieder Anlaß zu Kritik gegeben. Ende der achtziger Jahre erhielt die Europa-Idee unerwartet neuen Auftrieb, nachdem der sowjetische Staats- und Parteichef Gorbatschow die Überwindung der europäischen Teilung und die Gestaltung eines »gemeinsamen Hauses Europa« als politische Ziele angekündigt hatte und die weitgehend friedlichen Umwälzungen in Osteuropa überraschend schnell zumindest die theoretische Möglichkeit der Verwirklichung dieses Zieles ergaben. In der Praxis ist die europäische Wirklichkeit allerdings als Folge der jahrzehntelangen Teilung des Kontinents von schwerwiegenden Problemen gekennzeichnet, die die Anziehungskraft der politischen Idee Europas augenblicklich erheblich einschränken. Deshalb muß aus historischer Perspektive deutlich darauf verwiesen werden, daß diese Idee als Antwort auf die selbstzerstörerischen innereuropäischen Auseinandersetzungen der letzten Jahrhunderte entstanden ist. Ein Verzicht auf ihre Umsetzung wäre aufgrund dieser Erfahrungen möglicherweise gleichbedeutend mit der Kapitulation vor den Konflikten und könnte Europa in eine neue Epoche des Unfriedens führen.

1 Jean-Baptiste Duroselle, Europa, Eine Geschichte seiner Völker. München/Gütersloh 1990. S. 275.
2 Duroselle, a.a.O., S. 304.

Die historische Entwicklung Europas

Heinz Joachim Domnick

»Europa bleibt immer eine Frage, auf die zu verschiedenen Zeiten die Antworten verschieden lauten.« In dieser Feststellung des deutschen Historikers Theodor Schieder spiegelt sich die grundsätzliche Problematik der europäischen Geschichte wider. So sind weder die räumliche Ausdehnung noch der historische Begriff »Europa« zufriedenstellend definiert. Zudem fallen trotz aller unbestreitbaren Fortschritte auf dem Weg zur Einheit schon bei einem kurzen Blick auf die Vergangenheit des Kontinents vielfältige Unterschiede zwischen den einzelnen Völkern, Ländern und Regionen ins Auge, die bisweilen ein erhebliches Konfliktpotential bergen, das zum Erstaunen und Entsetzen einer weitgehend rat- und hilflosen internationalen Öffentlichkeit auch heute immer wieder zum Ausbruch kommen kann. In solchen Fällen wird dann regelmäßig die Geschichte zur Erklärung der Vorgänge bemüht oder sogar als Legitimation mißbraucht.

Im Gegensatz zu dieser historischen Begründung unvereinbarer Unterschiede steht ein bereits nach der Französischen Revolution entstandenes und als Reaktion auf die Weltkriege wiederbelebtes Bewußtsein von europäischer Geschichte als einer über den einzelnen Staaten und Nationen stehenden Einheit, die gleichzeitig Besonderheiten gegenüber den übrigen Weltteilen aufweist. Die konkrete Definition dieser Einheit und ihrer Besonderheiten bildet eine ständige Herausforderung an die Geschichtsschreibung, wenn sie sich nicht damit begnügen will, die europäische Geschichte als reine Aneinanderreihung von Nationalgeschichten aufzubereiten. In diesem Zusammenhang hat die historische Forschung konstruktive Wesensmerkmale herausgearbeitet, die als grundsätzliche Fundamente einer gemeinsamen europäischen Geschichte anerkannt werden.

Zu ihnen zählen vor allem die Antike bzw. ihr politisches und kulturelles Erbe, die Völkerwanderung, das Christentum, die Ausformung eines wissenschaftlichen Rationalismus als Grundlage des Weltverständnisses, die auf ihm beruhende Herausbildung der technischen Zivilisation, der Aufbau des mit rationalen Methoden arbeitenden bürokratischen Staates, die Begründung der politischen Herrschaft aus dem Prinzip der Nation oder Nationalität, die Entstehung spezieller Formen repräsentativer Partizipation der Gesellschaft an politischen Entscheidungsprozessen unter dem Schlagwort »Demokratie« sowie die weltweite ökonomische und politische Expansion, mit der sich europäische Werte, Vorstellungen, Strukturen und Traditionen direkt oder auf Umwegen über den ganzen Erdball verbreiteten. Über die tatsächliche historische Bedeutung dieser Charakteristika gibt es allerdings tiefgreifende Auseinandersetzungen, zumal sie sich nur mit Mühe (und wenn überhaupt, dann zumeist als Einzelphänomene) institutionell im gesamteuropäischen Rahmen fassen lassen.

Angesichts dieser vielfältigen Schwierigkeiten und der überaus großen zeitlichen und räumlichen Dimension des Themas können in der nachstehenden kurzen Zusammenfassung nur einige Grundzüge stichwortartig gestreift werden, wobei Unzulänglichkeiten in der Detaildarstellung zugunsten des umfassenderen Bildes nicht zu vermeiden sind.

Obwohl das Gebiet des heutigen Europa schon vor über 1,8 Millionen Jahren von Menschen besiedelt wurde, bildeten sich die ersten Hochkulturen hier viel später aus als in anderen Regionen der Erde. Bei dieser »Verspätung« handelte es sich zwar um einen angesichts der gesamten Menschheitsgeschichte nur relativ kurzen Zeitraum; auch haben die »Ureinwohner« Europas beeindruckende Beispiele spiritueller und materieller Kultur sowie ihrer gesellschaftlichen Organisationsfähigkeit hinterlassen, die bei weitem noch nicht ausreichend erforscht sind. Die Entstehung der europäischen Zivilisation ist jedoch undenkbar ohne die »Geburtshilfe« der frühen Kulturen Nordafrikas und des Nahen Ostens, die sich anschaulich im alten griechischen Mythos von der asiatischen Herkunft der Königstochter Europa widerspiegelt, von der sich der Name des Kontinents ableitet.

Angesichts des in der europäischen Übersee-Expansion immer wieder hervorgehobenen zivilisatorischen Sendungs- und rassischen Überlegenheitsbewußtseins der Europäer kann nicht deutlich genug darauf verwiesen werden, daß Europa in Wirklichkeit im »globalen« Kulturkontakt über lange Zeiträume eher genommen als gegeben hat. In gewissem Sinn ist die europäische Geschichte daher über Jahrtausende auch die Geschichte der Aneignung, Anpassung und schrittweisen Weiterverbreitung bestimmter kultureller und zivilisatorischer Errungenschaften anderer Regionen der Erde. Aus der permanenten, sich stetig wandelnden Vermischung des Übernommenen mit dem Vorhandenen entstand dabei allmählich das moderne, uns historisch vertraute Europa.

Als beispielhaft für diesen Prozeß kann die europäische Geschichte des Christentums angesehen werden. Diese ursprünglich aus Vorderasien stammende Religion erhielt ihre spezifische welthistorische Bedeutung in und durch Europa, war dabei aber mannigfaltigen Wandlungen und Umformungen unterworfen, so wie sie ihrerseits im Zuge ihres Vordringens in Europa tiefgreifend auf Gesellschaft und Kultur einwirkte und sie nachhaltig prägte, bis sie sich zusammen mit der europäischen Expansion nach Übersee weltweit ausbreitete. Nicht von ungefähr wurden deshalb lange Zeit die Grenzen Europas mit den Grenzen des Christentums, konkreter sogar noch mit denen des westlichen, lateinischen Christentums, gleichgesetzt; eine Geisteshaltung, die sich unter anderem deutlich in den Diskussionen um die Zugehörigkeit der Geschichte der orthodoxen ost- und südosteuropäischen Völker zur europäischen Geschichte widerspiegelte.

Unumstritten ist hingegen die Bedeutung der klassischen Antike als Ausgangspunkt der europäischen Geschichte. So waren im Römischen Reich erstmals weite Gebiete Europas politisch zusammengefaßt, weitgehend einheitlich verwaltet, wirtschaftlich integriert und zivilisatorisch eng miteinander verbunden. Viele der damals herausgebildeten sozialen, politischen und kulturellen Institutionen, Überlieferungen und Gewohnheiten wurden, umgewandelt durch die Christianisierung und die Völkerwanderung, in die frühe europäische Geschichte übernommen und von dort aus weitergetragen. Ein klares Beispiel hierfür ist die Tatsache, daß letztlich alle Versuche einer politischen Einigung Europas bis zu Napoleon sich am Römischen Reich orientierten. Von noch größerer Bedeutung für die historische Entwicklung Europas war die in der Spätantike durchgeführte Teilung des Imperiums in einen westlichen und einen östlichen Teil (375), deren geistig-kultureller Abstand zueinander in der Folgezeit durch die Auseinanderentwicklung des griechischen und des lateinischen Christentums noch verstärkt wurde, die mit der endgültigen Kirchenspaltung von 1054 ihren Höhepunkt erreichte.

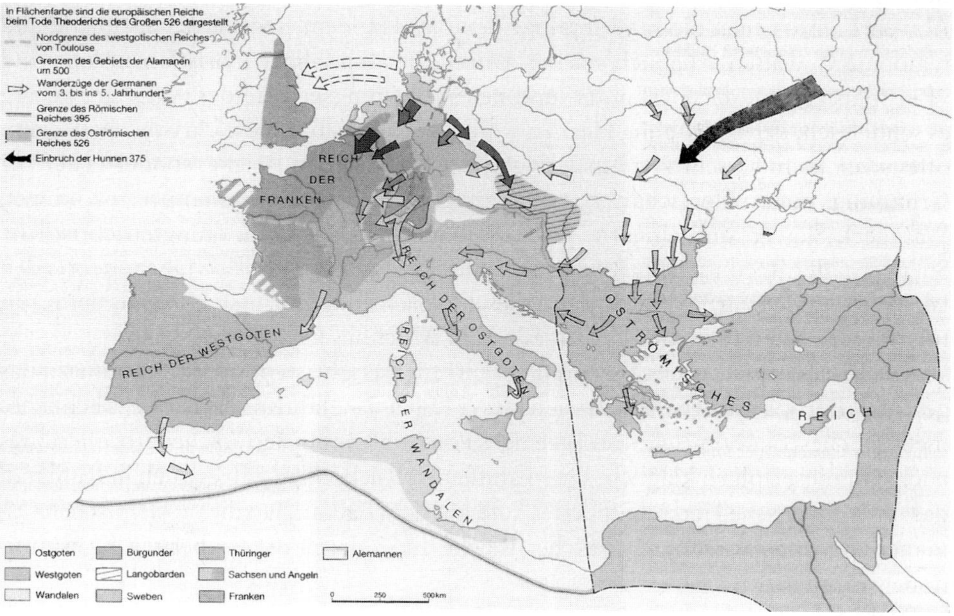

Teilungslinie zwischen West- und Ostrom

Während das oströmische Kaiserreich die Kontinuität des Imperium Romanum in den Wirren der Völkerwanderungszeit wahren konnte, ging das Weströmische Reich im Jahr 476 unserer Zeitrechnung unter. An seine Stelle traten mehr oder weniger langlebige germanisch beherrschte Staaten, in denen römische und germanische Traditionen und Lebensformen miteinander verschmolzen. Zur Bildung eines imperialen Großreiches kam es im Westen erst wieder im 8. Jahrhundert unter den fränkischen Karolingern.

Von einer politischen Zusammenfassung ganz Europas war dieses Reich jedoch weit entfernt, zumal es auch keine langfristig integrativ wirkenden Institutionen entwickelte und deshalb in seinem Zusammenhalt erheblich auf einzelne Herrscherpersönlichkeiten angewiesen war, unter denen Karl der Große die größte Bedeutung besaß. Außerdem hatte das Reich sich in seinem imperialen Anspruch nach der Kaiserkrönung Karls (800) ideologisch mit dem weiterhin bestehenden oströmischen Kaisertum in Byzanz auseinanderzusetzen. Das karolingische Großreich zerfiel nach kurzer Blütezeit in unabhängige politische Einheiten, bei deren Entstehung auch die beginnende »nationale« Differenzierung Europas deutlich wurde. Dieser Prozeß wurde von einer Entwicklung begleitet, die Anfang des 8. Jahrhunderts mit der Eroberung der Iberischen Halbinsel durch islamische Araber und Berber einsetzte.

Von da an sahen sich die christlichen Staaten in der Westhälfte des früheren Imperium Romanum über Jahrhunderte hinweg dem Vordringen nichtchristlicher Völker ausgesetzt. Infolge dieser Angriffe rückte das »bedrohte Abendland«, in dem sich vorübergehend Endzeitstimmung breitmachte, als kulturelle Einheit zwar näher zusammen, doch förderten sie gleichzeitig die weitere politische Aufsplitterung, da der Abwehrkampf gegen die Eindringlinge flexibles Handeln erforderte, das lokale und regionale Gewalten erheblich stärkte. Durch die allmähliche Christianisierung und »Europäisierung« der Herkunfts- und neuen Siedlungsgebiete der Angreifer gelang es schließlich, der Bedrohung Herr zu werden. Doch führte diese christliche »Gegenoffensive« nicht so sehr zur Ausdehnung der bestehenden Reiche, sondern eher zur Gründung neuer Herrschaften und Königreiche durch Normannen (Wikinger, Waräger), Slawen und Ungarn. Auf der Iberischen Halbinsel drängten christliche Staaten in der Reconquista (Rückeroberung) bis zur Mitte des 13. Jahrhunderts den Islam erfolgreich zurück (auch wenn dieser Prozeß endgültig erst 1492 mit der Kapitulation des Maurenreiches in Granada zum Abschluß kam).

Die Rückeroberung des Vorderen Orients für das Christentum, für die nahezu das gesamte Europa in den Kreuzzügen des 11. bis 13. Jahrhunderts ein erhebliches menschliches, ökonomisches und geistiges Potential mobilisierte, scheiterte allerdings nach Anfangserfolgen kläglich. Einen ähnlichen Rückschlag gab es auch in Rußland, das unter tatarische Herrschaft geriet, und auf dem Balkan, wo die moslemischen Osmanen die Unterwerfung christlicher Reiche 1453 durch die Eroberung Konstantinopels krönten.

Neben der Geburt der »Vielstaatenwelt« vollzog sich im Mittelalter auch die folgenschwere, für die gesamte geistig-politische Entwicklung Europas bedeutende Auseinandersetzung zwischen dem im 10. Jahrhundert wiederbelebten, von deutschen Herrscherhäusern getragenen Kaisertum als höchster weltlicher und dem Papsttum als höchster geistlicher Macht, die nach wechselhaftem Verlauf schließlich mit dem Verfall beider Autoritäten und dem Aufschwung des Nationalstaates endete – in Europa fand sich auf Dauer weder Platz für Cäsaropapismus noch für Theokratien. Dadurch bildete sich, von den Kontrahenten unbeabsichtigt, der Ansatz zu einer Autonomie des individuellen Denkens, das andere Gesellschaften in dieser Form nicht kannten.

An diesen Komplex grenzt als weiterer Bestandteil der gesamteuropäischen Geschichte der Kampf um ständische Freiheiten gegen Monarchen, Kirchen- und Territorialfürsten und städtisches Patriziat, der regional zwar einen höchst unterschied-

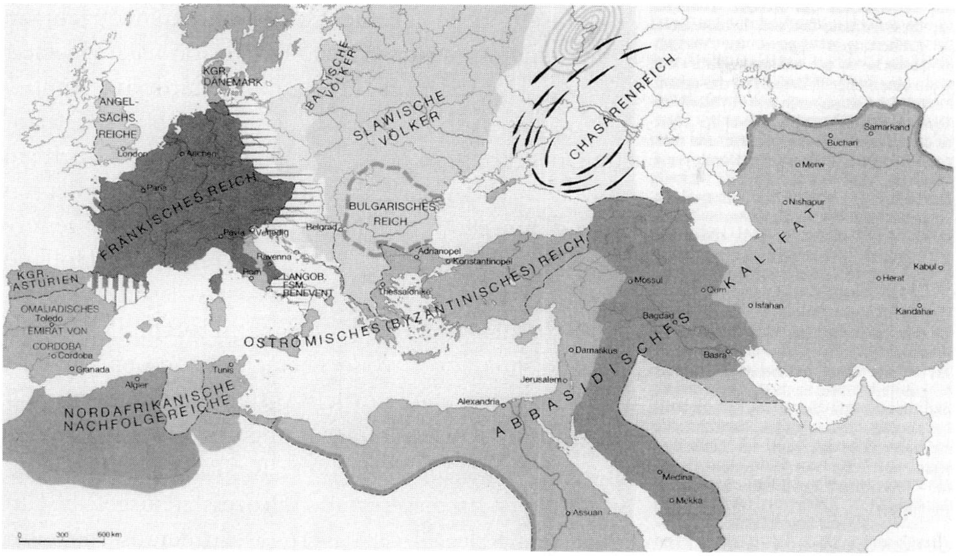

Das karolingische und das byzantinische Kaiserreich im 9. Jahrhundert

lichen Ausgang haben konnte, insgesamt aber einen wichtigen Meilenstein auf dem Weg zu den modernen europäischen Verfassungsvorstellungen bildete.

Auch in Kultur und Religion zeigte das europäische Mittelalter eine faszinierende Gleichzeitigkeit von Einheit und Vielfalt. Es entwickelten sich gemeinsame Institutionen wie Mönchs- und Rittertum; europaweit blühte eine einzigartige höfische Kultur auf, die ihre Ideale in Heldenepen und Minneliedern zum Ausdruck brachte, wobei sie sich selbstbewußt der Nationalsprachen bediente, die hierdurch eine erste literarische Festigung erfuhren und gegenüber dem Latein der Kleriker und Gebildeten erheblich aufgewertet wurden. Wirtschaftlich hatte Europa im frühen Mittelalter mit dem Vordringen des Islam in Vorderasien und Nordafrika einen schweren Rückschlag erlitten. Zwar behielt das Mittelmeer, wenn auch mit Einschränkungen, seine Bedeutung als Zentrum eines umfassenden Wirtschaftsraumes bei, in dem Europa fest mit Afrika und Asien verbunden war, doch nahmen jetzt die Araber in diesem Gefüge eine dominierende Stellung ein. So blieb Europa – im Gegensatz zu seinen islamischen Nachbarn und weiter entfernten Regionen – lange Zeit »unterentwickelt«.

Bis zum Ende des Hochmittelalters förderte ein stetiges Bevölkerungswachstum jedoch die Ausdehnung der bäuerlichen Siedlung und die Herausbildung einer Stadtkultur, die der ökonomischen Entwicklung neue Impulse gaben. In ganz Europa entstanden Wirtschafts- und Handelszentren, die durch eine Reihe von Land- und Seewegen eng miteinander und mit den übrigen bekannten Weltteilen verknüpft waren. Der vermehrte Bedarf an metallischen Zahlungsmitteln aufgrund der expandierenden europäischen Binnenwirtschaft und des defizitären europäischen Außenhandels, bei dem überwiegend asiatische Luxuswaren wie Seide, Gewürze und Edelsteine gegen Gold und Silber eingetauscht wurden, konnte jedoch auf Dauer weder durch die Eigenproduktion noch durch Goldlieferungen aus Afrika befriedigt werden.

Vor diesem Hintergrund begann mit der Suche nach einem direkten Zugang zu den Goldvorkommen südlich der Sahara die europäische Expansion nach Übersee, die von einer wissenschaftlichen und technischen Revolution (Schiffsbau, Nautik, Waffentechnik) begleitet bzw. zum großen Teil erst ermöglicht wurde. Diese Expansion erreichte mit der Entdeckung des direkten Seeweges nach Indien durch Portugal und der spanischen Eroberung weiter Teile Amerikas im 15. und 16. Jahrhundert einen ersten Höhepunkt, auf den bis zum 18. Jahrhundert die Gründung weiterer europäischer Niederlassungen in Übersee durch England, Frankreich und Holland folgte.

Innerhalb Europas vollzogen sich zur gleichen Zeit dramatische Umwälzungen. Im 16. und 17. Jahrhundert beherrschten zwei große Themen die europäische Geschichte: der Aufstieg der absoluten Monarchie, die den Aufbau des modernen bürokratischen Staates bedeutete, und die Konfessionalisierung der Gesellschaft, das heißt der endgültige Zerfall der religiösen Einheit nach der Reformation. Die heftigen inneren und äußeren Konflikte, die von diesen beiden Prozessen ausgelöst wurden, kulminierten im Dreißigjährigen Krieg (1618 bis 1648), in dem die Fronten entsprechend machtpolitischer Interessen quer durch alle religiösen, politischen und »nationalen« Lager verliefen. Das Ende des Krieges bestätigte die Zersplitterung des (Deutschen) Reiches in eine Vielzahl von Einzelherrschaften und brachte den Niederlanden und der Schweiz auch de jure die Selbständigkeit, nachdem sie sich de facto schon längst vom Reichsverband getrennt hatten. Frankreich löste Spanien als europäische Vormacht ab, während Schweden die stärkste politische Kraft in Nordeuropa und im Baltikum wurde. Im Windschatten der Ereignisse in Westeuropa vollzog sich die Festigung der russischen Monarchie im Osten, die ein halbes Jahrhundert später durch die konsequente Modernisierungspolitik Peters des Großen (1689 bis 1725) einen bedeutenden Machtzuwachs erfuhr.

Eine Sonderentwicklung gab es in England, wo die Widerstandskraft des Parlamentarismus alle Versuche zur Errichtung einer absoluten Monarchie vereitelte. Dieser Prozeß ging mit einer verstärkten wirtschaftlichen Dynamik einher, die England schnell in einen scharfen Gegensatz zu kontinentalen Rivalen brachte, der direkt in die großen Auseinandersetzungen mit Frankreich im 18. Jahrhundert mündete. In dieser für das Verhältnis der Mächte bestimmenden Konfrontation entwickelte sich die europäische Gleichgewichtspolitik. Dabei versuchte England stets, Koalitionen gegen die stärkste Kontinentalmacht zu lenken, ohne sich durch starre Allianzen zu binden. Der Machtzuwachs Preußens in dieser Zeit wäre ohne die englische Unterstützung kaum denkbar gewesen, so wie die preußischen Siege im Siebenjährigen Krieg (1756 bis 1763) umgekehrt dazu beitrugen, daß England seinen Kolonialbesitz in Nordamerika, Westindien und Afrika auf Kosten Frankreichs erheblich erweitern konnte.

Während so in einem komplizierten Geflecht diplomatischer und militärischer Aktionen und Reaktionen das klassische »Mächteeuropa« entstand, vollzogen sich auf ideologischer und sozioökonomischer Ebene bedeutende Veränderungen, die auf Dauer nicht ohne Einfluß auf die politische Konstitution bleiben konnten (wenn auch

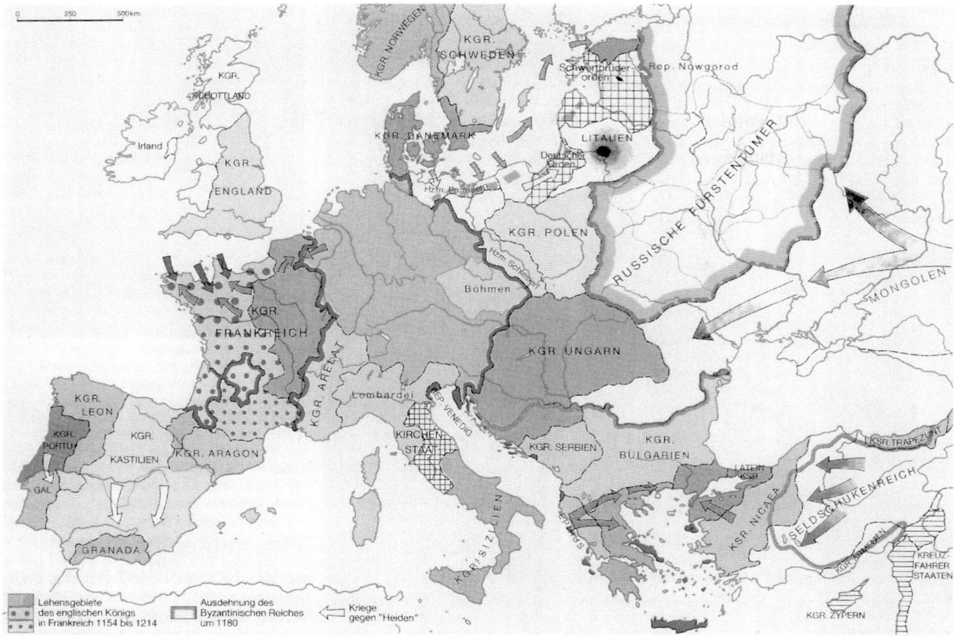

Europäische Staatenwelt im Hochmittelalter

in durchaus unterschiedlichem Ausmaß in einzelnen Ländern). Die nicht zuletzt als Reaktion auf die sinnlosen Gemetzel der Religionskriege aufkommenden Säkularisierungstendenzen in Kultur und Gesellschaft mündeten in Verbindung mit einem gesteigerten Rationalismus in die Geistesbewegung der Aufklärung, die von einer neuen Welle technisch-wissenschaftlicher Innovationen begleitet wurde. Die hierdurch begünstigte Ausdehnung von gewerblicher Tätigkeit und Handel leitete eine weitgehende Umwälzung der ökonomischen Strukturen ein, die das Bürgertum erheblich stärkte. In diesem Klima entstand als Gegenentwurf zum absoluten Machtanspruch der Monarchie nahezu zwangsläufig der Gedanke der Volkssouveränität, der mit dem Weltbild der vorherrschenden adeligen und kirchlichen Eliten kollidieren mußte, die ihre Privilegien hartnäckig gegen jede Veränderung verteidigten. In dieser Situation wirkte stärker als alle Kompromißversuche eines »aufgeklärten Absolutismus« der Unabhängigkeitskampf der USA (1775 bis 1783), der mit der dauerhaften Etablierung einer souveränen Republik endete. Ausgerechnet in Frankreich, dem vordergründigen Musterbeispiel eines absolutistischen Staates, brach 1789 eine Revolution aus, die zum Dreh- und Angelpunkt der europäischen Geschichte der Moderne wurde. Trotz aller Brüche und Widersprüche in ihrem inneren Verlauf und ungeachtet der napoleonischen Machtpolitik, die die Revolution gleichzeitig stabilisierte und zurückschraubte, leitete sie die endgültige politische und gesellschaftliche Emanzipation des Bürgertums in Europa ein.

In einer gemeinsamen Kraftanstrengung gelang es den europäischen Großmächten Rußland, England, Österreich und Preußen zwar, Napoleon zu besiegen und die

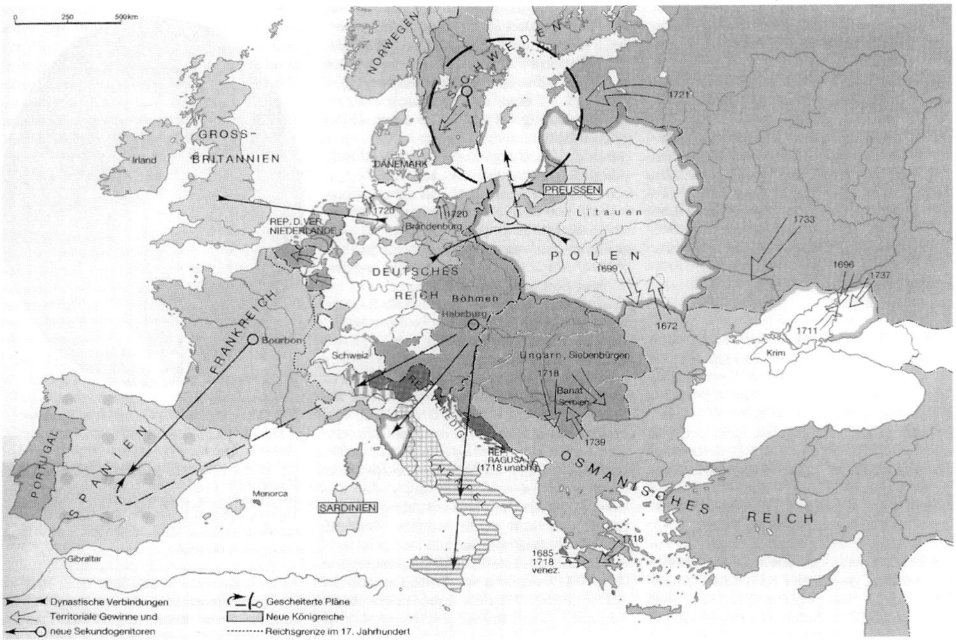

Europa im Zeitalter des Absolutismus

Französische Revolution einzudämmen; ihr Versuch, durch konsequente Restaurationspolitik nach 1815 den gesamten Kontinent politisch auf den Status quo ante zurückzuführen, scheiterte allerdings. Das 19. Jahrhundert in Europa stand nicht unter dem Zeichen der Wiederherstellung absolutistischer Monarchien, sondern war vom Kampf um Konstitutionalismus und Demokratie und dem Aufkommen der »nationalen« und der »sozialen« Frage geprägt, wobei diese drei Komplexe eng miteinander verbunden waren.

Gefördert durch die Geisteshaltung der Romantik, etablierte sich der Nationalismus zusehends als eigenständige Kraft auf der politischen Bühne Europas, blieb aber äußerst ambivalent. In seiner egalitären Forderung nach Gleichberechtigung aller europäischen Völker, die im Lauf des Jahrhunderts in den Anspruch auf nationale Selbstbestimmung mündete, bildete er einen Teil des Kampfes um Demokratie und Verfassungsstaat. Auf der anderen Seite diente er aber auch verschärfter politischer und kultureller Unterdrückung ethnischer Minderheiten und trug so dazu bei, Gräben zwischen den Menschen zu vertiefen. Die europäischen »Staatsvölker« sahen sich plötzlich zusehends der selbstbewußten Forderung zahlreicher »Nationalitäten« nach Eigenstaatlichkeit gegenüber.

In dem fortgesetzten Unvermögen, auf diese Forderungen mit adäquaten politischen Mitteln zu reagieren, wurzelt bis heute ein erheblicher Teil der andauernden »nationalen« und »regionalen« Konflikte in Europa, da es bis auf wenige Ausnahmen (Belgien 1830, Norwegen 1905) bis zum Ersten Weltkrieg nur in den europäischen Territorien des Osmanischen Reiches zur Gründung neuer Staaten kam (Griechenland 1830, Serbien 1878, Montenegro 1878, Rumänien 1878, Bulgarien 1878/1908, Albanien 1913). Dieser Prozeß führte allerdings oft zu zahlreichen Konflikten untereinander und zwischen den Großmächten – die Nationalstaatsbildung in Deutschland und Italien war demgegenüber ein Produkt einer umfassenden »nationalen Einigungsbewegung« und nicht das Ergebnis einer »national« begründeten Sezession. Aber auch in diesen beiden Fällen barg das Auseinanderklaffen von geographischen und Siedlungsgrenzen angesichts der großen Popularität und politischen Wirksamkeit des Nationalstaatsgedankens ein erhebliches Konfliktpotential.

Ein weiteres großes europäisches Problem im 19. Jahrhundert war die durch eine stürmische Industrialisierung hervorgerufene soziale Frage. Die ständig an Tempo zunehmende ökonomisch-technische Modernisierung und das Vordringen des Kapitalismus ließen scharfe Klassengegensätze zwischen bürgerlichen »Kapitalisten« und einer sozial und ökonomisch diskriminierten Arbeiterschaft entstehen. Diese forderte als Antwort auf ihre Misere die revolutionäre Umgestaltung der Gesellschaft, wobei zumindest in den hochindustrialisierten Ländern mit beginnender Akzeptanz der Arbeiterorganisationen revisionistische und reformistische Ansichten zusehends an Bedeutung gewannen. Gleichzeitig führte die Industrialisierung zu einer Verhärtung der internationalen Beziehungen, da sich die Industriemächte als erbitterte Konkurrenten auf dem Weltmarkt begegneten und in einen regelrechten kolonialen Wettstreit um die Aufteilung des Globus traten. Der enge Schulterschluß zwischen Wirtschaft und Staat, der in Außenhandels- und Rüstungspolitik besonders deutlich wurde, verlieh den dabei entstehenden internationalen Konflikten eine besondere Brisanz. Anfang des 20. Jahrhunderts bildete das scheinbar ruhige, wirtschaftlich prosperierende und direkt oder indirekt nahezu den Rest der Welt beherrschende Europa ein Pulverfaß voller ungelöster Probleme, das 1914 aus vergleichsweise unbedeutendem Anlaß explodierte.

Der Erste Weltkrieg, in dem als Hauptgegner die Mittelmächte Deutschland und Österreich-Ungarn auf die englisch-französische Entente und das Zarenreich trafen, bildete den bis dahin größten Bruch in der europäischen Geschichte. Neben ungeheuren Menschenverlusten hinterließ die jahrelange quasi-industrielle Massenschlächterei in den Schützengräben eine beispiellose moralische Verwüstung, die als schwere Hypothek auf den Nachkriegsstaaten lastete; die aberwitzige Verschuldung der kriegführenden Staaten ruinierte die europäischen Volkswirtschaften, und mit dem Kriegseintritt der USA auf seiten der Entente 1917 und der Entstehung der revolutionären Sowjetunion deutete sich eine nachhaltige Verlagerung der weltpolitischen Schwerpunkte an. Der Versuch, nach der Niederlage der Mittelmächte mit dem Vertrag von Versailles (1919) eine dauerhafte Friedensordnung zu begründen, schlug fehl, da er von den Siegern als machtpolitisches Instrument genutzt und von den Verlierern als Diktat empfunden wurde, das die Frontstellungen des Krieges zementierte. Unter diesen Bedingungen sollte er sich letztlich als Waffenstillstand erweisen, der gerade einmal 20 Jahre dauerte.

Europa fand auch nach Versailles keine befriedigenden Antworten auf die großen Vorkriegsfragen von Demokratie, sozialer Gerechtigkeit und nationaler Selbstbestimmung. Die revolutionäre Arbeiterbewegung erlebte zwar gegen Kriegsende und in den ersten Nachkriegsjahren einen kurzfristigen Aufschwung, dessen greifbarster Erfolg der Sieg der bolschewistischen Oktoberrevolution in Rußland war. Im Streit um das Verhältnis zu dieser Revolution spaltete sich die europäische Linke jedoch in einen reformistisch-sozialdemokratischen und einen revolutionär-kommunistischen Flügel. Diese bekämpften sich zeitweise erbittert, während sich an der Lage der Arbeiterschaft in den kapitalistischen Ländern wenig änderte. Die großen Hoffnungen, die auf die Durchsetzung des Selbstbestimmungsrechts der Völker in Versailles gesetzt worden waren, wurden ebenfalls enttäuscht. Zwar entstanden auf dem Boden der früheren Mittelmächte und des Zarenreiches mit Polen, der Tschechoslowakei, Österreich, Jugoslawien, Finnland, Lettland, Estland und Litauen eine Reihe von Staaten (wieder), doch entsprach die Grenzziehung in diesem Zwischeneuropa oftmals mehr machtpolitischen und strategischen als ethnischen Gesichtspunkten und diente vor allem der Schwächung bzw. Kontrolle Deutschlands und der Ausgrenzung der Sowjetunion.

Europa nach dem Ersten Weltkrieg

Die wirtschaftlichen Zerrüttungen und die sozialen und nationalen Spannungen bedeuteten eine schwere Belastung für die Stabilisierung der Demokratie im Nachkriegseuropa. In Verwaltung, Wirtschaft und Gesellschaft der meisten Staaten überlebten hartnäckig die hierarchischen Vorkriegsstrukturen und begünstigten die Entstehung von autoritären Regimes und Diktaturen. Der Marsch auf Rom und die Übernahme der Macht in Italien durch Mussolinis Faschisten im Jahr 1922 verschafften dieser antidemokratischen Tendenz weiteren Raum und drängten die bürgerlich-demokratischen Systeme in die Defensive. Entscheidend für den weiteren Verlauf der europäischen Geschichte wurde in diesem Zusammenhang das Versagen der politisch und gesellschaftlich relevanten Kräfte in Deutschland, denen es nicht gelang, die Demokratie zu retten, nachdem die Weltwirtschaftskrise 1929 eine trügerische politische Stabilität und wirtschaftliche Scheinblüte schlagartig beendete. Massenarbeitslosigkeit und Verelendung, eine weitverbreitete autoritäre und demokratiefeindliche Grundhaltung, aggressiver Antikommunismus und latenter Antisemitismus begünstigten den Aufschwung des Nationalsozialismus, der 1933 in die Machtergreifung Hitlers mündete.

Dadurch wurde auf europäischer Ebene die Revision der Versailler Friedensordnung und eine deutliche Verschärfung des internationalen Klimas eingeleitet. Eine europaweite Konfrontation von Demokratie und Diktatur deutete sich an, bei der die stalinistische Sowjetunion faktisch die Rolle einer dritten Kraft spielte. Aus Angst sowohl vor dieser Konfrontation als auch vor einer Stärkung der revolutionären Kräfte tolerierten die Westmächte sowohl das Eingreifen der Diktaturen in den Spanischen Bürgerkrieg (1936 bis 1939) als auch den Anschluß Österreichs an Deutschland (1938) und die Zerschlagung der Tschechoslowakei (1938/39). Erst der deutsche Überfall auf Polen bewirkte die endgültige Abkehr von dieser Strategie des »Appeasement«, doch gelang der Sieg über Nationalsozialismus und Faschismus erst nach einem anfangs unaufhaltsam scheinenden Siegeslauf Hitlers nur durch die Anstrengungen der Sowjetunion im Osten und das Eingreifen der USA im Westen.

Am Ende des Zweiten Weltkriegs war das nationalsozialistische Deutschland, das sich durch Massenmord und Vernichtungslager aus dem Kreis der zivilisierten Nationen verabschiedet hatte, zwar vernichtend geschlagen, aber auch Europa als autonome politische Kraft faktisch zerstört; die Spaltung des Kontinents in zwei antagonistische Blöcke unter der Führung der USA und der Sowjetunion zeichnete sich ab. Insbesondere im sowjetischen Machtbereich kam es dabei, sanktioniert durch die Konferenzen von Jalta und Potsdam, zu einer umfassenden Neuordnung der Grenzen, die von massiven Vertreibungs- und Umsiedlungsaktionen begleitet war.

In globaler Perspektive wurde europäische Politik ein reiner Reflex der Beziehungen der beiden Supermächte aufeinander, die sich in einem Kalten Krieg gegenüberstanden. Der endgültige Verlust der internationalen Bedeutung Europas zeigte sich in den Unabhängigkeitsbewegungen der Dritten Welt, die innerhalb weniger Jahre trotz zeitweise heftigsten Widerstandes der europäischen Mächte die staatliche Selbständigkeit für nahezu alle Kolonien erkämpften. Angesichts der katastrophalen Kriegszerstörungen war die größte Aufgabe in Europa nach 1945 der Wiederaufbau, wobei unabhängig vom jeweiligen Land oder System in erstaunlich kurzer Zeit bemerkenswerte Leistungen vollbracht wurden, die eine schnelle wirtschaftliche Erholung ermöglichten. Parallel hierzu kam es im Westen zu einer europäischen Einigungsbewegung, die in erster Linie auf wirtschaftliche Verflechtung abzielte und in diesem Bereich und im Aufbau gemeinsamer bürokratischer Strukturen erhebliche Fortschritte erreichte. Sie wurde begleitet von einer Aussöhnungspolitik, die zu einem weitgehenden Abbau nationaler Spannungen, insbesondere zwischen den »Erbfeinden«

Deutschland und Frankreich, führte. Neben Wiederaufbau und Ausbau der Einigung bildete im Schatten der atomaren Bedrohung der Abbau der Spannungen zwischen Ost und West und die Stabilisierung der friedlichen Koexistenz die dritte große Aufgabe der europäischen Politik. Vordergründig schien diese relativ erfolgreiche Politik zwar die Teilung Europas zu sanktionieren, langfristig wirkte sie sich jedoch offensichtlich destabilisierend auf das politische System des Ostens aus, das schließlich unter dem Druck enormer wirtschaftlicher Belastungen und umfassender gesellschaftlicher Unzufriedenheit zusammenbrach.

Mit dem Scheitern des Sozialismus in der Sowjetunion und den dramatischen Umbrüchen in Osteuropa in der weitgehend friedlichen Revolution von 1989 eröffneten sich dann für Gesamteuropa unerwartet und schlagartig neue Perspektiven, die allerdings schnell von einer Vielzahl von Schwierigkeiten eingeengt wurden. Die ehemals sozialistischen Vielvölkerstaaten brachen auseinander, wobei diese Entwicklung zum Teil von heftigen militärischen Auseinandersetzungen und brutalen »ethnischen Säuberungen« begleitet wurde.

Darüber hinaus sieht sich ganz Osteuropa mit großen sozialen, ökonomischen und politischen Problemen konfrontiert, die bei der Umstellung der Wirtschaft und dem Aufbau stabiler demokratischer Strukturen entstehen. Auch in Westeuropa hat sich angesichts von weitreichenden ökonomischen Strukturveränderungen, Globalisierungsdruck und Massenarbeitslosigkeit nach der Euphorie von 1989/90 längst Ernüchterung breitgemacht. Vor dem Hintergrund der wirtschaftlichen Probleme und erhöhter sozialer Konfliktbereitschaft ist es zum Wiedererwachen eines aggressiven Nationalismus gekommen, der sich in vielen Ländern in zunehmender Fremdenfeindlichkeit äußert, die sich vor allem gegen die Bevölkerungsgruppen aus den europa- und weltweiten Migrationsbewegungen der letzten Jahrzehnte und gegen ethnische Minderheiten richtet. Europa steht gerade in diesen Fragen vor großen Herausforderungen, denen letztlich nur durch konsequente Verwirklichung der in einem langen historischen Prozeß entstandenen und im Umfeld der Französischen Revolution formulierten Ansprüche auf politische, ökonomische, soziale und ethnische Emanzipation zu begegnen ist. Hierfür sprechen wegen der zahllosen Opfer und der unermeßlichen Zerstörungen durch Krieg und Gewalt in der Geschichte Europas nicht nur humanistischer Idealismus, sondern auch nüchterner politischer und ökonomischer Realismus. In einer täglich kleiner werdenden Welt, die zudem von Raubbau an den überlebensnotwendigen natürlichen Ressourcen und Umweltzerstörungen größten Ausmaßes bedroht ist, bleibt für die Menschen in Europa keine Alternative.

Die Völker Europas

Josef-Thomas Göller

»Das ist typisch«: Europäische Klischees

»So sind sie, die Franzosen: großartige Kunst, lausige Organisation«, klagte 1992 Mary Morgan, amerikanische Trainerin, über die Winterolympiade im französischen Albertville. Dekliniert man die gängigen Vorurteile über Europa durch, so gelten die Engländer als sentimental, traditionsbewußt und exzentrisch; den Franzosen wird nachgesagt, sie seien Zyniker und Chauvinisten; Spanier gelten als faule, eifersüchtige Machos. Belgier sollen Spießbürger und Moralisten sein; die Niederländer werden als Philister bezeichnet; Deutsche sind demnach grundsätzlich ausländerfeindlich, arbeitswütig, humorlos, aber auch romantisch; die Österreicher devot; die Schotten und Russen die Säufer des Kontinents. Griechen und Polen werden für die absoluten Chaoten gehalten; die Balten seien schwermütig; die Esten vor allem langsam im Denken; Skandinavier gelten als naiv, deshalb ihr Hang zur Freikörperkultur; Italiener seien theatralisch und neigten zur Schauspielerei. Die Balkanvölker werden mit Rachsucht und Kompromißlosigkeit in Verbindung gebracht; die Iren, sagen die Engländer, sind das fairste Volk: Sie sagen gegenseitig nie Gutes übereinander. Am besten kommen die Portugiesen weg. Sie gelten als ruhig und geduldig, bringen es aber deshalb zu nichts. In den Büros der Europäischen Gemeinschaft in Brüssel wird folgender Witz kolportiert: »Was ist die Hölle auf Erden? – Wenn Briten die Chefs sind, Franzosen die Mechaniker, die Deutschen die Polizisten, die Schweizer die Liebhaber und dies alles von den Italienern organisiert wird.«

Gibt es sie wirklich, die typischen Nationaleigenschaften? Vorurteile werden in der Regel von den Nachbarn über den jeweils anderen in Umlauf gebracht. Beim näheren Hinsehen sind fast alle Klischees beliebig austauschbar und werden, losgelöst von Nationalstaaten, auch auf Regionen, rivalisierende Städte und Dörfer angewandt. In Spanien etwa werden den Valenzianern die genannten »italienischen« Eigenschaften nachgesagt, den Basken die der Balkanvölker. Die Andalusier werden mit den Vorurteilen über die Portugiesen belegt, den Galiziern werden deutsche Eigenschaften angedichtet. Auch die englischen Witze über die Schotten, Iren und Waliser sind austauschbar, was oft genug auch geschieht. Mit anderen Worten: Ethnische Vorurteile leben von festgelegten Pointen, die sich grundsätzlich über »den anderen« lustig machen. Sie negieren zudem die Fortentwicklung einer Gesellschaft und spielen immer wieder auf längst überholte Elemente an.

Eines ist dennoch sicher: Es gibt in Europa zahlreiche verschiedene Völker. Doch was ist nun ein Volk oder, wie es die Wissenschaft der Völkerkunde nennt, eine Ethnie? Es ist kaum möglich, dies mit letzter Sicherheit zu bestimmen. Manche der europäischen Völker sind erst in diesem Jahrhundert entstanden, wie die Bosnier oder die Mazedonier. Die Existenz anderer Gruppen als Ethnie ist noch nicht allgemein akzeptiert, wie im Fall der Karpatho-Ukrainer, der Andalusier oder der Slavo-Mazedonier und Wlachen in Griechenland und Bulgarien. Bei den Schweden, Dänen oder Portugiesen sind zum Beispiel ethnische und sprachliche Zugehörigkeit identisch. Die Schweizer dagegen fühlen sich aufgrund ihrer Geschichte als ein Volk, obgleich sie vier Sprachen haben. Ähnliches gilt für die Schotten und die Iren mit jeweils zwei nationalen Sprachen. Die Färinger auf Färöer fühlen sich wiederum verschieden von den Dänen, trotz gemeinsamer Sprache und Geschichte. Die Österreicher, um ein weiteres Beispiel zu nennen, sehen sich aufgrund der geschichtlichen Entwicklung im 19. und 20. Jahrhundert als eigenes Volk, obgleich sie mit den Deutschen dieselbe Sprache teilen. Kultur und Geschichte sind beiderseits der portugiesisch-spanischen Grenze sehr ähnlich, auch die beiden Sprachen sind nicht weit voneinander entfernt. Dennoch sind Portugiesen und Spanier verschiedene Völker. Montenegriner teilen Sprache und Religion mit den Serben und leben sogar gemeinsam im selben Staat. Trotzdem fühlen sie sich als eigene Ethnie.

Deutlich wird: Die Entstehung einer Ethnie hängt von zahlreichen historischen Zufällen ab. Und die Entwicklung ist keinesfalls abgeschlossen. Eine exakte Bestimmung der Merkmale, bei deren Vorhandensein bzw. Fehlen man von einem »Volk« sprechen darf oder nicht, ist nicht in jedem Fall möglich. Abgesehen davon können im Laufe der Zeit die für den Einzelfall gültigen Kriterien ihren Wert verlieren und sich neue entwickeln.

Ein wichtiges, häufig genutztes Kennzeichen für die Zugehörigkeit zu einer Ethnie ist die gemeinsame Sprache. Unterschiedlich ist jedoch, ab wann Sprachen als »gemeinsam« empfunden werden. So ist der Unterschied zwischen Ober- und Niederdeutsch erheblich größer als der zwischen Niederdeutsch und Niederländisch. Trotzdem werden erstere nur als Varianten einer Sprache angesehen, das Niederländische dagegen als ein vom Deutschen verschiedenes Idiom. Auch in der italienischen Dialektlandschaft ist die Toleranzbreite erheblich, während recht eng miteinander verwandte slawische Sprachen nicht nur als dialektale Varianten angesehen werden.

Ergänzend oder alternativ kann eine gemeinsame Religion hinzukommen. Das Gefühl einer gemeinsamen Abstammung und gemeinsame geschichtliche Erfahrungen können ebenfalls zur Herausbildung eines Volkes beitragen. Im folgenden werden alle die Gruppen als eigene Ethnie akzeptiert, die sich selbst als solche bezeichnen und zumindest von einem Teil ihrer Nachbarn auch als solche gesehen werden.

Die Urenkel der Kelten: Iren und Briten

Ungefähr ab 700 vor Christi Geburt bewohnten die Kelten die gesamten Britischen Inseln. Als die Römer unter Kaiser Claudius im 1. Jahrhundert nach unserer Zeitrechnung England und Wales unterwarfen, nannten sie die dortigen Kelten Briten.

Auf die Römer folgten nach dem 5. Jahrhundert die Sachsen und vor allem die Angeln aus Norddeutschland, die England (Angelland) seinen Namen gaben. Weitere nachdrängende nordische Stämme germanisierten England vorübergehend vollends. Mit der letzten Eroberung im Jahr 1066 durch die Normannen aus Frankreich wurden Kultur und Sprache noch einmal mit romanischen und germanischen Elementen zugleich angereichert. Dank der Ausdehnung Englands ab dem 17. Jahrhundert zu einem Weltreich wurde Englisch im 20. Jahrhundert die Weltverkehrssprache schlechthin. Die Britischen Inseln bestehen aus der Republik Irland und dem »Vereinigten Königreich« (United Kingdom) von England, Schottland, Wales und Nordirland. Der Begriff »United Kingdom« wird fälschlicherweise oft gleichgesetzt mit Großbritannien, zu dem jedoch Nordirland nicht gehört. Das Vereinigte Königreich zählte 1997 58,5 Millionen Einwohner, die Mehrzahl von ihnen wohnt in England. Wales hat 2,9 Millionen, Schottland 5,1 Millionen und Nordirland 1,6 Millionen Einwohner. Zur Vereinheitlichung tragen vor allem die bis 1997 strikt auf London ausgerichtete zentralistische Verwaltung, die Monarchie, der Gebrauch der Staatssprache Englisch und die überwiegende Zugehörigkeit zu protestantischen Bekenntnissen bei. Die ursprünglich relativ einheitliche ethnische Zusammensetzung hat sich nach dem Zweiten Weltkrieg und der darauffolgenden Auflösung des britischen Kolonialreiches stark gewandelt. Mindestens 5 Prozent der Bevölkerung sind heute Westinder, Afrikaner, Araber, Chinesen oder stammen aus Südasien.

Zuerst entwickelten sich die moderne Industriegesellschaft und Werte wie Demokratie und Rechtstaatlichkeit, die später von zahlreichen Gesellschaften übernommen wurden, in England. Die frühkapitalistische englische Gesellschaft des 19. Jahrhunderts diente Karl Marx für die Entwicklung seiner sozialistischen Theorie. Vor allem im Norden des Landes, geprägt vom Berg-, Schiffs- und Maschinenbau sowie der Textilwirtschaft, Eisen- und Stahlindustrie, finden sich bis heute Anklänge an die typische Arbeiterklasse des 19. Jahrhunderts. Das Industriezentrum Manchester, von dem Dichter und Sozialreformer William Morris einst als Vorhölle bezeichnet, steht bis heute namentlich mit dem Begriff »Manchesterismus« (Manchester-Kapitalismus) für eine gnadenlose industrielle Ausbeutung von Menschen.

Das Klischee des Lebensraumes englischer Arbeiterfamilien bedienen noch heute viele. Nach wie vor leben sie in typischen Reihenhäusern, in denen sie Wellensittiche, Brieftauben und Hunde als bevorzugte Haustiere halten. Zuwanderer aus Indien, Afrika, von den Karibischen Inseln und aus anderen Teilen des einstigen Britischen Reiches prägen inzwischen die großen Städte Englands, insbesondere die Metropole London. Mancherorts gibt es eine China Town, in Manchester gar ein Klein-Harlem.

Im Südwesten Englands liegt die wildzerklüftete Landschaft Cornwall, die aufgrund ihres Zinnreichtums schon in der Bronzezeit Verbindung mit anderen Völkern bis hin zum Mittelmeerraum unterhielt. Die Einwohner haben bis heute keltisches Brauchtum bewahrt oder praktizieren in romantischer Verklärung der Vergangenheit eine Folklore, die sie für keltisch halten. Ihre keltische Sprache ist seit 200 Jahren ausgestorben. Dennoch werden die Cornish nach wie vor als eigene Gruppe angesehen. Heute gibt es zudem Versuche, die alte Sprache wiederzubeleben – anders in Wales.

Viele Kelten nahmen hier in den unzugänglichen Bergen Zuflucht vor den germanischen und normannischen Eroberern. Heute sprechen trotz des starken englischen Einflusses immerhin noch rund ein Viertel der 2,9 Millionen Waliser die keltische Sprache Kymrisch. Ihren Namen, englisch Welsh, haben sie von den Angelsachsen erhalten, die sie damit als Fremde bezeichneten. In Deutschland war bis zu Beginn des 20. Jahrhunderts der gleiche Ausdruck, »welsch«, neben der pauschal negativen Markierung des Fremdländischen vor allem als abwertende Bezeichnung für Franzosen und Italiener im Gebrauch. Erst 1284 wurde Wales unter massivem englischen Druck mit England vereint. Seitdem führt der englische Thronfolger den Titel Prince of Wales. In den romanischen Sprachen werden die Waliser noch als Gallier bezeichnet.

Die Waliser haben im 20. Jahrhundert einige Kelten-Feste wiederbelebt. Das bekannteste ist das Eisteddfod, auf dem nach altem Brauch Richter in Druidengewändern auftreten und Barden und Musiker um Ehrenpreise wetteifern. Die Waliser leben im Süden und Norden des kleinen Wales hauptsächlich von moderner Industrie und Fremdenverkehr. Nur im inneren Bergland finden sich noch reine Agrarstrukturen. Ein weiteres keltisches Randvolk hat im Norden Großbritanniens die Jahrtausende überlebt: die Schotten. Sie wurden erst 1707 von England endgültig unterworfen und bilden eine Vermischung aus vorkeltischen Pikten, die den Römern erfolgreich Widerstand geleistet hatten, und aus irischen Einwanderern, die vom 5. Jahrhundert an die Pikten christianisierten. Da die Iren von den Römern allgemein »Scoti« genannt wurden, bewirkten die irischen Kolonisten letztlich die Namensgebung »Schotten«.

Das schottische Tiefland wurde außerdem von Briten und Angeln besiedelt. Seine Bevölkerung unterscheidet sich daher stark von der des rein keltischen Hochlands. Die Sprache des Tieflandes ist eine für den Außenstehenden kaum verständliche Variante des Englischen, die als Schottisch oder Lallans bezeichnet und von etwa 3,5 Millionen Menschen gesprochen wird. Als ihr bedeutendster Dichter gilt der schottische Nationalpoet Robert Burns.

Die Hochländer machen etwa ein Fünftel der Bevölkerung aus. Nur ein kleiner Teil von ihnen spricht noch das alte keltische Gälisch. In abgelegenen Gebieten sind sie noch in den alten Sippenverbänden der Clans organisiert, aber mit deutlich sinkendem Einfluß. Denn Schottland hat seit Beginn der Ölförderung vor seiner Nordseeküste in den siebziger Jahren einen relativen Wohlstand erfahren, in dessen Zuge das egalitäre westliche Konsumverhalten alte Strukturen schnell aufbricht. Lediglich in der äußersten Abgeschiedenheit einiger Täler, Moorgegenden und an manchen Lochs sowie auf den Shetland-Inseln und den Inseln der Hebriden haben sich Elemente traditioneller Lebensweise und alten Brauchtums erhalten. Durch stetige Abwanderungen aus diesen kargen Gebieten sind aber auch hier die Tage keltischer Sitten und Gebräuche gezählt. Daß die Shetland-Inseln nicht nur ein keltisches Rückzugsgebiet darstellen, zeigt sich alljährlich bei dem Fest Up-Helly-Aa, wenn die Männer der Hauptinsel die Nachbildung eines Wikingerschiffes durch die Stadt Lerwick tragen, das am Ende des Zuges in Brand gesteckt wird. Der für die Schotten als typisch geltende Knierock Kilt wurde erst im frühen 19. Jahrhundert im Zuge des romantischen Nationalismus bei der Neuschöpfung schottischer Traditionen erfunden, um die Schotten deutlich vom verhaßten England abzugrenzen.

Eine weitere keltische Minderheit auf den Britischen Inseln stellen die Bewohner der Insel Man in der Irischen See dar. Etwa 50 000 der 70 000 Bewohner dieser Insel bezeichnen sich selber als Manx. Ihre keltische Sprache ist im Aussterben begriffen, doch gibt es intensive Bemühungen, sie lebendig zu erhalten. Die Manx streben zum Teil nach Unabhängigkeit von Großbritannien.

Die Republik Irland ist der einzige keltische Staat mit Gälisch als erster Staatssprache. Von 1177 bis 1922 erhob England Anspruch auf die gesamte grüne Insel. Und erst 1949 erhielt die Republik Irland ihre volle Souveränität. Die Iren gelten als streng katholisch, besitzen aber einen reichen Sagen- und Märchenschatz aus alter Zeit und haben wie keine andere Region des einstigen keltischen Europa die Erinnerung an die Vorfahren bewahrt.

Maßgeblicher Grund hierfür ist der fast 800 Jahre währende Kampf gegen die englischen Feudalherren. Bis in das 20. Jahrhundert hinein wurde dafür die Erinnerung an die frühere keltische Größe beschworen. Man kam immer wieder an vielen geheimen Orten zusammen, um die Sprache der Vorfahren und ihre Geschichte neu zu erlernen. So wurde im 19. Jahrhundert beispielsweise das altirische Hurling-Spiel neubelebt, wie auch der Harfenklang der alten Barden. Mit der Unabhängigkeit gab sich die Republik Irland auch einen neuen Namen aus früherer Zeit: Éire. Gälisch wird heute als zweite Sprache in der Schule von jedem in Irland gelernt, seine Beherrschung ist Grundvoraussetzung für jede Staatsstellung. Dennoch hat sich diese sehr komplizierte Sprache, bei allem irischen Nationalstolz, nicht wieder als allgemeine Verkehrssprache durchsetzen können. Die Gebiete der originalen gälischen Sprache, Gaeltacht genannt, sind trotz großer Anstrengungen immer kleiner geworden. Sie liegen hauptsächlich an der Westküste und den ihr vorgelagerten Inseln. Ihre etwa 200 000 Bewohner genießen mancherlei Vorteile, etwa Steuererleichterungen. Im übrigen Lande hört man vorwiegend irisches Englisch.

In der Republik Irland leben etwa 3,5 Millionen Menschen; in Nordirland, das politisch zu Großbritannien gehört, 1,6 Millionen. Dort wehrt sich seit 1969 die katholische Minderheit – auch mit terroristischen Mitteln – gegen die Herrschaft der seit dem 17. Jahrhundert eingewanderten protestantischen Engländer und Schotten. Seit der historischen Vereinbarung zwischen Protestanten und Katholiken am Karfreitag des Jahres 1998 zeichnet sich eine friedliche Lösung des Nordirlandproblems ab, indem ein gemeinsames Parlament mit Vertretern aller Parteien institutionalisiert wurde. Eine Besonderheit der irischen Gesellschaft sei hier noch erwähnt: die wandernden Kesselflicker, Travellers oder, herabsetzend, Tinkers (Verzinner) genannt. Sie werden oft mit Zigeunern verwechselt, da sie wie diese in tonnenförmigen Wohnwagen von Ort zu Ort ziehen und den gleichen Tätigkeiten nachgehen: Wahrsagerei, Lumpensammeln, Klempner-, Zimmermanns- und Saisonarbeiten sowie Pferdehandel. In Wirklichkeit sind sie herkunftsmäßig nicht von den übrigen Iren zu unterscheiden, außer daß sie ein anderes keltisches Idiom sprechen, das Cast oder Shelta. Daneben benutzen sie zur Verständigung noch Zeichen, sogenannte *patrin:* Kohlenasche, Stengel oder Lumpen werden auf bestimmte Weise ausgestreut, um an andere Traveller Nachrichten weiterzugeben. Manche Zeichen haben Ähnlichkeit mit altnordischen Runen. Inzucht ist häufig, da Ehen zwischen Travellern und Zigeunern oder Seßhaften stets als Mißheiraten gelten. Aber immer mehr Traveller werden seßhaft und gehen geregelten Berufen nach, so ist das Ende ihrer Kultur und Sprache abzusehen.

Wie Gott in Frankreich

»Wie kann man von jemandem erwarten, ein Land zu regieren, in dem es 246 verschiedene Käsesorten gibt«, soll dereinst Präsident Charles de Gaulle über seine Grande Nation geklagt haben. Richtig ist, daß in Frankreich viele Gegensätze aufeinanderprallen. Auch ethnisch und sprachlich ist Frankreich ein sehr heterogenes Land. 15 Prozent seiner Bewohner verteilen sich auf Angehörige von etwa 100 verschiedenen Ethnien, die meisten davon aus den ehemaligen französischen Kolonien. 85 Prozent der Bevölkerung von 58,1 Millionen zählen zu den einheimischen Franzosen. Zu ihnen gehören sieben sprachlich verschiedene Gruppen, die sich auch als verschiedene Ethnien fühlen: Im Norden, zwischen Calais und Lille, wird von etwa 300 000 Menschen Flämisch gesprochen, im Osten Lothringens und im Elsaß von einem Teil der 1,5 Millionen Elsässer eine deutsche Mundart. In der Bretagne beherrschen noch 25 Prozent der 3,7 Millionen Bretonen die bretonische Sprache, eine keltische Mundart, die auch in Wales verstanden wird. Kein Wunder, handelt es sich bei den Bretonen nicht um übriggebliebene Gallier, sondern um Kelten aus Cornwall, die im 5. Jahrhundert vor den Sachsen flohen. Deshalb heißt die Bretagne im Französischen auch Cornnouailles. Im Südwesten Frankreichs leben zudem Katalanen und Basken. Auf der französischen Mittelmeerinsel Korsika wird das dem Italienischen verwandte Korsisch gesprochen, da die Insel sich bis 1769 in der Hand der Republik Genua befand. Bereits seit 1700 existieren militante korsische Gruppen, die für die Unabhängigkeit der Insel kämpfen – eine Auseinandersetzung, die bis heute andauert.

Im übrigen Frankreich haben sich aus dem Lateinischen zwei Sprachen entwikkelt: das Nordfranzösische, das als offizielles Französisch Anerkennung gefunden hat, und das Südfranzösische, das vom Atlantik bis Nizza reicht und fast die gesamte südliche Hälfte des französischen Hexagon umfaßt; man nennt es auch Okzitanisch oder Langue d'oc. Es gilt als das ältere Französisch und weist deutliche Übergänge zum Katalanischen auf. Jene etwa 2,7 Millionen Südfranzosen, die Okzitanisch sprechen, werden auch als Provenzalen bezeichnet, auch wenn sie nicht aus der Provence im Südosten Frankreich stammen.

In der klimatisch milden Provence soll die Wiege des westeuropäischen Weinbaus stehen. Ohnehin macht die südliche Sonne fast die Hälfte Frankreichs zum ersten Weinland der Erde. Und so sind die Franzosen als Nation auch als Weinkenner par excellence bekannt. Weil sie mehr fruchtbaren Boden in gemäßigten Breiten besitzen als jedes andere europäische Land, sind die Franzosen relativ spät von agrarischen Strukturen zur modernen Industrie übergegangen. Lebte noch 1930 jeder zweite Franzose in kleinen ländlichen Gemeinden, arbeiten heute fast ein Fünftel der 56,6 Millionen Franzosen im Großraum Paris. 74 Prozent wohnen in Städten. Dazu hat auch ein rasantes Bevölkerungswachstum nach 1946 beigetragen. In jüngster Zeit hat eine hohe Zuwanderung von Moslems aus dem Maghreb eine erhebliche innenpolitische Problemlage ausgelöst. Als »Beurs« bezeichnet man die etwa 600 000 in Frankreich geborenen Nachkommen dieser Einwanderer. »Harquis« nennt man die Abkömmlinge der Algerier, die im Algerienkrieg die Franzosen unterstützten und dann nach Frankreich ins Exil gingen. Frankreich besitzt außerdem mit 600 000 Mitgliedern die viertgrößte jüdische Gemeinde der Welt (nach USA, Israel und Rußland).

Drei kleine Riesen: Benelux

Der flämische Teil Belgiens und die Niederlande bildeten ursprünglich unter der Herrschaft der Herzöge von Burgund eine Einheit. In dieser Zeit erlebte Flandern seine historische Blüte, gehörten doch Gent und Brügge zu den kulturellen und wirtschaftlichen Zentren Westeuropas. Nach der Auflösung Burgunds fielen beide Gebiete als Erbe im Jahr 1556 an Spanien. Zur Trennung beider Provinzen trug die Reformation entscheidend bei, die den nahezu 100 Jahre währenden Freiheitskrieg der protestantisch gewordenen Niederländer bewirkte, während die Flamen katholisch blieben. Nach dem Dreißigjährigen Krieg 1648 erlangten die Niederländer ihre Selbständigkeit, und das südliche Flandern blieb bis 1714 bei Spanien. Danach fiel es an Österreich. Von 1784 bis 1815 herrschten die Franzosen über die Flamen. Sie wurden schließlich für 15 Jahre noch einmal mit den Niederlanden vereint. Die endgültige Trennung erfolgte 1830 mit der Gründung des Staates Belgien, der den Namen des alten Gallierstammes der Belgier annahm. 1839 wurde noch der französischsprachige Teil des Großherzogtums Luxemburg mit Belgien vereinigt, und so wurde das neue Königreich der Belgier zweisprachig. Nach dem Ersten Weltkrieg erhielt es außerdem die Region von Eupen und Malmedy, in der auch 125 000 Deutsche lebten, als Kriegsentschädigung zugesprochen. Alle drei Sprachen sind als Staatssprachen anerkannt. Doch die kulturellen Gegensätze und nahezu unüberbrückbaren historischen Vorurteile zwischen Flamen und Wallonen treten bisweilen außerordentlich heftig in Erscheinung, obwohl sich die Siedlungsgebiete im Zuge der Industrialisierung zunehmend durchdringen. Stellten früher die vier Millionen Wallonen die belgische Führungsschicht, sind es nunmehr die fünf Millionen Flamen, die das Land mehr und mehr dominieren.

Das Großherzogtum Luxemburg ist seit 1866 selbständig. Die Staatssprache der rund 390 000 Einwohner ist Französisch, Verkehrssprache ein moselfränkischer Dialekt des Deutschen, das »Letzeburgische«.

In den benachbarten Niederlanden stellen die Niederländer mit gut 14 Millionen die größte ethnische Gruppe. Diese Zahl beinhaltet auch die etwa eine Million Immigranten früherer niederländischer Kolonien, wie Surinam, die Molukken und die Niederländischen Antillen, und anderer Völker, wie Tscherkessen, Kurden und Marokkaner. »Gott hat die See geschaffen«, sagt ein niederländisches Sprichwort, »der Friese die Küste.« Im tausendjährigen Ringen mit den gefräßigen Sturmfluten der Nordsee entwickelten sich die Friesen zu den besten Deichbaumeistern der Welt. Sie sind ein eigenes Volk germanischen Ursprungs. Die Friesen sprechen eine eigene Sprache, verwandt mit dem Niederländischen und dem Englischen, und siedeln seit etwa 2000 Jahren entlang der Nordseeküste. Ihr Hauptsiedlungsgebiet liegt, mit 730 000 Menschen, in den Niederlanden. In Deutschland bewohnen sie Ostfriesland. Bis auf die Region Saterland haben sie dort ihre eigene Sprache aufgegeben und bedienen sich des Niederdeutschen. In Nordfriesland, einschließlich der Inseln, sprechen noch etwa 40 000 Menschen Friesisch. Westfriesen und Niederländer haben ihr rohstoffarmes Land aufgrund ihrer kaufmännischen Fähigkeiten zu einer der reichsten Nationen der Welt entwickelt.

Wo Europa und Afrika sich treffen: Spanien, Portugal, Italien

»Das letzte sichtbare Zeichen der europäischen Welt«, notierte am 3. Oktober 1493 Christoph Columbus während seiner zweiten Amerikareise über El Hierro, die westlichste der sieben Kanarischen Inseln. Heute zählen die Hauptinseln Teneriffa und Gran Canaria zu den wichtigsten Ferienzielen sonnen- und strandhungriger Europäer. Einst von einer mysteriösen weißen Urbevölkerung, den Guanchen, bewohnt, wurde die Inselgruppe vor der afrikanischen Nordwestküste nach mehr als einem Jahrtausend im 14. Jahrhundert wiederentdeckt und nach wechselvoller, kriegerischer Geschichte zwischen 1477 und 1496 hispanisiert. Seither gehören die Kanarischen Inseln zu Spanien. Von der altkanarischen Kultur sind eine Reihe von Überresten geblieben, so zum Beispiel die bemalte Höhle auf Gran Canaria, die bislang noch nicht zu deutende bunte Figuren in Linienform zeigt. Außerdem pflegen die Kanaren die Lucha Canaria, einen Ringkampf der Guanchen, sowie den Silbo, eine Pfeifsprache, mit der sich einst die Bewohner der Insel Gomera über weite Talschluchten hinweg verständigten. Viele Einwohner der Kanaren sind bis heute blond und helläugig wie die Guanchen. Sie sehen sich als deren direkte Nachfahren und fühlen sich seit einiger Zeit deutlich als eigene Ethnie.

Obwohl die Iberische Halbinsel durch den Gebirgsriegel der Pyrenäen vom übrigen Europa geologisch isoliert ist, kam es immer wieder zu Einfällen fremder Völker. Die ersten bekannten Bewohner waren die Iberer und Lusitanier. Es folgten Kelten, Römer, Westgoten, Mauren und Franken. Unter der Diktatur des Generals Franco wurde bis 1975 die Einheit des spanischen Volkes betont. Nur das Kastilische war als Sprache zugelassen. Nach der Wiedereinführung der Demokratie erwies sich Spanien als ethnisch und sprachlich sehr vielfältig. 25 Prozent der fast 40 Millionen spanischen Staatsbürger sprechen in der Familie nicht das kastilianische Spanisch. Die herkömmlichen ethnischen Minderheiten sind die Katalanen im Nordosten der Iberischen Halbinsel, die Galicier im Nordwesten und die Basken. Katalanisch wird heute von etwa 6,5 Millionen Menschen im westlichen Mittelmeergebiet gesprochen: im südwestlichen Frankreich, auf den Baleareninseln, in einem Teil von Sardinien, in Andorra und natürlich in Katalonien, wo etwa 5,7 Millionen Katalanen wohnen. Die Galicier sprechen das dem Portugiesischen verwandte Galicisch, fühlen sich aber als eigenes keltisches Volk, verwandt mit den keltischen Völkern der Britischen Inseln und der Bretagne.

Am Golf von Biskaya, zu beiden Seiten der Pyrenäen wohnt nach moderner wissenschaftlicher Auffassung das älteste Volk Europas: die Basken. Sie zählen im spanischen Teil rund 2,5 Millionen Menschen (500 000 in Frankreich) und nennen sich selbst Euzkadi. Ihre Sprache deutet auf eine gewisse Verwandtschaft mit kaukasischen Idiomen hin. Wie den alten Germanen ist ihnen die Eiche heilig – bis in die Gegenwart. Bis etwa 1878 tagte in Guernica, der Heiligen Stadt der Basken, der Landtag von Vizcaya unter einer altehrwürdigen Eiche. Die Geschichte der Basken steht jedoch ganz im Zeichen ihres bis heute anhaltenden Strebens nach Selbständigkeit. Im Mittelalter erreichten sie durch Treueeide gegenüber den Königen von Kastilien und Frankreich jahrhundertelange Autonomie, die auf französischer Seite mit der Revolution 1789 und in Spanien 1840 endete. Das Baskenland stellt das industriell am weitesten fortgeschrittene Gebiet innerhalb Spaniens. Die Region ist wirtschaftlich aktiv und wohlhabend. Die dadurch bewirkte Zuwanderung aus anderen Regionen Spaniens hat die Basken zur Minderheit im eigenen Land gemacht. Und nur eine Minderheit von ihnen wiederum beherrscht noch das angestammte Baskisch.

Einst ganz auf karge Berglandwirtschaft, Fischerei und Walfang spezialisiert, findet der Separatismus einer kleinen Gruppe spanischer Basken heute eine ökonomische Stütze in dem wachsenden industriellen Potential der Region. Während sich Frankreichs 260 000 Basken als Franzosen bekennen, will die Terrorgruppe Euskadi ta askatasuna (ETA – Baskenland und Freiheit) seit 1959 mit blutigen Anschlägen, die bislang weit über 1000 Todesopfer forderten, ein eigenes Baskenland erzwingen. Einer der wichtigsten Festtage im baskischen Jahreskreis ist die Fiesta de San Fermin, an der junge Männer ihren Mut beweisen, indem sie vor Stieren, die durch die Gassen von Pamplona getrieben werden, herlaufen. Nationalsport der Basken ist das Pilota, ein Mannschaftsspiel, bei dem ein Handball mit einer Art Schaufel gefangen und geworfen wird. Aber auch Wettbewerbe im Steinkugelstemmen und Holzfällen sind bei den Basken sehr beliebt.

Auch die Andalusier im Süden Spaniens beginnen, sich als eigene Ethnie zu verstehen. Ironischerweise verkörpern gerade sie in den Augen der Fremden die typischen Traditionen der Spanier, obgleich das Gebiet um Córdoba, Sevilla und Granada lange die Hochburg des islamischen Spanien beheimatete. Hier wird der Flamenco in Tanz und Gesang sowie der Stierkampf praktiziert wie nirgends sonst in Spanien. Der »typisch spanische« Flamenco ist allerdings ein Stereotyp. Die Musik ist sehr stark durch alte maurische und jüdische Synagogenmusik geprägt, also nicht eigentlich christlich-spanisch. Seit dem Beginn des 19. Jahrhunderts wird er von Zigeunern weiterentwickelt und ausgeübt. Auch im physischen Erscheinungsbild sowie in den Siedlungsformen offenbaren die Andalusier bis in die Gegenwart ihre maurische Herkunft.

Aus der Mundart der Kastilier in der Mitte des Landes ist die spanische Schriftsprache hervorgegangen. Seit Mitte der siebziger Jahre hat zudem die katalanische Sprache eine solche Renaissance erlebt, daß Katalonien mittlerweile auch politisch innerhalb des spanischen Zentralstaates Autonomie erreicht hat.

Eine zahlenmäßig starke ethnische Gruppe stellen auch die Zigeuner dar. Ihre Zahl wird auf über eine halbe Million geschätzt. Ein Teil von ihnen, die Kalé oder Gitanos, siedeln seit Jahrhunderten in Südspanien. Sie sprechen nur zum Teil noch ihre eigene Sprache und sind relativ gut in die spanische Gesellschaft integriert. Die in Nordspanien umherziehenden Hungaros kamen erst im 19. Jahrhundert aus Mitteleuropa nach Spanien und sind weit weniger in die Gesellschaft eingefügt.

Im Südwesten der Iberischen Halbinsel hat sich seit dem 12. Jahrhundert ein selbständiger Staat entwickelt: Portugal. Nur 1581 bis 1640 war es noch einmal in Personalunion mit Spanien verbunden. Die Grenze zu Spanien gilt als die älteste Grenzlinie der Welt. Dank ihrer Randlage im Atlantik waren die Portugiesen einst die führende Entdeckernation mit bedeutenden Kulturleistungen. Von Portugal aus fand Vasco da Gama um Afrika herum den Seeweg nach Indien. Die Portugiesen, auch Lusitanier genannt, gründeten ein riesiges Weltreich und entließen als eine der letzten Kolonialmächte erst Mitte der siebziger Jahre ihre afrikanischen Besitzungen in die Unabhängigkeit. Wegen ihrer langen Kolonialgeschichte gibt es unter den 10,5 Millionen Bewohnern Portugals etwa 250 000 Immigranten aus den ehemaligen Kolonien. In Portugal leben außerdem etwa 100 000 Zigeuner, meist in relativ großer Distanz zur portugiesischen Gesellschaft.

Italien ist das dichtbesiedeltste Mittelmeerland, wobei hier, wie in allen größeren europäischen Staaten, ein deutlicher Nord-Süd-Unterschied zutage tritt. Die Lombardei und Piemont im Norden erzeugen zwei Drittel aller Nahrungsmittel Italiens, Turin bildet das Zentrum der italienischen Großindustrie, während der Mezzogiorno, die Südhälfte, überwiegend agrarisch strukturiert ist und ein niedriges Prokopfeinkommen bei gleichzeitig hoher Geburtenrate zu verzeichnen hat. Insgesamt gibt es 58,2 Millionen Italiener. Ihre Sprache, das Italienische, ist entsprechend den Regionen der Halbinsel in vier verschiedene Hauptdialekte aufgespalten (Nord-, Zentralitalienisch, Toskanisch und Süditalienisch), die nicht alle gegenseitig verständlich sind.

Die Menschen der süditalienischen Regionen Apulien, Basilicata und Kalabrien sind geprägt durch heiße Sonne und karge Böden. Hier begegnet man der uralten Geschichte des Landes auf Schritt und Tritt, nicht nur was die baulichen Überreste der Antike anbelangt. In Kalabrien gibt es vier Städte mit griechischer Mundart. In anderen Dörfern wird Albanisch gesprochen, in einigen Dörfern in Molise Kroatisch, in beiden Fällen von Nachkommen von Einwanderern aus dem 15. Jahrhundert. Wieder andere Landstriche weisen in den Dialekten eine Häufung arabischer Lehnwörter auf, ein Hinweis auf die Herrschaftszeit der Sarazenen. Anders als in anderen ländlichen Regionen wohnt der süditalienische Bauer gerne in der Stadt und pendelt von dort aus zu seinen Äckern. Ganz persönliche Treueverhältnisse durchziehen seit Jahrhunderten die gesamte süditalienische Gesellschaft und schließen durch ein vielfältiges Geflecht an Abhängigkeiten Menschen aller Stände zusammen. Das bekannteste dieser Gesellschaftsnetze ist wohl die Mafia. Im 17. Jahrhundert als Geheimbund zur Selbsthilfe gegenüber der spanischen Fremdherrschaft auf Sizilien entstanden, steht der Begriff heute synonym für alle Formen des organisierten Verbrechens weltweit.

In Norditalien leben eine Reihe von bedeutenden Minderheitengruppen: Im Aostatal spricht man Französisch; im alpinen Südtirol, das erst nach dem Ersten Weltkrieg von Italien annektiert wurde, wird hauptsächlich Deutsch, aber auch Ladinisch, eine rätoromanische Sprache, gesprochen; ebenso in Friaul, wo etwa 600 000 Menschen eine weitere rätoromanische Sprache sprechen, das Friaulische. Daneben gibt es eine kleine slowenischsprachige Minderheit. Auf Sardinien, nach Sizilien die zweitgrößte italienische Insel, wird von 1,9 Millionen eine völlig eigenständige, nichtitalienische romanische Sprache gesprochen. Die Sarden sind hier schon seit mehreren tausend Jahren ansässig. Ruinen ihrer steinernen Rundbauten, der Nuragen, sind zum Teil mehr als 3000 Jahre alt, und noch heute bauen die sardischen Hirten Rundhütten mit Kegeldächern. Schon nicht mehr völlig europäisch ist die Sprache der etwa 370 000 zählenden Malteser, deren Inselgruppe zwischen Sizilien und Nordafrika einen selbständigen Staat bildet. Sie fühlen sich als direkte Nachfahren der Karthager Nordafrikas. Maltesisch ist ein mit lateinischen Buchstaben geschriebener arabischer Dialekt mit sizilianischen und englischen Bestandteilen. Aufgrund der Zugehörigkeit zu Großbritannien von 1814 bis 1964 gilt daneben das Englische als Hauptsprache. Bekannt sind die vier Mini-Inseln vor allem wegen des Johanniter-Ordens, des späteren Malteser-Ordens, der hier bis 1814 herrschte.

Völker der Mitternachtssonne: Skandinavier und Balten

Die Bevölkerung Skandinaviens präsentiert sich mit Ausnahme der Finnen und Samen (Lappen) weitgehend einheitlich als Nachkommen nordgermanischer Stämme. Das heutige Dänemark ist das Rest- und Kernstück eines ursprünglich sehr viel größeren politischen Gebildes, zu dem einst auch Grönland und die Färöer-Inseln zählten. Beide haben nach dem Zweiten Weltkrieg einen autonomen Status erreicht. Die 38 000 Bewohner der Färöer-Inseln, die Färinger, sprechen eine dänische Mundart mit norwegischem Einschlag und betrachten sich als eigenständige Ethnie. Zu Dänemark gehörten von 1380 bis 1918 außerdem die Isländer und von 1380 bis 1814 die Norweger. Die Grenze zwischen Deutschland und Dänemark verschob sich seit dem Deutsch-Dänischen Krieg von 1864 mehrfach. In ihrer jetzigen Gestalt wird sie von beiden Seiten akzeptiert. Nördlich der Grenze wohnen etwa 20 000 Deutschsprachige, südlich etwa 40 000 Dänischsprachige. Ihr Zusammenleben mit der jeweiligen Bevölkerungsmehrheit und die Wahrung ihrer kulturellen Identität sind durch gut funktionierende Minderheitengesetze geregelt, die weltweit als vorbildlich gelten. Die 5,2 Millionen Dänen leben auf 482 Inseln. Etwa 40 Prozent von ihnen betreibt auch heute noch Landwirtschaft.

Norwegen wurde 1814 von Dänemark an Schweden abgetreten, von dem es sich 1905 friedlich trennte. Als Folge der langen politischen Union mit Dänemark haben sich hier zwei unterschiedliche Sprachen entwickelt: die vom Dänischen beeinflußte Stadtsprache Bokmal, früher Riksmal genannt, und das altnorwegische Idiom Nynorsk, früher Landsmal. Das Bokmal hat sich als Schriftsprache durchgesetzt.

Eine Scherzfrage in Skandinavien lautet: »Was haben amerikanische Psychiater und Norweger gemeinsam? – Beide leben von den Folgen des Überflusses.« Denn seit 1969 ist das 4,3 Millionen-Volk der Norweger durch Erdgas- und Ölfunde vor seiner Küste eines der reichsten der Welt. Das alte Norwegen en miniature findet man hingegen vor allem noch in der Landschaft Telemark. Sie gilt als die Wiege des modernen Skilaufs, dem Nationalsport der Norweger. Hier findet man noch die typischen Bauernhäuser, aus mächtigen Stämmen und Bohlen zusammengefügt. Holz war seit jeher das Baumaterial der Norweger. Aus Holz errichteten sie ihre Stabkirchen und fertigten Drachenboote, mit denen ihre Vorfahren, die Wikinger, im Mittelalter Europa erschütterten, bis nach Nordamerika vordrangen und dabei um 874 die Vulkaninsel Island besiedelten. Neben den Wikingern wanderten außerdem Kelten von den schottischen Inseln nach Island ein, so daß eine eigene Sprache entstand, die vorwiegend jedoch auf dem Altnorwegischen basiert. Es hat sich im Laufe von 1000 Jahren kaum verändert. Deshalb können die Isländer ihren reichen Sagenschatz aus dem frühen Mittelalter noch heute problemlos lesen. Die Edda, eine isländische Sammlung von Göttermythen und Heldensagen aus dem 9. bis 12. Jahrhundert, beeinflußte die gesamte europäische Dichtung. Die 270 000 Isländer erreichten 1944 ihre vollständige Unabhängigkeit von Dänemark. Schweden war die Urheimat der Goten, an die Namen wie Gotland und Göteborg erinnern. Doch das in Südschweden zurückgebliebene Volk der Sver wurde schließlich zum Ahnherrn der heute 8,8 Millionen Einwohner Schwedens.

Von ihnen sind etwa 11 Prozent keine ethnischen Schweden, sondern entstammen fast 200 verschiedenen Völkern. Schweden hat die höchste Prozentzahl von anerkannten Asylbewerbern in der Welt. Es ist das einzige europäische Land, das seit 1814 keinen Krieg mehr geführt hat. Dies ist einer der Gründe, dem es die Schweden zu verdanken haben, daß sie zu den Völkern mit dem höchsten Lebensstandard und Wohlstand gehören und über ein dichtes soziales Netz verfügen. Rund 75 Prozent der Bevölkerung lebt in Städten. Eine schwedischsprachige Minderheit siedelt außerdem entlang der Südküste Finnlands.

Fast alle fünf Millionen Finnen entstammen finnisch-ugrischen Einwanderern des 2. Jahrhunderts nach Christi Geburt. Ab 1809 wurde Finnland russisches Großfürstentum des Zaren, behielt jedoch seine innere Selbstverwaltung. Erst 1917 erlangten die Finnen wieder ihre Unabhängigkeit, verloren aber im Zweiten Weltkrieg einen Großteil ihrer Ostgebiete samt Bevölkerung erneut an Rußland. Nach 1950 wandelte sich die finnische Wirtschaft drastisch. Land- und Forstwirtschaft wurden nachhaltig mechanisiert, die Jugend wanderte in die industrialisierten Gebiete im Süden des Landes ab. Heute leben mehr als 60 Prozent der Finnen in Städten.

Seit dem frühen 17. Jahrhundert siedelt eine finnische Minderheit, Kvens genannt, in Schweden und Norwegen. Sie umfaßt heute mehr als eine Viertelmillion Menschen. Eng verwandt mit den Finnen sind die russisch-orthodoxen Karelier. Ein Großteil ihrer Heimat fiel als Folge des Zweiten Weltkriegs an die Sowjetunion. Dort leben heute nur noch 200 000 von ihnen. Viele Karelier flohen vor der russischen Okkupation nach Finnland, wo sie zum Teil bis heute ihre Identität bewahren.

Im gesamten Norden Skandinaviens lebt das Nomadenvolk der Samen (Saami), bei uns landläufig Lappen genannt. Sie sind ebenfalls finnisch-ugrischen Ursprungs. Die meisten Samen leben in Norwegen (40 000 bis 60 000), 17 000 in Schweden und 4400 in Finnland sowie auf der russischen Kola-Halbinsel. Früher weiter im Süden ansässig, mußten die Samen vor den vorrückenden Nachbarvölkern immer weiter nach Norden ausweichen. Sie unterscheiden sich von den übrigen Skandinaviern deutlich durch ihren untersetzten Wuchs, dunkle Haare und gelbliche Haut. An der Küste leben viele Samen inzwischen in festen Siedlungen. Auch in den ausgedehnten arktischen Wäldern und Tundren ziehen sie nur noch im Sommer als halbnomadische Jäger mit ihren Rentierherden zwischen festen Wohnplätzen umher. Gelegentlich leben sie noch auf der Wanderung in ihren althergebrachten Stangenzelten, die denen der Prärieindianer ähneln. Vor der Christianisierung nahmen in der samischen Gesellschaft die Schamanen eine wichtige Rolle ein. Ihr bedeutendster Ritualgegenstand war die Zaubertrommel. Außerdem pflegten die Samen einen Bärenkult. Von alledem sind in der samischen Gesellschaft der Gegenwart nur spärliche Reste und Erinnerungen geblieben, die zudem im Schwinden begriffen sind.

Seit der Unabhängigkeit der drei baltischen Staaten Estland, Lettland und Litauen im Sommer 1991, ermöglicht durch die Auflösung der Sowjetunion, ist eine im Westen fast vergessene nordische Welt wieder in das Bewußtsein der Öffentlichkeit zurückgekehrt. Die drei Kleinstaaten waren schon einmal von 1918 bis 1940 selbständig, fielen aber dem Hitler-Stalin-Pakt zum Opfer. Die baltischen Staaten haben sich nach ihren eigenen Worten auf dem europäischen Parkett zurückgemeldet und klopfen laut an die Türen der Europäischen Union sowie der NATO.

Estland ist mit 1,6 Millionen Einwohnern der kleinste baltische Staat. Nur rund eine Million von ihnen sind ethnische Esten, die übrigen sind seit 1940 zugezogene Russen, Ukrainer und Weißrussen. Die Esten zählen sprachlich zur finnischen Völkerfamilie. Ebenso wie die Finnen verfügen sie über einen reichen Lieder-, Märchen- und Rätselschatz. Als Volk der Sänger gelten aber vor allem die Letten. Besonders um die Zeit der Sommersonnenwende, die in ganz Skandinavien und dem Baltikum eine zentrale Rolle im folkloristischen Festkalender einnimmt, gibt es in Lettland seit 1873 Sängerwettbewerbe von ganzen Chören. Als der deutsche Ethnograph Johann Kohl 1841 das Baltikum bereiste, schrieb er fasziniert: »Es ist schwer, zur Zeit in Europa ein Volk zu finden, welches den Namen des Landes der Dichtung so sehr verdient wie das kleine lettische Volk.« Im Mittelpunkt der lettischen Volkslieder, der Latvju Dainas, steht das Leben auf dem Bauernhof. Sie enthalten eine über Jahrhunderte gepflegte Ethik, die bestimmte Tugenden rühmt, Laster und Fehler rügt und dem auf Abwege Geratenen den richtigen Weg weisen. Besonders unter der deutschen und russischen Fremdherrschaft gaben die Dainas den 1,4 Millionen Letten geistigen Halt. Die völlig eigenständige lettische Sprache zählt ebenso wie das besonders altertümliche Litauische zur indo-germanischen Sprachfamilie. Die Letten stellen im Staat Lettland einen Anteil von lediglich 55,7 Prozent der Bevölkerung. In den Städten bilden die nach dem Zweiten Weltkrieg eingewanderten Russen, Ukrainer und Weißrussen die Mehrheit. Im Norden hat das kleine Volk der Liven in einigen Orten bis heute überlebt. Die Angaben über ihre Zahl schwanken zwischen 200 und 5000.

Die Litauer stellen mit 2,9 Millionen das größte Baltenvolk und bilden mit etwa 80 Prozent die Mehrheit in ihrem Staat. Aufgrund ihrer langen gemeinsamen Geschichte mit Polen (1386 bis 1795) haben sie den römisch-katholischen Glauben angenommen. Eine litauische Minderheit lebt außerdem in Weißrußland, da das litauische Großreich im 14. Jahrhundert von der Ostsee bis zum Schwarzen Meer reichte, also Weißrußland und die Ukraine beherrschte und im Westen Polen dominierte. Die Litauer waren bis in die dreißiger Jahre überwiegend Bauern; einen besonderen Ruf haben sie sich als Pferdezüchter erworben. In der Sowjetzeit wurde das Land stark industrialisiert. Mehr als 70 Prozent der 3,8 Millionen Einwohner Litauens lebt heute in Städten. Die stärksten Minderheiten sind Russen, Ukrainer und Weißrussen (etwa 13 Prozent) und Polen (7 Prozent). Die ehemals recht zahlreiche jüdische Gemeinde (1939: 1,5 Millionen) wurde unter der deutschen Besatzung im Zweiten Weltkrieg fast völlig vernichtet.

Vom Rhein bis zur Donau: deutsche Völker

»Wie deutsch sind die Deutschen?« fragte 1991 der Soziologe Erwin K. Scheuch in einer großangelegten Analyse des wiedervereinigten Deutschlands. Für ihre Nachbarn, so Scheuch, seien die 76 Millionen Deutschen (sie stellen 95 Prozent der Gesamtbevölkerung Deutschlands) mal das Volk der Dichter und Denker, mal arrogante Bevormunder, an denen die Welt genesen soll. Ähnlich gebrochen scheint das Bild der Deutschen von sich selbst zu sein. Neben nationaler Euphorie steht auch mißtrauische Selbstbezichtigung. Kann man den Deutschen trauen? Trauen sie sich selbst? Scheuch: »Die Menschen dieses Landes sind ein besonders befriedetes Volk Westeuropas – in vielen Punkten sogar der westeuropäische Durchschnitt.« Und die heute rund 16 Millionen jungen Deutschen bis 30, diese am häufigsten befragte und erforschte Jugend der Welt, zeichnen sich nach Worten von Jugendforschern durch »obsessiven Individualismus« aus. Im Gegensatz zu allen anderen Jugendlichen dieser Welt verteilt die deutsche Jugend ihre Aufmerksamkeit für Pop-Stars auf mehr als 60 verschiedene Typen – ein nachhaltiger Abschied vom Führerleitbild. Die neunziger Jahre offenbaren eine deutsche Jugend, deren Klischee ist, keines zu haben.

Deutschland – auf englisch am bezeichnendsten Germany, Land der Germanen, genannt – ist stark regionalisiert. In manchen Gegenden, wie etwa in Bayern, Schwaben oder in Sachsen, ist das Stammesbewußtsein noch relativ stark ausgeprägt, in allen Großstädten hingegen weitgehend verschwunden. Dennoch verläuft nach wie vor, ähnlich wie in Frankreich, eine Mundartgrenze quer durch Deutschland. Nördlich der gedachten Linie Aachen–Berlin sind die niederdeutschen oder plattdeutschen, südlich davon die süd- oder oberdeutschen Mundarten zu Hause. Die hochdeutsche Schriftsprache ging zur Zeit der Reformation aus der Sprache der obersächsischen Kanzlei hervor. Auch religiös ist das Land sehr stark zwischen verschiedenen protestantischen Bekenntnissen und dem römischen Katholizismus aufgeteilt. Etwa 5 Prozent der 81 Millionen Einwohner Deutschlands sind ethnisch keine Deutschen. Die stärkste Minderheit bilden mit 2,5 Millionen die Türken, einschließlich etwa 500 000 Kurden. Gesetzlich anerkannt als Gruppen mit eigener ethnischer bzw. sprachlicher Identität sind die Dänen in Schleswig-Holstein, die 60 000 bis 70 000 Sorben im Spreewald der Niederlausitz und die Friesen, außerdem die Sinti und Roma. Im Südosten Deutschlands schließt sich das einst zum Deutschen Bund zählende Österreich an. In der Völkerwanderungszeit besiedelten hauptsächlich die germanischen Baiern das Alpenland. Nur die Bewohner Vorarlbergs entstammen den Alemannen.

Allerdings wurde die heute fast acht Millionen Österreicher zählende Gesellschaft und Kultur während ihrer Großmachtepoche, die vom 16. Jahrhundert bis 1918 dauerte, auch von Einwanderern aus Ungarn, Italien, Böhmen und Mähren, der Slowakei und aus Slowenien geprägt. Heute fühlen sich die Österreicher mehrheitlich als eigene Ethnie, die sich von den Deutschen unterscheidet, obgleich die Sprache weitgehend eine gemeinsame ist. In Südkärnten leben etwa 25 000 Ostslowenen, im Burgenland sind etwa 28 000 Slowaken, 15 000 Ungarn und 20 000 Kroaten mit Minderheitenstatus ansässig, außerdem 40 000 Sinti und Roma.

Die sieben Millionen Schweizer, deren deutschsprachiger Anteil etwa 65 Prozent der Gesamtbevölkerung des Alpenstaates ausmacht, entstammen vornehmlich dem germanischen Volk der Alemannen. Schon früh scherten die Deutsch-Schweizer aus dem Deutschen Reich aus: 1291 schlossen die drei Urkantone Uri, Schwyz und Unterwalden einen ewigen Bund zur Aufrechterhaltung ihrer Freiheit. Andere Bauerngemeinschaften aus den französischen und italienischen Alpen schlossen sich an, so daß die Schweiz der erste erklärte Vielvölkerstaat Europas ist, in dem Deutsch, Französisch, Italienisch und, seit 1938, Rätoromanisch Amtssprachen sind.

Die etwa 600 000 Rätoromanen sind Nachkommen der von den Römern kolonisierten Räter, einem Zweig der Etrusker. Nur 65 000 von ihnen leben in der Schweiz (Graubünden und Engadin), die Mehrheit in Norditalien. Aber in der Abgeschiedenheit der Schweizer Alpen haben sich ihre Sprache und Tradition am ausgeprägtesten erhalten. Die Rätoromanen verfügen über eine reichentwickelte Volkspoesie. Sie leben in geschlossenen Siedlungen mit Steinhäusern altromanischen Typs und betreiben vor allem Almwirtschaft.

Die Westslawen: Polen, Tschechen, Slowaken

Bis vor dem Zweiten Weltkrieg war Polen ein Übergangsland zwischen Ost- und Westeuropa und wirtschaftlich wie bevölkerungsmäßig mit Deutschland eng verzahnt. In den vergangenen 50 Jahren erlebte Polen jedoch eine erzwungene Hinwendung nach Osteuropa, von der es sich erst allmählich erholt. Jahrhundertelang litt Polen unter den kriegerischen Auseinandersetzungen mit seinen übermächtigen Nachbarn, den Deutschen und den Russen. Im Zweiten Weltkrieg fielen rund 20 Prozent der Bevölkerung der deutschen und russischen Gewaltherrschaft zum Opfer, darunter die etwa drei Millionen Menschen zählende jüdische Gemeinde. Hauptsächlich die Bildungselite des polnischen Volkes war von Verfolgung und Vernichtung betroffen. Wie in allen Staaten des Ostblocks war es dann unter der kommunistischen Herrschaft vielen Frauen vergönnt, ein Universitätsstudium zu absolvieren, während die Männer vornehmlich als Werktätige arbeiten mußten. Deshalb gibt es in Polen verhältnismäßig mehr Akademikerinnen als üblicherweise in westlichen Ländern. Vor 1945 gab es unter den Polen noch viele Analphabeten, vor allem auf dem Lande.

Die heute 38,6 Millionen Einwohner des polnischen Staates präsentieren sich ethnisch ziemlich einheitlich als Polen. Lediglich in den ehemaligen deutschen Gebieten Pommern, Schlesien und Ostpreußen leben noch bis zu 1,4 Millionen ehemals deutsche Staatsbürger. Nach Mundart, Tracht und Brauchtum existiert unter den Polen ein starker Gegensatz zwischen den Bergpolen, Goralen genannt, der Podhale und jenen der großen Ebenen im Norden. Die etwa 200 000 Kaschuben im früheren Pommern tendieren dazu, sich als eigene Ethnie zu sehen, obgleich nur wenige von ihnen noch die kaschubische Sprache sprechen, ein Abkömmling des alten slawischen Pomeranisch, das dem Polnischen verwandt ist. Auch die Stellung der in Polen Lemko genannten Karpatho-Ukrainer ist nicht eindeutig. Sie wohnen in Polen, der Slowakei und der Ukraine und sehen sich als eigenständiges Volk mit eigener Sprache, Religion und Tradition. Viele der rund 850 000 Karpatho-Ukrainer gehören zu den unierten oder den griechischen Orthodoxen. Etwa eine Million Polen leben als Minderheit vor allem in der Ukraine und in Weißrußland.

Die rund elf Millionen Tschechen sind das am weitesten westlich siedelnde slawische Volk. Während des Mittelalters waren die Tschechen Teil des Deutschen Reiches. In Prag etwa wurde die erste deutsche Universität gegründet. In zuweilen leidenschaftlichen Auseinandersetzungen mit dem Deutschtum fanden und behielten die Tschechen von allen Slawen den frühesten und stärksten Anschluß an die westeuropäische Kultur, so daß das tschechische Volk, besonders nach der politischen Wende von 1990/91, eigentlich zu Westeuropa zu zählen ist. Tschechische Musik und Literatur hat Weltruf. Die heutige Tschechische Republik beinhaltet nur kleinere offizielle Minderheiten: etwa 200 000 Deutsche, Reste der vor dem Krieg etwa drei Millionen starken deutschen Bevölkerung, 80 000 Polen, 300 000 Slowaken und 180 000 Roma.

Das Volk der Slowaken lebt seit der Staatsauflösung der Tschechoslowakei zum 1. Januar 1993 in einem eigenen Staat. Die etwa 4,6 Millionen Slowaken (85 Prozent der Bevölkerung der Slowakei) siedeln teils bäuerlich im Hochgebirge der Hohen Tatra, teils in Industriegebieten wie in den Donauniederungen. Von 1910 bis 1918 gehörten die Slowaken zu Ungarn und erlebten vor allem im 19. Jahrhundert eine massive Magyarisierung wider Willen. Ungarn stellen auch mit 600 000 Menschen die stärkste Minderheit im Land. Zweitstärkste Minderheit sind mit 340 000 die Roma. Auch der Einheitsstaat mit den Tschechen wurde letztlich gegen slowakischen Willen 1918 aus der Taufe gehoben und löste sich folglich bei der erstbesten Gelegenheit 1992 auf. Obwohl die Slowaken sprachlich und kulturell eng mit den Tschechen verwandt sind, beharren sie mehr denn je auf ihrer Eigenständigkeit.

Drei Individualisten: Ungarn, Rumänen, Moldawier

»Heute ist schlechter als gestern und besser als morgen«, lautet ein ungarisches Sprichwort. Und ein rumänisches fragt: »Was ist klein, dunkel und klopft an die Tür? Die Zukunft.« Die Ungarn und Rumänen haben offenbar nicht nur eine lange Staatsgrenze gemeinsam, sondern auch eine tiefverwurzelte Skepsis vor dem Morgen. Die Ungarn selbst nennen sich Magyar. Sie bilden mit gut 15 Millionen Einwohnern das größte finnisch-ugrische Volk. Nur etwa zehn Millionen von ihnen leben in Ungarn. Im 9. Jahrhundert als kriegerisches Reitervolk aus Rußland nach Europa eingefallen, wurden die sieben magyarischen Stämme erst nach ihrer Niederlage auf dem Lechfeld im Jahr 955 in Ungarn seßhaft und ließen sich römisch-katholisch taufen. Im 17. Jahrhundert war Ungarn ständiger Kriegsschauplatz im Kampf des Abendlandes gegen das Osmanische Reich. Zunächst unter türkischer, dann österreichischer Herrschaft, erlangten die Ungarn erst 1918 wieder ihre Selbständigkeit.

Die Erinnerung an das einstige Reitervolk ist am stärksten in der Pußta, der baumlosen ungarischen Steppe, erhalten geblieben, wo noch heute berittene Hirten Pferdeherden betreuen. Ein ungarisches Phänomen sind die riesigen, teilweise mehrere zehntausend Einwohner umfassenden, weitverstreuten Dörfer. Innerhalb Ungarns leben als Minderheiten Slowenen, Slowaken, Deutsche, Serben und Rumänen. Mit etwa 500 000 Angehörigen bilden die Roma die stärkste Minorität im ungarischen Staat.

In den Ostkarpaten, in Rumänien, leben rund zwei Millionen Ungarn, dort zum Teil Szekler und Csángó genannt. In ihrer Nachbarschaft, innerhalb des Karpatenbogens, haben Siebenbürger Sachsen gesiedelt – derzeit sind es nur noch etwa 15 000. Diese ehemaligen deutschen Siedler, die von ungarischen Königen zwischen 1150 und 1225 ins Land gerufen wurden, haben stets ihre deutsche Sprache und Kultur auf einem erstaunlich hohen Niveau gepflegt. Im 18. Jahrhundert kamen weitere Deutsche, Schwaben genannt, ins Banat um Timisoara. Die Siebenbürger sind evangelische Christen, die Banater Schwaben und die Ungarn meist Katholiken, bzw. letztere auch Calvinisten.

Die meisten Rumänen gehören der rumänisch-orthodoxen Kirche an. Eine weitere starke Minderheit stellen die ein bis zwei Millionen Roma, die die ärmste soziale Gruppe in Rumänien bilden und zahlreichen Diskriminierungen ausgesetzt sind.

Die Heimat der eigentlichen Rumänen ist das Tiefland östlich der Karpaten: die Moldau und die Walachei. Die 23 Millionen Rumänen fühlen sich als Nachkommen der Geten und Daker, die als letztes Volk Südosteuropas zwischen 101 und 106 nach Christi Geburt von den Römern unterworfen wurden. Obwohl die römische Herrschaft kaum 200 Jahre dauerte, hat sie die Rumänen vor allem sprachlich nachhaltig geprägt. Für die westliche Welt galten die Rumänen in der Walachei jahrhundertelang als das abgelegenste Volk Europas. Die Unkenntnis über sie führte zu den phantastischsten Auslegungen ihrer Mythen und Geschichten, wie beispielsweise die ›Dracula‹-Geschichte des Iren Bram Stoker. Jules Vernes etwa begann im 19. Jahrhundert seine Gespenstergeschichte ›Das Karpaten-Schloß‹ mit den beiden Sätzen: »Die folgende Geschichte ist nicht ausgedacht, sondern rumänisch. Muß man deshalb daraus schließen, daß sie nicht wahr ist?«

Seit dem 27. April 1991 gibt es einen zweiten rumänischsprachigen Staat: Moldawien. Ursprünglich als »Bessarabien« Teil der rumänischen Fürstentümer, wurde Moldawien 1812 von Rußland annektiert. 1918 wurde es dann wieder Teil von Rumänien; nur der Landstrich östlich des Dnjestr, Transnistrien, wurde von der Ukraine annektiert. Im Zweiten Weltkrieg wechselte der westliche Teil nochmals an Rußland, zurück an Rumänien und erneut an Rußland, bis das gesamte Moldawien 1991 endgültig seine Selbständigkeit errang. Erst 1989 war Moldawisch (Ost-Rumänisch) wieder von den Sowjets als Staatssprache zugelassen worden, durfte es in Moldawien wieder mit lateinischen Buchstaben geschrieben werden. Insgesamt zählt das Land 4,4 Millionen Einwohner, die in drei Landstrichen leben: der autonomen Republik Transnistrien, deren Bevölkerung mehrheitlich aus Russen und Ukrainern besteht, dem autonomen Gebiet Gaugasien im Süden des Landes, von einem überwiegend russischsprachigen Turkvolk christlichen Glaubens bewohnt (15 500 Angehörige), sowie dem restlichen Territorium. Hauptstadt ist Chisinau (früher Kishinow). Die Moldauer sind hauptsächlich in der Landwirtschaft tätig. Der hohe Selbstversorgungsgrad mildert die wirtschaftlichen Probleme seit der Selbständigkeit.

Südosteuropa: Südslawen, Bulgaren, Griechen, Albaner

Die südosteuropäische Halbinsel wird oft nach ihrem markantesten Gebirgszug als Balkanhalbinsel oder einfach als Balkan bezeichnet. Der Name »Balkan« stammt aus der osmanischen Sprache und bedeutet einfach »Gebirge«. Von 1945 bis 1991 lebten die nördlichen »Balkanvölker«, die Südslawen, in einem gemeinsamen Staat Jugoslawien. Eigentlich heißt »jugoslawisch« nichts anderes als »südslawisch« und faßt damit richtigerweise die Serben, Kroaten, Slowenen und Mazedonier zusammen. Die sich heute als Erzfeinde gerierenden Kroaten und Serben sprechen Dialekte der gleichen Sprache, Serbokroatisch. Sie wird von den serbisch-orthodoxen Serben mit kyrillischen, von den katholischen Kroaten mit lateinischen Buchstaben geschrieben. Kroaten sowie die Slowenen, die wiederum eine eigenständige Sprache sprechen, waren bis 1918 Untertanen der Österreichisch-Ungarischen Donaumonarchie und erhielten kulturell eine westliche Prägung. Die Serben hingegen standen bis 1878, die Mazedonier gar bis 1912 unter türkischer Herrschaft und empfanden sich stets als Bollwerk des Abendlandes gegen den Islam. Deshalb nennen sie heute die moslemischen Bosnier abfällig »Türken«, obwohl diese ebenfalls serbokroatisch sprechen und der Herkunft nach Kroaten und Serben sind. Mit der Unabhängigkeitserklärung der Slowenen und Kroaten am 25. Juni 1991 endete das politische Kunstgebilde »Jugoslawien« in einer Reihe von erbitterten Kriegen, in denen mit Hilfe von »ethnischen Säuberungen« – das heißt Vertreibungen, Ermordungen, Massenvergewaltigungen in Konzentrationslagern – versucht wurde, »ethnisch« einheitliche Territorien zu schaffen. Nach wie vor ist der gesamte Raum des ehemaligen Staates Jugoslawien ethnisch sehr gemischt. Am einheitlichsten ist noch Slowenien: 91 Prozent der etwa zwei Millionen Einwohner des Staates sind Slowenen mit ihrer eigenen slowenischen Sprache. 94 Prozent der Einwohner sind Katholiken. In Kroatien waren vor der Staatsgründung 1992 nur 78 Prozent der Bewohner Kroaten. Wie viele der rund fünf Millionen heutigen Einwohner als Kroaten zu bezeichnen sind, ist derzeit nicht zu sagen. Immer noch leben in Kroatien neben Serben Minderheiten mit einigen Hunderttausenden von Angehörigen, wie Ungarn, Bosnier oder Slowenen. Die Kroaten sind mehrheitlich Katholiken.

Seit 1992 existiert auch ein selbständiger Staat Bosnien-Herzegowina, in dem Serben, Kroaten und die moslemischen Bosnier wohnen. Sein Gefüge ist instabil, die Zukunft als Staat ungewiß. Die heute als Bosnier bezeichnete ethnische Gruppe entstand erst im 19. Jahrhundert. Sie kennzeichnete lediglich die zum Islam konvertierten Kroaten bzw. Serben in Bosnien. Die Mehrzahl von ihnen waren städtische Handwerker. Meist verdienten sie erheblich besser als die in der Landwirtschaft tätigen bosnischen Serben. Eine eigenständige Kultur hat sich durch Beschränkung von Heiratsverbindungen weitgehend auf ebenfalls islamische Familien entwickelt. Grundsätzlich scheint aber die Ethnisierung als Bosnier und ihre Trennung von ihren katholisch-kroatischen und orthodox-serbisch-bosnischen Nachbarn eine Zuschreibung durch die Serben gewesen zu sein. Erst durch die gewaltsame Vertreibung der Muslime durch serbische Freischärler scheint sich ein einheitliches ethnisches Gefühl als Bosnier zu entwickeln.

War Jugoslawien einst ein multikulturelles Gemisch aus allen südslawischen Völkern und zahlreichen anderen Minderheiten, sind aufgrund der Balkankriege seit 1991 und den verbrecherischen »ethnischen Säuberungen« Millionen von Menschen aus ihrer Heimat vertrieben und in die neuen Nationalstaaten umgesiedelt worden. Zigtausende wurden ermordet. Alle volkskundlichen Kenntnisse der letzten 100 Jahre über die Südslawen sind seither Makulatur. 1998 verblieb lediglich noch Montenegro freiwillig im staatlichen Verbund mit den Serben, während die überwiegend albanischsprachige Provinz Kosovo heute gewaltsam nach Selbständigkeit strebt. Ob Montenegro eine gemeinsame Zukunft mit den Serben hat, bleibt fraglich. Obwohl serbischsprachig, war Montenegro bis 1918 ein selbständiges Königreich. Die 400 000 Montenegriner fühlen sich als eigenes Volk, obgleich serbischen Ursprungs und den Serben nahe verwandt. Einer der wichtigsten Unterschiede dürfte sein, daß Montenegro nie von den osmanischen Besatzern endgültig erobert werden konnte.

Die südlichsten Jugo-Slawen, die Mazedonier, haben sich 1992 ebenfalls unabhängig erklärt. Mit den Mazedoniern des Altertums haben sie nur insofern etwas zu tun, als daß das Reich Alexanders des Großen Teile ihres Landes umfaßte. Zwei Drittel der 2,1 Millionen Einwohner Mazedoniens sind ethnische Mazedonier. Sie sprechen eine dem Bulgarischen eng verwandte Sprache. Erst im 20. Jahrhundert entstand eine eigene mazedonische Nation, die Nationalsprache wurde gar erst 1949 geschaffen. Neben den Mazedoniern sind mit mindestens einer halben Million Angehörigen auch Albaner vertreten. Außerdem wohnen noch kleinere Minderheiten wie Türken und Wlachen, ehemals nomadische Hirten mit einer romanischen Sprache, im Land. Völlig unbekannt ist, wie viele der zwei Millionen Roma, die im ehemaligen Jugoslawien lebten, Krieg und Vertreibung überlebt haben.

In Griechenland steht die Wiege des Abendlandes, der modernen westlichen Kultur und ihrer Werte, allen voran die der Demokratie. Trotz jahrtausendelanger Zuwanderung durch Kelten, Germanen, Slawen, Römer und Türken haben sich die Griechen ihr Volksbewußtsein, ihre Sprache und eigene Schrift erhalten. Auf manchen der 167 bewohnten griechischen Inseln scheint bis heute die Zeit stehengeblieben zu sein. Die rund zehn Millionen Griechen sind orthodoxe Christen. Bei ihren Festen klingt noch immer die uralte Lyra, ein dreisaitiges Instrument, das mit einem Bogen gestrichen wird, die langhalsige Laute und die Tsambouna, eine grell klingende Sackpfeife. Der Gegensatz zwischen Stadt und Land ist in Griechenland sehr markant. 83 Prozent der griechischen Bevölkerung wohnt mittlerweile in Städten. Auf den griechischen Inseln weht gewöhnlich ein starker Nordwind, so daß hier seit alters her zahlreiche Windmühlen im Einsatz sind, deren mit kleinen dreieckigen Segeln bespannte Windräder der Ägäis ihr typisches Gepräge verleihen. Schlankheit gilt als Kennzeichen für Fleiß und Charakterstärke. Dieses seit der Antike gepflegte Schönheitsideal der Griechen hat die moderne westliche Kultur im 20. Jahrhundert für sich vereinnahmt und mittels Modedesign und Fitneßkult weltweit verbreitet. Die größten Minderheiten in Griechenland sind Albaner (etwa 100 000), Mazedonier (200 000) – sie werden von den Griechen nicht als eigene Volksgruppe akzeptiert, sondern als »slawophone Griechen« bezeichnet – und Türken (130 000) in Thrakien. Umstritten ist, ob die Nachkommen der aus dem nordöstlichen Kleinasien vertriebenen Schwarzmeergriechen, den Ponti, eine eigene ethnische Gruppe darstellen. Ihre Sprache ist dem heutigen Griechisch zwar verwandt, steht aber dem Altgriechischen erheblich näher und enthält zahlreiche Elemente aus Kaukasussprachen. Stark unterschieden von der allgemeinen griechischen Kultur sehen sich auch die 100 000 griechischsprachigen Sarakatsanen, nomadische Hirten in Nordwestgriechenland und Bulgarien, und die Tsakoni-Hirten auf dem Peloponnes. Eindeutig eine eigene ethnische Gruppe von etwa 100 000 Angehörigen formen die früher ebenfalls nomadischen romanischsprachigen Wlachen.

An der Nordwestgrenze Griechenland schließt sich Albanien an. Es ist ein gebirgiges, seit jeher schwer zugängliches Land. Deshalb haben sich hier Nachkommen thrakischer und illyrischer Stämme mit einer selbständigen indogermanischen Sprache halten können. Von 1468 bis 1913 wurden die Albaner – oder Skipetaren, wie sie sich selbst nennen – Teil des Osmanischen Reiches und nahmen mehrheitlich den Islam an. Nach dem Zweiten Weltkrieg lebten die 3,3 Millionen Albaner unter einem strengen kommunistischen Regime, das sich 1960 der chinesischen Richtung anschloß und damit das Land innerhalb Europas bis 1990 völlig isolierte. So sind die Albaner ökonomisch betrachtet das ärmste Volk Europas und bleiben ein hochinstabiler Faktor der Region. Weitere 2,6 Millionen Albaner wohnen im benachbarten jugoslawischen Kosovo, in Mazedonien, in Griechenland und in Süditalien. Eine kleine, aber sehr markante Minderheit in einigen albanischen Hafenstädten bilden die Nachkommen afrikanischer Sklaven aus osmanischer Zeit.

Im Nordosten Griechenlands liegt Bulgarien mit 8,8 Millionen Einwohnern. Obwohl die Bulgaren von 1396 bis 1908 unter strengster osmanischer Herrschaft standen, bewahrten sie ihre slawische Sprache und ein kulturell enges Verhältnis zu Rußland. Die Bulgaren sind überwiegend christlich-orthodox und waren während der Sowjetherrschaft der engste Verbündete Moskaus. Auf künstlerischem Gebiet werden in Bulgarien besonders eine alte, auf Ornamentalik konzentrierte Schnitzkunst sowie die Ikonen-Malerei gepflegt. Aber auch moderne Ausdrucksformen finden ihren Weg in den Westen, wie der bulgarische Künstler Christo eindrucksvoll bewiesen hat.

Die heutigen Bulgaren entstanden im 5. und 6. Jahrhundert nach Christi Geburt aus einer Verschmelzung slawischer Völker mit dem nomadischen Turkvolk der Onogurbulgaren. Heute machen sie 85 Prozent der Bevölkerung aus und gehören mehrheitlich der bulgarisch-orthodoxen Kirche an. Die größte Minderheit in Bulgarien wird in der Regel einfach als Muslime bezeichnet. Ethnisch sind diese sehr ausdifferenziert: etwa 750 000 Türken sunnitischen Glaubens, 280 000 Pomaken, das heißt zum Islam konvertierte Bulgaren, zwischen 260 000 und eine Million muslimische Roma, außerdem kleine Gruppen von Tataren, Tscherkessen und Albanern. Minderheiten christlichen Glaubens sind die bereits für Griechenland erwähnten nomadischen Sarakatsanen sowie die Karakatschanen genannten romanischsprachigen Wlachen, Nachfahren der alten Illyrer und Thraker, Griechen, Armenier und Russen. Außerdem findet man kleinere Gemeinden von aschkenasischen und sephardischen Juden. Letztere beherrschen vielfach noch das Spanisch oder Portugiesisch ihrer alten Heimat, aus der sie 1492 vertrieben wurden.

Das größte Volk Europas: die Russen

Die Russen sind eine ostslawische Völkergruppe, die aus einem rund tausendjährigen Kolonisations- und Verschmelzungsprozeß von ostslawischen Stämmen mit germanischen (Wikingern), finnischen, mongolischen und türkischen Völkern hervorgingen. Man unterscheidet drei russische Völker: die Großrussen, auch nur Russen genannt, die Weißrussen und die Ukrainer, auch Kleinrussen genannt. Ihre Kultur wurde sowohl durch westeuropäische als auch durch orientalische Einflüsse geformt.

Ihr im 9. Jahrhundert auf Anstoß von eingewanderten Warägern (Wikingern) in Kiew gegründetes Reich zerfiel im 12. Jahrhundert. Die Ukrainer gelangten unter polnische, die Weißrussen unter litauische und die Großrussen unter mongolische Herrschaft (1240 bis 1480). Seit dem 14. Jahrhundert entwickelte sich in Moskau ein neues politisches Zentrum und dehnte sich in den folgenden vier Jahrhunderten im Kampf gegen das Großpolnische Reich und Schweden ständig nach Westen und Norden aus. 1581 begann außerdem die Eroberung Sibiriens. 1679 wird die Halbinsel Kamtschatka am Stillen Ozean ereicht. Zar Peter der Große verlegte die Hauptstadt 1712 von Moskau an die Westgrenze nach Sankt Petersburg. Mit ihm stieg Rußland zur europäischen Großmacht auf. Er öffnete das Land für westliche Gedanken und Kultur. Nach der Oktoberrevolution im Jahr 1917 wurde die Hauptstadt erneut nach Moskau verlegt. Mit dem Christentum byzantinischer Prägung entstand im 10. Jahrhundert ein beachtliches Schrifttum in der Sprache des bulgarischen Kirchenslawisch. Für die Entstehung einer eigenen russischen Schriftsprache war die Moskauer Mundart maßgebend. Unter ihrem Einfluß vollzog sich die Abkopplung vom Kirchenslawisch. Die Grammatik von Michail Wassiljewitsch Lomonossow aus dem Jahr 1755 sowie Alexandr Sergejewitsch Puschkins dichterisches Werk vollendeten diese Entwicklung. In der heutigen Russischen Föderation leben 149,5 Millionen Menschen, etwa 82 Prozent von ihnen ethnische Russen. Diese sind damit zahlenmäßig das bei weitem größte Volk Europas. Die in Sibirien siedelnden Russen werden häufig als eine eigene Untergruppe angesehen, die Siberiaki genannt wird. Viele, auch intellektuelle Russen können nicht verwinden, daß Russen, Weißrussen und Ukrainer nicht mehr in einem Staat leben. Tragisch ist zudem, daß viele Millionen Russen nach dem Ende der UdSSR in den ehemaligen Sowjetrepubliken heute als Ausländer gelten.

Religiös betrachtet, dominiert in Rußland die russisch-orthodoxe Kirche; es gibt aber auch starke islamische und buddhistische Minderheiten. Im Unterschied zu vielen anderen sowjetischen Nachfolgestaaten versteht sich Rußland als eine multiethnische und multikulturelle Gesellschaft. Neben etwa acht Millionen Angehörigen der slawischen Brudervölker wie Ukrainer und Weißrussen wohnen zahlreiche kleinere Völker auf dem russischen Staatsgebiet.

Hier sollen nur die Ethnien im europäischen Gebiet vorgestellt werden. Ein Teil von ihnen gehört zu den Turkvölkern, so die fünf Millionen Wolga-Tataren, die orthodoxen und muslimischen Glaubens sind, 250 000 Krimtataren, 1,7 Millionen Tschuwaschen und 1,4 Millionen Baschkiren. Zu den zahlreichen finnischen Völkern in Rußland zählen neben den bereits genannten Kareliern und Saami die kleinen Ethnien der Wepsen, Woten und Izhoren mit jeweils wenigen tausend Angehörigen, aber auch größere Nationen wie Udmurten (750 000), Mari (670 000), die noch ihren alten schamanistischen Glauben bewahren konnten, Mordwinen (1,1 Millionen) und Komi (336 000). Mongolischen Ursprungs sind die buddhistischen Kalmücken. Sie wanderten im 17. Jahrhundert in die Steppen westlich der Wolga ein, in der sie heute, nach ihrer Deportation unter Stalin, größtenteils wieder leben. Fast eine Million Deutsche wohnen heute in Rußland, 150 000 Griechen und ebenso viele Roma, 1,3 Millionen Polen und Angehörige fast aller südosteuropäischen Völker. Keine eigene ethnische Gruppe stellen die Kosaken dar, die während der Stalinzeit stark dezimiert wurden. Sie formieren sich jedoch gerade neu und beanspruchen für sich einen besonderen Status.

Ethnisch-religiöse Minderheiten stellen die Juden, die russischen Altgläubigen und die christlichen Assyrer dar. Unter den Juden gibt es die kleinen Gruppen der Karaiten und der Krimtschaken, die sich als ethnisch verschieden von der jüdischen Hauptgruppe der Aschkenasim betrachten.

Die Ukrainer stellen mit 52,3 Millionen Menschen das zweitgrößte ostslawische Volk. Etwa zwölf Millionen von ihnen wohnen außerhalb des ukrainischen Staates, vor allem in Rußland, Weißrußland und Kasachstan. Sprachlich und herkunftsmäßig sehr eng mit den Russen verwandt, haben die Ukrainer im Mittelalter Jahrhunderte der Fremdherrschaft unter Litauern und Polen erlebt. Auch die Eingliederung ins Zarenreich zwischen 1771 und 1795 wurde von ihnen als ausländische Zwangsherrschaft empfunden. 1917 errangen die Ukrainer vorübergehend ihre Selbständigkeit. Aber schon 1922 wurden sie zwangsweise in die Sowjetunion eingegliedert. Erst im August 1991 gelang die erneute Eigenständigkeit. Die ukrainische Sprache, das Ruthenische, ist mit dem Russischen so eng verwandt, daß sie eigentlich als Dialekt bezeichnet werden müßte. Der gegenwärtige ukrainische Nationalismus führt indes dazu, daß die Ukrainer alles Trennende betonen. Neben 22 Prozent Russen leben zahlreiche weitere kleinere Minderheiten im Land.

Ein ähnliches Schicksal wie die Ukrainer durchlitten die Weißrussen. Jahrhundertelang unter litauischer und polnischer Herrschaft, fiel nach der dritten polnischen Teilung im Jahr 1795 der größte Teil Weißrußlands an Rußland. 1919 wurde im Versailler Vertrag die Teilung Weißrußlands weiter zementiert. Der Westen des Landes wurde von Polen annektiert, im östlichen Teil wurde eine Sowjetrepublik proklamiert. 1939 teilten Hitler und Stalin Polen erneut auf, und der polnische Teil Weißrußlands wurde an das übrige sowjetische Gebiet angeschlossen. Als Staat existiert Weißrußland erst seit dem 25. August 1991. Nur 78 Prozent der Bevölkerung sind Weißrussen; die übrigen Einwohner sind vornehmlich Russen, Polen und Ukrainer. Die Ausprägung zu einer eigenen weißrussischen Sprache und besonderen Volksart erfolgte maßgeblich unter der litauischen Fremdherrschaft und wurde außerdem durch die Abgeschiedenheit der Weißrussen in den ausgedehnten Wäldern und Sümpfen begünstigt. Dennoch fehlt es vielen der 10,3 Millionen Weißrussen an einem National- bzw. Volksbewußtsein. Es bleibt abzuwarten, wie lange sie in einem selbständigen Staat leben wollen oder ob sie es vorziehen, sich erneut Rußland anzuschließen.

Wo die Menschen am ältesten werden: die Kaukasus-Völker

Der Kaukasus, zwischen dem Schwarzen und dem Kaspischen Meer gelegen, zeichnet sich durch eine sehr große Vielfalt an Völkern und Kulturen aus. In den wilden, zerklüfteten Gebirgen und Tälern werden 68 verschiedene Sprachen gesprochen. Denn gerade die vielen kaukasischen Täler haben sich gewissermaßen als Sackgassen erwiesen, in denen sich Spuren aller Völker, die in den letzten beiden Jahrtausenden dorthin gelangt sind, weitgehend unversehrt erhalten haben. Russische Anthropologen wollen zudem 16 verschiedene anthropologische Typen festgestellt haben. Hier leben die Nachkommen persischer Teppichknüpfer, chinesischer Seidenhändler, russischer Pelzjäger, Griechen, Römer, Araber. Daher überrascht es nicht, daß der geographisch relativ kleine Kaukasus über einen solchen Pluralismus an Sprachen und Kulturen verfügt.

Eines der ältesten kaukasischen Völker sind die Georgier. Sie zählen etwa 3,8 Millionen Menschen. Neben ihnen leben in Georgien die Süd-Osseten, Nachkommen der von Hunnen aus der Ukraine vertriebenen skythischen Alanen. Sie wohnen bis zu 3000 Meter hoch in den Bergen und sprechen eine persische Sprache, doch weist ihre Kultur auch nordische Elemente auf. 1990 kämpften die Süd-Osseten gegen die georgische Regierung für einen Anschluß an Nord-Ossetien, das in der Russischen Föderation verblieben ist. Seither gehören die Süd-Osseten nur noch nominell zu Georgien, faktisch aber sind sie autonom. Gleiches gilt für die Enklave der etwa 100 000 Abchasen um Suchumi. Sie vertrieben in einem Aufstand 1993 die Georgier, doch der Konflikt schwelt weiter. Die Abchasen sind seit dem 16. Jahrhundert Muslime, ebenso wie die Adscharen, die an der Grenze zur Türkei leben und gleichfalls auf Autonomie pochen. Dort ist die politische Lage jedoch stabiler.

Die eigentlichen Georgier entstammen einer Verschmelzung vieler Einwanderergruppen. Ihren Namen haben sie von den Persern: Gurdschi, aus dem das russische »Grusinen« oder eben »Georgier« wurde; mit dem Schutzpatron St. Georg hat die Bezeichnung also nichts zu tun. Manches spricht dafür, daß sie die ersten Menschen waren, die Wein herstellten. Noch heute bewahren die Georgier Wein in Tongefäßen auf, wie sie von Archäologen aus der Zeit um 1000 vor Christus gefunden wurden. Die christlichen Georgier gehören der georgischen Kirche an, die eigene Dogmen aufgestellt hat, zum Beispiel, daß die Schöpfung im Jahr 5604 vor Christi Geburt stattgefunden hat. Ihre Priester entwickelten schon um 500 nach Christus ein eigenes Alphabet. Später folgte eine davon gänzlich abweichende Kriegerschrift, auf die das heutige Georgische, Khart-hwelisch genannt, zurückgeht. Umstritten ist, ob die Mingrelier und die Chewsuren eigene Ethnien bilden oder nur georgische Stämme sind.

Die Chewsuren leben verstreut im zentralen Kaukasus. Sie sprechen ein altertümliches Khart-hwelisch, das von anderen Georgiern nicht verstanden wird. Bei ihnen trifft man noch auf Blutrache. Ihr Brauchtum weist islamische, jüdische, christliche und animistische Elemente auf. Seit alters her sind sie wegen ihres kompromißlosen Kampfgeistes gefürchtet.

Die Swanen sind ein im Südwesten Georgiens isoliert lebendes Bergvolk und gehören zu den ältesten Einwohnern des Kaukasus. Sie zählen kaum mehr 40 000 Menschen. Inzucht ist weit verbreitet, da sie nach Möglichkeit nur Kusinen ersten Grades heiraten. Ein anderes Bergvolk, die Pschawen, gestattet jedem Ehepaar nicht mehr als drei Kinder; die Geburt von Mädchen wird betrauert. Die Georgier insgesamt leben im Durchschnitt länger als jedes andere Volk der Welt. Hundertzwanzigjährige sind bei ihnen keine Seltenheit, und Hundertjährige treten in großer Zahl auf, sind rüstig, gehen noch auf die Jagd, reiten und spielen Polo. Wahrscheinlich leben die hochbetagten Georgier unter klimatisch günstigen Bedingungen, in der Regel in großen Höhen. Sie essen viel Obst, besitzen überdurchschnittliche Intelligenz und Ausgeglichenheit. Sie leben eng eingebunden in Großfamilien. Ihr Alltag verläuft regelmäßig und ohne Streß; dabei genießen sie sowohl Tabak als auch Alkohol.

Nachbarn der Georgier sind die Armenier, die seit September 1991 in einer selbständigen Republik leben. Ihre Hauptstadt Eriwan ist vor allem durch die Radio-Eriwan-Witze berühmt. Das Armenische zählt zu den indogermanischen Sprachen. Einst siedelte der größte Teil von ihnen in Anatolien. Nach den schweren Pogromen der Türken und Kurden gegen die Armenier in den Jahren 1895 bis 1915 sind viele Armenier ins Ausland geflohen. Zu den bekanntesten armenischen Exilanten zählt der Sänger Charles Aznavour. Innerhalb Armeniens leben 3,6 Millionen Einwohner. Weitere 186 000 Armenier siedeln außerdem in der autonomen Enklave Berg-Karabach inmitten des hauptsächlich schiitischen Kaukasus-Staates Aserbaidschan. Der Krieg zwischen Armenien und Aserbaidschan 1989 um die Enklave Berg-Karabach hat maßgeblich zum Abtritt des letzten Sowjetführers Gorbatschow beigetragen. Aserbaidschan zählt mit seiner hauptsächlich aus Turkvölkern bestehenden Bevölkerung nicht mehr zum europäischen Kaukasus. Nördlich von Georgien und Aserbaidschan reihen sich innerhalb der Russischen Föderation mehrere kaukasische Kleinvölker aneinander. Die meisten davon leben in Dagestan, wo alleine wiederum 30 Sprachen und Dialekte gesprochen werden. Die bekanntesten Völker Dagestans sind die Lesgier im Südosten und die Awaren. Nördlich davon leben die Tschetschenen und die mit ihnen nahverwandten Inguschen.

Der Krieg mit Rußland im Jahr 1995, in dem die Tschetschenen versuchten, ihre Unabhängigkeit zu erlangen, hat dieses alte, abgelegene Kriegervolk zeitweilig in den Mittelpunkt der Weltpolitik gerückt. Im 19. Jahrhundert waren sie fanatische Anhänger des moslemischen Rebellenführers Schamil und lehnten sich schon damals gegen die russische Zentralregierung auf. 1944 wurden viele Tschetschenen und Inguschen von Stalin wegen angeblicher Zusammenarbeit mit den Deutschen nach Sibirien deportiert. Gleiches widerfuhr den Tscherkessen, auch Zirkassen genannt. Sie leben in den Bergen und Ebenen des nordwestlichen Kaukasus, sprechen Adygeisch und kannten noch zu Beginn des 20. Jahrhunderts ein Feudalsystem mit Sklaven.

Die Staatenbildung Europas

Jürgen Müller

Am Ende des 20. Jahrhunderts existieren innerhalb der üblicherweise angenommenen europäischen Grenzen 44 Staaten. Darunter befinden sich zum einen Kleinststaaten wie Liechtenstein, San Marino, Andorra oder Monaco, die als Finanzplätze oder Einkaufszentren eine europaweite Bedeutung haben, zum anderen auch die Weltmacht Rußland mit ihren Bodenschätzen und ihrem Arsenal an Atomwaffen, der Staat mit dem größten zusammenhängenden Territorium der Erde. Manche Staaten, zum Beispiel Dänemark, werden von einer weitgehend homogenen Bevölkerung bewohnt, andere, wie einige der osteuropäischen Staaten, sind Treff- und Sammelpunkte unterschiedlichster Kulturen und Ethnien. Dazu gibt es parlamentarische Monarchien wie Großbritannien und eine Mehrzahl präsidentieller und parlamentarischer Demokratien. Einige europäische Staaten besitzen Gebiete in Afrika und anderen Kontinenten oder vor deren Küsten – Spanien mit Ceuta und Melilla in Afrika, Frankreich mit der Überseeprovinz Guayana, Großbritannien etwa mit den Falklandinseln, den Islas Malvinas, in Amerika. So verschieden die Ausdehnung oder ethnische Zusammensetzung der europäischen Staaten ist, so unterschiedlich sind Zeitpunkt und Gründe ihrer Entstehung. Gut zu verfolgen, da noch nicht abgeschlossen, ist der Staatenbildungsprozeß der letzten Jahre, als nach dem Zusammenbruch des Ostblocks und dem Auseinanderfallen der Tschechoslowakei, Jugoslawiens und der Sowjetunion lange ruhende Nationalismen aufbrachen und Slowenien, Kroatien, Bosnien-Herzegowina, Makedonien, die Slowakei und Tschechien, Estland, Lettland, Litauen, Weißrußland, die Ukraine, Moldawien und Rußland entstanden.

Um die erste Jahrtausendwende nach unserer Zeitrechnung war im Westen Europas von der antiken Staatenwelt und vom Römischen Reich kaum etwas übriggeblieben. Städte, Fernstraßen und Aquädukte zerfielen, Schriftlichkeit und Rechtswesen waren fast in Vergessenheit geraten. Hinter klangvollen Namen wie dem Heiligen Römischen Reich oder dem Königreich Frankreich verbarg sich tatsächlich eine Vielzahl von in vielen Bereichen autonomen Gebieten unterschiedlichster Größe. Verwaltung, Rechtsprechung und Wirtschaftsorganisation waren dezentralisiert.

Die Unterschiede zum Kalifat von Córdoba auf der Iberischen Halbinsel und zum Byzantinischen Reich mit seiner Hauptstadt Konstantinopel, das weit nach Mittel- und Südosteuropa hineinreichte, hätten nicht größer sein können. In ihren Blütezeiten waren in beiden Reichen die jeweiligen Oberhäupter unumschränkte Herrscher, deren Macht mittels wohlorganisierter Zentralverwaltung bis in die entlegensten Regionen reichte.

Den mittelalterlichen Staaten Westeuropas fehlten diese Merkmale eines modernen Staates. Sie, und unter ihnen vor allem die Nachfolgestaaten des Karolingischen Reiches, beruhten auf persönlichen Bindungen; sie waren Personenverbandsstaaten, die auf der Lehnspyramide aufgebaut waren: Der König war nicht Besitzer des gesamten Landes, dem er vorstand, noch herrschte und richtete er umfassend darüber. Bis ins 12. Jahrhundert hinein nannte etwa der König von Frankreich nur ein kleines Gebiet in der Ile de France sein eigen. Zahlreiche Adelige besaßen Land, das nicht vom König verliehen worden war. Königliche Macht war an dem Ort, wo sich der König aufhielt. Aus seinen eigenen Besitztümern konnte der König Land oder ein Amt (und damit Herrschaftsrechte) an einen Vasallen mit weitgehender Verfügungsgewalt vergeben, der dafür Treue und Unterstützung, vor allem beim Waffengang, schwor. Die Vasallen des Königs konnten ihrerseits als Lehnsherren Ämter oder Grundbesitz vergeben. Die Bindung zwischen Herr und Vasall erlosch ursprünglich mit dem Tod.

Mit der Zeit wandelten sich die Lehen jedoch zu einem vererbbaren Gut, zu einem regelrechten Besitz der Lehnsmänner, wodurch zentrifugale Tendenzen verstärkt und das Königtum geschwächt wurden. Eine zentrale, nach verbindlichen Kriterien arbeitende Verwaltung, allgemeingültige Gesetze, dauerhafte Finanzierung der Staatsaufgaben, qualifiziertes Personal, das heißt staatliche Existenz ohne den König, mußten sich erst entwickeln. Die Staatenbildungen des Mittelalters entstanden in den Auseinandersetzungen zwischen Königtum mit Adel, Kirche und Städten. Entsprechende Anstrengungen setzten an den Rändern Europas ein: in England vehement nach der erfolgreichen Invasion der Normannen (1066), in Frankreich nach dem Sieg bei Bouvines (1214) und im Hundertjährigen Krieg gegen England, in Portugal mit der Vertreibung der Mauren im 12. Jahrhundert sowie in Sizilien. Überall dort entstand ein starkes Königtum, das zum Teil nur mühsam von Städten und Ständen in Zaum gehalten und zur Teilung der Macht gezwungen werden konnte. Die Könige versuchten, wieder die volle Verfügungsgewalt über die ausgegebenen Lehen zu erlangen und ihre Lehnshoheit auf fremdes Eigentum auszudehnen, oder sie betrachteten, wie William, der Eroberer Englands, das gesamte eingenommene Land als ihren Besitz.

In Sizilien setzte der Stauferkaiser Friedrich II. (1194 bis 1250) die kompetente und erfolgreiche Amtsführung seiner normannischen Vorgänger fort. Er ließ regelrechte Ministerien und Verwaltungen mit genauen Handlungsabläufen und eingegrenzten Kompetenzen, vor allem aber mit turnusmäßigem Wechsel der Amtsinhaber einrichten. Gesetzbücher und Strafkataloge wurden zusammengestellt, Ausbildungsgänge für Juristen und Ärzte standardisiert – dies alles, um Herrschaft zu rationalisieren und zu maximieren und um Rechts- und Planungssicherheit sowie einen gleichmäßigen und geregelten Geschäftsgang zu gewährleisten. Friedrichs Staat war so ungewöhnlich für die Zeitgenossen, daß er ihre Ver- und Bewunderung erregte. Er währte nicht lange, wie auch zahlreiche andere Reiche zwischen Nordsee und Schwarzem Meer, in denen ein starkes und integrierendes Königtum infolge von Führungskämpfen, Fehden und Angriffen der Nachbarn nicht entstehen konnte.

Trotz zahlreicher derartiger Rückschläge war die Entwicklung zum modernen Staat in Europa nicht aufzuhalten, da Einfluß und Bedeutung wichtiger Widersacher einer starken Monarchie in weiten Teilen Europas abnahmen: Mit der Aufstellung stehender Söldnerheere konnte der Herrscher auf die Unterstützung des Adels im Krieg verzichten; der Adel wurde zur Dienstleistung an den Hof gerufen und domestiziert. Zugleich ermöglichte die innere Schwäche der katholischen Kirche den Fürsten, vor allem im 14. und 15. Jahrhundert – manifest etwa in der Babylonischen Gefangenschaft in Avignon und im abendländischen Schisma –, päpstliche Prärogativen wie die Besetzung kirchlicher Stellen an sich zu ziehen.

Während Byzanz vom Osmanischen Reich abgelöst wurde, ging die staatliche Entwicklung im übrigen Europa weiter. Die italienischen Stadtstaaten erblühten, die Schweizer Eidgenossenschaft von Bürgern und Bauern setzte sich gegen ihre Widersacher durch, die Reste maurischer Herrschaft auf der Iberischen Halbinsel wurden von den vereinigten Reichen Isabellas von Kastilien und Ferdinands von Aragon beseitigt, und mit Spanien entstand ein Reich, in dem die Sonne nie unterging. Die Vereinigten Niederlande emanzipierten sich und konkurrierten erfolgreich mit England und Frankreich um die wirtschaftliche Vormachtstellung in der Welt, die Habsburger stiegen auf und vereinnahmten die großräumigen, aber schwachen Monarchien Mitteleuropas. In Schweden, Norwegen, Dänemark und Rußland etablierten sich mehr oder minder dauerhafte und starke Königreiche.

Anfang des 19. Jahrhunderts, nachdem Napoleon mit seinen Feldzügen Europa mit Krieg überzogen und kräftig durcheinandergewirbelt hatte, besaß die Staatenwelt West- und Südwesteuropas sowie von Teilen Skandinaviens bereits weitgehend ihr heutiges Aussehen. Auch wenn sich, wie im Falle Frankreichs, die Grenzen in späterer Zeit noch verändern sollten und sich in den meisten Ländern die absoluten zu demokratischen Monarchien wandelten, waren die einzelnen Staaten in ihrem Kern territorial und politisch-adiministrativ gefestigt. Dagegen zerfiel das Land in Deutschland auch nach der Neuordnung im Anschluß an die Napoleonischen Kriege noch in eine Vielzahl von Klein- und Kleinststaaten, aus denen die europäische Großmacht Preußen und die Mittelmächte Bayern, Württemberg und Sachsen herausragten.

Auf der Apenninhalbinsel hatte sich lediglich im Nordwesten mit dem Königreich Piemont-Sardinien eine einheimische Dynastie etabliert, während der Rest des Landes unter fremder Herrschaft stand. Franz II. hatte die österreichischen Länder zum Kaiserreich Österreich zusammengefaßt, das neben dem Osmanischen Reich und Preußen die zahlreichen Völker Südost- und Mitteleuropas beherrschte. Alle drei Länder grenzten an Rußland – einen autokratischen und zentralistisch geführten Staat, der seit dem 14. Jahrhundert um Moskau herum gebildet, aber erst durch die Eroberungen und Reformen Peters des Großen und Katharinas der Großen im 18. Jahrhundert stabil und zu einer eurasischen Großmacht geworden war.

Entstanden die mittelalterlichen Staaten aus dem elitären Machtkampf zwischen Königtum und Adel, zwischen der Kirche und den Städten, so waren die Staatenbildungen des 19. und 20. Jahrhunderts Produkte des Nationalismus – eines Nationalismus, der nicht mehr auf die Führungsschichten beschränkt blieb, sondern der in den Napoleonischen Kriegen zu einem Massenphänomen geworden war. Das Nationalgefühl hatte sich ausgebreitet und forderte das Recht auf politische, kulturelle und territoriale Selbstbestimmung. Man erinnerte sich, wie die Ungarn oder Polen, der vergangenen Größe mittelalterlicher Reiche. Im Falle Griechenlands wurde sogar die Antike zur Identitätsstiftung bemüht, im südlichen Teil des Königreichs der Niederlande wurden jahrhundertelange Eigenentwicklungen gegenüber dem Norden betont, und auf dem Balkan gab man sich, angesichts zunehmender Despotie und Willkür, nicht mehr mit begrenzter Selbständigkeit und Privilegien innerhalb des allmählich zerfallenden Osmanischen Reiches zufrieden. Die Beseitigung der Fremdherrschaft wurde angestrebt und durch Aufstände mit Gewalt durchgesetzt oder nach militärischen Niederlagen der Besatzer von den Siegermächten verfügt: Freiwillig gewährte kein Staat unbotmäßigen Untertanen die Unabhängigkeit. Griechenland und Belgien gehörten zu den ersten neuen Staaten (1829/1831). Die Geburt von Staaten aus den Überresten des Osmanischen Reiches setzte sich bis zum Anfang des 20. Jahrhunderts fort; ebensolange mußten die Norweger warten, bis die Loslösung von Schweden durchgesetzt war.

Die ost- und südosteuropäischen Völker in der Donaumonarchie erlangten schließlich – wie die Finnen, Estland, Lettland und Litauen – nach dem Ersten Weltkrieg die staatliche Eigenständigkeit. Irland löste 1922 die Verbindung zu Großbritannien, 1944 erklärte Island die seit 1918 geltende Personalunion mit Dänemark für aufgelöst. Auch in Italien und im Deutschland des Deutschen Bundes, einem Staatenbund von 39 souveränen Einzelstaaten (einschließlich Österreichs), der das Heilige Römische Reich Deutscher Nation abgelöst hatte, trug der Nationalismus Früchte. Im Unterschied zu den neuen Staaten Ost- und Südosteuropas, die aus Abspaltungen vom Osmanischen Reich, Rußland, Österreich und Preußen gebildet worden waren, wurde hier die Vereinigung der Einzelherrschaften gefordert. In Deutschland setzte Bismarck nach den siegreichen preußischen Kriegen gegen Dänemark, Österreich und Frankreich 1871 die Gründung des Deutschen Kaiserreiches unter preußischer Führung durch – gegen die Zusicherung weiter bestehender Hoheitsrechte an die deutschen Fürsten. In Italien gelang es in den fünfziger und sechziger Jahren des 19. Jahrhunderts, die Fremdherrschaften – unter anderem Österreichs im Norden und die der Bourbonen in Sizilien – zu beseitigen und das ganze Land um das Königreich Piemont-Sardinien zu sammeln. Das Königreich Italien war entstanden. Der Zusammenbruch von Staaten hat das Europa der letzten 200 Jahre nachhaltig verändert. Dabei waren es vor allem die Regionen in der Mitte und im Südosten, in denen die Grenzen fließend waren. Als Gestaltungsprinzip der europäischen Staatenwelt hat sich in diesem Zeitraum die Idee des Nationalstaates etabliert und durchgesetzt: Als Grundlage staatlicher Identität gelten – von Land zu Land unterschiedlich in ihrer Bedeutung – eine gemeinsame Sprache, ein gemeinsames Glaubensbekenntnis und der Mythos einer gemeinsamen Herkunft und Geschichte der Bevölkerung. Die Staatenbildungen der letzten Jahre zeigen, daß die Mobilisierungskraft derartiger Phänomene gewaltig ist und ein schöpferisches, aber auch enorm zerstörerisches Potential beinhaltet. Angesichts dieser Erfahrungen und der zunehmenden Regionalisierung von Kultur und Politik ist ein Ende der Staatenbildung in Europa nicht zu erwarten.

Von der Idee »Europa« zur Europäischen Gemeinschaft

Winfried Becker

Die Vorstellung von Europa als politischer und kultureller Einheit geht auf das antike Griechenland zurück. Der Geschichtsschreiber Herodot (um 490 bis 430 vor Christi Geburt) gewann einen Begriff von Europa aus der Gegenüberstellung des ihm bekannten hellenischen Kulturraums zu Asien und Persien. Griechenland und die griechisch besiedelten Küstensäume Italiens, Galliens und Spaniens schienen durch Freiheit, Asien dagegen durch Einheit, Einherrschaft und Despotie gekennzeichnet zu sein.

Wurde der Begriff »Europa« etwa seit den Perserkriegen (500 bis 480 vor Christi Geburt) für das griechische Festland gebraucht, so verwendete der Philosoph Aristoteles (384 bis 322 vor Christus) diesen Namen auch für die sogenannten kalten Gegenden, den Norden, das dem griechischen Kulturkreis vorgelagerte Reich der iranischen Skythen. Für nahezu 600 Jahre (200 vor bis 400 nach Christi Geburt) bildeten die mediterranen Länder und Küsten den Weltkreis, den *orbis terrarum* für das Römische Reich. Dieses schuf, Griechenland politisch überwindend und dennoch von den griechischen Kulturwerten zehrend, die griechisch-römische Ökumene, einen den Orient und Okzident ansatzweise überwölbenden Kulturkreis. Das Römerreich bezog seit Cäsar (58 bis 51 vor Christi Geburt) Gallien ein, hielt aber durch den Rhein und Donau verbindenden Limes gegen Norden und Osten die Barbaren fern.

Spätestens im 6. Jahrhundert war diese antike Welt zerfallen. Byzanz hatte sich unter seinen oströmischen Kaisern von Westrom getrennt. Auf dem Boden des Weströmischen Reiches (bis 476 nach Christi Geburt) bildeten sich die neuen Reiche der Westgoten, Langobarden, Burgunder und Franken sowie – auf den Britischen Inseln – der Angeln und Sachsen.

Das Karolingische Reich lag im 8. und 9. Jahrhundert mit seinem Kerngebiet zwischen Rhein, Rhone und Loire. Diese zunächst dominante Staatsbildung hatte sich im Süden gegen die Araber auf der Iberischen Halbinsel, im Osten an der Donau gegen die Mähren und Magyaren sowie an der Nordseeküste gegen die Normannen zu behaupten. Der politischen Schwerpunktverlagerung in den nördlich der Alpen gelegenen Raum, ins spätere Mitteleuropa, folgte die kirchliche und kulturelle: Karl der Große wurde im Jahr 800 von Papst Leo III. zum Kaiser gekrönt. Er schuf erste Grundlagen für ein Schul-, Verwaltungs- und Rechtswesen. Die Kirche schickte Missionare nach Norden, bis nach England.

Während des frühen und hohen Mittelalters verbanden sich drei Elemente – Antike, Christentum und Germanentum – zu einer West- und Nord-, Süd- und Mitteleuropa tragenden Kultursynthese. Antike Bildungsgüter erreichten Europa zwar nur unvollständig, indirekt oder auf Umwegen, wirkten aber mit fortschreitender Zeit doch in der Tiefe.

Eine wichtige Rolle für die Überlieferung der antiken Philosophie und des justinianischen Rechts *(Corpus juris)* spielte das cäsaropapistisch organisierte Ostrom. Die Nachfolgestaaten Westroms bildeten hingegen den für Europa typischen Dualismus zwischen geistlicher und weltlicher Gewalt aus. Weltliche und kirchliche Oberherrschaft, Kaisertum und Papsttum waren zwar aufeinander bezogen, traten aber auseinander und begründeten so die prinzipielle Offenheit und Entwicklungsfähigkeit der europäischen Kultur.

Das westliche Christentum überlieferte aus der klassischen Antike die philosophische Idee des Naturrechts und Teile der spätrömischen Staatsorganisation. Gegenüber der Einheit Roms und des Byzantinischen Reiches entwickelte das weströmisch-christlich geprägte Europa Vielfalt. Ethnisch beruhte es auf den Stämmen der Völkerwanderungszeit, die sich mit der europäischen Urbevölkerung und den gallo-römischen Einwohnern vermischten. Der Freiheitsdrang der wandernden Völker hatte bleibende Folgen. Seßhaft geworden, schufen diese eine föderative, im Innern feudale und korporativ geprägte Ordnung. Eine Vielzahl von politischen Zentren entstand und verhinderte das Aufkommen einer despotischen Herrschaft. Statt dessen wurde der Keim für eine individuelle Entwicklung der Persönlichkeiten und Völker gelegt. Das einigende Band war die vom Papst geleitete Kirche. Bis zum Jahr 1000 sahen sich die germanischen, romanischen, westslawischen Völker und die Ungarn in einer Glaubensgemeinschaft vereinigt. Die Sprache dieser gemeinsamen Kirche, das Lateinische, bot bis ins 20. Jahrhundert hinein eine nationenübergreifende Verständigungsmöglichkeit.

Vollzog sich in der Zeit der Völkerwanderung die »Geburt des Abendlandes« (Henri Pirenne), so erlebte die »Respublica christiana« einen Höhepunkt im 10. und 11. Jahrhundert mit der Blüte des Städtewesens, der Universitäten, der gotischen Architektur. Die Kreuzzüge und die kirchliche Reformbewegung förderten ein fränkisch-lateinisches Identitätsbewußtsein. Diese okzidentale Mentalität grenzte sich, zumal nach dem Schisma der Ostkirche (1054), von dem Griechentum des Orients und des byzantinischen Kaisertums ab. Dessen historische Leistung für Europa bestand allerdings in der Bewahrung und Kodifizierung frühchristlicher und antiker Überlieferungen, im Schutz vor den Hunnen und Persern und in der Ablenkung des aggressiven Islam vom nordöstlichen Mittelmeerraum.

Nach dem Fall Konstantinopels 1453 hat Enea Silvio Piccolomini, der spätere Papst Pius II., den Balkan mit Griechenland in seine Vorstellung von Europa wiederum miteingeschlossen; gleichzeitig rief er vergeblich zum letzten Kreuzzug auf, bot dem Islam aber auch eine friedliche Verständigung an.

Die Humanisten riefen mit ihrer Besinnung auf die Werte der antiken Ethik und Bildung ein europäisches Kulturbewußtsein wach, das in Voltaires aufgeklärter Konzeption einer gemeineuropäischen »république littéraire« gipfeln sollte. Die Zeit vom 16. bis zum 18. Jahrhundert war von verschiedenen sich überkreuzenden Entwicklungen gekennzeichnet. Die Glaubensspaltung begründete einen sich allerdings erst langfristig durchsetzenden Säkularisierungsprozeß. Aus spätmittelalterlichen Anfängen entfaltete sich das für Europa typische Staatensystem, in dem die immer unbedenklicher formulierten Interessen, die Staatsräson und das Souveränitätsstreben der einzelnen Mächte zum Ausgleich gebracht werden mußten. Im Dreißigjährigen Krieg (1618 bis 1648) überlagerte das Staatsinteresse längst die konfessionelle Solidarität, wie sich an der Politik des Kardinals Richelieu zeigt, der das katholische Frankreich in das Bündnis mit dem protestantischen Schweden führte.

Seit den Kriegen Ludwigs XIV. fand sich eine Koalition europäischer Staaten, begünstigt durch Englands Gleichgewichtspolitik, häufig gegen das Hegemoniestreben einer Macht zusammen. Eine zunehmend egoistische und materialistische Staatsauffassung und die retardierende gesellschaftliche Entwicklung stürzten das Staatensystem des ausgehenden Absolutismus mit seinen stets gegen den Nachbarn einsatzbereiten stehenden Heeren in die vorrevolutionäre Krise.

Nicht erst die Gegenbewegungen gegen solche Auflösungstendenzen waren es, die zu den Entwürfen eines europäischen Bundes oder Vereins führten. Zur Abwehr der Türken entwarf schon König Georg Podiebrad von Böhmen (1462 bis 1464) den Plan eines europäischen Staatenbunds. Unter der Devise »Pax et Justitia« sollte dieser die europäischen Fürsten zu einem in Basel, dann in Frankreich und Italien tagenden Direktorium vereinigen; die Universalansprüche von Kaisertum und Papsttum waren dadurch unterlaufen. Der Frühaufklärung sind bereits die Friedenspläne des Pariser Magisters Emeric Crucé (um 1590 bis 1648) und des normannischen Abbé Charles Irénée Castel de Saint-Pierre (1658 bis 1743) zuzurechnen. Crucé schlug einen Völkerbund vor, eine in Venedig tagende Versammlung der Gesandten aller Herrscher der Erde einschließlich des Papstes, des Kaisers und des Sultans (›Le nouveau Cynée‹, 1623). Eine allgemeine Ratsversammlung zur Beilegung von Streitigkeiten in einem Europa hierarchisch gegliederter Mächte forderte auch Maximilien de Bethune, Herzog von Sully (1560 bis 1641). Dieses Verfassungsprojekt gab er als den Großen Plan (»Grand Dessein«) des Königs Heinrich IV. von Frankreich aus.

Das im 17. und 18. Jahrhundert über christlich-universalistische Hemmungen hinwegschreitende europäische Staatensystem sah sich noch einem anderen Korrektiv gegenüber. Thomas von Aquin (1224/25 bis 1274) hatte der Idee eines natürlichen Rechts Ausdruck verliehen, an dem alle Menschen und Staaten teilhätten und vor dem sie folglich alle gleich seien. Allerdings unterschied das Mittelalter zwischen einer Gemeinschaft aller Menschen und Staaten und einer engeren Gemeinschaft der *christianitas*.

Die von der spanischen Spätscholastik weiterentwickelte Völkerrechtswissenschaft gipfelte 1625 in dem Werk ›De jure belli ac pacis‹ des niederländischen Juristen Hugo Grotius (1583 bis 1645). Als Fortsetzer der Schule von Salamanca wurde der Protestant Grotius neben dem katholischen Spanier Francisco de Suárez (1548 bis 1617) der Begründer des neuzeitlichen Völkerrechts. Einen wichtigen Beitrag zur Verwirklichung der Theorien einer internationalen Rechtsordnung leistete das Heilige Römische Reich Deutscher Nation. Seine korporative Organisation verhinderte das Entstehen eines kaiserlichen Absolutismus. Selbst föderativ gegliedert, nahm es vor allem im Westfälischen Frieden von Münster und Osnabrück (1648) maßgeblichen Einfluß auf die Entwicklung eines europäischen Vertragsrechts. Berühmte Lehrer des Reichsstaatsrechts bezogen in ihr »Jus publicum« das »Jus gentium« und die europäischen Rechts- und politischen Verhältnisse ein (Johann Christian Lünig, 1662 bis 1740). Im 18. Jahrhundert gelangte die Wissenschaft vom Recht und von der Geschichte des Staatensystems an der Universität Göttingen zu hoher Blüte.

Das Zeitalter der Entdeckungen, die Berührung mit der transatlantischen Welt, rückte Europa in eine Mittellage. Die Ausdehnung der westeuropäischen Kultur vollzog sich in mehreren Schüben. Die West-Bewegung der portugiesisch-spanischen Seefahrer im 15. und 16. Jahrhundert fand ihre Ergänzung nach Osten in der auf Indien, China und Japan gerichteten Jesuitenmission eines Franz Xaver (Javier) (1506 bis 1552) und seiner Gefährten. Die britische und französische Expansion nach Nordamerika und Vorderindien erweiterte im 18. Jahrhundert das »Theatrum europaeum« zur Weltbühne. Während im kolonialen Nordamerika neue Zentren der europäischen Kultur entstanden, öffnete Zar Peter der Große (1672 bis 1725) das Russische Reich dem westlich-europäischen Einfluß. Auf die politische Ausdehnung Europas folgte im 19. Jahrhundert die europäische Wirtschafts- und Finanzexpansion.

Die Französische Revolution mit ihrer menschheitsbeglückenden Absicht mündete in den Versuch Napoleons I., eine Diktatur über ganz Europa zu errichten. Dem setzte die politische Romantik die Besinnung auf die gemeinsamen christlichen Wurzeln Alt-Europas entgegen. Ihr erster Wortführer war Novalis (Friedrich von Hardenberg) 1799 mit seiner Schrift ›Die Christenheit oder Europa‹. Ihr Werben für ein bewußtseinsmäßig geeintes, konstitutionell verfaßtes, organisch wachsendes friedliches Europa der Staaten erfüllte sich weder im Deutschen Bund oder in der Heiligen Allianz von 1815 (zwischen Rußland, Preußen, Österreich) noch in der Pentarchie, in dem Konzert der fünf europäischen Hauptmächte. Hatte der beherrschende Staatsmann Europas auf dem Wiener Kongreß, Clemens Fürst Metternich (1773 bis 1859), noch ein gemeinsames Interesse aller europäischen Staaten anerkannt, so verwies die im 19. Jahrhundert unwiderstehlich anwachsende nationale Bewegung schließlich alle europäischen Einigungspläne in das Reich des Irrealen. Immerhin entstanden noch bedeutende Föderationspläne.

Constantin Frantz (1817 bis 1891) gedachte die westslawische Welt in zwei deutsche Föderationen einzubeziehen: um Österreich im Südosten und Preußen im Nordosten. Etwa zur gleichen Zeit trat der katholische Publizist Joseph Edmund Jörg (1819 bis 1901) um die Jahrhundertmitte für ein Frankreich einbeziehendes, um Preußen und Österreich zentriertes Mitteleuropa ein. Im Unterschied dazu forderte der liberale Protestant Friedrich Naumann (1860 bis 1919) im Ersten Weltkrieg (1915) ein deutsches Mitteleuropa, dem sich die kleineren Nachbarn vor allem im (Süd-)Osten angliedern würden. Mehr den Ansätzen einer weltweiten Friedenspolitik sahen sich drei von 1848 bis 1850 in Brüssel, Paris und Frankfurt am Main tagende internationale Friedenskongresse und die 1867 in der Schweiz gegründete »Internationale Liga für Frieden und Freiheit« verpflichtet. Die 1888 in Paris gebildete Interparlamentarische Union gewann bis 1912 immerhin 3649 Mitglieder in 21 Parlamenten.

Der breite Aufbruch der Friedensbewegungen verengte sich zu dem dünnen Strom der auf russische bzw. amerikanische Anregung zusammentretenden Haager Konferenzen von 1899 und 1907. Diese faßten verbindliche Beschlüsse für eine humane Kriegführung und für die internationale Schiedsgerichtsbarkeit. Sie konnten das Auseinanderfallen Europas in einander bekämpfende Koalitionen, die nur die nationalen Egoismen bündelten, nicht verhindern.

Nach dem wahrhaft zerstörerisch wirkenden Ersten Weltkrieg war die allgemeine Situation einer europäischen Einigung nicht günstig. Die USA zogen sich wieder aus Europa zurück. Das kommunistische Rußland schlug einen Sonderweg ein. Großbritannien kümmerte sich mehr um sein bedrohtes Empire als um Europa. Dort kreuzten sich verhängnisvoll das französische Streben nach Sicherheit vor einem wiedererstarkenden Deutschland und die Absicht Weimar-Deutschlands, den Versailler Vertrag zu revidieren. Als der französische Außenminister Aristide Briand (1862 bis 1932) in seinem Memorandum vom 1. Mai 1930 die Bildung einer »Europäischen Föderalen Union« vorschlug, die Absprachen über die Sicherheit der Völker Europas treffen sollte, versagten sich ihm nicht nur die deutsche, sondern auch die britische und die italienische Regierung.

Aussichtslos blieb der Plan des Grafen Richard Nikolaus von Coudenhove-Kalergi (1894 bis 1972), zum Schutz vor der Sowjetunion einen europäischen Bundesstaat zu bilden. Coudenhove, der Sohn einer japanischen Mutter und väterlicherseits aus flämischem und griechischem Uradel stammend, nahm, wenn auch ergebnislos, Kontakt mit deutschen Regierungsstellen auf. Auch der jüdische Journalist und Schriftsteller Alfred Nossig (1864 bis 1943) stieß mit seinem Vorschlag eines die Kriegführung ächtenden europäischen Friedensbundes beim Auswärtigen Amt nicht auf Gegenliebe. Der Abgeordnete der Deutschen Demokratischen Partei, Wilhelm Heile (1881 bis 1981), trat in der Zeitschrift ›Die Hilfe‹ 1922 für die »Vereinigten Staaten von Europa« unter Einbeziehung Großbritanniens ein, während Coudenhove-Kalergi in seinem Buch ›Pan-Europa‹ (1923) die Einbeziehung des Empire als unrealistisch verwarf.

Bereits kurz nach dem Zweiten Weltkrieg forderten führende Politiker sowie private Organisationen geradezu gebieterisch die Einigung Europas. Dessen Zerstörung war die erschreckende Bilanz zweier Weltkriege. Auf eine totalitäre Bedrohung Europas hatte schon der Widerstandskämpfer Carl Friedrich Goerdeler (1884 bis 1945) in einer Denkschrift von 1944 geantwortet. Darin forderte er, der zunächst mehr nationale Gesinnungen gehegt hatte, eine integrierte, volle Gemeinschaft der europäischen Völker. Die Staatsmänner Konrad Adenauer (1876 bis 1967), Robert Schuman (1886 bis 1963) und Alcide De Gasperi (1881 bis 1954) zogen aus der veränderten weltpolitischen Lage den unabweisbaren Schluß, daß die europäischen Völker nur dann noch eine Zukunft hätten, wenn sie sich zusammenschlössen, gemeinsam ihre Interessen wahrnähmen und ihre Zivilisation behaupteten.

Mit seinem pathetischen Ausruf »Europa oder der Tod« traf der französische Republikaner Paul Ramadier die Stimmung des 750 Delegierte aus 30 Ländern versammelnden ersten Haager Kongresses europäischer Föderalisten (7. bis 10. Mai

1948). Nach der Ausschaltung der Mitte Europas hofften insbesondere Deutschland und Italien, durch eine Politik der westeuropäischen Einigung wieder einen geachteten Platz in der Völkergemeinschaft und Unterstützung gegen die von der Sowjetunion ausgehende Bedrohung zu gewinnen. Hingegen war Winston Churchill nur gewillt, das britische Commonwealth, an dem er festhielt, mit dem Vereinigten Europa, dessen Gründung er befürwortete, und mit den Vereinigten Staaten in nahe Berührung zu bringen.

Der wirtschaftliche und politische Druck der USA veranlaßte Frankreich, seinen national orientierten Kurs zu korrigieren. Dies war eine unabdingbare Voraussetzung für die Entstehung westeuropäischer Institutionen. Die andere bestand in der atlantischen Partnerschaft, die die amerikanische Außenpolitik nun einging, nachdem sie bisher isolationistisch ausgerichtet gewesen war. 1949 wurde zwischen zwölf Staaten der Nordatlantik-Pakt abgeschlossen. Dessen Präambel bekräftigte die Absicht der Partnerstaaten, die Freiheit, das Recht und die Kultur ihrer Völker gemeinsam zu verteidigen. Die transatlantische Bindung war eine Konsequenz der de facto eingetretenen Spaltung Europas.

Auf Anregung der Außenminister der Westunion, des gegen Deutschland und unterschwellig bereits gegen die Sowjetunion gerichteten Brüsseler Pakts von 1948 (Großbritannien, Frankreich, Belgien, Niederlande, Luxemburg), wurde 1949 der zuerst 14 Staaten umfassende Europarat gegründet. Der französische Außenminister Schuman verband mit dem von ihm vorgeschlagenen gemeinsamen Markt für die deutsche und französische Kohle- und Stahlproduktion die politische Absicht, die jahrhundertealte Gegnerschaft zwischen Deutschland und Frankreich zu beenden.

Diese beiden Länder, Italien sowie die Benelux-Staaten traten am 18. April 1951 der Europäischen Gemeinschaft für Kohle und Stahl (EGKS, Montanunion) bei. Der 1950 vom französischen Ministerpräsidenten René Pleven verkündete Plan, eine Europäische Verteidigungsgemeinschaft (EVG) mit integrierten militärischen Kontingenten zu errichten, führte zwar 1952 zur Unterzeichnung des EVG-Vertrages; dessen Ratifikation aber scheiterte 1954 am Widerstand der Gaullisten und Kommunisten in der französischen Nationalversammlung.

Dieser Rückschlag für die politische Einigung konnte durch die Gründung der Europäischen Wirtschaftsgemeinschaft in Rom am 25. März 1957 nur mühsam ausgeglichen werden. Gleichzeitig schlossen die sechs Länder der Montanunion einen Vertrag zur Gründung der Europäischen Atomgemeinschaft (EURATOM) ab, um durch gemeinsame Anstrengungen den technologischen Rückstand gegenüber den Großmächten UdSSR und USA aufzuholen. Zwar verhinderte der französische Staatspräsident Charles de Gaulle (1890 bis 1970) in den sechziger Jahren den Ausbau der EWG zu einem Instrument politischer Einigung. Doch die seit 1964 intensiver vorangetriebenen Bemühungen um eine Zoll- und Währungsunion, die Assoziierungsabkommen mit 17 afrikanischen Staaten (1963) und die günstigen Auswirkungen der wirtschaftlichen Annäherung erhöhten die Anziehungskraft der EWG, so daß dieser 1972 auch England, Dänemark und Irland beitraten. 1965 wurden die Organe von

EGKS, EWG und EURATOM zusammengelegt, 1967 diese selbst unter der Bezeichnung Europäische Gemeinschaften (EG) zusammengefaßt.

Das beharrliche Bemühen, auf funktionalistischem Wege – durch die pragmatische Lösung zumal wirtschaftlicher Sachfragen – den Prozeß der europäischen Einigung voranzubringen, verzeichnete beachtliche Erfolge. Doch lehrt der Blick auf die Geschichte der europäischen Einigungsbestrebungen, daß die programmatischen Grundlagen und der politische Gestaltungswille hier wie bei jedem großen Aufbauwerk nicht vernachlässigt werden dürfen.

Die Sicht auf den Anderen

Wie sich die Europäer gegenseitig sehen

Otto Holzapfel

Beispiele für propagandistische Haßausbrüche gegen die »nationalen Feinde« lassen sich unschwer und überall finden. Schon die leiseren Zwischentöne erläutern das Umfeld, in dem diese gedeihen. Dabei geht es um ein ganzes Netz von »Unauffälligkeiten«, das uns umgibt und seit Generationen gesponnen wurde – etwa Ende des 19. Jahrhunderts, als der Süden des deutschsprachigen Raumes, vor allem Österreich, die Schweiz und die Pfalz, regelmäßig von italienischen Saisonarbeitern aufgesucht wurde. Deren fremde Lebensweise, ihre Verhaltensnormen sowie notgedrungen unbeholfene Sprechweise (Kauderwelsch = Deutsch-Welsch) wurden in Spottliedern karikiert: »Italiano net vil schaffe ...«, »Maidali [Mädchen] charessiere ...«, »Dudelsachio spiele ...« usw. Solche Lieder spiegeln Alltagsgeschichte und Kulturkonflikte wider.

Dabei wurde eine traditionelle Liedgattung mit aktuellen Inhalten gefüllt: die Ortsneckerei und der Nachbarschaftsspott – »D' Appenzeller Schottenbüch tanzen, bis der Boden stübt [staubt] ...«, wie man im österreichischen Vorarlberg über die Schweizer sang. Verehrer des eigenen Mädchens aus dem Nachbardorf versuchte man mit diesem Spott aus dem Feld zu schlagen: »Seid ihr nicht von Altensteg, wo man den Mist den Berg raufträgt ...« (Altensteig in Württemberg, vor 1806). Von diesen über weitaus häßlichere Bemerkungen war es dann bis zur Schlägerei im Wirtshaus nicht mehr weit.

Türkische Gastarbeiter in Berlin versuchen in unserer Gegenwart ihrem Unmut über die nicht nur sprachlichen Kontaktschwierigkeiten, denen sie ausgesetzt sind, im Lied Ausdruck zu geben: »*Ulan almanca germanca* ... = Du Kerl! Verflixtes Deutsch, Germanisch! Ich kann dich weder sprechen noch verstehen, in meinem Hals die Worte sind verstopft, der Meister spricht nur drdrdrdrdr ...«

Spott über den Nachbarn, über den anderssprachigen Mitbürger, über die Menschen jenseits der – jeweils ganz unterschiedlich zu ziehenden – Grenze ist ein uraltes Mittel der verbalen Auseinandersetzung, allerdings zuweilen auch Auftakt für gewaltsame Auseinandersetzungen.

Die Überlieferung darüber reicht bis in die griechische und römische Antike zurück. Altkeltische und -nordische »Schandlieder« sind aus Irland und Norwegen überliefert. Im altfranzösischen »Chanson de Roland« werden die Krieger gebeten, nicht zu fliehen, damit keine »Schimpflieder« über sie gesungen werden. Das geht einem »gegen die Ehre«.

Hier mischen sich Phänomene, die sich im Prinzip sehr naheliegen: Der frühneuzeitliche Ständestaat kannte ebenfalls Spott und entsprechende Lieder auf fast alle Berufszweige, die dem jeweils anderen verdächtig erschienen; beliebt war der Spott auf die »ehrlosen« Schinder und Musikanten, aber auch auf Schneider, Weber, Müller. Und der grausame Spott auf die Juden hat seit dem Mittelalter in Deutschland eine schreckliche Tradition. Wobei die angeblich »typisch jüdische« Nase erst seit dem 19. Jahrhundert eine Rolle spielt. Solche Vorurteilsformen sind auch modebedingt.

Die Folkloristik und andere wissenschaftliche Disziplinen haben für alle diese Bereiche Detailuntersuchungen vorgelegt, die das Ausmaß menschlicher Dummheit dokumentieren. Eines von verschiedenen Erklärungsmodellen ist, ethnische Stereotypen im allgemeinen Zusammenhang von Spottdichtung und Vorurteilsbildung zu untersuchen. Historisch kann man zudem hinter vielen Stereotypisierungen handfeste politische Interessen erkennen, wie in den Kriegen 1870/71 und 1914/18 im Bild des Kriegsgegners Rußland oder des »Erbfeindes Frankreich« (»jeder Schuß ein Russ', jeder Stoß ein Franzos'«).

Vorurteile scheinen wichtig, wenn es gilt, die eigene Identität zu stabilisieren. Deshalb »umgrenzt« man absichernd sein »Territorium«. Was fremd ist, kommt uns – wohl seit dem 16. Jahrhundert – »spanisch« vor oder erscheint abfällig als »polnische Wirtschaft«.

Dinge, die den Dänen fremd schienen, bezeichneten sie als »deutsch«, und zwar sowohl positiv als auch negativ assoziiert (negativ etwa: In der dänischen Sage spricht der Teufel deutsch). Was uns nicht interessiert, geschieht »weit hinten in der Türkei«; wenn jemand nach »Badisch-Sibirien« (um Walldürn) versetzt wird, ist das eine Strafe. Wen man loswerden will, den schickt man »nach Pommern« (das bis 1815 teilweise schwedisch war) oder (ebenfalls auf dänisch) »nach Hekkenfeldt«. In Heklafjell auf Island vermutete man im Mittelalter einen der Eingänge zur Hölle. Vorurteile können aber auch positiv geladen sein: Eine Hügel- und Seenlandschaft etwa wird »holsteinische Schweiz« genannt.

Verletzend sind aber vor allem die negativen Zuschreibungen wie die angebliche Unmännlichkeit des nationalen Nachbarn, die wohl zuallererst und vor allem dem eigenen, kleinen Ich am Stammtisch Mut machen soll. Im Deutsch-Französischen Krieg 1870/71 hieß das: »Da droben auf dem Berg, da steht ein Franzos', er hätt mich wollen schießen mit'm Erdäpfelkloß.« Dabei bedient man sich auf lokaler Ebene noch der traditionellen und quasi »privaten« Form des Schnaderhüpfels. Aber auch in dieser Hinsicht wächst die Macht anderer, moderner Massenmedien: In der Leipziger ›Illustrirten Zeitung‹ wird der Leser zu Beginn des Ersten Weltkrieges 1914 mit einem Gedicht über die »Germanen-Schlacht« zum Jubel über die Kriegserklärung animiert und mit Artikeln wie »Der Krieg und die Volksseele« propagandistisch eingestimmt. Gerade der wachsende Einfluß der Medien bringt eine Eskalation der Meinungsmache bis hin zu der erdrückenden nationalsozialistischen Propaganda. Die bösartige Karikatur ist dabei sozusagen nur die Spitze des Eisbergs. Wo sie gekonnt eingesetzt wird, kann sie jedoch auch Vorurteile entlarven, statt Grenzen zu zementieren.

Je nachdem, wo die Grenze gezogen wird, treffen Spott und Verachtung den anderen (der mir eigentlich »der nächste« ist). Sie entspringen der Hilflosigkeit und dem Unvermögen, zu verstehen und zu tolerieren, und sie werden von Nichtwissen und Fehlinformation genährt. Der Mächtige spottet über den Machtlosen – es gehört zum tradierten Zeremoniell des Siegers, den Besiegten in vielfacher Hinsicht zu erniedrigen –, aber zumeist erscheint Spott als die Waffe des sonst Hilflosen. Dabei wechseln die Fronten zuweilen schnell. 1848 wurden dänische Flugschriften gedruckt, die die holsteinischen »Aufwiegler« verspotteten; 1864 mußten sich die Dänen mit ihrer Niederlage ähnlichen Spott von deutscher Seite gefallen lassen. In den Jahrzehnten danach wurden die Schlagwörter von den »Kartoffeldeutschen« und den »Speckdänen« geprägt. Spott auf nationaler Ebene gab und gibt es in allen kritischen Bereichen: zwischen Franzosen und Italienern, zwischen Deutschen und Polen, zwischen Dänen und Norwegern, zwischen Engländern und Franzosen, Engländern und Iren. Nicht zu vergessen sind die kleinräumigeren Regionen, welche eine vergleichbare Rolle spielen, wie im Ostfriesenwitz oder in den letzten Jahren in der »Ossi-Wessi«-Thematik. Die Ostfriesenwitze wurden auch auf die Bewohner von Aarhus in Dänemark übertragen, aber sie haben antike Wurzeln in den »Schildbürgern«. Die Badener spotten über die Schwaben (»Über Baden lacht die Sonne, über Schwaben lacht die ganze Welt«), die Züricher über die Nachbarn im Aargau.

Nationale Symbolfiguren wie der englische John Bull, die französische Marianne und die deutsche Germania entspringen letztlich solchem zum Teil gewollten Mißverstehen. Es ist wohl richtiger zu sagen, daß an ethnischen »Charakterisierungen« absolut nichts dran ist, als zu untersuchen, was nun wirklich für den einen oder anderen typisch scheint. In der Mehrzahl der Fälle ist die Typisierung des anderen vor allem ein Spiegelbild der eigenen Einbildung.

»Alle Menschen sind gleich« scheint eine liebenswerte Illusion zu sein. Der Mensch lebt in den Grenzen seines Bewußtseins und in der Enge seiner sozialen Gruppe, seiner Gesellschaft. Die historischen Regionen (und seit dem 19. Jahrhundert die Nationen Europas) haben solche Grenzen über viele Jahrhunderte hinweg deutlich markiert. Auch innerhalb des Landes etwa zwischen Katholiken und Protestanten herrschten früher Abgründe, die das Heiraten über die Konfessionen hinweg fast unmöglich machten; historisch waren manche Streitschriften der Reformationszeit von besonderem Haß geprägt.

Es waren immer Grenzen, die gleichzeitig schützen und die abwehren sollten: Was außerhalb der griechisch-römischen Kultur angesiedelt war, schien »barbarisch« (ursprünglich etwa: »unverständlich murmelnd ...«). Das Römische Reich versuchte mit Limes und Grenzsteinen, mit gleichem Rechtssystem und einheitlichen ethischen Normen die Pax Romana, den Weltfrieden, zu sichern. Das lateinische »Gast« und »Feind« fallen in der gleichen Wortbedeutung von *hostis* zusammen.

Seit der Französischen Revolution strebt der jeweilige Nationalstaat danach, möglichst Muttersprache und Väter[aber]glaube über »angestammte Heimat« und »Volk« in Übereinstimmung zu bringen. Solange die Waffen schweigen, sind die Auseinandersetzungen zwischen Nationen nur Wortgefechte. Auch und vor allem in den Köpfen entstehen und verfestigen sich Grenzen, welche helfen sollen, die eigene Identität, das Selbstverständnis zu klären und zu erklären. Das Bedürfnis nach Territorium (von jeweils wechselnder Größe) bedingt die Strukturen eines realen, sozialen und eines imaginären Beziehungsgeflechts, in dem der Mensch Sicherheit vor dem Chaos und dem Identitätsverlust sucht.

»Vorurteile sind, genauer betrachtet, ein verblüffendes Phänomen. Wer von ihnen sicher gedeckt ist, lebt oft angenehm, denn er weiß über Dinge Bescheid, von denen er wenig versteht.« (A. und M. Mitscherlich). Vorurteile werden in Bildern und Sprachformeln voll gezielter Konnotationen vermittelt. Etwa über die (angebliche) Nicht-Übereinstimmung zwischen dänischer *hygge* und deutscher »Gemütlichkeit« könnten Bücher geschrieben werden. Wenn man *hygge* mit »provinzieller Harmonie« übersetzt (so der Däne L. L. Albertsen), dann schwingen in dem Begriff allerdings nicht nur positive Werte mit.

Was Dänen, Franzosen, Polen, Italiener traditionell von uns Deutschen unterscheidet, ist wesentlich das, was sie zu einem eigenen Selbstverständnis besonders herausstreichen müssen: angeblich deutscher Fleiß und Ordnungsliebe, französische Liebeskunst, italienisches *dolce vita*. Solche Fähigkeiten und Tugenden liegen aber auch nahe an Prinzipienreiterei und Sturheit im Denken. Günter Grass nennt unseren Umgang mit manchen Asylanten eine »demokratisch abgesicherte Barbarei«. Grenzen, die man gegenüber anderen zu ziehen versucht, fallen auf einen selbst zurück. Wer sich von anderen abschließt, riskiert »grenzenfeste Unbarmherzigkeit« (so der dänische Autor Klaus Rifbjerg über sein Land). Der Ethnozentrismus wird zur Nabelschau.

Man macht sich ein »Bild« von dem jeweils anderen, um ihn überhaupt wahrnehmen zu können. Die Merkmale des Bildes sind die Eigenschaften, die man ihm, dem »völlig anderen«, im Kontrast zum eigenen Ich zuspricht. Tradierte Vorurteile formen das Bild; der ständige Prozeß selektiven Wahrnehmens bestätigt die Vorurteile bei jeder neuen Beobachtung des »Fremden«. Weitgehend werden nämlich nur die Eigenschaften wahrgenommen, die der bereits eingeprägten, angeblichen »Erfahrung« entsprechen.

Das »Image« des jeweiligen Nachbarn ist von den Stereotypen, dem Denken in Formeln bestimmt, welche Eigen- und Fremdbilder im eigenen Kopf festschreiben. Nationale Vorurteile und ethnische Stereotypen sind sozusagen die Duftmarken, mit denen man sein vaterländisches Territorium abzustecken versucht. Solche Territorialität genießt jeder Hund, der hinter dem Zaun wütend bellt, aber total verunsichert ist, wenn diese (oft nur symbolische) Barriere plötzlich wegfällt. Am Halsband von Herrchen läßt sich gut kläffen. Vorurteile sind solche »geistigen Halsbänder«, der bierselige Stammtisch das Herrchen.

Aber auch die positiven Gegenbilder sollten zu denken geben. Zum Beispiel unsere »klassische« Italiensehnsucht und unser traditionelles Nordlandinteresse: für uns Deutsche fest fundierte Stereotypen der Gegenwart. Vorurteile und Urteile, weitgehend unkontrolliert von der eigenen Erfahrung, sind nicht nur negativ geprägt, aber fast immer mehrdeutig. Etwa ein Lied wie »Lustig ist das Zigeunerleben ...« ist von den Klischees vom glücklichen Alltag dieser verachteten und oft verfolgten Minderheit geprägt und stimmt in keiner Weise mit der Lebenswirklichkeit von Sinti und Roma überein.

Literarische Texte prägen unsere Mentalität und sind traditionsbildend. Wenn man zudem anerkennt, daß »Tradition« oft mit wirtschaftlicher Stagnation einhergeht, dann kann man sich denken, daß negativ beladene Vorurteile zwar immer virulent bleiben, in Zeiten wirtschaftlicher Not aber die besondere Gefahr in sich bergen, daß man mit ihnen ein »Feindbild« und einen »Sündenbock« für die eigenen Probleme sucht.

In Europa müßten traditionelle Grenzen und ihre jeweilige emotionale Aufladung respektiert oder in eine »höherwertige Ordnung« überführt werden, und zwar auf allen Ebenen: von der eigenen Postleitzahl über das gewohnte Ortsschild, das charakteristische Autokennzeichen und die angeblich einzige stabile Währung. Denn Angst schafft Feindbilder; vertrauensbildende Maßnahmen haben, wie die Stereotypen selbst, einen »Beruhigungswert« (P. G. Hofstätter). Dafür muß dann vieles herhalten: Aufkleber mit »Hier kann man Alemannisch [Dialekt] schwätzen«; Trachtengruppen, die staatlich gefördert werden; die Rückseite der Euro-Münzen mit unterschiedlichen nationalen Symbolen; der Regierungspräsident beim Heimattag in Tracht; der Parteiführer in Lederhosen; der Staatsbesuch bei einheimischer Kost ... Saumagen gegen Spaghetti: Sind das die einzigen Unterschiede, die im vereinten, zentral verwalteten und normierten Europa bleiben werden? Ethnische Kochbücher haben Hochkonjunktur (ebenfalls in den USA, wo damit künstliche ethnische Identitäten aufgebaut werden).

Die Geschichte von ethnischen Stereotypen scheint so alt wie unsere Zivilisation. Ethnische Vorurteile sind die unterbewußten Schattenbilder eigener Ideale, im guten wie im bösen Sinne. Vorurteile lassen sich nur schwer korrigieren und nachhaltig beeinflussen, sie sind allerdings auch modebedingt; langfristige und persönliche Erfahrungen können wahrscheinlich manches neutralisieren. Dabei geht es nicht darum, Urteile an sich zu verdecken oder zu verschweigen, denn »Differenzen, die nie überprüft werden, treten nie aus der Finsternis des Vorurteils heraus« (T.S. Eliot). Vorurteile sind »entscheidungserleichternde Formeln« (W. Manz).

Eine ständige Quelle für Vorurteile sind die Ungleichheiten der europäischen Partner. Wer »mächtig« ist, übersieht den anderen allzuleicht. Wer weniger hat, greift als Schutzbehauptung zum Spott auf den »großen Nachbarn«. Wer sich »klein« und benachteiligt fühlt, wird seinen eigenen Nationalismus auf Kosten der anderen besonders pflegen. Es besteht die Hoffnung, daß durch eine Betonung von grenzüberschreitenden »Regionen« in Europa das Problem großer und kleiner Nachbarn etwas relativiert wird.

Volk, Nation, Ethnie

Über den Umgang mit diffusen Begriffen

Marco Heinz und Stefan Neumann

Spätestens seit dem Fall des Eisernen Vorhangs sind die Begriffe »Volk«, »Nation« und »Ethnie« sowie alle damit in Verbindung stehenden Ismen im politischen und öffentlichen Diskurs allgegenwärtig. Während »Volk« und »Nation« bereits eine längere Begriffstradition im öffentlichen Bewußtsein vorweisen können, hat sich der Begriff des Ethnischen erst in den letzten Jahren eingebürgert. Ethnisch, vor zehn Jahren noch eine Geheimvokabel einer kleinen Gruppe von Sozialwissenschaftlern und Bürgerrechtlern, ist heute in aller Munde. Und während Ethnologen und Ethnologiestudenten noch vor zehn Jahren bei der Nennung ihrer Profession oder ihres Studienfaches für gewöhnlich auf Unverständnis stießen, weiß heute augenscheinlich jeder, was darunter zu verstehen ist. Trotz der erst kurzen Popularität im öffentlichen Diskurs haftet dem Ethnischen bereits etwas Natürliches, Selbstverständliches an. Unbemerkt hat sich der Begriff dabei von zuvor hauptsächlich positiven Konnotationen um zunehmend negative erweitert und gleichzeitig verkürzt, nicht zuletzt wohl aufgrund der im Namen des Ethnischen begangenen oder beschriebenen Greueltaten.

Erklärbar wird die rasche Verbreitung des Begriffs »ethnisch« durch die inhaltliche Nähe mit den zuvor genannten Begriffen. Was der englische Nationalökonom Walter Bagehot bereits Ende des vergangenen Jahrhunderts für die Nation ausführte, nämlich: »Wir wissen, was es ist, solange uns niemand danach fragt, aber wir können es nicht sofort erklären oder definieren«[1], gilt gleichermaßen für das Volk wie auch jetzt für die Ethnie. Eine Sprache und andere gemeinsame kulturelle Merkmale – Tracht, Brauchtum, Literatur, Geschichte und Herkunft – sind sowohl Bestandteil gängiger (Alltags-)Definitionen von Nation und Volk als auch von Ethnie, Ethnos oder ethnischer Gruppe. In jedem Fall wird den Menschen, die diese Merkmale aufweisen, eine natürliche Solidarität als auch eine gleichzeitige Ablehnung bzw. Ausgrenzung all derer unterstellt, die diese Merkmale nicht aufweisen. Zum Ausdruck kommt diese Nähe im politischen Feld auch darin, daß Nationen oder Völker sich in aller Regel über ihre ethnische Homogenität definieren bzw. versuchen, eine solche Homogenität in die Wege zu leiten. Und umgekehrt verlangen die Wortführer ethnischer Bewegungen mit Hinweis auf eine solche Homogenität nach Innen und der Andersartigkeit nach außen den Status einer Nation. Die Allgegenwärtigkeit des ethnisch-nationalen Diskurses macht aus Nationen, Völkern und/oder Ethnien ein so grundlegendes menschliches Organisationsprinzip, untrennbar mit der menschlichen Existenz verbunden, daß es dann auch im Denken und Leben der Menschen verankert nicht mehr zu hinterfragen ist. Es ist einfach selbstverständlich, daß die Menschheit sich in derartige Kollektive aufspaltet.

Ethnische Homogenität war und ist bis heute ein postuliertes oder angestrebtes Charakteristikum der alten und neuen Nationalstaaten – für ethnische Minderheiten ist sie die Grundlage für die Forderung nach einem eigenen Staat oder zumindest nach weitreichender Autonomie. Völker, Ethnien und Nationen werden damit zu objektiven Gegebenheiten erklärt und in der Folge zu kollektiven Akteuren der Geschichte, die mit natürlichen politischen Rechten ausgestattet sind. Die Betonung kultureller Homogenität als Fundament des politischen Gemeinwesens wird deutlich beispielsweise in der Ausländerpolitik der deutschen Regierung. In einem Entwurf des Bundesinnenministeriums aus dem Jahr 1988 heißt es:

> »Die Entscheidung, ob und in welchem Umfang Ausländern der dauernde Aufenthalt im Bundesgebiet ermöglicht werden soll, hängt überdies nicht allein von der faktischen Möglichkeit einer dauerhaften Integration von Ausländern ab. Es geht im Kern nicht um ein ökonomisches Problem, sondern um ein gesellschaftspolitisches Problem und die Frage des Selbstverständnisses der Bundesrepublik Deutschland als eines deutschen Staates. Eine fortlaufende, nur von der jeweiligen Wirtschafts-, Finanz- und Arbeitsmarktlage abhängige Zuwanderung von Ausländern würde die Bundesrepublik Deutschland tiefgreifend verändern. Sie bedeutet den Verzicht auf Homogenität der Gesellschaft, die im wesentlichen durch die Zugehörigkeit zur deutschen Nation bestimmt ist. Die gemeinsame deutsche Geschichte, Tradition, Sprache und Kultur verlöre ihre einigende und prägende Kraft. Die Bundesrepublik Deutschland würde sich nach und nach zu einem multinationalen und multikulturellen Gemeinwesen entwickeln, das auf Dauer mit den entsprechenden Minderheitenproblemen belastet wäre. Schon im Interesse der Bewahrung des inneren Friedens, vornehmlich aber im nationalen Interesse muß einer solchen Entwicklung bereits im Ansatz begegnet werden.[2]

Deutschland ist damit keineswegs die Ausnahme. Wenn etwa die französische Regierung den neuen Staaten auf dem Gebiet des ehemaligen Jugoslawien die Anerkennung lange Zeit verweigerte, so geschah dies auch im Hinblick auf die Minderheiten im eigenen Land und deren Bestrebungen nach Autonomie (wie in Korsika). Und wenn baskische Unabhängigkeitskämpfer die Überfremdung der baskischen Bevölkerung durch zugewanderte »Spanier« beklagen, beruht auch dies auf demselben politischen Prinzip der Einheitsideologie und des Homogenitätsmythos. Kulturelle Unterschiede lassen sich, so die vorherrschende Meinung, innerhalb eines Staates – wenn überhaupt – nur schwer überbrücken.

Die eigentümliche Selbstverständlichkeit der Begriffe »Volk«, »Nation« und »Ethnie« verliert sich allerdings in dem Moment, in dem man versucht, diesen Begriffen auch wissenschaftlich exakte Konturen zu verleihen. Zwar mangelt es keineswegs an Definitionsversuchen, die auch darum bemüht sind, die drei Begriffe gegeneinander abzugrenzen. Doch kann dies nicht darüber hinwegtäuschen, daß »auch gezielte Bemühungen um begriffliche Präzisierung – also was genau unter ›ethnischer Einheit‹ usw. zu verstehen ist – bis auf den heutigen Tag erfolglos geblieben« sind. »Weder konnten dafür allgemein gültige objektive Kriterien gefunden noch Einigkeit über irgendeine Version bei einer repräsentativen Gruppe kompetenter Fachwissenschaftler erreicht werden.«[3] Entsprechend verschieden, diffus und unbestimmt sind die Versuche in der sozialwissenschaftlichen Literatur, sich Begriffen wie »Volk«, »Nation« oder »Ethnie« anzunähern, wie auch die Herkunft und Ideengeschichte eines jeden dieser Begriffe heftigst umstritten ist.

Die Problematik läßt sich zum Beispiel den beiden folgenden Definitionen entnehmen, in denen deutlich wird, daß die Begriffe trotz der intendierten Abgrenzung logisch austauschbar bleiben:

> »In letzter Zeit wurde Ethnos vielfach mit Volk gleichgesetzt, was historisch problematisch ist; meist wird Ethnos als kleinere Einheit mit schwankender Zusammensetzung dem Volk als der großen, geschichtlich und kulturell entwickelten Einheit gegenübergestellt.«[4]
>
> »Die Nation ist ein Volk, der Teil eines Volkes oder ein Verband mehrerer Völker, die jeweils im Laufe der Geschichte zur Bildung eines eigenen Staates gelangt sind.«[5]

Zwar ließe sich durch solche Definitionsversuche die Tendenz ableiten, einerseits Ethnie und Volk sowie andererseits Volk und Nation, selten jedoch Ethnie und Nation gleichzusetzen, doch dürfen die Versuche, diese Begriffe etwa aufgrund quantitativer Kriterien – wie etwa Ethnie < Volk < Nation – auseinanderzudividieren, nicht über deren Gemeinsamkeiten hinwegtäuschen. Die Deckungsgleichheit offenbart sich auch, wenn man ihre inhaltliche Konkretisierung betrachtet, denn gewöhnlich bezeichnen alle drei Begriffe menschliche Kollektive, die sich durch gleiche Herkunft, gleiche Kultur, gleiche Sprache, eine gemeinsame Geschichte und eine Vielzahl weiterer Gemeinsamkeiten auszeichnen.

Dabei variieren die Schwerpunkte gemäß gängiger Moden und den politischen Zielsetzungen der jeweiligen Autoren. Die verschiedensten Kombinationsmöglichkeiten bestehen nebeneinander, und die einzelnen Merkmale können annähernd willkürlich ausgetauscht werden. Dieselben Elemente, die einmal benutzt werden, um eine Nation zu charakterisieren und diese von anderen Gebilden abzusetzen, werden von anderen Autoren als unverwechselbare Kennzeichen des Volkes oder wahlweise der Ethnie bezeichnet. Allein der Begriff »Volk« bildet dadurch eine gewisse Ausnahme, daß er neben oder anstelle einer horizontalen Gliederung von Kollektiven auch Bezug auf eine vertikale Gliederung nehmen kann, wenn dem »gemeinen Volk« die Elite eines Staates gegenübergestellt wird.

Was die inhaltliche Konkretisierung in der wissenschaftlichen Literatur anbelangt, lassen sich die drei Begriffe tendenziell drei Varianten zuordnen:

- In der organizistischen Version werden diese Einheiten als dauerhafte soziale Gebilde aufgefaßt, die sich durch unterstellte objektive kulturelle Merkmale – eine gemeinsame Sprache, Religion, Sitten und Gebräuche, materielle Kultur, geteilte Traditionen (gemeinsame Geschichte) und gemeinsame Abstammung – auszeichnen und durch eine Auflistung derartiger Elemente charakterisieren lassen, aus denen sich eine »bestimmte« Solidarität oder ein »gewisses« Zusammengehörigkeitsgefühl herleitet. Gleichzeitig wird die Einzigartigkeit solcher »Gemeinschaften« betont. In dieser Perspektive erscheint die ethnische Einheit als ein organisches Ganzes, ausgestattet mit einer Seele und einem Geist, dem Volks- oder Nationalcharakter, verdichtet in Stereotypen wie dem »stolzen Spanier« oder dem »pünktlichen Deutschen«. Die Angehörigen der Gemeinschaft verschmelzen zu einem in sich ruhenden Individuum, welches sich jeder Bedrohung oder Bevormundung durch äußere Kräfte in der Gesamtheit erwehrt und unabrückbar an seiner Identität und Eigenart festhält. Diese Version von »Volk«, »Nation« und »Ethnie«, die ihre geistigen Wurzeln in der Romantik hat, ist die weitaus verbreitetste und hat durch die Ereignisse der letzten Jahre in Jugoslawien oder der ehemaligen Sowjetunion einen enormen Auftrieb erfahren.

- Die kritische Version ethnisch-nationaler Kollektive verweist demgegenüber zu Recht auf die überall zu beobachtende soziale und kulturelle Heterogenität solcher angeblich homogener sozialer Gebilde und hält die daraus abgeleitete Interessen- und Verhaltenskongruenz für eine schlichte Utopie bzw. für das Ergebnis ideologischer Manipulationen. Ethnien, Völker und Nationen sind nach dieser Auffassung keine eigenständigen sozialen Einheiten, sondern ideologische Konstrukte, die die eigentlichen (wirklichen) Interessengegensätze und -gleichheiten zwischen Akteuren im Sinne der Herrschenden verschleiern. Diese wirklichen Interessen werden aus der Klassen- oder Schichtzugehörigkeit oder einer allgemein unterstellten ökonomischen Rationalität abgeleitet und müssen, da sie von den Akteuren (leider) selbst nicht als solche erkannt werden, vom distanzierten Beobachter offengelegt werden. Diese Auffassung hat ihre Wurzeln je nach Betonung der jeweiligen wirklichen Interessen in der marxistischen Wissenschaft oder in der klassischen Ökonomie.
- In der konstruktivistischen Version treten objektive Gegebenheiten gegenüber der subjektiven Wahrnehmung kultureller oder sozialer Verschiedenheiten in den Hintergrund. Individuen sind demnach nicht das bloße Abbild oder Werkzeug übergeordneter kultureller Gegebenheiten oder ihrer Klasse bzw. der Schicht, in die sie hineingeboren werden. Sie lassen sich in ihrem Verhalten von ihren ureigenen Interessen bestimmen, die sich nicht notgedrungen aus der Zugehörigkeit zu sozialen Großgruppen herleiten lassen, sondern erst durch die Interaktion von Menschen in konkreten sozialen, ökonomischen, politischen und kulturellen Systemen und historischen Kontexten entstehen. Es gibt demnach keine allgemeingültige oder für alle gleichermaßen verbindliche Wirklichkeit; vielmehr konstruieren die Menschen Wirklichkeit erst im Zuge ihrer Interaktion.

Der konstruktivistische Ansatz wendet sich damit gegen die Verdinglichung und Naturalisierung menschlicher Kollektive, wie sie sowohl dem organizistischen wie auch dem kritischen Ansatz zugrunde liegen. An die Stelle der Zugehörigkeit von Individuen zu sozialen oder kulturellen Großgruppen tritt vielmehr der subjektive Glaube der Zugehörigkeit zu einer solchen Gruppe. Menschen können sich so auch völlig unabhängig von objektiven kulturellen oder physiologischen Gegebenheiten zu sozialen Großgruppen zusammenschließen. Solche Gemeinsamkeiten sind für eine politische Vergemeinschaftung allenfalls erleichternd oder förderlich. Umgekehrt wird betont, daß es gerade die politische Gemeinschaft ist, das heißt ein Staat, der einen solchen Gemeinschaftsglauben weckt, indem er etwa aus der Vielzahl vorhandener kultureller Gepflogenheiten und/oder historischer Erfahrungen solche in den Vordergrund stellt (oder auch erst konstruiert), die allen oder doch zumindest den meisten Staatsangehörigen gemein sind[6]. Die konstruktivistische Version leugnet damit nicht kulturelle Unterschiede, noch werden diese als irrational und sozial unwirksam abgetan. Demgegenüber wird die subjektive, kontextbezogene und wandelbare Seite ethnischer und nationaler Selbstzuschreibungen und Fremdwahrnehmungen hervorgehoben. Damit stehen nicht mehr die Eigenschaften von Gruppen im Vordergrund, sondern politische und soziale Prozesse.

Durch eine derzeit in den Sozialwissenschaften populäre Strömung wird die früher vorherrschende organizistische Definition nun immer mehr durch die sogenannte subjektivistische Sichtweise verdrängt. Demnach ist es einerlei, ob Völker, Nationen und Ethnien politische Konstrukte darstellen oder sich über objektive Kriterien definieren lassen. Zum entscheidenden Moment wird die subjektive Selbsteinschätzung der Akteure, die Frage, ob und welchem (gedachten) Kollektiv sie sich zugehörig fühlen bzw. welche Vorstellungen über »Volkszugehörigkeit« sie verinnerlicht haben. Nationen, Völker und Ethnien werden über eine angenommene kollektive Selbsteinschätzung definiert und dadurch existent. Im Gegensatz zur konstruktivistischen Variante wird das Zugehörigkeitsgefühl eines Individuums zu seinem ethnisch-nationalen Kollektiv aber genausowenig hinterfragt wie die Existenz des Kollektivs selbst. Vielmehr wird völlig unkritisch allen Menschen das natürliche Bedürfnis unterstellt, mit allen anderen Menschen, denen sich das Individuum in einer wie auch immer gearteten kulturellen Verwandtschaft verbunden fühlt, eine Solidargemeinschaft zu bilden, die sich von allen anderen als kulturell fremd aufgefaßten gesellschaftlichen Einheiten abgrenzt.

Die erkennbare Unschärfe auch in der wissenschaftlichen Definition der Begriffe ergibt sich nicht zuletzt aus dem Umstand, daß Wissenschaft, Politik und Alltagsvorstellungen in diesem Bereich mit denselben Begrifflichkeiten operieren. Die Wissenschaft bleibt dabei keineswegs frei von politischen Interessen. Oft genug haben Sozialwissenschaftler selbst teil an nationalistischen oder ethnischen Bewegungen, oder es werden – noch öfter – sozialwissenschaftliche Erkenntnisse von den Protagonisten solcher Bewegungen herangezogen, um die eigenen Forderungen zu untermauern. Und nicht zuletzt wird immer deutlicher, daß Sozialwissenschaftler – und hier schließt sich der Kreis – bei ihren Analysen in die Falle der Selbstdarstellung solcher Bewegungen laufen.[7] Andererseits gehen immer mehr Wissenschaftler dazu über, gerade über die eigene Rolle in diesen Prozessen zu reflektieren, und machen die Begriffe selbst und ihre Verwendung in unterschiedlichen Kontexten zum Gegenstand ihrer Arbeit. Dabei hat sich nicht nur erwiesen, daß es bislang keine allgemein anerkannten Definitionen der Begriffe »Nation«, »Volk« und »Ethnie« gibt, sondern auch, daß alle künftigen Definitionsversuche keinen Konsens finden werden, schon allein aufgrund der stets präsenten politischen und ideologischen Interessengegensätze der am Definitionsprozeß beteiligten Akteure.

Weder führt kulturelle Gemeinsamkeit automatisch zu einer auf diesem Merkmal basierenden Vergesellschaftung, noch lassen sich soziale und politische Grenzen mit kulturellen in Einklang bringen, auch wenn dies eine der Hauptforderungen des Nationalismus war und ist. Setzt man aber die Begriffe »Nation« und/oder »Volk« mit Staat bzw. der Bevölkerung eines Staates gleich, sind sie überflüssig. Sollte es hingegen Kollektive geben, die sich innerhalb staatlicher Grenzen oder über diese hinweg als soziale Einheiten festmachen lassen, so ist zu fragen, welchen Erklärungswert derart vorbelastete Begriffe haben. Tatsächlich handelt es sich aber bei diesen »nichtstaatenbildenden« Völkern – wie etwa Basken, Korsen oder Sorben – nicht um geschlossene Interaktionssysteme, sondern nur um gedachte Einheiten. Staatsbürgerschaft ist ein objektives Kriterium, das allerdings noch nichts über die Muttersprache oder kulturelle Orientierung eines Individuums aussagt. Wie definiert sich aber die Zugehörigkeit zu einem Volk, welches über keinen Staat verfügt?

Ethnische Minderheiten – ein in den modernen Gesellschaftswissenschaften gerne verwendeter Begriff für Völker, die über kein politisches Gemeinwesen verfügen – werden gleichermaßen wie Völker und Nationen über einzelne kulturelle Merkmale, mitunter sogar nur über ein einziges wie etwa Sprache oder Religionszugehörigkeit definiert, auch wenn diese als Zeichen umfassender Wesensunterschiede aufgefaßt werden. Am Beispiel ethnischer (wahlweise: nationaler) Minderheiten wird aber nicht nur deutlich, daß kulturell homogene Gesellschaften – werden diese nun als Volk oder als Nation aufgefaßt – Fiktion sind und Staaten stets kulturell heterogen sind. Dieses Beispiel verweist auch darauf, daß das Postulat der kulturellen Einheit, auf welche soziale Gruppierung sie auch immer projiziert wird, das Ergebnis soziopolitischer Prozesse und ideologischer Konstruktionen ist, der Versuch, Heterogenes zu homogenisieren.

Gerade der seit Entstehung der Nationalstaaten, besonders aber seit der Jahrhundertwende nicht nur ganz Europa erfassende Streit um Minderheitenfragen beweist, daß politische Grenzen nicht mit kulturellen – inklusive sprachlichen und religiösen – in Einklang zu bringen sind. Jeder Staat beherbergt in seinen Grenzen als ethnisch betrachtete Minderheiten oder Angehörige der Staatssprache des Nachbarlandes. Jede nach Unabhängigkeit strebende Minderheit schafft neue Minderheitenprobleme, wie das Auseinanderfallen der »Vielvölkerstaaten« Sowjetunion und Jugoslawien in letzter Zeit oder das Auseinanderbrechen der K. u. K.-Monarchie oder des Osmanischen Reiches gezeigt haben. Und auch zum Beispiel die Ausrufung einer unabhängigen Republik Kosovo würde diesen Prozeß nicht stoppen.

Das dahinterliegende Problem ist dabei so einfach wie kompliziert zugleich:

- Sprachen, Konfessionen und kulturelle Traditionen bilden keine Inseln im tosenden Ozean der kulturellen Andersartigkeit. Kulturelle Merkmale sind vielmehr derart miteinander verwoben und vernetzt, daß sich nur selten scharfe Trennlinien ausmachen lassen. Der Gebrauch eines Dialektes oder die Verehrung eines Heiligen machen selten an einer Staatsgrenze halt, wie auch Staatsgrenzen keine Einheiten von Menschen umschließen, die alle dieselbe Sprache sprechen, ein einzigartiges Nationalgericht als alleinigen Speiseplan kennen, dieselben religiösen

Feiertage begehen und politisch stets einer Meinung sind. Alters-, geschlechts-, berufs- und milieuspezifische kulturelle Strömungen, regionale Besonderheiten und internationale Modeerscheinungen vermehren die kulturelle Vielfalt in jedem europäischen Land und stellen die globalen Gemeinsamkeiten um so mehr heraus. Jugendliche bevorzugen zum Beispiel tendenziell eine andere Musik als ältere Menschen, und Matrosen haben tendenziell andere Freizeitinteressen als Ärzte – ungeachtet ihrer Staatsangehörigkeit.

- Kulturelle Unterschiede werden erst dann bedeutsam, wenn sie politisch instrumentalisiert werden, wenn also gesellschaftliche Privilegien oder Diskriminierungen damit verknüpft werden. Der große Erfolg, den die Begriffe »Volk«, »Nation« und »Ethnie« im 20. Jahrhundert erfahren haben, ist eben darin begründet, daß sie an Gefühle und nicht an den Verstand appellieren, daß sie Blutsverwandtschaft suggerieren und daraus gemeinsame Interessen abzuleiten suchen.

Dies darf aber nicht darüber hinwegtäuschen, daß diese gedachten Einheiten jenseits der emotionalen Ebene keine objektive Entsprechung haben.

1 Zitiert nach: Eric J. Hobsbawm, Nationen und Nationalismus, Mythos und Realität seit 1780. Frankfurt am Main 1991. S. 11.

2 Zitiert nach: Roland Tichy, Ausländer rein! Warum es kein »Ausländerproblem« gibt. München 1990. S. 144.

3 Wolfgang Rudolph, Ethnos und Kultur. S. 53. In: Hans Fischer (Hg.), Ethnologie. Berlin 1988. S. 39–59.

4 Max A. Höfer, Ethnos, Ethnie. In: Walter Hirschberg (Hg.), Neues Wörterbuch der Völkerkunde. Berlin 1988. S. 134.

5 Max A. Höfer, Nation. In: Hirschberg, a.a.O., S. 336.

6 Max Weber, Wirtschaft und Gesellschaft. Tübingen 1922. S. 216–226.

7 Georg Elwert, Nationalismus, Ethnizität und Nativismus – Über die Bildung von Wir-Gruppen. In: Peter Waldmann und Georg Elwert (Hg.), Ethnologie im Wandel. Saarbrücken 1989. S. 21–60.

Chauvinismus und Patriotismus

Beate Neuss

Das ausgehende 20. Jahrhundert blickt auf politische Heilslehren zurück, die verheerende Wirkung hatten: Millionen von Toten, Leid und nicht zuletzt der Verlust an Größe und Bedeutung, den Europa in den letzten 100 Jahren erlitt. Dennoch scheinen die Gespenster der Vergangenheit beim Übertritt in das neue Jahrhundert wiederzukehren: die Parteien der europäischen Rechten, die Kriegstreiber auf dem Balkan, die postkommunistischen Regierungen in der zerfallenen Sowjetunion, die, unter dem Vorwand des Patriotismus ein pervertiertes Nationalgefühl schürend, Chauvinismus betreiben. Der Rauschzustand des Chauvinismus, die in eine blinde, militante Leidenschaft gekehrte Vaterlandsliebe, vermag allerdings im Westen kaum noch Anhänger zu finden. Chauvinismus, immer gepaart mit Nationalismus, stößt Europäer nach den durchlittenen Erfahrungen ab. Die Begeisterung, mit der die Jugend Europas 1914 in den Krieg und in den »Tod fürs Vaterland« zog, hat sich so nicht wiederholt. In Anbetracht der technisierten Kriege, die unsere Epoche kennzeichnen, bedurfte es in Jugoslawien eines lange genährten Nationalismus, um Kriegsbereitschaft zu wecken.

In Rußland schwindet die Anhängerschaft Shirinowskis, und auch auf dem Balkan zeigten die Zahlen der Deserteure bald eine begrenzte Bereitschaft, für fragwürdige nationale Ziele zu sterben. Dennoch: der vor allem von den Serben Slobodan Milosevic und Radovan Karadzic, aber auch von dem Kroaten Franjo Tudjman angeheizte Chauvinismus führte zu Greueln und Massakern und zu einer Tragödie, wie sie in Europa nicht mehr möglich schien.

In vielen europäischen Staaten unterlag der Patriotismus nach dem Zweiten Weltkrieg der gleichen Diskreditierung wie die nationalistische Kriegsideologie des Chauvinismus. Beide schienen zwei Seiten einer Medaille zu sein. Patriotismus – die freiwillige Bereitschaft zu Dienst und Opfer fürs Vaterland, die emotionale Bindung an den Staat – ist nach zwei Weltkriegen keine selbstverständlich abrufbare staatsbürgerliche Tugend mehr. Nur wenige Staaten wie Großbritannien, Schweden und die Schweiz, deren Territorien vom Krieg unberührt geblieben waren, aber auch Frankreich, das sich nach 1945 unter Verdrängung eines Teils seiner Geschichte kollektiv mit der Résistance gegen Hitler identifizierte, blieben unbefangen patriotisch. Die Bereitschaft, das Vaterland zu verteidigen, war zugleich ein Kampf für Demokratie, Menschenrechte und gegen die menschenverachtende Diktatur gewesen. Wenn auch opferreich, hatte er als Verteidigung universalistischer Menschenrechte Schlimmeres verhütet. Der britischen Premierministerin Thatcher fiel es daher 1982 nicht schwer, für den Falkland-Krieg patriotische Gefühle zu mobilisieren; die oppositionelle Labour-Party stand der Regierung in Sachen patriotischer Argumentation in nichts nach. Auch die Führer des Kommunismus glaubten, über Patriotismus Loyalität gegenüber dem Herrschaftssystem schaffen zu können. Stalin mobilisierte die Sowjetunion für den »Großen Vaterländischen Krieg«. Den von Moskau beherrschten Völkern Osteuropas verordneten die Kommunisten eine Mischung aus sozialistischem Internationalismus und patriotischem Stolz auf eigene Tradition und Kultur – mit wenig Erfolg. Der polnische Patriotismus bezog seine Kraft aus dem katholischen Glauben. Schon die Wahl eines Polen zum Papst gab dem polnischen Stolz Auftrieb. Mit dem Zerfall der Sowjetunion ist die Liebe zur eigenen Nation das, was vom »Sowjetpatriotismus« übriggeblieben ist.

Der DDR-Regierung gelang es trotz sportlicher Erfolge und der Einvernahme gesamtdeutscher Klassik und Kultur als Wegbereiter des Sozialismus nicht, eine eigenständige Identität mit dem Staat, der »sozialistischen Nation«, zu schaffen. In Ostdeutschland entwickelte sich nach dem Fall der Berliner Mauer ein eher auf die Region bezogener Patriotismus. Der Stolz, Sachse oder Mecklenburger zu sein, ist oft intensiver ausgeprägt als der, Deutscher zu sein.

Der wiederauflebende Patriotismus in Mittelosteuropa steht in einem seltsamen Kontrast zum Bestreben der Regierungen und mehrheitlich auch der Völker, baldmöglichst der Europäischen Union beizutreten und damit Souveränitätsbeschränkungen für das eigene Land hinzunehmen. Wenn aber ausgerechnet in den alten mitteleuropäischen Kulturnationen der Beitritt zur Europäischen Union unter dem Motto »Zurück nach Europa« gesucht wird, dann meint das den Anschluß an das Wertesystem, an Menschenrechte, Demokratie und die sie gewährleistenden demokratischen Institutionen. Handelt es sich dann nicht bereits auch in Mittelosteuropa um einen »Verfassungspatriotismus«?

Wissenschaftler akzeptierten den von Dolf Sternberger geprägten Begriff des »Verfassungspatriotismus« als treffende Beschreibung der westdeutschen Situation vor 1989. Zum 40. Jahrestag der Bundesrepublik am 23. Mai 1989 erfreute sich das Grundgesetz einer einzigartigen Zustimmung. In einem weiten Spektrum der westdeutschen Gesellschaft bestand Konsens über eine auch emotionale Bejahung des deutschen Teilstaats. Dieser Patriotismus meint nicht mehr die bedingungslose Unterstützung des Staates, sondern die »Identifizierung mit den Grundsätzen und Institutionen unserer Verfassung« (Habermas). Neben der Bereitschaft zum Gehorsam gegenüber den staatlichen Gesetzen wird die »gemeinsame Treue zu und gemeinsame Sorge für bestimmte Institutionen als Bollwerk unserer Freiheit und Würde als Bürger« (Taylor) zu einem entscheidenden Merkmal. Wie schnell das vereinte Deutschland zu einem gesamtdeutschen Verfassungspatriotismus finden wird, kann noch nicht beantwortet werden, denn die verbreitete Enttäuschung über die rechtsstaatliche Vergangenheitsbewältigung und die der Wirtschaftsordnung zugeschriebenen Transformationsprobleme werden patriotischen Regungen entgegenstehen. Darüber hinaus fehlen vier Jahrzehnte gemeinsamen staatlichen Erlebens.

Die auf die Verfassung bezogene Interpretation des Begriffs greift auf die ältere republikanische Tradition zurück. Sie stammt aus der Zeit, in der Patriotismus noch nicht auf die Nation und den Nationalstaat bezogen wurde, sondern vielmehr die

Staatsverfassung, die bürgerliche Rechte des *citoyen* garantierte, miteinbezog: »*Il n'y a pas de Patrie dans le despotisme*« – es gibt kein Vaterland in der Despotie. (La Bruyère). Von Volk und Land ist keine Rede, sondern von der Verfaßtheit des Staates und den Freiheiten der Person. In diesem modernen Sinne ist wohl auch das Bestreben des Bundeskanzlers und der Mehrheit der Bevölkerung zu verstehen, als im November 1989 die Berliner Mauer fiel: Nationale Einheit unter der Voraussetzung demokratischer Institutionen und der weiteren Europäisierung. Verfassungspatriotismus, europäisch gewendet.

Im Wandel des Begriffs »Patriotismus« spiegelt sich also der Wandel politischer Strukturen und des Selbstverständnisses der Bürger in ganz Europa. Nicht erst die deutsche Einheit belebte in der Bundesrepublik die Diskussion über den Patriotismus. Auch in der Europäischen Union steht er nicht mehr wie unmittelbar nach dem Kriegsende unter Rechtfertigungszwang. Es scheint, als ob die immer engere Verflechtung in der EU das Bewußtsein für die Eigenheiten und Qualitäten des eigenen Gemeinwesens stärkten, je größer der Zweifel wird, ob es zu einem »Europa der Vaterländer« (de Gaulle) oder doch zu einem Verlust nationaler und regionaler Identität in einem unübersichtlich-technokratischen Verflechtungssystem kommt. In der EU konnte der auf den Nationalstaat bezogene Patriotismus erfolgreich domestiziert werden. Immerhin verstehen sich durchschnittlich bereits über 50 Prozent der EU-Bürger »zu einem gewissen Grad« als Europäer. Eine geringe Zahl von rund 5 Prozent sieht sich »nur« als Europäer, 46 Prozent geben eine Identifikation mit Europa und mit ihrer eigenen Nation an, wobei die Antworten in den einzelnen Mitgliedstaaten beträchtlich differieren. Bürger kleinerer Länder sind europäischer.

Die Ergebnisse korrespondieren im übrigen mit dem Grad der Zustimmung zur europäischen Integration. Die Ausprägung eines an die Europäische Union gebundenen Patriotismus setzt zweifellos auch Vertrauen in die Partnernationen voraus. Zwar ist das Vertrauen in die eigene Nation noch immer erheblich größer (über 90 Prozent), aber auch die Partner genießen zu über 80 Prozent »viel oder einiges Vertrauen« (Eurobarometer 46). Die Werte der osteuropäischen Nachbarn liegen noch deutlich niedriger. Hieran läßt sich der Weg ablesen, den Westeuropa seit 1945 bereits gegangen ist, aber auch, welche Aufgabe noch zu bewältigen ist. Die Grundlage für eine gemeinsame Identität, aus der sich ein auf Europa gerichteter Patriotismus entwickeln könnte, ist gelegt. Es spricht einiges dafür, daß sowohl die europäische Identität wie der Stolz auf das spezifisch Europäische in Geschichte, Politik und Gesellschaft in dem Maße wachsen könnte, in dem mehr Bürger mit anderen Zivilisationen in Berührung kommen.

Eine gelungene Einführung des Euro wird längerfristig europäische Identität verstärken, wie die Beispiele der Bundesrepublik und der USA mit ihren Währungen gezeigt haben. Noch ist aber der ins Europäische gewandte Patriotismus gering ausgeprägt. Er steht auf schwachen Füßen, denn nur rund 50 Prozent der EU-Europäer bejahen die europäische Integration und wünschen sich ein rascheres Voranschreiten. Vielmehr ist die Tendenz zu verzeichnen, daß im Zeitalter der Globalisierung, in einer Welt der immer größeren Einheiten und der unüberschaubaren Wechselwirkungen die emotionale Bindung an kleinere, vertraute Einheiten als stabilisierender Rückbezug gesucht wird. Dafür spricht das Wiederaufleben des regionalen Bewußtseins in Westeuropa.

Die Renaissance der primär auf den Nationalstaat bezogenen Bindung kommt jedoch zu einer Zeit, in der dieser zwar noch immer ein wesentlicher Akteur in der Politik ist, also dem Bürger als Ansprechpartner für seine Bedürfnisse erscheint, tatsächlich aber einen Großteil seiner Befugnisse bereits auf die Europäische Union transferiert hat. Denn die Probleme – Arbeitslosigkeit, Wirtschaftsentwicklung, Umwelt – haben sich längst aus dem Nationalstaat herausverlagert und sind nur noch auf höherer Ebene zu bewältigen.

Woran aber soll sich europäischer Patriotismus festmachen? Es gibt keine jahrhundertealte gemeinsame Tradition, keine kollektive Erinnerung, keine gemeinsame Sprache. Die als Verfassung betrachteten Verträge sind kaum für Fachleute verständlich, der Politikprozeß ist nicht transparent. Die Struktur der Institutionen und das Rotationssystem in der politischen Repräsentanz verleiht dem Eindruck technokratischer Anonymität Vorschub. Dies und die Haltung der Regierungen, Erfolge als Ergebnis nationaler Politik und Mißerfolge als Folge politischen Versagens der EU zu präsentieren, wird europäischen Patriotismus für lange Zeit auf Eliten beschränken. Er ist ein äußerst seltenes und zartes Pflänzchen. Was aber, wenn die Europäische Union als Ursache der Probleme gesehen wird, wenn die Diskrepanz zwischen den Erwartungen und Loyalitäten gegenüber Nationalstaaten und ihren Wirkungsmöglichkeiten zu groß wird? Schlägt Patriotismus dann aus Unverständnis in Chauvinismus um? Wie schnell regionaler Patriotismus, nicht anders als nationaler, sich in chauvinistischen Egoismus verwandeln kann, zeigt das Beispiel der Lega Nord in Italien, die den Separatismus auf ihre Fahnen geschrieben hat.

Gemäßigter Patriotismus, festgemacht an demokratischen Werten und ihren Institutionen, gebändigt durch Nüchternheit in Erwartungen und Zielen, stabilisiert politische Gemeinwesen. Er ermöglicht dem partizipierenden Bürger kritische Loyalität mit der Region, dem Staat und den europäischen Institutionen; sie ermöglicht ihm die Übernahme staatsbürgerlicher Pflichten und Solidarität mit seinen Mitbürgern.

Ralf Dahrendorf hat recht, wenn er konstatiert: »Jedenfalls gilt, daß Menschen irgendwohin gehören müssen, bevor sie sich für weitere Horizonte öffnen können.« Da Patriotismus jedoch zur Abgrenzung vom anderen, vom Fremden einlädt, bleibt ihm ein ambivalenter Zug: Eng auf die Nation, die eigene ethnische Gruppe gerichtet, wirkt er kontraproduktiv. Als Verfassungspatriotismus gewendet, ist er Garant demokratischer Verfassungen. Nur so, losgelöst vom eindimensionalen ethnischen oder nationalen Bezug, kann Vaterlandsliebe in einer Zeit multi-ethnischer Gemeinwesen und wachsender europäischer Integration noch einen Sinn haben. Die älteste Demokratie der Welt, die der Vereinigten Staaten von Amerika, bezieht hieraus ihre Kraft und Erneuerungsfähigkeit.

Kolonialismus

Thomas Beck

Wenn man heute von »Kolonien« und »Kolonialismus« spricht, meint man etwas Bestimmtes, wenngleich auch nur dem äußeren Schein nach leicht präzise Bestimmbares. Ganz sicher ist in der öffentlichen Diskussion nicht die antike Kolonie im Blickfeld, auch nicht die Kolonie als universales Zivilisationsphänomen, sondern eine Struktur der neueren europäischen Weltgeschichte, die bis in die Zeitgeschichte politisch-historisch wirkungsmächtig war und – in Metamorphose – noch zu sein scheint.

»Kolonien« und »Kolonialismus« sind Metaphern für einen vielschichtigen Prozeß, der seit dem Spätmittelalter die Welt so nachhaltig verändert hat wie wenige Prozesse zuvor. Der Prozeß, in den der Kolonialismus gehört, lief weit schneller ab als jeder andere bekannte historische Prozeß und erfährt immer wieder neue Beschleunigungen, deren unabsehbares Moment aktuell am treffendsten in der Metapher »Globalisierung« symbolisiert wird. Globalisierung und Kolonialismus sind nicht nur in ihrem Symbolgehalt ähnlich, sie sind Erscheinungsformen desselben historischen Prozesses: der Vernetzung der Welt durch Handel, Verkehr, gegenseitige kulturelle Beeinflussung, Machtpolitik, Weltpolitik sowie freiwillige und erzwungene Wanderungsbewegungen.

In einer Hinsicht ist die Globalisierung eine Folge des Kolonialismus, oder vielleicht präziser: seiner Überwindung durch die Emanzipation der einst kolonialisierten Staaten und Räume. Zu einem schwer in exakten Zahlen meßbaren, gleichwohl in seiner Bedeutung unübersehbaren Teil hat der Kolonialismus – zumindest in der frühen Neuzeit – die Vernetzung der Welt finanziert. Aber die Vernetzung der Welt war nicht eine reine Frage wissenschaftlich-technischen Forschergeistes. Sie war nicht eine Leistung systematischer Methodik, sondern ein Experiment. Nicht im Sinne eines kontrollierten Versuchsaufbaus, sondern im Sinne von Suche, Weg und Ziel als untrennbarem, einheitlichem Handlungsablauf. Ein Experiment, in dem Axiome und Methoden mit dem Ergebnis formuliert wurden – ein in jeder Hinsicht waghalsiges Experiment, das riskante Investitionen an Kapital und Menschenleben erforderte und nachhaltige Erschütterungen von Mentalitäten, Moral, Ethik, Wissen und Weisheit einbrachte.

Dieses Experiment wurde in einer geopolitischen Lage angegangen, die von der gegenwärtigen in jeder Hinsicht verschieden war. In der Welt des Spätmittelalters, in der beinahe alle Bereiche der Lebensbewältigung von Naturprodukten abhängig waren, barg der Süden die Reichtümer der Welt. »Europa« war zwar nicht »arm« im Sinne eines Entwicklungslandes – insbesondere nicht der Mittelmeerraum –, es war auch nicht rückständig im Sinne von technisch-zivilisatorischer Unterlegenheit, aber es war ärmer, in manchen Bereichen rückständiger und insgesamt seinen östlichen und zum Teil auch seinen südlichen Nachbarn unterlegen. Die Reichtümer und Wunder der Welt, feine Textilien, waschechte Farbstoffe, heilkräftige Drogen, wohlriechende Spezereien und Düfte, edle Hölzer, Harze und Lacke konnten nur über die Zwischenhändler der Levante, Westasiens und der sibirischen Steppen bezogen werden.

Ab dem Jahr 1246 riß für etwa ein Jahrhundert der Schleier, der aus europäischer Perspektive über dem Raum jenseits des ehemals hellenistischen Orients lag, durch die Expansion der zentralasiatischen Macht der Mongolen auf. Außer Südasien und dem Malaiischen Archipel beherrschten sie gegen Ende des 13. Jahrhunderts alle kontinentalen Handelswege und alle Handelsemporien entlang der Seidenstraße. Erstmals wurde diese für Europäer auch ein Reiseweg, der in beiden Richtungen mit beachtlicher Sicherheit zu bereisen war. So gewann die Welt jenseits des spätantiken und mittelalterlichen Horizonts an Dimension. Nicht nur die ungeheure Ausdehnung Asiens, sondern auch die unglaublichen Leistungen seiner urbanen Zivilisationen veränderten den europäischen Blickwinkel auf die Welt nachhaltig. Allmählich entstand daraus ein neues Konzept von der Welt, von ihrer Geographie, ihrer astronomischen Mechanik und von der Möglichkeit ihrer Befahrbarkeit – ihrer Vernetzung und Nutzbarmachung für europäische Interessen.

Khan-balyq, das spätere Peking, die Residenz des Großen Mongolen-Khans, war das Fernziel der europäischen Entdeckungsfahrten, oder Cipangu, das angeblich goldstrotzende Japan, das Marco Polo nie gesehen, aber wohl aus den Gerüchten am Pekinger Hof in lebhaften Übertreibungen beschrieben hatte; oder aber Indien, wo der Pfeffer wächst, oder die Gewürzinseln des Malaiischen Archipels, wo es beinahe alle königlichen Spezereien gab. Aber nach der ersten belegbaren und so spektakulären wie naiven Westfahrtunternehmung der Gebrüder Vivaldi aus Genua 1291, deren Spuren sich jenseits der Säulen des Herkules, der Straße von Gibraltar, verlieren, wurde klar, welche immense Aufgabe zu bewältigen war. Angewiesen auf Wind und Strömung, ausgestattet mit zunächst nur rudimentären Navigations- und Ortsbestimmungsinstrumenten, mit widersprüchlichen, ungenauen oder gänzlich fehlenden Informationen zu Umfang, Land-, Wasserverteilung und Klimata der Erde, bedurfte es fortgesetzter Versuche, um allmählich gewonnene Erkenntnisse zu einer Systematik zusammenzutragen. Bis in die Gegenwart hat sich das Bild des genialen Entdekkers mit einer von den Zeitgenossen verkannten Vision gehalten, das besonders gerne in Kolumbus verkörpert wird, aber es ist ein gänzlich schiefes Bild. Es war im Gegenteil die Bündelung von Wissen, Erfahrung, Kapital und Interesse, das die Entdekkungsfahrten und damit die Vernetzung der Welt in Gang gesetzt und vor allem in Gang gehalten hat.

Heinrich der Seefahrer hat dieses planmäßige, konzertierte und konzentrierte Vorgehen angeschoben. Italienische – vor allem genuesische – Seemannskunst, italienisches, oberdeutsches und iberisches Kapital und die im iberischen Hidalgo oder Fidalgo verkörperte Eroberermentalität der Reconquista paarten sich in ihren Inter-

Sklavenmarkt in Rio de Janeiro. Kolorierte Zeichnung von August Earle, circa 1821 bis 1824

essen mit denen der anfänglichen Schutzmächte Portugal und Spanien, brachten die nötigen Investitionen an Menschen, Material und Wissen auf und investierten in die risikoreichen Unternehmungen.

Dem hohen Risiko und den gewaltigen Anstrengungen entsprechend wurden die Ertragsziele angesetzt. Sie waren hoch, denn nur die Aussicht auf überdurchschnittliche Gewinne konnte Unternehmungen solcher Art attraktiv machen. Nachdem weder Indien noch China oder Japan direkt und leicht erreichbar waren, wurden alle sich bietenden Möglichkeiten der Bereicherung, die am Wege lagen, mit großem Einfallsreichtum ausgeschöpft. Beute, Handel und Produktion galten unter den Voraussetzungen der Fahrten als legitime Erwerbsquellen. Ethisch und rechtlich abgesichert wurde das Vorgehen durch eine Diskriminierungskultur, die in dieser Zeit noch nicht auffallend verschieden war von den entsprechenden Denkweisen ähnlich erfolgreicher Zivilisationen. Die Argumente waren von religiösen Universalitätsansprüchen geprägt, die Ethnozentrismus noch weitgehend hinter Kulturzentrismus verbargen. So waren die rechtlichen Rahmenbedingungen für Eroberung und Ausbeutung sehr flexibel, wenn auch nicht völlig der Willkür offen. Die Christianisierung sanktionierte Eroberungen. Die Versklavung von Gefangenen aus Kriegen mit Ungläubigen, mit Menschen also, die sich nicht zum Christentum bekannten, obwohl ihnen die Heilsbotschaft bekannt war (insbesondere Muselmane), galt ebenso als gerechtfertigt wie die Versklavung von Menschen, die in Todsünde lebten, etwa Kannibalen, oder der Erwerb und Besitz von bereits versklavten Nichtchristen.

Aus dem Mittelmeerraum, insbesondere von den subtropischen Inseln, wurden bereits in der Frühphase der europäischen Expansion im 15. Jahrhundert die Produktionsmethoden auf die eroberten bzw. besetzten Archipele vor der westafrikanischen Küste exportiert, die für das alte europäische Kolonialsystem bis zum Ende des 18. Jahrhunderts – in den unabhängig gewordenen ehemaligen Kolonien in Amerika zum Teil bis zum Ende des 19. Jahrhunderts – in vielen Bereichen prägend blieben: die Plantagenproduktion mit unfreier Zwangsarbeit. Besonders Zucker und Tabak, seit dem 17. Jahrhundert aber auch Reis, Indigo, Kakao, Kaffee und seit dem Ende des 18. Jahrhunderts Baumwolle wurden so immer kostengünstiger für einen wachsenden europäischen Markt produziert. Besonders die Zuckerplantage wurde bereits im 18. Jahrhundert zum Symbol der häßlichsten und menschenverachtendsten Seite des Kolonialismus. Sie war keineswegs eine archaische Produktionsstätte, vielmehr gemessen am technischen Standard der frühen Neuzeit ein hochtechnisierter Betrieb, in dem die Maschinen, die Mühle und das Sudhaus den Arbeitsrhythmus bestimmten. Die Ausbreitung der Plantagenproduktion auf die Karibikinseln, nach Brasilien und in die südlichen Kolonien Nordamerikas war ein Prozeß mit vielschichtigen Auswirkungen. Die entstehenden Monokulturen waren bald gänzlich auf die Versorgung von außen angewiesen.

Im Laufe des 17. Jahrhunderts entstand so eine atlantische Handelswelt, in der die europäischen Seemächte – insbesondere die »neuen« nordwesteuropäischen – in einem dreiecksförmigen Warenaustausch, dem »atlantischen Dreieckshandel«, in Westafrika europäische Textilien, Haushaltswaren, einfache Werkzeuge und Gebrauchsgegenstände sowie Waffen und Branntwein gegen Sklaven tauschten, die in der Neuen Welt wiederum überwiegend in den Plantagenkolonien gegen Plantagenprodukte getauscht wurden. Diese wurden schließlich auf dem europäischen Markt verkauft.

Dieser Handel bildete zusammen mit den Edelmetall-, Farbstoff- und Spezereilieferungen aus Spanisch-Amerika das Rückgrat des atlantischen Handels. Daneben entwickelten sich jedoch auch direkte Handelsbeziehungen, die etwa Lebensmittel, Reis, Brotgetreide, Fleisch, Fisch und Branntwein aus den sich rasch entwickelnden Kolonien Nordamerikas in die Karibik, aber auch nach Europa, gegen Zucker und Melasse aus der Karibik und zum Beispiel Eisenwaren aus Europa tauschten. Aber dieses entstehende Netzwerk war nicht in einem wie auch immer zu gewinnenden Sinne ein System des gegenseitigen Austausches, vielmehr eines der Aneignung, gesteuert von den europäischen Metropolen.

Alle Seemächte, die gleichzeitig auch Kolonialmächte waren, entwickelten ein an merkantilistischen Konzeptionen orientiertes Wirtschaftskontrollsystem, das nicht nur auf eine aktive Handelsbilanz abzielte, sondern über Präventivzölle und Wirtschaftsbeschränkungen den eigenen Kolonien die Rolle von Lieferanten zuwies, die nur produzieren durften, was die Metropole nicht produzieren konnte, und die gleichzeitig diese Produkte nur über die Metropole vermarkten sollten. Eine wie auch immer geartete politische Souveränität blieb den Kolonien verwehrt, während ihnen die Verwaltungslasten aufgebürdet wurden. Dieses vom formulierten Recht her enge Korsett wurde jedoch in der Handhabung flexibel gehalten, das heißt, es konnte aus Opportunitätsgründen gelockert oder gestrafft werden. Natürlich wissen wir, daß sich Segmente dieses rasch wachsenden Marktes und des neu entstandenen politischen Überseeraumes jeder Kontrolle entzogen. Daß die Unterdrückungsmechanismen jedoch im großen und ganzen zum Nachteil der Kolonien griffen, wenn sie stringent aktiviert wurden, wissen wir aus der erfolgreichen Emanzipation der Mehrzahl der amerikanischen Kolonien zwischen etwa 1770 und 1830 andererseits auch. Die nicht direkt kolonisierten Räume, die an dieses Handels- und Herrschaftssystem angrenzten, gerieten ebenfalls unter dessen Einfluß.

Bereits den Portugiesen war es im 15. und 16. Jahrhundert gelungen, afrikanische Warenströme umzulenken. Die westafrikanischen Sklavenhändlerstaaten wurden ebenso zunehmend von europäischen Importwaren abhängig wie die indigenen Kulturen Nordamerikas, die europäische Importe mit Pelz, Leder und teilweise auch mit Sklaven bezahlten. Eine zunehmende Palette von Waren und Produkten wie Zucker, Farbstoffe und Drogen, die Europa bislang von außen bezog, wurde in den europäischen Plantagen – zunehmend billiger als anderswo – produziert und brachte die Erzeugerpreise in den Kolonien und außerhalb zugunsten der europäischen Verbraucher unter Druck, was indirekt wiederum die wirtschaftliche Macht der Europäer mehrte. Aber vielleicht bedeutsamer als die zunehmende Abschöpfung von Reichtümern und Gütern durch die europäischen Kontrolleure dieses Systems war die Beschleunigung der geistigen und infrastrukturellen Weltaneignung als geradezu sich selbst generierender Prozeß der Vernetzung. Dieser Prozeß beschleunigte sich in einer solchen Dynamik und Komplexität, daß er sich wie die meisten modernen komplexen und vernetzten Prozesse einer schlichten Ursachenforschung verschließt.

Daß jedoch die Schiffahrt an sich als technisch-wissenschaftlich-militärischer Komplex eine Schrittmacherfunktion übernahm, ist unbestreitbar. Durch die wachsende Bedeutung des Überseeverkehrs und der überseeischen Besitzungen entstand ein Zwang zur steten Verbesserung und Verbilligung bzw. Absicherung des Schiffsverkehrs. Die Beherrschung der hohen See – zumal in Konkurrenz zu den europäischen Rivalen – erforderte eine stete Verbesserung der Segelfähigkeit, der Ladekapazität, der Seefestigkeit (auch der Besatzungen), der Bewaffnung und militärischen Taktik, der Navigationsinstrumente und ihrer Materialien und vor allem der Kenntnisse über Astronomie, Mathematik, Geographie, Kartographie, Klimatologie, Medizin – um nur einige wichtige Bereiche zu nennen. Aber nicht nur die Bereiche, in denen das spätmittelalterliche Europa ohnedies schon mindestens konkurrenzfähig, teilweise sogar konkurrierenden Kulturkreisen überlegen war, erfuhren eine nie dagewesene rasante Entwicklung, sondern auch die dem spätmittelalterlichen Europa fremden Techniken und Produkte – die Mirabilien des Ostens und Südens – wurden Zug um Zug entzaubert, ja sogar durch eigene europäische Produktion substituiert: zunächst durch Übernahme und Kopie der fremden Werkstoffe, Techniken und Produkte, und seit dem 19. Jahrhundert schließlich durch eigenentwickelte künstliche Surrogate bzw. völlig neue Kunststoffe.

Kein Schiffsführer und kaum ein leitender Bediensteter der europäischen Handelsgesellschaften fuhr ohne Erkundungsplan aus und kehrte ohne Bericht nach Europa zurück – insbesondere nicht aus Asien. Denn in Asien war die Situation für die Europäer grundlegend anders als in der Neuen Welt. Großräumige Eroberungen oder rasche Umlenkungen von Warenströmen waren hier in der frühen Neuzeit nicht erreichbar. Selbst der Warenaustausch gestaltete sich schwierig, da Europa wenig anzubieten hatte, was in Asien gefragt war; im wesentlichen Edelmetalle, technisches Gerät und Spielzeug sowie Waffen, die aus naheliegenden Gründen nur in kleinen Mengen abgesetzt wurden. Asien war die große Herausforderung für das von den Europäern geknüpfte Verbindungsnetz zu den bedeutenden Weltmärkten und Reichtümern. In Asien erlangten die Europäer jene politische Expertise in den vielfältigen Formen der direkten und indirekten Einflußnahme oder Beherrschung fremder Gesellschaften und Staaten, die im 19. und 20. Jahrhundert die unbestrittene Vormachtstellung der Europäer und ihrer Kulturverwandten begründete und eine Zeitlang sicherte.

Schon die Portugiesen entwickelten anfangs des 16. Jahrhunderts ein Instrumentarium, das mit hoher Flexibilität von regelrechtem brutalen Seeterror bis hin zu Tributzahlungen an asiatische Mächte reichte. Es gelang ihnen, sich in Asien festzusetzen, Teilhabe am innerasiatischen Warenverkehr zu erlangen, in Segmenten oder örtlich sogar eine gewisse Kontrolle auszuüben, etwa in der Straße von Malakka oder am Eingang zum Persischen Golf. Die Niederländer – anfänglich in weit geringerem Maße die Engländer – folgten dem portugiesischen Vorbild. Von den asiatischen Metropolen aus wurde das Treiben der Europäer im 16. und 17. Jahrhundert als wenig bedrohlich empfunden, zumal die großen expandierenden Mächte, etwa das Moghulreich oder China unter den Mandschu, militärisch um ein Vielfaches überlegen waren. Dort, wo die Europäer zur Bedrohung wurden, etwa in Japan, konnten sie leicht vertrieben bzw. unter Kontrolle gebracht werden. Europäer konnten in Asien Seemacht erlangen, weil die expandierenden Imperien in der frühen Neuzeit dort einen strikt kontinentalen Blickwinkel hatten, es also keine bedeutende asiatische Seemacht gab, die sich in einer Konkurrenzsituation zu den Europäern sah. Europäische Kolonialherrschaft – vergleichbar etwa mit Atlantikanrainerkolonien – war bis etwa 1700 in Asien also eine Randerscheinung, beschränkt auf Goa, die Molukken, den Bandaarchipel, Ceylon, die Philippinen und einige feste Plätze wie Jakarta (Batavia) oder Malakka, aber das Handelsnetz Asiens wurde zunehmend von Europäern beeinflußt. So geriet die Produktion einiger Güter völlig unter die Kontrolle von Europäern – wie etwa im Falle der Gewürznelke auf Amboina oder der Muskatnuß auf dem Bandaarchipel. Durch die Kontrolle über lokale Märkte und die wachsende Teilhabe am gesamten innerasiatischen Warenaustausch gelang es den Europäern zunehmend, Waren- und Geldströme zu beeinflussen und in Segmenten sogar zu steuern. Durch die Bündelung von Informationen und Einflußmöglichkeiten in den europäischen Kommunikationssystemen entstanden auch Möglichkeiten der indirekten bzw. direkten politischen Einflußnahme für die Europäer vor Ort. In schweren politischen Krisen, etwa durch die dynastischen Erbfolgestreitigkeiten auf Java am Ende des 17. Jahrhunderts oder das Machtvakuum nach dem Zerfall der Moghulherrschaft in

Indien am Ende des 18. Jahrhunderts sahen sich die Europäer vor Ort für die Wahrung ihrer Interessen auch zunehmend zu regelrechten Interventionen genötigt. Aber im 18. Jahrhundert waren sie eben auch in rasch wachsendem Maße in der militärischen und politischen Lage dazu.

Die Bandbreite europäischer Präsenz in Asien verschob sich schließlich durch die britische Expansion in Indien seit dem Ende des 18. Jahrhunderts hin zu einer Vielzahl von Möglichkeiten der Einflußnahme von formaler Herrschaft bis hin zu indigenen Marionettenregierungen, die zwar die innenpolitische Verantwortung symbolisierten, ihre Anweisungen aber von europäischen »Beratern« erhielten. So ist der Übergang vom ersten Kolonialzeitalter zum zweiten, der durch die weitgehende Dekolonisierung des amerikanischen Raums gekennzeichnet ist, nur für diese ehemaligen Kolonien eine wirkliche Zäsur. Der Verlust der Kolonien bremste die fortschreitende Vernetzung der Welt nicht – im Gegenteil, sie erfuhr eine neue Beschleunigung durch die nachhaltige Machtkonzentration in der für beinahe ein Jahrhundert lang unbestritten herrschenden Weltmacht England, die am Ende der Napoleonischen Kriege ihren einzigen nach dem Spanischen Erbfolgekrieg verbliebenen gefährlichen Rivalen Frankreich überwunden hatte. In einer unvergleichlichen Bündelung von wissenschaftlich-technischen Erkenntnissen, geld- und währungspolitischen Investitions- und Etatabsicherungen und Umstrukturierung der Warenproduktion entstand in England ab dem Ende des 18. Jahrhunderts die erste moderne exportorientierte Industriegesellschaft. England wurde zum Vorbild der fortschrittlichen westeuropäischen Staaten des 19. Jahrhunderts. Ein Nationalstaat ohne leistungsstarke Industrie, ohne schlagkräftige Hochseeflotte und ohne Überseebesitzungen wurde in Europa als defizitär empfunden.

Die ab 1870 einsetzende Expansion des Imperialismus kann als Kampf um die Teilhabe oder gar Beherrschung des weltweiten Netzwerkes verstanden werden. Sichtbare Zeichen dieses Kampfes sind die kolonialen Hinterlassenschaften wie Eisenbahnlinien, Telegrafenverbindungen und Straßen, die zum Teil mit kaum zu bewältigendem Kapitaleinsatz in Asien und Afrika errichtet wurden. Das strategische Ziel dieser Expansion war die Sicherung von Bodenschätzen und Absatzmärkten – vor allem in Afrika. Aber für die neuen Kolonialmächte, insbesondere für Deutschland, finanzierten die Kolonien keineswegs mehr diese Anstrengungen – im Gegenteil.

Dieser Umstand wird auch in der gegenwärtigen Diskussion immer wieder als Quasi-Apologie für den Kolonialismus angeführt, indem auf die entwickelnde und modernisierende Leistung der imperialistischen Kolonialmächte hingewiesen wird, die in vielerlei Hinsicht völlig unbestreitbar ist. Verständlich ist diese Argumentation im Zusammenhang der Unterentwicklungstheorie, die in der Auseinandersetzung des Kalten Krieges von der ökonomischen Seite her versuchte, die Kolonialkritik über eine Ausbeutungs- und Entfremdungskritik ideologisch nutzbar zu machen. Tatsächlich war die europäische Kolonialpolitik auf Ausbeutung ausgerichtet. Die Ausbeutungskritik verliert jedoch zunehmend an Schärfe durch den Vergleich mit vor- und nachkolonialen Zuständen, die mit wenigen Ausnahmen eigentlich nur den Austausch von Ausbeutern und Ausbeutungsstrategien als Veränderung offenlegen. Tiefgreifender und unbehaglicher jedoch ist die ideologiekritische Auseinandersetzung mit dem Konzept des Kolonialismus, seiner Diskriminierungskultur, die sich im Laufe der Frühphase der europäischen Expansion, vom 16. bis zum 18. Jahrhundert, gravierend änderte. Die entstehenden kolonialen Gesellschaften wurden zur Erfahrung von Konkurrenz mit kulturell und ethnisch fremden Menschen und Gesellschaften – übrigens sowohl in den europäisch beherrschten Kolonien als auch (vielleicht sogar in ganz besonderem Maße) in den Faktoreien und Missionsaußenposten außerhalb europäischer Territorialherrschaft. Es ist eine vielfache Erfahrung von erlittener und zugefügter Ausgrenzung.

Die europäische Heilsbringermentalität – wie sie Eberhard Schmitt einmal bezeichnet und charakterisiert hat – stieß sehr früh an auf längere Sicht unüberwindbare Grenzen. Das spanische Kolonialreich bildet hier vielleicht eine bezeichnende Ausnahme in der europäischen Expansion: Die hochdifferenzierte Diskriminierungskultur der Inka und der Azteken mit urbanen Zentren erschloß sich den militärisch-technisch weit überlegenen Eroberern – auch aufgrund der harten Unterdrückung innerhalb der indianischen Reiche. Die Eroberer konnten so die ehemalige herrschende Schicht ersetzen. Dies war jedoch nur die eine Seite des spanischen Erfolges. Die andere war sicherlich der immense zivilisatorische Einsatz in den Überseekolonien, der aufgrund des staatlichen Kirchenpatronats und einer hart sanktionierten Urbanisierungs- und Europäisierungsforderung an die Eroberer Überseespanien in hohem Maße zu Neu-Spanien machte – unter vergleichsweise weitgehender Integration der indigenen Kulturen. Unbestreitbar ist die Diskriminierung der von den ehemals Herrschenden – im Falle der Karibik genuin neu – übernommenen arbeitenden Unterschicht, die zeitlich und örtlich katastrophale Auswirkungen hatte, was die sehr frühe Kolonisierungskritik von kirchlicher Seite, etwa von Montesinos und Las Casas, belegt. Aber insgesamt blieb die Diskriminierungskultur von Überseespanien archaisch, das heißt, sie blieb eine genuin soziale, eine Klassen- oder Standesdiskriminierung, wenngleich neuere Diskriminierungsmuster in der spätkolonialen und nachkolonialen Phase rezipiert wurden und werden.

Anders war es in den Plantagenkolonien, die nach einer kurzen Phase des Experimentierens mit europäischen Kontraktarbeitern im französischen und englischen Bereich seit der Mitte des 17. Jahrhunderts eine stetig wachsende Sklavenarbeiterschaft aus Afrika verzeichneten. Es entstand eine fein abgestufte pyramidenförmige »koloniale Farbenlehre«, an deren Spitze die weiße, europäische Plantokratenschicht stand, deren aristokratisches Selbstverständnis Arbeit zusammen mit den Arbeitssklaven diskriminierte. Zwischen den Polen der aristokratischen Plantokraten – übrigens zum Teil Verwalter, da die eigentlichen Pflanzer zunehmend in Europa lebten – und der schwarzen Sklavenschicht versuchten die »armen Weißen« und die zum Teil recht wohlhabenden freien sogenannten Mulatten soziale Geltung durch möglichst große Nähe zur dominierenden Plantokratenschicht zu erlangen. Nicht nur die sozial schwachen Weißen setzten in dieser Konkurrenzsituation zunehmend das Argument der Hautfarbe ein, sondern auch die Mulatten, die abgesehen von äußerlich sichtbarer hellerer Pigmentierung immerhin »weißes Blut« in ihren Adern geltend machen konnten. Es entstand eine Diskriminierungskultur, die man »spontan rassistisch« nennen könnte und die ausschließlich der Rechtfertigung der bestehenden sozialen Verhältnisse diente. Interessant ist übrigens, daß sich ähnliches auch in Asien vollzog, mit dem Unterschied vielleicht, daß hier, außerhalb der wenigen europäischen Herrschaftsgebiete auf den Philippinen, im Malaiischen Archipel, in Goa oder Malakka, Europäer selbst Gegenstand zum Teil heftiger ethnisch-kultureller Diskriminierung wurden. Insbesondere in China und Japan wurden sie kaum verhohlen verachtet, wenngleich ihr Wissen und ihre Technologie bewundert wurden.

In den kolonialen Herrschaftsbereichen der Europäer, etwa in Batavia, entwikkelte sich eine ähnliche »koloniale Farbenlehre« wie in den Plantagenkolonien. Mit zunehmend dunklerer Pigmentierung der Haut sank das soziale Ansehen, wobei Chinesen und Japaner bis ins 18. Jahrhundert als »weiß« und als den Europäern beinahe ebenbürtig galten. Aggressiver war die ethnische Diskriminierung in »Siedlungskolonien«, die als Inseln europäischer urbaner Zivilisation in technisch-zivilisatorisch archaischen Kulturräumen eingepflanzt worden waren, wie etwa in Nordamerika. Anfänglich waren diese europäischen Enklaven in hohem Maße von ihren indigenen Nachbarn abhängig, und bis in die zweite Hälfte des 18. Jahrhunderts verliefen die Interessengegensätze beinahe ebenso häufig zwischen Europäern und Indianern auf der einen und Europäern und Indianern auf der anderen Seite wie zwischen Europäern auf der einen und Indianern auf der anderen Seite.

In der Frühphase der Kolonien, in der ersten Hälfte des 17. Jahrhunderts, erlebten die meisten europäischen Siedlungskolonien eine prekäre Konkurrenzsituation zu den indigenen Nachbarn. Zum Teil auf deren Wirtschaft – vor allem auf die landwirtschaftliche Produktion – angewiesen, erlebten die europäischen Kolonisten eine beängstigende Verringerung des zivilisatorischen Abstands, da sie in ihrer Lage zu intensivem Warenaustausch mit den indianischen Nachbarn gezwungen waren, unter anderem auch, um ihren eigenen Bedarf auf dem entstehenden atlantischen Markt mit Pelzen und Leder bezahlen zu können. Die Mission in den englischen Kolonien wurde unter anderem auch deshalb gegen Ende des 17. Jahrhunderts zunehmend beargwöhnt und behindert, weil sie im Sinne einer anfänglich angestrebten Europäisierung zwangsläufig auch Kulturtechniken vermitteln mußte, handwerkliche Fähigkeiten und Wissen. Gleichzeitig war jedoch das europäische Angebot, in der untersten sozialen Schicht in die europäische Kolonialgesellschaft einzusteigen, für Indianer so lange relativ unattraktiv, solange politisch selbständige Stammesverbände unter Ausnutzung gegensätzlicher Interessen konkurrierender europäischer Kolonialmächte nicht nur überleben, sondern ihren Einfluß sogar ausdehnen konnten. Verschärft wurden diese Ängste durch ein hohes Maß an Attraktivität der indianischen Lebensweise für Randgruppen der europäischen Kolonialgesellschaft.

Die »Verwilderung«, die freilich auch über erfolgreiche Zwangskonvertierung durch zum Beispiel die Irokesen erreicht wurde, war eine stets präsente Angst der kolonialen Führung. Die immer wieder bewiesene militärische Gefährlichkeit der seit der Mitte des 17. Jahrhunderts zunehmend europäisch bewaffneten Indianer fügte der latenten Existenzangst der jungen Kolonien ein virulentes Moment hinzu, das die

Traumata von Niederlagen und Beinahe-Niederlagen zu einer Haß-Diskriminierung vereinigte. Diese seit dem Ende des 17. Jahrhunderts in Neu-England entwickelte Diskriminierungskultur, die interessanterweise den Indianern zunehmend auch eine dunkle Hautfarbe zuordnete und die im Laufe des 18. Jahrhunderts in allen englischen Siedlungs-Kolonien rezipiert wurde, war eine sich selbst erfüllende Prophezeiung. Indianer blieben Indianer, sie waren nicht zivilisierbar und stellten immer eine Bedrohung für die Zivilisation dar. Da sie so bedrohlich waren, mußte argwöhnisch darauf geachtet werden, daß sie nicht europäische Zivilisationstechniken kopieren und gegen die Zivilisation kehren konnten. Diese Diskriminierungskultur war innerhalb des Prozesses der europäischen Expansion modern. Sie setzte nicht mehr auf Christianisierung und Europäisierung, sogar kaum noch auf Ausbeutung der Kolonisierten, sondern vielmehr auf Ausgrenzung, Verdrängung – tendenziell sogar auf Ausrottung. Auch in Asien verlor sich seit dem 17. Jahrhundert, mit dem Eindringen der Nordwesteuropäer, zunehmend das Ziel der Europäisierung aufgrund nüchterner Sacherwägungen: Die Mission störte den Handel, weil sie zu politischen und sozialen Problemen in den asiatischen Ländern führte, was die asiatischen Metropolen mit Ausweisung und Einschränkung der Bewegungsfreiheit der europäischen Ausländer quittierten. Aber auch die katholische Mission hatte eher marginale Erfolge bei sozialen Randgruppen, insbesondere nachdem 1742 der Ritenstreit zuungunsten der auf Inkulturierung des Christentums setzenden Jesuiten entschieden wurde.

Am Ende des 18. Jahrhunderts hatten die Europäer ein Netzwerk in der Hand, das auf Europa zentriert war und diesem nicht nur den Überschuß des entstandenen Welthandels sicherte, sondern die Weltpolitik zunehmend europäisierte – nicht jedoch die Welt, wenngleich letzteres bis in die Gegenwart hinein immer wieder behauptet wird. Diese erfahrene Macht einerseits und die erfahrenen Grenzen europäischer Kulturattraktivität andererseits sind zusammen mit der beschriebenen kolonialen Erfahrung spontaner ethnischer Diskriminierung sicherlich Elemente der sich im Imperialismus universal durchsetzenden rassistischen Diskriminierungskultur, aber sie erklären ihre Entstehung keineswegs so selbstverständlich, wie dies scheinen mag. Denn die Entstehung des universalen Rassismus verläuft noch bis zur zweiten Hälfte des 19. Jahrhunderts parallel zu einer seit Beginn der europäischen Expansion präsenten Kultur- und Kolonisierungskritik, die immerhin die Sklaverei bannte. Trotz beachtlicher Ansätze ist die Entwicklung des modernen universalen Rassismus als Grundaxiom nicht nur der Kolonial-, sondern der Weltpolitik des späten 19. und frühen 20. Jahrhunderts noch keineswegs hinreichend in allen ihren Widersprüchen und Verwerfungen, in ihren in rational wissenschaftlichem Gewand daherkommenden Irrationalismen erforscht. Die gegenwärtigen Ansätze sind noch in hohem Maße befangen von der verständlicherweise leidenschaftlich geführten Dekolonisierungsdebatte nach dem Zweiten Weltkrieg.

Vor diesem Hintergrund bleibt »Kolonialismus« ein Reizthema, denn die »Dekolonisierung« ist ein komplexer, noch nicht abgeschlossener Prozeß, der nicht nur in den ehemals kolonisierten Räumen vorangetrieben wird, sondern den Westen selbst erfaßt hat, so wie vorher die Diskriminierungskultur des Kolonialismus auch bei den

Diskriminierten weithin zu einem Bewußtsein rassischer Unterlegenheit geführt hatte. Dieser Prozeß der Dekolonisierung hat in der Kritik aller Kulturbereiche, auch der Wissenschaften und der Politik, seine eigene Diskriminierungskultur hervorgebracht, die in der Vermengung aller historischen Probleme der europäischen Expansion und der europäischen Geschichte an sich, in den sechziger, siebziger und achtziger Jahren in eine Fundamentalkritik der europäischen Kultur mündete. Alle Weltprobleme, die fortschreitende Zerstörung natürlicher Lebensgrundlagen, die ständige Erhöhung des weltweiten militärischen Massenvernichtungspotentials, die Verschärfung der ungleichen Verteilung von Lebens- und Nahrungsgrundlagen, die hemmungslose und jeglicher sozialen Kontrolle entwachsene Profitgier sich anonymisierender Kapitaleigentümer, kurzum die grenzenlose Aneignungsmentalität der Moderne wurden beinahe ausschließlich als Eigentlichkeiten der europäischen Kultur gesehen.

»Kolonialismus« als Aneignungsstrategie par excellence bildete so nur den historischen Hintergrund, den argumentativen Steinbruch für diese Kritik. Nur so erklärt sich der Erfolg von Immanuel Wallersteins ›Das moderne Weltsystem‹, von Eric Wolfs ›Die Völker ohne Geschichte‹ oder von Alfred Crosbys ›Die Früchte des weißen Mannes‹. Auf merkwürdige Weise bleibt diese Literatur »Kolonialliteratur«, weist den Europäern den aktiven Part zu, den andern den erleidenden und trifft sich sicherlich ungewollt mit der anderen möglichen Fluchtbewegung, der Regionalisierung, die auch in der historischen Forschung zu beobachten ist. Aber Kolonisierung und Dekolonisierung waren Prozesse innerhalb eines immer wieder neuer Dynamik unterworfenen fortschreitenden Prozesses, der Vernetzung der Welt, der gegenwärtig die Dynamik des sich verringernden Abstandes erfährt. Daß er im Spätmittelalter von Europa angestoßen wurde, fordert die europäische historische Forschung heraus; daß er jedoch Europa wahrscheinlich auch am meisten veränderte, zeigt andererseits, daß er zu komplex war und ist, um auf eine Erscheinungsform, den Kolonialismus mit europäischer Weltdominanz, reduziert zu werden. In der entstandenen vernetzten Welt gibt es keine entlegenen Provinzen mehr, auch nicht solche der betroffenen moralischen Verurteilung und Selbstdistanzierung. Ein Ausstieg wäre Illusion oder gar gefährliche Selbsttäuschung.

Expansion und Kulturverbreitung

Ein europäisches Dilemma

Peter Dressendörfer

Es gibt einen alten Streit darüber, ob das konstituierende Kriterium einer »Hochreligion« bzw. einer »Hochkultur« ihr Drang nach Expansion ist. Dahinter steht natürlich die sozialdarwinistische Idee, stärkere, »höherwertige« Religionen oder Kulturen hätten gewissermaßen ein natürliches Recht, anderen Religionen und Kulturräumen ihre Weltsicht aufzuzwingen. Da aber niemand zuverlässig darüber Auskunft geben kann, was eine Hochkultur oder eine Hochreligion denn nun wirklich von »niederen« Kulturen oder Religionen unterscheidet und wo im einzelnen die Abgrenzungen verlaufen, ist dies letzten Endes ein Streit um des Kaisers Bart, zumindest was den theoretischen Teil betrifft. Wissenschaftlich ist er sinnlos. Daß er überhaupt entstehen konnte, ist dagegen verhältnismäßig leicht erklärbar. Es gibt Religionen, genauer gesagt organisierte Religionsgemeinschaften, die davon überzeugt sind, allein und ausschließlich im Besitz einer von Gott offenbarten Wahrheit zu sein und deswegen das Recht zu besitzen, auch andere zu dieser Wahrheit zu bekehren. Da liegt der eigentliche Knackpunkt: Da offensichtlich keine Einigkeit darüber zu erzielen ist, was denn nun die endgültige religiöse Wahrheit ist, ist der Konflikt sozusagen naturgegeben.

Für die Geschichte der Menschheit und speziell für die der europäischen Expansion, deren Beginn mit dem unserer Neuzeit zusammenfällt, bedeutet dies nichts anderes, als daß man so ziemlich jeden Zugriff auf physischen oder geistigen Fremdbesitz nicht nur religiös oder, schlimmer noch, moralisch rechtfertigen, sondern auch eventuell aufflackernden Widerstand mit dem besten Gewissen niederschlagen konnte. Natürlich ist dies eine stark vereinfachende Sichtweise, aber gerade die Zusammenhänge zwischen moralischer Selbstgewißheit und Gewaltanwendung werden entweder allzuleicht verklärt oder vorzugsweise sogenannten Fremdreligionen und derzeit hauptsächlich dem Islam zugeschrieben. Selbst in modernen, aufgeklärten Geschichtsdarstellungen geistert immer noch die Vorstellung eines ausschließlich christlichen Abendlandes herum, als hätte eine Religion einen unveräußerlichen geographischen Anspruch, der die dort wohnenden Menschen einschließt. Derlei Anachronismen gehören offensichtlich zum Standardrepertoire nicht ausrottbarer Kulturklischees, die selbst in einer weitgehend banalisierten, rhetorischen Form eine beträchtliche Sprengkraft behalten haben. Vermutlich gehört die Vorstellung von einer nach Religionen, das heißt nach Weltanschauungen eingeteilten Welt zum Restbestand eines (ursprünglich mittelalterlichen) Wertekatalogs, dessen Hauptteile – die tatsächlichen Botschaften der Religionen – in der Öffentlichkeit der Gegenwart kaum mehr wahrgenommen werden. Diese Absurdität scheint fast niemand zu stören.

Für das Verständnis des Siegeszuges des europäischen Kulturmodells in der Neuzeit sind ihre religiösen Voraussetzungen nicht wegzudenken. Dabei ist klar, daß Religion für die meisten der Beteiligten nichts weiter bedeutet als Macht über andere. Die große Expansion der iberischen Nationen Portugal und Spanien am Beginn des 16. Jahrhunderts, die einen ganzen Kontinent geprägt und auf anderen Kontinenten untilgbare Spuren hinterlassen hat, erfolgte schließlich unter dem Banner der Glaubensverbreitung. Aus ihr, die als göttliche Sendung verstanden wurde, bezog man einerseits die Rechtfertigung des eigenen, sehr oft gewaltsamen Handelns und anderseits die Sicherheit, im Gegensatz zu den Heiden selbst zu den Auserwählten Gottes zu gehören.

Zu diesen Heiden rechnete man nicht nur die »Götzenanbeter« Afrikas und Asiens, sondern allen Ernstes auch die Muslime, und dies, obwohl man aus jahrhundertelangem Zusammenleben mit dem Islam auf europäischem Boden sehr wohl über ihre Religion Bescheid wußte. Was wirklich zählte, war am Beginn der Neuzeit eben keineswegs in erster Linie die Verbreitung des Christentums in seiner ibero-katholischen Ausprägung; es war vielmehr die Idee, anderen Völkern die spezifisch europäische Weltsicht zu vermitteln, aus deren Akzeptanz heraus der Heide erst zum Heil gelangen könne. Am Beginn der europäischen Landnahme in Übersee – der Begriff »Landnahme« ist ein nur vorgeblich wertfreier Euphemismus – steht also neben der Theologie, deren Feinheiten ohnehin nur wenige verstanden, zumindest gleichberechtigt die Akkulturation.

Und was noch wichtiger ist: Die Akkulturation als Hauptanliegen der europäischen Expansion hat das Anliegen der (christlichen) Mission erst möglich gemacht und später die Mission, jedenfalls nach deren Hochblüte im 16. und 17. Jahrhundert, sogar überlebt. Im 19. Jahrhundert, in der Zeit des Kolonialismus, rechtfertigte das inzwischen fast völlig säkularisierte Frankreich seine Kolonialkriege mit der bemerkenswerten Formel von der *mission civilizatrice*, die man gegenüber Afrika habe, und zwar auch gegenüber dem zweifellos längst hochkulturellen Maghreb. In England, Italien und in Deutschland, der spätesten der Kolonialmächte, gab es ähnlich klingende Begründungen. Dies ist vor allem deswegen interessant, weil sich hierin, bei aller innerer Zerrissenheit des Kontinents und während der Hochblüte des Nationalismus, diesen sozusagen ergänzend, ein Generalkonsens Europas manifestiert. »Zivilisation«, ein ebenso diffuser Begriff wie »Religion«, löst damit diese als Heilsbringer ab. Daß man in der Regel diejenigen, denen das Heil gebracht wurde, nicht einmal fragte, ob sie es denn auch haben wollten, ist nur ganz am Rande zu vermerken.

Beteiligt waren am Kolonialismus, der schließlich eine ganze Epoche der Menschheitsgeschichte markiert, so ziemlich alle europäischen Nationen. In der Regel stand das Ausmaß der Gebiete, die man in Übersee beanspruchte und deren Bewohner man zu zivilisieren vorgab, in keinem Verhältnis zur Größe der jeweiligen »Mutterländer«. Allein von den physischen Dimensionen des Unternehmens her war also die Aufgabe einer wirksamen Akkulturation kaum zu bewältigen, einmal ganz abgesehen davon, daß es dazu, auch innerhalb der Kolonialmächte, kein einheitliches Konzept gab. Was es gab, waren eher allgemeine Leitlinien, von denen die britische des *indirect rule*

– im Gegensatz zum französischen (und deutschen) System der direkten Machtausübung – noch am bekanntesten ist. Dieses Vorgehen, das heißt die Beherrschung fremder Völker durch deren eigene, allerdings streng kontrollierte Machteliten, trat damit das Erbe der ansonsten von den Briten verabscheuten spanischen Kolonialherrschaft an, die sich auch der einheimischen Führungsschicht zu bedienen gewußt hatte. Missionstheoretiker späterer Zeiten haben dieses Instrumentarium als »vertikale Methode« gerechtfertigt und sogar darauf verwiesen, daß ja auch die germanischen Stämme der Völkerwanderungszeit erst durch die Taufe ihrer Anführer christianisiert worden seien. Mit dieser Sorte historischer Bezüge kommt man natürlich nicht weiter, weil man damit alles »beweisen« kann.

Das Verfahren lebt bis in die Gegenwart weiter in Gestalt des sogenannten Neokolonialismus, der, im Grunde ebenso simpel wie perfide, auf der Ablösung europäischer Herrschaft durch die Tyrannei einheimischer akkulturierter, das heißt ihrer eigenen Kultur entfremdeter »Eliten« basiert, selbstverständlich zum Nutzen der ehemaligen Kolonialmächte. Zwangsbekehrt zu irgendeiner Konfession wird dabei niemand mehr, denn dieses Herrschaftssystem ist an der Vermittlung geistiger oder religiöser Werte völlig desinteressiert. Und längst sind auch die europäischen Nationen als Alleininhaber des kolonialen Monopols durch industriell mächtigere Staaten bzw. durch multinationale Giganten abgelöst, die ihr Profitstreben allen Ernstes als »Philosophie« bzw. *philosophy* verkaufen.

Der Mißbrauch eines Begriffs, der nichts Geringeres als die Geburt des geistigen Europa im alten Griechenland bezeichnet, denunziert hier einen Wertezynismus ohne Beispiel. Auch wenn die Expansion Europas und seiner ganz spezifischen Weltsicht ohne Mission, das heißt der Verbreitung des christlichen Glaubens von eben diesem Europa aus, nicht denkbar ist, so läßt sich daraus – entgegen einer immer noch landläufigen Meinung – keine Rechtfertigung für irgend etwas ableiten, das im Namen der Zivilisation oder im mißbräuchlich verwendeten Namen Gottes bzw. des Glaubens geschehen ist.

Vermutlich ist die Frage nach der Rechtfertigung im nachhinein ohnehin mehr ein Thema für selbstgerechte Moralisten, als daß es einen Verständniszugang für Entwicklungen und offenkundige Fehlentwicklungen europäischer Geschichte öffnet. Gemeint ist damit nicht etwa ein »Schlußstrich«, der das kollektive Gewissen ganzer Nationen beruhigen soll, in Wirklichkeit jedoch lediglich eine weitverbreitete Denkfaulheit kaschiert, sondern die Anregung, zu überdenken, inwieweit am Ende des zweiten Jahrtausends unserer Zeitrechung der Export von Wertesystemen mit einem absoluten oder verhüllten Alleingültigkeitsanspruch überhaupt noch sinnvoll sein kann. Entscheidend ist dabei die Einsicht, daß das, was Anthropologen und Soziologen mit dem neutralen Fachbegriff »Akkulturation« bezeichnen, längst zu einem globalen Phänomen geworden ist, das die Kulturvielfalt des Planeten – und keineswegs nur die Europas – bedroht. Die Verflachung und Einebnung kultureller Grundwerte bis zur Bedeutungslosigkeit und die Verbreitung eines ganz bestimmten Typs von Zivilisation, der kaum mehr beinhaltet als einen Standardkatalog materieller Errungenschaften, deren Nutzen im einzelnen oft genug recht fragwürdig ist, läuft zwar unter dem Etikett des – nirgends definierten – Fortschritts, ist jedoch in Wirklichkeit Zerstörung und Rückschritt.

Damit soll nicht einem kulturpessimistischen Millenarismus das Wort geredet werden, in dem sich schon zu viele suhlen, sondern nur der Sinn »zivilisatorischer« Expansion in Frage gestellt werden. Die vorgeblich so egalitäre Techno-Zivilisation, die von sich behauptet, die Kommunikation aller mit allen zu erleichtern und damit letzten Endes der Völkerverständigung zu dienen, steht effektiv im Dienste der inhaltlichen Verarmung. Dies ist leicht daran zu erkennen, daß Information, das heißt der Zugang zu Sinnzusammenhängen, immer mehr durch unüberschaubar große Mengen von Informationssplittern ersetzt wird, deren Sinnverbindung mit anderen Informationen, geschweige denn deren Wahrheitsgehalt, niemand mehr wirklich nachprüfen kann. Damit ist das Prinzip des Zugangs zur Information in sein genaues Gegenteil verkehrt. Wenn man die Dinge etwas näher besieht, stellt man fest, daß zwar – wenigstens in Europa – fast nirgends mehr eine (verordnete) Zensur stattfindet (was an sich durchaus begrüßenswert ist), daß aber die ungefilterte Datenflut keineswegs zu einem höheren Grad an Informiertheit geführt hat. Daten selbst sind nämlich nichts weiter als Spielmaterial, und das Verhängnis zu großer Datenmengen liegt darin, daß die Bereitstellung dieser Daten der Sinngewinnung eher abträglich ist.

Das paradoxe Scheltwort von der Verblödungskultur, die durch moderne Informationssysteme gefördert wird, trifft trotz seines hochnäsig miesepetrigen Untertons einen Teil der Problematik. Die Vorstellung, der Wahrheit durch Anhäufung von nicht miteinander konnektierten und nicht überprüfbaren Einzelinformationen sozusagen stückweise näherzukommen, ist schon aus logischen Gründen der reinste Aberglauben. Da sich aber bekanntlich gerade aus der Verbreitung von Aberglauben aller Art verhältnismäßig große Gewinne erzielen lassen, ist der Kampf dagegen dem des Don Quijote gegen die Windmühlen vergleichbar.

Soweit man aus der Geschichte überhaupt lernen kann – der Ausdruck ist längst politische Sprache und damit sinnarm geworden –, haben die europäischen Nationen aus der Geschichte der Expansion gelernt. Das klingt tröstlicher, als es ist. Längst ist nämlich Europa selbst zum Ziel einer Akkulturation geworden, die zwar, seelenlos, wie sie ist, kein Heil mehr verspricht, aber eine Art von Wohlgefühl, auf der richtigen Seite zu stehen: auf der, die die Zukunft bestimmt. Einen denkbar größeren Gegensatz zu allen Traditionen und Grundwerten europäischer Kultur gibt es nicht. Kultur vermittelt schließlich kein subjektives Wohlgefühl, sondern besteht im Ansatz hauptsächlich aus der Unruhe des unabhängigen Denkens. Darin sind sich alle Philosophen des Abendlandes seit Heraklit einig. Und Denken bedeutet schließlich nicht ein Sichzurücklehnen in der Sicherheit einer gefundenen Wahrheit, sondern die ständige Überprüfung und Kritik der eigenen Position. Dies ist der entscheidende Schritt aus der Barbarei in die Zivilisation, soweit letztere sich versteht als ein wesentlich geistiges Verständnis menschlicher Existenz.

Ein materialistisch geprägter Hedonismus ist dafür kein Ersatz, sondern bedeutet lediglich die Wiedererstehung der Barbarei mit anderen Mitteln. Der unablässig vorausgesagte Triumph der sogenannten Weltzivilisation, die in Wirklichkeit nichts anderes ist als ein Kartell von weniger als einem Dutzend Firmen, von denen sich einige sogar Staaten halten und deren moralisches Selbstverständnis auf der absurden Annahme beruht, der Wohlstand einer Handvoll privilegierter Industrienationen könne die Welt in Frieden halten, bedeutet nichts anderes als die Wiederkehr des alten Expansionismus in seiner schwärzesten Form. Wenn man der europäischen Expansion der frühen Neuzeit wenigstens noch zugute halten kann, daß nicht nur kulturvernichtend, sondern auch kulturstiftend gewirkt wurde, ist davon im neuen »globalen« Expansionismus nichts mehr zu spüren. Seine Basis sind nicht Werte oder wenigstens Überzeugungen, sondern synthetische Bestandteile, die dazu noch mehr oder weniger austauschbar sind. Aus solchen läßt sich keine Weltkultur erstellen, so fragwürdig ein solcher Begriff angesichts des stets fragmentarischen Charakters von Kultur ohnehin ist. Wenn das europäische Verständnis von Kultur im beginnenden 21. Jahrhundert überhaupt noch eine Überlebenschance hat, dann kann es nur darum gehen, sich nicht in die Weinerlichkeit des Verlierers zurückzuziehen, sondern sich nach Kräften gegen die einebnende und zugleich aushöhlende Akkulturation durch die Stumpfsinnsverbreitung der Weltzivilisation zu wehren. Wenn überhaupt ein Weltteil, so hat ein Europa, das seinen kulturellen Grundkonsens wiederentdeckt, das Rüstzeug dazu.

Iberoamerika

Ana Verde Casanova

Der Versuch, die Kolonisation Iberoamerikas zusammenfassend darzustellen, ist ein schwieriges Unterfangen. Zum einen gilt es, ein geographisch wie kulturell fast unüberschaubares Gebiet, zum anderen mehr als drei Jahrhunderte und zwei verschiedene Protagonisten zu berücksichtigen: Spanien und Portugal; auch wenn im Laufe der Zeit noch andere Länder kleinere Territorien, besonders in der Karibik, besetzten. Zudem läßt sich die Geschichte dieser Gebiete nicht unabhängig von den historischen Ereignissen in Europa betrachten.

Gemälde zum Mestizentum von José Cabrera. Mexikanische Schule, 18. Jahrhundert

Nach der Entdeckung Amerikas durch Christoph Kolumbus wurden die neuentdeckten Gebiete den Katholischen Königen, Ferdinand von Aragon und Isabella von Kastilien, als persönliches Eigentum zugesprochen. Sie wurden mit Hilfe einiger von Papst Alexander VI. erlassener Bullen, die sich gegenseitig bekräftigten und aufeinander bezogen, zu persönlichem, vererblichem Eigentum des katholischen Königspaares. Diese Bullen stellen das juristische Fundament der Eroberung und Kolonisation dar. Der Erwerb der Rechte fand im Jahr 1494 mit dem Abschluß des Vertrags von Tordesillas zwischen den Katholischen Königen und der portugiesischen Krone seine Vollendung. Die Aufteilung der »Neuen Welt« wurde endgültig geregelt, indem man die von der Bulle ›Inter Coetera‹ anno 1493 gezogene Demarkationslinie übernahm. Auf diese Weise wurde Brasilien Besitz der portugiesischen Krone. Später, nach dem Tod König Ferdinands, wurden »die Indien« – wie Amerika im Spanischen dieser Epoche genannt wurde – der kastilischen Krone zugesprochen. Das schlug sich im Sprachgebrauch nieder, denn sie wurden nicht als Kolonien, sondern als Königreiche, *reinos*, bezeichnet, die mit einem ähnlichen juristischen Status versehen waren wie die übrigen in die kastilische Monarchie integrierten europäischen Reiche.

Die von Kastilien und Portugal durchgesetzte Organisation Amerikas gehorchte mittelalterlichen Modellen, die bereits während der *Reconquista*, der Zurückdrängung der arabischen Herrschaft auf der Iberischen Halbinsel (vom 8. Jahrhundert bis 1492), angewandt worden waren. Zur Durchführung von Entdeckungen und Eroberungszügen wurden *capitulaciones* zwischen Konquistadoren und Krone abgeschlossen. Dabei handelte es sich um vertragsähnliche Dokumente, in denen Gouverneure *(adelantados)* über die neuentdeckten Gebiete ernannt, aber auch Rechte und auf Verdiensten beruhende königliche (Land-) Schenkungen *(mercedes)* zugestanden wurden.

Die Eroberungen wurden mit königlicher Genehmigung von privater Seite durchgeführt und finanziert. Die öffentliche Vorlesung des sogenannten *Requerimiento* legalisierte die Eroberung formal. Dieser Text forderte die Indianer auf, sich der spanischen Krone zu unterwerfen und christianisieren zu lassen. Im allgemein angewandten Encomienda-System wurde einem *encomendero* ein indianisches Dorf »anvertraut«. Diesen hatten die Indianer in Naturalien, Gold oder mit persönlicher Arbeit zu bezahlen, während er selbst verpflichtet war, für ihre Evangelisierung und Akkulturation zu sorgen, indem er einen Geistlichen finanzierte. *Cartas de población* gestanden den Bewohnern der neuen Gebiete ihre Rechte zu.

Verwaltung und Handel

Auf der Iberischen Halbinsel bildeten sich zwei Zentralbehörden heraus, in denen alle mit Amerika zusammenhängenden Probleme entschieden wurden und die einzig dem Monarchen verantwortlich waren: die *Casa de Contratación* und der *Consejo Real y Supremo de Indias*, der Indienrat.

Die *Casa de Contratación*, die sich am Modell zweier ähnlicher portugiesischer Institutionen orientierte, stammte aus dem Jahr 1503. Sie hatte das Ziel, Handel und Schiffahrt nach Übersee zu unterstützen und zu regulieren. Ihr Sitz war Sevilla, eine Hafenstadt, von der aus alle Schiffe nach Amerika ablegten und zurückkehrten, so daß die Kontrolle und Überwachung von Emigranten und ein- wie ausgeführten Schiffsladungen nur hier möglich war. Neben dem Zweck, Schmuggel zu unterbinden und die Steuern für die Krone einzutreiben, hatte die *Casa de Contratación* die Aufgabe, die Versorgung mit Proviant der unter der Flagge der Krone segelnden Schiffe zu überwachen. In späterer Zeit kamen nautische und wissenschaftliche Funktionen hinzu, was sich besonders an der Schaffung des Postens eines *Piloto Mayor* und eines Lehrstuhls für Kosmographie (die heutige Geographie) und Seefahrt *(Cátedra de Cosmografía y Náutica)* niederschlug.

Die Institutionalisierung des Indienrats vollzog sich dagegen langsamer und kam erst unter Karl V. im Jahr 1524 zum Abschluß. Er war zunächst oberster Gerichtshof für die amerikanischen Reiche sowohl in zivilen als auch in strafrechtlichen Ange-

Goldbarren auf dem Schiff »Nuestra Señora de Atocha«. Kolumbien, 17. Jahrhundert

legenheiten. Aufgrund seiner Gesetzgeber- und Regierungsfunktionen stellte er ein beratendes Organ für den König dar, der die Normen kraft königlichen Befehls zu gültigem Recht machte. Im Indienrat wurde der Posten eines »Hauptchronisten und Kosmographen beider Indien« *(Cronista y Cosmógrafo Mayor de Indias)* geschaffen, um Wissen über Amerika zu sammeln und zu vergrößern.

Die spanische Krone organisierte und beherrschte im Laufe der Zeit immer größere Gebiete. Das führte zu Veränderungen bis hin zur Aufhebung des »Allgemeinen Vizekönigtums beider Indien« *(Virreinato General de Indias)* mit dem Machtzentrum auf der Insel Hispaniola. Anstelle dieses einzigen Vizekönigtums wurden verschiedene rechtlich unabhängige Einheiten geschaffen. Es galt, eine multiethnische und kulturell vielgestaltige Gesellschaft zu organisieren, die sich von Beginn an in soziale Schichten unterteilte. Dabei kam der Kirche als Helferin eine große Bedeutung zu.

Die verwaltungstechnische Organisation der überseeischen Territorien bildete sich im 16. Jahrhundert heraus und verfestigte sich im 17. Jahrhundert: Es wurden geographisch-politische Einheiten, die Vizekönigreiche sowie Groß- und Kleinprovinzen geschaffen. Die zeitlich ersten und bedeutendsten waren das Vizekönigreich von Mexiko, das 1535 eingerichtet wurde und aus Neuspanien, Guatemala, den Antillen und Venezuela bestand, und das Vizekönigreich von Peru, das seit 1542 große Teile Südamerikas umfaßte. An ihrer Spitze stand jeweils ein Vizekönig, der mit seiner ausgedehnten Machtfülle als Stellvertreter des spanischen Monarchen fungierte und gleich den europäischen Vorbildern einen prunkvollen Hof um sich scharte.

Die Gouverneure leiteten die Provinzialverwaltungen, die im allgemeinen – wenn sie kleiner waren – von einem Vizekönigreich abhängig waren. Größere Provinzen kommunizierten direkt mit dem spanischen König und hatten so eine gewisse Autonomie. Über die Regierungsfunktionen hinaus übten die Vizekönige und Gouverneure Ämter als Richter und militärische Führer aus; in diesem Fall trugen sie den Titel *Capitán General* bzw. *Capitanes*.

Die militärische Bürokratie war sehr reduziert und blieb marginal im Verhältnis zu den Finanzmitteln, über die die Regierung zum Aufbau und Unterhalt des Militärs verfügte. Erst später bildeten sich Garnisonen in den Grenzregionen. Die *Audien-*

cias schließlich hatten ihr Vorbild in den spanischen gleichnamigen Gerichtshöfen von Valladolid und Granada. Sie hatten die Aufgabe, zu schlichten und Recht zu sprechen, obwohl ihnen auch Funktionen der Regierung und Finanzverwaltung zukamen. Je nach Abhängigkeit vom Vizekönigtum gab es vizekönigliche und untergeordnete (oder prätoriale) *Audiencias*; in letzterem Fall führte sie ein Präsident, der in der Regel dem Militär angehörte. Die ersten *Audiencias* waren diejenigen von Santo Domingo (1524), Mexiko (1527) und Panama (1538). Die Präsidenten und Richter der *Audiencias* waren verpflichtet, ein kontrolliertes Leben abseits der Gesellschaft zu führen, um Interessenkonflikte, Voreingenommenheit und Korruption zu vermeiden.

Die unterste Stufe der amerikanischen Verwaltungshierarchie wurde von den örtlichen Regierungen in Gestalt von Stadträten *(cabildos)* und Gemeinderäten *(ayuntamientos)* gebildet. Denn der Grundkern der Gesellschaft war die Gemeinde, der die Distriktgouverneure *(alcaldes mayores)* vorstanden, die wiederum von Ratsherren *(regidores)* und Beratern, Polizeibeamten *(alguaciles)* sowie Notaren und Sekretären unterstützt wurden.

Mit zunehmenden Landeroberungen wuchsen auch die Verwaltungsgebiete. Schon bald stimmten die Bezirke der Verwaltung nicht mehr mit denen der Regierung, des Militärs, der Rechtsprechung und der Kirche überein, so daß eine einzige Institution auch die Funktionen der anderen übernahm. Die große Ausdehnung der Territorien ließ eine effiziente Regierungspolitik nicht zu; so wurde im 18. Jahrhundert im Rahmen der bourbonischen Reformen der Versuch unternommen, das System rational umzugestalten. Zwei neue Vizekönigreiche wurden gegründet: das von Neu-Granada im Jahr 1740, welches das heutige Kolumbien und Ecuador umfaßt, und dasjenige von Río de la Plata im Jahr 1776, das heutige Argentinien, Paraguay, Uruguay und Bolivien.

Damit war das spanische Amerika in vier Vizekönigreiche und in vier *Capitanías Generales*, Kuba, Venezuela, Guatemala und Chile, aufgeteilt. Ebenfalls am französischen Modell orientiert war das Intendantensystem, mit dem der Verwaltungsapparat vereinfacht werden sollte. Die Verwaltung Amerikas war zu Beginn von spanischen Beamten geführt worden, aber der Anteil von Kreolen (*criollos*, also in Amerika geborenen Spaniern) nahm mehr und mehr zu. Kreolen durften Ämter kaufen, wodurch die oft leeren Kassen der Krone in Krisenzeiten gefüllt werden konnten. Dieser Ämterkauf führte zu einer zahlenmäßigen Verdoppelung des Beamtenapparats, zu einer Verlangsamung der Bürokratie, zu Besitzstandsdenken – das Amt wurde als persönliches Gut angesehen – und einer weitverbreiteten Korruption. Die Gesetze wurden nach den Maximen »es wird befolgt, aber nicht umgesetzt« oder »Gott ist im Himmel, der König weit weg, und hier befehle ich« ausgelegt. Die Monarchie versuchte diesem Mißstand zu begegnen, indem sie den Rechenschaftsbericht und die Visitation einführte. Diesen beiden Bewertungen hatten sich die hohen Beamten zu stellen. Den Rechenschaftsbericht mußten sie nach Ablauf ihrer Amtszeit abgeben, während eine Visitation durchgeführt wurde, wenn schwere Beschuldigungen gegen sie vorlagen. Die Untersuchungsrichter hierfür wurden direkt aus Spanien entsandt.

Neben der Organisation von Verwaltung und Regierung galt es, die Gesellschaft, die persönliche Arbeit, das Finanzwesen, die Beziehungen zwischen Spaniern und Indianern, den Handel mit der Iberischen Halbinsel sowie die Evangelisierung und Akkulturation zu regeln.

Spanische Wand aus dem 16. Jahrhundert, bekannt als »Palast der Vizekönige von Mexiko«

Schon die Reise des Kolumbus war in erster Linie ein kommerzielles Unternehmen gewesen. Sie begründete letztlich die Einrichtung kommerzieller Handelsniederlassungen auf den Antillen und in der Karibik. Die Folge war die vollständige Ausrottung der ursprünglichen antillischen Bevölkerung. Ziel war die Kontrolle des wirtschaftlichen Monopols der Krone, die Verteidigung der Grenzen und Handelsschiffe. Das gesamte System stützte sich in der Hauptsache auf den Abbau von Edelmetallen und die Gewinnung pflanzlicher Farbstoffe.

Das Finanzwesen wurde von der sogenannten Königlichen Kasse *(Caja Real)* in den Hauptstädten der Vizekönigreiche und Dependancen in den Provinzen übernommen. An ihrer Spitze standen königliche Beamte, die den Eingang der Waren zu kontrollieren hatten und die Steuern entgegennahmen, welche – nach Abzug der zugewiesenen Einkommen von Beamten und Kirchenleuten – an die Krone nach Spanien gesandt wurden. Die Einkünfte stammten aus königlichen Hoheitsrechten *(regalías)* auf den Bergbau, auf aus Flüssen gewonnenes Gold, Salzbergwerke, auf Brasilholz, auf Perlen und Edelsteine. Dazu kamen die Einnahmen aus der Übereignung von Grundstücken, aus den Lizenzen für Sklavenimporte, aus dem für Handelsgeschäfte notwendigen Stempelpapier, aus den Gütern von ohne Erben verstorbenen Personen, aus Ämter- und Titelverkauf ebenso wie aus den sogenannten Monopoleinkünften: Salz und Quecksilber (das für die Gewinnung von Silber unabdingbar war), Pfeffer, aber auch Spielkarten. Der Sklavenhandel brachte der spanischen Krone dank ihrer Monopolstellung erhebliche Einkünfte. Im Jahre 1513 wurde er mit der Ausgabe von Lizenzen an Privatpersonen und Gesellschaften geregelt, während ab 1524 das Asiento-System eingerichtet wurde, das auch Portugiesen entsprechende Verträge ermöglichte; im 18. Jahrhundert wurden englische, holländische und französische Gesellschaften führend. Die Sklaven wurden hauptsächlich in den tropischen und Küstenregionen der Karibik, der Antillen und Neuspaniens sowie an der Pazifikküste von Neugranada und Peru wie auch an den brasilianischen Küsten angesiedelt.

Außerdem wurden die Staatseinkünfte durch verschiedene Steuern auf Produktion, Güter und Personen gemehrt. Mit der Zeit nahmen diese Steuern immer mehr zu, wie beispielsweise die Personensteuer in Geld oder in Naturalien *(tributo)*, der Zehnte *(diezmo)*, der der Aufrechterhaltung der amerikanischen Kirche dienen sollte, und der sogenannte *requinto*, mit dem die Abgabe zum Unterhalt der Armada, der bewaffneten Flotte, gemeint ist. Auch nach der Zerstörung der angeblich unbesiegbaren Armada 1588 bestand diese Abgabe weiter.

Zusätzliche Einkommensquellen für den Fiskus waren der königliche Fünfte *(quinto real)*, der sich auf ein Zwanzigstel der geförderten und ausgegrabenen Edelmetalle bezog, und das königliche Münzregal *(señoreaje)*. Dazu kamen noch die *alcabala* auf Verkäufe, die Abgabe für die »Armada de Barlovento«, welche den Karibikhandel sichern sollte, sowie die *avería*, eine Abgabe, die sich nach dem Warenwert bemaß und die der Verteidigung der von und nach Amerika segelnden Handelsschnellschiffe dienen sollte, und schließlich das sogenannte *almojarifazgo*, welches auf die spanischen Güter entfiel, die nach Übersee geschickt wurden.

Industrielle Entwicklung war kaum zu verzeichnen, aber auch nicht unbedingt erwünscht, da man nicht mit dem Mutterland in Konkurrenz treten wollte. Die in Amerika benötigten Industriegüter sollten auf dem Handelsweg von Spanien geliefert werden. Der kaum funktionierende Handel mit diesen Gütern begünstigte jedoch die Ausbildung des Handwerks in den Städten, das sich in Zünften *(gremios)* organisierte. Die verarbeitende Industrie stützte sich vor allem auf *obrajes*, also Textilmanufakturen, in denen Stoffe und Decken produziert wurden, die vorwiegend für die indianische und mestizische Bevölkerung bestimmt waren, auf Gerbereien, daneben auch auf Seidenwebereien, die sich in Mexiko entwickelten, später aber verboten wurden (weil sie anderen Handelsinteressen zuwiderliefen), und schließlich auf den Schiffsbau, der besonders in den Werften von Havanna und Guayaquil boomte.

Die Gewinnung von Gold, Silber und Edelsteinen bildete die Grundlage für die wirtschaftlichen Aktivitäten; hervorzuheben sind die Silberminen von Potosí im Vizekönigreich Peru und von Zacatecas im Vizekönigreich Neuspanien sowie die Quecksilberminen des peruanischen Huancavelica. Die dazu benötigten Arbeitskräfte wurden von der indianischen Bevölkerung gestellt, die zu persönlichem Dienst verpflichtet war.

Angezeigte Mißbräuche veranlaßten die Krone bald dazu, das Encomienda-System zu verbieten; es existierte aber bis ins 17. Jahrhundert weiter. Der Mangel an

Arbeitskräften führte schließlich zur Entwicklung eines neuen Systems, das auf erzwungener, wenngleich entlohnter Arbeit basierte: Die Indianerdörfer mußten eine bestimmte Anzahl von Arbeitern für Tätigkeiten in der Landwirtschaft, in den Städten (unter anderem beim Hausbau), in *obrajes* und Minen zur Verfügung stellen. Diese Zwangslohnarbeit wurde am ausgiebigsten und längsten im Bergbau eingesetzt. Sie wurde in Mexiko *cuatequil* und in Peru *mita* genannt; nicht nur auf sprachlicher Ebene lehnte sich dieses System für den Andenraum an die Inka-Institution der *mit'a* an, wonach jeder Indianer zwischen 18 und 50 Jahren verpflichtet war, sich dem Staat als *mitayo* alle sieben Jahre für zwölf Monate zur Verfügung zu stellen.

Der Zwang zur Arbeit, ihre Härte, mit ihr verbundene Krankheiten, das geringe Einkommen, welches manchmal in Naturalien gezahlt wurde, und die massenhafte Migration der Indianer, die aus ihren Dörfern vor der *mita* flohen, beschleunigten den Rückgang der indianischen Bevölkerung und führten zu breiter Verarmung. Der Amerikahandel und das Monopol Sevillas, *Carrera de Indias* genannt, bezeichnete zum einen den Transport amerikanischer Edelmetalle nach Spanien, zum anderen das Angebot amerikanischer Produkte auf dem europäischen Markt (zum Beispiel Farbstoffe, Brasilholz, Tabak, Kakao und Zucker) und die Nachfrage nach europäischen Produkten wie Weizen, Wein, Olivenöl, Vieh, Werkzeugen, Kunstobjekten und von der Kirche benutzten Kultgegenständen.

Bevölkerung und Gesellschaft

Die Gesellschaft gründete sich während der Eroberung und in den ersten Jahren der Kolonialzeit auf dem Zusammenleben zweier ethnisch verschiedener Gemeinschaften, der Kooperation der sogenannten *repúblicas* der Spanier bzw. der Indianer, die jeweils von eigenen Gesetzen geregelt waren. Diese Unterscheidung wurde getroffen, um die Evangelisierung zu befördern. Sie resultierte aus einer zweifachen gesellschaftlichen, wirtschaftlichen und kulturellen Realität.

Die Mitglieder der beiden *repúblicas* bildeten mit der Gruppe von schwarzen afrikanischen Sklaven die Grundstruktur der frühkolonialen Bevölkerung. Die *república de los españoles* wurde dominiert von den Eroberern, denen Güter, Ländereien, Privilegien und *encomiendas* zugewiesen wurden. Daneben gab es Siedler, Handwerker, Bauern, Händler, Kleriker und königliche Beamte. Die Kolonisierung, die als *de asiento, no de paso* (seßhaft statt vorübergehend) angelegt war, brachte es mit sich, daß die Auswanderung von Siedlern nach Amerika nicht verpflichtend, wohl aber geregelt war. Damit sollte zum einen die Anzahl der Siedler kontrolliert und die Entvölkerung Kastiliens verhindert werden; zum anderen sollte vermieden werden, daß Leute mit schlechtem Ruf und gesellschaftliche Außenseiter nach Amerika auswanderten, die eventuell die religiöse und moralische »Reinheit« in der Gesellschaft der Neuen Welt gefährdet hätten. Besonders machte man dieses Gefährdungspotential an Juden, *conversos* (vor kurzem zum Christentum konvertierte Juden), Zigeunern und Sklaven fest.

Zunächst stellte die *Casa de Contratación*, später der Indienrat, die Ausreiseerlaubnis aus. Motiviert war die Ausreise oft von wirtschaftlichen Problemen, aber auch Abenteuerlust spielte bei den Soldaten, zweitgeborenen Adligen (die nicht erben konnten) und Bauern eine Rolle. Mitglieder des Hochadels und Juristen emigrierten dagegen selten, wenngleich auf die eine oder andere Weise alle Gesellschaftsschichten vertreten waren.

Der anfänglichen Abwesenheit spanischer Frauen, die den Hauptgrund für die Mestizisierung darstellte, wurde bald mit der Verpflichtung begegnet, die eigenen Ehefrauen von der Iberischen Halbinsel nachkommen lassen zu müssen. Gleichzeitig unterstützte man die Auswanderung ganzer Familien und heiratsfähiger Frauen in die amerikanischen Städte.

Silberner Steigbügel für Frauen. Vizekönigreich Peru, 18. Jahrhundert

Die »Republik der Indianer«, der Besiegten und Beherrschten, war bestimmt von einer zunehmenden Veränderung der kulturellen Identität. Dieser Wandel zeigte sich besonders in Religion und Arbeit. Obwohl die Indianer nach dem Gesetz als freie Menschen galten, waren sie doch als Vasallen der spanischen Monarchen zu Tributzahlungen in Naturalien oder in Arbeit verpflichtet.

Die Kolonialisierung führte zu einer starken Dezimierung. Dies läßt sich nicht nur auf die Einführung eines in dieser Form unbekannten Zwangsarbeitssystems und den damit zusammenhängenden Mißbrauch zurückführen, sondern auch auf die Einschleppung von Krankheiten und Seuchen, gegen die die Bewohner der Neuen Welt nicht immun waren. Ferner spielten die geänderte Ernährung und der Schock der Eroberung durch Invasoren eine Rolle; einige Autoren nennen in diesem Zusammenhang auch das Phänomen der Mestizisierung als einen Grund.

Die Krone sah die Mestizisierung als Vereinigung von indianischen Frauen und spanischen Männern eigentlich wegen ihrer Integrationsrolle positiv, besonders wenn es sich um die Heirat mit Töchtern von *caciques*, Häuptlingen, handelte. Mit der Zeit führte der Widerstand der religiösen Orden gegen die ethnische Vermischung zu einer erheblichen Erschwernis für die Mestizen. Ihnen wurde der Zutritt zu öffentlichen Ämtern, zur Armee, zur Universität oder zu Orden unmöglich gemacht.

Geburtsort, Verschmelzungen und das verschiedene Akkulturationsniveau von Indianern und Schwarzen führten von Beginn an zu Bezeichnungen, die mehr kultureller als ethnischer Herkunft waren. Diese Entwicklung hatte ihren Höhepunkt im 18. Jahrhundert mit dem Auftreten der sogenannten *castas* erreicht, einer Anzahl ethnischer Typisierungen, die aus der Mischung verschiedener Gruppen über die Jahrhunderte hervorgegangen waren. Sie stellten die untersten Gesellschaftsschichten dar und setzten sich aus all denen zusammen, die nicht »reine« Indianer oder Spanier waren. Die Mischung von Spanier und Indianerin ergab Mestizen, Kinder von Spaniern und Schwarzen nannte man Mulatten, und ein Indianer und eine Schwarze zeugten *zambos*. Die beiden letztgenannten Gruppen gehörten aufgrund ihrer Herkunft aus dem Sklaventum zu den untersten der Gesellschaft.

Die abermalige Vermischung dieser neuentstandenen Mischgruppen führte zu einer komplexen Vielfalt an ethnischen Formen, die man im aufgeklärten 18. Jahrhundert aufgrund physiognomischer Merkmale und Hautfarben zu klassifizieren suchte: *morisco, cambujo, albarazado, albino, coyote, barcino, lobo, torna a tras, colpamulato, chamizo, zambaigo, tente en el aire, ahí te estás*. Die bei Tierbezeichnungen wie »Koyote« und »Wolf« mitklingenden Assoziationen sind bezeichnend für den gesellschaftlichen Stellenwert dieser Gruppen.

Die hispanoamerikanische Gesellschaft der Kolonialzeit war im 16. und 17. Jahrhundert in klare Schichten gegliedert, die sich durch Prestige und später auch durch Reichtum bestimmten. Die Elite der Eroberer wurde bald von derjenigen der Händler ersetzt, die am Handel mit Waren und Edelmetallen zwischen Spanien und Amerika teilhaben oder Bergbau und Landwirtschaft kontrollieren wollten. Die Zugehörigkeit zur einen oder anderen Gesellschaftsschicht bestimmte die Rechte und Privilegien, die berufliche Stellung und wirtschaftliche Position der Personen. Dabei waren der Geburtsort, die soziale Herkunft und die Hautfarbe von besonderer Bedeutung, wobei es weniger um bewußte rassistische Diskriminierung als vielmehr um den vermeintlich positiven Wert der »Reinheit des Blutes« ging – eine Obsession der Spanier in jener Zeit.

Zu Beginn der Kolonialzeit waren die Spanier gesetzlich verpflichtet, in Städten zu leben; den Indianern war dies dagegen verboten. Das Modell der Stadt war in den ›Ordenanzas de Población‹, den Bevölkerungsgesetzen von 1573 geregelt: Von einem zentralen, in der Regel viereckigen Platz, der *Plaza Mayor*, gingen vier Straßen im Winkel von 90 Grad aus, wobei sich deren Parallelen wiederum kreuzten – aufgrund dieses Musters benannte man das Stadtmodell nach dem Damebrett, *damero*, oder dem Netz. Die sich kreuzenden Straßen bildeten Häuserblöcke für die Wohnungen, die nach Verdienst und persönlicher Stellung vergeben wurden.

Am Hauptplatz lagen die Verwaltungs- und Regierungsgebäude sowie die Kirche. Er war das Zentrum des sozialen, kulturellen und festlichen Lebens, auf ihm fanden Märkte, Feiern und öffentliche Zeremonien statt. In anderen Fällen wurde der Hauptplatz von der Hauptstraße ersetzt. In der Umgebung der Städte entstanden die *cercados*, wie sich die eingezäunten Viertel der Indianer nannten. Um den Angriffen von Piraten und Korsaren auf Frachtschiffe und Küstenstädte – besonders in der Karibik und am Pazifik – entgegenzutreten, wurde im 17. Jahrhundert ein Verteidigungssystem entwickelt, das aus einer Flotte und Befestigungen von Städten und Burgen bestand, die bedeutende Beispiele der militärischen Architektur und des Ingenieurwesens der Zeit darstellen.

Kirche und Kultur

Die päpstliche Schenkung Amerikas an Kastilien brachte die Verpflichtung zur Evangelisierung mit sich. Die Kirche in Amerika war regiovicarial, das heißt, daß die kastilische Krone als Bevollmächtigte des Papstes agieren konnte. Das in einer Bulle verbriefte Patronatsrecht stattete die Krone zudem mit ausgedehnten Vorrechten aus, die sich auf die Organisation der Kirche, die Erhebung des Zehnten – was der Krone eine wirksame Kontrolle der Kircheneinnahmen erlaubte – sowie die Errichtung von Kirchen und Krankenhäusern erstreckten.

Auf der anderen Seite mußten die Indianer aufgrund ihrer Stellung als Vasallen des Monarchen nicht nur missioniert, sondern »zivilisiert« werden, also den westlichen Lebensstil lernen. So gingen seit dem Beginn der Kolonialzeit Evangelisierung und Hispanisierung Hand in Hand. Die kirchliche Organisation bestand – ähnlich derjenigen auf der Iberischen Halbinsel – aus der weltlichen Geistlichkeit und den Orden, von denen Franziskaner, Mercedarier, Dominikaner, der Orden des Heiligen Hieronymus und später die Jesuiten die bedeutendsten waren. Es wurden Erzbistümer und Bistümer geschaffen sowie Gemeinden und *doctrinas*, Indianergemeinden, eingerichtet, was jeweils davon abhing, ob die Bevölkerung spanisch-kreolischen Ursprungs war oder aber aus konvertierten Indianern bestand. Den Gemeinden standen Pfarrer vor, während sich um die Seelen der Indianer Missionare aus den Orden kümmerten. Man gründete in den von Indianern bewohnten Territorien und in den Grenzgebieten ferner Missionsstationen, um die Evangelisierung voranzutreiben. Dabei kam den sogenannten Reduktionen, künstlich geschaffenen Dörfern, in denen die oft verstreut lebenden Indianer zusammengeführt wurden, eine besondere Bedeutung zu. Dort versuchte man, den Indianern eine neue Lebensweise beizubringen und sie in Viehzucht zu unterweisen. Die bekanntesten Reduktionen waren die von den Jesuiten im 18. Jahrhundert geführten in Texas, Kalifornien und Paraguay.

Die Berichte und Chroniken, welche vorspanische Bräuche darstellten, um sie einfacher christianisieren zu können, dienen uns heute als einzigartige ethnohistorische Dokumente. Die religiöse Integration der Indianer in die westliche Lebensweise setzte in der Theorie nicht die Zerstörung ihrer Kultur voraus, obwohl gegen Praktiken, die der katholischen Religion oder der Regierung im Wege standen, vorgegangen wurde – als Beispiele sind Vielehe, Kannibalismus und Götzenverehrung zu nennen. Um nichtkatholische Aktivitäten zu beseitigen, wurden Inquisitionstribunale in Mexiko-Stadt, Lima und Cartagena de Indias eingerichtet; ausdrücklich ausgenommen waren davon allerdings die Indianer. Für sie wurden die sogenannten Visitationen zur Ausrottung der Götzenverehrung im 17. Jahrhundert durchgeführt, deren Tribunal dem der Inquisition ähnelte. Die indianische Religion konnte aber weder durch psychologische Beeinflussung noch durch materielle Bekämpfung gänzlich zum Verschwinden gebracht werden. Sie existierte unter der Oberfläche des Christentums fort oder nahm christliche Elemente in sich auf.

Diese Vermischung der Religionen wurde bisweilen von den Missionaren selbst gefördert. Die religiösen Orden waren zuständig für die Erziehung, die sich besonders auf die Integration der Indianer richtete und die Evangelisierung begleiten sollte. Sie gründeten Schulen für Söhne der indianischen Elite, während die Kinder von Spaniern und Kreolen entweder auf keine Schule gingen oder aber zu Hause Privatunterricht erhielten. Die erste Schule wurde 1505 in Santo Domingo gegründet. Berühmt war das von Jesuiten geleitete *colegio* in der Indianergemeinde des Cercado von Lima, das neben Indianern aber auch Spanier aufnahm. Es widmete sich besonders der Erziehung von Häuptlingssöhnen, die auf Latein unterrichtet wurden. In Santa Cruz de Tlatelolco (Mexiko) entstand 1536 eine ähnliche Bildungsstätte, die aber im Laufe des 17. Jahrhunderts ihren Betrieb einstellen mußte.

Für die Bildung besonders der kreolischen Jugend gründete man höhere Schulen und Universitäten, die von spanischen Vorbildern in Salamanca und Alcalá de Henares inspiriert waren. Die erste entstand 1538 in Santo Domingo unter dominikanischer Leitung. Mitte des 16. Jahrhunderts wurden dann die Universitäten von San Marcos in Lima und von Mexico-Stadt gegründet. Im Laufe der Kolonialzeit entstanden insgesamt 28 amerikanische Universitäten. Im 18. Jahrhundert förderten die bourbonischen Reformen die Errichtung von Schulen in Dörfern, wobei die Lehrer von den Stadtversammlungen ernannt wurden. Die Bourbonen unterstützten ferner besonders die Gründung neuer Universitäten, von denen sich einige ausdrücklich den nützlichen Wissenschaften wie Medizin, Mathematik oder Astronomie widmeten.

Daneben entstanden die Fakultäten der Schönen Künste in Mexiko (1783) und Guatemala (1797) sowie wissenschaftliche Forschungseinrichtungen wie die Bergbau-Akademie in Mexiko (1792) oder die »Gesellschaft der Freunde des Landes«, die zahlreiche Studien förderten. Es entstanden außerdem öffentliche Bibliotheken, die Botanischen Gärten von Mexiko (1788) und Guatemala (1790), die Sternwarte von Bogotá und die Seefahrtsschule von Buenos Aires. Obwohl in Brasilien keine Universität eingerichtet wurde, gründeten sich unter jesuitischer Leitung höhere Schulen für allgemeine Studien und theologische Seminare. Eine erste Druckerei entstand 1706, und das Kabinett für das Studium der Naturgeschichte wurde 1784 in Rio de Janeiro gegründet.

Die Kolonisierung Brasiliens begann später als die des spanischen Amerika. Da die ökonomischen Interessen der portugiesischen Krone sich auf Afrika und Asien richteten, überließ sie ihre Territorien auf dem amerikanischen Kontinent Privatleuten, die Handelsniederlassungen gründeten, welche sich vornehmlich auf den Handel mit Brasilholz konzentrierten. Später wurden *gobernaciones donatorias* geschaffen, die ökonomisch von Zuckerrohrplantagen abhängig waren. Das sollte die wichtigste Wirtschaftsaktivität Brasiliens werden. Mitte des 17. Jahrhunderts, als man sich gezwungen sah, das Territorium gegen eindringende Holländer und Franzosen zu verteidigen, installierte man eine dem spanischen Vorbild verpflichtete Regierungsverwaltung. Bahia wurde so zum administrativen Zentrum, Brasilien im 18. Jahrhundert zum Vizekönigreich.

Die Evangelisierung und Akkulturation der brasilianischen Indianer blieb in der Hauptsache der »Gesellschaft Jesu« vorbehalten. Die Jesuiten führten die Indianer in *aldeias* zusammen, Dörfern, in denen sie sich der Landwirtschaft widmeten, um die

Städte zu versorgen. Dies brachte den Rückgang der *bandeiras* mit sich, jener Gruppen, die aus Indianerjägern bestanden und in den Urwäldern des Landesinneren operierten. Einige Ordensleute sprachen sich öffentlich für die Indianer und gegen das Encomienda-System aus, das von manchen als das einzig wirksame Instrument der Kolonisation angesehen wurde. Sie studierten die Sprachen der Ureinwohner, um entsprechende Lehrbücher für den Glaubensunterricht, Beichtspiegel und Predigten zu verfassen. Diesem Ziel dienten ebenso die Grammatiken und Wörterbücher, die den Missionaren die Arbeit erleichtern sollten. Außerdem wurden die prähispanischen Bräuche und Glaubensvorstellungen studiert, um auf dieser Basis die Christianisierung besser durchführen zu können.

Die von den Eroberern und Siedlern nach Amerika eingeführten Bücher kamen aus Spanien. Seit der Regentschaft Philipps II. wurde der Handel mit Büchern gesetzlich geregelt und überwacht, wollte die Krone doch verhindern, daß ketzerische, profane oder die spanische Politik kritisierende Bücher nach Amerika gelangten. Diese Kontrolle konnte allerdings nicht verhindern, daß verbotene Werke unter einem anderem Titel dort ankamen. Die ersten amerikanischen Buchdruckereien begannen 1538 in Mexiko und 1584 in Lima die Arbeit aufzunehmen. Ihre recht geringe Buchproduktion konzentrierte sich zunächst auf solche Werke, die zur Evangelisierung benötigt wurden, doch im Laufe des 17. und 18. Jahrhunderts wurden auch spanische und kreolische Autoren verlegt, da die amerikanische Gesellschaft ihre eigene Literatur – Chroniken, Gedichte, Heldenepen – hervorbrachte. Schon in frühkolonialer Zeit hatten in Amerika geborene Schriftsteller, Spanier wie Mestizen, bedeutende literarische Werke geschaffen: erwähnt seien nur der Inka Garcilaso de la Vega (1539 bis 1616), Fernando de Alba Ixtlilxùchitl (1568? bis 1648) oder Schwester Juana Inés de la Cruz (1651 bis 1695). Später wurden neben Büchern auch Zeitungen und die wissenschaftlichen Zeitschriften des 18. Jahrhunderts veröffentlicht. Sie stellten ein wichtiges Forum für die Diskussion und Verbreitung der aus Frankreich kommenden Philosophie und Revolutionspropaganda dar, deren Autoren in fast allen hispanoamerikanischen Bibliotheken privater oder öffentlicher Natur vertreten waren.

Kunstunterricht wurde in Amerika seit Beginn der Kolonialzeit von zahlreichen europäischen Künstlern erteilt. Im 16. Jahrhundert gründete man in Quito das Colegio de San Andrés, an dem Architekten, Bildhauer und Maler ausgebildet wurden. Iberoamerikanische Kunst sollte zu einer großen Blüte gelangen, die den Bau von öffentlichen Gebäuden (vizekönigliche Paläste, Krankenhäuser, Münzprägestätten, Gerichte), Verteidigungsanlagen und religiöser Architektur (Kathedralen, Kirchen, Konvente) begleitete. Das Feiern kirchlicher oder staatlicher Feste mit ihren großartigen prunkvollen Kunstwerken, die manchmal den Festtag nicht überdauerten, erreichte im Zeitalter des Barock einen Höhepunkt. Die verschiedenen Stilrichtungen des »amerikanischen Barock« oder *ultrabarroco* brachten eine originelle Ästhetik hervor, die besonders auf ornamentalen Reichtum Wert legte.

Schlußbemerkung

Die spanische und portugiesische Kolonisation setzte eine Übertragung kultureller Muster aus Europa und der Iberischen Halbinsel nach Amerika voraus. Die institutionelle Organisation und die Lebensweise wurden aus Europa auf das gesamte soziokulturelle Gefüge der amerikanischen Regionen und Ethnien übertragen. Dennoch mußten sich diese fundamentalen Änderungen auch an die neuen Lebensbedingungen und kulturellen Einflüsse der indianischen Gesellschaft anpassen, was verhinderte, daß die jeweiligen Kulturen ihre ursprüngliche (europäische) Identität behielten. In diesen Formen der Begegnung verschiedener Kulturen spiegelt sich die kulturelle Einheit Iberoamerikas wider, die sich auf eine Mestizisierung und eine Vermischung verschiedener kultureller, sprachlicher, künstlerischer, ideologischer und materieller Traditionen stützt, welche die Lebensformen und bestimmenden Elemente einer Identität und eines politischen Bewußtseins charakterisieren.

Aus dem Spanischen von Otto Danwerth

Nordamerika, Australien, Neuseeland

Dagmar Bechtloff

Die Begriffe »Kolonien« und »Kolonialkultur« sind etymologisch auf das lateinische *colere* (bebauen, pflegen, urbar machen) zurückzuführen. Tatsächlich waren es Siedlungskolonien, deren Ziel die Nutzung billigen Landes war, welche die Geschichte europäischer Einflußnahme auf die Entwicklung Nordamerikas – genauer gesagt, der späteren Vereinigten Staaten von Amerika – und Kanadas sowie jene Australiens und Neuseelands prägten. Die alteingesessenen Völker, ob Maori in Neuseeland, Aborigines in Australien oder Ureinwohner im nördlichen Amerika, wurden in kriegerischen Auseinandersetzungen von den Europäern zurückgedrängt. Vielfach starben sie an aus Europa eingeschleppten Krankheiten wie Masern, Tuberkulose, Pocken und Grippe. Dies und die zum Teil gezielte Einführung von Alkohol führten in vielen Landstrichen zu genozidähnlichen Folgen.

Ihrerseits flüchtete die Mehrzahl der europäischen Emigranten vor dem Elend und der Not in ihren Heimatländern. Der Auswandererstrom bestand in der Regel aus armen, relativ jungen Familien und Einzelpersonen bäuerlicher Herkunft. Der Entschluß zum kaum einschätzbaren Risiko, allein oder mit der ganzen Familie in eine unbekannte Welt auszuwandern, spiegelte sowohl die Ausweglosigkeit der Lage in der Heimat als auch die Hoffnungen wider, in der Neuen Welt eine bessere Existenz aufbauen zu können.

Auf den Britischen Inseln hatte sich der kleine und mittlere bäuerliche Besitz seit dem Spätmittelalter ständig verringert. Amerika bot die neue Chance, zu Landbesitz zu kommen. Das war der entscheidende Hintergrund für die Auswanderung ganzer Dorfgemeinschaften, deren ungebrochene Identität und Gemeinschaft in der Neuen Welt ein wichtiges Entwicklungskapital darstellten.

Im Falle der protestantischen Auswanderer kam oft als zusätzlicher Impuls der Wunsch nach freier Religionsausübung hinzu. Auch politische Rechte, wie sie die englischen Auswanderer erhielten, spielten eine nicht zu unterschätzende Rolle. Die staatliche Reglementierung seitens der europäischen Mutterländer richtete sich vor allem auf konfessionelle Fragen: Die Kolonien der katholischen Mächte sollten von Andersgläubigen, das heißt von Protestanten, Juden und Mauren, frei sein, während die protestantischen Nationen bestrebt waren, katholische Auswanderer auszuschalten. Die meisten englischen Emigranten waren Protestanten, von denen viele nicht der Staatskirche angehörten. Vor allem in Nordamerika schien sich ihnen die ersehnte Gelegenheit zu bieten, nach den Regeln ihrer Religionsauffassung zu leben.

Im 18. Jahrhundert zeichneten sich englische Kolonien in Australien noch durch eine weitere Besonderheit aus: Es wurden gezielt Sträflingskolonien gegründet. Hinter dieser Politik standen zwei Überlegungen. Zum einen konnte auf diese Weise der Nachfrage nach billigen Arbeitskräften in den Kolonien entsprochen werden, zum anderen wurde das Mutterland von gesellschaftlichen Problemen befreit, die sich aus dem Anwachsen sozial unruhiger Bevölkerungsgruppen ergaben.

Für die Geschichte europäischer Kolonien in Nordamerika und Australien war ein innereuropäisches Ereignis von außerordentlich großer Bedeutung. Der Siebenjährige Krieg verflocht zwischen 1756 und 1763 fast alle europäischen Nationen in eine blutige Kontroverse. Als es in Indien und Kanada zu militärischen Auseinandersetzungen zwischen Großbritannien und Frankreich kam, weitete sich erstmals ein europäischer Krieg über die Grenzen des Kontinentes aus. Das führte sowohl zu einer Veränderung der Hegemonialstruktur innerhalb Europas als auch zu einer Neuordnung europäischer Interessen in aller Welt. Unter der Federführung Großbritanniens und Frankreichs begann eine neue Phase der Entdeckungsfahrten, die in einem bis dahin unbekannten Maße zielbewußt, sorgfältig geplant und vorbereitet, durchgeführt und ausgewertet wurden.

Die britischen und französischen Kolonien in Nordamerika

Der amerikanische Kontinent verdankt seinen Namen dem Kosmographen und Kartenmacher Martin Waldseemüller (um 1470 bis circa 1520). Dieser fertigte einen gedruckten Globus sowie eine monumentale Wandkarte an, die beide an entsprechender Stelle die Bezeichnung »America« aufwiesen. Er begründete dies unter anderem damit, daß Amerigo Vespucci diesen vierten Erdteil, der als Insel dargestellt wurde, gefunden habe. Zwar hat jener in seinem berühmten ›Mundus Novus‹-Brief die Auffindung einer Neuen Welt beschrieben, doch hat er den neuen Kontinent weder entdeckt noch seinen Inselcharakter festgestellt. Dennoch setzten sich die Bezeichnungen »Mundus Novus« und »America«, zunächst auf Südamerika bezogen, allmählich auch für den Norden durch. Heute werden die Vereinigten Staaten von Amerika umgangssprachlich häufig mit »Amerika« gleichgesetzt.

Um das Jahr 1000 entdeckten die ersten Europäer von Grönland aus die atlantische Küste und betraten, wie archäologische Funde beweisen, auch das Land. Ihre Kenntnisse gerieten jedoch bald in Vergessenheit. Erst 1497 gelangte der in englischen Diensten stehende Italiener Giovanni Caboto (John Cabot) erneut an die atlantische Küste Kanadas, wobei er glaubte, das nördliche China vor sich zu haben.

Im Bereich der heutigen Vereinigten Staaten von Amerika gelang die erste dauerhafte Gründung einer europäischen Niederlassung im Jahre 1607 im heutigen Virginia. Die Bevölkerung der Kolonien wuchs anfangs nur langsam. Die im frühen 17. Jahrhundert einsetzende große Einwanderung wurde durch zahlreiche wirtschaftliche Mißstände in England begünstigt. Die steigende Nachfrage nach Wolle in Europa hatte zu einer Vergrößerung der Weideflächen auf Kosten von Landparzellen geführt, wodurch viele Kleinbauern um ihren Lebensunterhalt gebracht wurden. Als weiteres Moment kamen die politischen Unruhen im Mutterland hinzu.

Zu Beginn der vierziger Jahre war die Zahl der Siedler in den englischen Kolonien Nordamerikas schließlich auf rund 10 000 Menschen gestiegen. Die gemeinsame Triebkraft der wichtigsten dieser Gründungen war der Puritanismus, das heißt die Oppositionsbewegung gegen die englische Staatskirche. Viele der Auswanderer, die sich in der ersten Hälfte des 17. Jahrhunderts in Neuengland niederließen, waren radikale oder gemäßigte Puritaner, beseelt von dem Wunsch, hier die wahre Gemeinde Christi zu begründen und so die auf halbem Weg stehengebliebene Reformation in England zu vollenden.

Die erste Puritanerkolonie war die von Plymouth, gegründet von den sogenannten Pilgervätern, die im Herbst 1620 auf der »Mayflower« den Atlantik überquert hatten. Auch aus Deutschland kamen religiös motivierte Auswanderer. Bereits 1683 segelten die ersten 13 mennonitischen Familien aus Krefeld nach Amerika und ließen sich in der Nähe von Philadelphia nieder. Ihr Germantown bildete die erste dauerhafte deutsche Siedlung auf amerikanischem Boden, doch erst Anfang des 18. Jahrhunderts folgte eine größere Zuwanderung, auch jetzt wieder vor allem aus religiösen Gründen.

Der Konflikt zwischen den britischen Kolonien in Nordamerika und dem Mutterland, der das 18. Jahrhundert überschattete und schließlich zur Gründung der Vereinigten Staaten von Amerika führte, entzündete sich an zwei Problemen. Das erste betraf die Westexpansion. Die Kolonien brauchten neues Land, wobei einige von ihnen eine Ausdehnung bis zum Mississippi beanspruchten. Die englische Regierung widersprach dieser Ansicht. Der zweite Konfliktpunkt betraf den Finanz- und Steuerbereich und ergab sich aus dem englischen Wunsch, die überseeischen Kolonien zur Deckung der Kosten des Siebenjährigen Krieges heranzuziehen. Die Reaktion der Kolonien war äußerst heftig und richtete sich in erster Linie gegen die Tatsache, daß ein Parlament, in dem die Kolonien nicht vertreten waren, diesen die Entrichtung von Steuern vorschreiben wollte.

In diesem Zusammenhang stand die Boston Tea Party vom 16. Dezember 1773 – Siedler vernichteten, als Indianer verkleidet, eine Schiffsladung Tee der Ostindischen Handelskompanie –, die in allen Kolonien mit Beifall begrüßt, von der englischen Regierung jedoch als Akt der Rebellion betrachtet wurde. Im Frühjahr 1775 brach schließlich ein offener Krieg zwischen den Kolonisten und dem Mutterland aus. Am 4. Juli 1776 erfolgte auf Antrag Virginias der Beschluß, wonach die 13 Kolonien Virginia, New Hampshire, New York, Massachusetts, Maryland, Connecticut, Rhode Island, Delaware, North Carolina, New Jersey, South Carolina, Pennsylvania und Georgia vereinigte, freie und unabhängige Staaten seien und von Rechts wegen auch bleiben müßten. Mit der Annahme dieser Unabhängigkeitserklärung erfolgte die endgültige Trennung vom Mutterland. Das bedeutete allerdings nicht das Ende des englisch-amerikanischen Krieges, der sich noch bis in den Spätsommer 1783 hinzog. Am 3. September wurden in Paris schließlich die endgültigen Friedensverträge unterzeichnet. Zwei Monate später verließen die letzten englischen Truppen New York.

Obgleich Kanadas Geschichte immer auch von den Ereignissen im Süden beeinflußt wurde, verlief sie wesentlich ruhiger. Kanada verdankt seinen Namen einem

Mißverständnis. Als der Bretone Jacques Cartier in den dreißiger Jahren des 16. Jahrhunderts Expeditionen in diesen Teil der Neuen Welt unternahm, fragte er die Irokesen, an welchem Ort er sei. Die Einwohner sagten daraufhin, er befände sich in einer Stadt, einer *kanata*. Der Name bürgerte sich im europäischen Bewußtsein rasch ein. Cartier nahm das Land für seinen König in Besitz. Cartiers Berichte waren wenig ermutigend, insbesondere der lange und harte Winter schien einer Kolonisierung durch die Franzosen entgegenzustehen. Positiv vermerkte er, neben der Bedeutung der reichen Fischgründe, den Tauschhandel mit Pelzen, die in Europa einen wachsenden Absatzmarkt fanden, als mit Biberpelzen besetzte Hüte in Mode kamen.

Angetrieben durch die Erfolge der französischen Pelzhändler, drangen englische Kaufleute durch die Hudson Bay vor, um an die Pelze zu gelangen. Wichtige Voraussetzung war die Gründung der »Company of Adventurers of England Trading into Hudson's Bay«, kurz Hudson's Bay Company (HBC), im Jahr 1670. Der Pelzhandel blieb noch für Jahrzehnte die wichtigste Einnahmequelle und Funktion europäischer Kolonien Kanadas, deren erste und bedeutendste Québec war.

Der Aufbau eines staatlichen Gefüges entwickelte sich in Kanada nur zögernd. Zudem verschärften sich in den Kolonien Nordamerikas seit der Mitte des 18. Jahrhunderts die schon lange schwelenden Auseinandersetzungen zwischen Briten und Franzosen. Im Verlauf des Siebenjährigen Krieges kam es schließlich zu direkten militärischen Auseinandersetzungen zwischen englischen und französischen Truppen auf amerikanischem Boden. Im Frieden von Paris 1763 erhielt Großbritannien das östliche Nordamerika, mit Ausnahme von zwei kleinen Inseln südlich von Neufundland.

Die ungefähr 60 000 französischen Kanadier blieben bis zur ›Quebec Act‹ 1774 unter britischer Militärverwaltung. Dieses Gesetz, das unter dem Eindruck der Unruhen in den 13 südlicher gelegenen Kolonien entstand, gewährte der französischstämmigen Bevölkerung gewisse politische Rechte sowie Religionsfreiheit. Weiterhin galt das französische Zivilrecht. Enge verwandtschaftliche Bindungen, ein starkes Gefühl für familiären und lokalen Zusammenhalt, gemeinsame Religion und kirchliche Morallehre, Sprache und das gemeinsame Schicksal als Minorität schufen eine homogene ethnische Gruppe. Die Frankokanadier waren kulturell und von ihrer Abstammung her eng verbunden, zumal sie vorwiegend aus den Regionen Normandie und Ile-de-France kamen. Dies spiegelt sich an der migrationshistorisch seltenen Tatsache wider, daß die heutigen 6,5 Millionen Frankokanadier im wesentlichen auf nur rund 10 000 Einwanderer zurückgehen.

Die Auswirkungen der kriegerischen Auseinandersetzungen zwischen den 13 Kolonien und der britischen Krone kennzeichneten die folgenden Jahre in Kanada. Nach der Anerkennung der Souveränität der Vereinigten Staaten kamen als relativ geschlossene Einwanderungsgruppe insgesamt 50 000 sogenannte Loyalisten in den Norden. Sie hatten während der Revolution in den Kolonien zur britischen Krone gehalten, und viele von ihnen ließen sich nun in Québec nieder.

Erst im 19. Jahrhundert erlebte die wirtschaftliche und demographische Entwicklung Kanadas wesentliche Veränderungen. Nun erlangte die Holzwirtschaft stärkere Bedeutung und entwickelte sich zum wichtigsten Außenhandelsgut ihrer Zeit.

Ein viertes Exportprodukt bildete Getreide, in erster Linie Weizen. Parallel zum wirtschaftlichen Aufschwung wuchs Kanadas Attraktivität als Einwanderungsland und erreichte 1883 mit 133 600 Immigranten einen ersten Höhepunkt. Zwar kamen nun eine Vielzahl nationaler Bevölkerungsgruppen ins Land, doch über 90 Prozent der Bevölkerung waren vormals Engländer oder Franzosen. Unter den Minoritäten waren Deutsche von Anfang an besonders stark vertreten; im Jahr 1871 wurden 203 000 Personen deutscher Herkunft gezählt. Dies entsprach 5,8 Prozent der Gesamtbevölkerung, bedeutete aber gleichzeitig 85 Prozent der Einwandererminoritäten. Viele von ihnen waren Nachfahren von Soldaten, die während der französisch-britischen und der britisch-us-amerikanischen Auseinandersetzungen des 18. Jahrhunderts in britischen Diensten gestanden hatten. Andererseits kamen aber auch deutschstämmige überzeugte Pazifisten wie die Mennoniten ins Land, die zwischen 1792 und 1837 aus New Jersey und Pennsylvania nach Kanada weiterwanderten. Immer bestand eine enge Verbindung zwischen der Geschichte der Ein- und Auswanderung in Kanada und den jeweiligen Verhältnissen in den USA. Kanada war zugleich Immigrations- und Emigrationsland, denn viele Einwanderer nutzten das Land als erste Etappe auf dem Weg zum endgültigen Ziel, das für sie Vereinigte Staaten von Amerika hieß.

Die englischen Kolonien in Australien und Neuseeland

Australien ist ein echter »Inselkontinent«, das heißt, er ist allseitig von Weltmeeren umgeben. Ihm am nächsten liegt, mehr als 1000 Kilometer entfernt, Asien. Isoliert seit dem Ende der Kreidezeit, als sich die Landmassen endgültig von dem zerfallenden Gondwanaland lösten und nordwärts drifteten, ist Australien ebenso wie Neuseeland erdgeschichtlich mit Madagaskar, nicht aber mit Afrika verbunden.

Hintergrund des ersten großen europäischen Erforschungsunternehmens in diese Region im Jahre 1605 bildete die aus der Antike stammende Vorstellung eines riesigen Südlandes, einer »terra australis«. Die Expedition unter Leitung von Quirós entdeckte damals die Neuen Hebriden, die er, ganz diesen Vorstellungen verhaftet, feierlich auf den Namen »Australia del Espíritu Santo« taufte und für den spanischen König in Besitz nahm. Einige Jahre später unternahm die niederländische Vereenigde Oostindische Compagnie (VOC) Anstrengungen, die »Terra australis incognita« zu erforschen und neue Handelsbeziehungen zu knüpfen. Kapitän Abel Janszoon Tasman wurde 1642/43 mit dieser Aufgabe betraut. Die Fahrt begann von der Insel Mauritius im Indischen Ozean. Tasman entdeckte eine heute nach ihm benannte Insel südlich von Australien und anschließend die Südinsel von Neuseeland, von der er vermutete, daß es sich um einen Ausläufer des Südkontinents handelte; er nannte sie Neu-Holland. Da die Möglichkeiten, Handel zu treiben, von ihm für ausgesprochen gering gehalten wurden, erlosch das Interesse der VOC an weiteren Erkundungsfahrten.

James Cook war es schließlich, der am 29. April 1770 in der Botany Bay, einer großen Bucht im Süden des heutigen Sydney, ankerte und am 22. August im Namen des Königs Georges III. die gesamte Ostküste Australiens als New South Wales annektierte. Acht Jahre später wurde der Marineoffizier Arthur Philipp, Sohn eines in London lebenden Frankfurter Lehrers, zum Kommandanten der ersten Sträflingsflotte und zum Gouverneur der neuen Kolonie ernannt. Am 13. Mai 1787 stach die »First Fleet«, bestehend aus elf Schiffen und einer Besatzung von 1475 Männern und Frauen (736 von ihnen waren Sträflinge), von England aus in See. Fast alle waren wegen geringfügiger Armutsdelikte verurteilt worden. Am 26. Januar 1788 wurde die Siedlung Sydney Cove gegründet und kurz darauf die Kolonie New South Wales offiziell proklamiert. Damit begann die Geschichte des »weißen« Australien. Die ersten Jahre waren schwierig, mehr als einmal drohte Hungersnot, auch zeigten die Sträflinge weder Interesse an landwirtschaftlicher Arbeit, noch verfügten sie über entsprechendes Wissen, stammten sie doch fast ausschließlich aus städtischen Elendsvierteln. Bis zum Beginn des 19. Jahrhunderts war es den Kolonisten trotzdem gelungen, weitgehend Selbstversorger zu werden. Der Siedlungsraum begann sich weiter auszudehnen, und neue Kolonien wurden gegründet.

Eine Sonderstellung unter den sechs australischen Kolonien nahm Südaustralien ein. Sie war von Anfang an eigenständig, ging sie doch weder aus einer Sträflingskolonie hervor, noch waren an ihrem Aufbau Sträflinge beteiligt. Ihre Gründung geht vielmehr auf ein systematisches Kolonisierungsprojekt zurück, zu dem die Auswahl bestimmter Personengruppen gehörte, insbesondere junger Ehepaare und Personen im heiratsfähigen Alter. Die ersten Siedler erreichten im Dezember 1836 ihre neue Heimat und begannen sofort mit dem Aufbau der Stadt Adelaide. Unter den folgenden zahlreichen Gruppen war 1838 auch eine aus Schlesien, die ihre Heimat aus religiösen Gründen verlassen hatte. In der, gerade im Vergleich mit Europa außerordentlich ruhigen Geschichte Australiens und Neuseelands fallen als entscheidende Ereignisse des 19. Jahrhunderts die Goldfunde in Neu Südwales, Victoria und Neuseeland auf. Der einsetzende Goldrausch ließ die Bevölkerungszahl innerhalb eines Jahrzehnts um das Dreifache in die Höhe schnellen. Das führte zu teilweise anarchischen Verhältnissen, da Landarbeiter, Handwerker, Schafhirten und selbst Polizisten die Arbeit niederlegten und auf die Goldfelder eilten.

Wie bereits erwähnt, ist die europäische Entdeckungsgeschichte Neuseelands mit der Fahrt Abel Janszoon Tasmans verbunden. Von Batavia aus lossegelnd, erreichte er mit den beiden Schiffen »Heemskirk« und »Zeehaen« als erste größere Landmasse die heute Tasmanien genannte Insel und versuchte dann, die australische Ostküste zu erforschen. Ungünstige Winde trieben die Schiffe allerdings von ihrem Kurs ab, und am 13. Dezember 1642 erreichten sie die Westküste der Südinsel, segelten an ihr entlang und ankerten schließlich in der heutigen Golden Bay. Bald erschienen Einheimische in Kanus, die die Fremden angriffen und sie schließlich vertrieben. Ohne einen Fuß an Land zu setzen, wurde die Küstenlinie bis zum nordwestlichen Inselende erkundet; dann segelte man nach Java zurück, wo Tasman und seine Leute am 6. Januar 1643 ankamen. Überzeugt, es handele sich bei dem erforschten Land um einen Teil des großen Südkontinents, nannte er die Gebiete Staaten Landt, doch änderten die niederländischen Behörden den Namen 1643 in Nieuw Zeeland.

Bis zu den Entdeckungsfahrten von James Cook in der zweiten Hälfte des 18. Jahrhunderts blieb die Inselregion unberührt von europäischen Besuchen. Mit der »Endeavour« segelte der englische Lieutnant am 7. Oktober 1769 in die Poverty Bay. Auf seiner ersten Reise verbrachte er insgesamt ein halbes Jahr in neuseeländischen Gewässern. Im Frühjahr 1770 nahm er schließlich offiziell die entdeckten Orte und Gebiete in Besitz seines Königs.

Die Reaktion der einheimischen Maori war durchgängig feindlich. Das war gewiß einer der Gründe für die zögernde europäische Besiedlung Neuseelands. 1825 unternahm Kapitän James Herd den ersten Versuch, im Hauraki Gulf eine organisierte Kolonie auf Ländereien zu gründen, über die er, wie er meinte, eindeutige Besitztitel besaß. Kurze Zeit nach ihrer Ankunft mußten die Kolonisten jedoch erkennen, daß ihr Vorhaben am einheimischen Widerstand scheitern würde. Während viele nach England zurückkehrten, versuchten einige wenige von ihnen in der Bay of Islands und in Hokianga eine neue Kolonie zu schaffen.

Diese Kolonie hatte langsam Erfolg, zumal nun Walfangschiffe häufiger in der Bay of Islands ankerten und sich so eine, wenn auch ungeordnete, Siedlung entwickelte. Sehr spät, in den vierziger Jahren des vergangenen Jahrhunderts, begann die Phase der Gründung europäischer Siedlungskolonien. Mit der Kolonisation beauftragte englische Gesellschaften wie beispielsweise die New Zealand Company brachten auswanderungswillige bäuerliche Siedler ins Land. Neuseeland wurde nun unter die nominelle Jurisdiktion von New South Wales gestellt und 1839 amtlich als dessen Teil angesehen. Um diese Zeit lebten ungefähr 2000 britische Bürger auf Neuseeland. 1841 wurde Neuseeland schließlich britische Kronkolonie und erhielt 1907 ebenso wie Kanada und Australien den Status eines *Dominion*.

Die Geschichte der europäischen Auswanderung in die englischen und französischen Kolonien Nordamerikas, Australiens und Neuseelands unterscheidet sich ganz wesentlich von jener der iberischen überseeischen Reiche und den kolonialen Bestrebungen europäischer Nationen in der zweiten Hälfte des 19. Jahrhunderts. Dies gilt vor allem für die soziale Herkunft der Emigranten, die meist landlosen bäuerlichen und armen städtischen Familien entstammten oder Angehörige religiöser Minderheiten waren, die in ihrer Heimat für sich keine Zukunft mehr sahen und in der Fremde dauerhaft leben wollten. Vielfach war ihnen der Weg zurück aus sozioökonomischen, religiösen oder politischen Gründen versperrt. Charakteristisch für die europäischen Siedlungskolonien war ferner, daß sie in relativ dünnbesiedelten Regionen angelegt wurden, wo Europäer nicht auf fremde staatliche Gebilde oder eine größere seßhafte Bevölkerung trafen. Der Widerstand der Urbevölkerungen war zwar heftig, endete aber fast überall mit ihrer Niederlage. Eine tragische Bedeutung spielten dabei auch die aus Europa eingeschleppten Krankheiten.

Eines der dunkelsten Kapitel europäischer Siedlungskolonisation in der Neuen Welt bildet die Einfuhr afrikanischer Sklaven in die südlichen englischen Kolonien Nordamerikas. Ihr Beitrag zur wirtschaftlichen Entwicklung der Kolonien war bedeutsam. Ihre kulturelle Prägung erhielten die hier skizzierten Gesellschaften Nordamerikas, Australiens und Neuseelands, die aus englischen und französischen Siedlungskolonien hervorgegangen waren, jedoch von europäischen Immigranten.

Afrika

Andreas Eckert

Am Ende des 20. Jahrhunderts betrachtet Europa Afrika zumeist als den »Hinterhof des Planeten«; in den Augen vieler Europäer ist das subsaharische Afrika ein Krisenkontinent, ein nicht aus eigener Kraft überlebensfähiger internationaler Sozialfall, gar ein Abschreibungsprojekt. Obwohl dieses Image von vielen Vorurteilen, Klischees, Verzerrungen und Essentialisierungen geprägt ist, läßt sich die krisenhafte, zum Teil dramatische Situation vieler afrikanischer Staaten nicht leugnen. Was hat Europa damit zu tun?

In den Augen vieler ist die europäische Kolonialherrschaft in beträchtlichem Maße für die heutige Misere Afrikas verantwortlich. Durch sie habe Europa Afrika systematisch unterentwickelt, ausgebeutet und kulturell deformiert; mit diesen Erblasten hätten afrikanische Gesellschaften und Staaten bis heute zu kämpfen. Die Gegenmeinung läßt sich so zusammenfassen: Der Kolonialismus habe in Afrika zwar Gewalttaten und Grausamkeiten begangen, aber in einem vom Gang der Weltgeschichte weitgehend isolierten Teil der Welt die Wurzeln von Zivilisation und Entwicklung gelegt, moderne Verwaltungs- und Rechtsstrukturen, Schulen und Krankenhäuser aufgebaut, Verkehrswege erschlossen, kurzum: Afrika »entwickelt«. Die Führungsschichten des unabhängigen Afrika hätten diese guten Ausgangsbedingungen jedoch weitgehend wieder zerstört, so daß gar über eine neue Treuhandschaft über Teile Afrikas nachgedacht werden müsse.

Die europäische Kolonialherrschaft in Afrika war jedoch wesentlich ambivalenter, als es diese – zugespitzt formulierten – Positionen reflektieren. Kolonialismus kam in vielfältigem Gewande daher und wirkte sich von Region zu Region unterschiedlich aus. Er war vielerorts und für viele Afrikaner traumatisch, steht gleichzeitig jedoch für eine industrielle Revolution, deren Leistung weitaus größer war als das, was Europa im 16. Jahrhundert nach Lateinamerika und im 18. Jahrhundert nach Indien gebracht hat. Vor allem aber war Kolonialismus in Afrika keine Einbahnstraße: Afrikanische Gesellschaften prägten in hohem Maße die bei ihnen lebenden Europäer. Und darüber hinaus drückte Afrika in unterschiedlichem Ausmaß Entwicklungen in den europäischen Ländern selbst den Stempel auf: Die Kolonialherrschaft in Afrika spielte eine bedeutende Rolle bei der Rekonfiguration europäischer Kultur und Wissenschaften im 19. und 20. Jahrhundert. Musik, bildende Kunst und Architektur Europas zeigen deutlich afrikanische Einflüsse. Auch die Formen sozialer Disziplin sowie die Diskurse über Sexualität in der bürgerlichen europäischen Ordnung entstammten häufig Modellen und Inspirationen kolonialer Unternehmungen. Weder waren die Kolonien in Afrika leere Räume, die nach europäischen Vorstellungen und Interessen modelliert wurden, noch waren europäische Staaten selbstgenügsame Einheiten, die sich zu einem bestimmten Zeitpunkt in Afrika bzw. Übersee zur Geltung brachten. Europa wurde durch seine kolonialen Projekte in Afrika ebenso geprägt, wie jene durch Konflikte innerhalb Europas beeinflußt wurden. Rivalitäten zwischen den Mächten selbst, politische Strategien in den beteiligten imperialistischen Staaten, Privatinteressen von Individuen und Gruppen, Hoffnungen auf ökonomische Gewinne, aber auch spezifische Konstellationen in einigen afrikanischen (Küsten-)Regionen haben diesen Prozeß eingeleitet.

Die Okkupation Afrikas in den letzten beiden Jahrzehnten des 19. Jahrhunderts war in jedem Fall ein einzigartiger Vorgang der zeitlich konzentrierten Enteignung eines Kontinents. Bis zu dieser Periode waren lediglich Südafrika (seit 1652) und Algerien (seit 1830) europäische Kolonisationsgebiete. Daneben gab es höchstens punktuelle Einflüsse, etwa der Franzosen im Senegal, der Portugiesen in Mosambik und der Briten in Sierra Leone. Handelsbeziehungen und missionarische Betätigungen hatten sich im Verlauf des 19. Jahrhunderts intensiviert. Die eigentliche Aufteilung Afrikas war zunächst ein eher symbolischer Vorgang. Durch Verträge untereinander verpflichteten sich die europäischen Großmächte zur gegenseitigen Anerkennung von Kolonien, Protektoraten und Einflußsphären. Sie gaben nicht eher Ruhe, bis auch das weltabgeschiedenste Wüstengebiet wenigstens formal unter europäische Herrschaft gestellt war. Nicht vergessen sollte man, daß die Europäer ihren Herrschaftsanspruch nicht nur gegen europäische Rivalen und gegen einheimischen Widerstand durchsetzen mußten, sondern auch – namentlich in Ostafrika – gegen einen arabischen Sekundärimperialismus. Die effektive Besitznahme ließ oft lange auf sich warten und blieb nicht selten für immer provisorisch. Es wurden damals jedoch jene Grenzen gezogen, die bis heute in vielen Fällen diejenigen der unabhängigen afrikanischen Nationalstaaten geblieben sind – und Ursache für viele Konflikte. Nur wenige Besitzungen, zum Beispiel Kenia und Simbabwe (das frühere Südrhodesien), entwickelten sich zu Siedlerkolonien. Doch auch hier blieb die Zahl der Europäer verhältnismäßig gering; in Kenia etwa lebten 1939 etwa 21 000 Europäer, weniger als ein Prozent der Gesamtbevölkerung.

Koloniale Herrschaft in Afrika kleidete sich in eine Vielzahl organisatorischer Gewandungen. Die europäischen Kolonialreiche waren administrativ alles andere als homogen. Wie groß die Handlungsfreiheit eines Gouverneurs im Einzelfall gegenüber seinem Ministerium in Paris oder London auch sein mochte: Der koloniale Staat war nach außen hin den politischen Instanzen des Mutterlandes untergeordnet, in der Kolonie selbst aber seinem Wesen nach autokratisch.

Der koloniale Staat ist also durch seinen Doppelcharakter gekennzeichnet, der ihn gleichzeitig untergeordnet und nahezu allmächtig erscheinen läßt. Die Macht an der Spitze ist autokratisch zentralisiert, gleichzeitig wird an der Basis eine »Teile und herrsche«-Politik praktiziert. Was den kolonialen Staat in Afrika (und anderswo) langfristig instabil, wenn nicht gar illegitim machte, war der Umstand, daß seine fundamentale Loyalität außerhalb seines Tätigkeitsfeldes lag. Das Gemeinwohl, welches er zu vertreten vorgab, war letztlich nicht das der Kolonie, der er vorstand, sondern das des kolonialen Imperiums. Wirtschaftlich schließlich waren die Afrika-Kolonien, das haben uns Wirtschaftshistoriker penibel vorgerechnet, grosso modo ein Verlustgeschäft für die Kolonialstaaten und damit für die europäischen Steuerzahler, deren Einnahmen durch Zölle und Steuern die Ausgaben für Verwaltung, Militär, Infrastruktur oft bei weitem nicht deckten. Eine Reihe von europäischen Unternehmen hat sich dagegen in und an den afrikanischen Kolonien eine goldene Nase verdient.

Paradoxerweise war Afrika für die europäischen Mächte niemals so wichtig wie kurz vor dem Ende der Kolonialperiode: in den anderthalb Jahrzehnten nach dem Ende des Zweiten Weltkriegs, als ihre asiatischen Besitzungen rapide zusammengeschmolzen waren. Besonders die großen europäischen Kolonialmächte England und Frankreich lancierten einen »Entwicklungskolonialismus«, der den Metropolen direkten (ökonomischen) Nutzen und den Afrikanern für eine künftige Unabhängigkeit die nötige »Reife« bescheren sollte. Öffentliche Investitionen größeren Ausmaßes wurden getätigt, die koloniale Bürokratie in hohem Maße aufgebläht. Niemals zuvor kamen so viele Afrikaner in so unmittelbare Berührung mit Repräsentanten der Kolonialmacht wie in jenen letzten Jahren der kolonialen Herrschaft. Diese späte Kraftanstrengung trug aber entscheidend zum Ende des formellen Kolonialismus bei, denn die Entwicklungsversprechungen erweckten auf afrikanischer Seite Hoffnungen, die niemals erfüllt werden konnten – vor allem bei der schwierigen wirtschaftlichen Situation in den »Mutterländern«, die immer wieder ökonomische Entscheidungen zu Lasten der afrikanischen Kolonien gerechtfertigt erscheinen ließen.

Die politische Dekolonisation verlief in Afrika ebenso zügig wie – verhältnismäßig – gewaltlos. Die Ursachen für das Ende kolonialer Herrschaft südlich der Sahara waren ähnlich vielschichtig wie die für ihren Beginn. Zu nennen sind der Druck antikolonialer Befreiungsbewegungen, kolonialwirtschaftliche Interessen und politische Entscheidungen in den europäischen Hauptstädten, der Einfluß dritter Mächte – insbesondere der neuen Weltmächte USA und UdSSR – und weltwirtschaftlicher Konstellationen.

Nach dem Ende der formalen Kolonialherrschaft hat es besonders Frankreich verstanden, im subsaharischen Afrika nachhaltige und umfassende Einflußmöglichkeiten zu wahren. Seit 1960 gab es mehr als zwei Dutzend offene und verdeckte militärische Interventionen französischer Soldaten in West- und Zentralafrika. Französische Unternehmer dominierten nationale Teilmärkte, französische Berater sind noch immer allgegenwärtig, das Bildungs-, Rechts- und Verwaltungssystem orientiert sich an französischen Vorbildern. Erst mit dem Ende des Ost-West-Konfliktes zeichnet sich ein gradueller Rückzug der Franzosen aus Afrika ab.

Die Kolonien in Afrika waren aus der Perspektive Europas vieles zugleich: ein Ort der Ausbeutung etwa, wo sich europäische Gruppen und Individuen Land und Arbeit zu eigen machten und Produktionsweisen etablieren konnten, die politisch und ökonomisch in Europa selbst nicht mehr durchsetzbar waren. Für andere waren sie ein Platz außerhalb der engen Grenzen der bürgerlichen Gesellschaft. Hier waren ungezügelte wirtschaftliche, nicht zuletzt auch sexuelle Betätigungen noch möglich; der maskulinen Selbstbestätigung schienen keine Grenzen gesetzt.

Kolonien in Afrika stellten aber auch »Laboratorien der Moderne« dar, in denen Missionare, Lehrer und Ärzte sich frei von den diversen Eingrenzungen der europäischen Gesellschaftsordnung »experimentell« zu betätigen vermochten. Ihre Leitkategorien hießen Rationalität, Technologie, Fortschritt und Vernunft und repräsentierten gleichsam sorgfältig geeichte Skalen, auf denen die Afrikaner jeweils die unteren Plätze einnahmen. Und schließlich diente Afrika auch als das »andere«, als eine konstruierte Folie für die Schaffung einer europäischen Identität. Afrika (ebenso wie andere kolonisierte Regionen) wurde in jeder Hinsicht als das Gegenbild Europas gesehen – statisch, geschichtslos, unfähig zur Selbstreflexion, nicht geeignet zum Subjekt der Geschichte wie der Forschung. Das typische Verhältnis der Europäer zur afrikanischen Umwelt war weitgehend durch ein dichotomisches Wir-sie-Denken geprägt, demzufolge die Afrikaner als negatives Abbild europäischer Ideale erschienen. Sich selbst bezeichneten die Europäer als vernunftgeleitete, willensstarke Kulturmenschen, die es in Afrika mit verantwortungslosen Triebmenschen zu tun hätten. Dieses Denkmuster wurde an alle Aspekte der Wirklichkeit herangetragen.

Die Legitimierung kolonialer Herrschaft in Afrika bestand denn auch überwiegend in dem Anspruch der Europäer, eine moralische Pflicht zu tun: den Bewohnern Afrikas die Segnungen der westlichen Zivilisation zu bescheren und die angeblich brachliegenden Produktivkräfte des Kontinents zum allgemeinen Nutzen der Weltwirtschaft zu aktivieren. Gemäß Lord Lugard, dem langjährigen britischen Gouverneur in Nord-Nigeria, war die Vormundschaft der entwickelten Länder bzw. »höheren Rassen« Europas auf allen Gebieten erforderlich: politisch, da die Afrikaner zur Selbstregierung noch unfähig seien; ökonomisch, da ihnen Arbeitsmoral und Marktrationalität erst anerzogen werden müßten; schließlich kulturell, da sich die Bevölkerung Afrikas nicht aus eigener Kraft von ihrem Aberglauben und ihren moralischen Fehlhaltungen befreien könnte.

In der europäischen Rechtfertigung kam Kolonialismus lange Zeit als eine Art humanitäre Dauerintervention daher, die angesichts der Größe der Aufgabe permanent zu sein schien. Was über die gesamte Kolonialperiode in Afrika hinweg gleich blieb, war der Glaube der Europäer, in Afrika ein »Chaos« vorzufinden, dem sie eine Ordnung auferlegen müßten – die freilich durch die Kolonialbürokratie nie ganz gesichert werden konnte. Die Haltung der Siedler in Kenia und Südrhodesien ist in diesem Zusammenhang besonders prägnant und kann nur als paranoid bezeichnet werden: ein Moment der Schwäche, so ihre Angst, würde Unruhestifter ermutigen, den »Negeraufstand« zu provozieren.

Europäer kamen nicht nur als Siedler, Farmer und Kolonialbeamte nach Afrika, sondern auch als Missionare, Soldaten, Kaufleute, Forscher, Arbeiter und Ehefrauen, als Abenteurer und – wenn auch noch selten – als Touristen. Die europäischen Kolonialherren in Afrika bildeten keineswegs eine homogene Gruppe, zu unterschiedlich waren ihre Motive für den Aufenthalt in den Tropen, zu unterschiedlich auch ihre Lebenssituation. Den meisten war jedoch eine komplexe Identität gemein; sie lavierten zwischen der Angst, von der Fremde verschlungen zu werden, und der Phantasie, sich alles untertan machen zu können. In der kolonialen Literatur, aber auch in administrativen Berichten taucht immer wieder die Unsicherheit und die Angst der Kolonialherren auf: davor, ein Opfer der eigenen Gefühle zu werden, seine Gesundheit und sein Leben zu verlieren, ein Spielball der Kolonisierten zu werden und das koloniale Ziel der Unterwerfung und Ausbeutung Afrikas nicht zu erreichen. So schreibt der deutsche Geograph Siegfried Passarge 1895 in seinem Bericht über die Adamaua-Expedition des Deutschen Kamerun-Komitees:

> »Eine merkwürdige Rasse, diese Neger. Ohne aktive Energie, ohne positive Schaffenskraft, von allen Völkern, mit denen sie zusammentreffen, geknechtet und zu Sklaven gemacht, rächen sie sich an ihren Unterdrückern durch ihre unglaubliche körperliche und geistige Passivität. Wehe dem Volke, das sich mit den Negern vermischt. Sobald das Blut dieser dominiert, geht es rettungslos unter in dem trägen, unfruchtbaren Morast, welcher Negerrasse heißt. Im Sudan, in Ostafrika, immer dasselbe Bild. Fremde Völker bringen Kultur und Leben in die träge Masse der Schwarzen, aber bald hemmt die Stabilität derselben allen Fortschritt, alle Entwicklung. Dieser seit Jahrtausenden sich vollziehende Prozess bildet den wesentlichsten Inhalt der Geschichte des tropischen Afrika.«

Die Kolonialherren in Afrika bemühten sich folglich nicht nur um eine politische Segregation, sondern diese wurde ergänzt um ein weitgefächertes System von Distinktionen im sozialen und kulturellen Bereich. Das Alltagsverhalten der Europäer war ein wichtiges Element zur Absicherung der Kolonialherrschaft. Dies nicht zuletzt deshalb, weil es den Kolonisierten suggerierte, sie hätten die Möglichkeit, durch Verhaltensanpassung Teilhabe an europäischer Macht und Reichtum zu gewinnen.

De facto wirkte das Alltagsverhalten der Kolonialherren aber wie jedes Eliteverhalten ausgrenzend. Es schuf Distanz zu den Beherrschten, während es gleichzeitig den Zusammenhalt der Herrschenden festigte. Dies hat sich unter anderem – noch heute sichtbar – im Städtebau niedergeschlagen. Ein kennzeichnendes Strukturmerkmal vieler afrikanischer Städte wurde der Dualismus zwischen einer mit allen Annehmlichkeiten ausgestatteten, relativ dünnbesiedelten »weißen«, modernen Stadt und den umliegenden überbevölkerten, unterversorgten »schwarzen« Stadtteilen. Dieser Dualismus fand seinen Ausdruck in einer Gesetzgebung, die für bestimmte Viertel nur jeweils spezifischen Personen bodenrechtlich legitimierten Zugang zu städtischem Land erlaubte, aber auch in architektonischen Regularien und der Verteilung städtischer Serviceleistungen. Die Segregation, ob rassisch oder sozial begründet, symbolisierte koloniale Herrschaft und war gleichsam die physische Projektion des Dualismus innerhalb der kolonialen Gesellschaft. Die rassisch geteilten Städte sollten nicht zuletzt Tendenzen der Anpassung der Europäer an ihre Umgebung entgegenwirken, namentlich den Mischehen oder doch sexuellen Beziehungen einzelner Europäer zu einheimischen Frauen. Denn diese Verbindungen bedrohten die Grundlage der Kolonialherrschaft: eine möglichst große Distanz zwischen Herrschenden und Beherrschten. Koloniale Stadtordnungen sollten diese Distanz zementieren, indem sie das für die Europäer Fremde ausschlossen und die Kolonialherren zum sozialen Zusammenschluß zwangen, sei es durch Mitnahme der Ehefrauen oder durch die Etablierung eines heimischen Vorbildern nachempfundenen Vereinslebens.

Die englischen »Clubs« in Afrika sind das bekannteste Beispiel dafür. Aber auch in den deutschen Kolonien lassen sich entsprechende Institutionen nachweisen. In der Kameruner Küstenmetropole Douala trat 1913 ein Ausschuß zusammen, dem deutsche Unternehmer und Regierungsangestellte angehörten, und plante ein großes Gesellschaftshaus, verbunden mit Turnhalle, Schwimmhalle und Sportplätzen. Er rief alle auf, »die ein Interesse daran haben, daß die Europäer der Kolonie ihrem Beruf erhalten bleiben und nicht den durch Klima und mangelnde Unterhaltung veranlaßten Verheerungen zum Opfer fallen, sondern sich zur Betätigung gemeinschaftlicher Ziele zusammenschließen«, als Aktionäre beizutreten. Freilich brachen viele Europäer immer wieder – punktuell, einige wenige auch dauerhaft – aus der weißen Kolonialgesellschaft aus: jene etwa, die in sogenannten Mischehen lebten, aber nicht zuletzt auch die Missionare, die oft Jahrzehnte in einer Region lebten und ihre von der Missionszentrale in Europa vorgegebenen missionarischen Strategien an ihre afrikanische Umwelt anpaßten. Verändert haben sich im Laufe der Zeit beide: die europäischen Missionare und die zu missionierenden Afrikaner.

Indien

Silja Behnken

1997 beging die Republik Indien den 50. Jahrestag der Unabhängigkeit von der britischen Kolonialherrschaft. Begibt man sich heute, ein halbes Jahrhundert nach dem Ende des *raj*, auf die Suche nach Spuren britischer Einflußnahme, fallen als erstes die formalen Hinterlassenschaften ins Auge: Verwaltung, Regierungs- und Bildungssystem der indischen Republik sind nach britischem Vorbild gestaltet. Bürokratie und Armee wurden 1947 ohne Bruch von den Kolonialherren übernommen. 1950 übernahm die Verfassunggebende Versammlung nach vier Jahren Arbeit die 1935 von den Briten für Britisch Indien erlassene Verfassung. Indien ist eine parlamentarische Demokratie, deren Parlamente sich äquivalent zum britischen Ober- und Unterhaus in *raj sabha* und *lok sabha* unterteilen. Das universitäre System besteht aus Colleges und Universitäten, wobei die Universitäten nach dem Vorbild der Londoner Universität die Abschlußprüfungen der College-Absolventen abnehmen.

Aber gibt es über dieses rein formale Erbe, das der Commonwealth-Staat Indien übernommen hat, Spuren der britischen Anwesenheit, die den Alltag näher beeinflussen und in die privaten Sphären hineinreichen? Natürlich läßt sich diese Frage für ein Land, dessen Staatsgebiet in etwa der Größe des europäischen Festlandes ohne Skandinavien und den GUS-Staaten entspricht und dessen Bevölkerungszahl in nicht allzuferner Zukunft die Milliardengrenze erreicht haben wird, nicht pauschal beantworten. Der weitreichendste kulturelle Einfluß läßt sich wahrscheinlich der englischen Sprache zuschreiben. Im vielsprachigen Staat Indien ist Englisch erste Amtssprache, daneben stehen das indo-europäische Hindi als am häufigsten gesprochene indische Sprache, und je nach Bundesstaat eine weitere indische Sprachform. Die Entscheidung, die Sprache der ehemaligen Kolonialherren zur *lingua franca* des unabhängigen Landes werden zu lassen, fiel keinesfalls leicht. Hindi wurde von den südindischen dravidischsprachigen Bundesstaaten vehement abgelehnt, und so entschied man sich schließlich, Englisch als das kleinere Übel zu akzeptieren.

Bis heute wird Englisch in Indien von denjenigen beherrscht, die sich eine teurere Bildung leisten können. In den meisten Privatschulen, aber auch in diversen städtischen und staatlichen Schulen sowie auf allen Colleges und Universitäten ist Englisch Unterrichtssprache. Außerhalb dieser Zirkel allerdings, in den Kleinstädten und Dörfern, in denen immerhin etwa 75 Prozent der indischen Bevölkerung leben, ist es eine Fremdsprache geblieben. Viele Angehörige der aufstrebenden städtischen Mittelschicht sprechen auch privat untereinander englisch oder »hinglisch«, ein Mischidiom aus Englisch und Hindi oder einer anderen indischen Sprache. Daß es den Status einer Fremdsprache verloren hat, zeigt allein schon die bemerkenswerte Anzahl englischsprachiger Literatur aus Indien: Mit Arundhati Roy erhielt eine Vertreterin dieser Literaturgattung 1997 den renommierten Booker Prize, im Jahr zuvor wurde mit Rohinton Mistry ein weiterer englisch schreibender Literat aus Indien für den Preis nominiert. Aber am Beispiel dieser Literatur zeigt sich auch, daß viele Angehörige der Bildungsschicht sich keinesfalls leicht mit dem kolonialen Erbe tun: Immer wieder wird den englisch schreibenden indischen Literatinnen und Literaten vorgehalten, die Sprache der ehemaligen Kolonialherren zu verwenden. Paradoxerweise werden jedoch auch diese Angriffe häufig auf englisch formuliert.

Das Ergebnis dieser Bestandsaufnahme fordert eine Erklärung. Wie kommt es, daß nach mehreren Jahrhunderten politischer Vormachtstellung und immerhin knapp 100 Jahren offizieller Kolonialherrschaft der Kontakt mit der britischen Kultur auf den Alltag eines großen Teils der indischen Bevölkerung kaum Einfluß genommen hat? Die Erklärung ist sicherlich in den Interessen zu suchen, die die Briten auf dem Subkontinent verfolgten: Für sie war die Herrschaft über ihn in erster Linie ein wirtschaftliches Unternehmen. Dies zeigte sich deutlich am Verlauf der britischen Machtkonsolidierung auf dem Subkontinent. Ende des 17. Jahrhunderts beschränkten sich die britischen Aktivitäten auf Handelsniederlassungen in Madras, Bombay und dem späteren Kalkutta. 100 Jahre später unterstand das gesamte Territorium der reichen Provinz Bengalen bereits dem Einfluß der britischen Ostindiengesellschaft, und zu Beginn des 19. Jahrhunderts hatte sie mit Hilfe von Kriegszügen und wechselnden Allianzen den ganzen Subkontinent unter ihre Kontrolle gebracht. Zwar verlor die Gesellschaft ihr Handelsmonopol zum Ende des 18. Jahrhunderts, aber erst nach der Niederschlagung des großen indischen Aufstands im Jahr 1857, dem sich neben den indischen Söldnern im Dienste der britischen Armee auch Teile der alten indischen Herrschaftsschicht ebenso wie Großgrundbesitzer und Bauern angeschlossen hatten, ging den Händlern auch das Herrschaftsmonopol verloren und Britisch Indien wurde der Krone unterstellt.

Mit den sich verschiebenden Machtverhältnissen wandelte sich auch das Verhältnis zwischen Briten und Indern. Viele der frühen britischen Kaufleute in den Handelsposten an der Küste betrieben nicht nur Geschäfte mit ihren gleichberechtigten einheimischen Partnern, sondern pflegten auch Kontakt mit der örtlichen Oberschicht. Nachdem die East India Company ihre Vormachtstellung im Land gesichert hatte, entwickelten sich größere britische Niederlassungen, deren Angehörige nunmehr nur untereinander verkehrten, auf gesellschaftlicher Ebene möglichst große Distanz zu den Einheimischen wahrten und allgemein ein Gefühl kultureller Überlegenheit pflegten. Gleichzeitig vertiefte sich in anderen Zirkeln jedoch auch das Interesse an der fremden indischen Kultur. 1784 wurde die Asiatic Society of Bengal gegründet, deren britische Mitglieder sich dem Studium alter indischer Texte und Sprachen widmeten. Auf der Basis des aus schriftlichen Autoritäten erlangten Wissens hofften die Briten, eine möglichst gut funktionierende und den einheimischen Bedingungen angemessene Verwaltung und Rechtsprechung entwickeln zu können. Doch diese von der Aufklärung geprägte Vorgehensweise blieb eine kurze Episode. Schon mit Beginn des 19. Jahrhunderts verlegten sich die Kolonialbehörden auf demographische Datenerhebungen als Informationsquelle für ihre Arbeit, deren Ziel es war, eine Verwaltung und Rechtsprechung zu entwickeln, die nach englischem Vorbild funktionierte. Justizminister Lord Macauly brachte 1835 in einem Memorandum die neue Einstellung auf den Punkt. Er forderte, daß Bildungseinrichtungen in Indien dazu dienen sollten, indische Gentlemen hervorzubringen, die lediglich von Geburt noch indisch seien, aber die überlegene britische Kultur leben sollten.

Wieder war es ein Umbruch in den politischen Machtverhältnissen, der die Einstellung der Briten zu Indien und seiner Kultur maßgeblich änderte. Nach dem Aufstand von 1857 blieb den Kolonialherren eine Ahnung der eigenen Verwundbarkeit. Mieden die Briten vorher schon den Kontakt zur breiten Bevölkerung, führte diese Unsicherheit nun zu einem noch deutlicheren Rückzug in die Sicherheit der Kolonialgesellschaft mit ihren Clubs und Hill Stations. Britisch Indien sollte den wirtschaftlichen Profit abwerfen, den man von einer Kolonie erwartete, und nicht durch kulturelle Einflußnahme zu einem Ebenbild Großbritanniens umgestaltet werden. Dafür stützten sich die Kolonialherren auf die einheimischen Fürsten und Großgrundbesitzer, die sie als die gegebenen politischen Führer der indischen Bevölkerung ansahen. Engen regelmäßigen Kontakt zwischen indischer und britischer Sphäre gab es während der gesamten britischen Herrschaft im Verwaltungsdienst. Er beschränkte sich somit auf bestimmte Schichten der Gesellschaft.

Schon früh hatten die Briten begonnen, im niederen Verwaltungsdienst Inder einzusetzen. Diese hatten zuvor eine Ausbildung in einer der wenigen englischen Bildungsinstitutionen durchlaufen. Wichtigste Ausbildungsstätte und geistiges Zentrum westlich gebildeter junger Inder blieb auf lange Zeit das Hindu-College in Kalkutta. Hier lernten die Studenten jedoch nicht nur die Sprache der Kolonialherren, hier kamen sie auch erstmals in Kontakt mit liberalem Gedankengut. So darf es nicht überraschen, daß gerade aus der Gesellschaftsgruppe, die ursprünglich dafür ausgebildet war, dem Kolonialreich zu dienen, die ersten Forderungen nach Selbständigkeit laut wurden. Bis zum Erreichen der Unabhängigkeit im Jahre 1947 sollte gerade diese Bildungsschicht immer eine Vorreiterrolle im Unabhängigkeitskampf übernehmen.

Da seit Anfang des 20. Jahrhunderts reiche indische Familien vermehrt ihre Kinder zum Studium nach England schickten, entwickelte sich eine Bildungsschicht, die sich nicht mehr mit niederen Rängen in der Verwaltung zufriedengeben mochte. Der Zugang zu hohen Rängen in der Verwaltung blieb Indern jedoch bis zum Ende des Ersten Weltkriegs verwehrt. Da ihnen die Juristerei und das Universitätswesen offenstanden, waren es diese Berufsgruppen, denen sich die jungen Inder zuwandten und in deren Reihen auch die führenden Köpfe der indischen Unabhängigkeitsbewegung zu finden waren.

Sowohl Mahatma Gandhi als auch Muhammad Ali Jinnah, der Vorsitzende der Muslim League und erster Staatspräsident Pakistans, und Jawaharlal Nehru, der erste Premierminister Indiens, hatten in England studiert. Daß eine starke persönliche Bindung zur beherrschenden Kultur Hand in Hand mit dem unbedingten Willen zur Unabhängigkeit bestehen kann, zeigt sich am Beispiel Nehrus. Er brachte seine Verbundenheit zu Großbritannien ironisch auf den Punkt, indem er von sich sagte, er sei der letzte Engländer, der Indien regiere.

Würde dieser Artikel mit dem Fazit enden, daß sich der kulturelle Einfluß der britischen Kolonialzeit auf eine kleine städtische Bildungsschicht beschränkt und die breite Masse der indischen Bevölkerung lediglich mit dem formalen Erbe von Verwaltung, Rechtssystem, Bildungswesen und Militär lebt, hieße das, ein Phänomen auszuklammern. Auf dem gesamten Subkontinent erfreut sich ein typisch britisches Kulturgut großer Beliebtheit. In jeder Stadt und in jedem Dorf kann man sowohl Kindern als auch Erwachsenen beim Cricket zusehen. Findet ein wichtiges Cricketmatch statt, so bilden sich vor allen öffentlich zugänglichen Fernsehern Menschentrauben, die das Spiel verfolgen. Diese Begeisterung geht durch alle Gruppen und Schichten der indischen Gesellschaft – und im internationalen Vergleich haben die Nachfahren Britisch Indiens beachtliche Erfolge vorzuweisen: 1993 gewann Pakistan die Weltmeisterschaft. Indien hatte diesen Titel bereits 1983 gewonnen.

Rußland und die Sowjetunion

Jörg Baberowski

Rußland, die Sowjetunion und der Kolonialismusbegriff

Der Begriff des Kolonialismus bezieht sich auf überseeische Expansion und Herrschaftsstrategien beispielsweise des französischen und britischen Imperiums im 18. und 19. Jahrhundert. Er bezeichnet die kulturelle, politische, ökonomische Beherrschung und Kontrolle einer unterworfenen durch eine dominante Gesellschaft. Kolonien wurden vom Zentrum regiert. Die Eliten unterworfener Völker schloß die Kolonialmacht gemeinhin von der Entscheidung der sie betreffenden politischen Angelegenheiten aus. Die lokale Ökonomie wurde auf die Bedürfnisse der Kolonialmacht umgestellt. Recht und Bildungswesen, die Sitten und Gebräuche der Einheimischen verwies die Kolonialverwaltung meist ins Reich der Barbarei. Sie mußten im Sinne eines »richtig« verstandenen Fortschritts überwunden und dem europäischen Lebensstil angeglichen werden. Die Parallelität von Europäisierung und Marginalisierung war ein zentraler Bestandteil des Kolonialismus und zugleich Ausgang des Entkolonialisierungsprozesses.

Das Zarenreich des 18. und frühen 19. Jahrhunderts war in diesem Sinne zweifellos keine Kolonialmacht. Koloniale Herrschaft entstand im Zarenreich erst in der Mitte des 19. Jahrhunderts. Sie war indessen eine geographisch begrenzte Nachahmung des europäischen Vorbildes in Territorien, die bereits zum russischen Staatsverband gehörten. Der Kolonialismus ergab sich in Rußland nicht aus dem Imperialismus. Wo er Wirkungsmacht entfaltete, suchte er ethnische Gruppen kulturell zu überfremden, die in den Grenzen des Zarenreiches lebten. Zahlreiche Facetten des europäischen Kolonialismus fehlten ganz. Das lag nicht zuletzt an der relativen Rückständigkeit Rußlands, am Unvermögen, die Ansprüche einer europäischen Kolonialmacht einzulösen. Die Sowjetunion wird man mit dem Begriff des Kolonialismus kaum zureichend beschreiben können. Der am Beispiel der westeuropäischen Staaten entwickelte Kolonialismusbegriff ist nur begrenzt verwendungsfähig und allenfalls auf bestimmte Zeitabschnitte und Territorien Rußlands und der Sowjetunion anwendbar. Das zarische Rußland und die Sowjetunion waren Vielvölkerstaaten, keine Kolonialreiche. Darin glichen sie den multiethnischen Imperien der Habsburger und Osmanen, die gemeinhin nicht zu den Kolonialmächten gezählt werden.

Das Zarenreich

Das russische Vielvölkerreich entstand vor dem Zeitalter des Imperialismus. Allein die abschließende Eroberung der zentralasiatischen Chanate im letzten Drittel des 19. Jahrhunderts war eine prestigegeleitete, bewußte Nachahmung des europäischen Imperialismus. Noch bevor das Zarenreich in die europäische Moderne eintrat, koexistierten Russen mit Tataren, Mordwinen, Tschuwaschen, Mongolen, Litauern, Polen und Deutschen, Christen mit Muslimen, Buddhisten und Animisten. Im Gegensatz zu den Kolonialmächten des europäischen Westens besaß das Zarenreich keine überseeischen Besitzungen; seine Kernbevölkerung war von den übrigen Ethnien des Reiches territorial nicht abgegrenzt. Zentrum und Peripherie gingen ineinander über. Zahlreiche ethnische Gruppen und nichtchristliche Religionsgemeinschaften lebten inmitten der christlich-slawischen Bevölkerung.

Im 16. Jahrhundert unterwarf der Moskauer Großfürst das Chanat der Kazaner Tataren und mit ihm die Ethnien der Tataren, Mordwinen, Tschuwaschen und Wotjaken. Im späten 16. und frühen 17. Jahrhundert gliederte der Zar Sibirien und die auf seinem Territorium siedelnden nomadischen Jäger und Fischer – Tungusen, Samojeden, Jakuten, Tschuktschen, Korjaken, Ostjaken – in das Imperium ein. Zu Beginn des 18. Jahrhunderts gelangten die muslimischen Baschkiren im südlichen Ural unter die Oberhoheit des russischen Herrschers. Die Annexion der Krim, des Chanats der Kalmücken im letzten Drittel des 18. Jahrhunderts und die Eroberung Transkaukasiens zu Beginn des 19. Jahrhunderts brachten die Expansion des Zarenreiches im Orient vorerst zum Stillstand. Auch im Westen führten die Eroberungen der russischen Heere der Autokratie neue Untertanen zu: die Dnepr-Kosaken im linksufrigen Teil der Ukraine in der Mitte des 17. Jahrhunderts, Litauer, Letten, Esten und Deutsche in den Ostseeprovinzen zu Beginn des 18. Jahrhunderts.

Seit den polnischen Teilungen im späten 18. Jahrhundert gerieten schließlich auch Polen, die slawische Bauernbevölkerung der rechtsufrigen Ukraine und zu Beginn des 19. Jahrhunderts Finnland in den zarischen Staatsverband. Von den Zaren seit Mitte des 18. Jahrhunderts angeworbene deutsche Kolonisten und die jüdische Bevölkerung der aufgelösten polnischen Adelsrepublik – man hat sie zutreffend als mobile ethnische Diasporagruppen bezeichnet – erweiterten die ethnische Heterogenität des vorrevolutionären Rußland.

Das vormoderne Rußland ruhte auf den Pfeilern des dynastischen Obrigkeitsstaates, dessen Integrität der Zar, nicht die Nation repräsentierte. Die ethnische Abkunft der Untertanen war für die Formulierung der Regierungsabsichten noch zu Beginn des 19. Jahrhunderts ohne Belang. Die unterworfenen und in den Reichsverbund integrierten Völkerschaften, Stämme und Religionsgemeinschaften verwalteten sich selbst, in ihre Lebensweisen und Herrschaftsstile griff die zarische Regierung nicht ein. Ziel des Imperiums war das Imperium.

Zwar hatte Peter I. (1689 bis 1725) Rußland dem Westen geöffnet und das europäische Vorbild zum Maßstab politischen Handelns erkoren. Diesen Anspruch vermochte die Regierung aber nicht einzulösen, weil es an den Voraussetzungen fehlte, auf die sich eine Nachahmung Europas in Rußland gründen konnte. Der Zar gebot über keinen zureichend ausgebildeten Beamtenstab, wie ihn die absolutistischen Herrscher des Westens hervorgebracht hatten. Weder Schulen noch Behörden standen in ausreichender Zahl zur Verfügung. Zum Fortbestand der sozialen und politischen Verfassung in den erobertern Territorien gab es deshalb keine Alternativen. In Ermangelung eigener Institutionen trat die zarische Regierung Hoheitsrechte an die Eliten der unterworfenen Völkerschaften ab: Um der Loyalität willen wurden die Privilegien des lokalen Adels und einflußreicher Clans bestätigt und das Abhängigkeitsverhältnis der Bauern festgeschrieben – oder wie im östlichen Transkaukasus überhaupt erst eingeführt. Die Ritterschaften und Städte der Ostseeprovinzen behielten ihre Sonderrechte und Privilegien in Recht und Verwaltung; in Transkaukasien blieben die Herrschaftsfunktionen der georgischen Adligen und muslimischen Bejs unangetastet.

Das Recht der Gewohnheit und der Scharia setzte sich als regulatives Prinzip ungebrochen fort. Die muslimische Geistlichkeit erhielt unter Katharina II. (1762 bis 1796) einen institutionalisierten Status. Mehr noch: Seit dem 16. Jahrhundert integrierte der zarische Staat die Eliten der Unterworfenen in den russischen Adel. Das hatte mit der Kooptation der kazantatarischen Oberschicht im 16. Jahrhundert begonnen und setzte sich mit der Eingliederung der deutsch-baltischen Ritterschaft in den russischen Adel fort. Mitte des 19. Jahrhunderts erhielten auch die georgischen und ein Teil der transkaukasischen muslimischen Adelsschichten die Privilegien des höchsten Standes. Auf diese Weise band die Autokratie die Eliten der Peripherie an das Zentrum, ohne eigene Beamte zur Beherrschung entsenden zu müssen.

Nicht selten wurden russische Bauern zu Leibeigenen nichtrussischer Herren. Die Volkszählung von 1897 ermittelte, daß nur 53 Prozent der Erbadeligen Russisch für ihre Muttersprache hielten. Oftmals bestimmten die Adelseliten der Peripherie den Gang des politischen Geschehens im Petersburger Regierungszentrum. Denn das russische Zentrum war rückständiger als seine westliche Peripherie. Nicht nur angesehene Ausländer, Deutsche, Italiener, Polen und Niederländer, auch die Adligen der baltischen Provinzen nahmen eine herausgehobene Stellung in Wissenschaft, Kultur, Bürokratie und Militär ein. An den russischen Hochschulen des 18. Jahrhunderts dominierten Deutsche, im Militär und in der Verwaltung übten baltische Adlige eine mitunter erdrückende Dominanz aus. Ohne den Import von Fachkräften aus den eroberten Territorien ließen sich die Ansprüche der Autokratie, eine europäische Großmacht zu sein, nicht einlösen. Der russische Staat wurde europäisiert, »kolonisiert«, bevor er sich die Weitergabe des Zivilisationsprogramms selbst verordnete. Mehr noch: Rußland war noch immer ein Objekt der Europäisierung, als es sich anschickte, eine Kolonialmacht zu werden.

Wie verwandelte sich das Zarenreich vom Objekt zum Subjekt der Europäisierung?

Unter Peter I. war auch in Rußland das Reisen allmählich üblich geworden. Es diente nicht allein dem Vergnügen. Wissenschaftler bereisten im Auftrag der Regierung das Land, um es zu vermessen, zu gliedern und seine Bevölkerung zu beschreiben. Sie gerieten mit Fremden in Kontakt, die das Rußland-Bild der Eliten veränderten. Die Erfahrung von Pluralität zerstörte die Gewißheit, die Außenwelt lasse sich nach religiösen Kriterien zergliedern. Sitten und Gebräuche, später auch die Bildung und nicht zuletzt die Sprache waren neugewonnene Unterscheidungsmerkmale ethnischer Gruppen. Dabei bestimmten die Prämissen der europäischen Aufklärung die Beobachtung der Wissenschaftler.

Da sich die russischen Aufklärer als Teil der europäischen Geisteswelt verstanden, definierten sie die Fremden negativ. Man beschrieb das Nichtrussische als Mangel, als Mangel an Gerechtigkeit, Bildung und Aufklärung. Wer nicht seßhaft lebte, rohes Fleisch aß und die Monogamie ablehnte, konnte kein Russe sein. Fleiß galt als Voraussetzung prosperierender Wirtschaft. Wohlstand aber schien es bei den Fremden nicht zu geben. Nur seßhafte, monogame Christen brachten Fleiß und Arbeitsliebe auf. Den Makel des Fremden konnte nur abstreifen, wer sich diese Attribute aneignete und sich »barbarischer« Lebensformen entledigte. Die Zeitgenossen beherrschte die Vorstellung, daß die russische Gegenwart die Zukunft der Fremden sein werde. Die Differenz in den Sitten und der physischen Beschaffenheit wurde zur Differenz in der Zeit. Das Zelt der Nomaden war nicht nur unbequemer als das moderne Haus, es war auch sein Vorfahr. Unaufgeklärte Völker erhielten so die Qualität von »alten« Völkern. Zum Reichtum der Nationen erhoben die Aufklärer die Sprache; an ihnen konnte man die Völker erkennen. Das Territorium des Reiches wurde auf diese Weise neu vermessen und definiert. Nunmehr gab es Ausländer inner- und außerhalb des Imperiums und Inländer, die außerhalb seiner Grenzen lebten. Aber erst in der Mitte des 19. Jahrhunderts nahm die Autokratie in den ökonomisch unterentwickelten, agrarisch und nomadisch geprägten Territorien – im Norden Sibiriens, im südlichen Ural, in der kazachischen Steppe, bei den Bergvölkern des Kaukasus und in Transkaukasien – die Gestalt einer Kolonialmacht an.

Diese Wende ergab sich aus der Bürokratisierung der zarischen Verwaltung und der Übernahme des Zivilisierungskonzepts der Aufklärung durch die Minister und Beamten des Zaren. Diese waren zu einem großen Teil an europäischen Universitäten ausgebildet worden. Sie erlagen der Idee, es sei Rußlands Mission, die ihm selbst widerfahrene Europäisierung des Herrschafts- und Lebensstils an die »unterentwickelten« Völkerschaften des Reiches weiterzugeben. Die Ausweitung des zentralen Beamtenapparates auf die lokale Ebene im letzten Drittel des 19. Jahrhunderts ermöglichte es vielerorts, dieses Konzept auch mit Leben zu füllen.

Der Kern dieses Konzepts wurde in der zeitgenössischen Diskussion mit dem Begriff der *Graždanstvennost'*, der Staatsbürgerlichkeit, gekennzeichnet. Er beschrieb einen noch zu erreichenden Zustand der kulturellen Europäisierung und Zivilisierung. In letzter Konsequenz strebte die zarische Reformbürokratie eine »Annäherung« *(sbliženie)* der Untertanen des Reiches, ihre Verschmelzung *(slijanie)* zu russischen Staatsbürgern an. Sie sahen Rußland auf dem Weg in den Nationalstaat, wie ihn der innere Staatsbildungsprozeß im Frankreich Napoleons III. hervorgebracht hatte. Integration, nicht Segregation und Ausbeutung der nichtrussischen Völkerschaften standen im Zentrum dieses Programms. Ökonomische Motive nahmen in der Debatte über die Eingliederung der Peripherie in den zarischen Staatsverband eine nur untergeordnete Rolle ein. Die zu kolonisierenden Gebiete befanden sich bereits im Besitz des Imperiums, ökonomisch waren sie bedeutungslos. Auch der Ende der siebziger Jahre des 19. Jahrhunderts einsetzende Ölboom in Baku belegt nicht die ökonomische Motivation des russischen Kolonialismus, denn er schlug bereits Wurzeln, bevor das Ölgeschäft die Provinzen des östlichen Transkaukasus erfaßte. Im übrigen schöpften nicht russische Unternehmer, sondern Ausländer aus dem europäischen Westen die Gewinne aus der Ölförderung ab. Rußland war auch im 19. Jahrhundert noch ein »Entwicklungsland«, dessen Regierung aber den Anspruch erhob, an der Peripherie im Dienste der europäischen Zivilisation zu stehen. Die Autokratie investierte große Summen, um Herrschaft auf »moderne« Grundlagen zu stellen, ohne daraus wirtschaftlichen Nutzen zu ziehen. Nicht zuletzt die Eroberung der zentralasiatischen Chanate im letzten Drittel des 19. Jahrhunderts war ein ökonomisch sinnloses Unterfangen, das die ohnedies fragile autokratische Ordnung weiteren Belastungen aussetzte. Das Prestigebedürfnis der zarischen Generalität und das Verlangen expansionistisch gesinnter Kreise innerhalb der hohen Staatsbürokratie, die Ebenbürtigkeit des russischen Imperialismus in Europa unter Beweis zu stellen, verursachten die kostenintensiven zentralasiatischen Feldzüge. Man sprach deshalb von einem geborgten Imperialismus.

Die unifizierenden Sozial- und Verwaltungsreformen der sechziger und siebziger Jahre des 19. Jahrhunderts, die Aufhebung der Leibeigenschaft, die Einführung lokaler Selbstverwaltung und moderner Rechtsprechung setzten sich bis zur Jahrhundertwende im gesamten Zarenreich durch. In der Petersburger Bürokratie herrschte die Überzeugung vor, das russische Projekt der Europäisierung sei im Sinne aller Völker des Reiches, denn diese verlören ihre Rückständigkeit und gewännen Anschluß an die europäische Gegenwart. Der englische und französische Kolonialismus wurde in der Mitte des 19. Jahrhunderts in Rußland als bloß ökonomische Ausbeutung unterworfener Völker und modernisierungsfeindlich abgelehnt. Er trug angeblich zur Zivilisierung nichts bei. In praxi aber erlebten insbesondere die Bewohner der islamischen Territorien Zivilisierung als Kolonisierung.

Seit den sechziger Jahren des 19. Jahrhunderts wurden die überkommenen Herrschaftstraditionen und Rechtsformen der nichtrussischen Völker sukzessiv aufgebrochen und durch solche ersetzt, die die Herrschenden für europäisch hielten. In diesem Prozeß verloren die einheimischen adligen Funktionseliten ihre Ämter und Pfründe, sofern sie sich nicht zur bedingungslosen Abnabelung von der eigenen Kultur bereit erklärten. In den vergleichsweise weit entwickelten baltischen Regionen vermochten die überkommenen Eliten unter neuen Bedingungen ihren Einfluß zu wahren; Deutsche, Polen und Armenier vollzogen die geforderten Adaptionsleistungen mehr oder minder mühelos, wenn sie sich auf das Erlernen der russischen Sprache und die Akzeptanz der russischen Gesetze einließen. Die Einführung der allgemeinen Wehrpflicht, die Vereinheitlichung von Verwaltung, Bildung und Justiz war keine vollständige Negierung ihrer Lebenswelt. Juden, Muslime und die nichtseßhaften Völkerschaften des Reiches erfuhren diese Reformen als Kolonisierung des Alltags durch fremde Beamte und Gesetze, die sie nicht verstanden und die ihren Lebensbedürfnissen kaum je entsprachen. Die russischen Schulen wurden gemeinhin boykottiert, weil sie Bildung in einer fremden Sprache und im Kontext christlicher Kultur vermittelten. Die Kolonialherren diktierten den Einheimischen die Bedingungen, unter denen sie auf Einfluß und Fortkommen hoffen durften. Wer diese Bedingungen nicht erfüllen mochte, wurde marginalisiert und am Aufstieg gehindert. Auf diese Weise behinderte die Kolonialverwaltung eine islamische Variante der Selbstaufklärung.

Das Zivilisierungsprogramm der Regierung wurde zeitlich und geographisch in unterschiedlicher Intensität umgesetzt. Während unter Alexander II. (1855 bis 1881) in zahlreichen Regionen die Politik des *informal empire* vorherrschte, bevorzugte die Regierung Alexanders III. (1881 bis 1894) den direkten Eingriff in die Lebenswelt der Einheimischen. Die islamischen Ethnien des inneren Rußland, die inmitten der russischen Bevölkerung siedelten – Krim- und Wolgatataren, Baschkiren –, unterstanden der russischen Gouvernementsverwaltung und den Behörden der zentralen Ministerien. Sie waren von den Reformen des Zentrums unmittelbar betroffen. In Transkaukasien übten zwischen 1845 und 1881 und zwischen 1905 und 1917 Statthalter *(namestniki)* des Zaren mit ausgedehnten Machtbefugnissen die Hoheitsgewalt des Staates aus. Sie nahmen auf die lokalen Besonderheiten Rücksicht und entschärften die Spannungen zwischen den Volksgruppen und der zarischen Verwaltung durch flexible Anwendung der zentral erdachten Gesetze und Verordnungen.

In Zentralasien verfuhren die Generalgouverneure auf ähnliche Weise. Gleich den Bergvölkern des Kaukasus wurden auch die Nomaden der zentralasiatischen Steppe dem Geltungsbereich der russischen Gesetze nicht gänzlich unterworfen. Es blieben Freiräume, die die Einheimischen im eigenen Interesse zu nutzen wußten. In Zentralasien kamen indessen auch schon neue Formen kolonialer Beherrschung zur Anwendung. Die relativ späte Integration Zentralasiens in das Imperium im letzten Drittel des 19. Jahrhunderts erklärt, warum die Regierung die einheimischen Eliten nicht in den russischen Adel kooptierte und den lokalen Machthabern keinerlei Privilegien gewährte. Ständerechtlich wurden die seßhaften und nomadischen Bewohner Zentralasiens en bloc in die Kategorie der »Fremdstämmigen« *(inorodcy)* eingeordnet. Dem Geltungsbereich der russischen Gesetze blieben sie weitgehend entzogen. Allein über Kapitaldelikte wie Mord oder Raub und Rechtsstreitigkeiten zwischen Fremdstämmigen und den anderen Bewohnern des Reiches entschieden russische Gerichte.

Vielerorts kam es zur Verdrängung der kazachischen und turkmenischen Nomaden durch russische Kolonisten, die seit den Stolypinschen Agrarreformen von 1906 in die Steppen Mittelasiens strömten. Nur in dieser Region des Zarenreiches entfaltete sich eine Kolonialherrschaft und Kolonialkultur, wie sie auch in zahlreichen englischen und französischen überseeischen Besitzungen vorherrschte.

Das Konzept der Staatsbürgerlichkeit und europäischen Zivilisierung stieß unter den Gebildeten der einheimischen Eliten oftmals auf Zustimmung. Der zarische Statthalter im Kaukasus, Graf S. M. Voroncov (1845 bis 1854), förderte diesen Anpassungsprozeß durch die gezielte Entsendung einheimischer Adliger an die prominentesten Bildungsstätten des Zarenreiches. Die an russischen Universitäten und höheren Schulen ausgebildeten Georgier, Armenier, Tataren und Kaukasusmuslime verstanden sich als Repräsentanten europäischer Kultur und Geisteswelt. Das Bestreben, an den Errungenschaften europäischer Zivilisation teilzuhaben, blieb jedoch ein Phänomen der einheimischen Elitenkultur. Als Negierung des eigenen Herkommens ließ sich das Projekt der europäischen Moderne unter der eingeborenen Bevölkerung nicht anpreisen.

Muslimische Reformer, die sogenannten *Džadidisten*, suchten deshalb nach Wegen, westliche Aufklärung in ein islamisches Gewand zu kleiden, um ihr Attraktivität zu verleihen. Zu diesem Zweck wurde das Lehrangebot an den Koranschulen auf weltliche Zwecke umgestellt: Die Schüler übten sich in Mathematik und Geschichte und wurden in der schriftlichen Beherrschung der Muttersprache unterwiesen. Armeniern und Georgiern war eine solche Säkularisierung des Bildungswesens bereits Mitte des 19. Jahrhunderts gelungen. Unter den Muslimen des Zarenreiches, hauptsächlich unter den Wolga- und Krimtataren, stießen die neuen Methoden *(usul-i džadid)* auf großen Zuspruch. Die zarische Regierung blockierte diesen Versuch der Selbstaufklärung. Er führte von der rußländischen Staatsbürgergesellschaft weg, behinderte die Verschmelzung der Ethnien zu einem Staatsvolk und bedrohte das Reich mit separatistischer Zersetzung. So sah es neben anderen der Vorsitzende des Ministerrates und Innenminister P. A. Stolypin (1906 bis 1911). Die Kolonialmacht bestand darauf, Aufklärung und Mobilität nur unter ihren Bedingungen zu gewähren. Sie zog es um der politischen Stabilität willen vor, mit aufklärungsfeindlichen islamischen Geistlichen zu paktieren, wenn sie dieses Ziel nicht erreichen konnte.

Wie in den überseeischen Besitzungen Englands und Frankreichs auch, lebten die kolonialen Eliten des Zarenreiches ein Leben zwischen den Welten. Sie genossen die Vorzüge des russischen Bildungs- und Staatswesens, in dem ein Teil ihrer Persönlichkeiten verwurzelt blieb. Zugleich erfuhren sie Ablehnung und wurden von zahlreichen Segnungen europäischer Zivilisation ausgeschlossen. Als subalterne Beamte in der Kolonialverwaltung, als Anwälte, Ärzte und Lehrer entwickelten sie ein Bewußtsein für den Zusammenhang von Territorium und Nation, ohne indessen an den zentralen politischen Entscheidungen in »ihrem« Territorium teilhaben zu können. Anspruch und Wirklichkeit kamen nicht zueinander. Die universalistischen Postulate der europäischen Zivilisationsrhetorik konnte für sich nur in Anspruch nehmen, wer die vollständige Assimilation nicht verweigerte. In diesem Sinne brachten die unifizierenden Reformen jenen Partikularismus erst hervor, den sie überwinden helfen wollten. Es bestanden deshalb nur geringe Aussichten auf ein Zusammenwachsen der

Völkerschaften, wie es sich die zarischen Reformer des späten 19. Jahrhunderts erträumt hatten. Gleichwohl wird man den Begriff des Kolonialismus nur mit Einschränkungen verwenden dürfen. Dafür sprechen mehrere Gründe:

Die Zivilisierungskampagnen der Autokratie betrafen nicht allein die Ethnien an der Peripherie des Reiches. Auch die russischen Bauern waren Ziel und Objekt des internen Kolonialismus. Der russische Dichter A. S. Griboedov jedenfalls sprach noch zu Beginn des 19. Jahrhunderts von den russischen Bauern als einem fremden Stamm, dessen Sitten und Gebräuche wild und fremd seien. Die Bauern hatten Adaptionsleistungen zu erbringen, die man von deutsch-baltischen Adligen und Stadtbürgern, georgischen Fürsten und armenischen Kaufleuten nicht erwartete. Der tiefe kulturelle Graben, der die Bauern und die Intelligenz voneinander trennte, ließ sich kaum überbrücken. Das Europäisierungskonzept stieß auch in Zentralrußland auf den Widerstand kulturell überfremdeter Bevölkerungsschichten, mochten diese auch die Verkehrssprache mit den Eliten teilen. Hinzu kam, daß sich Arbeiter in den multiethnischen Industrieregionen des Zarenreiches – etwa in Baku – den einheimischen Eliten unterordnen mußten. Rußland fehlte der geographische Gegensatz von Zentrum und Peripherie, der den Kolonialismus des alten Europa auszeichnete.

Die zarische Nationalitätenpolitik strebte nach politischer Stabilisierung, denn sie konnte Spannungen an der Peripherie nicht vom Zentrum fernhalten, wie es die französische oder englische Regierung vermochte. In praxi erwies sich die Autokratie als äußerst flexibel im Umgang mit der Heterogenität des Reiches. Die Muslime und Nomaden des Reiches befreite die Regierung von der allgemeinen Wehrpflicht ebenso wie von den meisten modernen Zivilgesetzen. Wenngleich die zentralasiatischen Nomaden von russischen Kolonisten bedrängt wurden, mischte sich die Verwaltung nur ausnahmsweise in ihre Sitten und Gebräuche ein. Die Herrschaftsmethoden der Autokratie waren so heterogen wie das Zarenreich selbst. Während in Zentralasien und im Kaukasus direkte Eingriffe und das Prinzip des Laisser-faire einander abwechselten, verfolgte die zarische Regierung unter den Völkerschaften Zentralrußlands eine Strategie erzwungener Assimilation. In Sibirien, im hohen Norden Rußlands, in den Bergregionen des Kaukasus und in den Wüsten des heutigen Turkmenistan aber trat die Staatsgewalt überhaupt nicht in Erscheinung. Das Projekt der Staatsbürgerlichkeit blieb hier nur unvermittelter Anspruch.

Rußlands Eliten inner- und außerhalb der Staatsbürokratie fanden mehrheitlich wenig Gefallen am Imperialismus und den negativen, anti-partizipatorischen Seiten des russischen Kolonialismus. Nur eine Minderheit in Militär und Bürokratie trat vehement für eine aggressive Kolonialpolitk ein. Der Finanzminister und spätere Vorsitzende des Ministerrates S. J. Witte, der Generalgouverneur Turkestans und des Steppengebiets K. von Kaufmann und der seit 1905 im Kaukasus eingesetzte Statthalter Graf I. I. Voroncov-Daškov befürworteten eine tolerante, auf die lokalen Erfordernisse und Bedürfnisse der Einheimischen Rücksicht nehmende Strategie, die sich gelegentlich auch durchzusetzen vermochte. Die Statthalterschaft Voroncov-Daškovs (1905 bis 1915) im Kaukasus stand in ständigem Widerspruch zu den in Petersburg formulierten Konzepten. In der russischen politischen Opposition, die sich seit 1906 in der Staatsduma, dem Parlament des Zarenreiches, artikulierte, fanden sich nur wenige Anhänger des Kolonialismus. Die konstitutionellen Demokraten stritten für die Gleichberechtigung aller Bürger des Reiches und integrierten die muslimischen Duma-Abgeordneten in ihre Parlamentsfraktion. Auch entstand im Zarenreich kein der westlichen Kolonialliteratur vergleichbares Genre. Schriftsteller und Intelligenzler sahen sich mehrheitlich auf der Seite der Unterdrückten, sie waren Kritiker, keine Apologeten der Autokratie. Zu den Unterdrückten des Reiches zählten in ihrem Verständnis auch die Kolonialvölker. Es kam deshalb nur ausnahmsweise zu ihrer Orientalisierung, wie sie E. Said am Beipiel der westlichen Literatur beschrieben hatte.

Unterentwickelte Kommunikationsnetze und eine hohe Analphabetenquote versperrten der Regierung die Möglichkeit, Imperialismus und Kolonialismus als Integrationsideologie anzupreisen. Im westlichen Europa, zumal in Deutschland, übte der Kolonialismus diese Funktion aus. Die russischen Bauern waren als Opfer kultureller Bevormundung ohnedies keine geeigneten Adressaten für eine solche Strategie. In Rußland entwickelte sich keine Kolonialkultur, kein imperialistischer Kult, der die Untertanen des Zaren hätte zusammenführen und an das Regime binden können.

Die zarische Regierung schuf einen breiten Artikulationsrahmen für die Anliegen der kolonialen Eliten. Sie kamen vor den unabhängigen Gerichten zu Wort, die an der Mittleren Wolga und in Transkaukasien die Rechte der privilegierten Bevölkerungsgruppen ebenso wie jene der »Fremdstämmigen« schützten. Als Advokaten, Ärzte, Journalisten und Lehrer stritten eingeborene Intellektuelle für die Belange der Kolonisierten. Die in den siebziger Jahren entstandenen städtischen Selbstverwaltungsorgane wurden sukzessiv auch auf die Städte der Peripherie ausgeweitet und ermöglichten den Einheimischen eine begrenzte politische Einflußnahme auf das lokale Geschehen. In den Stadtparlamenten Transkaukasiens blieben Georgier, Armenier und Muslime ohnedies unter sich, da nur wenige wirtschaftlich potente Russen in dieser Region lebten. Nicht selten repräsentierte die städtische Selbstverwaltung die Opposition ökonomisch potenter, aber politisch marginalisierter Bevölkerungsgruppen. Die Revolution des Jahres 1905 verfestigte auch in den Randregionen rudimentäre Formen der politischen Öffentlichkeit. Kazan, Ufa, Orenburg, Baku, Tiflis und Taschkent verwandelten sich in Zentren der muslimischen Aufklärungsbewegung. Die armenische Nationalbewegung verlegte ihren Schwerpunkt von der Türkei nach Rußland. Es entstanden Zeitungen und Zeitschriften in den Muttersprachen der jeweiligen Völkerschaften sowie Clubs und wohltätige Gesellschaften, deren Wirken nicht selten auf die kolonialen Eliten der britischen und französischen Kolonialreiche ausstrahlte. Vertreter der Peripherie erhielten Sitz und Stimme in der im April 1906 einberufenen Staatsduma. Mehrheitlich fanden die muslimischen Parlamentarier ihre politische Heimat bei den liberalen konstitutionellen Demokraten. Die georgische nationale Elite ging im menschewistischen Flügel der sozialdemokratischen Arbeiterpartei Rußlands auf, der radikale Flügel der kazantatarischen Erneuerungsbewegung orientierte sich an der Programmatik der russischen Sozialrevolutionäre. Die Modernisierung und Demokratisierung der kolonialen Öffentlichkeit durch die

Regierung des Zarenreiches schuf die Voraussetzungen dafür, daß sich unter den kolonialen Eliten ein nationales Eigenbewußtsein entwickeln und artikulieren konnte.

Die Sowjetunion

Die russische Revolution des Jahres 1917 war keine Revolution der Nationalitäten. Nationale Selbstvergewisserungen galten im größten Teil des Vielvölkerreiches wenig. Das nationale Vergemeinschaftungsangebot der Patrioten erfaßte allenfalls die Völker des Westens: Finnen, Polen, Esten und Letten. Ihnen gelang die nationalstaatliche Loslösung vom alten Rußland. Anderenorts hatte nationales Bewußtsein eine nachgeordnete Bedeutung. In den kaukasischen und zentralasiatischen Regionen überwölbten tribale und religiöse alle übrigen Identitäten, die Menschen in ihrem Alltag ausprägen. Die Eliten des russischen Orients entwickelten keine nationalen Unabhängigkeitskonzepte, sie forderten Kulturautonomie im Rahmen des russischen Staatsverbandes. Wo es zur Unabhängigkeit peripherer Territorien kam, wie in Aserbaidschan, Georgien, Armenien und der Ukraine, fiel sie den einheimischen Eliten gleichsam zu. Das ergab sich aus den Bürgerkriegswirren und den ausländischen Militärinterventionen, an denen das Vielvölkerreich zerbrach. Es waren nicht die Kolonisierten, die sein Ende herbeiführten. Die Wiederherstellung des Imperiums nach 1920 beruhte unter anderem auf der Unterentwicklung nationalen Bewußtseins.

Wenngleich die Revolution in keine nationale Erhebung mündete, so trug sie doch deutliche antikoloniale Züge. Die russische Revolution des Jahres 1917 war nicht allein eine soziale Erhebung der Arbeiter und Bauern, sie war eine archaische Rebellion kolonisierter Unterschichten gegen die Zivilisierungskampagnen der Obrigkeit. Das schloß nomadisch lebende Kazachen ebenso ein wie ukrainische und russische Ackerbauern. Im Zuge des Bürgerkrieges und der physischen Vernichtung und Vertreibung der alten Oberschicht kamen die unter Barbareiverdacht gestellten, marginalisierten Lebensentwürfe der Untertanen wieder zu ihrem Recht. Einheimische rückten vielfach in die Amtsstuben der geflohenen Beamten ein, wenngleich sie sie zunächst nur partiell zu ersetzen vermochten. Der russische Bürgerkrieg wurde nicht zuletzt auf dem Territorium der Peripherien entschieden, die die weißen Armeen beherrschten. Die Bolschewiki obsiegten in dieser Auseinandersetzung, weil sie den Anliegen der Völker an der Peripherie entgegenkamen, während die weißen Generäle am »unteilbaren Rußland« und seinem kolonialistischen Credo unbeirrt festhielten. Im Selbstverständnis der politischen Führer war die Sowjetunion kein Kolonialreich. Die Bolschewiki begriffen sich als Vorkämpfer gegen den Kolonialismus der westlichen Industrienationen. Mit diesem Anspruch warben sie in den Ländern des Orients und des asiatischen Ostens für das Programm der Weltrevolution. Die Verfassung der Sowjetunion erklärte die nichtrussischen Ethnien zu gleichberechtigten Rechtssubjekten und ihre nationalen Bestrebungen zu berechtigten Anliegen. Die nationalen Gebietseinheiten der Sowjetunion waren freilich an zentralen wirtschaftlichen und politischen Entscheidungen nicht beteiligt. Das traf aber letztlich auch für die russischen Regionen der Sowjetunion zu. Die zentralistische Kommandowirtschaft folgte sozialistischen Konzeptionen der Ökonomie. Sie beruhte auf keinem kolonialen Konzept. Die frühe sowjetische Nationalitätenpolitik verfolgte vielmehr das Ziel, die Peripherie ökonomisch und politisch aufzuwerten. Dreierlei Motive lagen dieser Absicht zugrunde:

- Die Bolschewiki glaubten, daß sich der Eintritt in den Sozialismus erst nach einer Angleichung des Lebens- und Wirtschaftsniveaus in allen Regionen der Sowjetunion erfolgreich vollziehen könne. Es galt demnach, den Entwicklungsrückstand des sowjetischen Orients sukzessiv aufzuheben.
- Die politischen Führer der Sowjetunion strebten eine Verschmelzung der Völker im Sozialismus zwar an, gaben sich aber keinen Illusionen über die Verwirklichung solcher Wünsche hin. Lenin selbst erhob die Überwindung des Mißtrauens der ehemals kolonisierten Völker gegenüber den Russen zum Programm der Kommunistischen Partei. Im Verständnis Lenins ließ sich dieses Mißtrauen nur durch Zugeständnisse an die Eigenständigkeitsbestrebungen der Nichtrussen überwinden.
- Die Mehrheit des kommunistischen Führungszirkels begriff den Nationalstaat als notwendige Übergangsphase auf dem Weg in den Sozialismus. Wo er noch nicht bestand, mußte er geboren werden. Zu diesem Zweck richtete das Regime nationale Republiken für große, kompakt siedelnde Ethnien ein, autonome Republiken und Gebiete für kleinere Völker. In den zwanziger Jahren entstanden auf dem Territorium des untergegangenen Zarenreiches neben der Russischen Föderation (RSFSR) die nationalen Republiken der Ukraine, Weißrußland, Aserbaidschan, Georgien, Armenien, Kazachstan, Uzbekistan, Kirgisien, Tadschikistan und Turkmenistan. Die bolschewistischen Machthaber banden ethnische Identitäten an klar umgrenzte Territorien. Sie separierten Menschen nach sprachlichen Kriterien selbst dort, wo nationales Bewußtsein nichts galt, und schufen auf diese Weise Voraussetzungen für die Entstehung von Nationen. Im deterministischen Geschichtsbild der Bolschewiki mußte die Nation zum Zwecke ihrer Überwindung inszeniert werden. Im Resultat wurden Kommunisten, die vom Vergehen der Nationen träumten, zu Schöpfern von Nationen.

Um die bäuerliche und nomadische Bevölkerung an der Peripherie auch zu erreichen, stellten die neuen Machthaber die Alphabetisierung und die Schulbildung auf die lokalen Sprachen um. In den zwanziger Jahren entstanden Periodika und Bücher in allen Sprachen des Reiches; Orientalisten und Sprachwissenschaftler entwarfen Grammatiken und Alphabete und formten aus Bauerndialekten Literatursprachen. Die Bolschewiki erreichten auf diese Weise, daß ihre Ziele vermittelbar wurden. Sie begaben sich aber auch in die Abhängigkeit einheimischer Interpreten, die diese Sprachen beherrschten. Um Mißtrauen der Nichtrussen gegenüber den Vertretern der einstigen Kolonialmacht zu überwinden, erhob die Partei 1923 die Besetzung der Apparate in den nationalen Republiken und autonomen Gebieten mit einheimischen Funktionären zur conditio sine qua non sozialistischer Entwicklung. Stalin kleidete dieses Programm in die Losung: »National in der Form, sozialistisch im Inhalt«.

Diese Politik der »Einwurzelung« *(korenizacija)* oder Indigenisierung der Partei- und Staatsapparate führte in den meisten Republiken zum gewünschten Erfolg: Zentrale Machtfunktionen gingen in einheimische Hände über, die Bildungseinrichtungen wurden auf nationale Grundlagen gestellt, nationale Armee-Einheiten ausgehoben und unter das Kommando von Offizieren aus der eingeborenen Nationalität gestellt. Das Regime wies Leiter von Fabriken und Behörden an, Angehörige nichtrussischer Ethnien bevorzugt einzustellen, sofern sie dort nicht angemessen repräsentiert waren. Die lokalen Ämter in den Kreisen und Distrikten waren bereits nach der Vertreibung der russischen Beamten in den Jahren des Bürgerkrieges mit Vertretern der örtlichen Bevölkerung besetzt worden. Bis zum Beginn der dreißiger Jahre kam es in Georgien und Armenien und im ländlichen Aserbaidschan zur nahezu vollständigen Indigenisierung der Apparate, in den mittelasiatischen Republiken hielt der bestimmende Einfluß russischer Beamter und Fachleute in der Verwaltung unvermindert an, wenngleich er auch hier zusehends schwand.

Die sowjetische Praxis im Umgang mit den Völkern der Peripherie hob sich von der zarischen Vergangenheit deutlich ab. Einheimische verantworteten die Ausführung zentral entworfener Konzepte nicht nur selbst, sie hatten auch Einfluß auf ihre Formulierung. Die Kolonialverwaltung verschwand in den zwanziger Jahren unseres Jahrhunderts aus der Wirklichkeit der Sowjetunion. Dessenungeachtet setzte sich die 1917 unterbrochene Zivilisierungskampagne unter neuen Vorzeichen und auf ungleich gewalttätigere Weise zu Beginn der dreißiger Jahre fort. Im Unterschied zur kolonialen Praxis des Zarenreiches traten die kulturimperialistischen Feldzüge der Machthaber den Betroffenen nicht allein als Angriff des Zentrums gegen die Peripherie entgegen. Man wird allenfalls von einer Unterwerfung der Peripherie unter die dominante Herrschaftskultur sprechen können. An dieser Unterwerfung nahmen auch die Eliten der nichtrussischen Regionen teil. Die dominante Kultur läßt sich deshalb geographisch nicht verorten. Im Kampf der Partei gegen den Lebensstil der russischen Bauern wurden auch die Vorstädte Moskaus, die Biotope der bäuerlichen Migrationskultur, zur Peripherie.

Die Bolschewiki hatten nicht nur die wirtschaftliche Angleichung der Peripherie an das Zentrum zu ihrem Programm erhoben. In der Zukunftsgesellschaft hatte nur Platz, wer auch das Kulturniveau der sowjetischen Elite erreichte. Mit dem Begriff der *Kul'turnost'* umschrieben die Bolschewiki, was sie für zivilisiert und europäisch hielten, und was deshalb auch für alle zu gelten hatte. Darin kam der kolonialistische Zug ihrer Zukunftsvision zum Ausdruck. Aber sie teilten diese Prämissen mit den einheimischen Eliten in den nationalen Regionen, die das bolschewistische Programm des gesellschaftlichen Wandels umsetzten. Die Ende der zwanziger und zu Beginn der dreißiger Jahre einsetzenden gewalttätigen kulturrevolutionären Kampagnen richteten sich gegen die Lebensweisen der russischen wie der nichtrussischen Bauern. Im sowjetischen Orient kamen sie der vollständigen Negation des traditionellen Lebensentwurfs gleich. Die Latinisierung der Alphabete, verstanden als Revolutionierung und Europäisierung des Schreibens und Lesens, die Eliminierung der islamischen Geistlichkeit aus dem öffentlichen Leben, der Kampf gegen den Tschador und die

Feinde der Frauengleichberechtigung, die Verachtung für orientalische Dichtkunst und Musik, schließlich die Kriminalisierung der überkommenen Konfliktlösungsmechanismen, das Verbot des Gewohnheitsrechts und der Scharia, unterschieden sich in ihrer Zielsetzung nicht wesentlich von den mitunter nicht weniger gewalttätigen Europäisierungskampagen im Iran und in der Türkei. Sie waren insofern kolonialistisch und kulturimperialistisch, als sie den Herrschaftsunterworfenen eine fremde Streit- und Alltagskultur aufzwangen.

Diese Form des internen Kulturimperialismus hing aber hier wie dort vom Einverständnis der lokalen Eliten ab; sie war kein Angriff des Zentrums auf nationale Eigenständigkeit. Die kommunistischen Funktionsträger der Sowjetunion befanden sich im Krieg mit der Volkskultur ihres Imperiums. Dabei war es nicht von Belang, an welchem Ort sich die Gegenkultur zu erkennen gab. Man wird die Kulturrevolution im sowjetischen Orient deshalb nicht als Kolonialismus im herkömmlichen Verständnis bezeichnen dürfen. Denn im Verlauf der kulturrevolutionären Kampagnen, die zu Beginn der dreißiger Jahre die Kollektivierung der Landwirtschaft begleiteten, erlebte die Indigenisierungspolitik ihren eigentlichen Höhepunkt. Der Kampf gegen traditionelle Lebensentwürfe und die beschleunigte Indigenisierung der Apparate verliefen synchron.

Auch der stalinistische Terror, der zwischen 1936 und 1939 die Bevölkerung der Sowjetunion in Angst und Schrecken versetzte, taugt nicht als Beleg für die vermeintlich kolonialistischen Motive der Parteiführung. Dem Terror fielen vornehmlich die Funktionseliten in Partei und Staat zum Opfer, die im Verständnis der Moskauer Führung die Verantwortung für Mißerfolge bei der Umsetzung des Fünfjahrplans und der Kollektivierung der Landwirtschaft trugen. Die nationale Zugehörigkeit der Opfer war von nachgeordneter Bedeutung. Zwar wurden die nationalkommunistischen Funktionsträger in den Sowjetrepubliken nahezu ausnahmslos um Amt und Leben gebracht; das geschah jedoch auch in Zentralrußland. Im übrigen traten in den meisten Sowjetrepubliken bäuerliche Aufsteiger aus der eingeborenen Nationalität an die Stelle der Verstoßenen und Ermordeten. Die Stalinisierung der Sowjetunion ist kein Synonym für ihre Russifizierung.

In der nachstalinschen Ära, unter Chruschtschow und Brežnev, kam es zu einer Wiederbelebung des Verschmelzungsgedankens. Die offizielle Propaganda entwarf nun das Sowjetvolk. Der Realität entsprach solche Rhetorik jedoch kaum noch. Die Modernisierung von Wirtschaft und Bildung erhöhte den Anteil der Nichtrussen in Produktion und Verwaltung, sie verfestigte nationale Identitäten und half sie nicht überwinden, wie die Bolschewiki gehofft hatten. Je mehr die kommunistische Ideologie an Legitimationskraft und Bindewirkung auch unter den Kommunisten einbüßte, desto bereitwilliger griffen die Republikführungen auf nationale Symbolik zur Herrschaftslegitimierung zurück.

Unter diesen Bedingungen wurde es zunehmend schwieriger, auch innerhalb der KPdSU die Notwendigkeit zentralisierter Entscheidungen zu begründen. Die nationale Rhetorik der Republikparteien und der tatsächlich bestehende Entscheidungsspielraum der Sowjetrepubliken widersprachen einander. Gleichwohl fiel die

Sowjetunion weder einer Revolution noch nationalen Erhebungen zum Opfer. Sie löste sich im Zuge der von oben verordneten Reformen rasch auf und zerfiel in einzelne Nationalstaaten. Die vom Zentrum selbst inszenierten Nationsbildungsprozesse ermöglichten eine Neuorganisation des sowjetischen Territoriums, die sich an den Grenzen der Sowjetrepubliken und autonomen Gebiete orientierte. Die Dekolonisierung der Sowjetunion vollzog sich bereits in den zwanziger und dreißiger Jahren unseres Jahrhunderts. Das Jahr 1991 markiert nur das Ende eines ineffizienten politischen und ökonomischen Systems, das man mit Recht für sozialistisch hielt.

Verkehrte Welten

Andere Kontinente im Blick der Europäer

Charlotte Brinkmann

Als im ausgehenden 15. Jahrhundert die Europäer zunächst ostwärts den Seeweg nach Indien und dann westwärts die Neue Welt entdecken, ändert sich nicht nur für die dort lebenden Völker der Lauf der Geschichte. Mit dem direkten Zugang zu neuen Reichtümern werden auch in Europa die wirtschaftlichen und politischen Verhältnisse neu sortiert. Daneben beginnt sich die europäische Wissenschaft nach der Wiederentdeckung antiker Quellen – über die Begegnung mit arabischen Schriftquellen – eigenständig zu entwickeln, und es wird in Europa ein Prozeß in Gang gesetzt, den Max Weber die »Entzauberung der Welt« nannte. Er meinte damit die Entmythisierung des mittelalterlichen Weltbildes bei gleichzeitiger Rationalisierung und Verwissenschaftlichung sämtlicher Bereiche der Arbeit, der Natur, der Erkenntnis und des Lebens überhaupt. Die Grundmauern der christlichen Weltordnung waren erschüttert, die Erfindung des Buchdrucks sorgte für die Verbreitung der neuen Denkweisen.

Mit der geographischen und geistigen Horizonterweiterung kann man eine grundlegende Änderung des europäischen Selbstverständnisses beobachten. Man könnte sogar behaupten, daß der Prozeß der Selbstentdeckung und Herausbildung einer europäischen Identität ohne die Konfrontation mit bisher ungeahnten kulturellen Alternativen, denen der »wilden Völker«, undenkbar gewesen wäre.

Wie im Zerrspiegel erscheinen dabei die »anderen«, und es entstehen Vorstellungen und Bilder über die Bewohner fremder Welten, die nicht unbedingt den Tatsachen entsprechen, sondern eher neuen Mythen gleichen. Doch bevor hier verschiedene Erklärungsansätze miteinander verglichen werden, die sich mit der Ursache dieser Stereotypisierung außereuropäischer Kulturen beschäftigen, wird zunächst ein kurzer Abriß der realpolitischen Begegnung mit Bewohnern anderer Kontinente gegeben. Gleichzeitig wird aufgezeigt, wie der europäische Zeitgeist und später die Wissenschaft die Begegnung mit dem anderen verarbeiteten.

Begegnung mit neuen Welten

Die Spanier und Portugiesen waren die ersten, die sich zu Beginn der Neuzeit, im 15. Jahrhundert, auf die Suche nach dem legendären Schatzhaus Asien mit seinen unermeßlichen Reichtümern machten: Gold und Gewürze wie Zimt, Pfeffer, Muskat und Nelken aus »Indien« – damit war allgemein alles östlich des Morgenlands gemeint – waren schon im Altertum bekannt und gelangten über chinesische, indische und arabische Kaufleute auf dem Landweg nach Europa. Mit der Suche nach deren

Quellen und der Entdeckung Amerikas (»Westindiens«) begann die Auseinandersetzung um die innereuropäische Vormachtstellung globale Dimensionen anzunehmen und wurde um die Beherrschung der Weltmeere und günstige strategische Positionen in Asien, Amerika und Afrika gekämpft. Nachdem Portugiesen und Spanier zunächst den neuen Kontinent unter sich aufteilten, verdrängten die Holländer ab 1600 die Portugiesen aus Besitzungen in Amerika, Afrika und Asien, konnten sich aber nur in Ostindien halten. Die Ausdehnung der Engländer blieb zunächst im Schatten der Holländer, doch schließlich setzen sie sich gegen jene und gegen die Franzosen in Kanada, Nordamerika und Indien durch.

Die europäischen Mächte brauchten keine 200 Jahre, um Handelsaktivitäten auf alle Kontinente auszudehnen und die ganze Erde zum Schlachtfeld ihrer Konkurrenzkämpfe zu machen. Der Gewürzhandel mit Asien war schon bald in fester Hand der holländischen und englischen Handelsgesellschaften, doch die Bewohner dieses begehrten Kontinents blieben zunächst von Einschnitten in ihr Leben verschont, da den europäischen Mächten die Inbesitznahme des starken Ostens nicht gelang. Dagegen führten die Aktivitäten auf dem neuen Kontinent Amerika – ab 1520 der Aufbau von Zuckerrohr-, Kakao- und Kaffeeplantagen, die zunehmende Gold- und Silbergewinnung in Südamerika, die dafür notwendige Beschaffung von afrikanischen Arbeitssklaven und später der Pelzhandel in Nordamerika – zu massiven Veränderungen gesellschaftlicher und politischer Natur. Der Frühkolonialismus trieb hier seine grausamsten Blüten, wobei die Zusammenarbeit zwischen europäischen Händlern und einheimischen Machthabern nicht zu vernachlässigen war, zum Beispiel beim afrikanischen Sklavenhandel und beim nordamerikanischen Pelzhandel.

Holzschnitt zu den ersten Berichten aus der Neuen Welt, hier zur Straßburger Ausgabe von Vespuccis Soderini-Briefen 1509, der die »abartigen« Sitten der Indianer illustrieren sollte: Nacktheit, Kannibalismus und ungehemmte Lust waren auch Kennzeichen der »wilden Leute« mittelalterlicher Legenden.

Im Gegensatz zu den Kulturen Asiens und Nordafrikas, die bereits in der Antike und von frühen Reisenden beschrieben wurden und die man als phantastisches und goldglänzendes Wunderland verehrte, stellte sich in der Begegnung Europas mit den Völkern der Neuen Welt, mit den Worten Todorows, ein »Gefühl völliger Fremdheit« ein – zu neu waren Sprache, Religion und Gesellschaft. Aber wie schon frühe europäische, weitverbreitete Reiseberichte eines Marco Polo (13. Jahrhundert) und John Mandeville (14. Jahrhundert) Mischungen aus Augenschein und Phantasie waren, die nicht nach Wahrheit und Bedeutung fragten und alte Mythen von Kannibalen und Menschen mit Schwänzen chronikalisch aufreihten, so sind auch die Entdeckerberichte der Neuzeit gespickt von mittelalterlichen Legenden. Besonders an den ersten Kolumbus- und Vespucci-Briefen mit ihren Illustrationen, die als Flugblätter eine große Verbreitung fanden, wird deutlich, wie das Neue als längst Bekanntes und in Kategorien der christlich-antiken Mythologie dargestellt wurde. Die scheinbar so »abartigen« Geflogenheiten – Nacktheit, Kannibalismus und sexuelle Freizügigkeit – machten die Fremden zu realen Erscheinungen der in der Antike beschriebenen Halbmenschen und Monster einerseits bzw. zur Entsprechung des in mittelalterlichen Volkslegenden beschriebenen »wilden Mannes« andererseits. Letzterer stellte gewissermaßen als so gedachter gottloser, korpulenter, kannibalistischer Waldbewohner das ambivalente Gegenbild zum höfischen Leben dar und wurde in einer dämonisierten Version Urheber des Hexenbildes.

Die »Wilden« wurden insgesamt auf der Folie der eigenen Gesellschaft mit bekannten Begriffen – bei negativem Vorzeichen – beschrieben; die Fremden waren demnach, so Karl-Heinz Kohl in ›Abwehr und Verlangen‹, Völker »ohne König, ohne Glauben, ohne Gesetz«. Das antike Bild des Wilden als »Barbar« (übersetzt »der Stammelnde«) war erneut aktiviert – und zugleich seine Verkehrung zum Edlen Wilden.

»Aufgeklärte« Weltbetrachtung

In einer zweiten Entdeckungswelle bis zum Ende des 18. Jahrhunderts, die von den Administrationen Frankreichs, Englands und Hollands eingeleitet wurde, sollten bisher unentdeckte Kontinente – etwa die im pazifischen Raum vermutete »terra australis« – gefunden und die Weltmeere weiter erschlossen werden. Vor dem Hintergrund der in Europa stattfindenden gesellschaftlichen Umwälzungen überrascht es nicht, daß dabei von dem sich etablierenden Bürgertum maßgebliche Impulse ausgingen. Allen voran waren es englische Naturforscher und Philosophen bürgerlicher Herkunft, die an den großen englischen und französischen Entdeckungsreisen in den nun schiffahrtstechnisch erreichbaren und politisch interessanten pazifischen Raum teilnahmen, von denen die Mitreisenden des Kapitäns James Cook die bekanntesten sind. In ihrem Selbstverständnis wollten sie der heimatlichen Krone zu weiterem wissenschaftlichen und wirtschaftlichen Erfolg verhelfen. Diese Reisen basierten auf neuen wissenschaftlichen Standards – präzises Sammeln und Klassifizieren von Beobachtungen war Pflicht –, und doch dienten sie nicht rein der Wissenserweiterung und enzyklopädischer Welterfassung.

Seitens der Krone wurde nach wie vor angestrebt, neue Handelspartner, Plantageflächen und zahlende Untertanen zu gewinnen. Wenn auch die zu entdeckenden

Ländereien nicht mehr roh unterworfen werden sollten, so scheute man dennoch nicht vor dem Einsatz von Waffen und Kanonen zurück, sobald sich ein Konflikt anbahnte. Zu guter Letzt teilten sich die Franzosen und die Engländer die Südsee auf. Nun erst begannen sich auch die europäischen Mächte in Asien von ihren Handelsniederlassungen aus um eine Inbesitznahme von Land und damit für Steuereinnahmen jenseits von Handelsprofiten zu engagieren. Dabei wurden bestehende politische Differenzen in den Ländern ausgenutzt. Den Engländern gelang im 18. Jahrhundert die Übernahme des politischen und ökonomischen Erbes der Mogul-Dynastie, was immensen Einfluß auf die gesellschaftliche Ordnung Indiens und die Einnahme großer Steuerbeträge zur Folge hatte und die Expansion des Orienthandels ermöglichte. Auch öffnete das indische Opium das bisher verschlossene China für den Außenhandel und sorgte für den Rückfluß der nach Asien abgeflossenen Geldmittel, zudem exportierten die Engländer feine indische Textilien nach Europa, Afrika und Indonesien.

Auf diesen Reisen wurden viele Mythen über die unglaublichsten Erdenbewohner, die teilweise seit der Antike kursierten, nun endgültig in den Bereich der Märchen verwiesen: geschwänzte Menschen, Einäugige, Kopflose, Einschenkler und Hundsköpfige wurden nirgendwo angetroffen. Besonderes Interesse galt jedoch dem Phänomen des Kannibalismus, das nun aber in direkten Augenschein genommen werden mußte. In merkwürdigem Gegensatz zu dem insgesamt nüchternen Zugang der Europäer zu den anderen Kontinenten im 18. Jahrhundert – angetrieben aus einer Verbindung von wissenschaftlichem Eros und politischen Interessen, ökonomischem Nutzdenken und kolonialem Ehrgeiz – steht die Verklärung einiger Inseln der Südsee, die sich durch sämtliche Reiseberichte und wissenschaftliche Betrachtungen zieht. Dazu muß man den Zeitgeist der bürgerlichen Emanzipationsbestrebungen berücksichtigen. Schon frühe Philosophen der Aufklärung wie Montaigne, Montesquieu, Herder, Voltaire und Rousseau sind in der Beschäftigung mit der Frage nach dem menschlichen Urzustand, der Vernunftbegabtheit, der Vervollkommnung und dem Fortschritt der menschlichen Gattung im ganzen auf frühe Beschreibungen amerikanischer Wilder gestoßen. Sie interpretierten deren Kulturen als den Naturgesetzen und somit dem glücklichen Goldenen Zeitalter näher, während sich die eigene Gesellschaft durch die Macht von Staat und Kirche zu weit davon entfernt habe. Wenn sie sich auch nicht einig darüber waren, wieviel Natur und Zivilisation der Mensch für sein Glück brauche, so stand für diese Denker – im Gegensatz zur allgemeinen Meinung der Renaissance – zumindest außer Frage, daß jene Wilden über menschliche Vernunft, vielleicht sogar über die bessere Gesellschaftsordnung verfügten.

Ein neuer Impuls in der philosophischen Diskussion um den menschlichen Idealzustand ging 1768 durch wahre »Wundererzählungen« Louis Antoine de Bougainvilles und seines Begleiters Commerson über Tahiti aus. Deren Ausführungen wurden begeistert aufgenommen, unter anderem wegen der spektakulären Beschreibung der Insel, die bereits Wallis 1767 entdeckt hatte. Bougainville gibt der Insel den Charakter eines Südseeparadieses, der bis heute von Kunst und Literatur, aber auch von der modernen Trivial- und Filmindustrie verarbeitet wird. Beeinflußt von Rousseaus Bild des *bonté naturelle* findet er dort zwar nicht den (glücklichen) Wildheitszustand der

Stich aus dem 18. Jahrhundert mit einer Szene aus Tahiti, der die Wunschphantasien europäischer Aufklärer belegt, die auf den Inseln der Südsee das Goldene Zeitalter wiederzuentdecken meinten.

Menschheit – dazu sind die Tahitianer nicht »wild« genug –, jedoch den (biblischen) Garten Eden oder das (antike) Goldene Zeitalter, *La Nouvelle Cythere*, wie es Bougainville bezeichnet. Ins Schwärmen geraten er und seine Zeitgenossen angesichts der landschaftlichen Schönheit und der »glücklichen Menschen«, denen sie überall zu begegnen glaubten, die scheinbar in Harmonie, jenseits von Schuld und Moral, in einem angenehmen Klima leben und durch fruchtbaren Boden einen Überfluß an Nahrung genießen können – ohne Eigentum und Arbeitszwang.

Immerhin wurde dieses Trugbild von den Sklaverei-Gegnern erfolgreich benutzt, um die »gutherzigen, unschuldig leidenden« Afrikaner aus ihrem Elend zu befreien, so daß der europäische Sklavenhandel schließlich auf dem Wiener Kongreß (1815) geächtet wurde. Dennoch war noch lange die niedliche und dienende Version des Schwarzen (das »kleine Negerlein« und der »Nickneger«) in Europa präsent.

Als Gegenpol zum absolutistischen, unfriedlichen Europa wurden auch andere »Hochkulturen« ins Feld geführt: So waren in den Augen der Europäer China und Japan Beispiele aufgeklärter Gewaltherrschaften. Bereits im 17. Jahrhundert hatte es in Europa eine China-Begeisterung gegeben, die aber schon bald zur bloßen Mode verblaßte. Pagoden, Stadtsilhouetten, bizarr geformte Bäume und Torbögen wurden in der Malerei zu optischen Versatzstücken, und »Chinesen« tauchten als exotische Besucher in Oper und Theater als verzerrte Figuren auf. Auch der arabische Raum, allen voran die Türkei, Persien und Ägypten, erschien im 18. Jahrhundert vorbildlich bezüglich religiöser Toleranz und verwirklichter Vernunft, wenn auch manche in ihnen ein Exempel barbarischer Rückständigkeit zu erkennen glaubten.

Herrschaft, Rasse und Evolution

Schon im 18. Jahrhundert hatten einige aufgeklärte Kolonisten behauptet, daß nur durch die Einbindung der in ihren Augen wilden Bevölkerung in das internationale Handelskolonie-System ein Zurückfallen in barbarische Zustände verhindert werden könne. Diese Rufe nach Zivilisierung mittels Wirtschaftsliberalismus wurden mit der Etablierung der europäischen Vormachtstellung über den nun aufgeteilten Erdball im 19. Jahrhundert, wenn es sein mußte, auch mit Gewalt, in den Kolonien umgesetzt. Impulsgebend war die Industrialisierung Europas mit ihrem steigenden Bedarf an Luxusgütern und Rohstoffen. Die kommerzielle Landwirtschaft in Form von Plantagen und *cash crops* für den Export nach Europa benutzte überall fruchtbares Agrarland zur industriellen Produktion von Lebensmitteln, während der Abbau von und der Handel mit Rohstoffen die Bevölkerung zu modernen Sklavenarbeitern zum Wohle des europäischen Aufschwungs machte.

Dies änderte mehr als zuvor die Lebensbedingungen der kolonisierten Völker. Vorab boten meist großangelegte wissenschaftliche Expeditionen Aufklärung über geographische, geologische und gesellschaftliche Bedingungen im bereits verwalteten und bisher nicht erfaßten Hinterland, garantierten so eine optimale Ausbeute und waren gleichzeitig das Experimentierfeld der sich entwickelnden wissenschaftlichen Disziplinen in Europa. Die anderen Kontinente wurden nun bezüglich ihrer praktischen Verwertbarkeit für koloniale Interessen und der voraussichtlichen Bereitschaft der Bevölkerung beurteilt. Da aber ein sich mehr und mehr auf bürgerliche Werte wie Freiheit und Gleichheit berufendes Europa diese rein materialistischen Interessen nicht in den Vordergrund stellen konnte und sich schließlich neue Vorstellungen über den (moralischen) Umgang mit den Kolonien entwickelt hatten, rechtfertigten die neuen humanistischen Bestrebungen der kolonialen Verwaltung die Anwesenheit der Europäer. Krankenversorgung und Schulbildung, meist in Zusammenarbeit mit der Mission geregelt, sind als Zivilisierungs- und Befriedungsmaßnahmen zu verstehen, die die Bevölkerung zu Ordnung, Sauberkeit und Arbeitsbereitschaft erziehen sollten.

Der Blick auf die »Wilden« hatte sich mittlerweile geändert. Zwei Denkansätze der Aufklärung setzten sich, zeitlich verschoben, im 19. Jahrhundert durch. Zunächst wurde die Kategorie »Rasse« zu einem entscheidenden Unterscheidungsmerkmal verschiedener Völker, und später wurde das biologische Modell der Evolution (Darwin) auf die Entwicklung von Kulturen übertragen.

Das zentrale Interesse der Aufklärung war die Erforschung und Klassifikation aller natürlicher Phänomene – gegen Religion und geistliche Macht gerichtet – und betraf auch das Menschengeschlecht als Teil der Natur. Doch schon Blumenbach (1775) und Kant (1785), die mit dem Begriff »Rasse« eine wissenschaftliche Kategorie einführten, waren sich nicht einig über die Zuordnungskriterien: Herkunftskontinent, Klima, Hautfarbe oder auch andere physische Merkmale? Vom Beginn des 19. Jahrhunderts an beschäftigte sich die vordarwinsche Anthropologie systematisch mit dem Vergleich menschlicher Anatomie, wobei sie von der biologischen Einheit des Menschengeschlechts ausging. Sämtliche Volksgruppen wurden nun vermessen, fotografiert, in

Rasse-»Typen« eingeteilt und in die von Linné entwickelte »göttliche Kette des Seins« eingeordnet – eine Hauptbeschäftigung wissenschaftlicher Forschungsreisen:

»Der Forscher als Teil, als Anhängsel der Wissenschaftsmaschinerie, begegnet zwar dem ehedem ›wilden‹ Fremden, doch indem er seinem exotischen Gegenüber die europäisch genormte Meßapparatur überstülpt, würdigt er ihn bloß zum quantitativ erfaßbaren Forschungsgegenstand herab; die Qualität der menschlichen Begegnung zweier Kulturen, die humanistisch geprägte Reflexion darüber, die (Reisenden der Aufklärung) zu eigen war, geht in der Flut der erhobenen Daten verloren. Physische Ortsveränderungen finden zwar noch statt, geistig aber herrscht Regungslosigkeit.«[1]

Dabei brachte die Diskussion um das »Mittelgeschöpf« oder das »fehlende Glied« zwischen dem höchstentwickelten Tier – dem Affen – und dem Menschen den Typus des schwarzen, kleinwüchsigen, breitnasigen Afrikaners auf die unterste Stufe der menschlichen Gattung. An der obersten Stufe stand, wie kann es anders sein, der Europäer. Noch 1921 fragte sich der Reisende Wilhelm Volz angesichts der dunkelhäutigen »Ureinwohner« auf dem malaiischen Festland unverblümt: »Sind es überhaupt schon Menschen?« Gefährlicher noch war der Gedanke, den »Aufklärer« wie Lavater und Buffon in den Raum stellten, als sie eine Verbindung von körperlicher Erscheinung und sittlichem Charakter der Individuen und folglich der ganzen Gesellschaft aufstellten. Diese ästhetische Anthropologie setzte letztlich den weißen Europäer zum idealen Maßstab und attestierte ihm physische und moralische Schönheit und Überlegenheit. Dieses »Gesetz der Entsprechung« wurde von der nationalsozialistischen Rassenlehre auf die Spitze getrieben: Die körperliche Erscheinung und durchschnittliche Schädelproportion eines Volkes gebe Auskunft über deren ethisch-moralische Beschaffenheit.

Vergessen schienen zunächst die ethnologischen Fragestellungen der Aufklärung, etwa eines Georg Forster (1778), der immerhin kulturvergleichende und auf Empirie basierende Beobachtungen zu verschiedenen gesellschaftlichen Phänomenen anstellte und sich dabei gleichzeitig seiner eigenen kulturellen Gebundenheit bewußt war. Erst in der zweiten Hälfte des 19. Jahrhunderts entwickelte sich die heutige Ethnologie aus der naturwissenschaftlich orientierten Anthropologie, der Wissenschaft vom Menschen, sowie der Geographie und begründete einen neuen Diskurs zu Fragen der Kulturentwicklung jenseits biologischer Zuordnungen. Die in Anlehnung an Darwins Evolutionsbegriff aufgestellten Thesen zur gesellschaftlichen Entwicklung von Recht, Politik und Religion begründeten den Diskurs des kulturellen Evolutionismus. Obwohl als Brückenschlag zwischen den Kulturen gedacht, zementierten sie damit eine weitere Kluft zwischen den Europäern und Nicht-Europäern, indem sie die Ungleichzeitigkeit von Kulturen diagnostizierten, obwohl diese real gleichzeitig existieren – daher lag dem Ganzen, wie der Rassentheorie, eine auf Europa fixierte (eurozentrische) Denkkonstruktion zugrunde. »Primitive Urgesellschaften« scheinen nun eine verkehrte Welt der eigenen zu sein: Statt Individualismus herrscht kollektives Denken (Urhorde), statt aufgeklärter Logik regiert magisch-religiöse Weltsicht (Aberglauben, Animismus), statt Einehe Vielweiberei und Mutterrecht vor Patriarchat. Geprägt von industrieller Revolution und bürgerlichem Fortschrittsglauben, wurde das technologische Niveau einer Kultur und seiner materiellen Güter zum Gradmesser einer schon geleisteten Entwicklung.

In den zahllosen Reiseberichten des 19. Jahrhunderts, dank derer ganz Europa an der Beseitigung der »weißen Flecken« auf der Weltkarte teilnehmen konnte, zeigt sich, wie selbstverständlich der Rasse- und der Evolutionsdiskurs eine populäre Verbindung eingingen: Afrika wurde zum »wilden« und »dunklen« Erdteil mit der »grünen Hölle« und schien bevölkert von unberührten und steinzeitlichen Gesellschaften und triebhaften Ureinwohnern, wie auch Australien, Papua und andere melanesische Inseln der Südsee. Je heller die Haut, desto milder das Urteil und desto höher die Zivilisationsfähigkeit.

So wie nun primitive Gesellschaften als überwundene, eigene Vergangenheit betrachtet wurden, so änderte sich auch mit der kolonialen Ausbreitung Europas und der militärischen Schwächung Asiens und des Osmanischen Reiches der Blick auf die außereuropäischen Hochkulturen. China, das sich zwar dem europäischen Markt geöffnet hatte, sich auch durch seine Größe vor europäischer Zerstückelung retten konnte, gelang es durch eigene innere Zerrissenheit nicht, sich langsam zu modernisieren. In den Augen der Europäer war China daher dem ewigen Stillstand geweiht, verfallen in einen Zustand der Lähmung durch Opium, Spielsucht und Willkürherrschaft. In Japan dagegen, das sich zwar seit der ersten Begegnung mit den Portugiesen im 16. Jahrhundert gegenüber dem Westen erfolgreich abgeschlossen hatte, fließt im 19. Jahrhundert westliches »Know-how« ein, auch über gute diplomatische Beziehungen zu Amerika, so daß sich Technik und Industrie entwickeln können und alte Feudalstrukturen überwunden werden. Aber lange noch gilt Japan als verstaubtes Land mit einem gütigen, ewig lächelnden, harmonischen, höflichen, liebenswürdigen Völkchen, das einer Kinder- oder »Elfenwelt« gleicht.

Der Orient, wie der islamische Osten seit dem 18. Jahrhundert bezeichnet wurde, verlor ab 1830, mit steigendem imperialen Erfolg der Europäer, an Vorbildhaftigkeit und wurde zunehmend romantisiert und barbarisiert. Einerseits galt er als Welt der ungezügelten Sinnlichkeit und Lebensfreude, andererseits als Ort barbarischer Grausamkeit und fatalistischer Gelassenheit, was sich nun im Bild des »edlen Wüstensohns« und des »orientalischen Despoten« ausdrückte. Unter dem Blickwinkel des Evolutionismus war der Orient nicht reif für eine positive Entwicklung, sondern statisch wie die östlichen Hochkulturen. Edward Said hat 1978 in seiner umfassenden Diskursanalyse ›Orientalism‹ aufgezeigt, daß westliche Literatur, Politik und Wissenschaft bis heute nicht müde werden, die Differenz des Westens vom islamischen Osten fortzuschreiben und ihn als andersartigen, unterentwickelten, unterlegenen und irrationalen Gefahrenherd zu konstruieren.

Suche nach den letzten Paradiesen

Hatte der Höhepunkt des Kolonialismus den Aufschwung der europäischen Industrialisierung mitbefördert, so stürzten sich die europäischen Nationen zu Beginn des 20. Jahrhunderts in eine vernichtende Materialschlacht im Kampf um die weltweite Vorherrschaft. Die beiden Weltkriege schwächten die Nationen, so daß es den besetzten Ländern gelang, sich aus den Fesseln des Kolonialismus zu befreien. Und mit der Forderung nach Selbstbestimmung wurden die Kontinente in den Grenzen der ehemaligen Kolonialmächte neu kartographiert: Afrika leidet noch heute unter den Folgen dieser künstlichen Grenzsetzung. Dennoch blieben die ehemaligen Kolonien über den Weltmarkt an den Westen gebunden, wurden als sogenannte Entwicklungsländer Objekt der wirtschaftlichen Patronage, was jedoch verschleiert, daß die ökonomische Randstellung zumeist Ergebnis des kolonialen Ausblutens ist.

Europa mußte den Schock der Kriege verdauen, der Glaube an den Fortschritt der Zivilisation war gebrochen, wieder machte sich Kulturpessimismus breit. Mit zunehmender Befreiung des Individuums von gesellschaftlichen Zwängen und Traditionen, mit dem Aufbruch in die Moderne und der Leistungsgesellschaft kam den anderen Kontinenten eine neue Bedeutung zu. Nicht wenige suchten direkt nach den existentiellen Kriegserlebnissen nach einer Gegenwelt zu den erlebten Barbareien und begaben sich auf die Suche nach dem verlorenen Glück, suchten es bei den »primitiven Stämmen« Afrikas, Amazoniens, Asiens und Ozeaniens, wo sie den glücklichen Naturzustand zu finden glaubten, und zogen Heerscharen an Globetrottern und Pauschaltouristen nach sich. Für viele ist es die östliche Mystik, die ihnen Seelenheil verspricht. Indien wurde bereits zu Beginn des 20. Jahrhunderts für viele europäische Schriftsteller und Denker zum geographischen Wunschtraum einer Pilgerfahrt zum eigenen Ich, mit der Erwartung geistiger Erneuerung. Die Hippie-Bewegung der siebziger und die Esoterik-Wellen seit den achtziger Jahren haben fremde Weltanschauungen und -religionen salonfähig gemacht.

Nach wie vor sind es die Stereotypen vom kraftvollen und erdverbundenen Afrikaner, vom lächelnden Japaner, vom lüsternen und fanatischen Orientalen, vom friedlichen und schönen Südseebewohner, vom edlen und naturverbundenen Indianer, die dem Europäer schon in seiner Kindheit in Buch und Film begegnen und ihn als Edle Wilde zu zeitweiliger Zivilisationsflucht verlocken oder als Böse Wilde zu ausländerfeindlichen Übergriffen verführen. Das Interesse an »noch lebenden primitiven Kulturen«, die nicht mehr durch Übernahme europäischer Lebensweise, sondern durch Beibehaltung traditioneller Sitten und Gebräuche imponieren, ist ungebrochen, betrachtet man die Flut der Reiseangebote in und der Reportagen über »unzivilisierte« Kulturen. Nach wie vor ist das Südsee-Idyll – nicht mehr wild, aber mild-exotisch und tausendfach reproduziert auf Werbeplakaten und Traumreisen-Prospekten – Inbegriff menschlichen Glücks. Der Ausverkauf der letzten »Wildparadiese« mit Mensch und Tier hat längst begonnen.

Verkehrte Welten und europäische Identität

Zahlreiche Studien zur Geschichte der Kulturbegegnung lassen erkennen, daß sich trotz des komplexen Vorgangs immer wiederkehrende Bilder über die Bewohner der anderen Kontinente aus der europäischen Literatur, Kunst und Wissenschaft herausfiltern lassen. Wie kommt es, daß in einer Welt, in der exakte Naturbeobachtung und wissenschaftliche Rationalität die Kriterien der Weltbetrachtung darstellen, sich hartnäckig Bilder über Fremde halten, die sich wie moderne Märchen lesen? Sie sind gewissermaßen europäische Mythen und als solche eine Verbindung aus Realem und Imaginärem. Warum das so ist, hat auch Ethnologen als Spezialisten für das »Fremde« beschäftigt, die dem Phänomen auf die Schliche kommen wollten.

Einer der ersten, der sich mit der Begegnung der »Wilden« und der »Zivilisierten« beschäftigte und die intellektuelle Auseinandersetzung dieses spannungsgeladenen Kontakts aufzeichnete, ist der Historiker Urs Bitterli[2]. Nach seiner umfassenden Analyse, in der er die Vielschichtigkeit und die Zusammenhänge in der europäischen Stellungnahme und die Totalität des intellektuellen Verhaltens aufzeigt, kommt er zu folgendem Ergebnis: Historisch betrachtet, habe die Renaissance bereits vorhandene Aburteilungen der Antike und des Mittelalters – die Griechen über die Skythen, die Römer über die Germanen, das Mittelalter über die Tataren – lediglich auf die neuentdeckten Überseebewohner übertragen. Wie bereits in der Antike aus einer gewissen Faszination heraus Umdeutungen ins Positive zu finden seien, habe das 18. Jahrhundert schließlich mit einer Umwertung das Bild des Edlen Wilden konstruiert, wobei sich der Barbar und Edle Wilde ergänzend gegenüberstehen. Seiner Ansicht nach sind die Figuren des Barbaren und Edlen Wilden also »Archetypen des kollektiven Unbewußten jeder Kultur«, erwachsen aus einem betont ethnozentrischen Kulturbewußtsein, und gewinnen dann an Interesse, wenn sich der Mensch in seiner Kultur nicht mehr fraglos geborgen fühlt.

Die Umwertung des Barbaren zum Edlen Wilden erklärt sich aus dem Wunsch zum Ausbruch aus der eigenen Kultur, dem »Eskapismus«, der seiner Ansicht nach im 18. Jahrhundert vorherrschend war und sich vor allem im literarischen Bereich niederschlug. Die Chance der Kulturbegegnung, nämlich ein tiefes Eindringen in (und Verstehen der) Fremdkulturen, sei seiner Ansicht nach durch ein Dominanz- und Überlegenheitsgefühl der Europäer – da intellektuell überfordert – verhindert worden. Diese betont apolitische Interpretation wird heute nicht mehr akzeptiert. Für viele Literaturwissenschaftler, Historiker und Philosophen ist der Mythos vom Edlen Wilden eine Ausgeburt des schlechten Gewissens auf die »Schwarze Legende« der Entdeckung und teilweisen Vernichtung der Neuen Welt, der auch die melancholische Betrachtungsweise des bedauerten Untergangs der alten Kulturen hervorbringt – im Gegensatz zum Mythos des Bösen Wilden, der das minderwertige andere, auch der eigenen Kultur, zu beherrschen und auszumerzen sucht.

Vor allem Ethnologen der jüngeren Generation sind im Rahmen einer wissenschaftsgeschichtlichen Reflexion verstärkt auf die Beziehung zwischen der Beschreibung des Fremden und der Erfahrung der eigenen Kultur und deren Machtmechanismen eingegangen. Ein Basiswerk ist Fritz Kramers ›Verkehrte Welten – Zur imaginären Ethnographie des 19. Jahrhunderts‹ von 1977. Er zeigt darin auf, wie verschiedene literarische Gattungen (philosophische Betrachtungen, Reisebeschreibungen und Ethnographien) unter den Bedingungen des Kolonialismus sich in der Beschreibung des Fremden versuchen und doch wie eine mittelalterliche Satire die eigene Kultur beschreiben – in verfremdeter, phantastischer Form: eben als verkehrte Welt. Im Zentrum seiner Analyse steht die Beziehung zwischen »ethnographischer Erfahrung« und »imaginärer Ethnographie«, also die Frage, wie die Kultur seitens des Beschreibers erlebt wurde und zu welchen Bildern und Mythen er schließlich gelangte.

Für uns sind die Reisebeschreibungen von besonderem Interesse, da im 19. Jahrhundert ein sprunghaftes Anwachsen dieser Gattung und damit seiner Popularität zu beobachten war. Neben konkret von Kolonialverwaltungen in Auftrag gegebenen Studien waren es die Berichte europäischer Reisender, Abenteurer und Forschungsreisender, die mit ihrer Beschreibung fremder Landstriche und deren Bevölkerung die koloniale Besitzergreifung vorbereiteten und gleichzeitig die moralische Rechtfertigung dazu lieferten. Sie wurden Zeugen und gleichzeitig durch ihre Berichte selbst Multiplikatoren des europäisch-humanistischen Sendungsbewußtseins. Neben romantischen Beschreibungen unberührt wilder und exotischer Landschaften waren es auch die Schilderungen der merkwürdigen Sitten und Gebräuche fremder Völker, die das Interesse in Europa weckten. Auch wenn sie oft für die naturnahen Menschen Sympathien entwickelten, so verspürten viele Europäer angesichts scheinbar grausamer Gebräuche und primitiver Lebensweise große Abneigung und forderten mehr oder weniger direkt dazu auf, solche »unbewußten« Irrungen (Fehden, Kopfjagd, Menschenopfer, Sklaverei) zu beseitigen und das Naturvolk zu einem Kulturvolk zu erziehen.

Kramer wies nun darauf hin, daß der in die Ferne gelockte Europäer meist desillusioniert war, er seine Erwartungen daraufhin in die Ferne rückte oder seine enttäuschte Erfahrung in ein Bild umformte, das den Symbolen der phantastischen, verkehrten Welt entgegenkam. Den Texten ist oft ein fremdenfeindlicher Ton zu entnehmen, der darauf basiert, daß der Reisende sich bedroht fühlt und zugleich befürchten muß, seine kulturelle Identität (seinen »Schatten«) zu verlieren. Insgesamt entsteht das Bild des vorherrschend chauvinistischen Draufgängers und Helden. In der Gewißheit aber, daß ein Netz an Europäern den ganzen Erdball umspannt, braucht er die koloniale Distanz zu den Bereisten nicht aufzugeben und wähnt sich, wie seine Leser, in einem Überlegenheitsgefühl. Und indem er den Blick der frühen Ethnologen übernahm und die fremde Kultur, der er begegnete, als vergangene behandelte, brauchte er sich gar nicht auf sie einzulassen oder gar Freunde gewinnen.

Auch Hans-Peter Duerr sieht die Beschreibung des Fremden unter kolonialen Vorzeichen als Widerspruch zur verstehenden Annäherung an Individuen. Er weist darauf hin, daß die Zeit des Frühkapitalismus erstmals die triebverzichtende Leistungsgesellschaft forderte und einen nach innen gerichteten »Prozeß der Panzerung« in Gang setzte; dieser verlief parallel zum äußeren Aufbruch »gepanzerter Eroberer über den Horizont hinaus, weil es da etwas zu holen gab, weil die Fremde Beute versprach [...] Und man beutet schließlich keine Menschen aus, die man versteht.« Ergebnis dieses Prozesses ist die Verstärkung der Grenze zu dem, was »draußen« bleiben soll, und somit die »Objektivierung« der Natur einerseits und die Entdeckung des europäischen Menschen als kulturelles Subjekt andererseits – die Reflexion des europäischen »Wir« über die Abgrenzung. »Und durch solche Kontrasterfahrung gewinnt das, was wir zuvor gewesen sind, erst eine Bedeutung für uns«, so Duerr.[3]

Wichtige Gesichtspunkte dazu hat auch Mario Erdheim, ein Ethno-Psychoanalytiker, in seinen Untersuchungen zur Entwicklung des Konzepts des Wilden geliefert, das er wie Hans-Peter Duerr als ein Produkt des europäischen Zivilisationsprozesses und damit der Ausschließung von Natur sieht. Er betont jedoch, daß es zu jeder Zeit verschiedene Arten der Realitätswahrnehmung und -darstellung von Fremdem gibt, daß aber in der Regel nur eine von ihnen aufgrund gesellschaftlicher Bedingungen offiziell als Paradigma anerkannt wird.

So ist es die entfremdende oder legitimatorische Tendenz, die den anderen »als disziplin- und hemmungslos, dumm, aber fröhlich, heimtückisch und abergläubisch, das heißt als Verkörperung der Eigenschaften, die Herrschaft erschweren oder unmöglich machen,«[4] erscheinen lassen und somit ein hartes Vorgehen rechtfertigen. Sie verhindert jede Reflexion über sich, das Vorgehen und die eigene Kultur, da diese sonst als Projektion erkannt und damit unbrauchbar würde. Grundlegendes Merkmal ist der Wille zur Macht und die darin beinhaltete Bereitschaft zur Grausamkeit, daher kennzeichnend für die erste Entdeckungszeit und die Hochphase des Kolonialismus, in der den anderen die eigenen Greueltaten unterstellt wurden.

Die verwertende oder aufs Nützliche bezogene Tendenz begünstigt nach Erdheim die Nutzbarmachung und Bewahrung des anderen und wird dann wichtig, wenn die Herrschenden auf die Kooperation der Beherrschten angewiesen sind und unterschwelligere Mechanismen der Macht entwickelt werden müssen. Dies war einerseits bei den Forschungsreisen der Aufklärung und andererseits bei den wissenschaftlichen Expeditionen und kolonialen Erziehungsmaßnahmen im 19. Jahrhundert der Fall. Tatsächlich bemühte sich auch die institutionalisierte Ethnologie am Ende des letzten und zu Beginn dieses Jahrhunderts mit ihren Konzepten vom »primitiven Eingeborenen« darum, politisch verwertbar und damit bedeutsam zu sein. Sämtliche entwickelten Forschungsansätze trennten deutlich den (distanzierten) Betrachter vom (wehrlosen) Objekt und eliminierten jegliche Subjektivität, sowohl die des Forschers als auch die der Erforschten.

So gesehen kann die idealisierende Tendenz als Gegenströmung zu den beiden vorhergehenden Tendenzen gesehen werden, da nun der subjektive Faktor ins Zentrum rückt und zuvor tabuisierte und abgewehrte Bereiche zum Inbegriff des Guten stilisiert werden. Wie in den Reflexionen der Aufklärung und den Eskapaden der Moderne werden dabei die eigenkulturellen (europäischen) Werte und ihre Auffassung von Rationalität relativiert und eine Enttäuschung zum Ausdruck gebracht – das bessere andere zum Zwecke der Kritik am Eigenen.

Um aber wirklich dem anderen zu begegnen, ihn zu verstehen und nicht nur zu verkehren oder zu besitzen, müßte das dahinterliegende Machtgefälle ausgeschaltet werden. Nach Erdheim gelingt dies nur in der verstehenden Tendenz, die auf individueller Begegnung basiert und die Subjektivität des Forschers und Erforschten zuläßt. Dies erfordert eine hohe Selbstreflexion des Forschers und ist nur abseits von Herrschaftsinstitutionen realisierbar. Erdheim bemerkt hier, daß dieser Zugang schon in früheren Zeiten in nicht repräsentativen Berichten von Missionaren, Händlern, Kolonialbeamten und Überläufern zu finden sei. Die moderne interpretative Ethnologie, die diesen Ansatz anstrebt, entdeckte diese Berichte für sich und versucht nach einer kritischen Auseinandersetzung mit ihrer Geschichte neue Forschungs- und Schreibmodelle zu entwickeln, um endgültig ihr Image als Agentin für die Machthabenden loszuwerden und eine eurozentrismusfreie Sicht auf die anderen zu finden.

Karl-Heinz Kohl hat sich in einer Reihe von Schriften mit der eurozentrischen Wahrnehmung des Fremden in Geschichte und Gegenwart beschäftigt. Zunächst sieht auch er einen engen Zusammenhang zwischen den sozialen und wirtschaftlichen Veränderungen in Europa und den Stereotypen, mittels derer die außereuropäischen Entdeckungen reflektiert wurden. Und so wie Reisende der Neuzeit vermag auch der Ethnograph heute immer nur einen bestimmten Ausschnitt der Wirklichkeit der fremden Kultur wahrzunehmen. »Gelenkt wird das ethnographische Auge von individuellen Erfahrungen und Wunschvorstellungen ebenso wie von den einem historischen Wandel unterworfenen kollektiven Erfahrungsstrukturen und Konflikten der eigenen Gesellschaft.«[5] Seiner Ansicht nach hat erstmals die Aufklärungsbewegung die Voreingenommenheit – den unbewußten Eurozentrismus – der älteren und zeitgenössischen Reiseliteratur zur Kenntnis genommen und zu überwinden versucht. Durch ihr verstärktes Interesse für fremde Gesellschaftsordnungen gelang ihnen ein anderer Zugang zu den außereuropäischen Kulturen, der jedoch wieder auswählend und, nun bewußt, eurozentrisch war:

> »Ebenso wie der Gute Wilde als Inbegriff eines harmonischen Lebens der Gleichheit und Brüderlichkeit in Übereinstimmung mit den Gesetzen der Natur oder der Edle Wilde als Verkörperung der kriegerisch-freiheitlichen Tugenden des funktionslos werdenden alten Schwertadels spielte auch die Orientalische Despotie entweder als Schreckbild absolutistischer Willkürherrschaft oder als Vorbild eines von Philosophen verwalteten Monarchenstaates im philosophischen Diskurs der Aufklärung ihre spezifische Rolle, je nach dem [...] Standpunkt, von dem aus der jeweilige Autor die gegenwärtigen Verhältnisse kritisierte.«

Nach wie vor war das Verhältnis zu den nichteuropäischen Gesellschaften von der historischen Erfahrung der faktischen Überlegenheit geprägt, die schließlich durch die Kolonisierung des amerikanischen Kontinents, afrikanischer Küstenregionen, großer Teile Asiens und durch den Erfolg gegen das weitere Vordringen des Islam unter Beweis gestellt schien. Rassebegriff und Evolutionsmodell haben diese Erfahrung zu neuen Mythen verarbeitet, der »Wilde« in seiner positiven Qualität des Ursprungsnahen wurde zum »Primitiven« als Sinnbild des Rohen und Unvollendeten – und ist es noch. Dieser Prozeß der Entzauberung und Verwissenschaftlichung der Welt stellte sich als ein fortwährender Konflikt zwischen Imagination und empirischer Erfahrung, zwischen utopischen Wunschphantasien und kruden materiellen Interessen dar.

Abschließend kann mit Kohl gefragt werden, ob eine eurozentrismusfreie Sicht je möglich ist: »Kann es aber eine solche nicht an die Werturteile der eigenen Kultur gebundene und ihre Kategorien nicht aus der eigenen gesellschaftlichen Erfahrung beziehende Sicht überhaupt geben?« Das beste, was Ethnologen derzeit liefern können, ist eine Betrachtung, die die eigene Bedingtheit offenlegt und sich den Kulturen als Summe von Individualitäten annähert, also ihren »Stil« (Kramer) zu ergründen sucht – vielleicht auch deren Sicht auf andere Kontinente. Immerhin hat Europa sich über die Spiegelung mit den anderen selbst entdeckt. Welchen Anteil dieser Prozeß an der Einigung Europas spielte und noch spielt, ist ein anderes Thema.

1 Albert Gerdes. In: Thomas Theye (Hg.), Der geraubte Schatten, Die Photographie als ethnographisches Dokument. Ausstellungskatalog. München 1989. S. 179.

2 Urs Bitterli, Die »Wilden« und die »Zivilisierten«, Grundzüge einer Geistes- und Kulturgeschichte der europäisch-überseeischen Begegnung. München 1976.

3 Hans-Peter Duerr, Traumzeit, Über die Grenze zwischen Wildnis und Zivilisation. Frankfurt am Main 1985.

4 Mario Erdheim, Die Wissenschaften, das Irrationale und die Aggression. In: Hans-Peter Duerr (Hg.), Der Wissenschaftler und das Irrationale. Bd. 1. Frankfurt am Main 1981. S. 505–517.

5 Karl-Heinz Kohl, Abwehr und Verlangen, Zur Geschichte der Ethnologie. Frankfurt am Main 1987. S. 4.

Aus der Sicht der Anderen

Europa in den Berichten außereuropäischer Reisender

Karl-Heinz Kohl

Kostümierte Wilde

> »Sprich einem Europäer vom Gott der Liebe – er verzieht sein Gesicht und lächelt. Lächelt über die Einfalt deines Denkens. Reich ihm aber ein blankes, rundes Stück Metall oder ein großes, schweres Papier – alsogleich leuchten seine Augen, und viel Speichel tritt auf seine Lippen. Geld ist seine Liebe, Geld ist seine Gottheit. Sie alle die Weißen denken daran, auch wenn sie schlafen [...] Du mußt zahlen, das heißt Geld hingeben, für den Boden, auf dem du wandelst, für den Platz, auf dem deine Hütte steht, für deine Matte zur Nacht [...] Ja selbst für deine Geburt mußt du zahlen, und wenn du stirbst, muß deine Aiga für dich zahlen, daß du gestorben bist [...]«[1]

Diese kritische Darstellung europäischer Sitten und Gebräuche stammt aus einer kleinen Schrift, die 1920 unter dem Titel ›Der Papalagi. Reden des Südsee-Häuptlings Tuiavii aus Tiavea‹ veröffentlicht wurde. Sie enthält den Reisebericht eines Samoaners, von dem es im Vorwort heißt, daß er zu Beginn des Jahrhunderts einige Zeit in Deutschland verbracht haben soll. In reizvollen exotischen Bildern, Wendungen und Metaphern schildert Tuiavii seinen Landsleuten, was ihm während seines Aufenthalts aufgefallen und widerfahren war.

In den siebziger Jahren wiederentdeckt und seither unzählige Male neu aufgelegt, sollten die Reden des Papalagi zu einem Kultbuch der Alternativbewegung werden. Mit einer didaktischen Anleitung versehen, haben sie mittlerweile selbst in den regulären Schulunterricht Eingang gefunden.[2] Tuiaviis Deutschlandbericht galt lange Zeit als authentisch, bis anhand textkritischer Analysen[3] nachgewiesen werden konnte, daß der Verfasser dieser Schrift kein Polynesier, sondern ihr angeblicher Übersetzer und Herausgeber Erich Scheurmann war, ein Schriftsteller, der um 1914 einige Zeit auf Samoa verbracht hatte. Das von Scheurmann eingeschlagene Verfahren, sich der Figur eines außereuropäischen Reisenden zu bedienen, um Mißstände der eigenen Kultur zu geißeln, ist keineswegs neu. Seine ›Reden des Südsee-Häuptlings Tuiavii aus Tiavea‹ sind nur ein Glied in einer langen Kette von zivilisationskritischen Schriften, die auf demselben Prinzip basieren. Das kleine Traktat setzt eine Tradition fort, an deren Anfang Montaignes berühmter Essai ›Über die Kannibalen‹ stand und der Louis-Armand de Lahontans ›Gespräche mit einem Wilden‹ ebenso zugerechnet werden können wie Montesquieus ›Persische Briefe‹, Oliver Goldsmith' ›Weltbürger‹, Diderots ›Nachtrag zu Bougainvilles Reise‹ oder Voltaires Roman ›L'ingénu‹.[4]

Die zahlreichen Neuauflagen der Reden über den Papalagi zeigen, wie beliebt diese Literaturgattung, die die uns vertrauten Verhältnisse mit einem Mal fremd und merkwürdig erscheinen läßt, bis heute geblieben ist. Ihren eigentlichen Reiz aber bezieht sie aus einem Effekt, den man als retrospektiven Voyeurismus bezeichnen könnte: Wer sind wir eigentlich? Wie sehen uns die anderen? Es handelt sich offensichtlich um eine Spielart jener Form narzißtischer Neugier, die – auf der individuellen Ebene – auch davor nicht haltmacht, in fremden Tagebüchern zu blättern, um im Spiegel des anderen mehr über das eigene Selbst zu erfahren. Doch leider: So gut wie alle Berichte, die uns zu diesem Effekt verhelfen, sind Fiktionen. Es sind Berichte über Europäer, die von Europäern im Karnevalskostüm des Wilden verfaßt worden sind. Das heißt freilich nicht, daß es keine authentischen Darstellungen unserer Kultur durch außereuropäische Reisende gäbe. Doch haben sie eines gemeinsam: Sie entsprechen nur wenig den Erwartungen, die wir – durch jene Fiktionen verwöhnt – in sie setzen. Und wo sie dies dennoch tun, laufen sie unseren Vorstellungen darüber, wie sich einem exotischen Besucher unsere Kultur eigentlich darbieten müßte, oft konträr.

Das soll im folgenden vor allem an Beispielen aus dem 18. und 19. Jahrhundert gezeigt werden, aus einer Zeit also, in der sich der globale Verwestlichungsprozeß erst in seinen Anfängen befand, so daß der direkte Kontakt mit der europäischen Zivilisation von den fremdländischen Besuchern noch als eine echte Kulturüberschreitung empfunden werden mußte. Die Analyse der entsprechenden Zeugnisse gestaltet sich nicht immer einfach. Haben sich auch in den meisten schriftbesitzenden Kulturen des außereuropäischen Raums eigenständige Formen der Reiseberichterstattung entwickelt, so büßen sie durch ihre Übersetzung in europäische Sprachen doch einen großen Teil ihrer Authentizität und Originalität ein. Für Reisende aus schriftlosen Kulturen stellt sich ein noch weit größeres Problem. Denn wir können nicht genau angeben, wie und in welcher Form sie sich über ihre Eindrücke gegenüber ihren Landsleuten geäußert haben. Uns liegen ihre Aussagen nur als Texte vor, die sie zumeist auf Aufforderungen ihrer europäischen Gastgeber hin verfaßt haben.

Ein Südseeinsulaner am Hof Georgs III.

Als der vielleicht bekannteste überseeische Besucher des 18. Jahrhunderts gilt der Polynesier Omai, ein Bewohner der Insel Raiatea, der im Zuge von James Cooks zweiter Weltumseglung 1774 nach England gelangt war, sich dort fast zwei Jahre aufhielt und von Wissenschaftlern untersucht, von König Georg III. bei Hof empfangen und von Sir Joshua Reynolds porträtiert wurde – und dessen Hand geschüttelt zu haben der deutsche Philosoph Georg Christoph Lichtenberg als eines der bemerkenswertesten Erlebnisse seines Englandaufenthalts in sein Reisetagebuch notierte.[5]

Omais Verhalten wurde von seinen Gastgebern und gelehrten Besuchern sorgfältig beobachtet. Im Geiste Rousseaus erzogen, registrierten sie vor allem diejenigen seiner Äußerungen, die sich als eine Kritik an der europäischen Zivilisation deuten ließen. Doch waren das nicht allzu viele. Omai paßte sich überraschend schnell an die Gepflogenheiten seiner Gastgeber an und bewegte sich unter ihnen innerhalb kurzer Zeit wie einer der ihren. Nur weniges erregte sein Mißfallen. Daß die Engländer ihm die Vorzüge der Einehe predigten, seine adligen Gastgeber sich aber fast alle Geliebte hielten, war in seinen Augen zwar ein Widerspruch, doch empfand er ihn wohl eher nur komisch.[6] Entsetzen zeigte er aber, als er eines Tages mit ansehen mußte, wie ein Lehrer seinen Schüler verprügelte.[7] Omais besonderes Interesse scheint den Bereichen und Tätigkeiten gegolten zu haben, mit denen er aus seiner eigenen Kultur vertraut war: den streng regulierten Umgangsformen innerhalb einer hierarchisch geordneten Gesellschaft, der Nahrungszubereitung und dem Essen, der Jagd und dem Fischfang. Dem König näherte er sich mit größter Ehrerbietung, gegenüber den Damen des Hofes wußte er sich angemessen zu benehmen, den Vertretern des Klerus trat er mit Respekt entgegen, und auch den Universitätsprofessoren zollte er Ehrfurcht, sah er in ihnen doch ebenfalls Priester der englischen Kultur. Omai schätzte die ihm entgegengebrachte Aufmerksamkeit und kam mit Vergnügen der Aufforderung nach, seinen adligen Freunden polynesische Gerichte zuzubereiten. Das europäische Essen war ihm dagegen nicht immer geheuer. Als ihm einmal zum Nachtisch ein Kirschenkompott serviert wurde, soll er unter Zeichen größten Abscheus den Raum verlassen haben. Wie sich später herausstellte, hatte er geglaubt, man habe ihm menschliches Blut vorsetzen wollen. Jagd und Fischfang faszinierten ihn; bei der Entenjagd stellte er immer wieder sein Können unter Beweis. Nachdem er allerdings erfahren hatte, daß man in England Fische mit lebenden Würmern zu fangen pflegte, weigerte er sich viele Tage lang, Fisch zu essen, was in englischen Gazetten einiges Aufsehen erregte und eine Dame der höheren Gesellschaft dazu veranlaßte, die tiefe »Humanität seines Verhaltens« zu loben.[8] Sir Joseph Banks, der Cook auf dessen erste Reise begleitet hatte und als Kenner der Südseekulturen galt, versuchte dieses Mißverständnis zwar aufzuklären. Doch fand er mit seiner Erklärung, daß Würmer auf den Gesellschaftsinseln als heilig angesehen werden, nur wenig Gehör. Die Annahme, daß Omai tiefes Mitleid für die lebendige Kreatur empfand, entsprach weit besser den zeitgenössischen Vorstellungen vom Sanftmut der Südseeinsulaner.

Ansonsten aber deutet alles darauf hin, daß Omai seinen Aufenthalt in England in jeder Hinsicht genossen hat. Er fand Gefallen an den bunten Kleidern, die man ihm schenkte, und an den Theateraufführungen, zu denen man ihn einlud, am Portwein, am Besuch von Bordellen und am prunkvollen Zeremoniell des englischen Hofes.[9] Sogar das Schlittschuhlaufen erlernte er. Die Versuche seiner Gastgeber aber, ihn nicht nur mit den – wie es bei seinem vormaligen Reisegefährten Georg Forster heißt – »schimmernden Lustbarkeiten der wollüstigen Hauptstadt«[10] vertraut zu machen, sondern ihm auch die technischen Errungenschaften der westlichen Zivilisation nahezubringen, schlugen fehl. Als die britische Admiralität im Jahre 1776 James Cooks dritte See-Expedition in den Südpazifik ausrüstete, deren Ziel es unter anderem war, Omai in seine Heimat zurückzubringen, stellte man ihm frei, sich einige Gegenstände als Andenken mitzunehmen. Zur Enttäuschung seiner Betreuer entschied er sich dabei jedoch für nichts, das für seine fernen Landsleute von irgendeinem praktischen Nutzen hätte sein können, sondern ließ sich statt dessen eine Drehorgel, eine Elektrisiermaschine, ein Panzerhemd, ein Marionettenspiel und eine Ritterrüstung mit auf den Weg geben. Nichts könnte eigentlich besser zeigen als diese kleine Auswahl ethnographischer Gegenstände, wie wenig das Bild der englischen Kultur, das Omai während seines Aufenthalts gewann, deren Selbstbild entsprach.

Als Sprachhelfer im Berlin der Kaiserzeit

Liest man die Berichte afrikanischer Reisender, die im 19. und frühen 20. Jahrhundert die europäischen Hauptstädte besuchten, so fällt auch an ihnen auf, daß sie den materiellen Hervorbringungen der Westens relativ geringe Aufmerksamkeit entgegenbrachten. Zwar registrierten sie die riesigen Häusermeere und breiten Alleen, die großen Eisenbrücken und die nächtlichen Gasbeleuchtungen der Städte. Hin und wieder brachten sie auch ihre Verwunderung über ein sich so schnell vorwärtsbewegendes Verkehrsmittel wie die Eisenbahn zum Ausdruck, doch hielt sich ihr Erstaunen durchaus in Grenzen. Der deutsche Forschungsreisende Paul Reichard, der einige ostafrikanische Dschagga nach ihren Erlebnissen in Deutschland befragte, kommentierte daher nicht ohne Verärgerung: »[...] nichts von jener grenzenlosen Bewunderung, im Gegenteil, dumme, anmaßende Selbstüberhebung und ein Dünkel, der alles bei uns lächerlich fand«[11]. Weit stärker als von der Technik fühlten sie sich offensichtlich von den riesigen Menschenagglomerationen der Städte beeindruckt: »[...] wie die Leute kamen und gingen mit ihren Sachen, Bahnen, Wagen und was allem, da schwand mir das Wissen [...] es war wie ein Traum«, so heißt es im Bericht eines Jaunde[12], der um 1911 Deutschland bereist hatte.

Besonders aufschlußreich sind in dieser Hinsicht auch die Aufzeichnungen des Afrikaners Amur bin Nasur, der in den neunziger Jahren des 19. Jahrhunderts einige Zeit als Sprachhelfer am Berliner Seminar für Orientalische Sprachen verbrachte und von seinen Gastgebern gebeten wurde, seine Eindrücke in Suaheli auf Papier zu bringen. Sein ursprünglich für Lehrzwecke angefertigter ausführlicher Bericht dokumentiert heute beispielhaft, wie ein aus einfachen Verhältnissen stammender Afrikaner damals eine der großen westlichen Metropolen erlebte. Als Amur 1890 Gelegenheit hatte, die große Militärparade auf dem Tempelhofer Feld zu Kaiser Wilhelms Geburtstag zu beobachten, verwunderte er sich nicht nur über die vielen hunderttausend Menschen, die das Ereignis als Zuschauer verfolgten, sondern war noch mehr verblüfft, als er wieder in die Innenstadt zurückkehrte und sie weiterhin so voll von Menschen fand, als ob niemand weggegangen wäre.[13] »Die Häuser von Berlin sind sehr gross und gewaltig, wie die Berge« – so notierte er bei anderer Gelegenheit – »und jedes Haus hat drei oder vier Stockwerke [...] Und diese Häuser haben unten Gruben, und in diesen Gruben wohnen arme Leute, und jede Grube ist doch wie das Haus des Taria [eines reichen Inders in Sansibar]; und was die Grosskaufleute anbetrifft, da siehst du in den Läden jedes Ding: von den Perlen an und Gold und Silber und Eisen, und sie haben auch Zeug ausgelegt, und auf jedes Ding haben sie den Preis hinaufgeschrieben, und Ringe und silberne Uhren und Gold gleicherweise. Und da ist kein Dieb, und wenn einer stehlen wird, so wird man mit ihm schon fertig werden.«[14]

Gleicht Amurs Bericht in seiner Metaphorik auch bisweilen Scheurmanns fiktiver Erzählung über den Papalagi, so bleibt sein Autor doch weit davon entfernt, seine Beobachtungen über die Unterschiede zwischen Arm und Reich oder über die Rolle, die das Geld in Europa spielt, zum Anlaß kritischer Erörterungen zu nehmen. Amur vermerkt lediglich mit Verwunderung, was um ihn herum vorgeht, und er tut dies mit einem überraschend hohen Maß an Wertfreiheit. Nur ein einziges Mal klingen in seinem Bericht über Berlin Töne an, die sich in etwa in jenem Sinn interpretieren ließen: »An einem andern Tage standen wir auf und gingen, bis wir an einen Platz kamen, und auf diesem Platz waren viele Menschen, und ich fragte: Was sind das für Menschen? Und man sagte mir: Diese Leute sind deshalb hingesetzt, wenn Jemand geboren wird oder stirbt, oder [...] wenn ein Fremder kommt, so fragen sie ihn: Wann bist du geboren, an welchem Tage oder Monat, aus welchem Lande kommst du, und was ist dein Geschäft. Und dann mußt du alles sagen. Und wenn du sagst: Ich habe keine Beschäftigung, dann wirst du sogleich auf die Reise gebracht werden; und wenn du nicht weisst, an welchem Tage du geboren bist, dann wirst du sogleich auf die Reise gebracht werden.«[15] Was für eine Art von Institution Amur hier beschreibt, ein Standesamt, eine Melde- oder auch eine Ausländerbehörde, bleibt für uns im dunkeln. Gerade das aber macht diese Textstelle aufschlußreich. Denn was uns die Verständlichkeit erschwert, ist eine perspektivische Umdeutung des Erlebten, die wir um so weniger nachvollziehen können, da Amur als ein externer Beobachter unserer Kultur die uns geläufigen Sinngebungen verfehlt. Das zeigt sich nicht zuletzt auch an den Schlußfolgerungen, die er zieht, wenn er diese Beobachtung mit einer weiteren verknüpft: »[...] jeden, den ich gesehen habe, sah ich bei seinem Geschäft, wie er es mit Eifer that. Auch habe ich keinen Knaben über sechs Jahre ohne Beschäftigung gesehen; jeden, den du siehst, wirst du sehen, wie er etwas zu thun hat; und wer nichts zu thun hat, den bringt man sogleich auf die Reise, und wenn er nicht auf die Reise gebracht wird, muss er Hungers sterben.«[16] Amur sieht hier offensichtlich einen Zusammenhang zwischen den behördlichen Meldeverfahren und der ihn verblüffenden Geschäftigkeit der Berliner, während wir aus der Innenperspektive heraus den Zwang zur Arbeit weit eher im Sinne von Scheurmanns Südseebesucher als Folge der Geldwirtschaft deuten würden. Aus solchen in unseren Augen falschen Sinnzuschreibungen erwächst ein Stück Fremdheit, das im Gegensatz zu der durchgängigen Plausibilität fiktiver Beschreibungen geradezu als ein Indiz für die Authentizität entsprechender Texte angesehen werden kann.[17]

Amur setzt in seinem Bericht denn auch ganz andere Schwerpunkte, als wir dies eigentlich erwarten würden. Ansätze zu einer Kritik an den sozialen Mißständen der Industriegesellschaft finden wir bei ihm ebensowenig wie eine überschwengliche Bewunderung für die technischen Errungenschaften der westlichen Zivilisation. Um so eingehender schildert er dafür die zahlreichen Vergnügungsmöglichkeiten, die ihm während seines Aufenthalts in der damaligen Reichshauptstadt geboten wurden. Ausführlich erzählt er von einer Theateraufführung, nach der er eine ganze Nacht nicht schlafen konnte, weil er das, was auf der Bühne vor sich ging, für Realität genommen hatte.[18] Nicht weniger stark beeindruckt haben ihn Besuche anderer Stätten des Amüsements und der Bildung. Er beschreibt die Wachsfiguren europäischer Herrscher in Castans Panoptikum, die afrikanischen Waffen und ägyptischen Mumien in den Berliner Museen, die Tierhäuser im Zoologischen Garten und vor allem die von ihm immer wieder besuchten Zirkusaufführungen. Raubtierdompteure und Menschen, die auf Seilen gehen, Löwen, die auf Pferden reiten, und Elefanten, die mit Tüchern in den Rüsseln wie Menschen zu Klängen der Polka auftanzen, erregen seine Bewunderung im höchsten Maß. Es waren volkstümliche Vergnügungen dieser und ähnlicher Art, die Amur während seines Aufenthalts am meisten in ihren Bann schlugen.

Die Tatsache, daß Amurs Augenmerk weit mehr den Attraktionen der damaligen Reichshauptstadt als den Schattenseiten des Lebens in einer großen Industriemetropole galt, ließe sich zwar damit erklären, daß den außereuropäischen Besuchern schon damals das übliche Schickal von Touristen zuteil wurde, die man von den Einheimischen abgrenzt und zu den besonders reizvollen Orten führt, um ihnen das Gastland in einer Weise zu präsentieren, die seinem Selbstbild entspricht.[19] Diesen Aspekt betont auch Michael Harbsmeier in seiner Analyse der Texte afrikanischer Europa-Reisender im 19. Jahrhundert: »Eines scheinen die außereuropäischen Besucher eher mit modernen Touristen als mit früheren Bildungsreisenden gemein zu haben: sie haben kaum etwas sehen und erleben können, was nicht in erster Linie zu dem Zweck und in eben der Absicht arrangiert, errichtet und veranstaltet worden wäre, von Zuschauern und Zugereisten erlebt und gesehen zu werden.«[20] Doch zeigt Amurs Bericht meines Erachtens, daß ihm die sozialen Mißstände zwar nicht entgingen, sie ihn aber auch nicht übermäßig beeindruckten. Eher scheint es, daß die überseeischen Besucher aus der überwältigenden Fülle von neuen Sinneswahrnehmungen vor allem diejenigen auswählten, die sie in Beziehung zu Dingen und Sachverhalten setzen konnten, die ihnen schon aus ihrer Herkunftskultur vertraut waren. So ließe sich etwa Amurs Interesse an den afrikanischen Tieren im Berliner Zoologischen Garten und im Zirkus, an den im Völkerkundemuseum ausgestellten afrikanischen Waffen und Gerätschaften oder auch an rituellen Inszenierungen wie Paraden und Opernaufführungen erklären.[21] Als ein zentraler Wahrnehmungsparameter würde sich dementsprechend das jeweilige kulturelle Vorwissen erweisen. Es dirigiert den Blick um so mehr, wenn das Altvertraute mit einem Mal in einem neuen Kontext erscheint und in solchen »fremden« Zusammenhängen neue Bedeutungsdimensionen gewinnt.[22]

Metropolen des Amüsements

Wie attraktiv die vielfältigen Zerstreuungsmöglichkeiten der europäischen Hauptstädte auf überseeische Besucher im 19. Jahrhundert wirkten, geht auch aus anderen Berichten hervor. Als König Kalakaua von Hawaii im Jahre 1881 im Zuge seiner Europareise inoffiziell ein paar Tage in Wien verbrachte, nutzte er sein von der Presse freilich bald aufgedecktes Inkognito zu Besuchen der Oper und des Praters, von Kaffeehäusern, Weinlokalen und Ballhäusern. Vor allem am Wiener Walzer fand der hawaiianische König großen Gefallen. Die Wiener Lokalpresse der Zeit war voll von seinen nächtlichen Tanz- und Alkoholeskapaden. König Kalakaua fand in Wien offensichtlich jene sinnlichen Vergnügungen, die seinem eigenen Volk durch die Bekehrungsarbeit puritanisch-calvinistischer Missionare schon seit einem guten halben Jahrhundert ausgetrieben worden waren. Während er den Wienern als Repräsentant der sinnenfrohen Südsee erschien, fiel ihm während seines Aufenthalts gewissermaßen wie Schuppen von den Augen, wie wenig man sich in den Ursprungsländern des Christentums an dessen rigide Moralvorschriften hielt. Selbst der Sonntag schien hier alles andere als geheiligt, er war sogar der bevorzugte Tag für Theater, Oper, Pferderennen und Biergartenbesuche. In einem Brief an seine Schwester verwunderte sich König Kalakaua daher: »Kann es möglich sein, daß alle diese unbeschwerten, glücklichen Menschen zur Hölle fahren? Alle, die sich ihrer Natur als der Natur [sic] bestes Geschenk erfreuen? Sicherlich nicht! Aber was für ein Kontrast zu unserer elenden bigotten Gemeinschaft. Alle nüchtern und niedergeschlagen, die einen falschen Sabbath halten statt eines richtigen Sonntags [...] mit solch blödsinnigem Quatsch, den wir so lange angeleitet wurden zu glauben, ist es doch ein Wunder, daß wir nicht höher emporgestiegen sind, als der gemeine rohe Mensch.«[23]

Auch der Araber Rifa'a al-Tahtawi, der sich zwischen 1826 und 1831 als Mitglied einer ägyptischen Gesandtschaft in Paris aufhielt, bewundert in seiner Reisebeschreibung die erstaunliche Vielseitigkeit der Vergnügungen, mit denen die Franzosen ihre Freizeit zu verbringen pflegten[24]: die Panoramen und Dioramen, die Musikdarbietungen vor den prächtigen Cafés auf den breiten Boulevards, die öffentlichen Feste in den Parkanlagen und die nächtlichen Tanzveranstaltungen in den Ballsälen. Vor allem die perfekte Illusionstechnik der Theateraufführungen fesselte ihn. So schilderte er einmal in beredten Worten, wie man bei einer der von ihm besuchten Vorstellungen die Sonne aufgehen ließ, bis sie schließlich den ganzen Saal erleuchtete, so daß man glaubte, der Morgen wäre hereingebrochen.[25] Auch die Tanzvergnügungen in den großartig illuminierten Räumen fanden sein Gefallen, an denen – wie er verwundert schrieb – Männer wie Frauen teilnehmen konnten, ohne daß man dies als unschicklich empfand. Befremdet hat ihn zudem, daß es bei einigen Tänzen den Männern gestattet war, fremde Frauen am Oberkörper zu berühren. Auch die Sitte, daß kein Mann sich setzte, wenn nicht zuvor alle Damen ihren Platz gefunden hatten, mutete ihn merkwürdig an.[26] Aber auch das vermerkte er eher, als daß er es des längeren kommentiert hätte. Ansonsten ist Rifa'a al-Tahtawis Buch über seinen Aufenthalt in Paris, das über viele Jahrzehnte hin die wichtigste Informationsquelle der arabischen Welt über Europa bleiben sollte und das der ägyptische Khedive für seine Hofbeamten zur Pflichtlektüre erklärte, voll des Lobs über die Sitten und Gebräuche der Franzosen, ihre wissenschaftlichen und technischen Leistungen, ihr Gesundheitswesen, ihren Erwerbsfleiß und auch ihre politischen Institutionen.

Leser, die von den Berichten Amur bin Nasurs, Rifa'a al-Tahtawis oder des Königs von Hawaii ähnlich negative Äußerungen über die westliche Zivilisation und ihre Institutionen erwarten, wie sie die Verfasser fiktiver Reisebeschreibungen überseeischen Besuchern in den Mund zu legen beliebten, werden unweigerlich enttäuscht. Eine grundsätzliche Kritik findet nicht statt. Zur Erklärung könnte man zwar anführen, daß alle drei nur wenig Gelegenheit hatten, mit den unerfreulicheren Seiten der europäischen Gesellschaft konfrontiert zu werden. Vielleicht hätte Amur auch davor zurückgescheut, seine Gastgeber durch entsprechende Äußerungen zu beleidigen. Eine solche Form der Selbstzensur kann Rifa'a al-Tahtawi, der seinen Landsleuten eine möglichst objektive Schilderung europäischer Verhältnisse zu geben versuchte, allerdings nicht unterstellt werden. Auch König Kalakaua hätte kaum Anlaß gehabt, sich diesbezüglich zurückzuhalten; sein Brief war privater Natur und allein für seine Schwester bestimmt. Das zentrale Problem liegt daher wohl eher auf seiten der Leser. Es besteht darin, daß die kritische Sicht der eigenen Kultur spätestens seit der Aufklärung zu einem spezifisch europäischen Phänomen, ja zu einem »Kulturpattern« geworden ist und wir es von überseeischen Besuchern geradezu einfordern, daß sie diese Sicht teilen.

Yoko Tawada, eine zeitgenössische japanische Schriftstellerin, die seit ihrem 19. Lebensjahr in Hamburg lebt, hat diese Erwartungshaltung, mit der auch sie ständig konfrontiert wurde, treffend beschrieben:

> »Europa ist eine Meisterin der Kritik, und das macht eine ihrer Eigenschaften aus. Wenn sie nicht kritisiert, dann verschwindet sie. Vor der Nicht-Existenz fürchtet sie sich am meisten. Ich versuchte auch, sie zu kritisieren, weil sie es von mir verlangte, aber es gelang mir nicht. Ich konnte höchstens ihre Selbstkritik wiederholen. Eine bessere Kritik fiel mir nicht ein. Kritik ist für mich noch nie eine kreative Form der Äußerung über mich selbst oder das Fremde gewesen. Für sie ist es aber unehrlich, verlogen oder fast unmoralisch, nicht sich selbst und die anderen zu kritisieren. Sie erzählt nie von einer Person, einem Geschehen oder einer Institution, ohne sie zu kritisieren. Nicht weil sie alles schlechtmachen will, sondern weil die Kritik die Grundform ihres Denkens ist.«[27]

Die schamlosen Frauen

Anders als in den Berichten Amur bin Nasurs, König Kalakauas und Rifa'a al Tahtawis finden sich in den Reisebeschreibungen der ersten chinesischen Diplomaten, die nach der gewaltsamen Öffnung ihres Landes um 1866 Europa besuchten, zwar eine ganze Reihe von kritischen Anmerkungen. Doch beziehen sich diese Äußerungen zumeist auf Bereiche, in denen sie ein an der Literaturgattung der Persischen Briefe geschulter europäischer Leser am wenigsten erwartet hätte. Es ist eine Form der Kritik, die unserer Selbstkritik entgegenläuft. So bemängelt etwa Yuan Zuzhi, daß die Europäer nicht einmal über Sänften verfügten, daß ihre Kleidung schmucklos und uniform sei und daß man an ihr auch nicht erkennen könne, wer welchem Stand angehört.[28] Nicht weniger stark an die Perspektive der Herkunftskultur gebunden erweisen sich die Äußerungen der chinesischen Diplomaten über das Christentum. Barbarisch erscheint ihnen, daß die Christen zwar die verrottenden Kadaver ihrer Toten in Kirchen und prunkvollen Gräbern aufbewahrten, aber den unzähligen Seelen ihrer Ahnen, die doch überall umherirren müßten, keine Opfer darbrächten.[29] Von der katholischen Beichte heißt es, daß die Priester sich ihrer bedienten, um sich die Frauen mit der Drohung gefügig zu machen, ihre Seitensprünge öffentlich bekanntzumachen, woraus unter anderem die hohe Zahl unehelicher Kinder rühre.[30] Zwar könne man den Lehren Jesu eine bestimmte zivilisierende Wirkung nicht absprechen, doch seien sie weit weniger ausgereift als die ethischen Grundsätze des Konfuzianismus.

Besonders starkes Mißfallen erregten die europäischen Regierungsformen. Gegen die englische Monarchie bringt so zum Beispiel Xué Fucheng vor, daß alle politischen Entscheidungen in den Händen des Parlaments lägen und die Aufgabe des Königs lediglich darin bestehe, dessen Beschlüsse zu unterschreiben. Das demokratische System verhindere das Reifen einer Regierung, da nach jeder Wahl nicht nur der Premierminister oder Präsident, sondern mit ihm auch alle leitenden Beamten ausgewechselt würden.[31] Das chinesische Kaisertum mit der unumschränkten Macht des Herrschers und seines erfahrenen Beamtenapparats sei daher den europäischen Regierungsformen bei weitem überlegen.

Neben der mangelnden Achtung der Kinder vor ihren Eltern und der Jugend vor dem Alter überhaupt war es die »Schamlosigkeit« der europäischen Frauen, die die chinesischen Reisenden am meisten beschäftigt zu haben scheint. Nicht nur, daß sie sich in der Öffentlichkeit mit entblößten Schultern und Brüsten zeigten, sondern auch, daß sie sich bei Tanzveranstaltungen von wildfremden Männern auffordern und anfassen ließen, erregte ihre Empörung. Selbst in den Gemächern der englischen Königin Victoria könne man an jedermann zugänglichen Stellen Bilder und Statuen von nackten Frauen sehen. Auch gestatte sie fremden Herrschern wie etwa dem russischen Zaren, bei ihren Staatsbesuchen in ihrem Palast zu übernachten, und zwar in unmittelbarer Nähe ihres eigenen Schlafzimmers.[32] Während in China ein Mann mehrere Konkubinen haben dürfe, sei dies in Europa umgekehrt. Die Frauen würden sich hier zahlreiche Liebhaber halten, während die Männer strafrechtlich verfolgt würden, wenn sie Ehebruch begingen oder auch nur versuchten, die Freiheit ihrer Frauen einzuschränken. Anders als in China würden die Ehen in Europa nicht von den Eltern arrangiert werden. Bei der Wahl des Ehepartners ginge die Initiative in der Regel von der Frau aus, die einen Mann zu sich einladen würde, wenn er ihr gefällt. Als ein weiteres Indiz dafür, daß in Europa die Frau befehle, der Mann aber zu gehorchen habe, wurde von den chinesischen Reisenden auch der Brauch gedeutet, daß Gäste immer zuerst den Frauen vorgestellt werden und daß Männer sich von ihren Sitzen zu erheben haben, wenn eine Frau den Raum betritt. Die europäische Gesellschaft erscheint ihnen mithin als eine »verkehrte Welt«, in der die Alten und die Ahnen nicht geachtet werden, in der das Volk bestimmt und nicht der Monarch, in der die Töchter den Söhnen vorgezogen werden und in der die Männer es sind, die den Frauen Gehorsam schulden. In die Kategorien ihrer heimischen Kosmologie übersetzt, bedeutete dies für sie nichts anderes als daß hier, auf den Antipoden, offensichtlich das weibliche Yin- das männliche Yang-Prinzip beherrschte.[33]

Westafrikanische Darstellung der Königin Victoria von England aus der Kolonialzeit

Verglichen mit den Berichten polynesischer und afrikanischer Reisender sind uns die der chinesischen Diplomaten insgesamt verständlicher, weisen sie doch bis hin zu ihren allgemeinen theoretischen Schlußfolgerungen eine überraschende Strukturähnlichkeit mit den eurozentrischen »imaginären Ethnographien« des 19. Jahrhunderts auf, in denen die außereuropäische Welt ebenfalls als eine »verkehrte Welt« des Matriarchats und der ungezügelten Promiskuität gezeichnet wird.[34] Die Verhaltensweisen, Normen und Werte der eigenen Kultur fungieren im einen wie im anderen Fall als Wahrnehmungsparameter. Sie bilden den Rahmen zur Verortung und Bewertung fremdkultureller Erfahrungen. Einzelne Handlungen und Verhaltensweisen sind zwar durchaus richtig wiedergegeben, doch werden ihnen Sinngebungen unterlegt, die an die Herkunftskultur des Beobachters gebunden bleiben und den Beobachteten selbst als Fehldeutungen erscheinen müssen. Wir können es daher auch als eine Kritik an unseren eigenen Darstellungen überseeischer Kulturen lesen, wie wenig wir uns in dem Bild wiederzuerkennen vermögen, das die chinesischen Reisenden aufgrund ihrer im einzelnen durchaus zutreffenden, dann freilich falsch ausgedeuteten Beobachtungen gezeichnet haben. Desillusionierend ist es indes hinsichtlich der Hoffnungen und Erwartungen, die in die kulturkritische Wirkung des exotischen Blicks auf unsere eigenen Verhältnisse gesetzt worden sind. Anders als ein Lahontan, ein Montesquieu oder ein Diderot uns dies suggerieren wollten, läßt sich die Kritik externer Beobachter keineswegs mit den »radikalsten Positionen interner Gesellschaftskritik« zur Deckung bringen.[35] Das Gegenteil ist der Fall. Politische und soziale Errungenschaften wie die Volksherrschaft, die individuelle Entscheidungsfreiheit oder die Gleichstellung der Frau, die uns als Inbegriff der Fortschrittlichkeit erscheinen und im Europa des 19. Jahrhunderts ja erst in Ansätzen entwickelt waren, werden von den chinesischen Diplomaten als barbarisch, skandalös und widernatürlich verurteilt. Auf der anderen Seite finden sie großes Gefallen an Alltagsvergnügungen wie Theateraufführungen und Tanzveranstaltungen, an Panoptikums-, Zoo- und Zirkusbesuchen, über die sie sich – ebenso wie die afrikanischen, polynesischen und arabischen Reisenden – oft seitenweise ergehen und die uns – im Vergleich zu den technischen Leistungen und politischen Institutionen der europäischen Zivilisation – nur als belanglose Aspekte unserer eigenen Kultur erscheinen. Nebenbei sei bemerkt, daß die Rolle, die die Hervorbringungen der Vergnügungsindustrie als Vehikel zur Europäisierung der Erde gespielt haben, bisher noch nicht systematisch untersucht worden ist. Schon Omais Beispiel zeigt, daß im Amüsement einer der großen Attraktionen europäischer Kultur gesehen worden ist, von der Drehorgel bis zu den Kassettenrekordern, Radios und Fernsehgeräten, die wir heute selbst in den entlegensten Winkeln des Globus finden.

Repräsentationsformen des Fremden

Entschieden schwieriger als die Analyse der Berichte der chinesischen Diplomaten gestaltet sich der Zugang zu den Dokumenten, die von Angehörigen afrikanischer Kulturen verfaßt worden sind. Sie lesen sich wesentlich spröder, da sie oft nur aus Aufzählungen von Einzelbeobachtungen bestehen. Nur selten finden wir eine so dezidierte Äußerung wie die folgende, in der Amur bin Nasur die Eindrücke während seines ersten Besuches in einer europäischen Stadt zusammenfaßt: »Und ich ging in der Stadt herum und ich sah, wie Weiber Männer erfassten, und ich dachte, diese Stadt, das ist wirklich die Stadt der bösen Geister, dies ist das Ende der Welt, und hier werde ich, Amur, verloren gehen.«[36] Diese Texte wirken sicher auch oft entschieden unbeholfener auf uns als die Berichte der gelehrten chinesischen und arabischen Reisenden, weil sie zumeist auf Aufforderung der europäischen Gastgeber und Betreuer niedergeschrieben wurden. Viele uns aus dem 18. und 19. Jahrhundert zur Verfügung stehenden Reisebeschreibungen von Afrikanern sind auf diese Weise entstanden.[37] Sie richten sich mithin an ein Leserpublikum, das nicht das ihrer eigenen Kultur ist. Doch stellt das Be-Schreiben nicht die genuine Mitteilungsform afrikanischer Kulturen dar.

Wissen wir auch nicht genau, in welcher Weise Amur bin Nasur, die Jaunde und die Dschagga ihren Landsleuten die Eindrücke ihres Europaaufenthalts vermittelt haben, so können wir doch sichergehen, daß dies in ganz anderer denn in schriftlicher Form geschehen ist. Neben der diskursiven Erzählung steht den Gesellschaften des gesprochenen Wortes ein breites Spektrum an Möglichkeiten zur Übermittlung von Fremderfahrungen zur Verfügung. Oft erfolgt die Auseinandersetzung mit dem Fremden durch deren Inkorporation in die Genealogien von Ursprungsmythen, die bei entsprechenden Gelegenheiten rituell rezitiert werden. In vielen afrikanischen Gesellschaften wird der Bereich des Fremden mit dem Bereich der Wildnis gleichgesetzt, der jenseits der Grenzen der jeweiligen Dorfgemeinschaft beginnt. Er gilt als von den Naturgeistern beherrscht, als deren Verkörperungen oft auch die Europäer angesehen worden sind.[38] Holzskulpturen und Masken, die ihre Physiognomien tragen, dienen dem Zweck, das Fremde zu bannen. Ähnlich haben auch auf den Nikobaren Schreckfiguren von Europäern als Geisterfallen Verwendung gefunden.[39]

Häufig erfolgt die Auseinandersetzung mit dem Fremden in Form von Tanzritualen, bei denen die Teilnehmer Masken mit europäischen Gesichtern tragen. In ganz Afrika weit verbreitet sind Besessenheitsrituale, in deren Mittelpunkt Medien stehen, die sich mit den Paraphernalia der westlichen Zivilisation schmücken und in fremden Zungen reden. Weit eher als »beschrieben«, wird das Fremde in diesen Kulturen mithin gestalthaft zum Ausdruck gebracht, es wird figürlich dargestellt, es wird getanzt und in rituellen Aufführungen inszeniert. Wir können zwar nicht angeben, welcher dieser vielen möglichen Formen sich Omai und Amur, die Jaunde und die Dschagga bedient haben, um ihre Erlebnisse vom anderen Ende der Welt, aus jener – wie es bei Amur heißt – »Stadt der bösen Geister« wiederzugeben. Wir können aber sicher sein, daß ihre Fremdrepräsentationen alles andere als identisch waren mit den Vorstellungen, die wir uns über die Vorstellungen außereuropäischer Besucher von unserer Kultur machen. Der Blick des fremden Besuchers bleibt an die Bedingungen seiner Herkunftskultur gebunden. Im Spiegel des Anderen können wir uns immer nur partiell wiedererkennen. Es bleibt ein Moment an unauflösbarer Fremdheit, das sich der Aneignung durch unseren Blick entzieht.[40]

1 Der Papalagi, Reden des Südsee-Häuptlings Tuiavii aus Tiavea. Adliswil o.J. S. 29–31.

2 Vgl. Winfried Hermann (Hg.), Der Papalagi, Ein Südseehäuptling erlebt unsere Zivilisation. Stuttgart 1982.

3 Vgl. Horst Cain, Tuiavii's Papalagi. In: Hans-Peter Duerr (Hg.), Authentizität und Betrug in der Ethnologie. Frankfurt am Main 1987. S. 252–270. Eine erste Fassung dieses Aufsatzes erschien 1975 in der Zeitschrift ›Anthropos‹. Horst Cains Nachweis, daß es sich bei den Reden Tuiaviis um eine Erfindung ihres Herausgebers handelt, konnte an ihrer Popularität jedoch nur wenig ändern. Vgl. hierzu Hans Ritz, Die Sehnsucht nach der Südsee, Bericht über einen europäischen Mythos. Göttingen, 2. Auflage 1983. S. 117ff.

4 Einen ersten Höhepunkt erlebte dieses Literaturgenre im Zeitalter der Aufklärung. Unter den strengen Zensurbedingungen der Zeit erlaubte es, auch radikalste gesellschaftskritische Positionen vorzubringen, für die der jeweilige Autor selbst keine Verantwortung zu übernehmen brauchte, und dies um so mehr, wenn die in Dialogform abgefaßten Schriften – wie etwa Lahontans Gespräche mit dem weitgereisten Huronen Adario oder auch die Unterredung eines Tahitianers mit einem französischen Schiffskaplan in Diderots ›Nachtrag zu Bougainvilles Reise‹ – es dem jeweiligen europäischen Gesprächspartner erlaubten, gegen die vorgebrachte Kritik eher halbherzig Stellung zu beziehen. – Auszüge aus den genannten Schriften finden sich in: Gerd Stein, Exoten durchschauen Europa, Der Blick des Fremden als ein Stilmittel abendländischer Kulturkritik. Frankfurt am Main 1984.

5 Vgl. Georg C. Lichtenberg, Schriften und Briefe, Band II. Darmstadt 1971. S. 634.

6 Vgl. E. H. McCormick, Omai, Pacific Envoy. Auckland/Oxford 1977. S. 159.

7 Ebd., S. 167f.

8 Ebd., S. 117.

9 Ähnliches wird schon über den Tahitianer Aoutourou berichtet, den Louis-Antoine de Bougainville von seiner Weltreise mit nach Paris gebracht hatte und der dort nicht weniger Aufsehen erregte als Omai in England. Vgl. Jean-Etienne Martin-Allanic, Bougainville navigateur et les découvertes de son temps, 2 vols. Paris 1964.

10 Georg Forster, Reise um die Welt. In: Werke in vier Bänden, Band 1. Leipzig o.J. S. 19.

11 Paul Reichard, Deutsch-Ostafrika, Das Land und seine Bewohner, seine politische und wirtschaftliche Entwicklung. Leipzig 1892. S. 267.

12 Karl Atangana und Paul Messi, Jaunde-Texte. Hg. und bearbeitet von M. Heppe, Hamburg 1919. S. 109.

13 Carl Gotthilf Büttner, Anthologie aus der Suaheli-Litteratur (Gedichte und Geschichten der Suaheli). Reprint, Nendeln 1970 (Orig. 1894). S. 176.

14 Ebd., S. 180.

15 Ebd., S. 178.

16 Ebd., S. 182.

17 Vgl. Volker Gottowik, Konstruktionen des Anderen, Interpretative Anthropologie und das Problem der Darstellung fremder Gesellschaften. Berlin 1997. S. 92ff., mit Verweis auf F. Kramer, Fremderfahrung in der Inversion. Ms 1994.

18 Vgl. Büttner, a.a.O., S. 172f.

19 Vgl. W. Eder, Zu Hause in der Fremde? In: O. Schäffter (Hg.), Das Fremde. Opladen 1991. S. 158–172.

20 Michael Harbsmeier, Schauspiel Europa, Die außereuropäische Entdeckung Europas im 19. Jahrhundert am Beispiel afrikanischer Texte. In: Historische Anthropologie 2 (1994). S. 335. – Dieser Aufsatz, der eine der wenigen neueren Arbeiten zu der Thematik darstellt, wurde mir erst nach Fertigstellung der Rohfassung des vorliegenden Manuskripts bekannt.

21 Auch zu den bleibenden Reiseeindrücken Baldambes, eines Hamars aus Südäthiopien, der den Ethnologen Ivo Strecker 1972 nach Berlin begleitete, zählte der Besuch einer Zirkusaufführung, bei der ein Affe Zigarren rauchte und Elefanten auf zwei Beinen tänzelten. Daneben beeindruckte ihn vor allem der große Pomp bei der Bestattung des Architekten Scharoun, der seiner Ansicht nach im Widerspruch zu der Tatsache stand, daß man den Leichnam des Verstorbenen anschließend einfach verbrannte: Begräbnisriten und -stätten spielen in der Kultur der Hamar eine wichtige Rolle. – Ivo Strecker möchte ich für diesen Hinweis danken.

22 Hierüber belehrt uns auch die historisch sich wandelnde Aufmerksamkeit, die in der Geschichte der europäischen Ethnologie unterschiedlichen Bereichen in verschiedenen Epochen zugewandt worden ist, wie etwa dem Kannibalismus im 16. Jahrhundert, der Fetischverehrung und den Meidungsregeln im Übergang vom 18. zum 19. Jahrhundert, der materiellen Kultur im Zeitalter der Industrialisierung etc. Vgl. Karl-Heinz Kohl, Abwehr und Verlangen, Zur Geschichte der Ethnologie. Frankfurt am Main, New York 1987.

23 Brief des Königs Kalakaua an seine Schwester, datiert am 10. August 1881 in Paris. Zitiert nach Karl R. Wernhart, Der König von Hawaii in Wien 1881, Der Besuch des polynesischen Herrschers Kalakaua. Wien, Köln, Graz 1987. S. 119f.

24 Vgl. Rifa'a al-Tahtawi, Ein Muslim entdeckt Europa, Die Reise eines Ägypters im 19. Jahrhundert nach Paris. München 1988. S. 120ff.

25 Ebd., S. 122.

26 Ebd., S. 120ff.

27 Yoko Tawada, Talisman. Tübingen 1996. S. 48.

28 Vgl. André Lévy, Nouvelles lettres édifiantes et curieuses de l'Extrême – Occident par des voyageurs lettrés chinois à la Belle Epoque 1866. Paris 1986.

29 Ebd., S. 232.

30 Ebd., S. 233.

31 Ebd., S. 189f.

32 Vgl. J. D. Frodsham (Ed.), The First Chinese Embassy to the West, The Journals of Kuo Sung-t'ao, Liu Hsi-hung and Chang Te-yi. Oxford 1974. S. 128.

33 Vgl. Chang Te-yi in: ebd., S. 148, S. 171, und Lévy, a.a.O.

34 Vgl. Fritz Kramer, Verkehrte Welten, Zur imaginären Ethnographie des 19. Jahrhunderts. Frankfurt am Main 1977.

35 Gottowik, a.a.O.

36 Büttner, a.a.O., S. 168f.

37 Häufig handelte es sich bei diesen Besuchern um Sprachhelfer von europäischen Afrikanisten. Vgl. hierzu auch Thomas Geider, Early Swahili Travelogues, in: W. Graebner (Hg.), Sokomo. Popular Culture in East Africa. Amsterdam/Atlanta 1992. S. 27–65.

38 Vgl. Fritz Kramer, Der rote Fes, Über Besessenheit und Kunst in Afrika. Frankfurt am Main 1987.

39 Vgl. Julius Lips, Der Weiße im Spiegel der Farbigen. München 1983.

40 Der vorliegende Aufsatz geht auf einen Vortrag zurück, den ich im November 1995 anläßlich der Verleihung des Preises der Dr. Margrit-Egner-Stiftung in Zürich gehalten habe. Ihr gilt mein besonderer Dank. Für wichtige Literaturhinweise möchte ich Thomas Geider, Michael Harbsmeier und Michael Lackner danken.

Europa aus islamischer Sicht

Udo Steinbach

Ein Bild von Europa als politische bzw. kulturelle Größe hat sich innerhalb der muslimischen Eliten erst mit dem beginnenden 18. Jahrhundert zu entwickeln begonnen. Naturgemäß ist dieses Bild stets geprägt geblieben von den Erfahrungen, die die Menschen zwischen dem subsaharischen Afrika und Südostasien in ihren jeweiligen, nach Art und Intensität unterschiedlichen Begegnungen mit Europa gewonnen haben. Eine aktive Auseinandersetzung setzte erst ein, als sich islamische Staatswesen – vor allem das Osmanische und das Mogul-Reich in Indien – durch europäische Mächte in die Defensive gedrängt sahen.

Im Osmanischen Reich war europäischer Einfluß am ehesten spürbar. Gesandtschaften, die in politischer Mission an die Höfe Europas gereist waren, begeisterten nach ihrer Rückkehr die vornehme Gesellschaft in Konstantinopel mit ihren Schilderungen der höfischen Kultur. Zunächst betraf die Wahrnehmung nur den Lebensstil, also die Fassade der Gesellschaft. Ihren ersten Höhepunkt erreichte die Begegnung während der sogenannten Tulpenära *(lâle devri)* unter Ahmed III. (1703 bis 1730). In der Oberschicht der osmanischen Gesellschaft machte sich eine ausgeprägte Neigung zu europäischer Lebensart bemerkbar. Nach dem Muster von Versailles wurden Paläste und Gärten angelegt, europäische Möbel kamen in Mode.

Aus diesem ersten Flirt mit dem Kontinent, dessen führende Mächte weite Teile der islamischen Welt zu dominieren begannen, sollte eine Begegnung erwachsen, die bis in die Gegenwart die Muslime zwingt, sich mit »Europa« auseinanderzusetzen. Die politische, wirtschaftliche, kulturelle und wissenschaftliche Dominanz – in einem Wort: die von Europa geprägte Moderne – hat die Muslime zwischen Afrika und Südostasien dazu gebracht, im Spannungsfeld zwischen dieser europäischen Moderne und der eigenen überkommenen Tradition ihren Platz zu suchen. Dieser Prozeß ist weit davon entfernt, abgeschlossen zu sein.

Historiker lassen den Zusammenprall gern mit der napoleonischen Invasion Ägyptens im Jahr 1798 beginnen. In Indien war Großbritannien dabei, seine Herrschaft zu festigen; im Kaukasus und in Zentralasien schob Rußland seine Positionen unaufhaltsam voran. 1830 besetzte Frankreich Algerien und begründete damit die europäische Vorherrschaft in Nordafrika, die 1892 mit der britischen Besetzung Ägyptens abgerundet werden sollte. Und in Indonesien schufen die Holländer in der ersten Hälfte des 19. Jahrhunderts ein Kolonialsystem, das einheimischen Eliten keinen Raum bot, sich politisch oder kulturell eigenständig zu äußern. Vor diesem Hintergrund verwundert es nicht, daß aus der Perspektive der überwältigenden Mehrheit der Muslime Europa beunruhigende Gefühle weckt.

Die Geschichte der Begegnung im 19. und 20. Jahrhundert erscheint als eine feindselige Herausforderung im Namen politischer und wirtschaftlicher Interessen der europäischen Mächte. Dieses Gefühl europäischer Bedrohlichkeit verdichtete sich im 20. Jahrhundert teilweise zu der Panik, einer europäischen Verschwörung ausgesetzt zu sein. Die machtpolitische Durchdringung im Namen europäischer Ölinteressen bis noch weit in die Zeit nach dem Zweiten Weltkrieg und die Entstehung Israels als Brückenkopf – so die Wahrnehmung – vor allem britischer Interessen im Nahen Osten seien beispielhaft genannt.

Schon im 19. Jahrhundert treten Kräfte und Persönlichkeiten auf, die – zum Teil unter Berufung auf den Islam – sich der Unterwerfung durch Europa entgegenstellen. Eine Schlüsselfigur ist der Perser Jamal ad-Din al-Afghani (1838/39 bis 1897), der eine panislamische Allianz gegen Großbritannien und Rußland zu schmieden suchte.

Der Abstoßung, dem Unbehagen und schließlich dem Widerstand steht die Einsicht gegenüber, daß an der Übernahme europäischer Formen des Wirtschaftens, politischer Institutionen, Werte und Prinzipien sowie vor allem an der europäischen Wissenschaft kein Weg vorbeiführt. Beginnend in Ägypten unter Mohammed Ali (1805 bis 1848) werden erste Schritte der Industrialisierung unternommen und hier und da Verfassungen nach europäischem Vorbild eingeführt. Mohammed Ali beginnt auch, Studenten nach Europa zu schicken, um sich mit europäischen Wissenschaften, aber auch mit europäischer Kultur im weiteren Sinne vertraut zu machen. Das Tagebuch des Scheich Rifa'a al-Tahtawi (1801 bis 1873), in dem dieser Rechenschaft gibt über einen fünfjährigen Besuch der französischen Hauptstadt, zu dem ihn 1826 Mohammed Ali geschickt hatte – er ist unter dem Titel: ›Ein Muslim entdeckt Europa‹ auch in deutsch erschienen –, ist ein beredtes Beispiel für den aufkommenden Enthusiasmus.

Das Scheitern einer nur halbherzigen Erneuerung durch Europäisierung führt nach dem Ersten Weltkrieg die Eliten in weiten Teilen der islamischen Welt dazu, ihr Heil in einer umfassenden Europäisierung zu suchen. Die politische und kulturelle Umwandlung der Türkei steht für diese Bemühungen, von den Institutionen über das Rechtssystem bis zur Schul- und Universitätsausbildung Europa zu kopieren. Auch im künstlerischen Bereich, vor allem in der Literatur sowie in den bildenden Künsten, werden Formen, Inhalte und Stile nachgeahmt, die in Europa ihren Ursprung haben.

Das Bild Europas in der islamischen Welt – und dies läßt sich unter Berücksichtigung der jeweiligen Besonderheiten auch für den Raum zwischen Schwarzafrika und Indonesien feststellen – ist widersprüchlich und spannungsvoll. Seinen häßlichen Zügen steht eine Faszination gegenüber, die im wesentlichen von politischen Werten wie Demokratie und Menschenrechten, aber auch von seinen wissenschaftlichen und technologischen Errungenschaften ausgeht.

Mit der fortschreitenden Politisierung des Islam seit den siebziger Jahren dieses Jahrhunderts sind hingegen Kräfte erstarkt, die sich politisch, vor allem aber kulturell von Europa und seinen politischen Werten abzugrenzen suchen. Der Kontinent erscheint ihnen materialistisch und moralisch verfallen; demgegenüber suchen sie den Rückzug in eine aus der eigenen Tradition begründeten »islamischen Ordnung«.

Diese Tendenzen freilich bilden nur eine Facette des gegenwärtigen, sehr viel komplexeren Bilds, das die Muslime von Europa haben, wobei die politische, wirtschaftliche und kulturelle Führung Europas anerkannt wird. Nur zu gern tendieren viele dazu, die Europäische Union nach der Wende von 1990/91 zum weltpolitischen Akteur zu machen. Denn daß die USA seit dem Ende der Sowjetunion als alleinige Supermacht die Geschicke auch weiter Teile der islamischen Welt dominieren, ist für viele Muslime beunruhigend: Europa wird ihnen zum politischen Gegengewicht zu Washington. Für die Araber bedeutet das den Wunsch nach einer aktiveren Rolle der Europäischen Union im Friedensprozeß zwischen den arabischen Staaten und Israel, da sie befürchten, daß Washington einseitig israelische Positionen unterstützt. So hat der Iran in den neunziger Jahren auf den »kritischen Dialog« mit Europa gesetzt – ein Gegenstück zur amerikanischen Politik der Ausgrenzung.

Wenn die politische Großmachtrolle Europas vielleicht Wunschdenken bleibt, so ist das wirtschaftliche Gewicht des europäischen Kontinents Realität. Die Volkswirtschaften zwischen Marokko und der Türkei sind entschieden intensiver und vielfältiger mit der Europäischen Union verflochten als untereinander. Europäische Unternehmen haben in den letzten Jahren südlich des Mittelmeers investiert und so zur fortschreitenden Industrialisierung beigetragen. Nun aber, da sich die Europäische Union erweitert, wächst nicht nur die Befürchtung, die Erweiterung nach Osteuropa könnte die Union dazu bringen, ihre wirtschaftlichen und finanziellen Aktivitäten auf Osteuropa zu konzentrieren. Vielmehr geht die Furcht vor der »Festung Europa« um. Das bedeutet, daß die EU ihre Märkte gegenüber den Nachbarn südlich und östlich des Mittelmeers verschließen könnte.

Gespaltene Gefühle beherrschen auch den Blick auf Europa als kulturelle Größe. In einer Epoche, da unter den Muslimen die Religion wieder stärker in den politischen und gesellschaftlichen Raum getreten ist, ist die Auseinandersetzung um die europäische und »westliche« Kultur kontroverser geworden. Aber die Stichworte der geistigen Auseinandersetzung kommen noch immer aus Europa. An der Universalität der Menschenrechte herrscht auch unter den näheren und weiter entfernten Muslimen kaum ein Zweifel, auch wenn sie diese – wie im Iran – aus der eigenen, islamischen Tradition abzuleiten suchen. Damit verbindet sich weithin der Wunsch nach Demokratie und einem Wandel, für den die Demokratien Europas, vor allem auch nach dem Ende der Diktaturen in der ehemals sozialistischen Welt, ein Vorbild sind.

Doch in der Wirklichkeit schwankt das Erscheinungsbild Europas. Eine europäische Großmacht, die einen Beitrag leisten würde, Konflikte in ihrer Nachbarschaft zu lösen, ist nicht in Sicht. Und auch jenes Europa der Demokratie und der Menschenrechte hat in den Augen vieler Muslime ein Defizit an Glaubwürdigkeit. Mit wie vielen Autokraten und Diktatoren arbeiten europäische Regierungen wirtschaftlich und politisch zusammen! Und die doppelten Standards mit Blick auf die Einhaltung der Menschenrechte sind unübersehbar. Die Irritationen über und die Fragen an Europa hat die islamische Welt in den letzten Jahren am Krieg in Bosnien festgemacht. Warum hat Europa nicht eingegriffen, als mit den Gewalttätigkeiten vor allem an den muslimischen Bosniern seine elementarsten Werte mit Füßen getreten wurden? Geschah dies nur, da Europa politisch noch nicht zum gemeinsamen Handeln in der Lage war? Oder – so der Verdacht bei vielen Muslimen – waren Europas Interessen dort nicht stark genug, und handelte es sich doch *nur* um Muslime? Wie es in der Wirklichkeit immer sein mag – Europa weckt in der islamischen Welt vielfältig höhere Erwartungen; es muß sich heute aber zugleich kritischen Rückfragen stellen.

Struktur und Beziehung

Diktatur, Monarchie, Demokratie

Politische Strukturen im Europa des 20. Jahrhunderts

Jürgen Müller

Das 20. Jahrhundert war für Europa ein Jahrhundert der Diktaturen und der Revolutionen, ein Jahrhundert, in dem Kriege eine bis dahin nicht gekannte Zahl von Opfern in der Zivilbevölkerung forderten. Es war ein Jahrhundert des geplanten und bürokratisierten Massenmordes, eines, in dem die europäischen Staaten an Weltgeltung verloren, das Osmanische Reich fast vollständig vom Kontinent gedrängt wurde und eine andere außereuropäische Macht, die USA, die Geschicke der europäischen Geschichte mitzubestimmen begann. Das 20. Jahrhundert war das Jahrhundert der Massenmedien, der Kommunikation, der Motorisierung und Mobilität, des Tourismus und der Migration. An seinem Ende ist es ein Jahrhundert der Demokratie, deren Prinzipien allgemein anerkannt werden und sich durchgesetzt haben. Eines war es gewiß nicht: ein Jahrhundert der Monarchien.

Die Demokratisierung der Monarchie

Im allgemeinen unterscheidet man in der Geschichte des 16. bis 20. Jahrhunderts drei Typen von Monarchien: die absolute, die konstitutionelle und die parlamentarische. Absolute Monarchien dominierten die europäische Staatenwelt bis zum 18. Jahrhundert. In diesem Abschnitt vollzog sich die Überwindung des Feudalstaates durch die Zentralisierung der Staatsgewalten, von Militär, Wirtschaft und Verwaltung. Die bis dahin privilegierten Stände (Klerus und Adel) wurden weitgehend entmachtet. Der Monarch reklamierte die alleinige Herrschaftsgewalt und fühlte sich nur Gott verantwortlich. Bekanntester absoluter Monarch war wohl der französische »Sonnenkönig« Ludwig XIV., dem der Ausspruch *»l'état c'est moi«* zugeschrieben wird. Diese Auffassung, die Staatseinheit und die dafür notwendigen Machtmittel in der eigenen Person zu verkörpern, wurde im aufgeklärten Absolutismus weiterentwickelt. Der Fürst verstand sich nunmehr als erster Diener des Staates (Friedrich II., der Große, König von Preußen).

Der Durchbruch zur konstitutionellen Monarchie erfolgte im 19. Jahrhundert. Die im Gefolge der Französischen Revolution verbreiteten Forderungen nach Volkssouveränität und Gewaltenteilung setzten sich europaweit nicht durch, führten aber trotz Restauration und Festhalten am monarchischen Prinzip zu Verfassungen und zur Mitwirkung von – zumeist nach einem Zensuswahlrecht, also einem eingeschränktem Wahlrecht für Männer – gewählten Parlamenten bei Gesetzgebung und Haushalt. Die Staatsgewalt lag allerdings nach wie vor beim Monarchen – begrenzt durch die Verfassung, aber nicht auf ihr beruhend. Gesetze konnte er durch sein Veto blockieren, und sie erforderten seine Zustimmung. Militär und Regierung blieben von ihm abhängig, er konnte Minister nach seinem Gutdünken ernennen und entlassen.

In der parlamentarischen Monarchie ist dagegen die Regierung Teil oder Repräsentantin der Parlamentsmehrheit und ihr gegenüber verantwortlich. Der Monarch ist integrierendes Staatsoberhaupt und übernimmt überwiegend repräsentative Aufgaben. Er ist nicht mehr Inhaber der obersten Staatsgewalt. Diese ist vielmehr auf mehrere, voneinander unabhängige Machtträger verteilt. Die Partizipationsmöglichkeiten der Bevölkerung werden durch die allmähliche Einführung des allgemeinen, freien, geheimen, gleichen und direkten Wahlrechts erheblich ausgeweitet. Mit der Parlamentarisierung und Demokratisierung der Monarchie wurde der Gegensatz zwischen Monarchie und Republik und der Kampf zwischen ihren Anhängern obsolet. Er wird fortan überlagert von der Unterscheidung zwischen demokratischen und diktatorischen Systemen.

An der Wende vom 19. zum 20. Jahrhundert waren vor allem konstitutionelle und parlamentarische Monarchien – in unterschiedlichen Ausprägungen – verbreitete Herrschaftsformen in Europa. Rußland war faktisch eine absolute Monarchie; gleiches gilt für das Osmanische Reich, in dem ein Parlament nicht existierte. Von den größeren europäischen Staaten waren allein Frankreich und die Schweiz Republiken. Monarchien gibt es bis heute in Großbritannien, den Niederlanden, Belgien, Dänemark, Schweden, Norwegen – in den Ländern, in denen die Parlamentarisierung bereits zu Anfang des Jahrhunderts am weitesten fortentwickelt war. Spanien ist das einzige Land Europas, in dem die Monarchie, nachdem sie 1931 abgeschafft worden war, wieder eingeführt wurde. Die monarchistischen Gruppen, die in einigen Ländern nach dem Zusammenbruch des Kommunismus wieder auflebten (Ungarn, Rußland), konnten für ihre Pläne keine Mehrheit finden.

Diktaturen

Die wenigsten europäischen Staaten wiesen ein über das gesamte 20. Jahrhundert hinweg stabiles bzw. einheitliches Herrschafts- und Regierungssystem auf. Zahlreiche Monarchien brachen zusammen oder wurden gestürzt. An ihrer Stelle entstanden Republiken und Diktaturen. Die Erscheinungsformen von Diktaturen sind vielfältig. Man spricht von totalitären Diktaturen, Militärdiktaturen, Entwicklungsdiktaturen, Bonapartismus, Diktatur des Proletariats, um nur wenige zu nennen. Dennoch lassen sich Gemeinsamkeiten festhalten: Diktaturen entstehen in der Regel in Krisenzeiten, in der Folge von Putschen, Revolutionen oder (Bürger-)Kriegen und brechen mit den vorhandenen Prinzipien staatlicher Organisation. In Diktaturen wird die Staatsgewalt monopolisiert, die Gewaltenteilung aufgehoben und ein Polizeistaat geschaffen. Die Opposition wird unterdrückt, die Bürgerrechte werden eingeschränkt, Pressefreiheit und unabhängige Gerichtsbarkeit (weitgehend) beseitigt, die Bürokratie für die Zwecke der oder des Herrschenden instrumentalisiert.

Zwischen den zwanziger und achtziger Jahren dieses Jahrhunderts blieb kaum ein europäischer Staat von diktatorischen Regimes verschont. Schließt man die Besetzungen und Annexionen während und nach dem Zweiten Weltkrieg in die Betrachtung ein, so sind es lediglich Großbritannien, die Republik Irland (eingeschränkt unabhängig seit 1921, vollständig seit 1947), Finnland (unabhängig seit 1917), die Schweiz und Schweden, die im 20. Jahrhundert keinen Wechsel des politischen Systems erfuhren. Belgien, die Niederlande, Dänemark und Norwegen verloren in der Zeit der deutschen Fremdherrschaft (1940 bis 1944/45) ihre Souveränität, die Organisation der Staatsgewalt blieb ansonsten aber in ihren Grundzügen stabil. Gleiches gilt für Frankreich, das mit Ausnahme der vom Dritten Reich abhängigen Vichy-Regierung (1940 bis 1942/44) seine republikanische Verfassung, allerdings mit Modifikationen, behielt.

Demokratien

Am Ende des 20. Jahrhunderts sind in Europa die Diktaturen verschwunden, die großen Monarchien sind parlamentarisch verfaßt. Die Demokratie hat sich nach den friedlichen Übergängen in Portugal, Spanien, Griechenland in den siebziger Jahren und in Osteuropa am Ende der achtziger Jahre – mit gewissen Einschränkungen – in allen Staaten durchgesetzt. Demokratische Systeme zeichnen sich durch Volkssouveränität, Wahlen, friedliche Regierungswechsel, Gewaltenteilung, Unabhängigkeit der Gerichte und Rechtssicherheit, Pluralismus und Pressefreiheit aus. Alle Staatsbürger sind gleich und frei, am politischen Prozeß mitzuwirken.

Man unterscheidet zwischen direkter und repräsentativer, parlamentarischer und präsidentieller Demokratie. In direkten Demokratien kann das souveräne Volk die Staatsgewalt unmittelbar ausüben, in Volksversammlungen oder durch Volksabstimmungen. Amtsträger sind weisungsgebunden und können bei Verletzung ihres Mandats abberufen werden (imperatives Mandat). Derartige Mitwirkungsmöglichkeiten haben sich in Europa vor allem noch in der Schweiz erhalten, aber auch in Deutschland. Überwiegend handelt es sich bei den heute bestehenden Demokratien um repräsentative Typen. In ihnen übt das Volk die Staatsgewalt indirekt durch Repräsentanten (Abgeordnete, Präsident) aus. Die Vertreter werden gewählt und handeln im Auftrag und Namen des Volkes gemäß eigener Verantwortung.

In parlamentarischen Demokratien besteht eine enge Verbindung zwischen Parlament bzw. Parlamentsmehrheit und Regierung. Die Regierung geht in der Regel aus dem Parlament hervor. Sie ist dem Parlament gegenüber verantwortlich und muß zurücktreten, wenn dieses ihr das Vertrauen entzieht. Die Ämter des Regierungschefs und des Staatsoberhaupts, das vorwiegend repräsentative Aufgaben erfüllt, sind nicht in einer Person vereinigt. Im Unterschied zur parlamentarischen Monarchie, wo die Würde des Staatsoberhauptes erblich ist, wird das Staatsoberhaupt in parlamentarischen Demokratien gewählt. Im Präsidialsystem sind dagegen Regierung und Parlament (Exekutive und Legislative) voneinander getrennt. Der Präsident ist zugleich

Staatsoberhaupt und Regierungschef. Der Präsident kann für die Dauer seiner Amtszeit vom Parlament nicht abgesetzt werden, auch wenn dessen Mehrheit nicht seiner Partei angehört oder ihm aus inhaltlichen Gründen entgegensteht. In Frankreich, Portugal und Finnland bestehen Mischformen aus parlamentarischem und präsidentiellem System. Hier gibt es einen Ministerpräsidenten, der sowohl vom Parlament als auch vom Präsidenten abhängig ist.

Von der Jahrhundertwende bis zum Ersten Weltkrieg

In vielen europäischen Monarchien waren Zeichen der Krise nicht zu übersehen. Portugals seit 1834 bestehende konstitutionelle Monarchie war die erste, die zusammenbrach. Nachdem das Regierungssystem demokratisch und parlamentarisch weiterentwickelt worden war, setzte unter Carlos I. (1889 bis 1908) eine restaurative Entwicklung ein: Der König mißbrauchte seine Rechte und mißachtete die Zuständigkeiten des Parlaments. 1907 ließ er das Parlament auflösen, eine Diktatur wurde errichtet. Diese Politik förderte einen mitunter extremistischen Republikanismus, dem Carlos und sein ältester Sohn 1908 bei einem Attentat zum Opfer fielen. Seinem Nachfolger gelang es nicht, die Monarchie zu erhalten: Im Oktober 1910 wurde er gestürzt. Die sogleich ausgerufene Republik blieb jedoch instabil. Ständige Regierungswechsel, Aufstände, Staatsstreiche, Streiks und Bombenattentate kennzeichnen die folgenden Jahre und verhinderten, daß die junge Demokratie sich stabilisierte.

Kaum anders sah es im Spanien von Alfons XIII. (1902 bis 1931) aus. Die verlustreiche und umstrittene Annexion in Marokko, durch die ein Ausgleich für das verlorene Kolonialreich – 1898: Kuba, Philippinen, Puerto Rico; 1899: Verkauf der Karolinen, Marianen und Palau an Deutschland – erreicht werden sollte, die Radikalisierung von Arbeitern und Bauern, insbesondere der Anarchisten, die Unruhen schürten und für zahlreiche Bombenattentate verantwortlich waren, anhaltender Widerstand gegen zentralistische Bestrebungen in Katalonien und dem Baskenland, schließlich ständig wechselnde Regierungen erschütterten das Land und ließen Wünsche nach einer autoritären Regierungsform laut werden. Die im Gefolge der Verfassung von 1876 in Spanien wieder eingerichtete konstitutionelle Monarchie konnte die innen- und außenpolitischen Probleme des Landes nicht dauerhaft lösen.

Die Jahre um die Jahrhundertwende waren im Königreich Italien – de iure eine konstitutionelle, faktisch eine parlamentarische Monarchie – von gewalttätigen Auseinandersetzungen zwischen verelendeten Arbeitern und Staatsmacht, von einer Einschränkung der Pressefreiheit und von Machtanmaßungen des Königs gegenüber den Rechten des Parlaments geprägt. Symptomatisch für die Krise ist die Ermordung von König Umberto I. im Juli 1900 – Racheakt eines Anarchisten für die zwei Jahre zuvor von der Armee bei der Aufstandsbekämpfung in Mailand Getöteten. Eine Beruhigung trat unter Giovanni Giolitti ein, mit zwei Unterbrechungen Ministerpräsident zwischen 1903 und 1914. Mit weitreichenden Reformen – Wahlrechtsreform 1912, Verstaatlichungen, Ausbau der Sozialversicherung, Beschränkung der Frauen-, Kinder- und Nachtarbeit – versuchte er die Sozialisten und Katholiken, denen der Papst nach Besetzungen von Teilen des Kirchenstaates und Roms die Teilnahme an nationalen Wahlen verboten hatte, in den Staat zu integrieren. Nicht beheben konnte er jedoch den tiefverwurzelten Regionalismus als Folge einer jahrhundertelangen Eigenstaatlichkeit. Giolittis System der Machterhaltung, sich durch Begünstigungen, Korruption und Wahlfälschung Rückhalt im Parlament zu verschaffen, verschärfte den Gegensatz zwischen dem vom Reformprogramm ausgenommenen agrarischen Süden und dem sich weiter industrialisierenden Norden, brachte das politische System in Mißkredit – man sprach von parlamentarischer Diktatur – und förderte gegen Ende seiner Amtszeit linke und rechte Radikale.

Die Probleme der Donaumonarchie, einer konstitutionellen Monarchie mit innerer Autonomie in den Reichsteilen, waren vielfältig: Anwachsen der Arbeiterbewegung, Gegensatz zu Rußland auf dem Balkan, Forderungen der Minderheiten des Vielvölkerstaates nach mehr Mitsprache in der Politik und mehr Selbständigkeit. Der 1830 geborene, greise Franz Joseph I., Kaiser von Österreich und bis 1918 König von Ungarn, von einem kaum jüngeren Beraterstab umgeben, hatte den Kontakt zur Wirklichkeit des 20. Jahrhunderts verloren – er verbot die Einführung des Zündnadelgewehrs und hielt sich fern von Schreibmaschinen und Autos – und war zu einer umfassenden Reformpolitik nicht in der Lage.

Weit entfernt von jeglicher Demokratisierung war um die Jahrhundertwende das russische Zarenreich. Nach dem Mord an Alexander II. (1881) begann unter seinen Nachfolgern Alexander III. und Nikolaus II. die Reaktionszeit. Teile des Reiches wurden bis 1917 unter Ausnahmezustand gestellt, die Vorzensur für Zeitungen wieder eingeführt, Parteien und Opposition wurden unterdrückt, Regimegegner nach Sibirien deportiert. Die Unzufriedenheit mit dem System wuchs vor allem unter Arbeitern und Bauern, deren Lebensbedingungen besonders prekär waren. Eine Demonstration von Arbeitern am 9. Januar 1905, dem sogenannten Blutsonntag, die diesbezügliche Verbesserungen und eine Verfassunggebende Versammlung forderten, löste die erste russische Revolution aus. Offiziere ließen auf die friedliche Menge schießen, etwa 150 Tote und über 1000 Verletzte blieben zurück. Die nachfolgenden Streiks und Demonstrationen weiteten sich bis zum Generalstreik im Oktober aus, die den Zaren schließlich zum Einlenken veranlaßten und bürgerliche Freiheiten und die Einberufung eines Parlaments (Duma) versprechen ließen. Mit dem im April 1906 verkündeten Grundgesetz wurde Rußland zur konstitutionellen Monarchie. Das politische Leben in Rußland hatte sich zwar verändert; die Reformen, die die Macht des Zaren beschränkten und das Wahlrecht ausweiteten, wurden allerdings in einem Maße rückgängig gemacht, daß berufene Beobachter der Lage, zum Beispiel Max Weber, von Scheinkonstitutionalismus sprachen.

Charakterisierungen wie »pseudokonstitutioneller Absolutismus« rief auch die konstitutionelle Monarchie des Deutschen Kaiserreichs unter Wilhelm II. hervor. Obwohl Wilhelm, eine impulsive, häufig unbedachte, mitunter exzentrische Persönlichkeit, gerne sein eigener Kanzler gewesen wäre, lag die Macht in Deutschland weit weniger allein beim Kaiser als in Rußland. Die Integrationskraft des Monarchen war weitaus stärker; Entscheidungsträger, Parlamentsmehrheit und Kaiser verfolgten im wesentlichen die gleichen Ziele. Die Pressefreiheit und die Bürgerrechte wurden weitgehend gewahrt, und als einer von wenigen Staaten in Europa besaß das Kaiserreich seit der Verfassung von 1871 das allgemeine, gleiche und geheime Wahlrecht für Männer über 25 Jahren bei Reichstagswahlen.

Pulverfaß Europas war zweifellos Südosteuropa. Die Unabhängigkeit Griechenlands (1830), Serbiens, Montenegros und Rumäniens (nach dem Berliner Kongreß im Jahre 1878), Bulgariens (1908, seit 1878 autonom) und Albaniens (1913) vom Osmanischen Reich im Zeichen der nationalen Wiedergeburt brachte der Region keine Ruhe. Chauvinismus, Hegemoniestreben, gegenseitige Gebietsansprüche, die im Falle Griechenlands bis in die Antike zurückreichten, Gewaltexzesse untereinander und politischer Extremismus bestimmten das Klima. Einig war man sich nur im Kampf gegen die Türken. Sonst marschierte man gegeneinander, etwa im Serbisch-Bulgarischen Krieg (1885/86), im Makedonischen Aufstand (1903) oder im Zweiten Balkankrieg (1913). Verschärft wurden die Spannungen durch die Assimilierungspolitik Ungarns gegenüber den in der Donaumonarchie lebenden Balkannationalitäten, durch die österreichisch-ungarische Annexion Bosniens und Herzegowinas (1908) sowie durch das Zarenreich, das – Sendungsbewußtsein und imperiales Machtstreben verknüpfend – Emanzipationsbestrebungen unterstützte, eine Führungsrolle auf dem Balkan anstrebte und die türkischen Meerengen kontrollieren wollte.

Kaum weniger problematisch als die Absicherung nach außen verlief im Inneren der Aufbau der politischen Systeme infolge von Führungskämpfen, wenig ausgeprägten parlamentarischen Traditionen, Korruption und Wahlfälschungen, einer jahrhundertealten Staatsfeindlichkeit, Isolation und Analphabetismus. Die Partizipationsmöglichkeiten blieben auf eine kleine Oberschicht begrenzt. Verfassungsanspruch und -wirklichkeit fielen in den Monarchien des Balkans auseinander. Dennoch sind Unterschiede nicht zu übersehen: In Albanien verhinderten chaotische Zustände – Bürgerkrieg, Separatismus, Invasion, Besetzung – auf Jahre hinaus, daß sich eine funktionierende Staatsgewalt etablierte. Montenegro wurde von Fürst (seit 1910 König) Nikola patriarchalisch-autoritär beherrscht. Verfassung und Parlament gab es erst seit 1905. Eine ähnlich starke Stellung besaß König Carol in Rumänien. Regelmäßig ernannte er, sobald sich die Regierung abgenutzt hatte, einen neuen Ministerpräsidenten aus der Opposition, der dann die Verwaltung bis auf die unterste Ebene mit seinen Anhängern besetzte. Dieses Prinzip bestand auch in Griechenland, allerdings in einem System, das vom Regierungschef zuweilen selbstherrlich dominiert wurde: Seit 1864 war Griechenland eine parlamentarische Monarchie; die Abhängigkeit der Regierung von der Parlamentsmehrheit war allgemein anerkannt. In Serbien hielt sich König Peter weitgehend aus der Politik heraus. In Bulgarien wiederum dominierte der König – trotz der liberalen Verfassung von 1879, durch die die Verantwortlichkeit der Minister gegenüber dem Parlament eingeführt worden war.

Der Parlamentarismus und zumeist auch die Demokratisierung waren bis zum Ersten Weltkrieg in den skandinavischen Ländern, in den Niederlanden, Belgien und

Großbritannien am weitesten vorangeschritten, allerdings mit unterschiedlicher Geschwindigkeit. In Großbritannien, Vorbild zahlreicher Monarchien auf dem Kontinent, war das Parlament, genauer gesagt das Unterhaus, schon seit längerem Gravitationszentrum des politischen Lebens. Letztmalig hatte Königin Victoria (1837 bis 1901) im Jahre 1839 einen Premierminister gegen den Willen der Unterhausmehrheit durchgesetzt. 1911 wurden mit der Parliament Act noch bestehende absolute Veto-Rechte des Oberhauses gegen Beschlüsse des Unterhauses in aufschiebende umgewandelt.

Gleichermaßen vorbildhaft wirkte die Verfassung, die sich Belgien 1831 nach der Loslösung von den Niederlanden gab. Aufgrund der Erfahrungen mit dem autoritären niederländischen Monarchen wurden unter anderem die Vorrechte des belgischen Staatsoberhauptes eingeschränkt und ein ausführlicher Grundrechtekatalog niedergelegt.

In den Niederlanden setzte sich, nachdem die Verfassungsänderungen der Jahre 1839/40 und 1848 entsprechende Grundlagen geschaffen hatten, die parlamentarische Monarchie in den sechziger Jahren durch, als die letzten Versuche Wilhelms III. scheiterten, ein Kabinett gegen das Parlament durchzudrücken.

Norwegens parlamentarische Traditionen reichten bis zur Verfassung von Eidsvoll aus dem Jahre 1814 zurück, die auch während der Union mit Schweden – mit dem schwedischen König als Staatsoberhaupt (bis 1905) – ihre Gültigkeit behielt. Bereits hier wurde festgelegt, daß Einsprüche des Monarchen gegen die Gesetzgebung des Parlaments vom nachfolgenden Parlament überstimmt werden können. Das Veto des Königs gegen Grundgesetzänderungen wurde 1913 abgeschafft. Anhaltende Widerstände der Monarchen und die Fragmentierung der politischen Parteien verzögerten hingegen die Parlamentarisierung Schwedens und Dänemarks. Als der Erste Weltkrieg Europa erschütterte, hatten sich jedoch auch hier parlamentarische Monarchien etabliert.

Die Zwischenkriegszeit

Nach dem Ersten Weltkrieg wurde auf der Friedenskonferenz in Paris die politische Landkarte Europas neu geordnet, und neue Grenzen wurden gezogen. Das alte Europa war zusammengebrochen. In Deutschland, Österreich-Ungarn und Rußland wurden die Kaiser mehr oder minder gewaltsam gestürzt. An die Stelle der Monarchien traten Republiken und, als Novum in der europäischen Geschichte, die auf der Diktatur des Proletariats beruhende Sowjetunion. Lediglich in dem mit den Mittelmächten verbündeten Bulgarien blieb die Monarchie erhalten. Aus der Konkursmasse der Kriegsverlierer, die beträchtliche Gebietsverluste hinnehmen mußten, entstanden die baltischen Staaten Estland, Lettland und Litauen, Finnland, Polen und die Tschechoslowakei als Republiken. Ungarn löste sich von Österreich. Montenegro und Serbien gingen im Königreich der Serben, Kroaten und Slowenen auf, ergänzt durch Gebiete, die zuvor der Donaumonarchie und Bulgarien angehört hatten.

Die fast europaweite Durchsetzung des demokratisch-parlamentarischen Verfassungsstaates hielt jedoch nicht lange vor. Von den neuen Staaten bewahrten, trotz erheblicher Probleme, nur Finnland und – bis zur deutschen Besetzung im März 1939 – die Tschechoslowakei ihre Regierungssysteme. Großbritannien, Irland, Norwegen, Schweden, die Niederlande, Belgien, Frankreich und die Schweiz erwiesen sich als stabil. Ansonsten etablierten sich diktatorische Regimes.

Die Gründe für diese Entwicklung waren vielfältig: Zersplitterung und Polarisierung der Führungsschichten, politischer Extremismus von links und rechts sowie die geringe Bereitschaft gemäßigter Politiker, den parlamentarischen Staat zu tragen und Mehrheitsentscheidungen zu akzeptieren. Dazu kamen in Bürgertum und Adel Gefühle der Bedrohung durch kommunistische Bewegungen und erhebliche Schwierigkeiten, Staatshaushalt und Wirtschaft zu konsolidieren – die sich in der Weltwirtschaftskrise verschärften. Unterstützt wurden diese Faktoren von extremen Gegensätzen zwischen Stadt und Land oder zwischen industrialisierten und agrarisch geprägten Regionen. Soziale Probleme entstanden zum Beispiel aus der nach Kriegsende durchgeführten Demobilisierung der Armeen und als Folge von massiven Bevölkerungsbewegungen in die bzw. aus den neugegründeten Staaten – Bedingungen, unter denen die Funktionsfähigkeit und die Legitimität der parlamentarischen Systeme litten. Zahlreiche Regierungswechsel innerhalb kürzester Zeit waren Zeichen der Instabilität. Krisenverschärfend wirkte zudem, vor allem in Ost- und Südosteuropa, die vielfach ungeklärte politische Vertretung und Integration der Minderheiten. Die ethnische Fragmentierung, die ja bereits in der Vorkriegszeit zu erheblichen innen- und außenpolitischen Spannungen geführt hatte, war mit der Entstehung neuer Staaten nicht beseitigt, da die Grenzziehung – trotz allgemeiner Zustimmung zum Selbstbestimmungsrecht der Völker – nicht entlang der Nationalitätengrenze erfolgt war.

Ungarn war nach der Sowjetunion der erste europäische Staat, in dem eine Diktatur errichtet wurde. Von 1920 bis weit in den Zweiten Weltkrieg hinein wurde das politische Geschehen von Miklós von Horthy dominiert. Es folgten Italien im Jahre 1922 mit dem Sieg des Faschismus Benito Mussolinis, 1923 die mit Billigung des Königs errichtete, sechs Jahre währende Diktatur Primo de Riveras in Spanien, 1925 Albanien mit dem Präsidenten und späteren König Zogu. 1926 putschte das Militär in Portugal, Polen und in Litauen; 1929 errichtete König Alexander in Jugoslawien eine sogenannte Königsdiktatur. 1933 gelangte Hitler in Deutschland an die Macht, nur wenig später suspendierte Dollfuß in Österreich die Verfassung; ein Jahr später beseitigten Staatsstreiche die bestehende Ordnung in Estland, Lettland und Bulgarien; 1936 begannen die vom König gedeckte Diktatur des Generals Metaxas in Griechenland und der Spanische Bürgerkrieg, der nach drei Jahren mit dem Sieg des Putschisten General Franco gegen die Republikaner endete und eine jahrzehntelange Diktatur einleitete; 1938 wurden in Rumänien die Verfassung aufgehoben und die Parteien verboten.

Die Unterschiede zwischen den europäischen Diktaturen waren beträchtlich. Im Ungarn Horthys konnte sich weiterhin eine kleine, politisch einflußlose Opposition im Parlament artikulieren, und die Pressefreiheit blieb weitgehend erhalten. Gleiches galt für die ersten Jahre der Ära Pilsudski in Polen, wo 1928 noch, von kleineren Behinderungen abgesehen, freie Wahlen stattfanden. Verhaftungen politischer Gegner, Zensur und Wahlfälschungen setzten 1930 ein und wurden nach dem Tod Pilsudskis 1935 ausgeweitet. In der Sowjetunion und im nationalsozialistischen Deutschland wurden abweichende Meinungen mit brutaler Härte unterdrückt, politische Gegner wurden regelmäßig in Lager verschleppt und ermordet. Die Regimes stützten sich auf eine Massenpartei und verbreiteten mehr oder minder ausgefeilte Ideologien. In anderen Ländern, etwa auf dem Balkan, spielte beides hingegen eine untergeordnete Rolle. Bei der Etablierung von Diktaturen griff das Militär häufig ein, etwa in Polen, Spanien und Portugal, ohne daß in der Folge ausgesprochene Militärregimes errichtet worden wären. Eines ist allen europäischen Diktaturen der Zwischenkriegszeit gemeinsam: Es fand keine evolutionäre Rückkehr zu demokratischen Verfassungen und zum parlamentarischen System statt.

Die Teilung Europas

Während des Zweiten Weltkriegs und danach brachen die meisten Diktaturen Europas zusammen oder wurden gewaltsam beseitigt. Auf den Trümmern des Dritten Reiches wurde in den Besatzungszonen der USA, Englands und Frankreichs die parlamentarische Demokratie der Bundesrepublik Deutschland aufgebaut. Österreich erlangte seine Souveränität zurück und mußte sich zu immerwährender Neutralität verpflichten; die republikanische Verfassung von 1920 wurde wieder eingeführt. Italien kehrte nach dem Ende des Faschismus ebenfalls zum parlamentarischen System zurück – und wählte in einer Volksabstimmung im Juni 1946 die Republik als Staatsform. In der Sowjetischen Besatzungszone in Deutschland, in Polen, der Tschechoslowakei, Ungarn, Rumänien und Bulgarien entstanden mit tatkräftiger Unterstützung der Sowjetunion neue Diktaturen: Volksdemokratien, in denen kommunistische Parteien das Machtmonopol besaßen, die innen- und außenpolitisch in erheblichem Maße von der UdSSR abhingen sowie wirtschaftlich und militärisch in den Rat für Gegenseitige Wirtschaftshilfe (RGW) und den Warschauer Pakt eingebunden waren. Die baltischen Staaten waren bereits 1940 besetzt und in die UdSSR inkorporiert worden.

Die sowjetische Aufsicht über die Staatsform blieb in den folgenden Jahrzehnten trotz zwischenzeitlicher Liberalisierungstendenzen – zum Beispiel nach dem Tode Stalins, im »Tauwetter« der ersten Jahre Chruschtschows – erhalten. Volksbewegungen und Reformansätze, die die Herrschaft der Kommunisten in Gefahr zu bringen drohten, wurden mit Waffengewalt unterdrückt, so 1953 in der DDR, drei Jahre später in Ungarn oder 1968 in der CSSR. Die Breschnew-Doktrin aus dem gleichen Jahr machte noch einmal deutlich, daß die Staaten des Warschauer Paktes nur eine begrenzte Souveränität besaßen. Dennoch sind gewisse Eigenständigkeiten und Handlungsspielräume im Ostblock nicht zu übersehen. Rumänien etwa betrieb seit den sechziger

Jahren eine Politik der nationalen Unabhängigkeit: Es war das einzige Land des Warschauer Paktes, das an der Intervention in der CSSR nicht teilnahm. Zugleich wurde die Bedeutung der Nation, im Unterschied zur marxistisch-leninistischen Doktrin, besonders hervorgehoben. Ungarn erfuhr unter Kádár eine vorsichtige Liberalisierung in Wirtschaft und Innenpolitik – »sozialistische Marktwirtschaft«, »Wer nicht gegen uns ist, ist für uns« –, die zu für den Ostblock vergleichsweise großen bürgerlichen Freiheiten und Rechtssicherheit führte. Die DDR, Polen und Bulgarien sowie die CSSR nach 1968 blieben hingegen auf einer weitgehend moskautreuen Linie.

Eine Sonderentwicklung durchliefen Jugoslawien und Albanien, in denen sich kommunistische Regimes ohne Hilfe der Sowjetunion etablierten. Jugoslawien löste sich bereits 1948 aus der Bevormundung der UdSSR und versuchte, einen »dritten Weg« zwischen den Blöcken und in Verbindung mit den Blockfreien in aller Welt zu gehen. Albanien, entstanden als »Satellit« Jugoslawiens, wandte sich nach dem Bruch zwischen Stalin und Tito der Sowjetunion zu. 1960/61 vollzog die albanische Staatsführung eine Kehrtwende, da sie die Kritik der sowjetischen Führung an der Stalin-Herrschaft und an China ablehnte. Für ein Jahrzehnt lehnte sich Albanien an China an, bis ein erneuter Bruch – nach der chinesisch-amerikanischen Annäherung – zur fast vollständigen Abschottung vom Ausland führte.

Auf der Iberischen Halbinsel hatten die Diktaturen Francos und Salazars den Weltkrieg unbeschadet überstanden. Formaljuristisch war Spanien seit 1947, nach dem Gesetz über die Nachfolge in der Staatsführung, wieder eine Monarchie – mit Franco als Staatschef auf Lebenszeit, dem das Recht zukam, seinen königlichen Nachfolger zu ernennen. 1969 beendete Franco die Spekulationen um die zahlreichen Thronaspiranten, als er Juan Carlos de Borbón y Borbón zu seinem Nachfolger ernannte. Wie vorgesehen, wurde Juan Carlos, seit 1971 Stellvertreter des Diktators, nach dem Tod Francos im November 1975 zum König proklamiert. Juan Carlos wurde zum Motor des Wandels. Unter seiner Ägide erfolgte der allmähliche Übergang zur parlamentarischen Monarchie, indem er die Regierungsverantwortung Reformpolitikern übertrug, sich der Loyalität des Militärs versicherte und das Vertrauen des Volkes errang. Dem unbedingten Festhalten des Königs am Demokratisierungsprozeß war es zu verdanken, daß die Widerstände der alten franquistischen Eliten schwächer wurden und Bedrohungen des politischen Systems – etwa durch den Putschversuch des Oberleutnants Tejero im Februar 1981 – scheiterten.

In Portugal wurde die jahrzehntelange Diktatur am 25. April 1974 von oppositionellen Militärs der Bewegung der Streitkräfte unblutig gestürzt. Unter schwierigen Umständen, mit Putschversuchen von rechts und links und wirtschaftlichen Problemen, gelang bis Anfang der achtziger Jahre die Konsolidierung der Demokratie durch die Verdrängung der Militärs von der Macht und die Abschwächung der politischen Polarisierung.

In Griechenland setzte sich auch nach dem Ende der Metaxas-Diktatur und des deutschen Besatzungsregimes (1941 bis 1944) die undemokratische Entwicklung fort. Formal war Griechenland eine parlamentarische Monarchie, bestätigt durch ein Referendum am 1. September 1946, in dem sich 69 Prozent der Bevölkerung für eine

Rückkehr des in den Kriegsjahren exilierten Königs aussprachen. Nach einem bis 1949 andauernden Bürgerkrieg und einer chaotischen Phase ständiger Regierungswechsel kehrte zwischen 1952 und 1963 politische Stabilität, gepaart mit kontinuierlicher wirtschaftlicher Entwicklung ein, ohne daß Wahlmanipulationen, Zensur und polizeistaatliche Praktiken verschwanden. Gerade der König war es, der mit scheinlegalistischen oder offen verfassungswidrigen Maßnahmen die Demokratie in Griechenland beschädigte. Nachdem Konstantin II. den Ministerpräsidenten entlassen und ohne Rücksicht auf die Mehrheitsverhältnisse im Parlament ein Kabinett ernannt hatte und in der Folge Demonstrationen und antikommunistische Demagogie die politische Szenerie dominierten, putschte 1967 das Militär. Die Militärregierung währte sieben Jahre. Sie brach zusammen, als ihr wirtschaftlicher Dilettantismus mit Inflationsraten bis zu 30 Prozent zutage trat und sie durch eine chauvinistische Außenpolitik fast einen Krieg gegen die Türkei um Zypern provoziert hätte. Als politisches Erbe übernahm die neue Regierung die im Juli 1973 beschlossene Abschaffung der Monarchie, die mit großer Mehrheit durch ein Referendum im Dezember 1974 bestätigt wurde.

Das Ende des Kommunismus

Mit dem Tode Titos im Jahre 1980 und der Politik der politischen Öffnung und des wirtschaftlichen Umbaus (Glasnost und Perestroika) des seit März 1985 amtierenden Generalsekretärs des Zentralkomitees der KPdSU, Michail Gorbatschow, begannen Erosion und Niedergang der kommunistischen Herrschaft in Ost- und Südosteuropa. In Jugoslawien, das von der Integrationsfigur Tito zusammengehalten worden war, brachen die altbekannten Nationalitätenkonflikte wieder auf und wurden in einem blutigen Bürgerkrieg ausgetragen. Der Vielvölkerstaat zerfiel; Kroatien, Slowenien, Makedonien sowie Bosnien und Herzegowina wurden unabhängig. Serbien und Montenegro bildeten den neuen Bundesstaat Jugoslawien.

Angestoßen von den Neuerungen in der Sowjetunion und gefordert von einer breiten Oppositionsbewegung, die die Reformer innerhalb der kommunistischen Parteien stärkten, gelang die Wiedervereinigung der beiden deutschen Teilstaaten und wurden zwischen 1988 und 1992 die osteuropäischen Diktaturen zu Demokratien umgebaut. Regelmäßig war die für eine Umgestaltung ungeeignete alte Garde der Partei- und Staatsführer durch progressive Kräfte ersetzt worden, die kommunistischen Parteien hatten ihr Machtmonopol aufgeben müssen, und freie Wahlen waren ausgeschrieben worden. RGW und Warschauer Pakt wurden aufgelöst.

In der Sowjetunion selbst gewannen radikale und nationale Tendenzen in den Teilrepubliken gegenüber dem bedächtigen, bisweilen zaudernden Reformer Gorbatschow die Oberhand. Ein Putschversuch von Altkommunisten im August 1991 schwächte Gorbatschow und beschleunigte den Zerfall. Nur wenige Tage nach dem gescheiterten Aufstand trat Gorbatschow als Generalsekretär der KPdSU zurück; die Partei wurde, da sie in Verdacht stand, an dem Putsch beteiligt gewesen zu sein, verboten. Auf dem Boden der Sowjetunion entstanden unter anderem Estland, Lettland, Litauen, Weißrußland, die Ukraine, Rußland und Moldawien als unabhängige Staaten. Im Dezember 1991 existierte die Sowjetunion nicht mehr. In allen Staaten Ost- und Südosteuropas entstanden parlamentarische oder präsidentielle Demokratien. Ihre Funktionsfähigkeit und Stabilität müssen die neuen Demokratien jedoch erst beweisen, mannigfache Defizite sind noch zu überwinden. So sind häufig die Rechte von Minderheiten, zum Beispiel die der Russen im Baltikum, nicht gewahrt, und Oppositionsparteien werden, etwa in Weißrußland oder Rumänien, in ihrer Entfaltung durch das Macht- und Medienmonopol der Regierungen behindert. Vor besondere Probleme sind die Länder des früheren Jugoslawien gestellt, in denen erhebliche Kriegsschäden beseitigt und eine gewaltfreie politische Kultur und Toleranz entwickelt werden müssen. Aber nie in der Geschichte Europas waren die Chancen der Demokratie größer als heute.

Politische Systeme bei Ethnien ohne Staat

Klemens Ludwig

Zahlreiche Ethnien blieben von der Nationalstaatenbildung im 19. und frühen 20. Jahrhundert ausgeschlossen. Einerseits handelte es sich um Gruppen, die außerhalb »ihres« Nationalstaats lebten, weil sie durch Auswanderung und Kolonisierung oder willkürliche Grenzziehung davon abgetrennt waren, andererseits aber auch um Ethnien mit einem zusammenhängenden Siedlungsgebiet. Viele von ihnen waren zu klein, um Anspruch auf einen eigenen Staat erheben zu können, wie etwa die Aromunen, Friesen, Rätoromanen, Samen oder Sorben. Andere verfügten nicht über Macht und Einfluß. In unmittelbarer Nachbarschaft eines zentralistischen Staates gelegen, blieb ihre Organisationsmöglichkeit gering. Das trifft unter anderem für die Schotten, Waliser, Basken oder Korsen zu, deren Anzahl größer ist als die der Einwohner mancher europäischer Staaten.

In den Medien ist von den Ethnien ohne Staat fast nur dann die Rede, wenn es über Spektakuläres wie Attentate zu berichten gilt. Jenseits der Sensationsberichterstattung kommen häufig vertraute Begriffe vor: Das samische Parlament erklärt, die korsischen Parteien verlangen, der Dachverband der Rätoromanen warnt. Offenkundig haben viele Ethnien ohne Staat die politischen Systeme und Strukturen der Mehrheitsbevölkerung übernommen. Sie verfügen über Parteien, Parlamente und andere Institutionen, die am politischen Leben des Staates teilhaben, in dem sie leben. Diese Entwicklung ist relativ neu und mag vordergründig überraschen. Sie dokumentiert Emanzipation von wie auch Anpassung an herrschende Strukturen.

Beginn der Emanzipation

Das 19. Jahrhundert war die Zeit des nationalen Aufbruchs. Die Aufklärung mit ihren Idealen der persönlichen Freiheit, Mündigkeit und Gleichheit sowie die Industrialisierung mit ihren Anforderungen an Mobilität, Flexibilität, Spezialisierung und Urbanisierung hatten die jahrhundertealten feudalen Strukturen in ihren Grundfesten erschüttert. An deren Stelle trat die Ideologie des Nationalismus, um die neuen Herrschaftsverhältnisse zu legitimieren. Feudale Großmächte wie die Habsburger Monarchie, das Zarenreich und das Osmanische Reich zerfielen und machten Platz für zahlreiche Nationalstaaten. Legitimiert wurde das mit dem Recht auf Selbstbestimmung, das vor allem der amerikanische Präsident Woodrow Wilson postulierte. Damit waren die Probleme jedoch nicht gelöst, wie der englische Sozialhistoriker Eric Hobsbawm beschreibt:

»Angesichts der bestehenden Verteilung der Völker waren die meisten der neuen, auf den Trümmern der alten Reiche errichteten Staaten nicht weniger multinational als die alten ›Völkerkerker‹, an deren Stelle sie traten [...] Die hauptsächliche Änderung bestand darin, daß die Staaten jetzt im Durchschnitt viel kleiner waren, und daß die in ihnen lebenden ›unterdrückten Völker‹ jetzt ›unterdrückte Minderheiten‹ wurden. Die logische Konsequenz aus dem Versuch, einen Kontinent säuberlich in zusammenhängende Territorien aufzuteilen, die jeweils von einer ethnisch und sprachlich homogenen Bevölkerung bewohnt wurden, war die massenhafte Vertreibung oder Vernichtung von Minderheiten. Das war und ist die mörderische *reductio ad absurdum* eines Nationalstaats in seiner territorialen Spielart.«[1]

Die meisten Ethnien ohne Staat blieben von der nationalen Emanzipationsbewegung zunächst ausgeschlossen. In der 1912 gegründeten Union der Nationalitäten dominierten die außerhalb »ihres« Nationalstaates lebenden Minderheiten ebenso wie im Europäischen Nationalitätenkongreß, der 13 Jahre später ins Leben gerufen wurde.

Die Emanzipation und damit auch die politische Organisation der meisten Ethnien ohne Staat begann in den sechziger und siebziger Jahren. Sie wurde begünstigt durch eine tiefgreifende Veränderung in den Nationalstaaten. Erstmals seit Beginn der Industrialisierung wurden deren Werte grundlegend in Frage gestellt. Fortschritt und Modernisierung galten nicht länger unhinterfragt als oberste Ziele; die »Grenzen des Wachstums« wurden überdeutlich durch Umweltkatastrophen, Energiekrisen und Entsorgungsprobleme.

»Small ist beautiful« lautete ein populäres Schlagwort. Das war die Chance für viele Ethnien ohne Staat, sich Gehör zu verschaffen und politisch ernst genommen zu werden. Bisweilen schlug die neue Wertschätzung sogar in Verklärung um, zumal wenn Angehörige der Mehrheitsbevölkerung gemeinsam mit den Ethnien ohne Staat Großprojekte auf deren Territorien bekämpften. Dazu zählen etwa der Alta-Staudamm in Sapmi (Lappland) oder der Truppenübungsplatz Larzac in Okzitanien. Die Emanzipationsbewegungen der Ethnien ohne Staat benötigten Institutionen und Strukturen. So übernahmen sie die im Nationalstaat vorhandenen Strukturen, die sich für ihre Repräsentanten als sinnvolles Instrument erwiesen hatten, um ihre Interessen zu vertreten.

Das samische Parlament in Schweden begründete seine Existenz so:

»Das samische Parlament wurde geschaffen, weil das Völkerrecht die Sami darin unterstützt, selbst die Verantwortung für ihre kulturelle und bis zu einem gewissen Grad auch wirtschaftliche Entwicklung zu übernehmen. Dazu benötigen die Sami eine gewählte Körperschaft mit legalem Status. Das beinhaltet die Anerkennung der Sami als eigenständiges Volk [...] Eine gewählte Körperschaft trägt dazu bei, die Identität und Zusammengehörigkeit der Sami zu stärken.«[2]

Die meisten Parteien und Parlamente, Stiftungen und Institutionen der Ethnien ohne Staat verstehen sich eher als Brücken und Vermittler nach außen denn als Sachwalter nach innen. Basierend auf dem Prinzip der repräsentativen Demokratie wurden diese Institutionen und Strukturen geschaffen, um gegenüber den Vertretern der Mehrheitsbevölkerung legitimiert zu sein, etwa Forderungen nach Autonomie, Föderalismus oder regionaler Selbstverwaltung zu vertreten. Dort, wo die Ethnien ohne Staat über einen nennenswerten Anteil der Bevölkerung verfügen – wie im Baskenland und Katalonien, in Wales und Schottland, auf Sardinien und Korsika –, beteiligen sie sich mit eigenen Parteien auch an den allgemeinen Wahlen zu regionalen und nationalen Parlamenten. So sitzt die Scottish National Party ebenso im Parlament von Westminster wie die walisische Plaid Cymru (Partei von Wales), obwohl beide vom britischen Mehrheitswahlrecht extrem benachteiligt werden. Auffällig bei den Urnengängen ist, daß die Zahl der Stimmen für die nationalen Parteien nicht unbedingt einen Aufschluß über die Identität der jeweiligen Ethnie gibt. In Wales gewinnt Plaid Cymru zumeist etwa vier von 23 Wahlkreisen oder 20 Prozent der Stimmen – ein vordergründig bescheidenes Ergebnis für eine Region, in der die Waliser die Bevölkerungsmehrheit stellen. Die Menschen machen ihr Bekenntnis zur eigenen Kultur und Tradition jedoch nicht unbedingt am Wahlverhalten fest. Der walisische Regionalismus lebt und entfaltet sich auch außerhalb von Parteien und Institutionen. Zur eigenen Identität zählt etwa das Bekenntnis zur Arbeiterbewegung, und deshalb ist unter den Walisern die Labour Party sehr populär. Waliser sind in der Partei recht einflußreich, von David Lloyd George, dem Premierminister während und nach dem Ersten Weltkrieg, bis zu Neil Kinnock, dem Oppositionsführer der Thatcher-Ära.

In Korsika ist das Stimmenpotential für die Nationalbewegung ähnlich groß. Seit Präsident Mitterrand dem korsischen Regionalparlament größere Befugnisse gegeben hat, beteiligt sich deren gemäßigter Flügel an den Wahlen, doch verteilen sich die Stimmen auf etwa ein halbes Dutzend nationale Parteien. Ihr politischer Einfluß wird dadurch nicht gerade gestärkt. Das Klischee von den Korsen als wildes, freiheitsliebendes, aber auch untereinander zerstrittenes Volk wirkt somit bis in die aktuelle Politik hinein.

In Katalonien und dem Baskenland erringen die gemäßigten Nationalparteien CiU und PNV zumeist die Stimmenmehrheit bei den Wahlen zum Regionalparlament.

Tradition versus Moderne

Die modernen und relativ neuen politischen Institutionen der Ethnien ohne Staat sind noch nicht sehr fest in der Bevölkerung verankert, sondern eher eine Angelegenheit der Elite. Die Zurückhaltung hat historische Gründe. Manche Ethnien haben nicht nur deshalb keinen Staat bilden können, weil sie zu klein oder von einem großen Nachbarn dominiert waren, sondern auch, weil sie nicht über die entsprechenden Strukturen verfügten, die sie zu einem politischen Machtfaktor hätten werden lassen können.

Viele der klassischen politischen Strukturen der Ethnien ohne Staat basierten auf Familien-, Clan- oder Sippenbindungen. Das Oberhaupt eines großen Clans hatte im

Alltag meist erheblich mehr Einfluß als die Vertreter der staatlichen Macht, die weit entfernt war. Bekannt ist dies etwa aus Korsika, Sardinien oder dem Baskenland. Dabei herrschten nicht selten feudale Strukturen im kleinen vor, die den Feudalismus überdauert haben. Auf der anderen Seite gab es aber auch Ethnien, die traditionell keine hierarchischen Strukturen entwickelten und alle politischen und ökonomischen Entscheidungen auf möglichst lokaler, breiter Basis fällten. Dazu zählten die Samen, die Okzitanier und die Friesen, die bis zur Neuzeit in kleinen Bauernrepubliken organisiert waren. Beide Formen des gesellschaftlichen Zusammenlebens standen den oben beschriebenen Anforderungen der Moderne im Wege. Da sie im Bewußtsein der Bevölkerung jedoch lebendig waren, blieben derartig strukturierte Gesellschaften letztlich ohne Staat.

Anerkennung und Einfluß konnten sich die Ethnien ohne Staat erst verschaffen, als sie die traditionellen politischen Strukturen aufgaben und die herrschenden übernahmen. Dieser Prozeß darf jedoch nicht pauschal als Kulturzerstörung und Assimilierung betrachtet werden. Die neuen Strukturen entwickelten sich häufig entlang den alten. Politische Parteien werden ungeachtet ihres Programms von bestimmten Clans dominiert. Jeder Angehörige weiß, wer die eigentliche Macht ausübt und wem er seine Unterstützung zukommen läßt. Dies ist vor allem bei den Organisationen der Sinti und Roma verbreitet, deren Gesellschaft besonders entschieden diese Tradition pflegt. Damit haben die alten politischen Strukturen nur einen neuen äußeren Rahmen erhalten. Zudem ist keine Gesellschaft statisch, und der Wandel, den die Ethnien ohne Staat in den vergangenen Jahrzehnten durchlaufen haben, war nicht nur fremdbestimmt. Ohne Frage haben ihnen die neuen politischen Strukturen auch ein neues Selbstbewußtsein gegeben. Katalonien, das Baskenland und Wales sind Beispiele dafür. Diese Regionen gehören zu den reichsten in Europa.

Der Grad an Autonomie, den sie den Zentralregierungen abgerungen haben, wird von der Mehrheit der Bevölkerung offenkundig akzeptiert, und die Forderung nach einem eigenen Staat findet keine große Resonanz. Durch den Zwang zur Modernisierung nicht nur im politischen, sondern auch im wirtschaftlichen und technologischen Bereich haben sie Innovationskräfte freigesetzt, die sich denen der Zentrale häufig als überlegen erwiesen haben.

Langsamer Wandel

In Osteuropa war der politische Spielraum der Völker ohne Staat unter der totalitären Herrschaft der kommunistischen Parteien gering. Insofern ist eine eigenständige Entwicklung dort erst seit etwa zehn Jahren möglich. Sie vollzieht sich ähnlich wie zuvor im Westen. Völker wie die Gagausen in Moldawien, die Kaschuben in Polen, die Pomaken auf dem Balkan oder die Roma in Rumänien, Ungarn, Restjugoslawien und anderswo gründen eigene Parteien, koalieren mit Parteien der Mehrheitsbevölkerung und kämpfen für regionale Parlamente. Den Gagausen ist es dabei gelungen, weitgehende Autonomierechte durchzusetzen.

Vor der Umwälzung im Osten konnten die Ethnien ohne Staat vor allem dann ihre Identität behaupten, wenn es ihnen gelang, die traditionellen politischen Strukturen in die Ordnung der Kommunistischen Partei zu integrieren oder unter dem Deckmantel kultureller Institutionen auch politische Arbeit zu leisten. Bemerkenswert erfolgreich waren dabei die Sorben (oder Wenden) in der Lausitz, dem südöstlichen Zipfel Deutschlands. Zwar erlaubte der Totalitätsanspruch der SED keine offen eigenständige politische Betätigung, doch die Sorben erfreuten sich großer Förderung. Der sorbische Sprachwissenschaftler Professor Helmut Faßke meint sogar, »daß die Sorben zu keiner Zeit vergleichbare kulturelle Einrichtungen zur Pflege ihrer eigenen Sprache, Kultur und Geschichte hatten wie in der verflossenen Deutschen Demokratischen Republik«. Selbst der Bund der Lausitzer Sorben, der 1912 gegründete, Domowina genannte Dachverband, der zu den ältesten Institutionen der Ethnien ohne Staat zählt, konnte sich behaupten – wenn auch unter der Flagge der SED.

Die Situation der Roma hat sich, nicht nur wirtschaftlich, seit den politischen Umwälzungen kaum verbessert. Die freie politische Betätigung, die ihnen heute offensteht, berührt den Alltag der Menschen wenig. Während der kommunistischen Herrschaft war es für die traditionellen Sippenoberhäupter häufig einfacher, mit den staatlichen Funktionären zu kooperieren und damit ihre Angehörigen vor rassistischen Übergriffen oder wirtschaftlicher Verelendung zu bewahren.

1 Eric J. Hobsbawm, Nationen und Nationalismus, Mythos und Realität seit 1780. Frankfurt am Main 1991. S. 157f.

2 Sametinget, Sami Parliament. Kiruna o.J. S. 4.

Symbole politischer Macht

Gerd M. Schulz

Kaiser Wilhelm II. bei seinem Besuch in Konstantinopel im Oktober 1917. Als Zeichen der Verbundenheit beider Staaten trägt der Kaiser eine türkische Generalsuniform und die ihm verliehenen türkischen Orden.

Macht ist ein Phänomen und ein existentieller Faktor in der menschlichen Gesellschaft. Auf der Seite des oder der Mächtigen zu stehen verschafft dem einzelnen Menschen vitale Vorteile. Andererseits stellt Macht ein wechselseitiges Beziehungsgeflecht zwischen den Machtausübenden und den Beherrschten dar. Ein König ohne Untertanen hat keine Macht. Eine Gesellschaft ohne Struktur, in der Rang und Machtverhältnisse nicht festgelegt sind, kann nach außen und innen seine Interessen nicht vertreten. Das schwache Individuum erhält erst in der strukturierten Gesellschaft seine persönliche Machtstellung. Macht, in welcher Form auch immer, muß nach außen und nach innen erkennbar sein. Machtstrukturen können nur funktionieren, wenn sie sich zu erkennen geben. Macht braucht Symbole, um wirken zu können. Symbole der Macht wirken einerseits integrativ, andererseits grenzen sie nach außen ab. Bei der Betrachtung des Themenkomplexes muß man genau differenzieren, ob es sich um Mittel der Macht oder Symbole der Macht handelt. Dies ist oft nicht eindeutig erkennbar, da im Laufe der Zeit eine Veränderung vom einen zum anderen stattfinden kann. Da der europäische Kulturkreis sich aus dem römischen Weltreich der Antike entwickelt hat und unter dem Einfluß der christlichen Glaubenslehre stand, sind deren Einflüsse in den heutigen Staaten Europas vorherrschend.

Herrschersymbole

Als Symbol der Machtausübung finden sich schon seit frühester Zeit Insignien wie das Zepter, das Schwert, der Reichsapfel und der erhöhte Sitz – der Thron. Das archetypische Machtsymbol ist die Kopfbedeckung, mit der sich ein Führer einer Gruppe als solcher kennzeichnet. In der monarchischen Gesellschaft Europas ist dies die Krone in verschiedenen Erscheinungsformen. Der Wandel von der Kopfbedekkung des Herrschers über den Zeremonialgegenstand bis zum reinen Symbol vollzog sich zwangsläufig. Geßlers Hut, dem Wilhelm Tell den Gruß verweigert hat, war damit schon Symbol für ein Symbol, für die Krone des Habsburgers bzw. für die Macht des Kaisers.

In den verschiedenen Machtbereichen in Europa haben sich in der Renaissance mit der unterschiedlichen Ausgestaltung der Kronen Rangordnungssysteme gebildet. Die Krone stand und steht als Symbol des Souveräns und zugleich für das gesamte Staatswesen. Die Dynastien schufen sich eine unverwechselbare Krone als Zeichen ihrer Souveränität. Erst durch die Errichtung nichtmonarchischer Systeme, Demokratien und Autokratien wurde die Krone als Machtsymbol durch andere Zeichen ersetzt. Ursprünglich nur als Stirnreif gestaltet, wurde die Krone mit vier Blättern geschmückt. Die Verbindung der Blattelemente durch über den Scheitel laufende Bügel stellte eine Rangerhöhung dar. So verfügte König Karl von Spanien im Jahr 1525, daß die mit Bügeln geschlossene Krone als Symbol der Souveränität dem König allein vorbehalten bleiben sollte. Die Laubkrone gebührte den Granden von Spanien.

Neben den Laubkronen hatten sich Kronen entwickelt, deren Stirnreif mit einer bestimmten Anzahl von perlenbesetzten Zinken geschmückt war. Aus der Anzahl und Gestaltung der Zinken bzw. Perlen und dem Futter läßt sich der Adelsrang des Trägers ablesen. Dabei sind in den europäischen Königreichen die Formen der Kronen unterschiedlich entwickelt. Gewisse Grundregeln sind in allen europäischen Ländern zu beobachten. Die heraldischen Darstellungen der Kronen des niederen Adels zeigen fünf perlenbesetzte Zinken, die der Barone sieben und die der Grafen neun. Das streng beachtete englische Rangkronensystem fällt durch die Mützen (Futter) in den *coronets* auf, die in Deutschland erst vom Herzog an aufwärts gebräuchlich sind.

Die Krone des römisch-deutschen Kaisers im Domschatz zu Aachen zeigt eine eigenwillige Gestaltung: Der von vorne nach hinten laufende Bügel ist sein Kennzeichen. Die Kaiserkronen von Österreich (die Rudolfinische Krone) und die des russischen Zaren weisen auch den von der Stirn zum Nacken laufenden Bügel auf. Napoleons Kaiserkrone weicht von dieser Gestaltung ab. Die Bügel werden aus Adlerflügeln gebildet, die mit ihren Spitzen den Reichsapfel tragen. Verbindendes Element aller europäischen Fürsten-, Königs- und Kaiserkronen ist die Verwendung des Kreuzsymbols als oberer Abschluß. Es ist *das* Symbol für die Dualität weltlicher und kirchlicher Macht in Europa. Ausnahmen bilden die Kronen der Bourbonen und der Orléans.

Als über Frankreich die Welle der Revolution hinwegschwappte und das Machtsystem der Republik das der Monarchie wegschwemmte, war die Krone zum verhaßten Symbol des Ancien régime geworden. Es mußte ein adäquates Symbol für die neue Macht des Bürgertums gefunden werden. Man wählte die phrygische Mütze (Jakobinermütze) als Wahrzeichen des bisher unprivilegierten Bürgers. Diese Art Zipfelmütze wurde als Kleidungsstück von den Revolutionären getragen und fand auch als heraldisches Staatssymbol Verwendung. Die Jakobinermütze findet sich im außereuropäischen Raum häufig als Symbol republikanischer Staaten, so zum Beispiel in Argentinien, Kolumbien, Kuba, El Salvador und Nicaragua.

Eine Abart der monarchischen Krone ist die Mauerkrone. Sie gilt als Symbol der Städtehoheit und existiert nicht in Wirklichkeit, sondern ist nur ein heraldisches Zeichen. Die Krone in Form einer Mauer mit Zinnen und Türmen soll die Wehrhaftigkeit der Stadt mittels der Stadtmauer darstellen, also politische Unabhängigkeit. In den Städten wurde und wird die politische Macht meist von den Bürgern oder Teilen der Bürgerschaft ausgeübt. Die dazu gewählten Vertreter tragen entsprechende Amtszeichen. In Deutschland und einer Reihe weiterer europäischer Staaten sind dies Amtsketten oder um den Hals getragene Medaillen. Der Bürgermeister und gegebenfalls die ihm beigeordneten Stadträte werden so bei offiziellen Anlässen als Amtspersonen und als demokratisch legitimierte Träger der politischen Gewalt gekennzeichnet.

Staatsheraldik

Als sich die Kreuzritter ins Heilige Land aufmachten, war es oft schwierig, den einzelnen in seiner Rüstung mit aufgesetztem Helm zu erkennen. Durch persönliche Zeichen auf den Schilden und am Helm sowie durch farbliche Gestaltung der Kleidung verliehen sich die Ritter des Mittelalters eine weithin erkennbare Identität. Man erkannte sie an den Farben und Symbolen, die sie »im Schilde führten«. Daraus entwickelte sich ein Symbolsystem, das, abgeleitet von der Heroldskunst, als Heraldik bezeichnet wird. Diese heraldischen Symbole der herrschenden Klasse waren Symbole für die persönliche Macht, die sie über ihre Länder und Untertanen ausübten. So ist das heraldische Symbol die Verbindung zwischen einer Person und ihrem Besitzstand und damit der Macht, die sie ausübt.

Dabei werden gerade als Wappentiere besonders solche bevorzugt, denen gewisse machtgewinnende oder -fördernde Eigenschaften zugeschrieben werden: die Unbezwingbarkeit und Kampfbereitschaft des Löwen, die Freiheit und Stärke des Adlers. Aber auch das Stachelschwein trifft man hier, als Wappentier König Ludwigs XII. von Frankreich (1498 bis 1514). Die politischen Machtbereiche waren durch Heirat, Erbschaft oder Eroberungen in ständiger Veränderung. Die territoriale Macht konnte ein Herrscher mit Hilfe der Heraldik, auch für die meist analphabetische Bevölkerung, eindrucksvoll darstellen.

So wurden aus einfachen Herrschaftswappen mit der Zeit verwirrende Konglomerate von Symbolen, die nur noch der Heraldiker richtig deuten konnte. Jede Grafschaft, jedes Fürstentum, das zum Machtbereich eines Fürsten gehörte, wurde im Wappenschild mit einem eigenen heraldischen Zeichen dargestellt. Ebenso bunt wie die Landkarten waren die Herrscherwappen. Sie zeigten, über welche einzelnen Territorien der Fürst herrschte, und waren damit Symbol und Gradmesser der politischen Macht. Die Betrachtung europäischer Staatswappen und ihrer Entwicklungsgeschichte ist ein Blick auf die politische Geschichte Europas. Als Staatssymbole subsumieren sie wichtige geschichtliche Ereignisse, die prägend für die Entstehung der einzelnen Staaten waren.

Das große Staatswappen des Königreichs Preußen zeigte Mitte des 19. Jahrhunderts alle 52 Wappen der zum Staatsgebiet gehörenden Territorien.

Als Beispiel für die Veränderung des Wappens durch territoriale Zuwächse soll hier die heraldische Geschichte Preußens aufgezeigt werden. Als Friedrich anno 1415 der VI. Burggraf von Nürnberg wurde, bekam er die Mark Brandenburg von König Sigismund übertragen. Bei seinem Tod umfaßte Brandenburg mit Ansbach und Bayreuth 29 478 km². Bis 1640 hatte sich das Territorium des Kurfürsten Friedrich Wilhelm mehr als verdoppelt, bei seinem Tod 1688 war das Gebiet Brandenburg-Preußens auf 110 836 km² angewachsen. Bis zum Tode König Friedrich Wilhelm I. zählte der Staat mit Orange und Neuchatel 118 926 km². Friedrich der Große hinterließ seinem Nachfolger ein Staatsgebiet von 194 891 km². Durch Eingliederung von Teilen Polens vergrößerte Friedrich Wilhelm II. (1786 bis 1797) das Gebiet auf 305 659 km². Nach den Verlusten des Tilsiter Friedens 1807 gewann Preußen wieder durch den Wiener Kongreß 1814/15 in Sachsen und Westfalen und konnte mit 278 042 km² bis 1861 abschließen. Der sukzessive Gebietszuwachs stellt sich Mitte des 19. Jahrhunderts in einem großen Wappenschild mit 52 Wappenfeldern dar: Symbol der politischen Macht des Königs von Preußen.

Im Gegensatz dazu zeigt das Wappen des Königs von Frankreich im 17./18. Jahrhundert nur die Bourbonenlilien. Frankreich ist ein Staat, der sich territorial kaum verändert hat. Andererseits spielten politische Ereignisse, die die Staatsheraldik nachhaltig veränderten, in der Geschichte Frankreichs eine erhebliche Rolle. Wie schon erwähnt, war mit der Revolution von 1792 die Monarchie gefallen. Die Lilie als Symbol der Dynastie Bourbon und die Krone als Machtsymbol der Monarchie mußten einem Symbol der Republik weichen. Dabei griff man auf die *faszes* (Liktorenbündel) zurück, die im antiken Rom als Abzeichen der Konsuln diesen von den Liktoren vorangetragen wurde. Die *faszes*, ein Bündel aus Stäben und einem Beil, war das Symbol über Leben und Tod *(Potestas vitae necisque)*. Dieses Sinnbild der vom Volkstribun ausgeübten Macht entsprach dem Geist der Revolutionäre.

Unter Napoleon wurde der Adler mit dem Donnerkeil in den Fängen zum Symbol des Kaiserreichs. Er konnte seine Verwandtschaft mit dem antiken römischen Legionsadler nicht leugnen. Ansonsten führte Frankreich die blau-weiß-rote Trikolore der Revolution. Während der Restauration kam die Lilie der Bourbonen wieder zu Ehren. Ab dem 13. August 1830 standen auf blauem Schild drei goldene Lilien, darüber ein weißer Turnierkragen. Das Bürgerkönigtum Frankreich unter Louis Philippe (1830 bis 1848) zeigte im Wappen auf blauem Grund zwei Gesetzestafeln mit dem Text der Verfassung von 1830. Unter Kaiser Napoleon III. stand Frankreich wieder im Zeichen des Kaiseradlers, und mit dem Sturz der Monarchie 1870 zeigte das ovale Wappenschild der Dritten Republik auf blauem Grund die weißen Initialen »RF« für *République Francaise,* umgeben von einem Lorbeerkranz und der Trikolore. Ab 1929 stand wieder das Liktorenbündel zwischen Lorbeer- und Eichenzweigen und dem Devisenband *»Liberté Egalité Fraternité«* für die Französische Republik.

Das Liktorenbündel als politisches Symbol treffen wir auch in Italien an, hier als Zeichen der faschistischen Bewegung und ab dem 12. Dezember 1926 im Wappen des Königreichs Italien respektive ab dem 23. Januar 1944 in leicht veränderter Form im grün-weiß-roten Wappenschild der Italienischen Sozialrepublik. Auch in Staaten Mittel- und Südamerikas wie Haiti, Venezuela, Kolumbien wurde und wird die *fasces* heraldisch verwendet.

In Italien ist eine ähnliche Entwicklung wie in Frankreich zu beobachten. Die Einigung Italiens im 19. Jahrhundert führt zur grün-weiß-roten Trikolore mit ihrem Ursprung im Jahre 1796, zunächst mit dem Wappenschild des Hauses Savoyen, unter den Faschisten Mussolinis mit der *fasces* als Symbol der Bewegung und in der Italienischen Sozialen Republik (1944/45) mit dem römischen Legionsadler und der *fasces* im weißen Mittelfeld der Trikolore.

Die Trikolore – Anordnung von drei Farben in vertikaler Reihung – als Staatsfahne ist durch die Französische Revolution mit dem Freiheitsgedanken verbunden. In Europa führen Andorra, Belgien (erstmals im Kampf gegen die habsburgische Herrschaft verwendet, dann in der Revolution von 1830 gegen die Holländer als Staatsflagge angenommen), Irland (schon im 19. Jahrhundert von den irischen Revolutionären geführt und seit dem 21. Januar 1919 mit der Verkündung der Unabhängigkeit von England als Staatsflagge), Frankreich (hier wurde die Trikolore offiziell am 20. Mai 1794 gehißt), Italien, Rumänien (in den revolutionären Ereignissen 1848 entstanden, amtlich nach der Vereinigung der Walachei mit der Moldau 1859 anerkannt) eine Trikolore. In allen vorgenannten Staaten hat ein revolutionärer Prozeß entweder die nationale Selbstbestimmung oder die republikanische Staatsform herbeigeführt.

Daß das Symbol einer politischen Ideologie zum Staatssymbol werden kann, ist in Europa mehrfach geschehen. Das Hakenkreuz der Nationalsozialistischen Arbeiter-Partei in Deutschland wurde ab 1933 allgemein zum Staatssymbol. Dabei wurde der Adler als heraldisches Symbol des Deutschen Reiches in den formal unterschiedlichsten Formen mit dem Hakenkreuz verquickt. Wohl kaum ein anderer Staat in der Geschichte des gesamten Staats- und Sozialwesens war derart mit Symbolen der

Macht durchdrungen wie der Nationalsozialismus in Deutschland. Durch die Machtergreifung der Falangisten in Spanien 1936 etablierte sich in Europa ein weiterer totalitärer Staat. Dabei blieb zwar die Monarchie formal bestehen, jedoch als Symbol der Macht des faschistischen Franco-Regimes trat das Joch und das Pfeilbündel *(yugo y flechas)* in den Vordergrund. Ursprünglich waren dies die Wappenzeichen für König Ferdinand I. bzw. Königin Isabella.

Wappen sozialistischer Staaten nach 1945:
oben links DDR in der Form von 1952
oben rechts Volksrepublik Ungarn 1949
unten links Sowjetunion 1956
unten rechts Jugoslawien 1945

Die kommunistische Revolution in Rußland 1917 fand unter dem Roten Stern statt. Mit den Symbolen der Arbeiter- und Bauernmacht, Hammer und Pflug, stellte sich die neue »herrschende Klasse« dar. Erst später machte der Pflug der plakativeren Sichel Platz. Die kommunistischen Staaten Osteuropas bedienten sich fortan, in teils abgewandelter Form, dieser Symbole. Die DDR führte in Anlehnung an die UdSSR ab dem 12. Januar 1950 einen Hammer im Ährenkranz, ab dem 21. August 1952 Hammer und Zirkel. Die Volksrepublik Ungarn zeigte von 1949 bis 1957 Hammer und Kornähre unter dem fünfzackigen Roten Stern. Seit 1947 stand der heraldische Löwe Bulgariens ebenfalls unter dem Roten Stern, und das kommunistische Jugoslawien führte den Stern über den brennenden Fackeln, die für die Teilrepubliken standen.

Formal hatten die Staaten des sozialistischen Europa wie auch das republikanische Frankreich und Italien sich von der traditionellen Form des Wappenschildes abgewandt und eine neue heraldische Symbolsprache benutzt, die zu den bisherigen Regeln in keiner Verbindung standen. Das Verlassen der klassischen Heraldik in der Staatssymbolik ist als Ausdruck der Abwendung vom monarchischen Prinzip zu einer republikanischen Staatsform zu sehen.

Der Zusammenbruch der sozialistischen Staatsform hatte wieder einen Wandel in der Staatsheraldik der osteuropäischen Staaten zur Folge. Man bediente sich der alten Staatssymbole, was in Rußland zu einem Wiederaufleben des Zarenadlers und der alten Staatsfarben führte.

Die Staaten Europas, die noch als Monarchien bestehen, haben die Staatsheraldik in der traditionalistischen Weise beibehalten. Die klassischen Elemente der Krone, des Wappenmantels, der Schildhalter sind bis heute erhalten geblieben. Zu diesen Ländern zählen Großbritannien, Belgien, Luxemburg, Niederlande, Dänemark, Norwegen, Schweden und Spanien.

In der deutschen Staatsheraldik kann von einer weitgehend ungebrochenen Traditionslinie gesprochen werden, soweit von einem deutschen Staat überhaupt die Rede sein kann. Als Symbol des Heiligen Römischen Reiches Deutscher Nation war der Adler schon seit der Zeit Kaiser Barbarossas gegen Ende des 12. Jahrhunderts gebräuchlich. In der neueren Zeit tauchte er als Symbol des Deutschen Bundes von 1848 auf; bei der Reichsgründung 1871 war er Nationalsymbol und in der Weimarer Republik nahm er eine dem Zeitgeschmack entsprechende Form an. Nach 1933 in Verbindung mit dem Hakenkreuz als Staatssymbol gebräuchlich, wird der Adler in der Bundesrepublik Deutschland wieder in einer mit der der Weimarer Zeit vergleichbaren Form als Wappentier geführt.

Orden und Ehrenzeichen

Wem sind nicht die Ritter der Tafelrunde des König Arthus ein Begriff? Vor diesem Hintergrund muß man die Entwicklung des Ordenswesens in Europa sehen. Politische Macht zu sichern bedarf der Bindung von stabilisierenden Faktoren im Inneren und außerhalb des Staates. Dabei spielen gerade elitäre Gruppen innerhalb der Gesellschaft eine Rolle, die als staatstragende Kräfte an der Macht partizipieren. Parallel dazu muß sich ein Staat in ein supranationales Machtgefüge integrieren, das sein Überleben gegenüber äußeren Feinden garantiert und die Beziehungen zu den Nachbarn stabilisiert. In einem Europa der Monarchen wurden die Machtkonstellationen durch persönliche Bündnisse der Herrscher untereinander oder durch familiäre Bindungen bestimmt. Um Bindungen zu verfestigen, bedienten sich die Monarchen der weltlichen Ritterorden bzw. der Hausritterorden. Dies waren und sind Gesellschaften, die wir heute als Staatslobby bezeichnen würden. Ein Monarch versicherte sich der Loyalität eines anderen Fürsten oder nachgeordneten Hoheitsträgers, indem er ihn in die Gesellschaft seines Hausordens aufnahm und zum äußeren Zeichen der Zugehörigkeit die Ordensinsignien verlieh.

Auf die Geschichte und Entwicklung des Ordenswesens soll an dieser Stelle nicht detailliert eingegangen werden. Gegenstand der Betrachtung soll die Funktion von Orden und Ehrenzeichen als Zeichen politischer Macht sein. Dabei ist prinzipiell eine Wechselwirkung zwischen Verleihendem und Beliehenem zu beobachten. Der Verleihende belohnt und sichert sich die Loyalität des Beliehenen, während dieser in seinem Status eine Aufwertung erfährt und damit eine Vergrößerung von Macht und Autorität, die wiederum systemerhaltend wirkt. Beide Teile gewinnen, Machtstrukturen verfestigen sich. Die Absicht, eine Elite zu schaffen, wurde durch eine zahlenmäßige Begrenzung der Ordensmitglieder umgesetzt. Das Recht und die Souveränität, das Mittel eines Hausordens politisch einzusetzen, setzt staatliche Macht voraus. Als ältester historisch belegter weltlicher Ritterorden gilt der englische Hosenbandorden *(Most Noble Order of the Garter)*, der 1348 durch König Edward III. gegründet wurde. Weitere Stiftungen in der Folgezeit sind der Annunziatenorden, 1362 durch Graf Amadeus VI. von Savoyen, der Bath-Orden 1399 durch Heinrich IV. von England, der Drachen-Orden 1400/1418 durch Kaiser Sigismund gegründet. Erwähnt seien als klassische und wichtige Ritterorden der Orden vom Goldenen Vlies (gestiftet 1429 durch Philipp III. von Burgund), der Elefantenorden (1462, Christian I. von Dänemark), sowie in Frankreich der Orden vom Heiligen Michael (1469, Ludwig XI.), der 1578 mit dem Orden vom Heiligen Geist (Heinrich II.) zusammengelegt wurde.

Die Ordenszeichen dieser Gesellschaften waren ebenso bunt und vielfältig wie die Potentaten und ihre Völker. Naturgemäß dominierten Kreuze in vielfältigen Abwandlungen und Ausgestaltungen. Das Bekenntnis zu den moralischen Werten der christlichen Lehre und die Anlehnung an die alten geistlichen Ritterorden aus der Zeit der Kreuzzüge waren die Basis nahezu aller Stiftungen. Andererseits fanden sich auch Symbole wie die Bisamratte (Ordre de la Genette, 732, Karl Martell), das Stachelschwein (Herzog Ludwig von Orléans, 1394) oder ein Strumpf (Orden della Calza, Venedig 737). Einen generellen religiösen Bezug finden wir fast durchgehend.

Orden vom Goldenen Vlies, Österreich. Einer der großen Hausorden, von dem es in Spanien durch dynastische Teilung einen Ableger gibt. Das Ordenssymbol ist das goldene Widderfell aus der Argonautensage, mit Feuerstrahl und Feuerstein.

Die Religion des Herrschers war gleichzeitig Staatsreligion und zwangsläufig Bekenntnis der Untertanen. Im Machtkampf zwischen katholischen und reformierten Fürsten konnte der religiöse Faktor bei den Hausorden nicht außen vor bleiben. So waren eine Reihe von Hausorden nur Katholiken zugänglich. In den europäischen Ländern mit ungebrochener monarchischer Tradition sind die Hausorden aus alter Zeit noch erhalten: der englische Hosenbandorden, der Elefantenorden in Dänemark und in Spanien das Goldene Vlies und der Seraphinen-Orden in Schweden.

Die statutenmäßige Begrenzung des Personenkreises, der in die klassischen Hausorden aufgenommen werden konnte, beschränkte die Verwendungsfähigkeit dieses Machtinstrumentes für die absolutistischen Herrscher zu sehr, denn die Machtstrukturen mußten ab dem 18. Jahrhundert mehr und mehr im niederen Adel und im Bürgertum gefestigt werden. Durch die Schaffung von Militär- und Zivilverdienstorden, die auch nicht adeligen Menschen zustanden, wurde dazu ein Werkzeug geschaffen. Sie waren eine abgeschwächte Form der Verleihung des Verdienstadels, also der Standeserhöhung (Nobilitierung) aufgrund von Verdiensten. Dabei achtete man jedoch auf eine Klasseneinteilung, wie sie beim Militär und im Beamtentum herrschte. Die Verdienstorden sind üblicherweise in drei Klassen geteilt: in die Ritterklasse, die Komtur-(Kommandeur-)klasse und in die Großkreuzklasse. Im militärischen Bereich findet sich diese parallele Klasseneinteilung bis heute (Subalternoffiziere, Stabsoffiziere, Generale). Mit der Verleihung einiger Verdienst- und Tapferkeitsorden war tatsächlich die Erhebung in den persönlichen Adel verbunden; so kam in Bayern mit dem Militär-Max-Joseph-Orden und dem Zivilverdienstorden der Bayerischen Krone der Titel »Ritter von« oder in Großbritannien mit der Aufnahme in den Bath-Orden der Titel »Sir«.

Der in Deutschland wohl bekannteste Verdienstorden ist der preußische *Pour le mérite*, der 1740 durch Friedrich II. als militärischer, anfangs in beschränktem Maße auch als ziviler Verdienstorden gestiftet wurde. Die Belohnung von Militärpersonen spielte natürlich eine herausragende Rolle. Durch die Kriege, die sich auf dem europäischen Kontinent des 18./19. Jahrhunderts abspielten, wurden tragbare Auszeichnungen, pauschal als Orden bezeichnet, letztendlich nur noch mit militärischen Leistungen assoziiert. Der ebenso wichtige Bereich der Zivilverdienstorden und Auszeichnung von Beamten und Zivilisten trat im Bewußtsein der Allgemeinheit in den Hintergrund. Orden und Ehrenzeichen sind Bestandteil der Uniform, während dem Zivilisten das Tragen von Auszeichnungen in den meisten Fällen ins Belieben gestellt war und ist. Die Bildung einer gesellschaftlichen Elite vom Adel bis ins Bürgertum erschien gerade nach dem Trauma der Französischen Revolution als überaus notwendig. Die Belohnung des Staatsdieners und seine Bindung an den Souverän durch Anerkennung und Auszeichnung in der Gesellschaft war als stabilisierender Faktor erkannt worden.

Einen historischen Wendepunkt im Auszeichnungswesen stellte die Stiftung des Ordens der Französischen Ehrenlegion im Jahre 1802 durch Konsul Bonaparte dar. Das Ordenszeichen, ein fünfarmiges Kreuz, wich bewußt von der traditionellen christlichen Kreuzform ab. An der fünfklassigen Einteilung der Ehrenlegion orientierten sich fast alle im 19. und 20. Jahrhundert gestifteten Verdienstorden. Neu war die Öffnung des Ordens für alle Staatsindividuen ohne Rücksicht auf Herkunft, Religion und Stand. Der Orden der Ehrenlegion hat die Systemwechsel in Frankreich ohne Schaden an seiner Wertschätzung überstanden, nur in Details der Gestaltung den jeweiligen Machtverhältnissen angepaßt. Neben dem legendären roten Band, an dem der Orden getragen wird, ist heute das blaue Band des 1963 gestifteten Nationalen Verdienstordens die zweitbegehrteste Zierde, die ein Franzose im Knopfloch tragen kann.

Im Laufe des 19. Jahrhunderts ist eine breite Diversifizierung bei den Auszeichnungen in Europa zu erkennen. Es gab Auszeichnungen für militärische Verdienste oder für Tapferkeit im Kriege, auf dem zivilen Sektor für kulturelle und künstlerische Leistungen, soziales und caritatives Wirken, für industrielle und landwirtschaftliche Verdienste. Weniger Engagement verlangten die Auszeichnungen für einfache Pflichterfüllung, wie der Ableistung einer Dienstzeit, der Teilnahme an einem Feldzug oder der Teilnahme an Hoffeierlichkeiten.

Im Zeitraum zwischen 1800 und dem Ende des Ersten Weltkrieges lassen sich in Deutschland etwa 3200 verschiedene staatliche Auszeichnungen nachweisen. Diese Vielfalt ist auch durch die zahlreichen deutschen Einzelstaaten und die Regierungs-

Ritterkreuze des Ordens der Französischen Ehrenlegion: *links* Kreuz aus der Stiftungszeit mit dem Bildnis Napoleons, *rechts* Exemplar zwischen 1871 und 1954, allegorische Darstellung der *République Française*

wechsel der Herrscher bedingt. Betrachtet man die anderen europäischen Staaten, so gibt es dort bei jedem eine ebenso große Palette von Orden, Ehrenzeichen und Medaillen für die verschiedensten Zwecke und Anlässe wie in einem deutschen Einzelstaat. Das Ordenswesen hat also in Deutschland vergleichsweise keine größere Ausprägung. Eine Ausnahme ist allerdings die Schweiz. Die demokratisch regierte Alpenrepublik hatte bewußt auf tragbare Auszeichnungen verzichtet. Man fand dies mit der demokratischen Grundhaltung nicht vereinbar. Die Bildung von Eliten in der Gesellschaft entsprach nicht den Grundsätzen der Gleichheit der Französischen Revolution. Eine ähnliche grunddemokratische Haltung führte in der Weimarer Republik dazu, daß der Staat keinerlei tragbare Auszeichnungen verlieh. Ein dadurch geschaffenes Vakuum wurde um so mehr in der Zeit nach 1933 gefüllt.

Mit der Gestaltung von Auszeichnungen konnten sich auch Probleme ergeben. So wurde in Preußen der Verdienstorden vom Roten Adler mit seiner Kreuzform von Angehörigen jüdischen und islamischen Glaubens abgelehnt. Eine Sonderausführung für Nichtchristen schuf man deshalb in Sternform. Ähnlich verhielt es sich beim russischen St. Stanislaus-Orden, bei dem die Heiligenchiffre durch einen Adler ersetzt wurde, wenn er an Angehörige anderer nichtchristlicher Religionen verliehen wurde. In Frankreich, mit einem großen Kolonialbesitz in Nordafrika, vermied man diese Probleme von vorneherein, indem das christliche Kreuz als Gestaltungselement bei Auszeichnungen (mit Ausnahme einiger militärischer Varianten) nicht verwendet wurde.

Orden und Ehrenzeichen der ehemals kommunistischen Staaten verwandten nach sowjetrussischem Vorbild den fünfzackigen Stern bei der Gestaltung von Auszeichungen. Interessanterweise hat die Volksrepublik Polen in der Staatsheraldik davon jedoch keinen Gebrauch gemacht. Ebenso wurden die Orden und Ehrenzeichen zum größten Teil mit leichten Modifikationen in der Form der Republik von 1919 weiterverliehen. Die tiefe Verwurzelung des polnischen Volkes

links Sowjetunion, Orden des Vaterländischen Krieges
rechts England, Feldzugsmedaille für den Indienfeldzug 1857/58

im Katholizismus bedingte die Beibehaltung der kreuzförmig gestalteten Auszeichnungen auch unter kommunistischer Regierung.

Mit der Gestaltung und Verwendung von Auszeichnungen ist immer ein staatlich-politisches Programm verbunden. Selbst nach der Erfahrung des Dritten Reiches, das sehr stark vom Instrument der Auszeichnung Gebrauch machte bzw. mit dem Instrument Mißbrauch trieb, erkannte man im demokratischen freien Deutschland Orden und Ehrenzeichen als Mittel der staatlichen »sozialen Tröstung« als unverzichtbar an. Zum Aufbau eines Staatswesens, ob nun als freiheitlich-demokratisches oder als ein totalitäres, ist die Einbeziehung und Verpflichtung des einzelnen unabdingbar. Die Staatsmacht tritt so dem Bürger mit Rechten und Pflichten, die sich aus der Verfassung und den Gesetzen ergeben, gegenüber. Aus dieser Macht entspringt auch die Fähigkeit, belohnend oder tadelnd zu handeln. Gerade in totalitären Systemen ist eine sichtbare Polarisierung in »gute, staatstragende Individuen« und Systemverweigerer notwendig. Speziell in den ehemals sozialistischen Staaten mit ihren permanenten wirtschaftlichen Problemen bediente man sich einer Flut von Auszeichnungen. Ansporn und Vorbildfunktion sollte jeden einzelnen zu einem optimalen persönlichen Einsatz für den Staat und die Gesellschaft anspornen. In der ehemaligen DDR entstanden während ihres vierzigjährigen Bestehens 152 staatliche Auszeichnungen in 271 Stufen, 25 einmalige und etwa 10 000 nichtstaatliche Auszeichnungen. Das nationalsozialistische Deutschland hatte insgesamt etwa 510 staatliche Auszeichnungen hervorgebracht; dabei fielen etwa 250 in den militärischen Bereich. Durch die häufige Verwendung des Hakenkreuzes war auch ein propagandistischer Effekt auf Bevölkerungsteile verbunden, die der nationalsozialistischen Führung indifferent oder kritisch gegenüberstanden. Während in den freien westlichen Staaten nach dem Zweiten Weltkrieg Orden und Ehrenzeichen fast völlig aus der Öffentlichkeit verschwanden, war in den kommunistischen Staaten, gerade in der Sowjetunion, das Tragen von Auszeichnungen in der Öffentlichkeit alltäglich. Dies kann als systemstabilisierender Faktor in der Machtstruktur von totalitären Regimen stets beobachtet werden.

links Verdienstorden der Bundesrepublik Deutschland, Verdienstkreuz am Bande für Frauen
rechts Hanseatenkreuz der Hansestadt Hamburg, als Kriegsauszeichnung 1918 gestiftet

Der 1951 gestiftete Verdienstorden der Bundesrepublik Deutschland mit seinen acht Klassen ist der einzige Orden der Bundesrepublik. Daneben verleiht der Bund noch das Grubenwehr-Ehrenzeichen, das Silberne Lorbeerblatt für Sportler und die Silbermedaille für den Behindertensport. Daneben haben die Bundesländer in ihrem Bereich gerade in den letzten zehn Jahren eine Vielzahl von Orden und Ehrenzeichen geschaffen. Die militärischen Auszeichnungen der Bundeswehr beschränken sich auf das vierklassige Ehrenzeichen der Bundeswehr und die Einsatzmedaillen für Aufgaben im Rahmen von UN- und NATO-Aufträgen im Ausland.

In den übrigen europäischen Staaten bestehen teilweise heute noch die alten Orden aus dem 19. Jahrhundert; in den ehemals sozialistischen Staaten wurden neue geschaffen oder alte aus der vorkommunistischen Zeit wiederbelebt. Allen Orden und Ehrenzeichen gemeinsam ist das Bestreben, den Bürger auf nationale Traditionen einzuschwören und als loyalen Staatsbürger zur Vorbildfunktion anzuhalten.

Orden und Ehrenzeichen sind in gewisser Weise desintegrative Werkzeuge zur Förderung der Sozialstruktur, sie heben einzelne Personen hervor, schaffen Eliten. Der Wunsch nach Anerkennung und Heraushebung ist jedem Menschen eigen. Jedes europäische Land hat seinen eigenen historisch und kulturell geprägten Umgang mit Auszeichnungen. Mit Sicherheit werden diese Eigenheiten auch über eine wirtschaftlich-politische Integration Europas hinaus weiterbestehen.

Uniformen

Die Kleidervorschriften wurden im Mittelalter sehr streng beachtet, da sie mit ihrer Klassenteilung die Machtverteilung klar zum Ausdruck brachten. Das Tragen von roten Kleidungsstücken oder Pelz war nur der herrschenden Klasse zugestanden. Minderheiten wie Juden wurden durch besondere Hutformen etc. als solche gekennzeichnet, um sie gegebenenfalls aus der christlichen Gesellschaft ausgrenzen zu können. Die ständische Gliederung der Gesellschaft legte Rechte und Pflichten des einzelnen fest, und damit auch Machtstrukturen. Innerhalb der Handwerkszünfte bestanden ebenfalls Kleidervorschriften; der Färber war durch seine Kleidung oder andere Zeichen vom Weber zu unterscheiden. So waren gerade die Personen, die in hoheitlichem Auftrag handelten, als solche zu kennzeichnen, um damit das Recht und ihren Umfang der Machtbefugnis darzustellen.

Wo eine große Zahl von Menschen mit der Ausübung des staatlichen Gewaltmonopols beauftragt ist, erkennen wir diese heute immer an einer gleichförmigen Kleidung, die wir als Uniform ansprechen. Entscheidend ist dabei jedoch, daß an dieser Uniform ein Hoheitszeichen getragen wird. Erst der Polizeistern mit dem Landeswappen an der Mütze macht den Polizisten zum staatlichen Ordnungshüter. Eine Uniform hat demnach zwei Funktionen: Als Arbeitskleidung hat sie den Aufgaben des Trägers gerecht zu werden, und in ihrer Gestaltung hat sie den Auftrag und die zugehörige Machtkompetenz des Trägers gegenüber Dritten darzustellen.

Wenn wir von Uniformen sprechen, assoziieren wir in erster Linie das Militär damit. Ursprünglich war aber auch der nichtmilitärische Teil der Staatsgewalt, also auch das gesamte Beamtentum, uniformiert. Heute wäre es für uns kaum vorstellbar, daß ein Hochschulprofessor, Finanzbeamter oder Sekretär im Verkehrsministerium eine Uniform mit Hut und Degen trüge. Dies war in vielen europäischen Staaten bis etwa zum Ersten Weltkrieg der Fall. Daß Polizei, Zoll und Feuerwehr heute uniformiert sind, erscheint uns andererseits als nicht ungewöhnlich. Wie sollten wir sie sonst als

Kaiser Wilhelm I. mit Pickelhaube

Träger hoheitlicher Aufgaben erkennen? Uniformierte Postboten, Straßenbahnschaffner, Lokführer und Hotelportiers beginnen schon selten zu werden. Durch die Demokratisierung in unserer Zeit glaubt man, die Organe staatlicher Macht nur noch in einzelnen Fällen als solche kennzeichnen zu müssen. Die demokratische Gesellschaft würde sich gerne als eine klassenlose ohne Machtstrukturen sehen. Das Bild des Uniformierten ist in unseren Städten selten geworden, die staatliche Präsenz ist jedoch nach wie vor vorhanden.

Anders ist es beim Militär, das staatliche Macht nach außen vertritt. Einerseits hat der Soldat als Kämpfer eine entsprechende Berufskleidung zu tragen, andererseits sind auch hier symbolisierte Botschaften weiterzugeben. Ab dem Dreißigjährigen Krieg finden wir in Europa uniformierte Soldaten. Das System des uniformierten feststehenden Heeres entwickelt sich im 18. Jahrhundert in allen Ländern Europas. Die Uniform orientiert sich prinzipiell an den generellen Trends der Zivilmode, führt aber neben dieser ein Eigenleben. Gerade regionale Charakteristika der Tracht spielen in die militärische Bekleidung hinein. Wir finden deshalb in allen europäischen Ländern völlig eigene Entwicklungen, die sich durch Kriege und Verschiebungen von Machtsphären auch geographisch verlagern.

Gerade die Farbgebung von Uniformen war in der Grundtendenz ein Erkennungszeichen, welchem Machtblock eine Truppe angehörte. Die katholischen Truppen wie die Österreichs und Frankreichs zeigten im 18. Jahrhundert bei den Fußtruppen dominant die Farbe Weiß. Rot war für England, Blau für deutsche Fürstentümer und Grün für Rußland typisch. In der Ausgestaltung der Uniformen, besonders im Schnitt und in den Kopfbedeckungen, lassen sich ebenfalls Charakteristika erkennen, die auf den französischen, deutschen oder russischen Einfluß hindeuten.

Durch die politischen Konstellationen waren kleinere Staaten immer zu Bündnissen mit den dominierenden Großmächten gezwungen. Dabei war eine Angleichung der Uniformierung von Vorteil. Ähnliche Bekleidung schaffte identifikatorischen Zusammenhalt gegenüber feindlichen Truppen mit andersartiger ungewohnter Uniformierung. Die Uniform des Soldaten hat damit die Funktion, ihn als Angehörigen und Waffenträger seines Staates identifizieren zu können.

Im Innenverhältnis muß eine Uniform jedoch noch andere Informationen liefern: Welchem Truppenteil gehört der Träger an, welche Aufgaben gehören zu seinem Auftrag (Waffengattung, Dienststellung), wo steht er in der Hierarchie der Befehlsgewalt (Dienstgrad). Diese Informationen sind notwendig, um eine hierarchische Befehlsstruktur funktionsfähig zu machen. Anders ausgedrückt, die Verteilung der Macht wird durch visuelle Gestaltung begreifbar gemacht. Den verwendeten Abzeichen, Farben und Formen liegen grundsätzlich Elemente der Staatsheraldik zugrunde. Die Erkennung der Nationalität hat Priorität. Außerdem haben bestimmte Bekleidungsteile und Uniformschnitte eindeutig nationalen Charakter. Die Pickelhaube wird als Symbol preußisch-deutschen Militarismus betrachtet. Dieser Ruf begründet sich auf der Niederschlagung der revolutionären Aufstände 1848/49 durch preußische Truppen, die diese bis dahin unbekannte Kopfbedeckung erst 1842 erhalten hatten. Unter dem Motto »Gegen Demokraten helfen nur Soldaten« verfestigte sich das Image der Pickelhaube als militaristisch-reaktionär.

Interessanterweise hat diese Kopfbedeckung aber bis heute eine sehr weite internationale Verbreitung gefunden. Wir finden sie in England 1878 bis 1914, in Parma 1852 bis 1860, in Portugal 1885 bis 1903, in Spanien 1854 bis 1932, in Schweden seit 1845, in Norwegen 1845 bis 1855 und noch einmal 1888 bis 1894, in den USA 1881 bis 1903, in Rußland 1846 bis 1914, in Rumänien 1850 bis 1940, in den Niederlanden seit 1845 und in einer Vielzahl von süd- und mittelamerikanischen Staaten teilweise bis heute. Für Bayern war es nach dem Tode König Ludwig II. anno 1886 ein Symbol der Aufgabe eigenstaatlicher Macht gegenüber Preußen, als der traditionelle Raupenhelm zugunsten der Pickelhaube abgeschafft wurde.

Dr. Eduard von Peucker (1791 bis 1876), preußischer General der Infanterie, ab 1854 Generalinspekteur des Militär-, Erziehungs- und Bildungswesens in Preußen

Ein anderes Symbol, wieder eine Kopfbedeckung, ist der Zweispitz Kaiser Napoleons. Mit diesem Hut ist die imperiale Großmacht Frankreichs am Beginn des 19. Jahrhunderts symbolisiert; er ist in ganz Europa ebenso verhaßt wie in Frankreich als Wahrzeichen der Grande Nation verehrt.

Einen traumatischen Eindruck haben natürlich auch die deutschen Uniformen des Dritten Reiches hinterlassen. Ein raffiniertes System von paramilitärischen und zivilen uniformierten Organisationen machte aus einem Großteil der Deutschen Uniformträger. Vom Jungvolk-Pimpf, dem SA-, SS-, NSFK-, NSKK-Mann, dem Parteifunktionär über die Soldaten von Heer, Marine und Luftwaffe bis zum Reichs-Arbeitsdienst, der Deutschen Arbeitsfront und dem NS-Kriegsopferverband – alle trugen Uniform, alle trugen in irgendeiner Form das Hakenkreuz als Hoheitszeichen.

Durch die Uniformierung wurde Macht in einer bis dahin unbekannten Form delegiert und damit auch mißbraucht. Die in Deutschland daraus resultierende Abneigung gegen Uniformen machte es der 1955 neuentstandenen Bundeswehr nicht leicht. Man sprach vom Soldaten als »Bürger in Uniform«. Diese Uniform hatte anfänglich (bis 1957) einen sehr zivilen Schnitt. Alle Abzeichen, die eine Uniform charakterisierten, versuchte man zu unterdrücken oder so unauffällig wie möglich zu gestalten, um auf keinen Fall Assoziationen zur Wehrmacht hervorzurufen. Doch als der erste Schock über die neuentstandene Armee überwunden war, begann sich die Bundeswehruniform wieder – man könnte sagen »normal« – in den Geleisen deutscher Militärtradition zu entwickeln. Der enge Kontakt zu den Alliierten im Bündnis der NATO half dabei, internationale Akzente miteinzubringen. Von den Franzosen wurden die kleinen Hängeabzeichen an der rechten Brusttasche (Interne Verbandsabzeichen) übernommen, die Engländer trugen das Barett bei, die US-Army brachte die Verbandsabzeichen auf dem linken Oberarm und so fort.

In der DDR war das äußere Erscheinungsbild der NVA von Anfang an mit sehr vielen Details an der Tradition der Wehrmacht orientiert. Beide Armeen vermieden es, den Stahlhelm der Wehrmacht wieder aufzusetzen. Nur die Bayerische Bereitschaftspolizei und der Bundesgrenzschutz taten dies in Ermangelung einer Alternative. Die Bundeswehr übernahm das amerikanische Stahlhelmmodell, und die NVA griff auf eine Entwicklung der Wehrmacht von 1944 zurück, die noch keine negative Imagebesetzung hatte.

Bayern: Landgerichtsarzt und Kreisärzte in der Uniform der Zivilverwaltung, um 1880

In den übrigen Nationen Europas herrscht entweder historische Kontinuität in der Uniformentwicklung, oder die jeweiligen Symbole der überwundenen Regierungsformen, seien es Monarchien, Diktaturen oder Sozialistische Volksrepubliken, wurden einfach ausgetauscht. Es ist für uns Deutsche faszinierend zu beobachten, wie der rote Sowjetstern dem Zarenadler an den Mützen der russischen Soldaten gewichen ist. Eine tiefgreifende Identitätskrise scheint dadurch nicht ausgelöst worden zu sein. Wie die Symbole der Macht mit den Mächtigen wechseln, nehmen die Völker sie an.

Bürger, Bauer, Edelmann
Soziale Schichten der bürgerlichen Gesellschaft

Manfred Hettling

Die Vormoderne liebte Ordnung: Jede Person hatte ihren Platz im Leben. Der einzelne war Teil eines Standes, und diese Stände hatten ihren klar zugewiesenen Rang in der Gesellschaft. Sichtbar wurde diese Hierarchie unter anderem in den Kleiderordnung, mit der man den äußeren Habit der Menschen regelte. Sozialer Standort und sichtbare Erscheinung der Menschen sollten festen Regeln entsprechen und klar erkennbar sein.

Die bürgerliche Gesellschaft, wie sie seit dem 18. Jahrhundert entstand, löste diese feste – und vor allem festgeschriebene – Sozialordnung sukzessive auf. Daraus folgt keineswegs, daß es keine sozialen Strukturen und Abstufungen mehr gegeben hätte; die Kriterien der Differenzierung wandelten sich jedoch. Die »feinen Unterschiede«, die jeder in einer modernen Gesellschaft lernen muß, um die oft versteckten Grenzen der sozialen Zuordnung, der gesellschaftlichen Einbindung und Ausgrenzung, erkennen zu können, konstituieren sich auf andere Art und Weise.

Was im 18. Jahrhundert zuerst in kleinen und begrenzten Teilen des Bürgertums begann, die Lösung des einzelnen aus seiner festen Einbindung in den Stand und der Zuschreibung zu einer in der Regel lebenslangen sozialen Position, entwickelte sich, wie die Hefe im Kuchen, zum treibenden Prinzip der Gesellschaft und wirbelte mit der Zeit alle Sozialgruppen durcheinander.

Zwei Faktoren vor allem bestimmten und prägten die neuartige soziale Ordnung der bürgerlichen Gesellschaft. Zum einen wurde der einzelne zum grundlegenden Baustein der Gesellschaft. Nicht mehr Stände und Kollektive sortierten das Gefüge, sondern das Individuum, der Mensch, dem nun auch »Menschenrechte« als rechtlicher Schutz zugeschrieben wurden, wurde zum einzelnen Element, aus welchem sich die Gesellschaft konstituierte. Die Freisetzung des Individuums ging einher mit der Entwicklung von innengeleiteten Handlungsformen und Verhaltensmustern; Grundsätze und Werte, Überzeugung und Gewissen lenkten tendenziell das Handeln des Individuums und entbanden es von den kanonisierten Regeln des sozialen Standes. Doch dieser Hang, sich zu »vereinzeln«, stellt nur die eine Seite dar; die andere bildet die Neigung des Menschen, sich zu »vergesellschaften«. Diese »ungesellige Geselligkeit des Menschen« (Kant), losgelöst aus ihren ständischen Fesseln, bestimmt im Kern die bürgerliche Gesellschaft.

Zweites konstituieren sich in dieser, wenn man so will, fluiden Gesellschaft der Individuen soziale Trennlinien und Abschichtungen immer weniger durch Standesgrenzen, durch soziale Schätzung und konventionale Regeln der Lebensführung, sondern durch Klassenlagen. Die »typische Chance« des einzelnen auf anonymen

Märkten (Max Weber) führt für verschiedene Individuen durch die Ähnlichkeiten von Güterversorgung, äußerer Lebensstellung und innerem Schicksal zu gemeinsamen Klassenlagen. Die Position im Markt konstituiert weitgehend die sozialen Schichten der bürgerlichen Gesellschaft.

Der Bürger

Kant hat die Gleichheit des Untertanen, die Freiheit des Menschen und die Selbständigkeit des Bürgers unterschieden. Diese Selbständigkeit war eine ökonomische und sittliche Qualität zugleich und bedingte die Möglichkeit zur Selbsttätigkeit als sozialer Fähigkeit. Wenn man den Bürger definiert durch Besitz und Bildung, muß man sich beides immer vereint vorstellen. Seit dem 18. Jahrhundert verband der klassische Bürger beide Potentiale in seiner Person. Liest man die Romane des 19. Jahrhunderts, findet dies seine Darstellung. Goethes ›Wilhelm Meister‹ und Thomas Manns ›Buddenbrooks‹ schildern die Spannung zwischen Kaufmann und Künstler; Gustav Flauberts ›Madame Bovary‹ kontrastiert den phantasielos-arbeitsamen Arzt mit seiner romantischen Ehefrau Emma; Victos Hugos ›Les Miserables‹ und Iwan Gontscharows ›Obyknovennaja Istorija‹ (Eine alltägliche Geschichte) stellen in der Figur eines Industriellen die Begrenztheit des nur besitzenden Menschen dar – sie alle oszillieren zwischen diesen Polen und beschreiben die schwierige Lebensgestaltung zwischen heterogenen Anforderungen.

Goethes ›Wilhelm Meister‹ bietet das paradigmatische Beispiel des Bürgerideals. Wilhelm Meister will Künstler werden, sein Cousin Werner ist Kaufmann und will es bleiben. Was zu Beginn des Romans beschrieben wird als sich ausschließende Alternative zwischen der Orientierung an der »Nützlichkeit« des Kaufmanns und der »Kreativität« des Künstlers, findet am Ende des Romans seine gelungene Auflösung. Nach den Irrwegen, die sich durch Wilhelm Meisters einseitige Konzentration auf die Kunst – das heißt die Bildung – ergeben, findet er schließlich im Rahmen der Turmgesellschaft, die man auch als eine Keimzelle bürgerlicher Vergesellschaftung lesen kann, seine Reifung zum Bürger. Nun sind ihm Nützlichkeit und Kreativität vereint, nun kann er sich auch der Pflege und wirtschaftlichen Lenkung eines Gutes zuwenden, was er zu Beginn des Romans abgelehnt hatte. Sein Cousin Werner, nach wie vor nur Kaufmann und nur an der Nützlichkeit orientiert, erscheint demgegenüber in der Wiederbegegnung der beiden am Ende des Romans als defizitäre Persönlichkeit.

Universaler Anspruch und partikulare Geltung des Bürgermodells standen immer in einer Wechselbeziehung. Individuelle Persönlichkeitsbildung und gesellschaftliche Formierung blieben ineinander verschränkt. Das Ideal der Persönlichkeitsbildung, der ganzheitlichen Integration von Lebenssphären, der freien Selbsttätigkeit und autonomen Lebensgestaltung leuchtete allen Bürgern als gemeinsamer Fixstern. In der gesellschaftlichen Praxis seit dem 18. Jahrhundert jedoch formierten sich sehr schnell Trennlinien und Schichtungen.

Im 19. Jahrhundert wurde die Spannung zwischen real existierender sozialer Differenz und Zielutopie des gemeinsamen bürgerlichen Ideals lange Zeit vermittelt durch den bürgerlichen Fortschrittsoptimismus. Die Entwicklung hin zur Durchsetzung der Prinzipien der bürgerlichen Gesellschaft schien auch die Umsetzung und Einlösung des bürgerlichen Ideals individueller Selbstvervollkommnung und bürgerlicher Egalität zu verheißen. Dieser Optimismus zerbrach in Deutschland und in vielen europäischen Gesellschaften am Ende des Jahrhunderts in der Kulturkritik des Fin de siècle.

Das utopische Potential des Versprechens auf eine bessere Zukunft unter dem Vorzeichen einer bürgerlichen Gesellschaft blieb aber immer wieder abrufbar – sei es in den südeuropäischen Gesellschaften nach dem Ende autoritärer Regimes in den siebziger Jahren oder nach 1989 in den osteuropäischen Gesellschaften. Sowohl die soziale Utopie der Bürgergesellschaft, beruhend auf der Selbständigkeit der Individuen durch Partizipation an Besitz und Bildung, als auch die politische Utopie der Zivilgesellschaft, der *civil society*, beruhend auf der gleichen politischen Partizipation aller Einwohner, haben wenig von ihrer Attraktivität eingebüßt – trotz aller inneren Begrenzungen und Friktionen. Die eigentliche Herausforderung für die Durchsetzung und Etablierung bürgerlicher Gesellschaften liegt nach wie vor nicht in der mangelnden Attraktivität des Modells, sondern darin, die Enttäuschungen zu bewältigen und aufzufangen, die sich bei der immer nur partikular einlösbaren sozialen Gestaltung und Realisierung ergeben.

Welche Friktionen bestimmen die Schichtungen des Bürgertums? Prägend sind nicht nur die Unterscheidungen zwischen Arm und Reich, sondern auch die Unterschiede von Besitz und Bildung, von ökonomischem Potential und kulturellen Werten. Nicht zu vergessen ist dabei, daß die bürgerliche Gesellschaft sich im Innern durch ihre osmotischen Grenzen auszeichnet. Dem Anspruch nach und tendenziell auch in der Realität konnte der einzelne seine soziale Position im Verlauf seines Lebens verändern, konnte sie – idealiter – selber bestimmen. Seit dem frühen 19. Jahrhundert hat dabei die Binnendifferenzierung und Heterogenität der bürgerlichen Schichten immer weiter zugenommen. Die Wirtschaftsbürger als Kapitaleigner und Gewerbetreibende stehen neben Bildungsbürgern und höheren Beamten, die sich inzwischen durch eine Vielzahl staatlich regulierter und überprüfter Bildungspatente legitimieren.

Im Verlauf des 19. Jahrhunderts entstand das Kleinbürgertum, zuerst fast ausschließlich bestimmt durch den alten Mittelstand und durch die selbständigen Handwerksmeister, kleinen Händler und Wirte, seit dem späten 19. Jahrhundert ergänzt durch den neuen Mittelstand, die schnell wachsende Schar der Angestellten und Beamten. Seit dem Ende des 19. Jahrhunderts, mit dem allmählichen Eintritt der Frauen in die Berufswelt, wurden diese Schichtungen mehr und mehr auch durch eine geschlechtliche Differenzierung erweitert.

Die Entstehung des modernen Sozialstaats in den europäischen Gesellschaften ermöglichte im 20. Jahrhundert das Entstehen sogenannter Versorgungsklassen, deren materielle Existenz weitgehend von den Leistungen des Sozialsystems abhängt. Die Rentner und Pensionisten sind zwar nicht die einzigen Vertreter dieser Kategorie, doch angesichts der demographischen Entwicklung in den europäischen Gesellschaften dürften sie in Zukunft zur unstreitig größten Teilpopulation werden.

Die Schichtung der Gesellschaft wird nicht nur immer heterogener und vielseitiger, sondern zugleich verlieren viele Schichtungskriterien an permanenter Zuschreibungskraft und an Dauer. Was in der gegenwärtigen Diskussion über die Flexibilisierung des Arbeitsmarkts, der Notwendigkeit lebenslanger Ausbildung und permanenter Weiterbildung erkennbar wird, ist der transitorische Charakter, der den Schichtungsgrenzen zukommt.

Während materielle Faktoren relativ wenig von ihrer weichenstellenden Potenz für das Lebensschicksal verloren haben, werden Bildung und Wissen zu sich immer schneller überholenden und sich verändernden Selektionsfaktoren. In dieser Hinsicht ist die Dynamik der bürgerlichen Gesellschaft, ihre Kraft zur Lösung des Individuums aus festen sozialen Bindungen ungebrochen. Das Versprechen zur individuellen Gestaltung des Lebens wird immer mehr zu einer ausweglosen Notwendigkeit.

Der Edelmann

Wie kaum eine andere Figur steht der Edelmann heute, am Ende des 20. Jahrhunderts, für eine vergangene Welt. In vielen europäischen Gesellschaften durch Revolutionen umgebracht, entmachtet, enteignet und vertrieben, bestimmt der Adel heute nirgendwo in Europa mehr das politische und soziale Leben. Indes – als Leit- und Vorbild für viele Werte und Eigenschaften sowie als Verkörperung eines Traums vom besseren Leben aus eigener Qualität, ohne permanenten Leistungsdruck des Bürgers, bleibt er in Europa nach wie vor präsent. Der Bürger bestimmt seine Position selber (auch wenn Anspruch und Realität oft auseinanderklaffen), der Edelmann wird in seine Position hineingeboren. Er ist nicht so sehr Individuum, sondern Teil einer sozialen Schicht mit einem hochdifferenzierten Ehrenkodex und Normsystem. Leicht überspitzt könnte man sagen, daß der Adlige nichts ist außerhalb seiner Schicht. Gewiß, auch er ist nicht davon befreit, seine eigene Stellung in der Welt ständig zu reproduzieren; die Mechanismen der Ehre, der sozialen Differenzierung, der kulturellen Deutungen zwingen den Adligen in die Konkurrenz sozialer Statuskämpfe. Jedoch sind es vor allem Auseinandersetzungen innerhalb der eigenen Bezugsgruppe: Er agiert nicht als Individuum, sondern als Vertreter dieser Schicht.

Die Anforderungen der Ehre, die Vorschriften einer spezifischen Lebensführung und repräsentativen Lebenshaltung zwingen den Adel in ein Korsett der äußeren Normierung, welches durch die Standeskollegen penibel überwacht und bei Nichtachtung durch Ansehensverlust sanktioniert wird.

Es ist ein leichtes, aus der europäischen Literatur eine Vielzahl Beispiele von Schilderungen aufzulisten, wie der Adel in einer sich verändernden Welt, innerhalb einer sich etablierenden bürgerlichen Gesellschaft einen heroischen und vergeblichen Kampf geführt hat zur Aufrechterhaltung seiner Lebensweise und zur Bewahrung seiner Normen. Fontanes ›Der Stechlin‹ und Lampedusas ›Il Gattopardo‹ (Der Leopard) beschreiben die melancholisch getönten Varianten eines Adels, der die Vergeblichkeit seiner Bemühungen erkennt, sich jedoch nicht von der Verpflichtung auf seine gewohnten Orientierungen lösen kann und will.

Es mutet demgegenüber wie eine Ironie an, daß Tolstoi in seinen Romanen den russischen Adel als potentiellen Motor und Träger jener Entwicklung beschreibt, die in den westeuropäischen Ländern den Adel (in der Literatur) in die melancholische Resignation gegenüber einer sich verändernden Gesellschaft trieb. Mit Figuren wie Lewin in ›Anna Karenina‹ und Besuchow und Rostow in ›Vojna i mir‹ (Krieg und Frieden) beschwor er seine eigene Schicht, nicht nur die adlige Lebensweise mit Jagd, symbolischer Repräsentation und Demonstration von Großzügigkeit fortzusetzen, sondern zugleich auch die Eigenlogik der entstehenden kapitalistischen Welt anzuerkennen. Der Edelmann konnte nicht mehr vornehmer Standesherr bleiben, ohne auch zugleich rational wirtschaftender Grundherr zu werden.

Dies gilt für den Adel in allen europäischen Gesellschaften. Ob der toskanische Marchese Weinproduzent wurde, der schlesische Magnat Industriebaron, der englische Peer Bankier, der russische Graf Agrarökonom – sie alle waren gezwungen, sich an die Dynamik der kapitalistisch geformten bürgerlichen Gesellschaft anzupassen. Nur dort, wo das gelang, konnte der Adel langfristig eine bedeutende soziale Schicht in der Gesellschaft bleiben. Generell aber trifft überall zu, daß seine Position in den heutigen Gesellschaften stets und überall auf zwei Säulen ruht: auf der erfolgreichen Adaption der Prinzipien des bürgerlichen Erwerbslebens, und auf der Tradition einer vergangenen anderen sozialen Stellung.

Der Bauer

In vielen europäischen Gesellschaften stellte die Bauernschaft bis in das 20. Jahrhundert hinein den größten Teil der Bevölkerung. In England verlor dieses bäuerliche Leben seine Bedeutung schon in der frühen Neuzeit, in Deutschland entscheidend seit 1945, in Polen hingegen bis heute noch nicht. Bäuerliches Leben bedeutete immer mehr als nur Ackerbau und Viehzucht. Während der Adlige in seiner Individualität begrenzt war durch die kulturellen Zwänge seines Ehrsystems, war es der Bauer lange durch die Bindung an den Boden.

Sprechendstes Beispiel hierfür ist die in vielen Regionen übliche Praxis, den Namen an den Hof zu binden. Nicht der Besitzer gab dem Hof seinen Namen, sondern umgekehrt. Bei Einheirat, Kauf oder Erbe übernahm der Inhaber den Namen des Hofes und legte damit gleichsam seine individuelle persönliche Identität ab. In der »Blut und Boden«-Rhetorik des späten 19. und frühen 20. Jahrhunderts versuchte man, diese Bedeutung des Landes mythisch zu überhöhen und in einer Moderne zu bewahren, die schon lange die Grundlagen bäuerlicher Existenz radikal verändert hatte. Denn wie für den Adel gilt auch für den Bauer: Paßte er sich nicht an die neuentstehenden marktwirtschaftlichen Gesetze an, verlor er seine Existenz. In der Stilisierung ihrer gesellschaftlichen Bedeutung waren die Bauern unendlich erfolgreicher als der

Adel. Mit Ausnahme Englands, das seine bäuerliche Bevölkerung früh und brachial vertrieb zugunsten der Schafzucht als Voraussetzung für die Textilproduktion (*»sheep eat men«*, hieß es zeitgenössisch), sprang in fast allen europäischen Gesellschaften der Staat als Schutzgeber und Versorgungsträger für eine nach Marktgesetzen unprofitable Landwirtschaft ein.

Was im 19. Jahrhundert mit nationalen Schutzzöllen begann und danach vielfältige Formen der Besitzsicherung zeitigte, ist heute im Rahmen der Agrarordnung in der EU zu einem gigantischen staatlichen Regelungswerk zur Sicherung von kapitalistisch meist unrentablen, ökologisch katastrophalen und sozial fatalen (da die kleinen Produzenten zerstörenden) Produktionsweisen geworden. Die Bauern mutierten dadurch heute vielfach zu einer staatlich alimentierten Versorgungsklasse, die die Landschaft zerstört.

Nicht vergessen darf man dabei, daß es einst eine große Vielfalt an ländlichen Lebensweisen und bäuerlichen Sozialformationen gab. Die eine große Scheidelinie des Landbesitzes trennt in allen Gesellschaften den Bauern vom Landlosen. Eine Bauernstelle, soviel Land, um davon mit einer Familie ausreichend leben zu können, blieb über Jahrhunderte hinweg das erträumte Ziel der Mehrheit der europäischen Bevölkerung. Wer auf dem Lande lebte und keinen Boden besaß, bekam die ganze Härte des Daseins in einer Kultur zu spüren, die primär an der Subsistenzsicherung und Besitzwahrung und eben nicht an der individuellen Entwicklung orientiert war. Die Knechte und Mägde, die Landarbeiter und Vagierenden gehörten auch zu den ländlichen Schichten, blieben in ihrem Status und ihrem »Wert« innerhalb der bäuerlichen Gesellschaft jedoch oft hinter dem Nutzvieh zurückgestellt. Jede Romantisierung des Landlebens ist ein neuzeitliches Konstrukt von städtisch und industriell geprägten Schichten.

Eine andere Differenzierung ergibt sich durch vielfältige regionale Unterschiede. Von der russischen Dorfgemeinschaft einerseits, die den einzelnen Bauern kaum als handlungsfähiges Subjekt, sondern nur die Gemeinschaft als Akteur kannte, über vielfältige Gemengelagen von selbständigen Bauern, die sich in kollektiven Dorfgemeinschaften zu Handlungseinheiten vergesellschafteten, bis hin zu den skandinavischen und Schweizer Bauern, die sehr früh rechtlich und politisch den städtischen Bürgern weitgehend gleichgestellt waren – man lese Romane von Jeremias Gotthelf als Beispiel für derartige »Bürgerbauern« –, gab es die unterschiedlichsten Existenzformen. Bauer sein konnte in Europa sehr verschiedenes bedeuten. Doch alle sahen sich früher oder später dem Entwicklungssog der bürgerlichen Gesellschaft ausgesetzt. Wie kaum eine andere Schicht der Bevölkerung hat es indes die bäuerliche Bevölkerung geschafft, die anonymen Gesetze des Marktes zu ihren Gunsten durch staatliche Interventionen außer Kraft zu setzen.

Ein Europa der Bürger

Nach wie vor ist das Modell der bürgerlichen Gesellschaft ungebrochen attraktiv. Ferdinand Lassalle proklamierte in den sechziger Jahren des 19. Jahrhunderts, halb als Wunsch, halb als Forderung: »Bürger sind wir alle.« Als politisches Programm erwies sich dieser Satz leichter einlösbar denn als soziales Postulat. Denn einerseits schmolz die bürgerliche Gesellschaft bestehende soziale Strukturunterschiede und Differenzen ein und verhieß jedem einzelnen individuelle Entfaltungsmöglichkeiten und – potentiell – auch die gleichen politischen Mitsprachemöglichkeiten. Doch zugleich produzierte sie immer auch neue soziale Trennlinien und erzeugte neuartige Schichtungen.

Unbestritten bleibt aber, daß im Prozeß der Moderne die einzelne Person, Mann oder Frau, immer weniger in eine Totalität von Sozialstruktur eingebunden wird. Wenn dies in der Diskussion des ausgehenden 20. Jahrhunderts bisweilen in der Individualisierung von Lebensstilen, in der Chance zu »Bastelbiographien« (Ulrich Beck) als Ausdruck von bisher nicht geahnten Freiheits- und Wahlmöglichkeiten interpretiert wird, ist das jedoch bestenfalls nur die eine Seite der Realität. Denn die bürgerliche Gesellschaft bleibt seit ihrem Ursprung im 18. Jahrhundert bestimmt durch das Wechselspiel von Universalität und Partikularität, von Individualität und Vergesellschaftung, von persönlicher Freiheit und sozialer Bedingtheit. Die soziale Schichtung ist ein zentrales Element der Strukturierung von Gesellschaft – das sich stetig verändert.

Grundlagen wirtschaftlicher Strukturen in Europa

Katrin Aue

Mit der Einführung der ersten gesamteuropäischen Währung rückt Europa in der Bedeutung als Wirtschaftseinheit stärker ins Bewußtsein seiner Bürger. Es stellt sich die Frage, welche Strukturen es in dieser Union gibt und welche Institutionen regulierend auf sie einwirken? Die Thematik soll von zwei Positionen aus betrachtet werden: Die Kammern haben, als Mittler zwischen Staat und Wirtschaft, die Möglichkeit, verwaltend und »von oben« betrachtend, Einfluß auf ökonomische Entwicklungen zu nehmen; die Sozialpartner dagegen erstreiten »von unten« sozioökonomische Veränderungen.

Bei der Wahl dieser Schwerpunkte werden andere, die europäische Wirtschaft beeinflussende Größen (zum Beispiel Wirtschaftssysteme, Arbeit oder Produktion) vernachlässigt. Diese Herangehensweise soll bewußt vom Menschen/von Gruppen im Wirtschaftsprozeß ausgehen.

Kammern als Mittler zwischen Staat und Wirtschaft

Den Kammern kommt eine besondere Bedeutung im Wirtschaftsprozeß zu: Sie sind Selbstverwaltungsorganisationen der Gewerbetreibenden in Form von Körperschaften des öffentlichen Rechts. Dazu gehören Industrie- und Handelskammern, Organisationen des Handwerks und andere, wie etwa Landwirtschaftskammern, Ärzte- und Apothekerkammern. Da das Kammersystem sich in den meisten Ländern als effektiv herausgestellt hat, streben immer mehr Branchen eine Verkammerung an, wie in Deutschland die Ingenieure und Journalisten.

Industrie- und Handelskammern

Die Industrie- und Handelskammern als Selbstverwaltungsorganisationen der Wirtschaft gelten in fast allen westeuropäischen und in immer mehr osteuropäischen Staaten als Schnittpunkt oder Mittler zwischen Staat und Wirtschaft und verkörpern einen Teil der öffentlich-rechtlichen Verwaltung. Sie unterliegen der Rechtsaufsicht des betreffenden Landes. Eine internationale Handelskammer ist für die überstaatliche Zusammenarbeit zuständig.

Die einzelnen Einrichtungen sehen ihre Aufgaben in der Wahrung der Gesamtinteressen der in einem Kammerbezirk ansässigen Gewerbetreibenden und sind zuständig für die Förderung der gewerblichen Wirtschaft. Sie unterstützen und beraten die Behörden durch Vorschläge, Gutachten und Berichte. Die Kammern wirken an der kaufmännischen und gewerblichen Berufsaus- und -fortbildung mit und stellen Zeugnisse aus. Sie sind beteiligt an Technologieförderung und -abschätzung und an Deregulierung, Dezentralisierung und Privatisierung der Wirtschaft. Sie bieten Existenzgründungs-, Innovations- und Steuerberatungen und verwalten Datenbanken und Börsen, etwa Praktikanten- und Existenzgründungsbörsen. Um die Wirkung der Gewerbefreiheit aufzufangen, leisten sie eine begrenzte Überwachung der Wirtschaft und Wettbewerbsaufsicht, etwa bei Räumungsverkäufen und im Versteigerungswesen.

Weiterhin arbeiten sie mit bei der Entwicklung und Bewahrung von Ethikstandards im Sinne des »ehrbaren Kaufmanns«, etwa bei der Diskussion um die Verletzung des Irak-Embargos während des Golfkrieges. Finanziert werden sie durch die Beiträge der Mitglieder, die durch Zwangsmitgliedschaft an die Körperschaften angeschlossen sind; diese Pflicht wird immer wieder als Widerspruch zur Wirtschaftsfreiheit des Bürgers kritisiert.

Ihre Vorläufer haben die Kammern im Mittelalter, als in den Städten die Kaufleute Korporationen mit nach innen und außen gerichteten Aufgaben bildeten. In Frankreich entstanden schon im 17. Jahrhundert Handelskammern als von der Obrigkeit unabhängige Einrichtungen. Im Jahr 1802 wurde in Mainz die erste deutsche Handelskammer gegründet, 1803 folgte in Köln die nächste. 1820 bis 1825 entstanden unabhängig davon östlich der Elbe kaufmännische Körperschaften, die später in Kammern aufgingen oder umgewandelt wurden. 1848 erließ König Friedrich Wilhelm in Preußen eine Verordnung über die Errichtung von Handelskammern als »Hilfsorgane der Staatsregierung«. In Deutschland galten sie nach 1945 als die einzigen funktionsfähigen Einrichtungen, die den Behörden und Unternehmen als Anlaufstelle zur Verfügung standen. Sie wurden als Mitgestalter der vorläufigen Institutionen der »Ersatzdemokratie« betrachtet.

Organisationen des Handwerks

Die heute als Innungen bezeichneten Vereinigungen selbständiger Handwerker des gleichen Handwerks oder mehrerer, einander nahestehender Gewerbezweige sind Nachfolger der Zünfte, die sich im Mittelalter entwickelt haben und je nach Entstehung und Überlieferung auch Gilde, Einung, Bruderschaft, Gaffel und Eidgenossenschaft hießen.

Die heute öffentlich-rechtlichen Körperschaften sind dafür zuständig, die Berufsausbildung zu überwachen, Prüfungen abzunehmen und die berufliche Fortbildung der Mitglieder zu fördern. Sie sind befugt, Tarifverträge abzuschließen und Innungskrankenkassen zu bilden. Wie die Handelskammern unterstützen auch sie die Behörden durch Gutachten und Auskünfte.

In Deutschland sind auch die Innungen in Bezirken organisiert; als weitere Verwaltungs- und Entscheidungsebene gibt es die Kreishandwerkertage, die Landesinnungen und Bundesfachverbände. In Österreich sind die Innungen Bestandteil der einzelnen Sektionen der Bundes- und Landeskammern der gewerblichen Wirtschaft. Schon in der Spätantike gab es in Italien und im Byzantinischen Reich Handwerkerorganisationen, die jedoch nicht im hier verwendeten Sinne als Zünfte zu verstehen sind: Sie entstanden auf Initiative der Stadtherren als herrschaftliche Einrichtungen.

Die Entwicklung der mitteleuropäischen Zünfte zur wesentlichen Organisationsform in Städten ist stark im Zusammenhang mit der Entstehung der Städte im 11. und 12. Jahrhundert zu sehen. Als immer mehr Menschen sich dem Feudalwesen – als Leibeigene oder Tagelöhner unter einem Feudalherren – entzogen und in die wachsenden Städte emigrierten (»Stadtluft macht frei!«), wurden neue ökonomische, soziale und politische Organisationsformen notwendig. Für das 11. Jahrhundert sind unter anderem in Paris, Rouen, Worms, Würzburg, London, Winchester, Lincoln und Chartres Zünfte nachzuweisen. Im Jahre 1112 wird eine Vereinigung der Schuhmacher von Ferrara (Norditalien) erwähnt, die gemeinsam für erkrankte und trauernde Brüder und für die Seelen der Verstorbenen sorgte sowie ihre beruflichen Pflichten erfüllte.

Bis zum 13. Jahrhundert nahm die Zahl der Städte, in denen das Handwerk in Zünften organisiert war, zu; zudem hatte sich diese Organisationsform mittlerweile auf der Iberischen Halbinsel, in Skandinavien, Polen, Ungarn und dem Baltikum etabliert. Das Handwerk war bis dahin nur als Nebentätigkeit zur Landwirtschaft praktiziert worden; nun bildete sich das »Vollzeit-Handwerk« als neue Produktionsform heraus, die sich in den Städten konzentrierte. Die soziale Absicherung, die mit der feudalen Abhängigkeit verbunden war, fiel weg. Um das Risiko für den einzelnen möglichst gering zu halten, mußte die neue doppelte ökonomische Abhängigkeit, die zum einen durch die Notwendigkeit des Verkaufs von handwerklichen Produkten und zum anderen durch den Kauf von Agrarprodukten entstand, aufgefangen werden. Diese Aufgabe konnten die Zünfte übernehmen, mit ihren verschiedenen Funktionen, die sie im Laufe der folgenden Zeit entwickelten.

Das wichtigste Instrument dafür war eine Zugangsbeschränkung zum Handwerk, die dafür sorgte, daß ein Berufszweig nicht von zu vielen Personen ausgeübt wurde. In den meisten Städten gab es deshalb einen Zunftzwang, das heißt, ein bestimmtes Handwerk durfte in einer Stadt nur jener ausüben, der in der dafür zuständigen Zunft aufgenommen war. Immer wieder wurde die Befreiung vom Zunftzwang ermöglicht, etwa in Wien für Hofbefreite und Soldatenhandwerker. Um zur Zunft zugelassen zu werden, mußte man verschiedene Bedingungen erfüllen: Neben der Ableistung der Lehr- und Wanderzeit, dem Meisterstück, einer Wartezeit und der manchmal ziemlich hohen Aufnahmegebühr mußten Ehrlichkeit und eine angemessene soziale Herkunft nachgewiesen werden. Das hieß zu der Zeit, nicht Jude, Zigeuner oder Ausländer sein zu dürfen. Häufig wurden Söhne und Schwiegersöhne der Meister begünstigt. Vom 14. Jahrhundert an wurde es immer schwieriger und vor allem teurer, in die Vereinigungen aufgenommen zu werden. Um ihre Produktions- und Absatzbedingungen zu sichern, bildeten die Zünfte in vielen Städten Kartelle, zum Beispiel Einkaufskartelle für Rohstoffe oder Preiskartelle. Häufig wurden auch Großgeräte wie Wasserräder oder Waagen gemeinsam betrieben.

Die Zünfte machten es sich zur Aufgabe, Preise, Löhne, die Betriebsgröße, die Qualität der Arbeit und die Produktionsmethoden festzuschreiben und zu überwachen. Fertiggestellte Tuche wurden etwa, bevor sie auf den Markt kamen, dem »Kerzen- und Zangenmeister« der Wollweberzunft vorgelegt. Dieser überprüfte die Breite, Länge und Güte des Tuches und vergab ein Bleisiegel mit der Marke des Wollweberhandwerks. Die Zunft übernahm so die Gewähr für die Qualität des Stückes.

Auch die Ausbildung des Nachwuchses hatten die Zünfte zu überwachen. Noch im 13. Jahrhundert genügte eine drei- bis fünfjährige Lehrlingszeit, um die Meisterwürde verliehen zu bekommen. Im 14. bis 15. Jahrhundert kam noch die Gesellenzeit hinzu, auch *compagnonnage* genannt. Die Gesellen fast jeder Branche waren zum mehrjährigen Wandern, der sogenannten Walz, verpflichtet. Anschließend mußte noch ein aufwendiges Meisterstück erstellt werden. Die Ausbildungszeit dauerte zwischen neun und 15 Jahren.

Eine weitere wichtige Funktion der Zünfte war die soziale Absicherung der Handwerker. Die Mitglieder zahlten Beiträge in eine Zunftkasse, aus der einzelne in Not geratene Handwerker unterstützt wurden, etwa im Krankheitsfalle. Viele Zünfte hatten Verträge mit Spitälern und einzelnen Ärzten. Auch Begräbnisse wurden finanziert.

Die Zünfte Norwegens waren noch ausdrücklicher »Hilfs- und Versicherungsgesellschaften«: Ein Mitglied konnte von jedem Zunftbruder Pferd und Schiff leihen und bis zu einer bestimmten Entfernung Geleit fordern. Und in der Gilde Sunnhorland waren die Brüder gegen Brand, Mißernten und Tierseuchen versichert. In vielen Zünften Norwegens waren die Mitglieder verpflichtet, getötete oder verwundete Mitglieder zu rächen. Sie waren häufig religiöse Gemeinschaften mit expliziter Orientierung an christlicher Ethik, gemeinsamen Gottesdienstbesuchen und Ritualen. In den skandinavischen Zünften waren christliche Festgelage (wahrscheinlich vorchristlichen Ursprungs) wichtige Komponenten: Die dänisch-schwedischen Knudsgilden etwa veranstalteten kultische Feste zu Ehren der Heiligen. Die Mitglieder waren zur Teilnahme verpflichtet und mußten Beiträge zahlen.

Zünfte spielten in den Städten eine wichtige politische Rolle. Mancherorts wurden sie etwa zum öffentlichen Wach- und Wehrdienst herangezogen; ihnen wurden Abschnitte der Mauern und Tore zur Verteidigung zugewiesen. Vielfach engagierten sich die Zunftmeister in der Stadtregierung, was wegen ihrer einflußreichen Position nicht überall gerne gesehen war. Ein im deutschsprachigen Raum verbreiteter Spottreim dokumentiert: »Wo der Bürgermeister schenkt Wein / und Metzger mit im Rate sein / und Bäcker, die da backen Brot / da leidet die Gemeind' groß Not.« Auch über die von Zünften und der Stadtverwaltung organisierte Gewerbepolizei gab es Klagen wegen nachlässiger und gewissenloser Handhabung der Kompetenzen.

Bereits im 14. und 15. Jahrhundert, den Geburtsstunden des Frühkapitalismus, kündigten sich gravierende Veränderungen in Wirtschaft und Gesellschaft an. Ein starker natürlicher und struktureller Bevölkerungszuwachs ging mit neuen, protoindustriellen Erfindungen und der Entstehung von Manufakturen als den »Grundzellen der industriellen kapitalistischen Produktion« einher. Die Städte wuchsen, und immer mehr Menschen suchten nach Arbeit. Die Zunahme der Erwerbsstellen im agrarischen und gewerblichen Bereich blieb hinter dem Bevölkerungswachstum zurück. Besonders die Heimarbeit konnte dem Druck nicht standhalten. Darin sind die Gründe für den Aufstand der schlesischen Weber 1844 zu sehen.

Diese Umstände erschwerten die Beitrittsbedingungen weiter, woraufhin die Zahl der arbeitslosen Handwerker erneut wuchs. Sie waren gezwungen, Stellen in Manufakturen anzunehmen, was wiederum die Konkurrenz zum Handwerk verstärkte. Die Landesregierungen versuchten, erzieherisch und gewerbefördernd auf die Zünfte einzuwirken und Hemmnisse zu beseitigen, die von den Vereinigungen ausgingen. Veränderungsprozesse kamen in Gang, die als Ausgangsbedingungen für moderne Sozialkonflikte gewertet werden können.

Mit Aufkommen des Wirtschaftsliberalismus, begründet anno 1776 von Adam Smith, wurden Zünfte in mehreren Ländern, zum Beispiel in Frankreich und in der Schweiz, abgeschafft. Man ging davon aus, daß der freie, durch keinen institutionellen Eingriff beschränkte Wettbewerb der Wirtschaft zur besten Entfaltung verhilft. Der soziale Grundgedanke des Mittelalters, die Beschränkung des einzelnen zugunsten der größeren Gesamtheit, wurde erschüttert.

In den folgenden Jahrzehnten wurde in vielen Staaten die Gewerbefreiheit eingerichtet. Preußen führte sie als erster deutscher Staat mit der Gesetzgebung von 1807 und 1810/11 ein. In den Ländern, in denen Zünfte noch existierten, wurde die Pflichtmitgliedschaft und mit ihr die von ihnen ausgeübten Beschränkungen und Kontrollen abgeschafft. So mußte nun der Käufer die Ware selber überprüfen und konnte entscheiden, ob sie seinen individuellen Bedürfnissen entsprach. Durch die Erleichterung des Verkehrs – unter anderem ab 1835 mit den ersten Eisenbahnen – waren die Kunden auch nicht mehr auf das heimische Angebot angewiesen. Produkte aus Manufakturen kamen hinzu.

Das Handwerk bekam den stärkeren Wettbewerb zu spüren und veröffentlichte ab 1845 Erklärungen zur Abschaffung der Gewerbefreiheit. Das Handwerkerparlament formulierte 1848 in Frankfurt ihren »feierlichen und von Millionen Unglücklichen besiegelten Protest gegen die Gewerbefreiheit«. Dennoch kann der häufig formulierte »Niedergang des Alten Handwerks« nicht im wirklich ursächlichen Zusammenhang mit der Gewerbefreiheit gesehen werden: Erstens war der Auflösungsprozeß der zünftigen Strukturen zu der Zeit schon im Gange, und zweitens sind nach Einführung der Gewerbefreiheit nicht wirklich signifikante Unterschiede bei Beschäftigungszahlen, Betriebsgröße und Einkommensverhältnissen zu verzeichnen.

In Ungarn etwa stiegen trotz der Industrialisierung die Handwerkerzahlen stark an; hier wurde durch die Veränderungen das Handwerk nicht zugrunde gerichtet. Nur seine Rolle änderte sich: Während das Handwerk früher schwerpunktmäßig in den Städten angesiedelt war, entwickelte es sich nun auch auf dem Land. Und wo Handwerker früher fast ausschließlich produzierten, leisteten sie nun auch Reparaturarbeiten und handelten mit fremden Artikeln. Tatsächlich wurden mehr Gesellen arbeitslos, und die Produktpreise fielen durch die Konkurrenz zu den Manufakturprodukten. Die Bereitschaft, Handwerkskollegen zu unterstützen, hielt weiter an; bis 1850 wurden zahlreiche Handwerker- und Gewerbevereine, Innungsversammlungen und Kassen gegründet. Dabei konnte manchmal an schon bestehende Zunftstrukturen angeknüpft werden. In Deutschland wurden sie nach dem Zweiten Weltkrieg zu Körperschaften des öffentlichen Rechts erklärt.

Die Sozialpartner

Gemeint sind jene Selbstverwaltungsorgane der Wirtschaft, die privatrechtliche Tarifpartner sind. Dazu gehören Gewerkschaften, Angestellten- und Beamtenverbände und weitere Verbände auf der Arbeitnehmerseite sowie Arbeitgeberverbände. Exemplarisch sollen Entwicklung, Struktur und Aufgaben der Gewerkschaften vorgestellt werden. Da die Gesellenvereine bis zu einem gewissen Maße als Vorläufer der Gewerkschaften gelten und sie in der Vergangenheit einen wichtigen Gegenpart zu den Zünften bildeten, sollen sie hier mitberücksichtigt werden.

Gesellenverbände

Jeder Handwerksmeister hatte einen oder mehrere Gesellen; im Spätmittelalter, als immer mehr Personen ins Handwerk drängten, kamen manchmal bis zu 60 Gesellen auf einen Betrieb. Das Verhältnis zwischen Handwerksgesellen und ihren Meistern war in der Regel ein patriarchal-autoritäres Dienstverhältnis. Die Gesellen wohnten häufig im Haus des Meisters und mußten sich auch in ihrem Privatleben an dessen Regeln halten. Sie durften nachts nicht außer Haus bleiben und mußten mit Bestrafungen rechnen, etwa wenn sie tranken oder um Geld spielten.

Der Lohn während der Gesellenzeit war äußerst gering; schon dadurch wurde die Gründung einer Familie erschwert. In einigen Zünften war es den Gesellen gar verboten zu heiraten, bevor ihnen die Meisterwürde verliehen war. Nach der Lehrlingszeit wurde üblicherweise die Walz, eine Zeit des Wanderns, abgeleistet. Die Gesellen mußten mit einem Minimum an Geld und persönlichen Dingen die Stadt verlassen und in anderen Städten, manchmal auch im Ausland, eine Arbeit in einem Handwerksbetrieb suchen.

Die Walz wurde euphorisch als »Hochschule des Handwerks« bezeichnet und hatte den Zweck, die Gesellen technisch und charakterlich weiter auszubilden. Ein Reim dokumentiert das hohe Ansehen der wandernden Gesellen: »Ein wohlgereister Mann, der in der Welt gewesen ist, der etwas weiß und kann, von dem ist viel zu halten, bei Jungen und bei Alten.«

Als während der Industrialisierung Arbeitsplätze knapper wurden, wirkte die Walz zusätzlich entschärfend auf den Arbeitsmarkt. Zu manchen Zeiten war das Gesellenwandern auch verboten, zum Beispiel in der Schweiz während der ersten Hälfte des 19. Jahrhunderts, denn die Obrigkeit fürchtete, die Wandernden könnten im Ausland freiheitliche Ideen kennenlernen und ins Land zurückbringen.

Im deutschen Sprachraum entstanden im 14. und 15. Jahrhundert, manchmal auf kirchlich-karitativer Grundlage, Vereinigungen von Gesellen, die, ähnlich den Meisterzünften, ein effizientes System der gegenseitigen Hilfe in der Not entwickelten. Im Falle von Arbeitslosigkeit, Krankheit und Tod konnte mit Unterstützung aus der Gesellenlade gerechnet werden. Auch die Beherbergung wandernder Kollegen wurde teilweise daraus gezahlt. Gesellenvereinigungen kauften Betten in Hospitälern und zahlten Ärzte, was besonders für Wandernde von großer Bedeutung war, da sie als Ortsfremde nicht auf die Hilfe von Verwandten zählen konnten.

Die Kasse speiste sich aus drei Arten von Einnahmen: aus Beiträgen der Mitglieder, Strafgeldern und Aufnahme- und Einschreibegeldern. Wichtig war, daß die Kasse zahlungskräftig blieb, da sonst die Unabhängigkeit von den Meistern nicht gewährleistet war. Dies gelang in der Regel: Die Danziger Schiffzimmergesellen etwa blieben 1702 trotz des Pestausbruchs liquide. Als jedoch ab der zweiten Hälfte des 18. Jahrhunderts immer mehr arbeitslose Handwerker umherzogen, gerieten die Laden in die Enge. Manchmal wurden deshalb kranke zugereiste Gesellen nicht mehr aufgenommen.

In Frankreich waren die *compagnonnages* noch stärker Bruderschaften im Sinne von moralischen Gemeinschaften mit dem Schlüsselbegriff der Solidarität. In England sind die ersten Gesellenverbände im 17. Jahrhundert registriert. Da der Inselstaat zu der Zeit schon an der Schwelle zum Industriezeitalter stand, sind sie allerdings eher als protoindustrielle Gewerkvereine zu verstehen. Schon in der Mitte des 18. Jahrhunderts entwickelten sie sich zu Berufsgewerkschaften der gelernten Gesellen. Mit Verschärfung der Arbeitsplatzsituation im Handwerk, als immer weniger Gesellen Aussichten auf die Aufnahme als Meister in einer Zunft hatten, entwickelten die Gesellenverbände sozialpolitische Zielsetzungen. Sie forderten die Mitwirkung bei den Regelungen der Arbeitsbedingungen und eine Vertretung im Gewerbegericht und in der Zunftverwaltung. Die Gesellen wollten das strenge Dienstverhältnis in ein Vertragsverhältnis umwandeln, die Löhne erhöhen und Arbeitszeiten verkürzen. Ein langwieriger Streitpunkt war der »blaue Montag«. Die Gesellenverbände riefen dazu auf, sich am ersten Tag der Woche der Arbeit zu entziehen. Manche Gesellenvereine erstritten die Teilnahme an den wöchentlichen Treffen der Meister, den sogenannten Morgensprachen, teilweise sogar mit Stimmrecht.

Zur Durchsetzung ihrer Ziele gab es verschiedene Möglichkeiten: Die Gesellen boykottierten Meister, praktizierten das »Schelten« oder »Auftreiben« und probten den Ausstand. Gaben die Zünfte ihren Forderungen nicht nach, wanderte die Gesellenschaft aus, das heißt, sie verließ die Stadt oder zog zur Herberge, um aus der Distanz verhandeln zu können. Diese von den Gesellenverbänden des Spätmittelalters entwickelte kollektive Arbeitsverweigerung ist als eine Frühform des Streiks zu verstehen.

Seit dem 16. Jahrhundert wurde der Widerstand der Gesellen als Auflehnung gegen die öffentliche Gewalt interpretiert; 1731 wurden in den deutschen Territorialstaaten die ersten militärischen Einsätze gegen Gesellenverbände gestartet. Viele Zünfte forderten die Abschaffung der Vereinigungen. Während des 19. Jahrhunderts, in der Hochphase der Industrialisierung, wurde die Zahl der Arbeiter in Manufakturen immer höher, unter ihnen auch zahlreiche arbeitslose Handwerksgesellen.

Eine wichtige Protestform in der Phase des Umbruchs vom handwerklich zum industriell bestimmten System war die Maschinenstürmerei. Sie war gekennzeichnet von Protestakten gegen Maschinen in Manufakturen, da man glaubte, sie entzögen den Arbeitern Lohn und Brot. In England war sie eine organisierte Bewegung, während sie in Deutschland nur sporadisch auftrat. Die Maschinenstürmerei war begleitet von Protesten gegen Kaufleute und Verleger, Bittschriften an Arbeitgeber und Behörden, Boykotten der Handwerkergesellen und Hungerkrawallen. Die Vorkämpfer der Idee, sich als Arbeiterschaft zu organisieren, waren Handwerker, die über ein starkes berufliches Selbstbewußtsein und klare Vorstellungen eines »gerechten Lohnes« verfügten. Dabei ist der Einfluß der freiheitlich-demokratischen Ideen, die Wandernde in Frankreich und der Schweiz kennengelernt hatten, nicht zu unterschätzen. Gesellen waren es auch, die die ersten Verbände mit teils berufsständischen, teils radikal-demokratischen Zielen gründeten. Ebenso waren sie Träger der 1848 gegründeten »Arbeiterverbrüderung«, einer Arbeiterorganisation mit den Eckpfeilern »Selbsthilfe«, »Solidarität« und »Einigkeit«. Die in der Folgezeit gegründeten Organisationen sind im Grenzbereich zwischen Partei, Verein und Gewerkschaft anzusiedeln.

Gewerkschaften

Gewerkschaften sind Organisationen lohn- oder gehaltsabhängiger Arbeitnehmer, die die bestmögliche Interessenvertretung ihrer Mitglieder in allen Bereichen der Gesellschaft zum Ziel haben. Obwohl ihre eigentliche Rolle in der Tarif- und Sozialpolitik liegt, zeigen sie sich immer wieder auch allgemeinpolitisch interessiert. Im Deutschland der fünfziger Jahre etwa äußerten sie sich deutlich gegen die Wiederbewaffnung und die atomare Aufrüstung der Bundeswehr.

Die Entstehung der Gewerkschaften reicht in die Phase des Wandels vom handwerklichen zum industriell bestimmten Produktionssystem um die Mitte des 19. Jahrhunderts zurück. Jene Zeit war gekennzeichnet von Verelendungsprozessen besonders in der städtischen Bevölkerung, vor allem resultierend aus dem starken Bevölkerungswachstum und der damit verbundenen hohen Arbeitslosigkeit. Der Übergang zur mechanisierten Massenfertigung brachte eine Entfremdung der Produzenten vom Produkt mit sich: Die Arbeiter – nur noch Bediener von Maschinen – litten unter der schematischen Eintönigkeit des Arbeitsprozesses. Miserable Lebens- und Arbeitsbedingungen wie gesundheitliche Gefahren, Arbeitszeiten von mehr als 13 Stunden am Tag, niedrige Löhne und katastrophale Wohnverhältnisse lösten die Forderung nach sozialen Veränderungen aus.

Es wurde notwendig, Proteste in größerem Maßstab zu organisieren. Dabei kam in manchen Ländern den Handwerksgesellen eine besondere Rolle zu, deren Zusammenschlüsse auf »zünftige« Konflikterfahrungen zurückgreifen konnten. Häufig entwickelten sich die Organisationen in folgenden Phasen: Zunächst schlossen sich die Betroffenen in lokalen berufsverbundenen, oft betrieblichen Fachvereinen zusammen. Darauf folgten regionale, später gesamtstaatliche zentralisierte Berufsgewerkschaften. Zuletzt erfolgte der Schritt zu berufsübergreifenden Großgewerkschaften.

In vielen Ländern war es schwierig, eine zur Massenbewegung ausreichend einheitliche Arbeiterschaft zu vereinigen. Die sozialen Unterschiede in den Ländern waren oft zu groß, als daß sich eine übergeordnete proletarische Position hätte entwickeln können. In Dänemark und Schweden etwa waren die Facharbeiter bis zum Ersten Weltkrieg nicht bereit, zusammen mit den Ungelernten in einer Organisation zu kämpfen. In Österreich-Ungarn war es die ethnische Fragmentierung, die eine gemeinsame Sache verhinderte. Besonders die deutsche separatistische Bewegung in Böhmen und Mähren machte eine Zusammenarbeit schwierig. In Italien konnte aufgrund der großen Einkommensunterschiede zwischen den Regionen keine Einheit geschaffen werden. In Großbritannien entstanden früher als in den anderen europäischen Staaten Berufsgewerkschaften, die schon in der ersten Hälfte des 19. Jahrhunderts überregionale Zusammenschlüsse bildeten. Sie hielten allerdings lange einen starken berufsständigen Grundzug und entwickelten sich in Übereinstimmung mit dem wirtschaftlichen Liberalismus und nicht im Gegensatz zu ihm, wie etwa in Belgien und Deutschland.

In Frankreich begannen die großen Umwandlungsprozesse zur Industriebeschäftigung erst in diesem Jahrhundert. 1851 waren nur 5,7 Prozent der Bevölkerung in Groß-Manufakturen tätig, während in England bereits zehn Jahre früher 46 Prozent der Bevölkerung in der Industrie arbeiteten. Gleichzeitig hatte die französische Industriebourgeoisie nicht den gleichen gesellschaftlichen Einfluß wie in England oder Deutschland. Folglich gab es nicht die starke Notwendigkeit, eine große Arbeiterbewegung zu gründen. Dennoch entstanden schon vor Mitte des 19. Jahrhunderts Organisationen zur gegenseitigen Unterstützung der Arbeit, die *sociétés mutuelles*. Später entwickelten sich Gewerkschaften in der bürgerlichen Republik, in der die Ziele des neuen Mittelstands bereits erreicht worden waren. Ebenso wie in Großbritannien, aber im Gegensatz zu Deutschland, mußten die französischen Gewerkschaften nie um Demokratie oder grundsätzlich gegen bestehende Gesellschaftseinrichtungen kämpfen.

In Italien ist der gesellschaftliche Einfluß der Gewerkschaften weniger groß; die geringen Mitgliederzahlen sprechen für sich. Die drei großen Gewerkschaften der Kommunisten, Sozialisten und Christen werden vom Staat finanziell unterstützt.

Die belgischen Gewerkschaften entwickelten sich, wie die Industrie im Land, sehr früh und besonders in den Gebieten der Kohleförderung. Die Arbeitsbedingungen in den französischen und belgischen Gruben waren außergewöhnlich miserabel, wie Emile Zola in seinem Roman ›Germinal‹ dokumentiert. Zwischen 1891 und 1913 riefen die Gewerkschaften fünf politische Generalstreiks aus. Heute sind dem Gewerkschaftsbund FGTB 14 Einzelgewerkschaften angeschlossen.

In Deutschland herrschte nach der bürgerlichen Revolution der Jahre 1848/49 eine optimistische Aufbruchstimmung, die besonders von Handwerkern und Arbeitern des Druckgewerbes und der Tabakindustrie ausging. Obwohl die Obrigkeit schnell Verbote erließ, brach eine Streikwelle los. Zahlreiche Berufsverbände wurden gegründet, unter anderem der Schneider, Bäcker, Zimmerer und Metallarbeiter. Um die Jahrhundertwende gelang der Durchbruch zu Massenorganisation. Von besonderer Bedeutung sind die liberalen Hirsch-Dunckerschen Gewerbevereine sowie christliche Gewerkschaften, die sich aus katholischen Gewerbevereinen entwickelten, und an Parteien angeschlossene Gewerkschaften. Nach der Verfolgung der Gewerkschaften während der NS-Zeit wurde 1949 der Deutsche Gewerkschaftsbund (DGB) gegründet, der heute 17 Einzelgewerkschaften (zum Beispiel IG Bau, Steine, Erden; IG Chemie; Gewerkschaft Erziehung und Wissenschaft) vereinigt.

Explizites Ziel ist die Neuordnung von Wirtschaft und Gesellschaft. Deswegen sind allgemeinpolitische Fragen neben der Tarif- und Sozialpolitik stets Themen der Gewerkschaftsbewegung. In den siebziger und achtziger Jahren gerieten die deutschen Gewerkschaften in eine Krise, die unter anderem durch den Skandal um die »Neue Heimat« verursacht wurde. Die Mitgliederzahlen sanken. Mit der gewerkschaftskritischen Staatspolitik ab 1982 und den Schlagworten »Flexibilisierung« und »Deregulierung« wurde das System des kollektiven Tarifvertrags in Frage gestellt und die von den Gewerkschaften erkämpfte einheitliche Regelung von Löhnen, Arbeitszeit und Arbeitsbedingungen angegriffen.

1973 wurde der Europäische Gewerkschaftsbund (EGB) gegründet, der die Arbeit der Gewerkschaften in den Einzelstaaten zusammenführen soll. Um dem Strukturwandel in Europa gerecht zu werden und den europäischen Integrationsprozeß zu fördern, wurde in den letzten Jahren eine Modernisierung der nationalen Gewerkschaften angestrebt, die sich an der Globalisierung der ökonomischen Beziehungen, dem sektoralen Strukturwandel und den neuen Technologien orientieren soll.

Sozialstaat und Sozialfürsorge

Peter Reinicke

Bereits in frühen Gesellschaften finden wir das Phänomen der Fürsorge, der Sorge des Starken für die Schwachen. Diese Leistungen waren oft zufällig, denn geordnete und planmäßige Hilfen konnte sich erst entwickeln, nachdem geregelte Staats- und Gemeindewesen entstanden waren. Im Alten und Neuen Testament finden sich Verpflichtungen auf zu leistende Hilfen gegenüber Armen, Bettlern und anderen Bedürftigen. Im klassischen Altertum, in Griechenland und Rom, erwarb sich der »fürsorgende Herrscher« hohes Ansehen. Neben privaten Hilfen entwickelten sich in dieser Zeit staatliche Leistungen wie Kriegsbeschädigten-, Obdachlosen- und Gesundheitsfürsorge, Waisenerziehung und Einrichtungen für Blinde, Lahme und Krüppel. In der Philosophie der Griechen und Römer wurde der Begriff der *Humanitas* geprägt.

In späteren Zeiten überwiegender Naturalwirtschaft in Europa entstand Armut vor allem durch Besitzlosigkeit oder unzureichenden Besitz an Grund und Boden. Der Mangel an Grundbesitz blieb in wirtschaftlichen Systemen mit vorwiegend agrarischer Struktur bis in die Neuzeit oft ererbtes und vorwiegend auslösendes Merkmal der Mittellosigkeit. Mitbestimmende Faktoren für deren Ausmaß waren unter anderem Bodenbeschaffenheit, klimatische Bedingungen, Bevölkerungsdichte und nicht zuletzt die Rechtsposition der besitzarmen Bevölkerung. Die Quellenlage zur Beschreibung der ländlichen Besitzlosigkeit in Europa ist dürftig. Gesichert ist, daß die wirtschaftliche Lage der ländlichen Unterschichten in England schon im Mittelalter besser war als in den meisten anderen Gegenden Europas. Weitere Ausnahmen fanden sich im dünnbesiedelten Skandinavien und in Gebieten mit besseren Bodeneigenschaften und Besitzverhältnissen im kontinentalen West- und Mitteleuropa. Im Süden und Osten Europas war absolute Armut mit Sicherheit weiter verbreitet.

Auch im Bereich der gewerblichen Produktion und des Handels war in vorindustrieller Zeit das Fehlen von Grundbesitz, das heißt von Werkstatt, Wohnung und technischen Produktionsmitteln, der Grund für Armut. Krisenzeiten, hervorgerufen durch Kriege, Naturkatastrophen, Seuchen, Mißernten, der Verlagerung von Handelswegen und Veränderung der Produktionsformen verbreiteten für spezifische Zeiten und Orte in größerem Maße Elend und Mangel und konnten zu Dauerverarmung ganzer Landstriche führen.

Verelendung in mittelalterlichen Städten

In den mittelalterlichen, ständig wachsenden Städten waren insbesondere vier Gruppen von Armut und Not bedroht:

- selbständige Handwerker mit geringem Einkommen und Vermögen
- unselbständige Lohnabhängige, insbesondere unqualifizierte Kräfte
- Angehörige »unehrlicher« Berufe, beispielsweise Totengräber, Schinder, Huren, Spielleute und anderes fahrendes Volk
- Witwen, Waisen, Behinderte und Kranke, vielfach Frauen

Arme waren weitgehend darauf angewiesen, sich um ihren notwendigen Lebensbedarf selbst kümmern zu müssen. Vorstellungen, mittelalterliche Städte seien von der Idylle einer sozial und ökonomisch im wesentlichen homogenen Bevölkerungsstruktur, einer Art nivellierter Mittelstandsgesellschaft geprägt gewesen, lediglich gestört von Auseinandersetzungen zwischen in Zünften organisierten Handwerkern und städtischem Patriziat, sind ins Reich der Legende zu verweisen. Die Armut war in der mittelalterlichen Stadt eine soziale Konstante. Typisch für die Fürsorge in dieser Zeit waren Hospitäler, Bettel- und Armenordnungen. Bettelordnungen verboten das Betteln nicht, sondern reglementierten es. Armenordnungen dagegen verboten prinzipiell das Betteln und zeigten an, daß Unterstützungsleistungen durch die Städte eingeführt wurden. Bettlerzeichen wurden vergeben, die zum Betteln berechtigten.

Maschke schätzt, daß sich im Spätmittelalter etwa 10 bis 20 Prozent der ortsansässigen Bevölkerung nicht selbst ernähren konnten. Dazu kam die stark schwankende Zahl nichtansässiger Almosenempfänger und in Zeiten von Mißernten und Arbeitslosigkeit auch ein Großteil der am Rande des Hungers lebenden Mehrheit der Bevölkerung. Die Mehrzahl der Unterstützten waren, wie Untersuchungen zeigen, Alleinstehende bzw. Ehepaare ohne Kinder. Kinderreichtum allein war nach diesen Aussagen kein auffallendes Kriterium für Armut.

In Straßburg lebten 1523 von den 252 Bedürftigen knapp 37 Prozent allein; 22,6 Prozent waren Ehepaare ohne Kinder. Die Zahl der Haushalte ohne Kinder überwog. Alter kam als herausragende Ursache sehr viel öfter vor. Am auffälligsten aber ist der mit 69 Prozent hohe Anteil der Frauen, die beispielsweise in Straßburg der Unterstützung bedurften, sei es, weil sie alt waren, alleinstehend, allein Kinder zu versorgen hatten oder weil zwei dieser Merkmale zusammentrafen. Th. Fischer meint zu Recht: »Armut und Bedürftigkeit [...] waren nicht nur ein berufsspezifisches, sondern auch ein geschlechtsspezifisches Merkmal.«

1497 wurden die Städte im Reichsabschied zu Lindau verpflichtet, sich um die Armen zu kümmern. Es galt der Grundsatz, »das ein yeglich commun die seinen versehe«. Diese Regelungen differenzierten zwischen Einheimischen und Fremden, Würdigen und Unwürdigen. Mit ihnen wurden Wert- und Verhaltensnormen der bürgerlichen Ober- und Mittelschichten auch auf die Unterschichten ausgedehnt, um sie an die gesellschaftliche Ordnung der Bürgertums anzupassen.

In England beschloß bereits Mitte des 14. Jahrhunderts das Parlament, Almosen nicht nach Gutdünken zu geben und arbeitsfähige Bettler davon auszuschließen. Sie sollten gezwungen werden, für ihren Lebensunterhalt zu arbeiten. Die Bettler reagierten und wandten sich Landstrichen zu, wo sie sich nicht kontrolliert fühlten. 1388 folgte ein gesetzliches Verbot des Wanderns für alle Bettler, Dienstboten und Tagelöhner. Danach durften diese ihren Wohnort nur verlassen, wenn sie einen Brief mit sich führten, der Zweck und Ziel der Reise angab. Vagabunden und andere untätige Personen wurden aufgespürt, drei Tage bei Wasser und Brot eingesperrt und innerhalb von sechs Wochen in ihren Heimatbezirk zurücktransportiert.

1531 erließ Heinrich VIII. neue Vorschriften. Er unterschied zwischen »Vaganten und Aufsässigen« und »unterstützungswürdigen Armen«. Die erste Gruppe sollte ausgepeitscht und nach Hause geschickt werden; die zweite Gruppe, ausgestattet mit einem Bettlerzeichen, durfte in ihrem Heimatbezirk offiziell betteln. Nichtlizenzierte Bettler zu unterstützen war unter Androhung von Bestrafung verboten. 1536 gab es bereits Überlegungen, die Zahl der Armen einzuschränken. Ein Gesetz verpflichtete die Gemeinden, Kinder von Armen auf Kosten der Gemeinde ein Handwerk lernen zu lassen bzw. sie zu beschäftigen.

Unter Edward VI. (1537 bis 1553) verschärfte das Parlament die Vorschriften. Straffälligen Bettlern drohten sie beim ersten Aufgreifen eine zweijährige Zwangsarbeit, bei Rückfälligkeit lebenslange Sklaverei und Tod an. Die 1601 von Elisabeth I. getroffenen Regelungen, das »alte Armengesetz«, blieben bis 1834 in Kraft. Auch sie enthielten Strafbestimmungen. Neu war das Amt des »ehrenamtlichen Armenpflegers«, der die Versorgung der Armen in einem Wohnbezirk zu regeln hatte. Die Übernahme des Amtes konnte nicht abgelehnt werden. Der Armenpfleger leistete Hilfe, bestrafte aber auch. Anträge auf Unterbringung in die geschaffenen Zucht-, Arbeits- und Armenhäuser gehörten zu seinem methodischen Rüstzeug. Diese Einrichtungen lassen sich bald danach auch in anderen europäischen Ländern nachweisen und blieben bis in das 20. Jahrhundert in Europa ein Mittel zur Erziehung der Armen.

Europa an der Schwelle des Industriezeitalters

Bis ins 19. Jahrhundert hinein änderte sich wenig an den Ursachen des Elends. Eine Beschreibung Wicherns, dem Gründer der Inneren Mission, für Bremen und Hamburg belegt beeindruckend die Probleme. 1837 besuchte er Bremen. »Ich habe hier nochmals die Höhlen der Armut aufgesucht und dieses Mal sehen müssen, was kein Bremer der höheren Gesellschaft bis jetzt gesehen hat«, schrieb er. »Wenn Bremen nicht bald dazu thut, wird es nicht lange währen, bis sich der Schaden so schrecklich wie in Hamburg offenbart – Familien ohne Betten, ohne Möbel, ohne Mittagbrot, in Kot und Unrat, in Lumpen und Ekel wie begraben.«

Hervorstechende Gründe waren Krankheit, Arbeitslosigkeit, Alter, die unvollständige Familie und der Kinderreichtum. Überproportional waren auch im 19. Jahrhundert die Frauen unterstützungsbedürftig, insbesondere alleinstehende Mütter. Nach Schwabe waren Mitte der 1860er Jahre zwei Drittel der rund 7000 Almosenempfänger in Berlin geschiedene, verlassene oder verwitwete und rund 11 Prozent unverheiratete Frauen. Männer, meist Arbeitslose oder alte Gewerbetreibende, Arbeiter, Tagelöhner und Dienstboten, machten nur knapp ein Viertel der Almosenempfänger aus.

Entwicklung des Sozialstaates

Im 19. Jahrhundert setzte in Europa eine enorme wirtschaftliche Entwicklung ein, die Industrie expandierte, die Einführung neuer Produktionstechniken und der vermehrte Einsatz von Dampfantrieb und Maschinen steigerten die Produktivität. Die Bevölkerung der Städte wuchs explosiv. Von dem mit der Industrialisierung verbundenen wachsenden Wohlstand waren viele Menschen ausgeschlossen, und die Verelendung nahm immer unerträglichere Ausmaße an. Der Unmut wuchs, die Initiative des Staates war gefordert. In den westeuropäischen Ländern begann die Entwicklung des Sozialstaates.

Der Staat interveniert aktiv in wirtschaftliche und gesellschaftliche Abläufe. Er garantiert durch Rechtsanspruch bestimmte Leistungen zur Existenzsicherung, der Gesundheit, des Wohnens und der Bildung. Die sozialstaatliche Entwicklung in Westeuropa wurde durch die Bismarckschen Sozialversicherungssysteme eingeleitet. Die ab 1883 in Deutschland gesetzlich verankerte Sozialversicherung war der Beginn einer größeren sozialen Sicherheit für die Arbeitnehmer und zunehmend auch für ihre Angehörigen. Dem deutschen Muster, das die Intervention des sozialstaatlichen Engagements vorwiegend über das Versicherungssystem bevorzugt, getragen von Arbeitnehmern, Arbeitgebern und Staat, kommen in Europa die Initiativen Österreichs, Italiens und Frankreichs am nächsten. Die Sicherstellung einer Grundversorgung durch Umverteilung staatlicher Mittel für die eigenen Staatsbürger übernehmen auch Schweden, Norwegen und Großbritannien. Für Personenkreise, die sich nicht selbst helfen können, tritt in der Regel in allen europäischen Ländern die Sozialfürsorge oder Sozialhilfe ein.

Gegenüber dem europäischen Sozialstaat bevorzugen die USA, teilweise auch Kanada, Australien, Japan, aber auch die Schweiz ein liberaleres System, in dem freiwillige Versicherungen überwiegen und ausgewählte, zeitlich befristete Programme des Staates unterstützend wirken – wobei, insbesondere in Zeiten begrenzter finanzieller Mittel, für alle Systeme galt und gilt, neue Varianten finden zu müssen. In Deutschland rückt die private Vorsorge, vorerst verstärkt als Empfehlung, mehr und mehr in den Vordergrund. Im osteuropäischen Raum sei beispielhaft auf die Entwicklung des sozialen Hilfesystems in Polen und der ehemaligen Sowjetunion verwiesen.

Polen

Die polnische Republik schuf nach 1920 ein Arbeits- und Wohlfahrtsministerium sowie Fürsorge- und Versicherungseinrichtungen. Die Krankenversicherung wurde ausgebaut, und Arbeitsämter wurden eingerichtet. Die Verfassung von 1921 erkannte das Recht auf Unterstützung an. Die Verordnung vom 14. Oktober 1927 regelte die Bekämpfung des Bettelunwesens und des Landstreichertums. Sie unterschied, zitiert nach Krzywicki, drei Beweggründe des Bettelns und entsprechende Maßnahmen:

- körperlich begründete Bettelei (Alter, Siechtum, Krankheit): Heimunterbringung
- wirtschaftlich begründete Bettelei (vorübergehende Arbeitslosigkeit, die Unmöglichkeit, Arbeit zu finden): Unterbringung in Betrieben der Arbeitsfürsorge
- psychisch begründete Bettelei (Faulheit, berufsmäßige Bettelei): wenn der rückfällige Bettler oder Landstreicher nicht arbeiten konnte, Unterbringung in einer Verwahranstalt; konnte er arbeiten, Unterbringung in einem Arbeitshaus, als ein Mittel der vorbeugenden Besserung.

Sowjetunion

Das soziale Hilfesystem beruhte seit 1917 auf zwei Prinzipien:

- Fürsorge für Bedürftige war Aufgabe des Staates.
- Arbeiter hatten Anspruch, vom Staat in allen Fällen von Krankheit, Gebrechlichkeit, Alter, Arbeitslosigkeit und Armut Hilfe zu bekommen. Der Staat bekämpfte energisch Schmarotzertum und Bettelei.

Die Sozialversicherung bot, bis zur Perestroika, folgende Arten von Schutz für die verschiedenen Personenkreise:

- Versicherung gegen vorübergehende Arbeitsunfähigkeit mit Beihilfe im Falle des Todes des Versicherten oder eines seiner Familienangehörigen
- Mutterschaftsversicherung
- Versicherung gegen Invalidität, die nicht als Folge einer Berufsausübung anzusehen ist, und gegen den Verlust des Familienerhalters
- Versicherung gegen Invalidität als Folge von Arbeitsunfällen oder Berufskrankheiten, verbunden mit Familienunterstützung
- Arbeitslosenversicherung
- Krankenhilfe für die Versicherten.

Armut und Nationalsozialismus

In Deutschland wurden bis etwa 1924 rund 100 000 Einweisungen in Arbeitshäuser nach den Vorschriften des Strafgesetzbuches (StGB) von 1871 vorgenommen. Bettelei und Landstreicherei als Straftatbestand wurde erst 1974 aus dem StGB gestrichen.

Neu im Nationalsozialismus war die Radikalisierung der Verfolgung. Die sich Ende des 19. Jahrhunderts entwickelnden Gedanken der Rassenhygiene wurden in die Bekämpfung der Bettelei aufgenommen, Anstaltsunterbringung (Bewahrung) wurde verstärkt gefordert und praktiziert, »Ausmerzung der Minderwertigen« zur Regierungspolitik erklärt. Sauberkeit und Ordnung wurden Prinzipien des Staates. Im September 1933 fanden sogenannte Bettlerrazzien statt, bei denen etwa 100 000 Personen aufgegriffen und in Gefängnisse oder Arbeitshäuser eingewiesen wurden. Tagespresse und Fachzeitschriften informierten ausführlich darüber: »Wer leben will, muß arbeiten« oder »Die letzte Chance« lauteten ihre Überschriften. Ab 1938 erfolgte in Deutschland die Einweisung von »Asozialen«, sogenannten »Gemeinschaftsfremden« (Bettler, Landstreicher, Prostituierte, Zigeuner, heute Sinti und Roma, säumige Unterhaltsverpflichtete), in Konzentrationslager. Nach Ayaß wurden rund 11 000 Häftlinge, vor allem Männer, eingewiesen.

»Neue« Problemgruppen nach dem Zweiten Weltkrieg

Auch nach dem Ende des Zweiten Weltkriegs gibt es Armut. Veränderte Arbeitsmarktsituationen und Lebensbedingungen, verbunden unter anderem mit höheren Lebenserwartungen, sind es, die ein Ansteigen der Elendsgruppen innerhalb Europas erwarten lassen. Arbeitslose und Alte sind die zunehmend Betroffenen. Hinzu kommen die Gruppe der Behinderten, Angehörige unvollständiger Familien, davon mehrheitlich Frauen, sowie kinderreiche Familien, die mit nicht ausreichenden Einkommen und den damit verbundenen Folgen konfrontiert werden. Weitere Problemgruppen sind zunehmend Langzeitarbeitslose und arbeitslose Jugendliche, die ein Konfliktpotential für den sozialen Frieden darstellen.

Einzubeziehen in diese Überlegungen sind auch die ausländischen Arbeitnehmer, die innerhalb Europas tätig waren oder sind und bei denen sich wirtschaftliche Veränderungen durchaus im Sinne von Armut auswirken können. Ein wichtiger Aspekt der »sozialen Frage« in Europa ist die Tatsache, daß viele Menschen nicht genügend oder nicht regelmäßig genug oder nicht produktiv genug beschäftigt werden können. Die heute hervortretenden sozialen Probleme, die man zu einer »neuen sozialen Frage« bündeln kann, sind zum Teil sehr alte, nie gelöste und manchmal – wie die Fragen der Behinderten und Alten – auch nie lösbar. Aktualität erhalten sie durch die Veränderungen der Altersstruktur, des Wertesystems und sozialer Verhaltensweisen. Für die Staaten Europas bleibt Armut eine Herausforderung.

Randkulturen und die Vielfalt der Normen

Vagabunden der Großstadt, Wilderer, Fußballfans und Schmuggler

Roland Girtler

Randkulturen gehören zur Buntheit menschlichen Lebens. Sie sind Teil der europäischen Geschichte, und sie bauen auf alten Traditionen auf, wie sie vor allem in Europa gewachsen sind. Ihre Existenz verweist auch darauf, daß menschliche Gesellschaften nicht monolithisch, nicht einheitlich sind. Gesellschaften bestehen aus einer Vielzahl von Gruppen, die alle ihre eigenen Kulturen mit speziellen Normen und Symbolen besitzen. Diese sind zum Beispiel eine Geheimsprache als Wissenschaftler oder Ganove, eine typische Kleidung, Rituale wie die Schlachtgesänge der Fußballfans oder auch bestimmte Grußformen.

Randkulturen sind Kulturen, die von der sogenannten Allgemeinheit, deren Repräsentant der »brave Bürger« ist, als unanständig, hinterhältig, verlottert, kriminell oder schlicht als »böse« gesehen werden. Entwickeln Menschen gemeinsame Praktiken oder Ideen, die denen der Gesamtgesellschaft zumindest ansatzweise entgegengesetzt sind, so kann man von einer Randkultur sprechen. Deren Spektrum ist groß. Es gibt Randkulturen, die gegen gesetzliche Normen verstoßen, wie zum Beispiel Banden von Räubern oder Schmugglern, und solche, die bloß allgemeine Regeln des Anstands öffentlich verletzen, wie zum Beispiel jene freundlichen Herren, die auf öffentlichen Plätzen der Städte als sogenannte Sandler oder Pennbrüder grölend, Bier trinkend und bettelnd die Passanten belästigen.

In manchen Randgruppen, wie unter anderem bei Wilderern und Schmugg-

Sandler (Obdachloser) am Wiener Westbahnhof 1982

lern, werden bewußt allgemein festgelegte Rechtsnormen gebrochen, wobei man diese als ungerecht oder menschenfeindlich definiert. So sahen es Bauernburschen im Gebirge nicht ein, daß man ihnen das Jagdrecht vorenthielt. Sie wurden zu Rechtsbrechern, indem sie dem noblen Jagdherrn das Wild wegschossen. Es standen sich also zwei Normenordnungen gegenüber: die des Staates, wonach die Jagd nur bestimmten Personen vorbehalten ist, und die der »kleinen Leute«, nach denen die Jagd auch ihnen gestattet sein mußte. Die Wilderer wurden daher als Rechtsbrecher zu Helden eben jener »kleinen Leute«. Dieses Beispiel zeigt, daß Rechtsnormen innerhalb einer Gesellschaft nicht allgemein akzeptiert werden, und daß Randgruppen existieren, die sich bewußt und mit allen Konsequenzen bestimmten Normen widersetzen. Dennoch vermögen Mitglieder dieser Gruppen gesellschaftliche Macht auszuüben und hohes Ansehen auf breiter Ebene zu erreichen. Es ist hier an Schmugglerringe zu denken, die im Stile der Mafia agieren, oder an berühmte Räuber wie Robin Hood und Schinderhannes, die größere Massen an Menschen bewegen konnten.

Wesentlich ist, daß die Menschen in Randgruppen durch gemeinsames Handeln und eben durch Symbole miteinander verbunden sind. Der Kulturwissenschaftler muß also bei seinen Untersuchungen auch in der eigenen Gesellschaft davon ausgehen, daß er sich nicht auf vertrautem Terrain bewegt, sondern daß die Wände stark sein können, die Menschen in einer vermeintlich einheitlichen Gesellschaft voneinander trennen. Gute Forschungen machten in diesem Sinn ab den zwanziger Jahren als »freie Feldforscher« die Vertreter der Chicagoer Schule der Soziologie, vor allem Park.

Es sind gerade die Großstädte, die solche Forschungen herausfordern, denn diese sind komplexe soziale Gebilde, in denen Werte, Normen und Symbole nicht für alle Gesellschaftsmitglieder dieselbe Relevanz haben, in denen es also viele »Lebenswelten« und somit auch viele Randkulturen gibt, die auch kriminell sein können. Randkulturen bieten ihren Mitgliedern Gemeinschaft und Unterstützung an, um einigermaßen in Würde (Stadtstreicher) oder mit Gewinn (Schmuggler) zu überleben. Wohl die meisten Randkulturen gehen weit in die Geschichte zurück und bauen so in alten Traditionen auf etwas auf, das in den üblichen Studien der Kriminalsoziologie nur höchst selten berücksichtigt wird.

Die folgende Typologie der Randkulturen ist freilich nur eine ideale, denn in der Realität überschneiden sich nicht selten manche Gruppen. So sind oft Schmuggler gleichzeitig Wilderer, und Zuhälter können auch Diebe sein.

Randkulturen des Schutzes und des Überlebens

Randkulturen dieses Typus bieten den Menschen Schutz und Rückzug an, wie zum Beispiel die Gruppen der Vagabunden, der Gefangenen, aber auch jener, die sich ins gesellschaftliche Abseits gedrängt sehen, wie zum Beispiel die der Drogensüchtigen. Beispielhaft seien hier die Stadtstreicher, wie sie typisch für beinahe alle europäischen Großstädte sind, skizzenhaft dargestellt.

Die Vagabunden der Großstadt

Bei Stadtstreichern, auch Penner oder (in Wien) Sandler genannt, handelt es sich um Menschen, hauptsächlich Männer, die aus Resignation oder persönlichen Schwierigkeiten wie Gefängnisaufenthalten oder familiären Konflikten Kontakte zu Leuten suchen, die ähnliche Probleme haben. Dabei eröffnet sich diesen Leuten eine eigene Kultur, die auf alten Traditionen beruht. So geht die Randgruppe der Vagabunden weit in das Mittelalter zurück. Ihre Tricks und Strategien werden bereits im 16. Jahrhundert im ›Liber Vagatorum‹, dem ›Buch der Vaganten‹ genannt. Ebenso verhält es sich mit der Sprache dieser Leute – als Ganovensprache oder Rotwelsch bezeichnet –, die schon im 13. Jahrhundert anzunehmen ist. Als Obdachlose tragen sie das Stigma der Ausgestoßenen und suchen in der Anonymität der Großstadt Schutz vor sozialer Kontrolle durch den »braven Bürger«. Hier treffen sie auf Menschen mit einem ähnlichen Schicksal und auf die alte Kultur der Vagabunden mit ihren Strategien des Überlebens. Auf den Plätzen und vor allem vor und in den Bahnhöfen besteht die Möglichkeit der Kontaktaufnahme und des gemeinsamen Trinkens. Hier erfährt man, wo günstig an Nahrung und ein billiges Bier zu kommen ist. Die Großstadt bietet ihnen soziale Freiheiten, die das Dorf nicht bieten kann.

Randkulturen der Revolution und Rebellion

Darunter sind Randkulturen zu verstehen, deren Mitglieder sich gegen die Gesellschaft und ihre Normen auflehnen. Rebellen sind keine Ideologen – im Gegensatz zu den Revolutionären –, sie berufen sich auf altes oder auch »ewiges« Recht, wie eben die Wilderer in den Alpen. Aber auch Jugendkulturen haben einen rebellenhaften Zug, da sie Freiheitsrechte oder das Recht der Tollerei entgegen den Vorstellungen des braven Bürgers für sich in Anspruch nehmen. Beispielhaft sollen im folgenden Einblicke in die augenscheinlich sehr unterschiedlichen Randkulturen der Wilderer und der Fußballfans gegeben werden.

Wilderer als Rebellen

Mit den klassischen Wilderern verbindet sich eine jahrhundertalte rebellische Randkultur. Der Wilderer war und ist noch so etwas wie ein Volksheld, der es sich nicht gefallen läßt, daß der aristokratische Jagdherr dem »kleinen Mann« das Recht zur Jagd nimmt, obwohl sich das Wild in den Wäldern frei herumtreibt. Der Wilderer, der dem noblen Jagdherrn die Gams oder den Hirsch wegschoß, berief sich stolz auf alte Normen, nach denen auch der Bauer das Recht zur Jagd gehabt hatte. Er tat dies mit gutem Grund, denn nach altem germanischen Recht verhielt es sich so.

Erst mit der Übernahme des römischen Rechtes in den deutschen Landen änderte sich Grundlegendes. Nach diesem gehörte alles »herrenlose« Gut, auch das Wild, dem König und dem Adel. Dem Bauern, der immer mehr in Abhängigkeit von den Landesherren geraten war, war das Recht zur Jagd genommen; er litt unter dem Schaden, den das »adelige« Wild an seinen Äckern anrichtete, und griff zur Schußwaffe. Es entwickelte sich auf diese Weise eine Kultur des Wilderns vor allem bei den Bauern im Gebirge, deren Armut und Hunger groß war.

Der Wilderer zeigt sich somit als typischer »sozialer Rebell«, nämlich als jemand, der die Achtung der Entrechteten besitzt und mit dem sich diese stolz identifizieren können. Ein solches soziales Rebellentum findet sich in all den bäuerlichen Kulturen, in denen Landes- bzw. Grundherren auf dem Rücken einer armen oder verarmten Bevölkerung ein Leben in Verschwendung und Übermut führen konnten. Soziale Rebellen traten in Süditalien als Briganten auf. In Sardinien setzten sie sich für die Bauern ein, kämpften in England gegen die ausbeuterische Schicht und waren in den Alpengebieten als Wilderer die Gegner der adeligen Jagdherren. Bei den »kleinen Leuten« genossen sie als Robin Hood, als Salvatore Guiliano oder als Wilderer Jennerwein hohes Ansehen. Auf diese Weise wurden sie zu Heroen und zu Sinnbildern im Kampf gegen eine menschenunfreundliche Oberschicht. Diese ehrenvolle Heldenfigur wird bis in unsere Zeit im Gebirge mystifiziert und romantisiert. Die Aristokratie erblickte in den wildernden Bauern lediglich ihre Feinde, die ihnen ihr Jagdvergnügen als Symbol höfischer Lebensart nehmen wollten. Die Strafen auf Wilderei waren grausam und hart.

Besonders in der Zeit nach dem Ersten Weltkrieg sah eine arme und hungernde Landbevölkerung den Rechtsanspruch des Jagdherrn auf »sein« Wild nicht ein und bildete Wildererbanden in alter Tradition und Rechtskultur. Jene begann allmählich in den sechziger Jahren zu erlöschen, als sich auch im Gebirge Wohlstand breitmachte und jedermann die Möglichkeit erhielt, den Jagdschein zu erwerben. Allerdings gibt es bis heute noch Relikte alten Wilderertums, auch wenn sich die Strategien geändert haben. Bis lange nach dem Zweiten Weltkrieg galt das Wildern als Beweis für Mut und Liebe zum Abenteuer. Konnte der junge Bursche darauf verweisen, ein guter Wildschütz zu sein, so konnte er mit der Hochachtung der anderen jungen Burschen rechnen, aber auch mit der Verehrung der Dorfschönen.

Charakteristisch für soziale Rebellen ist auch ein spezieller Ehrenkodex. Wohl lehnt man sich gegen bestehende Rechtsnormen auf – hier gegen das Jagdverbot der Herrschaft –, doch zugleich richtet man sich aber an einem Kodex aus, der den Rebellen als einen ehrenhaften und würdigen Mann zeigen soll. Der »echte« Wildschütz unterscheidet sich vom bloßen »Raubschützen« daher deutlich dadurch, daß er sich waidmännisch verhält und nicht alles Wild schießt, was ihm vor die Flinte läuft. Er scheut also davor zurück, die Muttergeiß einem Kitz wegzuschießen, Schlingen zu legen, mit Auto und Scheinwerfern zu wildern und einen Jäger zu töten. Der »echte« Wilderer wurde ob seiner Kühnheit in Ehren geachtet und romantisiert.

Charakteristisch für den Wilderer als sozialen Rebellen ist, daß er nicht gewillt ist, die normale Rolle des Armen zu spielen. Er lehnt sich gegen jene auf, die ihm als Unterdrücker und Ausbeuter erscheinen. Und er setzt alles daran, gegenüber diesen seine »Freiheit« und die der anderen zu erkämpfen, und zwar mit Mitteln, über die er als Kind der Armut verfügt: Stärke, Tapferkeit, Schlauheit, Entschlossenheit und Treue.

Jugendliche Fußballfans als wilde Stammeskrieger

Es sind die Fußballfans, die den Matches auf den Fußballplätzen Europas Farbe geben. Stets sind es aber auch Rituale der Gewalt, die von den Fans gesetzt werden und die eine Art Gemeinschaftserlebnis darstellen. Jugendliche Fußballanhänger und die Fanclubs sind ein gutes Beispiel für eine Randkultur der Rebellion, in der Heranwachsende sich gegen starre Normen wehren und das Recht in Anspruch nehmen, sich lärmend, raufend und gewalttätig zu betätigen. Der Rebell greift, wie gesagt, auf altes Recht zurück, hier also auch auf das der Freiheit, sich für die eigene Partei heldenhaft einzusetzen. Für derartige Jugendgruppen oder Banden scheint die Vorstellung von der Höherwertigkeit der eigenen Gemeinschaft und des Teams, mit dem man sympathisiert – also ein gewisser Ethnozentrismus –, typisch zu sein. Man hält sich für berechtigt, die Gegner auf allerlei Weise zu erniedrigen.

Fußball ist nicht bloß irgendeine Sportart, er erinnert vielmehr an kultische Opferungen, hat mit Ritualen zu tun und ist bisweilen – eben durch die Aktionen der Fans – von urgeschichtlicher, homerischer Wildheit. Fußball ähnelt dem alten Ballspiel der Azteken, bei dem die verlierende Partei damit rechnen mußte, von den Siegern und ihren Anhängern rituell verprügelt und manchmal sogar getötet zu werden. Das Ballspiel als kultisches Gemeinschaftserlebnis kannten auch die Indianervölker im Nordosten Nordamerikas. Und tatsächlich haben die Aktionen heutiger Fanclubs große Ähnlichkeiten mit ursprünglichem kriegerischen Verhalten.

Noch etwas ist hier erwähnenswert: Für gewöhnlich wird Sport, und speziell der Fußballsport, mit so ehrenwerten Eigenschaften wie Fairneß und Ritterlichkeit verknüpft. Dem ist jedoch zu widersprechen, denn beruhend auf alter kriegerischer Kultur hat der Wettsport eher mit Verschlagenheit und Hinterlist zu tun. Darauf deuten auch die Symbole der Fußballfans hin: Schlachtgesänge, Fahnen, Schals, Mützen, bestickte Jacken in den Vereinsfarben und mit diversen furchterregenden Emblemen (zum Beispiel Totenköpfen) werden zu kämpferischen Symbolen, die die Fans aneinander binden. Die Gesichtsbemalungen schließlich haben dieselbe Wirkung wie Kriegsbemalungen.

Alle diese Symbole sind von großer Bedeutung für die gemeinsamen Aktionen. Hierzu gehören alle Arten von Reliquien, Erinnerungsstücke an große Fußballschlachten, Vereinsbettwäsche und Maskottchen. Typisch für Kriegerkasten ist ein eigentümliches Treuegebot gegenüber den Mitstreitern und der ganzen Gruppe. In diesem Sinn ist jede Beleidigung oder Tätlichkeit, die an einem »Stammesmitglied« begangen wird, zu rächen. Rache ist nicht nur für den kühnen Krieger, sondern auch für den edlen Fan ein wichtiger Grund zur Betätigung; Rachefeldzüge bestimmen sein Leben.

Charakteristisch für die Gemeinschaft eines Volkes, eines »Stammes« – und ebenso für die Gruppe der Fans – ist die Schaffung von Mythen, von Erzählungen über die heroische Vergangenheit des Volkes, des Clubs und der Fangruppe. Die Herrlichkeit der Mannschaft und ihre glorreichen Siege werden von den Fans für sich in Anspruch genommen. So tragen die Rapid-Fans heute noch bei großen Matches vor allem gegen deutsche Mannschaften eine Fahne, auf der in großen Buchstaben zu lesen ist: »Rapid – Deutscher Fußballmeister 1941«. Mit dieser Aufschrift soll an jene denkwürdige Fußballschlacht um die deutsche Fußballmeisterschaft zwischen Rapid und Schalke 04 im Berliner Olympiastadion am 22. Juni 1941 erinnert werden, bei der Schalke bis in die zweite Halbzeit hinein mit 3:0 geführt hatte und Rapid dann doch noch mit 4:3 gewann. (Interessant ist für einen Kulturanthropologen auch, daß in der in Wien erscheinenden Zeitung ›Wiener Montag‹ die erste Schlagzeile hieß: »Rapid – Deutscher Fußballmeister«, und die zweite, die vielleicht wichtigste im ganzen Jahrhundert: »Erster Kampftag an der Ostfront«.) Durch Mythen dieser Art kann sich der Fan mit seiner Mannschaft identifizieren. Das Team wird heroisiert von seinem heldenhaften Kampf, und aus dem erkämpften Sieg leitet der Fan sein stolzes Selbstverständnis ab.

Charakteristisch gerade für diese Randkultur, ähnlich wie für andere Jugendkulturen, ist die Demonstration rituellen Lärms, der eine mitunter hohe symbolische Funktion haben kann. Laut tönen spezifische Schlachtgesänge, die von bestimmten Einpeitschern angestimmt werden, durch das Stadion. Beim Spiel Chelsea gegen Sheffield am 2. Juni 1985, das während des Bergarbeiterstreiks ausgetragen wurde, sangen die Fans von Chelsea höhnend: *»You'll never find a job.«* Als besonderen Gag holten Chelsea-Fans einmal bei einem Spiel gegen Liverpool Zehn-Pfund-Banknoten aus ihren Taschen und schwenkten sie über ihren Köpfen, um den Liverpool-Fans ihre Armut spöttisch vor Augen zu führen. Schlachtchöre mit Spottcharakter wurden verfaßt, wie zum Beispiel: *»In your Liverpool slums / you look in the dustbin for something to eat. / You find a dead rat and think it's a treat. / In your Liverpool slums.«* Derartige Spottlieder erinnern an die früheren sogenannten »nith«-Gesänge der östlichen und westlichen Eskimos. Diese traten an die Stelle der Auseinandersetzungen mit den Waffen und dienten der Verspottung der Gegner.

Anfang der siebziger Jahre breitete sich, von England kommend, über die Fußballplätze Europas eine Kriegergemeinschaft von Fußballanhängern aus, deren Gebaren durch gezielt aggressive Akte bestimmt war und es zum Teil auch noch ist. Auffälligstes Symbol dieser »Krieger« ist eine spezifische Haartracht. Sie ließen sich die Haare millimeterkurz scheren, was das Bild ihrer Aggressionsbereitschaft rituell verstärkte. Sie krempelten sich ihre Jeans hoch, damit man ihre hochgeschnürten Doc-Marten-Stiefel, die Stiefel der Werftarbeiter, bewundern konnte. Außerdem trugen sie die Hosenträger offen über dem Hemd. Sie symbolisierten damit ihren Stolz auf die Herkunft aus dem Arbeitermilieu.

Diese »Skinheads«, wie sie sich selbst nannten, waren und sind Fußballfanatiker höchsten Ranges. Sie dominierten die Ränge in einigen Fußballstadien so sehr, daß bestimmte Ecken in den Stadien zum Synonym für den Skinhead-Anhang wurden, zum Beispiel Chelsea's Shed. Binnen kurzer Zeit waren diese Burschen bekannt und gefürchtet; ihr demonstrierter Fanatismus entsetzte die Umwelt. Für die Skinheads und ähnliche Gruppen, die auf den Fußballplätzen Aktionen der Gewalt starten, sind betont männliche Verhaltensweisen typisch. Es handelt sich also, wie es scheint, bei diesen jugendlichen Randkulturen um männlich dominierte Kulturen; Mädchen werden zu bloßen Anhängseln degradiert. Der Fußballsport symbolisiert für sie alle offensichtlich den Wunsch nach sozialem Aufstieg, aber auch den Wunsch nach einem eigenen Territorium. Die Fußballspieler werden dabei wohl als die »letzten großen Helden« ihrer Klasse gesehen; ihnen traut man den großen Sprung nach oben zu. Und die Fans nehmen für sich das Recht in Anspruch, ihre Helden mit Lärm und Schlachtgebrüll zu unterstützen.

Randkulturen des illegalen oder verpönten Geschäftes

Diese Randkulturen sind in gewisser Weise identisch mit den »Kulturen der Ganoven«, die auf einer alten Geschichte aufbauen, die bis in das Mittelalter zurückgeht. Charakteristisch für diese Randkulturen ist, daß deren Mitglieder Tätigkeiten nachgehen, die von Gesetzes wegen entweder verboten sind, wie zum Beispiel der Schmuggel, oder die gesellschaftlich als unanständig oder verpönt diskriminiert werden, wie die Prostitution. Es handelt sich hier um bunte Kulturen, deren Mitglieder es auf sich nehmen, mit allerhand Tricks auf eine illegale oder zumindest gesellschaftlich verpönte Weise zu überleben. Die Lebenswelt der Schmuggler soll hier beispielhaft in groben Zügen wiedergegeben werden.

Die Faszination der Grenze: Schmuggler

Grenzen gehören zur menschlichen Kultur. Der Mensch will beides: das Aufstellen von Grenzen und ihr Überwinden. Aus der Dialektik zwischen beidem entsteht Kultur. Zu jenen Leuten, die seit Jahrhunderten dabei sind, Grenzen zu übersteigen, gehören Kaufleute, Reisende, Krieger, Abenteurer, fahrendes Volk aller Art und vor allem Schmuggler. Diese haben eine bisweilen wichtige Funktion, da sie – allerdings gegen gutes Geld – an irgendeinem Mangel leidende Menschen mit der entsprechenden Ware, wie Zucker, Zigaretten oder Schnaps, versorgen.

Die Geschichte Europas ist auch eine Geschichte des Schmuggels. Solche Aufgaben erfüllten zum Beispiel Tiroler Bauernburschen nach dem Krieg, als sie Saccharin und Zigaretten von der Schweiz nach Tirol schmuggelten, aber auch die Roma in Rumänien, die nach 1989 auf den Märkten begehrte und aus Ungarn eingeschmuggelte Waren wie Jeans und Antibabypillen anboten. Schmuggler schaffen Randkulturen der Kriminalität, wenn sie sich gegen einen entsprechenden Gewinn zum gemeinsamen Geschäft zusammentun. Und gerade wenn sie in Kulturen der Armut zu Hause sind, haftet ihnen der Nimbus des sozialen Rebellen an. Als Gönner und Helden genießen sie das Ansehen der »kleinen Leute«.

Ähnlich wie bei den Wilderern stehen sich hier zwei Rechtsordnungen gegenüber: zum einen die offizielle des Staates, die den Schmuggel verbietet, und zum anderen die informelle, dem Leben des »Volkes« entstammende, nach der die Rechtsverletzung durchaus seine Berechtigung hat, um zu den Dingen zu gelangen, die benötigt werden. Obwohl diese Art des rebellenhaften Schmuggels auch unter den vorigen Abschnitt, die Rebellen betreffend, eingeordnet werden könnte, skizziere ich ihn hier separat, da er einen besonderen Aspekt aufweist: Mit Schmuggel ist für gewöhnlich ein gutes Geschäft zu machen.

Von wesentlicher Bedeutung für das Leben in den hochzivilisierten Ländern des Westens und der USA ist heute der Drogenschmuggel. Auch dieser hat seine Traditionen. Er ist in den Händen einzelner Organisationen, die so etwas wie eine eigene Kultur entwickelt haben. Die Macht der Drogenbosse zeigt sich darin, daß das Geld aus dem Drogenhandel die staatliche Ordnung untergräbt. So betrug 1988 der Erlös Kolumbiens aus dem Kaffee- und Erdölexport, also aus zwei Wirtschaftszweigen mit zusammen mehreren Millionen Beschäftigten, fünf Milliarden Dollar. Einige wenige Drogenhändler in Medellín dagegen exportieren alljährlich für mehr als eine Milliarde Dollar Kokain.

Mit der Kultur des Drogenhandels sind traditionell bestimmte Routen verknüpft, auf denen Rauschgifte wie Kokain, Heroin und Haschisch nach Europa gelangen. Über Portugal und Spanien ergießt sich die Flut der Drogen auf den alten Routen, über die bereits früher der Tabakschmuggel lief, wie er in der Oper ›Carmen‹ verherrlicht wird.

Der Drogenkonsum beschränkt sich nicht nur auf benachteiligte oder degradierte Schichten. Alle Kreise erreicht das Rauschgift, und überall gibt es Personen, die zu Dealern werden. Drogenschmuggel ist ein vielschichtiges, soziales Problem, das man nicht – zumindest nicht mit repressiven Mitteln – in den Griff bekommt. Und es ist ein großes Geschäft. Keine noch so strenge Strafdrohung hält jemanden vom Delikt ab, wenn eine entsprechende Wahrscheinlichkeit besteht, nicht erwischt zu werden. Der Markt expandiert, und Menschen jeglicher sozialer Schicht versprechen sich von der Droge Selbstwert, Freuden und Distanz zu den Querelen des Alltags.

Geschichte der Freimaurer

Dieter A. Binder

Die Erfindung der Freundschaft, die charakteristische Verbindung von Freundschaft und Geselligkeit, von der Philippe Ariès und Georges Duby in ihrer ›Geschichte des privaten Lebens‹ sprechen, steht am Beginn des »geselligen« Jahrhunderts. Zu Beginn des 18. Jahrhunderts überschnitten sich Funktionen des öffentlichen und privaten Lebens und eröffneten so freie Zeiten und Räume. In diesem Umfeld erfolgte der Aufbruch der bürgerlichen Intelligenz aus dem privaten Innenraum, auf den der Staat seine Untertanen beschränkt hatte. Indem sie sich in der Freimaurerei eine Bühne schuf, die das Private mit dem Arkanum – der Verpflichtung zur Geheimhaltung der Kultbräuche – umgab, entstand ein soziales Modell, das innerhalb der jeweiligen Formen der Herrschaftsausübung in Europa als Freiraum bestehen konnte. »Die Freiheit vom bestehenden Staat war [...] das eigentliche Politicum der bürgerlichen Logen.«[1]

Eingebettet in Traditionen des Bauhandwerkes entstanden zu Beginn des 18. Jahrhunderts jene fünf Londoner Logen, deren Zusammenschluß zu einer Großloge am 24. Juni 1717 als der Beginn der Freimaurerei angesehen werden kann. In ihnen versammelten sich einfache Bürger und pflegten eine rituell geregelte Geselligkeit. Als 1719 der 1683 in La Rochelle geborene und nach der Aufhebung des Ediktes von Nantes nach England emigrierte John Theophilus Desaguliers zum dritten Großmeister gewählt wurde, veränderte sich das soziale Spektrum schlagartig. Aus dem Zusammenschluß eher kleinbürgerlicher Leute wurde ein »gesellschaftliches Ereignis«. Schon 1721 wurde John Duke of Montague Großmeister einer Großloge mit 16 Logen, 1725 zählte man 52, 1732 bereits 109 Logen. James Anderson, der 1723 die »Alten Pflichten« – das freimaurerische Grundgesetz – formulierte, schuf in enger Zusammenarbeit mit Desaguliers die bis heute gültigen Grundregeln der Freimaurerei, die trotz des Zustroms aus der aristokratischen Welt und aus den Herrscherhäusern – 1731 wurde Franz Stephan von Lothringen, 1737 der Prince of Wales, 1738 Friedrich von Preußen aufgenommen – die Überwindung der ständisch strukturierten Gesellschaft vorwegnahmen.

Ähnlich rasch, wie sich diese neue Gesellschaftsform mit der georgianischen Öffentlichkeit Englands arrangierte, gelang ihr auch der Sprung auf den Kontinent. Der Anspruch auf einen weltumfassenden Bruderbund war von Beginn an gestellt, aber rasch differenzierte sich das System. Die Logen waren und sind zunächst ein Spiegel der Gesellschaft, innerhalb der sie existier(t)en.

In Frankreich trat an die Stelle der englischen Toleranz die enge Verknüpfung mit der Aufklärung und einer spezifischen Religionskritik. Beide Traditionen finden sich im deutschsprachigen Raum und in Nordamerika. Die französische Frontstellung hatte für das romanische Europa Vorbildwirkung, während die englische Entwicklung den skandinavischen Raum prägte. Nicht ein einheitliches System verbreitete sich in Europa und in den europäischen Kolonien, sondern eine bunte Vielfalt. Grundsätzlich auf dem Boden der Brüderlichkeit stehend, bekannte man sich zur Arkandisziplin und zur stufenweisen Initiation. Doch die Formenwelt und die Interpretation des Zieles blieb den einzelnen Zusammenschlüssen vorbehalten, denn »Aufklärung und geheime Gesellschaften sind die beiden merkwürdigen Steckenpferde« des 18. Jahrhunderts, »auf welchen sich Thorheit und Weisheit«[2] der Zeitgenossen tummeln. Der Bruderbund mutierte zur geselligen Begegnung von Brüdern und Schwestern; aus dem reinen Männerbund wurde gelegentlich ein reiner Frauenorden. Hinzu trat, daß die Freimaurerei als Tarnung zu gebrauchen war, gleichsam eine *masonry in a masonry*, da man ihr »unnützes Possen- und Zeremonienspiel« (Kurfürst Max Franz von Köln) weithin für harmlos hielt.

Systeme und Vereinigungen wie der »Illuminatenorden«, die »Rosenkreuzer« des 18. Jahrhunderts, der »Preußische Tugendbund«, die »Nationale Freimaurerei Polens«, Frankreichs »Les Amis de la Verité« und »Charbonnerie«, die italienische »Carboneria« und schließlich die russischen »Dekabristen« müssen hier wegen ihrer organisatorischen Verwandtschaft und gelegentlichen personellen Querverbindungen angeführt werden. Derartige Gesellschaften beeinflußten die Aussagen unterschiedlichster Verschwörungstheoretiker, die mit dem Ausbruch der Französischen Revolution massiv Aufwind erhielten.

Die Freimaurerei stand als private, das heißt diskrete Gesellschaft von Beginn an im Widerspruch zum absoluten Staat, dessen hierarchische Ordnung durch die Aufhebung der Standesunterschiede in der brüderlichen Begegnung der Mitglieder umgangen wurde. Darin lag das Politikum der Logen an sich, auch wenn sie sich der Politik enthielten. Mit dem Bekenntnis zu einem »Großen Baumeister aller Welten« (göttliches Prinzip) jenseits konfessioneller Dogmatisierungen gerieten sie in eine doppelte Frontstellung, »die Front gegen die bestehenden Staaten und die Front gegen die herrschenden Kirchen«[3]. In Holland und Friesland traf die Freimaurerei das erste Verbot (1735), die calvinistische Stadtrepublik Genf verbot 1736/44 die von Engländern gestiftete Loge als »eine Hochschule des Unglaubens«, der Hamburger Senat löste die Logen auf, während in Schweden die Mitgliedschaft zeitweise mit der Todesstrafe bedroht war. Ähnliches gilt auch für den Bereich der Hohen Pforte (Osmanisches Reich). 1738 eröffnete die katholische Kirche mit ihrer Bulle ›In eminenti‹ die lange Reihe der Verurteilungen, die vorerst kaum außerhalb des Kirchenstaates zur Kenntnis genommen wurden. Die Argumentation bezog sich primär auf den religiösen Indifferentismus und auf eine Dämonisierung der Arkandisziplin der Zusammenschlüsse. Die Verbindung von Thron und Altar wurde mit dem Hinweis auf die Unvereinbarkeit derartiger Zusammenschlüsse im Hinblick auf kirchliche und staatliche Gesetze eingemahnt.

Komplexe politische und sozioökonomische Veränderungen provozieren Polarisierungen, die den Nährboden für Verschwörungstheorien abgeben. »Eine Bruderschaft, die unter Personen von verschiedenen Ständen eingegangen wird, hat kein

Verhältnis zu der Verschiedenheit der hierarchischen Ordnung, welche Gott zur guten Leitung der Welt eingesetzt hat, daraus folgt unnachläßlich der Umsturz des geistlichen und weltlichen Systems« – so die 1791 in Augsburg veröffentlichte Verschwörungsschrift ›Projekte der Ungläubigen zur Aufhebung der Religiosen und zur Einziehung der geistlichen Güter‹. Die Französische Revolution diente als Beweis, wenngleich während des großen Terrors ungleich mehr Freimaurer das Leben verloren, als Maurer an der Schreckensherrschaft teilhatten. Die Drahtzieher der Revolution bekamen einen einschlägigen Stammbaum: Die Juden, die Christus gekreuzigt hatten, wären Freimaurer einer Loge gewesen, deren hammerführende Meister die klingenden Namen Herodes und Pilatus getragen haben sollen.

Der katholische Antimodernismus, der seit der Französischen Revolution bestimmendes Element des päpstlichen Selbstverständnisses war, prallte seinerseits mit dem Antiklerikalismus des 19. Jahrhunderts zusammen, dessen liberale Traditionen mit dem Nationalismus verschmolzen. Der Verlust des Kirchenstaates im italienischen Risorgimento, der aggressive Antiklerikalismus der italienischen Nationalisten, die Trennung von Kirche und Staat im Frankreich nach 1871, die antiklerikale Position spanischer Reformkräfte wurden als Werk der freimaurerischen Verschwörung gegen den Glauben interpretiert. Der große Bruch innerhalb der europäischen Freimaurerei mit der Aufgabe des Prinzips, das alle Mitglieder zum Glauben an den »Großen Baumeister aller Welten« verpflichtete, ging von Belgien aus und wurde schließlich vom »Grand Orient de France« rezipiert. Während die Mehrheit der Großlogen dem Vorbild der »United Grand Lodge of England« folgten und diesen Schritt nicht nachvollzogen, entwickelten sich die romanischen Logen zunehmend in einem betont laizistischen Umfeld zu politischen Klubs und blieben damit auf lange Zeit Hauptargument der römischen Verurteilungen, die die differenzierte Entwicklung nicht beachteten.

Päpstliche Verurteilung und die Bereitschaft zum Aberglauben nutzte schließlich der französische Journalist Leo Taxil in seinen Publikationen aus, in denen er unter anderem den Teufel in der Form eines Krokodils die musikalische Gestaltung des Logenlebens übernehmen ließ. Während die Primitivität breiter antimasonischer Schichten mit ihren antisemitisch vorgeformten Bildern des Satanskultes, der Hostienschändung und der moralischen Haltlosigkeit durch das Auffliegen des Taxil-Schwindels desavouiert wurde, blieb der harte Kern päpstlicher Verurteilungen in der Enzyklika ›Humanum genus‹ des Leo XIII. weiterhin in Kraft: Die katholische Kirche verurteilte darin den Naturalismus, den man als Basis der Weltanschauung den Freimaurern weltweit unterstellte.

Die säkularisierten Erben des kirchlichen Antimasonismus waren die totalitären Regimes des 20. Jahrhunderts und deren geistige Wegbereiter. Die kommunistischen Regimes – mit Ausnahme Kubas – sahen in den Freimaurern bourgeoise Notablenversammlungen und kapitalistische Verschwörer, die einer klassenlosen Gesellschaft widersprächen. Und so verbot man sie in der Sowjetunion, in der ungarischen Räterepublik von 1919, in Prag nach dem Staatsstreich von 1948 wie auch in allen anderen sowjetischen Satellitenstaaten nach 1945 oder im Jugoslawien Titos.

Für die rechten Verschwörungstheoretiker waren sie nach 1918 die Mörder des österreichischen Thronfolgers in Sarajewo, die Drahtzieher des Ersten Weltkrieges und der Revolutionen von 1917/18, die Zerstörer der Monarchien in Österreich-Ungarn, im Deutschen Reich, in Rußland und in der Türkei. Dem faschistischen Italien galten sie als liberale Internationalisten. Während Benito Mussolini im Gegensatz dazu die deutschen Freimaurer wegen ihrer engen Bindung an die regionalen Eliten als unbedenklich ansprach, denunzierte Erich Ludendorff sie als die Exekutoren des »Dolchstoßes«, als Institution zur »Schaffung künstlicher Juden« und als Partner der von den Jesuiten mitgetragenen »Verschwörung wider Deutschland«. Für Hitler war die Weimarer Republik schließlich nicht nur ein »Juden-«, sondern auch ein »Freimaurerschwindel« zur Schwächung Deutschlands. Zwar führte Hitlers Machtergreifung den Freimaurer Hjalmar Schacht in die Reichsregierung, gleichzeitig aber Adolf Eichmann in die SS, wo er zunächst im »Freimaurerreferat« zu arbeiten begann. Die Freimaurerei wurde im nationalsozialistischen Deutschland ebenso verboten wie im faschistischen Italien und in den autoritären Regimes der europäischen Zwischenkriegszeit – mit einer Ausnahme, dem Österreich des »Ständestaates«.

Exlibris eines Freimaurers, um 1925

Die Rückkehr der Demokratie in Westeuropa nach 1945 und der demokratische Neubeginn in Osteuropa nach der Wende ließ die Freimaurerei in ihren nationalen Eigenarten wiedererstehen. Die innerkirchliche Reform führte die katholische Kirche nach einer breiten dialogischen Auseinandersetzung mit der gemeinsamen Geschichte zu einer Aufhebung der generellen Verurteilung, wie sie noch 1917 im Codex ›Iuris Canonici‹ festgeschrieben worden war. Seit 1983 fehlt diese Bestimmung. Zweifellos gibt es weiterhin in allen Gesellschaften Gruppen, die ohne dieses Feindbild nicht leben können. Ähnlich wie der Antisemitismus wird der Antimasonismus in Zeiten der Krise aktualisiert. Unzulässige Generalisierungen und willkürliche Zuordnungen, wie etwa im Falle eines italienischen Bank- und Politskandals (»P 2«), werden dazu genutzt, die alten Wurzeln der Angriffe zu verdecken.

»Freimaurerei« ist der Sammelbegriff für eine durchaus differenzierte Landschaft von Vereinigungen, die sich in der Tradition der Freimaurer Englands von 1717 sehen. Die Logen sind nicht nur Spiegel der Gesellschaft, in der sie beheimatet sind, sie sind auch ein Spiegel der Zeit, in der sie existieren. Als diskrete Gesellschaften stehen sie heute nicht mehr im Widerspruch zum Staat, wohl aber verschließen sie sich bis zu einem gewissen Grad der Informationsgesellschaft. Die Freimaurerei war und ist eine moralische Anstalt, die dem einzelnen Mitglied die Chance bietet, eingebettet in eine nichtdogmatisch fixierte Symbolwelt den Weg einer ethisch verantwortlichen Selbsterziehung zu gehen.

1 Reinhart Kosselleck, Kritik und Krise, Eine Studie zur Pathogenese der bürgerlichen Welt. Frankfurt am Main 1989.
2 Carl-Friedrich Bahrdt, Über Aufklärung und Beförderungsmittel derselben einer Gesellschaft. Leipzig 1789.
3 Michel Dierickx, Freimaurerei, die große Unbekannte, Ein Versuch zur Einsicht und Würdigung. Hamburg 1970.

Europäische Familienformen im interkulturellen Vergleich

Michael Mitterauer

Versucht man, in Gegenüberstellung zu Familienverhältnissen außerhalb Europas charakteristische Merkmale einer spezifisch europäischen Familienentwicklung herauszuarbeiten, so steht man vor großen Schwierigkeiten. Zu vielfältig erscheinen die Formen des familialen Zusammenlebens, die man in der Geschichte dieses Kulturraums vorfindet. Nach sozialen Milieus, Regionen, Epochen ergeben sich starke Differenzierungen. Im Unterschied zu vielen außereuropäischen Kulturen sind wir über diese durch die Quellenlage auch besser informiert. Von der einen, typischen europäischen Familienstruktur läßt sich daher schwer sprechen. Gegenüber dem facettenreichen Bild, das sich beim Blick von innen ergibt, hat der Blick von außen einen Vorteil: Er läßt uns sehen, was es in den europäischen Familienstrukturen alles nicht gibt.

Bei einer solchen Betrachtung aus dem Kontrast zu außereuropäischen Verhältnissen wird vieles an innereuropäischen Gemeinsamkeiten bewußt, das sonst nicht so klar in Erscheinung träte. Auch die Möglichkeit zur Erklärung mancher europäischer Besonderheiten kann sich aus dem interkulturellen Vergleich ergeben.

Die Gegenüberstellung von Familienstrukturen großer Kulturräume rückt vor allem einen konstitutiven Faktor in den Vordergrund, der bei einem innereuropäischen Vergleich in seiner Bedeutung weniger deutlich hervortritt, nämlich die Religion. Betrachtet man etwa, welchen Einfluß der Ahnenkult im Hinduismus, in China oder in Japan auf die Zusammensetzung der Familie bzw. die Beziehungen der Familienmitglieder zueinander gehabt hat, dann wird einem bewußt, wie bedeutsam das Fehlen des Ahnenkults im Christentum für die Entwicklung der europäischen Familienverhältnisse gewesen sein muß. Als europäischer Kulturraum sollen dementsprechend bei der folgenden Analyse jene historischen Gesellschaften verstanden werden, die unmittelbar oder vermittelt durch das Christentum geprägt erscheinen – insbesondere durch die spezifischen Strukturen der Westkirche, wie sie sich seit dem Hochmittelalter entwickelt haben.

Familie und Klan

Der englische Sozialhistoriker Peter Laslett hat in seinem Aufsatz »Characteristics of the Western family considered over time«[1] folgende vier Merkmale hervorgehoben:

- Im »Westen« dominierte die auf Eltern und Kinder beschränkte Kernfamilie, die er zum Unterschied vom *multiple family household* (der komplexen Familie) und vom *extended family household* (der erweiterten Familie) als *simple family household* charakterisiert.

- Im »Westen« heirateten vor allem die Frauen, aber auch die Männer im Durchschnitt relativ spät, wodurch sich ein großer Generationsabstand ergab.
- Der Altersabstand der Ehegatten war im »Westen« relativ gering, was eine Tendenz zu mehr Partnerschaft bedingt. In einem hohen Prozentsatz der Ehen war sogar die Frau älter als der Mann.
- Zur Familie gehörte auch das nicht mit dem Ehepaar blutsverwandte Gesinde, das sich durchweg aus jungen Personen zusammensetzte, für die der »Dienst in fremdem Haus« nur eine Übergangsphase in ihrem Lebenszyklus darstellte. Laslett spricht in diesem Zusammenhang auch von *life-cycle-servants.*

Die von Laslett zusammengestellten Charakteristika der *Western family* stehen untereinander in Zusammenhang. Die geringe Häufigkeit von Mehrgenerationenfamilien hat etwa eine ihrer maßgeblichen Bedingungen in der Höhe des durchschnittlichen Heiratsalters; dieses wiederum korrespondiert mit der relativ langen Ledigenphase während des Gesindedienstes. Ländliche Mägde und Knechte sowie städtische Dienstboten waren grundsätzlich unverheiratet. Die verschiedenen Merkmale fügen sich also zu einem Muster zusammen. In Hinblick auf ein besonders charakteristisches Kennzeichen dieses Merkmalsyndroms spricht man in der sozialhistorischen Literatur auch vom *European marriage pattern*, das in seiner Verbreitung der der *Western family* entspricht.

Die historische Demographie hat festgestellt, daß bis weit zurück westlich einer Linie, die in etwa von Leningrad nach Triest verläuft, das charakteristische Heiratsalter der Männer, vor allem aber das der Frauen, ziemlich hoch lag: Ende bzw. Mitte der Zwanzig. Östlich dieser Übergangszone heirateten beide Geschlechter bedeutend früher; das durchschnittliche Heiratsalter entsprach hier viel eher außereuropäischen Verhältnissen – eine Besonderheit der europäischen Gesellschaftsentwicklung bzw. jener Kulturen, die im Verlauf der Neuzeit von West- und Mitteleuropa geprägt wurden. Die mit ihm korrespondierende Familienform wird dementsprechend zu Recht als »Western« bezeichnet.

Wie weit dieses *European marriage pattern* in der europäischen Geschichte zurückreicht, wird in der Forschung noch diskutiert. Es ist jedoch sehr wahrscheinlich, daß es schon im Fränkischen Reich verbreitet war. Die Ausstrahlung in den Osten des Kontinents entspricht ungefähr jenem Bereich, in den durch die mittelalterliche Ostkolonisation Strukturen der »westlichen« Agrar- und Stadtverfassung hineingetragen wurden. Auch Elemente der Familienverfassung, die mit dem *European marriage pattern* korrespondieren, lassen sich schon bis ins Frühmittelalter zurückverfolgen. Karolingische Güterverzeichnisse und Schenkungsurkunden zeigen, daß die bäuerlichen Familien dominant Kernfamilien waren. Ein Zusammenleben mit einem oder beiden Großelternteilen begegnet man damals äußerst selten. Noch mehr als in der Landbevölkerung dürften in den mittelalterlichen Städten die Zweigenerationenfamilien die bestimmende Familienform gewesen sein. Hier war bereits damals das

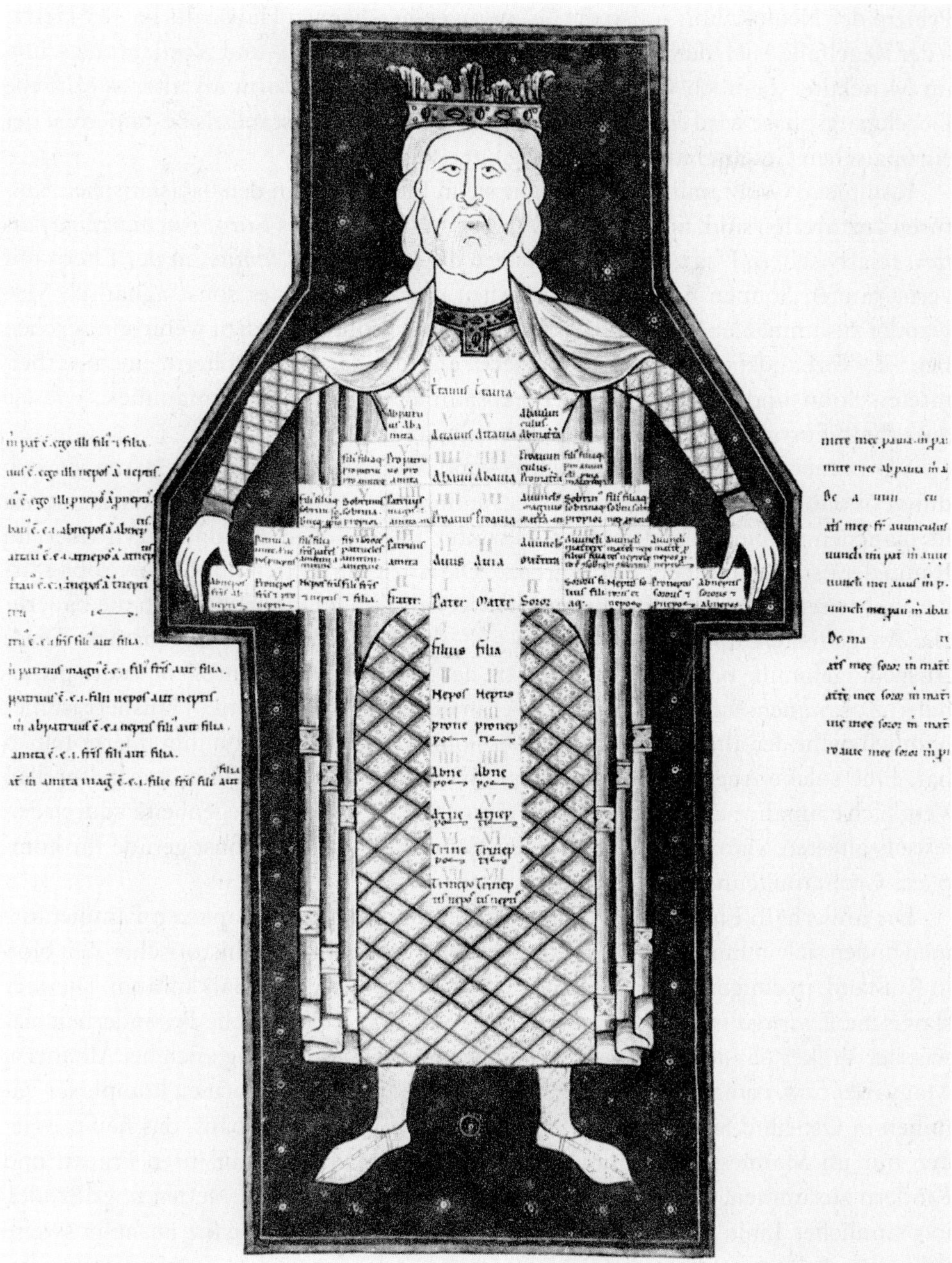

Stammbaum zur Feststellung der möglichen Blutsverwandtschaft zwischen Ehepartnern

Prinzip der Neolokalität – also die Gründung eines eigenen Haushalts bei der Heirat – der Regelfall. Auch der Gesindedienst war in West-, Mittel- und Nordeuropa schon im Mittelalter ziemlich verbreitet. In seiner Ausprägungsform als altersspezifische Durchgangsphase wird er nach dem derzeitigen Forschungsstand als Besonderheit der europäischen Gesellschaftsentwicklung angesehen.

Komplexe Großfamilienformen, wie sie in Indien oder in den ostasiatischen Kulturen anzutreffen sind, finden sich im Verbreitungsgebiet des *European marriage pattern* relativ selten. Das gilt sowohl für den Typus der *joint family*, in der Eltern mit verheirateten Söhnen bzw. mehrere verheiratete Brüder oder sonst agnatisch Verwandte zusammenleben (sie wird im Deutschen mitunter mit dem wenig glücklichen Begriff »Verbandsfamilie« charakterisiert), als auch für die aus Eltern, einem verheirateten Sohn und den Enkelkindern zusammengesetzte »Stammfamilie«, wie sie außerhalb Europas besonders prägnant in Japan vertreten ist.

Wo immer solche Formen in Mittel- und Westeuropa auftreten, lassen sie sich durch ökonomische, erbrechtliche oder militärische Besonderheiten erklären – etwa in manchen Gebieten Südfrankreichs, unter italienischen Landpächtern oder im Raum der österreichischen Militärgrenze. Die einzige in Mittel- und Westeuropa stärker verbreitete Form der komplexen Mehrgenerationenfamilie, nämlich die bäuerliche Ausgedingefamilie, hat wiederum außerhalb Europas kein Gegenstück. Diese Ausgedingefamilie unterscheidet sich von der Stammfamilie zwar nicht in der personalen Zusammensetzung, sehr stark aber in der Autoritätsstruktur. Hausherr ist hier nämlich nicht der alte Vater, sondern der Sohn, der das Haus von ihm übernommen hat. Eine solche Abgabe der Familienautorität im Alter ist eine im interkulturellen Vergleich einmalige Erscheinung. Die Leitung der Familienangelegenheiten durch den jeweils ältesten Mann entsprechend dem Senioratsprinzip ist sonst gerade für komplexe Großfamilienformen charakteristisch.

Die außerhalb Europas in vielen Kulturen dominanten komplexen Familienformen finden sich in Europa als vorherrschender Familientypus in historischer Zeit bloß in Rußland, in einigen anderen Gebieten Osteuropas sowie im Balkanraum. Die südslawische *Zadruga* ist hier zu nennen, die freilich keine ethnische Besonderheit slawischer Völker darstellt, sondern ihre strukturelle Entsprechung auch bei Albanern, Magyaren bzw. romanischsprachigen Gruppen hat. All diese Formen komplexer Familien in Ost- und Südosteuropa sind streng patrilinear aufgebaut, das heißt, es leben nur im Mannesstamm miteinander verwandte Männer mit ihren Frauen und Kindern zusammen, also Väter und Söhne, Brüder, Onkel und Neffen über Brüder, in männlicher Linie verwandte Vetter, niemals aber oder nur ganz ausnahmsweise Schwäger, Schwiegerväter und Schwiegersöhne oder sonst über Frauen Verwandte. Zur Aufnahme solcher Personen in den Familienverband bedarf es einer besonderen Adoption oder einer anderen Form, durch die künstliche Verwandtschaft hergestellt wird. Das Verwandtschaftssystem dieser Gesellschaften ist einseitig an der Vaterslinie orientiert. Im Verbreitungsgebiet des *European marriage pattern* hingegen gelten auch für die Familienzusammensetzung grundsätzlich bilineare Verwandtschaftssysteme, in denen der weiblichen Linie mehr Bedeutung zukommt.

Das bilineare Verwandtschaftssystem, das sich im überwiegenden Teil Europas durchgesetzt hat, ist grundsätzlich ego-fokussiert, das heißt, die Linien verwandtschaftlicher Beziehungen verlaufen von einem Individuum in zwei Richtungen – in die väterliche und in die mütterliche. Das patrilineare Verwandtschaftssystem hingegen, das sich im Balkanraum erhalten hat, ist ahnenzentriert: Verwandtschaft wird hier durch Abstammung in männlicher Linie von einem gemeinsamen Ahnherren gedacht.

Diesen beiden Systemen der Verwandtschaftskonzeption entsprechen unterschiedliche Systeme der Verwandtschaftsterminologie. In den meisten europäischen Sprachen begegnet man dem linealen Typ. Für ihn ist charakteristisch, daß zwischen Brüdern und Schwestern von Vater und Mutter terminologisch nicht unterschieden wird. Beide werden als Onkel bzw. als Tante bezeichnet. Der Übergang zu diesem Typ erfolgte im Griechischen schon zwischen dem 5. und 3. Jahrhundert vor Christi Geburt, im Vulgärlatein und damit in den aus diesem hervorgegangenen romanischen Sprachen in der späten Kaiserzeit. Unter französischem Einfluß folgte im Hochmittelalter die englische, später dann auch die deutsche Sprache diesem Muster. In allen diesen Sprachen ging dem linealen Typus der Verwandtschaftsterminologie der bifurkativ-kollaterale bzw. ein Mischtyp voraus, wie er für patrilineare Abstammungssysteme charakteristisch ist. Das Kennzeichen dieser Typen ist die begriffliche Unterscheidung zwischen Geschwistern des Vaters und der Mutter. In den meisten Balkansprachen haben diese Merkmale bis in die Gegenwart Geltung. Auch andere Besonderheiten der Verwandtschaftsterminologie finden sich hier, etwa die begriffliche Unterscheidung zwischen Parallel- und Kreuzcousins, die Differenzierung zwischen älterem und jüngerem Bruder bzw. älterer und jüngerer Schwester, bezogen auf die Person des Sprechers, ebenso die unterschiedliche Benennung von Schwiegereltern bzw. Schwägern und Schwägerinnen je nach dessen Geschlecht. Alles das paßt gut zu patrilinear-komplexen Familienstrukturen mit Senioritätsprinzip. Es fehlt hingegen in allen diesen Sprachen eine Gleichstellung von Bluts- und Heiratsverwandten, wie sie sich in den romanischen und germanischen Sprachen findet, zum Beispiel

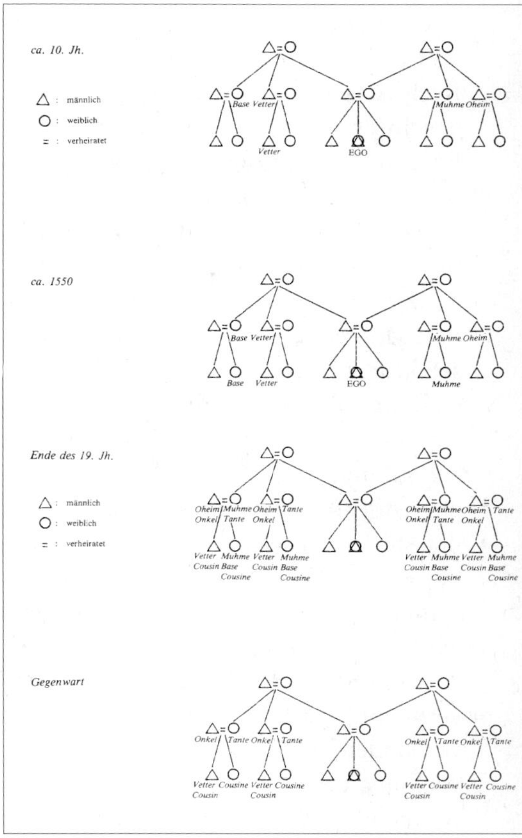

Verwandtschaftsbezeichnungen im Deutschen: Entwicklung vom 10. Jahrhundert bis in die Gegenwart

in der Bezeichnung der Frau des Onkels als Tante. Dieses für die meisten europäischen Sprachen charakteristische Spezifikum hat seine Wurzeln im kanonischen Recht, das in seinen Heiratsverboten unter Verwandten Bluts- und Heiratsverwandte gleichstellte. Auch für den Übergang zu linealen Verwandtschaftsbezeichnungen bzw. bilinearen Verwandtschaftssystemen dürfte dem Einfluß des Christentums durch seine Aufwertung der Gattenbeziehung entscheidende Bedeutung zugekommen sein.

Der Zusammenhalt der in der Vaterslinie miteinander verwandten Männer über die engere Haushaltsgemeinschaft hinaus geht in manchen Gebieten Südosteuropas so weit, daß von einer Klanverfassung gesprochen werden kann. Etwa in Albanien und Montenegro hat es bis weit in das 19. und 20. Jahrhundert hinein solche Sozialstrukturen gegeben. Das Bewußtsein der Abstammung vom selben Ahnherren bestimmte hier Besitzrechte, Heiratsregeln oder Blutrachepflichten. In älterer Zeit finden sich Elemente einer Klanverfassung auch in anderen Regionen Europas, etwa in Schottland, woher die Bezeichnung »Klan« stammt. Es handelt sich bei diesen Regionen jedoch stets um Rückzugsgebiete mit sehr archaischen Sozialstrukturen. In den stärker entwickelten Gebieten fehlen in Europa bis ins Mittelalter alle Elemente der Klanverfassung. Eine Ausnahme stellt mitunter der Adel dar, bei dem das Abstammungsbewußtsein immer eine viel stärkere Rolle gespielt hat als bei der breiten Masse der Stadt- und Landbevölkerung.

Komplexe Großfamilienformen, patrilineares Verwandtschaftssystem bzw. Klanverfassung sind in außereuropäischen Kulturen häufig mit religiösen Systemen verbunden, in denen die Verehrung der Ahnen eine große Rolle spielt. Für die Entwicklung der europäischen Familienverfassung dürfte es von großer Bedeutung gewesen sein, daß die diesen Großraum prägende Religion den Ahnenkult nicht kennt. Überall, wo in Europa in frühen Entwicklungsphasen Ahnenverehrung bestand, wurde sie durch die Christianisierung zurückgedrängt. Eine seltene Ausnahme stellt es dar, wenn Reste eines älteren Ahnenkults als Relikte in christlicher Einkleidung weiterlebten. Besonders bemerkenswert erscheint der Brauch der sogenannten *Slava*, eines Festes, das im Balkanraum in einigen Gebieten begangen wird, in denen auch die Großfamilienform der *Zadruga* verbreitet ist. Jede Familie feiert dort einen bestimmten Heiligen als ihren besonderen Schutzpatron, der offenbar an die Stelle eines früher verehrten Ahnherren getreten ist. Der Bezug zu den Ahnen kommt im Entzünden der sogenannten *Slava*-Kerze zum Ausdruck, die deren Gedächtnis geweiht ist, ebenso im Verlesen der *Čitula*, dem Verzeichnis der verstorbenen Vorfahren im Mannesstamm.

Auch sonst gibt es viele Zusammenhänge zum patrilinearen Ahnenbewußtsein: Der Kult des Hausheiligen vererbt sich in männlicher Linie; Adoptivsöhne übernehmen ihn von ihrem Adoptivvater. In Gebieten mit Klanverfassung hat ein ganzer Klan einen gemeinsamen Hauspatron. Verehrer desselben Hausheiligen fühlen sich untereinander verwandt; dies kann so weit gehen, daß ihnen im Hinblick auf das Exogamiegebot verboten ist, im eigenen sozialen Verband zu heiraten. Ein solches Bewahren von Reliktformen des Ahnenkults in christlicher Einkleidung ist freilich in Europa ein seltener Ausnahmefall.

Überdenkt man die Auswirkungen der Ahnenverehrung auf die Familienverfassung, so wird einerseits klar, daß viele Besonderheiten der Familienentwicklung in Europa nur dadurch möglich wurden, daß diese Kultform – soweit sie überhaupt vorhanden war – schon früh durch das Christentum zurückgedrängt wurde. In bezug auf das Fortpflanzungsverhalten hat der Ahnenkult in der Regel Frühheiraten zur Folge. Ist das Schicksal nach dem Tode von den Totenopfern der männlichen Nachkommen abhängig, so gilt es, möglichst frühzeitig mit der Fortpflanzung zu beginnen. Die Heirat folgt deshalb unter solchen Bedingungen in geringem Abstand auf die Geschlechtsreife. Wegen der hohen Kindersterblichkeit besteht Interesse an möglichst zahlreicher Nachkommenschaft, damit zumindest ein Sohn überlebt. Die fruchtbare Periode der Frau muß dementsprechend voll ausgenützt werden. Das hohe durchschnittliche Heiratsalter der Frauen im Verbreitungsgebiet des *European marriage pattern* wäre auf einem solch religiösen Hintergrund undenkbar. Auch die in der alteuropäischen Gesellschaft üblichen Residenzregeln erscheinen mit Ordnungsformen unvereinbar, wie sie durch den Ahnenkult gegeben sind. Denn diese haben die patrilokale Ansiedlung des jungen Paares zur Folge, was die Entstehung von Mehrgenerationenfamilien begünstigt. Im Verbreitungsgebiet des *European marriage pattern* war hingegen weithin die neolokale Hausstandsgründung üblich. Soweit sie patrilokal erfolgte, mußte häufig vor der Heirat des jungen Paares das Haus übergeben werden. In Gesellschaften mit Ahnenverehrung hingegen hat der Hausherr seine Stellung lebenslänglich inne. Die Nähe zu den Ahnen verstärkt die Altersautorität. Für Bauern- und Handwerkerfamilien in Europa war es vielfach üblich, daß das Haus durch Wiederverehelichung der Witwe weitergegeben wurde – eine Form der Uxorilokalität, die in Gesellschaften mit patrilinearem Ahnenkult undenkbar wäre, da dadurch die Kontinuität im Mannesstamm unterbrochen wird. Auch die für die alteuropäische Familienverfassung so typische Form des Gesindedienstes scheint nur dort realisierbar, wo die Söhne nicht durch Totenopfer für die Vorfahren an das Vaterhaus gebunden sind.

Andererseits fehlen im Familiensystem der europäischen Vergangenheit Elemente, die für Kulturen mit Ahnenverehrung typisch sind. Besonders genannt seien in diesem Zusammenhang Adoption und Levirat. Die Adoption von Söhnen war beispielsweise in Japan eine häufige Form, die Familienkontinuität fortzusetzen. In Europa gab es diese rituell hergestellte künstliche Verwandtschaft primär in den durch Großfamilienformen charakterisierten Regionen Ost- und Südosteuropas einerseits, in den durch besonderes Geblütsdenken ausgezeichneten adeligen Oberschichten andererseits. In der Stadt- und Landbevölkerung Mittel- und Westeuropas hingegen nahm man ganz formlos Ziehkinder auf – eine Art der Annahme an Kindes statt, die nur mit Versorgung, nicht aber mit Familienkontinuität zu tun hat. Das Levirat als eine kultische Verpflichtung, dem söhnelos verstorbenen Bruder durch Heirat der Witwe Nachkommen zu zeugen, fehlt in Europa fast völlig. Ansätze dazu gab es lediglich vereinzelt in Rückzugsgebieten des Karpaten- bzw. Balkanraums mit ausgeprägtem Geblütsdenken.

Stärker entwickelt findet sich die Verpflichtung der Witwe zur Schwagerehe bzw.

zur Wiederverehelichung mit einem anderen Agnaten des verstorbenen Gatten im Kaukasus, vor allem bei verschiedenen Ethnien im Nordosten dieser Gebirgsregion. Wie im Balkanraum korrespondieren solche Heiratsregeln hier mit Stammesverfassung bzw. organisierten Abstammungsverbänden, mit stark männerrechtlichen Sozialordnungen sowie mit der Praxis der Blutrache. Die Parallelen in Familien- und Gesellschaftsverfassung von Bergvölkern auf dem Balkan und im Kaukasus erscheinen insgesamt bemerkenswert. Sie stellen eine interessante Kontrastfolie zu den in Europa sonst vorherrschenden Grundstrukturen der Familienverfassung dar. Als Nachwirkung eines stark ausgeprägten und religiös fundierten Abstammungsdenkens tritt das Levirat übrigens auch im Judentum auf. Mit dem Chalitza-Ritus ist hier aber zugleich für den Bruder seit alters auch die Möglichkeit gegeben, sich von dieser Verpflichtung zu lösen.

Ökonomische Voraussetzungen

Im Unterschied zu verschiedenen außereuropäischen Kulturen, in denen die Familienverfassung stark durch religiöse Verpflichtungen bzw. andere kulturelle Normen determiniert war, gab es in der alteuropäischen Gesellschaft ein relativ geringes Maß an Bindung der Familienverhältnisse durch religiöse Ordnungen. Das Christentum ließ einen breiten Spielraum für unterschiedliche Formen des familialen Zusammenlebens. Um so stärker haben daher in diesem Raum ökonomische Bedingungen zu einer Differenzierung der Familienstrukturen geführt, insbesondere in jenen sozialen Milieus, in denen die Familie auch Einheit der Produktion war.

In der Familienwirtschaft bestimmten weitgehend die Bedürfnisse der Arbeitsorganisation die Zusammensetzung der Familie und die Beziehungen ihrer Mitglieder. Die bäuerliche Familie unterschied sich grundsätzlich von der des Handwerkers oder der des Kaufmanns. Unter den bäuerlichen Hausgemeinschaften wiederum ergaben sich Differenzierungen, je nachdem ob die Viehzucht, der Getreide- oder der Weinbau im Vordergrund stand. Dieser für die europäische Familienverfassung typische Grundzug der starken Prägung durch Erfordernisse der Arbeitsorganisation kommt besonders deutlich in der Institution des Gesindedienstes zum Ausdruck. Je nach Arbeitskräftebedarf wird die Familie durch die Aufnahme nichtverwandter Hilfskräfte ergänzt, die auf Zeit dem Familienverband angehören und die sich in ihrem Status von den außerhalb Europas so verbreiteten Haussklaven grundsätzlich unterscheiden. Die verschiedenen Arbeitsmilieus haben dabei eine Vielfalt differenzierter und in sich gestaffelter Formen des Gesindediensts hervorgebracht. Auf dem Bauernhof kann die Gesindehierarchie vom »Hüterbuben« bis zum »Maierknecht«, vom »Kindsmensch« bis zur »Großdirn« reichen; im Gewerbe gibt es durchweg die Stufung von Lehrling und Geselle. Auch das Hauspersonal im engeren Sinne, das nicht zur produktiven Arbeit herangezogen wird, zeigt vielfältige hierarchische Differenzierungen. Alle diese Formen des Gesindediensts sind in der alteuropäischen Gesellschaft prinzipiell in die Familie integriert.

Der »Dienst in fremdem Haus« läßt sich, wie schon betont, bis in die grundherrschaftliche Verfassung des Fränkischen Reiches zurückverfolgen. Er könnte im ländlichen Raum seine Wurzel in einem von den Grundherren organisierten Arbeitskräfteaustausch zwischen Meier- und Bauernhöfen bzw. unter den letzteren haben. All dem liegt ökonomische Rationalität zugrunde.

Für die Lebensgestaltung junger Menschen im Familienverband war die Einrichtung des Gesindedienststs in der alteuropäischen Gesellschaft von entscheidender Bedeutung. Aber auch die Stellung der Alten in der Familie scheint im bäuerlichen Bereich stark von der Grundherrschaft beeinflußt gewesen zu sein. Die Institution des bäuerlichen Ausgedinges wurzelt sehr wahrscheinlich darin, daß der Grundherr im Interesse der von den Untertanen zu erbringenden Leistungen die Ablöse eines körperlich nicht mehr voll einsatzfähigen Bauern durch seinen Sohn verfügte. Diese Einrichtung bedeutet einen eklatanten Bruch mit der in traditionalen Gesellschaften meist kulturell stark abgesicherten Altersautorität.

Schließlich haben die Grundherren in der europäischen Feudalverfassung auch über Heiratsregelungen in die Familienstruktur eingegriffen. So entspricht die bis ins 18. und frühe 19. Jahrhundert sehr häufig anzutreffende Wiederverehelichung verwitweter Bäuerinnen mit jüngeren Männern primär grundherrlichen Interessen. Die Belastung der Bauerngüter durch Ausgedingeleistungen wurde dadurch vermindert, die Abgaben, die beim Besitzwechsel zu zahlen waren, gleichzeitig erhöht. Auch im Handwerkermilieu gab es häufig Heiraten älterer Witwen mit jungen Partnern. Hier standen Versorgungsinteressen im Vordergrund. Die altersungleichen Ehen sind ein europäisches Spezifikum und primär ökonomisch zu erklären.

Ökonomische Bedingungen spielen auch für das charakteristische europäische Heiratsalter eine Rolle. Zumindest jene Bevölkerungsgruppen, die sich bei der Hausstandsgründung nicht auf die Übernahme einer ererbten Familienwirtschaft stützen konnten, mußten bei der Heirat entsprechend viel Geld zusammengespart haben, um sich neolokal ansiedeln zu können. Meist wurde das erforderliche Geld von Frauen und Männern in den Jahren des Gesindedienstes erworben. Gesindedienst und Neolokalität hängen insofern ursächlich zusammen. Gerade in den städtischen und ländlichen Unterschichten kam es dadurch zu relativ späten Heiraten. Die ökonomischen Bedingungen für späte Heiraten konnten freilich nur dadurch wirksam werden, daß kein kultureller Zwang zu früher Eheschließung bestand.

Partnerwahl und Heirat

Das im interkulturellen Vergleich relativ hohe Durchschnittsalter von Frauen und Männern bei der Heirat in der alteuropäischen Gesellschaft hatte zur Folge, daß die Phase der Partnersuche hier ziemlich lange dauerte. In Kulturen, in denen die Hochzeit in kurzem Abstand auf die Geschlechtsreife folgt, gibt es keine ausgeprägte Jugendphase. In Europa ist diese sehr stark entwickelt. Die Suche nach einem Partner stellt ein bestimmendes Moment des alteuropäischen Jugendlebens dar. Geselligkeitsformen, Brauchtum, Tanz, die Formen der Jugendkultur insgesamt werden dadurch beeinflußt. Den Jugendlichen kommt dabei ein höheres Maß an Selbstbestimmung zu. Sicher ist die Partnerwahl auch in der alteuropäischen Gesellschaft stark von familiären Interessen und Rücksichten mitbestimmt. Man sollte jedoch nicht übersehen, daß bei einem hohen Prozentsatz von Eheschließungen die Eltern der Braut bzw. des Bräutigams gar nicht mehr am Leben waren. Zudem hatte der Gesindedienst viele Jugendliche weit von ihrem Elternhaus weggeführt. Gerade in den Unterschichten, in denen das Heiratsalter besonders hoch lag, muß von einem relativ hohen Maß an Selbstbestimmung bei der Wahl des Ehepartners ausgegangen werden.

Diese Selbstbestimmung wurde von den christlichen Kirchen stark gefördert. Vor allem die Westkirche betonte seit dem Hochmittelalter den Konsens zwischen den beiden Partnern als Grundlage der Ehe. Diese Konsensehe wurde hier als ein von beiden Ehepartnern einander gespendetes Sakrament konzipiert. In Hinblick auf diese besondere Hochbewertung der Gattenbeziehung kann die korrespondierende Familienform als »gattenzentrierte Familie« charakterisiert werden. Im interkulturellen Vergleich betrachtet ist eine solche Stärke der Gattenbeziehung eine Ausnahmeerscheinung. Sie korrespondiert mit einer Schwäche der Abstammungsbeziehungen in der Tradition dieses Kulturraums.

Die lange Zeitspanne zwischen Geschlechtsreife und Heirat in der alteuropäischen Gesellschaft bedeutete, daß das Risiko unehelicher Geburten besonders hoch war. Die besondere Rigidität der in Europa entstandenen Sexualnormen ist auf dem Hintergrund dieses Risikos zu sehen. Uneheliche Geburten stellten freilich nicht in allen sozialen Milieus die gleiche Belastung dar. Dementsprechend unterschiedlich war die Diskriminierung von Illegitimität. In Gegenden mit gesindereichen Bauernhöfen konnten etwa uneheliche Kinder leichter großgezogen werden und trafen hier oft auf ein Interesse an billigen Arbeitskräften. Die Geburt unehelicher Kinder wurde dementsprechend weniger scharf sanktioniert. Sehr streng diskriminiert waren hingegen uneheliche Geburten in Milieus mit großen Versorgungsschwierigkeiten und geringerem Arbeitskräftebedarf, etwa im städtischen Handwerk. Unterschiede in der Sanktionierung von Illegitimität ergaben sich in der europäischen Geschichte freilich keineswegs nur nach solchen ökonomischen Voraussetzungen.

Unabhängig vom sozialen Milieu erscheint die Virginität der Töchter vor allem im Mittelmeerraum ein zentrales Element der Familienehre zu sein. Besonders scharfe Sanktionen gegen voreheliche Sexualverbindungen finden sich in einzelnen Gebieten der Balkanhalbinsel, gerade dort, wo Prinzipien der patrilinearen Klanverfassung stark ausgebildet sind. Ein Zusammenhang mit Geblütsdenken und männerrechtlicher Ordnung des Familiensystems scheint hier gegeben zu sein. Bei aller Differenzierung der regionalen Normen gegenüber Illegitimität läßt sich jedoch sagen, daß die zentralen Normen der christlichen Kirchen in ganz Europa grundsätzlich Enthaltsamkeit bis zur Eheschließung verlangten – Gebote, die im Hinblick auf das hohe Heiratsalter in der alteuropäischen Gesellschaft weit schwieriger zu realisieren waren als in vielen außereuropäischen Kulturen, in denen das Prinzip der Virginität ebenso religiös verankert erscheint.

In allen Kirchen Europas einheitlich geregelt war auch das Prinzip der Einehe. Polygame Familienformen fehlen daher grundsätzlich in diesem Kulturraum. Faktische Durchbrechungen des Monogamieprinzips gab es vereinzelt in Fürstenhäusern. Bei christlichen Merowingerkönigen finden wir Haupt- und Nebenfrauen, und auch Karl der Große lebte noch de facto polygam. Gesellschaftlich anerkannte Nebenfrauen waren wohl auch die Mätressen an den Adels- und Fürstenhöfen der Barockzeit. Eine kirchliche Anerkennung haben aber solche Verhältnisse nie gefunden.

Von der Polygamie im landläufigen Verständnis des Wortgebrauchs zu unterscheiden ist die sogenannte »sukzessive Polygamie«, nämlich die Wiederverehelichung nach dem Tod des Partners bzw. nach der Scheidung von diesem. Wird die Ehe als eine über den Tod hinausgehende Bindung aufgefaßt, so erscheint die Zweitheirat von Witwen und Witwern problematisch. Im Hinduismus etwa ist – zumindest in den höheren Kasten – eine Wiederverehelichung der Witwe nicht gestattet. Im christlichen Europa bestanden hingegen bei Zweitheiraten von Verwitweten – sieht man von einigen Gegenstimmen der Frühzeit ab – nie religiöse Bedenken.

Die Form der »sukzessiven Polygamie« war in vielen Gebieten Europas sehr verbreitet. Sie kam vor allem dort vor, wo eheliche Gütergemeinschaft bestand bzw. wo die Frau ein Aufgriffsrecht gegenüber dem vom Gatten hinterlassenen Gut besaß. Das Zusammenleben von Geschwistern aus verschiedenen Ehen des Vaters oder auch der Mutter war daher in der alteuropäischen Gesellschaft keineswegs eine Seltenheit. Durch mehrfache Verwitwung und Wiederverehelichung des jeweils überlebenden Partners konnten sogar Familienkonstellationen entstehen, in denen die »Kinder« mit keinem Elternteil mehr blutsverwandt waren.

Die häufige Wiederverehelichung der Witwen erscheint freilich auf das Verbreitungsgebiet der Kernfamilie beschränkt. In den komplexen Familienformen Ost- und Südosteuropas war die Situation schwieriger. Wollte die Witwe nach dem Tod des Mannes erneut heiraten, so mußte sie in der Regel die Kinder aus dieser Ehe in der Familie des ersten Mannes zurücklassen. Es ist dies eine spezifische Problematik der patrilinearen Großfamilie, die man in manchen Gebieten durch die Leviratsehe zu lösen versuchte.

Behausung

Das Haus als räumliches Substrat der Familiengemeinschaft spielt in der Sozialgeschichte der europäischen Familie eine außerordentlich wichtige Rolle. Dies kommt schon darin zum Ausdruck, daß uns in der Entwicklung der Familienterminologie Ableitungen von der Baulichkeit auf die darin lebende Personengruppe häufig begegnen. Das gilt auch für das deutsche Wort »Haus« selbst, das ursprünglich für »Familie« gebraucht wurde. Die nichtverwandten »Familienmitglieder«, die wir aus dem heutigen Wortverständnis als familienfremd empfinden, waren dabei miteingeschlossen. Die Bezeichnung des Hauses umfaßte auch das Gesinde sowie sonstige Mitbewohner. Für das Familienverständnis der europäischen Tradition war es lange Zeit wichtig, daß auch nichtverwandte Gruppenmitglieder der Hausgemeinschaft mit einbezogen waren.

Das stark am Haus orientierte Gruppenbewußtsein kommt auch in der Entstehung der Familiennamen sehr anschaulich zum Ausdruck. In Mittel- und Westeuropa sind viele Familiennamen von Hofnamen abgeleitet, insbesondere in Einzelhofgebieten. Im Selbst- und Fremdverständnis der Gruppe steht hier der lokale Bezugspunkt im Vordergrund. Das kann so weit gehen, daß bei Hofwechsel auch der Familienname gewechselt wird. Umgangssprachlich hat sich dieser Brauch noch in Zeiten feststehender Familiennamen gehalten. Selbst Dienstboten wurden oft nach dem Hof, auf dem sie dienten, bezeichnet und nicht nach ihrer Herkunftsfamilie. Diesem stark an der Örtlichkeit der Behausung orientierten Familienverständnis steht eine stärker an der genealogischen Abstammung ausgerichtete Auffassung in anderen Regionen gegenüber. Besonders ausgeprägt begegnet sie uns etwa im südslawischen Raum. Die Familiennamen sind hier meist patronymisch nach einem Ahnherren gebildet, zum Beispiel entspricht »Andrić« den »Nachkommen des Andreas«. Unterschiede, die auch in den Familienformen zum Ausdruck kommen, werden hier in spezifischen Typen der individuellen Familienbezeichnungen faßbar.

Zusammenhänge zwischen bestimmten Familienstrukturen und einer korrespondierenden räumlichen Gliederung der Behausung begegnen uns in der europäischen Sozialgeschichte immer wieder, lassen sich aber schwer zu allgemeinen Regeln zusammenfassen. So entspricht der bäuerlichen Ausgedingefamilie keineswegs regelmäßig das neben dem Einzelhof stehende Altenteilerhäuschen. Auch die Altenteilerstube mit eigenem Herd ist nicht selbstverständlich. Die Auszügler lebten oft mit der Bauernfamilie im selben Raum.

Auch komplexe Familienstrukturen vom *joint family*-Typus finden durchaus nicht immer in der Raumaufteilung ihre Entsprechung. Es kommen die unterschiedlichsten Formen der räumlichen Gliederung vor, vom gemeinsamen Schlafen aller Paare in einem Raum über abgetrennte Räume oder Hütten für jedes Paar bis hin zu völlig getrennten Wohnungen, bei denen nur die Wirtschaftsräume gemeinsam genutzt werden. Bei der in der alteuropäischen Gesellschaft vorherrschenden Kernfamilienstruktur war insgesamt eine Differenzierung der Räumlichkeiten keine vordringliche Forderung. Voneinander abgesondert wurden vielfach die Schlafstätten des Ehepaars einerseits, die der herangewachsenen Kinder und der Dienstboten andererseits. Bei letzteren kam es oft zu einer Trennung nach Geschlechtern. So gab es auf großen Bauernhöfen gesonderte »Burschen-« und »Menscherkammern«. Die räumliche Abgrenzung der Dienstboten ist eine relativ späte Entwicklung, die in den adeligen und bürgerlichen Oberschichten einsetzt. Sie entspricht dem Prozeß der sozialen Desintegration des Gesindes aus der Familie. Die Ausbildung von Individualräumen für einzelne Familienmitglieder gehört erst der jüngsten Vergangenheit an.

Eine Absonderung eigener Frauenräume, wie sie sich im Orient weit zurückverfolgen läßt, ist in Europa im wesentlichen unbekannt. Lediglich in Rußland finden sich zeitweise Ansätze dazu. Eine solche räumliche Absonderung hat stets mit Vorstellungen über einen angemessenen Umgang der Geschlechter miteinander zu tun.

Selbst im europäischen Mittelmeerraum, wo die Abschirmung des weiblichen Geschlechts am stärksten ausgeprägt war, führten diese Wertmuster der Ehrbarkeit zu keiner räumlichen Untergliederung des Hauses.

Die Rolle von Frau und Mann

Obwohl sicher auch in der europäischen Gesellschaftsentwicklung die Religion die jeweiligen Rollen der Geschlechter beeinflußt hat, so läßt sich doch im interkulturellen Vergleich sagen, daß das Christentum für die innerfamiliale Stellung von Frau und Mann von relativ geringer Bedeutung war. Selbst in der altägyptischen Kultur, in der die Geschlechterrollen sehr ausgeglichen waren, konnten nur männliche Familienmitglieder die Totenopfer für die verstorbenen Eltern darbringen. In Indien, China und Japan erscheint der Vorrang der Männer im Hinblick auf ihre ausschließliche Kultfähigkeit beim Ahnenopfer noch stärker ausgeprägt. Im Christentum hingegen fehlt jeder Ansatz zu einem solchen Unterschied.

Auch im Vergleich zum europäischen Judentum zeigt sich, daß die religiösen Bedingungen der Geschlechterrollen sowie der innerfamilialen Stellung von Frau und Mann eine relativ geringe Rolle spielten. Im Judentum hat die auf die Männer beschränkte Verpflichtung zum Studium der heiligen Schriften die Unterschiede der Rollenbilder sehr stark beeinflußt, von der unterschiedlichen Ausbildung von Knaben und Mädchen über die innerfamiliale Arbeitsteilung bis hin zu den Idealvorstellungen des äußeren Erscheinungsbildes. Im Judentum war auch der häusliche Kult viel stärker entwickelt, wodurch sich eine sakrale Fundierung der patriarchalischen Stellung des Hausvaters ergab. Im Christentum als einer ausgeprägten Gemeindereligion fehlen solche Ansätze. Man kann wohl auch sagen, daß seitens der Kirche viele Jahrhunderte hindurch kaum ein Versuch gemacht wurde, auf die innerfamiliale Ordnung Einfluß zu nehmen. Die Standespredigten des Mittelalters wären in diesem Zusammenhang zu nennen. Die Hausväterliteratur der frühen Neuzeit ist zwar stark religiös beeinflußt, aber sicher nicht als kirchliches Schrifttum zu bewerten.

Die geringe Bindung der innerfamilialen Rolle von Frau und Mann durch religiöse Institutionen und Normen in der europäischen Tradition ist sicher eine Voraussetzung dafür, daß es zu ganz unterschiedlichen Ausformungen nach sozialen Schichten und Arbeitsmilieus kommen konnte. So war es durchaus möglich, daß in derselben Stadt in der adeligen Oberschicht eine starke Abhängigkeit bzw. rechtliche Schlechterstellung der Frau herrschte, während unter den Handwerkern eine egalitär-partnerschaftliche Ordnung galt, wie das etwa für das spätmittelalterliche Genua nachgewiesen werden konnte. Auch regional bildeten sich sehr unterschiedliche Muster der Rollenverteilung aus. Eine Sonderstellung nimmt innerhalb des europäischen Kulturraums der Osten und Südosten ein. Im Verbreitungsgebiet der patrilinearen *joint families* findet sich auch im innerfamilialen Bereich meist eine ausgeprägt männerrechtliche Ordnung.

Eine für die Stellung der Frau in der Familie sehr entscheidende Frage ist, inwieweit in einer Gesellschaft die Möglichkeit besteht, daß die Frau im Falle der Verwitwung an die Spitze der Familie tritt. In strikt patrilinear geordneten Kulturen wie etwa der japanischen ist dies nicht möglich. Hier erscheint die Frau stets in abhängiger Position, zunächst vom Vater, dann vom Gatten, schließlich vom Sohn. In weiten Gebieten des traditionellen Europa ist dies anders. Die Frau kann als Witwe durchaus zum Familienoberhaupt werden. Mitunter wird ihr dann auch zugestanden, die Hausgemeinschaft, an deren Spitze sie steht, in der jeweiligen politischen Öffentlichkeit zu vertreten.

Kinder

Im interkulturellen Vergleich erscheint es bemerkenswert, daß das Christentum keine positive Bewertung der ehelichen Fruchtbarkeit kennt. Die Frage der Fortpflanzung ist kultisch irrelevant. Dementsprechend besteht kein religiöser Zwang zur Heirat. Im Gegenteil – der Ledigenstand hat gegenüber dem Ehestand einen gewissen Vorrang. Auch eine religiöse Förderung der Frühehe besteht nicht. Dies ist meist dort der Fall, wo hohe Fruchtbarkeit aus religiösen Gründen gewünscht wird. Das charakteristische *European marriage pattern* muß in seinen Entstehungsbedingungen auf diesem Hintergrund gesehen werden. Die geringe Bewertung der ehelichen Fruchtbarkeit zeigt sich auch darin, daß Unfruchtbarkeit in der europäischen Tradition selbst dort keinen Scheidungsgrund dargestellt hat, wo Scheidung prinzipiell möglich war. Eine Sonderstellung hinsichtlich der Bewertung von Fruchtbarkeit nimmt wiederum der Osten und Südosten des Kontinents ein. Eine religiöse Verankerung haben diese spezifischen Wertmuster hier jedoch nicht gefunden.

Vor dem religiösen Gesamthintergrund des europäischen Kulturraums ist zu betonen, daß prinzipiell kein Vorrang von Knaben- gegenüber Mädchengeburten bestand. Im Christentum haben, wie schon mehrfach betont, die Söhne keine besondere kultische Funktion. Wenn es in bestimmten Schichten bzw. Regionen trotzdem zu einem solchen Vorrang gekommen ist, so läßt sich dies nicht aus christlichen Vorstellungen ableiten. Als Beispiel sei auf die Verhältnisse einerseits in Fürsten- und Adelshäusern, andererseits im Verbreitungsgebiet der *Zadruga* verwiesen. Hier ging die Präferenz mitunter so weit, daß Frauen, die nur Töchter zur Welt brachten, als unfruchtbar galten.

Das besondere Interesse an Söhnen in verschiedenen Kulturen Südosteuropas kommt in der spezifischen Geschlechtsproportion der Neugeborenen zum Ausdruck. Bis in die Gegenwart läßt sich in diesem Gebiet ein Übergewicht der Knaben-Geburten nachweisen – ein demographisches Phänomen, das im Vergleich zum übrigen Europa eine Besonderheit darstellt. Das Ungleichgewicht kommt durch die Geschlechtsproportion unter den letztgeborenen Kindern von Ehepaaren zustande, ist also offenkundig kulturell bedingt. Auffallende Parallelen dazu finden sich im Kaukasus. Sie passen gut in das Bild allgemeiner familienstruktureller Übereinstimmungen zwischen Balkan und Kaukasus.

Das Christentum kennt schließlich auch keine Bevorzugung eines bestimmten Sohnes aus kultischen Gründen. Das Erstgeburtsrecht im alten Israel genauso wie in Japan ist letztlich religiös bedingt. In Europa fehlen dazu Parallelen. Wo immer es zu einem Vorrang eines Sohnes in den Erbregelungen kam, waren andere Faktoren ausschlaggebend. Das Erstgeburtsrecht in Fürstenhäusern wurde durchgesetzt, um die Einheit des Reiches zu wahren. Im Lehensrecht konnte es zu einer Einführung der Primogenitur kommen, um die wirtschaftliche Basis der Wehrverfassung zu erhalten. Auch in den bäuerlichen Erbregelungen hat sich in weiten Gebieten das Anerbenrecht ausgebildet. Entscheidend dafür war meist das grundherrliche Interesse, einer Zersplitterung der Bauerngüter entgegenzuwirken und die Leistungsfähigkeit der Höfe gegenüber der Herrschaft zu erhalten. Neben dem Erbrecht des ältesten findet sich bei Bauern auch häufig die Erbregelung zugunsten des jüngsten Sohnes. Sie hat den Vorteil, daß der Vater den Hof länger bewirtschaften kann und später ins Ausgedinge gehen muß. Als eine dritte Form kommt dann auch das Erbrecht des Tüchtigsten vor, wobei dieser vom Vater oder vom Grundherren ausgewählt werden kann. Besitzrechtliche Regelungen, die eines der Kinder begünstigen, gab es jedoch nicht nur zugunsten von Söhnen. So bewirkten etwa manche Zunftsatzungen eine Weitergabe des Meisterrechts über die Tochter an den Schwiegersohn. In allen diesen Fällen der Bevorzugung eines Kindes sind Gründe der ökonomischen Rationalität oder des Versorgungsdenkens maßgeblich, nicht aber gesamtkulturell verbindliche religiöse Normen.

Insgesamt läßt sich im interkulturellen Vergleich sagen, daß durch die christliche Religion für die europäische Familienverfassung relativ wenige Vorgaben bestanden. Um so stärker konnten andere Faktoren auf die Familienkonstellationen, die familialen Rollen und die Beziehungen zwischen den einzelnen Familienmitgliedern einwirken. Besonders starken Einfluß dürften dabei Bedingungen der familialen Arbeitsorganisation gehabt haben. Die große Vielfalt und der starke Wandel der Familienformen im europäischen Kulturraum muß auf diesem Hintergrund gesehen werden.

Tendenzen des Wandels

Die Veränderung überkommener Formen des Familienlebens hat in Europa im Verlauf des 19. und 20. Jahrhunderts stark an Dynamik gewonnen. Vor allem in den letzten Jahrzehnten ist es hier zu einem tiefgreifenden Strukturwandel der Familie gekommen, dessen Radikalität in der Geschichte dieser Sozialform kein Gegenstück findet. Trotz dieses Umbruchs lassen sich deutliche Kontinuitätslinien feststellen, die die aktuelle Situation mit der Tradition der alteuropäischen Familienentwicklung verbinden. Pointiert formuliert: Gerade die Radikalität des Umbruchs läßt sich aus der spezifischen europäischen Tradition eines besonders flexiblen Familiensystems verstehen. Nur auf dieser Grundlage konnten die großen Veränderungsprozesse gesellschaftlichen Wandels in der Moderne von der Primärgruppe Familie bewältigt werden: Agrarrevolution und industrielle Revolution, Zunahme von Migration und Urbanisierung, Verkehrsevolution und Energierevolution, Säkularisierung, Scholarisierung und Medienrevolution. Diese und andere Prozesse der Modernisierung haben Strukturen und Lebensweisen der Familie nachhaltig verändert und wurden umgekehrt wohl auch von den – im interkulturellen Vergleich betrachtet – relativ offenen Traditionen des europäischen Familiensystems begünstigt. An einigen Beispielen aus der Familienentwicklung der jüngsten Vergangenheit sei angedeutet, wie gerade neuartige Phänomene aus historisch weit zurückreichenden Traditionen verstanden werden können.

Weniger Kinder

Eine besonders signifikante Entwicklung der neueren Familienentwicklung, die von Europa ihren Ausgang genommen hat, ist der Rückgang der Kinderzahl. Haben noch zu Beginn dieses Jahrhunderts in Deutschland die Ehen mit vier oder mehr Kindern dominiert, stehen an dessen Ende die ohne Kinder an der Spitze, gefolgt von denen mit ein oder zwei Kindern. Das ist nicht nur ein tiefgreifender quantitativer, sondern auch ein wesentlicher qualitativer Wandel. Die historisch so wichtige familiale Rolle der Geschwister etwa sinkt durch diese Entwicklung zur Bedeutungslosigkeit herab.

Auf gesellschaftlicher Makroebene wird der Rückgang der Kinderzahlen als Teilphänomen des sogenannten »Demographischen Übergangs« angesehen. Im Zuge gesellschaftlicher Modernisierungsprozesse kommt es in einem ersten Schritt zu einem Rückgang der Sterblichkeit, vor allem der Kindersterblichkeit, und – zeitlich phasenverschoben – dann in einem zweiten Schritt zu einem Rückgang der Geburtenzahlen. Wie beides miteinander zusammenhängt, ist umstritten. Mit Sicherheit läßt sich jedoch sagen, daß der rasche und radikale Rückgang der Fertilität in Europa während des »Demographischen Übergangs« nur auf dem Hintergrund der spezifischen Bewertung von Fruchtbarkeit in der Tradition des Kulturraums zu verstehen ist. Abstammungsdenken und damit Zwang zur Fortpflanzung spielt im Christentum keine Rolle. Auch die Fortsetzung der Patrilinie und damit das Interesse an Söhnegeburten hat im Westen des Kontinents traditionell keine Bedeutung. Kulturen mit ausgeprägtem Abstammungsdenken bzw. religiös bedingter Hochbewertung von Fruchtbarkeit hatten und haben in der Bewältigung des »Demographischen Übergangs« viel größere Probleme.

Einzelhaushalte

Besonders charakteristisch für die Familienentwicklung der letzten Jahrzehnte ist die enorme Zunahme von Einzelhaushalten, vor allem in den Großstädten. Hier machen sie vielfach schon mehr als die Hälfte der Haushalte insgesamt aus – ein Trend, der die traditionelle Gleichsetzung von Haushalt und Familie problematisch erscheinen läßt. Im Ablauf von Familienzyklen betrachtet, der die Phasen des Alleinlebens im

Zusammenhang mit Phasen des Gemeinschaftslebens im Familienverband zeigt, macht ein solches Verständnis freilich weiterhin Sinn.

Aus historischer Sicht sind derartige Phasen des Familienzyklus ein ganz junges Phänomen. In Volkszählungslisten vor dem 19. Jahrhundert finden sich Einzelhaushalte nur ganz selten. Und trotzdem bestehen zwischen der heutigen Lebensform des Einzelhaushalts und den Traditionen des europäischen Familiensystems offenkundig Zusammenhänge, und zwar je nach Typ des Einzelhaushalts in ganz unterschiedlicher Weise.

Einzelhaushalte von Jugendlichen sind heute – sehr zum Unterschied von historischen Zeiten – eine häufige Erscheinung. Eine relativ hohe Selbständigkeit von Jugendlichen hat jedoch in Europa eine weit zurückreichende Tradition. Sie hängt unter anderem mit dem *European marriage pattern* zusammen, das eine besonders lange Jugendphase bedingt, aber auch mit dem spezifisch europäischen Phänomen des Gesindedienstes, das ein frühes Ausscheiden aus der Herkunftsfamilie zur Folge hat. Unter den spezifischen Einkommens- und Wohnungsverhältnissen reicher Industrieländer konnte es auf der Grundlage dieses kulturellen Musters zur modernen Erscheinung des selbständigen Einzelhaushaltes von Jugendlichen kommen.

Individualhaushalte von Jugendlichen sind heute in der Regel eine Vorphase von Paar- bzw. Familienhaushalten. Von Single-Haushalten im engeren Sinn lassen sie sich typologisch kaum trennen. Was sie unterscheidet, ist das Moment der Dauer. Diese Dauer steht aber in der Ausgangsposition noch nicht fest. Unter dem Begriff des Single versteht man sicher mehr als eine Person, die langfristig in einem Einzelhaushalt lebt. Man denkt an Freizügigkeit, Ungebundenheit, Beziehungsvielfalt, Lebensgenuß, Hedonismus. Ähnliches wird generell mit dem Lebensgefühl von Jugend assoziiert. Der Single ist gleichsam der lebenslängliche Jugendliche, der die Freiheiten dieser Übergangsphase nicht aufzugeben bereit ist.

Sicherlich liegt hier, aus historischer Perspektive gesehen, ein völlig neues Lebenskonzept vor. Einen Partner fürs Leben zu finden und mit ihm gemeinsam Kinder großzuziehen hatte durch Jahrhunderte, wenn nicht durch Jahrtausende hindurch die Normalbiographie bestimmt. Nur Zölibatäre bildeten eine Ausnahme in dieser Ordnung. Wesentliche Lebensaufgaben waren an ein Zusammenwirken mit dem Ehepartner und gemeinsame Leistungen für die nächste Generation geknüpft. Der Single bricht mit solchen traditionellen Formen der Sinngebung des Lebens und entscheidet sich für andere. Es bedurfte wohl sehr einschneidender Veränderungen in den gesellschaftlichen Systemen der Sinngebung, daß derartige Neuentwürfe möglich wurden.

Die Lebensform des Single ist ein besonders markanter Ausdruck des fortschreitenden Individualisierungsprozesses. Individualisierung ist in der europäischen Familienverfassung mit weit zurückreichenden Wurzeln tief verankert. Persönliche Individualität zu entwickeln wurde zu einer Aufgabe, die sich vor allem in der Jugendphase stellte. Die Konzepte von Individualisierung und Jugend stehen in der europäischen Tradition miteinander in einem ursächlichen Zusammenhang. Als Jugendphase auf Dauer läßt sich die Lebensform des Single als ein spezifisches Ergebnis europäischer Familienverfassung verstehen.

Die zahlenmäßig bedeutsamste Gruppe unter den Einzelhaushalten der Moderne sind die alter Menschen. Immer mehr alte Menschen, insbesondere Frauen, bleiben in der letzten Phase des Familienzyklus nach dem Ausscheiden der Kinder und dem Tod des Partners alleine zurück. In historischen Zeiten kam diese Lebensform selten vor. Meist lebte beim Tod des zweiten Elternteils noch eines der Kinder im gemeinsamen Haushalt; die durchschnittliche Lebenserwartung lag ja viel niedriger. Der dramatische Anstieg von Einzelhaushalten alter Menschen ist primär auf den Anstieg der Lebenserwartung zurückzuführen – ein Begleitphänomen verschiedener Modernisierungsprozesse wie verbesserte Ernährung, Hygiene, medizinische Versorgung.

Strukturell ist diese Erscheinung jedoch schon in der alteuropäischen Familienverfassung angelegt. Neolokale Familiengründung reicht in dieser Tradition vor allem in städtischen Populationen, aber auch auf dem Lande sehr weit zurück. Die west- und mitteleuropäische Familientradition ist eben seit alters her nicht von einem Abstammungsdenken bestimmt, das ein Zusammenleben der Generationen gefördert hätte. So liegt die entscheidende Weichenstellung, die zum heutigen Problem isolierter alter Menschen führte, schon in einer sehr frühen Phase der europäischen Gesellschaftsentwicklung.

Stieffamilien

Ein vierter Typus von Einzelhaushalten der Gegenwart, die der Geschiedenen, führt zu einer weiteren Veränderungstendenz, die für die Familienentwicklung der jüngsten Vergangenheit bestimmend wurde, nämlich zur Zunahme der Scheidungen. So paradox es aufs erste erscheinen mag: Eine entscheidende Voraussetzung für diese Tendenz zunehmender Scheidungszahlen liegt in der spezifisch europäischen Tradition der gattenzentrierten Familie. Nur eine Ehekonzeption, die wie die christlich-westliche auf dem individuellen Konsens der beiden Partner beruht, kann so zerbrechlich sein, daß sie durch den Verlust persönlicher Übereinstimmung so grundsätzlich in Frage gestellt wird.

Auch in Europa hat sich diese Konzeption erst langsam gegenüber Formen der Ehe durchgesetzt, die stärker von den Herkunftsfamilien der beiden Partner bestimmt waren. Das exzeptionell hohe Heiratsalter des *European marriage pattern* war wohl eine wichtige zusätzliche Voraussetzung für die gattenzentrierte der Familiengründung. Sicher ist die besondere Anfälligkeit dieses Familienmodells erst im Verlauf tiefgreifender Veränderungsprozesse der Moderne voll zum Tragen gekommen – wieder spielen hier Individualisierungstendenzen eine entscheidende Rolle –, strukturell ist diese besondere Anfälligkeit jedoch schon viel früher angelegt.

Mit der Zunahme der Scheidungen steht eine Vielfalt von Phänomenen in Zusammenhang, die in der Familienentwicklung der letzten Jahrzehnte neu in Erscheinung treten – weit über die neue Haushaltsform des Einzelhaushalts Geschiedener hinaus. Die Stieffamilie ist hier wohl an erster Stelle zu nennen. Wiederverehelichung von Geschiedenen schafft eine ganz andere Familienform als Wiederverehelichung von Verwitweten, die in historischen Gesellschaften Europas so häufig zu Stiefelternschaft geführt hat. Der aus dem gemeinsamen Haushalt ausgeschiedene Elternteil ist am Leben und bleibt in der Regel für das Kind oder die Kinder weiterhin mehr oder minder präsent. Es handelt sich nicht um abgeschlossene Beziehungen wie im Fall der Verwitwung, sondern um weitergeführte, die durch einen neuen Partner bzw. eine neue Partnerin von Mutter oder Vater Konkurrenz erhalten. In Haushaltsgemeinschaft und nicht in Haushaltsgemeinschaft lebende Elternteile stehen als Bezugspersonen der Kinder nebeneinander.

Die Häufigkeit der durch Scheidung entstandenen Stieffamilien wirkt sich auch auf das Verwandtschaftssystem aus. In der spezifischen Tradition der europäischen Familienverfassung spielt neben der Blutsverwandtschaft die Heiratsverwandtschaft eine besondere Rolle. Durch die Zunahme der Scheidungen ist diese Form von Verwandtschaftsbeziehungen empfindlich getroffen. Der Anstieg der Scheidungshäufigkeit wirkt sich so auch auf den Bedeutungsverlust von Verwandtschaft aus. Das Konzept der Ehe als Bindung auf Dauer wird durch die Zunahme der Scheidungen grundsätzlich in Frage gestellt. Der in jüngster Zeit aufgetauchte Begriff des Lebensabschnittspartners signalisiert einen prinzipiellen Wandel in dieser Konzeption. Er ist im Kontext eines umfassenden Prozesses zu verstehen, den man als »Deinstitutionalisierung der Ehe« bezeichnen könnte. Es ist – scheinbar – ein Paradoxon, daß diese »Deinstitutionalisierung der Ehe« in Europa gerade im spezifischen Charakter der Institution Ehe wurzelt, den sie im Verlauf der europäischen Familienentwicklung angenommen hat.

Nichteheliche Lebensgemeinschaften

Wie grundsätzlich sich familiale Lebensformen in der jüngeren Vergangenheit gewandelt haben, kommt ganz besonders deutlich in einer Haushaltskonstellation zum Ausdruck, die in der sozialwissenschaftlichen Literatur vorwiegend als nichteheliche Lebensgemeinschaft charakterisiert wird. Der Begriff ist nicht glücklich, weil das Wesen solcher Partnerschaften durch ihn bloß negativ aus dem Kontrast zur Ehe definiert und diese dabei auf ihren formal-institutionellen Charakter beschränkt wird. Erstaunlich scheint, daß alternative Bezeichnungen dieser Lebensform wie »Ehe ohne Trauschein« wiederum gerade die Gemeinsamkeit mit der Ehe herausstellen – wohl zu Unrecht, da wesentliche Merkmale der Ehegemeinschaft nicht gegeben erscheinen. So sind etwa viele Paarhaushalte von Jugendlichen nicht auf lebenslange Dauer hin konzipiert. Wie auch immer, das begriffliche Dilemma macht die Neuartigkeit der Lebensform bewußt, die sich nicht aus dem Verhältnis zu historisch Vertrautem fassen läßt.

Die entscheidende Voraussetzung für die Durchsetzung und Verbreitung dieser Lebensform ist auch in Prozessen des Wandels in der jüngeren Vergangenheit zu suchen, nämlich in der »sexuellen Revolution« der sechziger und siebziger Jahre mit ihren tiefgreifenden Veränderungen im sexuellen Verhalten von Jugendlichen und in dessen gesellschaftlicher Bewertung. Ebenso wie diese revolutionären Veränderungen der jüngsten Vergangenheit sind aber strukturelle Wurzeln zu bedenken, die weit in die

Geschichte der europäischen Familienverfassung zurückweisen. Es ist kein Zufall, daß sich die nichtehelichen Lebensgemeinschaften besonders früh und besonders stark in den skandinavischen Ländern verbreitet haben. Sicher hängt das damit zusammen, daß hier schon seit langem eine relativ hohe Toleranz gegenüber vorehelicher Sexualität wie auch gegenüber unehelicher Elternschaft bestand. Das Problem der vorehelichen Sexualität war im Verbreitungsgebiet des *European marriage pattern* generell gegeben. Neu war die Lösung, die es in der Form der nichtehelichen Lebensgemeinschaften fand; die zugrundeliegende Struktur der exzeptionell langen Jugendphase hingegen weist weit zurück. Sie ist ein integrierendes Element der traditionellen europäischen Familienverfassung.

Weltweite Konvergenz?

Vieles, was in der europäischen Familienentwicklung der letzten Jahrzehnte grundsätzlich neu erscheint, hat bis ins Mittelalter zurückreichende Wurzeln. Neuartig sind weniger die Familienstrukturen als vielmehr die Rahmenbedingungen ihrer Veränderungen, vor allem die Modernisierungsprozesse, die eine Adaption der Familienformen erzwingen und ermöglichen. Solche Modernisierungsprozesse sind heute nicht auf Europa beschränkt, sondern in globalem Maßstab wirksam. Wird es dadurch auch zu einer weltweiten Angleichung von Familienmustern kommen? Die in den sechziger Jahren formulierte Konvergenztheorie hatte eine solche universale Angleichung postuliert, und zwar am europäischen Vorbild orientiert. Drei Jahrzehnte danach wird man die Entwicklung differenzierter sehen müssen. Historisch gewachsene Traditionen der Familienverfassung außerhalb Europas haben hohe Beharrungskraft bewiesen und auf Herausforderungen von Modernisierungsprozessen durchaus anders reagiert. Wie auch immer, die Auseinandersetzung mit europäischen Familienmodellen – sei es in Ablehnung oder in Nachahmung – wird in einem Zeitalter weltweiter Vernetzung als Spannungsmoment die zukünftige Entwicklung der Familie sicher wesentlich mitbestimmen.

1 Laslett, Peter, Characteristics of the Western family considered over time. In: ders., Family life and illicit love in earlier generations. Cambridge 1977. S. 12–49.

Erste Kontakte zwischen den Geschlechtern

Regina Römhild

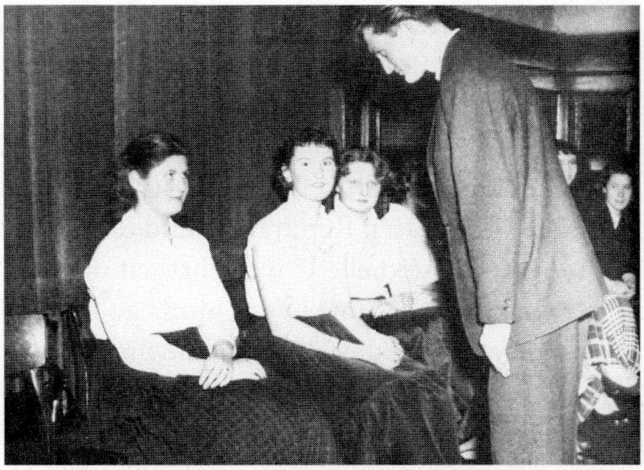

In Europa hat, wie in allen westlichen Gesellschaften, der gesellschaftliche Wandel zu wesentlichen Veränderungen im Bereich der Geschlechterbeziehungen geführt. Die kulturelle Ordnung feststehender Rituale, geregelter Formen von Partnerwahl und der Familiengründung, die früher den biographischen Übergang zum Erwachsenenstatus konturierte, scheint ihre Verbindlichkeit zunehmend zu verlieren. Diese Entwicklung verweist auf die allgemeine Tendenz zur Individualisierung ehemals normierter Verhaltensmuster schon in der Lebensphase der Jugend. Damit verbindet sich eine neue, weitreichende Bewegungsfreiheit europäischer Jugendlicher: Weder scheinen ihre Begegnungen untereinander von besonderen sozialen oder kulturellen Hindernissen eingeschränkt, noch müssen sie bei der Wahl ihrer Partner mit elterlichen Verboten oder gar Heiratszwängen rechnen. Die Wirklichkeit ist dennoch komplexer und widersprüchlicher, als es die These von der Freisetzung des (jugendlichen) Individuums aus alten kulturellen Zwängen suggeriert. Noch in der Auflösung entfalten die Traditionen eine anhaltende, wenngleich subtilere Wirksamkeit, zugleich entstehen neue kulturelle Formen des Umgangs miteinander.

Bis in die jüngste Vergangenheit hinein waren informelle Begegnungen zwischen heranwachsenden Mädchen und Jungen keine Selbstverständlichkeit. Wenn heute die Mischung der Geschlechter eine durchgängige, vom gemeinsamen Spiel im Sandkasten bis in die Schul-, Arbeits- und Freizeit späterer Jahre reichende Erfahrung ist, so wuchsen die Jugendlichen früher eher in getrennten Welten auf. In der bürgerlichen Familie war der Platz der Tochter bei der Mutter im Haus, während den Söhnen im allgemeinen mehr räumliche Bewegungsfreiheit zugestanden wurde. In der bäuerlichen Welt des Dorfes existierte eine deutliche Geschlechtertrennung, die das Leben parallel zu den sozialen Hierarchien strukturierte. Im deutschen Sprachraum waren es hier vor allem die Burschenschaften, in denen die jungen, unverheirateten Männer als Gruppe im öffentlichen Leben des Dorfes präsent und aktiv waren, während die jungen Frauen wiederum stärker an den nichtöffentlichen Raum des heimischen Hofes gebunden blieben.

Der Hintergrund für diese Geschlechtertrennung kann einerseits in der bis heute wirksamen Bedeutung jeweils unterschiedlich konzipierter Rollen von Mann und Frau gesehen werden. Zum anderen äußert sich hier aber vor allem die in Europa besonders prägnante Tradition einer geschlechtlichen Doppelmoral, in der die voreheliche Jungfräulichkeit der Mädchen als notwendige Bedingung männlicher Ehre verstanden wird. Insbesondere für die süd- und südosteuropäischen Gesellschaften gilt dieses hochkomplexe Bedeutungsgeflecht von (männlicher) Ehre und (weiblicher) Scham als kulturelles Leitmotiv. Im Hinblick auf den Erhalt der väterlichen, generell der familiären Reputation und im Hinblick auf eine spätere Verheiratung galt es also, über die sexuelle Unversehrtheit der Töchter zu wachen, sie in einem durchaus konkreten Sinn »unter Verschluß« zu halten, bis sie durch den Stand der Ehe von der Verantwortung des Vaters in die ihres jeweiligen Ehemanns überwechselten.

Erschwert wurde diese Aufgabe durch das in Europa durchschnittlich vergleichsweise hohe Heiratsalter. Denn das Ideal, mit der Eheschließung einen eigenen Hausstand zu gründen, setzte sowohl einen gewissen Grad an physischer Reife als auch an ökonomischer Unabhängigkeit voraus. Der verhältnismäßig lange Zeitraum zwischen beginnender Pubertät und Verheiratung galt entsprechend und vor allem für Mädchen als besonders »gefährlicher« Lebensabschnitt, in dem unkontrollierte Kontakte zum anderen Geschlecht die allergrößte Bedrohung darstellten. Das hohe Aufgebot an elterlicher Überwachung verhinderte aber eine gegenteilige Praxis keineswegs. Denn natürlich fügten sich auch die Jugendlichen früherer Zeiten nicht immer widerstandslos in das ihnen auferlegte Schicksal. So ist etwa die Problematik der Teenager- und generell die der unehelichen Schwangerschaften keineswegs eine moderne Erscheinung, sondern eine, die die Geschichte des europäischen Eheideals permanent begleitete. Allerdings läßt sich dies nicht nur auf den jugendlichen Erfindungsreichtum im Umgehen kultureller Vorschriften zurückführen. Die Praxis vor- und außerehelicher Sexualität hängt auch damit zusammen, daß bis ins 20. Jahrhundert hinein weite Teile der Bevölkerung aufgrund ihrer Armut und ihres niedrigen sozialen Status von der Möglichkeit einer legitimen Heiratsverbindung ganz ausgeschlossen waren oder erst sehr spät heiraten konnten.

Aber natürlich gab es auch jenseits mehr oder weniger heimlicher Begegnungen und Verbindungen Kontaktmöglichkeiten für die Heranwachsenden: Treffen, die im Beisein Erwachsener stattfanden, waren als Vorstufe möglicher Eheanbahnung akzeptiert. Gelegenheiten dafür boten insbesondere Festlichkeiten aller Art, so etwa jahreszeitliche Dorffeste, Hochzeiten oder Bälle. Viele dieser öffentlichen Ereignisse können als Initiationsriten gelten, bei denen die Jugendlichen in die Welt der Erwachsenen eingeführt und auf dem lokalen Heiratsmarkt präsentiert wurden. Als Vorbereitung dazu dienten früher wie heute Tanzschulen, in denen unter erwachsener Anleitung der Umgang mit dem anderen Geschlecht in der ritualisierten Form des Tanzes eingeübt wurde.

Die in ganz Europa verbreitete Tradition der Spinn- oder Lichtstuben schuf eine Form alltäglicher Begegnungsmöglichkeiten für frühere Jugendkulturen. Die Spinnstuben im deutschsprachigen Raum waren informelle Einrichtungen in privaten Wohnstuben und Küchen; hier trafen sich die Mädchen aus der jeweiligen Nachbarschaft an Winterabenden zum Handarbeiten. Die gemeinsame Arbeit des Spinnens, Strickens oder Stickens war dabei zwar offizieller Anlaß, keineswegs aber der Hauptgrund dieser Zusammenkünfte. Vielmehr lassen sich die Spinnstuben als eine wichtige Einrichtung der weiblichen Dorfjugend erkennen, die den Mädchen zur gemeinsamen Orientierung in der eigenen Geschlechtsgruppe diente, aber auch die bevorstehende Ablösung von der Gleichaltrigengruppe durch Verheiratung und Familiengründung vorbereitete. Die Mädchen arbeiteten gemeinsam an ihrer Aussteuer und tauschten sich über mögliche oder schon feststehende zukünftige Ehemänner aus. Die Spinnstuben eines Dorfes waren zugleich Ziel der männlichen Jugendlichen, die sich allabendlich gemeinsam auf den Weg machten, um die Mädchen an ihren verschiedenen Handarbeitsstationen zu besuchen und erste Annäherungsversuche an das andere Geschlecht zu erproben. Hierbei wurde auch getanzt und geflirtet, allerdings in einem durch die Öffentlichkeit des anwesenden Publikums – zu dem immer auch mindestens eine erwachsene Frau gehörte – begrenzten und formalisierten Rahmen.

Die unterschwellig erotisierte Atmosphäre, die das Geschehen in den Spinnstuben begleitete und sehr wahrscheinlich ihre eigentliche Attraktivität für die Jugendlichen ausmachte, war zugleich Anlaß für verschiedentliche Eingriffe der Obrigkeit, denen langfristiger Erfolg allerdings versagt blieb. Die Kritik der Oberen reichte von mangelnder Arbeitsdisziplin und »Unzucht« bis zu dem Vorwurf, die Hausherrinnen der Spinnstuben würden sich insgeheim als Kupplerinnen zur Verfügung stellen.

Heute treffen sich Jugendliche auf der Straße vor der Haustür, im Schulhof, an Haltestellen und öffentlichen Plätzen, im Kino, in Discos und Clubs, in Jugendzentren. Neben der entsprechenden Angebotspalette von Kirchen, Vereinen und anderen gesellschaftlichen Institutionen hat sich eine ganze Industrie auf die Freizeitbedürfnisse des jugendlichen Konsumenten spezialisiert. Erwachsene spielen dabei, wenigstens in ihrer traditionellen Rolle als Aufsichtspersonen, nur noch eine untergeordnete Rolle. Es sind keineswegs mehr nur die jungen Männer, die in diesen Formen jugendkultureller Öffentlichkeit dominieren, und immer noch – trotz der vielfach kritisch angemerkten Kommerzialisierung jugendlicher Lebenswelten – geht es bei all diesen Aktivitäten darum, sich Räume anzueignen: Räume, in denen erwachsenes Verhalten ausprobiert, vor allem aber auch eigene Formen des Umgangs miteinander erlebt werden können.

Die Orte, an denen sich Jugendliche treffen, liegen vorzugsweise außerhalb der häuslichen Privatsphäre und sind oft so beschaffen, daß sie sich durch die sichtbaren Spuren der persönlichen Präsenz besetzen, erobern und gegen den Zugriff der Erwachsenen verteidigen lassen. Dies bezieht sich auf die mit demonstrativem Gruppenverhalten, akustischen und optischen Signalen gegen andere Passanten abgegrenzte Ecke in der U-Bahnstation ebenso wie auf den gemeinsamen Stammplatz in der Kneipe oder die baufällige Hütte im Wald, die in eigener Regie zum Jugendtreff umfunktioniert wird. Die Praxis der aus der europäischen Techno-Szene stammenden *Raves*, sich immer neue, »verbotene« Orte in stillgelegten Bahnhöfen oder Fabrikhallen für ihre nächte- und tagelangen Tanzevents zu suchen, folgt letztlich demselben Bedürfnis nach selbstbestimmter Abgrenzung. Natürlich entstehen auf diese Weise oft Konflikte, in denen die als solche angeeigneten jugendlichen Freiräume von den jeweils zuständigen Autoritäten wieder zurückgefordert werden. Umgekehrt wird aber das experimentelle Potential solch wildwüchsiger Projekte oft gerade dadurch neutralisiert, daß sie im nachhinein erlaubt und geschäftstüchtig aufgezogen werden.

Wenn also Jugendlichen heute weit mehr selbstbestimmte Freiräume zugestanden werden, in denen sich die Geschlechter begegnen können, so scheinen sie aber im Rahmen ihrer verschiedenen Entwicklungsstadien zwischen Kindheit und Erwachsenenstatus unterschiedlichen Gebrauch von dieser neuen Freiheit zu machen. Während Jungen und Mädchen bis zu einem Alter von etwa acht Jahren noch relativ ungezwungen miteinander umgehen, was körperliche Nähe beim Spielen oder auch bei gegenseitigen Umarmungen einschließt, so beginnen sich die Geschlechter danach zunächst auch ohne die restriktive Einflußnahme früherer Zeiten deutlich voneinander abzugrenzen.

In den gleichgeschlechtlichen Bezugsgruppen der Mädchen- oder Jungencliquen etablieren sich getrennte Lebenswelten, die längere Zeit nur wenig Notiz voneinander nehmen. Erst mit Beginn der Pubertät, im Alter von etwa zwölf bis 13 Jahren, werden diese Grenzen punktuell wieder durchlässiger, bis sich ihre Bedeutung zugunsten der gemischten *peer groups* älterer Jugendlicher weiter abschwächt. Anders als in der Kindheit nehmen sich die Jugendlichen in ihren Begegnungen aber weniger individuell wahr, sondern stärker auch in der geschlechtsspezifischen Dimension des Mädchen- oder Jungeseins. Die Kontakte zum anderen Geschlecht erhalten so den Charakter ritualisierter Inszenierungen, in denen demonstrative Selbstdarstellungen in vorweggenommenen Geschlechterrollen und Phantasien erotischer Annäherung wesentliche Rollen spielen. Entgegen erwachsener Vorstellungen von intimer Zweisamkeit begegnen sich Jugendliche vorwiegend in der Öffentlichkeit ihrer jeweiligen Freundeskreise. »Männliches« Paradieren und einstudierte Schaukämpfe unter den Jungen verlangen nach Unterstützung aus der eigenen Geschlechtsgruppe und nach einem weiblichen Publikum; ähnliches gilt umgekehrt für »weibliches« Sich-in-Szene-Setzen.

Ritualisiertes, oft nonverbales Annäherungsverhalten in einem sozial abgesteckten Kontaktraum scheint, früher wie heute, bei der Überwindung individueller Unsicherheiten hilfreich. So war es zum Beispiel bei den männlichen Jugendlichen in französischen Dörfern üblich, mit kleinen Geschenken, etwa bunten Halstüchern, Interesse an einem Mädchen zu signalisieren. Der so Umworbenen blieb es überlassen, das Angebot zu ignorieren oder aber das Geschenk in der Öffentlichkeit zu tragen und so eine Erwiderung des Interesses deutlich zu machen. Auch heute bietet die Öffentlichkeit der *peer groups* bei sich anbahnenden ersten Beziehungen einen wesentlichen sozialen Rahmen, der einerseits Sicherheit vermittelt, andererseits aber auch den Vergleichsmaßstab liefert für individuelle Attraktivität und den Erfolg der eigenen Annäherungsversuche.

Entgegen landläufiger Individualisierungsvorstellungen folgt die personale Zusammensetzung der Cliquen wie auch der Jugendkulturen insgesamt generell durchaus noch gesellschaftlichen und räumlichen Sortiermustern. Selbst an deutschen Gesamtschulen neigen die Schüler des gymnasialen oder des Hauptschulzweiges weiter dazu, jeweils unter sich zu bleiben. Und in den Dörfern orientieren sich die Jugendlichen vielfach noch in den traditionellen Vereinen, die innerhalb der eigenen Gemeinde, aber auch gegen das jeweilige Nachbardorf in Konkurrenz treten und so zu wesentlichen Instanzen jugendlicher Ortsidentität werden.

Vor allem in den Städten der europäischen Einwanderungsgesellschaften verläuft die jugendliche Vergemeinschaftung zusätzlich noch entlang ethnischer Ein- und Ausgrenzungsmechanismen. Die relativ separaten Welten, in denen sich etwa die Kinder türkischer Einwanderer in Deutschland oder die Jugendlichen maghrebinischer Herkunft in den französischen Vorstädten bewegen, sind Ausdruck und Folge ihrer jeweiligen sozioökonomischen und territorialen Randlage, zugleich aber auch Orte eigener jugendlicher Kreativität. Neben sozialen, territorialen und ethnischen »Gelegenheitsstrukturen« sortieren jugendliche »Geschmackskulturen« vor, wer sich wo begegnet und wer wen attraktiv findet. Als formale Mittel der Unterscheidung dienen dabei vor allem Musikstile, die jedoch über ihre vordergründige Bedeutung hinaus mit einer je eigenen kulturellen Zeichensprache verknüpft werden, an der sich die Insider erkennen und von anderen erkannt werden können.

Neben dem weiten Feld der Mainstream-Popkultur entwickelt sich in den europäischen Großstädten, vor allem in der englischen Club Cultures-Szene, ein kaum übersehbares Spektrum von sich ständig weiter verändernden Spezialstilen. In vielen davon spielen musikalische und ästhetische Anleihen aus den Ethnokulturen der Einwandererquartiere eine wichtige Rolle, ohne daß diese Öffnung zugleich auch eine stärkere personale Beteiligung der Jugendlichen jenseits der ethnischen Trennlinien bedeuten muß. Die jeweilige subkulturelle Haltung macht sich äußerlich an spezifischen Haarschnitten, Outfits und Tanzstilen fest. Aber auch wenn die dazu notwendigen Utensilien und Dienstleistungen überall angeboten werden, so läßt sich ein solcher subtiler Stil eben doch nicht kaufen oder im engeren, formalen Sinn erlernen; sein Bedeutungsgehalt muß über die sinnliche Erfahrung kollektiver Ausdrucksmittel angeeignet und verkörperlicht werden. Dabei entwickeln subkulturelle Stile durchaus auch sehr eigene Vorstellungen davon, was auf das jeweilige Geschlecht bezogen als attraktiv gilt. Früher bestimmten hier oft existenzbezogene wirtschaftliche Hintergründe das jeweilige Attraktivitätsideal mit, so etwa das des kräftigen, gesunden Bauernsohns und das seines weiblichen, mit mehreren Rocklagen heimischen Reichtum signalisierenden Pendants. Heute grenzen sich Jugendliche nicht nur gegeneinander ab, sondern sehen sich zusätzlich noch dem Problem gegenüber, mit immer neuen Eigenkreationen gegen die Anleihen antreten zu müssen, die die Erwachsenen unter der Maxime des jugendlichen Schönheitsideals an ihren Stilen machen.

Daß Jugendliche sich heute in vielfältiger Weise freizügiger begegnen können, hängt insbesondere mit den kulturellen Veränderungen im Umgang mit Gefühlen im weiteren und mit Sexualität im engeren Sinn zusammen. Das bis weit ins 19. Jahrhundert hinein gültige Modell der Ehe als einer mehr sozialen und ökonomischen denn emotionalen Kriterien folgenden Verbindung bestimmte nicht nur die Einflußnahme der Eltern auf ihre Kinder, sondern kanalisierte auch die Gefühle der Jugendlichen selbst auf adäquate Partner. Daß seither – zumindest dem Ideal nach – die »romantische Liebe« und die freiwillige Bindung beider Partner zur Grundlage von Ehe und generell von zwischengeschlechtlichen Beziehungen wurde, kann als kulturelle »Erfindung« des europäischen Bürgertums gelten.

Was vorher geradezu als Bedrohung des sozialen und verwandtschaftlichen Gefüges gesehen wurde und dementsprechend allenfalls seinen Platz außerhalb der institutionalisierten Ehe fand, wird nun zum Leitsatz erhoben: Von »echter« Liebe wird seitdem erwartet, daß sie der schicksalhaften, leidenschaftlich-sinnlichen und zärtlichen Hinwendung zu einem Partner Ausdruck gibt und sich dabei weder von rationalen Überlegungen noch von sozialen oder sonstigen Begrenzungen beirren läßt.

Der zweite wesentliche Aspekt in diesem Zusammenhang ist die Herauslösung der Sexualität aus dem Kontext ehegebundener, familiärer Reproduktion. Diese für die Veränderungen weiblicher Lebensentwürfe so wichtige Entwicklung hatte ihre bedeutendste technologische Voraussetzung in der Erfindung der Anti-Baby-Pille. Aber auch die zunehmende Verlagerung der Lebensvorsorge aus dem unmittelbaren sozialen Umfeld der Verwandtschaft in die Zuständigkeit des (Sozial-)Staates führte zur Freisetzung von Liebe und Sexualität aus den Zwängen sozialer Verpflichtungen. Mehr denn je kann also heute die Frage, wer mit wem welche Form von Partnerschaft eingehen und/oder wer mit wem wann wie viele Kinder haben wird, als Privatsache individuell abzustimmender Lebensplanungen wahrgenommen werden.

Das Ideal individueller Glückssuche in selbstbestimmter Liebe und befreiter Sexualität wirkt sich sehr wesentlich auf die Erfahrungen der Jugendlichen in diesem Bereich aus. Daß die erste große Liebe und auch die ersten sexuellen Erlebnisse in die Phase des Teenageralters fallen, ist eine inzwischen weitgehend akzeptierte Vorstellung. Viele Eltern sehen ihre Verantwortung nun vorwiegend darin, mit ihren Kindern offen über diese Themen zu sprechen und sie – insbesondere die Mädchen – über den Gebrauch von Verhütungsmitteln aufzuklären. Weitere Aufklärung bieten vor allem auch die zahlreichen Print- und TV-Magazine, die ihrer jugendlichen Zielgruppe Erfahrungsberichte und Tips für den erotisch-sexuellen Umgang miteinander liefern. Allerdings ist das neue Modell sexueller Freizügigkeit in der Wirklichkeit der europäischen Gesellschaften nach wie vor sehr umstritten. Am weitesten etabliert scheint es in Nordeuropa, aber auch hier wird die Lockerung der Sexualmoral, festgemacht an Themen wie Abtreibung, Heiratsmüdigkeit, wechselnden Partnerschaften und Scheidung, aus einer konservativeren Perspektive als Ausdruck allgemeinen Wertewandels und Sittenverfalls interpretiert und debattiert. Nach wie vor können Jugendliche, nicht zuletzt in Einwanderungsfamilien, durchaus in entsprechende Konflikte mit ihren Eltern geraten.

Umgekehrt sind aber solche Konflikte keineswegs nur neue Erscheinungen. So läßt sich etwa die sizilianische Praxis der Entführungsehe *(fuitina)* als eine ritualisierte Konfliktform verstehen; in ihr sind kulturelle Regeln (hier: der elterliche Einfluß auf die Partnerwahl und das Verbot voreheliches, insbesondere weiblicher, Sexualbeziehungen) wie auch das Umgehen dieser Regeln institutionalisiert. Mit der »Entführung« des jungen Mädchens, die aber dessen Zustimmung voraussetzt, schafft das Liebespaar selbst ein Faktum, über das die Eltern gezwungen werden können, der nun ohnehin schon vollzogenen Verbindung zuzustimmen.

Dörfliche Tanzstunde mit einem ambulanten Tanzmeister. Gemälde von Benjamin Vautier (1829 bis 1898)

Die schwindende Verbindlichkeit traditioneller kultureller Regeln und elterlicher Einflußnahme bedeutet für die Jugendlichen, daß sie sich zunehmend selbst die Begründungen für ihr Verhalten schaffen müssen. Ob, wann und wie man sich auf erste sexuelle Erfahrungen einlassen will, hängt so nicht nur von äußerlich vorgegebenen Bedingungen ab, sondern vor allem auch von der eigenen Haltung dazu. Dabei zeigt sich, daß der vermeintlich lockere Umgang mit Sexualität insbesondere für Mädchen nach wie vor besondere Begründungszwänge erzeugt. So sind die Bewertungsmaßstäbe für weibliches Sexualverhalten insgesamt, vor allem aber auch unter den Jugendlichen selbst, noch immer weit subtiler als für ihre männlichen Counterparts. Die einerseits geforderte Freizügigkeit kann in der Praxis andererseits sehr schnell in das Negativbild der »Hure« oder des »Flittchens« umschlagen.

Anklänge an die traditionelle Doppelmoral verbergen sich selbst noch in den widersprüchlichen Erwartungen liberaler Eltern: So scheinen frühe und auch häufige sexuelle Erfahrungen bei Töchtern problematischer erlebt zu werden als bei Söhnen. Umgekehrt beginnen sich die Eltern aber auch Sorgen zu machen, wenn die Tochter mit 17 immer noch keinen Freund hat. Sich zwischen all diesen oft schwer erkennbaren Klippen einen eigenen Weg zu suchen, kommt dann oft einer Gratwanderung gleich. Und so ist es auch nicht erstaunlich, daß Mädchen früher und häufiger als Jungen den festen Rahmen einer dauerhaften Liebesbeziehung dem freien Experimentieren mit Liebe und Sexualität vorziehen.

»Die Frauen sind das Baugerüst, die Männer der Verputz«

Frauen im ländlichen Europa

Claudia Kalka

Oft ist bei einer Betrachtung der Geschlechterrollen in Europa zu hören und zu lesen, daß Frauen unterdrückt und Opfer des Patriarchats seien. Diese Einschätzung charakterisiert aber vor allem die bürgerlichen städtischen Lebensverhältnisse. Als die Stadtfrauen begannen, andere Lebensverhältnisse für sich anzustreben, orientierte sich ihr Blick an den Männern. Das zu tun, was den Männern erlaubt war, war ihre berechtigte Forderung. Daß auf dem Lande oftmals ganz andere Verhältnisse herrschten und immer noch herrschen, daß die Frauen traditionell ganz andere Rechte hatten und haben und daß die sogenannte Vorherrschaft des Mannes oft Etikette war/ist, möchte dieser Aufsatz bewußt in den Vordergrund stellen.

Man stelle sich vor: Eine ländliche Gegend an der norwegischen Küste im Hinterland einer Hafenstadt oder ein Dorf in der Oberlausitz, bäuerliche Anwesen mit etwas Vieh, spielende Kinder. Die Männer sind zu Hause, kümmern sich um die Kinder und das Vieh, kochen, putzen, waschen, erledigen den Haushalt, und die Frauen verdienen mit ihrer Arbeit das Geld. Eine andere Szene, diesmal in Dagestan. Ein Mann begegnet einer Gruppe von Frauen. Sie nehmen ihn gefangen und er »fällt [ihnen] zum Opfer. Sie nehmen ihm jeden Mut, zwingen ihn zu tanzen und zu springen und jeder ihrer Capricen zu willfahren. Wenn sie mit ihm genügend Spaß getrieben haben, entlassen sie ihr Opfer unter großem Gelächter und allerlei Scherzen.«[1] Oder ein Fischerdorf in Portugal: Frauenzentrierte Haushalte, unabhängig davon, ob Männer da sind oder nicht. Blutsverwandte Frauen leben und arbeiten eng miteinander, die Töchter erben das häusliche Eigentum. Vergangenheit, Gegenwart oder feministische Utopie? Was hier exotisch und in der Tat wie eine feministische Utopie klingen mag, sind Beispiele aus dem 19. und 20. Jahrhundert.

Heute neigen wir dazu, eine solche Position der Frauen in Vergangenheit und Gegenwart nicht zu vermuten. Viel zu sehr ist unser Bild vom Verhältnis der Geschlechter geformt von der Idealvorstellung, die in der bürgerlichen Gesellschaft des 19. Jahrhunderts von Weiblichkeit und Männlichkeit herrschte. Einige Beispiele seien hier genannt: »Im Mann überwiegt der Geist, im Weibe das Gemüth. [...] Das Streben des Mannes ist nach außen auf ein weites Feld gerichtet, das Weib sorgt im engeren Kreis der Familie. Des Mannes Sinn ist schaffend, des Weibes Sinn erhaltend und bewahrend. Das Wissen und die Idee leiten des Mannes Willen, in dem Handeln des Weibes siegt das Gefühl über die Erkenntnis und leitet nicht weniger sicher, wenn auch in weniger klarem Bewußtseyn.«[2] Oder, etwas poetischer und im Biedermeier

Flechten eines Hirtenumhangs aus Binsen. Perafitta, Portugal 1988

Frauen von Flußfischern beim Zusammenlegen der Fangnetze. Escaroupim, Portugal 1988

oft mißbraucht: »Dienen lerne beizeiten das Weib nach ihrer Bestimmung; denn durch Dienen allein gelangt sie endlich zum Herrschen, zu der verdienten Gewalt, die doch ihr im Hause gehöret.« (Goethe 1797) Wie anders hört sich dagegen jene Charakterisierung slawonischer Frauen um 1940 an: »Die Frauen sind in der Regel mehr sachlicher, daher gibt es ziemlich viel geistige Überlegenheit unter ihnen. Daher herrschen sie in Haus und Landwirtschaft, sie leiten den Mann.« Oder, nach derselben Quelle, für die dalmatinische Insel Krk: »Die Frau ist im wahrsten Sinn des Wortes die intelligentere. Aus diesem Grund leitet sie das Haus und alles, was in ihm ist. Der Ehemann ist dazu da zu arbeiten, wie ein Diener.«[3]

Fast alle Forschungsreisenden und frühen Völkerkundler hatten die biedermeierliche Vorstellung vom Wesen und der Bestimmtheit der Geschlechter verinnerlicht und nahmen auch in anderen Gesellschaften Frauen und Männer nur in diesem Rahmen wahr. So kommt es, daß man in der Literatur viel von dem, was Frauen taten und ihr Leben ausmachte, nicht erfährt. Spitzt man das wenige, was dort steht, etwas zu, so sind Frauen Wesen, die menstruieren, zumeist verheiratet werden, Kinder kriegen und großziehen, emsige Arbeit in Haus und Familie leisten, den Männern bei der Arbeit helfen und die Toten beweinen – interessanterweise sterben sie so gut wie gar nicht, denn in der völkerkundlichen Literatur über Europa werden meist nur Männer zu Grabe gebracht. Frauen »klatschen« zudem und können im Alter gelegentlich zur »Hexe« werden.

Wie selbstverständlich wird auch davon ausgegangen, daß Frauen und Männer in einem hierarchischen Verhältnis zueinander stehen, und daß dieses ein patriarchalisches ist. Nicht immer entsprach die Wirklichkeit, die die Forscher vorfanden, ihrem

Ideal. Bisweilen, so scheint es, haben sie wie im Balkan die patrizentrischen Verhältnisse noch etwas verklärt. In anderen Fällen wurde mit sichtlichem Unbehagen über die starken Frauen berichtet. Nachfolgend ein Beispiel solcher Frauen aus Westnorwegen von 1872: »[Die Frau] steht nach altem Brauch, der ihr dieses Recht übertrug, der Haushaltsökonomie vor. Sie verwaltet das Familieneigentum, wo Bewirtschaftung wichtig ist, um gut und glücklich zu leben, und nicht nur im Wohnzimmer, sondern auch in der Küche, dem Keller, der Scheune und dem Stall ist fast alles unter ihrer Leitung, da es keinen in der Familienordnung gibt, der über ihr steht oder irgendeine Kontrolle über sie und ihre Leitung hat.«[4] Äußerliches Zeichen dieser Macht waren die Gürtel, sogenannte *beltesaker*, die die Frauen im westnorwegischen Hordaland trugen und an denen an langen Bändern von Silberbroschen herab Messer, Schlüssel und Nadelbüchse hingen. Die Frauen hatten die Schlüsselgewalt, die Verfügungsmacht über *lås och nyckel*, Schloß und Schlüssel. In ländlichen Unterschichten in Hessen verleiht die Frau ihrem Haus, allen darin Geborenen und Eingeheirateten ihren Namen: »Änn'sches Wilhelm« ist der Mann der Enkeltochter einer Frau namens Anna.

Nun könnte man meinen, diese und ähnliche Geschlechterverhältnisse wären bereits für die Frauenbefreiung des 19. Jahrhunderts von Interesse gewesen. Doch ebensowenig wie sich die Forschungsreisenden für die vorhandene traditionelle Macht und Bedeutung der Frauen interessierten, so war die Besinnung auf die vorhandenen Situationen nicht im Sinne der beginnenden Frauenbewegung. Diese städtische Bewegung, mit ihren Forderungen nach politischer Gleichberechtigung, nach gleichem Lohn bei gleicher Arbeit, nach privatrechtlicher Gleichstellung, gleichen Bildungschancen, nach Mutterschutz und dem Recht auf Erwerbstätigkeit orientierte sich an dem Leben der Männer. Seit der Mitte des 20. Jahrhunderts begann sich die Völkerkunde intensiv mit den Frauen fremder Völker und den Beziehungen zwischen den Geschlechtern zu beschäftigen. Nur wenige konzentrierten sich dabei auf Europa, das in dieser Hinsicht weit weniger erforscht ist als beispielsweise Papua-Neuguinea. Darüber hinaus gingen viele Forscherinnen und Forscher bewußt oder unbewußt mit dem Vorsatz an die Arbeit, die universelle Dominanz des Mannes bzw. die allgegenwärtige Unterdrückung der Frauen nachzuweisen.

Wie facettenreich und interessant die Beziehungen zwischen Frauen und Männern in Europa sind, und daß sich Europa bei weitem nicht ausschließlich durch sogenannte patriarchalische Verhältnisse charakterisieren läßt, will dieser Artikel zeigen. Dabei machen es einem die zu erforschenden Frauen, aber auch die Begriffe und ihre für uns damit verbundenen Bedeutungen nicht leicht. Hierzu einige Beispiele. Flaviana Zanolla sammelte im italienischen Friaul die Autobiographien von Frauen, die zwischen 1895 und 1900 geboren waren. Ihr fiel auf, daß die Angaben, die die verschiedenen Frauen in den ersten Interviews von sich selbst machten, einander verblüffend ähnelten und wie ein Stereotyp wirkten. Sie nannte dies den Prototyp einer Frau, die arbeitet und leidet. Je besser sich aber beide Seiten kennenlernten, um so mehr traten die individuellen Züge hervor und mit ihnen Frauenpersönlichkeiten, die im Detail so gar nicht dem Prototyp entsprachen. In der Praxis heißt das, daß man in einem einzigen Gespräch bei einem kurzen Besuch also zwangsläufig ein stereotypes Selbstbild erhält.

»[Fragt] man in Kalithea [Lesbos, Griechenland] nach der Stellung von Mann und Frau [...], bekommt man als Antwort: O andras ine o protos (der Mann ist der erste).«[5] Läßt man es bei dieser Antwort bewenden, kann man nie die ebenbürtige Stellung entdecken, die Frauen und Männer in dieser Dorfgemeinschaft innehaben. Auch müssen wir uns hüten, Mann und Frau hier im Sinne unseres Gebrauches des Wortes »Hierarchie« zu verstehen. »Der Mann ist der erste« heißt nämlich nicht, daß der Mann mehr wert sei als die Frau, sondern beide lediglich andere Fähigkeiten mitbringen. Ulrike Krasberg weiter: »Nicht weil der Mann an sich stark und mächtig ist, wird ihm der erste Platz eingeräumt, sondern umgekehrt: Weil er auf den ersten Platz gestellt wird, soll er auch stark und mächtig sein: Stärke und Macht sind Attribute seines sozialen Status, den auszufüllen eine Lebensaufgabe ist.«[6] Um also die wirkliche Position der Frauen innerhalb einer Gesellschaft erfassen zu können, muß sozusagen zwischen äußerer Form und Inhalt getrennt werden, muß die äußere Erscheinung, der äußere Anschein von der Wirklichkeit der Machtverhältnisse unterschieden werden.

Nehmen wir zum Beispiel den Schweizer Kanton Appenzell, der bis vor kurzem als »rückständige Männerbastion« galt. Zwar durften die Frauen bis Anfang der neunziger Jahre hier, was den Kanton betraf, weder abstimmen noch wählen, doch steht außer Zweifel, daß die Frauen immer großen Einfluß auf die Entscheidungen ihrer Männer hatten. »Sie [die Frauen] lassen den Männern nach außen die Macht, aber in Tat und Wirklichkeit gehört sie den Frauen« (eine Appenzellerin). In Teilen Nordportugals geht die Frau hinter dem Ochsenpflug, der Mann führt die Tiere. Daß die Frau die bei weitem schwerere Arbeit verrichtet, ist kein Zeichen dafür, daß sie unterdrückt ist. Denn in ihren Augen führt sie die verantwortungsvollere Arbeit aus, die man einem Mann nicht überlassen kann. Oder noch krasser: Wenn der Mann drei Schritte vor der Frau geht, so ist das noch lange kein Zeichen ihrer Unterdrückung, sondern lediglich von Etikette.

Ebenso muß man, wenn man der Position der Frauen gerecht werden will, die Begriffe, die wir im Zusammenhang mit den Geschlechtern zu gebrauchen gewohnt sind, ständig hinterfragen. Welche Bedeutungsinhalte und Konnotationen verbinden wir mit einem bestimmten Begriff, möglicherweise auch mit einer bestimmten Tatsache, und was verstehen die Angehörigen einer anderen Kultur darunter? Und gerade weil wir uns mit Europa befassen, sollten wir in diesem Punkte noch gewissenhafter sein als in den Fragen über Papua-Neuguinea. Während wir mit den Begriffen »Familie«, »Hausfrau« und »Hausarbeit« eine Sphäre bezeichnen, die außerhalb der bezahlten und damit öffentlich anerkannten Arbeitsleistungen steht, wobei letztere wiederum unser Selbstbewußtsein bestimmt, ist, auf Lesbos der Haushalt »wirtschaftlich, sozial und ideologisch Zentrum und Basis der Dorfgemeinschaft«. »Im Bewußtsein der Dorfbewohner (Männer und Frauen) trägt die Frau mit ihrer Arbeit als Hausfrau ihren Anteil zur Familienökonomie bei, und die Familie wird im umfassenden Sinn als Wirtschaftseinheit betrachtet«[7], als gemeinsames Wirtschaftsunternehmen. In unse-

Pflügendes Ehepaar. Miranda do Douro, Portugal 1988

rer Vorstellung ist der Haushalt als private Sphäre abgewertet und der männlichen Domäne des öffentlichen Bereiches unterstellt. Die Lebensverhältnisse im sozialistischen Ostmitteleuropa (auch des städtischen) zeigten aber, daß diese private Sphäre für beide Geschlechter der einzige Ort für die Entwicklung individueller Initiative und Autonomie und von großer Bedeutung war.

Andere Begriffe, die oft im Zusammenhang mit Frauen gebraucht werden und die es zu überdenken gilt, sind »Klatsch« und »Unreinheit«. Für Oroel in Nordostspanien konnte gezeigt werden, daß das »Klatschen« (spanisch *charlar*) ein Mittel ist, um die Entscheidungen der Männer im Sinne der Frauen zu beeinflussen, zu manipulieren. Das Klatschen an sich läuft dabei in einer bestimmten äußeren Form ab und ist ein Sammeln, Verbreiten und Analysieren bestimmter Dorfgeschehnisse. Und es findet nur zwischen Frauen statt, die sich gegenseitig vertrauen. Auf Kreta ist Klatsch zunächst einmal das schnellste Mittel, um Informationen zu vermitteln. Darüber hinaus hat er die wichtige Funktion, das Fehlverhalten einzelner zu korrigieren. Welche Form der Klatsch annimmt, diskretes Weitererzählen im Familienkreis oder indiskreteres öffentliches Diskutieren, ist vom Grad des Fehlverhaltens abhängig.

Was die sogenannte Unreinheit der Frauen in gebärfähigem Alter, zum Beispiel in der Zeit ihrer Menstruation betrifft, so muß man sich vor Augen halten, daß den Frauen damit eine Kraft zur Verfügung steht, die sowohl negative als auch positive Potenzen enthalten kann. So ist in Deutschland die Überzeugung weit verbreitet, daß diese Kraft nicht nur Wein sauer werden, Milch gerinnen und Hefe nicht aufgehen läßt sowie Mayonnaise und Eingemachtes verdirbt, sondern Menstrualblut auch Hexen fernhalten, Schutz vor Feuer bieten, Ungeziefer im Feld vernichten und zu Heilzwecken eingesetzt werden kann. Daher ist es auch ein Zeichen von Verantwortung, von einem verantwortungsvollen Umgang mit Macht, wenn die Frauen ihre Kräfte nicht negativ einsetzen und bestimmte Verhaltensweisen befolgen.

Im südportugiesischen Alentejo der siebziger Jahre unseres Jahrhunderts waren es vor allem die Frauen selbst, die zum Schutze der eigenen Familie die geltenden Menstruationsverbote aufrechterhielten. Aus Burgund ist bekannt, daß die Kräfte der Menstruation junger Mädchen in einem festen rituellen Rahmen eingesetzt wurden, um das Wetter in verschiedenster Weise zu beeinflussen. Doch Unreinheit ist keineswegs nur auf Frauen beschränkt. In Griechenland gilt, daß »die körperlichen Prozesse beider Geschlechter [...] eine mögliche Gefahrenquelle [sind] und männliche Sexualität genauso wie die weibliche [...] als potentiell zerstörerisch angesehen werden [kann]«[8].

Was die Tätigkeiten der Geschlechter anbetrifft, so hat jede Kultur ihre eigenen Definitionen dessen, was Arbeiten und Aufgaben der Männer und der Frauen sind. Diese Einteilungen beschränken sich nicht nur auf die wirtschaftlichen Leistungen, sondern ziehen sich durch alle Bereiche der jeweiligen Kultur und sind, wie die Eingangsbeispiele zeigten, keineswegs starr. Es ist jedoch von der jeweiligen Kultur abhängig, ob und wo diese solche Durchbrüche gestattet. Im Bereich der Wirtschaft wurden gerne zwei geschlechterspezifische Domänen voneinander unterschieden: die häusliche und die außerhäusliche. Erstere wurde den Frauen zugeschrieben, letztere den Männern. So waren auf den Aran-Inseln (Irland) Landwirtschaft und Fischerei Aufgabe der Männer, während die Sphäre der Frau Haus und Hof umfaßte. Führten Frauen außerhäusliche Arbeiten durch, so ging man davon aus, daß sie den Männern »halfen«. Eine detaillierte Aufstellung aus Slawonien zeigt, daß der größte Teil der in der Landwirtschaft anfallenden Arbeit von beiden Geschlechtern zusammen oder von den Frauen alleine getan wurde. Nur die landwirtschaftlichen Arbeiten, die mit dem Großvieh verrichtet wurden (außer Melken), und die »Fronarbeit« waren reine Männerarbeit. Dazu kamen bei den Frauen noch die häuslichen Arbeiten.

Auch in Minot (Burgund, Frankreich), Tras-o-Montes (Portugal), in Hessen (Deutschland) und dem Südburgenland (Österreich) spielte sich der wichtigste Teil der alltäglichen Arbeit der Frauen, wie bei den Männern, außerhalb des Hauses ab, und vor allem arbeiteten sie mit den Männern zusammen. Im westirischen County Clare, wie auch in Albanien, wurden die körperlich »leichteren« landwirtschaftlichen Aufgaben den Frauen zugewiesen, die schwereren den Männern. Niemand engte die Frauen aber ein, ausschließlich Frauenarbeit zu verrichten. Dazu kamen für die Frauen die täglich anfallenden Arbeiten im und um das Haus herum. Die Arbeit der Frauen und die der Männer wurde trotz aller Verschiedenheit als komplementär zueinander und als gleich wichtig aufgefaßt. An der nordportugiesischen Küste oder auf der dänischen Insel Amger gilt die Unterteilung, daß die Arbeit auf See Männersache ist, die Arbeit an Land Aufgabe der Frauen. Doch anders als in Dänemark wird an der nordportugiesischen Küste wie auch in einigen Teilen der Bretagne, Galiziens, Sardiniens, Irlands und Schwedens diese Unterteilung nicht strikt eingehalten. Vielmehr fahren die Frauen regelmäßig mit ihren Männern auf See.

Ungewöhnlich scheint jedoch, daß sich in Portugal die Männer auch an den Aufgaben im Haushalt beteiligen, zum Teil bedingt durch ihre Erfahrungen in der Migration. In Minot dagegen galt ein Mann, der anfing, häusliche Arbeiten zu verrichten, bis vor kurzem als *femme-fantoche* (weibischer Hampelmann). Bei den Skolt-Sami in Finnland kann es in neuerer Zeit vorkommen, daß in einem Überbleibsel einer Haushaltsgruppe nur Männer zusammenleben, die dann auch die Arbeiten der Frauen übernehmen – mit einer einzigen Ausnahme: dem Brotbacken.

Auf Lesbos und Kreta dagegen wird die geschlechtliche Arbeitsteilung strikt eingehalten, ein Geschlecht ist daher notwendig auf das andere angewiesen, und die Arbeit und Person der Frau wird ebenso hoch geachtet wie die des Mannes. Eine Frau in der männlichen Domäne oder ein Mann in der weiblichen ist fast immer fehl am Platz. So kommt es, daß in Kreta, aber auch im Alentejo und in Italien Frauen außerhalb ihres Bereiches als verschlossene, schweigende Randfiguren auftreten. Und Männer, die auf Kreta den Frauen bei der Weinernte helfen, wirken ähnlich fehl am Platz.

Auffallend ist, daß an vielen Orten Frauen die Wirtschaft allein bewältigen können, oft aufgrund der Tatsache, daß ihre Männer in anderen Ländern besser verdienen; oder wenn, wie im Falle Albaniens, die Familie der Blutrache unterliegt. Es sei eine Tatsache, daß, wenn der Mann ginge, die Frau die Farm aufrechterhalten könne, heißt es im County Clare in Irland. Ähnliches gilt auch für das Südburgenland und Hessen. Auf der Insel Krk gab es in den dreißiger/vierziger Jahren kaum ein Haus, in dem die Männer nicht emigriert waren. Die Bewohner von Krk führten weiter aus: »So wurde es den Ehefrauen überlassen, das Haus zu führen und alle Arbeit zu verrichten, selbst die, die in anderen Teilen [des Landes] ausschließlich als Männeraufgabe gelten. Daher auch die Rechte, die die Fauen haben. Sie sind ihren Männern ebenbürtig.«[9] Und selbst aus den Großfamilien des Balkans, die gerne als Inbegriff einer patriarchalen Ordnung zitiert werden, erfahren wir, daß wie in Bulgarien die »Hausmutter« ohne weiteres die Großfamilie allein leiten kann, was eigentlich als die Aufgabe des ältesten oder fähigsten Mannes schlechthin gilt. Umgekehrt kann ein Mann ohne Hausmutter das Haus nicht führen.

Die Arbeitsteilung in den Großfamilien des Balkans, die in ihrer Blütezeit mehr als 80 Personen umfassen konnten, unterscheidet sich kaum von den weiter oben beschriebenen Formen (siehe das Beispiel Slawonien). Hinzu kommt allerdings, daß angesichts der Vielzahl der Mitglieder die anfallende Arbeit anders organisiert werden mußte und konnte als in einer Kleinfamilie. An der Spitze der Großfamilie standen der Herr und die Herrin des Hauses. Sie leiteten für gewöhnlich die Arbeiten der Männer bzw. der Frauen. Innerhalb der Frauengruppe gab es noch eine weitere Unterteilung: Nur die von der Hausherrin unter den Frauen bestimmte *reduš a* (jene, die an der Reihe ist) war, oft in wöchentlichem Turnus, dafür zuständig, die Kühe zu melken, Käse zu bereiten, Butter herzustellen, Eier zu sammeln, das Haus aufzuräumen, Ordnung zu halten, die Schweine zu füttern, das Mittagessen vorzubereiten, die Hirten zu versorgen, das Essen auf das Feld zu bringen, abzuwaschen, den Kleinkindern beim Anziehen zu helfen, Brot zu backen etc. Die anderen Frauen arbeiteten je nach Jahreszeit auf dem Feld oder sponnen und webten. Von den Hausherrinnen in Süd-

Somogy (Ungarinnen wie Kroatinnen) wird berichtet, daß sie eifersüchtig auf ihr Wissen und ihre Vorrechte achtgaben, weshalb die ihrer Sorgfalt anvertrauten Frauen nicht einmal kochen lernten. Ähnliches wird auch von den Ungarinnen im Drauwinkel berichtet. Aber auch in kleinen Haushalten bildete sich eine Arbeitsteilung unter den Frauen heraus. So waren in Hessen der Garten und die Zubereitung der Mahlzeiten die Aufgabe der Hausfrau, beim Buttern und Käsezubereiten halfen die heranwachsenden Töchter und die Magd, beim Brotbacken die erwachsenen Töchter und die Magd.

Was also die reine Arbeitsverteilung der Geschlechter betrifft, so läßt sich ohne weiteres sagen, daß die Zuschreibung der häuslichen Arbeit an die Frauen größtenteils idealtypisch ist. Doch wer entscheidet über den Gebrauch der Haushaltsressourcen, wer hat in welchem Punkt die Verfügungsmacht? »Ein guter Mann, wer verdient und das Geld der Frau aushändigt«, heißt es an der nordportugiesischen Küste und in Amouliani (Griechenland). In erster Linie sind die angebauten, gefischten, gezüchteten Produkte für den Eigenbedarf der gesamten Familie bestimmt. Das Getreide, das der Mann unter Umständen anbaut und erntet, wird der Frau nicht vorenthalten, ebensowenig wie sie ihm »ihre« Butter vorenthalten wird. Allerdings verwahren die Frauen die Schlüssel zu den Vorratskammern, und die Männer waren den Frauen in dieser Beziehung auf manche Weise ausgeliefert. Besucher, die wenig reflektieren, deuten die Tatsache, daß beim Essen die Männer, wie auf Kreta, das Fleisch aufschneiden und den Alkohol einschenken (beides Produkte ihrer Arbeitsleistung), als Ausdruck und Beweis eines patriarchalischen Familienverhältnisses. Sie vergessen dabei, daß das Essen von den Frauen bereits zugemessen wurde.

Die Frauen verfügen, in der Regel ohne Rechenschaft darüber abzugeben, über die Überschüsse der Produkte, die sie – im Rahmen der geschlechtlichen Arbeitsteilung – alleine anbauen, großziehen und fertigen: Gemüse, Geflügel (inklusive Eier), Milch, Milchprodukte und textile Erzeugnisse oder Keramik. »Frauen erzählten den Männern nicht, wieviel Geld sie verdienten mit Algen oder anderen Tätigkeiten, es war die Angelegenheit der Frau. Es hat nichts mit ihm zu tun gehabt«[10], erfuhr Sally Cole von einer Frau aus Nordportugal. Im County Clare in Westirland hatte der Mann die Aufsicht über den Verkauf des Viehs und verfügte über den Erlös. Dabei war er verpflichtet, im Interesse seiner Frau und Kinder zu handeln, die im Falle eines schlechten Preises zu Unmutsäußerungen ihm gegenüber berechtigt waren. Über all das Geld, das aus dem Verkauf von Eiern und Butter stammte, verfügte die Frau, wie sie es für richtig hielt. In erster Linie erfüllte sie damit die Bedürfnisse der Familie.

Ähnlich war es im Südburgenland und in Transsylvanien: Der Bauer verkaufte Getreide und Vieh (außer Geflügel), die Bäuerin erzielte Erlöse aus dem Verkauf von Milch, Geflügel und Eiern. In Nordportugal darf ein Mann den Teil des Viehs, der der Obhut seiner Frau untersteht, wie etwa die Schweine, in ihrer Abwesenheit nicht verkaufen. Selbst wenn er eine günstige Gelegenheit wahrnähme und mit dem Verkauf ein Vielfaches dessen erzielen würde, was mit dem Schwein sonst zu erzielen wäre. Auf Krk verkaufen die Frauen ihre eigenen Produkte wie Schnaps, Feigen, Öl und Wein; in Albanien dagegen produzierten und verkauften die Frauen vor allem

textile Erzeugnisse auf dem Markt. Allem Anschein nach ist die albanische Frau laut Arthur Haberlandt auch »die hauptsächliche Trägerin des Markthandels« gewesen, weil die »Blutrache den Verkehr der männlichen Mitglieder der Sippe stark einschränkt«.[11] Auf Kreta exportieren die Frauen Rosinen, und hier wie auch auf anderen griechischen Inseln verdienen sie ihr Geld durch die Bereitstellung von Touristenunterkünften. In der bulgarischen Großfamilie verfügte die Herrin des Hauses über die Erträge wie Milch, Butter, Eier, dann Geflügel und in kleinem Maße Mehl und Getreide. »Die Gelder verwendete sie dazu, allerlei Kleinigkeiten für den Haushalt zu besorgen oder um Schmuckgegenstände für die Mädchen und jüngeren Frauen der Großfamilie zu kaufen.«[12] Aus der ungarischen Baranja wird berichtet, daß jegliches Einkommen aus dem Verkauf von Überschüssen vom Hausherrn verwaltet wurde, er aber dem Familienrat darüber Rechenschaft ablegen mußte. Andererseits hatte jede Frau einer Großfamilie ihre eigenen Gemüsegärten bzw. Lein- und Hanffelder. Das daraus erzielte Geld stand ihr für eigene Zwecke zur Verfügung.

In Slawonien war »die Quelle des Geldes, das die Frauen besassen, [...] auch der Ertrag von der Erde, die sie vererbten«[13]. Im Falle einer zerstörten Ernte oder dem Tod des Viehs konnte die Großfamilie mit Zustimmung der Frauen auf diese Sonderfonds zurückgreifen. In einem anderen Teil der Baranja verschaffte sich die Frau das nötige Geld, indem sie Geflügel, Eier, Leinwand, Hanf und Bohnen verkaufte. Manchmal, so wird berichtet, waren sie auch gezwungen, in der Scheune, dem Kornspeicher zu stehlen. Ähnliches kennen wir auch aus Slowenien, allerdings handelte es sich hier um angeblich weniger wichtige Überschüsse. Dieses vermeintliche Stehlen geschah nie ohne das Wissen der Männer. Denn »wenn es im Haus kein Geld gibt, die Män-

Alte Frau mit Tochter. Malaga, Spanien 1973

Weinbäuerin. Minho, Portugal 1988

Frau mit Raukeernte aus dem Garten. Beia Alta, Portugal 1988

ner aber nörgeln, so müssen die Frauen, wie auch immer, all das anschaffen, was die Männer benötigen. Dann lässt sich die Hausherrin was einfallen [...] Jeder Mann weiss über seine Frau Bescheid, der Hausherr über die Hausherrin und trotzdem wird das alles verheimlicht.«[14] Rihtman-Auguštin unterscheidet daher zwischen dem Ideal (oder der erdachten Ordnung, wie sie es nennt) und der Wirklichkeit der Großfamilie. Ein Ideal der Großfamilie war der gemeinsame Besitz. Idealerweise gab es keinen Privatbesitz, was praktisch nicht realisierbar war. Aus Bulgarien wird im Prinzip ähnliches berichtet: Ein Sondervermögen einzelner Mitglieder verstößt im allgemeinen gegen das Wesen der Großfamilie, war aber schon immer vorhanden, zum Beispiel in Form von Schmuck, Festtagskleidung und der Mitgift.

Mit dieser hat es eine besondere Bewandtnis. Die Mitgift einer bulgarischen Braut blieb ihr Privateigentum, ebenso wie alle ihr am Tage der Hochzeit geschenkten Gelder. Erhält sie auch Ackerland und Vieh, so kann sie das Land der neuen Familie zum allgemeinen Nießbrauch übergeben oder verpachten. Vieh dagegen bleibt ihr persönliches Eigentum. Während beispielsweise Milch und/oder Wolle der Großfamilie zufallen, behält sie ihr Vieh immer in der ursprünglichen Zahl und Beschaffenheit und erhält es im Falle der Teilung der Großfamilie oder einer zweiten Heirat zurück. Ähnlich verhält es sich bei den georgischen Pschawini, nur erhalten die Mädchen schon in früher Jugend ihre Mitgift unter anderem in Form von Vieh, das sie dann sich vermehren lassen. In Griechenland wurde ursprünglich nur im östlichen Teil des Landes der Frau ein Haus, in dem die zukünftige Familie wohnte, als Mitgift mitgegeben. Um dies bei mehreren Töchtern zu erreichen, mußten nicht selten die Söhne mit ihrer Arbeit mit dazu beitragen, daß die Schwestern ihre Hausmitgift bekamen. Und erst wenn alle Schwestern verheiratet waren, konnte auch der Bruder eine Familie gründen. Nach dem Zweiten Weltkrieg breitete sich der Brauch der Hausmitgift nach und nach in ganz Griechenland und auch in den Städten aus, wo sie aktueller ist denn je. Im Falle einer Scheidung muß der Mann das Haus oder die städtische Eigentumswohnung verlassen, auch wenn er rechtlich gesehen der Besitzer des Hauses seiner Frau war.

Wenn nun die ökonomische Verantwortung der Frauen derartig hoch ist, und wenn sie über ihre Produkte verfügen können, welche Rolle und Autorität wird ihr dann in anderen Bereichen der Kultur – der Entscheidungsfindung, der Politik und Religion – beigemessen? Hier betreten wir einen Bereich, in dem die Aussagen in der Literatur immer spärlicher werden, da diese Bereiche zunehmend als männliche Domäne klassifiziert wurden und man die Frauen darin anscheinend schon von vornherein kaum wahrnahm. Es kann davon ausgegangen werden, daß in Europa generell der Mann – als Ehemann, ältester Mann oder Fähigster von zusammenwohnenden Brüdern – als formales oder nominelles Oberhaupt der Familie gilt. Er ist der Hausvater oder Herr des Hauses. Seine Frau ist komplementär dazu die Hausmutter bzw. Herrin des Hauses.

Oberhaupt zu sein heißt zunächst nur, daß der Mann der nach außen hin sichtbare Repräsentant ist – Krasberg spricht hier von einem patriarchischen Schauspiel. Der Mann ist also derjenige, um nur ein Beispiel zu nennen, der an Dorfversammlungen teilnimmt und dort abstimmt. Ob er sich dabei allein nach seiner persönlichen Meinung richtet oder nach der der Hausbewohner, ist damit noch nicht ausgesagt. Auf Kreta sind die Männer, wenn sie eine Aktion beschließen, auf die Zustimmung der Frauen angewiesen. Bernadette Calonego berichtet: »Daß Vreni Niederer, was den Kanton betraf, bis vor vier Jahren weder abstimmen noch wählen konnte, störte sie nicht. Ohne Zweifel hat sie, wie viele Appenzellerinnen, immer großen Einfluß auf die Entscheidungen ihres Mannes genommen«[15]. Im spanischen Oroel haben die Frauen »mit ihrem Mann viele Haushaltsentscheidungen zu treffen, die nicht in ihrer Domäne von Haushaltung und Kinderfürsorge sind.«[16] »Die Männer müssen keine weitreichenden Alltagsentscheidungen treffen«, heißt es aus Lucanien in Süditalien, und weiter: »›Und wenn wir entscheiden müssen und die ganze Arbeit tun, müssen wir auch bestimmen dürfen. Wir [die Frauen] entscheiden, aber wir quatschen nicht groß auf der Piazza darüber.‹«[17] »Ohne Frauen werden [auch in der Baranja] die öffentlichen Fragen nicht gelöst.«[18] Und auf den irischen Aran-Inseln gilt: »Selbst wenn der Vater als formaler Kopf angesehen wird, kann die Mutter beträchtlichen Einfluß auf die Familie ausüben durch ihr Management des Hauses und durch ihre Leitung der Kinder.«[19] Ist die Frau verwitwet oder unverheiratet, wird sie als Haushaltsvorstand angesehen: In Tras-o-Montes (Portugal) werden sie konsultiert, wenn Entscheidungen getroffen werden müssen, die das ganze Dorf betreffen. In den Großfamilien des Balkans vertritt der Herr des Hauses nur die Entscheidungen des Familienrates nach außen. Er ist also keineswegs ein tyrannischer Despot oder ähnliches. An diesem Familienrat sind nominell keine Frauen beteiligt, doch Aussagen aus Pakrac (Valjevo) und albanischen Dörfern im ehemaligen Jugoslawien und Kroatien zeigen, daß die Frauen Meinungen und Entschlüsse ihrer Männer beeinflussen konnten, auch wenn die Eheleute nicht in aller Öffentlichkeit miteinander berieten.

Was die Verhältnisse in Albanien anbelangt, so möchte ich hier eher einer Aussage von 1917 trauen, als aktuelle Autoren zu zitieren. Nicht zuletzt, weil diese Aussage zu den wenigen gehört, in der ein männlicher Autor seine eigene Begrenzung zutage legt: »Im übrigen weist auch hier das Verhältnis von Mann und Frau, der Notdurft des Lebens entsprechend, mehr verständnisvolle Zusammenarbeit auf, als der oberflächliche Beobachter erkennen mag«[20]. Auch wenn die Frauen also auf den ersten Blick nicht sichtbar sind, wenn Entscheidungen gefällt werden, so heißt das nicht, daß sie daran nicht beteiligt sind.

Vielfach entwickeln Frauen subtile Methoden, um zu erlangen, was sie wollen. Sie können im Gespräch mit ihrem Mann beträchtliche sprachliche Finessen einsetzen oder über ihre Kinder – vor allem über die Söhne – Einfluß nehmen. Auch mit Hilfe des sogenannten Klatsches haben die Frauen die Möglichkeit, dem einzelnen sein Fehlverhalten vor Auge zu führen und ihm die Chance geben, es zu korrigieren. Wird bei dem Fehlverhalten ein gewisses Maß überschritten, haben Frauen das Recht, öffentlich Kritik zu üben und ein Fehlverhalten der Männer zu korrigieren. So verlassen die Frauen ohne weiteres ihre herkömmlichen Wege und stellen den Mann etwa in aller Öffentlichkeit zur Rede, so beschämend dies auch für ihn ist. Auch in Montenegro nehmen die Frauen traditionell eine Rolle ein, die wir als »Richterin des Ehrenkodex« umschreiben würden. Bei den Tscherkessen und Abchasen verhindert die Anwesenheit von Frauen Totschlag und Blutrache; Verfolgte fanden unter bestimmten Bedingungen bei ihnen Schutz und konnten von den – eingeheirateten – Frauen sogar als neues Familienmitglied aufgenommen werden.

Als Mütter, Schwiegermütter und Großmütter geben die Frauen von jeher die kulturellen Werte weiter, sei es nun an die Kleinkinder oder an die erwachsenen Töchter und Schwiegertöchter, die man bei der Erziehung der Enkel unterstützt. Dabei können die Frauen »Wahrerinnen der Familientraditionen sein« oder neue Weichen stellen.

Daß auch Klagelieder ein Instrument des Protestes sein können und die Klagefrauen damit aktiv Bräuche manipulieren und Urheberinnen von Veränderungen sein können, ist erst in neuester Zeit zum Beispiel für Griechenland erkannt worden. Das Beklagen eines Toten ist in Europa so gut wie ausschließlich Aufgabe der Frauen, insbesondere der älteren. Es ist in erster Linie ein religiöses Moment, das außerhalb der offiziellen Kirche steht. Die Klagenden sind religiöse Spezialistinnen. Sie versetzen sich in einen veränderten Bewußtseinszustand und kommunizieren mit dem oder der Toten oder führen ihn/sie, wie in Karelien, in sein neues Zuhause im Jenseits und bringen Nachricht von ihm/ihr zu den Lebenden. Damit haben die karelischen Klagefrauen große Gemeinsamkeiten mit den Schamanen.

Ebenso wie in den anderen Bereichen der Kultur hat man die religiösen Aufgaben und Pflichten der Frauen bei allen in Europa vorkommenden Glaubensrichtungen nicht wahrgenommen oder wie zum Beispiel bei den Klagefrauen als bloße »Sitten und Bräuche« unterbewertet. Statt dessen konzentrierte man sich auf die Tätigkeiten der handelnden (männlichen) religiösen Würdenträger bei den Hauptfesten. Nur da, wo die Frauen wie zum Beispiel bei den Mordwinen spezielle spektakuläre Zeremonien durchführten, um die erzürnten Ahnen zu besänftigen, finden wir sie erwähnt. Vereinzelt erfährt man, wie aus Bulgarien, daß die Hausherrin an der Seite ihres Mannes an der Verrichtung mancher religiöser Pflichten, vor allem an denjenigen für die Verstorbenen in der Großfamilie, beteiligt war. Ähnliches gilt auch für Montenegro. Im allgemeinen wurden die Frauen in der Literatur auf die Rolle als bloße Zuschauerinnen reduziert, sie füllten sozusagen die Kirchenbänke. Daß dem in der Realität bei weitem nicht so ist, zeigt sich zum Beispiel daran, daß die Frauen in Kalithea (Lesbos, Griechenland) zwei orthodoxe Popen, mit denen sie nicht zurechtkamen, derart drangsalierten, daß diese um ihre Versetzung baten.

Erst in neuester Zeit erkennen und würdigen völkerkundliche Autorinnen und Autoren die für die Familien eminent wichtigen, alltäglichen und unspektakulären religiösen Pflichten der Frauen. Auf Lesbos obliegt es ihnen, für die Ikonen der Namenspatrone der Familienmitglieder zu sorgen, die sich in dem Raum des Hauses befinden, in dem sich die Familie am häufigsten aufhält. Den Namenspatronen wird eine große Schutzfunktion zugesprochen. Die Verantwortung der Frauen ist dabei zweifach: Zum einen haben sie die Sorge dafür, daß der Heiligen zu ihren festen Zeiten im Jahreslauf gedacht wird; zum anderen kümmern sie sich darum, daß die Namensheiligen das Haus und seine Bewohner schützen.

Wenn wir uns von dem relativ starren Begriff der religiösen Aktivität trennen und statt dessen die Rolle der Frauen und Männer bei den Riten betrachten, so ist es mit die wichtigste Aufgabe der Frauen in Europa, die Übergänge im menschlichen Lebenslauf zu gestalten: Geburt, Heirat, Tod und Totengedenken. Gelegentlich haben sie auch ihre eigenen Riten. So feiern transsylvanische Frauen am zweiten oder dritten Tag des Oster- oder Pfingstfestes das *sărbătoarea nepoatelor*, in dem sie die Hebamme ehren, die sie zur Welt gebracht hat. In Serbien herrscht ein erstaunliches Gleichgewicht in der Verteilung der rituellen Rollen von Frauen und Männern. Die festgelegten Aktivitäten des täglichen, jahreszeitlichen und jährlichen Lebens, die zum Wohle der Gemeinschaft beitragen, werden von den Männern ausgeübt. Für nichtregulierte, nichtgeordnete Vorkommnisse, die den einzelnen betreffen, sind die Frauen zuständig, als Vermittlerinnen zwischen Menschen und Bewohnern und Mächten der Vergangenheit, der Zukunft oder des Unbekannten. Interessant ist in diesem Zusammenhang auch eine Studie über das Liedgut slawischer Frauen. Der Erhalt des Menschengeschlechtes und der Fortbestand des Lebens standen im Mittelpunkt ihres Repertoires, das auch Elemente beinhaltete, die an die gerade Verstorbenen oder an die, die noch kommen werden, gerichtet waren. Anna Czekanowska, die Autorin der Studie, schlußfolgert, daß die slawische Frau den Status einer institutionell privilegierten Persönlichkeit innehatte, die verantwortlich war für den Erhalt der Menschheit.[21]

Was den Erhalt der Menschheit anbetrifft, sind die Frauen in Europa (fast) durchweg für die Gesundheit der Familienmitglieder verantwortlich. Sie sind diejenigen, die bei den eigenen Kindern oder Enkeln die erste Diagnose stellen. Und sie entscheiden, welcher Behandlungsweg eingeschlagen wird, ob Hausmittel eingesetzt werden oder der Gang zum schulmedizinischen oder traditionellen medizinischen Fachmann angebracht ist, und sie pflegen die Kranken. Über einige der medizinischen Tätigkeiten und Fähigkeiten der Frauen wissen wir nur am Rande Bescheid. So hatte bereits im 19. Jahrhundert in Slawonien, aber auch in der Baranja (Ormanyság, Drauwinkel und Umgebung von Siklós) in der Regel jede Familie nur ein bis zwei Kinder, die nicht vor dem dritten bis vierten bzw. sechsten/siebten Jahr der Ehe kamen.

Neben den Müttern, die Hausmittel verabreichen, gibt es die Hebammen und Heilerinnen. Die *Bajalica* in Serbien ist eine Frau nach den Wechseljahren, die Krankheiten (Magendarmkoliken, Impotenz, Schmerzen aller Art, Gelbsucht) durch *bajati* (Beschwörungen) heilt. Die entsprechenden Sprüche lernt sie möglicherweise als Mädchen oder erhält sie als Hochzeitsgeschenk. Sie kann sie aber erst nach Jahrzehnten anwenden, wenn sie den privilegierten Status der »alten Frau« erreicht hat und als rituell rein gilt. Diese Reinheit hat aber nichts damit zu tun, daß die Frau mit dem Ausbleiben der Menstruation nun wie ein Mann ist. Im Gegenteil, alte Frauen, die die Fähigkeit des Besprechens haben, werden als Inbegriff des Mutterseins geachtet.

Das Ehe- bzw. Zusammenleben und die Mutter-/Vaterschaft waren im ländlichen Europa die normalen Lebenswege von Mann und Frau. Gelegentlich gab es vor der eigentlichen Hochzeit auch sogenannte Versuchsheiraten oder Bettgemeinschaften, in denen die Partner erst ihre Fruchtbarkeit unter Beweis stellen mußten, bevor sie heiraten konnten – zum Beispiel im nördlichen Irland vor der Großen Hungersnot, in Wales, auf den Hebriden, in Norwegen und den Niederlanden. Die Hochzeitsbräuche unterschieden sich von Kultur zu Kultur sehr. In Nordtranssylvanien fand eine Heirat nur dann statt, wenn sich Braut und zukünftige Schwiegermutter in einem bestimmten rituellen Rahmen die Hände gaben.

Nicht immer zogen die Eheleute nach der Heirat zusammen. Eine bemerkenswerte und fast ausschließlich auf Europa beschränkte Wohnsitzregelung findet man bei Bragança (Portugal) und dem benachbarten Spanien, in der galizischen Provinz Orense (Spanien) und auf den Tory-Inseln (Irland): Die Eheleute bleiben bei ihren jeweiligen Eltern wohnen und arbeiten für diese. Sie haben auch kein gemeinsames eigenes Zimmer. In der Regel aber zogen die Frauen nach der Heirat vielfach in den Haushalt ihrer Schwiegereltern – die griechische Ausnahme ist bereits erwähnt worden.

Vor allem die Beziehung zwischen Schwiegermutter und Schwiegertochter scheint dabei nicht immer einfach gewesen zu sein. In Minot (Frankreich) scheint solange eine Beziehung zwischen den beiden Frauen zu fehlen, bis das erste Kind zur Welt gekommen ist. Von diesem Tag an kann die Schwiegertochter ihre Schwiegermutter mit dem Namen anreden, mit dem das Kind später seine Großmutter anreden wird: *mémère*. Durch das Kind erhält jetzt jede der beiden ihren Platz. Mit dem Wohnsitzwechsel der jungen Frau mußte nun eine »fremde« Frau in die bestehende Familien- und Frauengemeinschaft integriert werden. Sie mußte ihre Position finden in einem bestehenden, aber sich wandelnden Geflecht von Beziehungen. In einigen Fällen war die Heirat des Sohnes zugleich auch ein Machtwechsel in den Positionen der Herrin – und des Herrn des Hauses.

Im baskischen Vera gab es spezielle Riten der Übergabe der Autorität und Macht unter den Frauen. Wie verworren und voneinander abhängig diese Beziehungen sein konnten, zeigt ein Beispiel aus Transsylvanien: Einerseits hat die Schwiegermutter eine bestimmte Autorität über ihre Schwiegertochter, andererseits aber, wenn die Schwiegertochter bestimmte Verhaltenserwartungen nicht erfüllt, wird die Schwiegermutter in aller Öffentlichkeit deswegen verspottet. Darüber hinaus ist auch nicht zu vergessen – und es wird von den Betroffenen wohl auch nicht unterschätzt –, daß sich im Laufe der Jahre die Verhältnisse umdrehen können. Eine Schwiegermutter wird sich vorsehen, ihre Schwiegertochter allzusehr zu drangsalieren, da sie fürchtet, ihre Schwiegertochter könne sich im Alter, wenn sie möglicherweise auf ihre Hilfe angewiesen ist, dafür revanchieren.

Das Kinderkriegen war in Teilen Europas nicht ausschließlich eine Angelegenheit der Frauen. Der Mann wurde physisch wie auch durch eine sympathetische Verbindung an Frau und Kind gebunden. So hielt sich in der Baranja eine Frau bei der Geburt an ihrem Mann fest – »so gehen teilweise die Schmerzen auf [ihn] [...] über« – oder sie kam auf seinem Schoße nieder.[22] Für das Baskenland, die Balearen, Teile der Pyrenäen, für Sardinien, die Britischen Inseln und für Mittelalbanien ist das sogenannte Männerkindbett *(Couvade)* belegt. Während die Frau kurz nach der Geburt wieder aufstand, blieb der Vater für eine gewisse Zeit im Bett liegen.

Den Frauen Albaniens und Montenegros bot sich außer der Ehe noch eine andere Lebensform. Sie konnten oder mußten unter bestimmten Bedingungen sozial zu Männern werden. Wenn sie für sich die Ehe ausschlugen oder es in der Familie keinen (lebenden) Sohn gab, wurden die Mädchen bzw. jungen Frauen zu Männern erklärt. Sie trugen Männerkleidung, führten Männerarbeiten aus und waren blutrachepflichtig. Daß aber das Leben sogenannter normaler Frauen bei weitem nicht weniger spannend und ihre traditionelle Macht und Autorität weit häufiger anzutreffen war als angenommen, wird oft übersehen. Oft bedarf es eines zweiten Blickes, um festzustellen, daß zum Beispiel im vermeintlich »unemanzipierten« Verhalten georgischer Studentinnen, die darauf bestehen, sich in die Küche zurückzuziehen und die Gäste zu bedienen, Freiräume liegen, die die Frauen nicht gewillt sind aufzugeben. Cornelisen schreibt nach fast zwanzigjährigem Aufenthalt in Süditalien: »Meiner Erfahrung nach war die patriarchalische Dominanz niemals eine absolute und ist oftmals überhaupt nicht vorhanden«, und: »Ich glaube heute, daß die Sozialstruktur in süditalienischen Dörfern, also in archetypischen bäuerlichen Gemeinschaften, matriarchalisch ist [...] Es handelt sich um ein De-facto-System, das jeder spürt, das seine Funktionstüchtigkeit täglich erweist, das jedoch nicht legal verankert ist und auch nicht offiziell legalisiert zu werden braucht. Es existiert einfach.«[23] Ich denke, es ist noch viel Feldforschung in Europa vonnöten, die sich nicht von dem »Verputz« beeindrucken läßt. Nicht umsonst sagt man an vielen Orten Europas: »Der Mann ist der Kopf, die Frau der Hals. Und der Kopf bewegt sich nur dahin, wohin der Hals will.«

Der Titel geht auf die Aussage einer Appenzellerin zurück. (Zitiert nach: Calonego, Bernadette, Alle Macht den Frauen. Süddeutsche Zeitung, München. 23./24. Juli 1994. S. 3.)

1 Zvi Rudy, Ethnosoziologie sowjetischer Völker. Bern 1962. S. 55.
2 Karl Ernst von Baer, Vorlesungen über Anthropologie für den Selbstunterricht bearbeitet. 1. Band. Königsberg 1824. Zitiert nach: Claudia Honegger, Die Ordnung der Geschlechter. Frankfurt am Main 1991. S. 210.
3 Vera St. Erlich, Family in Transition, A Study of 300 Yugoslav Villages. Princeton 1966. S. 268, 276.
4 Huus 1872. Zitiert nach: Brit Berggreen, Societies of Married Women. In: Ethnologia Europaea, Bd. 25, Kopenhagen 1995. S. 125.
5 Ulrike Krasberg, Kalithea, Männer und Frauen in einem griechischen Dorf. Frankfurt am Main 1996. S. 50.
6 Ebd., S. 17, 50, 53.
7 Ebd., S. 18, 81.
8 Jill Dubisch, Culture enters through the kitchen: Women, Food and Social Boundaries in Rural Greece. In: Jill Dubisch (ed.), Gender & Power in Rural Greece. Princeton 1986. S. 196.
9 Erlich, a.a.O., S. 267.
10 Sally Cole, Women on the Praia, Work and Lives in a Portuguese Coastal Community. Princeton 1991. S. 36.
11 Arthur Haberlandt, Kulturwissenschaftliche Beiträge zur Volkskunde von Montenegro, Albanien und Serbien. Wien 1917. S. 130.
12 Nedelja Detschka Konsulowa, Die Großfamilie in Bulgarien. Erlangen 1915. S. 38.
13 Dunja Rihtman-Auguštin, Über die »Subkultur« der Frauen in der slawonischen Großfamilie. In: Ethnographia Pannonica. Zagreb 1982. S. 39.
14 Josip Lovretič, Otok, Narodni život i običaji. Zitiert nach: Rihtman-Auguštin, a.a.O., S. 39, 40.
15 Calonego, a.a.O., S. 3.
16 Susan Harding, Women and Words in a Spanish Village. In: R. Reiter (Ed.), Toward an Anthropology of Women. New York 1975. S. 305.
17 Ann Cornelisen, Frauen im Schatten, Leben in einem süditalienischen Dorf. Frankfurt am Main 1980. S. 186, 187.
18 Bertalan Andrásfalvy: Die Stellung der Frau in verschiedenen ethnischen Gruppen der Baranja. In: Ethnographia Pannonica. Zagreb 1982. S. 153.
19 Paul O'Sullivan (ed.), Field and Shore, Daily Life and Traditions, Aran Islands 1900. Dublin 1977. S. 143.
20 Haberlandt, a.a.O., S. 130.
21 Anna Czekanowska, Towards a Concept of Slavonic Women's Repertoire. In: Marcia Herndon and Susanne Ziegler (guest editors), Music, Gender and Culture. Wilhelmshaven 1990. S. 58, 69.
22 Bela Römer, Schwangerschaft, Geburt und Wochenbett im Volksglauben und in Volksbräuchen. In: Ethnographia Pannonica. S. 145.
23 Cornelisen, a.a.O. S., 182, 183.

Über die genannten Quellen hinaus verweist die Autorin auf die in der Bibliographie genannten Belege.

Moral und Recht, Konflikt und Lösung

Die Entwicklung des kodifizierten Rechts

Ina Ebert

Der Ausdruck »Kodifikation« setzt sich aus den lateinischen Begriffen *codex* (Buch) und *facere* (machen) zusammen. Die auf Jeremy Bentham zurückgehende Bezeichnung eines Gesetzes als Kodifikation stellt also klar, daß es sich nicht um ein kurzes Spezialgesetz, sondern um ein umfassenderes Regelungswerk, ein Gesetzbuch handelt. Selbstverständlich hat die Einstufung eines solchen Gesetzes als Buch jedoch keinen Einfluß auf die Notwendigkeit seiner Veröffentlichung in dem Gesetzblatt der jeweiligen gesetzgebenden Körperschaft.

Nicht jedes umfangreichere Gesetzeswerk ist jedoch auch eine Kodifikation im modernen Sinn. Vielmehr werden hierzu nur solche Gesetze gezählt, die das gesamte Recht eines Staates oder doch zumindest ein größeres Teilgebiet davon – zum Beispiel das Zivil- oder Strafrecht – annähernd vollständig, systematisch und für alle Bürger dieses Staates allgemein verbindlich regeln. Das Ideal jeder Kodifikation ist dabei die unbegrenzte Geltung seiner Normen; Ziel ist jedenfalls die weitgehende Beschränkung von Reformen auf den spätestmöglichen Zeitpunkt und das geringstmögliche Ausmaß. Da jede Kodifikation immer auch Rechtsunsicherheit und -zersplitterung bekämpfen soll, erhebt sie grundsätzlich stets den Anspruch ausschließlicher Geltung. Die Herausbildung von Gewohnheits- und Richterrecht neben dem geschriebenen Recht wird daher allenfalls in seltenen Ausnahmefällen geduldet.

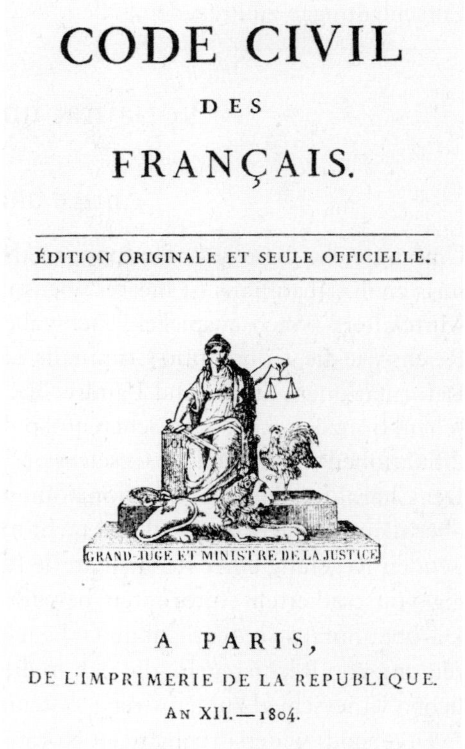
CODE CIVIL

DES

FRANÇAIS.

ÉDITION ORIGINALE ET SEULE OFFICIELLE.

A PARIS,

DE L'IMPRIMERIE DE LA REPUBLIQUE.

AN XII. — 1804.

Titelblatt einer französischen Kodifikation von 1804

Im kontinentalen Europa war der Kodifikationsgedanke bis zum Beginn dieses Jahrhunderts stets eng verknüpft mit der Überwindung des gemeinen (römischen) Rechts in seiner modernen Ausgestaltung, dem sogenannten *usus modernus pandectarum*, zugunsten eines den speziellen Bedürfnissen des einzelnen Staates angepaßten

Rechtssystems. Deutlich anders verlief die Rechtsentwicklung in Großbritannien und Irland. Noch heute verfügen diese Staaten zwar über eine Vielzahl von Einzelgesetzen *(statutes, acts of parliament)*, nicht jedoch über eine Kodifikation, wie sie im übrigen Europa wenigstens für die wichtigsten Materien des Zivilrechts längst selbstverständlicher Bestandteil aller Rechtsordnungen geworden ist. Statt dessen bildet hier das *common law* oder *case law* (im Gegensatz zum kontinental-europäischen *civil law*) die Basis des Rechtssystems. Kennzeichen des *case law* ist die Dominanz des praktisch-empirischen Richterrechts, bei gleichzeitig starker Bindung der Richter an ältere Entscheidungen zu Präzedenzfällen.

Vorläufer und Frühformen

Antike und Mittelalter

Umfangreiche Gesetzessammlungen gab es in Europa seit der Antike. Das ›Corpus iuris civilis‹ Justinians ist hierfür ebenso Beispiel wie die privaten Rechtsbücher des Mittelalters (›Sachsenspiegel‹, ›Schwabenspiegel‹), die umfassenderen Gesetze des Reichs wie die ›Constitutio Criminalis Carolina‹ von 1532, aber auch die unzähligen Reformationen, Stadt- und Landrechte, *ordonnances* und *constitutiones* der deutschen, französischen, spanischen und polnischen Territorien. Mit den modernen Kodifikationen verbindet diese Gesetzeswerke der Wunsch, Rechtssicherheit zu schaffen. Der Charakter einer Kodifikation kommt diesen Kompilationen überlieferten Rechts aber dennoch nicht zu, da ihnen nicht nur der für diese typische Wille zur abschließenden Regelung einer Rechtsmaterie fehlt, sondern auch der Anspruch, unabhängig von tradierten Autoritäten bewußt und grundlegend neues Recht zu setzen. Darüber hinaus verdeutlicht auch die meist freier Assoziation folgende Aneinanderreihung von Rechtsregeln, die sich in diesen älteren Gesetzen findet, den grundsätzlichen Unterschied zu den streng systematischen, sprachlich präzisen und inhaltlich (weitgehend) widerspruchsfreien Normengefügen der späteren Kodifikationen.

Erste neuzeitliche Kodifizierungsversuche

Die ersten umfassenden Gesetzeswerke, die ihrem Erscheinungsbild nach einer Kodifikation schon recht nahekommen, entstehen Ende des 17. bis Anfang des 18. Jahrhunderts in Skandinavien. Anders als in neueren Kodifikationen finden sich in den skandinavischen Gesetzen jedoch keine oder nur wenige Bestimmungen, die aus heutiger Sicht dem Staatsrecht zuzuordnen wären, und auch der Anspruch auf (möglichst) unbegrenzte Geltungsdauer der einmal getroffenen Regelungen wird noch nicht erhoben.

Wegen der besonders ausgeprägten Rechtszersplitterung in Dänemark war man dort schon im 16. Jahrhundert intensiv um die Vereinheitlichung des heimischen Rechts bemüht. Dies gelang zunächst jedoch nur im Hinblick auf einzelne Spezialmaterien wie das See- und das Prozeßrecht. 1661 nahm dann eine Kodifikationskommission ihre Arbeit auf. Dabei setzte sich ein Entwurf Rasmus Vindings durch, der neben Zivil- und Strafrecht auch Fragen des Prozeß-, See- und Religionsrechts regelte. Dieses Gesetzbuch wurde von Christian V. 1683 als ›Danske Lov‹ in Kraft gesetzt. Trotz zahlreicher umfassender Änderungen bildet es noch heute die Grundlage des dänischen Rechts. Norwegen übernahm 1688 das dänische Gesetzbuch in nahezu wörtlicher Übersetzung als ›Norske Lov‹.

Noch langwieriger als in Dänemark erwiesen sich die ebenfalls in der ersten Hälfte des 16. Jahrhunderts begonnenen Gesetzgebungsarbeiten in Schweden. Allerdings konnte man hier auf ein weitgehend einheitliches Land- und Stadtrecht zurückgreifen. Darüber hinaus sorgte die Rechtsprechung der vier Appellationsgerichte für ein Mindestmaß an Rechtseinheit. Bemerkenswert an den schwedischen Gesetzgebungsbemühungen ist, wie weit deren von Erik Lindshöld zusammengestellte Zielvorstellungen bereits denjenigen deutlich späterer Kodifikationen, etwa in Preußen und Österreich, entsprachen. Wie auch die anderen skandinavischen Gesetzbücher vereinheitlichte das 1734 fertiggestellte ›Sveriges rikes lag‹ das Zivil-, Straf- und Prozeßrecht. Mit dem heutigen schwedischen Reichsgesetz gleichen Namens stimmen allerdings nur noch etwa ein bis zwei Prozent aller Normen der Urfassung überein. Finnland übernahm das schwedische Gesetz zunächst in der Originalfassung, ab 1759 in finnischer Übersetzung.

Eine weitere Vorstufe der Naturrechtskodifikationen entstand Mitte des 18. Jahrhunderts in Bayern unter Kurfürst Maximilian III. Joseph: Mit dem Strafgesetzbuch von 1751, der Zivilprozeßordnung von 1753 und dem Zivilgesetzbuch von 1756 verband Vizekanzler Wiguläus Xaverius Aloysius Freiherr von Kreittmayr das ältere bayerische mit dem zeitgenössischen gemeinen Recht in der Form des *usus modernus*. Trotz vielfältiger theoretischer Anklänge an aufklärerisch-naturrechtliche Gedanken blieben die konkreten Regelungen dieser Gesetzbücher jedoch noch deutlich hinter den Forderungen des Vernunftrechts zurück, wie sich insbesondere an dem hiervon noch fast völlig unberührten Strafrecht zeigt. Auch der umständlich-lehrbuchhafte Stil der Gesetzeswerke, die geduldete Weitergeltung älteren Lokalrechts sowie das Fehlen eines geschlossenen, widerspruchsfreien Rechtssystems genügen noch nicht annähernd den Anforderungen an eine moderne Kodifikation.

Die Naturrechtskodifikationen

Ende des 18. Jahrhunderts war dann die Zeit reif für die ersten wirklichen Kodifikationen. Politische Voraussetzung hierfür war einerseits der Verfall des Heiligen Römischen Reichs Deutscher Nation, von dem keine größere Gesetzgebungstätigkeit mehr zu erwarten stand, andererseits der Aufstieg der Landesherrn zu absolutistischen Herrschern, die für sich ein uneingeschränktes Gesetzgebungsmonopol beanspruchten und dies als wesentliches Gestaltungsmittel ihres Staatswesens entdeckten. Gerade in denjenigen Staaten, in denen nicht zuletzt aufgrund von Gebietsgewinnen mehrere widersprüchliche Rechtssysteme aufeinandertrafen, ließen daher sowohl das absolutistische Streben des Staatsoberhaupts nach einem Machtmonopol, dem jede Existenz von Gewohnheits- oder Richterrecht zuwiderlief, als auch das aufklärerische Streben nach Rechtseinheit und Rechtssicherheit die Kodifizierung des Rechts zu einem vorrangigen Staatsziel werden. Gleichzeitig hatte das mathematisch-systematische Naturrecht des 17. und frühen 18. Jahrhunderts den überlieferten Rechtsstoff mittlerweile nicht nur vollständig säkularisiert, sondern auch systematisch, begrifflich und sprachlich so weit durchdrungen, daß dieses erstmals kodifizierbar geworden war. Besondere Bedeutung erlangte hierbei, insbesondere für Preußen, das vernunftrechtliche Gesamtsystem Christian Wolffs. Insgesamt waren die seit längerem – etwa von Gottfried Wilhelm Leibniz – theoretisch erörterten Pläne einer allumfassenden Kodifikation damit nicht mehr länger bloße Utopie, sondern politisch dringend erwünscht und technisch umsetzbar.

Preußen

Die erste derartige Kodifikation entstand in Preußen. Nachdem sowohl erste Versuche Friedrich Wilhelms I. als auch der noch allzusehr dem *usus modernus* verpflichtete Teilentwurf des preußischen Kanzlers Samuel von Cocceji gescheitert waren, ermöglichte der berühmte Justizskandal um den Müller Arnold 1779, der zur Einsetzung des kodifikations- und reformfreudigen Großkanzlers Johann Heinrich Casimir von Carmer führte, die zielstrebige Verwirklichung der von Friedrich dem Großen angestrebten Justiz- und Rechtsreform. Erster Erfolg Carmers und seines Mitarbeiters Carl Gottlieb Svarez war die Vereinheitlichung und Modernisierung des preußischen Zivilprozeßrechts 1781.

In den Jahren 1784 bis 1788 entstand dann mit dem ›Allgemeinen Gesetzbuch für die preußischen Staaten‹ ein alle Materien mit Ausnahme des Prozeßrechts umfassendes, stark dem Naturrechtssystem Christian Wolffs und Samuel Pufendorfs verpflichtetes Gesetzbuch. Dieses wurde 1791 nach intensiver öffentlicher Diskussion publiziert und sollte im Folgejahr in Kraft treten. Noch bevor es dazu kam, bewirkten jedoch die unter dem Eindruck der Französischen Revolution nach dem Tod Friedrichs des Großen auch in Preußen wieder erstarkenden reaktionären Kräfte eine Suspendierung der Kodifikation. Wegen der durch die Zweite Polnische Teilung von 1793 entstandenen Notwendigkeit, die neu mit Preußen verbundenen Gebiete rechtlich zu prussifizieren, gelang es den Reformern aber 1794, das Inkrafttreten des weitgehend unveränderten Gesetzbuchs unter dem traditionelleren Namen ›Allgemeines Landrecht‹ (ALR) durchzusetzen. Dessen 19 199 Paragraphen spiegeln in ihren äußerst kasuistischen, dafür leicht verständlichen und volkstümlichen Regelungen den preußischen Ständestaat des ausgehenden 18. Jahrhunderts, enthalten aber auch durchaus schon einige Bestimmungen, die Preußens Weg zum Rechtsstaat ebnen. Vor allem aber bewirkte das ALR für Preußen ein Maß an Rechtseinheit und Rechtssicherheit, wie es die meisten europäischen Staaten erst wesentlich später erreichten.

Frankreich

Auch in Frankreich erwiesen sich die Vorarbeiten für eine landeseinheitliche Kodifikation, die den fränkisch-germanischen Rechtskreis des *droit coutumier* im Nordosten und den des römischrechtlichen *droit écrit* im Süden vereinheitlichen sollte, als äußerst langwierig. Bis zum Ende des Ancien régime regelten daher eine Vielzahl von *ordonnances* der französischen Könige einzelne Rechtsmaterien, etwa das Zivilprozeß-, Handels-, Erb- und Schenkungsrecht. Weitergehende Kodifikationspläne hatten sich hingegen nicht durchsetzen können. Immerhin leisteten aber die Werke von Domat, Diderot, Montesquieu, Voltaire und Pothier wertvolle Vorarbeiten für ein solches Projekt.

Von Beginn der Französischen Revolution an gehörte dann die Schaffung eines einheitlichen Zivilgesetzbuchs zu den gängigen Forderungen, die auch in der Verfassung von 1791 ihren ausdrücklichen Niederschlag fanden. Trotzdem war es erst der Aufstieg Napoleon Bonapartes, seit 1800 Erster Konsul, der für schnelle Fortschritte bei den Gesetzgebungsarbeiten sorgte. Innerhalb weniger Monate erarbeitete eine Viererkommission nunmehr den Entwurf eines Zivilgesetzbuchs, der im *Conseil d'État* unter intensiver persönlicher Beteiligung Napoleons ausführlich beraten und 1804 als ›Code civil‹ verkündet wurde. Die am klassischen Institutionensystem orientierten und auf den Bestimmungen beider bisheriger Rechtskreise aufbauenden Artikel dieses Gesetzbuchs verwirklichten mit den Mitteln des Privatrechts die revolutionären Forderungen nach Gleichheit vor dem Gesetz, Freiheit des Eigentums und Vertragsfreiheit. Anders als das preußische ALR ist der ›Code civil‹ dabei nicht um die möglichst präzise Regelung jedes denkbaren Einzelfalls bemüht, sondern beschränkt sich auf knappe, abstrakte Regelungen, die sich dadurch als hinreichend flexibel erwiesen, um unbeschadet zahlreicher Reformen bis heute in Geltung bleiben zu können.

Auf die Vereinheitlichung des Zivilrechts folgte in Frankreich in dichter Folge die einheitliche Regelung der übrigen Rechtsmaterien: 1806 wurde eine Zivilprozeßordnung verkündet, 1807 ein Handelsgesetzbuch, 1808 eine Strafprozeßordnung und 1810 ein Strafgesetzbuch. Von all diesen Kodifikationen war es aber vor allem der ›Code civil‹, der als erstes modernes Gesetzbuch eines säkularisierten, ständefreien Staates international auf Anerkennung stieß.

Parallel zu den militärischen Eroberungen breitete sich das Geltungsgebiet der auch als »Code Napoleon« bezeichneten *Cinq codes* innerhalb weniger Jahre in ganz Europa aus. Zumindest kurzfristig galt französisches Recht in weiten Teilen des deutschsprachigen Raums sowie in Luxemburg, Belgien, den Niederlanden, dem Großherzogtum Warschau und Westgalizien. Auch zahlreiche spätere nationale Zivilgesetzbücher, wie etwa das ›Burgerlijk Wetboek‹ der Niederlande von 1838, der italienische ›Codice civile‹ von 1865 sowie der portugiesische und spanische ›Código civil‹ von 1867 bzw. 1888/89 entsprachen weitgehend dem Vorbild des französischen ›Code civil‹.

Österreich

Die Gesetzgebungsgeschichte in Österreich weist deutliche Übereinstimmungen mit der preußischen auf. Nach mehreren erfolglosen Entwürfen führte 1797 die Annektierung Westgaliziens zur Einführung eines stark naturrechtlich geprägten Gesetzbuchs zunächst in diesem Gebiet, später in ganz Galizien. Neben der Vereinheitlichung des dortigen Rechts verband man damit die Absicht, in diesem Teilgebiet der Monarchie zu erproben, wie sich die neugefundenen Regelungen bewähren würden, bevor sie im gesamten Staatsgebiet in Kraft gesetzt wurden. Gleichzeitig wurde eine Gesetzgebungskommission eingesetzt, die nach mehrfachen umfassenden Revisionen eine ganz vom Geist josephinischer Aufklärung geprägte Kodifikation schuf, die ab 1812 als ›Allgemeines Bürgerliches Gesetzbuch‹ (ABGB) in der gesamten Habsburger Monarchie Anwendung fand. Das im wesentlichen von Karl Anton Freiherr von Martini sowie dessen Schüler Franz von Zeiller verfaßte Privatrechtsgesetzbuch verzichtete weitgehend auf die Kasuistik des preußischen ALR. Es hat sich daher als ausgesprochen anpassungsfähig erwiesen und bildet bis heute die Grundlage des österreichischen Zivilrechts. Außer in Österreich selbst galt das ABGB zeitweise im gesamten Habsburger Herrschaftsgebiet, also unter anderem in Ungarn, Siebenbürgen, Bosnien, Kroatien, Teilen des Burgenlandes sowie in Liechtenstein.

Die Kodifikationen der Jahrhundertwende

Deutschland

Die Kodifikationsbewegung in Deutschland im 19. Jahrhundert ist in vielerlei Hinsicht Prototyp für die große Mehrheit aller Gesetzgebungsbestrebungen dieser Zeit. Insbesondere das Nebeneinander von nationalem und rechtlichem Einheitsstreben sowie die Reihenfolge der letztlich verwirklichten Kodifikationsvorhaben – Wirtschaftsrecht, Prozeßrecht, Bürgerliches Recht – findet sich so im Laufe nicht nur der europäischen Kodifikationsgeschichte immer wieder und zeichnet sich in ähnlicher Form auch bei der heute angestrebten Rechtsvereinheitlichung innerhalb Europas ab.

Die Entstehungsgeschichte des deutschen ›Bürgerlichen Gesetzbuchs‹ beginnt unmittelbar nach dem Sieg über Napoleon, mit der als Kodifikationsstreit berühmt gewordenen Auseinandersetzung zwischen Anton Friedrich Justus Thibaut und Friedrich Carl von Savigny 1814. Während Thibaut die nunmehr vehement geforderte nationalstaatliche Einheit Deutschlands durch eine Vereinheitlichung der Rechtsordnung vollenden will, spricht Savigny seiner Zeit die Befähigung zur Kodifizierung des Rechts ab und fordert, zunächst dem geltenden Recht durch eine vertiefte Durchdringung des überlieferten römischen Rechts eine solidere wissenschaftliche Grundlage zu verschaffen.

Dies gelang in den folgenden Jahrzehnten auf dem Gebiet des Privatrechts der von Savigny und Karl Friedrich Eichhorn wenig später gegründeten Historischen Rechtsschule sowie der sich hieraus entwickelnden Pandektistik und Begriffsjurisprudenz, aber auch der diese überwindenden Zweck- und Interessenjurisprudenz. Zugleich sorgte die trotz des Rückschlags von 1848/49 kontinuierliche Entwicklung hin zu einer staatlichen Einheit Deutschlands, vom Zollverein 1834 über den Norddeutschen Bund von 1867 bis zur Reichsgründung 1871, für den nötigen politischen Rahmen für ein solches Gesetzeswerk. Hiermit einher ging die Vereinheitlichung des deutschen Wirtschaftsrechts durch die ›Allgemeine Deutsche Wechselordnung‹ von 1847/48 und das ›Allgemeine Deutsche Handelsgesetzbuch‹ von 1861.

Die Reichsgründung führte noch 1871 zu einer Vereinheitlichung des deutschen Straf- und Gewerberechts. 1877/79 wurde durch die Reichsjustizgesetze auch im Bereich des Gerichtsverfassungs- und Prozeßrechts die Rechtseinheit in Deutschland verwirklicht. Erst 1873 führte hingegen eine von den nationalliberalen Abgeordneten Miquel und Lasker seit längerem angestrebte Verfassungsänderung zur Ausdehnung der Reichskompetenz auf das gesamte Zivilrecht. Zuvor war es lediglich auf Länderebene zu einer Kodifikation des bürgerlichen Rechts gekommen. Größte Bedeutung erlangte dabei das ›Sächsische Bürgerliche Gesetzbuch‹ von 1863, auf dem wiederum das ›Gesetzbuch für die Ostseeprovinzen‹ von 1864 aufbaute.

Die 1874 begonnenen Kommissionsarbeiten für ein gesamtdeutsches Zivilgesetzbuch mündeten 1888 in die Vorlage eines ersten Entwurfs, der weitgehend der Pandektistik Windscheids verpflichtet war und nicht zuletzt wegen seiner fehlenden Berücksichtigung der Interessen der Arbeiterklasse und seiner für Laien kaum verständlichen Formulierungen auf heftige Kritik stieß. Die überarbeitete Fassung dieses Gesetzestextes wurde 1896 gegen die Stimmen der Sozialdemokratie als ›Bürgerliches Gesetzbuch‹ (BGB) verabschiedet und trat am 1. Januar 1900 in Kraft. Beim BGB handelt es sich um eine Kodifikation, die die liberalen Forderungen nach Rechtsgleichheit aller Bürger sowie die Vertrags- und Eigentumsfreiheit verwirklicht, den Anforderungen eines Sozialstaats heutiger Prägung aber nur bedingt genügt. Während die abstrakter geregelten Teile des BGB wegen der zahlreichen, Flexibilität gewährleistenden Generalklauseln bis heute im wesentlichen unverändert erhalten blieben, waren daher in anderen Bereichen, etwa dem Mietrecht, umfassende Reformen erforderlich. Im Familienrecht stimmen allenfalls noch vereinzelte Bestimmungen mit dem Originaltext überein. Andere Gebiete des Privatrechts, so vor allem das Arbeitsrecht, haben sich fast völlig vom BGB gelöst und sind in Einzelgesetzen und durch Richterrecht geregelt. Dennoch belegt allein die ununterbrochene Weitergeltung des BGB im Verlauf der wechselhaften deutschen Geschichte den Grad des Erfolges, mit dem dieses Gesetzbuch die vor 1900 in Deutschland und selbst innerhalb der einzelnen deutschen Staaten herrschende Rechtszersplitterung beseitigte und zumindest für die Kernmaterien des Zivilrechts Rechtseinheit und Rechtssicherheit für Deutschland verwirklichte.

Schweiz

In der Schweiz fehlte es zunächst ebenfalls an einer Bundeskompetenz für die Zivilrechtsgesetzgebung. Dies führte zu einer Fülle kantonaler Privatrechtskodifikationen, die meist an das französische oder österreichische Recht angelehnt waren. Das gelungenste und eigenständigste Werk dieser Art war das stark von den Ideen der Historischen Rechtsschule geprägte ›Zürcher Privatrechtliche Gesetzbuch‹ Johann Caspar Bluntschlis, das seinerseits für andere kantonale Gesetzbücher Vorbild wurde. Nachdem 1874 die Gesetzgebungskompetenz des Bundes auf das Obligationen- und Handelsrecht ausgedehnt worden war, konnte 1881 das 1883 in Kraft getretene ›Obligationenrecht‹ verabschiedet werden, dessen Regelungen bei intensiver Berücksichtigung des Zürcher Gesetzbuchs eine Verbindung aus deutschem, österreichischem und französischem Recht darstellen.

1884 begann der Rechtslehrer Eugen Huber in Vorbereitung eines einheitlichen schweizerischen Zivilgesetzbuchs mit der Sichtung der verschiedenen kantonalen Gesetze. Hierauf aufbauend, erstellte eine Expertenkommission einen Vorentwurf, der im Anschluß an die Ausdehnung der Bundeskompetenz auf das gesamte Zivilrecht (1898) 1900 der Öffentlichkeit präsentiert wurde. Diesem stimmten Nationalrat und Ständerat 1907 einstimmig zu. 1912 trat das schweizerische ›Zivilgesetzbuch‹ (ZGB) in Kraft, gleichzeitig eine teilrevidierte Fassung des 1937 im übrigen erneuerten Obligationenrechts. Vom fast gleichaltrigen deutschen BGB unterscheidet sich das ZGB durch seinen Verzicht auf lückenlose Regelungsdichte, ein dadurch höheres Maß an Volkstümlichkeit und Allgemeinverständlichkeit sowie die ausdrückliche Zulassung einer richterlichen Rechtsfortbildung.

Kodifikationen des 20. Jahrhunderts

Trotz aller Kritik und ungeachtet der täglich wachsenden Flut von Spezialgesetzen hat der Kodifikationsgedanke in Europa auch in diesem Jahrhundert nichts von seiner Aktualität verloren. So nahmen verschiedene Länder des französischen Rechtskreises die Fertigstellung der Gesetzbücher des deutschsprachigen Raums zum Anlaß, sich zumindest teilweise vom Vorbild des ›Code civil‹ abzuwenden, um dafür deren Regelungen zu übernehmen. Beispiele hierfür sind der italienische ›Codice civile‹ von 1942, das griechische Zivilgesetzbuch von 1940/46 und das ›Nieuw Burgerlijk Wetboek‹ der Niederlande, dessen Hauptteil 1992 in Kraft getreten ist. Abgesehen von diesem Kurswechsel hebt sich das niederländische Gesetzbuch von sämtlichen älteren Kodifikationen dadurch ab, daß es in weitem Umfang internationales Einheitsrecht berücksichtigt, die Gefährdungshaftung und den Verbraucherschutz ausdehnt sowie das Handelsrecht in das allgemeine Zivilrecht integriert.

Andere im 20. Jahrhundert entwickelte Gesetzbücher waren im besonderen Maße den verschiedenen ideologischen Zeitströmungen verpflichtet. So hatte in Deutschland bereits das Parteiprogramm der NSDAP von 1920 die Ersetzung des stark liberal-römischrechtlich geprägten BGB durch ein deutsches Gemeinrecht verlangt. Nach 1933 wurde daher alsbald der Plan entwickelt, das BGB durch ein nationalsozialistisches Volksgesetzbuch abzulösen, das in schlichter, allgemeinverständlicher Sprache das völkische Gemeinschaftsprinzip als höchstes Rechtsideal festschreiben sollte. Bald zeichnete sich jedoch die Unmöglichkeit ab, mehr Rechtsstoff als im BGB in weniger Vorschriften, aber dennoch volkstümlicher zu regeln. Letztlich kam das Vorhaben 1943/44 kriegsbedingt zum Erliegen, ohne daß bis dahin mehr als ein Teilentwurf fertiggestellt werden konnte.

In den Ländern des früheren Ostblocks, darunter Ungarn (1959) und Polen (1964), kam es zu Zivilrechtskodifikationen, die der sozialistischen Staatsideologie Rechnung trugen. Ebenso brach die DDR, in der zunächst das BGB weitergegolten hatte, durch das Inkraftsetzen des ›Zivilgesetzbuchs‹ von 1976 mit der gesamtdeutschen Rechtstradition, bis die Wiedervereinigung beider deutscher Staaten 1990 die Rechtseinheit unter dem BGB wiederherstellte.

Vorbild aller Kodifikationen des sozialistischen Rechtskreises war die Gesetzgebung der Sowjetunion. Die dieser angehörenden Republiken hatten sich alsbald nach der Beseitigung des vorrevolutionären Rechts 1922/23 weitgehend übereinstimmende Zivilgesetzbücher gegeben, die ab den sechziger Jahren durch neue Kodifikationen ersetzt wurden. Typisch für sozialistische Rechtsordnungen war neben dem Instrumentalcharakter des Rechts die vom übrigen Zivilrecht separate Kodifizierung des Familien-, Arbeits- und Liegenschaftsrechts. Die politische Wende in den ehemals diesem Rechtskreis angehörenden Staaten führte in den letzten Jahren dann dort erneut zu einer umfassenden Gesetzgebungstätigkeit.

Eine gesamteuropäische Zivilrechtskodifikation wird sich wohl noch auf viele Jahre hinaus nicht realisieren lassen. Annähernde Einigkeit herrscht in dieser Frage bislang allenfalls hinsichtlich der in einem solchen Gesetzbuch zu regelnden Rechtsmaterien: jedenfalls nahezu das gesamte Schuldrecht, eventuell Teile des Sachenrechts, nicht hingegen das Familien- und Erbrecht. Heftig umstritten ist dagegen unter anderem die Kompetenzabgrenzung zwischen dem zu schaffenden europäischen Zivilrecht und dem Recht der Einzelstaaten, die Einpassung des Common-law-Rechtskreises und der äußere Ablauf des Kodifikationsvorgangs. Weitere Probleme verursachen die grundlegenden Unterschiede in der Juristenausbildung, die Vielfältigkeit der Rechtssprachen und die geringe europäische Ausrichtung der Rechtswissenschaft in den einzelnen Ländern. Immerhin zeigen sich aber in einzelnen Teilbereichen wie dem Transport- und Kaufrecht bereits Ansätze für eine Rechtsvereinheitlichung.

Jüdischer und christlicher Einfluß auf Moral und Recht

Norbert Brieskorn

Jüdischer Glaube

Gemäß jüdischem Glauben hat Gott einen Teil der Menschheit in geschichtlichem Eingreifen erwählt, aus der Sklaverei befreit, durch einen Bundesschluß an sich gebunden und zu einem Volk gemacht. Es lebt in der Hoffnung auf das Heil und erwartet einen »Messias«, der sein Königtum über die ganze Welt errichten wird. Juden sehen sich aber nicht zu einer Glaubensverbreitung in der Form aktiver Missionsarbeit, sondern zur Erhaltung und Mehrung des auserwählten Volkes verpflichtet. Jüdische Gemeinden bildeten sich in vielen europäischen Städten und blieben ihren sittlichen und rechtlichen Vorschriften während aller Wandlungen europäischer Sittenauffassungen und Rechtsvorstellungen treu. Die Inhalte der Glaubensurkunden des jüdischen Volkes – die fünf Bücher Mose, die Bücher der Propheten und die Weisheitsliteratur – verbreiteten sich aber eher über das Christentum als direkt über jüdische Tätigkeit in den europäischen Raum hinein. So vollzog sich die Einflußnahme anders als im Christentum.

Christlicher Glaube

Christlicher Glaube und christliche Gemeinschaft verstehen sich ebenfalls von einem Bund her, einem neuen, aber endgültigen Bund, der mit Gott in Jesus Christus, seinem einzigen und menschgewordenen Sohn, geschlossen worden ist. Den Nachfolgern Jesu Christi ist ausdrücklich (Matthäus 28, 19f.) die Verkündigung des Glaubens an Jesus Christus und die Lebensgestaltung aus diesem Glauben heraus aufgetragen. Einflußnahme ist damit Recht und Pflicht. Diese Verkündigung wird unvermeidlich eine Veränderung der gesellschaftlichen Verhältnisse zur Folge haben, auch wenn das Christentum keine unmittelbaren moralischen oder politischen Ziele verfolgt.

Auf einen Einwand ist bereits hier einzugehen. Er besagt, daß Jesu Predigt und erst recht die des Paulus unter der Erwartung des nahen Endes der Geschichte und der baldigen Ankunft des messianischen Reiches standen und daß deswegen die Verkündigung untauglich sei für eine Gesellschaft, in der das Leben weitergehe. Wenn also das Christentum Einfluß ausgeübt habe, so immer in eigenwilliger Weise, die durch die Verkündigung des Gründers her nicht gedeckt gewesen sei. Dazu ist zu bemerken, daß die Urgemeinde aus dem Glauben lebte, daß mit Jesu Tod und Auferstehung das Heil endgültig und unverbrüchlich der Welt zugesagt sei und auf keinen weiteren

Heilsbringer mehr gewartet werden müsse; insofern sei nicht ein Ende nahe, sondern bereits tatsächlich erreicht. Zwischen dieser Endgültigkeit und dem vollendeten Erscheinen des Heils liege aber eine Zeit, deren Dauer nur Gott, nicht aber den Menschen bekannt sei (Markus 13, 32; 1. Thessalonicher 5, 1f.). Tauglich aber ist für eine jede Zeit ein so zentraler Inhalt der Verkündigung wie die Bergpredigt (Matthäus 5, 2–7 und 27), der es nicht vorrangig um Weltgestaltung geht, sondern darum, die neue Gott-Mensch-Beziehung aufzudecken.

Zum Begriff des Einflusses

Was ist nun mit »Einfluß« gemeint?

- Der direkte Einfluß aus dem Glaubensgut als der Botschaft im engeren Sinne, so der Botschaft der Propheten oder Jesu Christi.
- Der Einfluß des Judentums und Christentums als Transporteur »angeeigneter« Elemente: Sie helfen dazu, die Botschaft auszuformulieren und ihrem Reichtum auf die Spur zu kommen, machen jedoch nicht ihren Kern aus. So finden sich im jüdischen Denken Beeinflussungen aus der ägyptischen (Totengericht) und assyrischen Kulturwelt (Engel), im Christentum auch griechische (Weisheits-, stoisches Gleichheits- und Logos-Denken), später römische (Naturrechtsdenken) und germanische (Ehre, Treue) Anregungen.
- Der Einfluß durch Autoren und Strömungen, die, vom Judentum und Christentum beeinflußt, ihre eigene Ethik entwickelten (zum Beispiel die Aufklärung des 17. und 18. Jahrhunderts, Immanuel Kants praktische Philosophie oder der Existentialismus): Hier sind Christentum und Judentum wie »Gepäckstücke«, welche andere Kräfte weitertragen, sich anwandeln und auch auf ihre Weise benutzen.
- Der Einfluß durch die Bekämpfung des Einflusses: Das entschiedene Nein gesellschaftlicher Gruppen zu Judentum und Christentum konnte beiden Einfluß entziehen, aber auch beide in neuer Weise anziehend machen.

Was uns im folgenden vor allem interessiert, ist der erste Einfluß. Mit »Moral« sind zum einen die Sitten gemeint, also das soziologisch feststellbare, regelmäßige und deswegen erwartbare Tun, welches die Menschen für lebensnotwendig und gerechtfertigt halten; doch ist auch nach dem Einfluß auf das sittliche Handeln selbst (Moralität) und dessen Verständnis (Ethik) zu fragen. Unter »Recht« ist die stabile, berechenbare und entlastende Zuordnung menschlicher Freiheitssphären gemeint.

Hintergrund allen Einflusses: Der Mensch als Geschöpf Gottes

Gemäß jüdisch/christlichem Glauben schuf, ja schafft Gott in voller Freiheit diese Welt (Genesis 1, 1–2 und 4a; Genesis 2, 4b–25); sie hängt radikal, das heißt bis in ihre letzte Lebenswurzel und dauernd, von ihm ab, ohne daß er von ihr abhinge. Doch verlangt diese Schöpfung nach einer Weiter- und Mitgestaltung durch den Menschen. Dabei gelingt es keiner, auch nicht der sittlichen und rechtlichen Sphäre aus eigener Anstrengung, ihre Vollkommenheit zu erreichen; Gottes Wirken ist dazu unverzichtbar. Wie schon zwischen zwei Menschen, die in Freiheit miteinander umgehen, die Freiheitsvermögen »mündig« und reif werden können, so kann dies auch zwischen Gott und Mensch geschehen. Überall auf der Welt begegnet der Mensch dem freien Schöpfungshandeln Gottes und trifft menschliche Freiheit auf ihren Schöpfer, der sie frei gewollt hat. So ist Gott nie der Nebenbuhler des Menschen; es gilt, daß mit der Abhängigkeit von Gott die menschliche Freiheit wächst und nicht verkümmert. Keiner, weder Gott noch Mensch, muß dem anderen weichen.

Es ist dem Christentum nicht vollständig gelungen, diesen Gedanken nachhaltig an die Kulturen zu vermitteln. So hielt sich vom Spätmittelalter bis zu Nietzsche der Gedanke, daß menschliche Freiheitsentfaltung nur auf Kosten Gottes gehe und bereits Gottes Gegenwart den Menschen in seiner Freiheit bedrohe. Dem menschlichen Denken war so die Antwort gelegentlich plausibel geworden, daß Gott zu »töten« sei – um des Menschen willen.

Nach der christlichen Vorstellung ist der Mensch zweitens ganz und gar Geschöpf wie alle anderen Geschöpfe und steht doch allen anderen Geschöpfen gegenüber. Das Wort Gottes zu den Menschen: »Seid fruchtbar und vermehrt euch, bevölkert die Erde, unterwerft sie euch und herrscht über …« (Genesis 1, 28) übte eine tiefreichende Wirkung auf den europäischen Umgang mit Ehe, Familie und Nachkommenschaft wie auch für die Nutzung der Tier- und Pflanzenwelt aus. Daß der Lebensschutz des noch nicht geborenen Lebens, des Kindes sowie der älteren Menschen und die Achtung der Familie europäische Anliegen wurden und blieben, ist maßgeblich dem Christentum zu verdanken. Daß alle Entscheidungen des Menschen sowohl seine Würde wie auch die Belastbarkeit des engeren und weiteren Schöpfungsraumes miteinbeziehen müssen und er nur Verwalter, Gott aber der Eigentümer sei, geriet im christlichen Denken mitunter, wenn auch nie gänzlich in Vergessenheit, ließ Christen aber nicht selten in den Fortschritts- und Wachstumsruf kritiklos miteinstimmen und und das gemeinsame »Schicksal« der Geschöpflichkeit vergessen.

Mit dem Wort, daß Gott »den« Menschen als Mann und Frau schuf (Genesis 1, 27b), wird auf die Gleichberechtigung der Geschlechter hingewiesen. Wer auf die Haustafeln der Paulusbriefe (zum Beispiel in Kolosser 3, 18: »Frauen, ordnet euch euren Männern unter!«) oder auch auf die Kindheitsgeschichte (Matthäus 1, 16 und 18–25) blickt, sieht, daß es unter den Urkunden des Christentums vorrangige und nachrangige Texte gibt. Ein herausragendes Zeugnis für die Bejahung dieser Gleichberechtigung ist das Eintreten der Kirche für das Konsensprinzip, das zur Begründung und Gültigkeit der Ehe das freie Jawort des Mannes *und* der Frau fordert. Nachgiebigkeit gegenüber patriarchalischen Kulturen und damit deren Stärkung beseitigt nicht die in Genesis 1, 27b enthaltene Norm.

Die Gottebenbildlichkeit (Genesis 1, 26) kommt konkurrenzlos nur dem Menschen, aber jedem Menschen zu. Sie ist eine dem Menschen mögliche Entfaltungen übersteigende »Ausstattung«; nie geht er daher in seinem eigenen Leben auf und ist immer mehr, als er tatsächlich ist. So steht ihm eine Auszeichnung zu, die es nicht zuläßt, von seinem Preis, seiner Tauglichkeit als bloßem Mittel und seiner Austauschbarkeit zu sprechen; er ist nicht gegen Nicht-Menschliches, nicht gegen einen anderen Menschen und nicht einmal gegen Gott auswechselbar. Ihm gebührt, so wird europäisches Denken sagen, eine »Würde«. Von ihr sprach die Renaissancephilosophie (Giovanni Pico della Mirandola), an ihr orientierte sich 1785 und 1788 das sittliche Sollen in Kants Ethik, und auf ihr bauten die Menschenrechtserklärungen und -kataloge ihr Fundament. Mögen auch immer andere Strömungen mitgemischt haben, so ist doch der christliche Anteil unverkennbar.

Gottes Ebenbild im konkreten Menschsein macht nicht eintönig, sondern befreit zur Einzigartigkeit. Die unausschöpfbare Fülle Gottes sucht sich zu spiegeln und läßt es nicht zu, daß ein Geschöpf dem anderen völlig gleicht. Keines stellt Gott voll und ganz und endgültig dar, alle finden ihren Schöpfer erst im Zusammensein und -wirken. Was den Einfluß des Christentums betrifft, so verteidigte es einerseits diese Einzigartigkeit gegen alle kollektivistischen und totalitären Strömungen, etwa gegen Versuche aus der arabischen Philosophie (Ibn Ruschd/Averroes, 1126 bis 1198), alle einzelnen Menschen nur als Teile eines einzigen Gesamtintellekts zu denken und nicht jedem einzelnen seine individuelle »Seele« zuzugestehen. Doch gelang es nicht immer, dieser Vielgestaltigkeit gesellschaftlichen Raum zu geben; bevorzugt wurde jedoch weitgehend erst ab der Neuzeit eine Einheitlichkeit der Riten, Liturgien und Denkweisen. Andererseits betonte jüdisch/christliches Denken die soziale Verwiesenheit des Menschen und die Pflicht zur Solidarität; es vermochte sich so vor dem Fall in einen extremen Liberalismus zu bewahren.

Sittliches Handeln

Das sittliche Handeln erfolgt somit im Horizont und aus der Grundhaltung heraus, daß Gott eine Vorleistung erbracht hat, für die der Mensch selbst nichts kann. Leben, ja der Mensch selbst ist Vorgabe und immer Antwort; Dankbarkeit legt sich als Grundhaltung nahe. Nicht ein »Du sollst!« steht am Anfang, aufgrund dessen Gott dann tätig wird. Diese Vorgabe ist aber weder erdrückend, so daß sie eine Antwort gar nicht mehr zuließe oder überflüssig machte, noch erzwingt sie eine bestimmte Antwort. Diese bleibt vielmehr aus der Freiheit des Menschen heraus zu formulieren. Jegliches sittliche Tun ist in diesem Sinne Nach-Folge.

Dieses »Umsonst«, das »Gratis«, findet sich in den jedem Menschen ohne Vorgabe zuteil gewordenen Menschenrechten wieder. Sicherlich konnte aber die Haltung eines *do, ut des* (»Ich gebe dir, Gott, damit du mir gibst!«) nicht gänzlich im europäischen Raum überwunden werden, eine Haltung, die Gott verpflichten wollte und zur Reaktion zwang. Doch wird man die Zähigkeit solcher Haltungen wahrnehmen müssen, bevor dem Christentum Versagen vorgeworfen wird.

Sittliches Handeln geschieht in der Unmittelbarkeit zu Gott. Genau jene sollte europäische Geistesgeschichte prägen. Nach jüdisch/christlicher Vorstellung sind weder Engel noch heilige Menschen, noch Institutionen, aber auch nicht eine bestimmte Kunst zu einer Vermittlung zwischen Gott und Mensch nötig oder fähig. Damit wird es jeglichen Personen und Institutionen abgesprochen, eine solche Rolle bekleiden zu müssen. In diesem Sinne ist der Mensch auf keine Institution angewiesen, zum Beispiel nicht auf den Staat. Was die Kirche betrifft, so versteht sie sich einerseits als unvergehbar bleibende Gegenwärtigkeit des wirksamen Wortes Gottes in der Welt und andererseits als äußere Gesellschaft. Diese unterliegt der Kritik, die zum Christentum selbst unabdingbar gehört, und immer dann berechtigt ist, wenn eine Institution Abhängigkeiten errichten will. Mit dem Wort »Der Sabbat ist um des Menschen willen da, nicht der Mensch um des Sabbats willen« (Markus 2, 27) hat sich das Christentum verpflichtet, die Institutionen daraufhin zu überprüfen, ob sie dem Menschen – nicht nur dem Christen! – dienen. Europäische Institutionenkritik als moralisches Unternehmen ist durch Recht und Pflicht zur Kirchenkritik seitens der Christen vorbereitet und begründet. In säkularer Form ist sie in Jean-Jacques Rousseaus ›Gesellschaftsvertrag‹ (2. Buch, 3. Kapitel) von 1762, aber auch im Liberalismus unter dem Zeichen der Befreiung des einzelnen Menschen von feudalen Institutionen und jeglichen Zwischeninstanzen anzutreffen.

Freiheit

Für den Christen gilt: Der Mensch ist frei durch Gott und nie frei von Gott. Sein Gesetz ist für den Menschen nicht heteronom, da selbst die menschliche Freiheit als Vermögen ganz von Gott stammt. Freiheit ist Befreiung der Freiheit (Galater 2, 16; Römer 3, 20; Römer 7, 10). Selbstbestimmung und Befreiungsgedanke übten auf die europäische Mentalität eine starke Wirkung aus. Georg Wilhelm Friedrich Hegel schrieb 1820 in Paragraph 124 der ›Grundlinien‹: »Das Recht der [...] subjektiven Freiheit macht den Wende- und Mittelpunkt in dem Unterschiede des Altertums und der modernen Zeit. Dies Recht in seiner Unendlichkeit ist im Christentum ausgesprochen und zum allgemeinen wirklichen Prinzip einer neuen Form der Welt gemacht worden.« Zur »Befreiung« äußerte sich Hegel gleichfalls; im selben Text findet sich der Zusatz zu Paragraph 18: »Der Mensch, als im unmittelbaren und ungebildeten Zustande, ist daher in der Lage, in der er nicht sein soll und von der er sich befreien muß. Die Lehre von der Erbsünde, ohne welche das Christentum nicht die Religion der Freiheit wäre, hat diese Bedeutung.« Hier sehen wir übrigens die Umdeutung der kirchlichen Erbsündenlehre und ihr Weiterwirken im säkularen Gewande!

Die Last der Begründung fällt dem zu, der ein »Joch« auferlegen will (Matthäus 11, 28–30), und nicht dem, der Freiheit einfordert. Den Schächer am Kreuz rettet der Glaube allein, ohne jedes Werk (Lukas 23, 40–43); Hobbes verweist auf ihn 1647 in ›De Cive‹ (18. Kapitel, Nr. 8) und 1651 im ›Leviathan‹ (43. Kapitel). Auf solche Stellen berief sich allerdings jeweils die Geisteshaltung, welche das Christentum in die Sakristei oder in das Innere des Menschen abdrängen wollte, um damit dem Staate ungehindertes Wirken und Schalten im Äußerlichen verschaffen zu können. Christentum, das auch auf der Notwendigkeit äußerer Vollzüge beharrte, stellte sich damit auch immer dem Allmächtigkeitsverlangen des Staates entgegen und widersetzte sich den staatlichen oder gesellschaftlichen Bestrebungen, den öffentlichen Raum zu monopolisieren.

Wenig Normen finden sich in den Urkunden des Christentums. Im Gegensatz zum Judentum entwickelten die Christen kein neues Gesetz, lösten das jüdische aber auch nicht auf; ihr sittliches Handeln verstand sich als Korrektiv zur gelebten Moral und gründete sich nicht auf ein Gebot, sondern auf eine Person, und zwar auf keine tote, sondern auf eine lebendige. Sittliches Handeln ergab sich nicht aus sturer Deduktion, sondern vollzog sich im Dialog von Gleichberechtigten: »Ich nenne euch nicht mehr Knechte, sondern Freunde« (Johannes 15, 15) kann als zentrales Wort für solche Entscheidungsfindung gelten. Da der Wille Gottes auf die je konkrete Situation umzusetzen war, geriet die Gewissensbildung zur vornehmsten Aufgabe des Menschen. Bis hinein in die Verfassungen finden sich davon Spuren, so in Artikel 38 I Satz 2 des Grundgesetzes der Bundesrepublik von 1949: »Die Abgeordneten [...] sind Vertreter des ganzen Volkes, an Aufträge und Weisungen nicht gebunden und nur ihrem Gewissen unterworfen.«

Gleichheit

Das Christentum hat stärker als die Stoiker den Begriff der Gleichheit eines jeden Menschen vor Gott eingeführt. Auch wenn Christen bis ins letzte Jahrhundert hinein Christi Wort von der Gleichheit der Menschen mit der Institution der Sklaverei für vereinbar hielten, so wirkte doch Gottes Wort wie ein Stachel und erteilte den Auftrag, diese Institutionen anzugreifen, sofern ihre Abschaffung auch nur entfernt möglich erschien. Hier galt es, die Ansicht, daß die Natur gewisse Menschen als Sklaven schaffe und ihre Benutzung kein Unrecht sei, erst zu überwinden und sich der biblischen Botschaft anzuvertrauen. Montesquieu nannte 1725 die Idee der Gleichheit ausdrücklich ein Erbe des Christentums.

Im Wort von der Nächstenliebe werden die Pflichten gegenüber dem kleineren Lebenskreis bestätigt, aber gegenüber den »Fernsten« nicht ausgeschlossen. Jedes Familien-, Stammes- und Volksdenken ist aufgesprengt auf die größte Einheit hin, die des Menschengeschlechtes. Doch galt es bei allen Entscheidungen Rücksicht auf die »Schwachen« zu nehmen (Römer 15, 1–13; 1. Korinther 8, 1–13; 1. Korinther 10, 23 bis 11, 1) und Barmherzigkeit zu üben. Auch in diesem Zusammenhang wäre immer noch deutlicher auf den untrennbaren Zusammenhang von Gottes-, Nächsten- und Selbstliebe hinzuweisen gewesen. Schiefheiten, ja Falschheiten im Verständnis von Askese, Selbstverleugnung und Kreuzesnachfolge hätten so rechtzeitiger korrigiert oder gar unterbunden werden können.

Die Rede von einer »Sünde« als einer Belastung, die jeden Menschen von seiner Geburt an in seiner Entfaltung und seiner Wendung zu sich, zu Gott und den Menschen hindert (Erbsünde), und auch von den bewußt begangenen Verfehlungen verband das Christentum mit dem Hinweis auf die ihm vom Gründer mitgegebene Vollmacht, verzeihen zu dürfen und dem Menschen einen Neuanfang ermöglichen zu können. Von der Sünde her verbot sich ein naiver Fortschrittsoptimismus und konnte einer Utopie von dem Glück auf Erden nicht gefolgt werden. Diese Warnungen verhallten nicht ungehört. Von der Möglichkeit und der jahrhundertelang geübten Praxis der Verzeihung her mußte in Europa jeder Umgang mit Menschen befremden, der sie als hoffnungslosen Fall abtat und sie in ihrem Vergehen festbannte.

Ziel, Mittel, vernünftige Prüfung

Judentum und Christentum sprechen dem Menschen von einem »letzten« Ziel und von »einem einzigen« letzten Ziel. Da es also dem Leben um ein Letztes geht und es sich aus vielen Momenten der Entscheidung zusammensetzt, steht in jedem Moment dieses Letzte und Äußerste auf dem Spiel und ist kein Moment belanglos. Das gesamte Leben mit all seinen Möglichkeiten ist fähig und bedürftig, verchristlicht zu werden. Es verlangt beständige Auswahl der Mittel, keines ist unerheblich, nicht alle aber sind geeignet. »Alles ist euer, ihr aber seid Christi, Christus aber ist Gottes!« (1. Korinther 3, 22f.) Die Besinnung auf die Vernunft ist unverzichtbar, mit ihr ist verantwortungsvoll zwischen den verschiedenen Sinnentwürfen zu wählen.

Die Urkunden beider Religionen lieferten Aufrufe und Worte, fähig, Haltungen zu erkennen und zu stärken, etwa Worte wie »Barmherzigkeit will ich, nicht Opfer!« (Matthäus 9, 13; Hosea 6, 6) oder »Schwerter zu Pflugscharen schmieden« (Jesaja 2, 4b). Das sind nur zwei aus vielen Worten, welche »sittliche« Haltungen auch in neuester Zeit formen halfen und zum Erkennungszeichen wie Sammlungspunkt wurden. Kein Gehör hingegen fanden in der europäischen Geschichte beispielsweise die alttestamentlichen Vorschriften für ein Sabbat- und Jubeljahr (Exodus 22, 2; Levitikus 25, 1–55), welche Schuldennachlaß, Sklavenbefreiung und Wiederherstellung der ursprünglichen Bodenordnung vorsahen.

Einflüsse auf Recht und Staat

Trotz der Betonung der Freiheit oder gerade ihretwegen spricht sich das Neue Testament nicht gegen, sondern für die Notwendigkeit von Recht, Staat und Widerstandsrecht aus. Die christliche Gemeinde bedarf der Gemeindeordnungen, der Schlichtungsinstanzen und der Ämterordnungen, und die politische Gemeinschaft kann Recht und Gesetz nicht entbehren. Die Auslegung des 13. Kapitels des Römerbriefs spielte in den Diskussionen um Aufgaben und Grenzen der politischen Gewalt eine erhebliche Rolle. Der Gehorsam gegenüber den Gesetzen und den Institutionen – immer ihre Gerechtigkeit vorausgesetzt – ist Weg zu Gott. Die Ordnung des Staats ist also den Christen nicht gleichgültig, und das Heil wirkt nicht bloß in einem Innenraum des einzelnen Menschen. Gott will im Raum der Gemeinde, der Gesellschaft und des Staates anerkannt sein. Jedenfalls war nicht bloß die Unterscheidung »Gebt dem Kaiser, was des Kaisers ist, und Gott, was Gottes ist« (Markus 12, 17), sondern vor allem das Wort der Apostelgeschichte 5, 29 mitzulesen: »Gott ist mehr zu gehorchen als den Menschen«, woraus ein Recht auf passiven Widerstand folgt, also auf Verweigerung von Gehorsam.

Alle drei Stellen dienten als Argumente im europäischen Ringen um die rechte Ordnung, sei es unter Diokletian, Heinrich VIII. von England oder Adolf Hitler. Die Ausübung des Rechts auf aktiven Widerstand war dann gerechtfertigt, wenn er das einzige und letzte Mittel war, um die Schöpfungsordnung zu bewahren. Christliche Lehre unternahm dabei keine qualitative, wohl aber eine quantitative Abwägung von Menschenleben: Das Leben des Tyrannen blieb so wertvoll wie das des Widerständlers, wohl aber wurde die Rettung eines Volkes gegen die Tötung des einen Menschen, der sich zum Tyrannen aufgeworfen hatte, abgewogen. Indem das Christentum für solch extreme Situationen Abwägungen anbot, blieb es Jahrhunderte hindurch gerade in den dunkelsten Zeiten politischer Geschichte ein Ansprechpartner – und oft genug Mitleidender.

Einer der entscheidenden Sätze für den Einfluß beider Religionen bildet Matthäus 5, 17: »Denkt nicht, ich sei gekommen, um das Gesetz und die Propheten aufzuheben [...] sondern um zu erfüllen.« So fühlten sich Christen ausdrücklich ermächtigt, das alttestamentliche Gesetz anzuwenden, und dies lange Zeit hindurch, ohne Vorschaltung von Auslegungsmethoden. So konnten im Jahr 1525 die aufständischen Bauern unter Berufung auf die Bibel den Vers anstimmen: »Als Adam grub und Eva spann, wo war denn da der Edelmann«. Gottes Wort half, Solidarität mit Behinderten (Levitikus 19, 11–18) einzuschärfen und gegen Vorenthaltung des Lohnes, gegen parteiliches Richten und Rechtsbeugung wie auch gegen Rache vorzugehen. Andererseits dienten alttestamentliche Rechtsvorschriften zur Rechtfertigung der Hexenverbrennung (Exodus 22, 17: »Eine Hexe sollst du nicht am Leben lassen«) und zur Ausgrenzung Homosexueller (Levitikus 20, 13: »Schläft einer mit einem Mann, wie man mit einer Frau schläft, dann haben sie eine Greueltat begangen; beide werden mit dem Tod bestraft«).

Während die Israeliten von Glaubensgenossen keine Zinsen fordern durften, jedoch von Fremden (Exodus 22, 24; Levitikus 25, 35–38; Deuteronomium 23, 20f.), verstand die Christenheit Lukas 6, 34–36 als uneingeschränktes Verbot, Zinsen zu nehmen. Diese Auslegung bestimmte bis in die Moderne das Verhältnis von Juden und Christen und die ökonomische Entwicklung christlicher Gebiete, auch wenn es ab circa 1490 zum Aufbau eines christlichen Bankwesens in Gestalt der »Monte de pietá« kam.

Über diese Wirkungen hinaus gab es Änderungen in den alltäglichen Rechtsmaterien, etwa im Vertragsrecht. Während im römischen Recht zur Vertragsbegründung immer ein Mindestmaß an Formen verlangt war (*ex nudo pacto actio non oritur*: Eine einfache formlose Vereinbarung verpflichtet gesetzlich nicht), beharrte christliches

Denken im Mittelalter darauf, daß vor Gott das gegebene Wort zähle und kein Unterschied zwischen formlos und formbekräftigten Verträgen zu machen sei *(ex nudo pacto actio oritur)*. Die rechtliche Verpflichtungskraft des formlosen Vertrages drang in die Rechtsordnungen ein und behauptete sich dort. Weil nur der gute, richtige Glaube, *fides*, Recht verschaffe und nicht der böse Glaube, änderten sich unter dem Einfluß christlicher Sichtweise die Anforderungen an die Ersitzung. Hatte im römischen Recht dem Besitzer ein Rechtstitel und guter Glaube im Moment der Besitzerlangung genügt, so daß ein nachträglicher böser Glaube nicht schadete, setzte sich im christlichen Mittelalter immer mehr durch, den guten Glauben für die gesamte Verjährungszeit hindurch zu verlangen. Auch diese Norm wurde vielfach übernommen.

Das Eherecht erklärte die Kirche zu ihrer Domäne und bestimmte die Inzestverbote, stellte Ehehindernisse auf und untersagte die Ehescheidung (Lukas 16, 18; 1. Korinther 7, 10f.). Heutiges Ehe- und Familienrecht weist indirekt auf christlichen Einfluß zurück.

Die Geschichte des europäischen Strafrechts und Strafvollzugs zeigt neben christlichen Einflüssen ein von Christen nicht gemildertes, wohl aber angewendetes hartes Strafvollzugsrecht. Es gab beherzten Einsatz gegen das Schuldstrafrecht (Antonius von Padua und andere) und gegen verstümmelnde Strafen (Kaiser Konstantin), auch Bemühungen um die Verfeinerung des Schuldstrafrechts. Lange kam jedoch von christlichen Lippen das Wort, daß der Mörder durch seine Tat sein Leben und seine Rechte verwirkt habe; christliches Denken kapitulierte vor dem Sicherheitsdenken der meisten Christen. Daß ein Abschreckungs- und Präventionsstrafrecht nicht mit der Würde des Menschen vereinbar sei, erkannte man ebensowenig, wie man den Christen Thomas Morus ernst nahm, der bereits 1516 im ersten Buch der ›Utopia‹ gezeigt hatte, daß Landverteilung, Schutz der Bauernbevölkerung und eine gewisse Wohlfahrt, aber nicht Strafen die besten Mittel gegen Kriminalität seien. Zu bedenken ist allerdings, daß es im christlichen Denken gerade wegen des Respekts vor dem anderen auch immer eine Scheu vor zudringlicher Erziehung, Besserungsprogrammen und Resozialisierungseinrichtungen gab.

Was das Völkerrecht betrifft, so leitete das Christentum eine Gottesfriedensbewegung im 10. und 11. Jahrhundert in die Wege und entwickelte wenig später eine »Lehre vom Gerechten Krieg«, die einen Versuch darstellte, diese Geißel der Menschheit zu verrechtlichen, um sie zu zähmen und letztlich zu unterbinden. Ursachen einer gerechten Kriegführung durften nur noch sein: Zurückdämmung der Bösen, Stärkung der Guten, Wiedererlangung der geraubten Sache, Abwehr des Unrechts von sich und anderen, Verteidigung des Vaterlandes und Schutz der Schwachen. Bestimmte Absichten stempelten die Kriegführung zu verbotenen Anliegen um: der Wunsch zu schädigen, Rache zu nehmen, Herrschsucht oder einfach ungezügelte Vernichtungswut auszutoben. Die Kriegführung unterstand bestimmten Imperativen: So durfte man sich nicht über die Schadloshaltung hinaus bereichern und diejenigen nicht beeinträchtigen, die den Schädiger weder begünstigt noch unterstützt hatten. Außerdem mußten die jeweiligen Oberen, in letzter Instanz Papst oder Kaiser, den Kriegszug genehmigen.

Als diese beiden Autoritäten ab dem 16. Jahrhundert nicht mehr anerkannt wurden sowie die Nationalstaaten sich bildeten und Souveränität beanspruchten, waren es wiederum Christen – zuerst in der spanischen Spätscholastik und dort zuerst Francisco de Vitoria (1483?–1546) –, die Entwürfe für ein Völkerrecht erstellten: Allen Völkern komme Souveränität und das Recht auf Selbstorganisation zu; Mitglieder anderer Völker dürfen ihr *ius communicationis* ausüben; die Freiheit der Schiffahrt und des Handels sei ebenso zu achten wie die Gleichheit der Behandlung und die Reziprozität. Es gab für Vitoria ein Recht auf Niederlassungsfreiheit, ein Interventionsrecht wegen Unfähigkeit und aus Gründen der Humanität, allerdings auch das Recht zur Kolonisation unter dem Titel der Vormundschaft. Alle Aktivität habe sich dem universellen Gemeinwohl anzunähern.

Wir sahen, daß sich der jüdisch/christliche Einfluß auf ein jedes Rechtsgebiet erstreckte, keines ausgespart und keine Institution unberührt gelassen hat. Indem christlicher Glaube Horizonte eröffnete und die Arbeit im Detail nicht verschmähte, erweiterte er den sozialen Lebensraum und stellte das konkrete Leben unter Ansprüche. Ob und wie ein solcher Raum tatsächlich wieder verengt und »befreit« werden kann, wird die Frage an eine jede Kraft sein, die an die Stelle des jüdisch/christlichen Glaubens treten will.

Inquisition und »Leyenda negra«

Peter Dressendörfer

Es gibt so etwas wie Schlüsselbegriffe, die jeder Europäer mit der Geschichte einzelner Länder des Kontinents verbindet und die sozusagen in kondensierter Form das Wesen des jeweiligen Landes zu repräsentieren scheinen. Für Italien stünde da die Renaissance, für Frankreich die Revolution und für Spanien die Inquisition symbolisch-verengend als Inbegriff der Nationalgeschichte.

»Inquisition« steht für Intoleranz der schlimmsten Spielart, für Scheiterhaufen, auf denen Menschen qualvoll zu Tode kommen, und für den Fanatismus entmenschter Sadisten. Die Darstellung solcher Szenen in Romanen und Filmen hat eine ganze literarische Bewegung ausgelöst, die man, vorwiegend in England und Amerika, als »schwarze Romantik« goutierte und deren Ausläufer bis heute spürbar sind. Horror zum Gruseln, dabei könnte man es belassen. Für Spanien, die früheste Großmacht am Beginn der europäischen Neuzeit, war die Inquisition allerdings etwas sehr viel anderes, nämlich untrennbarer Teil seiner nationalen Geschichte und damit Teil des spanischen Selbstverständnisses. Dies mag angesichts der Greuelpropaganda, die sich mit dem bloßen Aussprechen des Wortes »Inquisition« verbindet, ungeheuerlich klingen, es ist jedoch verhältnismäßig leicht nachzuweisen.

Historisch gesehen, war die Inquisition ein überwiegend mit Kirchenleuten besetztes staatliches Überwachungsgericht, in dessen Kompetenz alle jene Delikte fielen, die von der normalen Justiz nicht abgeurteilt werden konnten. Dazu gehörten neben rein religiösen Angelegenheiten, dem Hauptteil, auch ganz gewöhnliche Vergehen. Beispielsweise hatte die Inquisition darauf zu achten, daß Geistliche keine Spielhöllen oder Freudenhäuser betrieben, was damals nicht gerade selten vorkam. Ohnehin bestand der Alltag eines Inquisitions-Tribunals – von denen es insgesamt, einschließlich der überseeischen, bis zu 22 gab – hauptsächlich aus bürokratischem Kleinkram und recht trivialen kleinen Vergehen. Aus diesem Grund ist auch die Lektüre der erhaltenen Akten – es sind, ganz nebenbei, einige Tonnen – alles andere als spannend. Die Angeklagten vor den Gerichtshöfen waren in den seltensten Fällen wortgewaltige Ketzer oder theologische Neuerer, sondern recht einfache Leute.

Da findet sich neben dem Wanderhändler, der seinen Lebensunterhalt durch den Verkauf selbsthergestellter Reliquien bestritt, der arme Teufel, der bei einem Unfall obszön fluchte – so ziemlich das ganze Spektrum der unteren Folklore. Große Prozesse waren stets die Ausnahme in der immerhin dreihundertjährigen Geschichte der Inquisition. Diese Tatsache paßt zwar schlecht in das Klischeebild von den grausamen Finsterlingen in Mönchsroben, sie ist jedoch nicht abzustreiten. Literatur und Wirklichkeit sind eben zwei Dinge, und das gilt nicht nur für die Inquisition.

Nicht daß die Literatur zur Inquisition diese in allen Dingen nur verzerrt hätte, aber von einer wirklichen literarischen Aufarbeitung kann – seltsamerweise – nicht die Rede sein, und das gilt erstaunlicherweise sogar für die spanische Literatur. Unübertroffen ist immer noch die Darstellung der Inquisition im Werk eines Autors aus einem ganz anderen Kulturkreis, im ›Großinquisitor‹ von Dostojewski (enthalten in seinen ›Brüder Karamasow‹). Im Monolog vor dem wiedergekehrten Christus breitet der – nicht identifizierte – spanische Kirchenfürst die ideologischen Grundlagen seines Glaubens an die Notwendigkeit einer religiösen Tyrannei aus, wie es auch der wahrhaft schreckliche Tomás de Torquemada, der eigentliche Begründer der spanischen Inquisition (gestorben 1498) nicht schärfer hätte formulieren können.

Um diese Grundhaltung, aus der heraus dieser Dominikaner die Inquisition errichten konnte, zu verstehen, muß man sich einige Dinge ins Gedächtnis rufen: Die Inquisition sollte der Masse der halb- und zwangsbekehrten Mauren und Juden Herr werden. Diese machten am Ende der *reconquista* (der »Rückeroberung«), also nach dem Fall von Granada, des letzten maurischen Königreiches auf spanischem Boden, nicht ganz 10 Prozent der Bevölkerung aus. Ihr Religionswechsel war von oben befohlen, also wenig effektiv, und obendrein fürchtete man allen Ernstes, sie könnten die sogenannten »alten Christen« mit Judentum und Islam quasi anstecken. Das ging soweit, daß man Morisco-Frauen (*moriscos* nannte man zwangsbekehrte Muslime) verbot, als Ammen Christenkinder zu nähren. Der ganze Vorstellungswirrwarr der frühen spanischen Neuzeit, die noch viel Mittelalterliches an sich hatte, ist heute kaum mehr aufzulösen, geschweige denn nachzuvollziehen. Einheit des Staates – Spanien ist der erste wirkliche Nationalstaat Europas – und Einheit der Religion, der christlichen selbstverständlich, wurden als untrennbar empfunden, und das erklärt, wenn man so will, die Doppelfunktion der Inquisition als staatliche und kirchliche Kontrollbehörde.

Es gibt noch eine andere, weniger bekannte Seite der Inquisition: die Zensurbehörde. Alles, was an Gedrucktem in Spanien, Portugal – wo es auch eine, wenn auch mildere Inquisition gab – und deren Besitzungen in Europa und in Übersee vom 16. bis zum 18. Jahrhundert erschien, war vorher durch die Glaubensrichter zensiert und oft erst nach erheblichen Eingriffen freigegeben worden. Spätere Generationen haben darin die Ursache für die Rückständigkeit Spaniens in der Entwicklung der Naturwissenschaften sehen wollen. Das stimmt zum Teil; dennoch darf man nicht vergessen, daß die Hochblüte der spanischen Kultur, das Goldene Zeitalter – es hat danach auch ein »blechernes« gegeben –, mit der Hochblüte der Inquisition zeitgleich war. Noch eine Bemerkung zur Inquisition in Übersee, die am wenigstens bekannt ist: Drei Gerichtshöfe, jeweils zuständig für riesige Gebiete, hat es in den spanischen Besitzungen gegeben, Mexiko, Lima und Cartagena de Indias im heutigen Kolumbien. Strenggenommen waren sie nur für die Kolonisten, also für Spanier, zuständig. Für die Indios, die sich dem neuen, aufgezwungenen Glauben an den Christengott und an die Rechtmäßigkeit der christlichen Staatsmacht widersetzten, gab es ein eigenes Gericht, das zwar keine Todesstrafen verhängte, aber die Verurteilten in den Silberbergwerken zu Tode kommen ließ.

Auch wenn man bei »Inquisition« immer zuerst an Spanien denkt, wäre es doch sehr ungerecht, die institutionalisierte Intoleranz in Glaubensdingen allein mit der Iberischen Halbinsel und deren Geschichte zu verbinden. Nahezu alle europäischen Nationen haben eine solche Epoche durchgemacht, im Mittelalter mit seinen Hexenverbrennungen und am Beginn der Neuzeit mit Glaubensprozessen. Darin hatte die katholische Kirche keine Monopolstellung, weil auch die protestantische Reformation keineswegs mit dem gewalttätigen Aberglauben aufräumen konnte, Nicht-Rechtgläubige müßten die Hölle bereits auf Erden erleiden. Verschont blieben von dieser unheilvollen Entwicklung nur ganz wenige relativ abgelegene Gegenden im hohen Norden und, nicht zu vergessen, Gebiete in den südosteuropäischen Besitzungen des Osmanischen Reichs (dessen unterschätzte Stärke auch auf einer geregelten Religionstoleranz beruhte).

Was ist von der Inquisition in Spanien noch heute geblieben? Einige wenige, recht monumentale Paläste und entsprechende Archive. Die letzten *sanbenitos* (Schandgewänder der Verurteilten, die in Kirchen aufgehängt wurden) hat man erst zu Beginn dieses Jahrhunderts entfernt. Folterkammern gibt es auch keine zu besichtigen – das sogenannte Inquisitions-Museum in Lima/Peru ist ein geschmackloses Wachsfigurenkabinett –, und das letzte Ökumenische Konzil hat schließlich sogar den Titel eines Großinquisitors (allerdings nicht das Amt) abgeschafft. Spanien ist längst einen anderen, wenn man so will, europäischeren Weg gegangen, und die Einheit von Thron und Altar ist nur mehr eine historische Erinnerung. In Stein gegossen im Escorial und nicht weit davon im Mausoleum General Francos im ausgehöhlten Bergmassiv des »Tals der Gefallenen« (des Spanischen Bürgerkriegs 1936 bis 1929), löst sie bei vielen Besuchern Emotionen zwischen Bewunderung und Schauer aus.

Geblieben ist von der Inquisition vor allem ein Schatten namens *leyenda negra* (»schwarze Legende« im Sinn historischer Anschwärzung), so greifbar und gleichzeitig so ungerecht wie alle Kollektivschuld-Vorwürfe. Gegen ganze Völker gerichtet, verkennen solche Konstrukte die essentiell individuelle Natur des Unrechts in dieser Welt und banalisieren es gleichzeitig in unerträglicher Weise, indem ihre Autoren aus der Schuldzuweisung an andere eine durch nichts gerechtfertigte moralische Überlegenheit für sich selbst in Anspruch nehmen. So, als gäbe es eine gute und eine schlechte Geschichte sowie gute und schlechte Völker und nicht die konstante, schöpfungsbedingte Gebrochenheit aller menschlichen Existenz. Den Verfechtern von »schwarzen Legenden« aller Art ist nicht aufgefallen, daß es genau dieselbe Art der pauschalen Verurteilung ist, die sie mit den Inquisitoren teilen. Ob sich daraus auch nur ein einziger wertvoller Gedanke für die Aufarbeitung der europäischen Geschichte ableiten läßt, ist doch sehr zu bezweifeln.

Warum konnte eine einzige Institution sozusagen zum Symbol einer prinzipiellen Unversöhnlichkeit werden, die die Geschichte und die Mentalität eines ganzen Landes über Jahrhunderte geprägt hat? Die Antwort darauf ist nicht in wenigen Sätzen zu geben. Inquisition ist zweifellos das Synonym einer Geisteshaltung, die ganz gewiß nicht nur in Spanien oder Europa vorkommt und die alles andere als nur tote Vergangenheit ist. Die McCarthy-Anhörungen der fünfziger Jahre in Washington

D. C. waren auch nichts anderes als Inquisition, auch wenn sie nicht so hießen und mit Religion im engeren Sinne nichts zu tun hatten. Andere Beispiele aus der Gegenwart und nicht nur aus totalitären Staaten drängen sich geradezu auf. Die Geschichte des Wahns vom Alleinbesitz der Wahrheit, aus dem heraus die spanische Inquisition entstanden ist, ist weder auf die Religion beschränkt (auch wenn der Wahn dort besonders giftige Blüten treibt), noch ist er aus der europäischen und außereuropäischen Geistesgeschichte überhaupt wegzudenken. Da helfen keine salvatorischen Klauseln oder nachträgliche Rechtfertigungen, sondern lediglich die geduldige Zergliederung und die mühsame Widerlegung von Wahnvorstellungen. Auch wenn es die großen Denker des Abend- und Morgenlandes schon tausendmal gesagt haben, muß es jedesmal neu ins Gedächtnis der Völker gerufen werden: Die Bewältigung der irrationalen Seite des menschlichen Geistes ist die Voraussetzung von wirklicher Zivilisation.

Strafen, Sanktionen, Tabus

Hans-Jörg Albrecht

Strafrechtliche Sanktionen und sozialer Wandel

Strafen und Sanktionen sind in Europa einem langfristigen Wandel ausgesetzt gewesen, der sich weiter fortsetzt. Der Wandel bezieht sich auf die Art der durch das Strafrecht angedrohten Sanktionen und darüber hinaus auf die Vorstellungen über Sinn und Zweck der Strafe. Versucht man eine Systematisierung der historischen Entwicklung, dann lassen sich in den letzten Jahrhunderten drei bedeutsame Übergänge erkennen, die Europa insgesamt betreffen.

Zunächst ging es dabei um den Übergang von einer sehr stark von privater Initiative abhängigen Sanktionierung auf die durch staatliche Zentralgewalt monopolisierte Strafe sowie um den Übergang von Leibes- und Lebensstrafen auf Freiheitsstrafe und Gefängnis. Ferner veränderten sich bei diesem Übergang Vorstellungen über den Charakter von Straftat und Kriminalität und diejenigen über die Voraussetzungen, unter denen staatliche Strafe erfolgen darf. Ein zweiter Übergang ist zu erkennen in den insbesondere im 20. Jahrhundert erfolgreichen Bemühungen um die Zurückdrängung der (vollzogenen) Freiheitsstrafe durch die Entwicklung zahlreicher Alternativen, wobei namentlich Geldstrafe und zur Bewährung ausgesetzte Freiheitsstrafen eine erhebliche Rolle spielen. Schließlich befindet sich Europa derzeit in einem weiteren Übergang, der nicht zuletzt durch eine gewisse Abwendung von dem die Sanktionssysteme des 20. Jahrhunderts prägenden Resozialisierungsansatz und durch das (Wieder-)Aufgreifen von Vergeltungsüberlegungen in der Ausgestaltung von Strafen und Sanktionen gekennzeichnet ist.

Daneben setzt neuerdings ein Trend zu einer ökonomischen, Kosten-Nutzen-orientierten Betrachtung strafrechtlicher Sanktionen ein, die zum Beispiel Überlegungen zur Privatisierung von Gefängnissen einschließt; im übrigen ist auch eine stärkere Berücksichtigung von Gefährlichkeiten und Risiken im Umgang mit bestimmten Straftätergruppen und damit eine stärkere Betonung des Sicherungsgedankens zu beobachten. Hinzu treten die Folgen des politischen und wirtschaftlichen Wandels in Osteuropa, die sich auch in einer schnellen Reform und Anpassung der strafrechtlichen Sanktionssysteme osteuropäischer Länder an die insbesondere durch die Europäische Menschenrechtskonvention gesetzten europäischen Standards äußern. Freilich sind die Trends in der Entwicklung und Betrachtung von strafrechtlichen Sanktionen heute nicht mehr durch die Einheitlichkeit von Strafformen und der Begründungen der Strafe geprägt, die die historische Entwicklung strafrechtlicher Sanktionen bis in das frühe 20. Jahrhundert hinein in Europa kennzeichnete.

Bei der Schaffung einheitlicher moderner europäischer Standards in bezug auf strafrechtliche Sanktionen und deren Vollzug kommt aber der Tätigkeit des Europarats zentrale Bedeutung zu. Die Europäische Menschenrechtskonvention sowie die Konvention zur Prävention von Folter und unmenschlicher Behandlung, im übrigen auch die Europäischen Mindeststandards für den Vollzug von Freiheitsstrafe (European Committee on Crime Problems 1994) haben verbindliche Richtlinien gesetzt. In Gestalt des Europäischen Gerichtshofs für Menschenrechte und des Komitees zur Verhütung von Folter und unmenschlicher Behandlung wurden schließlich Institutionen eingeführt, die für eine beständige Kontrolle der Sanktionssysteme und ihrer Anwendung in Europa Sorge tragen. Das in nationalen europäischen Verfassungen sowie in der Europäischen Menschenrechtskonvention enthaltene Verbot »grausamer, unmenschlicher und erniedrigender Strafen« und der Diskurs über die hieraus zu ziehenden Konsequenzen haben dazu beigetragen, daß Todesstrafe und Körperstrafen aus dem Katalog grundsätzlich akzeptierbarer Strafen verschwunden sind und daß für den Vollzug freiheitsentziehender und anderer Strafen Standards entwickelt wurden.

Freilich klaffen unterhalb dieser europäischen Gemeinsamkeiten noch erhebliche Differenzen. Dies läßt sich derzeit nicht zuletzt den Debatten über die lebenslange Freiheitsstrafe entnehmen, die beispielsweise in Portugal als nicht vereinbar mit Grundrechten betrachtet wird (und im übrigen auch nach der Rechtsprechung des Bundesverfassungsgerichts eine realistische Chance des Verurteilten auf Wiedereingliederung in die Gesellschaft nicht ausschließen darf). Andererseits hat Frankreich im neuen Strafgesetzbuch 1994 die lebenslange Freiheitsstrafe ohne Entlassungsmöglichkeit eingeführt; in England fand in den neunziger Jahren eine erhebliche Erweiterung des Anwendungsbereichs der lebenslangen Freiheitsstrafe statt.

Strafe, Sanktionierung und staatliche Zentralgewalt

Die Entstehung staatlicher Strafe und Strafvollstreckung verweist für ganz Europa auf dieselben Wurzeln. Frühformen des Strafens bedeuteten einen (fast automatischen) Strafmechanismus, der durch den Familienverband in Gang gesetzt werden mußte. Strafe erfolgte ohne Abstellen auf die persönliche Schuld, was angesichts der Vergesellschaftungsformen, die auf dem Sippenverband beruhten, erklärbar scheint. Strafe gründete auf einem, wie es genannt wurde, einheitlich-ungeteilten Unrechtsbewußtsein, das durch ein Verständnis von Rechts- und Friedensordnung als unveränderbar und menschlichen und sozialen Gestaltungskräften unzugänglich gekennzeichnet ist. Im Zentrum der Sanktionierung stand die Reaktion auf die Tat, insbesondere auf den Erfolg oder die Folgen der Tat. Erst die Gottes- und Landesfrieden, die sich im Mittelalter als Versuch, Fehde und Selbsthilfe zurückzudrängen und räumlich weitgreifende Herrschaft zu konzentrieren, entwickelten und erfolgreich durchzusetzten, änderten das Paradigma der Reaktion auf die Verletzung des Friedens oder, moderner gesagt, auf die Straftat. Anknüpfungspunkt für die Strafe war danach nicht mehr allein der Eingriff in die Rechte anderer, sondern die Verletzung der weltlichen Friedensordnung, also die Störung des sozialen Friedens.

Besondere Bedeutung erlangten in dieser Phase die sogenannten Kompositionensysteme, die sich im Prozeß der Zurückdrängung der Fehde und im Aufbau staatlicher Zentral- und Strafgewalt zunächst ausbildeten. Sie sahen eine präzise Festlegung von finanziellen Bußen vor, die aber noch nicht den Charakter der heutigen, staatlichen (Geld-)Strafe hatten, sondern als Sühneleistungen zwischen Verletzer und Verletztem galten. Sühneleistungen rückten offensichtlich deshalb in den Vordergrund, weil ihr Befriedungspotential größer schien. Die peinlichen Strafensysteme, die sich im Anschluß an die Zeit der Kompositionensysteme entwickelten (insbesondere in Gestalt der ›Constitutio Criminalis Carolina‹, 1532), können ebenfalls als Taxen, als festgelegte Folgen einer Straftat bezeichnet werden, die den Gedanken der Proportionalität nur insoweit rudimentär aufnahmen, als daß die Strafart (Leibes- oder Todesstrafe) oder der Vollzug der Todesstrafen an als unterschiedlich schwer betrachtete Delikte angepaßt wurden. Sie waren aber absolut bestimmte Strafen, die im geschriebenen oder im Gewohnheitsrecht keine Abstufungen kannten. Denn die Strafe und ihr Vollzug wurden in Europa bis in das ausgehende Mittelalter sehr stark geprägt durch die Schwäche der sich erst ausbildenden Zentralgewalten. Die Schwere der Strafen und ihre geringe Variabilität kann somit als bedingt durch die mangelnde Effizienz in der Habhaftwerdung von Rechtsbrechern angesehen werden. Strafe konnte, da sie nur selten Anwendung finden konnte, Symbolkraft nur bei drastischer Vorführung (die sich am Körper des Rechtsbrechers austobte) entfalten. Die seltene Anwendung der Strafe ist dabei kennzeichnend für das Problem, territoriales Recht bei unzureichender Mobilität und instabiler Ausstattung der exekutiven Gewalt durchzusetzen.

In der Entwicklung des Systems moderner Strafen kommt der Durchsetzung des Schuldprinzips besondere Bedeutung zu. Es folgte der Einsicht, daß eine Rechtfertigung von Kriminalstrafe nicht allein aus dem Taterfolg abgeleitet werden kann, sondern nur dann möglich ist, wenn dem Täter ein persönlicher Vorwurf aus der Tat erwächst. Dieser Vorwurf gründete sich auf die Annahme, der Täter habe sich für den Rechtsbruch entschieden, obwohl er sich auch rechtmäßig hätte verhalten können. Anknüpfungspunkt für die Sanktion war nunmehr der das Recht (und damit die Zentralgewalt) herausfordernde Wille des Täters und schließlich dessen Vermögen, die Handlungsentschlüsse zu steuern.

Dahinter stand die Überlegung, daß eine gegen das Recht verstoßende Handlung nicht bloß Interessen des Opfers verletzt, sondern vielmehr die Botschaft in sich trägt, daß das Recht nicht gilt. Die Sanktion wurde somit zur kontrafaktischen Demonstration der Zentralgewalt: Das Recht sollte trotz der offenkundigen Mißachtung weiter gelten. Hieraus folgten im übrigen Differenzierungen zwischen Straftätern und Sanktionen, die bis in das 20. Jahrhundert hinein verfolgt werden können. Die Differenzierung erfolgte nämlich zwischen dem »gemeinen« Verbrecher einerseits, der bloß an der Beute oder dem unmittelbaren Taterfolg interessiert war, sowie dem politischen Straftäter andererseits, der sich gegen die Herrschaft und die Zentralgewalt auflehnte. Für letzteren waren beispielsweise in Deutschland bis in die Weimarer Republik hinein nicht ehrenrührige Strafen wie die Festungshaft vorgesehen.

Von der schuldvergeltenden Strafe zur Zweckstrafe

Die Zeit der Aufklärung war in Europa auch eine Zeit des Wandels im Denken über strafrechtliche Sanktionen und deren Handhabung strafrechtlicher Sanktionen. Dabei ist insbesondere Cesare Beccaria zu nennen, in dessen Hauptwerk ›Über Verbrechen und Strafen‹ von 1764 der Kritik des Strafrechts und der Strafrechtspraxis der damaligen Zeit besondere Bedeutung zukommt. Es waren vor allem die schweren Körper- und Lebensstrafen sowie die Folter, die im Mittelpunkt der Kritik Beccarias standen. Seine Empfehlungen, die in ganz Europa Beachtung fanden, beinhalten neben der Abschaffung der Folter und der Leibes- und Lebensstrafen insbesondere ein neues Denken über den Sinn und den Zweck staatlicher Strafe. Diese sollte zweckgerichtet sein und allein mit der Verhinderung von Rückfallstraftaten sowie der Abschreckung anderer vor der Begehung ähnlicher Straftaten (Generalprävention) begründet werden.

Freilich bedurfte es noch geraumer Zeit bis zur vollständigen Durchsetzung dieser modernen Vorstellungen über den Zweck strafrechtlicher Sanktionen in Europa. Das entfaltete Zweckstrafrecht findet sich schließlich im kriminalpolitischen Programm von Franz von Liszt, im sogenannten ›Marburger Programm‹, mit dem zum Ausgang des 19. Jahrhunderts die Anpassung der strafrechtlichen Sanktionen an das bei einem Straftäter zutage tretende Resozialisierungsbedürfnis und die Abkehr von einem im Schwerpunkt der Schuldvergeltung dienenden Strafrecht gefordert wurde. Eine rein repressive und bloß schuldvergeltende Ausrichtung der Bestrafung eines Täters habe kontraproduktive Folgen, so argumentierte Franz von Liszt, da die Rückfallgefahr durch einen Aufenthalt in den als »Schulen des Verbrechens« bezeichneten Gefängnissen erhöht werde.

Die Forderung nach einer resozialisierenden Gestaltung der strafrechtlichen Sanktionen war dann zunächst vor allem bei jugendlichen Straftätern erfolgreich. In der Folge gewannen diese Überlegungen auch im Erwachsenenstrafrecht an Boden und führten zu einer Tätertypologie, die Straftäter einteilte in solche, die nicht besserungsbedürftig, und solche, die besserungsbedürftig und besserungsfähig, und schließlich in diejenigen, die nicht besserungsfähig seien. Folgerichtig sah das spezialpräventive Programm für die erste Gruppe nicht freiheitsentziehende Sanktionen vor, so vor allem die Geldstrafe als Denkzettelstrafe bzw. Warnung und Abschreckung. Für die zweite Gruppe war die Freiheitsstrafe gedacht, die resozialisierend ausgestaltet sein sollte, und für die nicht Besserungsfähigen die sichernde Verwahrung. Freilich setzte sich das Zweckstrafrecht nicht uneingeschränkt durch. Es blieb in mancherlei Schattierung durch das Schuldprinzip begrenzt. Die Ausgestaltung der strafrechtlichen Sanktionensysteme in Europa folgte dem Resozialisierungsparadigma bzw. dem Gedanken des Zweckstrafrechts in unterschiedlicher Art und Weise. In einigen Ländern (England, Schweden) wurde die unbestimmte Freiheitsstrafe, deren Dauer weitgehend durch den Resozialisierungserfolg und die Besserung des Straftäters bestimmt war, eingeführt. In anderen Teilen Europas blieb der Zweck- oder Präventionsgedanke im Rahmen der durch die Schuld allein bestimmten Strafe.

Die Ablösung der Leibes- und Lebensstrafen durch die Freiheitsstrafe und das Gefängnis

Gekennzeichnet ist die Entwicklung zunächst aber durch die Zurückdrängung der Leibes- und Lebensstrafen zugunsten der Freiheitsstrafe und des Gefängnisses. Die Entwicklung der modernen Freiheitsstrafe war mit der Entwicklung des Gefängnisses als Organisation natürlich eng verbunden. In der Entwicklung von Freiheitsstrafe und Gefängnis sind mindestens drei Linien erkennbar. Dem Mittelalter und der frühen Neuzeit war die Freiheitsstrafe in unserem Sinne noch unbekannt; verschiedene Formen von Freiheitsentzug lassen sich aber bis in das Fränkische Reich (bis 843) zurückverfolgen. Dabei geht es um die Gefängnishaft, die vorwiegend als Zwangsmittel verwendet wurde, etwa in Fällen des Widerstandes gegen ein Friedensgebot. Das Gefängnis und der Kerker dienten im wesentlichen der Verfahrenssicherung (also zum Vollzug der Untersuchungshaft) bzw. der Vollstreckungssicherung (Aufbewahrung des Verurteilten bis zur Vollstreckung der Lebens- oder Leibesstrafe). Betont wurde, daß die in Kellern oder Verliesen unter harten Bedingungen vollzogene Freiheitsstrafe eher als abgewandelte Form der Leibesstrafe zu betrachten sei. Eine zweite Spur der Freiheitsstrafe mag in den sich seit dem 15. Jahrhundert entwickelnden Arbeitsstrafen gesehen werden. Die Festungsbaugefangenschaft und die Galeerenstrafe waren aber gleichfalls eher noch den Leibesstrafen verwandt, nicht jedoch der modernen Freiheitsstrafe. Als Strafe wurde hier nicht der Freiheitsentzug, sondern die schwere Arbeitsleistung der Sträflinge angesehen.

Eine dritte Spur des Gefängnisses und der modernen Freiheitsstrafe entstand dann mit sozialen Fürsorgeeinrichtungen. In diesen wurde insbesondere Arbeit als Mittel zur Eingliederung verschiedener als problematisch oder gar gefährlich empfundener Bevölkerungsgruppen eingesetzt. Erste Anstalten dieser Art entwickelten sich im 16. Jahrhundert in England. So wurde im Jahre 1555 in Bridewell eine Arbeitsanstalt für Vagabunden und Bettler eingerichtet. Die Namensgebung (Hospital, Arbeitshaus, Erziehungshaus) verdeutlicht, daß das mittelalterliche Spital als umfassende Sozialanstalt (für Bedürftige, Waisen, Kranke und Geisteskranke) Pate gestanden hat. Diese Einrichtungen dienten dann als Vorbild für die Entwicklungen im restlichen Europa. Hier ist insbesondere die Gründung des Londoner Zuchthauses im Jahre 1550 und des Amsterdamer Männerzuchthauses aus dem Jahre 1595 zu nennen. In Nürnberg kam es im Jahre 1588 ebenfalls zur Gründung eines »Spinnhauses«.

Die Zuchthäuser waren auf ein System nächtlicher Isolierung der Insassen bei gemeinschaftlicher tagsüber stattfindender Arbeit gegründet. Die Arbeitsinsassen sollten durch Arbeit und Bibelunterricht erzogen werden; dies entsprach dem herrschenden Zeitgeist, der calvinistischen Arbeitsethik. Zunächst dienten die Zuchthäuser aber nicht unmittelbar der Verbrechensbekämpfung oder dem Strafvollzug, sondern der Aufbewahrung aller Individuen, bei denen Bedarf an Erziehung zur Arbeit gesehen wurde. Erst im Laufe der Zeit wurden in die Zucht- oder Spinnhäuser auch Straftäter eingewiesen. Diese Idee fand in anderen europäischen Ländern Nachahmung. Zwar stand auch hier die Zwangsarbeit im Vordergrund, doch wurde diese im wesentlichen gleichgesetzt mit dem Ziel der Resozialisierung bzw. der Besserung der Insassen.

In der Folge läßt sich ein Bedeutungswandel des Zuchthauses beobachten. Der Verfall der ursprünglichen Erziehungsziele führte zu einer immer stärkeren Angleichung des Vollzugs der Zuchthaus- an die Gefängnisstrafe. Im Verlaufe dieser Entwicklung wurde dann das Zuchthaus zur schwereren Strafart, obwohl es ursprünglich zur Erziehung besserungsfähiger Straftäter gedacht war. Der Verfall des Zuchthausgedankens wurde stark beeinflußt durch den Merkantilismus, denn man entdeckte in der großen Zahl der Zuchthausinsassen ein reichhaltiges Potential billiger Arbeitskräfte. Bemerkenswert erscheint im übrigen unter architektonischen Gesichtspunkten, daß in der Zeit der Frühindustrialisierung die Errichtung von Fabriken in der Form der für Zuchthäuser typischen Flügelbauten die Aufsicht und Kontrolle über die Arbeiter sicherstellen sollte. Noch heute ist diese Architektur in allen europäischen Ländern in Gestalt alter Fabrik- und Zuchthausanlagen zu beobachten.

Der Übergang von Leibes- und Lebensstrafen zur Freiheitsstrafe und zum Gefängnis hatte zwar dazu geführt, daß diese Strafarten überall in Europa als Regelstrafen verschwanden. Freilich blieben bestimmte Nischen für die Todesstrafe einerseits und für die körperliche Züchtigung andererseits, im übrigen auch für Strafen wie die langfristige Verschickung in sogenannte Strafkolonien für lange Zeit erhalten. Historisch gesehen, bildete die (fast) uneingeschränkte Gewalt des Hausherrn oder Sippenvorstands über die Mitglieder der Familie, insbesondere auch die Kinder sowie andere dem Haushalt zugehörige Personen, den Ausgangspunkt für Körperstrafen. Die Aufklärung entließ dann verschiedene soziale Gruppen nach und nach aus dem Regime körperlicher Disziplinierung.

Ab Mitte des 19. Jahrhunderts verschwand die Prügelstrafe auch aus den strafrechtlichen Sanktionssystemen. Durch Paragraph 139 der Verfassung des Deutschen Reiches vom 28. Mai 1849 wurden die Körperstrafen »Pranger«, »Brandmarkung« und »körperliche Züchtigung« aus dem Katalog der Strafen entfernt. Das im Reichsstrafgesetzbuch vom 15. Mai 1871 enthaltene Sanktionssystem läßt dann die umfassende Abkehr von Leibesstrafen erkennen. Die strafrechtlichen Sanktionen beschränkten sich jetzt auf die Todes-, Freiheits- und Geldstrafe. Für Strafgefangene stellte Paragraph 139 der Reichsratsgrundsätze im Jahre 1923 den Abschied von der körperlichen Züchtigung als Bestandteil des Disziplinarkatalogs dar. Im Verhältnis zwischen Privatpersonen wirkte sich die Aufklärung im übrigen ebenfalls züchtigungsbegrenzend aus.

In Europa wurden die letzten Reste staatlich angeordneter körperlicher Züchtigung (auf der zu Großbritannien gehörenden Insel Man) mit einer Entscheidung des

Europäischen Gerichtshofs für Menschenrechte aus dem Jahre 1978 (Tyrer vs. Great Britain, Ser. A para. 30, 1978) beseitigt. Danach fällt die körperliche Züchtigung unter das in Artikel 3 der Europäischen Menschenrechtskonvention enthaltene Verbot der Anwendung grausamer, unmenschlicher und erniedrigender Strafen. Dieses Verbot deckt sich im übrigen mit Artikel 7 des Internationalen Paktes über Bürgerliche Rechte und mit der Verfassungsgerichtsrechtsprechung Nordamerikas sowie anderer Länder.

Im übrigen verbieten auch die von den Vereinten Nationen verabschiedeten Minimumstandards für das Jugendstrafrecht explizit die Verwendung von Körperstrafen bei jugendlichen Straftätern. Neben Körperstrafen ist in Westeuropa auch die Todesstrafe tabuisiert worden. Im Zusatzprotokoll Nr. 6 zur Europäischen Menschenrechtskonvention verpflichteten sich die Unterzeichnerstaaten zur Abschaffung der Todesstrafe. Dieser Verpflichtung kamen die westeuropäischen Staaten in den achtziger Jahren mit zwei Ausnahmen nach. Freilich beziehen sich diese Ausnahmen im wesentlichen auf die Verhängung von Todesstrafen unter Regimen der Militärgerichtsbarkeit. Seit Mitte der achtziger Jahre ist Westeuropa frei von der Todesstrafe. Anderes gilt für Osteuropa.

Zwar ist auch in Osteuropa diese Diskussion bereits seit langer Zeit in Gange. Doch erst im Jahre 1987 schaffte die ehemalige DDR die Todesstrafe als Rechtsfolge bestimmter Tötungsdelikte ab. Die Phase der Abolition begann in Osteuropa dann mit dem politischen Umbruch und mit dem Beitritt zum Europarat. In Ungarn entschied das Verfassungsgericht im Jahre 1990, daß die Todesstrafe unvereinbar sei mit dem verfassungsrechtlichen Verbot unmenschlicher und erniedrigender Strafen. In demselben Jahr wurde sie in der Tschechischen Republik und in Rumänien beseitigt. Wenige Jahre später folgte Polen diesen Beispielen. In Rußland wurde die Todesstrafe demgegenüber bislang nur im Anwendungsbereich eingeschränkt; im übrigen wird sie sowohl in Weißrußland als auch in der Ukraine noch verhängt und vollstreckt. Es ist offensichtlich, daß in osteuropäischen Ländern steigende Kriminalität und mehr noch drastisch ansteigende Kriminalitätsangst in der Bevölkerung den Ruf nach harten Strafen, darunter auch nach der Todesstrafe, ganz erheblich verstärkt haben.

Von der Freiheitsstrafe zu ihren Alternativen

Seit dem Ende des 19. Jahrhunderts richtet sich die kriminalpolitische Kritik gegen den Gebrauch der Freiheitsstrafe und das Gefängnis. Inhalt der Kritik ist die Befürchtung, der Vollzug der Freiheitsstrafe führe durch das Abstumpfen gegenüber Normforderungen oder durch Stigmatisierung und Chancenreduzierung nach der Entlassung, also durch das Erlernen krimineller Techniken, eher zur Erhöhung der Rückfallgefahr. Weitere Kritikpunkte basieren auf der Annahme, der Freiheitsentzug sei gar im allgemeinen unmenschlich oder grausam und vor allem in Form langer Freiheitsstrafen, besonders aber der lebenslangen Freiheitsstrafe, persönlichkeitszerstörend. Neben der Betonung von Drittwirkungen auf Familienangehörige des

Strafgefangenen wird darüber hinaus unter Kosten-Nutzen-Gesichtspunkten gefolgert, andere Sanktionen seien im Vergleich zu freiheitsentziehenden Strafen nicht nur spezialpräventiv wirksamer, sondern vor allem auch kostengünstiger. Aus alledem ist unschwer zu entnehmen, was einer Forderung nach Alternativen zur Freiheitsstrafe und zum Gefängnis zugrunde liegt. Es ist die Annahme, daß es humanere, bessere und billigere Formen strafrechtlicher Sanktionierung gebe, also ingesamt gesehen verhältnismäßigere Antworten auf Straftaten und Straftäter als Freiheitsentzug und Gefängnis.

Dabei richtet sich die Kritik zunächst gegen die kurze Freiheitsstrafe, denn vor allem für sie wird vertreten, daß eine resozialisierende Beeinflussung des Strafgefangenen nicht ermöglicht werde, während die schädlichen Einflüsse des Gefängnisses ihre Kraft ungehindert entfalten könnten. Die Sichtweise, daß kurze Freiheitsstrafen schädlich, lange Freiheitsstrafen infolge ihres Resozialisierungspotentials dagegen vertretbar seien, hat sich freilich nicht in ganz Europa durchgesetzt. So sind vor allem Holland, die Schweiz, Frankreich und die skandinavischen Staaten bei dem nachhaltigen Gebrauch von sehr kurzen Freiheitsstrafen geblieben, während in Deutschland und in Österreich Freiheitsstrafen unter einem Monat aus dem Sanktionskatalog entfernt worden sind.

Die Beurteilung kurzer Freiheitsstrafen hat sich in den letzten Jahrzehnten wieder gewandelt. Es scheint klar geworden zu sein, daß die scharfe Trennung zwischen kurzer und längerer Freiheitsstrafe anhand negativer und positiver Folgen des Freiheitsentzugs nicht möglich ist. Die gegen kurze Freiheitsstrafen geltend gemachten negativen Folgen gelten natürlich im selben Maße und gar noch stärker für längere Freiheitsstrafen. Da andererseits die empirische Sanktions- und Behandlungsforschung zeigt, daß auch intensive sozialtherapeutische Gefängnisprogramme die Auswirkungen längeren Freiheitsentzugs in Gestalt von Subkulturbildung und Haftanpassung nicht so ausgleichen können, daß sich eine im Vergleich zum Regelvollzug bessere Rückfallquote ergibt, kann die Dichotomie zwischen negativer kurzer Freiheitsstrafe und positiver längerer Freiheitsstrafe nicht aufrechterhalten werden. Im europäischen Vergleich ist im übrigen eindeutig belegbar, daß die Inhaftierungsquote, gemessen an der Anzahl von Gefangenen pro 100 000 Menschen der Bevölkerung, im wesentlichen von der Länge der verhängten Freiheitsstrafen abhängig ist.

Im Laufe des 20. Jahrhunderts hat sich die Geldstrafe als Alternative zur kurzen Freiheitsstrafe durchgesetzt. Daneben kommen der zur Bewährung ausgesetzten Freiheitsstrafe und der Bewährungsstrafe erhebliche Bedeutung zu. Die Geldstrafe hat vor allem in Deutschland, allerdings auch in Österreich und in einigen anderen westeuropäischen Staaten bei einem Anteil von etwa 80 Prozent an allen strafrechtlichen Sanktionen ein Ausmaß erreicht, das es erlaubt, von ihr als der Regelstrafe zu sprechen. Dort, wo sie in ihrem Anwendungsbereich stärker beschränkt ist, wird zur Begründung sehr stark auf die Probleme der unterschiedlichen Auswirkungen pekuniärer Sanktionen auf Arm und Reich verwiesen. Jedoch hat sich in Europa heute bei Geldstrafen weitgehend das Tagessatzsystem durchgesetzt, mit dem das Strafmaß an das Nettoeinkommen des Straftäters angekoppelt und damit im Hinblick auf die wirtschaftliche Belastung des Straftäters gleichmäßig gestaltet wird. Die zur Bewährung ausgesetzte Freiheitsstrafe bzw. die Bewährungsstrafe beläßt den Verurteilten ebenfalls in Freiheit. Die Bewährungsstrafe ist in ihren Ursprüngen mit der Resozialisierungsidee verbunden, denn mit ihr entstanden auch die Bewährungshilfe und andere Soziale Dienste in der Justiz, deren Aufgabe es ist, den zur Bewährung Verurteilten zu unterstützen und die Resozialisierung in Freiheit zu fördern.

Der europäische Vergleich zeigt, daß seit den achtziger Jahren der gemeinnützigen Arbeit in der Entwicklung der Sanktionssysteme erhebliche Bedeutung zugeordnet wird. Sie ist im wesentlichen als Alternative zur Freiheitsstrafe und als selbständige strafrechtliche Sanktion konzipiert. Neben England/Wales übernahmen gegen Ende der siebziger Jahre und am Anfang der achtziger Jahre auch Frankreich, Irland, Dänemark, Portugal, Italien, Holland, Norwegen und Schweden die gemeinnützige Arbeit in den Sanktionskatalog auf. Die Anordnung gemeinnütziger Arbeit ist in der Regel auf etwa 240 Arbeitsstunden begrenzt. Sie unterscheidet sich im übrigen insoweit von anderen Sanktionen, als daß – angesichts des Verbots der Zwangsarbeit außerhalb des Gefängnisses – das Einverständnis des Verurteilten vorliegen muß.

Sodann ist auf Weiterentwickungen in der Gestaltung der Freiheitsstrafe selbst hinzuweisen, und zwar in Gestalt der Modifizierung des Vollzugs durch Vollzugslockerungen (Urlaub, Ausgang, Freigang). Derartige Alternativen zum klassischen, geschlossenen Vollzug bergen eine Abkehr vom Konzept einer einheitlichen Freiheitsstrafe, die der Strafzumessungsentscheidung zugrunde liegt, im Vollzug aufgegeben wird und in sehr unterschiedliche Formen der Freiheitsbeschränkung führt, die vom Freizeitentzug bis hin zur klassischen, geschlossenen Unterbringung in einer sicheren Anstalt reicht. Diese Modifikationen der Freiheitsstrafe wurden in einigen europäischen Ländern als Hauptstrafen (Halbgefangenschaft, Halbfreiheit, überwachte Freiheit, Wochenendgefängnis) eingeführt, in anderen Ländern bleiben die Differenzierungen dem Strafvollzug selbst überlassen.

Die »Wiederentdeckung des Opfers« der Straftat hat seit den siebziger Jahren zu einer weiteren Spur in den strafrechtlichen Sanktionen geführt. In dieser Spur wurden Konzepte wiederbelebt, die in Gestalt der Wiedergutmachung im Katalog strafrechtlicher Sanktionen schon immer vorhanden waren, jedoch ein Randdasein führten. Denn die strafrechtliche Sanktion war unter der Herrschaft des zweckgerichteten Strafrechts auf den Straftäter und auf die Vermeidung von Rückfallkriminalität konzentriert. Dies veränderte sich – nicht zuletzt auch als Folge der ab den siebziger Jahren entstehenden Opferhilfegruppen – mit der immer nachdrücklicher gestellten Frage, was denn das Strafrecht und die strafrechtliche Sanktion für das Opfer der Straftat zu leisten vermögen. Wiedergutmachung und Kompensation von Schäden und Verletzungen werden teils als selbständige strafrechtliche Sanktionen, teils als Auflagen bei zur Bewährung ausgesetzter Freiheitsstrafe zu einem wesentlichen Element in der neueren Sanktionsentwicklung.

Im Zusammenhang mit der Suche nach Alternativen zur Freiheitsstrafe ist schließlich die sogenannte Diversion zu nennen. Mit Diversion ist die »Umleitung« um den Strafprozeß und damit auch um strafrechtliche Sanktionen, die durch den Richter verhängt werden, gemeint. Der Siegeszug des Diversionskonzepts begann in den siebziger Jahren und war begründet durch die Überlegung, daß dem normalen Strafverfahren, der Hauptverhandlung und der strafrechtlichen Sanktionierung ein Stigmatisierungspotential anhaftet, das tunlichst vermieden werden sollte. Insoweit deckt sich die Begründung weitgehend mit den Begründungen, die für die Zurückdrängung der Freiheitsstrafe eingeführt worden sind. Freilich reicht das Konzept der Diversion weiter, denn mit ihr soll nicht nur der Kontakt mit strafrechtlichen Sanktionen, sondern auch das volle Strafverfahren vermieden werden.

Hand in Hand gehen damit auch ökonomische Überlegungen, die vor allem für Bagatellkriminalität ein schnelles und preiswertes Verfahren verlangen. Mit diesen Entwicklungen, die in ganz Europa aufgegriffen worden sind, kommt den Strafverfolgungsbehörden und der Einstellung des Verfahrens immer größere Bedeutung zu. Dies gilt vor allem für solche Systeme, die der Staatsanwaltschaft die Möglichkeit einräumen, das Strafverfahren gegen bestimmte Auflagen wie Geldbußen, gemeinnützige Arbeit oder Wiedergutmachung des verursachten Schadens einzustellen. Hiermit wird den Staatsanwaltschaften faktisch eine Sanktionsbefugnis zur Verfügung gestellt, die neuerdings, wie in Holland und in England beobachtbar, auf die Polizei weiterübertragen wird. Diese Trends und Entwicklungen verweisen auf neue Probleme in der Gewaltenteilung.

Die Begründung von Alternativen zur Freiheitsstrafe war zunächst noch sehr stark bestimmt durch Erwägungen der Resozialisierung und der Reintegration von Straftätern. In der zweiten Hälfte des 20. Jahrhunderts beobachten wir Entwicklungen in den Strafarten, die nunmehr stark durch Technik, Wirtschaftlichkeit und partiell auch durch Privatisierungstendenzen geprägt sind und die Bedeutung des Rehabilitations- und Resozialisierungskonzeptes sichtlich verringern. Dieser Klimawandel erfaßt auch den Umgang mit dem Straftäter. Verbunden mit dem Resozialisierungsansatz, war er eher freundlich und im Grundsatz optimistisch, in der Meinung, daß der Straftäter veränderungsfähig sei und daß sich Anstrengungen und Investitionen in Änderungsversuche lohnten. Dieser Ansatz weicht nun einem eher unduldsamen Ton in der Reaktion auf Straftäter.

Aktuelle europäische Entwicklungen

Die neuere Entwicklung in Strafen und Sanktionen ist in Europa sehr stark geprägt durch Veränderungen in den Vorstellungen über den Zweck der Strafe sowie durch Veränderungen in den Modellen, die zur Erklärung von Kriminalität herangezogen werden sowie durch Besorgnisse über neue und als besonders gefährlich betrachtete Kriminalitätsformen. Dies geht Hand in Hand mit einem Wandel des wohlfahrtsstaatlichen Modells zu einem marktwirtschaftlich ausgerichteten und im übrigen »verschlankten« Staat. Zunehmende Migration und Immigration haben ferner seit den sechziger Jahren zu erheblichen Veränderungen in den Gruppen der Tatverdächtigen und Verurteilten in den meisten europäischen Ländern geführt. Die Anteile ethnischer Minderheiten bzw. ausländischer Staatsangehöriger sind beträchtlich gestiegen.

Die Aufmerksamkeit gilt der organisierten und transnationalen Kriminalität, der Kontrolle des Drogenschwarzmarkts und damit dem rationalen und vernetzten Straftäter, ferner der Wirtschafts- und der Umweltkriminalität. In den Mittelpunkt der kriminalpolitischen Aufmerksamkeit rückt somit die Organisation. Dem entspricht die zunehmende Verbreitung des Konzepts der Unternehmensstrafbarkeit sowie von Sanktionen, die an Organisationen, Wirtschaftsunternehmen und an rationale Straftäter angepaßt sind. Diese Veränderungen machen deutlich, daß Resozialisierung als Begründung für Strafe nur mehr begrenzt tauglich scheint, denn die Resozialisierungsidee gründete sich auf das Bild eines Straftäters, der mangelhaft sozialisiert und vereinzelt ist, sowie auf eine seßhafte, wenig mobile Bevölkerung.

Im übrigen drängen heute Sicherung, Disziplinierung und Vergeltung wieder in den Vordergrund der mit der Strafe verfolgten Ziele. Gerade die seit Anfang der neunziger Jahre überall in Europa erörterten Probleme gefährlicher Sexual- und Gewaltstraftäter haben zu einer Wiederbelebung sichernder Sanktionen (Sicherungsverwahrung) geführt. Die Reaktionen auf Kriminalität werden heute sehr viel stärker als in den vergangenen Jahrzehnten durch ein Klima der »Null-Toleranz« geprägt, in dem im übrigen auch wieder Erwartungen zum Ausdruck kommen, man könne soziale Probleme – und darunter auch bestimmte Ausprägungen der Kriminalität oder Kriminalität insgesamt – eliminieren.

Eine der Antworten auf den rationalen Straftäter bzw. die organisierte Kriminalität besteht in Europa heute aus Sanktionen, die auf die dauerhafte Entziehung illegal erworbenen Vermögens zielen. Der Gewinnabschöpfung wird international herausragende Bedeutung zugemessen. Sie gilt als ein effizientes Mittel in der strafrechtlichen Bekämpfung organisierter Kriminalität. Gewinnabschöpfende Maßnahmen sind im übrigen Teil einer Gesamtstrategie in der Bekämpfung organisierten Verbrechens, die an der »Spur des Geldes« *(money trail)* ansetzt. Gewinnabschöpfung zielt fast ausschließlich auf eine Stärkung der Prävention und wird durch Schulderwägungen kaum noch gesteuert. Denn bei der durch internationale und europäische Vereinbarungen vorbereiteten Einführung von gewinnabschöpfenden Maßnahmen hat die Überlegung Pate gestanden, daß die organisierte Kriminalität am effektivsten getroffen werden kann, wenn die sie tragenden finanziellen Strukturen zumindest beschädigt werden.

Dies ist verständlich, gelten doch Gewinne als bedeutsame Anreize für organisiertes Engagement in deliktischem Verhalten einerseits und als wesentliche Bedingung für den Fortbestand und vor allem die Ausweitung organisierten Verbrechens infolge einer Reinvestition der kriminellen Profite andererseits. Die Gesamtvermögenskonfiskation war zwar historisch gesehen als Strafe weit verbreitet, insbesondere in Fällen politischer Kriminalität. Doch wurden mit der traditionellen Form im wesentlichen sichernde und politische Zwecke verfolgt. Die mit Gewinnabschöpfung verbundenen Ziele sind immer noch gut in der französischen Doktrin erkennbar, wo die Vermögenskonfiskation als *mort civil* bezeichnet und die hierdurch bewirkte Vernichtung der bürgerlichen Existenz angedeutet wird. Besondere Bedeutung kommt der Gewinnabschöpfung gerade in Europa deshalb zu, weil sie regelmäßig mit Beweisumkehr oder mit Beweiserleichterungen im Strafprozeß verknüpft wird, die einerseits die Einziehung illegal erworbenen Vermögens erleichtern sollen, andererseits aber mit dem Schuldprinzip brechen.

Beobachtbar ist dann eine zunehmende Flexibilität und an bestimmten Punkten ebenfalls aufscheinende Bereitschaft zum Experiment im Felde strafrechtlicher Sanktionen. In Europa jedenfalls ist diese offensichtlich gewachsen. Klare Beispiele ergeben sich aus der Drogenpolitik, wo neben die traditionelle prohibitive Orientierung Konzepte der Schadensminimierung treten, die in Gestalt staatlicher Heroinabgaben, Methadonprogramme und der Einrichtung von »Schutzräumen« Sanktionsrisiken reduzieren und für Drogenabhängige Wege außerhalb der strafrechtlichen Sanktion suchen. Andererseits ist eine zunehmende Betonung wirtschaftlicher Kalküle in der Entwicklung und in der Handhabung strafrechtlicher Sanktionen zu beobachten. Hier sind zwei Entwicklungen zu nennen.

Zum einen geht es um die Betonung der elektronischen Überwachung. Die Dynamik in der Verbreitung dieser Techniken ist beachtlich. Anfang der achtziger Jahre hatte der elektronisch kontrollierte Hausarrest Eingang in die amerikanische Strafrechtspraxis gefunden. Seit Anfang der neunziger Jahre wurden zunächst in England, Schweden und Holland Experimente mit Formen elektronischer Kontrolle durchgeführt. Seit 1997 ist in fast allen europäischen Ländern eine Debatte über die Einführung solcher Formen entbrannt. Dies mag erklärbar sein mit einer gewissen Faszination der Technik. Freilich scheint sich dieses Verfahren auch sehr gut in das gegenwärtige Klima der Kriminalpolitik einzupassen, denn es handelt sich hier um eine umfassende und kontinuierliche, im übrigen auch nicht korrumpierbare Kontrolle, die ferner preiswert zu sein scheint. Diese Entwicklung setzt sich fort in der rapiden Ausbreitung elektronischer Überwachung in öffentlichen und halböffentlichen Räumen, in deren Begründung die Kriminalitätsprävention besondere Bedeutung erhält.

In den letzten Jahrzehnten wird in Europa – insbesondere durch Kosten-Nutzen-Analysen und beschränkte staatliche Haushalte – eine Debatte über die Privatisierung im Strafrecht und in der Vollstreckung strafrechtlicher Sanktionen geführt, die vor allem auf Gefängnisse zielt. Der Trend hin zu Privatisierung und die damit als zusammenhängend angesehene Kommerzialisierung der Kriminaljustiz in Europa folgt bereits seit längerem beobachtbaren Entwicklungen in Nordamerika. Freilich verweist das Konzept der Privatisierung auf verschiedene theoretische Begründungen. Einmal ist es der sogenannte Abolitionismus, der aus der Perspektive einer stärkeren gesellschaftsunmittelbaren Konfliktschlichtung und der Zurückdrängung des Staates und staatlichen Strafrechts aus der Verarbeitung von Kriminalität heraus die private Reaktion auf Kriminalität in weiten Bereichen als überlegen betrachtet. Zum anderen wird die Privatisierung aus ökonomischer Perspektive gefordert, begründet durch die Annahme, daß die Vollstreckung von Sanktionen, privatwirtschaftlich organisiert, bei gleichem Nutzen erheblich kostengünstiger erfolgen könne. Vor allem spielt als treibende Kraft aber die allgemeine Überzeugung eine Rolle, der Staat müsse aus vielen bislang als selbstverständlich angesehenen Bereichen zurückgedrängt werden, da der marktwirtschaftliche Ansatz die effizienteren Lösungen bereitstelle. Hinzu kommen natürlich die seit geraumer Zeit ansteigenden Gefangenenzahlen und der hierdurch verursachte Bedarf an Gefängnisneubauten. Jedoch hat sich die Privatisierungsidee in Europa bei weitem noch nicht in dem Maße durchgesetzt wie in Nordamerika. Insgesamt wird der Prozeß der Privatisierung freilich auch als ein Ausdruck der Entstehung eines »strafrechtlich-industriellen« Komplexes gedeutet, mit dem sich neue Interessenten an einem Ausbau des Strafvollzugs und strafrechtlicher Kontrolle insgesamt formieren könnten.

Eine andere Spur für die Entwicklung des Strafrechts und strafrechtlicher Sanktionen schlägt ein Programm vor, das unter dem Begriff des »restitutiven Strafrechts« zusammengefaßt werden kann. Hier geht es im wesentlichen um die Frage, ob eine auf Wiedergutmachung und Ausgleichung zwischen Verletztem und Straftäter zielende Strafjustiz den herkömmlichen, allein im Verhältnis zwischen Staat und Straftäter wirkenden Strafen und Sanktionen nicht grundsätzlich überlegen sei. Im übrigen verweisen die Fragen, die sich mit Wiedergutmachung verbinden, auch auf zentrale Ausgangspunkte des Strafrechts, also auf die Prämissen sozialer Ordnung und sozialer Stabilität sowie die Rolle von Norm und Sanktion.

Die derzeitige Attraktivität der Wiedergutmachung wird auf verschiedene Gründe zurückgeführt. Hierbei handelt es sich um die Mehrung der Legitimation des Strafrechts durch das verstärkte Aufgreifen der Opferperspektive und die Suche nach plausiblen kriminalpolitischen Strategien, die ein von Resozialisierung, Abschreckung, Prävention hinterlassenes Vakuum aufzufüllen geeignet sind. Schließlich heißt es, die Justiz könne sich entlasten, wobei sowohl die Straf- als auch die Ziviljustiz angesprochen wird. Ferner wird an die Verknüpfung zwischen Täter- und Opferperspektive erinnert, die eine derart tatangepaßte und tatorientierte Sanktion ermögliche. Und nicht zuletzt scheint die Wiedergutmachung einen Weg aus dem Strafrecht, in einem letzten Schritt auch Abolitionismus plausibel zu machen, wie auch als konstitutives Element in einem strafrechtersetzenden Kontrollsystem verwendbar zu sein. Im Kern geht es damit um Überlegungen, die zu den Ausführungen zur Entstehung der staatlichen Strafe und des staatlichen Strafrechts zurückführen.

Folter und Humaner Strafvollzug

Günther Kaiser

Der Strafvollzug wird nach Konzept, Einrichtung und Regime, zögernd auch nach seiner rechtlichen Durchdringung, von Beginn an durch seine europäische Dimension charakterisiert. Die Gründungswelle von Zuchthäusern im 16. Jahrhundert, die Bestandsaufnahme über die Vollzugssysteme und Strafanstalten in Europa von Howard und Wagnitz im 18. Jahrhundert sowie die internationalen Gefängniskongresse seit Mitte des 19. Jahrhunderts bezeugen dies. Mehr als 200 Jahre – fast bis zu den ersten Menschenrechtserklärungen und dem Beginn der Reform moderner Freiheitsstrafen – reicht die Überzeugung zurück, daß auch gefangene Menschen des Schutzes durch die Menschenrechte teilhaftig werden sollten. Folgerichtig wird seit der Aufklärung auch die Folter als Ermittlungs- und Verhörmethode in Europa mißbilligt und kriminalisiert. In Anlehnung an den Artikel 1 Absatz 1 der UN-Anti-Folter-Konvention kann man diese nach drei Merkmalen beschreiben: Zum einen muß sie große körperliche Schmerzen oder Leiden verursachen, zum anderen muß sie einem bestimmten Zweck dienen, und drittens muß sie von einem Staatsorgan oder mit dessen Billigung angewendet werden.

In der Gegenwart haben auch die Bestrebungen und Einrichtungen des Europarats Zeichen und Zäsuren gesetzt, wie die Verabschiedung der Europäischen Strafvollzugsgrundsätze und andere Aktivitäten der europäischen Menschenrechtsorgane. So hat der Europäische Anti-Folter-Ausschuß (Committee for the Prevention of Torture) Vollzugseinrichtungen in fast 40 europäischen Staaten besucht sowie seine Wahrnehmungen dokumentiert, verbunden mit Empfehlungen und Kommentaren. Aufgrund dessen ist ein gemeineuropäischer Standard nähergerückt.

Doch wollen sich Erleichterung und Genugtuung über das Erreichte nicht einstellen. Berücksichtigt man Resolutionen und Empfehlungen, die in den vergangenen Jahren von der Parlamentarischen Versammlung des Europarats und vom Europäischen Parlament verabschiedet worden sind, dann könnte man meinen, daß sich im Hinblick auf die allgemein gerügten Gefängnisbedingungen der gemeinsame europäische Standard durch sein Mängelprofil eher negativ kennzeichnen ließe. Allerdings ist die Vollzugspopulation heute in ihrer Verdichtung heterogener als je zuvor. Drogendelinquente, Gewalttäter und psychisch gestörte Delinquente einerseits sowie Frauen, Jugendliche, ältere Menschen und Ausländer andererseits stellen aus unterschiedlichen Gründen Problemgruppen dar, die den Vollzugsstab und die Infrastruktur des Strafvollzugs zu überfordern drohen. Die Aufgaben und Schwierigkeiten der Problembewältigung reichen offensichtlich über die tradierten Schulweisheiten hinaus, von den fehlenden finanziellen Ressourcen ganz zu schweigen. Auch ist die Institution des Strafvollzugs unverändert problematisch. Dies ergibt sich allein schon daraus, daß hier ein Eingriff in das herausragende Rechtsgut der Freiheit vorliegt und zudem eine Besserung des Inhaftierten durch den Vollzug nicht garantiert wird. Trotz des relativen Bedeutungsverlustes der Freiheitsstrafe im Gesamtspektrum kriminalrechtlicher Sanktionen – in Deutschland von 70 auf 5 Prozent während der letzten 100 Jahre – bietet die Vollzugswirklichkeit immer wieder Anlaß zur Kritik. Doch selbst für die Kritiker des Strafvollzugs stellt sich die Frage nach Alternativen. Trotz aller Möglichkeiten zur Ausschöpfung von ambulanten Sanktionen sind mittelfristig keine realistischen Alternativen zur Institution des Strafvollzugs erkennbar.

Erwartungsgemäß unterscheiden sich materielle oder physische Bedingungen des Strafvollzugs in den europäischen Ländern. Ein relativ hohes Niveau der Unterbringung von Strafgefangenen bei durchgehender Einzelbelegung und angemessenem Zellenraum findet sich etwa in den Niederlanden sowie in Dänemark, Norwegen und Schweden. Oft stehen den Gefangenen dort großzügige Gemeinschaftseinrichtungen zur Verfügung. Trotz verbreiteter Tendenzen zur Öffnung und Angleichung des Strafvollzugs an die Außenwelt kann man allerdings fragen, ob die Lockerung und Liberalität im ganzen oder die Normalisierung für den Großteil der Vollzugsinsassen (Angleichung des Strafvollzugs an die Außenwelt) nicht zu Lasten einer als gefährlich geltenden Minderheit zu teuer erkauft ist. Auch stößt die allgemein angestrebte Einzelunterbringung auf erhebliche Schwierigkeiten, wenn die verfügbare Kapazität aufgrund der Übervölkerung des Strafvollzugs nicht ausreicht.

Vor allem in Belgien, England, Frankreich, Griechenland, Italien, Portugal und in Rumänien erschwert eine fast extreme Überbelegung die Durchführung eines sinnvollen Strafvollzugs. Zudem wird die Situation oft durch schlechte hygienische und sanitäre Verhältnisse verschärft. Auch bezüglich des Vollzugsregimes heben sich die skandinavischen Länder und die Niederlande positiv ab. Ein ausreichendes und konstruktives Arbeitsangebot – wie in Schweden mit etwa 40 Stunden pro Woche – wird durch sportliche Aktivitäten und Fortbildungsangebote zu einem sinnvollen Tagesablauf mit reichlich Zeit außerhalb der Zelle ergänzt. Demgegenüber lassen die Vollzugsregime in England und Frankreich weitgehend eine Tendenz zur bloßen Verwahrung erkennen. Die Arbeits- und Freizeitangebote sind unzureichend, so daß viele Gefangene den Großteil des Tages in ihren Zellen verbringen müssen. Dies trifft wegen der verbreiteten Arbeitslosigkeit auch für etwa ein Drittel der Insassen deutscher Strafanstalten zu. Im übrigen mangelt es an der kompensierenden Infrastruktur, um die Beschäftigungslosigkeit aufzufangen. Wegen begrenzter finanzieller Mittel erscheinen nachhaltige Verbesserungen in naher Zukunft unwahrschweinlich, obwohl der Europäische Anti-Folter-Ausschuß schon bei seinem zweiten Deutschlandbesuch 1996 das begrenzte Angebot an Arbeitsplätzen in den besuchten Justizvollzugs- bzw. Untersuchungshaftanstalten kritisiert hat.

Auch wenn man dem Strafvollzug ein gewisses Eigenleben bescheinigen muß, da er besonderen Organisationszielen und eigenen Gesetzmäßigkeiten folgt – gelegentlich wird er gar als »totale« Institution bezeichnet –, steht er doch mehr denn je unter der Herrschaft des Rechts. Die dem internationalen Strafvollzugsrecht zuordnungsfähigen Normensysteme, namentlich die Europäische Konvention zum Schutze der Menschenrechte und Grundfreiheiten (EMRK), die Europäischen Strafvollzugsgrundsätze und die Regelungen des Internationalen Paktes für Politische und Bürgerliche Rechte mögen dafür stehen. So gilt für die meisten europäischen Staaten, mit Ausnahme Belgiens, mittlerweile das Prinzip der gesetzlichen Grundlage des Strafvollzugs. Diese Ausprägung des Rechtsstaatsprinzips *(état de droit, rule of law)* wird geradezu als Konstante des zeitgenössischen Strafvollzugs begriffen. Auf das einzelstaatliche Handeln sowohl im Straf- wie im Untersuchungshaftvollzug hat sich vor allem die EMRK nachhaltig ausgewirkt. Schon früh wurde die Konvention als »das erste Stück einer gemeinsamen Verfassung« der europäischen Staaten apostrophiert. Sie ist in ihren Rechtswirkungen und auch von ihrer programmatischen Kraft her das mit Abstand bedeutendste Werk des Europarats geblieben. Sie gilt nach entsprechenden Ratifikationen der Unterzeichnerstaaten als nationales Recht.

Artikel 3 der EMRK gewährleistet ausdrücklich den Schutz Inhaftierter vor Folter und unmenschlicher oder erniedrigender Behandlung oder Strafe. Doch die Implementation dieses Artikels und des ihm dienenden Europäischen Anti-Folter-Abkommens hängen wesentlich von den Aktivitäten des Europäischen Anti-Folter-Ausschusses ab. Natürlich wird man sich fragen, ob sich nach den bisherigen Erfahrungen »sensible« Bereiche der Freiheitsentziehung und des Amtsmißbrauchs herausgeschält haben.

Generell zählt die Polizeihaft dazu, ferner die Einzelhaft (Isolation), die Gesamtheit der Unterbringungsbedingungen, insbesondere soweit es um die Überfüllung, die Hygiene, den täglichen Hofgang, die Kontakte mit der Außenwelt und die Mängel des Behandlungsregimes einschließlich der Freizeitaktivitäten geht. Hinzu kommen die gelegentlich als Restriktion empfundenen Einschränkungen während der Untersuchungshaft, der eingeschränkte Zugang zu Verteidiger und Arzt, sowie die unterbleibende Unterrichtung naher Angehöriger über die Inhaftierung und die unterlassene Belehrung über die Aussagefreiheit. Schließlich wirft die Inhaftierung von ausländischen Personen unter dem Gesichtspunkt der Gleichbehandlung und der Diskriminierung erhebliche Probleme auf. In keinem der bislang veröffentlichten Besuchsberichte des Anti-Folter-Ausschusses werden jedoch Fälle von Folterungen oder eine systematische Folterpraxis dokumentiert.

Nach der *»fact finding mission«* des Anti-Folter-Ausschusses sind in der ganz überwiegenden Mehrheit der dem Europarat angehörenden Staaten begründete Anhaltspunkte für die Anwendung von Foltermethoden wie Aufhängen an Armen und Beinen (sogenanntes *Palestenian Hanging*), Elektroschocks, Schläge auf die Fußsohlen *(Falanga)*, Schlafentzug oder Dunkelhaft für längere Zeiträume nur selten nachgewiesen. Immerhin kommen Mißhandlungen durch Polizeiangehörige oder Strafvollzugspersonal gelegentlich vor, und zwar in mehreren Ländern (zum Beispiel in Deutschland, Frankreich, Griechenland, Österreich, Spanien und der Türkei). So hat der Ausschuß die in der Türkei weitverbreitete Praxis von Mißhandlungen in der Polizeihaft wiederholt zum Gegenstand einer öffentlichen Erklärung gemacht, nachdem auch nach mehreren Delegationsbesuchen die dortige Situation nicht durchgreifend verbessert worden ist. Außerdem summieren sich die Mängel des Vollzugsregimes zusammen mit der extremen Überbelegung und den schlechten sanitären Verhältnissen nach Einschätzung des Anti-Folter-Ausschusses in einigen Staaten zu unmenschlicher und erniedrigender Behandlung.

Offenbar reichen internationale Konventionen und deren Implementierung sowie die Kriminalisierung und Strafverfolgung von Folterhandlungen nicht immer aus, um Mißhandlungen und Amtsmißbräuche zu verhindern. Deshalb erscheint dem Europäischen Ausschuß die Ausbildung des fraglichen Personals, auch im Hinblick auf die Gewährleistung der Menschenrechte, zunehmend wichtiger. Er lehnt sich dabei auch an die entsprechenden Empfehlungen der Vereinten Nationen aus dem Jahre 1979 an, die einen Verhaltenskodex beschlossen haben und auf den Umgang mit Inhaftierten und das Folterverbot in den Artikeln 5 und 6 ausdrücklich Bezug nehmen. Damit wird dem eigentlichen Zweck der Ausschußtätigkeit, menschenunwürdiger Behandlung und Unterbringung unter den Bedingungen des Freiheitsentzuges vorzubeugen, wohl am wirksamsten gedient.

Gelegentlich hat man die Entwicklung des Strafvollzugs während der letzten 200 Jahre in eine Aufeinanderfolge von Moralität, Legalität und Sozietät zu bringen versucht. Nach der Analyse erscheint es so, als hätten wir bestenfalls die Legalität und die Herrschaft des Rechts auch im Strafvollzug im Großteil der europäischen Staaten erreicht. Von der Sozietät, also der Angleichung des Strafvollzugs an die Außenwelt oder, anders gewendet, von der Normalisierung sind wir in den meisten Staaten Europas aber noch weit entfernt. Doch weder der Abolitionismus, eine Bewegung, welche die Abschaffung des Strafrechts und damit auch des Strafvollzugs auf ihre Fahnen geschrieben hat, noch das Konzept der Privatisierung der Gefängnisse bieten akzeptable und realistische Perspektiven, geschweige denn überlegene Alternativen. Sie vermögen gerade die Probleme dort nicht zu lösen, wo es für absehbare Zeit keinen anderen Weg gibt als die Untersuchungshaft und den Strafvollzug.

Soweit aber in absehbarer Zeit ambulante Sanktionsmaßnahmen nicht möglich oder nicht durchsetzbar erscheinen, muß zur Humanisierung des Alltagslebens im Strafvollzug und zur Vermeidung von Haftschäden am Behandlungsgrundsatz und am Grundsatz der Angleichung des Vollzugslebens an die Außenwelt festgehalten werden. Auch für die Fortentwicklung bleibt daher das Postulat der Resozialisierung weiterhin als sozialstaatliches Prinzip Auftrag und Herausforderung.

Todesstrafe

Thomas Feltes

»Auch Jesus war ein Opfer der Todesstrafe«, stand auf dem Plakat eines Demonstranten anläßlich der Hinrichtung von Karla J. Tucker in Texas, USA, 1998. Partystimmung bei den anwesenden Befürwortern, Trauer bei den Gegnern – solche extremen Unterschiede wird man in Europa kaum finden. Dennoch ist das Thema »Todesstrafe« auch hier ein Reizthema, wobei Anlaß für Diskussionen um ihre Wiedereinführung in der Regel spektakuläre Verbrechen sind. Nach entsprechenden Tötungsdelikten oder aufsehenerregenden Serienstraftaten wird dieser Ruf in der Öffentlichkeit laut, vor allem, wenn – wie 1996/97 in Belgien und Deutschland – Kinder die Opfer sind. Dabei war in Belgien die Todesstrafe formell erst im August 1996 abgeschafft worden. Tatsächlich waren allerdings mit Ausnahme der beiden Weltkriege dort seit 1863 keine Hinrichtungen mehr durchgeführt worden.

Dieses Phänomen prägt viele Länder: Man vollstreckt die Todesstrafe nicht (mehr), ringt sich aber nicht dazu durch, diese Sanktion auch aus dem Gesetz zu streichen. Der Anteil derjenigen, die in den Ländern, welche die Todesstrafe noch vorsehen, tatsächlich hingerichtet werden, dürfte deshalb zwischen null und zehn Prozent derer, die zu einer solchen Strafe verurteilt wurden, liegen. Offensichtlich gibt es auch (oder gerade?) in diesen Ländern moralische, sozialethische und/oder christlich-humanistische Bedenken gegen die letzte Konsequenz der Todesstrafe, die nämlich bedeutet, einen Menschen zu töten.

Nicht erst seit Ende des Zweiten Weltkrieges besteht in Europa insgesamt die Tendenz zur Abschaffung der Todesstrafe, wobei den Befürwortern dieses Strafmaß nach wie vor ein Allheilmittel bei der Kriminalitätsbekämpfung zu sein scheint. Ein tatsächlicher Abschreckungseffekt läßt sich nach allen bislang vorliegenden empirischen Befunden jedoch nicht bestätigen. Vielmehr wird eher ein »Brutalisierungseffekt« festgestellt: Unmittelbar nach Hinrichtungen werden mehr Mordfälle verzeichnet, und gerade die Staaten, die die Todesstrafe noch haben, weisen höhere Mordraten auf als solche, die auf diese Strafen verzichten.

Als Erklärung hierfür kann die Beobachtung angeführt werden, daß Straftäter, die von der Möglichkeit einer verhängten oder vollstreckten Todesstrafe wissen, alles daransetzen werden, sich einem polizeilichen Zugriff zu entziehen, und damit auch in diesen Fällen eine besonders konsequente Brutalität an den Tag legen. Vordergründig verhindert eine vollstreckte Todesstrafe die Wiederholung der Tat durch ebendiese Gewalttäter. Andererseits können nicht alle Straftäter, bei denen eine Wiederholungsgefahr besteht, von Staats wegen umgebracht oder auf Dauer eingesperrt werden. Gerade ein demokratischen und humanistischen Prinzipien verpflichteter Rechtsstaat muß alles daransetzen, Straftäter wieder in die Gesellschaft zu integrieren. Dies muß prinzipiell für jeden Straftäter gelten.

Das Risiko, einen Unschuldigen nach einem Justizirrtum hinzurichten, ist nicht von der Hand zu weisen. Man geht davon aus, daß in den USA jährlich durchschnittlich vier Menschen unschuldig wegen Mordes verurteilt werden. Die Geschichtsbücher, auch in Europa, sind voll von »irrtümlichen Hinrichtungen«. Verbesserte (demokratische) Justizsysteme, Berufungs- und Gnadeninstanzen können zwar die Wahrscheinlichkeit von Fehlurteilen verringern, sie aber nie ganz ausschließen. Je eher man an die Unfehlbarkeit der Justiz glaubt, desto größer ist die Gefahr, selbstsicher nur die eigene Sichtweise zu akzeptieren und sich über Fehlermöglichkeiten nicht bewußt zu sein.

Insgesamt zeigt sich aber, daß selbst die teilweise wieder aufkommende Diskussion um die Todesstrafe zumindest in Europa nicht zu ihrer Wiedereinführung führt. Als Meilenstein in der Entwicklung abendländischer Kultur ist die Abschaffung der Todesstrafe in den meisten Staaten inzwischen verfassungsmäßig verankert und kaum umkehrbar – auch wenn sich hier und da eine gewisse Tendenz zur Aufhebung grundgesetzlich verbriefter Menschenrechte erkennen läßt. Selbst in westeuropäischen Staaten wie Spanien und Nordirland, wo in den Auseinandersetzungen zwischen dem Staat und separatistischen Untergrundorganisationen teilweise bürgerkriegsähnliche Zustände entstanden, wurde die Todesstrafe nicht wieder eingeführt. Zu Zeiten der RAF in Deutschland und der Brigadi Rossi in Italien wurde auch hier (bis hinein in höchste Politikerkreise) die Forderung nach einer Wiedereinführung der Todesstrafe – oder ihrer indirekten Form, der rigorosen Durchführung von Einsätzen mit bewußter Inkaufnahme der Tötung von Terroristen – laut, konnte sich jedoch nicht durchsetzen.

»In dem gewöhnlichen Zustand eines Gemeinwesens ist der Tod eines Bürgers weder nützlich noch nötig.« Mit diesen Worten bezog bereits Katharina die Große gegen die Todesstrafe Stellung, wobei sich natürlich die Frage stellt, was ein »gewöhnlicher Zustand eines Gemeinwesens« ist. Wir tun gut daran, die Definition dieses »gewöhnlichen Zustandes« nicht von zeitlich bedingten Strömungen oder Mehrheitsmeinungen in einem Gemeinwesen abhängig zu machen.

Heutzutage schützt in Europa die Konvention zum Schutz der Menschenrechte und Grundfreiheiten vom 4. November 1950 das Recht eines jeden Menschen auf Leben, läßt jedoch die Vollstreckung eines Todesurteils unter bestimmten Voraussetzungen zu. Das Protokoll Nr. 6 zu dieser Konvention sieht die Abschaffung der Todesstrafe vor und bekräftigt, daß niemand zu dieser Strafe verurteilt oder hingerichtet werden darf. Die Möglichkeit indessen, die Todesstrafe in Kriegszeiten als rechtsstaatlich verankerte Sanktion vorzusehen, ist auch hier immer noch vorzufinden.

Auch der internationale Pakt der Vereinten Nationen über bürgerliche und politische Rechte vom 19. Dezember 1966 spricht sich für die Abschaffung der Todesstrafe aus und garantiert gleichzeitig Mindestrechte zum Schutz zu Tode Verurteilter. Sie enthält aber ebenfalls noch die Option der Anwendung der Todesstrafe bei schwersten Verbrechen. Grundsätzlich wird man hier wie bei allen internationalen Vereinbarungen davon ausgehen dürfen, daß solche »Hintertüren« diplomatisch notwendig sind, um bestimmte Länder nicht von vorneherein aus dem Kreis der Unterzeichnerstaaten auszugrenzen.

»Vergeltung«, »Schuld« und »Sühne« sind die Schlagworte der Befürworter, mit denen die Todesstrafe als »gerechte Strafe« vermittelt wird. Kritiker halten dagegen, daß sich ein »tötender Staat« selbst auf die rechtlich wie ethisch-moralisch verwerfliche Stufe des Täters stellt. Zudem sind »Vergeltung«, »Schuld« und »Sühne« eher Begriffe aus religiösen denn aus aufgeklärten, demokratischen Gemeinwesen. Die Achtung der Menschenrechte verbietet grausame, unmenschliche und erniedrigende Strafen. Der Täter darf nicht zum bloßen Objekt der Verbrechensbekämpfung und der Verletzung seines verfassungsrechtlich geschützten sozialen Wert- und Achtungsanspruches gemacht werden. Die Grundfrage wird immer sein, ob ein Staat seine moralischen Anforderungen an die Bürger auch mit im Grunde unmoralischen, im wahrsten Sinne des Wortes in-humanen Maßnahmen durchsetzen darf. Das Beispiel des Tyrannenmordes – in diesem Zusammenhang manchmal angeführt – gilt hier aber gerade nicht, weil dem modernen Staat andere Mittel bleiben, um sein Recht und seinen Strafanspruch durchzusetzen. Jede Hinrichtung ist ein grausamer Akt. Schon Beccaria stellte 1764 fest: »Die Todesstrafe ist ein Beispiel von Barbarei.«

In den osteuropäischen Ländern wurde vor der Demokratisierung die Todesstrafe als probates Mittel betrachtet, um sich sowohl gewöhnlicher Verbrecher als auch systemimmanenter Staatsfeinde zu entledigen. Dies betraf auch kritische Persönlichkeiten, die Menschen- und Bürgerrechte zu laut einforderten oder gar das Land verlassen wollten. Auch die DDR hatte an der innerdeutschen Grenze mit dem Schießbefehl die Todesstrafe für entdeckte Republikflüchtlinge de facto etabliert. Darüber hinaus wurden bis in die achtziger Jahre hinein Mitglieder des Staatsapparates, die in den Westen geflüchtet waren, zurückgebracht und nach nichtöffentlichen Prozessen, bei denen die Urteile von der Staatsführung teilweise vorgegeben wurden, hingerichtet. Ähnliche Verfahrensweisen finden sich in unterschiedlicher Ausprägung in allen Staaten des ehemaligen Ostblocks, wobei es erhebliche Unterschiede in der zahlenmäßigen Anwendung gab.

Selbst hinter dem »Eisernen Vorhang« wurde aber die abschreckende Wirkung der Todesstrafe zunehmend in Frage gestellt, weshalb sich die Zahl der Hinrichtungen ständig reduzierte. In der DDR wurde das letzte offizielle Todesurteil 1974 verhängt und vollstreckt, inoffizielle Quellen sprechen von 1980. Mit der staatlichen Neuordnung Europas traten die meisten Staaten dem Europarat bei und verpflichteten sich damit, das Protokoll Nr. 6 zur Abschaffung der Todesstrafe anzuerkennen und bis zu ihrer endgültigen Abschaffung ein Hinrichtungsmoratorium zu erlassen. Damit ist in einer ganzen Reihe von Staaten – zum Beispiel in Polen, den Baltischen Staaten, der Tschechischen Republik, der Slowakei, Ungarn und anderen – die Ära der Hinrichtungen zu Ende gegangen. Lediglich in Rußland und Weißrußland scheinen die internationalen Vereinbarungen noch wenig Verbindlichkeit zu besitzen. Nach Informationen von Menschenrechtsorganisationen werden dort nach wie vor

Todesstrafen verhängt und auch vollstreckt. In Krisenregionen des Balkans und im Kaukasus finden auch nach der Vereinbarung von Waffenstillstands- und Friedensabkommen viele Menschen durch legale und nichtlegale Hinrichtungen den Tod.

Menschenrechte als Taktik?

Eine Polemik

Hajo Schiff

Der Präsident der Vereinigten Staaten von Amerika forderte im Juli 1998 in der Universität von Peking und live im Fernsehen die Volksrepublik China auf, die Menschenrechte einzuhalten. Und er mußte sich von einem Studenten bei gleicher Gelegenheit öffentlich fragen lassen, ob nicht eben diese in den USA ebenfalls vielfach verletzt werden. In dieser theatralischen Konfrontation zeigte sich wieder einmal die Schwierigkeit der Argumentation mit einer der anspruchsvollsten aus europäischem Geist gespeisten Rechtsvorstellungen und ihrem universalen Anspruch.

Die allgemeinen Menschenrechte gelten als ein allen nationalen Verfassungen übergeordnetes höchstes Rechtsgut. Es wird als naturrechtlich, also vorstaatlich und überzeitlich gedacht. Und doch ist dieses universell verstandene und von der UNO 1948 weltweit verkündete ethische Regelwerk selbst kein geschichtsloses Gedankensystem. Es ist das gemeinsame Erbe eines aus christlicher Nächstenliebe entwickelten Renaissance-Humanismus und den philosophisch-ökonomischen Gedanken der Aufklärung des 18. Jahrhunderts.

Die Revolutionen in Frankreich und Nordamerika haben vor mehr als 200 Jahren den Aufstand gegen die monarchischen Staatsformen im Namen angeblich naturrechtlich gegebener individueller Freiheit geführt. Zu ihrer Legitimation haben sie ihre von englischen Aufklärern und französischen Enzyklopädisten beeinflußten Prinzipien universalmoralisch gefaßt. 1776 wurde erst in Virginia in der ›Bill of Rights‹ und dann erneut am 4. Juli des gleichen Jahres in der von Thomas Jefferson entworfenen Unabhängigkeitserklärung der 13 Vereinigten Staaten von Amerika postuliert: »Wir halten diese Wahrheit *aus sich selbst heraus für bewiesen* [Hervorhebung des Autors], daß alle Menschen von Geburt aus gleich und von ihrem Schöpfer mit bestimmten unveräußerlichen Rechten ausgestattet sind, zu denen Leben, Freiheit und Glücksstreben gehören.« Die für Europa wichtigste Formulierung dieser Grundrechtsgedanken erfolgte am 26. August 1789 durch die Konstituierende Versammlung in Paris mit den 17 Artikeln der ›Declaration Du Droit Des Hommes Et Des Citoyens‹.

Dabei unterlag die Idee universeller Geltung durchaus zeittypischen Einschränkungen, die nur aus heutiger Sicht ein Problem darstellen. Denn viele der bürgerlichen Revolutionäre gehörten sowohl in Frankreich wie in den USA zur zwar liberalen, aber durchaus selbstverständlich sklavenhaltenden Elite. Für die von den kolonialisierten Schwarzen beispielsweise im Aufstand in Haiti seit 1791 erhobenen Forderungen hatten sie genauso wenig Verständnis, wie mehr als 2000 Jahre früher die ebenfalls sklavenhaltenden griechischen Ahnherren der Demokratie.

Im euro-amerikanischen Kontext wird das unverletzliche autonome Subjekt in den

500 Jahren seit der Renaissance immer vorrangig als Wirtschaftssubjekt gedacht, das Humanitäre ist quasi ein Nebenprodukt des Anspruchs auf freies, bourgeoises Wirtschaften. Eine auf Familien-, Stammes- sowie Religions- und Staatsloyalitäten aufgebaute Gesellschaft wird dagegen schon deshalb des Totalitarismus und der Unterdrückung verdächtigt, weil sie das Subjekt in seiner Autonomie als Handelspartner begrenzt und meist den Wirtschaftskreislauf zu regulieren trachtet. Das gilt beispielsweise für die andere Konstitution von Identität als Gruppenmitglied wie in Asien oder für überindividuelle Forderungen im Namen einer sozialen Utopie. Dabei erhebt das kapitalistisch-freiheitliche System aufgrund seiner christlich-abendländischen Werte und mit dem Bonus seines einzigartigen Erfolges selbst einen quasi religiösen Heilsanspruch und dominiert nach wie vor die internationalen Medien und politischen Gremien. Damit sind Konflikte mit Ländern wie China zwangsläufig. Ist jenes Reich doch von einer mehr als fünftausendjährigen, unbestritten autoritativen, zentralen Staatlichkeit geprägt.

Widersprüchlichkeiten gibt es aber auch innerhalb der Formulierung der Menschenrechte selbst. Die kollektiven Menschenrechte, so das seit 1993 als integraler Bestandteil der grundlegenden Menschenrechte anerkannte Recht auf Entwicklung oder das Selbstbestimmungsrecht der Völker, stellen sich mitunter den individuellen Menschenrechten entgegen. Auch ist die Idee der Menschenrechte leicht als liberalistische Bemäntelung eines individualistischen Weltbildes zu diskreditieren, als säkularisierte Zweckreligion, die sich selbstgefällig in imperialistischem Eifer ergeht. Man kann auch jenseits von allem echten oder falschen Weltbeglückungspathos skeptisch sein, ob es ein für alle Menschen verbindliches Ethos der Rationalität überhaupt gibt. Konkrete Besonderheiten und spezielle Nützlichkeitserwägungen mögen immer wieder Zustimmung finden, wenn es gilt, sich über die Menschenrechte hinwegzusetzen. Dabei wäre es doch vernünftig und wünschenswert, einen Grundkonsens über den Mindeststandard einer geordneten Gesellschaft zu haben. Den aber gibt es trotz feierlicher UNO-Verkündigung und der Übernahme in die meisten Staatsverfassungen nicht wirklich. Und so sind Menschenrechtsverletzungen in der Praxis überall an der Tagesordnung.

Der amerikanische Sozialwissenschaftler Richard Rorty bestreitet generell, daß politische Moral sich durch Vernunft begründen läßt. Er verweist diese Aufgabe an Kunst und Kultur: Gefühle können mehr bewirken als alle Erkenntnisphilosophie. Daß der Weg zum Kopf des Menschen durch das Herz geöffnet werden muß, schrieben auch schon Jean-Jacques Rousseau, Friedrich Schiller und Arthur Schopenhauer. Dennoch mag es irritieren, zu postulieren, daß beispielsweise die Weltmusik und international in den Medien verbreitete Sentimentalitäten (Lady Di) mehr für das Bewußtsein der Rechte anderer getan haben als alle UN-Deklarationen. Wie aber stünde es mit der Solidarität zu Tibet ohne eine gute Portion Exotismus und ohne die einzigartig auratische Persönlichkeit des Dalai Lama? Sentimentale Identifikation und konkrete Liebesaffären zwischen Angehörigen verschiedener Gruppen und Völker erweisen sich stärker als normative Universalismen.

Doch sich auf Gefühle zu verlassen ist zweischneidig; schließlich lassen sich alle

Verbrechen gegen den anderen ebenso emotional begründen. Dagegen entwickelt der französische Philosoph Jean-François Lyotard seinen Anspruch auf die Menschenrechte aus einer Grundgegebenheit menschlichen Lebens: Die Universalität des anderen sei notwendige Folge der Struktur der menschlichen Rede als Gespräch, das immer auf andere gerichtet ist. Wenn jedes Subjekt der andere des anderen ist, kommt es gar nicht umhin, Rechte für alle einzufordern. Doch auch Sprache ist zu verweigern. Und wieder scheint Macht als zentrale Instanz auf, und es bleibt die Frage nach den Sanktionen …

Mehr als 200 Jahre nachdem im Namen von Gleichheit, Freiheit und Brüderlichkeit Ludwig XVI. als »Bürger Capet« unter der Guillotine der Revolution starb, sind in EU-Europa die Hälfte aller Mitgliedsstaaten Monarchien, und darunter sind mit den Niederlanden und den skandinavischen Staaten einige der wirtschaftlich und sozial erfolgreichsten europäischen Länder. Als konstitutionelle Monarchien sind sie zwar demokratisch verfaßt, sie bewahren aber immerhin die Erinnerung an das Gottesgnadentum, also die absolute Entscheidungskompetenz diesseitiger Schicksalsrepräsentanten. Ungelöst bleibt auch das Problem des Verlustes des primären Menschenrechtes auf Leben durch eine wie auch immer begründete Todesstrafe: Gemessen an der Irreversibilität der Entscheidung ist bei korrektem Prozeßverlauf der Qualitätsunterschied eines europäischen, eines US-amerikanischen und eines chinesischen Todesurteils bedeutungslos.

Nach außen werden die Menschenrechte schnell eingefordert. Daß sie auch im eigenen Staat problematisch sein können, wird ungern gesehen. Immerhin muß sich auch die Bundesrepublik Deutschland kritisieren lassen: Der Menschenrechtsbericht des US-amerikanischen Außenministeriums vom Januar 1998 findet durchaus auch hiesige Mängel: »Polizeigewalt, vor allem gegen Ausländer«, rechtsterroristische Anschläge und Übergriffe auf ethnische Minderheiten und den restriktiven Umgang mit Scientology als Verletzung der Religionsfreiheit. Es ist klar, daß wir, in diesem Falle als Betroffene, das oft ganz anders sehen.

Ähnlich ambivalent ist die Beurteilung der Behandlung nationaler Minderheiten und kultureller Streitthemen unter Menschenrechtsgesichtspunkten. So ist es beispielsweise leicht, den türkischen Umgang mit den Kurden anzuprangern, solange das schwierige Verhältnis von Paris zu den Korsen ignoriert wird. So steht bei der weiblichen Beschneidung die anzuprangernde, schwer verletzende Frauenverachtung gegen tiefverwurzelte Traditionen. So haben bei den Fragen der Geburtenkontrolle der Vatikan und die islamischen Staaten die gleiche ablehnende Position, während China auch Zwangsabtreibungen für rechtens hält. Und generell ist in Asien durch jahrtausendealte Konvention ein kollektiver Pflichtenkanon festgeschrieben, der sich kaum mit den europäischen Individualismen vereinbaren läßt.

Die Liste von Problemfeldern für die Anwendung der Menschenrechte aus der einen oder anderen Sicht ließe sich seitenlang fortsetzen. Dennoch ist die Deklaration der Menschenrechte die Formulierung eines Ideals, auf die Europa zu Recht stolz sein kann. Und es ehrt unseren Kontinentteil, dieses Ethos zu verbreiten. So sehr zu wünschen ist, nicht dahinter zurückzufallen, und so sehr dabei der Anspruch des Universellen hilfreich ist, ist auch wie bei jeder normativen Setzung dringend zu beachten, wer mit welchen Machtmitteln zu welchem Zweck etwas zu einer Norm erklärt. Denn das Paradoxon bleibt unauflösbar: Die universelle Gültigkeit der allgemeinen Menschenrechte ist ein gegen millionenfache Erfahrung aufrechterhaltener Traum von der Wirklichkeit. Die Relativität auch dieser Errungenschaft zu bedenken ist gewiß kein Nachteil, besonders wenn man sogar bereit ist, die Menschenrechte als Grundlage einer militärischen Intervention zu beanspruchen.

Die Entstehung von Konflikten in Europa

Jürgen Müller

Konflikte zwischen Staaten, staatsähnlichen Gebilden oder Großgruppen gehören zu unserem Leben. Ständig werden wir in Presse, Rundfunk und Fernsehen mit Kriegen, Bürgerkriegen, Revolutionen, Interventionen und Staatsstreichen konfrontiert. Nach dem Ende des Kalten Krieges sind derartige Formen gewaltsamer Konfliktaustragung, die nur noch in den Ländern der Dritten Welt zu existieren schienen, nach Europa zurückgekehrt – wie es sich am Beispiel des ehemaligen Jugoslawien zeigt, wo Abertausende Tote, Gefolterte und Geschändete zu beklagen waren. Mit den dort geschehenen Greueltaten aller Art ging auch die Vorstellung verloren, auf dem alten Kontinent seien friedliche Formen der Konfliktlösung allgemein durchgesetzt.

Gerade die europäische Zivilisation des 20. Jahrhunderts war Ausgangspunkt und Austragungsort der größten und blutigsten Konflikte der Menschheitsgeschichte. Im Zweiten Weltkrieg, der zu einem Großteil auf europäischem Boden stattfand, wurde eine bis dahin beispiellose Anzahl von Zivilisten durch oder als Folge von Kampfhandlungen getötet. Planmäßig-bürokratisch wurden – ebenso einmalig in der Weltgeschichte – europäische Juden in eigens dafür konzipierten Lagern vergast oder durch Zwangsarbeit und Vernachlässigung ermordet. Schon auf den Schlachtfeldern und in den Schützengräben des Ersten Weltkriegs, der ebenfalls im wesentlichen ein europäischer Krieg war, eskalierten Waffentechnik und Kriegführung und forderten das Leben von Millionen Menschen. Nicht vergessen werden dürfen auch die Opfer von Diktaturen, Revolutionen, staatlichem Terror, Bürgerkriegen, Rassismus und Pogromen – im faschistischen Italien, in der Sowjetunion Stalins, im Spanischen Bürgerkrieg und während der Franco-Herrschaft, im Vichy-Frankreich, im Ungarn des Zweiten Weltkrieges und in den zahlreichen autoritären und repressiven europäischen Staaten dieses Jahrhunderts.

So sichtbar die Folgen von Konflikten sind, so komplex und kompliziert sind ihre Entstehungsgründe. Eine Vielzahl von Einflußfaktoren gilt es zu berücksichtigen: Individuen, Gruppeninteressen, nationale und internationale Bedingungen, Entscheidungsstrukturen, Perzeptionen und deren Veränderungen im Wandel der Zeit. Sie bilden von Fall zu Fall eine besondere Gemengelage, die im Detail und im konkreten historischen Zusammenhang zu analysieren ist. »Die« Interessen des Kapitals, des Militärs, das Ungleichgewicht der Mächte oder der Imperialismus sind pauschal nicht die Ursache von Konflikten. Auch der Hinweis auf die Machtgelüste politischer und militärischer Führer oder das Perverse und Dämonenhafte ihres Wesens – wie es in der unmittelbaren Nachkriegszeit häufig zur Charakterisierung Hitlers herbeigezogen wurde – genügt nicht als Erklärung. Gewalt, Mord und Krieg haben, aus der Sicht der Handelnden und Verantwortlichen, ihre jeweils eigentümliche Logik und Rationalität. Sie erscheinen als adäquates und nicht verwerfliches Mittel, dem Gegner den eigenen Willen aufzuzwingen sowie eigene Ansprüche und Ziele durchzusetzen.

Kriege, Bürgerkriege und Revolutionen können aus unvorhersehbaren Anlässen plötzlich entstehen, sie setzen aber in jedem Fall – sowohl intellektuell als auch materiell – mittel- oder langfristige Entwicklungen, Planungen und Vorbereitungen voraus, Beteiligung von Personen und Institutionen wie Reaktionen, die eskalierend wirken oder einen Angreifer nicht abschrecken. Nicht zu trennen von den Ursachen ist die Frage nach dem Wozu der gewaltsamen Konflikte. Nur das Ziel und ein Mindestmaß seiner Akzeptanz in Eliten und/oder Bevölkerung rechtfertigen letztlich den Einsatz von Gewalt und das Opfer von Menschenleben.

Ein kurzer (und unvollständiger) Blick auf die letzten 200 Jahre zeigt die Vielzahl der Gründe und Begründungen. Im Machtvakuum nach dem Tode Titos, der den althergebrachten Nationalitätenkonflikt mit seinem Regierungssystem unter Kontrolle hielt, entwickelte sich der Bürgerkrieg in Jugoslawien aus territorialen Ansprüchen, konfessionellen, sprachlichen und ethnischen Gegensätzen der verschiedenen Bevölkerungsgruppen und persönlichen Profilierungssüchten.

Hitler und die Deutschen zettelten den Zweiten Weltkrieg an, um »Lebensraum im Osten« zu erobern sowie die machtpolitische und wirtschaftliche Vorherrschaft in Europa und der Welt zu erlangen.

Im Spanischen Bürgerkrieg kämpften Kommunisten, Anarchisten, Sozialisten und Republikaner gegen Konservative, Monarchisten und Faschisten um die Lösung der Grundkonflikte des Landes: die Landverteilung und Agrarverfassung, das Verhältnis zwischen Kirche und Staat, die Machtverteilung zwischen dem Zentrum und den Regionen und die Rolle des Militärs im Staat.

Trotz unterschiedlicher gesellschaftspolitischer Vorstellungen waren sich die Gegner des Zaren in der Russischen Revolution einig: Es ging um die Beseitigung des ungerechten, korrupten und ineffizienten Kaiserreiches, in dem Arbeiter und Bauern Not litten, oppositionelle Politiker verbannt wurden oder ins Exil gehen mußten und die Armee schlecht ausgerüstet und ausgebildet war. Chauvinismus und Militarismus, Wettrüsten, starre Bündnissysteme, schließlich – auf seiten des Deutschen Reiches – die Forderung nach Kolonien und einer machtpolitisch stärkeren Position im internationalen System sowie Geltungsdrang und weitgehende, vom Parlament kaum zu kontrollierende Machtbefugnisse des Kaisers verursachten in der Folge des Attentats auf den österreichischen Thronfolger am 28. Juni 1914 den Ersten Weltkrieg.

Der Deutsch-Französische Krieg von 1870/71 entstand aufgrund der Veränderungen des europäischen Gleichgewichts nach den siegreichen Kriegen Preußens gegen Dänemark und Österreich und den gegensätzlichen Vorstellungen der politisch entscheidenden Protagonisten – Bismarck und Napoleon III. – über die Stellung und Zukunft Deutschlands und Frankreichs in Europa.

Bereits diese Übersicht zeigt die häufigsten Ursachen von Konflikten: Gebietsansprüche, ideologische Gegensätze, Streben nach (Umverteilung von) Macht und Ressourcen, Befreiung oder Unterdrückung von Volksgruppen. Konflikte wurden und werden weiterhin ausgetragen, um mehrere Territorien zu einem Gesamtstaat zu vereinigen oder um sich von einem bestehenden Staat zu lösen, um die eigene Religion oder die eigene Weltanschauung durchzusetzen oder deren Geltungsbereich zu erweitern, um wirtschaftliche Vorteile zu erlangen, etwa Zugang zu Märkten zu erhalten, aber auch um Handelsverbindungen zu sperren, um Rechtssicherheit wiederherzustellen oder zu garantieren, um Gefahren, Tyrannei, Kapitalismus und Kommunismus abzuwehren, um von innenpolitischen Schwächen abzulenken und um die Nation zu einen.

Konflikte müssen jedoch nicht immer gewaltsam ausgetragen werden. Auch hierfür bietet die jüngste europäische Geschichte Beispiele: Der Kalte Krieg der Supermächte USA und UdSSR und ihrer Verbündeten, die in Europa direkt aufeinandertrafen, eskalierte nicht. Der Krieg im Zeitalter der Atomwaffen hatte sich selbst abgeschafft, da damit keines der klassischen Kriegsziele wie Gebiets-, Macht- oder Ressourcengewinn, sondern nur die gegenseitige Vernichtung zu erreichen war. Friedlich beigelegt wurden auch der italienisch-jugoslawische Konflikt um Triest oder die Auseinandersetzungen um die Stellung Südtirols zum italienischen Staat.

Konflikte wird es auch in Zukunft in Europa geben. Einige der ehemaligen kommunistischen Staaten Ost- und Südosteuropas, wie Rußland oder Albanien, werden noch einige Zeit mit wirtschaftlichen und politischen Konsolidierungsschwierigkeiten zu kämpfen haben. Das friedliche Zusammenleben der Volksgruppen im ehemaligen Jugoslawien ist noch längst nicht gesichert, ebensowenig sind die türkisch-griechischen Probleme, unter anderem um Zypern, ausgeräumt. Die ETA in Spanien und die korsischen Nationalisten sind zu einem Gewaltverzicht noch nicht bereit, die IRA und die protestantischen Extremisten in Nordirland müssen ihren Willen zum Frieden beweisen. Nahezu alle Länder Europas sind zudem von Massenarbeitslosigkeit, einer Vertiefung des Gegensatzes zwischen Arm und Reich und der Auflösung der Mittelschicht betroffen – Probleme, die enormes Konfliktpotential in sich bergen und die sowohl innen- wie außenpolitisch die Stabilität Europas beeinträchtigen könnten.

Die Inszenierung des Krieges in Europa

Kriegsbilder zwischen Protest und Propaganda

Jörg Echternkamp

Ansichten vom Krieg

»Hoffentlich kommt bald der Waffenstillstand, auf den wir hier stündlich warten. Denn das ist kein ehrlicher Krieg und Kampf mehr. Und wenn die Herren in der Heimat, die immer noch weiter Krieg führen wollen, wüßten, wie es hier draußen aussieht und wie es zugeht, in welcher Verfassung unsere Soldaten sind, dann würden sie nicht solche Phrasen fabrizieren.«

Für den Heidelberger Studenten, der diese Hoffnung in einem Feldpostbrief äußerte, kam das Ende des Ersten Weltkrieges jedoch zu spät. Der Zwanzigjährige fiel Anfang November 1918 in der Nähe des französischen Ortes Villers. Die Kriegsmüdigkeit des Frontsoldaten gründete nicht zuletzt darauf, daß seine Idealvorstellung vom Krieg mit der Kriegserfahrung in Frankreich nicht (mehr) in Einklang zu bringen war. Seine Wut richtete sich gegen jene Verantwortlichen in der Heimat, die an einem leuchtenden Kriegsbild festhielten.

In der Nachkriegszeit wurde diese im privaten Schreiben entworfene Sicht des Krieges öffentlich gemacht. Als Teil einer Sammlung von ›Kriegsbriefen gefallener Soldaten‹ sollte sie, darauf ist zurückzukommen, der deutschen Öffentlichkeit ein bestimmtes Kriegsbild vor Augen halten. Mehr noch: Als sich im Mai 1945 der Zweite Weltkrieg dem Ende näherte, wurde der Brief erneut abgedruckt: dieses Mal in einer Lagerzeitung deutscher Wehrmachtsoldaten, die in alliierte Kriegsgefangenschaft geraten waren. Das Bild des in letzter Minute gefallenen Soldaten, dessen Tod durch die nur hinausgezögerte Niederlage besonders tragisch erschien, sollte das von den Nationalsozialisten propagierte Leitbild des »Kampfes bis zum bitteren Ende« im kritischen Gegenlicht verblassen lassen.

Das Beispiel läßt die Bedeutung ahnen, die der Sicht des Krieges beigemessen wurde – im Krieg wie im Frieden. Mit unterschiedlichen Mitteln und in wechselnder Perspektive wurde und wird eine Ansicht des Krieges erzeugt, die für seine Erfahrung und Verarbeitung in der Nachkriegszeit ebenso wichtig ist wie für die Haltung der Menschen gegenüber einem neuen Krieg. Dabei dreht es sich weniger um den Kriegsverlauf, um Sieg oder Niederlage. Wichtiger ist die Frage, wie Soldaten und Zivilisten den Krieg als Phänomen wahrnehmen und deuten sollen und können. Darum geht es im folgenden Abriß: um die Konstruktion des Kriegsbildes im materiellen wie im übertragenen Sinn, um seine Formen und seine Inhalte. Im Spannungsfeld von Erfahrung, künstlerischer Verarbeitung und Propaganda entstanden, vermittelt die Darstellung des Krieges dem Betrachter eine Ansicht vom Krieg. Das gilt für die Abbildung des kriegerischen Geschehens im Gemälde oder im Foto ebenso wie für die Vielfalt der schriftlichen Veranschaulichungen – den öffentlich gemachten Feldpostbrief, den Wehrmachtbericht oder die literarische Verarbeitung eines Augenzeugen. Dieser Krieg in den Köpfen: Wie sah er aus? Mit welchen wechselnden Mitteln wurde er in Szene gesetzt? Wie wurden das Leiden und der Tod dargestellt? Die Kriegsbilder fanden im kulturellen Gedächtnis der europäischen Nationen ihren mehr oder weniger festen Platz und konnten fallweise abgerufen werden. Wie wurde an den Krieg erinnert? Ausgewählte Schlaglichter auf die Kriegs- und Antikriegsmalerei, die Kriegsliteratur und die Kriegsberichterstattung in den modernen Massenmedien sollen Antworten erkennen lassen.

Vorab sei an zwei Grundzüge erinnert, welche die Ansichten vom Krieg bis in die zweite Hälfte des 20. Jahrhunderts hinein prägten. Zum einen wurden die Kriegsbilder in einen nationalistischen Rahmen gespannt. Seit den Feldzügen der französischen Wehrpflichtarmee in den Napoleonischen Kriegen und den sogenannten Befreiungskriegen, die in der sogenannten Völkerschlacht bei Leipzig gipfelten, stilisierte die Propaganda etwa eines Ernst Moritz Arndt die Nationen zu den eigentlichen Kombattanten. Der Krieg mutierte zum Schicksalskampf von Völkern, die aufgrund vermeintlicher Merkmale als Subjekte und Objekte der Menschheitsgeschichte am Horizont zunächst der bildungsbürgerlichen Welt erschienen. Dazu zählte eine jahrtausendealte Nationalgeschichte, eine gemeinsame Muttersprache und ein durch beide geprägter Nationalcharakter, der sich ganz unterschiedlich ausnahm, je nachdem, ob er von den Angehörigen eines Volks selbst oder von seinen Gegnern mit Inhalt gefüllt wurde.

Mit dem Aufstieg des Nationalismus im 19. Jahrhundert wurde der Staat zu einem Vaterland, das sich in einer Welt von Feinden behaupten mußte, um das Überleben des mythisch überhöhten Volkes zu sichern. Daß Soldaten diesseits und jenseits der Kampflinie Kameraden waren, diese übernationale Vorstellung verlor zunehmend ihre Gültigkeit. Selbst der Tod wurde mit der nationalen Werteskala gemessen. »Jeder Tote und Verwundete, den Deutschland dem Krieg opfern mußte«, hieß es beispielsweise auf deutscher Seite nach dem Sieg über Frankreich 1871, »war ja seiner Bildung und häuslichen Stellung und Pflicht nach von unendlich wertvollerem Stoff als der französische Soldat, den das gleiche Schicksal ereilte.« Rassistische Ideen ließen sich später leicht einflechten.

Zum anderen verstanden die meisten Zeitgenossen den Krieg als ein naturgesetzliches »Ereignis«, das als Komponente der Menschheitsgeschichte immer wieder »ausbrach« und so zum sogenannten Schicksal wurde. Im Krieg sahen Schriftsteller und Historiker ebenso wie Politiker und Militärs gar ein notwendiges Heilmittel, das sich durch seine reinigende Wirkung auf die Völker wohltuend auswirke und einer dahinsiechenden Gesellschaft neue Lebenskraft einhauche – eine Vorstellung, die sich aus dem Sozialdarwinismus speiste und in seinen biologistischen Sprachbildern ausgedrückt wurde. Der Schritt zur religiösen Überhöhung war nicht groß: Der Krieg wurde als Gottesdienst angesehen, in dem der Mensch zum Heil der Menschheit sein gottgewolltes Opfer zu geben hatte. Im Krieg ging der einzelne, ein weiterer Grundzug, im Ganzen auf.

Kleingeist und Egoismus zu überwinden und im Licht der größeren Gemeinschaft des Volkes zu erstrahlen, dazu bot der Krieg eine Gelegenheit. Damit verknüpfte sich die Vorstellung, daß der Krieg ein geeigneter Nährboden sei, auf dem menschliche Tugenden wie Tapferkeit, Bescheidenheit, Gehorsam und Opferbereitschaft gediehen. Der Mann erhielt die Chance, zum nationalen Helden zu werden. Zwar gerieten die häßlichen Seiten des Krieges nicht aus dem Blickfeld. Aber der Schrecken stand im Schatten des Großartigen, das dem schicksalhaft-göttlichen Naturereignis anhaftete. Franz Marc hoffte, daß ein kommender Krieg den »Stall des Augias, das alte Europa« ausmisten und vom Materialismus säubern werde. Und Thomas Mann feierte bei Kriegsausbruch den »Zusammenbruch einer Friedenswelt«, die »der Soldat im Künstler [...] so überaus satt hatte! Krieg!«.

Kriegskunst

Es nimmt deshalb nicht wunder, daß in der Malerei und Grafik der Vorkriegsjahre nur wenige Bilder gegen den Krieg entstanden. Pazifistisch motivierte Kriegsvisionen, wie sie der Reformpädagoge Wilhelm Lamszus in seinem Buch ›Das Menschenschlachthaus‹ abgebildet hatte, blieben die Ausnahme. Statt dessen lieferten auch spätere Kriegsgegner wie Ernst Barlach und Max Liebermann allegorische Darstellungen, in denen der Krieg als grimmige Kämpferfigur Gestalt annahm, deren überwältigender Aufbruch in eine bessere Zukunft keine Rücksicht auf die Gegenwart zuzulassen schien. Friedrich Nietzsches Auffassung, daß das Neue nur durch die Vernichtung des Alten zu haben sei, stand Pate für diesen Glauben an die reinigende Kraft des »Weltengewitters«.

Die Kriegserfahrung änderte das Kriegsbild. Freilich, vielen Künstlern galt der Kriegsbeginn zunächst als ein Erlebnis, das ihre Arbeit befruchtete. Diese Erwartung war nicht neu; schon der Deutsch-Französische Krieg von 1870/71 wurde als ein Anreiz für das künstlerische Schaffen gepriesen. »Wehe dem Künstler, der heute nicht erlebt!« hieß es dann auch 1912 in Paul Cassirers Zeitschrift ›Kriegszeit‹. Angesichts des Massensterbens im Stellungskrieg und in der anonymen Materialschlacht blieb den meisten noch während des Krieges das apokalyptische Wort vom gottgewollten Schicksal im Hals stecken. Für traditionelle Schlachtengemälde mit leuchtenden Lagerfeuern, kampflustigen Reitern und plötzlichem Heldentod war kein Platz mehr. Die Erinnerung an die Kriegsbilder in der Art eines Eugène Delacroix konnte nur noch verblüffen.

Wie wandelten sich die Motive? Die Modernität des Krieges spiegelte sich in der Veranschaulichung des Zerstörungspotentials neuer Waffen wider. Die expressionistische Darstellung einer Detonation und ihrer Folgen zeugte von dem Eindruck, den die Kriegsmaschine auf Otto Dix machte. Nicht die ästhetisierende Verklärung der Kriegstechnik zum Feuerwerk bestimmte den Blick, sondern die realistische Nahaufnahme der schrecklichen Details. Auch der Schweizer Maler und Grafiker Félix Valloton zeigte in einem Holzschnitt seiner Folge ›C'est la guerre‹ eine gewaltige Explosion über der aufgerissenen Erde. Im Vordergrund ist ein weiteres Motiv zu erkennen: der Schützengraben. Im Stellungskrieg prägten die langen Linien der Schützengräben mit ihren Erdwällen, Stacheldrähten und Holzbohlen das Schlachtfeld. Der Soldat verschwand in unterirdischen Stollen. Dix hat dieses neue Antlitz des Krieges in Zeichnungen und Gouachen festgehalten. Das Schlachtfeld erscheint in der Totalen am ehesten als Mondlandschaft: von Gräben und Kratern durchfurcht, häufig menschenleer und totenstill. Auch die Natur ist vernichtet, wie die verkohlten Baumstümpfe auf einem Gemälde des englischen Malers Paul Nash düster demonstrieren.

Den sterbenden Soldaten führten kriegskritische Maler nicht mehr als Märtyrer für eine gerechte Sache vor. Der Tod im Krieg erschien als das, was er war: sinnlos. Ein Bild Wilhelm Jaeckels beispielsweise zeigt eine Leiche, die im Stacheldraht über einem Graben hängt, den Kopf von einem Pfahl durchbohrt, die Augen aufgerissen. Francisco de Goya hatte in seinem Zyklus ein Jahrhundert zuvor die Folgen des Krieges für die Zivilbevölkerung mit einer neuen Radikalität festgehalten. Aus diesem Motivrepertoire, ergänzt um die Folgen des Luftkrieges, schöpften auch die Maler im Weltkrieg. Der in Paris tätige Théophile-Alexandre Steinlen etwa zeigte in seinen Blättern die Leiden seiner französischen Landsleute auf der Flucht. Auch die Kriegskrüppel, die das Bild der Städte prägten, dienten ihm als Motiv: so der einbeinige Soldat mit Krücke, der sich auf eine schwangere Frau stützt. Ganz überwiegend galt, daß der Krieg eine männliche Veranstaltung war und Männer deren Darstellung prägten. Aber es gab Ausnahmen. Die leidende, um ihren Mann oder Sohn trauernde Frau wählte der belgische Grafiker Frans Masereel zum Motiv, der im Schweizer Exil seit 1917 die Antikriegszeitung ›La Feuille‹ bebilderte. Und Käthe Kollwitz unterstrich in ihrer Verarbeitung der eigenen Kriegserfahrung die Rolle der Mütter und Witwen.

»Nie wieder Krieg!« – Kollwitz' Mahnung auf dem bekannten Plakat aus dem Jahr 1924 lenkt den Blick auf die unübertroffene Antikriegsmalerei, die in der (ersten) Nachkriegszeit entstand und in der Nie-wieder-Krieg-Bewegung aufmerksame Betrachter fand. Unter dem Titel ›Krieg dem Kriege!‹ erschien eine Neuauflage von Ernst Friedrichs bedrückender fotografischer Dokumentation der Schlachtfelder, der Massengräber und der Krüppel. Durch Untertitel, die zur Abbildung in einem Spannungsverhältnis stehen, wurde das Kriegsbild zur unmißverständlichen Anklage. Ein Foto von Leichen und Trümmern beispielsweise ergänzt der Satz: »Heeresbericht: An der Front ist alles ruhig«.

Die Bilder vom Krieg wurden zu Bildern gegen den Krieg, zu Schreckensbildern, die aufrüttelten und aufklärten. Krieg wurde nicht als der Krieg, nicht als eine abstrakte Schicksalsmacht präsentiert, sondern als ein konkretes historisches Problem entlarvt und auf wirtschaftliche und soziale Ursachen zurückgeführt. John Heartfield nutzte hierfür die Fotomontage als publizistisches Kampfmittel; der Aufruf erhöhte die Aussagekraft. »Wollt ihr wieder fallen, damit die Aktien steigen?!« lautete die

Frage unter einem Bild von 1932, das einen Soldaten vor übergroßen Wertpapieren zeigt. »Krieg und Leichen – Die letzte Hoffnung der Reichen« ist unter dem Bild einer Hyäne mit Zylinder und Ordensband *(»Pour le Profit«)* zu lesen, die über Leichen auf einem Schlachtfeld steht. Damit nicht genug, auch bestimmte Personengruppen fanden sich als Motiv im Nachkriegsbild des Ersten Weltkriegs wieder. Auf der Anklagebank eines George Grosz saßen nicht nur die verantwortlichen Großindustriellen, sondern auch die Politiker und die Generäle der Reichswehr als »Zuhälter des Todes« (1919). Diese wiederum klagten vor Gericht, und Grosz mußte 300 Reichsmark Strafe zahlen.

Das weist auf das Neben- und Gegeneinander von Kriegsbildern hin. Die Antikriegsmalerei, die sich noch während des Ersten Weltkriegs herausgebildet hatte, konkurrierte mit einer affirmativen Sicht des Krieges, die sich in der offiziösen Kriegsmalerei und mit einem nur geringfügig eingetrübten Nachkriegsbild präsentierte. Keine eigenen Gefangenen, Verwundeten, Toten: Mit dieser Maßgabe wollte das deutsche Oberzensuramt für das Pressewesen dafür Sorge tragen, daß die Moral an der Heimatfront nicht sank. Illustrierte Wochenzeitschriften rückten – das war neu – ein interessiertes Publikum in die Nähe des Kriegsschauplatzes. Daß es einen Krieg ohne tote Soldaten auch in den eigenen Reihen nicht gab, erst recht nicht in den verlustreichen Materialschlachten in Westeuropa, war dem Leser klar. Die Frage der Reporter mußte deshalb lauten: Wie zeige ich die Toten und verberge zugleich das Sterben?

Damit tote Soldaten im Bild nicht demoralisierend wirkten, wurde ihre Gegenwart in den Bereich der religiösen Symbolik verlegt. Nicht die verstümmelte Leiche auf dem Schlachtfeld, sondern das gepflegte Grab auf einem Soldatenfriedhof lag im Blickwinkel des Betrachters. In diesem Ästhetisieren des Sterbens wiesen nur Symbole auf einen Tod hin, der selbst außerhalb des Gesichtskreises lag. Die wenigen Bilder, die einen Kriegstoten porträtieren, zeigen das entspannte, jungenhafte Gesicht eines Schlafenden, das wie auf einem Heiligenbild von der Opferbereitschaft des Soldaten kündet. Der Glanz des heroischen Kämpfers wurde durch die matte Wirklichkeit des Massensterbens im Schützengraben kaum getrübt. So real das beschauliche Bild vom Soldatenfriedhof war, so irreal war es zugleich als Metapher des Soldatentods, verschleierte es doch die Schrecken des Krieges in dem Bemühen um Stimmungsmache.

Nichts anderes als eine Propagandalüge resultierte auch aus der Art, wie Kriegsillustrierte die Kampfhandlungen abbildeten. Szenen in der Etappe oder das Kriegsgerät an der Front ließen sich zwar bedenkenlos fotografieren. Der Kampf selbst war jedoch als Schnappschuß eines erbaulichen Stillebens nicht zu haben, seine vermeintlichen Konturen wurden deshalb auf der Leinwand mit dem Pinsel nachgemalt. Eines der häufigsten Motive dieser Schlachtengemälde, unerschrockene Soldaten im Angriff Schulter an Schulter, blendete nicht nur das Grauen aus, sondern in eine Vergangenheit zurück, in der noch Mann gegen Mann tapfer kämpfte und in der die Soldaten nicht reihenweise im Trommelfeuer der Maschinengewehre verreckten. In der deutschen Kriegsmalerei nimmt die Inszenierung des Mythos von der Schlacht bei

Langemarck einen prominenten Platz ein. Die bergan stürmenden Kriegsfreiwilligen, die uns Grotemeyer vor Augen führt, sprühen vor Begeisterung und Todesverachtung und singen zum Rhythmus eines Trommlers (der Betrachter ahnt: das Deutschlandlied); ein Offizier hat den Säbel gezückt, als wäre der Angriff nie im Feuer der englischen MGs mit großen Verlusten zusammengebrochen.

Das Kriegsbild von 1914/18 gaukelte die Gegenwart der Vergangenheit des Deutsch-Französischen Krieges von 1870/71 oder gar der Napoleonischen Kriege vom Beginn des 19. Jahrhunderts vor, als sich der mannhafte Soldat die Meriten des Helden noch im Zweikampf verdienen konnte. Das traditionelle Kriegsbild wurde im Gemälde des ersten modernen Kriegs noch einmal kopiert. Denn was gab es auf den Schlachtfeldern neuen Typs schon abzubilden? Der dreckige, nasse Schützengraben, in dem die Motive der Schlachtenmaler verschwunden waren, wurde selbst zum Motiv – auch auf Feldpostkarten.

Feldpostkarte aus dem Ersten Weltkrieg: Soldaten in einem Schützengraben vor Verdun

Kriegsbilder waren zuvor auch in die umgekehrte Richtung projiziert worden. Dann gab die zeitgenössische Gegenwart die Vorlage für den bebilderten Ausflug in die Vergangenheit ab. So verlagerte Adolph Menzel Mitte des 19. Jahrhunderts in seinen Illustrationen für Franz Kuglers ›Geschichte Friedrichs des Großen‹ das nachrevolutionäre Bild des Soldaten als Bürger in Uniform in die Zeit der absolutistischen Kriegführung. An die Stelle der geometrischen Schlachtordnung mit ihrer Lineartaktik und des in Reih und Glied kämpfenden disziplinierten Söldners tritt der eigenständige Soldat, der für sein Volk und Vaterland selbstlos in die Schlacht zieht – in der Armee Friedrichs II.

Der französische Maler und Grafiker Horace Vernet, der Menzel als Vorbild diente, verfuhr in seiner Bebilderung der ›Histoire de Napoléon‹ von 1839 ähnlich. Es ging eben nicht um Authentizität. Ohnehin war das Bild nicht selten nur das Abbild einer nachgestellten Szene. Das Ziel war die Veranschaulichung eines Kriegsbildes, das in den festen Rahmen der Politik, nicht zuletzt der Kriegszielpolitik, gespannt war. Als ein Instrument der geistigen Kriegführung dienten gemalte Kriegsansichten dazu, ideologische Vorgaben sinnfällig zum Ausdruck zu bringen. Im Zweiten Weltkrieg gerieten insbesondere Poster, Cartoons und Karikaturen zur bloßen Illustration politischer Slogans. Zum einen wurde der Kampf selbst im nationalsozialistischen Sinn als die höchste Form des Lebens ins rechte Bild gesetzt. Die kleine Kampfgemeinschaft bildete ein Hauptmotiv. Zugleich stilisierten Genreszenen den Kriegsalltag zum idyllischen Ausflug; Landschaftsdarstellungen verkehrten den Feldzug zur touristischen Fernreise. Zum anderen folgte die Illustration der eigenen und der gegnerischen Soldaten festen Mustern: Auf das Gesicht des Feindes im Osten fielen die dunklen Schatten einer rassistisch gefilterten Darstellung; die Abbildung gehorchte der Einbildung. Das Gegenbild war das Selbstbild: Das männlich-heroische Antlitz des Wehrmachtsoldaten unter dem Stahlhelm strahlt die Siegesgewißheit des kraftstrotzenden Ariers aus. Als Abbildung beispielsweise in einem Abreißkalender zierte es zigtausendfach deutsche Wohnzimmer. Die Bildüberschrift stellt den Bezug zum Kriegserlebnis her: »Der Krieg, aller Dinge Vater, ist auch der unsere«, wird Ernst Jünger zitiert, »er hat uns gehämmert, gemeißelt und gehärtet zu dem, was wir sind.«

Ölbilder, Aquarelle und Kohlezeichnungen der offiziellen Kriegsmalerei illustrierten nicht nur die Heimatpresse und die Frontzeitungen. Sie schmückten auch Postkarten, Plakate und Bücher, wurden als Kunstdruck-Sammelmappe und Skizzenbuch aufgelegt oder in Kriegskunstausstellungen der Öffentlichkeit im Reich und im besetzten Ausland präsentiert. Die Ausstellung ›Deutsche Maler sehen den Krieg‹ wurde unter anderem in Rom, Madrid und Budapest gezeigt. Die Werke eines Otto Dix, George Grosz und Max Beckmann dagegen wurden als »gemalte Wehrsabotage« diffamiert, die Maler der Klassischen Moderne mit Berufsverbot belegt. Die Kriegsbilder der Antikriegskunst waren, wie Dix' bekannte Darstellung einer Kriegslandschaft in Flandern 1939, am Ende der Zwischenkriegszeit Erinnerung und Menetekel zugleich geworden. Aus Nachkriegsbildern wurden Vorkriegsbilder. Sie verschwanden aus den Museen, wurden verbrannt oder aber unter dem Vorzeichen der »entarteten Kunst« ausgestellt.

Anders in England. Auf der Insel, wo Kriegsmaler wie Eric Kennington, Paul Nash und Norman Wilkinson eingesetzt wurden – manche waren bereits im Ersten Weltkrieg aktiv gewesen –, umfaßte die Galerie der Kriegsbilder auch wirklichkeitsnahe Motive. Henry Moore beispielsweise fing in seinen Zeichnungen die Angst der Londoner Bevölkerung ein, die in den U-Bahnschächten Schutz vor den deutschen Bombenangriffen suchte. Graham Sutherland führte in seiner Gouache ›Devastation in the City‹ 1941 die grauenvolle Wirkung der deutschen Bombenangriffe auf London vor Augen. Sein Kollege Edward Ardizzone zeigt die Erfahrung des Abstumpfens: Die Leichen ihrer Kameraden vor Augen, trinken britische Soldaten teilnahmslos Tee.

Die Konstruktion des Kriegsbildes während des Krieges, aber auch in den Jahrzehnten nach dem Krieg ist insbesondere in nichtdemokratischen Staaten von den wechselnden politischen Leitsätzen abhängig. Das zeigt ein Seitenblick auf die Entwicklung der Kriegsmalerei in der Sowjetunion. Eine der Zielvorgaben des seit den 1930er Jahren propagierten sozialistischen Realismus, die Darstellung hoffnungsvoller Menschen, lief im Krieg darauf hinaus, Siegeszuversicht zu zeigen und zu erzeugen. Unmittelbar nach Kriegsbeginn erschienen sie massenhaft: die patriotischen Plakate, Zeichnungen und Gemälde, in denen sich der Mut und die Bereitschaft des Sowjetvolkes widerspiegelte, ihre Heimat zu verteidigen.

Bereits 1941 und 1942 wurden die ersten großen Kriegskunstausstellungen in Moskau und Leningrad eröffnet. 1942 zeigte das Puschkin-Museum in Moskau mehr als 500 Bilder zum »Großen Vaterländischen Krieg«. Wanderausstellungen folgten der Front, als die Rote Armee die Wehrmacht über die sowjetischen Grenzen zurückdrängte. Um die Unterstützung der westlichen Alliierten zu gewinnen, wurden sowjetische Kriegsbilder als Ausweis der Kampfbereitschaft selbst in London, Stockholm und New York ausgehängt. Durch ihren statischen Bildaufbau – schießende Menschenmassen mit den immer gleichen ausdruckslosen Gesichtern – ähneln sich die Bilder eines Vladimir Serov, Anatoyly Kazantsev und Joseph Serebryany. Eine Ausnahme bildet Alexander Deineka. Seine Darstellung der ›Verteidigung von Sevastopol‹ (1942) durch sowjetische Marinesoldaten bis zur Einnahme durch die Wehrmacht zeigt in der Mitte der Leinwand einen tödlich verwundeten, aber noch im Lauf begriffenen sowjetischen Soldaten vor dem Hintergrund der Ruinen seiner Stadt, für die er kämpfte. Auch der ebenfalls dargestellte verwundete Feind hat noch menschliche Züge.

In der stalinistischen Nachkriegszeit zeigten die politisch korrekten Kriegsbilder nicht den erschöpften, schlecht ernährten und mangelhaft ausgerüsteten Rotarmisten, sondern Menschen, deren Gesichter vor Freude und Zuversicht strahlen, während ein kleiner Junge ihnen einen Brief von der Front vorliest. So sehr der »Hofmaler« Alexander Laktionov in seinem retrospektiven Gemälde ›Ein Brief von der Front‹ (1947) um Genauigkeit im Detail bemüht ist, so wenig geht es ihm um die wahren Gefühle derer, die um den Bruder, Sohn oder Ehemann im Krieg bangen.

Erst in den Jahren des Tauwetters wurde der Krieg in einer anderen Perspektive dargestellt. Auch hierfür ein Beispiel: Gely Korzhev vermittelt 1966 eindrucksvoll das Gefühl der Traurigkeit in dem Moment, in dem sich ein Soldat in einer letzten Umarmung von seiner Frau verabschiedet, die ihren Kopf, von seiner großen Hand schützend umfaßt, an seine Schulter lehnt. Das Rot ihres Kleides und des Sterns auf dem Schiffchen des Soldaten bekräftigen den Eindruck, indem sie auf Blut und Feuer, sprich: auf den Krieg, verweisen. Im Zeichen von Glasnost entpuppt sich schließlich das ältere Kriegsbild als Zerrbild. Männer, die in Kriegsgefangenschaft geraten waren oder sich, wie der Major Lew Kopelew, über die Armee wegen ihres Verhaltens gegenüber der Zivilbevölkerung kritisch geäußert hatten, verschwanden in den Straflagern. Als Motive waren sie nicht in Frage gekommen.

Das literarische Kriegsbild

Kopelew hielt seine Erfahrung in einer Autobiographie zum Kriegsende 1945 fest, die den Fundus literarischer Kriegsbilder um ein wichtiges Werk erweiterte. Wie die unmittelbaren bildlichen Darstellungen prägten auch die literarischen Kriegsschilderungen eines um Authentizität bemühten Autors die Sicht des Krieges. Der Verfasser hat häufig selbst am Geschehen teilgenommen, sei es als Soldat, sei es als Augenzeuge am Rande des Schlachtfelds. Oder er stützte sich auf Dokumente aus der Kriegszeit. Aber es ist nicht der sezierende Blick des Historikers, der die Kriegsursachen und den Kriegsverlauf erklären möchte. Aus einem oft überraschenden Blickwinkel heraus versucht der Verfasser vielmehr häufig, einen Grundzug des Krieges zu erfassen. Heinrich Böll fühlte sich durch Kopelews Bericht an einen Klassiker der Kriegsliteratur erinnert: Grimmelshausen hatte mit seinem Werk ›Der abenteuerliche Simplicissismus‹ ein auch im 19. Jahrhundert nachwirkendes Kriegsbild gemalt – das Fehlverhalten der Soldaten gegenüber der Zivilbevölkerung stand dabei im Vordergrund. Die Napoleonischen Kriege lieferten neuen Stoff für die Kriegsbeschreibungen. In Frankreich legte Stendhal mit seinem Roman ›Die Kartause von Parma‹ eine Beschreibung der Schlacht von Waterloo vor; in Rußland schilderte Leo Tolstoi in ›Krieg und Frieden‹ Napoleons Rußlandfeldzug von 1812.

Die literarische Verarbeitung eines Krieges mußte die Toten nicht aussparen, wie ein französisches Beispiel aus der ersten Hälfte des 19. Jahrhunderts zeigt. Der Adjutant Napoleons, Philippe Paul Graf von Ségur, schilderte in seinem Werk über Napoleon und die Große Armee in Rußland auch das Grauen, das die französischen Soldaten beschlich, als sie auf dem Rückzug von Moskau auf das Schlachtfeld von Borodino trafen, wo sie zuvor verlustreich gekämpft hatten. Das Beispiel Ségur zeigt jedoch auch, daß ein solcher unpatriotischer Bericht allerorten auf Ablehnung stieß.

Gerade die Darstellung des Sterbens im Krieg stellte, wie in der Malerei und Grafik, eine Aufgabe dar, die zur Stellungnahme zwang. Sie war vor allem dann heikel, wenn der Schriftsteller die Kriegsdarstellung als Auftragsarbeit anfertigte. Eine Lösungsmöglichkeit zeigt der Blick auf Theodor Fontane. Der spätere Romancier unterschied in seinen Kriegsbüchern über die sogenannten Einigungskriege von 1864, 1866 und 1870/71 zwischen einer offiziösen, vermeintlich objektiven Kriegsdarstellung und einem anschaulichen Bild des Kriegsgeschehens. Erzählerisch geschickt versteckte er die persönlichen Geschichten in den Anmerkungen – ein Verfahren, das Walter Scott in seinen historischen Romanen vorgeführt hatte. Im Haupttext läßt Fontane beispielsweise einen österreichischen General den mustergültigen, sauberen Heldentod sterben: »[...] v. Schulz [sank], von zwei Kugeln durch die Brust getroffen, auf den Tod verwundet vom Pferde«. Nur in der Fußnote erfährt der Leser die häßlichen Details: Nach dem Exhumieren habe sich herausgestellt, daß dem General mehrfach in die Hüfte, ins Bein und ins Gesicht geschossen worden war, eine Schrapnelladung ihn verunstaltet und er sich zudem einen Arm und einen Fuß gebrochen hatte. Die Fußnote unterminiert so das Urbild vom schönen Tod auf dem Schlachtfeld. Dieselben zwei Schichten erhielt das Kriegsbild in Fontanes autobiographischer Schrift aus der französischen Kriegsgefangenschaft. Geht es um die Kriegsabenteuer und die Gefangennahme, läßt er andere Gefangene berichten und behält sich selbst die Rolle des nüchternen Beobachters vor. Die einzelne Tat bleibt auch hier aus der amtlichen Erzählung ausgeklammert – zum Leidwesen eines breiteren Publikums.

Wer durch seine Prosa vor dem Auge des Lesers einprägsame Bilder eines Krieges hervorrufen wollte, durfte auf die personalisierte Fassung der Kriegsgeschichte nicht verzichten. Heldentaten und Einzelschicksale, vom Autor ohne falsche Zurückhaltung erzählt, das war es, was die Leser wünschten. Der Nachfrage stand ein immer größeres Angebot gegenüber. Erinnert sei nur an die populären Schlachtenschilderungen eines Karl Bleibtreu. Er gab den distanzierten Blick des Autors häufig zugunsten der zeitgenössischen Sicht auf, indem er einer fiktiven Figur am Ort des erzählten Geschehens seine Stimme lieh.

Gerade im Ersten Weltkrieg und in der Nachkriegszeit wurde die Sicht des Krieges nicht zuletzt durch die literarisch verarbeiteten Kriegserlebnisse geprägt. Das Idealbild des deutschen Kriegsfreiwilligen und Frontoffiziers steht im Mittelpunkt der autobiographischen Erzählung von Walter Flex. Dem Tod der Hauptfigur bei einem Sturmangriff im August 1915 gewann Flex einen fragwürdigen Sinn ab: Er galt ihm als ›Der Wanderer zwischen beiden Welten‹, zwischen Himmel und Erde, Leben und Tod. Flex überhöhte das militärische Geschehen religiös, bettete die Kampfhandlung ästhetisch ein und löste sie so aus ihrer unschönen Wirklichkeit. Das derart idealisierte Bild des Krieges war ein Zerrbild, das gleichwohl dem Geschmack eines Millionenpublikums entsprach, gab es doch dem Leid eine vertraute Bedeutung, welche die rauhe Realität des modernen Zweifrontenkrieges dämpfte.

Die Vorstellung, daß der Krieg dem einzelnen Menschen die Möglichkeit eröffnete, seinem Leben die höchste Bedeutung zu geben, indem er es einem höheren Zweck opferte – diese Imagination der Läuterung durch Leid sollten auch die Sammlungen von Kriegsbriefen deutscher Studenten vermitteln. Weil sie ursprünglich nicht für die Öffentlichkeit gedacht waren, besaßen sie die Ausstrahlungskraft des Dokumentarischen aus erster Hand. Zwar verabscheuten die Studenten das Blutvergießen; an ihrer Bereitschaft, ihr Leben zu opfern, und sei es für eine ehrenvolle Niederlage, ließen die meisten jedoch keinen Zweifel, hieß es in einer englischen Ausgabe von 1929.

Eine weitere Werkstatt für populäre Kriegsbilder stellten Orte wie das Wiener Kriegsarchiv dar, indem Militärbedienstete die Frontberichte nach Anekdoten aus dem Krieg durchblätterten, um sie in der Kolumne ›Berichte von der Front‹ in Zeitungen und Zeitschriften zu veröffentlichen. Bekannte Schriftsteller wie Stefan Zweig und Rainer Maria Rilke waren hier während des Krieges bemüht, »dem Publikum kleine Kriegstaten, novellistisch garniert, rasch zu servieren«. Um die großen Schlachten ging es dagegen in den Bänden der Reihe ›Der große Krieg in Einzeldarstellungen‹. Noch während des Krieges verfaßten Kriegsteilnehmer, gestützt auf Archivalien, unter den Auspizien des Generalstabes des Feldheeres einen literarischen Beitrag, der ebenfalls den Schein des Unmittelbaren besaß. Zu Kriegszeiten vermittelten auch »Kriegsanekdoten« ein unterhaltsames Panorama der »heiteren und ernsten Tatsachen und Erlebnisse aus dem großen Völkerstreit«. Tapferkeit, Opferbereitschaft und Hingabe – wer Beispiele für diese Ingredienzen des kriegerischen Charakters nicht im Kiosk um die Ecke erwerben und keine Heldentat verpassen wollte, konnte die Hefte abonnieren.

Nicht nur Kriegsreporter, auch Schriftsteller berichteten von ihren Reisen an die Front. Bereits 1915 erschien beispielsweise Ludwig Ganghofers ›Reise zur deutschen

Front 1915‹ in einer Auflage von 250 000 Exemplaren. Ebenfalls im Rahmen der ›Kriegsbücher‹-Reihe des Ullstein Verlags, von denen 40 dünne Bände im Taschenbuchformat zwischen 1914 und 1918 herausgebracht wurden, konnte sich die Leserschaft ihr eigenes Bild vom Bombeneinsatz der Zeppeline über England machen.

Das Problem dieser Art der Ansichten vom Krieg liegt auf der Hand. Wo das Kriegsgeschehen nur durch die Brille des Kriegers gesehen wird, besteht nicht die Notwendigkeit, über den Sinn des Geschehens nachzudenken; diese Frage stellt sich erst gar nicht. Ist der Leser durch die packende Erzählung selbst dabei, fehlt ihm die Distanz, die für den Blick über den Schützengraben hinaus auf die politischen und militärischen Zusammenhänge notwendig wäre. Statt dessen wuchern Mythen. Das zeigt der Kriegsroman des Ersten Weltkriegs. In Ernst Jüngers ›In Stahlgewittern‹, in Ludwig Renns ›Der Krieg‹ oder in Robert von Ranke-Graves ›Goodbye to all that‹ wird der Mythos vom Frontsoldaten in der Materialschlacht erzeugt. Daß die Handlung hier weniger in einen konkreten Feldzug eingeordnet wird, sondern eher in ein kriegerisches Geschehen jenseits von Zeit und Raum, verleiht dem Krieg und dem Heldentum den Charakter des Naturhaften. Obwohl er unter einem umgekehrten politischen Vorzeichen steht, leistet auch Erich Maria Remarque in seinem Antikriegsroman dieser Ansicht Vorschub, indem er die Sicht auf den Krieg durch die Augen des einzelnen Soldaten lenkt – am Ende konfrontiert mit der Sicht von oben im Heeresbericht: ›Im Westen nichts Neues‹.

Zwar ist der Zweite Weltkrieg nicht zum Gegenstand vergleichbarer literarischer Darstellungen geworden; zwar veränderte sich nach 1945 die Einstellung zum Sterben – Ruinen blieben als Warnung stehen, Mahnmale ersetzten Denkmäler –, aber die Komponenten des Mythos dauern fort. Das Ideal der Kriegskameradschaft und der echten Männlichkeit ist in Romanen und in der »militärischen Erbauungsliteratur« weiter präsent. In den Landserheftchen und den Lebensgeschichten der Ritterkreuzträger findet sich jede Menge Heldentum. Hier toben noch die Mächte des Schicksals, hier verkommt der Tod zur Tragik. Die Beschäftigung mit dem Krieg wird zur leichten Lektüre, die Panzerschlacht auf Hochglanzpapier verspricht in der Bahnhofsbuchhandlung spannende Unterhaltung für unterwegs.

Eine ganz eigentümliche Sicht des Krieges bieten auch die veröffentlichten Erinnerungen der ehemaligen militärischen Elite. Hier verschränken sich die Subjektivität des eigenen Erlebens, die Tendenz zur Schönfärberei des eigenen Handelns und, im Fall der Deutschen Wehrmacht, die Kenntnis der Generalstabsberichte. Generäle und Marschälle legten der deutschen Öffentlichkeit wenige Jahre nach Kriegsende Memoiren vor, die über Jahrzehnte die Kriegserinnerung prägten. Zum einen verkürzten sie die Perspektive durch die militärisch-technische Betrachtungsweise; wo es um Operationen und Taktik ging, blieb für einzelne Schicksale, vom Protagonisten einmal abgesehen, wenig Raum. Zum anderen zeigten sie die Vergangenheit wie in einem Zerrspiegel, indem sie jede Verantwortlichkeit und damit Verantwortung weit von sich wiesen und anderen zuschoben: dem militärischen Dilettanten Hitler, den ebenso machthungrigen wie feigen Schergen des Nationalsozialismus. Die Fahne soldatischer Ideale wie Tapferkeit und Todesmut etwa im sogenannten Endkampf wurde noch zu einer Zeit hochgehalten, als die (auch militärische) Sinnlosigkeit des Sterbens längst außer Frage stand. Mehr noch: Das Kolorit der Bilder zeigt eindrucksvoll die Zählebigkeit jener Ideologie, die bereits vor dem Krieg seine Deutung als nationalen Lebenskampf vorgab. Der »Festungskommandant« von Königsberg beispielsweise ordnete noch Ende der fünfziger Jahre die Verteidigung der Stadt gegen die heranrückende Rote Armee in den jahrhundertealten »Kampf zwischen Germanen- und Slaventum« ein und gab dem Bild vom Kriegsende dadurch die vermeintlich geschichtliche Tiefendimension der rassistischen NS-Propaganda.

Der Krieg als Medienereignis

Die Propaganda schuf ihre eigene, verzerrte Ansicht vom Krieg. Je größer die Bandbreite der technischen Mittel, je umfassender die Reichweite des Mediums, desto intensiver nutzten die kriegführenden Parteien ihre Möglichkeit, der eigenen oder gegnerischen Bevölkerung eine entsprechende Vorstellung vom Krieg zu vermitteln. Auch die Medien selbst entdeckten die fesselnde Wirkung des Krieges. Am Ende des 20. Jahrhunderts gerät der Krieg schon mal zu einem Medienspektakel, in dem Kriegsreporter die Regie führen.

Als die ›Times‹ und dann die ›London Daily Mail‹ eigene Korrespondenten in den Krimkrieg (1854 bis 1856) schickten, weil ihre Leser den Feldzug gegen das absolutistische Zarenreich begeistert feierten, gaben sie den Startschuß für die Entwicklung der Kriegsberichterstattung. Bis dahin hatte ein aktiver Offizier per Post vom Kriegsschauplatz berichtet. Vertrat William Howard Russel 1854 als einer der ersten die Medien an der Front, bevölkerten im Zweiten Weltkrieg rund 10 000 Journalisten und Journalistinnen die Schlachtfelder. Die ersten Kriegsreporter übten in ihren Depeschen mitunter auch Kritik an der eigenen Armeeführung – zu deren Verdruß: Der Korrespondent wurde der Front verwiesen. Eindrücke vom Kampfgeschehen erhielt er trotzdem, durch Interviews mit Soldaten, die von der Front heimkehrten.

Der technische Fortschritt trieb in den folgenden Jahren die Demokratisierung des Kriegsbildes voran. Der Telegraf, erstmals im amerikanischen Bürgerkrieg zur Kriegsberichterstattung genutzt, erlaubte die schnelle Übermittlung von immer größeren Nachrichtenmengen. Die zweite Hälfte des langen 19. Jahrhunderts galt dank der neuen Kommunikationstechniken und des wachsenden Zeitungsmarktes als das goldene Zeitalter der Kriegsberichterstattung. Insbesondere Kriege am Rande Europas und in den Kolonien verfolgte das heimische Lesepublikum mit Spannung, brachten doch die Reportagen einen Hauch von Exotik und Abenteuer ins eigene Wohnzimmer. Seit etwa 1880 gaben zudem die fotografischen Illustrationen der Phantasie zusätzliche Nahrung.

Im Ersten Weltkrieg wurde die Kriegspropaganda erstmals umfassend organisiert und in einem bis dahin ungeahnten Ausmaß möglich. Die Mesalliance von Militär, Politik und Presse erreichte einen Höhepunkt. Um die Bevölkerung in den europäischen Staaten für einen möglichst raschen Übergang vom Frieden zum Krieg zu mobilisieren, sollte eine gelenkte Presse die jeweilige Sicht des Krieges erzeugen. Im Deutschen Reich trat die Militärzensur kurzerhand an die Stelle der Pressefreiheit.

Einen besonderen Stellenwert besaß auf allen Seiten die Schilderung gegnerischer Grausamkeiten durch die »Greuelpropaganda«. Um ein frühes Beispiel zu nennen: Nach dem rücksichtslosen Einmarsch deutscher Soldaten in das neutrale Belgien, der den Kriegseintritt Großbritanniens zur Folge hatte, produzierte eine offizielle Stelle in Antwerpen Schreckensmeldungen über die Kriegführung der deutschen »Barbaren«, welche die englische und französische Presse verbreiteten, um die Kriegsmoral der Alliierten zu kräftigen. Politiker, Bischöfe und Schriftsteller wie Robert Graves, H. G. Wells und George Bernard Shaw reisten an die Front, um nach ihrer Rückkehr die englische Öffentlichkeit über »Frankensteins Deutschland« zu belehren und dadurch der Kriegsmüdigkeit entgegenzuwirken.

Der Bevölkerung wurde nur jene Sicht auf den Krieg freigegeben, die den jeweiligen Kriegszielen der Regierungen diente. Die Presse, die den Blickwinkel bestimmte, galt als ein »unentbehrliches Mittel der Kriegführung«, wie Generaloberst von Moltke erklärte. Die Täuschung und Selbsttäuschung im Krieg zeitigte jedoch Folgen, die weit über das Kriegsende hinausreichten. Nur weil die militärische Nachrichtenpolitik den Deutschen den Mythos der Unbesiegbarkeit jahrelang eingebleut hatte, waren sie nach der Niederlage nur allzubereit, an die »Dolchstoßlegende« vom Verrat der Front durch die Heimat zu glauben, statt ein kritisches Bild vom Krieg und vom deutschen Militär zu entwickeln.

Die nationalistischen Feindbilder wurden im 20. Jahrhundert durch die politisch-ideologischen ergänzt, die ebenfalls komplexe Zusammenhänge als Bedrohungsvorstellung vereinfachten. Was sich im Italienisch-Abessinischen Krieg abzeichnete, als antifaschistische Kriegsberichterstatter mit Haile Selassie sympathisierten, erreichte 1936 mit der Agitprop-Presse im Spanischen Bürgerkrieg eine neue Stufe: Namhafte Journalisten und Schriftsteller wie Antoine de Saint-Exupéry, George Orwell und Arthur Koestler reisten nach Spanien, um für den Kampf der Republikaner gegen General Franco und seine faschistischen Streitkräfte Partei zu ergreifen. Daß der Krieg zum Mythos wurde, geht nicht zuletzt auf die ästhetische Überhöhung in ihren Kriegsberichten zurück.

Foto und Film erweiterten die Palette der Vermittlungsformen. »*No dead bodies*« – diese Anweisung erhielt bereits Roger Fenton, der erste Kriegsfotograf, von Prinz Albert. Königin Victorias Hoffotograf lieferte Bilder aus dem Krimkrieg. Fast 100 Jahre später wurden zivile britische Fotografen in Uniform gesteckt und den drei Teilstreitkräften zugeordnet; Ende 1941 entstand eine eigene Army Film and Photographic Unit. In Deutschland setzte der Reichsminister für Volksaufklärung und Propaganda, Joseph Goebbels, die Deutschen mit moderner Technik über den Krieg ins Bild. In Zusammenarbeit mit der Wehrmacht wurde eine Propaganda-Einsatzstelle zur Koordinierung der Kriegsberichterstatter geschaffen, da man meinte, daß über soldatische Dinge »nur soldatisch denkende Männer wirklichkeitsgetreu berichten« konnten. In den eigens geschaffenen Propagandakompanien (PK) der drei Wehrmachtteile, ab 1944 auch der SS, mit je drei Kriegsberichterzügen dienten bewaffnete und politisch geschulte Journalisten, Schriftsteller, Kriegsmaler und Fotoreporter. Auf dem Höhepunkt des deutsch-sowjetischen Krieges waren es etwa 12 000 Mann.

Der Film ergänzte das Instrumentarium der zur Manipulation der Massen gleichgeschalteten Medien. Von den fünf Millionen Metern Film, die zwischen 1939 und 1945 aufgenommen wurden, gelangte nur ein Bruchteil an die Öffentlichkeit – nicht zuletzt auch in den anderen europäischen Staaten. Auf das Bildmaterial der Propagandakompanien konnten sich auch die ausländischen Berichterstatter stützen, die von den Alliierten von der eigenen Front ferngehalten wurden. In Großbritannien etwa kontrollierte ein Informationsministerium das Bild des Krieges. Gleichwohl gab es Aufnahmen, die Kriegsfolgen aus der Sicht der Leidenden zeigten. Der Name Bill Brandt wurde zum Synonym für die Bilder von schlafenden Londonern, die während der *battle of Britain* unterirdischen Schutz vor den nächtlichen Fliegerangriffen der Luftwaffe suchten. In Frankreich war die Zensur noch rigoroser, die Berichte in den Medien ähnelten den offiziellen Communiqués. Das Radio gab der Kriegsberichterstattung eine neue Dimension. Der BBC-Reporter Charles Gardner ging unbekannte Wege, als er 1940 aus der Grafschaft Kent über die Abwehr der deutschen Luftangriffe live im Radio berichtete. Mit den Kriegsgeräuschen im Hintergrund wirkte die Übertragung authentisch – auch wenn der Stil des Kommentars an eine Sportreportage erinnerte.

Am D-Day, dem Tag der alliierten Invasion in der Normandie, konnte die Welt dank des Funkberichts eines englischen Luftgeschwaderführers für die BBC mithören. Ohnehin wähnten sich die Hörerinnen in der Heimat durch Sendungen zur Kriegswirtschaft wie ›The Kitchen Front‹ und ›The Battle for Fuel‹ ebenfalls in vorderster Linie, an der *home front*; Berichte über Frauen im Kriegsdienst, *women in war*, sollten folgen. Radioreportagen konnten politische Wirkung entfalten. Die Radioberichte der mehr als 100 amerikanischen Reporter von der »Schlacht um England« festigten das Bild des sich entschlossen verteidigenden Briten, beeinflußten die öffentliche Meinung in den USA weg vom Neutralismus und ermöglichten Roosevelts militärisches Engagement in Europa.

Analysierende Kriegsberichte, wie sie Curzio Malaparte von der Ostfront für den italienischen ›Corriere della Sera‹ lieferte, bildeten die Ausnahme. Auf allen Seiten neigte man dazu, den Kriegsverlauf zu einer Folge von großartigen Schlachten, glorreichen Siegen und unentwegt kampfbereiten Soldaten schönzufärben – die Schlacht im Pazifik bei Pearl Harbor beispielsweise wurde in der britischen Presse als Sieg der amerikanischen Streitkräfte gefeiert. Daß es dabei weiterhin auf die Heldentat des einzelnen Soldaten ankomme, diesen Eindruck vermittelten auch die Wehrmachtberichte. Solange die Wehrmacht von Sieg zu Sieg eilte, las die deutsche Öffentlichkeit das, was auch die militärische Führung so oder ähnlich im Kriegstagebuch des Oberkommandos der Wehrmacht lesen konnte: die genauen Schilderungen erfolgreicher militärischer Operationen. Als diese Siegesmeldungen rar wurden, mußte die Lücke gefüllt werden. Um die Stimmung an der Heimatfront zu heben und von der bevorstehenden Niederlage abzulenken, verfiel Goebbels darauf, die offiziellen Berichte vom Kriegsgeschehen mit den Darstellungen der heroischen Taten einzelner Soldaten anzureichern. Statt Informationen durch Zahlenangaben gab es nun Gelegenheit, das heldenhafte Handeln eines Hauptmanns mitzuerleben. In der Nahperspektive nahm das Antlitz des Helden in den gesichtslosen Reihen feldgrauer Uniformen Züge an. So wurde erneut jene Art von »Phrasen« fabriziert, die mit der Grausamkeit des modernen Krieges nichts gemein hatten und über die sich deshalb schon der eingangs zitierte junge Soldat an der Westfront 1918 empört hatte.

Der Krieg in den Köpfen und damit die Kriegskommunikation spielt heute eine immer größere Rolle, da die Bereitschaft der Menschen, Militäreinsätze ihres Landes zu befürworten und die finanziellen Folgekosten zu tragen, nicht zuletzt durch die Vermittlung einer bestimmten Sicht des Krieges in den Massenmedien hervorgerufen und aufrechterhalten wird. Auch die Armee ist auf eine gute Presse angewiesen. Internationale Presseagenturen schlagen die Kriegstrommeln, um in weltweiten Werbekampagnen mit Hilfe ihrer professionellen Kriegskorrespondenten Stimmung gegen ein Land zu machen oder eine Person zu verteufeln. Um so wichtiger wird die Aufklärung der Öffentlichkeit. Weil sie in der Regel den Wahrheitsgehalt der Krisen- und Kriegsberichterstattung nicht durch die Befragung von Augenzeugen unmittelbar prüfen kann, kommt es darauf an, sie für die wachsende Möglichkeit der Inszenierung des Krieges zu sensibilisieren.

Wehrpflicht

Ingo Schadt

Am 23. August 1793 rief die Revolutionsregierung der Französischen Revolution die *levée en masse* aus, die allgemeine Wehrpflicht für alle Bürger. Mit einer solchen Pflicht war die Grundlage für moderne Massenheere geschaffen. Der so oft zitierte Satz Scharnhorsts, daß »die Bewohner eines Landes die geborenen Verteidiger desselben« sind, ist eine wörtliche Übersetzung eines Gedankens des französischen Heeresreformers Carnot: »*Tout citoyen est né soldat.*« An diesen Ausspruch knüpften verschiedene europäische Staaten, aber auch die preußischen Heeresreformer an, als sie nach den verheerenden Niederlagen gegen Napoleon in Jena und Auerstädt ihre Forderung nach Einführung der allgemeinen Wehrpflicht erhoben. Bis zum Ende des Kalten Krieges blieb die allgemeine Wehrpflicht die typische Wehrform in Europa.

Verschiebung der Legitimationsbasis der Wehrpflicht

In der 41. Sitzung des Deutschen Parlamentarischen Rates am 15. Januar 1949 in Bonn bezeichnete der spätere Bundespräsident Theodor Heuss die allgemeine Wehrpflicht als »das legitime Kind der Demokratie«. Auch heute noch wird dieses Wort von vielen Befürworten der Wehrpflicht zu deren demokratischer Legitimation herangezogen. Bundespräsident Roman Herzog knüpfte ebenfalls an diese Tradition an, als er bei der Kommandeurstagung der Bundeswehr 1995 feststellte: »Manche fragen heute wirklich: Wozu überhaupt noch Wehrpflicht? Ihnen sage ich: Wehrpflicht macht alle Bürger verantwortlich für ihr Gemeinwesen.« Die Legitimationsbasis der Wehrpflicht hat sich vor allem in Deutschland auf sicherheitspolitische Argumente verlagert. So forderte Herzog in derselben Rede: »Wehrpflicht glaubwürdig zu erhalten heißt also zu erklären, weshalb wir sie trotz des Wegfalls der unmittelbaren äußeren Bedrohung immer noch benötigen.«

Die Entscheidungen für Freiwilligenstreitkräfte in Frankreich

Im Zuge der Abschaffung der Wehrpflicht in England (1963) und in den Vereinigten Staaten (1969) haben schon zu Beginn der siebziger Jahre vor allem angelsächsische Autoren eine Entwicklung weg von der »Massenarmee« und hin zur Berufsarmee vorausgesagt. Im Vordergrund standen dabei zwei Überlegungen: Erstens hatte man

Zweifel daran, daß für die staatlich auferlegte Pflicht zum Wehrdienst in modernen Demokratien eine ausreichende Legitimationsbasis vorhanden sei. Zweitens wurde, ausgehend vom zweiten Golfkrieg, Skepsis darüber laut, ob Wehrpflichtige angesichts des fundamentalen Wandels des Militärwesens in angemessener Zeit noch ausreichend auszubilden seien.

In Deutschland verstärkte sich die Diskussion um die Wehrpflicht, nachdem mit Frankreich jener direkte Nachbar Deutschlands an ihr gerüttelt hatte, bei dem sie seit den Tagen der Französischen Revolution Teil der politischen Kultur geworden war. Für die französische Entscheidung waren unterschiedliche Gründe maßgebend: Mit dem Wegfall der Bedrohung in Mitteleuropa konnte Frankreich als ehemalige Kolonialmacht seine überseeischen Interessen wieder stärker betonen. Es nahm mit seiner Entscheidung eine Akzentverlagerung in Richtung erhöhter Interventionsfähigkeit vor: Freiwilligenstreitkräfte mit ihrer ständigen Präsenz kommen dem Erfordernis hoher Krisenmobilität entgegen. Darüber hinaus war in Frankreich aufgrund ungleicher Heranziehung zum zehnmonatigen Wehrdienst *(service national)* eine »Gerechtigkeitslücke« entstanden. Sie zu schließen entsprach einer innenpolitischen Forderung, die im Präsidentenwahlkampf 1995 eine erhebliche Rolle spielte. Mit dem Gesetz über den Wehrdienst vom 21. Oktober 1997 werden für eine Übergangsperiode bis zum Jahre 2002 Wehrpflichtige noch in abnehmendem Umfang eingezogen. Ab dem Jahr 2003 werden die französischen Streitkräfte nur noch aus Zeit- und Berufssoldaten bestehen.

Deutschlands Entscheidung für die Wehrpflicht

Gesellschaftspolitische Aspekte

Schon bei Einführung der Wehrpflicht in der Bundesrepublik standen neben den sicherheitspolitischen Zwängen gesellschaftspolitische Begründungsmuster im Vordergrund. Bei der ersten Beratung des Wehrpflichtgesetzes im Deutschen Bundestag am 4. Mai 1956 nahm Theodor Blank die Idee einer Verbindung von Bürgerrechten und der Wehrpflicht als Bürgerpflicht zur Landesverteidigung mit folgenden Worten wieder auf: »Die Verteidigung und ihre Vorbereitung im Frieden ist Aufgabe des ganzen Volkes, wie es die großen Reformer Scharnhorst und Gneisenau einst in anderer Lage ebenso gefordert haben wie Carnot, Jaurés und August Bebel.« An anderer Stelle seiner Rede warnte er vor der Gefahr einer gesellschaftlichen Isolierung eines Berufsheeres: »Das militärische Eigenleben, wenn es nicht durch den laufenden Zustrom von Wehrpflichtigen aufgelockert wird, kann trotz allen guten Willens der politischen und militärischen Führung und der parlamentarischen Kontrolle zu einer Isolierung der Soldaten führen. Der unmittelbare Kontakt zum ganzen Volk, der allein die auch militärisch notwendige Eingliederung der Armee in die staatliche Gesamtordnung bewirkt, wird nur dann in wünschenswertem und notwendigem Maß vorhanden sein, wenn alle Männer verpflichtet sind, in dieser Armee zu dienen.«

Etwa 40 Jahre später sehen Politiker und Repräsentanten der wichtigsten gesellschaftlichen Gruppen die Integration der Bundeswehr in den freiheitlichen Rechtsstaat als gesichert an. Das Gespenst einer »janusköpfigen Reichswehr«, auf die sich die Republik von Weimar zeitweise auch im Inneren stützen mußte, ohne sich der ungeteilten republikanischen Gesinnung ihrer Offiziere sicher sein zu können, hat für die Bundesrepublik seine Schrecken verloren. Das Leitbild vom »Staatsbürger in Uniform« ist nicht nur wesentliches Element des Selbstverständnisses der Bundeswehr, sondern auch der politischen Kultur der Bundesrepublik geworden. Das »Staat im Staate«-Argument zur Begründung der Wehrpflicht ist aus heutiger Sicht nicht mehr sonderlich überzeugend. Auch Theo Sommer will dieses Argument nicht gelten lassen und stellte 1996 in einem Artikel fest: »Die Bundeswehr ist nicht die Reichswehr. Sie steht ohne innere Vorbehalte zum heutigen Staat.« Gesellschaftlich ist die Bundeswehr integriert. Unter den vertrauenswürdigen Institutionen liegt sie auf Platz zwei. Umfragen weisen für die Wehrpflicht eine Zweidrittelmehrheit aus.

Die Bundeswehr ist seit nunmehr fast 40 Jahren eine Wehrpflichtarmee. In ihr haben bis Anfang 1998 etwas mehr als acht Millionen Bürger der Bundesrepublik gedient. Sie ist Bestandteil der Verteidigungskultur unseres Staates geworden. Bundespräsident Roman Herzog hat diesen Sachverhalt auf die Formel gebracht: »Landesverteidigung und Wehrpflicht haben sich als Einheit bewährt.« Zwar stellt der beständige Personalaustausch an Menschenführung, Organisationskönnen und die fachlichen Fähigkeiten der Vorgesetzten höchste Ansprüche, zugleich sorgt er aber auch dafür, daß gesellschaftlicher Wandel und frischer Geist in die Streitkräfte gelangen. Dies beugt einer Erstarrung vor und schafft Raum für Neuerungen. Die Wehrpflichtarmee ist gegenüber der Freiwilligenarmee hinsichtlich ihrer Angehörigen jünger: Das Durchschnittsalter der Bundeswehr liegt nach den Erfahrungen von Verbündeten mit 26 Jahren um etwa zehn Jahre niedriger.

Das Beispiel der Vereinigten Staaten zeigt, daß sich die sogenannte Professionalisierung der Armee auf die Erfahrungswelt der Politiker im Hinblick auf militärische Einsätze auswirkt. Während in der Wehrpflichtarmee des Vietnamkrieges 74 der 535 Kongreßabgeordneten der USA Söhne an der Front hatten, waren es in der Freiwilligenarmee des Golfkrieges nur noch zwei.

Freiwilligenstreitkräfte müssen nicht, sie können aber eine zunehmende Distanz zwischen Politik und Gesellschaft auf der einen und dem Militär auf der anderen Seite entstehen lassen. Dieses »Entfremdungsphänomen« ist gemeint, wenn die Gefahr von Streitkräften als »reiner Dienstleistungsagentur für Sicherheit« beschworen wird.

Der Professionalisierungsaspekt

Selbst in Ländern, die sich für Freiwilligenarmeen entschieden haben, wird stets hervorgehoben, daß die Wehrpflicht bei der Nachwuchsgewinnung auch in qualitativer Hinsicht Vorteile hat. Nur diese Wehrform läßt die Streitkräfte am hohen Standard des jeweiligen Bildungs- und Ausbildungssystems teilhaben. Dies garantiert Qualität und spart Kosten. Im langjährigen Schnitt rekrutiert die Bundeswehr etwa

50 Prozent ihres Führungsnachwuchses aus dem Potential der Grundwehrdienstleistenden.

Ein Blick in die Länder, welche die Wehrpflicht abgeschafft haben, verdeutlicht, daß immense Aufwendungen erforderlich werden, um den Qualitätsverlust zu kompensieren. Wehrpflicht und Professionalität sind nicht unbedingt ein Gegensatz. Die Bundeswehr hat in internationalen Vergleichen und beim Einsatz im ehemaligen Jugoslawien verdeutlicht, daß sich beide Elemente miteinander verbinden lassen.

Sicherheitspolitische Aspekte

Mit der Stabilisierung des Friedens durch den Entspannungsprozeß in Europa, mit dem sich die völkerrechtliche Anerkennung der Nachkriegsgrenzen, die Vereinbarungen der Konferenz für Sicherheit und Zusammenarbeit in Europa (KSZE), vertrauensbildende Maßnahmen, aber auch der gegenseitige Abzug von Mittelstreckenraketen verbanden, geriet teilweise in Vergessenheit, daß der Erfolg dieser Politik voraussetzte, daß sie durch Streitkräfte ausreichend gegen Risiken abgesichert war. Aus einem subjektiven Empfinden garantierter Sicherheit heraus wurde nicht nur gefragt: »Wie viele Soldaten sind genug?«, sondern auch: »Wofür werden Streitkräfte überhaupt noch gebraucht?«.

Selbstverständlich berührt die Beantwortung dieser Fragen auch den Zweck und Sinn der Wehrpflicht. Völkerrechtliche Verträge zur Vollendung der Einheit haben Deutschland früher als Frankreich und die anderen westlichen Nachbarn gezwungen, die Struktur der Streitkräfte den veränderten sicherheitspolitischen Rahmenbedingungen anzupassen. Der Auftrag der Armee wurde erweitert, aber Auftragskern blieb die Landes- und Bündnisverteidigung. Gegenüber dem Hinweis auf die französische Entscheidung hat die deutsche Bundesregierung bis jetzt stets deutlich gemacht, daß es in Deutschland keiner Akzentverschiebung der Sicherheitspolitik in Richtung stärkerer Interventionsfähigkeit bedürfe.

Im Festhalten an der Wehrpflicht sehen ihre Befürworter ein wichtiges und deutliches Signal für die langfristige Orientierung der deutschen Verteidigungspolitik am Kernauftrag der Landes- und Bündnisverteidigung. Sie verweisen darauf, daß mit einer Wehrpflichtarmee Interventionsfähigkeit erheblich eingeschränkt sei. Damit werde der teilweise erhobene Verdacht entkräftet, mit dem erweiterten Auftrag der Bundeswehr könnten deutsche Streitkräfte leichtfertig für eine interventionistische Politik der *power projection* instrumentalisiert werden.

Die geostrategische Lage der Bundesrepublik macht sie stabilitätssensibler, als es die Nuklearmacht Frankreich ist. Das Argument, durch einen Verzicht auf die Fähigkeit, genügend Reservisten zu mobilisieren, die eigene Risikovorsorge zu schwächen, hat für Deutschland stärkeres Gewicht als für seine westlichen Nachbarn Frankreich, Belgien und die Niederlande, welche die Wehrpflicht abgeschafft bzw. ausgesetzt haben. Theo Sommer hat die Notwendigkeit der »Wiederaufwuchsfähigkeit« als »solide[r] Rückversicherung« für den Fall neuer Krisen in Europa hervorgehoben.

Die bis Oktober 1998 amtierende Bundesregierung hat die Friedensstärke von etwa 580 000 Soldaten im Oktober 1990 auf 370 000 und in einem weiteren Schritt auf 340 000 Soldaten gesenkt. Damit können auch in Zukunft so viele Reservisten ausgebildet werden, daß der Verteidigungsumfang nach Zahl und Qualität sichergestellt ist. Dies ist Voraussetzung für eine ausreichende Risikovorsorge.

Im Vergleich wird deutlich, daß es kein einheitliches Legitimationsmuster für die Wehrpflicht gibt. Vereinfacht läßt sich jedoch das amerikanische und britische Muster als Ultima-ratio-Modell bezeichnen. Für beide Staaten gelten aufgrund ihrer geostrategischen Lage längere Vorwarnzeiten. Dieses Zeitpolster hat stets flexiblere Möglichkeiten geboten, durch Wiedereinführung der Wehrpflicht im Konfliktfall angemessen zu reagieren bzw. nach Kriegen zu demobilisieren. Trotzdem bleibt festzustellen, daß ihre sicherheitspolitischen Interessen die USA in der Zeit des Kalten Krieges bis fast 30 Jahre nach dem Überfall auf Pearl Harbor an der Wehrpflicht festhalten ließen. Neben sicherheitspolitischen Gründen führten mit dem Rückzug aus Vietnam auch innenpolitische Überlegungen zum Verzicht auf die Wehrpflicht. Für deren Wiedereinführung gibt es zwar keine nennenswerten Initiativen; über die abnehmende integrative Funktion der Streitkräfte als *melting pot*, als Schmelztiegel, wird jedoch diskutiert.

Im Gegensatz zu den USA und Großbritannien ist die Wehrpflicht in den skandinavischen Staaten sehr stark innenpolitisch verankert. Trotz einzelner Unterschiede kann generell festgestellt werden, daß historische Erfahrungen mit übermächtigen Nachbarn in diesen modernen »Bürgergesellschaften« zu einer hohen Akzeptanz des Wehrdienstes geführt haben. Die präsenten Kräfte waren relativ klein dimensioniert, sollten aber stets in der Lage sein, genügend Reservisten auszubilden, um den Bedürfnissen nach Sicherheit und Stabilität im Krisenfall Rechnung zu tragen. An dieser Philosophie der »Bürgerarmee« scheinen auch die Entscheidungen zur Aufstellung von Freiwilligenstreitkräften in den westeuropäischen Staaten Belgien, Frankreich, Portugal, Spanien und den Niederlanden nichts geändert zu haben.

Auch Rußland hat eine lange Wehrpflichttradition. Damit konnte die größte Landmacht auf dem eurasischen Kontinent sowohl die Kosten zur Unterhaltung starker präsenter Kräfte reduzieren als auch die Mobilisierung sicherstellen. Diese Ziele waren aber nur durch deutlich längere Grundwehrdienstzeiten als in westlichen Staaten erreichbar. Innenpolitisch wurde die Wehrpflicht im Sinne einer prorussischen Nationalitätenpolitik instrumentalisiert.

Tiefgreifende Strukturdefizite bei der Herstellung von Wehrgerechtigkeit konnten bisher nicht abgebaut werden. Teilweise ausbleibende Besoldung, Mängel in der Lebensmittelversorgung und zahlreiche Mißhandlungen von Untergebenen und Kameraden haben die Legitimationsbasis der Wehrpflicht schwer erschüttert. Die vom russischen Präsidenten vor seiner Wiederwahl angekündigte Wehrreform wurde nicht realisiert.

Abrüstung

Thorsten Kähler und Sabine Gans

Rüstungskontrolle und Abrüstung sind längst keine Reizthemen mehr, vielmehr gelten sie heute als klassische Felder der Außen- und Sicherheitspolitik. Im Verständnis kooperativer Sicherheit tragen sie wesentlich zur Vertrauensbildung zwischen den Nationen und zur gegenseitigen Berechenbarkeit bei. Gleichzeitig sind sie aber auch notwendige Bestandteile der Friedenssicherung vor allem im Anschluß an bewaffnete Konflikte. Die Abrüstungs- und Rüstungskontrollmaßnahmen nach dem letzten Golfkrieg und nach dem Krieg im ehemaligen Jugoslawien sind herausragende Beispiele hierfür.

Mit dem Ende des Zweiten Weltkriegs begann die politische Entwicklung Europas, die Zeit des Kalten Krieges und des Wandels sowie die Teilung des Kontinents in zwei antagonistische politische, militärische und gesellschaftliche Systeme. Der Ost-West-Konflikt manifestierte sich besonders deutlich in den gegnerischen Militärbündnissen Nordatlantische Allianz (NATO) und Warschauer Pakt (WP). Die Einbindung von Nuklearwaffen in die militärischen Konzepte beider Seiten hat wie kaum ein anderer Faktor den bipolaren Charakter des internationalen Systems symbolisiert und geprägt und stellte schließlich eine neue – und von vielen als existentiell empfundene – Bedrohung dar.

Die Zeit des Wandels wurde unter anderem eingeleitet durch die Erkenntnis, daß eine Fortsetzung des Gegeneinanders der Systeme langfristig den wirtschaftlichen Ruin der Sowjetunion zur Folge haben würde. Mit dem Amtsantritt von Michail Gorbatschow als Staats- und Regierungschef der Sowjetunion Mitte der achtziger Jahre wurde in Osteuropa schließlich ein gesellschaftlicher und politischer Wandel eingeleitet, der zu einer Aufweichung der verkrusteten Blockstrukturen führte und das Gesicht Europas nachhaltig veränderte. Deutschland wurde wiedervereinigt, der Warschauer Pakt und die Sowjetunion zerfielen, neue Sicherheitsstrukturen schlossen Europa enger zusammen. Verhandlungen zu Abrüstung und Rüstungskontrolle in Europa sowie zwischen den USA und der Sowjetunion haben diesen Prozeß begleitet und die Entspannung beschleunigt. Sie waren Vorreiter des sich anbahnenden Prozesses, der von der Konfrontation zur Kooperation führen sollte.

Bereits während der Zeit des Kalten Krieges waren Abrüstung und Rüstungskontrolle Gegenstand bi- und multilateraler Gespräche auf europäischer wie globaler Ebene. Im Bewußtsein der gegenseitigen Vernichtungsmöglichkeiten war Rüstungskontrolle Voraussetzung und Bestandteil der von West wie Ost angestrebten Entspannungspolitik. Während die beiden Supermächte USA und UdSSR Ende der sechziger Jahre begannen, bilateral über nukleare Rüstungskontrolle und Rüstungsbegrenzung zu verhandeln, bildete die 1975 ins Leben gerufene Konferenz über Sicherheit und Zusammenarbeit in Europa (KSZE) mit 35 Teilnehmerstaaten aus Europa, einschließlich der USA und Kanada, das erste Gesprächsforum, um Fragen der Vertrauens- und Sicherheitsbildung, Menschenrechte und wirtschaftlichen Zusammenarbeit zu verhandeln. Das Stockholmer Dokument von 1976 war die erste, ganz Europa abdeckende Vereinbarung, mit der unter anderem Manöver begrenzt, gegenseitig notifiziert und inspiziert wurden. Der KSZE-Prozeß legte zudem den Grundstein, um erstmals konkret über konventionelle Rüstungskontrolle und Abrüstung in Europa zu verhandeln. Zu diesem Zweck begannen 1973 die Staaten der Nordatlantischen Allianz und des Warschauer Pakts, die alle Teilnehmer der KSZE waren, mit den Gesprächen über gegenseitige ausgewogene Truppenreduzierungen (MBFR-Gespräche: *Mutual Balanced Forces Reduction Talks*). Trotz jahrelanger Bemühungen blieben diese jedoch wegen der Wahl des falschen Ansatzes stecken und wurden 1989 ergebnislos abgebrochen.

Erfolgreich waren zunächst nur die bilateralen amerikanisch-sowjetischen Verhandlungen über die Begrenzung von Nuklearwaffen. Mit den SALT-Verträgen über strategische Nuklearsysteme (SALT: *Strategic Arms Limitation Talks*) wurden in den siebziger Jahren erstmals Obergrenzen für die Anzahl der strategischen Nuklearsysteme auf beiden Seiten festgelegt. Der Vertrag über nukleare Mittelstreckenwaffen (INF-Vertrag: *Intermediate Nuclear Forces Treaty*) aus dem Jahre 1988 eliminierte schließlich eine ganze Kategorie von Nuklearwaffen, die erst kurz zuvor auf europäischem Territorium stationiert waren.

Der zum Ende der achtziger Jahre einsetzende Wandel in Europa belebte die Rüstungskontroll- und Abrüstungsdebatte in all ihren Facetten. Während die nukleare Rüstungskontrolle konsequent fortgesetzt werden konnte, erfuhr die Debatte über konventionelle Rüstungskontrolle und Abrüstung durch die Vitalisierung des gesamten KSZE-Prozesses neue Impulse. Das politische Klima begünstigte die Entwicklung gegenseitiger Vertrauens- und Sicherheitsbildung, die von Beginn an wesentlicher Teil dieses Prozesses waren. Ende 1990 erreichte diese Entwicklung ihren Höhepunkt in der Verabschiedung der Charta von Paris für ein neues Europa durch die Staats- und Regierungschefs der KSZE-Teilnehmerstaaten. 1990 unterzeichneten die Staaten der NATO und des Warschauer Pakts in Paris den Vertrag über konventionelle Streitkräfte in Europa (KSE-Vertrag).

Mit diesen Schritten endete das Zeitalter der Konfrontation und Teilung Europas. Die zehn Prinzipien von Helsinki, die das Miteinander der Teilnehmerstaaten der KSZE bestimmt hatten, wurden auf der Grundlage demokratischer Werte, der Menschenrechte und Grundfreiheiten nochmals feierlich bekräftigt. Damit begann zugleich die schrittweise Umwandlung der KSZE von einer losen Konferenzfolge in die Organisation für Sicherheit und Zusammenarbeit (OSZE), die Ende 1994 ihre Tätigkeit aufnahm. 1992 wurde in Wien das KSZE-Forum für Sicherheitskooperation eingerichtet, das sich mit allen Fragen der konventionellen Rüstungskontrolle, der Abrüstung, der Vertrauens- und Sicherheitsbildung, der Sicherheitskooperation und der Konfliktverhütung befaßt.

Mit dem KSE-Vertrag, dem Wiener Dokument und dem ebenfalls unter dem Dach der KSZE 1992 in Helsinki unterzeichneten Vertrag über den »Offenen Himmel« *(Open Skies)* – bisher nicht in Kraft – war das rüstungskontrollpolitische Gerüst im Bereich konventioneller Streitkräfte zur Stärkung von Sicherheit und Stabilität in Europa gebaut. Das Wiener Dokument und der Vertrag über den »Offenen Himmel« erhöhen durch den Austausch von Informationen über Streitkräftestrukturen bis hin zur Notifizierung militärischer Übungen und der Beobachtung des Territoriums der Vertragsstaaten vom Flugzeug aus die Transparenz und Vertrauensbildung. Im KSE-Vertrag dagegen verpflichteten sich die Teilnehmerstaaten zu einer echten umfangreichen und verifizierbaren Reduzierung ihrer Streitkräftepotentiale. Großangelegte Aggressionen zur raumgreifenden Landnahme konnten mit den veränderten Potentialen jetzt ausgeschlossen werden. Die Verhandlungen wurden nach dem Grundsatz geführt: »Wer mehr hat, muß auch mehr abrüsten«, um auf diese Weise zu einem überprüfbaren Gleichstand zwischen NATO und Warschauer Pakt bei Kampfpanzern, gepanzerten Gefechtsfahrzeugen, Artilleriegeschützen, Kampfhubschraubern und Kampfflugzeugen zu kommen. Der Vertrag bestimmte die Reduzierung von insgesamt 58 000 Waffensystemen innerhalb von fünf Jahren. Deutschland verpflichtete sich darüber hinaus – im Rahmen der Vereinbarungen zur Wiedervereinigung – zur Begrenzung des personellen Friedensumfangs der Streitkräfte auf 370 000 Soldaten.

Im Nuklearbereich beschloß die NATO 1991 im Zeichen des Wandels, alle Artilleriegeschosse und Gefechtsköpfe für bodengestützte nukleare Kurzstreckensysteme in Europa zu vernichten und die Zahl der luftgestützten taktischen Nuklearwaffen um die Hälfte zu verringern. Damit wurden die in Europa stationierten taktischen Nuklearwaffen der Allianz um 80 Prozent reduziert. Ende 1994 trat der noch zwischen den USA und der Sowjetunion 1991 ausgehandelte START-I-Vertrag zur Reduzierung strategischer Nuklearsysteme (START: *Strategic Arms Reduction Talks*) in Kraft. START-I sieht erstmals einen Abbau der strategischen Nuklearwaffen in Ost und West um rund ein Drittel auf jeweils 6000 nuklearstrategische Gefechtsköpfe und 1600 Trägersysteme vor. 1993 unterzeichneten die USA und Rußland ein Folgeabkommen, START-II (bisher nicht in Kraft), das die Obergrenzen für strategische Systeme auf 3000 bis 3500 Gefechtsköpfe festlegt. Die Umsetzung dieser Abrüstungsmaßnahmen von START-II würde eine Verringerung der strategischen Nuklearwaffen auf beiden Seiten um rund zwei Drittel der Bestände von 1991 bedeuten. Eine Fortsetzung des START-Prozesses ist beabsichtigt.

Trotz dieser Erfolge auf dem Gebiet der Rüstungskontrolle und Abrüstung stellt sich die Frage, ob das bestehende Gerüst von Abrüstungs- und Rüstungskontrollvereinbarungen und die mit der Thematik befaßten Institutionen ausreichen, um auch im 21. Jahrhundert die gemeinsame Sicherheit Europas zu gewährleisten? Auf welche politischen Entwicklungen müssen die gegenwärtigen Vertragswerke und Institutionen eingerichtet sein? Welchen sicherheitspolitischen Risiken muß Rüstungskontrolle in Zukunft gerecht werden?

Regionale Instabilitäten sind im Zuge der rasanten politischen Entwicklung der letzten Jahre in und an den Grenzen Europas entstanden. Die Welt ist eben nicht überall stabiler, sicherer, friedlicher geworden. Vom Ost-West-Gegensatz überlagerte ethnische und religiöse Konflikte, Streitigkeiten um Grenzen, Kämpfe der alten gegen die neuen Machteliten drohen auszubrechen oder sind schon wie im früheren Jugoslawien in nicht mehr für möglich gehaltener Grausamkeit Realität geworden. Daneben stellt die Weiterverbreitung von Massenvernichtungswaffen und weitreichenden Raketen auch für Europa eine zunehmende Bedrohung dar.

Verhütung von Konflikten durch wirksame Krisenprävention im Vorfeld, Bewältigung und Nachsorge bei ausgebrochenen Konflikten sind wesentliche Zukunftsaufgaben zur Gewährleistung der Sicherheit in Europa und erfordern ein wirksames politisches Instrumentarium. Vertrauen muß fortgesetzt in Europa wachsen. Wege hierzu bieten bestehende Rüstungskontrollverträge mit ihrem Informationsaustausch und durch konsequente Überprüfung (Verifikation) eingegangener Verpflichtungen. Gleichzeitig gilt es, das Netzwerk internationaler Vereinbarungen zu stärken, um der Ausbreitung von Massenvernichtungswaffen Einhalt zu gebieten. Der Nukleare Nichtverbreitungsvertrag (NVV), die Übereinkommen über das Verbot von Chemiewaffen (CWÜ) und toxischen und biologischen Waffen (BWÜ) sowie das Umfassende Teststopp-Abkommen sind die Eckpfeiler in dem internationalen Vertragssystem zur Eindämmung der Gefahren, die für die Menschheit aus Massenvernichtungswaffen entstehen können.

Ein Beispiel für erfolgreiche regionale Rüstungskontrolle nach einem bewaffneten Konflikt ist das Abkommen von Dayton (1995), das den Friedensprozeß im ehemaligen Jugoslawien regelt. Mit militärischen Mitteln wurde zwar ein vorläufiges Ende des fast vierjährigen Bürgerkrieges erzwungen, aber erst durch die begleitenden Rüstungskontrollmaßnahmen wird es möglich sein, eine Stabilisierung der Verhältnisse zu erreichen, aus der dann Sicherheit, Berechenbarkeit und Vertrauen wachsen können. Es bleibt zu hoffen, daß die ehemaligen Kriegsparteien diese Chance nutzen.

Der Dayton-Prozeß macht das Zusammenspiel verschiedener Institutionen erforderlich. Während die einen die Waffenruhe und die Einhaltung der Rüstungskontrollvereinbarungen militärisch absichern, sind die anderen für die Wiederherstellung der inneren Ordnung, die Einhaltung der Menschenrechte sowie die Herstellung demokratischer Verhältnisse im früheren Jugoslawien zuständig.

Aufgabe von Abrüstung und Rüstungskontrolle in der Zukunft muß es sein, durch dauerhafte Verknüpfung der für diese politischen Prozesse verantwortlichen Institutionen sowie durch eine sinnvolle Arbeitsteilung zwischen ihnen eine wirkungsvollere europäische Sicherheitsarchitektur zu schaffen. Dazu muß das vorhandene Vertragssystem ausgebaut und gefestigt werden. Zudem ist vermehrt der Blick auf globale Risiken und Herausforderungen zu richten mit dem Ziel, die europäischen Erfahrungen bei Abrüstung und Rüstungskontrolle zum Wohle des Friedens in der Welt zu verwerten.

Europäische Friedensperspektiven

Erika Laubacher

»Ich betrachte auch einen siegreichen Krieg an sich immer als ein Übel, das die Staatskunst den Völkern zu ersparen bemüht sein muß.« (Bismarck, 1870)

Zu Recht nennt es Bismarck eine Kunst, genauer eine Staatskunst, den Völkern den Krieg zu ersparen, denn nichts scheint den Staaten und ihren Regierungen schwerer zu fallen, als Kriege zu vermeiden. Zwar gab es im Laufe dieses Jahrhunderts immer wieder Anlaß zur Hoffnung, daß ein friedliches Zeitalter anbrechen würde: Der Erste Weltkrieg sollte alle Kriege beendet und die Welt für die Demokratie sicher gemacht haben, doch Faschismus und Kommunismus der folgenden Jahre forderten Millionen von Opfern. Nach dem Zweiten Weltkrieg verkündete Roosevelt auf Jalta, daß nun eine »Weltorganisation« aus »friedliebenden Nationen« entstehen solle, und dies der Anfang einer dauerhaften Struktur des Friedens in der Welt sei. Doch als Folge des Zweiten Weltkrieges entstand der Kalte Krieg, der die Welt beinahe an den atomaren Holocaust brachte, auch wenn der atomare Wettlauf zwischen den Bündnisvormächten der Alten Welt mit dem hohen Risiko der nuklearen Selbstvernichtung eine Zeit des relativen Friedens bescherte. Seit dem Ende des Ost-West-Konfliktes ist Europa erneut zum Brennpunkt und Kriegsschauplatz geworden, und Bemühungen zur friedlichen Streitbeilegung und Konfliktvorbeugung haben an Brisanz gewonnen.

Formale Kriegsächtung

Erst in diesem Jahrhundert gelang es, den Krieg als Mittel der Politik formal zu ächten, und parallel dazu vollzog sich die Suche nach Formen zur institutionalisierten Streitbeilegung und zur Vermeidung von Konflikten. Der Gedanke, Streitigkeiten zwischen Staaten auf friedlichem Wege unter Zuhilfenahme von Verfahren wie Verhandlung, Untersuchung, Vermittlung, Vergleich, Schiedsspruch etc. zu lösen, läßt sich bis zu Beginn dieses Jahrhunderts zurückverfolgen. Ein erster Ansatz war die Einrichtung des Ständigen Schiedsgerichtshofs in Den Haag im Jahre 1899, mit dem zum ersten Mal ein Verfahren zur gewaltfreien Konfliktaustragung institutionalisiert wurde. Weiter ging es mit der Haager Landkriegsordnung (1907) und der Völkerbundsatzung (1919) mit ihrem partiellen Kriegsverbot sowie dem Briand-Kellog-Pakt (1928), der den Krieg als Mittel der Politik vollständig ächtete, bis hin zur Charta der Vereinten Nationen (1945), dem europäischen Übereinkommen zur friedlichen Beilegung von Streitigkeiten (1957), der Manila Declaration on the Peaceful Settlement of Disputes (1988) und dem Übereinkommen zur friedlichen Beilegung von Streitigkeiten der KSZE (1991), um nur eine Auswahl der auch für Europa relevanten völkerrechtlichen Stationen zu erwähnen.

Mit der Charta der Vereinten Nationen wurde das bis heute umfangreichste Instrumentarium zur friedlichen Beilegung von Streitigkeiten geschaffen und das Kriegsverbot zum allgemeinen Gewaltverbot erweitert, welches in seiner Wirksamkeit – die jüngsten Beispiele in Südosteuropa haben es gezeigt – begrenzt blieb. Regionale Bemühungen zur Friedenssicherung wie die OSZE, die Organisation für Sicherheit und Zusammenarbeit in Europa, stellen eine wichtige Verbindung zwischen internationaler und europäischer Sicherheit her.

Wichtig für ein friedliches Europa: Die OSZE

Die OSZE wurde am 1. August 1975 unter dem Namen Konferenz für Sicherheit und Zusammenarbeit in Europa (KSZE) mit der Unterschrift von 35 Staats- und Regierungschefs unter die Akte von Helsinki begründet. Ihr Ziel war es, eine Plattform für Verhandlungen zwischen Ost und West zu sein. Alle Staaten Europas – ohne Albanien – sowie die USA, Kanada und Rußland nahmen an diesem diplomatischen Prozeß zwischen Ost und West teil. Das Helsinki-Dokument besteht aus vier sogenannten Körben: Im ersten mit seinen zehn Prinzipien werden Fragen der europäischen Sicherheit behandelt. Auf Drängen der neutralen und blockfreien Staaten wurde Punkt 7 eingefügt, der die Achtung der Menschenrechte und der Grundfreiheiten verlangte. Korb 2 legte die Grundlagen für die Zusammenarbeit der KSZE-Staaten in den Bereichen Wirtschaft, Wissenschaft, Technik und Umwelt fest. Der dritte Korb enthält Grundsätze für die Zusammenarbeit aller europäischen Staaten im Bereich der Menschenrechte, der Grundfreiheiten und der Information. Korb 4 regelt den Fortbestand der KSZE.

Bis zum Ende des Ost-West-Konfliktes war die KSZE ein Prozeß multilateraler Konferenzen, die sich immer mehr zu einem Normengefüge verdichtet haben. Das Ende des Kalten Krieges veränderte die diplomatische Ausgangslage, und in der Folge erweiterte und institutionalisierte die KSZE ihren Aufgabenbereich. Beim KSZE-Gipfeltreffen im Jahre 1990 wurde zunächst der Ost-West-Konflikt in einer gemeinsamen Erklärung der NATO und Warschauer Pakt angehörigen KSZE-Teilnehmerstaaten für beendet erklärt, danach der Vertrag über Konventionelle Streitkräfte in Europa als erstes völkerrechtlich verbindliches KSZE-Dokument abgeschlossen und schließlich die zukunftsweisende Charta von Paris für ein neues Europa verabschiedet. In den folgenden Jahren baute die KSZE ihre Institutionen und Befugnisse weiter aus und, dem neuen operativen Charakter der Organisation entsprechend, wurde anläßlich der Gipfelkonferenz von 1994 in Budapest zur OSZE, Organisation für Sicherheit und Zusammenarbeit, umbenannt.

Entstanden in der Zeit des Ost-West Konfliktes, hat sich die OSZE von einem Konferenzforum zu einer zwischenstaatlichen Organisation entwickelt, deren 55 Mitgliedsstaaten eine Wertgemeinschaft bilden und die demokratischen Grundsätzen und der Einhaltung der Menschenrechte verpflichtet ist und über Mechanismen und Institutionen zu deren Einhaltung und Überwachung verfügt. Insbesondere zur UNO unterhält die OSZE enge Kontakte: Im Sinne einer »regionalen Abmachung«, derzufolge sie örtlich begrenzte Streitigkeiten selbst beilegen kann (wozu auch die Durchführung von Peace-keeping-Einsätzen zählt), steht die OSZE in einem Sonderverhältnis zur UNO und schafft eine wichtige »Verbindung zwischen europäischer und globaler Sicherheit« (Helsinki, 1992). Zur Zeit liegen die Prioritäten der OSZE in der Verhütung von lokalen Konflikten sowie in der Wiederherstellung von Stabilität und der Friedenssicherung in vom Kriege zerrütteten Gebieten, der Schaffung eines kooperativen Sicherheitssystems und der Festigung gemeinsamer Verhandlungen über ein Sicherheitsmodell für Europa im 21. Jahrhundert.

Zentraler Punkt ist dabei die Integration Rußlands in einen kooperativen europäischen Sicherheitsraum und die Erweiterung und neue Aufgabenbestimmung der NATO. Die langfristige Form der Konfliktverhütung und des Krisenmanagements sind die OSZE-Langzeitmissionen. Zur Zeit unterhält die OSZE Langzeitmissionen in Bosnien-Herzegowina, Kroatien, Estonien, Georgien, Kosovo, Sandjak und Vojvodina, Lettland, Mazedonien, Moldau, Tajikistan und der Ukraine. Voraussetzung für die Entsendung derartiger Missionen ist ein auf dem Konsensprinzip beruhender Beschluß der OSZE-Teilnehmerstaaten. Die Aufgabengebiete der Missionen sind vielfältig: Generell dienen sie der Verhütung und Schlichtung von Konflikten mittels Förderung von Dialogen zwischen Vertretern verschiedener Regierungsstellen, Oppositions- oder Minderheitenvertretungen, unterstützen ein Krisengebiet bei der Herstellung demokratischer Gesellschaftsstrukturen und nehmen Kontakt mit örtlichen Militärkommandos auf. Kern aller Missionen ist die Vertrauensbildung zwischen Vertretern verschiedener Parteien und die Beschaffung von Information und Berichterstattung.

Der Hohe Kommissar für nationale Minderheiten

Der Hohe Kommissar für Nationale Minderheiten (HKNM), dessen Amt als Reaktion auf den Krieg im ehemaligen Jugoslawien geschaffen wurde, ist das Frühwarnsystem der OSZE zur Vorbeugung von ethnopolitischen Konflikten. Zur Zeit hat der holländische Staatsminister Max van der Stoel dieses Amt inne. Sein Mandat schreibt ihm die Rolle eines Instruments für Konfliktverhütung zu, *»at the earliest stage possible in regard to tensions involving national minority issues which have not yet developed beyond any early warning stage, but, in the judgment of the high Commissioner, have the potential to develop into a conflict within the OSCE area«*. Zwei wichtige Funktionen also: Entschärfung von Spannungen und Information der OSZE, damit diese rasch handeln kann. Entgegen der weitverbreiteten Annahme ist der Hochkommissar für Nationale Minderheiten kein Ansprechpartner für Menschenrechtsverletzungen und kein Ombudsmann für nationale Minderheiten, sondern eine absolut neutrale, unabhängige und verschwiegene Instanz. Seine Informationen darf er von allen Seiten (von Medien, Nicht-Regierungs-Organisationen etc.) beziehen, doch verwehrt ist ihm der Kontakt zu Gruppen, die in terroristische Aktivitäten verstrickt sind oder diese befürworten. Der Hochkommissar sieht den Schutz von Minderheiten ausdrücklich im Kontext des Interesses des Staates und der Mehrheit. Seiner Auffassung entsprechend müssen Lösungen im Rahmen des Staates getroffen werden, das heißt, es wird von territorialen Ansprüchen abgesehen; statt dessen stehen rechtliche Lösungen im Vordergrund, die die nationale Minderheit kulturell, sprachlich und in ihrem Selbstverständnis fördern und unterstützen. Seine Verhandlungen finden auf höchster politischer Ebene statt.

Bis jetzt hat sich Max van der Stoel mit folgenden Situationen befaßt: Albanien (griechische Minderheit), Kroatien (interethnische Beziehungen), Estonien (russisch sprechende Minderheit), Ungarn (slowakische Minderheit), Kazachstan (interethnische Beziehungen), Kirgistan (interethnische Beziehungen), Lettland (russisch sprechende Minderheit), Rumänien (ungarische Minderheit), Slowakien (ungarische Minderheit), Mazedonien (albanische Minderheit) und in der Ukraine mit der Situation der Krimtataren. In den baltischen Staaten hat der HKNM viel zur Modifizierung der Ausländergesetze beigetragen, in Ungarn und der Slowakei setzte er eine zweijährige Expertenmission ein. Er führte Maßnahmen zur Sprachförderung von Minderheiten in Albanien und Mazedonien durch, und in der Ukraine wurde auf sein Anraten eine Langzeitmission eingesetzt. Ferner unternahm er auf Anfrage der OSZE-Staaten eine spezielle Studie über die Situation der Roma und Sinti. Sicherlich enthält das Mandat des HKNM einige Kompromisse in seiner Formulierung, um die nationalstaatlichen Interessen der OSZE-Teilnehmerstaaten zu schützen, doch aufgrund der Persönlichkeit und des diplomatischen Geschicks Max van der Stoels ist das Amt des HKNM zu einem der effektivsten Instrumente in der Bearbeitung von Konflikten in Europa geworden.

Ethnopolitische Konflikte in Europa

Mehrere Studien zeigen auf, daß die Kriegsbelastung seit 1945 mehr oder weniger kontinuierlich angestiegen ist. Auch das Ende des Kalten Krieges hat der Welt nicht den erhofften Frieden gebracht. Im Gegenteil, das Aufbrechen der Sowjetunion hatte viele Kriege zur Folge, unter anderem in Ex-Jugoslawien. Die Mehrheit dieser Auseinandersetzungen sind keine Konflikte zwischen Staaten, sondern zwischen rivalisierenden politischen Gruppen oder zwischen diesen Gruppen und dem jeweiligen Staat. Schlüsselrolle bei der Identifikation der Kriegsparteien ist die Politisierung ethnischer Merkmale durch die jeweiligen Machthaber. Fast zwei Drittel aller in der Welt geführten Kriege haben einen dominant-ethnopolitischen Charakter und sind deutlich häufiger vertreten als Anti-Regime- oder zwischenstaatliche Kriege, wobei sich die verschiedenen Kriegstypen zeitweise überlagern. Bei den ethnopolitischen Kriegen geht es um innerstaatliche Aspekte: um Fragen des Minderheitenschutzes, um

Autonomiebestrebungen, um das Recht auf Selbstbestimmung, im Grenzfall um staatliche Eigenständigkeit (Sezession).

Das internationale Konfliktmanagement war auf diese Realität nicht oder nur ungenügend vorbereitet, weil sich das bisherige Instrumentarium zur friedlichen Streitbeilegung auf zwischenstaatliche Konflikte ausgerichtet hat. Ethnopolitische Konflikte sind aber Zerfallsprozesse und lassen sich nicht mehr allein durch traditionelle zwischenstaatliche Diplomatie lösen. Wenn Europa in Zukunft effektiv auf ethnopolitische Konflikte reagieren will, so muß es sein Instrumentarium zur friedlichen Streitbeilegung auf solche Konflikte ausrichten.

Plädoyer für eine friedliche Einmischung

Eine kollektive Einmischung in innerstaatliche Angelegenheiten soll unter bestimmten Voraussetzungen möglich sein, mit dem Ziel, eine Hilfestellung zur Regelung des Konfliktes zu geben. Voraussetzung hierfür ist die Thematisierung sich abzeichnender Konflikte, die Ausarbeitung konstruktiver Bearbeitungsverfahren, ein effektives Frühwarnsystem zur rechtzeitigen Erkennung von Konflikten und eine Reihe von Mechanismen und völkerrechtlicher Normen, die den Zerfall von Staaten und die regionale Selbstbestimmung von Teilgebieten politisch regeln. Militärische Interventionen lösen auf Dauer keinen Konflikt. Ethnopolitischen Bestrebungen sollte man durch die Zusicherung konstitutioneller Rechte, durch Minderheitenschutz und der Förderung föderalistischer politischer Ordnungen entgegenkommen. Dabei sollte aber nicht vergessen werden, daß das Bekenntnis zu einem institutionalisierten Menschenrechtsschutz keine Barriere für substaatliche Akteure – zum Beispiel die bosnischen Serben oder die tschetschenischen Separatisten – ist, Menschenrechte zu mißachten. Die Bereitschaft, auf Gewalt und Krieg zu verzichten, kann nur in Gesellschaften wachsen, in denen eine »Konfliktkultur« (Senghaas) entstanden ist, in der der Verzicht auf Gewalt als oberstes Gesetz der Konfliktaustragung anerkannt wurde. Diese Bereitschaft findet sich nur in Gesellschaften, in denen eine solide wirtschaftliche und soziale Situation vorhanden ist. Auf Europa bezogen, sollte die OSZE in Zukunft ihren bisher unterentwickelten Bereich der wirtschaftlichen Dimension in ihren Aufgabenkatalog miteinbringen.

Zivilgesellschaftliche Initiativen

Unter anderen Vorzeichen stehen die zivilgesellschaftlichen Initiativen zur Friedenssicherung, getragen von NGOs (*non-government organizations*, Nicht-Regierungs-Organisationen), religiösen Gruppen, Universitäten, Forschungszentren und Privatpersonen. Ein ganzes Netz von anerkannten Organisationen spannt sich durch Europa und bildet eine wichtige Grundlage für einen konstruktiven Umgang mit Konflikten. Eine der wichtigsten Institutionen für Friedens- und Konfliktforschung ist neben dem Stockholm International Peace Research Institute (SIPRI) das Department of Peace Studies der Universität im englischen Bradford, das auch Workshops für Konfliktbearbeitung betreibt. Das Österreichische Studienzentrum für Frieden und Konfliktlösung in Stadtschlaining bietet mitunter Trainingskurse für Wahlbeobachter von Menschenrechtsorganisationen an, veranstaltet internationale Konferenzen zu friedenspolitischen Themen und führt Trainingskurse für konfliktrelevante Berufsgruppen aus ehemaligen Kriegsgebieten (zum Beispiel Ostslawonien in Kroatien) durch.

Im Bereich der NGOs treten zum Beispiel International Alert in London, die Helsinki Citizens Assembly mit Hauptsitz in Prag und der Quaker Peace Service in London als aktive Mediatoren in Krisengebieten auf. Das Berghof Forschungszentrum für konstruktive Konfliktbearbeitung in Berlin zielt darauf ab, konstruktive Verfahren und Modelle für die Bearbeitung ethnopolitischer und soziokultureller Konflikte in Europa zu erforschen und ihre Anwendung in der Praxis wissenschaftlich zu begleiten und zu unterstützen. Zivilgesellschaftliche Initiativen leisten Basisarbeit und wirken auf verschiedenen Ebenen; sie können mit ihrer Arbeit einen wichtigen Beitrag zur Errichtung pazifistischer Normen innerhalb einer Gesellschaft schaffen. Genügend Beispiele zeigen, wie wichtig der Druck der Öffentlichkeit via Medien auf die Regierungen sein kann: Das Regime in Belgrad hat nach viermonatigen Protesten der serbischen Bevölkerung im Winter 1996/97 angefangen, ihre Forderungen zu erfüllen; und als Amerika nach dem Golfkrieg Sicherheitszonen für die Kurden einrichten ließ, geschah dies erst auf Proteste der amerikanischen Medien und der Öffentlichkeit bezüglich der irakischen Anschläge.

Bei der Bearbeitung von ethnopolitischen Konflikten spielen zivilgesellschaftliche Initiativen ebenso eine Rolle. Erstens sind sie wichtige Informationsträger, weil sie Kontakte innerhalb der jeweiligen Gesellschaft haben und über eine gute Kenntnis der Situation vor Ort verfügen. Zweitens spielen sie in der Bearbeitung von ethnopolitischen Konflikten eine zunehmend wichtige Rolle, weil sie die traditionelle zwischenstaatliche Diplomatie »von unten«, auf der gesellschaftlichen Ebene, durch ausgewählte Projekte unterstützen.

Chance für Europa

Die besondere Beschaffenheit und Dynamik ethnopolitischer Konflikte verlangt eine Ausdehnung der friedenspolitischen Maßnahmen auf die gesellschaftliche Ebene, indem sich Akteure aus der Staaten- und der Gesellschaftswelt – etwa Kirchen, zivilgesellschaftliche Akteure, Medienleute, Unternehmen, Universitäten mit Austauschprogrammen – gemeinsam an der Konfliktbearbeitung beteiligen. Frieden oder Wahlen können nicht von oben aufgezwängt, sondern müssen von der Bevölkerung getragen werden. Obwohl es europa- und weltweit schon viele Initiativen gibt, sind die Möglichkeiten dazu noch nicht ausgeschöpft: etwa in Form von Austausch- und Begegnungsprogrammen, der Förderung transnationaler Netzwerke von Menschenrechtsorganisationen, internationaler Schulungskurse für konfliktrelevante Berufsgruppen wie Lehrer oder Journalisten, der Vergabe von Wirtschaftsunterstützungen nach bestimmten friedensfördernden Kriterien oder der Stärkung relevanter zivilgesellschaftlicher Akteure, die die Rolle eines Vermittlers übernehmen könnten. Im weiteren sind gesellschaftliche Akteure, mitunter auch Mitarbeiter internationaler Hilfsorganisationen, wichtige Informationsträger, deren Kompetenz bisher zu wenig ausgeschöpft worden ist.

Langfristig geht es darum, Demokratie als einzig wirksame Strategie zur Institutionalisierung gewaltfreier Konfliktbearbeitung in diesen Ländern zu etablieren, vorausgesetzt, es bilden sich parallel zu ihr soziale Gerechtigkeit, eine solide ökonomische Basis und der Wille zu demokratischer Partizipation. Auf der anderen Seite müssen auch die gesellschaftlichen Initiativen besser koordiniert und aufeinander abgestimmt werden und Verdoppelungen vermieden werden, damit ein kooperatives und leistungsstarkes Netz ziviler Konfliktbearbeitung aufgebaut werden kann.

Die Vorschläge können nicht darüber hinwegtäuschen, daß sich das internationale Konfliktmanagement mit Menschen befaßt, deren Mentalität und Einstellungen schwer zu ändern sind, und daß Präventivdiplomatie, Konfliktbearbeitung und eine langfristige Konfliktresolution langsam und in kleinen Schritten vor sich geht. Das Ende des Kalten Krieges und die daraus resultierende Notwendigkeit einer Umstrukturierung von internationalen Organisationen wie der UNO, OSZE oder NATO ist – trotz allen Schwierigkeiten – eine einzigartige Gelegenheit, das staatliche und zivile Konfliktmanagement der Realität anzupassen und hoffentlich effektiver zu gestalten.

Das Friedensfest in Augsburg

Herbert Immenkötter

Fünfzehn gesetzliche Feiertage gibt es in der Stadt Augsburg – mehr als in jeder anderen Kommune der Bundesrepublik. Ein Feiertag, der nur in Augsburg begangen wird, ist das Hohe Friedensfest am 8. August eines jeden Jahres, zuletzt bestätigt durch den Beschluß des Bayerischen Landtages vom 13. Dezember 1949. Seine Geschichte reicht bis in den Dreißigjährigen Krieg zurück, der die erbitterten Konfessionskämpfe zwischen Protestanten und Katholiken auch in die bis dahin vergleichsweise friedliche, paritätische Reichsstadt am Lech trug. Es waren die siegreichen kaiserlich-katholischen Truppen, die am 8. August 1629 den 14 evangelischen Predigern der Stadt jede weitere Amtshandlung verboten und sie aus der Stadt auswiesen, soweit sie nicht das Bürgerrecht besaßen. Gleichzeitig wurden die lutherischen Kirchenpfleger und Ratsherren abgesetzt und die sechs evangelischen Kirchen den Katholiken übergeben, die aber kaum Gebrauch davon machen konnten, da sie in verschwindender Minderheit waren.

Nur vorübergehend wurde nach dem Sieg der Schweden unter Gustav Adolf II. mit der Übergabe aller Augsburger Kirchen an die Protestanten und dem Verbot der katholischen Religionsausübung in der Stadt der Spieß noch einmal umgedreht. Nach 1634/35, dem gräßlichsten Winter der Augsburger Stadtgeschichte, da die Bevölkerungszahl der einst reichen Stadt durch Pest und Hungersnot auf ein Drittel dezimiert wurde, blieben die Lutheraner zwar geduldet, aber argwöhnisch bewacht. Sie waren ohne Einkünfte und ohne Betraum, was sie zwang, sich am Sonntag auf einem freien Platz zum Gottesdienst zu versammeln. Erst auf zähem Verhandlungsweg erreichten die Schweden 1648 im ›Westfälischen Frieden‹ (Artikel 5, Paragraph 2–4), daß die evangelische Religion in jener Stadt, die ihnen nach 1530 den Namen »Augsburger Konfessions-Verwandte« gegeben hatte, wieder in die alten paritätischen Rechte eingesetzt wurde.

In Erinnerung und Dankbarkeit an diese Entscheidung feierten die Protestanten Augsburgs seit 1650 an jenem 8. August, da sie einst all ihrer Rechte beraubt worden waren, das Hohe Friedensfest. Bis gegen Ende des 18. Jahrhunderts war es üblich, daß den Kindern an diesem Tage ein »Friedensgemälde« in Form eines großen Kupferstichs angeboten wurde.

Bis in die zweite Hälfte des 20. Jahrhunderts hinein blieb dieses Fest ein rein protestantischer Feiertag, an dem die Augsburger Katholiken nur insofern teilhatten, daß auch ihnen ein arbeitsfreier Tag gewährt wurde.

Erst nach dem Zweiten Weltkrieg begann ein konfessionelles Umdenken: auf seiten der Protestanten Augsburgs, die sich von dem bis dahin noch mitschwingenden antikatholischen Unterton »ihrer« Festfeier distanzierten, und auf seiten katholischer Laien, die allmählich lernten, daß sie allen Grund hatten, sich über den errungenen Frieden mitzufreuen. Es bürgerte sich ein, daß evangelische und katholische Christen das Hohe Friedensfest miteinander begingen, bis seit den siebziger Jahren die förmliche Verantwortung für Vorbereitung und Durchführung des Festes von Jahr zu Jahr wechselt. Träger sind jetzt nacheinander das evangelische Dekanat St. Anna, die katholischen Dekanate der Stadt und der Stadtrat von Augsburg.

Eine besondere Aufwertung erfuhr das Friedensfest durch den Stadtrat, der am 3. Dezember 1980 den Preis »Augsburger Friedensfest« stiftete. Er wird seit der 2000-Jahr-Feier der Stadt im Jahre 1985 auf Vorschlag einer Jury von der Stadt Augsburg alle drei Jahre verliehen und besteht aus einer Ehrenurkunde, einer Medaille und einem Geldbetrag in Höhe von 25 000 DM »für besondere Leistungen zur Förderung interkonfessioneller Gemeinsamkeiten«. Empfänger sind unter anderem Theologen, Politiker, Künstler, karitative Einrichtungen, interkonfessionelle Institutionen. Die Bekanntgabe des Preisträgers erfolgt jeweils am Tage des Friedensfestes, die Verleihung innerhalb eines offiziellen Festaktes. Bisherige Preisträger waren Bischof Dr. Hermann Kunst, Bonn (1985), die Gründerin der Fokolar-Bewegung Chiara Lubich, Rom (1988), Landesrabbiner Nathan Peter Levinson, Hamburg/Jerusalem (1991), Bundespräsident a.D. Richard von Weizsäcker, Berlin (1994), und Bischof Alfons Nossol, Oppeln (1997).

Friedensutopien, Friedensbewegungen

Karlheinz Koppe

Der Begriff der Utopie (griechisch *u topia*, kein Land) taucht erstmals in der Geschichte als Friedensutopie einer idealen Staats- oder Gesellschaftsverfassung auf, 1516 vom englischen Gelehrten und Staatsmann Thomas Morus (geboren 1478, hingerichtet 1535) in Form einer Reisebeschreibung veröffentlicht. Ihr Vorbild dürfte Platons Entwurf eines Idealstaates in seinem Dialog über den Staat (›Politeia‹ – Das Staatswesen) gewesen sein.

Eine Utopie darf nicht, wie es häufig geschieht, als ein unrealistisches Hirngespinst aufgefaßt werden; sie ist vielmehr eine Zielvorstellung, an der die Realität gemessen und auf die zielstrebig hingearbeitet werden kann. Insofern unterscheidet sie sich von der unrealistischen Illusion. Auch wenn heute die verschiedensten Idealvorstellungen als Utopien ausgegeben werden, war sie ursprünglich an die Vorstellung einer nach außen und innen friedfertigen Gesellschaft geknüpft. Das gilt besonders für die drei klassischen Varianten der beginnenden Neuzeit, neben der ›Utopia‹ von Thomas Morus der ›Sonnenstaat‹ von Tommaso Campanella (1568 bis 1639) und ›Neu-Atlantis‹ von Francis Bacon (1561 bis 1626).

> »Während Morus in ›Utopia‹ und Campanella in seinem ›Sonnenstaat‹ den inneren Frieden im wesentlichen über die Neuordnung der Eigentumsverhältnisse verwirklichen wollten, eine Neuordnung, von der sie sich zugleich eine Erneuerung der Sozialmoral durchaus in christlich-humanistischem Verständnis erhofften, hob Bacon in seiner Schrift ›Neu-Atlantis‹ ganz auf die überragende Bedeutung des naturwissenschaftlich-technischen Fortschritts ab. Die Konsequenzen bildeten den Übergang zu den Friedensplänen des Rationalismus und der Aufklärung.«[1]

Diese Friedensutopien bildeten den philosophisch-literarischen Hintergrund zahlreicher europäischer Friedenspläne vom Hochmittelalter bis in die jüngste Neuzeit. Sie gingen alle davon aus, daß der Schlüssel zum Frieden in der Herstellung einer Weltautorität zu suchen sei, auch wenn diese nach damaligem Verständnis weitgehend auf Europa beschränkt blieb. Das war, wie die friedensstiftende Funktion der Europäischen Union heute zeigt, kein abwegiger Gedanke, ganz gleich ob er sich als Reichsidee, universale Monarchie oder völkerumspannendes republikanisches Gemeinwesen äußerte. So forderte Dante Alighieri (1265 bis 1321) eine *pax universalis*. Pierre Dubois (1250 bis 1322), ein französischer Theologe und Diplomat, entwickelte den Gedanken eines Staatenbundes und eines Schiedsgerichts, vor dem die Staaten ihre Streitfragen friedlich austragen sollten. Davon inspiriert war auch der vom böhmischen König Georg Podiebrad (1420 bis 1471) vorgeschlagene Bündnis-

und Föderationsvertrag, mit dem einerseits Papst und Kaiser aus den »böhmischen Angelegenheiten« (Johann Hus) herausgehalten, andererseits ein Bollwerk gegen die Türken geschaffen werden sollte.

Der Entwurf enthielt modern anmutende Ideen: ein Verzicht der föderierten Staaten auf eigene Kriegsführung, eine Art Bundesrat der beteiligten Fürsten, eine Bundesversammlung ihrer Repräsentanten, ein gemeinsames Kabinett und ein Bundesgericht. Die in der Folge am weitesten verbreitete Friedensschrift (1516/17) stammt von Erasmus von Rotterdam (eigentlich Gerard Gerards, 1466 bis 1536) und war als Argumentationshilfe für den jungen Burgunderfürsten Karl, den späteren Kaiser Karl V., zur Vorbereitung einer internationalen Friedenskonferenz gedacht, die jedoch nicht zustande kam. Erasmus kleidete seine Untersuchung in ein allegorisches Gewand, indem er den Frieden als Person auftreten und über sein Schicksal klagen ließ: ›Querela Pacis‹ (Die Klage des Friedens).

Größeren Einfluß hatte ›Der Große Plan‹ (›Le Grand Dessin‹) des Herzogs von Sully, Maximilien de Béthune (1560 bis 1641), der ebenfalls eine Europäische Föderation als Garant des Friedens vorsah und auf den sich Völkerrechtler bis ins frühe 19. Jahrhundert beriefen. Auch Gottfried Wilhelm Leibniz (1646 bis 1716) steuerte eine Friedensdenkschrift bei, in deren Mittelpunkt die Schaffung eines internationalen Gerichtshofes stand. Breite Beachtung fand vor allem der Quäker William Penn (1644 bis 1718) mit seinem ›Essay über den gegenwärtigen und künftigen Frieden Europas‹, der seine demokratischen und genossenschaftlichen Vorstellungen in seinen amerikanischen Ländereien (Pennsylvanien) zu verwirklichen trachtete. Im Mittelpunkt seiner Überlegungen stand die Forderung nach Gerechtigkeit innerhalb des Staates und zwischen Staaten, die sich durch Krieg nicht erfüllen lasse. Den gleichen Gedanken griff Charles François Castel de Saint-Pierre, kurz Abbé de Saint Pierre (1648 bis 1743) genannt, mit einem ›Plan des Ewigen Friedens‹ auf, der ›Le Grand Dessin‹ des Herzogs von Sully konkretisierte und der von Jean-Jacques Rousseau (1712 bis 1778) erst nach dessen Tod 1778 veröffentlicht wurde.

Rousseau hat die Überlegungen des Abbé de Saint Pierre in seinem ›Gesellschaftsvertrag‹ (›Contrat social‹) berücksichtigt und schließt an die ersten Utopisten insofern an, als daß er im Krieg ein »Symptom schlechter Regierung« sah. Die letzte der großen Friedensdenkschriften vor der Französischen Revolution stammt aus der Feder von Immanuel Kant (1724 bis 1804), der in seinem ›Traktat zum Ewigen Frieden‹ (1795) die klare Vision eines dauerhaften Friedens unter zwei Bedingungen formulierte: unabhängige Rechtsprechung und republikanische Verfassung nach den Grundsätzen der Gewaltenteilung, wie sie Charles de Montesquieu (1689 bis 1755) entwickelt hatte. Dessen Hauptwerk ›Vom Geist der Gesetze‹ (›De l'Esprit des Lois‹) kann ebenfalls als eine Friedensutopie angesehen werden. Darüber hinaus schlug Kant die Abschaffung stehender Heere und ihren Ersatz durch ausschließlich zur Landesverteidigung bereite Milizen vor.

Unter dem Eindruck der Französischen Revolution und der Napoleonischen Kriege sowie des Kantschen Traktats kam zu Beginn des 19. Jahrhunderts eine kurze, inhaltsreiche, aber letztlich in die Resignation mündende Debatte über Krieg und Frieden, vor allem in den deutschen Staaten, zustande. Viele Dichter und Gelehrte nahmen an dieser Debatte teil – teils zustimmend, teils kritisch, teils ablehnend –, darunter Wieland, Wilhelm von Humboldt, Schiller, Herder, Lichtenberg, Schlegel, Fichte, Seume, Matthias Claudius, Görres, Hölderlin, Novalis, Jean Paul, Gentz, Klopstock, Schelling, Achim von Arnim. Zu den Utopien ist schließlich auch das ›Kommunistische Manifest‹ (1848) von Karl Marx (1818 bis 1883) und Friedrich Engels (1820 bis 1995) zu rechnen, das nach einem Zitat von Engels den Grundgedanken enthielt, daß »die freie Entwicklung eines jeden die Bedingung für die freie Entwicklung aller« ist, eine Utopie, deren politische Umsetzung allerdings die verheerendsten Folgen mit Millionen Opfern zeitigte.

Die Friedensutopien und Friedensdenkschriften hatten bis zum Beginn des 19. Jahrhunderts kaum öffentliche Reaktionen ausgelöst. Dann erst entstanden »Friedensgesellschaften«, die Vorläufer der modernen Friedensbewegungen, nach dem Vorbild der in London 1816 gegründeten Peace Society. Aus dem Jahr 1817 ist die Tätigkeit einer Massachusetts Peace Society bekannt, 1848 besteht in Belgien eine Société de la Paix. Zum Ausgang des 19. Jahrhunderts bürgert sich der Begriff »Pazifismus« ein.

Wesentlichen Anstoß gab die Österreicherin Bertha von Suttner (1843 bis 1914), die 1889 den Roman ›Die Waffen nieder‹ veröffentlichte und Alfred Nobel zur Stiftung des Friedensnobelpreises anregte. Gemeinsam mit Alfred H. Fried (1864 bis 1921) gründete sie 1891 die Österreichische Friedensgesellschaft und ein Jahr darauf die Deutsche Friedensgesellschaft. Ab 1899 erschien unter Leitung von Fried ›Die Friedenswarte‹, die wichtigste Zeitschrift der pazifistischen Bewegung, die in den Jahren der Naziherrschaft in die Schweiz emigrierte und noch heute sporadisch erscheint. Renommierte Historiker wie Ludwig Quidde und Völkerrechtler wie Walther Schücking bestimmten die Debatte. Weiter sind zu nennen Friedrich W. Foerster, Sigmund Freud, Georg Nicolai, Carl von Ossietzky (1938 in Lagerhaft gestorben), Reinhold Schneider, Albert Schweitzer, Franziskus Stratmann, Heinrich Ströbel und viele andere mehr.

Der pazifistischen Bewegung in Deutschland entsprachen zahlreiche Initiativen in anderen Ländern. Für das zaristische Rußland steht vor allem Leo Tolstoi, für die USA Jane Addams und Dorothee Day, für England Arthur Posonby, für Frankreich Jean Jaurès (bei Kriegsausbruch 1914 ermordet) und Marc Sagnier, für die Niederlande Bart de Ligt. Es waren vor allem Frauen, die sich 1915 auf einem Friedenskongreß in Holland für einen Friedensschluß einsetzten. Daraus ging die bis heute bestehende Internationale Frauenliga für Frieden und Freiheit IFFF (Women's International League for Peace and Freedom, WILPF) hervor. In Deutschland engagierten sich besonders Anita Augspurg, Klara Maria Faßbender (»Friedensklärchen«), Käthe Kollwitz, Rosa Luxemburg (1919 ermordet), Helene Stöcker und Freda Wuesthoff.

Im Mittelpunkt der pazifistischen Bewegung in der Zwischenkriegszeit standen Abrüstung, Völkerrecht und Kampf gegen die faschistischen Regimes in Italien, Deutschland und Spanien. In England wurde die Vereinigung War Resisters International (WRI), in Bern 1919 das Internationale Friedensbüro (International Peace

Bureau, IPB) gegründet. Die sogenannten Völkerrechtspazifisten setzten alle ihre Hoffnung – wenn auch vergebens – auf den Völkerbund. In der Frage »gerechter Verteidigung« kam es weithin zum Bruch innerhalb der Bewegung. Während französische und britische Pazifisten bedingungslos Krieg und Kriegsdienst ablehnten, waren die deutschen Pazifisten in dieser Frage gespalten. Das sogenannte Friedenskartell deutscher pazifistischer Gruppen löste sich in den zwanziger Jahren wegen dieses Streits auf. Bezeichnend für das Dilemma der Pazifisten war Albert Einstein, einerseits prominentester und konsequentester Pazifist, der andererseits schon frühzeitig militärisches Eingreifen der demokratischen Staaten gegen Hitler und Mussolini forderte, obwohl er nach eigenen Worten weiterhin »Militär verabscheute«. Entscheidend war für ihn, daß es keine »internationale Polizei« gab. Mit Ausbruch des Zweiten Weltkriegs war dieses Kapitel der pazifistischen Bewegung beendet.

Nach 1945 erhielt die neue Friedensbewegung ihre wichtigsten Impulse aus der Kritik an der atomaren Rüstung, zu deren Sprechern sich Albert Einstein und Bertrand Russell machten. Sie wurde zunächst in England mit den sogenannten Ostermärschen, Sitzblockaden vor Atomwaffenstandorten und der Campaign for Nuclear Disarmament populär. Ein Weltfriedensrat in Helsinki, unter starkem kommunistischen und sowjetischen Einfluß, fand dagegen wenig Resonanz in der westlichen Welt. In den USA wurde die Friedensbewegung Ende der sechziger Jahre mit dem Vietnam-Krieg populär. Der amerikanische Rückzug aus dem Vietnam-Engagement ist zum großen Teil auf die inneramerikanische Verweigerungsstimmung zurückzuführen.

Auch die amerikanische Anti-Rassismus-Kampagne (Martin Luther King) hat der Friedensbewegung starke Impulse verliehen. Kurioserweise spielten die Vereinten Nationen im Unterschied zum Völkerbund, auf den nach 1919 die Friedensbewegung große Hoffnungen gesetzt hatte, für die neue Friedensbewegung kaum eine Rolle. Dagegen erhielt die Friedensbewegung einen entscheidenden Anstoß durch Mohandas Karamchand Gandhi (1870, ermordet 1948), der im Kampf Indiens gegen die britische Kolonialherrschaft mit Erfolg das Mittel der gewaltfreien Aktion einsetzte, das bis dahin fast ausschließlich von den Quäkern, ihnen nahestehenden Gruppen und dem Internationalen Versöhnungsbund befürwortet worden war. Martin Luther King, Cesar Chavez und Danilo Dolci standen und stehen in Gandhis Tradition.

In der Bundesrepublik Deutschland trat die Friedensbewegung erst relativ spät in Erscheinung, nachdem die »Ohne mich«- und »Kampf dem Atomtod«-Kampagnen zunächst wenig Anklang gefunden hatten. Die Ostermärsche standen lange Zeit unter dem falschen Verdacht, von Kommunisten gesteuert und unterwandert zu sein. Tatsächlich sind sie von christlichen gewaltfreien Gruppen (Quäker, Mennoniten, Versöhnungsbund) initiiert worden. Eine wichtige Rolle spielte die zunehmende Kriegsdienstverweigerung, in vorderster Reihe unterstützt von Martin Niemöller und Heinrich Böll. Den Höhepunkt erreichte die Friedensbewegung in der Bundesrepublik – wie auch in fast allen anderen westlichen Staaten – Ende der siebziger Jahre mit der Unterstützung der Helsinki-Akte, die eine Entschärfung des Ost-West-Konflikts herbeiführte, und vor allem mit dem Kampf gegen den sogenannten Nachrüstungsbeschluß.

Unterstützung erhielten die bereits engagierten Friedensgruppen auch von der Anti-Atomkraft-Bewegung, von zahlreichen kirchlichen Gruppen (darunter die katholische Pax-Christi-Bewegung) und der Ökologie-Bewegung, die den Einfluß des bis in die DKP hineinreichenden Linkskartells des Krefelder Appells weitgehend neutralisierten. Laut Umfragen haben zeitweilig 70 Prozent der deutschen Bevölkerung die Proteste und Ziele der Friedensbewegung unterstützt, die nicht zu Unrecht als »Atompazifismus« bezeichnet wurde. Mit dem erfolgreichen Beginn der atomaren Abrüstungsverhandlungen, vor allem aber mit der Beendigung des Kalten Krieges und der deutschen Wiedervereinigung ließ der Schwung der Friedensbewegung nach. Weder der Golfkrieg noch die Gewalteruptionen im ehemaligen Jugoslawien und auch nicht die zwar verminderte, aber anhaltende atomare Rüstung konnten sie reaktivieren. Sie ist seither auf den früheren Kern der Pazifisten reduziert und konzentriert sich vornehmlich auf Protest gegen Militarismus, Rechtsextremismus und Ausländerfeindlichkeit sowie auf humanitäre und vermittelnde Hilfe in Kriegsgebieten. Dem Konzept der Regierungen, Kriege durch Militäreinsatz zu beenden, setzt die Friedensbewegung heute das Konzept der zivilen Einmischung (Ziviler Friedensdienst) entgegen, um Gewalt auf allen Ebenen der Gesellschaft einzudämmen.

1 Wolf-Dieter Eberwein und Peter Reichel, Friedens- und Konfliktforschung, Eine Einführung. München 1976. S. 17.

Weltanschauung und Weltdeutung

Das aristotelische Weltbild

Von der Antike bis zur frühen Neuzeit

Otto Danwerth

Der um 1130 verstorbene Bernhard von Chartres hat den mittelalterlichen Wissenschaftler mit einem Zwerg verglichen, der nur deshalb weiter sehen könnte, weil er auf den Schultern von Riesen stand. Diese Giganten waren für ihn die antiken Autoren, ohne deren Kenntnis er wissenschaftlichen Fortschritt für unmöglich hielt. Während der sogenannten Renaissance des 12. Jahrhunderts wurden zahlreiche Texte der »Alten« wiedergefunden und ins Lateinische übersetzt. Die beiden bedeutendsten antiken Philosophen, Platon und – mehr noch – Aristoteles, erlebten so eine Wiedergeburt vor der Renaissance des Humanismus. Wenn der englische Philosoph Alfred North Whitehead die philosophische Tradition Europas einmal als »eine Reihe Fußnoten zu Platon« bezeichnete, so läßt sich mit Arthur Koestler behaupten, daß Wissenschaft bis zur Renaissance aus einer »Reihe Fußnoten zu Aristoteles« bestanden hat. Die so dominierende Stellung und der Einfluß des Aristoteles zeigte und zeigt sich bis heute auf vielen Wissenschaftsgebieten. Das von ihm begründete Weltbild sollte von der klassischen griechischen Philosophie bis zur wissenschaftlichen Revolution im 17. Jahrhundert die europäische gelehrte Welt beherrschen.

Aristoteles: Leben und Werk

Aristoteles, der 384 vor Christi Geburt in der mazedonischen Stadt Stagira als Sohn eines Arztes geboren wurde, kam mit 17 Jahren als Waise nach Athen, um bei Platon zu studieren. In dessen Akademie blieb er 20 Jahre, bevor er nach dem Tod seines Lehrers (347) Athen verließ. Seine »Wanderjahre« führten ihn über das Ägäische Meer nach Asia Minor, die heutige Türkei. Nach seiner Rückkehr (343 bis 342) unterrichtete er in Mazedonien den dreizehnjährigen Alexander, der später »der Große« heißen sollte. Von 335 an lehrte Aristoteles an seiner eigenen Schule in einem Athener Bezirk, dem sogenannten Lykeion; sie wird auch *Peripatos* (die Wandelhalle) genannt. Da ihr Begründer Ausländer ohne Bürgerrechte war, durfte er kein Eigentum erwerben, auch nicht das Schulgebäude. Nach Alexanders Tod floh Aristoteles 323 aus Athen, um nicht, wie Platon, wegen Gottlosigkeit angeklagt zu werden. Im Jahr darauf starb er in Chalcis auf der Insel Euböa.

Die Schriften des Aristoteles lassen sich in zwei Gruppen einteilen: Exoterische Texte – für gebildete Laien außerhalb der Schule verfaßte – standen den esoterischen gegenüber, die für den Lehrbetrieb bestimmt waren. Man schätzt, daß nur etwa ein Viertel der gesamten Werke des Stagiriten auf uns gekommen sind, in der Mehrheit

Lehrvorträge. Die von ihm verfaßten Dialoge sind ebenso verloren wie die reichhaltige Sammlung natürlicher und historisch-politischer Beobachtungen. Nach seinem Tod führten Theophrast und Eudemos von Rhodos die Peripatetische Schule weiter und bewahrten die Manuskripte auf. Die Lehrschriften gelangten nach Rom, wo Andronikos von Rhodos um die Mitte des 1. vorchristlichen Jahrhunderts erstmals eine vollständige Ausgabe besorgte. Von diesem Herausgeber stammt auch die systematische Anordnung der esoterischen Schriften, die in einem neuen philosophischen Stil, der wissenschaftlichen Abhandlung, verfaßt waren.

Im Gegensatz zur Ideenphilosophie seines Lehrers Platon richtet sich Aristoteles' wissenschaftliches Bemühen auf die Erforschung all der Gegenstände, die der menschlichen Erfahrung zugänglich sind. Sein Denken läßt sich als methodisch durchgeführt, empirisch orientiert, ausgewogen argumentierend und systematisch angelegt charakterisieren, wodurch er zum eigentlichen Begründer der Wissenschaft wurde. Zahlreiche Wissenschaften gehen auf seine Grundlagenarbeit zurück. Er unterschied als erster zwischen theoretischer, praktischer und poietischer Philosophie. Das breitangelegte Werk des Aristoteles umfaßt gemäß der Andronikos-Ausgabe verschiedene Teile: Am Anfang stehen die logischen Schriften, auch »Organon« (geistiges Werkzeug) genannt, sodann die wissenschaftstheoretischen Arbeiten, gefolgt von der Naturphilosophie, die auch die Psychologie einschließt. Danach kommt die sogenannte »Metaphysik« mit den Texten, die nach und jenseits der Physik stehen. Diese »Erste Philosophie« versteht sich sowohl als Wissenschaft vom »Seienden, insofern es seiend ist« (Ontologie) als auch als philosophische Theologie. Am Ende befinden sich die ethischen und politischen Abhandlungen (praktische Philosophie) sowie die Rhetorik und die Lehre von der Dichtkunst (Poetik).

Das Weltbild des Aristoteles

Das Weltbild des Aristoteles läßt sich seinen naturphilosophischen Schriften entnehmen. Naturphilosophie bedeutet nichts anderes als die Wissenschaft von der Natur. Aristoteles faßt den Begriff der *physis*, der Natur, als die Gesamtheit der stofflichen Dinge auf, die unabhängig von menschlichen Eingriffen – von Natur – beweglich und veränderlich sind. So beschäftigt sich seine »Physik« im weiteren Sinne sowohl mit den Himmelskörpern als auch mit den Menschen, Tieren und Pflanzen sowie den Elementen in ihrer Totalität. Sie gehört zur theoretischen Philosophie, deren Ziel das Wissen selbst und nicht seine Anwendung ist.

Das naturphilosophische Werk besteht aus den acht Büchern der *Physik*, die sich den Grundfragen zuwendet, welche zur Erklärung von Naturphänomenen notwendig sind (wie die Begriffe von Natur, Kausalität, Ort und Zeit), und den psychologischen Schriften (zum Beispiel ›Über die Seele‹), die die Beseeltheit der Lebewesen unter den Aspekten des Denkens, der Wahrnehmung und der Bewegung beschreiben und analysieren. Der umfangreichste Teil der naturphilosophischen Schriften widmet sich der klassifikatorischen und physiologischen Betrachtung der Sinnenwesen, wozu auch der Mensch zählt. Aufgrund des hier angesammelten Materials galt Aristoteles bis ins 18. Jahrhundert als bedeutendster Biologe.

Die Schriften schließlich, die sich mit den Grundlagen des Kosmos beschäftigen, die Texte, die stoffliche Elemente und Naturerscheinungen untersuchen sowie die Zusammensetzung der Körper, ihr Werden und Vergehen zum Gegenstand haben und ferner nach dem Einfluß der Himmelskörper auf das irdische Geschehen fragen, interessieren natürlich am meisten, wenn man mehr über das Weltbild ihres Autors wissen möchte. Im wesentlichen handelt es sich dabei um ›Physica‹, ›De generatione et corruptione‹ (›Über Entstehen und Vergehen‹), ›De coelo‹ (›Über den Himmel‹) und ›Meteorologica‹.

Natürlich war Aristoteles nicht der erste, der eine Theorie des Kosmos entwarf und die Beschaffenheit seiner Elemente analysierte. Doch stand seine Deutung des Universums besser mit den bloßen Sinneswahrnehmungen im Einklang als viele Theorien seiner Vorgänger – seien es Vorsokratiker oder sein Lehrer Platon. Was konstituiert nun das aristotelische Weltbild? Für ihn ist der Kosmos (ein »geordnetes Ganzes«) hierarchisch gegliedert. Die große Kugel des Universums, deren Mittelpunkt die Erde bildet, wird durch die Sphäre, an der sich der Mond befindet, klar zweigeteilt: in einen supralunaren, himmlischen Raum und die irdische, sublunare Region. Während die erdnähere Region durch Werden und Vergehen sowie durch geradlinige, vergängliche Bewegungen gekennzeichnet ist, läßt sich im supralunaren Raum einzig die ewige, unabänderliche Kreisbewegung der unzerstörbaren Himmelskörper beobachten. Die Physik der Erde gilt also nicht für die Himmelssphäre.

Da keines der vier irdischen Elemente natürliche Kreisbewegungen vollziehen kann, muß es im supralunaren Raum ein weiteres, qualitativ ausgezeichnetes Element geben: das fünfte Element (*quinta essentia*, aus der sich die »Quintessenz« ableitet). Dieser Stoff, aus dem die Gestirne bestehen und der die gesamte Himmelssphäre ausfüllt, ist der Äther.

Schon zu Zeiten des Aristoteles hielt man die Bewegung der Fixsterne für ewig gleichförmig; sie bewegten sich gleichsam angeheftet auf der äußersten Sphäre des Universums. Die von der Erde beobachtete Bewegung der damals bekannten sieben »wandernden Sterne« – Sonne, Mond, Saturn, Jupiter, Mars, Venus und Merkur – war aber schwieriger zu erklären. Eudoxos, der eine Generation vor Aristoteles lebte, hatte die komplexere Planetenbewegung für übereinstimmend mit der uniformen Kreisbewegung gedeutet. Dazu schrieb er jedem Planeten eine Anzahl konzentrischer Sphären zu, deren Pole wiederum von der nächsten Hohlkugel getragen wurden. Die resultierende Bewegung dieser Sphärengruppen ergab so die Ekliptik des Planeten. Aristoteles kam in seinem darauf aufbauenden System auf insgesamt 55 himmlische Sphären für die Planeten; mit der Fixsternhohlkugel waren es also 56. Ihm ging es in seiner Kosmologie des Himmels um eine möglichst plausible kausale Erklärung der Planetenbahnen. Wenngleich er damit auch Erfolg hatte, so war seine Theorie doch für die praktischen Astronomen wenig hilfreich.

Um die Frage zu beantworten, wie es zu der ewigen Himmelsbewegung kommt, ist die aristotelische Bewegungstheorie heranzuziehen. Aristoteles konstatierte erstens, daß es keine Bewegung ohne einen Beweger gebe; zweitens unterschied er zwischen natürlicher und gewaltsamer Bewegung. Im Fall der natürlichen Bewegung ist der Beweger die Natur selbst, die den Körper dazu veranlaßt, sich an seinen ihm im Kosmos zukommenden Ort zu bewegen. Diese beiden Prinzipien – auf den Ätherraum angewandt – ergeben, daß die ewige Bewegung der himmlischen Sphären natürlich ist und selbst nicht wieder von einem anderen Beweger verursacht sein kann. So kommt Aristoteles dazu, den berühmten »Unbewegten Beweger« als letzten Grund der Himmelsbewegung zu postulieren. Dieser erste Beweger, der nichträumlich gedacht wird, agiert nicht als effiziente, sondern als finale Ursache: Damit ist gemeint, daß die himmlischen Sphären darauf gerichtet sind, die ewige, perfekte kreisförmige Bewegung des *primum movens* zu imitieren. Hier spiegelt sich die zweckhafte (teleologische) Grundausrichtung der aristotelischen Naturphilosophie wider.

Auf dieser dritten und höchsten Seinsstufe des Universums – nach der Unterteilung in die sub- und translunare Region – durchdringen sich offenbar kosmologische und theologische Aspekte; doch wird die höchste Gottheit nicht anthropomorph wie die Götter des griechischen Pantheon, sondern in reiner Abstraktion vorgestellt.

Wenngleich der Kosmos räumlich ein endlicher ist, so liegt er doch unendlich in der Zeit. Aristoteles' These von der Ewigkeit und Einzigartigkeit des Kosmos gründet in der Existenz des Ersten Bewegers, der sich außerhalb von Raum und Zeit befindet. Für ihn war es undenkbar, daß die Welt – zum Beispiel von einem Demiurgen, wie in Platons Dialog ›Timaios‹ – geschaffen worden sein könnte. Aristoteles lehnt diese gesamte kosmogenetische Tradition einer Schaffung aus dem Nichts *(creatio ex nihilo)* ab. Ebensowenig teilt Aristoteles die Meinung der Atomisten, daß es ein Vakuum gebe, weder unter- noch oberhalb der Mondsphäre. Er stellt sich die materiellen Dinge nicht als zusammengesetzt aus kleinen Partikeln, sondern als kontinuierliche Ganzheiten vor. Wenn es keinen leeren Raum im aristotelischen Universum gibt, so ist er überall gefüllt: ein *plenum*. Spätere Autoren interpretierten diese Vorstellung als eine Furcht vor der Leere *(horror vacui)*.

Doch kehren wir zur Erde und zu ihren Elementen zurück. Sie war als Mittelpunkt der Welt und eindeutig als Kugel gedacht. Die Ansicht, Aristoteles habe sie sich als Scheibe vorgestellt, ist eine moderne Legende. Alle Dinge der sublunaren Sphäre bestehen aus den vier Elementen, die ursprünglich von Empedokles eingeführt und auch von Plato akzeptiert worden waren. Jedes der Elemente, die Aristoteles »einfache Körper« nennt, kann mittels zweier Eigenschaftspaare bestimmt werden. Heiß-kalt und trocken-naß bilden diesen qualitativen Rahmen. So ist die Erde kalt und trocken, das Wasser kalt und naß, die Luft heiß und naß, das Feuer schließlich heiß und trocken. Darüber hinaus kommt den Elementen auch Leichtigkeit oder Schwere zu. Während Erde und Wasser schwer sind, wobei Erde das schwerere Element darstellt, sind Luft und Feuer leicht; letzteres ist dabei leichter als Luft. Für Aristoteles sind diese beiden Eigenschaften ebenfalls konträr; leicht und schwer sind Gegensätze und nicht komplementär in dem Sinne, daß ein leichtes Element weniger schwer als ein anderes sei.

Da Erde und Wasser schwer sind, bewegen sie sich von Natur aus zum Mittelpunkt des Kosmos; weil Luft und Feuer leicht sind, geht ihre natürliche Bewegung in Richtung auf die äußerste Peripherie des sublunaren Raums. Im Idealfall sind die Elemente also konzentrisch angeordnet: Das Zentrum Erde wird von einer Schicht Wasser umschlossen, die wiederum von einer Luftschicht umgeben wird. Den Abschluß bildet dann die Sphäre des Feuers, die an den Ätherraum angrenzt. Weil nun aber kaum ein Ding nur aus einem einzigen Element, sondern zusammengesetzt aus mehreren besteht, definiert diese ideale Sicht der Elemente lediglich den je natürlichen Ort der Elemente.

Trotz der Aufteilung des Universums hält Aristoteles an dessen Einheit fest. Dies wird besonders deutlich an der Beziehung zwischen seinen Teilen. So erklärt er die Bewegung der Fixsternsphäre als ursächlich begründet im Unbewegten Beweger. Die Kreisbewegung der Fixsterne stellt nun die Ursache für die Ekliptik der Planeten dar, welche ihrerseits kausal auf den sublunaren Bereich wirken. Wenn auf diese Weise das irdische Werden und Vergehen in einer Kausalkette zurückführbar ist auf die jeweils nächsthöhere kosmische Hierarchieebene, so kann man doch in Aristoteles' Kosmologie keine Theorie des Verhältnisses von Makro- und Mikrokosmos finden. Platon hatte zwar schon im ›Timaios‹ eine Entsprechung von menschlicher Seele und der von ihm angenommenen Weltseele entwickelt sowie den Einfluß der Sterne auf das Leben der Menschen behauptet, doch sein Schüler nahm diese Ideen nicht auf.

Aristotelismus von der Antike bis ins Mittelalter

Die Lehre des Aristoteles sollte streng vom Aristotelismus geschieden werden, hatte der Stagirit doch keine Verantwortung für das, was spätere Generationen in seinem Namen aus seinem Werk machten. Die Wirkungsgeschichte des Philosophen ist engstens mit der Geschichte der Überlieferung seiner Werke verknüpft. So soll es in diesem Kapitel hauptsächlich um die Tradierung des aristotelischen Wissens gehen, das auf vielerlei Wegen und nicht gerade kontinuierlich ins christliche Mittelalter gelangte.

Im Gegensatz zur platonischen Akademie hatte die aristotelische Schule nach dem Tod ihres Begründers (322 vor Christi Geburt) zunächst keine Breitenwirkung. Dieser »Totenschlaf« der aristotelischen Philosophie während des Hellenismus sollte erst mit der schon erwähnten Aristoteles-Ausgabe des Andronikos von Rhodos (um 70 bis 50 vor Christi Geburt) beendet werden. Schon bald nahmen sich zahlreiche Kommentatoren der authentischen Schriften an. Unter ihnen stach Alexander von Aphrodisias hervor, der von 198 bis 211 nach Christi Geburt in Athen lehrte und aufgrund seines Scharfsinns auch der »zweite Aristoteles« genannt wurde. Nach ihm waren fast alle Kommentatoren Neuplatoniker, denen es in der Regel um eine Harmonisierung von Platon und Aristoteles ging. Die Schließung der platonischen Akademie durch den römischen Kaiser Justinian (529) beendete diese Kommentatorentätigkeit.

Neben einer zunächst zaghaften Auseinandersetzung mit Aristoteles in Alexandria und Byzanz kam es seit dem 7. Jahrhundert in der syrischen und arabischen Welt zu einer bedeutenden Aristoteles-Rezeption. Das Zentrum der ersten großen Übersetzungen, die sich auf alle seine Schriften richtete, war Bagdad, wo im 9. Jahrhundert der »arabische Cicero« Hunain ibn Ishaq wirkte. Die Eroberung Bagdads durch die Türken (1055) machte jedoch der daran anschließenden Renaissance, bei der der Philosoph al-Kindi eine hervorragende Rolle spielte, ein Ende. Die Übersiedlung griechisch-arabischer Gelehrter in den lateinischen Westen – unter anderem nach Sizilien oder in das von den Arabern besetzte südliche Spanien – führte zu einer geographischen Verbreitung des aristotelischen Werkes.

Bekannte Kommentatoren aus dem arabischen Kulturraum waren beispielsweise der persische Arzt und Philosoph Ibn Sina (latinisiert Avicenna, 980 bis 1037) oder der in Cordoba lebende Ibn Rushd, im Westen Averroës genannt (1126 bis 1198). Letzterer versuchte in seinen zahlreichen Kommentaren, den eigentlichen Aristoteles wieder von den neuplatonischen Deutungsschleiern zu befreien. Während »der Kommentator« im lateinischen Westen eine große Wirkung entfaltete, gilt er im arabischen Kulturraum als letzter Aristoteliker, wozu nicht zuletzt ein bedeutender Gegner des Aristoteles beigetragen hatte. Der Perser Al-Ghazali (gestorben 1111) hatte schon vor Ibn Rushd die aristotelische Philosophie nachhaltig zu schwächen versucht, indem er sie als nicht vereinbar mit dem Koran bezeichnete. Der Titel seines bekanntesten Werks spricht für sich: ›Destructio philosophorum‹ (Zerstörung der Philosophen). Besonderen Widerspruch brachte er der Idee von der Ewigkeit der Welt entgegen.

Unter den jüdischen Gelehrten ist Moses Maimonides (1135 bis 1204) zu nennen, der sich im Gegensatz zu seinen eher neoplatonisch geprägten Vorgängern wieder stärker mit Aristoteles selbst beschäftigte; sein ›Führer der Verwirrten‹ legt davon Zeugnis ab. Allerdings lehnte Maimonides die Teile der aristotelischen Kosmologie, die sich auf die Himmelskörper beziehen, als rein hypothetisch ab.

Was den »Aristoteles latinus« angeht, so war das Werk des Boëthius (um 480 bis 524) bis in das frühe 12. Jahrhundert im wahrsten Sinne des Wortes grundlegend. Dieser auch »Erzieher des Abendlandes« genannte Vermittler aristotelischen Gedankenguts konnte allerdings sein ehrgeiziges Vorhaben, das gesamte *corpus aristotelicum* ins Lateinische, die Kultursprache des Mittelalters, zu übertragen, nicht vollbringen. So wurde die Aristoteles-Rezeption durch die lateinische Welt über die griechische und arabische Überlieferung vermittelt.

Dieser langandauernde Prozeß läßt sich unter anderem an den aus dem Arabischen übersetzten Texten aus Palermo und Toledo sowie den im 11. Jahrhundert erstellten Übersetzungen der Schule von Chartres, Jakobs von Venedig (um 1130) und des Wilhelm von Moerbeke – jeweils aus dem Griechischen – verfolgen. Zu seiner Zeit, also um die Mitte des 13. Jahrhunderts, lag mit kleinen Ausnahmen der gesamte lateinische Aristoteles den Gelehrten vor. Dazu kamen zahlreiche neu aus dem Arabischen und Griechischen übersetzte Kommentare seiner Werke. Die europäische Dimension dieser Übersetzungszentren läßt sich am Beispiel Spaniens illustrieren, das während der islamischen Herrschaft in engstem Kontakt mit der arabischen Kultur stand. Die Übersetzer, die es nach Toledo, León oder Pamplona zog, kamen aus allen Teilen Europas; der bekannteste war der Italiener Gerardus von Cremona (um 1150 bis 1187).

Das aristotelische Weltbild und die mittelalterliche Kosmologie

Dieser kleine Exkurs zeigt, auf welch verschlungenen Rezeptionswegen in nichtchristlichen Kulturen das Werk des Aristoteles dem lateinischen Mittelalter erst zugänglich wurde. Welche Bedeutung hatte nun Aristoteles' Weltbild im Mittelalter? Dabei sollten die Elemente nicht vergessen werden, die schon vor der Aristoteles-Rezeption das mittelalterliche Weltbild kennzeichneten, wie die Theorie einer Analogie zwischen Makro- und Mikrokosmos oder die »Säftelehre«. Durch die Wiederentdeckung eines gleichsam »neuen« Aristoteles wurde eine Aneignung seines Werks begründet, das seinen Autor schon im Verlaufe des 13. Jahrhunderts zu *dem* Philosophen schlechthin werden ließ. *Philosophus dixit* konnte sich seitdem nur noch auf den Stagiriten beziehen. Die Verwendung von aristotelischen Kategorien und die Übernahme seines Wissenschaftsbegriffs waren europaweit üblich geworden.

Doch galt diese Vormachtstellung auch hinsichtlich seiner Naturphilosophie, besonders der Kosmologie? Diese komplexe Frage in wenigen Zeilen zu beantworten ist unmöglich; einige Aspekte mögen daher genügen. Zunächst soll betont werden, daß mittelalterliche Naturphilosophie fast ausschließlich auf den aristotelischen Werken basierte. Ohne zu übertreiben, wird man behaupten dürfen, daß die auf Aristoteles gründende Naturphilosophie zwischen 1200 und 1450 keinen Rivalen zu fürchten hatte. Eine entscheidende Rolle spielte dabei eine neue Bildungsinstitution: Die Universität begann gegen Ende des 12. Jahrhunderts, die Kloster- und Kathedralschulen als Stätten höherer Bildung in ganz Europa abzulösen. Während zu dieser Zeit in Bologna, Paris und Oxford Universitäten entstanden, gab es gegen Ende des 16. Jahrhunderts etwa 70 weitere europäische neue Zentren der Gelehrsamkeit. Aristoteles' Naturphilosophie wurde zum essentiellen Stoff in der Fakultät der *artes liberales*, an der man sich in Kommentaren und *quaestiones* mit ihr beschäftigte. Diese Literaturgattung führte zu einer Zergliederung der aristotelischen (Natur-)Philosophie in Einzelprobleme, über die eine Vielzahl von Meinungen vertreten wurde. Trotz der Dominanz aristotelischer Tradition an den europäischen Universitäten im allgemeinen kam es immer wieder zu Konflikten über einzelne Punkte. Dabei ging es oft auch darum, die »wirkliche« Meinung des Aristoteles zu ermitteln. Erst dann ließ sich trefflich über die Frage disputieren.

Doch bereitete die katholische Kirche zunächst der Rezeption des »neuen«, übersetzten Aristoteles Schwierigkeiten. Sein Einfluß löste schon Anfang des 13. Jahrhunderts eine Abwehrreaktion aus. 1210 verbot das Pariser Konzil unter Androhung der Exkommunizierung die öffentliche Lektüre seiner naturphilosophischen Schriften, weil sie mit dem christlichen Weltbild nicht übereinstimmten. 1255 wurde allerdings das gesamte *opus aristotelicum* in das Programm der Artistenfakultät aufgenommen, wozu nicht unwesentlich Roger Bacon, Robert Grosseteste und Albertus Magnus beitrugen.

Dieser Pariser Beschluß sollte für ganz Europa Vorbildcharakter haben und war entscheidend für seine Institutionalisierung an den Universitäten. 1270 und 1277 kam es noch einmal zu einer öffentlichen kirchlichen Verurteilung, die der Bischof von Paris, Etienne Tempier, gegen den Aristoteliker Siger von Brabant aussprach. Von den 1277 als ketzerisch inkriminierten 219 Thesen, die sich nicht auf einen Nenner bringen lassen, wurden einige auch wegen des Widerspruchs zum christlichen Glauben verworfen: die Lehre von der Einzigartigkeit, Determiniertheit und Ewigkeit der Welt stand ebenso am Pranger wie die Autonomie der Philosophie und Vernunft. Doch war die Verurteilung von 1277 nicht gegen Aristoteles selbst, sondern gegen eine Art des Aristotelismus gerichtet. Der unaufhaltsame Aufstieg des Stagiriten konnte damit nicht verhindert werden.

Die Werke zweier dominikanischer Gelehrter des Hochmittelalters mögen hier als Beispiele für eine Vermittlung aristotelischer mit christlicher Tradition dienen. Albertus Magnus (um 1193 bis 1280) wollte mit seinen Paraphrasen den Aristoteles für die lateinisch Sprechenden erschließen und zu einer Klärung des Verhältnisses von (Natur-)Philosophie und Theologie beitragen: »Wenn ich Naturphilosophie erörtere, sage ich nichts über die Wunder Gottes.« Das umfangreiche Werk seines Schülers Thomas von Aquin (1225 bis 1274) besticht durch die Kraft der Synthese, die sich auch in der Auseinandersetzung mit Aristoteles findet. Dem Aquinaten ging es darum, eine kohärente Lehre im gesamten aristotelischen Opus zu finden, wobei er sich sowohl von Anti-Aristotelikern wie von Ultra-Aristotelikern (zum Beispiel Averroës) distanzierte. In seiner scholastischen Lehre sah er, nach einem bekannten Wort, die Philosophie als Magd der Theologie *(philosophia ancilla theologiae)*. Dennoch ist seine Position im Streit um die Ewigkeit der Welt eine vermittelnde, die er als möglich zuläßt, während die Erschaffung der Welt Gegenstand des Glaubens sei.

Nach dem 13. Jahrhundert stellte Aristoteles den Status quo in Philosophie und Wissenschaften dar und war – in Dantes berühmten Worten – »der Lehrmeister all derer, die Wissen haben« *(il maestro di color che sanno)*. Ohne auf die weitere historische Entwicklung des Aristotelismus im 14. und 15. Jahrhundert eingehen zu können, deren Protagonisten unter anderem Johannes Duns Scotus, William von Ockham, John Buridan und Nikolaus von Oresme waren, soll nun eher systematisch die eingangs gestellte Frage nach der Bedeutung des aristotelischen Weltbilds für die mittelalterliche Naturphilosophie wieder aufgenommen und anhand einiger Aspekte der aristotelischen Kosmologie erörtert werden.

Besonders die Teilung des Universums in zwei durch die Mondsphäre getrennte Regionen und ihre jeweilige Charakterisierung ist durch Aristoteles in die mittelalterliche Sicht der Welt eingeführt worden. Ein weiterer Beitrag war die Einführung des Äthers als fünftes Element, das elaborierte System von Planetensphären und die Prinzipien der Verursachung zwischen beiden Regionen. Wenn Aristoteles der mittelalterlichen Kosmologie das dominierende Rahmenmodell zugrunde gelegt hatte, so warf es doch eine große Anzahl physikalischer Probleme auf, die sich auf die Details der kosmischen Funktionsweise bezogen und sich in der reichhaltigen Quaestiones-Literatur widerspiegeln.

Bestimmte aristotelische Thesen – wie die Ewigkeit der Welt – standen mit der christlichen Lehre in Widerspruch. Neben diesen ideologischen Reibeflächen gab es aber auch im »rein« wissenschaftlichen Diskurs Korrekturen am von Aristoteles vertretenen Weltbild. So wurde seine Theorie der Bewegung im sublunaren Raum weitgehend abgelehnt. Eine vieldiskutierte Frage war auch, ob die Erde, die ja den Mittelpunkt des Kosmos bildete, gemäß Aristoteles stationär war oder aber ob man ihr eine Bewegung zuschreiben müsse, was schon Aristarch von Samos im 2. Jahrhundert vor Christi Geburt in seiner heliozentrischen Kosmologie behauptet hatte. Obwohl John Buridan (Oxford) und Nikolaus von Oresme (Paris) im 14. Jahrhundert scharfsinnige Argumente für die tägliche Erdrotation um ihre eigene Achse anführten, was die Berechnung der Planetenbewegung wesentlich vereinfacht hätte, akzeptierten sie diese jedoch aus Respekt vor der theologischen Autorität nicht.

Was die oberhalb der Mondsphäre befindliche Region betrifft, ergaben sich noch mehr Probleme. Unter stoischem und christlichem Einfluß wurde die Annahme widerlegt, nach der es außerhalb des Kosmos nichts gebe. Vielmehr nahm man ein extrakosmisches Vakuum an, eine These, die bis weit ins 17. Jahrhundert wirksam bleiben sollte. Weiteres Kopfzerbrechen für mittelalterliche Scholaren rief die Behauptung hervor, der Erste Beweger sei raumlos zu denken. Ferner wurde aufgrund der Allmacht Gottes auch die Annahme anderer Welten nicht mehr ausgeschlossen.

Die gegenseitige Beeinflussung von Theologie und Kosmologie läßt sich am Beispiel der Anzahl der Himmelssphären zeigen. Da Gott doch dem Buch ›Genesis‹ zufolge am ersten Tag der Schöpfung den Himmel *(caelum)*, am darauffolgenden aber das Firmament *(firmamentum)* geschaffen hatte, konnte etwas mit der aristotelischen Zählung der himmlischen Kugeln nicht stimmen. Einige Autoren postulierten daher drei weitere Sphären über die sieben bekannten planetarischen hinaus: eben das Firmament, das die Fixsterne trug, einen kristallinen Himmel und das sogenannte *Empyraeum*, das als unsichtbare, äußerste Hülle des Universums zugleich den Engeln und Heiligen Behausung bot.

Obwohl viele Autoren das »Zwiebel-Modell« der aristotelischen konzentrischen Sphären akzeptierten, wurden andere dazu angeregt, ihre himmlische Kosmologie mit der planetarischen Astronomie zu harmonisieren. Der Einfluß der islamisch-arabischen Tradition machte sich auch hier bemerkbar. Neben Aristoteles rezipierte sie nämlich das Werk des Claudius Ptolemäos von Alexandrien (2. Jahrhundert nach Christus), das dadurch in das Abendland gelangte. Dessen eher mathematisch ausgerichteten ›Magnae compositionis libri‹, die in der latinisierten Form des arabischen Titels als ›Almagest‹ bekanntwurden, stellen neben seinen physikalischen »Planetenhypothesen« (›Hypotheses Planetarum‹) das für das Mittelalter grundlegende Werk zur Astronomie dar. Diese Disziplin untersucht bekanntlich die Bewegungen der Gestirne, insofern sie numerisch berechnet und geometrisch erfaßt werden können.

Auf den ersten Blick schien es, daß des Ptolemäos' komplexere Theorie der Himmelsbewegung nur schwer mit der aristotelischen Naturphilosophie vereinbar war. Trotz seiner im Grunde aristotelischen physikalischen Grundvorstellungen entwikkelte er seine Theorie aufgrund eigener Beobachtungen. Im Kern benutzt er zwei Schemata, in den Worten A. C. Crombie's:

»Das erste, das Schema des beweglichen Exzenters, setzte voraus, daß die Planeten sich im Kreis um einen Punkt bewegen, der sich nicht im Zentrum der Erde befindet, sondern irgendwo auf einer Verbindungslinie zwischen Erdzentrum und Sonne. Dieser exzentrische Punkt bewegte sich in einem Kreis um die Erde. Das zweite Schema, das des Epizykels [...] setzte voraus, daß ein Planet um ein Zentrum kreist, das selber in einem anderen Kreise rotiert [...] Der innere Kreis wurde ›Deferent‹ genannt, und der äußere, der den Planeten trug, ›Epizykel‹.«

Obwohl vielfach – zum Beispiel in Paris – der ptolemäischen Variante der Vorrang eingeräumt wurde, kam es auch zu Vermittlungen, die darauf hinausliefen, die aristotelischen Himmelssphären mit einer genügenden Dicke auszustatten, so daß sie den ptolemäischen Deferenten und Epizykel des jeweiligen Planeten enthalten konnten.

Natürlich warf die ptolemäische Theorie sogleich Folgeprobleme auf, wie etwa das der Sonderbewegung des Mondes, der ja der Erde im Gegensatz zu den anderen auf ihren Epizykeln rotierenden Planeten immer dieselbe Seite zuwendet; doch kann darauf hier nicht eingegangen werden. In jedem Fall konnten die Fortschritte in der Astronomie, die auch mit den durch die Araber eingeführten Instrumenten wie Astrolab oder Quadrant befördert wurden, von aristotelischen Naturphilosophen nicht ignoriert werden.

Trotz all dieser Widersprüche und gelehrten Dispute um bestimmte Behauptungen der von Aristoteles begründeten Kosmologie kam das kosmologische »Skelett« des Stagiriten im Mittelalter nicht zu Fall. Das mag damit zusammenhängen, daß diese Details isoliert voneinander in *quaestiones* diskutiert wurden und die Lehre über die aristotelischen *libri naturales* seit der Mitte des 13. Jahrhunderts in den Universitäten fest institutionell verankert war. Wichtiger jedoch war die Inexistenz einer Alternative auf der Ebene der Makrostruktur: Es gab einfach keine andere konsistente Erklärung des Universums. So blieb das aristotelische Weltbild im Mittelalter paradigmatisch.

Aristotelismen in der Renaissance

Die Renaissance gilt als das Zeitalter der Erfindungen (zum Beispiel Buchdruck und Kompaß) und der Entdeckungen, die mit Kolumbus, Vasco da Gama und Magalhães verknüpft sind. Die neuartige Beschäftigung mit der Antike im Humanismus erschloß daneben zwar keine neuen geographischen Kontinente, führte aber zu einer großen kulturellen Blüte in ganz Europa. Im Mittelpunkt stand die Wiederentdeckung der antiken Philosophie, Literatur, Kunst und Moral, die in den *studia humanitatis* für die Gegenwart fruchtbar gemacht werden sollten. Humanist war jemand, der sich mit den humanistischen Fächern Grammatik, Rhetorik, Geschichte, Poetik und Ethik beschäftigte.

Nachdem schon Francesco Petrarca (1304 bis 1374) und sein Zeitgenosse Boccaccio wichtige Anstöße im 14. Jahrhundert gegeben hatten, etablierte sich um die Medicis in Florenz ein Kreis von Künstlern und Philosophen, die eine Vielzahl griechischer und lateinischer Texte wieder zugänglich machten, neu herausgaben und übersetzten. Ohne hier auf den Reichtum der Themen und die Vielfalt der gepflegten Künste und Wissenschaften eingehen zu können, seien lediglich Giovanni Pico della Mirandola (1463 bis 1494) und Marsilio Ficino (1433 bis 1499) genannt, die den »Florentiner Platonismus« prägten. Trotz der prinzipiellen Orientierung dieser Autoren an Platon wurde Aristoteles nicht ignoriert. Ficino übernahm beispielsweise die Grundzüge der aristotelischen Kosmologie; für ihn wirkten in der Natur aber gleichzeitig magische und astrologische Kräfte.

Die Hochburg der italienischen Aristoteliker war Padua, wo es Wissenschaftlern wie Pietro Pomponazzi (1462 bis 1524) oder Jacopo Zabarella (1533 bis 1589) weniger um Kunst und Literatur als um Fragen der Logik, der wissenschaftlichen Argumentation und der Erklärung der Natur ging. Allerdings spielte auch das Problem der Unsterblichkeit der Seele, das die Vereinbarkeit der aristotelischen Philosophie mit dem Christentum in Frage stellte, eine herausragende Rolle. Aristoteles war also sehr wohl während der Renaissance präsent, was man lange zugunsten einer Überbewertung des Neoplatonismus ignoriert hatte. Dies galt auch für Nordeuropa, wohin sich der Humanismus ausbreitete. Er läßt sich an Gelehrten wie dem Flamen Erasmus von Rotterdam, dem Franzosen Jacques Lefèvre (gestorben 1536), dem Schweizer Ulrich Zwingli (1484 bis 1531) oder dem Engländer Thomas Morus (1478 bis 1535) festmachen.

Obwohl Aristoteles nicht eigentlich neu entdeckt werden mußte – die Scholastik gründete ja ganz auf seinem Werk –, kam es doch neben der Entdeckung einiger zuvor unbekannter Texte zu Neuübersetzungen seiner Schriften, seit den 1530er Jahren auch zweisprachig. Aristoteles blieb zudem an den Fakultäten der *artes liberales* der meisten europäischen Universitäten bis ins 16. Jahrhundert, mit Ausnahme von Oxford und Cambridge, ein kanonischer Autor. Paris, Löwen, Salamanca und Coimbra sowie – dank Melanchtons Einfluß – Tübingen und Wittenberg seien als Beispiele genannt. Man sollte im Rahmen der Renaissancephilosophie besser von Aristotelismen im Plural als von *dem* Aristotelismus sprechen, denn die oft behauptete monolithische Orthodoxie der peripatetischen Scholastik ist doch eher ein von »modernen« Philosophen konstruiertes Zerrbild.

Natürlich kann die Auflehnung gegen die Autorität des Aristoteles in vielen Schriften der Renaissance nicht übersehen werden. Doch richteten sich die Angriffe weniger gegen den Philosophen selbst als vielmehr gegen die inzwischen verknöcherten und dogmatischen Methoden und Positionen der Spätscholastik. Schon der erwähnte »Vater des Humanismus«, Petrarca, hatte den Stagiriten gewissermaßen vor seinen Adepten in Schutz genommen, indem er behauptete, daß er besser als seine Übersetzer und Kommentatoren sei. Ein berühmtes Bild einiger italienischer Humanisten karikierte den Aristoteles als Tintenfisch, der sich mit seiner eigenen Tinte verdunkelt. Gegen das blinde Vertrauen in die Weisheit der Alten wandte sich auch Michel de Montaigne (1533 bis 1592) in seinen ›Essais‹ von 1580: »Der Götze der scholastischen Philosophie ist Aristoteles [...] Seine Lehre dient uns wie ein oberherrliches

Gesetz, das vielleicht ebenso falsch ist wie ein anderes. Ich weiß nicht, warum ich nicht lieber [...] jede andere Meinung annehmen sollte als die Lehre des Aristoteles über die Prinzipien der natürlichen Dinge?«

Diese skeptische Haltung weitete sich im 17. Jahrhundert aus und ist bei Wissenschaftlern wie Descartes, Galilei und Bacon ebenso zu finden wie in der Dichtung. So bezeichnete der englische Poet John Dryden 1662 den Aristoteles als tyrannischen Verdunkler der Vernunft:

»*The longest Tyranny that ever sway'd*
Was that wherein our Ancestors betray'd
Their free-born Reason to the Stagirite
And made his Torch their universal Night.«

Galt dieses Verdikt auch für die aristotelische Naturphilosophie in der Renaissance? Wenn die Autorität des Stagiriten auch auf diesem Gebiet herausgefordert worden war, aber dennoch einflußreich blieb, so leiteten erst die bahnbrechenden Entdeckungen des Kopernikus die Ablösung des aristotelischen Weltbilds ein. Die Fortschritte der Mathematik und Astronomie, die weitgehend unabhängig von der aristotelischen Tradition im 16. Jahrhundert geleistet wurden, legten die Grundlage für diese Revolution.

Die kopernikanische Revolution und die Mechanisierung des Weltbildes

Von Kopernikus bis Newton führte der Prozeß, der das jahrhundertelang gültige aristotelische Weltbild diskreditierte und durch ein neues, mechanisches Weltbild ersetzte. Diese radikale Umwälzung war Gegenstand umfassender Untersuchungen, die so bezeichnende Titel wie ›Die kopernikanische Revolution‹ (Thomas S. Kuhn), ›Von der geschlossenen Welt zum unendlichen Universum‹ (Alexandre Koyré) oder ›Die Mechanisierung des Weltbildes‹ (Eduard J. Dijksterhuis) tragen. Im Schlußteil meiner knappen Geschichte des aristotelischen Weltbildes kann nur eine Skizze seiner Ablösung gezeichnet werden.

Im Todesjahr ihres Autors, 1543, wurden die ›De revolutionibus orbium coelestium libri VI‹ (›Sechs Bücher über die Kreisbahnen der Himmelskörper‹) des Nikolaus Kopernikus in Nürnberg veröffentlicht. Dieses im doppelten Wortsinne revolutionäre Werk zeigte aufgrund astronomischer Beobachtungen, daß nicht die um ihre Achse rotierende Erde, sondern die Sonne der Mittelpunkt des Universums war. Damit war der Jahrtausende währende Irrglaube eines geozentrischen Weltbildes entlarvt. Gleichzeitig erwies sich die auf Aristoteles zurückgehende Unterscheidung in sub- und supralunare Region als falsch. Kopernikus wurde zu seiner »Hypothese« angeregt, weil er besser als Ptolemäos die Kreisbewegung der Planeten erklären wollte. Das von ihm vertretene heliozentrische Weltbild brachte automatisch eine Relativierung der Erde mit sich, die nunmehr einer von vielen Planeten war. Obwohl er damit gegen Aristoteles den scharfen Unterschied von irdischer und himmlischer Sphäre widerlegt hatte, zeigte er sich in anderer Hinsicht doch aristotelisch. Er ging noch immer davon aus, daß sich die Himmelskörper auf je einer Kristallsphäre angeordnet befänden. Seinem grundlegenden Werk wurde zunächst keine Verbreitung zuteil. Außer Giordano Bruno fanden sich kaum Anhänger, dafür um so mehr Gegner wie Luther, Calvin oder die katholische Kirche, die sein Werk von 1616 bis 1757 auf den Index setzte.

Genauer als Kopernikus berechnete der in Diensten des dänischen Königs Friedrich II. und später des in Prag residierenden Rudolf II. stehende dänische Astronom Tycho Brahe (1546 bis 1601) die Planetenbahnen. Sein kosmologisches System läßt sich als ein zwischen dem ptolemäischen und dem kopernikanischen vermittelndes bezeichnen. Er nahm an, daß die Sonne um die Erde kreist, alle anderen Planeten aber um die Sonne. Damit hat er die Erde auf ihrer zentralen Position belassen. Die von ihm beobachtete Nova, das Auftauchen eines neuen Sterns im Sternbild der Cassiopeia, stellte zudem die von Aristoteles gemachte Behauptung in Frage, daß es in der supralunaren Welt keine Veränderung geben könne. Während er als erster die Möglichkeit frei im Weltraum schwebender, also von nicht an Sphären fixierten Planeten formulierte, hatte er doch Schwierigkeiten mit der erdnahen Physik, die sich aus Kopernikus' Werk ableitete. Er wandte ein, daß, wenn die Erde sich bewegte, ein von einem hohen Turm fallengelassener Gegenstand doch versetzt vom lotrecht darunterliegenden Punkt auftreffen müßte, was aber der Erfahrung widerspräche.

Mehr als Brahes Theorie schätzte dessen Assistent Johannes Kepler (1571 bis 1630) das vom Dänen hinterlassene Beobachtungsmaterial. In seiner ›Astronomia nova‹ aus dem Jahre 1609 verabschiedet Kepler das Ideal der vollkommenen und einfachsten Kreisbewegung für Himmelskörper. Das erste Keplersche Gesetz besagt dagegen, daß die Planeten sich in Ellipsen bewegen, in deren einem Brennpunkt die Sonne steht. Das zweite von ihm entdeckte Gesetz lautet: »Die lineare Geschwindigkeit eines Planeten in seiner Bahn ist umgekehrt proportional zu seiner Entfernung von der Sonne.« Neben genauen mathematischen Messungen findet man in den Werken Keplers – vom ›Mysterium cosmographicum‹ (›Das Weltgeheimnis‹, 1595) bis zu den ›Harmonices mundi libri V‹ (›Fünf Bücher über die Harmonie der Welt‹, 1619) immer auch Anklänge metaphysischer Motivation und ein manchmal mystisches Bemühen um den Aufweis von Harmonie in der Welt. Erst in dem zuletzt genannten Werk formuliert er das dritte Keplersche Gesetz, das einen Zusammenhang zwischen der Umlaufzeit eines Planeten und der halben großen Achse seiner Bahn herstellt. Es brachte die endgültige Bestätigung für die Existenz einer mathematischen Struktur des Planetensystems. Diese Einsicht löste in Kepler eine »unsagbare Verzückung über den Anblick der himmlischen Harmonie« und eine »heilige Raserei« aus.

Galileo Galilei (1564 bis 1642) hielt die von seinem Zeitgenossen Kepler behaupteten elliptischen Bahnen für nicht überzeugend und blieb bei der Annahme der aristotelischen zirkulären Planetenbewegung. Er war aber skeptisch gegenüber den Antworten der Philosophen auf die Frage nach den Ursachen von Bewegung. Aristoteles hatte ja behauptet, daß ein Körper fällt, weil er sich auf den ihm von der Natur zukommenden Ort hinbewege. Mit Hilfe von Experimenten zeigte Galilei, der auf italienisch und nicht mehr in der Gelehrtensprache Latein schrieb, ein mathematisches Beschleunigungsgesetz auf. Ihn interessierte nicht die Frage, warum, sondern wie ein Körper fällt. In seinen 1638 erschienenen ›Unterredungen und mathematischen Demonstrationen über zwei neue Wissenszweige, die Mechanik und die Fallgesetze betreffend‹ zeigt er, daß »in gleichen Zeiten die Geschwindigkeitszunahmen gleiche sind«. Die Sprache der Naturwissenschaft – oder der Philosophie des Universums – ist die Mathematik, wie es in einer berühmten Passage heißt. Zwar hat Galilei nicht das Experiment für die Naturwissenschaft erfunden, doch gilt seitdem die experimentelle Nachprüfbarkeit als unabdingbar.

Ferner ging Galilei von einer idealen Bewegung aus, die er von allen Beeinträchtigungen befreit dachte. Damit verwarf er die von Aristoteles getroffene Unterscheidung zwischen natürlicher und gewaltsamer Bewegung, welche wiederum die auf Qualitäten basierende Physik des Stagiriten durch ein quantitatives, mathematisches Modell ersetzte. 1632 erschien in Florenz der ›Dialogo sopra i due massimi sistemi del mondo, tolemaico e copernicano‹. Obwohl dieses Buch – wie auch schon Francis Bacon's ›Novum Organum‹ von 1620 – ein Frontalangriff gegen Aristoteles war, nimmt sein Autor ihn dennoch gegen dessen blinde Epigonen in Schutz, wenn er sagt: »Man hat Aristoteles sehr unrecht getan, indem man seine Worte zur Autorität machte. Er würde selber den neuen Ansichten beigetreten sein, wenn er ein Teleskop gehabt hätte.« Neben der Bedeutung von Experimenten betonte Galilei die Kraft der Spekulation der Vernunft, ohne die neue Theorien nicht möglich seien. Bekanntlich konnte die Inquisition im Jahr nach der Veröffentlichung den Autor dazu zwingen, seine Thesen zu widerrufen. Das Buch stand bis 1822 auf dem Index der verbotenen Bücher.

Mit der europaweiten Gründung von gelehrten Gesellschaften in der Mitte des 17. Jahrhunderts etablierten sich außeruniversitäre und der Aufsicht der Kirche entzogene Institutionen, in denen fortan Naturwissenschaft betrieben wurde, die sich losgesagt hatte vom so lange bestimmenden Sog des Aristotelismus.

Den letzten Stoß versetzte aber Isaac Newton (1643 bis 1727) dem aristotelischen Weltbild, indem er ihm in seinen 1687 publizierten ›Philosophiae Naturalis Principia Mathematica‹ ein konsistentes mechanisch-mathematisches Modell entgegensetzte. Diese mathematischen Prinzipien der Naturlehre formulieren zunächst die drei Bewegungsgesetze, denen eine gleichförmige und geradlinige (nicht mehr eine kreisförmige) Bewegung von Körpern zugrunde liegt. Am bekanntesten von ihnen ist wohl das Trägheitsgesetz. Das Gravitationsgesetz, nach dem sich Massen einander auch in der Ferne anziehen, ermöglichte es Newton, sowohl die irdische Schwerkraft als auch die Planetenbewegungen überzeugend und im gleichen Atemzug zu erklären. Nun galt eine einzige Mechanik für die Natur der Dinge auf der Erde wie im Universum; dieselben Gesetzmäßigkeiten der Gravitation waren für den fallenden Apfel wie für die sich um die Sonne drehende Erde anwendbar.

Resümierend läßt sich festhalten: Im 16. und frühen 17. Jahrhundert versuchte man zwar, im Anschluß an die kopernikanische Revolution die von Aristoteles geprägte Tradition der Naturphilosophie zu stürzen. Dennoch vermochten weder die kosmologischen Entwürfe von Paracelsus, Giordano Bruno oder Bernardino Telesio noch die obenerwähnten Wissenschaftler vor Newton mit ihren astronomischen und physikalischen Fortschritten das aristotelische Weltbild aus den Angeln zu heben, wohl aber zu schädigen. Außerdem bauten sie nicht immer folgerichtig aufeinander auf. Sie hatten noch kein in sich schlüssiges naturphilosophisches System anzubieten, das die Stelle der aristotelischen Tradition hätte einnehmen können.

Erst in der zweiten Hälfte des 17. Jahrhunderts – nach dem Weg über Brahe, Kepler, Galilei, René Descartes, Henry More und andere – vollzog sich der vollständige Bruch mit dem aristotelischen Weltbild. Die Sonne war Mittelpunkt der Welt; sowohl für die Erde als auch für den Weltraum galten die Gesetze der mechanischen Physik; die Elementenlehre erwies sich als obsolet; die Physik war eine Wissenschaft, die auf mathematisch meßbaren und in Experimenten nachvollziehbaren Quantitäten – und nicht mehr auf Qualitäten – beruhte; die Planetenbahnen ließen sich als Ellipsen beschreiben; das Universum war prinzipiell unendlich geworden. Diese Transformation eines jahrhundertealten Weltbilds war ein gesamteuropäischer Prozeß, an dem unter anderem Polen, Dänen, Italiener, Franzosen, Engländer und Deutsche teilhatten.

Mit Newton war der Paradigmenwechsel vollzogen. In das Jahr der Publikation seines Hauptwerks, 1687, fiel auch der Beginn der *»Querelle des Anciens et des Modernes«*, einer Literaturdebatte, in der es um die Vorrangstellung von Antiken oder Modernen auf den Gebieten von Wissenschaft, Kunst, Politik und Poesie ging. Der Schriftsteller Charles Perrault hielt in jenem Jahr 1687 ein Preisgedicht auf König Ludwig XIV, in welchem er zeigen wollte, daß mit den großen Fortschritten der modernen Naturwissenschaften auch in den Künsten der Moderne ein höherer Grad an Perfektibilität gegenüber einer als idealtypisch verstandenen Antike erreicht worden sei. Voltaires witziger Beitrag zu dieser Debatte bestand aus einem fiktiven Gespräch zwischen Madame de Pompadour, Tullia (der Tochter Ciceros), einem Gelehrten und einem Herzog. Den Herzog läßt Voltaire am Ende von ›Die Alten und die Modernen oder Die Morgentoilette der Madame de Pompadour‹ (1765) sagen:

> »Die Scholastiker, die lange Zeit bei uns vorherrschend waren, tun wir heute als Barbaren ab; doch verehren wir Cicero und alle die alten Schriftsteller, die uns denken lehrten. Wenn unsere physikalischen Gesetze sich auch von denen Eurer Zeit [der Antike] unterscheiden, so kennen wir doch keine neuen Regeln der Beredsamkeit, und vielleicht könnte das dazu beitragen, den Streit zwischen den Alten und den Modernen zu beenden.«

Ein ähnliches Schicksal widerfuhr Aristoteles: Während man seiner Physik den Rücken kehrte und seine Kosmologie verabschiedete, entfaltete die Poetik des Stagiriten im 17. Jahrhundert ihre größte Wirkung.

Oberwelt, Welt, Unterwelt

Traditionelle Kosmosvorstellungen

Peter Dinzelbacher

Traditionelle Kosmosvorstellungen

Vom Weltbild der Menschen unseres Kontinents vor der Durchsetzung des Christentums können wir uns nur ein sehr unvollkommenes Bild machen. Kelten und Germanen lebten in einer Gesellschaft, in denen diese Traditionen mündlich überliefert wurden. Die Autoren der Aufzeichnungen der nordgermanischen Mythen waren allesamt Christen; daher ist heftig umstritten, was wirklich heidnische Überlieferung, was nach christlicher Bildung umgeformt oder was gar nur gelehrte Spekulation ist. Wie sich die Kelten den Weltbau vorstellten, davon gibt es so gut wie keine Zeugnisse.

Gut dagegen ist die Kosmologie der Griechen und Römer bekannt, wenigstens seit der Zeit, als die homerischen Epen aufgezeichnet wurden. Diese Konzeptionen sollten das Weltbild der Gebildeten auch nach der Christianisierung entscheidend beeinflussen. Noch prägender für das alte Europa aber wurde die Anschauung des Judentums, die auch die Bibel enthält. Man muß sich dessen bewußt sein, daß für alle diese Aufzeichnungen gilt, daß sie das Weltbild der Intellektuellen wiedergeben oder eine von ihnen formulierte Volkstradition. Dagegen existieren nur sehr gelegentliche Hinweise, wie ungelehrte Menschen, sozusagen »Leute aus dem Volk«, sich den Kosmos vorstellten, wenn sie es überhaupt taten.

Sicher ist anzunehmen, daß es in jeder Ethnie konkurrierende Weltbilder gab. Eine Normierung erfolgte erst, als eine Führungsschicht in der europäischen Gesellschaft das Monopol der Weltdeutung exklusiv für sich beanspruchte und diesen Anspruch auch durchsetzen konnte: Die christliche Priesterschaft ließ kein anderes Weltbild gelten als eines, das sich an den biblischen Schilderungen ausrichtete (was Andersdenkenden widerfuhr, ist am Beispiel Galileis bekannt genug). Daher finden wir etwa seit der Karolingerzeit (8./9. Jahrhundert) eine einheitlich-christliche Kosmologie, von allen Gelehrten lateinischer Bildung geglaubt und durch Predigt und bildende Kunst auch den Ungelehrten als verbindlich vermittelt. Dieses mittelalterliche Weltbild, das sich aus antiken und jüdisch-christlichen Komponenten zusammensetzt, keltische und germanische Vorstellungen aber nicht rezipiert, blieb bis ins 16. Jahrhundert so gut wie unangefochten.

Weltentstehung

Wohl alle Ethnien oder Völker schufen sich Mythen, die die Erschaffung der Welt erklären sollten. Dabei sind Haupttypen zu beobachten: die Selbstentstehung aus einer undifferenzierten Urmaterie oder dem Nichts, die Schöpfung durch die Handlung oder das Wort einer Gottheit, die geschlechtliche Zeugung durch ein Weltelternpaar.

Einer der ältesten Texte Europas, Hesiods ›Theogonie‹, bezeugt für die Griechen die Vorstellung eines ursprünglichen Chaos, einer völligen Leere vor der Existenz der Welt. Aus dem Chaos entsprangen Nacht und Finsternis und in der Folge alles Seiende. Ovid verstand das Chaos als dunkle, gärende Masse der vier Elemente, die ein unbekannter Gott dann, nicht unähnlich dem Jahwe der ›Genesis‹, trennte und ordnete. Die Gelehrten schlugen verschiedene kosmogonische Modelle vor; der Grammatiker Servius faßte sie im 4. Jahrhundert nach Christi Geburt zusammen:

»Unterschiedlich sind die Meinungen der Philosophen über die Entstehung der Dinge. Die einen sagen, alles entstehe aus dem Feuer wie Anaxagoras, andere aus der Feuchtigkeit wie Thales von Milet, weshalb der Ozean der Vater der Dinge sei. Andere aus den vier Elementen wie Empedokles. Die Epikuräer dagegen verwerfen dies alles und behaupten zwei Grundprinzipien, den Körper und das Leere.«

Die germanische Mythologie – oder genauer: die altnordische, denn ob die Konzepte der heidnischen Isländer so auch von den Südgermanen geglaubt wurden, läßt sich nicht beweisen – erweist sich als um einiges phantasievoller. Am Anbeginn waren nicht Sand noch See, nicht Erde noch Himmel, nur gähnende Kluft. Als der Norden mit seinen Eismassen und der Süden mit seinem Feuer zusammentrafen, erhob sich aus dem ewigen und unerschaffenen Urstoff der Reifriese Ymir; sein einer Fuß zeugte mit dem anderen Nachkommen; von diesen und Buri, einem von einer Kuh aus dem Eis geleckten Mann, stammen Odin und seine Brüder. Diese Götter töteten Ymir, dessen Blut das ganze Geschlecht der Reifriesen ertränkte, und schufen aus seinem Leib Himmel und Erde.

»Aus Ymirs Fleisch ward die Erde geschaffen,
Aus dem Blute das brausende Meer,
Die Berge aus dem Gebein, die Bäume aus den Haaren,
Aus dem Schädel das schimmernde Himmelsdach.
Doch aus seinen Wimpern schufen weise Götter
Midgard dem Menschengeschlecht;
Aus dem Hirne endlich sind all die hartgesinnten
Wetterwolken gemacht.«

Die altjüdischen Erzählungen der ›Genesis‹ von der sechstägigen Schöpfungsarbeit Jahwes sind zu bekannt, um hier wiederholt werden zu müssen; ein in der heute vorliegenden Form etwa im 9. vorchristlichen Jahrhundert formulierter altorientalischer Mythos wurde durch die Aufnahme in den biblischen Kanon auch im Christentum als göttliche Offenbarung bewertet, an die buchstäblich zu glauben bis vor kurzem als Dogma galt.

Weltbau

Die markantesten Gegensätze zwischen traditioneller und heutiger Kosmosvorstellung betreffen einerseits die Stellung der Erde im Weltall und andererseits die Lokalisierung des Jenseits. Überall glaubte man, dem Augenschein entsprechend, an die zentrale Stellung der Heimat der Menschen im Kosmos, um die sich alle anderen Himmelskörper herumzubewegen schienen. Die Totenreiche wurden im Gegensatz zu dem, was heute angenommen wird – falls man ihre Existenz überhaupt noch für möglich hält –, vor der Aufklärung nicht als transzendent gedacht, sondern als Bestandteile des physikalischen Universums. Über- und Unterwelt waren konkret, nicht im übertragenen Sinn, über und unter der Erde zu finden.

Das altsemitische Weltbild kannte die drei Bereiche: im Himmel die Götter, in der Mitte die Menschen auf der Erde, darunter eine große Höhle, die düstere Scheol. Alle Toten kamen dorthin, also erwartete man auch für die Guten kein himmlisches Weiterleben. Nur langsam entwickelte sich die Hoffnung, Gott könne auch andere fromme Israeliten in seinen Himmel aufnehmen, wie er es ausnahmsweise bei seinen Lieblingen Enoch und Elias getan hatte, die – lebend! – zu ihm aufgefahren waren. Doch kam es erst unter griechischem Einfluß zu jenen dann von den Apokalyptikern um die Zeitenwende so breit ausgemalten Himmels- und Höllenvorstellungen, von denen auch Jesus in seinem Gleichnis vom armen Lazarus und dem reichen Prasser ausgeht.

Die Philosophen des klassischen Altertums stellten sich die Erde unbewegt im Mittelpunkt des Alls vor, die Himmelssphären mit den Planeten in Drehung um sie herum. An den Grenzen der Erde, jenseits des Meeres im äußersten Westen, siedelte die Dichtung die elysischen Inseln an, die Gefilde der Heroen. Dort leben sie zufrieden in ewigem Frühling. Als es im 5. vorchristlichen Jahrhundert zu einer folgenreichen Intensivierung der hellenischen Religiosität kam, begann man, die Gestirne mit den Göttern zu identifizieren und bei ihnen die vorbildlichen Toten anzusiedeln, wie Cicero dies im ›Traum des Scipio‹ nach Platos Vorbild skizziert hat. Die späte Antike, auch die christliche, stellte sich oft vor, die Seele könne aus eigener Kraft zum Himmel aufsteigen, wozu ihr Flügel wüchsen oder sie in einen Vogel verwandelt würde, wie auf manchen Grabmonumenten bildlich dargestellt. Ursprünglich wurde der Hades als unterirdisches Haus aller toten Seelen gedacht, die als Schatten freudlos, aber ohne Strafen in der Unterwelt weiterexistieren. Doch war diese den olympischen Göttern verhaßt, da auch sie bei einem Falschschwur dort bleiben müssen.

Erst im Hellenismus wurde dieser Jenseitsbereich »moralisiert«: Nun wurden hier Vergehen gegen die Götter, dann auch gegen Menschen bestraft. Dazu dienten unter anderem die Unterweltströme, denn dort rasen der Feuer- (Pyriphlegethon) und der Heulstrom (Kokytos), wie dieses ganze Reich von einem Fluß, dem Acheron, umzogen wird, über den der Fährmann Charon die Toten hinüberbringt. Diese Flüsse stürzen alle in den Tartaros, ursprünglich das Gefängnis für die von den Olympiern hinabgestürzten Titanen.

So zeigt sich in der antiken Mythologie, daß zunächst die Toten wie die Lebenden auf bzw. unter der Erde existierend gedacht wurden, während die Verlagerung der Heilsräume in den Himmel erst eine sekundäre Entwicklung darstellt.

In den keltischen Erzählungen kommen wohl ferngelegene Zwischenwelten immer wieder vor. Diese aber sind nur teilweise auch die Welten der Toten, wie die berühmte Apfelinsel (Avalon). Man kann diese Topographie aber nicht mit der moralischen der Antike oder des Christentums vergleichen, da die Kelten ja an eine Seelenwanderung von Menschenkörper zu Menschenkörper glaubten.

Die altisländischen Quellen machen deutlich, daß verschiedene Weltvorstellungen nebeneinander existierten. Man erzählte von Yggdrasils Esche, deren Wipfel sich über den Himmel ausbreitet, während sich die Wurzeln zur Unterwelt, zum Riesenheim und zum Göttersitz verzweigen. Dann wieder ist von neun Welten unter neun Himmeln die Rede. Verbreitet war aber offenbar das dreiteilige Weltbild: Hoch im Zentrum der Welt steht Asgard, die Burg der Götter. Von der Türbank aus kann Odin die ganze Welt überschauen. Tiefer liegen Midgard (Mittelheim), die Wohnstätte der Menschen, auch Jotunheim und Alfheim, die Welten der Riesen bzw. Alben. Nifelheim (Nebelheim) ist die Welt der Toten in der Tiefe, die Unterwelt.

In Walhall bei den Göttern Asgards leben die Helden weiter, die tapferen Krieger, die in der Schlacht gefallen sind – und von allen Menschen nur sie. Walhall ist die Projektion einer nordischen Herrenhalle – das Idealbild einer agonalen und maskulinen Gesellschaft. Midgard, die Mittelwelt zwischen dem Himmel Asgard und der Hölle Nifelheim, ist rings vom Meer umgeben, bedroht von der Riesenschlange. Jenseits des Meeres gibt es noch Utgard, ein ödes, unwirtliches Riesenland. Unter der Erde liegt auf dem »Totenstrand« der Saal der Hel, dessen Wände von Schlangen umwunden werden und durch dessen Dach ein Giftregen strömt. Diese Nebelhölle ist Ungeheuern und Verbrechern vorbehalten (wohl unter christlichem Einfluß) und von einem Hund bewacht. Die Göttin Hel, von der unser Wort »Hölle« kommt, herrscht über dieses traurige Reich.

Die christlichen Gelehrten des Mittelalters übernahmen das antike Weltbild und paßten es den biblischen Konzeptionen an. So wie bei Ptolemäus bildet nach den Enzyklopädien der Epoche die Erde den Mittelpunkt des Universums; sie wird aus den vier Elementen Land, Wasser, Luft und Feuer gebildet. Ihre Gestalt wurde von einigen als Kugel, von anderen als Scheibe beschrieben; beide Konzeptionen existierten nebeneinander. Daß das Kugelmodell immer präsent blieb, erweist unter anderem der Reichsapfel, Symbol der Weltherrschaft, der auf kaum einer Darstellung eines mittelalterlichen Kaisers fehlt.

Der Kosmos hat die Gestalt einer vollkommenen, mehrschichtigen Kugel. Über den Planetensphären und dem Fixsternhimmel befindet sich die Kristallsphäre – eine Erweiterung des antiken Schemas, um die in der Bibel genannten Wasser oberhalb des Firmamentes unterzubringen. Darüber die Sphäre des (selbst unbewegten) Bewegers und das Empyreum, der Wohnort der Engel und Seligen. Während alles, was sich unter der Mondsphäre befindet, ständigem Wechsel unterworfen ist, gibt es in den höheren Regionen nur regelmäßige Bewegungen. Sie erzeugen eine nur für Engel, Selige und Visionäre hörbare Musik, die harmonischen Sphärenklänge.

Zu zahlreichen gelehrten Spekulationen führte seit dem 12. Jahrhundert die Rezeption bisher im Westen unbekannt gebliebener griechischer, vor allem aristotelischer Texte, teilweise aus dem Arabischen übersetzt und mit den Kommentaren islamischer Philosophen und Astronomen versehen. Dieser Schub an Verwissenschaftlichung der Kosmologie mit der Renaissance des 12. Jahrhunderts sollte in letzter Konsequenz dazu führen, daß seit dem 16. Jahrhundert das geozentrische Weltbild in Frage gestellt wurde. Schon manche Theorien der stark an Platon orientierten Schule von Chartres (einem der wichtigsten älteren Bildungszentren) gingen weit vom Biblischen ab: Die Welt galt als Organismus. Eine Weltseele wurde angenommen, die als Heiliger Geist oder natürliche Lebenskraft interpretiert wurde.

Weit verbreitet war die Vorstellung, die Strukturen des Universums und die des Menschen beruhten als analoge Bildungen auf denselben Zahlenverhältnissen, und das Weltall, der Makrokosmos, sei mit dem Menschen, dem Mikrokosmos, unsichtbar verbunden. Vor allem auf den jungen Universitäten wurde das aristotelische Weltbild diskutiert, was zu manchen Konflikten mit den kirchlichen Behörden führte. Sind die Himmelskörper beseelt? Vom wem werden sie bewegt? Existieren noch andere Welten? Wo sind die Strafstätten für die Sünder zu suchen? Für die um 1200 in Paris auftretenden Anhänger des Universitätsprofessors und Vertrauten des Königs Philipp II., Amalrich (Amaury) von Bène (gestorben 1206), existieren Fegefeuer und Hölle als außerhalb des Gewissens bestehende Realitäten nicht; sie wurden natürlich als Ketzer angeprangert. Die der deutschen Mystik nahestehenden »Freien Geister« des 13. und 14. Jahrhunderts wollten sogar weder von Fegefeuer noch Hölle etwas wissen; sie wurden mit Feuer und Schwert verfolgt.

Das späte Mittelalter brachte eine intensivierte astronomische Forschungstätigkeit, die freilich vorläufig nur die Kosmologie der Gelehrten beeinflußte. Der Mathematiker Campanus von Novarra (gestorben 1296) versuchte sogar eine Ausmessung des Weltalls. Seit dem 14. Jahrhundert interessierte man sich verstärkt für die Himmelsmechanik, für die aufgrund selbständiger Beobachtungen Berechnungen der Planetenbewegungen und ähnliches unternommen wurden. Für die fortschrittlichsten Theologen wie Wilhelm von Occam waren Himmel und Erde von gleicher Materie, was ersteren gleichsam »entzauberte«. Einzelne Denker wie Cusanus begannen sich mit der Möglichkeit der Unendlichkeit des Raumes auseinanderzusetzen, durchaus auch ein Indiz für das Aufbrechen des geschlossenen mittelalterlichen Weltbildes. Freilich waren Astronomie und Astrologie noch kaum geschieden, beide wurden im Spätmittelalter sogar an Universitäten gelehrt.

So weit die Konzeptionen der Wissenschaftler. Sie spielten für das allgemeine Weltbild keine große Rolle. Als durchschnittlicher Gläubiger interessierte man sich kaum für solche naturwissenschaftliche Fragen, sondern vor allem für die heilsgeschichtlichen. Und hier glaubte man an eine einfache Grundstruktur: die Erde als Bereich der kurzen »Pilgerschaft« des Lebens im Körper – der Himmel über ihr und die Hölle darunter als ewige Verbleibsorte der abgeschiedenen Seelen. Zahllose Legenden, aber auch religiöse Lehrschriften und Aufzeichnungen von Visionen und Träumen sowie gemalte Darstellungen vermitteln ein ganz konkretes Bild von diesen real gedachten Reichen. Was einzelne Länder und Bereiche der Erde betraf, so nahm die Kunde von ihrer Beschaffenheit mit der Entfernung vom jeweiligen Ort mehr und mehr ab, wie bei der Kommunikationssituation und der Einstellung zu profanem Wissen in jener Epoche nicht anders zu erwarten.

Phantastische Gegenden und Wesen füllten die unbetretenen Breiten schon seit der Antike. Die mittelalterlichen Reiseromane wie die Alexander dem Großen angedichteten oder die von dem mysteriösen Ritter Mandeville verfaßten berichten von eigenartigen Monstren am Ende der bewohnten Welt und von unzugänglichen Regionen voll der unheimlichsten Landschaften und Geschöpfe. Die mehr oder minder bekannte Welt setzte sich aus den drei Erdteilen Europa, Asien und Afrika zusammen, wie sie auf zahlreichen Landkarten der Zeit gezeichnet sind. Das zwischen den Kontinenten liegende Gewässer (Meer und Ströme) hat die Form eines T, weswegen diese Figur auch auf den Weltkugeln der Herrscher wiederkehrt. Die Reiche der Toten waren mit der bekannten Erde fest verbunden; sie lagen im Inneren der Weltkugel bzw. über ihr.

Die Unterwelt

Wie war die Unterwelt nach verbreiteter Überzeugung beschaffen? Sie besteht aus mehreren *receptacula* (Verbleibsorten der Seelen); *infernus*, die Hölle, die die mit einer Todsünde beladenen Seelen auf ewig in unvorstellbaren Qualen hält; *limbus puerorum*, die Vorhölle der ungetauft verstorbenen Kinder, Gegenstand zahlreicher theologischer und vulgärtheologischer Spekulationen bis zur Gegenwart; *purgatorium*, das Fegefeuer, aus dem die Seelen gereinigt ins Paradies aufsteigen: es existiert im Unterschied zu den anderen Jenseits-Orten nur bis zum Endgericht (dieser Raum erschien schon im frühen Mittelalter in einzelnen Visionstexten, dann seit dem 12. Jahrhundert auch in theologischen Abhandlungen, er wurde als ein dritter eschatologischer Bereich zwischen die viel älteren Reiche von Himmel und Hölle eingeschoben); schließlich der *limbus patrum*, der Höllenort, an dem alle Menschen vor dem Abstieg Christi in die Hölle nach seinem Kreuzestod (vergleiche das Glaubensbekenntnis) schmachteten und woraus sie von ihm befreit wurden – mit Ausnahme des Erzsünders Judas, versteht sich. Daß solche Unterscheidungen aber dem Laienvolk nicht immer klar waren, ergibt sich etwa aus dem ›Prick of Conscience‹ (Gewissensstachel), dem handschriftlich weitestverbreiteten Text in mittelenglischer Sprache überhaupt. Danach nannte man Limbus und Fegefeuer ebenfalls Hölle, »denn sie alle sind innerhalb der Erde eingeschlossen«.

Wiewohl die himmlischen Heerscharen in verschiedenen Gemächern leben – »In meines Vaters Haus sind viele Wohnungen« –, werden dort nicht systematisch verschiedene Zonen unterschieden. Der Himmel ist in der Regel als einheitlicher Raum gefaßt, in dessen Zentrum Gottes Thron steht, um den sich die Chöre der Engel und die Scharen der Gerechten harmonisch gruppieren. Allerdings gab es auch hier konkurrierende Bilder: so das vom Himmlischen Jerusalem der ›Johannes-Apokalypse‹, das in manchen Schilderungen als Wohnort der guten Seelen figuriert, und das irdische Paradies, in das einige Legenden die guten, aber nicht vollkommenen Seelen vor dem Weltgericht schicken. Meist dachte man sich diesen Ort als den alttestamentarischen Garten Eden im Osten, den Lebenden unzugänglich, wenn sie auch, wie nach der Legende Alexander der Große, danach suchten.

Nicht zu Unrecht wird die ›Divina Commedia‹ Dantes als Krönung der religiösen Kosmologie des Mittelalters gerühmt. Der Dichter kombinierte hier die wissenschaftliche, aristotelisch-arabische Weltkonzeption mit einer großen Zahl von christlichen Jenseitsvisionen und -legenden. Sein Weg, der ihn von der Welt in die Unterwelt und von dort in den Himmel führt, ist zwar ein allegorisch-moralischer, entspricht aber ganz dem, was man sich weitgehend tatsächlich vorstellte. Dantes *Inferno* (Hölle) ist unter der Erdkruste trichterförmig in die Erdkugel eingetieft, wobei sich eine Folterstätte an die andere anschließt, im Zentrum eingefroren der Oberteufel Luzifer. Dem Hölleneingang gegenüber erhebt sich der Berg des *Purgatorio* (Fegefeuer) über die Erde, dessen mühsamer Aufstieg die sündigen, aber nicht verdammten Seelen reinigt. Gekrönt wird dieses Reich vom irdischen Paradies. Darüber schweben die Himmelssphären mit ihren Bewohnern und der Wohnsitz der Gottheit.

Immer wieder finden sich im Altertum und Mittelalter Beschreibungen, die bezeugen sollten, daß die Reiche der Lebenden und der Toten, der Menschen und der Götter, miteinander verbunden waren. Wer erinnerte sich nicht der Unterweltsfahrt des Aeneas, die Vergil im sechsten Buch seines Epos erzählt? Bei Baiae in Kampanien gab es sogar eine komplizierte unterirdische Tunnelanlage, die im Rahmen eines Mysterienkultes einen tatsächlichen Abstieg in eine wohlinszenierte Unterwelt ermöglichte.

Im Altnordischen reitet Baldr neun Nächte, bis er vom Himmel zur Hel gelangt; eine Brücke führt ihn über den Grenzstrom. Zwischen Midgard und Asgard spannt sich der Regenbogen. Er ist zwar »der schwankende Weg« (Bifröst), aber doch »die beste der Brücken«, auf denen die Götter zwischen den Welten hin- und herreiten. Mochte im christlichen Mittelalter auch theoretisch immer wieder die Unkörperlichkeit der Seelen und die Unbeschreibbarkeit der Jenseitsorte betont worden sein – was darüber von den Geistlichen praktisch gelehrt und vom Volk geglaubt wurde, war ganz stofflich. Zahlreiche Berichte von den Erlebnissen Scheintoter waren schriftlich im Umlauf und dienten als Predigtthemen, wodurch sie auch jenen bekannt wurden, die nicht lesen konnten.

Diese Erfahrungen entsprechen weitgehend dem, was heutige Mediziner und Psychologen wie Raymund Moody jr. als »Nahtod-Erlebnisse« sammeln. Die mittelalterlichen Ekstatiker durchwandern in Fegefeuer und Hölle steinige Regionen der Dunkelheit, durchziehen Feuerbrände, stapfen über Schneefelder, durchqueren weite Heiden mit stechenden Dornen, überschreiten messerschmale Brücken, erklettern enge Leitern, lustwandeln auch (doch seltener) in Paradiesesgärten und Himmelsstädten. Ihre Reise durch das Jenseits ist in der Regel eine peinvolle Wanderung, zu Fuß zurückgelegt. Die Seelen werden regelmäßig wie nackte menschliche Körper vorgestellt und die andere Welt als ins Extreme gesteigerte irdische Schreckens- oder Lustorte. Die Bilder des Hieronymus Bosch geben einen guten Eindruck davon.

Diese Durchlässigkeit des irdischen Raums zum jenseitigen ist bezeichnend für die europäische Kosmologie vor der Aufklärung. Die Vulkane sind die Eingänge zu Hölle und Fegefeuer. Der Heilige Abt Odilo von Cluny begründete um 1029 das Allerseelenfest am 2. November, da er selbst die Stimmen der Gequälten im Ätna gehört hatte. Nicht nur die flammenspeienden Vulkanschlünde Italiens (Vesuv, Stromboli, Pozzuoli) waren es, in denen man Zugänge zur Unterwelt sah, sondern ebenso die Hekla in Südisland. Ein weitverbreitetes Legendenmotiv berichtete davon, wie bestimmte prominente Sünder durch die Feuerberge in die Hölle versenkt wurden, darunter die Könige Theoderich, Karl Martell, Karl der Große, Heinrich II., Friedrich II.

Es gab auch eine besonders bei Rittern beliebte Wallfahrt ins Jenseits. Sie führte nach Irland zum Purgatorium des Heiligen Patricius. Auf einer Insel im Lough Derg (Ulster) stand ein Kloster, das den Eingang ins Fegefeuer bewachte. Über Leitern oder Treppen konnte man in die Tiefe steigen, wurde mit Teufeln und zahlreichen Martern der armen Seelen konfrontiert, um schließlich über eine messerscharfe Brücke zum Paradies zu gelangen. Es ist nicht geklärt, inwieweit hier nur Visionen nach dem für den Abstieg verlangten Fasten die Grundlage für solche Berichte aus der anderen Welt bildeten oder inwieweit die Mönche entsprechende Erscheinungen inszenierten. Sicher ist, daß zahlreiche Pilger vom 12. Jahrhundert an bis in die Neuzeit den Ort besuchten und Berichte von ihren Gesichten verfaßten. Da man das Fegfeuer eben als realen, materiellen Ort ansah, wunderte man sich kaum, daß ein Heiliger einen Abstieg dorthin eröffnet hatte und daß man dort einen Ablaß für seine gesamten Sünden erwerben konnte.

Weltdeutung

Im Gegensatz zu Antike und Germanentum war es ein zentraler Bestandteil christlichen Denkens, alles und jedes unter dem Aspekt der religiösen Ideale zu bewerten. So auch die physische Welt. Zwei konträre Ansichten bestanden nebeneinander: Die ältere, vor allem vom benediktinischen Mönchtum vertreten, sah in der Welt nur Wertloses, das den Menschen von seiner einzigen Aufgabe, nämlich sich um den Himmel zu bemühen, ablenkt. Besonders konkret wird dies in Visionen, die die Schau der ganzen Welt zum Thema haben: Abt Sunniulf von Randan (6. Jahrhundert) zum Beispiel wird in einer Vision von Engeln in die Höhe gehoben, so daß er »nicht nur dieses schmutzige Erdenleben, sondern auch die Sonne, den Mond, die Wolken und die Gestirne unter den Füßen haben konnte«. Damit ist die Verächtlichkeit des Kosmos, den der Heilige überwinden muß, klar zum Ausdruck gebracht. Ein anderes Beispiel ist die Zisterzienserin Beatrix von Tienen (1200 bis 1268). Sie fühlte sich »auf einmal in die Ekstase entrafft und schaute das ganze Weltgebäude in Form eines Rades oder einer Kugel ihr zu Füßen gelegt, und darüber den ewigen und wahren Gott. Sie befand sich also tiefer als Gott, aber höher als alle Welt, damit sie alles Irdische unter ihre Füße getreten verachte«. Und die Wiener Mystikerin Agnes Blannbekin (1315) schaute in einer ihrer zahlreichen Visionen »unten die Erde, alle Weltteile, das Zentrum der Erde und die Umgebung weitesthin. Und die Erde war rund nach Art einer Kugel, und in Hinsicht auf die Umgebung schien die Erde kaum gleich einem Apfel in der Größe, und sie schien dunkel und nicht angenehm anzusehen, sondern eher geringzuschätzen im Vergleich zu der Helligkeit der Umgebung.«

Auch Dante hat in seiner Summe der Jenseitsgesichte den Blick auf die Nichtigkeit der Welt nicht vergessen, mag er sich nun mehr von der visionären Tradition angeregt gefühlt haben oder mehr von der antik-philosophischen. Im 22. Gesang des ›Paradiso‹ wird der Dichter blitzschnell zum Fixsternhimmel emporgehoben: »Und ich schaute diesen Globus so, daß ich über sein nichtiges Aussehen lächelte; und jenen Rat halte ich für besser, der ihn geringer schätzt.«

Andererseits existierte jene Tradition, die auf der Schöpfung der Welt durch Gott aufbaute, der ja nach dem biblischen Text sah, daß sie gut gelungen war. Also mußte die Welt quasi ein Buch sein, in dem man von Gott lesen konnte. In einem berühmten Gedicht feierte der gelehrte Zisterzienser Alanus von Lille im 12. Jahrhundert das »Buch der Natur«: »*Omnis mundi creatura / Quasi liber et pictura / Nobis est et speculum.*« (Alles Geschaffene der Welt ist für uns wie ein Buch, ein Bild, ein Spiegel.) Freilich blieb die weltverachtende Sicht im mittelalterlichen Christentum die beherrschende.

Weltuntergang

Wiewohl die klassische Antike im allgemeinen von der Ewigkeit des Kosmos ausging, in dem sich in bestimmten Zyklen alles Gewesene wiederholen würde, gab es einzelne Strömungen, die einen Untergang der Welt vorhersagten. So die Pythagoräer, die vom Himmel niederströmendes Feuer und vom Mond herabstürzendes Wasser für diese Katastrophe verantwortlich machten. Im Keltischen finden sich tatsächlich Andeutungen, daß man fürchtete, der Himmel werde einst einstürzen. Die Druiden lehrten, Wasser und Feuer werden die Welt vernichten, doch sind keine Details überliefert. Inwieweit die Germanen einen Weltuntergang erwarteten, noch ehe sie mit der entsprechenden Mythologie des Christentums bekanntwurden, ist schwer zu sagen. Wahrscheinlich wurden die packenden Schilderungen von Ragnarök, dem Untergang der Götter, wie sie vor allem in der ›Völuspá‹, dem Gesicht der Seherin, zu finden sind, zu einem guten Teil nach den Bildern der ›Apokalypse‹ gestaltet, doch verbunden mit einer älteren, eigenständigen Erzählung von der Endzeit als Götterschlacht. Denn es kommt zu einem mörderischen Streit zwischen den ewigen Feinden, den Göttern und den Riesen. Der Fenriswolf greift die Sonne an und verwandelt ihr helles Licht in blutrotes. Unwetter und tiefster Winter überziehen jahrelang das Land. Ein Kampf aller gegen alle hebt an: »Beilzeit, Schwertzeit, es bersten die Schilde, Windzeit, Wolfzeit, ehe die Welt versinkt«. Die Welt geht in Kampf und Feuer unter, die Erde stürzt ins Meer, die Sterne schwinden vom Himmel … Dann aber, und hier ist das christliche

Vorbild unabweisbar, steigt eine neue Erde aus den Wogen, und ein neues Göttergeschlecht entsteht.

Das Judentum zur Zeit Christi produzierte zahlreiche Apokalypsen, Schilderungen des Weltuntergangs, die in erschütternden Bildern die Belohnungen der eigenen Gruppe durch Gott und seine Rache an den Feinden feiern. Einer dieser Texte wurde als ›Geheime Offenbarung‹ auch in die christliche Bibel aufgenommen, da man ihn dem Evangelisten Johannes zuschrieb. Vor allem aus dieser Quelle, die unter dem schaurigen Dröhnen der Posaunen die bekannten Schreckensbilder von Blut und Tod, Antichrist und Gottessieg ausmalt, bezog auch das Mittelalter seine in so vielen Dichtungen, Schauspielen, Bildern den Gläubigen vorgeführten Erwartungen vom Gericht über die Geschöpfe, vom Untergang der Welt und dem Entstehen einer neuen Erde. Die Kosmologie der neuen Welt wird freilich nicht wesentlich von der der alten differieren, nur wird alles endgültig sein: die ewige Hölle für die Bösen, das ewige Paradies für die Guten, beide nunmehr mit einem Auferstehungsleib ausgestattet. »*Dies irae, dies illa*« – jener jüngste Tag der Rache wird auch der Tag einer neuen Kosmogonie sein.

Der Lebensbaum

Günter Lange

Der Lebensbaum begegnet uns im heutigen Alltag als immergrünes Zypressengewächs (botanisch: *Thuja*) vor allem am Ort der Toten, auf dem Friedhof. Religionsgeschichtlich gehört der Baum des Lebens zum Vorstellungskreis des kosmischen Baumes oder Weltenbaumes. Wo er wächst, ist das Zentrum (die Achse, der Nabel) der Welt. Er wurzelt in der Unterwelt, stößt mit seiner Spitze an den Himmel, verbindet vertikal das All und garantiert dessen Beständigkeit und Fruchtbarkeit. Er ist ein religiöses Symbol, das zu den ältesten und verbreitetsten Kultobjekten der Menschheit gehört.

Der sinnbildliche Mehrwert von Bäumen beruht auf urtümlichen Lebenserfahrungen. Nicht nur, daß Bäume den Primaten als Schutzort dienten und daß auch von daher unsere instinktive Bereitschaft rühren mag, das Heil in der Höhe zu suchen, auch die Verwurzelung des stattlichen Baumes im Erdreich, seine Überlebenskraft, sein aufrechtes Stehen in Wind und Wetter, das kontinuierliche Wachsen nach oben und in die Breite, das jährliche Erneuern im Absterben und Aufblühen, all dies läßt ihn Archetyp des Lebens sein. Für Nomaden am Rande der Wüste etwa konnte der fruchttragende Baum zu einer Offenbarung des Lebens werden. Die Babylonier kannten einen Baum des Lebens und einen Baum der Wahrheit; auf assyrischen Denkmälern findet sich der Lebensbaum als Palme mit Früchten, im Gilgamesch-Epos als Zeder auf dem Berg – kultisch verehrt und bewacht. Dabei sind Lebensbaum und Weltenbaum nicht scharf voneinander zu unterscheiden.

Die eindrucksvollste Schilderung des mythischen Ur-Baumes im europäischen Kulturkreis findet sich in der 1220 bis 1230 verschriftlichten ›Edda‹. Demnach ist die Weltesche Yggdrasil der größte und beste aller Bäume. Seine unterirdischen Wurzeln konstituieren übereinander die Reiche der Unterweltgötter, der Riesen und der menschlichen Vorfahren. Dort, wo der Urbaum sich über die Erdoberfläche erhebt, liegt das mittlere Gebiet Mitgard, die Lebenswelt der Menschen. Mit dem Wipfel erreicht Yggdrasil Asgard, den Ort der himmlischen Götter. Zum Riesenbaum gehört – wie fast immer – eine Quelle oder ein Brunnen zur Bewässerung des Baumes. Yggdrasil ist ständig bedroht, nicht nur von Trockenheit, sondern auch von Todesmächten, die durch Tiere verkörpert werden. Der Baum steht folglich für den immerwährenden Kampf ums Dasein ebenso wie für den immer neuen Sieg des Lebens.

Solche naturreligiösen Vorstellungen haben sich bei den historischen Germanen sehr lange gehalten. Das bezeugt unter anderem das irdische Abbild des Weltenbaumes, die sogenannte Irminsul, ein gigantischer Baumstamm als Weltensäule, die im Glauben der Sachsen den nördlichen Polarstern berührte und das Himmelsgewölbe

Wurzel Jesse: Die Summe der Heilsgeschichte als Baum des Lebens,
Miniatur aus dem ›Speculum Humanae Salvatonis‹. Bodenseegebiet, circa 1330

Christus als Baum des Lebens,
Miniatur aus dem ›Reichenauer Perikopenbuch‹.
Frühes 11. Jahrhundert

stützte. Als »Götzenbild« wurde die Irminsul anno 772 durch Karl den Großen gefällt. Von manchen christlichen Missionaren wird berichtet, daß sie »heilige Bäume« fällten, um den Baumkult abzuschaffen. Martin von Tours zum Beispiel fällte im 4. Jahrhundert in der Gegend von Autun eine heilige Kiefer, und im 8. Jahrhundert zerstörte Bonifatius bei Geismar in Nordhessen die dem Donar geweihte Eiche. Mitunter wurden solche Bäume aber auch geschont, indem man sie christianisierte, zum Beispiel in der Bretagne, auf keltischem Boden oder in Irland (Columba von Hy, 6. Jahrhundert). Sie wurden der Gottesmutter Maria oder anderen Heiligen geweiht.

Am stärksten wird der Symbolismus des Weltenbaums christlich assimiliert durch das Kreuz, an dem Jesus Christus starb. Das Kreuz wird mit dem kosmischen Baum vereint gesehen: Es reicht von der Erde bis zum Himmel, erhebt sich als unsterbliche Pflanze im Mittelpunkt des Himmels und der Erde, als starke Stütze des Universums, als Baum des Lebens. Zahlreiche theologische und liturgische Texte greifen allegorisch auf den Welten- und Lebensbaum zurück, um im christlich gewordenen Europa die universale Heilsbedeutung des Todes Christi am Kreuz vor Augen zu führen – wohl am stärksten in einer Osterpredigt des Hippolyt von Rom im 3. Jahrhundert:

> »Dieser himmelweite Baum ist von der Erde empor zum Himmel gewachsen. Unsterbliches Gewächs, reckt er sich auf zwischen Himmel und Erde. Er ist der feste Stützpunkt des Alls, der Ruhepunkt aller Dinge, die Grundlage des Weltenrunds, der kosmische Angelpunkt. Er rührt an die höchsten Spitzen des Himmels und festigt mit seinen Füßen die Erde, und die weite mittlere Atmosphäre dazwischen umfaßt er mit seinen unermeßlichen Armen. O neue Feier der Dinge, o kosmische Festversammlung, o Freude des Universums, o Ehre, o Lust, o Entzücken, durch die der finstere Tod vernichtet, das Leben dem All mitgeteilt und die Tore des Himmels geöffnet wurden.«

Der paradiesische Lebensbaum

Wenn auch nicht zu trennen, so doch zu unterscheiden ist vom Lebensbaum als Weltenbaum der paradiesische Baum des Lebens, der ewig grünt und blüht und dessen Früchte Gesundheit, Jugend und ewiges Leben verleihen. Diese Vorstellung war im alten Vorderen Orient weit verbreitet; das wirksamste Zeugnis dafür ist in unserem Kulturkreis die biblische Urgeschichte (Genesis 2–3). Der dem Menschen ursprünglich zugedachte Garten Eden bot »allerlei Bäume, verlockend anzusehen und mit köstlichen Früchten«. In der Mitte des Gartens befand sich einerseits der Baum des Lebens und andererseits der Baum der Erkenntnis von Gut und Böse (Genesis 2, 9). Vier Paradiesflüsse sorgen für die üppige Bewässerung (Genesis 2, 10–14).

Nach heutiger exegetischer Erkenntnis handelt es sich bei den zwei Paradiesbäumen in Wahrheit um ein und denselben Baum. Die Differenzierung diente vermutlich dazu, die verheißene Daseinsfülle des Lebensbaumes nicht bedingungslos zugänglich zu machen, sondern an die Bewährung des Menschen zu binden. Das in Auflehnung gegen Gottes Anordnung (Genesis 2, 16f.) vollzogene Genießen der Frucht des Baumes in der Mitte des Gartens (Genesis 3, 6) führt daher nicht zur Lebenssteigerung, sondern zu dessen Minderung und letztlich zum Ausschluß vom Lebensbaum.

Die Identität von Lebens- und Erkenntnisbaum gehört anscheinend zum jüdischen Glauben (vergleiche Sprüche 3, 18). Das häufigste der jüdischen Symbole, der siebenarmige Leuchter, die Menora des Tempels, deren komplizierter Konstruktionsplan sehr genau beschrieben wird (Exodus 25, 31–40) gleicht in seiner Grundform dem mesopotamischen Lebensbaum. Auch heißen die Holzstäbchen, auf welche die Torarolle aufgewickelt ist und die man beim Lesen in beiden Händen hält, »Lebensbaum«. Gemeinsam dürfte beiden Anspielungen sein, daß das Licht der göttlichen Weisungen Leben in Fülle spendet (vergleiche Psalmen 119, 105).

Im Christentum werden die beiden Bäume von Anfang an unterschieden und antithetisch interpretiert: Der Baum der Erkenntnis steht als Todesbaum dem Lebensbaum gegenüber. Dieser ist unzugänglich seit dem Ungehorsam der Ureltern; um so mehr beschäftigt er jedoch die Glaubensphantasie. Der Weg zum Baum des Lebens ist zwar streng bewacht (Genesis 3, 24), er bleibt aber grundsätzlich begehbar – wenn auch nicht ohne erneute Heilsinitiative Gottes: Das Leben und Sterben Jesu Christi erschließt einen neuen Zugang zur universalen endzeitlichen Lebensfülle. Sein Kreuz gilt nunmehr als *arbor vitae*, das Kreuzesholz als *lignum vitae*.

Dieser Glaube wird im Mittelalter katechetisch veranschaulicht durch Legenden vom Kreuzesholz. Der sterbende Adam schickt seinen Sohn Seth zum Paradiesgarten, um die Frucht der Unsterblichkeit vom Baum des Lebens zu holen. Der Cherub verwehrt ihm den Zutritt, läßt ihn aber einen Blick in den Garten tun. Seth sieht, zitiert nach Jacques Brosse in seiner ›Mythologie der Bäume‹, »einen herrlichen Baum, dessen Wipfel den Himmel berührt und dessen Wurzeln bis in die Unterwelt hinabreichen. Mitten in seinen Zweigen schaut ein wunderschönes, wie die Sonne strahlendes Kind sieben Tauben zu, die es umflattern. Es sitzt auf den Knien der lieblichsten Frau, die Seth je gesehen hat. Der Erzengel sagt ihm, dieses Kind sei der zukünftige Erlöser

[…] Dann schickt er Seth fort, nachdem er ihm […] drei kleine Samenkörner von den Früchten des Baumes übergeben hat.« Seth kommt jedoch zu spät. Er legt die Kerne unter die Zunge des toten Adam. Daraus erwächst ein Baum, dessen Holz nach einer wechselvollen und variantenreichen Geschichte für das Kreuz Christi benutzt wird – gerade an der Stelle, wo Adam einst begraben wurde, und sogar zur gleichen Stunde …

Stärkere Auswirkungen hat die Ineinssetzung von Kreuz und Lebensbaum in zahlreichen Kreuzformen gefunden, die durch florale Elemente andeuten, daß jetzt – im Kreuz Christi – die Verheißung des Lebensbaumsymbols in Erfüllung gegangen ist. Den verbalen Kontext dazu liefert der Kreuzeshymnus des Venantius Fortunatus, eines geistlichen Dichters am Merowingerhof im 6. Jahrhundert:

»Heilig Kreuz, du Baum der Treue,
edler Baum, dem keiner gleich,
keiner so an Laub und Blüte,
keiner so an Früchten reich.«

Die religiösen Wurzeln Europas

Arnold Angenendt

Den Namen »Europa« trug ursprünglich eine phönikische Königstochter, die, am Strand spielend, von dem als Stier verkleideten Zeus entführt wurde – ein Mythos von Religion und Gewalt. Tatsächlich sind beide Momente für Europas Geschichte konstitutiv geworden. Was wir heute kartographisch als Europa vor Augen haben, ist das Produkt eines erst späten Prozesses. Denn das Imperium Roms war mit Nordafrika, Ägypten und Vorderasien um das Mittelmeer zentriert. Allein der nördliche Teil hieß Europa. Gegen die eurasische Landmasse bildeten Rhein und Donau den Sperriegel, der das heutige Europa für ein halbes Jahrtausend tief durchschnitt. Nicht nur Militär stand hier in Konfrontation, vielmehr stießen zwei Kulturen von geradezu unüberbrückbaren Niveauunterschieden gegeneinander: »Man darf sagen, daß Augusta Treverorum, jetzt Trier, mit dem ägyptischen Alexandria in vielfach engerer Verbindung stand als etwa mit der Gegend des heutigen Kassel.«[1]

Der aus administrativen und militärischen Gründen im 4. Jahrhundert nordsüdlich durch den heutigen Balkan gezogene Teilungsstrich ließ dann den Okzident, den Grundstock des mittelalterlichen Europa, entstehen. Als nach 400 die Rhein- und Donaugrenze in der sogenannten Völkerwanderung überrannt wurde, entstand dadurch keineswegs ein Großraum, vielmehr parzellierte sich der römische Westen in ein fränkisches Gallien, ein westgotisches Spanien, ein langobardisches Italien und ein angelsächsisches Britannien. Hier überall entstanden »gentile« Reiche, das heißt politische Herrschaften, die sich als je eigenes Volk mit Abschließung nach außen verstanden. Vorherrschend wurde ein Selbstverständnis, wie wir es ethnologisch von den sogenannten Stammeskulturen kennen, die letztlich nur sich selbst als Menschen ansehen und sich von allen anderen abgrenzen.

Für das römische Westreich bedeutete das nicht nur den Zerfall in Partikularherrschaften, sondern auch den Verlust von Universalität und Hochkultur. Denn es fand, wie Christian Meier es beschrieben hat, eine Regression statt zu einer Minimalordnung in kleinen Räumen, engen Personalverbänden, noch dazu vom agrarischen Land ausgehend und nicht mehr von der Stadt, was alles die Sicherung von Verkehr, Post, Handel, Wasserleitung, öffentlicher Ordnung, gesatztem Recht und Hochbildung unmöglich machte: »[...] die eigentlich Mächtigen in diesem Prozeß waren die Germanen. Sie mögen sich also an alles mögliche akkulturiert haben, ihre Akkulturation an die staatliche Kultur ist gescheitert, und damit ist dann wohl die Schwelle, bis zu der die Reproduktion antiker Kultur möglich war, endgültig überschritten worden.«[2]

Daß dann die »Zerfallsprodukte« des nördlichen Westimperiums doch wieder zusammenkamen, war das »Wunder« der Karolinger. Hatte Pippin der Mittlere (gestorben 714) nur gerade die nördliche Francia wiedervereinigen können, so vermochte sein Sohn Karl Martell (gestorben 741) die Araber an der Loire zu besiegen, womit sich deren ersichtliche Absicht, das Mittelmeer auch vom Norden her zu umgreifen, erschöpfte. Karl der Große (768 bis 814) verdient seinen Ehrentitel »Vater Europas« deswegen, weil er den zersplitterten Nordwesten des alten Imperiums, den Okzident, nicht nur großenteils wieder vereinen, sondern noch über Rhein und Donau hinaus erweitern konnte.

Dieses Europa war infolge des muslimisch eroberten Südens nach Norden verschoben und sollte noch weiter wandern, bis nach Skandinavien und in die slawischen Ostländer, um zuletzt die ganze dem eurasischen Kontinent vorgelagerte Halbinsel zu erfassen, eben das heutige Europa. Die darin einbeschlossenen Länder und Völker waren zunächst ethnisch und religiös genauso zergliedert wie die Morphologie seiner geographischen Gestalt. Hier mischten und bekriegten sich Rassen und Kulturen, Hochzivilisationen und Einfachgesellschaften, Geistreligionen und Stammeskulte. Zur Einheitsbildung prädestinierten weder die geographische Lage mit ihrer offenen Breitseite gegen Asien und ihren anfälligen Flanken im Mittelmeer noch eine einheitliche Sprache oder Religion.

Gleichwohl wurde eine Religion einheitsstiftend: das Christentum. Dieses aber kam, entstanden im östlichen Mittelmeerraum, als Fremdreligion. Denn Europa selbst hat keinen Religionsstifter hervorgebracht, ja verhielt sich zur Religion insofern kontraproduktiv, als mit der griechischen Religionsphilosophie – welthistorisch erstmalig – eine Religionskritik entstand. Dennoch, indem das Christentum die eurasische Halbinsel durchdrang, schuf es jene Gemeinsamkeit, die bis heute Europa ausmacht. Oder, mit Jacques LeGoff gesagt: Das Christentum war »die große religiöse und ideologische Neuheit des westlichen Europas seit dem 4. Jahrhundert«[3].

Diese Durchdringung war ein produktiver und zugleich gewalttätiger Vorgang. Schon die zunächst friedliche Ausbreitung im antiken Imperium, als das Christentum die Mittelmeerländer, den Alpenraum und das heutige Frankreich bis zum Rhein durchdrang, zerstörte einheimische Kulte und Traditionen, sogar Sprachen wie in Gallien das Keltische. Gewaltsam trieb dann das frühe Mittelalter die Ausbreitung voran. Karl der Große oktroyierte das Christentum den Sachsen. Und erstaunlich genug: Diese zwangsbekehrten Sachsen erhoben genau das Modell der selbsterlittenen Zwangsmission zu ihrer eigenen Weise, die ostwärts siedelnden Slaven zu unterwerfen und zu christianisieren. Noch die Deutschherrn, die Mitglieder des hochmittelalterlichen Ritterordens, verfuhren so mit den Pruzzen und Balten, wohingegen die Nordvölker ihre Christianisierung selbständig vollzogen.

Das Ergebnis war ein religiöser und zuletzt auch kultureller Einheitsraum, und dieser blieb, nachdem er einmal geschaffen worden war, vollauf akzeptiert – in seinen säkularen Konsequenzen sogar bis in unsere Tage hinein, so daß sich die westlich missionierten Balten, Polen, Tschechen, Slowenen, Ungarn und Kroaten als »westeuropäisch« verstehen. Wir haben uns allzusehr daran gewöhnt, das mittelalterliche Europa als Ergebnis imperialer Politik und gewalttätiger Christianisierung anzusehen. Dabei aber vergessen wir ein anderes, wie es etwa Hans-Dietrich Kahl als erster unter religionsgeschichtlichem und kultursoziologischem Blickwinkel herausgestellt hat: daß dieser Vorgang nicht nur – wie es allgemein anerkannt wird – »von wahrhaft weltgeschichtlichem Rang« ist, daß vielmehr in der Rangfolge der Antriebskräfte nicht die Imperialität, sondern die Christianisierung die wichtigste gewesen ist. Diese gewann Kahl zufolge »eine derart grundlegende Allgemeinbedeutung, wie niemals davor und danach; sie erlangt sie, weil eben Missionierung es ist, in deren Verlauf sich die Fundamentierung und Konstituierung von ›Abendland‹ [...] ereignet [...] Es ist der Wechsel zwischen zwei geistigen Grundstrukturen, die man als ›gentilreligiös‹ und ›universalreligiös‹ gegenüberstellen kann.«[4]

Der polnisch-französische Historiker Krzysztof Pomian sieht sogar eine dreifache Bekehrung: zum römischen Christentum, zur lateinischen Sprache und zur Schrift. »Es ist eine Bekehrung, welche die Unterscheidung zwischen Römern und Barbaren ein für alle Male beseitigt und in religiöser Hinsicht eine Vielzahl von Ethnien integriert. Diesen nämlich vermittelt sie ein ausgeprägtes Bewußtsein von Gemeinsamkeit: Was sie miteinander verbindet, ist nicht nur ihre gemeinsame Herkunft, sondern auch die Tatsache, daß sie fortan ein und derselben Universalkirche und weltlichen Kultur angehören.« Schon für das Karolingerreich war die Kirche, wie Josef Fleckenstein hervorgehoben hat, »die stärkste organisierte Kraft« und obendrein das »Element der Einheit«[5].

Beide Momente sind von geradezu unabsehbarer Bedeutung. Denn zur Organisierung des Reiches bedurfte es schreibkundiger Spezialisten, die nur im Klerus zu finden waren. So setzte sich denn auch die Administration aus den Kaplänen der Hofkapelle zusammen, geleitet von einem Erzkaplan, der zugleich »Reichserzbischof« war und sich für die Reichsadministration des kirchlichen Apparates bedienen konnte, so daß zum Beispiel Anweisungen den kirchlichen Instanzenweg nach unten gingen. Daß es die Idee eines sachpflichtigen und kompetenzengeschiedenen Amtes gab, kam aus der kirchlichen Tradition, derzufolge die sachkundige Amtseignung unabdinglich war. Dies hätte eigentlich das politische System des Mittelalters gänzlich in Frage stellen müssen, galt doch das Geblütsrecht als das wichtigere; tatsächlich berechtigte weniger die Ausbildung als vielmehr die Hochgeburt zur Amtsübernahme, und deswegen machten Dynastien die Politik. Aus der Kirche kamen nicht nur Fachleute, ihr entstammten auch die mentalen Elemente, um ein völkerübergreifendes Reich aufzubauen und funktionstüchtig zu halten. Die paulinische Forderung nach christlicher Internationalität, die alle, ob nun »Juden und Griechen, Skyten und Fremde« umfassen sollte (1. Korinther 12, 13; Kolosser 3, 11), erweiterten die karolingischen Reichstheoretiker auf ihre eigene Situation: »nicht mehr Aquitanier und Langobarden, Burgunder oder Alemannen« (›Agobard Adversus legem Gundobaldi‹).

Letztlich stellte die Kirche selbst das Bindemittel dar, so daß der Fuldaer Abt und Mainzer Erzbischof Rhabanus Maurus (gestorben 856) – lange als »Lehrer Germaniens« bezeichnet – schreiben konnte: »Einen Unterschied unter den verschiedenen Nationen darf es nicht geben, denn die katholische Kirche ist eine und über den ganzen Erdkreis verbreitet.« Sogar noch für die »Ständegeschichte« der abendländischen Gesellschaft legte das Karlsreich die Grundlagen. Weil es christlicherseits nicht mehr Freie und Sklaven (Galater 3, 28) geben sollte, wandelte sich die Sklaverei zur Hörigkeit, so daß – wie Theodor Schieffer feststellt – »die Reste der aus der Antike ererbten Sklaverei etwa im 9. Jahrhundert erloschen« sind. Wohlgemerkt, es verschwand die Sklaverei, sofern sie die persönliche Rechtlosigkeit betraf, und die nun hervortretende Hörigkeit (so sehr sie uns rückschauend wie Sklaverei erscheint) vermittelte so wichtige Grundrechte wie Lebenssicherung, Heirat und Besitz.

Karl nutzte, was immer sein Vielvölkerreich zu administrieren und zusammenzuhalten vermochte, und zwar umfassend. Wie schon Münzen und Maße einheitlich geordnet wurden, so auch die Buchstaben; die berühmte karolingische Minuskel vermittelte Europa ein bis heute alle Sprachen übergreifendes Alphabet. An seinem Aachener Hof legte Karl »Musterkodizes« aus, welche der religiösen Normierung dienten: für die Liturgie, das Kirchenrecht und das Mönchsleben. Das dafür notwendige Latein, das sich seit der Spätantike schon in die Nationalsprachen des Französischen, Italienischen und Spanischen zu trennen begonnen hatte, wurde »renoviert« und blieb bis ins 18. Jahrhundert Europas Gelehrtensprache. Weitere Effekte schlossen sich an.

Zur Erlernung des Lateins bedurfte es der Grammatik und sprachlicher Mustertexte, die nur aus der Antike genommen werden konnten, dabei aber aufgrund ihrer Stilistik und ihres Inhalts anziehend wirkten. So mußten also die Christen, schon um der Sprache ihres Gottesdienstes willen, über die »heilige Einfalt« hinausgehen und sich einer Kultur nähern, die sie in nicht wenigen Punkten als überragend erfuhren. Die Antike blieb uneinholbar in Recht, Medizin und Philosophie. Die Folge war eine gespaltene Situation: Auch außerhalb des Christentums gab es Gutes, das übernommen werden mußte. Auf diese Weise blieb die Antike im Mittelalter immer gegenwärtig. Besonders deutlich zeigte sich dies an den sogenannten Renaissancen, der karolingischen, der des 12. Jahrhunderts und vor allem der humanistischen des 15. und 16. Jahrhunderts.

Wie sehr die karolingische Renaissance als Grundlegung Europas zu bezeichnen ist, zeigen die Folgewirkungen. Die von Karl bewirkte Kircheneinheit gewann Dauer über sein Reich hinaus. Als nämlich die Karolingerherrschaft im 9. Jahrhundert zerfiel, vermochte die darin geschaffene Kircheneinheit zu überdauern und gab bald die Gestalt für ganz Europa ab. Hierauf baute das Hochmittelalter weiter auf. Das Patchwork der vielen territorialen und volklichen Partikel besaß nun, trotz des in der allgemeinen Geschichtsschreibung überwiegenden Eindrucks von Streit und Krieg, eine einheitliche Grundstruktur, die wiederum Krzysztof Pomian so einfach wie eindrücklich beschrieben hat:

> »Einen einzigartigen Kontrast zu den politischen Spaltungen und dem permanenten Kriegszustand in dieser Periode bildet die unbestreitbare religiöse, soziale und kulturelle Einheit der lateinischen Christenheit, die Einheit der Glaubensvorstellungen und der kirchlichen Institutionen, der Liturgie und des Kirchenjahres [...], die Einheit der Schrift, der Sprache der Gebildeten, des

Unterrichts und des weltlichen Wissens, der Architektur und der bildenden Künste [...] Der gesamte europäische Raum ist aufgegliedert in ein System von Bistümern, deren Schwerpunkte die Bischofsstädte mit ihren Kathedralen, Bibliotheken und Schulen sind, und in ein – sehr viel dichter verzweigtes – System von Pfarrgemeinden, die die Grundlage des allgemeinen Unterrichtswesens bilden.«[6]

Als treibende Kraft erwies sich jetzt das Papsttum, das auch auf entfernteste Regionen einzuwirken vermochte. Aber wiederum war es keineswegs nur äußerer Zwang. Denn, so Gerd Tellenbach, die organisatorische Zusammenfassung der partikulären Kirchen durch die Päpste war zuerst »gläubige Verehrung des Stellvertreters Petri und der Sacra Roma«, zum anderen »Ausdruck der Einheit der Kirche auf Erden wie nichts anderes«. Bildete Rom die administrative Hauptstadt dieser religiösen Einheit, so stellten die Universitäten, allen voran die juristische zu Bologna und die theologische zu Paris, die »Kulturhauptstädte« dar. Als einzigartige Schöpfungen des Mittelalters garantierten die Universitäten »die Anerkennung der wissenschaftlichen Leistungen Andersdenkender, Andersgläubiger, gesellschaftlich Tieferstehender und die Bereitschaft, die eigenen Irrtümer durch überzeugende Erkenntnisse welcher Herkunft auch immer korrigieren zu lassen [...] Im Hinblick auf wissenschaftliche Erkenntnisse spielten Unterschiede der nationalen oder sozialen Herkunft keine Rolle.«[7]

Ein in ganz Europa gültiger Kanon von wissenschaftlichen Standardwerken entstand, ebenso gleichartige Vermittlungsmethoden in Vorlesungen und Disputationen. Im Ergebnis war es nichts weniger als eine gemeinsame Denkstruktur. Dabei errang Aristoteles, ein ungetaufter Heide, das Ansehen des Philosophen schlechthin. Insofern bietet Europa »eine überreiche Sinnproduktion in der Form einer produktiven Rezeption und in der Form der Grenzen überschreitenden europäischen Wissenschaften«[8].

Im Spätmittelalter drang elaborierte Christlichkeit bis zum Volk vor. Die Universitätstheologie begann sich als eine dem einfachen Volk dienliche Frömmigkeitstheologie zu verstehen, und die Dörfler betrieben, wie Peter Blickle herausgestellt hat, »ihre eigene Christianisierung«, ablesbar an den zahllosen Stiftungen zugunsten einer besseren Seelsorge. Die jetzt intensiver wahrgenommene Liturgie, die aktuellere Predigt, die allen gewissenhaft abgeforderte Beichte, die Kenntnis der wichtigsten Glaubensinhalte schufen gerade auch im Volk rezipierte Einheitsvorstellungen. Dafür können selbst noch die modernem Empfinden so abgelegenen Phänomene wie Heiligen- und Reliquienkult oder die Arme-Seelen-Vorstellungen benannt werden.

Am Ende steht eine Gleichartigkeit. Europa ist, so Jacques LeGoff, »der einzige Kontinent, der von der Kindererziehung an einen Kodex guter Sitten erarbeitet und weitgehend verbreitet hat«[9]. Dafür ist jedoch auch ein Preis gezahlt worden: Europa als *persecuting society*, wie die angelsächsische Forschung sagt: die Stigmatisierung der Sonderlinge, die Verfolgung der Ketzer und am schlimmsten die Vertreibung und Vernichtung der Juden.

Die europäische Neuzeit begann mit zwei großen neuen Bewegungen, zuerst mit dem Humanismus und der Renaissance und dann mit der Reformation. So wie erstere das Menschliche betonten, so hob letztere Gottes Allmacht hervor bis hin zur Prädestination. Erst wir erkennen nach langen konfessionellen Kämpfen und Rivalitäten, »in welchem Maße in ganz Europa hinter der katholischen wie protestantischen Variante ein gleiches Gerüst christlicher Werte bewußt oder unbewußt erhalten geblieben ist«[10]. Mehr noch, die heutige historische Diskussion um die Konfessionalisierung streicht als von allen nachreformatorischen Gruppen erbrachten Gewinn eine durchgreifende Disziplinierung heraus. Der Berliner Neuzeithistoriker Heinz Schilling hat jüngst sagen können, eine Geschichte der Neuzeit müsse beginnen mit: »Im Anfang waren Luther, Loyola und Calvin« (so in Anlehnung an Thomas Nipperdeys inzwischen vielzitierten Erstsatz in seiner ›Geschichte des 19. Jahrhunderts‹: »Im Anfang war Napoleon.«).

Schon Max Weber (1864 bis 1920) hatte die zivilisatorischen Folgewirkungen des Calvinismus und überhaupt des okzidentalen Christentums geradezu hymnisch besungen. Seinen 1904/05 entstandenen, später noch überarbeiteten ›Aufsätzen zur protestantischen Ethik‹ hat er ein berühmt gewordenes Vorwort mitgegeben: »Welche Verkettung von Umständen hat dazu geführt, daß gerade auf dem Boden des Okzidents, und nur hier, Kulturerscheinungen auftraten, welche […] in einer Entwicklungsrichtung von universeller Bedeutung und Gültigkeit lagen?«[11] Die Reihe der einmaligen Kulturleistungen scheint ihm überragend: die Herausbildung einer systematischen Philosophie und Theologie unter hellenistischem Einfluß, wiewohl es außerordentliche Wissenssublimierung auch anderswo gegeben habe; das rationale Experiment, das zum Beispiel in den vergleichsweise hochentwickelten indischen Naturwissenschaften gefehlt habe; von besonderer Art sei auch das Musische: die rationale, harmonische Musik mit ihrem gesamten Zubehör in Noten, Instrumenten und Orchestern; die Baukunst habe den Spitzbogen als Mittel der Schubverteilung und die Malerei die Zentralperspektive hervorgebracht, und die Druckkunst habe die massenhafte Buchherstellung ermöglicht; als ebenso einmalig müsse man das politische und soziale Gebiet ansehen: das Fachbeamtentum und der Staat als politische Anstalt, zuletzt noch der Kapitalismus. Die Gründe sah Weber in bestimmten Konstellationen christlicher Theologie und Askese, in Luthers Auffassung vom »Beruf«, das heißt von Gottes Berufung an jedermann zur Erfüllung der täglichen »Berufspflichten«, sodann in der (nach-)calvinistischen Forderung nach Bewährung in rationaler Tätigkeit zum Ausweis des Gnadenstandes. Das alles habe zu einer »innerweltlichen Askese« geführt, bei der die religiösen Energien in welthaft effektive Tätigkeiten umgeschlagen seien. Genau hierin aber lägen die Gründe für die okzidentalen Besonderheiten.

Die tiefste Zäsur in Europas Geistes- und Religionsgeschichte setzte indes nicht die Reformation, sondern die Aufklärung. Zum Teil wenigstens war sie Folge der konfessionellen Kämpfe, hervorgegangen aus dem Abscheu, daß um des (konfessionell gebundenen) Gewissens Krieg und Tötung geboten sein sollten. Den Frieden schufen die Juristen, welche den heikelsten, aber auch heiligsten Punkt, nämlich den Alleingültigkeitsanspruch der jeweiligen Konfession, übergingen und faktisch-juristisch die Friedensregelungen des Augsburger Religionsfriedens von 1555 und des Westfälischen Friedens von 1648 zustande brachten. »Die pax christiana«, wie Martin Heckel sagt, »säkularisierte sich insoweit zum ›modernen‹ weltlichen Frieden, als er auch die Häretiker schützte, und zwar gerade gegen das kirchliche Recht!«[12]

Ihren eigentlichen Antrieb aber erhielt die Aufklärung aus den naturwissenschaftlichen Fortschritten: die Welt als Gottes aufgezogenes Uhrwerk, ablaufend nach ewigen Gesetzen und ohne Wunder. Das zu erkennen und die eigene Freiheit zu gewinnen, müsse man sich nur des eigenen Verstandes bedienen. Die Aufklärung faszinierte ob ihrer Emanzipation, erschütterte die Tradition und erfaßte ganz Europa von Lissabon bis Sankt Petersburg. Eine noch weiterhin fügende und verfügende Hand Gottes anzunehmen, wollte und konnte man nicht mehr glauben. Das Erdbeben von Lissabon im Jahre 1755, das 50 000 Menschen in Erdspalten hatte versinken lassen, schien den Gedanken an einen Vatergott nicht mehr zuzulassen. Mittelalterliche Katastrophen wie die Große Pest von 1348 oder auch das gleichzeitige Erdbeben in Kärnten hatten kein Anzeichen eines Glaubensbruchs hervorgebracht, denn die Deutung erfolgte gemäß dem alten Tun-Ergehen-Zusammenhang, daß nämlich der Gotteszorn die Katastrophe für die Sünden der Menschen sei. Aber 1755 wußte man bereits von Erdtektonik, und dies führte zur Glaubenskrise. Schon dem Kind Goethe erwuchsen Zweifel:

> »Der Knabe, der alles dieses wiederholt vernehmen mußte, war nicht wenig betroffen. Gott, der Schöpfer und Erhalter Himmels und der Erden, den ihm die Erklärung des ersten Glaubensartikels so weise und gnädig vorstellte, hatte sich, indem er die Gerechten mit den Ungerechten gleichem Verderben preisgab, keineswegs väterlich bewiesen. Vergebens suchte das junge Gemüt sich gegen diese Eindrücke herzustellen« (Dichtung und Wahrheit).

Goethe wurde, nach Nipperdeys ›Deutscher Geschichte‹, der »erste dezidierte Nicht-Christ in Deutschland«. So tiefreichend der aufklärerische religiöse Bruch anzusetzen ist – eröffnet wurden neue Horizonte mit der Definition der Menschenrechte. Und welche andere Grundlagen hätten wir für das heutige Zusammenleben auf der Welt?

Doppelgesichtig war die Französische Revolution. Mit der Erklärung der Menschenrechte, der Abschaffung des Feudalwesens und dem republikanischen Geist war sie »eine außergewöhnliche Erweckerin Europas, aber sie verkennt die Macht der Religion, entgleiste in den Krieg und in einen Nationalismus von bis dahin unbekannter Heftigkeit und zeigt das furchtbare Bild der *Terreur*« (LeGoff). Geboren waren so wichtige Prinzipien wie Gewaltenteilung, Konstitutionalismus und Republik, vor allem auch Demokratie und Menschenrechte. Die Religionsfrage verschärfte sich bis hin zum Kult der Nation, der Masse und Klasse, bis hin auch zu massenhaftem Atheismus mit zuletzt ideologisch begründeter und terroristisch bewerkstelligter Vernichtung ganzer Millionen Menschen. Europa wurde zum »Henker-Kontinent«.

Dennoch, durchaus positive Erwartungen richten sich weiterhin an Europa. Jüngst hat der russische Mediävist Aaron Gurjewitsch Webers betont westliche Deutung aufgegriffen:

»Was diesen Kontinent Europa, dieses einstige Sammelsurium lokaler Zivilisationen zu dem gemacht hat, was es heute ist, ein Schauplatz von Prozessen weltgeschichtlicher Tragweite, verdankt sich letzten Endes jener spezifischen Struktur der Persönlichkeit, die sich gerade hier herausgebildet hat. [...] [Ursachen sind vor allem] die Veränderung der religiös-ethischen Einstellungen (der ›Geist des Protestantismus‹) sowie die spezifische, nur dem Westen eigene Wissensstruktur mit [...] dem unaufhaltsamen Fortschritt von Wissenschaft und Technik und dem Kulminationspunkt in der industriellen Revolution [...] Die neuen Systeme gesellschaftlicher Bindungen und Zusammenhänge, die Entstehung beispielloser ethischer und religiöser Modelle sind nichts anderes als die Vielfalt von Äußerungen eines spezifischen Typs menschlicher Persönlichkeit [...] Als russischer Historiker kann ich feststellen, daß das Thema ›Persönlichkeit und Individualität‹ in meinem Land mit neuer Stärke aufgebrochen ist. [...] Das Problem des Individuums [...] ich betone es noch einmal, ist als Phänomen ein Produkt der geschichtlichen Einmaligkeit Westeuropas.«[13]

Wir können hinzufügen: Ist nicht die europäische Einigung, speziell die deutsch-französische Aussöhnung, ein Vorbild, um aus Nationalismus und kriegerischer Konfrontation herauszukommen? Könnte Europa, sofern es sich auf sich und seine Ursprünge besinnt, neue Horizonte für die Welt eröffnen?

1 Hans-Dietrich Kahl, Was bedeutet »Mittelalter«? In: Saeculum, 40. München 1989. S. 19.
2 Christian Meier, Kontinuität – Diskontinuität im Übergang von der Antike zum Mittelalter. In: Hans Trümpy (Hg.), Kontinuität und Diskontinuität in den Geisteswissenschaften. Darmstadt 1973. S. 91.
3 Jacques LeGoff, Das alte Europa und die Welt der Moderne. München 1994. S. 11.
4 Kahl, a.a.O., S. 37f.
5 Josef Fleckenstein, Das Großfränkische Reich, Möglichkeiten und Grenzen der Großreichsbildung im Mittelalter. In: Ders., Ordnungen und formende Kräfte des Mittelalters. Göttingen 1989. S. 5 und 9.
6 Krzysztof Pomian, Europa und seine Nationen. Berlin 1990. S. 33.
7 Walter Rüegg, Themen, Probleme, Erkenntnisse. In: ders. (Hg.), Geschichte der Universität in Europa, Bd. 1. München 1993. S. 47f.
8 Burkhard Gladigow, Europäische Rechtsgeschichte. In: Hans G. Kippenberg und Brigitte Luchesi (Hg.), Lokale Religionsgeschichte. Marburg 1995. S. 37.
9 LeGoff, a.a.O., S. 27.
10 Ebd., S. 41.
11 Max Weber, Die protestantische Ethik. Hg. von Johannes Winckelmann, Bd. 1. Hamburg 1978. S. 9.
12 Martin Heckel, Deutschland im konfessionellen Zeitalter. Göttingen 1983. S. 52.
13 Aaron J. Gurjewitsch, Das Individuum im europäischen Mittelalter. München 1994. S. 11f.

Das »christliche Abendland«

Rainer Kampling

Das Wort »Abendland« wird erst nach der Bibelübersetzung Martin Luthers in die deutsche Sprache eingeführt, und zwar als Gegenbegriff zu dem von ihm in der Übersetzung von Matthäus 2, 1 geprägten Begriff »Morgenland«. Das Begriffspaar »christliches Abendland« geht wohl auf den Historiker Leopold von Ranke (1795 bis 1886) zurück, der ihn mit der frühmittelalterlichen Kaiserzeit verband.

Das Wort »Abendland«, auch in der Verbindung mit »christlich«, ist von einer gewissen inhaltlichen Unschärfe. Denn damit ist weder ein genau bestimmbarer geographischer, historischer oder soziokultureller Rahmen benannt, noch ist etwas über die tatsächliche Christlichkeit, also die Glaubenshaltung und -praxis, ausgesagt. Zudem besitzt »Abendland« in der deutschen Sprache Konnotationen, die sich insbesondere mit »Abend« im Sinne des Zuendegehens, des Endes und der Vollendung verbinden. Eine äquivalente Übersetzung des Begriffes in andere Sprachen ist daher nur annähernd ausführbar.

Aufgrund ihrer Unbestimmtheit sind der Begriff und die Verbindung für eine ideologische Verwendung offen. Aber gewiß gilt das auch für Worte wie »Europa«, »Ost« und »West«, wenn sie nicht als rein geographische Bezeichnungen verstanden werden. Bemerkenswert an der Verbindung »christliches Abendland« ist freilich, daß es ein Erinnerungsbegriff ist. Er bezeichnet zumeist einen Zeitraum der gewesenen Zeit. Je nach dem *point of view* kann dieser Zeitraum ein längst vergangener, etwa die Zeit der deutschen Kaiser des Mittelalters oder die Reformationszeit, aber auch in der neueren Zeit situiert sein. Dann werden als Endpunkte etwa die Aufklärung, die Französische Revolution oder das Ende des Hauses Habsburg genannt.

Das Wortpaar hat auch durchaus exkludierenden Charakter, da damit Menschen anderer Religionen entweder ganz ausgeschlossen sind bzw. entgegen ihrem Eigenverständnis unter es subsumiert werden. Diese Vorgehensweise ist zweifelsohne im Hinblick auf die Bedeutung und Eigenständigkeit des europäischen Judentums verfehlt und schreibt deren Ausgrenzung fort.

Daß mit der Bezeichnung »christliches Abendland« die grundsätzliche Gefahr der Polemik und der Marginalisierung anderer gegeben ist, sollte zumindest bedacht werden. Genauer betrachtet, meint das Wortpaar auch keineswegs alle christlichen Kirchen. Vielmehr wird, wenn Substantiv und Adjektiv gewechselt werden, deutlich, daß die griechisch-orthodoxe Kirche und ihre Tochterkirchen, etwa die russisch-orthodoxe oder serbisch-orthodoxe Kirche, als nichtzugehöriges Gegenüber angesehen werden, von den orientalischen Kirchen einmal ganz zu schweigen. Unter Berücksichtigung der Einschränkungen und nicht aufhebbaren Unschärfen sind dennoch historische Konstanten und Gegebenheiten zu benennen, die das mit dem Wortpaar »christliches Abendland« Bezeichnete notwendig bestimmen.

»Christliches Abendland« meint den Wirkungsraum der lateinischen Kirche, die sich als römische Kirche an die Stelle Roms gesetzt sah und als legitime geistige Erbin Roms verstand. Sie vertrat die Anliegen und Interessen der ehemaligen westlichen Reichshälfte des Imperium Romanum zunächst gegenüber Byzanz, dann aber auch gegen vermeintliche und tatsächliche Bedrohungen von innen und außen. Vorausgesetzt wurde dabei der geschichtlich gewonnene und bleibende Vorrang Roms als Ewiger Stadt und Haupt der Welt. Die nichtchristliche antike römische Reichsideologie mit ihren Grundpfeilern der Roma Aeterna und Pax Romana wird christlich umgedeutet. Denn ohne die Rezeption dieser Vorstellung wäre das Konstrukt eines lateinischen Westens unter (geistiger) Führung des Bischofs von Rom nicht möglich gewesen. Freilich birgt diese Rezeption und ihre Entfaltung auch ein äußeres und inneres Konkurrenz- und Legitimationsproblem. Die äußere Infragestellung bestand zunächst darin, daß in der byzantinischen Reichsideologie Konstantinopel als zweites Rom galt; seit Iwan III. Wassiljewitsch (1440 bis 1505) ging nach dem Verständnis des Zarismus diese Würde auf Moskau über.

Dieser Infragestellung begegnete man politisch durch die Ausnützung des Machtvakuums in der westlichen Reichshälfte und der Etablierung neuer Machtverhältnisse. Ohne den Machtverlust Byzanz' und das Erstarken neuer Kräfte in der Übergangszeit von Spätantike zum Mittelalter wäre die Konstitution des »christlichen Abendlandes« nicht erreichbar gewesen. Beispielhaft für die Loslösung kann die Tatsache gelten, daß letztmalig im Jahre 722 eine päpstliche Urkunde nach dem Regierungsjahr eines oströmischen Kaisers datiert wird, und die Kaiserkrönung Karls des Großen an Weihnachten 800 durch den Papst dessen Machtanspruch illustriert – wie aber auch das Ende einer jeden Macht Byzanz' über Rom oder gar über die ehemaligen westlichen und nördlichen Provinzen Roms.

Eine theologische Legitimation für die Eigenstellung des Westens gewann man aus der Heiligen Schrift. Während in Genesis 10 die Nachkommenschaft des Japhet, eines Sohnes Noahs, recht allgemein als Nichtjuden, als Völker verstanden wird, wird in der Schriftauslegung der lateinischen Kirche Genesis 10, 2–5 auf die Bewohner der ehemaligen Westhälfte des Reiches bezogen – gleichsam als hätten sie eine von Gott vorgesehene Sonderstellung, die nun unter der Leitung des Papstes Wirklichkeit wird. Wenn durch die Abgrenzung nach außen die eigene Identität gestärkt wurde, so implizierte dieser Prozeß eine anhaltende Auseinandersetzung über das Verhältnis von kirchlicher und weltlicher Macht im Innern.

Der Umstand, daß man zur Wahrung und Erreichung eigener Interessen mehr oder weniger verflochten war, führte in den seltensten Fällen zu einer Balance der Kräfte. Viel eher kam es immer wieder zu Konfrontationen, deren Heftigkeit sich aus dem je eigenen Machtanspruch ergab, den Papst oder Kaiser mit ihrem Amt verbanden. Bonifatius VIII. (1294 bis 1303) hatte in seiner Bulle ›Unam sanctam‹ (1302) den Machtanspruch des Papsttums über die gesamte Menschheit behauptet. Das bewahrte ihn nicht vor den Nachstellungen durch Philipp IV. Die Realität der weltlichen Macht nahm keine Rücksicht auf diesen Anspruch. Der mehr oder weniger das ganze Mittelalter bis in die Neuzeit andauernde Konflikt, der wegen der engen Bezogenheit der beiden Machtstrukturen aufeinander und politischen und ideologischen Abhängigkeit voneinander auch kaum lösbar erscheint, ist eines der prägenden Elemente des »christlichen Abendlandes«. Da das Problem von Einheit und Trennung, Gegeneinander und Zusammenspiel durch die Reformation nur neu und verschärft gestellt, aber nicht gelöst wurde, zeitigt es Auswirkungen bis in die neueste Geschichte und ist selbst in Staaten Westeuropas, die sich als säkular verstehen, noch gegenwärtig.

Für die Kirche ergab sich durch ihre Einbindung in die Politik freilich auch ein theologisches Problem, da sie sich an den Weisungen des Neuen Testaments zu messen hatte. Hier stand geschrieben, daß der christliche Glauben ein ganz anderes Ideal von Gemeinschaft vertrat als die bestehende Kirche, nämlich das der Gleichheit, der Armut, der Machtlosigkeit. Die offensichtliche Diskrepanz von Wirklichkeit und Anspruch führte immer wieder zu außerkirchlichen Oppositionsbewegungen, die von der offiziellen Kirche als häretisch beurteilt und verfolgt wurden, da sie sich von ihnen radikal in Frage gestellt sah. Die Spaltung der lateinischen Kirche war auch Folge ihres Machtanspruchs. Allerdings gab es auch innerkirchliche Reformbestrebungen wie die von Cluny oder die Bettlerorden.

Es gehört gewiß zu den erstaunlichsten Ereignissen der christlichen Geschichte des Abendlandes, daß ein vom Machtanspruch so überzeugter Papst wie Innozenz III. (1198 bis 1216) die Ordensregeln des Franziskus (1181 bis 1226) bestätigte, die in ihrem durch die Anspruchslosigkeit des Evangeliums bestimmten Inhalt seinem kirchlichen und politischen Programm zuwiderliefen.

Auch binnenkirchlich barg das »christliche Abendland« bleibenden Konfliktstoff, der sich unter anderem in der Reformation entlud. Mit ihr war die Einheit der lateinischen Kirche Westeuropas zerstört. Gleichwohl stellt die Reformation noch nicht das Ende dessen dar, was mit »christlichem Abendland« bezeichnet wird, denn ein wesentliches Kennzeichen blieb auch nach der Reformation erhalten: der Umstand, daß sich der überwiegende Teil der Menschen Westeuropas als Christen verstand und daß christliche Vorstellungen die gesamte Kultur und Zivilisation bestimmten. Die Träger der Vorstellung eines im Christentum geeinten Abendlandes waren eben nicht nur Kaiser und Papst, Mönche und Mächtige, sondern auch die Menschen, die in diesem westlichen Teil Europas lebten.

Die Begleiterscheinung war eine nach heutigen Begriffen tiefgehende Intoleranz, die sich gegen alle richtete, die aus diesem Konsens herausfielen, weil sie als Bedrohung empfunden wurden. Man verstellt sich den Blick auf historische Phänomene, wenn man meint, in Verfolgungen andersgläubiger Menschen den Ausdruck des Machtstrebens weniger sehen zu können. Die Kreuzzüge sind auch ein Massenphänomen, da sie nicht nur von Kirchenmännern und politisch Mächtigen getragen wurden. Solche Ereignisse, deren negativer Charakter nicht bestritten werden kann, zeigen, daß es durchaus eine Massenbasis für die Vorstellung eines »christlichen Abendlandes« gab.

Auch wäre die Beschränkung auf Negativbeispiele eine Verzerrung, denn in der

Rezeption der Antike und ihrer je neuen Aktualisierung unter christlichen Vorzeichen entstand das, was man als »europäische Kultur« bezeichnen kann. Dabei ist bemerkenswert, wie wenig sich diese Kultur durch Sprach- und Landesgrenzen einschränken ließ. Romanische und gotische Kirchen finden sich im romanischen und germanischen Sprachraum, und ihre oft rätselhafte Ornamentik war Menschen in Frankreich so verständlich wie in Deutschland. Einen großen Anteil an der Verbreitung kultureller Gemeinsamkeiten hatte die lateinische Sprache, in der sich Gelehrte aller Regionen verständigen konnten. Schriften eines englischen Theologen konnten in Paris, Rom oder Köln gelesen und diskutiert werden und fanden auf diesem Weg weite Verbreitung über ihren Entstehungsort hinaus.

Erstaunlich ist auch die Mobilität der Menschen der damaligen Zeit. Wenn man alleine die Schnelligkeit der Verbreitung des Franziskanischen und Dominikanischen Ordens über ganz Westeuropa nimmt, dann kann man erahnen, wie wenig Sprach- oder Landesgrenzen die Menschen behinderten. Wenn Umberto Eco in seinem Roman ›Der Name der Rose‹ Menschen unterschiedlichster Herkunft an einem Ort zusammentreffen läßt, ist das keineswegs reine Phantasie, sondern durchaus eine Gegebenheit der damaligen Zeit, die durchaus nicht so eng war, wie man denken mag. Der Fokus der Gesellschaft aber blieb die Religion. Das philosophische Verständnis, die Wahrnehmung der Wirklichkeit und des Menschen waren bestimmt von theologischen Grundansichten. Daher war das System nur bedingt offen für eine partielle Infragestellung, nicht aber für eine gänzliche Negation: Die Welt ohne Gott, und zwar den, den die lateinische Kirche verkündete, konnte man nicht denken.

Unter diesem Gesichtspunkt wurde das Ende des »christlichen Abendlandes« letztendlich durch die Aufklärung eingeläutet. Mit ihr emanzipierte sich das Denken Westeuropas von den theologischen Vorgaben und fand zu einer eigenen Ausprägung und eigenen Tradition. Und dennoch: Das, was in der Neuzeit unter »Aufklärung« und »Emanzipation« verstanden wird, hat sich allein in dem Kultur- und Geltungsbereich des »christlichen Abendlandes« entwickelt. Es trägt in sich die Möglichkeit der Verneinung seiner selbst.

Die Paradoxie des »christlichen Abendlandes«, das an Widersprüchen nicht arm war, ist es, daß es selbst die Grundlagen bot und schuf, um seine eigene Unzulänglichkeit aufzudecken. Im allerletzten ist auch das in der Theologie begründet: Gott war ohne den Menschen nicht denkbar, und der Mensch nicht ohne Gott. Die Zentriertheit auf Gott impliziert zugleich eine zentrale Insichtnahme des Menschen, der da, wo er sich von Gott emanzipiert, zum Subjekt seiner Wirklichkeit wird. Gleichwohl ist diese Emanzipation des Menschen ohne die vorausgehende Entdeckung seiner Würde in der abendländischen Tradition kaum denkbar. Ob die sogenannte Neuzeit der Würde des Menschen gerecht wird, ist sicher diskussionswürdig. Gewiß ist jedoch, daß nur unter Wahrung dieser Würde die Berufung auf das Erbe des »christlichen Abendlandes« legitim erscheint.

Religionen im 20. Jahrhundert

Peter Antes

Europa lebt – jedenfalls was die großen Religionen angeht – seit jeher von der Einfuhr. Judentum, Christentum, Islam und Mithraskult sind Importe aus Vorderasien. Hinzu kommen im 19./20. Jahrhundert der Hinduismus, der Buddhismus, die Sikh-Religion und die Bahai-Religion, sowie nach dem Zweiten Weltkrieg auch ethnische Religionen aus Afrika und den beiden Amerikas. Schließlich sind noch die sogenannten Neuen Religionen, Sekten und Psychokulte aus Asien, Afrika und Amerika zu nennen; auch sie sind heute in Europa präsent und versuchen, aktiv Mission zu treiben. Dadurch wirkt die religiöse Landschaft im Europa des 20. Jahrhunderts vielgestaltig und facettenreich. Der Markt der Möglichkeiten ist fast grenzenlos, wobei neben klar strukturierten Religionsgemeinschaften mit eindeutigen Zugehörigkeitskriterien ein amorphes Feld von Religiosität besteht, das eher durch Praktiken und Grundüberzeugungen denn durch Mitgliederzahlen zu erfassen ist. Dieses unbestimmt bleibende Feld von Religiosität wird allgemein als »New Age« bezeichnet.

Die Vielfalt der religiösen Landschaft macht dem Christentum seine bisherige Monopolstellung in Europa streitig. So jedenfalls wird die Zunahme an Religionsgemeinschaften und nichtchristlichen Religionspraktiken meist von den Kirchen empfunden. Das sinkende Interesse an ihrer Botschaft ist somit nicht nur die Konsequenz aus einer fortschreitenden Säkularisierung, die für die Religion kaum noch Raum läßt, sondern erfährt offenbar auch dann keine Veränderung, wenn Religion insgesamt wieder gefragt ist. Besonders in der Debatte um die sogenannten Neuen Religionen, Sekten und Psychokulte – darunter vor allem heute die Vereinigungskirche von Reverend Moon und Scientology – sparen die Weltanschauungsexperten der christlichen Kirchen nicht mit Vorwürfen gegen die »Konkurrenz« und sehen in deren Missionierungserfolgen vorwiegend Resultate geschickter Manipulation und gekonnter Verführung und nicht so sehr die Antwort auf die Suche nach einem zufriedenstellenden religiösen Angebot. Daß dieser Konkurrenzgesichtspunkt eine Rolle spielt, zeigt sich im internationalen Vergleich, wenn es darum geht, die als gefährlich eingestuften Gruppen konkret zu benennen. So fallen in Belgien neben den erwähnten auch Methodisten und Baptisten darunter, die etwa in Großbritannien eine unangefochten respektable Wertschätzung als Religionsgemeinschaften erfahren.

Die staatliche Anerkennung nichtchristlicher Religionsgemeinschaften im Europa des 20. Jahrhunderts ist keine Selbstverständlichkeit. Zu stark schlägt hier die historische Entwicklung durch, die zu einer eindeutigen Privilegierung der christlichen Religion, ja meist sogar einer einzigen christlichen Kirche geführt hat und über lange Zeit hinweg allen davon abweichenden Positionen im Lande – den anderen christlichen Konfessionen ebenso wie den jüdischen und islamischen Gemeinden und den freidenkerisch-atheistischen Bewegungen – das Leben unmöglich machte.

Seit der Konstantinischen Wende im 4. Jahrhundert nach unserer Zeitrechnung, als das Christentum zur Staatsreligion im Römischen Reich geworden war, waren seine Repräsentanten darum bemüht, einen Alleinvertretungsanspruch in Sachen Religion durchzusetzen und die Duldung anderer Religionen auf ein Minimum zu reduzieren. Sie haben dadurch die Religionspolitik des Römischen Reiches aufgegeben, der die Duldung verschiedener Glaubensgemeinschaften ein Anliegen war, sobald diese eine offizielle Anerkennung als Religionsgemeinschaft durch den Staat gefunden hatten. Infolgedessen können sich beide Tendenzen, die tolerante wie die intolerante, auf Vorbilder aus der europäischen Geschichte berufen und sagen, sie entsprächen dem, was für Europa kennzeichnend ist.

Großbritannien

Das Land mit der größten Variationsbreite von Religionsgemeinschaften ist im gegenwärtigen Europa zweifellos Großbritannien. Die traditionelle Vorrangstellung der Church of England und der Church of Scotland – auch das Königshaus ist damit stets verbunden – ist längst durch die De-facto-Anerkennung protestantischer Gruppierungen wie der Methodisten und Baptisten sowie durch die weitgehende Gleichstellung der Katholiken und Orthodoxen relativiert. Hinzu kommt heute die staatliche Anerkennung von jüdischen Synagogen-, islamischen Moschee- und Hindutempelgemeinden. Auch Sikhs und Buddhisten kommen in Großbritannien zu ihrem Recht und genießen volle Anerkennung als Religionsgemeinschaften. Der obligatorische Religionsunterricht und das vorgeschriebene Gebet in den Schulen tragen dieser religiösen Vielfalt Rechnung und versuchen, durch geeignete Angebote über die Glaubensvorstellungen der verschiedenen im Lande lebenden Religionsgemeinschaften zu informieren und eine tolerante Haltung einzuüben. In den meisten Städten gibt es eine Ratsversammlung, in der alle vor Ort vertretenen Religionsgemeinschaften Sitz und Stimme haben und sich somit über ihre Sorgen und Wünsche mit den anderen austauschen können.

Muslime, Hindus und Sikhs sind meist indisch-pakistanischen Ursprungs. Sie haben in ihren Reihen gewöhnlich kaum Konvertiten, sieht man von Einzelfällen infolge von Mischehen einmal ab. Gleiches gilt für die meisten Gemeinden ethnischer Religionen in Großbritannien. Anders ist dies bei Bahais und Buddhisten, deren Gemeinden ihre Mitglieder vorzugsweise unter den getauften und christlich sozialisierten Briten rekrutieren. Ähnlich verhält es sich mit den Mitgliedern der sogenannten Neuen Religionen, Sekten und Psychogruppen, die ebenfalls unter den Briten erfolgreich missionieren.

Irland

Im Gegensatz zu Großbritannien ist die Situation in Irland monokulturell auf die Privilegien der katholischen Kirche ausgerichtet. Auch wenn unter dem Druck der Europäischen Gemeinschaft eine gewisse Liberalisierung mit dem Ziel, mehr Religionsfreiheit zu gewähren, erkennbar ist, greift dieses Modell bislang noch nicht und läßt allenfalls größere Freiheiten für säkulare als für andersgläubige Bewegungen zu.

Westeuropa

In den Niederlanden gibt es traditionell die Vorrangstellung einer christlichen Konfession: des Protestantismus, der durch verschiedene Kirchen repräsentiert wird. Vor allem im Schulsystem spielt diese Struktur eine Rolle, weil diese Kirchen ebenso wie die katholische Kirche private Schulen gründen dürfen und dafür staatliche Unterstützung erhalten. Bislang ist es den Muslimen nicht gelungen, in gleicher Weise wie die christlichen Kirchen die Gunst des Staates zu genießen. Gleiches gilt für die Hindus, die meist aus der ehemaligen Kolonie Surinam in die Niederlande eingewandert sind. Auch die Gemeinden ethnischer Religionen afrikanischen Ursprungs haben bislang keine Gleichstellung mit den offiziell anerkannten Religionsgemeinschaften erlangt. Die relativ kleine Zahl von Juden, von denen die meisten in den großen Städten leben, spielt bei der Diskussion um die Anerkennung von Religionsgemeinschaften im Augenblick keine wichtige Rolle. Umstritten ist dagegen die Bewertung der sogenannten Neuen Religionen, Sekten und Psychogruppen sowie die Frage, wie weit man ihren Mitgliedern entgegenkommen will.

Belgien ist in seinem flandrischen Teil stark durch das niederländische Vorbild, in seinem wallonischen Teil vornehmlich durch das französische Beispiel geprägt. Die relativ hohe Zahl muslimischer Gastarbeiter – teils marokkanisch-nordafrikanischer, teils türkischer Herkunft – verlangt die volle Gleichstellung der Moscheegemeinden mit den christlichen Kirchen, hat diese aber bislang noch nicht erreicht. Hinzu kommt, daß die Politik der Herkunftsländer (vor allem Marokkos und der Türkei) ein wichtiger Faktor für alle Integrationsbemühungen von Muslimen in Belgien ist. Denn längst ist es üblich geworden, daß die Herkunftsländer ihre in Belgien lebenden Muslime als »islamische Diaspora« betrachten, wobei unklar ist, welches Konzept konkret hinter diesem Diaspora-Begriff steht. Hindus und Sikhs gibt es in Belgien praktisch nicht. Auch die Zahl der Buddhisten fällt nicht ins Gewicht. Gleiches gilt für das Judentum. Besorgnis erregen dagegen die Aktivitäten der sogenannten Neuen Religionen, Sekten und Psychogruppen, wobei die Belgier diese recht weit auslegen.

In Luxemburg ist die Mehrheit katholisch. Die stärkste religiöse Minderheit im Lande sind die Muslime, andere Religionsgemeinschaften spielen keine wichtige Rolle.

Frankreich ist laut Artikel 2 seiner Verfassung ein laizistischer Staat, in dem zwar Religionsfreiheit besteht, Religionen als Institutionen aber keine offizielle Anerkennung durch den Staat erfahren. De facto ist dies jedoch etwas anders. Die katholische Kirche hat gewisse Sonderrechte, indem sie den größten Teil des privaten Schulsystems betreibt. Obwohl es weder Religionsunterricht an staatlichen Schulen noch finanzielle staatliche Unterstützung für die Kirche gibt, subventioniert der Staat das private Schulsystem, und es obliegt ihm die Unterhaltung der meisten Kathedralen im Rahmen des staatlichen Denkmalschutzes. Kirchenneubauten wie Glockengeläut sind unproblematisch, während die nach den Katholiken stärkste religiöse Gruppe im Lande, die Muslime, sich über allerlei Behinderungen beim Moscheebau oder bei der Einrichtung eines öffentlichen Muezzinrufes am Freitag beklagen.

Zur Absicherung des Prinzips der *laïcité* hat der französische Staat 1994 in Abstimmung mit den Muslimen eine ›Charte du Culte Musulman en France‹ verabschiedet, in der die Muslime – vornehmlich nordafrikanischer Herkunft – ein eindeutiges Bekenntnis zu diesem Verfassungsprinzip Frankreichs ablegen. Protestanten und Juden, zahlenmäßig weit geringer als die im Lande lebenden Muslime, wird volle Religionsfreiheit durch den Staat gewährt. Einige Irritationen lösten neuerdings die Aktivitäten der Neuen Religionen, Sekten und Psychogruppen aus. Es stellte sich dabei heraus, daß das Gesetz dem Staat zur Intervention keine Handhabe bietet. Vieles, was hierzu an Negativem vorgebracht wird, muß ohnehin den Nachweis, wirklich zuverlässig und stichhaltig und insofern rechtsrelevant zu sein, schuldig bleiben.

Spanien hat lange Zeit hindurch nur die katholische Kirche im Lande akzeptiert, so daß man sogar vom Nationalkatholizismus gesprochen hat. In den letzten Jahrzehnten ist Spanien von dieser einseitigen Begünstigung der katholischen Kirche abgerückt und hat 1992 konkordatsähnliche Vereinbarungen mit der Vereinigung der evangelischen Körperschaften, den israelitischen Gemeinden und der islamischen Kommission in Spanien geschlossen, durch die allen Mitgliedern dieser Religionsgemeinschaften die volle Religionsfreiheit zugesichert wurde. Damit wird in diesen Dokumenten willentlich ein Schlußstrich unter jene Geschichte der religiösen Intoleranz gezogen, für die symbolisch das Jahr 1492 mit dem Fall der letzten Muslimdynastie auf spanischem Boden und der Einführung der Inquisition steht. Einige Unruhe löst im Lande die gesteigerte Aktivität evangelisch-evangelikaler Missionare sowie die der Neuen Religionen, Sekten und Psychogruppen aus.

In Portugal ist die katholische Kirche nach wie vor relativ stark, obwohl das Land auch eine nicht unbedeutende säkular-atheistische, freidenkerische Tradition hervorgebracht hat. Von Bedeutung sind zudem die Muslime, die – meist indischen Ursprungs – nach der Unabhängigkeit der portugiesischen Besitztümer in Afrika von dort nach Portugal eingewandert und in bestimmten Bereichen der Wirtschaft (Hotelwesen) recht einflußreich sind. Auch in Portugal sind missionarische Aktivitäten der Neuen Religionen, Sekten und Psychogruppen feststellbar.

Italien ist mehrheitlich durch die katholische Kirche geprägt, hat aber seit Jahrhunderten de facto protestantischen (waldensischen) wie jüdischen Gemeinden Religionsfreiheit gewährt. De iure ist dies erst seit wenigen Jahren der Fall. Heute gibt es in Italien eine Vielzahl von kleineren nichtchristlichen Religionsgemeinschaften. Buddhisten (insbesondere Soka Gakkai), Hindus (vor allem Hare Krishna) und die

Neuen Religionen, Sekten und Psychogruppen werben erfolgreich um Anhänger und gewinnen auch Konvertiten. Ihre Gemeinden bestehen aus hauptsächlich aus dem Senegal und Ghana eingewanderten Muslimen. In Absprache mit dem Vatikan ist muslimischen Diplomaten gestattet worden, in Rom eine große, reichausgestattete Moschee zu erbauen. Vor allem in Süditalien und Sizilien wird immer wieder auf die engen kulturellen Beziehungen der Regionen zur islamisch-arabischen Welt im Mittelalter und in der Neuzeit hingewiesen. Als Schmelztiegel dieser Kulturbegegnung gilt Malta, seine Sprache und Kultur.

Südost- und Osteuropa

Eine gewisse Sonderstellung nimmt innerhalb der Europäischen Union neben Irland Griechenland ein, wo die Verfassung »im Namen der Heiligen, Wesensgleichen und Unteilbaren Dreifaltigkeit« erlassen wurde. »Vorherrschende Religion in Griechenland ist die der Östlich-Orthodoxen Kirche Christi.« (Artikel 3. 1) Die enge Verbindung von Ethnizität, Sprache, kultureller Identität und Religionszugehörigkeit, die hierdurch zum Ausdruck gebracht wird, ist exemplarisch für die gesamte Welt des östlich-orthodoxen Christentums. Gleiches findet sich nämlich in Bulgarien, Rumänien, Serbien sowie im Bereich der russisch-orthodoxen Kirche. Eine andere Religionszugehörigkeit – zum Beispiel evangelisch, katholisch oder islamisch – läßt dort jeweils auf andere ethnische Herkunft schließen, die meist ihren Grund in politischen Konstellationen oder in Einwanderungen zu bestimmten Zeiten der Geschichte hat. Gespannt ist vielfach noch heute das Verhältnis zu den Juden im Lande, wobei sich antisemitische, das heißt gegen die Juden gerichtete Vorurteile und antijudaistische Tendenzen der Christentumsgeschichte, die die Juden für den Tod Jesu verantwortlich machen, miteinander vermengen.

Die traditionell enge Verbindung der östlich-orthodoxen Kirchenleitungen (Patriarchate) mit den Machthabern hat die Macht der Kirche sehr ausgeweitet bzw. in den Ländern des früheren Ostblocks nach der Oktoberrevolution und dem Zweiten Weltkrieg auch zu einer Unterordnung der Kirche unter die staatliche Gewalt geführt, wie sie in Ländern mit katholischer Bevölkerungsmehrheit nicht vorgekommen ist. Diese traditionelle Verbindung von Ethnizität, Sprache und Religion steht heute, nach dem Ende der atheistischen Gewaltdiktaturen in Südost- und Osteuropa, einer Öffnung dieser Länder zu mehr Religionsfreiheit und größerer Chancengleichheit unter den Religionen meist hinderlich im Wege. Davon ist in vielen Fällen die katholische Kirche betroffen; in jedem Fall aber versuchen die orthodoxen Kirchenleitungen, den Missionsabsichten der Neuen Religionen, Sekten und Psychogruppen massiv entgegenzutreten, und geraten auf diese Weise unter den Verdacht, die Religionsfreiheit nicht ernst zu nehmen oder zumindest in einigen Fällen konkret unterbinden zu wollen.

Ähnlich wie das östlich-orthodoxe Christentum ist in anderen Gegenden auch der Islam ein Element der ethnisch-religiösen Identität bestimmter Volksgruppen in Südost- und Osteuropa (zum Beispiel Albanien und Bosnien). Christliche wie nichtchristliche Missionsarbeit wird daher schnell als Versuch verstanden, die Volksgruppe spalten und dadurch ihre Identität in Frage stellen zu wollen.

Nordeuropa

Die nordeuropäischen Länder – Dänemark, Norwegen, Schweden, Finnland, Estland und Lettland – sind mehrheitlich protestantisch geprägt, insbesondere lutherisch. In den meisten von ihnen war bis vor kurzem diese Richtung des Christentums die offizielle Religion des Landes, das heißt, alle Neugeborenen wurden automatisch als Mitglieder der protestantischen Landeskirche betrachtet. Einwanderungen zunächst von Katholiken und dann von Muslimen sowie Menschen anderer Glaubensrichtungen haben diesen Automatismus in den meisten Ländern inzwischen fraglich werden lassen und zu größerer Offenheit geführt. Hinzu kommen deutlich erkennbare Säkularisierungstendenzen, die unter anderem zur Abschaffung der Theologischen Fakultäten in den meisten der genannten Länder geführt haben und statt dessen die Erforschung der Christentumsgeschichte wie der Religionen im allgemeinen der religionskundlichen, das heißt kirchenunabhängigen religionswissenschaftlichen Forschung anvertrauten.

In Dänemark, Schweden und Norwegen hat die Forderung der Muslime auf Gleichstellung ihrer Religion mit der protestantischen zu Debatten geführt, die ein positives Eingehen auf die Anliegen der Muslime erkennen lassen, ohne daß bislang irgendwo eine vollkommene Parität erreicht worden wäre. Debatten hat es in allen Ländern auch bezüglich der Neuen Religionen, Sekten und Psychogruppen gegeben, doch sind diese bei weitem nicht mit der Vehemenz vergleichbar, die die innerdeutsche Diskussion in dieser Frage bestimmt.

Eine Ausnahme stellt in Nordeuropa Litauen insofern dar, als daß seine Bevölkerung mehrheitlich der katholischen Kirche angehört. Diese war für viele während der Sowjetherrschaft Ausdruck der nationalen Identität im Kampf für die Unabhängigkeit. Die protestantische Minderheit hat diese Betonung der Katholizität stets mit reservierten Gefühlen betrachtet und sich deshalb seit langem für mehr Religionsfreiheit im Lande ausgesprochen.

Mitteleuropa

Konfessionsmäßig haben die meisten Länder Mitteleuropas deutliche katholische Mehrheiten. Dies gilt für Polen ebenso wie für Ungarn, Tschechien, die Slowakei, Kroatien und Österreich. In den meisten Fällen gehört das Katholischsein sogar zum nationalen Identitätsgefühl und erschwert den nichtkatholischen Bevölkerungsteilen die volle Integration. Ein Sonderproblem stellt in Tschechien und in der Slowakei die hussitische Kirche dar, die eine Vereinnahmung durch die katholische Kirche befürchtet und die katholische Polemik der vergangenen Jahrhunderte bis heute als Schmach und Verletzung ihres Ehrgefühls empfindet.

In Österreich erinnerte man sich neuerdings angesichts einer wachsenden Anzahl von muslimischen Arbeitsemigranten im Lande der offiziellen Anerkennung des Islam durch die K. u. K.-Monarchie im Jahre 1912 und führte auf dieser Basis islamischen Religionsunterricht für Muslime in Österreichs Schulen ein. Auch bei Baugenehmigungen für Moscheen orientiert man sich am historischen Vorbild aus der K. u. K.-Monarchie.

In all den genannten Ländern verzeichnet man heute eine starke Missionstätigkeit der Neuen Religionen, Sekten und Psychogruppen. Mit viel finanziellem Einsatz gelingt es ihnen, Anhänger und Anhängerinnen zu gewinnen, doch sind die Zahlen nicht besonders groß, so daß es schwerfällt, an eine ernste Bedrohung für die Länder zu glauben.

In der Schweiz ist die Mehrheit der Bevölkerung protestantischen Bekenntnisses. Die Katholiken sind ihnen rechtlich gleichgestellt. Kirchenrechtlich hat sich die katholische Kirche insofern auf das unhierarchische Prinzip gleichberechtigter Kantone eingestellt, als daß es bis heute keinen Erzbischof in der Schweiz gibt. Sämtliche katholischen Bischöfe sind daher untereinander ranggleich. Die Zahl der Muslime im Lande entspricht dem Bild der fremdländischen Arbeitsmigration. Dennoch gilt, daß auch die Schweiz die Frage einer juristischen Gleichstellung des Islam mit dem Christentum ernsthaft prüft. Von Bedeutung sind in der religiösen Landschaft auch Wallfahrtsorte und Klöster, worunter vor allem das buddhistisch-lamaistische Kloster von Ricon zu nennen ist. Wie in allen anderen Ländern sind auch in der Schweiz Missionierungsaktivitäten der Neuen Religionen, Sekten und Psychogruppen zu beobachten.

Das einzige Land in Europa, in dem zwei christlichen Kirchen/Konfessionen eine staatliche Anerkennung mit deutlich erkennbaren Privilegien zugestanden wird, ist die Bundesrepublik Deutschland. Der Staat zieht von den Mitgliedern der katholischen Kirche wie von denen der evangelischen Landeskirchen die Kirchensteuer ein, überweist dieses Geld an die betreffende Kirche und garantiert – mit gewissen Sonderregelungen für Berlin und Bremen – die Erteilung von Religionsunterricht an den staatlichen Schulen von der Grundschule bis zum Abitur. Die erwähnten Kirchen sind Körperschaften des öffentlichen Rechts. Als Begründung kann hierfür laut Artikel 137 (5) der Weimarer Verfassung, der gemäß Artikel 140 des Grundgesetzes Teil des Grundgesetzes ist, angeführt werden, daß »sie solche bisher waren« und deshalb als solche bestehen bleiben. Im selben Absatz heißt es dann weiter: »Anderen Religionsgesellschaften sind auf ihren Antrag gleiche Rechte zu gewähren, wenn sie durch ihre Verfassung und die Zahl ihrer Mitglieder die Gewähr der Dauer bieten.«

Darauf berufen sich heute in Deutschland viele Muslime und wollen eine rechtliche Gleichstellung des Islam mit den beiden Großkirchen erlangen. Die Gewähr der Dauer gilt für sie durch die 1300jährige Geschichte des Islam als hinreichend gesichert. Alle Versuche von seiten der Muslime haben bis jetzt keine Gleichstellung mit den Großkirchen in Deutschland erbracht. Das Argument fehlender Gewähr der

Dauer wurde in allen Fällen von Anträgen auf Anerkennung als Körperschaft des öffentlichen Rechts in die Waagschale geworfen, wenn solche Anträge von Neuen Religionen, Sekten und Psychogruppen gestellt wurden. Juristisch wurde dann meist noch ein Fragezeichen hinter die Verwendung der Bezeichnung »Religion« für diese Gemeinschaften gesetzt, um deren Berufung auf die »Glaubens- und Bekenntnisfreiheit« im Sinne von Artikel 4 des Grundgesetzes fragwürdig erscheinen zu lassen. Dies ist deshalb nicht ganz nachvollziehbar, weil der besagte Artikel 4 (1) erklärt: »Die Freiheit des Glaubens, des Gewissens und die Freiheit des religiösen und weltanschaulichen Bekenntnisses sind unverletzlich.« Folglich gilt der gewährte Schutz nicht nur für Religionen, sondern in gleicher Weise für Weltanschauungen, so daß die Feststellung, es handele sich in einem konkreten Falle – zum Beispiel Scientology – um keine Religion, die Verweigerung dieses Grundrechtes noch lange nicht impliziert, da – wie immer man im einzelnen dazu stehen mag – diesem Unternehmen eine gewisse weltanschauliche Seite sicher nicht abgesprochen werden kann.

Der Hinweis auf die Muslime wie auf die Neuen Religionen, Sekten und Psychogruppen macht deutlich, daß die bundesrepublikanische Realität heute nicht mehr durch den Verweis auf die beiden Großkirchen adäquat beschrieben ist. Die religiöse Landschaft ist in der Tat facettenreicher und zugleich weniger eindeutig als in der Vergangenheit. Zum Facettenreichtum gehört das stetige Anwachsen der Zahl der Buddhisten in der Bundesrepublik. Auch wenn die Öffentlichkeit davon kaum Notiz nimmt, gilt, daß in den letzten 50 Jahren insgesamt wie auch in den letzten zehn Jahren weit mehr Deutsche zum Buddhismus übergetreten sind als zum Islam. Die Muslime in der Bundesrepublik sind in ihrer überwiegenden Mehrheit aus der islamischen Welt eingewandert und dann hier seßhaft geworden. Sie werden dort oft als »islamische Diaspora« betrachtet, obwohl ihre Einwanderung kausal mit der Verbreitung ihrer Religion nichts zu tun hatte, sondern arbeitsplatzorientiert, studienhalber bedingt oder aufgrund politischer und religiöser Verfolgung in den Heimatländern ausgelöst worden war.

Konversionen von Deutschen zum Islam sind relativ selten und hängen oft mit Eheschließungen mit islamischen Ehepartnern oder mit langen Aufenthalten in Ländern der islamischen Welt zusammen. In einigen wenigen Fällen können Motivationen mit Blick auf eventuelle Berufskarrieren in Niederlassungen europäischer Firmen oder internationaler Konzerne in Ländern der islamischen Welt (vor allem in Saudi-Arabien) nicht ganz ausgeschlossen werden. Die einzig relevanten – wenn auch zahlenmäßig immer noch recht bescheidenen – Konversionen zum Islam hat die Ahmadiyyah-Bewegung in Deutschland zu verzeichnen, die als mystisch-islamische Sondergruppe pakistanischer Herkunft noch immer in vielen Muslimkreisen als nicht authentische, ja häretische Richtung betrachtet wird.

Missionserfolge im Umfeld des Christentums haben seit Jahrzehnten in Deutschland in bescheidenem Umfang die Zeugen Jehovas und die Mormonen. Missionserfolge gibt es auch von seiten der Neuen Religionen, Sekten und Psychogruppen, doch ist die politische Relevanz all dieser Phänomene mit Blick auf die Gesamtbevölkerung ein eher unbedeutendes Randphänomen, hinter dem im Einzelfall sicher manch dramatisches Schicksal steht. Dadurch allein erscheint die allgemeine Aufregung oder die Einrichtung einer Enquete-Kommission des Deutschen Bundestages in einer Zeit, in der die Gesellschaft ganz andere Herausforderungen – zum Beispiel die Massenarbeitslosigkeit – zu bewältigen hat, nicht gerechtfertigt. Von allen Ländern Europas scheint Deutschland das am nachhaltigsten säkularisierte zu sein. In den Großstädten werden weniger als die Hälfte deutscher Kinder getauft, kaum jemand kennt noch den Inhalt der Bibel, und das Wissen um die Inhalte und die Geschichte des Christentums nimmt rapide ab, so daß die fehlende religiöse Sozialisation im Sinne religiöser Einübung in die Praxis längst durch eine neue Etappe der fehlenden kulturellen Sozialisation abgelöst worden ist. Die Folge davon ist ein Kulturabbruch bisher ungekannten Ausmaßes, da große Teile der Literatur, Kunst und Musik ohne christliches Basiswissen nicht mehr verständlich sind. Obwohl dieser Verlust auch in vielen anderen europäischen Ländern langsam spürbar wird, hat er in Deutschland – und dort nicht nur in den neuen Bundesländern – inzwischen eine Intensität erlangt, die weit über dem europäischen Durchschnitt liegt und Einführungen ins Christentum als Hinführungen zur eigenen Kulturtradition dringend erforderlich macht.

Die christlichen Kirchen sind auf diese Tabula-rasa-Situation offenbar kaum vorbereitet und infolge einer nicht mehr kommunikablen Insider-Sprache nur sehr eingeschränkt in der Lage, neue Formen der Mitteilung zu finden. Deshalb trifft sie die Konkurrenz der werbemäßig bestens entfalteten Missionierungsweisen der Neuen Religionen, Sekten und Psychokulte an ihrer empfindlichsten Stelle. Sie reagieren durch Abwehrkampagnen, die das Ziel verfolgen, solche Aktivitäten als für die Gesellschaft höchst gefährlich zu entlarven und Wege zu suchen, wie ihnen langfristig und mit Erfolg das Handwerk gelegt werden kann.

Probatestes Mittel hierfür ist, zu behaupten, die Erziehungsziele und Menschenbilder dieser Gruppen seien mit der freiheitlich-demokratischen Grundverfassung des Staates unvereinbar und deshalb zu verbieten. Ähnlich gelagerte Argumentationsketten in der Geschichte der eigenen Kirche werden als etwas prinzipiell anderes angesehen und deshalb aus der Diskussion herausgehalten. Dadurch entsteht ein Schwarz-Weiß-Bild, das die »zu Rettenden« kaum zu überzeugen scheint. Deshalb sollen gesetzliche Mittel geschaffen werden, um zu verhindern, daß Menschen weiterhin diesen Gruppen, die sich – wie gesagt wird – nur zur Tarnung der Rede von der »Religionsfreiheit« bedienen, in die Hände fallen. Sie sollen diese Menschen vor den Nachstellungen dieser Gruppen bewahren. Aufklärungsarbeit in diesem Sinne treiben in Deutschland die Weltanschauungsexperten der Großkirchen.

Unabhängige Kleinststaaten

Das Bild Europas wäre unvollständig, würde hier nicht noch die Tatsache erwähnt werden, daß es neben den allen bekannten europäischen Staaten auch eine Reihe von Kleinststaaten gibt, zum Beispiel Andorra, Monaco, Liechtenstein und San Marino, die als »Steuerparadiese« der Finanzwelt bestens bekannt sind. Religionspolitisch sind sie insofern interessant, als dort oft noch kirchliche Rechtsbindungen – zum Beispiel das katholische Kirchenrecht als verbindliches staatliches Eherecht in Monaco – bestehen, die in den sie umgebenden großen Staaten längst aufgegeben worden sind.

Ein Staat verdient in diesem Zusammenhang besondere Erwähnung: der Vatikanstaat. Mitten in Italien gelegen, genießt er alle Hoheitsrechte eines Staates wie die Entsendung und Akkreditierung von Diplomaten und die Möglichkeit, international anerkannte Verträge (Konkordate) zu schließen sowie in den verschiedenen Organisationen der weltweiten Staatengemeinschaft entweder durch Beobachterstatus oder mit Sitz und Stimme vertreten zu sein. Keine andere Religion der Welt hat eine solche herausgehobene Stellung und kann folglich als Religion ihre Stimme unter den Staaten der Welt direkt erheben. Auf diese Weise kann die katholische Kirche sowohl von außen – auf diplomatischem Wege, sofern Nuntiaturen oder Pronuntiaturen bestehen – als auch von innen durch die Bischöfe, Priester und Gläubigen des jeweiligen Landes bei der Regierung vorstellig werden und ihre Wünsche vortragen.

Gemessen an diesem Sonderstatus der katholischen Kirche sind alle anderen Versuche von Zusammenschlüssen von Kirchen (zum Beispiel der Ökumenische Rat der Kirchen mit Sitz in Genf) oder Gruppen innerhalb von Religionsgemeinschaften (zum Beispiel der Versuch, Dachorganisationen für die Muslime oder die Hindus bzw. Buddhisten in Europa zu schaffen) weit weniger effektiv, weil sie von ihrer Struktur her den föderativen Charakter betonen und alle Beschlüsse durch die Mitgliedsorganisationen bestätigen lassen müssen. Auf keinen Fall wird ihnen bislang eine international anerkannte Souveränität zugestanden, wie sie für den Vatikanstaat seit den Lateranverträgen von 1929 gültig ist. Es wird deutlich, daß nicht nur die Situation der Religionen in den einzelnen Ländern Europas jeweils anders ist, sondern daß auch der Rechtsstatus der Religionen untereinander mit Blick auf das Völkerrecht keineswegs einheitlich ist.

Fazit und Ausblick

Der kurze Überblick hat gezeigt, daß die Situation der Religionen in den einzelnen Ländern recht unterschiedlich ist. Statistisch gesehen, läßt sich zusammenfassend sagen, daß es drei ungefähr gleichstarke Blöcke im Europa vom Atlantik bis zum Ural gibt: die Katholiken, die Orthodoxen und die keiner Religionsgemeinschaft Angehörenden. Gemessen daran sind die Protestanten in jedem Falle – ob man die Church of England darunter rechnet oder nicht – eine Minderheit, die in keinem Falle mehr als 18 Prozent der europäischen Gesamtbevölkerung ausmacht.

Alle weiteren Religionsgemeinschaften liegen zusammengenommen deutlich unter 5 Prozent, so daß allem Anschein nach die religiöse Landschaft nur insofern eine Veränderung erfahren wird, als die Attraktivität des Christentums wohl weiter abnimmt und sich die Gewichte zugunsten der völlig Säkularisierten verschieben werden. Ob aus diesem Schwund an Religion ein Vakuum entsteht, das eine neue Suche nach Religion in Gang setzt, wie das heute viele mutmaßen, läßt sich im Augenblick kaum abschätzen. Bei den meisten Säkularisierten in Deutschland ist ein solches Suchen bislang ausgeblieben. Selbst in Extremsituationen verspüren immer weniger Menschen das Bedürfnis nach religiöser Orientierung. Deshalb ist es fraglich, ob durch eine modernisierte Sprache eine Neuevangelisierung Europas gelingen kann. Vielleicht trifft eine bereits vor Jahren in Frankreich vorgetragene Analyse die Situation besser: Dort hat jemand in Anlehnung an eine Bibelstelle (Matthäus 9, 17) gesagt, man habe sich so sehr bemüht, neuen Wein in neue Schläuche zu füllen, und schließlich die Feststellung machen müssen, daß die Jugend Coca-Cola trinken wolle.

Die Gefahr, die sich angesichts einer solchen Situation in vielen Ländern und speziell in Deutschland abzeichnet, ist, daß die Auseinandersetzung administrativ gelöst werden wird und die geistige Auseinandersetzung unterbleibt. Derart administrative Interventionen nähren den Verdacht, daß nicht alle Religionen und Weltanschauungen im Lande gleich behandelt werden, sondern daß eine Zweiteilung zwischen genehmen und weniger genehmen, wenn nicht sogar ein noch differenzierteres Modell von eindeutig privilegierten, weniger privilegierten, geduldeten und nicht zu duldenden Arten favorisiert wird. Das würde die weltanschauliche Neutralität des Staates in Frage stellen und für Außenstehende den Eindruck erwecken, daß zumindest mit zweierlei Maß gemessen wird, wenn dadurch nicht überhaupt die Religionsfreiheit gefährdet ist.

Europa – so scheint es – steht religionspolitisch am Scheideweg. Es ist denkbar, daß eine härtere Gangart eingeschlagen wird, die durchaus regional und phasenweise mit Intoleranz gegenüber Andersdenkenden gepaart sein kann; es ist ebenso möglich, daß sich die tolerante Tradition durchsetzt, die allen Menschen Religionsfreiheit zusichert, wobei sie gegenüber intoleranten Ausdrucksformen von Religion deutliche Grenzen des Zulässigen – für Außenstehende nachvollziehbar – festlegt, damit nicht im Namen der Freiheit die eine die andere beseitigt oder einschränkt.

Alles deutet darauf hin, daß die Menschenrechtsorganisationen und die außereuropäischen Staaten den Umgang europäischer Länder mit den Religionen sehr genau studieren und daran den Grad der Freiheit in diesen Gesellschaften bestimmen werden. Diese Außenperspektive wird das politische Verhältnis zwischen Europa und der übrigen Welt mitprägen und ist von daher weder eine rein europäische noch eine rein religiöse Angelegenheit, sondern eine Frage von höchster politischer Relevanz hinsichtlich der europäischen Identität in der Welt von heute und morgen.

Ein Glaube, verschiedene Wege

Europäisches Christentum an der Schwelle zum dritten Jahrtausend

Mariano Delgado

Für Karl H. Neufeld zum 60. Geburtstag

Um das Christentum bzw. die »Christentümer« in Europa scheint es nicht sehr gut bestellt zu sein. Eine ländervergleichende Untersuchung über Leben und Glauben der Europäer, deren Ergebnisse 1993 der Öffentlichkeit vorgestellt wurden[1], legt zwar den Schluß nahe, daß die Atheisten in Europa lediglich eine kleine Minderheit stellen und die Menschen in Europa durchaus in christlich-moralischen Kategorien leben, kurzum, daß die religiöse Tiefendynamik der modernen Kultur, die vielfach in profanem Kleid auftritt, nicht zu leugnen sei. Sieht man genauer hin, so ist besagte religiöse Tiefendynamik aber von einer verschwommenen Mischreligiosität geprägt, die etwa asiatische Reinkarnationsvorstellungen mit christlichen oder für christlich gehaltenen Glaubensinhalten amalgamiert: »Eine Art dumpfer christlicher Analphabetismus hat sich ausgebreitet« (Paul M. Zulehner). Dazu kommt die Kluft zwischen »moderner Kultur« und den Kirchen, eine Kluft, die dadurch verstärkt werde, daß die Kirchen unentwegt auf das hinzuweisen scheinen, was in Europa nicht gut ist, statt zunächst zu unterstreichen und zu stärken, was gut ist.

Zu einer ähnlichen Diagnose kommt auch der Sozialphilosoph Günter Rohrmoser. Bezogen auf das westliche Europa, stellt er fest, bei Anhalten der gegenwärtigen Trends werde sich das Christentum entweder in der Moderne auflösen oder zu einer Sekte zurückentwickeln; die Gesellschaft sei dabei, sich »radikal und unwiderruflich« von der eigenen Herkunftsreligion zu trennen. Auf längere Sicht könne den Kirchen zwar zugute kommen, daß die Menschen den gegenwärtigen »Prozeß der Banalisierung des Lebens« bald nicht mehr ertragen könnten. Das setze aber voraus, so seine Therapie, daß die Kirchen selbst verhindern müßten, in den »Sog der Banalisierung« hineingezogen zu werden, und daß sie wieder ein schärferes Profil gegenüber der modernen Welt entwickeln müßten.

Das Christentum und Europa

Der britische Historiker Robert Bartlett publizierte 1996 ein Buch mit dem provokanten Titel ›Die Geburt Europas aus dem Geist der Gewalt‹. Darin geht er für das Hochmittelalter der Frage nach, wie sich die politische und kulturelle Einheit Europas vor allem auf der Grundlage einer kriegerischen Expansion konstituierte. Durch blutige Eroberungszüge wurden neue Staaten geschaffen, und die Besiedlung von

Prozession durch die Feldflur, Neustadt am Main

Landstrichen an der Peripherie des Kontinents festigte die Grenzgebiete. Kennzeichnend dafür sind der englische Kolonialismus in der keltischen Welt, die Ausdehnung des deutschen Siedlungsgebietes nach Osteuropa, die Rückeroberung Spaniens und die Unternehmungen der Kreuzfahrer und Kolonisten im östlichen Mittelmeerraum. Im geographischen Mittelpunkt entfaltete sich der Keim einer homogenen Gemeinschaft, der künftigen europäischen Gesellschaft: Jene Staaten, die heute die EU bilden bzw. aus Ostmitteleuropa dazustoßen wollen, wurden aneinander kulturell angeglichen.

Bis zum 14. Jahrhundert hatte ein großer Teil Europas ein ziemlich hohes Maß an kultureller Homogenität erreicht. Die Kirchen und Theologen halten daran fest, daß Europa vorwiegend aus dem Geist des Christentums geboren wurde, freilich oft im Schatten einer Gewaltanwendung, die dem Geist dieses Christentums selbst zutiefst widersprach. Wie ist es dazu gekommen, daß eine ursprünglich »semitische« Religion wie das Christentum zu einer derart prägenden europäischen Kraft werden konnte? Mit Kurt Koch, dem jetzigen Bischof von Basel, wollen wir von mindestens vier Wurzeln Europas sprechen; bei dreien davon hat das Christentum eine zentrale Rolle gespielt – ohne die Bedeutung von Judentum und Islam in europäischem Bezug zu relativieren.

Die Einheit von Demokratie und Ethos, von Politik und Moral: die griechische Wurzel

Den griechischen Philosophen verdanken wir die Einsicht, daß aller Umgang mit den Gütern unserer Welt seinen entscheidenden Maßstab in der Suche nach dem Guten überhaupt, also in der »ethischen« Orientierung finden muß. Weil aber Gott selbst für die griechischen Philosophen das Gute schlechthin darstellt, kann nach hellenischer Überzeugung diese Ausrichtung am Guten ohne religiöse Fundierung nicht gelingen, sondern muß letztlich scheitern. Auch die Demokratie kann ohne innere Bindung an das prinzipiell unmanipulierbare Ethos des guten Rechtes nicht Demokratie sein und bleiben. Das bedeutet, daß wahre Herrschaft unendlich mehr meint als die bloße Herrschaft von Mehrheiten über Minderheiten und daß alle Mechanismen der Machtergreifung und -ausübung sich dem ethisch normierten Recht unterstellen müssen, das auch von der Mehrheit nicht manipuliert werden darf. Wo diese Bindung der Demokratie an das ethisch normierte Recht, der Politik an die Moral, außer acht gelassen wird, »wird nicht die Freiheit vermehrt, sondern die Tyrannei verbreitet« (Joseph Ratzinger). Die Geschichte Europas ist hierfür ein gutes Beispiel.

Geistige Universalität oder Synthese zwischen jüdischem Glauben und griechischer Vernunft: die griechisch-christliche Wurzel

Als »semitische« Religion existierte das Christentum eigentlich nur *avant la lettre*, also in der Form der jesuanischen Bewegung um den Mann aus Nazareth. Was nach Pfingsten kam, das »Christentum« – die Jesusanhänger wurden wahrscheinlich in Antiochien (vergleiche Apostelgeschichte 11, 26) erstmals »Christen« genannt, weil man im Christusbekenntnis, also im Bekenntnis zum »Gekreuzigten und Auferstandenen« als dem gesalbten Messias für Israel und die Völkerwelt, ihr Charakteristikum erblickte –, ist von Anfang an eine elementare Synthese zwischen dem Glauben Israels und dem griechischen Geist. Auf dieser Synthese ruht Europa entscheidend.

Das Sicheinlassen auf die Vernunft war nur möglich, weil seit Paulus und Johannes die christlichen Theologen von der Überzeugung ausgingen, daß religiöse Wahrheit vom Verstand nichts zu befürchten hat, ja ihn vielmehr zu seiner eigenen Bestimmung führen kann. Nicht alle Kirchenväter waren damit einverstanden. Tertullian fragte bekanntlich, was denn Athen mit Jerusalem und die Akademie mit der Kirche zu tun habe. Aber jene Kirchenväter wie Origenes und Klemens von Alexandrien, die als Christen zugleich »griechische« Philosophen waren, verhalfen dem Ansatz des Paulus und Johannes zum Durchbruch. In Thomas von Aquins Aristoteles-Rezeption fand die Synthese von Glauben und Vernunft einen paradigmatischen Ausdruck. Bei aller Unterschiedlichkeit waren sich die bedeutenden Theologen der großen christlichen Kirchen stets darin einig, daß der Glaube auf Freiwilligkeit beruht und nach einem vernunftgemäßen Verstand verlangt. Sie versuchten, die »zwei Übertreibungen« zu vermeiden, von denen Blaise Pascal sprach: »Ausschluß der Vernunft. – Nur die Vernunft gelten lassen.«

Politische Universalität oder Einheit von Glaube und Kultur: die lateinisch-christliche Wurzel

Das Christentum brachte nicht nur eine Synthese zwischen Glauben und Vernunft zustande, sondern ging auch eine Einheit mit dem römischen Reichsgedanken ein. Der universale Wahrheitsanspruch des christlichen Glaubens formte Europa in Verbindung mit der politisch-kulturellen Universalität der römischen Weltverantwortung. Der christliche Glaube an die Herrschaft Jesu Christi als des Königs des Himmels wurde auf die Frage nach der politischen Ordnung der Gesellschaft direkt angewandt. So entstand die mittelalterliche Konzeption des *Orbis Christianus*: im Bereich des lateinischen Christentums geprägt durch den »Investiturstreit« zwischen Kaiser und Papst, der indirekt zur neuzeitlichen Trennung von Staat und Kirche sowie zur Gewaltentrennung westlicher Demokratien führen sollte; im Bereich des östlichen Christentums eher geprägt durch den Cäsaropapismus der byzantinischen Kaiser des zweiten Rom und später auch der russischen Zaren des dritten Rom, die die Kirche als »Reichskirche« betrachteten und sich weitgehend gefügig machten. Manche politische, kulturelle und religiöse Verständigungsprobleme der Gegenwart zwischen dem westlichen und dem östlichen Europa haben hierin ihre tiefe Wurzel.

Ethische Universalität der Menschenrechte oder der Glaube im säkularen Staat: die neuzeitlich-christliche Wurzel

Es mag manchen Leser unredlich anmuten, wenn die Menschenrechte, die ja in Europa 1789 gegen den ausdrücklichen Widerstand der Kirchen, vor allem der römisch-katholischen, erstmals verkündet wurden, nun als im Kern »christlich« bezeichnet werden. So entscheidend es ist, daß die Kirchen diesen neuzeitlichen Geist der Freiheit im Prinzip nicht als Abfall von den bisher genannten Wurzeln Europas und vor allem nicht vom christlichen Erbe beurteilen, so wichtig ist es auch, daß sie nicht so tun, als hätten die damaligen Kirchen die Menschenrechte aus der Taufe gehoben oder als wäre die neuzeitliche Freiheitsgeschichte restlos christlich und nicht auch zum Teil »antikirchlich«, ja »antichristlich« und »atheistisch« legitimiert.

Die vermeintliche »christliche« Legitimität der Neuzeit wird bekanntlich von vielen Autoren (etwa von Hans Blumenberg) wortgewaltig als »theologischer Absolutismus« empfunden. Aber werden die Menschenrechte heute nicht von den Kirchen mit Nachdruck verteidigt, und zwar auch gegenüber den aus dem Geist der Menschenrechte geborenen Staaten, wenn diese eben besagten Geist vergessen und der Intoleranz oder dem Rassismus verfallen? Daher konnte Johannes Paul II. anläßlich seiner Frankreichreise 1981 die auf Freiheit, Gleichheit und Brüderlichkeit beruhenden Menschenrechte als im Grunde »christliche Gedanken« bezeichnen. Er sagte dies »wohl bewußt, daß die, die diesem Ideal als erste Ausdruck gaben, sich nicht auf den Bund des Menschen mit der ewigen Weisheit bezogen. Aber ihre Absicht war, zugunsten des Menschen zu handeln«.

Die genannten vier Wurzeln haben in der Geschichte Europas auch ihre Deformationen erfahren, und bekanntlich nicht immer ohne kirchlichen Segen. Von der Tyrannei (viele Tyrannen waren sehr »fromm«) war oben schon die Rede. Dazu müßte man noch die Verabsolutierung der jeweils vorherrschenden kirchlichen Staatsraison rechnen mit der entsprechenden Verfolgung heterodoxer oder nicht anpassungswilliger Bevölkerungsgruppen: der Ketzer, der Juden und der Heiden. Dazu gehört aber auch der theokratische Klerikalismus und die bereitwillige Absegnung von Eroberungskriegen als »gerechte Kriege«, sowohl im Rahmen der europäischen wie der außereuropäischen Expansion christlich geprägter Staatsgebilde. Und klafft heute nicht eine große Kluft zwischen der konsequenten Verteidigung der Menschenrechte durch die Kirchen nach außen und ihrer hartnäckigen Verweigerung nach innen?

Als Ergebnis der genannten vier Wurzeln Europas kann dennoch festgehalten werden: In kultureller und religiöser Hinsicht ist Europa keine geographische Einheit, sondern eine »Idee«. Im weiten Sinne des Wortes ist Europa heute überall dort, wo diese vier Wurzeln bestimmend sind; geschichtlich war Europa dort, wo diese Wurzeln nach und nach das Leben der Völker prägten.

Die europäischen Christentümer

Um das Jahr 400 war Europa etwa mit dem Römischen Reich identisch. Nordafrika, die Heimat des für das geistig-geistliche Werden Europas so wichtigen Augustinus, war damals »europäischer« als die vom Christentum und der griechisch-römischen Zivilisation noch nicht erfaßten Gebiete im Norden und Osten des heutigen Europa. Der hispanische Priester und Augustinus-Schüler Paulus Orosius drückte das damalige europäische Bewußtsein treffend aus, als er voller Begeisterung schrieb, wo man als Römer und Christ auch hinkomme, finde man »Zuflucht«, denn überall sei »ein Vaterland, ein Gesetz und eine Religion«: »Die Breite des Ostens, die Ausdehnung des Nordens, die südliche Weite, die sehr ausgedehnten und sehr sicheren Wohnsitze der großen Inseln sind meines Rechtes und meines Standes, weil ich zu Christen und zu Römern als Römer und als Christ komme.« Sein Glück war aber nicht von Dauer. Denn an der Geschichte der Religionen bewahrheitet sich immer wieder der Grundsatz, »daß die Ausdehnung die Einheit zerstört« (H.-D. Lacordaire).

Die Ausbreitung des Christentums hat eine Vielzahl von nachchristlichen Synkretismen und manch eine neue Religion – beispielsweise den Islam: Das Christentum ist die einzige Weltreligion, die ihre Ursprungsgebiete an eine nachkommende Weltreligion verloren hat, die es »beerben« möchte! – hervorgerufen, ja, es hat auch zu einer Vielfalt von christlichen Konfessionen geführt, und diese Dynamik ist noch heute ungebrochen. Geschichte und Gegenwart Europas sind von der Aufsplitterung des Christentums in viele miteinander konkurrierende Christentümer entscheidend geprägt. Deshalb können wir mit Ernst Troeltsch sagen, daß es das »Christentum« nur in der Pluralität seiner konfessionellen Gestaltungen und der Vielfalt unterschiedlicher Synthesen christlicher Frömmigkeitstraditionen mit nationalen und schichtenspezifischen Kulturidentitäten gibt.

Der Prozeß konfessioneller Differenzierung wurde schon im Schatten der altkirchlichen ökumenischen Konzilien des 4. und 5. Jahrhunderts ausgelöst. Die bei der Dogmatisierung des Christentums unterlegenen Minderheiten bildeten eine Vielzahl von Kirchen – altorientalische oder »nichtchalcedonische« Kirchen genannt, weil sie das Dogma des ersten Konzils von Chalcedon 451, wonach Jesus Christus in einer Person eine menschliche und eine göttliche Natur vereint und somit wahrer Mensch und wahrer Gott ist, nicht mitbekennen wollten –, die es zum Teil bis heute noch gibt, zumeist außerhalb dessen, was gemeinhin als Europa verstanden wird – so etwa die koptische und die syrische Kirche –, während die armenische, ebenfalls altorientalische Kirche als zu Europa gehörig betrachtet wird.

Aber die erste für das historische Werden des Christentums wie Europas entscheidende Spaltung war die des Jahres 1054 zwischen der östlichen und der westlichen Christenheit; ihr folgte dann im 16. Jahrhundert die Zersplitterung der westlichen Christenheit selbst in eine Vielzahl von aus der Reformation hervorgegangenen Kirchen oder Bekenntnissen einerseits und in die römisch-katholische Kirche andererseits. Eine weitere Entwicklung ist in unserer Zeit zu beobachten, die zum einen von der »ökumenischen« Einigungsbewegung der Kirchen geprägt ist, und zum anderen die zunehmende Differenzierung der römisch-katholischen Kirche selbst nach nationalen, kulturellen und regionalen Identitäten erfährt, etwa durch die Gründung der nationalen oder kontinentalen Bischofskonferenzen, so daß man nun auch innerhalb der römisch-katholischen Kirche von einem »kulturell polyzentrischen« – europäischen, lateinamerikanischen, afrikanischen – Christentum spricht. Die Gebiete der Orthodoxie liegen überwiegend im Osten und Südosten Europas, die der protestantischen Kirchen im Westen, im Norden und im Zentrum, während der Katholizismus hauptsächlich in Süd-, West- und Mitteleuropa vertreten ist.

Mit Daten über die Zahl der Christen in Europa, verstanden nun als geographisch-politischer Raum zwischen Atlantik und Ural, muß man sehr vorsichtig umgehen, da nach der tiefgehenden Entchristlichung unter der kommunistischen Herrschaft in den postkommunistischen Ländern die Kirchenbeitritte jährlich in unterschiedlicher Intensität zunehmen, während in den eher »westlich« geprägten Ländern die Kirchen stagnieren oder im Zuge gesellschaftlichen Glaubwürdigkeitsverlustes Mitglieder verlieren. Wir können dennoch davon ausgehen, daß von etwa 520 Millionen Menschen in Europa 255 Millionen (49 Prozent) Katholiken und 99 Millionen (19 Prozent) Orthodoxe sind, während 83 Millionen (16 Prozent) auf die Kirchen der Reformation entfallen; die restlichen 83 Millionen (weitere 16 Prozent) sind konfessionslos oder gehören anderen Religionsgemeinschaften an. Werfen wir nun einen Blick auf die drei relevantesten Christentümer Europas.

Das orthodoxe Christentum

»Orthodox«, rechtgläubig, nennen sich die altorientalischen Kirchen und vor allem die Kirchen, die sich 1054 von Rom trennten. Anders als bei den Katholiken ist ihre Einheit jedoch nicht durch ein gemeinsames bischöfliches Oberhaupt bezeugt; vielmehr ist die Orthodoxie in einzelne Kirchen gegliedert, die jeweils ein eigenes Oberhaupt und eigene Leitungsgremien haben. In der Orthodoxie können sich die Nationalkirchen zu »autokephalen« oder autonomen Kirchen erklären. Man spricht deshalb sowohl von *einer* orthodoxen Kirche als auch von vielen Kirchen.

Nennenswerte Glaubensunterschiede zwischen ihnen und den westlichen Kirchen gibt es nicht, sieht man von dem Glaubenszusatz *filioque* (und vom Sohn) ab (die orthodoxen Kirchen bekennen nicht, daß der Heilige Geist dem Vater und dem Sohn entspringt, sondern nur dem Vater). Aber trotz einer weitgehenden theologischen Annäherung in dieser Frage und trotz der feierlichen Aufhebung der 1054 gegenseitig ausgesprochenen Exkommunikation gibt es noch zahlreiche Probleme und Mißverständnisse zwischen den Kirchen der Orthodoxie und etwa der römisch-katholischen. Diese liegen zum einen im verschieden ausgelegten Kirchenverständnis, zum anderen spielen auch die Verschiedenheit der Mentalität und der Lebensverhältnisse und nicht zuletzt die Erinnerung an die – zumeist von den westlichen den östlichen Christen zugefügten – Leiden eine wichtige Rolle.

In der Antike bestand das Christentum aus der Pentarchie, einer Aufteilung in fünf Oberzentren (Rom, Alexandrien, Antiochien, Byzanz oder Konstantinopel und schließlich auch Jerusalem), auch Patriarchate genannt. Der Bischof von Rom war dabei nur ein *Primus inter pares*, der Erste unter Gleichen. Die Abspaltung der Altorientalen nach dem Konzil von Chalcedon anno 451 stellte schon eine gewisse Zerstörung der Pentarchie dar. Durch die Krönung eines eigenen Kaisers im Jahre 800 legte der Westen den Grundstein für die schwerwiegende Spaltung von 1054, bei der sich die vier östlichen Patriarchate von Rom trennten. Schon davor hatten sich Unterschiede in Liturgie, Kirchenrecht und Theologie herausgebildet, so daß das östliche Christentum immer schon anders war als das westliche. Doch von nun an wird die Trennung nicht nur eine kulturell-kirchliche, sondern auch eine kulturell-politische sein. Im Westen wird sich das Papsttum nach und nach gegen das Kaisertum durchsetzen, während im Osten die missionarische Ausbreitung der Orthodoxie zur Entstehung weiterer autokephaler Kirchen cäsaropapistischen Musters führen wird, sobald ein neues politisches Staatsgebilde sich konstituiert.

So werden nacheinander die rumänische, die bulgarische, die serbische, die ukrainische bzw. russische Kirche und weitere ins Leben gerufen, die zwar im Glauben mit Byzanz in Verbindung bleiben, aber in Liturgie und Kirchenrecht eigene Wege gehen. Ernst Christoph Suttner sagt dazu: »Von den Gläubigen wird die Orthodoxie hauptsächlich beim Gottesdienst erfahren, aber gottesdienstliche Musik, Ikonenmalerei, Gestaltung der Sakralräume und selbst Frömmigkeitshaltung von Klerus und Volk« werden in den einzelnen orthodoxen Kirchen unterschiedlich erfahren. Nach dem Fall von Byzanz im Jahr 1453, als die nahöstliche, die griechische und die balkanländische Orthodoxie unter osmanische Herrschaft geraten, wird Moskau als drittes Rom einen Führungsanspruch in der östlichen Christenheit stellen.

Das ungebrochene Sendungsbewußtsein des russischen Volkes ist davon geprägt. Gegenwärtig haben 14 autokephale bzw. autonome Kirchen der Orthodoxie volle *Communio* (Gemeinschaft) untereinander. Außer den Patriarchaten von Alexandrien, Antiochien und Jerusalem gehören die anderen elf Kirchen – die Patriarchate von Konstantinopel, Moskau, Belgrad, Bukarest und Sofia sowie die Kirchen von Zypern, Griechenland, Warschau, Georgien, Tschechien/Slowakei und Finnland – zum geographisch-politischen Europa. Eine neue Situation ist heute auch insofern gegeben, als die Wanderungsbewegungen unseres Jahrhunderts dazu geführt haben, daß besagte Kirchen – aber auch etwa die armenische – die politisch-nationalen Grenzen sprengen und Diasporagemeinden in den meisten großen Ländern Europas besitzen. Diese Situation führt zu einem verstärkten Binnenökumenismus innerhalb der Orthodoxie selbst, um an die panorthodoxe Zeit der Pentarchie anzuschließen und das durch die Diaspora besonders offenkundige Ärgernis der Zerrissenheit zu überwinden.

Zur Vertiefung der Kluft zwischen dem westlichen und dem östlichen Christentum, somit auch zwischen den westlich und den östlich geprägten Völkern Europas, trug auch der westeuropäische Kreuzfahrergeist bei, der sich nicht nur gegen die Muslime richtete, sondern zuweilen auch gegen die »Griechen«, wie die Orthodoxen allgemein bezeichnet wurden (die Katholiken waren für sie dann die »Lateiner«). An der Drina in Jugoslawien verlief jahrhundertelang die Grenze zwischen dem östlichen und dem westlichen Europa, die zugleich Kirchen- und Kulturgrenze war und heute in ihrer Tiefendimension noch spürbar ist: Mit Ausnahme Griechenlands, das als »Wiege« der ersten Wurzel Europas auf Dauer nicht draußen bleiben konnte, befinden sich die anderen orthodoxen Völker außerhalb der sogenannten Europäischen Union, die somit aus den vom westlichen Christentum geprägten Ländern besteht.

Einen Höhepunkt erreichte die Entfremdung im 18. und 19. Jahrhundert, als sich sowohl in der katholischen wie in der orthodoxen Christenheit ein enges Kirchenverständnis breitmachte, das den jeweils anderen Christen das »Christsein« absprach. Dennoch blieb nach der Trennung das ökumenische Bemühen wach, so daß wir aus jedem Jahrhundert Aussöhnungsversuche kennen. Der Krieg in Jugoslawien (entlang der erwähnten Grenze an der Drina) und die neue religiös-politische Situation im Wirkungsbereich des Patriarchats von Moskau, wo viele protestantische Freikirchen proselytistisch auftreten und – aufgrund der durch Stalins Siedlungspolitik entstandenen Diasporasituation – auch die katholische Kirche kirchenrechtliche Verwaltungsstrukturen (Bistümer, Pfarreien und andere) zu errichten versucht, haben besonders bei der slawischen Orthodoxie alte Ängste wachgerufen, die nur mit viel Taktgefühl und Völkerpsychologie überwunden werden können.

In der Rede des Archimandrites von Moskau bei der ökumenischen Kirchenversammlung von Santiago de Compostela 1991 fanden besagte Ängste einen eindrucksvollen Niederschlag. Darin wird die Konkurrenz anderer Religionen und Konfessionen auf altem orthodoxem Staatsgebiet als »unerlaubte Christenmission« apostrophiert. Dabei wird nicht bedacht, daß die katholische Kirche etwa in Lateinamerika ähnliches erlebt, wenn im Zuge der massiven europäischen Einwanderung um 1900 wie des Wirkens protestantischer Freikirchen US-amerikanischer Provenienz die in der Kolonialzeit begründete katholische Einheit dieses Erdteils verlorengeht. Die Konkurrenz – sie müßte allerdings auch eine »faire« sein – verschiedener

»Christentümer« gehört zur Signatur einer modernen und offenen Gesellschaft. Zwischen der orthodoxen und der katholischen Kirche steht auch (vor allem in der Ukraine) das Problem der »Unierten«, also der Christen orthodoxen Ritus, die in voller Gemeinschaft mit Rom leben und von den anderen Orthodoxen oft als Verräter oder fünfte Kolonne Roms betrachtet werden.

Die Christentümer der Reformation

Spätestens seit 1400 war im westlichen Christentum der Wunsch nach einer Reform der Kirche an Haupt und Gliedern, verbunden mit einer spirituellen und theologischen Erneuerung, nicht mehr zu überhören. Während die zuletzt genannte Erneuerung mit der Bewegung der *devotio moderna*, der Frömmigkeit, sowie der *via moderna*, der Theologie, im 15. Jahrhundert vorankam, blieb die Reform an Haupt und Gliedern vielfach unerfüllt, ja, die Renaissance-Kirche vertiefte die Kluft zwischen der Reformsehnsucht und der erlebten Wirklichkeit allzu verweltlichter kirchlicher Strukturen.

Menschliche Unzulänglichkeiten der damaligen kirchlichen Akteure auf beiden Seiten sowie der politisch-wirtschaftliche Drang mancher Völker nach Emanzipation von Papst und Kaiser führten dazu, daß aus der ursprünglich intendierten Reform des westlichen Christentums eine Reformation und Kirchenspaltung wurde. Martin Luther, Huldrych Zwingli, Jean Calvin und Heinrich VIII. von England wurden so zu Auslösern des lutheranischen, reformierten oder anglikanischen Christentums. Die Unterschiede zum katholischen betreffen nicht die Substanz des Glaubens – daher kann man im eigentlichen Sinne des Wortes nicht von einer »Glaubensspaltung« sprechen –, sondern eher die Kirchenverfassung, den Kult und die Frömmigkeit. Bei aller Unterschiedlichkeit sind die Christentümer der Reformation gekennzeichnet durch »synodale« (das heißt durch die Mitbestimmung der Gläubigen geprägte) Verwaltungsstrukturen, so daß man darin auch eine der Wurzeln der parlamentarischen Demokratie erblicken kann; sie sind zudem eher durch eine Kultur des Hörens (Wort Gottes, Sakralmusik) als des Sehens (sakrale Bilder in Malerei und Bildhauerei) geprägt und schließlich auch durch die »Unmittelbarkeit« des einzelnen Christen zu Gott, die allerdings im lutheranischen und reformierten Christentum stärker ausgeprägt ist als im anglikanischen (dieses steht dem römisch-katholischen am nächsten).

Diese Unmittelbarkeit hat in manchen Ereignissen der europäischen Geschichte auch eine politische Rolle gespielt. In einem persönlichen, von der Presse aber publik gemachten Schreiben vom 7. August 1873 an Kaiser Wilhelm während des Kulturkampfes erinnerte Pius IX. daran, daß »jeder, der die Taufe empfangen hat, in irgendeiner Weise dem Papste angehört«; worauf der von Bismarck beratene deutsche Kaiser in einem Schreiben vom 3. September 1873 erwiderte: »Der evangelische Glaube, zu dem ich mich, wie Eurer Heiligkeit bekannt sein muß, gleich meinen Vorfahren und mit der Mehrheit meiner Untertanen bekenne, gestattet uns nicht, in dem Verhältnis zu Gott einen anderen Vermittler als unsern Herrn Jesum Christum anzunehmen.«

Aber über das Anekdotische hinaus stellt sich natürlich die Frage nach der Bedeutung dieser schicksalhaften Spaltung des westlichen Christentums für das Werden

Europas. Hegels Urteil, wonach die Reformation die alles erhellende Morgenröte nach der langen und finsteren Nacht des Mittelalters gewesen sei, ist nichts als ein frommer Wunsch. Es verkennt zum einen, daß das Mittelalter gar nicht so finster war, wie er meinte, und zum andern, daß die Reformation, wie jedes epochale historische Ereignis, nicht nur Licht, sondern auch Schatten über Europa gebracht hat.

Religiöses Bildnis aus einem protestantischen Bauernhof. Großenwörden, Landkreis Stade, 19. Jahrhundert

Auf der anderen Seite steht das Urteil Nietzsches, für den die »germanische Bestie« Luther bedauerlicherweise das Christentum vor dessen Auflösung in die antik-pagane Kultur der Renaissance gerettet habe. Dieses Urteil – abgesehen von der für Nietzsche typischen Sehnsucht nach der antik-paganen »Herrenmoral«, die es enthält – verkennt, daß die Reformbemühungen nach 1400 im Rahmen des katholischen Christentums viele Reformansätze entstehen ließen – man denke an die großen Mystiker, Theologen, Ordensreformer und -gründer des 15. und 16. Jahrhunderts –, die früher oder später auch ohne die Reformation Früchte getragen hätten.

Die Renaissance-Kirche war nicht nur den frommen protestantischen Reformatoren ein Greuel, sondern auch vielen reformwilligen Katholiken, und zwar schon bevor beim Konzil von Trient (1545 bis 1563) die ideologischen Grundlagen einer katholischen Reform amtlich sanktioniert wurden. Am Ende des 16. Jahrhunderts standen sich so im westlichen Europa zwei verschiedene Reformchristentümer gegenüber: das protestantische und das römisch-katholische. Bis sich die Herrscher Europas beim Westfälischen Frieden 1648 auf das Prinzip der *cuius regio, eius religio* einigen konnten, haben diese zwei Reformansätze viel Leid über die Völker Westeuropas gebracht. Mag dabei »mehr« Leid von den katholisch geprägten Herrschern ausgegangen sein, die die Protestanten in ihren Ländern wieder »katholisch« machen wollten – bei den religiösen Reformen will stets das Alte das Neue kontrollieren, während das Neue zuerst einmal nach Emanzipation vom Alten strebt –, so sind die neuzeitlichen Religionskriege im Endergebnis als die ersten »Bürgerkriege« Europas und als eine Folge der Kirchenspaltung zu betrachten; sie lasten schwer auf den Christen aller Konfessionen. Die von den Kirchen unter Beweis gestellte Unfähigkeit, zum Frieden in den modernen europäischen Gesellschaften beizutragen, führte schließlich zur Neutralisierung oder Privatisierung der christlichen Bekenntnisse und zur Säkularisierung (W. Pannenberg, J. B. Metz). Viele Relevanzprobleme der Kirchen in der Moderne sind somit »hausgemacht«. Nach der Französischen Revolution (1789) wird sich die Trennung von Kirche und Staat in allen Staaten Westeuropas durchsetzen, in den einen früher, in den anderen später, und zwar nicht ohne restaurative Phasen, in denen das Ancien régime einen Schwanengesang erlebt.

Im Zusammenhang mit den Christentümern der Reformation muß schließlich erwähnt werden, daß viele Gruppierungen (etwa Mennoniten und Hutterer) in den protestantischen Ländern selbst keine Toleranz erfuhren und in die Weiten der Neuen Welt auswandern mußten, um in anderen Breiten, wo die kulturellen geistigen Wurzeln Europas lebendiger waren, ihr »europäisches Christentum« verwirklichen zu können.

Das römisch-katholische Christentum

Mit dem Papst an der Spitze verfügt das römisch-katholische Christentum über eine zentrale Institution – und eine historische Kontinuität –, um die es von vielen beneidet, von anderen aber mit ironischem Unterton als »Papstkirche« apostrophiert wird. Zwar ist die mit Abstand größte aller christlichen Kirchen eine Kirche »mit Papst«, mit einem für alle Katholiken zuständigen lehramtlichen und pastoralen Amt, aber deswegen noch lange nicht eine »Papstkirche«. Die Vielfalt und Vitalität des katholischen Christentums (Ordensgemeinschaften, geistliche Erneuerungsbewegungen, verschiedene kulturelle Prägung der jeweiligen »Katholizismen«) sowie die zuversichtliche Aufgeschlossenheit, mit der es nach dem jüngsten Konzil das Evangelium in der modernen Welt verkünden möchte, verdienten die Bewunderung des späten Karl Barth. Nach einem Rombesuch schrieb er 1965:

> »Ich habe eine Kirche und Theologie aus der Nähe kennengelernt, die in eine in ihren Auswirkungen unübersehbare, langsame, aber sicher echte und nicht mehr rückgängig zu machende Bewegung geraten ist […] Der Papst ist nicht der Antichrist! Ich bin ultra montes so vielen Christenmenschen begegnet, mit denen ich in aufrichtigem Ernst reden, aber auch herzlich lachen konnte, daß ich nicht ohne Wehmut an gewisse Gartenzwerge in unserem Gehege zurückdenken konnte.«

Dem einfühlsamen Paul VI. war durchaus bewußt, daß die meisten nichtkatholischen Christen im Papsttum nicht den Garanten der christlichen Einheit, sondern eher das größte ökumenische Hindernis sehen. In seiner Ansprache vor dem Ökumenischen Rat der Kirchen in Genf erklärte er 1967: »Ich bin Petrus – das Amt des Petrus, geschaffen für die Einheit, ist zu deren größtem Hindernis geworden.«

Der neuzeitliche und moderne Katholizismus ist wesentlich geprägt durch die Reformbemühungen im Anschluß an das Konzil von Trient und das Zweite Vatikanische Konzil. Die Tridentinische Reform festigte die katholische Identität in bewußter (oft polemischer) Abgrenzung von den Christentümern der Reformation. Stand dort das Hören im Vordergrund, so hier eher das Sehen oder Sinnliche, wie das kulturell-geistige Wunder des Barocks in Kunst und Frömmigkeit dokumentiert.

Noch heute erkennen wir die katholische Prägung mancher Gebiete Mitteleuropas an den Kirchenbauten des 17. und 18. Jahrhunderts, die das katholische »In-der-Welt-Sein« des Barocks eindrucksvoll zur Schau stellen. Nirgendwo in Europa existieren die religiöse Emotionalität, die reine Diesseitsfreude und die vielfältigen Formen der Repaganisierung so unvermittelt nebeneinander und miteinander wie in den phänotypisch katholischen romanischen Ländern. Das katholische Christentum ist anders als die Christentümer der Reformation eine synkretistische »Mischreligion«, die das Heidentum nicht radikal beseitigt, sondern die mit dem Christentum verträglichen Bräuche und Feste aufsaugt und mehr oder weniger »verchristlicht« duldet.

Kapuziner-Kreuz. St. Wolfgang, Niederbayern

Diese Haltung hat im Katholizismus das Phänomen der »Volksreligiosität« entstehen lassen, das die Völkerkundler heute so bewundern. Die Unterschiede zwischen den Katholizismen beruhen vor allem darauf, daß diese Volksreligiosität in den verschiedenen Kulturen neben den gemeinsamen auch jeweils eigene Züge trägt, die im Charakter der Völker und ihrer vorkatholischen Kulturprägung wurzeln. Aus diesem Grund war zum Beispiel der iberische Katholizismus immer schon anders als der deutsche und der polnische oder der litauische anders als der italienische.

Die Reform des Zweiten Vatikanischen Konzils will auch die katholische Identität festigen, doch in einem ökumenischen Geist und nicht mehr in polemischer Abgrenzung von den anderen Christentümern. Das jüngste Konzil wirkte binnenkatholisch zunächst freilich vor allem dadurch, daß es wie eine katholische Perestroika oder Reform von oben im Bereich der Liturgie und der Volksfrömmigkeit so gut wie alles wegfegte, was die katholische Identität nach der Tridentinischen Reform ausgemacht hatte. Überall dort, wo diese Identität mehr in anachronistischen inhaltsleeren Riten als in wirklich mit Geist gefüllten Handlungen bestand, fiel sie nach dem Konzil wie ein Kartenhaus zusammen, mehr freilich in West- als in Osteuropa, wo der Abwehrkampf gegen den Kommunismus dieses Phänomen retardierte.

Nach dem epochalen Fall der Berliner Mauer ist es allerdings auch dort zu spüren. Anders als die Tridentinische Reform vermochte das jüngste Konzil bisher nicht nach dem »abbauenden« Schritt eine neue katholische Identität wirklich »aufzubauen« – die Liturgiereform schlug zwar durch, aber im Bereich der Volksfrömmigkeit gibt es nach dem Verschwinden des Vereins-, Bruderschaften- und Milieukatholizismus zunächst einmal ein geistig-soziales Vakuum, das die neuentstandenen und mehr die Eliten ansprechenden geistlichen Erneuerungsbewegungen nicht zu füllen vermögen –, so daß viele Katholiken in der modernen Gesellschaft das Bewußtsein für die eigene konfessionelle Identität zunehmend verlieren.

Wenn wir nun Bilanz ziehen wollen, was können wir über die Wirkungsgeschichte der verschiedenen Christentümer in Europa sagen? Als erstes fällt auf, daß alle europäischen Nationen mit der »Taufe«, dem Christsein, in eine neue Geschichtsperiode entlassen wurden. Die Geschichte der europäischen Völker ist von der Klammer »Religion« und »Nation« entscheidend geprägt worden. Dabei finden wir Völker, die kraft dieser Klammer zu einer Staatsgründung, ja zu einer imperialen Expansion kolonialen Ausmaßes gelangten (so unter anderem die iberischen Völker), und andere, wie etwa die Armenier, die Polen, die Kroaten, die Serben und die Iren, bei denen besagte Klammer eher als Hort nationaler Identität in der staatslosen Zeit unter Fremdherrschaft wirkte. Aber als Geburtshelferin der europäischen Nationen hat das Christentum diese nicht vor dem menschenverachtenden Nationalismus bewahren können, ja, vielfach goß es Öl ins nationalistische Feuer sowie in das der Religionskriege.

Sieht man aber von diesen Negativa ab, so merken wir, daß die kulturelle Identität der europäischen Völker – und trete sie seit 200 Jahren in eher säkularem Gewand auf – dem Christentum entscheidende Impulse verdankt; ein »postchristliches« Europa würde daher zwangsläufig ein Abschied von der bisherigen kulturellen Identität unserer Völker bedeuten und müßte auf anderen als auf den eingangs erwähnten vier Wurzeln basieren. Die Zukunft wird zeigen, ob Europa wirklich in eine solche »postchristliche« Phase eingetreten ist oder vielmehr das Christentum, vielleicht in anderen Formen als bisher, weiterhin prägend bleiben wird.

Die Zukunft des Christentums in Europa

Die verschiedenen europäischen Christentümer befinden sich derzeit in einer Umbruchphase, die wir mit Hans Waldenfels folgendermaßen umschreiben können: Im romanischen »katholischen« Süden scheint vieles nur noch Tradition zu sein und milieuhaft nachzuwirken, aber kaum noch bis in den Bereich persönlicher Entscheidung zu reichen; wie in der übrigen säkularisierten westlichen Welt wird das moralische Verhalten und das Denken der Menschen nur noch bedingt von den religiösen Grundoptionen bestimmt. Die katholische Kirche verliert nach und nach ihre angestammten Privilegien und muß sich der Konkurrenz der anderen Christentümer, Religionen und Weltanschauungen stellen. Andererseits ist der südliche Katholizismus noch so kräftig, daß er nach dem Zweiten Vatikanischen Konzil eine Vielzahl von geistlichen Erneuerungsbewegungen hervorrufen konnte, bei denen eine neue Art von Kirche im Entstehen begriffen ist: eine Kirche der kleinen, auf persönlicher Entscheidung beruhenden geistlichen Gemeinschaften und Gruppen mitten in der säkularen Gesellschaft.

Der Westen und das Zentrum Europas mit den nichtromanischen Ländern England, Belgien, Holland, Deutschland, Österreich und der deutschsprachigen Schweiz sind eher geprägt durch die Konfessionsrisse, die Reformation und Gegenreformation, Aufklärung und Säkularisierung hervorgerufen haben. In den Kirchen der meisten dieser Länder ist zudem eine große Diskrepanz zwischen materiellem Reichtum – der Politikwissenschaftler Alfred Grosser sagte einmal, der Unterschied zwischen den deutschen und den französischen Bischöfen bestehe darin, daß die ersteren über die Armut reden, während die zweiten wirklich arm seien – und spiritueller Armut festzustellen. Sie sind zum Teil führend in Theologie und in kirchlichen Hilfswerken, vermögen aber kaum Impulse zu einer wahrhaft geistlichen Erneuerung der Kirchen zu geben.

Im Norden, in den skandinavischen Ländern, macht sich eine deutliche Verdunstung des Christlichen breit, bestenfalls eine Auflösung in Kulturprotestantismus. Im Osten hingegen sind die Kirchen aus der schmerzlichen Erfahrung unter der kommunistischen Herrschaft insgesamt gestärkt hervorgegangen. Sie haben allmählich erkannt, daß der liberal-kapitalistischen Gesellschaft nicht gelingen darf, was der kommunistischen mißlang: die Einheit von Kirche und Volk zu brechen und somit die Widerstandskraft der Kirchen zum Verschwinden zu bringen. Die Christentümer dieser Länder stehen der Gegenwart und ihren Herausforderungen näher als die hehren Traditionen der selbstbewußten, verbürgerlichten Christentümer Westeuropas. Aus den östlichen Christentümern aller Konfessionen sind durchaus Impulse für das Christentum von morgen in Europa zu erwarten. Dieses Christentum von morgen, soll es in Europa noch heimisch bleiben, wird folgende Merkmale besitzen müssen:

Ökumenisches Zeugnis

Das ökumenische Zeugnis wird im dritten Jahrtausend unentbehrlich sein; je multikultureller und multireligiöser Europa wird, desto mehr spüren die Christen, daß sie ihre gemeinsame Identität zu vertiefen haben, wenn sie als Christen erkennbar bleiben wollen. Die ökumenische Bewegung partizipiert an der Ambivalenz der geschichtlichen Stunde Europas, in der die Tendenz zu nationaler bzw. regionaler Partikularität mit dem Traum von einer möglichst großen europäischen Union oder einem »gemeinsamen Haus« koexistiert. Ähnlich koexistieren in den Kirchen die Sehnsucht nach der Einheit aller Christen mit verstärkten Sorgen um die jeweilige konfessionelle Identität. Auch hierzu ist wichtig, was Karl Barth 1965 sagte:

> »Alle Optimismen im Blick auf die Zukunft verbieten sich von selbst. Noch stärker gebietet sich aber eine ruhig brüderliche Hoffnung, verbunden mit der Willigkeit, unterdessen im Kleinen und im Großen gründlich vor unseren eigenen Türen zu wischen [...] Grundsätzlich kann es hüben und drüben nur darum gehen, daß ein jeder sich an seinem Ort in seiner Kirche zum Glauben an den einen Herrn in seinen Dienst rufen lasse.«

Dies bedeutet zwar nicht die Aufgabe der eschatologischen Vision »eines Hirten und einer Herde«, wohl aber den Abschied von einer absoluten innergeschichtlichen Einheit der Christentümer, die es so gut wie nie gegeben hat. Das gemeinsame Zeugnis in Wort und Tat als indirekte Ökumene gegenüber der heutigen Welt und eine Einheit in Vielfalt – also ohne Nivellierung jener Konfessionsmerkmale, die den Charakter von gelungenen »Inkulturationen« tragen – auf dem Boden einer Kriteriologie des unverzichtbar Christlichen wären für das erste schon genug. Wenn man bedenkt, daß etwa bedeutende katholische und protestantische Theologen noch vor wenigen Jahrzehnten die jeweils andere Konfession für eine Pervertierung des Christentums hielten, dann weiß man auch die in der ersten wahrhaft »ökumenischen« Generation seit den Kirchenspaltungen erreichten Konvergenzen zu schätzen. Dies läßt zumindest die begründete Erwartung zu, daß weitere Konvergenzen ohne einen substantiellen Verlust konfessioneller Identität möglich sein werden.

Für die direkten ökumenischen Begegnungen auf europäischer Ebene haben die Kirchen institutionelle Kanäle ins Leben gerufen, die nicht unerwähnt bleiben sollten. Die wichtigsten sind seitens der katholischen Kirche der Rat der Europäischen Bischofskonferenzen (CCEE) mit Sitz in St. Gallen und seitens der nichtkatholischen Kirchen die Konferenz Europäischer Kirchen (KEK: Sie vereinigt etwa 120 nichtkatholische Kirchen Europas) mit Sitz in Genf. Wichtige Begegnungen von Vertretern dieser Institutionen fanden bisher 1978 in Chantilly (Frankreich), 1981 in Lögumkloster (Dänemark), 1984 in Riva del Garda (Italien), 1988 in Erfurt (DDR) und 1991 in Santiago de Compostela (Spanien) statt. Dazu kommen zwei ökumenische Versammlungen für Frieden, Gerechtigkeit und Bewahrung der Schöpfung 1989 in Basel (Schweiz) und 1997 in Graz (Österreich).

Die direkte Ökumene schließt auch die Begegnung mit den außereuropäischen Christentümern ein, die inzwischen – auch in der katholischen Kirche – ein eigenständiges kontextuelles Profil erreicht haben und uns dabei helfen könnten, die alten binneneuropäischen Querelen zu relativieren. Freilich darf man sich davon nicht Wunder erwarten, da diese außereuropäischen Christentümer oft die von den Europäern dorthin exportierten konfessionellen Rivalitäten widerspiegeln. Ebenso wird das brüderliche Gespräch mit dem Judentum, dem alten Baum abrahamitischer Religion, die Zweige der verschiedenen Christentümer näher zueinanderbringen. Man wird dabei allerdings in zweierlei Hinsicht wachsam bleiben müssen: zum einen, daß der Philojudaismus nach Auschwitz nicht erneut in Antijudaismus umschlägt, und zum anderen, daß die Wurzel zwar die Krone heilig hält (Römer 11, 16–17), aber das Christentum – etwa ungeachtet der eingangs erwähnten Synthese zwischen dem jüdischen Glauben und dem griechischen Geist, die an seinem Ursprung steht – nicht auf den Glauben Israels reduziert wird. Schließlich gehört zum ökumenischen Zeugnis im weiten Sinne der Dialog mit anderen Religionen, die unterdessen im Europa heimisch geworden sind.

Neben der direkten Ökumene ist die indirekte ein wichtiger Weg in die Zukunft. Dazu gehört zuerst die »Ökumene des Versagens« in vielen entscheidenden Phasen der europäischen Geschichte (Kolonialismus mit der Ausbeutung und Unterdrückung außereuropäischer Völker, Religionskriege mit der Entzweiung der europäischen Völker, Nationalismus mit der Gewaltherrschaft über andere Nationen und Völker, Rassismus und Antijudaismus). Die reumütige Einsicht in das gemeinsame Versagen wird die europäischen Christentümer enger zusammenführen und dazu anspornen, nach dem zu suchen, was zwischen uns und der Offenbarung Gottes in Jesus Christus »trennend und verbindend, verdunkelnd und erhellend, belastend und bereichernd« (Gerhard Ebeling) steht.

Nicht zuletzt gehört auch die Zusammenarbeit mit allen Menschen guten Willens, um ein solidarisches, friedliches und gerechtes Europa aufzubauen, sowie der Einsatz für die weltweite Ausbreitung der obenerwähnten vier Wurzeln Europas zu den Aufgaben der europäischen Christentümer im Geiste einer indirekten Ökumene. Die europäischen Christentümer, auf deren Kulturboden das Bewußtsein der unveräußerlichen Würde der menschlichen Person als Subjekt von entsprechenden Rechten keimte, sind auch dazu berufen, die Universalität dieser Rechte in der heutigen Welt einzuklagen.

Neu-Evangelisierung

Zukunft wird das Christentum in Europa von morgen schließlich nur haben, wenn es sich weiterhin bemüht, den Bruch zwischen Evangelium und Kultur zu überwinden, und die ihm anvertraute frohe Botschaft von dem für uns und unser Heil menschgewordenen, gekreuzigten und auferstandenen Gott den Europäern mutig verkündet. Diese Evangelisierung, von deren Dringlichkeit alle Kirchen überzeugt sind – wenn auch zuweilen die irrationale Angst umhergeht, daß eine solche Neu-Evangelisierung auf eine »Rekatholisierung« hinauslaufen könnte –, wird freilich bestrebt sein müssen, die Fehler der Vergangenheit zu vermeiden. Sie wird im wahrhaft ökumenischen Geist und unter den Bedingungen der modernen offenen Gesellschaft stattfinden, oder sie wird zum Scheitern verurteilt sein. Die Zukunft der Kirchen in Europa wird entscheidend davon abhängig sein, ob sie ihre ureigene Aufgabe wahrnehmen und »Geburtshelferinnen des Glaubens« werden.

1 Paul M. Zulehner, und Hermann Denz, Wie Europa lebt und glaubt, Europäische Wertestudie. Düsseldorf 1993.

Islam in Europa

Udo Steinbach

Mit den weltpolitischen Umbrüchen der Jahre 1990/91 ist das Thema des Islam in Europa nachdrücklich – in Südosteuropa auf dramatische Weise – ins öffentliche Bewußtsein getreten. Der Ausbruch der Konflikte in und um Bosnien-Herzegowina sowie in Tschetschenien hat die Wahrnehmung der säkular verfaßten Staaten und Gesellschaften Westeuropas für die religiöse Dimension politischer Konflikte geschärft. In zahlreichen Mitgliedsländern der Europäischen Union wird der Islam als Religion eines wachsenden Teils der Bürger zunehmend sichtbar. Und in der Diskussion um die Erweiterung der EU wird mit Bezug auf die Türkei die Ansicht laut, das Land könne nicht Mitglied der Union werden, da es – vor allem aufgrund des Stellenwerts des Islam – nicht an den Grundlagen der Kultur und Zivilisation des sich neu ausbildenden Europas teilhabe.

Das Hervortreten des Islam im Raum zwischen Westeuropa und dem Kaukasus kommt überraschend. Hinter der Fassade der Trennung von Religion und Politik hier und kommunistischer Religionsfeindlichkeit dort hatte sich islamische Gläubigkeit bis Anfang der neunziger Jahre nicht sicht- und hörbar artikuliert. Innerhalb der Grenzen der EU ist die Präsenz von Muslimen vor allem eine Folge der Einwanderung aus islamischen Ländern. Dabei bestehen zwischen den einzelnen westeuropäischen Ländern beträchtliche Unterschiede, was sowohl die Art der Einwanderung als auch die Teilnahme muslimischer Gruppen an der sie umgebenden Gesellschaft betrifft. So ist zum einen die muslimische Präsenz durch verschiedene ethnische Gruppen dominiert: In Deutschland prägen vor allem Türken, in Großbritannien Pakistaner und in Frankreich Algerier das Bild des Islam. Zum anderen gibt es Unterschiede hinsichtlich der Dauer und des Verlaufs des Aufenthalts. Auch im Hinblick auf den juristischen Status der Einwanderer, die gesetzlichen Möglichkeiten, mit denen die Staaten die Gründung von Organisationen unterstützen, sowie schließlich in der Minderheitenpolitik im allgemeinen gibt es Unterschiedlichkeiten. All dies führt zu differierenden Rahmenbedingungen für die Entfaltung eines muslimischen Gemeinschaftslebens.

Auf der anderen Seite lassen sich Phänomene feststellen, die in allen westeuropäischen Ländern mit muslimischen Minderheiten anzutreffen sind. Überall handelt es sich um eine junge Diaspora, nirgendwo stellen die Muslime mehr als 5 Prozent der Bevölkerung. Überrepräsentiert sind sie in den sozial schwachen Gesellschaftsgruppen. In allen westeuropäischen Ländern wird die Haltung der nichtmuslimischen Umgebung zu den Muslimen ferner durch ein negatives Islam-Bild bestimmt. Diese negative Einstellung resultiert zum Teil noch aus der Geschichte, zum Teil haben allerdings auch besondere Ereignisse – wie das Todesurteil gegen den britischen Schriftsteller Salman Rushdie – in allen westeuropäischen Ländern wenig positive Folgen für die Beziehungen zwischen den Muslimen und ihrer Umgebung gehabt. Eine neue Entwicklung, die in den meisten westeuropäischen Ländern zu Sorgen Anlaß gibt, ist die Zunahme von Fremdenfeindlichkeit und Rassismus, die sich auch gegen die muslimischen Minderheiten richten.

Der Islam in Südosteuropa

Während in Westeuropa der Islam eine »importierte« Religion ist, stellt er in Südosteuropa ein religiöses, kulturelles und auch politisches Phänomen dar, dessen Wurzeln tief in die Geschichte zurückreichen. Als die Osmanen im Jahr 1354 über die Dardanellen setzten und 1371 die Bulgaren an der Marica und 1389 die Serben auf dem Amselfeld (Kosovo Polje) beim heutigen Prishtina schlugen, gab es bereits islamische Bevölkerungselemente auf der Balkanhalbinsel. Unter osmanischer Herrschaft, die in weiten Teilen des Balkans erst mit den Balkankriegen (1912/13) beendet wurde, blühte ein islamisch-türkisches Kulturleben. Obgleich die meisten slawischen Muslime ihre Muttersprache bewahrten, die sie auch mit arabischen Buchstaben schrieben, gebrauchten muslimische Dichter, Schriftsteller, Theologen, Historiker und Rechtsgelehrte in ihren Werken die osmanisch-türkische Sprache.

Die staatlichen Neuordnungen nach dem Ende des Ersten Weltkriegs ließen den Islam als politischen, religiösen und kulturellen Faktor im Rahmen der neu entstandenen Staaten zurücktreten. Albanien erklärte sich im November 1967 sogar zum ersten atheistischen Staat der Welt. Bis zum Ende der kommunistischen Herrschaft in Ost- und Südosteuropa und bis zum Zerfall der Vielvölkerstaaten Sowjetunion und Jugoslawien konnte man etwa mit nachfolgend aufgeführten Zahlen in diesem Teil Europas rechnen. Europäische Sowjetunion: über zwölf Millionen; Jugoslawien: über vier Millionen; Albanien: 2,3 Millionen; Bulgarien: 1,5 Millionen; Rumänien: etwa 50 000; Polen: einige Tausend; hinzu kamen noch rund 150 000 Muslime in Griechenland. Eine Mehrheit in der Bevölkerung waren die Muslime nur in Albanien.

Seitdem hat sich die Situation grundlegend verändert. Durch den Zerfall Jugoslawiens ist mit Bosnien-Herzegowina ein unabhängiger Staat entstanden, in dem die Muslime die relative Mehrheit stellen. Der unmittelbar nach der Unabhängigkeit ausgebrochene Krieg brachte die neue Republik an den Rand des Abgrundes, und bis heute ist ihre Existenz in Frage gestellt. In Jugoslawien (dem sogenannten Restjugoslawien) und Mazedonien stellen die Muslime jeweils ein Drittel der Bevölkerung, und auch in Kroatien und Slowenien gibt es seit Jahrzehnten starke muslimische Gruppen, die durch Flüchtlinge und Vertriebene seit 1991 noch zahlenmäßig zugenommen haben. In Albanien hat sich, nach dem Ende der kommunistischen Alleinherrschaft und der damit einhergehenden Aufhebung des Verbots, das jegliche religiöse Tätigkeit untersagte, die Lage entschieden gebessert, ebenso in Bulgarien, wo Türken und Pomaken heute eine politische Kraft darstellen. In den durch die Auflösung der Sowjetunion entstandenen neuen europäischen Staaten wie der Ukraine, Weißrußland und Moldawien, aber auch in den baltischen Staaten, gibt es Zehntausende in sowjetischer Zeit angesiedelter Tataren und anderer Muslimvölker der alten Sowjetunion, so daß man auch hier mit islamischen Gemeinden zu rechnen hat. In der Russischen Föderation werden heute etwa 20 Millionen Muslime geschätzt.

West- und Mitteleuropa

Der Beginn der Einwanderung von Muslimen nach West- und Mitteleuropa liegt im 19. Jahrhundert. Im Zuge der europäischen Herrschaft über weite Teile der islamischen Welt kamen muslimische Studenten; nach dem Ersten Weltkrieg setzte eine Arbeitsmigration von Algeriern nach Frankreich ein, und die Wanderungsbewegungen nach dem Zweiten Weltkrieg waren schließlich Folgen politischer und wirtschaftlicher Faktoren. Pakistaner und Inder ließen sich in Großbritannien, Algerier und Tunesier in Frankreich und Surinamesen in den Niederlanden nieder. Die Situation in Deutschland ist durch die Zuwanderung von Türken seit dem Beginn der sechziger Jahre gekennzeichnet.

Obwohl naturgemäß Schätzungen schwer vorzunehmen sind, wird gegenwärtig von etwa zehn Millionen Muslimen im Bereich der Europäischen Union und Europas ausgegangen. Von ihnen leben etwa 2,7 Millionen in Deutschland, von denen 2,2 Millionen aus der Türkei kommen (unter ihnen gehören etwa 500 000 der alevitischen Glaubensrichtung an). Starke muslimische Gemeinschaften leben in Frankreich (etwa drei Millionen) und in Großbritannien (rund eine Million) sowie in Italien (etwa zwei Millionen). Eine mit Blick auf die Gesamtbevölkerung erhebliche Konzentration muslimischer Einwanderer findet sich daneben in den Niederlanden (410 000) sowie in Belgien (300 000). Aber auch in Spanien, Schweden, Österreich, der Schweiz, Dänemark sowie Norwegen haben sich Hunderttausende von Muslimen niedergelassen. Selbst in Finnland lassen sich etwa 1000 Muslime ausmachen. Der Islam ist mithin zur zweitstärksten Religionsgemeinschaft in Europa geworden. Anders als Migranten aus den Ländern Südeuropas, die in der katholischen Kirche eine Organisation fanden, waren die Muslime zunächst – kennt doch der Islam keine Kirche – auf sich allein gestellt. Zentrum des religiösen – und nicht selten auch des gesellschaftlichen – Lebens der Muslime wurde die Moschee, die als Moscheeverein einen privatrechtlichen Status erhielt. Die genaue Zahl der Moscheen in Deutschland läßt sich kaum feststellen, Schätzungen sprechen von etwa 5000.

Waren Moscheegründungen in Westeuropa vor Beginn der Arbeitsmigration selten, so stieg die Zahl von einigen Dutzend 1960 auf 3500 bis 4000 im Jahre 1990 an. Die Entwicklungen der letzten Jahre haben das Ansteigen der Zahlen beträchtlich beeinflußt. Bei dieser Schätzung wird von einer großzügigen Definition des Begriffs »Moschee« ausgegangen: In den meisten Fällen handelte es sich zunächst um einen Raum, der permanent für das Gebet einer muslimischen Gemeinde eingerichtet wurde. Das waren in den meisten Fällen nicht mehr als Räumlichkeiten in zumeist käuflich erworbenen Wohnhäusern oder umfunktionierte Gewerberäume. Die Gründung von Moscheen bekam Aufwind durch die Familienzusammenführungen, die für viele Migranten bedeutete, daß man sich auf einen längeren Aufenthalt in Europa einstellte.

Spiegelte das vorherrschende Muster der Moscheegründungen in den siebziger und achtziger Jahren die Außenseiter-Stellung der muslimischen Migranten wider, so zeigen sie heute ein gestiegenes Selbstbewußtsein sowie die Entschlossenheit der Muslime, in den Gastländern dauerhaft zu bleiben. Moscheen und Minarette werden allenthalben sichtbar und ähneln vor allem dem im Nahen Osten und im Mittelmeerraum vertrauten Typus. Finanziert werden sie in der Regel durch die Beiträge der Mitglieder der Moscheevereine. Auch Schenkungen aus Ölländern oder von kapitalkräftigen Organisationen und Personen der islamischen Welt haben zum Bau von Moscheen in Westeuropa beigetragen.

Türkische Moscheegründungen werden seit den achtziger Jahren durch das »Präsidium für religiöse Angelegenheiten« unterstützt. In letzter Zeit haben aber auch andere türkische Organisationen wie die »Vereinigung der islamischen Kulturzentren« erhebliche Beiträge geleistet. Die meisten Moscheen entwickelten sich trotz der bescheidenen räumlichen Bedingungen zu Zentren religiöser und erzieherischer Aktivität und zu lokalen Brennpunkten bei der Gründung islamischer Organisationen. Kernaktivitäten sind das Ritualgebet und der Koranunterricht für die Jugend. Rings umher entwickelten sich zahlreiche Nebenaktivitäten, die darauf ausgerichtet sind, religiöse Kenntnisse zu vermitteln, das Gemeinschaftsleben zu fördern und manchmal auch die soziale Stellung der Gefolgschaft zu verbessern oder sie politisch zu mobilisieren. Es gibt Moscheen, die Sprachkurse abhalten, das Abfassen von Bewerbungsschreiben lehren und Computerunterricht geben.

In der juristischen Form der muslimischen Organisationen bestehen Unterschiede, die ihren Grund unter anderem in den Gesetzen haben, mit denen die jeweiligen Länder Europas das Verhältnis zwischen Kirche und Staat regeln. So fallen in Frankreich die muslimischen Organisationen unter das »Gesetz über die religiösen Vereinigungen« von 1905, das von den Prinzipien der Vereinsfreiheit und der Nichteinmischung des Staates ausgeht. Die muslimischen Organisationen haben denselben juristischen Status wie die christlichen Kirchen. In Ländern mit einer stärkeren Verflechtung von Kirche und Staat gab es darüber ausgeprägte Diskussionen: Sollten die islamischen den einheimischen religiösen Organisationen rechtlich gleichgestellt werden? In Österreich führte die offizielle Anerkennung des Islam im Jahre 1979 zu islamischem Religionsunterricht an wenigen Schulen. Auch Belgien gab ihm den Status einer offiziell anerkannten Religion, wodurch subventionierter Religionsunterricht im regulären Schulsystem und finanzielle Unterstützung von Gemeindeleitern ermöglicht wurden.

In Deutschland haben islamische Organisationen seit Ende der siebziger Jahre versucht, den Status einer Körperschaft des öffentlichen Rechts zu erhalten, der dem Status der christlichen und jüdischen Gemeinden entsprechen würde. Bislang freilich ist es – aus einer Reihe von Gründen – keiner einzigen Organisation gelungen, diesen Status zu erhalten. Mit Blick auf die Erteilung eines bekennenden islamischen Religionsunterrichtes (und nicht nur religiöser Unterweisung), der von den christlichen Kirchen als Körperschaften des öffentlichen Rechts erteilt werden kann, deutet sich in Berlin derzeit eine neue Entwicklung an. Dort hatte das Oberverwaltungsgericht im November 1998 der Klage der Islamischen Föderation stattgegeben, indem es sie als Religionsgemeinschaft im Sinne des Berliner Schulgesetzes anerkannt und ihr damit die Möglichkeit eingeräumt hat, in eigener Regie in staatlichen Räumen Religionsunterricht in bekennender Form zu erteilen. Damit wird diese Möglichkeit auch anderen islamischen Organisationen gegeben, ohne daß die vorherige Anerkennung als Körperschaft des öffentlichen Rechts vorausgesetzt wird.

Die Nichtanerkennung dieser bedeutet durchaus keine absolute Einschränkung der Religionsfreiheit. Die meisten muslimischen Organisationen in Deutschland sind entweder als eingetragener Verein mit einem Vorstand, der durch die Mitglieder gewählt wird, oder als Stiftung registriert – eine juristische Form, die mehr Möglichkeiten bietet, den Einfluß bestimmter Personen oder Instanzen zu garantieren. Ein wichtiger Aspekt bei der Bildung von Organisationen ist die Anstellung eines Imams, dessen Aufgabe es ist, die Freitagspredigt zu halten, die täglichen Ritualgebete zu leiten, die Jugend zu unterrichten und religiöse Gutachten abzugeben. Während einige Moscheeorganisationen ausschließlich auf lokalem Niveau agieren, sind andere aus einem nationalen oder europäischen Dachverband entstanden bzw. haben sich ihm angeschlossen. Auch auf dem Gebiet der Dachverbände aber gilt, daß die durch die Herkunft bedingten Grenzen kaum überschritten werden.

Im Falle der Türken muß die Bildung der Organisationen auf nationaler und europäischer Ebene vor dem Hintergrund des komplizierten dortigen Verhältnisses zwischen Staat und Islam gesehen werden. Der türkische Streit zwischen Laizismus und Islamisierung bekam eine europäische Front, indem islamische Gruppen, die in der Türkei in der Illegalität wirkten oder nur eine begrenzte Bewegungsfreiheit hatten, unter den Türken in Westeuropa in aller Freiheit eine Organisation aufbauten, finanzielle Mittel zusammenbrachten und ihren Anhang vergrößern konnten.

In den siebziger Jahren bauten die Schüler von Süleyman Hilmi Tunahan, einem 1960 verstorbenen Scheich der mystischen Bruderschaft Naqschbandiyya, in Deutschland und anderen westeuropäischen Ländern ein umfangreiches Netz islamischer Zentren auf: Diese Süleymanli-Bewegung ist in Deutschland als Verein Islamischer Kulturzentren (VIKZ) organisiert. Die Milli-Görüs-Bewegung, eine politisch-religiöse Strömung, die die Islamisierung der Türkei anstrebt und politisch in der Nationalen Heilspartei (1972 bis 1980) bzw. der Wohlfahrtspartei (1983 bis 1998; seither Tugendpartei) organisiert war und ist, baute unter den Türken in Westeuropa eine ähnliche hierarchische Organisationsstruktur auf. Sie entwickelte sich in den achtziger Jahren zu einer der stärksten islamischen Organisationen in Deutschland. Aus der Gegenoffensive des türkischen Präsidiums für religiöse Angelegenheiten ging in Deutschland die Türkisch-Islamische Union des Präsidiums für religiöse Angelegenheiten (DITIB) – in den Niederlanden: Islamitische Stichting, Nederland – hervor. Sie kontrolliert heute bis zu zwei Drittel der türkischen Moscheen. Eine neuere Entwicklung unter den Türken ist schließlich das Wiederaufleben und die Institutionalisierung des alevitischen Islam. Diese Strömung, deren Anhänger ungefähr 20 Prozent der türkischen Bevölkerung ausmachen, wird zum schiitischen Islam gerechnet.

Unter den indo-pakistanischen Muslimen in Großbritannien haben verschiedene islamische Bewegungen, deren Wurzeln auf dem indischen Subkontinent zu suchen sind, großen Anhang. Zu nennen sind die Brailvi-Bewegung, ihr puritanischer Rivale, die Deobandi-Bewegung, die Ahl-i hadith-Bewegung und die Jama'at-i Islami. Eine Gruppe, die ebenfalls ihre Wurzeln in Indien hat, die aber auch unter nordafrikanischen Muslimen beträchtlichen Anhang zu werben wußte, ist die Jama'at-i tabligh, die sich aus der Deobandi-Bewegung entwickelt hat. Unter den nordafrikanischen Muslimen haben andere Bewegungen und Dachverbände mehr oder weniger ausdrückliche politische Zielsetzungen. So versucht der marokkanische Staat über die »Organisations Amicales des Travailleurs et Commercants Marocains« die monarchistischen und loyalistischen Tendenzen unter seinen Untertanen in Westeuropa zu verstärken.

In den meisten westeuropäischen Ländern sind Sufi-Orden (mystische oder volksislamische Gruppen) aktiv, die ihre eigenen, zumeist informellen und personengebundenen Netzwerke besitzen. Neben den Pirs (den heiligen Männern) der bereits genannten Brailvi-Bewegung, die oft in der Tradition des Qadiriyya-Ordens stehen, ist auf die beherrschende Stellung hinzuweisen, die Organisationen wie die Muridiyya und die Tijaniyya unter den Senegalesen in Frankreich und Italien einnehmen. Einige der türkischen islamischen Strömungen stammen aus der Naqschbandiyya wie die Süleymanlis und Nurcus oder stehen unter dem Einfluß von Naqschbandi-Scheichs, wie die Milli Görüs. Der Orden der Alawiya aus Mostaganem in Algerien breitete sich durch die Vereinigung »Les Amis de l'Islam« in Frankreich und von dort in andere westeuropäische Länder aus.

Die Existenz muslimischer Gemeinschaften und das Leben der Muslime in europäischen Gesellschaften sind aus der Sicht ihrer christlich geprägten Umgebung von zahlreichen Eigenarten gekennzeichnet. Besonders viele Frauen leiden unter dem Spannungszustand zwischen den Anforderungen von Familie, Erziehung und traditionellem sozialen Status auf der einen und der Selbstbestimmung der Frau in europäischen Gesellschaften auf der anderen Seite. Ob bei der aktiven Ausübung seines Glaubens (Gebet, Fasten, Speisegebot oder Pilgerfahrt) oder im täglichen Leben (zum Beispiel Namensgebung, Schule, Ausbildung und Beruf, Heirat und Partnerschaft) – häufig trifft der Muslim in Europa auf Gelegenheiten, Anlässe und Lebenssituationen, in denen ihm Unverständnis begegnet oder er Vorurteile überwinden muß.

Trotz der gesetzlich garantierten Religionsfreiheit hält sich auf seiten der nichtmuslimischen Mehrheitsgesellschaft die Akzeptanz gegenüber dem Islam in Grenzen. Der kulturelle Hintergrund der Muslime und besonders auch ihre Religion werden weithin noch als fremd angesehen und als ein mögliches Hindernis für ihr Leben als Bürger eines westeuropäischen Staates betrachtet. Diese weitverbreitete Meinung hängt mit dem überwiegend negativen Bild des Islam in der westeuropäischen Öffentlichkeit zusammen, die diese Religion vor allem mit Fanatismus und Intoleranz gegenüber Andersdenkenden verbindet. Diese Vorstellung hat sehr alte Wurzeln, wurde aber durch Ereignisse wie die Revolution im Iran und die Entstehung radikaler islamischer Bewegungen besonders im Vorderen Orient verstärkt.

Auf der anderen Seite läßt das Verhalten einzelner islamischer Organisationen Zweifel an ihren politischen Absichten aufkommen: Wie demokratisch sind Organisationen, die auf dem Prinzip des religiösen Führers beruhen? Wie integrationsfördernd sind religiöse Aktivitäten, beispielsweise Korankurse, durch die ein Bewußtsein gestärkt wird, das davon ausgeht, daß Muslime nicht einen Platz in, sondern neben der nichtmuslimischen Gesellschaft einnehmen sollten? Wird nicht das Entstehen eines Getto-Islams gefördert, der zwar den Broterwerb in dem »heidnischen« Umfeld gestattet, aber der sich dem Austausch und gesellschaftlichem Miteinander verschließt? Vor diesem Hintergrund fordern nicht wenige Muslime (und Nichtmuslime) eine Europäisierung des Islams und eine Loslösung ihrer engen Abhängigkeit von religiösen Strukturen und Glaubensformen in ihren Herkunftsländern.

Es wird vieler kultureller, politischer und gesellschaftlicher Bemühungen bedürfen, um die noch immer gegebenen Spannungen zwischen den Muslimen und ihrem zumeist christlich-orthodoxen Umfeld in Südosteuropa und die Probleme, die angesichts der neuartigen Herausforderung des Zusammenlebens von Muslimen und Nichtmuslimen gegen Ende des Jahrhunderts auf dem Gebiet der Europäischen Union spürbar sind, zu beseitigen und den Islam zu einer weithin akzeptierten Facette in einem sich ausprägenden neuen Europa zu machen.

Judentum in Europa

Aviva Klein-Franke

Das »Volk des Buches« wurde selbst und ist immer noch Gegenstand unzähliger Bücher und Schriften. Das Thema der Geschichte und heutigen Situation des europäischen Judentums füllt ganze Bibliotheken. Ein einzelner Beitrag dazu kann folglich nur einen sehr unzureichenden Einblick geben und ein paar Highlights, einige Hauptthemen ansprechen. Sie mögen aber vielleicht deutlich machen, daß die Juden schon vor Jahrhunderten Europäer waren, lange bevor der Europagedanke populär wurde und schon vor der Christianisierung des »Abendlandes«. Nicht nur ihr Beitrag zur Kultur, Wissenschaft und Wirtschaft Europas verdient Erwähnung, ihre Kontakte über Landesgrenzen hinweg machten sie zu einem Bindeglied zwischen Staaten, Regierenden und Völkern. Ihre relativ kleine Zahl im Vergleich zur umgebenden Bevölkerung, das Fehlen eines eigenen Territoriums sowie die häufig erlebte Ablehnung und Verfolgung, die Migrationen in alle Richtungen immer wieder nötig machten, ließen die Juden ihre eigenen Traditionen, familiären und religiösen Bindungen als Fixpunkte ihres Lebens und Überlebens aufrechterhalten. Sie kannten keine andere Realität als das Diasporaleben, die Existenz als Minorität gegenüber einer Majorität.

Die Geschichte der Juden – nicht nur in Europa – ist ein Pendeln zwischen Vertreibung aus einem Gebiet und Aufnahme in einem anderen. Mitte des 17. Jahrhunderts, um nur einige wenige Zahlenbeispiele zu geben, lebten in Europa circa 650 000 Juden, etwa zu gleichen Teilen sephardische und aschkenasische; das waren 0,6 Prozent der Gesamtbevölkerung Europas, jedoch zwei Drittel der gesamten Judenheit. In der Mitte des 19. Jahrhunderts zählten die europäischen Juden vier Millionen Menschen oder 1,5 Prozent, was einem Anteil von fast 90 Prozent der jüdischen Weltbevölkerung ausmachte. 1938 lebten von den 16 Millionen Juden auf der Welt fast zehn Millionen in Europa. 1968 wurden annähernd 14 Millionen Juden auf der Welt gezählt, von denen etwas über vier Millionen in Europa lebten, die meisten in der UdSSR.

Die sephardischen Juden

Die Juden auf der Iberischen Halbinsel (Sepharad), die Juden Spaniens und Portugals, haben sich gleich nach der Zerstörung des zweiten Tempels (70 nach Christi Geburt) dort angesiedelt. Die ersten Ankömmlinge waren zu einem großen Teil Angehörige des Priestergeschlechts (Kohanim) und der Aristokratie, die sich auf das Haus Davids zurückführten.

Während zuerst die palästinensischen Traditionen fortgeführt wurden, kamen später, mit der arabischen Eroberung im Jahr 711, Juden aus Babylonien mit ihren eigenen Traditionen nach Sepharad. Die geistlichen Führer der Religionsschulen *(Yeschivoth)* in Babylonien wurden bald auch von den einheimischen Juden von Sepharad anerkannt; somit gerieten die palästinensischen Überlieferungen in den Hintergrund. In ihren relativ autonomen Gemeinden konnten sie ihre Gebräuche und die hebräische Sprache über Jahrhunderte bewahren. Das Jüdisch-Spanische des 14. bis 15. Jahrhunderts bekam nach der Vertreibung aus Sepharad (1492) die Bezeichnung »Ladino«. In der Distanz zum Mutterland konnte es bis heute das archaische Spanisch bewahren, wenngleich, je nach Gegend, neue Einflüsse hinzukamen.

Vor den ersten urkundlich erwähnten Ansiedlungen in Tarragona und Tortosa (Katalonien) im 5. Jahrhundert haben sich die Juden offenbar schon zur Römerzeit auf der Halbinsel ausgebreitet. In beiden Orten wurden Sarkophage zum Beispiel mit hebräischen Inschriften gefunden. Spannungen zwischen Juden und Christen, die zunächst religiöse Ursachen hatten, begannen bereits im 4. Jahrhundert, verschärften sich aber besonders zur Zeit der Westgoten, die den Juden immer mehr Freiheiten zu nehmen trachteten. Ihr Ziel war eine homogene Gesellschaft mit nur einer Religion und einem Staatsvolk, ein Gedanke, der auch in späteren Zeiten das Handeln der Herrschenden bestimmte.

Als die Muslime den südlichen Teil der Halbinsel (Al-Andalus, Andalusien) eroberten, bekamen die Juden ihre Religionsfreiheit zurück. Allerdings mußten landbesitzende Juden hohe Steuern zahlen, was schließlich zur Abwanderung in die Städte führte. Trotz allem konnte sich unter den Muslimen ein reiches Geistesleben entfalten, dessen Einflüsse bis nach Mittel- und Osteuropa und selbst bis ins Reich der Chasaren reichten. Anders als unter der christlichen Herrschaft jener Zeit waren Juden unter den Muslimen vielfach am Hofe tätig, vor allem im Finanz-, Steuer- und Zollwesen. Um einige Namen zu nennen:

Jüdische Gewürzdosen

Jüdische Gewürz- und Riechdosen

Kultische siebenarmige Menora der jüdischen Liturgie und neunarmiger, silberner Chanukka-Leuchter

- Hisdai Ibn Schaprut (915 bis 970), Physiker und erster »Hofjude«, war der oberste Beamte des Zolls und des Außenhandels.
- Der Poet Samuel ha-Nagid, der Minister und Armeekommandant des Sultans in Granada war, konnte im Jahre 1030 aus seiner Position heraus seinen in Almeria bedrängten Glaubensgenossen sogar eine Armee zur Hilfe schicken.
- Yekutiel Abu Isaak Ibn Hassan diente als Minister in Saragossa.
- Der bedeutendste jüdische Sprachwissenschaftler des Mittelalters war Abdulwalid Merwan Ibn Dschannach (um 990 bis 1050), der auch arabisch schrieb.
- Salomo Ben Juda Ibn Gabirol (1020 bis 1058), Dichter und Philosoph, ist vor allem wegen seiner weltlichen und liturgischen Gedichte und seiner Werke zur neuplatonischen Philosophie bekannt.
- Der Poet und Philosoph Juda Halevi (um 1080 bis 1145) war ein klassischer Vertreter der hebräischen Poesie im Mittelalter.
- Im christlichen Spanien ist Joseph ha-Nassi Ferrizuel, genannt Cidellus (gestorben circa 1145) zu erwähnen, der Leibarzt des Königs Alfonso VI. von Kastilien war.
- Abraham Ibn Ezra (1092 bis 1167), der in Spanien und Italien lebte, war Grammatiker, Philosoph, Astrologe, liturgischer und weltlicher Dichter in hebräischer und arabischer Sprache.
- Rabbi Mosche Ben Maimon, genannt Maimonides oder in Abkürzung RaMBaM (1135 in Cordoba bis 1204 bei Kairo), gehört zu den größten Philosophen des Mittelalters, war aber gleichzeitig auch Religionsgelehrter und Leibarzt des Großveziers in Kairo. Seine in Arabisch und Hebräisch verfaßten Schriften lösten Diskussionen und Widersprüche aus, die etwa zwei Jahrhunderte währten.
- Einer seiner Gegner war Rabbi Mosche Ben Nachman (RaMBaN, Nachmanides, 1195 bis 1270), Gesetzeslehrer und Kabbalist.

Als die Almohaden im Jahre 1146 über Südspanien herrschten, verschlechterte sich die Lage der Juden drastisch. Synagogen und *Yeschivoth* wurden geschlossen und die Juden zum Übertritt zum Islam gezwungen. Daraufhin emigrierten viele von ihnen ins christliche Spanien.

Isaak Al-Fasi (11. Jahrhundert), der aus Marokko stammte, hatte in Spanien das erste Compendium des jüdischen Gesetzes geschrieben, und die aus Deutschland immigrierten Juden Ascher Ben Jechiel (1250 bis 1327) und sein Sohn Jakob Ben Ascher (1269 bis 1343), der in Toledo religiöser Richter *(Dayyan)* war, publizierten um 1340 das später weitverbreitete Buch ›Arba'a Turim‹, ein Kodex, der aschkenasisches und sephardisches Recht kombinierte und später als Grundlage für den ›Schulchan Aruch‹ diente (siehe unten).

Unter Alfonso VIII. (1126 bis 1157) spielten die Juden in Toledo eine herausragende Rolle als Übersetzer und somit Übermittler der klassischen philosophischen und naturwissenschaftlichen Literatur der Griechen ins Lateinische, die über die arabische Sprache weiter tradiert worden war. Außerdem wurden in der von Alfonso angeregten Übersetzerakademie, in der fast ausschließlich Juden tätig waren, auch arabische und hebräische Werke übersetzt und somit das klassische Erbe dem christlichen Europa vermittelt. Unter anderem wurde auch der Qur'an ins Latein übertragen (1142) und auch Maimonides' Schriften wie der ›Führer der Unschlüssigen‹. Weiterhin waren Juden zu der Zeit als Kartographen und Astronomen (Kalender) berühmt. Christoph Columbus hatte vor seinen großen Reisen das Werk ›Almanach Perpetuum‹ von Abraham Zacuto (1450 bis 1510) aus Salamanca studiert. Der ›Schulchan Aruch‹ von Joseph Caro (1488 bis 1575) aus Toledo, eine Kodifizierung der talmudischen Gesetze, wurde innerhalb von 200 Jahren in der gesamten Judenheit bekannt.

Das blühende kulturelle und gesellschaftliche Leben der Juden in Sepharad näherte sich dem Ende, als Ferdinand und Isabella heirateten und die beiden Königreiche Aragon und Kastilien im Jahre 1479 vereinigten. Zwei Jahre danach begann sich die Inquisition auszubreiten, die sich zuerst gegen die Konvertiten richtete. Um den Einfluß der Juden auf diese zu beenden, begann man mit deren Vertreibung, zunächst 1483 aus Andalusien. Im Jahre 1492 wurde ein allgemeines Austreibungsedikt erlassen, und am 31. Juli des Jahres verließ der letzte – von etwa 100 000 Juden – Spanien. Geduldet wurden nur die Konvertiten bzw. Kryptojuden. Zwangsgetaufte Juden (spanisch *Marranos*, Schweine; hebräisch *Anussim*, Gezwungene), die im geheimen ihre jüdische Religion weiterpflegten, wurden zu einem Phänomen, dessen Reste sich bis heute in Portugal erhalten haben. Immerhin sollen so 400 000 Marranen im Lande geblieben sein. Die Juden, die zunächst nach Portugal geflüchtet waren, mußten 1496/97 auch von dort weiterziehen, zumeist nach Nordafrika, Westeuropa und in die Gebiete des Osmanischen Reiches.

Bis zum 18. Jahrhundert waren die sephardischen Juden in Holland, England und in manchen Gebieten des Balkans weit zahlreicher als die einheimischen Juden. Ihre handwerklichen und kaufmännischen Fähigkeiten, Erfahrungen und internationalen Beziehungen ließen sie schnell in hohe Positionen der jeweiligen Staaten aufsteigen. Als dann später, wegen der Pogrome in Osteuropa, die aschkenasischen Juden nach Westen und Südwesten auswanderten, bildeten beide Gruppen eigene Gemeinden.

Zwar fühlten sich die Sepharadim aufgrund ihrer reichen kulturellen Traditionen und Errungenschaften ihren aschkenasischen Glaubensgenossen weit überlegen, doch nutzten sie ihre einflußreichen Positionen, um diesen das Einleben zu erleichtern. Gleichzeitig vermittelten sie ihnen ihr geistiges Erbe.

Der Abkömmling einer nach Holland eingewanderten Marranenfamilie, der Philosoph Baruch Spinoza (1632 bis 1677), wurde zu einem Vorläufer der Aufklärung. Die ihm eigene säkulare Denkweise und seine freiheitlichen Äußerungen führten dazu, daß er als Atheist abgestempelt und von den Rabbinern mit dem Bann belegt wurde.

Das aschkenasische Judentum

Die schon in der Bibel erwähnte Volksbezeichnung »Aschkenas« wurde in der rabbinischen Literatur des Mittelalters für das Gebiet Mitteleuropas verwendet. Juden sind in Deutschland seit der zweiten Hälfte des 1. Jahrhunderts nachweisbar, vor allem in den Städten im Gebiet des Rheins. Ihre Lage war bis zur Zeit der Kreuzzüge (ab 1096) relativ günstig. Dann begannen Verfolgungen, die vermeintliche Hostienschändungen und Ritualmorde zum Vorwand nahmen, das heißt religiös begründet wurden. Viele Juden flüchteten unter polnische Herrschaft und nahmen dabei ihr mittelalterliches Deutsch mit sich, aus dem unter Beimengung hebräischer und slawischer Elemente die jiddische Sprache entstand. Während der Pest, dem »Schwarzen Tod« (1348/49), wurde den Juden Brunnenvergiftung vorgeworfen, was wiederum blutige Verfolgung und Vertreibung mit sich brachte.

Die lange währende Kleinstaaterei in Deutschland bedeutete für die Juden ganz unterschiedliche rechtliche Rahmenbedingungen, was die Ansiedlung in einem Gebiet oder einer Stadt und dem gänzlichen Fehlen in anderen Gegenden erklärt. Juden in deutschen Ländern waren, anders als in manchen anderen Staaten Europas, sogenannte Schutzjuden, das heißt, sie waren direkt von dem jeweiligen Herrscher abhängig, der ihnen »Patente« gab und pro Kopf bestimmte Abgaben erhob.

Wenngleich die aschkenasischen Juden zeitlich erst nach ihren sephardischen Glaubensgenossen ihre geschichtliche Bedeutung erlangt haben, so sind doch auch unter ihnen eine ganze Reihe von Persönlichkeiten zu erwähnen. In der Umgebung des Rheins, vor allem in Mainz und Worms, entstanden etwa Mitte des 10. Jahrhunderts jüdische Lehrhäuser, die bald über die Grenzen hinaus hohes Ansehen gewannen. Beeinflußt wurden sie offenbar vom babylonischen Judentum, und zwar über den Umweg eines Zentrums jüdischer Gelehrsamkeit in Südfrankreich, Narbonne.

- Einer der bekanntesten Rabbiner jener Zeit war Gerschom Ben Jehuda (um 950 bis 1028 oder 1040), der in Mainz lehrte. Sein hohes Ansehen brachte ihm den Ehrentitel *Me'or ha-Gol* (Leuchte der Diaspora) ein. Die von ihm erlassenen Anordnungen *(Takkanoth)* zu sozialrechtlichen Fragen behielten für die Juden des Abendlandes über Jahrhunderte ihre Gültigkeit.
- Ebenfalls Berühmheit erlangte Rabbi Salomo Ben Isaak, genannt Raschi (1040 bis

1105) aus Troyes, der sich eine Zeitlang in Worms aufhielt. Seine Bibel- und Talmud-Kommentare werden bis in die Gegenwart studiert und gedruckt.

- Süßkind von Trimberg (um 1250 bis 1300), fränkischer Herkunft, dessen Judesein zwar von manchen Autoren bezweifelt wird, gilt jedoch allgemein als der einzige bekannte jüdische Minnesänger oder Spruchdichter. Von ihm sind ein Dutzend Spruchlieder in Mittelhochdeutsch erhalten.
- Rabbi Me'ir Ben Baruch (um 1215 bis 1293) von Rothenburg ob der Tauber, wo er hauptsächlich lehrte, erhielt Anfragen zu Talmudproblemen von weit her. Von ihm sind über 1000 Gutachten (Responsen) erhalten. Als er 1286 nach Palästina/Eretz Yisrael auswandern wollte, wurde er unterwegs verhaftet und bis zum Ende seines Lebens im Elsaß eingekerkert. Einziger Grund war wohl, daß seine Auswanderung von der Obrigkeit als ein Einnahmeverlust angesehen wurde.
- Auch eine Frau verdient Erwähnung unter den bekannten jüdischen Persönlichkeiten ihrer jeweiligen Zeit: Glückl von Hameln (1646 bis 1724). Die Mutter vieler Kinder übernahm nach dem Tode ihres Mannes sein Handelsgeschäft und fand daneben noch die Zeit, ihre Memoiren in Jiddisch zu verfassen, die einen guten Einblick in jene Epoche bieten.
- Der »Hofjude« Josef Oppenheimer, genannt Jud Süß (1692 bis 1738), der in die Literatur einging, war Finanzberater des württembergischen Herrschers. Seine Versuche, Reformen im Finanz-, Steuer- und Verwaltungswesen gegen die Vorherrschaft der Stände durchzuführen, blieben letztendlich erfolglos; er wurde hingerichtet.
- Als frühe Europäer können die Rothschilds angesehen werden, Bankiers, Philanthropen und Kunstsammler, die seit 1530 in Frankfurt am Main nachweisbar sind. Als Begründer des Stammhauses gilt Mayer Amschel Rothschild (1743 bis 1812), dessen fünf Söhne in Wien geadelt wurden. Ein Nachfahre, Lionel Nathan Rothschild (1808 bis 1879), wurde 1847 als erster Jude ins britische Unterhaus gewählt.

Für die neuere Zeit ist es kaum möglich, alle die Juden Europas aufzuführen, die in Wissenschaft, Wirtschaft, Literatur, Politik und anderen Sparten Bekanntheit und Bedeutung erlangt haben.

In Osteuropa, beginnend in Polen und Litauen, bildete sich etwa ab dem 16. Jahrhundert etwas heraus, was später im Jiddischen *Shtetl* genannt wurde. In Kleinstädten, die Adeligen gehörten, wurden Juden nicht nur geduldet, sondern man lud sie geradezu ein, sich anzusiedeln. Anders als in den größeren, den alten »königlichen« Städten hatten sie hier freie Entfaltungsmöglichkeiten und wurden teilweise zur Majorität. Die sich hier entwickelnde Infrastruktur mit ihrer *Yidishkeyt* und *Menshlikhkeyt* war das Kennzeichen der *Shtetlakh*.

Die jüdische Aufklärung (Haskala)

Einige Jahrzehnte nach der allgemeinen Aufklärung in Europa im letzten Viertel des 18. Jahrhunderts begannen im aschkenasischen Judentum Tendenzen, die Gesellschaft zu säkularisieren und der Religion einen abgegrenzten Bereich zuzuweisen. Vorläufer dessen waren Entwicklungen im Litauen der vierziger Jahre, in dem die religiösen Führer den dortigen Juden bereits Integration »verordneten«, indem sie auf die Bedeutung des Erlernens der Landessprache und von Fremdsprachen hinwiesen. Gleichzeitig propagierten sie eine stärkere Beschäftigung mit dem Hebräischen neben dem Jiddischen, was unter anderem zur Gründung hebräischer Zeitungen führte.

Diese Entwicklung setzte also schon vor dem Wirken des allgemein als Begründer der jüdischen Aufklärung angesehenen Moses Mendelssohn ein. Nichtsdestoweniger hat er der Haskala die wichtigsten Impulse gegeben. Er definierte das Judentum als Religion und nicht als Volkstum. Die jüdische Religion sollte als Angelegenheit des *Sechel* (hebräisch: Vernunft), was als Wurzel in dem Begriff »Haskala« steckt, aufgefaßt werden und nicht lediglich als eine Frage des Glaubens und übernatürlicher Ereignisse. Vom Grundsatz der Toleranz ausgehend, wollten Mendelssohn und andere jüdische Aufklärer die Macht der Rabbiner beschränkt wissen und ihnen das Recht der Exkommunikation (des Bannes) nehmen. Eine Beschäftigung mit Wissenschaft und anderen geistigen Themen jenseits der Religion wurde bis dahin von der aschkenasischen Geistlichkeit als Sünde aufgefaßt. Der nichtjüdischen Umgebung versuchten sie dann in Schriften und öffentlichen Diskussionen das Judentum in neuer Weise bekannt zu machen.

Die geforderte rechtliche Gleichstellung der Juden sollte sie zu normalen Staatsbürgern machen, die in allen Bereichen der Gesellschaft gemäß ihrem prozentualen Anteil vertreten sein sollten. Durch Erlernen der Landessprache, allgemeine, säkulare Bildung (auch von Mädchen) und äußere Anpassung an die nichtjüdische Umgebung sollten die Juden selbst erst die Voraussetzungen dazu schaffen. Dadurch würde auch das Exil *(Galuth)* seinen bedrückenden Charakter verlieren, so glaubte man. Die *Maskilim* (Aufklärer) hatten vor allem in Deutschland, Frankreich und Holland Fuß fassen können, zumal sie auf die Unterstützung sowohl der jeweiligen Herrscher als auch der nichtjüdischen Bevölkerung rechnen konnten.

Zum Hauptorgan der Aufklärung und des säkularen Judentums wurde die Monatszeitschrift ›Ha-Me'assef‹, die von 1783 bis 1811 mit verschiedenen Unterbrechungen zunächst in Königsberg in Deutsch und Hebräisch herausgegeben wurde und mehr und mehr jüdisch-deutschnationale Tendenzen verfolgte. In Berlin wurde 1778 die »Freischule« gegründet, die unentgeltlich war, um auch ärmeren Bevölkerungsgruppen den Schulbesuch zu ermöglichen. Neben allgemeinen Fächern wurde zwar auch die Bibel und die hebräische Sprache gelehrt, jedoch nicht der Talmud.

Zu Beginn des 19. Jahrhunderts entwickelte sich eine gegen das orthodoxe Judentum gerichtete Bewegung, die folgende Hauptziele hatte: Beschleunigung der Assimilation der Juden in die christliche Gesellschaft, Modernisierung des Judentums (unter anderem ein Abschaffen des Banns) und das Ablegen des bis dahin zentralen Gedankens der Rückkehr nach Zion. Als Heimat sollte statt dessen das Land der Geburt akzeptiert werden. Folgerichtig sollten Gebete auch in der Landessprache gesprochen und mithin das Hebräische abgelöst werden. Einer der ersten Schritte der Reformisten war es, eine neue Art von Synagogen zu errichten, die sich später die Kirchen zum Vorbild nahmen und in denen Orgelmusik und Chorgesang die Schabbat-Gottesdienste begleitete. Die Gebete wurden auch auf deutsch gesprochen. Als man im Jahre 1818 in Hamburg einen Tempel der Reformjuden gründete und zum Beispiel in den Gebeten die Stellen, in denen der Messias vorkam, ausgelassen wurden, hatte das einen vehementen Protest nicht nur der überwiegenden Mehrheit der Rabbiner des Ortes zur Folge: Den Gegnern der Neuerung schlossen sich 40 der wichtigsten Rabbiner Europas an.

In Böhmen (1781), Moravien (1782), Ungarn (1783) und Galizien (1789) waren die Juden gezwungen worden, eigene allgemeine (säkulare) Grundschulen zu errichten. In Preußen sollten Juden ab 1803 die öffentlichen Schulen besuchen, was sich ein Jahr später auch Rußland zum Vorbild nahm.

Ein weiteres Ergebnis der Haskala war die Begründung einer »Wissenschaft des Judentums«; 1819 hatten Leopold Zunz (1794 bis 1886) und eine Gruppe jüdischer Studenten die »Gesellschaft für Wissenschaft und Kultur der Juden« gegründet, die das Ziel hatte, das geistliche Erbe der Juden zu erforschen. Zunz zeigte drei Leitlinien der modernen Forschung des Judentums auf, nämlich die Beschäftigung mit seiner geistlichen Komponente, eben der Religion, der hebräischen Sprache und der Geschichte. Dabei rückte nun auch die Gegenwart des Judentums in den Blickpunkt des Interesses.

Die Französische Revolution brachte vor allem für die innerjüdischen Verhältnisse große Veränderungen mit sich, die auch auf die nichtfranzösischen Länder ausstrahlten. Dieses betraf den Status der aschkenasischen Juden, denn die bereits integrierten Sepharadim genossen ohnehin schon eine recht freie Stellung in Staat und Gesellschaft (Freizügigkeit, freie berufliche Betätigung und anderes), die sie sich von der Nationalversammlung ausdrücklich bestätigen ließen. Damit wollten sie sich dezidiert von den Aschkenazim abheben, um nicht in die gleiche Kategorie gebracht zu werden.

Napoleon ließ 1807 eine »Sanhedrin« genannte Versammlung in Paris zusammenkommen, die sich nicht nur aus Rabbinern, sondern auch aus anderen jüdischen Gelehrten aus ganz Europa zusammensetzte. Damit sollte einerseits der Einfluß der Rabbiner gebrochen, andererseits eine Kommission gewählt werden, die Napoleon Fragen zu innerjüdischen Angelegenheiten, zur Stellung der Juden zum Staat und der nichtjüdischen Umgebung beantworten sollte. Außerdem sollte in Paris ein Konsistorium als zentrale Leitungsorganisation der Juden in den französisch regierten Ländern gegründet werden, die die frühere Organisierung auf Gemeindebasis unter der alleinigen »Herrschaft« des Rabbiners ablöste und schließlich auch beseitigte. In den Gebieten unter französischer Herrschaft hatte Louis Napoleon 1809 den aschkenasischen Juden befohlen, amtliche Dokumente nur noch in der Landessprache – und nicht in Jiddisch – abzufassen und die Predigten in den Synagogen in der jeweiligen Landessprache abzuhalten. In Österreich mußten die Rabbiner ab 1820 beim Ablegen ihrer Prüfung auch allgemeine Bildung nachweisen. Ihre Befugnisse in Personenstandsangelegenheiten wurden beschnitten.

Der Chassidismus

Im Osten Europas – vor allem in Polen, Galizien, Ukraine, Baltikum, Weißrußland, Ungarn und Rumänien – entwickelte sich unter dem Eindruck des Messianismus des »Pseudomessias« Sabbatai Zvi (1626 bis 1676), der Pogrome und unter Einfluß der Kabbala-Mystik eine populäre jüdische mystische Bewegung, als deren Begründer man im allgemeinen den Rabbi Israel ben Eliezer, genannt Ba'al Schem-Tov (1700 bis 1760), ansieht. Kennzeichnend für die *Chassidim* (Bezeichnung für leidenschaftlich fromme Menschen) ist ihre soziale »Organisation« in Gruppen um einen *Maggid* (hebräisch: Prediger) oder *Zaddik* (hebräisch: Gerechter, Wohltäter), eine geistliche Führerpersönlichkeit, dem vielfach Wunder und Heilkräfte zugeschrieben wurden. Sie lebten abgesondert von den übrigen Juden und widmeten ihr Leben dem Studium der Tora, der Mischna (ein Teil des Talmud) und der Kabbala, dem Gebet, der rituellen Reinheit und der Gemeinschaft.

Ba'al Schem-Tov predigte drei Grundsätze: die Liebe zu Gott, zur Tora und zum Volk Israel. Das drückte sich im Verrichten guter Taten (zum Beispiel der Unterstützung Bedürftiger oder der Auslösung von Gefangenen), dem Befolgen der religiösen Vorschriften (Mitzvoth) und der Verbreitung der kabbalistischen Philosophie aus, mit dem Ziel, die Ankunft des Messias und damit die Erlösung zu beschleunigen. Aus den Schülergruppen bildeten sich regelrechte »Höfe«, Schulen, ja sogar Dynastien um die jeweiligen *Maggidim*, die in Osteuropa bis zum Holocaust, in Amerika und Israel in geringerem Maße bis heute fortbestehen.

Der Chassidismus ist in Deutschland vor allem durch die Veröffentlichungen von Martin Buber und die Klezmer-Musik bekannt geworden. Es lassen sich verschiedene Hauptströmungen ausmachen, zwei davon seien hier genannt:

- Die Chabad-Chassidim
  Bei ihnen wird die Vernunft betont, mit der allein man Gottes Größe erkennen könne. Drei Grundsätze kennzeichnen sie: Liebe, Freunde und Almosengaben. »Chabad« ist die Abkürzung für *Chochma* (Weisheit), *Bina* (Einsicht, Vernunft) und *Da'ath* (Erkenntnis, Wissen). Begründer dieser Richtung war Rabbi Schne'ur Salman von Lyady (1745 bis 1813). Die Chabad-Chassisim treten vielfach als eine Art »Volksmissionare« auf.
- Die Bratzlawer Chassidim
  Diese nach dem Ort Bratzlaw in Podolien (Ukraine) bzw. dem Zaddik Nachman von Bratzlaw (1772 bis 1811) benannte Gruppe hält naiven Gottesglauben, ohne großes Rationalisieren, für erstrebenswert.

Zionismus

Das Entstehen von Nationalstaaten im Europa der zweiten Hälfte des 19. Jahrhunderts ließ auch unter den Juden den Gedanken an eine Eigenstaatlichkeit aufkommen, wobei allerdings die territoriale Frage zur Diskussion stand. Der zu jener Zeit verstärkt auftretende Antisemitismus, der für politische Zwecke benutzt wurde, rief bei den Juden unterschiedliche Reaktionen hervor. Die einen wollten ihm mit einer Assimilation fast »bis zur Unkenntlichkeit« begegnen, die anderen sahen die Rettung eben in einer territorialen Lösung, einer Auswanderung nach Palästina/Eretz Yisrael. Hauptvertreter der letzteren Position in Osteuropa war Moses Hess (1812 bis 1875), der in seinem Werk ›Rom und Jerusalem‹ (1862) eine »Wiederauferstehung« und Sammlung des jüdischen Volkes im Lande ihrer Väter propagierte. Die Gegenströmung drückte sich in der Gründung (1897) des »Bundes«, der ältesten jüdischen Arbeiterpartei in Vilna aus, die in Opposition zu einer Rückkehr nach Zion stand und statt dessen eine Integration der mehr ländlichen Juden Osteuropas in der allgemeinen Arbeiterklasse für erstrebenswert hielt, bei national-kultureller Autonomie und einer jiddischen »Nationalsprache«.

In Berlin wurde 1893 der »Centralverein Deutscher Staatsbürger Jüdischen Glaubens« (CV) gegründet, in dem sich das Streben nach loyaler Zugehörigkeit zum deutschen Staat und der deutschen Nation ohne territoriale Aspirationen ausdrückte. Im Widerspruch zur jüdischen Orthodoxie bejahten sie das Leben in der Diaspora.

Nach Pogromen gegen Juden in Rußland erließ Zar Alexander III. im Jahr 1882 eine Verordnung, die die Bewegungs- und Berufsfreiheit der Juden begrenzte, angeblich auch zum Schutz der Juden vor weiteren Übergriffen. Als Gegenreaktion gründeten orthodoxe im Verein mit aufklärerischen Juden die Gruppe der »Chovevei Zion« (hebräisch: Zionsfreunde) oder »Chibat Zion« (hebräisch: die Zion Liebenden), die in der Auswanderung nach Palästina und der Errichtung landwirtschaftlicher Siedlungen dort (anstelle einer Ansiedlung in den vier heiligen Städten) einen Ausweg suchten. Bereits 1882 gingen 3000 »Biluim« (Abkürzung für das Wort aus Jesaja 2, 5: *»Beyth Ya'aqov l' chu v-nelcha«* – Kommt nun, ihr vom Hause Jakobs, laßt uns gehen), jüdische Studenten, als erste Pioniere nach Eretz Yisrael und gründeten dort die Ortschaft Rischon le-Zion (die erste in Zion). Nach dem Pogrom in Kischinjew (1903) und weiteren Verfolgungen wanderten bis zum Ersten Weltkrieg insgesamt 40 000 osteuropäische Juden nach Palästina aus, viele auch nach Amerika.

Der Antisemitismus Westeuropas ließ, noch vor Theodor Herzl, Bestrebungen wie die des Nathan Birnbaum (1864 bis 1937) in Wien entstehen, der als erster den Begriff des Zionismus prägte und eine Gleichberechtigung der Juden mit allen anderen Völkern von einer Eigenstaatlichkeit in Palästina abhängig machte, die aufgrund einer internationalen Übereinkunft zustande kommen sollte. Für die Entstehung der zionistischen Bewegung war die Dreyfus-Affäre in Paris (1894) ein bedeutsames Ereignis, denn es machte vielen Juden klar – unter anderem dem Journalisten Theodor Herzl (1860 bis 1904) – daß selbst eine Assimilation den Antisemitismus nicht auszumerzen vermochte. In seiner Schrift ›Der Judenstaat‹ von 1896 machte er seine Idee einer öffentlich-rechtlichen Heimstätte für die Juden in Palästina publik und fand viele Befürworter. So nahmen an dem am 29. August 1897 in Basel abgehaltenen 1. Zionistenkongreß, dessen Ziel eben diese Heimstatt war, 200 Repräsentanten aus ganz Europa teil. Gleich nach dem Kongreß schrieb er in sein Tagebuch: »In Basel habe ich den Judenstaat gegründet.« Herzl versuchte danach sowohl den osmanischen Sultan als auch den deutschen Kaiser für seine Ideen zu gewinnen. Der Sultan versagte seine Zustimmung zu einer jüdischen Heimstätte, der Kaiser drückte seine Sympathie immerhin durch ein Zusammentreffen mit Herzl in Palästina aus. Von Großbritannien erwartete Herzl mehr und knüpfte entsprechende Beziehungen dorthin. 1899 gründete er in London den Jewish Colonial Trust und 1902 die Anglo-Jewish Company, die Gelder für den Bodenkauf und die Errichtung von Siedlungen in Palästina aufbringen sollten.

Herzl fand seine Anhänger zunächst hauptsächlich in Osteuropa, wo die Juden ohnehin nichts mehr zu verlieren hatten, während die westlichen Juden seinen Plänen skeptisch gegenüberstanden – Anfang des 20. Jahrhunderts zählte man in Deutschland lediglich etwa 10 000 Zionisten. Das änderte sich erst mit dem Beginn der Naziherrschaft. 1904, nach Herzls Tod, als die zionistische Bewegung zunächst ihres Führers beraubt war, standen zwar auch andere territoriale Lösungen für die Juden zur Diskussion, die Ansiedlung in Palästina wurde jedoch fortgesetzt. 1911 errichtete der Zionistenkongreß ein Büro in Jaffa unter der Leitung des Soziologen Arthur Ruppin, das die Vorbereitung (Hachschara) und schließliche Einwanderung koordinieren sollte.

Die zionistische Bewegung war und ist bis heute kein einheitliches Gebilde, sondern schließt verschiedene religiöse und weltliche Richtungen ein, die zum Teil jeweils von verschiedenen Parteien vertreten wurden und werden. Ein Durchbruch für die zionistische Bewegung war die Anerkennung ihrer Ziele durch die nach dem britischen Außenminister benannte Balfour-Deklaration (2. November 1917) und das 1922 Großbritannien übertragene Palästina-Mandat, nachdem man das Land 1917 den Osmanen abgenommen hatte. Die politische Entwicklung in Europa mit dem Beginn der Naziherrschaft ließ die zionistische Bewegung ihre Aktivitäten nach Palästina/Eretz Yisrael und den Vereinigten Staaten verlagern.

Die Vernichtung des europäischen Judentums

Für die Vernichtung, den Völkermord am europäischen Judentum durch das nationalsozialistische Deutschland, hat sich das aus dem griechischen *holokauston* entlehnte Wort »Holocaust« eingebürgert, das nach 1. Samuel 7, 9 die Grundbedeutung »Brandopfer, Ganzopfer« hat. Im Ivrit (Neuhebräisch) wird seit 1940 der Begriff »Scho'a« benutzt, was totale Vernichtung in großem Maßstab bedeutet, das, was die Ermordung von etwa sechs Millionen Juden eben war.

Die schrittweise Entrechtung der Juden in Deutschland, die schließlich in der Vernichtung, der sogenannten Endlösung, mündete, wurde ab 1938 zunächst durch den Anschluß Österreichs und der Tschechoslowakei, durch den Überfall auf Polen und im Krieg durch die nationalsozialistische Besetzung weiterer Teile Europas auf diese Länder ausgedehnt. Dabei konnten die deutschen Besatzer in manchen Gegenden auch auf einheimische Kollaborateure bauen.

Vielen assimilierten, deutsch-nationalen Juden wurde spätestens nach der Reichspogromnacht (9./10. November 1938) klar, daß eine Integration, ja sogar eine Assimilation bis hin zur Konversion keine Lösung war, solange die nichtjüdische Umgebung zu einem gleichberechtigten Zusammenleben nicht bereit war. Erst jetzt fanden sie zur zionistischen Bewegung, was sich in der sogenannten Jugend-Aliyah ausdrückte, der Vorbereitung und Auswanderung (hebräisch *Aliya*, Aufstieg; die Auswanderung aus Israel wird als *Yerida*, Abstieg, bezeichnet) von Tausenden junger deutscher Juden (sogenannter Jeckes) 1938/39 nach Palästina und ihrer Ansiedlung sowohl in landwirtschaftlichen Siedlungen als auch in Städten.

Manche deutsche Juden waren noch bis zum Betreten der Konzentrations- und Vernichtungslager in ihrem Glauben an den Staat, dem sie sich zugehörig fühlten, nicht zu erschüttern. Die Mehrheit der religiösen Führer der Juden in Polen – mit etwa drei Millionen Menschen die größte jüdische Gemeinschaft in Europa – hielten die Auswanderung nach Palästina für eine Beschleunigung des Kommens der Erlösung, die nicht die Sache der Menschen (sondern Gottes) sein dürfe, weshalb sie die Aliyah nicht befürworteten.

Die heutige Politik Israels ist durch das traumatische Erlebnis des Holocaust gekennzeichnet und ohne dieses nicht zu begreifen; es bestimmt viele Lebensbereiche. Selbst die im Lande geborene Generationen, die Tzabrim, die die Scho'a selbst nicht erlebt haben, tragen diese belastende Vergangenheit in sich.

Keine Liste deutsch-jüdischer Persönlichkeiten aus Wissenschaft, Literatur, Musik, Kunst und anderen Bereichen, die emigrieren konnten, kann auch nur eine vage Vorstellung von dem Verlust geben, den Deutschland mit dem Holocaust dem Judentum und auch sich selbst zugefügt hat.

Judentum in Europa nach dem Zweiten Weltkrieg

Nach der Vernichtung des europäischen Judentums durch Nazideutschland und nach der Emigration derer, denen es gelang – vor allem nach Palästina, Nord- und Südamerika –, schien ein jüdisches Leben in Europa, zumindest in Deutschland, für die Zukunft kaum vorstellbar.

Die Befreiung aus den Konzentrations- und Vernichtungslagern ließ Hunderttausende Juden zu *displaced persons* werden, die nicht in ihre osteuropäischen Herkunftsländer zurückkehren und zunächst auch nicht nach Amerika und Palästina gehen konnten. Dies änderte sich erst mit der Gründung des Staates Israels am 14. Mai 1948 und einer liberaleren amerikanischen Einwanderungspolitik.

In Deutschland, wo die jüdische Gemeindschaft als Körperschaft öffentlichen Rechts einen mit dem der Kirchen vergleichbaren Status bekam (mit gewissen Sonderregelungen, etwa im Sozialwesen), bildeten sich zwar wieder Gemeinden – wenn auch nur wenige deutsche Juden unter ihnen waren, sondern mehr osteuropäische –, doch war die Zahl der Juden noch recht gering, und die Gemeinden waren bald überaltert. Dies änderte sich mit der Öffnung des Eisernen Vorhangs. Die zahlenmäßig starke Einwanderung von Juden aus der früheren Sowjetunion nach Deutschland und Österreich (vor allem ab 1992), die allerdings, in einem atheistischen Staat aufgewachsen, kaum noch Kenntnisse vom Judentum mitbrachten, verstärkten die bestehenden Gemeinden, ja majorisierten sie sogar und begründeten neue Gemeinden. Für die bestehenden Gemeinden stellte dieser plötzliche und unerwartete Zuwachs eine Herausforderung und ein gewisses Problem dar, sowohl in sprachlicher als auch in religiöser und organisatorischer Hinsicht. Während die jüdischen Gemeinden in Deutschland nach 1945 sich im wesentlichen auf das Religiöse beschränkten und ihr Judesein eine »Konfessionsfrage« war, brachten die weniger religiösen Juden der GUS-Staaten eine neue Komponente mit; sie definieren sich als ethnische Gruppe und zeigen mehr Interesse an kulturellen Aktivitäten als an religiösen. Für die Zukunft mag das zu einer stärkeren Säkularisierung der jüdischen Gemeinden führen.

Obwohl die meisten nach dem Kriege gegründeten Gemeinden in Deutschland zur orthodoxen Richtung gehörten, gab es auch einige liberale. Seit einigen Jahren verstärkt sich nun die Tendenz, unter anderem nach amerikanischem Vorbild, »Jüdischkeit« in größerer Vielfalt zu entwickeln. Liberale Gruppen vermehren sich trotz eines gewissen Widerstandes von seiten der Orthodoxen. In Frankreich brachte eine Einwanderung von Juden aus den Maghreb-Ländern (Nordafrika) ebenfalls ein neues Element nach Europa. Das Land wurde mit 600 000 Juden zum viertgrößten jüdischen Zentrum auf der Welt. Was wohl niemand vermutet hatte, beginnt sich abzuzeichnen: nicht nur der Fortbestand der Diaspora trotz einer nationalen jüdischen Heimstatt, sondern auch das Entstehen einer dritten jüdischen Säule in Europa, neben Amerika und Israel, mit einer neuen Vielfalt jüdischen Lebens.

Zeittafel zur Geschichte der europäischen Juden

321	Erste Erwähnung einer jüdischen Gemeinde in Köln
474	Arianische Westgoten erobern Spanien
602	Beginn der Judenverfolgungen in Spanien durch die Westgoten
711	Arabische Eroberung Spaniens
9.–12. Jahrhundert	Blütezeit des nordafrikanischen und spanischen Judentums unter islamischer Herrschaft. Entwicklung und Blüte der rheinischen Judengemeinden
1090	Privilegien Kaiser Heinrichs IV. für die Juden in Speyer und Worms
1096–1099	Vernichtung zahlreicher jüdischer Gemeinden während des ersten Kreuzzugs
11. Jahrhundert	Beginn der jüdischen Wanderungsbewegung von Westen nach Osten
1146	Machtübernahme der Almohaden auf der Iberischen Halbinsel, Beginn der jüdischen Massenauswanderung
1146–1300	Goldenes Zeitalter des spanischen Judentums unter christlicher Herrschaft
1215	Erneuerung und Verschärfung der kirchlichen antijüdischen Gesetzgebung
1235	Erste Ritualmord-Beschuldigung in Fulda
1236	Kaiser Friedrich II. bezeichnet die Juden erstmals als »Kammerknechte«
1240	Disputation und Talmudverbrennung in Paris
1263	Disputation von Barcelona
1264	Privilegien für die polnischen Juden
1270	Entstehung des Buches Zohar
1290	Vertreibung der Juden aus England durch König Eduard I.
13.–15. Jahrhundert	Juden aus Deutschland, Frankreich, Spanien und Portugal flüchten nach Nord- und Mittelitalien
1348	Der »Schwarze Tod« in Europa – Judenverfolgungen in verschiedenen Ländern
1391	Pogrome in Spanien
1394	Vertreibung der Juden aus Frankreich
1413	Disputation von Tortosa

1453	Eroberung Konstantinopels durch die Osmanen
1475	Ritualmord in Trient
1492	Vertreibung der Juden aus Spanien (Austreibungsedikt vom 31. März 1492 zwingt alle Juden, das Reich bis zum 31. Juli 1492 zu verlassen). Auswanderung nach Westeuropa und in den Maghreb
1492/93	Vertreibung der Juden von den unter spanischer Herrschaft stehenden Inseln Sizilien und Sardinien
1497–1507	Vertreibung der Juden aus Portugal
15./16. Jahrhundert	Vertreibung der Juden aus den meisten deutschen Städten. Auswanderung nach Polen, Litauen und Oberitalien
1500–1648	Höhepunkt der Einwanderung nach Osteuropa und Blütezeit des polnisch-litauischen Judentums
1516	Erstes »Getto« in Venedig
1525	Druck von Bombergs Bibel in Venedig
1527	Juden eröffnen Druckhäuser in Saloniki und Konstantinopel
1553	Talmud-Verbrennungen in Rom und Venedig
1555	Papst Paul IV. ordnet die Gettoisierung der Juden an
1568	Bücherverbrennung in Venedig
1578	Druck des ›Schulchan Aruch‹ in Krakau
1580–1764	Vierländersynode als Organ der Selbstverwaltung in Polen
1602	Gründung der ersten sephardischen Gemeinde in Amsterdam
1623	Selbständige litauische Synode
1626	Gründung der ersten hebräischen Druckerei in Amsterdam durch Menasse ben Israel
1626–1676	Sabbatai Zvi, Pseudo-Messias
1635	Gründung der aschkenasischen Gemeinde in Amsterdam
1648	Chmielnicki-Massaker in der Ukraine und Weißrußland, Pogrome in Polen
1648	Anfang und Aufstieg der »Hofjuden« in den absolutistischen Fürstentümern
1650	Beginn der Rückwanderung nach Westen
1656	Wiederzulassung der Juden in England
1656	Bann über den Philosophen Baruch de Spinoza
1671	Vertreibung von 50 Familien aus Wien, die sich in Berlin niederlassen durften
1781	Christian Wilhelm von Dohm: ›Über die bürgerliche Verbesserung der Juden‹
1782	»Toleranz-Patent« von Kaiser Joseph II. für die österreichischen Juden

1789	Französische Revolution
1790–1791	Staatsbürgerliche Gleichstellung der Juden in Frankreich
1796–1799	Bürgerliche Gleichstellung der Juden in Holland und in den von Frankreich besetzten Gebieten. Abschaffung der Gettos
1807	Einberufung des Großen Sanhedrin durch Napoleon
1851–1939	›Monatsschrift für die Geschichte und Wissenschaft des Judentums‹ (MGW)
1854	Gründung des ersten modernen Rabbinerseminars in Deutschland
1858	Erster jüdischer Abgeordneter im »House of Commons« (England)
1860	Gründung der »Alliance Israélite Universelle« in Paris. Gründung jüdischer Schulen im Orient
1869–1871	Staatsbürgerliche Gleichstellung der Juden im Deutschen Kaiserreich
1871	Gründung der »Anglo Jewish Association« und der »Board of Deputies of British Jews« in London
1872/73	Gründung der »Hochschule für die Wissenschaft des Judentums« und des »Rabbinerseminars für das orthodoxe Judentum« in Berlin
1878	Beginn des modernen Antisemitismus; Gründung der »Christlich-Sozialen Arbeiterpartei«
1881–1884	Pogrome in Rußland
1882	Leon Pinskers Buch ›Auto-Emanzipation‹
1893	Gründung des »Central-Vereins Deutscher Staatsbürger Jüdischen Glaubens« (CV)
1894–1908	Dreyfus-Affäre
1896	›Der Judenstaat‹ von Theodor Herzl
1897	Erster Zionistenkongreß in Basel
1897	Gründung des »Bund«, der ersten sozialistischen (nicht zionistischen) Partei in Osteuropa
1900	Verein jüdischer Studenten (VJST), Universität Berlin
1901	Gründung des »Hilfsvereins der Deutschen Juden« in Berlin
1905	Erste Veröffentlichung der ›Protokolle der Weisen von Zion‹
1917	Balfour-Deklaration (Anerkennung einer jüdischen Heimstatt in Palästina)
1933	Adolf Hitler wird deutscher Reichkanzler, Beginn der nationalsozialistischen Herrschaft
1933	Gründung der »Reichsvertretung der deutschen Juden«
1935	»Nürnberger Gesetze«. Den Juden werden die Bürgerrechte genommen

1938. . . . . »Polenaktion« – 20 000 polnische Juden werden im Oktober 1938 aus dem Deutschen Reich nach Polen abgeschoben

1938. . . . . »Reichskristallnacht« am 9./10. November. Pogrome in ganz Deutschland

1939–1941 . . . . Zwangseinführung der Vornamen »Sara« bzw. »Israel«. Ab September 1941 mußten Juden im deutschen Reichsgebiet den »Gelben Stern« tragen

1939–1945 . . . . Zweiter Weltkrieg in Europa – sechs Millionen Juden durch Nazi-Deutschland ermordet

1942. . . . . Die »Jewish Agency« gründet in Istanbul das »Rescue Committee«

1943. . . . . Am 19. April Beginn des Aufstandes im Warschauer Getto

1945. . . . . Am 29. Januar befreit die Rote Armee Auschwitz

1948. . . . . Gründung des Staates Israel

1950. . . . . Gründung des »Zentralrates der Juden in Deutschland«

1965. . . . . Aufnahme diplomatischer Beziehungen zwischen der Bundesrepublik Deutschland und Israel

1979. . . . . Gründung der »Hochschule für Jüdische Studien« in Heidelberg

1989. . . . . Fall des Eisernen Vorhangs zwischen Ost und West

1991. . . . . Beginn der Auswanderung von etwa 800 000 Juden aus der früheren UdSSR (die meisten nach Israel)

1994. . . . . Einrichtung eines Bet Din (rabbinisches Gericht) in Deutschland

1995. . . . . Etwa 50 000 Mitglieder in den jüdischen Gemeinden in Deutschland

Reizthema Antisemitismus

Vera Bendt

»Antisemitismus« ist ein von Wilhelm Marr im Jahr 1879 geprägter Begriff, mit dem ein politisches Programm für alle konservativen und radikalen Strömungen fixiert wurde, die sich gegen Juden und die Idee der Gleichberechtigung aller Bürger in Staat und Gesellschaft richteten.

Der christliche Antijudaismus basiert im wesentlichen auf der Tradition, die Juden seien Gegner Gottes (Antichristen) und für die Kreuzigung von Jesus verantwortlich. Eine zweite Tradition des Antijudaismus ist, die Juden seien Kinder des Bösen; ihr Vater sei nicht Gott, sondern der Satan, dessen Willen sie zu erfüllen hätten. Hier wird die ins frühe Christentum integrierte altorientalische Vorstellung von der Zweiteilung der Welt in Gut und Böse und das dualistische Weltenprinzip vom Kampf zwischen den Mächten der Finsternis und des Lichts aus den Kulturen der Zweistromländer sichtbar.

In mittelalterlichen Kirchenplastiken – beispielsweise dem Weltengericht am Westportal der Kathedrale von Bourges, aus der zweiten Hälfte des 13. Jahrhunderts – wird der Teufel mit Gesichtszügen dargestellt, die fortan als typisch jüdisch in der Ikonographie des antijudaistischen Judenbildes überliefert sind. In dieser Bildsprache, besonders in den Stereotypen der antijüdischen Karikatur, aber auch in der Sprache selbst, leben die Merkmale der mittelalterlichen Teufelsfiguration und Teufelsnatur bis ins 19./20. Jahrhundert fort und finden in rassistischen Charakterisierungen ihren spezifischen Ausdruck. Dazu gehören: eine teuflische Physiognomie durch eine Rüsselnase, deformierte Ohren, hervorquellende/schielende Augen, ein nach unten gerichteter/stechender (böser) Blick, Hörner, die entweder durch Kopfbedeckung oder durch Überhänge versteckt (Camouflage der teuflischen Natur) oder offen sichtbar sind, dämonische Attribute durch einen versteckt oder offen sichtbaren Schwanz, Huffüße, Hahnenfüße und Krallenhände, zudem eine negative Farbsymbolik von Haar, Gesicht, Körper und Kleidung durch Rot, Rostrot, Senfgelb, Dunkelbraun und Schwarz, ferner jüdische Attribute bei der Kleidung wie der Spitzhut, der sogenannte Judenhut, und Kennzeichnungen in Form der mosaischen Gesetzestafeln. Ein gelber Fleck ist als Vorläufer des Judensterns der NS-Zeit anzusehen.

Zum antijudaistisch gezeichneten Bild des Juden gehört das weibliche Pendant, die Jüdin, deren Negativum in ihrer Doppelnatur (Wechsel von Gut nach Böse) liegt. Auch diese Typisierung geht auf die altorientalische Dualität der Kräfte von Licht und Finsternis zurück. Die bekanntesten Darstellungen dieser Zweiteilung, ausgedrückt durch weibliche Doppelfiguren, sind Ecclesia und Synagoga in der Skulptur gotischer Kathedralen. Ecclesia, Symbol des Christentums, Siegerin über die Welt des Satan/

Antichristen, trägt die Attribute des Triumphes, während Synagoga, das Pendant der Ecclesia und wie diese als schöne Frau modelliert, mit den Attributen der Niederlage und Schmach ausgestattet ist. Dazu gehört die Krone als Symbol für Erhabenheit, Reinheit, Ehre. Ecclesia trägt sie hocherhobenen Hauptes, Synagoga neigt das Haupt, so daß die Krone herabgleitet. In dieser Form wird sie ein Symbol für Erniedrigung, Unreinheit, Unehre. Der hocherhobene Stab der Ecclesia steht für das Banner *(Vici mundi)*, das Jesus bei der Auferstehung als Zeichen des Sieges über Tod und Satan trug; bei Synagoga ist der Stab zerbrochen und weist nach unten, als Zeichen für die Abwendung vom Christentum. Ein Kelch oder ein Modell der Kirche in der rechten Hand der Ecclesia symbolisiert die Treue zum wahren Glauben, während der Verrat bei Synagoga durch die zerbrochenen Gesetzestafeln ausgedrückt wird. Ein spezielles Attribut der Synagoga ist das Tuch, mit dem ihre Augen verbunden sind. Es bedeutet Blindheit, ein Zeichen der ewigen Finsternis und des Ausgeliefertseins an die Welt des Bösen. Wenn die Augenbinde in Form einer lebenden Schlange erscheint, wird die Erinnerung an Eva aufgerufen, das Urbild des von Gott in seinem Ebenbilde weiblich geschaffenen Menschen. Eva ist die Frau, die Sie, die den Wechsel von Gut nach Böse, von Unschuld zu Schuld personifiziert. Im Frauenbild der Eva ist der polemische Ecclesia-Synagoga-Zyklus archetypisch geprägt worden.

Zeitgleich mit Ecclesia und Synagoga entstand im 13. Jahrhundert in Deutschland die Judensau, ein Motiv, das in der Kirchenplastik, an Stadttoren und Rathäusern die Figuration weiblicher Unreinheit in einer volksnahen, obszönen Bildsprache wiedergibt. Aus der Unreinheit des Schweins wird Profit und Reichtum bezogen. Das Grundmuster des Motivs zeigt Männer, die durch teuflische Gesichtszüge und satanische Freude als Juden gekennzeichnet sind. Sie hocken am Boden, um an den Milchbrüsten eines Mutterschweins zu saugen. Das Bild wird durch einen Gelehrten ergänzt, der sich am Kot des Schweines labt. In den Darstellungen späterer Jahrhunderte (antijüdische Pamphlete, Buchillustrationen, Karikaturen) wird dieses Grundmuster in extrem-monströser Form verstärkt. Die sich an Schweinsmilch labenden Männer werden von herumstehenden Juden mit dicken Geldbeuteln in den Händen begafft. Der Talmud-Gelehrte kniet vor dem Hinterteil des Schweins, hebt seinen Schwanz und beschaut mit Begierde die Schweinsbacken. Daß sich in dem Judensau-Motiv sexuelle Phantasien als satanische und widernatürliche Praktiken der Juden spiegeln, beruht auf der Lehrauffassung vom Satan, der sich der Juden bedient, um Christen zu unnatürlicher Unzucht zu verführen. Es handelt sich hier um ein christliches Verkehrte-Welt-Motiv, das die Realität umkehrt.

Im Judentum gilt das Schwein als unrein, die Abscheu vor der Unreinheit des Schweins ist sprichwörtlich. Aber auch das Schwein erfährt eine Umkehrung ins Gegenteil, ist es doch für die bäuerliche Wirtschaft das wichtigste, Nahrung spendende Nutztier. »Schwein haben« ist ein sprachbildliches Synonym für Glück und Segen, Reichtum und Geld. Die Umkehrung vom Glücksbringer-Motiv zum Negativbild der Judensau projiziert in einer deftigen Schweinssprache die Abhängigkeit des Klerus, der Ratsherrenschaft und der führenden Stände mittelalterlicher Städte vom Geld- und Zinsgeschäft der Juden (Prostitution der Stände), kann aber auch als spezifisch deutsche Ausdrucksform der Ecclesia-Synagoga-Figuration gedeutet werden. Während jene eher das rational-intellektuelle Konzept aus dem romanischen Kulturkreis darstellt, ist mit dem Glücksschwein und der Judensau eine der bäuerlich-deutschen Lebensexistenz angestammte Variante zu verstehen.

Die satanisch-dämonisierende Charakteristik des Motivs stuft sexuelle Begierde, Geldgier und Habsucht, Ausbeutung und Freude an widernatürlichem Verhalten als typisch jüdisch ein, aber auch die Negativtypisierung der Jüdin als einer mit satanischen Triebkräften (Sexualgier, Grausamkeit und Gefühlskälte, Geldsucht) ausgestatteten Frau hat hier ihre mythologischen Wurzeln. Sie tritt in Karikaturen späterer Jahrhunderte als die biblische Stamm-Mutter Sarah, Mutter der Juden in Buhlschaft mit dem Teufel, in Erscheinung. Der Teufelspakt wird durch Ziegenbock-Amulette offenbar gemacht, wobei Sarah, die Jüdin, in einer Überleitung zum Hexenbild der frühen Neuzeit steht. Der im 20. Jahrhundert im Nationalsozialismus aufgezwungene Vorname Sarah ist das letzte Glied in der jahrhundertelangen Kette antijudaistisch-antisemitischer Perversionen eines (christlichen) Frauenbildes, das in der Jüdin die Abkehr von dem unrealistischen Ideal weiblicher Reinheit und Jungfräulichkeit geprägt hatte. Sarah ist im antisemitischen Sinne kein Name, sondern dient der Identifizierung der negativen Jüdin.

Die Reinheit der Ecclesia, gleichbedeutend mit Unschuld der Jungfrau, findet ihren pervertierten Widerhall in der Gegenfigur des unreinen Schweins, das im Sinne der Doppelnatur-Symbolik mit weiblicher Sexualität gleichzusetzen und die Quelle von Reichtum und Befriedigung des Mannes ist. Die Symptomatik des Milchsaugens geht in der mittelalterlichen Polemik auf das Motiv des Blutsaugens über, das sich bis ins 20. Jahrhundert verheerend auf die Lebensexistenz von Juden in nahezu allen europäischen Ländern, besonders in Osteuropa, auswirkte. Es beruht auf der Vorstellung, Juden seien zur magischen Ausübung ihrer Religion auf Christenblut angewiesen.

Der medizinische Aderlaß, vielleicht von jüdischen Ärzten aus dem maurisch-spanischen Kulturkreis erstmals nördlich der Alpen praktiziert, könnte für dieses Spezifikum des christlichen Antijudaismus ein Vorbild geliefert haben. Es ging in den Vampirismus der Neuzeit ein, der Juden eine besondere Affinität zu blutsaugerischer Tätigkeit unterstellt. Geld- und Zinsgeschäfte, kapitalistisches Finanzgebaren, Geschäftssinn allgemein werden im Sinne der antisemitischen Polemik des 19./20. Jahrhunderts als typisch jüdisch (als böse, ausbeuterisch und gegen die Christen gerichtete Weltanschauung und Wirtschaftsform) eingestuft und diffamiert.

Auf der christlichen Opferungsmythologie (Kreuzestod von Jesus) fußen zwei weitere mittelalterliche antijudaistische Anschuldigungen, die als Blutlüge über die Reformationszeit hinaus die Schuld der Juden am Kreuzestod von Jesus bis ins 20. Jahrhundert überlieferten: Juden müßten für ihr Passahfest anstelle eines Lammes einen Christenknaben schlachten, um sein Blut zu gewinnen, und Juden würden Hostienschändung begehen, indem sie aus Kirchen die Hostien stehlen und sie mit Nadeln durchstechen, bis Blut austritt. Beide Anschuldigungen waren vielerorts der Anlaß, die ortsansässige jüdische Bevölkerung aus ihren Wohnungen zu vertreiben; vielen Juden brachte sie Folterungen und den Tod auf dem Scheiterhaufen.

Es ist offensichtlich, daß der Kreuzestod von Jesus, verstanden als Mord am Sohn Gottes, das Erklärungsmuster für beide Versionen der Blutlüge liefert. Die des Ritualmordes an einem Christenknaben beschuldigten Juden des Mittelalters wiederholen scheinbar das Jesus-Opfer stellvertretend, was im Nachhall der Kreuzzüge die Judenverfolgung als gottgewollte, gerechte Strafe legitimierte.

Die Hostienschändung ist von der Sache her eine Ersatzhandlung (Analogie-Zauber), wie sie für die schwarze Magie charakteristisch ist und in der Vorstellungswelt des Mittelalters ihren angestammten Platz gehabt haben dürfte. Mit ihr wird das Leiden Christi wiederholt, sie gehört in das christliche Glaubenspotential und hat in der religiösen Vorstellungswelt der Juden keine Bedeutung.

Die Beschneidung, von Juden am achten Lebenstag des neugeborenen Knaben ausgeführt, und das Schächten von Schlachttieren, das im jüdischen Religionsgesetz zur Einhaltung der Reinheit verankert ist, mögen der Blutlüge-Anschuldigung als Legitimierung gedient haben. Sie ging in nahezu unveränderter Form in der Literatur und im Volksglauben über die Epoche der Aufklärung ins 19./20. Jahrhundert über. Blutlüge-Anschuldigungen waren nicht nur in Osteuropa für Pogrome gegen Juden (wie in Kischinew 1903 und 1905), sondern auch für Ritualmord-Prozesse in Westeuropa (wie den Xantener Blutanschuldigungsfall von 1891, Polna in Böhmen von 1899) verantwortlich.

Eine dritte, auf der Satanologie des Christentums beruhende Anschuldigung gegen Juden ist, sie als Urheber von Epidemien, insbesondere für die Pest, verantwortlich zu machen. Die Pest hat die christliche Bevölkerung des Mittelalters in erheblichem Ausmaß dezimiert, Juden blieben verschont. Ob die Verschonung realistisch ist oder erfunden werden mußte, um die Immunität als Zeichen des Teufelspaktes auslegen zu können, sei dahingestellt. Aus der Pestanschuldigung resultiert die antijudaistisch/antisemitische Überzeugung von der besonderen Macht des Judentums, Tod und Verderbnis über die christliche Welt bringen zu können. In Ableitung davon sind in der Weltanschauung des Antisemitismus alle Juden, »der Jude«, das Phänomen »Weltjudentum«, die sogenannte jüdische Weltverschwörung, die »Weisen von Zion« (zionistische Verschwörung) auch im 20. Jahrhundert vom Prinzip des Bösen determiniert. Im Antisemitismus lebt das dualistische Weltbild der altorientalischen Kulturen und die mittelalterliche christliche Dämonologie und Satanologie fort.

Die miteinander korrespondierenden Prinzipien von Licht und Finsternis finden sich in der im 19. Jahrhundert postulierten Idee von Arier/Ariertum und Semit/Semitentum (Semitismus) wieder. In der Kulturmorphologie des 19. Jahrhunderts bedeutet Semitismus das kulturelle Negativelement, das von unten, aus den kulturell-zivilisatorisch negativ bewerteten Unterschichten kommend, in die höheren Schichten der europäisch-abendländischen Kultur eindringt, diese Schichten zersetzend durchdringt und zerstört. Diese Negativwertung umfaßt nicht nur die Juden Europas, sondern auch die im europäischen Kulturareal lebenden Alt- und Restvölker (wie Kelten in Frankreich, Phönizier in Spanien); die politische Auswirkung traf jedoch in erster Linie die Juden.

Daß die Zweiteilung der Welt in Gut und Böse über die einst römische, dann aber christianisierte Matrikel *divide et impera* (teile und herrsche) zur Maxime des Kolonialzeitalters geworden war, nach der Weiß und Schwarz die Höherwertigkeit der weißen gegenüber der Minderwertigkeit der schwarzen/farbigen Völker und Menschen signalisieren sollte, hat sich in erheblichem Maß auch auf die Lebensexistenz von Juden niedergeschlagen. Die mittelalterlichen Zuordnungen von Weiß und Hell (gut) für das Christentum, von Schwarz und Dunkel (böse) für das Judentum spiegeln sich in der rassistisch ideologisierten Farbensymbolik des europäischen Kolonialismus. Entscheidend für die Formierung des modernen, politischen Antisemitismus ist jedoch, daß eine neue Anthropologie vom Menschen die europäischen Juden zum rassenfremden Element apostrophierte, nicht nur im Sinne ihrer religiös-mythologisch tradierten Völkerwanderung aus Vorderasien nach Europa, sondern auch als rassenfremd im Sinne der humanen Natur des Menschen. Ein antijudaistisches Konzept, das dem Mittelalter und der frühen Neuzeit ein weltanschaulich, magisch-religiös definiertes und der Dämonie zuzuordnendes Erklärungspotential für die Kräfte von Gut und Böse in der Welt bot, wurde in dem völkisch/antisemitischen Mythos des 19. Jahrhunderts rassistisch und ideologisch verankert.

Die naturwissenschaftlich-rassenkundliche Legitimation für die »Ausrottung der Juden« und die Eliminierung des Judentums aus der europäischen Kultur war im Sinne der antijudaisch/antisemitischen Weltanschauung nichts anderes als die »Ausmerzung des Bösen«. Diese Legitimation schien in zweifacher Hinsicht gesichert: Die Juden repräsentierten im Antisemitismus und Nationalsozialismus die »Fremdrasse«, das fremde, außereuropäische Volk, das sich widerrechtlich in Europa aufhielt. Zum anderen galten die Juden als »fremdrassig« durch ihre angebliche inhumane, satanische und dämonische Teufelsnatur, gegen die sich Menschen aller anderen »Rassen«, insbesondere die Elite (weiße und nordische Rasse, die germanisierten Völker Europas) schützen müßten.

Die Arisierung im Nationalsozialismus hatte das Ziel, Juden und das Judentum auszulöschen. Im Zuge des Holocaust wurden zugleich auch die seit Beginn des 20. Jahrhunderts aufgestellten Forderungen der Eugenik nach sozialen und gesundheitspolitischen Zwangsmaßnahmen (Zwangssterilisierung, Euthanasie) und die Forderungen der nationalsozialistischen Siedlungspolitik für Osteuropa nach »ethnischer Bereinigung« (Umsiedlung, Verschleppung, Völkermord) durchgesetzt und teilweise realisiert.

Die rassistische Politik des NS-Staates gegen Juden, Sinti und Roma sowie andere verfolgte Minderheitengruppen wird zwar heute allgemein mit dem Begriff des Holocaust umfaßt. Festzuhalten ist aber, daß der antisemitisch motivierten, nur gegen Juden und das Judentum gerichteten Bedrohung und Gewalt tiefenpsychologisch wirksame Strukturen und destruktive Kräfte zugrunde liegen, die auf zwei Jahrtausende christlich-abendländischer soziokultureller Prägungen in Europa zurückzuführen sind. Sie sind anderswo nicht vorhanden und haben nur in der nationalsozialistischen Judenpolitik ihr volles Potential entfalten können.

Die Philosophie der Aufklärung, die Erkenntnisse der Naturwissenschaften, der technologische Fortschritt und die Errungenschaften der modernen Medizin im 19./20. Jahrhundert vermochten nicht, das in ein rassenkundliches Schema übernommene, tief in die menschliche Psyche eingreifende Wirkungsgeflecht des Antijudaismus/Antisemitismus aufzulösen.

Das neue Esoterik-Zeitalter am Übergang vom 20. zum 21. Jahrhundert, geprägt von wirtschaftlicher Angst der älteren Generation und mangelnder Zukunftsperspektive für die Jugend, greift auf typisch antisemitische Denkstrukturen und Charakterisierungen der Juden zurück. Die Wiederbelebung der Religion und die politisch-wirtschaftlichen Umwälzungen in Osteuropa fördern einen altüberkommenen Antisemitismus in neuem Gewand zutage, bis hin zu der Anschuldigung, Juden seien die Urheber von Aids.

Daß Abtreibung und Menschenklonen angeblich der jüdischen Weltverschwörung dienen und demnach vom Weltjudentum gefördert werden, ist eine monströse Abart der mittelalterlichen Pestanschuldigung. Die Reaktion der Juden auf den Antisemitismus im 20. Jahrhundert ist ebenso alt wie der ewige Antisemit. Zuflucht in anderen Ländern und Erdteilen zu suchen ist ihre Antwort. Weder der religiöse noch der politische Zionismus bieten dem durch die Philosophie der Aufklärung (18. Jahrhundert) und von der politischen Emanzipation (19. Jahrhundert) geprägten Judentum eine Antwort auf die immer neu gestellte Frage nach den Ursachen und Motiven für latenten und offenen Antisemitismus.

Allerdings bot der politische Zionismus, anders als die religiös motivierte Zionssehnsucht, vielen Juden eine ideologische und reale Heimat in Erez Israel, als im letzten Drittel des 19. Jahrhunderts der althergebrachte, christliche Judenhaß in einigen Ländern Europas in das Programm des politischen Antisemitismus einmündete. Besonders aus dem zaristischen Rußland und aus Polen setzte die Massenauswanderung von Juden nach Amerika, Westeuropa und Vorderasien ein, wo durch die jüdischen Einwanderer die Voraussetzungen geschaffen wurden, einen Teil der Flüchtlinge aufzunehmen, die von der Gewaltherrschaft der Nationalsozialisten ab 1933 aus Europa vertrieben wurden.

Die Gründung des Staates Israel im Jahr 1948 hat nicht das historische Ende des Antisemitismus herbeigeführt. Im Gegenteil lebt im Zeitalter der globalen Wirtschaftssynthese auch in den aufgeklärten westlichen Demokratien der Okkultismus wieder auf. Die Vorstellung von der »Weltmacht Judentum« existiert am Ende des 20. Jahrhunderts nicht nur in Europa und den europäisierten Ländern der westlichen Hemisphäre, sondern auch in asiatischen Ländern, in deren Kulturen der christliche Antijudaismus keinen traditionellen Boden hat.

Naturreligionen

Evelin Haase

Heutzutage in Europa von Naturreligionen zu sprechen ist ohne weiteres nicht einleuchtend. Die sogenannte Naturreligion ist eher ein Hilfsbegriff und bezieht sich auf solche Glaubensformen, in denen die Auseinandersetzung mit der Natur und ihren Erscheinungen einschließlich der Tiere und Pflanzen sowie des Menschen selbst im Vordergrund steht. Ein anderer Ausdruck, der für diese Formen der Religion häufig verwendet wird, ist der »Animismus«, womit in diesem Zusammenhang eine Weltanschauung gemeint ist, in der Seelen- und Geisterglauben eine wesentliche Rolle spielen. In Europa gibt es heute noch einige Völker, bei denen die Missionierung durch Christentum oder Islam erst relativ kurze Zeit zurückliegt, und von deren früheren Religionen sich einiges erhalten hat und durch mündliche oder schriftliche Überlieferungen gut bezeugt ist.

Insbesondere die zur finnougrischen Sprachfamilie gehörenden Völker in Nord- und Osteuropa können hierzu gerechnet werden. Zu dieser großen Gruppe gehören die Mari oder Tscheremissen, die Komi oder Syrjänen, die Udmurten oder Wotjaken, aber auch die eigentlichen Finnen, Esten, Letten, Karelier und andere. Verwandte dieser Sprachfamilie finden sich auch in Sibirien in den Mansen und Chanten (Wogulen und Ostjaken) sowie in den Samojeden. Am besten bekannt und erforscht aber ist die alte Religion der Samen (früher auch als Lappen bezeichnet). Daher sollen sie hier als Beispiel für die Glaubenswelt einer Naturreligion in Europa stehen.

Viele Elemente der Naturreligionen ähneln sich über die Kontinente hinweg. Die Auseinandersetzung mit den Jagdtieren und Nutzpflanzen, mit dem Universum, mit Leben und Tod hat immer wieder ähnliche Vorstellungen hervorgebracht. Das darf aber nicht darüber hinwegtäuschen, daß jede Religion ihre eigene Ausprägung hat und viele oberflächlich gleichartig anmutende religiöse Vorstellungen sich bei genauerer Betrachtung im Rahmen der jeweiligen Lebensumstände, in die sie eingebettet sind, als völlig unterschiedlich erweisen können. Es ist jedoch sicherlich nicht ganz abwegig zu vermuten, daß die vorchristlichen und vorislamischen Religionen Europas auch an den gemeinsamen Merkmalen der Naturreligionen teilhatten.

Die Samen im Norden Europas sind schon seit Jahrhunderten in Kontakt mit anderen Völkern. In ihrer Religion zeigen sich deutlich Einflüsse der alten Skandinavier. Im Mittelalter verbreitete sich in ganz Europa die Kenntnis von der Existenz dieses nördlichen Volkes und gleichzeitig der Ruf ihrer Zauberkünste. Im Dreißigjährigen Krieg wurden die Schweden verdächtigt, daß ihre militärischen Erfolge auf die Unterstützung durch lappische Zauberkräfte zurückzuführen wären. Nicht zuletzt um dieses Gerücht zu entkräften, verstärkten die Schweden seitdem ihre Missionstätigkeiten. Gleichzeitig beauftragte der schwedische Reichskanzler Magnus Gabriel de la Gardie den Gelehrten Johannes Schefferus (1621 bis 1679), für die Aufzeichnung der Lebensverhältnisse und der Glaubensvorstellungen der Samen zu sorgen. Als Grundlage für sein Werk ›Lapponia‹, das 1673 erschien und rasch in zahlreiche Sprachen übersetzt wurde, dienten Schefferus die Berichte der in Lappmarken tätigen Geistlichen.

So wurden zahlreiche wertvolle Berichte gesammelt. Doch in dieser Missionsgeschichte liegt auch die Schwäche des Quellenmaterials. Die Missionare waren oft voreingenommen und beurteilten die alte Religion der Samen von ihrem christlichen Standpunkt aus, der im Unterschied zu den »heidnischen« Vorstellungen als der einzig richtige angesehen wurde. Insbesondere die Noaiden, die Schamanen der Samen, dienten den Missionaren als Symbolfiguren des alten Glaubens und wurden als »Diener des Teufels« verfolgt. Die sakralen Gegenstände wie die Trommel und auch die Götterfiguren wurden zerstört. Als Zeit der hauptsächlichen Missionierung der Samen gelten das 17. und das 18. Jahrhundert, doch auch danach haben sich bei den Samen noch zahlreiche alte Glaubensvorstellungen erhalten.

Wie viele andere Völker glaubten die Finnougrier, darunter die Samen, an eine Dreiteilung der Welt in Ober-, Mittel- und Unterwelt. Die Mittelwelt war die Welt der Menschen, der Tiere und Pflanzen. Wie bei einem Zelt das Zeltdach durch einen Mittelpfosten emporgehalten wird, so wurde auch der Himmel durch eine Weltsäule in die Höhe gehalten. Als Fixpunkt am Himmel, als Spitze der Weltsäule, an der das Himmelszelt aufgehängt war, galt der Polarstern. Dieser Vorstellung von der Weltsäule steht jene vom Weltenbaum, dessen Wurzeln in die Unterwelt und dessen Wipfel in die Oberwelt reichen, nahe.

Die Götter- und Geisterwelt der Samen läßt sich in kein einheitliches System pressen. Dazu sind die regionalen Ausprägungen bei den verschiedenen Gruppen zu unterschiedlich. Hinzu kommt, daß dieser Glaubensbereich besonders offen für Übernahmen von anderen Völkern war und sich starke Beeinflussungen durch die germanische Religion der alten Skandinavier sowie Anlehnungen an das Christentum finden.

Vergleicht man die Religionen der verschiedenen finnougrischen Völker, so läßt sich feststellen, daß die Vorstellung von einem »Himmelsgott«, dem eine »Erdmutter« gegenübersteht, relativ weit verbreitet war. Man kann davon ausgehen, daß die entsprechenden Gottheiten auch bei den Samen schon lange bekannt waren, wenn sie auch diverse Umwandlungen erfahren haben. Als Übernahme vom finnischen *jumala* für »Gott, Himmelsgott« kannten die Samen den Namen Jubmel (ibmel) für die oberste Gottheit. Bei den Tscheremissen nannte man ihn jumo, bei den Syrjänen jem, bei den Samojeden num. Diese Namensähnlichkeiten über eine große Entfernung hinweg deuten auf das Alter dieser Gottheit. Andere Namen für die oberste Gottheit der Samen waren Tiermes oder Ukko und Radien, »der Waltende«.

Die Götterfamilie Radien bestand aus Radienattje, dem Vater, Radienakka, der Mutter, und Radienkiedde, dem Sohn. Radien wurde zum Teil wohl auch mit Veraldenradien oder Veraldenolmai identifiziert, der Fruchtbarkeit geben konnte und die Rentiere beschützte. Als »Mann der Welt« war eines seiner Attribute die Weltsäule, die den Himmel stützte.

Unter dem Namen Tiermes bestand wohl schon seit alters her eine Verbindung zwischen dem Himmelsgott und dem Gewitter. Tiermes wurde Horagalles gleichgesetzt, dessen Name, »der alte Mann Thor«, seine germanische Entsprechung deutlich verrät. Wie der altnordische Gott, so hatte auch Horagalles einen Hammer als Attribut. Mit dem Regenbogen als Waffe konnte er böse Geister vernichten, und er sandte Blitz und Donner.

Auch die Verehrung der Sonne war nicht nur den Samen, sondern ebenso anderen Finnougriern bekannt. Beive, die Sonne, wurde meist männlich, manchmal weiblich vorgestellt. Als solches galt sie als Mutter alles Lebendigen. Eine besondere Beziehung hatte sie zu den Rentieren. Als Opfer wurde ihr oft ein weißes Rentier dargebracht. Ein Ring aus Holz oder Messing, durch den das Sonnenlicht fallen konnte, wurde ihr zu den Sonnenwendfesten bzw. beim Wiedererscheinen nach der Polarnacht geopfert.

Der Mond, Manno, war ein Gegenspieler der Sonne. Eine Opfergabe für ihn war eine Scheibe mit einem kleinen Loch. Nach manchen Vorstellungen hatten Sonne und Mond eine Familie, so die Sonne eine schöne und gute Tochter, der Mond dagegen eine häßliche und böse. Bieggolmai oder auch Ilmaris war der Windgott. Mit einer Keule trieb er die Winde aus seinen Höhlen, und mit einer Schaufel beförderte er sie wieder hinein. Als Götter der Unterwelt galten Jabmeakka, die Herrin des Totenreiches Jabmeaimo, wo die Toten ein ähnliches Dasein führten wie die Lebenden, und Ruto oder Rota, der Herr der Seuchen, besonders der Pest, und des Totenreiches Rutaimo.

Die vier Göttinnen Maderakka und ihre Töchter Sarakka, Juksakka und Uksakka waren maßgeblich an der Entstehung und der Geburt jedes einzelnen Menschen beteiligt. Gleichzeitig waren sie Beschützerinnen der Behausung und ihrer Bewohner und hatten ihren Sitz unter der Schwelle oder an der Feuerstelle. Maderakka gab der Seele des Ungeborenen den Körper und schickte sie zu Juksakka weiter, wenn es ein Junge, oder zu Sarakka, wenn es ein Mädchen werden sollte. Diese Göttinnen wurden besonders von den Frauen verehrt.

Neben den Gottheiten gab es aber auch eine große Schar von Geisterwesen, die in der Luft, im Wasser, unter der Erde oder unsichtbar neben den Menschen lebten. Die Saivo oder Saiva hausten im Innern der heiligen Berge, wo sie ein Dasein im Überfluß führten. Sie konnten unterschiedliche Gestalten haben. Besonders die menschen- und tiergestaltigen Saivo nahmen manchmal Kontakt zu den Menschen auf und wurden deren Schutzgeister. Manche von ihnen scheinen Ahnengeister gewesen zu sein. Andere unterirdische Völker lebten verborgen in der Nähe der Menschen. Sie hatten unter anderem Familien und Rentierherden. Eine von den Samen gefürchtete Untat dieser Wesen war, daß sie die Kinder der Menschen gegen ihre eigenen oder ihre Greise tauschten. Diese Kinder konnten sich nicht richtig entwickeln und starben oft früh. Nur durch List war es möglich, die Unterirdischen zu zwingen, das Menschenkind zurückzubringen und den Wechselbalg wieder mitzunehmen. Eine beliebte Gestalt in

Mythen und Märchen war Stallo, ein Menschenfresser, der, obwohl groß und stark, von den kleineren Samen überlistet werden konnte; eine andere war der gewaltige Riese Jetanas.

Mit dieser Aufzählung sind jedoch nur einige der Geister- und Göttergestalten aus dem Glauben der Samen genannt. Sehr alte Vorstellungen der Samen, die auch bei anderen Völkern der finnougrischen Sprachfamilie ihre Entsprechungen hatten, waren mit den Kultplätzen verbunden, den Seida (seite, sieidde, seide). Diese heiligen Stätten konnten durch Naturgegebenheiten gekennzeichnet oder auch künstlich von Menschen errichtet sein. An auffallenden, herausragenden Stellen in der Landschaft sahen die Samen außergewöhnliche Kräfte walten. Oft waren dies Felsen, in deren skurrilen Formen man Menschengestalten, Vögel oder andere Tiere erkennen konnte oder die durch eine besondere Färbung oder durch Glanz auffielen. Andere Seida-Plätze waren ganze Felsformationen, eventuell mit Höhlen, Grotten, Felsspalten, Abhängen, Quellen, Seen und Berghöhen. Diese natürlichen Seidas waren eng mit dem Jagdwild verbunden, in späterer Zeit auch mit den gezähmten Rentierherden. Besonders zahlreich waren die Fisch-Seidas, oft Felsen an Flüssen oder Seen, manchmal auf Landzungen oder an Klippen. Sie galten als die Besitzer und Beschützer der Fische, die sie dem Fischer geben konnten, wenn dieser sich ihnen gegenüber ehrfürchtig und freigiebig verhielt. Der Fischer bat das in dem Seida verkörperte Geistwesen des Gewässers um einen guten Fang. Dafür erhielt der Seida einen Teil der Fische oder wurde mit Fischöl oder -blut eingerieben.

Die Rentier-Seidas befanden sich meist an den jährlichen Wanderwegen oder Weideplätzen der wilden Rentiere. Schenkten sie dem Jäger eine gute Jagd, so gab dieser dem Seida Geweih, Knochen, Rentierblut oder -fett. Die Rentierzüchter baten den Seida um Wohlergehen und Fruchtbarkeit für ihre Herden, dafür opferten sie manchmal ein ganzes Rentier. Man hat an den Opferplätzen aber auch Überreste von Pfeilspitzen, Metallgegenstände wie Münzen oder Schmuckstücke und andere Opfergaben gefunden. Die den Seidas innewohnenden Geistwesen wurden als Besitzer des Landstrichs angesehen, in dem sie standen. In manchen Gegenden waren scheinbar auch Götter in den Seidas anwesend. Dies war wohl besonders bei den ringförmig aus Steinen künstlich angelegten Opferplätzen der Fall.

Die Götter wurden früher durch grobgeschnitzte Holzfiguren dargestellt, bei denen die Gesichtszüge nur durch Einkerbungen angedeutet waren. Zu den so repräsentierten Gottheiten gehörten zum Beispiel Veraldenolmai, Horagalles oder Beive. In alter Zeit hatte wahrscheinlich jede Gemeinschaft der Samen einen gemeinsamen Opferplatz, ebenso jede einzelne Familie. Die Opfer wurden ausschließlich von den Männern durchgeführt, angeleitet durch einen »Ältesten« oder einen Schamanen. Den Frauen war es verboten, sich den Seidas auch nur zu nähern.

Opferkulte fanden sich auch bei vielen anderen finnougrischen Völkern. Bei den Wotjaken, den Tscheremissen, auch bei den Ostseefinnen gab es früher in der Nähe der Dörfer heilige Haine, wo man den Göttern für das Wohlergehen der Menschen und für eine gute Ernte Opfer brachte. Die rentierzüchtenden Samojeden hatten früher ebenfalls grobgeschnitzte Holzfiguren, die an heiligen Plätzen aufgestellt waren.

Eine bisher nicht erwähnte Gottheit war Leibolmai, der »Erlenmann«. Er war bei den westlichen Samen der Gott der Jagd und des Waldes, insbesondere aber der Beschützer der Bären. Bei den östlichen Samen kannte man andere Wald- und Jagdgottheiten wie Tapio bei den Kola-Samen oder die Göttin Virkuakka in Finnland.

Keinem anderen Tier wurde so große Verehrung zuteil wie dem Bären. Viele Elemente des Bärenkultes fanden sich ebenso bei anderen finnougrischen Völkern. Doch auch in Nordasien und in -amerika wurde dieses Tier besonders verehrt. Es gab Ähnlichkeiten im Kult dieses Tieres. Bei den Samen fand die Bärenjagd meist im März oder April statt, wenn der Bär noch seinen Winterschlaf hielt. Vor der Jagd hatten die Jäger besondere Verhaltensmaßnahmen wie sexuelle Enthaltsamkeit einzuhalten. Der Name des Bären durfte nicht genannt werden. Wie auch andere Völker glaubten die Samen, daß der Name eng mit dem benannten Wesen verbunden ist. Man befragte die Wahrsagetrommel, ob Zeit und Umstände für die Jagd günstig sind. Am festgesetzten Tag verließen die Jäger durch die heilige Hintertür die Behausung und begaben sich in einer Prozession zur Höhle des Bären, die sie mehrfach umrundeten. Derjenige, der den Bären entdeckt hatte, führte den Zug an, während jener, der ausersehen war, ihn zu töten, am Schluß ging. Zwei Pfosten wurden kreuzweise vor die Höhle gesteckt, damit der Bär nicht zu schnell herauskommen konnte; dann weckte man ihn auf. Der Bärentöter am Höhleneingang erwartete ihn mit dem Speer in der Hand. Nachdem der Bär tot war, dankte man ihm. Dann strich man mit Zweigen über seinen Körper, legte ihn auf den Schlitten und brachte ihn in einer Prozession nach Hause.

Die Versöhnung mit dem getöteten Bären war überall ein wichtiges Element des Bärenkultes. Sowohl der Körper des Bären wie auch seine anwesende Seele wurden ehrerbietig mit verschiedenen Riten bedacht. Dies sollte die Wiederkehr des Bären in einem neuen Körper bewirken oder die Bereitschaft seiner Artgenossen wecken, sich ebenfalls töten zu lassen. Zum anderen fürchtete man die Rache des Bären oder seines übernatürlichen Beschützers. Daher war es bei vielen Völkern während der Zeremonie üblich, die Schuld für die Tötung des Bären anderen zu geben, etwa einem benachbarten Dorf oder fremden Völkern. Dies war auch bei den Samen üblich, wenn die Männer sich dem Lager näherten und sich durch Singen von Liedern bemerkbar machten.

Durch den heiligen Hintereingang brachten die Männer den Bären in das Zelt, wo sie von den Frauen erwartet und mit rotem Erlenrindensaft bespuckt wurden. Man vermutet, daß es sich hierbei um eine Abwehrmaßnahme gegen schädliche Einflüsse handelte. Das Wort *laeibe* soll sowohl »Erle« als auch »Bärenblut« und »Menstruationsblut« bedeuten. Zwischen den Frauen und den Bären sowie ihrem Beschützer Leibolmai bestand eine gewisse Feindschaft – oder, vielleicht besser ausgedrückt, es bestand die Notwendigkeit, diese beiden Parteien als Träger besonderer Machtsubstanzen nur unter Vorsichtsmaßnahmen in Kontakt kommen zu lassen. So wurde der Bär auch nur von den Männern zerlegt und sein Fleisch von ihnen gekocht. Gemeinsam verspeiste man ihn innerhalb von drei Tagen. Dabei durfte nichts übrigbleiben. Die Knochen des Bären durften nicht zerbrochen werden. Sie wurden gesammelt und am Ende des Festes zusammen mit Schädel, Schnauze, Genitalien und Schwanz von den Männern geschmückt und begraben. Die sorgfältige Behandlung der Knochen der Jagdtiere war Brauch bei sehr vielen Jägervölkern. Dahinter stand die Vorstellung, daß aus ihnen bei richtiger Behandlung eine Wiederbelebung möglich war und so die Population der Tierart nicht verringert würde. Die Samen vergruben die Knochen der Landtiere in der Erde und warfen jene der Wasserbewohner in ihr Element zurück.

Auch andere Tiere hatten nach Vorstellung der Samen übernatürliche Kräfte und besondere Fähigkeiten. Religiöse Beachtung fanden zum Beispiel das Rentier, der Elch, der Vielfraß, der Biber und Vögel. Einige Tierarten hatten ebenfalls Schutzgeister ihrer Art. Die Beschützerin der Zugvögel, die »Vogelmutter«, brachte ihre Schützlinge jeden Herbst in ihr Reich am Ende der Welt und jeden Frühling ins Land der Samen zurück. Auch die Fische konnten einen Beschützer haben, der so groß war wie ein Mensch, aber in Fischgestalt. Der »Hechtälteste« hatte einen besonders großen Kopf mit schräg nach hinten gerichteten Hörnern, mit denen er die Netze der Fischer zerreißen konnte. Wölfe, die eine Gefahr für die Rentierherden darstellten, waren den Samen unheimlich. Man glaubte, sie besäßen übernatürliche Fähigkeiten und ständen mit negativen Mächten in Verbindung. Wölfe waren auch Schamanentiere, wobei der Schamane selbst Wolfsgestalt annehmen oder andere Menschen in Wölfe verwandeln konnte.

In dieser Welt der Geister, Götter und Tiere hatte auch der Mensch seinen Platz als ein Teil von ihr. Für die sogenannten Naturreligionen, besonders die der Jäger- und Sammlervölker, war es typisch, daß der Mensch die Umwelt weniger zu seinem Nutzen umgestalten wollte als vielmehr darum bemüht war, sich für ein erfolgreiches Überleben der bestehenden Ordnung einzufügen. Damit ist nicht das Gefühl des hilflosen Ausgeliefertseins gemeint, sondern eine aktive Anpassung, verbunden mit dem Versuch, die Ordnung in der Welt zu verstehen. Einige Personen hatten eine besonders enge Beziehung zu der übernatürlichen Welt und wußten, wie man sich mit den Geistern und Göttern verständigt. Bei den Samen waren dies die Noaiden *(noaidi)*, die Schamanen.

Die Bezeichnung »Schamane« stammt aus einer Sprache Sibiriens, wo der Schamanismus weit verbreitet und stark ausgeprägt war. Von anderen religiösen Spezialisten unterscheidet sich der Schamane insbesondere dadurch, daß er mit den übernatürlichen Mächten direkten Kontakt aufnehmen, sie herbeirufen oder auch selbst in die Geisterwelt eindringen kann. Dies ist ihm möglich durch seine Fähigkeit, willentlich in Trance oder Ekstase zu fallen. Der Schamanismus der Samen war im wesentlichen dem sibirischen sehr ähnlich. Gleichzeitig gab es jedoch auch Gemeinsamkeiten zu anderen finnougrischen Völkern. Abgesehen von jenen Gruppen dieser Sprachfamilie, die in Sibirien lebten, waren es die Ungarn, die mit ihrem Táltos schamanistische Traditionen erhalten hatten.

Die wichtigste Aufgabe des Noaiden war die Krankenheilung. Der Mensch hatte nicht nur eine, sondern mehrere Seelen, wobei eine Seelensubstanz mit dem Körper eng verbunden war, während die andere sich von ihm lösen und im Traum umherwandern konnte. Schwere Krankheiten mit hohem Fieber und Bewußtseinseinschränkung galten als von Seelenverlust verursacht, wobei die Seele sich verirrt hatte und von den Totengeistern in die Unterwelt entführt worden war. Nun versammelte sich die Gemeinschaft, der Schamane versetzte sich mit Hilfe von Gesängen, Trommelschlägen – manchmal auch Aquavit oder einem Auszug aus Fliegenpilzen – in Ekstase. Dabei löste sich seine »Freiseele« vom Körper, der leblos zurückblieb. Die Schamanenseele reiste in Begleitung der Hilfsgeister in die Unterwelt, zu Jabmeaimo; dabei hatte sie einige Gefahren zu bestehen. Am Ziel angekommen, suchte der Schamane nach der Seele des Kranken, die er den Toten oder Jabmeakka, der Herrin der Unterwelt, entreißen mußte oder gegen das Versprechen eines Opfers abhandelte. Dann kehrte er mit der Seele in die Welt der Lebenden zurück. Der leblose Körper des Schamanen durfte während dieser Zeit weder berührt noch anderweitig gestört werden, sonst fand seine Seele nicht zurück und er starb.

Eine andere Aufgabe des Noaiden war das Wahrsagen. Zahlreich sind die Erzählungen der Samen von Schamanen, die ihre Seele aussandten und aus fernen Gegenden Informationen zurückbrachten, die später ihre Bestätigung fanden. Sie konnten auf diese Weise auch verirrte Menschen oder Rentiere aufspüren. Bei den Gemeinschaftsopfern war es manchmal ein Schamane, der die Opfer leitete, doch waren seine speziellen Fähigkeiten dazu in der Regel nicht notwendig.

Zum Schamanen wurde man durch den Willen der Geister. Oft stammte der künftige Noaide jedoch aus einer alten Schamanenfamilie und erbte von seinen Vorgängern einen Teil ihrer Geister. Durch Träume und Visionen machten die Geister ihre Wahl kund. Wenn der Auserwählte sich ihrem Ruf widersetzte, dann straften sie ihn mit Krankheit. Seine Ausbildung zum Schamanen erhielt er durch einen bereits erfahrenen Noaiden, der ihn in die religiösen Überlieferungen und Schamanentechniken einführte.

Verschiedene Geister traten mit dem Noaiden in enge Beziehung. Saivo waren menschengestaltige Schutzgeister aus der Schar der Unterirdischen, die in den heiligen Bergen wohnten. Sie wurden meist innerhalb der Schamanenfamilien vererbt. Zu den tiergestaltigen Hilfsgeistern gehörte ein Vogel, der als Bote zwischen dem Noaiden und seinem Schutzgeist diente, ein Rentierbulle, der für ihn kämpfte, etwa gegen den Rentierbullen eines feindlichen Schamanen, und ein Fisch oder eine Schlange, die ihn in die Unterwelt führten.

Eine besondere Schamanentracht wie in Sibirien kannten die Samen nicht. Das wichtigste Hilfsmittel des Noaiden war seine Trommel, die reich verziert war. Sie diente auch anderen Menschen als Wahrsageinstrument, war also nicht auf den Schamanen beschränkt. Die Trommeln wurden wie andere materielle Äußerungen der alten Religion von den Missionaren meist demonstrativ zerstört. Aufgrund ihrer von Geheimnissen durchdrungenen Attraktivität waren sie jedoch auch beliebte Sammelobjekte und dienten als offizielle Gastgeschenke an ausländische Gesandte. Nach Ernst Manker, der den Trommeln der Samen eine umfangreiche Arbeit gewidmet hat, existieren heute in europäischen Museen und Privatsammlungen noch 71 echte Trommeln der Samen.

Es gab zwei verschiedene Typen: die Rahmentrommel, die der sibirischen Schamanentrommel entsprach, und die Schalentrommel, die aus einem schalenförmigen, ausgehöhlten Holzkörper mit darübergespannter Membrane bestand. Bemalt wurde die Trommel mit dem roten, blutähnlichen Erlenrindensaft. Auch nach der Anordnung der Motive gab es zwei Typen von Trommeln. Den älteren Typ vermutet man in jener, bei der die Dreiteilung der Welt in Ober-, Mittel- und Unterwelt wiedergegeben ist. Beim anderen Typ ist ein Sonnensymbol in der Mitte abgebildet. Beide Bemalungsarten konnten zahlreiche weitere Bilder von Göttern, Geistern, Tieren, Pflanzen, Gestirnen, Häusern, Fischernetzen enthalten. Auf manchen Trommeln wurden auch christliche Motive festgehalten. Die Trommelmalereien geben wichtigen Aufschluß über die religiösen Vorstellungen der Samen. Die Trommel wurde mit einem T-förmigen Schlegel geschlagen. Wenn man wahrsagen wollte, benutzte man dazu einen Zeiger, etwa ein dreieckiges Stück aus Horn, einen Messingring oder ähnliches. Diesen legte man auf die Membrane. Wenn die Trommel geschlagen wurde, vibrierte das Trommelfell und der Zeiger wanderte über die Zeichnungen. Aus diesen Bewegungen und der Stellung zu den dargestellten Symbolen deutete man die Antworten der Götter und Geister.

Die Samen waren hier nur ein Beispiel für ein Volk mit einer sogenannten Naturreligion in Europa. Andere Völker hatten je nach ihrer Umwelt, ihrer Lebensgrundlage, ihrer Sozialstruktur und anderen Umständen auch andere religiöse Vorstellungen. Trotzdem gab es oft viele Gemeinsamkeiten, selbst wenn keine direkten kulturellen Kontakte bestanden. Auch im Kaukasus leben beispielsweise Völker, bei denen sich trotz Christianisierung, Islamisierung bzw. Säkularisierung noch Elemente der alten Religion erhalten haben. Dazu gehören zum Teil schamanistische Vorstellungen, Schutzgottheiten, die Verehrung des Herdes, »heilige Opferhaine«, Totenkult und Ahnenverehrung mit Gedächtnisfeiern, Vorstellungen und Zeremonien im Zusammenhang mit Ackerbau und Viehzucht und mehr.

Will man einige grundlegende Erscheinungsformen in sogenannten Naturreligionen zusammenstellen, so sind hier die Personifikation von Naturphänomenen, die Achtung vor den Tieren und Pflanzen, komplexe Seelenvorstellungen, die Verehrung von heiligen Plätzen in der Natur und im Haus, bestimmte kosmologische Vorstellungen, der Versuch der Einflußnahme auf die natürlichen und übernatürlichen Mächte unter anderem durch Jagdriten und Opfer bis zu der Existenz von religiösen Spezialisten mit außergewöhnlichen Fähigkeiten und besonderen Kenntnissen zu nennen.

Neuheidentum

Peter Dressendörfer

Wenn es irgendeinen Generalnenner für die Beschreibung der religiösen Zustände in Europa am Ende des zweiten Jahrtausends unserer Zeitrechnung gibt, dann ist es der der Verwirrung. An Schlagworten fehlt es dabei weder in den seriösen und noch in den weniger seriösen Medien: Krise der Großkirchen, Verfall der Wertesysteme, Überzeugungslosigkeit der Jugend, Esoterik-Welle, New Age – und was an Leerbegriffen noch so alles gehandelt wird. Buchhandlungen bestreiten bis zur Hälfte ihres Umsatzes mit dem Verkauf von Werken, die eine neue Orientierung in einer angeblich orientierungslosen Zeit versprechen, und Propheten und Deuter aller Spielart haben Hochkonjunktur. In diesem buntfarbigen Spektrum des religiösen Supermarktes fallen Gruppierungen auf, deren auf den ersten Blick skurrile Botschaft aus dem Rahmen der üblichen Sektenlandschaft fällt: die neuen Heiden.

Allein der Name erweckt Assoziationen von der Erinnerung an seltsame Ausläufer der bündischen Jugend der zwanziger Jahre bis hin zu »Weihespielen« auf der Wewelsburg unter der Regie von Heinrich Himmler, der für sein »Schwarzes Korps« allen Ernstes eine Religion erfinden wollte. Mit dieser Hypothek der Nazi-Zeit sind alle neuheidnischen Gründungs- und Wiedergründungsversuche unausweichlich belastet. Das gilt auch dann, wenn sie jede Verwandtschaft zum sogenannten NS-Gedankengut erbittert als diskriminierend ablehnen.

Was ist überhaupt ein Heide? Man denkt an die rührenden Bilder schwarzer »Heidenkinder« in älteren Büchern, in den katholischen Gegenden Deutschlands auch an die kuriosen »Nickneger«, Tonköpfe von Afrikaner-Knaben, die am Eingang von Kirchen aufgestellt waren und die sich für eingeworfene Münzen zur Förderung der Mission mit einer Kopfbewegung bedankten. Das Wort »Heide« (das, genau wie sein lateinisches Pendant *paganus*, ursprünglich nichts weiter als »Landbewohner« bedeutet) ist fast in die Folklore abgesunken und hat im Deutschen keine konkrete Bedeutung mehr. Neuheidnische Gruppierungen, die in zunehmender Anzahl entstehen, verwenden es sowohl in einem negativen wie auch in einem kämpferischen Sinn. Negativ, weil sie damit den bewußten Austritt aus dem Christentum und damit meist auch aus der christlichen Kulturtradition des Abendlandes bezeichnen wollen, und kämpferisch, weil sie damit einen angeblichen Neuaufbruch der germanischen »Urkräfte« meinen. Wenn man auch nur ein wenig in neuheidnischen Texten liest, stellt man bald fest, daß eine äußerst diffuse, nebelartige Botschaft verkündet wird, über deren Sinn sich weder die Autoren, geschweige denn andere klar zu sein scheinen.

Religionen, auch selbstverfertigte, kann man allerdings nicht an der Stringenz ihrer Aussagen messen wie eine Gebrauchsanleitung. Meßbar sind sie höchstens in ihren

Zielsetzungen und an der Macht, die sie über ihre Anhänger ausüben. Die Abkehr von der christlichen Tradition der europäischen Kulturgemeinschaft ist ein eventuell problematischer Punkt des Neuheidentums. Aus einer Konfession kann man sehr wohl durch einen einfachen Willensakt austreten, aber eine Kulturgemeinschaft kann man nicht ohne weiteres verlassen. Mit der »Wiederbelebung« alter Feste wie Sonnwendfeiern und Beschwörungsritualen sowie der Verwendung von Runen begibt man sich in die Ergriffenheit vor einer vermeintlich prähistorischen Religiosität, deren ins Heutige verlegte Ausdruckformen ständig der Gefahr des Künstlichen, Unechten unterliegen, solange keine einigermaßen kohärente Lehre dahintersteht.

Religion im Verständnis des europäischen Kulturraums basiert hauptsächlich auf dem Glauben und dessen intellektueller Aufarbeitung. Die ausschließliche Berufung auf eine Tradition, sei sie echt oder bloß ad hoc erfunden, erzeugt Neugier, löst aber keinen Glaubensimpuls aus. Dazu bedürfte es einer Heilserwartung. Diese wiederum ist bei den neuheidnischen Gruppen keineswegs religiöser, sondern politischer Natur und so auch politischer (und nicht nur religiös orientierter) Anfeindung ausgesetzt. Die von den zeitgenössischen Neuheiden prinzipiell abgelehnte Nähe zu nationalsozialistischem Gedankengut und dessen Verherrlichung der Gewalt ist damit durch die Hintertüre wieder da und bestimmt seine Einschätzung in der Öffentlichkeit.

Neu formierte religiöse und parareligiöse Kleinstgruppen können zudem erfahrungsgemäß nur gedeihen, wenn sie außer einer Idee (im weitesten Sinn) eine Leitfigur mit gewisser charismatischer Ausstrahlung aufweisen können. Das hat nicht nur mit der Kohärenz der Gruppe als solcher zu tun, sondern ist vor allem bedeutsam im Hinblick auf eine kritische Medienlandschaft. Nur sehr starke, selbstsichere Gruppierungen wie die größeren Sekten können es sich leisten, die Medien zu ignorieren und trotzdem erfolgreich und intensiv Mission zu betreiben. Kleinstgruppen mit diffusem Gedankengut und nebulösen Zielsetzungen können dabei nicht einmal auf das wohlwollende Anfangsinteresse der Medien hoffen, sondern werden gleich in die sogenannte Spinner-Ecke – meistens identifiziert mit UFO-Sehern und ähnlichen – gestellt, von der grundsätzlichen, nicht zu unterschätzenden Feindschaft der Großkirchen einmal abgesehen. Letztere ist innerhalb der Konkurrenz auf einem offenen Markt verständlich, da schließlich alle religiösen Neugründungen ihre Anhänger aus dem Pool der religiös Ansprechbaren rekrutieren. Solche Leute stammen überwiegend aus den großen kirchlichen Verbänden. Damit sind die Fronten geklärt, wenn man einmal davon absieht, daß sich der Kampf um Marktanteile – um nichts anderes geht es letzten Endes – innerhalb einer säkularisierten, prinzipiell an Glaubensfragen desinteressierten und wertefeindlichen Gesellschaft stattfindet (daß dabei manchmal Indifferenz mit Toleranz verwechselt wird, ist eine andere Frage).

Wie bereits angedeutet, kommt bei den deutschen Neuheiden ein besonderes Handicap hinzu: ihre intellektuelle Eingleisigkeit mit dem vorrangigen Rückgriff auf angeblich vergessene religiöse Formen. Diese Schwäche ist sozusagen ihr Geburtsmakel seit den ersten neuheidnischen Gründungen nach dem Ersten Weltkieg und der dadurch (aber nicht allein dadurch) ausgelösten Sinnkrise des religiösen Szenarios. Der Ausweg, den die Neuheiden anboten, entsprach dem Zeitgeist und bestand aus der paradoxen Mischung einer naiven Wissenschaftsgläubigkeit mit der Suche nach den mythischen Urgründen des (deutschen) Volkstums. Unter Wissenschaft verstand man eine eigenwillige, das heißt spekulative Auswertung und selbsterdachte Ergänzung der relativ wenigen gesicherten Daten, die Archäologen, Vorgeschichtler und Volkskundler über die Religion des vorchristlichen Mitteleuropa nördlich der Alpen beigebracht hatten. Dabei spielte es kaum eine Rolle, ob man damit germanische oder keltische oder sonst irgendwelche »Religionen« wiederzubeleben hoffte. Wahre Wallfahrten zu prähistorischen Ruinen-Denkmälern setzten ein, von denen einige, wie die zu den sogenannten Externsteinen, bis heute ihre Anhänger finden. Die Bewegung war nicht auf den deutschen und frankophonen Sprachraum beschränkt. Bekannter sind die Versammlungen selbsternannter Druiden im britischen Stonehenge, die man wegen einer Gefährdung des Monuments schließlich sogar verbieten mußte.

Nur, was gewinnt man tatsächlich mit diesen Revivals? Außer einem diffusen Gemeinschaftsgefühl und kollektiver Ergriffenheit nicht viel. Man könnte es einen säkularisierten Lourdes-Effekt nennen, ein Phänomen, dem auch die katholische Kirche zu Recht ziemlich skeptisch gegenübersteht. Wenn man einmal außer acht läßt, daß der Versuch, im postindustriellen Zeitalter eine Art Naturreligion (der Ausdruck stammt aus der Ethnologie) zu errichten, einen sehr hohen Grad freiwilliger Entintellektualisierung und damit Infantilisierung voraussetzt – das gilt besonders für die sogenannten »Hexen« und das »magische« Umfeld des Neuheidentums –, so ist doch anzumerken, daß sich eine trag- und ausbaufähige Religiosität schwerlich auf der ausschließlichen Basis eines bewußten Erkenntnisverzichts konstruieren läßt. Damit ließe sich beispielsweise auch eine Verehrung des Mondes erneut begründen, eine Idee, die, ihrer Absurdität zum Trotz, in bestimmten Kreisen tatsächlich noch Früchte trägt. Bewußt eingesetzte Irrationalität im Sinne einer Vernunftsverweigerung tendiert unausweichlich nicht nur zu einem geistigen Chaos des Individuums, sondern automatisch zur Anarchie und damit zur Auflösung des zivilisatorischen Minimalerhalts. Das scheint allerdings die Anhänger solcher Kulte nicht im mindesten zu tangieren.

Am Ende des zweiten Jahrtausends fehlt es nicht an Stimmen, die angesichts des Esoterik-Booms und des Aufblühens exotischer, oft indisch gefärbter (allerdings nicht wirklich indischer) Glaubensgemeinschaften von einem »Millenarismus« reden. Die – leider meist mißverstandenen – Bezüge zu historischen Millenarismen, insbesondere zur Weltuntergangsstimmung, die große Teile Europas am Ende des 9. Jahrhunderts ergriffen hatte (und die während der folgenden Pest-Wellen kulminierte), scheinen den Bezugsrahmen vorzugeben. Die trivialisierte Apokalyptik der Nostradamus-Exegeten und der Armageddon-Verkünder (die sich selbst für Christen halten) geht eine unheilige Allianz mit der feuilletonistisch-geschmäcklerischen Kulturkritik bestimmter Kreise ein, selbst wenn ein Seriositätsproblem der Rezeption Grenzen setzt. Prognosen lassen sich im Kulturbereich schwieriger als in anderen Gebieten erstellen, und mit einer Kulturprognose verglichen ist ein obskurer Börsentip oder ein Wetteinsatz beim Pferderennen ein mathematisches Exempel. Fest steht lediglich, daß Kulturwandel immer aus der Bewältigung und Aufarbeitung neuer Gedanken lebt, dagegen nie aus dem Rückgriff auf Rumpelkammern.

Magie und Magier

Christoph Daxelmüller

Der Mensch lebt im Schnittpunkt von Raum und Zeit. Geschichte ist erzählte Erinnerung, doch die Zukunft bleibt ungewiß und unplanbar. Die Welt als Raum der Existenz ist durch die moderne Globalisierung sozusagen überschaubar geworden, doch hinter dem mehr denn je Sichtbaren befindet sich die dunkle Zone. Wissenschaftliche Institute liefern anhand statistischer Beobachtungen und Hochrechnungen unentwegt Prognosen für Politiker und Zukunftsplaner ab, zugleich haben Wahrsager, Astrologen und Kartenleserinnen auf den medialen oder tatsächlichen Jahrmärkten Hochkonjunktur. Noch – oder gerade – in der technisierten Welt will der Mensch nichts dem Zufall überlassen; neugierig läßt er einen Blick in die Zukunft und in die seiner Wahrnehmung verborgenen Zonen werfen. Nicht immer dienen die Absichten seiner Neugierde lauteren Zwecken: Wissen schafft Macht vornehmlich dann, wenn es Vorsprung vor dem Wissen anderer Menschen bedeutet.

Mantik und Divination (abendländische Wahrsagekünste), einst als Deutungssysteme unumstritten, feiern in der Gegenwart fröhliche Urständ, trotz Aufklärung und Technisierung der Welt. Beide umfassen eine Vielzahl von Praktiken. Die Grenzen zur Prophetie als einer übernatürlich verursachten Erkenntnis über Zukünftiges, zur Deuteroskopie – dem »zweiten Gesicht«, also der Fähigkeit, im Wachzustand und seltener im Traum örtlich entfernte, meist gleichzeitig stattfindende Ereignisse und dabei vornehmlich Todesfälle nahestehender Personen wahrzunehmen –, zum Orakel, zur Prognostik und zur Interpretation natürlicher Geschehnisse als Vorzeichen sind nicht immer eindeutig zu ziehen.

Ihre Wurzeln liegen in der vorchristlichen Hochkultur des Zweistromlandes, das uns in seinen Keilschrifttexten eine reiche Divinationsliteratur von der astrologischen Beobachtung der Gestirne bis hin zur Eingeweideschau überlieferte. In der Antike wurden die Chaldäer als Magier zum Inbegriff der Vertreter einer ausgefeilten Wahrsagekunst *(ars divinatoria)*. Das Neue Testament wies ihnen in der Epiphanie-Erzählung sogar eine theologische Schlüsselrolle zu:

Drei Magier, die man später als die Heiligen Drei Könige verehren sollte, fanden durch die Sterndeutung zum neugeborenen Messias (Matthäus 2, 1–12). Daß Astromantie und Astrologie trotz ihrer frühchristlichen Abqualifizierung als einer von Dämonen erfundenen Kunst oder als dämonischem Machwerk, so etwa durch Augustinus (354 bis 430) in seiner Schrift ›De civitate Dei‹, im Mittelalter als integrable Wissenschaften etabliert werden konnten, ist dieser und der Bibelstelle zum Tode Christi (Lukas 23, 44), zu dem sich die Sonne verdunkelte, zu verdanken.

Die antike Vorstellung von Mantik und Divination fanden Eingang in den abendländischen Diskurs, zum einen durch die Diskussion der Kirchenväter, ob diese zu erlauben seien, und zum anderen durch arabische Gelehrte der Iberischen Halbinsel, etwa durch den ›Picatrix‹ des Pseudo-Magriti. Germanische Wahrsagetechniken wie das Runenorakel (seidr) spielten hingegen weder für die Missionszeit noch für das Mittelalter eine Rolle. Der Wahrsager ist in der Lage, sich Wissen über Vergangenes, Verborgenes und Zukünftiges anzueignen. Hier aber gerät der europäisch-abendländischen Magietheorie zufolge die Divination in die Nähe der Dämonologie.

Dämonen, nach Augustinus durch eine Kommunikationsvereinbarung und nach Thomas von Aquin (um 1225 bis 1274) durch einen ausdrücklichen Pakt dem Menschen verpflichtet, geben ihr Wissen an den Magier, der sie beschwört, weiter. Gemäß neuplatonischer Lehren halten sie sich zudem in der sublunaren Zone auf. Grund genug sowohl für die Kirchenväter wie für die mittelalterlichen Theologen Europas, über die teuflische Herkunft der mantischen Techniken immer wieder von neuem nachzudenken und zu versuchen, sie dem Bereich der verbotenen, da dämonisch verursachten Magie *(magia daemoniaca)* zuzuordnen. So verurteilte Thomas von Aquin jede Art von Divination, gleich ob sie mit ausdrücklicher oder ohne ausdrückliche Anrufung von Dämonen zustande käme, und gleich ob sie erfolgreich oder erfolglos sei. Insbesondere die Totenbeschwörung, die Nekromantie, die man später in Unkenntnis der ursprünglichen Wortbedeutung als »schwarze Kunst«, als »Schwarzmagie« *(niger)* umdeuten sollte, fällt in diesen Bereich.

Der Magier beschwört mit einem Ritual den Toten, dieser erscheint aus dem Totenreich und gibt seine Kenntnisse preis; mithin ein unmoralischer zauberischer Akt, der Gott leugnet, da er dem Dämonischen einen Kult zukommen läßt, der ihm nicht zusteht. Auch die Nekromantie, ein Kernpunkt der mittelalterlichen wie nachmittelalterlichen Magiediskussion, führt sich auf antike Vorstellungen zurück. Sie taucht zwar selten in der kirchlichen Verbotsliteratur auf, so in Kanon 34 eines englischen Konzils von 1080, der von der Befragung der Toten und anderem Zauberwerk spricht *(»Qui mortuos consulunt, vel maleficia tractant ...«)*, findet sich jedoch häufig im theologischen Schrifttum, was auf gelehrte und keinesfalls populäre Traditionen verweist; so nennt Thomas von Aquin in der ›Summa Theologiae‹ ausdrücklich die Nekromantie: *»per mortuorum aliquorum apparitionem vel locutionem«*. Johannes Hartlieb (um 1400 bis 1468) erklärt sie in seinem 1456 fertiggestellten ›puoch aller verpoten kunst, ungelaubens und der zaubrey‹ als die »erst verpoten« und die »allerböst« magische Kunst. Dazu zählt er auch die Praxis, einen Totenschädel durch Räucherungen und Zauberformeln zum Sprechen zu bringen.

Die mittelalterliche Diskussion über das Wesen des Wahrsagens unterscheidet zwischen der Deutung natürlicher Ereignisse im Rahmen der Signaturenlehre *(superstitio observationis)* und der dämonologischen Verursachung, womit sie sich im wesentlichen der von Cicero in ›De divinatione‹ getroffenen Unterscheidung von natürlicher (intuitiver) und kunstmäßiger (induktiver) Wahrsagung anschließt: Während sich nach Thomas von Aquin die Observanz auf die Vorhersage von Glück und Unglück (*»praecognoscenda aliaque fortunia vel infortunia«*; ›Summa Theologiae‹)

Wahrsage-Automaten auf einem Volksfest in Stade, 1996

bezieht, gelingt das Wahrsagen nur mit Hilfe magischer Kunst, der Verwendung von Siglen, Charakteren und Amuletten oder gar durch den Beistand der Dämonen.

Seit der Antike entwickelten sich zahllose mantische und divinatorische Techniken und Deutungssysteme. Doch einst anerkannte Wissenschaften wie die Astrologie gerieten zu Parawissenschaften. Aus der Horoskop- und Nativitätsstellerei als legitimem Nebenverdienst spätmittelalterlicher und frühneuzeitlicher Universitätsdozenten wurde die Betrugsaktion im Hinterhof, aus theologisch verbotenen Glaubens- und Interpretationsformen der »kleine Aberglaube« der Gegenwart vor der die Straße kreuzenden schwarzen Katze und vor der Zahl 13 – vor allem dann, wenn sie auf einen Freitag fällt. Die Systematisierung der Vielfalt gelingt allerdings anhand der kirchlichen Aberglaubenskritik, die zugleich eine wichtige Quelle für die Geschichte der Wahrsagekünste darstellt.

- Die erste Hauptgruppe bildet die Beobachtung von als außergewöhnlich geltenden Phänomenen aus der Natur des Mikrokosmos, mithin die Deutung von Vorzeichen, aber auch die Vogelschau, die Tierweissagung und die Traumdeutung.
- In der zweiten Hauptgruppe findet sich die Beobachtung von Zeiten, etwa des Jahresanfanges, von dem man glaubte, in ihm Auskunft über den Verlauf des neuen Jahres, das Wetter und die Ernteaussichten, über mögliche Katastrophen und Kriege erhalten zu können. Hierzu gehören der Umgang mit den Kalendertagen und eine Reihe astrologischer Praktiken.

- Die dritte Gruppe aber enthält den Aberglauben der Divination, die sich der Astrologie bedient und auf der astrologischen Determiniertheit des Mikrokosmos und insbesondere des Menschen beruht. Diese Art der Wahrsagung beobachtet die Himmelszeichen, die im *augurium*, im *suspicium* und im *omen* als gute oder böse Vorzeichen gedeutet werden. Aber sie schöpft ihr Vorwissen auch aus Zeichen wie den Linien der Hand in der Chiromantie.

Bei den Vorzeichen, den Prodigien *(prodigia)*, handelt es sich um sicht- und wahrnehmbare Vorgänge gleichnishafter Natur, die auf ein zukünftiges Geschehen hinweisen und zugleich seinen Ablauf vorbedeuten. Sie treten plötzlich und unerwartet ein und verweisen auf positive wie negative Ereignisse wie Krankheit, Katastrophen, Krieg oder Tod, aber auch auf das Jüngste Gericht. Der Glaube an die Zeichenhaftigkeit von Natur-, Wetter- und Himmelsphänomenen, von Vorkommnissen an bestimmten, meist ominösen Tagen wie dem Jahreswechsel oder den Rauhnächten, oder von Erscheinungen von Toten und Gespenstern war bereits in der Antike populär; zu den Augurien zählte etwa Tacitus die Deutung des Vogelfluges oder des Schlachtgeschreis. Die frühmittelalterlichen und dann die mittelalterlichen Bußordnungen, Synodalbeschlüsse, Kapitulare oder die Dekrete Burchards von Worms (um 965 bis 1025) betrachteten die Auslegung von Vorzeichen als Aberglauben (*superstitio observationis*; zum Beispiel Martin von Braga, ›De correctione rusticorum‹). Hierzu zählten Gewitter im Winter, plötzliches Gliederzucken, das Niesen eines Menschen oder Tieres, der Schrei eines Vogels, Traumbilder und Erscheinungen, die häufig einen Todesfall ankündigen, und schließlich der Anfangsglaube, den der wohl karolingische ›Indiculus superstitionum et paganiarum‹ bekämpfte (Kapitel 17: *»De observatione [...] in inchoatione alicuius rei«*).

Das Niesen galt als schlechtes Vorzeichen; niest man am Morgen, während man sich die Schuhe anzieht, solle man sich sofort wieder ins Bett legen (so zum Beispiel Augustinus in ›De doctrina christiana‹). Plötzliches Gliederzucken erwähnen unter anderem Isidor von Sevilla in seiner ›Etymologiae‹ oder Hrabanus Maurus (›De magicis artibus‹). Während die Beobachtung von Tieren im Frühmittelalter als Vorzeichen nur gelegentlich Erwähnung fand, häufen sich die Belege im Spätmittelalter. Dem ›Policraticus‹ des Johannes von Salisbury (um 1115 bis 1180) zufolge erbrächten das Krächzen, die Stellung und der Flug der Krähe wichtige Hinweise auf zukünftige Geschehnisse; ähnlich empfahl die auf Wilhelm von Paris (wahrscheinlich Ende 14./Anfang 15. Jahrhundert) zurückgehende Magdeburger Handschrift ›Praecepta quaedam propter superstitionem‹, auf das Schwatzen *(garritus)* der Vögel zu hören. Johannes Hartlieb listete diese observatorische Technik in seinem ›puoch aller verpoten kunst‹ unter der Aeromantie *(aremancia)* auf. Solche Deutungssysteme schufen sich stets von neuem; so kann die Angst, daß eine plötzlich stehenbleibende Uhr den Tod vorhersage, nicht älter sein als die Erfindung der Turmuhr im 14. Jahrhundert.

Zudem ist zu beobachten, daß mit dem Spätmittelalter die Interpretation außergewöhnlicher Himmelsphänomene zunahm; figurenähnliche Licht- und Wolkenformationen, Kometen, Meteore oder Blutregen galten als Unglückszeichen und wurden in der frühen Neuzeit mittels der Bildpublizistik des Flugblattes nicht nur zum Gegenstand historischer Nachrichtenübermittlung, sondern auch zu einem verbreiteten Deutungs- und Erziehungsmodell. Zu den frühesten Flugblättern dieser Art gehört ein Reutlinger Holzschnitt mit einem Text von Sebastian Brant (1457 bis 1521), der den Einschlag eines Meteors in Ensisheim am 7. November 1492 darstellt; auf dieses Ereignis bezog sich auch Hartmann Schedel 1493 in seinem in Nürnberg erschienenen ›Buch der Cronicken‹.

Zur zweiten Gruppe mantischer Techniken gehören die Prognostiken, eine Form der auf der Deutung natürlicher, zum Beispiel astrologischer Zeichen beruhenden und daher als Teil der *magia naturalis* erlaubten Zukunftsvorhersage. Die Erstellung von Prognostiken gehörte im Mittelalter zum Alltagsgeschäft von Gelehrten wie Martin Pollich, dem ersten Rektor der Wittenberger Universität, der Vorhersagen für 1486, 1487 und 1490 verfaßte. Hinter ihnen verbirgt sich der nur allzu menschliche Wunsch, Wissen über das persönliche und kollektive Schicksal wie Gesundheit, Krankheit, Reichtum und Tod bzw. Krieg oder Naturkatastrophen zu erlangen und dagegen Strategien zu entwickeln; so glaubte man, den von der pseudo-augustinischen ›Homilia de sacrilegiis‹ bekämpften Donnerprognostiken Hinweise auf Kriege und politische Veränderungen entnehmen zu können.

Die prognostischen Künste setzen den Glauben an die Zeichenhaftigkeit der Natur und an ihre Lesbarkeit durch den Menschen voraus; zugleich beziehen sie, was besonders die Kalenderregeln und -vorhersagen wie etwa die ›Grazer Monatsregeln‹ vom Ende des 12. Jahrhunderts zeigen, empirische Beobachtungen mit ein. Allerdings sind die Grenzen zwischen Zukunftsvorhersage und psycho- und kryptognostischer Gesellschaftsbelustigung fließend, wie die von Isidor von Sevilla (636) für das Abendland erwähnte, meist arabischen Verfassern zugeschriebene und im Mittelalter wie in der Neuzeit vor allem in der oberen Bildungs- und Sozialschicht beliebte Wahrsagung aus Erd- und Sandformationen (»Sandkunst«, Geomantie) belegt. Die Sandkunst vermittelte Gerhard von Cremona (1187) durch seine Bearbeitung des arabischen ›Liber Alfadhol‹ dem christlich-europäischen Kulturkreis; hierbei werden die Orakelsprüche bestimmten Persönlichkeiten in den Mund gelegt, im Falle der 1392 für Kaiser Wenzel angefertigten Prachthandschrift 16 Königen. Die Beliebtheit solcher Wahrsageschriften blieb bis weit in die Aufklärung hinein ungebrochen, was unter anderem die 1743 in Leipzig erschienene, angeblich aus dem Arabischen übersetzte ›Curieuse und gantz neue Art zu Punctiren‹ zeigt.

Damit nicht genug; die Hydromantie bedient sich der Zeichen des Wassers und der Wellenformen, die Aeromantie der Luft und Wolkenformen und die Pyromantie des Feuers und des Rauches. Mit der Chiromantie wahrsagt man aus der Hand und den Handlinien, zum Losen *(sortes)* zählt nicht nur das willkürliche Aufschlagen einer Text- oder Bibelstelle, was unter anderem bereits Gregor der Große in seinem ›Epistolarum liber‹ erwähnt, sondern auch das Bleigießen. Zahlreiche andere Techniken ergänzen diese Verfahren, so die sich einer Kristallkugel bedienenden Kristallomantie, die Alphitomantie (auch: Aleuromantie), die die Zukunft aus dem Mehl deutet, das Pfeilorakel (Belomantie), das Wahrsagen aus den Kopfbewegungen eines Tieres wie zum Beispiel eines Esels (Cephaleonomantie), das Sieborakel (Coscinomantie), das Deuten von Träumen (Oneiromantie) oder die Rhabdomantie, das Wahrsagen mittels einer Wünschelrute. Bei der Alectryomantie beobachtet man einen Hahn, der die über Buchstaben ausgestreuten Körner aufpickt, und erschließt damit Wörter und Sätze. Die im Mittelalter mehrfach bezeugte, den antiken Autoren hingegen unbekannte Wahrsagung aus dem Schulterblatt (Spatulimantie) wurde – in China bereits im zweiten vorchristlichen Jahrtausend bezeugt – vermutlich erst durch die Hunnen in Europa bekanntgemacht. Eine Onomatomantie, bei der man Buchstaben eines Namens mit einer Zahl bewertete, verfaßte Johannes Hartlieb 1438/39, der zudem mit seiner ›Kunst Chiromantia‹ von 1448 eines der beliebtesten Genres spätmittelalterlichen und frühneuzeitlichen Wahrsagens aufgriff und dadurch spätere Traktate wie die des Antiochus Tibertus von 1494, des Andrea Corvo de Mirandola von 1513 oder des Bartolommeo Cocles von 1533 vorzubereiten half. Zur Aufgabe von Ärzten bei der Krankenbehandlung gehörte die Anfertigung von »Genesungsproben«, die in fast keinem Arzneibuch fehlten.

Innerhalb der Wahrsageliteratur fällt den astrologisch erarbeiteten Prognostiken, unter ihnen den ›Tegernseer Prognostiken‹ (12. Jahrhundert) oder den Wettervorhersagen und -beobachtungen eine besondere Bedeutung zu. Auch sie waren erlaubt, da die Sterne die Menschen, Gott aber die Sterne regiert *(»astra regunt homines, sed regit astra deus«)*. Neben Sonnenaufgangs- und Sonnenscheinprognosen oder der Weissagung aus dem Wehen des Windes in den zwölf Rauhnächten spielen vor allem die Neujahrs- und später die Christtagsprognosen eine wichtige Rolle. Sie beschränken sich entweder auf Vorhersagen für das kommende Jahr oder nehmen immerwährende Gültigkeit für sich in Anspruch; zu letzteren gehört die Textgruppe der erstmals 1120 in einer englischen Bearbeitung, seit dem Beginn des 14. Jahrhunderts in Deutschland und Frankreich als ›Esdras Weissagung‹ in lateinischen und später in volkssprachlichen Versionen vorliegenden ›Bedas Weissagung‹. Der Bezug auf den Propheten Esdra ergab sich aus dem apokryphen ›Liber quartus Esdrae‹ und der ebenfalls apokryphen ›Visio beati Esdrae‹.

Solche Jahres- und Langzeitprognosen überlebten das Mittelalter. Die 1555 in Lyon erschienenen ›Centuriae propheticae‹ des Michel de Nostre-Dame (Nostradamus, 1503 bis 1566) prägten die Vorstellungen von den häufig mit Endzeitängsten verbundenen Prognostiken, während Wetterprophetien unter anderem in dem von Mauritius Knauer (1612 bis 1664), Abt des Zisterzienserklosters Langheim, entwickelten ›Hundertjährigen Kalender‹ ihren Ausdruck fanden und seit dem 16. Jahrhundert als ›Practica‹ zum unverzichtbaren Bestandteil populärer Kalender, aber auch der Hausväterliteratur wie Johannes Colers ›Oeconomia ruralis et domestica‹ wurden.

Ob aus dem Kaffeesatz, ob aus dem Salz: Die Dingwelt stellt viele Möglichkeiten der Zukunftsvorhersage zur Verfügung. So viele Körner Salz man verschüttet hat, so viele Tränen wird man am gleichen Tag weinen oder so viele Prügel beziehen, so viele Stücke Brot werden mangeln, so viele Sünden dem Übeltäter angerechnet, und die (Haus-)Frau, der es passiert ist, hat so viele Jahre, wie sie Salzkörner verschüttet hat, vor der Himmelspforte zu warten, bis der Heilige Petrus sie einlassen wird. Das umgestoßene Salzfaß bedeutet Streit, jedes Körnlein verschüttetes Salz ein erneutes Pochen an der Himmelstüre. Da bei diesem Unglück der Teufel lachend hinter dem Rücken steht, wirft man das Salz über die linke Schulter.

Nicht zuletzt die Prediger des 17. und 18. Jahrhunderts wie Ignatius Ertl (1645 bis 1713) beteiligten sich an der Verbreitung solcher Glaubensformen: »Wann man den Wein auf den Tisch umschüttet / seye es ein gutes Glücks-Zeichen: Wann man das Saltz umkehret / ein böses Zeichen.« Die Liste der ominösen Folgen ließe sich weiter verlängern, eine Variante fügt das populäre ›Sechste und Siebente Mosis‹ hinzu: In der Christnacht setzt man »Salzhäufchen, für jede Person im Hause eins. Wessen Häuschen nun umgefallen oder geschmolzen ist, von dem glaubt man, er werde in dem Jahre sterben«.

Die europäischen Wahrsagekünste bilden ein komplexes und zugleich in sich schlüssiges System. Doch die Gestalt des Wahrsagers bleibt gespalten. Als hochgeachteter Astrologe verfügt er über den ungehinderten Zugang zu den Höfen der Herrschenden, die Kunst der Sterndeutung wird an den europäischen Universitäten der frühen Neuzeit gelehrt und in Traktaten und Dissertationen disputiert. Die Florentiner Neuplatoniker Marsiglio Ficino (1433 bis 1499) und Giovanni Pico della Mirandola (1463 bis 1494) entwickeln aus den Theorien von der astrologischen Determiniertheit des Mikrokosmos ihre Überlegungen zur Wirkungsästhetik der Musik und der Dichtkunst. Der Visionär und Prophet, der Mensch, der über die Gabe der Deuteroskopie, des zweiten Gesichts, verfügt, da er, so der Volksglaube, unter besonderen Umständen in der Christnacht oder unter der »Glückshaube« geboren wurde, sind hochgeschätzte Ausnahmeerscheinungen. Doch zugleich bleibt der Wahrsager durch die unbestimmte, vielleicht dämonische Herkunft seiner Kenntnisse als Magier, als Zauberer und als *mathematicus* verdächtig. So verwundert es nicht, daß europäische Randkulturen, von denen die Gelehrten häufig nur Sagenhaftes wußten, vor allem aber soziale Randgruppen in den Ruf gerieten, besonders fähige Wahrsager und abscheuliche Zauberer zu sein. Den »Lappen« (Samen) am Nordrand Europas schrieb nicht nur Olaus Magnus in seinen ›Historien der Mitternächtigen Länder‹ die Zauberkunst des Wahrsagens, Wettermachens und Nestelknüpfens zu, und den »Zigeunern« unterstellt man bis heute, sie seien besonders gut in der Deutung von Handlinien und dem Auslegen der 78 Tarotkarten. Aus dem Wahrsagen aber hat sich wieder ein rentables Geschäft zwischen Jahrmarktsattraktion und psychognostischer Beratung entwickelt, das den Markt wachsender irrationaler Bedürfnisse in einer Zeit bedient, die viele als Ausdruck naturwissenschaftlicher Vernunft betrachten.

Hexenglaube und Verfolgung

Maren Tomforde

Die weitverbreitete Ansicht, daß Hexen allerorten auf dem Scheiterhaufen verbrennen mußten, stimmt in dieser Weise nicht: Die Hinrichtungen, mit denen Tausende von Frauen, Männern und Kindern in ganz Europa getötet worden sind, bildeten nur einen Teil des diesbezüglichen harten Vorgehens. Auch wurden nicht alle zum Tode verurteilten Hexen auf Scheiterhaufen verbrannt, sondern aus Mangel an »Arbeitskräften« und Holz selbst in Backsteinöfen dem Flammentod ausgeliefert – eine traurige Tatsache, die auf die historischen Hintergründe des Märchens ›Hänsel und Gretel‹ der Brüder Grimm aufmerksam macht.

Jeder Versuch, einen umfassenden Überblick über die europäischen Hexenverfolgungen zu erstellen, wird durch regionale Besonderheiten erschwert. Zwar sind bestimmte Verlaufsmuster im Europa der frühen Neuzeit erkennbar, doch Hexenverfolgungen begannen, erreichten ihren Höhepunkt und endeten an unterschiedlichen Orten zu unterschiedlichen Zeiten. Auch die Gesamtzahl der Prozesse, Verurteilungen und Hinrichtungen fiel in den europäischen Regionen sehr unterschiedlich aus. Es gab ein Zentrum der Hexenverfolgung – Zentraleuropa mit den Gebieten des heutigen Frankreich, Deutschland und der Schweiz –, während die meisten restlichen europäischen Länder in bezug auf Massenverfolgungen und Hexenjagden Randgebiete blieben. Aufgrund dieser großen Unterschiede kann lediglich ein grober Überblick über die historischen Begebenheiten und Zusammenhänge gegeben werden.

Entstehung des Hexenglaubens

Der Glaube an übernatürliche Kräfte und Zauber reicht bis in die Urgeschichte der Kulturen zurück und ist seit jeher auf der ganzen Welt verbreitet. Auch die Figur des Hexenfinders oder Hexenbanners, der Verdachtsmomente gegen bestimmte Personen bestätigen soll, ist offenbar eine universelle Erscheinung. Die Grundlage für die weitverbreiteten Zauber- und Hexenvorstellungen liegt in der immer aktuellen Frage nach den Ursachen der Leiden und des Übels in der Welt. Insbesondere bei dem traditionellen Hexereibegriff, der bereits zu vorchristlicher Zeit und im Mittelalter in Europa existierte, geht es um das zeitlose und kulturübergreifende Thema der Auseinandersetzung der Menschen mit »dem Bösen«. Obwohl der Hexenglaube auch in außereuropäischen Kulturen vorzufinden ist, sind dort Verfolgungen europäischen Ausmaßes unbekannt. Diese Tatsache wird auf die ideologischen Rahmenbedingun-

Hexe mit ihrem Liebhaber, dem Teufel.
Holzschnitt von Ulrich Molitor, 1489

gen in Europa zurückgeführt, welche durch das römische Recht und die römisch-christliche Theologie für die lateinisch geprägte Christenheit abgesteckt worden sind und die Hexenjagden erst ermöglichten.

Die Entwicklung des Hexereibegriffes, wie er heute allgemein bekannt ist und wie er zu den Massenverfolgungen von angeblichen Hexen beigetragen hat, fand erst im Laufe des 15. Jahrhunderts statt. Der bis zu diesem Zeitpunkt weitverbreitete Glaube an Zauberer, Hexen und andere Personen mit magischen Kräften wurde durch die christliche Theologie mit Teufelsvorstellungen der Kirche verkoppelt. Alles Magische wurde durch die Kirche verteufelt. Innerhalb der Bevölkerung nahm Magie jedoch eine wichtige Rolle ein. Sie begleitete sie wie die Kirche auf allen Stationen ihres Lebens und in Krisensituationen. Magie eröffnete einen Weg zum aktiven Handeln und war nach gängigen Vorstellungen lebensnotwendig, weil sie das Gegenmittel gegen bösen Zauber und Hexerei darstellte. Hexereiverdächtigungen wurden dementsprechend bereits im Mittelalter oder noch früher in Europa ausgesprochen. Dabei kam es jedoch nicht zu Anklagen und Prozessen; vielmehr wurde von der verdächtigten Person verlangt, den Zauber aufzuheben und den angerichteten Schaden wiedergutzumachen. So konnte es beispielsweise Familien geben, von denen über Generationen hinweg angenommen wurde, daß sie hexen könnten, mit denen jedoch in Koexistenz gelebt wurde.

Erst durch die Diabolisierung durch die Kirche wurde der Begriff »Hexe« langsam zum Inbegriff alles Unheimlichen und Schädlichen. Alles, was an dämonischen, heidnischen Vorstellungen in den Köpfen der Bevölkerung und Gelehrten noch existierte, wurde im Übergang zur Neuzeit in Europa in der Hexen- und Teufelsvorstellung subsumiert. Das große Verbrechen von Hexen wurde in dem Pakt mit dem Teufel gesehen. Den Glauben an Vorformen des Teufels wie den Glauben an »das Böse«, Satan oder Beelzebub, hat es innerhalb der europäischen Bevölkerung zwar schon immer gegeben. Die Figur des Teufels ist jedoch von der mittelalterlichen Kirche erst im Laufe des 14. Jahrhunderts entwickelt worden. Im ausgehenden Mittelalter wurde dieser Glaube von der Kirche tief verwurzelt, um im 15. Jahrhundert in einem Konzept von Hexerei zu kumulieren.

Dieses Konzept der frühneuzeitlichen Hexenvorstellung enthielt folgende Punkte: den Teufelspakt, die geschlechtliche Vermischung mit Dämonen (Teufelsbuhlschaft), den Schadenzauber, den Flug durch die Luft (Nachtflug, Unholdenflug) sowie den Besuch großer Hexenversammlungen (Hexensabbat oder Hexentanz). Besonders die

Vorstellung des Hexensabbats stellte sich während der Verfolgungen in der Rechtspraxis als sehr gefährlich heraus. Vor Gericht oder während der Folter wurde die angeklagte Hexe nach Mitschuldigen befragt, die auf einer derartigen Versammlung gesehen wurden. Diese Art der Befragung löste eine Kettenreaktion aus, die zu Massenvernichtungen führen konnte. Es wird deutlich, daß sich die Hexenverfolgung nicht per definitionem gegen Einzelpersonen, sondern vielmehr gegen eine vermeintliche Verschwörung in Form einer Hexensekte richtete, wie sie von der christlichen Theologie gefürchtet wurde. In diesem Sinne ist die europäische Hexenverfolgung im Zusammenhang mit der Geschichte der kirchlichen Inquisition zu sehen, die ab dem 12. Jahrhundert Kritiker und Abweichler der Kirchenlehre, sogenannte Häretiker und Ketzer, verfolgte.

Die Kirche fühlte sich und ihren Bestand durch die Vielzahl von Abweichlern und kritisch eingestellten Sekten bedroht. Sie strebte eine Systematisierung der Verfolgung »ungläubiger« Christen an. Auch Juden waren Verfolgungen ausgesetzt und mußten ein gelbes Abzeichen tragen. Bei Betrachtung der Ketzerprozesse des 14. und 15. Jahrhunderts fällt auf, daß immer neue Vorwürfe gegen die Abweichler ausgesprochen wurden, die letztlich in dem Teufelsvorwurf endeten. Angeblich verlieh der Teufel den Ketzern zauberische Kräfte, mit denen sie dem Christentum mutmaßlich schaden wollten. Durch diesen Vorwurf wurde jegliches Vorgehen gegen die Kritiker der Kirche, auch die Verbrennung auf dem Scheiterhaufen, gerechtfertigt.

Frühe Darstellung von auf Besen reitenden Hexen. Die Fähigkeit zu fliegen wurde den Hexen am häufigsten nachgesagt. Frankreich, um 1490

Die Wahnidee von einem europäischen Hexenkult kam erst in der frühen Neuzeit auf. Von einem aus der vorchristlichen Zeit hinübergetragenen Heidenkult war jedoch nicht die Rede. Das Wissen der Gegner über den vermeintlichen Hexenkult war bis in das letzte Detail ausgeprägt. Hexentanzplätze, die angeblich oft aufgesucht und die unter der Folter von Verdächtigten immer wieder genannt worden sind, waren weithin bekannt. Seltsam ist jedoch, daß Hexenjäger nie eine Zusammenkunft zum Hexensabbat auf einem derartigen Hexentanzplatz aufdecken konnten. Die These über einen Hexenkult wurde bis in das 20. Jahrhundert von AutorInnen wie Margret Murray (1921) aufrechterhalten und galt den unterschiedlichsten Interessengruppen als Grundlage für neuheidnische Kulte.

Eine zentrale Frage, die sich bei der Entstehung des Hexenbildes in Europa immer wieder stellt, ist die nach den Gründen für die Verbindung schadenzauberischer Delikte mit dem weiblichen Geschlecht. In weiten Teilen Europas waren 75 bis 80 Prozent der als Hexen Angeklagten weiblichen Geschlechts. Ausnahmen bildeten Länder wie Island, Finnland oder Estland, in denen die Vorstellung des männlichen Zauberers stärker verwurzelt war als die der weiblichen Hexe. Die Beantwortung dieser Frage ist sehr komplex. In vielen europäischen Gebieten wurde dem weiblichen Geschlecht vor dem Hintergrund der christlichen Lehre eine größere Anfälligkeit für Anfechtungen des Teufels und des Bösen nachgesagt. Zudem waren gerade Frauen die Träger von tradierten Heil- und Glaubenskenntnissen. Ein weiterer Grund kann auch darin liegen, daß weiblich geprägte Hexereianklagen eine Folge des Geschlechterkonfliktes in Fällen waren, bei denen die reale Frauenmacht im Widerspruch zu einer rechtlich untergeordneten Position stand. Die geschlechtliche und soziale Zusammensetzung der Opfer veränderte sich jedoch im Laufe der Hexenverfolgungen: Während zunächst arme und alte Frauen aus dem bäuerlichen Milieu verfolgt wurden, traf es später auch reiche, bürgerliche Frauen und ihre Männer, bis in den großen Hexenjagden an Main und Rhein auch die reichsten Bürger, Kleriker, Adlige und Mitglieder der Regierung angeklagt worden sind. Intensiver Hexenglaube war somit nicht auf bestimmte Bevölkerungsschichten oder ländliche Regionen beschränkt, sondern konnte bei den unterschiedlichsten Personen festgestellt werden. Die weitverbreitete These, daß hauptsächlich weise Frauen und Hebammen Opfer der Hexenverfolgungen wurden, ist somit nicht tragbar.

Die Gründe für die Hexenverfolgungen in Europa, die nicht nur von den Obrigkeiten und der Kirche, sondern auch von der Bevölkerung getragen und vorangetrieben worden sind, sind mannigfaltig und komplex. Die Hexenjagden standen zu allen nur möglichen Krisenerscheinungen in Beziehung. Regionale Unruhen, Bürger- und Religionskriege, Kirchenspaltung, die angebliche Bedrohung Europas durch den Islam, Hungersnöte sowie nationale Revolutionen erzeugten im Europa der frühen Neuzeit ein Klima hoher politischer Instabilität. Zudem wüteten in weiten Teilen des Kontinents die Pest und andere Epidemien in einem vorher unbekannten Ausmaße. Diese Entwicklungen schufen eine allgemein verbreitete Angst vor der Zukunft und verschärften zwischenmenschliche Spannungen, die sich häufig in Anklagen wegen Hexerei entluden und die Entstehung von Hexenjagden begünstigten. Hexen mußten als Sündenböcke für die Krisen, sozioökonomischen Notlagen und das grassierende Unglück der damaligen Zeit herhalten. Die Schuldigen wurden nicht unter Fremden, sondern meistens in der eigenen Umgebung wie der Verwandtschaft oder Nachbarschaft gesucht. Auch negative Gefühle wie Neid, Haß oder Angst konnten durch die Äußerung von Hexereibeschuldigungen ausgelebt werden.

Als weiterer Grund für die weitverbreitete Hexenjagd kann die grassierende Endzeiterwartung in theologischen Schriften genannt werden, in denen der baldige Untergang der Welt als Folge teuflischer Verschwörung vorausgesagt wurde. Dem Teufel wurde nachgesagt, daß er als personifizierter Antichrist zum Entscheidungskampf gegen Gott angetreten sei und die Christenheit vernichten wollte. Verbündete des Teufels mußten dementsprechend bekämpft werden.

Zeitliche Unterschiede der Hexenverfolgungen in Europa

In Europa waren Hexenverfolgungen während des größten Teils der Geschichte illegal. Prozesse gegen vermeintliche Zauberer und Hexen gab es im Früh- und Hochmittelalter eher selten. Das eigentliche Zeitalter, in dem Hexenprozesse legalisiert waren und mehr oder weniger systematisch verfolgt wurden, fiel in die Jahre zwischen 1430 und 1780. Doch auch während dieser 350 Jahre fanden nicht überall und fortlaufend Hexenverfolgungen statt. Die Aktionen waren von zeitlichen und regionalen Unterschieden geprägt: Es gab sowohl aufeinanderfolgende Einzelprozesse, bei denen in einer Region im Laufe eines Jahrhunderts zum Beispiel 20 Personen als Hexen verbrannt worden sind, als auch großangelegte Hexenjagden, bei denen in einer kleinen überschaubaren Region innerhalb weniger Monate 100, 200 oder sogar 500 Menschen den Beschuldigungen zum Opfer fielen. Die Verfolgungsspitzen lagen im auslaufenden 15. Jahrhundert (circa ab 1560) sowie im auslaufenden 16. (circa ab 1680) und im frühen 17. Jahrhundert. Im 18. Jahrhundert hatten sich die ökonomisch fortschrittlicheren Länder Westeuropas de facto von der Hexenverfolgung verabschiedet.

Das kumulative Konzept der Hexerei, inklusive des dem Judentum entlehnten Sabbats, wurde in theologischen Schriften erst zu Beginn des 15. Jahrhunderts entwickelt. Obwohl die Geschichte der Verfolgung nicht geradlinig verlief, nahm ab diesem Zeitpunkt die Zahl der Hexenprozesse zu. Die Anklagen gegen Hexerei in Verbindung mit dem Teufelspakt wurden immer zahlreicher, und auch die Zahl der Hexentraktate stieg an. Dieser Anstieg spiegelte nicht nur die Zunahme der Hexenprozesse wider, er stimulierte gleichzeitig auch neue Prozesse.

Als einen Markstein in der Geschichte der Hexenverfolgung wird das Buch ›Malleus Maleficarum‹ (›Der Unholdinnenhammer‹) des Dominikanermönches Heinrich Kramer aus dem Jahre 1497 gewertet. Der ›Hexenhammer‹, wie das Werk auch genannt wurde, das durch den neuerfundenen Buchdruck eine europaweite Verbreitung fand, bestand aus einer Auflistung vermeintlicher Verbrechen sogenannter Hexen, Angaben zur Erkennung ebensolcher sowie Anweisungen für das Abhalten von Hexenprozessen. Brutaler Zwang, unmäßiger Einsatz von Folter, Verweigerung jeder Verteidigung und systematische Verdrehung der Aussagen der Angeklagten gehörten zu Kramers unerbitterlicher Prozeßführung. Der ›Hexenhammer‹ wurde fortlaufend, bis auf den Zeitraum zwischen 1521 und 1576, und unzählige Male neu aufgelegt. Insbesondere in den Jahren zwischen 1580 bis 1650 genoß dämonologische Literatur große Popularität. Auch bildliche Darstellungen von Hexen, insbesondere von luftfahrenden Frauen, waren als Sujet bei zeitgenössischen Künstlern und in der Bevölkerung sehr beliebt, wie die zahlreichen Stiche von Künstlern wie Lucas Cranach

Hexenverbrennung im Harz. Flugblatt aus dem Jahr 1555

oder Hans Baldung Grien und die Freskierung von Kirchenräumen mit diesen Bildmotiven aus der frühen Neuzeit beweisen.

Das vorübergehende Abklingen der Hexenverfolgungen in der ersten Hälfte des 16. Jahrhunderts erklärt sich aus dem Skeptizismus der Gelehrten und dem ersten Schock der Reformation. Zu dieser Zeit verbreitete sich der Humanismus in ganz Europa. Kritiker des Hexenglaubens und der Hexenprozesse wie Erasmus, Alciatus und Agrippa erreichten durch ihre Schriften eine Eindämmung der Verfolgungen. Komplexer ist die Rolle, die die Reformation beim Rückgang der Verfolgungen im frühen 16. Jahrhundert spielte. In den ersten Jahren der Reformation dürfte der Zerfall der mittelalterlichen Christenheit und die intensive Auseinandersetzung darüber die europäischen Eliten vom Thema Hexenjagd abgelenkt haben, wie auch politische Auseinandersetzungen wie der Dreißigjährige Krieg Hexenverfolgungen verhindern konnten. Da die Protestanten den römischen Katholizismus mit seiner Dämonologie ablehnten, formulierten sie eine eigene Hexenlehre, die der alten katholischen jedoch in vielen Aspekten glich. Der Hauptunterschied lag darin, daß die Protestanten die Inquisition ablehnten und Hexenprozesse nicht von kirchlichen, sondern von weltlichen Gerichten verhandeln ließen. Das alte Vorurteil über eine generelle Relation von Verfolgung und Konfession erweist sich als insgesamt unhaltbar. Zweifellos trugen sowohl katholische als auch protestantische Geistliche viel zur Intensivierung der Hexenverfolgungen bei.

Die Zahl der Hexenprozesse in Europa stieg zwischen 1550 und 1580 kontinuierlich. Die Zeit der Massenprozesse und großen Hexenjagden begann jedoch erst nach 1580, in einigen Ländern Europas auch einige Jahrzehnte später. Die Zahlenangaben zu dieser Zeit sind leider nur unvollständig. Nach den Darstellungen von

Folterszene in Deutschland.
Holzschnitt aus dem 16. Jahrhundert

Brian P. Levack in seinem Buch ›Hexenjagd‹ wurden Hexen in den 1580er Jahren insbesondere in der Schweiz und in den Niederlanden verfolgt, in den 1590er Jahren in Frankreich, den Niederlanden und Schottland. Ab 1600 fanden viele Prozesse im deutschsprachigen Raum statt. Ab 1610 wütete der Hexenwahn in Spanien, in den 1620er und 1630er Jahren wiederum in deutschen Ländern: In Städten wie Würzburg, Bamberg oder Ellwangen wurden innerhalb kürzester Zeit Hunderte von Menschen hingerichtet. England erlebte seine umfangreichsten Hexenjagden in den 1640er Jahren, Schottland in den 1660er und Schweden und Finnland in den 1660er und 1670er Jahren. Insgesamt stellt die Periode von 1580 bis 1660 den Höhepunkt der europäischen Hexenjagd dar. In diesem Zeitraum wurden in England, Schottland und den deutschen Territorien zahlreiche Hexengesetze beschlossen. Das englische Gesetz des ›Witchcraft Acts‹ wurde erst 1951 aus dem Gesetzbuch gestrichen.

Das Wiederaufleben des Hexenwahns vom lutherischen Norwegen bis zum katholischen Sizilien hing insbesondere mit dem Wiederaufflammen des Religionskrieges zusammen. Die Konfrontation von Katholiken und Protestanten, die zwei miteinander unvereinbare Gesellschaftsgruppen repräsentierten, bedeutete einen Schritt zurück zu Haßideen und zum alten Gott-Teufel-Dualismus. Zu dieser Zeit fand auch der Bibeltext in seiner wörtlichen Auslegung des Todesurteils über Hexen weite Verbreitung.

Ein weiterer entscheidender Faktor, der zur Intensivierung der Hexenverfolgungen beitrug, war der Beginn eines der wirtschaftlich schwierigsten und politisch instabilsten Jahrhunderte der europäischen Geschichte. Zwischen 1550 und 1650 erlebte Europa den Übergang zu einer kommerzialisierten Landwirtschaft, eine fortschreitende Inflation, mehrere Hungersnöte sowie zahlreiche Einbrüche im Handel einschließlich einer Produktionskrise. Gleichzeitig vollzog sich in Europa der allmähliche Übergang von der Natural- zur Geldwirtschaft mit all seinen sozialen Folgen. Stadtentwicklung, Fortschritte in der Güterproduktion durch Arbeitsteilung und verbesserte Produktionsverfahren sowie die beginnende Trennung von Produktion und Verbrauch blieben nicht ohne Auswirkungen auf das Zusammenleben der Menschen. Neuentstehende »moderne« Staaten dehnten ihre Kontrolle auf alle Lebensbereiche aus. Eine verstärkte soziale Disziplinierung durch die Obrigkeiten, die sich beispielsweise in der Entwicklung sogenannter »Tischzuchten« ausdrückte, begann. Das unbeschwerte und lustbetonte Verhältnis zur Sexualität wurde zunehmend eingeengt: Als neue moralische Maßstäbe setzten sich Triebaufschub und -verzicht durch. Die Menschen, insbesondere in den Städten, verloren allmählich ihren Bezug zur

Natur. Gemeinsam war diesen Veränderungen eine Tendenz zu Rationalität und Ordnung und damit gegen alles, was ihr entgegenstand. Die bis zu diesem Zeitpunkt allmächtigen Kirchen hatten durch den Übergang in eine neue Zeit am meisten zu befürchten. Ihre absolute Macht versuchten sie durch den Rückgriff auf alte Glaubensvorstellungen – wie die Angst vor dem übernatürlichen Bösen, personifiziert durch den Teufel – als Ursache allen Übels zu erhalten.

Ein weiterer Erklärungsansatz für das in Europa synchron einsetzende Interesse für Hexen bietet für Autoren wie Wolfgang Behringer das Phänomen der Klimaverschlechterung. Nach einer langen Warmzeit im Hochmittelalter wurde die nördliche Hemisphäre durch eine relative Kälteperiode, die auch als »Kleine Eiszeit« bezeichnet wird, erschüttert. Die generelle Abkühlung traf eine Gesellschaft mit für Klimaschwankungen anfälliger Subsistenzwirtschaft wie zum Beispiel witterungsbedingte Mißernten. Ketzer, Juden und Aussätzige waren nicht mit dem Wetter in Verbindung zu bringen, wohl aber die wettermachenden Hexen. Um 1560 setzte die Kernphase der Kleinen Eiszeit ein, die darauffolgende Epoche schwieriger Witterungsverhältnisse wurde von Betroffenen als »unnatürlich« empfunden. Konjunkturen der Hexenverfolgungen verliefen synchron mit diesen außergewöhnlichen Klimaperioden. Die durch Mißernten einsetzenden Teuerungen erhöhten die sozialen Spannungen. Mangelernährung und Hunger begünstigten den Ausbruch seltener und epidemischer Krankheiten, für die Hexerei verantwortlich gemacht wurde.

In der zweiten Hälfte des 17. Jahrhunderts führte eine veränderte Situation in weiten Teilen Europas schließlich allmählich zu einem endgültigen Rückgang der Hexenprozesse. Gründe dafür können in der Stabilisierung der Ökonomie, der Staatensysteme und der Ernährung sowie in dem Ende der großen Epidemien gesehen werden. Die Aufklärung tat das ihre, um die Verfolgungen zu beenden. Mit der Professionalisierung und Säkularisierung der Eliten wurden größere Hexenverfolgungen zum unerwünschten Störfaktor oder gar zum Skandal. Auch durch die allmähliche Aufhebung der Folter im Laufe des 18. Jahrhunderts wurde das Ende der Hexenverfolgung eingeleitet, da somit ein wichtiger Bestandteil der Prozesse und ein wichtiges Mittel zur »Wahrheitsfindung« wegfiel. Nur in den rückständigeren Gebieten Osteuropas wie zum Beispiel in Polen, Böhmen, Ungarn, aber auch in Süddeutschland, Österreich, Schweiz und vereinzelt in Italien wurden bis in die zweite Hälfte des 18. Jahrhunderts hinein noch Hexen verbrannt. Die letzte legale Hexenhinrichtung auf Reichsboden ereignete sich in Kempten im Jahre 1775, in Europa im protestantischen Kanton Glarus 1782. Die Gesetzgebung gegen Hexerei war zu diesem Zeitpunkt noch nicht abgeschafft. Die Ära der Hinrichtungen war jedoch beendet.

Regionale Unterschiede der Hexenverfolgung in Europa

Der derzeitige Stand der Forschung zur Geschichte der europäischen Hexenverfolgung kann über die Gründe für die zeitlichen und regionalen Unterschiede bzw. für ein synchrones Ansteigen des Hexenwahns ab 1580 noch keine letzten, endgültigen

Erklärungen liefern. Über Schwerpunkte und Ausmaß der Hexenverfolgungen in Europa können jedoch bereits haltbare Aussagen getroffen werden. Als sicher kann gelten, daß Mitteleuropa das Zentrum der Hexenverfolgung war, dem eine Peripherie mit weniger Hexenprozessen gegenüberstand. Da die Gerichtsakten dieser Zeit nicht vollständig erhalten sind, kann die Gesamtzahl der Prozesse bzw. der Hinrichtungen nur geschätzt werden. Bezüglich des tatsächlichen Ausmaßes der europäischen Hexenverfolgungen der frühen Neuzeit herrschen in der Literatur sehr unterschiedliche Vorstellungen. Die Anzahl der Opfer wird teilweise auf bis zu neun Millionen hochgerechnet – eine Zahl, die bereits angesichts der früheren Bevölkerungszahlen absurd ist. Realistischer ist es, die Zahl der Hexenhinrichtungen in Europa eher auf einiges unter 100 000 zu schätzen. Dabei muß klar herausgestellt werden, daß Hinrichtungen auf dem Scheiterhaufen nur die sogenannte Spitze des Eisberges darstellten. Daneben dürfte es mindestens noch einmal so viele Menschen gegeben haben, die wegen des Hexereiverdachts verbannt worden sind, und mindestens noch einmal so viele, die andere Strafen aufgrund dieses Verdachts haben erleiden müssen. Eine Vielzahl der Hexereiverdächtigungen sind auch nicht vor Gericht getragen, sondern innerhalb der Bevölkerung weitergegeben worden, so daß die Beschuldigten an den Rand der Gesellschaft und zum Teil in den Selbstmord getrieben worden sind.

Innerhalb Europas existierten deutliche regionale Unterschiede, zum Beispiel zwischen Frankreich und dem deutschsprachigen Raum, zwischen England und Schottland oder Polen und Rußland. Dennoch weisen sie außer ihrem geographischen Zusammenhang hinsichtlich der Hexenverfolgungen so viele Gemeinsamkeiten auf, daß ein breitangelegter Vergleich dieser Gebiete gerechtfertigt erscheint.

Westliches Mitteleuropa – Gebiet des heutigen Deutschland, Frankreich, Niederlande, Belgien, Luxemburg, Schweiz, Österreich

Die überwältigende Mehrheit der Hexenprozesse fand im deutschsprachigen Raum, in Frankreich, in der Schweiz und den Niederlanden statt – ein Gebiet, in dem in der frühen Neuzeit rund die Hälfte der europäischen Bevölkerung lebte. Dabei entfiel die Hälfte der gesamteuropäischen Hexenhinrichtungen auf die über 3000 weitgehend unabhängigen politischen Gebilde, die unter dem Dach des Heiligen Römischen Reiches Deutscher Nation zusammengefaßt waren. Wichtigster Grund für die Häufung der Hexenprozesse in diesem Teil Europas war vermutlich die Schwäche der Zentralgewalt. Das Heilige Römische Reich verfügte kaum über einheitliches Recht und verlieh relativ kleinen politischen Einheiten weitgehende Rechtshoheit. Diese Regionalisierung des Rechts brachte es mit sich, daß Hexenjagden relativ unkontrolliert ablaufen konnten.

In der Republik der Niederlande konnten die kurz aufflammenden Hexenverfolgungen frühzeitig unterdrückt werden. Auch Belgien zählte nicht zur Kernzone, während Luxemburg vergleichsweise stark davon betroffen war. Hier machte sich die Nachbarschaft zu den verfolgungsintensiven rheinischen Hochstiften und dem französischen Lothringen bemerkbar.

Allumfassende Gründe für die Häufung der Hexenjagden im westlichen Mitteleuropa werden in der Konzentration der ökologischen Krisen des 16. und des 17. Jahrhunderts auf diese Region gesehen, die auch im Zusammenhang mit der Bevölkerungsdichte, der Siedlungsstruktur, dem Zustand der Landwirtschaft und der Infrastruktur standen. Nord- und Osteuropa waren zu dieser Zeit vergleichsweise dünn besiedelt, soziale Spannungen durch sozioökonomische Krisen blieben unbedeutend.

England, Schottland und Irland

Auf den Britischen Inseln fanden hauptsächlich auf schottischem Boden Hexenprozesse statt. Zu Panikwellen der Hexenverfolgungen kam es zwar auch in England und Irland, aber in weit niedrigerer Zahl und geringerem Umfang als im europäischen Kernland. Gewiß erlebte England in den 1640er Jahren eine umfangreiche Hexenjagd und Schottland im späten 16. und im 17. Jahrhundert eine Reihe landesweiter Verfolgungen. Aber kaum eine davon entsprach dem Umfang und der Intensität der Verfolgungen der Fürstbistümer Würzburg oder Bamberg. In England wurden insgesamt mehr Angeklagte freigesprochen als verurteilt. Hauptgrund für diesen relativ milden Verlauf war die verzögerte und unvollständige Rezeption des kumulativen Konzepts von Hexerei. Da es auf den Britischen Inseln im Mittelalter keine großen Abweichler von der Kirchenlehre (Häretiker) gegeben hatte, war dort auch nicht die Furcht vor einer neuen Sekte so tief wie auf dem europäischen Festland. Ein zweiter Grund für die nur langsame und unvollständige Verbreitung des Hexereikonzeptes liegt auch in dem relativ zurückhaltenden Gebrauch der Folter bei Prozessen, die in Britannien nur auf besonderen Befehl der Staatsgewalt angewandt werden durfte. Dieses Verbot wurde in England relativ strikt befolgt, während es in Schottland des öfteren gebrochen wurde. Der seltene Einsatz der Folter verhinderte erpreßte Geständnisse über die Teilnahme an Hexensabbaten, so daß es auch nicht zu Nennungen von Sabbatteilnehmern und damit einhergehenden Prozeßlawinen kommen konnte.

In Irland gab es überraschend wenig Hexenprozesse, da die irischen Behörden nicht mit gesetzlichen Mitteln gegen die vermutete große Anzahl von Hexen und Zauberern vorging. Es ist durchaus denkbar, daß sich die irische Gesellschaft weigerte, Hexen vor Gerichte zu stellen, da diese nach englischem Recht richteten. Auf diese Weise konnten großangelegte Hexenjagden anscheinend verhindert werden.

Skandinavien

In Skandinavien fanden – mit einer Bevölkerungsdichte von 40 Prozent im Vergleich zu Britannien – etwa genauso viele Prozesse (etwa 5000) und Hinrichtungen (etwa 2000) statt wie auf den Britischen Inseln. Auch in Skandinavien war das kumulative Konzept der Hexerei erst spät und nur unvollständig übernommen worden (circa ab Mitte des 17. Jahrhunderts). Die Einwohner fürchteten sich in weiten Teilen nur vor dem Geister- und Zauberspuk der altgewohnten Art. In Island und Lappland gab es relativ wenig Hexenprozesse, da die Bewohner dieser Regionen als naturnahe, des Teufelspaktes unfähige Untermenschen betrachtet worden sind, bei denen die kirchliche Lehre von Gut und Böse nicht fruchten.

Das Zusammenwirken von einem schwach ausgebildeten Hexenkonzept und einer zurückhaltenden Gerichtsbarkeit, den relativen Verzicht auf die Folter als Mittel der »Wahrheitsfindung« eingeschlossen, erklärt die »Milde« der skandinavischen Hexenverfolgung. Jedoch gilt, wie für die Britischen Inseln auch, daß dort zu bestimmten Zeiten und in begrenzten Bereichen auch ausgedehnte Hexenjagden stattfanden und Hexenverfolgungen zum Teil außer Kontrolle gerieten.

Der Osten Mitteleuropas und Osteuropa

Über Hexenverfolgungen in den osteuropäischen Ländern können kaum allgemeingültige Aussagen getroffen werden, da die Intensität der Verfolgungen regional sehr stark schwankte. Als einziges Land in Ost- bzw. Ostmitteleuropa verfolgte Polen Hexen in großer Zahl. In einigen Teilen des Landes, wo das kumulative Konzept der Hexerei auf fruchtbaren Boden gefallen war, verlief die Hexenverfolgung so wie in den am schlimmsten betroffenen Gebieten des heutigen Deutschland. Drei Faktoren erklären die Härte der Hexenverfolgungen in Polen, die dort zwar mit zeitlicher Verzögerung (erst ab 1650), aber außerordentlich intensiv stattfanden: das Fehlen einer wirksamen zentralen Kontrolle der Gerichte, der unbegrenzte Einsatz der Folter sowie die weitverbreiteten Theorien über Satans- und Hexenkult, die aus dem deutschsprachigen Raum importiert worden waren. In Ungarn dagegen wurden theologische Interpretationen von Hexerei nur zögerlich übernommen, obwohl dort der Hexenglaube eine alte Tradition besaß. Die Anzahl der Prozesse und Hinrichtungen war dennoch keineswegs niedrig. Verallgemeinernd läßt sich sagen, daß die Regionen, die in der Nähe deutschsprachiger Gebiete lagen und die kulturelle Kontakte dorthin pflegten, weit mehr Hexen verfolgten als die rein slawischen Gebiete.

Kennzeichnend für die Hexenjagd in Rußland war der frühe Beginn der Hexenverfolgungen (ab dem 11. Jahrhundert), der hohe Anteil von Männern unter den Angeklagten sowie die nicht von dämonologischen kirchlichen Theorien beeinflußten Hexenvorstellungen. Es wurde davon ausgegangen, daß Menschen von Natur aus mit magischen Kräften ausgestattet sein konnten, die sie beispielsweise dazu befähigten, Unwetter auszulösen. Ein Konzept vom Teufel als Quelle allen Übels wurde auch zu Zeiten der Verfolgungen in Mitteleuropa nicht übernommen. Hexerei blieb in Rußland ein Verbrechen der schädlichen Magie, nicht des Satanskults. Diese Tatsache kann als Grund dafür gelten, daß die Hexenverfolgung in Rußland nie zu einem großen Wahn ausuferte.

Südeuropa

In Spanien, Portugal und Italien war die Inquisition, die als Auslöser für die Hexenverfolgungen galt, länger als in anderen Teilen Europas tätig. Trotz der extremen Verfolgung von Ketzern war die Zahl der Hexenjagden in südeuropäischen Ländern, abgesehen von den italienischen Alpenregionen, vergleichsweise niedrig. In der gesamten Mittelmeerregion lassen sich nicht mehr als 500 Hinrichtungen nachweisen, wobei die Anzahl der Prozesse relativ hoch war. Vermeintliche Hexen wurden seltener zum Tode verurteilt, da die Prozeßverfahren und die Interpretationen des Hexereiverbrechens anders ausfielen als im deutschsprachigen Raum. Selten wurde die Anklage kollektiver Teufelsverehrung erhoben, da der Hexenglauben auf der Iberischen Halbinsel oder in Italien keine Sabbatvorstellungen aufwies. In Spanien wurde der ›Hexenhammer‹ abgelehnt. Auch die Tatsache, daß sich die spanische und italienische Inquisition an recht strenge Verfahrensvorschriften hielt und das Mittel der Folter kaum eingesetzt wurde, trug dazu bei, daß die Verfolgungen in beiden Ländern relativ milde verlief. Für Spanien muß noch die These angeführt werden, nach der die Hexenverfolgung dort relativ gemäßigt verlaufen ist, weil sich die Feindseligkeiten vor allem gegen die Juden und nicht gegen Hexen gerichtet hätten. Diese These geht von der Annahme aus, daß Hexenverfolgung nur eine Form eines allgemeineren Bedürfnisses der Gesellschaft war, Sündenböcke für ihre Probleme zu finden und soziale Spannungen abzubauen. Hexen und Juden wären dabei wie Ketzer und andere Minderheiten in gewisser Weise austauschbar. Da historische Ereignisse jedoch selten monokausal erklärt werden können, kann diese These die relativ geringen Hexenverfolgungen nur bedingt erklären. Über Hexenprozesse im ehemaligen Königreich Portugal oder dämonologische Literatur aus diesem Gebiet liegen nur wenig Angaben vor. Als gesichert kann gelten, daß in Portugal vergleichsweise wenige Hexenhinrichtungen stattfanden.

Abgesehen von den relativ autonomen Provinzen Moldau und Walachei, war das vom Osmanischen Reich kontrollierte Gebiet (Bulgarien, Rumänien, Griechenland, Serbien und Albanien) frei von Hexenverfolgungen.

Europäische Kolonien

In den europäischen Kolonien blieben Hexenverfolgungen eher eine Ausnahme. Die meisten Hexenhinrichtungen fanden in den Neuenglandstaaten, in den heutigen USA, statt. Dort wurden etwa 40 angebliche Hexen hingerichtet, davon mehr als die Hälfte bei den allseits bekannten Salem Witch Trials in Massachusetts, die den Hintergrund für Romane und Verfilmungen gegeben haben. Interessant ist, daß trotz des intensiven Hexenglaubens in den Kolonien die großen Jagden ausblieben. Nicht die indigene Bevölkerung, die eigentlich per definitionem als heidnische Verehrer des Teufels angesehen wurde, wurden als gefährlich angesehen. Nur Angehörige der eigenen Kultur wurden als bedrohlich und sanktionsfähig erachtet.

Fazit

Zweifellos gab es eine allgemeine europäische Hexenjagd, an der sich viele Länder und Regionen mehr oder weniger beteiligten. Aber epidemischer Hexenwahn, eine unbeschränkte und oft panikartige Verfolgung großer Zahlen von Hexen, ereignete sich tatsächlich nur in Westeuropa und im westlichen Mitteleuropa. Das eigentliche Zentrum des Hexenwahns bildeten somit das Heilige Römische Reich Deutscher Nation, die Schweiz und die französischsprachigen Herzog- und Fürstentümer, die an Deutschland und die Schweiz grenzten. Im Vergleich zu diesem Gebiet wurden in allen anderen Regionen, abgesehen von einigen Gebieten Polens, Hexen eher zurückhaltend verfolgt und behandelt. Natürlich gibt es für die hier grob beschriebenen geographischen Unterschiede keine einfachen Erklärungen. Vier unterschiedliche, aber miteinander zusammenhängende Faktoren wirkten sich jedoch am stärksten aus:

- Die Art und Intensität des Hexenglaubens in der jeweiligen Region: Wo immer Hexerei nicht als Satanskult, sondern als magisches Können verstanden wurde, blieb der Umfang der Hexenjagden tendenziell begrenzt. In einigen Regionen wie in England, Spanien und Skandinavien wurde Hexerei auf beide Arten definiert, so daß es dort auch zu einzelnen Hexenjagden kommen konnte.
- Auch das Strafprozeßrecht war von Bedeutung. Die Art der Durchführung der Hexenprozesse bestimmte maßgeblich die Verurteilung und die Gefahr der Hinrichtung. Einige Elemente des Hexenglaubens wurden zum Beispiel erst durch erzwungene Geständnisse zum allgemeinen Gedankengut und spiegelten den Hexenglauben der Richter wider.
- Auch der Grad der zentralen Kontrolle übte einen Einfluß auf die Hexenverfolgungen aus, wobei zentrale Kontrolle nicht unweigerlich zur Eindämmung der Verfolgung führte. Aber in der Regel kümmerten sich eher lokale Behörden, Magistrate oder Richter einer kleinen Region um die Aufdeckung von Hexen als Personen.
- Der religiöse Eifer oder Enthusiasmus der Bevölkerung war bei vielen Hexenverfolgungen die treibende Kraft. Die Länder, die große Hexenjagden aufweisen, waren bekannt für ihr militantes Christentum, ihre religiöse Intoleranz und ihre starke Hinwendung zur Reformation oder Gegenreformation. Darüber hinaus wurden Hexen vorwiegend in den Ländern verfolgt, in denen ein Religionswechsel stattgefunden hatte oder die sich von einem solchen bedroht fühlten. Dort wurde generell auch zum Schutz des christlichen Glaubens die Folter gestattet.

Gegenwärtiger Hexenglaube in Europa

Der Hexenglaube ist auch heute noch in beträchtlichem Maße in Europa verbreitet. Umfragen des deutschen Allensbacher Instituts für Demoskopie aus den Jahren zwischen 1973 und 1991 zeigen auf, daß je nach Fragestellung noch etwa 10 Prozent der

Hexenhinrichtung in Frankreich 1617

bundesdeutschen Bevölkerung an Hexen glauben oder zumindest deren Existenz für wahrscheinlich halten. Der Besucherandrang im Hexenarchiv des Museums für Völkerkunde in Hamburg oder bei anderen Institutionen, die sich mit dem Thema auseinandersetzen, bestätigen und unterstreichen den Wahrheitsgehalt dieser Umfragen.

Die Gründe für den noch heute verbreiteten Hexenglauben sind mannigfaltig. Den Personen, die Angst vor Hexen oder vor Behexung haben, dient er zur Bewältigung von angsterregenden Situationen und unerklärbarem Unglück sowie von schwierigen interpersonalen Konflikten. Der Hexenglaube stellt somit ein ordnendes, aber auch ein entlastendes Moment dar, mittels dessen die Umwelt vereinfacht wahrgenommen werden kann. Der Glaube an den in der Hölle agierenden Teufel stellt bei Katholiken und Protestanten auch im ausgehenden 20. Jahrhundert noch die Grundlage für den Hexenglauben dar.

Seit den siebziger Jahren dieses Jahrhunderts ist ein gestiegenes öffentliches Interesse an Hexen im allgemeinen zu verzeichnen, welches zu einer breiten, öffentlichen Auseinandersetzung mit den Ereignissen der historischen Hexenverfolgung führt. Nicht nur HistorikerInnen oder Feministinnen, sondern viele Geschichtsinteressierte innerhalb der Bevölkerung wollen diesen bisher nur am Rande behandelten Abschnitt europäischer Geschichte nicht länger unbeachtet lassen. Historische Prozeßprotokolle von Hexenverhören werden von interessierten Laien ausgewertet, Bürgervereine zur Benennung von Straßen nach den verbrannten Frauen gegründet sowie der sorglose Umgang mit dem Hexenbild und »symbolischen« Hexenverbrennungen bei Volksfesten oder Fastnachtsumzügen scharf kritisiert. Auch die Zahl der Gruppen und Personen, die sich selbst als Hexen bezeichnen, steigt stetig an. Immer mehr Menschen erheben das Hexenwesen zu ihrer Religion. Das Hexenwesen wird gemeinhin durch den Glauben an vorchristliche Göttinnen und Götter sowie durch ein Streben nach einem Leben im Einklang mit der Natur geprägt. Es gibt jedoch keinen einheitlichen europäischen Hexenkult, sondern vielmehr zahlreiche feministische und neuheidnische Gruppierungen mit zum Teil unterschiedlichen Glaubens- und Zielvorstellungen. Zahlenangaben über die zum Beispiel in Deutschland lebenden »modernen« Hexen können nicht gegeben werden, da viele von ihnen nicht organisiert sind und aus Angst vor Diskriminierungen mit ihrem Glauben nicht an die Öffentlichkeit gehen. In den USA wird die Zahl der Anhängerschaft der Neuen Hexen auf 250 000 geschätzt.

Angesichts der »offiziellen« respektive behördlichen Anerkennung werden die modernen Hexen in Europa mit sehr unterschiedlichen Erfahrungen konfrontiert. Hexen in Holland haben beispielsweise eine offizielle Genehmigung für die rituelle Nutzung von Feuerstellen im Wald und am Ijsselmeer beantragt, da sie ihren Kult nicht länger im geheimen zelebrieren möchten. Bisher wurde ihnen die behördliche Erlaubnis verweigert. Hexen in Ungarn werden dahingegen in dem Maße anerkannt, daß sie steuerpflichtig sind. Der 1992 gegründete ungarische Hexenverband muß sich derzeit wegen Steuerhinterziehung vor Gericht verantworten. Nach Meinung der ungarischen Staatsanwaltschaft sind Angebote wie Zukunfts- oder Sterndeutung zu unternehmerischen und somit zu steuerpflichtigen Aktivitäten zu zählen.

Weihnachten

Bernd Schmelz

In allen Teilen Europas unterbrechen Feste vielerlei Art die Routine des Alltags. Ihrem Ursprung nach waren und sind sie besondere Einschnitte in den Rhythmus des Jahres, zumeist bezogen auf die Natur (Jahreszeitenfeste), die Wirtschaft (Saat, Ernte), das religiöse Kultjahr und auch auf den persönlichen Lebenslauf. An den Festtagen wird die übliche Tätigkeit eingestellt und durch gesteigerte bis hin zu rauschhaften Formen der Geselligkeit ersetzt. Aber Feste können auch Zeiten der Besinnlichkeit sein.

Seit dem Ende des 19. Jahrhunderts kann man in Europa eine Zunahme von Festen beobachten. Allerdings haben gleichzeitig die traditionellen und vor allem religiösen Festformen einen Rückgang erfahren. Viele Heiligenfeste sind zu rein touristischen Attraktionen verkommen und dienen dem Massenkonsum. Und bei Kirchweihfesten und Kirmes kennen viele Teilnehmer den religiösen Hintergrund gar nicht mehr. Auch Verschiebungen in der Bedeutung von Festen, so etwa in katholischen Gebieten von der Feier des Namenstages auf die des Geburtstages, konstituieren die Säkularisierungen der Feste im heutigen Europa.

In der zweiten Hälfte des 20. Jahrhunderts haben sich neue Formen der Geselligkeit entwickelt, die es früher nicht gab. Auch ein Wiederbeleben längst aufgegebener Festtraditionen – Ringreiten, Fischerstechen, Volkstanzwettbewerbe – läßt sich beobachten. Aber ob weltlich oder religiös motiviert, privat oder öffentlich, neu entwickelt oder althergebracht – Feste sind nach wie vor nicht nur ein wichtiger, sondern ein notwendiger Bestandteil des menschlichen Zusammenlebens.

Weihnachten spielt im europäischen Festkreislauf eine herausragende Rolle. Auch wenn es viele nationale, regionale und lokale Varianten der Durchführung seitens der Bevölkerung gibt, ist es doch ein Grundelement in der Kultur Europas. Unser Kontinent ohne Weihnachten wäre bei seinem derzeitigen religiösen, wirtschaftlichen und kulturellen Gehalt gar nicht denkbar. Diese besondere Stellung hatte das Fest allerdings nicht immer schon, sie hat sich erst im Laufe der letzten 2000 Jahre herausgebildet. In seiner jetzigen Form hat es sich erst im 19. Jahrhundert etabliert.

Jesus von Nazareth, dessen Geburtstag eigentlich der Anlaß für dieses Fest ist, wurde wahrscheinlich schon einige Zeit vor dem Jahr Null, dem Ausgangsdatum für die christliche Zeitrechnung, geboren. Bei der Entstehung des Christentums wurde Weihnachten zunächst nicht gefeiert. Auch dem Geburtstag Jesu maß man keinen allzuhohen Rang zu; man war sich nicht einmal über die Jahreszeit einig. So ging am Anfang des 3. Jahrhunderts Klemens von Alexandrien vom 20. Mai aus. Der Kirchenvater Hippolytos setzte in seiner römischen Gemeinde dagegen bereits am 25. Dezember 217 vorübergehend das Weihnachts- als Geburtsfest Jesu ein. Die übrigen christlichen Gemeinden feierten weiterhin das Geburtsfest Jesu am 6. Januar, dem Tag seiner Taufe. Für den 25. Dezember sprach sich schließlich im Jahre 354 die römische »Depositio martyrum« aus und setzte das Datum offiziell fest. Die Auseinandersetzungen um Inhalte und Belang des Festes sollten aber einige Jahrhunderte andauern, bis sich schließlich im 19. Jahrhundert die heutige Form von Weihnachten herausbildete.

Russische Weihnachtskarte, 1992

Auch wenn von offizieller, kirchlicher Seite der liturgische Ablauf vorgeschrieben ist, haben sich doch viele eigenständige Bräuche und Traditionen entwickelt. Das liegt nicht an der Aufsplitterung in ein orthodoxes, katholisches oder protestantisches Christentum, sondern an der Dynamik der Bevölkerung, den eigenen Glauben intensiv ausgestalten und erleben zu wollen.

Bei den Spaniern ragt aus dem Weihnachtszyklus bis heute der 6. Januar, der Tag der Heiligen Drei Könige, heraus. Nach einer biblischen Erzählung machten die drei Weisen aus dem Morgenland sich auf, um den neugeborenen Jesus zu ehren. So wie sie diesem ihre Gaben brachten, erhalten auch die Kinder in Spanien an diesem Tag ihre Geschenke. In vielen Orten finden spektakuläre Theateraufführungen und Umzüge mit Figuren der Heiligen Drei Könige statt. Die Weihnachtstage selbst werden zumeist zu Hause in der Familie gefeiert. Nur in manchen Dörfern trifft man sich mit Freunden und Verwandten, plaudert oder singt zusammen. Das traditionell üppige Weihnachtsessen besteht aus Truthahn mit unterschiedlichen Zutaten. Was auf keinen Fall fehlen darf, ist der *turrón*, das bis heute beliebteste Weihnachtsgebäck der Spanier. In vielen Familien wird am Weihnachtstag des 25. Dezember gerne gemeinsam gespielt. In der häuslichen dekorativen Gestaltung steht zu Weihnachten nicht der Weihnachtsbaum, sondern die Krippe im Mittelpunkt. Krippen haben in Spanien eine bedeutende Tradition und gehen wahrscheinlich auf die seit dem 14. Jahrhundert überlieferten Weihnachtsspiele zurück.

Auch in Portugal stehen Krippen, deren Figuren manchmal sehr bunt bemalt werden, im Mittelpunkt des Geschehens. Als Herstellungsgebiet typisch portugiesischer Krippen ist die Region von Lissabon besonders berühmt. Die Krippe im Jesuitenkolleg von Coimbra aus dem Jahr 1560 gilt als eine der ältesten. Sehr wichtig ist die Mitternachtsmesse am Weihnachtstag; abschließender Höhepunkt ist der Dreikönigstag, an dessen Ende die Krippen wieder eingepackt werden. Den Heiligen Drei Königen ist das beliebteste portugiesische Weihnachtsgebäck, der *bolo rei* genannte Dreikönigskuchen, gewidmet. Gemeinsam wird er an diesem Tag in der Familie, mit Verwandten und Freunden verzehrt.

Wie bei Spaniern und Portugiesen ist auch bei Italienern die Feier des Dreikönigstages Höhepunkt des Weihnachtsgeschehens und die Krippe bestimmendes Element des Schmucks. Krippen stehen nicht nur in jedem Haushalt; auch in den Kirchen bemüht man sich, möglichst prunkvolle und lebendige Ensembles zu präsentieren. Vor dem großen Festessen an Heiligabend im Familienkreis fasten viele Italiener auch heute noch 24 Stunden. Überhaupt sind sie in bezug auf Weihnachten sehr traditionsbewußt. Größter Beliebtheit erfreuen sich die weihnachtlichen Gottesdienste, wie der in der Basilika Sta. Maria Maggiore in Rom, in der die erste Krippe Italiens aufgebaut worden war. Hier verehrt man die Reliquien der angeblich originalen Krippe aus Bethlehem. In diesen Festtagen, vor allem am Dreikönigstag, setzt die Bevölkerung Weihnachten auch theatralisch mit Hilfe von Verkleidungen als Hirte oder einer der Heiligen Drei Könige, die das Jesuskind verehren, um.

In Frankreich gibt es unterschiedliche Bezeichnungen für die Weihnachtszeit. Während man die Festzeit im Süden *Calendes* nennt, bezieht man sich im Norden und Osten des Landes mit der Bezeichnung *Noël* (lateinisch *natalis*, Geburtsfest) direkt auf die Geburt Jesu. Im Brauchtum kennt man bis heute den Weihnachtsklotz, der als Mittelpunkt der familiären Feier im Kamin verbrannt wird. Dieser Brauch, der sich im Zuge der Modernisierung in Frankreich immer mehr verliert, ist vor allem in Südosteuropa noch weit verbreitet. Die Einbeziehung eines – ursprünglich frisch geschlagenen – Stückes Holz in das Weihnachtsritual steht in Zusammenhang mit altem Fruchtbarkeitsglauben. Der Weihnachtsbaum hat dagegen erst viel später, in neuerer Zeit, allgemeine Verbreitung gefunden. Während ursprünglich der Saint Nicolas zusammen mit Père Fouettard am 6. Dezember die Geschenke – zumeist nachts durch den Kamin – brachte, hat sich dieses Brauchtum in der Gegenwart mehr auf den 24./25. Dezember verlagert. Jetzt ist vor allem Père Noël, der Weihnachtsmann, der Überbringer der Geschenke. Weit über Frankreich hinaus bekannt sind die buntbemalten und sehr realistisch gestalteten Krippenfiguren aus der Provence. Diese *Santons* genannten Tonfiguren stellen Gestalten aus dem Volksleben in historischen Trachten dar. Besonders berühmt ist die Werkstatt von Marcel Carbonell, dessen Arbeiten auf vielen Weihnachtsmärkten in Europa sehr beliebt sind.

In Deutschland spielt Weihnachten, auch wenn es von vielen als bloßer Konsumrausch verurteilt wird, bis heute eine herausragende Rolle. Es ist ein bedeutender und für den Groß- und Einzelhandel unverzichtbarer Wirtschaftsfaktor – sind doch bereits viele Wochen vor den eigentlichen Festtagen die größten Umsätze des Jahres zu verzeichnen. Die Verbindung von Weihnachten und Handel ist in Deutschland aber keineswegs ein Phänomen der Moderne; so reichen die ersten großen Weihnachtsmärkte in Nürnberg, Dresden und Frankfurt mindestens bis ins 16. Jahrhundert zurück. Und gerade das deutsche Weihnachtsfest ist sehr traditionsbezogen. In erster

Linie ist die Feier eine Familienangelegenheit, bei der besonderer Wert auf Gemeinsamkeit gelegt wird. Sind noch Kinder im Hause, so unternimmt man größte Anstrengungen, um ihnen ein paar außergewöhnlich glückliche Tage zu bereiten. Hierzu gehören nicht nur Geschenke an sich, sondern die Überraschung für die Kinder, die Wunscherfüllung und das gemeinsame Spielen. An Weihnachten soll die ganze Familie füreinander Zeit haben. Das beinhaltet auch gemeinsames Singen oder Hören weihnachtlicher Lieder am Christbaum, der mehr als in anderen Regionen Europas im Zentrum der Dekoration steht. Krippen spielen in der Verehrung eine geringere Rolle, dennoch haben sich auch in Deutschland einige bedeutende Zentren herausgebildet. Zu nennen sind Franken, Bayern, Schwaben und das Rheinland. Berühmt sind auch die Stockwerkkrippen und Weihnachtspyramiden aus dem Erzgebirge und Schlesien. Weihnachten hat in Deutschland keineswegs seine religiöse Geltung verloren. In Kindergärten und Grundschulen werden die Kinder intensiv auf das Fest vorbereitet, und die Christmetten gelten als die am besten besuchten Messen des Jahres. Wenn man sich in Deutschland heute seiner Religion besinnt, dann besonders an Ostern und Weihnachten.

In den Niederlanden und in Flandern ragt im Rahmen des Weihnachtsablaufes das Nikolausbrauchtum am meisten heraus. Der Sinterklaas (Nikolaus) und der Zwarte Pitt (Schwarzer Peter) in seiner Begleitung erfreuen sich größter Beliebtheit. Ein besonderes Spektakel wird in den Küstenorten geboten, in denen der Nikolaus auf einem Schiff ankommt – er ist auch Schutzheiliger der Seeleute – und jubelnd empfangen wird. Eine große Inszenierung ist auch sein Zug durch die Städte. Der Sinterklaas, verkleidet in roter Bischofsrobe mit Mitra, weißen Handschuhen, einem Bischofsring, reitet dabei idealerweise auf einem Schimmel. In dessen Gefolge befindet sich nicht nur der Zwarte Pitt, sondern auch ein gewaltiger Posaunenchor, womit insgesamt für eine beeindruckende Dramaturgie gesorgt ist. Heiligabend und der erste Weihnachtsfeiertag werden vorzugsweise mit gutem Festtagsessen im Familienkreis gefeiert. In Flandern begeistern ebenfalls farbige Prozessionen und Weihnachtsspiele in Kirchen und Schulen die Bewohner. Auch dort erfreut sich die theatralische Umsetzung von Weihnachten größter Beliebtheit. So ziehen am Dreikönigstag zum Abschluß des Weihnachtsfestes drei singende als Könige verkleidete Männer von Haus zu Haus, wobei sie bewirtet werden.

In England wird an den Weihnachtstagen auf ein fröhliches und buntes Festtreiben besonderer Wert gelegt. Die Räume werden mit Girlanden geschmückt, und der Weihnachtsbaum hat im 20. Jahrhundert den Weihnachtsblock *(yule log, Christmas block)* verdrängt. Eine alte Tradition hat das Tanzen an Weihnachten, bei dem viele Kinder und Jugendliche kostümiert erscheinen. Auch der alte Brauch des Kußrechtes unter dem Mistelzweig hat sich bis heute erhalten. Schon bei den Kelten hatte die Mistel ein hohes Ansehen. Deren Priester, die Druiden, setzten sie zu medizinischen und magischen Zwecken ein. In vielen Regionen Europas galt sie als ein Mittel zum Schutz gegen Behexung. Der Kuß unter dem Mistelzweig soll Liebe, Freundschaft, Friede und Glück erhalten. Unverzichtbar ist das festliche Weihnachtsessen, bei dem der ehemals so beliebte Eber vom Truthahn und der Gans abgelöst wurde. Der brennende Plumpudding bildet aber nach wie vor einen Höhepunkt des Festschmauses. Gabenbringer ist Santa Claus, der mit seinem Rentierschlitten über die Dächer fährt, um die Geschenke durch den Kamin zu werfen. Die Kinder hängen in Erwartung ihrer Geschenke Strümpfe, die oftmals wunderschöne Patchworkarbeiten sind, an den Kamin oder ans Bett.

Jul ist in Skandinavien die Bezeichnung für Weihnachten, wobei heute die alte einheimische Tradition des Julfestes längst mit dem aus Mitteleuropa übernommenen Weihnachtsbrauchtum mit Christbaum und Weihnachtsmann verschmolzen ist. Zum alten Julfest gehörten im 18. und 19. Jahrhundert vor allem die Elemente des Schlachtens, die Fertigung der Festkleider, das Herstellen von Getränken, das Backen sowie Reinigung und Dekoration des Hauses. In der »Julstube« wurde aus Stroh ein gemeinschaftliches Nachtlager zubereitet. Auch heute zeigt sich die Verbindung zum alten Julfest, das eigentlich ein Ernte- und Schlachtfest war, in den vielen weihnachtlichen Handwerksprodukten aus Stroh und Kornähren. Die Bezeichnungen wie »Julschinken« oder »Julbier« sind noch in Gebrauch.

In Dänemark und Schweden tanzt die ganze Familie rund um den Weihnachtsbaum, der zumeist in der Mitte der Julstube aufgestellt wird. Weltweit berühmt wurde das Bild des skandinavischen Weihnachtsmannes, der in Schweden Jultomte heißt und auf einem Rentierschlitten, von Lappland oder vom Nordpol kommend, in einem großen Sack die Geschenke bringt. In Schweden kennt man zudem Hausgeister der Weihnachtszeit, die als *Tomtebisse*, *Tomte* oder *Nisse* bezeichnet werden. In Finnland sind diese alten Hausgeister oder Heinzelmännchen oft die Helfer des Weihnachtsmannes (Joulupukki). Unerläßlich und wohl typisch für Finnland ist die gemeinsame Sauna vor der Feier des Heiligen Abends, bei der viel gegessen und getrunken wird. Weihnachtskobolde haben sich bis heute auch in Island erhalten, wobei diese, 13 an der Zahl, früher als wilde Gesellen ein Kinderschreck waren. Erst in der zweiten Hälfte des 20. Jahrhunderts wurden sie zu kinderlieben Geschenkebringern.

In einigen Regionen Ungarns sind die traditionellen Weihnachtsspiele noch immer sehr beliebt. Im Mittelpunkt des Geschehens stehen die Hirten von Bethlehem. Sie sind meist mit einem Schafspelz gekleidet, tragen eine Krippe mit dem Jesuskind und ziehen singend umher. Manchmal tragen sie auch furchterregende Masken und erschrecken die Bewohner. Der Weihnachtsbaum wurde in Ungarn in der Mitte des 19. Jahrhunderts vom Adel aus Deutschland übernommen. Eine allgemeine Verbreitung fand er allerdings erst ab den zwanziger Jahren des 20. Jahrhunderts. Neben dem traditionellen Schmuck der früheren Dornenkronenbäume wurden festlich eingewickelte Bonbons, die *Szaloncukor*, eingeführt, ein bis heute unübersehbarer Bestandteil des ungarischen Weihnachtsbaumes. Als Baumschmuck sehr beliebt sind auch die selbstgebackenen und verzierten Lebkuchen, die in Ungarn schon eine bis ins Mittelalter zurückreichende Tradition haben.

Neben Ungarn sind auch Böhmen, Mähren und die Slowakei als Hochburgen von Hirtenspielen bekannt. Religiöses und populäres Theater sind hierbei optimal miteinander verbunden. Die Inszenierungen sind nicht rein weihnachtlich oder biblisch, sondern beziehen auch die Menschen in ihrer jeweiligen Lebens- und Arbeitsumwelt mit ein. Darin können Motive des politischen Protestes oder auch der Kampf gegen eine als ungerecht empfundene soziale Schichtung thematisiert werden. Dennoch verläßt man nie den weihnachtlichen Bezug, denn im Mittelpunkt stehen immer die Hirten, die das Jesuskind verehren. Die genannten Gebiete haben auch eine lange Tradition im Krippenbau. Hier kann man vor allem zwischen den großangelegten und festmontierten Krippen und den transportablen unterscheiden, die besonders für die Umzüge der Hirten oder auch der Heiligen Drei Könige dienen. In Tschechien und Österreich sind die Krippenspiele als Puppentheater sehr berühmt gewesen. Heute sind sie leider eher selten geworden.In dieser Tradition sind auch die polnischen Spielkrippen zu sehen. Sie entwickelten sich aus einem Stallmodell, an dessen Boden sich Öffnungen befanden, durch die man Puppenmarionetten schieben konnte. Mit der Zeit wurden die Gehäuse immer prachtvoller gestaltet, bis schließlich die eindrucksvollen Krakauer Kathedralkrippen entstanden, die vollständig aus Staniolpapier hergestellt werden. Dabei versucht man die Krakauer Kathedrale und andere Kirchen möglichst originalgetreu nachzubilden. Die Krippenszene wird dabei zumeist nur noch klein im Inneren oder auf einem Balkon dargestellt. Aber auch hier gibt es Möglichkeiten zur weltlichen Darstellung, wie Handwerker, die ihre Produkte vorstellen, oder Menschen, die musizieren und tanzen. Vor allem im Südosten Polens sind gegenwärtig auch die aus Holz geschnitzten Krippen aus dem Bereich der naiven Kunst sehr beliebt.

In Kroatien haben die aus Papier oder Karton gefalteten Krippen eine lange Tradition. Gegenwärtig kommen die aus Gips geformten Krippen, die einen hohen künstlerischen Abstraktionsgrad erreichen können, immer mehr in Mode. Beliebtes Getränk der Kroaten ist der Weihnachtswein, der *Vinum Santum*, der nach Volksüberlieferung auf die Zeit der Römer zurückgeht. Wichtige Süßigkeiten sind zudem Weihnachtspralinen, Weihnachtskuchen und getrocknete Feigen. Ganz typisch für Kroatien ist der aus roten Lebkuchen in Herzform gestaltete Christbaumschmuck. Dieser ist mit stilisiertem Sahnedekor und kleinen Spiegelchen so konserviert, daß er nicht eßbar ist. Aber es werden auch Süßigkeiten für den Verzehr aufgehängt. Besonders bedeutend ist unter dem Weihnachtsbaum ein Klotz oder ein Stück Holz, das zusammen mit Stroh an die Krippe von Bethlehem erinnern soll.

Der Brauch des Weihnachtsklotzes hat auch bei den orthodoxen Serben große Bedeutung. Oft wird er mit Kräutern oder Weihrauch bestückt und am Weihnachtsabend ins Feuer gelegt. Da in der orthodoxen Kirche traditionellerweise ab 14. November eine leichtere Fastenzeit beginnt, feiern die Serben am Vortag gerne ein großes Eß- und Trinkgelage mit Musik und Tanz. Ein wichtiges und aus der Weihnachtszeit herausragendes Datum ist das Nikolausfest am 6. Dezember. Besonders Fischer und Seeleute verleihen der Verehrung ihres Schutzheiligen an diesem Tag Ausdruck. Sehr beliebt ist bei den Serben auch der Weihnachtskuchen, der aus Blätterteig, Rosinen, Nüssen und Honig besteht.

In Bulgarien werden an Weihnachten, vor allem am Heiligen Abend, das Wohnhaus und die Ställe mit Weihrauch beräuchert. An diesem Tag beginnt das Leben der Bevölkerung schon in aller Frühe. Noch vor Sonnenaufgang gehen Mädchen in Fest-

Die Kathedrale von Krakau,
Krippe aus Stanniolpapier. Polen 1989

Krippe aus Polen

kleidung zur Vorbereitung des Teiges für die Weihnachtsbrote zum Wasserholen. Die Zubereitung der Brote und Kuchen wird von den älteren Frauen vorgenommen. Der spezielle Weihnachtskuchen der Bulgaren wird aus Kürbis gebacken und soll nach dem Volksglauben eine gute Gesundheit für das kommende Jahr garantieren. Das traditionelle Weihnachtsessen besteht neben den Broten und dem Kuchen aus Bohnen, Erbsen, Paprika, Knoblauch, Nüssen, gefüllten Weinblättern, Krautwickel, Honig und Wein. Tradition haben die Weihnachtsumzüge von singenden Kindern durch die Dörfer. Dieser Brauch ist auch in Rumänien und Griechenland beliebt.

Bei den Griechen ragen zwei Daten der Weihnachtszeit besonders heraus: der Tag des Heiligen Nikolaus und Dreikönig. Nikolaus ist auch bei ihnen der Schutzpatron der Seeleute und wird hoch verehrt. Er ist so populär, daß die ganze Bevölkerung ihn mit großer Begeisterung feiert und ihm an seinem Ehrentag viele Prozessionen gewidmet sind. Auch der Tag der Heiligen Drei Könige am 6. Januar wird gerne theatralisch inszeniert. An Heiligabend wird auf die Gestaltung der Speisetafel großen Wert gelegt. Im Mittelpunkt stehen die Gebild- oder Kultbrote, die ganz bestimmte Symbole wie einen Mühlstein, ein Weinfaß, Früchte oder Tiere beinhalten.

In Rußland hat das Weihnachtsfasten, das nach der offiziellen Vorgabe der russisch-orthodoxen Kirche am 15. November beginnt und bis zum Vortag des eigentlichen Weihnachtsfestes andauert, großes Gewicht. Da in Rußland die religiösen Feste noch nach dem alten Julianischen Kalender gefeiert werden, fällt der eigentliche Weihnachtsfeiertag (die Geburt Jesu), der in anderen Regionen Europas am 25. Dezember begangen wird, dort auf den 7. Januar. Der weihnachtliche Tannenbaum, der im 19. Jahrhundert aus Deutschland eingeführt worden ist, wird bereits zu Neujahr aufgestellt, das wiederum nach allgemein europäischem Kalender ebenfalls am 31. Dezember/1. Januar gefeiert wird. Glänzende Glaskugeln sind die typische Dekoration des Baumes. An diesem Tag bringt »Väterchen Frost«, der russische Weihnachtsmann, mit Schneeflöckchen bedeckt, die Geschenke. Besonders beliebt und manchmal auch gefürchtet sind die Neujahrsscherze, bei denen dem Nachbarn mitunter schon mal die Tür ausgehängt wird. Am Weihnachtsfeiertag schätzt man es in Rußland besonders, in einem Restaurant gut essen und trinken zu gehen.

In der Ukraine wird Heiligabend ebenfalls nach Julianischem Kalender am 6. Januar begangen. Man legt an diesem Tag großen Wert auf das Festessen, das idealerweise insgesamt aus zwölf Gerichten besteht – in Erinnerung und zu Ehren der zwölf Apostel –, darunter eine spezielle Fischzubereitung, eine Piroggenart und eine Weizenspeise; auf Fleisch wird hierbei verzichtet. Geschenke sind in der Ukraine eher eine Randerscheinung. Der Weihnachtsbaum existiert zwar, ist aber als Schmuck lediglich aus Deutschland importiert (besonders aus Thüringen) oder wird imitiert; er ist nicht wirklich von Belang. Sehr beliebt sind die Sternsinger, die am ersten Weihnachtstag (7. Januar) in Gruppen durch die Orte von Haus zu Haus ziehen, Weihnachtslieder vortragen und von den Bewohnern bewirtet werden.

Weihnachten ist, bei aller Traditionsbezogenheit, von der viele Beispiele erwähnt wurden, ein äußerst dynamisches Fest, das sich auch dem jeweiligen Zeitgeist der Moderne angepaßt hat. So erfüllt es heute eine Rolle zwischen Besinnlichkeit und Konsumrausch und hat nach wie vor einen sehr stark integrativen Charakter. Das Phänomen Weihnachten zieht viele Menschen in Europa, die keine oder nicht mehr Christen sind, in seinen Bann – bewegt es doch vor den allgemeinen Feiertagen die Massen, um sie dann zu einigen Tagen der Ruhe vom alltäglichen Arbeitsstreß zu bringen. Weihnachten hat in allen Regionen Europas einen ganz besonderes Flair, das die Menschen an diesen Tagen ständig begleitet. So ist Weihnachten zweifellos ein verbindendes Basiselement Europas.

Karneval

Dietz-Rüdiger Moser

Karnevalsprinzessin mit Zepter, Narrenherrscherin. Fastnacht, Luzern

Zu den Festzeiten, die in weiten Gebieten Europas, aber auch in Lateinamerika und anderen Teilen der Welt immer schon mit besonderer Hingabe bräuchlich begangen werden, gehört der Kalenderabschnitt, der unmittelbar der vorösterlichen Fastenzeit vorausgeht. Nur dort, wo diese Fastenzeit liturgisch und damit im öffentlichen Leben eine Rolle spielt, gibt es auch jene Vorfeier, die mit einem vergleichsweise jungen – seit Ende des 17. Jahrhunderts gebräuchlichen – Begriff als »Karneval« bezeichnet wird. Ältere (spät-)lateinische Bezeichnungen lauten *carnisprivii dies* (Tag vor der Fastenzeit), *carnislevamen* (Aufhebung des Fleisches) oder *carnelevale*. Gängige volkssprachliche Benennungen im Deutschen sind »Fasching« (aus *vast-schanc*, das heißt: Trunk vor der Fastenzeit) oder »Fastnacht« (die Nacht bzw. die [Tage und] Nächte vor der Fastenzeit), letztere auch mit verschiedenen Unterarten (Herrenfastnacht, Buure-[Bauern-]Fastnacht usw.). In Frankreich spricht man vom *Mardi gras*, dem fetten oder feisten Dienstag, für die eigentliche Fastnacht, die dem Aschermittwoch unmittelbar vorausgeht (*mardi*, lateinisch *martis dies*, Tag des Mars, Dienstag). Das Englische benutzt eine ähnliche Bezeichnung, *Shrove Tuesday*, und meint damit ebenfalls den Dienstag vor der Fastenzeit *(Shrovetide)*. In den übrigen europäischen Sprachen und Ländern finden sich entsprechende Wortformen, meist Ableitungen von den lateinischen Vorgaben: In der spanischen Welt begegnen uns die Bezeichnungen *carnestollendas* und *carnaval*, im Italienischen heißt das Fest *carnevale*, im Ungarischen *farsang* (von »Fasching«), im Rumänischen *cirneleaga* (Fleischwoche vor dem Osterfasten), im Schwedischen *fastlagsfest* (von *fastlag*, Fastenzeit) oder *fettisdag*, und so fort.

Im Hinblick auf die antiken Bacchusfeste, die der mittelalterlichen Brauchgestaltung in manchen Einzelheiten zum Vorbild wurden, entstand der volksetymologisch leicht erklärbare Begriff »Faßnacht«, der vom Faß als dem kennzeichnendsten Attribut des Bacchus problemlos auf ein wichtiges Requisit und Zeichen der Fastnacht hinzuführen vermochte. Dieser Befund erlaubt einige Schlußfolgerungen: Erstens ist offenkundig, daß (mit Ausnahme der letztgenannten Volksetymologie) alle Bezeichnungen für dieses Fest auf die Fastenzeit Bezug nehmen, also ohne diese Fastenzeit nicht zu denken sind. Zweitens ist nicht minder deutlich, daß man unter der Fastnacht und ihren Synonymen sowohl den einen Tag und die eine Nacht vor dem Beginn der Fastenzeit versteht, als auch einen längeren Zeitabschnitt, von dem man weiß, daß er gewöhnlich auf sechs Tage (einer »Anti-Schöpfung«) beschränkt ist, der aber auch einen noch größeren Zeitraum bis hin zu mehreren Wochen (mit dem Beginn am Epiphanias-Fest) umfassen kann. Drittens können keine Masken- oder Verkleidungsbräuche zum Karneval – hier und im folgenden in gleichem Sinn verwendet wie die übrigen der genannten Bezeichnungen – gerechnet werden, die nicht im unmittelbaren Zusammenhang mit der Osterfastenzeit stehen. Einen Sommerkarneval, wie ihn die Touristikbranche seit einigen Jahren gefordert hat, besäße keine Rückbindung an die Tradition und erschiene auch von der Sache her als nicht sonderlich sinnvoll. Viertens ergibt sich aus dem prinzipiellen Zusammenhang des Karnevals mit der darauffolgenden Fastenzeit, daß die protestantischen und die reformierten Gebiete, in denen im Verlauf des 16. Jahrhunderts die Fastenzeit abgeschafft wurde, damit zwangsläufig auch deren Vorfeier, den Karneval, einbüßten.

Der Begriff der Vorfeier geht auf den Münchener Erzbischof Michael Kardinal Faulhaber zurück, der 1934/35 den Versuch der Nationalsozialisten, eine germanische Grundlage des Karnevals zu postulieren, in scharfer Form zurückwies und ihn zugleich zu einer »Vorfeier der kirchlichen Fastenzeit« erklärte, »einer Verabschiedung der Fleischkost, die eigentlich als Irrläufer und ohne inneres Recht auch von jenen heute gefeiert« werde, »die die fleischlosen Fasttage der Kirche nicht mitmachen«[1]. Der substantielle Zusammenhang zwischen Fastnacht und Fastenzeit wurde auch hier als selbstverständlich vorausgesetzt. Bei dieser Sachlage versteht es sich von selbst, daß der Karneval bis zur Reformation über Europa verbreitet war, während sich anschließend eine konfessionelle Teilung in Gebiete mit Karneval und solche ohne ihn durchsetzte. Daß sich der Karnevalsbrauch in den protestantischen Gebieten nicht leicht verdrängen ließ, belegt die vergleichsweise große Zahl von Schriften protestantischer Autoren, die bis weit in das 18. Jahrhundert hinein Gründe gegen das »Teufelsfest« namhaft zu machen suchten.

Generell läßt sich feststellen, daß der protestantische Norden keinen – oder doch zumindest keinen institutionalisierten – Karneval mehr kennt, während der katholische Süden und alle von diesem beeinflußten Länder am Karneval und dessen überlieferten Ausdrucksformen festhalten. Bei dieser Sachlage läßt sich der Karneval durchaus als ein genuin katholisches Fest verstehen, auch wenn eingeräumt werden muß, daß der Rückgang religiöser und insbesondere auch konfessioneller Bindungen in der Welt, zumal im Zusammenhang mit den modernen Massenkommunikations-

Butzesel im Fleckenkleid mit Fleischwürsten. Villingen, Baden-Württemberg 1991

Teufelsmaske und Wagen. Burgau, Bayern 1997

mitteln, in der zweiten Hälfte des 20. Jahrhunderts zu einer Nivellierung der überkommenen Verhältnisse geführt hat, die die herkömmlichen Abgrenzungen in Frage stellt. Heute gibt es, meist angestoßen durch das Fernsehen mit seinen Übertragungen ebenso aus den süd- und westdeutschen Hochburgen des Karnevals wie aus Venedig oder aus Rio de Janeiro oder Buenos Aires, auch in traditionell protestantischen Gebieten, zum Beispiel in Brandenburg oder Thüringen, Nachahmungen des Karnevals, die diesen allein als fröhliches Fest erscheinen lassen, ohne jede Anbindung an religiöse Überlieferungen und Gesichtspunkte.

Diese Entwicklung hat übrigens zur Folge, daß der »Bund Deutscher Karneval«, in dem die mehr als 3500 deutschen Faschings- und Karnevalsgesellschaften organisiert sind, seine liebe Not damit hat, Auswüchse und Verstöße gegen das »System Karneval« zu unterbinden. In den Jahren 1996/97 ging es dabei etwa um ein Nonnenballett, dessen Durchführung vom Präsidium des Bundes Deutscher Karneval scharf gerügt und sogar mit dem Ausschluß der verantwortlichen Karnevalsgesellschaft bedroht wurde, oder um die Bewahrung der Schicklichkeit, die beispielsweise forderte, daß Frauen und Mädchen nicht mit entblößtem Busen auftreten dürften.

Die »Entfaltung der Fleischlichkeit«, das eigentliche Thema des Festes, fand hier ihre ausdrückliche Begrenzung. Sieht man von solchen jüngeren Entwicklungen ab, läßt sich der Karneval, insgesamt und über die Jahrhunderte hinweg betrachtet, als

Teufelsmaske. Hornberg, Baden 1985

ein Fest ansehen, dessen Grundlagen und Erscheinungsformen prinzipiell in der katholischen Theologie verankert sind. Insofern traf der katholische Mainzer Bischof Paul Leopold Haffner (1829 bis 1899, seit 1886 Bischof) das Richtige, wenn er die Christlichkeit des Fastnachtsfestes mit den Worten verteidigte: »Ich halte den Karneval für eine höchst christliche und wahrhaft katholische Institution und würde fast eine Ketzerei darin sehen, wenn man ihn abschaffen wollte.« In konfessionellen Mischgebieten war es immer die katholische Seite, die entsprechende Bräuche veranstaltete.

Im schweizerischen Basel stellte sich beispielsweise die katholische Minderheit mit ihrem »Morgenstreich« entschieden gegen die reformierte Mehrheit, deren Anhänger noch zu Beginn des 20. Jahrhunderts in den Faschingstagen die Stadt geradezu fluchtartig zu verlassen pflegten. Daß man hier wie in einigen Gebieten des Markgräflerlandes den Fasching erst am Montag nach Aschermittwoch begeht, hat seinen Grund in einer unterschiedlichen Zählweise der 40 Fastentage, die entweder unter Auslassung oder unter Einbeziehung der Sonntage erfolgte. Wo man, wie es das Konzil von Benevent (1091) empfohlen hatte, die Sonntage ausließ, rückte der Beginn der Fastenzeit um sechs Tage auf den Aschermittwoch vor, während er in den anderen Gebieten erst am Dienstag danach erfolgte. Beide Termine waren an sich gleich gut begründet, weshalb die sogenannte Herrenfastnacht und die ältere Buuren-Fastnacht vielfach nebeneinander bestehenblieben, bis im 17. Jahrhundert die Jesuiten, veranlaßt durch die irrige Kritik protestantischer Kreise, daß die Katholiken auch noch in der Fastenzeit Fasching feierten, auf die Abschaffung der Buuren-Fastnacht drangen, ohne sich damit allerdings im reformierten Basel und dessen Umland durchsetzen zu können. Dort blieb der ältere Termin bis heute bestehen, während man etwa im katholischen, stark von den Jesuiten beeinflußten Luzern, das bis heute eine sehr ausgeprägte Karnevalstradition besitzt, schon früh den Wechsel hin zu dem neuen Termin der »Herren« (Herren-Fastnacht) vollzog.

Was nun das Verhältnis des Karnevals zur Fastenzeit selbst betrifft, so ist zunächst als Grundsatz festzustellen, daß diese »Vorfeier« in allen ihren Erscheinungsformen den krassesten Gegensatz zu dem bildet, was man an Vorstellungen mit der Fastenzeit verbindet, nämlich Enthaltsamkeit von allem, was »fleischlich« ist, Zurückgezogenheit, Stille und anderem. Demgegenüber dient der Karneval der demonstrativen

Entfaltung aller Dinge, die unter dem Begriff des Fleisches zusammengefaßt werden können, wie dem Genuß fetter Speisen, der Sexualität und Sinnlichkeit, der Darstellung menschlicher Triebhaftigkeit ebenso wie dem Nachweis jener Narrheiten, die das menschliche Zusammenleben seit jeher erschwerten.

Das »Narren-« oder »Teufelsfest« oder – wie es seit dem 17. Jahrhundert in den katholischen Missionsgebieten Japans genannt wird – das »Fest der Absage an das Fleisch« *(shanikusai)* erlaubt es, alle jene Verhaltensweisen sichtbar (und damit einsichtig) zu machen, von denen sich der Mensch in der nachfolgenden Fastenzeit lossagen soll. Man hat es insofern nicht ohne Grund das »Fest der verkehrten Welt« genannt, womit man zugleich unterstellt, daß das Leben in der Fastengemeinschaft einen Idealzustand darstelle, zu dem diese verkehrte Welt den Gegensatz bilden müsse. Man sieht sofort, daß hinter dieser Auffassung die paulinische Vorstellung der Alternative zwischen »Fleisch« und »Geist« steht, wie sie der Apostel im achten Kapitel des ›Römerbriefes‹ entfaltet hat: »Denn die von der Art des Fleisches sind, trachten nach dem, was des Fleisches ist; die aber von der Art des Geistes sind, nach dem, was des Geistes ist. Das Trachten des Fleisches ist Tod, das Trachten des Geistes aber Leben und Friede. Das Trachten des Fleisches ist feindlich gegen Gott [...] Ihr aber seid nicht fleischlich, sondern geistlich« (Römer 8, 5–9).

Vogelmaske mit Frauenleib. Venedig 1989

In der paulinischen Tradition, die seit dem 13. Jahrhundert besonders von den Franziskanern wieder aufgegriffen und erneuert wurde, bedeutet das Leben »nach dem Geist« jenen erstrebten Idealzustand, während das Leben »nach dem Fleisch« *(vivere secundum carnem)* gewissermaßen dessen Perversion bedeutet – eine Seins- und Verhaltensweise, von der man sich, nachdem man sie in ihrem Wesen erkannt hat, »mit Abscheu und Entsetzen« abwenden sollte.

Für die Beantwortung der Frage, ob und wie man nach dem Fleisch oder nach dem Geist leben könne, wird die Vorstellung vom freien Willen *(de libero arbitrio)* entscheidend. Während die Tradition davon ausging, daß der Mensch aufgrund seines eigenen freien Willens in der Lage sei, sich für die Geist- und gegen die Fleisch-Gemeinschaft zu entscheiden, widersprach Martin Luther dieser Auffassung mit dem

Argument, daß jeder Mensch »Gerechter und Sünder zugleich« sei *(simul iustus et peccator)* und deshalb diese Entscheidung aus freiem Willen keineswegs treffen könne. Aus seiner Sicht bedurfte es deshalb auch dieser Gegenüberstellung nicht, zumal für ihn nicht klar war, wie man das Fleisch sichtbar machen könnte, ohne ihm dabei selbst anheimzufallen.

In diesem Punkt hatte die Tradition anders gedacht. Wir wissen seit 1981, daß für die Entstehung und Ausbreitung der Karnevalsbräuche eine Theorie maßgebend geworden war, die das paulinische Denkmodell weitergeführt und zusätzlich begründet hatte: das Zweistaatenmodell des Heiligen Augustinus, das dieser in seinem Buch ›De civitate Dei‹ ausführlich dargelegt hat. Sein Buch über den ›Gottesstaat‹ hatte Augustinus nach der Einnahme Roms durch die Goten unter Alarich im Jahre 410 verfaßt, als diese Katastrophe von den Römern zur Götterstrafe für den Abfall zum Christentum erklärt und zum Anlaß einer neuen Christenverfolgung gemacht worden war. In seiner Verteidigungsschrift stellte er der angreifenden römischen Bürgerschaft das Idealbild der christlichen Gemeinde Jerusalems entgegen, die für ihn immer sowohl eine empirische als auch eine eschatologische, eine diesseitige und jenseitige Größe, bedeutete. Als ihr Gegenbild sah er das lästernde, lasterhafte Rom mit seinen vielen Göttern, die Hure Babylon.

Beide Staaten oder Gemeinschaften gingen, wie er sagt, auf das Urmenschenpaar Adam und Eva zurück, das mit gutem Wollen geschaffen war, dessen Sohn Kain aber – nach Genesis 4, 17 der erste Städtegründer – seinen Bruder Abel, den Stifter der Kirche, erschlagen hatte. Leitete sich von Kain über den Riesen Nimrod das gottlose Babylon her, so von Seth, dem Bruder des Ermordeten, über die Patriarchen, Noah und Abraham der Gottesstaat Jerusalem, beide bis zum Tage des Gerichtes miteinander vergesellschaftet, an dem der eine Staat in der Hölle, der andere im Himmel aufginge, und beide trotz ihrer Verbundenheit durch äußerste Gegensätzlichkeit voneinander geschieden. Augustinus sah den Menschen vor der Wahl, das heißt wieder vor der willentlichen Entscheidung, zwischen Babylon und Jerusalem, den beiden miteinander unvereinbaren Gemeinschaften: der Cupido-Gemeinschaft der Narren, die nach ihren eigenen Vorstellungen leben, und der Caritas-Gemeinschaft der Gläubigen. Nach Augustins Auffassung setzte sich das Wesen der antiken Stadtstaaten in den Sünden bzw. Tugenden der Menschen bis in die Gegenwart und Zukunft fort; unter dieser Voraussetzung ließ sich das Modell auf jede Phase der Menschheitsgeschichte übertragen – mithin auch auf die Liturgie, die Leben und Leiden Christi und historische Vorgänge zum ewigen Gedächtnis auf den Jahreslauf übertrug und damit für alle künftigen Geschlechter Jahr für Jahr aufs neue nachvollziehbar machte.

Für die Geschichte des Karnevals und der vorösterlichen Fastenzeit, zu der er gehört, wurde entscheidend, daß unter den Bildern für Babylon und Jerusalem zwei Arten des Verhaltens gefaßt wurden, die sich – anknüpfend an biblische Vorgänge – problemlos in den christlichen Kalender integrieren ließen. Den Beweis dafür liefert die alte, bis zum Vatikanum II. gültige Perikopenordnung für den Fastnachtssonntag, die bereits unter Papst Gregor dem Großen (vor 600) eine für mehr als 1300 Jahre gültige Regelung fand. Anknüpfend an die Schriftstelle Lukas 18, 31ff. (»Seht, wir

[Christus und seine Jünger, das heißt die Caritas-Gemeinschaft unter dem Bild der Gottesstadt] gehen hinauf nach Jerusalem«) war hier die Grundlage für die Erklärung der beiden Gemeinschaften nach dem Zweistaatenmodell des Heiligen Augustinus gefunden worden.

Gerade am Fastnachtssonntag stellten infolgedessen die Prediger den Gläubigen im gesamten Einflußbereich der katholischen Kirche dem Negativbild Babylons das hochbewertete Bild Jerusalems gegenüber und erläuterten ihnen am Beispiel des Blinden am Weg die Sündhaftigkeit der Welt. So bemerkte noch der Bischof von Cadiz in einem 1744 zu Augsburg gedruckten Predigttext: »Fastnachtszeit hat zwei Weeg«, und erläuterte die genannte Schriftstelle mit den Worten: »Welch unterschiedliche Wege gehen heute die Kinder Gottes und die Kinder der Welt! Jene folgen Christus nach, diese der Welt. Und wo geht heute Christus hin, wohin die Welt? Christus gehet nach Jerusalem! die Welt aber gehet nacher Babylon«.[2]

Den Gegensatz zwischen den beiden Staaten Babylon und Jerusalem bezog der Bischof auf die beiden Welten, die durch Fastnacht und Fastenzeit repräsentiert werden und auf deren klare Scheidung etwa gleichzeitig Papst Benedikt XIV. nachdrücklich drang – derselbe Papst, der es mit Nachdruck abgelehnt hatte, die Fastnachtsbräuche zu verbieten: *»Minime Nobis statutum animo esse, in Bacchanalia invehi.«*

Bis in das 13. Jahrhundert zurück führen ähnliche Fastnachtspredigten, die auf das Zweistaatenmodell Bezug nehmen und dabei selten auf die Nennung des babylonischen Königs Nebukadnezar verzichten. Entsprechend wird beispielsweise für Gent 1529 ein Fastnachtskönig namens Nebukadnezar genannt, der hier also die babylonische Welt des Karnevals repräsentiert.

Doch ging die Bindung des Karnevals an die Perikopenordnung noch einen entscheidenden Schritt weiter. Die Epistel des Fastnachtssonntages Quinquagesima, 1. Korinther 13, führte aus: »Wenn ich mit Menschen- und mit Engelszungen redete, ohne Liebe zu haben, so wäre ich ein tönendes Erz oder eine klingende Schelle.« Durch die Schlußworte dieses Paulus-Briefes: »Jetzt bleiben Glaube, Hoffnung, Liebe, diese drei; das größte von ihnen aber ist die Liebe«, wurde hier dem Weg nach Jerusalem, den Christus und alle Gläubigen dem Evangeliumstext zufolge beschreiten, die *caritas* zugeordnet, die nach Augustinus das Wesen ihrer Gemeinschaft ausmacht: *»Major autem horum est caritas.«* Zugleich beschrieb der Text als kennzeichnendes Merkmal jener, die sich zu dieser Liebe nicht bekennen, die klingende Schelle. Damit waren die Mitglieder der Cupido-Gemeinschaft als Schellenträger benannt, und zwar genau am Fastnachtssonntag, um den herum die Narren bis heute mit ihren Schellen landauf, landab auf die Straße gehen. Für die Frage nach der Priorität von liturgischer Ordnung oder Brauch ist dabei entscheidend, daß die Perikopen älter sind als jede Nachricht über eine bräuchlich geübte Fastnachtsfeier. Die Evangeliums-Perikope findet sich in der Bindung an den Fastnachtssonntag bereits im Homilien-Verzeichnis Gregors des Großen (gestorben 604), dessen Anlage übrigens auf Augustins ›De civitate Dei‹ zurückgeht, in der Perikopenliste des Heiligen Burckhardt von Würzburg (gestorben 753), im Evangelien-Verzeichnis der Pfalzkapelle zu Aachen (um 800).

Man muß deshalb folgern, daß die Institution der Fastnachtsfeier, des Karnevals entstand, um den Gläubigen vor Eintritt in die Fastenzeit die abgelehnte Alternative eines Lebens in der Cupido-Gemeinschaft Babylons anschaulich vorzuführen. Auf diese Weise sollte offenbar die Bereitschaft der Angesprochenen zur Hinwendung nach Jerusalem um so leichter bewirkt werden. Die Institution des Karnevals entwickelte sich offenbar aus der Absicht, die Bevölkerung in den aufblühenden Städten zum kollektiven Beginn der Fastenzeit zu bewegen. Unmittelbar vor Eintritt in die Fastenzeit sollten die Schaubräuche und -spiele der Fastnacht dem Gläubigen ein Leben nach dem eigenen Willen, nicht nach dem Willen Gottes, vor Augen stellen, um so seine Bereitschaft zur Umkehr *(metanoia)* nachdrücklich zu fördern. Für die Inszenierung des teuflischen Weltreiches *(civitas diaboli)* einer pervertierten »Gottesherrschaft« – daher die treffende Bezeichnung »Teufelsfest« und die Benennung des Karnevals als Fest der »verkehrten Welt« – waren wesentliche Aspekte bereits durch Augustinus vorgegeben.

So erschien als Vorbild erstens das heidnische Rom, secunda Babylon, dessen Dekadenz sich an den Unsitten der altrömischen Saturnalien, über die man durch Macrobius gut unterrichtet war, ohne weiteres darstellen ließ. Zweitens erschien als Vorbild die Lasterhaftigkeit, die Anhänglichkeit an die Todsünden, die man mit Hilfe allegorischer Bilder vergleichsweise einfach verdeutlichen konnte. Drittens trat als Wesensmerkmal die «Konfusion« Babylons hinzu, im Gegensatz zur »Unitas« der katholischen Kirche. Viertens erschien die Beschreibung der *vita carnalis* all derer als Muster, die durch ihre Triebhaftigkeit dem Untergang verfallen sind, und hierzu traten fünftens noch die Hinweise auf die Verfallenheit des Weltmenschen an Tod und Teufel.

So ergab sich ein festes System – das »System Karneval« –, bei dessen Inszenierung als Teufelsstaat das alternative System des Gottesstaates immer mitgedacht und im Auge behalten wurde. Dieses System führte in Mitteleuropa seit der Wende vom 14. zum 15. Jahrhundert, also vergleichsweise spät, zu festen Brauchformen, während es den Anschein hat, als ob es gewisse Vorformen, besonders karnevaleske Speisebräuche, im Einflußbereich der byzantinischen Kirche bereits in etwas früherer Zeit gegeben hat, selbstverständlich auf der Grundlage der gemeinsamen geschichtlichen Vergangenheit vor dem Schisma des Jahres 1054.

Jedenfalls gehörten zu diesem (letztlich offenen) System stets typische Figuren und Handlungsmuster. Die Fastnachtsfiguren betreffen zunächst die Verführer der Welt (Teufel, Hexen, Riesen und den Antichristen), die Beherrscher der Welt (Narrenkönige und -prinzen mit ihren Begleitern) und die Bürger der Welt, das heißt die Narren, Sünder, Heiden und Gegner der christlichen Kirche. An der Spitze der Weltverführer steht traditionell der Teufel, dem man mit der Hölle, in die er die Narren zieht, schon im Nürnberger Fastnachtsbrauch des Spätmittelalters begegnet; er ist auch heute noch in der Fastnacht verbreitet. Das Vorkommen der Riesen als Weltverführer erklärten kirchliche Schriften aus Genesis 6, 5: Es seien anfangs berühmte Männer gewesen, die sich jedoch nicht um Gott kümmerten, vielmehr frech seine Gebote übertraten und die Kinder Gottes zum Abfall von ihm verführten. Zu den sehr

Teufelsmasken. Herbolzheim, Baden 1985

verbreiteten Weltherrschern gehören vor allem die Fastnachts- und Karnevalsprinzen mit ihrem Hofstaat, ihren Garden und Herolden, Proklamationen, Ordensverleihungen und so fort.

Früher erfolgte die Wahl des Narrenherrschers meist am Dreikönigstag mit Hilfe eines (deshalb so genannten) Königskuchens, in den eine Bohne eingebacken war. Wer sie fand, war Bohnenkönig, ein Zufallskönig also, kein solcher von Gottes Gnaden. Narrenprinzen trifft man schon 1512 in Paris und 1552 in Löwen, sie bilden also keine Erfindung der katholischen Restauration des 19. Jahrhunderts, wenn dieser auch die Revitalisierung der entsprechenden Bräuche nach deren Unterdrückung im Zeitalter der Aufklärung zu verdanken ist. Daß die Institutionalisierung der Narrenreiche durch die Jesuiten gefördert wurde, belegen Fastnachtsspiele wie das Augsburger von 1689, »in welchem Conscientia, das Gewissen, von dem Hof des neu erwählten Fastnachtskönigs verstoßen / und Pecunia, das Geld, auf- und angenommen wird«, oder das Spiel vom »König für einen Tag«, ebendort 1698.

Heute finden sich Karnevalskönige unter anderem in Nizza, wo die entsprechende Figur von den *Follies* begleitet wird, in Trinidad, in Köln oder auch in Ebensee, wo sich die Herrscherin 1982 – vielleicht zufällig, aber systemkonform – »Prinzessin Regina von Höllerina« nannte. Viele dieser Herrscher tragen Namen, die sie aus christlicher Sicht als Negativfiguren ausweisen, oder sie sind Gestalten einer anderen Glaubenswelt, wie der islamische »König Rabadan« in Bellinzona oder die »Japanesengesellschaft« in Schwyz. Der »König mit den Burlamacos« in Viareggio wiederum gleicht dem »Rey Momo« in Rio de Janeiro, der seinerseits an den antiken Tadler

Momus erinnert, der aus Ärger darüber geplatzt sein soll, an Aphrodite nichts aussetzen zu können. Und auch »Le Roi soleil« in Nizza war sicherlich nicht positiv gemeint; der Sonnenkönig Ludwig XIV. hatte sich durch seine Kirchenpolitik, insbesondere durch seine Ablehnung des päpstlichen Primates, disqualifiziert, wovon man in katholischen Kreisen noch lange zu berichten wußte.

Der Narr als Bürger des Teufelsstaates wird durch den 52. Psalm der Vulgata mit seinem verhängnisvollen Wort *»Dixit insipiens in corde suo: Non est Deus«* (Der Narr sprach in seinem Herzen: Es gibt keinen Gott) zum Gottesleugner schlechthin erklärt. Die Illustrationen zu diesem Psalm zeigen den Narren häufig als Gegenbild zum frommen König David oder zum König Salomon. Seine Bedeutung als Gottesleugner erklärt, warum diese Figur im Fastnachtsbrauch, etwa von Kirchzarten im Breisgau, dem Zug der Teufel und Hexen vorangeht: Wer in seinem Herzen Gott verleugnet, ist dem Teufel rettungslos verfallen. Die Marotte des Narren, der Narrenstab mit dem Kopf seines Trägers, bezeichnet den Menschen, der nur sich selber sieht, dem also wieder die *caritas* fehlt. Auch hierbei handelt es sich um einen alten, häufig begegnenden Typus. Dieser Narr kommt in mancherlei Ausprägungen vor, als »Bajazzo« in Einsiedeln, als »Jokili« in Endingen am Kaiserstuhl und in anderen Ausprägungen, ausgestattet mit theologisch genau begründeten Attributen, wie sie Quinten Massys beschreibt: mit dem Narrenmal auf der Stirn, dem negativen Pendant zum Malzeichen der Auserwählten, wie es der Priester am Aschermittwoch nicht zufällig auf die Stirn der Gläubigen zeichnet, oder dem Narrenseil, an dem der Teufel die Anhänger des Weltstaates in das Infernum hinabzieht.

Die Pflugumzüge in der Fastnacht verweisen insofern deutlich auf den biblischen Adam, der im Schweiße seines Angesichts sein Brot verdienen muß, weil er sich verführen ließ. Für das »Fridinger Narrensamensäen« oder für den fröhlichen Narrensämann einer Zeichnung des 16. Jahrhunderts gibt es eine systemkonforme Begründung in der Schrift (1. Korinther 15, 36ff.): »Du Narr, was du säst, wird nicht lebendig, wenn es nicht zuvor starb [...] Gesät wird ein sinnenhafter Leib, auferweckt ein geistiger Leib.« Da erscheint das ganze Programm von Fastnacht und Fastenzeit schon vorweggenommen.

Flinserlfasching. Die Flinserln mit den Nußbeuteln und dem Schlachtruf »Nuß, Nuß« gehören in den Umkreis der »Fleckleshäs-Träger«. Bad Auersee, Steiermark 1982

Zu den in der Fastnacht immer wieder vorkommenden »Weltbürgern« gehören dann die »Befleckten«, deren reines Taufgewand durch die Flecken der Sünde verunziert wurde. Die »Fleckles-Häs«, denen man immer wieder, zum Beispiel in Freiburg, begegnet, weisen jedenfalls durch ihr Erscheinungsbild unmittelbar auf Flecken *(maculae)* hin. Schon die ältesten Harlekin-Kleider, die – wie der Name »Harlequin« (von *hellequin*, Teufelchen) belegt – zur Charakterisierung des Bösen zu dienen hatten, zeigten solche Befleckung; ältere Narrenkleider dieser Art sind zum Beispiel im Germanischen Nationalmuseum in Nürnberg erhalten geblieben.

Vom kirchlichen Sprachgebrauch der »Befleckung« her, vor allem in bezug auf den Geschlechtsakt, der als solcher (nach dem Konzilsentscheid von Vienne 1311) Sünde ist, wird man auch die Nachtgewänder zu verstehen haben, die in der Fastnacht verbreitet sind. Mit ihren »Hemdglonkern« erinnern etwa die Endinger Narren zudem deutlich an die Narrenschellen der »Lieblosen«, die nach Abraham a Sancta Clara vorn und hinten mit Schellen geziert sind, weil ihnen die Liebe fehlt, die niemals aufhört, also wiederum die *caritas*. Schellenbänder sind in der Fastnacht ebenfalls verbreitet, und Bräuche wie der Rottweiler Narrensprung dienen offenbar dazu, diese Schellen auch wirklich zum Klingen zu bringen.

Narren im »Fleckleshäs«. Elzach, Bachen 1986

Zu den wiederkehrenden Handlungsmustern zählen unter anderem das Aufzeigen närrischer Verhaltensweisen, zum Beispiel das Gegeneinanderkämpfen in närrischen Turnieren, und die Entfaltung des fleischlichen Lebens in jeder Form: der Unmäßigkeit im Essen und Trinken, so wie sie unter anderem der »Risotto-König« von Lorcarno oder der »Fleisch-Hafen« beim Grosselfinger Narrengericht symbolisiert; sie führt den Karneval zu seinem Triumph.

Daß man im Karneval auch der Sexualität breiten Raum gewährt und sogar öffentliches Beilager hält, versteht sich von selbst; der Karneval war früher bevorzugter, weil kirchlich begünstigter Hochzeitstermin, ein Freiraum für die Geschlechtlichkeit, die dann demonstrativ in ihr Gegenteil, die Enthaltsamkeit in der Fastenzeit, verwandelt werden konnte. Die Entfaltung des Geschlechtlichen in der Fastnacht wird vom System gefordert: Was im lateinamerikanischen Karneval, etwa in Rio de Janeiro, Jahr für Jahr bedenkenlos entfaltet wird, hat auch seine europäischen Parallelen: das Karnevalsplakat von Venedig 1988 zeigte eine riesige Vulva und stilisierte Brüste; der Aufforderungscharakter war unübersehbar.

Die Absicht, im Rahmen der Fastnacht eine Welt des Lasters vorzuführen, in der man sich wie in einem Spiegel selbst erkennen könne, veranlaßte auch die Einbeziehung von Allegorien in den Brauch, deren Vorbilder in der Lasterliteratur ohne Mühe vorgefunden werden konnten. Lucian Reich berichtet 1853 davon, daß es um 1800 auf der Baar (Südwestdeutschland) noch üblich gewesen sei, an Fastnacht zur Erbauung allegorische Aufzüge zu veranstalten. Dabei habe man etwa die sieben Todsünden mithilfe von Tiermasken dargestellt. Ein gedrucktes Programm mit dem Titel ›Ludendo corrigo mores‹ (Durch das Spiel verbessere ich die Sitten) habe den Zuschauern den Sinn des Dargestellten im einzelnen erläutert. Solche Programme allegorischer Fastnachtsaufzüge, meist studentischer Schlittenfahrten, haben sich für das 18. Jahrhundert in größerer Zahl nachweisen lassen. Ähnliche Allegorien sind aber auch schon für den spätmittelalterlichen Nürnberger Schembartlauf nachgewiesen, einen Fastnachtsbrauch, zu dem sich in vielen Fällen auch entsprechende Traktatvorlagen erhalten haben.

Oft dienten Bilder und Bilderfolgen dazu, den Gläubigen den Weg zum Verständnis allegorischer Bilder im Fastnachtsbrauch zu weisen. Joachim Sandrart zeigt 1675 auf einem Bild den Pelikan, der mit dem eigenen Blut seine Jungen ernährt, ein verbreitetes Sinnbild Christi. Dieser Pelikan wird von der Fastnachtsmeute angegriffen. Man sieht »Porcius« auf dem Schwein, »Asinus« auf dem Esel, dazu den Bock, den Affen und weitere Tiere als Personifikationen der einzelnen Todsünden, die der Tod bereits gepackt hat und über die sich der Pelikan unangreifbar erhebt. Tierbilder dieser Art zeigten (und zeigen dem Kenner bis heute) die Bedrohung derer an, die mit Christus in der Fastenzeit nach Jerusalem hinaufsteigen; sie bilden in ihrer Gesamtheit ein ganzes »Speculum Bestialitatis«.

Schon Anfang des 13. Jahrhunderts hatte man vor dem Papst in Rom ein Spiel aufgeführt, bei dem ein Bär und ein Hahn als Sinnbilder der Lust getötet wurden, bevor man sich dem enthaltsamen Leben in der Fastenzeit zuwandte: »Man tötete einen Bären, den Teufel, das heißt den Versucher unseres Fleisches; man tötete junge Ochsen, das heißt die Eitelkeit unseres Genusses; man tötete einen Hahn, die Geilheit unserer Lenden.« Und dies geschah, »damit wir von nun an keusch und nüchtern leben sollen im Kampf um die Seele, um an Ostern würdig den Leib des Herrn in Empfang zu nehmen«.

Solche Tiermasken finden sich im Fastnachts- und Karnevalsbrauch bis zum heutigen Tag. Wie weit dabei die traditionellen Bedeutungen noch eine Rolle spielen, kann nur im Einzelfall entschieden werden. Wichtig erscheint jedenfalls, daß die Kenntnis dieser und anderer Sinngebungen, etwa der Malerei auf Narrenkleidern, wie man sie von der Baar her kennt, noch Anfang des 20. Jahrhunderts, beispielsweise durch das ›Exempel-Lexikon für Prediger und Katecheten‹ der Benediktiner Augustin Scherer und Johannes Baptist Lampert, über die Kanzeln vermittelt wurde.

Dort, wo zeichenhafte Figuren zur Darlegung einer bestimmten Seins- oder Verhaltensweise nicht ausreichten, dienten mehr oder minder stark textierte Fastnachtspiele dazu, die entsprechenden Lücken zu schließen. Die Arzt- und Gerichtsspiele etwa, wie man sie aus der spätmittelalterlichen Nürnberger Fastnacht her kennt, und wie sie auch für Lübeck oder Sterzing bezeugt sind und mancherorts auch bis zur Gegenwart weitergeführt wurden, erfüllten die Aufgabe zielgerichteter Diagnostik, bei der die Schwächen des Menschen, nicht selten in aller nur denkbaren Drastik, an das Licht gezogen wurden. Nicht selten ging es dabei um die Aufgabe, die Hybris des Menschen zu zeigen, der von der Machbarkeit aller Dinge überzeugt ist. Beispielhaft steht für diese Gruppe das Wolfacher Spiel von der Altweibermühle von Trippstrill, das die Torheit des Menschen anprangert, der meint, die Naturgesetze des Alterns außer Kraft setzen zu können.

Ein treffendes Beispiel für die Art und Weise, wie im Fastnachts- und Karnevalsbrauch mit den überlieferten Allegorien umgegangen wird, liefert die Narrenzahl Elf, die durch die Komitee-Sitzungen am 11. 11., durch das Aufsagen der elf Gebote zu Mainz, durch die Elferräte, durch den Narrenparagraphen 11 auf der Narrenkleidung zu Schömberg, durch die Zahl 11 auf dem Narrenwappen zu Mainz oder auch durch den Beginn um 11 Uhr 11 so markant hervorgehoben zu werden pflegt. Versuche, diese Zahl mit der Französischen Revolution in Verbindung zu bringen und sie aus den Anfangsbuchstaben des Rufes nach *Egalité, Liberté* und *Fraternité* abzuleiten (E-L-F), berücksichtigten – von der falschen Reihenfolge abgesehen – nicht, daß die »Geckenzahl« Elf schon auf einem Nürnberger Druck von 1530 belegt ist: »Ein hübscher Spruch von Aylff Narren, wie ayner dem andern die warheyt sagt«. Elf ist nach der Allegorese diejenige Zahl, die als erste den Dekalog übersteigt, das heißt die Zehnzahl der Gebote: *»Undenarius numerus primus transgreditur denarium significans illos, qui transgrediuntur decalogum mandatorum«* (Petrus Bongus). Schon bei Hildegard von Bingen verband sich diese Vorstellung mit dem Gedanken an die letzte Stunde, so daß sie die elfte ihrer Visionen der Endzeit und dem Antichristen, die zwölfte aber dem Weltuntergang und dem Letzten Gericht widmen konnte.

Ein Nürnberger Druck des 17. Jahrhunderts zeigt auf einer Totentanzdarstellung die gekreuzten Knochen, den Totenkopf, die Sanduhr und eine Stundenuhr mit dem Zeiger vor der letzten, der zwölften Stunde – als Mahnung, sich der Endlichkeit alles Irdischen bewußt zu werden. Ein entsprechendes Bild bietet ein Memento-mori-Fresko der Totenkapelle zu Grassau, und derartige Belege finden sich häufig. So wird verständlich, warum das Narrengewand des »Schramberger Hansels« oder der entsprechenden Maske in Fridingen auf der Kehrseite eine Uhr trägt, deren Zeiger den Fortgang der letzten Stunde andeutet. Sie mahnt, die Zeit zur Umkehr nicht zu vergessen; mit einer Erinnerung an die heimische Uhrenindustrie hat sie wenig zu tun, denn *vanitas* ist die »Kehrseite« des Narrentums.

Auf die Endlichkeit des Lebens weist im Karneval immer wieder die Gestalt des Todes hin, denn die Narren der Cupido-Gemeinschaft sind – nach christlichem Verständnis – wie dem Teufel, so auch dem Tode ausgeliefert. Laster, Narrentum und Tod liegen auf derselben Ebene. In Stein am Rhein erscheint auf zwei parallelen Darstellungen hinter der Buhlerin der Narr, hinter der Lautenschlagerin aber der Tod, denn Narr und Tod bilden eine Einheit. Todesmasken gehören zum Karneval von Venedig ebenso wie zu dem von Rio de Janeiro oder zu dem von Trinidad und zu vielen anderen. Denn das Ende aller Narrheit bildet das Grab, wie es das Narrengrab zu Zell am Harmersbach so treffend verdeutlicht.

Ähnlich wie auf Francisco Goyas Gemälde ›Das Begräbnis der Sardine‹ (im Prado, Madrid) die Fastnachtsnarren unter Anleitung des Todes dem Untergang entgegentanzen, erscheint der Narr auch auf historischen Bilderbögen als Tod, vor allem als der Tod in der Maske des Narren. Aus solchen Bildern aber steigt ein sehr christlicher Gedanke empor, daß nämlich auch der Tod nur Narrheit sei, weil demjenigen, der sich als Christ von der Narrheit abwendet, das ewige Leben gegeben sei. Und man versteht plötzlich, wie sich vom Ende der Fastnacht, vom Verbrennen der fastnächtlichen Symbolfigur und von der »Geldbeutelwäsche« her weit das Tor in die *civitas Dei* der Fastenzeit hinein öffnet, die den Gläubigen – nach dem Ablegen der Maske und dem Empfang des Aschenkreuzes – auf das Auferstehungsfest Ostern zuführen soll.

Aus Augustins Sicht hat zweierlei Liebe das Teufelsreich *(civitas diaboli)* und das Gottesreich *(civitas Dei)* hervorgebracht: das eine die Selbstliebe des Menschen bis hin zur Verachtung Gottes, das andere die selbstlose Liebe Gottes zu den Menschen. Hier läßt sich die Alternative mit Händen greifen: Der Gläubige soll aus der Cupido-Gemeinschaft der Fastnachtsnarren, der Insassen des Narrenschiffes – wie es auch die rheinische Karnevalsmütze versinnbildlicht – in die Caritas-Gemeinschaft der Gläubigen, in das Schiff des Heils, die Kirche, hinübertreten, wie dies am Aschermittwoch seit alter Zeit geschieht, wenn der Narr eingekerkert und damit vorerst beseitigt wird. Dem Gläubigen sollte nach christlich-katholischem, genauer: nach augustinischem Denken durch eine Demonstration der Narrheit die Wahl zwischen den beiden Arten von Gemeinschaft erleichtert werden. Die richtige Entscheidung trifft danach jeder, der nach den Freuden des Karnevals am Aschermittwoch das Aschenkreuz empfängt und der sich mit seinen Mitmenschen an diesem Tage zum Fischessen wiedertrifft, nicht nur weil »Fisch nicht Fleisch« ist, sondern weil das rituelle Fischessen zugleich die Hinwendung zu Christus unter Beweis stellt: Christus (ICHTHYS) ist der Fisch, der nach Augustinus »im Abgrund unserer Sterblichkeit wie in der Tiefe des Meeres lebendig blieb«. Die Fastenzeit führt die Heilsgemeinschaft auf Ostern zu.

1 Dietz-Rüdiger Moser, Nationalsozialistische Fastnachtsdeutung. In: Zeitschrift für Volkskunde 78. 1982. S. 200–219.

2 Joseph de Barzia et Zambrana, Der Spanische Prediger auf Teutscher Cantzel. Augsburg 1744.

Ostern

Marianne Sammer

Ostern, das Hochfest der Auferstehung, wird in der ganzen Christenheit in vergleichsweise einheitlichen Formen als Freudenfest begangen, anknüpfend an die Botschaft des Engels an die Frauen (Matthäus 28, 6) am Grabe Jesu Christi: »Er ist nicht hier; er ist auferstanden, wie er gesagt hat.« Die Frage, an welchem Tag dieses Erinnerungsfest genau zu feiern sei, hat die frühe Christenheit in tiefe Zweifel gestürzt.

Drei Termine kamen in Frage: der 16. Nisan als der dritte Tag nach dem 14. Nisan, auf den das jüdische Passahfest fiel; der Sonntag nach dem 14. Nisan; oder aber der Sonntag nach dem ersten Frühlingsvollmond, weil man wußte, daß zur Zeit der Kreuzigung Jesu Christi Vollmond gewesen war. (Der Nisan ist der siebte Monat des jüdischen Kalenderjahres; frühester Termin 13. März bis 11. April, spätester Termin 11. April bis 10. Mai.) Während die Kirchen in Kleinasien Ostern am dritten Tag nach dem 14. Nisan feierten – man nannte sie danach die »Quartodezimaner« –, begingen die anderen christlichen Kirchen das Fest am ersten Sonntag nach dem 14. Nisan bzw. am ersten Sonntag nach dem ersten Frühlingsvollmond; diese Praxis wurde als »dominikal« (auf den Sonntag bezogen) bezeichnet und auf Papst Pius I. (143 bis 155) zurückgeführt: »Pius von Ageleye was bobest 9 jor und 3 monot und 21 tage. dem künte [verkündete] der engel, daz man den osterdag an eime sunnentag sol began und uf keinen anderen tag« (Chronik des Friedrich Closener, 1382 bis 1420).

Da die unterschiedlichen Ansichten die Einheit des christlichen Kultes zu sprengen drohten, mußte eine gemeinsame Antwort auf die Terminfrage gefunden werden. Das gelang im Jahre 325 auf dem Konzil von Nicäa durch den Beschluß der Konzilsväter. Das Fest sollte künftig, wie von Pius I. gewollt und von Papst Victor I. (189 bis 198) weiterverfolgt, an einem Sonntag, dem ersten nach Frühlingsvollmond, gehalten werden. Damit war der »Osterfeststreit« beendet. Eine Ergänzung erfuhr die Regelung in der ersten Hälfte des 6. Jahrhunderts durch den Astronom und Abt Dionysius Exiguus, der als Eckdaten der Osterfestberechnung den 21. März und den 18. April festlegte, so daß sich als äußerste Termine für den Ostersonntag der 22. März und der 25. April ergaben; danach sind insgesamt 35 verschiedene Ostertermine möglich.

Formal, nicht inhaltlich, trat das Osterfest in den jungen christlichen Gemeinden an die Stelle des jüdischen Passahfestes – des Festes zur Erinnerung an den Auszug der Kinder Israels (Exodus 12). Das erklärt, warum christliche Schriftsteller das Osterfest lateinisch als »unser Passahfest« *(pascha nostrum)* bezeichneten. Versuche verschiedener Mythologen des 19. Jahrhunderts, den Namen »Ostern« unter Berufung auf den englischen Kirchenhistoriker Beda Venerabilis (›De temporum ratione‹, cap. 15) auf eine germanische Göttin namens Ostera zurückzuführen, konnten 1959 widerlegt werden. Beda hatte aufgrund eines Analogieschlusses (von Mars auf März, von Juno auf Juni etc.) das ihm unbekannte Wort »Ostern« durch das Postulat dieser Göttin zu erklären versucht, die es nie gegeben hat. In Wahrheit stellt das Wort »Ostern« eine gallofränkische Lehnübersetzung für *pascha nostrum* dar und bedeutet »Auferstehungsliturgie am Morgen«, bezieht sich also auf den ersten Gottesdienst bei Anbruch des Auferstehungsfesttages. Andere Wurzeln als das jüdische Passahfest sind nicht feststellbar.

Auch die vielfach postulierten, aber nie nachgewiesenen germanischen Frühlingsfeste, auf die man Ostern gerne zurückführt, hat es nicht gegeben. Es konnte sie auch gar nicht geben, da die Vierteilung des Jahres in Frühling, Sommer, Herbst und Winter aus der antiken Humoraltheorie stammt und erst mit den Römern nach Mittel- und Nordeuropa gelangte, wo man bis dahin nur die Zweiteilung des Jahres in Sommer und Winter gekannt hatte (mit den Eck- und Brauchdaten am 30. April/1. Mai [Walpurgisnacht] und dem 31. Oktober/1. November). Als Beleg hierfür läßt sich die ›Mainauer Naturlehre‹ aus der Zeit um 1300 heranziehen, in der es heißt: »Daz iar teilent die liute in zwei [Teile], in den winter unde in den sumer; aber die meister teilent es in vier teil.« Es besagt, daß ungebildete Leute, die weder Uhr noch Kalender besaßen und sich im täglichen Leben nach dem Stand der Sonne zu richten hatten, nur zwei Jahreszeiten kannten, Winter und Sommer. Allein die gelehrten *magistri*, die Latein und Griechisch lesen konnten und sich den Kopf über den Lauf der Gestirne zerbrachen, postulierten vier Jahreszeiten, überordneten der in der agrarischen Welt üblichen Zweiteilung ein anderes, vierteiliges Gliederungsschema. Da die Germanen keinen Frühling kannten, konnten sie auch kein Frühlingsfest feiern, das im Osterfest hätte aufgehen können.

Zur Vorbereitung auf das Osterfest diente eine – im Anschluß an das vierzigtägige Fasten Jesu in der Wüste (Lukas 4, 1–2) eingeführte – vierzigtägige Fastenzeit (Quadragesima), die zunächst unter Einbeziehung der Sonntage, seit dem Konzilsbeschluß von Benevent im Jahre 1091 unter Auslassung der Sonntage gezählt wurde. Bei dieser Zählung beginnt die vorösterliche Fastenzeit am Aschermittwoch, in der anderen Zählung sechs Tage später, das heißt am Dienstag nach dem Sonntag Invocavit. Da beide Zählweisen in sich schlüssig sind, blieben sie vielerorts – etwa im badischen Markgräflerland und in Teilen der deutschsprachigen Schweiz – jahrhundertelang nebeneinander bestehen. Erst aufgrund jesuitischer Bemühungen, Mißverständnisse auszuschließen – etwa daß man mancherorts noch nach Aschermittwoch Karneval feiere –, führten zur Abschaffung der »alten« oder »Buuren-(Bauern-)Fastnacht« und zur Vorverlegung der entsprechenden Bräuche auf die Tage vor dem Aschermittwoch, auf die »neue« oder »Herrenfastnacht«.

Gegenstand und Aufgabe der vorösterlichen Fastenzeit bildeten einerseits die Enthaltsamkeitsvorschriften (Verzicht auf alle Arten »fleischlicher« Genüsse, sowohl im Hinblick auf die Speisegewohnheiten als auch auf die geschlechtlichen Verhaltensweisen), andererseits die Unterweisung in den Grundlehren des Christentums. Wenn an Ostern bzw. am Weißen Sonntag, dem Sonntag in der Osteroktav, die erwachsenen Taufbewerber (Neophyten, Katechumenen) zum Altar schritten, mußten sie zuvor das Glaubensbekenntnis, das Vaterunser und die übrigen Hauptstücke der Christenlehre erlernen und darüber meditieren. Hinzu kam die Aufforderung an alle Gläubigen, das Leiden Jesu Christi im Geiste nachzuvollziehen und aus dem Nachvollzug Einsichten für die eigene Lebensführung zu gewinnen.

In diesem Sinn pflegte früher der Papst am Mittfastensonntag (Laetare) auf den Altan des Lateranpalastes zu treten und den Gläubigen eine rote Rose zu zeigen, das Sinnbild Christi in seiner Passion. Aus Maurienne/Savoyen wird noch vom Anfang des 20. Jahrhunderts der Brauch der *roses-vieilles* vermeldet, der sogar bis in die sechziger Jahre in Turin bekannt war: Zu Mittfasten wird anderen Menschen ein in Form einer Säge ausgeschnittenes Papierstück angeheftet. Das geschah nicht sozusagen aus Spaß, sondern um, wie der Papst, an diesem »Rosensonntag« jedermann auf die bevorstehende Leidenszeit Jesu Christi hinzuweisen.

Gegen Ende der Passionszeit, besonders in der Karwoche (griechisch *kara*, Klage), wurden die Bemühungen einer Veranschaulichung des Leidens- und Opferweges Jesu Christi noch verstärkt. So errichtete man am Palmsonntag vielerorts große »Palmen«, geschmückt mit den Leidens- und Siegeszeichen Jesu Christi, wie dies auch heute noch zumindest vereinzelt im Badischen Land, in der katholischen Schweiz, in Österreich und in Frankreich geschieht. Dort wird der Festtag im Hinblick auf die als Palmen verwendeten und mit Blumen geschmückten Buchsbaum- und Lorbeerzweige als *Pâques fleuries* bezeichnet.

Oft wurde der Einzug Jesu in Jerusalem nachgespielt, bis die Aufklärung den Umzug mit dem Palmesel und einer darauf sitzenden lebenden oder häufiger aus Holz geschnitzten Figur (im blutroten Gewande) allgemein abschaffte. In Thaur und in Hall/Tirol sowie in Puch bei Hallein (Salzburg) wird dieser Brauch heute noch geübt, und viele Palmesel in den Museen von Basel, Freiburg im Breisgau zeugen von seiner einstigen allgemeinen Verbreitung. Hinzu traten Passions- und Osterspiele sowie szenische Ölberg-Andachten, die sich an vielen Orten in Oberbayern (wie in der Franziskanerkirche zu Dietfurt im Altmühltal und im Umland von Altötting) bis zur Gegenwart erhalten haben. Mit ihnen verband sich auch ein Wochentagsbrauch: Diese Ölberg-Andachten wurden an jedem Donnerstag der Fastenzeit außer am Gründonnerstag – dem Tag der Wiederaufnahme der Gefallenen – abgehalten.

Weit verbreitet waren bis zur Aufklärung die barocken Passionsprozessionen, die, wie die Passionsspiele, in der Hauptsache von den in religiösen Bruderschaften zusammengeschlossenen Handwerkerzünften und -gilden durchgeführt wurden. Man findet solche Prozessionen mit groß- oder kleinfigurig dargestellten Passionsszenen heute noch in Trapani und Caltanisetta auf Sizilien, in Santulussurgiu auf Sardinien – wo die Rosarienbruderschaft die ganze »heilige Woche« *(settimana santa)* bräuchlich gestaltet –, sowie in der Schweiz (Mendrisio, Locarno, Bignasco, Ronco), in Frankreich (Burzet, Nizza, Monaco, Perpignan) und in Spanien (Granada, Sevilla, Cordoba), oft als Mysterienspiele in herber Realistik.

In der schweizerischen Stadt Mendrisio, nahe der italienischen Grenze, schleppt Christus, gefolgt vom Henker, der sein Beil schwingt, sein Kreuz. Er ist barfüßig und

Auf der Friedhofsmauer hocken die Tatschenbuben, die mit ihren Kastenratschen die Gläubigen zur Messe rufen. Ebnet, Breisgau 1982

purpurrot gekleidet und wird von den drei Marien und der Heiligen Veronika mit dem Schweißtuch begleitet. Sein Haar bedeckt das Gesicht, das traditionsgemäß unsichtbar bleiben muß. Ihm voran gehen fackeltragende Legionäre, Nachtwachen, die um seinen Mantel würfeln, die beiden aneinandergeketteten Schächer und verschiedene andere biblische Gestalten. Eine eindrucksvolle Gruppe von Reitern – mit Pontius Pilatus, den Hohenpriestern und dem König Herodes – beendet den Zug.

Als Quelle all dieser Prozessionsbräuche kommen in der Regel die biblischen Berichte über das Leiden Jesu in Betracht. Doch begegnen uns auch Szenen aus der spätmittelalterlichen Meditationsliteratur, besonders aus den ›Revelationes Sanctae Birgittae‹ (der heiligen Birgitta von Schweden) oder aus den ›Meditationes vitae Christi‹ des Bonaventura (Pseudonym des Johannes Fidanza/de Caulibus aus der Toskana), wie der »Abschied Jesu von Maria« oder der Auftritt der Heiligen Veronika mit dem »wahren Abbild« (der *vera icona*) des leidenden Heilandes. Bräuche wie die Rumpel- oder Finstermette, das einst weitverbreitete Judas-Verjagen oder die Fußwaschung am Gründonnerstag werden nur noch vereinzelt gepflegt, letztere vor allem im liturgischen Brauch des Papstes und der Bischöfe. Auch das Karfreitagsratschen spielt nach wie vor eine gewisse Rolle, vor allem im süddeutschen Raum und in Frankreich. Die hölzernen Ratschen, nicht selten mit hölzernen Hämmern ausgestattet, ersetzen nicht nur die Glocken in einer Zeit, da diese zu schweigen haben, sondern sie erinnern zugleich in barocker Manier an die Kreuzannagelung, gemäß dem Satz mancher Passionslieder: »Maria hört die Hämmerlein klingen«.

Der Osterfestkreis währt bis zur Pfingstoktav, dem Trinitatissonntag, von dem aus (zumindest im evangelischen Einflußbereich) die Sonntage bis zum Ende des Kirchenjahres gezählt zu werden pflegen. Auf den darauffolgenden Donnerstag fällt seit der Anordnung Papst Urbans IV. vom 11. August 1264 (Bulle ›Transiturus de hoc mundo‹) das Fronleichnamsfest. Dieses wurde wegen seines freudigen Grundcharakters im Hinblick auf die Einsetzung der Eucharistie von seinem eigentlichen Termin, dem Gründonnerstag, auf den ersten »freien« Donnerstag nach dem Ende des Osterfestkreises gelegt, weil seine Grundstimmung zum traurigen Charakter der Klagewoche nicht gepaßt hätte. Im Jahre 1311 wurde das Fronleichnamsfest unter Papst Clemens V. für die Gesamtkirche eingeführt. Seinen Gegenstand bildet eine theophorische Prozession (griechisch *theophorós*, Gott tragend), bei der das Allerheiligste feierlich aus der Kirche in die Welt (und zurück) getragen wird. Die in Deutschland übliche Feier an vier den Himmelsrichtungen entsprechend aufgestellten Altären betont das Anliegen einer Ausbreitung des göttlichen Segens über die ganze Welt.

Weil sich mit dieser Prozession vielfach die Feier des Triumphes der Kirche verband, besonders in den Fronleichnamsspielen mit ihrer weit ausholenden biblischen Thematik (in Freiburg im Breisgau, in Künzelsau und anderswo), verwarf Martin Luther in der Reformation das Fronleichnamsfest als das »allerschändlichste Jahresfest«. Dabei spielte allerdings auch seine abweichende Auffassung des Abendmahls eine Rolle: Er sah in ihm eine bloße Erinnerungsfeier an Jesu letztes Mahl mit den Jüngern. Die vorreformatorische bzw. katholische Seite hielt an der »Wandlung« der eucharistischen Gaben Brot und Wein in den Leib und das Blut Jesu Christi fest und beharrte auf der Ansicht, daß durch die Transsubstantiation der Sohn Gottes in jeder Messe »wahrhaft, wirklich und wesentlich« gegenwärtig gesetzt werde: »Das, was Brot war, ist [nach der Wandlung] nicht mehr Brot, sondern der Leib Christi.«

Im Zentrum des Osterfestkreises mit der vorausgehenden Fastenzeit und den nachfolgenden »fünfzig Tagen« bis Pfingsten (griechisch *pentekosté*, der fünfzigste) liegt das Osterfest selbst, das früher nicht nur zwei, sondern sogar drei Tage lang gefeiert wurde. Sein Thema bilden die Ereignisse um die Auferstehung Jesu Christi, die seit dem 8./9. Jahrhundert auf Betreiben der Benediktiner innerhalb der Liturgie auch szenisch dargestellt wurden, zuerst in Limoges und in St. Gallen, später in ganz Europa.

Der Ausgangs- und Mittelpunkt dieser erst lateinischen, dann auch in die Volkssprachen übernommenen »Osterfeier« betraf den Besuch der drei heiligen Frauen (Maria Magdalena, Maria, die Mutter des Jakobus, und Salome – Markus 16, 1) am Grabe, der sogenannte Quem-queritis-Tropus der Messe des ersten Ostertages, bei dem der Engel des Herrn fragte: *»Quem queritis in sepulchro, o christicolae?«* und auf die Antwort *»Iesum Nazarenum, o coelicolae«* (Wen sucht ihr in dem Grabe, ihr Christen? – Jesus von Nazareth, o ihr Himmlischen) die entscheidende Erklärung gab: *»Non est hic; resurrexit, quia praedixerat«* (Er ist nicht hier; er ist auferstanden, wie er gesagt hat – Matthäus 28, 6).

Möglicherweise lag dieser Osterfeier ein alter Grabesritus der Kirche von Jerusalem zugrunde. Jedenfalls wurde das biblische Geschehen schon früh nachgespielt, besonders in Frauenklöstern wie Gernrode am Harz, wo man zu diesem Zweck ein (noch heute vorhandenes) Heiliges Grab aufmauern und mit entsprechenden Bildern, bis hin zur Noli-me-tangere-Szene (Jesus zu Maria: »Rühr mich nicht an, ich bin nämlich noch nicht zu meinem Vater aufgestiegen« – Johannes 20, 17), versehen ließ. Zu diesem Ostertropus traten in erweiterten Fassungen der Apostellauf und das Salbenkrämerspiel hinzu. Der Apostellauf hatte nichts mit »paganen Elementen im geistlichen Spiel« zu tun, sondern er bezog sich auf die Überlieferung des Evangelisten Johannes (20, 3–4): »Da gingen Petrus und der andere Jünger voraus, und kamen zu dem Grabe. Es liefen aber die beiden miteinander, und der andere Jünger lief voraus, schneller als Petrus, und kam als erster zum Grabe.« Das Salbenkrämerspiel dagegen schloß sich an den biblischen Bericht des Evangelisten Markus an (16, 1) an, demzufolge die Frauen »Spezereien« (wohlriechende Salben) gekauft hätten, um Jesus zu salben.

Zu den Bräuchen des Ostertages zählen die Aufstellung der geweihten Osterkerze, das Abbrennen von Osterfeuern und die Besprengung der Gläubigen mit dem Osterwasser, das die Erneuerung der Taufe auf Jesus Christus anzeigen soll. Auf Korsika weiht der Priester am Karsamstag auf dem Platz vor der Kirche das Feuer, zu dem die Burschen unter den Rufen *»foco novo, foco novo«* Äste und Holz herbeigeschafft haben. Den Grund für diesen Brauch kann man in der Verabschiedung des »alten Gesetzes« durch das in der Auferstehung Jesu Christi wurzelnde Christentum sehen. Denn nach mosaischer Vorschrift (Exodus 35, 3) war es den Juden verboten, am Sabbat ein Feuer anzuzünden. Das »neue Feuer« weist insofern klar auf den »Neuen Bund« in Jesus Christus hin.

Eine Bestätigung dieser Auffassung liefert die schon seit frühchristlicher Zeit verwendete Osterkerze, die mit den Exsultet-Lobpreisungen entzündet wird und nichts Geringeres als die Person Christi selbst verkörpert. In sie werden fünf Weihrauchkörner eingedrückt, die seine Wundmale bedeuten. »Schon das Mittelalter schuf ganz gewaltige Osterkerzen, die da am neuen Feuer entzündet wurden.«[1] So erklärt sich problemlos die protestantische Tradition, angesichts der Osterfeuer geistliche Lieder von der Auferstehung Jesu Christi zu singen, wie das alte, oft erneuerte Osterlied »Christ ist erstanden«. »Bey solchen Oster-Feuer(n) hat sich alsdenn ein jedermann müssen lassen sehen und finden aus den Oertern / da es ist angestecket worden / und dasselbige nicht allein mit Freuden ansehen / sondern auch dabey etliche geistliche Lieder / von der Gnaden-reichen Auferstehung unsers lieben HERREN und Heilandes JESU CHRISTI / so gut / als man sie zu der Zeit gehabt / aus Grund des Hertzens / pro Antiqua Devotione, fein andächtig mitsingen und moduliren.«[2]

So läßt sich außerdem verstehen, warum die Osterfeuer in protestantischen Kreisen als Erinnerungsfeuer an die Verbrennung der sächsischen heidnischen Götzenbilder durch Karl den Großen erklärt wurden. Denn auch hier ging es um die Ablösung des Alten durch das Neue, das mit der Auferstehung Jesu Christi besiegelt worden war. Zu den Osterfeuern gehören mancherorts, etwa im östlichen Teil des Klagenfurter Beckens in Kärnten, auch die Osterfackeln. Dabei handelt es sich um zwei bis drei Meter lange Kiefernscheite, die an verschiedenen Stellen gespalten und mit Kienspänen besetzt sind. Sie werden am Osterfeuer entzündet und von den Männern, die diesen Brauch üben, im Gänsemarsch oder in Schlangenlinien umhergetragen und wohl auch in kreuz-, rauten- oder sternförmiger Aufstellung gezeigt. Man wird dies als besondere Hervorhebung des »neuen Feuers« zu interpretieren haben.

Seit alter Zeit gehört hierhin ferner die österliche Speisenweihe, die in engem Zusammenhang mit den Vorschriften für die vorausgegangene Fastenzeit steht: Denn gesegnet werden dabei gerade jene Speisen, die zu verzehren zuvor verboten war, besonders Eier und Fleisch. Das Ei nämlich galt als »flüssiges Fleisch« *(caro liquida)*, wie Aegidius Bellemara überliefert: »*Ovum enim non aliud est quam caro liquida*« (Das Ei aber ist nichts anderes als flüssiges Fleisch). Aus dem Brauch, die zur Weihe getragenen Eier rot (und dann auch grün, blau und bunt) zu färben und sie mit christlichen Symbolen zu versehen, entstanden die »Ostereier«, die man als heilbringend aufbewahrte oder einander verehrte. Sie stellten eine recht beliebte Patengabe dar. Zusammen mit den übrigen Fastenbräuchen, die sie aufgrund ihrer abweichenden Rechtfertigungslehre verwarf, versuchte die evangelische Kirche den Ostereier-Brauch zu unterdrücken – gemäß dem noch um 1970 auf Plakaten verbreiteten Grundsatz »Eier machen keine Ostern« –, hatte damit aber wenig Erfolg. So suchte sie die Herkunft dieses Brauches aus der Fastenpraxis der katholischen Kirche zu verdecken und förderte damit zugleich die Erklärung der Ostereier als »Hasenbrauch«. Den Anlaß dazu bot die Gewohnheit, solche Eier mit dem bekannten Drei-Hasen-Bild zu verzieren, das ein beliebtes Trinitätszeichen darstellte.

»Eierleset« (Eiersammler). Effingen, Schweiz 1983

Wie man aus den Erinnerungen des Goethe-Malers Heinrich Wilhelm Tischbein weiß, war es noch im Hause seines Großvaters (um 1750) üblich gewesen, die Ostereier nach alter Tradition mit den Hasen zu bemalen. »Da wurden gegen Ostern Eier mit Figuren in Gelb, Rot und Blau gezeichnet [...] Auf einem standen drei Hasen mit drei Ohren, und jeder Hase hatte doch seine gehörigen zwei Ohren.« So konnte man leicht auf den naiven Umkehrschluß gelangen, daß das Osterfest, das die Eier mit den Hasen (die »Haseneier«) brachte, auch jenes Fest sei, bei dem die Hasen die Ostereier brächten. Johannes Richter schreibt in einer Heidelberger Dissertation (1682) von diesen Eiern, sie würden »Haseneier« genannt, »nach der Fabel, die man den Naiveren und den Kindern einprägt, daß der Osterhase solche Eier lege und in den Gärten im Grase, in den Sträuchern usw. verstecke, damit sie von den Knaben um so eifriger gesucht würden, zum Lachen und zur Freude der Älteren«. Jedenfalls steht auch das Verstecken der Ostereier im Zusammenhang mit protestantischen Bemühungen, die Herkunft des Ostereierbrauches aus der Fastenpraxis der vorreformatorischen bzw. katholischen Kirche zu verdecken. Zu den Zeugnissen hierfür zählt ein Bericht von Friedrich Matthisen aus Goethes (evangelischem) Haus in Weimar (1783), wo es üblich war, »Ostereier aufzuwittern. Die muntere Jugend, worunter auch kleine Herders und Goethes, zerschlug sich durch den Garten und balgte sich bei dem Entdecken der schlau versteckten Schätze miteinander nicht wenig.« Die Kommerzialisierung des Osterbrauches (wie der meisten übrigen Bräuche auch) hat in den letzten Jahren und Jahrzehnten seinen religiösen Hintergrund weithin vergessen lassen.

Das Verbot des Eieressens in der Fastenzeit zeitigte noch weitere Auswirkungen auf die vorösterliche und österliche Brauchpraxis. So versuchte man einerseits, die Eierproduktion dadurch zu drosseln, daß man in der Fastnacht Hennen schlachtete, wie man dies um 1975 noch im Fasching zu Imst/Tirol beobachten konnte, wo an einem Faschingswagen mehrere »nach alter Tradition« frischgeschlachtete Hennen hingen; die Abgabe von »Fastnachtshühnern«, im Mittelalter weit verbreitet, kann insofern nur sehr bedingt mit dem Begriff der Steuer oder des Zinses belegt werden. Andererseits wurden die in Mengen aufbewahrten Eier durch großangelegte Eierspiele mit anschließendem »Eierdatsch«-(Rührei-)Verzehr am Ostermontag verbraucht.

Das beste Beispiel hierfür bietet das sogenannte Summenformelspiel, das zuerst durch den Mathematiker Simon Jacob von Coburg, »Rechenmeister zu Frankfurt am Main«, 1552 angeregt wurde. Wegen seiner Eignung, den Fastenbrauch zu fördern, wurde es von Jesuiten wie Georg Stengel nachhaltig empfohlen und deswegen vielerorts eingeführt, in Deutschland (Schönecken/Eifel; Remlingen/Unterfranken; Kirchzarten/Breisgau) ebenso wie in der Schweiz (Effingen, Dintikon, in der Westschweiz, im Kanton Baselland und im bernischen Seenland). Bei diesem Spiel wird eine bestimmte Anzahl von Eiern (100, 150, 200 oder sogar 300) in gerader Linie und in gleichem Abstand ausgelegt. Die Aufgabe des »Eiersammlers« besteht darin, ein Ei nach dem anderen aufzuheben und nacheinander in einen an der Spitze der Reihe ebenfalls in entsprechendem Abstand aufgestellten Korb zu legen. Während dies geschieht, muß sein Konkurrent, der »(Eier-)Läufer«, in einen Nachbarort und wieder zurücklaufen. Wer von den beiden Kontrahenten seine Aufgabe zuerst erfüllt hat, ist Sieger. Auf den ersten Blick wirken die Chancen der beiden Wettkämpfer recht ungleich verteilt, weil die kurze Eierstrecke in keinem Verhältnis zu der langen Wegstrecke des Läufers zu stehen scheint. Erst bei Anwendung der Summenformel für die endliche arithmetische Reihe ergibt sich, daß sich hinter der scheinbar nur kurzen Eierstrecke von beispielsweise 50 Metern in Wirklichkeit ein langes Stück Weges verbirgt (bei 100 Eiern im Abstand von 0,5 Metern unter Berücksichtigung des an der Spitze in entsprechender Entfernung aufgestellten Korbes eine Wegstrecke von 5,05 Kilometern). Offenbar wurden Zahl und Abstand der Eier immer nach der Länge der Konkurrenzstrecke bestimmt bzw. Zusatzaufgaben oder Szenen eingefügt, die bei

Traditioneller Eierlauf, *links* der Sammler, *rechts* der Ertrag des Eierheischens. Remlingen, Unterfranken 1984

ungleichen Aufgaben wieder zu einer gewissen Chancengleichheit führten; in Kirchzarten etwa versuchen heute noch zwei von einem Gendarm in Schranken gehaltene Räuber Eier aus der Eierreihe zu stehlen und Spiegeleier zu braten, wodurch sie den Eiersammler begünstigen; sein Konkurrent dagegen muß auf seinem Lauf zweimal in einer am Weg liegenden Schenke einkehren und jeweils einen Viertelliter Wein trinken, wodurch sich seine Konstitution schwächt oder, anders gesagt, sein an sich zu kurzer Weg (von 3,5 Kilometer Länge) entsprechend länger wird.

In den Umkreis der Bemühungen, die große Menge der aus der Fastenzeit übriggebliebenen Eier aufzubrauchen, gehören auch andere Eierspiele wie das Eierlaufen oder das Eierrollen, die alle, so »weltlich« sie auch anmuten, den Fastenbrauch begünstigen. Ganz abgekommen zu sein scheint der früher häufiger belegte Brauch des »Schmackostern« zu sein, bei dem Männer und Frauen einander zu Ostern mit Ruten schlugen oder die Burschen den Mädchen mit Ruten um die Beine strichen. Wie bei vielen anderen Bräuchen hat die Forschung auch in diesem Fall auf einen vorchristlichen, fruchtbarkeitsmagischen Ritus geschlossen. Folgt man jedoch den Quellen, wie dem Zeugnis des Rektors der Pariser Universität, Johannes Beleth, im 12. Jahrhundert, geschah dies, *»ne tempore illo alter ab alter utro thori ad debitum exigat«* (damit zu jener Zeit nicht einer vom anderen die Pflicht des Ehebettes fordere). Es könnte sich dabei um eine gestaltete Erinnerung an die Fastenzeit gehandelt haben, in der von den Gläubigen geschlechtliche Enthaltsamkeit verlangt worden war.

Auf das Osterfest selbst sind die Gebildbrote bezogen, die auf den Sinn des Fest-tages hinweisen. Verbreitet sind Osterfladen, die aus Weizenmehl (ohne Treibmittel) gebacken werden, weil es sich um eine Art »Engelsbrot« handelt (»ungesäuerte Kuchen«, nach Genesis 19, 3). Ihr spezieller Bezug zum Osterfest ergibt sich aus dem 1. Brief des Apostels Paulus an die Korinther (5, 7–8): »Feget den alten Sauerteig aus, auf daß ihr ein neuer Teig seid, gleichwie ihr ungesäuert seid. Denn wir haben auch ein Osterlamm, das ist Christus, für uns geopfert. Darum lasset uns Ostern halten, nicht im alten Sauerteig [...] sondern in dem süßen Teig der Lauterkeit und der Wahrheit.« Entsprechend werden auch Osterlämmer als Gebildbrote gebacken und als Osterspeise verzehrt (in Rom, Neapel und überhaupt in den südlichen Ländern mit eigenen Kräutern und Gewürzen zubereitet); für die Lämmerspeise gibt es eine eigene kirchliche Benediktion. Daß die Päpste seit Martin V. im ersten Jahr ihres Papsttums und danach alle sieben Jahre Herrgotts-Lämmlein aus Wachs, Balsam-Öl und Chrysam formen und diese in Oblatengröße mit der Aufschrift *Agnus Dei* am Weißen Sonntag oder dessen Vorabend zu Zehntausenden an die Gläubigen zum Schutz vor Unglücksfällen verteilen lassen, wird mehrfach berichtet.

Der Luzerner Stadtschreiber Renward Cysat gibt aus italienischen Quellen dazu die Erläuterung: »Diss Agnus Dei ist gemacht von wyssem wax, das bedüt die menschheit Christi one sünd, ouch gesegnet mit Chrisamöl, das bedüt sin barmherzigkeit, vnd mit balsam zuo bedüten, das Christus ist gsin vnser erhalltung [Erretter, Erlöser]; dann Christus ist der wa[h]r balsam, der vns vor der fül[l]e der sünden erhallten.«[3]

Einen besonderen Osterbrauch pflegt man in Ferden im Lötschental (Schweiz), wo am Ostermontag kurz nach Mittag die aus Ziegenkäse, Brot und Wein bestehende »Osterspende« an die Bewohner der Pfarrei verteilt wird. Der Brauch geht bis in das Mittelalter zurück. Drei Älpler hatten diese Spende einst zur Erfüllung eines Gelübdes gestiftet, durch das ein Unglück abgewendet worden war. Noch heute wird der Milchertrag des 23. und 24. Juli für diese Osterspende reserviert. Ähnliche Osterspenden sind auch für Hérémence und Savièse bezeugt.

Nicht unerwähnt bleiben darf schließlich das »Ostergelächter«, das als *risus paschalis* keineswegs dazu diente, wie man gemeint hat, die schläfrige Gemeinde der Gläubigen zu größerer Aufmerksamkeit auf die Predigt zu veranlassen, sondern dessen Zweck darin bestand, ein Zeichen der Freude zu setzen, wie sie das Osterereignis bei jedem Gläubigen hervorrufen sollte. Der schweizerische Chronist Johannes Kessler erklärt 1532 – mit deutlicher, reformatorischer Kritik, aber in der Sache zutreffend – den Brauch in diesem Sinn als eine Gegenmaßnahme gegen die Trauer der Christen über das Leiden Christi: »Und die wir durch die fasten und, besunder in den letsten wuchen, in abbruch und trurigkait unsere lib [Leiber] castiget und geschwecht, so habend die predicanten [die Priester] ain gewonheit, in irer predig ainen lechnigen bossen und kurzwilige fabel (so man nennet das osterspil) [...] zu erzellen, damit die trurigen herzen zuo lachen und iren schwermuott hin zuo legend möchtend bewegt werden.«[4]

Vereinzelt trifft man noch auf den Brauch des Emmausgehens am Ostermontag, der zeitweilig vom Kolpingwerk gefördert wurde. Es handelt sich um einen Familienbrauch, bei dem beispielsweise die verheirateten Kinder mit ihrem Nachwuchs die eigenen Eltern besuchen oder bei dem Familien eine Wallfahrtskirche in der Nachbarschaft aufsuchen. Seinen inneren Grund hat dieser Gang in der Bitte der Jünger »Herr, bleibe bei uns, denn es will Abend werden, und der Tag hat sich geneiget« (Lukas 24, 13ff., bes. 29), die als allgemeine Bitte der Gläubigen um Bewahrung im rechten Glauben an den auferstandenen Christus gesehen werden kann.

1 Leopold Schmidt, Volksglaube und Volksbrauch. Gestalten – Gebilde – Gebärden. Berlin 1966. S. 40.

2 Johann Reiskius, Kurtze so wohl historische als vernunfftmäßige Untersuchung [...]. Franckfurt und Leipzig 1696. S. 101 f.

3 Zitiert nach: Leo Zehnder, Volkskundliches in der älteren schweizerischen Chronistik. Basel 1976. S. 193.

4 Zitiert nach: Zehnder, a.a.O., S. 193.

Christkind, Weihnachtsmann und Osterhase

Bernd Schmelz

Für die große Mehrheit der Europäer sind Brauchtumsfiguren wie das Christkind, der Weihnachtsmann und der Osterhase sicherlich kein Reizthema. Für sehr viele Kinder und Erwachsene sind sie einfach schöne und sozusagen unverzichtbare Elemente zweier im Jahresverlauf herausragender Feste. Dennoch sind auch immer wieder kritische bis ablehnende Stimmen zu hören, die die gegenwärtige Vereinnahmung durch die Industrie und eine damit möglicherweise zusammenhängende totale Dekadenz und Verweltlichung dieser eigentlich religiösen Feste bemängeln.

Zunächst jedoch ein paar Worte zur Entstehung, Geschichte und Bedeutung dieser volksreligiösen Brauchtumsfiguren. Die in Fachkreisen berühmte Volkskundlerin Ingeborg Weber-Kellermann stellte 1978 in einer Publikation über das Thema »Weihnachten« fest, daß nach einem Fragebogen des ›Atlas der deutschen Volkskunde‹ von 1932 das Christkind in ganz West-, Südwest- und Süddeutschland, in Südthüringen, im südlichen Sachsen bis nach Schlesien im Ruf steht, zu Weihnachten die Geschenke zu bringen. In Mittel-, Nord- und Teilen Ostdeutschlands sei dagegen der Weihnachtsmann der wichtigste Geschenkebringer. Sie wies zu Recht darauf hin, daß die auf den ersten Blick plausible Zuordnung des Christkinds zum katholischen und des Weihnachtsmannes zum protestantischen Bereich nicht absolut gesehen werden kann.

Der Befund von 1932 dokumentiere den Abschluß einer Entwicklung, die sich im 19. Jahrhundert vollzogen hat und zu einer Umkehrung der früheren Situation führte, in der für die evangelischen Gebiete das Christkind und für die katholischen der Weihnachtsmann als Geschenkebringer gegolten hatten. Ihr Vorläufer war mindestens bis zum Ende des 17. Jahrhunderts eindeutig der Nikolaus gewesen. Historische Analysen haben ergeben, daß aus den vielfältigen Legenden um den auch heute noch hochverehrten Heiligen Nikolaus die populären Vorstellungen von dieser Figur erst entstanden sind. Der Freiburger Volkskundler und Nikolaus-Experte Werner Mezger hat besonders deutlich die Verschmelzung der Figur des Bischofs Nikolaos von Myra in Lykien (Kleinasien), der wahrscheinlich im 4. Jahrhundert lebte, mit der des gleichnamigen Abtes von Sion, der ebenfalls Bischof war und am 10. Dezember 564 in Lykien starb, herausgearbeitet. Vermutlich waren beide Geistliche große und beeindruckende Persönlichkeiten, da sich der Ruf ihrer Nächstenliebe und Mildtätigkeit sehr schnell ausbreitete. Schon im 6. Jahrhundert ließ Kaiser Justinian in Konstantinopel eine Kirche bauen, die Nikolaus gewidmet war.

Eine überragende Bedeutung als populärster Heiliger erlangte die Figur des Nikolaus ganz besonders in der griechisch-orthodoxen, in der russisch-orthodoxen und in der armenischen Kirche. Er ist dort auf vielen Ikonen in Kirchen und Privathäusern zu finden. Große Verehrung genoß er auch schon früh als Schutzheiliger der Seeleute, und vor allem in Hafenstädten widmete man ihm Kirchen. Er wird darüber hinaus aber eigentlich als Nothelfer in jeder Lage verehrt. Man ruft ihn bei Todesgefahr an, man bittet ihn um Befreiung von Not und Krankheiten, und er gilt vor allem als Beschützer der Neugeborenen und aller Kinder.

Heute wird der Nikolaus in der ganzen Welt verehrt. In den verschiedenen Regionen und Sprachen hat er zum Teil unterschiedliche Namen; die wichtigsten und bekanntesten sind im angelsächsischen Raum »Santa Claus« und im holländischen »Sinter Klaas«. Um den Kult des Heiligen Nikolaus haben sich im Laufe der Zeit viele Volksbräuche entwickelt. So trat und tritt er auch heute noch oft in Begleitung von anderen Figuren wie Knecht Ruprecht in Deutschland oder dem Zwarten Piet in Holland auf. Und manchmal ist sein Auftritt eine wahrhaft theatralische Inszenierung, in der er in prachtvollem roten Gewand mit Bischofsmütze erscheint und in der auch andere maskierte Gestalten und Figuren wie Engel, Teufelchen, Narren oder Heilige in Szene gesetzt werden.

Neben den prunkvollen Umzügen gibt es auch die Nikolaus-Schauspiele, die besonders im Alpenraum und in Lothringen verbreitet waren und sind. Im Zuge der Reformation sollte in den protestantischen Regionen auch der Kult um den Heiligen Nikolaus abgeschafft werden. Innerhalb unseres Themas ist besonders seine – nun neu besetzte – Tätigkeit des Geschenkebringens interessant: Für diese Aufgabe wurde das sogenannte Christkind auserkoren und eingeführt. Diese Figur entspricht nicht dem neugeborenen Jesuskind, wie man beim ersten Gedanken vielleicht meinen könnte, sondern hat seinen Ursprung in den traditionellen Krippenspielen und Weihnachtsumzügen, bei denen Engel und engelähnliche Figuren auftraten, weißgekleidete Mädchen, die auch ein Symbol für Reinheit und Unschuld waren. Das Christkind konnte sich aber nur nach und nach als Gabenbringer zunächst in protestantischen und später dann in katholischen Regionen durchsetzen.

Im 19. Jahrhundert setzten starke Säkularisierungstendenzen ein, in deren Zug es zur Wandlung zum »Weihnachtsmann« kam. Besonders deutlich illustriert dies die Bilderwelt der damaligen Zeit: Von Moritz von Schwind (1804 bis 1871), der eine Bilderfolge über den »Herrn Winter«, einer Figur mit Kapuzenmantel, hohen Stiefeln und langem weißen Bart zeichnete, der als Prototyp des Weihnachtsmannes gilt, bis hin zu Heinrich Hoffmann, der in seinem ›Struwwelpeter‹ einen Schlafrock-Nikolaus mit Tintenfaß entwarf. Die Entwicklung gipfelte schließlich im 19. Jahrhundert in Bilderbogen zum Ausschneiden, die den Heiligen als Hampelmann zum Selbstbasteln anboten.

Als Misch- und vielleicht auch Kompromißfigur aus katholischem und evangelischem Brauchtum begann er nun immer mehr, den Sankt Nikolaus und das Christkind, die noch einen viel stärkeren religiösen Bezug hatten, zu verdrängen. Sein Hauptverbreitungsgebiet war zunächst das protestantische Norddeutschland, von wo aus er auch bald nach Skandinavien gelangte. Die Kleidung und die Utensilien des Weihnachtsmannes bestanden zum einen aus der roten Grundfarbe, die noch eindeutig von den Bischofsgewändern des Heiligen Nikolaus stammt, sowie den Stiefeln, dem Pelz und dem Sack, die eher von der Figur des Knecht Ruprecht herrühren. Trägt er heute eine Rute, so stammt auch diese ursprünglich von Knecht Ruprecht. Besonders wichtig sind aber die Gaben des Weihnachtsmannes, die ganz klar auf den gutmütigen und mildtätigen Nikolaus zurückgehen.

Die äußere Gestaltung des Weihnachtsmannes hat sich ganz besonders in Mittel- und Nordeuropa ausgeprägt. So äußerten sich mir gegenüber zum Beispiel viele Finnen, daß der »richtige Weihnachtsmann« eigentlich aus Finnland komme. Zu ihm gehöre ein dicker Pelz, ein Rentier und ein Schlitten. Ähnlich wie der Weihnachtsmann sind dort auch die »Wichtelmänner« gekleidet, die seine wichtigsten Helfer beim Geschenkebringen sind. Der Nikolaus als Heiliger und das Christkind spielen praktisch keine Rolle.

Ähnliches gilt für Island, wo es das Christkind nicht gibt und gleich 13 Wichtelmännchen zu Weihnachtsmännern geworden sind. Diese kommen jeweils einzeln 13 Tage vor dem Heiligen Abend und bringen den Kindern Geschenke, wenn diese brav waren. Alle haben eigene Namen, wie der »Kerzenschnorrer«, der »Türknaller«, der »Topfschlecker« oder »der, der die Röcke der Frauen in den Wind setzt«. Dies sind auch Hinweise darauf, daß diese Wichtelmännchen ursprünglich eher keck und unartig waren und sich erst im Laufe der Zeit in willkommene Gabenbringer verwandelt haben.

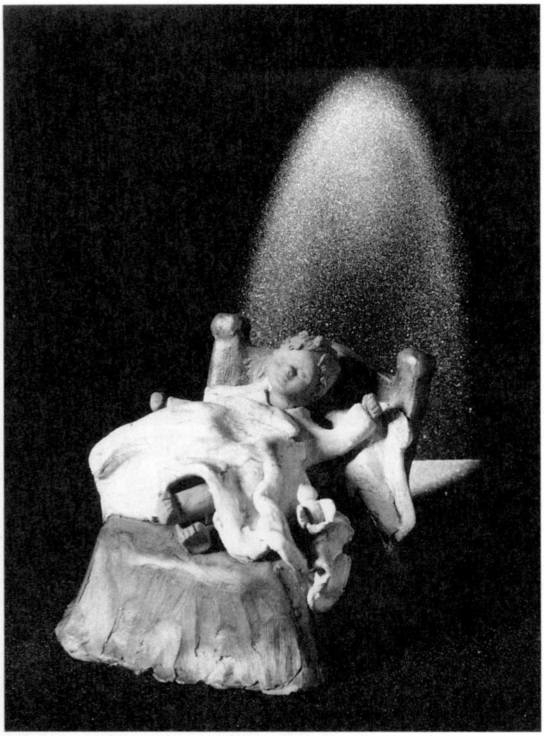

Jesuskind aus der Region von Lissabon, Portugal. 1997

In südlichen Regionen Europas wie Spanien und Portugal spielen Nikolaus, Weihnachtsmann und Christkind praktisch gar keine Rolle – dort steht im weihnachtlichen Geschehen vor allem die Krippe im Mittelpunkt. Die kontinuierliche Verweltlichung des Weihnachtsmannes, der, nach Josef Ruland, »im Grunde ein in eine ›Laienfigur‹ gewandelter Nikolaus ist«, hat nun so manchen Kritiker hervorgerufen.

In sehr vielen Fällen hat er den religiösen Horizont in der Tat verlassen und ist im 20. Jahrhundert nicht nur zum Gartenzwerg verkitscht, sondern auch zu einem beliebten Werbeträger von Bausparkassen, Versicherungen, der Deutschen Bundesbahn und vielen anderen Firmen, Marken und Dienstleistungen geworden. Ein Gipfel der Verunglimpfung des Nikolauses wurde schließlich in der 1988 unter dem Titel ›Sankt Nikolaus' schönste Schätzchen ...‹ entstandenen Serie der Beate-Uhse-Adventskalender erreicht. Die Vereinnahmung in den Erotikbereich hat religiös empfindende Menschen verletzt.

Bis heute hat sich bezeichnenderweise bei manchen Leuten die Vorstellung erhalten, daß übriggebliebene Schokoladen-Nikoläuse eingeschmolzen und dann zu Osterhasen verarbeitet werden. Richtig ist natürlich, daß es nicht nur eine massenhafte Schokoladenverwandtschaft zwischen den beiden Figuren gibt, sondern daß beide auch die Gabenbringer schlechthin vor allem für Kinder sind. Viele Witze und Comic-Zeichnungen hat es schon in Hinblick auf die Verwechslung und auch Vermischung der beiden Brauchtumsgestalten und ihrer Termine im Jahreskreislauf gegeben. Am bekanntesten ist wohl das Stück ›Nikolausi-Osterhasi‹ des bayrischen Kabarettisten Gerhard Polt. Auf dem 14. Norddeutschen Ostermarkt 1998 im Museum für Völkerkunde in Hamburg war sogar ein Osterei zu sehen, das auf der einen Seite einen Osterhasen und auf der anderen einen Nikolaus zeigte.

Woher kommt aber nun die Figur des Osterhasen? Der Hase als Symbol für Fruchtbarkeit – als Ausdruck seiner exzessiven Vermehrungsfähigkeit – ist schon seit uralten Zeiten bekannt. Die ihm nachgesagte Fähigkeit, Eier zu produzieren oder zu überbringen, ist jedoch jüngeren Datums und zeitlich besser faßbar. Im 17. Jahrhundert verbreitete sich der Brauch des Schenkens von Ostereiern immer mehr. Besonders für die Kinder wurde nun die Phantasie bemüht, woher denn diese zumeist farbig bearbeiteten Eier kämen. Der Hase stand damals noch in großer Konkurrenz, war er doch nur am Oberrhein, im Elsaß und in der Pfalz verbreitet. Andere wichtige Eierbringer waren der Hahn (Oberbayern, Egerland, Österreich, Westböhmen, Thüringen und Schleswig-Holstein), der Fuchs (Westfalen, Ravensburg, Hannover, Friesland), der Storch, der Kuckuck, der Kranich, der Auerhahn und in Fulda sogar der Palmesel.

Daß der Hase mit den Ostereiern in Verbindung gebracht wurde, liegt vielleicht unter anderem daran, daß der früher an Ostern zu zahlende Zins nicht nur mit Eiern und Hühnern, sondern auch mit Hasen beglichen werden konnte. Es gibt allerdings zudem die Auffassung, daß der Brauch, zu Ostern ein sogenanntes Gebildbrot vom Osterlamm herzustellen, zur Bedeutung des Hasen geführt hat, indem nämlich irgendwann einmal jemand das Lamm mit einem Hasen verwechselt habe. Vielleicht war es ja ein etwas mißlungenes Produkt eines Bäckers. So hat sich im Laufe der Zeit der Osterhase – vor allem im deutschsprachigen Raum – immer mehr verbreitet und ist zu seiner heute herausragenden Rolle als Brauchtumsfigur gelangt.

Aber auch Ostern mit seinem gesamten Brauchtum ist längst in den Bann der Konsumgesellschaft geraten. Nicht nur Osterhasen, sondern auch die Ostereier gibt es nun in millionenfacher Schokoladenauflage. Wurden früher in den meisten Familien Eier vieler Arten kunstvoll durch Färben, Kratzen, Ätzen, Wachsbatik und mittels zahlreicher anderer Techniken selbst hergestellt, so hat sich dies heute eher auf wenige Hobbykünstler reduziert – die allerdings oft wahre Kunstwerke in monatelanger Arbeit herstellen. Und es finden sich noch immer viele Menschen, die sich und andere nicht nur mit Schokoladeneiern, sondern auch mit solchen Handwerks- und Kunstleistungen beglücken.

Am weitesten verbreitet ist der Osterhase in Mitteleuropa. In anderen europäischen Gegenden ist er zwar auch bekannt, spielt aber zumeist keine Rolle. Die Ostereier – und zwar sowohl die manuell kunstvoll verzierten, als auch die aus Schokolade – haben dagegen eine wesentlich ausgeprägtere Verbreitung gefunden, vor allem in Osteuropa. So gibt es bedeutende ukrainische, russische, polnische und auch ungarische Verzierungstraditionen mit ganz eigenen und unverkennbaren Stilentwicklungen.

Beim Thema Christkind, Osterhase et cetera sind die einstmals eher pädagogischen Diskussionen, ob man Kindern denn solch erfundene Geschichten erzählen oder sie lieber gleich mit der Realität des Lebens vertraut machen solle, heute eher in den Hintergrund getreten. Wenn das Thema kontrovers diskutiert wird, dann geht es zumeist um ein Anprangern unserer Konsumgesellschaft und eines »sinnentleerten Verhaltens«. Meines Erachtens haben die Bräuche keineswegs jeglichen Sinn und Symbolwert verloren; Sinn und Symbole haben sich allenfalls verschoben und gewandelt. Eine große Zahl von gläubigen Christen greift dennoch nach wie vor gerne auf diese beliebten Brauchtumsfiguren zurück.

Der Osterhase und der Weihnachtsmann haben eine gewisse Eigendynamik entwickelt und sind so immer Ausdruck ihrer jeweiligen Zeit. Und es verwundert nicht, daß beim Surfen im Internet im September 1998 allein bei der Suchmaschine AltaVista des World Wide Web das Stichwort »Christkind« 2154 Dokumente beinhaltete, der »Osterhase« 2581 Dokumente, der »Nikolaus« 62 580 und beim Suchwort »Weihnachtsmann« gar die Leitung zusammenbrach.

Zahlen und Maße

Einführung

In Europa existiert eine grundsätzlich lineare Auffassung von Zeit. Diese ergab sich aus Vorstellungen der jüdisch-christlichen Tradition, in der die Zeit eine auf den Menschen und seine Geschichte zentrierte einmalige Entwicklung von der Schöpfung bis zum Weltende darstellt. In unsere Konzeption von Zeit fließen außerdem die Ideen eines linearen Fortschreitens, einer Beschleunigung und eines zunehmenden Fortschritts mit ein, wie auch das kontinuierlich kausale Denken der Naturwissenschaften und die Idee einer ökonomisch-rationalen Zeitnutzung.

Alle regelmäßig wiederkehrenden Naturereignisse lassen sich zählen und untereinander vergleichen, von der Bewegung der Himmelskörper bis zu den Zyklen in der Pflanzenwelt. Kalender sind festgelegte Zeiteinteilungen, die auf solchen Beobachtungen astronomischer oder klimatischer Periodenwechsel basieren. Die drei kalendarischen Zeiteinheiten, die sich daher in allen Kalendern wiederfinden, sind der Tag, der Monat und das Jahr. Priesterschaften entwickelten komplexe Kalendersysteme, die sowohl Riten als auch wirtschaftliches Handeln regulierten.

Die verschiedenen Feste im Kalender aller Kulturen zeigen deutlich, daß neben rein praktischen Bedürfnissen überall religiöse Vorstellungen in der Entwicklung des Kalenders eine Rolle gespielt haben. Aber nicht nur die Kalender sind sakralen Ursprungs, sondern die Zeit überhaupt kann als Träger des Heiligen betrachtet werden. Während noch im Mittelalter alle Zeit Gott gehörte, wurde sie in der Neuzeit zum privaten Gut, zu etwas, was man hat oder nicht hat, nutzt oder verschwendet (Heidegger). In der hochmittelalterlichen Städtelandschaft tauchte bereits die Turmuhr auf, und der öffentliche Stundenschlag wurde eingeführt. Doch erst Industrialisierung und Warenproduktion führten zu dem Bedürfnis nach immer exakterer und stets verfügbarer Zeitmessung, was eine Verdinglichung von Zeit mit sich brachte. Die Allgegenwart der Uhr, die nicht die erlebte, sondern die physikalische Zeit mißt und diese in Stunden zerteilt, ist ein gutes Beispiel für die tiefgreifenden Veränderungen im Zeitbewußtsein.

Unser jetziger Kalender hat sich aus dem römischen Kalender entwickelt. Der Begriff »Kalender« leitet sich aus dem lateinischen *calendae* ab und bezeichnet den »ersten Tag des Monats«. Im Jahr 46 vor unserer Zeitrechnung wurde der römische Kalender von Julius Cäsar reformiert und später als Julianischer Kalender nach ihm benannt. Die Reformierung des römischen Kalenders, der ein Mondjahr von 355 Tagen und zwölf ungleich langen Monaten umfaßte, bestand in der Übernahme des alle vier Jahre wiederkehrenden Schaltjahres aus dem ägyptischen Kalender. Danach zählte ein Jahr 365 Tage, und alle vier Jahre wurde das Jahr mit einem Schalttag verlängert. Mit der Übernahme des Julianischen Kalenders während des Mittelalters wurden Monatsnamen, Monatslängen, der Februar als Schaltmonat und die Lage des Schalttags in Europa übernommen.

Mit der Kalenderreform durch Papst Gregor XIII. wurde 1582 ein noch genaueres Verfahren eingeführt, welches bis 1585 von den meisten katholischen Ländern Europas übernommen wurde. In den evangelisch geprägten Gebieten wie Deutschland und Skandinavien war dies erst im Jahr 1700 der Fall, Großbritannien folgte 1752. Die orthodoxen Länder Ost- und Südosteuropas hielten noch bis in die zwanziger Jahre unseres Jahrhunderts am Julianischen Kalender fest: Rußland bis 1918, Griechenland bis 1923 und Rumänien bis 1924. Die Zeitrechnung nach dem »alten Stil« hatte zur Folge, daß die Zeit in jenen Ländern seit dem 1. März 1900 um 13 Tage hinter der gregorianischen Datierung, dem »neuen Stil«, zurücklag. Der heutige in Europa geltende »bürgerliche Kalender« ist also – auf dem gregorianischen basierend – ein Schalt-Kalender, der das Gemeinjahr mit 365 Tagen zählt. Beginnend mit dem Jahr 1 nach Christus werden die Kalenderjahre ab der Geburt Christi gezählt.

Zahlen und Zahlensysteme

Charlotte Brinkmann

Auf der ganzen Welt sitzen Kinder in Schulklassen und verfluchen Thales und Pythagoras. Daß man schreiben lernt und sich andere Sprachen aneignet, um sich in der Welt zurechtzufinden, leuchtet vielen noch ein, aber wieso antike Sätze der Geometrie und Algebra uns schlaflose Nächte bereiten müssen, ist nicht einsichtig. Dennoch gehört Rechnen neben Schreiben inzwischen weltweit zu den kulturellen Grundfertigkeiten, und das Fach Mathematik dient in internationalen Vergleichen als Gradmesser für den Erfolg der Schulsysteme verschiedener Länder. Dahinter steckt sicher auch der Gedanke, daß die Vermittlung der mathematischen Rechenarten zu den schwierigsten Aufgaben der Schuldidaktik gehört. Wichtiger jedoch ist die Tatsache, daß die Mathematik als »Königin« der Naturwissenschaften auf der ganzen Welt eine einheitliche Sprache spricht – in Schreibweise und Methode – und daher überhaupt miteinander vergleichbar ist. Wenn uns auch die weltweite Verwendung eines einheitlichen, »europäischen« Zahlensystems heute selbstverständlich erscheint, hat sie doch eine lange Geschichte, der Georges Ifrah in seiner 1991 erschienenen ›Universalgeschichte der Zahlen‹ gründlich nachgegangen ist und auf dessen Ergebnisse sich dieser Aufsatz im wesentlichen bezieht.

Zahlbewußtsein und -begriff

> »Die Menschen und auch einige Tiere scheinen einen natürlichen Sinn für Zahlen zu besitzen, mit denen sie die Anwesenheit oder Abwesenheit kleiner Mengen von Dingen erfassen. Von uns selbst können wir sagen, daß wir in der Lage sind, die Zahl einer Ansammlung von Dingen auf einem Bild unmittelbar zu erfassen, wenn diese Zahl nicht größer als etwa fünf ist. Ist sie aber größer, müssen wir die Dinge bewußt zählen.«[1]

So wie sich ein Überbleibsel der Beschränkung auf sehr kleine Zahlen in vielen europäischen Sprachen finden läßt (zum Beispiel im Englischen die spezifischen Adjektive *first* und *second*, die sich etymologisch von den Wörtern *one* und *two* unterscheiden), so scheinen viele schriftlose Kulturen in Afrika, Südamerika und Australien vor dem kolonialen Einfluß nur Begriffe für die Zahlen *eins*, *zwei* und *viele* gehabt zu haben, wobei sie diese Begriffe für größere Zahlen aneinanderreihten: zum Beispiel 2 + 1, 2 + 2, 2 + 2 + 1, 2 + 2 + 2. Oft gab es statt eines abstrakten Zahlbegriffs, der die »Dreiheit« von Dingen feststellt, eine Vielzahl von verschiedenen Wörtern für drei Fische, drei Kanus, drei Menschen etc.

Das dyadische oder Zweiersystem, auf dem auch die moderne elektronische Datenverarbeitung aufbaut, könnte der intuitiven Erfahrung mit Paarungen entsprungen sein, die auch im rituellen Kontext vieler Kulturen eine Rolle spielen. Aber die Abwesenheit von Zahlwörtern größer als zwei bedeutet nicht, daß nicht bereits ein Zahlsinn bzw. ein Zählen möglich war. In fast allen Kulturen wird mit Hilfe der Finger gezählt, und nicht selten wurde das Zählen auf den gesamten Körper ausgedehnt: die systematische Berührung von Fingern, Zehen, Arm- und Beinteilen, Augen, Nase, Mund, Ohren, Brüsten, Brustkorb, Brustbein etc. ermöglichte beispielsweise den Insulanern der Torres-Straße (Melanesien), bis zur Zahl 33 zu zählen. Indem also die Zahlen mit bestimmten Körperteilen assoziiert werden, wird es überflüssig, eigene Begriffe für sie zu entwickeln. So gelang es den Menschen, größere Mengen zu zählen, ohne über einen abstrakten Zahlbegriff zu verfügen. Die intellektuelle Leistung, die dafür erbracht werden muß – das paarweise Zuordnen der gezählten Objekte zu den Körperteilen, demnach die »konkrete Messung« der Quantität einer Menge –, kann aber als Geburtsstunde des abstrakten Zahlenbegriffs betrachtet werden.

Vermutlich haben sich auch die heutigen Zahlbezeichnungen in den verschiedenen Sprachen Europas aus dieser körperbezogenen Zeichensprache entwickelt, waren die Zahlworte eigentlich die Namen für die gezählten Körperteile. Allmählich löste sich das Zahlwort von dem konkreten Körperteil und wurde als eigener Begriff auf alle Gegenstände übertragen, veränderte dabei jedoch zunehmend seine Lautform und ist heute nicht mehr rekonstruierbar. Immerhin läßt sich, vergleicht man die Namen für die ersten zehn ganzen Zahlen im Abendland untereinander, eine Verwandtschaft erkennen, die sich sogar bis nach Zentralasien erstreckt – hier zeigt sich deutlich die indogermanische bzw. indoeuropäische Wurzel der Zahlbegriffe.

Im allgemeinen sind in allen mongolischen, indoeuropäischen und semitischen Sprachen die Zahlensysteme auf der Basis Zehn aufgebaut. Deren fast universeller Gebrauch liegt quasi auf der Hand, denn der Mensch hat nun einmal das Zählen anhand seiner zehn Finger gelernt. Hätten wir sechs Finger an jeder Hand, so wäre unser Zahlensystem heute wohl ein duodezimales mit der Basis Zwölf. Tatsächlich wurde seit dem 18. Jahrhundert immer wieder von Mathematikern und Naturwissenschaftlern die allgemeine Einführung des Zwölfersystems vorgeschlagen, da die Zwölf wesentlich mehr Teiler besitzt als die Zehn, was sich bei Größenmaßen, die in der Mehrzahl die Basis Zwölf hatten, über Jahrhunderte als zweckmäßig erwiesen hatte. Dies konnte sich jedoch nicht durchsetzen.

Angesichts der weitverbreiteten Zählweise anhand der Finger und der Zehen wundert nicht, daß manche Kulturen, wie die Kelten oder die Maya und Azteken des präkolumbianischen Mittelamerika, ein Zahlensystem auf der Basis Zwanzig entwickelten. Heute finden sich im europäischen Raum noch Reste eines Zwanzigersystems (Vigesimalsystem). Im Altfranzösischen waren viele Formen, die dem jetzigen *quatre-vingts* (vier Zwanziger – 80) entsprechen, weit verbreitet: *trois-vingts* (60), *six-vingts* (120) oder *sept-vingts* (140).

Fahne auf einer Postkarte anläßlich des 25. Kongresses der internationalen Kleingärtnerorganisation

Blechschmiedeladen.
Viseu, Portugal 1988

Kürbisernte. Sendim, Portugal 1989

Töpfer an der Drehscheibe. Vilar de Nantes, Portugal 1988

Absengen eines geschlachteten Schweins. Val d'Ilhavo, Portugal 1988

Kastanienholz-Korbflechter. Famalicão, Portugal 1988

Trachten aus Schottland

Trachten aus Skandinavien

Linke Seite:

Trachten aus Deutschland

Trachten aus der Schweiz

Trachten aus Ungarn

Traditionelles Wohnhaus der Mari.
Tschevainur, Rußland 1991

Traditionelles baskisches Wohnhaus.
Spanien 1973

Alte Färinger Holzhäuser.
Färöer, um 1960

Häuser in einer Kleinstadt im Alentejo.
Portugal 1988

Modell eines Gehöftes der Swaneten.
Kaukasus, Anfang des 20. Jahrhunderts

Kinderwiege der Samen.
Schweden, 19. Jahrhundert

Viktorianisches Zigeunerwagenmodell,
hergestellt von dem irischen Tinker
(Kesselflicker) Patrick Dorn
in einem englischen Gefängnis. 1982

Krippe aus Murcia. Spanien 1987

Krippe aus der Werkstatt von Marcel Carbonel.
Provence/Frankreich 1997

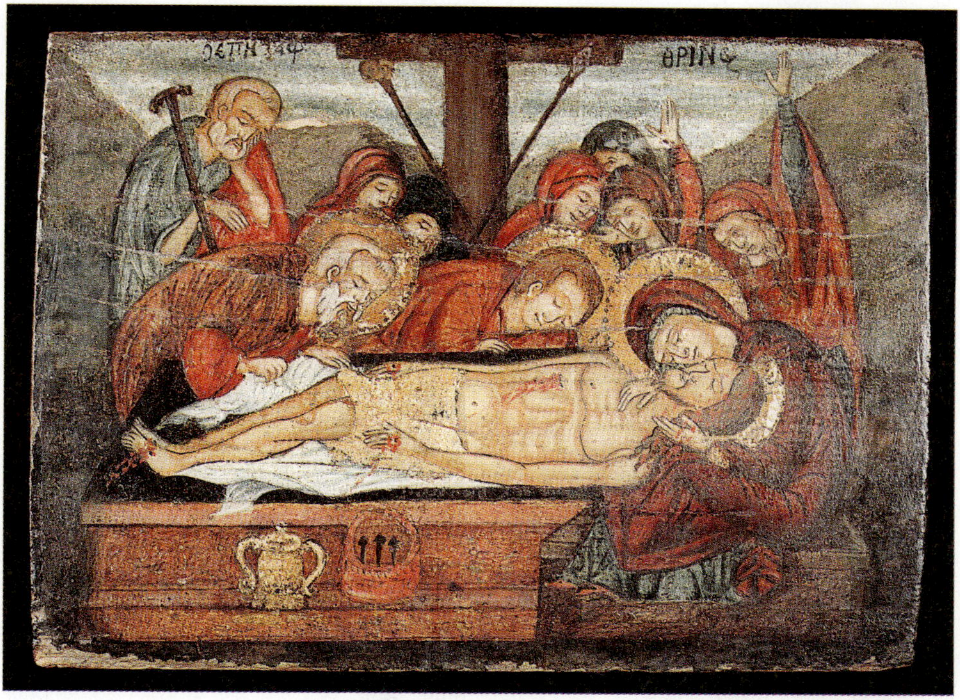

Ikone mit Darstellung der Grablegung oder Beweinung Christi. Griechenland, Ende des 17. Jahrhunderts

Palmesel mit dem gekrönten Christus. Basel

Linke Seite:

Peter und Paul-Ikone mit eingesetzter Messingikone und Anbetung Christi. Rußland, um 1900

Tora-Wimpel von Mordecai Gimpel aus der Synagoge von Halberstadt. 1711

Fastnacht: Westhansele im Fleckles-Häs. Freiburg im Breisgau 1981

Fasnet-Hexe. Fischerbach 1985

Traditionelle Karnevalsmasken. Karnevalsplakat, von Passanten durchkreuzt. Venedig 1988

Der hängende Judas am Karfreitag. Pruchnik, Polen 1994

Ostereier aus verschiedenen Regionen Europas

Parade der Grabwachen Jesu am Ostersonntag. Grodisko Dolne, Polen 1994

Erinnerungsblatt zur Einweihung des Ludwigs-Monumentes in Darmstadt 1844

Salta-Spiel aus Deutschland, circa 1899

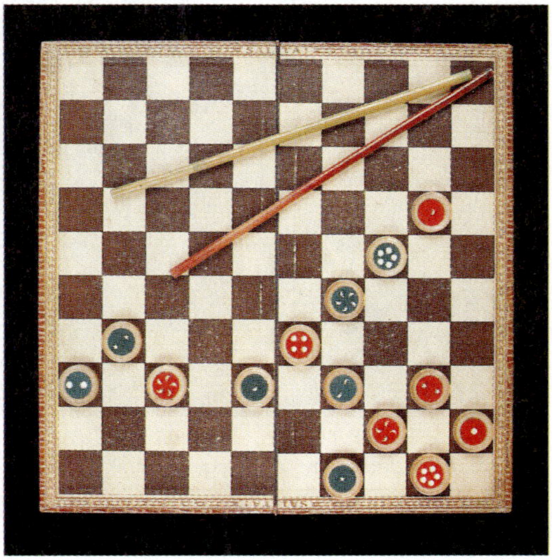

Puppentheater mit Marionetten aus Genua.
Italien, Ende des 19. Jahrhunderts

Stoffpuppen aus Rußland.
Ende des 19. Jahrhunderts

Düsenjäger aus Blech, Maschinengewehr aus Plastik, Laser-Pistole. Leningrad
Kugelschreiber aus Plastik in Form eines Gewehrs. Kiev
Flinte. Litauen

Zähl- und Rechenhilfen

Mit den Fingern ließ sich nicht nur bis zehn zählen, sondern auch mit großen Zahlen rechnen. Unterteilt man beispielsweise die Finger in Glieder und berücksichtigt noch die Innen- und Außenseiten, erhöht dies die Zählmenge erheblich, so daß die Chinesen an einer einzigen Hand bis 100 000 zählen konnten. Im Orient und im vor-neuzeitlichen Abendland war das Rechnen mit Fingern, das auch Multiplikationen und Divisionen miteinschloß, eine weitverbreitete Kunst, die die Hand zur ersten Rechenmaschine machte. Diese bis heute in manchen Gegenden Asiens noch praktizierte Tradition, die ehemals von Mexiko über Europa bis China gebräuchlich war, wurde erst durch die Verbreitung des schriftlichen Rechnens mit den sogenannten arabischen Ziffern – anfangs noch in Sand und Staub geschrieben – verdrängt.

Die ältesten gegenständlichen Zählhilfen sind gekerbte Knochen, die uns der prähistorische Mensch im europäischen Raum vor mehr als 20 000 Jahren zurückgelassen hat. Wir wissen nicht, ob damit die verschiedenen Phasen des Mondes festgehalten wurden oder ob es sich um eine Art Buchführung über erlegtes Wild handelt. Aber wir wissen sehr genau, warum es bis zu Beginn dieses Jahrhunderts auch in Europa üblich war, auf Kerbhölzern Resultate von Rechnungen festzuhalten. Besser als Finger waren sie dazu geeignet, offene Rechnungen oder Ergebnisse von Rechnungen über einen längeren Zeitraum im Gedächtnis zu behalten. So waren vor allem im europäischen Alpenraum Kerbhölzer ein Zähl-Hilfsmittel der Schäfer und Viehhirten, und als weitere Form waren bis ins 17. Jahrhundert in Nord- und Mitteleuropa Kalenderstäbe und -täfelchen weit verbreitet. Bis zu Beginn des 20. Jahrhunderts wurden Kerbhölzer von französischen Bäckern als eine Art Hilfsmittel der Kreditgewährung benutzt: Kreditgeber und -nehmer besaßen je ein mit dem Namen beschriftetes Holzteil, und immer, wenn der Kunde ein Brot abholte oder ausgeliefert bekam, wurden die beiden Hölzer aufeinandergelegt und eine weitere Kerbe über beide Hölzer gezogen. Betrug war damit ausgeschlossen, abgerechnet wurde einmal im Monat.

Schnüre wurden bei den schriftlosen Inka bis zur Ankunft der spanischen Konquistadoren (16. Jahrhundert) in einem komplizierten und ausgeklügelten System benutzt, um ihre Archive zu verwalten. Weniger als Rechenmaschinen denn als bürokratische Aufzeichnungen, mit denen religiöse, chronologische und statistische Daten festgehalten wurden, dienten verschiedenfarbige Schnüre *(quipu)*, mit mehreren Lagen an Knoten in eindeutigen Abständen, als Kalender oder als Hilfsmittel zur Übermittlung von Botschaften. Bis heute verwenden die Indios in Bolivien und Peru zur Buchführung den *chimpu*, eine Abart des *quipu* der Inka. Aber auch im europäisch-asiatischen Raum waren Knotenschnüre zu verschiedenen Zeiten in Gebrauch, insbesondere in Griechenland und Persien, wie Quellen um 500 vor Christus belegen. Und auch in Ostasien, Ozeanien, Westafrika und bei Indianern Nordamerikas sind bis heute geknotete Schnüre anzutreffen. Weltweit verbreitet jedoch ist die Verwendung von Schnüren im religiösen Kontext: Die Christen zählen Gebete mit dem Rosenkranz aus Knoten, Perlen oder eingekerbten Stöcken, tibetische Mönche tun dies mit Bündeln von 108 Knoten, und bei den Juden sind die Fransen der Gebetsmäntel mit einer bestimmten Anzahl von Knoten versehen.

In Deutschland hat sich ein Rest der Verwendung von Knotenschnüren im alltäglichen Gebrauch noch lange bei den Müllern erhalten; sie verwendeten das Verfahren für ihre Abrechnung mit Bäckern noch bis zur Jahrhundertwende. Dies zeigt, daß geknotete Schnüre bezüglich ihrer Funktion mit der Schrift insofern vergleichbar sind, als sie ein Geschehen oder das Weiterbestehen einer vertraglichen Bindung zwischen Mitgliedern der Gesellschaft festhalten.

Eine weitere Methode der Buchführung über eine Anzahl von Gegenständen ist die Verwendung von kleinen Objekten wie Kieselsteinen, Stöckchen oder Muscheln, mit denen gezählt wird. Handelt es sich jedoch um große Mengen, die gezählt werden, ist es zweckmäßig, eine Anzahl an Steinen zusammenzufassen und durch einen größeren zu ersetzen. Dies war der erste Schritt zur Entwicklung eines Zahlensystems, und im Nahen Osten fand man bei archäologischen Ausgrabungen Tonplättchen verschiedener Größe und Form, die als derartige »Rechenpfennige« dienten und die bis zu 6000 Jahre alt sind. Gewissermaßen waren sie die Vorform des Rechenbretts, des Abakus, der zur weltweit wichtigsten Rechenmaschine wurde. Steht *abacus* im Lateinischen für verschiedene Gegenstände mit glatter Oberfläche und meint gleichzeitig alle Rechengeräte, so bezeichnete dieser Begriff im europäischen Raum eine Tafel, auf der mit Steinchen und später mit Münzen addiert, subtrahiert, multipliziert und dividiert wurde.

Vom klassischen Altertum bis in den Fernen Osten, wo selbst elektronische Rechenanlagen das Kugelrechenbrett *(suan pan)* bis heute nicht ganz verdrängen konnten, ist das Prinzip dasselbe: Gerechnet wird, indem man nach bestimmten Regeln Münzen oder Kugeln hinzufügt, wegnimmt oder innerhalb von parallelen Spalten verschiebt. Die Spalten repräsentieren gewissermaßen verschiedene Stellen der Zehnerpotenzen, und das Rechnen wird durch die Verschiebungen – in der klassischen Form von Münzen von Spalte zu Spalte auf dem Rechentisch, ostasiatisch mittels Kugeln auf parallelen Stäben – anschaulich wiedergegeben. Die im 19. Jahrhundert in europäischen Volksschulen eingeführten und bis heute bekannten Kugelrechenbretter, die auf jedem Stab zehn Kugeln haben, lassen sich wahrscheinlich vom russischen Rechenbrett *stschoty* herleiten, denn der klassische Abakus der Römer und der Chinesen hatte bereits eine Verschiebung, sobald die Fünf erreicht war.

Additionen und Subtraktionen sind am Rechenbrett verhältnismäßig einfach durchzuführen. Um jedoch Multiplikationen und Divisionen zu vollziehen, bedarf es langer Ausbildung und großer Übung. Dennoch wurden diese Rechenverfahren bis ins 18. Jahrhundert hinein gelehrt und waren so stark im Denken der Europäer verankert, daß noch lange nach Einführung des schriftlichen Rechnens mit Hilfe der arabischen Zahlen Rechenergebnisse vorsichtshalber auf der Münztafel nachgeprüft wurden. Seit dem 16. Jahrhundert hatten die Abakisten, die Anhänger des Rechenbretts, und die Algoristen, die Verfechter der schriftlichen Rechenverfahren, um die Zweckmäßigkeit ihrer Verfahren im täglichen und wissenschaftlichen Bereich gestritten.

Die Suche nach dem besten Ziffernsystem

Hatten Kulturen nun das Problem bewältigt, große Mengen an Objekten zu zählen, so waren vor allem die Völker, die eine Schrift entwickelt hatten, darum bemüht, eine entsprechende Zeichenform für die konkreten Zählverfahren zu finden. Die verschiedenen Lösungen lassen sich in drei Gruppen einteilen:

Das einleuchtendste und direkt aus den konkreten Rechenverfahren sich ableitende Prinzip ist das additive, bei dem die Stellung der Ziffern frei ist und ihre Aneinanderreihung die Addition ihrer Zahlenwerte bedeutet. Dabei sind ägyptische Hieroglyphen-Ziffern das einfachste System, da sie die Anhäufung von Kieselsteinen oder anderen Gegenständen direkt auf die Schrift übertrugen, nur für die Eins und die Potenz von Zehn ein gesondertes Zeichen benutzten und ansonsten die entsprechenden Zeichen so oft wie notwendig wiederholten. Für die Zahl 7897 waren beispielsweise 31 Zahlzeichen notwendig, was zeigt, wie schwer additive Systeme zu handhaben sind. Andere Völker wie die Griechen, Römer, Azteken, Sumerer, Hebräer und frühen Inder haben daher zusätzliche Zeichen eingeführt, die für 5, 10, 50, 100, 500 usw. stehen. Dies sparte zwar Platz, erforderte aber eine hohe Gedächtnisleistung der Benutzer, die sich die zusätzlichen Zeichen merken mußten.

Aus diesen Gründen entwickelten viele Völker wie die Assyrer, Aramäer, Singhalesen und frühen Maya aus dem additiven Ziffernsystem die Zahlenwiedergabe nach dem multiplikativen Prinzip, das hybride System, das wesentlich weniger Zeichen bedarf. Die Chinesen und Tamilen etwa hatten ein vollständig hybrides System und ordneten nur noch den Zahlen Eins bis Zehn und den Zehnerpotenzen eigene Zeichen zu. Sie schrieben die Zahl 6345 nach folgendem Muster: $6 \times 1000 + 3 \times 100 + 4 \times 10 + 5$. Aus diesem hybriden Ziffernsystem wird dann das uns geläufige Positionssystem (Stellenwertsystem), wenn man die Ziffern wegläßt, die immer an derselben Stelle stehen, was nur geht, wenn Verwechslungen ausgeschlossen werden können; in obigem Beispiel würde man die Zehnerpotenzen weglassen und statt dessen nur noch 6345 schreiben.

Insgesamt sind im Verlauf der Menschheitsgeschichte eigentlich nur vier Kulturen unabhängig voneinander zum Positionssystem gelangt. Die ersten waren babylonische Wissenschaftler, die etwa gegen Beginn des zweiten Jahrtausends vor unserer Zeitrechnung mit der Basis 60 ein Stellenwertsystem entwickelten und mit zwei verschiedenen Zahlzeichen, einem für Eins und einem für Zehn, alle Zahlen durch Addition bildeten. Wenn ein Babylonier unsere Zahl 9144 in Keilschrift auf seiner Tontafel darstellen wollte, dann schrieb er 2 32 24 und meinte $2 \times (60 \times 60) + (10 + 10 + 10 + 1 + 1) \times (60) + (10 + 10 + 1 + 1 + 1 + 1)$, also $7200 + 1920 + 24$. So kompliziert uns das erscheint: Auf ihre astronomischen Berechnungen ist unsere heutige Zeitrechnung auf der Basis 60 zurückzuführen. Lange jedoch hatten sie keine Vorstellung von der Null, sondern versuchten durch Leerstellen unbesetzte Positionen zu kennzeichnen. Daß dies oft zu Verwirrungen führte, ist nachvollziehbar.

Kurz vor Beginn unserer Zeitrechnung erschien bei den Chinesen das Positionssystem, das wie das unsere dezimal war. Die neun Einheiten wurden jedoch durch das additive Prinzip wiedergegeben, ausgehend von einer Ziffer für Eins und Fünf. Die Null kam vermutlich über indische Gelehrte erst im 8. Jahrhundert nach China. Dagegen hatten die Maya-Astronomen der klassischen Epoche (3. bis 9. Jahrhundert nach Christus) eigenständig ein Positionssystem auf der Basis 20 mit eigenen Zeichen für Eins und Fünf nach dem additiven Prinzip entwickelt, das auch ein Zeichen für die Null beinhaltete. Jedoch hatte es ab der dritten Ordnung so große Unregelmäßigkeiten, daß mit dem Ziffernsystem der Maya nicht gerechnet werden konnte.

Diese drei Systeme waren, verglichen mit dem indischen, dem Vorläufer unseres Ziffernsystems, noch ziemlich unvollkommen. Erst dort wurde die Null als Zahl begriffen und stand neben den neun Zahlzeichen zum Rechnen bereit. Die Entdeckung der Null ist für Mathematikhistoriker die entscheidende Etappe einer Entwicklung, ohne die der Fortschritt der modernen Mathematik, Wissenschaft und Technik undenkbar gewesen wäre. Sie hat in ihren Augen den menschlichen Verstand endgültig vom Rechenbrett befreit, indem sie jede Zweideutigkeit bei der Wiedergabe von Zahlen beseitigt hat. Wir sind Erben dieser Reihe von Versuchen indischer Rechenfanatiker, die – getrieben von einer Begeisterung für große Zahlen – das Verfahren zur Vollkommenheit brachten.

Das uns bekannte Positionssystem (Stellenwertsystem), bei dem der Wert der Zahlzeichen durch ihre Position innerhalb der schriftlichen Zahlendarstellung bestimmt wird, liegt auf der Hand: Alle beliebigen Zahlen jeder Größenordnung können mit einer beschränkten Anzahl von Ziffern dargestellt werden; es ist wesentlich leichter zu handhaben und damit besser geeignet zum Rechnen. Jeder, der versucht hat, mit römischen Ziffern eine einfache Addition durchzuführen, kann dies leicht nachvollziehen. Es bedurfte fast übernatürlicher Fähigkeiten, mit dem additiven römischen Zahlensystem Rechenregeln zu entwickeln, und den Rechenkünstlern des Mittelalters wurde mit großer Ehrfurcht begegnet. Seit der Verwendung des modernen Ziffernsystems gelingt es bereits Zehnjährigen, »schwierige« Operationen wie eine Multiplikation anhand einfacher Rechenregeln in kurzer Zeit auszuführen, wofür noch im 15. Jahrhundert ein deutscher Kaufmann seinen Sohn zum Studium nach Italien schicken mußte. »Die Entdeckung des Positionssystems hat alle Hindernisse weggefegt und die Arithmetik selbst dem stumpfesten Geist zugänglich gemacht.«[2]

Doch Europa mußte verhältnismäßig lange ohne dieses Zahlensystem auskommen. Wie es schließlich dazu kam, soll im folgenden behandelt werden.

Die Entwicklung der heutigen Zahlschrift

Nominell bezeichnen wir die Araber als Urheber der modernen Zahlschrift, der arabischen Ziffern, die wir heute so selbstverständlich benutzen. Doch sie waren nur die Mittler. Bereits vor ungefähr 1500 Jahren wurden »unsere« Ziffern in Nordindien entwickelt, doch erst seit einigen Jahrhunderten werden sie im Abendland benutzt. Der bereits oben beschriebene, dahinterstehende Scharfsinn des indischen Zahlensystems – nämlich die Verwendung der Null und des positionsabhängigen Zahlenwerts der Ziffern – machte dieses System den meisten anderen, die von Völkern im Laufe der Zeit benutzt wurden, weit überlegen.

Es ist daher nicht verwunderlich, daß auch Gelehrte und Mathematiker der Kulturen, die mit Indien in Verbindung standen, aber selbst schon ein Positionssystem hatten, schnell die zahlreichen Vorteile des indischen Systems erkannten und ihr eigenes verbesserten. So haben die Chinesen mit der Übernahme der indischen Null (»0«) ihr hybrides System vereinfachen können, indem sie beispielsweise bei der Zahl 2605 nicht mehr 2 + 6 × 100 + 5 schreiben mußten, sondern nun 2 6 0 5 schreiben konnten und damit die klassischen Schriftzeichen für 10, 100, 1000 etc. überflüssig wurden (die Ziffernschreibweise der neun Ziffern blieb nach wie vor chinesisch).

Auch der jüdische Gelehrte Abraham Ibn Esra übertrug im 12. Jahrhundert das dezimale Positionssystem und die Null der Inder auf das alte hebräische Zahlenalphabet, das bisher auf dem additiven Prinzip beruhte. Andere Völker übernahmen das dezimale Positionssystem der Inder nicht nur in seinem Aufbau, sondern auch in der Schreibweise der entsprechenden Ziffern bzw. paßten sie ihren eigenen Schriften an. Dies war ab dem 7. Jahrhundert bei den verschiedenen Völkern Indiens, Zentralasiens und Südostasiens der Fall, die auch in engem wirtschaftlichen und religiösen Kontakt zu Indien standen.

Ohne den arabischen Orient ist eine Übermittlung der indischen Erkenntnisse nach Europa schwer vorstellbar. Mit dem Aufblühen Bagdads zum wichtigsten Handelszentrum und intellektuellen Sammelpunkt des Orients im 8. Jahrhundert begann eine fruchtbare Zeit kultureller Assimilationen, von der die ganze Wissenschaftsgeschichte profitierte. Im Bereich der Mathematik verbanden arabische Gelehrte die systematische Strenge und die philosophisch-mathematischen Betrachtungen der Griechen mit der praktischen Anwendbarkeit der indischen Wissenschaft und entwickelten die Arithmetik, Algebra, Trigonometrie und Astronomie weiter. Mit Begeisterung hatten sie von den indischen Astronomen die Null, das dezimale Positionssystem und die entsprechenden Rechenverfahren übernommen, bei der es sich ihrer Ansicht nach um die umfassendste und praktischste, am leichtesten zu begreifende und am mühelosesten zu erlernende Methode handelte. Die Form der indischen Zahlschrift wurde den einzelnen arabischen Schreibstilen angeglichen und wirkt teilweise wie eine Drehung der indischen Zeichen. Nachdem die indische Arithmetik den östlichen Arabern bekannt war, fand sie durch die zahlreichen Kontakte innerhalb der islamischen Welt schnell Eingang in die westarabischen Länder. Vermutlich im Lauf des 9. Jahrhunderts lernten die Araber des Maghreb und Spaniens das neue Rechensystem kennen. Jedoch unterschied sich die Darstellung der Zahlzeichen bei den Westarabern deutlich von denen des Ostens, und doch waren beide letztlich eine Schreibschriftvariante der entsprechenden indischen Ziffern.

Während zu dieser Zeit also die arabisch-islamische Zivilisation ein hohes wissenschaftliches und kulturelles Niveau erreichte, herrschte bei den christlichen Völkern des Abendlandes politische Unordnung und wirtschaftliche Rezession. Lediglich in Klöstern wurden die antiken Kenntnisse der Griechen und Römer aufbewahrt und weitergegeben. Die angewandte Arithmetik beschränkte sich zu dieser Zeit im wesentlichen auf römische Zahlschrift, mit der kaum schriftlich gerechnet werden konnte. Während die arabischen Gelehrten das »Rechnen im Sand« beherrschten und mit sehr großen Zahlen umgingen – ermöglicht durch die indischen Ziffern und Rechenverfahren –, wurde in Europa mit den Fingern sowie dem Abakus gerechnet.

Dies änderte sich mit den politischen und gesellschaftlichen Umwälzungen ab dem 10. Jahrhundert. Eine Wiederbelebung des Handels förderte stärker die internationalen Kontakte und begünstigte die Einführung der arabischen Wissenschaften ins Abendland. So kamen Mönche vor allem in Spanien mit den von den Arabern übermittelten Rechenmethoden der Inder in Kontakt, und die arabische Schreibschrift der indischen Ziffern wurde allmählich in Westeuropa als »arabische Ziffern« eingeführt. Waren sie anfangs jedoch je nach Zeit, Ort und Schreibgewohnheiten der Schreiber mehr oder weniger stark stilisiert und daher sehr unterschiedlich, so begannen sie sich seit dem 13./14. Jahrhundert einander zu ähneln. Dies lag sicherlich auch an der europäischen Renaissance und ihrer Neuordnung der Wissenschaften. In deren Zuge wurden aus Klosterschulen größere Schul- und Lehrgemeinden, die Universitäten, die den Fächerkanon der Domschulen übernahmen und in sogenannten Artistenfakultäten alle Studierende in den *Artes Liberales*, den Sieben Freien Künsten, unterrichteten. Zwei dieser Künste des späthellenistischen Fächerkanons waren der Mathematik vorbehalten: Geometrie und Arithmetik.

Nach und nach wurden diese Fächer und ihre Anwendung in Europa tiefgreifend verändert; das Rechnen mit dem Abakus wurde durch das Aufschreiben der Ziffern und die Verwendung der Null ersetzt. Diesen von den Indern und Arabern übernommenen, effizienteren Rechenverfahren gab man den Namen »Algorithmus« – benannt nach Ibn Musa al-Charismi, dem bedeutendsten Mathematiker der arabisch-islamischen Welt –, worunter heute ein nach einem bestimmten Schema durchgeführter Rechenvorgang verstanden wird, dessen Schritte eng verkettet und in strikter Abfolge aneinandergereiht sind. Das deutsche Wort »Ziffer« und das französische *chiffre* lassen sich übrigens auf das arabische Wort *Sifr* zurückführen, das im Arabischen die Bedeutung »Null« oder »leer« hatte und den Stellenwert dieser scheinbar nichtigen Zahl zeigt. Im Portugiesischen bezeichnet *cifra* ebensowohl die Null wie das Zahlzeichen, und im Schwedischen wird dieses Wort nach wie vor dazu verwandt, einen wertlosen Menschen zu bezeichnen. Das deutsche Wort »Null« geht dagegen auf das lateinische *nulla* (keiner) zurück.

Festhalten läßt sich also, daß die indische Zahlschrift mit ihren eindeutigen Symbolen für die neun Zahlen, mit dem Zehnersystem in regelmäßigen Schritten (Positionssystem) und der Verwendung der Null zu den wichtigsten Entdeckungen der Menschheit gehört, die sich im Verlauf der Jahrhunderte so weit ausgebreitet hat, daß sie, nach Georges Ifrah, inzwischen zur einzigen wirklichen Weltsprache geworden ist. So ist der Stolz wohl auch nachvollziehbar, mit dem der »Hindu Students Council« unter der Rubrik »Contributions Of INDIA To The World« im Internet verkündet: »*When did humans first start counting? It is unknown to us. But, do you know that zero was invented by the Indians and the entire number system you use today is from India as well?*«[3]

1 John D. Barrow, Warum die Welt mathematisch ist. Frankfurt am Main, New York 1993. S. 19f.

2 T. Dantzig, Le nombre, language de la science, Paris 1931. Zitiert nach: Georges Ifrah, Universalgeschichte der Zahlen. Frankfurt am Main, New York 1991. S. 480.

3 Ausdruck vom 29. Oktober 1998.

Christliche Zahlenallegorien

Rudolf Suntrup

Die Erfahrung von Raum und Zeit, Vielfalt, Symmetrie und Proportionen, der Wechsel von Tag und Nacht, der Ablauf der Jahreszeiten – all dies führt in verschiedensten Kulturen zu einer Fülle von naturreligiösen und naturphilosophischen, astrologischen und magischen zahlensymbolischen Spekulationen. In all dem zeigt sich, daß Zahlen für den Menschen einen über ihren Wert hinausweisenden Sinn haben. Die christliche Zahlenallegorie ist davon als eigener Gegenstandsbereich abzusetzen.

Das Wort »Allegorie« (griechisch für: etwas anderes sagen) kann eine rhetorische Stilfigur, aber auch eine Art der Auslegung von Texten beinhalten. Christliche Zahlenallegorie erschließt den mehrfachen, über die wörtliche Bedeutung hinausgehenden geistigen Sinn der Zahlenverhältnisse der Schöpfung, heilsgeschichtlicher Daten und des Zahlengebrauchs der Bibel aus den Schriftquellen. Die allegorische Textinterpretation – und in ihr die Zahlendeutung – ist keine christliche Erfindung, sondern hat ihre sachlichen Anfänge bereits in der altgriechischen Deutung der homerischen Dichtung und ihrer Mythologie sowie in der jüdisch-hellenistischen Auslegung der fünf mosaischen Bücher. Auf diesem Wege findet sie Eingang in neutestamentliche Schriften. Den Kern der christlichen Textauslegung macht die Bibelerklärung aus, die in einer Fülle von Schriftkommentaren von ihren Anfängen im frühen Christentum bis zu ihrer vollen Entfaltung im 12./13. Jahrhundert in verschiedenen Systementwürfen verwirklicht wird. Nach der verbreiteten Lehre vom vierfachen Schriftsinn hat die Bibel neben dem historischen (wörtlichen) einen mehrfachen übertragenen Sinn: den auf Christus und die Heilsgeschichte bezogenen (allegorisch-typologischen), den auf das Seelenheil abzielenden moralischen (tropologischen) und den zu Himmel und Ewigkeit »hinaufführenden« (anagogischen) Sinn.

Grundlegend für die abendländische mittelalterliche Textallegorie ist die Zeichentheorie des Augustinus (354 bis 430). Überzeugt von der Offenbarung Gottes in der Heiligen Schrift, in der ganzen Schöpfung und in allen Äußerungen der menschlichen Kultur und Geschichte, versteht sie die Bibel, die Weltordnung und die Heilsgeschichte als zeichenhaft und der allegorischen Interpretation bedürftig. Augustinus' Lehre von der Zeichenhaftigkeit der Wörter und Sachen wird seit dem 12. Jahrhundert, so besonders bei Hugo und Richard von St. Viktor in Paris, systematisch ausgebaut und popularisiert. Sie öffnet einer umfassenden Auslegung von unbelebten Gegenständen, Personen, Orten, Zeitangaben, Ereignissen und Qualitäten den Weg. In diesem Rahmen nehmen die Zahlen einen hervorragenden Platz ein.

In der christlichen Zahlenallegorie wird eine Sinnbeziehung zwischen einem gezählten Bedeutungsträger und der ihm zukommenden Bedeutung durch Analogie oder einfache Rechenoperationen, die als deutungsvermittelnde Eigenschaften fungieren, hergestellt. Die Deutungen können sich auf alle Ebenen des geistigen Sinns erstrecken, erfolgen zumeist kontextbestimmt, also zum Beispiel in der Auslegung einer bestimmten Bibelstelle oder eines liturgischen Vorgangs, und sind dadurch an andere Sinnträger gebunden, die die Gesamtbedeutung erheblich mitbestimmen.

Ein Beispiel aus dem mittelalterlichen Kirchweihritus soll dies zeigen: In seinem Kirchweihtraktat legt Remigius von Auxerre (gestorben 908) die Altarsalbung, bei der der Bischof in der Mitte und an den vier Ecken des Altars mit Salböl Kreuzzeichen auf den Altar zeichnet, als eine Sinneinheit aus. Der Bischof bezeichnet Christus, der Altar die Kirche, die Mitte des Altars Jerusalem als Zentrum der Urkirche, das Kreuzzeichen das Kreuz Christi, das Salböl die Gnade des Heiligen Geistes, die Vierzahl der Ecken die ganze Welt mit ihren vier Himmelsrichtungen. Der Ritus bedeutet daher, daß Christus über die Urkirche in Jerusalem, wo er das Kreuz auf sich genommen hatte, den Heiligen Geist ausgegossen hat und daß er ihn dann durch sie den Gläubigen in aller Welt mitteilt. Dieser Akt wurde von vielen Liturgikern des Mittelalters gedeutet und wird noch heute praktiziert.

Figura III aus Hrabanus Maurus' ›Liber de laudibus sanctae crucis‹ (Über das Lob des heiligen Kreuzes), 9. Jahrhundert.
Den neun Buchstaben sind die Namen der neun Engelchöre eingeschrieben.

Da die Auslegungen von den Autoren selbst gegeben werden, ist die christliche Zahlendeutung des abendländischen Mittelalters der Beliebigkeit moderner Spekulation enthoben. Die für die Zahlenallegorie historisch bedeutsamen und lange nachwirkenden lateinischen Schriften von den großen Kirchenvätern des frühen Christentums bis zu den bedeutenden Theologen des 12. und 13. Jahrhunderts waren in Mittel- und Westeuropa in allen Regionen, in denen das Latein die Sprache der Kirche, der Liturgie und der Wissenschaft war, verbreitet. Als Autoren besonders hervorzuheben sind zunächst Origenes, der im Abendland durch lateinische Übersetzungen früh verbreitet wird, und die Kirchenväter Hieronymus, Ambrosius von Mailand und Augustinus (4./5. Jahrhundert); aus dem 6./7. Jahrhundert Gregor der Große in Rom, Isidor von Sevilla und der Angelsachse Beda; aus der Karolingerzeit Hrabanus Maurus aus Mainz, aus dem 12. Jahrhundert Rupert von Deutz und Honorius Augustodunensis (aus Süddeutschland oder Irland), Bernhard von Clairvaux und Thomas Cisterciensis (von Vaucelles?) sowie Richard und Hugo von St. Viktor.

In der Scholastik sind wesentliche Veränderungen im Konzept der allegorischen Schriftdeutung zu erkennen, etwa durch Aufwertung des wörtlichen Schriftsinns bei

PETRI BONGI
BERGOMATIS
Numerorum myſteria.
OPVS MAXIMARVM RERVM
DOCTRINA, ET COPIA REFERTVM,
In quo mirus in primis, idemq; perpetuus Arithmeticæ Pythagoricæ cum Diuinæ Paginæ NVMERIS conſenſus, multiplici ratione probatur.
Poſtrema hac editione ab Auctore ipſo copioſo INDICE, & ingenti
APPENDICE AVCTVM.
Cum Superiorum approbatione.
BERGOMI, Typis Comini Venturæ, eiuſdem vrbis Typographi.
CIↄ Iↄ XCIX.

Titelblatt des Buches ›Numerorum Mysteria‹ von Petrus Bungus, 1599

Thomas von Aquin. Spätmittelalterliche Fehlentwicklungen bedingen schließlich eine strikte Ablehnung der Allegorie in der Reformation; Luther und protestantische Lehrbücher der frühen Neuzeit geben sie allerdings noch nicht gänzlich auf. Noch Autoren aus der zweiten Hälfte des 16. Jahrhunderts – Hieronymus Lauretus, der im berühmten Kloster auf dem Montserrat bei Barcelona in Spanien wirkte, und Petrus Bungus aus Bergamo in Italien – überliefern umfangreiche Darstellungen der christlichen Zahlenallegorie gemeinsam mit einer Fülle weiterer eingearbeiteter Materialien. Unter den geistesgeschichtlichen Bedingungen der Neuzeit mit der Etablierung der exakten Wissenschaften, neu entwickelten Geschichtsmodellen und den Anfängen der textkritischen Erforschung der Bibel verliert die allegorische Textauslegung und in ihr die Zahlendeutung allmählich ihre Legitimation.

Die christliche Zahlenallegorie des Mittelalters ist uns vor allem aus der reichen lateinischen Bibelkommentar- und Predigtliteratur bekannt. Der wichtigste nichtbiblische Quellenbereich ist die Liturgieerklärung. Daneben begegnen uns Zahlenauslegungen aber auch in lehrhaften Traktaten, in Briefen und in volkssprachiger Dichtung, seltener in Rechtsquellen (zum Beispiel im ›Sachsenspiegel‹). Alle in der Bibel vorkommenden 185 Zahlen von der Eins bis zu den Symbolzahlen unermeßlicher Größe in der Apokalypse (9, 16) werden kontextbezogen ausgelegt. Dies ist zu bedenken, wenn im folgenden exemplarisch nur einige Grundbedeutungen der Zahlen Eins bis Zehn aufgelistet werden, so wie sie aus den Quellen lexikalisch erschlossen sind.

1 (Das Prinzip aller Zahlen) Einheit Gottes und der göttlichen Personen, der christlichen Gemeinschaft und Lehre, der Tugenden und des ewigen Lebens, auch des Bösen.

2 Positiv: zwei der göttlichen Personen, Vater und Sohn, Sohn und Heiliger Geist; christologische Zweiergruppen, zum Beispiel Gottheit und Menschheit Christi, sein König- und Priestertum; Zweigliederung der heilsgeschichtlichen Zeit (Zeit und Ewigkeit, vor und nach Christus), der Bibel (Altes und Neues Testament; Gesetz und Propheten) und des (wörtlichen und übertragenen) Schriftverständnis-

ses, der Kirche aus Juden und Heidenchristen; Paare von Verstandes- und Seelenkräften, Tugenden des Menschen. Seltener negativ (das Abweichen von dem Einen, Guten, Schönen): Sünde, Häresie, Unglaube.

3 Dreifaltigkeit Gottes, Verehrung der Trinität, der Glaube an sie; Auferstehung Christi (am dritten Tag) und der Christen; dreigegliederte Stufungen von Kosmos und Erde, Zeit und Heilsgeschichte, Heiliger Schrift und Kirche, von Kräften, Tugenden und Lastern.

4 Die kosmische Zahl, welche die ganze Schöpfung Gottes mit den vier Elementen und Jahreszeiten, Himmelrichtungen und Weltteilen, den Materien des Körpers und Lebensabschnitten sowie der Abfolge der Weltreiche räumlich-dinglich ordnet; Vierergruppen aus dem Bereich der Bibel (vier Evangelien) und ihrer Auslegung; christusbezogene Gruppen (vier Abschnitte seines Lebens, vier Kreuzesarme); Gruppen von Tugenden (nicht nur die vier Kardinaltugenden) und Lastern.

5 Die Zahl der Sinne, daher der sinnlichen (von Sünde bedrohten) Existenz des Menschen; Zahl des Alten Bundes (fünf mosaische Bücher); fünf Weltalter vor Christus. Als Zahl der Wunden Christi ist die Fünf erst in der Barockzeit dominant.

6 Zahl der Weltalter (mit dem sechsten Zeitalter der Passion Christi und der Erlösung) und der Lebensalter in Analogie zum Schöpfungsakt; das Sechstagewerk macht die Sechs zu Zeichen des Wirkens Gottes und des darauf bezogenen menschlichen Lebens und Handelns, daher ist sie auch eine »vollkommene« Zahl.

7 Die »vollkommene«, »heilige« Zahl mit dem größten Bedeutungsspektrum: Zeichen der irdischen Zeit (Wochentage) wie der Ewigkeit und der ewigen Ruhe (wegen der Ruhe Gottes nach den Schöpfungstagen, siebtes Weltalter), Zeichen der Zeit des Gesetzes (Sabbatgebot) sowie – dominant! – der Gnade und des Heiligen Geistes mit seinen sieben Gaben; Zahl des Menschen, seiner Tugenden und Begabungen, und der Sünde (sieben Todsünden).

8 Zeichen der Auferstehung und des ewigen Lebens (acht Seligpreisungen), weil der achte Tag der Passionswoche der Auferstehungstag ist; als Potenzzahl wie auch als teilbare Zahl Zeichen erfüllter oder fehlender Vollkommenheit.

9 Zahl der Engelchöre; als Potenz der Drei verweist die Neun verstärkt auf die Trinität, über die Todesstunde Christi auf Passion und Erlösung, in ihrer Stellung unter der »perfekten« Zahl Zehn auf Unvollkommenheit.

10 Bedeutet als mathematisch »vollkommene« Zahl auch allegorisch Vollkommenheit. Zahl der zehn Gebote, daher Zeichen des Gesetzes, überhaupt des Alten Testamentes und gesetzestreuen Handelns. Vielfältig deutungswirksam wird die Zahl aber auch über die Zerlegung in ihre Summanden und Faktoren oder durch andere einfache Rechenoperationen, wodurch die Bedeutungen der kleineren Zahlen Zwei, Drei, Fünf und so fort in die Auslegungen der Zehn eingehen. Vergleichbar werden auch die hier nicht mehr genannten größeren Zahlen häufig auf die Bedeutungen der Grundzahlen zurückgeführt.

Kabbala und Zahlenmystik

Vera Bendt

Der Begriff »Kabbala« wird allgemein für jüdische Mystik benutzt, obgleich die Kabbala mit religiösem Mystizismus nicht gleichgesetzt werden kann, wenn man diesen versteht als die den Menschen in seinem ganzen Sein beherrschende Sehnsucht nach direkter Erfahrung mit dem Göttlichen oder als körperlich-seelische Versenkung und mystische Erleuchtung durch Kommunikation mit Gott. Die Kabbala hat ihre Wurzeln im esoterischen und theosophischen Synkretismus, der für die religiösen und sozialen Strömungen in der Zeit des frühen Christentums charakteristisch ist. Die Elemente griechischer Philosophie und Wissenschaft (Plato, Pythagoras) in der Kabbala und die historischen Gemeinsamkeiten mit frühchristlicher Mystik (Gnosis) sind ein Grundthema der theologischen Auseinandersetzung und wissenschaftlichen Forschung bis heute. Ihr Zentrum lag bis ins 6. nachchristliche Jahrhundert hinein in den jüdischen Gemeinden in Palästina und Ägypten. Dort auch, wahrscheinlich im 3. Jahrhundert, entstand ein Hauptwerk, das ›Buch der Schöpfung‹ (hebräisch ›Sefer yezirah‹), das enormen Einfluß nicht nur auf die jüdische, sondern auch auf die christliche Religionsgeschichte und auf die abendländische Geistesgeschichte in ihrer Gesamtheit ausübte.

In Europa formierte sich die Kabbala im maurischen Kulturkreis der Iberischen Halbinsel und wurde zu einer eigenständigen Richtung des Judentums, die seit dem 12. Jahrhundert nachhaltig auf die Geschichte der europäischen Juden wirkte.

Im maurischen Spanien (hebräisch: Sefarad) vereinigten sich arabische Wissenschaften, griechische Philosophie und jüdische Theologie zu einem Ganzen, das in ständiger Konfrontation mit dem Christentum stand und durch die Reconquista aufgerieben wurde. Hier brachte der Religionsphilosoph, Mathematiker und Arzt Maimonides (1135 bis 1204) die Grundsätze des jüdischen Religionsgesetzes in eine neue Form. Die maimonidischen Lehrsätze sind für das Judentum bis heute maßgebend. Das Streben des Menschen ist nach Maimonides auf eine Vollkommenheit gerichtet, die darin besteht, Gott so weit erkannt zu haben, als es die intellektuellen Fähigkeiten des Individuums zulassen.

Im mittelalterlichen Deutschland (hebräisch: Aschkenas) galt die Kabbala im Sinne ihrer eigentlichen Wortbedeutung als empfangene Lehre, als Tradition; sie wurde als Doktrin der mystisch-esoterischen Überlieferungen des Judentums verstanden. Das ›Sefer yezirah‹ galt als Handbuch der Magie, mit dem die Weisen von Aschkenas, die jüdischen Gelehrten des Mittelalters im deutschsprachigen Raum, die Geheimnisse der Schöpfung zu ergründen suchten. Im Streben nach Gotteserfahrung und -erkenntnis besteht der Sinn menschlichen Lebens, der sich in der gelebten Frömmigkeit manifestiert. Die frommen Juden stellen durch ihr Leben, nicht durch den Intellekt, unter Beweis, daß der Mensch zu Gotteserkenntnis fähig ist.

Im osteuropäischen Judentum ist die Kabbala auf das engste mit dem im 17./18. Jahrhundert aufkommenden Chassidismus, einer von der intellektuellen Religionsdoktrin noch weiter abgerückten Richtung des Judentums, verbunden. In der Verschmelzung des Individuums mit dem Göttlichen durch transzendentale, mystisch-ekstatische Gotteserfahrung suchten die in Polen beheimateten Chassidim (hebräisch *chassid*, der Fromme; *chassidim*, die Frommen) den Sinn menschlichen Lebens zu erfüllen.

Das ›Sefer yezirah‹

Im ›Sefer yezirah‹, dem ›Buch der Schöpfung‹, wird dargelegt, daß Gott in seiner göttlichen Weisheit die Welt aus den 22 Buchstaben des hebräischen Alphabets unter Anfügung von 4 + 6 = 10 Sefirot (Singular: *sefira*, Sphäre) schuf. Es sind dies die 32 Pfade der Weisheit, die der Mensch erfahren und erkennen muß, um das Geheimnis der Schöpfung zu kennen. Die auf den 22 hebräischen Buchstaben (Alphabet) aufbauenden vier Sefirot sind: der Geist Gottes, der am Anfang und Ende aller Dinge steht, der Äther, verstanden als Geist der Atmosphäre, das Wasser, das lebensspendende Element, sowie das Feuer, das lebensvernichtende Element. Auf diesen Elementen der Erde aufbauend, repräsentieren die übrigen sechs Sefirot den Kosmos/das Universum in seinen Dimensionen der Unendlichkeit von Zeit und Raum.

Die ausführliche Darlegung im ›Sefer yezirah‹ beschränkt sich nicht auf eine Hypothese/Theorie, sondern beschreibt das Hebräische, das Sprache und Rechnen in einem ist, als eine von Gott offenbarte Wissenschaft, die mit dem menschlichen Verstand erfaßbar ist. Jedes der 22 Zeichen des Alphabets ist Buchstabe und Zahl, jedes geschriebene und gesprochene hebräische Wort hat eine Doppelbedeutung, denn außer dem Wortinhalt besteht sein Zahleninhalt nicht allein im Additionswert der einzelnen Zahlenfiguren (Nummern), sondern auch in der Zusammensetzung der Nummernfolge. Nach dem ›Sefer yezirah‹ bewirkte Gott, wie dargelegt, sein Schöpfungswerk durch die Kombination der 22 hebräischen Buchstaben/Zahlen. Die Schöpfung ist demnach nicht aus der Materie, sondern aus der Sprache Gottes, dem Hebräischen, in der Abstraktion des Geistes hervorgegangen. Es ist eine Schöpfung aus dem Nichts der universalen göttlichen Kraft. Die hebräischen Buchstaben in ihren Formen und Allegorien, ihrer Symbolik und dem Mysteriösen ihrer Zahlendeutung aus den Schriften der Tora sind der Mikrokosmos der Schöpfung, deren Geheimnis versiegelt bleibt bis ans Ende der Zeit. Erst dann, in der Utopie des messianischen Zeitalters, wird allen Menschen das Geheimnis offenbart.

Das hebräische Alphabet, seine Wort- und Zahlenlehre und seine mystische Bedeutung zu verstehen, war im Verständnis der Kabbala-Gelehrten die Voraussetzung für die Annäherung an das Geheimnis der Schöpfung. Die (menschliche) Fähigkeit, nicht nur Leben zu geben (Zeugung und Geburt), sondern Leben zu schaffen, wurde bereits von den talmudischen Gelehrten im 4. nachchristlichen Jahrhundert als theoretische Möglichkeit diskutiert.

Aus der Kombination von formloser, ungestalteter Materie (hebräisch *golem*) und heiliger Sprache (hebräische Wort- und Zahlenmystik) und bei vollkommener Beherrschung des magischen Potentials des Hebräischen sei ein vom Menschen geschaffener Mensch denkbar. Zu einer praktischen Anwendung der Theorie sahen sich die Gelehrten jedoch nicht in der Lage. In einer 1280 von dem spanischen Kabbalisten Abraham Abulafia verfaßten Schrift wird diese Theorie der anthropomorphen Schöpfung mit dem ›Sefer yezirah‹ in Beziehung gesetzt und symbolisch in eine Methode zur mystisch-ekstatischen Gotteserfahrung übertragen. Dies war die Geburtsstunde des Golem-Mythos, mit dem sich der Übergang von der jüdischen zur christlichen Kabbala vollzog, denn in der Erschaffung eines Golem, des künstlichen Menschen, schienen sich die Bemühungen christlicher Alchimisten zu erfüllen, dem Geheimnis des Lebens auf die Spur kommen zu können.

Das ›Sefer yezirah‹ und das kabbalistische Schrifttum wurden seit den Übersetzungen ins Lateinische in der zweiten Hälfte des 15. Jahrhunderts von christlichen Hebraisten in eigenen Werken behandelt, wobei der nachhaltigste Einfluß von Johannes Reuchlin (1455 bis 1522) mit seinen 1494 und 1517 veröffentlichten Werken ›De Verbo Mirificio‹ und ›De Arte Cabbalistica‹ ausgeht.

Kabbalistik, Zahlenmystik, hebräische Numerologie wurden in der christlichen Anschauung seit dem 16. Jahrhundert mit Okkultismus und Geheimwissenschaft gleichgesetzt. Die des Hebräischen kundigen jüdischen Gelehrten, allen voran der Hohe Rabbi Judah Löw ben Bezalel, der Maharal von Prag (1520 bis 1609), galten als Magier der jüdischen Geheimwissenschaft, die ihre magisch-kabbalistischen Kenntnisse und Fähigkeiten nicht aus einer Beziehung zu Gott, sondern aus einer zum Teufel herleiteten.

Die christliche Kabbala wurde in erheblichem Umfang zu einem Bestandteil des Antijudaismus, der sich trotz anfänglichem Wohlwollen Luthers gegenüber den Juden auch im Protestantismus festigte. Seit dem späten 16. Jahrhundert mit alchimistischem Symbolismus verknüpft, erreichte die christliche Kabbala-Interpretation 1735 einen Höhepunkt mit Georg von Wellings Buch ›Opus Mago-Cabbalisticum‹, dessen Nachhall noch in der Philosophie von Hegel und Schelling spürbar ist. Die christologische, dezidiert antijudaistische Bewertung der kabbalistischen Wissenschaft als eine unchristliche und antichristliche Geheimlehre des Judentums bot dann auch die Basis für die über die Epoche der Aufklärung ins 19. Jahrhundert hineinreichende Vorstellung, die mit dämonisch-magischen Kräften begabten Juden wären in der Lage, der Herrschaft des Judentums über das Christentum zum Sieg zu verhelfen.

Eine weitreichende Wirkung hatte die aus der Aufklärung ab der zweiten Hälfte des 18. Jahrhunderts hervorgegangene Philanthropie der Freimaurer, in der christlich verstandene Kabbala und synkretistisch-esoterische Symbolik von unterschiedlichster Herkunft in einen dem europäischen Humanismus verpflichteten Idealentwurf von Freiheit, Gleichheit, Brüderlichkeit einmündete. Am Vorbild elitärer Männerbunde orientiert, lieferten gerade auch die von den Freimaurern in ihre Brudergenossenschaft übernommene Kabbala-Mystik und Esoterik dem im 19. Jahrhundert aufkommenden Antisemitismus besonders reiche Nahrung. Freimaurertum und Judentum waren dann im völkisch-nationalsozialistischen Denken schon vor 1933 miteinander identisch. Die »Weltmacht Juda« wird beispielsweise in einem von Mathilde Ludendorff 1916 veröffentlichten Buch als Konglomerat eines geheimwissenschaftlich-kabbalistischen Okkultismus dargestellt, der dazu dient, die christlich-abendländische, dem reinen Ariertum verpflichtete Welt zu zerstören respektive zu beherrschen. Der Jude, die Personifizierung des Bösen, erscheint dabei einmal als Urheber, dann aber auch als Werkzeug eines Herrschaftssystems, das auf die Eliminierung der europäischen Völker gerichtet ist.

Kabbala heute

Im Sinne ihrer esoterisch-theosophischen Wurzeln versucht die Kabbala, eine Synthese aus der Tradition der rational-intellektuellen Doktrin (Religionsgesetz) und der Transmission der ursprünglichen Bedeutung der Gotteslehre (hebräisch *torah*) herzustellen. Die emotional-mystische Annäherung an die Lehre, die Tora, an Gotteserfahrung, Gotteserkenntnis und Erleuchtung aus dem (religiösen) Lernen ist auch heute das Ziel jüdischer Frömmigkeit. Die Überlieferungen der Mystik sind der Gegenstand des kabbalistischen Studiums. Der Fromme, der Chassid, ist die gelebte Erinnerung an die Tradition des Lernens, dem im Judentum über alle Zeiten hinweg der höchste Rang gegeben wurde.

Der heutige Fromme knüpft dabei nicht nur an die Tradition seiner Ahnen und der Gelehrten früherer Epochen an, sondern bezieht sein Verständnis auch aus der historischen Erfahrung, die die Abkehr von der jüdischen Lerntradition den Juden des 20. Jahrhunderts brachte. Weltliches Lernen ohne die Einbindung in die Religionstradition des Judentums ist in diesem Sinne das Zeichen einer heraufkommenden Katastrophe. Lernen, verstanden als Suche nach Gotteserkenntnis, ist für den Frommen eine Lebensnotwendigkeit, das Lernen ist der zur religiösen Pflicht erhobene Gottesdienst, aus dem sich Lebensfreude, Lebenssinn und das Leben als solches speisen.

Maße und Gewichte

Helmut Weinberg

Meßgrößen wurden und werden in Europa der Physik zugeordnet. Ursprünglich bedeutete Physik die Wissenschaft der Natur überhaupt. Seitdem man gelernt hatte, in der Natur zwischen Belebtem und Unbelebtem zu unterscheiden, ist sie zur Wissenschaft von der unbelebten Natur geworden. Heute definiert man sie als die Wissenschaft von den Bewegungsformen der unbelebten Natur, die ohne stoffliche Veränderungen verlaufen, sowie als die Wissenschaft von den Kräften und ihren Eigenschaften.

Die Physik geht grundsätzlich quantitativ vor. Gegenstand ihrer Forschung sind nur Dinge oder Vorgänge, die sich messen lassen. Die Bewegungsformen sind beispielsweise mit der Zeit, dem Weg bzw. der Länge oder der Geschwindigkeit als Weg-Zeit-Verhältnis verknüpft. Den Kräften sind beispielhaft die Masse und das Gewicht zuzuordnen. Betrachten wir das gesamte Gebiet der heutigen Physik, so sind eine Vielzahl an Meßgrößen festgeschrieben, die jeweils den Basiseinheiten zuzuordnen sind.

Maße und Gewicht: Älterer Umgang und Entwicklung

Unser Wissen von der politischen und Sozialgeschichte des Messens und Wägens im europäischen Mittelalter setzt in der fränkischen Zeit ein. Um das Jahr 787 ließ Karl der Große sich aus dem Kloster Monte Cassino das Maß des Brotes und des Weines schicken. Seine Münz-, Maß- und Gewichtsreform der Zeit um 793/794 bezeugt, daß der Kultur jener Epoche regelmäßige materielle Strukturen eigen waren, in denen nach Zahl, Gewicht und Volumen die Edelmetalle, das Getreide und das Brot eine besondere Rolle spielten.

Die Begriffe »Messen« und »Wägen« bedeuteten damals wie heute das Vergleichen einer unbekannten, zu bestimmenden Größe mit Hilfe einer bekannten Einheit und der Zahl. Diese Vergleiche konnten sowohl rechnerisch-theoretischer als auch praktischer Art sein. Für das Verständnis der älteren Maß- und Gewichtsüberlieferungen ist es jedoch von elementarer Bedeutung, daß die Kommunikation in Maßfragen sich ausschließlich auf metrologisch fundierte »Einteilungen« und »Vergleiche« mit Hilfe ganzer Zahlen stützen konnte. Hier findet sich auch ein Zugang zum Problem der Genauigkeit in früheren Jahrhunderten.

Jede interne »Einteilung« von Maßen und Gewichten bediente sich einfacher Zahlen- und Rechensysteme. Die Einheiten derartiger lokaler, regionaler oder nationaler

Maß- und Gewichtssysteme waren festgelegt durch interne Relationen bzw. interne Zahlen und nach ihrer Masse; zum Beispiel: 1 Mark Köln = 8 Unzen = 16 Lot = 64 Quint = 256 Pfennige, oder: Mark : Unze : Lot : Quint : Pfennig = 256 : 32 : 16 : 4 : 1. Jeder externe »Vergleich« verschiedener Grundmaße und Grundgewichte stützte sich auf ganze Zahlen, die ihrerseits beispielsweise dem System einer Unzen-, Lot-, Pfennigrechnung entnommen sein konnten. Externe Zahlen waren die Grundlage eines ganzzahligen Netzes metrologischer Kommunikationen in Europa, nach ihrer Masse; zum Beispiel: 20 Mark Köln = 19 Mark niederländisch Troygewicht, oder: 1 Mark Köln : 1 Mark niederländisch Troygewicht = 19 : 20.

Um die Ergebnisse von Messungen, die zu verschiedener Zeit an verschiedenen Orten und von verschiedenen Personen ausgeführt wurden, vergleichen zu können, hat man bestimmte Einheiten international festgelegt. Ein wesentlicher Schritt war die 1875 zwischen 17 Staaten abgeschlossene »Internationale Meterkonvention«, der Ende 1973 43 Staaten angehörten. Vertreter der ihr angehörenden Staaten treten alle sechs Jahre zur »Generalkonferenz für Maß und Gewicht« (Conférence Générale des Poids et Mesures, CGPM) zusammen. Auf der elften CGPM wurde 1960 ein Einheitssystem mit sechs Basiseinheiten angenommen, das den Namen »Internationales Einheitensystem« führt (Système International d'Unités, abgekürzt: SI). Die Basiseinheiten dieses Systems sind: Meter für die Länge, Kilogramm für die Masse, Sekunde für die Zeit, Ampere für die elektrische Stromstärke, Kelvin für die Temperatur und Candela für die Lichtstärke. Im Jahre 1971 wurde als weitere Basiseinheit für die Stoffmenge das Mol eingeführt.

Über die Geschichte der Stunde und Sekunde

Jahrtausendelang wurde die Zeit mit Sonnen- und Wasseruhren gemessen, wurde von Sonnenaufgang bis Sonnenuntergang gearbeitet. Im christlichen Abendland hat man den Tag bis ins Hochmittelalter nur nach dem liturgischen Läuten der Kirchen- und Klosterglocken eingeteilt. Das Leben verlief weiter im Rhythmus des natürlichen Tagesablaufs, ohne Streben nach Präzision, ohne Sorge um meßbare Produktivität.

Früheste Zeitmesser waren Sonnenuhren; die Sanduhr ist erst für das 14. Jahrhundert belegt. Daneben wurden schon in der Antike Wasseruhren benutzt. Ende des 13. Jahrhunderts kamen gewichtsangetriebene Räder-Uhren mit horizontal schwingendem Balken auf. Als im 14. Jahrhundert die mechanische Schlagwerkuhr erfunden war, vornehmlich als Turmuhr, die den Tag in 24 Stunden einteilte und als überall gehörter Zeitnehmer das ganze Leben zu rhythmisieren begann, hatte sich eine Revolution vollzogen. Das Abendland hatte sich ein mächtiges und zuverlässiges Instrument verschafft, das den nun beginnenden stürmischen Modernisierungsprozeß im Alltag regulieren konnte. Das wird auch bei der aus dem Jahr 1404 stammenden Beschreibung der ersten Turmuhr in Moskau deutlich.

Ebenso bahnbrechend war die Erfindung der gewichtsgetriebenen Pendeluhr mit Ankerhemmung durch C. Huygens (1657) und W. Clement (um 1680). Mit dem

Chronometer (1728 durch J. Harrison) standen erstmals genaue Uhren zur Längenmessung auf See zur Verfügung.

Der eigentliche Erfinder der Taschenuhr ist nicht bekannt, jedoch wird P. Henlein als erster Hersteller der um 1500 auf den Markt gekommenen Zeitmesser genannt. Unruh und Spiralfeder waren hier die dominierenden Komponenten für den Antrieb. Diese Zeitmesser hatten zunächst nur einen Stundenzeiger, ab der zweiten Hälfte des 17. Jahrhunderts dazu einen Minuten- und ab dem 19. Jahrhundert auch einen Sekundenzeiger.

Der Durchbruch der Armbanduhr vollzog sich etwa ab 1920 und ab 1924 mit Automatikaufzug. Bei der Stimmgabel-Uhr (1954 durch Hetzel) werden durch einen transistorgesteuerten Stromkreis magnetbehaftete Zinken einer Stimmgabel gegenphasig angeregt und diese mechanischen Schwingungen auf das Zeigerwerk übertragen. Die Genauigkeit liegt ungefähr bei +/- 0,2 Sekunden am Tag. Eine bedeutend höhere Genauigkeit liefert die Quarzuhr, bei der als Frequenz normal ein Quarz schwingt. Sie kam als Armbanduhr erst ab 1970 auf den Markt. Für noch höhere Genauigkeiten (+/- 0,02 ms/Jahr) verwendet man heute Molekül- und Atomuhren. Die erste verwendbare Atom-Uhr wurde schon 1948 gebaut. Die Sekunde (s) ist die Dauer von 9 192 631 770 Perioden der Strahlung, die dem Übergang zwischen den beiden Hyperfeinstrukturniveaus des Grundzustandes des Atoms Cäsium 133 entspricht. Hieraus abgeleitete Einheiten sind:

1 min = 60 s
1 h = 60 min = 3600 s
1 Tag (d) = 24 h = 86 400 s

Zur geschichtlichen Entwicklung der Zeitmessung und der Zeitmesser gehören auch eine soziale und eine gesellschaftliche Betrachtung. Während der Industrialisierung treten die Bedeutung von ökonomisch rationellem Zeiteinsatz und die neuen Formen der Zeitdisziplin in den Vordergrund des öffentlichen Interesses. Bei den Klassikern der historischen Soziologie und Ökonomie finden sich eindrucksvolle Beschreibungen, und hier läßt sich auch die Entstehung der modernen Vorstellungen vom historischen Wandel des Zeitbewußtseins in Europa verfolgen. Karl Marx bezeichnet die Uhr als den ersten, zu praktischen Zwecken angewandten Automaten, an dem die ganze Theorie der Produktion gleichmäßiger Bewegung entwickelt worden sei. Er versucht zudem einen theoretischen Zugriff auf das Problem der Arbeitszeit und des Normalarbeitstages, wenn er den Arbeitstag in eine entfremdete Zeit der Mehrwertproduktion für den kapitalistischen Unternehmer und in eine Zeit der notwendigen Reproduktion der Arbeitskraft spaltet. Zusammen mit Friedrich Engels schildert Marx die konfliktreiche Durchsetzung der industriellen Zeitdisziplin, vor allem am Beispiel Englands. Die durch Maschineneinsatz erzwungene Stetigkeit und Gleichförmigkeit der Arbeit und die durch die marktunterlegene Position der Arbeitnehmer mögliche übermäßige Ausdehnung der Arbeitszeit erscheinen als typische Konsequenzen des Fabriksystems. Messung und Kontrolle der Arbeitszeit wird hier als zentrales Thema der sozialen Auseinandersetzungen dokumentiert.

Ohne die weiteren Entwicklungsstufen zu betrachten, hat doch der heutige Entwicklungsstand des Begriffes »Zeit« zwischen Unternehmer und Arbeitnehmer ein befriedigendes und weiterhin diskutables Potential in Europa erreicht. Dabei wird die Zeit als Meß- und Diskussionsgröße auch in Zukunft zwischen Unternehmer und Gewerkschaften als Arbeitnehmervertreter – in Verbindung mit der Entlohnung einerseits und mit der Produktivität andererseits – eine entscheidende Rolle spielen. Sie wird verbunden sein mit der wöchentlichen Arbeitszeit, dem Urlaub, dem Lohnausgleich, der Produktivität der Unternehmen und der teilweise davon abhängigen Sicherung der Arbeitsplätze.

Neuntausend Jahre »Waage«

Neben der Uhr kommt sicher der Waage als Meßmittel zur Bestimmung des Gewichtes als europäische und weltweite Meßgröße die wichtigste Bedeutung zu. Ungewöhnlich sind sowohl ihr Alter als auch ihre Entwicklung, ihr Variantenreichtum und die Anwendungsvielfalt. Kenner der Archäologie datieren die Waage auf etwa 5000 Jahre vor unserer Zeitrechnung. Wahrscheinlich gab es sie aber schon viel früher, denn man kennt Gewichtssteine aus der amratischen Periode, die auf etwa 7000 vor Christus zurückführt. Wohl einzigartig unter allen technischen Hilfsmitteln ist ihre Symbolkraft. Auch noch in heutiger Zeit gilt die Waage als Zeichen der Gerechtigkeit, des Vertrauens und der Sicherheit.

Daß zwischen aller Materie Anziehungs- und Massenkräfte wirken, hat erst Isaak Newton (1643 bis 1727) deutlich ausgesprochen und diese dann auch in ihren Gesetzmäßigkeiten mathematisch bestimmt. Er verglich die Kraft, die erforderlich ist, um den Mond in seiner Bahn zu halten, mit der Schwerkraft der Erde und fand in den Jahren 1665/66 eine befriedigende Übereinstimmung.

Wie schwierig ist es noch heute für einen Physikbeflissenen, die Masse, volkstümlich Gewicht genannt, und die Kraft als das Produkt von Masse und Beschleunigung zu unterscheiden und zu verstehen. Glücklicherweise liefern weitaus die meisten Waagen unmittelbare Massenvergleiche, so daß man in der Alltagspraxis über die Ergebnisse in Gramm (g), Kilogramm (kg) oder Tonne (t) nicht nachzugrübeln braucht. Bis vor einigen Jahren war in vielen englischsprachigen Ländern das »pound« (lb) die dominierende Meßgröße für das Gewicht. Mittlerweile wurde auch hier das metrische Gewichtssystem mit dem Kilogramm übernommen und für Europa geltend gemacht.

Als Masseneinheit hatte man ursprünglich (im Jahre 1799) die Masse eines Kubikzentimeters (eines Liters) Wasser von 4 Grad Celsius gewählt. Ein Platinzylinder wurde hergestellt, dessen Masse derjenigen von 1 Liter Wasser möglichst gleichkommen sollte. Die Masse dieses Zylinders, der wie das Urmeter in Paris aufbewahrt wird, ist durch die erste und dritte Generalkonferenz für Maß und Gewicht (1899 und 1901) als Masseneinheit international festgelegt worden und heißt Kilogramm (kg). Es ist die Masse des internationalen Kilogrammprototyps; gebräuchliche Einheiten sind:

1 Tonne = 1000 kg
1 Gramm = 1/1000 kg = 0,001 kg
1 Milligramm = 1/1000 g = 0,000001 kg
1 Karat = 0,2 g = 0,0002 kg

Es seien hier noch ein paar markante Zeitepochen der geschichtlichen Entwicklung der Waage angesprochen. Auf alten ägyptischen Darstellungen, die sich bis in das mittlere pharaonische Reich im vorchristlichen Jahrtausend zurückverfolgen lassen, trifft man ausschließlich die gleicharmige Balkenwaage. Die Anfänge der Laufgewichtswaage wird von den Archäologen den Etruskern zugesprochen, die nach 1000 vor Christus, von Kleinasien kommend, ein Reich zwischen Po und Tiber errichtet hatten. Die weitere Entwicklung der Laufgewichtswaage aus römischer Zeit fesselt noch heute den Techniker, denn sie hatte drei Skalen und drei Aufhängepunkte sowie figürlich gestaltete Laufgewichte. Dazu überlappen sich die Skalenbereiche auf den drei Seiten der prismatischen Stange vorteilhaft mit 1/14 Pfund, 10/32 Pfund und 30/80 Pfund.

Von der Römerzeit bis zum Mittelalter wurde die Waage nicht weiterentwickelt, denn man brauchte das Schwert. Mit Karl dem Großen (768 bis 814), dem 300 Jahre späteren levantinischen Kaufmannsreich Venedig, dem Entstehen der Königsherrschaften in Nordeuropa, dem Abbau von Erzen um die Jahrtausendwende und dem ersten Eisenguß Mitte des 14. Jahrhunderts gewann die friedliche Waage wieder an Aufmerksamkeit. Damit war die Entwicklung der ungleicharmigen Waage mit veränderlichem Drehpunkt, auch unter dem Namen »Besemer« (in England *bismar* oder *besom*) geläufig, und der Waagen mit Aufzieheinrichtung verknüpft. Dem folgten arbeitserleichternde Vorrichtungen an großen Laufgewichtswaagen, um ganze, mit Fracht beladene Wagen wiegen zu können (Leipziger Heuwaage 1718).

Die öffentlichen Waagen als Krämer- oder Handelswaagen, wie zum Beispiel die als »Hexenwaage« berühmt gewordene Stadtwaage im niederländischen Oudewater (an der alten Heerstraße zwischen Utrecht und Gouda) waren etwa ab dem 16. Jahrhundert richtungsweisend für die weitere Entwicklung. Dazu gehörten auch beispielhaft die Münz- und Apothekenwaagen.

Zu den Wegbereitern neuer Waagensysteme im 18. Jahrhundert zählt auch der Pfarrer Philipp Matthäus Hahn. Er entwickelte, neben »Brander« und »Clais«, die Neigungswaage. Die bisherigen Balkenwaagen zeigen das Ergebnis, wenn der Balken waagerecht bzw. die Zunge senkrecht steht (Waagen mit einer Einspiellage). Die Neigungswaage spielt, entsprechend der aufgebrachten Last, jeweils an einer neuen Stelle ein. Somit verfügt dieses Wägesystem über eine Vielzahl von Einspiellagen. Diese Entwicklung war grundlegend für den späteren Bau von mechanischen Laden- und Industriewaagen. Die weiteren mechanischen Entwicklungen wie die hydrostatische Waage, die Federwaage, das »Roberval-Wägesystem« und das »Beranger-Prinzip« als oberschalige Waage haben keine mit der Neigungswaage vergleichbare Basis für Weiterentwicklungen gelegt.

Zu den diesbezüglichen Entwicklungsstufen gehören:

- die Zulassung im eichpflichtigen Verkehr, in Deutschland aber auch erst – gezwungen durch den Versailler Vertrag – mit dem 1. Januar 1922
- die Neigungsschaltgewichtswaage und Neigungslaufgewichtswaage (1924) für den Handel
- die Doppelpendel-Neigungswaage für die Industrie
- der Neigungswägeschrank mit einer Auflösung des Meßbereichs von bis zu 6000 Teilen.

Mit der gewichtsabhängigen Preisfindung nach der Dreisatzrechnung und dem kg-Preis des Produktes als Basis beschäftigte sich bereits der Franzose Cassini (1677 bis 1756) und entwickelte Anfang des 18. Jahrhunderts die preisanzeigende Balkenwaage. Dem folgten die selbsttätige preisanzeigende Waage aus England (1895), die Neigungslaufgewichts-Fächerkopfwaage mit Preisskala (1902) und die optisch preisanzeigende Waage (»OP« genannt). Das Prinzip »Drucken statt schreiben« führte mit dem Aufkommen der personalsparenden Selbstbedienungsläden zur Entwicklung von Preisauszeichnungsgeräten, die in Verbindung mit optisch preisanzeigenden Waagen zu Preisauszeichnungsanlagen wurden und eine etikettierte Warenauszeichnung gewährleisten.

Länge, Fläche, Volumen

Der Sammlung von Längenmaßen liegen international gefertigte Maßstäbe aus Stein, Holz und Metall, als Maßnormen gemeinte Abstandskerbungen aus Stein sowie lineare Teilungen auf Waagebalken zugrunde. Einige beispielhafte Maßeinheiten vor der Einführung des Meters waren, nach absteigender Größe aufgezählt: der, die oder das Klafter mit zunächst normalerweise sechs Fuß (im Mittelalter zehn Fuß); die sogenannte Handels-Elle mit 24 *digiti* oder anderthalb Fuß; der normale, den Archäologen geläufige Fuß mit 16 *digiti* oder zwölf *uniciae* (Unzen); der Dodrans aus römischer Rechnung mit neun Unzen oder zwölf *digiti* und die Unze als Zwölftel des Fußes.

Anfang des 18. Jahrhunderts sollte nach einem Vorschlag von Huygens die Länge des Sekundenpendels als Längeneinheit dienen. Da aber diese Länge von der Lage des Ortes abhing, beschloß man, die Längeneinheit mit einer unveränderlichen Naturgröße zu verketten. Somit legte die französische Nationalversammlung im Jahre 1795 ursprünglich das »Meter« als zehnmillionstel Teil des durch die Pariser Sternwarte gehenden Erdmeridianquadranten fest. 1899 erfolgte die Festlegung des Meters als Abstand zweier eingeritzter Linien auf einem Platin-Iridium-Stab von x-förmigem Querschnitt mit folgender Definition: Das »Meter« (m) ist der Abstand der Mittelstriche der auf dem internationalen Meterprototyp angebrachten Strichgruppen bei der Gleichgewichtstemperatur zwischen Eis und reinem, luftgesättigtem Wasser unter dem Druck einer physikalischen Atmosphäre. Auf der elften Generalkonferenz für

Maße und Gewichte im Jahr 1960 wurde beschlossen, das Meter durch das 1 650 763,73fache der Vakuum-Wellenlänge des orangefarbenen Lichtes zu definieren, das von Atomen des Kryptonisotops Kr 86 ausgesendet wird.

Für die Länge werden folgende Einheiten verwendet:

1 Kilometer = 1000 m
1 Zentimeter = 1/100 m
1 Millimeter = 1/1000 m
1 Mikrometer = 1/1 000 000 m
1 Nanometer = 1/1 000 000 000 m

In der Spektroskopie und in der Atomphysik benutzt man daneben noch die Ångström-Einheit (Å): 1 Å = 0,1 Nanometer. Für die Angabe von Entfernungen in der Luft- oder Seefahrt ist als Einheit auch die Seemeile (sm) zulässig: 1 sm = 1 Meridianminute = 1852 m. In der Astronomie benutzt man als Längeneinheit für Entfernungsmessungen innerhalb des Sonnensystems die astronomische Einheit (AE), die der mittleren Entfernung der Sonne zur Erde gleich ist: 1 AE = 149,6 Millionen km.

Die Methoden zur gebräuchlichen Längenmessung beginnen mit dem Meterstab oder dem Meßband und der Schieblehre sowie der Schraublehre für die Dickenmessung. Zur Messung horizontaler Entfernungen mit größerer Genauigkeit benutzt man Komparatoren wie beispielsweise den Abbeschen Komparator. Nach diesem Prinzip arbeiten auch präzise Dickenmesser. Eine außerordentliche Genauigkeit läßt sich durch optische Methoden nach dem Interferenzverfahren erzielen.

Verschiedene, elektrisch leicht meßbare Größen hängen von der Länge bzw. von Längenänderungen ab. Beispielsweise ist die Laufzeit einer Welle (Lichtwelle, Schallwelle) proportional zu dem zurückgelegten Weg. Man kann damit, bei bekannter Geschwindigkeit der Welle, Längenmessungen auf Zeit- oder Frequenzmessungen, die mit sehr hoher Genauigkeit möglich sind, zurückführen.

Die Flächeneinheit ist das Quadratmeter (m^2) als die Fläche eines Quadrates von der Seitenlänge 1 m, also: 1 m^2 = 1 m × 1 m. Hieraus abgeleitete gebräuchliche Einheiten sind:

1 cm^2 = 1/10 000 m^2
1 dm^2 = 1/100 m^2
1 km^2 = 1 000 000 m^2

Zur mechanischen Ausmessung von Flächen benutzt man Planimeter. Die Größe des von einem Körper eingenommenen Raumes heißt sein Rauminhalt oder sein Volumen. Die Volumeneinheit ist heute das Kubikmeter (m^3) als das Volumen eines Würfels von der Kantenlänge 1 m, also: 1 m^3 = 1 m × 1 m × 1 m. Hieraus abgeleitete gebräuchliche Einheiten sind:

1 cm^3 = 1/1 000 000 m^3
1 dm^3 = 1/1 000 m^3

Als Volumeneinheit ist weiterhin das Liter (l) zulässig. Es ist wie folgt definiert: $1\ l = 1\ dm^3 = 1/1\,000\ m^3$. Für das Liter galt früher eine andere Definition. Es war dasjenige Volumen, das 1 kg reines Wasser bei der Temperatur der größten Dichte (4 °C) und bei dem Druck einer Atmosphäre einnimmt. Nach dieser Darstellung ist $1\ l = 1000{,}028\ cm^3$. Um Irrtümer auszuschalten, darf die Einheit Liter nicht für Angaben benutzt werden, deren relative Unsicherheit $< 5 \times 10^{-5} = < 5/100\,000$ ist.

Ähnliche Zusammenhänge bestehen bei dem Volumen-Einheitsmaß Gallon = 3,785 l, das in England, Amerika und in einigen englischsprachigen Ländern im eichamtlichen Verkehr noch zugelassen ist.

Die Volumenbestimmung von Körpern mit regelmäßiger Form kann durch Berechnung aufgrund gemessener Längen erfolgen. Für die Ermittlung des Rauminhaltes einer Flüssigkeitsmenge dienen Meßzylinder, Pipetten, Büretten, Meßflaschen oder Pyknometer. Ist die Berechnung fester Körper nicht möglich, so mißt man den Rauminhalt, indem man den Körper in Wasser eintaucht und das Volumen der verdrängten Wassermenge mittels einer der angegebenen Methoden mißt.

Weitere Basiseinheiten des Systeme International d'Unités

Unter Bezugnahme auf den Abschnitt »Maße und Gewicht« sind noch zu definieren:

- Ampere (A) = Einheit der elektrischen Stromstärke. Basiseinheit des internationalen Einheitssystems (SI): die Stärke eines zeitlich unveränderlichen elektrischen Stromes, der, durch zwei im Vakuum parallel im Abstand von 1 Meter angeordnete geradlinige, unendlich lange Leiter von vernachlässigbar kleinem kreisförmigen Querschnitt fließend, zwischen diesen Leitern auf je 1 Meter Leiterlänge elektrodynamisch die Kraft 2×10^{-7} Newton hervorrufen würde.
  Benannt nach dem französischen Physiker und Mathematiker André Marie Ampère (1775 bis 1836), dem auch die alte Definition zuzuschreiben ist, nämlich als diejenige Stromstärke, bei der pro Sekunde aus einer wäßrigen Lösung von Silbernitrat 1,118 mg Silber abgeschieden wird.
- Kelvin (K) = SI-Einheit der durch die thermodynamische Temperaturskala (Kelvin Skala) festgelegten absoluten Temperatur (bisher Grad Kelvin, °K). Es ist folglich 0 K die Temperatur des absoluten Nullpunktes (-273.15 °C). Der Temperatur 0 °C des Eispunktes entspricht also die absolute Temperatur 273.15 K.
  Benannt nach dem britischen Physiker William Lord Kelvin (1824 bis 1907), Professor in Glasgow.
- Candela = SI-Einheit der Lichtstärke mit dem Einheitszeichen »cd«. 1 Candela ist die Lichtstärke, mit der $1/600\,000\ m^2$ der Oberfläche eines schwarzen Strahlers bei der Temperatur des beim Druck von 101 325 Pascal ≙ 1 atm erstarrenden Platins senkrecht zu seiner Oberfläche leuchtet.
- Mol mit dem SI-Einheitszeichen »mol«, aus Molekulargewicht. Es gilt für diejenige Stoffmenge einer Substanz, die aus ebenso vielen Teilchen besteht, wie Atome in 12/1000 kg des Nuklids ^{12}C enthalten sind; das sind $6{,}022 \times 10^{23}$ Atome.

Früher wurde Mol auch definiert als die Menge einer Substanz, die der relativen Molekülmasse der Substanz im Gramm entspricht (Gramm-Molekül). Beispielsweise entspricht 1 mol Wasser (Molekül-Masse 18,02) 18,02 g Wasser.

Schlußbetrachtung

Als der Mensch die Zeit mit Sonnen- und Wasseruhren einteilte, als er mit Gewichtssteinen aus der amratischen Periode und mit nach dem Hebelgesetz arbeitenden Waagen hantierte, um zu handeln und zu überleben, war er von der Physik als Wissenschaft der Natur weit entfernt. In der heutigen Lebensperiode des Menschen geht ohne die Physik mit der belebten und unbelebten Natur nichts mehr. Sie ist ein potentieller Teil der Naturwissenschaft mit vielen – jedoch nicht allen – lebensnotwendigen und mit dem täglichen Leben verbundenen Meßgrößen.

Die Bildung von und in Europa

Tradiertes Können, angeleitetes Wissen, institutionelle Bildung

Klaus Schleicher

Die »Bildung von Europa« und »Bildung in Europa« ist seit vor- und frühgeschichtlichen Zeiten eng und mehrschichtig miteinander verflochten. Wie anders wäre es zu verstehen, daß sich trotz jahrhundertelanger Kriege und einer Vielfalt von etwa 40 Sprachen transnationale Kunsttraditionen, Rechtsgrundsätze und Bildungsvorstellungen entwickelt haben. Angesichts dieser Entwicklungen kann »Europa« nicht mit der Europäischen Union und »Bildung« nicht mit institutionellem Unterricht gleichgesetzt werden, auch wenn die EU und Bildungsinstitutionen das heutige Verständnis stark beeinflussen. Zu vermuten steht, daß es sich bei den Strukturformen angesichts der raschen politischen Systemveränderungen und der medialen Informations- und Bildungsvernetzung nur um zeit- und raumspezifische Organisationsformen handelt. Da in Europa maßgebliche bildungs- und identitätsstiftende Impulse vor allem von langfristigen Kulturergänzungen und Sozialisationseinflüssen bzw. von sozialen, politischen und wirtschaftlichen Kooperationsmechanismen ausgingen, kann europäische Bildung nicht auf eine pädagogische Historiographie oder schulische Bildung reduziert werden. Der Rückblick macht deutlich, wie in der prähistorischen Entwicklung die Bildung vor allem in tradiertem Können bestand, wie seit der Antike angeleitetes Wissen an Bedeutung gewann und erst in der Neuzeit die institutionelle Bildung nachdrücklich ausgebaut wurde.

Historische Verschiebung europäischer Kultur- und Bildungszentren

Nach heutigem Geschichts- und Gegenwartsverständnis haben zur europäischen Kultur und Bildung einzelne Regionen und Zeiten recht Unterschiedliches beigetragen. Eine hohe Bildung dokumentiert sich bereits zur Zeit der Frühkultur (zwischen 30 000 und 10 000 vor Christi Geburt) im gletscherfreien Westeuropa in den paläolithischen Wandmalereien (wie in Chauvet und Cosquer in Südfrankreich oder im nordspanischen Altamira).

In dem Maße, wie nach dem Gletscherrückzug die heutige Gestalt Europas zum Vorschein kam und sich ein gemäßigtes Klima entwickelte, verbreitete sich seit circa 6000 vor Christi Geburt in ganz Nordwest-Europa eine übergreifende Megalith-Grabkultur. Zentrale Fundstätten wie die steinzeitlichen Ganggräber in Nordirland belegen sowohl eine erstaunliche astronomische und technische Bildung als auch einen großräumigen Bildungstransfer, noch bevor in frühhistorischer Zeit im Vorderen

Orient durch Entwicklung der Schrift neue Kommunikations- und Bildungsgrundlagen entstanden.

Anschließend wurde das Mittelmeer in der phönizisch-griechischen bzw. römisch-karthagischen Handels-, Herrschafts- und Kulturentwicklung zum Zentrum europäischer Entwicklung und Bildung, unter anderem mit einer einflußreichen philosophischen, rechtlichen und künstlerischen Bildung. Im 6. Jahrhundert nach Christi Geburt, das heißt nach dem Zerfall des Römischen Reiches, konzentrierte sich die europäische Entwicklung – beispielsweise für Papst Gregor – auf den römisch-christlichen Raum Italiens und Galliens. Doch schon mit dem Vordringen des Islam bis Tours in Frankreich (732 nach Christi Geburt) verschob sich in der Karolingerzeit das europäische Zentrum nach Norden, nicht zuletzt aufgrund des bildungsbedeutsamen Kloster- und königlichen Kanzleiwesens.

Im weiteren Verlauf gewannen Zentral- und Nordeuropa eine politische, wirtschaftliche und bildungsspezifische Vormachtstellung – und zwar zunächst durch die Verbindung von Buchdruck, Humanismus und Hanse, anschließend durch die Entwicklung des staatlichen Bildungswesens und die Industrialisierung. Nach dem Zweiten Weltkrieg entwickelte sich Westeuropa aufgrund seiner wirtschaftlichen, politischen und ideellen Integration – von Euratom über die EWG bis zur EU – zum politischen Aktionszentrum in Europa, an das Osteuropa nach dem Zerfall des sowjetisch-sozialistischen Imperiums allmählich Anschluß sucht.

Wie der Überblick zeigt, wechselten in der europäischen Entwicklung die dominanten Kultur- und Herrschaftszentren. Zunächst erfolgten Kulturvermittlung und Bildung aus kultischen und sozialpraktischen Intentionen in den Frühkulturen, dann auch aus erkenntnistheoretischem Interesse in der Antike, anschließend aus religiöser Motivation über die Klosterschulen und im Auftrag der Herrschenden über Kanzleien, bevor sich mit den Handelsinteressen, den hansischen Schreib- und Leseschulen oder schließlich mit nationalstaatlichen Interessen durch das Pflichtschulsystem eine größere Breitenbildung etablierte. Um so erstaunlicher ist, wie sich – trotz regionaler und kommunikativer Barrieren – bereits in der Frühentwicklung Kulturimpulse und Bildungseinflüsse ausweiten konnten, wie sich trotz Sprach- und Herrschaftsgrenzen in Europa antikes und christliches Denken verbreiten konnten, und wie stark, trotz der etwa zweihundertjährigen Nationalstaatsbildung, heute ein europäisches Gemeinschaftsbewußtsein geworden ist.

Einheit und Vielfalt Europas in der europäischen Bildung

Die heutige »Einheit und Vielfalt« Europas und seiner Bildung lassen sich mithin nur aufgrund der historisch überlagerten Kulturentwicklungen und regional wechselnder Macht- wie Wirtschaftsimpulse verstehen und zukunftsfähig weiterentwickeln. Gemeinsamkeiten werden dabei vor allem im historischen Rückblick und bei Abwehrhaltungen nach außen deutlich. Vielfalt zeigt sich vorwiegend in einem Binnenvergleich der landschaftlichen, ethnischen, kulturellen oder nationalen Unterschiede.

Auch wenn unter »Europa« und »europäischer Bildung« heute Kultur- und Nationenverbindendes verstanden wird, darf dabei keineswegs etwas Einheitliches oder Gleichartiges unterstellt werden.

Zu den zentralen Gemeinschaftselementen gehören nach heutigem Verständnis regional- und kulturübergreifende Grunderfahrungen, in denen sich ähnliche Lebens-, Kommunikations- und Bildungsformen spiegeln. Einerseits wird dazu ein Ringen um Freiheit, entweder der »Staatsgebilde von Fremdherrschaft«, so im antiken Griechenland von den Persern oder im 20. Jahrhundert von der Sowjetunion, oder des einzelnen, so in der stoischen Lehre, seit der Habeas Corpus-Akte von 1679 oder in der Europäischen Menschenrechtskonvention von 1950, gerechnet. Nicht weniger kulturübergreifend setzte sich eine von vielen Rückschlägen begleitete Entfaltung von Rationalität, Vernunft und Kritik durch, sei es in der Wissenschaftsentwicklung seit der Antike, in der römischen Rechtstradition, im religiösen Bereich zur Zeit der Reformation und im Zusammenhang mit der humanistischen Bildung oder auch in der naturwissenschaftlich-technischen Entwicklung der Neuzeit.

Ein weiteres gemeinschaftsbildendes Grundelement ging vom Christentum und dessen weitreichenden Bildungsimpulsen aus, und zwar ungeachtet der konfessionellen Konflikte (Dreißigjähriger Krieg). Schließlich aber haben auch die höfischen Traditionen mit ihren Lebens- und Bildungsidealen und nicht zuletzt übergreifende Kunstentwicklungen (vergleiche die Mosaiken in Ravenna zur Zeit Theoderichs und Justinians I.) sowie Architekturstile (die Karlskirche in Aachen) entscheidend zur europäischen Integration beigetragen. Alles dies sind gemeinschaftliche Bildungserfahrungen, die lange Zeit durch Bildungsorganisationen nur begrenzt bewußt gefördert wurden.

Gleichzeitig erwuchs die europäische Identität aber auch aus Abgrenzungsbemühungen nach außen. Dies Gemeinschaftsbewußtsein hat in Europa nicht selten zur Unterdrückung von Fremdkulturen und Andersdenkenden geführt, wie zur Vernichtung von Karthago und der Vandalen durch »Rom«, zu den Kreuzzügen aus christlicher Gesinnung, zur Zerstörung der siebenhundertjährigen maurischen Kultur und Wissenschaft durch das spanische Königshaus und die katholische Kirche im Jahr 1492, oder zu den jüngsten Völkermorden unter Hitler, Stalin oder kürzlich durch die Serben. Nach derartigen Versuchen mit repressiven und holistischen Kultur- oder Welttheorien sollte sich Europa und die europäische Bildung daher bei allen Identitätsbemühungen gleichzeitig immer ihrer inneren Vielfalt und der Gleichberechtigung anderer Kulturen bewußt bleiben.

Letztlich können die Vorstellungen von »Europa« und einer »europäischen« Bildung nur als ein vielfältiges Bild aus »Dichtung und Wahrheit« betrachtet werden. Und zwar wurden sie nach zeitspezifischen Geschichtsbildern, so in Rom, zur Zeit Karls des Großen oder Napoleons, nach regionalen Standpunkten von Irland bis Konstantinopel und nach spezifischen Bildungsverständnissen wie der Scholastik, des Neuhumanismus oder der Nationalbildung, immer politisch rekonstruiert, perspektivisch interpretiert und retrospektiv – durchaus verschiedenartig – legitimiert. Die

Entwicklung der »europäischen Bildung« dokumentiert sich dabei in überlagerten Kulturmustern religiöser, architektonischer oder rechtlicher Art, in vielschichtigen Institutionen, Verwaltungs- wie Bildungseinrichtungen und in Form eines erweiterten Erkenntnisschatzes philosophischer, literarischer oder auch mathematischer Art.

In diesem europäischen Bildungsprozeß wurden »Können« und »Wissen« jahrhundertelang vor allem über alltagsrelevante Lernanleitungen (im Militärwesen, in Bauhütten), in Form mündlicher Bildungsüberlieferungen (wie im frühen Christentum) oder durch die Troubadoure im 12. Jahrhundert (vergleiche Chrètien de Troyes) weitergegeben. Erst mit der Abschriftenkultur (vergleiche die Evangeliare) und dem Buchdruck gewannen schriftliche Dokumente größere Bedeutung im Bildungsgeschehen. Schon hier wird deutlich, daß die Bedeutung spezifischer »Bildungseinrichtungen« für den europäischen Integrations- und Bildungsprozeß leicht überschätzt wird.

In diesem Bildungsprozeß stellte sich dabei Aristoteles' Frage, was die Aufgabe von Bildung sei, immer anders: Zur Bildung gehörte in der Antike die Kenntnis von Philosophen und Künstlern, im Mittelalter zunächst eine lateinische Kommunikation über christliches und antikes Erbe (Thomas Becket, Bernhard von Clairvaux), zunehmend auch eine höfische Dichtung (Wolfram von Eschenbach, Walther von der Vogelweide). Mit der Aufklärung trat dann ein Ursache-Wirkung-Denken mit mathematisch-naturwissenschaftlichen Dimensionen in den Vordergrund, und im 19. Jahrhundert gewann schließlich nationales Denken Vorrang vor dem europäischen.

Ansätze institutioneller Bildung bis ins Mittelalter

Bis ins Mittelalter war Bildung primär Herrschafts- und/oder Heilswissen. Im Kontinuitätsinteresse blieb es entsprechenden Eliten vorbehalten. Eine Ausweitung der Bildungsmöglichkeiten ergab sich am ehesten in Verbindung mit einer Erweiterung der Herrschaftsapparate im römischen Weltreich und, falls Ämter weniger erblich als nach Qualifikationen vergeben wurden, im kirchlichen Sektor. Gab es auch bereits in der Antike schulartige Einrichtungen, so kam es doch allgemein erst im 19. Jahrhundert zu einem regelmäßigen Unterricht in vereinheitlichten Schulsystemen – und selbst dann nicht für alle.

Erste wichtige europäische Ansätze zu einer »öffentlichen Bildung« finden sich bereits in der frühen griechischen Tradition: Die »freigeborene« Jugend wurde ab dem sechsten Lebensjahr in Gymnastik und Musik ausgebildet. Nach den erfolgreichen Perserkriegen verbreitete sich unter dem Einfluß Athens zunächst eine Art Schulbildung durch die Grammatisten; zur Zeit der Sophisten gewann allmählich – für die vornehme Jugend – eine philosophische, mathematische und sprachliche Verstandesbildung an Bedeutung. Bekannt geworden ist vor allem Platons »Akademie« als Lebens- und Bildungsgemeinschaft. Die hohe Reputation dieser Bildung führte dazu, daß sie nach dem Freiheitsverlust der griechischen Stadtstaaten im und über den Hellenismus kosmopolitisch wurde – unter anderem auf dem Weg über Alexandrien mit seinen Bibliotheken und Wissenschaftlern, aber auch über Konstantinopel.

Zeitlich versetzt verbreiteten sich in Rom mit der Kunst des Lesens und Schreibens sogenannte Buchstabenlehrer, *literatores*, die ihr Können am Markt nach Art der Handwerker anboten. Seit dem 3. Jahrhundert vor Christi Geburt wandte man sich der griechischen Sprache und Literatur zu, im 2. Jahrhundert hielten sich vornehme Geschlechter bereits Pädagogen, griechische Hauslehrer, und seit dem 1. Jahrhundert bereiteten sogenannte Rhetorenschulen gezielt auf den Ämtererwerb und auf Verwaltungsaufgaben vor. Als sich der Bedarf an Qualifizierten mit der Ausweitung des Weltreichs unter den Cäsaren vergrößerte, etablierten sich auch in den Provinzen entsprechende Bildungseinrichtungen, die maßgeblich zu deren Romanisierung beitrugen. Schließlich kam es im 1. nachchristlichen Jahrhundert zur Etablierung der Sieben Freien Künste – Grammatik, Rhetorik, Dialektik, Arithmetik, Geometrie, Astronomie und Musiklehre (vergleiche Quintilian) –, die auf eine Bildung um ihrer selbst willen zielten. Später setzte der Humanismus diese Tradition fort.

Im frühen Christentum wurden, zum Beispiel in Alexandrien, Katechetenschulen eingerichtet, die der wissenschaftlichen Verteidigung der Glaubenslehre dienten. Ansonsten blieb die Priester- eine Laienbildung, und selbst Augustinus (Bischof von Hippo in Nordafrika im Jahre 396 nach Christi Geburt) empfahl aufgrund mangelnder kirchlicher Schulen die Sieben Freien Künste als Vorstufe zu theologischen Studien. So ging das antike Bildungsgut in die Kirche über.

In ähnlicher Weise nahmen auch die Germanen nach der Völkerwanderung und mit ihrer Bekehrung die antike Bildung an. Verkehrssprache war Latein. Ein wichtiger Bildungsimpuls ging dabei vom anno 529 gegründeten Benediktinerorden aus; es entstanden viele Klosterschulen, in denen wichtige christliche wie heidnische Texte kopiert wurden und damit als schriftliches Bildungsgut zur Verfügung standen. In diesen Kloster- und Domschulen wurden primär Geistliche, seit der Bildungsreform durch Alkuin (aus York), den Kanzler Karls des Großen, auch Laien für die Verwaltung ausgebildet. Im Hochmittelalter entwickelten sich daneben noch spezifische Bildungsangebote einerseits für den höfischen Dienst der Ritterschaft, andererseits für den Bürgerstand in Stadtschulen, an denen zunächst Geistliche, später Absolventen der Artistenfakultät unterrichteten.

Über die Jahrhunderte war es so zu einer Verbindung von antikem und christlichem Bildungsgut gekommen, das je nach funktionaler Bedeutung verschieden akzentuiert und vielfach auch in verschiedenen Bildungsinstitutionen vermittelt wurde. Daneben bestanden, sei es am Hofe oder bei den Zünften, als Handwerkerausbildung traditionelle Sozialisations- und Anleitungssysteme fort. Nur die Bevölkerungsmehrheit der Bauern und Unfreien hatten in der Ständegesellschaft keinen bzw. bis ins 18. Jahrhundert nur einen ausnahmsweisen Zugang zu den neu etablierten Bildungsmöglichkeiten.

Europäisierung der Höheren Bildung seit dem Mittelalter

Den Bildungsinstitutionen kam trotz antiker Vorläufer erst größere Bedeutung zu, als »Schulen« im Auftrag der Kirchen und des Handels vorgegebene Bildungsaufträge erhielten. In dem Maße, wie sich die schulische Bildung für die gehobenen Stände ausweitete, begann ein Differenzierungsprozeß, in dessen Folge unter anderem die Universitäten entstanden. Der Universitätsentwicklung wird im folgenden besondere Beachtung geschenkt, weil hier eine europäische Institution besonderer Art entstand.

Universitäten wurden im 11. bis 12. Jahrhundert als freie Genossenschaften von Lehrenden und Lernenden mit mittelalterlichen Privilegien – eine gewisse Parallele findet sich in den arabisch-islamischen Gelehrtenschulen des 12. Jahrhunderts – begründet. Meist geschah dies an wirtschaftlichen Kommunikationsschnittpunkten, und zwar teils im kirchlichen Interesse (mit päpstlichen Bestätigungsurkunden), teils auch mit weltlicher Ausrichtung (wie in Oxford als Sitz der königlichen Verwaltung), teils unter dem Einfluß von fachlichen oder Handelsinteressen (wie die rechtlichen oder medizinischen Fakultäten in Salerno), und auf Dauer auch zum sozialen Aufstieg in den entstehenden Bürokratien. Aufgrund des großen Zuspruchs weltlicher wie geistlicher Mächte einerseits und des Zulaufs aus wohlhabenden und vornehmen Familien andererseits erreichten die Universitäten große Unabhängigkeit gegenüber den Standorten, und die Lehrenden und Lernenden entwickelten ein beachtliches Selbstverständnis.

Die Universitäten verwendeten überall Latein als Wissenschaftssprache, verbreiteten antikes und christianisiertes Wissen – unter anderem den Aristotelismus und das römische Recht –, stützten sich auf scholastische Methoden, das heißt auf autorisierte Texte und logisch einwandfreie Interpretationen, gliederten sich in die vier Fakultäten Theologie, Recht, Medizin sowie Freie Künste, und konnten als juristische Person mit eigenen Statuten und Siegel nach einem vier- bis fünfjährigen Studium *(studium generale)* europäisch anerkannte Zertifikate (Bakkalaureat, Lizentiat, Doktorat) erteilen, das heißt die Abschlüsse galten als *licentia ubique docendi.* Zwar gruppierten sich die Studierenden an den Universitäten nach ihrer Herkunft und nach Nationen, für den Besuch war eine solche Zugehörigkeit aber nicht entscheidend; die Mobilität war tendenziell höher als heute – trotz der EU-Förderprogramme.

Zu entscheidenden Veränderungen kam es seit 1350. Einerseits verringerte sich infolge der zahlreichen Neugründungen die universalistische bzw. verstärkte sich eine regionale Tendenz, so bei den Gründungen in Rostock und Greifswald. Zum anderen orientierte man sich um das Jahr 1450, nach der Erfindung des Buchdrucks, nach der Eroberung Konstantinopels durch die Türken 1453, nach der Entdeckung Amerikas 1492 und vor allem nach der Reformation 1517 zunehmend an den Herausforderungen der Gegenwart und bemühte sich um eine neue Welterfassung. Dies belegen sowohl Luthers kirchenkritische Thesen von 1517 und Kopernikus' Anspruch auf eine genaue Kosmologie 1508, als auch Thomas Morus' Visionen über eine gerechtere Weltgestaltung (vergleiche seine ›Utopia‹ von 1516) und der zunehmende Anspruch auf wissenschaftliche Begründungen. Entsprechend verstärkten sich im 17. Jahrhundert naturwissenschaftlich-mathematische Akzente (zum Beispiel unter den Einflüssen von Galilei, Bacon und Leibniz) und gewann im 18. Jahrhundert das experimentelle Denken an Bedeutung (Boyle, Newton).

Mit den naturwissenschaftlich-technischen Erfolgen wie der Erfindung der Dampfmaschine anno 1769 und infolge der politischen Neuerungen in den USA (durch die Unabhängigkeit im Jahr 1776) etablierten sich einerseits spezialisierte Hochschulen (Akademien in Rußland und *haute écoles* in Frankreich), verlor andererseits die Kirche an Einfluß auf die Höhere Bildung und orientierte man sich stattdessen an Naturrechtsideen. Vor allem aber glaubte man an eine rational erschließbare Welt. Obwohl das Universitätsnetz um 1800 in Schottland und Holland sehr viel dichter als in Frankreich und Skandinavien war (gemessen an der Bevölkerungszahl), hatte diese Entwicklung in ganz Europa doch eine lateinische Kommunikation unter den Wissenschaften ermöglicht, zu einer ähnlichen Allgemeinbildung wie zu einer gestuften Bildungsorganisation geführt und letztlich ein überregionales und transnationales Bildungsbewußtsein gefördert. Im 19. Jahrhundert wurden infolge der nationalstaatlichen Entwicklung – als vielfach sogar die Historiographie in den Dienst ethnischer oder nationaler Interessen gestellt wurde – zunächst die Schulen und anschließend die Universitäten faktisch und rechtlich zu Staatsanstalten. Dabei zeigen sich zwei gegenläufige Ausrichtungen. Einmal wurden sie im Hinblick auf den Nutzen durchorganisiert (so das Modell Napoleons), zum anderen sollten sie eine zweckfrei-geistige und humane Bildung fördern (so das Modell Humboldts).

Im 20. Jahrhundert reduzierte sich die europäische Universitätstradition zunächst auf nationale Perspektiven vor allem im wirtschafts- und sozialwissenschaftlichen Bereich, dann unter angelsächsischem Einfluß vermehrt auf Ausbildungsdimensionen – bis auf Spanien und Deutschland –, und schließlich folgte sie beim Ausbau zur Massenuniversität zunehmend internationalen Organisations- und Marktprinzipien. Angesichts dieser Entwicklungstendenzen erwiesen sich die Gründung der »Ständigen Konferenz der europäischen Rektoren« (1959), die universitären Austauschprogramme der EU und die Bemühungen um sogenannte Europäische Universitäten und Studien nicht als hinreichendes Gegengewicht.

Europäische Bildungseinstellungen und -realitäten in der Gegenwart

Infolge der zwei selbstzerstörerischen Weltkriege in Europa und seiner anschließenden Teilung infolge des Ost-West-Konflikts traten die nationalen Rivalitäten zeitweise zurück, so bei der europäischen Reformpädagogik der zwanziger Jahre und bei den binationalen Kultur- und Bildungsabkommen in den fünfziger Jahren. Anschließend erweiterte sich in Westeuropa eine wirtschaftliche und politische Kooperationsbasis und wurden mit den EWG- und EU-Verträgen sogar nationale Hoheitsrechte an europäische Gremien übertragen (zum Beispiel Zoll-, Umwelt- oder jüngst Währungskompetenzen). Im Bildungssektor dagegen wurde von vorübergehenden Harmonisierungstendenzen (so im beruflichen Bereich Mitte der sechziger Jahre und im Hochschulsektor in den siebziger Jahren) inzwischen wieder Abstand genommen durch Betonung des Subsidiaritätsprinzips im Maastrichter Vertrag von 1992. Die Europäische Gemeinschaft besitzt formalrechtlich weder nach den Römischen Verträgen (EWG-Vertrag 1957) und der Einheitlichen Europäischen Akte (EEA 1986) noch nach den Maastrichter Verträgen eine eigenständige Bildungs- oder Kulturhoheit, obwohl sie über Finanzierungs- und Mobilitätsmaßnahmen erheblichen Einfluß ausübt.

Welche Bedeutung noch immer nationalen und ethnischen Traditionen und Ideologien in Europa zukommt, zeigt sich nicht nur an zwischenstaatlichen Gegensätzen (wie denen zwischen Griechen und Mazedoniern oder bei der Auflösung der Tschechoslowakei) und bei innerstaatlichen Konflikten (wie in Belgien und Nordspanien oder Nordschweden), sondern auch an bildungspolitischen Divergenzen (seien es öffentliche Präferenzen, nationalstaatliche Egoismen oder Struktur- und Leistungsunterschiede der Bildungssysteme).

Bildungspolitische Entwicklungen und Entscheidungen sind in parlamentarischen Demokratien nicht gegen die Bevölkerung durchzusetzen, da sie die Reformen letztlich realisieren müssen. Die europäischen Bürger befürworteten im Frühjahr 1997 immerhin zu 87 Prozent (1995: 84 Prozent), daß »in der Schule gelernt werden soll, wie die EU funktioniert« (für die Währungsunion optierten 1997 nur 47 Prozent, 1995 noch 53 Prozent). Andererseits sprachen sich im Herbst 1996 jeweils mehr als 65 Prozent für europäische Entscheidungen bei der Zusammenarbeit mit der Dritten Welt, der Forschung und der Außen- und Umweltpolitik aus, gleichzeitig aber votierten fast 60 Prozent für eine nationale Kultur- und Bildungspolitik. Offensichtlich kommt es in etlichen Ländern (vor allem in Schweden, Großbritannien, Dänemark und Österreich) noch nicht gleichzeitig zu einer europäischen und nationalen Identitäts- bzw. multiplen Loyalitätsbildung.

Aber nicht nur die Öffentlichkeit, auch die offizielle Bildungspolitik versucht ihre nationalstaatlichen Traditionen vielfach zu erhalten, zumal sich die sogenannten Eliten im jeweiligen System selbst verorten. Entsprechend votieren französische Bildungspolitiker allgemein für eine selektive und zentralistische Bildungsorganisation, holländische für bürgernahe und situative Lösungsstrategien und deutsche für einen regionalen Föderalismus. Hinzu kommt, daß sich die Schulstrukturen (Schuldauer, Unterrichtszeit pro Fach oder Abschlußprüfungen) ebenso unterscheiden wie die Studienorganisation und der Studienerfolg: Examina werden durchschnittlich in England nach 3,4, in Deutschland nach 6,4 Jahren abgelegt. Der Anteil der Studienabschlüsse differiert von 39 Prozent in Norwegen bis hin zu 9 Prozent in Österreich je Altersjahrgang. Da sich schließlich auch die Bildungsinvestitionen in den Ländern erheblich unterscheiden – 1993 mehr als 5,5 Prozent des Bruttoinlandsprodukts in Schweden und Irland, weniger als 5 Prozent in Deutschland und Griechenland – sowie ihre Bereitschaft zu Bildungsreformen (sehr groß in Spanien und den Niederlanden), besteht in der Bildungslandschaft zweifellos eine größere Vielfalt als Einheit in Europa und sind Äquivalenzen schwer zu bestimmen.

Entsprechend zeigen sich auch bei europäischen Bildungsleistungsvergleichen erhebliche Ungleichheiten bei den schulischen Lernangeboten und den erreichten Kompetenzen. Wie seit den siebziger Jahren internationale Leistungsvergleiche bei erreichten Teilkompetenzen (Mathematik, Natur- und Sozialwissenschaften oder Fremdsprachen) zeigen, werden innerhalb einzelner Staaten (zum Beispiel zwischen den deutschen Bundesländern), aber auch zwischen den Staaten sehr unterschiedliche Fähigkeiten entwickelt. 1994 waren in Naturwissenschaften tschechische und niederländische Achtklässler den französischsprachigen in Belgien oder den dänischen um mehr als eine Klassenstufe voraus bzw. flämischsprachige Schüler in Belgien im Fach Mathematik entsprechend weiter als griechische oder portugiesische.

Interessanterweise geht ein Teil dieser Leistungsunterschiede aber auf außerschulische Einflußvariablen zurück, so daß Bildung nicht nur auf formale Bildungsangebote, sondern auch auf Sozialisations- und anderweitige Bildungseinflüsse zurückgeführt werden muß. Vielleicht betonte ein Schüler der »Studienstiftung des deutschen Volkes« nicht ganz zu Unrecht, als seine seltene Teilnahme am Unterricht moniert wurde: »Glauben Sie, ich hatte Zeit, die Schule zu besuchen?«

Insgesamt haben sich die formalen Voraussetzungen in Europa seit den fünfziger Jahren entscheidend verbessert, und europaweit hat sich eine verlängerte Schul- und erweiterte Hochschul- wie auch Weiterbildung durchgesetzt. Gleichwohl besteht beim Aufbau Europas angesichts der wirtschaftlich dominanten Entwicklung noch immer eine bildungspolitische Lücke. Zeitweilige Harmonisierungsbestrebungen griffen dabei zu kurz, da sie der europäischen Vielfalt nicht hinreichend Rechnung trugen. Langfristig werden die Mobilitätsprogramme im Schul- und Fortbildungssektor sowie die Betonung einer »europäischen Dimension« im Unterricht die europäische Orientierung sicher stärken. Die nachhaltigsten Bildungseinflüsse werden voraussichtlich aber dennoch von der politischen und wirtschaftlichen Alltagsrealität ausgehen.

Die Vorstellungen von der »Bildung Europas« und der »europäischen Bildung« haben weit zurückreichende Wurzeln. Sie unterscheiden sich je nach kultureller Ausdifferenzierung in den Regionen und nach zeitspezifischen Überlagerungen. Die Bildungsimpulse gingen zeitweilig dabei vorrangig vom kultischen Raum, von Erkenntnisinteressen oder Herrschaftsstrukturen aus. Ihre jeweilige Verbreitung hing entscheidend von den jeweiligen Kommunikations- und Verkehrsstrukturen ab. Dabei definierte sich europäische Bildung in verschiedenen Denktraditionen und nutzte unterschiedliche Sprachen, erwies sich letztlich aber immer als wandelbar und zukunftsoffen. Heute geht es bei der »Bildung Europas« und bei der »europäischen Bildung« darum, mittel-, ostmittel- und osteuropäische Länder einzubinden, die grundlegende europäische Wertkriterien unterstützen wie die Menschenrechte, parlamentarische Regierungsformen und kulturelle Vielfalt. Dabei gilt es einerseits, eine Verständigung über die gemeinsamen Kulturbedingungen zu fördern bzw. die nationale mit einer überlappenden europäischen Identität in Einklang zu bringen, und andererseits zu erkennen, daß es nur rasch lernenden Gesellschaften gelingen wird, sich rechtzeitig auf mediale und technische sowie wirtschaftliche und politische Änderungsprozesse einzustellen und sie mitzusteuern.

Schule

Jürgen Oelkers

Im späten Mittelalter entstanden in Europa Universitäten, Stadt- und Fürstenschulen, die nicht oder nicht direkt unter kirchliche Aufsicht gestellt waren. Das Bildungsmonopol des frühen Mittelalters – versammelt wesentlich in Klöstern – zerfiel zugunsten einer europäischen Verschulung, die wohl unterschiedliche Formen und Traditionen herausbildete, aber durchaus als Einheit gesehen werden kann. Die Einheit erklärt sich aus Bildungskanon und -anspruch, soweit die Höhere Bildung betroffen war. Die Elementarbildung, wo es sie gab, lag in den Händen der Konfessionen. Die Bildungsdynamik ging deutlich von den Universitäten, feudalen Kollegien und Bildungsanstalten der freien Städte aus. Wissenschaften wurden nur hier gepflegt, einhergehend mit scharfen sozialen Selektionen und beschränkter Zugänglichkeit. Das europäische Muster der Bildung war auch und wesentlich ein gesellschaftlich-kulturelles. Die großen Erneuerungen der Renaissance hatten eine expandierende und weitgehend autonome Stadtkultur zur Voraussetzung.

Bis weit ins 18. Jahrhundert hinein fand die Höhere Bildung vor einem europäischen Publikum statt. Bedeutende Universitäten wie Paris oder Basel wurden von einer europäischen Jugend besucht, die dort studierte, wo die besten Lehrer waren, soweit diese bezahlt werden konnten. Regionale Gründungen, oft solche aufstrebender Fürstenhäuser, mußten diese europäische Konkurrenz aushalten, was erklärt, warum viele Gründungen nicht überlebten. Die Bildungsnachfrage schwankte mit der ökonomischen und politischen Konjunktur und war jahrhundertelang ein europäisches Problem, auch weil Mobilität notwendiger Teil des Studierverhaltens war und sein mußte.

Bildung war bis zum Beginn der Industriegesellschaft wesentlich nur ein Anspruch und eine Chance der Eliten. Die Abstände zwischen Stadt und Land verringerten sich kaum, ebensowenig die Abgeschlossenheit der sozialen Stände, die die Bildung unter sich aufteilten. Die Nachfrage konzentrierte sich auf bestimmte Zentren; die Zahl der Nachfrager war gering. In vielen Bereichen der Sozietät dominierte die Ignoranz, die aus einer schwachen oder überhaupt nicht angebotenen Elementarbildung entstand. Erst der moderne Staat und mit ihm die allgemeine Schulpflicht veränderte die Diskrepanz und verteilte Bildung grundlegend neu. Europa wurde jetzt einer regulierten und allgemeinen Schulentwicklung ausgesetzt, die wesentlich auf staatliche Interessen zurückzuführen ist.

Die relativ einheitlich zwischen »höherer« und »niederer« Bildung differenzierte Bildungslandschaft Europa zerfiel im 18. und vor allem im 19. Jahrhundert in nationalstaatliche Schulsysteme. Diese Systeme haben jeweils besondere Physiognomien, Organisations- und Stilformen, so daß von einer »englischen«, »französischen«, »italienischen«, »deutschen« oder »dänischen« Schule gesprochen werden kann. Die Verstaatlichung löste ältere Formen auf oder integrierte sie in neue Zusammenhänge. Schulen in Europa sind also nicht europäische Schulen.

Dies schließt soziologische Übereinstimmungen nicht aus. Die »Grammatik von Schulen«, die Art und Weise ihrer Organisation, näherte sich an. Überall wurden weitgehend identische Zeiteinheiten entwickelt, überall entstanden ähnliche Raumnormen, überall fand eine vergleichbare Personalentwicklung statt. Dennoch blieben die gravierenden Unterschiede bestehen. Am Ausgang des 20. Jahrhunderts kann von »Schulen in Europa« nur mit Blick auf Heteronomien gesprochen werden, die ein starkes Qualitätsgefälle voraussetzen. Selbst die Erneuerungsprogramme sind unterschiedlich. 1987 wurde in England eine Art Bildungsmarkt eingeführt, von dem die französischen zentralistischen Schulen ebenso weit entfernt sind wie die deutschen förderalistischen. Die Reformrhetorik innerhalb der Elitenkommunikation ist vergleichbar, doch die tatsächlichen Reformschritte sind es nicht – schon weil radikale Systemwechsel vermieden wurden. Wenn sie erfolgten, wie in England, legten sie Entwicklung auf Jahrzehnte fest und implizierten unabsehbare Risiken, die das Bildungssystem insgesamt auf Modernisierungen eher konservativ reagieren ließen.

Werk des italienischen Bildhauers Luca della Robbia zum Thema Unterricht, 15. Jahrhundert

Zäsuren wie die europäischen Kriege oder die europäischen Revolutionen im 20. Jahrhundert haben die nationalen Schulsysteme nicht oder nicht sofort tangiert. Sie sorgten für eine anhaltende Kontinuität und entwickelten sich langsam, aber besonders nachhaltig. Selbst die »sozialistische Einheitsschule« in der ehemaligen Deutschen Demokratischen Republik, an sich ein starker Kontinuitätsbruch, wahrte spezifisch deutsche Traditionen wie das Abitur. Und es spricht viel dafür, daß bestimmte schulische Mentalitäten in der DDR weit besser konserviert wurden als in der Bundesrepublik. Nach 1989 ist das westdeutsche Schulsystem mit seinem damaligen Entwicklungsstand auf die neuen Bundesländer übertragen worden, ohne mit der deutschen Einheit eine Schulreform zu verbinden. Die Erfahrungen der DDR wurden einfach als wertlos erklärt, dennoch war die Kontinuität weit stärker als die Diskontinuität.

Reformunterschiede sind immer auch Entwicklungsunterschiede. Die östlichen, ehemals sozialistischen Bildungssysteme hatten mit enormen Qualitätsunterschieden zu kämpfen, die sich aus der heterogenen Ausgangslage und der Ausstattungsdiskrepanz erklären. Die Medienrevolution, ausgehend von den Vereinigten Staaten, hat inzwischen die Schulen Zentraleuropas erreicht, auch die Schulen Skandinaviens und des Vereinigten Königsreichs, aber nicht den Osten und noch kaum den Süden Europas. Selbst die Alphabetisierungstechniken sind im Blick auf die medialen Ausstattungen extrem unterschiedlich. Russische Landschulen erlauben keinen Vergleich mit staatlichen Gesamtschulen in Deutschland oder in England. Zwischen beiden Varianten bestehen wiederum erhebliche Unterschiede in den zur Verfügung stehenden Ressourcen. Von der medialen Ausstattung aber wird mehr und mehr der Bildungserfolg abhängen, so daß die ohnehin vorhandene Retardierung der europäischen Ränder zunehmen wird, während das Zentrum über Gebühr profitiert.

Die Medien verändern vermutlich die nationale Schulphysiognomie nicht, wohl aber die Organisationsformen, die schulischen Zeitbudgets und das Lernverhalten. Wo neue Medien eingesetzt werden, verläuft die Entwicklung einheitlich, ähnlich wie die historische Einführung von »Schulbüchern« das Lehr- und Lernverhalten vereinheitlicht hat.

In der Schweiz beginnen Reformen, die die Internet-Nutzung von den ersten Klassen der Grundschulen an vorsehen, also die mediale Ausstattung und die möglichen Zugänge auf den Primarbereich ausdehnen, um möglichst früh eine *computer literacy* zu erzeugen. Es wird vermutlich noch Jahre, wenn nicht Jahrzehnte dauern, bis russische Schulen einen ähnlichen Entwicklungsstand erreichen. Dieser wird dann auch vermutlich noch große innere Ungleichverteilungen aufweisen, die gerade vermieden werden müssen, wenn im Bildungswettbewerb Erfolge erzielt werden sollen.

Schulen in Europa sind noch kaum Wettbewerbsschulen. Sie sind sehr durch pädagogische Werte und normative Überzeugungen geprägt, die seit dem ausgehenden 19. Jahrhundert mit weitgehend angenäherten Erziehungstheorien definiert wurden. Sie schließen einen Wettbewerb im und zwischen den Systemen weitgehend aus, weil die Schule Erziehungs- und Bildungsziele verfolgen soll, die auf personale und nationale Standards bezogen sind. Die Globalisierung aber hat zur Folge, daß amerikanische, japanische oder europäische Schulen verstärkt in Wettbewerb treten, weil Bildung zu einer zentralen ökonomischen Größe geworden ist. Schulsysteme werden in der Folge stärker als bisher an ihren tatsächlichen Effekten gemessen und untereinander verglichen, was eine europäische Standardisierung zur Folge haben wird.

Die enormen Kosten – das Bildungssystem der Schweiz kostete 1995 über 17 Milliarden Franken, die Ausgaben allein für den Schulbereich betrugen 1996 in Deutschland über 86 Milliarden D-Mark – zwingen zu Rationalisierungen, die sich im wettbewerblichen Rahmen durchsetzen werden. Der Wettbewerb setzt nationale und regionale Systeme unter Druck, weil nicht mehr nur Vergleiche vorgenommen werden, sondern Effizienzbestimmungen notwendig sind, die einen Schulerfolg nach mehr oder weniger einheitlichen Standards beschreiben. Europa ohne europäische Regulierung wäre kein Wettbewerber auf dem Weltmarkt Bildung.

Die staatliche Regulierungsdichte ist allerdings ganz unterschiedlich. Es gibt eine hohe Schulautonomie wie in der Schweiz, aber auch einen starken Zentralismus wie in Frankreich. Relativ große Anteile von Privatschulen wie in den Niederlanden stehen einem marginalen Privatschulsektor wie in Deutschland gegenüber. Nicht zufällig ist die einzige »europäische« Schuleinrichtung, die Organisation der Rudolf-Steiner-Schulen, eine private, staatlich nicht regulierte Form. In den neunziger Jahren sind europaweit Reformtendenzen zu beobachten, die die staatlichen Regulierungen zurücknehmen und die Autonomie der einzelnen Schulen erhöhen wollen. Diese Tendenz setzt entwickelte Schulsysteme voraus, die unter ihrer Schwerfälligkeit leiden und nicht schnell genug auf neue Entwicklungen reagieren. Allerdings ist auch »Schulautonomie« eine national sehr different verstandene Größe, die sich nicht in einheitliche Reformtrends übersetzen wird, schon weil die lange historische Kontinuität dagegen spricht.

Die Schweiz ist ein gutes Beispiel für die Effekte langanhaltender und ungebrochener Kontinuität im Bildungsbereich. 26 Kantone haben je ein eigenes Schulsystem und eine eigene schulische Tradition, so daß eine Bernische und eine Genfer Schule unterscheidbar sind. Diese historische Differenz hat die wechselseitige Akzeptanz und den Austausch nicht behindert, ohne daß dafür eine starke Vereinheitlichung nötig gewesen wäre. Auf relativ kleiner Fläche ist Toleranz für vergleichsweise große Unterschiede entstanden, die nur minimal reglementiert sind. Das setzt ein Vertrauen in die gemeinsame Leistungsfähigkeit voraus, auch Formen der Kooperation, aber zum Beispiel keine gemeinsame Bildungsverwaltung. Für den Erfolg des Systems ist auch notwendig, die Einflüsse der Verwaltung zu minimieren und den Aufwand in einem für die Schulen erträglichen und förderlichen Maße zu halten. Eine solche Organisation des *loosely coupled* gibt es selbst im förderalistischen Deutschland nicht, in dem vergleichsweise starke Gemeinsamkeiten greifen. Diese internen Gemeinsamkeiten bestimmen die Unterschiede, so daß selbst oder gerade Volksschulen europaweit als different angesehen werden müssen.

Was für die Organisationsform gilt, gilt nicht zugleich oder nicht in gleichem Masse auch für die Inhalte. Die Lernprogramme nähern sich seit Beginn des 20. Jahrhunderts im Bereich der Elementarbildung an, weil sich hier reformpädagogische Tendenzen durchgesetzt haben, die gleiche Ausgangspunkte haben und gleiche Zielsetzungen anstreben. Die Curricula der Höheren Bildung sind dagegen immer noch sehr unterschiedlich. Ein Indikator ist der aus der humanistischen Bildung übernommene Lateinunterricht, der in Frankreich und Italien noch eine starke Stellung hat, während er in den deutschen Gymnasien marginalisiert worden ist. Ähnlich sind die naturwissenschaftlichen Programme, auch die mathematische höhere Bildung, während der gesamte kulturgeschichtliche und literarische Bereich stark unterschiedlich ist. Faktisch herrscht ein nationalkultureller Gymnasialkanon, der im 19. Jahrhundert entwickelt wurde und der bis heute dafür sorgt, daß »Literatur« nicht europäisch, sondern je deutsch, französisch, englisch, italienisch oder dänisch gelehrt wird. Das Curriculum bildet keine europäische Bildungslandschaft ab, aus der doch alle Nationalkulturen entstanden sind.

In schweizer Schulen wird schweizer Geschichte gelehrt, erst danach europäische; in englischen Schulen reicht der Literaturkanon über die angelsächsische Welt kaum hinaus; in französischen Schulen beherrscht die französische Sprache sowohl das Kulturverständnis als auch die Mentalitätsbildung. Es gibt in deutschen Curricula kaum die Erwähnung von Dante oder Petrarca, allenfalls tauchen die Namen im Literaturfach »Italienisch« auf. Die Sprachbildung ist nur in dem Sinne vergleichbar, daß Englisch eine Fremdsprachenpriorität genießt. Mehrsprachigkeit ist auch in der Höheren Bildung keine curricurale und praktische Selbstverständlichkeit. Der Unterricht wird faktisch überall und auf allen Stufen in der Nationalsprache erteilt. Die europäische Sprachenvielfalt wird – etwa bei der Anstellung von Lehrern – nicht genutzt, auch die Lehrpläne reagieren nicht oder zu schwach auf die europäischen Sprach- und Bildungsmöglichkeiten.

Schulen in Europa sind kaum kooperative Größen. Der Austausch ist, verglichen mit dem gesamten Zeitaufwand, marginal; damit ist die gegenseitige Kenntnisnahme eher schwach, so daß die nationale Isolation vorherrschend ist. Es ist nicht selbstverständlich, einen größeren Zeitraum im Ausland zu verbringen, auch ist es nicht üblich, die Lehrpläne abzustimmen. Die Schulfinanzierung erfolgt nahezu ausschließlich über nationale Budgets, die Lehrerbildung ist zwischen den einzelnen Systemen nicht abgestimmt. Die Systementwicklung muß oft auf regionale und lokale Besonderheiten Rücksicht nehmen, während gleichzeitig eine Globalisierung der Bildung auf allen Stufen vollzogen wird.

Es ist nicht möglich, die alte Bildungslandschaft »Europa« wiederherzustellen; wohl aber sind neue Formen des Austausches und der Annäherung denkbar, die Separation und Fremdheit aufheben. Zwar können die Schulsysteme mit formalen Analogien beschrieben, aber faktisch müßten »Schulen in Europa« als unangenäherte Systeme aufgefaßt werden, die überraschend wenig gemein haben. Kinder werden in den verschiedenen Systemen nicht auf ein einheitliches, sondern auf ein nationalstaatlich unterschiedliches »Europa« vorbereitet. Zwischen den Schulregionen ist keine europäische Idee erkennbar; vielmehr werden bayrische, bernische oder milanesische Ziele verfolgt, die sich auch in den Mentalitäten spiegeln. Eine verstärkte Kommunikation wird diese Unterschiede nicht aufheben, wohl aber können Standards angeglichen und Organisationsformen kooperativ entwickelt werden. Das gilt zum Beispiel für die Rotation von Lehrkräften, für gezielte Elternkontakte, für den Austausch von Schülern (der mit der Grundschule beginnen sollte), sowie für den Einsatz der neuen Medien, die es ohne weiteres erlauben, zwischen sämtlichen europäischen Bildungsnationen ständige Verbindung herzustellen, ohne darauf warten zu müssen, daß die je nationalen Schulgesetze dies erlauben.

Die europäischen Chancen werden sich ökonomisch und pädagogisch definieren. Bei starken Separationen im Bildungsbereich werden die Verstehens- und Verständnisdifferenzen zunehmen, was eine unbefangene, schulisch nachhaltig geförderte Kommunikation zwischen den jeweiligen nationalen Generationen behindern wird. Dazu sind auch Anpassungen in den schulischen Angeboten erforderlich, die sich letztlich auf ein europäisches Curriculum zubewegen müßten, wenn die Bildungsin-

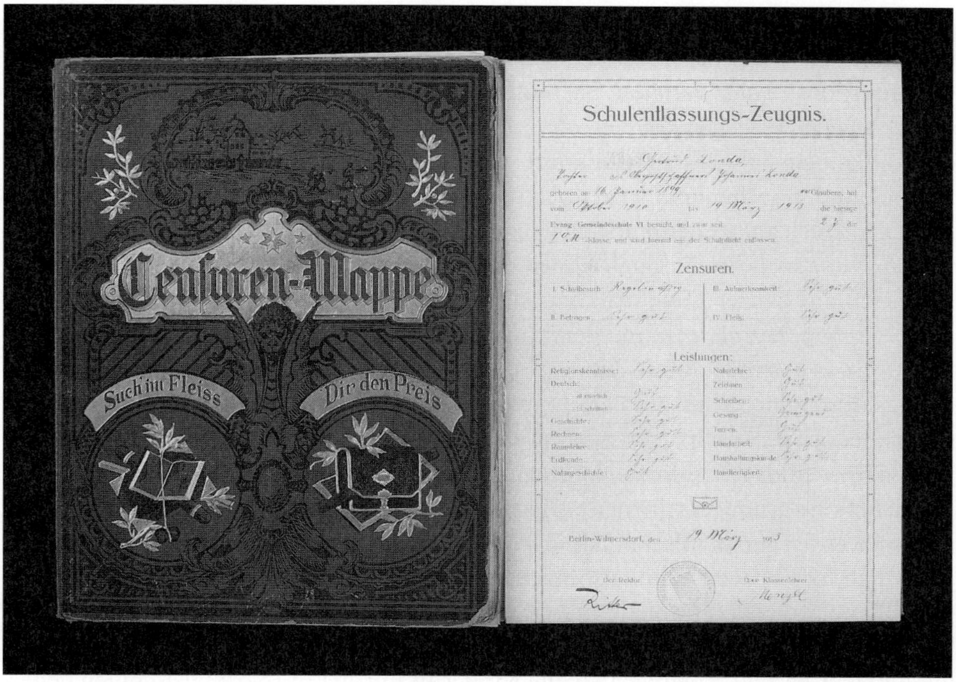

Zensurenmappe aus Wilmersdorf/Berlin 1904–1914

tegration Erfolg haben soll. Real wachsen die Unterschiede, denn das »Europa der Regionen« ist wesentlich ein Europa der Bildungs- und genauer: der Schulregionen, die geradezu identitätsstiftende Bedeutung haben sollen. Die Gefahr ist groß, daß daraus neue pädagogische Provinzen erwachsen, die sich gerade nicht nach dem Konzept Europa richten werden.

Einheit ist Differenz, aber nicht verbindungslose Vielfalt. Es wird kein Schulformat »Europa« geben, wohl aber werden sich die unterschiedlichen Systeme auf allen Ebenen annähern, ohne sich normieren zu lassen. »Europa« ist nicht das Stichwort für eine einzige große Gesamtschule, die im Hinblick auf die differenzierten Aufgaben kaum eine sehr nützliche Einrichtung wäre. Auf der anderen Seite kann auch nicht nur die »Einzelschule« gefördert werden, die sich zunehmend mehr auf größere Systemzusammenhänge verwiesen sieht. Wesentliche Bildungsentscheidungen werden bereits heute supranational organisiert; selbst für die sehr autonome und weitgehend ungebundene Entwicklung in der Schweiz sind zunehmend mehr Vorgaben aus Brüssel Kriterien, die reale Bildungsentscheidungen beeinflussen. Die Öffnung des europäischen Bildungsmarktes wird für zusätzliche Schübe der Berücksichtigung von Gesamtinteressen sorgen, und dies gerade weil die Autonomie zunehmen wird.

Die Geschichte der »Bildungslandschaft Europa« ist dabei weit weniger tragend, als es den Anschein haben könnte. Die institutionellen Analogien sind im 19. Jahrhundert verschwunden, wirklich gemeinsame Traditionen bestehen nicht und können auch nicht neu gefunden werden. Die Einheit ist eine, die zwischen hochdifferenten

Teilsystemen je neu definiert werden muß. Es ist keine *unité de doctrine*, keine gemeinsame Theorie »der« Bildung, sondern ein europäisches Aushandeln, das neue Organisationsformen verlangt. Sie müssen sich zwischen sehr unterschiedlichen Anspruchsebenen bewegen können, ohne vorschnell bürokratische Lösungen zu finden, die von keinem Schulalltag akzeptiert würden. Der Bildungsalltag zwischen Irland, Spanien und Griechenland wird noch sehr lange bestimmt durch die lokalen Erwartungen, die sich auf recht unterschiedliche Schulbiographien und Karrierechancen beziehen. Diese strukturelle Ungleichheit muß balanciert werden können, ohne daß ein Ausgleich auf ganzer Linie denkbar ist. Es ist kaum möglich, die Bedingungen des französischen *Baccalauréat* mit denen des deutschen Abiturs zu verrechnen, und dennoch muß es das in Zukunft sein.

Das führt zum Schluß auf Paradoxien, die aus den nationalen Besonderheiten entstehen, jedoch erst sichtbar werden, wenn und soweit Vergleiche notwendig und unumgänglich sind. Abschlüsse sind nicht gleich und werden doch gleich behandelt; Curricula sind grundverschieden, selbst zwischen Schulen ein- und desselben Systems, aber sie werden auf identische Ziele bezogen. Die Effekte sind in allen Bereichen unterschiedlich, schon weil Schulleistungen sehr verschieden behindert oder begünstigt werden, aber die Unterschiede führen nicht zu einer strukturellen Ungleichbehandlung, weil das die gesamte Idee der staatlichen Schulpflicht verletzen würde. Solange diese Pflicht besteht, solange also alle Kinder in Europa in (Normal-)schulen gehen müssen, ist es unmöglich, Paradoxien zu vermeiden. Es ist nur möglich, die jeweils beste Balance zu finden.

Ort und Bewegung

Die europäische Stadt

Josef-Thomas Göller

Kloster als Vorbild

Nach dem Zerfall des römischen Imperiums im 5. Jahrhundert nach Christi Geburt dauerte es bis zum 10. Jahrhundert, ehe in Europa wieder Stadtgemeinden entstanden, die ihrem Namen gerecht wurden und echte Stadtfunktionen ausübten. Wie verheerend sich der germanische Völkerwanderungssturm auf die abendländische Stadtentwicklung auswirkte, zeigt besonders drastisch das Beispiel der Stadt Bonn. Sie erreichte erst wieder zu Beginn des 20. Jahrhunderts jene Größe in Ausdehnung und Bevölkerungszahl – rund 20 000 Einwohner –, die sie zur Römerzeit gehabt hatte.

Zwar gab es schon im Altertum Großstädte mit Hunderttausenden von Einwohnern; Griechen und Römer hatten Hunderte von Städten in Westeuropa gegründet. Von wenigen Ausnahmen abgesehen, sanken diese nach dem Ende der Römerzeit jedoch zu Dörfern herab oder verfielen völlig, denn die neuen Herren Europas, die Germanen, verschmähten es zumeist, in ihnen zu wohnen. Besonders katastrophal wirkte sich dies in Teilen Frankreichs und in Deutschland aus. Die fränkischen Eroberer konnten mit der römischen Stadtzivilisation, mit Aquädukten, Thermen und Amphitheatern wenig oder gar nichts anfangen. Vor allem hatten sie nicht die Verwaltungskenntnisse, die nötig sind, um Großstädte in Funktion zu halten. »In den Säulenhallen promenierten die Kühe, auf Mosaikfußböden häufte sich Hühnermist«, schrieb einmal Wolf Schneider bezeichnend über diesen Barbarismus.

Jenseits der Alpen hatten sich dagegen hie und da Reste des Verwaltungswissens der römischen Beamten erhalten. Oft übernahm ein Bischof die Amtsgewalt über die einstigen Städte. Anders als in Deutschland zählten im 6. und 7. Jahrhundert Händler und Handwerker zu deren wichtigsten Einwohnern, aber auch Landarbeiter, die die Böden und Äcker rund um die alten Städte bebauten. In Süditalien hat diese Struktur teilweise bis auf den heutigen Tag überdauert. Dort wohnen die Bauern nicht in Dörfern, sondern in Städten, und sie pendeln täglich hinaus auf ihre Felder. Die Landwirtschaft, Weizen- und Olivenanbau, bringt auf den kargen Böden nicht viel ein. Da lebt es sich besser in einer zentral gelegenen Stadt, in der man kurzfristig auch handwerkliche Gelegenheitsarbeiten übernehmen kann. Außerdem sind fast alle Städte auf Hügeln errichtet; auf diese Weise entging man besser der Malariagefahr der süditalienischen Niederungen.

Auch die alten Städte Südfrankreichs und Spaniens behielten zumindest optisch viel von ihrem ursprünglichen römischen Gepräge: Arenen, Aquädukte, Villen existierten weiter, ergänzt nun um christliche Kirchen. Erst zu Beginn des Mittelalters und sehr allmählich entstanden wieder aus einstigen Römerstädten oder kleinen Ansiedlungen um eine Burg oder ein Kloster herum oder an einer Furt Orte, die annähernd als Städte bezeichnet werden konnten. Sie orientierten sich nicht mehr an der *polis*, der Stadt-Vorstellung der Antike, oder an Rom, sondern am Kloster.

Dessen christliche Ordnung wurde für die *civitas*, die Einwohnerschaft der neuen Städte, zum modernen Leitbild. Westminster Abbey in London, die Abteien von Clairvaux und St. Denis in Frankreich, Monte Cassino in Italien und das Kloster Fulda in Deutschland sind Beispiele dafür, wie das städtische Leben in ihrem Umland bis in seine architektonische Gestaltung hinein beeinflußt wurde. So propagierte der Fuldaer Abt Hrabanus im Jahr 822 als Basis für gemeinsames Leben, ob in der Stadt oder im Kloster, die Armut. Und so zielt die Ordnung innerhalb der Mauern der frühmittelalterlichen Stadt tatsächlich auf dieses Ideal. Es wurde allerdings stets dann rasch über Bord geworfen, sobald die Städte zu Wohlstand gekommen waren.

Stadtluft macht frei

Im 11. Jahrhundert gab es in Deutschland nur 140 städtische Siedlungen, von denen die meisten nicht einmal 500 Einwohner hatten. Erst Überschüsse in der landwirtschaftlichen Produktion begünstigten die Stadtentwicklung in ganz Europa. In Deutschland prosperierten zunächst die Kaiserpfalzen, die Regierungssitze des wandernden Hofstaates, sowie die neuen Bischofssitze. Außerdem gingen Kaiser, Herzöge und Bischöfe dazu über, alte Städte zu ihren Regierungssitzen auszubauen und planmäßig neue anzulegen. Vor allem in den neuerschlossenen deutschen Ostsiedlungen dauerte dieser Prozeß bis ins 13. Jahrhundert an, so daß es im Deutschen Reich binnen zweier Jahrhunderte plötzlich 2000 Städte gab.

Eine Stadt definiert sich nicht nur durch ihre Größe und Bevölkerungsstruktur, sie unterscheidet sich vom Dorf in erster Linie durch ihre Rechtsstellung. So hatten die Städte grundsätzlich das Recht, zu ihrem Schutz eine Stadtmauer zu errichten. In England, so berichtet die ›Angelsachsenchronik‹ im Jahr 914, bestand eine der wichtigsten Aufgaben des königlichen Heeres darin, Mauern und Befestigungsanlagen um bestimmte Ortschaften zu errichten. Aber nicht überall konnten des Königs Mannen zur Hand gehen, und so griffen, wie in anderen Teilen Europas auch, die Bürger oft zur Selbsthilfe, befestigten und verteidigten ihre Städte selbst. Auf diese Weise entstand eine schleichende Loslösung von den Landesherren und ein bestimmter Gemeinsinn. Als *common sense*, als Bürgersinn, ist diese städtische Entwicklung für Jahrhunderte dann zum tragenden Element der bürgerlichen Gesellschaft geworden. Neben dem Bürgerrecht entwickelte sich so auch die Arbeits- und Wehrpflicht des Städters. Ganz automatisch wuchs mit den Rechten und Pflichten das Selbstbewußtsein gegenüber Kaiser und König, Fürst und Bischof, denen immer mehr Rechte abgetrotzt wurden. So konnten leibeigene Bauern nach einer gewissen Aufenthaltsdauer in einer Stadt freie Bürger werden und damit ihrer geburtsbedingten Knechtschaft entrinnen.

Ein weiterer wichtiger Emanzipationsschritt stellte für die Städter die Einrichtung des Markttages dar, an dem sie eine Reihe von Sonderrechten genossen, um Waren feilbieten und den Transport und Verkauf von Gütern durchführen zu können. Dieses Marktrecht entwickelte sich über die Jahrhunderte zu einem ausgeklügelten Stadtrecht, auf dessen Grundlage sich das selbständige Leben der Städter entfaltete. Handwerker schlossen sich in Zünften zusammen, Kaufleute verstanden es, durch geschickten Handel dem Adel an Reichtum gleichzukommen oder ihn zu übertreffen. Der Wohlstand der Städter machte sie selbstbewußt. Diese Haltung drückte sich in prächtigen Bürgerhäusern, hochstrebenden Münstern und mächtigen Türmen aus. Diese Prosperität einer völlig neuen Bürgerschicht, die so gar nicht der alten feudalen Ordnung entsprach, erweckte den Neid des Adels und der Kirche. Als im Jahr 1128 die rheinische Stadt Deutz, die heute zu Köln gehört, niederbrannte, sah darin der Abt Rupert der Benediktinerabtei St. Herbert ein »Strafgericht Gottes« über einen Ort, der zum »Schlupfwinkel des Teufels« geworden sei, da Kaufleute und Handwerker dem Mammon (aramäisch: Reichtum) frönten. Aus der Bibel entnahm der fromme Mann zudem, daß Kain die erste Stadt erbaut habe und somit alles Böse der Stadt entspringe. In der ganzen damaligen Christenheit wurde zudem das antike Babylon, in dem angeblich Hochmut herrschte und die Sitten verdarben, als Inbegriff der Stadtkultur angesehen. Ein Hauch dieses Images der Stadt als »sittenloser Ort« ist bis heute geblieben. Doch siegte über die religiöse Borniertheit mancher Mahner schon im Mittelalter die Wirtschaftskraft der Städte, von der letztlich der Aufstieg zahlreicher europäischer Staaten zur Weltmacht ausging.

Daß Städte auch damals schon als ästhetisch empfunden wurden, zeigt die Bemerkung eines Klerikers aus dem Jahr 1288 über Mailand: »Die Stadt ist kreisförmig angelegt, ihr wunderbares Rund ist Zeichen ihrer Vollkommenheit.« Letztlich war es dann ausgerechnet die Kirche, die die Städte zur »Ehre und Ruhme Gottes« nutzte. Vom Ende des 11. bis zur Mitte des 12. Jahrhunderts war die große Zeit der Dombauten, die den Städten schließlich ihre jeweilig markante Silhouette verliehen. Der Klerus sah in den Kathedralen den vollkommenen Ausdruck kirchlichen Triumphes über den weltlichen Geist der Bürger. In weiten Teilen Europas gewährten die Städte den Kathedralen und Stadtpfarrkirchen eine sogenannte Domfreiheit, die innerhalb einer gewissen Schutzzone rund um das Gotteshaus dem Klerus eine eigene Gerichtsbarkeit und Freiheit zugestand. In England hat diese Domfreiheit optisch bis heute überdauert: Es sind die Grünflächen rund um die Kathedralen. Hier scheinen mitten in der Stadt die Kirchen aus einer sanft-grünen Rasenfläche in den Himmel zu wachsen. Die schönsten Beispiele stehen in Salisbury, Canterbury und Wells.

Die Patrizier

Die städtische Wirtschaftsweise erzwang alsbald neue gesellschaftliche Formen, ähnlich wie im 19. Jahrhundert die industrielle Revolution. Aus der Marktpolizei, die Maße und Gewichte kontrollierte, sowie aus den Marktgerichten und Schöffenkollegien entwickelten sich Stadträte und Bürgermeister in mächtigen Rathäusern. In London etwa wurde das Privileg der Selbstverwaltung der Stadt im Jahr 1215 in der ›Magna Charta‹ bestätigt. Während der König im benachbarten Westminster seinen Palast errichtete, blieb London über viele Jahrhunderte auf Distanz zu den englischen Herrschern. Es betrieb sogar oft eine vehemente Opposition, widersetzte sich den absolutistischen Bestrebungen der Könige und bildete die Hauptstütze des Parlaments während der Bürgerkriege im 15. und 17. Jahrhundert.

Auch andernorts in Europa schälte sich eine neue, mächtige Klasse innerhalb der Bürgerschaft heraus: die Patrizier. Diese Bezeichnung leitet sich vom lateinischen *patres* ab, Väter, hier als Stadtväter gemeint. Schon im antiken Rom gab es diese *patres*, die den römischen Senat bildeten, über Grundbesitz in der Stadt verfügten und insgesamt wohlhabender waren als die übrigen Bürger. Die Patrizier des 15. und 16. Jahrhunderts waren vor allem Kaufleute, die durch den risikoreichen Fernhandel reich geworden waren. Bald schon waren sie nicht nur wohlhabender als ihre Mitbürger, sondern hatten auch einen Bildungsvorsprung, Weltkenntnis und bestimmten plötzlich in der Politik mit, weit über ihre Städte, ja, über Europa hinaus, da sie stellenweise die Gründung von Handelsniederlassungen und Kolonien in Afrika, Indien und Südamerika forderten, förderten und finanzierten.

Ein besonders herausgehobenes Beispiel sind die Fugger in Augsburg. Sie begannen um 1367 als einfache Weber der Stadt. Ihr Reichtum begann mit der Gründung eines Handelshauses, das um das Jahr 1500 Weltgeltung erlangt hatte. Die Fugger besaßen durch Erwerb der Bergwerke in Spanien, Tirol, Kärnten und Ungarn alsbald das Kupfermonopol in Europa. Sie waren am ostindischen Gewürzhandel beteiligt und betätigten sich als Bankiers der Päpste und zweier deutscher Kaiser. Die Kaiserwahl Karls V. im Jahr 1519 wurde nur durch ihre finanzielle Unterstützung möglich. Zum ersten Mal bestimmte städtisches Großkapital darüber, wer deutscher Kaiser wurde – ein Herrscher, in dessen Weltreich die Sonne nie unterging. Die Augsburger Patrizierfamilie Fugger bestimmte so die damalige Weltpolitik: eine einzigartige Machtdemonstration städtischen Großbürgertums.

Auch in anderen europäischen Städten mischten Patrizier ordentlich in der Politik mit: ob in Brügge, Brüssel, Amsterdam und Antwerpen, in denen man noch heute die Häuser der wohlhabenden Patrizier bestaunen kann, oder in Mailand, Genua und Venedig, den Zentren des Orienthandels. Die Großkaufleute traten damals zur »Globalisierung« ihrer Märkte an, lange bevor dieses Wort Mode wurde. Deutsche Handelshäuser schickten ihre jungen Söhne zur Management-Ausbildung nach London, Mailand oder Nowgorod. Andere fuhren auf spanischen Schiffen in die Neue Welt oder auf portugiesischen nach Indien. In gewisser Weise entwickelte sich damals ein Weltbürgertum in Konkurrenz zu den Herrscherhäusern, die bisher exklusiv das Privileg der internationalen Beziehungen für sich in Anspruch nehmen konnten.

Städtebünde und Stadtstaaten

Schnell war es nicht mehr ausreichend, nur persönliche, individuelle internationale Bande zu knüpfen. Die Patrizier, die europaweit die Rathäuser beherrschten, regten schon früh eine weitere enge Zusammenarbeit an: die Städtebünde. Man sagt heute noch, ein Kind habe ein anderes »gehänselt«, und ist sich dabei gar nicht mehr des Wortursprungs bewußt: Mit dem Begriff der Hanse bezeichnete man ursprünglich Genossenschaften von Kaufleuten. Im 11. Jahrhundert begannen auch Städte sich zu einer Genossenschaft, der Hanse, zusammenzuschließen, mit dem Ziel, die Handelswege vor allem über das Meer zu sichern, die Märkte aufzuteilen sowie Handelsmonopole einzurichten. »Es soll niemand der Hanse Gut laden noch verfrachten bei irgend jemand anders denn allein bei Schiffern, die zur Hanse gehören«, lautete einer ihrer Grundsätze. Bei Zuwiderhandlung wurden Sanktionen ausgesprochen und durchgesetzt. Zwar hatte es auch schon im antiken Griechenland Städtebünde gegeben. Aber der Hanse-Bund offenbarte erstmals, welche wirtschaftliche und politische Macht die Städte besaßen, wenn sie ihre Interessengegensätze überwanden.

Die Hanse war das erste supranationale Bündnis Europas, tausend Jahre vor der Europäischen Union. Zu ihr zählten Städte in England, Flandern, Dänemark, Norwegen und Rußland. Zentrum des Städtebundes war Deutschland mit seinen Hafenstädten Bremen, Hamburg und Lübeck. In den Hansekontoren Nowgorod und Bergen drückten die langen Winter häufig auf die Stimmung der Kaufleute. Zudem herrschten dort durch das Zusammenleben mit der klimatisch abgehärteten Bevölkerung ziemlich rauhe Umgangsformen. Mit Neulingen trieb man in diesen Kontoren oft rohe Späße und unterzog sie »Aufnahmeprüfungen«, so daß das »Hänseln« sprichwörtlich wurde. Der letzte Hansetag trat im Jahr 1669 zusammen und bestand nur noch aus sechs Städten.

Auch in anderen Teilen Europas gab es Städtebünde, zum Beispiel die »Union of Cinque Ports« in England. Neben diesen Bünden kristallisierten sich Stadtstaaten heraus, die in völliger Unabhängigkeit von Kaiser, König und Reich agierten. In Oberitalien etwa war im 14. Jahrhundert das Land fast gänzlich unter 80 Stadtstaaten aufgeteilt, mehr selbständige Staaten, als es etwa noch 1930 auf der ganzen Welt gab. Rudimente davon haben in Deutschland in den beiden Bundesländern Hamburg und Bremen überlebt.

Spießbürger

Im 18. und 19. Jahrhundert wuchs in den Städten ein völlig neuer Menschentyp heran: der Bürger oder Mitbürger, vom Adel und Großbürgertum schon mal als »Spießbürger« verlacht. Diese Stadtbevölkerung entwickelte sich aus den kleineren Kaufherren der Renaissance, den Handwerkern des Barock. Sie rechneten nicht in den riesigen Gewinndimensionen der risikobereiten Patrizier. Man gab sich solide, war mit der Überschaubarkeit der Stadt und ihres unmittelbaren Umkreises zufrieden. Der Bürger machte keine Weltpolitik. Auch war er im Gegensatz zum Patrizier devot gegenüber der Obrigkeit. Bürger gingen ehrbaren Berufen nach. Sie waren Müller, Bäcker, Schlosser, Schuster, Schneider, Stadtschreiber, sogar Bauern. Die Trennung zwischen Groß- und Kleinbürgertum trat relativ spät in Erscheinung. Anfangs standen alle Bürger, unabhängig von ihrem Besitz, zusammen, wenn es darum ging, die Stadt zu verteidigen. Ein jeder legte dann seinen Harnisch an und nahm den Spieß in die Hand, der stets griffbereit stand, etwa so wie die griffbereite Büchse des Siedlers im amerikanischen Westen. Wer einen Spieß hatte, war nicht nur Bürger, sondern ein »Spießer« – damals ein Ehrbegriff.

Außer in den Niederlanden und Italien, in denen die Städte durch eine reiche Kaufmannschaft selbstbewußt blieben, ging in weiten Teilen Europas die Stadtverteidigung wieder nach und nach an übergeordnete Landesherren über. In Deutschland wurden nach dem Dreißigjährigen Krieg 1648 Harnisch und Lanze überflüssig. Söldner, Soldaten genannt, übernahmen gegen Bezahlung eines Fürsten diese Aufgabe, und die Bürger zogen sich wieder behaglich in ihre vier Wände zurück. Nur nicht in Frankreich: Dort schickten die Bürger von Paris ab 1789 nach und nach den französischen Adel und sogar ihre Königin und den König aufs Schafott. Bürger, *citoyen* – dieser Begriff wurde dort in diesen Jahren mit neuem Inhalt gefüllt. Bürgerrechte, das waren gleichzeitig die allgemeinen Menschenrechte: Alle Menschen sind frei und gleich, propagierten die Franzosen. Und zwar die Städter!

Der deutsche, schweizer, englische, spanische und italienische Bürger hingegen sah in der Politik, die soviel Blutvergießen hervorgebracht hatte, plötzlich ein schmutziges Geschäft. Friedrich Schlegel etwa gemahnte das deutsche Bürgertum: »Nicht in der politischen Welt verschleudere den Glauben und die Liebe, aber in der göttlichen Welt der Wissenschaft und der Kunst opfere dein Inneres in dem heiligen Flammenstrom der ewigen Bildung.« Gleiches hätte für die englische Gesellschaft gelten können. Denn dort vor allem entwickelten findige Handwerker im 18. Jahrhundert in ihren Stuben Dampfmaschinen und andere moderne Techniken. Während die Französische Revolution Köpfe rollen ließ, brachte die industrielle, die englische Revolution Eisenbahnen ins Rollen. Aus der kleinbürgerlichen Städtewelt Englands heraus entwickelten sich binnen weniger Jahrzehnte erfindungsreiche Handwerker und Techniker zu einem neuen Großbürgertum: den Industriellen.

Hügelauf, hügelab: Vorstädte

Die Industrie formte die Städte um wie nie zuvor, ja, veranlaßte Städtegründungen in einem Ausmaße wie seit dem Mittelalter nicht mehr. Die Unternehmer siedelten ihre Firmen dort an, wo es entsprechende Energieträger, hauptsächlich Kohle, und Rohstoffe gab. Und viele der arbeitenden Menschen waren plötzlich bereit, ihre Dörfer und Kleinstädte zu verlassen, um in die schnell wachsenden Fabriken zu strömen. Auf diese Weise schossen binnen weniger Jahrzehnte unbekannte Ansiedlungen in die Höhe und wuchsen zu Industriegroßstädten heran, die ein völlig neues urbanes Bild prägten. In Deutschland zeigte sich diese Entwicklung besonders im Ruhr- und Saargebiet, in England war fast der gesamte Norden davon betroffen.

Auf die Arbeiterstädte reagierte der herkömmliche Stadtbürger konservativ. Er hielt dem industriellen Fortschritt, dem armen Arbeiter und dem aufsteigenden Neureichen seine Bildung und seinen ererbten Besitz entgegen. Und so wandelte sich der einst stolze Begriff »Bürger« von Sevilla bis Sheffield, von Rom bis Riga um in den »Bourgeois«, den Besitzbürger, der sich selbst zum Maß aller Dinge nahm. Bürgerlich – das bedeutete ab Mitte des 19. Jahrhunderts rückschrittlich, konventionell, farblos. Und mit dieser Haltung ging das Bürgertum unmerklich eine politische und ideologische Allianz mit dem Adel ein. Denn sowohl der Bourgeois als auch der Aristokrat fühlten sich von den revolutionären Parolen wie »Friede den Hütten, Krieg den Palästen«, die die Arbeiter der Vorstädte skandierten, in ihren Grundfesten bedroht.

Es bedurfte anderer Bildungsbürger wie Friedrich Engels oder Karl Marx, die im 19. Jahrhundert das Elend der Arbeitermassen erkannten. Friedrich Engels hat in seiner Schrift ›Die Lage der arbeitenden Klasse in England‹ aus dem Jahr 1845 eindringlich geschildert: »In den Kohle- und Eisenbergwerken arbeiten Kinder von vier, fünf, sieben Jahren; die meisten sind indes über acht Jahre alt [...] Der sehr geringe Lohn nötigt die Eltern dazu, die schwachen Kräfte der Kinder schon mit vier Jahren für die leichteren Arbeitsverrichtungen in Anspruch zu nehmen.« Aber nicht nur Sozialrevolutionäre kümmerten sich um das neue Großstadtelend, sondern auch Dichter und Schriftsteller wie etwa der Franzose Emile Zola in seinen Werken ›Germinal‹ und ›Der Bauch von Paris‹ sowie der Engländer Charles Dickens in seinem Sozialroman ›Nicholas Nickleby‹ sowie den ›Skizzen aus dem Londoner Leben‹. Sie schilderten dem Bourgeois jene Zustände, die dieser sich weigerte, zur Kenntnis zu nehmen. In endlosen uniformen Straßenzeilen zogen sich etwa in England die Reihenhäuser der Industriearbeiter hügelauf, hügelab – am rauchgrauen Horizont die rußgeschwärzten Schlote der Fabriken. In Liverpool lebte in der zweiten Hälfte des 19. Jahrhunderts ein Sechstel der Bevölkerung in unterirdischen Kellern, ebenso wie in anderen Industriestädten. Die Slums von Manchester und London waren »Vorhöllen«, Orte des menschlichen Elends. Noch in den dreißiger Jahren des 20. Jahrhunderts erklärte die Gesundheitsbehörde der englischen Hauptstadt 20 000 Londoner Wohnungen als für menschliche Unterkünfte unbrauchbar.

Aufgrund der industriellen Revolution und ihres enormen Bedarfs an Arbeitskräften erlebten jene Städte, in denen sich Fabriken angesiedelt hatten, eine Verelendung des Stadtbewohners in ungeahntem Ausmaß. Von nun an gehörte die soziale Anklage, bezogen auf die Großstädte, zu den großen Themen der Literatur, des Theaters und der Politik. Die Arbeitermassen begannen sich zu organisieren. Mit Ausnahme Rußlands entstanden überall in Europa Arbeiterparteien. Zur gleichen Zeit blühte die Kultur des Bourgeois noch einmal auf.

Was für die einen die Epoche des Elends darstellte, war für die anderen die Belle Époque. In Paris, London und Berlin feierte das Großbürgertum im Frack mit Zigarre und im rauschenden Ballkleid mit Federhut Mata Hari, Isodora Duncan und Sarah

Bernard. Der Erste Weltkrieg erschütterte schließlich zwischen 1914 und 1918 diese Welt bis ins Mark. In Rußland löste er die Oktoberrevolution des Jahres 1917 aus, der die »Diktatur des Proletariats« folgte. In Westeuropa lehnten sich nach dem Krieg die verelendeten Massen mehr denn je gegen die Reste der bürgerlichen Welt auf. Und so wurde der Schauplatz der Auseinandersetzung zwischen dem Arbeiter und dem Kapital die Stadt: Der Straßenkampf wurde in den zwanziger und dreißiger Jahren zum Charakteristikum der Städte. »Die Forderung nach der Diktatur des Proletariats ist die Antwort der Vorstadt auf die Unterdrückung der City, durch Bank und Börse, durch den Staat des Bourgeois«, faßt Hansferdinand Döbler diese Entwicklung zusammen.

Vom Krieg ausgelöscht

Der Zweite Weltkrieg zerstörte Tausende von europäischen Städten, sei es durch unmittelbare Kampfhandlungen (zum Beispiel Stalingrad), sei es durch die Deportation jüdischer Einwohner (zum Beispiel Warschau) oder durch Luftbombardements, wie etwa Coventry in England oder fast alle deutschen Städte. In den meisten von ihnen hausten die Menschen nach dem Krieg wie Steinzeitmenschen: in Kellern, unter Trümmerhöhlen, in Holzbaracken.

Die gigantischen Wiederaufbauprojekte in West- und Ostdeutschland – bezeichnenderweise lautete die erste Zeile der ehemaligen DDR-Hymne »Auferstanden aus Ruinen ...« – folgten zumeist nicht mehr den ursprünglichen Stadtanlagen. »Wiederaufbau« hieß nicht Rekonstruktion des Zerstörten, sondern vorrangig Neuplanung von Wohnraum und Schaffung neuer Siedlungsgebiete für die sieben Millionen deutschen Flüchtlinge aus Osteuropa. Während in Warschau die historische Altstadt möglichst detailgetreu rekonstruiert wurde, entschloß man sich in Frankfurt am Main dazu, den alten »Römer« nicht mehr original aufzubauen. In Ostdeutschland neigten die sozialistischen Städteplaner häufig dazu, erhalten gebliebene Baureste zu beseitigen, um Raum zu schaffen für die Bauten des realen Sozialismus. Auch im Westen Deutschlands hieß »Modernisierung« oft radikales Zerstören des Alten. Die Bausünden der fünfziger bis siebziger Jahre sind in allen deutschen Städten unübersehbar gegenwärtig. Aber auch die belgische Hauptstadt Brüssel, die keine nennenswerten Kriegsschäden davongetragen hat, wurde von den Stadtplanern in den sechziger bis achtziger Jahren des 20. Jahrhunderts mit einer Modernisierungswelle überzogen, der viel alte Bausubstanz ohne Not zum Opfer fiel. Brüssel ist ein krasses Beispiel dafür, was Modernisierung um ihrer selbst willen bewirken kann. Ein Einheitsstil, der sich häufig an amerikanischen Wolkenkratzern orientiert, die für völlig andere Weiten konzipiert sind, zieht sich seit 1945 durch ganz Europa. Auf diese Weise finden sich von Madrid bis Moskau Stahlbetonklötze mit Spiegelglasfassaden neben bürgerlichen Jugendstilhäusern. Diese Architektur der zweiten Hälfte des 20. Jahrhunderts berücksichtigt weder altgewachsene bauliche noch soziale Strukturen der Städte.

Metropolen

Jene urbanen Zentren, die aus wirtschaftlichen, kulturellen, politischen und historischen Gründen eine Sogwirkung auf das ganze Land oder sogar darüber hinaus ausüben, bezeichnet man als Metropolen. Im engeren Sinn des Wortes ist lediglich die Hauptstadt eines Landes damit gemeint. Es ist festzustellen, daß jene Städte Europas, auf die die moderne Definition der Metropole zutrifft, diese Funktion schon seit Jahrhunderten ausüben. Ihre Einwohnerzahl hat sich im Laufe des 20. Jahrhunderts vervielfacht und ihre Wohnqualität verbessert. Das Bevölkerungswachstum von Metropolen ist durch stetigen Zuzug permanent im Wachsen begriffen, so daß diese Ballungsräume von einem ausufernden Ring von Vorstädten umgürtet sind. Die ursprünglichen Stadtkerne stellen oft nur noch einen winzigen Bestandteil des gesamten Stadtkomplexes dar und sind ihrer ursprünglichen Funktionen beraubt. Die »City« ist allzuoft nur noch eine Mischung aus Shopping-Meile und Touristenattraktion alten Glanzes. Besonders deutlich wird dies am Beispiel der Hauptstadt des britischen Königreiches.

Einst konservativ, heute jung und multikulturell: London

London ist seit fast 2000 Jahren mit nur wenigen Unterbrechungen Hauptstadt Englands und später Großbritanniens. Hier bauten die römischen Eroberer ihre Stadt »Londinium«. Berüchtigt ist die Metropole wegen ihres dicken Nebels im Herbst und Winter. Die eigentliche City ist nur 2,7 Quadratkilometer groß. Hier stehen die attraktivsten Geschäfte, die Bank von England, der Tower – einst Schloß, dann berüchtigtes Staatsgefängnis –, die Tower Bridge, ebenso das Regierungsviertel und der Buckingham Palast, der seit 1825 als königliche Residenz fungiert, die Westminster Abbey und das Parlament. Und an alledem vorbei fließt träge die breite Themse, die seit jeher die natürliche Hauptverkehrsader der Stadt darstellt. Im Mittelalter, als es in London nur eine Brücke gab, bewegte man sich innerhalb der Stadt am schnellsten mit einer Barke, da die schmalen, übelriechenden Straßen häufig durch Karren und Viehherden blockiert waren. Ein Mailänder Botschafter schwärmte im 15. Jahrhundert jedoch von London, sie sei die »geschäftigste und wohlhabendste Stadt der Christenheit«. Diese Einschätzung dürfte, auf Europa reduziert, bis heute Gültigkeit haben. Die vielen Einkaufsstraßen der Stadt, allen voran die Carnaby Street, versetzen Tag für Tag Abertausende Menschen in einen Konsumrausch. Ein Sprichwort über die City lautet: »Alles, was es in London nicht gibt, gibt es überhaupt nicht.«

Zeigte sich der Italiener Dominic Mancini noch im 15. Jahrhundert davon beeindruckt, daß die vornehmen Kalksteinfronten der Stadt wie altes Elfenbein schimmerten und die Stadt von Schäferruhe und fruchtbaren grünen Feldern umgeben war, so breiten sich heute dort auf rund 2000 Quadratkilometern mehr als 100 Vororte aus, die gemeinsam mit dem Stadtkern Greater London bilden und mehr als zehn Millionen Einwohner beherbergen. 20 Prozent davon sind ausländischer Herkunft.

In den Londoner Innenstadtbezirken Brent, Newham, Tower Hamlets und Hackney gehören mehr als ein Drittel der Einwohner einer der ethnischen Minderheiten an, die London ein unübersehbares multikulturelles Weltgepräge verleihen – kein Volk der Erde, das hier nicht vertreten ist. Obwohl es auch in London zu ethnischen und daraus resultierend sozialen Spannungen kommt, sind Ausländer unabhängig von Herkunft, Sprache, Hautfarbe oder Religion in London in weit höherem Maße integriert als irgendwo sonst in Europa. Die britische Kapitale ist gleichzeitig eine junge Stadt. Groß-London weist den höchsten Anteil von Kleinkindern unter vier Jahren in ganz Großbritannien auf. Deshalb wächst London stetig weiter, nicht nur in die Horizontale, sondern auch in die Höhe, wie Hunderte von Wolkenkratzern vor Augen führen, die hier in den vergangenen beiden Jahrzehnten emporstrebten. London böte zweifellos alle Voraussetzungen, die Metropole Europas zu sein – läge es nicht auf einer Insel.

Stadt der Liebe und Eleganz: Paris

Paris war lange konkurrenzlose Hauptstadt Europas. Kunst und Literatur erhielten jahrhundertelang aus der Stadt an der Seine ihre wichtigsten Impulse. Dem Baron Haussmann verdanken die Franzosen die schönste Hauptstadt der Welt. Er riß als Präfekt von Paris nach 1848 die mittelalterlichen, stinkenden Gassen ab, um seinem Kaiser Napoleon III. eine moderne Stadt mit breiten Boulevards und lichterfunkelnden Avenuen zu konzipieren. Seine vom Arc de Triomphe aus sternförmig angelegten Boulevards sollten aber auch dazu dienen, den kaiserlichen Truppen bei Bedarf freie Schußbahn zu ermöglichen – auf das eigene, rebellische Pariser Volk!

Völlig unnötig, aber praktisch für die aufstrebende Metropole wurde auf diese Weise Raum für großzügige, elegante Häuserzeilen für Neureiche geschaffen, vor allem im 10. Arrondissement. Seit 1758 ist Notre Dame nicht nur der geistliche Mittelpunkt der Stadt, sondern das geographische Zentrum ganz Frankreichs. Damals wurde angeordnet, alle Entfernungen des Landes vom Vorplatz der Pariser Kathedrale aus zu messen. Paris ist bis heute Mittelpunkt geblieben, in erster Linie für die Franzosen selbst. Seit 1945 stieg die Einwohnerzahl der Hauptstadt von sechs auf mehr als zehn Millionen an. Jeder fünfte Franzose lebt im Großraum Paris, die meisten von ihnen in anonymen Stadtrandbezirken.

Hier wohnt man enger zusammengedrängt als im großzügigen London. Auf einen Quadratkilometer kommen in Paris rund 26 200 Einwohner; in London nur 10 600. Auch Grünflächen gibt es wenige, und trotz des Stadtplaners Haussmann ist das Stadtzentrum dem modernen Verkehr seit Jahrzehnten nicht gewachsen. Auf dem malerischen linken Seine-Ufer parken schwere Lastwagen auf den Bürgersteigen von Gassen, die einst für Handkarren bestimmt waren.

Der Pariser stellt seit der Französischen Revolution von 1789 den Urtyp des Bürgers. Seit der Belle Époque gibt er in ganz Europa an, was Geschmäcker, Moden und Manieren sind. Die Pariser Nachmittags- oder Abendgesellschaften, die sich als ziemlich steife Cocktailparties mit konventioneller Konversation präsentieren, haben sich in der ganzen Welt für Diplomatenempfänge durchgesetzt. Zwar ist die amerikanische Kultur und Lebensweise überall auf der Welt auf dem Vormarsch; in Paris jedoch hat sich die bürgerliche Gesellschaft Eleganz und konservative Werte bewahrt. Viel dreht sich bei den Pferderennen in Longchamps, auf den Bällen und Empfängen von Politikern und Wirtschaftsmagnaten und bei »Kunst-Events« in Galerien und Museen um den *dernier cri*, den letzten Schrei der Mode. Auch wenn andere Städte der Welt sich noch so sehr bemühen: Paris ist und bleibt die Weltmetropole der Mode, der erlesenen Parfüms, des guten Geschmacks schlechthin. Nirgendwo sonst an einem Ort gibt es so viele geschmackvoll angezogene Männer und Frauen. Nirgendwo sonst wird für das äußere Erscheinungsbild soviel Geld ausgegeben wie in der französischen Hauptstadt. Die Pariser, so scheint es, kultivieren ihr jahrhundertealtes *cliché* nach wie vor mit großer Leidenschaft. Der Begriff »Leidenschaft« ist es auch, der am häufigsten mit dieser Metropole in Verbindung gebracht wird. Denn schon der Name »Paris« erinnert stets an Aphrodite, an Erotik und Laszivität. Diese Assoziationen sind es, die jährlich Tausende junger Paare dazu bewegen, ihre Flitterwochen in Paris zu verbringen. Dabei ist die Stadt bürgerlicher als London.

Die Place Pigalle und das Bohème-Viertel am linken Seine-Ufer, das Moulin Rouge des Toulouse-Lautrec, sie waren schon immer nur übersteigert dargestellte amouröse Mikrokosmen des »Bauchs von Paris«. Außerhalb des mehr als 2000 Jahre alten Stadtkerns, der Ville de Paris, verliert die wohlklingende Stadt indes beträchtlich an Charme und Eleganz. Die riesigen, schmucklosen Schlafvorstädte am Stadtrand wirken seelenlos. Wer hier wohnen muß, um täglich in die Innenstadt zu pendeln, ist nicht darum zu beneiden.

»Es ist nur ein Rom in der Welt«

Viele spektakuläre antike Trümmer und Ruinen zeichnen und pinseln die Silhouette der einstigen *caput orbis*, der Hauptstadt des Erdkreises. Auch nur wenige Zentimeter tief stößt man im Bereich des gesamten Stadtkerns auf die 3000 Jahre alte Vergangenheit. In Fellinis Film ›Roma‹ kommt es zu folgender Szene: Ein Kamerateam beobachtet die Arbeiten an Roms U-Bahnbau. Eine Fräse öffnet ein Loch. Plötzlich stößt man auf eine völlig intakte antike Villa mit prächtigen farbigen Fresken.

Im 1. Jahrhundert vor Christi Geburt legte der römische Gelehrte Varro den Gründungstag Roms fest: Am 21. April 753 hätten die von einer Wölfin großgezogenenen Zwillinge Romulus und Remus die Stadt am Tiber gegründet. Lange als mystischer Unfug verlacht, haben archäologische Ausgrabungen auf den Trümmerfeldern des Forums vor einiger Zeit ergeben, daß Rom tatsächlich im 8. Jahrhundert vor Christi Geburt bewohnt und bebaut war. Damit zählt Rom zu den ältesten urbanen Zentren der Welt, daher auch der Beiname »Ewige Stadt«.

Das Forum Romanum, heute die ausgedehnteste Ruinenstätte Roms, war 1000 Jahre lang der Markt-, Versammlungs- und Gerichtsplatz der Römer. Jeder römische

Herrscher ließ im Bereich des Forums ein prachtvolles Bauwerk errichten: Basiliken, Tempel, Triumphbögen in Marmor- und Goldverkleidung. Nach dem Ansturm der germanischen »Barbaren« begannen im 6. Jahrhundert die kostbaren Gebäude am Forum zu verfallen. Zum Teil nutzte man sie als Kirchen, zum großen Teil aber als Steinbruch. Im 19. Jahrhundert diente die weite Fläche mitten in der Stadt als *campo vaccino*, auf dem Kühe weideten.

Auf dem Höhepunkt ihrer Macht beherbergte die Stadt Rom, die binnen 500 Jahren ein Weltreich schuf, eine Million Einwohner, auf ihrem Tiefpunkt nach dem Zerfall des Imperium Romanum nur 50 000. In der Antike war sie die erste und einzige Metropole nach modernen Gesichtspunkten. Heute leben in Rom nur etwa ein Drittel der Einwohner von Paris. So gesehen, hat sich der einstige Mittelpunkt des römisch-vereinten Europas nie mehr von seiner Entmachtung erholt. Lediglich die Renaissance-Päpste erweckten Rom wieder zu architektonischer und (kirchen-)politischer Größe. Sie verliehen der Stadt Leben, bauten Paläste auf Schafweiden, förderten die Künste in einem Ausmaße, so daß bis heute die ganze Innenstadt wie ein einziges, lebendiges Museum wirkt, das einen repräsentativen Querschnitt der europäischen Hochkulturen der letzten 3000 Jahre bietet. Erst 1870 wurde von nationalbegeisterten Studenten und Professoren neben dem Vatikan, dem Sitz des Papstes, Rom wieder als Hauptstadt des geeinten Italien proklamiert und aufgebaut.

Heute scheint die Stadt nur aus drei Menschentypen zu bestehen: aus Touristen, Pilgern und Verwaltungsbeamten. Letztere stellen zusammen mit ihren Familienangehörigen etwa die Hälfte der römischen Einwohner. Neben Brüssel beherbergt Rom den aufgeblähtesten Staatsapparat europäischer Hauptstädte. Entsprechend geschäftig und wichtig gerieren sich die Römer auf den Straßen. Dort herrscht ein inzwischen legendäres Verkehrschaos, denn wer es in Rom zu etwas gebracht hat – und wer hat das nicht –, fährt mit dem Auto. Erträglich ist die schöne Stadt nur im Sommer, wenn die Römer ans Meer geflohen sind und ganz Rom zwei streunenden Lebewesen gehört: den Touristen und den Katzen. Fazit: »Es ist nur ein Rom in der Welt«, schrieb Goethe in seiner ›Italienischen Reise‹, »man müßte mit tausend Griffeln schreiben, was soll hier eine Feder.«

»Ich bin ein Berliner!«

Berlin ist die jüngste Hauptstadt Europas von Rang. Erst seit Juli 1991 ist die Stadt an der Spree nominell, erst ab Herbst 1999, nach dem Umzug der Regierung aus Bonn, auch faktisch wieder die Hauptstadt Deutschlands. War Paris während der deutschen Besatzung eine gedemütigte Stadt, so war Berlin lange eine geschundene, eine von den Besatzungszonen gevierteilte, jeglicher Funktion beraubte Stadt. Als Hauptstadt des deutschen Kaiserreiches ab 1870 entwickelte sie sich relativ spät zur Metropole, mit Ausstrahlungskraft weit nach Osteuropa hinein. Durch die preußische Dominanz blieb sie im übrigen Deutschland ungeliebt. Als sie sich nach dem verlorenen Ersten Weltkrieg zur Hauptstadt eines demokratisch regierten Deutschland wandelte, blieb ihr die Anerkennung dafür versagt. Die erste freie Epoche in der deutschen Geschichte ist nicht nach Berlin, sondern nach einem kleinen Ort in Thüringen »Weimarer Republik« benannt. Mit dem Berlin jener Jahre verbinden sich vielmehr Vorstellungen an den Glamour der Halbwelt der *Golden Twenties*. Danach kamen das Trauma der Nazi-Diktatur und ihre Folgen. Berlin – Hauptstadt des zwölfjährigen »Tausendjährigen Reiches«, Symbol für einen Alptraum der Menschheit. Aber auch ab 1948 Eckpfeiler der freien Welt, Stachel im Fleisch des Kommunismus, Blockadebrecher, Hauptstadt der DDR.

Berlin ist, gemessen an allen anderen europäischen Metropolen, ohnehin ein Newcomer, erstmals erwähnt im Jahr 1244. Und dieser Anfang ist nicht gerade ruhmvoll. Gewissermaßen als Wegelagererposten begann Berlin seinen Aufstieg, kontrollierte doch im Mittelalter ein Markgraf den Fernhandelsweg Magdeburg–Posen, indem er am Spreeübergang Berlin als Brückenort nutzte, um den Kaufleuten Zoll abzunehmen. Das 18. Jahrhundert gilt als die erste Blütezeit Berlins. Unter König Friedrich II. von Preußen schufen bekannte Baumeister viele Repräsentationsbauten. Aber auch Garnisonen und Militär hielten Einzug in die Stadt. Am Ende dieser Ära steht die Errichtung des klassizistischen Brandenburger Tors, versehen mit der Quadriga, ein zweifelhafter Bezug auf die Antike und Ausdruck cäsarischen Machtanspruchs. Der eigentliche Aufstieg der Stadt erfolgte – im Gegensatz zu heute – unmittelbar nach der Hauptstadtentscheidung im Jahre 1871. Die Bauten des Reichstages und des Doms, das Anlegen des Kurfürstendamms als Boulevard ersten europäischen Ranges veränderten das Gesicht der Stadt. Die Fassaden der neuen Hauptstadt glänzten wie nie zuvor. Und dahinter? Die Einwohnerzahl verdoppelte sich, auch durch Eingemeindungen, binnen eines Jahrzehnts auf 826 000 Menschen (1871). Bodenspekulation, Mietwucher, Obdachlosigkeit waren an der Tagesordnung. Das alles hat sich nicht sehr verändert.

Nach dem Aufstieg folgte binnen 50 Jahren der Tiefstpunkt. Am 17. Juli 1945 beschließen die alliierten Sieger über Deutschland im Cecilienhof vor den Toren Berlins die Teilung der Welt in zwei Hälften – mitten durch Berlin. Eine geteilte Stadt erschien damals auch den Sowjets abstrus. Sie benutzten die Währungsreform in der Westzone im Juni 1948 als Anlaß zu dem Versuch, die ganze Stadt unter ihre Kontrolle zu bekommen. Am 24. Juni 1948 blockierten sie den Zugangsverkehr nach Berlin. Zwei Tage später lief das größte Lufttransportunternehmen der Geschichte an: die Luftbrücke. Aus der ganzen Welt holten die Westalliierten Flugzeuge nach Deutschland. Auf dem Höhepunkt der Aktion landeten die Maschinen in Abständen von zwei Minuten und beförderten an einem Tag 13 000 Tonnen Lebensmittel nach Westberlin. So entstand nur wenige Jahre nach dem Zweiten Weltkrieg das positive Image von Berlin als Symbol der Freiheit, das den amerikanischen Präsidenten John F. Kennedy bei seinem historischen Besuch im Sommer 1963 zu den solidarischen Worten veranlaßte: »Ich bin ein Berliner!«

Mit der friedlichen Erzwingung der Maueröffnung am 9. November 1989 haben die Berliner im Ostteil der Stadt ihren Beitrag geleistet, daß Berlin seither als einmaliges Symbol für Freiheit und Frieden in der Welt dasteht. Dieses Image hat wesentlich zur Akzeptanz als neue deutsche Hauptstadt innerhalb und außerhalb des Landes beigetragen. Seinen Charakter als Metropole aber muß sich Berlin in den kommenden Jahren erst noch zurückerobern. Regierungssitz zu sein allein genügt nicht. In Berlin gibt es keine nennenswerte Industrie. Die Bankenwelt siedelt in Frankfurt, die wichtigsten Medien in Hamburg und München. Die Bevölkerungszahl von rund 4,8 Millionen Einwohnern sinkt durch Abwanderungen ins Umland. Der hohe Anteil von türkischen Gastarbeitern alleine verleiht Berlin noch nicht jenes multikulturelle Gepräge, das Paris und London ausmacht. Zwei Faktoren jedoch geben Berlin die Möglichkeit, in den nächsten Jahren wieder eine moderne Metropole werden zu können: das Interesse der Mittel- und Osteuropäer an Berlin als nächsterreichbarer Großstadt im Westen mit unbeschränkten Einkaufs- und Erlebnismöglichkeiten sowie die wachsende politische Rolle Deutschlands in der Welt.

Geheimnisvolle Urzelle der russischen Seele: Moskau

Mit acht Millionen Einwohnern ist Moskau das »Ost-Rom« der Neuzeit, im 20. Jahrhundert Hauptstadt einer der beiden Weltmächte und seit dem Zerfall der Sowjetunion im Dezember 1991 immer noch wichtigstes politisches Machtzentrum Europas und Asiens. Wie keine zweite Hauptstadt des Kontinents ist Moskau gleichzeitig bedeutendste Industriestadt des eigenen Landes. 76 Hochschulen legen Zeugnis ab, daß in dieser Metropole auch das geistige Zentrum Rußlands zu finden ist.

Den Mittelpunkt der Stadt bildet seit dem 12. Jahrhundert der Kreml, die Burg oder Zitadelle. Von der übrigen Stadt am »trüben Fluß«, der Moskwa, die dem Ort den Namen gab, durch eine Festungsmauer getrennt, war der Kreml seit jeher eine Welt für sich: allzuoft in der Geschichte unheimlich, rätselhaft, stets Zentrum der Macht, von dem aus mit Gewalt über das russische Volk regiert wurde. Hier fand aber auch der russische Nationalismus seine erste Ausprägung, der zur Einigung der russischen Fürstentümer zu einem Zarenreich führte.

Der Kreml ist ein Stadtteil für sich, umgeben von einer zinnengekrönten, 20 Meter hohen Ziegelmauer von 2,6 Kilometer Länge. Fünf Tore führen in das Innere dieser mystischen Urzelle Rußlands, in der Kirchen, Klöster, Paläste, Regierungs- und Staatsgebäude versammelt sind. Berühmt sind die drei Kathedralen, die im wesentlichen von italienischen Architekten im 15. Jahrhundert erbaut wurden. Die bekannteste Moskauer Kirche steht indes außerhalb der Mauern auf dem Roten Platz: die Basiliuskathedrale. Der bizarre, aus elf kleinen, ineinander verschachtelten Kapellen bestehende Bau entstand auf Befehl Iwans des Schrecklichen. Zu diesem Gewaltherrscher passend, geht die Sage, der Zar habe den Baumeister nach der Vollendung des Werkes blenden lassen, damit er niemals mehr in der Lage sei, etwas ähnlich Prächtiges zu schaffen. Nach dem Ende des Zarenreiches durch die Oktoberrevolution im Jahr 1917 wurde der Kreml für 74 Jahre Sitz des Obersten Sowjet, der russischen Regierung. Der einst streng abgeschlossene Palastbezirk wurde zugänglicher als vorher und um neue Bauten im stalinistischen Stil erweitert. Vor allem aber das Mausoleum für die mumifizierten sterblichen Überreste des Revolutionshelden Lenin an der Kremlmauer machten den Kreml für sieben Jahrzehnte zum geistigen und heiligen Zentrum des internationalen Kommunismus. Noch zu Beginn des 20. Jahrhunderts waren die Kreml-Bauten fast die einzigen Steingebäude der Stadt; alle Profanbauten waren aus Holz errichtet.

Heute hingegen ist selbst die Moskwa in Beton gegossen. Die Stadt besteht aus Tausenden monolithischer Häuserblocks, die aussehen wie riesige graue Aktenschränke. Das romantische Moskau Dostojewskijs ist unwiederbringlich dahin. Die kommunistische Ära hat aus alter Zeit nur den Kreml stehenlassen; die übrige Stadt ist, unter ästhetischen Gesichtspunkten betrachtet, häßlich und monoton. Vorbei jenes Moskau aus der Weltliteratur, mit Schneehaufen vor der Holztür und Eiszapfen an den niedrigen Dachschindeln der zweistöckigen, mit reichen Schnitzereien verzierten Holzhäuser. Die Wohnblocks der Gegenwart sind, kaum hochgezogen, schon vom Verfall gekennzeichnet. Allein die unter Stalin in Rekordzeit aus dem Boden gestampften U-Bahnstationen gelten als die schönsten der Welt: riesige, domähnliche, zwölf Meter hohe Gewölbe, mit Wandmalereien und Inschriften geschmückt. Die Züge gleiten auf Gummirädern geräuschlos herein und hinaus. Trotz der angestrengten Bemühungen der Sowjets und der neuen Behörden, die Wohnungsnot für die jährlich durch Zuzug steigende Einwohnerzahl zu beheben, rangiert in Moskau das Wohnungsproblem nach wie vor an erster Stelle. Tausende von Familien leben in Einzimmerwohnungen oder teilen sich eine Etagenwohnung. Kein Wunder, daß in Moskau die Geburtenrate seit Jahrzehnten sinkt. Auch soziale Begegnungen finden deshalb meist draußen statt. Im Gorkij-Park etwa treffen sich bei gutem Wetter Hunderte von Schachspielern zum Brett-Duell.

Dörfer in Europa

Erika Haindl

Wir leben in einem »Europa der Regionen«. So wichtig die Identifizierung der Bewohner mit ihrem Dorf jeweils bleibt: als entscheidend werden sich im zukünftigen Europa die regional vorhandenen Besonderheiten, regional orientierten und installierten ökonomischen, ökologischen und soziokulturellen Vernetzungen erweisen. Dies zeichnet sich bereits klar ab. Diejenigen europäischen Staaten, die sich zur EU zusammengeschlossen haben, bezeichnen sich konsequenterweise deshalb auch als ein »Europa der Regionen«. Das bedeutet, daß die Erhaltung der kulturellen Eigenständigkeiten der ländlichen Regionen Europas für die Politik der Gemeinschaft wichtig ist.

Die Vielfalt der Dörfer in Europa ist in einer kurzen Darstellung nicht gerecht zu werden. Variierende Beurteilungskriterien ergeben sich bereits aus unterschiedlichen Fragestellungen. Verallgemeinernd aber gibt es einige Kennzeichen, die typisch für die historische Besiedlungsform »Dorf« waren bzw. in statischen Situationen auch heute noch sind:

- landschaftstypische Siedlungsform und Verwendung landschaftstypischer Baumaterialien
- überschaubare Größe des bebauten Siedlungsraums mit an der Ortsgestalt ablesbaren sozialen Abstufungen
- je nach Siedlungsgestalt enge oder weiter entfernte Nachbarschaft
- ein aufeinander bezogenes System der Berufe um den jeweiligen Schwerpunkt (Landwirtschaft, Fischerei, Bergbau etc.)
- ein Clan- und/oder personenbezogenes System politischer Einflußnahme
- dichte soziale und verwandtschaftliche Vernetzungen
- auf gegenseitigen Pflichten/Rechten beruhende Nachbarschaftsbeziehungen
- enge kirchliche Bindungen
- Teilnahme an Gemeinschaftsaufgaben zur Erstellung und zum Unterhalt gemeinschaftlicher Einrichtungen.

Die Dörfer Europas werden sich in Zukunft mehr und mehr zu Wohnstandorten wandeln. Im Vordergrund der nationalen Planungen für die ländlichen europäischen Räume dürfte deshalb zukünftig vorwiegend die Verbesserung der Rahmenbedingungen für die dörfliche Aufgabe, Wohnstandort zu sein, stehen.

Die Siedlungsform »Dorf« ist heute durch eine mehr oder weniger deutliche Auflösung der obengenannten Kennzeichen geprägt:

- Die Verfügbarkeit von Baumaterialien ist unabhängig vom Standort geworden.

Corippo im Verzasca-Tal, die »Vorzeige-Gemeinde« der Schweizer Denkmalpflege beim Europäischen Denkmalschutzjahr. Die Häuser werden fast ausschließlich von wohlhabenden Großstädtern als Ferienwohnungen genutzt.

- Die ehemals klare Ortsgestalt ist durch Neubaubereiche verunklart, je mehr ein Dorf Teil eines ausufernden Verdichtungsgebietes wird oder von touristischen Nutzungen überlagert wird.
- Spezialisierung bei Viehhaltung und Pflanzenanbau prägt sowohl die Landschaft als auch die landwirtschaftlichen Bauformen und damit die Erscheinungsbilder der Dörfer.
- Berufstätigkeit ist nicht mehr auf das Dorf bezogen. Die von den Dorfbewohnern ausgeübten Berufe spiegeln die zunehmende heterogene soziale und ökonomische Struktur der Bürgerschaft wider. Die Nähe zu städtischen Arbeitsplatzangeboten prägt die Zusammensetzung der dörflichen Wohnbevölkerung aus Alt- und Neubürgern.
- Das politische Parteiensystem hat sich weitgehend durchgesetzt.
- Das soziale System wird von individuellen persönlichen Beziehungen bestimmt, in dem die Familie nicht mehr die Priorität hat wie früher.
- Nachbarschaftsbeziehungen werden nicht zuletzt durch Ausdifferenzierungen in den Einkommensverhältnissen zunehmend distanzierter und unverbindlicher.
- Kirchliche Bindungen sind zwar noch enger als in der Stadt, zeigen aber ebenfalls, vor allem in den jüngeren Generationen, deutliche Tendenzen zur Unverbindlichkeit.
- Gemeinschaftsaufgaben sind weitestgehend an die Kommunen übergegangen.

Was ist ein »ländlicher Raum«?

Die Vorstellungen, was ländliche Räume seien, unterscheiden sich innerhalb Europas deutlich. Die bisher üblichen Definitionen der Europäischen Union richten sich nach drei Kategorien, denen die Bevölkerungsdichte zugrunde liegt:

- eindeutig ländlich *(significantly rural)*
- überwiegend ländlich *(predominantly rural)*
- überwiegend verstädtert *(predominantly urbanised)*.

Hinter den Durchschnittszahlen verbergen sich selbstverständlich europaweit gewichtige Unterschiede. Schweden, Finnland und Dänemark weisen den geringsten Prozentsatz an ländlichen Gemeinden auf, die »überwiegend städtisch« orientiert sind, aber es zeigen sich deutliche Wanderbewegungen in die mittleren Siedlungsgrößen, während in den Ländern mit einem höheren Verstädterungsgrad wie den Niederlanden, Belgien, der Bundesrepublik Deutschland und Großbritannien die Wanderungsbewegungen ebenfalls in die mittleren Siedlungsgrößen zielen, aber als »Stadtflucht« aus der entgegengesetzten Richtung. In den EU-Staaten Frankreich und Spanien leben prozentual die meisten Menschen in Orten mit »überwiegend ländlichem« oder »eindeutig ländlichem Charakter«. Die Länder Irland, Österreich, Griechenland und Portugal sind noch immer von einem auffallenden Stadt-Land-Gegensatz geprägt: Einer einerseits überwiegend bis eindeutig ländlichen Bevölkerung steht eine überwiegend städtische Bevölkerung gegenüber, während Stadt-Land-Konglomerate noch eher die Ausnahme sind.

Die nachindustrielle europäische Gesellschaft wird zunehmend zu einer standortunabhängigen »Informationsgesellschaft«. Entsprechend der in den letzten zehn Jahren wachsenden Integration ländlicher Regionen und ihrer Orte in den *modern way of life* hat sich ein neues Klassifizierungs-Schema ergeben:

- Integrierte ländliche Regionen *(integrated rural areas)*
  In ihnen wächst die Anzahl qualifizierter Arbeitsplätze im Zusammenhang mit den raumunabhängigen neuen Medien im sekundären und tertiären Sektor. Daraus entsteht durch den Zuzug jüngerer, gut ausgebildeter Menschen über kulturelle und soziale Bedürfnisse eine andere dörfliche Öffentlichkeit. Die Landwirtschaft bestimmt zwar noch immer das Landschaftsbild, aber hinsichtlich ihrer soziokulturellen und ökonomischen Normen dürften sich einige dieser Regionen zu vorwiegenden Tourismus- und Wohnstandorten verändern.
- Mäßig integrierte Regionen *(intemediate rural areas)*
  Sie liegen weiter entfernt von Ballungsgebieten. Die Menschen arbeiten noch immer zu einem großen Teil im primären und sekundären Sektor. Falls die Dörfer touristisch attraktiv sind, gibt es zumindest saisonal Arbeitsplätze im Dienstleistungsbereich. Lange Pendelzeiten zu Schule, Ausbildung und Beruf werden in Kauf genommen.

»Bilderbuchsanierung« in Regensberg bei Zürich

- Kaum integrierte ländliche Regionen *(remote rural areas)*
  Diese Kategorie von Räumen mit ihren Dörfern weist die geringsten Veränderungschancen auf und ist landschaftlich extremen Positionen zuzuordnen: abgelegene Gebiete, Inselregionen mit ungünstigem Klima, schwer erreichbare Bergdörfer. Extreme Entfernungen vom überregionalen Verkehrswegenetz verstärken die ungünstigen Rahmenbedingungen. Diese Kategorie von ländlichen Räumen und den darin liegenden Dörfern weist zugleich auch im Durchschnitt die höchsten Abwanderungsraten auf; die Bevölkerung ist deutlich überaltert. Dazu passend werden – außer in einigen touristisch attraktiven Orten – die niedrigsten Einkommen erwirtschaftet. Das generationsspezifische Freizeitangebot wird mit jedem abgewanderten jungen Erwachsenen dürftiger. Das soziokulturelle Verhalten weist Aspekte von Lethargie auf. Regionen dieser Raumkategorie sind etwa die äußeren Hebriden, die Orkney- und die Shetland-Inseln, die nördlichen schottischen Highlands, die Pyrenäen, der italienische Apennin.

Die Bedeutungsveränderung der Landwirtschaft für den ländlichen Raum

Jahrhundertelang war »Dorf«, verallgemeinernd betrachtet, gleichbedeutend mit »Bauernstand«. Dessen Bedürfnisse und Produkte prägten die ländliche Ökonomie, die selbstverständliche Einbindung in den Jahreskreislauf mit seinen Zeiten von Arbeit und Ausruhen. Nicht ohne symbolische Bedeutung steht die Dorfkirche mitten im Dorf: Die Gebete um Fruchtbarkeit für Mensch und Tier und um Schutz vor Unwetter und für Erntesegen prägten pragmatisch die dörfliche Frömmigkeit. Die historischen Schattenseiten des Dorflebens sollen nicht verschwiegen werden: Armut in vielen Formen, Härte in der Bewahrung von Eigentum und in der Verweigerung von individuellen Sonderwegen, lückenlose gegenseitige Kontrolle, eine schonungslose Ausbeutung der sozial Schwächeren, vor allem abhängiger Frauen, Generationsverträge, die dem einzelnen wenig Spielraum ließen, weil man nur so aus gegenseitigem Mißtrauen das generative Überleben sichern konnte.

Aus einigen der »Bauern« von früher sind »Landwirte« geworden, und aus den wenigen, davon überbleibenden Landwirten werden zunehmend »agroindustrielle Unternehmer«. Durch die technischen Neuerungen und steigenden Arbeitskosten kam es zu einer historisch geradezu einmaligen Substitution der menschlichen Arbeit. Mehr und mehr kleinere und mittlere Betriebe geben auf, da sie zunehmend dem Konkurrenzdruck des globalen Marktes nicht mehr gewachsen sind und die nachfolgenden Generationen mit besseren Bildungschancen in andere Berufszweige wechseln.

Nicht nur die Anzahl der Höfe, auch die der landwirtschaftlich arbeitenden Bevölkerung geht in allen europäischen Ländern seit Jahren kontinuierlich zurück. Davon sind auch Länder in geographischen Randlagen betroffen, die bisher überwiegend durch eine landwirtschaftlich arbeitende Bevölkerung geprägt waren.

Die Landwirtschaft steht heute wie kaum ein anderer Lebens- und Produktionsbereich in der Spannung zwischen zwei Extremen. Denjenigen Landwirtschaftsbetrieben, die zu ausschließlich an ökonomischen Fakten orientierten Produktions- und Organisationsformen tendieren, erwuchs ab den sechziger Jahren eine – wenn auch zunächst nicht bedeutsame – Alternative. Die aus den Protestbewegungen der achtundsechziger Jahre entstandenen Landkommunen versuchten, ökologisch und autonom zu einem naturverträglichen bäuerlichen Wirtschaften zurückzukehren. Die frühen Formen sind inzwischen aus ihren utopischen bzw. laienhaften Anfängen entweder herausgewachsen oder wieder verschwunden. Zunächst waren diese Alternativversuche meist als aus der Stadt kommende Außenseiter-Gruppen in den höchst sensiblen Regionen mit sehr spezifischen topographischen, geologischen und klimatischen Rahmenbedingungen angesiedelt, zum Beispiel in der Toskana, im Schweizer Jura und im französischen Zentralmassiv. Die traditionell bäuerliche Bevölkerung hatte diese Standorte aus Überlebensgründen schon ab dem 19. Jahrhundert und beschleunigt nach dem Ende des Zweiten Weltkriegs verlassen. Dabei handelt es sich um jene von der EU als *Less-Favoured Areas* (LFAs) eingestuften Landschaften, die im einzelnen reich sind an hohen Naturwerten und in den meisten Fällen die gleichen Bereiche betreffen, die unter Naturschutz stehen bzw. gestellt werden sollen.

Inzwischen haben unter dem gewandelten Druck des öffentlichen Bewußtseins für die wachsenden Gefahren der Umweltzerstörung und der industriellen Denaturierung und lebensfeindlichen Manipulation von Lebensmitteln viele gut ausgebildete Landwirte der jüngeren Generation auch in ertragsreicheren Lagen ihre Betriebe auf ökologisch verträglichen Landbau umgestellt. Aus der Nachfrage nach regionaler,

Traditionelles ländliches Schlafzimmer.
Duas Igrejas, Portugal 1988

Typisch südportugiesische Kaminküche.
Alto Agarve, Portugal 1988

Ländliches Wohnzimmer. Rossão, Portugal 1989

gesunder Nahrung »direkt vom Erzeuger« hat sich eine neue Marktssituation ergeben, wobei verbrauchernahe Vermarktungsmaßnahmen und Managementkenntnisse über ökonomische Überlebenschancen entscheiden. Nur wer eine entsprechende Angebotspalette anbieten kann, wird die veränderten Möglichkeiten nicht nur ökologisch, sondern langfristig ökonomisch sinnvoll nutzen können.

Denkmalschutz: Wertschätzung ländlicher Bausubstanz

Auch heute noch werden die Veränderungen der ländlichen Räume und ihrer Dörfer sehr stark von Interessen geprägt, die von der Lebensform »Stadt« ausgehen und dabei eine Verbindung eingehen. Als Beispiel für diese gegenseitige inhaltliche Durchdringung der Weltbilder sei ein klassisches Thema der siebziger und achtziger Jahre aufgegriffen, das sich auf die gebaute Gestalt ländlicher Siedlungen bezieht: der Denkmalschutz. In den europäischen Ländern fand das Dorf als Lebensform nach 1945 erst wieder neue Wertschätzung durch das Europäische Denkmalschutzjahr 1975. In den frühen siebziger Jahren hatte sich ein massiver Protest gegen die Zerstörung der gebauten städtischen Umwelt formiert. Dieser Trend ging zunächst von intellektuellen städtischen Zentren wie den Universitäten (Fachgebiete Kunstgeschichte, Architektur, Kulturwissenschaften) aus und richtete sich konkret gegen die Vernichtung von gewachsenen städtischen Wohngebieten und die Vertreibung ihrer oftmals sozial schwachen Bevölkerung.

Die Wertschätzung historischer dörflicher Bausubstanz zeigte Anfang der siebziger Jahre, gesamteuropäisch gesehen, deutliche Varianten. In der Ausstellung anläßlich der Eröffnung der Kampagne zum Europäischen Denkmalschutzjahr 1974 in Amsterdam präsentierten Länder wie Portugal, England und die Schweiz eindrucksvolle Beispiele von Dorfsanierungen.

Der Denkmalschutz und der »Heimat-Gedanke«

Zumindest in Deutschland fand der Denkmalschutz bei der ländlichen Bevölkerung zunächst sehr wenig Widerhall. Das neugeweckte Interesse an historischer dörflicher Bausubstanz wurde aggressiv als unerwünschte Einmischung abgewehrt. Wen wundert es, daß sich in der Erinnerung die Erfahrung bis heute gehalten hat, daß nichts Gutes von außen kommen könne und man klug, ja »schlitzohrig« sein müsse, um zu seinem Recht zu kommen. Die alten kollektiven Abwehrhaltungen gegen alles Fremde erschwerten nicht nur den zwangsweise eingewiesenen Flüchtlingen nach dem Krieg das Leben in den Dörfern, sondern beeinflussen bis heute den schwierigen Prozeß des Zusammenwachsens von Altbürgern und freiwillig zuziehenden Neubürgern.

Langfristig gesehen, auch aufgrund beharrlicher Meinungsbildungsarbeit durch die Denkmalschutzbehörden und vor allem der mit ihnen verbündeten Bürgerinitiativen, und unterstützt durch die Überzeugungskraft staatlicher Zuschüsse zu den Sanierungskosten, haben viele Dorfbewohner sich dem Gedanken des Denkmalschutzes letztendlich doch geöffnet. Es ließ sich nicht mehr leugnen, daß die lokal und regional typischen Siedlungsformen mehr und mehr verschwanden. Staatliche Zuschüsse erleichterten Sanierungsentscheidungen. Die Denkmalschutz-Idee war im städtischen Umfeld entstanden, und so nimmt es nicht wunder, daß im ländlichen Raum zunächst jene Dörfer von der einsetzenden erhaltenden Erneuerung gekennzeichnet waren, die im Stadtumland als Wohnstandorte geeignet schienen und Qualitäten als Freizeitstandorte aufwiesen, in denen risikofreudige, meist kreativ arbeitende Städter historische Bausubstanz kauften und sanierten. Typisch für die letztgenannte Entwicklung sind das Tessin in der Schweiz, die Alpengebiete generell, der Schwarzwald, die Vogesen, die Toskana, das Friaul, Dörfer in schönen Fluß- und Seelagen und an den Küsten. Viele Dörfer in Europa haben nach Zeiten des Verfalls wieder an ästhetischer Attraktivität gewonnen.

Dorferneuerung gelingt nur mit den Bewohnern

Eine Reihe von europäischen Staaten sind beim Denkmalschutz nicht stehengeblieben, sondern stellten Mittel für umfassende Dorferneuerungsmaßnahmen zur Verfügung. Einige Länder und Regionen hatten aus dem Denkmalschutz gelernt: Die Erhaltung einer sogenannten territorialen Identität für die jeweiligen Bewohnenden kann nur gelingen, wenn die Menschen sich mit den Maßnahmen identifizieren. Dazu müssen sie in einem Bottom-up-Konzept, das heißt in einem Konzept lokaler Demokratie, bereits von den ersten Schritten an ins Planungsgeschehen einbezogen werden. Die Koordinierung zwischen den einzelnen Ebenen der Beteiligten, von der lokalen über die regionalen, nationalen Ebenen bis hin zu der EU läßt noch einiges zu wünschen übrig, aber die auf die Denkmalschutz-Welle folgenden Dorferneuerungen in einigen europäischen Ländern, ganz besonders hervorzuheben diejenigen in Niederösterreich, haben nicht nur eine optische Verbesserung der Dörfer zur Folge, sondern auch soziokulturelle und sozioökonomische Selbstheilungskräfte hervorgebracht bzw. wieder aktiviert.

Andere europäische Staaten wie zum Beispiel Portugal nehmen es hin, daß sich die abgelegenen Dörfer leeren. Oftmals werden sie zu Feriensiedlungen, zu »Geisterdörfern«, in denen die wenigen verbliebenen Einheimischen zu Hausmeistern der wohlhabenden Feriengäste werden. Dieses Problem ist Realität und wohl die schlechteste Form von Sozial-, Wirtschafts- und Kulturpolitik für den ländlichen Raum, die man sich vorstellen kann.

Bereitschaft zum Wandel und die Bedeutung des endogenen Potentials

Seit längerer Zeit schiebt sich ein Problembereich mit umfangreichen Synergieeffekten in den Vordergrund, der – in den jeweiligen Abstufungen – für Gegenwart und Zukunft der europäischen Dörfer und Regionen entsprechend den geographischen, sozioökonomischen und soziokulturellen Rahmenbedingungen wirksam ist. Unbefriedigende Arbeitsbedingungen und Arbeitslosigkeit führen zur Abwanderung vor allem junger Erwachsener. Davon ist gegenwärtig insbesondere die Situation in Finnland, Griechenland, Frankreich, Spanien, Portugal und Großbritannien geprägt. In den zurückliegenden Jahrzehnten hat schleichend eine gefährliche Selektion stattgefunden, die inzwischen in vielen europäischen Dörfern zum Verlust an kollektiv wirksamer Lebensenergie geführt hat. Die jeweils vorhandenen soziokulturellen und ökonomischen Probleme vervielfältigen sich, da keine oder nur schwache Impulse für neue ökonomische Initiativen, für Kooperationsmodelle der Bevölkerung mit Behörden und Experten und für ein eigenständig lokales kulturelles Leben entstehen können.

In Dörfern, in denen aufgrund günstiger geographischer, ökonomischer und soziokultureller Rahmenbedingungen kreative Potentiale vor Ort bleiben oder neu hinzukommen, ist das soziokulturelle und politische öffentliche Leben dagegen durch einen positiven Wandel gekennzeichnet, der neue Netzwerke entstehen läßt, die oftmals an ehemals dorftypische Traditionen anknüpfen. Es ist einleuchtend, daß die Chancen und entsprechende Maßnahmen zur Sicherung der materiellen Existenz sowie des gesamten gesellschaftlichen Lebens in einem Dorf wesentlich davon abhängen, aus welchem humanen Potential kreative Impulse kommen. Wie wichtig diese sogenannten endogenen Potentiale für die Gestaltung der Zukunft des ländlichen Raums sind, zeichnet sich in einigen Regionen bereits deutlich durch die Bildung ortsübergreifender Interessengruppierungen ab – je nach regional vorhandenen Strukturen auch als Antwort auf die zunehmende Gefahr, daß die lokalen ökonomischen und kulturellen Gegebenheiten unter dem Druck der Ballungsgebiete zusammenbrechen.

Zur gezielten Förderung wirtschaftlich und soziokulturell schwächerer Regionen hat die Europäische Union die LEADER-Programme entwickelt (Liason Entre Actions de Development de l'Economie Rurale), die dazu dienen, Eigenarten und Eigenständigkeiten, wo immer es möglich ist, als lokale Einheiten zu tragfähigen Ressourcen auszubauen.

Für das Pilotprojekt LEADER I waren gezielt und gemeinsam mit den jeweiligen Mitgliedsstaaten 217 dörfliche Aktionsgruppen ausgewählt und relativ unbürokratisch gefördert worden. Durch die Fortsetzung des Programms (LEADER II, von 1994 bis 1999) sind Fördermittel fast allen ländlichen Regionen der Mitgliedsstaaten zugute gekommen, wobei sich der Schwerpunkt deutlich von der Förderung einzelner Projekte hin zu einer Förderung langfristigerer Ansätze verlagert hat. In die durch LEADER II geförderten sogenannten 5B-Regionen sind bisher 1 755 Millionen ECU geflossen.

Im Europa der EU haben sich in den zehn Jahren zwischen 1980 und 1990 einige ehemals marginale Regionen zu Gebieten mit einer auffallenden wirtschaftlichen und soziokulturellen Dynamik entwickelt. Die in den entsprechenden Dörfern und ländlichen zentralen Orten lebenden Menschen haben die Ursachen von Armut und Arbeitslosigkeit überwinden und sogar den europäischen Durchschnitt hinter sich lassen können. Dies wirkt sich im Aussehen der Dörfer sowie im Verhalten der Menschen deutlich aus.

Zu diesen Regionen und ihren Dörfern zählen:

- Almeria, Murcia, Valencia und Sevilla in Spanien
- die Provinzen Cesena und Pescara im nordöstlichen Italien
- der österreichische Teil von Tirol
- die Provinz Luxemburg in Belgien
- die Provinz Flevoland in den Niederlanden
- Teile der französischen Alpenregion und die atlantischen Arc-Departements in Frankreich
- Teile von Ostbayern
- Irland in einigen östlichen und zentralen Provinzen
- das Waldviertel in Niederösterreich.

Zurückgehende Gästezahlen haben in vielen ländlichen, auf Tourismus ausgerichteten Gemeinden insbesondere der europäischen Alpenregionen heftiges Nachdenken ausgelöst, was zu einer sensibilisierten Wahrnehmung der Beziehungen zwischen der Qualität des gebauten Dorfes und der Kulturlandschaft und deren Attraktivität für Erholungsuchende führte bzw. führen könnte. Österreich, das heute als dasjenige europäische Land mit der umfangreichsten Produktion ökologischer Lebensmittel gilt, hat schon sehr viel früher als andere Länder ein sensibles Gespür für diese heute »nachhaltig« genannten Zusammenhänge entwickelt. So dürfen in den vorwiegenden Touristenregionen die Landwirte kein Silagefutter mehr verwenden, sondern müssen auf traditionelle Weise im Winter ihre Tiere mit Heu füttern. Damit werden die negativen Auswirkungen der Silageherstellung, der unangenehme Geruch der Futtersilos und das Zerstören der blütentragenden Wiesenkräuter durch früheres Mähen – wodurch erst die gleichmäßige Grasqualität für Silage erreicht werden kann – verhindert. So wie sich inzwischen in den ländlichen Fremdenverkehrsorten Österreichs die bunten Wiesen als ein wichtiger Teil des touristischen Angebotes erweisen, sind mittlerweile auch in deutschen alpinen Gemeinden wie etwa in Hindelang wieder blühende Wiesen zu finden – mit dem Erfolg, daß die Übernachtungszahlen steigen.

Entwicklungsmöglichkeiten für die ländlichen Regionen Europas

Historische Dorfbilder und wiedererkennbare Kulturlandschaften können zu ökonomischen Ressourcen werden, wenn genügend initiative Kräfte aufeinandertreffen, die bereit sind, die Herausforderungen anzunehmen und entsprechend ungewöhnliche Wege zu gehen, um die vorhandenen Möglichkeiten zu nutzen, auch wenn sie zunächst eher belächelt als anerkannt werden. Die Anerkennung und Nachahmung kommt mit dem Erfolg.

Eine der wichtigsten emotional-intelligenten Ressourcen für Veränderungen ist das gewandelte Selbstbewußtsein von Bürgerinnen und Bürgern gegenüber dem Staat, das heißt die wachsende Forderung nach dem Recht, an den Gestaltungsprozessen, die den eigenen, überschaubaren Lebensraum betreffen, eigenverantwortlich mitzuwirken.

Als entscheidend erweist sich dabei der engagierte Einsatz von Einzelpersonen, ohne die langfristig keine kollektiv getragenen Maßnahmen zum Wandel bestehender unbefriedigender Verhältnisse erreichbar zu sein scheint. Die daraus abzuleitende Frage ist die nach den traditionellen, immer noch nachwirkenden dörflichen Wertorientierungen gegenüber Initiativpersonen. Das Dorf als Lebensform hat über Jahrhunderte hinweg Verhaltensformen entwickelt, die sich heute oftmals als Ursache für Verzögerungen in der Entwicklung herausstellen. Menschen, die durch abweichende Verhaltensformen nicht in die Norm paßten, hat die Dorfgemeinschaft der Vergangenheit entweder zur Anpassung oder zum Ausweichen gezwungen. Die traditionelle Lebensform »Dorf« hatte eine außerordentlich geringe Flexibilität für Veränderungen im Normen- und Wertgefüge. Dadurch hindert sich der ländliche Raum bis heute oftmals selbst, Lösungen für seine Probleme aus eigenem kreativem Potential zu entwickeln, wenn es sich darum handelt, alte, eingefahrene Gleise zu verlassen und neue, unbequeme oder gar riskante Wege auszuprobieren.

In ländlichen Gemeinden, die – nicht zuletzt auch aufgrund ihrer zunehmend heterogener werdenden Dorfbevölkerung aus Alt- und Neubürgern – über diese begehrten Initiativpersonen verfügen, entstehen

- eigenständige kulturelle Initiativen, oftmals durch ein sinnvolles Zusammenwirken von Alt- und Neubürgern, etwa zur Nutzung historischer Bausubstanz für gemeinschaftliche Zwecke, wie geschlechts- oder altersspezifische Freizeitnutzungen
- zweckgerichtete Partizipationsmodelle, vorwiegend von Frauen zur besseren Bewältigung von Alltagsproblemen (Kinderbetreuung, Einkaufsmöglichkeiten)
- Gremien der Zusammenarbeit zwischen den Bewohnern und den staatlichen Institutionen sowie den jeweils entsprechenden Experten und Expertinnen, etwa im Rahmen von Dorferneuerungsprogrammen, zur Planung und Durchführung von Maßnahmen, die die jeweiligen Standortqualitäten ökonomisch, soziokulturell und ökologisch verbessern
- ökologische Alternativen zur agro-industriell orientierten Landwirtschaft und, daraus resultierend, sinnvolle Zusammenschlüsse für gemeinschaftlich organisierte Direktvermarktung
- neue, überschaubare ökonomische Vernetzungen, etwa durch Tourismus in Klein- und Mittelbetrieben, wobei die Nutzung neuer Technologien immer wichtiger wird.

Ausblick

Auch wenn heute und verstärkt in der Zukunft neue Technologien die Bedeutung von Entfernungen schrumpfen lassen, ist es verständlich, daß die Bereitschaft zum Wandel nicht in allen Dörfern Europas in gleicher Intensität vorhanden sein kann. Unterschiede liegen sowohl in den jeweiligen historischen Erfahrungen und den daraus entstandenen Mentalitäten begründet als auch in den aktuellen Rahmenbedingungen.

Krisenmanagement muß jedoch heute global denken, um wirksam zu werden. Die vordringliche Frage ist, wie es global zu einem Kooperationsprozeß kommen kann. In den großen, überbürokratisierten Systemen wird über die Frage nachgegrübelt, was denn »Nachhaltigkeit«, was »Lebensqualität« sei und wie man allgemeine Richtlinien dafür finden könne. Ist aber Lebensqualität für die südlichen europäisch-ländlichen Regionen nicht etwas fundamental anderes als für die Bewohner der nördlichen Regionen? Klima, Traditionen – es gibt vieles, was auch in absehbarer Zukunft das Verständnis, was Lebensqualität sei, beeinflussen wird. Die Bewohner und Bewohnerinnen europäischer Dörfer sollten von den Leuten im Waldviertel lernen. Diese haben in Bürgerforen im Rahmen der Dorferneuerung und Regionalentwicklung pragmatisch miteinander gelernt, daß die Voraussetzung für Lebensqualität nur ehrliche partnerschaftliche Zusammenarbeit aller jeweils an einem Projekt Beteiligten sein kann. Kluge und im Sinne der »Agenda 21« vorausschauende kreativ denkende Bürgerinnen und Bürger haben für ihre eigenen Wohnorte Problemlösungen entwickelt, so daß die Region heute Qualitäten anbieten kann, die dem *modern way of life* entsprechen und dennoch die als positiv erkannten Werte des ländlichen Raums nicht zerstören.

Viele ländliche europäische Regionen sind im Verlauf der letzten Jahrzehnte materiell, sozial und kulturell in einen Zustand geraten, der die Menschen in die Lethargie, in Fremdbestimmung und letztendlich zur Abwanderung zwingt, weil der materielle und geistig-seelische Lebensunterhalt nicht mehr gesichert ist. Die positiv veränderten Regionen können als Vorbild dienen, wie sich Lösungen finden lassen, die nicht darin bestehen, im umweltunverträglichen Sinn zu wachsen, sondern »gut zu leben«. Lebensqualität kann nur durch Respekt vor der Natur und durch ein sozialverträgliches Handeln in allen Bereichen des Zusammenlebens erreicht werden. Auch das Waldviertel hat keine soziale und ökologische Utopie verwirklicht, aber gezeigt, daß das Leben in historisch eher marginalen Dörfern nicht schicksalhaft mit unüberwindbarer Armut und Hoffnungslosigkeit verbunden bleiben muß. Das hat allerdings zur Voraussetzung, daß die Bewohnenden Demokratie als partnerschaftliches Planen und Handeln verstehen. Die Übernahme von Verantwortung schafft Lebensmut und nicht zuletzt Lebensfreude im überschaubaren, sozialen Miteinander.

Das himmlische Jerusalem und die Städte

Michael Sievernich

Zu den Leitbildern, die für das geistige Werden Europas und die Gestaltung seiner Städte eine hervorragende Rolle gespielt haben, zählt zweifelsohne das biblische Bild des himmlischen Jerusalem. Die Bedeutung dieses Bildes vor allem in der Spätantike und im Mittelalter läßt sich an der Vielzahl von Apokalypse-Kommentaren und literarischen Verarbeitungen ebenso ablesen wie an den künstlerischen Gestaltungen. Zum Ausdruck kommt die Bedeutung der biblischen Vorstellung in Kirchen- und Klosterbauten, Weltkarten und Stadtplänen, Stadtdeutungen und -gestaltungen, Mosaiken und Skulpturen, Wandgemälden und Glasmalereien, illuminierten Handschriften und frühen Drucken. Woher stammt die Prägekraft des Bildes »Jerusalem«? Und welche Wirkung ging von ihm auf die Städte Europas und des Mittelmeerraums aus?

Die Idee des himmlischen Jerusalem geht zurück auf alttestamentliche Hoffnungsbilder, denen zufolge die Stadt Jerusalem, auch Sion genannt, zum Ort messianischer Erwartungen wird. So besingen etwa die Psalmen die neue Gottesstadt (Psalmen 48; 147). Die Propheten verheißen das neue Jerusalem als Stadt des Friedens, in die alle Völker strömen (Jesaja 2; 54 und 60), oder auch als endzeitliche Stadt, in die alle zwölf Stämme Israels zurückkehren, aber auch Fremde einbezogen werden (Ezechiel 47; 48). Die schon hier erkennbare Spannung zwischen der realen und der messianischen Stadt Jerusalem wird im Neuen Testament noch deutlicher, wenn Paulus dem gegenwärtig unfreien Jerusalem das freie himmlische Jerusalem gegenüberstellt (Galater 4, 25f.). Aber auch im letzten Buch der Bibel, der Offenbarung oder Apokalypse des Johannes, wird die Vision eines neuen, vom Himmel herabschwebenden Jerusalem beschrieben. Deren Symbolik knüpft an das erwähnte Zukunftsbild Ezechiels an (in dem die zwölf Stämme Israels heimkehren), reichert es aber mit weiteren Motiven aus dem jüdisch-apokalyptischen Denken und aus dem antiken Städtebau an und bezieht das Christusereignis mit ein.

Die Apokalypse wurde gegen Ende des 1. Jahrhunderts nach Christi Geburt von einem aus dem Judenchristentum stammenden Propheten namens Johannes verfaßt. Der römische Kaiser Domitian (81 bis 96), der schon zu Lebzeiten göttliche Verehrung beanspruchte, weckte den unversöhnlichen Widerspruch der Christen gegen den maßlos übersteigerten Kaiserkult. In dieser Situation des Widerspruchs und der Verfolgung verfaßte der Seher Johannes diese Kampfschrift gegen den Cäsarenkult und nannte sie »Offenbarung Jesu Christi« (Offenbarung 1, 1). Sie enthält keine geheime Botschaft, sondern ist ein öffentlicher Brief, wenn auch in verschlüsselter Sprache, der sich an die christlichen Gemeinden in der römischen Provinz Asia (westliches

Kleinasien) richtete. Der Brief wurde im Gottesdienst verlesen, um die Christen, in der Hoffnung auf das nahe Ende, zum Ausharren zu bewegen und zum geistigen Widerstand gegen die Totalitätsansprüche des römischen Imperiums und die Vergöttlichung (Apotheose) seiner Herrscher zu ermutigen. Johannes entwirft seine bilderreiche Gesamtschau der Geschichte also in einer konfliktreichen Entscheidungssituation (Caesar oder Christus), die die Christengemeinden zu verstehen und zu bestehen hatten.

Diese Gesamtschau von Gegenwart und Endzeit entrollt Johannes in einem Panorama apokalyptischer Visionen, mythologischer Ausdrucksweisen und geheimnisvoller Zahlenkombinationen, die jedoch kein Geheimwissen über den Verlauf der Weltgeschichte vermitteln und keine datierbaren Vorhersagen machen, sondern in symbolisch verschlüsselter Bildersprache den Sinn und das Ziel der Geschichte tröstend und ermahnend nahebringen wollen. In den Schlußkapiteln dieses letzten Buchs der Bibel (Offenbarung 21, 1 bis 22, 5) findet sich die Vision des himmlischen Jerusalem.

Die Offenbarung beschreibt das neue Jerusalem als heilige Stadt, die von Gott aus dem Himmel herabschwebt und von göttlichem Lichtglanz erfüllt ist. Sie symbolisiert die Gegenwart Gottes unter den Menschen sowie die vollendete Heilsgemeinde. Die wesentlichen Bildzüge der Gottesstadt lassen sich folgendermaßen beschreiben: Sie hat einen quadratischem Grundriß, über dem sich die Stadt als ein Würfel mit gigantischen, alles Menschenmaß übersteigenden Ausmaßen erhebt. Der symmetrische Würfel oder Kubus galt in der antiken Welt als Sinnbild höchster Vollkommenheit, er steht symbolisch für das schöpferische Wirken Gottes und zugleich als Gegenbild zum Menschenwerk des Turms zu Babel, dessen Spitze bis zum Himmel reichen sollte (Genesis 11, 1–9). Die Stadt ist von Mauern umgeben, in welche zwölf von jeweils einem Engel bewachte Tore eingelassen sind, über denen die Namen der zwölf Stämme Israels stehen. Zudem steht die Mauer auf zwölf Grundsteinen mit den Namen der Apostel. Die symbolische Zahl Zwölf verweist auf die konstitutive Rolle Israels und der Apostel Jesu. Das Baumaterial ist von erlesener Kostbarkeit; die Umfassungsmauer ist mit Jaspis und die Grundsteine sind mit zwölf Edelsteinen, darunter Saphir, Smaragd und Amethyst, geschmückt, deren Reihenfolge die damals übliche, astralreligiöse Zuschreibung zu den zwölf Sternzeichen des Tierkreises umkehrt. Die Stadttore bestehen aus Perlen, die ganze Stadt ist aus reinem Gold, durchsichtig wie Glas.

Im Gegensatz zum irdischen Jerusalem verfügt das himmlische nicht mehr über einen Tempel; das heißt, Gott braucht keine kultische Vermittlung mehr, sondern ist unmittelbar gegenwärtig. Auch ist das himmlische Jerusalem nicht weiterhin auf Sonne oder Mond angewiesen, denn es gibt keine Nacht mehr, da Gottes Licht die Stadt erfüllt. In diesem Licht wandeln die Völker und werden durch die immer offenstehenden Tore all ihre Reichtümer in die Stadt einbringen, die somit Sinnbild des universalen Miteinander aller Menschen und Völker ist. Nur das Böse hat keinen Platz. Schließlich sieht Johannes in dieser Himmelsstadt den Strom des Lebenswassers entspringen und den Lebensbaum wachsen, beides Sinnbilder des Paradieses.

Damit schließt sich der Kreis von der Genesis, dem ersten Buch der Bibel, zum letzten, der Apokalypse: Die Symbole der Natur (der Garten Eden) werden in das Symbol der Kultur (die Stadt) einbezogen. Das himmlische Jerusalem des Neuen Testaments versinnbildlicht im Kultursymbol der Stadt zum einen die erhoffte Vollendung der Welt und der Menschheit durch Gott und seinen Messias Jesus, zum anderen verkörpert Jerusalem aber auch die christliche Gemeinde in der Gegenwart, die, von der himmlischen Stadt inspiriert und befähigt, ihre Verantwortung für die irdische Stadt wahrnimmt. Daher braucht es nicht zu verwundern, daß das Christentum von Anfang an Stadtreligion ist und ein frühchristlicher Autor (Diognetbrief) die Christen als »Seele der Städte« bezeichnet.

Das Symbol des himmlischen Jerusalem, dessen kräftige Gegenbilder, der Turmbau zu Babel (Genesis 11, 1–9) und die Hure Babylon (Offenbarung 17–18), immer mitgedacht werden müssen, entfaltete in Wechselwirkung mit der realen Stadt Jerusalem eine vielschichtige Wirkungsgeschichte. Methodische Grundlage für die Wechselbeziehung zwischen irdischem und himmlischem Jerusalem war bei den Kirchenvätern und im Mittelalter die Unterscheidung eines wörtlichen (historischen) Sinnes der Heiligen Schrift von deren geistlichem Sinn, wobei der geistliche Sinn wiederum dreifach verstanden wurde. Jerusalem konnte einerseits, im historischen Sinn, wörtlich als die tatsächliche Stadt verstanden werden, andererseits im geistlichen Sinn interpretiert werden als Sinnbild der Kirche (allegorischer Sinn), der zu bekehrenden Seele (tropologischer Sinn) oder der endzeitlichen Vollendung (anagogischer Sinn).

So versteht im 5. Jahrhundert der berühmte Bibelübersetzer Hieronymus in seiner Auslegung des Propheten Ezechiel (Ezechiel 5, 5) Jerusalem im geistlichen Sinn als Nabel der Welt. Spätere mittelalterliche Weltkarten – Rad-Karten, auf denen die drei damals bekannten Erdteile Asien, Europa und Afrika schematisch in Form eines »T« innerhalb einer Kreisform angeordnet werden – können diese Stadt daher auch kartographisch als Weltmittelpunkt darstellen, wie die um das Jahr 1100, also in der Kreuzfahrerzeit entstandene Oxford-Karte. Diesen Karten kam es nicht auf geographische Genauigkeit an, sondern auf Weltdeutung im Licht der Heilsgeschichte. Lebendige Zeugnisse der zentralen Stellung Jerusalems im religiös geprägten Weltbild sind die Wallfahrten zu den irdischen Stätten Jesu, die nicht selten auch von der Vorstellung motiviert sind, an diesem Ort dem himmlischen Jerusalem am nächsten zu sein. Ziel der Pilger ist das irdische Jerusalem als Stellvertreter des himmlischen. Ebenso zeugen zwei Jahrhunderte der Kreuzzugsbewegung im Hochmittelalter (1096 bis 1291) von der Anziehungskraft Jerusalems. Als heilige Stadt bekommt Jerusalem freilich in der christlichen Tradition Konkurrenz durch die heilige Stadt Rom als zweites Jerusalem.

Noch klarer tritt die Bedeutung Jerusalems als heiliger Ort und spirituelles Symbol im spätantiken und mittelalterlichen Kirchenbau hervor. Zur Religionspolitik Kaiser Konstantins I. gehörte auch seine Bautätigkeit in Jerusalem und Rom. So ließ er außerhalb der Mauern des alten Jerusalem die Grabeskirche errichten, die von seinem Hofhistoriographen Eusebius mit dem neuen Jerusalem identifiziert wurde. Die Grabeskirche verbindet gleichsam drei Traditionen: die jüdische Tradition der Zentralität Jerusalems als heilige Stadt, die christliche Tradition der Auferstehung Jesu und die römische Tradition des auf dem Forum begrabenen Städtegründers. Die Grabeskirche steht am Forum der zu dieser Zeit in »Aelia Capitolina« umbenannten Stadt und in der Mitte des die Stadt strukturierenden Achsenkreuzes der Hauptstraßen (*cardo* und *decumanus*), wie auch die Madaba-Mosaikkarte von Jerusalem aus dem 6. Jahrhundert zeigt. In der Grabeskirche erhält die Idee der mit der Kirche identifizierten Himmelsstadt städtebaulichen Ausdruck.

Madaba-Mosaikkarte von Jerusalem, 6. Jahrhundert
A: Porta purgu/David, B: Porta S. Stephani, C: Porta Beniamin, I: Cardo Maximus, II: Talstraße, III: Straße zum Osttor, IV: Straße zum Westtor, 1: Grabeskirche, 2: Zionskirche, 3: Nea Maria-Kirche, 4: Sophiakirche, 5: Marienkirche, 6: Säulenmonument

Dies gilt nicht nur für die Jerusalemer Grabeskirche, sondern auch für die frühen christlichen Kultbauten, die aufgrund kaiserlicher und bischöflicher Bautätigkeit entstanden und den städtischen Raum symbolisch prägten – im Osten vor allem ausgeführt von Kaiser Theodosius I. und im Westen von Papst Damasus I. Hatten die christlichen Gemeinden bis dahin nur umgewidmete Räume, zum Beispiel in Privathäusern und Katakomben, für ihre gottesdienstlichen Versammlungen, so entstanden jetzt in den Städten repräsentative Sakralbauten. In Anlehnung an Zweckbauten wurden mehrschiffige Basiliken mit einem überhöhten Mittelschiff gebaut, das durch einen Obergaden Licht empfängt und durch eine Altarnische (Apsis) abgeschlossen wird. Die Basilika als Zusammenfassung eines typisch spätantiken Stadtbildes und der mit kaiserlichen Insignien ausgestattete Thronsaal des neuen »Allherrschers«

Christus versinnbildlichen das himmlische Jerusalem. In Rom bilden die großen christlichen Basiliken des Erlösers, S. Giovanni in Laterano, St. Peter und St. Paul vor den Mauern sowie die Basilica Liberiana (später S. Maria Maggiore) durch kreuzförmige Anordnung ein imaginäres Kreuz, das im Kolosseum seinen Mittelpunkt hat und der antiken Stadtanlage eine christliche Interpretation gibt. Durch Anlage und Anordnung repräsentieren diese Bauten das Leiden Christi und die endzeitliche Erlösung.

Daß der Kirchenbau symbolisch und liturgisch (also im Rahmen der Gottesdienste) ein Abbild der Himmelsstadt darstellt, erweist sich auch im Blick auf den romanischen Sakralbau. Nicht nur die Liturgie der Kirchweihe bezieht sich auf die Apokalypse, sondern auch die Skulpturen oder die monumentale Darstellung des thronenden Christus in der Apsis, bisweilen von Bildern der Himmelsstadt umgeben (Civate, S. Pietro al Monte). Diese bildliche Einladung zum spirituellen Eintritt in die Himmelsstadt findet sich besonders eindrucksvoll in der Doppelkapelle von Schwarzrheindorf (bei Bonn), deren Wandgemälde in der Oberkirche Szenen aus der neutestamentlichen Apokalypse darstellen und in der Unterkirche deren alttestamentliches Vorbild, die endzeitlichen Visionen des Propheten Ezechiel. Auch die romanischen Leuchtkronen oder Radleuchter repräsentieren bis ins Detail das himmlische Jerusalem. Gestaltet als vieleckige Reifen aus vergoldetem Erz, stellen sie den Mauerkranz mit Türmen und Toren dar und lassen durch die Vielzahl ihrer Lichter in den europäischen Domen und Stiftskirchen – etwa Aachen, Krakau, Prag, Cluny, Monte Cassino, Canterbury – die Vision der himmlischen Stadt erstrahlen. Zu den wenigen erhaltenen Radleuchtern zählen der Hezilo-Leuchter (um 1050) im Dom zu Hildesheim und der etwa 100 Jahre jüngere Barbarossa-Leuchter im Aachener Dom.

Einen Höhepunkt der Entwicklung markiert die gotische Kathedrale, die das Kreuz als Grundriß hat und durch Außenbau und Innenraum das himmlische Jerusalem abbildet, allerdings auf neuartige Weise. Denn das architektonische System selbst, aus geometrischen Grundformen entwickelt, stellt mit seinem rechten Maß und seinen harmonischen Proportionen in doppelter Symbolik ein Abbild der Himmelsstadt dar und spiegelt zugleich die Ordnung des Kosmos wider. Überdies löst es die Wände in Fenster auf, schafft also durchscheinende Wände, deren Glasmalereien wie Edelsteine funkeln und für das Licht transparent sind. Neben der rechten Proportion und der lichten Klarheit nehmen auch andere Gestaltungselemente, wie etwa die Fensterrosen (Chartres) oder die Gestaltung der Fassade als Himmelstor *(porta coeli)*, die Grundidee der Himmelsstadt auf. Mit dieser Symbolik aufgeladen, geben die gotischen Kathedralen dem städtischen Raum ein Zentrum, bilden den Mittelpunkt der Stadt, in dem das Heilige gegenwärtig ist und das städtische Miteinander bestimmt.

Daß die biblische Vision des himmlischen Jerusalem nicht als Blaupause zur Errichtung einer irdischen Idealstadt gelten konnte, stand angesichts ihrer endzeitlichen Symbolik, aber auch aufgrund der immensen Ausmaße und besonderen Baumaterialien niemals in Zweifel. Sie hatte auch nicht die Funktion einer politischen Theorie des städtischen Miteinander, wie sie in der Antike Platon, die Einheit (›Politeia‹) betonend, oder Aristoteles, die Vielheit (›Politika‹) betonend, entwickelt haben. Die biblische Tradition erhebt die Stadt zum geschichtsüberschreitenden Symbol, das als solches gleichwohl auf die Geschichte und die Gestaltung der politischen und städtischen Gemeinwesen einwirkt.

So gelten im hohen Mittelalter die Metropolen Trier, Köln und Mainz in Angleichung an die heiligen Städte Jerusalem und Rom selbst als heilig oder, im Fall von Mainz, als golden, in Anspielung auf das himmlische Jerusalem. Durch Übernahme von Liturgien, Übertragung von Reliquien und sakraler Ausstattung trägt die Stadt selbst *(civitas)* zu ihrer Verchristlichung bei. So wird anno 958 auf dem Trierer Hauptmarkt ein Säulenkreuz errichtet, das in der Mitte der Stadt die apokalyptischen Symbole des Lammes und des Lebensbaums darstellt. In Köln und anderen Städten wird der Mauerring mit zwölf Toren ausgestattet, um den Bezug zum himmlischen Jerusalem herzustellen. Diese und ähnliche Anklänge tragen in ihrer Wirkung mit dazu bei, ein neues städtisches Gemeinschaftsbewußtsein zu formieren und die im Verstädterungsprozeß des Hochmittelalters gewachsene städtische Freiheit (»Stadtluft macht frei«) und Immunität im Bewußtsein zu verankern und rechtlich abzusichern. Auch das Denken der Karolingerzeit wird vom Gedanken des himmlischen Jerusalem derart geprägt, daß Aachen nicht nur als zweites Rom, sondern auch als zweites Jerusalem angesehen wird. Diesem Anspruch verleihen die nach dem Vorbild der Grabeskirche gestaltete Pfalzkapelle oder der Radleuchter sichtbaren Ausdruck. Auch die Reichskrone Ottos des Großen (962) symbolisiert das himmlische Jerusalem und damit das Programm eines europaweiten Reiches der Gerechtigkeit.

Schließlich sei darauf verwiesen, daß ein viergeteilter Kreis jenes ideale Grundmodell bildet, nach dem im Mittelalter viele Städte angelegt wurden. Dies Modell rührt wohl daher, daß Jerusalem – irdisches und himmlisches spielen ineinander – als kreisrunde Anlage vorgestellt wird, wie die Weltkarten (›Hereforder Weltkarte‹) oder Jerusalempläne dieser Zeit beweisen. Als Schema führt dies zu den gotischen Idealplänen der Stadt, die eine mehr oder weniger runde Anlage vorsehen, deren Straßenkreuz die Stadt in vier Viertel einteilen.

Mit dem Einbruch der Renaissance und des Humanismus verblaßt das Symbol des himmlischen Jerusalem als wirkkräftiges Motiv für die religiöse, politische und materielle Gestaltung des städtischen Gemeinwesens. Zwar lebt das Motiv in Bibelillustrationen zur Apokalypse weiter, wie die Werke von Lucas Cranach und Matthaeus Merian zeigen, doch ändern sich die Dinge hinsichtlich des städtischen Raums grundlegend. Statt am biblischen Symbol des himmlischen Jerusalem orientieren sich Renaissance und frühe Neuzeit, im Rückgriff auf antike Vorbilder (Vitruv), an den Proportionen des menschlichen Körpers (Leon Battista Alberti) oder planen Idealstädte (Pienza) und entwerfen Stadt- und Staatsutopien (Thomas Morus, ›Utopia‹; Tommaso Campanella, ›Civitas solis‹).

Eine angemessene Auslegung apokalyptischer Aussagen der Bibel vorausgesetzt, dürfte an der Schwelle zum dritten Jahrtausend nach Christus die bleibende Bedeutung des himmlischen Jerusalem für die Städte darin liegen, die Hoffnung auf Vollendung der Gemeinschaft aller Menschen untereinander (und mit Gott) wachzuhalten. Diese religiöse Hoffnung erfordert die ethische und politische Verantwortung für die Städte unserer Zeit, die sich zahlen- und größenmäßig in einer rasanten Entwicklung befinden. Das Sinnbild des himmlischen Jerusalem befähigt zur Kritik an inhumanen Zuständen in den Städten und an totalitären Tendenzen; es verweist auf die Versöhnung von Natur und Kultur und fördert das friedliche Miteinander der Kulturen und Religionen in den Städten. Das gemeinsame europäische Haus war am Anfang als Stadt gedacht, und das himmlische Jerusalem lieferte dazu den ersten Grundriß.

Volkstümliche Architektur

Tamás Hoffmann

Seit mindestens 7 000 Jahren werden in Europa Gebäude errichtet, deren Wand rechtwinklig zum Erdboden steht. Diese Bauweise löste Jägerhütten und Zelte ab und verbreitete sich durch Feldbauern auf dem Kontinent. Wie jede Kulturleistung wurde auch sie mit regionalen Unterschieden zum materiellen Wert. Jede Bautätigkeit vor der industriellen Revolution war vom Vorhandensein oder Nichtvorhandensein des in der Nähe befindlichen Baumaterials abhängig. Am Mittelmeer, wo man immer unter Holzmangel litt, errichtete man Mauern aus Stein, in Nord- und Osteuropa, in den mitteleuropäischen Alpen und den Pyrenäen zimmerte man Nadelholzbalken zusammen. Im Laubwaldgürtel (von England bis nach Rußland) umflocht man fast überall ein Gebäudeskelett aus eingegrabenen Pfosten oder gezimmerten Balken mit Ruten und errichtete (Strohlehmwand-)Häuser, indem man die Konstruktion mit Lehm verschmierte. Nördlich des Schwarzen Meeres und in der Donauebene, also der Baumsteppe, errichtete man Balkenskelettgebäude, dann infolge des Rückganges des Baumbestandes und der Umgestaltung der prähistorischen Familienstruktur in die Erde eingetiefte Behausungen und schließlich in den vergangenen 600 bis 700 Jahren Erdwandhäuser verschiedenster Techniken.

Was den Gebrauch der Baumaterialien betrifft, haben sich die im Neolithikum gezogenen Grenzen kaum geändert – ungeachtet dessen, daß in einzelnen Landschaften nacheinander Völker mit unterschiedlicher ethnischer Tradition wohnten. Die Veränderungen in der Baukultur hängen vor allem mit der gesellschaftlichen Verfassung und der Rechtsstellung der Bevölkerung zusammen. Da aber in fast allen Gesellschaften die Güterproduktion vollständig in Familienwirtschaft organisiert war, paßten sich auch die Gebäude dem System der Familienwirtschaft und des Konsums an: Seit der Bronzezeit boten Wohnhäuser fast überall nur einer Familie Schutz gegen die Witterungsunbilden. Diese Regel galt allgemein mit Ausnahme der Umgebung moderner Gesellschaften (und ihrer städtischen Vorreiter). Die äußere Gestalt, die Statik, die durchschnittliche Größe ihres Wohnbereiches und die funktionelle Ordnung der Ausgestaltung der Innenwelt der Familienhäuser waren bestimmt vom wirtschaftlichen Niveau ihrer Bewohner und der historisch entstandenen Qualität ihrer Ansprüche.

Östlich vom Elbtal oder im Flachland des Karpatenbeckens wohnte die Mehrheit der Bauern bis zum 12. und 13. Jahrhundert in Grubenhäusern, doch bürgerten sich durch die angesiedelten (vor allem deutschen) Leibeigenen die geradwandigen Gebäude ein. Mancherorts kam es erst spät zu dieser Veränderung. In der Südukraine oder am Unterlauf der Donau (zum Beispiel in Rumänien) änderte sich dies erst in den letzten drei bis vier Jahrhunderten.

Feldhütte aus Trockenmauerwerk. Albacete, Spanien 1973

Es gibt natürlich auch frühere Kapitel in dieser Geschichte. Grubenhäuser finden sich im Flachland an der Nordsee und in Süddeutschland oder in der Schweiz, sogar in England. Dort wurden solche Wohnungen in der vorgeschichtlichen Zeit bis zur Wende zum Mittelalter von ärmeren Menschen errichtet. Vermögendere Bauern führten ihre wirtschaftlichen Nebengebäude in dieser Weise aus.

Das Festhalten an den Grenzen bzw. Möglichkeiten der Baustoffe geschah aus Zwang. Bei alldem veränderte sich im Laufe der Zeit die Innenwelt der Gebäude sowie ihre ebenerdige oder Etagenausführung und das Verhältnis von Wohn- und Wirtschafts-Nebengebäuden. Wegen dieser Veränderungen ist es nach Bruno Schiers – sehr umstrittenen – Werk üblich geworden, bei der Darstellung der Geschichte der traditionellen Baukultur von »Hauslandschaften« zu sprechen. Die Forscher – vor allem in der Folge der Werke August Meitzens aus dem letzten Drittel des 19. Jahrhunderts – fanden anfangs ethnologische Erklärungen für die Veränderungen. Die andere Denkrichtung ist die sogenannte »historische Hausforschung«. Seit Mitte unseres Jahrhunderts ist diese Interpretation – durch die Publikationen von Jost Trier, Josef Schepers und die ihrer Nachfolger – zum Bestandteil internationaler Wissenschaftsgeschichte geworden.

Das Interesse an diesem Thema wuchs vor dem Hintergrund, daß der Erfolg der Weltausstellungen gegen Ende des vergangenen Jahrhunderts große Begeisterung zum Beispiel in den skandinavischen Ländern (unter anderem in Stockholm, Oslo, später Kopenhagen, Helsinki) und seit den dreißiger Jahren unseres Jahrhunderts in Deutschland (Cloppenburg/Niedersachen) weckte und überall eine neue Ausstel-

Wohnhaus aus Schilfrohr. Carrascal, Portugal 1988

lungsform zur Folge hatte: Freilichtmuseen. Die Neuartigkeit der von vielen heute schon als »Hausfriedhöfe« betrachteten Ausstellungen lag darin, daß sie das gegenständliche Zubehör der Lebensweise der Menschen vergangener Zeiten nicht in Vitrinen ausstellten, sondern in für »natürlicher« gehaltenen und als »original« vorgestellten Anordnungen. Eine bedeutende Rolle bei einer derartigen Gestaltung der Geschichte übernahmen die Mittelalterarchäologen und die die Schöpfungen der Laienbaukultur des vergangenen halben Jahrtausends untersuchenden Denkmalschützer.

Die Bewohner unseres Kontinents haben, um in der Statik und Struktur, in der Raumeinteilung und Komfortabilität sowie in der Wohnfähigkeit zu anspruchsvolleren Wohnverhältnissen zu kommen, im Laufe der Zeit viele Opfer gebracht. Da sie mehrheitlich Bauern waren, entschieden ihre Anstrengungen darüber, wie sich das Antlitz der Landschaft veränderte. Die Kultur der Bauern war ursprünglich eine dörfliche. In diese Dorfkultur eingeführte Innovationen hatten vor allem städtische Wurzeln, infolgedessen hatten die Bauern die Ideen der Neuerungen aus der Welt der Herrenhöfe oder der Bürgerhäuser bekommen. Die von den Bauern akzeptierten Muster stammten nicht aus ihrem eigenen Kreis, sondern aus der sie umgebenden Kultur des Provinzadels, der städtischen Bürger und der Dorfpfarrer. Ihr Bestreben, das Dorfbild umzugestalten, hat seit der Intensivierung der Beziehungen zwischen Dorf und Stadt – in Italien im 13., in Nordwest- und Mitteleuropa im 15./16. und auf dem ganzen Kontinent an der Wende des 18. zum 19. Jahrhunderts – viele Veränderungen in der bäuerlichen Baukultur als Ergebnis. Diese wurden von Baumeistern

Alte Färinger Rasensodenhäuser. Färöer, um 1960

durchgeführt, die beim Bau von Burgen, Herrenhäusern, Klöstern, städtischen Bürgerhäusern und Kirchen Erfahrungen gesammelt hatten. Die Umgestaltung hing mit dem Zwang der Baumaterialauswahl zusammen, die vor allem durch den Holzmangel verursacht war. In römischen Zeiten waren zwei Drittel Europas noch von Wald bedeckt, diese Fläche ist heute halbiert. Ein großer Teil der Waldrodungen fand im Mittelalter statt, als Bauern sich dadurch Ackerfelder verschafften; der andere Teil lag im Mangel an alternativen Energiequellen begründet. Von der Kochstelle bis zum Hochofen lieferten Holzfeuer die benötigte Energie.

Zum anderen wollte man zeitbeständigere (und zwangsläufig teurere) Gebäude bauen. Teils auf den Holzmangel und teils auf Prestigegründe ist es zurückzuführen, wenn sich in den mittelalterlichen Städten die Stein- und Ziegelbauweise verbreitete. Diese Welle schwappte von Italien aus über die Alpen und überschwemmte schließlich das ganze ländliche Europa. Auch funktional wandelten sich die Häuser. Durch die Veränderung der Heiztechnik und ihrer Innenorganisation wurde der gesamte ländliche Gebäudebestand ausgetauscht. Dieser Prozeß setzte im Mittelalter im Süden ein und endete an der Peripherie des Kontinentes (auf der Balkanhalbinsel, in Skandinavien sowie im russischen Norden) erst in der zweiten Hälfte unseres Jahrhunderts. Die Wohnhausveränderungen im Grundriß und in der Funktion – vor allem die Struktur mit den Wirtschaftsbauten unter einem gemeinsamen Dach – und ebenso der Bau eines oder mehrerer Obergeschosse war unabhängig von der Verwendung neuer Baumaterialien (vor allem des Ziegels). In Italien baute man seit dem 13. Jahrhundert Ziegelgebäude für die Bauern, in Holland etwas später. Im 16. Jahrhundert war diese Bauweise in englischen Dörfern alltäglich. Damals exportierten Holländer die Ziegel nach England.

Natürlich sind die Gründe, die die traditionelle Baukultur determinieren, in der industriellen Zivilisation verschwunden: Zum einen ist das technologische Wissen im Bereich der Baustoffwahl unabhängig, so konnte es sich immer weiter von der Grenze der Zwangsbindung an die Umgebung entfernen. Andererseits verlor auch die Bemühung der Bauern, ihre Konsumkultur den Beispielen der nichtbäuerlichen Schichten einer Ständegesellschaft anzupassen, viel von ihrer Kraft.

Tür eines alten Färinger Wohnhauses. Färöer, um 1960

Die Kulturhistoriker sind der Ansicht, aus den im 19. und 20. Jahrhundert untersuchten »Hausleichen« auf die früheren Typen rückschließen zu können. Sie behaupten, daß vor den Erneuerungen im Bereich Komfort und Statik überall Wohnhäuser gebaut worden seien, in denen Mensch und Tier unter einem gemeinsamen Dach Platz gefunden haben. Zudem haben in diesen Gebäuden die Bewohner zwar gebacken und gekocht, sich alle auch gewärmt, konnten aber die Rauchableitung des auf dem Fußbodenniveau des Hauses brennenden Feuers nicht lösen. Die Häuser blieben rußig und rauchig. Besonders diejenigen entbehrten der Bequemlichkeit und Sauberkeit, die in Grubenhäusern wohnten, da die Grundfläche eines solchen, von fünf bis sechs Menschen bewohnten Hauses nicht größer als zehn bis zwölf Quadratmeter war.

Natürlich gab es Ausnahmen. Im Mittelmeerbecken wurden schon im zweiten Jahrtausend vor Christi Geburt Wohnungen aus Stein gebaut, neben denen auch aus Steinen errichtete Ställe und Kornspeicher kleinerer Größe standen. Die dortigen Bauern trennten die einzelnen Gebäudetypen funktional voneinander. Ebenso ging man in der nord- und osteuropäischen Nadelwaldzone vor. Hier wurden in den letzten beiden Jahrtausenden (fast bis zu den Veränderungen im 17./18. Jahrhundert) kleine Bauten aus Nadelholzstämmen nebeneinander aufgereiht. Aus solchen Gebäudekomplexen bestand der Bauernhof, und eine Anzahl von Bauernhöfen bildete das Dorf. Vielleicht seit dem 16./17. Jahrhundert erkannten die Bauern, daß sie entscheidend an Baumaterial sparen könnten, wenn sie die kleinen Gebäude aneinander anschlössen; so errichteten sie zumindest das als Wohnhaus geltende, ofenbeheizte

Gebäude und den Viehstall unter einem gemeinsamen Dach. Den Bau eines Schornsteins hielt man noch nicht für nötig.

In der Bretagne mit ihrer keltischen Tradition wohnten die Bauern jener Zeit ebenfalls in derart aufgeteilten Wohnhäusern, daß Mensch und Tier ohne Trennwand unter gemeinsamem Dach in einem Haus mit zehn mal fünf Meter Grundfläche lebten. Sie hatten weder Backofen noch Ofen, denn als Pfleger der Traditionen der einst viel weiter verbreiteten Wohnkultur der Kelten waren sie die letzten Vertreter prähistorischer Baugewohnheiten. Viele der bretonischen Bauern hatten noch im letzten Jahrhundert ein offenes Feuer auf dem Fußboden, auf dem sie kochten und sich wärmten. Auch sie kannten in ihren Häusern keinen Schornstein; die hielt man erst seit dem 19. Jahrhundert für unverzichtbar. Die Bauern waren einzig darum bemüht, den Stall durch eine Wand vom dem als Wohnung dienenden Hausteil zu trennen. Als Ergebnis dessen entstanden im 13. bis 16. Jahrhundert viele Bauernhäuser, in denen der Wohnraum des Bauern durch einen Gang – oder eine der Aufbewahrung von Werkzeug und Lebensmitteln dienende Kammer – vom am anderen Ende des Hauses befindlichen Stall getrennt war. Diese Grundrißgestaltung haben die osteuropäischen Bauern bis in die modernen Zeiten beibehalten.

An der Nordsee errichtete man seit der Eisenzeit – nach Prinzipien, die bei der Ausgestaltung des Aufenthaltsortes von Tieren und Menschen Anwendung fanden – größere, zwölf mal 20 Meter lange und fünf mal sechs Meter breite Hallenhäuser, deren eines Drittel für die Menschen ausgestaltet war (der Rest war für das Vieh) und in deren Bodenraum die Ernte gelagert werden konnte. Diese Bauweise war vielleicht dem Klima geschuldet, weil wegen des Golfstroms an beiden Kanalküsten winters wie sommers Regen fällt. Die funktionalen Ordnungsprinzipien blieben bis heute erhalten. Diese Gebäude nach dem Prinzip »alles unter einem gemeinsamen Dach« haben sich bewährt und verbreitet. So haben beispielsweise nach dem 5. Jahrhundert die auf die Britischen Inseln einwandernden Angelsachsen dieses Prinzip jenseits des Kanals eingebürgert und ein Jahrtausend später die den nordamerikanischen Kontinent besiedelnden Auswanderer in der Neuen Welt, indem sie das heute als »amerikanische Küche« bezeichnete Einrichtungssystem schufen. Interessant ist, daß diese Wohnraumorganisation – in die technische Zivilisation Europas zurückkehrend – in unserem Jahrhundert aufgrund des amerikanischen Vorbildes wieder in Verbreitung begriffen ist.

In den Prototypen dieser Gebäude ließen sich ursprünglich sechs bis zehn Rinder unterbringen sowie eineinhalb bis drei Doppelzentner Getreide. Die Garben wurden auf dem Dachboden gelagert und im Winter ausgedroschen. Mit Ausgang des Mittelalters wuchsen jedoch die Konsumansprüche und zwangen die Bauern, Häuser mit höherer Aufnahmekapazität zu bauen. Im 18. Jahrhundert konnten die Wohlhabenderen in einem Gebäude bereits 30 bis 40 Rinder unterbringen. Entlang der beiden Längsseiten der Halle befanden sich die Rinderboxen, und im Freiraum zwischen den beiden Viehreihen (Diele) waren die größeren Ackergeräte (Pflüge, Wagen) abgestellt; dort wurde auch gedroschen, ohne daß dabei auf die Erntelagerung auf dem Dachboden des Hauses verzichtet werden mußte. Im Streifen zwischen beiden Innenräumen brannte das Feuer; hier wurde gekocht und sich gewärmt. Seit dem 16. Jahrhundert versah man den Wohnteil mit einem Boden und leitete durch eine Rauchabzugsröhre die Verbrennungsprodukte in den Bodenraum oder mittels eines Dachdurchbruches ins Freie.

Ein anderes Beispiel vom Ende des Mittelalters bietet die Ostseeküste. Dort wurden Häuser errichtet, in denen einen Großteil des Innenraumes ein viereckiger, aus Steinen aufgesetzter Ofen einnahm, der den ganzen Winter hindurch geheizt wurde. Hier wohnte die Bauernfamilie. Als am Ende des Mittelalters die Möglichkeit des Getreide- und Flachsexports die Wirtschaft belebte, erweiterte man die Häuser und gestaltete in der einen Hälfte eine Scheuer zur Lagerung der Roggengarben, während am anderen Ende des Hauses die Familie wohnte. Der Ofen stand in der Mitte und wärmte nicht nur, sondern trocknete auch die eingebrachten Produkte.

Hausmodell aus Norwegen

Die Marktorientierung zwang die Bauern zur Veränderung. Bis zum 16. Jahrhundert hatte die Urbanisation vor allem die Holländer gründlich verändert: Mehr als die Hälfte der Bevölkerung waren Stadtbewohner und somit bemüht, ihre ländlichen Traditionen abzulegen. Für ihre Lebensmittelversorgung kam vor allem die sie umgebende bäuerliche Welt auf. Das in die Hansestädte und die holländischen städtischen Märkte importierte Getreide deckte aber nur 15 Prozent des Bedarfs. Gleichzeitig gaben die Stadtbewohner mit ihren neuen Baugewohnheiten und Normen für die Wohnungseinrichtung dem Landvolk ein Beispiel. Die Veränderung aufgrund der Wechselwirkung von Stadt und Land zeitigte in Italien die ersten Ergebnisse, vor allem im Bau von Stockwerken.

Die Tradition der Wohngebäude mit Obergeschoß reicht in die Vorgeschichte und die bronzezeitlichen Schichten des Altertums zurück. Entstanden im Kaukasusvorraum und seinen Tälern bei den unter der Bedrohung durch die einander bekämpfenden Klans und Steppennomadengruppen lebenden Bauern – diese wurden gezwungen, ihr Leben durch den Bau von turmartigen Steingebäuden zu schützen –, gelangte der Brauch über den Mittleren Osten ins Mediterraneum. Jedes mehrstöckige Gebäude verdankte urprünglich auch hier seine Existenz dem Interessenkomplex von Prestige und Verteidigung. Von der Bronzezeit bis zum Mittelalter befriedigten vor allem die

Mühle aus Bruchsteinmauerwerk. Tras-o-Montes, Portugal 1989

Klanaristokratie und der seine ähnliche Herkunft niemals verneinende Adel ihre Bedürfnisse durch Gebäude mit Stockwerken, mit dem Bau von im Grunde gut zu verteidigenden – aus Stein gemauerten – Wohntürmen.

Natürlich wurden auch in den Städten seit dem Altertum mehrstöckige Wohnhäuser errichtet, vor allem sogenannte Rattennester mit umlaufendem Gang, in denen es eine große Anzahl von vom Innenhof aus zugänglichen (also nach der üblichen Weise der Gebäude des Atrium-Systems nebeneinandergereihten), in Küche und Kammer gegliederten Wohnungen gab – unter Verzicht selbst auf elementare hygienische Einrichtungen. Die städtische Mietskaserne blickt also auf eine fast 2000 Jahre währende Vergangenheit zurück. Die aus Stein, später aus gebrannten Ziegeln aufgesetzten Mauern der mehrstöckigen Gebäude wurden von Fachhandwerkern errichtet. Im frühen Mittelalter konnten vor allem die auf dem Land lebenden Adligen diese Menschen beschäftigen.

Allerdings begannen die die Traditionen der Klanfürsten pflegenden Adligen im Mittelalter in die Städte zu ziehen, weil dort die für ihren Lebensstil notwendigen Verbrauchsgüter leichter zu beschaffen waren. Auch hier bestanden sie auf ihren unförmigen, innen dunklen und kalten Wohntürmen. Ihre Grundstücksnachbarn, zumeist Kaufleute, denen mehr Geld zur Verfügung stand als ihnen, imitierten die Baugewohnheiten der Adligen. In Italien, Südfrankreich und später auch im Inneren des Kontinents bauten sich die reicher werdenden Bürger Häuser, die die Wohntürme des Adels an Masse und Höhe übertrafen. Die mittelalterliche Stadt begann also, die Erinnerung an unsichere antike Initiativen vergessend, in die Höhe zu wachsen. Nach einer gewissen Zeit – seit dem 14. bis 15. Jahrhundert – waren die kleinen Schießscharten der Wohntürme überflüssig. In die meterdicken Mauern wurden Fenster gebrochen und sogar Erker angebaut. Man war bemüht, die Fassaden der Häuser gefälliger zu gestalten. Gleichzeitig veränderte man den funktionellen Gebrauch der Innenräume der Türme. Zu diesen Veränderungen bewog die Stadtbewohner auch der Umstand, daß ihre befestigten Siedlungen immer überfüllt waren und die Stadtmauern ihre horizontale Ausbreitung verhinderten.

Die meisten städtischen Wohnhäuser waren das Heim einer einzigen Familie und ihres Personals. Ursprünglich bestanden sie aus einem größeren Wohnraum (20 m^2), dem Schlafraum des Personals und einem Stall sowie einem Mittelgang zwischen beiden, von dem aus eine Holztreppe ins Obergeschoß (und in den Weingegenden auch in den Keller) führte. Im Obergeschoß dieser Häuser wurden Schlafkammern geschaffen.

Das Bedürfnis nach einem repräsentativen, meist zum Speisen bestimmten Raum im Haus kam erst auf, als der Innenraum von der Küche getrennt und das Problem des Rauchabzugs gelöst werden konnte. Dieses vielfachen Ärger verursachende System in den Wohngebäuden des finsteren Mittelalters, in den Wohntürmen des Adels und dann in den Bürgerhäusern, wurde erst im 12. bis 15. Jahrhundert im Grenzgebiet der Kontakte von Süd- und Mitteleuropa umgestaltet, von wo aus sich die modifizierte Wohnkultur ins atlantische Europa und in die östlichen Gebiete Mitteleuropas verbreitete.

Bauernhaus. Tras-o-Montes, Portugal 1988

Als Muster für die funktionale Umgestaltung des Gebäudes galt die Heizeinrichtung der Badehäuser. Indem man damals die Fußbodenheizung, die Erfindung der Römer, wieder aufnahm, ergänzte man das Haus durch ein Kanal-Labyrinth, bestehend aus einem Ofen und einem unter dem Fußboden eines beheizbaren Raumes verlaufenden Rauchgang. Im besagten Gebiet verwendete man diese Lösung erfolgreich in Wohntürmen, in den Ratssälen der Stadthäuser (zum Beispiel in Lüneburg) und in den Speisesälen der Klöster (Winhausen) im 13. bis 15. Jahrhundert. Man baute einen Rauchfang über das Küchenfeuer und durchbrach dann die Wand zwischen Küche und dem zu Repräsentationszwecken dienenden Raum und erkannte, daß das Küchenfeuer in einem aus Kacheln aufgesetzten Ofen so brennen kann, daß sich das Feuerloch in der Küche befand und die Verbrennungsprodukte infolgedessen durch die Feueröffnung bzw. die über ihr angebrachte Röhre ins Freie entweichen konnten. Mit dieser Lösung wurde erreicht, daß es im Hause einen beheizten und dennoch rauchfreien Raum gab, die Stube, die auch in ihrem Namen an das lateinische Bad *(stuba)* erinnert.

In Mittel- und Westeuropa wurde – aufgrund von adligen und bürgerlichen Vorbildern – seit dem 16. Jahrhundert der Ofen nicht nur aus Kacheln aufgesetzt; auch eine größere, innen einen Meter messende Gußeisenröhre wurde von der Küche aus beheizt. Der Ofen war (neben dem Kanonenrohr) eine Spitzenleistung des Eisengusses, ein jede Vorstellung übersteigender teurer Artikel mit reliefartig dekorierter Oberfläche. In Mitteleuropa (und sich dann von dort nach Westen und Osten ausbreitend) wurde es üblich, den ofenbeheizten Hausteil aus Stein (oder Ziegeln) zu errichten,

Traditionelles Bauernhaus. Irland 1974

während die übrigen Gebäudeteile geflochtene Wände hatten. Der aus festem Material bestehende Gebäudeteil erhielt – wegen seiner komfortablen Rauchabzugseinrichtung – den lateinischen Namen *caminata*. Daher kommt der deutsche Ausdruck »Kemenate« und als Übernahme des 16. bis 17. Jahrhunderts der russische *komnata*.

Der Brauch, auch im Bauernhaus eine Stube einzurichten, kam im 15. Jahrhundert über die Alpenpässe und begann sich in alle Richtungen zu verbreiten. Dennoch wurde er schließlich erst im 18. bis 19. Jahrhundert in Mittel- und Westeuropa allgemein, ließ aber an der Peripherie, auf dem Balkan, in Skandinavien oder im russischen Osten, noch bis zum 19. Jahrhundert auf sich warten. Meistens war das Bedürfnis nach einer Stube verbunden mit dem Brauch, Stockwerke zu bauen. Die Wege der Verbreitung dieser Mode sind verschlungen. Obwohl die Praxis, Öfen aufzustellen und eine Stube einzurichten, aus dem italienischen Alpenvorraum nach Mitteleuropa gelangte, geht aus Zeugnissen des 15. bis 16. Jahrhunderts aus der Schweiz hervor, daß die Erbauer der Bauernhäuser mittels aus dem deutschen Sprachraum (und nicht aus dem Süden) übernommener Vorbilder den Komfortgrad ihrer Wohnungen erhöhten. Andererseits hatte man in einem großen Teil Westeuropas kein Bedürfnis nach einem Ofen und begnügte sich auch mit einem Rauchfang, selbst wenn man in den Häusern wohlhabenderer Bauern im 17. bis 18. Jahrhundert eine Stube für Repräsentationszwecke einrichtete.

Vielfach griff man zu der Lösung, das in der Küche brennende Feuer vor einer Wand zu plazieren (statisch hielt diese Wand den Funkenfänger über dem Feuer und die Rauchabzugsröhre) und durch den Hinterladenofen die Wand zu erwärmen, und dadurch auch die Stube und/oder die Schlafkammer. Im Westen hatte der Ofen eher Prestigewert, als daß er ein notwendiger Einrichtungsgegenstand war. Im Osten wiederum hatte man in vormodernen Dörfern kaum Bedarf für ihn. Der russische Bauer schlief noch zu Beginn unseres Jahrhunderts auf dem Ofen und seine Frau auf der Feuerbank vor dem Ofenloch. Aus all dem folgt, daß das Obergeschoß, der Ofen und die Stube entscheidende Faktoren bei der Umgestaltung der dörflichen Wohnverhältnisse waren.

In Südeuropa beispielsweise (vor allem in Italien) baute das Landvolk schon vor dem 16. Jahrhundert Wohnhäuser mit Obergeschoß. Seit dem 13. Jahrhundert kam es häufig vor, daß die Vorsteher die »arbeitsfaulen Lumpenelemente« aus den überfüllten Städten auf die städtischen Gemeinwiesen aussiedelten, wo ihnen keine andere Alternative blieb als die bäuerliche Existenz. Da die meisten von ihnen in der Stadt in Häusern mit Obergeschoß gewohnt hatten, errichteten sie ihr neues Heim nach dem Muster des früheren. Auch die wohlhabenden Bauern wünschten sich Häuser besserer Qualität. Die Städte stellten ihre aufgrund der Überproduktionskrise arbeitslos gewordenen Handwerksmeister an. Das Erdgeschoß des neuen Bauernhauses auf dem Lande bestand aus Stall und Werkzeugkammer, über die ans Haus angebaute Treppe gelangte man in die Küche hinauf und von dort in die Schlafkammer.

In den Akten der toskanischen Behörden aus dem 16. Jahrhundert wurden viele Häuser auf dem Lande beschrieben und sogar abgezeichnet. Aus den Schriftstücken geht hervor, daß die Maße der nutzbaren Grundfläche der zweistöckigen Häuser 50 m^2 nicht überstiegen. Selbstverständlich wurden auch größere Bauernhäuser gebaut, funktionell aber wichen auch sie nicht von den beschriebenen ab. Die Bedeutung der wirtschaftlichen Umgestaltung im Mittelalter wird dadurch illustriert, daß sich solche Wohnhäuser im 15. bis 16. Jahrhundert überall in den mediterranen Landschaften verbreiteten. Auch wenn sich zu dieser Zeit das Schwergewicht der Wirtschaft nach Nordwest-Europa verschob, wurde das herrschende System im traditionellen Bauernhausbau von der Iberischen Halbinsel über Sizilien bis an die Küste Kleinasiens und zu den griechischen Inseln und den Küsten des Ligurischen Meeres und der Adria exportiert. Da das Klima mild ist, hatte man nie Probleme mit der Heizung, deshalb gab es auch keine Öfen.

Auch um die Ausgestaltung der Stube bemühte man sich selten. Selbstverständlich hatte man in den Gebäuden, deren konstruktive Einteilung ihrer großen Maße wegen geändert werden mochte, seit dem 16./17. Jahrhundert das Bedürfnis nach einem repräsentativen Raum und darüber hinaus nach einer Reihe von Schlafkammern sowie nach in der Gebäudemasse des Hauses geschaffenen Vieh- und Kleintierställen. Aus diesen Gründen sind Häuser mit 400 bis 500 m^2 und oft mehreren Geschossen nicht selten. Deren Mauern wurden aus zeitbeständigem Material erbaut. Für die Menschen (und manchmal auch für die Tiere) bestimmte Gebäudeteile waren aus Holzbalken gezimmert. Häufig bestand die Lösung auch darin, die Wohnräume über dem Stall zu schaffen, mit einer Holzdecke zwischen Erd- und Obergeschoß, so daß die Tiere auch die über ihnen wohnenden Menschen wärmten. Bei anderen Lösungen befand sich über den Plätzen für die Tiere die Futter- oder Getreidescheuer. Wesentlich ist, daß der Brauch beibehalten wurde, im Haus Stube und Küche nebeneinander zu haben, und daß den Aufenthaltsort der Tiere ein in der Mitte des Hauses verlaufender Gang von den ebenerdigen Wohnteilen trennte. Das System bewahrte also die südlichen Normen und Erfahrungen der Wohnungsnutzung, welche die Adligen, mit dem Bau ihrer Wohntürme, über die Alpen nach Norden vermittelt hatten.

Gemessen an dem recht einheitlichen Bild der Gebäude- und Wohnkultur Südeuropas, charakterisieren den bäuerlichen Wohnhausbestand im Inneren des Kontinents von den Alpen nach Norden zahlreiche Divergenzen. In den mittel- und westeuropäischen Provinzen war man notwendigerweise bestrebt, sich dem Klima anzupassen sowie die von den ländlichen Herrenhöfen und aus den Städten kommenden Modewellen aufzunehmen. Zu letzterem hatte das Landvolk an der nord- und osteuropäischen Peripherie weniger Gelegenheit. Hier hatten die Adligen im Mittelalter keine Türme gebaut; das Ausmaß der Urbanisierung war gegenüber den übrigen europäischen Bereichen gering, und auch der materielle Wohlstand der Bauern weckte erst mit erheblicher Verspätung bei den Menschen den Wunsch, ihre Umgebung anzupassen. Offensichtlich ist der Unterschied zwischen dem aus einstöckigen und dem aus ebenerdigen Häusern bestehenden europäischen Dorf eine Folge des Urbanisierungsmaßes und der Tatsache, daß die Baukultur beider Zonen tief in den Schichten des Mittelalters wurzelt.

Was die Architekturgeschichte der westlichen Bereiche des Kontinents betrifft, können wir nach dem Ende des Mittelalters zwei Gebäudetypen als Domizil der Bauern betrachten. Ihre Maße sind unterschiedlich, ebenso wie der soziale Status der Besitzer. Die Wege der Architekturgeschichte des Bauernhauses trennen sich. Das eine Modell behielt in seinem Namen (*ház*, Haus, *house, maison* etc.) den uralten Ausdruck bei. Das andere wurde zur Behausung der ländlichen Armen. Die Kate, *cottage*, ist bereits die Wohnung der dörflichen Besitzlosen. Beide Namen wurden nicht so sehr aufgrund des Unterschiedes der Gebäudetypen zu umgangssprachlichen Begriffen, sondern wegen ihres sozialen Bedeutungsinhalts. Ersteres ist das Haus des wirtschaftenden Bauern, während im letzteren jemand wohnt, der üblicherweise kein Feld besitzt, kein Vieh hält und von seiner Hände Arbeit lebt. Die Erbauer dieses Gebäudetyps nutzten die Erfahrungen der Wohnkultur der Bauernhäuser und der städtischen Reihenhäuser. Wohl in Holland und England tauchten im 16. Jahrhundert die ersten solcher Gebäude auf. Sie verbreiteten sich in der zweiten Hälfte des vergangenen Jahrhunderts in Polen und Ungarn, in unserem Jahrhundert tauchten sie in der Ukraine und in Rußland auf, was die Sozialisierung der Agrarproduktion – ohne Alternative – förderte. Das Haus der Dorfarmen ist nicht das traditionelle, kleine bäuerliche Wohngebäude. Es ist ein neuer Typ, eine Mischung aus städtischen und dörflichen Bauelementen, die Wohnung von Leuten, die, falls sie wirtschaften wollten, aus ihr ausziehen müßten.

Die Entstehungsgeschichte eines anderen auffälligen Gebäudetyps, das Haus mit einem von vier Seiten umbauten Innenhof (Vierkanthof), ist ein gutes Beispiel für die abschnittsweise Argrarentwicklung auf dem Kontinent. Dieser Typ trat erstmals in der abendländischen Geschichte in den römischen Meiereien der Antike auf. Diese hielten Vieh, und ihre Besitzer produzierten Butter und Käse für die Märkte. Sie waren keine Bauern. Die frühesten Farmer des Kontinents waren kleinere Grundbesitzer und ausgediente (und zu Land gekommene) Soldaten. Angesichts der Ausgrabungsergebnisse meinten Forscher, die noch im 19. Jahrhundert bewohnten Häuser mit Innenhof seien Kopien römischer Vorbilder. Manche verbanden die Verbreitung dieses Typs in Mitteleuropa mit der Kolonisierung der fränkischen Bauern (Staatskolonisation). Da sich diese Einrichtung aber auch in Nord- und Osteuropa oder den sich spät umstrukturierenden Gegenden des Balkans findet, also weit jenseits der Kolonisierungsgrenzen, können Zweifel an der Berechtigung der Theorie aufkommen.

Bei Mittelaltergrabungen in England und auch in Frankreich wurden mehrere Hofhäuser freigelegt, an denen die einstigen Nutzer dieser Gebäudekomplexe zwischen dem 13. und 16. Jahrhundert mehrere Veränderungen vorgenommen hatten, bis schließlich die Vierseitenumbauung erreicht war. Auch in Italien und auf der Iberischen Halbinsel gibt es diese Grundrißgestaltung an verschiedenen Stellen bei den wohlhabenderen Einzelgehöften. In den Alpen lassen sich an manchen zwischen dem 16. und 19. Jahrhundert errichteten Bauern-Einzelgehöften ebenfalls die Typen beobachten, die, in eine chronologische Reihenfolge gebracht, vom Einzelgebäude über das rechtwinklige und das im Grundriß als liegendes U gestaltete Gebäude bis zum Haustyp mit Innenhof und vierseitiger Umbauung führen. Diese Lösung wurde im 17./18. Jahrhundert vielfach als vorteilhafte Bauweise betrachtet und auch von den Grundherren unterstützt, wenn die Bauern der Alpengegenden und der benachbarten Landschaften zu bauen beabsichtigten. Da solche Gebäude nur von Baumeistern errichtet werden konnten, ist es nicht ausgeschlossen, daß diese auch ihre Bauerfahrungen von den Innenhofhäusern der Städte einbrachten – von Italien bis nach Dänemark und Schweden, ja selbst im fernen russischen Norden.

Die volkstümliche Architektur und darin vor allem den Wohnhausbau charakterisiert folglich die regionale Abwechslung. Daneben gibt es auch Gebäudetypen, deren Fehlen auf die Klimagegebenheiten und deren Vorhandensein auf die von den Meiereien der Grundherren gelieferten Vorbilder zurückzuführen ist. Das eine ist die Scheuer, das andere der Getreidespeicher. Erstere wurde zuerst von den den Zehnt einnehmenden Grundherren benötigt, denn die Bauern hatten keine so großen Getreidemengen, daß ihre Lagerung ihnen Probleme bereitet hätte. Auf mittelalterlichen nordwesteuropäischen Illustrationen entdeckt man die ersten Scheuern, welche oftmals an den Seiten noch offene Gebäude mit rechteckigem Grundriß sind und ohne die komplizierteren, manchmal mehrfunktionellen Lösungen (Stall und Wagenremise) ihrer auf den Bauernhöfen zurechtgezimmerten Nachfolger auskommen. Was die Gebäude für die Getreidelagerung betrifft, waren diese in Süd- und Südosteuropa überflüssig, weil dort der Nachsommer und Frühherbst niederschlagsarm ist, man also nicht zu befürchten braucht, daß wegen des Regens das Arbeitsergebnis eines ganzen Jahres keimt und verdirbt. Auf prähistorischen Felsenzeichnungen sind in Reihen stehende Getreidekörbe zu sehen, ebensolche wie in den Hauswirtschaften armer mazedonischer, bosnischer, polnischer oder weißrussischer Bauern im 19. Jahrhundert. Die Getreidespeicher sind turmartige Häuser. Sie wurden bereits in den mittelalterlichen Meiereien errichtet und von den wohlhabenderen Bauern im Rheintal seit dem 15. Jahrhundert beansprucht.

Es ist leicht einzusehen, daß sich in der erfolgreichen Verschmelzung von Zweckmäßigkeit und Schönheit in der volkstümlichen Architektur nicht nur der Geschmack und das Erfahrungswissen der Bauern objektivierte, sondern auch die Fachkenntnis der verschiedenen Meister des Bauwesens und ihrer Gehilfen. An der europäischen Peripherie errichteten die Bauern selbstverständlich noch bis zum 19. Jahrhundert viele traditionelle Gebäude im Verwandtschafts- und Nachbarschaftsverband – in unsachgemäßer Weise, ohne Fachkräfte. In den urbanisierteren Landschaften des Kontinents gab es längst keine Möglichkeit mehr dafür. Als in der modernen Welt die Architektur in die Krise geriet, haben viele der romantisch Veranlagten unkritisch »die schöpferische Bereitschaft des Volkes« und seine anonyme Schaffensfähigkeit gefeiert und natürlich deklariert, daß nur die Bauern die Wahrer des kulturhistorischen Erbes seien. Beim unvoreingenommenen Studium der volkstümlichen Architektur müssen wir entdecken, daß es sich dabei um eine viel kompliziertere, in ihren gesellschaftlichen Komponenten viel stärker zu differenzierende Leistung handelt.

Traditionelles Wohnhaus der Mari.
Kosmo-Damjansk, Rußland 1991

Mobilität

Einführung

Schon in frühesten Zeiten menschlichen Lebens wurden Güter transportiert, zumeist Nahrungsmittel. Die einfachste Methode war dabei das Tragen durch Mensch und Tier. In der Gegenwart wird der Transport von Gütern und Menschen vor allem durch Automobile, Schienenbahnen, Schiffe und Flugzeuge bewerkstelligt.

Zur besseren Bewältigung größerer Strecken wurden Straßen gebaut, die im Gegensatz zum Pfad, Steig oder einfachen Weg eine geplante und mit technischen Hilfsmitteln angelegte Verbindung zwischen Siedlungen, Städten und Umschlagplätzen darstellen. Die ältesten dem Fernhandel mit bestimmten Gütern dienenden Handelswege waren zunächst noch keine Straßen im heutigen Sinne, sondern eher Routen, die natürliche Gegebenheiten wie Flußläufe und Pässe ausnutzten. Das größte Straßennetz schuf im alten Europa das Römische Reich. Dieses diente dem Handel, der Verwaltung, aber auch dem Krieg. Die römischen Straßen hatten eine Gesamtlänge von über 80 000 Kilometern und führten sowohl nach Jerusalem als auch nach Schottland. Im Mittelalter waren die Straßen in Europa zumeist noch unbefestigt. Der Teerstraßenbau begann erst im Jahre 1832 in Großbritannien. Bis zur intensiven Motorisierung waren die Straßen bevorzugter Platz für die Kommunikation der Menschen, für Handwerk und Handel, für Feste und Umzüge und vor allem auch für das Spiel der Kinder.

Neben dem Landtransport hatte auch die Fortbewegung auf dem Wasser schon immer eine große Bedeutung. Von den frühen Booten wurde vor allem der Einbaum der Germanen als »Sarg« berühmt. Er gilt als das erste spätsteinzeitliche Schiff. Durch die technische Vervollkommnung des Schiffbaus seit dem 12. Jahrhundert und besonders durch die Entwicklung der nautischen Instrumente im 14. Jahrhundert wurden die Voraussetzungen für weite Meeresfahrten und damit auch für die großen Entdeckungsreisen zu anderen Kontinenten geschaffen. Die Schiffahrt dient bis heute dem Transport von Gütern, Nahrung und Personen, aber auch politischen und militärischen Zwecken. Lediglich die religiöse Bedeutung hat heute im Vergleich zu früheren Zeiten, wo es in den verschiedenen Kulturen zahlreiche Tabus und zeremonielle Vorschriften gab, stark an Gewicht verloren.

Auch der Traum vom Fliegen und von der Nutzbarmachung des Luftraumes gilt schon als sehr alt, gibt es doch zahlreiche Sagen und Märchen über frühe Flugversuche durch den Menschen. 1783 gilt als das Jahr des ersten Aufstiegs eines Heißluftballons; 1900 hob das erste Zeppelin-Luftschiff über dem Bodensee ab. 1932 begann der regelmäßige Liniendienst über den Südatlantik, 1935 der über den Pazifischen Ozean. 1970 wurden schließlich die Großraumflugzeuge eingeführt. Mit der Luftfahrt, die sich in eine zivile und eine militärische aufteilt, haben sich die menschlichen Gesellschaften stark verändert. Es sind nicht nur neue Technik- und Forschungszweige entstanden, sondern auch ganz neue Berufe und Reisekulte mit einem eigenen sozialen Umfeld.

Geschichte und Bedeutung des Automobils

Monika Rulfs

»Das Auto soll nicht mehr total unser Leben bestimmen«, sagte 1985 ein Polizeioberrat in Hamburg, als es darum ging, die Geschwindigkeit von Autos in Wohnvierteln zu verringern. Im Sommer 1991 blockierten in Hamburg Anwohner einer großen Hauptverkehrsstraße zwei Wochen lang eine Kreuzung, auf der ein Mädchen von einem Lastwagen überfahren und getötet worden war. Auch sie wehrten sich gegen das zu schnelle, gefährliche Fahren und bezeichneten ihren Protest als den Beginn eines »Aufstands gegen das Auto und für das Leben«. Zwei Formen des Widerstandes gegen einen zentralen Zivilisationsgegenstand des 20. Jahrhunderts, der lebensbestimmend und todbringend zugleich ist.

Das Auto ist eine europäische Erfindung. Vor knapp 140 Jahren konstruierte der Belgier Etienne Lenoir den Verbrennungsmotor, den Ende der 1880er Jahre die Deutschen Carl Benz und Gottfried Daimler als Antrieb für ihre ersten kutschenähnlichen oder dreirädrigen Kraftwagen nutzten. Der Viertaktmotor wird dem Tiroler Christian Reithmann, dem Franzosen Alphonse Beau de Rochas und dem Deutschen Nicolaus August Otto zugeschrieben, je nachdem, wo die Geschichte des Automobils gerade formuliert wird. Beteiligt an der Erfindung des Autos waren auch der Franzose Edouard Delamare-Deboutevile, der 1884 das Patent für ein Gefährt erhielt, das aus einem Pferdewagen und einem Benzin-Vergaser-Motor zusammengebaut war, und der Mecklenburger Siegfried Marcus, der zu gleicher Zeit einen Motorwagen in Österreich konstruierte. Schließlich war es ein Ire, John Boyd Dunlop, der 1888 in Frankreich seine neuen Luftreifen vorstellte, mit denen bald alle Autos fuhren.

Das Automobil war zunächst ein Luxusgegenstand, der in Handarbeit unter Verwendung kostbarer Materialien wie Edelhölzer, Messing und Leder hergestellt wurde. Nur einige wenige wohlhabende Herren leisteten sich das Autofahren als Hobby. Sie genossen die Freiheit, selber zu fahren, wohin sie wollten, und mußten sich dafür nicht anstrengen wie zum Beispiel beim Radfahren. Für weitere Entfernungen waren sie nicht mehr von Fahrplänen und vorgegebenen Strecken der Eisenbahn oder von der Kraft und Ausdauer ihrer Pferde abhängig. Auf Autorennen – das erste führte 1894 von Paris nach Rouen – wurden Wagen verglichen und neueste Techniken in der Fahrzeugentwicklung erprobt. Auch wenn es zunächst vor allem darum ging, überhaupt eine längere Strecke durchzuhalten, wurden schon 1910 Geschwindigkeiten von über 200 Stundenkilometern erreicht.

Die Kritik am Auto war schon in dessen Anfangszeit stark ausgeprägt; sie richtete sich vor allem gegen Raserei und Rücksichtslosigkeit. Obwohl die Straße bereits vor der Entwicklung des Automobils Verkehrs- statt Lebensort war, beanspruchte das

Einer der zahlreichen Unfälle auf einer Schweizer Bergstraße, circa 1922

neue Gefährt deutlicher als alle bisherigen Verkehrsmittel diesen öffentlichen Ort für sich allein. Auf häufig unbefestigten Straßen oder Wegen verschreckten die sportlich gesinnten Autofahrer Menschen und Tiere, machten Pferde scheu, töteten das Federvieh, wirbelten Staubwolken auf und verursachten Unfälle, die man in dieser Art und Häufigkeit bisher nicht kannte. Die unzulängliche Regelung der Haftpflicht bei Unfällen und die Erhöhung von Geschwindigkeitsgrenzen – zum Beispiel von 15 auf 30 Stundenkilometern in Ortschaften – waren Ende des letzten Jahrhunderts heftig diskutierte Probleme. Straßensperrungen wurden gefordert. Im Schweizer Kanton Graubünden zum Beispiel setzte die dörfliche Auto-Opposition im Jahr 1900 ein Autofahrverbot durch, das erst 1925 wieder aufgehoben wurde. Das zu schnelle Fahren wurde in der ersten Unfallstatistik des Deutschen Reiches von 1906 als Hauptunfallursache genannt.

Im Jahr 1900 gab es weltweit erst etwa 9000 Automobile (heute fahren etwa 600 Millionen auf den Straßen der Welt); 6546 Stück in Frankreich, 478 in Belgien, 434 in Deutschland und 403 in Österreich. In den USA waren zu diesem Zeitpunkt 688 Automobile produziert worden; aber dort erkannten Autobauer früher als in Europa die Möglichkeiten seiner Massenproduktion und Nutzung als Massenverkehrsmittel. Im Jahr 1910 lag die jährliche Autoproduktion bei Ford in Chicago bereits bei rund 20 000 Wagen, und in den zwanziger Jahren beherrschten die amerikanischen Firmen General Motors (Opel) und Ford den Automobil-Weltmarkt mit einem Anteil von 80 Prozent.

Auf dem Hintergrund der Erfahrungen mit der zunehmenden Mechanisierung in der Nähmaschinen-, Fahrrad- und Automobilproduktion wurden in Europa bereits im Ersten Weltkrieg Panzer und Militärlastwagen seriell produziert. Der Einsatz von Fahrzeugen und Maschinen entschied über diesen Krieg. So wurden 1914 mehrere tausend französische Soldaten mit über 700 Pariser Taxis an die Front gefahren oder 1916 die einzige Verbindung nach Verdun in eine Nur-Auto-Straße umfunktioniert, um mit 8000 Lastwagen pro Tag den Nachschub für die französische Armee zu sichern. In und nach dem Krieg begann in Europa der eigentliche Prozeß der Rationalisierung und Massenproduktion. Renault in Frankreich, Fiat in Italien und Opel in Deutschland führten die Fließbandproduktion ein.

Autos wurden durch die serienmäßige Herstellung bedeutend billiger. Ihre Zahl nahm stetig zu, obwohl die Eisenbahn immer noch das wichtigste Verkehrsmittel war, mit dem höchstens Busse zu konkurrieren begannen. Doch mit dem Vorbild der amerikanischen Massenmotorisierung wurde mehr und mehr an das Auto gedacht und entsprechend geplant. Die Autobegeisterung zeigte sich auch in den Manifesten der Futuristen, in den Plakaten und dem Auto-Design des Art déco, in den Programmen und Utopien funktionalistischer Architekten. Sie paarte sich mit den Interessen derer, die am Auto verdienten: der Automobil-, Benzin-, Öl- und Reifenindustrie, den Reparaturbetrieben und der Zubehörindustrie, den Straßenbauunternehmen und Versicherungen. Das Auto war zu einem Gegenstand geworden, der mehr als alles andere technischen Fortschritt und ökonomisches Wachstum verkörperte.

Mit zunehmender Anzahl und Geschwindigkeit der Automobile mußte der Straßenverkehr vollkommen neu geregelt werden. Einerseits sollten Nicht-Autofahrer vor dem Auto geschützt werden, andererseits sollten die Autos sicher und reibungslos fahren können. Schon 1868, vor dem Aufkommen der ersten Autos, war in London die erste von Hand bediente Ampel mit Signalflügeln eingeführt worden, damit die Abgeordneten des britischen Parlaments ohne Gefahr die Straße überqueren konnten. Bis 1896 mußte hier ein Mann mit einer roten Flagge vor einem Automobil entlanglaufen, um vor ihm zu warnen. 1909 einigte man sich in einer internationalen Konvention auf vier Verkehrszeichen: für Kreuzungen, Bahnübergänge, scharfe Kurven und quer über die Straße verlaufende Rinnsteine. Der Völkerbund führte 1931 drei weitere Verkehrszeichen ein – Zeichen für »Vorsicht!«, »Vorfahrt« und »Durchfahrt verboten«. In Genf beschloß man 1949 eine Straßenverkehrskonvention, die weitere Zeichen einheitlich festlegte.

Die Straßen in West-, nach dem Zweiten Weltkrieg auch in Osteuropa erhielten durchgehende Beläge aus Beton und Asphalt, die im Lauf des 20. Jahrhunderts ständig elastischer und belastbarer wurden und immer höhere Geschwindigkeiten zuließen. Um Autorennen zu fahren und Geschwindigkeiten auszuprobieren, wurde in Berlin zwischen 1913 und 1921 die erste kreuzungsfreie Straße mit getrennten Fahrspuren gebaut, die zehn Kilometer lange »Automobil-Verkehrs- und Übungsstraße«, kurz Avus genannt. Heute wird diskutiert, ob man diese Straße musealisieren oder schließen soll. Ihr folgten in Italien die 1925 fertiggestellte erste *autostrada* von Mailand zum Comer See und in Deutschland die erste Autobahn von Bonn nach Köln, die 1932 eingeweiht wurde. Nach dem Zweiten Weltkrieg wurden auch in allen anderen europäischen Ländern Autobahnen gebaut; die erste englische war der 1958 eröffnete Preston Byepass.

Der Straßen- und Autobahnbau und die von Hitler propagierte Massenmotorisierung waren wichtige Bestandteile der nationalsozialistischen Politik. Auf den »Straßen des Führers« sollte das Volk im eigenen, selbst angesparten »Kraft durch Freude-Wagen« fahren, um die Weite des Raums zu erleben. Die Autobahnen waren in den dreißiger Jahren jedoch noch weitgehend leer, die Motorisierung ging nur zögerlich voran. Im 1939 eröffneten Volkswagenwerk in Wolfsburg wurden statt des Volkswagens zunächst militärische Fahrzeuge wie der Kübel- und der Schwimmwagen der Wehrmacht gebaut. Die Motorisierungspolitik diente vorwiegend Kriegszwecken – bis hin zur absoluten Perversion, Fahrzeuge nicht als Transport-, sondern als Vernichtungsmittel herzustellen: Automobile Gaskammern waren die Vorläufer der Gaskammern in den Konzentrationslagern.

Erst in den fünfziger und sechziger Jahren wurde das Auto in Westeuropa zu einem Massentransportmittel. Nach dem Krieg ging es vor allem um die Produktion von kleinen, billigen Wagen, die häufig eher drei- und vierrädrigen Motorrädern ähnelten, wenig Benzin und Platz verbrauchten. In Deutschland wurden Gefährte wie der Messerschmitt Kabinenroller, das Goggomobil oder die BMW Isetta gebaut. Der bekannteste und bestverkaufte war der lange geplante und erst jetzt serienmäßig produzierte Volkswagen oder Käfer; in Frankreich spielte der kleine Renault (R4) und der Citroën (2CV) eine ähnliche Rolle, in Italien der Fiat Topolino, und in Großbritannien baute die British Motor Corporation einen Austin Mini.

Der Nachkriegs-Städtebau und die Motorisierung in Europa hingen eng miteinander zusammen. In den zerstörten Städten wurden, häufig nach Plänen aus den zwanziger Jahren, Wohnblocks, Hochhäuser und Vorortsiedlungen gebaut. Gleichzeitig zogen diejenigen, die zu etwas Wohlstand gekommen waren, in ein Eigenheim an den Rand der Städte, die so immer weiter ausuferten. Die neuen längeren Wege, vor allem die tägliche Pendelbewegung in die Stadt, aber auch die Wochenendfahrt ins Grüne oder die Urlaubsreise in andere Länder, wurden vorwiegend mit dem eigenen Auto bewältigt. Breite Straßen, Autobahnen, Brücken und Tunnel strukturierten Stadt und Landschaft neu und banden auch bisher entlegene Gegenden an die industrialisierten Zentren an. Eine eigenständige autobezogene Architektur mit Garagen, Tankstellen, Parkhäusern und Autoraststätten entstand entlang der Autobahnen. Die Straßen als neue Adern der Zivilisation wurden mit Straßenverkehrsschildern, vom fahrenden Auto aus lesbaren überdimensionalen Werbeplakaten, Ampeln, Gittern, Pollern und Lampenmasten »möbliert«. Das stehende Auto besetzte Flächen am Straßenrand und auf Parkplätzen und wurde zum festen Bestandtteil von Stadt-, Dorf- und Landschaftsansichten.

In den sechziger Jahren fächerte sich die Angebotspalette auf. Autos wurden gebaut, die durch ihre Größe, Ausstattung und Geschwindigkeit den Bedürfnissen und finanziellen Möglichkeiten ihrer Nutzer entsprachen und ihren sozialen Status widerspiegelten. An der Spitze der Autohierarchie standen schon immer extra angefertigte, möglichst national produzierte Luxuskarossen, in denen sich hohe politische Repräsentanten dem Volk zeigten und immer noch zeigen. Ständige technische Veränderungen am Auto, wie neue Karosserie- und Rahmenkonstruktionen, verbesserte Brems- und Lenksysteme, Sicherheitsgurte und Airbags, leisere Reifen, ruhigere Motoren mit geringerem Benzinverbrauch und Schadstoffausstoß, machten das Auto sicherer und milderten die negativen Auswirkungen auf die Umwelt, die seit den sechziger Jahren von Autokritikern zunehmend thematisiert wurden.

Während zu Beginn der Massenmotorisierung der englische Smog vor allem noch durch das Heizen mit Holz und Kohle und durch die Industrie verursacht wurde – in Manchester verdienten sich Jungs ein paar Pennies, indem sie bei dichtem Nebel mit Lämpchen vor den Autos herliefen –, ist es heute das Auto, das nach Schätzungen für bis zu 90 Prozent der städtischen Luftverschmutzung und den größten Anteil am städtischen Lärm verantwortlich ist. Es ist die Verbindung von Hitze und Autoabgasen, die den Sommer in Madrid unerträglich macht; in Athen quält sich ein Auto mit einer Durchschnittsgeschwindigkeit von sieben Stundenkilometern durch die Stadt – in London sind es immerhin 20.

Seit den achtziger Jahren wurden angesichts ständiger Verkehrsstaus und gesundheitsgefährdender Luftverschmutzung verkehrspolitische Maßnahmen ergriffen, um Städte und Bewohner vor den Autos zu schützen. Mit verkehrsberuhigten Zonen, Wohngebieten mit reduziertem Verkehr, zeitlichen Einschränkungen der Befahrbarkeit, mit zusätzlichen Gebühren für Kraftfahrer oder Verboten für bestimmte Gruppen von Autofahrern, die städtischen Straßen zu benutzen, wurde in einigen europäischen Städten – zum Beispiel in Bologna, Athen, Rom, Paris, Göteborg, Budapest, Oslo, Stockholm, Weimar und Lübeck – versucht, den städtischen Verkehr zu reduzieren oder ganz aus der Innenstadt herauszuhalten.

In den neunziger Jahren besitzt in den höher industrialisierten europäischen Ländern im Durchschnitt jeder zweite Einwohner ein Auto. Am höchsten ist der Motorisierungsgrad in Italien (522 Autos auf 1000 Einwohner) und in Deutschland (496), verhältnismäßig niedrig ist er in Portugal (261), in Griechenland (199) und in Rußland (93). Die Automobilindustrie hat sich zusammen mit den ihr vor- und nachgelagerten Bereichen zu einem der wichtigsten Wirtschaftsfaktoren und -motoren der westlichen Industrieländer entwickelt. In Europa hat jeder zehnte Beschäftigte eine Arbeit, die mit der Autoproduktion und -nutzung zu tun hat. Der größte europäische Autoproduzent ist Volkswagen mit etwas unter 20 Prozent Marktanteil; den zweiten und dritten Platz besetzen die amerikanische Firma General Motors und die Gesamtgruppe der japanischen Autoproduzenten, von denen viele in Europa eigene Werke errichtet haben.

Über seine materielle Präsenz als Wirtschaftsfaktor und wichtigstes Transport- und Fortbewegungsmittel hinaus wurde das Auto im Lauf seiner hundertjährigen Geschichte für die westlichen industrialisierten Gesellschaften zu einem Gegenstand, der zentrale kulturelle Werte verkörpert. Es bringt symbolisch zum Ausdruck, daß sein Fahrer Teil hat an einer modernen, prosperierenden und sich bewegenden Gesellschaft. Schon im Jahr 1900 wurden »Freiheit« und »Auto« miteinander assoziiert;

bis heute ist das Auto ein Symbol für Mobilität, Freiheit, Naturbeherrschung, privaten Wohlstand und Geschwindigkeit geblieben.

Geschwindigkeitserfahrung gab es auch schon vor dieser Entwicklung, aber im Auto wurde sie etwas, das ohne Anstrengung erlebt und selbst bestimmt werden konnte. Das Auto ist eine Maschine, die man selber lenken und sich dienstbar machen kann. Aber die Freiheit trügt. Die Autofahrer sind in ein Verkehrssystem eingebunden und damit Zwängen unterworfen, zu denen Verkehrsregeln, Geschwindigkeitsvorschriften, Behinderungen und Unfälle gehören – ein Phänomen, das mit dem Begriff der »Anbindung an die Automobilität« beschrieben wird. Die »automobile Gesellschaft« oder »Autogesellschaft« ist von Verhaltensweisen und Mechanismen bestimmt, denen der einzelne nicht mehr entrinnen kann. Besonders deutlich wird dies, wenn das Fortkommen im eigenen Auto durch Verkehrsstaus behindert wird oder ein Autounfall, der von den Beteiligten als schicksalhaft und zufällig empfunden wird, sich aus der Sicht der Polizei oder der Automobilindustrie als alltäglich, typisch oder an dieser Stelle fast vorhersehbar erweist. Rund 50 000 Menschen starben allein im Jahr 1991 im Verkehr auf Europas Straßen.

Nationale Ausformungen und Differenzen in der Beziehung zwischen Mensch und Automobil sowie im Fahrstil sind deutlich zu beobachten. Die Deutschen gelten als besonders aggressive Fahrer, die auf der strikten Einhaltung von Verkehrsregeln bestehen und es nicht vertragen, wenn andere ihr Auto berühren. Die Verbindung von hoher Geschwindigkeit und einer blinden Regelgläubigkeit führt hier – verglichen mit anderen europäischen Ländern – zu besonders hohen Unfallzahlen. Dagegen ist der Gebrauch des Autos durch die Engländer pragmatischer. Sie fahren nicht so schnell und begreifen eine Ampel als Mittel zur Verkehrsregulierung, nicht als quasi gottgegebenes Gebot. Italienern wiederum wird ein respektloser Umgang mit dem Auto und mit Verkehrsregeln nachgesagt. Sie drängeln und hupen, aber akzeptieren Fußgänger, die es verstehen, ihr Wegerecht durchzusetzen. In Italien werden beispielsweise sehr wenig Kinder überfahren. Die Franzosen hingegen werden als rasante, impulsive und rücksichtslose Fahrer beschrieben.

Die Verbindung von Mensch und Auto wird als so eng wahrgenommen, daß Kritiker der »Automobilmachung« vom »Auto-Mensch« reden, von der »Psychoanalyse des Autofahrens«, von der »Liebe zum Automobil« und von der »Auto-Erotik«. Die Identifikation mit dem eigenen Auto geht so weit, daß beispielsweise im deutschen Sprachgebrauch niemand davor gefeit ist, zu sagen »ich steh da drüben« – und damit meint, daß sich sein Auto auf der anderen Straßenseite befindet. Das Auto ist nach wie vor wichtiger sozialer Indikator. Autohändler wissen genau um die feinen Unterschiede, die den Käufern wichtig sind. Das Auto zieht eine Vielzahl von Wünschen auf sich, die von der Werbung erforscht, effektiv ausgenutzt und verstärkt werden. Besonders die Geschwindigkeit und die Möglichkeit, es bequem selber zu steuern, vermitteln seinen Nutzern das Gefühl individueller Stärke und – meist männlicher – Potenz, aber auch Geborgenheit und Schutz vor äußeren Widrigkeiten. Während manche Analytiker betonen, daß das Auto seinem bedürftigen Fahrer zum Objekt von Lust und Begierde oder gar zur »Krücke der Seele« geworden ist und damit den

Blick auf den abnormalen Automißbrauch lenken, sehen andere es als ideales Mittel, mit dem es gelang, den Menschen zu genormtem, verkehrsgerechtem Verhalten zu veranlassen und ihn damit an die technische Welt anzupassen.

Innerhalb kürzester Zeit ist das Auto in die Alltagskultur integriert worden und bestimmt sie in weiten Teilen: Autos zählen zu den beliebtesten Kinderspielzeugen, es gibt alle erdenklichen Gebrauchsgegenstände, Süßwaren und kunsthandwerkliche Objekte in Autoform. Kindern wird bereits im Vorschulalter das Verhalten im Straßenverkehr antrainiert, Jugendliche spielen simuliertes Autofahren am Computer, Road Movies sind zum Abbild westlicher Kultur geworden. Die Führerscheinprüfung ist ein deutlicher Eintritt ins Erwachsenenalter, das Auto ist Ort geschlechtlicher Begegnungen. Autokauf, -fahren und -pflege besetzen die Nicht-Arbeitszeit, Automobilmessen ziehen Millionen Besucher an, ein elaboriertes Lebensrettungswesen für Opfer des Straßenverkehrs und die letzte Fahrt im Wagen des Beerdigungsinstituts sind nur einige Facetten dieser »Autokultur«. Sie tritt besonders deutlich hervor, wenn das Autobild bemüht wird, um zu erklären, daß jemand erfolgreich ist – ein Mensch, der »dauernd auf der Überholspur fährt« –, oder einen ungeschickten Menschen vorzustellen, der »die Kurve nicht gekriegt hat«. Das scheinen alle sogleich zu verstehen, denn »Autofahren ist wie das Leben«.

Historie der Eisenbahn

Alfred Gottwaldt

Die Wiege aller Eisenbahnen stand in Europa, genauer gesagt in England. 1769 gelang dem Mechaniker James Watt in Manchester die »Erfindung« der Dampfmaschine – besser muß es wohl heißen: die erste brauchbare Umsetzung einer Idee. Anfänglich wurde seine Konstruktion zum Antrieb von Wasserpumpen in Bergwerken genutzt. Bald darauf wandten sich andere britische Ingenieure der Aufgabe zu, die Zugkraft dieser Maschine auf Gleisen zu nutzen. Eiserne Kohlenbahnen mit Pferdezug gab es zu diesem Zeitpunkt bereits. Mit Hilfe der unermüdlichen Dampfmaschine wollte man nun Ausdauer und Leistung dieses Verkehrsmittels steigern. Der dampfgetriebene Straßenzugwagen des Militäringenieurs Nicolas Cugnot aus dem Jahre 1770, entworfen für die französische Artillerie, war ein weiterer europäischer Beitrag zur Entwicklung der Eisenbahn. Den größten Erfolg als Lokomotivbauer hatten anfangs jedoch die Engländer. Besonders George Stephensons »Patentlokomotiven« wurden ab 1833 in alle Welt geliefert. Damals schaute ganz Europa auf die Insel und kaufte hochwertige Industrieprodukte nur dort, wie es heute ähnlich für Flugzeuge aus Amerika oder für Computer aus Japan gelten mag: Stephenson besaß zwischen 1830 und 1840 ein Monopol, das ihm erst nach und nach von nordamerikanischen Fabriken und den ersten kontinentaleuropäischen Werkstätten streitig gemacht wurde. Seine Dampflokomotiven und ihre Maße bestimmten die damalige Standard-Spurweite – vier Fuß und 8 1/2 Zoll (1435 mm) – vieler Bahnen in England und Europa. Die britischen Vorgaben waren für die kontinentaleuropäischen Bahngesellschaften auch Grundlage ihrer Bestimmungen von Lichtraumprofil (Breite und Höhe), Pufferabstand, Form der Kupplungen und zur Regelung der Bremsen.

Im Europa der Biedermeierzeit gab es eine ganze Reihe von unterschiedlichen Grundhaltungen zu dieser neuen Technologie. Manche Regierungen lehnten die Eisenbahn rundweg ab, etliche befaßten sich staatlicherseits mit dem Bahnbau, andere wollten ihn mit Hilfe von Konzessionen dem freien Unternehmertum überlassen. Die ersten Eisenbahnen auf dem Kontinent wurden 1832 in Frankreich, 1835 in Belgien, 1837 in Österreich und 1847 in der Schweiz eröffnet. Die erste deutsche Eisenbahn war die am 7. Dezember 1835 in Betrieb genommene bayerische »Ludwigsbahn«, die zwischen Nürnberg und Fürth verkehrte. Ihre Lokomotive »Der Adler« nebst Maschinist lieferte Stephenson, allein die angehängten Wagen entstammten örtlicher Produktion.

Die Direktionen der ersten Eisenbahngesellschaften dachten zu dieser Zeit nicht an ein nationales oder gar europäisches Verkehrsnetz, sondern suchten ihren Profit ausschließlich im Betrieb der eigenen Strecken. Ein so weitblickender Entwurf wie die

Flugschrift des Nationalökonomen Friedrich List, ›Über ein sächsisches Eisenbahn-System als Grundlage eines allgemeinen deutschen Eisenbahn-Systems‹, wurde noch 1833 fast als Vaterlandsverrat gewertet, weil sie die zahlreichen territorialen Grenzen nicht berücksichtigte.

Nachdem deutsche Streckengesellschaften ab 1840 ihre Fahrzeuge von einheimischen Fabriken beziehen konnten, legten sie dafür ihre jeweils eigenen Normen und Maße fest. Das warf folgerichtig am Übergang von der einen zur anderen Bahn eine Reihe von Problemen auf, weil Puffer, Kupplungen und Bremsen nicht zusammenpaßten. Um diese Übergangsschwierigkeiten zu lösen, gründeten die damit befaßten Eisenbahningenieure in Berlin 1846 den Verein Deutscher Eisenbahn-Verwaltungen. Seine Aufgabe sollte es sein, die technischen Bedingungen für Fahrzeuge des Fernverkehrs zu harmonisieren. Gleichzeitig schlossen die ersten ausländischen Bahnen auch schon an deutsche Strecken an. 1854 war man von Berlin über Deutz und Köln nach Paris mit dem Zug etwa 40 Stunden unterwegs. Von Berlin nach Prag dauerte die Bahnfahrt etwa 14 Stunden. Noch mußten die Reisenden an den Grenzen umsteigen, an denen man in Abhängigkeit vom politischen Klima entweder getrennte Grenzbahnhöfe in den jeweiligen Ländern oder Gemeinschaftsbahnhöfe anlegte. Bis 1860 waren so die wichtigsten zwischenstaatlichen Verbindungen geknüpft.

Über die Wahl der richtigen Spurweite in Europa konnte jedoch lange Zeit keine Einigkeit erzielt werden. Selbst in Großbritannien benutzte die »Great Western Railway« von 1835 bis 1892 eine Breitspur von sieben Fuß (2134 mm), während alle übrigen Gesellschaften das Maß von Stephenson beibehielten. Die badischen Eisenbahnen wurden 1840 mit einer Spurweite von 1600 mm angelegt und im Jahre 1854 kostspielig auf Normalspur umgestellt; auf der irischen Insel findet sich noch heute diese Spurweite. Die erste russische Eisenbahn von Petersburg nach Zarskoje Selo wurde 1837 mit einer Spurweite von sechs Fuß (1829 mm) eingerichtet, die im russischen Polen gelegene Warschau-Wiener Eisenbahn wurde dagegen ab 1839 mit Normalspur (1435 mm) gebaut. 1842 beschloß ein technisches Komitee des Zaren, die weiteren Bahnen in Rußland und Finnland mit einer Spurweite von fünf Fuß (1524 mm) anzulegen. Spanien wählte beim Eisenbahnbau ab 1848 eine breitere Spurweite (sechs kastellanische Fuß = 1672 mm) als die anderen Länder Europas.

Es ist leicht nachvollziehbar, daß der internationale Güterverkehr durch diese unterschiedlichen Maße stark behindert wurde. Später ist vielfach angenommen worden, daß militärstrategische Überlegungen für die Wahl abweichender Spurweiten maßgeblich gewesen sein könnten. Für die erste Zeit kann das nicht nachgewiesen werden. Doch seit 1860 wurden wohl eine ganze Reihe von Bahnstrecken in Europa aus politisch-strategischen Gründen gegen das Nachbarland gebaut. Auch wirtschaftliche Konkurrenz unter Eisenbahngesellschaften war in Europa nicht selten.

Die Gründerjahre nach dem Deutsch-Französischen Krieg ließen den internationalen Handel und Reiseverkehr heftig anwachsen. So wurde 1872 die erste »Europäische Reisezugfahrplan- und Wagenbeistellungskonferenz« zur Erleichterung des internationalen Personenverkehrs abgehalten. 1886 einigten sich die europäischen Bahnverwaltungen auf die ›Berner Vereinbarungen über die Technische Einheit im Eisenbahnwesen‹. Jeder Wagenübergang ins Ausland wurde durch zweiseitige Abkommen geregelt. Das erste Mal wurden Bedingungen für diejenigen Fahrzeuge formuliert, die auf andere europäische Normalspurbahnen übergehen sollten: Jedes Fahrzeug mußte umgehend nach Erreichen seines Zielortes in sein Heimatland zurückgesandt werden. Die Probleme des internationalen Transitverkehrs beschäftigten auch den belgischen Kaufmann Georges Nagelmackers, der in Europa durchgehende Komfortzüge nach amerikanischem Vorbild betreiben wollte. Größter Erfolg seiner »Internationalen Schlafwagen- und Expreßzug-Gesellschaft« war 1883 die Realisierung des berühmten Luxuszuges »Orient-Express«, der in 60 Stunden von Paris über Wien nach Konstantinopel fuhr, ohne daß die Fahrgäste unterwegs umsteigen mußten – zu der Zeit eine echte Sensation!

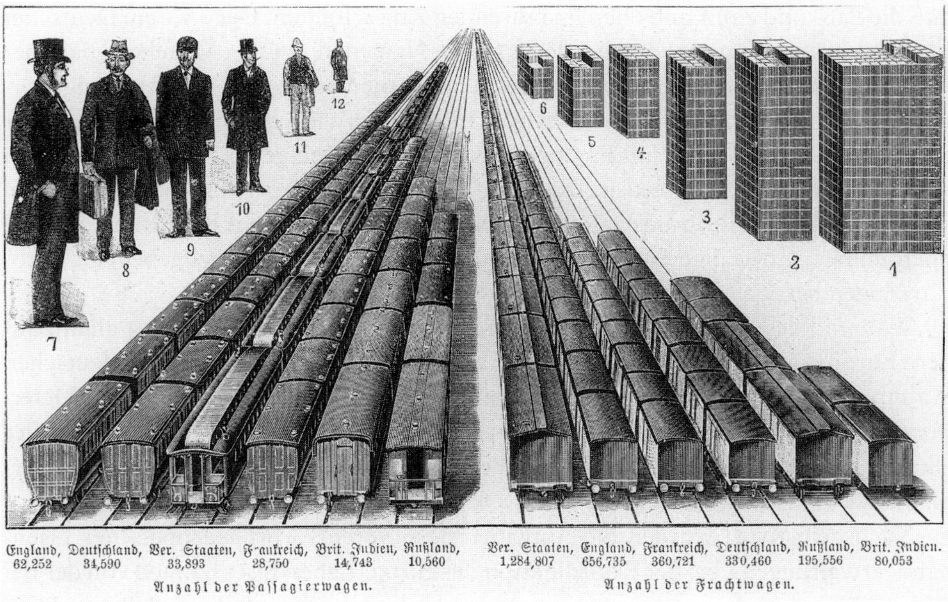

Passagier- und Frachtaufkommen in sechs Industrieländern (1900)

Bald nach der Jahrhundertwende hatte das europäische Eisenbahnnetz seine bis dahin größte Dichte erreicht. Millionen von Schienenfahrzeugen rollten auf Hunderttausenden von Streckenkilometern, die aber noch immer technisch und organisatorisch parzelliert waren. Mit dem Vorteil des Transportsystems, große Beförderungsleistungen billig erbringen zu können, ging eine gewisse organisatorische Schwerfälligkeit einher. Noch operierte in jedem deutschen Land (Preußen-Hessen, Bayern, Sachsen, Württemberg, Baden, Oldenburg, Mecklenburg) eine eigene Staatsbahn; erst 1920 wurden sie zur Deutschen Reichsbahn vereinigt. In Frankreich bestanden bis 1938 noch mächtige regionale Privatbahnen, in Großbritannien sogar noch bis 1948. Erst seitdem wird das europäische Eisenbahnwesen von den großen Staatseisenbahnverwaltungen beherrscht.

Nach dem Ersten Weltkrieg, im Januar 1922, trat das ›Internationale Abkommen über die gegenseitige Benutzung von Güterwagen‹ (›Rigolamento Internazionale Veicoli‹ – RIV) in Kraft, das endlich den formlosen Übergang bestimmter Güterwagen in das Ausland gestattete. Im Januar 1923 folgte ein entsprechendes ›Abkommen über die gegenseitige Benutzung der Personen- und Gepäckwagen im internationalen Verkehr‹ (›Rigolamento Internazionale Carrozze‹ – RIC). Gleichzeitig wurden die Zollvorschriften vereinfacht.

Zu dieser Zeit erhielten die europäischen Eisenbahnen bereits Konkurrenz durch Automobil und Flugzeug; ihr Transportmonopol ging verloren. So mußte ihr Angebot, besonders die internationale Zusammenarbeit, verbessert werden. Als im Mai 1928 der internationale »Rheingoldzug« der Deutschen Reichsbahn zwischen Hoek van Holland und Basel eingesetzt wurde, feierte man als einen besonderen Fortschritt, daß die Paß- und Zollkontrollen im fahrenden Zug erfolgten. Der »Verein Deutscher Eisenbahnverwaltungen« änderte 1932 seinen Namen in »Verein Mitteleuropäischer Eisenbahnverwaltungen«, weil ihm nun auch Bahnen aus anderen Staaten angehörten. Für die Eisenbahnen dieser Zeit war Europa vorwiegend der Kontinent. Zwar gab es Fährverbindungen mit England, doch nur sehr wenige Spezialwagen konnten auf die Insel trajektiert werden. Dort war das Lichtraumprofil für Eisenbahnwagen kleiner als auf dem Kontinent, so daß selbst nach Eröffnung des Kanaltunnels 1995 noch immer nur wenige Strecken in Großbritannien von den durchgehenden Eurostar-Zügen befahren werden können.

Während des Zweiten Weltkriegs waren deutsche Eisenbahner in fast allen Ländern Europas aktiv; der europäische Eisenbahnverkehr blieb nicht von großdeutschen Wahnbildern verschont. Die Transportexperten planten eine utopische Drei-Meter-Breitspurbahn mit Strecken zwischen Bordeaux oder Amsterdam im Westen und der Ukraine im Osten, geführt über das Ruhrgebiet und die neue Welthauptstadt »Germania«.

Nach dem Krieg wurden die Aufgaben des »Vereins Mitteleuropäischer Eisenbahnverwaltungen« bei der Koordination der europäischen Eisenbahnen von der bereits 1922 gegründeten »Union Internationale des Chemins de Fer« (UIC) in Paris übernommen. Eine Hauptinitiative der UIC hatte die internationale Einführung einer einheitlichen automatischen Kupplung für Eisenbahnfahrzeuge zum Ziel, um das personalaufwendige Rangieren in allen Ländern zu erleichtern. Der Plan scheiterte an den enormen Kosten für die Umrüstung von Millionen von Fahrzeugen. Infolge der Gründung der Montanunion und der EWG entschlossen sich mehrere westeuropäische Eisenbahnverwaltungen dazu, ab 1957 ein System von Trans-Europ-Express-Zügen zwischen den wichtigsten Großstädten einzurichten. Grenzkontrollen fanden im fahrenden Zug statt. Ein entsprechendes schnellfahrendes Güterverkehrssystem unter dem Namen »Trans Europ Express Marchandises« beschleunigte ab 1961 den Warenaustausch und bezog auch einige Ostblockstaaten ein. Die TEE-Züge wurden inzwischen durch Euro-City-Züge ersetzt.

Besondere Probleme mußten Europas Eisenbahnen ab 1960 bei der Umstellung auf den elektrischen Betrieb lösen. Während einer frühen Entwicklungsphase hatten sich im Elektrisierungsabkommen von 1912 die Bahnen von Preußen-Hessen, Baden und Bayern darauf geeinigt, ihre Strecken mit dem zu Anfang des Jahrhunderts technisch überzeugenden Einphasen-Wechselstrom von 16 2/3 Hertz Frequenz bei 15 000 Volt Spannung zu betreiben. Dazu mußten sie aber spezielle Kraftwerke bauen. Österreich, die Schweiz, Schweden und Norwegen schlossen sich der Entscheidung an. Andere Bahnen (zum Beispiel in Nordfrankreich, Polen, in der Tschechoslowakei oder kürzlich in Dänemark) wählten hingegen die überall vorhandene Landesfrequenz von 50 Hertz bei 25 000 Volt Spannung für den Lokomotivbetrieb. Wieder andere bauten ihre Netze mit Gleichstrom von 1500 Volt (Niederlande, Südfrankreich) oder von 3000 Volt (Belgien) Spannung aus. In Italien wandte man bis 1960 zum Bahnbetrieb Drehstrom mit zweipoliger Oberleitung an. Dies führte zum Bau von Systemwechselbahnhöfen an den Grenzen, aber auch zur Entwicklung von elektrischen Mehrsystemlokomotiven für zwei bis vier Stromarten.

In den letzten Jahren sind die europäischen Staaten bemüht, ihre defizitären Eisenbahnverwaltungen zu verkleinern und zu privatisieren. Mit dem politischen Ende der sozialistischen Staaten in Osteuropa verloren auch die Bahnen dieser Länder ihre Transportmonopole. Vor allem in Frankreich und Deutschland entstanden neue Hochgeschwindigkeitsstrecken. Die aktuellen Modernisierungs- und Deregulierungspläne gehen in die Richtung, Züge eines Tages auf internationalen Strecken so freizügig verkehren zu lassen wie Autos auf Autobahnen – nur eben ohne Stau.

Tourismus gestern und heute

Horst W. Opaschowski

Europa ohne Grenzen

1. Januar 1993: Deutsch-niederländische Zollbeamte sägen bei Venlo den Schlagbaum durch. Die Aktion am Neujahrstag symbolisierte den Wandel. Der Schlagbaum, ein Relikt aus vergangenen Zeiten, verlor im »Europa ohne Grenzen« seine Bedeutung. Für Euphorie bestand dennoch kein Anlaß, denn die Grenzen in Europa ändern sich oft schneller als die Gewohnheiten der Europäer. Im gleichen Maße, wie die Politiker die Überwindung alter Grenzen forcieren, werden die Bürger neue Grenzen aufbauen – zur Bewahrung ihrer eigenen Identität, ihrer nationalen Kultur und Geschichte. Und je mehr sich die Europapolitik der einzelnen Länder angleicht und zunehmend austauschbarer erscheint, desto mehr werden die Bürger nach innerer Abgrenzung Ausschau halten, um ihre Eigenart und Eigenständigkeit zu behalten.

Der Alte Kontinent und das Neue Europa haben eines gemeinsam: Sie waren und sind das bedeutendste Reiseziel der Welt. In den letzten Jahrzehnten hat sich der Tourismus in Europa zu einem Bereich von ständig wachsender gesellschaftlicher und wirtschaftlicher Bedeutung entwickelt. Der Anteil des Tourismus am Bruttosozialprodukt im EU-Bereich liegt bei etwa 5 Prozent. Der Wirtschaftsfaktor Tourismus hat in einzelnen Ländern einen unterschiedlichen Stellenwert (in Belgien 3, in Frankreich 9 und in Spanien 9,4 Prozent). Im Hinblick auf die Beschäftigtenzahl ist die Bedeutung des Tourismus noch größer: Der Tourismus stellt etwa 6 Prozent aller Arbeitsplätze in der EU (6 in Deutschland, 6,9 in Frankreich und 9,3 Prozent in Spanien). Mit der Aufhebung der europäischen Binnengrenzen wird sich vermutlich in den nächsten Jahren auch das Verhalten der »Urlaub im eigenen Lande«-Gruppe verändern. Neue Euro-Regionen entstehen, zum Beispiel nach dem Prinzip »Drei Länder, aber eine Region ...«. Nationale Landesgrenzen verlieren dann an Bedeutung, während gleichzeitig kulturhistorisch gewachsene Regionen im näheren Umfeld immer attraktiver werden, wie Saar, Lothringen und Luxemburg oder Rheinland-Pfalz, Südbelgien und Luxemburg oder Bayern, Böhmen und Österreich. Wer nicht oder nicht mehr in die Ferne schweifen will, findet im Europa der Regionen sein zweites Zuhause.

Der Wunsch: Touristen als Botschafter

Seit jeher gibt es die Hoffnung, der Tourismus könne eine integrierende Kraft sein, die das gegenseitige Verständnis zwischen den Menschen verschiedener Länder verbessert, also kulturelle Bindungen schafft. Der soziokulturelle Multiplikator-Effekt des Tourismus ist jedoch noch weitgehend unerforscht. Gut zwei Drittel der Bundesbürger (67 Prozent) vertreten die Auffassung: »Touristen sind die besten Botschafter für Ausländerfreundlichkeit.« Davon ist insbesondere die ältere Generation im Alter von über 55 Jahren überzeugt. Auch andere Europäer glauben mehrheitlich an die Botschafter-Funktion von Touristen: die Luxemburger (61 Prozent), die Franzosen (64 Prozent) und die Belgier (66 Prozent). Die Niederländer nehmen hier eine exponierte Stellung ein: Nur eine Minderheit von 36 Prozent will von möglichen ausländerfreundlichen Wirkungen des Tourismus etwas wissen. Die überwiegende Mehrheit der niederländischen Bevölkerung meldet in dieser Frage erhebliche Zweifel an.

Hat der Tourismus wirklich eine völkerverbindende, vorurteilsabbauende Bedeutung? Vorurteile gelten in der Sozialforschung als stark vereinfachte, verallgemeinerte und klischeehafte Vorstellungen negativer oder ablehnender Art über Menschen und Menschengruppen. Die moderne Sozialpsychologie hat in verschiedenen empirischen Untersuchungen den Abbau von Vorurteilen durch Reisen nachweisen können, und zwar immer dann, wenn es sich um positive Erlebnisse und Erfahrungen handelte, die auf freiwilliger Basis und in entspannter Atmosphäre erfreulich verliefen. Die Urlaubssituation wäre also für den Abbau von Vorurteilen wie geschaffen.

Die Wirklichkeit: Einheimische als Statisten

Im Gegensatz zur öffentlichen Tourismuspolitik, die eher dazu neigt, den Verständigungseffekt von Urlaubsreisen zu überschätzen, weist die empirische Sozialforschung nach:

- Touristen haben nur ein geringes Interesse an interkulturellen Kontakten.
- Touristen haben wesentlich seltener als angenommen intensive Kontakte mit der lokalen Bevölkerung.

Die Niederländer schätzen den touristischen Verständigungseffekt relativ realistisch ein. Für mehr als drei Viertel der niederländischen Bevölkerung (78 Prozent) steht fest: »Das Verständnis zwischen den Reisenden und Ortsansässigen bleibt meist auf einer oberflächlichen Ebene stehen.« Auch die Belgier (78 Prozent) und die Deutschen (75 Prozent) gelangen zu einer ähnlich skeptischen Beurteilung, obwohl beide gleichzeitig an die Wirksamkeit der eigenen Botschafter-Rolle glauben. Durchaus widersprüchliche Selbsteinschätzungen auf den ersten Blick. Es muß jedoch davon ausgegangen werden, daß sich viele Urlauber in der Rolle des Botschafters gefallen, was mehr ihrem Wunschdenken als der Realität entspricht. Sie »spielen« diese Rolle und bleiben lediglich Beobachter und Betrachter, ohne sich wirklich auf fremde Lebensweisen einzulassen. Zwei typische Aussagen mögen dies illustrieren: »Einheimische stören mich nicht. Ich habe keine Vorurteile wie viele andere.« Und: »Auch Armut stört mein gutes Urlaubsgefühl nicht. Sie gehört hier in [zum Beispiel] Mexico zum Straßenbild.« So bleiben sich Touristen und Einheimische weitgehend fremd. Sie verstehen sich, wenn überhaupt, nur am Rande, ebenso flüchtig wie oberflächlich.

Die Verständigung kann auf diese Weise kaum tiefer gehen, weil insbesondere die Deutschen im Urlaub Wert auf Distanz legen. Zwei Drittel der Deutschen sind der Meinung: »Einheimische gehören zum Urlaubserleben irgendwie dazu und stören auch nicht – solange sie nicht zu nahe kommen.« Die Einheimischen sollten schon echt sein, um richtiges Urlaubsgefühl aufkommen zu lassen, aber sie sollten möglichst keine Wünsche äußern oder gar Forderungen stellen. So kann die fremde Urlaubswelt zur Kulisse für die eigene Selbstdarstellung werden. Ein solches distanziertes Urlaubserleben ist bei anderen Europäern deutlich geringer ausgeprägt (in Belgien und Frankreich mit 45, in Luxemburg mit 42 und in den Niederlanden mit 43 Prozent).

Nicht selten demonstrieren Touristen eine Art Besatzermentalität und führen sich wie Kolonisatoren auf: »Wenn es die Touristen nicht gäbe, würden viele Einheimische noch heute auf ihren Dattelbäumen sitzen«, sagt jeder zweite Franzose (52 Prozent) und Belgier (49 Prozent). Nur die Niederländer gehen hart mit diesem Klischee ins Gericht. Im Gegensatz zum Durchschnitt der befragten Europäer (45 Prozent Zustimmung) kann sich nur jeder fünfte Niederländer (19 Prozent) mit einer solchen Bewertung abfinden. Im übrigen zeigt der europäische Vergleich, daß die Neigung zu Vorurteilen deutlich vom jeweiligen Bildungsniveau abhängig ist. Die europäische Verständigung erweist sich damit auch und gerade als eine Bildungsfrage.

Das Neue Europa

Das Neue Europa wird keinem Einheitsbrei gleichen, es wird eher ein »Europa der Vielfalt und der regionalen Unterschiede« sein. Infolgedessen kann auch die europäische Tourismusforschung nicht euphorisch die europäische Einheit beschwören, sondern muß Verständnis für ein »Europa der Bürger« entwickeln. Grenzenlose Verständigung fängt erst einmal bei der ganz persönlichen Offenheit für anderes, Fremdes, auch Gegensätzliches an. Und »Europäisierung« läßt sich nicht einfach mit »Nivellierung« gleichsetzen.

Europäische Tourismusforschung soll in erster Linie mehr Wissen über unterschiedliche Reisegewohnheiten der Europäer vermitteln. Dies entspricht auch dem Anliegen der Europäischen Union, die erkannt hat, daß sich der grenzüberschreitende Tourismus in vielen Ländern Europas zu einer Haupteinnahmequelle entwickelt, während es an länderübergreifenden Untersuchungen und Statistiken noch weitgehend mangelt. Nur auf dem Wege über eine bessere Kenntnis der Lebensgewohnheiten, Traditionen und Kulturen läßt sich eine (massen-)touristische Nutzung des kulturellen Erbes Europas rechtfertigen und sozial und ökologisch verantworten. Der Tourismus wird auch in Zukunft für die meisten Europäer die einzige Gelegenheit bleiben, sich zu begegnen und näherzukommen.

25 Jahre Euro-Raumfahrt

Wolfgang Engelhardt

Standesgemäß feiert die Europäische Raumfahrt-Organisation ESA demnächst ihr 25jähriges Bestehen mit dem Start des neuen Gammastrahlen-Satelliten »Integral« für die astronomische Forschung. Das ist ein weiterer Beweis für die Leistungsfähigkeit der ESA und für die Richtigkeit der damaligen Gründungsidee, die Satelliten- und Raketenpläne von mehreren europäischen Ländern zu bündeln. Aber in der täglichen Praxis ist es nicht einfach, die oft weit auseinandergehenden technischen, wissenschaftlichen, organisatorischen und finanziellen Vorstellungen von inzwischen 13 Nationen im Raumfahrtbereich unter einen Hut zu bekommen. Trotzdem haben die Europäer in den 25 Jahren seit der ESA-Gründung eine beachtliche Bilanz aufzuweisen: mit der weltweit erfolgreichsten Trägerrakete, einem kommerziell ausgerichteten Anwendungs-Satellitenprogramm zur Telekommunikation und Erdbeobachtung, einer höchst eindrucksvollen Wissenschaftssatelliten-Bilanz und Erfolgen auch bei der bemannten Raumfahrt, dies gemeinsam mit den USA und Rußland.

Die europäische Raumfahrt-Zusammenarbeit begann schon 1964, als die beiden Vorgängerorganisationen ELDO für die Entwicklung einer Trägerrakete und ESRO für die Kooperation bei der wissenschaftlichen Erforschung des Weltraums gebildet wurden. 1975 erfolgte die Gründung der »European Space Agency« mit ihrem Hauptquartier in Paris. Frankreich, England und Deutschland kamen zu der Einsicht, daß keine der europäischen Nationen allein bei dem rasanten Raumfahrtwettrennen der USA und der Sowjetunion mithalten könne und daß sich Europa auch nicht von der einen oder anderen Seite abhängig machen dürfe. Letzter Auslöser für die ESA-Gründung war die Auflage der Amerikaner, die französisch-deutschen Kommunikationssatelliten vom Typ Symphonie 1974/76 nur zu starten, wenn sie nicht kommerziell genutzt werden. So schlossen die drei größten europäischen Länder ein Abkommen zur Zusammenarbeit im Weltraum, wobei Frankreich die Federführung bei der Entwicklung einer neuen Trägerrakete erhielt, England die Leitung beim Bau eines gemeinsamen neuen Kommunikationssatelliten und Deutschland die Leitung bei einem europäischen Beitrag zur bemannten Raumfahrt mit dem gerade entstehenden amerikanischen Raumtransporter.

Noch zehn andere europäische Länder schlossen sich in den folgenden Jahren der Initiative an. Der Haushalt der Raumfahrt-Organisation setzt sich aus den Mitgliedsbeiträgen der einzelnen Länder zusammen. Deutschland übernahm etwa 25 Prozent, bei einem ESA-Jahresbudget von heute etwa fünf Milliarden DM. Nach einem ausgeklügelten Schlüssel fließen die eingezahlten Gelder an die Raumfahrtunternehmen der Länder zurück, die an den jeweiligen Projekten beteiligt sind. Es gibt die Unterscheidung in die nach dem Bruttosozialprodukt bemessenen verbindlichen Beiträge für die ESA-Verwaltung und das Wissenschafts-Programm sowie in die jeweils neu ausgehandelten Beiträge der Länder für die einzelnen Satellitenprojekte und das Trägerprogramm.

Trotz solch schwieriger Bedingungen hat sich die europäische Raumfahrttechnik weltweit eine Spitzenposition erobert. Mit neuen ehrgeizigen Projekten zur Wissenschaft, Anwendung oder bemannten Raumfahrt wird Grundlagen-Forschung betrieben, deren Resultate später allen beteiligten Ländern zugute kommen. Nachfolgend das aktuelle ESA-Budget für 1999:

Mitgliedsland	Beitrag in Euro	Anteil
Frankreich	662,7 Mio.	29,0 %
Deutschland	570,1 Mio.	25,0 %
Italien	313,7 Mio.	13,7 %
Großbritannien	182,5 Mio.	8,0 %
Belgien	122,1 Mio.	5,3 %
Spanien	102,1 Mio.	4,5 %
Niederlande	82,5 Mio.	3,6 %
Schweiz	76,1 Mio.	3,3 %
Schweden	59,5 Mio.	2,6 %
Österreich	30,3 Mio.	1,3 %
Dänemark	24,8 Mio.	1,1 %
Norwegen	21,3 Mio.	0,9 %
Kanada	14,1 Mio.	0,6 %
Finnland	14,0 Mio.	0,6 %
Irland	5,7 Mio.	0,3 %
Portugal	2,0 Mio.	0,1 %

Mitgliedsländer	2.283,9 Mio. Euro
Andere Einnahmen	366,9 Mio. Euro
ESA-Budget 1999	2.650,8 Mio. Euro

Die ESA-Praxis, bestimmte Raumfahrtbereiche nach Erreichen eines gewissen Status zu kommerzialisieren, also in die finanzielle Selbständigkeit zu entlassen, begann schon vor vielen Jahren mit der Arianespace-Vermarktungsgesellschaft für die Europarakete, mit der Eutelsat-Organisation für die Kommunikationssatelliten und mit Eumetsat zur Vermarktung des Wettersatellitensystems. Die ESA leistet die Entwicklung der jeweils neuen technischen Raumflug-Hardware, wie zum Beispiel den Bau der leistungsstärkeren Ariane-5-Rakete, und stellt sie dann den Kommerzialisierungs-Gesellschaften zur Verfügung. Die Raumfahrtprojekte haben auf die Industrien der beteiligten ESA-Länder einen durchaus positiven Einfluß. Nach einer Studie der Universität Straßburg ergeben sich aus den ESA-Projekten und den dabei erworbenen technischen Kapazitäten zahlreiche zusätzliche Aufträge für die beteiligten Industrieunternehmen.

Voraussetzung zum Funktionieren der großen internationalen Europäischen Raumfahrt-Organisation ist ein straffes Management. Die ESA wird von der Pariser Zentrale aus geleitet mit einem Generaldirektor und Hauptabteilungen für bemannte Raumfahrt, Trägersysteme, Telekommunikation, Erderkundung, Wissenschaft und Verwaltung. Dazu kommen diverse ESA-Filialen in anderen Mitgliedsländern. Eine Sonderstellung hat dabei das Technikzentrum ESTEC in Holland, wo viele Forschungs- und Entwicklungsarbeiten geleistet und die von den ESA-Mitgliedsländern gebauten Satelliten, Sonden und Raumsysteme getestet werden. Dazu kommt das Satellitenkontrollzentrum ESOC in Darmstadt, die Antennenzentrale Redu in Belgien, das Erderkundungszentrum Frascati in Italien und das »European Astronaut Center« in Köln. Schwierig ist manchmal, bei der insgesamt etwa 2000 Mann starken Belegschaft für diese Zentren halbwegs den nationalen Proporz zu wahren. Die ESA-Mitarbeiter müssen neben ihrer fachlichen Qualifikation auch eine besondere Sprachbegabung mitbringen, um sich untereinander verständigen zu können.

Die europäische Trägerrakete Ariane 5
am Startplatz Kourou in Französisch-Guayana

Der größte und meistbeachtete Erfolg der europäischen Raumfahrt ist sicher die Ariane-Rakete, die inzwischen fast zwei Drittel des internationalen Trägermarkts für kommerzielle Nutzlasten errungen hat. Mit ihrer Tragkraft von 4,5 Tonnen für den obligatorischen geosynchronen Orbit kann die Ariane 4 zwei mittelgroße Satelliten auf einmal befördern, was ihr gegenüber der amerikanischen, russischen und chinesischen Konkurrenz einen beachtlichen Preisvorteil verschafft. Dazu kommt die bemerkenswerte Zuverlässigkeit von über 90 Prozent: Bei bisher fast 120 Starts der Ariane gab es nur sieben Fehlschläge. Dies ist für die Vermarktungsgesellschaft Arianespace ein wichtiges Verkaufsargument. Ohne Europas Ariane-Rakete könnten viele amerikanische und asiatische Telekommunikationsbetreiber ihre Satellitennetze gar nicht aufbauen und erneuern. Um diese weltweit führende Träger-Position zu behaupten, hat Europa die schubstärkere Ariane 5 entwickelt, die fast sieben Tonnen

Nutzlastkapazität für den wichtigen Geo-Orbit hat. Sie wird nach zwei gelungenen Teststarts im Frühjahr 1999 erstmals kommerziell eingesetzt.

Auch im Bereich Satellitenkommunikation hat Europa bisher mit den OTS-, Marecs-, ECS- und Eutelsat-Trabanten viele erfolgreiche Projekte aufgelegt. Zahlreiche Bereiche des öffentlichen Lebens und der europäischen Wirtschaft profitieren von den damit ermöglichten schnellen und leistungsfähigen internationalen Telefon- und Datenverbindungen. Besonders wichtig für die Entwicklung fortschrittlicher Satelliten-Funktechniken war der 1989 gestartete Olympus. Für die nächsten Jahre plant die ESA die Entwicklung eines großen Datenrelais-Satelliten zur Unterstützung anderer Raumfahrtprojekte mit hohen Datenströmen. Die in Paris angesiedelte Eutelsat-Organisation betreibt inzwischen ein kommerzielles Kommunikationssatellitennetz.

Eckpunkte des ESA-Budgets 1999

Arbeitsbereich	Betrag in Euro	Anteil
Transformation	2,1 Mio.	0,08 %
Technologie-Studien	40,5 Mio.	1,53 %
Mikrogravitation	97,5 Mio.	3,68 %
Fremdprogramme	102,6 Mio.	3,87 %
Budget-Ergänzung	109,7 Mio.	4,14 %
General-Budget	167,6 Mio.	6,32 %
Telekommunikation	206,3 Mio.	7,78 %
Wissenschaft	355,2 Mio.	13,4 %
Bemannte Raumfahrt	435,3 Mio.	16,4 %
Trägersysteme	488,9 Mio.	18,4 %
Erdbeobachtung	645,1 Mio.	24,3 %
Gesamtwert	2.650 Mio. Euro	

Noch größere Aufmerksamkeit in der Öffentlichkeit findet das europäische Programm zur Wetter- und Erdbeobachtung. Täglich sehen die Bürger fast aller ESA-Staaten in den Wettermeldungen der Fernsehnachrichten die eindrucksvollen Meteosat-Wolkenbilder, die die meteorologischen Prognosen nicht nur anschaulich, sondern auch viel zuverlässiger und langfristiger machen. Sieben solche Meteosat-Wolkenspäher hat die in Darmstadt ansässige Betreibergesellschaft Eumetsat inzwischen (mit der Ariane) starten lassen. Das Programm wird in den nächsten Jahren fortgesetzt und mit erdnahen Wetterspähern und hochauflösenden Sensoren auf polaren Erdumlaufbahnen ergänzt. Sehr eindrucksvoll sind auch die Erdaufnahmen, die die beiden ERS-Satelliten im Radarspektrum machen.

Große Aufmerksamkeit fanden in aller Welt die wissenschaftlichen Erfolge der Europäischen Raumfahrt-Organisation. Mit einem langfristigen Programm zur geophysikalischen und astronomischen Forschung wurden inzwischen zahlreiche Satelliten gestartet; am aufregendsten war sicher die Mission der Giotto-Raumsonde zum Halley-Kometen im Frühjahr 1986 mit der Übertragung zahlreicher Bilder dieses kleinen Himmelskörpers.

Seit 1978 schon funktioniert der Ultraviolettsatellit IUE, aber auch der Exosat-Röntgensatellit, das Infrarot-Teleskop IRAS und auch der Astrometrie-Trabant Hipparcos lieferten wertvolle Informationen über die Vorgänge und Objekte im Universum. Erfolgreich verlaufen auch die zusammen mit der amerikanischen NASA betriebenen Raumfahrtprojekte Ulysses zur Sonnenforschung und das Hubble-Teleskop zur optischen Astronomie, wofür die ESA die FOC-Spezialkamera beigestellt hat. 1995 startete die ESA zwei neue Wissenschaftsmissionen, den Infrarot-Astronomiesatelliten ISO und das SOHO-Sonnenteleskop; ersterer hat seine Aktivitäten nach Übermittlung zahlreicher Bilder und anderer Messungen inzwischen eingestellt.

Früh beteiligte sich Europa auch an bemannten Raumflügen, zunächst natürlich mit dem speziell dafür gebauten Spacelab-Modul, das in der Ladeluke der amerikanischen Raumtransporter inzwischen viele technisch eindrucksvolle und wissenschaftlich sehr ergiebige Orbit-Missionen absolviert hat. Im November 1983 startete beim neunten Shuttle-Flug mit dem Orbiter Columbia die europäische Spacelab-Mission in den Erdorbit. Es war der erste Einsatz der 6,5 Meter langen und 4,5 Meter breiten sowie 13 Tonnen schweren zylindrischen Forschungs-»Tonne« und eine Premiere mit vielen Schwerelosigkeitsexperimenten zur Materialtechnik und Biomedizin. Zur Besatzung gehörte als erster Nichtamerikaner im Shuttle auch der deutsche Physiker Ulf Merbold. Dies blieb leider bisher der einzige europäische Spacelab-Flug. Seitdem sind aber noch einige andere europäische Astronauten im ESA-Auftrag oder auf NASA-Einladung im Shuttle/Spacelab mitgeflogen.

Nach der politischen Wende im Osten knüpfte die ESA auch Raumfahrtkontakte nach Rußland. Dabei wurden als Ergänzung zu den Shuttle-Spacelab-Erfahrungen zwei Besuche europäischer Astronauten in der Mir-Raumstation vereinbart. Euromir '95 startete im Oktober 1994. Neben zwei russischen Kosmonauten gehörte wieder Ulf Merbold zur Besatzung, der aufgrund seiner umfangreichen Erfahrungen noch einmal für einen europäischen Raumflug ausgesucht worden war und einen Monat lang wissenschaftlich im Orbit arbeitete. Am 3. September 1995 startete dann die zweite Euromir-Mission mit dem deutschen Testpiloten Thomas Reiter an Bord, der sogar ein halbes Jahr in der Mir-Station bleiben konnte und dabei zur Vorbereitung künftiger europäischer Raumstationsaktivitäten zwei Außenbordmanöver unternahm. Inzwischen bereitet sich Europa auf die Teilnahme an der Raumstation vor. Geplant ist der Bau eines Raumstationsmoduls und einer »intelligenten« Oberstufe, mit der Europa in den nächsten Jahren auch die neue Ariane-5-Rakete als Materialzubringer in dieses Raumstationsszenario einbringen und erhebliche Betriebskosten sparen will.

Kern der europäischen Beteiligung an der »International Space Station« wird das Columbus-Raumlabor sein, das ähnlich groß und schwer ist wie das vor 20 Jahren gebaute Spacelab. Hauptauftragnehmer bei diesem ESA-Projekt ist die deutsche DASA, in deren Standort Bremen das als COF abgekürzte Modul zusammengebaut und ausgerüstet wird. Kern der wissenschaftlichen Apparaturen werden zehn sogenannte Experimenten-Racks sein, mit ganz neuen Instrumenten zur Material- und Bioforschung in der Schwerelosigkeit. Zur Betriebsausrüstung des COF gehören eine Lebenserhaltungsanlage, Datensysteme, Funkanlagen, Energieverteilung etc. Europa gibt für seine Raumstationsbeteiligung über einen Zeitraum von 20 Jahren etwa zwei Milliarden Euro oder vier Milliarden DM aus.

Insgesamt ist die europäische Raumfahrt vor allem dank der ESA-Gründung im Jahr 1975 eine Erfolgsstory, die gelegentlich ergänzt wird durch einige nationale Satellitenprojekte der größeren Staaten. Aber nach 25 Jahren sind auch einige Schwachpunkte der ESA-Satzung offenkundig geworden, die die organisatorische und technische Arbeit erschweren und unnötig verteuern. Besonders kritisiert wird der Rückflußkoeffizient, der den Ländern die volle Erstattung der eingezahlten Gelder bei jedem einzelnen Projekt zu 95 Prozent garantiert. Hier wünscht man sich seit langem eine variablere Lösung.

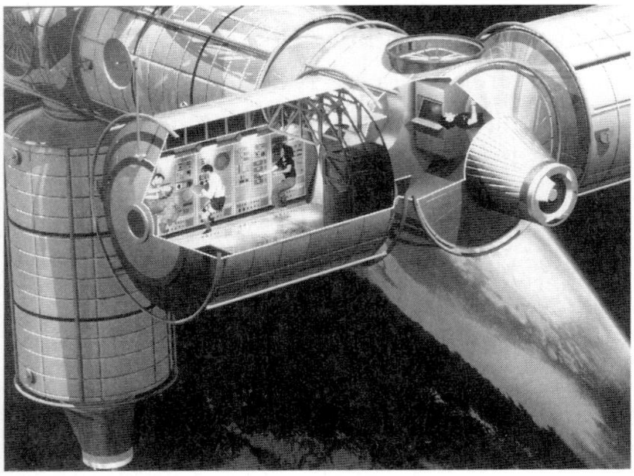

Europas Laboratorium auf der Internationalen Raumstation COF

Anfällig ist die ESA auch gegenüber politischen Unstimmigkeiten zwischen den Mitgliedstaaten, wie der Streit zwischen Deutschland und Frankreich um die Raumstationsbeteiligung zeigte. Angesichts der Geldnöte in vielen ESA-Ländern wird über eine Reorganisation und Straffung der Europäischen Raumfahrt-Organisation gesprochen mit Personaleinsparungen bis zu 20 Prozent. Bedenklich stimmt auch die »Einfrierung« des Wissenschafts-Programmes. Das ist ein erster Schritt zur Aushebelung der eigentlich bewährten ESA-Statuten, so daß bei manchen Beobachtern auch Zweifel aufkommt, ob die Europäische Raumfahrt-Organisation weitere 25 Jahre so erfolgreich bestehen kann.

Die europäische Raumfahrtindustrie befindet sich im Umbruch; die seit Jahren zu beobachtenden Zusammenschlüsse in der amerikanischen Aerospace-Branche nötigen auch die Europäer zur Konzentration ihrer Kräfte, wenn sie im Umsatz und in der Technologie nicht völlig hinter die USA zurückfallen wollen. So kombinieren zunächst die großen europäischen Länder ihre Raumfahrtunternehmen zu schlagkräftigen Einheiten, die sich aber bald zu einem oder höchstens zwei großen europäischen Raumfahrtkonzernen zusammenschließen müssen. Auch die deutsche »Daimler Crysler Aerospace« DASA will ihre Raumstations- und Satellitenkapazitäten in Friedrichshafen, München und Bremen demnächst mit dem britisch-französischen Konzern »Matra Marconi Space« und der Raumfahrt-Sparte der italienischen »Alenia« verbinden.

Arbeit

Auf dem Lande, in der Stadt

Einführung

»Handwerk hat goldenen Boden.« Deutsches Sprichwort
»Eine Kultur lebt vor allem in der Mannigfaltigkeit ihrer Berufe.«
Gesualdo Bufalino, ›Museo d'ombre‹

Die traditionellen Kulturen Europas zeichneten sich durch intensive Arbeitsteilung und starke Aufgliederung in unterschiedliche Handwerke aus. Bis in das 17. Jahrhundert waren die Handwerker in weiten Teilen Europas in Zünften oder Bruderschaften organisiert. Sie überwachten die Qualität der Erzeugnisse, denn niemand sollte durch schlechte Waren einen Vorteil gewinnen. Der zunehmende Fernhandel und die Ausdehnung der Märkte sprengten schließlich das Zunftsystem. Übrig blieben viele kleine Handwerksbetriebe und einige wenige große Unternehmer. Als Resultat dieser Entwicklung ging ab dem Ende des 18. Jahrhunderts die Zahl der Handwerke, in denen ein Geselle in wenigen Jahren genug zurücklegen konnte, um sich selbständig zu machen, drastisch zurück. Vorreiter war Großbritannien. In Frankreich und in Deutschland hielt sich das alte System zumindest in Teilen noch bis in das 19. Jahrhundert. Die radikale Industrialisierung des vorigen Jahrhunderts hat in West- und Mitteleuropa viele Handwerke sehr rasch aussterben lassen. Im 20. Jahrhundert ging auch in den ökonomisch schwächeren Randgebieten Europas der Bestand an Handwerksformen drastisch zurück, nur zum Teil aufgefangen durch eine nostalgische, städtische Bewegung »zurück zum Ursprünglichen« und zum »Unikat«, individuell hergestellt vom guten Handwerker.

Gerade in den Handwerkstechniken manifestierte sich die Einheitlichkeit europäischer Kultur besonders deutlich: Große Binnenemigrationen der Handwerker verbreiteten Stilformen, zum Beispiel im holzverarbeitenden Handwerk, über große Teile des Kontinents. Religiös motivierte Vertreibungen wie die der Hugenotten oder der Salzburger Protestanten, aber auch die zahlreichen Kriege förderten noch die Herausbildung ähnlicher handwerklicher Formen und Techniken über ganz Europa.

Leider ist die Untersuchung des traditionellen Handwerks überwiegend der Gegenstand einer regionalistisch orientierten Forschung. So gelang es den Herausgebern nicht, für diese extrem interessanten und wichtigen Kapitel europäischer Kulturgeschichte Autoren zu finden, die einigermaßen repräsentativ die Entwicklung der wichtigsten Handwerke wie Töpferei, Eisen-, Holz- und Textilverarbeitung für größere Teile Europas hätten darstellen können. Wir hoffen dennoch, anhand der folgenden Texte eine Ahnung davon vermitteln zu können, was Handwerk einmal für Europa bedeutet hat.

Landwirtschaftliche Geräte in Europa

Jürgen Knauss

Die Entwicklungen der technischen Gerätschaften zur Landbewirtschaftung, von den einfachsten Werkzeugen der Steinzeit bis hin zu hochmodernen und computergestützten Maschinen unserer Tage, zeigen ein besonders wichtiges Bild des bäuerlich-ländlichen Lebenskreises und spiegeln die Perioden der immer effektiveren Anpassungen an wirtschaftliche und politische Rahmenbedingungen sowie an ökologische Standortfaktoren wider.

Der Gerätebestand einer mitteleuropäischen Bauernwirtschaft bestand schon im Mittelalter und noch bis weit in das 20. Jahrhundert im wesentlichen aus den Geräten zur Bodenbearbeitung (Haken, Pflüge, Egge und Walze), für die Ernte von Getreide und Heu (Sichel, Sense, Rechen und Flegel), für den Garten- und Obstbau (Hacke, Spaten, Axt und Hippe) sowie aus Wagen, Karren, Schlitten und Tragekorb für die Transportarbeit. Diese Geräte blieben über viele Jahrhunderte hinweg in ihrer Form und Funktionsweise im wesentlichen unverändert, von kleineren regionalen Unterschieden abgesehen. Erst der beginnende technische Fortschritt im 18. Jahrhundert brachte tiefgreifende Veränderungen in der Landgerätetechnik.

Die ältesten Bodenbearbeitungsgeräte sind die Hacke und der Spaten. Der älteste Fund einer Hacke im Vorderen Orient läßt sich in das achte vorchristliche Jahrtausend datieren. In Mitteleuropa gehen die ältesten Funde auf das vierte bis fünfte Jahrtausend vor Christus zurück. Die ursprünglichen Hacken wurden aus geschäfteten Tiergehörnen und Steinen hergestellt. Aus der Bronze- und Eisenzeit haben sich bis zum heutigen Tage die Typen der Breit- und Spitzhacken sowie die Karste erhalten. Der Spaten gehört seit frühester Zeit neben der Hacke zum wichtigsten Handgerät der Bodenbearbeitung. Seit etwa der Mittelsteinzeit sind Hackspaten bekannt. Die ältesten Belege für mit eisernem Rand beschlagene Holzspaten stammen aus der Römerzeit; diese Art gilt als die ursprünglichste Spatenform, die in ihrem Typus bis zu Beginn des 20. Jahrhunderts in Gebrauch war. Der Spaten wurde vorwiegend zur intensiven Bodenbearbeitung in Haus- und Krautgärten eingesetzt. Im Verlauf des 19. Jahrhunderts setzte sich der Spaten mit schmiedeeisernem bzw. stählernem Spatenblatt durch und löste den randbeschlagenen Holzspaten langsam ab. Die Form mit eisernem Blatt ist seither im Grunde gleichgeblieben.

Neben den Handgeräten waren schon seit der Vorrömerzeit auch schwerere Bodenbearbeitungsgeräte, Haken und Pflug, bekannt. Über viele Jahrhunderte hinweg wurde mit Haken der sogenannte Saatfurchenbau betrieben. Den Übergang zur Vorform eines Pfluges bildete der sogenannte Steirische Arl und der Mecklenburger Haken, die noch bis in die jüngere Vergangenheit eingesetzt wurden.

Im Gegensatz zu dem Haken wird beim Pflug durch das Streichbrett der Boden gewendet und umgeackert, wodurch abgesunkene Nährstoffe wieder an die Oberfläche gelangen. Im Zuge des mittelalterlichen Bevölkerungswachstums mit seinen Folgen wie »Vergetreidung« und »Verdorfung« setzten sich neben dem Pflug auch die Egge und die Ackerwalze als wichtige Bodenbearbeitungsgeräte durch. In diesem Zeitraum liegt auch der Beginn einer gezielten Düngerwirtschaft zur Steigerung der Erträge mit Hilfe tierischer und menschlicher Exkremente. Trotz dieser Maßnahmen zur Verbesserung der Ernteergebnisse blieb der Landwirt von den klimatischen Verhältnissen seiner Anbauregion abhängig. Die Ernte war und ist naturgemäß der Höhepunkt des landwirtschaftlichen Jahreskreises. Ihr Erfolg oder Mißerfolg war für den Erhalt des menschlichen Lebens stets von herausragender Bedeutung.

Das älteste und wichtigste Erntegerät war die Sichel. Schon in Sumer und Ägypten waren bereits um 5000 vor Christi Geburt Sicheln in Gebrauch. Wohl schon zur Steinzeit gab es sie aus behauenem Feuerstein in einem Holz- oder Hornschaft. Die Form der Sichel nutzte die kreisförmige Armbewegung beim Schneiden aus und ermöglichte damit ein ökonomisches Arbeiten. Erst die Verwendung von Metallen wie etwa Bronze oder Eisen brachte wesentliche andere Entwicklungen zutage. Die Form dieser Sicheln hat sich bis zum heutigen Tage kaum verändert. Die Entwicklung eines Sensenblattes aus dem Blatt einer Sichel während der Hallstattzeit (800 bis 450 vor Christi Geburt) war einer der großen Fortschritte der Erntetechnik. Ursprünglich wurden die Sensen nur für die Grasmahd eingesetzt, seit dem 15. Jahrhundert auch bei der Getreideernte. Doch erst verhältnismäßig spät, im ausgehenden 18. Jahrhundert, setzte sich die Sense in zunehmendem Maße beim Getreideschnitt durch. Hierfür wurde eine interessante Sonderform entwickelt: Ein Gestell aus einem Holzbügel mit Zinken konnte das Getreide in kleinen Schwaden ablegen. Daraus ergab sich für diesen Typ auch der Name »Gestellsense«. Die Einführung der Sense zur Getreidemahd erhöhte die Arbeitsleistung um etwa das Vierfache. Neben der rein technischen Innovation in der Geräteentwicklung hatte dies aber auch weitreichende sozialökonomische Folgen. So trat beim Übergang von der Sichel- zur Sensenmahd ein entscheidender sozialer und geschlechtsspezifischer Differenzierungsprozeß ein. Waren bei der Sichelernte auch Kinder und Frauen als »gleichberechtigte« Schnitter tätig, so mähten mit der Sense aufgrund des erhöhten Kraftaufwandes nur noch die Männer, während die Frauen und Kinder fortan in gebückter Haltung die Garben binden mußten.

Nach der Ernte mußte das Erntegut zur weiteren Verarbeitung auf die Hofwirtschaft verbracht werden. Als Transportmittel im ländlichen Raum waren der Wagen und die Karre weit verbreitet. Der bäuerliche Wagen war ein Universalfahrzeug, das durch entsprechende Umbauten den zu transportierenden Gütern angepaßt werden konnte. Der Wagen des früheren Mittelalters unterschied sich nur unwesentlich von dem landwirtschaftlichen Wagen, der noch bis heute in den strukturschwachen Räumen Ostpolens, Rumäniens oder Rußlands in Verwendung ist. Das dominierende Zugmittel in der Landwirtschaft war bis zu Beginn des 20. Jahrhunderts das Ochsengespann. Eine besonders wichtige Erfindung des Mittelalters ist die einrädrige

Schubkarre, Radewelle oder Schiebebock genannt. Auch dieses Transportmittel hat sich vom Bauprinzip unverändert bis zum heutigen Tag erhalten und findet noch immer im Haus- und Gartenbereich vielfältige Verwendung.

Auf dem Hof begannen Einlagerung und Aufbereitung des Ernteguts, entweder zu einem Marktprodukt, zur Eigenversorgung oder aber als Futter für die Tiere. Zu den wichtigsten Tätigkeiten der Getreideverarbeitung gehörte das Dreschen. Der Begriff, vom althochdeutschen *dresken*, was soviel heißt wie trampeln, mit den Füßen stampfen, verweist auf die ursprüngliche Dreschart, nämlich das Austreten der Ähren durch Tiere, wie dies noch heute in Teilen Asiens und Afrikas der Fall ist. Der zweiteilige Dreschflegel (lateinisch *flagellum*, die Peitsche) entwickelte sich aus dem starren Dreschholz oder -sparren. Am weitesten verbreitet waren die Kappendreschflegel, die ihren Namen den schweinsledernen Kappen an Flegel und Stiel verdanken. Die Verbindung zwischen beiden Kappen war das »Mittelband« aus Rinderleder. Der Knüppel war meist aus Buche oder einem anderen Hartholz gefertigt, der Stiel aus feinwüchsiger Kiefer, Ahorn oder Eberesche. In den Herbst- und Wintermonaten wurde in mitteleuropäischen Klimagebieten nur in überdachten Remisen und Scheunen gedroschen.

Das Dreschen war eine schwere Arbeit und zog sich über Tage, bei größeren Gütern auch über Wochen hin. Die ausgedroschenen Körner lagen zusammen mit Ährenteilen (Spreu) und Unkrautsamen auf dem Dreschplatz. Bis zur Einführung der mechanischen Getreidereinigung bediente man sich des Windes, um eine Trennung der Spreu vom Weizen zu erreichen, wobei jedoch noch Unkrautsamen im Erntegut enthalten blieben. Diese Verunreinigung vor allem des Brotgetreides führte oft zu Hungersnöten und zu seuchenhaftem Auftreten von Krankheiten, wie das durch den Mutterkornpilz *(Claviceps purpurea)* hervorgerufene Sankt-Antonius-Feuer. Die Verbesserung der Getreidereinigung wurde aus diesen Gründen ein vorrangiges Interesse der Landtechnik. Die Heimat der mechanischen Getreidereinigungsmaschinen war China. Ostasienfahrer berichteten hierzulande über die Maschinen, die das Korn mittels Luft in einem Gehäuse von Kaff, Spreu und Staub zu reinigen und zu sortieren vermochten. Der dazu benötigte Windstrom wurde mit einem rotierenden Gebläse erzeugt. Dieses Prinzip wurde zu Beginn des 18. Jahrhunderts zuerst in den Niederlanden und Schweden angewandt. Zum Ende des

Windfege oder Putzmühle

18. Jahrhunderts fand die Windfege oder Putzmühle eine weite Verbreitung in ganz Europa.

Das 18. Jahrhundert erlaubte einen generellen Umbruch in der Landwirtschaft und der Landtechnikentwicklung. Der technische Fortschritt brachte ungeahnte Innovationen. In dieser Zeit befaßten sich auch Intellektuelle mit Fragen der Landwirtschaft und deren Effektivierung. Diese Entwicklung muß aber als ein Aspekt des Umgestaltungsprozesses in der Landwirtschaft gesehen werden, der sich in einer Ausdehnung der Anbauflächen, in verbesserten Bodennutzungssystemen, in der Einführung neuer Nahrungs- und Futterpflanzen und der Züchtung neuer Tier- und Pflanzenarten sowie in einer Änderung der Agrarverfassung äußerte. Die unabwendbare Folge war die damit verbundene Entwicklung neuer Maschinen und Geräte sowie die Entstehung der Agrikulturchemie. Dieser Prozeß der »agrarischen Revolution« vollzog sich in Mitteleuropa seit dem ausgehenden 18. Jahrhundert und dauerte bis zur Mitte unseres Jahrhunderts an. Eines der Hauptziele der ersten Etappe der neuen Entwicklungen war der Ersatz der menschlichen Arbeits- durch tierische Muskelkraft und später durch andere Energiequellen. Am Anfang geschah dies mit Hilfe des Göpels, einer Drehvorrichtung, die bis ins 20. Jahrhundert hinein zum Antrieb von Maschinen diente. Ein entscheidender Durchbruch in der Energieeinsatzfrage brachte aber die Erfindung der Dampfmaschine durch den Engländer James Watt (1736 bis 1819), der 1769 das erste Patent auf die Dampfkrafterzeugung erhielt, was gemeinhin als Beginn des industriellen Zeitalters angesehen wird.

Für die Verbreitung der neuesten technischen Entwicklungen in der europäischen Landwirtschaft waren Messen, Ausstellungen und die Gründung landwirtschaftlicher Vereine von besonderer Bedeutung. Ein wichtiges Ereignis dieser Art war eine 1833 in Oxford von der Royal Agricultural Society veranstaltete Ausstellung. Über diese schrieb der deutsche Ingenieur Max Eyth: »Dort fanden die erstaunten Landwirte eine Ausstellung von Geräten: Pflüge, Kultivatoren, Eggen, Walzen, Sämaschinen in bunter Farbenpracht und [...] in zahlloser Menge [...] Nun waren sie plötzlich da: mit eisernen Pflügen, mit schmiedeeisernen Zinken in den Eggen, mit gußeisernen Walzen und vor allem mit Drillmaschinen, der kompliziertesten Maschine jener Tage [...] Das war der Anfang des landwirtschaftlichen Gerätewesens in England, nun, man darf sagen in der Welt.« Generell läßt sich bei der Landmaschinenentwicklung die Tendenz feststellen, daß die seit der Mitte des 19. Jahrhunderts gefundenen Lösungen so leistungsfähig waren, daß lange Zeit nur Detailverbesserungen an den Maschinen vorgenommen wurden und Neukonstruktionen eine Ausnahme bildeten.

Schon lange war man auf der Suche nach einem mobilen Antriebsaggregat. Die Erfindung von fahrbaren Dampfpflügen durch den Engländer John Fowler aus Leeds 1850 war der Beginn einer bis heute andauernden technischen Revolution. Die Entwicklung fahrbarer Dampfmaschinen, sogenannter Lokomobile, brachte weitere Innovationen in der Antriebstechnik hervor. So wurde das Lokomobil beispielsweise als Antriebsmaschine für die ebenfalls neu entwickelten Dreschmaschinen eingesetzt. Erst mit dieser Neuerung stand eine Maschine zur Verfügung, die allen Anforderun-

Dampfdreschen, um 1925

gen gerecht wurde. Sie übernahm neben der Reinigung auch die Sortierung der Körner und das Pressen des anfallenden Strohs in Ballen.

Diese Entwicklung war mit tiefen sozioökonomischen Wandlungsprozessen im ländlichen Gesellschaftssystem verbunden; viele Landarbeiter oder auf Zuverdienst angewiesene Kleinbauern verloren nun ihre Arbeit. Die Folge waren gravierende soziale Umschichtungen im ländlichen Raum Mitteleuropas, die zur Abwanderung der Menschen in die aufstrebenden Fabriken der Städte führten. Maßgebend für die weitere Technisierung und Motorisierung der europäischen Landwirtschaft war die Erfindung kleiner und kompakter Verbrennungsmotoren, die als standortunabhängige Antriebsmaschinen vielseitig und wirtschaftlich eingesetzt werden konnten. Diese Revolution in der Landtechnik löste Nikolaus August Otto (1832 bis 1891) mit der Erfindung seines Viertaktmotors im Jahr 1876 aus. Den eigentlichen Durchbruch aber schaffte erst Rudolf Diesel (1858 bis 1913) mit dem Bau seines kleinen Dieselmotors im Jahre 1912. Diese beiden Erfindungen kompakter Motoren bildeten die Basis für die Entwicklung der Ackerschlepper.

In ganz Europa entstanden Firmen, oft aus kleinen Schmieden und Metallbetrieben, die Ackerschlepper und motorgetriebene Feldbearbeitungsmaschinen konstruierten und bauten. Den weltweit größten Erfolg hatte eine Konstruktion des Detroiter Automobilkönigs Henry Ford (1863 bis 1947). Der Fordson-Traktor war das Ergebnis eines britischen Auftrages an die Fordwerke. Ford ließ ein äußerst vielseitiges Fahrzeug bauen, bei dem Motor, Getriebe und die Hinterachse in einem selbsttragenden Block ohne Rahmen zusammengefügt wurden. Diese Konstruktion war so erfolgreich, daß bis 1920 schon weit über 100 000 Traktoren verkauft waren. Als erster

Traktorenhersteller ging Ford 1922 zur Fließbandfertigung über, mit der Konsequenz, daß zwischen 1923 und 1925 jährlich über 100 000 Schlepper das Band verließen. Die Motorisierung hat in der Geschichte der Landtechnik so weitreichende positive – und natürlich im ökologischen und sozialen Bereich auch negative – Folgen mit sich gebracht wie kaum eine andere Entwicklung in ihrer langen Geschichte.

Traktorenausstellung in Schloß Blankenheim/Sachsen

Kulturgeschichte des Nutzgartens

Jürgen Knauss und Ralph Herrmann

Über die ur- und frühgeschichtliche Entstehung mitteleuropäischer Gärten ist bislang wenig bekannt. Die ersten schriftlichen Quellen über ländliche Nutzgärten stammen aus römischer Zeit und sind auch in späterer Zeit nicht häufig, denn die Bauern selbst waren meist nicht in der Lage, ihre Kenntnisse schriftlich niederzulegen. Aber Nutzgärten gab es wohl bereits in vorgeschichtlicher Zeit, als die Menschen in Mitteleuropa seßhaft wurden und aus rein praktischen Gründen ihr unmittelbares Umfeld bebauten. Die Gärten dienten ausschließlich der Ernährungssicherung und beinhalteten überwiegend Gemüsepflanzen. Dabei dominierten Hülsenfrüchte wie Linsen, Erbsen und Bohnen sowie erste Heil- und Gewürzkräuter wie Kümmel und Petersilie. Als gesichert gilt, daß seit dem 5. Jahrhundert nach Christus Gärten in dieser Form angelegt wurden.

Das Wort »Garten« selbst gibt nach Auskunft der Sprachwissenschaft einen Hinweis auf die Entstehungszeit dieser Landnutzungsform. Der Begriff geht laut Christiane Widmayr[1] in seinem Ursprung auf das indogermanische *gher* zurück, das die Bedeutung von »fassen« hatte. Daraus entwickelte sich *ghortos*, das wörtlich mit »das Eingefaßte, das Umfaßte« zu übersetzen ist. Damit wird ein Kennzeichen für den Garten schlechthin benannt, die Umgrenzung der Nutzfläche mit einem Zaun. Auf der einen Seite wird so der Landbesitzanspruch dokumentiert, andererseits werden unliebsame Eindringlinge abgehalten.

Im Zuge römischer Eroberungen gelangte auch die entwickelte Gartenkunst des Südens in die besetzten Gebiete. Die Römer trugen wesentlich zur Bereicherung der Gartenkenntnisse und des Pflanzenbestandes im nördlichen Europa bei. Laut Widmayr sind viele Heil- und Gewürzkräuter wie Raute, Kerbel, Thymian und Dill Zeugen jener Zeit. Auch hochwertige Obstsorten wie Pflaume, Kirsche und Aprikose wurden erstmals von den Römern eingeführt. Daneben wurden als neue Nutzpflanzen Gurke, Spargel, Sellerie, Knoblauch und Rübe mitgebracht. Doch nicht nur eine Bereicherung der Nutz- und Gewürzpflanzen ist auf die römische Gartenkultur zurückzuführen; auch Zierpflanzen wie etwa Buchs, Violen, Levkojen sowie Rosen und Lilien, die gleichzeitig auch als Heilpflanzen Verwendung fanden, hielten Einzug. Nach dem Zerfall der römischen Herrschaft gingen viele Kenntnisse wieder verloren.

Erst frühmittelalterliche christliche Klostergründungen knüpften wieder an diese Tradition an und sorgten für einen erneuten Aufschwung geregelter Gartenkultur. Besonders Benediktinermönche brachten entsprechendes Wissen und Erfahrungen aus ihren italienischen Mutterklöstern mit. Bis ins ausgehende 15. Jahrhundert hatten die Klöster einen bestimmenden Einfluß auf die Anlage und den Pflanzenbestand der ländlichen Nutzgärten. Einen entscheidenden Impuls für die Verbreitung der Gärten gab das ›Capitulare de villis et curtis imperialibus‹ Karls des Großen. In dieser Landgüterordnung von 795 werden sehr detaillierte Vorschriften zur Verwaltung der Krongüter gegeben. Es findet sich im 70. Kapitel eine Aufstellung von 73 gärtnerischen Nutzpflanzen und 16 Obstbaumarten, die in den Gärten der kaiserlichen Landgüter angepflanzt werden sollten. Einen fördernden Einfluß auf die ländliche Gartenkultur Mitteleuropas hatten auch die Schriften gelehrter Männer und Frauen. Zu nennen wären hier der Gartenplan für das Kloster St. Gallen aus dem Jahre 816, eine Beschreibung der Gartenanlage auf der Bodenseeinsel Reichenau durch den Abt Walhafried Strabo um 840, mit 230 Pflanzenbeschreibungen die ›Physica‹ der Hildegard von Bingen, ein von Albertus Magnus (1193 bis 1280) verfaßtes Standardwerk über die Gartenpflanzen sowie Conrad Gessners ›Horti Germaniae‹ (1559), die beste Quelle über die Gartenkultur des 16. Jahrhunderts.

Der bäuerliche Nutzgarten hatte eine bleibende Bedeutung für die Ernährungssicherung innerhalb der Hofwirtschaft. Bis zum Ausgang des Mittelalters waren alle Gewächse ausschließlich Nutz- und Heilpflanzen, selbst Rosen und Lilien. Im Garten wurde alles angepflanzt, was einer intensiven Pflege bedurfte und besonders vor dem Weidevieh geschützt werden mußte. Bei diesen ländlichen Gartenformen handelte es sich schlicht um nahe an Haus und Hof gelegenes Nutzland, auf dem in gärtnerischer Weise die Zukost zum Feldbau erzeugt wurde. Werner Rösener schreibt dazu: »Dies ersehen wir auch daraus, daß Hirse, Rüben, Flachs, Hanf und Erbsen zu den Gartenpflanzen gerechnet werden und daß Felder mit Kohl Kohlgärten heißen. Besonders alt ist der Anbau der Hülsenfrüchte Bohnen und Linsen, die häufig zusammen genannt werden und lange zum Kernbestand bäuerlicher Alltagsnahrung gehörten. In der Reihe der Wurzel- und Knollengewächse stand die Rübe mit ihren mannigfachen Arten an vorderster Stelle; es folgten die zahlreichen Kraut- und Lauchpflanzen und vor allem der Kohl.«[2]

Nach und nach kam es zu Differenzierungsprozessen. Der Garten im eigentlichen Sinn entwickelte sich im unmittelbaren Hofumfeld, während innerhalb der Feldmark intensiv bewirtschaftete Flurstücke mit gärtnerischen Nutzpflanzen bebaut wurden. Auf solchen, zum Teil ebenfalls eingezäunten Parzellen wurden vor allem Hülsenfrüchte, Gemüse wie Kohl und Rüben, Faserpflanzen wie Hanf und Flachs oder auch Färbepflanzen wie Waid und Krapp angebaut. Parallel zur Verbreitung des Obstbaus durch klösterliche und grundherrliche Initiativen kam es zur Herausbildung abgegrenzter Flächen mit Obstbäumen, den Obstgärten. Im Hochmittelalter trat zu diesen gärtnerischen Sonderkulturen noch in großem Umfang der Weinanbau im »Vingarden« hinzu, wovon noch kündet, daß die Bezeichnung für den Weinanbau treibenden Landwirt nicht Weinbauer ist, sondern Weingärtner. Nach Rösener entwickelte sich die Pflege der Weingärten in vielen Weinbaugebieten an Rhein, Mosel, Neckar und Main zu einem regelrechten Zweig der bäuerlichen Wirtschaft. In Frankreich bildeten sich einige Landschaften heraus, die noch stärker auf Weinbau ausgerichtet waren, vor allem im Umkreis der großen Städte an den Wasserwegen Rhone und Loire.

Gerade der Nahbereich um die mittelalterlichen Städte wurde zu einem intensiv bewirtschafteten Gartenland, auf dem Gemüse, Obst, Gewürze und andere Gartengewächse für den städtischen Markt erzeugt wurden. Der Anbau von Faser- und Färbepflanzen war für das sich entwickelnde Textilgewerbe von außerordentlicher Bedeutung. Seit dem 13. Jahrhundert wird die Leinenherstellung ein wichtiges Nebengewerbe vieler bäuerlicher Haushalte.

Nachdem um 1560 bereits aus der Türkei stammende Pflanzen in die europäische Gartenkultur Einzug gehalten hatten (Tulpe, Hyazinthe, Kaiserkrone und Flieder), brachte die Entdeckung Amerikas und des Seeweges nach Indien eine umfangreiche Ergänzung des Pflanzeninventars der europäischen Nutzgärten. Meist auf Umwegen über fürstliche und bürgerliche Gärten wurden in Europa viele neue Pflanzen heimisch. Die Tabakpflanze oder etwa die Kartoffel wurden zunächst in den herrschaftlichen Gärten in Spanien und Portugal kultiviert, bevor sie ihren Siegeszug in Europa antraten. Erst Jahrhunderte später erlangten sie im doppelten Wortsinn kulturelle Bedeutung. Aus den neuentdeckten Gebieten stammten auch eine Vielzahl prächtiger Zierpflanzen, wie etwa Dahlie, Phlox, Narzisse, Sonnenblume, Kapuzinerkresse und Petunie, die in den Lustgärten der Iberischen Halbinsel angepflanzt wurden. Es dauerte aber noch lange Zeit, bis sich diese Blumen über ganz Europa verbreiteten und über die Gärten der Adligen und Wohlhabenden in die ländlichen Nutzgärten gelangten, um dort den »verzierten« Garten entstehen zu lassen.

Im Verlauf des 16. Jahrhunderts gaben die Klöster endgültig ihre vormals führende Rolle in der Gartenkultur an die Gärten der Adligen ab, bis auch diese ihre Stellung an das aufstrebende Bürgertum verloren. Nun beschäftigten sich Ärzte, Apotheker, reiche Bürger und Handelsleute intensiv mit der Pflanzenwelt. Um 1540 erschienen in kurzen Abständen drei bedeutende Kräuterbücher von den »Vätern der Botanik«: Otho Brunfels' (Stadtarzt in Bern) ›Contrafayt Kreuterbuch‹, Leonhard Fuchs' (Leibarzt des Markgrafen von Ansbach und Professor in Tübingen) ›New Kreuterbuch‹ und Hieronymus Bocks' ›Kreuterbuchus Tabernaemontanus‹. Weitere bedeutende Pflanzenbücher jener Zeit verfaßten Petrus Andreas Matthiolus (1544) und Jakobus Theodor (1588). Mit der Renaissance wurde eine neue Entwicklungsstufe erreicht: der Ziergarten vor dem Haus. Eine Phase der Stagnation in der Gartengeschichte folgte während und unmittelbar nach dem Dreißigjährigen Krieg. Ende des 17. Jahrhunderts entstehen in den Bauerngärten neue Formen und Bearbeitungsmethoden. Die sogenannte Hausväterliteratur verbreitet umfangreiches Wissen über die Gartenkultur.

Im ländlichen Raum übernahm auch der Pfarrgarten eine wichtige Mittlerrolle zwischen den gärtnerischen Innovationszentren an den Höfen und in den Städten und den bäuerlichen Nutzgärten. Über sie kamen die Artenvielfalt der bürgerlichen und die Gestaltung der herrschaftlichen Gärten aufs Land. So wurden aus den Barock- und Rokokogärten mit ihren unübersehbaren Zeichen absolutistischer Unterwerfung von Natur und Mensch die Beeteinfassungen aus Buchs oder auch die Gartenlaube in den verzierten ländlichen Nutzgarten übernommen.

In diese Zeit, in der sich in großem Umfang bürgerliche Kreise mit der Landwirtschaft beschäftigten, fällt auch die Verbesserung der Nutzgartenkulturen. So wird die Anlage von Mistbeeten oder eine geregelte Kompostwirtschaft propagiert. Auch beginnt eine intensive Beschäftigung mit der Sortenwahl von Gemüsepflanzen und Obstbäumen. In breitem Umfang werden von den Landesherren nun »Ehestandsbaumgesetze« verabschiedet, nach denen Brautpaare vor der Trauung eine bestimmte Anzahl von Obstbäumen pflanzen oder veredeln mußten. Die Sortenveredlung von Gemüse wird in den Anbauzentren um Amsterdam und Paris mit besonderer Perfektion betrieben. »Die orangefarbenen Möhren, Vorfahren aller unserer modernen Möhrensorten, wurden im 17. Jahrhundert in Holland selektiert und von hier ab im folgenden Jahrhundert über die ganze westliche Welt verbreitet. [...] Pariser Gärtner selektierten aus den kurzwurzeligen holländischen Rassen die bekannten Pariser Karotten.«[3]

Eine Folge und zugleich eine von vielen Bedingungen des Bevölkerungswachstums in Mitteleuropa im 18. und 19. Jahrhundert war der Anstieg der Anzahl kleinbäuerlicher Betriebe, für die der gewerbsmäßige Anbau von Gemüse eine wichtige Grundlage der Existenzsicherung wurde. Die in diesem Zeitraum sich aufbauende Industrialisierung brachte ein Anwachsen der Städte in das Umland mit sich. Dadurch konzentrierten sich ganze Dörfer auf die Gemüseerzeugung für die immer schneller wachsenden Metropolen. Mit der bürgerlichen Revolution von 1848 hielten mehr städtisch orientierte Formen im ländlichen Garten Einzug, wie zum Beispiel der industriell gefertigte Metallzaun. Produkte der pharmazeutischen Produktion machten früher oder später die pflanzlichen Heilmittel der Gärten überflüssig.

In den Städten selbst mußte in großem Umfang im Laufe des 19. Jahrhunderts Wohnraum für die schnell wachsende Bevölkerung geschaffen werden; Mietskasernen und Arbeitersiedlungen entstanden. Diese dichtgedrängten Wohnsilos mit ihren problematischen Lebensverhältnissen brachten Ärzte und Sozialreformer am Ende des 19. Jahrhunderts auf die Idee, Kleingärten anzulegen, in denen die Menschen einen Teil ihrer Nahrungsmittel selbst erzeugen und gleichzeitig den beengten Wohnverhältnissen entfliehen konnten. Es entstand die Kleingartenbewegung. Diese basierte auf der schon 1807 von Carl von Hessen in den damals unter dänischer Verwaltung stehenden Herzogtümern Schleswig und Holstein ins Leben gerufenen Initiative der Schaffung von »Armengärten«. In den europäischen Großstädten entwickelten sich am Stadtrand »Laubenkolonien«, Kleingartenanlagen oder wie im Umfeld von Paris die sogenannten *jardins ouvriers* (Arbeitergärten). Am bekanntesten wurden durch die Milieustudien von Heinrich Zille die Berliner Laubenkolonien. Große Industrieunternehmen förderten die Anlage von Kleingärten; so ließ beispielsweise die Essener Firma Krupp um 1895 eine Musterkleingartenanlage errichten, die von vielen in- und ausländischen Städtebauern besichtigt wurde.

Mit dieser Entwicklung des Kleingartenwesens eng verbunden war die Gartenstadt-Idee des Engländers Ebenezer Howard. Sein Buch ›Gartenstädte von morgen‹ erschien 1898 in deutscher Übersetzung. Überall in Mitteleuropa bildeten sich Gartenstadt-Gesellschaften, deren Ziel es war, planmäßig gestaltete Siedlungen mit Industrie und Handwerk, aber auch mit Gartenanlagen und Freiflächenarealen zu schaffen, um eine höhere Lebens- und Wohnqualität zu erreichen. Diese Idee wurde von den nun überall entstehenden Kleingartenvereinen tatkräftig unterstützt. Wie europäisch die Idee der Kleingartenbewegung ist, zeigt die Tatsache, daß 1926, also acht Jahre nach dem Ersten Weltkrieg, die Vertreter von sieben nationalen Kleingartenorganisationen aus Belgien, Deutschland, England, Frankreich, Luxemburg, Österreich und der Schweiz in Luxemburg den internationalen Verband »Office International des Jardins Ouvriers« gründeten, der bis heute besteht. Mit der Kleingartenbewegung in Kontakt standen auch die Anhänger der Naturheilverfahren, deren oberstes Ziel es ist, gesunde Lebensmittel zu erzeugen und auf Kräutern basierende Heilmittel herzustellen.

In den dreißiger und vierziger Jahren wurde auch die Tradition der ländlichen Gärten von nationalistischen und faschistischen Ideologien vereinnahmt. So wurde der Garten im Rahmen der »Blut und Boden«-Propaganda als völkische Kulturform der bäuerlichen Tradition angesehen.

Als Folge der intensiven Industrialisierung der Landwirtschaft seit den fünfziger Jahren macht der Prozeß der Verstädterung der Dörfer auch vor den ländlichen Gärten nicht halt, wobei die Verluste traditioneller Formen und Inhalte der Gartenkultur sicher regional differenziert betrachtet werden müssen. Insbesondere soziale Aspekte entscheiden, ob Nutzgärten auf dem Lande überhaupt noch dem Nahrungserwerb dienen, ob ihre Zierfunktion nicht schon längst überwiegt oder ob sie bereits gänzlich den flächendeckenden Strukturwandlungen zum Opfer gefallen sind.

Die Ökologiebewegung hat für die europäischen Nutzgärten die Chance eröffnet, sich auf jahrhundertealte Traditionen zu besinnen und diese in Verbindung mit neuen Erkenntnissen und angepaßt an gewandelte Bedürfnisse und moderne ökonomische Prämissen zu einer Renaissance des alten ländlichen oder Bauerngartens zu führen.

1 Christiane Widmayr, Alte Bauerngärten neu entdeckt. München 1984. S. 8.

2 Werner Rösener, Bauern im Mittelalter. München 1985. S. 141.

3 Günther Franz, Geschichte des deutschen Gartenbaus. Stuttgart 1984. S. 433.

Fischerei und Fanggerät

Klaus Lange

Fang der Krabbenfischer. Ostfriesland 1984

Die europäischen Küstenmeere zählen zu den fischereilich ertragreichsten Gewässern der Erde, entsprechend hochentwikkelt ist die Fischerei in diesem Seegebiet. Abgesehen vom Heringsfang, der mit Hilfe von hochseefähigen Fischereifahrzeugen und einer effektiven Konservierungsmethode (Einsalzen der Fänge an Bord) schon im Mittelalter den Übergang von der Küsten- zur Hochseefischerei vollzog, beschränkte sich die übrige Seefischerei jahrhundertelang auf Flußmündungen und den unmittelbaren Nahbereich vor der Küste. Verschiedene Entwicklungen und technische Voraussetzungen führten im 19. Jahrhundert zu einer Ausweitung der europäischen Seefischerei auf die hohe See bis in entfernteste Fanggebiete:

- Die Intensivierung der Fischerei infolge des erhöhten Lebensmittelbedarfs einer rasch wachsenden Bevölkerung verursachte einen Rückgang der Fangerträge durch Überfischung der Bestände auf den traditionellen küstennahen Fangplätzen. Die Erschließung neuer Fanggebiete wurde daher zwingend erforderlich.
- Die Einführung von Dampfmaschine und Dieselmotor in die Seefischerei verkürzte die Anfahrtszeiten zu den neuen, entfernt liegenden Fangplätzen. Die Anzahl der Fahrten pro Jahr konnte gegenüber besegelten Fischereifahrzeugen deutlich erhöht werden. Darüber hinaus wurde durch den Einsatz mechanisch angetriebener Winden der Fangbetrieb erleichtert und beschleunigt, unabdingbare Voraussetzung für eine weitere Erhöhung der Fangmengen.
- Die Lagerung der Fänge auf Eis und schließlich die allgemeine Einführung der Tiefkühltechnik an Bord nach 1945 ermöglichten die Anlandung von Fängen aus entfernten Seegebieten in guter, für den menschlichen Konsum geeigneter Qualität.

All dies führte zu einem kontinuierlichen Ausbau der europäischen Flotten, verbunden mit ständigen technischen Verbesserungen an Schiffen und Fanggeräten und einer Steigerung der Schiffsgrößen bis hin zu Fangfabrikschiffen mit einer Länge von über 100 Metern in den siebziger Jahren dieses Jahrhunderts. Beendet wurde diese Entwicklung durch Forderungen mehrerer Küstenstaaten nach Ausweitung ihres Hoheitsgebietes bzw. ihrer Wirtschaftszone über die bis 1945 allgemein üblichen drei Seemeilen hinaus. In Europa waren es vor allem Island und Norwegen, die gegen den Widerstand der übrigen Fischereinationen ihre Wirtschaftszonen schrittweise ausweiteten, um der einheimischen Fischerei die alleinige Nutzung der ertragreichen Gründe vor ihren Küsten zu sichern.

1982 wurde diese Entwicklung durch die 3. Seerechtskonferenz der Vereinten Nationen mit der allgemeinen Einführung einer 200-Seemeilen-Wirtschaftszone sanktioniert und abgeschlossen. 80 bis 90 Prozent der Weltfischbestände gerieten damit unter nationale Kontrolle. Das bedeutete das Ende der europäischen Fernfischerei. Die Flotten der großen Fangfabrikschiffe wurden bis auf einen unbedeutenden Rest, der auf den wenigen noch frei zugänglichen Fangplätzen oder – gegen Zahlung hoher Lizenzgebühren – in den nationalen Wirtschaftszonen anderer Staaten fischt, abgewrackt oder ins außereuropäische Ausland verkauft. Die große Mehrheit der kleineren Schiffe konzentriert sich auf die Wirtschaftszonen des jeweiligen eigenen Küstenstaates bzw., wie im Fall der Europäischen Union, der betreffenden Staatengemeinschaft.

Ein Relikt aus der Blütezeit der europäischen Fernfischerei ist das »Klondiking«, genannt nach dem Goldrausch am Klondike in Alaska Ende des 19. Jahrhunderts. Diese vor allem von den großen Trawlern der früheren Ostblockstaaten in britischen Gewässern praktizierte Art der »Fischerei« besteht darin, Fangverbote für ausländische Fischereifahrzeuge innerhalb der 200-Seemeilen-Grenze von Küstenstaaten zu umgehen, indem die Fänge kleinerer lokaler Fischereifahrzeuge aufgekauft und an Bord verarbeitet werden. Die Trawler sichern sich damit eine Beschäftigungsmöglichkeit, auch wenn sie nicht mehr den Fischfang als ihre eigentliche Tätigkeit ausüben.

Nach der Verwendung der Fänge kann die europäische Seefischerei in zwei Kategorien unterteilt werden: Konsum- und Industriefischerei. Der Begriff »Konsumfischerei« besagt, daß die Fänge für den direkten menschlichen Verzehr bestimmt sind. International vereinbarte und gesetzlich festgelegte Mindestanlandelängen für die meisten Konsumfischarten sorgen für einen Schutz der Jungfische und sollen eine langfristige, dauerhafte Nutzung der Bestände sicherstellen. In der europäischen Seefischerei sind dies vor allem Kabeljau, Schellfisch, Köhler, Wittling, Hering, Seezunge, Scholle sowie verschiedene weitere, weniger ins Gewicht fallende Arten. Über die Festlegung der Mindestanlandelängen hinaus besteht eine Reihe von technischen Vorschriften für die Fanggeräte, etwa die Mindestmaschenöffnung für Schleppnetze, um das Entkommen kleiner, untermaßiger Jungfische aus dem Netz zu erleichtern.

Die Industriefischerei konzentriert sich im wesentlichen auf Fischarten, die für den direkten menschlichen Verzehr keine Verwendung finden, wie den Sandaal, Sprott und Lodde. Die Fänge werden zu Fischmehl verarbeitet und als Tierfutter verwendet. Da keine gesetzlichen Mindestmaße für die angelandeten Fische vorgeschrieben sind, werden Netze (Ringwaden und Schleppnetze) mit sehr kleinen Maschen beim Fang eingesetzt. Das ist solange unbedenklich, wie die Fänge aus den vorgesehenen Zielarten bestehen. Es kann jedoch zu unkalkulierbaren Schäden an den Beständen von Konsumfischarten führen, wenn diese – absichtlich oder unabsichtlich – mit befischt und größere Mengen von Jungfischen dieser Arten dabei vernichtet werden. In den der Fischereigesetzgebung der Europäischen Union unterliegenden Seegebieten ist aus diesen Gründen ein maximaler Anteil von Konsumfischarten in den Fängen von Fahrzeugen in der Industriefischerei vorgeschrieben. Wird dieser Anteil überschritten, muß das betreffende Schiff den Fangplatz wechseln.

Die Fanggeräte der europäischen Seefischerei

Bedingt durch eine jahrhundertelange Entwicklung in einem Seegebiet, das vom Barentsmeer über Nordatlantik, Nordsee, Ostsee und Mittelmeer bis zum Schwarzen Meer reicht, haben sich in der europäischen Seefischerei eine Vielzahl lokaler Fangtechniken und -geräte herausgebildet. Die aufgeführten Fanggeräte sind die wichtigsten, die über eine rein lokale Bedeutung hinaus eine allgemeine Verbreitung in der europäischen Seefischerei gefunden haben und deren Fänge den überwiegenden Anteil der europäischen Anlandungen ausmachen. Für weitere Informationen hierzu sei auf die umfangreiche Fachliteratur dieses Themas verwiesen.

Schleppnetze

Das wichtigste Fanggerät der europäischen Seefischerei ist ohne Zweifel das Schleppnetz in seinen verschiedenen Ausführungen. Erste Berichte über ein schleppnetzähnliches Gerät sind aus der Regierungszeit Edwards III. von England (1326 bis 1377) überliefert. Die erste bildliche Darstellung eines Schleppnetzes – eine grobe Skizze auf der Rückseite einer englischen Parlamentsakte – ist aus dem Jahr 1635 erhalten. Sie zeigt ein besegeltes Boot, das ein Fanggerät schleppt, in dem sich trotz der stark vereinfachten Darstellung eindeutig ein Baumnetz erkennen läßt.

Das Baumnetz weist typische konstruktive Details auf. Die Öffnung des konisch zugeschnittenen Netzsackes wird durch einen horizontal liegenden, hölzernen Baum und zwei eiserne Kufen gebildet, auf denen die Enden des Baumes aufliegen. Um die Breite der Netzöffnung zu vergrößern und so eine größere Fläche abfischen und den Fangertrag steigern zu können, wurde der Baum im Laufe der Entwicklung ständig verlängert, bis er um 1880 mit etwa 16 Metern ein Maß erreicht hatte, das ohne eine Gefährdung von Schiff und Besatzung – insbesondere bei Schlechtwetter – nicht weiter erhöht werden konnte. Eine weitere Vergrößerung der Netzöffnung war nur möglich, indem man den Baum durch eine leichtere, handlichere Konstruktion ersetzte.

Um 1870 begannen daher englische Fischer mit sogenannten Scherbrettern

Trocknende Reusennetze von Flußfischern. Escaroupim, Portugal 1988

(otterboards) zu experimentieren. Diese flachen, rechteckigen Bretter wurden beiderseits der Netzöffnung in der Weise angebracht, daß sie beim Schleppen unter der Wirkung der Anströmung eine Scherkraft erzeugten, die das Netz in horizontaler Richtung offenhielt. Die Öffnung in vertikaler Richtung konnte in einfacher Weise durch Bestückung der Oberkante der Netzöffnung (des Kopftaus) mit Schwimmkörpern sowie durch Beschwerung seiner Unterkante (des Grundtaus) mit Eisenketten erreicht werden. Diese Experimente führten erst zu einem greifbaren Ergebnis, als dem schottischen Ingenieur James Robert Scott 1894 die Konstruktion eines Schleppnetzes gelang, das leichter zu handhaben war und darüber hinaus deutlich höhere Fänge lieferte als das traditionelle Baumnetz.

Bis zur Jahrhundertwende hatte die neue, als Schernetz bezeichnete Form des Schleppnetzes das traditionelle Baumnetz auf den europäischen Fischdampfern vollständig verdrängt. So stellten auch die nach wie vor besegelten kleineren Fischkutter auf das neue Fanggerät um, mit dem sie wie die Dampfer ihre Fangerträge steigern konnten. 1922 erhielt das Schernetz durch den französischen Schiffseigner Jean-Baptiste Vigneron seine endgültige, noch heute gebräuchliche Form. Mit Hilfe von Ständern, die zwischen Netz und Scherbretter geschäkelt wurden, vergrößerte Vigneron den Abstand zwischen den Scherbrettern und damit den Bereich, aus dem die Fische in das Netz gescheucht werden. Das Ergebnis dieser Maßnahme war eine weitere Steigerung der Fangerträge. Das Baumnetz, heute allgemein als Baumkurre bezeichnet, überlebte in leicht abgewandelter Form nur noch in der Garnelenfischerei und, ausgehend von Holland, in der Fischerei auf Plattfische (Seezungen, Schollen).

Pelagische Schleppnetze

Das Schleppnetz in der oben beschriebenen Form, genauer gesagt das Grundschleppnetz, liegt beim Schleppen am Meeresboden auf und ist damit ausschließlich für den Fang von Fischen geeignet, die in Bodennähe leben. Schwarmfische wie Heringe, die sich überwiegend im freien Pelagial (freies Wasser von der Oberfläche bis zur größten Tiefe) zwischen Meeresoberfläche und Meeresboden aufhalten, konnten bis zu einer Tiefe von 30 bis 40 Metern nur mit Treibnetzen gefangen werden. Unterhalb dieser Grenze bis zu dem Tiefenbereich dicht über dem Meeresboden, der vom Grundschleppnetz erfaßt wurde, blieben die Fischschwärme für den Fischer unerreichbar.

Versuche, das Schleppnetz nicht nur am Grund, sondern in einer beliebigen Wassertiefe einzusetzen, führten erst zu einem dauerhaften Erfolg, als mit der Einführung von Echoloten in die Fischerei in den dreißiger Jahren dieses Jahrhunderts und der Entwicklung der Netzsonde in den sechziger Jahren leistungsfähige Ortungsmethoden zur Verfügung standen. Mit dem (Vertikal-)Echolot konnten Größe und Tiefenlage eines Fischschwarmes vom Schiff aus exakt bestimmt werden; mit der Netzsonde, einem auf dem Kopftau des pelagischen Schleppnetzes montierten Echolot, konnte dieses Netz auf die Tiefe des georteten Schwarmes eingesteuert werden.

Treibnetze

Das traditionelle Gerät für den Fang von nahe der Wasseroberfläche stehenden Schwarmfischen ist das heute vom pelagischen Schleppnetz bzw. der untenstehend erläuterten Ringwade nahezu vollständig verdrängte Treibnetz. Insbesondere die jahrhundertealte Heringsfischerei wurde fast ausschließlich mit diesem Fanggerät betrieben. Es besteht aus einer Anzahl von etwa 30 Meter langen und 15 Meter hohen Einzelnetzen, die zu einer kilometerlangen Fleet zusammengestellt werden und an Bojen aufgehängt senkrecht im Wasser stehen. Die Maschenöffnung der Netze ist so gewählt, daß die Fische bei dem Versuch, die Netzwand zu durchschwimmen, mit den Kiemendeckeln in den Maschen hängenbleiben, aus denen sie nach dem Hieven des Netzes an Bord herausgelöst werden.

Noch heute werden Treibnetze von spanischen Fischern im Thunfischfang verwendet. Wegen des hohen Beifanges an Seevögeln und Meeressäugern, wie Delphinen, wird diese Fangmethode von Umweltschutzorganisationen jedoch heftig kritisiert und ihr Verbot gefordert. Ein erster Schritt in diese Richtung sind internationale Abkommen zur Beschränkung der Gesamtlänge einer Stellnetzfleet (Kanal) auf 2500 Meter.

Ringwaden

Wie das Treibnetz wird die Ringwade für den Fang oberflächennaher Schwarmfische eingesetzt, allerdings nicht als Kiemen-, sondern als Umschließungsnetz. Die Ringwade wird kreisförmig um einen georteten Schwarm ausgelegt, den sie in Form eines oben und unten offenen Zylinders umschließt, der bis an die Wasseroberfläche reicht. Damit werden die Fische zunächst am Entkommen zu den Seiten hin gehindert.

In der folgenden Phase des Fangvorgangs wird die Unterkante der Ringwade mit Hilfe der sogenannten Schnürleine zusammengezogen, so daß das Netz einen geschlossenen Beutel bildet und dem Schwarm auch den Fluchtweg nach unten versperrt. Anschließend wird die Ringwade weiter eingehievt und dabei der Netzbeutel mit den Fischen darin laufend verkleinert, bis in der Endphase die Fische in dem Netzbeutel so weit zusammengedrängt sind, daß sie mit Hilfe einer Fischpumpe an Bord befördert werden können. Ringwaden werden im Gegensatz zu pelagischen und Grundschleppnetzen, die überwiegend in der Konsumfischerei Verwendung finden, vorzugsweise in der Industriefischerei eingesetzt, das heißt für den Fang von Fischmehlrohware.

Stellnetze

In der küstenahen Kleinfischerei Europas ist ein Fanggerät weit verbreitet, dessen Wirkungsweise der eines Treibnetzes gleicht, das jedoch am Meeresboden verankert (»gestellt«) und mit Bojen markiert wird, so daß der Fischkutter während der Stellzeit, überwiegend nachts, in den Heimathafen zurückkehren oder auch in der Nähe vor Anker gehen kann. Das mühsame und zeitaufwendige Einholen der Stellnetze von Hand beschränkte ihren Einsatz bis vor wenigen Jahren auf geringe Wassertiefen in unmittelbarer Nähe der Küste. Die von Dänemark ausgehende Entwicklung von speziellen Stellnetzholern sowie der im Vergleich mit der Schleppnetzfischerei deutlich niedrigere Treibstoffverbrauch der Fahrzeuge in der Stellnetzfischerei haben in den letzten Jahren zu einer Ausweitung dieser Fangmethode geführt.

Eine Sonderform der Stellnetze bilden Dreiwand- oder Spiegelnetze. Sie bestehen aus einem feinmaschigen, lose eingestellten Innenblatt und zwei großmaschigen Außenblättern mit den sogenannten Spiegelmaschen. Bei dem Versuch, die Netzwand zu durchschwimmen, drückt der Fisch das Innenblatt durch eine Spiegelmasche und verwickelt sich in der so entstehenden Netztasche. Der Vorteil dieser Konstruktion liegt darin, daß mit einem solchen Netz Fische unterschiedlichster Größe erfaßt werden, während mit dem Einwand- oder Kiemennetz nur Fische der einen Größe, die mit ihren Kiemendeckeln hängenbleiben, gefangen werden können. Kleinere Fische durchschwimmen die Maschen ohne Mühe – größere dagegen, deren Fang an sich erwünscht ist, bleiben bei dem Versuch stecken, ehe sich die Netzmasche hinter den Kiemendeckeln verhakt – und können sich in der Regel wieder aus dem Netz befreien.

Langleinen

Langleinen bestehen aus einer zum Teil mehrere Kilometer langen sogenannten Hauptschnur, an der in Abständen von zwei bis drei Metern Mundschnüre mit beköderten Haken angebracht sind. Dieses noch im 19. Jahrhundert weitverbreitete Fanggerät wurde vom Schleppnetz fast vollständig verdrängt. Die weitgehende Mechanisierung der Fangmethode bis hin zur automatischen Beköderung der Haken sowie der niedrige Treibstoffverbrauch der mit diesem Fanggerät arbeitenden Fahrzeuge haben wie bei den Stellnetzen zu einer Renaissance der Langleinenfischerei in den letzten Jahren geführt. Insbesondere die Ölkrisen in den siebziger Jahren spielten dabei eine Rolle. Dennoch werden bei dieser Methode stets die Vor- und Nachteile abzu-

Färinger Walfang. Färöer, um 1960

wägen sein. Ein Hauptproblem der Langleinenfischerei ist die Beschaffung geeigneter Köder. Sowohl der Ankauf von Köderfischen vor Antritt einer Fangreise als auch ihr Fang mit eigenem Geschirr vor dem Aussetzen der Leine verursachen Kosten, die den Betrieb zusätzlich belasten. Mit fallenden Ölpreisen normalisierte sich deshalb die oben beschriebene Lage schnell wieder. Nach wie vor behauptet nun abermals das Schleppnetz seine führende Position gegenüber den sogenannten »energiesparenden« Fanggeräten Stellnetz und Langleine in der europäischen Seefischerei.

Handwerk in Europa

Rainer Elkar

Gestalt und Zivilisation Europas sind seit Jahrtausenden durch das Handwerk gebildet, geprägt und verändert worden. Handwerker waren zuständig für den Bau von Städten und Dörfern, Tempeln, Synagogen, Kirchen und Moscheen, Burgen und Festungen, Straßen und Kanälen, Brunnen, Wasser- und Abwasserleitungen. Sie schufen Verkehrsmittel für den Gebrauch zu Land, zu Wasser und in der Luft. Sie fertigten Bekleidung und unzählige Dinge des alltäglichen Gebrauchs wie auch des verschwenderischen Luxus an, stellten Dinge für die Religionsausübung her und richteten Häuser und Paläste ein. Sie widmeten sich der Körperpflege und Gesundheit der Menschen, der Zusammensetzung und dem Geschmack der Speisen, dem Klang der Musik und der bildenden Kunst. Sie ersannen und lieferten die Instrumente zum Rechnen, Messen und Wiegen, Instrumente zur Tötung wie zur Heilung. Auch das Material, das zum Bewahren und Fortschreiten der Zivilisation unverzichtbar war, entstand in den Werkstätten von Handwerkern: Papier, Schreibzeug sowie das gedruckte und gebundene Buch.

All dies wurde ins Werk gesetzt mit der Arbeit »von Hand«. Eine lange Zeit hindurch wurden noch keine Maschinen benutzt, sondern einfache Werkzeuge wie Hammer, Kelle, Beil, Messer, Bohrer, Hobel, Meißel, Säge, Maßstab, Winkel, Zirkel, Pinsel, Feile, Zange, Leisten, Nadel und Schere. Gewisse Ausnahmen von dieser Regel stellten lediglich die von Tieren bewegten oder wasser- und windgetriebenen Mühlen, Hammer- und Pumpwerke dar; im allgemeinen jedoch hielten der Handwerker und seine Hilfskräfte ihr Werkzeug wie die Töpferscheibe oder den Webstuhl selbst in Gang.

Erst im 20. Jahrhundert fand die Maschine auch in die handwerklichen Betriebe Einzug, vor allem kleine Verbrennungs- und Elektromotoren erleichterten und verbesserten zahlreiche Arbeitsvorgänge. Doch zeichnet sich handwerkliche Arbeit nach wie vor dadurch aus, daß die Arbeitsleistung individualisierbar ist, sich also bestimmten Menschen zuordnen läßt, und daß das Werkzeug wie die Maschine lediglich Hilfsmittel sind. Der Mensch arbeitet nicht mechanisch der Maschine zu, sondern die Maschine unterstützt den Menschen. In dieser Hinsicht sind die Produktionsbedingungen in einer Fabrik und in einem Handwerksbetrieb zu unterscheiden – bis heute und überall in Europa.

Das europäische Handwerk hat weitverzweigte Wurzeln, sie reichen zurück in die Frühgeschichte der einzelnen Kulturbereiche, die griechisch-römische Antike, das Judentum und nicht zuletzt die arabische wie die osmanisch-türkische Welt. Griechen und Römer zeichneten sich durch eine hervorragende Qualität handwerklicher Produktion aus, doch schätzten sie den Berufsstand der Handwerker nicht. Eine Sonderstellung in der Antike nahm freilich die hausfrauliche Textilarbeit ein, die zu den weiblichen Tugenden gezählt wurde.

Töpfer beim Aufbereiten von Ton an der Knetbank. Nantes, Portugal 1988

Unter dem Einfluß des Christentums änderten sich die Wertordnungen, wobei der Zusammenschluß der Handwerker zu Zünften, Gilden oder Bruderschaften während des Mittelalters von großer Bedeutung war. Oftmals hatten solche Zusammenschlüsse eine Doppelfunktion: Sie wirkten zum einen als berufsständische Vereinigungen mit beträchtlichem Einfluß auf die Produktionsprozesse und Absatzmöglichkeiten – das katalanische Handwerk zum Beispiel kannte hierfür die Begriffe des *officio* oder *gremio* –, zum andern als religiöse und karitative Einrichtungen, wofür in Katalonien die *confratria* zuständig war. Die Ähnlichkeiten der gemeinschaftlichen Organisationen in West-, Mittel- und Nordeuropa sowie im lateinischen Südeuropa (westliches Mittelmeer) waren beträchtlich. Sie unterscheiden sich fast nur in der Reichweite sowie in der Spezialisierung des Selbstorganisationsrechtes. Ebenfalls korporativ organisiert war das Handwerk im ursprünglich byzantinischen, nachmals osmanischen Einflußbereich. Dort jedoch wurden die »Zünfte« in den Staatsaufbau einbezogen, so daß Momente staatlichen Einflusses oft die berufsständischen Elemente überlagerten. Die Ausübung eines selbständigen Handwerks war bis in die Neuzeit in der Regel nur den Männern vorbehalten. Nur einige wenige mittelalterliche Ausnahmen davon, vor allem im Textilgewerbe, sind bekannt.

Juden wie Muslime haben im europäischen Handwerk ihre Spuren hinterlassen. So waren Juden im Hochmittelalter berühmt für die Verbreitung der Seidenweberei und besonderer Färbetechniken, aber auch für hervorragende Gold- und Silberschmiedearbeiten in der mittelmeerischen Welt. Zentren dieser jüdischen Handwerkskunst waren Sizilien, Thessaloniki, Segovia, Barcelona und Zaragoza, während nördlich der Alpen schon früh Einschränkungen für jüdische Handwerker galten. Eine Brücke zu byzantinischen und sasanidischen Handwerkstraditionen schlug das Umayyadenreich (661 bis 750). Unter arabischem Einfluß verbreiteten sich in Europa nachhaltig, also auch über die Vertreibung der Araber aus Spanien (1492) hinaus, bestimmte Formen der Textil-, Leder- und Metallverarbeitung (zum Beispiel Damast, Korduanleder, Damaszener/Toledaner Stahlklingen), Methoden der Glas- und Tonproduktion sowie Techniken der Baudekoration mit Stuck und Marmor. Im Gefolge der Ausdehnung des Osmanischen Reiches über den Balkan bis nach Ungarn (1683 standen die Türken vor Wien) verbreiteten sich in der Textil- und Lederverarbeitung abermals neue Techniken, insbesondere in der Sattlerei und Schuhmacherei.

Das merkantile Zeitalter (17. und 18. Jahrhundert), noch stärker aber die Industrialisierung (seit 1700) veränderten das Handwerk grundlegend. Aus einem in hohem Maße güterproduzierenden Gewerbe, das immer wieder durch eigene Produktneuerungen Impulse erhielt, entwickelte sich ein Dienstleistungsgewerbe, in dem der Anteil eigener Fertigproduktion stetig zurückging – ein Prozeß, der bis in die Gegenwart anhält. Zu Beginn und im Verlauf der Industrialisierung ist nicht zu übersehen, daß viele Erfindungen noch vom Handwerk ausgingen oder von Handwerkern erst funktionstüchtig gemacht wurden: Dies gilt vor allem für die Nutzung der Dampfkraft. Spengler und Klempner sorgten europaweit für die Hygienisierung und Modernisierung der Haushalte; sie bereiteten den Weg aus dem Holzzeitalter in das Blechzeitalter: Alle Formen der Wasser- und Sanitärinstallation, Blecheimer, Jauchefässer, Badewannen, Konservendosen bis hin zur Waschmaschine wurden von diesem Handwerkszweig entwickelt.

Doch der Produktionswettlauf mit den Fabriken, wenn er denn je von seiten des Handwerks aus angetreten wurde, ging verloren – überall in Europa. Ergebnis des Strukturwandels ist eine Umstellung des Handwerks auf Prozeßerneuerung und vor allem Technologietransfer sowie Anwendungen industrieller Produkte im Endverbrauchermarkt. Ein klassisches Beispiel dieser Entwicklung ist die Entstehung des Elektrikerhandwerks, aber auch der Wandel des Berufsbildes der Wagnerei zum Kfz-Handwerk. Im Gefolge der Industrialisierung schwand das gemeinschaftliche Element des Handwerks bei stetiger Durchsetzung der Gewerbefreiheit. Ansätze sind allerdings schon in der Französischen Revolution zu finden. Im 20. Jahrhundert fielen auch die faktischen Zulassungsbeschränkungen für Frauen im Handwerk. Dabei waren die Schneiderinnen und Hutmacherinnen eine Avantgarde selbständiger Unternehmerinnen. In den dienstleistungsorientierten Branchen und im Kunsthandwerk sind Frauen heute besonders stark vertreten.

Waren im Mittelalter und in der frühen Neuzeit die meisten Handwerksberufe am Produkt ihrer Arbeit zu erkennen, so gilt dies für die Gegenwart nicht mehr. Viele einstige Handwerksprodukte werden heute industriell hergestellt. Die unterschiedliche rechtliche und ökonomische Entwicklung in den Staaten Europas seit dem 18. Jahrhundert führte dazu, daß von einem einheitlichen europäischen Handwerksbegriff in der Gegenwart keine Rede mehr sein kann. Im Rahmen der Europäischen Union, deren Kommissionen im übrigen darauf verzichtet haben, eine allgemeingültige Handwerksdefinition festzulegen, gibt es drei unterschiedliche Typen: das fachorientierte, das sektor- bzw. größenorientierte und das kunsthandwerkliche Konzept. Was den ersten Typ anbelangt, so gelten in Deutschland, Österreich und Luxemburg klare gesetzliche Bestimmungen, was unter Handwerk zu verstehen ist. Alle drei Länder führen jene Berufe, die dem Handwerk zuzuordnen sind, in gewerberechtlich verbindlichen Listen auf. Sie haben Regelungen für die Ausbildung, die beruflichen Abschlußqualifikationen und die Niederlassung getroffen und dem Handwerk eine Kammerorganisation gegeben.

In Frankreich und Italien, in denen die Festlegung nach dem zweiten Typ vorgenommen wird, werden dem *artisanat* bzw. *artigianato* Betriebe einer bestimmten Größenordnung zugeordnet: 15 Beschäftigte sind in Frankreich, 18 in Italien die Grenze. Fachliche Gesichtspunkte spielen bei den Zuordnungen keine Rolle. In Frankreich gibt es freilich im *Compagnonnage* (Handwerkerbruderschaft) noch eine hochqualifizierte, traditionalistische, in mancherlei Hinsicht elitäre Ausbildung mit der Vorschrift der Gesellenwanderungen; sie ist jedoch gewerberechtlich ohne Belang. Irland und das Vereinigte Königreich, Vertreter des dritten Typs, kennen keine gesetzliche Definition dafür, was Handwerk sei. Mit dem Begriff *craft* sind die tatsächlichen Gegebenheiten eher unzulänglich beschrieben; Ausdrücke wie *handicraft* oder *skilled trades* treffen besser den Charakter des Kunsthandwerks, der für die britischen wie irischen Betriebe eigentümlich ist. Auch in den Niederlanden *(ambacht, handwerk)*, Portugal und Spanien richtet sich das Verständnis eher auf das Kunsthandwerk; in Spanien hat dies ein königlicher Erlaß aus dem Jahr 1982 sogar rechtlich so festgeschrieben. Dabei sind in beiden Ländern alte Wurzeln noch sprachlich zu bemerken, in Portugal wie in Spanien wird das Handwerk als *oficio* bezeichnet, der Handwerker jedoch als *artesão* bzw. *artesano*.

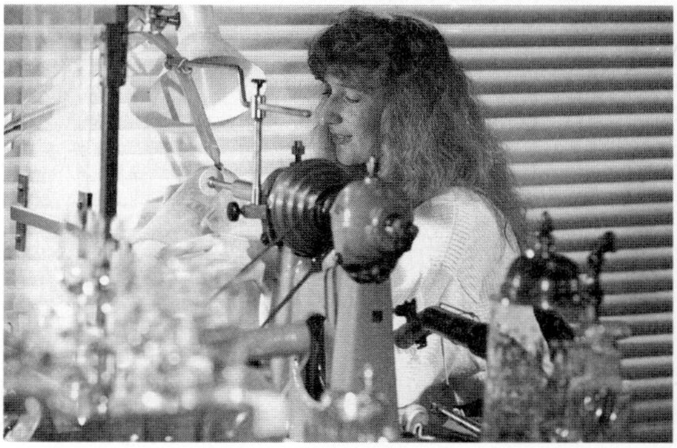

Siebdruckerin

Feuerungs- und Schornsteinbauerin

Glasschleiferin

Mit den drei genannten Grundtypen besteht unter den anderen Staaten Europas manch alte Verwandt- und inzwischen auch neue Partnerschaft. Das griechische sowie belgische und hier vor allem das wallonische Handwerk orientieren sich stark am

Wandergesellen. Hamburg 1998

französischen Vorbild. Dänemark, Finnland und Schweden kennen wie Deutschland zwar den Handwerksbegriff, verwenden ihn zum Teil auch in ihrer Organisationsbezeichnung, erfassen jedoch vergleichbar den Niederländern das gesamte kleinere und mittlere Unternehmertum. Ungarn und Polen haben nach 1989 das deutsche Modell teilweise übernommen, in der Slowakei, ansatzweise auch in Rußland, sind ähnliche Bestrebungen zu beobachten, nicht jedoch in der Tschechischen Republik, deren Wirtschaftspolitik sich bislang sehr deutlich am angelsächsischen Vorbild orientierte.

1979 ging aus einem Zusammenschluß verschiedener europäischer Handwerksverbände sowie klein- und mittelständischer Unternehmerorganisationen die »Union Européenne de l'Artisanat et des Petites et Moyennes Entreprises« (UEAPME) hervor. Nicht nur sprachlich setzte sich dabei das französische Modell durch, anders wären die großen Unterschiede in den einzelnen europäischen Staaten kaum zu integrieren gewesen: So gehören in verschiedenen Staaten Taxiunternehmen zu diesem Gewerbesektor. Ein deutscher Metzger wäre in England kein Handwerker, sondern ein kleiner Unternehmer, ein portugiesischer Berufskollege mit sechs Mitarbeitern gar der Chef eines Industriebetriebs.

Steht das Handwerk europaweit vor seiner Auflösung? Die Frage läßt sich verneinen, wenn man sich an dem Begriff der Handarbeit und der individualisierbaren Leistung orientiert; doch mit dem Voranschreiten der Dienstleistungsgesellschaft schwinden die Unterschiede zu anderen Sektoren, die nach deutschem Verständnis nicht »handwerksmäßig« arbeiten: Sollte ein selbständiger Software-Berater mit Hochschulabschluß als handwerklicher oder industrieller Dienstleistungsunternehmer angesehen werden? Diese Frage findet in Europa sehr unterschiedliche Antworten.

Für die europäische Wirtschaft und für die europäische Gesellschaft sind solche definitorischen Fragen nicht allzuwichtig. Von größerer Bedeutung ist die Tatsache, daß Angaben des dritten Jahresberichtes der UEAPME zufolge im Jahr 1995 etwa 70 Millionen Menschen bei klein- und mittelständischen Unternehmen – Handwerksbetriebe eingeschlossen – in Arbeit standen, das waren etwa 70 Prozent aller Beschäftigten. Während die 13 000 Großunternehmen im Europa der 15 Staaten allein zwischen 1992 und 1993 eine Million Arbeitsplätze abbauten, schufen die kleinen und mittleren Unternehmen zwischen 1988 und 1993 netto 2,6 Millionen Arbeitsplätze neu. Wäre dies eine neue Fassung der alten Vorstellung vom »Handwerk mit goldenem Boden«?

Die Europäische Union des Handwerks und der Klein- und Mittelbetriebe (Union Européenne de l'Artisanat et des Petites et Moyennes Entreprises – UEAPME)

Europäische Union	Mitgliedsverbände der UEAPME	Zusammensetzung	zugehörige Betriebe	Beschäftigte
Belgien	Comité National Belge des Petites et Moyennes Entreprises	H, KMU	147 000	1 060 000
Dänemark	Håndværksrådet	H, Handel und produzierende Gewerbe	30 000	360 000
Deutschland	1. Zentralverband des Deutschen Handwerks/ Bundesverband der Fachverbände des Deutschen Handwerks	1. H-P/ H-Innungen	811 000	6 600 000
	2. Bundesverband der Selbständigen/ Deutscher Gewerbeverband	2. davon 35 % H	85 000	ca. 700 000
Finnland	Pienteollisuuden Keskusliitto	KMU	70 500	380 000
Frankreich	1. Assemblé Permanente des Chambres des Métiers	1. H-P	815 000	2 000 000
	2. Union Professionelle Artisanale	2. ähnl. H-Innungen	850 000	2 700 000
	3. Confédération Générale des Petites et Moyennes Entreprises	3. Arbeitgeberverband der KMU	1 500 000	5 000 000
Griechenland	Confédération Générale des Petits et Moyens Entrepreneurs, Artisans et Commerçants de Grèce	H, Handel, KMU	170 000	800 000
Großbritannien	Forum of Private Business	KMU	50 000	660 000
Italien	1. Confederazione Generale Italiana dell'Artigianato	1. H	600 000	2 979 000
	2. Confederazione Italiana della Piccola e Media Industria	2. H, darunter verschiedene Fachverbände, KMU, Verlagswesen	55 000	1 000 000
Irland	1. Small Firms Association	1. KMU	2 000	40 000
	2. Irish Small and Medium Enterprises Association	2. KMU	5 000	250 000
Luxemburg	1. Chambre des Métiers du Grand Duché du Luxembourg	1. H-P	4 056	43 490
	2. Fédération des Artisans	2. Branchenverbände	4 000	43 000
Niederlande	MKB-Nederland	KMU	150 000	1 000 000
Österreich	Wirtschaftskammer Österreich	H, KMU	190 000	2 100 000
Portugal	Associação Industrial Portuguesa	KMU – freiwillige Mitgliedschaft	56 000	1 100 000

Schweden	Företagarnas Riksorganisation	»Freie Unternehmer« und »Kleinunternehmer«	100 000	450 000
Spanien	Confederacion Española de la Pequeña y Mediana Empresa	KMU und Fachverbände	925 000	1 600 000
EU insgesamt			**6 619 556**	**30 865 490**
übriges Europa	**assoziierte Verbände**	**Zusammensetzung**	**Betriebe**	**Beschäftigte**
Albanien	Handels- und Industrieverband (CONFICOM)	KMU und andere	120	3 000
Kroatien	Hrvatska Obrtnicka Komora	H	100 000	?
Ungarn	Ipartestülek Országos Szövetsége (IPOSZ)	regionale Fachverbände	130 000	?
Polen	Zwiazek Rzemioska Polskiego (ZRP)	H	200 000	?
Rumänien	Consiliul National al Intreprinderilor Private Mici si Mijlocii din Romania (CNIPMMR)	KMU	30 000	?
San Marino	Unione Nazionale Artigiani della Repubblica di San Marino	H	500	?
Slowenien	Obrtna Zborinica Slovenije	H-P	52 000	?
Türkei	Türkiye Esnaf ve Sanatkâlari Konfederasyonu (TESK)	H, KMU	2 025 000	20 000 000
insgesamt			**2 537 620**	
EU und übriges Europa			**9 187 176**	

H Handwerker
H-P Pflichtmitgliedschaft für Handwerker oder Handwerksbetriebe
KMU kleine und mittlere Unternehmen

Zusammengestellt nach Angaben der UEAPME, Bericht 1997

Hausfleiß und ländliches Handwerk am Beispiel Portugal

Wulf Köpke

Das traditionelle Handwerk in Portugal gliederte sich, betrachtet man nur die wichtigeren Zweige mit überregionaler Verbreitung, noch bis in die fünfziger Jahre unseres Jahrhunderts in weit über 100 Sparten; spezielle Berufe wie Zahnstocherhersteller oder Marionettenmacher, die höchstens eine lokal begrenzte Bedeutung besaßen, sind hierbei nicht einmal mitgezählt. Dieser Beitrag, der, stellvertretend für viele ländliche Regionen Europas, nur einen kurzen Überblick über die Vielfalt des portugiesischen Handwerks vermitteln soll, kann nicht auf alle handwerklichen Zweige eingehen. Nur erwähnt werden können an dieser Stelle die holzverarbeitenden Berufe und die ebenfalls sehr formenreichen und weitverbreiteten Erzeugnisse der Blechschmiede, ebenso die überall anzutreffende Korbflechterei, die sowohl handwerklich für den Verkauf als auch im häuslichen Bereich für den eigenen Bedarf ausgeübt wird. Der wichtige Prozeß der Textilverarbeitung hat seine Würdigung bereits in so zahlreichen Monographien gefunden, daß eine breite Darstellung an dieser Stelle nicht vonnöten ist.

Korbflechten mit Spartgras.
Monachil, Spanien 1981

Die genannte hohe Zahl der Handwerkssparten zeigt, daß der Berufsstand des Handwerkers in Portugal sehr differenziert entwickelt ist. Dennoch täuscht sie über die tatsächliche Bedeutung des Handwerks zumindest für den ländlichen Raum hinweg. Selbständige Handwerker hatten ihren Wirkungsbereich überwiegend in den Städten oder in zentralen Marktflecken, mithin in Orten, deren Größe ihnen so viel Kundschaft bot, daß ihr Gewerbe sie ganzjährig ernährte. Natürlich verfügten die großen Landgüter vor allem im Süden ebenfalls über eigene Handwerker. Sonst waren diese im ländlichen Bereich jedoch relativ selten vertreten. Der Grund lag darin, daß die Bauern infolge der bis vor wenigen Jahrzehnten schwach entwickelten Geldwirtschaft und der geringen Erträge aus ihren meist kleinen Höfen über zuwenig Bargeld verfügten, um die nützlichen Dinge des Alltags kaufen zu können. Statt dessen fertigten sie nach Möglichkeit alles selber an, was sie benötigten. Die wenigen Handwerker, die daneben noch gebraucht wurden, übten ihren Beruf oft im Nebenerwerb aus und ernährten sich darüber hinaus mit Hilfe einer kleinen Landwirtschaft. Sie waren in der Regel auch nicht in Zünften organisiert wie ihre städtischen Kollegen.

Blechschmiedeladen. Viseu, Portugal 1988

Besonders in der Herstellung und Verarbeitung von Textilien waren die bäuerlichen Haushalte wirtschaftlich eigenständig. Nicht nur, daß man Flachs anbaute und verarbeitete sowie die Wolle der eigenen Schafe verspann: Wenn jemand nicht weben konnte, gab es zumindest Nachbarinnen, die für sich und im Auftrag webten. Zum Nähen ging einem allerdings nicht selten eine Näherin zur Hand, die gegen freie Kost und Logis und einen geringen Lohn in Naturalien behilflich war. Auch Schneider gab es mancherorts. Ihr Ruf war häufig nicht der beste, galten sie doch, wie übrigens auch in Mitteleuropa, als schwächlich und vor allem als diebisch. Man unterstellte ihnen, stets einen Teil des ihnen anvertrauten Tuchs für sich zu unterschlagen. Auch die Schuster galten als diebisch, und so sagt der portugiesische Volksmund von beiden Gewerben:

Schneider, Schuster
sind ein diebisches Pack.
Die Schneider stehlen Leinengarn,
die Schuster Lederriemen.

Doch Schuster und Schneider hatten in den Augen der Frauen auch nicht zu unterschätzende Vorteile, denn sie erzielten ein regelmäßiges Einkommen und saßen ruhig daheim. In vielen anderen Gewerben waren die Männer dagegen zum Umherziehen genötigt oder sogar, wie besonders in der oft armseligen Landwirtschaft, zum Auswandern gezwungen, wobei ihre Frauen mit den Kindern und schwerer Arbeit zurückblieben:

Schneider oder Schuster
sind ja gute Künstler.
Sie arbeiten, verdienen Geld,
und wir haben sie immer im Blick.

Die Schuster in den nördlichen, feuchten Landesteilen und auf den Azoren stellten unter anderem auch Lederschuhe mit Holzsohlen her, ansonsten fertigten sie einfache feste Halbschuhe oder Stiefel, die denen in anderen Teilen Westeuropas in Machart und Material weitgehend gleichen.

Außer den Textilien wurde auch allerlei hölzernes Gerät im Haus hergestellt. Bekannt sind besonders die Löffel, das wichtigste ländliche Eßbesteck neben dem Taschenmesser. Sie waren oft wahre kleine Kunstwerke. Auch die Ochsenjoche wurden meist vom Besitzer der Tiere selbst geschnitzt, mit seinem Namen versehen und in Kerbschnittechnik mit zahlreichen Symbolen verziert. In Nordwestportugal bildete sich aus dieser häuslichen Jochproduktion ein eigenes Handwerk heraus. Als Schnitzer gerühmt und geschätzt wurden besonders die Hirten. In ihren langen, einsamen Stunden bei den Schaf- und Ziegenherden vertrieben sie sich die Zeit mit allerlei Kunstfertigkeiten. Als einziges Werkzeug besaßen sie meist nur ihr Taschenmesser. Damit versahen sie Kuhhörner, die als Ölbehälter dienen sollten, mit kunstvollen Schnitzereien. Aus Korkrindenstücken formten sie Gefäße oder auch kleine Figuren und Genreszenen, aus Holzstücken gestalteten sie Löffel, Maisentkerner, Brotstempel oder ineinander verschlungene filigrane Arbeiten. Auch die Nahrungsmittel erzeugte man bevorzugt in eigener Arbeit. Brot wurde stets selbst gebacken, Wurst und Schinken im Rauchfang waren das Produkt eigener Schlachtung. Bäcker und Metzger gab es deshalb nur in den Städten. Natürlich produzierte man außerdem Wein und Olivenöl fast immer selber. Lediglich die Gewinnung von Salz aus Meerwasser war die Kunst einiger spezialisierter Küstenbewohner. Salz mußte von der Landbevölkerung teuer erworben werden und war entsprechend kostbar.

Für den unmittelbaren dörflichen Bereich waren also nur wenige Handwerke so wichtig, daß die Dörfler sie in direkter Nähe benötigten. Hierzu gehörten besonders die Sparten, die sich mit der Herstellung und Reparatur der landwirtschaftlichen Geräte beschäftigten, also Schmiede, Hufschmiede, Zimmerleute, Stellmacher und Wagner, in geringerem Maße auch die Sattler. Die Schmiede mußten sich, da in Portugal kaum Erz gefördert wird, weitgehend auf die Verarbeitung von Alteisen beschränken. Das und die starke Konkurrenz durch Messer- und Werkzeugimporte aus Spanien setzte ihrer Kunst relativ enge Grenzen. In erster Linie stellten sie landwirtschaftliche Geräte wie Pflugscharen und Eggenzähne her sowie verschiedene Hacken. Außerdem schmiedeten sie Haushaltsgegenstände wie Stützen für Kochtöpfe, Bratspieße, Wandlaternen, Türklopfer oder Möbelbeschläge. Ihre Kunstfertigkeit zeigten sie gerne an schmiedeeisernen Fenstergittern und an den »Feuerböcken«, den *trasfogueiros*, großen eisernen Gestellen, auf denen in den Küchen des Nordens das offene Kochfeuer entzündet wurde. Mit dem Beschlagen der Zug- und Reittiere (Maultiere, Esel und Pferde) befaßte sich der Hufschmied, der auch Rat bei

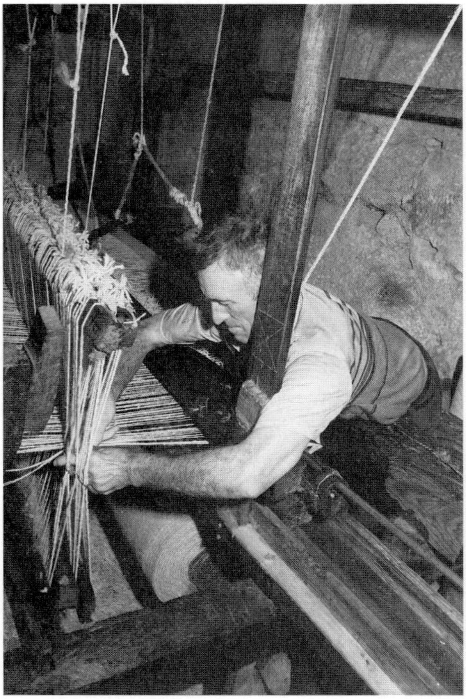

Tierkrankheiten wußte. Dagegen sorgten die Barbiere, ebenfalls eine wichtige dörfliche Berufsgruppe, neben dem Haareschneiden und Rasieren für die medizinische Betreuung der Menschen. Wie alle anderen Gewerbe haben auch sie einen Schutzpatron; erstaunlicherweise ist es bei beiden der heilige Georg. Andere Berufe im Dorf sind die des Steinmetzen und des Maurers, die allerdings nur begrenzt zum Einsatz kamen, da die meisten Leute auf dem Lande ihre Häuser nach Möglichkeit mit Hilfe der Nachbarn selber bauten.

Weben von Wolldecken. Guarda, Portugal 1989

Dreschen. Marinha, Portugal 1988

Ausnehmen einer Ziege.
Chaparral, Portugal 1988

Im Gegensatz zu den Eisenschmieden blüht das Handwerk der Kupferschmiede bis heute, obgleich sie ihre Produktion in den letzten 30 Jahren umstellen mußten. Fertigten sie ursprünglich Wasser- und Kochgefäße aus Kupfer und Messing an, so haben sie sich seit einiger Zeit bevorzugt der Souvenirproduktion und der Herstellung von Ziergegenständen für den bürgerlichen Haushalt zugewendet. Wie seit Jahrhunderten fabrizieren sie aber immer noch große Destillierapparate *(alquitarra, alambique)*, mit denen die Landbevölkerung im Herbst

Hufschmied. Solveira, Portugal 1988

Friseur. Alto Agarve, Portugal 1989

ihren eigenen Schnaps aus den Rückständen der ausgepreßten Weintrauben brennt. Viele andere Handwerker, vor allem diejenigen, die Hausrat herstellen, wie Töpfer, Korbmacher oder Kupferschmiede, arbeiten oft zentral, in einiger Entfernung von der Kundschaft, da sie ihre Erzeugnisse ohnehin meist über die Jahrmärkte vertreiben, zu denen die Käufer von weither zusammenkommen. Auch die Möbeltischler waren zum Teil zentral angesiedelt und vertrieben ihre Ware auf den Märkten. Größere Möbel wurden jedoch eher von lokalen Meistern in den Dörfern angefertigt.

Ein Problem für die Handwerker war, daß der Verkauf neuen Hausrats und neuen Geschirrs unter der schlechten finanziellen Situation der Landleute litt, die Neuanschaffungen in größerem Umfang meist nur für ihre Hochzeit tätigten. Ersatz für entzweigegangene Stücke konnte nur in sehr eingeschränktem Maß gekauft werden. Hiervon profitierten wiederum eine Reihe von umherziehenden Reparaturhandwerkern wie Kessel-, (Keramik-)Topf- oder Regenschirmflicker und Scherenschleifer.

Gold- und Silberschmiede, ebenfalls in den Marktorten ansässig, spielen bis heute trotz ihrer geringen Zahl eine nicht unwichtige Rolle in der Volkskultur, gehört Schmuck aus Gold und Silber doch zur traditionellen Mitgift. Die Edelmetalle gelten auch als Kapitalanlage, daher investiert man auf dem Lande möglichst viel Geld in Schmuck für die Ehefrau. Besonders beliebt ist Ohrschmuck aus Gold oder aus Silberfiligran. Fast unbekannt war dagegen die Glasherstellung, weshalb die (meist importierten) Flaschen und Gläser in den Haushalten wie Schätze gehütet wurden. Die Flaschen umflocht man gerne zum Schutz mit Stroh oder Weidenruten.

Das früher blühende Gewerbe der Kerzenmacher ist heute fast ausgestorben, doch

Absengen eines geschlachteten Schweins.
Val d'Ilhavo, Portugal 1988

existieren noch in der Gegend von Loulé an der Algarve einige Betriebe, und auch im Norden, in Moncorvo, gab es zumindest vor einigen Jahren noch eine große, handbetriebene Wachszieherei. Die von jeher in den Kirchen, während häuslicher religiöser Zeremonien und bei den Totenwachen benötigten Kerzen kommen heute weitgehend aus der industriellen Produktion und sind auch nicht mehr, wie noch bis in die vierziger Jahre unseres Jahrhunderts für diese Zwecke bindend von der Kirche vorgeschrieben, aus reinem Bienenwachs. Ungebrochener Bedarf besteht weiterhin nach Votivgaben aus Wachs in Form menschlicher Gliedmaßen oder von Haustieren. Die Gläubigen legen diese Gaben mit einem Gebet vor der Statue eines Heiligen nieder und hoffen auf dessen Hilfe bei Erkrankung des betreffenden Körperteiles oder des Tieres. Wie die Kerzenfabrikation, so ist auch die Herstellung von Heiligenbildern und kleinen, mit Buntpapier, Flitter und künstlichen Blumen verzierten Glaskästen mit eingeklebtem Konterfei eines Heiligen weitgehend zum Erliegen gekommen; ebenso erging es der Herstellung vielfarbiger Scherenschnitte, die als Wandschmuck dienten. Sie wurden von Drucken oder ausgedienten Kalenderblättern abgelöst. Ungebrochener Nachfrage erfreuen sich dagegen die handwerklich hergestellten Süßigkeiten, die traditionell ebenso wie die Heiligenbilder ein Produkt der Klöster waren. Hier sind besonders Figuren aus Feigenmasse und Marzipan von der Algarve zu nennen.

Ein Handwerk, das unsere Aufmerksamkeit besonders stark auf sich zieht, ist die bis heute erhalten gebliebene Viehglockenmacherei. Die Glocken werden aus Eisenblech zusammengehämmert und dann, in einer Ummantelung aus Ton und mit einer Einlage aus Kupfer- oder Messingblech, in einem Schmelzofen bei niedriger Temperatur gebrannt. Dabei schmilzt das Edelmetall und überzieht als gleichmäßige Schicht das Eisen. Die fertige Glocke erhält dadurch einen volleren, wenngleich immer noch blechernen Klang. Kühe, Schafe und Ziegen bekommen im Frühjahr, wenn sie erstmals aus dem Stall wieder ins Freie gelangen und weit fortlaufen, große Glocken umgehängt, damit sie leicht wiederzufinden sind. Die großen Glocken werden im Sommer gegen kleinere umgetauscht, da die Tiere sich wieder nahe beim Hirten aufhalten, dem der beträchtliche Lärm der großen Instrumente zuwider ist. Im Winter endlich erhalten die Tiere kleine Glocken, deren Ton sie beruhigt und deren Größe sie nicht beim Fressen aus der Futterkrippe hindert.

Mit dem Beginn der großen Emigrationswelle in den sechziger Jahren, verstärkt aber seit dem Ende der Kolonialkriege 1974 und mit der zunehmenden Landflucht, hat sich das Erscheinungsbild des portugiesischen Handwerks auf dem Lande sehr rasch und nachhaltig verändert. Es gibt zwar Gebiete, in denen auch heute traditionelle Handwerksformen scheinbar ungebrochen weiterleben. Bei genauerem Hinsehen sind es aber zumeist nur ältere Leute, die nicht mehr aus ihrem Dorf fortgehen möchten und sich mit einem sehr geringen Einkommen begnügen. Geben sie aus Gesundheitsgründen die Arbeit auf oder sterben, erliegt mit ihnen unwiderruflich die Tradition ihres Handwerks in ihrer Gegend. Andere, jüngere Handwerker stellen sich um und greifen moderne Techniken und Materialien auf. Zwar bleiben sie so in der Region, unterscheiden sich aber kaum oder gar nicht von einem modernen Handwerker der städtischen Zentren Mitteleuropas oder Frankreichs. Wegen des geringen zu erzielenden Verdienstes sind in erster Linie alle textilen Handwerke vom Verschwinden bedroht. Von den veränderten Bedürfnissen der modernen Gesellschaft werden auch Töpfer, Korbmacher und Steinmetze verdrängt. Schmiede und Stellmacher fallen den Veränderungen in der Landwirtschaft zum Opfer. Einen Aufschwung hingegen erleben Gewerbe wie Metzger und Bäcker.

Die geschilderten Veränderungen werden von vielen Kulturpolitikern und anderen Intellektuellen als Niedergang empfunden – eine Standardklage, die die Literatur der letzten 100 Jahre durchzieht. In der Bevölkerung auf dem Land ist die Nostalgie meist noch nicht bewußt, da man vielfach noch zu nah an der (vergangenen) handwerklichen Tradition lebt. Lediglich die Alten sehen ihre gewohnte Welt mit Schmerz zusammenstürzen. Die Städter, die ohnehin die als archaisch empfundene eigene ländliche Kultur als exotisch betrachten, begnügen sich mit miniaturisierten Repliken von Pflügen, Ochsenkarren oder Trachten. Doch setzt sich bei den verantwortlichen Politikern mittlerweile die Einsicht durch, daß eine Stützung des traditionellen Handwerks nicht reine Sentimentalität oder Folklorismus bedeutet, sondern gegenüber der Ansiedlung von Fabriken auch mehr Arbeitsplätze im ländlichen Bereich erhalten bzw. schaffen kann. Mittlerweile scheint man sogar offiziell wieder stolz auf die reiche handwerkliche Tradition des Landes zu sein.

So gibt es zahlreiche Unterstützungsmaßnahmen, zum Teil auf lokaler Ebene wie im Alentejo in Grandola, Mertola oder Castro Verde, wo man textilhandwerkliche und andere Kooperativen gegründet hat, die von den Gemeinden Zuschüsse erhalten. In Trancosos/Beira Alta existiert ein kirchlich gefördertes Zentrum, in dem junge Handwerker in Anlehnung an die Tradition ausgebildet werden. Ebenso fördert man staatlicherseits Jugendprojekte in Orten mit reicher handwerklicher Tradition wie zum Beispiel in Famalicão/Beira Alta. Hier erlernen Jugendliche in modernisierten Werkstätten das hergebrachte Handwerk mit seinem wohlausgewogenen Formenschatz. Dieses Programm ist zum Beispiel sehr erfolgreich, kaum einer der 3000 Einwohner dieses Ortes wandert aus. Doch sind derlei Initiativen viel zu selten, als daß sie an der generell eher düsteren Zukunft des Handwerks auf dem Lande noch etwas ändern könnten.

Geschichte der Industrialisierung

Sidney Pollard

»Industrialisierung« ist ein Fachausdruck, der meistens für eine bestimmte Form der wirtschaftlichen Umbildung eines Landes oder einer Region verwendet wird. Der Begriff besagt weder, daß es vor Beginn der Industrialisierung überhaupt keine Industrie gab, noch bedeutet er, daß sich in ihrem Verlauf nur die Industrie wandelte. Ganz im Gegenteil: Der Prozeß der Industrialisierung bestand notwendigerweise aus einer Reihe zusammenhängender Veränderungen, die einander bedingten und verstärkten. Die Umgestaltung der Industrie bildete sicherlich den Kern des Prozesses. Die Folge war, daß Textilien in Massenproduktion hergestellt wurden und eine neue, viel effizientere Produktion von Metallen in großem Maßstab sowie Neuerungen auch in allen anderen Industriezweigen ebenso wie in der Landwirtschaft und im Transportwesen stattfinden konnten. Die Industrialisierung kennzeichnet außerdem den Beginn des ständigen Stroms von Verbesserungen und Neuerungen, der dem Prozeß selbst innezuwohnen scheint und der bis zum heutigen Tag anhält. Die maschinelle Produktion erforderte langfristig mehr Kapital, größere Organisation und größere Unternehmen mit neuen Formen von Unternehmensstrukturen, wie zum Beispiel Aktienkapital anstelle von Einzel- und Familienunternehmen.

Massenproduktion ist von großem Absatz abhängig: Die Produzenten mußten also größere Märkte erreichen, so waren entsprechende Transportmöglichkeiten wie bessere Straßen, Kanäle, verbesserte Schiffe und – eines der wichtigsten Merkmale des Industrialisierungsprozesses in den meisten Ländern – die Entwicklung eines Eisenbahnnetzes erforderlich. Der internationale Handel dehnte sich aus, Banken wurden gegründet, um Handel und industrielles Unternehmertum gleichermaßen zu finanzieren. Das hatte bedeutende soziale Konsequenzen. Die Industriellen mußten zwangsläufig auf Kosten des alten regierenden Landadels an politischem Einfluß gewinnen, während sich gleichzeitig die Kluft zwischen Arbeitgebern und ihren angestellten Arbeitern weitete. Immer mehr Menschen arbeiteten außerhalb ihres Heims, während die Familienarbeit, die in den alten Werkstätten und auf kleinen Höfen üblich gewesen war, seltener wurde. Es erwies sich als notwendig, neue Formen von Berufsausbildungen zu gewährleisten, und eine allgemeine Schulpflicht für die ganze Bevölkerung wurde in einem Land nach dem anderen eingeführt.

Betrachtet man diese und ähnliche Veränderungen, so wird klar, daß einige als notwendige Voraussetzungen oder Begleiterscheinungen der Industrialisierung auftraten, während andere Folgen des Prozesses waren. Unter diesen Bedingungen waren günstige soziale und rechtliche Rahmenbedingungen von besonderer Bedeutung. Selbstverständlich war ein Mindeststandard an Einkommen, Fähigkeiten und Kenntnissen notwendig, um den Prozeß in Gang zu setzen. Darüber hinaus mußten Industrielle, um ihr Kapital zu investieren, darauf vertrauen können, daß ihr Eigentum rechtlich abgesichert war, daß Verträge eingehalten wurden und daß das Geld seinen Wert behielt. Diese Bedingungen wurden keinesfalls in der ganzen Welt erfüllt, als im späten 18. Jahrhundert die europäische Industrialisierung ihren Anfang nahm.

Das erste Land, das den Prozeß der Industrialisierung – manchmal »industrielle Revolution« genannt – erlebte, war Großbritannien. Dort waren die Vorbedingungen besonders günstig. Das Land war seit langer Zeit von fremden Invasionen verschont geblieben, es hatte erfolgreich Kolonien erworben, einen großen Teil des internationalen Welthandels erobert und infolge davon einen gewissen Wohlstand erreicht. Es hatte ein gefestigtes innenpolitisches System, das mit der »glorreichen Revolution« von 1688 eingeführt worden war, ein vernünftiges Steuersystem und eine stabile Währung, das Pfund Sterling. Es war außerdem mit dem reichlichen Besitz einiger der notwendigen natürlichen Ressourcen gesegnet. Unter diesen war die geographische Lage von besonderer Bedeutung. Direkt an den Haupthandelsrouten der Welt gelegen und zu einer Zeit, in der Wassertransport viel günstiger als die Beförderung über Land war, mit einer großen Anzahl guter Häfen und einigen schiffbaren Flüssen ausgestattet, waren Britanniens Chancen im Binnen- wie auch im Überseehandel besser als anderswo in Europa. Unter den anderen Ressourcen waren wahrscheinlich die weit übers Land verbreiteten und verhältnismäßig leicht zu erschließenden Vorkommen an Kohle und Eisenerz von größter Bedeutung. Die Kohle ermöglichte nicht nur das bessere und billigere Schmelzen von metallenen Erzen, vor allem von Eisen, dem wichtigsten Material der industriellen Revolution, sie lieferte auch die Energie für die Dampfmaschine, die den gesamten Prozeß antrieb. Es war die Notwendigkeit und Möglichkeit, beim Bergbau in tiefere Lagen hinabzugehen, die wiederum den Ansporn für einige Schlüsselerfindungen gab. Erstens führten die Pumpmotoren in den Minen direkt zur Entwicklung von James Watts Dampfmaschine aus der früheren Newcomen-Maschine; zweitens wurden Schienenstränge gelegt, um die Kohle vom Schachteingang fortzubefördern; auf diesen wurden – und das ist die dritte Schlüsselerfindung – Dampflokomotiven eingesetzt, anfangs nur für den Gebrauch an den Kohlenminen. Letztlich wurde damit das Zeitalter der Eisenbahnen eingeleitet. Der Beginn dieses Zeitalters läßt sich auf die Eröffnung der Strecke Manchester–Liverpool im Jahre 1830 datieren.

Einige dieser Entwicklungen erstreckten sich über einen Großteil des 18. Jahrhunderts. Es war in den sechziger und siebziger Jahren jenes Jahrhunderts, als die technischen Neuerungen sich zu häufen begannen, am spektakulärsten in der Baumwoll- und später in der Wolltextilindustrie. Der Anfang wurde in diesen Dekaden mit den Baumwollspinnmaschinen von Richard Arkwright, James Hargreaves und Samuel Crompton gemacht. Diese wurden ständig weiterentwickelt, und maschinelle Webstühle für die Weberei und entsprechende Neuerungen für andere Zweige der Textilindustrie folgten. Die Baumwollindustrie wird manchmal als führender Sektor der britischen industriellen Revolution bezeichnet, aber auch in einer Anzahl weiterer Bereiche gab es einen bis dahin beispiellosen technischen Fortschritt – unter anderem im Maschinenbau, in der Eisen- und Stahlerzeugung, dem Werkzeugbau, der Papierherstellung, der Glasproduktion und Töpferei, dem Brauereiwesen und der chemischen Industrie und sogar im Banken- und Versicherungswesen. Ein Fieber nach Neuerungen, nach Möglichkeiten, Dinge besser zu tun und die Konkurrenz zu schlagen, schien große Teile der Bevölkerung der Britischen Inseln ergriffen zu haben.

Das Resultat war eine Zunahme sowohl der Gesamt- als auch der Pro-Kopf-Produktion. Dennoch vergingen viele Jahrzehnte, bis dies auch zu einer Verbesserung des allgemeinen Lebensstandards führte. Ein Grund für diese zögerliche Entwicklung war ein sprunghaftes Ansteigen der Bevölkerung und deren Konzentration in den Städten, in denen Übervölkerung, schlechte sanitäre Bedingungen und die Verschmutzung der Umwelt durch Industrie sowie das Fehlen einer Abwasserkanalisation völlig neue soziale Probleme verursachten und die Lebenserwartung verkürzten. Die Auswirkungen der zunehmenden Produktionskraft Britanniens zeigten sich jedoch deutlich, als sie dem Land zu Siegen in den Kriegen gegen das revolutionäre und das napoleonische Frankreich zwischen 1793 und 1815 verhalf. Danach übertraf die britische Produktionskapazität für einige Jahrzehnte die aller anderen Länder und dominierte die europäischen und die Weltmärkte mit der großen Bandbreite ihrer Exportgüter.

Nach einiger Zeit begann ein ähnlicher Industrialisierungsprozeß auch in anderen Regionen Europas. Zu den ersten Ländern, die etwa 30 bis 50 Jahre später dem britischen Beispiel folgten, zählten die Länder im Nordwesten des Kontinents, darunter Belgien, Frankreich, Deutschland und die Schweiz. Ihre lokale Nähe zum britischen Vorbild mag geholfen haben. Der Hauptgrund für eine erfolgreiche Industrialisierung lag jedoch in deren günstigen Voraussetzungen. Dazu gehörten ein gewisses Maß an Wohlstand, traditionelle technologische und handwerkliche Fähigkeiten, ein ausgebautes Handelsnetz, ein Gesetzesrahmen, der Unternehmertum begünstigte, und zudem eine Rechtsstaatlichkeit und Regierung, die bereit waren, den Prozeß zu unterstützen. In Frankreich und Belgien unterstützten aus Britannien immigrierte Unternehmer und gelernte Arbeiter und sogar britisches Kapital die Entstehung moderner Unternehmen. Später förderten wiederum Emigranten aus diesen Ländern die Entwicklung anderer Volkswirtschaften weiter östlich und südlich.

Die Länder des europäischen Kontinents, deren Industrialisierung früh begann, hatten meist auch gute Rohstoffvorkommen. Belgien, Frankreich und Deutschland besaßen auf ihrem Staatsgebiet Kohle und Eisenerz ebenso wie andere metallische Erze. Bis zur Entdeckung der tieferreichenden nördlichen Kohlenfelder in der zweiten Hälfte des 19. Jahrhunderts waren die französischen Vorkommen allerdings weit verstreut und darum nicht leicht zu erschließen. Deutschlands Kohlevorkommen konzentrierten sich hauptsächlich auf das Ruhrgebiet, das Saarland und Oberschlesien. Alle drei Länder verfügten außerdem über einen direkten Zugang zur See. Die Schweiz dagegen besaß weder die Mineralien noch eine Seeküste: Ihre zeitige Entwicklung muß mit der frühen Anhäufung von Kapital, der guten Infrastruktur und der Geschicklichkeit der Schweizer bei der Verwendung billig produzierter Halbfabrikate durch das einheimische Gewerbe mit niedrigen Löhnen erklärt werden; ein Beispiel dafür ist das britische Garn, das als Rohstoff für die Herstellung von Fertigware verwendet wurde. Diese Vorgehensweise wurde auch in anderen Ländern praktiziert, besonders in Deutschland, bis die Deutschen selbst in der Lage waren, so billig wie in Britannien Garn, Kohle und Eisen zu produzieren. Die industrielle Konzentration, die Technologie und die sozialen Folgen verhielten sich in diesen Ländern, mit Ausnahme der Schweiz, ähnlich wie in Britannien. Auch hier waren Textilverarbeitung, Metallbearbeitung und Maschinenbau die Schlüsselindustrien, mit einer drückenden Bevölkerungskonzentration in den städtischen Zentren und den Bahnlinien, die sie verbanden.

In mancher Hinsicht behielt Britannien seine einzigartige Stellung. So widmete es im Verlauf des 19. Jahrhunderts als erstes industrialisiertes Land und führende Wirtschaftsnation einen Großteil seiner Kapital- und Unternehmenskraft dem Erwerb und Ausbau von Überseeterritorien, aus denen Europa in immer größerem Maße tropische Produkte, Mineralien und sogar Getreide und Fleisch erwirtschaften konnte. Auch verlagerte Britannien seine Beschäftigungsstruktur früher als andere Industrieländer weg von der Landwirtschaft. So arbeiteten in England im Jahre 1870 gerade noch 20 Prozent der männlichen Arbeiter in der Landwirtschaft, während der Anteil auf der gleichen Entwicklungsstufe (natürlich zu einem späteren Zeitpunkt) in Belgien bei 32 Prozent, in Deutschland bei 36 Prozent und in Frankreich und der Schweiz bei 40 Prozent lag. Im letzten Drittel des 19. Jahrhunderts jedoch, als diese Länder in allen anderen wesentlichen Punkten mit England gleichgezogen hatten und die häufig so genannte »zweite industrielle Revolution« begann, schlugen sie ihren eigenen Weg ein und übernahmen in einigen neuen Industriezweigen, die damals an Bedeutung gewannen, die führende Position, zum Beispiel in der Stahlproduktion, der Elektrotechnik-, Motor- und Präzisionsindustrie und im Bereich neuer Chemikalien. Überall zogen diese Entwicklungen zunehmende Produktion, steigende Einkommen und ein Wachsen des internationalen Handels nach sich.

Jetzt schlugen andere Länder mit unterschiedlicher Verzögerung den gleichen Weg ein. Zu der dritten Generation der Länder, in denen der Industrialisierungsprozeß begann, gehörten Italien, Österreich-Ungarn, die Niederlande und die drei skandinavischen Staaten. Man darf sich nicht vorstellen, daß eines dieser Länder in einer einzigen Umwälzung, die das Territorium des ganzen Landes erfaßte, industrialisiert wurde. Ganz im Gegenteil: Die neuen Arten von Industrie und die dazugehörigen Faktoren wie Städte, soziale Struktur und Verkehrsnetz entstanden zunächst nur in begrenzten Regionen, während sich die restlichen Gebiete in eher traditionellen Bahnen weiterentwickelten.

Einige Regionen in den rückständigeren Teilen Europas, besonders in den größeren Ländern, waren genauso fortschrittlich wie die führenden Regionen im Westen: Dazu zählten in der Habsburger Monarchie das böhmisch-mährische Kohlen- und Eisengebiet, die Gegend um Wien und die Stadt Wien selbst ebenso wie Budapest und das Dreieck zwischen Mailand, Turin und Genua. Es gab sogar lange vor 1914 vereinzelte Enklaven moderner Industrie in viel weniger fortschrittlichen Ländern, wie die Region um Sankt Petersburg, die Kohlen- und Eisengebiete der Ukraine im Zarenreich und Katalonien und das Baskenland auf der spanischen Halbinsel.

Die skandinavischen Länder bildeten eine Gruppe für sich. Noch Mitte des 19. Jahrhunderts zählten sie zu den ärmsten Ländern Europas. Besonders Norwegen und Schweden wiesen eine hohe Anzahl von Auswanderern auf. In den darauffolgenden Jahren verzeichneten die skandinavischen Länder außerordentlich hohe Wachstumsraten, so daß sie bis 1914 weitgehend zu den wirtschaftlich führenden Nationen aufgeschlossen hatten. Norwegen und Schweden halfen gute Holz- und Eisenerzvorkommen; Dänemark gelang der Durchbruch durch allgemeine Fortbildungsmaßnahmen und verstärkte Kooperation der Bauern. Aber in allen Fällen halfen eine allgemeine Bildung, ein verläßlicher Gesetzesrahmen und die frühe Befreiung von der Leibeigenschaft dabei, die frühere Armut zu überwinden.

In anderen europäischen Ländern waren es, genau wie in den noch rückständigeren Teilen Ost- und Südeuropas, neben anderen Faktoren gerade rechtlich und soziale Traditionen, die einen Fortschritt verhinderten. Die Leibeigenschaft von Bauern wurde im Habsburger Reich bis 1850, in Rußland noch gut zehn Jahre länger nicht abgeschafft. Den potentiellen Führungsfiguren mangelte es an technischen Fähigkeiten, und große Teile der Bevölkerung waren Analphabeten. Die Regierungen waren inkompetent, unberechenbar und außerdem häufig korrupt. Es herrschte Kapitalknappheit, da selbst die Wohlhabenden vor allem aus den landbesitzenden und handeltreibenden Klassen nicht daran gewöhnt waren, in produktive industrielle Unternehmen zu investieren. Infolgedessen kam der größte Teil der Anfangsinvestitionen aus dem Ausland. Dies galt besonders für die Eisenbahnen, die ohnehin meist gebaut wurden, bevor in den rückständigen Regionen ein echter Bedarf entstand und für die der Staat darum den Teilhabern eine Beteiligungsgarantie gewähren mußte, und für andere kapitalintensive Unternehmungen wie Kohleminen, Chemie- und Stahlindustrie.

Die Länder, die sich am spätesten entwickeln sollten, lagen am östlichen und südlichen Rand des Kontinents: Rußland, die Balkanländer einschließlich Griechenland sowie Spanien und Portugal. Die Industrialisierung der Sowjetunion fand mit Hilfe beinahe unvorstellbarer Brutalität und scharfsinniger Planung unter kommunistischer Kontrolle statt. 1921, nach sieben Jahren Krieg und hartem Bürgerkrieg ausgehend von einem industriellen Produktionsstandard, der gerade einem Anteil von gut 10 Prozent der Vorkriegsrate entsprach, schafften es die Sowjets durch eine hochkonzentrierte Entwicklung, einen Industriekomplex inklusive der städtischen Zentren mit dem technischen Know-how und qualifizierten Arbeitskräften aufzubauen, der dazu in der Lage war, den Angriff einer der mächtigsten Armeen, die die Welt bis dahin gesehen hatte, aufzufangen und abzuwehren.

Das restliche Osteuropa wurde in den Jahrzehnten nach 1945 ebenfalls unter kommunistischer Planung industrialisiert. Ausgehend von dem relativ rückständigen Agrarstadium und in Anbetracht der riesigen zu überwindenden Kluft hätte die wirtschaftliche Umwandlung ohne die direkte Kontrolle und die staatlichen Kapitalreserven nicht so schnell durchgeführt werden können. Allerdings wiederholten diese Länder viele Fehler der Sowjetunion, wie politische Unterdrückung und eine unausgeglichene Entwicklung, die Kapitalgütern eine unnötig hohe Priorität einräumte, während die Bedürfnisse der Konsumenten vernachlässigt wurden. Auch Spanien, Griechenland und Portugal wandelten sich in dieser Periode, in den letzten Jahrzehnten unterstützt durch die Europäische Union. Die Entwicklung, die in den sechziger Jahren des 18. Jahrhunderts in einer Ecke Europas begann, überzog schließlich etwa zweieinhalb Jahrhunderte später die letzten verbleibenden Gebiete des Kontinents.

Aus dem Englischen von Silja Behnken

Gibt es Schwarzarbeit?

Johannes Moser

Vom anthropologischen Standpunkt aus betrachtet, gibt es Schwarzarbeit nicht. Durch die gesamte sozialwissenschaftliche Literatur zieht sich das Problem, eine allgemeingültige Definition von Arbeit zu konstruieren. Das Problem ergibt sich aus der Breite der darunter zu fassenden Tätigkeiten von der Existenzsicherung über kreative Aktivitäten bis zu gesellschaftlich organisierten Aktivitäten mit all ihren Interdependenzen. Aber spätestens seit Karl Marx scheint unbestritten, daß Arbeit zum Menschsein an sich gehört, sie ist Substanz der Gesellschaft. Der Begriff »Schwarzarbeit« impliziert hingegen, jemand vollbringe etwas, das er oder sie eigentlich nicht tun dürfe. Wie können jedoch Tätigkeiten, die zum Menschen gehören, mit dem Stigma des Verbotenen belegt werden?

Die Problematik muß kultur- und epochenvergleichend betrachtet werden. Menschen können nur dann in einer unerlaubten Weise arbeiten, wenn es eine Arbeitsteilung gibt, die darüber hinaus diversen Gruppen von Menschen gewisse Tätigkeiten verbietet. Das heutige Verständnis von Schwarzarbeit ist an idealtypische Vorstellungen einer kapitalistischen Wirtschaftsformation mit sozialstaatlicher Ausprägung geknüpft. Der Begriff »Arbeit« wird dabei verkürzend mit dem Begriff »Erwerbsarbeit« gleichgesetzt.

Demnach versteht man unter Schwarzarbeit Dienst- oder Werkleistungen von erheblichem Umfang unter vorsätzlicher Mißachtung der wettbewerbs- oder gewerberechtlichen Vorschriften. Wir benötigen nicht viel Phantasie, um zu sehen, daß auf diese Art verschiedenste Aktivitäten in den Geruch von Schwarzarbeit kommen können. Jedoch funktioniert schon die idealtypische Abgrenzung von (Erwerbs-)Arbeit und Schwarzarbeit nicht so einfach. Ich führe nun einige Aspekte an, die die Problematik des Begriffes »Schwarzarbeit« aufzeigen:

- Die Industrialisierung, die als Grundlage unserer heutigen europäischen Gesellschaften dient, funktionierte nur, weil eine Hälfte der Menschen – meist die Frauen – strukturell Schwarzarbeit im reproduktiven Bereich des Haushaltes betrieben hat und betreibt. Diese Tätigkeiten werden hier insofern als »Schwarzarbeit« klassifiziert, als sie zu einem großen Teil auf dem freien Markt gewinnbringend angeboten werden könnten. Die Pikanterie, daß sich ein Großteil der Menschen nicht erlauben könnte, diese für das hiesige alltägliche Leben notwendigen Leistungen sozusagen einzukaufen, ändert nichts an dieser grundsätzlichen Überlegung.
- Viele Arbeiten, die als Nachbarschafts- oder Verwandtenhilfe zu bezeichnen sind, stellen im strengen Sinn Schwarzarbeit dar und werden von Handwerkskammern und ähnlichen Interessenvertretungen wiederholt als solche angeprangert. Zum

Beispiel: Beim Bau von Eigenheimen können viele Menschen aus Kostengründen nicht auf professionelle Arbeitskräfte zurückgreifen. Sie behelfen sich mit weitaus günstigeren Möglichkeiten aus dem Freundes- und Bekanntenkreis, in Grenzregionen zu wirtschaftsschwächeren Nachbarn auch mit Arbeitskräften aus dem Ausland. Diese Aktivitäten kurbeln die Wirtschaft in hohem Maße an; hingegen wäre ein Hausbau über Firmen für die Betroffenen überhaupt nicht leistbar. Außerdem bietet diese Praxis in einer sich immer mehr individualisierenden Gesellschaft einen Beitrag, gemeinsam mit anderen etwas zu gestalten.

- Selbst Firmen bedienen sich häufig der Schwarzarbeit, um sich Wettbewerbsvorteile zu schaffen oder überhaupt konkurrenzfähig zu bleiben. Vor allem im Baugewerbe der urbanen Zentren scheint dies ungeahnte Ausmaße angenommen zu haben. Mit den Migranten ohne Arbeitsbewilligung besteht dort eine riesige »Reservearmee«, die bereit ist, zu fast allen Konditionen zu arbeiten. Eine Folge dieser von vielen Seiten angegriffenen Praxis zeigt sich im generellen Lohndumping und dem Ruf nach einer stärkeren Deregulierung der Arbeitsbeziehungen. Wenn allerdings die Arbeitsplätze noch unsicherer und die Löhne niedriger werden, können die desintegrierenden Folgen für eine Gesellschaft kaum überschätzt werden.
- Viele Menschen finden keinen Eingang in den regulären Arbeitsmarkt und nutzen daher jede Chance, entweder Geld (dazu) zu verdienen und/oder Arbeitserfahrungen zu sammeln. Untersuchungen haben gezeigt, daß jene Personen leichter wieder eine Anstellung fanden, die plausibel machen konnten, während ihrer Arbeitslosigkeit entweder schwarzgearbeitet zu haben oder auf eine andere Art in ihrem Beruf tätig gewesen zu sein. Dieser Bereich der illegalen, halb legalen oder gar legalen Tätigkeiten von Menschen, deren Chancen auf einen Dauerarbeitsplatz gering sind, wird unter den Bedingungen einer sich globalisierenden Wirtschaft noch zunehmen.
- Auch die diversen ehrenamtlichen Tätigkeiten verdeutlichen die Problematik des Begriffes »Schwarzarbeit« und deren Definition. Das Ehrenamt erbringt viele Tätigkeiten und Leistungen, die von der Gesellschaft sonst nicht abgedeckt werden könnten, weil die finanziellen Mittel dafür fehlen.
- Eine neue Form von Tätigkeiten, die als Schwarzarbeit klassifiziert werden können, findet sich in den sogenannten Tauschringen, wo – häufig über künstliche Währungen – Dienstleistungen oder Güter auf einem informellen Markt getauscht werden. Die öffentlichen Institutionen wissen noch nicht genau, wie sie mit diesem Phänomen umgehen sollen, das einerseits das kreative Potential der Menschen zur Selbstorganisation zeigt, andererseits aber einen problematischen informellen Wirtschaftszweig darstellt, von dem keine Steuer- oder Sozialleistungen erbracht werden.
- Eine besondere Ausprägung der Schwarzarbeit manifestiert sich in der Beschäftigung von Sozialhilfeempfängern durch Kommunen und andere Institutionen. Da es sich bei den Transferleistungen nicht um einen Lohn handelt, entsteht auch hier ein informeller Arbeitsmarkt, der – konsequent zu Ende gedacht – den regulären Arbeitsmarkt unter Druck setzen kann.

Diese Ausführungen, die sich in der einen oder anderen Variante in allen Ländern Europas finden lassen, verdeutlichen, wie schwierig die Betrachtung des Reizthemas Schwarzarbeit ist. Dabei sind Aspekte wie Schmuggel, Schwarzhandel und Erwerbskriminalität bewußt vernachlässigt. Schwarzarbeit gehört zu allen ausdifferenzierten Wirtschaftssystemen. Für die Ethnologie ist sie ein interessantes Thema in bezug auf eine kulturvergleichende Wirtschaftsanthropologie, und für die Gesellschaften ist sie ein Problem, das es in einer Balance zu regulären Wirtschaftsformen zu halten gilt.

Sinnwelt Arbeit, Sinnwelt Freizeit

Von der Alternative zur Symbiose

Horst W. Opaschowski

In der nachindustriellen Gesellschaft bekommen Arbeit und Freizeit ein anderes Gesicht. Beide Lebensbereiche müssen ihren Anspruch auf »sinnvolle Beschäftigung« einlösen. Dabei geht es um die Frage, welchen Beitrag jeweils die Arbeitswelt und der Freizeitsektor zur Sinnerfüllung des Lebens leisten können. So schmerzlich die Erkenntnis auch ist: Mit dem Ende der Vollbeschäftigung verliert die Arbeit ihre dominante Prägekraft für das Leben. Ihre sinnstiftende Funktion bleibt zwar erhalten, daneben aber nimmt die Prägung des Menschen durch die außerberufliche Lebenserfüllung deutlich zu. Die Freizeit wird mittlerweile von den Berufstätigen als genauso »sinnvoll« empfunden (51 Prozent) wie die Arbeit (52 Prozent). Teilweise übertrifft sie schon die Arbeit an Lebensdeutung. So empfindet beispielsweise jeder zweite Berufstätige im Alter von 16 bis 59 Jahren seine Freizeit als »erfüllt« (51 Prozent), während die Arbeit nur von 36 Prozent so erlebt wird. In den siebziger und achtziger Jahren wurde vielfach das Sinnvakuum in der Freizeit beklagt und kritisiert. Jetzt löst offenbar auch der arbeitsfreie Teil des Lebens seinen Anspruch auf Sinnerfüllung des Lebens zunehmend ein.

Die subjektive Bedeutung der Arbeit als Lebensunterhalt und Lebensqualität bleibt auch in Zukunft erhalten, ja die Sehnsucht nach Sinnerfüllung im Arbeitsleben wird eher größer (1981: 36 Prozent, 1996: 52 Prozent). Mit der Knappheit der Arbeit nimmt auch ihr Lebenswert zu. Allerdings macht ein Vergleich der beiden Erlebnispsychogramme von Arbeit und Freizeit deutlich: Das Glückserleben in der Freizeit ist fast doppelt so hoch (54 Prozent) wie in der Arbeit (28 Prozent), wenn auch die Kluft zwischen der Erlebniswelt Arbeit und der Erlebniswelt Freizeit tendenziell geringer wird. Daraus folgt: Die Sinnwelt Arbeit und die Sinnwelt Freizeit ergänzen sich in Zukunft wie Familie und Freundeskreis auch. Vor dem Hintergrund einer wachsenden Zahl von Arbeitslosen, geringfügig Beschäftigten und Frührentnern kann die bezahlte Arbeit nicht mehr länger als allein sinnerfüllend angepriesen werden. Gearbeitet wird schließlich nicht nur gegen Geld.

»Nach Feierabend« werden viele unbezahlte Arbeiten erbracht: Hausarbeiten und Do-it-yourself, Kinderbetreuung und Altenpflege sowie ehrenamtliche Tätigkeiten und freiwillige Arbeiten in sozialen Organisationen und Vereinen. Unternehmen und Unternehmer müssen auf diese außerberufliche Sinnkonkurrenz entsprechend reagieren, also die Arbeit in Zukunft so interessant gestalten, daß sie möglichst nahe an der Freizeit liegt. Andernfalls würde eine Leistungsverlagerung vom Berufs- in das Privatleben drohen, bei dem der Zweitjob den Sonntagsausflug verdrängt oder Schwitzen nur nach Feierabend stattfindet. Die Polarisierung von Arbeit und Freizeit, vom protestantisch-frühkapitalistischen Geiste geprägt, die sozialen Kämpfe des 19. Jahrhunderts widerspiegelnd und für die Lebensordnung der Kriegs- und Nachkriegsgeneration von existentieller Bedeutung, kann bis zum Jahr 2000 nicht mehr prägend sein. Das überholte Gegensatzpaar Arbeitszeit/Freizeit muß in ein ganzheitliches Modell »Lebenszeit« einmünden. Die alten Begriffe »Arbeit« und »Freizeit« entsprechen nicht mehr der gesellschaftlichen Realität. Mit der Auflösung des Arbeit-Freizeit-Paradigmas bzw. des Tagesdualismus wird der Weg frei für ein neues Lebenskontinuum: das Nebeneinander von Arbeiten und Lernen, Erholen und Vergnügen. Dieser Struktur- und Wertewandel erzwingt auch einen »neuen Lebenssinn« – jenseits von bloßen ökonomischen Wertvorstellungen.

Die Arbeit ist deswegen nicht am Ende. Sie lebt weiter – über die Erwerbstätigkeit hinaus – in neuen Formen, die im herkömmlichen Sinne zwischen Berufs- und Privatleben angesiedelt sind: als freiwilliges Engagement (und nicht nur als abhängige Beschäftigung), als soziale (nicht nur bezahlte) Tätigkeit, als kulturelle (nicht nur vermarktete) Leistung sowie als heim- und handwerkliche Selbstversorgung neben und außerhalb professioneller Arbeit. Auf diese Weise könnten zunehmend mehr bezahlte Dienstleistungen durch freiwillige Eigenleistungen im Sozial-, Kultur- und Bildungsbereich entlastet und das eigene Ein- (und Aus-)kommen gesichert werden. So könnte es in Zukunft auch mit weniger Erwerbsarbeit möglich sein, dem Leben einen Sinn zu geben – jenseits von Konto und Karriere.

Hausarbeit als unbezahlte Dienstleistung

Caroline Schemmel

»Den Frauen und Müttern gehören die Haus- und Familienarbeiten, die Pflege, Überwachung und Erziehung der Kinder [...] Die Frau und Mutter soll neben der ernsten öffentlichen und Familienpflicht des Mannes und Vaters die Gemütlichkeit und Poesie des häuslichen Lebens vertreten [...]« (›Der Vorbote‹ 1868)

Die Form der modernen Hausarbeit als materielle und psychische Reproduktionsarbeit ist Ergebnis eines tiefgreifenden gesellschaftlichen Veränderungsprozesses der letzten Jahrhunderte. Reproduktionsarbeit als »Wiederherstellungsarbeit« hat die gesellschaftliche Funktion, die Menschen lebens- und arbeitsfähig zu halten sowie das Heranwachsen der nächsten Generation zu sichern. Unter materieller Arbeit werden Tätigkeiten wie Kochen, Putzen und Waschen verstanden. Die emotionale Familienarbeit richtet sich auf die Betreuung ihrer Mitglieder, das heißt die Pflege und Erziehung der Kinder und die Versorgung erwachsener Personen. Vor dem Hintergrund geschichtlicher Veränderungen soll im folgenden der Funktionswandel des Familienhaushaltes, die Verschiebung der Tätigkeitsbereiche und deren sozialer Stellenwert heute skizziert werden.

Mangelbrett aus Schweden

In der vorindustriellen Lebenswelt wurde bis in das 15. Jahrhundert hinein nicht zwischen privater Hausarbeit und außerhäuslicher Lohnarbeit unterschieden. Eine Begrenzung des Arbeitsplatzes auf allein hauswirtschaftliche Arbeiten, wie wir es heute kennen, hat es in dieser Zeit nicht gegeben. Der Haushalt war gleichermaßen Produktionsstätte für den Markt und den Eigenbedarf. Die Frauen aller Schichten waren – wenn auch in unterschiedlichem Umfang und verschiedener Form – neben dem familialen Innenbereich auch für bestimmte Bereiche der Erwerbs- und Produktionswirtschaft zuständig.[1] Die Fertigkeiten, die den Frauen in den Großfamilien der bäuerlichen und städtischen Haushalte abverlangt wurden, waren sehr vielseitig: Die Nahrungszubereitung umfaßte das Schlachten von Tieren, Einsalzen und Einsäuern zur Vorratshaltung sowie Kochen und Backen. In diesen Bereich gehörten auch das Putzen der Töpfe, Pfannen und Bestecke und das Feuern der Öfen zum Kochen. Weiterhin war das Beheizen und Reinigen der Räume sowie die Kerzenherstellung notwendiger Bestandteil der Arbeit. Die Herstellung und Pflege von Wäsche und Kleidung begann beim Spinnen und Weben von Wolle, reichte über Näh-, Flick- und Umänderungsarbeiten hin bis zum Waschen der Wäsche. Dazu kam die Erziehung und Versorgung der Kinder und die Krankenpflege von Familienangehörigen. In bäuerlichen Familien hatte die Frau außerdem die Bereiche der Kleintierhaltung sowie den Gemüse-, Obst-, Kräuter- und Blumengarten zu versorgen, zudem arbeitete sie mit auf dem Feld. In den handwerklichen Familien waren Frauen neben der Versorgung der zum Haushalt gehörenden Gesellen und Lehrlinge oftmals auch für kaufmännische Tätigkeiten und handwerkliche Zulieferungs- und Aushilfsarbeiten zuständig.

Außerhäusliche Arbeiten der Frau sind keine neuartige, sondern eine sehr alte Erscheinung. In den eigentumslosen Kleinfamilien der unteren Schichten nahmen die Frauen zum Beispiel in fremden Haushalten Wasch- und Näharbeiten an. Ihre Töchter gingen oftmals schon als junge Dienstmädchen in Stellung.

Trennung von Hausarbeit und Erwerbsarbeit

Die hier skizzierten Hausfrauentätigkeiten unterlagen einem langsamen Veränderungsprozeß von Familie und Gesellschaft, der seine volle Ausprägung im 19. Jahrhundert fand und bis heute andauert. Infolge dieses Strukturwandels lösten sich die Haus- und Produktionsgemeinschaften allmählich auf. Die Aufklärung als bürgerliche Emanzipationsbewegung sowie die Ideen der Romantik können hierbei als wesentliche Faktoren genannt werden. Wohn- und Arbeitsstätte verwandelten sich im Verlauf der Jahrhunderte immer mehr zu getrennten Sphären, bis sie durch die Industrialisierung im 19. Jahrhundert in die Bereiche der erwerbslosen Hausarbeit und der mit Einkommen verbundenen Arbeit auseinanderfielen.

Die Unterscheidung von Arbeitswelt und Familie hatte grundlegende Auswirkungen auf die Situation der Frauen. Die sich daraus ergebende Trennung von hauswirtschaftlicher und erwerbswirtschaftlicher Arbeit führte zur Reduzierung der Tätigkeiten der Frau auf den innerfamilialen Arbeitsbereich, das heißt zu dem Rückzug vieler Frauen aus dem Erwerbsleben und damit aus vielen Bereichen der Öffentlichkeit.

Veränderung der Arbeitsverhältnisse

Charakteristisch für die Industriegesellschaften Europas wurde die Unterscheidung in Lohn- und Nicht-Lohnarbeit. Die sich daraus ergebenden Begriffspaare »bezahlte«

und »unbezahlte«, wie auch »produktive« und »reproduktive« Arbeit machen deutlich, daß das Lohnsystem den Maßstab bildet, an dem der Wert von Arbeit abgelesen werden kann. Wenn von Arbeit geredet wird, ist meistens die außerhäusliche Erwerbsarbeit gemeint. Vergessen wird dabei aber zu leicht, daß sich die Hausarbeit komplementär zur Erwerbsarbeit herausgebildet hat, das heißt, sie ist als unbezahlte Tätigkeit integraler Bestandteil des wirtschaftlichen Systems. Die Gesellschaft braucht und gebraucht die Hausarbeit, um zu funktionieren, denn private Frauenarbeit ist ein unersetzlicher Bestandteil im Zusammenspiel von Haushalt, Markt und Staat.

Im Zusammenhang mit den sich durch den industriellen Produktionsprozeß verändernden Ansprüchen an den außerhäuslichen Erwerbstätigen und sein Arbeitsvermögen spricht Rosemarie Nave-Herz von einer »Emotionalisierung und Intimisierung der Familienstruktur«. Denn verbunden mit der räumlichen Trennung der beiden gesellschaftlichen Bereiche »Erwerbstätigkeit« und »Familienleben« war zugleich auch die Trennung psychischer Ebenen. Je mehr der außerhäusliche Arbeitsbereich zweckrationalen Ansprüchen genügen sollte, desto mehr war es erforderlich, die sozialen Aufgaben und emotionalen Bedürfnisse, die mit der industriellen Entwicklung unberücksichtigt und unbefriedigt blieben, mit der Schaffung eines privaten Heimes aufzufangen. Die Funktion der häuslichen und familialen Arbeit war zunehmend darauf ausgerichtet, ein Gegenstück zur technisierten Außenwelt darzustellen. Die Versorgung der Familienmitglieder wurde so zur Aufgabe der Frau im Haus, und bis heute trägt sie die Lasten, die aus der Unvereinbarkeit von Familie und Beruf in unserer Gesellschaft entstehen.

Verfestigung der weiblichen Rollennorm

Das Familienmodell aus dem (Klein-)Bürgertum setzte sich im 19. Jahrhundert in allen gesellschaftlichen Schichten als Norm durch, so daß sich die hauswirtschaftlichen Tätigkeiten im Laufe der Zeit stark angeglichen haben. Die Figur der nichterwerbstätigen Hausfrau, die sich aus dem öffentlichen Arbeitsleben zurückzieht und allein auf das »häusliche Glück« konzentriert, konnte sich zu einer weiblichen Rollennorm verfestigen. Die Arbeit der Frau wurde als frei verfügbare Naturressource in den Bereich der weiblichen Natur abgeschoben, die unentgeltlich genutzt werden kann. Erst im letzten Jahrhundert hat also die scharfe Trennung zwischen privater Sphäre der Frau im Haus und der öffentlichen des Mannes im Berufsleben die Arbeitsteilung zu einem deutlich geschlechtsspezifischen Phänomen werden lassen. Damit läßt sich feststellen, daß die Form von Privatheit, die typisch für unser heutiges Europa ist, als die Kehrseite der Herausbildung von Öffentlichkeit historisch gewachsen ist. Auch wenn in unserer Zeit die Vorstellungen von Weiblichkeit im Wandel begriffen sind, so gilt noch heute als wesentliches Merkmal europäischer Kulturen die tiefverankerte Vorstellung, daß die private und reproduktive Sphäre wesenhaft mit der Frau verbunden ist, so wie das öffentliche und produktive Tätigkeitsfeld selbstverständlich durch den Mann repräsentiert wird. Nach den Ergebnissen der bisherigen Forschung lassen sich drei wesentliche gesellschaftliche Entwicklungsprozesse aufzeigen, die die Entstehung der modernen Hausarbeit seit dem ausgehenden 18. Jahrhundert bis heute begründen:

- Die Einheit der Produktions- und Lebensgemeinschaft Familie löste sich auf und führte zu einer räumlichen und zeitlichen Trennung von Erwerbs- und Hausarbeit. Damit einher ging die Trennung zwischen öffentlichem und privatem Bereich.
- Durch Rationalisierung und Technisierung veränderten sich die Arbeitsbedingungen der Erwerbstätigen.
- Das bürgerliche Familienmodell setzte sich in allen gesellschaftlichen Schichten durch, was im Laufe der Zeit zu einer normativen Festschreibung der Hausfrauentätigkeit und des Hausfrauenbildes führte.[2]

Hausarbeit als Dienstleistung

Anfang bis Mitte unseres Jahrhunderts begann die Elektroindustrie den Markt mit ihren Produkten zu überschwemmen. Das bedeutete aber nicht, daß sich alle Haushalte neue Geräte wie Kühlschrank, Herd und Waschmaschine leisten konnten. In der Bundesrepublik zum Beispiel hatten 1953 erst 3,5 Prozent der Haushalte eine Waschmaschine. Physisch wurde die Hausarbeit durch die Technisierung des Haushalts sicherlich vereinfacht und erleichtert. Doch zeigte sich, daß gleichzeitig die Anforderungen an die Sauberkeits- und Ernährungsstandards stiegen und auch die Qualität der psychischen Anforderungen, zum Beispiel im Bereich der Erziehungsarbeit.

Der Haushalt läßt sich heute als eine Dienstleistungsinstitution beschreiben und Hausarbeit als eine Einheit von materiellen und psychischen Versorgungsleistungen für die unmittelbaren Familienangehörigen. Die materielle Versorgung umfaßt Tätigkeiten wie Putzen, Waschen, Kochen und anderes mehr. Psychische Hausarbeit, auch Beziehungsarbeit genannt, umfaßt zum Beispiel das Umsorgen und Erziehen der Kinder, Aufbau und Pflege familiärer Beziehungen, aber auch die Schaffung eines emotionalen Klimas, in dem der Mann neue Kräfte schöpfen kann. Im Alltag der Hausfrau ist kaum eine Trennung von hauswirtschaftlicher und Familientätigkeit möglich; beide Aspekte der Arbeit bilden eine Einheit. Materielle Reproduktionsarbeit schließt immer Beziehungsaspekte ein. Kirsten Schlegel-Matthies nennt das Beispiel Kochen: Die »Arbeit an den Dingen« und die »Arbeit mit den Menschen« laufen zusammen. Außerdem sind die alltäglich wiederkehrenden, meist mechanisch und unter Zeitdruck erledigten Verrichtungen wie Einkaufen, Kochen, Waschen und Aufräumen nicht isoliert von anderen Tätigkeiten zu sehen. Parallel zu diesen Abläufen werden die Spiele der Kinder verfolgt und auch komplexere Aufgaben vorstrukturiert und vorbereitet. Helga Milz spricht daher auch davon, daß sich die »beiden für Hausarbeit typischen Funktionsbereiche von ›materieller Hausarbeit‹ und ›psychischer Reproduktionsarbeit‹« im Alltagsleben überlagern und »in der Regel Simultanhandlungen« fordern.[3]

Gesellschaftliche Bewertung

In dem Maße, wie die Arbeit der Frau ins Private abgedrängt wurde, verschwand tendenziell auch das Bewußtsein über die Art der Tätigkeit und die gesellschaftliche Relevanz der Hausarbeit. In diesem Zusammenhang ist es aufschlußreich, den heutigen Tätigkeitsbereich der Hausfrau mit anderen Funktionsbereichen und geltenden gesellschaftlichen Prestigekriterien zu messen. Soziale Prestigekriterien unserer Kultur sind: die vermutete berufliche Leistung für die Gesellschaft, eine Berufsausbildungsqualifikation, Einkommens- und Vermögenshöhe sowie die Stellung in der Berufshierarchie und das Ausmaß an Herrschaftsfunktionen.

Diese Auflistung von Nave-Herz macht sehr deutlich, warum in unserer Kultur kaum gesellschaftliche Anerkennung durch die Arbeit im Haus erlangt werden kann. Die Autorin spricht daher vom *»cultural lag«*, einem kulturellen Nachhinken, dem die Hausarbeit unterliegt, da im Vergleich zu anderen gesellschaftlichen Funktionsbereichen die Hausfrauentätigkeit keine Differenzierung und Spezialisierung erfahren hat. In diesem Sinne entspricht sie trotz Technisierung noch den Kriterien vorindustrieller Berufe.

Zusammenfassend läßt sich feststellen, daß Hausarbeit folgende Anforderungen unserer industriellen Leistungsgesellschaft nicht erfüllen kann: Ihr fehlt eine spezifische Berufsqualifikation, sie kann keine Leistungs- und Erfolgsbemessungskriterien aufweisen sowie keine Anweisungsbefugnis an Untergebene. Es erfolgt keine Lohnzahlung, und ihr wird die Leistung als Beitrag zum Sozialprodukt aberkannt. Die Hausarbeit kennt keine geregelten Zeiten, und damit entfällt auch die Abgrenzung von Freizeit und Arbeitszeit sowie der Urlaubsanspruch.

Die Mißachtung der privaten Hausfrauentätigkeiten als ein gesellschaftlich relevantes Thema zeigt sich auch in der Wissenschaft, denn in der sozialwissenschaftlichen Forschung ist das Thema bisher stark vernachlässigt worden. So mangelt es nach wie vor an historischen wie an gegenwartsbezogenen empirischen Untersuchungen. Hausarbeit kann als »blinder Fleck« in der Wissenschaft bezeichnet werden. Erst in den siebziger Jahren kam im Zuge der »neuen Frauenbewegung« die Forderung nach der »Politisierung des Privaten« auf und regte ein Nachdenken über das Thema an. Erste Studien in Westdeutschland wurden 1976 von Helge Pross durchgeführt.

Auch wenn es weiterer Studien zu dem Thema bedarf, läßt sich eines abschließend festhalten: Für das industrialisierte Europa gilt, daß etwa die Hälfte der gesellschaftlichen Arbeit aus unbezahlter, meist von Frauen erbrachter Hausarbeit besteht. Die europäischen Gesellschaftssysteme, die Erwerbsarbeit als Maßstab persönlicher Leistungen setzen, würden ohne die Gratis-Arbeitskraft der Hausfrauen sozial wie auch ökonomisch nicht funktionieren.

1 Rosemarie Nave-Herz, Frauen zwischen Tradition und Moderne. Bielefeld 1992.

2 Kirsten Schlegel-Matthies, »Im Haus und am Herd«, Der Wandel des Hausfrauenbildes und der Hausarbeit 1880–1930. Stuttgart 1995.

3 Helga Milz, Zum Bewußtsein von Frauen zwischen Erwerbs- und Familienarbeit. In: Hochschule für Wirtschaft und Politik Hamburg (Hg.), Karriere oder Kochtopf. Opladen 1984. S. 167.

Wo sind die Jobs der Zukunft?

Johannes Moser

Es ist nicht einfach – gerade für einen Ethnologen, der qua Beruf dem empirisch Vorfindbaren verpflichtet ist –, am Ende des 20. Jahrhunderts von den Jobs der Zukunft zu schreiben. Zyniker würden sagen, die Hauptbeschäftigung in der Zukunft wird darin bestehen, Jobs zu suchen. Die Arbeitswelt der Gegenwart ebenso wie jene der Zukunft kann nur in einem breiten gesellschaftlichen und kulturellen Kontext betrachtet werden. Der Blick auf die Beschäftigungssphäre allein reicht nicht aus. Ich werde daher zu zeigen versuchen, wie sich erstens die Industriegesellschaft in eine Dienstleistungsgesellschaft und darüber hinaus in eine Gesellschaft des flexiblen Kapitalismus gewandelt hat. Zweitens möchte ich einige Branchen und Bereiche vorstellen, in denen die Jobs der Zukunft zu finden sein werden.

Industriegesellschaft – Dienstleistungsgesellschaft – flexibler Kapitalismus

Es ist immer Vorsicht angesagt, wenn – wie in dieser Zwischenüberschrift – mit Begriffen jongliert wird. Dennoch, sie scheinen mir, bei allen Ungleichzeitigkeiten, geographischen Unterschieden und trotz der Ausblendung der Landwirtschaft, einerseits die wirtschaftliche Situation im Europa des 20. Jahrhunderts gut zu umschreiben und ermöglichen andererseits einen Ausblick in die Zukunft.

Bis weit in die zweite Hälfte des 20. Jahrhunderts ist der »produktive Sektor« wichtigster Beschäftigungsgeber und Konjunkturmotor in den meisten europäischen Staaten; insofern können die komplexen Gesellschaften Europas als Industriegesellschaften bezeichnet werden. Spätestens seit den fünfziger Jahren hat sich dies vor allem aufgrund eines Automatisierungs- und Rationalisierungsschubs und durch das Entstehen einer breiten Konsumentenschicht geändert. Nun wird der Dienstleistungssektor zur führenden Sparte, es wird von einer Tertiarisierung der Volkswirtschaft gesprochen.

In einer Prognose der Beschäftigungsentwicklung nach Tätigkeitsbereichen ergibt sich für Deutschland, zitiert nach Wolfgang Klauder[1], folgendes Bild:

	1991	2010
• Produktionsorientierte Tätigkeiten (Gewinnen/Herstellen; Reparieren; Maschinen einrichten/Warten)	33,5%	28,3%

		1991	2010
•	Primäre Dienstleistungen (allgemeine Dienste; Bürotätigkeiten; Handelstätigkeiten)	43,4%	36,2%
•	Sekundäre Dienstleistungen (Betreuen/Beraten/Lehren/Publizieren; Organisation/Management; Forschen/Entwickeln)	23,1%	35,4%

Im Jahr 2010 wird der Beschäftigungsanteil des gesamten Dienstleistungssektors in Deutschland demnach 72 Prozent betragen. In einer Studie der Hans-Böckler-Stiftung heißt es sogar, daß bereits 1989 in den alten Bundesländern Deutschlands nur noch knapp 20 Prozent der Erwerbstätigen mit der Herstellung und Verarbeitung von Waren befaßt waren; rund 80 Prozent üben Tätigkeiten aus, die im weitesten Sinn als Dienstleistungen gelten können.[2] Diese Entwicklung ist eine logische Konsequenz der Industriegesellschaft, in der relativer Wohlstand entsteht und eine breite mittlere Schicht, die die Früchte ihrer Arbeit auch durch Konsum genießen will. Darüber hinaus gelingt es durch technische Entwicklungen und verbesserte Transportmöglichkeiten, viele schwere und monotone Tätigkeiten entweder von Maschinen oder von Billiglohnkräften außerhalb der industriellen Gesellschaften erledigen zu lassen.

Mittlerweile stecken wir in einem Stadium der Dienstleistungsgesellschaft, das von manchen Denkern als flexibler Kapitalismus bezeichnet wird (vergleiche auch Sennett). Dieser Kapitalismus zeichnet sich nicht durch einen neuen Beschäftigungssektor aus, sondern durch eine massive Veränderung der Beschäftigungsverhältnisse. Flexibilisierung lautet das Schlagwort, das die veränderten Unternehmensstrategien umschreibt. Die Betriebe müssen auf den Konkurrenzdruck und die Veränderung der Märkte so rasch wie möglich reagieren (oder sie glauben, es zu müssen). Dies scheint am einfachsten, wenn statt der großen Tanker früherer Unternehmen eine Flotte von wendigen Jachten agiert. Grundsätzlich wird dabei zwischen externer und interner Flexibilisierung unterschieden.

Externe Flexibilisierung

Dazu zählt zum Beispiel das Auslagern *(outsourcing)* bestimmter Tätigkeiten, die von Dritten (scheinbar oder wirklich) billiger und effizienter geleistet werden können. So gibt es immer weniger Unternehmen, die sich eigenes Putzpersonal leisten. Ein weiterer Vorteil dieses Vorgehens liegt für das Unternehmen darin, daß es nicht nach einem innerbetrieblichen Tarifgefüge bezahlen muß, sondern sich nach einem Bestbieter umsehen und diesen wiederum durch Angebote anderer Firmen unter Druck setzen kann. In den Beziehungen zwischen Automobilherstellern und ihren Zulieferfirmen ist diese Praxis besonders deutlich geworden.

Ebenfalls zu diesem Bereich zählt das Engagement von Beschäftigten über Leih- und Zeitarbeitsfirmen. Diese Mitarbeiter können für den benötigten Zeitraum eingestellt werden und sind – da sie nicht zu den »normalen« Personalausgaben zählen, sondern zu den Betriebsausgaben – auch steuerlich anders handhabbar. In den USA sind Unternehmen wie Manpower oder Kelley Services zwischen 1985 und 1995 um 240 Prozent gewachsen. Nach Richard Sennett war Manpower 1997 mit 600 000 Arbeitskräften der größte Arbeitgeber der USA (400 000 bei General Motors und 350 000 bei IBM).[3]

Aber auch jenseits der Inanspruchnahme von Zeitarbeitsfirmen gibt es eine Veränderung im Beschäftigungsverhalten. Die Unternehmen streben zum einen danach, die Personaldecke schnell und quantitativ präzise an den jeweiligen Bedarf anpassen zu können. Zum anderen soll ein Experimentierfeld für neues Personal ohne verbindliche Zusage bestehen. Dies führt zu jenen prekären Arbeitsverhältnissen, die unter dem Begriff »McDonaldisierung« diskutiert werden. Es gibt eine Zunahme von befristeten Beschäftigungsverhältnissen und Werkverträgen sowie Kleinstbetriebe und abhängige Selbständige (oder Scheinselbständige), die sich alle in mindergeschützten Arbeitsverhältnissen bewegen.

Auch in ökonomischer Hinsicht sind diese flexiblen Beschäftigungsformen für die Arbeitnehmer von Nachteil, weil die höheren Risiken keineswegs finanziell abgegolten werden. In der BRD ist seit 1980 das Volkseinkommen um etwa 35 Prozent gestiegen, aber die durchschnittlichen Reallöhne sind praktisch gleich geblieben. Zwar stiegen die durchschnittlichen Bruttolöhne zwischen 1980 und 1994 um 11 Prozent, die Arbeitnehmer konnten davon aufgrund höherer Lohnsteuern und Sozialabgaben aber nicht profitieren. Noch drastischer ist die Situation in den USA, in der das Durchschnittseinkommen männlicher Lohnabhängiger zwischen 1973 und 1992 um 11 Prozent fiel.[4] Der Ökonom Simon Head hat errechnet, daß für die unteren 80 Prozent der amerikanischen Arbeitnehmer das wöchentliche Durchschnittseinkommen von 1973 bis 1995 inflationsbereinigt um 18 Prozent gesunken ist.[5]

Interne Flexibilisierung

Unter interner Flexibilisierung wird die betriebsinterne Umgestaltung der Beschäftigungsverhältnisse verstanden. Hier kann der Vorteil der Veränderungen sowohl bei den Unternehmen als auch bei den Beschäftigten liegen. Die sogenannte Normalarbeitszeit ist immer seltener der Regelfall. Sowohl die aufwendige maschinelle Ausstattung im produzierenden Gewerbe als auch die spezifischen Bedingungen im Konsumbereich (längere Öffnungszeiten etc.) oder im Handel (internationale Transaktionen, Börse, Warentermingeschäfte etc.) verlangen von vielen Beschäftigten Schichtarbeit und Wochenenddienste. Mit Überstunden wird vermieden, zusätzliches Personal einzustellen. Ebenso zugenommen haben Gleit- und Teilzeitregelungen, die im günstigsten Fall beide Vertragspartner zufriedenstellen. Erst im Kommen, aber vielversprechend scheint das *Sabbatical* zu sein, bei dem ein Arbeitnehmer bei einem »Nichtvollbeschäftigungsverhältnis« für eine gewisse Zeit voll arbeitet und dafür zu einem gewissen Zeitpunkt für längere Zeit freigestellt wird. Bei einer 80prozentigen Beschäftigung müßte man beispielsweise vier Jahre voll arbeiten, um ein Jahr frei zu haben, während man während der gesamten fünf Jahre 80 Prozent seines Gehaltes bezieht. Die positiven Formen der Flexibilisierung sind allerdings fast ausschließlich bei den besser qualifizierten Beschäftigten anzutreffen, während im schlechter qualifizierten Pool des Arbeitskräftereservoirs solche Vergünstigungen undenkbar scheinen, zumal die Bezahlung häufig so minimal ist, daß eine Verkürzung der Arbeitszeit (und damit des Einkommens) die Subsistenz gefährdete.

Flexibilisierung der Arbeitnehmer

Den Flexibilisierungsbemühungen der Unternehmen müssen sich auch die Arbeitnehmer stellen, die anders als in den Jahren der Hochkonjunktur einer starken Konkurrenz insbesondere um attraktive Arbeitsplätze ausgesetzt sind. So schreibt der angesehene Sozialwissenschaftler Wolf Lepenies: »Wir brauchen [...] Sozialcharaktere mit festen Kernüberzeugungen und gleichzeitig von hoher innerer Flexibilität, Lebenslaufkünstler, zu deren Ausbildung unsere traditionellen Sozialisationsagenturen heute noch nicht in der Lage sind. Vor allem bedürfen wir, um diesen Wertewandel zu befördern, der intellektuellen Phantasie.«[6] Allerdings ergeben sich bei den entsprechenden Anforderungen Widersprüche, die von den einzelnen Individuen schwerlich aufzulösen sind.

Höchstmögliche Qualifikation und langjährige Berufserfahrung in Verbindung mit niedrigem Alter werden häufig nachgefragt. Mittleres oder gar höheres Alter sind unter heutigen Wirtschaftsbedingungen eines der größten Einstellungshindernisse. Der Wert der Erfahrung, so schreibt Richard Sennett, wird negiert, und »die moderne Unternehmenskultur geht davon aus, daß Menschen mittleren Alters risikoscheu sind, nicht gerne etwas Neues auf sich nehmen«[7].

Der britische Soziologe Zygmunt Bauman hat konstatiert, daß nicht nur die »Jobs fürs Leben« verschwunden sind, sondern auch die plötzlich auftauchenden und bald darauf wieder verschwindenden Professionen könnten kaum im Sinne von Max Webers »Berufung« gelebt werden. Und, um noch Salz in die Wunde zu streuen, die Nachfrage nach den Fähigkeiten für einen solchen Beruf würde selten so lange währen wie die Zeit, um diese Qualifikationen zu erwerben.[8] In diesem Sinne meinte auch der österreichische Sozialwissenschaftler Hans Georg Zilian, die »Zukunftshelden« der Arbeitswelt sollten so aussehen, daß ihre »Identität aufs engste mit ihrem beruflichen Wirken verwoben ist, die aber andererseits jederzeit bereit sind umzulernen und ihre bisherigen Investitionen in Humankapital in den Kamin zu schreiben«[9].

All dies verlangt von den Arbeitnehmern eine Abkehr bislang verlangter Verhaltensmodi. Häufiger Arbeitsplatzwechsel, der über lange Jahre verpönt war und ein Einstellungshindernis darstellte, wird zum positiv gedeuteten Ausdruck des flexiblen und mobilen Beschäftigten. Risikobewußtsein und Eigenverantwortlichkeit werden – zumindest in den Floskeln der Sinnproduzenten dieser neuen Ära – verlangt. Langjährige Bindung an einen Betrieb wird nicht mehr positiv gewertet, ebensowenig wie Loyalität gegenüber Arbeitskollegen und Vorgesetzten. Dementsprechend schreibt

Richard Sennett: »Distanz und oberflächliche Kooperationsbereitschaft sind ein besserer Panzer im Kampf mit den gegenwärtig herrschenden Bedingungen als ein Verhalten, das auf Loyalität und Dienstbereitschaft beruht.«[10]

Die Veränderungen, die die ökonomischen Anforderungen an die Menschen herantragen, sind erheblich und müssen überlegt und diskutiert werden. Richard Sennett zitierend, können sie in folgenden Fragen zusammengefaßt werden: »Wie lassen sich langfristige Ziele in einer auf Kurzfristigkeit angelegten Gesellschaft anstreben? Wie sind dauerhafte soziale Beziehungen aufrechtzuerhalten? Wie kann ein Mensch in einer Gesellschaft, die aus Episoden und Fragmenten besteht, seine Identität und Lebensgeschichte zu einer Erzählung bündeln?«[11]

An diesen Fragen erkennen wir, daß die Anforderungen postindustrieller Ökonomie grundsätzliche Belange unserer Gesellschaft berühren. Dementsprechend argumentieren mittlerweile international renommierte Sozialwissenschaftler wie der französische Ethnologe und Soziologe Pierre Bourdieu oder der amerikanische Philosoph Richard Rorty dafür, daß sich die Intellektuellen verstärkt in eine Diskussion um eine sozial gerechtere Welt einbringen. Bourdieu etwa geißelt den neuen »Ökonomismus« und will den Sozialstaat als eine »zivilisatorische Errungenschaft verteidigt wissen«. Viele der Kritiker des »flexiblen Kapitalismus« versuchen zu zeigen, daß der neue ökonomische Diskurs eigentlich ein Verteilungskampf ist, der von neoliberalen Ökonomen und Vertretern der Wirtschaft im Gewand des Modernismus geführt wird. Und Ulrich Beck fragt, wer die Errungenschaften, die alle genießen, bezahlen soll, wenn sich global agierende Unternehmen ihrer Verantwortung entziehen: »Wenn der globale Kapitalismus in den hochentwickelten Ländern den Wertekern der Arbeitsgesellschaft auflöst, zerbricht ein historisches Bündnis zwischen Kapitalismus, Sozialstaat und Demokratie.«[12]

Wo sind die Jobs der Zukunft?

Aus den bisher beschriebenen Problemlagen dürfte klar geworden sein, wie schwer es in der Zukunft in Europa sein wird, Jobs für alle diejenigen bereitzustellen, die erwerbstätig sein wollen und müssen. Einige Experten plädieren für eine Umwertung der Arbeit, indem ihre Wichtigkeit für die Menschen in Frage gestellt werden soll; ob dies möglich oder wünschenswert ist[13], bleibt fraglich. Ohne bilanzieren zu können, in welchen Bereichen Arbeitsplätze weiter eingespart werden, würde ich die Jobs der Zukunft in folgenden Bereichen sehen:

- Mit Sicherheit wird im Bereich der »prekären Arbeitsverhältnisse« weiterhin eine große Nachfrage bestehen, wenn sich in Europa der Trend zu schlechtbezahlten, unsicheren Dienstleistungsjobs wie in den USA durchsetzt. Bereits jetzt ist dies in vielen Bereichen, zum Beispiel bei Putzfirmen, zu beobachten. Kritiker monieren, daß es sich hier um keinen zukunftsträchtigen Beitrag handelt, sondern um eine Art »postindustrieller Feudalgesellschaft«[14].

- Die Beschäftigtenzahlen bei den Zeitarbeitsfirmen werden weiterhin zunehmen, weil immer weniger Unternehmen selbst Personalreserven horten werden. Sie werden auf die Dienste der Zeit- und Leiharbeitsfirmen zurückgreifen. Noch gilt dies vor allem für die Tätigkeiten, für die wenig oder durchschnittliche Qualifikationen erforderlich sind. Die Frage ist, ob sich dies auch bei Höherqualifizierten durchsetzt oder ob diese sich eher über Selbständigkeit vermitteln.
- Weiterhin werden Tätigkeiten in der Sicherheitsbranche zu den Jobs der Zukunft zählen. Parallel zum Auseinanderklaffen der Schere zwischen Arm und Reich in den letzten Jahren ergab sich auch ein Anstieg des Sicherheitsbedürfnisses. Viele Sicherheitsdienste überwachen immer mehr Geschäfte, öffentliche Einrichtungen, Verkehrsmittel, um diese vor realen oder antizipierten Gefahren wie Raub oder Diebstahl zu bewahren. Die meisten Beschäftigungen in diesem Bereich verlangen keine besondere Qualifikation.
- Bedeutend bleiben wird der Sektor der Erlebnis- und Tourismusbranche. Hier wird es zwar kein lineares Wachstum mehr geben – schon gar nicht unter den momentanen ökonomischen Bedingungen –, aber es werden neue Tätigkeitsfelder entstehen, um sich gegen die Konkurrenz auf diesem Markt zu behaupten. Diese neuen Bereiche schaffen dann auch Beschäftigung für die jeweiligen Expertinnen und Experten.
- Auf gehobenerem Qualifikationsniveau werden Jobs im Bereich der Kommunikationstechnologien sowie bei den neuen Medien entstehen. Hier besteht die Hoffnung, daß jenseits der »McDonaldisierung« von Beschäftigungsverhältnissen »vorhandene Qualifikationspotentiale für neu zu entwickelnde, anspruchsvollere Dienstleistungen und Kundenberatungen«[15] aufkommen. Dazu zählt unter anderem der Informationsbroker, »der Unternehmen wie privaten Haushalten bei der Aufbereitung und Verarbeitung der weltweit verfügbaren und ständig wachsenden Informationsflut professionell zur Seite stehen wird und muß«[16].
- Als ein weiterer Beruf der Zukunft wird der sogenannte Symbolanalytiker gesehen, der sich den Prozessen der Kommunikation, der Sinnsuche und -vermittlung, der Formung und Gestaltung sozialer Beziehungen widmet.

Schließlich gibt es noch viele mögliche Tätigkeitsfelder, die sich noch nicht in Jobs niedergeschlagen haben. Noam Chomsky argumentiert: »Es gibt massenhaft Arbeit, die zu tun wäre, und zahllose Leute, die die Arbeit gern tun würden. Es ist nur so, daß das wirtschaftliche System eine derart groteske Katastrophe ist, daß es noch nicht einmal untätige Hände und sehr wohl nötige Arbeit zusammenbringen kann [...].«[17] Eine Idee, diese Arbeiten zu bewältigen und gleichzeitig der Krise am Arbeitsmarkt Herr zu werden, ist die Einführung einer *economie sociale* oder einer Bürgerarbeit. Jeremy Rifkin versteht unter *economie sociale* oder Gemeinwirtschaft genossenschaftliche, »nicht primär gewinnorientierte Wirtschaftsbetriebe«, die im Bereich sozialer Verantwortlichkeit tätig werden. Dieser dritte Sektor würde Sorge tragen »für Millionen Menschen, um die sich sonst niemand – weder der Staat noch die Wirtschaft – kümmern würde«[18].

Ulrich Beck sieht neben der Erwerbsarbeit die Bürgerarbeit vor. »Bisher ehrenamtlich geleistete Arbeit für alte Menschen, Behinderte, Obdachlose, Aidskranke, Analphabeten, Ausgeschlossene, ökologisches Engagement und vieles mehr sollte ökonomisch sichtbar gemacht, also bezahlt werden (z.B. in Form eines Bürgergeldes, dessen Höhe etwa der Sozialhilfe entspricht).«[19] Diese Bürgerarbeit würde jenen Leuten dienen, die sich jenseits von Erwerbsarbeit ein eigenständiges attraktives Aktivitätszentrum aufbauen und sich engagieren wollen. Grundsätzlich ungelöst ist bei diesen Ideen die Finanzierung und (bei Finanzierung über ein Bürgergeld) das Entstehen eines zweiten Arbeitsmarktes. Warum sollten dann soziale Leistungen noch regulär nachgefragt und bezahlt werden, wenn sie auf diese Art und Weise viel billiger zu haben sein werden?

Die Frage nach den Jobs der Zukunft ist keine, die einfach und positiv beantwortet werden kann. Sicherlich werden neue Berufs- und Tätigkeitsfelder entstehen, sicherlich auch einige, die hier keine Erwähnung fanden. Grundsätzlich stellt sich aber die Frage, ob die europäischen Gesellschaften (und darüber hinaus die Weltgesellschaften) die Probleme der Arbeitslosigkeit und einer gerechten Verteilung des Wohlstandes in den Griff bekommen werden.

1 Wolfgang Klauder, Quantitative und qualitative Tendenzen des Arbeitsmarktes in Deutschland. In: Elmar Altvater u.a., Turbo-Kapitalismus. Hamburg 1997. S. 130.
2 Hildegard Matthies u.a., Arbeit 2000. Reinbek 1994. S. 20.
3 Richard Sennett, Der flexible Mensch. Berlin 1998. S. 205.
4 Noam Chomsky, Haben und Nichthaben. Bodenheim 1998. S. If.
5 Sennett, a.a.O., S. 68.
6 Wolf Lepenies, Benimm und Erkenntnis. Frankfurt am Main 1997. S. 20.
7 Sennett, a.a.O., S. 121f.
8 Zygmunt Bauman, Tourists and Vagabonds, Heroes and Victims of Postmodernity. Wien 1996. S. 3.
9 Hans Georg Zilian, Einleitung: Pathologien, Paradoxien, Eulenspiegeleien – Arbeitswelt zwischen Knappheit und Ideologie. In: Hans Georg Zilian und Jörg Flecker (Hg.), Pathologien und Paradoxien der Arbeitswelt. Wien 1997. S. 12.
10 Sennett, a.a.O., S. 29.
11 Ebd., S. 31.
12 Ulrich Beck, Was ist Globalisierung? Frankfurt am Main 1997. S. 113.
13 Vgl. Johannes Moser, On the Cultural Meaning of Work in Postindustrial Societies. In: Ethnologia Europaea, 28/1998. S. 55-66.
14 Herbert Oberbeck, Die Entwicklung der Arbeit in der Dienstleistungsgesellschaft. In: Elmar Altvater u.a., Turbo-Kapitalismus. Hamburg 1997. S. 137.
15 Ebd., S. 139.
16 Ebd., S. 146.
17 Chomsky, a.a.O., S. 146.
18 Jeremy Rifkin, Das Ende der Arbeit und ihre Zukunft. Frankfurt am Main/New York 1995. S. 183.
19 Beck, a.a.O., S. 235f.

Körper

Europäische Küchen

Eine Bestandsaufnahme

Uwe Spiekermann

Wir schreiben das Jahr 1888. Im Deutschen Reich besteigt Kaiser Wilhelm II. den Thron, und sogleich sind Großtaten zu vollbringen: Die Menükarten am Hofe müssen neu gestaltet werden. Ein Jahrhundertwerk, denn seit Friedrich II. war es bei den Hohenzollern Tradition, sie in der kulinarischen Hochsprache Französisch abzufassen. Wenn man außer acht läßt, daß die Wurzeln der *Haute cuisine* in Italien lagen, kann man sagen, daß seit Ludwig XIV. Frankreich die Maßstäbe für guten Geschmack und delikate Gerichte setzte. An dieser kulturellen Hegemonie änderte auch der machtpolitische Niedergang Frankreichs im 19. Jahrhundert nichts. Dagegen wollte der junge deutsche Regent ein Zeichen kulinarischer Selbstbehauptung setzen: Die Menükarten an seinem Hofe mußten künftig in deutscher Sprache verfaßt werden. Ein Einschnitt gewiß, doch die Reform blieb halbherzig. Die Hofküche blieb international ausgerichtet, sie wurde nicht deutsch. An die Stelle warmer Vorspeisen traten kalte, Fisch und Geflügelgerichte wurden vermehrt aufgetragen – mehr änderte sich nicht. Die nationale Küche war nämlich immer auch die Küche der Untertanen, von der man sich als Aristokrat – allen Deutschtums zum Trotz – abzuheben hatte.

Der Vorstoß des Monarchen fand angesichts der vielbeschworenen deutsch-französischen »Erbfeindschaft« beträchtliche Unterstützung im konservativ-liberalen Bürgertum. Diese deutschen Untertanen standen nicht im Banne der internationalen, vornehmlich französisch ausgerichteten Hotelküche, die sich seit Ende des 19. Jahrhunderts stark mit Namen und Werk Georges Auguste Escoffiers verband. Sie kritisierten die »verkünstelten« Gerichte für »verdorbene« Gaumen und eiferten gegen die »Verwelschung« der kulinarischen Sprache. Vertreter von Volkskunde und Kulturgeschichte bemühten sich, die Eßgewohnheiten der Altvorderen zu erkunden und waren auf der Suche nach dem kulinarischen Elysium des teutschen Reckens. So entstand eine deutsche Küche der Abgrenzung, eine Küche voll vermeintlicher Einfach- und Natürlichkeit, ein Kopfprodukt, welches sich trefflich eignete, andere Esser als kulturfremd auszugrenzen.

Richard Hecht schrieb 1907: »Wo sind alle diese einfachen Sitten und Gepflogenheiten geblieben? Die kräftig und derb zubereiteten Speisen der Vorzeit? Wie prangt uns jetzt die moderne goldgeräucherte ›Menükarte‹ einer Hochzeit unserer Tage entgegen! Wie schwirrt's da von französischen Brocken und fremden Namen, z.B.: Oxtailsuppe – Zander mit holländischer Sauce – Tournedos a la Rosini – franz. Poularde – Kompott – Salate – Eisbaiser – Dessert […] Das ist durch und durch undeutsch.«[1]

Heute scheint die Situation völlig anders zu sein. Die früheren »Erbfeinde« Frank-

Ein Deutscher

nach der Vorstellung eines Engländers.

Ein Engländer

nach der Vorstellung eines Deutschen.

reich und Deutschland sind (manchmal etwas zögerliche) Garanten wachsender europäischer Integration, die nicht allein auf ökonomische und außenpolitische Zwänge reagiert, sondern auch soziale, ökologische und kulturelle Komponenten umgreift. Betrachtet man das weite Feld des Essens, so findet man jedoch, wie vor 100 Jahren, eigenartig ähnliche und eigenartig abweichende Konstellationen. Auch heute sieht man sich einem Feind gegenüber, nun ist es einer aus Übersee. Es ist die amerikanische Fast-food-Küche, die europaweit nicht nur Millionen Esser mit Beschlag belegt, sondern auch auf den Widerstand der Vorkämpfer europäischer Küchen trifft.

1986 wurden die »Eurotoques« gegründet, als »Bollwerk gegen Fast-food und Pfusch in der Nahrung«, als Netzwerk von mittlerweile 3200 europhilen Spitzenköchen. Produzenten und Esser vereinigt dagegen die internationale Slow-Food-Bewegung, deren Ursprung im italienischen Kampf gegen ein amerikanisches Fast-food-Unternehmen lag und die heute mehr als 50 000 Mitglieder zählt. Beiden Vereinigungen gemeinsam ist der Bezug auf das kulinarische Erbe Europas, verstanden als das Vermächtnis regionaler Küchen und Produkte. Beide stellen das Eßerlebnis in den Vordergrund: Geschmack, Genuß und Ambiente. Ist die Slow-Food-Bewegung jedoch teils traditionalistischen Denkmustern verhaftet und stark marketingorientiert, so setzen die Eurotoques bewußt auf eine zukunftsorientierte, auf eine ökologisch verantwortbare Eß- und Ernährungsweise.

Deutsche Küche, europäische Küche – diese Begriffe werden voller Emphase verwandt, Identität drückt sich in ihnen aus; zugleich aber bleiben sie eigenartig unklar. Schon der Verweis auf regionale Traditionen macht deutlich, daß es sich hierbei immer nur um Teilbereiche der jeweiligen Eßkultur handeln kann. Angesichts der Bedrohung von außen werden heute kulinarische Grenzen überwunden und Kräfte gebündelt, die noch im 19. Jahrhundert unterschiedliche Volkscharaktere zu begründen schienen.

Im folgenden soll etwas Ordnung in die Küche(n) gebracht werden. Zunächst wird es darum gehen, zentrale Begriffe zu klären, damit nachvollziehbar wird, auf welcher Ebene die jeweilige Diskussion geführt wird. Anschließend werden wir uns dem Lebensmittelkonsum in Europa zuwenden. So gewinnen wir materielle Indikatoren, anhand derer wir uns dann Fragen nach der Existenz und der Bedeutung regionaler und nationaler Küchen bzw. einer europäischen Küche nähern können. Das geht allerdings nur, wenn wir uns (notgedrungen rudimentär) auf einige Speisen und Zubereitungsweisen einlassen. Küchen aber existieren nicht nur real, in der Verbindung von Lebensmitteln und kulinarischem Handeln. Sie sind immer auch imaginär, Teil unseres Denkens, unserer Vorstellungen von anderen und anderem. Haben wir das ergründet, so können wir abschließend versuchen, die Bedeutung und den Stellenwert heterogener Küchen für einen Europäer auszuloten.

Was ist eine Küche?

Küchen werden gemeinhin an geographischen Räumen festgemacht. Doch man sollte sich bewußt machen, daß sie auch andere Phänomene streifen können. Soziale Differenzierungskriterien sind allseits bekannt, auch wenn es vielleicht merkwürdig anmutet, von der Küche des Landarbeiters, des Angestellten oder des Managers zu sprechen. Offenbar bestehen hier jedoch gemeinsame Bande. Ebenso könnte man das Alter oder die Generation der Essenden heranziehen, könnte von der Küche zu verschiedenen Zeiten (Jahreszeiten, Feste, Tage, Tageszeiten), unterschiedlicher Haushalts- und Familientypen, heterogener Religionen und nicht zuletzt der Geschlechter sprechen. Hier zeigen sich Grenzen raumbezogener Konstrukte von Küchen. Doch der Vergleich zeigt, daß zumindest in der ersten Hälfte dieses Jahrhunderts regionale Kategorien einer Küche alle anderen Faktoren dominant überlagern konnten. Vor diesem Hintergrund wird ein bündelnder Begriff von Küche zwingend abstrakt.

Begriffliche Elemente einer Küche

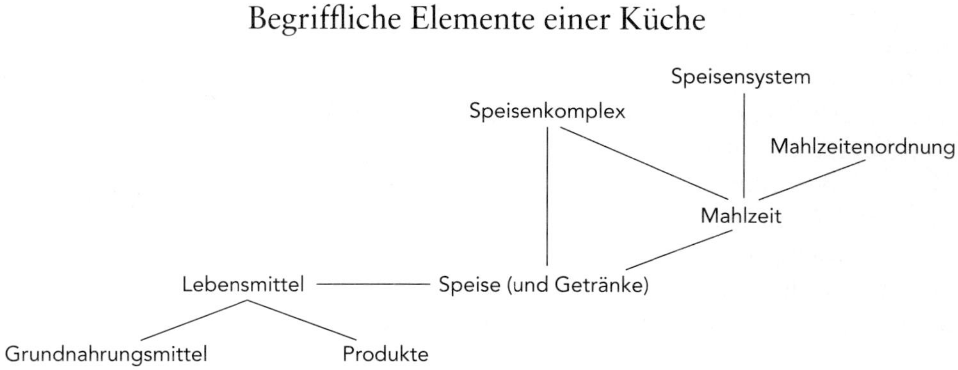

Die in diesem Schema angeführten Begriffe konstituieren in ihrer Gesamtheit eine Küche. Trotz ihrer Vielzahl grenzen sie strikt aus. Sie finden hier keine naturwissenschaftlichen Begriffe, keinen Hinweis auf Nähr- und Nahrungsinhaltsstoffe. Menschen essen keine Kalorien, Küchen gründen nicht auf Eiweiß, Kohlehydraten und Fetten. Die regionalen Unterschiede in der Kalorienaufnahme sind eher gering. Sie variieren, von extremen Klimazonen einmal abgesehen, durchschnittlich nur um wenige hundert Kilokalorien. Küchen mögen auf Naturbedingungen gründen, doch sie sind auch Ausdruck von Kultur, Ausdruck des praktischen Handelns der Menschen.

Küchen basieren auf Lebensmitteln. Bei ihnen handelt es sich jedoch nicht allein um Grundnahrungsmittel, die wir ernten, erwerben oder im Haushalt bearbeiten. Es handelt sich heutzutage vornehmlich um Produkte, technologisch be- und verarbeitete Lebensmittel, die über kommerzielle Kanäle vermarktet werden. Lebensmittel und Produkte können zu Speisen werden; hierbei handelt es sich dann um zubereitete Lebensmittel. Doch nicht allein diese prägen eine Speise. Auch die Art der Zubereitung, die Kochtechnik und Konservierung ist zu nennen, ebenso die Variation der Zutaten, die verwandten Gewürze, der bevorzugte Geschmack, die Form und Konsistenz und schließlich auch die sprachliche Bezeichnung. Denken Sie nur an eine morgendliche Weizenbackware. Je nachdem, ob Sie es Brötchen, Rundstück, Weck(en), Semmel oder Schrippe nennen, sehen Sie diese Speise in anderem Kontext, ist sie möglicherweise Ausdruck unterschiedlicher Küchen.

Speisen aus bestimmten Lebensmitteln lassen sich jeweils gruppieren und daraufhin gezielt untersuchen. Dann handelt es sich entweder um Speisekomplexe, etwa Käse-, Fleisch- oder Milchspeisen. Ober aber wir betrachten Speisesysteme, etwa das des Hochzeitsmahles oder das des süßen Brotaufstrichs. Speisesysteme und -komplexe setzen sich jedoch nicht allein aus Speisen zusammen, sondern zugleich aus Mahlzeiten. Diese gründen auf der Art, Zahl und Reihenfolge bestimmter Speisen. Zentral für ihr Zustandekommen sind menschliche Handlungen. Das kann etwa ein bestimmtes Benehmen sein oder eine spezielle Form der Kommunikation. Mahlzeiten variieren zugleich hinsichtlich der Fülle menschlicher Rahmenbedingungen: Denken Sie etwa an Fragen von Zeitpunkt, Dauer, Ort oder Bezeichnung. Mahlzeiten stehen nicht allein, sie sind vielmehr Teil eines umfassenderen Lebensstils. Fragen nach Tages-, Wochen- und Jahresrhythmen, nach Urlaubs- und Festessen lassen sich unter dem Begriff der Mahlzeitenordnung fassen. Auch dies ist ein wichtiger Aspekt einer Küche.

Es wäre möglich, dieses auf Günter Wiegelmann, den Nestor der deutschen Ernährungsethnologie, zurückgehende Begriffsfeld weiter zu differenzieren, es vor allem aber stärker auf Themen einer fremdversorgten Ernährungswelt zuzuschneiden. Doch mit dem Aktualitätsgewinn verlören wir teilweise historische Vergleichsmöglichkeiten. Wenn deutlich wurde, welch unterschiedliche Ebenen zu betrachten sind, um einer Küche einigermaßen gerecht zu werden, dann hat dieses Modell schon viel erreicht. Es hilft uns, die Dinge zu ordnen, zeigt aber zugleich, daß wir nur Stückwerk leisten, nur einige Hinweise zu den Küchen Europas geben können.

Lebensmittelkonsum in Europa

Beginnen wir unsere Analyse mit den Lebensmitteln, präziser mit den Grundnahrungsmitteln: Sie bilden die Grundlage jeder Küche. Über ihren Konsum finden sich schon in den Lexika des frühen 19. Jahrhunderts, zum Beispiel im ›Conversations-Lexicon für gebildete Stände‹ von 1819, charakteristische Erörterungen: »Nordische Nationen sind meistens mehr zu Fleischnahrung, südliche mehr zu Pflanzenkost geneigt. Die südlichen und morgenländischen Nationen sind überhaupt, wenigstens im natürlichen, durch Ueberkultur noch nicht verderbten, zu mäßigerm und einfacherm Genuß der Nahrungsmittel geneigt.«

Die Tendenz mag richtig sein, auch wenn wir heute natürlich eine andere Sprache sprechen. Wollen wir präzisere Aussagen treffen, müssen wir auf Statistiken zurückgreifen, wie sie für viele europäische Staaten erst seit der Jahrhundertwende vorliegen. Konsumstatistiken bergen gewiß große Probleme, denn hier werden nur Lebensmittel aufgeführt, die hätten verzehrt werden können. Doch sie bieten gewiß mehr als frühe Lexika und darüber hinaus Daten vergleichbarer Qualität.

Beginnen wollen wir mit unserer Betrachtung kurz nach dem Zweiten Weltkrieg. Beim Verbrauch von Kartoffeln, Gemüse und Wein in den Staaten vor allem der heutigen Europäischen Union sind deutliche Konsumunterschiede erkennbar. Zwischen 1953 und 1956 verbrauchten die Westdeutschen 161,5 kg Kartoffeln pro Kopf und Jahr, in Italien waren es dagegen nur 46,3 kg. In der Folgezeit nahm der Kartoffelkonsum in fast allen europäischen Staaten ab. Die Unterschiede zwischen den einzelnen Staaten verringerten sich dadurch zwar quantitativ, bestehen aber nach wie vor. 1994 wurden in der Bundesrepublik Deutschland noch fast zweimal so viele Kartoffeln verzehrt wie in Italien. Europaweit zeigt sich, daß die Knollenfrucht hohe Konsummargen auf den Britischen und der Iberischen Halbinsel besitzt, ebenso in Mittel- und Nordwesteuropa. Frankreich, die skandinavischen Staaten und die Mittelmeeranrainer weisen dagegen unterdurchschnittliche Ziffern auf. Beim Gemüseverzehr kehrt sich dieses Bild teils um. Dies gilt nicht nur angesichts des insgesamt stark gestiegenen Konsums dieser Lebensmittelgruppe. Deutlich erkennbar ist ein klares Süd-Nord-Gefälle. Die Einwohner mediterraner Staaten konsumieren durchweg mehr Gemüse als die West- und Nordeuropas, die Italiener etwas mehr als die doppelte, die Griechen durchschnittlich mehr als die dreifache Menge der der Einwohner Deutschlands. Frankreich erzielt mittlere Werte, Briten und Iren konsumieren Gemüse leicht, die Skandinavier dagegen deutlich unterdurchschnittlich. Allen kälteerprobten Kohlgewächsen zum Trotz spielen Fragen von Klima und Anbaumöglichkeiten hierbei eine wichtige Rolle. Doch ebenso offenkundig ist, daß gerade die mediterranen Staaten ihre Küchen auf deutlich andere Lebensmittel gründen als ihre nord- und westeuropäischen Nachbarn.

Das zeigt sich auch bei den Getränken. Das Traubenprodukt Wein wird heutzutage in den Mittelmeerstaaten weit überdurchschnittlich konsumiert; das gilt insbesondere für Rotweine. In Skandinavien, auf den Britischen Inseln und in Nordwesteuropa ist Weinkonsum heute noch nicht alltäglich, eher etwas Besonderes. Selbst im

Produktionsland Deutschland liegen die Konsumziffern unter dem europäischen Durchschnitt. Zugleich aber verringern sich beim Wein die Unterschiede innerhalb Europas dramatisch. Die Mittelmeerstaaten weisen deutliche Verbrauchseinbußen auf, während die restlichen Partnerländer moderat, aber immer häufiger zur Weinflasche greifen. Obwohl die Verbrauchsmengen beim Wein noch sehr unterschiedlich sind, ist ein Angleichen des Weinkonsums eindeutig feststellbar.

Eine ähnliche Entwicklung läßt sich auch beim Fleischverzehr feststellen. Die in den fünfziger Jahren noch beträchtlichen Konsumunterschiede – insbesondere die Mittelmeerstaaten wiesen einen sehr geringen Verbrauch auf – haben sich insgesamt deutlich vermindert. Auch wenn sich gewiß stärkere Unterschiede ergeben würden, wenn wir die verschiedenen Fleischarten in den Mittelpunkt rücken würden, liegen die Extreme Großbritannien und Spanien 1994 nur um knapp über 30 Prozent auseinander.

Die Gegenüberstellung des Butterkonsums zeigt allerdings, daß gerade die verschiedenen Arten eines Lebensmittels typische Bestandteile einer Küche bilden. Der Gesamtverbrauch von Fetten und Ölen liegt auf relativ ähnlichem Niveau, vergleicht man ihn mit den Unterschieden der einzelnen Fett- und Ölarten. Bei Butter zeigt sich abermals eine strikte Trennung zwischen den Mittelmeerstaaten Italien und Griechenland, Spanien und Portugal auf der einen und den übrigen europäischen Ländern auf der anderen Seite. Butter wird im Süden Europas nur selten konsumiert; hier dominieren Öle, insbesondere das Olivenöl. Gleichwohl ist der Butterkonsum im übrigen Europas keineswegs homogen. Während Frankreich an der Konsumspitze steht, liegen die Daten besonders in den eher Margarine konsumierenden skandinavischen Staaten deutlich niedriger.

Lassen wir unsere statistischen Erörterungen zu Grundnahrungsmitteln mit der Milch enden, einem tierischen Lebensmittel, welches Nahrung und Getränk zugleich ist. Auch hier nahm der Konsum nach dem Zweiten Weltkrieg insgesamt deutlich ab, doch die innereuropäischen Unterschiede sind nach wie vor bedeutend. Die nördlichen und nordwestlichen Staaten Europas konsumieren beträchtlich mehr Milch als ihre südlichen Partner. Während der Milchkonsum in Italien und Griechenland weit unterschiedlich ist, wurde auf der Iberischen Halbinsel hingegen 1994 mehr Milch verbraucht als etwa in Deutschland. Auch wenn die Daten die besondere Ernährungsweise der Mittelmeeranrainer immer wieder belegen, so kann von einer einfachen Nord-Süd-Lagerung in Europa zumindest nicht generell die Rede sein. Dies bestätigen auch Haushaltsrechnungen, die im Gegensatz zu den Konsumstatistiken die real gekauften Lebensmittel umschließen. Obwohl sich deutlich zeigt, daß die wohlhabenderen Staaten Europas höhere Schwundziffern besitzen, die Mengen von nicht verspeisten bzw. weggeworfenen Lebensmitteln also höher sind, so bestätigen sie grundsätzlich die Ergebnisse der bisherigen Ausführungen.

Derartig deutliche Unterschiede bestehen heute nicht mehr. Agrarwissenschaftliche Forschungen ergaben, daß sich der Lebensmittelkonsum innerhalb Europas, aber auch innerhalb der OECD (Organisation für wirtschaftliche Zusammenarbeit und

Verzehrsunterschiede von Eisen- und Stahlarbeiterfamilien 1956/57

Entwicklung) angleicht. Bei Eiern, Fleisch, Rindfleisch, Wein, Zucker und Zuckerwaren ist dies methodenunabhängig festzustellen, bei Butter, Gemüse, Getreide, Kartoffeln, Milch, Obst, pflanzlichen Ölen und Schweinefleisch mittels der meisten gebräuchlichen Untersuchungsdesigns. Einzig bei Geflügelfleisch, Käse und Obst vergrößern sich die Verbrauchsunterschiede innerhalb Europas. Dies ist festzustellen, doch über die Gründe herrscht Uneinigkeit. Vielfach erwähnt wird der nivellierende Einfluß des europäischen Lebensmittelrechtes. Festzuhalten ist jedoch, daß die Veränderungen des Konsumverhaltens schon lange vor dem Einsetzen der Brüsseler Gesetzgebung nachweisbar sind. Entsprechende Annäherungen an den EU-Durchschnitt zeigen sich zudem in den früheren Staaten des RWG (Rat für gegenseitige Wirtschaftshilfe), ohne daß hier entsprechende Rechtsvorschriften vorliegen. Kausale Zuschreibungen sind hier also kaum möglich, auch wenn mit Hilfe des EU-Rechts sicherlich größere Märkte entstehen.

Vereinheitlichende Tendenzen werden zudem wesentlich den Angeboten multinational agierender Lebensmittelproduzenten zugeschrieben, etwa den Giganten Nestlé oder Unilever. Die Zahl sogenannter Eurolebensmittel, also der Produkte, die in mindestens drei europäischen Ländern unter gleichem Namen angeboten werden, steigt eindeutig. Doch parallel nutzen gerade größere Konzerne ihr Wissen um regionale und nationale Ernährungsgewohnheiten, um unter gleichem Namen Produkte anzubieten, die dem jeweiligen Geschmack entsprechen. So bot Knorr-Maizena Ende der achtziger Jahre in Europa allein 15 verschieden zusammengesetzte Minestrone-Suppen an. Selbst bei neuartigen Produkten wie zum Beispiel Joghurtzubereitungen ist es nicht immer möglich, sie europaweit auf gleichem Niveau zu vermarkten. Obwohl Joghurt ein Produkt ist, das von vergleichsweise wenigen Herstellern europaweit vertrieben wird, bestehen deutliche innereuropäische Konsumunterschiede. Auf den Britischen Inseln und bei den Mittelmeeranrainern (außer Spanien) liegen die

Konsumraten deutlich unterdurchschnittlich. Spitzenwerte erreichen Dänemark, Frankreich und die Niederlande. Eine Nivellierung der nationalen Unterschiede ist in dem insgesamt wachsenden Markt nicht feststellbar. Im Gegenteil: In den Ländern mit hohen Konsumwerten für das Jahr 1987 fand bis 1994 teils ein überdurchschnittliches Wachstum statt. Auch wenn die Vermarktungsimperative großer Firmen strukturell auf europaweit einheitliche Vermarktung zielen, so ist der Erfolg entsprechender Bemühungen doch abhängig vom Kontext der jeweiligen Küche. Das zeigt sich am dynamischen Markt der nichtalkoholischen Getränke, die noch vor dem Zweiten Weltkrieg, ja teils bis in die sechziger Jahre hinein nur vergleichsweise geringe Bedeutung für die tägliche Kost hatten. Dies ist heute gänzlich anders. Und doch sind die innereuropäischen Unterschiede bei den einzelnen Produktsegmenten gravierend. Das gilt auch in dem von großen Firmen am stärksten geprägten Markt der kohlensäurehaltigen Erfrischungsgetränke, stärker aber noch in den besonders aufgrund der Transportkosten meist regional strukturierten Märkten der Wässer und Fruchtsäfte/Nektare. Die hohen Steigerungsraten vor allem in den früheren RWG-Staaten finden ihre Grenze dabei nicht zuletzt in der geringen Kaufkraft. Die neuen Produkte mögen zwar locken, mögen Symbol für eine Zukunft auf mitteleuropäischem Wohlstandsniveau sein, doch die Basis der dortigen Küchen liegt nach wie vor auf den preiswerteren Grundnahrungsmitteln heimischer Erzeugung. Gleichzeitig läßt sich in den wohlhabenderen Großstaaten Westeuropas ein striktes Festhalten an symbolträchtigen Produkten mit Regionalbezug nachweisen.

Spirituosenmarkt ausgewählter europäischer Länder 1995

Marktanteil in %[2]

	Deutschland	Frankreich	GB	Italien	Spanien
Spezialitäten	12,9	49,5	3,7	46,2	10,2
Liköre	23,6	8,6	6,5	15,6	12,0
Rum	8,9	5,3	6,8	0,9	7,2
Weinbrand	26,7	1,7	5,6	11,3	22,8
Weiße Branntweine	24,8	3,2	24,2	7,5	20,8
Whisky	3,1	31,8	53,2	18,4	27,1
Absatz (in Mio. l)	437,8	230,9	180,7	83,7	106,2

Bei den Spirituosen umfassen einheimische Spezialitäten wie Fruchtbrände, Sahne- und Bitterliköre in Frankreich und Italien fast die Hälfte des Marktes. In Deutschland sind Korn und Weinbrand besonders wichtig, in Großbritannien ist es vorrangig der Whisky. Die großenteils europaweit agierenden Produzenten konzentrieren sich vielfach auf diese Marktschwerpunkte, die bei einem insgesamt schwindenden Markt besonders wichtig sind.

Speisen, Zubereitungsweisen und nachhaltiger Wandel

Grundnahrungsmittel und Produkte bilden die Grundlagen einer jeden Küche. Doch es ist üblich, Küchen eher an symbolträchtigen Speisen festzumachen als an der vermeintlich verwirrenden Vielfalt von Konsumdaten. Welche Speisen die moderne deutsche Frau in der Weimarer Republik mit den Küchen anderer europäischer Länder in Verbindung bringen sollte, zeigt folgende Aufstellung, die aus den verschiedenen Länderheften der Reihe ›Die praktische Berlinerin‹ (1926/27) zusammengestellt ist:

Europäische Küche 1927 im Spiegel von Speisen

- *Alpenländisch:* Spinatsuppe mit Milch, Pilzauflauf mit Makkaroni, Pilzauflauf mit Kartoffeln, Salzburger Nockerln, Filet mit Champignons, Pogatschen mit Grieben, Rahmstrudel
- *Böhmisch:* Suppe mit Speckknödeln, Böhmischer Rostbraten, Lungenbraten mit Rauchfleisch, Krautschnitzel, Dillsoße, Sahnen-Krensoße, Pallatschinken, Powidlataschkerln, Powidla (Pflaumenmus), Fruchtknödel, Schischky (Kartoffelnudeln)
- *Englisch:* Fleischpastete, Pfundkuchen, Apfelsinenpudding, Butterbrotpudding, Roly-poly, Plumpudding
- *Französisch:* Zwiebelsuppe, Karamel-Creme, Nieren in Madeira, Pommes Frites, Kutteln aus Bordeaux, Rum-Pudding
- *Italienisch:* Minestrone, Risotto, Fritto misto, Gnocchi, Spinacci, Costolette de vitella alla milanese, Zabaione
- *Polnisch:* Pfefferkarpfen, Gefüllter Hecht, Kalbszungen, Kalbsfüße, Rote Beeten als Gemüse, Pilzsoße, Polnische Kastanientorte
- *Rumänisch:* Feigenpudding, Eier mit Pfifferlingen, Kohlfleisch, Rogenmayonnaise, Würstchen am Rost, Gemüsefleisch, Gemüsegericht, Kohlbuletten, Käsebuletten, Nußtorte, Käse- und Nußbrot
- *Russisch:* Borscht, Blini, Schaschlik, Wareniki mit Käse, Solanka aus Fisch, Kasha (Buchweizengrütze)
- *Spanisch:* Hühner-Croquettes, Kaninchen geschmort, Ropa vieja, Arroz catalán
- *Ungarisch:* Kümmelsuppe, Fischgulasch, Kalbs- oder Schweinepörkölt, Gefüllte Zwiebeln à la Rudnpansky, Gebackener Fisch, Einfache Nockerl
- *Wiener:* Suppe aus getrockneten Pilzen, Zwiebelsoße, Spinatpudding, Rote Rüben, Gefüllte Kalbsbrust, Reisauflauf, Käsebackwerk, Mohntorte

Das Auffällige an dieser historischen Auflistung ist ihre Aktualität. Sie reduziert das Außergewöhnliche einer Küche auf wenige aussagekräftige Beispiele und schafft damit das Bewußtsein relativer Einheitlichkeit. Es ist kein Zufall, daß entsprechende Listen zeitgleich zu umfassenderen Diskussionen über Rationalisierung und Typisierung von Wirtschaft, Gesellschaft und Hauswirtschaft aufkamen. Die moderne Hausfrau dieser längst vergangenen Zeit sollte nicht nur einen rational organisierten

Käseladen. Südliche Niederlande 1976

Haushalt führen. Sie wurde auch als Teil einer internationalen Gesellschaft gesehen, die sich an einem technologisch fundierten Fortschrittsideal orientierte, das jedem einen Anteil an der Fülle der Welt verhieß. Dazu gehörten auch die Besonderheiten der europäischen Küchen. Was hier noch im Haushalt verortet wurde, hatte jedoch erst seit den sechziger Jahren breiten Erfolg, als entsprechende Speisen – angepaßt an den jeweiligen Geschmack des Landes – über italienische, jugoslawische, griechische und schließlich auch außereuropäische Restaurants und Gaststätten einfach konsumierbar wurden. Selbstverständlich standen hier Tourismus und Arbeitsmobilität Pate, doch entscheidend war das wachsende Wohlstandsniveau, welches uns die Speisen dieser anderen Küchen nahebrachte. Aßen die Deutschen einst deutsche Speisen, so essen sie nun die der ganzen Welt.

Doch stimmen die Zuordnungen? Sind diese Speisen wirklich typische Vertreter der jeweiligen Küchen? Oder bilden sie nicht vielmehr symbolische Übersteigerungen, einfache, leicht zu kommerzialisierende Elemente, Stereotype, die das Fremde nur gefiltert zulassen, mit dem man sich ohnehin nur sehr begrenzt und freudvoll auseinandersetzen möchte? Die vermeintlichen National- bzw. Regionalgerichte existieren schließlich auch dann weiter, wenn die kulinarische Praxis längst zum Erliegen gekommen ist. So nannten Anfang der siebziger Jahre etwa 1000 während und nach dem Zweiten Weltkrieg geflohene West- und Ostpreußen »Königsberger Fleck« als typisch ostpreußische Speise. Doch nur ein Drittel hatte diese Spezialität aus Innereien während der letzten 25 Jahre überhaupt gegessen. Speisen verweisen vielfach auf die vermeintlich geordnete, heile Welt der Vergangenheit und der für immer ver-

Käseherstellung. Venda da Porca, Portugal 1988

gangenen Kindheit. Ihr Alter und ihre Einheit sind dabei jedoch vielfach Konstrukt.

Das zeigt sich sehr schön an der österreichischen, der Wiener Küche. Dabei handelt es sich, sehr verkürzt formuliert, um eine Mehlspeisenküche mit einer Vielzahl berühmter Fleischspeisen und einer exquisiten Auswahl von Süß- und Backwaren. Obwohl die kleine Alpenrepublik voller Stolz auf eine große Zahl von Nationalgerichten blickt, zeigt schon eine einfache Analyse älterer Kochbücher: »Österreichische Küche, das ist weniger Realität, sondern Mythos, Klischee, Wunschbild oder Marketingziel.«[3] Wien als Schmelztiegel höchst unterschiedlicher Ethnien und kulinarischer Traditionen der Habsburger Vielvölkermonarchie war viel zu heterogen, als daß das Fremdbild einer klar reduzierbaren Küche die Realität des Eßverhaltens auch nur einigermaßen befriedigend hätte einfangen können. Selbst Speisen wie das Wiener Schnitzel tauchen unter dieser Bezeichnung erst am Ende des 19. Jahrhunderts auf, ebenso der lange auch der böhmischen Küche zugeordnete Palatschinken.

Nationale Küchen sind in der Regel Konstrukte, die ihre Grundlage im Zeitalter der Nationalstaaten, also zumeist im späten 19. Jahrhundert haben. Diese Konstrukte halfen, die vielfältigen regionalen Küchen zu bündeln und nach außen, dem Fremden gegenüber, ein mehr oder minder einheitliches Bild aufzubauen. Schon das deutsche Beispiel zeigt jedoch, daß dies teils nur kontrafaktisch möglich war, gliedert sich die »deutsche« Küche doch strikt in eine eher homogene süddeutsche Küche einerseits und eine größere Zahl in sich heterogener nord-, mittel- und ostdeutscher Regionalküchen andererseits. Was für Deutschland gilt, trifft auch auf andere, größere europäische Staaten zu. Allerdings gab es bei diesen häufig eine übergreifende Hochküche, die sich schon weit vor dem 19. Jahrhundert etabliert hatte. Diesen Überlegungen zum Trotz gibt es Versuche, die unterschiedlichen europäischen Küchen auch kartographisch zu erfassen.

Diese Karten liefern auf den ersten Blick ein geordnetes Bild, das deutlich macht, daß sich die Küchen zwar vielfach an staatlichen Grenzen orientieren, sie diese aber auch vielfach transzendieren. Doch zugleich sind ihre Grundlagen unklar, das Quellenmaterial ist heterogen, aus unterschiedlichen Zeiten und im vorliegenden Fall aufgrund von Kriegseinwirkungen nicht mehr nachvollziehbar. Auch die anfangs angeschnittene Frage, welche Kriterien als Grundlage der jeweiligen Küche dienen,

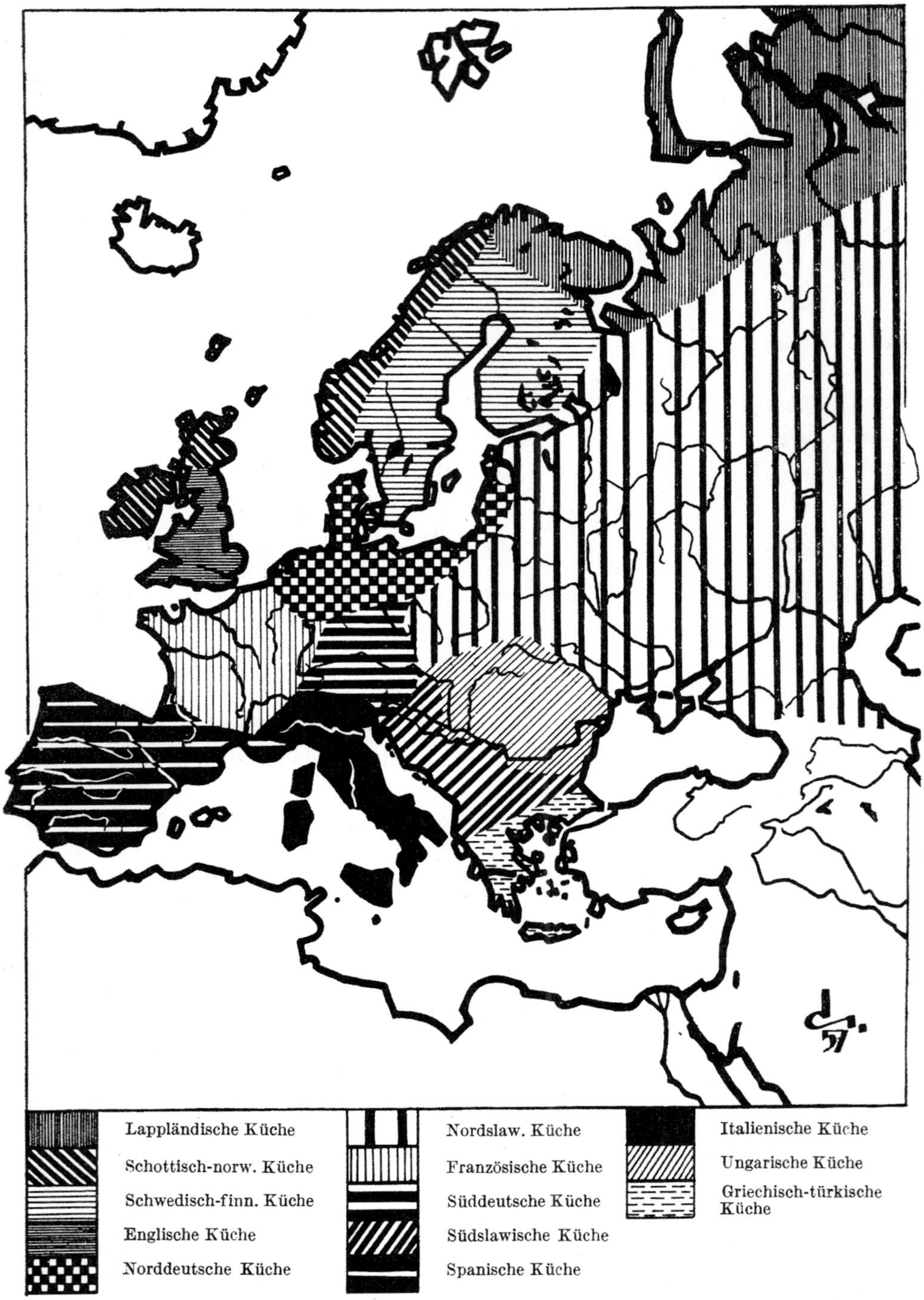

Die verschiedenen Küchen in Europa, etwa 1920

bleibt unklar. Der deutsche Geograph Wolf Gaebe ging da reflektierter zu Werke. Auf Grundlage von Haushaltsrechnungsdaten, vor allem aber einer großen Zahl empirischer agrarwissenschaftlicher und wirtschaftsgeographischer Arbeiten, legte er für die sechziger Jahre eine bis heute nicht wieder erreichte Zusammenfassung der Küchen in der damaligen EG vor. Sie umgriff nicht nur Lebensmittel und Speisen, sondern bezog auch die Zubereitungsweisen mit ein.

Nach Gaebe kamen in Norddeutschland, teils auch in den Niederlanden, kräftige und eher fette Speisen auf den Tisch. Kartoffeln prägten hier die Kost, anders als im Süden Deutschlands. Die universell nutzbare Knollenfrucht wurde hier, wie auch in Frankreich, auf verschiedenste Arten zubereitet: gekocht, mit und ohne Schale, als Bratkartoffeln oder Kartoffelbrei, vielfach auch als Salat. Im Süden Deutschlands wurden Kartoffeln meist als Salat, gebraten oder in Knödelform bereitet. Dem geringeren Kartoffelkonsum stand im Süden ein höherer Mehl- und (insbesondere im Südwesten) Teigwarenverbrauch gegenüber.

Generell war es in der Bundesrepublik Deutschland üblich, sowohl Gemüse als auch Fleisch zu kochen, auch wenn sich bei den Eintopfgerichten ein Nord-Süd-Gefälle ergibt. »Das wirkt sich in zweifacher Hinsicht auf die Kost aus. Beim Kochen mit Wasser verliert das beigefügte Fett seinen Geschmackswert, als Fettzusatz eignen sich billigere tierische und pflanzliche Fette. Werden die Nahrungsmittel gekocht, so liegt es nahe, Gemüse, Kartoffeln und auch Fleisch zusammen zuzubereiten.«[4] Eintöpfe dieser Art, vielfach mit fettem Fleisch, waren in Deutschland wesentlich wichtiger als etwa in Frankreich und kamen durchaus zweimal die Woche auf den Tisch. Der Verzehr frischen Salates war dagegen eher in Süddeutschland und im Rheinland üblich.

Anders als in vielen europäischen Staaten, etwa beim Nachbarn Niederlande, war die Hauptmahlzeit in Deutschland das Mittagessen. Die Pausenzeitregelungen, eine strikt patriarchalische Geschlechterordnung, aber auch die seit den dreißiger Jahren stets bedeutsame Gemeinschaftsverpflegung unterstützten dieses Beharren auf einem traditionellen Mahlzeitensystem. Warmes Essen am Abend gab es Anfang der sechziger Jahre nur in jedem vierten Haushalt. Gegenwärtig liegt der Anteil in der Bundesrepublik schon bei über einem Drittel, ein Hinweis auf eine säkulare Veränderung. Angesichts meist nur einer warmen Mahlzeit am Tag bildet Brot den Hauptbestandteil von Frühstück, Abendessen und Zwischenmahlzeiten. Brot wird hierzulande zu einer warmen Mahlzeit nur selten gegessen; daraus resultiert eine große Zahl geschmacksstarker Sorten. Die Art der Nebenmahlzeiten bedingt auch einen relativ hohen Verbrauch von Aufstrich und Belag, also von Fetten und Wurst, Käse oder Marmelade. Käse wurde und wird in Deutschland kaum gesondert gegessen, schließt nur bei Festen das Mahl.

Die französische Küche setzt demgegenüber auf die Eigenart der Speisen; Mischgerichte finden sich eher selten. Die einzelnen Speisen werden gesondert bereitet, teils auch gesondert serviert. Die Zubereitung ist sehr variabel und erfordert Sorgfalt. An die Stelle des Kochens tritt bei Gemüse das Dünsten in Butter, beim Fleisch das Grillen und Braten. Frische Salate sind steter Bestandteil der Mahlzeit, bilden jedoch seltener die Beikost, sondern eher einen eigenen Gang. *Piece de resistance* ist vielfach ein qualitativ hochwertiges Stück Fleisch, welches mit einer großen Zahl von Küchenkräutern und Gewürzen (Petersilie, Thymian, Estragon, Knoblauch) zubereitet wurde. Steter Begleiter der Mahlzeiten war Anfang der sechziger Jahre Weiß- oder Rotwein, der auch als Geschmacksträger diente. Heutzutage nehmen nichtalkoholische Getränke einen höheren Stellenwert ein. »Zu allen Mahlzeiten, besonders zu der Hauptmahlzeit, ißt der Franzose Weißbrot (baguette). Es wird nur sehr dünn oder gar nicht mit Butter bestrichen, muß deshalb stets frisch und knusprig sein und wird von den französischen Hausfrauen teilweise zweimal täglich gekauft. Den Abschluß der Mahlzeit bildet gewöhnlich Käse oder Obst, selbst wenn sie nur aus einem einzigen Gang von Gemüse und Fleisch besteht.«[5]

Die italienische Küche weist wiederum andere Besonderheiten auf. Wie in Deutschland sind hier Mischgerichte sehr wichtig, zum Beispiel die Minestrone. Besondere Bedeutung haben Teigwaren, die sowohl als Vorspeise als auch als Beikost, nicht zuletzt aber als Hauptgang genossen werden. Sie bilden ein stabiles Moment, denn die Variationen ergeben sich weniger aus der großen Sortenvielfalt der Teigwaren denn aus den unterschiedlichen Zutaten bzw. Saucen. Olivenöl und Parmesankäse, Tomaten in verschiedensten Zubereitungsformen, schließlich eine Vielzahl von Kräutern und Gewürzen (Zwiebeln, Knoblauch, Basilikum) ergeben eine große Geschmacksvielfalt. Italien weist, analog zu Deutschland, tiefgreifende regionale Verzehrsunterschiede auf. Der Genuß von Polenta oder aber verschiedener Reisgerichte beschränkt sich vornehmlich auf den Norden. Das wichtigste Gemüse ist die Tomate, die mit großer Variabilität zubereitet wird. Der Geschmack der meisten Speisen wird wesentlich von Öl bestimmt: Beim häufig genossenen Salat handelt es sich meist um Olivenöl, beim Kochen, Backen und Braten nutzt man dagegen meist preisgünstigere Öle. Die in Frankreich und Deutschland viel verzehrte Butter findet man hier selten, Margarine und andere tierische Fette ebenso. Hohe Bedeutung haben dagegen würzige Käsesorten, insbesondere Weichkäse aus Kuh-, Schaf- und Ziegenmilch. Sie werden vielfach als Nachspeise zum Wein gereicht.

Die unterschiedlichen Küchentraditionen zeigen sich auch an Kleinigkeiten, etwa an der Art der Kaffeezubereitung. Wolf Gaebe zählt auf: »In Deutschland trinkt man ihn meist unter Zusatz geringerer Mengen Milch (Trinkmilch, Kondensmilch, Sahne). In Frankreich wird der Kaffee dagegen konzentriert gekocht und teils schwarz, teils unter Zusatz von sehr viel Milch – gewöhnlich mehr als die Hälfte – als ›café au lait‹ getrunken. Die Italiener bevorzugen – abgesehen von Milchkaffee am Morgen – starken schwarzen Kaffee aus kleinen Tassen (expresso). Auch die Belgier trinken ihren Kaffee meist schwarz, die Niederländer hingegen kaum ohne Milch.«[6] Kaffee begleitet die Mahlzeiten, doch europaweit zu anderen Zeiten. In Belgien und Frankreich ist er Teil des Frühstücks, auch in Italien und der Bundesrepublik ist dies sehr verbreitet. In den Niederlanden und in Teilen Norddeutschlands genießt man dagegen morgens vorrangig Tee. Kaffee folgt dann vormittags und nach dem Abendessen. In Frankreich dagegen trinkt man Kaffee noch nach dem Mittagessen, in Deutschland und Belgien steht demgegenüber das nachmittägliche Kaffeetrinken hoch im Kurs.

Mahlzeiten und Mahlzeitensysteme standen im Mittelpunkt dieser Kurzcharakteristiken. Sie auf Speisekomplexe und -systeme und auf die übrigen Küchen Europas auszudehnen erfordert eine immense (Forschungs-)Anstrengung, die in diesem Rahmen nicht geleistet werden kann, zumal eine einigermaßen vollständige Analyse auch die Genese der einzelnen Küchen im Blick behalten müßte. Um die Frage nach der Zukunft der europäischen Küchen dennoch beantworten zu können, gilt es nochmals systematischer auf die mediterrane Küche einzugehen. Sie ist – bei allen regionalen Unterschieden – vorwiegend pflanzlich geprägt. Gemüse, Obst und Getreideerzeugnisse sowie vorwiegend Teigwaren stehen im Mittelpunkt. Charakteristisch ist ferner Olivenöl sowie ein weit überdurchschnittlicher Weinkonsum. Die vergleichsweise hohe Lebenserwartung der so Essenden hat diese Küche zum internationalen Forschungsgegenstand für Epidemiologen und Ernährungswissenschaftler gemacht.

Doch während das Ideal noch hochgehalten wird, hat sich die mediterrane Küche in den letzten 30 Jahren nachhaltig verändert, im Sinne einer gesunden Ernährung sicherlich auch verschlechtert. Wie schon oben ansatzweise belegt, gibt es eine eindeutige Verschiebung hin zu animalischer Kost. Parallel sinkt der Brot- und Kartoffelverbrauch, vielfach auch der Verzehr von Getreideprodukten. Steigender Konsum von Fleisch und Milch führt zu einem erhöhten Anteil von tierischen Fetten, Olivenöl wird vielfach durch billigeres Sonnenblumen- oder Maiskeimöl ersetzt. Lediglich der Obst- und Gemüsekonsum blieb auf gleicher Höhe bzw. hat sich teils noch erhöht. Trotz der statistisch abzusichernden negativen Folgen für die Gesundheit hat sich die mediterrane Küche heute vielfach an die Vorbilder der mittel- und westeuropäischen Länder, doch immer auch an das Vorbild der USA angeglichen. Als Gründe gelten Rückwirkungen des Tourismus, der wachsende Lebensmittelhandel innerhalb der EU, das steigende Angebot von Convenienceprodukten und die sich langsam verändernde Rolle der Frauen.

Grundlagen und Wandel von regionalen Küchen

Grundlagen	Heutige Situation
• Regionale Lebensmittelproduktion	• Nationale und internationale Märkte
• Mahlzeiten mit Brauch- und Glaubensbindung	• Säkulare, entzauberte Welt
• System abgestimmter Zubereitung, Konservierung, Würzung und Abstufung der Mahlzeiten	• Zeitdruck und wachsendes vorgefertigtes Angebot
• Kontinuität des Nebensächlichen	• Zeitdruck, Rationalisierung des Haushaltes
• Konservativer Geschmack	• Innovativer Geschmack
• Identität	• Teilidentitäten

Das langsame Abschleifen der Verzehrsunterschiede in Europa hat strukturelle Gründe. Regionale Küchen basieren vornehmlich auf sechs Grundlagen. Neben den hier kaum behandelten Fragen von Geschmack und Identität sind dies eine regionale Lebensmittelproduktion und Wirtschaftsweise, Mahlzeiten mit Brauch- und Glaubensbindung, ein systemisches Zusammenspiel von Zubereitung, Konservierung, Würzung und Abstufung der Mahlzeiten sowie das Beibehalten von Nebensächlichem. Dagegen stehen heute nationale und internationale Märkte, eine säkulare, entzauberte Welt. Es findet sich immer weniger Zeit für die Zubereitung von Mahlzeiten, und zugleich locken zahlreiche neue Produkte und Speisen. Wachsender Wohlstand, zunehmende Möglichkeiten der Selbstverwirklichung, massenhafter Tourismus, häufigerer Umgang mit Menschen fremder Kulturen – all dies muß Auswirkungen auf die Küchen Europas haben. Denn die tägliche Kost ist stets ein Spiegelbild unserer Selbst und unserer Gesellschaft, zugleich aber auch Ausdruck ökonomischer Macht und individueller Gestaltungsräume.

Das Resultat ist europaweit ähnlich, einzig die Geschwindigkeiten sind unterschiedlich: Traditionelle Grundnahrungsmittel werden zunehmend weniger konsumiert, dagegen drängen industrielle Produkte vor. Der moderne, fremdbestimmte Arbeits- und Lebensstil unserer Zeit hat tiefgreifende soziale Folgen. Die traditionelle Kleinfamilie, ein wichtiger Hort der regionalen Küche, verliert an Bedeutung. Außer-Haus-Verpflegung nimmt langsam zu; im Haus dagegen wird seltener gekocht, hier wächst die Bedeutung von Speisen mit geringem Zubereitungsaufwand. Die guten Speisen der Küchen Europas gibt es derweil zu Festen oder in Restaurants und Gaststätten, wobei häufig die Namen erhalten bleiben, während sich die Ingredienzien dem Zeitgeschmack anpassen.

Die Küchen im Kopf

Das Ergebnis unserer Analyse scheint ernüchternd. Wir verstehen, warum es uns befremdlich und als unzeitgemäß erschien, daß im Deutschland der Jahrhundertwende so sehr auf »deutsche Küche« gesetzt wurde. Doch was ist mit den Bemühungen der heutigen Verteidiger europäischer Küchen und regionaler Identität? Ist die langsame Internationalisierung unserer Ernährung, unseres Essens etwas, das sich abwenden läßt und das man abwenden sollte? Solche Fragen sind meines Erachtens falsch gestellt. Sie setzen Küchen als vermeintlich Echtes, vermeintlich Urtümliches voraus, obwohl wir doch gesehen haben, daß diese noch gar nicht so lange bestehen, wie wir gemeinhin glauben. Sie konzentrieren sich nur auf wenige Aspekte einer Küche, vornehmlich auf Speisen und Mahlzeiten, und vernachlässigen den Wandel, als dessen Ergebnis die ideale Form erst entstand, die als regionaltypisch verteidigt wird. Denn auch diese hatten Vorgänger, die verdrängt wurden. Vor allem aber sehen sie nicht, daß der Begriff der zu bewahrenden Küchen gegen die Fülle des Angebotes steht, welches die vielen anderen Küchen uns bieten können. Denn während die Konturen der europäischen Küchen langsam unklarer werden und sie moderat von den Gewohnheiten der Vergangenheit lassen, gewinnen regionale Küchen andererseits immens an Bedeutung. Die Zahl der Länder, Regionen und Orte, deren kulinarisches Erbe wir uns eröffnen können, steigt rapide. Das Angebot regionaler Küchen wächst, und es begegnet uns voll kommerzialisiert.

Zu beobachten ist dabei eine eigenartige Doppelbewegung. Das zunehmende Angebot von Speisen aus fremden Ländern führt parallel zu Revitalisierungen der eigenen Küchen. Die Besonderheiten der eigenen Eßkultur werden stärker gepflegt und mit neuer Wertigkeit versehen. Das gilt nicht nur für die Gastronomie, sondern ebenso für die Lebensmittelindustrie und den Lebensmittelhandel. Diese setzen schon seit Jahren auf *Ethnic food*, auf regional klar verortbare Produkte aus dem (meist fernen) Ausland. Parallel eröffnen sich bewußt regional gefärbte Vermarktungsschienen einheimischer Waren. Das nicht unbeträchtliche Wachstum alternativ erzeugter, aus den Regionen stammender Lebensmittel steht unmittelbar in diesem Zusammenhang. Die in Österreich und Großbritannien besonders großen Markterfolge sprechen für sich.

Diese Parallelität von Internationalisierung einerseits, revitalisierter regionaler Kost andererseits ist auch deshalb bemerkenswert, weil sie uns neue Wahlmöglichkeiten eröffnet, die wir Europäer aufgrund unseres relativen Wohlstandes in Anspruch nehmen können. Die vorgefundene Küche, die Küche im Bauch, wird ergänzt durch die Küchen im Kopf, also die, deren Geschmack wir uns grundsätzlich eröffnen können. Diese Möglichkeiten der Auswahl sollten wir uns bewußt vor Augen führen. Dann wird deutlich, daß wir nicht allein einem allgemeinen Wandel von Küchen unterworfen sind. Dann zeigt sich, daß unser eigenes Essen wesentlich ist für die Zukunft der Küchen Europas. Die eigene kulinarische Praxis tritt hervor: was wir einkaufen, was wir zubereiten, was wir essen. Wohl wissend um unsere Herkunft, gründend auf unserer Küche im Bauch. Wohl wissend aber auch, daß die echten Abenteuer die in unserem Kopfe sind.

1 Richard Hecht, Die Kost auf den Magdeburgischen Dörfern vor 100 Jahren. Geschichtsblätter für Stadt und Land Magdeburg 42. 1907. S. 67–79, hier S. 78.

2 Zusammengestellt nach: Jutta Klüber-Süssle und Martin Ernst Haug, Leicht alkoholische Getränke: eine Herausforderung für die Aromenindustrie. Dragoco Report 45, 1998, S. 70–71, 74–91, hier S. 76.

3 Roman Sandgruber, Österreichische Nationalspeisen: Mythos und Realität. In: Hans Jürgen Teuteberg u.a., Essen und kulturelle Identität. Europäische Perspektiven, Berlin 1997 (Kulturthema Essen, Bd. 2), S. 179–203, hier S. 192.

4 Wolfgang Gaebe, Räumliche Differenzierung der Ernährungsformen in den Ländern der EWG, Ein Beitrag zur Geographie des Konsums. Wiesbaden 1969 (Kölner Forschungen zur Wirtschafts- und Sozialgeschichte, Bd. V), S. 110.

5 Ebd., S. 111.

6 Ebd., S. 112.

Grundnahrungsmittel unseres Kontinents

Stefanie Ristow

Essen und kulturelle Identität

Die Eßkultur ist ein Bestandteil menschlichen Verhaltens, der weit mehr beinhaltet als allein die Aufnahme von Nahrung zum Zweck der Überlebenssicherung. Wie auch Sprache, Kleidung oder Wohn- und Heiratsformen gehört sie zu den Bereichen der Kultur, aus denen wir Bewußtsein für unsere Identität schöpfen. Es ist weltweit beobachtbar, daß Menschen sich über bestimmte Kostformen soziokulturell definieren. In Studien der naturwissenschaftlich ausgerichteten Ernährungsforschung wird häufig der Aspekt marginalisiert, daß die Nahrungsaufnahme zwar zu den täglich zu befriedigenden physischen Grundbedürfnissen zählt, jedoch die Einnahme der Mahlzeiten zugleich immer mit anderen kulturellen Ebenen untrennbar verbunden ist und ein »totales Phänomen« darstellt. Eine Handlung ist dann totales gesellschaftliches Phänomen, wenn alles, was das kulturelle Leben ausmacht, unbewußt oder bewußt in ihr verwoben ist, und religiöse, rechtliche, ökonomische, moralische, politische oder mythische Institutionen in ihr zum Ausdruck kommen. Nahrung dient also einerseits der Befriedigung primärer Existenzbedürfnisse, andererseits aber auch der Ausübung sekundärer Kulturformen wie Kommunikation, Prestige, Geselligkeit oder der Gewährung von Gastfreundschaft. Friedrich Nietzsche behauptete in seinem Text ›Morgenröthe. Gedanken über die moralischen Vorurteile‹ von 1881, Speiseordnungen seien zugleich »Offenbarungen über Kulturen«.

Um das Beziehungsgeflecht der kulturellen Identität durch alimentäre Vorgänge in Europa zu dokumentieren, soll in diesem Beitrag die Frage im Mittelpunkt stehen, welche Elemente der Nahrung lange Perioden überdauern und als tragende Pfeiler der europäischen Kultur zu betrachten sind. Neben Eß- und Trinkgebräuchen oder Nahrungsgewohnheiten stellen Grundnahrungsmittel eine der charakteristischen Konstanten europäischer Ernährungstradition dar, und es soll ihre Bedeutung in der europäischen Gesellschaft anhand ihrer soziokulturellen Adaption im Laufe der Geschichte aufgezeigt werden. Die Relevanz gesellschaftlicher Einflüsse auf den Selektionsprozeß bestimmter Nahrungsmittel in bestimmten Regionen soll hierbei zum Ausdruck kommen. Soziale, wirtschaftliche, agrartechnische und mentalitätsgeschichtliche Wandlungen spielen eine große Rolle bei der Einfügung von Nahrungsmitteln in die kulturräumlich verschiedenen Speisen- und Mahlzeitensysteme.

Alte Männer in einer Hufschmiedewerkstatt. Solveira, Portugal 1988

Einheit innerhalb der Vielfalt

Nach der kulturgeschichtlichen Betrachtung von Leo Moulin ist Geschmack in jeder Hinsicht ein Resultat soziokultureller Entwicklungen und somit ein gesellschaftliches Produkt. Sozialisationsprozesse in der Familie, unter Freunden, in Gesellschaft und Umwelt prägen von frühester Kindheit an den Geschmack, der sich im Laufe des Lebens nur schwerfällig weiterentwickelt, sei es durch Lebenserfahrung oder Veränderungen in der Gesellschaft. Daraus ergibt sich für die regionalen, nationalen und in gewisser Weise auch für die europäischen Eßgewohnheiten in ähnlicher Weise, daß das alimentäre Verhalten sich in einem jahrhundertelangen Prozeß der Bereicherung und des Ausfilterns durch unbewußte Auswahl, durch Vergessen und Wiederaufleben, durch langsame Anhäufungen und – sehr viel seltener – durch innovatorische Brüche (wie die zügige Rezeption der Kartoffel als integraler Bestandteil der Nahrung) herausgebildet hat.

Existieren denn gemeinsame europäische Ernährungstraditionen, die sich von Nahrungsgewohnheiten anderer Kulturkreise unterscheiden? Gibt es eine typisch europäische Küche? Innerhalb der Vielfalt besteht eine gewisse Einheit kennzeichnender Nahrungsmittel: Typisch unter den Fleischsorten ist Schweinefleisch, unter den Fischen sind es Kabeljau und Hering. Die vorherrschenden Getreidesorten sind Weizen, Roggen, Gerste und Dinkel. Auch die Kartoffel ist ein signifikantes Merkmal europäischer Nahrung. Durch sie unterscheidet sich Europa deutlich von Hirse-, Sorghum-, Maniok-, Mais- und Reiszivilisationen. Doch soll an dieser Stelle noch nicht detailliert auf die einzelnen Grundnahrungsmittel eingegangen werden.

Europa war nicht immer so ausdifferenziert wie heute. Vom 6. bis zum 12. Jahrhundert lebten die Menschen in einer grundsätzlichen geistigen und kulturellen Einheit unter gemeinsamem religiösen Einfluß. Die meisten Werte, die das Fundament Europas bilden, sind christlicher Art. Trotz zunehmender Tendenz zum Nationalismus bewahrte es dauerhaft eine gewisse Einheit – im Europa der Renaissance und des Barock, im Europa der Aufklärung und des aufgeklärten Despotismus, im Europa der industriellen Revolution und der Kolonialzeit und schließlich auch im Europa der Menschenrechte und der universellen Ideale von Demokratie und Freiheit. Die mittelalterliche Küche zeichnete sich gleichfalls durch einheitliche Merkmale aus. Ursprünglich war sie noch kein Mosaik aus Regionalküchen. Abgesehen von klimatischen und geographischen Faktoren, die gewisse Unterschiede bedingten, war die Nahrungsmittelpalette des Mittelalters in Europa relativ homogen. Es bestand eine Vorliebe für Mischungen aus Süßem mit Saurem, von Fleisch mit Obst, von Gewürzen und Fischen. Fleisch, Getreide und Wein waren wichtigste Bestandteile der Nahrung.

Vielfalt innerhalb der Einheit

Aus dieser gemeinsamen Grundlage, die in weiten Teilen noch heute besteht, bildeten sich im Laufe der Zeit Einflüsse unterschiedlicher, aber nicht konträrer Kulturen heraus, aus denen zunächst ansatzweise Nationalküchen hervortraten. So entstanden beispielsweise Regionen des verstärkten Verzehrs von Weißbrot in Frankreich, Belgien und Italien sowie Regionen des bevorzugten Essens von Sauerteigbrot in Polen, Deutschland und Skandinavien, Regionen der Kartoffel als Grundnahrungsmittel (Deutschland, Polen, Belgien, Irland) und Regionen der Kartoffel als Gemüse oder Beilage (Frankreich, Italien), Regionen des starken Verzehrs von Nudeln (Italien) oder von Mais (Balkanländer), Regionen, die Innereien als Delikatesse schätzen, und Regionen, die diese mit Ekel betrachten. Die Liste dieser Beispiele ließe sich sehr weit fortführen, da im Laufe der Geschichte soziale, politische, gesellschaftliche und geographische Einflüsse auf die Entwicklung der Ernährungstraditionen und auf die Tabuisierung und Bevorzugung bestimmter Nahrungsmittel regional und national wirken, und daher der bereits erwähnte Prozeß des vorsätzlichen oder unbewußten Auswählens durch eben diesen politischen, sozialen, gesellschaftlichen und geographischen Rahmen beeinflußt ist. Will man feststellen, was Europa in der Eßkultur verbindet, ist es zunächst wichtig, die regionalen Unterschiede deutlich zu machen. Die Existenz einer europäischen Kultur, die auf der Tradition des Christentums, des antiken Erbes und auf der Zugehörigkeit zur indoeuropäischen Sprachfamilie beruht, ist im Kern jedoch mehr eine Abgrenzung nach außen und hatte, trotz der eben ausgeführten Bewahrung einer gewissen Einheit, immer dezentralen Charakter. Sie war niemals tatsächlich einheitsstiftend.

Im Laufe der Geschichte konzentrierte sich die Ausprägung der Küchen Europas zunehmend innerhalb der Grenzen von Nationalstaaten. Jedes Land kreierte eine eigene typische Küche, die nationale Verbundenheit symbolisierte und Identitätsbildung unterstützte. Diese ist ein Faktum, das sich in so banalen Handlungen wie dem ersten Schnitzel mit Kartoffeln und Sauce am Tag nach der Rückkehr aus dem Italienurlaub widerspiegelt, die das Gefühl ausdrücken, »wieder zu Hause« zu sein. Selbstverständlich gliedert sich jede Nationalküche in unzählige Regionalküchen, die standhafter als andere Bestandteile des gesellschaftlichen Lebens dem zunehmenden Trend der Uniformierung widerstanden haben. Sie haben sich den Gesetzmäßigkeiten der Konsumwirtschaft ebenso entzogen wie dem Druck der Massengesellschaft, deren Individuen immer eindimensionaler werden. Unsere Grundnahrungsmittel sind die Basis der einzelnen National- und Regionalküchen, in denen sie im Laufe der Geschichte durch bereits angesprochene Einflüsse in großer Variationsvielfalt mit verschiedenen Schwerpunkten und Ausformungen zu regional typischen Gerichten geprägt wurden.

Internationalisierung des Essens und Revitalisierung regionaler Kost

Jedoch zeigt gerade die jüngere Generation der Bevölkerung Europas nur geringes Interesse an den Küchen ihrer Regionen, weil sie sie von jeher kennt und ihnen der Geschmack des »Altbackenen« anhaftet. Sie sind in vielerlei Hinsicht eine Art Überbleibsel und selbst in ihren Ursprungsgebieten eher Überreste einer mündlich überlieferten Tradition, vergleichbar mit Trachten, Dialekten und regionalen Gebräuchen. Die Marginalisierung von Ernährungstradition ist ein Ausdruck kultureller, politischer, sozialer und wirtschaftlicher Tendenz zur Homogenität und Uniformierung der Gesellschaft im Rahmen der Globalisierung, die durch mehrere Faktoren gefördert wird: das gesellschaftliche Phänomen des »Fast food«, das in enger Verbindung zur Zersplitterung der traditionellen Großfamilie und der kulturellen Grundlage der Familienmahlzeiten steht, oder die steigende Zahl »neuer« Küchen und Eßgewohnheiten, die in Europa Kontakte mit Eßgewohnheiten anderer Kulturkreise immer weniger exotisch empfinden lassen. Supermärkte, die in allen Ländern das gleiche überreiche Angebot inner- und außereuropäischer Vielfalt saisonunabhängig anbieten, durchbrechen die Regeln der Nationalküchen und tragen so zu einer Bereicherung des Geschmacks bei. Sie begünstigen jedoch auch die Vereinheitlichung der europäischen Ernährung.

Die Einheit innerhalb der Vielfalt ist heute eines der Hauptmerkmale europäischer Eßkultur, die jedoch zunehmend, als Spiegel der Gesellschaft, einer Tendenz zur homogenen Vielfalt weicht. Gerade die Unabhängigkeit vom saisonalen und regionalen Angebot verändert die Präferenzen in den Nahrungsgewohnheiten und nimmt langfristig auch Einfluß auf die Palette der Grundnahrungsmittel. Man kann am Beispiel der Kartoffel sehr gut die zunehmende Beliebtheit anderer Grundnahrungsmittel in

Ländern des vorwiegenden Verzehrs der Knollenfrucht statistisch nachvollziehen. Ihre Bedeutung hat in Deutschland rapide abgenommen (beispielsweise von 77,7 kg pro Kopf im Jahr 1985 bis 72,8 kg im Jahr 1996), während ihr Verzehr in Portugal anstieg (im gleichen Zeitraum von 93,6 kg auf 138,7 kg).[1] Diese Verschiebung macht die Homogenisierung von Präferenzgebieten deutlich.

Der Tendenz zur »Internationalisierung des Essens« steht das Bestreben von Menschen entgegen, sich eher über eine kleine, räumlich gut überschaubare Identität als über ein großes, etwas nebelhaftes kontinentales Selbstverständnis zu definieren. Dieser Zug zum kulturellen Föderalismus scheint eine Reaktion auf die zunehmende Zentralisierung Europas zu sein und äußert sich in verstärktem Interesse am Erhalt der Regionalküchen. Der Anspruch auf das, worin man sich von anderen unterscheidet, richtet sich jedoch nicht gegen die Gemeinsamkeiten. Die Betonung des eigenen Kulturerbes, des nationalen oder regionalen Zugehörigkeitsbewußtseins hat ebenso universellen Charakter wie das Bewußtsein, einem gemeinsamen europäischen Kulturkreis anzugehören. Der betonte Regionalismus muß als eine Art Gegenbewegung zur Sicherung der Identität angesehen werden. Die Eßkultur ist ein besonders erprobtes Medium, dieser Regionalität Ausdruck zu verleihen. Die Art und Weise der Zubereitung oder die Dominanz einiger Nahrungsmittel in bestimmten Gebieten bringen das »Europa der Regionen« in spezifischer Weise zum Ausdruck. Trotzdem muß sich jedes regional autochthone Element zuletzt wieder auf den größeren europäischen Rahmen beziehen. Wie in Poesie, Architektur und Sprache stoßen wir auch auf gemeinsame Relikte der Ernährung.

Getreide

Zu den Getreidearten, die in Europa verbreitet angebaut werden, gehören Weizen, Gerste, Roggen und Hafer. Neben diesen »klassischen« Sorten sind noch Mais und einige Hirsearten zu nennen. Breinahrung war die früheste Art, Getreide zuzubereiten. In der Steinzeit wurden Körner auf heißen Steinen geröstet, zwischen Steinen zermahlen und in einem Gefäß aus Leder, Korb oder Ton verrührt, das mit Hilfe von Steinen erhitzt wurde. Vom Mittelalter bis ins 19. Jahrhundert waren Brot und Getreidebrei in Europa die wichtigsten Grundnahrungsmittel und die Hauptnahrung der Durchschnittsbevölkerung. Im Mittelalter hatte man versucht, die Preise gesetzlich niedrig zu halten. Karl der Große setzte Höchstpreise für Getreide fest und verbot die Ausfuhr in Notzeiten. In England legte die Brotverordnung von 1266 (›Assize of Bread‹) Gewichte und Preise verschiedener Brotsorten fest. Wer sich den Kauf vom Bäcker leisten konnte oder in einem Haushalt mit Backofen lebte, aß Brot, alle anderen nahmen Breigerichte zu sich: Bei den Mahlzeiten der oberen Bevölkerungsschichten war Brot eine Beilage zu Fleisch, während es letzteres bei den Armen eher selten gab und selbst das Brot meist durch Brei ersetzt wurde.

Noch bis ins 18. Jahrhundert hinein wurde Getreide somit hauptsächlich zur europäischen Alltagsnahrung der Breispeisen weiterverarbeitet. Brei aß man morgens,

Frauen im Dorfbackhaus. Vilar de Perdizes, Portugal 1988

mittags und abends, und nur selten gab es Beilagen dazu. Die Breiherstellung war wesentlich weniger aufwendig als die Verarbeitung von Getreide zu Brot. Man benötigte weder Backofen noch Mühle, und der Verbrauch von Brennmaterial war geringer. Nur wenige Bauernhöfe dieser Zeit hatten einen Backofen; in manchen Dörfern gab es einen zur gemeinsamen Nutzung. Doch zumeist gehörte er dem jeweiligen Grundherrn, der zugleich das Mühlenprivileg hatte. Wollte man dort Getreide mahlen, mußte ein Entgelt entrichtet werden. Groben Schrot zur Breiherstellung hingegen konnte man im Mörser oder in der Handmühle selbst zerkleinern.

Der Brei war zumeist fest und steif, so daß man ihn mit den Fingern essen und sogar mit dem Messer schneiden konnte. Frederick Eden nannte anno 1797 in seinem Buch ›The State of the Poor‹ verschiedene Rezepte für die arme Küche dieser Zeit, unter anderem die Zubereitung für den schottischen Porridge, ein Breigericht, das »eiliger Pudding« genannt wurde: »Er wird bereitet aus Haferschrot, Wasser und Salz in der folgenden Weise: Zu einem Liter Wasser, das in einem offenen Topf kocht, wird eine kleine Menge Salz gegeben und nach und nach fast ein halbes Kilo Haferschrot, wobei mit einem Stock oder Löffel umgerührt wird. Nach zwei oder drei Minuten ist der Brei recht dick; dann wird er aus dem Topf genommen und ist fertig zum Essen.« Die angegebene Menge genügte für eine Mahlzeit von zwei Tagelöhnern. Beim Essen wurde der »eilige Pudding« mit Milch oder Bier übergossen und galt als außerordentlich nahrhaft.

In Europa wurde Brei aus Gerste, Roggen, Hafer oder Buchweizen, in Südeuropa auch aus Hirse hergestellt. Weizen wurde selten verwandt, aus ihm wurde das Brot für die wohlhabende Bevölkerung zubereitet. Nach der Einführung des Mais in Europa kam besonders in Italien und Spanien auch Maisbrei vor. Die Verwendung von Getreidesorten war durchaus eine Frage des Prestiges. Aus dem 8. Jahrhundert existiert ein irischer Gesetzestext (›Senchas Mor‹), in dem die Relation von Klassenzugehörigkeit und Getreidesorte zum Ausdruck kommt. Es wurden darin Richtlinien erstellt, wie in Pflege gegebene Kinder ernährt werden müssen: »Die Kinder der unteren Schichten bekommen gerade ausreichend viel Brei aus Hafermehl und Buttermilch oder Wasser, zu dem alte Butter gegeben wird. Die Söhne der Oberschicht bekommen Brei satt, aus Gerstenmehl und frischer Milch, dazu frische Butter. Die Söhne von Königen bekommen Brei aus Weizenmehl und frischer Milch, dazu Honig.«[2] Es wurden auch Bohnen oder andere Hülsenfrüchte in den Brei gemengt, manchmal wurde saurer Kohl dazu gegessen. Wer kein Getreide besaß, bereitete den Brei aus Kastanien oder Eicheln zu. Im Europa dieser Zeit galt ein Brei aus Hülsenfrüchten als Notnahrung.

Von der Mitte bis gegen Ende des 18. Jahrhunderts nahm der Verzehr von Breispeisen ab, und es traten zunehmend Kartoffeln und Brot an ihre Stelle. Bis zu diesem Zeitpunkt des verstärkten Brotkonsums aßen Europäer hauptsächlich Mischbrot. Im Norden wurde meist Roggen mit Weizen vermengt, im Mittelmeerraum hingegen Gerste mit Weizen. Man unterschied drei Sorten von Brot: weißes (aus gemahlenem, gesiebtem Weizen), braunes (aus Vollkornweizen und anderen Getreidesorten) und schwarzes (mit viel Kleie). Weizenbrot war sehr beliebt, aber selten. Im 17. Jahrhundert konnten es sich schätzungsweise nur 4 Prozent der Bevölkerung leisten, Weizenbrot zu essen. Es war so kostbar, daß betrügerische Bäcker Geschäfte damit machten, indem sie dunkles Brot mit Gips, Kreide oder sogar giftigen Stoffen wie weißem Blei heller färbten.

Im 19. Jahrhundert führten neue Mahltechniken zwar zu erhöhtem Brotkonsum, zugleich hatten sie jedoch schwere Folgen für die Ernährung der Bevölkerung. Walzmühlen sonderten Keim und Kleie aus. Es entstand reines, feines, weißes Mehl, geeignet zum Brotbacken und lange haltbar. Doch fehlten die Mineralstoffe und Vitamine aus den Keimen. Das Mehl enthielt auch weniger Fett und Proteine. Da die armen Schichten Europas kaum Fleisch oder Gemüse aßen, führte dies zu häufigen Mangelerkrankungen. Heute ist Griechenland in bezug auf den Verzehr von Getreideprodukten führend, gefolgt von Italien. Die Auswahl ist in Deutschland mit ungefähr 300 Brotsorten besonders groß. Vollkornbrot ist in Deutschland und im Nordosten Europas beliebt, während sonst hauptsächlich Weizenbrot gegessen wird. Breinahrung ist fast vollständig aus dem täglichen Speiseplan gewichen, während Brot weiterhin als ein elementarer Bestandteil europäischer Volksnahrung betrachtet werden muß.

Fisch und Fleisch

Generell hatte der Fisch als Nahrungsmittel in Mitteleuropa jahrhundertelang eher marginale Bedeutung. Im Binnenland war der Fischkonsum bei Mittel- und Unterschichten gering, wohingegen er an den Küsten einen prägenden Bestandteil der Ernährung darstellte. Stockfische und Salzheringe waren auch im Inland relativ billig und eine typische Fastenspeise. Süßwasserfische jedoch waren teuer und galten als Speise der Oberschicht. Schlechte Infrastruktur und mangelnde Konservierungsmöglichkeiten machten es fast unmöglich, die meisten Meeresfische bis ins Inland zu transportieren. Die Situation änderte sich erst in den achtziger Jahren des 19. Jahrhunderts. Durch die Entwicklung der Hochseefischerei, den Ausbau des binnenländischen Verkehrs (Eisenbahn) und neue Konservierungsmethoden gelangten Seefische in größeren Mengen und erhöhter Vielfalt ins Landesinnere, und der Konsum stieg.

In Nord- und Osteuropa wird viel Schweinefleisch gegessen. Aus dem Nahen Osten gelangte das Schwein nach Europa. In Deutschland, England, Frankreich und Norditalien berechnete man in der Zeit nach dem 7. Jahrhundert die Größe von Waldgebieten nicht nach Hektar, sondern nach der Anzahl von Schweinen, die sich in ihnen ernähren konnten. Der Verzehr von Fleisch war lange Zeit ein Statussymbol gesellschaftlicher Vorrechte. Adelige und Bürger hatten daraus bis zum 14. Jahrhundert das grundlegende Kennzeichen ihrer Ernährungsweise gemacht. Im Europa des 13. bis 17. Jahrhundert galt Fleisch als ideales Hauptgericht zur Beilage aus Getreide, also zu Brot oder Brei. Fleisch aß man, so viel man sich davon leisten konnte; zudem sollte es möglichst fett sein. In der zweiten Hälfte des 14. Jahrhunderts nahm auch der Fleischverbrauch der unteren Gesellschaftsschichten wieder zu. Im 15. und 16. Jahrhundert verbrauchten die Menschen besonders in Deutschland, Polen, Schweden, England und in den Niederlanden enorme Mengen an Fleisch. Bis heute ist der Verzehr von Schweinefleisch neben dem des Rindfleisches signifikantes Merkmal europäischer Nahrung. Hier lassen sich Grenzen zu Kulturen ziehen, die aus religiösen oder gesellschaftlichen Gründen auf den Verzehr von Schweine- oder Rindfleisch verzichten.

Noch sorgfältiger als das, was gegessen werden soll, schreiben Religion und Tradition vor, was nicht gegessen werden darf. Pferdefleisch ist in den meisten Regionen Europas heute weitgehend tabu. Das war nicht immer so: Paczensky und Dünnebier weisen darauf hin, daß das Pferd in der europäischen Frühgeschichte zu den eßbaren Tieren zählte.[3] Eine Fundstelle im Burgund brachte die Knochen von über 100 000 Wildpferden zu Tage, die in der Steinzeit von Jägern verspeist wurden. In der germanischen und nordeuropäischen Kultur wurde das Pferd dann zu einem Mythen- und Göttertier, das man verehrte und als Opfer schlachtete, um es in festlichem Rahmen zu verzehren. Entsprechend energisch wurde das Pferdeessen von christlichen Missionaren verurteilt. Daß der Verzehr tatsächlich zurückging, hatte auch wirtschaftliche Gründe. Pferde sind keine Wiederkäuer und verwerten Futter schlechter als Kühe, brauchen also sehr viel Weideland. Mit zunehmender Bevölkerungsdichte in Europa wurden große Flächen Weideland in Felder umgewandelt. Pferde ließen sich als Zugtiere ertragreicher nutzen als zu Nahrungszwecken. Auch ihr Dienst im Krieg als Last- und Reittier trug zu der allmählichen Tabuisierung von Pferdefleisch bei.

Aus Westeuropa und England existieren frühgeschichtliche Funde, die belegen, daß auch Hunde gegessen wurden. Warum der Hund als Nahrungsmittel in Europa tabuisiert wurde, während er in anderen Kulturen weiterhin auf dem Speisezettel steht, bleibt genauso offen wie die Gründe für die Entstehung anderer Nahrungsgrenzen. Afrikaner ekeln sich bei dem Gedanken, daß in einigen Regionen Europas Frösche verspeist werden, Europäer empfinden heute ähnlich bei der Vorstellung, Insekten zu essen.

Kartoffel

Die Urheimat der Kartoffel liegt in den Andenhochländern Südamerikas. Sie war in Chile und Peru schon im siebten Jahrtausend vor unserer Zeitrechnung als Nahrungsmittel bekannt. Prähistorische Funde geben Hinweise darauf, daß einige Ethnien Südamerikas bereits vor 2000 Jahren Techniken entwickelten, Kartoffeln zu trocknen. Auf den Hochebenen Perus, Boliviens, Ecuadors und Chiles, wo Mais nicht angebaut werden kann, machte sie schon im 16. Jahrhundert eine Hauptnahrungsquelle aus und existierte in großer Sortenvielfalt. Nachdem die Kartoffel etwa in der Mitte des 16. Jahrhunderts erstmals von Amerika nach Europa gebracht worden war, etablierte sie sich in den folgenden Jahrhunderten als Grundnahrungsmittel in vielen Ländern. In Irland fand sie am frühesten Aufnahme in die Volksnahrung; 1588 pflanzte man sie dort erstmals an. Die bereits gut an Klima und Boden angepaßten Pflanzen bildeten bald die Nahrungsgrundlage der irischen Bevölkerung. Schon in der zweiten Hälfte des 17. Jahrhunderts wurde sie zur Hauptnahrung der Armen Irlands und ihr Anbau breitete sich nach England und Schottland aus. Als jedoch 1845 und in den Folgejahren durch die Kraut- und Knollenfäule nahezu die gesamte Kartoffelernte vernichtet wurde, führte dies zur nationalen Katastrophe und großer Hungersnot. Wie sehr die Gruppenidentifikation von Menschen über das Medium Nahrung mit sozialen und wirtschaftlichen Gesichtspunkten verknüpft ist, zeigt das Verhältnis England–Irland zu dieser Zeit. Das reichere England aß Getreide und Rindfleisch. Den weniger wohlhabenden Iren, die sich von Kartoffeln ernährten, welche in ihren kleinen Gärten besser anbaubar waren als Getreide, warf man vor, faul zu sein. Dies stellte eine leichte Erklärung für die wirtschaftliche Schwäche Irlands dar, die aber auch das Gefühl der Getreidebauern zum Ausdruck brachte, härter arbeiten zu müssen als Landwirte, die Knollenfrüchte kultivierten.

Neben ihrer Verwendung als Gemüse wird die Kartoffel im 18. Jahrhundert auch zur Brotherstellung mitverarbeitet. Dieses billige Brot gehörte zur Hauptnahrung der armen Bevölkerung. Die Kartoffelkost löste bei breiten Bevölkerungsschichten die seit dem Mittelalter vorherrschende Breikost definitiv ab. In Mitteleuropa erreichte der Kartoffelverzehr um 1900 etwa 600 kg pro Kopf und Jahr. Von dieser Zeit an kann jedoch durch sich verändernde Ernährungsgewohnheiten ein stetiger Rückgang des Konsums beobachtet werden, der 1940 durchschnittlich nur noch etwa 200 kg pro Kopf und Jahr betrug und seitdem weiter abnimmt. Gleichzeitig entwickelten sich neue Verarbeitungsmethoden, und es kam zur Einführung anderer Kartoffelprodukte, wie zum Beispiel Pommes frites, Instantkartoffelbrei und Kartoffelchips. Doch obwohl der Konsum der natürlichen Kartoffeln im Gegensatz zu den industriell verarbeiteten zunehmend rückläufig ist, sind sie immer noch elementarer Bestandteil der Nahrung.

Die Kartoffel kann zusammen mit Kaffee und Branntwein als prägende Innovation oder sogar als kulturelle Leitnorm beim Entstehen des modernen Speise- und Mahlzeitensystems im späten 18. Jahrhundert betrachtet werden. Aus dem bisherigen Schriftentum ist bisher erst schemenhaft erkennbar, welche Umstände die derartige Etablierung der Kartoffel gefördert haben. Trotz vielfacher Berührungen der verschiedenen Regionen Europas mit der neuen Kulturpflanze seit dem 16. Jahrhundert vollzog sich ihre Ausbreitung zeitlich wie räumlich sehr ungleichmäßig. Daher können die vielen Einzugswege der verschiedenen Sorten nach Europa hier nicht detalliert aufgezeigt werden. Wirtschaftliche Voraussetzungen und soziokulturelle Einstellungen waren in den einzelnen Regionen Europas recht verschieden und wirkten bei ihrer Rezeption sowohl förderlich als auch hemmend. Für die Gründe der Ausbreitung der Knollenfrucht sind viele verschiedene Theorien aufgestellt worden, doch eine gültige historische Einordnung der Kartoffelkultur in die Entwicklung der europäischen Gesellschaft läßt sich allenfalls für Teilregionen geben. Ähnliche Vegetationsbedingungen wie in den Herkunftsgebieten (Irland), Kriege und Hungersnöte (Preußen) oder größerer Nährstoffertrag im Vergleich zum Getreidebau stehen sicherlich damit in Verbindung, können jedoch keine monokausalen Erklärungsansätze sein. Die Gründe sind vielschichtig, und die Forschung hat begonnen, gerade diese Zusammenhänge stärker aufzuhellen.

Gemüse

Viele heute weitverbreitete Gemüsearten sind erst im Laufe der letzten Jahrhunderte in Kultur genommen worden. Mit ihrer steigenden Produktion bestimmen sie zunehmend die Ernährungsgewohnheiten. Beispielsweise erfreut sich der aus Südamerika stammende Paprika heute in den meisten europäischen Ländern großer Beliebtheit. Vom Südosten Europas, wo er inzwischen zu einem wichtigen Gemüse der verschiedenen National- und Regionalküchen geworden ist, dehnte sich seine Verwendung in den Westen Europas aus, und sein Anblick ist inzwischen von europäischen Gemüsemärkten nicht mehr wegzudenken.

Betrachtet man den kulturellen Stellenwert von Gemüse im Laufe der Geschichte, so wird deutlich, daß es als Grundnahrungsmittel erst spät in die europäische Küche Einzug hielt. In mittelalterlichen Aufzeichnungen der Mönche über Heilpflanzen finden sich jedoch Wurzeln und Kräuter, die erst nach dem Kochen zu Mus wurden, zu »G'müs«. Man hielt Gemüse nur für erwähnenswert, wenn heilsame Kräfte benötigt

Mittelalterlicher Gemüsegarten

wurden. So galt die aus Spanien stammende Schwarzwurzel als Mittel gegen Schlangengift, mit Sauerampfer heilte man Leber- und Nierenbeschwerden. Fast jedem heimischen Gemüse wurde eine Wirkung zugeschrieben. Das Wissen darum stammte zumeist aus römischen oder griechischen Quellen. Eine Ernährungsweise mit viel Gemüse gehörte zu den Gebräuchen des frühen Mönchtums, denn es stand für Askese. Benedikter- und Kartäusermönche aßen vegetarisch. Wer im Mittelalter hauptsächlich Gemüse verzehrte, war arm oder fastete. Es existierte eine geringe Sortenvielfalt; nur Italien bildete hier eine Ausnahme. Seit der Renaissance aß man viel Spinat, Artischocken, Trüffel, Broccoli und Erbsen. Man nahm auch importiertes Gemüse aus Amerika, zum Beispiel Tomaten, Paprika oder grüne Bohnen, verhältnismäßig schnell in die Palette der Nahrungsmittel auf. Der Kohl war allgemein sehr verbreitet, doch wer konnte, vermied ihn. »Jedes Obst und jeder Kohl sind eine schlechte Nahrung, weil sie schlechtes Blut machen«, schrieb der Arzt Aldebrandin von Siena im 13. Jahrhundert nieder. Im Winter gab es gar kein frisches Gemüse, sondern nur eingesalzenen oder sauren Kohl.

Die damals bestehende Geringschätzung für Gemüse ist auch heute noch in ländlichen Regionen Europas zu beobachten. Fleischkonsum wird in einigen Gebieten, wenn auch mit abnehmender Tendenz, weiterhin mit Wohlstand und gesunder Ernährung assoziiert. Ein Gericht ohne Fleisch bedeutet eine unvollständige Mahlzeit. Dies beispielsweise ist ein großer Kontrast der historischen Eßkultur Europas zu der Asiens, in der Gemüse seit Jahrhunderten für ästhetischen und kulinarischen Reichtum steht und neben Getreide den wichtigsten Bestandteil der Nahrung darstellt.

Obst

So geläufig uns der Begriff »Obst« im täglichen Sprachgebrauch ist, so schwer ist es, eine umfassende Definition für ihn zu finden. Sprachlich ist das Wort »Obst« aus dem althochdeutschen *obaz* (*ob* bedeutet oben, *azen* essen) entstanden. »Obst« bezeichnet also das an der Pflanze oben befindliche Eßbare. Andere Quellen interpretieren den Begriff als die Speise, die über das Essen hinausgeht, also »Zukost« bedeutet. Der Gebrauch des Begriffes wird allerdings auf süß-aromatische Früchte und Fruchtstände von Bäumen, Sträuchern und Kräutern der gemäßigten Zone eingeengt. Nüsse, auch Schalenobst genannt, bilden hier eine Ausnahme. Die häufig vorgenommene Trennung in heimisches Obst, Südfrüchte und Schalenobst ist botanisch-taxonomisch ebensowenig vertretbar wie die Gliederung des Obstes der gemäßigten Breiten in Kern-, Stein-, Beeren- und Schalenobst, die aus praktischen Gründen entstanden ist. Unter botanischen Gesichtspunkten dominieren einige Pflanzenfamilien mit besonders vielen obstliefernden Arten: Die Familie der Rosengewächse *(Rosaceae)* schließt fast das gesamte Stein- und Kernobst und manche Beerenobstart ein. Innerhalb der Familie der Rautengewächse *(Rutaceae)* ist deren Vertreter der Gattung *Citrus* (Orange, Zitrone etc.) geradezu als der Inbegriff der Südfrüchtelieferanten anzusehen. Auch die Familie der Weinrebengewächse darf hier nicht unerwähnt bleiben.

Historisch kann der Obstanbau bis zu den großen Reichen der Ägypter, Perser, Assyrer und Babylonier zurückverfolgt werden. Schon der Römer Plinius (23 bis 79) berichtet nicht nur vom Anbau, sondern bereits über das Veredeln der Obstgehölze. Ein beträchtlicher Teil der europäischen Obstarten stammt aus den Gebieten Kleinasiens, des Kaukasus bis zum Himalaya. Aus den Reichen des Altertums gelangten sie hauptsächlich durch Vermittlung der Römer nach Europa, wo sie sich im Laufe der Jahrhunderte ausbreiteten. Feudalherren und Klöster spielten dabei eine wichtige Rolle. Schon Karl der Große (742 bis 814) erteilte Instruktionen über anzubauende Kulturpflanzen, unter denen sich 17 bis 18 Obstarten befanden. Lange Zeit galt Obst in der Bevölkerung jedoch als ausgesprochen gefährlich. Es herrschte die Meinung, es erzeuge schlechte Säfte und mache »fauliges Fieber« (Typhus). Zu den in Europa hauptsächlich vorkommenden Obstsorten gehören Äpfel, Birnen, Süß- und Sauerkirschen, Pflaumen (Zwetschgen, Reineclauden), Pfirsiche, Aprikosen, Wein, Erdbeeren, Himbeeren und Brombeeren, Johannisbeeren, Stachelbeeren, Heidelbeeren, Preißelbeeren, Orangen, Zitronen, Mandarinen, Quitten, Melonen, Oliven, Feigen, Granatäpfel, Edelkastanien (Maronen), Mandeln und Pistazien. Früchte, die im Laufe der Zeit in Europa an Bedeutung verloren haben, sind die Mehlbeere, die Frucht des Weißdorns, Vogelbeeren und Bucheckern. Im 17. Jahrhundert wird dieses Obst noch mit den bekannten Sorten genannt. Später nimmt dessen Verzehr ab – etwa zur gleichen Zeit wie der von unzähligen Apfel- und Birnensorten.

Ethnologische Nahrungsforschung

»Die Küche einer Gesellschaft ist eine Sprache, in der sie unbewußt ihre Struktur zum Ausdruck bringt, es sei denn, sie verschleiere nicht minder unbewußt ihre Widersprüche.« (Claude Lévi-Strauss)[4]

Wie eingangs erwähnt, betrachten Ethnologen die Nahrung als ein Kulturgut und die Nahrungsaufnahme als ein umfassendes gesellschaftliches Phänomen. Allerdings blieb die volkskundliche Nahrungsforschung bis ins frühe 20. Jahrhundert im Stadium des Sammelns und Beschreibens stecken. Da Kultur jedoch stets ein gewisses Maß an menschlicher Bearbeitung oder Einordnung beinhaltet, kann das einfache Nahrungsmittel an sich, wie zum Beispiel die Kartoffel oder das Obst, nicht allein Objekt ethnologischer Betrachtungen sein. Zieht man die Speise als Untersuchungsgegenstand in Betracht, stellt man fest, daß es Speisen gibt, die der Zubereitung bedürfen (wie Brot oder Brei), und Speisen, die unbearbeitet verzehrt werden können (Obst). Nach Günter Wiegelmann[5] zählen letztere nicht zur Kultur und daher nicht zu den Objekten ethnologischer Nahrungsforschung, weil die Grundobjekte ethnologischer Untersuchungen bereits vom Menschen gestaltet und strukturiert sein müssen. Allerdings bedeutet der Prozeß der Adaption oder der Ablehnung von Nahrungsmitteln im Laufe der Geschichte, also ihre Selektion aus dem natürlichen Reservoir von Pflanzen und Früchten, bereits eine Kulturleistung und ist somit ethnologisch relevant. Ebenso zeigt auch die Wahl von Nahrungsmitteln im Alltag oder zu besonderen Gelegenheiten in den verschiedenen Bevölkerungsschichten der Regionen Europas eine gewisse kulturelle Einordnung. Dieser Prozeß ist ein Produkt und gleichzeitig ein Ausdruck kultureller Merkmale von Gesellschaften. Die Fremd- und Eigenzuschreibung, also die Identifikation mittels bestimmter Nahrungsformen existiert nicht nur über die Zubereitung und Einnahme, sondern bereits über die in Regionen vorkommenden oder bevorzugten Grundnahrungsmittel. So gelte es, im Rahmen historischer und sozialer Längs- und Querschnitte zu untersuchen, welche gesellschaftlichen Faktoren die unbewußte oder bewußte Annahme oder Ablehnung bestimmter Nahrungsmittel beeinflussen.

Der sinnvollste Untersuchungsgegenstand ethnologischer Nahrungsforschung ist nach Wiegelmann jedoch die unterste funktionelle Einheit der Nahrungsaufnahme: die Verzehrssituation. Nicht der Fisch an sich, sondern die Mahlzeit, bei der er gegessen wird, steht im Mittelpunkt der Betrachtung. Diese Untersuchungseinheit stellt ein ethnologisches Spezifikum dar und ist bei der Analyse von Nahrung als Kulturgut als sinnvollster Betrachtungsgegenstand zu werten. Das Element »Mahlzeit« ist zu allen Zeiten, bei allen Sozialgruppen und in allen Gegenden vorhanden und trifft Aussagen über den funktionellen Rahmen von Speisen. So zwingt sie zur ganzheitlichen Betrachtung und führt zu ethnologischen Erkenntniszielen in der Nahrungsforschung. Was diese in bezug auf das »gemeinsame europäische Haus« angeht, so ist wegen der vielschichtigen, stets von allen Regionen ausstrahlenden Einflüsse auf das so variable Kulturgut der europäischen Volksnahrung eine intensive Zusammenarbeit im europäischen Rahmen anzustreben. Diese Kooperation ist nicht Resultat einer Zeitmode, die alles Europäische emporhebt, sondern folgt den sachlichen Erfordernissen einer kulturbezogenen Nahrungsforschung.

1 Statistisches Bundesamt, Statistisches Jahrbuch 1998 für das Ausland. Berlin 1998. S. 61f.

2 Lysaght. Zitiert nach: Alexander Fenton und Eszter Kisban, Food in Change, Eating Habits from the Middle Ages to the Present Day. Edinburgh 1986.

3 Gert von Paczensky und Anna Dünnebier (Hg.), Kulturgeschichte des Essens und Trinkens. München 1997. S. 296f.

4 Claude Lévi-Strauss, Der Ursprung der Tischsitten. In: Mythologica 3. Frankfurt am Main 1973. S. 504–532.

5 Günter Wiegelmann und Hans J. Teuteberg, Unsere tägliche Kost, Studien zur Geschichte des Alltags. Münster 1986.

Getränke

Jürgen Knauss

»Essen und Trinken hält Leib und Seele zusammen«, so die volkstümliche Redensart. Die Aufnahme von Flüssigkeit ist ein lebensnotwendiger Akt des Menschen, um den Mineralstoff- und Wasserhaushalt des Körpers zu regulieren. Der Durst, der uns Menschen nach einem Dauerlauf überfällt, ist nichts anderes als der Wunsch unseres Körpers, die durch das Schwitzen verlorengegangenen Mineralstoffe und Flüssigkeiten wieder zu ersetzen. Dafür gibt es eine große Anzahl unterschiedlicher Möglichkeiten.

Wasser

Mag es auch äußerst banal klingen, das Getränk Wasser muß an erster Stelle behandelt werden. Denn es ist seit jeher das Getränk Nummer eins. In der Vergangenheit wurde der unentbehrliche Wasserbedarf durch Regen-, Quell-, Zisternen-, Brunnen- und Flußwasser gedeckt, das in Bottichen, Eimern und anderen Behältern aufbewahrt und gespeichert wurde. Um die oftmals katastrophale Wasserqualität zu kompensieren, wurde das Wasser abgekocht und als Suppe jedweder Art genossen. War die Wasserversorgung in den ländlichen Regionen wie beispielsweise in den europäischen Karstgebieten meist problematisch, so haperte es erst recht mit der städtischen Trinkwasserversorgung auf Grund der Bevölkerungsagglomeration selbst in wohlhabenden Regionen. In Venedig etwa reichte das Süßwasser der Zisternen auch in normalen Zeiten nicht, um die Einwohner mit Trinkwasser zu versorgen, so daß das begehrte Naß von außen herbeigeschafft werden mußte, »was in Ermangelung einer Wasserleitung von Barken besorgt wird, die täglich mit Wasser aus der Brenta die Kanäle Venedigs anlaufen. Ja, die ›aquaroli‹ sind in Venedig so zahlreich vertreten, daß sie sogar eine eigene Zunft bilden.«[1]

In Lissabon wurde zwischen 1729 und 1748 ein Aquädukt gebaut, der Quellwasser an den Stadtrand förderte, das Wasserträger ins Zentrum und in die Haushalte transportierten. Vielfach wurde in den süd- und mitteleuropäischen Städten auch auf die von Römern erbauten Wasserleitungen zurückgegriffen, wie etwa auf die 1841 instandgesetzte *puente* von Segovia. Auch Paris wurde »bis zum 17. Jahrhundert von dem 1457 reparierten Aquädukt von Belleville zusammen mit dem von Pré-Saint-Gervais und dem unter Maria von Medici wiederaufgebauten Aquädukt von Arcueil versorgt, der das Wasser von Rungis direkt in den Luxembourg leitete«[2]. Da aber das Wasser dieser Aquädukte bei weitem nicht zur Versorgung der Bevölkerung ausreichte, wurde mit Hilfe von Wasserträgern, aber auch von Saug- und Druckpumpen, die durch riesige Wasserräder angetrieben wurden, das Wasser der Seine genutzt. Dieses war aber als Trinkwasser von ausgesprochen miserabler Qualität. »In den Flußarm zwischen den zwei Brücken am Quai Pelletier«, so berichtete ein Zeitgenosse anno 1771, »gießen zahlreiche Färber dreimal die Woche ihre flüssige Farbe [...] Der Brückenbogen am Quai de Gèvres ist ein einziges stinkendes Loch. Das ganze Viertel trinkt verseuchtes Wasser.«[3]

Im London des ausgehenden 18. Jahrhunderts waren die Häuser der City über ein unterirdisches Holzröhrensystem direkt an die Themse angeschlossen, was aber nicht gleichbedeutend war mit fließendem Wasser, sondern nur damit, daß die Haushalte regelmäßig mit Wasser versorgt werden konnten, welches dann in Fässern und Bottichen aufgefangen und gelagert wurde. Die zeitgenössischen Berichte betonen immer wieder die mangelhafte Qualität des Themsewassers.

Durch die beginnende Industrialisierung wurde die Wasserqualität der Flüsse nicht besser. Erst das verstärkte Auftreten von Epidemien und Seuchen, allen voran Cholera und Thyphus, wie etwa in Hamburg 1892, führte zu einer zielgerichteten Aufbereitung von Oberflächen- wie auch Quellwassern zur Trinkwassernutzung. In den Karstgebieten wie der Schwäbischen Alb wurden Projekte einer Fernwasserversorgung realisiert. Im Deutschen Reich wurden 1905 einheitliche Gesichtspunkte für die Trinkwasserversorgung aufgestellt. Eng mit dieser Verbesserung verbunden war eine geregelte Beseitigung und Entsorgung der Abfallstoffe, allem voran der Hausabwässer.

Ganz besondere Aufmerksamkeit zur Reinhaltung ließ man den heilsamen Mineralwasserquellen angedeihen. Schon Urkunden aus dem 8. Jahrhundert berichteten von einer besonderen Quelle, nämlich dem 1536 ausdrücklich als »Mineralquelle« bezeichneten »Sauerbrun« von Niederselters im Taunus. Solche Mineralwasserquellen gab es auch andernorts in Europa, doch keine hatte bis weit in das 19. Jahrhundert hinein einen so schwunghaften, ja weltweiten Versandhandel mit seinem Mineralwasser wie Niederselters. »Das Selterswasser war dank seiner oftmals beschriebenen Heilkräfte zu einem Verkaufsschlager geworden. Die Preise waren immens angestiegen, so daß es angemessen erscheint, das Selterswasser damals als Luxusgut einzuordnen. [...] In kurtrierischer Zeit wurde über die Großkaufleute, insbesondere jene von Köln, Amsterdam und Frankfurt Selterser Mineralwasser in alle Welt verkauft. Lieferungen nach Rußland, Frankreich, England, Italien, Holland, Irland, Schweden und Dänemark standen dabei auf der Tagesordnung.«[4]

Die Entstehung einer eigentlichen Mineralwasserindustrie wurde aber durch die Herstellung »künstlicher Mineralwässer« von Dr. Friedrich Adolph August Struve begründet. Aufgrund von Analysen der zu Trinkkuren verwendeten Mineralwässer konnte er durch die Anreicherung von Mineralien Nachbildungen dieser natürlichen Heilwässer herstellen. Struve eröffnete 1818 seine erste »Mineralwasser-Anstalt« und 1820 einen Trinkgarten in Dresden, dem weitere in Leipzig und Berlin, aber auch in Rußland, England und Polen folgten. Darüber hinaus stellte er als erster ein Getränk her, das ausschließlich als Genußmittel zur Erfrischung und Durstlöschung diente, das »Selterswasser«. Schon der Name war eine Plagiat-Reaktion auf den wirtschaftlichen Erfolg des Mineralwassers aus Niederselters im Taunus. Dieses Struv'sche »Selterswasser« bestand aus Trinkwasser, natürlicher Kohlensäure, Kochsalz und Soda und entspricht der heutigen Bezeichnung »Tafelwasser«. Nach heutigen Qualitätsnormen und Anforderungen wird darüber hinaus noch zwischen »natürlichem Mineralwasser«, »Quellwasser« und »Heilwasser« unterschieden, je nach Herkunft, Mineralienzusammensetzung etc. Die Herstellung von Brauselimonaden wird durch die Mischung von Würz- und Aromastoffen zu Tafel- oder Trinkwasser erreicht. Der beliebteste Aromastoff ist die Zitronensäure. Der lateinische Name für die Zitrone gab einer ganzen Gattung von alkoholfreien Getränken die Bezeichnung. Aus *citrus limonum* entstand in Italien für ein aus Zitronensaft und Wasser hergestelltes Getränk der Name *lemonata*. Verdeutscht lautet dies »Limonade«, woraus schließlich, nach dem Zusatz von Kohlensäure, die Bezeichnung »Brauselimonade« entstand.

Bier

»Wer das Bier nicht kennt, weiß nicht, was gut ist!« Dieses Sprichwort wurde vor mehr als 4000 Jahren im Zweistromland zwischen Euphrat und Tigris niedergeschrieben und zeigt damit das hohe Alter des Getränks. Die ersten Biere dieser frühen Kulturepoche waren aus vergärtem Brotteig gewonnene, sehr nahrhafte Getränke – daher stammt auch die Überlieferung vom Bier als dem »flüssigen Brot«. Obwohl der Kulturkreis der Griechen und Römer als Wiege der Weinkultur gilt, war bei ihnen auch das Bier von nicht zu unterschätzender Bedeutung. Im römischen Imperium galt es als Nationalgetränk der Gallier und Germanen – und wenn den römischen Legionen der Wein ausging, verlegte man sich auf den Genuß von *cervisia*, wie der geläufige Name für Bier lautete.

Bei den Germanen war das Bier von besonderer Bedeutung. Es wurde als Bestandteil der täglichen Nahrung von den Frauen selbst gebraut; ihm wurden die verschiedensten Würzmittel beigemischt. Je nach den Zusätzen galt es auch als Heilmittel gegen Würmer, Durchfall, Frauenleiden und andere Krankheiten. Auch im Mittelalter waren Wein und Bier die bevorzugten Getränke. Hatte der Wein eine hervorgehobene Stellung als Getränk der Oberschicht, so war das Bier eher Nahrungs- denn Genußmittel, was bei der katastrophalen Trinkwasserqualität nahezu gesundheitsförderlich war. Die eigentliche Braukunst entwickelte sich aber in Klöstern und größeren Handelszentren, wie etwa den Hansestädten. Gerade die mittelalterlichen Mönche in Europa waren es, die als erste wirkliches Qualitätsbier und dies auch noch in verschiedenen Typen zu brauen vermochten. Als Grund für diese Entwicklung wird immer wieder die Fastenzeit herangezogen; da in diesem Zeitraum nur wenig feste Nahrung zu sich genommen werden durfte, war das Bier als »flüssiges Brot« zu Kompensationszwecken bedeutsam. Noch heute haben sich in Klöstern spezielle Brautraditionen und Biersorten erhalten, wie etwa das Trappistenbier in Flandern oder das Starkbier bayerischer Klöster.

Mit den aufstrebenden Städten des 13. und 14. Jahrhunderts scheint sich dann die

Bierherstellung von der Hausproduktion zum lukrativen Gewerbezweig entwickelt zu haben, denn das Bier konnte überall abgesetzt werden. »In Bordeaux, der Hochburg des Weines, [...] fließt in den Tavernen des Holländer- und Ausländerviertels des Chartrons das importierte Bier [...] in Strömen. Selbst Sevilla, ebenfalls eine typische Weinstadt, [...] soll schon 1542 eine Brauerei besessen haben.«[5] Das mittelalterliche Bier ist aber kaum mit den heute auf dem Markt befindlichen Getränken vergleichbar. Nicht nur wegen der Verwendung aller verfügbaren Getreidearten, sondern vor allem auf Grund der beigemischten Würzmittel. Bei diesen »Kräuterbieren« wurde nicht nur Hopfen, sondern auch Rosmarin, Lorbeer, Anis, Kümmel und Wermut zugesetzt. Es fanden aber auch recht abstruse und giftige Substanzen als Bierwürze Verwendung, so etwa Ochsengalle, oder bewußtseinsverändernde Drogen wie das giftige Bilsenkraut oder Tollkirsche. Bei Bieren, die mit solchem Kraut gewürzt waren, konnte ein über den Durst getrunkener Becher einen Zecher wirklich ins Grab bringen. Dieser historische Hintergrund macht nun auch verständlich, weshalb Bierordnungen und Vorschriften zur Reinheit des Bieres erlassen wurden. Am bekanntesten wurde das Reinheitsgebot des Bayerischen Herzogs Wilhelm IV. aus dem Jahr 1516.

Das Bier heutiger Prägung und Geschmacksrichtung ist eng mit den technologischen Innovationen des 19. Jahrhunderts verbunden. Erst mit der Entdeckung der Hefereinzucht durch den Dänen Emil Christian Hansen, der Enträtselung des Gärvorganges durch den Franzosen Louis Pasteur und der Erfindung der künstlichen Kühlung durch den Deutschen Carl von Linde war es möglich, das Bierbrauen auf eine technisch wie qualitativ sichere Grundlage zu stellen. In einer Brauerei heutiger Prägung ist der Arbeitsprozeß weitgehend technisiert, standardisiert und computergesteuert. Bier ist ein internationales Getränk, das überall auf der Welt in den verschiedensten Varianten getrunken wird, doch steht der europäische Kontinent an der Spitze, was Anzahl von Biermarken und Brauereien betrifft.

Bekannte Biertrinkerländer in Europa sind Deutschland, die Tschechische Republik, Großbritannien, Irland, die Niederlande, Belgien, Dänemark – und auch Spanien und Frankreich, die eher als Weinländer bekannt sind. Deutschland gilt als das führende Land des Bieres. In knapp 1300 Braustätten werden hier mehr als 5000 Marken produziert, vom Pils, Export (Lager) und Weizen bis zum Alt und Kölsch. Besondere Spezialitäten werden dem Cervisiologen aber in Belgien und den Niederlanden geboten. Hier sind beispielsweise die Trappistenbiere zu nennen, die noch heute von Mönchen dieses Ordens innerhalb der Klostermauern gebraut werden. Ihr besonderer Geschmack wird durch die Zugabe von Kandiszucker erreicht. In der Gegend um Brüssel wird ein ganz spezielles Bier gebraut, Gueuze oder Lambic genannt. Es ist ein Bier, das noch heute ohne Zugabe von Hefen, sondern mit wilden Hefen, *spontane gisting*, hergestellt wird. Dieses Bier kann frisch getrunken oder über Jahre gelagert und als »altes Gueuze« konsumiert werden. Eine Besonderheit ist die Herstellung des Kriek, des berühmten belgischen Kirschbiers, das durch Zusetzung von Kirschen zum Gueuze entsteht. Das englische Real Ale unterscheidet sich recht deutlich von den Bieren kontinentalen Zuschnitts. Das noch heute nach historischen Verfahren gebraute, mittelbraune und bittere Bier wird etwa 13 Grad Celsius warm mit wenig Kohlensäure und fast keiner Schaumkrone serviert. All diese Biere begründen den Ruf Europas als Bierkontinent.

Wein

Wein wird in allen europäischen Regionen getrunken, sein Hauptanbaugebiet liegt aber in den Mittelmeerländern. Doch auch in den weiter nördlich gelegenen Regionen werden dank der zähen Kulturarbeit der Winzer Spitzenweine angebaut, wie etwa in den nördlichsten Weinanbaugebieten Europas, im Elbtal bei Meißen sowie an Saale und Unstrut. »Jenseits des 49. Breitengrades aber gedeiht, wie Jean Bodin sagt, die Rebe auf Grund der Winterkälte nicht mehr. Die Nordgrenze des kommerziellen Weinbaus verläuft etwa von der Mündung der Loire in den Atlantik bis zur Krim und weiter bis Georgien und Transkaukasien. Auf der Höhe der Krim schrumpft diese bis in den Osten hineinreichende, große europäische Wirtschaftsregion zu einem erst im 19. Jahrhundert kräftig entwickelten schmalen Streifen zusammen, einem sehr alten Anbaugebiet, in dem im Altertum bei Wintereinbruch die Weinstöcke zum Schutz gegen die kalten Winde aus der Ukraine eingegraben wurden.«[6]

Die frühesten Funde von Rebsamen in Mitteleuropa reichen bis in den Übergang der Kreidezeit zum Tertiär (vor etwa 80 Millionen Jahren) zurück. Während der Eiszeit war die wilde Rebe aus Mitteleuropa verdrängt. Sie erhielt sich in einigen südfranzösischen und oberitalienischen Refugien im Westen und im pannonischen und kaukasischen Raum im Osten. Von diesen Rückzugsorten aus drang sie nach den Eiszeiten, im sogenannten Postglazial, wieder über die Flüsse, vor allem Rhein und Donau, in den mitteleuropäischen Raum ein. Seit dieser Zeit hat sich die Europäische Wildrebe *(Vitis sylvestris)* mit verschiedenen Varietäten als Liane und Rankengewächs in den Auwäldern ausgebreitet. Viel älter als der Weinbau ist aber die Nutzung der wilden Reben als Nahrungspflanze. Auf diese vor- und frühgeschichtliche Sammelwirtschaft verweisen Wildrebenfunde unter anderem in Gräbern, wie etwa in einem bronzezeitlichen Gräberfeld bei Plauen im Vogtland.

Der eigentliche Weinbau und die Kultur des Weins haben aber in Vorderasien ihren Ursprung. Schon um 3500 vor Christi Geburt war er bei den Assyrern und Ägyptern bekannt. So stammt der Gutedel aus Ägypten. Später scheint die Weinkultur durch die Phönizier um etwa 1500 vor Christi Geburt nach Griechenland gelangt zu sein. Durch das weitverzweigte Netz von Handelsniederlassungen und Kolonien im Mittelmeerraum und auf dem Balkan gelangte der Weinbau nach Italien, Frankreich, Spanien, Albanien, Makedonien, Kroatien, Slowenien und Ungarn. Als das Römerreich entstand und die römischen Legionen halb Europa besetzt hielten, trafen sie in einigen eroberten Gebieten schon in Kultur genommene Traubensorten an. Plinius kannte mindestens zwei gallische Traubensorten – die biturgische und die allobrogische. Aus der letzteren mag später die für Frankreich berühmte Burgunderrebe hervorgegangen sein. Auch nach den Beschreibungen von Columella war Gallien im 1. Jahrhundert der Kaiserzeit ein blühendes Weinland, das eigene Trauben- und

Weinkeller. Torres Vedras, Portugal 1989

Einsetzen von Weinfässern in einen Töpferofen. Campo Maior, Portugal 1973

Weinsorten hatte und diese nach Rom ausführte. Der Weinbau dieser Gegend dürfte auf die Griechen zurückgehen, die über ihre ehemalige Handelsniederlassung Marsallia, das heutige Marseille, entlang von Rhone, Rhein und Loire schon mit Mitteleuropa Handel trieben. Auch der niederösterreichische Weinbau dürfte in seinen Anfängen auf die Griechen zurückzuführen sein, die über die Donau in die pannonische Tiefebene bis ins Wiener Becken vorstießen.

So kommt den Römern wohl nicht das Verdienst der Begründung des Weinbaus zu, sondern »nur« die entschiedene Anbauförderung. Nach der Vertreibung der Römer führten die germanischen Volksstämme der Alemannen, Franken und Burgunder den Weinbau in bescheidenem Umfang weiter. Als besonders große Förderer erwiesen sich die auf die Merowinger folgenden Karolinger, vor allem Karl der Große, der durch seine Maßregeln für die Königsgüter (›Capitulare de villis‹) besonders großen Einfluß auf die Gestaltung der damaligen Landwirtschaft hatte. Die Karolinger und mit ihnen Mönche der in dieser Zeit zur Christianisierung der Franken gegründeten Klöster wurden zu den Begründern und Trägern der Weinbaukultur. Gerade die Klöster spielten hierbei eine besondere Vorreiterrolle, da sie den Wein für kultische Zwecke benötigten.

Der Wein wurde im ausgehenden Mittelalter ein begehrtes und profitträchtiges Handelsgut; selbst in den überseeischen Besitzungen Amerikas wurde die Rebenkultur heimisch gemacht. Die starke Nachfrage löste nicht nur einen regen Handelsverkehr mit den südlichen Weinbaugebieten aus. Gerade die Zeit des ausgehenden 15. bis

›Beer Street‹. Kupferstich von William Hogarth, 18. Jahrhundert

zur ersten Hälfte des 17. Jahrhunderts führte überall in Europa und speziell im deutschen Raum zu einer Ausweitung des Weinanbaus. In dieser Zeit wurden ungeheure Mengen getrunken, ja man kann schon sagen: »gesoffen«; es gab sogenannte Morgen-, Schlaf- und Untertränke. Hohe Absatzzahlen, steigende Nachfrage und enorme Profitraten waren das Kennzeichen des Weinhandels. Die Verdienstmöglichkeit führte zum vorerst als Übel betrachteten sauren Wein. Da der Weinbau sich auch in Regionen ausdehnte, wo man naturgemäß nur sauren, von der Sonne verschonten Wein erntet, war die »Verfeinerung« von solchem Wein mit Hilfe von Gewürzen und Honig schon seit recht früher Zeit bekannt. Diese Methode der Zumischung hat sich bis heute in der Glühweinzubereitung erhalten. Ebenso sind Beeren- und Obstweine sowie auch Arzneiweine aus Alant, Salbei, Wermut und Senf bekannt. Seit etwa Mitte des 15. Jahrhunderts kam dann aber die Unsitte auf, auch enorm gesundheitsschädliche Stoffe zuzumischen oder zumindest Stoffe, die dem Wein und dem Geschmack abträglich waren. Diese Verfälschung kann als sozioökonomische Überreaktion auf einen explodierenden Markt gewertet werden, an dem jeder, ganz gleich wie, partizipieren wollte. Die schädlichsten Methoden der »Schönung« des Weins waren das Zusetzen von Laugen, Kalk, Speck, Scharlachkraut, Springkraut, Vitriol, Wismuth sowie des tödlich wirkenden Quecksilbers und von Bleiweiß, dem süßenden »Bleizucker«. Gerade dies dürfte Tausenden von Menschen das Leben gekostet haben. Obwohl es drastische Strafen für solches Pantschen gab, wurde es weiter betrieben. Besonders im Verlauf des Dreißigjährigen Krieges, der das Ende der Blütezeit des mitteleuropäischen Weinbaus bedeutete und dessen Rückgang einläutete, nahm die Weinfälschung ungeheure Ausmaße an. Dies ist darauf zurückzuführen, daß die Söldnerheere enorme Mengen an Wein benötigten – also versuchte man statt Qualität eben Quantität zu erzeugen, mit dem Erfolg von essigsaurem Wein, der ohne Gewürzzusatz oder jenen Bleizucker ungenießbar war. Unter diesem Aspekt könnte man sogar die gewagte These aufstellen, daß so mancher Söldnerhaufen weniger durch das Schlachtengemetzel dahingerafft wurde als durch den übermäßigen Genuß von »geschöntem« Wein.

Der Rückgang des Weinbaus in Mitteleuropa vollzog sich im Verlauf des Krieges von 1618 bis 1648. Nicht nur der Krieg selbst, auch eine Klimaverschlechterung sowie die Konkurrenz der europäischen Weinanbaugebiete untereinander am Ende des

17. Jahrhunderts brachten einen einschneidenden Rückgang. Auch ein verstärkter Bierkonsum sowie der zunehmende Genuß von Tee, Kaffee und Kakao in den herrschenden Gesellschaftsschichten drängten ihn zurück. In den großen südeuropäischen Weinbauregionen festigten sich Rang und Namen der großen und berühmten Weine erst im 18. Jahrhundert. »Ihre Bekanntheit verdanken sie zunächst wohl weniger ihren Vorzügen als der verkehrstechnisch günstigen Lage der Anbaugebiete an Straßen und vor allem Wasserwegen, was sowohl für kleine Weinbaugebiete wie Frontignau an der Küste des Languedoc als auch für große wie Andalusien, Portugal, Bordeaux oder La Rochelle gilt.«[7]

›Gin Lane‹. Kupferstich von William Hogarth, 18. Jahrhundert

Der qualitative Ausbau der Weinkultur in den dafür klimatisch und edaphisch günstigen Regionen Europas im ausgehenden 18. und im Verlauf des 19. Jahrhunderts mit der Verbreitung von sortenreinen Weinen und der Champagner- und Schaumweinherstellung wurde jäh unterbrochen durch das Auftreten eines bislang unbekannten Schädlings, der Reblaus. Dieser Kerf wurde mit amerikanischen Reben nach Europa eingeschleppt und verbreitete sich, seit er 1865 erstmals in der Provence entdeckt wurde, mit einer sagenhaften Geschwindigkeit. Die Reblaus lebt im Wurzelwerk des Weinstocks und saugt sich mit ihren Stechborsten die Nahrung aus den weichen Wurzelspitzen. Schon durch kleinste Erdklümpchen kann sie sich über das ganze Weinbaugebiet ausbreiten. Trotz Bodendesinfektion mit Schwefelkohlenstoff und dem Verbrennen der Rebpflanzen und -stöcke konnte der Niedergang des Weinbaus nicht verhindert werden. Die europäische Weinbaukultur konnte nur durch die Einfuhr reblausresistenter amerikanischer Wildreben als Pfropfungsgrundlage sowie den Einsatz verbesserter chemischer Schädlingsbekämpfungsmittel vor dem gänzlichen Aus bewahrt werden. Heute ist von all diesen Wirrnissen der Vergangenheit nichts mehr zu spüren, denn die europäische Weinanbaukultur ist weltberühmt.

Spirituosen

Das Auftreten hochprozentiger Alkoholika, der Spirituosen, brachte eine umwälzende Neuerung des Getränkeangebots in Europa mit sich. Der Siegeszug dieser neuen Getränkegattung begann im 17. Jahrhundert, obwohl die Destillation schon seit dem

12. Jahrhundert als bekannt vorausgesetzt werden muß. Nach Fernand Braudel wurde der Alkohol möglicherweise sogar schon um 1100 in Süditalien von der medizinischen Schule von Salerno, dem wohl bedeutendsten chemischen Forschungszentrum der damaligen Zeit, entdeckt. Die Herstellung hochprozentigen, gebrannten Alkohols war jahrelang den Apothekern vorbehalten, die damit Arzneimittel, das sogenannte *aqua vitae* (Lebenswasser), erzeugten, das gegen Wassersucht, Lähmungen, Zahnschmerzen, Gicht und Heiserkeit, vor allem aber gegen die Pest helfen sollte. Da jedoch die Apotheker sehr bald erkannten, daß mit dem Lebenswasser ein durchaus einträgliches Geschäft zu machen war, fehlte es nicht an frühen Warnungen gegen den übermäßigen Genuß des »geprant Wein« oder *vinum ardens*. Um die Wende vom 15. zum 16. Jahrhundert schien die Monopolstellung der Ärzte und Apotheker zur Herstellung von gebranntem Alkohol zu Ende zu sein, denn in Kolmar wurden schon 1506 Weinbrenner und Branntweinhändler fiskalisch zur Kasse gebeten. »1514 gewährt Ludwig XII. der Zunft der Essigbrenner das Destillationsprivileg. Damit ist ein erster Schritt zur offiziellen Freigabe des Arzneimittels für nichtmedizinische Zwecke getan.«[8] Das Branntweingewerbe scheint sich nach seiner Freigabe schnell zu entwikkeln. Braudel weiter: »Im Bordelais, in Gaillac, scheint es schon im 16. Jahrhundert eine Brennerei gegeben zu haben, ja, möglicherweise wird hier bereits seit 1521 Branntwein nach Antwerpen exportiert.«

Die niederländischen Kaufleute spielen bei der Verbreitung des Schnapses ohnehin eine besondere Rolle, da sie eine herausragende Stellung im Weinhandel besitzen. Die Verbindung von Weinanbau und Weinbrennerei ließ im Landesinneren von Frankreich neue Sorten entstehen; hierzu gehören beispielsweise die berühmten Branntweine von Cognac und Armagnac. Eine ebenso wichtige Rolle bei der Verbreitung von Spirituosen als übliches Getränk spielten die Soldaten und das Militär. Mit Branntwein wurden die Bauernsöhne von den Werbern zum Kriegsdienst gelockt. Der Siegeszug des hochprozentigen Alkohols überrollte im 18. Jahrhundert die gesamte europäische Gesellschaft, Männer und Frauen, alle Stände und Klassen tranken Branntwein und Schnaps. Es ergoß sich eine wahre Flut hochprozentiger Getränke, so etwa die in Europa noch heute weitverbreiteten Obstwässer aus Birnen, Zwetschgen oder Kirschen; es entstand der Calvados; in Übersee wurde aus Zuckerrohr der Rum geboren; aus Trestermaische wurde Grappa gebrannt, und die Kornbranntweine aus Getreide wie Whisky, Wodka, Gin und Genever traten ihren Siegeszug an. Die Folgen sind der Kampf gegen die »Branntweinpest« und den Alkoholismus im allgemeinen – mit bis heute wenig Aussicht auf Erfolg.

Tee, Kaffee, Kakao

Eine revolutionäre Erweiterung des europäischen Getränkeangebotes ergab sich aus der Ankunft dreier Aufgußgetränke aus Übersee – Tee, Kaffee und Kakao. Während die Verwendung von Aufgüssen aus Pflanzenbestandteilen wie zum Beispiel Kamille, Lindenblüten, Beinwell, also die Herstellung von Heiltees, schon seit alters her in der

Volksmedizin Europas bekannt war, war der eigentliche Tee ein Produkt des kolonialen Überseehandels der europäischen Seefahrernationen. Der Tee stammte aus China und war dort schon seit dem dritten vorchristlichen Jahrtausend als Heilmittel und anregendes Aufgußgetränk bekannt; die Portugiesen führten ihn ungefähr im Jahre 1580 erstmals nach Lissabon ein. Einer weiteren mit dem Fernen Osten Handel treibenden europäischen Großmacht ist aber der Siegeszug des Tees auf unserem Kontinent zu verdanken – den Niederlanden. Anno 1610 brachte ein holländisches Schiff der Ost-Indischen Gesellschaft ein paar in Stoffballen eingenähte Säcke mit sich, und die Niederlande wurden das erste Land, das der Tee sich eroberte. Die Holländer waren es auch, die ihn in die anderen europäischen Länder exportieren. In Frankreich war er um 1636 bekannt, 1638 erreichte er Rußland über den Landweg mit einer Teekarawane. In das heute als weltbekanntes Teetrinkerland bekannte England kam der Tee zeitgleich mit dem Kaffee und Kakao 1652. Erst 17 Jahre später, 1669, begann die britische Ostindienkompanie mit dem Teeimport aus Asien und begründete damit die spätere führende Stellung Großbritanniens im Weltteehandel. Zeitgleich mit dem Siegeszug des hochprozentigen Alkohols begann, zumindest in den Oberschichten der europäischen Gesellschaften, die Verbreitung der neuen Aufgußgetränke aus Übersee.

Der Kaffee gelangte über zwei Wege nach Europa, einmal über die Türkei auf dem Landweg und zum anderen über den Seeweg, das Mittelmeer querend. Der Kaffeestrauch stammt ursprünglich aus dem Hochland von Äthiopien und wurde im gegenüberliegenden Arabien kultiviert – 1450 wurde in Aden Kaffee getrunken, um 1490 in Mekka, 1510 erreichte das Getränk Kairo, und 1555 trat es erstmals in Istanbul zutage und breitete sich über das türkische Reich von der Levante bis zum Maghreb aus. In Europa selbst fand der Kaffee um 1615 in Venedig, 1643 in Paris und 1644 in Marseille Einzug, ohne daß er sich jedoch als Getränk einbürgern konnte. Der Siegeszug des Kaffees begann erst um das Jahr 1669, als nämlich der türkische Gesandte in Paris Soliman Mustafha Raca Kaffee-Empfänge gab. Wie der Tee, so fand auch der Kaffee zuerst als Allheilmittel weite Verbreitung. In Paris boten armenische Straßenhändler heißen Kaffee an, erste Kaffeehäuser entstanden. Schon 1686 eröffnete in der Rue des Fossies-Saint-Germain ein Kaffeehaus, das bis zum heutigen Tag bestehende »Procope«. Überall in Europa, in Deutschland, Italien, Portugal und England, setzte sich die Idee des Kaffeehauses durch – in der Donaumetropole Wien begann sich eine bis heute erhaltene Kaffeehauskultur zu entwickeln. Das Modegetränk Kaffee wurde in allen Gesellschaftskreisen getrunken; selbst die ärmeren Bevölkerungsschichten wollten auf ihn nicht mehr verzichten. Es entstanden Kaffee-Ersatzstoffe aus Zichorienwurzel, gerösteten Eicheln und anderen Surrogatstoffen.

Der Kakao oder synonym Schokolade wurde um 1520 erstmals von Spaniern aus Mexiko in Form von Blöcken und Tafeln nach Europa eingeführt. Die Trinkschokolade verbreitete sich nur sehr langsam, und vor allem fast nur an den europäischen Höfen. *Aller au chocolat*, zur Schokolade gehen, bedeutet: in der Gunst des Regenten stehen. Eine weite Verbreitung in der europäischen Bevölkerung erreichte die Trinkschokolade erst seit der Mitte des 20. Jahrhunderts; damit unterscheidet sie sich deutlich von Tee und Kaffee. Das einzige europäische Land war Spanien, in dem der Kakao von breiten Bevölkerungskreisen als Alltagsgetränk schon seit dem 18. Jahrhundert genossen wurde.

Tee, Kaffee und mit einiger Zeitverzögerung auch der Kakao traten ihren Siegeszug durch Europa an und spielten als Gegengewicht zur »Branntweinpest« eine ganz besondere Rolle. Heute sind sie Alltagsgetränke geworden, und nur wenig erinnert noch an die eigentliche Aufteilung der Europäer in Tee-, Kaffee- und Kakaotrinkerländer.

Neben den bisher behandelten Getränken vom Wasser bis zum Tee existiert noch eine Vielzahl anderer, regionaler Getränke. Am bekanntesten sind die Säfte aus Früchten und Beeren und deren vergorene Verwandte, die Obstweine. Unter den vergorenen Fruchtgetränken sind der französische Cidre und der schwäbische Most die bekanntesten Vertreter. Erst um 1600 scheint im europäischen Raum die Sitte aufgekommen zu sein, aus Äpfeln (zum Teil auch mit Birnen vermischt) vergorenen Obstwein herzustellen. Im Verlauf des 18. Jahrhunderts wurde die Herstellung von Obstweinen vor allem in den Regionen betrieben, in denen aus klimatischen Gründen kein Weinbau, dafür aber Obstbau möglich war. Positiv auf die Obstweinherstellung haben sich auch landesherrschaftliche Anordnungen zur Förderung der »Landesrevenuen« und hier vor allem die Anlage von Obstbäumen entlang der Straßen und Wege ausgewirkt. Europaweit gesehen, blieb aber der Obstwein regional und vor allem auf den ländlichen Raum begrenzt.

Zum Schluß sei noch kurz auf die Milch verwiesen. Neben der Kuhmilch wird auch Schaf-, Ziegen- und sogar Rentiermilch in Europa getrunken. Auch beim Milchgenuß sind regionale Besonderheiten, vor allem basierend auf der jeweiligen Viehhaltungsform, gegeben. Heutzutage ist durch die Kühlungs- und Frischhaltetechnik die Milch ohnehin haltbarer und kann in die verschiedensten klimatischen Regionen Europas transportiert werden. Die moderne Verkehrsentwicklung hat die bis vor wenigen Jahrzehnten noch bestehenden Getränkeregionen aufgeweicht, und Modeerscheinungen sowie Zeitgeist spiegeln sich auch in der europäischen Getränkekultur wider. Festzuhalten bleibt jedoch, daß neben dem Wasser das Bier und der Wein den Ruf Europas prägen.

1 Fernand Braudel, Sozialgeschichte des 15. bis 18. Jahrhunderts. Bd. I, Der Alltag. München 1985. S. 239.

2 Ebd., S. 240f.

3 Ebd., S. 241.

4 Norbert Zabel, Der Niederselterser Mineralbrunnen 1536–1994. In: Gemeinde Selters (Hg.), Geschichte von Niederselters. Selters 1994. S. 376 und 383.

5 Braudel, a.a.O., S. 251.

6 Ebd., S. 244.

7 Ebd., S. 247.

8 Ebd., S. 256.

Bitter und süß

Was Europa aus anderen Kontinenten übernahm

Eva M. König

Reisende durch Europa begegnen nicht nur Menschen mit verschiedener Sprache und Kultur, sondern auch einer Vielzahl unterschiedlichster Küchen. In jedem Land kann man, manchmal schon beim Gang um die Ecke, lokaltypische Gerichte entdecken und kosten. Die vielfältige europäische Eß- und Trinkkultur ist nicht nur für Gourmets und (Hobby-)Köche ein schier unerschöpflicher Quell der Inspiration, sondern bietet auch Volkskundlern und Kulturanthropologen ein weites Arbeitsfeld. Denn Essen und Trinken hält nicht nur »Leib und Seele zusammen«, sondern ist stets auch ein Moment des Selbstverständnisses und -bewußtseins. In der Kindheit erworbene Vorlieben und Abneigungen für oder gegen bestimmte Nahrungsmittel, Formen der Zubereitung und des Verzehrs gehören als eigenkulturelle Werte zur Identität einer Person oder einer Gruppe, oder anders gesagt: In dem, was Menschen essen, drückt sich für sie und auch für andere aus, wer und was sie sind – und woher sie kommen. Denn gerade der Eßkultur wohnt, wie die Volkskundlerin Eva Barlösius es ausdrückt, eine ganz spezifische symbolische Ortsbezogenheit inne. So sind Nahrungsgewohnheiten nicht nur ein Moment individueller, sondern auch regionaler Identität und zugleich ein beliebtes Medium, diesem Regionalverständnis Ausdruck zu verleihen.

Was nun Essen und Trinken in Europa betrifft, so gibt es neben all der für Europa – auch in anderer Hinsicht – charakteristischen Regionalität auch Dinge, die den kulinarischen Kulturen Europas gemein sind. Hierzu gehört die Tatsache, daß jede europäische Küche, so wie wir sie heute kennen, ohne ursprünglich exotische Zutaten nicht mehr denkbar ist. Viele Gewürze und Genußmittel, aber auch Früchte, Gemüse und Getreide aus anderen Erdteilen sind im Laufe der Zeit zu einem integralen Bestandteil europäischer Küche geworden. Sie haben nicht selten sogar regional- oder nationalspezifische Eß- und Lebenskultur geformt und gehören heute wie selbstverständlich zum alltäglichen Genuß- und Speiseplan.

Wer denkt heute noch beim Verzehr eines ungarischen Gulasch, einer italienischen Pizza, einer spanischen Gazpacho-Suppe oder eines (deutschen) Schokoladenkuchens daran, daß das, was diesen Gerichten ihren so typischen Geschmack verleiht, Paprika, Tomaten und Schokolade, ursprünglich aus dem tropischen Amerika kommt, ebenso wie wichtige Zutaten (Bohnen, Tomaten, Zucchini) der italienischen Minestrone? Auch die in Großbritannien zum inoffiziellen Nationalgericht avancierten *Fish & Chips* wären ohne die in den Anden Südamerikas heimische Kartoffel nicht denkbar. Viele der heute so beliebten überbackenen oder fritierten Kartoffelgerichte verdanken wir dem Einfallsreichtum französischer Köche, denen es gelang, die einst exotische Knolle mit den Sahne- und Käsesaucen der französischen Küche zu verbinden.

Kurzum, letztlich alle uns heute bekannten europäischen Küchen bedienen sich mehr oder weniger ausgiebig aus dem Topf jener Nahrungspflanzen und -mittel, die zu verschiedenen Zeiten aus Afrika, Asien und der Neuen Welt nach Europa gelangten.

Dazu zählten Kulturpflanzen wie Reis, Sorghum, Hartweizen, Auberginen, Zitrusfrüchte, Bananen oder Zuckerrohr, die schon zusammen mit der Verbreitung des Islam durch die Araber den Süden des heutigen Europa erreichten. Mit der Entdekkung Amerikas kamen Bohnen, Mais, Tomaten und Kartoffeln hinzu, um nur die wichtigsten Produkte aus der Neuen Welt zu nennen. Kaum etwas allerdings hat – zumindest zeitweise – Politik und (Eß-)Kultur in Europa so beeinflußt und verändert wie der Gebrauch und Handel von tropischen Gewürzen. Daß es dabei nicht immer friedlich zuging, zeigt ein Blick in die Geschichtsbücher.

Der im Mittelalter so begehrte und, da aus Südindien stammend, zugleich so teure schwarze Pfeffer ist eines der besten Beispiele dafür, welche Rolle die Nachfrage nach Gewürzen in der Geschichte der europäischen Expansionen über den Mittelmeerraum hinaus und zu anderen Kontinenten spielte. Schließlich stammten die meisten der so gefragten Handelsgewürze aus den Tropen Asiens, und drei von ihnen – Vanille, Piment und die Capsicum-Arten wie zum Beispiel Paprika und Cayennepfeffer – haben ihren Ursprung in der Neuen Welt. Ob die Entdeckung Amerikas letztlich ein Abfallprodukt der Pfeffersuche war, wie der Engländer Henry Hobhouse etwas lakonisch meint, ist Ansichtssache; Tatsache jedoch ist, daß die Gier nach Macht, Einfluß und Geld den Handel mit tropischen Gewürzen entscheidend geprägt haben.

Und dies gilt nicht nur für Gewürze, sondern auch für Genußmittel oder Kolonialwaren wie Kaffee, Tee, Kakao und Zucker, die ab Mitte des 17. Jahrhunderts in Europa in Mode kamen. Veränderte Lebensgewohnheiten und Bedürfnisse machten den Handel mit diesen Produkten aus den europäischen Kolonien immer wichtiger und gewinnbringender. Wie zuvor tropische Gewürze avancierten exotische Genußmittel zu einem bestimmenden Faktor europäischer Kolonialpolitik.

Nicht alle Nutzpflanzen oder pflanzlichen Produkte, die aus anderen Kontinenten auf europäische Märkte gelangten, dienten der Ernährung. Viele schmücken noch heute als Zierpflanzen europäische Parks, Gärten und Fensterbänke, andere Nutzpflanzen enthielten für Medizin und Industrie unentbehrliche Stoffe. So half die chininhaltige Rinde des am Ostabhang der Anden wachsenden Chinarindenbaumes als erstes Mittel gegen die auch in Europa verbreitete Malaria. Und bis heute enthält jeder mit Tonicwater gemixte Drink eine kleine Prise Chinin. Die Faser der Baumwolle, die in den subtropischen und tropischen Gebieten Afrikas, Asiens und Amerikas beheimatet ist, trug wesentlich zur Entwicklung der englischen Textilindustrie bei, der bedeutendsten Trägerbranche der industriellen Revolution, die ihrerseits den Übergang zur kapitalistischen Produktionsweise in Europa einleitete. Eine aufstrebende Textilindustrie allerdings benötigte Farbstoffe, die die Europäer zunächst aus allen Teilen der Welt einhandelten. Morin, enthalten im südamerikanischen Gelbholz, färbte Wolle und Baumwolle khakifarben. Koschenille, das Sekret der in enger Symbiose mit dem Nopalkaktus lebenden mexikanischen Schildlaus, verlieh den Uniformen der britischen Armee ihr scharlachfarbenes Rot und trug ihren Soldaten den

Spitznamen *redcoats* (Rotröcke) ein. Heute werden pflanzliche Farbstoffe fast nur noch in der Lebensmittel- und Kosmetikindustrie verwendet. Orangerotes Anatto, aus den Samen des in Süd- und Mittelamerika heimischen Orleansstrauches, oder Pigmente aus dem Mehl der südasiatischen Gelbwurzel verleihen Butter, Margarine, Backwaren oder Käse bis heute ihre »frische« Farbe. Insgesamt haben synthetische Ersatzstoffe den Markt für Fasern, Gummi, Duftstoffe, Farben und Heilmittel aus exotischen Pflanzen jedoch weitgehend zusammenbrechen lassen. Ein neues ökologisches Bewußtsein und die Nachfrage nach biologisch unschädlichen Erzeugnissen allerdings könnte auch das Interesse für pflanzliche Produkte wieder steigern.

Es waren und sind nicht nur Nutzpflanzen, die aus anderen Erdteilen nach Europa gelangten, hier verwendet oder heimisch wurden und das Leben in Europa zeitweise zum Teil maßgeblich beeinflußten. Der Zugriff auf Produkte wie zum Beispiel Metalle oder Mineralien hat manch wirtschaftliche oder politische Entwicklung in Europa mitbestimmt oder sogar initiiert; man denke nur an die Auswirkungen spanischer Edelmetallimporte aus Amerika auf Markt und Machtgefüge im damaligen Europa. Welch grundlegenden Einfluß die Übernahme von Ideen und Vorstellungen, Kenntnissen und Techniken aus so unterschiedlichen Bereichen wie der Künste, Philosophie und Wissenschaften aus anderen Teilen der Welt auf die Entwicklung von Kultur und Lebensweise in Europa hatte, zeigt allein, daß wir alle mit arabischen Ziffern schreiben. Doch beschränken wir uns auf jene Importe aus anderen Kontinenten, die, in welcher Form auch immer, auf die Tische Europas gelangten. Nicht alles Genieß- oder Verzehrbare, was nach Europa kam, wurde auch sofort akzeptiert. Vieles wurde erst nach einiger Zeit, anderes überhaupt nicht angenommen. Für manches bestand kein Bedarf, oder es fehlte das politische und wirtschaftliche Interesse. Und manch ein Produkt hätte sich wohl kaum ohne den Druck von oben in Europa durchgesetzt, wie zum Beispiel die Kartoffel.

Ihr Anbau wurde den Bauern Mitte des 18. Jahrhunderts von Herrschern wie dem »Alten Fritz« (in Preußen) oder Katharina der Großen (in Rußland) angesichts nicht enden wollender Hungersnöte und Epidemien regelrecht befohlen. Oft bildeten der landwirtschaftliche Arbeitskalender, nicht vorhandene Kenntnisse oder Mittel, die Ansprüche der Pflanzen oder aber auch Traditionen und Vorurteile des Geschmacks oder sogar der Moral beachtliche Barrieren bei der Einführung neuer Pflanzen. Selbst heute befinden sich von Ernährungswissenschaftlern längst als hochwertig anerkannte Nahrungsmittel, wie zum Beispiel die aus Mittel- bzw. Südamerika stammenden Körnerfrüchte Amaranth und Quinoa, noch in der Warteschleife, um auf den Nahrungsmärkten Europas landen zu können.

Exotische Genüsse

Auch wenn viele einst exotische Gewürze oder Nahrungsmittel manch europäische Küche geradezu revolutioniert haben, weit mehr noch haben einzelne Genußmittel nicht nur den Geschmack, sondern auch alltägliche Gewohnheiten beeinflußt und neue Elemente von Lebenskultur mitbegründet und geformt. Zu diesen zählen insbesondere drei Substanzen oder Produkte, die heute zum Alltag in europäischen Ländern gehören. Jedes stammt ursprünglich aus einem anderen Kontinent, doch alle kommen sie aus den Tropen und müssen von dort bis heute nach Europa importiert werden. Alle drei sind von Natur aus bitter, enthalten Stimulantien und können als Drogen klassifiziert werden. Es sind: Kaffee aus dem nördlichen Afrika, Kakao bzw. Schokolade aus dem tropischen Amerika und Tee aus Asien. Ob man je nach Region, Tageszeit oder persönlicher Vorliebe der Tasse Tee oder Kaffee den Vorzug gibt, beide Getränke sind ebenso wie Schokolade, flüssig oder fest, von europäischen Tischen heute nicht mehr wegzudenken. Diese Entwicklung wäre vermutlich anders verlaufen, wäre nicht noch eine vierte Substanz hinzugekommen: der Zucker. Zwar wurden Kaffee, Tee und Schokolade in ihren heimischen Kulturen auch ohne Zugabe von Süßstoffen genossen, in Europa jedoch war der Zucker zum Süßen der Getränke und später auch als Beigabe zur Produktion von Tafelschokolade einfach unerläßlich. Mit ihm schließt sich auch (fast) die »Reise um die Welt«, denn Zuckerrohr, lange Zeit die einzige Quelle für die Zuckergewinnung, wurde nach heutigem Kenntnisstand zuerst auf Neuguinea kultiviert.

Zucker – »die süße Macht«

In den Mittelmeerraum gelangte Zuckerrohr durch die Araber, die auch das Raffinieren des Zuckers erfanden, bereits gegen Ende des ersten Jahrtausends. Kristallzucker wurde in Europa allerdings erst im Mittelalter bekannt, als die aus Persien eingeführte Zuckerproduktion sich in den Ländern um das Mittelmeer etabliert hatte. Über Venedig, dessen Bankiers den Zuckerhandel kontrollierten, erreichte die süße Substanz im 14. Jahrhundert auch die nördlicheren Regionen Europas. Doch statt zum Süßen von Speisen oder Getränken verwendete man sie noch bis zum 18. Jahrhundert vor allem zur Herstellung von Arzneimitteln oder pur als Medizin. Zucker war nicht nur ausgesprochen rar, sondern selbst in kleinsten Mengen viel zu kostspielig, als daß er in jener Zeit zu einem normalen Nahrungsmittel hätte werden können. Als Süßstoff für Getränke oder Speisen wurde er erst Mitte des 17. Jahrhunderts interessant, als die drei exotischen Importe Tee, Kaffee und Schokolade Europa zu erobern begannen.

Unverzichtbar für den Genuß und damit für den Erfolg dieser drei Produkte, entwickelte er sich in der Folgezeit im Verbund mit ihnen vom einst exotischen Luxusgut zum alltäglichen Bedarfsartikel für europäische Konsumenten aller Bevölkerungsschichten. Und warum »die erste Tasse gesüßten heißen Tees, die von einem englischen Arbeiter getrunken wurde«, nach Auffassung von Sidney Mintz ein so bedeutsames historisches Ereignis darstellte[1], wird klar, wenn man an seine Kalorien denkt. Als Quelle rascher Energiezufuhr trug Zucker zusammen mit Tee oder Kaffee dazu bei, modernes Arbeitstempo und damit höhere Leistung bei gleichzeitig kürzeren Pausen in Werkstätten und Fabriken durchzusetzen. So wie raffinierter Zucker daher als ein Symbol für die moderne Industriewelt gelten kann, stehen die Genußmittel Schokolade, Tee und Kaffee für die Ausbildung neuer Formen von Konsum, Geselligkeit und Kommunikation. Obwohl alle drei bereits in der Anfangsphase der europäischen Expansion nach Übersee eine Rolle gespielt hatten, wurden sie erst Mitte des 17. Jahrhunderts in Europa breitenwirksam. Ihre anregende Wirkung, die sie den in ihnen enthaltenen Alkaloiden (Koffein, Theobromin) verdanken, lernten die Europäer zuerst durch Schokolade kennen.

Schokolade – »die Speise der Götter«

Bei Schokolade kommt einem meist zuerst jene feste, süße Substanz in den Sinn, die man zwischendurch oder zum Nachtisch ißt. Doch die aus den Samen des in den feuchtwarmen Tropen Amerikas beheimateten Kakaobaumes gewonnene Schokolade wurde im Verlaufe ihrer bisherigen Geschichte weniger gegessen als vielmehr getrunken. Dies zunächst von der indianischen Bevölkerung Mittelamerikas, die Kakaobohnen sowohl als Zahlungsmittel als auch als Rohstoff für eine offenbar recht elitäre Speise verwendete. Ihre Schokolade genossen Azteken und Maya selten pur, sie mischten die aus getrockneten Kakaobohnen fabrizierte Paste mit Mais- und anderen ihnen bekannten Mehlsorten und würzten das Ganze mit gemahlenem Chili, Piment, Vanille, Honig und Geschmacksstoffen. Vor dem Servieren füllte man die nahrhafte Flüssigkeit von einem Gefäß in ein anderes, was eine appetitanregende Schaumkrone erzeugte, und reichte sie in halbrunden Schälchen aus bemalter Keramik oder der Frucht des Flaschenkürbis. In den Genuß dieser »kostbaren Sache«, wie die Azteken sie nannten, kamen jedoch vor allem höhere Schichten der Gesellschaft, die Herrscher, Würdenträger und Fernhandelskaufleute, wie auch die Krieger. Den Soldaten gab man zu Oblaten gepreßtes Kakaopulver mit, die sie in einem Becher Wasser aufgelöst einen ganzen Tagesmarsch überstehen ließen, wie spanische Chronisten beeindruckt vermerkten.

Die Erfinder genieß- und trinkbarer Schokolade allerdings waren weder die Maya noch, wie häufig behauptet, die Azteken, sondern vielmehr die an der mittelamerikanischen Golfküste lebenden Olmeken. Sie haben wohl als erste um etwa 3000 vor unserer Zeitrechnung den Kakaobaum gezüchtet und seine dunkelbraunen Samen zu Schokolade verarbeitet. Von ihnen hatten später die Maya vielleicht die Kenntnis zur Herstellung dieser Substanz, zumindest jedoch das Wort *cacao* übernommen, welches sie ihrerseits als Bezeichnung für Baum und Früchte an die benachbarten Völker Mexikos weitergaben. Von den Maya Yucatáns schließlich lernten auch die spanischen Eroberer als erste Europäer nicht nur die Bezeichnung *cacao*, sondern wohl auch die Angewohnheit, Schokolade heiß zu trinken.

Nach Europa gelangte die erste Trinkschokolade um etwa 1544 als Geschenk einiger Maya an den damaligen spanischen König Philipp. Doch schon davor, noch in Neuspanien, hatten die Europäer die Schokolade ihrem Geschmacksempfinden angepaßt und so gewissermaßen »europäisiert«. Denn das aus Kakao zubereitete, recht bittere und von den Azteken kalt genossene Getränk mundete Eroberern und Kolonisten zunächst nicht besonders. Sie zogen vor, es nach Art der Maya heiß oder warm zu sich zu nehmen, und würzten es statt mit einheimischen Aromen mit solchen der Alten Welt, wie Zimt, Anis oder schwarzem Pfeffer. Vor allem jedoch gingen sie bald dazu über, die Schokolade zu süßen, und zwar mit Rohrzucker, den die Spanier – so die Ironie der Geschichte – von den Kanarischen Inseln in die Neue Welt eingeführt hatten. Süß und heiß, erst so konnte sich Schokolade in der kolonialen Küche Neuspaniens und im 17. Jahrhundert dann auch in Spanien und anderen europäischen Ländern durchsetzen. Doch nicht nur der Geschmack war neu, auch der Name. *Chocolatl*, woraus im Spanischen dann *chocolate* wurde, war nicht die aztekische Bezeichnung für diese Speise, sondern eine Neuschöpfung der Spanier, die das Maya-Wort *chocol* mit dem aus der Sprache der Azteken stammenden *atl* kombinierten. Die ursprüngliche Nahuatl-Bezeichnung *cacahuatl* (Kakaowasser) klang, so erklären es Sophie und Michael Coe[2], spanischen Ohren vielleicht nicht allzu appetitanregend.

So auf europäischen Geschmack getrimmt, hatte Schokolade – ebenso wie viele andere den Europäern zunächst fremde Substanzen – noch zwei Hürden zu nehmen, um endgültig auf unserem Kontinent Fuß fassen zu können. Dazu waren die medizinischen und kirchlichen Autoritäten der Zeit gefragt. Sie hatten zu klären, welche Wirkung der Genuß von Schokolade auf die menschliche Gesundheit hat, und ob man mit ihr das katholische Fastengebot brach oder nicht. Einmal zur allgemeinen Zufriedenheit beantwortet, wurde die von einem Pariser Arzt sogar zur »Speise der Götter« deklarierte Schokolade bald über die Iberische Halbinsel hinaus auch in Frankreich, England und Preußen zu einem sehr begehrten Getränk. An den königlichen Höfen, in Adelshäusern und in den Kreisen der Kirche und der Wohlhabenden schätzte man es zunächst als »wohltuende Medizin, die [...] reines Blut erzeugt, das Herz belebt und die natürlichen Fähigkeiten erhält«[3], womit man ihr nicht zuletzt auch eine aphrodisierende Wirkung zuschrieb. Schon bald allerdings wurde dieses Heilmittel vor allem seines Geschmacks wegen getrunken. Man servierte es als anregende und nahrhafte Köstlichkeit nach dem Essen, bei Empfängen und anderen festlichen Gelegenheiten und schenkte es aus eigens dafür entworfenen »Chocolatieren« in kostbare Tassen. Die Zubereitung war aufwendig und schwierig und Kakao zudem ein in nur geringen Mengen importierter und daher teurer Rohstoff.

So blieb Schokolade in weiten Teilen Europas noch bis ins 18. Jahrhundert vornehmlich ein Getränk der gesellschaftlichen Eliten. Zumindest darin folgten europäische Konsumenten – für gewisse Zeit – dem Vorbild ihrer indianischen »Vortrinker«. Als im Zeitalter der Aufklärung Kaffee und Tee zu den bevorzugten Getränken europäischer Intellektueller und aufgeklärter Kreise avancierten, verlor die eher mit der Aristokratie assoziierte Schokolade allgemein an Popularität. Mit Beginn der Industrialisierung und der Erfindung des Holländers Conrad van Houten, der 1828 ein Verfahren entwickelte, Kakaobohnen einen großen Teil ihres Fettes zu entziehen, begann jedoch ein drittes Kapitel in der Geschichte des Schokoladenverzehrs. Aus entöltem Kakao fabriziertes Pulver verbilligte die Herstellung trinkbarer Schokolade und machte diese nun auch für die breite Masse erschwinglich. Das einst vornehme Getränk wurde so zu einer weit weniger gehaltvollen Trinkschokolade für jedermann, die heute als Kakao besonders Kindern gerne gereicht wird.

Von noch größerer Bedeutung war eine zweite Folge der Erfindung entölten Kakaos: die zum Essen geeignete feste Schokolade. Damit lag die neue Zukunft dieses Produktes in der Herstellung von Süßigkeiten und Desserts für Konsumenten aller Schichten in der westlichen Bevölkerung. Die ersten Tafeln Eßschokolade kamen 1847 in England auf den Markt; 1876 stellte der Schweizer Daniel Peter unter Verwendung (neuer) Trockenmilch der Firma Nestlé die erste feste Milchschokolade her. Eine rasch sich entwickelnde europäische Schokoladenindustrie mit namhaften Fabriken in Holland, England und der Schweiz sorgte bald dafür, daß Schokolade in Form von Tafeln, Riegeln und Pralinen zu dem wurde, was sie heute ist: eine süße Speise für jeden zu (fast) jeder Gelegenheit. Wenn auch inzwischen eine weltweit verbreitete süße Massenware, hat Schokolade noch heute auch eine symbolische Bedeutung. Eine Tafel edler Schokolade oder eine Schachtel feiner Pralinen wird gerne verschenkt.

Tee und Kaffee

Stärker noch als Schokolade haben Tee und Kaffee europäische Genuß- und Lebenskultur beeinflußt und geprägt. Als anregende Getränke, als die sie bereits in ihren Herkunftsregionen China bzw. Nordafrika verwendet und geschätzt wurden, waren sie Europäern seit der zweiten Hälfte des 16. Jahrhunderts bekannt. Doch erst Mitte des 17. Jahrhunderts wurden Kaffee und Tee, in europäischen Kolonien angebaut und von dort nach Europa importiert, zu allgemein verbreiteten Getränken. Auch diese Eroberung vollzog sich nicht ohne kontroverse Diskussionen und zum Teil sogar heftigen Widerstand. Ärzte und Heilkundige hielten ihren Genuß zunächst für schädlich. Die Frage, ob Kaffee die Manneskraft nun belebte oder nicht doch eher impotent machte, bewegte noch bis ins 18. Jahrhundert die europäischen Gemüter. Und während man Kaffee im puritanischen England der im Zölibat lebenden Geistlichkeit empfahl, avancierten Kaffee und Tee gleichzeitig zu Heilmitteln für vielerlei Beschwerden; man konnte mit ihnen – da stets heiß genossen – auch nichtkeimfreies Wasser trinken. Ganz besonders jedoch schätzte man zwei Eigenschaften dieser neuen Getränke: Sie regten an und enthielten keinen Alkohol. Anders als Bier, Wein oder Gin, die ihre Konsumenten faul, träge und berauscht machten, wurden Tee und Kaffee, die statt dessen wach und fit hielten, zu geradezu idealen Getränken für die Ratio, Effizienz und Geschäftssinn fordernde bürgerliche Gesellschaft des 17. und 18. Jahrhunderts.

Während man Tee und Kaffee vor allem in England als die »großen Ernüchterer« anstelle von Alkohol allgemein empfahl, galt einem Jugendfreund Schillers – und offenbar nicht nur ihm – diese »Thee- und Kaffeesäuferei« als »Verderber, welcher die Gesundheit schwächte, weibische Schlappheit und Empfindelei ausbreitete, viele

Haushaltungen zugrunde richtete [...] und jährlich 24 Millionen Gulden aus Teutschland schleppet«[4]. So erklärte man im Preußen Friedrichs II. den Genuß dieser Getränke als »undeutsch«, lobte als solches statt dessen Bier und schränkte den Kaffeeverbrauch durch hohe Steuern, staatliche Verkaufs- und Röstmonopole sowie Einfuhrverbote drastisch ein. Ein öffentliches Kaffeetrinken in Paderborn – bekannt als die »Kaffeerevolution« von 1785 – und andere Protestaktionen richteten gegen diese vor allem wirtschaftspolitisch begründeten Reaktionen nicht viel aus. Abhilfe schuf erst die Erfindung »deutschen Kaffees«, eines aus Zichorie hergestellten kaffeeähnlichen Surrogats. Noch bis in die Zeit nach Ende des Zweiten Weltkriegs trank man in Deutschland gemeinhin als »Muckefuck« bezeichneten Ersatzkaffee; echten Bohnenkaffee hingegen leistete man sich nur in wohlhabenden Kreisen oder am Sonntag. Ungeachtet all dieser Widerstände jedoch haben sich um Tee und Kaffee im Laufe ihrer europäischen Karriere jeweils spezifisch eigene Konsumkulturen herausgebildet, wie zum Beispiel die Kaffeehauskultur, das Kaffeekränzchen, der Kaffeeklatsch und die britische Teekultur.

Kaffee – »der Wein des Islam«

Je nach Autor waren es Kamele oder Schafe, die – an den Früchten des Kaffeebaumes knabbernd – als erste die anregende Wirkung des in den braunen Bohnen enthaltenen Alkaloids Koffein »entdeckten«. Ursprünglich im Südwesten des heutigen Äthiopien beheimatet, gelangte die Kaffeepflanze in den Jemen, wo gegen Ende des 15. Jahrhunderts jenes uns heute so vertraute Getränk entwickelt wurde. Und auch seine Bezeichnung »Kaffee«, die sich von dem arabischen Wort *qahwa* ableitet, welches »das Berauschende« oder ursprünglich auch »Wein« bedeutete, erhielt es nachträglich.

Vom Jemen aus eroberte dieses Getränk zunächst die arabisch-islamische Welt und gelangte mit Beginn des 17. Jahrhunderts über Ägypten und die Türkei in die europäischen Handelszentren Venedig, Marseille, London und Amsterdam und damit bald auch ins europäische Hinterland. Zwar erinnerte die schwarze Flüssigkeit die Europäer zunächst eher an flüssiges Pech, doch einmal mit Milch, Zucker und anderen Zutaten geschmacklich verfeinert, gelangte Kaffee – kaum später als Schokolade und fast zeitgleich mit Tee und Tabak – um 1640 an den Hof von Versailles und kam rasch auch an anderen europäischen Königs- und Fürstenhöfen in Mode. Dort trank man ihn bevorzugt in orientalischer Atmosphäre, im passenden Kostüm unter Baldachinen aus eigens zu diesem Zweck entworfenem Porzellan. Vielleicht mehr noch denn als anregendes Getränk schätzte man Kaffee in jenen Kreisen als wirkungsvolles Medium, um sich selbst, seinen Reichtum und einen gesellschaftlichen Status stilvoll zur Schau stellen zu können.

Doch schon bald tranken auch wohlhabende Stadtbewohner und schließlich einfache Bürger und Arbeiter Kaffee, der so, zusammen mit Tee und Schokolade, zum Getränk der bürgerlichen Öffentlichkeit avancierte. Ebenso wie zuvor die höfisch-aristokratische Gesellschaft entwickelte auch das europäische Bürgertum eine spezifisch eigene Kaffeekultur. Lokalität und Symbol dieser neuen Konsumkultur bildeten die Kaffeehäuser, die in der zweiten Hälfte des 17. Jahrhunderts in allen größeren Städten Europas wie Pilze aus dem Boden schossen. Dem ersten Kaffeehaus 1645 in Venedig folgten ebensolche 1652 in London, 1675 in Paris, 1679 in Hamburg, 1683 schließlich in Wien und 1721 in Berlin – um nur einige zu nennen. Um 1700 soll es in London, dem damaligen Zentrum bürgerlicher Kaffeehauskultur, bereits an die 3000 von ihnen gegeben haben. Diese Kaffeehäuser boten jedem, der seine Zeche bezahlen konnte, zunächst einen Platz und Gelegenheit, Kaffee, Tee und Schokolade, aber auch Ale, Cidre oder Sorbets zu genießen. Vor allem aber waren sie ein soziales Zentrum für Menschen aller Bevölkerungsschichten. Hier traf man sich, tauschte Neuigkeiten aus, machte Geschäfte, sprach über Politik und Literatur, las die ausliegenden Zeitungen, schrieb und holte sich seine Post ab – dies alles jedoch ohne Alkohol und mit gesitteten Umgangsformen, wie sie zum Beispiel in den ›Rules and Orders of the Coffee House‹ aus dem Jahre 1674 festgeschrieben waren.

Treffpunkt, Kommunikationszentrum, Nachrichtenbörse, Redaktions- und Parteibüro – die Kaffeehäuser waren alles in einem und spielten so zugleich eine zentrale Rolle für die Entwicklung und Etablierung neuer Ideen und Formen gesellschaftlichen Umgangs. Kaum verwunderlich, daß sie daher Monarchisten und anderen konservativen Kreisen bald als »Orte der Zügellosigkeit und der aufwieglerischen Verleumdung« galten. Trotz ihres öffentlichen Charakters können die Kaffeehäuser kaum als Orte gelten, die Arm und Reich zusammenführten, denn schon bald gab es Cafés für fast jede Interessengruppe, für Intellektuelle, Künstler und Politiker, aber auch für Handwerker und Arbeiter.

Eine Bevölkerungsgruppe jedoch blieb von dieser Art öffentlichen Lebens weitgehend ausgeschlossen: die Frauen. Ihnen war der Zutritt zu den Kaffeehäusern verwehrt. In Madrid konnten sie sich gerade einmal kalte Getränke an ihre Kutsche bringen lassen, und noch im 19. Jahrhundert wurden Frauen ohne männliche Begleitung in Wiener Cafés nicht bedient. Als ein öffentliches Getränk, dessen Genuß klaren Geist, vernünftiges Denken und Geschäftsinn förderte, erschien Kaffee den Männern für Frauen offenbar nicht geeignet – eine Ansicht, die selbst in Heinrich Eduard Jacobs' erst 1934 erschienenem ›Sage und Siegeszug des Kaffees‹ noch geäußert wird, indem es heißt: »Es liegt im Wesen des Kaffees, daß er ein wirkliches Lieblingsgetränk für Frauen niemals werden kann. Er macht die Köpfe wach und kritisch [...] seine gehirnliche Wirkung steht dem Harmoniebedürfnis entgegen, das gerade den besten Frauen eignet.«

Doch die Frauen schufen sich ihre eigenen Kaffeewelten. Sie gründeten Salons und erfanden das Kaffeekränzchen, »eine tägliche oder wöchentliche Zusammenkunft einiger vertrauter Frauenzimmer, welche nach der Reihe herumgehet, wobei sie sich mit Kaffeetrinken und l'Ombre-Spiel divertierten und ergötzten«, wie es in Amaranth's ›Frauenzimmerlexikon‹ heißt. Schon seit 1715 dokumentiert, nahm diese weibliche Variante des Kaffeetrinkens in privater Runde eine neue Entwicklung vorweg. Denn im Verlauf des 18. Jahrhunderts wanderte der Kaffee allmählich aus der öffentlichen in die private Sphäre der bürgerlichen Haushalte ab und wurde so zu einem häuslichen Getränk. Der Kaffee am Morgen löste die Biersuppe früherer Zeiten ab und machte munter für die tägliche Arbeit; die Tasse Kaffee am Nachmittag bedeutete eine erfrischende und nicht selten gesellige Unterbrechung des Tages. Als Frühstücks- und Nachmittagskaffee prägte der einstige »Wein des Islam« damit zugleich Nahrungsgewohnheiten und Tagesablauf europäischen Familienlebens heutiger Form.

Kaffee, Tee und Schokolade sind ebenso wie all die übrigen hier genannten Produkte lediglich Beispiele für die Vielzahl dessen, was – einst fremd und exotisch – heute wie selbstverständlich in europäischen Häusern verzehrt oder getrunken wird. Doch enthält ihre hier nur knapp umrissene »europäische« Geschichte wichtige Hinweise. Sie zeigt, in welcher Form ehemals Fremdes akzeptiert, adaptiert und schließlich in bestehende Kontexte integriert wurde und welche Hindernisse oder Vorurteile dabei zu überwinden waren. Und sie macht deutlich, welche zum Teil prägende Rolle Übernahmen aus anderen Kontinenten bei der Ausbildung »typisch europäischer« Konsum- und Lebenskultur gespielt haben und heute noch spielen.

Natürlich ist die Eßkultur nur ein Teilbereich europäischer Kultur, doch, wie schon erwähnt, ein durchaus essentieller. Zudem läßt sich über Geschmack bekanntlich nicht streiten, und da dieser in der Regel ausgesprochen konservativ ist, läßt er sich auch nur schwer von Neuem überzeugen. Um so interessanter ist es daher, sich einmal auch in der eigenen Küche umzuschauen und festzustellen, welche Vielzahl einst exotischer Substanzen und Produkte die europäischen Gaumen im Laufe der Zeit erobert und geformt haben. Fast noch spannender ist es, zu beobachten, wie einst Fremdes zu Neuem und schließlich zu Eigenem wurde – und noch immer wird. Dies um so mehr, als, einmal akzeptiert, Neuerungen in der Ernährung der Menschen meist tiefgreifende Veränderungen zur Folge haben: im Selbstbild der Menschen, in ihrer Einstellung gegenüber Tradition und Wandel und in der Struktur ihres sozialen Alltags.

Doch ein Aspekt europäischer Konsum- und Genußkultur wurde bislang nicht erwähnt: ihr Preis. Und damit ist nicht jener Preis gemeint, den wir in Supermärkten und Geschäften heute für ein Päckchen Kaffee oder Tee, für eine Tafel Schokolade oder auch für ein Baumwollhemd zahlen. Es geht vielmehr um den weitaus höheren Preis, den die Bevölkerungen jener Länder dafür zahlten und noch immer zahlen, aus denen wir bis heute die Rohstoffe für diese in der westlichen Welt so geschätzten Produkte importieren. Wenn aus dem Vorangegangenen deutlich wurde, welch bedeutsame Rolle diese Importe in der Entwicklung europäischer Konsum- und Lebenskultur spielten, dann muß man hinzufügen: Das war nur möglich, weil diese Produkte in ständig wachsender Menge und zu niedrigen Preisen verfügbar waren. Und daran hat sich seit dem Zeitalter europäischer Kolonialwirtschaft – außer vielleicht in der Form – bis heute kaum etwas geändert. An die Stelle der Sklaven und Opiumsüchtigen, auf deren Kosten man früher eine Tasse gesüßten Kaffees oder Tees genoß, treten heute, im Zeitalter ungleicher Handelsbeziehungen, die Plantagenarbeiter und Kleinbauern mit ihren Familien in den Ländern der »Dritten Welt«.

Dies ist die Kehrseite europäischer Genuß- und Lebenskultur. Und an dieser können nur die Konsumenten selbst etwas verändern, durch ein neues und bewußteres

Konsumverhalten. Denn der Prozeß der »Übernahme« geht unvermindert weiter. Statt für Gewürze oder Genußmittel interessiert sich die westliche Welt heute besonders für Wildformen bereits bekannter Nutzpflanzen, denn deren Gene sind gefragt. Und auch diese »neuen Rohstoffe« werden zum Großteil aus und auf Kosten der »Dritten Welt« nach Europa übernommen werden.

1 Sidney Mintz, Die süße Macht, Kulturgeschichte des Zuckers. Frankfurt am Main/New York 1992.
2 Sophie D. Coe und Michael D. Coe, Die wahre Geschichte der Schokolade. Frankfurt am Main 1997.
3 Ebd., S. 193.
4 Zitiert nach: Gert von Paczensky und Anna Dünnebier, Kulturgeschichte des Essens und Trinkens. München 1997. S. 502.

Nicht gegen alles ist ein Kraut gewachsen

Alte und neue Heilmethoden

Frank Beat Keller

Der Fortschritt in der Medizin: Vorstellungen wandeln sich, Verfahren werden obsolet, und alte Heilmethoden werden beibehalten

Wieviel Hoffnung steckt im heutigen Glauben an den Fortschritt der Medizin. Der abendländische Grundgedanke vom linearen Fortschreiten der Zeit ist das Fundament aller europäischen Gedankengebäude; die im christlichen Gedankengut fundierte Erwartung schließlich besserer Zeiten, die da kommen sollen, füllt die weiteren Stockwerke. Und das Blochsche »Prinzip Hoffnung« bildet das gegen den Himmel abschließende Dach. Während einer langen Zeit der europäischen Geschichte war der Zuwachs an medizinischem Wissen gering. Bis zum Anbruch der Aufklärung hatte im wesentlichen der Stand der altgriechischen Wissenschaft und deren Zusammenfassung durch Galen im 2. Jahrhundert nach Christi Geburt Geltung. Erst seit dem Aufbruch der sezierenden, aufschneidenden »anatomischen« Naturwissenschaft im 16. und 17. Jahrhundert, die unterteilt, das Ganze in seine Teile aufspaltet und diese detailliert betrachtet, gibt es einen zuvor nicht einmal in der Möglichkeit geahnten Zuwachs an Kenntnissen über den Körper des Menschen. Der lange Weg ging von der Anatomie, Physiologie und Pathologie bis hin zu den Resultaten des *Human Genome Project*, das in den ersten Jahren des dritten Jahrtausends den Code des menschlichen Erbguts aufgeschlüsselt haben wird.

Auch die Geschwindigkeit der allgemeinen Verbreitung von Wissen hat ungeahnte Dimensionen erreicht: Innerhalb eines halben Jahrtausends entwickelte sie sich vom klösterlichen Abschreiben alter Folianten über Gutenbergs Druckkunst zum satellitengestützten Internet. Spätestens seit den Ergebnissen der Forschungen des Ethnologen Richard Thurnwald in den dreißiger Jahren unseres Jahrhunderts ist jedoch klar, daß der »Zivilisationsprozeß« nicht ein simples Fortschreiten bedeutet von einem Kenntnisstand der Menschen in einem bestimmten Kulturareal zum nächsten bzw. von einer technischen Fertigkeit zur nächsten. Fortschritte in Wissenschaft und Technik, in Landwirtschaft und Handwerk sowie auch die Geschichte der Erfindungen, der Ideen, werden normalerweise nicht einfach *telquel* übernommen, sondern verbreiten sich gemäß ihrer eigenen Gesetzmäßigkeiten: Es gibt den Reiz des Neuen und die Ablehnung des Unbekannten, es gibt die Angst vor den unweigerlichen Veränderungen in bestehenden Machtgefügen durch Erfindungen und Innovation – da sind die Moden, die Tendenzen, die Strömungen. Vorstellungen über Krankheit und

Heilung verhalten sich in dieser Hinsicht nicht anders als handwerkliche Techniken oder wissenschaftliche Erkenntnisse. Die Vorstellung über die Ursache eines bestimmten als krankhaft eingestuften Symptoms beispielsweise, oder besser: eines Syndroms, wird nicht innerhalb einer verhältnismäßig kurzen Zeitspanne durch eine neue ersetzt und damit obsolet. Vielmehr wird die »zeitgemäßere«, auf den neuesten Ergebnissen der – wie auch immer gearteten und vermittelten – Forschung beruhende Vorstellung zwar für wichtige Aspekte des Symptoms übernommen, die althergebrachte Ätiologie aber lebt normalerweise weiter und gilt vielleicht nur noch für einzelne Teilbereiche der Symptomatik.

Ein Beispiel: Bis weit ins 20. Jahrhundert hinein wurden die Krankheitsbilder von Veitstanz *(Chorea Huntigton)*, Epilepsie und einzelnen weiteren Krankheitsbildern aus dem psychiatrischen Formenkreis nicht so unterschieden, wie es heute üblich ist. Während über Jahrhunderte Epilepsie als Besessenheit durch böse Geister und Dämonen interpretiert wurde (siehe unten), so gibt es auch heute noch, 1998, einen kirchenhierarchisch hochgestellten Geistlichen im Vatikan, der in bestimmten Fällen nicht anders heilbarer Geisteserkrankungen das Böse aus den Patientinnen und Patienten exorziert. Der zu diesem Behuf praktizierende Priester österreichischer Herkunft widmet sich jedoch nicht (mehr) den Epileptikern, da diesen heute ja von Ärzten durch medikamentöse Behandlung oder chirurgische Eingriffe ins Hirn geholfen werden kann. Er handelt unter Vollmacht des Papstes, in dessen und damit im Namen Gottes auf Erden. Anders als früher ist die katholische Kirche jedoch heute nicht sehr darauf erpicht, diese Therapie lauthals anzupreisen.

Alte, überkommene Vorstellungen leben weiter, sie werden durch neue nicht wegradiert. Das magische Denken, die Vorstellung also, man könne mit Hilfe von selbstangefertigten Gegenständen oder solchen aus der Natur, mittels ritualisierter Praktiken oder mit den richtigen Sprüchen auf Krankheiten einwirken und heilen, ist auch heute massenhaft verbreitet. Viele Menschen tragen »heilende Steine« auf sich, die einen etwas verschämt im Portemonnaie oder lose in der Hosentasche, die andern als Schmuckstücke um den Hals, alle jedoch möglichst nahe an bzw. auf der Haut. Und wer kennt nicht die Heilsprüche, die wir unseren kleinen Kindern mitgeben, wenn sie sich schmerzhaft verletzt haben. Mindestens der erste Moment des akuten Schmerzes wird überstanden, und der kindliche Glaube an die Allmacht der Eltern wirklich, das Weh zu mindern.

Dasselbe geschieht ja auch mit weiteren Vorstellungen, beispielsweise mit denjenigen über das Unaussprechliche, über die tabuisierten Dinge, Worte, Gedanken. Auch diese haben sich in ähnlicher Weise gewandelt. Nur noch bestimmte Teilbereiche einer Handlung, des Körpers oder der Umwelt sind mit einem althergebrachten Tabu belegt. Liberalisierungen haben stattgefunden, aber auch neue Tabus sind hinzugekommen. Und so, wie die Gesellschaften nicht ohne Tabus leben können, so können sie auch nicht ohne Vorstellungen über den Ursprung von Krankheiten leben. Sie sind notwendig für Kultur.

Reste von volksmedizinisch verankerten Vorstellungen leben auch heute immer weiter zusammen mit den Vorstellungen, die ihren Ursprung in der Vier-Säfte-Lehre der antiken Welt haben, mit magischen und volksreligiösen Vorstellungen, mit naturwissenschaftlich begründeten Praktiken und mit neuen Mythen. Der Mensch läßt die überkommenen Vorstellungen nicht einfach los, er übernimmt die neuen Konzepte, er wählt aus, und schließlich stellt er seine persönliche Mischung aus Hergebrachtem und Dazugelerntem zusammen und tradiert diese weiter. Und wo sich der zeitgenössische Dermatologe bei der Behandlung einer Hautwarze, die den pharmazeutischen und chirurgischen Attacken getrotzt hat, wieder auf das Verbrennen von Seidenfäden mit je einem Knoten pro Warze verlegt, um die Selbstheilungskräfte des Immunsystems anzuregen, da treffen sich hergebrachte Praktiken und modernste immunologische Forschung.

Gegen alles ist ein Kraut gewachsen: Von der Signaturenlehre zur Homöopathie

Similia similibis curantur – Ähnliches soll mit ähnlichem geheilt werden. Dies ist ein wichtiger Grundsatz alter und neuer Heilkunst in Europa. Wer davon ausgeht, daß der biblische Gott die Welt vollkommen geschaffen hat, hat guten Grund zu vermuten, daß der uns Menschen liebende Gott zu jeder von ihm geschaffenen Krankheit das adäquate Gegenmittel bereitgestellt habe. Nun ist aber Gottes Wille unergründlich, und seine Wege sind wunderbar. Immerhin – so der breite Konsens in der Volksmedizin bis weit ins 20. Jahrhundert – hält die Schöpfung Anhaltspunkte bereit, an denen wir Menschen uns, zumindest die »Sehenden«, auf der Suche nach Heilmitteln orientieren können. Die Pflanze als solche galt schließlich mindestens bis ins 19. Jahrhundert in erster Linie als Lebewesen, als göttliche Gabe und Teil der gesamten Schöpfung. Man stand ihr ehrfürchtig gegenüber. Diese Qualität, wie sie noch in den großartigen Bildtafeln ›Kunstformen der Natur‹ des Mediziners und Zoologen (und Rassisten) Ernst Haekel 1899 aufscheint, hat die Pflanze im ausgehenden 20. Jahrhundert fast völlig verloren. Heutige Pflanzen werden über ihre Funktion definiert, sie haben keinen Eigenwert mehr. Sie gelten einerseits als Futter- oder Lebensmittel, als Nutz- oder Zierpflanzen, als Parkgehölze oder Waldbäume, anderseits im schlimmsten Falle als Unkräuter, im besten als Biomasse oder $C0_2$-Senke.

Es waren in erster Linie äußerlich sichtbare Ähnlichkeiten zwischen Pflanzen- oder Tierteil und menschlichem Organ, die auf Heilkraft schließen ließen. So galten herzförmige Blätter bei Herzbeschwerden als indiziert, augenförmige Pflanzensamen bei Augenproblemen oder spitze Hechtkiefer bei Seitenstechen. Aufgrund der äußeren Erscheinung der Pflanzen- und Tierbestandteile, eben der »Signatur«, heißt diese Theorie auch »Signaturenlehre«. Manchmal deckte sich sogar die an Ähnlichkeit orientierte Therapie mit derjenigen auf chemisch-naturwissenschaftlicher Basis.

Manche weit über die Grenzen ihrer politischen Heimterritorien hinaus bekannte und berühmte Harnschauer und Wunderdoktoren des 18. Jahrhunderts hatten erstaunliche und überzeugende Resultate bei ihren Kropfpatienten. Sie hatten ihnen pulverisierten Meerschwamm verschrieben, dessen poröses Aussehen und Konsistenz mit der Histologie der Schilddrüsengeschwulst große Ähnlichkeit hat. Chemisch-pharmazeutisch orientierte Ärzte im ausgehenden 19. Jahrhundert erklärten die jahrhundertelang in binnenländischen Gegenden mit jodarmen Böden und wenig Außenhandel endemisch verbreiteten Kropfsymptome und die mit der Problematik zusammengehenden geistigen Veränderungen (»Kretinismus«) als Jodmangelkrankheit. Sie gaben dem individuellen Patienten Jodtabletten und schlugen den Gesundheitsbehörden vor, zur Prävention die Bevölkerung flächendeckend mit jodangereichertem Salz zu versorgen. Da in den meisten europäischen Ländern der Staat von alters her das Salzmonopol innehatte, war dies organisatorisch kein Problem.

Die Signaturenlehre ist seit dem griechischen Altertum bekannt. Sie wurde immer weiter tradiert und ist, von einer magischen Denkweise her gesehen, durchaus einleuchtend und konsistent. Sogar Paracelsus nahm im 16. Jahrhundert verschiedene solche Rezepte in seine Veröffentlichungen auf. Viele »Kräuterbücher« aus verschiedenen europäischen Ländern der folgenden Jahrhunderte detaillierten Wirksamkeit und Zubereitungsart von heilenden Pflanzen. Ein Beispiel aus der Ausgabe von 1770 des ›Kräuterbuches‹ von Adam Lonicer (1528 bis 1586, Stadtarzt von Frankfurt am Main): »Scorpionskraut hat seinen Namen von der Gestalt des Saamens [sic], welcher ist wie der Schwanz eines Scorpions formiret. Das Kraut gestossen und aufgelegt, heilet des Scorpio Stich sehr geschwind.«[1] Spiegelt sich wirklich der Makrokosmos im Mikrokosmos, wie viele Menschen glauben, sind Mensch und Natur tatsächlich eins, und hat der Mensch wirklich durch magische Kräfte Macht über seinen eigenen und andere Körper, so kann solcher Analogiezauber durchaus wirksam werden, wenngleich vielleicht eher über eine Anregung der Selbstheilungskräfte als über eine direkte pharmakologische Wirkung.

Anders als die Volksmedizin, die nicht theoretisch untermauert ist, sondern auf Erfahrungen, Einzelbeobachtungen und Tradition beruht, hat der deutsche Arzt Hahnemann Ende des 18. Jahrhunderts ein theoretisches Gebäude zur Begründung der homöopathischen Heilweise geschaffen. Die Auswahl des Ausgangsstoffes für das verordnete Heilmittel wird nach der sogenannten Ähnlichkeitsregel getroffen: Man sucht und bestimmt denjenigen Stoff, der beim Gesunden ähnliche Veränderungen auslöst, wie sie der Kranke symptomatisch zeigt. Alsdann wird das Heilmittel »potenziert«, das heißt, es wird verdünnt – oft unter die Grenze chemischer Nachweisbarkeit, manchmal, ab der Potenzierung C^{30}, sogar bis unter die Grenze theoretischer Anwesenheit auch nur eines einzigen Moleküls des »Wirkstoffs« in dem zu verabreichenden Medikament. Als Wirkprinzip wird »feinstoffliche (das heißt nicht mit physikalischen Methoden meßbare) Information« angegeben.

Homöopathische Heilmittel werden in Europa seit den achtziger Jahren des 20. Jahrhunderts stark vermehrt in Anspruch genommen, einerseits, weil die schulmedizinischen Medikamente und Verfahren entgegen erster Erwartung bei weitem nicht alle gesundheitlichen Probleme lösen können, anderseits, weil sie teilweise gravierende Nebenwirkungen haben und sich untereinander schlecht vertragen. Außerdem reagieren viele Menschen auf einzelne pharmazeutische Produkte allergisch. Und wessen Krankheit beim Schulmediziner nicht leicht diagnostizierbar ist, wer an chronischen Beschwerden oder unklaren Schmerzzuständen leidet, der oder die fühlt sich von der Schulmedizin bald unverstanden, nicht ernst genommen oder nicht richtig behandelt. Es ist der Eindruck entstanden, daß viele schulmedizinische Ärzte zwar viele – wenn auch nicht alle – Krankheiten gut behandeln können, den kranken *Menschen* jedoch nicht zu heilen vermögen. Ein homöopathischer Arzt hingegen beschreibt seinen Arbeitsalltag folgendermaßen: »Wenn nun also jemand zu einem homöopathischen Arzt in die Sprechstunde kommt und über irgendein gesundheitliches Problem berichtet, dann möchte dieser Arzt, wenn immer möglich, nicht nur dieses Symptom behandeln, sondern den ganzen Menschen. Er versucht also, das ganze körperliche und seelische Persönlichkeitsbild des Patienten zu erfassen: wie er sich fühlt, was er für einen Charakter hat, wie er zu Hause und am Arbeitsplatz auf seine Mitmenschen und auf Probleme reagiert, wie sich sein Körper fühlt, was er in bezug auf Nahrung, Klima usw. bevorzugt oder als unangenehm empfindet, was er an früheren körperlichen und seelischen Leiden durchgemacht hat usw.«[2]

Das Vier-Säfte-Gleichgewicht: Schröpfen, Schwitzen, Blutreinigung

Die Vier-Säfte-Lehre, die sogenannte Humoralpathologie, wurde um 400 vor Christi Geburt von Hippokrates in ihren Grundsätzen zusammengefaßt und schließlich von Galen im 2. Jahrhundert schriftlich fixiert. Die Lehre dominierte bis ins zweite Drittel des 19. Jahrhunderts die Vorstellungen über die Ursachen von Krankheit sowie das ärztliche und heilende Tun in Europa. Sie postuliert, daß Krankheit auf fehlerhafter, aus dem Gleichgewicht geratener Mischung der vier Körpersäfte Blut, Schleim, gelbe und schwarze Galle beruhe, oder daß solches Ungleichgewicht mindestens Voraussetzung sei für das Auftreten von Krankheiten. Galen verknüpfte die vier in der griechischen Antike bekannten »Grundelemente der Welt« mit den vier Kardinalsäften des menschlichen Körpers und ordnete jeder Kombination eine spezifische Qualität und ein (Haupt)-Organ zu: Erde galt als kalt und trocken, zugeordnet der schwarzen Galle und damit der Milz; Luft als warm und feucht, zugeordnet dem Blut und damit dem Herzen; Wasser als kalt und feucht, zugeordnet dem Schleim und damit dem Gehirn; Feuer als warm und trocken, zugeordnet der gelben Galle und damit der Leber. Dazu korrespondierend und gemäß den Bezeichnungen in griechischer Sprache, konnten die menschlichen Charaktere in die vier Kategorien Melancholiker, Sanguiniker, Phlegmatiker und Choleriker eingeteilt werden.

Im großen und ganzen blieb dieses theoretische Gebäude durch das ganze Jahrtausend, das wir Mittelalter nennen (also mit fließenden Übergängen für die Zeit von 500 bis 1500), und darüber hinaus bestimmend. Da diese Theorie gleichzeitig den Mikrokosmos, also den einzelnen Menschen, und den Makrokosmos, das heißt die ganze Welt, umfaßt, war ihr großer Erfolg beschieden. Sie konnte ohne weiteres ins mystisch-christliche Weltbild miteingebaut werden.

Die große mittelalterliche Äbtissin, Literatin und Künstlerin, Predigerin und Heilkundige Hildegard von Bingen (1098 bis 1179) faßte ihre Welt- und Menschensicht gleich zu Beginn ihrer Heilkunde folgendermaßen zusammen: »Alle Elemente der Welt befinden sich auch im Menschen, und mit ihnen wirkt der Mensch. Sie tragen die Namen: Feuer, Luft, Wasser, Erde. Diese vier Grundstoffe sind in sich selber dermassen verflochten, dass keins vom anderen getrennt werden kann. Insgesamt halten sie sich im Verbund so zusammen, dass man sie ›Firmament‹ nennt, das feste Gefüge des Weltalls.«

Grundsätzlich galt: »Krankheit erscheint in der Welt des Mittelalters nicht als zufälliger Defekt oder vorübergehender Funktionsausfall, und schon gar nicht als rasch zu behebende Panne, sondern als das Schicksal des Menschen.«[3]

Somit war Krankheit und Gesundheit als konstitutionelles Problem gesehen, im Zusammenhang mit der ganzen Welt, dem Kosmos, und damit auch mit der Astrologie. Eines der wichtigsten Heilverfahren, das aus der Vier-Säfte-Theorie abgeleitet werden konnte, war die Verringerung der Blutmenge durch verschiedene Verfahren. Zuerst zu nennen wäre der Aderlaß, das Eröffnen eines Blutgefäßes, meist einer oberflächlichen Vene, manchmal auch einer kleinen Arterie. Weit verbreitet waren »Aderlassfiguren«, »Lassmännchen«, deren Organe mit den Tierkreiszeichen in Verbindung gebracht wurden. Sie wurden bis in die Mitte des 19. Jahrhunderts in den weitverbreiteten »Praktiken« und Bauernkalendern zusammen mit genauen Angaben veröffentlicht, an welchen Tagen welche Aderlasse günstig bzw. zu vermeiden waren.

Heute wird außer bei spezieller Indikation nicht mehr zur Ader gelassen, aber das Ansetzen von Blutegeln zum gleichen Zwecke wird weiterhin praktiziert. Im weiteren wurden schon in der Antike erhitzte Schröpfgläser auf vorher angeritzte Hautpartien vor allem auf dem Rücken gesetzt, damit Blut austrete. Die Technik ist bis heute gleich geblieben, wobei man heutzutage nur noch unblutig schröpft, also nur Gewebeflüssigkeit austreten läßt. Der Erfindung von Baunscheidt, der Anfang des 19. Jahrhunderts von einem zuvor in China eingesetzten Missionar von der heilsamen Wirkung von Nadeln in der Akupunktur hörte, war kein durchschlagender Erfolg beschieden, obwohl sein Schröpfschnäpper weiterhin eingesetzt wird. Er wollte die althergebrachte Technik der von einer gespannten Feder getriebenen Messerchen verbessern und ersetzte diese durch raffiniert angeordnete 33 Nadeln.

Erst nach der Mitte des 19. Jahrhunderts wurde die Vier-Säfte-Lehre in ihrer postulierten Allgemeingültigkeit von der Theorie der »Zellularpathologie« abgelöst. Diese von Virchow vorgetragene Theorie wurde die Basis der modernen (Schul-) Medizin. Sie ging davon aus, daß die Ursache jeder Krankheit eine Störung in den Lebensvorgängen der Zelle sei. Somit wurden histologische, histopathologische, biochemische, hormonelle, blutchemische und hämatologische Befunde am Gesunden bzw. Kranken und im Experiment möglich und die entsprechenden Leiden durch gezielten Einsatz von chemischen und pharmakologischen Substanzen behandel- und heilbar. Derselbe Arzt prägte 1848 auch den grundlegenden Satz der Sozial- und Präventivmedizin: »Die Medizin ist eine soziale Wissenschaft, und Politik ist weiter nichts als Medizin im Grossen.«

Pflege auf christlicher Grundlage

Während des ganzen Mittelalters, in dieser christlich-katholischen Zeit vor der Reformation und vor der Erfindung der Buchdruckerkunst, wurde einerseits die antike Theorie weiter bewahrt, anderseits kam in bezug auf Kranksein und Heilung eine neue Dimension hinzu: die Pflege auf christlicher Grundlage. In vielen Orden wurde die Pflege von Kranken neben dem Gebet zum Programm erhoben, mindestens für die Frauenkongregationen. Selbstversorgung in Landwirtschaft und Haushalt war daneben selbstverständlich.

In der Frühzeit der Ordensgründungen wurden Klöster an abgelegenen Orten neu erbaut. Erst ab der Jahrtausendwende näherten sie sich mit ihren Pflegeabteilungen den Menschen. Angrenzend an die noch kleinen Stadtkerne wurden Klöster gegründet, deren Hauptaufgabe das Führen von Pflegeabteilungen war. Noch heute bestehende Adressen wie Hôpital Dieu, Hôtel Dieu, Spitalgasse usw. in allen Sprachen Europas sind oft die letzten überkommenen Zeugen der damaligen Neuentwicklung und Stadterweiterung. Auch die damals aus naheliegenden Gründen an die Spitäler anschließenden Friedhöfe sind heute meist aufgehoben, die betreffenden Areale schon seit Jahrhunderten neu überbaut.

Diakonie war nicht nur Heiltechnik, sondern in erster Linie ebenso Fürsorge – schließlich war der Übergang zwischen Seelsorge, spirituellem Beistand und gemeinsamem Gebet einerseits und praktischer Hilfe am kranken Menschen anderseits oft kaum getrennt. Der zweite christliche Grundgedanke, der in unserem Zusammenhang eine wichtige Rolle spielt, ist die christliche Gastfreundschaft, die *hospitalitas*, wie sie in den Bezeichnungen der Krankenhäuser noch in den meisten heutigen Sprachen nachklingt: Hospital, Hospiz etc.

Zu jedem Kloster, nach welcher Regel es auch geführt war, gehörte das Krankenzimmer, der eigene Klostergarten mit den Heilkräutern, eine Apotheke und das Badehaus. Ärzte wurden angestellt, das Pflegepersonal wurde jedoch aus den eigenen Reihen gestellt. Aus dieser Zeit – als die Krankenschwestern noch um Gotteslohn arbeiteten – stammt die bis heute nachwirkende chronische Unterbezahlung und bescheidene gesellschaftliche Wertschätzung für Angehörige dieses Berufs und der statusmäßige Abstand zu den Anweisungen erteilenden Ärzten. Während Jahrhunderten bestanden immer wieder neu aufflackernde Streitereien zwischen der offiziellen (katholischen) Kirche und den verschiedenen Kongregationen, die sich hauptsächlich der Pflege widmeten, ob diese als Orden vor Kirchenrecht Bestand hätten oder nicht. Insbesondere unter den in ganz Europa sich manifestierenden Beginenklöstern war unklar, ob sie den Schutz der Kirche in Anspruch nehmen durften, da sie sich zwar einer Ordensregel unterstellten, aber auf gewisse Obliegenheiten der strengen Klöster verzichteten: Um sich besser der Pflege widmen zu können, verzichteten sie beispielsweise auf die Nachtgebete. Diese Situation änderte sich grundsätzlich erst im Verlaufe des 16. bis 18. Jahrhunderts, als die kirchlichen und klösterlichen Pflegeanstalten, Blinden-, Waisen- und Altersheime nach und nach unter die Macht der erstarkenden säkularen Stadtverwaltungen kamen. Die geistlich begründete Krankenpflege wurde erst im 19. Jahrhundert durch die nun völlig auf die Ärzte mit universitärer Ausbildung gestützten Kliniken abgelöst.

Badewesen, Fasten und Volksmedizin

An welchen Krankheiten Mann und Weib auch litten, Badebehandlungen waren über Jahrtausende die Therapie der Wahl. Sie ließen sich gut in die Vier-Säfte-Theorie einbinden, waren seit der Antike bekannt und hatten gute Resultate, besonders bei chronischen Gebresten der Gliedmaßen, bei inneren Krankheiten, Stoffwechselproblemen und Frauenleiden. Wer sich einer Badebehandlung unterzog, tat dies nicht unbedingt, weil er oder sie von einer theoretisch fundierten Krankheitsursache ausging; man war schlicht resultatorientiert. Der berühmte Paracelsus, um ein bekanntes Beispiel zu nennen, machte im 16. Jahrhundert aus der abgelegenen Tamina-Schlucht am Alpennordfuß ein renommiertes Bad, aus dem sich schließlich – einige Kilometer Richtung Unterland verlegt und mit dem heilsamen Wasser durch Kanäle versorgt – ein großer Tourismusort (Bad Ragaz) entwickelte, der den vermehrten Ansprüchen an Komfort der betuchten Klientel im 19. Jahrhundert besser entsprach.

Es liegt natürlich nahe, den Erfolg der Bäder mit der alten Vorstellung des Jungbrunnens als Ausdruck des menschlichen Wunsches nach ewiger Jugend zu verbinden. Illustrationen dieser Zaubereinrichtung – eigenständige Einblattdrucke oder solche, die auf ein berühmtes Tafelbild zurückgriffen – waren seit der Erfindung des Druckwesens beliebt und verbreitet. Am besten hat Hans Sachs im ›Meistergesang‹ von 1557 seine Träume festgehalten: »Nach einer stund mit freyen sprüngen / Sprangen sie auss dem prunnen rund, / Schön, wohlgefarb, frisch, jungk und gesund, / Gantz leichtsinnig und wolgeperig, / Als ob sie weren zwantzigjerig.« Weil man jedoch im 15./16. Jahrhundert schon nicht mehr richtig ans Schlaraffenland und an den Jungbrunnen glaubte, der in fernen Ländern (in Asien) zu situieren war, schreibt derselbe weiter: »Inn dem einsteygen ich erwacht, / Meins verjüngens ich selber lacht. / Dacht mir: Ich muss nun bey meinen tage / Die alte haut mein lebtag tragen, / Weil kein kraut auff erd ist gewachsen, / Heut zu verjüngen mich, Hans von Sachsen.«

Im Zeitgeist des ausgehenden 20. Jahrhunderts liegt auf eine unerwartete Weise eine Rückkehr zur alten Badetradition: *Wellness* (englisch *well*, gut bzw. Wasserloch, Quelle) ist das Modewort, mit dem sich Hotels zum »Entspannen, Erholen und Genießen« mit Stichwörtern anpreisen wie Luxus und Beauty, Bäder, Freizeit und Bewegung, Regeneration und Entschlackung, Nichtstun und Verwöhnung, Meditation und Rückzug.

Die Fastenbräuche Europas sind fast ausnahmslos im christlichen Zusammenhang zu sehen, wiewohl auch der Einfluß der Vier-Säfte-Theorie durchschimmert. Wer seinem Körper wenig, keine, oder jedenfalls sehr ungewohnte Kost zuführt, hat meist auch eine Wirkung im Sinn. Der Selbstbegrenzung durch Verzicht wohnt auch religiöse und magische Kraft inne: Sie soll den Zorn des alttestamentlichen Gottes besänftigen oder in Askese ein Weg zur Vollkommenheit im neutestamentlichen Sinne sein.

Die Volksmedizin mit ihren Hausmittelchen in Europa unterscheidet sich wenig von derjenigen in anderen Kontinenten, von den botanischen Unterschieden der verfügbaren Pflanzen einmal abgesehen. Diejenigen Behandlungen, die gute Resultate zeitigten, hatten Zulauf, Erfahrungen wurden ausgetauscht. So entstand ein Gutteil der Volksmedizin mit all ihren Haus- und Familienrezepten, die über Jahrhunderte von Generation zu Generation weitergereicht worden waren. Erst im 19. Jahrhundert und infolge der Zuwanderung arbeitsloser Landbevölkerung in die sich neu industrialisierenden Städte Europas wurden die Ratschläge und Rezepte, die früher von der Mutter auf die Tochter gekommen waren, massenhaft gedruckt und verkauft. Es gab wohl kaum einen Haushalt Anfang des 20. Jahrhunderts, der ohne einen Band vom Typ »Der große Gesundheitsratgeber für die ganze Familie« blieb. Gleichzeitig entwickelten sich die ersten »Markenprodukte«. Es waren Heilmittel aus ganz bestimmten Apotheken, die sich ein Renommee geschaffen hatten, oder Ergänzungsnahrung aus den ersten Lebensmittel verarbeitenden Fabriken. Die traditionellen Heilmittel wurden immer mehr durch standardisierte Produkte ersetzt.

Von der Erfahrungswissenschaft zum Experiment

Das kartesianische Denken, das komplexe physikalische Phänomene auf Anteile auf x- und y-Achsen reduzierte, begann sich Anfang des 19. Jahrhunderts an den Universitäten durchzusetzen. Gleichzeitig wurde die diagnostische Beziehung zwischen Patient und Arzt verändert. Wo im Mittelalter das Anamnese-Gespräch Grundlage aller Therapie war und nur zögerlich durch Pulsfühlen, Inspektion der Zunge und Harnschau ergänzt wurde, erhielten im 18. Jahrhundert die ersten »Diagnosemaschinen« Bedeutung: Erste Thermometer wurden erfunden, die Fieberkurve konnte als diagnostisch-prognostisches Medium genutzt werden.

Im 19. Jahrhundert wurden für viele Organfunktionen Diagnoseinstrumente gebaut, die Mikroskopie wurde perfektioniert, und endlich auch wurden histopathologische Befunde aus Leichenöffnungen mit der Krankengeschichte in Zusammenhang gebracht, so daß der Arzt bei ähnlichen oder gleichen Krankheitssymptomen eines nächsten Patienten Aussagen über die mutmaßlich betroffenen Organe machen konnte. Bis ins 18. Jahrhundert nämlich benannten die Diagnosen der meisten Krankheiten keine anatomisch lokalisierbaren Organe, sondern bezogen sich auf den ganzen Menschen. Als einzig gültiges Instrument für neuzeitliche Forschung galt schon Mitte des 19. Jahrhunderts nur noch das Experiment. Dessen Resultate wurden als schlüssig akzeptiert, wenn es so klar beschrieben war, daß andere Forscher bzw. Forschergruppen es nachvollziehen konnten. Die sezierenden und beschreibenden Wissenschaften an den Universitäten jagten von Entdeckung zu Entdeckung; das theoretische, naturwissenschaftliche Wissen um den Menschen und seine Teile, um ihre Funktion im gesunden und im kranken Zustand schwoll immens an. Drogen und Wirkstoffe wurden systematisch getestet. Die Schulmedizin regierte von nun an natürlich nicht nur in der Therapie und in der säkularen Universität – ihr Einfluß begann, die Vorstellungen aller Menschen in Europa über den Ursprung von Krankheiten zu verändern. Die moderne Medizin und Pharmakologie war schließlich ab Ende des 19. Jahrhunderts etabliert. Man suchte nun viel eher nach einem Erreger und eventuell anderen, von außen her auf den Menschen treffenden Einflüssen, als daß man sich weiter mit konstitutionellen Disbalancen des Kranken beschäftigte. Die Anfänge der Bakteriologie fielen in diese Zeit.

Pasteur hatte in den 1860er Jahren wichtige Grundsteine zur Identifikation von überall in der Luft vorkommenden Erregern gelegt. Lister folgerte daraus die Infektion von Operationswunden von außen her und empfahl die Desinfektion von Wunden, Händen und Instrumenten mit Karbolsäure. Koch erkannte 1876 im Erreger von Milzbrand zum ersten Mal einen lebenden Mikroorganismus als spezifische Ursache einer bestimmten Infektionskrankheit.

Eine historische Rückblende: Vielleicht die wichtigste Entdeckung in bezug auf Erreger und notwendige Prävention durch Desinfektion machte 1847 der Wiener Arzt Semmelweis. Er veröffentlichte sie 1860 unter dem Titel ›Die Aetiologie, der Begriff und die Prophylaxis des Kindbettfiebers‹. Im Verlauf seiner Karriere beschäftigte sich Semmelweis als Assistenzarzt an der Ersten Geburtshilflichen Klinik im Wiener Allgemeinen Krankenhaus mit dem großen Unterschied der Sterblichkeit an Kindbettfieber zwischen den Wöchnerinnen, die in der ersten (1846: je nach Monat zwischen 15 und 19 Prozent) mit denen, die in der zweiten Klinik lagen (1846: im Jahresdurchschnitt 2,7 Prozent, also deutlich weniger). Die damals gängigen Vorstellungen über die Ursache des Fiebers reichten von »kosmisch-tellurischen Faktoren« über das unklare Bild des »Miasmas«, der unreinen (Stadt-)Luft, bis hin zu romantisch-schwärmerischen Vorstellungen mehrheitlich deutscher Mediziner, die über die »Rache des Bauchfells gegen die zornig sich aufbäumende Gebärmutter« spekulierten.

Eine Untersuchungskommission hatte 1846 festgestellt, daß eventuell die rücksichtslosen Untersuchungen seitens der Studierenden Ursache des Kindbettfiebers sein könnten, wobei man in erster Linie an die vielen Studenten aus den k. u. k. Untertanenländern im Osten und im Balkan dachte. Deren »Schuld« hatte, wie sich später herausstellte, darin gelegen, daß sie, im Gegensatz zu den einheimischen Studenten, möglichst intensiv studierten und folglich nahezu gleichzeitig geburtshelferisch und leichensezierend tätig waren, während sich die ansässigen Studenten für ihr Studium bei den Koryphäen des Kaiserreichs mehr Zeit lassen konnten. Der Hauptunterschied zwischen den beiden nebeneinander im gleichen Gebäude liegenden Kliniken bestand nämlich darin, daß an der einen Klinik neben den ausgebildeten Ärzten auch Medizinstudenten praktizierten, während an der anderen Hebammen ausgebildet wurden. Als dann 1847, sozusagen unter den Augen von Semmelweis, ein befreundeter Gerichtsmediziner kurz nach einer Selbstverletzung mit einem Sezierinstrument die nämlichen Symptome aufwies wie die im Kindsbett verstorbenen Mütter und ihre Kinder und schließlich an dieser Krankheit verstarb, erkannte Semmelweis den Zusammenhang und identifizierte Kindbettfieber mit Sepsis.

Bis dahin hatten sich die Sezierenden zwar gründlich die Hände mit Seife gewaschen, allein der nach dieser Prozedur den Händen noch immer anhaftende Leichengeruch verriet die Mangelhaftigkeit der Prozedur. Infolgedessen verordnete Semmelweis das Händewaschen mit Chlor, wonach auch die Sterblichkeit der Mütter in der ersten Klinik auf mit der Rate des Nachbarhauses vergleichbare 2,5 Prozent sank. Dieses sozusagen am lebenden Objekt durchgeführte Experiment hatte auf Grund der Evidenz zur Praxisänderung geführt, obwohl die Erreger noch nicht genau bekannt waren – Semmelweis sprach von »Cadavertheilen«. Aber auch die Mikrobiologie machte ganz entscheidende Fortschritte in der Mitte des 19. Jahrhunderts: Erreger wurden unter dem Mikroskop gefunden und identifiziert.

Eine ganz grundlegende Umwälzung der Therapiemöglichkeiten wurde durch die schließlich auf dem Konzept des »Erregers« beruhende Erfindung der Desinfektion insbesondere der chirurgischen Wunden, der Hände der Beteiligten und der Instrumente eingeleitet. Das Wort »Asepsis« wurde zwar nicht neu erfunden, aber zum ersten Mal in der Geschichte wurden chirurgische Eingriffe auch außerhalb des gynäkologischen Bereichs und der Amputationen, dem Steinschneiden und dem Starstechen im Grundsatz beherrschbar. Vor der Erfindung der Desinfektion waren tiefe Operationen kaum zu überleben. Um die letzte Jahrhundertwende herum entstand schließlich – mitten im Rausch der Industrialisierung – die Metapher des menschlichen Körpers als Fabrik. Wenn von einem solchen durch Untereinheiten aufgebauten Ganzen ein Teil nicht mehr funktioniert, so liegt der Gedanke nah, den betreffenden Teil zu reparieren bzw. im Notfall zu ersetzen. Die Vorstellung, die dahintersteht, ebnete sozusagen den Weg zu aller »Reparaturmedizin«, zum Spezialistentum unter den Ärzten bis hin zur Organtransplantation.

Besessen von bösen Dämonen oder geistes- und epilepsiekrank

In der Zeit vor dem 20. Jahrhundert war die Diagnose verschiedener Geisteskrankheiten und ihre Unterscheidung voneinander und von der Epilepsie nicht so klar, wie es heute – anhand der WHO-Klassifikation – der Fall zu sein scheint und im Falle der Epilepsiekrankheit tatsächlich auch ist. Verschiedene, einander teilweise im akuten Anfall äußerlich ähnelnde Symptome von Geisteskrankheiten und Epilepsie wurden bis vor 100 Jahren als Besessenheit verstanden – durch einen bösen Geist, einen Dämonen oder das Böse schlechthin. Die auf den Unbefangenen wohl am eindrücklichsten wirkende Krankheit aus diesem Formenkreis ist die Epilepsie im großen Anfall, dem Grand Mal. Heutzutage begegnet man kaum je mehr einer Person in aller Öffentlichkeit, die in einem Anfall der »Fallenden Sucht«, wie die Krankheit bis ins 20. Jahrhundert hieß, plötzlich umfällt, alle viere von sich streckt, aus dem Munde schäumt und sich »tierhaft« verhält, wie schon Aretaeus ungefähr im Jahr 150 nach Christus schrieb. Ich erinnere mich gut, als ich zum ersten Mal in meinem Leben in einem unwirtlichen Abstell- und Kopierraum des Zürcher Universitätsspitals auf einem Monitor in schlechter Schwarzweißqualität einen Grand Mal-Anfall sah: Mir sträubten sich im wörtlichen Sinne die Haare, eine Angst befiel mich, vergleichbar dem Bild, das der Kater bietet, der mit gesträubtem Haar und hochgestrecktem Schwanz von der Quelle seiner Angst zurückweicht.

Epilepsie ist die erste Krankheit, die überhaupt schriftlich erwähnt wurde, nämlich in einem der ersten Schrifttexte der Menschheit, im Kodex des babylonischen Königs Hammurabi. Dort wurde sie als Mangel eines frischverkauften Sklaven aufgelistet, der das Recht auf Rückgabe der Ware begründete. In der Antike galt sie als »heilige«, »dämonische«, »göttliche« Krankheit. Obgleich schon Hippokrates im 4. vorchristlichen Jahrhundert eine organische Ursache im Bereich des Gehirns vermutete – freilich seiner Meinung nach durch eine Störung des Gleichgewichts der Säfte verursacht –, verbreitete sich im Mittelalter und bis weit in die Neuzeit hinein wiederum die Meinung, epileptische Anfälle seien sichtbarer Ausdruck des zürnenden oder strafenden alttestamentarischen Gottes, Zeichen einer Besessenheit durch böse Mächte oder Resultat von Verhexung. Mehrere gelungene Wunderheilungen von »Besessenheit« beschreiben die Apostel als Werk Christi (Markus 5, 1–19; Lukas 8, 26–40; Matthäus 8, 28–34 und Markus 9, 14–29, Lukas 9, 36–42; Matthäus 17, 14–18). Da beschreibt ein Vater Jesus die Symptome seines Sohnes: »Siehe, der Geist ergreift ihn, so schreit er alsbald, und es reißt ihn, daß er schäumet, und mit Not weicht er von ihm, wen er gerissen hat.« Darauf die Heilung: »Jesus aber bedrohte den unsauberen Geist und machte den Knaben gesund.« (Lukas 9, 36–42)

Aus den zwei Jahrtausenden seit der Zeitwende sind viele Bildwerke überliefert, die zeigen, wie man sich solche Art von Heilung, den Exorzismus, vorstellte: Aus den Leibern der Besessenen werden mit der stärkeren Macht, mit Gottes Hilfe also, die bösen Geister, die Dämonen herausgetrieben. Sie verlassen den somit Geheilten durch seinen weitgeöffneten Mund in Gestalt von Lindwürmern, Drachen oder geflügelten Teufelchen. Auf einer Miniatur aus dem ›Stundenbuch‹ des Duc de Berry ist die oben zitierte Bibelstelle illustriert: Christus heilt allein durch das Kreuzen seiner Finger (und durch das Rezitieren wirksamer Sprüche). Wer nicht auf eine Wiederholung der Wunderheilung hoffen mochte, suchte Heilung und Erlösung von der Fallenden Sucht bei Ärzten und Heiligen. Heilung erfolgte durch Austreibung des Dämons aus dem Körper – nur über die Methode, so man nicht über die göttliche Macht verfügte, bestand Unsicherheit. Deshalb waren im Mittelalter und später oft schwere Prozeduren zu ertragen: Trepanation (Öffnen des Schädeldachs), Schläge, Drehstühle, Fesselungen und was der Marterungen mehr waren. Unter den Umständen wäre es wohl den meisten Patienten besser bekommen, sie hätten sich an den von Aretaeus niedergeschriebenen Rat gehalten: »Besser die Krankheit ertragen als das Heilmittel.«

Erst auf Grund physiologischer Experimente in der zweiten Hälfte des 19. Jahrhunderts, nachdem sich Anatomie, Histologie und Elektrotechnik weiterentwickelt hatten, wurde das Gehirn als Ausgangspunkt der Anfälle klar lokalisiert. Heute weiß man, daß die Anfälle durch ein synchrones Entladen von einigen wenigen Nervenzellen in genau lokalisierbaren Arealen des Gehirns ihren Anfang nehmen. Von dort breiten sie sich weiter aus und lassen das ganze Hirn (Symptomatik des Grand Mal) oder Teile davon in plötzliche, exzessive, unkontrollierte Erregung geraten. Einerseits lassen sich heute epileptische Anfälle durch medikamentöse Behandlung unterdrücken, anderseits kann man mit gezielter stereotaktischer Mikrochirurgie durch die bestehenden Öffnungen des Schädelknochens in der Schläfenregion *(foramen ovale)* oder durch in das Schädeldach gebohrte Löcher Elektroden ins Hirn einführen und dort kleinste Areale veröden. Auch gilt heute noch das seit Jahrtausenden überlieferte Wissen um die Tatsache, daß Unregelmäßigkeiten in der Lebensführung das Anfallrisiko erhöhen und daß stark rhythmisierte Abfolgen von Bildern, Tönen, Gesten und weiteren Sinneseindrücken Anfälle auslösen können, beispielsweise das Betrachten von im gleichen Abstand gesetzten Telefonmasten vom rasenden Zug aus.

Der Böse Blick, Schadzauber und Hexerei

Neben und parallel zur hippokratischen damaligen Schulmedizin existierte in Europa während Jahrtausenden auch das magische Denken. Menschen vermuteten Kräfte in sich selbst und in anderen, die direkt, ohne Umweg über Werkzeuge und ohne direkten Körperkontakt, auf die Natur und damit auf andere Menschen einwirken konnten. Magische Kräfte müssen nicht im Experiment bewiesen werden, und sie können auch nicht direkt nachvollzogen werden, weil die Vorbedingungen, welche die Personen erfüllen müssen, damit ihre Kräfte wirksam werden, nicht überprüft werden können. Ist es schon schwer genug, herauszufinden, ob die genauen Anweisungen beim Rühren eines Tranks, beim Sprechen eines Zauberspruchs, beim Formulieren einer Verschwörung wirklich eingehalten worden sind, so ist es völlig unmöglich, zu kontrollieren, ob beispielsweise die hexende Person die mit der Zauberei einhergehenden Fasten- und Reinheitsgebote alle eingehalten hat. Magische Kräfte sind dem kontrollierten Experiment auch aus dem Grund nicht zugänglich, weil die Befähigungen, die jemanden zum Hexer, zur Zauberin oder zum Heiler machen, nicht nur im Wissen, im Können oder in der Erfahrung begründet sind, sondern vielmehr in der Person selbst.

Die Angst vor Schadzauber und Hexerei beschäftigte naturgemäß die Reichen und Mächtigen, die sich vor Neidern und Konkurrenten fürchteten, aber auch das gewöhnliche Volk. Die große Angst vor dem Vergiftetwerden ist bei Königen und Fürsten gut belegt. Sie schützten sich einerseits durch Vorkoster, anderseits durch Gefäße aus geheimnisvollen Materialien, und hielten Antidots bereit. Gewöhnliche Leute hingegen schützten sich eher durch kleine Amulette und durch Objekte aus dem christlich-volkskundlichen Bereich (sowie natürlich durch Gegen-Zauber, wo erhältlich).

Unter den vielen überkommenen Objekten gegen Vergiftungen greifen wir eines heraus: Über eineinhalb Jahrtausende stellte das aus dem Horn des geheimnisvollen Einhorns zubereitete Pulver das wichtigste Antidot dar – es notierte im Preis während Jahrhunderten über demjenigen des Goldes. Narwalzähne, die als Hörner des Einhorns ausgegeben wurden, waren in den meisten Schatzkammern Europas vertreten. Von 1400 bis 1600 kamen keine Narwalzähne mehr nach Europa – die Wikingersiedlungen in Grönland waren eingegangen. Erst gegen Mitte des 17. Jahrhunderts, als es sich langsam herumgesprochen hatte, daß es sich bei diesem wundervoll anzuschauenden Gegenstand nicht um das Horn des weißen Fabelwesens handelte, sondern um den linken Eckzahn des Narwals, fielen die Preise, und die vermutete Heilkraft sank. Als Medizin wurde Narwalzahnpulver noch bis Ende des 18. Jahrhunderts benutzt. Seine heilenden und schützenden Eigenschaften besaß das Einhorn im übrigen nicht nur in Pulverform zum Einnehmen; der dänische König ließ sich um 1665 sogar einen Thron aus diesem Material anfertigen, wertvoller als aus purem Gold.

Wider erstem Erwarten ist die Krankheitsursache »Verhexung« jedoch auch heutzutage noch nicht obsolet. Sie ist nach dem Zeitalter der Aufklärung und nach allen naturwissenschaftlichen Erkenntnissen, die durch die Massenmedien bis in die abgelegensten Regionen Europas verbreitet sein müßten, bis in die heutige Zeit nicht untergegangen.

Von den Anfängen der Psychiatrie zur Erfindung der Psychologie

Im weltweiten Vergleich typisch europäisch scheint mir denn auch der Fächer der psychischen Verstimmungen mit Krankheitswert zu sein. In anderen Kontinenten gilt manches, das wir dem Wirkungsfeld des Psychiaters zuordnen, als nicht behandlungsbedürftig. Andere Symptome oder Auffälligkeiten fallen in den Therapie- und Beratungsbereich von Heilern, Orakelschlägern oder Zauberern, die beispielsweise soziale Ursachen für psychische Krankheiten ausmachen und die Kranken wieder in ihr Umfeld – Familie, Clan, *Moiety*, Dorf – integrieren oder sie mit ihren Ahnen versöhnen.

Schwer Geisteskranke, beispielsweise Wahnsinnige oder »Melancholiker«, waren dahingegen schon in der Antike auffällig und Thema in medizinischen Schriften. Durch lange Jahrhunderte des Mittelalters wurden die Wahnsinnigen von der Kirche nicht als »krank«, sondern als vom Satan besessen betrachtet. Sie blieben bis Ende des 18. Jahrhunderts von der menschlichen Gemeinschaft ausgeschlossen und durften beispielsweise die Kirche nicht betreten. Viele »Narren« wurden auf die Narrenschiffe verbannt, da man dem Wasser eine reinigende Kraft zuschrieb. Anderseits gab es die Kategorie des Narrs, der am Hof eines Potentaten geduldet, wenn nicht sogar als lebendige Allegorie der verkehrten Welt erwünscht war. Immerhin hatte es schon seit Jahrhunderten volksmedizinische Medikamente gegeben, welche die Krankheit, deren Bild zwischen Manie und Melancholie schwankt, linderten.

Erst im England des 16. Jahrhunderts wurden die ersten Pläne zur Internierung der Geisteskranken entwickelt, und es dauerte 200 Jahre, bis in vielen Ländern Europas die Geisteskranken – deren Nicht-Arbeiten seit der Reformation gesellschaftlich immer mehr auffiel – nicht mehr ausgeschlossen, sondern im Gegenteil eingeschlossen wurden. »Zum ersten Mal ersetzt man die rein negativen Ausschlußmaßnahmen durch eine Internierungsmaßnahme; der Arbeitslose wird nicht mehr verjagt oder bestraft; man nimmt sich seiner auf Kosten der Nation und zu Lasten seiner persönlichen Freiheit an.«[4]

Das erste Irrenhaus Europas ließ Kaiser Franz Joseph 1784 in Wien erbauen: den heute noch zu besichtigenden »Narrenturm« am äußersten Rand der damaligen Stadt, an der Außenmauer des Allgemeinen Krankenhauses, mit seinen engen Zellen und den in die feuchten Mauern eingelassenen Ringen zur Befestigung der Ketten der »Tobsüchtigen«. Die schlimmen Zustände in den verschiedenen Internierungsanstalten Europas waren ab etwa 1830 allgemein bekannt und riefen nach Veränderung. Eine ganzheitliche Betrachtungsweise der psychischen Erkrankungen, die Mitte des 19. Jahrhunderts durchaus in Ansätzen vorhanden war, hatte jedoch im damaligen Umfeld der Zellularpathologie keine Chance. Es herrschte die Meinung, alle Krankheiten seien grundlegend organischen Ursprungs, die seelischen Krankheiten also sogenannte Nervenkrankheiten.

Sogar Freud, der in der Spezialität »Neuropathologie« abgeschlossen hatte, suchte zeit seines Lebens nach den organischen Ursachen der psychischen Abnormitäten. Um die Jahrhundertwende erkannte er die Bedeutung des Unbewußten, die Wichtigkeit der frühkindlichen Sexualität und die Unterdrückung insbesondere der geschlechtlich gerichteten Triebe als krankheitsverursachend. Seine neue Erklärung für das Entstehen von Krankheiten, die »pathogene Erinnerung«, führte zur dem damaligen Wiener Bürgertum adäquaten neuen Therapie, der Psychoanalyse. Freuds Auffassungen über die Entstehung von Neurosen und von Hysterie sowie von Zwangszuständen und verschiedenen weiteren psychiatrischen Störungen veränderten die Theorie und Therapie der Geisteskrankheiten grundlegend. Viele psychologische Erklärungen von Krankheiten sind, wenn auch oft in arg vereinfachender Form, heute zum Allgemeingut geworden.

Zwang zur Norm: Von der Strafe Gottes zur Lifestyle-Droge

Über mehr als zwei Jahrtausende, von der griechischen Antike bis zur Aufklärung, war – wohl auch in Ermangelung wirklich potenter Heilmittel – die gesunde, sozusagen richtige Lebensführung wichtigster, erster Teil der Medizin. Als wichtig galt die sorgfältige Pflege des Alltäglichen. Die Kultur der ganz alltäglichen und natürlichen Dinge und Verrichtungen stand im Vordergrund: eine ausgeglichene Diät (altgriechisch: *diaita*, die tägliche Lebensführung) in bezug auf Essen und Trinken, Schlaf und Beischlaf, Ausscheidung und Absonderung, Freundschaft und Beziehung.

In Zeiten vor der pluralistischen Wertevielfalt am Ende des 20. Jahrhunderts wußte man vielleicht eher, was einem erlaubt war und was nicht: Die biblischen Zehn Gebote galten als Richtschnur. So lag während Jahrtausenden der Gedanke nahe, daß das Krankwerden einer Person eine Strafe Gottes für mangelhaftes, »sündiges« Verhalten sei. Unter den Heilmitteln wurde folgerichtig das Gebet und weitergehend die Wallfahrt als wichtigste Therapie angesehen. Die materiell greifbaren Ergebnisse der Wallfahrt wiederum wurden als Heilmittel verwendet: Gesegnete Schabmadonnen beispielsweise oder Tabletten von heiligen Erden *(terra sigillata)*, die von der Wallfahrt zurückgebracht worden waren, konnten direkt in den Tee geraspelt werden und hatten heilsame Effekte. Als Strafe Gottes wurden viele der todbringenden großen Seuchen des Mittelalters und der beginnenden Neuzeit angesehen: Pest, Cholera, Typhus, Syphilis. Es kam zu massenhysterischen Phänomenen wie den umherziehenden Flagellantensekten. Durch selbstkasteienden Verzicht und tatkräftige Sühne am eigenen Körper wollte man Gott zur Gnade bewegen.

Eine der interessantesten Erscheinungen in diesem Zusammenhang ist die Erfindung des Schutzengels. Weil die Kinder allein durch ihr Lebensalter vor der Firmung als nicht schuldfähig angesehen wurden, durften sie nach der Vorstellung, daß Gott die Krankheit oder den Unfall als Strafe schicke, eigentlich nicht krank werden bzw. keinen Unfall erleiden. Und so beschützte in der Vorstellung denn auch ein beinah göttliches Wesen die kleinen unschuldigen Geschöpfe.

Nicht gerade eine Neuentdeckung, aber in ihrer massenhaften Anwendung doch ein neues Phänomen des ausgehenden 20. Jahrhunderts sind die *Lifestyle-drugs*. Inzwischen sind die christlichen Gebote und Verbote, seien es die katholischen oder die reformierten, in großen Bevölkerungsschichten nicht mehr maßgebend. Aber andere, oft weniger klar formulierte und dafür unbewußt verinnerlichte Wertegebäude sind an ihre Stelle getreten. Der Druck zur Anpassung an die »Norm« hat zugenommen. Außenseiter meint sich die Gesellschaft, auf immer schneller werdenden Umsatz orientiert, nicht mehr im täglichen Leben leisten zu können. Je normierter der sogenannte Lebensstil für große Bevölkerungsteile wird, und je wichtiger die von der expandierenden Industrie benötigten Normen werden, desto mehr färbt die Vorstellung, das Perfekte, Normgerechte sei anzustreben, auch ins tägliche Leben ab. Freilich sind die in der Berufs- und Arbeitswelt allgegenwärtigen »Deutschen Industrie Normen« (DIN) und die Vorschriften der »International Organization for Standardization« (ISO), die den internationalen Austausch von Gütern und Dienstleistungen erleichtern sollen, in Haushalt und Freizeit nicht verpflichtend. Aber die zusammenwachsenden internationalen Märkte fördern doch den sanften Zwang zur Norm.

Um dieser fortschreitend sich verengenden Normalität zu genügen und um Normansprüche zu erfüllen, die von innen, vom eigenen Gewissen her stammen, oder von außen, von Medien, Familie und Freunden, also von gebetenen und ungebetenen Ratgebern, herangetragen werden, probiert der sich im Zeitgeist bewegende Mensch Reparaturdrogen und leistungssteigernde Medikamente. Man will »besser« funktionieren und den eigenen Rollenansprüchen gerecht werden, mit Stimmungsaufhellern und Appetitzüglern, mit Fortpflanzungshormonen und Potenzmitteln, mit Schlaf- und Aufputschdrogen.

Aber auch die fortgeschrittenste Schulmedizin kann die paradiesische Harmonie nicht wiederherstellen. Trotz riesiger Fortschritte der naturwissenschaftlich begründeten, im wesentlichen pharmakologischen, chirurgisch und nuklearmedizinisch funktionierenden Schulmedizin Europas und der übrigen entwickelten Welt bleiben trotz aller Anstrengung Krankheiten unheilbar, ihre Ursprünge unerklärlich.

Der nahezu uneingeschränkte Glaube an den Fortschritt der Menschheit auf Grund (groß-)technischer Errungenschaften, der die Westeuropäer in der Wiederaufbauzeit nach dem Zweiten Weltkrieg bis 1968 und darüber hinaus einte, verlor in den siebziger und achtziger Jahren an Kraft. Die Großtechnologie kam an objektive Grenzen, verlor vielerorts an Akzeptanz und – so die alltägliche Erfahrung – schuf vielleicht mehr neue Probleme, als sie alte löste. Das Leid war nicht abgeschafft, die Menschen werden weiter von Krankheiten geplagt. Im Gegenteil sogar: Durch die Verlängerung des durchschnittlichen Lebensalters wurden viele Krankheiten und Gebresten, die zuvor nur selten vorkamen, überhaupt erst für eine größere Zahl von Menschen relevant. Wer vor 1950 in jungen Jahren einer Infektionskrankheit erlegen war, wer im Kindbett gestorben war, der wurde nicht alt genug, um am Verschleiß der Hüftgelenke, an Osteoporose oder an chronischen Herz-Kreislauf-Problemen zu leiden.

Für solche in bezug auf ihr massenhaftes Auftreten »neue« Krankheiten wurde der Begriff »Zivilisationskrankheiten« eingeführt. Sie befielen ältere Menschen, und die Jungen und Schönen, die aktiven Generationen, bekamen zunehmend Angst vor ihnen. Noch im frühen 20. Jahrhundert waren Menschen an heute als banal geltenden Infektionskrankheiten gestorben (zum Beispiel an Tuberkulose, Lungenentzündung, Kinderlähmung), oder sie starben an bösartigen Neubildungen. Impfaktionen haben viele Ansteckungskrankheiten zurückgedrängt, Antibiotika die Therapie von bakteriellen Krankheiten in den meisten Fällen zur einfachen und billigen, fast narrensicheren Routine gemacht. Mittels moderner nichtinvasiver und bildgebender Techniken, zum Beispiel Computertomographie (CT) und Magnetresonanz (MRI), wurde in vielen Fällen eine frühzeitige Diagnose möglich. In einigen Fällen ist sie entscheidend für den Heilungserfolg, in anderen völlig irrelevant. Das Spektrum der möglichen – und spezifischen – Therapievarianten beispielsweise bei Krebs hat dramatisch zugenommen. Am Ende des 20. Jahrhunderts sind Operationen am offenen Herzen (etwa Bypass) Routine, ebenso die Implantation von Hüftprothesen und Organtransplantationen. So haben zum ersten Mal in der Geschichte heute viele Menschen die Chance, überhaupt an Alterskrankheiten wie Alzheimer oder Altersdemenz leiden zu müssen.

Die Sehnsucht nach Ganzheitlichkeit bereitet den Boden vor für esoterische Vorstellungen in den achtziger und neunziger Jahren

Große Erfolge wecken Begehrlichkeiten. Im Zuge der Fortschrittseuphorie der sechziger und siebziger Jahre schien ein Leben ohne größere Krankheiten mittels technischer Maßnahmen vorstellbar. Die ›Schöne neue Welt‹, wie von Aldous Huxley beschrieben, in der die zivilisierten Menschen gesund und befriedigt bis an die verordnete Altersgrenze leben und sich darauf oppositionslos zum Sterben begeben, schien den einen verlockend, den andern beängstigend. Nun hat sich spätestens in den achtziger Jahren herausgestellt, daß die an den Universitäten gelehrte Medizin, die in Europa »Schulmedizin« und in Indien »kosmopolitische Medizin« genannt wird, diesen Ansprüchen nicht genügen konnte. Eine Antwort auf diese Situation ist die in ihrer großen Verbreitung neuartige Hinwendung vieler Menschen zu einer neuen Kategorie von Vorstellungen von Krankheit und Heilung: »Esoterische« Heilkunst scheint im »Wassermannzeitalter«, im *new age*, immer mehr Anhänger zu gewinnen.

Der Begriff »Esoterik« stammt aus der Schule des Pythagoras. Er meint jenes Wissen, das nur durch persönliche Wandlung und Zugehörigkeit zu einem ausgewählten Kreis von Menschen zugänglich wird, im Unterschied zum »exoterischen« Wissen, das man schulisch, von außen, erwerben kann. Es wird postuliert, ein neues astrologisches Zeitalter – eben dasjenige des Sternzeichens Wassermann – sei etwa ums Jahr 1980 angebrochen und damit die Schwelle zu einer neuen, spirituell ausgerichteten Humanität durch weite Verbreitung des ehemals esoterischen Wissens in globalen Netzwerken erreicht.

Diese nur im engen Kreis weitergegebene Geheimlehre widerspricht zutiefst den Anforderungen dessen, was der Wissenschaftsbetrieb unter Wissenschaftlichkeit versteht: Erkenntnisse, die aus genau beschriebenen, von Dritten nachvollziehbaren Experimenten stammen. Gefeiert wird in schwammiger Terminologie der Abschied vom Kausalitätsdenken. Das naturwissenschaftliche Weltbild soll revolutioniert werden. Vom Abschied von Newton und Descartes war die Rede, vom Aufbruch in ein neues Zeitalter, ebenjenes *new age*. Man wendet sich endlich gegen den Reduktionismus der Naturwissenschaft, der oft genug den Menschen und also – in medizinischen Zusammenhängen – den Patienten »objektiviert«, zum naturwissenschaftlichen Forschungs- und Therapieobjekt gemacht hat. Die Bestrebung zu mehr Menschlichkeit in der technisierten Apparatemedizin kann aber nicht gelingen, wenn die beschworene Ganzheitlichkeit ein Abrücken von der Wissenschaft bedeutet. Wissenschaftlichkeit heißt unter anderem Wiederholbarkeit und Intersubjektivität der Resultate von Therapien.

Die Grenzen des Kausalitätsprinzips

Die Stärke naturwissenschaftlich begründeter Vorstellungen von Krankheit und Methoden zur Heilung liegt in ihrer der Vernunft zugänglichen Art und Weise, wie sie Phänomene beschreiben und hervorzubringen suchen: dem Prinzip von Ursache und Wirkung. In diesem Prinzip unterscheiden sie sich übrigens nicht von der magischen Denkweise, gemäß der rituell menschliche Handlungen die Natur beeinflussen können.

Seit man quantenmechanische Zusammenhänge untersucht, weiß man, daß der Beobachter in das Geschehen eingreift. Die Heisenbergsche Unschärferelation besagt, daß jeder Beobachter das Beobachtete verändert. Das heißt auch: Jeder Beobachter sieht oder mißt also allein durch die Tätigkeit des Beobachtens etwas anderes als sein Kollege und als das, was das Objekt in sich selbst war. Dies gilt selbstverständlich auch für die Interaktion zwischen Arzt oder Heiler und Patient und Ratsuchendem.

Menschen verhalten sich nicht immer gleich. Die fast kindisch anmutenden Versuche des Verhaltensforschers Eibl-Eibesfeldt, die Menschen mittels einer Kamera zu filmen, die »um die Ecke«, auf einen im Winkel verschobenen Spiegel filmt, waren kläglich zum Scheitern verurteilt. Auch sie, lebende Subjekte, verhielten sich in der Untersuchungssituation anders als sonst; vielleicht noch mehr, als dies unbeseelte Objekte wie Atomteilchen tun. Der erste Fehler in der simplen naturwissenschaftlichen Betrachtungsweise liegt also systematisch in der Annahme, die Natur (zum Beispiel eines Kranken) »objektiv« erfassen zu können.

Im Kausalitätsprinzip steckt jedoch noch ein zweiter, ein grundsätzlicher Fehler, der eine Falle für denjenigen darstellt, der sich für die Vorstellungen interessiert, die den Ursprung von Krankheit betreffen: der Mythos der Zeitlinie nämlich. Mit dem Schema von Ursache und Wirkung kann man vernünftigerweise nur Phänomene beschreiben, die aufeinander folgen. Kausalität setzt Sequentialität voraus: der Ablauf der Zeit auf einer Geraden (und nicht etwa beispielsweise in einem Kreis, wie er in Asien oft konzipiert wird). »Synchronismus ist das Vorurteil des Ostens, Kausalität das moderne Vorurteil des Westens«, sagte C.G. Jung. Viele Phänomene im Zusammenhang von Krankheit und Heilung sind jedoch nur mit Hilfe des Konzepts der Synchronizität, der eben nicht zufälligen Gleichzeitigkeit, zu verstehen und beschreiben.

Vielen Kritikern der modernen Apparatemedizin geht es darum, wieder mehr den Kranken ins Zentrum ärztlicher Bemühungen zu stellen als die Krankheit. Andere setzen eher auf ein schwärmerisches Rousseausches *»retour à la nature«* und sind grundlegend verunsichert durch die Abhängigkeit von Experten, durch unübersichtliche Forschungsgremien und -prozeduren, durch transkontinentale Pharmafirmen. Diese betreiben eine Politik, die nicht als erstes Ziel das Wohl der Menschen im Auge hat, obwohl dieses dem Ziel der Erhöhung des Shareholder-value nicht unbedingt in die Quere zu kommen braucht.

Nun ist es mit der Denkfreudigkeit und der Trennschärfe der verwendeten Begriffe bei vielen, die im weitesten Sinne der esoterischen Bewegung zuzurechnen sind, nicht allzu weit her. Erstens wäre zu hinterfragen, was eigentlich mit den Begriffen »Natur« bzw. »natürlich« gemeint sein könnte. Allzuviel, was in vielen Köpfen als »Naturgesetz« herumspukt, hat vielmehr mit »Kultur« zu tun, also mit historisch gewachsenen, menschgemachten und menschgesetzten Werten und Vorstellungen. Oft verbirgt das Etikett »natürlich« die wahren Machtverhältnisse oder kaschiert nicht offengelegte Prämissen des Denkens und Verhaltens. Als Beispiel sei eine in den Werken der Kunstgeschichte oft illustrierte Legende zitiert, die die Weisheit des Richters Salomon erklären sollte: Salomon wurde aufgetragen, unter ähnlich berockten Kleinkindern herauszufinden, welche Mädchen und welche Knaben seien. Er ließ Nüsse ausstreuen und baute auf die »natürliche« Schamhaftigkeit der Mädchen: Diese seien züchtig in die Knie gegangen, um die Nüsse aufzusammeln, währenddessen die Knaben sich bückten. Daß hier nicht natürliche Verhältnisse herrschen, springt allen, die außer der eigenen Kultur noch andere kennen, sofort ins Auge. Im Gegenteil: Die durch Erziehung, Vorbild, Anweisung oder wie auch immer antrainierte Verhaltensweise gehört im besten Sinne zur Kultur und nicht zur primären Natur der Menschen.

Aber nicht nur Verwechslungen zwischen Natur und Kultur sind häufig und damit eigentlich »ideologische« (im Sinne von falsches Bewußtsein schaffende) Aussagen, es werden auch implizite, nicht bewiesene Vermutungen aufgestellt. Wer in Ablehnung exakter Wissenschaft zur Maxime erhebt, der »Stimme der Natur« folgen zu wollen, hat unausgesprochenerweise die Überzeugung, jedes Wesen habe eine solche eigene innere Stimme – eine Behauptung, die erst noch zu beweisen wäre. Gleichzeitig grassiert die Vorstellung, die Natur sei das Maß aller Dinge, sie sei maßgebend. Ist der Mensch mit seiner Kultur, seinen Bedürfnissen und seinem Streben immer noch Teil der Schöpfung, oder stellt er sich darüber? Der biblische Auftrag, sich die Natur untertan zu machen, und das jüdisch-christliche Vermächtnis, das Europa stark mitbestimmt, stehen für eine objektivierende, naturwissenschaftliche und unökologische Art des Umgehens mit Natur. Daraus wird schnell eine ausbeuterische Art des Umgangs, denken wir nur einmal daran, wie die antiken Gesellschaften die mediterranen Urwälder abgeholzt haben oder die modernen Gesellschaften Bodenschätze ausbeuten.

Als Denkanstoß zum komplexen Verhältnis zwischen Natur und Kultur, zwischen Kulturlandschaft und Geborgenheit, zwischen der von mir den Esoterikern unterstellten Harmoniesucht und der Realität steht hier das kurze Gedicht ›Der Rauch‹ von Bertolt Brecht: »Das kleine Haus unter Bäumen am See. / Vom Dach steigt Rauch. / Fehlte er, / wie trostlos dann / wären Haus, Bäume und See.«

Drei Trends am Ende des 20. Jahrhunderts

Verknappung der öffentlichen Leistungen im Medizinbereich

Bis vor wenigen Jahren zahlten nahezu alle westeuropäischen Krankenversicherungssysteme (mit Ausnahme des britischen staatlichen Gesundheitswesens) mehr oder weniger alles, was schulmedizinisch möglich war. Indem jedoch insbesondere im diagnostischen Bereich immer mehr möglich wurde – MRI, CT und weitere investitionsschwere Maschinen –, wurde die Diagnose immer teurer; man irrt kaum in der Prognose, daß schon allein aus Kostengründen bald Zugangsschranken der impliziten oder expliziten Art errichtet werden. Ein weiterer kostentreibender Nebeneffekt dieser Vernaturwissenschaftlichung, die notwendigerweise mit einer Objektivierung vom Kranken zum Fall einhergeht: Jüngere Mediziner trauen sich immer weniger, selbst Diagnosen zu stellen, sondern berufen sich hauptsächlich auf technisch-rational-experimentell nachvollziehbare Daten (und nicht etwa auf konsiliarische Gutachten). So geht mit dem Nebeneffekt der Verteuerung Erfahrung verloren und wird durch Wissen ersetzt, enthumanisierte Medizin greift um sich.

Nicht nur im diagnostischen, auch im invasiven stationär-therapeutischen Bereich wird die Leistungsausweitung nicht ungehemmt weitergehen können. Auch diese kostet immer mehr: Die öffentlichen Krankenversicherungssysteme sind in einer gravierenden und nachhaltigen Finanzierungskrise. Die letzten Wochen und Tage des Lebens vor dem Tod können zwar durch weitere Eingriffe immer wieder verlängert werden. Aber dagegen wenden sich die Menschen, die einen Tod in Würde fordern.

Irgendwann wird es notgedrungen – weil nicht mehr mit Zustimmung der Steuerzahler finanzierbar – eine Rationierung der therapeutischen Leistungen geben. Der politische Wille, einen immer größeren Teil des gesamtgesellschaftlichen Einkommens für die Medizin bereitzustellen, wird schwinden. Leistungseinschränkungen werden da und dort schon diskutiert, da insbesondere aus Gründen der demographischen Entwicklung die Menschen immer älter werden, bevor sie sterben. Somit werden sie während immer längerer Zeit pflegebedürftig sein und der Allgemeinheit Kosten verursachen. Vor wenigen Jahrzehnten noch sind die Alten durchschnittlich ein paar Jahre früher gestorben als heute, an einer relativ simplen Krankheit wie Herzinfarkt, Aneurysma oder Krebs. Heute können sie wieder geheilt und teilweise rehabilitiert werden, durch Bypass- und andere Gefäßoperationen, durch Chemo- und Kombinationstherapien.

Wieviel Diagnose und Therapie im konkreten Fall, beim einzelnen Menschen angewendet oder eingesetzt werden soll, ist zur Zeit nicht klar geregelt. Grundsätzlich wird wohl in nächster Zeit die Mengenausweitung weitergehen, falls sie nicht durch Leistungseinschränkungen gestoppt wird. Aber im Zuge der zunehmenden »Verrechtlichung« der Gesellschaft und der zunehmenden Vereinheitlichung Europas in bezug auf die politischen Unterschiede zwischen den in der EU zusammengefaßten Ländern werden Verknappungen eingeführt werden. Diese Entwicklung wird einhergehen mit tendenziell sinkenden Arztlöhnen. Auch bei den Ärzten wird eines Tages das Prinzip von Angebot und Nachfrage greifen; die Krankenkassen werden Fallpauschalen und globale Entschädigungen durchdrücken können. Eine der wenigen sicher belegten Korrelationen in den Gesundheitsstatistiken ist nämlich die positive Korrelation zwischen Ärztedichte und durchschnittlichen Arztkosten pro Patient. Das heißt im Klartext: je mehr Ärzte, desto mehr Konsultationen.

Sicherlich im Trend der Zeit liegen offene oder verdeckte Rationierungen medizinischer Leistungen, Leistungskontrolle der Anbieter durch die Kostenträger und Patientenführung durch ein Hausarzt- oder HMO-System (Health Maintenance Organisation). Im weiteren wird es zur Verlagerung der Risiken auf die Prämienzahler kommen. *Managed care* wird mit einer Einschränkung der Freiheit der Mediziner und der Patienten verbunden sein.

Gefragte Alternativmedizin

Nach den vielen Erfolgen der Reparaturmedizin – jedoch einsichtig ihrer Grenzen – wird einerseits die staatlich unterstützte Krankheitsprävention gefördert, anderseits schlagen immer mehr Menschen auf individuelle Weise neue Wege ein. »Komplementäre Medizin« bzw., je nach Standpunkt des Schreibenden, »alternative« oder »ganzheitliche« Medizin, hat einen großen Zulauf. Ich verzichte hier auf die Abgrenzung des Begriffs gegenüber der Schulmedizin wie auch gegenüber zeitgenössischen Heilern, Heilerinnen und weiteren Personen, die Bestrebungen zur Gesunderhaltung am Rande der etablierten Medizin unternehmen. Wichtig scheint mir festzustellen, daß sich der Begriff »alternativ« einerseits auf den Stil des Umgangs zwischen Heilenden und Kranken bezieht, anderseits auf die (noch) nicht erhärtete Wirksamkeit der jeweiligen Heilmethoden – gemäß naturwissenschaftlich-experimentellen Kriterien. Das Zeitgefühl umreißt die Ärztin Järmann folgendermaßen: Sie will etwas »unternehmen, um das eigene Wohlbefinden zu fördern, auf die Signale des Körpers [zu] achten und etwas aus[zu]probieren, das nicht unbedingt beweisbar ist«. In der alternativen Medizin »spürte ich etwas von der Medizin, der das Heilen und nicht das Zerlegen das erste war. Wohl konnte sie sich häufig nicht mit Beweisbarem brüsten, aber man konnte sie ausprobieren, testen, zu verstehen suchen. Sie gab zu, sehr vieles nicht zu wissen, und ihre Theorien waren als Thesen erkennbar. Hier war ich auf Hoffnungsland. Seither ist für mich komplementäre Medizin geblieben, was sie meiner Meinung nach bieten kann: Ergänzung und Hoffnung.«[5]

Gen- und Keimbahntherapie: Naturwissenschaftler erforschen und verändern das Erbgut

Spricht man von Gentherapie, so verstehen verschiedene Autoren Verschiedenes unter dem Begriff. Längst ist die Verschreibung von Medikamenten, die mittels gentechnisch veränderter Lebewesen in biochemischen Reaktoren hergestellt worden sind, normaler Alltag auf Station, in Klinik und freier Arztpraxis. Nicht nur exotische Heilmittel werden so hergestellt, sondern auch gängige Stoffe wie beispielsweise Insulin für Zuckerkranke. Im Zusammenhang mit der Frage nach den Vorstellungen über den Ursprung von Krankheit ist jedoch in erster Linie das *Humane Genome Project* wichtig, das in den ersten Jahren des neuen Jahrtausends das Erbgut der Menschheit vollständig analysiert haben wird. Freilich sind aktuelle und politisch höchst spannende Kontroversen darüber im Gange, wer wann unter welchen Bedingungen die Resultate nutzen darf. Bei diesen Auseinandersetzungen geht es in erster Linie um finanzielle Fragen, um die Patentierbarkeit von Leben und um die Macht, privatwirtschaftlich erarbeitetes Wissen zu nutzen.

Neu an diesen Erkenntnissen, am großen Interesse der *international scientific community* an ihnen, an den Hoffnungen, die Ärzte und Patienten in bezug auf zukünftige Heilungschancen an sie knüpfen, ist die Tatsache, daß nach eineinhalb Jahrhunderten, die den von außen kommenden Erregern gewidmet waren, der Brennpunkt des Interesses wieder auf die Konstitution fällt. Anders als zur Zeit der Vier-Säfte-Theorie, als es grundsätzlich um ein allgemeines Gleichgewicht ging, wird in wenigen Jahren die Möglichkeit bestehen, beim konkreten Individuum herauszufinden, welches Erbgut er oder sie von den biologischen Eltern mitbekommen hat und wie sich dieses von der Norm unterscheidet. Allein die Möglichkeit, durch Gentests beim einzelnen Menschen Anfälligkeiten für Krankheiten festzustellen, eröffnet ein weites Feld von zielgerichteter Prävention, mindestens weitere Risiken zu meiden, bis hin zu vorbeugenden Operationen.

Veränderte Gene, die in Zellen des ausgewachsenen Körpers eingeschleust werden, um eventuell verlorengegangene Funktionen wieder in Gang zu bringen, werden zur gängigen Therapieform werden. In ganz Europa nimmt die Fruchtbarkeit der Menschen ab. Es gibt unter den Kinderlosen nicht mehr nur die Frauen und Männer, die keine Kinder gebären bzw. zeugen wollen, sondern zunehmend diejenigen, die keinen Nachwuchs mehr bekommen können. Sei dies, weil die betroffenen Frauen erst im relativ hohen Alter den Schwangerschaftswunsch haben, oder sei es, weil die generelle Fruchtbarkeit bei Mann und Frau zurückgeht – aus Gründen des Lebensstils oder wegen der Umweltbelastung durch hormonähnlich wirkende Stoffe. Dies ist ein neues, für Europa spezifisches Krankheitsbild. Ob und in welchem Ausmaß sich Gen-Reparaturtechniken in der Reproduktions- und Fruchtbarkeitsmedizin vor der Befruchtung im Reagenzglas und beim Ungeborenen im Mutterleib durchsetzen werden, wird einerseits von den Kosten abhängen bzw. davon, ob die Krankenkassen ein ungeschriebenes Recht auf genetisch fehlerlosen Nachwuchs bezahlen wollen; anderseits sind hier auf ethischer Grundlage von der Politik Grenzen zu setzen.

Von Paradies und Machbarkeitswahn

Jede Krankheit ist auch Kränkung. Eine Verletzung des angestrebten Zustandes des Einsseins zwischen Mensch und Natur widerspricht der Sehnsucht nach Konfliktfreiheit und nach Sichersein. In solcher Harmonie, lange und sorgenlos, lebten die Menschen im Mythos des Goldenen Zeitalters, beschrieben von Hesiod um 700 vor Christi Geburt und tradiert durch das ganze Mittelalter bis in die Neuzeit. Kampf, Krankheit und Not waren fern. Heroisch und glückselig, ohne Widersprüche, stellte man sich das Leben vor, bevor man nach dem Tod auf die Insel der Seligen übersiedelte. Das war die Epoche der menschlichen Harmonie mit der Natur, sozusagen vor dem Sündenfall. Erst im Augenblick, da Eva und Adam von der Frucht aßen, »wurden ihrer beider Augen aufgetan, und sie wurden gewahr, daß sie nackt waren, und flochten Feigenblätter zusammen und machten sich Schurze.« (Levitikus 3, 7)

Nicht gegen jede Krankheit ist ein Kraut gewachsen. Welche Therapieform auf Grundlage welchen Wissens über den Ursprung der Krankheit im konkreten Fall auch immer gewählt werden wird, die eine wird Erfolg haben, die andere nicht. Jedenfalls können die Menschen in Europa wohl nur reifen, würden sie sich – neben aller Reparaturmedizin – auch der Erkenntnis nähern, daß nicht alles machbar ist.

1 Zitiert nach: Lidia Mez und Michael Kessler, Womit der Apotheker einst hantierte. Pharmaziehistorisches Museum. Basel o. J. (circa 1995). S. 15.

2 H. Näff, Homöopathie. In: Natürliches Heilen, Nr. 1/1991. Bern 1991.

3 Heinrich Schipperges, Der Garten der Gesundheit: Medizin im Mittelalter. München/Zürich 1985. S. 83.

4 Michel Foucault, Wahnsinn und Gesellschaft. Frankfurt am Main 1973. S. 82.

5 Zitiert nach: Monique Rijks und Denise Kobler, Wellness-Guide. Zürich 1998. S. 145.

Auf dem Weg zum Erlebnis-Bewußtsein

Drogen und Rausch

Aldo Legnaro

Was versteht man unter Drogen? Wie in der Literatur üblich, sollen auch hier mit diesem Begriff alle die Stoffe bezeichnet werden, die die biochemischen Prozesse und Funktionsabläufe des zentralen Nervensystems verändern und auf diese Weise veränderte Zustände des Bewußtseins hervorrufen. Zu solchen Zuständen zählen all jene eines durch Drogen beeinflußten Bewußtseins, auch Schlaf, Wachtraum, Meditation und Hypnose. Bei einer solchen Betrachtungsweise spielt es keine Rolle, ob die jeweilige Droge in einer Gesellschaft legal ist oder nicht. Der uns alltäglich so vertraute Alkohol, den wir wohl nur ungerne als Droge bezeichnet sehen, und jene Drogen, deren Gebrauch – aus historischen, politischen und ideologischen Gründen – illegal ist, wie zum Beispiel Haschisch, Heroin, Kokain und LSD, unterscheiden sich zwar hinsichtlich ihres Wirkungsspektrums und ihrer sozialen Integration, nicht jedoch darin, daß sie das zentrale Nervensystem beeinflussen und zu veränderten Bewußtseinszuständen führen. Das gilt sogar, wenngleich minimal, für alltägliche Genußmittel wie Tabak, Tee, Kaffee, die alle bei ihrer ersten Verwendung in Europa höchst umstritten gewesen sind.

Die heutige Einstellung gegenüber Drogen und Rausch hat eine lange Geschichte, und sie läßt sich nur dann verstehen, wenn man zeitlich weiter ausholt. Deswegen soll eingangs in einem historischen Längsschnitt jene Struktur und Bedingung betrachtet werden, die Einstellung und Verhaltensweise geformt haben und heute noch – mehr oder weniger ausgeprägt – nachwirken.

Aus der europäischen Drogengeschichte: die Rationalisierung des Rausches

Es wird oft ignoriert, daß in der europäischen Kulturgeschichte eine Vielzahl von Drogen als Heilmittel oder aus hedonistischen Gründen kultisch genutzt worden sind. Das gilt in besonderem Ausmaß für den Alkohol, bei dem alle genannten Gründe eine Rolle spielen. So ist er in Mittelalter und früher Neuzeit ein bedeutsames Heilmittel gewesen; eine Verwendung, die heute nur noch in der Volksmedizin überlebt hat und gegenüber den hedonistischen Bedeutungen des Alkohols zurücktritt. Breite medizinische Verwendung haben auch die heute illegalen Drogen Haschisch oder Opium gefunden, wie auch Morphium und Heroin ursprünglich als Medikament synthetisiert worden sind. Haschisch und Opium haben eine längere Geschichte in Europa, als gemeinhin vermutet wird. Beide wurden vielfältig genutzt als Heilmittel wie auch, bis ins 18. Jahrhundert hinein, als verbreitete Rauschdroge.

Am Alkohol läßt sich die europäische Drogengeschichte jedoch besonders sinnfällig aufzeigen, weil er zum einen – nicht nur in Europa – die wichtigste Rauschdroge ist, zum anderen eine lange und gut dokumentierte Geschichte hat, an der sich der Wandel der Bewertungen besonders einleuchtend ablesen läßt. Und nicht zuletzt ist er die Droge, an der und für die ein Begriff von »Sucht« entwickelt worden ist. Alkohol kann man deswegen sozusagen als die Leitdroge nutzen, deren Sozialgeschichte sich strukturell auch auf andere Drogen übertragen läßt.

Betrachtet man für die Zeit des europäischen Mittelalters die Art und Weise, wie man mit Alkohol umging, dann finden sich gegenüber unseren heutigen Einstellungen und Verhaltensweisen einige wesentliche Unterschiede. Damals ist der vorherrschende Umgang ein Lust-Trinken, das sozial nur wenig gezügelt wird und dessen offensichtlichste Folge, der Verlust der Selbstkontrolle, vielleicht von anderen belacht, aber kaum gravierend sanktioniert wird. Der Rausch ist in dieser Zeit eine sozial akzeptierte und integrierte Erfahrung in der wirklichen Welt. Mit der beginnenden Neuzeit aber, also an der Wende des 16. Jahrhunderts, wird die Rausch-Erfahrung immer mehr marginalisiert. Das hängt damit zusammen, daß solche Konzepte wie individuelle Selbstkontrolle und rationales Handeln eine wesentlich größere Bedeutung gewinnen. Nun wird die Erfahrung des Rausches als ein Gegenpol von Wirklichkeit aufgefaßt, und es gibt nicht mehr den Rausch in der Welt, sondern nur noch den Rausch als Flucht aus der Welt, eine Flucht, die allein unter eng definierten normativen Bedingungen zugelassen werden kann. Trinkt man – um diese Linie zu präzisieren – im Mittelalter, weil die Affekte ungehemmt sind und ihre Kontrolle auch keine gesellschaftliche Notwendigkeit darstellt, so trinkt man in der Neuzeit, um der verinnerlichten Selbstkontrolle zu entgehen und um sich zu enthemmen. In seiner großangelegten Untersuchung von 1993 über die ›Macht der Trunkenheit‹ bringt Hasso Spode diese Zusammenhänge auf den Begriff, der Rausch des Mittelalters sei »zugleich magische Praxis und soziale Pflicht« gewesen[1], während in der beginnenden Neuzeit Bürger und Höflinge einen klaren Kopf für Geschäft und Karriere brauchten; sei im Mittelalter der tüchtigste Trinker ein Held gewesen, so beginne jetzt der Abstieg des Helden zum Psychopathen. Das läßt sich an der Entwicklung des Wortes »Sucht« genauestens ablesen: Es bedeutet ursprünglich im ganz neutralen Sinne »Krankheit« und gewinnt erst im 16. Jahrhundert die zusätzliche Bedeutung des Triebhaften.

In dieser Veränderung der Wortbedeutung ist der zugrundeliegende Zivilisationsprozeß geradezu auf den Punkt gebracht. Das Schlüsselwort dieses Zivilisationsprozesses ist »Persönlichkeit«. Dieser Begriff faßt alle Anforderungen der Neuzeit an Gesellschaftsmitglieder bündig zusammen: autonome Eigenverantwortung, verinnerlichte Selbstkontrolle, ein personales Gewissen und eine personale Vernunft. Das sind die Grundprämissen der Protestantischen Ethik, die mit der Wende vom Mittelalter zur Neuzeit zunehmend das Denken bestimmt. Max Weber, der große deutsche Soziologe, hat diese Protestantische Ethik 1920 in eine enge Beziehung gesetzt zum

»Geist des Kapitalismus«: Beide bedingen einander, und die Tugenden, die in dieser Ethik formuliert sind, bilden für das sich herausbildende kapitalistisch verfaßte Wirtschaften eine wesentliche kulturelle Ergänzung. Das verknappt zwar gesellschaftliche Wandlungen, die mit dem 16. Jahrhundert erst beginnen und sich bis ins 19. Jahrhundert hinein fortsetzen, aber es zeichnet die eine zentrale Linie der Entwicklung.

Für Rausch und Nüchternheit und ihre Stellung im Kosmos des Wirklichen bringt dies entscheidende Wandlungen mit sich. Wenn das Berufsmenschentum mit seinen Anforderungen an persönliche Rationalität und Berechenbarkeit die zentrale Rolle der Gesellschaftsmitglieder darstellt, dann hat der Rausch in dieser Art der Wirklichkeit nichts mehr zu suchen. Er stört nur noch und macht die Berechenbarkeit zunichte, auf die eine funktional arbeitsteilig organisierte Gesellschaft angewiesen ist. Erste deutliche Anzeichen dieser neuzeitlichen Betrachtungsweise finden sich seit dem 16. Jahrhundert. Das hat – in einem lange andauernden Prozeß – zur Folge, daß der Rausch aus den alltäglichen Lebensvollzügen herausgenommen und in zeitliche Exklaven verbannt wird: Der Karneval ist eine dieser Exklaven, die Privatheit von Familienfeiern und Festen eine andere. Öffentliche Trunkenheit oder die Trunkenheit zu den falschen Zeiten und Anlässen aber begegnet jetzt einer rigiden gesellschaftlichen Ablehnung; es stößt uns ab, wenn jemand uns seinen Kontrollverlust in Situationen vorführt, in denen wir die gebotene Kontrolle bzw., im Wortsinn, unsere Nüchternheit zu bewahren haben. Neben solch strikter Begrenzung und Ausgrenzung des Rausches auf eigens dafür definierte situative Gelegenheiten ist die andere Folge eine völlige Neubewertung aller rauschhaften Verhaltens- und Erlebnisweisen, und im Rahmen dieser Neubewertung wird die Sucht gewissermaßen erfunden. Das mag ein wenig merkwürdig klingen, denn wir sind gedanklich daran gewöhnt, daß Sucht einen physiologischen Prozeß darstellt, dem einzelne anheimfallen, ob sie wollen oder nicht – ein somatischer Automatismus sozusagen, gegen den kein Kraut gewachsen ist. Aber auch als physiologischer Automatismus ist Sucht abhängig von eigenen Erwartungen an die Drogenwirkung und den Reaktionen der sozialen Umgebung, von ihren Bewertungen und Vorstellungen.

Wenn eine Gesellschaft keine Vorstellung von Sucht hat, kein Sucht-Konzept, dann entfallen viele der negativen Reaktionen, die uns heute so selbstverständlich scheinen. Das Laisser-faire, das im Mittelalter die Reaktionen bestimmte, ist nur in einer Gesellschaft möglich, die die individuelle Persönlichkeit als zentralen Wert noch nicht entwickelt hat, und solche Reaktionsweisen produzieren insoweit keine Süchtigen, als man für sie nicht einmal einen Namen hat. Mit einem heutigen medizinischen Blick fände man zwar zweifelsohne doch welche, aber wichtig ist hier allein, was eine Zeit selbst für real hält, denn danach richten sich die Reaktionen aus. Solange der Rausch noch eine gesellschaftliche Selbstverständlichkeit besitzt, besteht für den Suchtbegriff kein Bedarf und für Süchtige nicht die Notwendigkeit, sich zu kaschieren.

Die Abgrenzung von denen, die man zu Süchtigen erklärt, setzt erst dann mit aller Schärfe ein, als für die Konzeption von Sucht ein gesellschaftlicher Bedarf entsteht. Das ist zu Beginn des 19. Jahrhunderts der Fall: Nun definieren Mediziner bestimmte Formen des Alkoholkonsums als Alkoholismus, als eine krankhafte Zwangshandlung, die mit Kontrollverlust einhergeht. Es ist nicht so, daß es solche Formen des Alkoholkonsums nicht auch vorher gegeben hätte; sie lagen nur unterhalb der Wahrnehmungsschwelle. Erst jetzt, mit dem rapiden Beginn von Industrialisierung und mit dem durch sie ausgelösten Modernisierungsschub, wird Alkoholismus entdeckt, weil er Verhaltensweisen repräsentiert, die die neu entstehenden funktionalen Notwendigkeiten der Fabrikarbeit stören. Sucht kann man ja als die Kehrseite persönlicher Autonomie auffassen, und sie erscheint erst dann als Laster, Krankheit oder Stigma, wenn solche Autonomie des einzelnen einen zentralen Wert bildet. Erst dann ist sie eine Art des unkontrollierten Ausgeliefertseins und damit ein Verstoß, der mit Ausgrenzung, Therapie oder Bestrafung geahndet werden kann.

Die Erfindung der Sucht kann als Höhepunkt des Versuchs gelten, den Rausch zu rationalisieren. Es wundert nicht sehr, daß mit diesem medizinisch kaschierten Bannfluch besonders jene Drogen belegt worden sind, deren kulturelle Tradition nur in gesellschaftlich marginalen oder gar subkulturellen Zirkeln gepflegt worden ist. Sucht verbindet sich in der Alltagsdiskussion eher als mit Alkohol mit Kokain, Heroin, Haschisch und anderen heute illegalen Drogen. Die Drohung mit der Sucht läßt sich dabei nicht nur als eine Abgrenzung von diesen Drogen und ihren Konsumenten lesen, sondern sie dient auch der Ausgrenzung und der Kontrolle über diejenigen, die das Rausch-Tabu nicht anerkennen. Dem Nichtsüchtigen dient der Süchtige als eine Projektionsfigur, auf den er seine Ambivalenzen zum Rausch, seine Sehnsüchte und Ängste, abladen und sie auf diese Weise, psychoanalytisch ausgedrückt, abspalten kann.

Gerade die Ausgeliefertheit der Süchtigen gibt uns Anlaß, von ihnen Abstinenz und also Selbstverantwortung und autonome Selbststeuerung zu verlangen. Therapie will damit ein kulturelles Ideal durchsetzen, das als Realität von niemandem eingelöst werden kann – übrigens auch von den therapeutisch Tätigen nicht. Dieses Ansinnen überträgt die eigenen Mühen, den gesellschaftlichen Anforderungen an Selbststeuerung gerecht zu werden, auf diejenigen, die nur allzu deutlich ihre Unfähigkeit zu solcher Selbststeuerung offenbaren. Und gleichzeitig mischen sich subtile Bestrafungswünsche hinein; nur so ist zu verstehen, warum die erzieherische Wirkung gerade von Strafrecht in diesem Zusammenhang immer noch so hoch veranschlagt wird. Diese hier äußerst verknappt dargestellte Entwicklungsgeschichte trägt sehr spezifisch europäische Züge: Individuum, Persönlichkeit und kapitalistisches Wirtschaften stellen europäische »Erfindungen« dar, die heute allerdings das Weltmodell abgeben. Bei der Durchsetzung dieses Modells hat auch die Drogenpolitik gelegentlich eine Rolle gespielt; Beispiele bieten die Einführung des Alkohols bei den nordamerikanischen Indianern und die Opium-Kriege Großbritanniens gegen China im 19. Jahrhundert. Nicht zuletzt entwickelt sich, ausgehend von den USA, die heutige Drogengesetzgebung unter Gesichtspunkten der Kontrolle von Minderheiten, der handelspolitischen Sicherung von Einflußsphären und der Machtsicherung der Kontrollbehörden.

Drogen und Rausch in der Gegenwart

Die beschriebenen Ambivalenzen zwischen der Sehnsucht nach dem Rausch und der Angst vor Kontrollverlust wirken merklich bis in die Gegenwart hinein. Der Zwang zur Selbststeuerung reguliert auch unseren sozial konformen Konsum von Drogen, und der Rausch ist nur in wenigen sozialen und zeitlichen Enklaven legitimiert. Das läßt sich als ein kulturelles Fundament betrachten, das mehr oder weniger für alle europäischen Länder gilt. Die großen Unterschiede zwischen ihnen beziehen sich vor allem auf die Art der konsumierten Alkoholika; die Zahlen des Pro-Kopf-Verbrauchs spiegeln höchst unterschiedliche Gewohnheiten wider und differenzieren deutlich zwischen Wein-, Bier- und Spirituosenkulturen. So rangiert nach den Angaben der Deutschen Hauptstelle gegen die Suchtgefahren[2] beim Weinkonsum pro Kopf Frankreich mit 62,5 Litern an der Spitze, es folgen Luxemburg, Italien, Portugal und die Schweiz (44,3 Liter), beim Bierkonsum führt hingegen Tschechien (160 Liter) vor Deutschland, Irland, Luxemburg und Dänemark (121,5 Liter). Für den Gesamtverbrauch an reinem Alkohol und den Konsum an Spirituosen zeigt die nachfolgende Tabelle die Unterschiede in ausführlicherer Form.

Alkohol- und Spirituosenkonsum 1994

Rangfolge ausgewählter europäischer Länder

Alkohol (in Liter)		Spirituosen (in Liter)	
1. Luxemburg	12,5	1. Rußland	4,4
2. Frankreich	11,4	3. Polen	3,5
3. Portugal	10,7	5. Ungarn	3,2
4. Ungarn	10,3	9. Frankreich	2,5
5. Deutschland	10,3	10. Deutschland	2,4
14. Italien	8,7	24. Luxemburg	1,6
20. Großbritannien	7,5	25. Großbritannien	1,6
29. Polen	6,1	28. Schweden	1,5
31. Rußland	5,7	36. Italien	0,9
32. Schweden	5,3	38. Portugal	0,8

Die klassische Einteilung der Kulturen nach ihrer Einstellung zum Alkohol unterscheidet Abstinenz-, Ambivalenz- und Permissivkulturen. Ausgesprochene Abstinenzkulturen, in denen jeglicher Konsum von Alkohol verpönt oder gar gesetzlich untersagt ist, finden sich – sieht man von kleinen subkulturellen Gruppierungen ab – in Europa nicht. Das ist eine eindeutige Abgrenzung gegenüber allen islamisch dominierten Ländern. Ambivalenzkulturen nach dem Beispiel der USA, deren rauschfeindliches puritanisches – aus Europa importiertes – Erbe durchaus nachwirkt, finden sich heute in Europa nicht, wie auch eine Politik der Prohibition nur in den

USA betrieben worden ist. In den nordeuropäischen Ländern wird allerdings eine vergleichsweise restriktive Alkoholpolitik verfolgt, wie etwa das schwedische System des *Systembolaget* zeigt, eines staatlichen Alkoholmonopols mit konzessionierten Verkaufsstellen und gelegentlichen Personenkontrollen der Käufer. Die meisten europäischen Länder aber können als Permissivkulturen betrachtet werden, in denen der Alkoholkonsum selbst, mit einigen jugendpolitisch motivierten Einschränkungen, zwar erlaubt ist, der Rausch hingegen negativ sanktioniert wird, wenn er, wie oben beschrieben, außerhalb enger zeitlicher und sozialer Exklaven vorkommt. Lediglich permissiv-funktionsgestörte Kulturen, in denen alles bis zum Exzeß hin jederzeit erlaubt ist, finden sich, wiederum von kleinen Minderheiten abgesehen, in Europa nicht.

Hingegen müssen hinsichtlich aller illegaler Drogen die europäischen Länder als (erzwungene) Abstinenzkulturen gelten. Das ist zum einen durch den rechtlichen Status dieser Drogen bedingt, zum anderen durch die Randseitigkeit der meisten ihrer Konsumenten – die wiederum mit dem rechtlichen Status zusammenhängt – und durch das Verdikt von Sucht und Krankhaftigkeit, das ihnen, großenteils gegen alle empirischen Befunde, zugeschrieben wird. Immerhin wird für Deutschland die Zahl der Haschischkonsumenten auf zwei bis vier Millionen geschätzt, die Zahl der Heroinkonsumenten auf etwa 250 000, letzteres extrapoliert anhand der Zahlen des Bundeskriminalamtes für 1995 von Drogentoten und erstauffälligen Drogenkonsumenten über den Zeitraum von zehn Jahren. Langsam setzt sich jedoch die Erkenntnis durch, daß der rechtliche Status dieser Drogen mehr Probleme schafft als die Drogen selbst und daß die Ungleichbehandlung gegenüber dem legalen Alkohol medizinisch schwerlich zu rechtfertigen ist.

Die Schweiz, die Niederlande und auch Großbritannien sind momentan die Pioniere, die modellhaft neue Formen der Drogenpolitik und eine Abschwächung des völligen Verbots erproben. Solche tastenden Versuche, vorerst unter gesundheitspolitisch motivierten Erwägungen den Legalitätsstatus dieser Drogen zu verändern, lassen sich strukturell auch als ein Anzeichen für Einstellungsveränderungen gegenüber dem Rausch selbst betrachten, der tendenziell nicht unbedingt mehr als Fluchtmechanismus angesehen wird, sondern eine neuartige Qualität als persönlich inszeniertes *event* gewinnt. Darin deuten sich Entwicklungen an, die sich als ein Kennzeichen der späten Moderne verstehen lassen.

Auf dem Weg zum Erlebnis-Bewußtsein

»So sieht man sich verpflichtet, mit dem Verstand einen Abstand zum eigenen Körper aufrechtzuerhalten, um sich den spontan darin aufkommenden Empfindungen besser hingeben zu können [...] das Gefühl haben, teilzunehmen und zu handeln, und dennoch Zuschauer zu bleiben; spontan sein und dennoch nicht aufhören, sein Verhalten zu steuern; unabhängig sein und sich zugleich Normen unterwerfen, die andere festgelegt haben.«[3]

Was Béjin für heutige Empfindungen von Sexualität feststellt, gilt auch für die Erfahrung des Drogenkonsums. Sie ist dominiert von einer lustvoll selbstbestimmten Rauschhaftigkeit, die freilich – sofern man konform zu bleiben gedenkt – nie ohne Selbstkontrolle und den Blick auf die Erfordernisse des Tages geschehen darf. Im Zuge des »Projekts Körper«, wie Zygmunt Bauman es beschreibt[4], gilt »Fitneß« als ein zentraler Wert, und solche Fitneß umreißt auch den Sinn von Drogenerfahrung und von Rausch:

> »Der Körper ist jetzt unumstritten Privateigentum, und es ist Sache des Eigners, ihn zu pflegen; er oder sie kann es nicht länger einem anderen anlasten, wenn das Unkraut den Garten überwuchert oder die Bewässerungsanlagen ausfallen. Dies bringt den Eigner in eine seltsame, ja unhaltbare Position. Er muß die Kontrolle haben, und er selbst ist der zu Kontrollierende; der Körper muß im Strom der Gefühle treiben, imstande, sich selbst den bedenkenlosen Vergnügungen der Erfahrung hinzugeben – gleichwohl muß der ›Eigner‹ (und Trainer) des Körpers, der zur Zeit der Erfahrung ›im‹ Körper ›sitzt‹ und sich nur mit Hilfe seiner Einbildungskraft davon ›lösen‹ kann, dieses Treiben und diese Selbstvergessenheit einschätzen und messen, deren Qualität vergleichen und ein Urteil darüber abgeben [...]«[5]

Intensität und Beherrschbarkeit sind somit (nicht nur im Zusammenhang mit Drogen und Rausch) die vorrangigen Qualitäten von Erfahrung in der Erlebnisgesellschaft. Beide Qualitäten konstituieren die spezifisch moderne Ambivalenz gegenüber dem Rausch, in dem temporäre Erlösung von Alltagszwängen ebenso gesucht wird, wie ein permanentes Versagen vor diesen Alltagszwängen vermieden werden soll. Neben diese Ambivalenz, die im eigentlichen Sinne modern ist, aber nicht mehr uneingeschränkt die Notwendigkeiten und Bedürfnisse der heutigen späten Moderne spiegelt, tritt der Wunsch nach Selbstinszenierung, nach Verkörperung des Selbst, nach Spontaneität und Distanz gleichermaßen, nach dem eigenen Unternehmertum einer *cool* beherrschten Lebendigkeit. Gleichfalls tritt hinzu die Individualisierung als vorherrschende Tugend der Selbstentfaltung, die sich vor allem in Konsumtion und Freizeitverhalten, in *lifestyles* symbolisiert – die prinzipielle Möglichkeit immer vorausgesetzt, Selbstkontrolle wiederherzustellen.

Als Prototypus für die Verbindung solch gegensätzlicher Anforderungen läßt sich die Love Parade ansehen, und manche Jugendliche leben dieses Muster modellhaft vor. Ein Ecstasy-Wochenende in der Disco ergänzt eine konform-fleißige Arbeitswoche und macht sie psychisch erst möglich. Auf die eine oder andere Weise, weniger eindeutig voneinander abgesetzt, spielt ein Muster dieser Art für die meisten Bewohner der modernen europäischen Gegenwart eine Rolle. Wer den Rausch sucht, der wandelt auf einem schmalen Grat, und sowohl diejenigen, die ihn ganz vermeiden, die Abstinenten, als auch diejenigen, die von diesem Grat abstürzen, die Süchtigen, fallen der sozialen Verachtung anheim. Beide verfehlen das vornehmste Ziel des neuzeitlichen Menschen: die Aufrechterhaltung von Selbstkontrolle und gleichzeitig die Fähigkeit, diese Kontrolle unter bestimmten sozialen Bedingungen kontrolliert außer Kraft zu setzen. Unter den hochentwickelten Anforderungen an die Präsentation von

Individualisierung tritt noch hinzu, dieses Außer-Kraft-Setzen öffentlich darstellen zu können. Bildete bisher primär der Rückzug ins Private mit der dort eher gegebenen Legitimität des Rausches ein konstituierendes Element der europäischen Tradition im Umgang mit drogenveränderten Zuständen des Bewußtseins, so sind die spätmodernen Einstellungen gegenüber dem Rausch gekennzeichnet durch ein spielerisches Element von Inszenierung und Darstellung; beides braucht die Öffentlichkeit. Der Rausch gerät zum Medium einer Darstellung von Balance zwischen Entäußerung und Kontrolle.

1 Hasso Spode, Die Macht der Trunkenheit, Kultur- und Sozialgeschichte des Alkohols in Deutschland. Opladen 1993. S. 99.

2 Jahrbuch Sucht 1997. Deutsche Hauptstelle gegen die Suchtgefahren. Geesthacht 1996.

3 André Béjin, Die Macht der Sexologen und die sexuelle Demokratie. In: Philippe Ariès und André Béjin (Hg.), Die Masken des Begehrens und die Metamorphosen der Sinnlichkeit, Zur Geschichte der Sexualität im Abendland. Frankfurt am Main 1992. S. 264f.

4 Zygmunt Bauman, Flaneure, Spieler und Touristen, Essays zu postmodernen Lebensformen. Hamburg 1997.

5 Ebd., S. 191f.

Schwangerschaft und Geburt

Adelheid Schrutka-Rechtenstamm

Die Geburt eines Kindes stellt vor allem für Frauen einen der wichtigsten Übergänge im Lebenslauf dar und bedeutet bis in die Gegenwart trotz aller medizinischen Kenntnisse und gesetzlichem Schutz, die heute in ganz Europa zu finden sind, eine Zeit der Unsicherheit. Schwangerschaft und Geburt sind traditionell von einer Fülle von symbolischen Handlungen begleitet, die in dieser außergewöhnlichen Situation eine Stütze geben und diese Zäsur im Lebenslauf zu überbrücken helfen. Rituelle Praktiken, die in den älteren volkskundlichen und ethnologischen Anthologien gesammelt wurden, sind in den letzten Jahrzehnten in Europa scheinbar verschwunden. Die Medikalisierung und Institutionalisierung der Geburt hat zu einer Vereinheitlichung des Verhaltens bei Schwangerschaft und Geburt geführt. Dennoch sind bei genauer Betrachtung Unterschiede erkennbar. Vor allem zwei Entwicklungen lassen sich beobachten: Wie bei kaum einem anderen Thema werden in der Interpretation von Schwangerschaft und Geburt kulturell determinierte Handlungen als natürlich bezeichnet, um sie zu legitimieren. Auf der anderen Seite steht der Glaube an die Wissenschaft, die Medizin und die Entpersönlichung des Geburtsprozesses.

Kinderwunsch und Familienplanung

Vor der Geburt eines Kindes steht der Kinderwunsch, mitbestimmt durch kulturelle und gesellschaftliche Faktoren. Er ist nicht per se eine allgemein menschliche Konstante, wie die allgegenwärtige Geschichte der Abtreibung zeigt. Im allgemeinen kann davon ausgegangen werden, daß aufgrund von Naturbeobachtungen der Zusammenhang zwischen Geschlechtsverkehr und Schwangerschaft zum autochthonen Wissen aller Kulturen gehört. Die Motive, die zur Geburt eines Kindes führen, sind für die Startbedingungen des Kindes wichtig. Nichts, so mag es zunächst erscheinen, ist für ein Kind vorteilhafter, als sehnlichst erwartet zu sein.

Mit dem Wunsch nach einem Kind können ganz unterschiedliche Vorstellungen wie Hoffnungen, Wünsche, Gefühle, Pflichten und Zwänge verbunden sein. In früheren Jahrhunderten bis zur Mitte unseres Jahrhunderts waren Ehe und Elternschaft in Europa unmittelbar miteinander verknüpft und an Besitz gebunden. Ledige Mütter wurden sozial ausgegrenzt und negativen Sanktionen ausgesetzt; zum Teil sahen sie in der Tötung des Kindes den letzten Ausweg aus ihrer mißlichen Lage. Zahlreiche Gerichtsakten geben detailliert über das Schicksal und die Beweggründe der verzweifelten Frauen Auskunft. Vom Mittelalter bis zum Ende des 18. Jahrhunderts erlaubten zahlreiche Findelhäuser durch ihre Einrichtung von Findlingskästen, sogenannten Drehladen, europaweit die unerkannte Abgabe von Kindern. Die bekanntesten Institutionen waren das Findelhaus in Florenz und die »Maison des enfants trouvés« in Paris.

Bis ins 20. Jahrhundert gehörte das Kinderkriegen unbedingt zum Wesen der Frau, und diese wurde über ihre Kinder definiert. In der vorindustriellen Gesellschaft brauchte man Kinder vor allem aus ökonomischen Gründen: als Arbeitskräfte, zur Alterssicherung, zur Vererbung von Besitz und Namen. Heutzutage als zentral empfundene Gefühle waren damals nachgeordnet. Der Großteil der Bevölkerung in feudalen Systemen war in der Landwirtschaft tätig, dabei spielten vor allem männliche Nachkommen als Hoferben eine besondere Rolle. Das Kind trat in der Tradition der Volkskultur entweder als Objekt elterlichen Besitzes oder als abzulehnende Belastung in Erscheinung. Mit der Industrialisierung, die abhängige Lohnarbeit und zunehmende soziale Absicherung durch den Staat mit sich brachte, vor allem aber mit dem Verbot der Kinderarbeit, traten die ökonomischen Vorteile des Kinderhabens zunehmend zurück. Die Entwicklung führte zunächst vom Kindersegen zur Kinderlast. Kinder arbeiteten nicht mehr mit, die Lohnarbeit ersetzte Arbeitsplätze in der Landwirtschaft, und Alterssicherheit gab schließlich die gesetzliche Vorsorge als Rente.

Heute bringen Kinder keine materiellen Vorteile mehr, sie sind im Gegenteil mit finanziellem Aufwand verbunden und bringen vor allem für Frauen Einbußen im Erwerbsleben mit sich. Der Kinderwunsch unterlag also einem umfassenden Wandel, bei dem insgesamt die Gefühle in den Vordergrund traten. Kinder können heute als Projektionsobjekt für unerfüllte eigene und utopische Wünsche gelten und mit der Verwirklichung eigener Interessen und Hoffnungen in Verbindung gebracht werden. Ungewollte Kinderlosigkeit kann, wie Berichte aus allen Zeiten zeigen, zu tiefgehenden seelischen Verletzungen führen. Versuchte man früher die »Schande« der Unfruchtbarkeit, von der vor allem Frauen betroffen waren, mit Zaubersprüchen, Heilkräutern oder durch Wallfahrten zu tilgen, so nehmen heute Frauen wie Männer langwierige medizinische Untersuchungen auf sich.

Der Kinderwunsch ist kulturell bestimmt und von zahlreichen äußeren Faktoren abhängig, vor allem aber von der Position der Frauen in der jeweiligen Kultur. Insgesamt verzeichnen die hochindustrialisierten Länder Europas seit den sechziger Jahren einen deutlichen Geburtenrückgang. Ende der achtziger Jahre kamen pro 1000 Einwohner in Polen 16,1, in Rumänien 15,8 Kinder jährlich zur Welt. In Westeuropa waren die Staaten mit den höchsten Geburtenraten Frankreich (13,8) und Großbritannien (13,6), gefolgt von Norwegen (13) und den Niederlanden (12,7). Auf den letzten Plätzen dieser Aufstellung befinden sich Spanien (11,2), Griechenland (10,6), die Bundesrepublik Deutschland (10,5) und Italien (9,6). Bei den osteuropäischen Ländern muß angemerkt werden, daß nach der Öffnung des Eisernen Vorhangs die Kinderzahlen in den einzelnen Ländern deutlich sanken. Statistisch beträgt das EU-Mittel 1,44 Geburten pro Frau.

Ein interessante Parallele ergibt sich im Vergleich der Kinderzahl und der Betreuungsmöglichkeiten der öffentlichen Hand. In Staaten wie Schweden oder Frankreich, in denen die Versorgung der Kinder den ganzen Tag über gewährleistet ist, ist die Kinderzahl deutlich höher als in Ländern, in denen hier individuelle Lösungen gesucht werden müssen, wie beispielsweise in Deutschland. Es nimmt jedoch nicht nur die Kinderzahl pro Familie ab, sondern es steigt die Zahl der kinderlosen Frauen und Männer insgesamt. Während vor 25 Jahren, also Anfang der Siebziger, bei uns 72 Prozent der Bevölkerung in Haushalten mit Kindern lebten, sind es heute nur noch 58 Prozent. Von den westdeutschen Frauen, die 1945 geboren sind, bekamen 13 Prozent keine Kinder, von den 1960 Geborenen wird jede vierte kinderlos bleiben. Parallel dazu ist das Alter der Frauen bei der Geburt des ersten Kindes deutlich angestiegen.

Solange Ehe und Kinder noch als selbstverständliche Lebensbestimmung der Frau galten, war eine bewußte Entscheidung gegen Kinder sehr viel schwieriger, stand doch der massive Druck der gesellschaftlichen Erwartungen dagegen. Heute wird von der Frau nicht mehr selbstverständlich erwartet, ihren Lebensinhalt im Aufziehen von Kindern zu finden. Liebe und Sexualität, Partnerschaft und Ehe, Geburt und Elternschaft bilden heute nicht mehr unauflösliche Begriffspaare. Die Perfektionierung der Empfängnisverhütung hat dazu sicherlich ihren Teil beigetragen. Die Emanzipationsbewegung hat der Frau neue Möglichkeiten der Lebensplanung eröffnet. Weibliche Berufstätigkeit und finanzielle Unabhängigkeit ist heute – zumindest in der Vorkinderphase – selbstverständlich. Der gesetzliche Schutz erwerbstätiger Frauen während der Schwanger- und Mutterschaft hat sich in den letzten Jahrzehnten verbessert. Ein mehrwöchiges Beschäftigungsverbot vor und nach der Geburt ist die Regel, und auch die Inanspruchnahme von Erziehungsurlaub unter Erhaltung des Arbeitsverhältnisses hat sich in zahlreichen europäischen Ländern durchgesetzt. Obwohl der Erziehungsurlaub zunehmend auch vom Vater in Anspruch genommen werden kann, bleibt dies die Ausnahme.

Studien über Familienplanung zeigen, daß die Kinderzahl mit der Position der Frauen in den jeweiligen Kulturen zusammenhängt. In Ländern, die mit dem Problem der Überbevölkerung zu kämpfen haben, sinken die Geburtenzahlen, wenn die Frauen einen höheren Status und mehr Bildungsmöglichkeiten erhalten und ihre Entscheidungsfähigkeit gestärkt wird. Eine Frau, deren Arbeit Geld bringt, hat einen »Wert«, der über ihre Gebärfähigkeit hinausgeht. Sie heiratet in der Regel später und hat eine stärkere Verhandlungsposition gegenüber Mann und Familie. Frauen mit Grundschulbildung bekommen 20 Prozent weniger Kinder als Analphabetinnen; sind sie ins Gymnasium gegangen, reduziert sich die Zahl gar um 50 Prozent. Und wird dieser gestiegene »Wert« auch den Töchtern beigemessen, läßt der Druck, möglichst viele männliche Nachkommen zu gebären, rapide nach.

Die Geburt eines Kindes verändert das Leben von Frauen nach wie vor ungleich stärker als das von Männern. Die Betreuung der Kinder und des Hauses ist auch heute noch Frauensache, während der Mann hinausgeht und die Familie versorgt – selbst wenn die Vaterrolle neu überdacht wurde, wie dies speziell in Mittel- und Nordeuropa der Fall war. Für Frauen stellt sich jedoch generell die Frage nach der Möglichkeit der Vereinbarung von Beruf und Familie. Ein Vergleich der Erwerbsquoten von Frauen und Männern in Europa zeigt deutliche Unterschiede. Während in Skandinavien die

Zahlen der berufstätigen Männer und Frauen nur in geringem Maße differieren, so ist in Irland, Griechenland, Spanien oder Italien die Erwerbsquote der Männer doppelt so hoch wie die der Frauen. Interessant an dieser Entwicklung ist die Tatsache, daß trotzdem gerade in Südeuropa die Geburtenrate stark gesunken ist und sogar in absoluten Zahlen hinter den nordeuropäischen Ländern liegt.

Rituale bei Schwangerschaft und Geburt

Ein Kind zu bekommen gilt als einer der zentralen Brüche im menschlichen Leben. Traditionellerweise sind diese Übergänge von Ritualen begleitet, die Handlungsanweisungen geben und den Ablauf des Statuswechsels festlegen und strukturieren. Allgemeingültige Rituale geben durch ihre Gebote und Verbote Orientierung und Sicherheit; dies ist gerade in den Phasen des Übergangs wichtig. In traditionellen Lebenszusammenhängen lassen sie die Brüche und Diskontinuitäten im zeitlichen und sozialen Lauf der menschlichen Existenz in den Vordergrund treten. Es sind symbolische Handlungen, die in einer ganz bestimmten Folge ausgeführt werden, Ängste vor Veränderungen kanalisieren und die Betroffenen in die Gesellschaft einbinden.

Das gesundheitliche Risiko einer Geburt war früher, bis zur Mitte des 20. Jahrhunderts, ungleich größer als heute, wo die modernsten Techniken der Geburtshilfe zur Verfügung stehen. Zusätzlich werden durch verschiedene Vorsorgeuntersuchungen in der Schwangerschaft mögliche Risiken abgeklärt. Es kann aus verschiedensten Möglichkeiten der Geburtsvorbereitung frei gewählt werden. Auch bei der Geburt selbst sehen sich die werdenden Eltern einer Fülle von möglichen Wegen und Orientierungen gegenüber, aus denen individuell entschieden werden kann. Die Weitergabe von Wissen erfolgt nicht mehr durch die Müttergeneration, sondern durch Kurse, Medien und Fachleute wie Ärzte oder Hebammen. Dennoch existieren noch heute rund um das Kinderkriegen Handlungen mit rituellem Charakter.

Schwangerschaft und Geburt waren traditionell durch magische Praktiken gekennzeichnet, die helfen sollten, zu überleben und ein gesundes Kind zur Welt zu bringen – man denke an die hohe Mortalitätsrate bei Säuglingen wie bei Müttern bis ins späte 19. Jahrhundert. Beliebt waren sympathetische Mittel, die den Gebärakt erleichterten: das Lösen von Schürzen- und Schuhbändern, das Tragen von Korallen, das Umfassen von Blutsteinen oder das Aufschließen von Schlössern im Haus sollte der Frau das Öffnen, das Gebären erleichtern. Das Kriechen durch Felslöcher während der Schwangerschaft dient demselben Zweck. Auch suchte man Schrecken und Angst fernzuhalten, um ein »Versehen«, das heißt eine mittelbare Schädigung des Fötus, zu vermeiden. Böse Einflüsse wurden durch Licht oder Feuer gebannt. In der Schwangerschaft gibt es unzählige Dinge, die die Frau nicht tun darf; Ernährungs- und Verhaltensvorschriften kennzeichnen diesen Lebensabschnitt. Weit verbreitet sind immer noch astrologische Vorstellungen der symbolischen Bedeutung der Geburtsstunde. Bei all diesen Beispielen muß jedoch beachtet werden, daß sie regional und zeitlich begrenzt auftreten und der Überlieferungsweg nicht immer kontrollierbar ist.

Neben dem Geburtsvorgang an sich existiert auch eine soziale Geburt, in der das Kind begrüßt und gefeiert wird. Lange Zeit waren Vorstellungen präsent, daß außergewöhnliche Fähigkeiten des Kindes wie Musikalität oder die Fähigkeit zum Heilen nicht durch leibliche Vererbung übertragen werde, sondern durch den Zuspruch nach der Geburt, was in Redensarten oder auch in Volkserzählungen weite Verbreitung fand. Das wichtigste Ritual der Aufnahme in die Gemeinschaft war die Namensgebung. Dazu gehörten auch die Taufe und die Übernahme der Patenschaft, der christlichen Tradition in Europa entsprechend. Anzeichen von rituellen Handlungen finden sich aber auch bei der modernen Geburt; dieser gravierende Einschnitt im Leben der Eltern läßt eine symbolische Absicherung erwarten, sei es das Verschicken von Geburtsanzeigen oder das Anbringen von Babykleidern am Haus als sichtbares Zeichen der Begrüßung und Aufnahme des Neugeborenen.

Gegenwärtig ist die Zeit der Schwangerschaft und Geburt durch medizinische Vorsorge und Versorgung geprägt. Dennoch zeigt sich in verschiedenen Bereichen das Bedürfnis nach einer neuen Zeichenhaftigkeit, wie dies im Umgang mit dem Ultraschall – entwickelt in den sechziger Jahren von britischen Ärzten – und den dabei entstehenden Bildern deutlich wird. Diese sind mehr als nur Teil der medizinischen Diagnostik. Sie erlauben einen ersten Kontakt und Blick auf das Kind und werden als »erstes Foto« verwahrt. Veränderungen gibt es auch in der Rolle der Väter, deren Hilfe bei der Niederkunft zu allen Zeiten die Ausnahme war. Im Sinne einer sanften Geburt werden sie zunehmend ins Geburtsgeschehen integriert, sei es zur Durchtrennung der Nabelschnur, der Verbindung zwischen Mutter und Kind, oder zur psychischen und physischen Unterstützung der Partnerin.

Wandel der Geburtshilfe

Bis in die Mitte des 19. Jahrhunderts hinein kamen Kinder fast ausschließlich zu Hause zur Welt. Geburtshilfe leisteten Hebammen, die Geburtsstühle zur Gebärenden mitbrachten. Und wo es keine professionellen Helferinnen gab, unterstützten »kundige Frauen« die Gebärenden. Geburt und Geburtshilfe durchliefen vom späten 18. bis zum ausgehenden 19. Jahrhundert einen tiefgreifenden Wandlungsprozeß, in dessen Verlauf sie sich zu einem Teilgebiet der medizinischen Wissenschaft entwickelten. Es entstanden die ersten Entbindungsanstalten, die sogenannten Accouchiranstalten. Die weibliche Geburtshilfe wandelte sich zum modernen Hebammenberuf, und auch immer mehr Ärzte praktizierten als Geburtshelfer, was zu einer neuen Kultur des Gebärens führte, zur Medikalisierung der Geburt. Damit wurde ein Prozeß eingeleitet, in dessen Verlauf die Geburt nicht mehr länger weibliche Domäne blieb, sondern zunehmend von männlichen Ärzten überwacht wurde.

Im regionalen Vergleich in Europa fallen die Niederlande durch einen hohen Anteil an Hausgeburten auf, die seit den siebziger Jahren konstant 35 Prozent betragen. Gleichzeitig weisen sie die niedrigste Säuglingssterblichkeitsrate auf. In Skandinavien und Mitteleuropa wird zunehmend die Natürlichkeit von Schwangerschaft und Geburt in den Vordergrund gestellt; so wird beispielsweise in Schweden nur bei Komplikationen ärztliche Hilfe in Anspruch genommen. Im Unterschied dazu zeichnen sich andere Länder Europas, wie Staaten des ehemaligen Ostblocks oder Frankreich, durch eine hohe Interventionsrate und einen hohen Technisierungsgrad aus.

Seit den achtziger Jahren beeinflussen ethnologische Forschungsergebnisse die werdenden Eltern. Sie zeigten auf, daß in den meisten Kulturen nicht im Liegen geboren wird, sondern hockend, sitzend, kauernd oder knieend. Die Vorstellung von der Geburt als natürlichem Prozeß wurde auch von Geburtshelfern wie Leboyer in die öffentliche Diskussion gebracht. Das Schlagwort »sanfte Geburt«, eine Neubewertung des Stillens und neue Formen des Tragens der Babies sind Ausdruck einer neuen Symbolik rund um das Geschehen. Aus kulturvergleichenden Studien wird das herausgefiltert und als »natürlich« gepriesen, was man für die eigene Kultur als wünschenswert sieht. So wird teilweise auch der Schmerz bei der Geburt als kulturspezifisch abgetan und als durch spezielle Techniken vermeidbar interpretiert. Schwangerschaft und Geburt sind kulturell geprägt und in keiner Gesellschaft ein bloß natürliches Ereignis. Auch wenn Vorstellungen von einer »natürlichen Geburt« in den letzten zwei Jahrzehnten immer mehr an Bedeutung gewannen, so kann das jeweilige Verhalten letztlich nur aus der eigenen Kultur bzw. Gesellschaft heraus verstanden werden.

Alter

Ursula Lehr

Alter Töpfer. Malaga, Spanien 1973

Das Alter im Sinne von Altwerden in Europa gibt es nicht, zu verschieden findet es in den Ländern und Regionen statt. Auch innerhalb der einzelnen Länder hat es viele Gesichter. Zudem ist Altern nicht nur ein biologischer Prozeß, sondern ein Vorgang, der von gesellschaftlichen Gegebenheiten, ökologischen Bedingungen und einer Vielzahl sozialer Faktoren mitbestimmt wird. So unterscheiden sich schon innerhalb ein- und desselben Landes Gleichaltrige stärker voneinander als 60jährige von 70- und 80jährigen. Alter in Europa wird heute, am Ende dieses Jahrhunderts, völlig anders erlebt als zu dessen Beginn oder im vorigen Jahrhundert. Weit mehr Menschen erreichen heutzutage ein Lebensalter von 60, 80 oder gar 100 Jahren, als dies je vorher der Fall war. Die Lebensweise hat sich geändert, auch der Alltag ist in vielerlei Hinsicht leichter geworden, was zum Beispiel den legendären »Waschtag« betrifft, die Haushaltsführung und die Essensversorgung in Zeiten, in denen es noch keinen Kühlschrank gab. Doch zugleich ist der Alltag schwieriger geworden, wenn man nur an den Straßenverkehr denkt (von dem ältere Menschen allerdings auch erheblich profitieren). Das Reisen in ferne Länder ist für die Mehrzahl der Alten heutzutage kein Wunschtraum mehr, sondern Realität. Bessere Schulbildung, eine bessere Kenntnis fremder Sprachen und auch ein besserer Gesundheitszustand zeichnen in den meisten europäischen Ländern die Alten von heute gegenüber den Alten von gestern aus.

Die Einstellung der Gesellschaft zum alten Menschen hat sich wie das Bild des alten Menschen geändert – doch auch das keineswegs einheitlich in allen europäischen Völkern. Aber auch innerhalb der einzelnen Kulturen ist das Bild des Alters vielschichtig: Der kompetente, weise, in die Gemeinschaft integrierte Senior, der in relativem Wohlstand lebt, steht dem kranken, hilflosen, abhängigen Senior gegenüber, der auf die Zuwendung seiner Kinder angewiesen ist. Dank medizinischen Fortschritts und gesundheitsbewußterer Lebensweisen ist die Zahl alter Menschen in allen europäischen Ländern enorm gestiegen – bis zu dem Punkt, an dem der Generationenvertrag in Frage gestellt wird und Rentensysteme und solche der sozialen Sicherung neu überdacht werden müssen.

Europa ergraut. Die Lebenserwartung der Neugeborenen in der Europäischen Union gehört zu den höchsten der Welt: Sie lag laut der Eurostat-Bevölkerungsstatistik 1995 bei 74 Jahren für Männer und 80 Jahren für Frauen, während weltweit der Durchschnitt bei 61 bzw. 64 Jahren liegt, in Afrika bei 52 Jahren, in Japan für Männer und Frauen gemeinsam bei 80 Jahren. In anderen europäischen Ländern ist die Lebenserwartung etwas geringer. Die Bevölkerung der EU ist im Durchschnitt älter als die der übrigen Welt: Der Anteil der unter 15jährigen ist niedrig (18 Prozent, gegenüber weltweit 31 Prozent), jener der über 65jährigen dagegen hoch (15 Prozent gegenüber weltweit 7 Prozent).

Rund 20 Prozent der Bevölkerung in den europäischen Staaten ist älter als 60 Jahre. Vorausschätzungen zeigen, daß bis zum Jahr 2020 dieser Anteil noch erheblich steigen wird. In Italien rechnet man dann mit 29,9 Prozent, in Belgien mit 28,8, in Finnland mit 28,2 und in Deutschland mit 27,7 Prozent. Den geringsten Anteil mit nur 21,8 Prozent wird Irland haben, gefolgt von Dänemark (24,3) und den Niederlanden mit 24,8 Prozent.[1] Älter als 65 Jahre waren im Jahr 1996 15,5 Prozent der Bevölkerung Europas, wobei Schweden mit 17,5, Italien mit 16,8 und Belgien mit 16 Prozent an der Spitze liegen, wohingegen Finnland mit 10,3 Prozent, Island mit 11,3 und Irland mit 11,5 Prozent prozentual am wenigsten über 65jährige aufweisen. Allerdings hat Italien auch die geringste Geburtenziffer (1,17), gefolgt von Spanien (1,18) und Deutschland (1,24); Irland hat die höchste (1,86), gefolgt von Finnland (1,81) und Dänemark (1,80).

In den letzten 15 Jahren hat sich die Lebenserwartung der Neugeborenen für Männer und Frauen um etwa drei Jahre erhöht; der Abstand zwischen den Geschlechtern blieb mit durchschnittlich 6,5 Jahren bestehen. Am höchsten ist die durchschnittliche Lebenserwartung der Frauen in Frankreich (82,0 Jahre, bei Männern 73,7 Jahre; Differenz 8,3 Jahre), am niedrigsten in Dänemark (77,8 Jahre, bei Männern 72,6 Jahre; Differenz 5,2 Jahre). Die höchste Lebenserwartung hatten 1995 die Männer in Schweden mit 76,2 Jahren, gefolgt von Italien mit 74,9 Jahren. Bei Frauen betrug sie in Schweden 81,4 Jahre (Differenz 5,2 Jahre), in Italien ebenso 81,4 Jahre (Differenz 6,5 Jahre).

Die Stellung und das Ansehen der Älteren wird in den einzelnen Ländern sehr unterschiedlich erlebt. So glaubten 44 Prozent der über 60jährigen in Irland und 43 Prozent in Griechenland, daß sie mit zunehmendem Alter mehr Respekt gezollt bekämen; in Belgien und Dänemark waren nur 19 Prozent dieser Meinung, in den Niederlanden 20 und in Deutschland 24 Prozent.[2]

Die meisten älteren Menschen in den europäischen Ländern geben an, noch sehr

Abendliche Versammlung im Dorfladen. Alentejo, Portugal 1989

viel (33,9 Prozent) oder viel (33,1 Prozent) zu tun zu haben. Etwa ein Viertel freut sich über eine Menge freie Zeit (23,5 Prozent), und nur knapp 10 Prozent beklagen sich darüber, daß sie so wenig zu tun haben und manchmal die Zeit für sie nicht vergeht. Besonders beschäftigt fühlen sich die Dänen (88,8 Prozent haben »sehr viel« oder »viel« zu tun), gefolgt von den Niederländern (79 Prozent) und Luxemburgern (73,4 Prozent). Am meisten freie Zeit scheinen die Griechen zu haben, von denen nur 38 Prozent sich voll beschäftigt fühlen, 39,6 Prozent viel freie Zeit haben und 21 Prozent sogar über zu viel freie Zeit klagen.[3]

Die familiäre Eingebundenheit der Senioren ist in den einzelnen Ländern recht unterschiedlich. Während die meisten der über 60jährigen »Intimität auf Distanz« oder »innere Nähe bei äußerer Distanz« für die ideale Situation halten – besonders in Dänemark, in den Niederlanden und in England, wo nur unter 20 Prozent angaben, täglichen Kontakt zu haben –, ist in Italien, Griechenland, Portugal und Spanien mit 60 bis 70 Prozent täglichem Kontakt die familiäre Eingebettetheit stärker. Große Unterschiede bestehen auch in der Wohnsituation. Während der Anteil der Einpersonen-Haushalte in Deutschland recht hoch ist – in der Gruppe der über 75jährigen Frauen leben 68 Prozent allein –, kommt in den südlichen Staaten Europas diese Form des Wohnens bei Senioren und Seniorinnen höchst selten vor. In Griechenland waren es 1982 nur 4,7, in Portugal 17 Prozent. In Frankreich, England und in den skandinavischen Ländern ist der Einpersonen-Haushalt für Senioren weitaus üblicher. Doch muß es keineswegs Einsamkeit bedeuten, alleine zu wohnen. So haben Walker und

Maltby festgestellt, daß in Dänemark, Deutschland, England, Belgien, Frankreich, Irland und Luxemburg nicht einmal 10 Prozent der alten Menschen über Einsamkeit klagen; in Italien sind es 15 bis 19 Prozent, in Portugal 20 und in Griechenland sogar 36 Prozent.

Bei aller Gemeinsamkeit im Hinblick auf eine längere Lebensdauer bei gleichzeitigem Geburtenrückgang bestehen doch manche Unterschiede. Der prozentuale Anteil alter Menschen wird in allen europäischen Ländern rapide zunehmen. Differenzen bezüglich der familiären Eingebundenheit, der Altersbilder und der Erwartungen der Gesellschaft an ihre älteren Mitbürger werden zunächst bleiben. Hier wird es erst langsam zu einer Annäherung kommen, zu der das Bildungssystem und die medizinische Versorgung beitragen werden. Doch Sitte und Brauchtum beeinflussen die Lebenslagen alter Menschen in unterschiedlicher Weise. Das Bemühen um das Verständnis der verschiedenen Kulturen der Völker Europas sollte sich auch um Einsichten in die unterschiedlichen Lebensentwicklungen und Lebenssituationen alter Menschen in Europa bemühen.

1 Alan Walker and Tony Maltby, Ageing Europe. Philadelphia 1997. S. 10.
2 Ebd., S. 19.
3 Ebd., S. 23.

Tod und Jenseits

Ein kulturhistorischer Abriß von der Antike bis in die Gegenwart

Otto Danwerth

Daß der Tod gewiß, seine Stunde aber ungewiß ist, wußten schon die Römer: *mors certa, hora incerta*. Doch sind diese Einsicht und die Sorge um die Toten viel älter. Im Paläolithikum waren die Totenrituale des Homo sapiens bereits sehr komplex. Die Definition, die Erich Fried in einem seiner ›Warngedichte‹ von 1964 gab, bringt diese gattungsspezifische Besonderheit auf den Punkt:

»Ein Hund
der stirbt
und der weiß
daß er stirbt
wie ein Hund

und der sagen kann
daß er weiß
daß er stirbt
wie ein Hund
ist ein Mensch.«

Wenn auch Tiere ihren Tod ahnen können, so haben sie doch kein Bewußtsein ihrer Endlichkeit. Der Mensch ist dagegen die einzige Spezies, die reflektierend um ihr physisches Ende weiß. Außerdem gibt es kein anderes Lebewesen, das seine Toten bestattet.

Kaum ein Thema ist geeigneter, von so vielen Seiten beleuchtet zu werden, als das des Todes. Doch lange Zeit hielt sich die Literatur dazu in Grenzen. Erst in den sechziger Jahren wurde dieses Schweigen gebrochen, als beispielsweise Geoffrey Gorer in einem Artikel behauptete, der Tod habe den Sex als Tabu-Thema abgelöst. Während dieser salonreif geworden sei, meide man »die letzten Dinge« in geradezu viktorianisch prüder Weise. Zur gleichen Zeit arbeiteten in Italien und Frankreich aber schon einige wenige Historiker an der Frage. Seit den bahnbrechenden Beiträgen von Philippe Ariès über den »Tod im Abendland« in den siebziger Jahren scheint eine wahre Todes-Sucht unter den Historikern zu grassieren. Es gibt kaum ein europäisches Land, das nicht zum Gegenstand entsprechender Studien des Todes geworden wäre – nicht zu reden vom Boom des Themas Tod in Naturwissenschaften und Medizin, Theologie und Philosophie, Anthropologie und Psychologie, Recht und Ethik, Literatur und Kunst sowie Volkskunde und Ethnologie.

Eigentlich kann ein Historiker nicht direkt über den Tod schreiben. Seine Themen sind vielmehr die Haltungen der Lebenden zu den Sterbenden, zu den Toten und zum Jenseits. Ich möchte einem Vorschlag Michel Vovelles folgen, der bei der Untersuchung von Haltungen zum Tod drei Niveaus unterscheidet: den erlittenen Tod, der sich in demographischen Kurven widerspiegelt, den erlebten Tod, der sich in Riten und Gesten manifestiert, und schließlich den – organisierten wie unbewußten – Diskurs über den Tod. Dabei gilt es jeweils die soziale Herkunft der Handelnden (Elite- oder Volkskultur) und den räumlichen Hintergrund (Stadt oder Land) zu berücksichtigen. Wenn nicht eigens angeführt, beziehe ich mich nicht auf bestimmte europäische Regionen, sondern versuche, ein idealtypisches Bild zu zeichnen. Studien über kollektive Mentalitäten haben gezeigt, daß sich Haltungen zum Tod nur sehr langsam, in einer langen Dauer *(longue durée)* ändern. Wenn dieser kulturelle Wandel sich seit dem Zweiten Weltkrieg in Generationen, vorher aber nur in Jahrhunderten vollzog, darf man eine geraffte Übersicht durchaus wagen. Die der Klarheit halber gewählten Epochengrenzen sind teilweise fließend.

Antike

Homer beschreibt im 8. Jahrhundert vor Christi Geburt das Jenseits als ein düsteres Schattenreich, in dem nicht einmal Heroen herrschen wollten. Eine solche, nicht sehr einladende Vision findet sich ebenfalls im Judentum und später bei den Römern. In Griechenland, der Wiege Europas, gibt es neben dem trostlosen Hades sehr wenige positive Darstellungen des postmortalen Lebens (zum Beispiel bei Hesiod) sowie die Meinung, daß mit dem Tod alles zu Ende sei. Der bekannteste »Nihilist« ist Epikur (342 bis 371 vor unserer Zeitrechnung), der in einem Brief an einen Freund schrieb: »Das schreckenerregendste aller Übel also, der Tod, hat eben deshalb nichts mit uns zu tun, weil, wenn wir da sind, der Tod nicht da ist, und wenn der Tod da ist, wir nicht da sind.« Man darf annehmen, daß philosophische Gedanken über den Tod die vom Volk geübten abergläubischen Praktiken und geglaubten Jenseitsvorstellungen kaum beeinflußt haben. Gleiches gilt auch von der sogenannten Revolution der Seelenvorstellung: Die Seele wurde erst in archaischer Zeit als unsterblich, der Körper als ihr Gefängnis angesehen. Vor Heraklit, der die persönliche Unsterblichkeit der Seele als einer der ersten aussprach, etwa bei Homer, hatte der »Seele« des lebendigen Menschen *(thymós)* der Totengeist *(psyché)* gegenübergestanden, welcher den Körper beim Tode verließ. Im 6. vorchristlichen Jahrhundert scheinen beide Konzepte verschmolzen zu sein, wonach die *psyché* fortan die Identität der Person garantierte. Ein persönliches Weiterleben war mit dem Aufkommen einer solchen Seelenvorstellung und der »Entdeckung der Individualität« möglich geworden, die sich besonders in dionysischen Mysterien nachweisen läßt.

Sokrates (470 bis 399 vor Christi Geburt) äußerte in der ›Apologie‹ zum Tod: »Eines von zweien nämlich ist das Totsein: Entweder ist es eine Art Nichtsein [...] oder es ist eine Übersiedlung der Seele von hier an einen anderen Ort.« Während er selbst wohl dem ersten Teil der Alternative zustimmte, sprach sich sein Schüler Platon – besonders im Dialog ›Phaidon‹ – für die zweite Variante aus. Dessen komplexe Ideen zum Jenseits wurden aber von den Zeitgenossen und vom Volk nicht übernommen.

In der griechischen Mythologie galt der Tod *(Thanatos)* als der Zwillingsbruder des Schlafes *(Hypnos)*, beide waren Söhne der Mutter Nacht. Vom Olymp abgegrenzt wirkten ferner die »Totengötter«; sie hatten besonderen Einfluß auf die Fruchtbarkeit. Daher galt es, die mehrtägigen Totenrituale einzuhalten, die sowohl den Kontakt als auch die Abwehr der Verstorbenen sichern sollten. In der Regel fanden die Toten außerhalb der Städte ihre letzte Ruhe. Sklaven waren von der Religion und also auch vom Totenkult ausgeschlossen. In spätmykenischer Zeit löste die Verbrennung die Beerdigung als häufigste Bestattungsart ab, ohne daß Gründe dafür bekannt sind.

Während in Griechenland das persönliche Weiterleben im wesentlichen unabhängig von der Bindung an einen Familienverband möglich war, hing in Rom der Status des Toten in viel größerem Maß noch von der Gesellschaft, besonders der Familie, ab. Die *familia* bzw. die *gens* beanspruchte die Person des Toten, was sich besonders im römischen Funeralpomp der Elite zeigte. Die von maskentragenden Schauspielern mitgestalteten Feierlichkeiten – mehr Ahnenverehrung als Totenkult – dienten nicht primär der Jenseitshoffnung des Verstorbenen, sondern waren eine Selbstdarstellung seiner Familie. Dabei galt es, wie auch heute noch, über die Toten nur Gutes zu sagen: *De mortuis nil nisi bene.* Gemeinhin bestattete man die Freien in Einzelgräbern, Sklaven entweder mit ihren Herren oder in sogenannten *putuculi* (gemeinen Gräbern). Der Friedhof wurde als *coemeterium* bezeichnet, ein Ort, an dem die Toten schliefen. Dieser mußte nach dem Zwölftafelgesetz von 451 vor Christi Geburt außerhalb der Städte liegen; die Lebenden und die Toten hatten ihre je eigenen Sphären.

Die Philosophie beschäftigte sich weiter mit dem Problem des Todes. In der Nachfolge Epikurs etwa entwickelte Lukrez 28 Beweise für die Sterblichkeit der Seele, die mit dem Körper vergehe. So versuchte er, den Menschen die Angst vor dem Tode zu nehmen. Der Stoiker Seneca hingegen nahm eine Existenz der Seele vor und nach dem Leben an: »Was vor mir war, wird nach mir sein.« Obwohl der Tod ein Nicht-Sein sei, gelte es, sich in der Kunst des Sterbens zu üben: *meditare mortem.* Was er noch in den ›Briefen an Lucilius‹ verkündete, »lebte« er selbst, indem er gelassen in den Freitod ging.

Die römischen Jenseitsvorstellungen sahen zunächst eine seelische Fortexistenz nicht vor, da der Verstorbene als Geist nicht mehr als indivuelle Person galt. Die Toten erschienen dagegen kollektiv als *divi parentum* und schützten den inneren Familienfrieden. Mit *di manes* (die guten Götter) bezeichneten die Römer seit dem 1. Jahrhundert vor Christus ihre Totengeister, die auch für die unteren sozialen Schichten zuständig waren. Schon 200 Jahre später glaubte man, daß alle Totenseelen in den Kreis der Manen eingingen; auch Sklaven wurde eine Seele zugesprochen. Nachts konnten »böse« Geister wie Lemuren oder Gespenster *(larvae)* ihr Unwesen treiben. Daneben bestanden in den Provinzen die unterschiedlichsten Auffassungen über das Leben nach dem Tod weiter, wie sie von Kelten, Iberern, Germanen und anderen unterworfenen Völkern geglaubt wurden.

Insgesamt waren die in Rom herrschenden Vorstellungen eines Jenseits wesentlich blasser und einfacher als die griechischen oder etruskischen, welche zum Teil von den Eliten übernommen wurden. Viel entscheidender als die Übernahme orientalischer Mysterienkulte in der Kaiserzeit war für die Haltungen zum Tod der Siegeszug des Christentums. Damit mag zusammenhängen, daß im 2. und 3. nachchristlichen Jahrhundert die Erdbestattung gegenüber der Verbrennung wieder die verbreitetste Bestattungsform wurde.

Mittelalter

Das Christentum brachte eine qualitativ neue Antwort auf die Frage nach dem Tod. Durch Jesu Sterben und Auferstehung sei der Tod besiegt worden. Dieser »Tod des Todes« verhieß den Gläubigen Unsterblichkeit, wodurch der menschliche Tod zu einem Übergang wurde. Die Wurzeln der mittelalterlichen Todes-Kultur liegen im Christentum, das von Kaiser Theodosius im Jahre 391 zur alleinigen Reichsreligion erklärt wurde.

Sterben gehörte im Mittelalter zum alltäglichen Leben. Mißernten, Kriege, eine mit 30 Jahren geringe Lebenserwartung und eine extrem hohe Kindersterblichkeit sowie Epidemien machten dem Tod das Wirken leicht. Besonders verheerend wirkte sich die Pest von 1348 bis 1350 aus: Der Schwarze Tod dezimierte die europäische Bevölkerung um fast ein Drittel. So waren die Menschen, wie es ein Hymnus des 10. Jahrhunderts ausdrückte, mitten im Leben vom Tod umfangen *(media vita in morte sumus)*.

Erst um 800 hob der oströmische Kaiser Leo das Verbot auf, Tote innerhalb der Siedlungen zu begraben. Doch im Weströmischen Reich erlaubten schon im 6. Jahrhundert Synoden, die Toten um die Kirchen herum zu bestatten. Zwischen dem 8. und 11. Jahrhundert wurden die Friedhöfe, die außerhalb der Städte und Dörfer lagen, in die Nähe der Kirche geholt. Dabei spielte der Wunsch eine große Rolle, möglichst nahe *apud sanctos* zu weilen, bei den Heiligen und ihren Reliquien. Das Nebeneinander, ja die Gemeinschaft von Lebenden und Toten *(communio vivorum et mortuorum)* und damit der Gegensatz zum römischen Prinzip der Trennung beider Bereiche, zeigte sich besonders an den Kirchhöfen, die nicht nur den Toten Ruhe boten, sondern ebenfalls als Gerichts-, Markt-, Fest-, Versammlungs- und Zufluchtsorte dienten. Der Friedhof war nur Getauften und »wahrhaft Gläubigen« vorbehalten, womit beispielsweise Selbstmörder und Gehenkte keinen Anspruch auf ein Grab hatten; sie wurden zumeist verbrannt. Ungetaufte Neugeborene bestattete man entweder außerhalb des Gottesackers oder an seinem Rand.

Der Friedhof bot als eingefriedeter heiliger, da geweihter Ort um die Pfarrkirche Asyl. Bestandteile eines mittelalterlichen Friedhofs waren in der Regel ein Kreuz, eine Totenleuchte und, seit dem 12. Jahrhundert, ein *ossuarium*, ein Beinhaus, in dem die inzwischen blanken Gebeine, Schädel und Knochen aus den Gräbern gesammelt wurden, um für neue Begräbnisse Platz zu schaffen und gleichzeitig die Vorübergehenden an die eigene Vergänglichkeit zu gemahnen. War die Bestattung in der Kirche während des 7. Jahrhunderts noch eine Ausnahme und auf den hohen Klerus beschränkt, wurde sie im 12. Jahrhundert auch für Laien zugelassen. In Krisenzeiten reichte oft der Platz für Bestattungen nicht aus, so daß beispielsweise Pestopfer *extra muros*, außerhalb der Stadtmauern, gekalkt in Massengräbern bestattet wurden. Die hygienischen Zustände waren sowohl auf dem Kirchhof (Aufschüttungen) als auch innerhalb der Kirche miserabel. Während draußen aufgrund der oft geringen Grabtiefe Leichenteile ans Licht kommen konnten, verursachte die verpestete Luft im Gotteshaus zuweilen Ohnmachten, in seltenen Fällen gar den Tod. Die Gegenwart der Toten konnte zu falschen Deutungen und Ängsten führen. So meinte man, Tote im Grabe schmatzen zu hören, obwohl sich diese Geräusche auf Faulgase zurückführen ließen, die übrigens auch bei verstorbenen Schwangeren Sarggeburten auslösen konnten.

Neben dem dominierenden christlichen Modell gab es aber auch vereinzelte abweichende »Todeskulturen«, zum Beispiel der als Ketzer gebrandmarkten Katharer, Juden, Morisken und Angehörigen anderer Minderheiten und Andersgläubiger. Juden hatten ihre eigenen Friedhöfe, auf denen die Verstorbenen mit dem Kopf in Richtung Jerusalem bestattet waren. Die Grabsteine von Aschkenazi-Juden standen aufrecht, die von Sepharden lagen flach auf der Erde.

Die Erwartungen an das Jenseits waren im Frühmittelalter überwiegend von Schreckensvisionen geprägt; man stellte sich vor, unmittelbar nach dem Tod von einem Sondergericht abgeurteilt zu werden, um von Engeln bzw. Teufeln in Himmel oder Hölle geführt zu werden. Die von Jacques LeGoff so genannte »Erfindung des Fegefeuers« ist ein Beispiel dafür, wie die Volkskultur durch ein christliches Modell überformt wurde. Bis ins 12. Jahrhundert existierten in den kirchlichen Jenseitsvorstellungen nur zwei Orte: der Himmel (Schauen Gottes, Seligkeit, Wohlgefallen durch Abwesenheit von Not) und die Hölle (Hitze, Gestank, Qualen). Fragen stellten sich prompt: Wohin mit den »minderen« Sündern? Was geschieht in der Zeit zwischen dem Tod des einzelnen (und seinem individuellen Gericht) und dem Jüngsten Gericht?

Das *purgatorium*, Fegefeuer, wurde zwischen 1170 und 1200 »erfunden«, das heißt als Begriff von der Kirche eingeführt und erstmals 1274 auf dem Konzil von Lyon verkündet. Gleichwohl hatte es vorher schon bei einigen Mönchen Vorstellungen eines »dritten Ortes« gegeben, an dem sich die Seelen reinigen könnten, denn nicht zuletzt vom Totengedenken und der aufgegebenen Speisung von Armen lebten die Klöster. Dieser neue Ort im Jenseits eignete sich hervorragend, um beispielhaft dargestellt zu werden. So enthält Dantes ›Göttliche Komödie‹ ebenso wie eine zunehmende Exempelliteratur recht realistische Beschreibungen der von den Seelen dort erlittenen Qualen. Die frühesten grafischen Wiedergaben lassen sich im 14. Jahrhundert nachweisen. Zu dieser Zeit setzte eine Popularisierung des Fegefeuers ein. Weitere Ausdifferenzierungen der Geographie der Ewigkeit folgten. Erwähnt sei nur der *limbus*, eine Art Vor-Hölle bzw. Vor-Himmel für nichtgetaufte Kleinkinder.

Die Lehre vom Fegefeuer gab den Menschen die Möglichkeit, sich und ihre Angehörigen vor der ewigen Verdammnis der Hölle zu retten. Um den »Armen Seelen« des Fegefeuers zu helfen, nahmen sich ihrer nicht nur Mönche an, sondern auch breite

Massen des Volkes. Im Hochmittelalter übernahm auch die Elite den Kult für die Armen Seelen. Um die Leidenszeit im Fegefeuer zu verkürzen, wurden Ablässe erworben und Seelenmessen gelesen, Gebete gesprochen und Almosen gegeben, Armenspeisungen organisiert und Spitäler eingerichtet. Zünfte und Bruderschaften kümmerten sich in der Regel um die Vorbereitung und die (organisatorische) Bewältigung des Todes.

Erst ab dem 12. Jahrhundert finden sich Darstellungen des Jüngsten Gerichts, bei dem Engel mit Waagen ihres Amtes walten. Die Auferstehung der Toten stellte man sich offenbar vor als Wiedererweckung der Leiber aller Menschen. Seit dem frühen 13. Jahrhundert wird der personifizierte Tod in der europäischen Literatur faßbar; seine überraschenden Attacken machen vor keiner sozialen Schicht halt: Der Tod holt uns alle. Gegen Ende des Mittelalters verwandelte sich dann die Personifikation des Todes von einem Dämon in das die Ikonographie bis ins 19. Jahrhundert bestimmende Abbild: den Knochenmann. Die spätmittelalterliche Lust am Grauen läßt sich an den Totentänzen illustrieren, die zu Beginn des 15. Jahrhunderts zum ersten Mal in Erscheinung traten. Die Wurzeln dieser *danses macabres* liegen zum einen im volkstümlichen Aberglauben, lassen sich aber auch mit den ›Jedermann‹-Spielen in Verbindung bringen, und berühren sich drittens mit der älteren Legende von den drei Lebenden und den drei Toten. Darin begegnen drei junge Männer drei Toten, welche ihnen zurufen: »Was ihr seid, das sind wir gewesen. Was wir sind, das werdet ihr sein.« Noch heute kann man diesen Spruch – stilecht geformt aus menschlichen Gebeinen – an den Wänden einiger Kapuziner- oder Franziskaner-Klöster lesen. Die Funktion der Totentänze, bei denen im Laufe der Zeit der Totenreigen durch eine individuelle Darstellung des Toten abgelöst wurde, ist das *memento mori* (»Gedenke des Todes«). Besonders grotesk wirkt der drohende Sieg des triumphierenden Todes, wenn der skelettierte Sensenmann ein junges Mädchen holt.

Das Spätmittelalter war durch eine zunehmende Bedeutung des »guten Todes« gekennzeichnet. Die Konzentration auf die letzte Stunde, in der der Moribunde auf dem Totenbett seine Sünden bereut und vom Priester die Absolution, die letzte Ölung und die letzte Kommunion (*viaticum*, was eigentlich »Wegzehrung« bedeutet) empfängt, läßt sich im Leben lernen. Gut sterben heißt vorbereitet und zur rechten Zeit sterben. Negativ formuliert bedeutet es: nicht durch Unfall, vorzeitig oder gewaltsam sein Leben beenden. Ausnahmen wie der (ehrenhafte) Kriegstod auf den Kreuzzügen bestätigen hier die Regel. Das Ideal des guten Todes zu erreichen lehrte die *ars moriendi*, die Kunst des Sterbens, eine sehr populäre Gattung der frommen Literatur. Diese Sterbebüchlein wurden auch in die Volkssprachen übersetzt und führten einen exemplarischen, gottgefälligen Lebenswandel vor Augen. Die Agonie war natürlich der prekärste, weil letzte Moment des Lebens: Wer hier vom Teufel versucht wurde und nicht widerstand, konnte alles – nichts weniger als das ewige Leben – verlieren. Zur Hilfe wurden oft Heilige wie etwa Michael oder Barbara angerufen; Christophorus sollte als Seelenführer die Stunde des Sterbens begleiten und im Leben vor jähem Tod bewahren.

Schon im Frühmittelalter fand das Sterben eines Menschen im Beisein der Gemeinschaft statt: seiner Familie, Freunde, Ordensbrüder. Dieses Ideal galt im gesamten Mittelalter. Das Totenritual war von der Kirche geregelt. Nach der Sorge für den Toten, von der Waschung bis zum Einnähen ins Leichentuch, und der Totenwache, die durch Tanz und Gesang oft recht kurzweilig war, wurde dem Toten die letzte Messe gelesen. Während die frühmittelalterliche Liturgie großen Wert auf die Vereinigung der Seele mit dem Heiland legte, hob die spätmittelalterliche Totenmesse den »Tag des Zorns« *(dies irae)*, also das Gericht hervor. In der Regel wurde der Leichnam drei Tage danach begraben; die finanziellen Möglichkeiten bestimmten den Ort (möglichst in der Kirche und so nah wie möglich am Altar) und den Modus (bis zum 16. Jahrhundert selten im Sarg, sondern einfach in Sack, Leichentuch oder Ordenshabit). Das Testament wurde verlesen, so eines gemacht war. Schließlich beendete der Leichenschmaus die Beerdigung und führte die Trauernden wieder in das »normale« Leben zurück, das nun eine neue Ordnung hatte.

Auf die ungleich pompöseren Bestattungszeremonien von Päpsten und Königen, Bischöfen und Adeligen sowie reichen Kaufleuten kann hier nicht *en détail* eingegangen werden. Eines zeigen sie aber gewiß: Der Glaube an eine Gleichheit durch den Tod ist ein Mythos. Zwar trifft er alle, doch entscheiden sozialer Status und wirtschaftliche Möglichkeiten oft über Lebenserwartung, adäquate Betreuung des Sterbenden und standesgemäße Totenrituale. Eine Kuriosität sei dennoch erwähnt: Doppelgräber zeigten auf der sichtbaren Ebene das reine, tugendhafte Abbild des (kirchlichen oder weltlichen) Würdenträgers, während darunter die Leiche den Blikken verborgen war. Nicht immer mußte sie sich übrigens zersetzen. Entnahme innerer Organe, Einbalsamierung und trocken-kühle Umgebung konnten durchaus die hagiographischen Berichte erklären, denen zufolge die Körper von Heiligen sich noch Jahrzehnte nach ihrem Tod als unversehrt und »wohlriechend« – Zeichen der Heiligkeit – präsentierten. Die Doppelgräber veranschaulichen gut, wie man sich den königlichen Tod in der Regel vorzustellen hatte: Zwar war die Person, die den Herrscher repräsentierte, verstorben; doch der König selbst, als staatsrechtliche Figur des *Body Politic*, lebte weiter; der König hatte also gewissermaßen zwei Körper.

Als Übergangsstadium in ein besseres Leben, von der Gemeinschaft begleitet, hatte der Tod im Mittelalter seinen Sinn. Die Kirche half in ihrer dominierenden Rolle; sie kontrollierte aber auch durch ihre (Sozial-)Disziplinierung den Tod. Daß sich die katholische Todestheologie und -liturgie nicht in allen Bereichen durchsetzte, zeigt sich besonders am Glauben einer fortdauernden Präsenz der Toten – eine Vorstellung, die noch aus der vorchristlichen Zeit der Ahnenverehrung herrührte. Die Furcht vor Wiedergängern oder Nachzehrern, welche ein schlechtes Leben geführt hatten oder aber eines unnatürlichen Todes gestorben waren, gehört ebenfalls in diesen Zusammenhang. Das *Requiem aeternam dona eis, domine* (»Herr, gib ihnen die ewige Ruhe«) – eine Formel des Begräbnisrituals, von der sich die Musikgattung herleitet – deutet auf die ambivalente Rolle der Toten hin. In extremen Fällen, zum Beispiel bei als Untoten Verdächtigen, wurde der Leichnam exhumiert und gepfählt, um den Toten oder seinen Geist an der Wiederkehr zu hindern. Das Wirken von Totengeistern ließ bisweilen Exorzisten in Aktion treten. Schließlich sei auf die weiter geübte Praxis der Grabbeigaben (etwa Münzen) und auf die Totenspeisung hingewiesen, die ebenfalls aus paganer Zeit stammten. Dennoch kann man *grosso modo* behaupten, daß das Sterben zumindest der städtischen Bevölkerung gegen Ende des Mittelalters christianisiert war.

Konfessionalisierung und Barock

Wenn auch zwischen Spätmittelalter und früher Neuzeit viele Haltungen zum Tod identisch blieben – das Ideal des guten Todes galt weiter, die Auflagen der *artes moriendi* stiegen nach der Erfindung des Buchdrucks –, so gab es doch Unterschiede und Neuerungen, die besonders durch die Konfessionalisierung bedingt waren. Die Reformation spaltete Europa radikal in zwei Teile, gerade auch bezüglich der Haltungen zum Tod, denn die reformatorische Gnaden- und Rechtfertigungslehre lehnte das katholische Dogma des Fegefeuers strikt ab. Damit war den Seelenmessen, den Gebeten für die Toten und den Ablässen in nichtkatholischen Regionen der Sinn genommen. Die Teilnahme des Priesters reduzierte sich hier auf das eigentliche Begräbnis, und manchmal nicht einmal auf das: Im calvinistischen Basel wurden zeitweise Bestattungen ohne kirchliche Beteiligung vollzogen. Eine weitere Folge der Reformation war eine Kommunalisierung des Bestattungswesens (städtische Leichenordnungen). Die protestantischen und calvinistischen Konfessionen hatten keine der katholischen Theologie vergleichbare »Lehre des Todes«. Vielmehr lehnten sie exzessive Trauer, Totenämter und Begräbnispomp ab. Das Konzil von Trient (1545 bis 1563) bekräftigte demgegenüber das Dogma des Fegefeuers, welches in dieser Form bis ins 18. Jahrhundert wirksam blieb.

Die Grundnormen für ein »gutes Sterben« hatten sich aber bei allen christlichen Konfessionen nicht geändert. Das Sterben fand im Idealfalle im Schoße der Familie statt, beim Begräbnis war das »ganze Haus« anwesend. Eine weitere Konstante war die soziale Ungleichheit vor dem Tod: Arme konnten sich immer noch keine normalen Bestattungen leisten, und in allen konfessionellen Lagern bestimmten Begräbnisklassen mit ihren Preislisten über das standesgemäße Grab. Im Verlauf des 17. Jahrhunderts kontrollierten alle Kirchen den Tod über ihre dominierende Rolle in der Todesstunde, welche kollektiv inszeniert wurde. Auch versagte oft der Versuch der Kirchen, religiös-orthodoxe von volksreligiösen bzw. magischen Handlungen beim Umgang mit dem Tod zu trennen und letztere zu unterbinden.

Die Bedeutung des Lebens als Vorstufe des Todes wurde hervorgehoben, der Tod gleichsam ins Leben getragen. Im 17. Jahrhundert wurde die Angst verstärkt im Todesbereich zur Disziplinierung eingesetzt. »Die Menschen fürchten den Tod, so wie Kinder sich fürchten, ins Dunkel zu gehen.« Diese Furcht, der Francis Bacon in einem seiner ›Essays‹ Ausdruck verlieh, konnte durch alle diskursiven, aber auch gerade durch visuelle Gattungen hervorgerufen bzw. verstärkt werden. So finden sich im Barock (Ende des 16. bis Anfang des 18. Jahrhunderts) zahllose Gemälde, Stiche und Illustrationen, die den Tod in Allegorien und Vanitas-Motiven abbilden. Die ganze Welt ist eitel und leer, nur der Tod ist gewiß, so lautete die Botschaft der Stilleben, in denen die Vergänglichkeit alles Irdischen durch Totenköpfe, Stundengläser und Kerzen symbolisiert wurde. Wirkliche Totenschädel aus Beinhäusern wurden übrigens ebenfalls bemalt.

Während im Mittelalter der Körper eines christlich Verstorbenen noch als prinzipiell sakrosankt galt, veränderte sich mit dem Aufkommen der Naturwissenschaften die Unantastbarkeit der Leiche. Am Beginn dieser Emanzipation standen die von der Anatomie praktizierten Leichenöffnungen. Der tote Körper wurde im Laufe des 17. Jahrhunderts nicht nur von der Wissenschaft, sondern auch von makabren Neigungen einiger Nekrophiler zunehmend verdinglicht.

Aufklärung und Romantik

Bis ins 18. Jahrhundert hinein war der Tod von der Familie, aber auch von der Gemeinschaft begleitet, seien es Zünfte, Bruderschaften oder die Dorfbewohner und Nachbarn. Mit der Aufklärung gingen aber Prozesse einher, die sich gravierend auf die Haltungen zum Tod auswirkten: eine zunehmende Entchristianisierung, Säkularisierung und Industrialisierung, besonders in den Städten. An deren Ende sollte die Erfahrung des Todes als eines Bruchs stehen; er wurde nicht mehr als Übergang gesehen.

Die wachsende Skepsis gegen das Christentum läßt sich an der Reduzierung des traditionellen Todesbrauchtums festmachen. Testamente, die sich zu rein profanen Urkunden entwickelten und zunehmend nicht mehr auf dem Totenbett diktiert wurden, verzeichneten seit der Mitte des 18. Jahrhunderts immer weniger Totenmessen, Stiftungen und Legate. Der ornamentale Pomp der testamentarischen Floskeln wurde zugunsten nüchterner Prosa aufgegeben; so gingen die Hinweise auf praktizierte Frömmigkeit drastisch zurück.

Die zunehmende Einflußnahme des Staates, der öffentliche Sauberkeit und Wirtschaftlichkeit forderte, schlug sich auch im Umgang mit dem Ort der Toten nieder. In der zweiten Hälfte des 18. Jahrhunderts untersagte die aufgeklärte Obrigkeit Kirchenbegräbnisse (eine Ausnahme galt für Kleriker und Stifter) und verlegte die Friedhöfe aus hygienischen Gründen vor die Stadttore. Ab 1750 wurden die innerörtlichen Friedhöfe fast überall geschlossen und aus den Städten entfernt. Mit dieser Distanz nahm auch die Präsenz der Toten im alltäglichen Leben ab, so daß Ende des 18. Jahrhunderts der Besuch der Toten zu einem bewußten Akt ritualisiert wurde, so zum Beispiel zu Allerseelen Anfang November.

Das aufklärerische Interesse der Medizin richtete sich auf den biologischen Prozeß des Sterbens und kannte keine Scheu vor anatomischen Experimenten an Leichen. Zwar hatten sich schon im 17. Jahrhundert verstorbene französische Adelige regelmäßig öffnen lassen, um einbalsamiert zu werden, doch wurden im Jahrhundert der Aufklärung auch private Sektionen populär. Um dieser Leidenschaft zu frönen, waren sehr viele Leichname nötig; kein Wunder, daß Geschichten von Leichendiebstählen auf den Friedhöfen umgingen. Die Angst davor, lebendig begraben zu werden, äußerte sich verstärkt im Verlauf des 18. Jahrhunderts. Ein Beispiel für den damaligen Fortschrittsglauben ist die Konstruktion von Maschinen, die kontrollieren sollten, ob Scheintote begraben wurden.

Die Romantik des 19. Jahrhunderts brachte eine Überhöhung des Todes mit sich. So wurde die Wiedervereinigung von Familienmitgliedern und Liebenden als Jenseitshoffnung populär; übertriebene Idylle und Emotionalität am Sterbebett »schönten« den Tod. Der Sterbebereich wurde privatisiert und auf das eigene Haus und die Kernfamilie übertragen. Gleichzeitig schritt die Säkularisierung des Todesbewußtseins weiter voran: Es ging bei der Ausübung der Totenriten und besonders bei der Bestattung mehr um das Ansehen der Familie als um das angenommene Wohl des Toten. Ein bürgerliches Ideal des Jenseits schlug sich gerade im Friedhofs- und Gräberkult nieder. Familiengräber lösten immer mehr das Einzelgrab ab; das goldene Zeitalter der Mausoleen, in denen der Bourgeois sich und seiner Familie ein Denkmal setzen konnte, war angebrochen.

Nicht mehr der Priester, sondern zunehmend der Arzt wurde zum ausgezeichneten Begleiter in der letzten Stunde eines Menschen; der Staat übernahm weitestgehend die Funktion der Kirche. Der medizinische Fortschritt führte seit den siebziger Jahren des vorigen Jahrhunderts zu einer erheblichen Abnahme der Sterblichkeit. An der sozialen Ungleichheit vor dem Tod hatte sich dennoch nichts geändert.

Der Tod heute

Im zu Ende gehenden Jahrhundert haben sich die Haltungen gegenüber Sterben, Tod und Jenseits in Europa so radikal geändert wie Jahrhunderte zuvor nicht. Besonders seit dem Zweiten Weltkrieg läßt sich eine zunehmende Tabuisierung des Todes beobachten, die hier abschließend nicht analysiert, sondern nur kurz umrissen werden kann. Trauer wird zurückgehalten und der Tod verdrängt. Eine Professionalisierung und Bürokratisierung des Todes greift um sich: Alte Menschen werden immer häufiger zum Sterben in Heime abgeschoben – ein sozialer Tod vor dem biologischen –, Ärzte sind die einzigen zugelassenen Experten, und Bestattungsunternehmen übernehmen die »Abwicklung« des Todesfalls. Der Priester wird vielfach nur noch als »Zeremonienmeister« gesehen. Die Anonymität vieler Friedhöfe spricht für sich selbst.

In einigen ländlichen Regionen (Süd-)Europas herrscht zwar noch immer der Glaube an ein Fegefeuer vor. Ansonsten kann man aber den »Tod des Fegefeuers« konstatieren, des im Abendland wirkungsmächtigsten Jenseitsortes. Nicht einmal in der Lehre der katholischen Kirche gilt das *purgatorium* als ein Ort mehr, sondern nur noch als ein Zustand. Viele Europäer scheinen am Ende des 20. Jahrhunderts keinen Bezug mehr zu den alten Jenseitsvorstellungen zu haben. So nimmt es nicht wunder, daß immer mehr Konzepte aus anderen Kulturen übernommen werden, etwa die buddhistische Wiedergeburt.

Der Wandel der Haltungen zum Tod vom Mittelalter bis in unsere Tage läßt sich abschließend in den Worten von Christoph Daxelmüller aus seinem Buch ›Tod und Gesellschaft – Tod im Wandel‹ folgendermaßen zusammenfassen: »Vom sinnvollen Tod und der tragenden Rolle der Kirche über die Laisierung seit der Reformation bis hin zur Säkularisierung und Profanisierung, die mit der Aufklärung einsetzte, vom Sterben in Gemeinschaft hin zum Sterben in der Einsamkeit der Krankenhäuser, vom Priester zum Bestatter, vom Tod als vertrautem Partner hin zu seiner Verdammung.«

Interessant ist die heute festzustellende Ambivalenz dem Tod gegenüber: Einerseits wird er, nicht nur privat, verdrängt, während auf der anderen Seite inzwischen ein großes wissenschaftliches und öffentliches Interesse an ihm besteht. Der Tod selbst ist heute weniger vertraut; das Sterben findet in der Regel im Krankenhaus statt, nicht mehr daheim im Kreise der Familie. Und wenn es einen zu Hause trifft, dann womöglich so wie den »Toten von Barmbek«: Dieser lag mehr als fünf Jahre lang leblos in seiner Wohnung vor dem noch flimmernden Fernsehgerät. Ende 1998 war man auf den inzwischen skelettierten Mann nur deshalb aufmerksam geworden, weil seine Mutter, die bis dahin die Miete überwies, ihre Zahlungen eingestellt hatte. Was nützt das Wissen um den eigenen Tod, wenn ihn die Mitmenschen nicht einmal bemerken? Die letzten Worte seien Sigmund Freud überlassen, der zwar um das Wissen der Menschen wußte, daß sie sterben müssen, aber dennoch zu Recht feststellte: »Im Grunde glaubt niemand an den eigenen Tod.«

Sprache, Ausdruck und Kommunikation

Kulturgeschichte im Wortschatz

Harald Haarmann

Wenn die Sprache das wichtigste Werkzeug des Menschen ist, um Kultur zu schaffen, dann sind die Wörter der Sprache die wichtigsten Bausteine, um der Welt und den Dingen darin einen Sinn zu geben. Um die Dinge »bei ihrem Namen zu nennen«, haben sich die Menschen viel einfallen lassen.

Im Wortschatz einer Sprache finden wir den allgemeinsten Ausdruck des Alltagslebens ebenso wie die ausgefallensten Termini des Fachjargons. Fachterminologien sind nicht nur eine Besonderheit der Sprachen unserer modernen Zivilisation mit ihrem umfangreichen technischen Vokabular. Einen Fachwortschatz gibt es auch in den Sprachen traditioneller Kulturen, wie zum Beispiel den der Jägersprache, den des Magiers und seiner Rituale, die Nomenklatur von Heilpflanzen oder ein spezielles Vokabular der Frauensprache. Es gibt Regionen, in denen alte und neue Fachterminologien koexistieren, wie beispielsweise in Lappland. Zum saamischen (lappischen) Spezialwortschatz der Rentierzucht gehören Elemente, die uralt sind. Andererseits hat das Computerzeitalter seine sprachlichen Spuren hinterlassen. Im finnischen Teil Lapplands, wo der Tourismus eine wichtige Erwerbsbranche ist, werden Besuche beim Weihnachtsmann und Tundra-Safaris mit modernsten Werbestrategien gemanagt; das Saamische als besonderes kulturelles Lokalkolorit ist hier eingebunden.

Seit die Kulturen der Welt in Kontakt miteinander stehen, sind nicht nur Ideen, sondern auch deren sprachliche Realisationen von einer Sprachgemeinschaft zur anderen gewandert. In Europa, in dem sich zwischen den regionalen Populationen bereits seit dem Alterturm eine reger Ideen- und Güteraustausch entwickelt hat, gibt es keine Sprache, in deren Wortschatz nicht neben einheimischen auch fremde Wörter zu finden sind. Die Begriffe »einheimisch« und »fremd« sind sehr relativ. Was fremd ist und was nicht, ist häufig Sache des subjektiven Empfindens. Ein Ausdruck wie »Fenster« ist jedem Sprecher des Deutschen vertraut; er klingt nicht fremd. Dabei ist es als *fenestra* ursprünglich ein altes Lehnwort aus dem Lateinischen. Andererseits sieht man es einem Wort wie »Geisha« schon an der Schreibweise an, daß es ein Element aus einer anderen Kultur, der japanischen, ist. Dabei gibt es auch Wörter, die vollständig eingedeutscht und assimiliert sind und nicht mehr fremd anmuten, aber exotischer Herkunft sind wie »Schokolade« und »Tomate«. Diese Ausdrücke sind auf Umwegen aus dem aztekischen Kulturkreis Mittelamerikas ins Deutsche gelangt.

Die Vorstellung, der Wortschatz einer Sprache bestünde überwiegend aus einheimischen Elementen, ist ein Stereotyp, das im Zeitalter des Nationalismus entstanden ist, in einer Periode, als man das Wortgut wertete. Der Bestand an altererbten Elementen wurde hochgeschätzt, während man bemüht war, die Zahl der Entlehnungen einzuschränken. Die deutsche Sprachpflege des 19. Jahrhunderts kennt phantastische Eindeutschungen fremden Wortgutes wie etwa »Stark-Schwach-Tasten-Rührbrett« für Piano. Derartige sprachpflegerische Exzesse sind eine Vergewaltigung der Sprache in ihrer natürlichen Entwicklung, zu der Sprachkontakte schon immer gehörten.

In der Tat sind die Proportionen von Einheimischem und Fremdem im Lexikon der Sprachen sehr unterschiedlich. Beispielsweise besteht das englische Lexikon überwiegend aus lateinisch-romanischen Elementen, die 56 Prozent des Gesamtwortschatzes ausmachen. Rechnet man die griechischen Elemente dazu, steigt der Anteil der »fremden« Worte auf 61 Prozent. Allerdings sind die meisten Ausdrücke nichtgermanischer Herkunft im Englischen volkstümlich; zum Beispiel kommt *people* für Volk, Leute aus dem Altfranzösischen, *stomach* für Magen aus dem Griechischen und *attention*, die Aufmerksamkeit, vom Lateinischen her. Auch der Wortschatz des Rumänischen setzt sich überwiegend aus nichtromanischen Elementen zusammen, in der Hauptsache aus slawischen. Das Rumänische zählt zu den romanischen Sprachen, weil seine Grammatik romanisch ist. Nur knapp 2000 lateinische Erbwörter und ihre Ableitungen sind im Rumänischen erhalten. Viele von diesen haben allerdings eine hohe Gebrauchsfrequenz, so daß sie in praktisch jedem Satz vorkommen.

Im Wortschatz europäischer Sprachen findet man sehr alte Elemente; Reste von vorindoeuropäischen Sprachen, die während der Eiszeit im südlichen Europa verbreitet waren und deren Sprecher sich später assimiliert haben. Diese in die modernen Sprachen tradierten Ausdrücke nennt man Substrat, die Sprachen, aus denen sie stammen, Substratsprachen. Da das Baskische in Beziehung zu den alten Substratsprachen steht, hat man hier vergleichsweise zahlreiche Substratwörter aufgespürt. Eines ist *harri*, Stein, das in Beziehung gesetzt wird zu dem alten Stammwort *kar* für Stein, Fels. Dieses Element ist in Bezeichnungen für Landschaftsformen und in Flurnamen enthalten, zum Beispiel im deutschen »Karst«, in den »Karpaten« oder auch in »Karpatos«, dem Namen einer ägäischen Insel. Einige Forscher vermuten, daß die uralischen Sprachen und auch das Baskische mit den vorindoeuropäischen Substratsprachen verwandt sind. Daher wird in den obigen Sprachvergleich auch das finnische *kallio*, Felsen, einbezogen.

Die beiden wichtigsten Kultursprachen der Antike, das Griechische und das Lateinische, haben zahlreiche Substratelemente bewahrt, die – in transformierter Form – bis heute Bestandteil unseres europäischen Kulturwortschatzes sind. Der Umstand, daß in das altgriechische Lexikon mehr als tausend Substratwörter aus vorgriechischen Sprachen übernommen wurden, deutet auf intensive Nachwirkungen der altägäischen und alteuropäischen Kulturen hin. Zu den alten Lehnwörtern des Griechischen gehören Bezeichnungen für Pflanzen *(kaktos*, Kaktus), für Tiere *(thunnos*, Thunfisch), Naturphänomene *(lithos*, Stein, auch in Zusammensetzungen wie *Neolithikum*, Jungsteinzeit), für Werkzeuge, Geräte, Instrumente und Werkstoffe *(lyra*, die Leier, *keramos*, der Ton, vergleiche auch das deutsche »Keramik«, *linon*, Leinen), sowie für Maßangaben *(litra*, das Pfund, der Liter).

Das Lateinische seinerseits wurde vom Etruskischen beeinflußt, der ältesten Kultur- und Schriftsprache in Italien. Abgesehen von zahlreichen Spezialausdrücken finden wir im etruskischen Lehnwortschatz auch ganz allgemeine Elemente des gesamteuropäischen Kulturwortschatzes wie das lateinische *elementum* für Element, *atrium* für Atrium als Haus mit offenem Innenhof, *persona* für Person oder Individuum, *populus* für Volk, Leute. Viele Wörter etruskischer Herkunft leben über lateinische Vermittlung in den romanischen Sprachen weiter; das lateinische *cera*, Wachs, heißt auf französisch *cire*, auf spanisch und italienisch *cera*; vom lateinischen *nuntius*, der Bote, läßt sich das französische *annoncer* und das italienische *annunciare* für ankündigen ableiten.

Die beiden alten Kultursprachen haben die moderne Sprachwelt nachhaltig geprägt. Im Kulturwortschatz aller europäischen Sprachen finden sich sowohl lateinische als auch griechische Elemente oder auch hybride Zusammensetzungen: Computer (lateinisch), Inflation (lateinisch), Telefon (griechisch), Aerodynamik (griechisch), das englische *television* für Fernsehen ist hybrid aus dem griechischen *tele-* und dem lateinischen *visio*, Auto für Automobil ist hybrid aus dem griechischen *auto-*, selbst, und dem lateinischen *mobilis*, beweglich. Allerdings hat jede der beiden Sprachen in einer eigenen kulturhistorischen Schwerpunktzone gewirkt. Im nachantiken Europa bildeten sich zwei große Kulturzonen aus: die lateinische Hemisphäre im Westen und die griechische Hemisphäre im Osten.

Der Weg der Kulturwörter von den Quellen bis in die Zielsprachen war nicht immer ein direkter. Teilweise gelangen lateinische Elemente über den Umweg mehrerer Vermittlersprachen in die Zielsprache. Illustrativ für die vielfältigen Wanderwege von Kulturwörtern ist das Beispiel der Ausbreitung der Bezeichnung für das deutsche »Ingwer«, das als Gewürz und als Färbemittel bekannt ist. Die ins Altgriechisch entlehnte Bezeichnung stammt ursprünglich aus den dravidischen Sprachen Südindiens. Die Römer lernten den Ingwer von den Griechen kennen und übernahmen deren Ausdruck dafür. Direkt aus dem Lateinischen gelangte die Bezeichnung in die romanischen Sprachen, ebenso ins Ungarische und Rumänische. Dem Deutschen ist das Wort »Ingwer« über das Altfranzösische vermittelt worden. Das Deutsche seinerseits fungierte als Mittlersprache für das Lettische, Estnische, Dänische, Finnische und andere Sprachen Nordeuropas, ebenso für verschiedene slawische Sprachen, darunter das Russische.

Das gesprochene Latein in den Provinzen des Römischen Reiches nahm im Kontakt mit den Einheimischen vorrömischer Substratsprachen Lokalkolorit an. Im Verlauf des frühen Mittelalters entstanden die historischen romanischen Einzelsprachen, die neulateinischen Sprachen, wie sie im Italienischen genannt werden *(lingue neolatine)*. Über diesen historischen Ausgliederungsprozeß wurde ein großer Teil des lateinischen Wortschatzes aktualisiert, während die Entwicklung des Schriftlateins eigene Wege ging. Das Schriftlatein seinerseits ist die Quelle für lexikalische Einflüsse in alle Sprachen Europas. Die Elemente, die vermittelt wurden, sind Ingredienzien eines kulturellen Substrats und machen einen großen Teil unseres Kulturwortschatzes aus.

Auch die romanischen Sprachen standen unter dem Einfluß der lateinischen Schriftsprache. In ihrem Wortschatz fügen sich romanische Erbwörter und Fremdwörter lateinischer Herkunft zu einer organischen Gesamtstruktur zusammen. Die

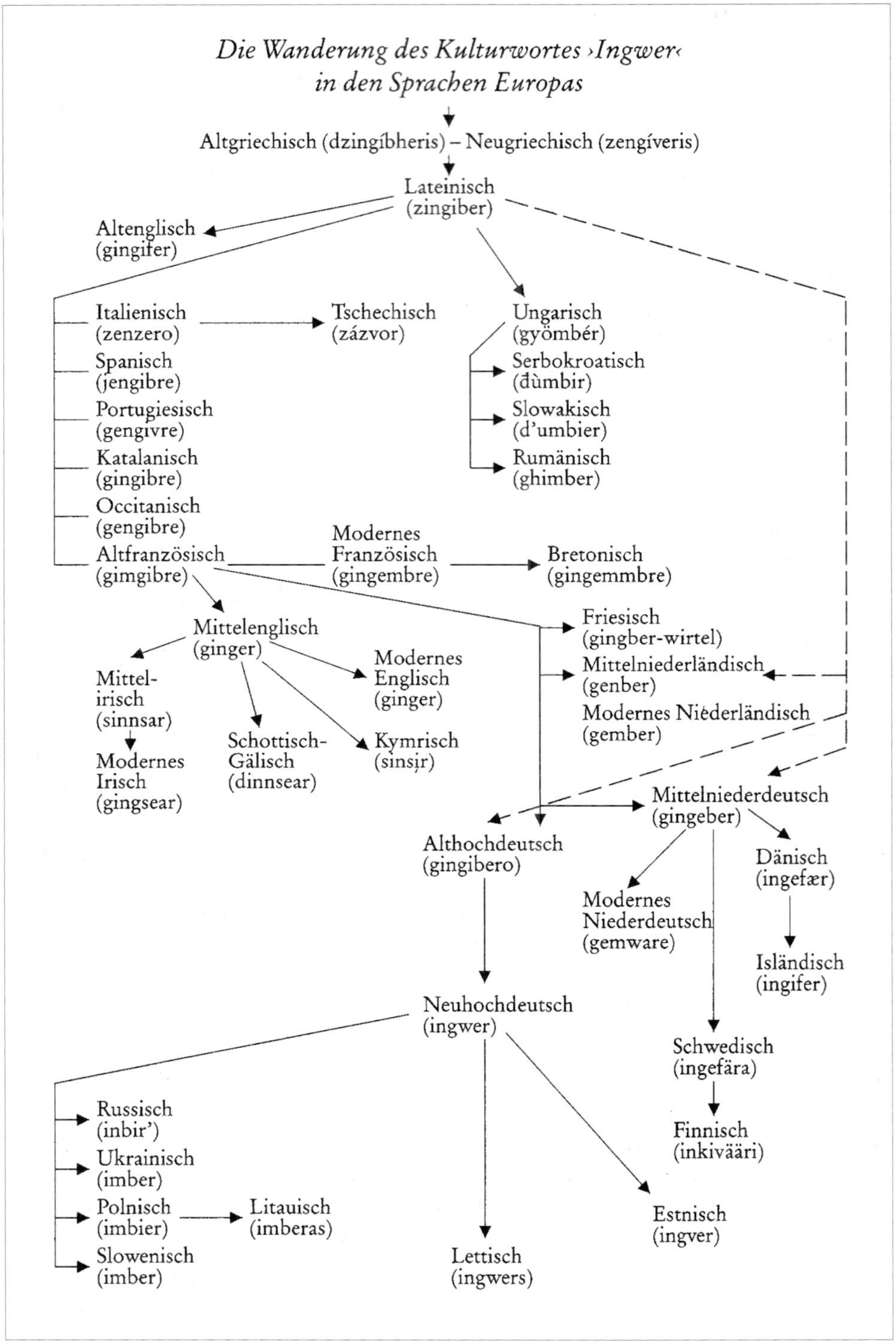

Wanderwege des Kulturwortes »Ingwer« in den Sprachen Europas

Unterschiede zwischen beiden Kategorien von Wörtern erkennt man an deren Lautung. Das lateinische *rationem* ist erbwörtlich als *raison*, Vernunft, im Französischen entwickelt; im französischen *nation* für Nation ist dagegen die Silbenstruktur vom lateinischen *nationem* im wesentlichen erhalten geblieben. In den germanischen und keltischen Sprachen, im Baskischen, Albanischen, Serbokroatischen und Bulgarischen, finden sich sehr alte lateinische Elemente, die noch zur Zeit der Römerherrschaft entlehnt wurden. Später hat das christliche Latein unter dem Einfluß der Kirche auf diese und weitere Sprachen eingewirkt. Exemplarisch ist der lateinische Einfluß im System der Zeitbestimmung zu erkennen. Im Deutschen, Englischen, Schwedischen, Ungarischen, Russischen und in anderen Sprachen (natürlich auch in den romanischen Sprachen) ist die Reihe der Monatsnamen lateinischer Herkunft. Auch die Namen für die Wochentage sind in vielen Sprachen nach diesem Vorbild gebildet worden, allerdings nicht immer direkt. Der deutsche Sonntag, der englische *sunday* und der finnische *sunnuntai* sind nicht direkt entlehnt, sondern beruhen auf einer Lehnübersetzung des lateinischen Namens *dies solis*, Sonntag; dies war die alte heidnische Bezeichung. Im christlichen Latein wurde der Sonntag als *dominicus*, der Tag des Herrn, bezeichnet. Dieser Ausdruck lebt in den romanischen Sprachen weiter (französisch *dimanche*, spanisch *domingo*, italienisch *domenica*).

Im Osten Europas wirkte das Griechische insbesondere auf die slawischen Sprachen ein. Hunderte griechischer Entlehnungen wurden in den Wortschatz des Altkirchenslawischen, der altslawischen Sakralsprache, und des Russischen aufgenommen. Obwohl das Griechische das Hauptmedium christlicher Kultur in Osteuropa war, beschränkt sich der lexikalische Einfluß nicht allein auf die christliche Terminologie (russisch *apostol*, Apostel; *evangelie*, Evangelium; *pascha*, Ostern), sondern weitet sich in viele Bereiche des Alltagswortschatzes aus, zum Beispiel bei *stomach*, Magen, *airodrom*, Flugplatz, *technika*, Techik. Der byzantinisch-griechische Einfluß macht sich bis in den Norden Europas bemerkbar. Vereinzelte griechische Lehnwörter gelangen bis ins Finnische, wie der finnische Name der Bibel zeigt: *Raamattu*. Dieser Ausdruck stammt über estnische Vermittlung aus dem Russischen (*gramota* mit der älteren Bedeutung Urkunde, Schrift). Der russische Terminus ist seinerseits griechischer Herkunft (*gramata* zum Infinitiv *graphein*, schreiben).

Noch eine dritte alte Kultursprache hat einen bleibenden Einfluß auf die Sprachen Europas ausgeübt, das Arabische. Hunderte von arabischen Lehnwörtern sind ins Spanische (*algodón* für Baumwolle, *albanil* für Maurer, *almacén* für Lagerhaus) und Portugiesische, mehrere Dutzend ins Französische und Italienische entlehnt worden. Auch in anderen Sprachen finden sich bis heute zahlreiche arabische Kulturwörter (»Kaffee«, englisch *coffee*, finnisch *kahvi*; »Ziffer«, französisch *chiffre*, russisch *cifra*; das französische *magasin* für Laden, Geschäft). Bis in die frühen zwanziger Jahre unseres Jahrhunderts war das Arabische die wichtigste Quelle für lexikalische Neologismen in den muslimischen Sprachgemeinschaften, so bei den Tataren, Baschkiren und kaukasischen Völkern. Trotz des antiislamischen sowjetischen Intermezzos sind viele der alten Kulturwörter arabischer Herkunft in diesen Sprachen erhalten geblieben (tatarisch *chat*, Brief, *maktap*, Schule, und *kitap*, das Buch).

Seit dem Mittelalter ist der Wortschatz der europäischen Sprachen vornehmlich durch drei Quellen bereichert worden, durch das Deutsche, das Französische und das Englische. In der Moderne ist unbestritten der Einfluß des Englischen am stärksten, der des Französischen ist, wie auch der des Deutschen, im wesentlichen historisch. Das Deutsche hat über die Handelskontakte der Hanse nach Nordeuropa ausgestrahlt, mit dem lutherischen Protestantismus ist sein Einfluß auch in Ostmitteleuropa spürbar geworden. Ein anderer historischer Faktor, der die Bedeutung als Kontaktsprache unterstreicht, ist der österreichisch-ungarische Vielvölkerstaat und dessen politische Entwicklung. In Mittel- und Osteuropa war das Deutsche als Bildungssprache bis zum politischen Einbruch des Sowjetismus in Gebrauch und wirkte auf die Modernisierung des Wortschatzes der Regionalsprachen ein. Seit dem 12. Jahrhundert hat das Deutsche kontinuierlich den ungarischen Wortschatz beeinflußt (*pèk*, Bäcker; *pakol*, packen; *adresz*, Adresse). Das zuletzt erwähnte Wort verdeutlicht, daß das Deutsche dem Ungarischen indirekt auch französische Elemente *(adresse)* vermittelt hat.

In Rußland kreuzten sich die Trends der antiken Kultursprachen wie auch die der modernen Bildungssprachen. Die weitreichende Sprachreform unter Peter dem Großen (1672 bis 1725) beruhte auf dem gleichen Prinzip wie die Modernisierung des russischen Staates durch die Öffnung nach Westeuropa. Das Russische wurde innerhalb weniger Jahre durch westeuropäische Sprachen modernisiert. Das Niederländische war die Quelle für die Schaffung einer russischen Terminologie für Schiffsbau und -ausrüstung, das Deutsche für die verschiedensten Handwerksarten und den Bergbau wie auch für das Ausbildungswesen. Das Französische, zu Zeiten Peters des Großen noch weniger bedeutend, avancierte bald zur Bildungssprache par excellence. Gegen Ende des 18. Jahrhunderts war die aristokratische Elite Rußlands praktisch zweisprachig. Der Kulturwortschatz des Russischen ist tiefgreifend durch französische Elemente bereichert worden.

Das Englische hat seit dem 19. Jahrhundert zunächst als Handelssprache ständig an Boden gewonnen; sein Einfluß weitete sich auf den Bereich des Pressewesens, des Sports und des Ingenieurwesens aus. Gegen Ende des Ersten Weltkrieges hatte es bereits das Französische als Sprache der internationalen Diplomatie überrundet. Nach dem Zweiten Weltkrieg vertiefte sich der Einfluß des Englischen als Medium der Technologie und als Wissenschaftssprache. Eine besonders symbolische Funktion hat es im Bereich der kommerziellen Werbung übernommen. Die Benennung deutscher oder italienischer Produkte mit englischen Namen oder die Wahl des Englischen für Werbeslogans spiegeln das Flair der Modernität wider, das diese Weltsprache ausstrahlt. Es gibt in Europa keine Sprache, in der sich nicht englische Lehnwörter fänden. Der Einfluß des Englischen hat selbst ideologische Mauern durchbrochen: Im modernen russischen Slang, der während der Sowjetära entstanden ist, sind Anglismen zahlreich *(gama* für Kaugummi kommt vom englischen *gum*, *frend* steht für »Freund«, und *trably*, Probleme, läßt die englischen *troubles* erkennen).

Sprachfamilien Europas

Harald Haarmann

Vom sprachhistorischen Blickwinkel aus betrachtet, ist die Geschichte dieses Kontinents die seiner Indoeuropäisierung. Die meisten Sprachen Europas gehören zur indoeuropäischen (bzw. indogermanischen) Sprachfamilie, deren Einzelsprachen ebenfalls über weite Teile Asiens bis nach Indien verbreitet sind. Berücksichtigt man zusätzlich die Verbreitung europäischer Weltsprachen wie Englisch, Französisch oder Spanisch, außerdem die historische Migration von Europäern in außereuropäische Gebiete, so finden wir indoeuropäische Sprachen in fast allen Ländern der Welt.

Vom Standpunkt der jüngsten Bevölkerungsentwicklung aus ist die moderne Geschichte Europas die seiner Internationalisierung. In keinem anderen Kontinent sind so viele nichtautochthone Sprachen verbreitet. Die Zuwanderung von Nichteuropäern aus den ehemaligen europäischen Kolonialgebieten sowie von Arbeitsmigranten, Asylanten und politischen Flüchtlingen hat viele Sprachen der Welt in den Staaten Westeuropas heimisch gemacht. Hier werden asiatische Sprachen wie Vietnamesisch, Chinesisch, Hindi oder Kurdisch, afrikanische Sprachen wie Somali, Amharisch, ägyptisches Arabisch oder Swahili und amerikanische Sprachen wie Quechua, haitianisches Kreolisch oder Inuit-Eskimo gesprochen. Aus Platzgründen werden im folgenden vorrangig die Verhältnisse der autochthonen Sprachen Europas erläutert.

Das Ursprungsgebiet der indoeuropäischen Sprachen liegt im östlichen Europa. Es gibt noch eine andere Sprachfamilie, deren Herkunft ebenso europäisch ist, und zwar die uralische. Wie der Name andeutet, haben sich die Varianten dieser Sprachfamilie aus einer Region des Randgebirges verbreitet, das Europa gegen Sibirien abgrenzt, des Ural: Genauer gesagt, ist die Urheimat der uralischen Völker westlich des Gebirges, also im nordöstlichen Teil Europas zu suchen. Wie die indoeuropäische, so ist auch die uralische Sprachfamilie nicht nur in Europa, sondern auch in Asien verbreitet. Uralische Sprachen finden sich außer in Europa auch in West- und Nordsibirien.

Baskisch

Wenn es nach dem Alter der Sprachen Europas geht, so ist hier an erster Stelle das Baskische zu nennen, dessen heutiges Verbreitungsgebiet das politisch in einen französischen und in einen spanischen Teil aufgeteilte Baskenland ist. In früheren Jahrhunderten war das Gebiet der baskischen Sprache ausgedehnter. Das Baskische hat sich bereits in vorrömischer Zeit ausgebildet und ist eng mit dem schon in der Antike ausgestorbenen Aquitanischen verwandt. Für das Baskische läßt sich keine direkte Verwandtschaft mit irgendeiner anderen Sprache der Welt nachweisen, das heißt, es ist genealogisch isoliert. Im Hinblick auf die Zusammensetzung des Wortschatzes findet man Parallelen zu den vorindoeuropäischen Sprachen im nördlichen Mittelmeerraum, ja sogar zu den kaukasischen und uralischen Sprachen. Mit großer Wahrscheinlichkeit ist das Baskische der letzte Ableger einer alten, ursprünglich über weite Teile Europas verbreiteten Sprachfamilie, von deren Existenz heutzutage außer dem Baskischen selbst nur noch einige alte Lehnwörter in den modernen Sprachen zeugen.

Schon der spanische Jesuit und Sprachforscher Lorenzo Hervás y Panduro (1735 bis 1809) hat in seiner einundzwanzigbändigen ›Universalenzyklopäde‹ (1778 bis 1787) die Vermutung geäußert, das Baskische sei mit den Sprachen des Kaukasus verwandt. Viele Generationen von Forschern haben sich bemüht, Vergleiche zum Wortschatz und zum grammatischen Bau des Baskischen und kaukasischer Sprachen anzustellen; die Ergebnisse sind aber bisher umstritten geblieben. Interessanterweise hat die Humangenetik in den letzten Jahren Hinweise auf alte Beziehungen der Basken mit den Völkern im Osten erbracht. Aufgrund ähnlicher Genfrequenzen gilt als gesichert, daß die Basken mit den Kaukasiern ganz entfernt verwandt sind. Man bringt die Vorfahren der heutigen Basken in Verbindung mit den altsteinzeitlichen Migranten, die aus dem Osten nach Westeuropa eingewandert sind (Cro-Magnon-Besiedlung Westeuropas). Die Menschen, die vor 20 000 bis 25 000 Jahren die Höhlen Südwestfrankreichs und Nordspaniens ausgemalt haben, sind die Ahnen jener Populationen, aus denen später das baskische Volk mit seiner so deutlich verschiedenen Sprache entstanden ist.

Indoeuropäische Sprachen

Die Erforschung dieser Sprachfamilie begann im 18. Jahrhundert. Allerdings wurde der grammatische Sprachvergleich erst mit Franz Bopp (1791 bis 1867) und seinem 1816 erschienenen Werk ›Über das Conjugationssystem‹ als methodisches Instrument der historisch-vergleichenden Sprachwissenschaft etabliert. Mit der älteren Bezeichnung dieser philologischen Disziplin, »Indogermanistik«, wollte man auf die Sprachen an den äußersten Peripherien hinweisen, das heißt auf die indo-arischen im Osten und die germanischen im Westen. Korrekterweise hätte man als Namen »Indokeltistik« wählen müssen, denn an der westlichen Peripherie sind keltische, nicht germanische Sprachen verbreitet. Die neuere Bezeichnung »Indoeuropäistik« steht in Einklang mit der internationalen Terminologie (zum Beispiel englisch *Indo-European studies*, französisch *études indo-européennes*, russisch *indoevropejskoe jazykoznanie*).

Die meisten der in Europa verbreiteten Sprachen gehören zur indoeuropäischen Sprachfamilie mit ihren zahlreichen Untergruppierungen. Noch bis vor kurzem war man bemüht, aus dem Vergleich einzelner Sprachfamilien Strukturen einer Grundsprache zu rekonstruieren, die als rein indoeuropäisches Konstrukt vor 7500 bis 5000

Jahren existiert haben soll. Heutzutage ist man wesentlich vorsichtiger mit Aussagen über grundsprachliche Charakteristika, denn immer mehr Indizien sprechen dafür, daß die Indoeuropäer in ihrer Urheimat nicht isoliert lebten, sondern von Anbeginn in regem Kontakt mit den Ураliern standen. Sehr wahrscheinlich sind die ursprachlichen Strukturen sowohl der indoeuropäischen als auch der uralischen Sprachen das Ergebnis einer sogenannten »arealen Konvergenz«.

Das alte Siedlungsgebiet der Indoeuropäer lag in der Donauregion, im Tal der unteren Donau und ihrer Nebenflüsse (wie der Tamara), und erstreckte sich westlich bis zum Don. Diese Region war früher viel wasserreicher. In alter Zeit war der Bosporus, die Meerenge, die die Verbindung zwischen Schwarzem Meer und Mittelmeer bildet, eine Landbrücke zwischen Europa und Kleinasien, die vermutlich durch ein Erdbeben um 7500 vor Christi Geburt durchbrochen wurde. Der Wasserstand im Schwarzen Meer, das in prähistorischer Zeit weite Teile im Vorland des Kaukasus bedeckte, war höher als im Mittelmeer, so daß nach dem Durchbruch ständig große Wassermengen nach Südwesten ins Mittelmeer abflossen. Die Region zwischen Schwarzem und Kaspischem Meer trocknete zusehends aus, und es bildeten sich die von lichten Wäldern bedeckten Flußtäler und Ebenen, auf denen die Indoeuropäer im sechsten Jahrtausend vor Christi Geburt das Pferd domestizierten. Die ältesten Artefakte, die auf die besondere Rolle des Pferdes schließen lassen, sind kleine Anhänger in Pferdegestalt, die als Grabbeilagen gefunden wurden.

Bereits im fünften Jahrtausend vor Christi Geburt und verstärkt im Verlauf des vierten Jahrtausends wanderten Teile der indoeuropäischen Urbevölkerung nach Westen (in Richtung Mittel- und Südosteuropa) und nach Osten (in Richtung Mittelasien) ab. Mit der Zeit bevölkerten indoeuropäische Stämme den größten Teil Westeuropas. Im Osten gelangten die Indoeuropäer auf ihrer Wanderung bis nach Nordindien, wo sie als Arier seit etwa 1500 vor Christi Geburt historisch bezeugt sind. Es bildeten sich regionale Siedlungsgemeinschaften heraus, deren Sprachgebrauch immer mehr eigene Wege ging und im Kontakt mit der vorindoeuropäischen Bevölkerung Lokalkolorit annahm. Als Folge jener regionalen Sonderentwicklungen gliederten sich allmählich die indoeuropäischen Sprachgruppen heraus, wozu in Europa die germanischen, keltischen, romanischen, slawischen und baltischen Sprachen gehören, außerdem verschiedene Einzelsprachen wie Griechisch und Albanisch, sowie die Gruppe der italischen Sprachen, deren bekannteste das Lateinische ist.

Die Ausbreitung der indoeuropäischen Sprachen erfolgte nicht in einen kulturfreien Raum hinein; überall trafen die Migranten auf autochthone Bevölkerungsgruppen nichtindoeuropäischer Herkunft. In vielen Regionen entwickelten sich Fusionsprozesse, in deren Verlauf Kultur und Sprache der einheimischen Bevölkerung indoeuropäisch überformt wurden. Andererseits nahmen die Varianten des Indoeuropäischen, die sich dort profilierten, Elemente der älteren Sprachen auf. Vorindoeuropäische Substratelemente finden sich in vielen modernen indoeuropäischen Sprachen. Die kulturell-sprachlichen Eigenheiten der Indoeuropäer setzten sich in manchen Regionen durch, in anderen nicht. Eine Folge des Vordringens keltischer Populationen nach Spanien war, daß die vorindoeuropäischen Iberer teilweise keltisiert wurden. Es entwickelte sich die Mischkultur der Keltiberer. Diese assimilierte sich später, anders als die Basken, und nahm die römische Kultur und Sprache an.

Auch im Ostseeraum entfalteten sich intensive Kontakte der Indoeuropäer zu den Einheimischen, zwischen indoeuropäischen Ackerbauern und ostseefinnischen Jägern und Fischern. Über Familienbeziehungen kam es auch zu einer genetischen Drift; die Ostseefinnen wurden nachhaltig indoeuropäisiert. Heutzutage ist das Genprofil der Finnen zu 80 Prozent indoeuropäisch geprägt, nur etwa 20 Prozent der uralischen Genstrukturen sind erhalten. Insgesamt konnten sich aber die ostseefinnischen Sprachen gegen den Druck der kontinuierlichen Indoeuropäisierung der uralischen Populationen behaupten. Erst in der Neuzeit haben sich ostseefinnische Völker sprachlich stärker assimiliert: die Liwen an das Lettische, die Karelier, Wepsen und Woten an das Russische, die Saamen an das Schwedische.

Die Ausgliederung der verschiedenen indoeuropäischen Sprachen ist ein kontinuierlicher Prozeß, der bis heute andauert. Alte indoeuropäische Sprachen in Europa sind das Griechische, die italischen Sprachen (Lateinisch, Oskisch-Umbrisch, Faliskisch), das Illyrische (dessen moderner Fortsetzer das Albanische ist), das Dakische (dessen Substratelemente im Rumänischen weiterleben); jünger sind die keltischen, germanischen, baltischen und slawischen Sprachen. Die romanischen Sprachen gliedern sich in der Zeit zwischen 500 und 1000 aus. Die Ausgliederung der nordgermanischen Einzelsprachen aus dem Altnordischen zieht sich bis ins hohe Mittelalter hin, die der ostslawischen Sprachen, deren historischer Hauptvertreter das Russische ist, erfolgt erst im Verlauf des 14. und 15. Jahrhunderts mit der Abspaltung des Weißrussischen und Ukrainischen. Das Serbokroatische ist ein Produkt der nationalen Sprachpflege des 19. Jahrhunderts. Das moderne Makedonisch profilierte sich als selbständige Sprache erst mit der Festschreibung seines Schriftstandards in den vierziger Jahren dieses Jahrhunderts.

Wir erleben heutzutage Prozesse der Ausgliederung indoeuropäischer Sprachen in einer Region, die jahrelang Schlagzeilen in der Weltpresse gemacht hat: im ehemaligen Jugoslawien und insbesondere in Bosnien-Herzegowina. Vor dem Krieg der südslawischen Völker identifizierten sich orthodoxe Serben, katholische Kroaten und muslimische Bosniaken mit derselben Sprache: Serbokroatisch. Regionale Unterschiede gab es bereits damals. Die Kroaten schrieben in Lateinschrift, Serben und Bosniaken in einer Variante der Kyrillschrift. Als Folge des Krieges ist es nicht nur zur politischen Trennung der verfeindeten Völker gekommen – eine Trennung, die auch räumlich-geographisch durch makabre ethnische »Säuberungen« erreicht wurde –, sondern auch zu einer forcierten Auflösung des Bewußtseins sprachlicher Gemeinsamkeit. In Kroatien, im serbisch kontrollierten neuen Jugoslawien und im politischen Einflußbereich der Bosniaken ist man bemüht, das Lokalkolorit des Serbokroatischen herauszustellen und die regionale Variante nicht nur symbolisch, sondern auch praktisch als Nationalsprache aufzuwerten. Heutzutage identifizieren sich die Serben mit dem Serbischen, die Kroaten mit dem Kroatischen und die Bosniaken mit dem Bosniakischen, das sich durch eine größere Anzahl türkischer Lehnwörter von den anderen Sprachen abgrenzt.

Die Ausgliederung der indoeuropäischen Sprachen in Europa

Indoeuropäische Sprachen (667 068 300 Sprecher)

Germanische Sprachen (186 748 450 Sprecher)

Westgermanisch: Deutsch, Englisch, Niederländisch, Friesisch, Jiddisch
Nordgermanisch (nordisch): Schwedisch, Dänisch, Norwegisch, Isländisch, Färingisch

Slawische Sprachen (268 741 800 Sprecher)

Ostslawisch: Russisch, Ukrainisch, Weißrussisch
Westslawisch: Polnisch, Kaschubisch, Sorbisch, Tschechisch, Slowakisch
Südslawisch: Slowenisch, Serbokroatisch, Makedonisch, Bulgarisch

Romanische Sprachen (190 842 600 Sprecher)

Westromanisch:
- Iberoromanisch: Spanisch, Portugiesisch, Galicisch, Katalanisch
- Galloromanisch: Französisch, Occitanisch
- Alpenromanisch (Rätoromanisch, Ladinisch, Friaulisch)

Ostromanisch: Italienisch, Korsisch, Rumänisch (Aromunisch, Moldauisch)
Sardisch

Keltische Sprachen (2 482 300 Sprecher)

Britannisch: Kymrisch, Bretonisch [Kornisch/als Muttersprache ausgestorben]
Goidalisch (gälisch): Irisch, Schottisch-Gälisch [Manx-Gälisch/als Muttersprache ausgestorben]

Baltische Sprachen (4 458 530 Sprecher)

Ostbaltisch: Litauisch, Lettisch

Iranische Sprachen (777 300 Sprecher)

Nordwestiranisch: Kurdisch, Talyschisch
Nordostiranisch: Ossetisch
Südwestiranisch: Tatisch

Griechisch (10 074 500 Sprecher)

Albanisch (5 054 000 Sprecher)

Armenisch (4 615 000 Sprecher)

Indische Sprache: Romani (3 246 000 Sprecher)

Uralische Sprachen

Die nördlichen Nachbarn der Indoeuropäer in ihrer Urheimat sind die Uralier. Dies ist eine Sammelbezeichnung für alle diejenigen Völker, die in Geschichte und Gegenwart eine uralische Sprache gesprochen haben und sprechen. Die uralische Sprachfamilie gliedert sich in zwei große Zweige: in die finnisch-ugrischen Sprachen, die überwiegend in Europa verbreitet sind, und in die samojedischen Sprachen, die fast ausschließlich in Sibirien gesprochen werden. Die beiden Sprachzweige haben sich schon früh getrennt. Bereits gegen Ende des dritten Jahrtausends vor Christi Geburt hatte sich der finnisch-ugrische Zweig gegenüber der Grundsprache profiliert. Um die Mitte des zweiten Jahrtausends vor Christi Geburt kam es zur Trennung zwischen dem finnischen (finnisch-permischen) und dem ugrischen Komplex. Der Hauptvertreter des finnisch-permischen Komplexes ist das Finnische, der des Ugrischen das Ungarische.

Zwischen dem sechsten und vierten Jahrtausend lebten Uralier und Indoeuropäer in engem Kontakt, die Uralier als Jäger und Fischer im Seengebiet zwischen der Wolga und ihrem Nebenfluß Kama, die indoeuropäischen Viehnomaden südlich davon. Bereits damals zog sich das Siedlungsgebiet der Uralier weit nach Norden hin. Die uralisch-indoeuropäischen Kontakte setzten sich fort und wurden sogar intensiver im Verlauf der Westdrift uralischer Populationen in Richtung auf das Baltikum und indoeuropäischer Gruppen nach Mitteleuropa. Es bildete sich eine breite und langgestreckte Kontaktzone aus. Finnische Stämme siedelten ursprünglich bis in die Gegend von Moskau. Der Name des Flusses und der nach ihm benannten Stadt ist finnischer Herkunft. Erst im Verlauf des Mittelalters wurde die alte finnische Bevölkerung vom Russentum assimiliert.

In der ältesten Schicht des uralischen Wortschatzes finden wir frühe indoeuropäische Lehnwörter. In den Sprachkontakten späterer Zeit kann man spezifische Varianten des Indoeuropäischen als Quelle von entlehnten Elementen erkennen. Ein Lehnwort typisch iranischer Prägung ist der Ausdruck für den Zahlbegriff »hundert« (finnisch *sata*, mordwininisch *sado*, ungarisch *száz*). In den ostseefinnischen Sprachen gibt es eine alte Schicht baltischer und germanischer Lehnwörter (das finnische *reisi* für das baltische »Schenkel«, das finnische *kuningas* für das germanische »König«); die Entlehnungen slawischer (insbesondere russischer) Herkunft sind jünger (finnisch *lusikka*, Löffel). Aus der Spezifik regionaler Kontakte erklären sich die zahlreichen schwedischen Lehnwörter im Finnischen (*lasi*, Glas) und Saamischen und die Vielzahl deutscher Entlehnungen im Ungarischen.

Das Siedlungsgebiet der Ungarn liegt im Süden, isoliert vom Verbreitungsgebiet anderer finnisch-ugrischer Ethnien. Die Vorfahren der heutigen Ungarn sind im 9. Jahrhundert in die pannonische Tiefebene eingewandert. Sie kamen aus dem Südosten und wurden von den Onguren geführt, einer türkischen Elite (daher der Name Ungarn). Die Eigenbezeichnung der Ungarn ist *magyar*, Madjare. Bereits im 6. Jahrhundert hatten sich einige Gruppen von den früher im Wolgagebiet ansässigen protoungarischen Stammesverbänden getrennt und waren nach Südwesten abgewandert.

Ihnen folgten später weitere Gruppen unter ongurischer Führung. Da die Entwicklung des Ungarischen seit etwa zwei Jahrtausenden unabhängig von der anderer uralischer Sprachen verlaufen ist, ist es nicht verwunderlich, daß das Ungarische nach Grammatik und Wortschatz stark abweicht. Bemerkenswert ist daher, daß zu Beginn der Erforschung der Verwandtschaftsverhältnisse der finnisch-ugrischen Sprachen das Ungarische der Schlüssel war, über den man versuchte, Beziehungen zum Saamischen, Finnischen und zu den übrigen Sprachen herzustellen. Die Verwandtschaft der finnisch-ugrischen Sprachen ist schon früh erkannt worden, eher als die der Beziehungen innerhalb der indoeuropäischen Sprachfamilie. Martin Vogel (1634 bis 1675) setzte das Finnische mit dem Ungarischen in eine verwandtschaftliche Beziehung; János Sajnovics (1700 bis 1785) verglich das Ungarische mit dem Saamischen (Lappischen). Den eigentlichen Durchbruch zur historischen Sprachwissenschaft erzielte Sámuel Gyarmathi (1751 bis 1830) mit seinem Werk ›Affinitas Linguae hungaricae‹ von 1799.

Die uralischen Sprachen verteilen sich auf ein riesiges Gebiet. Die westlichste und gleichzeitig nördlichste Sprache ist das Saamische in Skandinavien. Die südlichste Verbreitung finden die uralischen Sprachen mit dem Ungarischen in Transsylvanien (Rumänien). Samojedische Sprachen (Jurakisch bzw. Nenzisch, Jenissej-Samojedisch bzw. Enzisch, Selkupisch) sind bis ins mittlere Sibirien (Tal des Jenissej) verbreitet. Die meisten Völker, die uralische Sprachen sprechen, leben heutzutage in Rußland. Außerhalb dieses Staates finden wir die zahlenmäßig stärksten Sprachgemeinschaften, außerdem einige Kleinsprachen: das Finnische (Finnland, finnische Minderheiten in Schweden und Estland), das Saamische (in Norwegen, Schweden, Finnland und in Rußland, auf der Kola-Halbinsel), das Estnische (Estland, estnische Minderheit in Rußland), das Liwische (in Kurland, Lettland) und das Ungarische (Ungarn, ungarische Minderheiten in der Slowakei, Ukraine, Rumänien und Jugoslawien).

Kaukasische Sprachen

Zwischen Schwarzem und Kaspischem Meer bildet das Kaukasus-Gebirge einen geographischen Riegel, der Europa von Asien trennt. Die Region gliedert sich auf in die Territorien von vier Staaten: Armenien, Aserbaidschan, Georgien und Rußland. Der Status Tschetscheniens ist derzeit unsicher. Nach Auffassung der tschetschenischen Bevölkerung ist ihr Staat souverän, nach russischer Staatsdoktrin ist er eine autonome Republik in der Russischen Föderation mit weitreichender Selbstverwaltung. Eine Entscheidung über diese politisch brisante Frage wurde nach dem Tschetschenien-Krieg 1996 auf fünf Jahre vertagt.

Die einheimischen Kaukasier sind Nachkommen der Urbevölkerung der Region, die dort schon während der letzten Eiszeit beheimatet war. Die kaukasischen Sprachen sind weder mit den indoeuropäischen noch mit den uralischen Sprachen verwandt. Der Ausdruck »kaukasische Sprachen« ist genaugenommen ein Sammelbegriff für alle autochthonen Sprachen der Region, die zu drei verschiedenen Sprachfamilien gehören, den (nord)west-, (nord)ost- und südkaukasischen Sprachen. Die kaukasischen Völker waren in der Jungsteinzeit die südlichen Nachbarn der Indoeuropäer, mit denen sie bereits im fünften Jahrtausend vor Christi Geburt in Kontakt traten. Schon im dritten Jahrtausend haben sich indoeuropäische Stämme im Kaukasus-Vorland und im östlichen Bergland angesiedelt, denen im Laufe der Zeit weitere Gruppen folgten. Deren Nachkommen sind die Osseten im Norden, die Taten und Talyschen im Osten, die Armenier und Kurden im Süden. Im Zuge der Wanderung türkischer Stammesverbände aus Südsibirien durch Mittelasien bis nach Kleinasien gelangten auch türkische Bevölkerungsgruppen in die Kaukasus-Region. Die Aserbaidschaner, Kumüken, Nogaier und andere Turkvölker siedeln dort seit Jahrhunderten. Bereits in der Antike war der Kaukasus für die Vielzahl seiner Völker und Sprachen bekannt. Im 10. Jahrhundert nennt der arabische Geograph Al Massudi die Region ein »Gebirge der Sprachen«.

Nur einige der insgesamt 37 autochthonen kaukasischen Sprachen werden auch als Schriftsprachen verwendet. Das sind die nordwestkaukasischen Sprachen Abchasisch, Abasinisch, Adygeisch und Kabardinisch, die südkaukasische Sprache Georgisch und die nordostkaukasischen Sprachen Tschetschenisch, Inguschisch, Awarisch, Lakisch, Darginisch, Lesgisch und Tabassaranisch. Die älteste dieser Schriftsprachen ist das Georgische, dessen früheste Texte aus dem 5. Jahrhundert unserer Zeitrechnung stammen.

Altaische Sprachen

Die altaische Sprachfamilie ist mit zwei Sprachzweigen in Europa vertreten, dem türkischen und dem mongolischen. Zwischen Ural und Balkan sind zahlreiche türkische Völker mit jeweils individuellen Sprachen beheimatet. Einziger Vertreter des mongolischen Sprachzweiges ist das Kalmykische. Die Kalmyken leben in Kalmykien (moderner Name: Chalm-Tangsch) im östlichen Kaukasus-Vorland. Dieses Territorium gehört administrativ zur Russischen Föderation. Die Kalmyken sind erst im 17. Jahrhundert aus Sibirien in ihre heutige Heimat eingewandert.

Seit dem frühen Mittelalter hat sich die sprachliche Landschaft des östlichen Europa stark verändert. Über die Ebene, die im Norden vom Ural-Gebirge und im Süden vom Kaspischen Meer begrenzt wird, wanderten türkische Stämme, aus Sibirien kommend, nach Europa ein. Schon früh gründeten sie Reiche wie das der Wolga-Bulgaren und das der Chasaren im nördlichen Kaukasus-Vorland. Später dominierten die Tataren, die im Bündnis mit den Mongolen über die Hälfte der russischen Länder zwischen 1245 und 1480 beherrschten. Die mächtigen Tataren-Khanate von Kasan und Astrachan wurden um die Mitte des 16. Jahrhunderts dem Machtbereich Moskaus einverleibt. Die Eroberung des Khanats der Krimtataren dauerte wesentlich länger und zog sich bis Ende des 18. Jahrhunderts hin. Mit Ausnahme der Tschuwaschen (Wolgaregion), die bereits im 18. Jahrhundert überwiegend christianisiert wurden, und der ebenfalls christlichen Gagausen (im Süden der Ukraine, in Moldawien und in Ostbulgarien) haben die übrigen Turkvölker den Islam tradiert. Allah ist also auf europäischem Boden seit vielen Jahrhunderten verehrt worden.

In Osteuropa hat sich diese Tradition ohne Unterbrechung erhalten, auch nach der Eroberung Granadas als letztem maurischen Herrschaftsbereich im Westen im Jahre 1492. Mit der osmanischen Kolonisation der Balkanländer ist auch das Türkische Kleinasiens, dessen moderne Variante das Türkei-Türkische ist, nach Europa importiert worden. Heutzutage leben türkische Minderheiten in mehreren Staaten Südosteuropas. Als Sprache von Millionen von Arbeitsimmigranten und deren Angehörigen hat das Türkei-Türkische einen festen Platz im modernen Sprachendiagramm Europas.

Semitische Sprachen

In Europa sind drei semitische Sprachen heimisch geworden, das Hebräische, das Arabische und das Maltesische. Das Hebräische ist als Sakralsprache des Judentums verbreitet, das in Europa von den aschkenasischen und sephardischen Juden vertreten wird. Wir finden das Arabische in gesprochener Form als Sprache von Asylanten und Arbeitsimmigranten (Algerier in Frankreich, Marokkaner in Italien und Deutschland, Ägypter in England); als Sakralsprache besitzt es bei den Muslimen Europas hohen Symbolwert. Das Maltesische, die Muttersprache der Bevölkerung Maltas, ist eine lokale Variante des Arabischen, die sich aufgrund der kulturellen Sonderentwicklung des Inselstaates zwischen Sizilien und der nordafrikanischen Küste von den übrigen Varianten des Arabischen in Nordafrika unterscheidet. Die Malteser sind römisch-katholische Christen und haben daher Anteil an den kulturellen Strömungen Westeuropas. Maltesisch wird so traditionell in Lateinschrift geschrieben.

Die Expansion europäischer Sprachen

Harald Haarmann

Es gibt vier Hauptfaktoren, die ausschlaggebend sind für die Verbreitung europäischer Sprachen in der Welt: Migration, wirtschaftlicher Einfluß, machtpolitische Dominanz und kulturelles Prestige. Die historische Entwicklung hat gezeigt, daß jeder einzelne dieser Faktoren für sich wirksam werden kann, daß aber die Gesamtwirkung einer sprachlich-kulturellen Expansionsbewegung häufig auf dem Zusammenspiel mehrerer Faktoren beruht. Die älteste Geschichte der Expansion europäischer Sprachen in die Welt beginnt mit der Migration der östlichen Indoeuropäer über Mittelasien nach Indien (Indo-Arier) und die von Teilen der uralischen Bevölkerung nach Westsibirien (Samojeden). Die Migration der Indoeuropäer nach Indien war keine einfache Siedlungsbewegung, sondern eine organisierte militärische Landnahme. Später, zu einer Zeit, als sich eine immer größere Distanz zwischen entwickelten Zivilisationen und traditionellen Kulturen auftat, kam ein neuer Faktor ins Spiel: hochsprachliches Prestige. Die Verbreitung der griechischen Sprache und Kultur während der hellenistischen Periode (um 320 bis circa 50 vor Christi Geburt) bis nach Indien, nach Ägypten und nach Nubien – ins schwarzafrikanische Königreich von Meroe im heutigen Sudan – begründet sich in erster Linie mit dem Ansehen der griechischen Zivilisation in der Alten Welt und nur indirekt damit, daß auch griechische Kaufleute, Soldaten, Verwaltungsbeamte und Künstler nach Asien und Afrika zogen.

Das Lateinische setzte die Tradition des hochsprachlichen Prestiges nach griechischem Vorbild fort. Die Bezeichnung des Mittelmeeres als *mare nostrum*, unser (das römische) Meer, besagte unter anderem, daß das Lateinische in allen Ländern rings um das Mittelmeer, das heißt außer in Europa auch in Kleinasien, im Nahen Osten, in Ägypten und in den nordafrikanischen Kolonien (bis nach Marokko im Westen), als Amts- und Bildungssprache verbreitet war. Überall dort, wo das Griechische seine Geltung entfaltet hatte, rivalisierte es mit der römischen Weltsprache Latein, konnte sich aber in allen Regionen behaupten. Nach dem Zerfall des Weströmischen Reiches behielt das Griechische seinen Status im Osten, das Lateinische den seinen in Nordafrika bei. Der Umstand, daß beide Sprachen als Sakralsprachen des Christentums anerkannt waren, verstärkte ihr Prestige über die Antike hinaus. Der einflußreichste der Kirchenväter im Westen, der in Karthago lebende Augustinus (354 bis 430), schrieb Lateinisch.

Der Beginn der Neuzeit wird traditionell mit dem Jahr 1492, der Entdeckung Amerikas durch Kolumbus, angesetzt. Im gleichen Jahr fällt die letzte Bastion islamischer Macht in Spanien, das Königreich von Granada. Beide Ereignisse haben Symbolwirkung. Die Europäer verdrängen die Nichteuropäer von europäischem Boden und setzen selbst Fuß auf Neuland in Übersee. Die Neuzeit hat aber genaugenommen bereits 100 Jahre früher angefangen, nämlich mit den nautischen Unternehmungen der Portugiesen, einen Seeweg nach Indien um Afrika herum zu finden. Das Portugiesische ist auch die erste Sprache Europas, die buchstäblich nach Übersee exportiert wird. Mit dieser Sprache kommen die Afrikaner als erste in Kontakt. Nachdem Vasco da Gama 1497 die Seeroute nach Indien eröffnet hatte, etablierten sich die Portugiesen in Stützpunkten rings um die afrikanische Küste. Bald schon wird auch der Seeweg nach Südamerika erschlossen, wo die Portugiesen sich mit den Spaniern über die Verteilung des Kolonialbesitzes einigen mußten.

Die Ausbreitung der europäischen Sprachen in die Welt folgt seit Beginn der Neuzeit den Spuren der Handelsrouten nach Übersee, der Eroberung fremder Länder und den Disziplinierungsstrategien, mit deren Hilfe die europäischen Mächte über die einheimische Bevölkerung der Kolonien herrschten. Die Dominanz der europäischen Kolonialsprachen gründete sich teilweise auf brutale Methoden eines gnadenlosen weltanschaulichen Existenzkampfes mit nichteuropäischen Kulturen. Ein makabres Beispiel für kollektiv-menschliches Fehlverhalten der Europäer, die aggressiv auf Impulse aus außereuropäischen Zivilisationen reagierten, ist der kulturelle Genozid der indianischen Hochkulturen im Tal von Mexiko, in Yucatán, und der Inka-Kultur in Südamerika. In Nordamerika haben die ständigen Konflikte zwischen weißen Einwanderern und Indianern zur Ausrottung zahlreicher Stämme mitsamt deren Sprachen und Kulturen geführt. Erst moderne Forscher haben den Mut bewiesen, diese Schattenseiten der Kolonialgeschichte als das zu beschreiben, was sie sind: die Schrekken eines »amerikanischen Holocaust«.

Europäer sind seit dem 16. Jahrhundert nach Übersee ausgewandert. Bereits im 17. Jahrhundert war ihre Zahl vielerorts so bedeutend, daß ganze Landstriche mit Aussiedlern bevölkert waren und städtische Gemeinwesen entstanden. Dies galt für die deutsche Kolonie in Pennsylvania und die holländische Stadtgründung Nieuw Amsterdam (das spätere New York) ebenso wie für die Kapkolonie in Südafrika oder die portugiesischen Siedlungen im Mündungsgebiet des La Plata in Brasilien. Das 19. Jahrhundert war die große Zeit der Emigration von Europäern nach Übersee. Davon waren nicht nur bevölkerungsstarke Nationen wie die deutsche, englische oder spanische betroffen, sondern ebenso kleinere Völker. In Europa leben heutzutage etwa fünf Millionen Finnen und außerhalb dieses Kontinents weitere rund 1,5 Millionen, die zu verschiedenen Zeiten ausgewandert sind.

Die Aufteilung der Welt in die historischen Kolonialreiche ist auch heute noch – in der nachkolonialen Epoche – an der Verbreitung der Weltsprachen erkennbar. Die Kolonialherrschaft etablierte alle wesentlichen Institutionen der Mutterländer in den Überseeterritorien: eine Zivilverwaltung, das Rechtswesen, die christliche Weltanschauung, städtische Architektur, Verkehrs- und Erziehungswesen nach europäischem Vorbild. Die gesamte koloniale Infrastruktur wurde mit Hilfe des sprachlichen Mediums aufgebaut, das im jeweiligen Mutterland Staatssprache war. Die Ablösung der ehemaligen Kolonien von den Mutterländern erfolgte in mehreren Zügen. Amerika schuf mit der Unabhängigkeit der Vereinigten Staaten 1776 und der spanischen

Kolonien Anfang des 19. Jahrhunderts historische Leitbilder, denen in diesem Jahrhundert die Länder Afrikas, Asiens, Australien und Ozeanien nacheiferten. Unabhängig davon, wieviel vom Kolonialerbe die neuen Staaten der Dritten und Vierten Welt erhalten oder abgeschafft haben, die ehemaligen Kolonialsprachen sind in den meisten Regionen als Amtssprachen und/oder Bildungssprachen weiterhin in Gebrauch. Die Notwendigkeit einer überregionalen Sprache ist besonders in den Ländern dringlich, in denen es viele Stammessprachen ohne klare sprachliche Mehrheiten gibt, beispielsweise in Nigeria mit seinen 426 einheimischen Sprachen und seiner englischen Amtssprache. Kenntnisse europäischer Sprachen sind bei denen, die eine einheimische Sprache als Muttersprache sprechen, als Zweitsprache verbreitet.

Vielerorts haben europäische Sprachen auch Assimilationsprozesse bewirkt, so daß Teile der einheimischen Bevölkerung eine ehemalige Kolonialsprache als Muttersprache angenommen haben. Dies gilt für den größten Teil der Bevölkerung in den Staaten Lateinamerikas. In einigen Ländern haben sich einheimische Sprachen allerdings als National- und Amtssprache durchgesetzt und die ehemalige Kolonialsprache verdrängt, wie in Vietnam und Kampuchea. In Vietnam ist aber viel vom französischen Kolonialerbe erhalten geblieben, unter anderem die Lateinschrift zur Schreibung des Vietnamesischen und zahlreiche Lehnwörter französischer Herkunft.

Nur eine europäische Sprache hat sich auf dem Landwege in Regionen außerhalb Europas verbreitet, das Russische. Seit dem 16. Jahrhundert sind russische Kolonisten von Europa aus erst nach Westsibirien, später auch nach Mittel- und Ostsibirien vorgedrungen. In modernen ethnographischen Karten ist die historische Besiedlung Sibiriens durch Russen, die heutzutage die Mehrheit der Bevölkerung dieses Teils von Asien ausmachen, deutlich erkennbar. Die Kolonisation Sibiriens, der Drang nach Osten, ist das russische Pendant der Besiedlung Nordamerikas. Mit der Armee, der orthodoxen Kirche, der Bürokratie und den Siedlern gelangte auch die russische Sprache in die sibirischen Flußtäler und Ebenen. In den ländlichen Gegenden und in den Bergregionen hielten sich dagegen die autochthonen Sprachen. Sibirien ist das einzige größere Kolonialgebiet, das bis heute von einer europäischen Macht kontrolliert wird. Erst Anfang der neunziger Jahre dieses Jahrhunderts hat sich das letzte Kolonialreich der Geschichte, die Sowjetunion, aufgelöst. Die meisten ihrer »inneren Kolonien«, die ehemaligen nichtrussischen Sowjetrepubliken im östlichen Teil Europas, im Kaukasus und in Mittelasien, sind heute souveräne Staaten. Millionen von Russen leben als nationale Minderheiten in ihren »neuen« Heimatländern, deren Staatsangehörigkeit sie erst durch Sprach- und Geschichtsprüfungen erwerben müssen. Zwar ist in allen Neustaaten außerhalb Rußlands das Russische als ehemalige Kolonialsprache offiziell abgeschafft, als Sprache der staatlichen Organe ist es aber vielerorts unverzichtbar, wie beispielsweise in Kasachstan, wo die Nationalsprache, das Kasachische, zwar Staatssprache ist, das Russische aber für eine unbefristete Übergangszeit als Arbeitssprache der Verwaltung und im Erziehungswesen anerkannt wurde.

Von allen europäischen Sprachen, die im Zeitalter des Kolonialismus in die Welt exportiert worden sind und miteinander rivalisiert haben, hat das Englische, getragen von der Machtpolitik des ehemaligen britischen Weltreiches und der USA, den

Konkurrenzkampf gewonnen. Unbestritten ist es – in seiner britischen und amerikanischen Hauptvariante – die stärkste und verbreitetste der europäischen Weltsprachen, und das gilt für die absoluten Sprecherzahlen, die Verbreitung als Amtssprache in den Staaten der Welt, als Sprache der Bildung und der Wirtschaft, der Wissenschaften und der internationalen Politik. Mit Abstand ist das Englische die am häufigsten verwendete Sprache in der wichtigsten aller Weltorganisationen, in der UNO.

Absolute Sprecherzahlen der europäischen Weltsprachen

Primär-und Zweitsprachler

Sprache	Sprecherzahl	Anteil Weltbevölkerung
Englisch	573 Mio.	11,3%
Spanisch	311 Mio.	5,9%
Russisch	217 Mio.	4,3%
Portugiesisch	161 Mio.	3,1%
Französisch	131 Mio.	2,5%

Rangverteilung der wichtigsten Weltsprachen nach ihrem amtlichen Status in der modernen Staatenwelt

Sprache mit Amtsstatus	Zahl der Einzelstaaten	Verteilung auf die Kontinente
Englisch	59	5
Französisch	28	4
Arabisch	24	2
Spanisch	21	3
Portugiesisch	7	4
Russisch	2 *	2

* Russisch ist Staatssprache in Rußland und seit 1995 dem Weißrussischen in Belarus als Amtssprache gleichgestellt.

Das Englische ist die Sprache mit der größten Datenkapazität, das heißt, in englischer Sprache werden die meisten Informationen vermittelt, sei es in gesprochener, geschriebener oder digital gespeicherter Form. Auf diesem Hintergrund haben sich vielfältige Prestigefunktionen entwickelt. In vielen nichtenglischen Ländern hat das Englische den Wert eines Modernitätssymbols, so daß diese Sprache auch für nichtpraktische Zwecke verwendet wird. Beispiele dafür sind die Rolle des Englischen im Bereich der Pop-Kultur, des Entertainment und der Werbung. In der kommerziellen Werbung Japans wird auch für einheimische Produkte häufig das Englische in markanten Slogans, in zweisprachigen Werbetexten oder in der Namensgebung verwendet, um ein kosmopolitisches Flair zu schaffen. Das Englische ist heutzutage als symbolische Ingredienz für einen modernen Lebensstil in vielen Ländern unverzichtbar.

Die Ausbreitung europäischer Sprachen in die Welt hatte nicht nur zur Folge, daß diese mit der Zeit auch von Nichteuropäern gesprochen wurden, sondern auch, daß sich vielfältige Kontakte zwischen einheimischen und importierten Sprachen entwickelten. Die europäischen Sprachen nahmen vielerlei Lehnwörter aus amerikanischen und asiatischen Sprachen auf (das deutsche Wort »Apfelsine«, das englische *tea* und *tomato*, das französische *caoutchouc*). Viel intensiver jedoch wirkten europäische Sprachen ihrerseits auf den Wortschatz und teilweise auch auf die Grammatik und Syntax außereuropäischer Sprachen ein. Viele entlehnte Elemente sind bis heute unverzichtbar. Beispielsweise hat der vietnamesische Wortschatz trotz rigoroser antikolonialistischer Kampagnen der kommunistischen Regierung Vietnams Hunderte französische Lehnwörter bewahrt (*ga*, Bahnhof, französisch *gare*; *o to*, Auto, französisch *auto*; *sa*, Zimmer, französisch *chambre*). Im Wortschatz kleiner Sprachen Sibiriens finden sich zahlreiche Elemente westeuropäischer Herkunft, die über das Russische vermittelt worden sind.

Die Sprachkontakte in Übersee waren vielerorts so intensiv, daß es zu weitreichenden Fusionsprozessen gekommen ist, die sämtliche sprachlichen Strukturen berührt haben. Das Ergebnis solcher Fusionen sind die zahlreichen *Pidgins* und Kreolsprachen der Welt. Nach der Beteiligung europäischer Sprachen als elementare Komponente unterscheidet man Kreolsprachen auf germanischer Basis (englisch, holländisch, deutsch) von solchen auf romanischer Basis (französisch, spanisch, portugiesisch). Lange Zeit haben Europäer die Bedeutung von Kreolsprachen unterschätzt und deren kulturelle Spezifika kaum beachtet. Im Zuge einer Globalisierung auch kultureller Perspektiven hat sich hier ein Wandel eingestellt. Viele Kreolsprachen werden von Minderheiten gesprochen, zum Beispiel »Unserdeutsch«, eine Kreolsprache auf deutscher Basis, die von nicht mehr als etwa 100 Menschen in Papua-Neuginea gesprochen wird. Andererseits sind einige auch zu Staatssprachen avanciert, so das französische Kreolisch in Haiti und Tok Pisin *(Talk Pidgin)* in Papua-Neuginea.

Europäische Schriften, Schriften Europas

Harald Haarmann

Schrifttechnologie, Schreiben und Schriftlichkeit haben in Europa eine lange Tradition. Die Geschichte der Schrift ist besonders geeignet, zwei elementare Strömungen in der europäischen Kulturentwicklung aufzuzeigen: Originalität auf der einen, die Annahme und kreative Umgestaltung fremden Ideengutes auf der anderen Seite.

Im europäischen Kulturmilieu sind verschiedene Originalschriften entstanden, die ohne nennenswerten Einfluß von außen ausgebildet wurden. Andererseits haben die Europäer kulturelle Impulse aus dem Nahen Osten für die Modernisierung ihrer Schrifttechnologien verwertet. Der wichtigste »Exportartikel«, der über den phönizischen Mittelmeerhandel in den griechischen Kulturkreis vermittelt wurde, war das Alphabet, dessen ursprüngliches Zeicheninventar die Europäer vielfältig variiert haben. Die Schriftgeschichte Europas beginnt aber nicht mit der Übernahme des phönizischen Alphabets. Dies ist in schrifttypologischer Hinsicht die jüngste Entwicklungsstufe. Es gibt in Europa viel ältere Schriften, deren historische Zusammenhänge erst in neuerer Zeit genauer erforscht worden sind.

In den gängigen Handbüchern der europäischen Kulturgeschichte steht zu lesen, das minoische Kreta sei die Wiege unserer westlichen Zivilisation. Immerhin ist diese bronzezeitliche Hochkultur für europäische Verhältnisse recht alt; ihre Blütezeit ist die Periode zwischen 2000 und 1500 vorchristlicher Zeit. Heute wissen wir, daß die minoische Kultur der Ableger einer noch älteren Zivilisation war, nämlich der alteuropäischen. Schon vor Jahrzehnten wunderten sich die Archäologen darüber, daß viele Gegenstände, die man in den alten Kulturen des Donautals gefunden hatte, in Form und Dekor an Artefakte Altkretas erinnerten. Man spekulierte damals darüber, ob nicht vielleicht die Donauländer minoische Kolonien gewesen wären. Erst nachdem in den siebziger Jahren die alten Kulturschichten Europas mit Hilfe der Dendrochronologie (Baumringaltersbestimmung) exakter datiert werden konnten als mit der älteren Radiokarbonmethode (C 14-Altersbestimmung), stellte sich heraus, daß die Kulturentwicklung Europas viel älter ist, als man bis dahin annahm. Die Ähnlichkeiten der materiellen Kultur im Donauraum und auf Kreta lassen sich jetzt als zeitliche Abfolge einer älteren Periode (die alteuropäische) und einer jüngeren Periode (die altkretisch-minoische) innerhalb eines größeren Kulturareals deuten, das den größten Teil Südosteuropas und Teile Süditaliens umfaßte. Auf der älteren Kulturstufe waren bereits alle wichtigen Grundelemente entwickelt, die eine Kultur zur Hochkultur machen – sozusagen der Stoff, aus dem Zivilisationen gemacht sind. Hierzu gehören soziale und ökonomische Grundbedingungen wie eine seßhafte Lebensweise, Ackerbau und Viehhaltung als Wirtschaftsform sowie eine daraus entstehende Vorratswirtschaft, die die Ernährung größerer Populationen auf engerem Raum ermöglichte, als dies bei Jägern und Sammlern der Fall ist. Die nahrungsproduzierende Wirtschaftsform förderte den Ausbau größerer Siedlungskomplexe mit mehreren tausend Einwohnern.

Eine frühe Spezialisierung des Handwerks ist in Alteuropa bereits im sechsten Jahrtausend zu erkennen. Die Keramikherstellung verzweigt sich in verschiedene Sparten. Die archäologischen Grabungen haben Gebrauchskeramik, Kultgefäße und religiöse Kleinplastik (zum Beispiel weibliche Tonstatuetten) ans Licht gebracht. Schon früh wird auch Metall in verschiedenen Techniken bearbeitet. Aus dem fünften Jahrtausend stammen die ältesten Gegenstände aus Metall. Kupfer wurde mit Vorliebe für Gegenstände des alltäglichen Gebrauchs verwendet (unter anderem für Angelhaken), Gold für Zeremonialzwecke (zum Beispiel in Form von heiligen Tierfiguren aus Goldblech). In einem in der Nähe von Varna (Bulgarien) erschlossenen Gräberfeld ist der älteste Goldschatz der Welt gefunden worden. Die zahlreichen goldenen Gegenstände mit religiös-ritueller Funktion werden auf die Zeit um 4400 bis 4300 datiert.

Es gibt noch eine weitere kulturelle Institution, die den Donaukulturen die Qualität einer eigentlichen Zivilisation verlieh: die Existenz von Schrift. Um die Mitte des sechsten Jahrtausends treten die ersten beschrifteten Objekte auf. Seine Blütezeit erlebt der Schriftgebrauch zwischen circa 5300 und 4000. Die meisten Inschriften stammen aus der zentralen Region des alteuropäischen Kulturkomplexes, deren kulturelles Zentrum Vinča südlich von Belgrad war. Einige ältere und jüngere beschriftete Objekte sind auch in Randgebieten gefunden worden, was darauf schließen läßt, daß die Schrift anfänglich nicht in der Vinča-Region verwendet wurde, sich später hauptsächlich dort entfaltete und in der Spätphase auch in andere Randgebiete ausstrahlte.

Die beschrifteten Tontafeln aus Tărtăria in Transsylvanien (Rumänien) gehören zu den ältesten alteuropäischen Schriftzeugnissen. Wegen einiger Ähnlichkeiten in der äußeren Gestalt einzelner Zeichen und in der Art ihrer Anordnung haben manche Forscher an einen Schriftexport aus dem sumerischen Kulturkreis Mesopotamiens gedacht. Aufgrund des inzwischen festgestellten absoluten Alters der Tărtăria-Tafeln (um 5300 vor Christi Geburt) kann jedoch von sumerischem Einfluß keine Rede sein. Die früheste Entwicklungsstufe der sumerischen Schrift ist nicht älter als 3200 vor Christus.

Alteuropäische Inschriften findet man auf Tonstatuetten, Kultgefäßen und Votivgaben, aber nicht auf Gegenständen des alltäglichen Gebrauchs. Die Funktionen der Schrift stehen in enger Beziehung zu denen der beschrifteten Gegenstände. Diese waren mit der religiösen Sphäre assoziiert. Die religiöse, nichtpraktische Funktion der Schrift in Alteuropa ähnelt dem Schriftgebrauch in China, der jahrhundertelang im Dienst des Orakelwesens stand. In Alteuropa sind Ansätze für eine Verwendung der Schrift in praktischen Funktionen erst aus der Spätphase (um 4000 vor Christi Geburt) auf Gewichten zu finden.

Die alteuropäische Zivilisation hatte bis etwa 3500 Bestand, als indoeuropäische Viehnomaden aus der russischen Steppe nach Südosteuropa einfielen und die einheimischen Ackerbauern unterwarfen. Die Kulturtradition der Alteuropäer brach aber nicht einfach ab, sondern wirkte in einer Welt mit veränderten Machtstrukturen nach. Ähnlich wie die sumerische Hochkultur im dritten Jahrtausend auf die akkadischen Eroberer der sumerischen Städte einwirkte, so lebten Elemente alteuropäischer Herkunft in den bronzezeitlichen Kulturen des europäischen Festlandes und der Ägäis fort. Typisch alteuropäische Eigenheiten treten in leicht veränderter Form erneut in der Kultur der Kykladen (seit circa 3200 vor Christus) und Altkretas (seit circa 2900) auf. Vieles spricht dafür, daß das Vordringen der Viehnomaden nach Südosteuropa eine Kulturdrift in den ägäischen Raum auslöste. Auf dem Festland begann mit den Umwälzungen ein »balkanisches dunkles Zeitalter«, in der Ägäis erlebte Alteuropa seine Nachblüte.

Viele Anklänge an alteuropäische Vorbilder lassen sich im Formenschatz und in der Kultursymbolik Kretas finden. Symbole, die man früher für typisch kretisch hielt, wie etwa das Spiralmotiv, die Doppelaxt oder das Motiv der Stierhörner *(bukranium)*, setzen alteuropäische Motive fort. Zu den Institutionen, die aus dem Kulturmilieu der Donauzivilisation stammen, gehört auch die Schrift. Die älteste kretische Schrift, Linear A, ist ebenso wie die alteuropäische eine Linearschrift. Etwa die Hälfte der knapp 120 Zeichen von Linear A weist auf Parallelen im Zeichenschatz der Vinča-Schrift hin. Linear A hatte sakrale wie praktische Funktionen; es sind Weihinschriften wie Warenlisten gefunden worden, die den Bürokraten in den kretischen Palästen als Gedächtnisstütze dienten. Auf Kreta entwickelten sich verschiedene Varianten einer Hieroglyphenschrift; eine von ihnen beschreibt den Diskos von Phaistos. Dieses Schriftzeugnis aus dem 17. vorchristlichen Jahrhundert ist das älteste gedruckte Werk der Geschichte, dessen Zeichen mit Hilfe von Stempeln in den Ton gepreßt wurden. Wegen zahlreicher Zeichenparallelen mit Linear A ist die Annahme naheliegend, daß die Hieroglyphen sich von der älteren Linearschrift ableiten. Diese Hieroglyphenschrift ist noch nicht zweifelsfrei entziffert. Der Text des Diskos zeigt zahlreiche Anklänge an die religiöse Sphäre; es handelt sich mit großer Wahrscheinlichkeit um einen Ritualtext.

Die mykenischen Griechen des Festlandes übernahmen vieles von den Minoern, und sie experimentierten eine Zeitlang mit deren Schrift, um das Griechische zu schreiben. Für diesen Zweck wurde ein eigenes Schriftsystem aus Linear A abgeleitet, das Linear B genannt wird. Aus dem 17. Jahrhundert vor Christi Geburt stammt die früheste griechische Inschrift in Linear B, gefunden im heiligen Bezirk von Olympia. Die Mykener besetzten bald nach 1600 auch Kreta. Inschriften in Linear B fand man in den Archiven der Paläste von Knossos und Khania. Jüngere Texte stammen aus den mykenischen Kulturzentren des Festlandes, aus Mykene, Tiryns, Pylos, Orkhomenos und Theben. Im 12. Jahrhundert bricht die mykenische Seemacht zusammen, die Paläste werden zerstört, die Schrifttradition verfällt. Die Region des griechischen Festlandes erlebt ein zweites »dunkles Zeitalter«.

In der ägäischen Kulturlandschaft dagegen zeigt sich Kontinuität. Auf Delos wird weiterhin Keramik hergestellt, Kreta erlebt eine Phase des Übergangs, die subminoische. Die Entwicklung auf Zypern, dem wichtigsten Handelspartner der Minoer und

Mykener im östlichen Mittelmeer, verläuft im wesentlichen ungestört. Das mykenische Kulturerbe, verstärkt durch Flüchtlinge aus dem Westen, lebt hier noch Jahrhunderte weiter. Auch setzt sich auf Zypern die Schrifttradition des Griechischen fort, das in Kyprisch-Syllabisch geschrieben wird; ein Schriftsystem, das sich aus dem minoischen Linear A ableitet und wohl auch von Linear B beeinflußt worden ist. Die Zahl der Inschriften aus der Zeit vom Ende des zweiten und dem Beginn des ersten Jahrtausends vor Christi Geburt ist gering, erst ab dem 6. vorchristlichen Jahrhundert wird die Verwendung von Kyprisch-Syllabisch zur Schreibung des Griechischen häufiger.

Das Kyprisch-Syllabische ist der letzte Schriftableger im alteuropäisch-altägäischen Kulturkreis, die letzten Inschriften stammen aus dem 3. Jahrhundert vor Christi Geburt. Zu jener Zeit war bereits das griechische Alphabet die am häufigsten verwendete Schrift Zyperns. Die alteuropäisch-altägäische Schrifttradition hat keine so glänzende Geschichte wie die der Schrift und Schriftlichkeit in Mesopotamien. Verglichen mit den in mesopotamischer Keilschrift abgefaßten Zeugnissen gibt es in Alteuropa, in der Ägäis und in Zypern weniger Schriftzeugnisse. Abgesehen davon, daß die alteuropäische Schrift bis heute nicht entziffert ist und die Deutungsversuche von Linear A sowie der kretischen Hieroglyphenschrift umstritten sind, bietet die Literatur in sumerischer und akkadischer Keilschrift weitaus mehr kulturhistorische Daten als die Texte in Linear B oder Kyprisch-Syllabisch. Faszinierend an den alten Schriften Europas sind aber ihre Originalität und ihre Organisationsprinzipien, und darin – wie auch in anderen kulturellen Institutionen – sind Alternativlösungen für das große Experiment der Menschheit zu erkennen, den Aufbau von Zivilisation, deren Entfaltung in Europa vom mesopotamischen Modell abweicht.

Die Archäologie des 19. Jahrhunderts hat das Schlagwort vom »dunklen Zeitalter« geprägt, das nach der Zerstörung der mykenischen Paläste die griechische Welt überschattet hätte. Heutzutage weiß man, daß jene Zeit keineswegs so dunkel war. Zwar ist die Zahl der Festlandfunde aus der Zeit zwischen 1100 und 900 vor Christi Geburt begrenzt, in der Ägäis läßt sich jedoch vielerorts Kontinuität in der Keramikherstellung und der Bautätigkeit nachweisen. Auf Zypern ist es zu keinem Bruch gekommen. Auch die Kenntnis der alten Schriften ist an manchen Orten erhalten geblieben, nicht nur auf Zypern, sondern auch auf Kreta, wo lineare Schriftzeichen noch teilweise bis ins 4. vorchristliche Jahrhundert verwendet wurden. Die kulturelle Atmosphäre auf Kreta war für die Übernahme der damals modernsten Schreibtechnologie, des phönizischen Alphabets, besonders günstig; von hier stammen die ältesten Gefäße mit phönizischen Inschriften in der Ägäis (10. Jahrhundert vor Christus).

Wahrscheinlich experimentierten auf Kreta die Nachkommen der Minoer und dorische Griechen mit der phönizischen Schrift und paßten sie ihren Sprachen an. Die Sprache, in der die älteste Inschrift Kretas in der neuen Schriftart abgefaßt war, ist nicht griechisch, sondern eteokretisch, die damals noch lebendige Sprache der Minoer. Auch die älteste bekannte griechische Inschrift im neuen Alphabet stammt aus Kreta (entstanden bald nach 900 vor Christi Geburt). Aus dem älteren ägäischen Zeichenschatz wurden einzelne Zeichen zur Schreibung der griechischen Laute *phi*, *chi* und *psi* verwendet. Für diese Zusatzzeichen des griechischen Alphabets gibt es nämlich keine phönizischen Vorbilder. Über die interägäischen Handelskontakte wurde die neue Schrift sehr bald allen Griechen bekannt. Mit den griechischen Kolonisten gelangte die neue Schreibtechnologie auch nach Italien. Die älteste griechische Inschrift Italiens wurde in der ältesten Kolonie der Euboier auf Ischia (Pythekoussai) gefunden.

Die Etrusker waren die ersten, die die neue Schreibtechnologie von den Griechen übernahmen. Ob dies noch während der frühen Handelskontakte der Etrusker im Ägäischen Meer erfolgte, das heißt vor ihrer Migration nach Westen, oder auf italischem Boden, ist ungeklärt. Jedenfalls schrieben die Etrusker schon mehr als 100 Jahre, bevor sie auch den Römern das Schreiben beibrachten. Man hat die Etrusker das »Volk der Bücher« genannt, weil tradiert ist, daß sie eine umfangreiche Literatur aufgezeichnet haben. Originalwerke sind jedoch nicht überliefert, lediglich einige literarische Stoffe werden von römischen Autoren tradiert. Erhalten sind dagegen Originaltexte auf Metallplatten und Goldblech, so eine zweisprachige (phönizisch-etruskische) Weihinschrift aus dem Heiligtum von Pyrgi (um 500 vor Christi Geburt), außerdem mehr als 13 000 Grabinschriften.

Die etruskische Schrift ist kein isolierter Zweig der europäischen Schriftgeschichte. Über lokale alpine Varianten, unter anderem das rhätische Alphabet, ist die etruskische Schrift Impulsgeber für die Entstehung der germanischen Runenschrift, die in zwei Hauptvarianten, dem älteren Futhark und dem jüngeren Futhark, außerdem in einer Sonderform, den angelsächsischen Runen, überliefert ist.

Um 600 vor Christi Geburt begannen auch die Römer zu schreiben. Die älteste Inschrift ist der *lapis niger* (»schwarzer Stein«) auf dem Forum Romanum. In zwei Hauptarten, der Kapitalschrift und der Unziale, hat die Lateinschrift die Schreibtraditionen West- und Mitteleuropas entscheidend geprägt. Die Kopisten des Mittelalters tradierten nicht nur die Inhalte der römischen Literatur, sondern auch die Schreibstile. Andererseits verdeutlicht die Vielfalt der neuen Stilarten, daß sich die Schrift über die Jahrhunderte hinweg als überaus wandlungsfähig gezeigt und sich immer neuen ästhetischen Strömungen und technischen Möglichkeiten angepaßt hat.

Literalität, das heißt die Kenntnis des Lesens und Schreibens, war bis zum Beginn der Neuzeit auf elitäre Kreise beschränkt. Aufgrund der Erfindung des Buchdrucks mit Hilfe stabiler Lettern durch Johann Gutenberg (1400 bis 1468) erlebte die Produktion von Büchern, Broschüren und Pamphleten in der zweiten Hälfte des 15. Jahrhunderts einen enormen Aufschwung. Gedruckte Texte waren bald so preiswert, daß sich nicht nur Aristokraten und Angehörige des Klerus oder des Bürgertums Bücher leisten konnten. Gutenbergs Traum, der Bibel durch seine Erfindung eine weite Verbreitung zu garantieren, erfüllte sich zwar, aber anders, als er sich dies vorgestellt hatte. Gutenberg dachte an die lateinische Bibel, die zu interpretieren als ein Privileg der katholischen Pfarrer betrachtet wurde. Die Gutenbergsche Erfindung wurde aber gleich erfolgreich von den Gegnern der Amtskirche, den Protestanten und insbesondere den Lutheranern, eingesetzt, die ihre Übersetzungen der biblischen Texte in deutscher, niederdeutscher und anderen Sprachen druckten und verbreiteten. Den

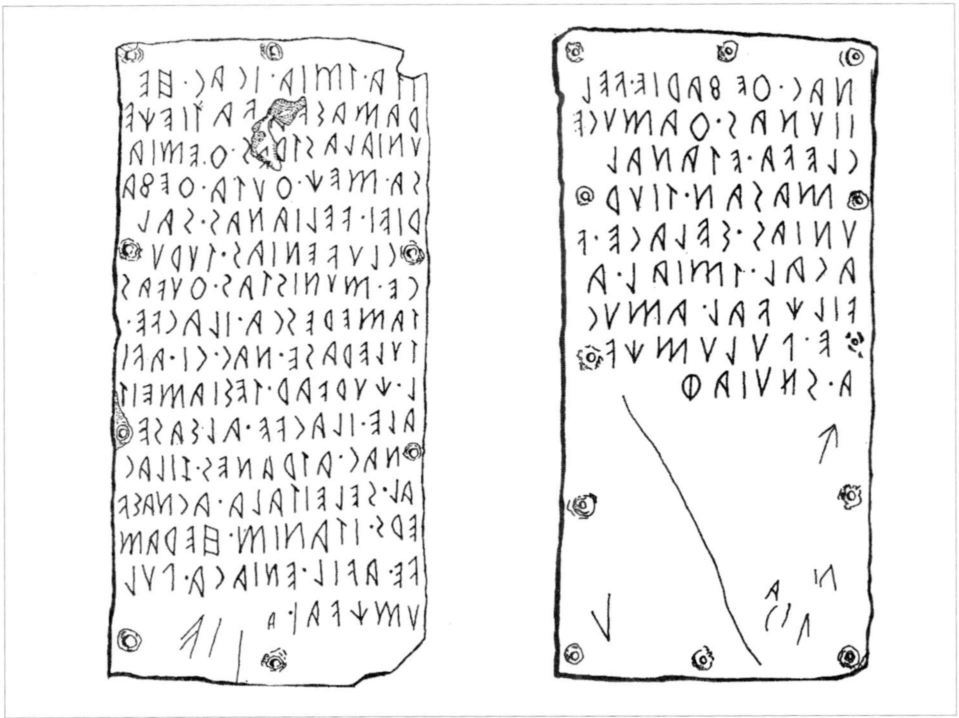

Der etruskische Text der Weihinschrift von Pyrgi, um 500 vor Christi Geburt

Aufschwung, den die protestantische Bewegung dadurch erzielte, konnte die katholische Kirche später nicht mehr aufhalten.

Im frühen Mittelalter entfaltete sich eine neue, bis dahin unbekannte Schrifttradition in Europa: Als Importgut der islamischen Kultur kam die arabische Schrift. Es gibt zwei Hauptregionen des arabischen Kultureinflusses in Europa: im Westen auf der Pyrenäenhalbinsel, und im Osten zwischen der Wolgaregion und dem Schwarzen Meer. Vom 9. bis zum 15. Jahrhundert entsteht auf der Pyrenäenhalbinsel eine reiche Literatur in arabischer Sprache und Schrift; auch Texte der romanischen Sprachen dieser Region werden eine Zeitlang arabisch geschrieben. Die ältesten Zeugnisse des Spanischen sind Endreime arabischer Gedichte. Noch bis ins 15. Jahrhundert entstehen portugiesische Texte in arabischer Schrift. Der arabische Schriftgebrauch für nichtarabische Sprachen wird spanisch *aljaramía* und portugiesisch *aljamia* genannt.

Mit zunehmender Islamisierung der Turkvölker wird seit dem 14. Jahrhundert das Arabische (und entsprechend die Schrift) immer häufiger im tatarischen Kulturkreis (die Region zwischen dem mittleren Wolgatal, der Halbinsel Krim, der Westküste des Kaspischen Meeres und dem Kaukasus) verwendet. Bis zum Beginn der sowjetischen Ära in unserem Jahrhundert in den frühen zwanziger Jahren ist dort die arabische Schrift kontinuierlich in Gebrauch geblieben. Bei den Balkanvölkern entwickelte sich unter dem Einfluß der ottomanischen Kolonialherrschaft eine Rivalität zwischen

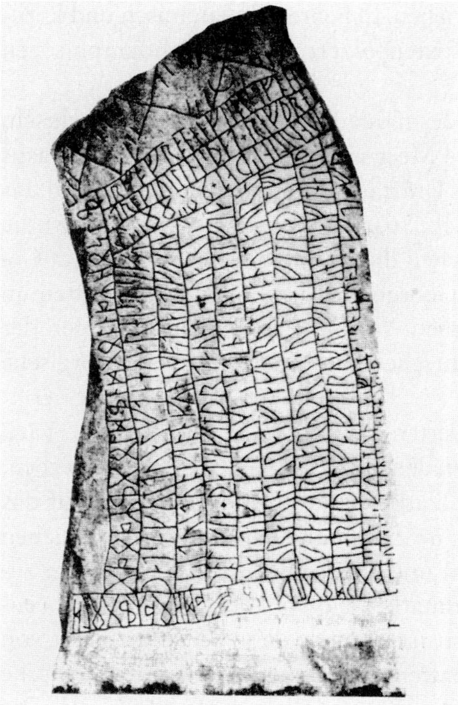

Der längste bekannte Runentext,
Stein von Rök. Schweden, 9. Jahrhundert

griechischer, lateinischer und arabischer Schrifttradition. Das Albanische beispielsweise wurde ursprünglich in zwei Schriftarten geschrieben: Die christlichen Albaner verwenden das lateinische Alphabet, die islamisierten Albaner des Südens bedienten sich der arabischen Schrift.

In all jenen Regionen, in denen die arabische Schrift in Europa historische Bedeutung besaß, ist sie heutzutage auf die Funktion der islamischen Sakralsprache beschränkt, auf ihre Rolle in der heiligen Schrift, dem Koran. Allerdings hat der Zustrom von Muslimen, die entweder zum Studium, als Arbeitsimmigranten oder als Asylanten nach Europa kommen, die Rolle der arabischen Schrift aktualisiert. An den Pressekiosken der Großstädte Westeuropas werden arabische Zeitungen angeboten, und staatliche Behörden geben Informationsblätter für arabischsprechende Ausländer heraus. An der spanisch-französischen Grenze in den baskischen Pyrenäen begegnet man sogar dem Exotikum arabisch geschriebener Hinweisschilder. Diese sind für Marokkaner und andere Nordafrikaner gedacht, die mit dem eigenen Wagen durch Spanien nach Süden fahren.

Noch eine andere semitische Schriftart, die hebräische Quadratschrift, die sich mit dem Hebräischen als Sakralsprache des Judaismus in den jüdischen Enklaven verbreitete, hat in Europa eine lange Tradition, sogar eine längere als die arabische. Jüdische Kaufleute hatten sich bereits im 1. Jahrhundert unserer Zeitrechnung in europäischen Handelszentren angesiedelt, in Rom, Trier, Köln und anderen Städten. Auf der Pyrenäenhalbinsel arrangierten sich die sephardischen Juden mit den maurischen Herrschern. Bis zu ihrer Vertreibung durch die spanischen Christen im Jahre 1492 hatten Juden im Handel und Beamtenwesen der maurischen Teilreiche Einfluß. Die Fluchtbewegung führte die meisten Sepharden in die Balkanländer. Ein Teil wanderte auch nach Holland aus.

Im Kaukasusvorland gewann das Hebräische und damit auch dessen Schrift an Bedeutung, als die Chasaren den Judaismus als Staatsreligion annahmen. Auch nach dem Zerfall des Chasaren-Khanats im 10. Jahrhundert wurden der Judaismus und das Hebräische von einigen Nichtjuden tradiert, so von den Karaimen, einem Turkvolk, das lange in den Bergregionen der Krim lebte und von dem Teile später in die Ukraine, nach Litauen und Polen wanderten. Das Karaimische wurde vor dem Zweiten Weltkrieg in drei Schriftvarianten geschrieben, in hebräisch, lateinisch und kyrillisch. Die Lateinschrift in den karaimischen Texten folgt regionalen orthographischen Normen in Litauen und Polen.

Die älteste Schrift im europäischen Teil des modernen Rußland war Griechisch, das in den Kolonien rings um das Schwarze Meer verwendet wurde. Im Kaukasus geht die Kenntnis der Keilschrift, mit der das Urärtäische geschrieben wurde, auf das zweite Jahrtausend vor Christi Geburt zurück. Später verbreitete sich auch dort die griechische Schrift. Die ältesten Schriftsprachen dieser Region, die bis heute in Gebrauch sind, sind das Armenische und das Georgische, deren Alphabetschriften im 5. Jahrhundert unabhängig vom griechischen Vorbild entstanden. Schöpfer der armenischen Schrift ist Mesrop, und wahrscheinlich geht auch das georgische Alphabet auf ihn zurück.

Im Osten Europas herrscht seit Jahrhunderten das kyrillische Alphabet vor. Varianten der Kyrillica werden auch von verschiedenen Balkanvölkern wie den Serben, Makedonen und Bulgaren verwendet. Die Tradition der Kyrillschrift geht auf das 9. Jahrhundert zurück; ihre Entstehung steht im Zusammenhang mit der christlichen Mission der griechischen Mönche Kyrill(os) und Method(ios) bei den Slawen, zunächst in Mähren, dann in Kroatien und Dalmatien. Obwohl der Name des Slawenapostels Kyrill mit der Kyrillschrift assoziiert ist, stammt diese Schriftart nicht von ihm. Kyrill hat die glagolitische Schrift geschaffen, in der sowohl altkirchenslawische (= altmakedonische) als auch kroatische Texte aufgezeichnet worden sind. Die Kyrillschrift ist die Schöpfung eines der Schüler von Kyrill, Kliment von Ohrid in Makedonien, der seiner Schriftart den Namen seines Lehrers gab, um diesen zu ehren. Die kyrillische Schrift hat weite Verbreitung gefunden. Im Jahre 988 wurde das Christentum offiziell von den Kiewer Russen angenommen. Zum tausendjährigen Jubiläum 1988 wurde in Thessaloniki, der Heimatstadt von Kyrill und Method, eine den Slawenaposteln gewidmete Kirche eingeweiht.

Die Kyrillica ist seit dem 10. Jahrhundert für das Russische verwendet worden, später auch für das Weißrussische und Ukrainische. Mit der Mission der russisch-orthodoxen Kirche bei nichtrussischen Völkern des Zarenreichs hat sich diese Schrift auch bei Nichtslawen verbreitet, bei Turkvölkern (seit dem 18. Jahrhundert bei den Tschuwaschen, von etwa 1920 bis um 1990 bei Tataren, Kumyken, Balkaren und den türkischen Sprachgemeinschaften in Mittelasien, den Kasachen, Usbeken, Kirgisen und Turkmenen) und bei Finnougriern (seit dem 18. Jahrhundert bei Syrjänen und Mordwinen, später auch bei den Mari, Udmurten, Mansen und Chanten). Die kleinen Völker Sibiriens – Samojeden, Tungusen und paläosibirische Völker – wurden mit dem Kyrillischen zunächst im Kontakt mit dem Russischen bekannt. Später wurde diese Schriftart zur Grundlage der Orthographie ihrer lokalen Schriftsprache.

Im europäischen Rußland kreuzten sich die Wege der kulturell bedeutenden Alphabetschriften dieses Kontinents: der griechischen, der kyrillischen, der lateinischen, der arabischen und der hebräischen. Die sowjetische Sprachplanung, deren kreative Periode die zwanziger Jahre unseres Jahrhunderts waren, hat anfangs die Lateinschrift für die nichtrussischen Sprachen favorisiert, dem Schlagwort Lenins folgend, wonach diese die »Revolution im Osten« bedeutet. Damals wurden Dutzende von alten Schriftsprachen auf die lateinische Graphie umgestellt und bis dahin schriftlose Sprachen darin verschriftet. Schon bald nach Beginn der Herrschaft Stalins setzte sich ein Trend zum politischen Zentralismus durch, der sich auch in der Kulturpolitik auswirkte. Rigoros wurde die lateinische Graphie der meisten nichtrussischen Schriftsprachen auf die Kyrillica umgestellt. Lediglich die armenische und georgische Schrift blieben, neben der Lateinschrift für das Estnische, Lettische und Litauische in den 1940 annektierten baltischen Republiken, in Gebrauch.

Nach der Wende von 1989 bis 1991 haben viele nichtrussische Völker ihre Schriftsprachen erneut auf die Lateinschrift umgestellt. Dies gilt für die modernen türkischen Schriftsprachen, für finnisch-ugrische Kleinsprachen wie Karelisch und Wepsisch, und außerdem für das Rumänische in Moldawien, das seit 1989 den orthographischen Normen des Rumänischen in Rumänien folgt. Mit der Renaissance, die die Lateinschrift in Osteuropa und in Mittelasien seit Beginn unserer neunziger Jahre erlebt, ist diese Alphabetschrift die vitalste im modernen Europa. Verglichen mit der historischen Ausstrahlung der Kyrillica nach Asien (Sibirien und Mittelasien), ist sie auch außerhalb Europas das international erfolgreichste Schriftsystem der Neuzeit. Hunderte einheimischer Sprachen in Afrika, Asien, Australien und Amerika werden in lateinischer Graphie geschrieben, das Eskimo in Grönland ebenso wie Navaho in den USA, Quechua in Peru, Vietnamesisch in Südostasien, Arrernte im nördlichen Australien oder Wolof im Senegal. Die Lateinschrift hat sich in den vergangenen Jahren einen Aktionsbereich erobert, der sich binnen kürzester Zeit zum Rückgrat der modernen Informationsgesellschaft entwickelt hat: das Internet. Während noch für die einfachere Technologie des Schreibcomputers die traditionelle Rollentrennung zwischen Schreiber und Leser charakteristisch ist, löst sich dieses Muster im Interaktionsfeld der globalen Internet-Kommunikation zusehends auf. Da die mit Lateinschrift geschriebenen Sprachen im Aktionsbereich der digitalen Literalität (englisch *digital literacy*) dominieren, ist das lateinische Alphabet zur produktivsten Schriftart aller Zeiten avanciert.

Europa mit seiner langen Kulturgeschichte bietet nicht nur Beispiele für die Entwicklung von Alphabetschriften mit interregionaler Verbreitung, sondern auch für Schriftschöpfungen, die unter spezifisch lokalen Kulturbedingungen entstanden sind, eine Zeitlang in Gebrauch waren und dann in Vergessenheit gerieten. Zu diesen Museumsstücken der europäischen Schriftgeschichte gehören die bastulo-turdetanische und die iberische Schrift auf der Pyrenäenhalbinsel, die irische Ogham-Schrift, die altungarische Kerbschrift und das altsyrjänische Alphabet.

Märchen und ihre Erzähler

Felix Karlinger

Wenn im folgenden von Märchen die Rede ist, so gilt diese Bezeichnung dem in der mündlichen Überlieferung existierenden Stoff und nicht den von Autoren wie Perrault, Basile oder Andersen geschriebenen Erzählungen, mögen die letzteren auch aus dem volkstümlichen Bereich stammen oder wieder zu ihm zurückgekehrt sein. Diese Märchen, die bereits in ihrer ersten Fassung geschrieben oder gedruckt worden sind, zählen zur Literatur ihres jeweiligen Sprachraums. Das Gemeinsame der Märchen Europas kann jedoch nicht in ihrer Sprache liegen; es erhält vielmehr seine Verwandtschaft durch den gemeinsamen geistigen Hintergrund und die Nachbarschaft.

So wie der geographische Raum unseres Kontinents an der Peripherie offenbleibt, war auch die Volkserzählung asiatischen und afrikanischen Einflüssen ausgesetzt. Und trotzdem hat sie typische Eigenheiten entwickelt, die wir in anderen Erdteilen vergeblich suchen. Deutlich wird das zum Beispiel, wenn wir den Band ›Märchen aus Brasilien‹ betrachten, in dem sich Erzählungen indianischer, afrikanischer und europäischer Herkunft klar unterscheiden lassen. Wohl nur aus diesen Gegenüberstellungen schälen sich jene Züge heraus, die sich für unseren Kontinent als bedingt typisch benennen lassen. Freilich bleibt das Problem, daß wir vom Märchen eine ganz bestimmte Vorstellung haben, die sich häufig nicht auf die Volkserzählungen anderer Kulturräume übertragen läßt. Ebenso bleibt zu berücksichtigen, daß die Funktion, die einer Geschichte zukommt, sehr verschieden sein kann. Und diese hat ihrerseits wieder starken Einfluß auf den Erzähler oder die Erzählerin, besonders wenn es sich dabei um ein Erzählen im Rahmen einer Initiation handelt. Von daher überrascht es nicht, daß in einem Großteil europäischen mündlichen Erzählens der religiöse Gehalt eine eigene Ausbildung erfahren hat. Den Begriff »religiös« dürfen wir dabei nicht im Sinne einer Hochreligion verstehen; alles, was Zauber, Wunder und Jenseits betrifft, gehört dazu. Zu berücksichtigen bleibt ebenfalls, daß das Märchen primär nicht einen festen und unveränderlichen Text besitzt; es stellt eine Sinneinheit dar, deren innerer Zusammenhang erst im Verlauf des Erzählens deutlich wird. So kann er auch ganz unterschiedliche Akzente erhalten und die Geschichte sich einmal mehr dem Legendären und ein anderes Mal mehr dem Schwankhaften annähern.

Der Erzähler selbst darf, wie auch seine Zuhörerschaft, nicht isoliert gesehen, sondern muß aus der Situation heraus erfaßt werden, in der er erzählt. Gerade wenn man in Rechnung stellt, daß diese Beobachtung ähnlich für asiatische, afrikanische und indianische Bereiche gilt, so läßt sich doch an der Erlebniswelt und desgleichen an der Erlebnisfähigkeit der einzelnen Großräume Gemeinsames und Trennendes ablesen.

Bei allem Unterschied von Mensch und Landschaft zwischen Portugal und Rußland, zwischen Skandinavien und dem Balkan kann man beobachten, wie sehr sich die Erzähltechnik und der Inhalt ähnlich waren. Dabei haben sich in den peripheren Zonen und in den vom Verkehr abgelegenen Gegenden in breiterem Maße Stoffe und Motive erhalten, für die wir schon im Mittelalter in Europa Belege finden können. Dazu gehört auch, daß Erzähler und Erzählerin Angehörige eines eigenen Gewerbes sind, das vor allem wandernd seinen Beruf erfüllte. So entwickelte sich unter anderem die »Gewandtheit«, sich auf das Publikum und seine Wünsche sowie auf spezielle Situationen einzustellen.

Was besitzt nun Europa an formalen Grundtypen, an Figuren und Stoffen im Märchen, denen wir außerhalb unseres Raumes nicht begegnen? Und was fehlt unserem Kontinent in dieser Hinsicht? Wenn wir bei den Untergattungen bleiben, so ist für das Abendland ein starkes Zurücktreten des Tiermärchens hinter die Gattung der Zaubermärchen zu beobachten. Nur wenige unserer Erzählungen – wie etwa der ›Wolf und die sieben Geißlein‹ – spielen ausschließlich unter Tieren. Selbst dort trägt die Umwelt eher die üblichen anthropomorphen Züge, das heißt, die Tiere verhalten sich menschlich. Uns fehlt in der Regel, wobei man Ausnahmen immer und überall finden kann, die Verwandlung eines Tieres in eine menschliche Gestalt und umgekehrt. Märchen anderer Kontinente beinhalten häufig solche zauberischen Mutationen. Mit dem Begriff des Tiermärchens hängt auch zusammen, daß bei uns meist mehrere handelnde Gestalten auftreten, während sich anderswo häufig alles auf das Widerspiel zweier Tiere beschränkt. Solche Geschichten entwickeln sich meist dialogisch. In unserm Bereich sind zoomorphe Lebewesen sehr oft als hilfreiche oder dankbare Tiere anzutreffen; so werden Mensch und Tier stärker miteinander verbunden.

Seltener hingegen stoßen wir auf Tiergeister, wie sie etwa im Asiatischen eine große Rolle spielen. Diese betonen den religiösen Gehalt einer Geschichte; man darf davon ausgehen, daß sie auch bei uns keine Seltenheit gewesen sind, jedoch später durch andere religiöse Vorstellungen überlagert wurden. In Amerika begegnen uns häufig Tiere auch als Magier, als Zauberer. Dieses Phänomen scheint ebenso bei uns verlorengegangen zu sein. Die verschiedenen Figuren, die in unseren Märchen die Handlung tragen, zeigen eine gewisse Ausgeglichenheit ebenso zwischen Diesseits und Jenseits wie zwischen Tier und Mensch.

Hingegen geschieht es seltener, daß Pflanzen oder Steine in die Handlung eingreifen. Auch der Wald erweckt, je nach Landschaft, unterschiedliche Vorstellungen. In vielen Fällen zählt er bereits zum Jenseits und imaginiert Erwartungen des Zauberhaften, oft auch des Gefährlichen. Gleichgültig, ob es sich um mediterrane Haine oder um Urwälder Osteuropas handelt, seine Wirkung auf die Träger der Märchenhandlung bleibt dieselbe. Diese starke Suggestion tritt etwa in Südamerika nicht auf, obwohl dort der Urwald eine gewaltige Kulisse in den Geschichten bilden könnte.

Unter den Figuren unserer Märchen sind die weiblichen Gestalten – etwa Feen und Moiren – besonders zahlreich vertreten. Beide repräsentieren die Schicksalsgestalt des Helden oder der Heldin. Schon die Bezeichnungen »Fee« (Fata) und »Moira« (Schicksalsgöttin) lassen dies deutlich erkennen. Held und Heldin begegnen meist wandernd ihrem eigenen Geschick, welches sowohl dämonische Züge tragen kann wie auch menschenfreundliche; meist hängt es vom Verhalten des Menschen selbst ab.

Ursprünglich waren diese Schicksalsgestalten indifferent. Wie auch bei anderen Vertretern der jenseitigen Welt wurden öfters an ihre Stelle christliche Heilige gesetzt, ohne daß sich deshalb der Charakter oder Typus verändert hätte. Auf diese Weise hat die Bandbreite der betreffenden Erzählung gewonnen; man konnte sie auch dort vortragen, wo in kirchlicher oder klösterlicher Umwelt die Funktion der Erzählung eine andere war als die des reinen Zaubermärchens.

Das läßt sich vor allem in jenen abendländischen Landschaften beobachten, in denen der Bedarf an einer mehr oder weniger (pseudo-)religiösen Unterhaltung besteht, oder in denen bei Totenwachen und nächtlichen Wallfahrten erzählt wird. Die Notwendigkeit einer Anpassung erstreckt sich fast noch mehr auf die Gestalten als auf die Stoffe als solche. Die Grenzen bleiben meist fließend, und selbst im säkularisierten Norden haben sich Figuren erhalten, die als Helden oder Helfer aus dem Legendenbereich des Mittelalters stammen. Die Umdeutung kann so weit reichen, daß manchmal selbst schwankhafte Geschichten daraus geworden sind und daß berühmte Heilige, besonders der Heilige Petrus, für heitere Szenen herhalten müssen. Dieser Zug zählt zweifellos zu unserem Märchentypus und fehlt dem erzählerischen Reservoir anderer Erdteile.

Freilich muß man betonen, daß in Vorderasien viele Parallelen zu den Ausformungen bestehen, wie sie das Märchen bei uns gefunden hat. Das gilt besonders für die volkstümlich-religiösen Erzählungen Israels. Verwandtes in der Mentalität schlägt sich auch in der Motivik nieder. Dabei muß man bedenken, daß ein Motiv breit ausgeführt oder rudimentär erscheinen kann, als eine Handlungsepisode oder als ein Requisit wie etwa als wunderbare und Wunder wirkende Gabe. Gerade jene Motive, die Jenseitiges mit ins Spiel bringen, haben ihr Eigenleben, ihre eigene Faszination, ihren eigenen Anspruch. Im europäischen Märchen erscheinen sie zumeist als Motivkomplex, als Hierarchisierung einzelner Bilder und Handlungsstränge, die im Erzählen und Hören zur Wirkung gelangen. Und wäre nicht das Geschick des Erzählers, der oft auch schon stimmlich wie ein Schauspieler seine Zuhörer zu fesseln versteht, so erwiese sich mancher Text als ein recht kompliziertes Gebilde eigener Ordnung und Tiefe, dessen Gestaltkern nicht ohne weiteres zu erfassen ist. Doch dieses Konglomerat von Einzelmotiven wird durch die Kunst des Erzählers zu einem lebendigen Vorgang, zum Handlungsablauf ähnlich jenem der Commedia dell'arte. Gerade die Improvisation muß den Erzähler als Meister seines Faches erweisen, andernfalls wird er nicht die nötige Resonanz bei seinem Publikum finden.

In der Nachfolge Sigmund Freuds wurde es möglich, das Märchen als ein bildhaftes Handlungsgeschehen, als ein unbewußtes Erleben zum Traum in Beziehung zu setzen. C.G. Jung versuchte sogar, den ganzen differenzierten Ablauf des Märchengeschehens symbolisch (im Sinne der Tiefenpsychologie) zu deuten, vor allem in bezug auf die Verarbeitung von allgemein-menschlichen Reifungserlebnissen und von Grundsituationen, wie sie sich in unserer Umwelt ergeben.

Was können wir zum Erzähler und zu der Erzählerin in unseren Breiten feststellen? Zunächst müssen wir zwischen dem Erzähler im strengeren Sinne und dem Nacherzähler, der seine Texte nahezu unverändert vorträgt, unterscheiden, wie es auch der italienische Forscher Sebastiano Lo Nigro getan hat. Beide Typen sind in Europa verbreitet, der erstere mehr bei denen, die ein Wandergewerbe betreiben, der andere mehr bei ortsgebundenen Erzählern. Daraus ergibt sich in den meisten Gegenden ein Überhang von Männern in der erstgenannten Gruppe und ein Überwiegen der Frauen in der zweiten, was sich allerdings selten in der Erzähltechnik auswirkt. So zeigen etwa erzählende Nonnen in Süd- und Südosteuropa eine große Gewandtheit und ein bewegliches Einstellungsvermögen auf den jeweiligen Zuhörerkreis und die wechselnde Funktion ihrer Geschichten.

Zum Erzähler in Europa gehört es häufig, daß er Requisiten benützt wie ein Schauspieler, eine Eigenheit, die man etwa in Afrika oder Amerika nicht oder selten zu kennen scheint. Es handelt sich dabei um Requisiten, die in der betreffenden Geschichte eine Rolle spielen; so holte ein spanischer Erzähler eine kleine Schildkröte aus Ton aus der Tasche und ließ sie bei seinen Zuhörern herumgehen, forderte sie dann aber zurück, als sie im Märchen aktiv wurde. Manchmal können auch mehrere Requisiten im gleichen Text zur Verwendung kommen; dadurch wird alles lebendiger, und zugleich konzentriert sich das Interesse und die Spannung des Publikums auf die einzelne Szene. Derlei ist nur möglich, wenn der Zuhörerkreis an einem festen Ort beisammensitzt.

Die Requisiten führen nicht nur in die Nähe des Theaters, sondern es ist anzunehmen, daß sie ehedem ein Mittel der Gaukler waren, um Publikum anzulocken. Noch kann man unter Erzählern aus dem Kreise der Wanderhandwerker, Landstreicher und Bettler beiderlei Geschlechts solche treffen, die über Taschenspielertricks verfügen, zaubern können und den Kreis, der sich um sie versammelt hat, mit Kunststücken in Erstaunen setzen. Derlei deutet in der Regel an, daß es sich um Erzähler handelt, die diese Tätigkeit als Nebenberuf ausüben. Man konnte früher beobachten, daß Wanderhandwerker dort, wo sie keine Arbeit fanden, statt dessen für ein Essen und ein kleines Trinkgeld Geschichten vortrugen. Manches Phänomen erinnert entfernt an die Troubadoure des Mittelalters, nur daß es sich um ein volkstümliches und kein höfisches Phänomen handelt.

So taucht im Märchen Europas eine spezifische Welt von großer zeitlicher und räumlicher Weite auf, in der wir nicht nur historische, sondern ebenso soziologische und psychologische Elemente beobachten können. Sie berichtet von unserem Kontinent nicht weniger als das, was wir aus Literatur und Kunst darüber erfahren.

Europäische Mythen

Vilmos Voigt

Die alte europäische Dichtung, vor allem die Heldenepik im engen Wortsinn, stand schon in sehr früher Zeit für mehr als für bloße Literatur; sie war eng verbunden mit mythischen Hintergründen. Homers Epen wurden nur »nebenbei« als Mythos betrachtet, waren zu jener Zeit doch noch sozusagen echte Mythen bekannt. Vergils Epos ›Aeneis‹ ist schon eher ein wahrer Mythos, nämlich der Ursprungsmythos der Römer, die er von Troja herleitet. Zugleich wartet das betrügerische Abenteuer des Hauptthelden Aeneas mit der unglücklich verliebten Dido, der Königin von Karthago, mit dem Urgrund der punisch-römischen Kriege auf.

Die europäischen Epen des Mittelalters wurden dagegen allgemein als literarische Werke gesehen, die die aktuellen politisch-gesellschaftlichen Ansichten repräsentieren. Das waren sie natürlich im Fall der großen Dichter »höfischer Epik«, wie Chrétien de Troyes oder Wolfram von Eschenbach. Als solche sahen die Zeitgenossen aber auch die zusammenfassenden Werke der großen Geschichtsschreiber: von Beda Venerabilis bis zu den Werken von Geoffrey of Monmouth oder William of Malmesbury in England und, in Nordeuropa, am deutlichsten das gewichtige Werk des Dänen Saxo Grammaticus, die 16 Bücher der ›Gesta Danorum‹. Ebenso schätzten sie die Werke »namenloser« Autoren ein wie das französische Epos ›Chanson de Roland‹ und das deutsche Nibelungenlied, in denen von kriegerischen Zusammenstößen Einheimischer (Franzosen, Goten und Franken) mit ihren auswärtigen Widersachern (Mauren oder Hunnen) die Rede ist und mithin schon eine Art von nationaler Identität ihren Ausdruck findet.

Unter den im Mittelalter beliebtesten Themen werden in den »Alexandriaden« die einstigen Taten von Alexander dem Großen und in anderen Gedicht- und Prosaarbeiten die Troja-Geschichte neu erzählt. Unter welchen Bedingungen diese entstehen, läßt sich an Beispielen gut veranschaulichen. Der Portugiese Camões verfaßte zwischen 1560 und 1572 sein Epos ›Os Lusíadas‹, das im Grunde genommen von Indiens Eroberung handelt, in der von Indien recht weit entfernten Festung Macao. Der unglaublich begabte, doch zügellose – und als tobender, mörderischer Wahnsinniger auch gefangengehaltene – Italiener Torquato Tasso beschreibt 1575 in seinem Epos ›Goffredo‹, das später ›La Gierusalemme liberata‹ heißt, den ersten Kreuzzug, in der bewußten Absicht, christliche Heldenepik zu schaffen, wobei er im Zuge des Schreibens mehrmals die Inquisition um Rat gebeten hat. Die anders ausgerichteten, christlich-theologisch inspirierten Werke wie die von Dante, Milton oder Klopstock sind in ihrer Art keine wirklichen Helden-, sondern religiöse Epen.

Wir haben hier nicht den Raum, detailliert vorzuführen, wie diese historisch-identitätssuchende Epik im 19. und 20. Jahrhundert ihre Fortsetzung findet: vom Besingen der Freiheitskämpfer und Freidenker bei Byron, Puschkin und Mickiewicz oder des neuprovenzalischen Liebesepos von Mistral bis zum 1956 entstandenen Gedichtzyklus ›Aniara‹ des Schweden Harry Martinson, dem wahrscheinlich erstmaligen Besingen der raumfahrenden Menschheit in einem Epos und später in einer Oper. Die Theorie, die dieser Entwicklung mal folgt und mal vorauseilt, verlangt die Entstehung epischer Werke von mythischen Ausmaßen und mythischer Bedeutung. Das vielleicht bis zum heutigen Tage bedeutendste unter diesen ist der poetiktheoretisch-philosophische Traktat ›Principi di una scienza nuova‹ des italienischen Philosophen Giovanni Battista Vico von 1725, der über Montesquieu und andere die Geschichtsbetrachtung der Epoche der Aufklärung in vielem beeinflußte, obgleich er zumeist unerwähnt bleibt. Laut Vico ist die Poesie die Muttersprache der Menschheit; es sei das Volk selbst, das schafft, und zwar auf eine metaphorische Weise, in der jedes Wort auf etwas anderes verweist. Nicht Homer, so sagt er, sondern das »singende Griechenland« sei Autor der alten Epen. Aus seiner Theorie folgt, bekräftigt durch die deutsche Epos-Philologie im 19. Jahrhundert, vor allem in den Homer-Studien Fr. A. Wolfs, daß aus einzelnen Gedichten, gleichsam nachträglich, durch eine Person, die großen Epen frei zusammengefügt werden.

Der deutsche Philologe Georg Friedrich Creuzer bot nach einigen Vorstudien mit dem sogar in drei Auflagen erschienenen Titel ›Symbolik und Mythologie der alten Völker‹ dazu einen enzyklopädischen Überblick. In diesem erläutert er den symbolischen Inhalt der Bräuche und Mythen künstlerischer und poetischer Werke; er hält sie weltweit für den symbolischen Ausdruck von Natur- und Gesellschaftsphänomenen. Und obgleich das englische Wort *folklore* als eine Erfindung des Engländers W. Thoms erst 1846 entsteht, wird diese bereits früher entdeckt und gewürdigt. Die erste öffentliche Aufmerksamkeit weckende Publikation ist im Jahre 1756 die dreibändige Gedicht-Anthologie ›Reliques of Ancient English Poetry‹ des englischen Bischofs Thomas Percy. In seinen Kommentaren würdigt er die historische und sprachliche Archaik der Werke mittelalterlicher Thematik mit dem Hinweis, daß sie aus mündlich tradierten Werken stammten und ein einzigartiges Bild von lange Vergangenem entwarfen. Er selbst nennt sie jedoch weder Mythos noch Heldenepik; er idealisiert sein Material nicht. Percys andere Werke (zum Beispiel die Übersetzung der Psalmen des Königs Salomon aus dem Hebräischen, die Vorstellung der »Antiquitäten« der Wikingerzeit sowie die Englisch-Übersetzung der ›Edda‹) verweisen darauf, daß für ihn diese Dichtung ein weltweites Phänomen war, das jegliche Aufmerksamkeit verdient hatte, die Veröffentlichung in modernen Sprachen inbegriffen.

Mit seinem Schaffen untrennbar verbunden, wird diese Auffassung von Herder vertreten, der von den siebziger Jahren des 18. Jahrhunderts an den deutschen, danach den europäischen und schließlich den »Volkslied«-Schatz der ganzen Welt würdigt – darauf verweisen bereits die Titel seiner Sammlungen: ›Volkslieder‹, 1778 bis 1779, ›Stimmen der Völker in Liedern‹, 1808, sowie die ›Philosophie der Geschichte zur Bildung der Menschheit‹ von 1774. Sein Schaffen prägt nicht nur das Lebenswerk Goethes und das der Brüder Grimm, sondern löst in ganz Europa das Sammeln von

Volksliedern aus, unter denen damals auch Balladen, historische Gesänge, Märchen, Sagen und mitunter sogar Fragmente von Epen oder Mythen verstanden wurden. Herders Programm beeinflußt die europäische Folkloristik über Generationen.

Das spektakulärste Ergebnis der neuen Nach-Percy-Epoche ist die Entdeckung »naiver Epen«. Als erster sammelte der schottische Dichter James Macpherson bei Gesangserzählern keltischer (gälischer) Sprache epische Gesänge, redigierte diese zu einem einheitlichen Ganzen und übertrug das Ergebnis ins Englische. 1760 erschienen die ›Fragments of Ancient Poetry Collected in the Highlands of Scotland‹, 1761 das Epos des als Ossian bekannten einstigen keltischen Barden, ›Fingal, an Ancient Epic Poem in Six Books together with Several Other Poems Composed by Ossian, the Son of Fingal, translated from the Gaelic Language‹. Heute wissen wir, was manche seiner Zeitgenossen gleich ahnten, nämlich daß Macpherson die Epen selbst verfaßte; darum vermochte er die Originaltexte auch später nicht zu präsentieren. Doch wurden diese (prä-)romantischen Heldenepen für nahezu ein Jahrhundert zum Ausdruck »keltischer Traurigkeit« und häufig mit denen des Homer verglichen. Sie warteten mit einem Muster auf, das aus der Sammlung moderner Volksdichtung oder der längst fälligen Veröffentlichung alter Manuskripte heraus die »ruhmreiche« Vergangenheit des jeweiligen Volkes auf »würdige« Weise darstellte.

Bei dieser Vorgehensweise sind – infolge verschiedener Umstände je nach Regionen – Ergebnisse unterschiedlicher Präzision und Wichtigkeit entstanden. Im deutschen Nibelungenlied werden Ereignisse behandelt, die als Vorgeschichte zum Tod (453 nach Christi Geburt) des hunnischen Großfürsten Attila im Gedicht ›Etzel‹ betrachtet werden können. Vor allem zum ersten Teil der in »Gesängen« zusammengefaßten Geschichte lassen sich archaische altisländische – ursprünglich kontinentalgermanische – Parallelen finden: Siegfrieds wundersame Geburt, sein Kampf mit dem Drachen, das Beschaffen des Rheingolds und der Tarnkappe, seine zehnjährige Ehe mit Kriemhild sowie das Erringen der »starken Jungfrau« Brünhilde für Gunther, und schließlich die tückische Ermordung des Helden. Der zweite Teil spielt am geradezu christlich und feudal anmutenden Hof des Hunnenkönigs: Kriemhilds Rache an den Burgundern, den Nibelungen.

Nach unseren heutigen Kenntnissen entstand aus früheren, vor allem mündlich überlieferten Geschichten um 1150 ein alemanisches Epos, das zwischen 1182 und 1197 bei Passau in bayerischem Dialekt überarbeitet wurde, in erster Linie der damals neuen poetischen Form zuliebe, den Reimen. Mindestens drei handschriftliche Varianten ganz zu Beginn des 13. Jahrhunderts gestalteten die Geschichte nur noch in Kleinigkeiten weiter aus. In den späteren Jahrhunderten war der Themenkomplex zwar bekannt, doch der Text des Nibelungenliedes selbst wurde erst zwischen 1782 und 1785 herausgegeben. Da der Leser den alten Text nicht so recht verstand, wurde anno 1827 die moderne Übersetzung ins Hochdeutsche von Simrock publiziert. Zur Beliebtheit dieser Fassung trug Wagners Tetralogie (1848 bis 1856) erheblich bei, die jedoch nicht dem Text, sondern nur dem Thema des Nibelungenliedes folgt.

In deutschen Landen brauchte es ein dreiviertel Jahrhundert, damit die Geschichte zu einem »Nationalepos« wurde. Dazu trug bei, daß schon in der ursprünglichen Geschichte der Handlungsrahmen von Island über das Rheingebiet und an der Donau entlang bis zur weitentfernten gotisch-hunnischen Welt reichte, und obgleich im Original die Hunnen keine Feinde sind und die wahren Konflikte sich zwischen den germanischen Stämmen und Geschlechtern entspinnen, konnte die Geschichte später auch genauso ausgelegt werden. Daß das Werk in einer mythischen, verallgemeinernden Auffassung bis in unsere Zeit wirksam ist, können wir nicht nur an seiner Fortsetzung im vergangenen Jahrhundert durch die Gebrüder Grimm sowie durch De la Motte Fouqué, Uhland, Heine und Hebbel ablesen, sondern auch in diesem Jahrhundert durch Bertolt Brecht, Franz Fühmann und Heiner Müller und nicht zuletzt an Fritz Langs Film ›Die Nibelungen‹ von 1924.

Originärer und an unmittelbar mythischen Teilen reich ist das klassische Epos der altisländischen Literatur, die ›Edda‹. Genauer gesagt, sind zwei »Edden« bekannt. Die erste ist die aus 33 Gedichten bestehende ›Lieder-Edda‹ (ältere Edda, Saemundar Edda) mit Texten aus dem 9. bis 12. Jahrhundert, bzw. deren uns überlieferte Manuskripte, die sich auf das 12. bis 13. Jahrhundert datieren lassen. Etwa ein Drittel der miteinander inhaltlich nur recht lose zusammenhängenden Gedichte hat eine mythologische Thematik und ist unsere einzige primäre (Text)-Quelle über das Weltbild der alten Germanen. Die übrigen Lieder haben heldenepischen Charakter. Deren ältester Teil rankt sich um die Person Sigurds – ebenjenes Siegfried des Nibelungenlieds –, dem göttliche Herkunft zugeschrieben wird. Auch die Burgunder-Hunnen-Thematik finden wir wieder. Die »andere« Edda, unpräzise ›Prosa-Edda‹ genannt, ist das dreiteilige Poetik-Lehrbuch des bedeutendsten Kenners der altisländischen Literatur, des Dichters Snorri Sturluson, in einer Zusammenstellung aus den Jahren 1220 bis 1223. Diese wurde zu keiner über die Literatur hinausweisenden Quelle des Identitätsbewußtseins.

Der älteste der Edda-Texte ist das ›Völund-Lied‹, das von der Rache des mit wunderbarem Können ausgestatteten »Technikers«, des Meister-Schmieds, handelt. Die altisländischen Texte waren stets präsent, doch ihre erste, wissenschaftliche vollständige Ausgabe wurde erst 1787 in Kopenhagen angeregt. Moderne Übersetzungen ins Deutsche sind schon aus dem vergangenen Jahrhundert bekannt. Im Grunde genommen widerspiegeln sie die archaische Welt der heidnischen Skandinavier und markieren bis zum heutigen Tag den Ausgangspunkt der isländischen und norwegischen Identität. In Europa waren sie darum von Wichtigkeit, weil sie den Beweis erbrachten, daß es überall in der Vorzeit Gesänge über die nahezu ständig kämpfenden Götter und Helden gab.

Thematisch der in der Edda beschriebenen germanischen Urzeit verpflichtet, formal der Kette der Ossianschen Romanzen folgend, ist das Hauptwerk zur literarischen Rekonstruktion der skandinavischen mythischen Welt die 1818 bis 1825 entstandene, aus 24 Romanzen bestehende ›Frithiofs saga‹ des schwedischen Dichters und Bischofs Esaias Tegnér. Ideologisch folgt sie nicht dem deutschen Nibelungenlied, sondern, wie sonderbar es auch anmuten mag, eher den Idyllen von Goethes Epos ›Hermann und Dorothea‹. Obgleich Tegnér in Skandinavien keinen allzugroßen Einfluß hatte, ist seine Wirkung in Europa unbestritten.

Zur Mitte des 19. Jahrhunderts bemühte sich eine ganze Reihe von europäischen Völkern, ein »naives Epos« aufzuweisen. Es wurden denn auch epische Gesänge gefunden wie ›Vuk Karadžić‹ bei den Südslawen; manche wurden gefälscht wie die tschechischen ›Urepen‹, andere von der Monarchin verfaßt (zum Beispiel ein rumänisches Heldenepos). Literarische Werke wie das russische ›Igor-Lied‹ wurden zu solchen deklariert; andere wurden nicht gefunden, obwohl nach ihnen in Volksdichtung, Mythologie und bei Geschichtsschreibern gesucht wurde – hier sei verwiesen auf das verlorengegangene ungarische Epos. Einen Fund gab es, der es zum Welterfolg schaffte: die finnische ›Kalevala‹, veröffentlicht von Elias Lönrot zu einem geringeren Teil aus früher notierten Texten in einer kürzeren (1835) und einer erweiterten (1849) Fassung. Die Handlung spielt an einem nicht näher bestimmten Ort, in einer vielleicht vor dem Mittelalter liegenden Zeit. Das Werk wurde als ein echtes Epos aufgenommen, nicht als Anthologie von folkloristischen Aufzeichnungen, zusammengestellt aus epischen Gesängen, aus Hochzeitsliedern, Volksballaden, Zauberformeln und weisen Sprüchen. Die ursprüngliche, gesungene Form wurde durch einen Gedichtrhythmus abgelöst. Schnell wurde das Werk von der europäischen Öffentlichkeit angenommen, nicht zuletzt infolge der Würdigungen durch Jacob Grimm; seine belletristischen Übersetzungen erscheinen bis zum heutigen Tag. Da es nicht von wirklichen Kämpfen historischen Ausmaßes oder von einer Mythologie mit wahren Göttern handelt, wirkt es bis in unsere Gegenwart wie die Verkörperung einer sonderbar bäuerlichen, archaischen Welt. Weiter tradiert wird es durch Filme, Opern, Sinfonien, Gemälde. Ferner ist es Vorbild des 1850 bis 1855 entstandenen estnischen Nationalepos ›Kalevipoeg‹ des Fr. R. Kreutzwald, das seinerseits dem Epos ›Lāčplēsis‹ des lettischen Schriftstellers A. Pumpurs anno 1888 als Vorlage diente.

In unserem Jahrhundert haben allein unter den kleineren finnougrischen Völkern die Mordwinen, die Ob-Ugrier, die Syrjänen und sogar das nur eine Handvoll Seelen zählende Setu-Volk ihre jeweiligen, auf Folklore basierenden Epen zusammengestellt, dadurch gleichsam die Anfänge ihrer »Literatur« erschaffend. Wo es kein eigenes derartiges Heldenepos gab, wurde die ›Kalevala‹ übersetzt – zum Beispiel ins Ungarische in mindestens fünf verschiedenen Versionen – und auf die Bühne gestellt.

Es hat den Anschein, daß die Folklore – oder was dafür gehalten wird – in Europa bis zum heutigen Tag eine hauptsächliche Quelle des Nationalbewußtseins ist. Und wenn die diversen Epen auch nicht immer Götter aufmarschieren lassen, sondern Motive des Volksglaubens und der Volksreligiosität verwenden, so kann die Welt der erwählten Helden dennoch mit Beispielen aufwarten, die wir zu Recht mit dem strenggenommenen Begriffskomplex des Mythos verknüpfen können. Es ist nicht besonders schwer, nachzuweisen, daß das europäische Modell auch anderswo und später Wirkung zeitigte. Das Indianerepos des Amerikaners H. W. Longfellow, ›The Song of Hiawatha‹ von 1855, nährt sich aus ethnograpischen Beschreibungen und tatsächlich gleichermaßen aus der ›Kalevala‹, von welcher es sogar die rhythmische Gedichtform übernimmt. Eine der wichtigsten epischen Traditionen der westafrikanischen Völker, die ›Soundiata‹, findet seit 1960 in der Welt Verbreitung. Es ist allgemein bekannt, daß von ihr zuerst der deutsche Afrikaforscher und »Märchensammler« Leo Frobenius im Jahre 1910 kündete, mit der Beteuerung, daß die Geschichte vom Löwenkönig die Struktur der auch in Europa tradierten literarischen Abläufe aufweist. So werden diese Epen zu mehr, als sie selber sind: zu Mythen.

Europäischer Witz

Otto Danwerth

»Weil Kürze denn des Witzes Seele ist«, läßt Shakespeare den Polonius im ›Hamlet‹ sagen, »fass ich mich kurz.« Gleiches gilt natürlich auch für Handbuchartikel über ein derartiges Thema. Die komplexe Frage nach einem europäischen Witz soll erst aufgeworfen werden, nachdem zunächst geklärt wurde, woher der Witz und seine sprachlichen Pendants in einigen Ländern Westeuropas stammen und was sie über die Jahrhunderte bedeuteten und heute bedeuten. Zweitens werden die verschiedenen Witzarten vorgestellt, bevor es drittens theoretisch darum geht, was den Witz witzig macht und warum über ihn gelacht wird. Erst dann kann man sich der Frage nach europäischen Witzkulturen und deren Existenz widmen.

Vom *wit* zum »Witz« – eine kurze Begriffsgeschichte

Ursprünglich stammt das deutsche Wort »Witz« vom Althochdeutschen *diu wizze* ab, was Klugheit und gesunden Menschenverstand bedeutete; *wizzi* bezeichnete allgemein das Wissen als Summe des Erlernten. Später verengte sich seine Bedeutung zu Verstandeskraft (lateinisch *ingenium*). Obwohl man das Wort in dieser Bedeutung noch um 1800 findet, ergab sich seit dem 17. Jahrhundert ein Bedeutungswandel, der von der Beeinflussung durch den französischen *bel esprit* (geistige Beweglichkeit, Talent zum geistreichen Formulieren) herrührte. Die Orientierung der sozialen Oberschicht in Deutschland am Verhalten des französischen Hofes löste eine Debatte über die Vorzüge der französischen Kultur gegenüber der deutschen aus, wodurch dieser Wandel befördert wurde. Die beabsichtigte Eindeutschung des französischen *esprit* machte den Witz zu einem Modewort, das sich auf die Gabe der geistreichen – und nicht nur der scherzhaften – Einfälle bezog. Außerdem übernahm »Witz« auch die Bedeutung des englischen *wit*: Damit war in der empiristischen Philosophie, zum Beispiel bei John Locke, das psychische Vermögen gemeint, schnell Ähnlichkeiten verschiedener Objekte zu erkennen; auch Kant verstand den Witz in diesem Sinn noch als »ein eigenthümliches Verähnlichungsvermögen«.

Dabei nahm man eine enge Verbindung zwischen Witz, Einbildungskraft und Aufmerksamkeit an. Als die dem Witz entgegengestellte Kraft galt der Scharfsinn, welcher Unterschiede schnell erkennt. Dieses Gegensatzpaar wurde als wichtiges Erfindungsmittel zur Erkennung von Wahrheiten angesehen. In der Poetik der deutschen Aufklärung als schöner Wissenschaft kam es wie in der populären Literatur des 18. Jahrhunderts auf unterhaltende und geistreiche Darstellung an. Demgegenüber erfuhr der *wit* in England zu dieser Zeit eine soziale und ästhetische Abwertung: er galt nicht mehr – wie noch zu Shakespeares Zeiten – als schöpferische Quelle des geselligen Lebens, sondern sah sich zunehmend vom *sense of humour* verdrängt.

Das Begriffspaar »Witz« und »Laune« des 18. Jahrhunderts, das später von »Witz« und »Humor« abgelöst wurde, verweist auf die Affektenlehre jener Zeit. Laune oder Humor in der Tradition der antiken Säftelehre hing von der Mischung der vier Körpersäfte *(humores)* ab. So führte im 16. Jahrhundert in ganz Europa der Glaube an das Überwiegen bestimmter Säfte dazu, »Humor« als Stimmung und Laune zu verstehen. Interessanterweise wurden die englischen Begriffe *wit* und *humour* aus komikfreien Bedeutungsbereichen heraus – zum einen aus dem der Klugheit, zum anderen aus dem der Pathologie – im Laufe des 16. Jahrhunderts zu »komischen« Begriffen. »Humor« war also für die deutsche Sprache ein Fremdwort, das erst in der frühen Neuzeit hoffähig wurde und zunächst »Temperament« bedeutete.

Ab 1760 wurde der Witz in Deutschland als zentrales poetisches Prinzip durch den Geniebegriff abgelöst. Witz, so wurde kritisiert, sei zu sehr an Oberflächlichem orientiert und könne die wahren Empfindungen nicht erfassen. Lessing stellte beispielsweise den künstlerisch schaffenden Menschen dem bloß witzigen gegenüber, welcher allenfalls Modisches hervorbringen könne. In der Frühromantik erschien der Witz zum letzten Mal als kombinatorisch schöpferisches Prinzip in herausragender Stellung: Er galt als das Erkenntnisprinzip, das sowohl Kunst als auch Wissenschaft zu integrieren vermochte. So konnte Friedrich Schlegel den Witz als »eine Explosion von gebundenem Geist« bezeichnen. Goethe schätzte den Witz allerdings niedriger als den Geist ein, weil er durch seinen Publikumsbezug zu Selbstgefälligkeit und Eitelkeit neige: »Der Witz setzt immer ein Publikum voraus. Darum kann man den Witz auch nicht bei sich behalten. Für sich allein ist man nicht witzig.« Die einfache Nebeneinanderstellung der »geistreichen« Leitworte in Frankreich, England und Deutschland am Ende des 18. Jahrhunderts sagt schon viel über die jeweiligen »Witzkulturen« aus: *esprit*, *humour* und »Genie«; 100 Jahre zuvor waren es noch *esprit*, *wit* und »Witz«.

Seit dem 19. Jahrhundert wurde in Deutschland der Witz in Anlehnung an die frühere Nebenbedeutung »Scherz« nur noch als Stilmittel betrachtet, das mittels Pointen und Anspielungen eine Distanz zwischen Text und Leser herstellt. Die Bedeutung des Witzes im modernen Sinn – eine kurze Textform, die Lachen erregt – existiert also erst seither. Damit wird das Scherzhafte zur Hauptsache des Witzes, der zunächst noch die Gabe der scherzhaften, lustigen Einfälle, dann aber nur noch den einzelnen Einfall bezeichnet. Gleiches gilt auch für den englischen *joke*, der zwar schon in der zweiten Hälfte des 17. Jahrhunderts im Wortschatz auftaucht, aber erst im 19. Jahrhundert regelmäßig in obigem Sinn benutzt wird; gleichzeitig wird der *sense of humour* zu einer spezifisch englischen Kardinaltugend. Auf französisch heißt »Witz« heute noch *trait d'esprit* bzw. *mot d'esprit*, aber auch *blague*. In der ersten Hälfte des 19. Jahrhunderts entstanden – nach England und Frankreich auch in Deutschland – sogenannte »Witzblätter«, deren Nachkommen sich noch heute in den Zeitungen finden.

Definition und Gattungen des Witzes

Obwohl der Begriff scheinbar modern ist, gab es doch schon zuvor strukturell ähnliche Gattungen, die die gleiche Funktion erfüllten wie der Witz: zum Beispiel die antiken *facetiae* (in der römischen Rhetorik), den mittelalterlichen Schwank, die frühneuzeitliche Fazetie oder pointierte Kurzprosa in der Barockzeit. Zudem trat und tritt der Witz im Gewand anderer kurzer Textformen wie Rätsel, Limerick oder Anekdote auf. Im Kern kann man den Witz folgendermaßen definieren:

> »Ein kurz umrissener Sachverhalt erhält eine überraschende, den gängigen Erwartungshorizont desavouierende Wendung durch seine unvermutete Verbindung mit einem abliegenden Gebiet, wodurch ein – scheinbar unbeabsichtigter – komischer Doppelsinn entsteht, der blitzartig die eingangs angesprochene Wertwelt (Normen, Institutionen) in Frage stellt. Die Wirkung, ein durch das Erkennen der Funktion der Pointe ausgelöstes Lachen, macht den Witz zu einem sozial und psychologisch wichtigen Phänomen: er bietet Identifikationsmodelle, seine Aggression, seine implizite Gesellschaftskritik oder seine Erotik gewinnen Ventilfunktion.« (Metzler Literaturlexikon)

Formal gilt, daß der Texttyp Witz sich mindestens durch eine kurze Witzerzählung und eine überraschende Pointe auszeichnet. In der Regel entstehen Witze anonym und werden im Alltag weiterverbreitet. Da es sich um eine typische Erzählung handelt, kommen Figurentypen (wie der geizige Schotte) oft in typischen Situationen vor – im Arztzimmer, auf einer einsamen Insel etc. Als Textsorte wird der Witz den einfachen Formen zugerechnet. Ohne Anspruch auf Vollständigkeit soll der Reichtum an Witztypen in folgender Liste verdeutlicht werden, die der Witzologe Röhrich 1977 erstellt hat:

- Benennung nach auftretenden Personen (Irre, Tünnes und Schäl, Manta- oder Trabi-Fahrer)
- Einteilung nach wirklichen oder fiktiven Witzproduzenten und Rezipienten (Herren-, Proletenwitze)
- Klassifizierung nach Inhalt oder Bezug (konfessionell, politisch, sexuell, skatologisch)
- Einordnung gemäß der Witztechnik, -form oder -struktur (Wort-, Bild-, Übertrumpfungswitz)
- Bezeichnung nach Wirkungsbegriffen (Ekelwitz, trockener Witz)
- Einteilung nach Ethnien oder Regionen, die als Witzproduzenten oder als Witzobjekte auftreten (jüdischer Witz, Ostfriesenwitz)
- Einteilung nach Form und Gewicht der Tendenz (harmlos, aggressiv, zynisch, antiklerikal, »unanständig«, schwarz, grausam, absurd, auslachend, obszön, versöhnt)
- Klassifizierung nach Geschehnisorten (Schul-, Inselwitz)

Eine seit der Antike getroffene Unterscheidung, die dem Schema Form–Inhalt folgt, ist die in Wort- und Sachwitz. Danach ist der Wort- oder Sprachwitz aufgrund der

Ausdrucksweise und sprachlichen Gestaltung – also der Form nach – witzig, während der Sachwitz durch seinen Gegenstand oder Inhalt witzig wirkt. Es gibt reichhaltige Klassifizierungen der Arten beider Witztypen, denen man noch den Situationswitz an die Seite stellen kann.

Theorien über den Witz

Aristoteles zufolge sind »Menschen die einzigen Wesen, die lachen«. Dieser anthropologischen Konstante auf den Grund zu gehen versuchen seit mehr als 2000 Jahren allerlei Forscher: von Platon, Cicero, Quintilian, Hobbes, Descartes, Spinoza, Kant, Hegel, Schopenhauer und Darwin bis zu zahlreichen Autoren der Gegenwart. Was machen Humor, Komik und Witz aus? Warum lachen wir? Speziell mit dem Witz beschäftigen sich die Witzenschaftler *(sic)* erst seit dem Ende des 19. Jahrhunderts. Werfen wir einen kurzen Blick auf einige in Europa entstandene Witztheorien, die sich in philosophisch-ästhetische, psychologische, soziologische, volkskundliche sowie literatur- und sprachwissenschaftliche Ansätze einteilen lassen. Dabei wird der Witz oft im Kontext von Komik, Lachen und Humor behandelt. Daher zunächst eine Klärung der Begriffe, die allerdings so zwar im Deutschen, nicht aber beispielsweise im Englischen Sinn machen.

Albert Wellek unterscheidet 1970 in seiner phänomenologischen Untersuchung folgendermaßen: »Komik« meint das Phänomen als Erlebnis und die ästhetische Kategorie. »Humor« wird dagegen im Sinn des alten Temperamentbegriffs, also als Anlage, Fähigkeit oder Bereitschaft für das Komische einschließlich des Witzigen verstanden. »Witz« kann sich schließlich sowohl auf das Phänomen (das Witzige) als auch auf die Struktur, das heißt auf die Anlage dazu (französisch: *esprit*) beziehen. Witz sei vergeistigte Komik. Humor lebt in der Regel aus der konkreten Situation und ist eher milieugebunden (Mundart), während der Witz mit der Hochsprache auskommt. Witze altern gemeinhin schneller als humorvolle Erzählungen; sie bekommen den sprichwörtlichen Bart. Durch die verstandesmäßige Schärfe unterscheidet sich der Witz außerdem, einem Otto Julius Bierbaum zugeschriebenen Wort zufolge, vom gefühlsmäßigen Humor: »Humor ist, wenn man trotzdem lacht.«

In der Ästhetik des 19. Jahrhunderts galt der Witz im allgemeinen als lachenerregendes Phänomen und wurde als Element des Komischen behandelt. Es ging darum, komische Kontraste durch das Auffinden unerwarteter Ähnlichkeiten und Unterschiede zu entdecken. Das Witzige im allgemeinen wurde danach als »das geistreich Komische« definiert. In soziologischen und anthropologischen Untersuchungen erklärte man daran anschließend den Witz als eine eigenwillige, überraschende Ideenassoziation und interpretierte ihn als Beweis für angeborene Ideen. Das Lachen galt als Reaktion im Grenzbereich des menschlichen Verhaltens.

Um das Lachen geht es in Henri Bergsons gleichnamigem Buch von 1900. In dieser Theorie des Komischen wird der Witz eher am Rande behandelt. Dem französischen Philosophen zufolge ist das Komische an einem Menschen das, was an ein Ding erinnert. Das Lachen richte sich auf ein Übermaß an Steifheit. Diese »Mechanisierung des Lebens« tritt beim Witz in Erscheinung als Wiederholung, Verkehrung, Verwechslung oder Übertragung. Der Witz wird also als erzieherisches Mittel betrachtet, mit dem die gesellschaftliche Umgebung ein dem Lebendigen *(elan vital)* des Menschen entgegengesetztes steifes-mechanisches Verhalten tadelt. Lachen erhält hier die Funktion einer Strafe. Bei der Wortkomik *(le comique des mots)* – womit Bergson auch den deutschen Witz meint – werde die Sprache selbst im Gegensatz zu anderen Formen des Komischen lächerlich. Wer Witz habe, könne die Wortkomik entdecken.

Sigmund Freuds Abhandlung ›Der Witz und seine Beziehung zum Unbewußten‹ von 1905 ist die wohl wirkungsmächtigste Witztheorie unseres Jahrhunderts. Freud betrachtet Humor, Komik und Witz als »Arbeitsweisen unseres seelischen Apparats«. In seiner Theorie des Witzes stellt er eine enge Beziehung zwischen dem Texttyp Witz und dem Traum her. Beiden liegen ähnliche Techniken wie unter anderem Verdichtung und Verschiebung zugrunde. Durch beide werden die Hemmungen der Zensur des Bewußtseins überwunden. Nach Freud führt das Lachen jene psychische Energie ab, die durch den »ersparten Hemmungsaufwand« nicht aufgebraucht worden ist; am besten gelinge dies mit tendenziösen Witzen, die der Autor freimütig anführt. Deren Unterteilung läßt sich heute allerdings nicht mehr halten. Der Traum sei als seelisches und asoziales Produkt auf Unlustersparnis gerichtet. Demgegenüber sei der Witz »die sozialste aller auf Lustgewinn zielenden seelischen Leistungen«. Mit dieser Abhandlung etablierte der Wiener Seelenforscher den Witz als Gegenstand der Psychoanalyse, dessen sich weitere Seelenforscher (Carl Gustav Jung, Leopold Szondi) in der Folge annahmen.

Abschließend seien lediglich einige literaturwissenschaftliche Ansätze erwähnt. Wolfgang Preisendanz hebt 1970 die für den Witz als Texttyp »charakteristische Sprachverwendung« hervor, die das Witzige am Witz ausmache. »Witz« ist ihm zufolge weniger durch den Gegenstand seiner Aussage als »allein durch die Art und Weise des Aussagens« definiert. Die Komik des Witzes wird mit dem »Kontextwechsel« erklärt oder – in seinen Worten – damit, »daß die ausdrückliche Bedeutung gerade das mitteilen muß, was sie an sich ausklammert, unterdrückt, verdrängt; daß etwas in einem Kontext zu verstehen gegeben wird, auf das sich dieser Kontext scheinbar nicht bezieht«. Eine witzige Sprachverwendung besteht im Grunde aus dem »Umkippen« von einem Kontext in einen anderen.

Im Zentrum neuerer Arbeiten aus dem strukturalistischen und linguistischen Lager stehen genaue Analysen der Verfahren, Pointen zu bilden. Ihnen liegt die Einsicht zugrunde, daß eine untreffend formulierte Pointe einen Witz »töten« kann. Bei diesen Theorien steht der Prozeßcharakter der Witzkommunikation – die »Witzerzählsituation« – im Mittelpunkt des Interesses. Andere Autoren legen ihr Augenmerk auf die pragmatischen Funktionen des Witzeerzählens und auf die empirische Analyse von Witzprozessen, um interdisziplinär eine sozialwissenschaftliche Witzforschung zu begründen.

Bei allen Unterschieden zwischen den einzelnen Interpretationen ähneln sie sich doch im Kern alle und lassen sich aufeinander zurückführen, wenn man von der Terminologie und der je gewählten Perspektive und Schwerpunktbildung der ausgewählten Witze abstrahiert. Während das Ziel des Witzes das Lachen ist, sind die dazu eingesetzten Mittel äußerst reichhaltig. Vielleicht entzieht sich der Witz – wie der Humor – daher eindeutiger wissenschaftlicher Beschreibung und Analyse, wie dies einmal Saul Steinberg paradox formulierte: »Der Versuch, den Humor zu definieren, ist selbst eine Definition von Humor.«

Gibt es einen europäischen Witz?

Nach den jeweils knappen Zusammenfassungen der westeuropäischen Begriffsgeschichte des Witzes, einer allgemeingültigen Witztypologie und der Vorstellung einiger prominenter Witztheorien französischer, österreichischer und deutscher Provenienz soll es abschließend um das eigentliche Thema dieses Artikels gehen: die Frage nach dem europäischen Witz. Gibt es einen solchen, und, wenn ja, wie läßt er sich fassen?

Angeregt von Theorien über die verschiedenen Nationalcharaktere, seien sie völkerpsychologischer, anthropologischer oder volkskundlicher Natur, versuchten Forscher, besondere Witztypen bestimmten Regionen oder Ländern zuzuschreiben. So galten, um nur in Deutschland zu verweilen, bayerische Witze als besonders derb, die Kölner Witze lebensmeisternd und die Berliner Witze objektiv. Solchen Klassifikationen einer ›Geographie des deutschen Witzes‹, wie sich Herbert Schöfflers 1955 erschienene Publikation nennt, läßt sich wenig entnehmen. Vielmehr gründen diese Sortierungen häufig auf regionalen oder nationalen Klischees, die in den angeblichen Witzkulturen bestätigt werden sollen. Besonders deutlich wird die Gefahr einer solchen Instrumentalisierung in Versuchen der dreißiger und vierziger Jahre von seiten einiger deutscher Völker- oder »Struktur«-Psychologen, die mittels wissenschaftlich klingender Typologien den jeweiligen Nationalwitz europäischer Völker und »Rassen« zu fassen suchten. Fritz Egner stellt in seinem 1932 erschienenen Text ›Humor und Witz unter strukturpsychologischem Gesichtspunkt‹ fest, daß »der Engländer den Ernst des Lebens durch seinen Humor« bekämpft, »der Franzose als ausgesprochener S2-Typus« gilt und »der Witz durchaus undeutsch« sei – es gebe aber deutschen Humor. Diese Arbeiten aus »Stammes- und Rassenkunde« wirken heute selbst lächerlich.

Kehren wir zu den ernstzunehmenden Versuchen zurück, regionale Besonderheiten von Witz und Humor aufzuzeigen, so lassen sich diese oftmals als Motive erkennen, die auch in der »Witzkultur« anderer Regionen auftauchen. Die regionalen Eigenarten liegen zudem oft in der Darbietung (wie im Dialekt), selten aber in der tieferliegenden Struktur begründet. Dies wird auch von den sogenannten *cross-cultural and cross-national humour studies* britischer Psychologen bestätigt. So kam Hans Jürgen Eysenck 1945 in seiner experimentellen und statistischen Untersuchung eines angeblich verschiedenen *sense of humour* bei unterschiedlichen Nationen zu dem Ergebnis, daß es weitaus mehr Übereinstimmung als Unterschiede zwischen Mitgliedern verschiedener Nationen gebe: *»In fact, no indisputably national differences were discovered in the appreciation of humour.«*

Nationale Unterschiede sind – entgegen der landläufigen Meinung – sehr wahrscheinlich als eher unbedeutend abzutun, wenn es um Humor geht. Jeffrey H. Goldstein betonte 1977, daß Humor an Witzen untersucht werden könne. Er gelangte aber zu einer Unterscheidung zwischen divergierenden Inhalten und ähnlicher formaler Struktur *(procedure)*. Auch Franzosen der fünfziger und sechziger Jahre versuchten, in die (Un-)Tiefen des internationalen Humors einzutauchen. So unternahm Pierre Daninos 1953 eine ›Tour du Monde du Rire‹. Jean Nohain erstellte 1965 außerdem eine Weltkarte des Humors, auf der die einzelnen Kontinente und Regionen je nach Lachneigung von rosa (Schwarzafrika) bis grau (Europa) eingefärbt waren. Auch wenn sich innerhalb der einzelnen Kontinente weitere Farbtupfer je nach national zugeordneten »Humoren« auftaten, so wird doch die Fragwürdigkeit des Unterfangens deutlich: Es erregt, wie schon so viele Versuche der Lokalisierung von Lachregionen, selbst ein Schmunzeln.

Gleichwohl kann man nicht leugnen, daß einige Topoi durchaus einen wahren Kern haben. Ich möchte nur vier erwähnen: den »typisch britischen« Humor, den jüdischen Witz (und seine *chuzpe*), das Lachen über Volksgruppen (Deutsche über Ostfriesen, Franzosen über *les Belges*, alle über die Schotten) und die Behauptung, daß die Deutschen ein Volk ohne Witz seien. Ludwig Börne meinte schon: »Die Deutschen haben drei Dinge zuviel und drei Dinge zuwenig. Sie haben zuviel Moral, zuviel Oekonomie und zuviel Gelehrsamkeit. Hingegen haben sie zuwenig Witz, zu wenig Geschmack und zu wenig Lebensart.« Otto F. Best hat diesem Umstand 1993 gleich ein ganzes Buch gewidmet, ›Volk ohne Witz‹. In der Bibliographie finden sich Monographien zu einzelnen Witzkulturen, die nur selten länderspezifisch angelegt sind; eine überzeugende vergleichende Untersuchung, die sich mit Europa als Ganzem beschäftigt, ist ein Desiderat.

Vielleicht ist sie ja auch ein Ding der Unmöglichkeit. Es müßten dabei folgende Probleme berührt werden: Ist eine Abgrenzung von anderen, nichteuropäischen Witzkulturen möglich? Wie lassen sich interkulturelle und internationale Verständnisprobleme humortheoretisch fassen und messen? Welche Sozialisierungen, Erfahrungen und Weltbilder begründen die »Befähigung« oder Ausbildung von Humor in verschiedenen Kulturen? Ferner stellt sich das Problem der Übertragbarkeit. So gelten viele Witze aus anderen Sprachen – seien sie europäisch oder nicht – als unübersetzbar; damit verlören sie die Pointe. Andere wiederum sind übertragbar, wie man an Politikerwitzen oder »unanständigen« Witzen zeigen könnte. Oft ist Humor zudem eher sozial konditioniert. Es ist wahrscheinlicher, daß Mitglieder gleichrangiger sozialer Schichten verschiedener Länder eher über gleiche – und vergleichbare – Witze lachen als Angehörige verschiedener, wenngleich demselben Staat angehöriger Schichten. Die *humour-population* ist in den Worten von Psychologen also sozialdifferent.

Natürlich gilt aber auch, daß verschiedene Kulturen über verschiedene Dinge lachen, weil die Witzinhalte eher kulturbestimmt sind als die Form. Der oben bereits erwähnte Unterschied zwischen Witz und Humor könnte zu einer weiteren Klärung beitragen: Witz als Handlung des einzelnen steht dem Humor als Zustand gegenüber, der eher einer Gemeinschaft von Personen zukommt. Eine Geographie des Witzes zu zeichnen ist daher schwieriger als eine Geschichte des Humors zu verfassen. Schöffler meint in seinem obenerwähnten Buch: »Humor bedient sich des Witzes, und Witz kann den Humor erreichen. Was aber Völker trennt oder bindet, das verrät kaum der Witz, um so sicherer der Humor [...] Witz gehört dem ›freien‹ Geist [...] Humor hat so viele Stile als es gewachsene Einzelkulturen, also überpersönliche Charaktere gibt.«

Als Fazit ließe sich formulieren: Ein europäischer Witz, der sich gegenüber einem Witz anderer Kulturen oder Kontinente abgrenzen ließe, läßt sich nicht feststellen. Der Witz als literarische Kleinform tritt zeit- und kulturenübergreifend auf. In der äußeren Form und seiner Funktion gibt es kaum kulturelle Unterschiede, wohl aber bei seinen Gegenständen, die in der Regel kulturspezifisch gewählt sind. Wir sollten daher besser vom unbestreitbaren Reichtum an Witzen in Europa reden als von einem monolithischen europäischen Witz. Diese Vielfalt spiegelt sich in internationalen Witzen wider. Darin werden die ethnischen Vorurteile und Wertungen zur Geltung gebracht, die jedes Volk für wichtig hält oder die andere dafür halten. Die stereotypen Vorurteile sind von Kultur zu Kultur verschieden. Oftmals enthalten sie eine überzogene Darstellung und sind aufgrund ihrer Typenorientierung nicht sehr differenziert oder subtil. Andere Volksgruppen werden oft herablassend gesehen. Gerade deshalb können solche Witze eine gute Quelle für die experimentelle Erforschung der Meinungen und Vorurteile sein, die in den jeweiligen Völkern von anderen vorherrschen.

Beendet sei diese Notiz über den Witz dementsprechend mit einem internationalen, ja europäischen Witz aus der oft nicht sehr witzigen, aber doch an Witzen reichen Zeit des Kalten Krieges. Einige der darin genannten Klischees sind inzwischen im Orkus der Geschichte verschwunden, während andere sich bestens zu halten scheinen:

> »Anläßlich einer Sondernummer über den Elefanten hatte eine Zeitschrift Angehörige verschiedener Nationen um Beiträge gebeten. Es sandten ein:
> Der Franzose: ›Das Liebesleben des Elefanten‹, der Engländer: ›Der Elefant und die englische Weltwirtschaft‹, der Russe: ›Der Elefant und der Fünfjahresplan‹, der Däne: ein Kochbuch, ›Elefant auf 100 Arten‹, der Österreicher: ›Erinnerungen eines Elefanten an das alte Burgtheater‹, der DDR-Bürger: ›Unser Vorbild: der russische Elefant‹, der Westdeutsche: ›Der Elefant in philosophischer, ethischer und kultureller Hinsicht unter besonderer Berücksichtigung der Idee der Elephantiasis‹ (Vorabdruck eines auf 77 Bände berechneten Werks).«[1]

1 Zitiert nach: Lutz Röhrich, Aktuelle Probleme der Witzforschung. In: Rolf Klöpfer und Gisela Janetzke-Dillner (Hg.), Erzählung und Erzählforschung im 20. Jahrhundert. Stuttgart 1981. S. 501.

Sprichwörter des Kontinents

Wolfgang Mieder

Das Wort »Europa« hat in der sprichwörtlichen Sprache des europäischen Kontinents bisher eigentlich keine Rolle gespielt. Aus dem 19. Jahrhundert ist zum Beispiel im Deutschen lediglich die Redensart »Daran denkt Europa nicht« überliefert. Damit drückte man aus, daß man an irgendetwas nicht denke und ganz anderer Meinung als der Redende sei. Natürlich wird hier auf indirekte Art und Weise angedeutet, daß an Europa als politische, ökonomische und soziale Einheit nicht zu denken war. 1987, rund 150 Jahre später, gelang Michail Gorbatschow die entgegengesetzte Formulierung: »*Ewropa – nasch obschtschij dom*« (Europa – unser gemeinsames Haus), die inzwischen sprichwörtlich geworden zu sein scheint und ausdrückt, daß es in Europa trotz aller Unterschiede eben doch vielfältige Gemeinsamkeiten gibt. Übrigens hatte wohl auch schon Kurt Tucholsky eine ähnliche Vorstellung, als er 1932 die Meinung vertrat: »Europa ist ein großes Haus«. Wie dieses Haus allerdings einigermaßen in Ordnung bzw. redensartlich »unter einen Hut zu bringen« ist, das verdeutlichen erst die imposanten Fortschritte, die es seit dem Zweiten Weltkrieg im Hinblick auf ein vereinigtes Europa gegeben hat. Nur haben sich diese beachtlichen Erfolge bis jetzt noch nicht sprichwörtlich niedergeschlagen.

Betrachtet man einmal, was die gewaltigen Sprichwörterschätze der verschiedenen Nationen und Sprachen Europas zu dem Thema des gemeinsamen Hauses Europa zu sagen haben, so drücken diese volkstümlichen Weisheiten vor allem die Unterschiede aus. Ein Land, ein Volk, eine Sprachgemeinschaft »hackt« mit stereotypischen Sprichwörtern auf der anderen herum. Darin drückt sich alles andere als der Wunsch nach Völkerverständigung oder Vertrauen gegenüber dem Nachbarn aus. Zu lange bereits bestehen alte europäische Feindschaften, und das seit Jahrzehnten oder Jahrhunderten überlieferte Mißtrauen gegenüber anderen Nationen ist zu sprichwörtlichen Feindbildern erstarrt. Rational gesehen, kann man selbstverständlich von stereotypischen Vorurteilen sprechen, die jeglicher Basis entbehren. Und doch haben sich diese Schlagwörter zwischen Nationen lange Zeit erhalten.

Welchen unerfreulichen Reichtum es an solchen internationalen Vorurteilen gibt, das hat Otto von Reinsberg-Düringsfeld bereits 1863 in seiner Sprichwörtersammlung ›Internationale Titulaturen‹ nachgewiesen. Im Jahre 1944, zu einer Zeit also, als Europa durch einen schrecklichen Weltkrieg zerstört wurde, erschien in Amerika das ›Dictionary of International Slurs‹ von Abraham A. Roback, worin erneut auf diese gefährlichen Metaphern aufmerksam gemacht wurde. Und wie enttäuschend wirkt dann ein Buchtitel wie ›Refranero contra Europa‹ von José Esteban, erschienen 1996, der ausdrücken will, daß die von ihm zusammengestellten Sprichwörter über und gegen verschiedene europäische Länder eine negative Grundaussage gegen ein vereintes Europa beinhalten.

Hier sollen solche irrationalen sprichwörtlichen Vorurteile nicht aufgezählt werden, um ihnen womöglich eine noch breitere Basis zu verleihen. Doch ein paar Beispiele mögen verdeutlichen, daß die Völkerpsychologie in Sprichwörtern ein eher dunkles Kapitel darstellt. So behauptet ein serbisches Sprichwort »Ein Krebs ist kein Fisch, ein Grieche kein Mensch«; ein ungarisches Sprichwort meint »Hirse ist keine Speise, der Slave kein freier Mann«; ein russisches Sprichwort warnt »Der deutsche Stamm führt nichts Gutes gegen den slavischen im Schilde«; ein deutsches Sprichwort behauptet »England ist der Weiber Paradies, der Knechte Fegefeuer und der Pferde Hölle«; ein englisches Sprichwort prahlt »Ein Engländer kann drei Franzosen schlagen«; und ein holländisches Sprichwort lautet »Lieber türkisch als spanisch«. Solche Zerrbilder sind heute nicht mehr gebräuchlich, und man sollte in bezug auf volkscharakterologische Aussagen sehr vorsichtig sein. Schon Johann Wolfgang von Goethe hatte in seinem Spruch »Sprichwort bezeichnet Nationen; Mußt aber erst unter ihnen wohnen« auf die Unzulänglichkeit solcher völkerpsychologischen Sprichwörter hingewiesen.

Eines der schlimmsten dieser Art ist übrigens ein aus dem Amerikanischen entlehntes Sprichwort, das 1868 während der Verfolgung der Indianer in Nordamerika in Umlauf kam: *»The only good Indian is a dead Indian«*. Dieses Sprichwort ist mittlerweile zu einem sprachlichen Internationalismus geworden, dessen Struktur *The only good X is a dead X* sich auf jede Nation, Bevölkerung anwenden läßt. Im Deutschen ist das Sprichwort in der Lehnübersetzung »Nur ein toter Indianer ist ein guter Indianer« gängig geworden.

Mit Bezug auf die politischen Probleme im ehemaligen Jugoslawien hieß es am 24. Juli 1992 in der ›Zeit‹: »Der Mensch lernt aus der Geschichte? Es ist zum Totlachen! Wie war das in Amerika? Nur ein toter Indianer ist ein guter Indianer. Wie ist das im ehemaligen Jugoslawien? Nur ein toter Bosnier, Moslem, Christ, Kroate [...]« Als man im selben Jahr in Israel gegen deutsche Neonazis demonstrierte, erschien dasselbe Sprichwort in hebräischer Schrift auf einem Plakat: *»Germáni tov, Germáni met«* (Ein guter Deutscher [ist] ein toter Deutscher).[1] Die internationale Verbreitung dieses gemeingefährlichen Sprichwortes ist in der Tat alarmierend, und sie erinnert ungemein an die schlimmen antisemitischen Sprichwörter, die vor und zur Nazizeit in Deutschland veröffentlicht wurden, um so auch volkssprachlich an der Zerstörung der europäischen Juden zu arbeiten. Um eine solche Schandsammlung dreht es sich bei Ernst Hiemers 210 Seiten umfassendem Buch ›Der Jude im Sprichwort der Völker‹, das 1942 im nationalsozialistischen Stürmer Buchverlag in Nürnberg erschienen ist.

Dabei sei hier zugleich erwähnt, daß es in Gesamteuropa eine Zeit gegeben hat, wo gerade der jüdische Sprichwörterschatz eine Art sprichwörtliche *lingua franca* darstellte, eine Verkehrssprache eines mehrsprachigen Raumes. Die ost- sowie westjiddische Sprache hatte bis vor dem Zweiten Weltkrieg ein reichhaltiges Sprichwörterrepertoire, das unter der jüdischen Bevölkerung Europas eine bedeutende kommunikative Rolle spielte. Dieses jiddisch-europäische Sprichwortgut wurde in

Deutschland bereits 1860 von Abraham Moses Tendlau in seiner mit aufschlußreichen Erklärungen versehenen Sammlung ›Sprichwörter und Redensarten deutsch-jüdischer Vorzeit‹ sowie in der 1908 in Warschau erschienenen Sammlung ›Jüdische Sprichwörter und Redensarten‹ von Ignaz Bernstein zusammengestellt. In Kanada veröffentlichte Shirley Kumove 1984 die Sammlung ›Words Like Arrows: A Treasury of Yiddish Folk Sayings‹, hauptsächlich in eigener Feldforschung zusammengestellt. Das heißt, diese ehemals gemeineuropäischen Sprichwörter leben in Nordamerika und in Israel trotz des Holocaust weiter.

Einige Beispiele aus diesem alten Sprichwörterschatz Europas sind etwa »Die Freude eines Juden hat stets einen Schuß Furcht«, »Wer Kinder in der Wiege hat, soll sich mit der Welt nicht streiten«, »Besser ein guter Feind als ein schlechter Freund«, »Auf Wunder darf man sich nicht verlassen«, »Lauter Leute, und nicht ein Mensch darunter«, und »Ein Narr wächst ohne Regen«. Wo heute selbst in Deutschland die jüdische Bevölkerung durch Einwanderung wieder zu wachsen beginnt und auch in Osteuropa Juden freier leben können, besteht ein gewisser Hoffnungsschimmer, daß sich auch die so reiche jiddische Sprache mit ihren Sprichwörtern und Redensarten als überregionale und internationale Sprache erhalten kann. Eine noch geringere Chance, in Europa »gängig« zu werden, dürften wohl die 1232 »erfundenen« Sprichwörter haben, die Ludwig Lazarus Zamenhof als Erfinder der Esperanto-Sprache in seine Sprichwörtersammlung ›Proverbaro Esperanta‹ von 1910 aufgenommen hat.

Vergleicht man nun die Sprichwörter von auch nur zwei europäischen Sprachen, so wird sehr schnell deutlich, daß es zwei Arten von Sprichwörtern gibt. Da sind einmal solche Texte, die zwar dasselbe bedeuten, aber völlig andere Strukturen, Wörter und Metaphern aufweisen. So heißt es im Englischen »*The early bird gets the worm*«, während man im Deutschen »Morgenstunde hat Gold im Munde« sagt. Wer also eines dieser Sprichwörter zu übersetzen hat, müßte die völlig andere Formulierung in der Zielsprache kennen oder diese in einem Wörterbuch nachschlagen. Vor allem nur regional bekannte Sprichwörter werden so zu besonderen Übersetzungsproblemen, da äquivalente Entsprechungen in den zweisprachigen Wörterbüchern, die ja nicht jedes Sprichwort aufführen können, oft fehlen. Weniger Probleme bereiten jedoch die vielen Sprichwörter, die nicht nur im Deutschen und Englischen völlig gleich sind, sondern die darüber hinaus selbst in romanischen, slawischen und anderen Sprachen Europas ihre direkten Entsprechungen haben. Mit anderen Worten, es gibt in der Tat so etwas wie gemeineuropäische Sprichwörter, das heißt solche, die in großen Teilen Europas oder auf dem ganzen Kontinent Verbreitung gefunden haben. Es muß ja einen Grund geben, warum vergleichende Sprichwörtersammlungen wie etwa Emmanuel Strauss' ›Dictionary of European Proverbs‹ von 1994 und Gyula Paczolays ›European Proverbs in 55 Languages‹ von 1997 möglich sind.

Seit wann gibt es nun solche Sprichwörter, und was bedeuten sie für die Zukunft Europas? Vier Quellen und Wellen der europäischen (und auch internationalen) Verbreitung von Sprichwörtern sind zu beachten. Für Europa gilt hier zuerst einmal die griechisch-römische Antike, deren sprichwörtliches Weisheitsgut vor allem durch die lateinische Sprache große geographische Verbreitung fand. Der Beginn der wissenschaftlichen Sprichwortforschung ist mit dem Namen Aristoteles verbunden. Darüber hinaus hat man viele griechische Sprichwörter in den Werken von Plato, Sophokles, Homer, Aristophanes, Aischylos und Euripides entdeckt, die dann ins Lateinische lehnübersetzt bei Plautus, Terenz, Cicero, Horaz und anderen auftauchen. Neue lateinische Sprichwörter kamen hinzu, und viele von diesen Texten aus der Antike wurden im Mittelalter, zuerst im Mittellateinischen und später als direkte Lehnübersetzungen, in die neuen Vulgärsprachen weitergetragen. Als ungemein wichtiger Vermittler hat Erasmus von Rotterdam zu gelten, der mit seinen immer wieder erweiterten ›Adagia‹ ab 1500 dieses klassische Sprichwortgut rezipierte, es an seine Humanistenkollegen weitergab und sich vor allem auch damit auseinandersetzte, wie die in den europäischen Volkssprachen gängigen Sprichwörter damit zusammenhingen. Martin Luther ging in Deutschland zur selben Zeit ähnlich vor. Erasmus von Rotterdam als gelehrter Parömiograph und Parömiologe (Sprichwörtersammler und -forscher) galt in ganz Europa als bedeutender Gelehrter. Antike Sprichwörter stießen so in die Volkssprachen vor. Freilich muß auch betont werden, daß sich dieselben Sprichwörter wenigstens zum Teil auch auf mündlichem Wege über Europa verbreitet haben.

Fest steht, daß es heutzutage einen beachtlichen Korpus europäischer Sprichwörter gibt, die sich bis in die Antike zurückverfolgen lassen und die im gleichen Wortlaut in vielen Sprachen Europas in identischer Form kursieren. Für das antike Sprichwort »Wo Rauch ist, ist auch Feuer« hat Gyula Paczolay in seinen ›European Proverbs‹ exakte Entsprechungen in 54 Sprachen Europas aufgezeichnet. Einige weitere bis zum heutigen Tage ungemein beliebte Sprichwörter aus der Antike sind: »Hunde, die bellen, beißen nicht« (51 europäische Belege), »Eine Schwalbe macht noch keinen Sommer (49), »Wände haben Ohren« (46), »Eine Hand wäscht die andere« (46), »Eile mit Weile« (43), »Das Hemd ist mir näher als der Rock« (43), »Kinder und Narren sagen die Wahrheit« (41), »Aller Anfang ist schwer« (38), »Stille Wasser sind tief« (38), »Die Liebe ist (macht) blind« (37), »Große Fische fressen kleine Fische« (36), »Der Fisch fängt am Kopf an zu stinken« (33) und »Schuster, bleib bei deinem Leisten« (29). Diese Sprichwörter zeugen in allen Sprachen von gemeinsamen geistigen, ethischen und allgemein menschlichen Einstellungen. Sie spiegeln eher diese menschlichen als spezifisch nationale Erfahrungen wider, dürften also von vornherein in der intereuropäischen Kommunikation besonders effektiv sein und auch den Übersetzern im Europäischen Parlament oder in der Europäischen Gemeinschaft keine Probleme bereiten.

Die zweite Quelle für die Sprichwörter Gesamteuropas ist, zum Teil auf die Antike sowie die frühe Weisheitsliteratur zurückgehend, die Bibel. Als das am meisten übersetzte Buch hatte sie einen ungemein großen Einfluß auf die Verbreitung gemeinsamer Redensarten, denn schließlich gingen sämtliche Übersetzer von demselben Text aus. Etliche Dutzend Bibelsprichwörter sind demnach im identischen Wortlaut in den Sprachen Europas vorzufinden, wobei Sprecher nicht immer wissen, daß sie ein altes Sprichwort aus der Bibel verwenden. Einige offensichtliche Beispiele sind »Wie du säest, so wirst du ernten« (Galater 6, 7; bei Paczolay 52 europäische Belege), »Wer andern eine Grube gräbt, (der) fällt selbst hinein« (Sprüche 26, 27; 48 Belege), »Man sieht (wohl) den Splitter im fremden Auge, (aber) im eigenen den Balken nicht« (Matthäus 7, 3; 47 Belege), »Wer nicht arbeitet, soll auch nicht essen« (2. Thessalonicher 3, 10; 43 Belege), »Was du nicht willst, daß man dir tu, das füg auch keinem andern zu« (Matthäus 7, 12; 40 Belege), »Der Prophet gilt nichts in seinem Vaterlande (im eigenen Lande)« (Matthäus 13, 57; 39 Belege), »Auge um Auge, Zahn um Zahn« (Exodus 21, 24; 38 Belege), »Wer Wind sät, wird Sturm ernten« (Hosea 8, 7; 30 Belege) und »Es geschieht nichts Neues unter der Sonne« (Kohelet 1, 9; 29 Belege). Betont werden muß allerdings, daß die Zahl der in den einzelnen europäischen Sprachen sprichwörtlich gewordenen Bibelzitate nicht identisch ist. Das hing doch sehr von dem jeweiligen Übersetzer ab. Im Falle Martin Luthers sind zusätzlich noch etliche Zitate eben wegen seiner ungewöhnlichen Übersetzungsfähigkeiten in der deutschen Sprache zu Sprichwörtern geworden, ohne daß sie es vorher in der Bibel waren oder es jetzt in anderen Sprachen sind. So heißt es zum Beispiel im Englischen bei Matthäus 12, 34: *»Out of the abundance of the heart the mouth speaketh«,* was kaum jemand als Volkssprichwort anwendet. Im Deutschen dagegen ist Luthers Version »Wes das Herz voll ist, des geht der Mund über« im normalen Sprachgebrauch gang und gäbe.

Bei der dritten Quelle der gemeineuropäischen Sprichwörter handelt es sich um Texte aus der lateinischen Sprache des Mittelalters, die nicht im klassischen Latein überliefert sind. Man darf die Bedeutung des Lateins als *lingua franca* des Mittelalters bis hin zum Humanismus und später bis ins 19. Jahrhundert als Gelehrtensprache nicht unterschätzen. Hans Walther hat von 1963 bis 1986 Tausende solcher Sprichwörter in seinem gewaltigen neunbändigen Werk ›Lateinische Sprichwörter und Sentenzen des Mittelalters‹ zusammengestellt, und das seit 1995 im Entstehen begriffene, ebenfalls auf neun Bände geplante ›Lexikon der Sprichwörter des romanisch-germanischen Mittelalters‹ von Samuel Singer und Ricarda Liver zeigt das Verhältnis vieler dieser lateinischen Sprichwörter zu den damaligen Volkssprachen auf. Darunter befinden sich einige der heute noch populärsten Sprichwörter, die in viele Sprachen Europas lehnübersetzt worden sind.

Das geschah zu einem großen Teil in (spät)mittelalterlichen Klosterschulen, wo lateinische Sprichwörter zu Übersetzungsübungen herangezogen wurden. Einige sehr verbreitete Beispiele sind: »Vier Augen sehen mehr als zwei« (bei Paczolay 48 europäische Belege), »Eine Krähe hackt der andern die Augen nicht aus« (48), »Man muß das Eisen schmieden, solange es heiß ist« (48), »Neue Besen kehren gut« (47), »Es ist nicht alles Gold, was glänzt« (47), »Wenn die Katze aus dem Haus ist, tanzen die Mäuse (auf den Tischen und Bänken)« (46), »Der Krug geht so lange zu Wasser (zum Brunnen), bis er bricht« (40), »Keine Rose ohne Dornen« (39), »Bei Nacht sind alle Katzen grau« (38) und »Das Kleid macht nicht den Mann« (37).

Von besonderem Interesse ist das seit dem 12. Jahrhundert überlieferte mittellateinische Sprichwort *»Mille vie ducunt hominem per secula Romam«*, wofür Gyula Paczolay 33 Belege aus europäischen Sprachen zitiert. Fast in allen Sprachen gibt es die direkte Lehnübersetzung mit der Stadt »Rom«, wie auch im Deutschen mit »Alle Wege führen nach Rom«. Hier zeigt sich nun jedoch, daß es außer diesem Lehnsprichwort Varianten gibt, die eine andere Stadt nennen. In einem estnischen Sprichwort wird St. Petersburg genannt, in einem finnischen die alte Hauptstadt Turku, in einem russischen Sprichwort natürlich Moskau, in einem türkischen Mekka. Doch das sind Varianten, die innerhalb Europas zu erwarten waren.

Selbstverständlich fanden in den folgenden Jahrhunderten weitere Sprichwortentlehnungen statt. Vor allem drang antikes und mittelalterliches Gedankengut in der Form von Sprichwörtern auch in den Norden vor, so daß es dort ebenfalls zur Verbreitung europäischer Sprichwörter kommen konnte. Der finnische Parömiologe Matti Kuusi hat diesbezüglich 1985 eine vorzügliche vergleichende Sprichwörtersammlung vorgelegt, ›Proverbia septentrionalia. 900 Balto-Finnic Proverb Types with Russian, Baltic, German and Scandinavian Parallels‹. In der Tat gibt es auch unter den Finnen, Esten, Kareliern, Voten, Livoniern und Wepsen Sprichwörter, die zum Gemeingut Europas gehören. Natürlich aber enthält diese Sammlung auch Texte, die nur unter den Sprachen dieser Völker, und das zuweilen lediglich zwischen zwei benachbarten Nationen, gemeinsam auftreten.

Es lassen sich in diesen Entlehnungsprozessen gewisse Sprachengruppierungen feststellen. Da sind einmal die größeren romanischen und germanischen Sprachfamilien, die selbstverständlich viel Gemeinsames aufweisen, wie es die zweibändige Sammlung ›Sprichwörter der germanischen und romanischen Sprachen‹ (1872 bis 1875) von Ida von Düringsfeld und Otto von Reinsberg-Düringsfeld zeigt. Für diese Sprachen haben die beiden Parömiographen sogar noch die vielen Dialektvarianten registriert. Ähnliches läßt sich natürlich auch für die slawischen Sprachen feststellen, wie etwa in František Ladislav Čelakovskýs Sammlung ›Múdroslaví národa slovanského ve přislovích‹, ›Weisheit des slawischen Volkes in Sprichwörtern‹ von 1852.

Für all diese Verhältnisse zwischen benachbarten Sprachen einer Sprachfamilie gibt es komparatistische Sammlungen, doch am beliebtesten und verbreitetsten sind die drei- bis sechssprachigen Sammelwerke, die das Sprichwörtergut der wichtigsten europäischen Sprachen in der Form schneller Nachschlagewerke auflisten. Unter den neueren Werken wären hier vor allem Jerzy Gluskis ›Proverbs. A Comparative Book of English, French, German, Italian, Spanish and Russian Proverbs with a Latin Appendix‹ von 1971 zu nennen sowie Heinrich L. Cox' ›Spreekwoordenboek in zes talen. Nederlands, Frans, Duits, Engels, Spaans, Latijn‹ von 1994 und Luis Isclas ›English Proverbs and Their Near Equivalents in Spanish, French, Italian and Latin‹ (1996). Doch auch die ältere deutsche Sammlung von E. Herg, ›Deutsche Sprichwörter im Spiegel fremder Sprachen unter Berücksichtigung des Englischen, Französischen, Italienischen, Lateinischen und Spanischen‹ von 1933, vermag besonders für Übersetzer weiterhin gute Dienste als schnelles Nachschlagewerk zu leisten.

Die vierte Quelle für gemeinsame europäische Sprichwörter sind die modernen Texte, die seit Mitte des 20. Jahrhunderts etwa durch die ungemein starke Macht der Massenmedien über Europa verbreitet werden. Zwei Weltkriege haben in der ersten Hälfte dieses Jahrhunderts Europa zerstört, und die alten Feindbilder und sprichwörtlichen Stereotype haben ihren Teil zu diesen Katastrophen beigetragen. Das sieht heute, besonders durch die erfolgreichen Bemühungen einer politischen, ökonomischen, sozialen und kulturellen Vereinigung Europas, bedeutend besser aus. Man denkt und handelt nicht nur national, sondern eben immer mehr auch europäisch. Das »gemeinsame Haus Europa« wird zusehends zur Realität, und statt der Unterschiede zwischen den zahlreichen Nationalitäten wird verstärkt auf ihre Gemeinsamkeiten und vor allem Zusammengehörigkeit verwiesen. Dieses neue Denken und Fühlen wird sich in Zukunft selbstverständlich in neuen Sprichwörtern niederschlagen, und zwar sicherlich selbst mit dem verbindenden Lexem »Europa«.

Einige neue Sprichwörter, die sich entweder in der heutigen *lingua franca*, dem Englischen, oder als Lehnübersetzungen in Europa durchsetzen, sind amerikanische Texte wie *»A picture is worth a thousand words«* (Ein Bild sagt mehr als tausend Worte), *»It takes two to tango«* (Zum Tango gehören zwei) und das aus der Computer-Sprache stammende Sprichwort *»Garbage in, garbage out«* (schlechte bzw. fehlerhafte Eingabe führt zu schlechten Resultaten). Von besonderem Interesse ist hier auch eine gewisse Europäisierung des bekannten amerikanischen Sprichwortes *»What's good for General Motors is good for America«*, das General Motors' Präsident Charles Erwin Wilson am 15. Januar 1953 vor einem Senatsausschuß prägte, als man ihn als möglichen Verteidigungsminister interviewte.

Willy Brandt, der große Europapolitiker, hat in einer Parteitagsrede am 18. November 1971 dieses Sprichwort als Lehnübersetzung auf Europa bezogen: »In der Europäischen Gemeinschaft existieren unterschiedliche Interessenlagen. Aber unsere Grundsolidarität mit Frankreich und den anderen Partnern wird uns miteinander auf den Weg eines Kompromisses weisen [...] Eine europäische Lösung [der Wechselkurse] soll und darf keine antiamerikanische Lösung sein. Im übrigen könnte man jedoch in Abwandlung eines alten amerikanischen Sprichwortes sagen: Was gut ist für Europa, ist gut für die Vereinigten Staaten. Wir werden zu einem Ausgleich der deutschen und der europäischen Interessen mit jenen der USA finden müssen. Diese Bundesrepublik will eine gesunde Kraft in Europa und für Europa sein, nicht mehr, nicht weniger. Die Zeit des Feiertags-Europäertums ist vorbei, Europa ist unser Alltag.«[2] Fast möchte man aus dem Sprichwort des 16. Jahrhunderts, *»Handsome is as handsome does«* (Edel ist, wer edel handelt) den neuen sprichwörtlichen Slogan *Europe is as Europe does* machen: Europa ist, wie Europa handelt.

Doch wie gesagt, noch fehlt es an neuen Sprichwörtern, die die europäische Solidarität erkennen ließen. Schaut man sich dagegen einige sprichwörtliche Europa betreffende Schlagzeilen aus den Massenmedien der letzten Jahrzehnte an, so sind diese meistens von einem eher pessimistischen Ton. So spricht zum Beispiel »Mütterchen Europa« in einer Karikatur aus dem Jahre 1935 redensartlich folgendermaßen über den europäischen Konkurrenzkampf, der nur zu bald im Zweiten Weltkrieg münden sollte: »Wenn ihr euch miteinander vertragt, Kinder, und keines eine Extrawurst will, dann reicht's für alle zum Sattwerden!«[3]

Wiederholt ist auch das klassische Sprichwort »Große Fische fressen kleine Fische« auf die politische und ökonomische Situation Europas angewandt worden. Be-

Aus dem ›Kladderadatsch‹ Nr. 3

Aus dem ›Simplicissimus‹ Nr. 6

reits 1937 erschien eine Karikatur über »Frau Europas Aquarium«, worin sich ein russischer Hecht über kleinere Fische hermacht. Die dazu passende Legende fragte herausfordernd: »Wie kommt dieser Wolgahecht in meinen Karpfenteich?«[4]

Neueren Datums, aus dem Juni 1981, ist eine Fotomontage des ›Spiegel‹, die den Konkurrenzkampf der Automobilkonzerne Japans, Amerikas und der Europäischen Gemeinschaft auf eine sich fressende Fischreihe reduziert, wobei die EG von den USA und die wiederum von den Japanern verschlungen wird. Von Interesse ist schließlich noch ein politisches Plakat der Kommunistischen Jugend Österreichs aus dem Jahre 1988, worauf der kleine österreichische Fisch blindlings in den Rachen des größeren Europafisches der EG schwimmt. Durch diese Verbildlichung und die politisch geladene Beschriftung »EG Anschluss / NEIN – Widerstand jetzt!« wurde drastisch gegen den Beitritt Österreichs argumentiert.

Andere emotional geladene Schlagzeilen und Karikaturen, die alte Sprichwörter und Redensarten zur Europadiskussion heranziehen, sind unter anderen »Die EG – ein Faß ohne Boden?«[5], »Andere Länder, andere Strafen [für Verkehrssünder]«[6], »Europa Gipfel: Jeder ist sich selbst der Nächste«[7], »EG-Politik geht auf keine Kuhhaut!«[8], »Viele Köche [bezogen auf das ehemalige Jugoslawien] verderben den Topf«[9], und schließlich wurde gar das bekannte Drei-Affen-Sprichwort in einer Witzzeichnung auf vier Affen erweitert, um damit auf die Gefahr einer Euro-Mafia hinzuweisen: »Die Euromertà: nichts hören, sehen, sagen, aber kassieren«[10].

Wie positiv war dagegen eine Karikatur zur Hallstein-Doktrin, die immerhin mit der Sprichwort-Legende »Langsam, aber sicher«[11] auf eine vereinigte Zukunft Europas hinwies. Und doch tritt immer wieder der redensartliche Pessimismus auf, wie zum Beispiel in folgenden Schlagzeilen aus der ›Zeit‹: »Den Europäern Dampf gemacht«[12], »Europa zwischen allen Stühlen«[13], »Welche Rolle soll Europa spielen?«[14], »Europa unter Druck gesetzt«[15], »Grün sind sich Europas Grüne nicht«[16] und »Europa bekommt kalte Füße«[17]. Doch endlich erschien dann 1992 in eben dieser Zeitung eine hoffnungsvollere Karikatur mit der Legende »Die Karawane zieht weiter« zu »Kleines ›ja‹ von Frankreich zu Maastricht«[18]. Hier dreht es sich um die Verkürzung des aus dem Türkischen lehnübersetzten Sprichwortes »Die Hunde bellen, aber die Karawane zieht weiter«, das durch die öffentliche Verwendung von Helmut Schmidt sowie Helmut Kohl eine ungemein schnelle Verbreitung in Deutschland gefunden hat.

Als letztes Beispiel sei noch die Schlagzeile »Nicht für die Schule, für Europa lernen«[19] erwähnt, die das antike Sprichwort Senecas, »*Non scholae, sed vitae discimus*« (Nicht für die Schule, sondern für das Leben lernen wir), geschickt umformuliert, um so auf die Notwendigkeit des Fremdsprachenlernens in Europa hinzuweisen. Die effektive und verständnisvolle Kommunikation im Sprachenpluralismus Europas setzt schließlich voraus, daß Sprachen viel und gut unterrichtet und gelernt werden. Das hat auch seine Resonanz in der Parömiologie, wie es besonders der russische Sprichwortforscher Grigorii L'vovich Permiakov schon in den siebziger Jahren mit seinem Konzept des »parömiologischen Minimums« verdeutlicht hat. Es geht dabei um eine durch empirische Forschung zusammengestellte Liste von rund 300 der populärsten Sprichwörter einer Nationalsprache. Solche »Minima« existieren bereits mehr oder weniger für das Deutsche, Englische, Kroatische, Russische und Ungarische, und weitere Untersuchungen sind im Gange oder geplant.

Selbstverständlich sind es gerade diese interkulturellen Sprichwörter, die unbedingt in den Fremdsprachenunterricht und in zweisprachige Wörterbücher eingebaut werden müssen. Vergleicht man dann schließlich viele solcher parömiologischen Minima Europas miteinander, so wird sich natürlich eine Art europäisches Sprichwortminimum herauskristallisieren. Dabei wird es sich, wie bisher beschrieben, um Texte aus der Antike, der Bibel, des lateinischen Mittelalters und eben auch der Moderne handeln. Anhand dieser Sprichwortminima werden sich auch die Unterschiede und Gemeinsamkeiten europäischen Denkens erkennen lassen. Historische, kulturelle und weltanschauliche Differenzen in den Sprichwörterweisheiten der Staaten Europas weisen den pluralistischen Charakter dieses Kontinents auf. Die Sprichwörter jedoch, die von Nation zu Nation identisch sind, sind volkssprachliche Indikatoren des gemeinsamen kulturellen Erbes eines vereinten Europa. Indem sich Europa trotz nationaler Unterschiede immer mehr zu einem einheitlichen Staatengebilde entwickelt, werden hoffentlich die alten sprichwörtlichen Stereotype wegfallen. Neue verbindende Sprichwörter werden langsam, aber sicher zum Vorschein kommen, und warum sollte es eines Tages nicht auch »Europa, der Kontinent der unbegrenzten Möglichkeiten« heißen? Auf jeden Fall kann die indirekte Sprache der gemeinsamen Sprichwörter Europas dabei helfen, politische, ökonomische und soziale Spannungen zu reduzieren und ein gemeineuropäisches Denken und Verständnis aufzubauen.

1 Vgl. Abbildung auf der amerikanischen Zeitung ›Forward‹ vom 4. Dezember 1992. S. 1.
2 Willy Brandt, Der Wille zum Frieden. Frankfurt am Main 1973. S. 136.
3 Simplicissimus Nr. 6 (5. Mai 1935). S. 72.
4 Kladderadatsch Nr. 3 (17. Januar 1937). S. 15.
5 Der Stern Nr. 25/80 (12. Juni 1980). S. 81.
6 Der Stern, Nr. 25/82 (16. Juni 1982). S. 134.
7 Die Zeit, Nr. 50/85 (13. Dezember 1985). S. 1.
8 Gudnin Clay, Geschäftsdeutsch. New York 1990. S. 125.
9 Wiesbadener Kurier, 3. Juli 1991. S. 2.
10 Focus, Nr. 5/95 (30. Januar 1995). S. 188–189.
11 Der Spiegel, Nr. 12/65 (17. März 1965). S. 38.
12 Die Zeit, Nr. 30/76 (23. Juli 1976). S. 1.
13 Die Zeit, Nr. 32/80 (8. August 1980). S. 6.
14 Die Zeit, Nr. 2/82 (15. Januar 1982). S. 3.
15 Die Zeit, Nr. 8/82 (26. Februar 1982). S. 1.
16 Die Zeit, Nr. 14/85 (4. April 1985). S. 2.
17 Die Zeit, Nr. 14/85 (4. April 1985). S. 5.
18 Die Zeit, Nr. 40/92 (2. Oktober 1992). S. 1.
19 Die Zeit, Nr. 48/95 (1. Dezember 1995). S. 17.

Artus und Eulenspiegel als Leitfiguren der Literaturgeschichte

Jürgen Schulz-Grobert

In dem buntgemischten Personal, das die europäischen Erzähltraditionen seit dem Mittelalter in wachsender Zahl bevölkert, sind Artus und Eulenspiegel besonders herausragende Gestalten. Das hat verschiedene Gründe: Zum einen repräsentieren beide mit bemerkenswerter Konstanz bis heute mustergültig jeweils einen ganz bestimmten Figurentypus: König Artus verkörpert den vorbildlichen Herrscher, während der durchtriebene Bauernsohn Till Eulenspiegel fast wie das genaue Gegenteil erscheint, da er – jedenfalls in seinem ursprünglichen Erscheinungsbild – alle nur denkbaren Eigenschaften des anarchischen Schelms in sich vereinigt. Zum anderen kennzeichnet beide, neben dieser figurentypologisch bedingten Starrheit, aber auch eine ausgeprägte Mobilität: Sie sind eine Art Grenzgänger zwischen den verschiedensten Literaturformen Europas. Darüber hinaus macht ihre anhaltende Popularität sie zu optimalen Leitfiguren bei der Suche nach verbindenden Traditionslinien in der europäischen Literaturgeschichte.

Eine erste Hochkonjunkturphase der Artus-Überlieferung, die zumindest den westeuropäischen Raum weitgehend flächendeckend erfaßt hat, ist bereits für das 12. Jahrhundert nachweisbar. Den Ausgangspunkt markiert hier die britische Geschichtsschreibung mit ihrem lateinisch schreibenden Chronisten Geoffrey of Monmouth, der um 1138 wohl in Oxford seine ›Historia regum Britanniae‹ (Die Geschichte der Könige von Britannien) vollendet. Im Kontext einer nach antikem Muster entwickelten Genealogie der britischen Könige, deren Ahnherr namens Brutus sicher nicht zufällig als ein Urenkel des aus Troja geflohenen Aeneas vorgeführt wird, erscheint hier die erste vollständige Lebensbeschreibung des Königs, der bei Geoffrey noch den Namen Arthur trägt. Aus der Zeit vor Geoffrey haben sich nur sehr sporadisch Informationen über Artus erhalten, wobei dessen Identität mit einer realhistorischen Person im übrigen umstritten bleibt, wie übrigens auch im Falle Eulenspiegels.

Ganz unabhängig von seiner Rolle und seinen Interessen als Historiograph hat Geoffrey mit der Pseudo-Vita von König Artus seinen späteren Dichterkollegen eine äußerst wirksame Vorlage geliefert. Fast alle wichtigen Motive, Schauplätze und Versatzstücke, die das Figurenprofil des literarischen Artus-Bildes so dauerhaft prägen sollten, sind zumindest in Grundzügen bei Geoffrey angelegt: Arthurs Vorfahren und seine Herkunft, die Tatsache, daß er unter der Regie des Zauberers Merlin gezeugt wird und das Licht der Welt erblickt, seine Rolle als siegreicher Feldherr, der sich – ausgerüstet mit dem Schwert Caliburn – ganz Nordwest-Europa dienstpflichtig und untertan macht, seine Vermählung mit der konkurrenzlos schönen Guinevere sowie nicht zuletzt die Vorbildlichkeit seiner Hofhaltung in Friedenszeiten, die bereits späteren Schlüsselfiguren der Artus-Epik wie dem Seneschall Kay zu eindrucksvollen Auftritten verhilft. Klare Konturen hat bei Geoffrey aber auch schon das Ende der Artus- bzw. Arthur-Herrlichkeit. Eingeleitet wird es durch Tributforderungen aus Rom, auf die mit einer generellen Mobilmachung reagiert wird. Verantwortlich für den Untergang sind nun allerdings nicht die äußeren Aggressoren, denn diese werden in gewaltigen Schlachten, in denen sich vor allem auch der spätere Super-Ritter Gawain profilieren kann, niedergerungen. Für die Zeit seiner Abwesenheit vertraut Arthur sein Königreich nebst Herrschaftsgewalt seinem Neffen Modred an, der sich allerdings zum gemeinen Verräter entwickelt, indem er nicht nur die Krone, sondern auch gleich noch die schöne Königin Guinevere an sich reißt.

Damit ist nun ein Thema angesprochen, über das Geoffrey vorsichtshalber den Mantel des Schweigens legt, während spätere Romanautoren sich gerade von den Irrungen und Wirrungen der Königin inspirieren lassen. Geoffrey hingegen konzentriert seine Darstellung auf den Rückeroberungsfeldzug, den Arthur umgehend einleitet. Recht bald befindet sich der Verräter Modred auf der Flucht, die Königin Guinevere im Kloster und König Arthur in dem Dilemma, endlich eine Entscheidungsschlacht herbeiführen zu müssen. Schließlich stellt sich Modred selbst, nachdem es ihm gelungen ist, seine restlichen Truppenverbände neu zu formieren. Unter ihnen richtet Arthur höchstpersönlich ein fürchterliches Blutbad an, dem auch der Verräter zum Opfer fällt. Im weiteren Verlauf der Schlacht wird allerdings auch Arthur tödlich verwundet, woraufhin man ihn auf die zauberhafte Insel Avalon bringt, in der Hoffnung, daß dort seine Wunden heilen.

Damit endet die erste Lebensbeschreibung des großen Königs, die ein Artus-Bild entwickelt, dessen Vorbildlichkeit wohl nicht unbedingt von allen Zeitgenossen außerhalb des anglo-normannischen Raumes im damaligen Europa einhellig gewürdigt werden konnte. Erinnert sei in diesem Zusammenhang an den nur durch Modreds heimtückischen Verrat durchkreuzten Plan Arthurs, gen Rom zu ziehen, was in der politischen Vorstellungswelt des Hochmittelalters einem Griff nach der Weltherrschaft durchaus gleichkommt. Vor diesem Hintergrund wird es vielleicht verständlich, weshalb im süditalienischen Otranto, am äußersten Ende des Stiefelabsatzes gelegen, eines der ältesten Bildzeugnisse der Artus-Überlieferung eher karikaturhafte Züge aufweist: Der Meister des berühmten Fußbodenmosaiks in der Kathedrale stattete um die Mitte des 12. Jahrhunderts den »rex arturus« mit einem recht unritterlichen Reittier aus – mit einem Ziegenbock. Daß man in Italien aber auch einen ritterlichen Artus kannte, beweist die Porta della Pescheria am Dom zu Modena, die bereits in der ersten Hälfte des 12. Jahrhunderts entstanden ist.

Im anglo-normannischen Bereich wird keine 20 Jahre nach der Fertigstellung von Geoffreys lateinischer ›Historia‹ bereits an einer Verfeinerung des idealen Artus-Bildes gearbeitet, mit dem Ergebnis, daß um 1155 eine altfranzösische Fassung des Geschichtswerkes vorliegt. Sie trägt den Titel ›Le roman de Brut‹ (›Der Brutus-Roman‹) und stammt aus der Feder eines gewissen Wace, der seinen Geburtsort auf der Kanalinsel Jersey verlassen hatte, um auf dem Festland in Caen und Paris oder Chartres zu studieren. Seine Bedeutung für die Artus-Überlieferung erschöpft sich nun nicht darin, daß er den lateinischen Text Geoffreys einfach in die Volkssprache übersetzt. Die Artus-Welt erhält bei Wace einen ganz besonderen höfischen Glanz, von dem bei ihm gar die Landbevölkerung erfaßt wird. So sollten die Bauern im Artus-Reich in ihrer Kultiviertheit durchaus Ritter aus anderen und fremden Regionen weit übertreffen. Abgerundet und auf den Punkt gebracht hat Wace dieses verfeinerte Artus-Konzept durch die Einführung des vielleicht berühmtesten Requisites: der Tafelrunde. Der elitär-gesellschaftsutopische Symbolwert dieses Möbels, an dem es keine hierarchisierten Standesunterschiede gibt, hat seine Wirksamkeit tatsächlich nicht nur im Erzählzusammenhang der Geschichte von König Artus entfaltet. Eine wichtige Neuerung in der Artus-Vita des ›Roman de Brut‹ ist auch die von Wace entwickelte Schlußperspektive: Es werden Zweifel am ultimativen Ableben des Königs angemeldet und die Möglichkeit seiner von den Landsleuten herbeigesehnten Rückkehr als Befreier in Erwägung gezogen.

Für die wenigstens literarische Unsterblichkeit von König Artus in ganz entscheidender Weise mitverantwortlich ist der Nordfranzose Chrétien de Troyes. In der zweiten Hälfte des 12. Jahrhunderts begründet er mit fünf Werken die Gattungsgeschichte des Artus-Romans. Das von Chrétien entwickelte Grundkonzept dieses Romantypus, das für die Geschichte des Artus-Romans weitgehend mustergültig und verbindlich bleibt, verändert die Rolle der Artus-Figur. Erzählt wird nicht mehr der Lebenslauf des Königs, sondern einzelne Episoden, die sich, wollte man sie biographisch zuordnen, an der durch andauernde Friedenszeit ermöglichten Prachtentfaltung am Hofe ausrichten ließen. Im Mittelpunkt des Romangeschehens steht nun nicht mehr die Figur des Königs, der freilich Maßstab und ständig gegenwärtige Bezugsgröße ritterlicher Idealität im Zentrum seiner an Kultiviertheit nicht zu übertreffenden Hofgesellschaft bleibt. Aus deren Reihen rekrutieren sich nun die eigentlichen Triebfedern des Handlungsablaufs in Gestalt der großen Protagonisten wie vor allem Erec, Iwein, Lancelot und des ganz besonderen Publikumslieblings Parzival.

Während bei Geoffrey und Wace Artus noch selbst im Dienst für das Gute auf der Welt tatkräftig mit Hand anlegen mußte, um etwa riesenhafte Ungeheuer niederzuringen, die sich an schönen Prinzessinnen vergriffen, muß sich bei Chrétien in solch abenteuerlichen Aufgaben nun eine jüngere Generation von Rittern bewähren. Als Lohn winkt diesen Helden in der Regel eine schöne Dame, wobei nicht deren Erwerb das eigentliche Problem darstellt, sondern das Finden einer idealen Form des ehelichen Zusammenlebens als vorbildliches Herrscherpaar. So kompliziert es für Heldinnen und Helden auch sein mag, sich mit den von Artus und seinem Hof kontrollierten Spielregeln der Aventiure- und Minne-Welt zurechtzufinden, so erschöpft sich Chrétiens Umgang mit der Artus-Überlieferung durchaus nicht in den eher profanen Dimensionen eines ritterlich-höfischen Elitekonzepts. Im Auftrag des Grafen Philipp von Flandern entsteht wohl noch vor 1190 Chrétiens letzter Roman, der Fragment geblieben ist: ›Perceval‹ oder ›Li contes del Graal‹. Durch die Verbindung mit den religiös-spirituellen Elementen des Grals-Mythos erhält der Artus-Roman völlig neue Akzente, die die Mitglieder der Tafelrunde in den Status einer Art Vorauswahl gegenüber der Gralsrittergemeinde versetzen.

Mit dem ›Erec‹ und dem ›Iwein‹ wird der sich noch im gralsfreien Raum bewegende Typus des Artus-Romans in Form von Bearbeitungen Hartmanns von Aue gegen Ende des 12. Jahrhunderts in Deutschland eingeführt. In das erste Jahrzehnt des 13. Jahrhunderts fällt die Entstehung des anspruchsvollsten mittelhochdeutschen Artus-Gral-Romans in der Erzähltradition Chrétiens: Es ist der ›Parzival‹ Wolframs von Eschenbach, dessen bis zum Ende des Mittelalters anhaltende Popularität durch die vergleichsweise extrem hohe Zahl von handschriftlichen Kopien bezeugt wird. Ganz unabhängig von der Bedeutung und Wirkung des großen Klassikers Wolfram sind im deutschsprachigen Raum auch noch andere (spät-)mittelalterliche Autoren mit zum Teil allerdings recht respektloser Experimentierfreude um König Artus bemüht.

Das kurioseste Beispiel in dieser Richtung stammt von einem Österreicher, der sich in seinen Texten selbst nur »Der Stricker« nennt. Wer sich genau hinter diesem Pseudonym verbirgt, konnte bislang auch von regelrechten Stricker-Spezialisten nicht ermittelt werden. Sein zwischen 1220 und 1250 entstandener ›Daniel vom blühenden Tal‹ geht konsequent in die Richtung der Artus-Roman-Parodie. Zum Opfer solcher Erzählinteressen, die dem heutigen Filmklamauk der britischen Komiker-Truppe Monty Python und ihren ›Rittern der Kokosnuß‹ (›Monty Python and the Holy Grail‹, 1975) tatsächlich in nichts nachstehen, wird nicht zuletzt die Figur des Königs selbst. So muß sich Artus von einem nur mit seidener Unterwäsche bekleideten Greis schultern und entführen lassen, was nicht einmal durch die anwesende Creme der Tafelrunde – Gawein, Iwein und Parzival – verhindert werden kann. Allein das für einen Artus-Ritter völlig untypische listenreiche Eingreifen des »neuen« Helden Daniel kann König Artus befreien.

Bei den meisten (spät-)mittelalterlichen Autoren bleibt die Würde des Königs freilich unangetastet, und so dringt sein Ruhm ungebrochen auch bis in die entlegeneren Regionen Europas vor: Aus dem 13. Jahrhundert stammt zum Beispiel eine altisländische Prosa-Fassung des ›Iwein‹, der zu Beginn des 14. Jahrhunderts auch in eine altschwedische Versversion gebracht wird.

Zum offiziellen Nachlaßverwalter mittelalterlicher Artus-Überlieferung, zu der natürlich auch die gesamteuropäische Erfolgsgeschichte von der tragischen Liebe zwischen Lancelot und der Königin gehört, avanciert dann im 15. Jahrhundert wieder ein Brite: Sir Thomas Malory. Sein um 1470 abgeschlossener Roman ›Le Morte Darthur‹ bündelt die vorausgegangenen Artus-Traditionen durch die erzähltechnische Verbindung des Lebenslaufschemas mit einzelnen Episoden, so daß alle wesentlichen Motive und Stoffmerkmale – einschließlich Gralsmythos – zusammengeführt werden. Am Ableben des Königs wird allerdings nicht gezweifelt, im Gegenteil: Mit Artus wird gleichsam das Rittertum bestattet. Trotz dieser pessimistischen Schlußstimmung entwickelt sich Malorys Artus-Roman zu dem wohl wirkungsmächtigsten Werk. Verantwortlich dafür ist nun mit Sicherheit nicht allein seine literarische Qualität, sondern auch der Umstand, daß es zu den ältesten volkssprachlich-profanen Büchern gehört, die durch den damals neuen Buchdruck Verbreitung finden. Erstmals gedruckt wird ›König Artus‹ von seinem Landsmann William Caxton, der 1485 die Erstausgabe von Malorys Werk veranstaltet.

Vor diesem Hintergrund ist es dann auch kaum überraschend, daß es Malory und nicht einer der hochmittelalterlichen Klassiker ist, der im 19. Jahrhundert den entscheidenden Anknüpfungspunkt für die neuzeitlich-moderne Hochkonjunkturphase des Artus-Kultes liefert, die um 1816 mit Nachdrucken der spätmittelalterlichen Ausgabe Caxtons einzusetzen beginnt. Kurz zuvor ist König Artus allerdings schon als Gegenstand literaturgeschichtlicher Betrachtung mit entschieden europäischer Perspektive interessant. Unter den epischen Stoffen des Mittelalters weist Friedrich Schlegel in seinen Vorlesungen zur ›Geschichte der europäischen Literatur‹ (1803/04) dem Artus-Komplex eine Schlüsselstellung zu. Und seine Frau Dorothea arbeitet während eines gemeinsamen Aufenthaltes des Ehepaares in Paris in ebenjenen Jahren einschlägige Quellen der dortigen Bibliotheksbestände aus dem Mittelalter durch. Das Ergebnis ist eine romantische ›Geschichte des Zauberers Merlin‹ von 1804, in der seine Karriere als guter Geist des Artus-Hofes eine wichtige Rolle spielt.

Mit den Dokumenten der literarischen Artus-Rezeption im Europa des 19. und 20. Jahrhunderts ließen sich Kataloge füllen. Daß sich mit König Artus freilich auch die Neue Welt erobern läßt, zeichnet sich schon bald ab: 1889 erscheint Mark Twains ebenso gelungene wie erfolgreiche Parodie ›A Connecticut Yankee at King Arthur's Court‹. Nicht weniger erfolgreich sind die neueren Artus-Romane europäischer Autorinnen und Autoren wie T. H. White (1976) oder Marion Zimmer Bradley (1982). Das vielleicht geistreichste Fazit zum Thema Artus findet sich nun allerdings nicht bei einem der großen Artus-Dichter, dafür aber bei einem großen Europäer. Sir Winston Churchill soll gesagt haben: *»If King Arthur did not live, he should have.«*

Eine ganz ähnliche Devise – »Hei lewet noch« – haben sich die nicht nur in Norddeutschland zu findenden Freunde von Till Ulenspiegel auf ihre Fahne geschrieben. Als literarische Figur erstmals Gestalt angenommen hat ihr Held mit dem Erscheinen eines frühen Drucks, der kurz nach 1500 die florierende Werkstatt des Straßburger Buchdruckers Johannes Grüninger verläßt. ›Ein kurtzweilig lesen von Dyl Ulenspiegel, gebore uß dem land zu Brunßwick. Wie er sein leben volbracht hatt, xcvi. seiner geschichten‹ – so lautet der vollständige Titel des Frühdrucks, mit dem die Erfolgsgeschichte der Eulenspiegel-Figur beginnt. In fast 100 Einzelepisoden, den sogenannten Historien, wird hier von einem anonymen Autor erzählt, wie sich der gesellschaftliche Außenseiter Ulenspiegel durchs Leben schlägt, indem er jede der sich zahlreich bietenden und gezielt von ihm herbeigeführten Möglichkeiten zu nutzen versucht, seine Mitmenschen übers Ohr zu hauen.

Komische Kurzerzählungen nach dem bekannten Muster des Eulenspiegelstreichs sind im spätmittelalterlichen Europa eine sehr beliebte Literaturform. Und wie gut sich der Autor des Straßburger Eulenspiegel-Buchs im Bereich dieser internationalen Kleinepik ausgekannt hat, beweisen die teilweise recht engen Parallelen zwischen einzelnen Historien und lateinischen Fazetien, französischen *fabliaus*, italienischen Novellen und deutschen Schwänken. Um 1500 liegen solche Erzählstoffe am Druckort Straßburg buchstäblich auf der Straße. Und dies nicht etwa, weil sie vom »Volk« erzählt werden, sondern weil sie den literarischen Interessen gelehrter Kreise entspre-

Titelblatt des Straßburger Eulenspiegel-Buchs, 1515

chen. So sorgt zum Beispiel der berühmte ›Narrenschiff‹-Autor und Humanist Sebastian Brant, der zu Beginn des 16. Jahrhunderts als Stadtschreiber das höchste Verwaltungsamt Straßburgs bekleidet, dafür, daß eine umfangreiche Auswahl von amüsanten Kurzerzählungen des Florentiners Poggio im Anhang einer für den Druck bearbeiteten Sammlung von Aesop-Fabeln dem Publikum zugänglich gemacht wird. Und zum Verlagsprogramm des Eulenspiegel-Druckers Grüninger gehört wie selbstverständlich eine deutsche Ausgabe von Boccaccios ›Decamerone‹. In diesem Sammelbecken europäischer Erzähltraditionen erhält Till Ulenspiegel dank des neuen Druckmediums seinen frühesten »Buchkörper«.

Eine ebenso einfache wie wirksame erzähltechnische Klammer, mit der diese um den zentralen Figurentyp des listigen Schalks arrangierte Schwanksammlung zusammengehalten und stabilisiert wird, bilden zwei biographische Fixpunkte. Geburt und Tod des Helden verleihen dem Anfang und dem Ende des Eulenspiegel-Buchs eindeutige Konturen, deren strukturbildende Wirksamkeit sich auf mehreren Ebenen zeigt. So lassen sich diese biographischen Bezugspunkte auch in dem fast durchgängig angelegten Illustrationszyklus an den entsprechenden Stellen wiederfinden: In den Bildern zur ersten und letzten Historie entdeckt man den Tauf- und den Grabstein.

Auf der inhaltlichen Gestaltungsebene bestimmen die biographischen Fixpunkte den Erzählzusammenhang über weitere Strecken. Die ersten neun Historien lassen sich als Kindheits- bzw. Jugendgeschichten lesen (Taufe in Historie 1, Umzug in Historie 2, Disput mit der Mutter in Historie 5, Jahrmarktsbesuch mit der Mutter in Historie 9); in den letzten acht Historien des Eulenspiegel-Buchs wird buchstäblich auf das Ende des Protagonisten hin erzählt (Klostereintritt in Historie 89, Testament in Historie 92).

Aber auch andere Gesichtspunkte weisen diese biographisch ausgerichteten Anfangs- und Schlußhistorien als jeweils zusammenhängende Erzähleinheiten aus. Geographisch angesiedelt sind sie in der norddeutschen Region, wobei Ortschaften im Einflußbereich so bedeutender Hansestädte wie Braunschweig und Lübeck auftauchen. Auf diese Art und Weise schaffen Anfangs- und Schlußhistorie ein Ambiente, das die Herkunft und Heimat des Kneitlinger Bauernsohnes Dil Ulenspiegel mit einem bemerkenswerten Anspruch auf Glaubwürdigkeit ausstattet. Bevorzugtes Betätigungsfeld des Helden ist der norddeutsche Raum auch auf dem weiteren »Lebens«-

Weg, der in den Historien 10 bis 88 von dem Erzähler durch das Aneinanderreihen einzelner Stationen abgeschritten wird. Verfolgt man diesen Weg genau, wird allerdings ganz deutlich, daß der Aktionsradius Ulenspiegels noch sehr viel weiter ausgreift. Ebenso hemmungslos wie in den Dörfern seiner niedersächsischen Heimat agiert er, permanent die Rolle wechselnd, in den spätmittelalterlichen Metropolen fast der gesamten mitteleuropäischen Welt. Neben Antwerpen (Historie 86), Berlin (Historie 54), Braunschweig (Historien 19, 45, 56), Bremen (Historien 70, 72, 87), Hamburg (Historie 74) und Lübeck (Historien 57 und 58) liegen Frankfurt am Main (Historien 35 und 63), Frankfurt an der Oder (Historie 85), Nürnberg (Historien 17, 32, 77), Prag (Historie 28) und Rom (Historie 34) auf seinem Weg; einige dieser Städte besucht er mehrfach. Ulenspiegel sucht damit nicht nur Akkumulationszentren geistlicher und weltlicher, sondern auch intellektueller und merkantiler Macht auf.

Entsprechend breit gestreut ist das gesellschaftliche Spektrum, aus dem sich seine Gegenspieler und sein Publikum rekrutieren. Neben der unmittelbaren Auseinandersetzung mit einem Abdecker, der am Ende von Historie 66 in eindeutiger Absicht den Hintern des Helden vorgeführt bekommt, steht die direkte Konfrontation mit dem Papst, die sich in Historie 34 bezeichnenderweise daraus entwickelt, daß Ulenspiegel ihm während einer heiligen Handlung ostentativ den Rücken zuwendet. Und ebenso willkommen wie am Hofe des dänischen Königs in Historie 23 ist Ulenspiegel einem Schmied und seiner Familie in Historie 41, wobei die jeweiligen Gastgeber in beiden Fällen, ihren standesspezifischen Möglichkeiten entsprechend, mehr oder weniger freiwillig zur Existenzsicherung des Helden und seiner außergewöhnlichen Lebensweise beitragen: Während Ulenspiegels Pferd vom König mit goldenen Hufeisen ausgerüstet wird, genügt bei dem Schmied ein Satz Hufeisen in Normalausführung.

Von beispielhafter Bedeutung sind diese vier Historien nun auch deshalb, weil sie Eigenschaften zeigen, die für die Eulenspiegel-Figur charakteristisch sind. Als hervorstechendes Kennzeichen zu nennen wäre hier natürlich eine besonders drastische Körpersprache. In dieser Hinsicht sind die respektlosen Gebärden der 34. und 66. Historie sogar noch vergleichsweise harmlos. Steigerungsfähig ist die Frechheit Till Ulenspiegels vor allem in Richtung Obszönität. Nicht weniger bedeutsam ist die Eigenart, Anweisungen und Aufträge nicht nach dem gemeinten Sinn, sondern dem sprachlichen Wortlaut entsprechend auszuführen, was im Gegensatz zum Verlauf der Historie 23 eben auch mit regelrechten Katastrophen für alle Beteiligten verbunden sein kann. Das berühmteste und zugleich unappetitlichste Beispiel dafür liefert die Einbecker Bierbrauerepisode in Historie 47. Zu den typischen Eigenarten der Eulenspiegel-Figur gehört dann schließlich auch der häufige Einsatz von Sprichwörtern und Redewendungen, mit denen Ulenspiegel wie in Historie 41 »die Wahrheit« sagt.

Zum Bestseller entwickelt sich die im Historienbestand teilweise allerdings erheblich reduzierte Lebensgeschichte dieses Schwankhelden in weiten Teilen Europas bereits im 16. Jahrhundert. Während der deutschsprachige Markt von Druckern in Straßburg, Erfurt, Köln, Augsburg und Frankfurt versorgt wird, erscheinen französische Eulenspiegel-Ausgaben vor allem in Paris und Lyon. Ein Londoner Drucker produziert eine englische Eulenspiegel-Fassung. Als besonders geschäftstüchtig er-

Titelblätter einer frühen niederländischen und französischen Eulenspiegel-Ausgabe

weist sich ebenfalls noch im 16. Jahrhundert der niederländische Raum, denn hier entstehen nicht nur Eulenspiegel-Ausgaben in der Landessprache. Mit entsprechenden Übersetzungen bemühen sich Drucker in Amsterdam und Antwerpen um Anteile auch auf dem englischen und französischen Buchmarkt.

Bei einer derartigen Versorgungslage ist es dann auch nicht verwunderlich, daß um 1570 der Genfer Historiker François de Bonivard bei seinem französischsprachigen Publikum wie selbstverständlich die Bekanntschaft mit der Eulenspiegel-Figur voraussetzen kann. Und ebensowenig überraschend ist die Idee eines jungen englischen Gelehrten namens Fynes Moryson, um 1600 während einer Bildungsreise über den europäischen Kontinent auch dem Örtchen Mölln einen Besuch abzustatten, mit dem einzigen Ziel, das inzwischen schon zu einer echten Touristenattraktion avancierte Eulenspiegel-Grab zu besuchen.

Von der Lebendigkeit der Eulenspiegel-Figur im 16. Jahrhundert zeugen nun aber nicht nur die diversen deutschsprachigen Nachdrucke und die Ausgaben in englischer, französischer und niederländischer Sprache, wobei sich dieses Spektrum im übrigen noch durch lateinische und jiddische Fassungen erweitern läßt. Im 16. Jahrhundert eingesetzt hat auch ein literarisch produktiver Umgang mit der Eulenspiegel-Figur, für die der Nürnberger Hans Sachs eine ganz besonders ausgeprägte Zuneigung entwickelt. Einzelne Episoden des Schwankromans werden von ihm zu Meisterliedern umgedichtet, und unter seiner Regie betritt die Eulenspiegel-Figur dann auch die Bretter, die die Welt bedeuten, allerdings zunächst einmal nur auf den Nürnberger Fastnachtspiel-Bühnen. Auch unter den Literaten seiner publizistischen Heimatstadt Straßburg findet Till Ulenspiegel einen großen Liebhaber. Um 1570 gestaltet Johann Fischart den gesamten Lebenslauf des Schwankhelden zu einem sogar noch erheblich erweiterten Versepos um.

Ebenso wie im Fall von König Artus gibt es auch bei der Eulenspiegel-Figur im 19. Jahrhundert ganz entscheidende Karrieresprünge. Als besonders folgenreich erweist sich dabei die romantische Idee von Joseph Görres, 1807 eine katalogartige Liste von sogenannten Volksbüchern zu publizieren, in der auch eine neuzeitliche Eulenspiegel-Ausgabe erscheint. Der als Gattungsbezeichnung vollkommen unangebrachte Volksbuchbegriff erweist sich als das nicht nur in Deutschland erfolgreichste Label für solche Texte, das von geschäftstüchtigen Verlegern ausgiebig genutzt wird. Johann Wolfgang von Goethe stattet diesen Begriff in ›Dichtung und Wahrheit‹ (1. Buch, 1. Teil) nachträglich sogar noch mit einer besonderen Aura aus:

> »Der Verlag oder vielmehr die Fabrik jener Bücher, welche in der folgenden Zeit unter dem Titel: Volksschriften, Volksbücher bekannt und sogar berühmt geworden, war in Frankfurt selbst, und sie wurden, wegen des großen Abgangs, mit stehenden Lettern auf das schrecklichste Löschpapier fast unleserlich gedruckt. Wir Kinder hatten also das Glück, diese schätzbaren Überreste der Mittelzeit auf einem Tischchen vor der Haustüre eines Büchertrödlers täglich zu finden, und sie uns für ein paar Kreuzer zuzueignen. Der Eulenspiegel, die vier Haimonskinder, die schöne Melusine [...] alles stand uns zu Diensten [...]«

In ganz ähnlich kolportagehafter Buchform einer allerdings niederländischen Kurzfassung ist die Eulenspiegel-Figur wohl auch dem belgischen Autor Charles de Coster begegnet, der ihr dann 1868 freilich zu einem rundum erneuerten Profil verhilft. Mit dem zweifellos berühmtesten Werk der Eulenspiegel-Überlieferung, ›La légende et les aventures hérioques, joyeuses et glorieuses d'Ulenspiegel et de Lamme Goedzak au pays de Flandres et ailleurs‹, das in einem antikisierenden Französisch abgefaßt ist, setzt de Coster besondere Akzente. Die Eulenspiegel-Figur wird zu einer heroisch überhöhten Lichtgestalt des frühen 16. Jahrhunderts im Befreiungskampf des niederländischen Volkes gegen die Fremdherrschaft. Bis zur Jahrhundertwende kann dieses zunächst nur in exklusiv-buchkünstlerischer Ausstattung zugängliche Werk lediglich von einem kleinen Kreis bibliophiler Liebhaber gewürdigt werden. Im Verlauf des 20. Jahrhunderts wird de Costers Legende von Ulenspiegel dann aber in alle europäischen Volkssprachen übersetzt.

In einem aktuellen Essay über ›Das mittelalterliche Europa und das Europa von morgen‹ hat der französische Historiker Jacques LeGoff seiner Überzeugung Ausdruck verliehen, »daß Individuen, Völker und Nationen am stärksten durch eine gemeinsame Vorstellungswelt verbunden werden: Dieselben Mythen, dieselben Bilder, dieselben Ideale bilden den besten Erbteil der Europäer«. Zu diesem Erbteil gehören auch die literarischen Leitfiguren Artus und Eulenspiegel. Und so verschiedenartig sich ihre jeweiligen Erscheinungsbilder in den unterschiedlichen Erzähltraditionen auch ausnehmen mögen – gerade in ihrer Gegensätzlichkeit tragen sie dazu bei, daß es in dieser gemeinsamen Erbschaft ausgewogene Verhältnisse gibt.

Volksmusik

Marianne Bröcker

Bereits in der Antike gab es verschiedene Bezeichnungen für die Lieder unterschiedlicher Standesgruppen, wie bei den Römern das *rusticum vetus carmina* oder *canticum* für die Lieder der Landbevölkerung. Im Mittelalter wurde dann von *carmen pastorale*, »Purengesangk« oder »Reuterliedlein« gesprochen, und Michael Praetorius definierte in seinem Werk ›Syntagma‹ die Villanelle als ein »Bawrliedlein welche die Bawren vnd gemeine Handwercksleute singen«. Der Begriff »Volkslied« wurde erstmals 1771 von Johann Gottfried Herder verwendet. Herders Interesse für das Volkslied war getragen von der Sorge um dessen Untergang: »Die Reste aller lebendigen Volksdenkart rollen mit beschleunigtem letzten Sturze in den Abgrund der Vergessenheit hinab«, und so forderte er auf, die Lieder des Volkes »auf Straßen und Gassen und Fischmärkten, im ungelehrten Rundgesange des Landvolks« zu sammeln und aufzuschreiben, und zwar »in der Ursprache und mit gnugsamer Erklärung, ungeschimpft und unverspottet, so wie unverschönt und unveredelt: wo möglich mit Gesangweise und Alles, was zum Leben des Volks gehört«. Herders Auffassung vom Volkslied war geprägt von der Annahme großer produktiver Kraft im Volk, denn mit dem Verschwinden des echten Volksgesanges wäre »nicht etwa nur ein Hauptzweig alter, edler, rühmlicher und ruhmerweckender Poesie, sondern der Grund aller Poesie, die innere Rechtschaffenheit und Honnettetät im Herzen des Volkes – ermordet«.

In der erst um die Wende zum 20. Jahrhundert einsetzenden wissenschaftlichen Diskussion wurde laut der sogenannten Rezeptionstheorie angenommen, das »Volk« sei unfähig zur Erschaffung eines eigenen musikalisch-poetischen Ausdrucks und habe lediglich die von den gebildeten Gesellschaftsschichten geschaffenen Werke aufgenommen und dem eigenen Empfinden angepaßt. Dem entgegen trat Josef Pommer, der Begründer der österreichischen Volksliedforschung, mit der Produktionstheorie, der Feststellung, das Volkslied sei auch Produkt des Volkes. Seit den Anfängen wird die Sammlung und Erforschung des Volksliedes von der Vorstellung beherrscht, ein Volkslied müsse über ganz bestimmte Kriterien verfügen, um als solches, das heißt zugleich auch als wertvoll anerkannt zu werden. Im Laufe der Zeit bildete sich ein Katalog von Anforderungen heraus, die ein Volkslied zu erfüllen habe: »mündliche Vermittlung (Oralität), weite Verbreitung im Volk (Popularität), Gestaltwandel (Variabilität), Unbekanntheit der Autorschaft (Anonymität), ästhetische Qualität (Dignität) und langwährende Tradition (Anciennität und Persistenz)«[1].

Mit diesem Wertekanon belastet, wäre seit den fünfziger Jahren in vielen Ländern Europas eine Volksliedforschung nur noch mit historischem Material möglich gewesen, denn »Volkslieder« mit diesen Merkmalen gehörten fast nur noch zum Lehrstoff des Musikunterrichts, wurden aber kaum mehr in lebendiger Funktion gesungen. In Deutschland wirkte sich außerdem noch sehr lange die Vereinnahmung der Volksmusik durch die Nationalsozialisten aus. Um den dieserart belasteten Begriff »Volkslied« zu vermeiden und gleichzeitig das tatsächlich stattfindende Singen zu erfassen, also die lebendige Singpraxis, die keineswegs gestorben war, sondern nur andere Lieder bevorzugte, führte Ernst Klusen 1967 den Begriff des Gruppenliedes ein. »Das Gruppenlied wird als Gegenstand gehandhabt, der etwas außer ihm selbst Liegendes verwirklicht. Das Gruppenlied ist somit nicht Selbstzweck. Es ist ein ›dienender Gegenstand‹.«[2] Als Gruppe versteht Klusen dabei nicht nur die am Singen oder Musizieren Beteiligten, sondern auch die Zuhörer, denn zwischen den »agierenden« und den »reagierenden« Mitgliedern einer solchen Gruppe entsteht ein Vorgang, den Klusen als »musikalische Interaktion« bezeichnet. Klusens Begriff des Gruppenliedes konnte sich zwar in der Fachwelt nicht durchsetzen, er regte damit jedoch die »Singforschung« an, die als »Volkslied« behandelt, was tatsächlich erklingt und sich ständig verändert, nicht aber unbedingt ästhetisch wertvoll, sehr alt und im ganzen Volk verbreitet sein muß (zum Beispiel das Singen bei Gruppenunternehmungen, das spontane Singen bei Demonstrationen, der äußerst vielfältige Gesang in Fußballstadien).

Die instrumentale Volksmusik wie auch der Volkstanz wurde ebenso wie die vokale Volksmusik definiert und mit denselben Maßstäben gemessen. Sie untersteht im wesentlichen, wenn auch nicht ausschließlich, den gleichen primären und sekundären Lebensgesetzen. Es gibt jedoch einige Merkmale, durch welche sich die beiden Sachbereiche voneinander unterscheiden:

Instrumentale Volksmusik ist nicht an den Singtext, vielfach dagegen an die Tanzbewegung gebunden, woraus teilweise andersartige Gestaltungsprinzipien resultieren. Das Spielen auf einem Instrument fördert die Bildung von Spielfiguren, von Verzierungen, die gern an die Stelle von durchgehenden vokalen Linien und Bögen treten. Die Handhabung des Instruments erfordert von allem Anfang an eine gewisse Bewußtheit und, wie C. Sachs es 1933 ausdrückt, den »zielenden Schlag auf einen hallgebenden Gegenstand« entgegen der »affektgezeugten Bewegung des Stimmapparates«, was ebenfalls zu andersartigen Ordnungen führt. Die Handhabung des Instruments erfordert mehr als die Singstimme (im Bereich der Volksmusik) bewußte schulische Übung und technisches Können, so daß die Tendenz zur Professionalität besteht.

Da wir festhalten müssen, daß Volkslied und Volksmusik in weiten Teilen Europas seit mehr als 100 Jahren nicht mehr brauchgebunden praktiziert werden oder sich spontan entwickeln, sondern daß die Volksmusikpraxis gezielt bewahrt und gepflegt wird, so muß auch die Volksmusikpflege, die ihre Tätigkeit ja in eine lange Tradition gestellt sieht, hier berücksichtigt werden. Das gleiche gilt für das aktive Singen, die Wiederbelebung alter Lieder und das Entstehen neuer Lieder in der Folkbewegung, die ebenfalls Forschungsfeld der musikalischen Volkskunde ist. Die Volksmusikpflege ist seit Jahrzehnten die einzige Volksmusikrichtung, die nicht nur für die unmittelbaren Angehörigen einer Gemeinde oder Gruppe wirkt, sondern auch immer für ein außenstehendes Publikum. In dieser Hinsicht prägte sie das Bild der Volksmusik in der Öffentlichkeit, das nach dem Zweiten Weltkrieg auch von professionellen Sängern und Musikern übernommen und in eine kommerziell erfolgreiche Richtung entwickelt wurde, so daß hier auch von der sogenannten Volkstümlichen Musik zu sprechen ist. Von den 1810 von F. L. Jahn geprägten Begriffen »Volkstum, volkstümlich« und »Volkstümlichkeit« ausgehend, wurden in der wissenschaftlichen Literatur sehr unterschiedliche, inhaltlich aber kaum konkret faßbare musikalische Richtungen als »volkstümliche Musik« bezeichnet. Erst in jüngerer Zeit verbindet sich im deutschsprachigen Raum mit diesem Begriff auch eine bestimmte Musikrichtung, nämlich die der über die Medien verbreiteten Musik, die allerdings von ihren Anhängern zumeist auch als »Volksmusik« bezeichnet wird.

Sammlung und Forschung

Vereinzelt wurden beliebte Volksmelodien schon seit dem 14. Jahrhundert in praktische Ausgaben, in handschriftliche Manuskripte oder Tabulaturen aufgenommen, aber erst mit Herder setzte eine intensive Sammeltätigkeit von Volksliedern ein. Er selbst konnte zum Beispiel in Estland und Lettland Liedtexte aufzeichnen und verstand es, unter dem Eindruck des Verschwindens der Volkslieder seine Zeitgenossen, darunter auch Johann Wolfgang von Goethe, der im Elsaß zwölf Lieder aufzeichnete, für die Idee der Volksliedsammlung zu begeistern. Seine eigene Sammlung von Liedtexten aus verschiedenen europäischen und einigen außereuropäischen Ländern, 1773 als Druckmanuskript mit dem Titel ›Alte Volkslieder‹ zusammengestellt, erschien 1778/79 in zwei Teilen unter dem Titel ›Volkslieder‹ und in einer Neuausgabe erst nach seinem Tod 1807 als ›Stimmen der Völker‹. Zwar brachte bereits 1777/78 Christoph Friedrich Nicolai eine Sammlung von Volksliedern mit Melodien heraus (›Eyn feyner kleyner Almanach‹, zwei Bände, Berlin und Stettin 1777/78), und noch vor 1800 erschienen vereinzelt Volkslieder mit Melodien in verschiedenen Almanachen und Zeitschriften. Die folgenden bedeutenden Sammlungen, beginnend mit ›Des Knaben Wunderhorn‹ von Achim von Arnim und Clemens Brentano (drei Bände, Heidelberg 1806 bis 1808), waren jedoch zum größten Teil nur Textsammlungen. Dies hat sich bis zum heutigen Tage kaum geändert, denn noch immer erscheinen – besonders gern zur Weihnachtszeit – Sammlungen mit den »schönsten deutschen Volksliedern«, die nur Texte abdrucken.

Das 19. Jahrhundert war in vielen europäischen Ländern gekennzeichnet von Volksliedsammlungen, die auch auf staatliche Anregungen zurückgingen. So begann in Österreich auf Initiative des Erzherzogs Johann ab 1811 eine intensive Sammel- und Befragungsaktion in den Ländern der Monarchie, und in Frankreich wurde 1852 von Napoleon III. ein Dekret erlassen mit der Aufforderung, Volkslieder zu sammeln. Den ersten Versuch einer wissenschaftlichen Gesamtausgabe deutscher Volkslieder unternahmen Ludwig Erk und Franz Magnus Böhme, die unter dem Titel ›Deutscher

Liederhort‹ ihre umfangreiche Sammlung von 2175 Liedern mit den ihnen bekannten Varianten 1893/94 herausgaben.

Mit der von Josef Pommer gegründeten Zeitschrift ›Das deutsche Volkslied‹ im Jahre 1899 und der Gründung des Deutschen Volksliedarchivs in Freiburg durch John Meier im Jahre 1914 setzte eine systematische wissenschaftliche Volksliedforschung ein. Wie sehr sich die Vorstellungen vom Volkslied als poetisch-musikalischer Einheit entfernt hatten, zeigt die Trennung von Musik und Dichtung in verschiedenen Institutionen. Das deutsche Volksliedarchiv war zunächst nur für die Sammlung von Texten zuständig, die Melodien wurden ab 1917 im Archiv deutscher Volkslieder in Berlin unter Max Friedländer gesammelt, und erst 1928 wurde im Deutschen Volksliedarchiv eine eigene Musikabteilung geschaffen. Im gleichen Jahr erschien auch der erste Band des ›Jahrbuchs für Volksliedforschung‹, und 1935 konnte der erste Band der ›Deutschen Volkslieder mit ihren Melodien‹ veröffentlicht werden. So wurde durch erste genaue Materialanalysen in den zwanziger und dreißiger Jahren eine wissenschaftliche Grundlage für die Volksliedforschung geschaffen, die nach dem Kriege von Wolfgang Steinitz und anderen fortgeführt wurde.

Dem Deutschen Volksliedarchiv folgten in größeren Abständen auch weitere, zum Teil regionale Sammel- und Forschungsstellen. Für Deutschland sind hier zu erwähnen das Institut für Musikalische Volkskunde an der Universität zu Köln (hervorgegangen aus dem Niederrheinischen Volksliedarchiv) oder die Forschungsstelle für fränkische Volksmusik in Schloß Walkershofen (Simmershofen, Unterfranken) sowie die verschiedenen Sammel-, Forschungs- und Pflegeinstitutionen des Bayerischen Landesvereins für Heimatpflege e.V., der auch regelmäßig Seminare zur Volksmusikforschung abhält. Auch in zahlreichen anderen europäischen Ländern wurden Forschungsinstitute an Akademien und Universitäten eingerichtet, und Studien- oder Arbeitsgruppen widmen sich international dem Forschungsgegenstand »Volksmusik«, wie die verschiedenen Study Groups des International Council for Traditional Music (ICTM) mit regelmäßigen Arbeitstagungen, unter anderem für Volksmusikinstrumente (Publikation der Tagungsergebnisse in der Reihe ›Studia instrumentorum musicae popularis‹), für Analyse and Systematisierung von Volksmusik, für Historische Quellen der traditionellen Musik (Publikation der Tagungsergebnisse) oder die Kommission für Lied-, Musik- und Tanzforschung in der Deutschen Gesellschaft für Volkskunde mit Tagungen im Zweijahresturnus und Publikationen der Tagungsergebnisse.

War die frühe Sammel- und Forschungstätigkeit auf die Mit- oder Niederschrift des Vorgetragenen angewiesen, die direkt zu erfolgen hatte und daher häufig nicht mehr nachprüfbare Hör- und Verständnisfehler enthalten kann, so konnte sich die eigentliche wissenschaftliche Entwicklung der musikalischen Volkskunde erst mit dem technischen Fortschritt der Aufnahmemöglichkeiten entwickeln, denn erst die Tonbandaufnahmen und deren Möglichkeiten zum wiederholten Abspielen bzw. auch ihrer Reproduzierbarkeit, das heißt erst die Objektivierung ihrer Erkenntnisse durch den Einsatz technischer Hilfsmittel und Verfahren schufen die Voraussetzungen für eine moderne Volksmusikforschung.

Volksgesang und -lied

Einen detaillierten Überblick über die verschiedenen Liedgattungen und Gesangsformen in Europa zu geben erweist sich als unmöglich, weil zum einen noch längst nicht alle Regionen genügend erforscht sind, zum anderen aber auch, weil zu der großen Anzahl der in Europa lebenden Ethnien, der Sprachen, Dialekte und Kulturräume eine mindestens ebenso große Vielfalt in der Gestaltung des Volksgesanges gehört. Zentraleuropa, zu dem nicht nur die deutschsprachigen Länder gehören, ist in seiner Volksmusik seit dem späten Mittelalter besonders stark von Kirchen- und Kunstmusik und seit dem 19. Jahrhundert auch von diversen populären Musikrichtungen geprägt worden, wodurch sich in der musikalischen Struktur (Tonalität, Melodiebildung, Metrorhythmik) ganz charakteristische Merkmale herausgebildet haben. »Verdurung, starkes Tendieren zu rational-gleichförmiger Taktmäßigkeit, Verlust von regional- und gattungsspezifischen Vortragsweisen und dergleichen sind überall zu beobachtende Prozesse eines tiefgreifenden Strukturwandels, der altüberlieferte Regionalstile nach und nach ›einebnete‹.«[3] In jüngerer Zeit gibt es allerdings überall in Europa Tendenzen, regionale Musikstile zur Stärkung der eigenen Identität wiederzubeleben.

Der große Reichtum an europäischen Volksgesängen, ihre Vielgestaltigkeit in Tonalität, Melodik, Rhythmik, Textinhalten oder Funktion haben seit Beginn der Sammeltätigkeit zu vielen sehr unterschiedlichen Einordnungsversuchen geführt. Am häufigsten wird das Liedgut nach textlich-inhaltlichen Gesichtspunkten geordnet, zum Beispiel in Marien-, Liebes-, Legendenlied, in Heimat-, Dank- oder Prinz-Eugen-Lied, Schinderhanneslied und anderen. Weitere Einteilungen gehen nach den Liedträgern vor (Kinderlied, Burschen- und Mädchenlied, Männerlied, Nonnenklage und andere) oder nach den Anlässen des Singens (Morgen-, Abend-, Passions-, Oster- und Weihnachtslied) sowie nach der Funktion der Lieder (Wiegen-, Arbeits-, Heischelied, Wander-, Marsch-, Trink-, Abschieds- und Protestlied). Es gibt eine ganze Anzahl von Liedgattungen, die in gewisser Weise gesamteuropäische Merkmale haben, wie zum Beispiel Arbeitslieder, Klage- und Wiegenlieder. Sie weisen bei aller regionalen Verschiedenartigkeit auch gemeinsame Züge auf, die sich aus ihrer engen funktionalen Bestimmung erklären.

Arbeitslieder gehörten früher zu fast allen Tätigkeiten in den verschiedensten Arbeits- und Wirtschaftsbereichen. Sie waren wichtiger Bestandteil des Volksgesangs in allen europäischen Kulturen, wurden aber am schlechtesten von allen Vokalgattungen dokumentiert. Das liegt einerseits an dem auf andere musikalische Phänomene gerichteten Interesse der Sammler und Forscher, andererseits auch daran, daß die Forschung zu spät einsetzte, da die Mechanisierung und fortschreitende Technisierung den Gesang schon sehr früh verstummen ließ. Arbeitsgesänge sind zu differenzieren nach den Tätigkeiten, zu denen sie gesungen wurden. Sie haben eine andere Aufgabe für den einzelnen Menschen, der allein arbeitet (zum Beispiel Hirten, Fuhrleute) oder in großer Entfernung von anderen (als Signal), als für diejenigen, die in Gruppen arbeiten. Hier ist zu unterscheiden nach den Arbeitsgesängen, die zur Koordinierung gemeinsamer Tätigkeiten erklangen (wie das Einrammen von Pfählen, das Dreschen, das Einholen der Netze oder das Setzen der Segel) und solchen, die zwar gemeinsam, aber mit individuellem Arbeitsrhythmus ausgeführt wurden, wobei die zur gegenseitigen Unterhaltung, zur Aufmunterung oder gegen die Müdigkeit gesungenen Lieder – darunter zum Beispiel auch Balladen – durchaus auch einen den Arbeitsrhythmus bestimmenden Charakter bekommen konnten.

Bei der großen Vielfalt von Tätigkeiten, die mit Musik verbunden waren, hatten die Arbeitsgesänge ganz unterschiedliche Funktionen zu erfüllen, wie zum Beispiel bei der Arbeit mit Tieren, bei der die Musik die Tiere anlocken oder aber Raubtiere verscheuchen sollte. Nicht nur in den Hirtenkulturen wurde dazu Gesang eingesetzt, sondern auch bei der Arbeit auf dem Felde, beim Dreschen oder bei der Paarung von Nutztieren (wie die Briolage in Zentralfrankreich) wurden die Tiere mit Gesängen ermuntert, beruhigt oder angetrieben. Neben dieser rein funktionalen Absicht hatten viele Signale, Rufe und Lieder zusätzlich auch einen magischen, beschwörenden Charakter.

Wie das Arbeitslied, so ist auch die Praxis des Klagens im 20. Jahrhundert stark zurückgegangen, läßt sich in einigen europäischen Randgebieten aber noch finden. In den Klagen haben sich, obwohl sie Ausdruck einer sehr emotionalen, persönlich geprägten Textgestaltung sind, sehr alte musikalische Elemente und Klageformeln erhalten. Als Klage wird gewöhnlich vor allem die Totenklage angesehen, in die neben der Trauer um den Verstorbenen auch Klagen über erlittenes Unrecht, über Familienstreitigkeiten oder über aktuelle tragische Ereignisse (wie Krieg und Zerstörung) einfließen können. Frauen wurde es verwehrt, ein selbstbestimmtes Leben zu führen, und so waren Klagen auch oft mit der Hochzeit verbunden. Die Braut klagte beim Verlassen ihres Elternhauses in eine ungewisse persönliche Zukunft – Wahl des Mannes durch die Eltern –, und die Mutter klagte über den Verlust der Tochter. Zeugnis dafür sind auch die aus dem mitteleuropäischen Raum zahlreich überlieferten Nonnenklagen der von Vätern oder Familien gegen ihren Willen ins Kloster geschickten Frauen und Töchter.

Wiegenlieder sind wie die Klagen persönlichster Ausdruck einer Frau, trotzdem haben sie durchaus gemeinsame Merkmale in ganz Europa. Ihre Gestaltung reicht von kurzen, aus nur wenigen Tönen zusammengesetzten Formen bis zu langen, erzählenden Liedern. Im deutschsprachigen Raum ist das ganz persönliche, von der älteren Generation übernommene oder spontan entwickelte Wiegenlied sehr stark durch die seit Ende des 18. Jahrhunderts komponierten und weitverbreiteten »Lieder in Volkston« verdrängt worden. In anderen Regionen werden Wiegenlieder manchmal zu Klagen und sind dann auch musikalisch so gestaltet, zum Beispiel auf Sardinien. Sie sollen nicht nur das Einschlafen des Kindes fördern, sondern haben auch eine Ventilfunktion für die Mutter, die sich nur in der Abgeschlossenheit des Schlafzimmers über ihre Lage, die schlechte Behandlung durch den Mann oder das tägliche Elend beklagen kann.

Will man überregionale bzw. gesamteuropäische Gemeinsamkeiten im Volksgesang nachweisen, so lassen sich zwei typische Erscheinungsformen feststellen:

- Die unglaubliche Vielfalt an oralen Mehrstimmigkeitsformen, welche die in Deutschland sehr geläufige Begleitung mit nur einer »zweiten« Stimme über einfache bis hochentwickelte Formen des Bordungesangs – Bordun ist ein ständig mitklingender Ton, zumeist unter, seltener über den Melodiestimmen – ebenso umfassen wie die »harmonische«, in Drei- und Vierklängen aufgebaute Mehrstimmigkeit des Alpenraums (mit Falsett und Jodeln), die bulgarische »Schwebungsdiaphonie« oder den vielstimmigen Gesang der Kaukasus-Völker. Jedes einzelne dieser Phänomene kann wiederum in verschiedenen Formen existieren und sich durch regionale Besonderheiten von gleichen bzw. ähnlichen Praktiken unterscheiden.
- Die ungeheure Fülle und Mannigfaltigkeit der Erzählgesänge, die bis in die Gegenwart immer wieder inhaltlich wie musikalisch interessante, teilweise reichausgestattete Spielarten hervorbrachte. Besonders im Bereich des Erzählliedes lassen sich kaum Grenzen ziehen, denn Stoffe und Melodien verbreiteten sich in vielen europäischen Ländern.

Im gesamteuropäischen Liedgut sind die Erzähllieder die umfangreichste und wichtigste Liedgruppe, die in zwei Hauptgattungen mit zahlreichen Übergängen und Mischformen zu trennen sind: in den stichischen Epengesang und die strophische Ballade. Der Epengesang heroischen Charakters hat bei aller regional oder zeitlich erfolgten variablen Gestaltung ganz bestimmte Hauptmerkmale, die sich nach D. Stockmann kurz so skizzieren lassen:

- Instabile Gesamtstruktur: Aneinanderreihung von Versen verschiedener Art und Festigkeit, deren Anzahl (durch Ausschmückung von Details, Wiederholungen) beliebig vergrößert werden kann. Gegliedert ist ein Epos nicht nach formalen, sondern durch Auslassungen und Hinzufügungen nach inhaltlichen Gesichtspunkten.
- »Epische Länge«: Ein Vortrag kann mehrere tausend Verse umfassen und Stunden oder ganze Nächte dauern. Erzählt werden ausführlich verschiedene Heldentaten oder das ganze Leben eines Helden mit zahlreichen Ausschmückungen und detaillierten Schilderungen und Kommentaren zum Geschehen.
- Vortrag durch einen »Spezialisten« vor Zuhörern. Die Weitergabe der Epen erfolgt innerhalb von Sänger-Familien oder in einem Meister-Schüler-Verhältnis. Epen werden fast ausschließlich von Männern gesungen.
- In der musikalischen Aufführung wird ein melodisches, einfaches Zeilenmodell mit geringem Ambitus – Tonhöhenumfang einer Melodie, einer Stimme oder eines Instruments, häufig Quintumfang – improvisatorisch vorgetragen, das variabel entfaltet werden kann, gewöhnlich aber relativ stabile Kadenzformen besitzt. Epen werden in der Regel zur Begleitung eines Saiteninstruments gesungen, das der Sänger selbst spielt. Wesentlich ist für den Epenvortrag die Textverständlichkeit. Der Inhalt einer Geschichte soll von den Zuhörern verstanden werden, diesem Ziel ist die Musik untergeordnet.

Mit dem Epengesang, der in Mitteleuropa heute keine Rolle mehr spielt, ist die Ballade durchaus verwandt. Aber trotz einiger Gemeinsamkeiten bestehen große Unterschiede. Auch sie wird (bis auf Chorsätze) von einem einzelnen Sänger oder einer Sängerin vorgetragen, die ebenfalls als »SpezialistInnen« angesehen werden können. Balladen kann zwar jeder singen, in der Regel jedoch sind es hervorragende SängerInnen, die über ein meist sehr umfangreiches Repertoire an Erzählliedern verfügen. Auch bei der Ballade kommt es auf die Textverständlichkeit an, vermittelt werden soll die Handlung, so daß auch hier eine einfache Melodik, wenn auch mit größerem Ambitus, bevorzugt wird, denn die Musik soll die Erzählung unterstützen. Die Ballade unterscheidet sich – grob eingeteilt – vom Epengesang durch folgende Merkmale:

- Sie hat eine relativ stabile Gesamtstruktur durch den Aufbau in Strophen, manchmal auch mit Refrain.
- Die Ballade erzählt nur eine Begebenheit, sehr oft in kurzen Dialogen. Die handelnden Personen werden summarisch beschrieben oder ohne weitere Erläuterung eingeführt. Die Ballade enthält meist keine Vorgeschichte, und manchmal fehlen logische Glieder in der Erzählung.
- Gegenüber dem Epengesang hat die Ballade eine außerordentlich vielgestaltige Melodik.
- Traditionsträger und Vortragende sind nichtprofessionelle, gewöhnlich aber besonders begabte Sängerinnen. Das Balladensingen gehört überwiegend zum Repertoire von Frauen.
- Inhaltlich bevorzugt die größte Gruppe von Balladen Probleme aus dem realen Leben, soziale Spannungen, unglückliche Liebesgeschichten, Familienkonflikte.

Die Ballade stellt die größte und umfangreichste europäische Liedgattung dar, die – wie andere Liedgattungen auch – nach ihren Inhalten klassifizierbar ist. Man teilt sie ein in naturmythische Balladen (Elfen, Riesen, Zwerge, Wiedergänger usw.), Zauberballaden (Totenerweckung, Gestaltverwandlung), Märchenballaden und in historische Balladen, Heldenballaden wie ›Das Jüngere Hildebrandlied‹ oder auch ›Der Tannhäuser‹. Die umfangreichste Balladengruppe bilden die Familienballaden, die nach Erich Seemann »von aufopfernder und treuer Liebe, von Entführung und allerlei Tragik« handeln, »wie sie sich im Schoße der Familie entfaltet, von Kindesmord und Totschlag, Notzucht und Blutschande, Verführung und Diebereien«[4]. Große Verbreitung haben auch die Schwankballaden, häufig mit Ständespott verbunden, die Rätselballaden und diejenigen, in denen Tiere agieren. Je nach regionalem Befund und Inhalt sind durchaus auch weitere Unterteilungen möglich. Es läßt sich jedoch keine allgemeingültige Klassifikation erstellen, sondern sie muß jeweils am vorhandenen Material entwickelt werden. In den Alpenländern sind Balladen nicht so verbreitet wie zum Beispiel in Nord- und Mitteldeutschland, dafür hat diese Region aber eine lange Tradition von improvisierten Liedern, den Schnaderhüpfeln, Vierzeilern, die zumeist textlich improvisiert und im musikalischen Vortrag vom Ländlerrhythmus geprägt sind, oft auf einige wenige Melodien gesungen werden und fester Bestandteil geselliger Unterhaltungen sind, zum Beispiel bei Hochzeiten, bei Tanzveranstaltungen und im Wirtshaus.

Instrumentale Volksmusik

(Kurzfassung nach F. Hoerburger)[5]

Die instrumentale Volksmusik stellt gegenüber dem Volksgesang etwas musikalisch Eigenständiges dar. Sie wäre aber ohne das Volkslied undenkbar, denn der größte Teil der Instrumentalmelodien stammt aus dem jeweiligen nationalen oder internationalen Liedrepertoire. Die Gesangsmelodien werden zwar von den Instrumentalmusikern übernommen, aber die Musiker passen sie ihren Instrumenten an. Sie werden häufig so stark verändert, daß sie kaum noch wiedererkannt oder identifiziert werden können. Auf diese Weise aber entsteht erst ein spezifischer Instrumentalstil. Umgekehrt wird instrumentales Spiel von der Singstimme übernommen: in früheren Zeiten etwa, um die Stimme zu maskieren und böse Kräfte abzuschrecken, später, um beim Fehlen eines Instruments zur Tanzbegleitung den Klang mit dem Mund nachzuahmen *(mouth music)*, wobei vielleicht weniger auf ein bestimmtes Instrument, als vielmehr auf »das Instrumentale« schlechthin abgezielt wird.

Unterschiedliche Gestaltungsprinzipien treten vor allem bei den verschiedenen Arten der instrumentalen Begleitung von Gesängen hervor. Trotz der engen Bindung der beiden Elemente aneinander kann der Instrumentalstil seine eigenen Wege gehen. Ist der Spieler gleichzeitig der Sänger, so kann er abwechselnd singen und spielen oder aber sich zu seinem Gesang simultan begleiten. Singt und spielt er in Aufeinanderfolge, so verselbständigen sich manchmal Vor-, Zwischen- und Nachspiele mit ihrem Figurenwerk besonders stark. Begleitet sich der Sänger zu seinem Gesang synchron, so führt dies in der Regel zu einer heterophonen Vortragsart.

In der europäischen rein instrumentalen Volksmusik tritt die unbegleitete Melodie stark hinter der begleiteten an Bedeutung zurück. Zwar gehört das Spielen auf nur einem einzelnen melodie-, nicht aber begleitfähigen Instrument zu bestimmten Kulturen (wie bei den Hirten), und die Musiker entwickeln beim Spiel gelegentlich komplexe Gebilde von Spielfiguren. Meist aber besteht die Tendenz, dem Melodieinstrument eine Begleitung beizugeben, die ja schon dort beginnt, wo, wie zum Beispiel in Ungarn oder Rumänien, der Flötist eine Art von Bordun mitbrummt, oder wo der Geiger mit dem Fuß den Takt hörbar mitschlägt. Einfache Formen der Begleitung lassen sich nach klanglich-rhythmischen Gesichtspunkten unterscheiden: Auf der einen Seite steht der klangliche Unterbau; schon der Bordun, der beispielsweise auf Sackpfeife, Drehleier oder Maultrommel mitklingt, wirkt ja nicht nur als einzelner Ton, sondern durch seine Obertönigkeit als stationärer Klang. Auf der anderen Seite steht die Begleitung der Instrumentalmelodie durch Betonung des Taktschlages. Die allseits und in mancherlei Varianten verbreitete Kombination von Pfeifen und Trommeln ist sprichwörtlich.

In beiden Fällen ist zu beobachten, daß nicht selten Melodie und (klangliche oder rhythmische) Begleitung von ein und derselben Person gespielt werden. Im einen Fall sind verschiedene Instrumente darauf angelegt (Sackpfeife, aber auch die Zither), im anderen Fall kombiniert man zwei gleichzeitig zu handhabende Instrumente. Bekanntestes Beispiel ist Einhandflöte und Trommel *(tabor and pipe)*. In anderen Bereichen der instrumentalen Volksmusik, vor allem in größeren Ensembleformen, werden Klangfreude und rhythmische Festlegung miteinander verbunden, zum Beispiel in den west- und mitteleuropäischen Blaskapellen, aber auch dort, wo Schlaginstrumente in den Hintergrund treten oder ganz fehlen, wie in der katalanischen Cobla oder in den balkanischen Cimbalom-Kapellen. Vielfach ist die Tendenz zu beobachten, die Klangfreude dadurch zu befriedigen, daß man dem Ensemble eine heterogene Klangfarbe beimischt. Diesem Bestreben ist im bayerisch-österreichischen Raum die Wiedergeburt des Hackbretts zu verdanken, sonst aber überall die Beimischung des Handharmonikaklanges.

Die musikalische Substanz, wie sie fast ausschließlich in den Sammlungen instrumentaler Volksmelodien gewissermaßen nackt vorgelegt wird, darf nicht mit der Realität des instrumentalen Musizierens verwechselt werden. Sowohl in der Darstellung eines einzelnen Stückes als auch in der Abfolge der Stücke oder in der Art ihrer wiederholten Abspielung haben sich, landschaftlich, individuell oder den einzelnen Instrumenten entsprechend, zahlreiche Gepflogenheiten herausgebildet, die ganz wesentlich zu der Musik gehören. Zunächst erschöpfen sich instrumentale Volksmelodien nicht in einem simplen Auf und Ab der Hauptmelodietöne, sondern sie werden in hohem Maße verziert (am meisten wohl bei der Musik der Sackpfeife, auf der kaum einmal ein einzelner Ton ohne trillernde Umspielung wiedergegeben wird). Nichts von diesem Verzierungswesen liegt fest, alles wird von Mal zu Mal neu improvisiert.

Selbst in der weitgehend erstarrten Volksmusik Mitteleuropas kommt es noch immer vor, daß eine mehrmals wiederholte Melodie jeweils kleinen Veränderungen durch Verzierung unterzogen wird. Dieses Nichtfestgelegtsein geht sehr viel weiter, als gewöhnlich angenommen wird. Manche Instrumente erscheinen chronisch verstimmt, manche Bauernmusiken spielen, wie es scheinen möchte, fortwährend so »falsch«, daß es unerträglich dünkt. Dieses »unsaubere« Spiel, diese Unschärfe wird als »schmutziges Spiel« bezeichnet und ist keineswegs die Folge eines Unvermögens. Dahinter steht die bewußte oder unbewußte Absicht, die Musik reizvoll und lebendig zu gestalten, was als »Beseelung« des starren Notenbildes ja auch in der Kunstmusik bekannt ist. Vor allem aber bei der Begleitung des Tanzes ist ohne dieses »schmutzige Spiel« kaum jemand dazu zu bewegen, das Tanzbein zu schwingen. Da Tanzmusik nicht nur Taktgeber, sondern in erster Linie Stimulans zu sein hat, genügt nicht ein schönes, edles, sanftes Spiel, sondern es muß schrill, scharf, rauh, aufregend anmuten und darf dabei ruhig »häßlich« sein.

Die instrumentale Volksmusik trennt die Anwesenden bei einem Tanz oder Fest in zwei Gruppen: Auf der einen Seite steht die passive Zuhörerschaft, die auf den Musiker aber anregend wirkt, auf der anderen Seite steht der bewußte Könner, gleich ob Liebhaber oder professioneller Musikant, der bestrebt ist, sein Publikum anzuziehen. Seine Attraktivität liegt nur zu einem Teil in der instrumentalen Spieltechnik, die freilich recht erstaunlich sein kann, wenn man an die hauptberufliche Beschäftigung vieler Spielleute denkt, etwa an die des norwegischen Holzarbeiters, der beim Volksfest die Fele (die Hardangerfidel) spielt, oder an den Bergarbeiter Alexis Sorbas, der laut Nikos Kazantzakis ebenso mit der Spitzhacke wie mit dem Santuri umzugehen wisse.

Die Hauptkraft des Musikers liegt aber wohl in der persönlichen Ausstrahlung. Auf diese Kraft spielt auch die Sage vom Rattenfänger an. Ein ostdeutsches Volksmärchen erzählt ferner die Geschichte von dem Popen, der zusammen mit dem Organisten bis zur Bewußtlosigkeit tanzen muß, weil der Teufel selber musiziert.

In Südost- und Südwesteuropa spielen die Zigeuner als Musikanten eine besondere Rolle. In ihrer beispiellosen Begabung, das Repertoire von Stadt und Land, von verschiedenen benachbarten Nationalitäten und sozialen Schichten gleichzeitig zu beherrschen, sind sie Konservatoren von musikalischen Traditionen, die ohne sie längst vergessen wären, wobei sich natürlich versteht, daß sie nicht überkommenes Musikgut »dokumentarisch« weitertragen, sondern es eher in ihrer besonderen Musikalität umgestalten und übersteigern.

Im professionellen und halbprofessionellen Musikantentum entstehen oft Praktiken, die nicht von jedermann verstanden und teilweise geradezu als handwerkliches Geheimnis gehütet werden. Dazu gehört der Umstand, daß Instrumentalmusiker in Mitteleuropa seit der Mitte des 19. Jahrhunderts vielfach angefangen haben, das Melodiematerial, das sich im Laufe ihres Lebens angesammelt hat, aufzuschreiben. Diese Notenhefte sind jedoch kaum Vorlage für das Spiel, sie sind eher Gedächtnisstütze. Zuweilen sind sie für Nichteingeweihte unleserlich, so etwa, wenn nicht zusammengehörende Melodieteile aneinandergereiht werden, eine Melodie auf die entscheidenden Anfangs- und Schlußtakte reduziert wird, oder wenn bei den nordbayerischen Zwiefachen rhythmische Verhältnisse dargestellt werden, die den tatsächlichen Gegebenheiten gar nicht zu entsprechen scheinen.

Instrumentale Volksmusik ist wohl nie Kunst um ihrer selbst willen, sondern stets an einen außermusikalischen Zweck des Gemeinschaftslebens gebunden. Der Vorstellung von Dämonenabwehr und Fruchtbarkeitsförderung dienten vor allem Lärminstrumente, Schellen, Rasseln, Glocken; selbst Kirchenglocken sollten ja nicht nur die Gläubigen rufen, sondern auch das Unwetter abwehren *(vivos voco, fulgura frango)*. Vor allem aber in kultischen Tanzbräuchen und Umzügen spielten Rasselgehänge und Lärmgeräte wegen ihrer zauberischen Wirkung eine wichtige Rolle – notfalls genügen zu solchen Zwecken auch noch einfachere »instrumentale« Mittel, wie etwa das Zerschlagen von Geschirr am Polterabend.

Ein anderes nur halbmusikalisches Ziel verfolgte das Musikinstrument als Nachrichtenvermittler, so etwa das Horn oder die Trompete beim Militär, bei der Jagd oder früher in der Hand des Nachtwächters, die Handglocke des Ausrufers, die große Trommel in den Ländern der ehemaligen europäischen Türkei, die das Fasten im Ramadan ankündigt oder die Polizei verständigt, wenn etwas vorgefallen ist. Vor allem ist an die Musik zum Tanz zu denken, wohl die Hauptfunktion der instrumentalen Volksmusik. Dabei ist darauf hinzuweisen, daß Musik und Tanz keineswegs in dem Maße parallel nebeneinander herlaufen müssen, wie es allgemein angenommen wird. Tanz und begleitende Musik können in einem sehr unterschiedlichen Entwicklungsstadium stehen, hochentwickelte Musik zu den einfachen Schrittfolgen eines Reigens, oder bloßes Trommeln zu den komplizierten Figuren des Schwerttanzes.

Volksmusikinstrumente

Zur Herstellung von Volksmusikinstrumenten

Die Herstellung von Volksmusikinstrumenten ist sehr unterschiedlich. Neben den von spezialisierten Instrumentenbauern gefertigten, zum Beispiel den Blechblasinstrumenten, gibt es zahlreiche, die von den Spielern selbst hergestellt wurden und zum Teil immer noch werden. Festzustellen sind hierbei drei Gruppen, die sich durch die Art ihrer Herstellung voneinander unterscheiden:

- Instrumente aus Naturmaterialien in gar nicht oder nur wenig bearbeiteter Form wie zum Beispiel Knochen, Tierhörner, Rasseln und Schraper (wie die Rumbagurke) aus Fruchtkörpern (Kalebassen).
- Instrumente, die in Anlehnung an natürlich vorkommende Formen bearbeitet werden wie Holz- und Metallröhren, oder auch Weidenflöten, die aus der abgeklopften Rinde von Weiden angefertigt werden. Bei der Anfertigung solcher Instrumente benutzen die Hersteller gewöhnlich das in ihrer Umgebung anzutreffende Material.
- Die weitaus größte Gruppe von Volksmusikinstrumenten setzt jedoch gewisse Kenntnisse und handwerkliche Fähigkeiten voraus, denn ihre entweder aus mehreren Materialien zusammengesetzte Form oder die komplizierte technische Konstruktion sind nicht von jedem einzelnen Spieler zu bewältigen. Zwar wurde und wird ein großer Teil der Volksmusikinstrumente auch heute noch von den Spielern selbst gefertigt, oft aber überlassen sie dies auch besonders befähigten Handwerkern, die als Spezialisten gelten. Gute Instrumentenbauer erlangen oft eine außerordentlich hohe Reputation, und in einigen Ländern haben sich in Dörfern oder Städten Zentren gebildet, in denen Instrumentenbauer zum Teil über mehrere Generationen hinweg ansässig sind. So entstand auch für Volksmusikinstrumente eine Art Kleinindustrie, die in manchen Fällen weit über die regionalen Grenzen hinaus bekannt war. Die einzigen Instrumente, die seit dem 19. Jahrhundert in zahlreichen Ländern zu den Volksmusikinstrumenten gehören und nie sozusagen in »Heimarbeit« entstanden, sind diejenigen mit durchschlagenden Zungen, die Mundharmonika und die verschiedenen Typen der Handharmonika. In den letzten Jahrzehnten haben sich im Volksmusikinstrumentenbau wieder zahlreiche Betriebe in verschiedenen europäischen Ländern etablieren können, da die Nachfrage nach bestimmten Instrumenten sehr gestiegen ist.

Früher war die Anfertigung von Volksmusikinstrumenten sehr häufig auch mit brauchtümlichen Handlungen oder Glaubensvorstellungen verbunden, die bei der Anfertigung beachtet werden mußten, wie das Herstellen nur zu bestimmten Jahres- oder Tageszeiten (nur im Frühling oder nur nachts), wobei häufig Lieder und Sprüche gesungen oder rezitiert wurden. Derartige Regeln und Vorschriften sollten zum Gelingen des Instruments beitragen, gewöhnlich aber auch böse Einflüsse abwehren. Selbst die Verzierungen an den Instrumenten wurden häufig nicht nur aus ästhetischen Gründen angebracht, sondern hatten auch eine magische Funktion zu erfüllen.

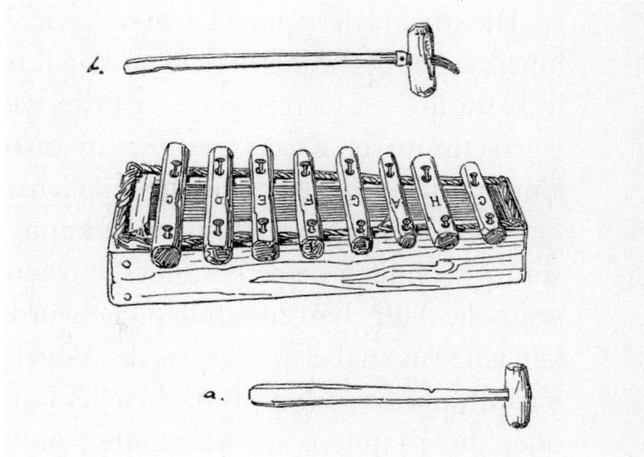

Große Bechertrommel aus Ton mit farbiger Glasur und einer Bespannung aus Hundefell. Assenowgrad, Südbulgarien

Strohfidel: Xylophon mit acht Stäben, die auf einer gedrehten Strohschnur aufliegen. Ahrntal im Pustertal, Österreich

Rummelpott: Mit einer Schweinsblase bespannter Tontopf . Der Klang wird durch rhythmisches Reiben des Schilfrohres mit angefeuchteten Fingern erzeugt. Wurde von Kindern zum Jahresende für Rundgänge mit Heischeliedern benutzt.

Reste dieser Praxis lassen sich heute noch finden, oft ohne daß der ursprüngliche Sinn verstanden wird, wie die Ausstattung von Sackpfeifen mit Spiegeln zur Abwehr des bösen Blicks oder das Umwinden aller Pfeifen der sizilianischen Sackpfeife (Zampogna) mit einem einzigen roten Band aus dem gleichen Grund.

Zum Instrumentarium

Das gesamte Volksmusikinstrumentarium läßt sich nach seiner musikalischen Leistungsfähigkeit in zwei große Gruppen einteilen: in Instrumente, die ausschließlich Lärm oder Geräusch verursachen, und in Instrumente, die melodie- und harmoniefähig sind, also für die eigentliche Musik benötigt werden. Zwischen diesen beiden Gruppen gibt es zahlreiche Übergangsformen.

Die Anzahl der reinen Lärm- und Geräuschinstrumente in der europäischen Volksmusik ist außerordentlich groß (wie Rasseln, Klappern, Ratschen, die zum Beispiel in katholischen Gebieten in der Osterwoche die Glocken ersetzen), lassen sich doch eigens für diesen Zweck hergestellte Instrumente immer auch leicht ersetzen oder ergänzen durch Gegenstände des täglichen Gebrauchs, wie Pfannen und Topfdeckel, mit denen Lärm gemacht werden kann. Zum Spielen eines dieser Lärminstrumente sind gewöhnlich keine besonderen Kenntnisse nötig, trotzdem hatten sie früher wesentliche Aufgaben zu erfüllen. Sie wurden unter anderem eingesetzt zum Abschrekken von Tieren, beispielsweise der Vögel im Weinberg, oder sie hatten eine bestimmte Signalfunktion, wie die Ratschen der Londoner Polizei vor Erfindung der Trillerpfeife oder die Klappern im Mittelalter, mit denen sich die Leprakranken ankündigen mußten.

Die musikalisch verwendbaren Volksmusikinstrumente lassen sich gliedern in Rhythmus-, Melodie- und Harmonieinstrumente. Die Gruppe der Rhythmusinstrumente besteht vor allem aus Idiophonen (Glocken, Schellen, Klangstäbe usw.) und aus Membranophonen, zu denen die zahlreichen verschiedenen in Europa verbreiteten Trommeln gehören, darunter auch die sogenannten Rahmentrommeln, das heißt die Tambourine mit und ohne Schellen, die vor allem in Südeuropa, in Nordspanien, Portugal und Italien anzutreffen sind.

Die melodiefähigen Instrumente gehören überwiegend zu den Aerophonen und den Chordophonen. Hier ist anzumerken, daß bei den Volksmusikinstrumenten stets zu unterscheiden ist zwischen dem theoretisch vorhandenen Tonvorrat, das heißt dem Tonumfang und den klanglichen Möglichkeiten eines Instruments, also der Materialleiter, und den tatsächlich genutzten Tönen, der Gebrauchsleiter. So werden die Möglichkeiten des Überblasens, also der Erweiterung des Tonumfangs, nach oben hin nicht genutzt, oder es werden vorhandene Grifflöcher mit Wachs oder Papier verschlossen, oder aber es wird auf einer modernen Violine mit ihrem großen möglichen Tonumfang nur in der ersten Lage gespielt.

Unter den Blasinstrumenten ist vor allem die Flöte zu nennen, die es in allen europäischen Ländern gibt. Neben den Kernspaltflöten – mit einer Anblasvorrichtung wie bei der Blockflöte –, die am weitesten verbreitet sind, gibt es auch noch randgeblasene Flöten, die am oberen und unteren Ende offen sind und wie eine Flasche schräg an den Mund gesetzt werden, zum Beispiel das Kaval in Bulgarien, und die Obertonflöten, die keine Grifflöcher haben und nur die Töne aus der Obertonreihe über dem Grundton (meist durch Deckung des Loches am Ende der Flöte über zwei Grundtönen) spielen können. Die verschiedenen Töne erreicht der Spieler durch Verstärkung des Anblasdrucks. Überall lassen sich auch Rohrblattinstrumente finden, die nach zwei verschiedenen Prinzipien funktionieren.

Wenn die obere Öffnung eines Blasinstrumentes mit einem Rohrblatt, das heißt bei primitiven Instrumenten mit einer aus dem Instrumentenkörper geschnittenen Zunge versehen ist, die nur noch an der oberen oder unteren Seite mit dem Instrument verbunden ist, so spricht man im allgemeinen von Klarinetten. Handelt es sich um zwei gegeneinandergebundene Rohrblätter, so werden diese Instrumente als

Oboen bezeichnet. Beim Anblasen dieser Instrumente schlägt die einfache Zunge auf die Öffnung auf und öffnet oder verschließt sie periodisch, bzw. die beiden Zungen gegeneinander, so daß durch dieses Öffnen und Schließen der Ton entsteht. Einfache Rohrklarinetten und Rohroboen kommen in vielen europäischen Ländern vor; man benötigt dazu nur ein hohles Rohr, zum Beispiel aus Schilfrohr, in das man Grifflöcher und am oberen Ende eine Zunge bzw. eine Gegenschlagzunge einarbeitet. Die wohl berühmteste Rohrklarinette Europas findet sich auf Sardinien, wo man drei einfache Rohrklarinetten unterschiedlicher Länge zusammen in den Mund nimmt und auf zwei Rohren die Grifflöcher öffnet und schließt, während das dritte Rohr einen gleichbleibenden Bordunton ergibt.

Flöten wie auch die Rohrblattinstrumente wurden gewöhnlich allein gespielt, wie ursprünglich die meisten Volksmusikinstrumente. Erst in jüngerer Zeit haben sich in vielen europäischen Ländern Ensembles gebildet, die gewöhnlich nicht mehr auf selbstgefertigten Instrumenten spielen. Dazu gehören vor allem die Blaskapellen, die handelsübliche, käuflich erworbene Blechblasinstrumente (wie Trompeten, Posaunen, Flügelhörner, Tuben) und ebenfalls nicht selbst hergestellte Holzblasinstrumente (Klarinetten, Oboen) benutzen.

Die größte Vielfalt findet sich in der Gruppe der Saiteninstrumente, die als geschlagene, gezupfte und gestrichene Volksmusikinstrumente in Erscheinung treten. Sie sind in den Volksmusikkulturen aller europäischen Völker verbreitet, wobei sich verschiedene Instrumente je nach Kultur besonderer Beliebtheit erfreuen. Eher selten finden sich geschlagene Saiteninstrumente wie die als Rhythmusinstrument benutzte Zither der Pyrenäen (Tambourin de Béarn), die von einem Spieler zusammen mit einer Einhandflöte gespielt wird. Weiter verbreitet ist bereits das Hackbrett, dessen Saiten vom Musiker mit zwei Schlegeln angeschlagen werden. Es findet sich vor allem noch in der Schweiz und seit jüngerer Zeit auch wieder in Bayern und Österreich, ist aber besonders bekannt durch die Zigeunerkapellen Ungarns (Cimbalom) und die Volksmusikensembles in der Slowakei (Cimbál).

Angezupft oder auch angerissen mit einem Plektrum, einem Stäbchen oder mit Fingerplektren werden die verschiedenen Kastenzithern Europas. Sie sind von Skandinavien (Langeleik) über ganz Mitteleuropa (Scheitholz, Raffele, Hummel, Hommel, Épinette des Vosges) bis nach Ungarn (Citera) nachzuweisen. Die meisten dieser Instrumente werden so gespielt, daß neben den auf dem Griffbrett abgegriffenen Tönen immer auch noch einige Saiten mit angerissen werden, die unverändert in ihrer Tonhöhe mitklingen. Sie gehören also zu den Borduninstrumenten. Aus diesen Formen entstand die heutige alpenländische Zither, die aber nicht mehr mit Bordunsaiten bespannt ist, sondern deren Konstruktion ein mehrstimmiges harmonisches Spiel erlaubt.

Sehr viel häufiger als die Zitherinstrumente in Kastenform werden Zupfinstrumente in der Volksmusik eingesetzt, die aus einem Resonanzkörper mit einem darangesetzten Hals bestehen. Es gab und gibt noch heute eine große Vielzahl von sehr unterschiedlich gestalteten Zupfinstrumenten, aber das bekannteste dieser Gruppe ist zweifellos die Gitarre, die eher als Volksmusikinstrument denn als eines der Kunstmusik gilt. Die Gitarre wird vor allem als das wichtigste Volksmusikinstrument Spaniens angesehen, was so allerdings nicht stimmt. Die Kenntnis der spanischen Volksmusik außerhalb der Iberischen Halbinsel beschränkt sich gewöhnlich auf die Musik des Flamenco, in dem die Gitarre durchaus eine wichtige Rolle spielt. Dies ist jedoch nur ein kleiner Ausschnitt des reichen Volksmusikrepertoires, und die Gitarre ist in den meisten spanischen Provinzen absolut nicht das dominierende Instrument. Allerdings hat sie zusammen mit anderen Zupfinstrumenten in der portugiesischen und spanischen Tanzmusik eine immerhin hervorragende Stellung. Das gleiche könnte auch von Italien gesagt werden, wie die Gitarre auch in anderen europäischen Ländern allgemein erst eine relativ späte Blüte seit dem ausgehenden 19. Jahrhundert als Volksmusikinstrument erlebte, vor allem als Instrument zur Begleitung des Gesanges.

Die europäische Volksmusik verfügte in früherer Zeit über eine außerordentliche Mannigfaltigkeit in der Konstruktion von Streichinstrumenten, die sich besonders in der Gestaltung der Resonanzkörper unterschieden, darunter zum Beispiel auch einfache Instrumente, die aus einem Holzschuh bestanden, an den ein Hals angesetzt und der mit Saiten bezogen wurde. Bedeutsam waren aber weniger diese Unterschiede in der Form als vielmehr die verschiedenartige Spielhaltung. In südeuropäischen Ländern (Rebec) und in südosteuropäischen Ländern (Gusle in Serbien, Gadulka in Bulgarien, Lira in Griechenland) herrscht die senkrechte Haltung vor; das Instrument wird vor dem Körper auf den Oberschenkel gestützt, während in Mittel- und Nordeuropa eher die Brust- oder Schulterhaltung bevorzugt wird, so wie wir sie auch von der Violine kennen. Die Vielfalt an Formen ist heute weitgehend verschwunden, denn an den in Museen und Sammlungen aufbewahrten Instrumenten läßt sich ablesen, daß nach Erscheinen der Violine die Hersteller versuchten, ihre alten Formen aufzugeben und die Form der Violine nachzubauen.

Inzwischen hat diese die anderen Streichinstrumente fast völlig verdrängt, wobei jedoch zu beachten ist, daß sie auch deren Rolle übernahm. So haben die Musiker in allen Volksmusikkulturen diese Instrumente stets – zum Beispiel durch Entfernen einer Saite – ihren Bedürfnissen angepaßt und spielen sie wie das ursprüngliche Instrument in Kniehaltung (beispielsweise die kretische Lira, heute eine Violine, oder das arabische Rabab in der andalusischen Musik Marokkos, heute ebenfalls eine Violine). Außerdem wird der Klang des Instrumentes dem Ideal einer Volksmusikkultur angenähert; wurde das Vorgängerinstrument zum Beispiel für die Begleitung des Tanzes scharf »kratzend« gespielt, so klingt auch die Violine heute so, oder kann sie sich im Zusammenspiel mit anderen Instrumenten nur durch eine Schärfung des Klanges durchsetzen, so wird dieser bewußt erzeugt (zum Beispiel im Ensemble mit Sackpfeifen in Polen).

Die Streichinstrumente gehören zum wichtigsten Bestand europäischer Volksmusikinstrumente, sie spielen allerdings im Gesamtinstrumentarium je nach Kultur eine ganz unterschiedliche Rolle. Besonders stark ist die Geigentradition in den skandinavischen Ländern, vor allem in Schweden, wo sie in jüngerer Zeit eine besonders intensive Renaissance erfuhr. Dasselbe gilt für die Hardanger Fele in Norwegen, ein früher anders gestaltetes und heute der Violine ähnliches Instrument, das einen kleineren Resonanzkörper als die Violine hat, mit vier Spielsaiten und mehreren Aliquotsaiten (mitklingende Saiten auf der Decke) ausgestattet ist, reich mit Einlagen verziert wird und in einem geschnitzten Kopf statt in der Schnecke endet. Eine besonders wichtige Rolle spielt die Fiddle auch in der irisch-schottischen Musik oder in der Musik Ungarns und Rumäniens, aber auch im Alpenraum, wo seit dem späten 19. Jahrhundert die Stubenmusik, die wesentlich mit Saiteninstrumenten besetzt war, zunächst von den Blechblaskapellen verdrängt wurde, inzwischen aber wieder wichtiger Bestandteil der Volksmusik ist. Eine andere, starke Geigentradition gab es auf Sizilien, wo wandernde blinde Musiker gewöhnlich Violine spielten und damit bettelten. Sie blendeten manchmal sogar ihre Söhne, damit diese als wandernde Musiker bessere Verdienstmöglichkeiten hatten.

Zu den mehrstimmig spielbaren Instrumenten gehört neben der sehr alten Zither in der Volksmusik aller europäischen Länder heute vor allem das Akkordeon, das als diatonische, ungleichtönige Knopfharmonika mit zwei auf Druck und Zug verschiedenen Tönen auf einem Knopf oder als gleichtöniges Tastenakkordeon in Erscheinung trat. Vor allem diese Instrumente haben in den Volksmusikkulturen Europas andere, sehr viel ältere Instrumente ersetzt, besonders die bedeutende und früher in Gesamteuropa verbreitete Gruppe der schon oben erwähnten Borduninstrumente, bei denen zum Spiel einer Melodie immer auch noch ein oder mehrere gleichbleibende Töne erklingen.

Die Bordunpraxis ist wohl die älteste Form einer Mehrstimmigkeit und gehörte bis ins 18./19. Jahrhundert und in einigen Regionen bis heute zur europäischen Volksmusik. Einen Bordunton als Begleitton zur Melodie versuchen die Spieler auf verschiedenen Instrumenten zu erzeugen, sei es, daß sie zu ihrem Flötenspiel brummen, sei es, daß sie eine Saite eines Streichinstruments immer wieder mit anstreichen. Die wichtigsten bereits in ihrer Konstruktion auf die Erzeugung von Borduntönen angelegten Instrumente sind die bereits genannte Zither, die Drehleier, die Sackpfeife und die Maultrommel. Letztere, bei der eine Metallzunge in einem Rahmen zum Schwingen gebracht wird und die in verschiedenen Arten in der ganzen Welt verbreitet ist, erzeugt eigentlich nur einen Ton, den der schwingenden Zunge. Da diese Metallzunge zwischen den Zähnen hindurch in den Mundraum schwingt, der als Resonator dient, kann der Spieler zum Beispiel durch Veränderung der Größe und der Zungenstellung verschiedene Obertöne über dem Grundton der schwingenden Zunge erzeugen. Erst diese Obertöne lassen eine Melodie entstehen.

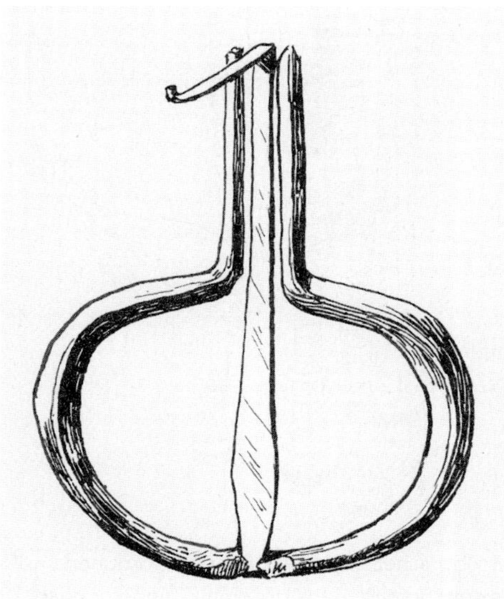

Maultrommel aus Eisen

Die Drehleier wiederum ist ein Streichinstrument, bei dem statt des Bogens ein Rad im Resonanzkörper des Instrumentes die Saiten anstreicht. Es werden immer mehrere Saiten aufgezogen, und eine oder zwei davon dienen als Melodiesaiten. Zur Melodiebildung sind Tasten mit kleinen Holzfähnchen darauf angebracht, die der Spieler gegen die Saite drückt. Es erklingen also immer eine Melodie und dazu ein oder mehrere Borduntöne. Die hohe Kunst des Drehleierspiels ist die richtige Handhabung einer Bordunsaite, die über einen lose aufgesetzten Steg verläuft. Bei ruckhafter Drehung der Radkurbel erzeugt diese Saite einen Schnarrton, so daß das Spiel auf dem Instrument auch sehr rhythmisch gestaltet werden kann.

Die Sackpfeife besteht gewöhnlich aus einem Ledersack, in den mehrere Pfeifen eingesteckt werden. Auch von diesen Pfeifen mit einfachen (Klarinetten) oder doppelten (Oboen) Rohrblättern wird nur auf einer, bei italienischen Instrumenten auch auf zweien die Melodie gespielt, die anderen erklingen auf einem gleichbleibenden Ton unverändert mit. Sackpfeife und Drehleier haben in Europa eine fast tausendjährige Geschichte, sie waren in den meisten europäischen Ländern die wichtigsten Volksmusikinstrumente, denn sie boten immer eine mehrstimmige Musik. In manchen Ländern gibt es eine Tradition dieser Instrumente, die nie wirklich abgerissen ist, so für die Drehleier in Frankreich, Galizien (Spanien) oder Ungarn, für die Sackpfeife in Frankreich, Schottland, Irland und den osteuropäischen Ländern. In anderen Regionen Europas wurden die Instrumente seit Beginn des 20. Jahrhunderts zugunsten anderer aufgegeben, wie in den zentraleuropäischen Ländern.

Daß manche Instrumente nicht mehr gespielt werden, hängt auch damit zusammen, daß seit der zweiten Hälfte des 19. Jahrhunderts durch die Veränderungen der gesellschaftlichen und ökonomischen Verhältnisse in vielen europäischen Ländern auch viele bis dahin in den Lebenslauf der Menschen eingebundene Bräuche aufgegeben wurden. Als Gegenbewegung dazu etablierte sich die Volksmusikpflege, die sich bemühte, das traditionelle Brauchtum zu erhalten und zu pflegen. Ein anderer Impuls, die alten Instrumente wieder zu verwenden und auch neue Instrumente zu bauen, kam aus

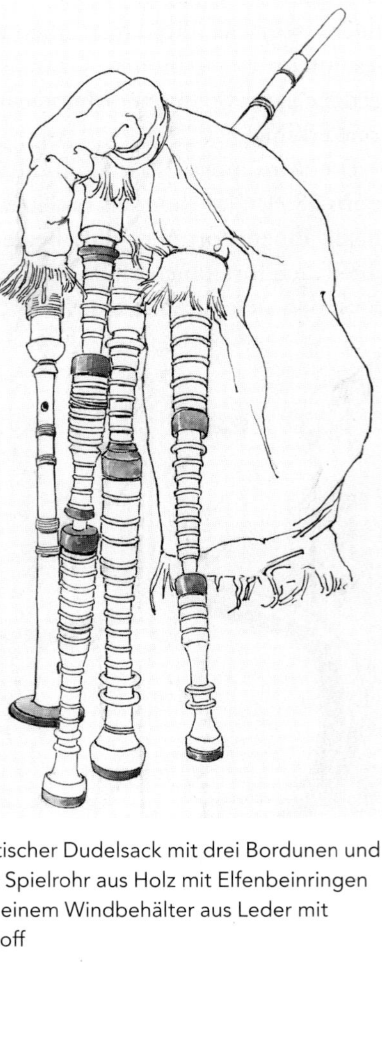

Schottischer Dudelsack mit drei Bordunen und einem Spielrohr aus Holz mit Elfenbeinringen sowie einem Windbehälter aus Leder mit Wollstoff

der Folkbewegung der siebziger Jahre, die zwar inzwischen abgeklungen ist, aber doch erstaunliche Resultate hinterlassen hat. Zur Zeit werden in vielen Ländern wieder Drehleiern und Sackpfeifen gebaut und gespielt, und die Anzahl guter Spieler wächst.

Volksmusikpflege

Im 19. Jahrhundert, als in den mitteleuropäischen Ländern die traditionelle Lebensweise durch die Auflösung der Zünfte, durch die zunehmende Mechanisierung und Technisierung der Arbeitswelt sowie durch die Landflucht und die Entwicklung eines Arbeiterproletariats in den Industriezentren aufgegeben wurde, verschwanden auch die meisten Bräuche und die mit ihnen verbundene Musik. Um die regionale Volksmusik vor dem Vergessen zu bewahren, gründeten sich gegen Ende des 19. Jahrhunderts die ersten Trachten- und Heimatvereine (der erste Gebirgstrachten-Erhaltungsverein entstand 1883 in Bayrisch-Zell), und es begann bald eine intensive Pflege der eigenen Lied-, Musik- und Tanztradition. Die Pflege von Brauch und Musik bekam in den bayrischen Vereinen schon um die Jahrhundertwende neben der Bewahrung der eigenen Tradition eine andere, wachsende Bedeutung, denn da der Alpenraum schon früh eine große Anziehungskraft auf Fremde ausübte, trat neben die eigentliche Pflege zunehmend die Vorführung vor Touristen. Heute gibt es allenthalben – nicht nur in Europa, sondern weltweit in den Touristengebieten – »Heimatabende«, bei denen den Besuchern eine angeblich authentische Volksmusik gezeigt wird. Dabei ist zu berücksichtigen, daß mit dem Einsetzen einer bewußten Pflege immer auch die Veränderung des Gepflegten ebenso wie ein Wechsel der Trägerschicht verbunden ist. In der Brauchtumspflege treffen sich heute Angehörige aller Berufe und Bevölkerungsgruppen, vornehmlich aber Akademiker (Lehrer) und Angestellte, seltener und nur in sehr ländlichen Gebieten die ursprünglichen Brauchträger.

Erst seit einigen Jahrzehnten wird die Volksmusikpflege in Bayern auch anders verstanden; nicht mehr als eingeübtes Repertoire einer nach außen hin abgeschlossenen Vereinsgruppe, die nur der Vorführung dient, sondern als Angebot an alle, die mitmachen möchten. War die ursprüngliche Intention der Pfleger die Wiederverankerung der traditionellen Verhaltensweisen in Lebens- und Jahreszyklus der Bevölkerung, so hat man inzwischen eingesehen, daß dies in der heutigen offenen, flexiblen Gesellschaft nicht mehr möglich ist und daß »Volksmusik machen« ein beliebiges, auch gegen andere Betätigungen austauschbares Freizeitangebot geworden ist.

Versuche, die alten Volkslieder und -tänze wiederzubeleben, gab es in Mittel- und Norddeutschland wie in anderen Regionen Europas, zum Beispiel in Spanien. Um die Jahrhundertwende scheint in vielen Ländern fast zeitgleich die Idee von der Bewahrung und Wiederbelebung alter Traditionen entstanden zu sein, was in Deutschland in Verbindung mit dem Bedürfnis nach Natur und dem Gefühl der Enge und Naturferne in den Städten bei der Jugend zur Gründung des »Wandervogels« führte, der bis in die dreißiger Jahre einen großen Teil der Jugend erfaßte. Die bündischen Vereinigungen wurden im Dritten Reich »gleichgeschaltet« oder aufgelöst und die Volksmusik von den Nationalsozialisten vereinnahmt: Das Singen wurde nach L. Röhrich eine der größten Realitäten der erfolgreichen staatspolitischen Erziehung.

Erkennbar war ein »starker Widerhall«, der das modifizierte Neuerstehen des deutschen Volksliedes begleitete. So versteht sich, daß sich die sozusagen künstlerischen Bestrebungen des Hauptkulturamtes vor allem dem deutschen Liede widmeten. Diese Verwertung der Volkskultur zur Unterstützung einer Ideologie und zur Stärkung einer politischen Macht war durchaus nicht neu. Mit Volksmusik und -tanz hatte man sich auch schon im 18. und 19. Jahrhundert geschmückt, zum Beispiel mit Aufzügen von Volksmusik- und -tanzgruppen der verschiedenen deutschen Regionen im 18. Jahrhundert oder mit dem Defilé französischer Gruppen aus den verschiedenen Provinzen anläßlich der Weltausstellung von 1889. Man denke auch an die Rolle der »Folklore-Staatsensembles« in den sozialistischen Staaten. Nach Kriegsende gab es in Deutschland außerhalb der nach wie vor wirksamen Trachten- und Heimatvereine kaum ein Interesse an Volkslied und Volksmusik in der Bevölkerung. Im Gegenteil, die unrühmliche Handhabung der Volksmusik im Dritten Reich führte zu einer jahrzehntelangen Scheu vor dem Volkslied, das als konservativ, rückwärtsgewandt und überholt angesehen wurde.

Heute ist die Volksmusikpflege in den meisten deutschen Regionen sehr aktiv, zum Beispiel anläßlich der Kirmes- oder Kerwa-Bräuche im Rheinland und in Franken, der Schützenfeste in Neuss oder in Niedersachsen oder des Friedensfestes in Unterfranken. Ständig entstehen neue Gruppen mit regionalem Repertoire, und zahlreiche alte Bräuche werden nach langer Unterbrechung wiederbelebt. Hier werden auch neue Instrumente wie das Saxophon und die E-Gitarre eingeführt oder andere wie die Bouzouki oder die irische Sackpfeife Uilleannpipe aus anderen europäischen Kulturen übernommen, ferner werden alte, ausgestorbene wie die Drehleier, verschiedene mitteleuropäische Sackpfeifentypen oder das Trumscheit wiederbelebt und Zusammenstellungen von Instrumenten arrangiert, die in der Tradition kein Vorbild haben.

Folkbewegung – Folk-Revival

Die Volksmusik war nach dem Zweiten Weltkrieg zu einer Angelegenheit von Trachten- und Heimatvereinen geworden, die ohne große Breitenwirkung ihre musikalische Volkskultur »verwalteten«. Hinzu kamen nun noch die Musik- und Tanzgruppen der Vertriebenenverbände, die auf diesem Wege die Volksmusik ihrer alten Heimat bewahren wollten und dies bis in die Gegenwart versuchen. Außerhalb dieser Gruppierungen war Volksmusik kein Gegenstand des Interesses oder der Diskussion. Für die Nachkriegsjugend war nicht nur Volkslied und Volksmusik obsolet geworden, sondern »Tradition« ganz allgemein. Zu Beginn der sechziger Jahre begann sich das Bild zu ändern. 1961 plante man ein »Bauhaus« der Folklore, in dessen Nachfolge 1964 das erste Festival auf der Burg Waldeck im Hunsrück (früher und nach 1950 Sitz des »Nerother Wandervogels«) stattfand, mit dem bezeichnenden Titel: »Junge Europäer singen«. An diesem ersten Festival nahmen viele deutsche Sänger und bis heute bekannte »Liedermacher« teil. Zu dieser Zeit wurden schon, wenn auch noch vereinzelt, deutsche »Volkslieder« gesungen, so von den Zwillingsbrüdern Hein und Oss Kröher oder von Peter Rohland die Lieder der 1848er Revolution aus der Publikation von W. Steinitz 1954/62.

Mit den beginnenden Studentenunruhen wurde auch das Festival auf der Burg Waldeck zunehmend politisiert und schließlich 1969 abgebrochen. In der gleichen Zeit kamen die in der Bürgerrechtsbewegung der USA entstandenen Lieder der Folksongbewegung nach Europa und beeinflußten die Szene in Deutschland und in anderen Ländern nachhaltig, ebenso wie die in großer Anzahl auf dem Kontinent auftretenden Musikgruppen mit irischer oder schottischer Musik. Viele deutsche Gruppen begannen nun, ebenfalls schottische oder irische Musik zu spielen, ehe sie sich allmählich auch wieder der deutschen Volksmusik zuwandten. In den Städten boten zahlreiche neue Folk-Clubs Auftrittsmöglichkeiten, und ab 1973 fanden in vielen westdeutschen Großstädten Folkfestivals statt, die mehrere tausend Besucher anlockten.

Zu erwähnen ist noch eine weitere, aus den USA übernommene Veranstaltungsform, bei der sich verschiedene Sänger trafen, um zusammen mit dem Publikum zu singen. Dieses »Sing out« oder »Hootenanny« wurde auch in der DDR wahrgenommen, wo daraus die Singebewegung entstand, die zunächst schnell populär wurde, dann aber wieder – eingeengt und politisch dirigiert – ihre Attraktivität verlor. Mitte der siebziger Jahre entstand in der DDR eine neue Richtung, die zunächst auch durch irische und schottische Musik angeregt wurde, dann aber auch alte deutsche Lieder in ihre Programme aufnahm, wobei sie stets auf den historischen Charakter der Lieder hinwies, obwohl das Publikum sie durchaus aktuell zu interpretieren wußte.

»Volkstümliche Musik«

Unter »volkstümlicher Musik« verstand man bis in die sechziger Jahre zumeist instrumentale Volksmusik, besonders die Blasmusik. Heute wird der Begriff im allgemeinen Sprachgebrauch oft synonym für »Volksmusik« gebraucht, sollte jedoch nur für eine ganz bestimmte Richtung verwendet werden. Gemeint sind damit die über Rundfunk und Fernsehen seit den sechziger Jahren verbreiteten Musiksendungen, die Lieder und Instrumentalmusik enthalten, von denen ein großer Teil der Zuhörer und Zuschauer annimmt, es sei Volksmusik. Dieser Eindruck wird dadurch hervorgerufen, daß die Kompositionen, manchmal auch Bearbeitungen traditioneller Musikstücke und Lieder, exakt mit denselben strukturellen Mitteln arbeiten, die sich in der alten Volksmusik des deutschsprachigen Raumes finden lassen: Durtonalität, Melodiebildung je nach »Couleur«, nach den gewünschten regionalen Assoziationen beim Publikum (wie Dreiklangsbrechungen in der Ländlermelodik, Jodeln für die alpenländische Musik). Die Liedtexte sind teils mit Dialektanklängen versehen, immer aber verständlich, und die Präsentation findet in einer altertümlichen Kulisse mit Ententeich, Dorfanger, Fachwerkhäusern sowie mit der entsprechenden Kleidung der Protagonisten statt – Tracht, Dirndl oder Dirndl-ähnliches Kleid und Trachtenanzug.

Das Hauptrepertoire dieses Genres ist alpenländisch geprägt mit Ausweitung insbesondere ins Egerland und nach Oberkrain (Slowenien). Bedingt ist diese Dominanz durch die zwei ältesten und erfolgreichsten Gruppen von Ernst Mosch (und seine Original Egerländer Musikanten) in Harmoniemusikbesetzung (Klarinetten, Trompete, Flügelhörner, Tenorhörner, Posaunen, Tuben, Schlagzeug) und Slavko Avsenik (und seine Original Oberkrainer) in einer kleineren Besetzung (mit Akkordeon, Trompete, Klarinette, Gitarre, Baritonhorn oder Kontrabaß). Besonders die Oberkrainer Besetzung hat zahlreiche Nachahmer gefunden, weil eine Gruppe mit fünf Musikern leichter zu bilden ist als eine Blaskapelle mit 18 Personen. Im Liedrepertoire der volkstümlichen Musik findet sich ein inzwischen kleiner gewordener Anteil an älteren Liedern gegenüber Neukompositionen. Die Inhalte haben sich jedoch kaum verändert; noch immer wird die Heimat oder die Ferne besungen, bevorzugte Landschaftstypen sind die von Urlaubsgebieten (Berge, Seen, Heide, Meer). Daneben gibt es Lieder mit Beschreibungen einer häuslichen oder ländlichen Idylle, sowie Liebeslieder und Lieder, die religiöse Konnotationen auslösen.

Warum die kommerzielle volkstümliche Musik einen so großen Erfolg in unserer Gesellschaft hat, ist bisher nicht genauer untersucht worden, aber einer der Gründe liegt zweifellos darin, daß diese Musik eine von Leistungsansprüchen und Problemen des Alltags freie psychische Nische bietet:

> »In dieser heilen Volksmusik-Welt gibt es zumindest für eine kurze Dauer überlebensnotwendigen Trost; da ist Natur noch Natur; da ist die Gesellschaft noch oder wieder überschaubar; da weiß man, wo oben und unten, wo das Gute und wo das Böse ist; [...] da hat die Zeit noch Konturen in einem charakteristischen Jahreslauf; da blüht Sinn auf, der das Alltagseinerlei golden grundiert. Da hört man durch die Musik hindurch, was in unserer Gesellschaft vielen offenbar immer mehr fragwürdig wird oder sogar abhanden kommt: Heimat, Liebe, Sinn.«[6]

Zu beobachten ist, daß in ökonomischen oder gesellschaftlichen Krisenzeiten die Beliebtheit der volkstümlichen Musik stets anwächst. Im Jahr 1991 wurden 120 verschiedene Volksmusik-Sendungen für das Fernsehen in den deutschsprachigen Ländern produziert. 1992 gab es jeden zweiten Tag ein Volksmusikprogramm – und heute kann man jeden Abend zwischen mehreren volkstümlichen Musiksendungen zur gleichen Zeit oder nacheinander auf verschiedenen Sendern wählen.

1 W. Schepping, Lied- und Musikforschung. In: R. W. Brednich (Hg.), Grundriß der Volkskunde. Berlin 1988. S. 403.

2 E. Klusen, Das Gruppenlied als Gegenstand. In: Jahrbuch für Volksliedforschung, Band 12. 1967. S. 25.

3 D. Stockmann (Hg.), Volks- und Popularmusik in Europa = Neues Handbuch der Musikwissenschaft, Band 12. Laaber 1992. S. 147.

4 E. Seemann, Die europäische Volksballade. In: R. W. Brednich, L. Röhrich und W. Suppan, Handbuch des Volksliedes, Band 1. München 1973. S. 45.

5 F. Hoerburger, Instrumentale Volksmusik. In: Die Musik in Geschichte und Gegenwart, Band 13. Kassel 1966. Sp. 1932–1939.

6 E. Frahm und W. Alber, Volks-Musik, Die erinnerte Hoffnung. Tübingen 1980. S. 17f.

Volkstanz

Marianne Bröcker

Die Bezeichnung »Volkstanz« steht für eine unübersehbare Fülle und Vielfalt von Tänzen in unterschiedlichster Gestaltung. Mit der Entwicklung des differenzierten Tanzverhaltens in den verschiedenen Schichten der europäischen Gesellschaft im Spätmittelalter begann auch eine sprachliche Unterscheidung. Man bezeichnete die Tänze der Landbevölkerung als »Bawrentäntz«, »gemain Tanz«, »Paysanne«, »leyen däntz« oder nach M. Praetorius anno 1619 als »Villages«, als »Bawren Täntze / welche von den Bwaren selbst inventirt« worden seien. Der Terminus »Volkstanz« ist jüngeren Datums und erscheint vermutlich erstmals in Johann Friedrich Reichardts Werk ›Musikalisches Kunstmagazin‹ von 1782, der unter der Überschrift »Volkstänze« eine Tanzmelodie für Violine und Klavier wiedergibt, die er »Hannakisch« nennt. Der Begriff konnte sich allerdings zunächst nicht durchsetzen, denn man sprach im 18. Jahrhundert, besonders aber in der Zeit des nationalstaatlichen Denkens vom frühen 19. Jahrhundert an bevorzugt von »Nationaltänzen«, in denen sich der Charakter einer Nation spiegele. Erst gegen Ende des 19. Jahrhunderts war der Begriff so weit eingeführt, daß er allgemein verwendet wurde und heute nicht mehr durch einen anderen zu ersetzen wäre. In den letzten Jahrzehnten sind im deutschen Sprachraum auch andere Termini eingeführt worden, die zur Bezeichnung eines vom einheimischen Volkstanz unterschiedenen Tanzrepertoires dienen; man spricht von »Folkloretanz« oder von »internationalen Tänzen«, und entsprechende Tanzveranstaltungen werden als »Bal Folk« angekündigt.

Eine strikte Abgrenzung der Volkstänze von anderen Tanzgattungen (außer dem Bühnentanz) ist zu keiner Zeit möglich gewesen, denn stets gab es einen lebendigen Austausch; so wurden zum Beispiel Kontratanzformen der höfischen und bürgerlichen Gesellschaft zum wichtigsten Bestandteil der norddeutschen Volkstänze, die in den französischen Provinzen getanzten Branles avancierten zu höfischen Tänzen. Der größte Teil der heute in Mitteleuropa bekannten Volkstänze besteht aus den modischen Gesellschaftstänzen des 19. Jahrhunderts. Mit der Übernahme des Begriffes »Volkstanz« vollzog sich zugleich eine inhaltliche Erweiterung dessen, was Volkstanz war. Hatte man früher lediglich die Bauerntänze darunter verstanden, so wird seit Beginn der diesbezüglichen Forschung auch das Repertoire der Handwerker- und Zunfttänze dazu gezählt. Der Volkstanz war und ist in einigen traditionellen Gesellschaften noch heute ein integraler Bestandteil des Lebens. Um die Vielfalt der Erscheinungsformen grob zu gliedern, bietet sich eine Zweiteilung der Volkstänze nach ihrer Funktion an: in rituelle Tänze, die zur Ausübung eines Kultes oder eines Brauches getanzt wurden, und in gesellige Tänze, die der Unterhaltung dienen.

Rituelle Tänze im Kultus

Ganz allgemein gehören zu den rituellen Tänzen und Tanzritualen Tänze, die bei der Ausübung eines Kultes auszuführen sind (Tänze in der Kirche, bei Prozessionen, Tänze an die Gestirne, Tänze zu Patronatsfesten und Kirchweihen) und je nach Gesellschaft eine mehr oder weniger wichtige Stellung im Ablauf des kultischen Geschehens einnehmen. Neben der Teilnahme aller Anwesenden (Prozessionstänze wie die Echternacher Springprozession oder der nächtliche Reigen auf dem Kirchhof von Kölbigk) gab es immer auch spezielle Einzeltänzer oder Gruppen, die den Kontakt zu übernatürlichen Mächten herstellten. Dazu gehört der Trance-Tanz des Schamanen ebenso wie der Tanz einer bestimmten Gruppe (zum Beispiel die *danza de los seises* in der Kathedrale von Sevilla). Eine besondere Erscheinung des religiös motivierten Tanzens waren die »Tanzepidemien« des Mittelalters. Vereinzelt gab es sie schon im 11. und 13. Jahrhundert. In der zweiten Hälfte des 14. Jahrhunderts nahm die Tanzwut jedoch epidemische Ausmaße an. Sie entstand infolge der Verheerungen, die die Pest anrichtete, und steigerte sich in eine Art religiösen Wahnsinn. Mancherorts tanzte man sogenannte Pesttänze so lange, bis die Pest verschwunden war. Auf die Pest sind auch zahlreiche Tänze zurückzuführen, die als Bitt- oder Danktänze in oder nach Pestjahren zu bestimmten Festen eingeführt und über lange Zeiträume hinweg regelmäßig wiederholt wurden. In jüngerer Zeit erscheinen solche religiös motivierten Massentänze erneut in einigen Sekten, zum Beispiel bei den amerikanischen Shakern.

Rituelle Tänze im Brauchtum

In den christlichen Ländern wurde der Tanz in und außerhalb der Kirchen in kultischem Kontext jahrhundertelang bekämpft, und selbst für den weltlichen Volkstanz im Brauchtum gab es immer wieder strikte Verbote.

Das Tanzen gehörte in der Brauchausübung zu allen wichtigen Stationen des Lebens, wie Taufe, Initiation, Werbung, Hochzeit, Heilung oder Tod, und des Jahres – wie Arbeits- und Fruchtbarkeitstänze, Karnevals- oder Erntetänze, Jagd- oder Tierimitationstänze. Oft nahmen auch Personen bestimmte Rollen ein, zum Beispiel bei Kriegstänzen, Tänzen von und mit Narren, Schwerttänzen. Je nach Gesellschaft haben diese Tänze noch immer magisch-kultischen Charakter, oder aber sie sind im Laufe der Zeit beliebig geworden, und nur noch der Anlaß erinnert an die ursprüngliche Bedeutung, wie beispielsweise die Werbetänze in Europa. Zu den rituellen Tänzen sind auch zahlreiche Tanzspiele wie Masken- und Karnevalstänze zu zählen, die in Brauch und Kultus eingebunden sind.

Tanzrituale blieben bis ins 19. Jahrhundert erhalten und sind bis in die Gegenwart vereinzelt noch fester Bestandteil des Brauchtums. Die meisten der Tanzereignisse in traditionellen Gesellschaften bestanden aus einem rituellen und einem unterhaltenden Teil. Es gab nicht nur eine Verpflichtung, an solchen Festlichkeiten teilzunehmen, sondern vielfach sogar ein Tanzgebot, einen rechtlichen Zwang, zu tanzen. So mußten die Untertanen zu bestimmten Gelegenheiten vor ihren Herrschaften tanzen (Frontanz), oder Mitglieder verschiedener Zünfte und Bruderschaften hatten die Verpflichtung, bei der Aufführung ihrer Tänze aktiv teilzunehmen (Münchner Schäfflertanz, Nürnberger Schembartlauf). Auch der Kirchweihfriede wurde durch ein solches Gebot, mit dem Umschreiten des Kirchweihbaumes und dem anschließenden Tanz erst beschlossen und in juristisch korrekter Form in Kraft gesetzt.

Geselliger Tanz

Neben dem rituell eingebundenen Tanz gab es zu allen Zeiten immer das gesellige Tanzen, wobei auch hier bis zu den gravierenden gesellschaftlichen Veränderungen des 19. Jahrhunderts das Tanzen ein Recht und eine Pflicht war, der man sich nicht entziehen konnte. Tanzgelegenheiten scheint es in Friedenszeiten im Mittelalter und in späterer Zeit reichlich gegeben zu haben; sie waren aber immer an bestimmte Anlässe gebunden, und erst im 19. Jahrhundert lockerten sich die festen Bindungen. In den ländlichen Gebieten hielten sich verschiedene alte Bräuche zwar noch länger, verloren aber nach und nach ihre eigentliche Funktion und wurden aufgegeben.

Europäische Volkstanzformen und ihre Verbreitung

Bei dieser Betrachtung wird vom gegenwärtigen Volkstanzgeschehen ausgegangen, ohne zu berücksichtigen, ob es sich um Tanzformen in traditioneller Überlieferung oder um revitalisierte Tänze handelt – vorausgesetzt, es sind Tänze, die ursprünglich in einer Region beheimatet waren. Nicht berücksichtigt wird das Tanzgut der in jüngster Zeit eingeführten Tänze anderer Völker.

Ketten-, Kreis- und Reigentänze

Tänze, an denen viele Personen durch Anfassen der Hände miteinander verbunden oder ohne Fassung neben- bzw. hintereinander einen offenen oder geschlossenen Kreis, einen Halbkreis, eine lange Kette oder Reihe bilden, scheinen der Urbestand des europäischen Volkstanzes gewesen zu sein. Ihr Vorhandensein läßt sich in Quellen für alle europäischen Länder nachweisen. In vielen Regionen sind solche Tänze erst in jüngerer Zeit aufgegeben worden. In den skandinavischen Ländern sind Kreis- und Kettentänze revitalisiert worden und werden wie der Längdanser in Schweden getanzt. In anderen Ländern wie Spanien sind sie noch immer sehr verbreitet. Schwerpunkt der Verbreitung im Norden sind heute die Färöer-Inseln (Balladentanz). Auf dem Kontinent finden sie Zuspruch in einzelnen Gebieten in Polen, ein wenig in Tschechien und Mähren (Kolo), in der Slowakei (Kolese), im Norden und Süden Ungarns (Körtánc, Karikázó), vor allem aber in den Balkanstaaten Rumänien (Hora), Bulgarien (Horo), Albanien, Griechenland (Horo und andere) und im ehemaligen Jugoslawien (Kolo), außer in dessen westlichen Landesteilen Westkroatien und Slowenien. Die Erforschung der Tänze in den ehemaligen Ländern der UdSSR ist bisher nur in wenigen Arbeiten vorgenommen worden. Bekannt ist lediglich, daß dem Kreistanz in Rußland eine bedeutende Rolle zukommt (Chorovod).

Allerdings gibt es im westlichen Europa auch Gebiete, in denen überwiegend Kreis- und Kettentänze getanzt werden. Dazu gehört in Frankreich die ganze Westküste, von der Normandie (Branles) über die Bretagne (En Dro, Hanterdro, die zahlreichen Laridés, Gavottes und Ronds), die Vendée über die Landes bis zu den Pyrenäen (die Rondeaux) sowie entlang der französischen und spanischen Pyrenäen (Branles) bis nach Katalonien (Sardana) und ins Languedoc, Roussillon und in die Provence (Farandole). In Südeuropa ist noch Sardinien zu nennen, wo fast ausschließlich Kreistänze getanzt werden (Ballu Tundu, Passu Torrau und andere).

Gruppentänze in Gassen, in Viereckaufstellungen

Tänze, bei denen mehrere bis sehr viele Tänzer und Tänzerinnen sich paar- oder partnerweise gegenüberstehen, gehören zum älteren europäischen Volkstanzrepertoire – ebenso die Tänze mit festgelegter Tänzerzahl, zumeist zwei oder vier Paare in einem Viereck aufgestellt (Carré, Quadrille). Diese Kontratanzformen werden heute noch in England (Country Dances), Schottland (Reels), in Norwegen (Seierstad Hopsa, Totur), in Schweden (Fryksdalspolska, Jämtpolska, Östgötatanz), in Dänemark (Sextur, Tretur, Firetur, Halve Kaede) und in Nord- und Mitteldeutschland getanzt (mit den zahlreichen Formen der »Kleinen Bunten«, meist mit zwei Touren, und »Großen Bunten« mit fünf bis sechs Touren). Vereinzelt finden sie sich in Nordspanien, in Rußland, Italien und der Bretagne (Jabadao); besonders ausgeprägt sind sie aber noch in Zentralfrankreich (Bourrées). Viele Regionen kennen auch die Tänze mit Requisiten (Schwerttanz, Morris Dance in England), die oft Kreistänze sind – zum Beispiel Reifen- und Bändertänze um einen mit langen Bändern geschmückten Baum –, häufig aber auch auf Kontratanzformen zurückgehen (wie der Münchner Schäfflertanz).

Paartanz und andere Formen

Als Paartanz wurden ursprünglich nur die Werbetänze bezeichnet, bei denen ein Tänzer in improvisierten Tanzabschnitten der Tänzerin sein Können zeigte. Heute ist dieser Begriff geläufig für alle Tanzformen, bei denen eine Frau und ein Mann zusammen tanzen, selten auch zwei Frauen oder zwei Männer. Noch immer zu unterscheiden sind aber Paartänze, die von mehreren Paaren, jedes für sich tanzend, in einer Reihe oder einem Kreis aufgeführt werden, und der Paarrundtanz, bei dem das Paar sich um eine zwischen ihnen liegende Achse auf der Stelle oder im Raum sich fortbewegend dreht.

Diese Gruppe von Tänzen, zu denen vor allem die Volkstänze gehören, die aus den Gesellschaftstänzen des 19. Jahrhunderts hervorgegangen sind (wie Walzer, Schottisch, Polka, Mazurka), hat seit dem Ende des 19. Jahrhunderts mit vielen regionalen Sonderformen in ganz Nord- und Mitteleuropa die älteren Tanzformen ersetzt. Weniger Einfluß hatten die Modetänze in Mittelitalien (Saltarello) und in Unteritalien (Tarantella) sowie in Spanien und Portugal, wo es nur vereinzelt zu Anpassungen kam. Hier dominieren Paartänze, bei denen sich die Partner in der Regel nicht berühren, sondern voreinander tanzen.

In Deutschland ist eine deutliche geographische Zweiteilung im Volkstanzrepertoire festzustellen. Im Norden und in Mitteldeutschland herrschen Kontratanzformen vor, während in Süddeutschland die Paarrundtänze dominieren. Daneben gibt es natürlich in vielen Regionen Europas auch Dreiertänze oder Einzeltänze (der norwegische Halling, Jig oder Hornpipe in England, Pljaski in Rußland, Cáchucha in Spanien). Die am weitesten verbreiteten Tanzformen europäischer Volkstänze sind jedoch Kreis- und Kettentänze (heute hauptsächlich in Südosteuropa, im Westen Frankreichs, in Spanien), Kontratanzformen (hauptsächlich in England, Schottland, Nord- und Mitteldeutschland und Mittelfrankreich) und Paarrundtänze (in ganz Nord- und Mitteleuropa).

Musik zum Tanz

Bis ins 16. Jahrhundert wurde zum Volkstanz in der Regel gesungen. Die Tanzlieder hatten oft derbe oder sozialkritische und spöttische Texte, die deswegen auch nach den Bauernkriegen (1524 bis 1526) mit zahlreichen Verboten unterdrückt wurden. Der Gesang zum Tanz wurde zumeist von einem Vorsänger und dem gesungenen Refrain der Tanzenden gestaltet oder wie zum Beispiel in der Bretagne durch zwei Sänger, die an beiden Enden der Reihe tanzen und abwechselnd singen (kan ha diskan). Eine andere Art der gesungenen Tanzbegleitung besteht darin, die Lieder nicht von einzelnen oder allen Teilnehmern während des Tanzes zu singen, sondern sie von einem oder mehreren nicht mittanzenden Sängern und Musikern ausführen zu lassen. Diese Praxis findet sich besonders in Südeuropa (in Italien, Spanien und Portugal; auf Sardinien begleitet zum Teil eine vierstimmig singende Männergruppe, su tenore, den Tanz).

Auf die Herkunft von Liedern weisen sehr viele Tanznamen hin, die aus dem Titel oder der Anfangszeile des Liedtextes bestehen oder zu denen noch heute ältere Texte bekannt sind. Daneben gab es immer auch instrumentale Begleitung zum Tanz, die in späterer Zeit eine immer größer werdende Rolle auch für den Volkstanz spielte. Singtänze, das heißt von den Tanzenden gesungene Tänze, haben sich vereinzelt bis in jüngste Zeit gehalten, so die Färöer Balladentänze, Tänze in der Normandie, vor allem aber in der Bretagne. In Ansätzen läßt sich diese Tradition noch finden in den zwischen den einzelnen Tanzabschnitten gesungenen Schnaderhüpfeln im süddeutsch-österreichischen Raum und in den Ansingversen polnischer, tschechischer oder slowakischer Tänzer. Die geben der Musikkapelle mit einer gesungenen Strophe den Tanz vor, der auch immer wieder von gesungenen Versen anderer Mittanzender unterbrochen werden kann.

Tanzorte

Volkstänze wurden gewöhnlich im Freien getanzt, entweder auf einer freien Fläche oder auch auf einem eigens ausgelegten Tanzboden, außerdem in Tanzlauben oder in Zelten sowie in festen Tanzhäusern, die gewöhnlich – neben Dorfwirtshäusern errichtet – nur aus einem Bretterboden mit einem Dach darüber bestanden. Häufig war ein Baum Mittelpunkt des Tanzplatzes, eine sogenannte Tanzlinde mit speziell gezogenen Zweigen, in denen die Musiker saßen oder auf denen auch getanzt wurde. Der Tanzort hatte immer auch Auswirkungen auf die räumliche Tanzgestaltung. Solange überwiegend im Freien auf großen Flächen getanzt wurde, konnten viele in einer langen Reihe in unterschiedlichen Raumbewegungen hintereinander tanzen. In geschlossenen Räumen aber bestimmte die Form und Größe des Raumes die Ausführung der Tänze. Sie veränderten sich und wurden dem Raum angepaßt.

Historisches zum Volkstanz

Über die Geschichte des Volkstanzes im Mittelalter ist einiges aus schriftlichen Quellen bekannt, ohne daß im einzelnen die Art des jeweils genannten Tanzes zu erschließen wäre. Die Minnesänger des späten Mittelalters, vor allem im 13. Jahrhundert (Neidhart, Tannhäuser, Ulrich von Lichtenstein und andere), erwähnen in Tanzliedern häufiger die Tänze der Landbevölkerung, und es wird eine Vielzahl unterschiedlicher Tanznamen genannt wie Hoppaldei, Firlefei, Firlefanz, krummer reie. Offensichtlich waren zu dieser Zeit besonders Springtänze verbreitet, die als Kreis- oder Reihentänze, aber auch paarweise getanzt wurden.

Die Aufteilung eines langsameren Schreittanzes im geraden Takt mit dem lebhaften, gesprungenen Nachtanz im Dreiertakt (Hoppdanz, Hupfauf und andere) ist seit dem 14. Jahrhundert nachzuweisen. Die ersten Abbildungen von Volkstänzen zeigen bäuerliches Tanzen im Kreis, in der Reihe durchgefaßt oder als Paartanz hintereinander tanzend. Die Art der Darstellung ländlichen Tanzgebarens ist ein immer wiederkehrender Topos, der den bäuerlichen Tanz im Gegensatz zu dem verfeinerten Stil von Adel und Bürgertum als grob und ungeschlacht erscheinen lassen sollte. Die Bilder strahlen aber eine so ungebrochene Lebensfreude aus, daß auch ein anderer Aspekt beachtet werden sollte. Die Landbevölkerung trug – schon wegen der Bewegungsfreiheit bei der körperlichen Arbeit – eine Kleidung, die sie nicht einengte, so daß auch im Gegensatz zu der steifen Kleidung der anderen Gesellschaftsschichten ein solch ungestümes Tanzen möglich war.

Offenbar war das ländliche Tanzen nicht so grob, wie immer dargestellt, sondern es gab zweifellos auch sehr feine Formen mit einer gewissen Eleganz. Dafür spricht der Bericht von Madame de Sevigné, die sich 1676 bei verschiedenen Vorführungen ländlicher Tänze über die Leichtigkeit und Eleganz der Bauern und Bäuerinnen wunderte. Über die bäuerliche Bourrée der Auvergne schreibt sie am 8. und 11. Juni 1676 an ihre Tochter:

»C'est la plus surprenante chose du monde: des paysans, des paysannes, une oreille plus juste que vous, une légèreté une disposition, enfin j'en suis folle [...] Je vous assure que cette bourrée, dansée, sautée, coulée naturellement et dans une justesse surprenante, vous divertirait assurément.« (Es ist die erstaunlichste Sache der Welt: Bauern, Bäuerinnen, ein genaueres Gehör als das Ihre, eine Anmut, eine Begabung, kurzum – ich bin verrückt danach [...] Ich versichere Ihnen, daß diese Bourrée, die ganz natürlich und mit einer überraschenden Genauigkeit getanzt, gesprungen, geschleift wird, Sie gewiß ergötzen würde.)

Die bretonischen Tänzer tanzten laut ihrem Brief vom 5. August 1671

»[...] des passe-pieds merveilleux, et des menuets, d'un air que nos bons danseurs n'ont pas à beaucoup près; ils y font des pas [...] avec une délicatesse et une justesse qui charment [...] C'est quelque chose d'extraordinaire; ils font cent pas différents.« ([...] großartige Passepieds und Menuette mit einem Ausdruck, den unsere guten Tänzer bei weitem nicht haben; sie machen dabei Schritte [...] mit einer Feinheit und einer Genauigkeit, die entzücken [...] Das ist etwas ganz Außergewöhnliches; sie machen hundert verschiedene Schritte.)[1]

Noverre äußert sich ähnlich über die Tänze der »deutschen Provinzen«, die »bis ins Unendliche verschieden« seien:

»Ihr Tanzen hat was reitzendes, weil es ein bloßes Werk der Natur ist. Ihre Bewegungen athmen Freude und Vergnügen, und die Genauigkeit, womit sie Tackt halten, giebt ihren Stellungen, Schritten und Gebehrden eine besondre Anmuth [...] Der Contrapunkt, welcher unstreitig der Probierstein des feinsten Gehörs ist, hat für sie nicht die geringste Schwierigkeit; daher ist auch ihr Tanzen so lebhaft, und verbreitet die Feinheit ihrer Ohren, über ihre Art sich zu bewegen, eine Munterkeit und Abwechselung, die man in unsern französischen Contretänzen nicht antrift.«[2]

Die wichtigsten Volkstanzformen des Mittelalters, die Kreis- und Kettentänze, können paarweise in einem Kreis oder in einer Reihe geschritten, gelaufen, gesprungen, mit Stampfschritten oder mit Klatschen versehen worden sein. Im Spätmittelalter setzte sich dann auch ein Umfassen der Paare durch, und die Unterscheidung zwischen Vor- und Nachtanz betraf nun nicht nur Tempo, Taktart und Lebhaftigkeit der Ausführung; der Nachtanz wurde zu einem paarweise gedrehten Tanz.

Waren bis ins 16. Jahrhundert die Tänze der Landbevölkerung die Grundlage, aus denen Bürgertum und Adel ihre Tänze entwickelten, so kehrte sich in Deutschland nach den Bauernkriegen, denen strenge Maßnahmen und restriktive Tanzverbote folgten, dieser Prozeß um. In Zukunft war das Bürgertum maßgeblich an der Entwicklung von Tänzen beteiligt, die wiederum unter Anpassung an eigene Traditionen zu Volkstänzen wurden. Die englischen Country Dances, die im 17. Jahrhundert auf dem Kontinent erschienen, fanden Einzug auch in das Volkstanzrepertoire.

In vielen Regionen Europas sind vereinzelt Kontratänze zu finden, besonders nachhaltig wirkten sie jedoch in Zentralfrankreich in den Tanzformen der Bourrée und in Norddeutschland, wo sie den größten Teil des Repertoires bildeten, insbesondere in der Anordnung mit vier Paaren, die sich in einem Viereck gegenüberstehen (Quadrille). Wie weit diese Kontratanzformen jedoch ältere Tänze ersetzten oder aber ein solches Tanzrepertoire bereits vorhanden war und vielleicht nur mit anderen Figuren angereichert wurde, ist nicht zu klären. So kann auch die Entstehung der sogenannten norddeutschen Bunten auf verschiedene Weise erfolgt sein, ein direkter Import aus England über Hamburg ist ebenso möglich wie eine Übernahme aus den modischen Tänzen des Bürgertums. Wahrscheinlich ist aber auch eine Vermischung mit vorher bestehenden Kreis- und Reigentänzen. Mit dem Auftreten der Kontratänze verbunden war ein Novum in der Geschichte des Volkstanzes. Bisher war es nur in Bürgertum und Adel üblich gewesen, Tanzmeister zu beschäftigen, nun aber mußten auch die Kontratänze gelernt werden. Es gab daher bis ins 20. Jahrhundert eine bedeutende Anzahl von Tanzmeistern, die den jungen Leuten auf den Dörfern die neuen Tänze vermittelten.

Für das 19. Jahrhundert ist dann ein Umbruch festzustellen, der den Volkstanz im ganzen westlichen Europa betraf, denn das Tanzverhalten aller Bevölkerungsschichten veränderte sich wie die Volkstänze in dieser Zeit grundlegend. Die in der bürgerlichen Gesellschaft außerordentlich beliebten Modetänze dieser Zeit (wie Walzer, Schottisch, Rheinländer, Mazurka und Polka) drangen schnell in das Volkstanzrepertoire ein und beeinflußten es in je nach Region unterschiedlicher Weise. Die Übernahme dieser städtischen Modetänze in die dörfliche Gesellschaft und damit die Ablösung der vorherigen Mode-, der Kontra- oder aber der lange Zeit hindurch tradierten Volkstänze hängt zusammen mit der Auflösung der festen Dorfgemeinschaften, dem Ende des strengen Zunftwesens, der Arbeitsmigration verarmter Landbewohner in die industriellen Zentren, also mit den gesamtgesellschaftlichen Umwälzungen des 19. Jahrhunderts in Mitteleuropa.

Im Volkstanzrepertoire aber entwickelte sich eine Vielzahl von Einsatzmöglichkeiten dieser Paartanzformen. Einige waren lediglich Modernisierungen alter Tänze, wie zum Beispiel der Walzer, der aus dem Deutschen Dreher entstand, und der Schottisch, der auf dem Grundschritt der älteren, weithin bekannten Ecossaise basierte. Darüber hinaus wurden die Modetänze einerseits durch Figuren angereichert, andererseits als Teil in bestehende Tänze integriert, so daß ein paarweise rundgetanzter Walzer oder eine Polka häufig den Abschluß einer Tanztour oder eines ganzen Tanzes bildeten. Außerdem wurden und werden sie als Paarrundtänze getanzt, regional auch mit Figurenteilen (wie Rheinländer, Schottisch oder Mazurka).

Volkstanzpflege bis 1945

Der »Volkstanz als spontane Äußerung und Funktion des Gemeinschaftslebens in der Gesellschaft des Volkes«[3] existiert nur noch in einigen Ländern Europas in einer ungebrochenen Tradition, in anderen Regionen verschwand er vor mehr als 100 Jahren. Damals begannen intellektuelle Kreise sich aus sehr unterschiedlichen Motiven, unter anderem auch aus politischen, dafür einzusetzen, die Volkskultur zu bewahren.

Im ausgehenden 19. Jahrhundert fing daher in einigen Regionen eine bewußte Pflege aus Gründen einer nationalen oder regionalen Identität an, wie zum Beispiel in dem jungen Staat Norwegen, in Spanien, auf dem Balkan – hier besonders in Griechenland. So unterschiedlich die Beweggründe zur Bewahrung überlieferter Traditionen sind, so verschieden gestaltet sich auch der Umgang mit dem Volkstanz, abhängig von der politischen, gesellschaftlichen, pädagogischen oder historischen Zielsetzung. Generell lassen sich, nach F. Hoerburgers ›Volkstanzkunde‹ von 1961, drei Richtungen der Volkstanzpflege unterscheiden, »die sich gegenseitig ausschließen möchten, sich aber doch stets [...] durchdringen und beeinflussen: eine gesellige, eine museale und eine theatralische«.

Die Pflege des geselligen Tanzes begann in mehreren europäischen Ländern fast zeitgleich mit den Bestrebungen, die Volkstänze einzelner Regionen nicht in Vergessenheit geraten zu lassen. In den meisten Fällen war es aber nicht die Landbevölkerung selbst, sondern Eliten, die (wie zum Beispiel in Spanien) nationale Motive hatten oder einen Verlust traditioneller Werte beobachteten und versuchten dagegenzusteuern, wie in Schweden, Oberbayern, England oder Zentralfrankreich. Zunächst richteten sich die Erhaltungs- bzw. Wiederbelebungsbestrebungen auf die Tracht und das Volksliedgut, und erst mit einiger Verzögerung wurde auch der Volkstanz als wichtiges Element der Volkskultur begriffen. 1905 bot man in London erste Kurse und Veranstaltungen zur Wiederbelebung des Volkstanzes an. In Hamburg wurde 1905 der erste Lehrgang für dänische Volkstänze veranstaltet.

In Deutschland entwickelte sich die Volkstanzpflege zur gleichen Zeit aus zwei verschiedenen Richtungen, die auch völlig unterschiedliche Ziele verfolgten. Die nord- und mitteldeutsche Volkstanzpflege ist nach Hoerburger als gesellig einzustufen, während die bayerische museale Ziele verfolgte. Diese halten fest an überlieferten Tänzen, die erstarrt im Kontext von bereits überlebten Formen (Brauchwiederbelebung) lebensfern erhalten werden sollen. Dabei wird schon sehr früh der Übergang zu einem reinen Schautanz vollzogen. 1883 wurde der erste Gebirgstrachten-Erhaltungsverein in Bayrisch-Zell gegründet, dem ab 1885 eine Welle von ähnlichen Gründungen in Bayern folgte. Begonnen hatte die Tanzpflege jedoch schon vor 1883. In Miesbach führte eine Tanzgruppe 1858 vor König Maximilian II. (1848 bis 1864) einen Schuhplattler mit solchem Erfolg auf, daß sich dort 1861 der »Gemüthlichkeitsverein« gründete, der es sich zur Aufgabe machte, Schuhplattler und Volkslieder zu pflegen und als »1. Oberbayrische Schuhplattlergesellschaft Miesbach« 1866 in München auftrat. Durch diese Initiative verwandelte sich der Schuhplattler innerhalb kürzester Zeit von einem Werbepaartanz, bei dem der Tänzer seine Plattelserien frei improvisierte und der nie zweimal ein vollständig gleiches Aussehen hatte, in einen Männertanz mit perfekt vereinheitlichten Bewegungen, also in einen Vorführ- und Schautanz. Durch Reisen bayrischer Trachtengruppen wurde er in dieser Form in der ganzen Welt bekannt und gilt heute fälschlicherweise als der typische deutsche Volkstanz, als eine Art Nationaltanz.

Hier vollzog sich also in sehr kurzer Zeit der Übergang von einem geselligen zu einem darstellenden, einem effektvoll inszenierten Bühnentanz – eine Entwicklung, die für die bayrische Volkstanzpflege stets eine Gefahr bedeutete, denn mit dem verstärkt einsetzenden Tourismus nach dem Ersten Weltkrieg veränderte sich die ursprüngliche Heimatpflege immer mehr zu einer Heimatpflege im Sinne einer touristischen Attraktion. Es trat eine starke Formalisierung ein: Die Tänze wurden bühnenwirksam choreographiert, der Tanzablauf strikt festgelegt, es wurde auf die Gleichheit der Bewegungen geachtet, und für die Kleidung gab es strenge Vorschriften.

Zur gleichen Zeit entstanden erste Volkstanzgruppen in Schweden und wenig später in Dänemark, davon angeregt nach der Jahrhundertwende auch in Norddeutschland. Schon in der ersten Dekade des 20. Jahrhunderts wurden zahlreiche Tänze gesammelt, Tanzgruppen gegründet, große Veranstaltungen organisiert und erste Publikationen herausgegeben. Deren schnelle und breite Wirksamkeit hängt mit einer gewissen Zeitströmung zusammen. Große Teile der Jugend dieser Zeit schlossen sich der um 1896 entstandenen Wandervogelbewegung an, der Keimzelle der deutschen Jugendbewegung, durch die sich schnell auch der »gemeinschaftsstiftende« und »Gemeinschaft pflegende« Volkstanz verbreitete. Die norddeutsche Volkstanzpflege wollte das gesellige Tanzen fördern und war offen für alle Einflüsse. Es wurden alte Volkstänze festgehalten und gesammelt. Man scheute sich aber auch nicht, diese umzuarbeiten bzw. ganz neue Gemeinschafts- oder Jugendtänze zu erfinden, leider oft ohne genaue Kennzeichnung in den Sammlungen. Eine Unterbrechung brachte der Erste Weltkrieg. In der Weimarer Republik aber war die Breitenwirkung dieser Volkstanzpflege gar noch größer als vor dem Krieg. Besonders für die Reformpädagogik mit ihrem zentralen Ziel der Förderung von Gemeinschaft galt der Volkstanz als das bestgeeignete gemeinschaftsbildende Element.

In den späten zwanziger Jahren entstand eine große Anzahl von Volkstanzgruppen und -kreisen, die sehr verschiedene Ziele verfolgten und inhaltlich unterschiedliche Richtungen vertraten. Um die verschiedenen Bestrebungen zu koordinieren, wurde 1928 als Dachorganisation der Verband deutscher Tanzkreise gegründet, der am 8. Oktober 1933 in den Reichsbund Volkstum und Heimat übernommen wurde. »Das Tanzen ist eine Angelegenheit der nationalen Kultur [...] Nur so wird man der Jugend die Abwehrkräfte gegen den Ansturm des Fremden, sogenannten Internationalen, geben und die Aufbaukräfte, einen eigenen volksmäßigen, nationalen Tanz zu schaffen und zu pflegen«, so schrieb F. Böhme 1932 in der Zeitschrift ›Der Tanzkreis‹. Auch der Verband der Tanzlehrer änderte seine Satzung, nach der jetzt nur noch »Deutsche arischer Abstammung« Mitglieder werden konnten und Juden und »Marxisten« aus dem Verband zu entfernen seien (vergleiche auch ›Der Tanzkreis‹, 1933, 4. Blatt).

Über das »richtige« Tanzrepertoire gab es langanhaltende Diskussionen, ob nur alte, überlieferte oder auch neue Tänze zugelassen werden sollten. Nachdrücklich gefordert wurden immer wieder Gemeinschaftstänze, die man als »höchste Ausprägung des Tanzes« pries, während der Paartanz sogar als »Egoismus zu zweien« bezeichnet wurde. Heftig bekämpft wurden Musik und Tänze aus Amerika, die unterschiedslos als »Jazz« bezeichnet wurden. »Der Jazz vergiftet und zersetzt unser Volk!« schrieb die Zeitschrift ›Volkstum und Heimat‹ 1939. Er wurde sogar als »eines der gefährlichsten Kampfmittel des Judentums« gebrandmarkt. Gefördert wurden dagegen zum

Beispiel die Kontratänze aus England als »artverwandte« Tänze sowie Tänze aus den skandinavischen Ländern. Eine besondere Stellung nahmen typische Männertänze ein, wie die Morris Dances aus England, Stock- und Schwerttänze (Stärkung der Wehrkraft) sowie eine große Anzahl neuentwickelter, akrobatischer »Burschen«-Tänze, während für jüngere Frauen eher die Reigenformen vorgegeben wurden. Die Nationalsozialisten bildeten aus den bestehenden Richtungen der Volkstanzpflege eine systemkonforme Kulturform und verfolgten damit zwei unterschiedliche Ziele, die in der Volkstanzpflege bereits angelegt waren:

- Die Pflege zur repräsentativen Darbietung vor einem Publikum bei entsprechenden Anlässen, wobei möglichst abwechslungsreiche Tanzabfolgen zusammengestellt wurden und – wie bei den sportlichen Massenvorführungen – auf genaue Bewegungsgleichheit aller Tanzenden geachtet wurde.
- Die Pflege zur Entfaltung gemeinsamen Erlebens und zur Förderung der Gemeinschaft. Eine besondere Rolle dabei spielten die gesamtdeutschen Organisationen KdF-NS-Kulturgemeinschaft (»Kraft durch Freude«), HJ (Hitler-Jugend) und BDM (Bund Deutscher Mädchen) sowie der eigens gegründete Reichsbund für Gemeinschaftstanz, dessen Aufgabe in der Pflege des Volkstanzes und seiner Verankerung in der sogenannten Volksgemeinschaft bestand.

Nach 1945

Die scheinbar zeitlose Brauchtumspflege wurde nach dem Ende des Dritten Reiches in Bayern in den zahlreichen Trachten- und Heimatvereinen wieder aufgenommen und weitergeführt. Sie bekam in den fünfziger Jahren dann aber durch Georg von Kaufmann eine andere Richtung. Er veranstaltete 1960 erstmals einen öffentlichen Tanzabend mit bayrischen Tänzen. Die Tänze wurden vorher erklärt und das Publikum aufgefordert, zu tanzen. Wie erstarrt die Volkstanzpflege in Bayern zu dieser Zeit bereits war, zeigt sich daran, daß sich die Mehrzahl der Trachtenvereine nicht für einen solchen Tanzabend gewinnen ließ, da sie zu reinen Vorführgruppen geworden waren. Seitdem hat sich die Volkstanzpflege in Bayern wieder entscheidend zum geselligen Tanzen hinentwickelt. Der Bayerische Landesverein für Heimatpflege, der in allen Bezirken amtliche und ehrenamtliche Mitarbeiter hat, bietet flächendeckend Seminare, Workshops, Tanzwochenenden und öffentliche Tanzabende an. Allerdings ist auch damit nur eine kleine Minderheit zu erreichen, und die Volkstanzpflege für die Aktiven ist heute nur *ein* Bereich im breiten Freizeitangebot.

Ein neuer Zweig der Volkstanzpflege entstand nach Kriegsende durch die Ansiedlung der aus ihren auslandsdeutschen Siedlungsgebieten Vertriebenen, deren wichtigstes Anliegen die Bewahrung ihrer traditionellen Kultur ist – was sie durchaus als politische Demonstration ihres Rechtes auf Rückkehr in die Heimat verstanden. Sie hat allerdings inzwischen einen sehr musealen Charakter angenommen. Auch die Volkstanzpflege in Nord- und Mitteldeutschland knüpfte an die Vorkriegszeit an. Man konzentrierte sich auf deutsche Tänze, wozu auch die in den zwanziger Jahren entstandenen Jugend- und Gemeinschaftstänze gezählt wurden. Bereits Ende der vierziger Jahre begann wieder die Veröffentlichung von Volkstanzbüchern und -anleitungen. Es entstanden neue Gemeinschaftstänze (zum Beispiel die »Barsbütteler« von Karl Lorenz) und sehr schnell auch wieder Organisationen, die für Kurse und Tanzgelegenheiten sorgten.

Bereits 1945 begann die erste Landesarbeitsgemeinschaft Tanz (LAG Tanz) in Hamburg ihre Arbeit; die anderen Bundesländer folgten dieser Initiative. 1953 wurde ein Dachverband, der Arbeitskreis für Tanz im Bundesgebiet (ATB), eingerichtet, dem die LAGen der Bundesländer angehörten. Außerdem fand im gleichen Jahr die Gründung der Deutschen Gesellschaft für Volkstanz (DGV) statt. 1980 wurde der ATB umgewandelt in den Deutschen Bundesverband Tanz e.V. (DBT), dem weiterhin die LAGen angehören. Angeschlossen sind der Bundesverband Seniorentanz e.V. und die Deutsche Gesellschaft für Volkstanz (DGV), die in unregelmäßigen Abständen seit 1956 zu großen Bundes-Volkstanztreffen mit mehreren hundert Teilnehmern einlädt. Hierzu werden vorher in der Zeitschrift ›Volkstanz‹ der DGV Tanzanleitungen und Noten veröffentlicht, damit die Teilnehmer gemeinschaftlich tanzen können.

DDR

Die Entwicklung in der DDR soll hier als Beispiel für die sozialistischen Staaten dienen, da in allen Ländern nach sowjetischem Vorbild eine Darbietungs-Volkstanzpflege entstand. Wie im Dritten Reich stellten diese Staaten die Pflege der Volkskultur in den Dienst der Staatsideologie. Bereits im Juli 1945 wurde der Kulturbund zur demokratischen Erneuerung Deutschlands gegründet, und im August 1947 fand eine »Erste Leistungsschau der Volkskunstkollektive der Sowjetischen Besatzungszone« statt. Es folgten die Gründung verschiedener staatlich geförderter Ensembles (1950, 1952 und 1954); außerdem bildeten sich zahlreiche Tanzensembles in allen Regionen, die sich aus Mitgliedern der Belegschaften von Betrieben und Kollektiven zusammensetzten.

Das Ziel der Volkstanzpflege in der DDR war nicht die Pflege des traditionellen Volkstanzes, sondern die Entwicklung eines Repertoires, das den Aufbau des Sozialismus verherrlichte. Diese erstarrte, staatlich verordnete Volkskultur wurde erst in Frage gestellt, als sich ab 1974 die ersten Musiker zu Folkloregruppen zusammenfanden, die ab 1980 dann nicht mehr nur Konzerte gaben, sondern auch Tänze zum Mitmachen vermittelten. Verunsichert versuchten dies dann auch einige der semiprofessionellen Ensembles, aber mit nur mäßigem Erfolg. Ab 1986 wurde dann jährlich ein vom Staat mißtrauisch beobachtetes Tanzhausfest in Leipzig veranstaltet, das auch nach 1990 weiterbesteht und jedes Jahr eine große Anzahl von tanzfreudigen Jugendlichen anzieht. Zu betonen ist, daß neben dieser staatlich verordneten Volkstanzpflege in den meisten ehemaligen sozialistischen Ländern, auch und gerade begünstigt durch die Existenz solcher Gruppen, Volkstänze getanzt wurden, was noch heute der Fall ist, allerdings mit rückläufiger Tendenz.

Folkloretanz, internationale Tänze

Nach 1945 wurde zunächst in Deutschland das Angebot an Volkstänzen mit deutschen Tänzen gestaltet, noch immer unter dem Gesichtspunkt der Förderung von Gemeinschaft. »Unser Kreis steht auf dem Boden der Jugendbewegung. In unserer Natur- und Heimatverbundenheit pflegen wir eine jugendgemäße Gemeinschaft, deren bester Ausdruck Lied, Spiel und Tanz sind«, so ein Aufruf von 1947. Großen Einfluß bekamen sehr bald amerikanische und englische Tänze, unterstützt von den amerikanischen Umerziehungsprogrammen und der Gruppenpädagogik, die sich von den romantisierenden Gemeinschaftsidealen abzusetzen suchte und soziale Verhaltensweisen und Regelformen fördern wollte. Auch die bereits bestehenden Landesarbeitsgemeinschaften (LAGen Tanz) in verschiedenen Bundesländern und der ATB hatten ein breites Angebot an englischen Tänzen und amerikanischen Square Dances. Gefördert durch die wachsende Anzahl von interkulturellen Kontakten, zum Beispiel bei internationalen Studentenbegegnungen und einer Vielzahl von ausländischen Referenten bei Tanzkursen, verlagerte sich die Nachfrage nach internationalen Tänzen in den sechziger Jahren vom angloamerikanischen in den südosteuropäischen Raum (vor allem Bulgarien, Griechenland, Jugoslawien, Rumänien) und nach Israel. Vorwiegend israelische Tänze, die alle erst nach der Gründung des Staates entstanden und ein wichtiger Bestandteil der Schaffung einer eigenen kulturellen Identität sein sollten, erfreuen sich ebenso wie die südosteuropäischen Tänze bis heute großer Beliebtheit.

Insgesamt blieb es aber ein zwar wachsender, doch relativ kleiner Kreis von Interessierten, die sich vor allem in Tanzkursen und bei Lehrgängen trafen oder in fester geschlossener Gruppe Übungsabende abhielten. Eine Breitenwirkung ging nicht davon aus. Dies änderte sich erst Mitte der siebziger Jahre, als im Verlauf der Folk-Bewegung die Musikgruppen begannen, bei Tanzabenden deutsche Tänze zum Mitmachen zu spielen. Dazu wurden Schritte, Fassungen und Tanzablauf erklärt, so daß das zahlreich anwesende, meist junge Publikum die Tänze dann auch wirklich ausführen konnte. Auch in immer mehr Tanzkursen und Workshops bei den großen Folk-Festivals wurden Tänze gelehrt. Nach dem Abflauen der Folk-Bewegung gab es zwar keine Großveranstaltungen mehr, das Angebot an Volkstanz erweiterte sich jedoch bis in die Gegenwart. Heute gibt es zahlreiche Tanzkurse im In- und Ausland – zum Beispiel auf Rhodos, in Israel, Frankreich, England – sowie Tanzveranstaltungen mit den unterschiedlichsten Tanzrepertoires. Gemischt haben sich deutsche und internationale Tänze. Es wird alles getanzt, was Spaß macht, darunter besonders gern auch die einfachen amerikanischen Mixer mit häufigen Partnerwechseln.

In vielen deutschen Städten ebenso wie im europäischen Ausland finden regelmäßige Tanzveranstaltungen statt, die über die Presse bekanntgegeben werden und für jedermann zugänglich sind. Ein Zeichen des zunehmenden Interesses ist beispielsweise »Le grand bal de l'Europe« in Gennetines (Allier, Mittelfrankreich), ein einwöchiger Tanzkurs auf zehn Böden, auf denen Tänze aus fast allen europäischen Ländern in unterschiedlichen Schwierigkeitsgraden vermittelt werden und in dessen

Rahmen täglich ein Tanzabend für die mehreren tausend Teilnehmer veranstaltet wird. Für dieses freie, gesellige Tanzen trifft heute wahrscheinlich am ehesten der Terminus »Volkstanz« zu, denn er spricht eine Vielzahl von Menschen an. Was sich gegenüber der Vergangenheit geändert hat, ist die große Auswahl an Tänzen, die fast aus der ganzen Welt übernommen wurden.

Die Volkstanzpflege hat sich in ganz Deutschland sehr stark auf das gesellige Tanzen ausgerichtet, erreicht aber nicht so viele Menschen wie das freie Tanzen internationaler Tänze. Bei der Pflege von Volkstänzen der eigenen Kultur versucht man immer, so original und sozusagen stilecht zu tanzen wie möglich. Es wird jedoch übersehen, daß dabei immer auch eine Veränderung in Substanz und Darstellung stattfindet, zum Beispiel durch Tanzauffassung und Bewegungsstil des Lehrers oder Leiters. Dies trifft natürlich um so mehr für die internationalen Tänze zu, denn der Bewegungsstil der verschiedenen Völker ist unnachahmlich. Übernommen werden also immer nur äußere Formen und Techniken, und auch diese sind manchmal vereinfacht und dem eigenen Tanzstil angepaßt. Das betrifft vor allem die in der ursprünglichen Tradition oft sehr ausgeweitete Improvisation einzelner Tänzer und Tänzerinnen, die in der Regel völlig entfällt. Aber die zuerst fremden Tänze wurden durch Anverwandlung zu eigenen, so wie das in früherer Zeit auch bei der Übernahme der Tänze des Bürgertums wie der Kontratänze der Fall war. Auch sie wurden verändert und dem Geschmack und Bewegungsstil der jeweiligen Region angepaßt – ein aus der Geschichte bekannter Vorgang. Die neuen Tänze werden so im Laufe der Zeit durch stilistische und Bewegungsänderungen zu einem neuen Repertoire an eigenen Tänzen. Im Prinzip findet hier das statt, was früher als »Volkstanz« bezeichnet wurde, nur daß es nicht mehr die Bauern sind, die tanzen oder deren Tänze getanzt werden, sondern Angehörige aller Bevölkerungsschichten. Aber es handelt sich ohne Zweifel um eine durchaus lebendige, sich ständig wandelnde Tradition.

1 Madame de Sevigné, Correspondance. Hrsg. von Roger Duchêne. 2 Bände. Paris 1972/74. I: S. 313, II: S. 313, 318.

2 Noverre, Briefe über die Tanzkunst und über die Ballette. Hamburg und Bremen 1769. Nachdruck München 1977. S. 266f.

3 F. Hoerburger, Volkstanzkunde, 1. Teil. Kassel 1961. S. 23.

Der Blickwinkel einer Trobadora

Reflexionen aus den Seitentälern der Musikgeschichte

Melanie Unseld

> »Im Burghof hätten die letzte Trobadore ihre Lieder gesungen, behauptete der Burgführer. Die Zuhörer hätten in der Loggia und in den Fenstern gelauscht. Beatriz unterbrach das Erklärungsgerede des Burgführers mit drei Entschuldigungen und bat die Touristen in die Loggia. Sie folgten ihrer Bitte willig, wohl in Erwartung der im gekauften Programm vorgesehenen Überraschung. […] Inzwischen besann sich die Trobadora, von Hunger inspiriert, eines Liedes, das sie vor achthundertvierzehn Jahren geschrieben hatte. […] Der Trobadora knurrte der Magen. In der Loggia drängelten die Amerikaner schon eine Weile um vordere Plätze. Beatriz spreizte ihre Ellenbogen und sang. […] Die Touristen klatschten und warfen Geldstücke auf die Steinplatten des Hofs. Beatriz bat um Ruhe für die dritte Strophe und um Papiergeld, indem sie sich vorstellte: als garantiert allerletzten und garantiert allerersten weiblichen Trobador.«

Beatriz de Dia, wie sie in dem opulenten Roman ›Leben und Abenteuer der Trobadora Beatriz nach Zeugnissen ihrer Spielfrau Laura‹ von Irmtraud Morgner gezeichnet wird, ist eine im umfassenden Sinne außergewöhnliche Frau: Sie entstammt mittelalterlichem südfranzösischem Adel, kam durch einen 800 Jahre währenden, dornröschenhaften Schlaf in die Jetztzeit und versucht nun, mit Hilfe ihrer Fähigkeiten als Trobadora, in der Gesellschaft der sechziger und siebziger Jahre unseres Jahrhunderts Fuß zu fassen. Sie tingelt mit einem Zirkus als »mittelalterliche Orpheusnummer« und »erste musikalische Sphinxdressur der Welt« durch Deutschland, schreibt im Paris der späten sechziger Jahre linke Protestsongs, führt dort auch das Leben einer liebeshungrigen Chansonnette à la Edith Piaf, verfaßt gefühlsbetonte Gebrauchslyrik, reist durch ganz Europa und dient singend touristischer Unterhaltung. Ihre Kanzonen handeln vor allem von Liebe und Liebesleid, ihre Darbietungsart ist spontan, sehr frei wählt sie auch die unterschiedlichen Darbietungsorte – kurz: sie zieht einige Register aus der Vielfalt der Unterhaltungsmusik, um sich in dieser für sie neuen Welt zu arrangieren. Dabei entstammt Beatriz einem historisch-kulturellen Rahmen, der den Begriff der Unterhaltungsmusik im heutigen Sinne und vor allem auch die damit verbundene ästhetische Abwertung dieser Musik nicht kannte. Im Gegenteil: Beatriz' musikalisch-lyrischen Aktivitäten wurde in ihrer Zeit mit ausgesprochener Hochachtung und Wertschätzung begegnet. Daher bedeutet auch der Zeitsprung aus dem 12. in das 20. Jahrhundert – neben vielerlei Veränderungen sprachlicher, moralischer, technischer und anderer Art – für die Trobadora vor allem einen Absturz innerhalb der ästhetischen Wertungsskala.

Beatriz' Musikauffassung ist breitgefächert: Sie umfaßt Lyrik und Musik, geschriebenes Wort ebenso wie klingende Töne. Ihre Musik ist zudem immer eingebettet in außermusikalische Anlässe, beispielsweise als politische Kundgebung, als Begleitung einer artistischen Zirkusnummer oder als Wiegenlied. Die Trobadora ist gleichzeitig einer Musikauffassung verhaftet, die zwar zwischen sakraler und nichtsakraler Musik unterscheidet – wobei Beatriz eindeutig für letztere einsteht –, nicht aber zwischen U(nterhaltungs)- und E(rnster) Musik. Die Irritationen, denen Beatriz in ihrer neuen, modernen Umwelt ausgeliefert ist, gründen nicht zuletzt immer wieder auf diesem unterschiedlichen Wertegefüge: In ihrem Verständnis dient Musik grundsätzlich der Unterhaltung, die ästhetisch wertende Abgrenzung von Kunstmusik und populärer Musik ist ihr fremd – wobei an dieser Stelle offenbleiben muß, ob sich ein Konsens finden ließe, was heute konkret unter populärer Musik verstanden werden soll: Popularmusik, *popular music*, Unterhaltungsmusik, volkstümliche Musik, Volksmusik, Folklore, Operette, Musical, Chanson, »leichte« Musik, Schlager, Jazz, Blues, Soul, Rock usw. War in Beatriz' originärer Zeit, dem 12. Jahrhundert, Musik zur Unterhaltung ein fester Bestandteil etablierter Kulturwerte, muß die Trobadora in der Jetztzeit erleben, daß ihre Form der Musik in den niederen Bereich kultureller Wertigkeit gesunken ist. Die ästhetische Fallhöhe vom Hochkultur- zum Trivialniveau ist groß und immer wieder Ursache für Mißverständnisse.

Was in Beatriz' fiktionaler Biographie unvermittelt aufeinanderprallt, ereignete sich historisch gesehen freilich innerhalb eines langen Zeitraums. Dieser beginnt mit der Säkularisierung und der damit verbundenen Loslösung musikalischen Handelns von der Institution Kirche, geht über die Erfindung des Notendrucks und die Professionalisierung der Musik, über die »Entdeckung« des Volksliedes im späten 18. und im 19. Jahrhundert und dessen Einflüsse wiederum auf die Kunstmusik bis hin zur Trennung von U- und E-Musik, wie sie heute, manifestiert im kulturellen, institutionellen wie wirtschaftlichen Bereich, besteht. Welche Entwicklung liegt zwischen diesen Polen ästhetischer Hochschätzung wie Abwertung? Und welche Rolle spielt dabei Beatriz »als garantiert allerletzter und garantiert allererster weiblicher Trobador«, das heißt: als rare weibliche Repräsentantin männlich dominierter Geschichtlichkeit? Zu diesen Fragen im folgenden nur einige Skizzen.

Verfolgt man die abwechslungsreiche Geschichte des von der Trobadora hauptsächlich verwandten Genres – des einfachen Liedes, der *Kanzone*, der *chanson* –, scheinen die Grenzen von Kunst- und Popular- oder Unterhaltungsmusik immer wieder zu verwischen. Zwei Beispiele dieses Phänomens, die Entwicklung der *chanson* zum Bänkelsang und die Begegnung der Kunstmusik mit dem Volkslied, sollen kurz dargestellt werden.

Die Wurzeln der Troubadourkunst, als deren Vertreterin sich Beatriz sieht, liegen im südlichen Frankreich des 11. Jahrhunderts. Der Adel suchte Zerstreuung in den Darbietungen selbstverfaßter Lyrik, die meist in geselliger Runde gesungen vorgetragen wurde. Diese *chansons*, wortgeprägt, unterhaltend und schlicht, beschäftigten sich überwiegend mit amourösen Themen, aber auch Historisches, Mythisches oder Rätselhaftes wurde zu Gehör gebracht. Selbstverständlich wurde dem lyrischmusikalischen Vortrag ein unterhaltender und gleichzeitig ästhetisch hochwertiger Charakter zugestanden, eine ästhetische und funktionale Abgrenzung erfolgte lediglich zur sakralen Musik. Der intime Kreis adeliger Unterhaltung wurde durchbrochen, als sich mit dem Aufblühen der weltlichen neben der kirchlichen Musik in der zweiten Hälfte des 12. und im 13. Jahrhundert die Troubadourkunst auch im Norden Frankreichs verbreitete. Die Trouvères, wie die Sänger nun in Abgrenzung zu den provenzalischen Troubadours genannt wurden und die sich nun auch aus nichtadeligen Kreisen rekrutierten, hatten in ihrem Gefolge oft professionelle Musiker, sogenannte Jongleur oder Minstrel, die sie instrumental begleiteten. Ihren Lebensunterhalt bestritten diese fahrenden Spielleute mit Auftritten für adelige und bürgerliche Unterhaltung. Auch Beatriz sucht sich, da sie den Beruf als Trobadora in der Jetztzeit auszuüben gedenkt, eine Spielfrau:

Der Minnesänger Heinrich von Meißen im Kreise anderer Dichter und Musikanten. Abbildung aus einer Handschrift um 1320

»Der Bericht bewog Beatriz, Laura als Spielfrau zu qualifizieren. [...] Sie versucht Laura zu überzeugen, daß die angebotene Arbeit leicht wäre, da Dichten nicht verlangt würde. Früher hätten die Spielleute zwar bekanntlich viele Texte selber verfaßt, Lieder, Märchen, ganze Epen, Dichten besorge sie aber garantiert allein, ihr wäre mit Lautenspiel, etwas Interpretation und gewissen organisatorischen Beihilfen gedient. [...] Bei desinteressiertem oder niederem Publikum hätten die provenzalischen Trobadors oft nur schaugesessen und das gesamte Programm von der Spielfrau beziehungsweise vom Spielmann bestreiten lassen.«

Die fahrenden Spielleute waren die mobile Trägerschicht populärer Musikformen. Sie trugen neben Traditionellem auch das jeweils Neue vor, spielten in Adels- und Bürgerhäusern genauso wie auf öffentlichen Marktplätzen. So dienten sie nicht nur der allgemeinen Unterhaltung, sondern auch der Kommunikation über regionale, sprachliche und standesbedingte Grenzen hinweg. Der oft erstaunlich große Wirkungsradius der fahrenden Musiker brachte es mit sich, daß Melodien, Erzählsujets, Instrumente und Spielpraktiken eine vergleichsweise weite Verbreitung fanden. Dennoch etablierten sich innerhalb Europas spezifische Ausprägungen fahrender Musiker und ihrer Musik, abhängig vom jeweiligen Instrumentarium und dessen Spielweise, von der ethnischen und sozialen Herkunft, von der musikalischen Ausbildung, dem Grad der Seßhaftigkeit und anderen Faktoren. Insofern war der skandinavische Spelman nur bedingt mit einem Klezmermusiker aus dem Osten Europas vergleichbar.

Ein wesentlicher Grund für die regionenspezifischen Ausprägungen war auch die orale Tradition dieser Musik. Sie wurde nicht notiert, sondern innerhalb einer Familientradition oder vom Meister auf die Schüler weitergegeben. In der Vielfalt der Musik fahrender Spielleute findet sich so das Paradoxon von Nähe und Ferne, von Einheit und Differenz: Die Verschiedenartigkeit der Tradition basiert auf ähnlichen Fundamenten, auch der Austausch von Sujets, Spielformen oder Intrumententypen ist rege, gleichzeitig aber wird die jeweilige Ausprägung als Abgrenzung und Selbstidentifikation bewahrt.

Eine Sonderform der öffentlich vorgetragenen, der Unterhaltung dienenden Lieder ist der Bänkelsang. Zur Verdeutlichung des Erzählten tritt hier das Bild hinzu. Seinen Namen erhielt dieser Liedtypus von jenem Requisit, das der Bänkelsänger benötigte, um sich auf Jahrmärkten oder Marktplätzen Gehör zu verschaffen: eine kleine Bank oder ein Podest. Darauf aufgebaut war eine Bildtafel, auf der zumeist in sehr vereinfachter Weise die Illustration zum vorgetragenen Lied abgebildet war. Der Bänkelsänger trug, auf die Bildausschnitte deutend, die Moritat, sein meist von Verbrechen oder Schrecknissen handelndes Lied vor. Die Melodie des Liedes basierte dabei oft auf Bekanntem: Volksliedgut, *chansons* oder einfache, schnell eingängige Lieder. Begleitet wurde der Bänkelsänger – so zeigen es häufig Abbildungen – von einem Instrumentalisten; Fidel, Harfe, Geige oder Drehleier, später auch Drehorgel oder Akkordeon waren die häufigsten Begleitinstrumente. Die theatralisch-musikalischen Darbietungen hatten belehrenden, ja moralisierenden Charakter. Sie waren vorwiegend für die niederen Bevölkerungsschichten gedacht, die Darbietung in Bild und Ton konnte sich einprägen, ohne beim Publikum die Fähigkeit des Lesens vorauszusetzen. Waren die fahrenden Spielleute innerhalb der seßhaften Gesellschaft bereits weniger hoch angesehen, so stand der Bänkelsänger gänzlich in dem Ruf, ein »Landstreicher« zu sein, der »auf den Gassen von hölzernen Bänken allerley Mordgeschichte absinget. Figürlich und in verächtlichem Verstande, ein schlechter Dichter, der sich ein Geschäft daraus macht, gemeine Gegenstände zu besingen.« Oft auch stand er in Verdacht, politisch Anstößiges zu verbreiten, und so mußten Liedtext und Bildtafel nicht selten der örtlichen Zensurbehörde vorgeführt werden.

Offenkundig führt ein direkter Weg von den adeligen Sängern, den Troubadours, Trouvères, Minstrelsängern oder Minnesängern, über die fahrenden Spielleute zu den Bänkelsängern. Und neben dem sozialen Abstieg der Vortragenden ist auch ein soziales Gefälle bei den Zuhörenden zu vermerken: von der adeligen Gesellschaft zum niederen Volk. Konstant aber bleibt die Funktion, die die *chanson*, das einfache, in der Volkssprache vorgetragene Lied, ausmacht, und die Rousseau in seinem ›Dictionnaire de musique‹ 1767 festschrieb: Die *chanson* diene dazu, *»pour éloigner, quelques instans, l'ennui si l'on est riche; & pour supporter plus doucement la misere & le travail, si l'on est pauvre«* (dem Reichen für einige Momente die Langeweile zu vertreiben, dem Armen die Sorgen und die Arbeit erträglicher zu machen).

Erstaunlich, daß neben dem Volkslied gerade auch der Bänkelsang in der Romantik wieder an Wertschätzung gewann, nachdem er im 16. und 17. Jahrhundert vor allem als Unterhaltung für niedere Bevölkerungsschichten gedient hatte und durch die kulturelle Elite zumeist in abwertender oder zumindest kritischer und distanzierter Weise gesehen worden war. Die Dichter nahmen ihn als originäre Volkskunst wieder in ihr Repertoire auf. Achim von Arnim und Clemens Brentano planten gar, eine Bänkelsängerschule zu eröffnen, um die langsam in Vergessenheit geratene Tradition wieder zu beleben. Damit aber beschritten sie einen Weg, der durch die »Entdeckung« des Volksliedes durch Johann Gottfried Herder im ausgehenden 18. Jahrhundert vorbereitet worden war. Dessen Volksliedsammlung ›Stimmen der Völker in Liedern‹, 1807 posthum publiziert, hatte nicht nur einen großen Einfluß auf die Liedkompositionen des 19. Jahrhunderts – erinnert sei etwa an die Balladen Carl Loewes oder die ungezählten Lieder »im Volkston«, die nicht selten, wie etwa im Falle von Johannes Brahms' ›Wiegenlied‹, selbst wieder zum Volkslied wurden –, sondern auch auf die volksmusikalischen Anleihen und Zitate, die in der Kunstmusik zur Ausprägung der Nationalstile innerhalb des gesamten europäischen Raumes führten. Das Einbeziehen von populärem und volkstümlichem Liedgut in kunstmusikalische Zusammenhänge durchbricht wiederum die ästhetisch-hierarchischen Schranken.

Spielleute mit Schalmei. Abbildung aus dem dritten Cantigas-Codes, 13. Jahrhundert

Beispielhaft läßt sich dieses Phänomen an der russischen Musikgeschichte zeigen. Seit dem Ende des 18. Jahrhunderts gab es hier Bestrebungen, volksmusikalisches Material aus dem russischen Reich zu sichten und zu sammeln. Ab 1776 wurden erstmals Volkslieder mit Text und Noten publiziert, 1790 erschien die bis ins 19. Jahrhundert hinein einflußreiche ›Sammlung russischer Volkslieder mit ihren Melodien‹ von Nikolaj L'vov und Ivan Prač. Doch die Aufzeichnung der russischen Volkslieder in einer dem westeuropäischen Notationsstandard angepaßten Form führte zu Schwierigkeiten: Weder die harmonische noch die rhythmische Vielfalt der volkstümlichen Musik konnte durch dieses Notationsverfahren wiedergegeben werden. Ethnologische Genauigkeit war freilich zunächst nicht oberste Prämisse: Die Sammler legten vor allem Wert auf die Fixierung der Melodien, die aufgrund ihrer oralen Tradition Gefahr liefen, in Vergessenheit zu geraten, und auf das nationale Identifikationspotential der Volkslieder.

Zwei wesentliche Entwicklungslinien lassen sich nun in der Folge der Volksliedsammlungen beobachten. Zunächst entstand ab der Mitte der zwanziger Jahre des 19. Jahrhunderts aus dieser intensiven Beschäftigung mit dem eigenen, nationalen musikalischen Material eine besondere Eigenheit russischer Vokalmusik: die russische Romanze. »Die Musik beginnt gleichsam ›Ich‹ zu sagen und in den Romanzen erstmals [...] eine nationale Eigenart auszuprägen« (Dorothea Redepenning). Die russische Romanze ist eine schlichte, kunstmusikalische Liedform gefällig-empfindsamen Typs, die sich stark von Volksmusikalischem inspirieren läßt und durch ihre Popularität wiederum den kunstmusikalischen Raum verläßt: Wenige Jahrzehnte später genügte in der russischen Literatur ein Hinweis auf einen der beliebten Romanzentitel von Aleksandr Varlamov, um die somit charakterisierte Person als provinziell, sentimental, einfältig und musikalisch un- oder halbgebildet darzustellen.

Im Zentrum der zweiten Entwicklungslinie steht ein Datum, das den Beginn der russischen Musikgeschichte schlechthin markiert: das Jahr 1836. Zwar gab es in Rußland zuvor zweifellos musikalische Aktivitäten, Oper und Konzert, eine traditionsreiche orthodoxe Kirchenmusik und natürlich auch Volksmusik. Gleichwohl gilt jener Tag, der 27. November 1836, als Auftakt der russischen Musikgeschichte. Welche Neuigkeit bringt die an diesem Abend zur Uraufführung gelangte Oper ›Ein Leben für den Zaren‹ von Michail Glinka, daß man die musikalische Zeitrechnung in Rußland neu zu beginnen hat? Glinkas Oper läßt erstmals Nationalmusik auf der Bühne des St. Petersburger Bol'šoj-Theaters erklingen. Inspiriert wird seine Komposition von der intensiven Beschäftigung mit der eigenen Volksmusik. Er greift die Idee des Volksliedes auf – sein Sujet, seine Erzählhaltung, seine musikalischen Eigenheiten –, formt daraus aber Eigenes. Die Musik reflektiert den nationalen Impetus allerdings ohne direkte volksmusikalische Zitate. Bislang war volkstümliche Musik in die Kunstmusik als pittoresker Zusatz, als *Couleur locale* in untergeordneter Rolle eingeflochten. Glinka jedoch läßt dem volksmusikalischen Musikidiom freie Entfaltung. Er dringt mit seiner Musik in das Wesen der russischen Volksmusik ein, etwa indem er Satztechniken, harmonische oder instrumentatorische Besonderheiten integriert.

Hatte die Beschäftigung mit dem Volkslied somit die Nationalmusik angestoßen, so greift auch die weitere Entwicklung des 19. Jahrhunderts immer wieder auf diese identitätsstiftende musikalische Quelle zurück. Ab der Mitte des 19. Jahrhunderts achteten dabei die Volksliedsammler – darunter auch namhafte Komponisten, die in der Sammeltätigkeit einen Bestandteil ihres Selbstverständnisses als nationale Komponisten entdeckten – auf ethnologische und phonetische Genauigkeit.

»Die ersten Aufzeichnungen und Harmonisierungen unserer Volkslieder haben Leute besorgt, deren Kenntnisse sich allein auf die westliche Musiktheorie beschränkten [...] Sie zwangen unsere Melodien in festgelegte Skalen und Tonarten; und wenn unsere Melodien sich nicht biegen ließen, so wurden sie gezüchtigt, verbessert, zurechtgeschnitten und mit ihnen vollkommen fremden Kreuzen und Bs versehen«, so schreibt der russische Gelehrte Vladimir Odoevskij 1866. Unverkennbar schwingen in diesen Worten, die über rein Musikalisches zu berichten scheinen, Begriffe mit, die von Freiheitsgedanken und Nationalismus geprägt sind. Das »reine«, ursprüngliche Volkslied wird zur Identifikation des nationalen Selbst. Was in Rußland dann in den späten sechziger Jahren des 19. Jahrhunderts zur radikalen Abkehr von westlicher Musikästhetik und einer weitreichenden Ausprägung des nationalen Musikstils führte (Modest Musorgskij, Aleksandr Borodin und andere), läßt sich auch in anderen europäischen Ländern verfolgen. In Norwegen ist in diesem Zusammenhang Edvard Grieg zu nennen, für den tschechoslowakischen Bereich der Habsburgermonarchie Bedřich Smetana und Antonín Dvořák, für Italien Giuseppe Verdi, für Spanien Isaac Albéniz und Manuel de Falla – die Aufzählung ließe sich vielfach weiterführen und ergänzen. Die Ausprägungen nationaler Musiken im Europa des 19. Jahrhunderts sind vielfältig. Dabei wird die Rückbesinnung auf volksmusikalisches Material und dessen Integration in die Kunstmusik kontrovers diskutiert, unterschiedlich gewertet und kompositorisch verschiedenartig umgesetzt. Immer aber geht der Rekurs auf volkstümliche Musik, auf folkloristische Elemente und populäre nationale und regionale Musiken einher mit einer Stärkung des politischen und gesellschaftlichen Nationalgefühls. Und neben der ästhetischen Selbstfindung jener Länder, die um die Idee einer politischen nationalen Einheit ringen (Italien, Deutschland), ist – in Norwegen, Finnland und den ost- und südosteuropäischen Regionen – besonders auch die Idee der nationalen Emanzipation, der Befreiung von Fremdherrschaft maßgebliche Triebfeder dieser nationalen Musikästhetik.

Das Sammeln von volksmusikalischem Material behält seine Faszination bis in das 20. Jahrhundert. Zu dem identitätsstiftenden Charakter kommt nun ein neuer Aspekt hinzu: Die Komponisten entdecken in dieser ursprünglichen Musik Elemente, die über die romantische und spätromantische Musiksprache hinausweisen: modale Harmonik, polyrhythmische Strukturen, Melodik außerhalb der Diatonik des Dur-Moll-Systems auf der Basis von Pentatonik oder Vierteltönen und vieles mehr. Nachhören lassen sich diese Einflüsse volksmusikalischer Grundzüge etwa in der Archaik des ›Sacre du printemps‹ von Igor Stravinskij, bei Leoš Janáček und natürlich bei Béla Bartók und Zoltán Kodály. Janáček und seine beiden ungarischen Kollegen beziehen sich dabei auf akribische Sammeltätigkeiten, die sie – ausgerüstet mit Phonograph, Chronometer und anderem technischen Equipment – auf ausgedehnten Reisen in ihre Heimat und in die slawischen Nachbarländer führen.

Die Entwicklung der »russischen Romanze« war von der Inspiration durch volksmusikalisches Material ausgegangen und bald auch wieder auf die kritisch beäugte Ebene des Populären abgesunken. Aber auch die Entwicklung der Nationalmusik, die ebenfalls auf der Auseinandersetzung mit Volksmusik basierte, fand sich gegen Ende des 19. Jahrhunderts – innerhalb einer vor allem von deutschsprachigem Gebiet ausgehenden Ästhetik-Diskussion – einer Kritik ausgesetzt, die an den volksmusikalischen Elementen Anstoß nahm und daran eine ästhetische Minderbewertung knüpfte. Ein Beispiel aus dem 1870 bis 1879 erschienenen ›Musikalischen Conversations-Lexicon‹ von Hermann Mendel: »Es zeugt schon von einer größeren Cultur, daß die Volksweisen der germanischen Völkerschaften früh auf dem Grunde der vollständigen diatonischen Tonleiter [dem Material der Kunstmusik also] sich erhoben, während bei den slavischen Stämmen ebenso wie bei den einzelnen Völkerschaften des fernen Nordens, den Schweden und Norwegern, den Dänen und Schotten, die unvollständige Tonleiter, bei vielen nur einzelne Intervalle derselben für die Melodiebildung genügten.« Die Eigenständigkeit der Nationalmusiken außer acht lassend, argumentiert Mendel hier deutlich für einen Hegemonieanspruch der Kunstmusik, deren Wurzeln unmißverständlich im deutschsprachigen Gebiet gesehen werden. Volksmusikalische und nationale Musikstile werden dagegen als minderwertig erachtet.

Was hier auf der Ebene von Kunst- und Volksmusik, von deutscher und nichtdeutscher Musik wertend austariert wird, findet sich ganz ähnlich in einer anderen Diskussion aus dem gleichen Zeitraum: der Diskussion um die negative Beurteilung von Frauen in der Musik und der Musikgeschichte. 1891 publizierte Anton Rubinštejn seine Überlegungen zur zeitgenössischen Musik unter dem Titel ›Die Musik und ihre Meister. Eine Unterredung‹. Darin heißt es: »Die Ueberhandnahme der Frauen in der Musikkunst, sowohl im instrumentalen Ausüben wie auch in der Composition [...], datiert seit der zweiten Hälfte unseres Jahrhunderts – ich halte diese Ueberhandnahme auch mit für ein Zeichen des Verfalles unserer Kunst.« Im weiteren operiert Rubinštejn mit ganz ähnlichen Argumenten wie Mendel, hier nun aber nicht, um die nichtdeutschen Nationalmusiken als minderwertig zu deklarieren, sondern um die Frau als Komponistin wie als Musikausübende zu disqualifizieren. Zu den Argumenten Rubinštejns wie Mendels gehören die »Einseitigkeit«, der fehlende Anspruch an »höchste und heiligste Ideen«, fehlende »Universalität«. Während Mendel der französischen und italienischen Musik beispielsweise die Funktion bescheinigt, »profane Musik« zu sein, die »den niederen Zwecken des gemeinen Lebens« diene, schreibt Rubinštejn über komponierende Frauen: »Zum musikalischen Schaffen fehlt ihnen die Vertiefung, die Concentration, die Denkkraft, die Weite der Gefühlshorizonte, die Freiheit des Striches usw.«

Die Beweisgrundlagen basieren dabei jeweils auf einer Wertehierarchie, die sich in der zweiten Hälfte des 19. Jahrhunderts ausbildet und bis heute kaum an Gültigkeit verloren hat. Polar stehen sich darin zwei Kunstformen gegenüber, die hier vereinfachend als »hohe« und als »niedere« Kunst beschrieben werden sollen. Zur hohen Kunst – Mendel sieht sie auf deutschsprachigem Gebiet, Rubinštejn in den Werken männlicher Komponisten – gehören die Kategorien Komplexität, Zeitlosigkeit und Nicht-Funktionalität. Die niedere Kunst hingegen wird charakterisiert durch Einfachheit, Gegenwartsbezug und Funktionalität. Akzeptierte man diese Charakteristika als wertfreie Phänomene, hätten sie für Popular- und Volksmusik durchaus ihre Berechtigung. Daß es sich hier allerdings kaum um eine wertfreie Beurteilung von Musik handelt, wird spätestens dann deutlich, wenn auch sogenannte Kunstmusik, integriert sie Elemente aus der Volksmusik, unter das Verdikt der niederen Kunst fällt. Anschaulich wird dies etwa, wenn Hugo Riemann im Zusammenhang von Nationalmusik hintersinnig von einer Musik der »Kleinen« aus den »liebliche[n] und anmutige[n] Seitentäler[n]« spricht. Hier klingt mit dem Hinweis auf Regionalität durchaus auch eine Verharmlosung, wenn nicht gar eine Abwertung von nichtdeutscher Nationalmusik an.

Ähnliches läßt sich auch für die Bewertung von Werken weiblicher Komponisten beobachten: So galt das Lied – als private Gattung für den intimen Rahmen von Hausmusik und ohne repräsentative Ambitionen – als für komponierende Frauen adäquate musikalische Gattung. Gleichzeitig wurden ambitionierte Komponistinnen vom Unterricht in Kontrapunkt und Orchestration ausgeschlossen, da dies die Grundlage für repräsentativere Gattungen (wie Symphoniken oder Chorwerke) waren. Der damit einhergehende Ausschluß von komponierenden Frauen aus dem öffentlichen Musikbetrieb wiederum ließ die Argumentation zu, Werke von Komponistinnen gehörten vorwiegend der einfachen, der niederen Kunst an.

Weitere Analogien zwischen der ästhetischen Disqualifikation von auf Volksmusik begründeter Nationalmusik, von nichtdeutscher Musik im allgemeinen und auch von sich mit Musik beschäftigenden Frauen ließen sich finden. Ähnlich ist dabei allen Argumentationen, daß sie mit einer herben Abwertung verbunden sind. Gleichzeitig ist hinter dieser Konstruktion von hoher und niederer Kunst die Absicht zu vermuten, für die hohe Kunst einen Gegenentwurf zu gestalten, dessen Funktion nicht zuletzt darin besteht, die Möglichkeit der Abgrenzung zu bieten und damit die Unerreichbarkeit und Idealität eben jener hohen Kunst festzuschreiben. Wesentliche Bestandteile dieses Gegenentwurfes aber sind die Volksmusik, die unterhaltende, sozusagen leichte Musik, die populäre Musik, aber auch nichtdeutsche Musik, die sich daraus entwickelnde Avantgarde und die Werke weiblicher Komponisten. Nicht selten knüpft an die mit dem Gegenentwurf verbundende Abwertung auch ein vollständiger Ausschluß aus dem Wahrnehmungsfeld an.

Die Trobadora Beatriz überspringt durch ihren 800 Jahre langen Schlaf die gerade skizzierte, wechselvolle Musikgeschichte. In ihrer fiktiven Biographie wird anhand einer musikalischen Gattung – dem einfachen unterhaltenden Lied, der *chanson* – die unterschiedliche Wertigkeit von hoher und niederer Kunst direkt gegenübergestellt. Die hohe Wertschätzung, die der Adel des 12. Jahrhunderts den *chansons* entgegenbringt, wird unvermittelt und schroff mit der negativen Bewertung des einfachen Liedes aus dem unterhaltenden Genre konfrontiert. Gerade aber dieses literarische Stilmittel öffnet den Blick auf die Kontroverse von hoher und niederer Kunst. Und indem Morgner mit den bekannten Antinomien von Komplexität und Schlichtheit, von Nicht-Funktionalität und Funktionalität, von Intellektualität und Natur- oder Alltagsverbundenheit operiert, verknüpft sie geschickt das Thema der Diskriminierung der Frau mit dem der Abwertung populärer Musik. Denn zwischen der Bewertung von Frauen, ihrer Individualität und ihrem Selbstverständnis einerseits und der Bewertung von populärer, niederer Musik, deren variablen Erscheinungsformen und Funktionen andererseits bestehen offensichtlich Korrelationen.

> »Laura behauptete, den Trobadorberuf nicht für verfrüht zu halten, weil es keine Frauen gäbe, die sich als Subjekte empfänden, sondern weil die ihnen notwendigen besingenswerten Gegenstände als soziale Erscheinung noch fehlten beziehungsweise von den Sitten versteckt würden. Die Möglichkeit, Leute zu ihrem Glück zu zwingen, wäre machtabhängig. Das hieße bis auf den heutigen Tag: männerabhängig.«

Morgner geht es weniger um eine quantitative Fragestellung, auch wenn sich Beatriz »als garantiert allerletzten und garantiert allerersten weiblichen Trobador«

vorstellt. Vielmehr wird die Geringschätzung in den Vordergrund gerückt, die der Frau Beatriz genauso widerfährt wie der populären Kunst. Diese qualitative Abwertung ist für die Trobadora schwerwiegender als die Frage nach quantitativer Gleichstellung. Deutlich resultiert diese – psychisch wie physisch – schmerzhafte Marginalisierung aus der Konfrontation mit patriarchalen wie kunstmusikalischen Wertehierarchien.

Wenn auch Morgners Roman in erster Linie als Plädoyer für das Nachdenken über weibliche Emanzipation gelesen werden kann, ist er doch gleichzeitig auch ein gedanklicher Ausgangspunkt für Fragen nach jener Musik, die nicht in den etablierten kunstmusikalischen Kanon zu passen scheint. Dieser Bereich der Musikgeschichte aber ist größer als zunächst vermutet. Er beinhaltet populäre Musik ebenso wie Volksmusik, Musik von Frauen und auch europäische, vorwiegend nichtdeutsche Musik, die sich über die Integration populärer Gattungen einen neuen Weg erschließt, sei es in der Form von Nationalmusik oder von musikalischer Avantgarde. Diesen Bereichen – deren quantitative Präsenz grundsätzlich nicht in Frage stehen kann – ist eine qualitative Marginalisierung widerfahren, über die es nachzudenken gilt.

Sakrale Musik: Von der Gregorianik zum »Gesangbuch 2000«

Dietrich Wölfel

Der altrömische Gesang und die sogenannte Gregorianik

Ursprünglich wurden die christlichen Gottesdienste auch in Rom in griechischer Sprache gefeiert. Erst in der Zeit vom 3. bis 6. Jahrhundert setzte sich das Lateinische als Gottesdienstsprache durch. Das hatte Folgen für den Gesang; eine sehr ausgeprägte Kultur des gemeinsamen und wechselseitigen Singens von Psalmen, Antwortgesängen und Anrufungen in den Gebeten der Priester oder auch in den komplizierten Weisen mit biblischen Texten der Solisten oder kleinen Chorgruppen entfaltete sich. Da Papst Gregor der Große (590 bis 604) ordnend in das Repertoire eingriff, nannte man in späterer Zeit diese Art des Singens »gregorianischer Choral«, auch wenn der Gesangstypus, den wir heute als Gregorianik verstehen, einer späteren Entwicklungsstufe entspricht. Wann das altrömische Repertoire in die Gestalt des eigentlichen gregorianischen Chorals umgeformt wurde, läßt sich nicht mit Sicherheit sagen. Entweder geschah dies am Anfang des 7. Jahrhunderts unter Papst Vitalian oder im 8./9. Jahrhundert auf fränkischem Boden.

Nach der Trennung Roms von Byzanz und in den politischen Wirren des 8. Jahrhunderts kam es zur Annäherung zwischen Rom und dem fränkischen Herrscherhaus. Um die Einheitlichkeit auch im Kirchengesang zu gewährleisten, ließ König Pippin (741 bis 768) römische Kantoren nach Franken kommen, damit diese mit den Kantoren vor Ort den römischen Gesang einstudierten. Nach der Rückkehr der Gastkantoren nach Rom fiel es den fränkischen Sängern schwer, sich die Feinheiten des römischen Gesangs zu merken. Um Fehler zu vermeiden, trug man über den Meßtexten Dirigierbewegungen – sogenannte Winke oder Neumen – als Hinweise auf den Verlauf der Melodien ein.

Die ältesten Aufzeichnungen von Melodiebewegungen entstanden im 9. Jahrhundert. Zwei Hauptgruppen werden voneinander unterschieden: die adiastematischen und die diastematischen Neumen. Die adiastematischen Neumen, wie zum Beispiel die St. Galler Notation, zeichnen die Melodiebewegung und die Art der Textgestaltung nach, lassen aber nicht die Größe der Intervalle erkennen. Die diastematischen Neumen lassen deutlicher die Melodiebewegungen nach oben und unten erkennen. Noch deutlicher zeigen die Handschriften von Benevent mit der c- oder der f-Linie die Lage des Halbtonschrittes an. Es war das Verdienst der Mönche von Solesmes in Frankreich, seit 1889 die wichtigsten dieser Handschriften in der Faksimilesammlung ›Paläographie Musicale‹ dokumentiert und der wissenschaftlichen Arbeit zugänglich gemacht zu haben. Heute wird neben den musikwissenschaftlichen Instituten die Choralforschung vor allem auch durch die Internationale Arbeitsgemeinschaft Gregorianischer Choral betrieben. Die Choralforschung untersucht die verschiedenen Neumenhandschriften, um Rückschlüsse auf die Singweise des Chorals zwischen dem 9. und 12. Jahrhundert zu ziehen.

Der gregorianische Gesang ist ein von Tonfiguren getragener Sprechgesang. Je nach Funktion in der Messe oder in den Stundengebeten überwiegt entweder die kunstvolle musikalische Darstellung des biblischen Textes (Concentus) oder die sinngemäß meditierende Rezitation von Psalmversen (Accentus). Zu den Singweisen des gregorianischen Chorals gehören die Ordinariumsgesänge der Messe, wie »Kyrie«, »Gloria in excelsis«, »Credo«, »Sanctus« und »Agnus Dei«, die mit gleichem Text, aber in verschiedenen Melodiefassungen gesungen werden können, ferner die Propriumsgesänge, wie die Introiten mit Antiphonen und Psalmversen, Gradualresponsorien, Hallelujagesänge, Offertorien und Communiogesänge, alle mit Psalmtexten, in verschiedenen Formen entsprechend ihrer gottesdienstlichen Funktionen. Zum anderen unterscheidet man die Gesänge der Messe (heute zu finden im ›Graduale Romanum‹) von den Gesängen der Stundengebete (zu finden im ›Antiphonale Romanum‹).

Die Kirchen der Reformation führten in den Gottesdiensten die Volkssprache ein. Für die lutherischen Gottesdienste entstanden Modelle von vereinfachten Singweisen mit nichtlateinischen Texten. Wenn die Gesänge nicht in Liedform umgewandelt worden waren, wurden sie nach gregorianischer Art gesungen. Das »Te Deum«, das »Laudamus te«, die »Litanei« und die »Cantica« sind in den lutherischen Gesangbüchern bis heute zu finden.

Im 20. Jahrhundert wurden vor allem auf evangelischer Seite Versuche unternommen, mit volkssprachlichen Texten gregorianisch zu singen. Der eigentliche Durchbruch gelang jedoch auf katholischer Seite, als nach dem II. Vatikanischen Konzil (1962 bis 1965) in den Messen und Stundengebeten die Volkssprache zugelassen wurde. Mit der Erkenntnis, daß ein gregorianischer Choral nur in lateinischer Sprache authentisch gesungen werden kann, verzichtete man auf die Direktunterlegung von deutschen Texten unter die originalen Melodien und komponierte für die deutschsprachigen Textfassungen neue, gregorianisch nachempfundene Weisen. Beispiele für entsprechende Veröffentlichungen sind das ›Deutsche Antiphonale‹ (Bd. I-III) der Abtei Münsterschwarzach von 1970 bis 1972 oder das ›Benediktinische Antiphonale‹ aus Münsterschwarzach von 1996/97; als Entsprechung auf evangelischer Seite erschien 1993 in Hannover das ›Psalmen-Singheft‹ der Lutherischen Liturgischen Konferenz oder das ›Evangelische Stundengebet‹ der Evangelischen Michaelsbruderschaft, Hannover 1995, sowie das ›Evangelische Tagzeitenbuch‹, Göttingen 1998.

Tropierungen

Auch in späterer Zeit fiel es den Sängern der fränkisch-gallischen Gebiete schwer, sich die langen Tonketten (Melismen) der gregorianischen Gesänge zu merken. So behalf man sich mit der Methode des Tropierens, indem man einer Tonkette, die ursprünglich nur für eine Textsilbe gedacht war, neue Texte unterlegte und dabei jedem Ton eine Silbe zuordnete. Das geschah mit Vorliebe bei den Kyriegesängen. Obwohl solche Tropierungen nach dem Konzil zu Trient (1545 bis 1563) wieder zurückgenommen worden sind, werden im heutigen ›Graduale Romanum‹ die Ordinarienreihen nach den einst vorhandenen Tropierungen benannt. Der Tropos »Kyrie fons bonitatis« (entstanden um 950 nach Christi Geburt) ist im ›Evangelischen Gesangbuch‹ (EG) von 1993 als Gesang »Kyrie, Gott Vater in Ewigkeit« (EG 178, 4) noch in Gebrauch.

Der Hymnengesang

Eine dichterisch gebundene Singform ist der Hymnus, der seinen Ursprung im Osten hat. Er ist Bekenntnis und Lobpreis auf den Dreieinigen Gott, zunächst in Prosaform, wie das »Laudamus te« als Fortsetzung des biblischen Lobgesangs »Ehre sei Gott in der Höhe« (Lukas 2, 14) und andere. Daneben entstand der Strophenhymnus, den der Kirchenvater Ambrosius (4. Jahrhundert) in der Verbannung kennenlernte und nach seiner Rückkehr in Mailand einführte und vervollkommnete. Der »Ambrosianus« hat gleichgebaute Strophen mit je vier Versen (Zeilen), die aus je acht Silben im jambischen Versmaß (kurz–lang) bestehen.

Die Hymnendichtung breitete sich im Abendland schnell aus und fand in verschiedenen Regionen, wie in Spanien, in den gallischen, angelsächsischen und keltischen Gebieten, ihre Nachahmung. Die wichtigsten Hymnendichter neben Ambrosius sind Hilarius von Poitier (Aquitanien, heutiges Westfrankreich, um 315) mit dem Hymnus »Lucis largitor splendite«, Prudentius aus Saragossa (Spanien, um 348) mit dem Hymnus »Ales diei nuntius«, Sedulius (Südgallien oder Irland, um 454) mit dem Hymnus »A solis ortus cardine«, Hrabanus Maurus (Deutschland, um 809) mit dem Hymnus »Veni creator spiritus« und andere. Die Strophenhymnen haben ihren Platz im Stundengebet und werden heute sowohl in ihrem lateinischen Wortlaut als auch in anderssprachigen Übertragungen gesungen. Auch im neuen Evangelischen Gesangbuch stehen mehrere Hymnenübertragungen, teils in der ambrosianischen Form, wie Luthers »Komm, Gott Schöpfer, Heiliger Geist« (EG 126 nach Hrabanus Maurus), oder in Liedform verändert, wie Luthers Adventslied »Nun komm, der Heiden Heiland« (EG 4 nach »Veni redemptor gentium« des Ambrosius). Im römisch-katholischen Gebet- und Gesangbuch ›Gotteslob‹ (GL) von 1975 ist der gleiche Hymnus im Wortlaut des Schweizer reformierten Pfarrers und Hymnologen Markus Jenny als »Komm, du Heiland aller Welt« (GL 108) abgedruckt.

Gesangsformen des frühen Mittelalters

Eine Vermischung von gregorianischer Weise, Tropierung und Hymnus finden wir in der Form der »Sequenz«. Es handelt sich um die Tropierung des Halleluja-Jubilus, teilweise auch unter Verwendung der Töne der Halleluja-Antiphon. Der Hallelujagesang wird hymnenartig fortgesetzt, indem eine inhaltliche Brücke von der Epistellesung über das Graduale und den Hallelujagesang zur Evangelienlesung geschlagen wird. Die Sequenz besteht aus einer Kette von hymnenartigen Strophen, in der vollendeten Form von Strophenpaaren. Jedes Strophenpaar hat in Melodie, Vers- und Silbenzahl den gleichen Aufbau. Die Strophenpaare untereinander sind in Melodie und Aufbau unterschiedlich. Auf dem Konzil zu Trient wurden nur noch vier Sequenzen zugelassen.

Nach der heutigen Ordnung werden Sequenzen zu Ostern, Pfingsten, Fronleichnam und an zwei Gedenktagen gesungen. Die bekannteste ist die Sequenz »Victimae paschali laudes« von Wipo von Burgund (vor 1050), die lateinisch und in volkssprachiger Fassung gesungen werden kann (siehe GL 215 und 216). Im ›Evangelischen Gesangbuch‹ ist der Melodieanfang in dem Osterlied Luthers »Christ lag in Todesbanden« (EG 101) zu erkennen. Auch inhaltliche Motive sind in einigen evangelischen Osterliedern verarbeitet. Für die Festtage, an denen ursprünglich Sequenzen gesungen worden sind, gibt es auch Gesänge in Liedform, die in jeder Strophe mit »Kyrieleis« (»Herr, erbarme dich«) enden. Man nennt sie »Leisen«, wie zum Beispiel das Lied »Gelobet seist du, Jesu Christ« für Weihnachten (EG 23) oder »Christ ist erstanden« für Ostern (EG 99). Darüber hinaus wurden im Mittelalter Lieder zu den Wallfahrten und auf den Kreuzzügen gesungen. Hieran erinnert uns das Lied »In Gottes Namen fahren wir«, das Nikolaus Herman 1560 nach einem Kreuzfahrerlied aus dem 12. Jahrhundert gedichtet hat (EG 498).

In den Pestzeiten zogen Gruppen von Stadt zu Stadt, warfen sich vor den Stufen der Kathedralen auf den Boden und zogen dann, sich mit Geißeln schlagend und »Geißlerlieder« singend, weiter. »Rufe« wie »Hilf uns, lieber Herre Gott!« oder »Gelobt sei Gott und Maria!« bildeten sich aus zur Litanei, die aus Kyrierufen und Fürbitten besteht. In Spanien stammten aus der Feder des Königs von Kastilien Alfonso X. (gestorben 1284) die »Cantigas des Santa Maria«. In Italien sangen Bruderschaften (Laudesi) ihre »Laude« (»Loblieder«). Der bekannteste Dichter dieser Bewegung war Jacopone da Todi (gestorben 1306). Die Troubadoure trugen, ausgehend vom Hof des Grafen Wilhelm von Aquitanien (1086 bis 1127) südlich der Loire, ihre »Minnelieder« vor, und in Nordfrankreich zogen die Trouvères mit weltlichen und geistlichen Liedern durch die Lande. In Deutschland blühte der Minnesang in der Zeit von 1150 bis 1380. Unter vielen bekannten Namen sei hier nur Walther von der Vogelweide mit seinem »Palästinalied« genannt und an den Sängerkrieg im Jahre 1207 auf der Wartburg erinnert.

Als der Adel an Bedeutung und Einfluß zugunsten des Bürgertums verlor, entstanden in vielen Städten Schulen der Meistersinger. Unter ihnen ist vor allem Hans Sachs zu nennen, dessen »Silberweise« ein gutes Beispiel dafür ist, wie aus den Bausteinen verschiedener mittelalterlicher Überlieferungen Neues entstand. Vorlage der »Silberweise« ist der in den Abendandachten gesungene Marienhymnus »Salve Regina, Mater misericordiae«. Hans Sachs – von der lutherischen Reformation beeinflußt – dichtete diesen Gesang zu einem Christushymnus um: »Salve, ich gruß dich schone, / Rex Christe, der du trägest die Krone misericordiae«. Auch die Melodie läßt noch Ähnlichkeiten entdecken. In der Gestaltung wählt Hans Sachs die volkstümliche Barform (Stollen – Stollen – Abgesang), die sich bei den reformatorischen Kirchenliedern großer Beliebtheit erfreut.

So führt uns die »Silberweise« vor, nach welcher Methode im 16. Jahrhundert Kirchenlieder geschaffen wurden: Bekannte, ältere Melodienbausteine wie auch gregorianische Motive setzte man in volkstümliche Formen neu zusammen und formulierte die Texte im Sinne der neuen Lehre um. Für kirchliche Feste typische Melodieformeln sind etwa in »Lobt Gott, ihr Christen allegleich« von Nikolaus Herman (EG 27) aus dem Jahr 1560 enthalten: Die Melodie beginnt mit den gleichen Tönen wie die Antiphon des Weihnachtsintroitus »Puer natus est nobis«. Alte weihnachtliche Töne wurden so in Liedform weitergesungen.

Die Entstehung des Kirchenliedes und die ersten Gesangbücher

Schon in vorreformatorischer Zeit bildeten sich in Europa kleinere religiöse Gruppen, die sich zu eigenen Gottesdiensten zusammenfanden und diese in ihrer Muttersprache hielten. Hierfür entstanden Lieder in der jeweils eigenen Sprache, wie die der Böhmischen Brüder, die aus der Hussitenbewegung hervorgegangen sind und bereits 1501 ein eigenes Gesangbuch mit Liedern in tschechischer Sprache benutzten. Nach ihrer Vereinigung mit waldensischen Flüchtlingen aus Brandenburg entstand 1531 das deutschsprachige Gesangbuch von Michael Weiße, dem 1544 die erweiterte Ausgabe von Johann Horn und 1566 die von Michael Tham folgte. In diesen Gesangbüchern finden wir eine Reihe von Liedern mit damals bekannten mittelalterlichen Melodien, denen entweder Übersetzungen aus dem Lateinischen oder neue Texte unterlegt waren (Kontrafakturen). Das gesamte Repertoire dieser böhmischen Gesangbücher ist eine breite Mischung von bekannten älteren Melodieelementen und Gesangsformen.

Die Reformatoren erkannten sehr bald, daß Lieder ein sehr geeignetes Mittel waren, die neue Lehre unter der Bevölkerung bekanntzumachen. So begannen Martin Luther und seine Freunde Liedtexte zu dichten, in denen biblische Aussagen predigend oder unterrichtend mit Melodien verbunden wurden, die sich jeder schnell zu eigen machen konnte und die sich in Form und Tonart zum ständigen Wiederholen eigneten. Die ersten acht Lieder der Wittenberger Reformation wurden zunächst (1523) auf Flugblättern verteilt, dann 1524 im ›Achtliederbuch‹ zusammengefaßt. Noch im gleichen Jahr entstanden die beiden inhaltlich gleichen ›Erfurter Enchiridien‹ (»Handbüchlein«) für den häuslichen und gottesdienstlichen Gebrauch, auch 1524 das ›Geistliche Gesangbüchlein‹ von Johann Walter (Kantor in Torgau) für das vier-, teilweise fünfstimmige Singen im Chor in Gestalt von fünf Einzelstimmheften. Als lutherische Gesangbücher folgten unter anderem 1529 das ›Klugsche Gesangbuch‹ mit weiteren Auflagen und schließlich 1545 das in Leipzig gedruckte ›Babstsche Gesangbuch‹, das auch Lieder aus anderen Gesangbüchern wie aus dem

Zwickauer Gesangbuch von 1525 und aus dem Leipziger Gesangbuch von 1530 sowie sogar ein Lied von Michael Weiße enthielt.

Vorlagen für die Lieder der lutherischen Tradition waren gregorianische Meßgesänge, vor allem Antiphonen, aber auch Hymnen und lateinische Gesänge, die außerhalb der Liturgie gesungen wurden. Zum anderen wurden Bausteine aus weltlichen Melodien verwendet. Die Lieder mit Elementen aus der Liturgie sind meist meditierender Art, wie zum Beispiel »Nun bitten wir den Heiligen Geist« (EG 124). Lieder mit volkstümlichem Charakter entsprechen meist der Barform, sind in der jonischen Tonart komponiert und durchschreiten häufig den gesamten Oktavraum. Die Zeilen beginnen oft mit einer kurzen Anlaufnote. Repäsentatives Beispiel hierfür ist das Lied »Ein feste Burg ist unser Gott« (EG 362).

Nicht zu übersehen ist das Liedschaffen im oberdeutsch-schweizer Raum: In Konstanz wirkten die Brüder Ambrosius und Thomas Blarer und Johann Zwick als Reformatoren, Liedschöpfer und Herausgeber von Gesangbuchausgaben von Konstanz 1533/34 und Zürich 1540. Wegweisend aber waren die Straßburger Matthäus Greiter und Wolfgang Dachstein. Auch sie benutzten volkstümliche Formen wie die Barform. Sie gestalteten jedoch ihre Lieder anders als die Wittenberger. Rhythmisch kamen sie mit zwei Notenwerten aus. Die Zeilen beginnen und enden jeweils mit einer langen Note, dazwischen bestimmen kurze Noten das Singen, oft in der Mitte nochmals von langen Noten unterbrochen. Ein Beispiel hierfür ist die Melodie des Liedes »O Mensch, bewein dein Sünde groß« (EG 76) von Matthäus Greiter zu dem Text: »Es sind doch selig alle, die« und die Melodie des Liedes »Ein Lämmlein geht und trägt die Schuld« (EG 83) von Wolfgang Dachstein zu dem ursprünglichen Text »An Wasserflüssen Babylon«. Beide Lieder stammen aus dem ›Straßburger Teutsch Kirchenampt‹ von 1525, dem noch weitere Ausgaben folgten.

Die Straßburger Melodien zählen zu den Vorbildern der Melodien des ›Genfer Psalters‹. Der Genfer Reformator Johann Calvin mußte wegen seines zu rigorosen Vorgehens nach Straßburg fliehen. Dort betreute er die französische Emigrantengemeinde und begann, biblische Psalmen in französischer Sprache in Liedform umzudichten. Nachdem er nach Genf zurückgekehrt war, sorgte er dafür, daß die Sammlung der Psalmlieder vervollständigt wurde. Textdichter wie Clément Marot und Théodore Bézà als auch die Genfer Kantoren Guillaume le Franc, Louis Bourgeois und Pierre Davantès schufen ein Werk, das sich sehr bald in allen vom Calvinismus geprägten Ländern Europas verbreitete. 1562 war der ›Genfer Psalter‹ mit den »Bereimungen« aller 150 Psalmen vollendet. Bereits 1565 lagen 62 verschiedene Ausgaben vor, und der Text war in fast alle europäischen Sprachen übersetzt worden (ins Deutsche von Ambrosius Lobwasser im Jahr 1573, 1798 nochmals von Matthias Jorissen).

Die Bereimungen des ›Genfer Psalters‹, auch »Hugenottenpsalter« genannt, lehnten sich sehr streng an den biblischen Text an, denn Johann Calvin ließ in den Gottesdiensten nur biblische Texte zu. Auch die Melodien unterlagen strengen Gesetzmäßigkeiten: Erlaubt waren nur lange und kurze Noten. Ähnlich den Straßburger Melodien beginnen und enden die Zeilen mit einer oder mehreren langen Noten.

Der Wechsel von kurzen und langen Noten dazwischen macht die Vielfalt und den rhythmischen Reiz dieser Melodien aus. Am Ende einer jeden Zeile ist eine Zäsur, die meist mit einer halben Pause gekennzeichnet wird. Hier ist sich die Fachwelt nicht einig, ob es sich nur um Atemzäsuren oder um Pausen im Wert einer langen Note handelt. Dieser Melodietypus ist europaweit in allen späteren Gesangbüchern zu finden und überschritt auch die konfessionellen Grenzen.

Auf lutherischer Seite wurde das Fehlen vieler Psalmen in Liedform als Mangel empfunden, so daß Cornelius Becker 1602 weitere Psalmlieder nach lutherischem Muster (als »Christuspredigten«) dichtete. Heinrich Schütz vertonte 1628 den ›Beckerpsalter‹ mit zum Teil neuen Melodien und vierstimmigen Sätzen und ergänzte dies in seiner Ausgabe von 1661. Auch auf römisch-katholischer Seite wurden bald nach der Reformation Gesangbücher herausgegeben, in denen ebenso Lieder von evangelischer Seite zu finden sind, die zum Teil im Sinne der Gegenreformation verändert waren. Die wichtigsten Ausgaben sind die Gesangbücher von Michael Vehe von 1537 und von Johann Leisentrit von 1567. Der Einfluß des ›Genfer Psalters‹ macht sich deutlich bemerkbar in dem katholischen Gesangbuch von Caspar Ulenberg von 1582 mit dem Titel: ›Psalmen Davids in allerlei Teutsche Gesangreimen gebracht‹.

Das Kirchenliedschaffen vom Ende des 16. bis in das 19. Jahrhundert

Die Auseinandersetzungen zwischen den Konfessionen, Pestepidemien und der Dreißigjährige Krieg prägten die Lieddichtungen. Es entstanden Lieder bekenntnismäßiger Art, Lieder mit ganz persönlichem Hintergrund und solche, die von Ewigkeitssehnsucht erfüllt waren. Zu den bedeutendsten Liedschöpfern zählen Paul Gerhardt (Berlin-Brandenburg), Johann Rist (Wedel bei Hamburg) und Johann Heermann (Schlesien). Geeignete Texte fanden schnell Melodieschöpfer aus Musikerkreisen, wie Johann Crüger (zu Texten von Paul Gerhardt) oder Thomas Selle und Johann Schop (zu Texten von Johann Rist).

Im 17. und 18. Jahrhundert hoben sich im Protestantismus zwei Frömmigkeitsrichtungen voneinander ab: Von Wittenberg ausgehend, war die lutherische Orthodoxie eine sehr strenge, fast erstarrte Frömmigkeit. Als Gegenbewegung entfaltete sich der Pietismus als eine Bewegung, die sich zu Jesus Christus als persönlichem Heiland und Erlöser bekannte und auf lutherischer Seite von Halle/Saale (Philipp Jacob Spener und August Hermann Francke) als auch von der Herrnhuter Brüdergemeine (Ludwig Graf von Zinzendorf) ausging. Auf reformierter Seite ist Gerhard Tersteegen zu nennen. Jeder dieser Glaubensrichtungen verdanken wir bedeutende Gesangbücher und Liedsammlungen, in denen auf dichterische Qualität und Vollständigkeit geachtet wurde. Zu den wichtigsten gehören die ›Praxis Pietatis Melica‹ von Johann Crüger (1644 und weitere Auflagen) und von pietistischer Seite das ›Geistreiche Gesangbuch‹ von Johann Anastasius Freylinghausen (1704 und weitere Auflagen). Der

Einfluß der Herrnhuter Brüdergemeine griff auf England über, als sich Ludwig Graf von Zinzendorf mehrere Jahre in London aufhielt und dort, selbst Lieder schreibend, 1753 das Londoner Gesangbuch herausgab.

Auch in England kam es zu einer Erweckungsbewegung vor allem in der Gestalt des Methodismus. Oxforder Theologiestudenten gingen in die entstehenden Industriegebiete und betrieben Evangelisation, die dann zu einer Kirchengründung führte. Auswanderer brachten diese neue Frömmigkeit nach Übersee. Von Amerika und England aus griff die Bewegung in Gestalt der Freikirchen (wie Methodisten, Baptisten, Heilsarmee und andere) auf den europäischen Kontinent über. Die Gesangbücher dieser Freikirchen enthalten einen Grundstock der traditionellen Kirchenlieder, in der Mehrzahl aber Lieder, die der pietistischen Frömmigkeit entsprechen und deren Melodien volkstümlich und sehr eingängig sind. Beide Richtungen – die offiziell kirchliche Liedtradition und das pietistische Liedgut – breiteten sich in ganz Europa aus und mischten sich unter die lokalen Traditionen der einzelnen Gebiete, wie auf den Britischen Inseln, in Skandinavien, den baltischen Ländern und in Südosteuropa.

Im 18. und 19. Jahrhundert beeinflußten die Aufklärung, der Rationalismus und deren Gegenbewegung, die Restauration, die Gestalt der Kirchenlieder und die Zusammenstellung der Liedsammlungen. Der im 19. Jahrhundert aufkommenden hymnologischen Forschung ist zu verdanken, daß in großen Sammelwerken die gesamte deutschsprachige Liedtradition aufgearbeitet wurde und die Liedtexte und Melodien in ihrer ursprünglichen Gestalt der Forschung zugänglich gemacht worden sind.

Der Wunsch nach Gesangbüchern mit überregionaler Gültigkeit

Vor allem in den deutschsprachigen Gebieten ist die Fülle von Gesangbüchern kaum überschaubar, da fast jedes kleine Fürstentum über eine eigene Gesangbuchausgabe verfügte. Die Forderung nach mehr Gemeinsamkeit wurde immer häufiger geäußert. Im Rahmen der Eisenacher Konferenz einigten sich 15 Landeskirchen auf eine gemeinsame Gesangbuchausgabe, die in Stuttgart und Augsburg 1854 herauskam, das ›Deutsche Evangelische Kirchengesangbuch. In 150 Kernliedern‹ (der sogenannte Eisenacher Entwurf). Hierin hatte man sich auf einen Kanon der wichtigsten Lieder evangelischer Tradition geeinigt. Ein nächster Schritt in Richtung eines Einheitsgesangbuches gelang 1915 mit der Herausgabe des ›Deutschen evangelischen Gesangbuches für die Schutzgebiete und das Ausland‹, herausgegeben vom Deutschen Evangelischen Kirchenausschuß, einer zentralen Stelle der evangelischen Kirchen, die Kontakte zu den deutschsprachigen Auslandsgemeinden in Europa und in Übersee hielt. Bereits 1916 übernahm die Evangelisch-Lutherische Kirche in Lübeck dieses Gesangbuch, in den darauffolgenden Jahren, spätestens 1930, folgten andere evangelische Landeskirchen mit der Einführung des ›Deutschen evangelischen Gesangbuches‹ (DEG). Dies war ein Reformgesangbuch; Texte und Melodien wurden den Originalfassungen mehr oder weniger angepaßt. Der Liederstammteil entsprach der

Ausgabe von 1915, die einzelnen Landeskirchen ergänzten sie mit einem Liederanhang, dem ein weiterer Anhang mit »geistlichen Volksliedern« und schließlich ein Textteil folgte.

Nach dem Ersten Weltkrieg wurde das Interesse an dem Liedgut des 16. und 17. Jahrhunderts geweckt. Vor allem in der jungen Generation bestand eine Abneigung gegen Romantik und Pathos des 19. Jahrhunderts. Ergriffen von der Jugend- und Singbewegung, wurde älteres Liedgut wieder ins Bewußtsein gebracht, und viele neue Lieder und Melodien wurden geschaffen. So sang die jüngere Generation in den evangelischen Kirchen weniger aus dem offiziellen Gesangbuch, sondern eher aus den Liederbüchern ›Der helle Ton‹ oder ›Ein neues Lied‹ (herausgegeben 1932, es folgten mehrere ergänzende Auflagen). Diese Situation forderte die Planung eines neuen, möglichst einheitlichen Gesangbuches heraus. Hinzu kommen die Lieder, die in den Jahren des »Kirchenkampfes« seit 1933 entstanden sind.

Die Vorbereitungen für ein neues Gesangbuch wurden durch den Zweiten Weltkrieg unterbrochen, wurden aber nach 1945 fortgesetzt und führten zum ›Evangelischen Kirchengesangbuch‹ (EKG), das 1951 als »Stammausgabe« vom Verband evangelischer Kirchenchöre (VeK) herausgegeben werden konnte und in den Jahren bis 1969 von allen evangelischen Kirchen in Deutschland und Österreich als auch von der Selbständigen Evangelisch-Lutherischen Kirche Deutschlands (Altlutheraner bzw. SELKD) übernommen wurde. Auch diesmal haben die beteiligten Kirchen landeskirchliche Lied- und Textanhänge angefügt. Die Herausgeber des ›Evangelischen Kirchengesangbuches‹ orientierten sich bei den Liedtexten und Melodien noch mehr an den originalen Liedfassungen und bevorzugten die Lieder der Reformationszeit und der Zeit des Dreißigjährigen Krieges. Von Liedern des 18. und 19. Jahrhunderts (Pietismus und Romantik) wurden nur wenige aufgenommen. Das EKG war ein Gesangbuch von hoher Qualität, aber in vielen Gemeinden wegen des Fehlens von Liedern wie unter anderem »Stille Nacht« oder »Harre, meine Seele«, soweit sie nicht in den Anhängen zu finden waren, heftiger Kritik ausgesetzt.

Nachdem in der römisch-katholischen Kirche nach den Beschlüssen des II. Vatikanischen Konzils (1962 bis 1965) gestattet wurde, die Messen und alle liturgischen Handlungen in der Volkssprache zu feiern, entstand für die römisch-katholischen Diözesen des deutschen Sprachgebietes im Jahr 1975 das Gebet- und Gesangbuch ›Gotteslob‹ mit einem Stammteil, den die einzelnen Diözesen mit einem regionalen Liederanhang ergänzt haben. Es enthält Gebete, einführende und erläuternde Texte, gregorianische Gesänge, Psalmodien mit neuen Kehrversen und Lieder aus der katholischen Tradition. Bemerkenswert ist auch die Aufnahme von Liedern, die aus evangelischen Gesangbüchern stammen oder als Lieder der Gegenwart in beiden Konfessionen gesungen werden.

Die Überwindung konfessioneller Schranken durch ökumenische Zusammenarbeit

In den sechziger Jahren unseres Jahrhunderts wurde der Ruf nach »zeitgemäßen« Liedern immer lauter. Im sogenannten Liederfrühling entstand durch Preisausschreiben, Liederwerkstätten, Kirchentage und ökumenische Zusammenkünfte eine kaum überschaubare Zahl von neuen Liedern, die auf Liedblättern, in Liederbüchern und Beiheften zu den offiziellen Gesangbüchern verbreitet wurden. Man stieß sich auch an altertümlichen Ausdrucksweisen und betrieb intensive Revisionsarbeit, indem Wörter, die im Lauf der Jahrhunderte einen Bedeutungswandel erfahren hatten, ausgetauscht wurden (wie »dämpfen«, früher »mit Dampf töten«, heute »bremsen, abmildern«; oder »der Blöden Tröster« im Sinne von »der Schwachen Tröster«).

Ende der sechziger Jahre begannen die Freikirchen mit der Vorbereitung neuer Gesangbücher. 1969 erschien das ›Gesangbuch für die Evangelisch-methodistische Kirche‹. Es enthielt eine Reihe Lieder, die aus dem EKG übernommen worden sind, allerdings in zum Teil veränderter Strophenauswahl mit Eingriffen in die Textfassungen. Selbst für das EKG haben einige Landeskirchen Textrevisionen angekündigt, so daß Absprachen zwischen den Kirchen notwendig wurden, um bei Liedern, die in verschiedenen Gesangbüchern abgedruckt werden, die Einheit in Text und Melodie zu gewährleisten.

Unter Beteiligung der Jugendverbände und Freikirchen wurde die Arbeitsgemeinschaft »Einheit des christlichen Liedgutes« ins Leben gerufen. Diese gab 1971 das Liederbuch ›Christenlieder heute‹ und gleichzeitig den ›Villinger Kanon‹ heraus, eine Liste von Liedern, die als Grundbestand in jedes künftige Liederbuch gehören. In der genannten Liedersammlung erscheinen viele Lieder, die aus dem EKG bekannt sind, in revidierter Fassung, die für alle künftigen Veröffentlichungen verbindlich sein soll.

Im Blick auf die Vorbereitungen des römisch-katholischen Gebet- und Gesangbuches ›Gotteslob‹ und Gesangbücher anderer Kirchen wurde im Dezember 1969 die Arbeitsgemeinschaft für ökumenisches Liedgut (AöL) ins Leben gerufen. Diese wird von einem katholischen und einem evangelischen Vorsitzenden geleitet. Beteiligt sind die Deutsche Katholische Bischofskonferenz, die deutschsprachigen katholischen Bistümer und Diözesen Bozen-Brixen, Luxemburg, Österreich und Schweiz, auf evangelischer Seite die Landeskirchen der damaligen DDR und der BRD sowie die evangelischen Kirchen in Österreich, Schweiz und Italien, die Altkatholische Kirche und die Vereinigung Evangelischer Freikirchen. Das erste Arbeitsergebnis war die Sammlung ›Gemeinsame Kirchenlieder‹ von 1973 mit den bekanntesten Kirchenliedern des deutschen Sprachraums. Diese Lieder waren mit Texten und Melodien einer gemeinsamen Revision unterzogen worden. Die beteiligten Kirchen verpflichteten sich, in ihren künftigen Gesangbüchern die hier veröffentlichte Liedfassung zu übernehmen. 1978 erschienen die ›Gesänge zur Bestattung‹ und 1983 das Kinderliederbuch ›Leuchte bunter Regenbogen‹. Gesänge zur Trauung wurden erarbeitet, aber bisher nicht veröffentlicht. Alle Lieder, die von der AöL bearbeitet und in neue Gesangbücher übernommen wurden, sind mit einem »Ö« gekennzeichnet.

Die Kirchenlieder in Gesangbüchern der europäischen Länder

In den katholischen Kirchen wurde bis zum II. Vatikanischen Konzil lateinisch zelebriert. Neben den Büchern mit gregorianischem Choral konnte in Bet-Sing-Messen oder Andachten aus Gesangbüchern der jeweiligen Diözese gesungen werden. Für die Kirchen der Reformation wurde neben den liturgischen Gesängen das Kirchenlied zum festen Bestandteil des gottesdienstlichen Lebens. In den reformierten (calvinistischen) Kirchen breitete sich weltweit der ›Genfer Psalter‹ aus. Als Beispiel ist die niederländische Ausgabe ›Psalmen‹ von 1967 zu nennen, die ausschließlich die Sammlung der 150 Psalmenbereimungen enthält. Als Beispiel eines reformierten Gesangbuches in der Schweiz ist das ›Gesangbuch der Evangelisch-Reformierten Kirchen der deutschsprachigen Schweiz‹ von 1952 zu erwähnen, das im ersten Teil der Liedersammlung eine Auswahl von Psalmliedern enthält, die zum Teil aus dem ›Genfer Psalter‹, zum Teil aber auch aus der lutherischen Tradition stammen. Der größte Teil dieses Gesangbuches ist in seiner inhaltlichen Breite dem ›Evangelischen Kirchengesangbuch‹ vergleichbar.

1995 legte die Gesangbuchkommission einen ›Arbeitsbericht und Gesangbuchentwurf‹ vor. In Korrespondenz mit den Gesangbuchausschüssen der Kirchen der ehemaligen DDR und der Evangelischen Kirche in Deutschland wurde hier Revisionsarbeit unter Berücksichtigung der bisherigen Ergebnisse vor allem auch der Arbeitsgemeinschaft für ökumenisches Liedgut geleistet. Das neue ›Gesangbuch der Evangelisch-reformierten deutschsprachigen Schweiz‹ wurde 1998 eingeführt. Auch dies beginnt mit der Sammlung von Psalmliedern in Auswahl, deren größter Teil am ›Genfer Psalter‹ orientiert ist, aber durch geeignete neue Psalmlieder ergänzt wird. Zu einem neuen Gesangbuch gehört, daß auch Lieder der Gegenwart mit aufgenommen werden und die gemeinsamen ökumenischen Liedfassungen mit dem »Ö« gekennzeichnet sind. Im gleichen Jahr wurde das ›Katholische Gesangbuch. Gesang- und Gebetbuch der deutschsprachigen Schweiz‹, herausgegeben im Auftrag der Schweizer Bischofskonferenz, in Gebrauch genommen.

Die Evangelisch-Reformierte Kirche in Nordwestdeutschland hat sich mit ihren Gesangbuchausgaben im 20. Jahrhundert zunächst dem ›Deutschen Evangelischen Gesangbuch‹, danach dem ›Evangelischen Kirchengesangbuch‹ und schließlich auch dem ›Evangelischen Gesangbuch‹ angeschlossen, indem der jeweilige Liederstammteil übernommen wurde, vor dem Stammteil aber die Sammlung von 150 Psalmliedern eingefügt ist.

In den skandinavischen Ländern wurden teilweise Lieder der deutschsprachigen lutherischen Tradition übernommen und in die Sprache des jeweiligen Landes übertragen. Zu einem großen Teil entstanden aber auch eigene Liedschöpfungen. In ›Den Svenska Psalmboken‹ von 1695 sind die Lutherlieder wie »Christ, unser Herr zum Jordan kam«, »Jesus Christus, unser Heiland, der von uns den Gotteszorn wandt«, »Ein feste Burg ist unser Gott« und andere zu finden. Als Beispiel eines schwedischen Liedes sei das Lied des Geschichtsprofessors aus Uppsala, Arrhenius, von 1691 zu nennen: »Jesus är min vän den bäste« mit einer Melodie des Hofkapellmeisters und Organisten an der Deutschen St. Gertrudskirche, Gustav Düben, von 1674. Das schwedische Gesangbuch von 1986 ist das Ergebnis gemeinsamer Vorbereitungen einer Kommission, die aus Vertretern der lutherischen Schwedischen Kirche und der Freikirchen bestand. Es ist ein ökumenisches Gesangbuch mit Liedern der lutherischen Tradition, Liedern aus Sammlungen der schwedischen und internationalen Ökumene. Hinzu kommen Lieder der Gegenwart, die in den vorausgegangenen Liedsammlungen ›Psalmer och visor‹ 1971, 1976 und 1982 erprobt worden sind.

Die gleichen Vorgänge in der Gesangbucharbeit fanden in Finnland statt: Für die Gemeinden in schwedischer Sprache erschien 1983 ein Vorschlag zum schwedischsprachigen Gesangbuch der Evangelisch-Lutherischen Kirche in Finnland, ›Psalmer 83‹. Der Probeentwurf für das finnischsprachige Gesangbuch erschien 1984. In Norwegen begann man 1973 mit dem Heft ›Salmer‹, dem 1983 ›Salmer og viser‹ folgte. ›Den Danske Salme Bog‹ von 1988 ist eine Neuauflage des bisherigen dänischen Gesangbuches. Das isländische ›Sálmabók‹ von 1994 enthält 532 Lieder. Gleichzeitig ist das Büchlein ›Sálmar 1991‹ in Gebrauch, das eine stattliche Anzahl von traditionellen und neuen Liedern des europäischen Kontinents in isländischer Übertragung sowie Lieder isländischer Autoren enthält.

Die Kirche der Augsburgischen Konfession in Elsaß und Lothringen hatte ein deutschsprachiges Gesangbuch herausgegeben, das 1952 in Straßburg gedruckt worden ist. Es enthält 487 Lieder, die vorwiegend aus der Tradition des Luthertums, des ›Genfer Psalters‹ und der Straßburger Gesangbücher stammen. 1988 erschien auch in Straßburg ein französischsprachiges Ergänzungsbuch für die lutherischen und reformierten Gemeinden, ebenfalls mit vorwiegend traditionellem Liedgut aus Mitteleuropa.

Auch in England blickt man auf eine lange und reiche Geschichte des Choralsingens und des Kirchenliedes zurück. 1906 erschien in London ›The English Hymnal with Tunes‹, eine Sammlung der »besten Gesänge in englischer Sprache« als eine »bescheidene Gefährtin zum Book of Common Prayer zum Gebrauch in der Kirche« (Zitat aus dem Vorwort). Dieses Gesangbuch enthält Lieder und Gesänge aus deutschen evangelischen und katholischen Gesangbüchern aller Epochen, Gesänge aus Frankreich und aus der Schweiz (vor allem aus dem ›Genfer Psalter‹), Melodien aus Italien, Spanien, Belgien und den Niederlanden, Gesänge aus Amerika und Lieder von den Britischen Inseln, wie aus Irland, Schottland, Wales und England vom 16. bis zum 20. Jahrhundert. Daneben war das Gesangbuch ›Hymns Ancient and Modern for use in the services of the Church‹ seit 1861 in Gebrauch. Es wurde mehrmals überarbeitet und ergänzt. Zu der revidierten Ausgabe ›Hymns Ancient and Modern Revised‹ von 1950 erschien 1969 ein Ergänzungbuch ›100 Hymns for Today‹ und 1980 die Sammlung ›More Hymns for Today‹. Schließlich erschien 1983 das abermals überarbeitete und ergänzte Gesangbuch ›Hymns Ancient & Modern New Standard‹, das wie das obenerwähnte ›English Hymnal‹ eine breite Auswahl von Liedern und Gesängen aller Kirchenliedepochen des englischsprachigen Bereiches und vieler europäischer Länder verschiedener Konfessionen enthält.

Eine vollständige Übersicht der Gesangbucharbeit aller europäischer Länder ist in diesem Rahmen leider nicht möglich. Dieser Abschnitt soll nicht mehr als einen kleinen Einblick in die Weiterentwicklung der Geschichte europäischer Gesangbücher geben. So sei abschließend erwähnt, daß an den Sitzungen der Gesangbuchausschüsse der EKD wiederholt ein Vertreter der deutschsprachigen Gemeinde von Siebenbürgen teilgenommen hatte und von der dortigen Arbeit an einem neuen Gesangbuch berichtete.

Aus dem Baltikum ist das ›Dziesmu grāmata latviešiem tēvzemē un svešmā‹ (›The Hymnal of The Evangelical Lutheran Church of Latvia and in Exile‹) von 1992 zu nennen. Die inhaltliche Verantwortung tragen die Evangelisch-Lutherische Kirche von Lettland, die Evangelisch-Lutherische Kirche von Lettland im Exil und die Lettische Evangelisch-Lutherische Kirche in Amerika. Der Druck wurde unter anderem von der Lutherhilfe der schwedischen Kirche unterstützt. Neben Liedern baltischer Autoren findet man in diesem Gesangbuch viele Lieder aus der deutsch- und englischsprachigen Tradition.

Arbeitstitel »Gesangbuch 2000«

Schon Ende der sechziger Jahre wurde angeraten, das ›Evangelische Kirchengesangbuch‹ zu revidieren. Zugleich entstanden so viele neue Lieder, sowohl in der damaligen DDR als auch in Westdeutschland, daß in den verschiedenen evangelischen Landeskirchen Beihefte zum EKG erschienen, in denen auf offizielle Weise die neuen Lieder in den Kirchengemeinden verbreitet wurden. So wurde das Vorhaben einer Gesangbuchrevision mit der Zielsetzung erweitert, ein neues Gesangbuch zu schaffen, das möglichst bis zum Jahr 2000 erscheinen sollte. 1979 konstituierten sich zwei Gesangbuchausschüsse: einer im Auftrag des Bundes der Evangelischen Kirchen in der DDR (BEKDDR) und einer im Auftrag der Evangelischen Kirche in Deutschland (EKD). Beide Ausschüsse haben grundsätzlich im Plenum und in den Arbeitsausschüssen zusammengearbeitet. Auch die Evangelische Kirche Österreichs war an der Arbeit beteiligt, später kam auch Elsaß-Lothringen hinzu. Mit Ausnahme der deutschsprachigen Schweiz – Vertreter aus der Schweiz nahmen regelmäßig als Gäste an den Plenartagungen teil – ist das neue ›Evangelische Gesangbuch‹ ein Einheitsgesangbuch für die evangelische Christenheit deutscher Sprache. Am Reformationstag 1993 wurde der Stammteil im Berliner Dom für die Berlin-Brandenburgische Kirche eingeführt. Seit 1996 ist dieses Gesangbuch in allen beteiligten Kirchen offiziell im Gebrauch. Der Liederstammteil wurde von einigen Landeskirchen durch einen regionalen Liederteil ergänzt. Es wurde auch ein Textstammteil erarbeitet, der jedoch nur von einigen Kirchen vollständig, teilweise erweitert, von anderen nicht oder nur in Auswahl übernommen wurde.

Das ›Evangelische Gesangbuch‹ dokumentiert die Entwicklung des Kirchenliedes durch alle Epochen seiner Geschichte: von den vereinfachten Formen der Gregorianik in der Volkssprache über die Hymnen und die Liedformen vom späten Mittelalter bis in unsere Gegenwart. Zugleich repräsentieren die Lieder und Gesänge die Theologie- und Frömmigkeitsgeschichte in ihren konfessionellen und regionalen Verschiedenheiten (unter anderem Luthertum, Calvinismus, Böhmische Brüder). Bei den neuen Liedern wurde darauf geachtet, daß Lieder der Christen aus beiden Teilen Deutschlands berücksichtigt wurden. Zugleich ist der Wille, mit anderen Konfessionen zusammenzugehen, dadurch erkennbar, daß Gesänge aus der Tradition der orthodoxen Kirchen Osteuropas, der römisch-katholischen Christenheit und der Freikirchen Aufnahme fanden.

Bei der obigen Aufzählung von Gesangbüchern der anderen europäischen Länder wurde immer wieder erwähnt, daß ein Kernbestand von traditionellen Liedern aus deutschen Gesangbüchern übernommen worden ist. Dem Beispiel internationaler und konfessioneller, ökumenischer Gesinnung folgten die Gesangbuchausschüsse darin, daß im ›Evangelischen Gesangbuch‹ Lieder aus anderen Ländern und Sprachen mitaufgenommen wurden: die meisten ins Deutsche übertragen, einige neben der deutschen Übertragung auch in ihrer ursprünglichen Sprache. Aus den europäischen Ländern sind vertreten: Belgien, Dänemark, England, Frankreich, Griechenland, Italien, Niederlande, Norwegen, Österreich, Polen, Rußland, Schweden, Schweiz, Tschechische Republik, Ukraine und Ungarn mit Siebenbürgen (genaue Auflistung in der EG-Stammausgabe Nr. 959). Einige Landeskirchen haben in ihren regionalen Liederteilen zusätzlich neue Lieder aus Nachbarländern aufgenommen, wie zum Beispiel Nordelbien Lieder aus Dänemark, Norwegen und Schweden.

Das ›Evangelische Gesangbuch‹ ist noch vor dem Jahre 2000 eingeführt worden. Schon lange sind die Kontakte der Hymnologen vieler Länder in der Internationalen Arbeitsgemeinschaft für Hymnologie (IAH) geknüpft worden. Zu den Mitgliedern dieser Arbeitsgemeinschaft gehören auch Vertreterinnen und Vertreter anderer Kontinente. Ein Beispiel für ein überkonfessionelles, internationales, allgemeines Gesangbuch könnte das Liederbuch sein, das den Teilnehmern der IAH-Konferenz im August 1997 in York (England) ausgehändigt wurde: ›UNISONO – ökumenische mehrsprachige Lieder der Christenheit‹, herausgegeben von der IAH, Graz 1997. Dieses Liederbuch enthält neben gregorianischen Gesängen die bekanntesten und beliebtesten Lieder der Christenheit in mehreren Sprachen und ist eine geeignete Liedsammlung für internationale und ökumenische Begegnungen.

Geschichte der europäischen Rockmusik

Wolfgang Guting

Die Geschichte der europäischen Rockmusik beginnt in der Nachkriegszeit. Ihre Wurzeln liegen auf dem amerikanischen Kontinent, auf dem die Rockmusik auf eine wesentlich längere Geschichte zurückblicken kann. Da es unmöglich ist, das Wesen der europäischen Rockmusik ohne ihre amerikanischen Väter zu verstehen, bleibt ein kurzer Ausflug an ihre Wiege unerläßlich. In den USA entwickelte sich bereits in der ersten Hälfte dieses Jahrhunderts eine als Rhythm & Blues bezeichnete Musikform (im folgenden R & B genannt), die aus der oralen musikalischen Tradition der schwarzen Bevölkerung entstanden war. R & B bezeichnet dort weniger einen musikalischen Stil, sondern wurde allgemein als Begriff für populäre schwarze Musik benutzt. In den städtischen Zentren wie Chicago oder Detroit fand analog der technischen Entwicklung auch eine Weiterentwicklung der schwarzen Musik statt. Mit der Einführung der elektrischen Gitarre mit Verstärker war man in der Lage, einer immer größer werdenden Anzahl von Zuhörern die eigene Musik zu Gehör zu bringen. Ein weiterer wichtiger Baustein für die Verbreitung des R & B waren Schallplatte und Radio, die es ermöglichten, Musik auch über lokale Grenzen hinaus bekannt zu machen. Kleine Radiostationen und unabhängige Schallplattenfirmen, etwa Atlantic, deren Namen später wie die von Giganten klangen, begannen sich dieser Marktnische zu widmen, wohl wissend, daß der Absatz wegen der geringen Kaufkraft der schwarzen Bevölkerung nicht ins Uferlose steigen würde. Die Verbreitung der schwarzen Musik durch die Medien hatte aber den Effekt, daß immer mehr weiße Hörer zu deren Bewunderern zählten. In der weißen Bevölkerung steckte ein ungleich größeres finanzielles Potential als in der schwarzen, und so war es eine nur logische Entwicklung, daß in dem Moment, da weiße Musiker anfingen, ihre Variante des R & B zu spielen, der Siegeszug der nun entstandenen Rockmusik begann.

1955 eroberte Bill Haley mit ›Rock Around The Clock‹ die amerikanische Hitparade, und 1956 machte ein gewisser Elvis Presley mit seinem Debut ›Heartbreak Hotel‹ auf sich aufmerksam. Zwar waren zur gleichen Zeit auch schwarze Musiker wie Chuck Berry und Little Richard erfolgreich, doch es zeigte sich, daß »weiße« Musik vom weißen Publikum eher akzeptiert wurde. Mit der Bearbeitung des R & B durch weiße Musiker wurden natürlich auch neue Elemente in die Rockmusik eingeführt. Sowohl Haley als auch Presley machten unüberhörbare Anleihen bei der weißen Countrymusik. Zur Unterscheidung vom schwarzen R & B wurde die frühe weiße Rockmusik als Rockabilly oder in ihrer tanzbaren Form als Rock'n'Roll bezeichnet. Die stilistischen Elemente der weißen Rockmusik waren das Riff, die ständige Wiederholung einer melodischen Phrase, die ein Lied von Anfang bis Ende durchzog, die Betonung des Rhythmus und als Vokalpart ein Shouter, der seine Texte mehr schrie als sang.

In der amerikanischen Gesellschaft sorgte die Rockmusik für eine Provokation, fälschlicherweise oft als Revolution bezeichnet. Die junge Generation, die sich aus dem Schatten des Zweiten Weltkrieges lösen wollte, identifizierte sich mit der neuen Musik und dem Auftreten ihrer Vorreiter. Die Schmalzlocken und Lederjacken wurden zu sichtbaren Zeichen des Neuen, und auf Konzerten wurde nicht selten die Inneneinrichtung zertrümmert. Dabei waren die ersten Gehversuche der Rockmusik eher bürgerlich und bieder. Die Texte handelten vornehmlich nicht von Aufruhr und Rebellion, sondern von Liebesproblemen. Doch die Lautstärke und die schweren Rhythmen sollten provozieren – und sie taten es.

Zu der Zeit, als sich in den USA die Rockmusik entwickelte, entstand auf der britischen Insel mit dem Skiffle eine simple Variante des Jazz. Diese Musikrichtung ist als wahrhaft populäre Musik zu verstehen, da sie es jedem Musikbegeisterten ermöglichte, von der Rolle des passiven Konsumenten in die des aktiven Musikers zu wechseln. Dazu war nicht viel nötig; ein Waschbrett, ein Banjo oder eine Gitarre reichten, um Musiker zu werden. Besondere technische Fähigkeiten waren dabei nicht unabdingbare Voraussetzung; mit ein paar Griffen und einer ansatzweisen Kenntnis britischer Folksongs war man zum Musiker qualifiziert. Von dieser Warte aus gesehen wurde der Skiffle, ähnlich wie der Blues in Amerika, zur sozialen Variante der populären Musik. Was dem Skiffle jedoch versagt blieb, war der kommerzielle Erfolg, und mit dessen Ausbleiben auch der Einstieg in den Markt, wie es der amerikanische Rock'n'Roll inzwischen geschafft hatte. Aber der Skiffle war der Nährboden für die europäische Rockmusik. Viele der ersten britischen Rockmusiker begannen in Skifflegruppen, auch die Beatles, als sie noch Quarrymen hießen.

Der Brückenschlag des Rock von Amerika nach Europa erfolgte über Großbritannien. Hier war man einerseits in der Lage, die englischen Texte zu verstehen, andererseits verfügte man durch den Skiffle über ein Potential an Musikern, die neuen Entwicklungen aufgeschlossen gegenüberstanden. Einer der ersten, die begannen, den R & B in ihre Musik zu integrieren, war Chris Barber, in dessen Band auch der zu Recht als Urvater des britischen Blues bezeichnete Alexis Korner Mitglied war. Die einfache Songstruktur des Blues und des Rock'n'Roll ermöglichten ein nahezu müheloses Nachspielen der amerikanischen Vorbilder. Zudem empfand man eine Seelenverwandtschaft mit den amerikanischen Vorreitern, denn auch in Großbritannien suchte die Nachkriegsgeneration ihre eigene Identität. Außerdem konnten sich die Briten aufgrund ihrer politischen und räumlichen Distanz unverkrampfter in die Emotionalität schwarzer Blues-Musiker versetzen, als dies einem weißen amerikanischen Rockmusiker möglich war.

Mit dem Blick nach Amerika griff auch die britische Musikindustrie die neuen Tendenzen auf. Überall suchte man nach Gruppen, die eigentlich nichts anderes taten, als schwarze Musik nachzuspielen. Die ersten Singles der ersten europäischen Rockgruppen, seien es nun die der Beatles oder die der Rolling Stones, waren sogenannte Coverversionen, Neueinspielungen bekannter Titel schwarzer amerikanischer Musiker. Doch nach und nach entwickelten sich die musikalischen Fertigkeiten der britischen Rockbands, und man begann eigene Songs und Arrangements zu schreiben. Auf dem europäischen Kontinent entwickelte sich so eine Musik, die der europäischen Musiktradition nicht entsprach und trotzdem innerhalb kürzester Zeit zum allgemeinen Kulturgut wurde. Die Rockmusik bot der Jugend ein Medium, mit dem sich Nonkonformismus demonstrieren ließ, das künstlerische Freiheit auch mit geringen musikalischen Kenntnissen gewährte und genügend Raum für deren individuelle Gestaltung ließ.

Im Gefolge des Siegeszuges der Rockmusik in den frühen sechziger Jahren zeigten sich eine Reihe kurioser Sonderlinge auf und hinter den Bühnen, wie zum Beispiel Screaming Lord Sutch, der für das britische Parlament kandidierte, um sich für die Rechte von Teenagern und die Legalisierung von Piratensendern einzusetzen, oder der Produzent Joe Meek, der Ufos jagte, dem Okkultismus nachging und dessen mysteriöser Tod 1967 eine Mischung aus Mord und Selbstmord war. Durchgängige Momente in der Entwicklung der Rockmusik und mit ihr einhergehende Begleiterscheinungen sind die Kreativität auf der einen Seite und die alles vermarktende Musikindustrie auf der anderen. Rockmusik ist eine Bewegung und nicht nur ein musikalisches Genre, deshalb bedeutete das Bekenntnis zu ihr eben nicht nur, die Musik zu mögen, sondern ebenso einen eigenen Lifestyle, der sich in speziellen Accessoires wie bestimmten Frisuren, Kleidungsstilen oder Sprachcodes äußerte.

In Großbritannien waren Liverpool und London die ersten Zentren der Rockmusik. Liverpool profitierte von der Tatsache, die Heimatstadt der Beatles zu sein. Die ersten Gehversuche des europäischen Rock, ob nun »Beat« oder in Liverpool nach dem dortigen Fluß »Merseybeat« genannt, waren aus kommerzieller Sicht auf Anhieb überaus erfolgreich. In Liverpool bildete sich hierbei eine Allianz mit einer anderen populären Massenbewegung der Nachkriegszeit: Das von Gerry And The Pacemakers 1963 an der Spitze der Hitparade etablierte ›You'll Never Walk Alone‹ wurde später zur Hymne des Liverpooler Fußballclubs. Die Verbindung von Rockmusik und Fußball wurde von da an kontinuierlich vertieft und fand seinen Höhepunkt mit ›We Are The Champions‹ von der Gruppe Queen, das noch heute in fast allen westeuropäischen Fußballstadien zu hören ist.

In London entwickelte sich derweil die weiße R & B-Szene weiter. Gruppen wie Manfred Mann oder die Rolling Stones, die alle mehr oder weniger durch die Schule von Alexis Korner gegangen waren, übernahmen den Habitus der Beatles und als sichtbares äußeres Zeichen auch deren lange Haare. Der Begriff »Beatlemania« demonstriert den grassierenden Einfluß der Liverpooler Band und die Tatsache, daß sich die Jugend ihr »mit Haut und Haar« verschrieb. Der Beat wurde aber auch zu einem Exportfaktor der britischen Industrie. Von Liverpool und London aus gastierten die britischen Rockbands in allen Zentren des westlichen Europa. Von Athen bis Oslo entstanden Lokale, in denen man Auftritte der englischen Gruppen erleben konnte. In deren Vorprogramm spielten häufig einheimische Bands, was die Entwicklung der Beatmusik im westlichen Europa nicht unwesentlich förderte. Zwar kannte man den amerikanischen Rock'n'Roll mit seinen Musikern und ihrer Musik bereits Ende der fünfziger Jahre durch Radio, Fernsehen und – nicht zu vergessen – durch amerikanische Filme, doch das schlummernde Potential einer energiegeladenen Jugend wurde erst durch den britischen Einfluß richtig geweckt. In allen europäischen Zentren entstand Anfang der sechziger Jahre parallel zu der Entwicklung in Großbritannien eine eigenständige nationale Rockszene. Doch die Vormachtstellung der britischen Rockmusiker war offensichtlich und ist bis heute ungebrochen.

Man kann im Jahr 1966 ansetzen, wenn man von einer zweiten Welle der Rockmusik sprechen will. Auf der einen Seite hatten sich einige ihrer Interpreten wie Cliff Richard inzwischen als Vertreter der aufbegehrenden Generation verschlissen oder waren wie die Searchers aufgrund mangelnden eigenen Materials von der Bildfläche verschwunden. Auf der anderen Seite gab es die ersten Veteranen der Bewegung, die sich hauptsächlich aus der kreativen Szene rekrutierten. Die Rockmusik hatte inzwischen in alle Bereiche des täglichen Lebens Einzug gehalten. Einige ihrer Vertreter, wie die Beatles oder der Gitarrist Eric Clapton, wurden nunmehr auch von der Musikkritik beachtet. Um die Veteranen bildeten sich erste »Supergroups« wie Cream, die ihr Handwerk verstanden und neue Dimensionen der Präsentation eröffneten.

Es entstanden aber auch völlig neue Gruppen, die keine personellen Berührungspunkte mit den Bands der ersten Generation hatten, diese aber doch als Vorbilder anerkannten und sich ihrer musikalischen Errungenschaften bedienten. In diese Zeit fällt auch die Geburtsstunde der Band Pink Floyd, die kreative Elemente mit Verkäuflichkeit paarte, wie es vordem nur den Beatles gelungen war. Auch Pink Floyd war sich ihrer in der amerikanischen Bluesmusik liegenden Wurzeln bewußt, ist ihr Name doch die Kombination der Vornamen der amerikanischen Bluesmusiker Pink Anderson und Floyd Council. Es fällt aber auch in diese Zeit, daß die Rockmusik sich immer unverfrorener aller aus Jazz, Klassik, Folk und elektronischer Musik stammenden Elemente bediente, derer sie habhaft werden konnte.

Anfang der sechziger Jahre war die britische Folkszene noch eine in sich geschlossene Gesellschaft, die keinem der als vulgär angesehenen Rockmusiker den Zutritt erlaubte. Die Folkmusiker verachteten die elektrisch verstärkten Instrumente und blickten voller Stolz auf ihre musikalischen Fertigkeiten und die zum Teil gehaltvolle Lyrik ihrer Texte. Die Ignoranz war jedoch gegenseitig, denn die Rockmusik nahm ihrerseits die konservative Folkszene nicht zur Kenntnis. Dies änderte sich schlagartig, als 1964 die Animals mit ihrem auf einem Folkstandard basierenden ›The House Of The Rising Sun‹ die Hitparaden der Welt eroberten und damit demonstrierten, daß die Verbindung von Folk und Rockmusik zu beachtenswerten Ergebnissen führen kann. Damit war der Boden für eine Schar britischer Liedermacher bereitet, die zu jener Zeit überall auftauchten und sich mehr der Rockmusik als dem Folk verpflichtet fühlten. Diese neue Generation von Barden und Troubadouren mit dem als »Romantiker« vermarkteten Donovan an ihrer Spitze griff nicht nur auf traditionell überliefertes Material zurück, sondern schrieb eigene Lieder mit Texten, die von Krieg oder Walfang handelten. Auch in den anderen europäischen Ländern fand der Folkrock rasch Anhänger, und es gründeten sich Gruppen wie die deutsche Ougenweide, die traditionelles Lied- und Textgut mit modernen Klängen verband.

Viele der britischen Rockbands wie Pink Floyd entstanden an den britischen Kunstschulen, was deutlich macht, daß Kunst sehr wohl reflektiert und auch die Musik unter diesem Aspekt mit einem künstlerischen Anspruch versehen war. Gemeinsam war den Studenten dieser Kunstschulen eine Aufgeschlossenheit gegenüber allem, was neu oder außereuropäisch war; so fanden sowohl Drogen als auch fernöstliche Philosophie und Instrumente den Weg in die Musikszene. In Anspielung auf die Drogenerfahrungen wurde die daraus resultierende Musikrichtung als »Psychedelic« bezeichnet.

Die psychedelische Phase war die vielleicht kreativste in der Geschichte der Rockmusik überhaupt. Sie führte das Experimentieren mit Klängen und Geräuschen als Pflichtübung in die Musik ein. Ihre Stilelemente waren ein unerwarteter Rhythmuswechsel, ausgedehnte, wilde Instrumentalpassagen von Gitarre oder Orgel und ungewöhnliche Soundcollagen. Erlaubt war alles, was ungewöhnlich klang und neue Erfahrungen verhieß. So machten die Yardbirds in ›Still I'm Sad‹ Anleihen beim gregorianischen Choral, und die Rolling Stones bauten eine Sitar, ein indisches Zupfinstrument, in ihr ›Paint It Black‹ ein. Die Inhalte der Texte wurden wieder zunehmend provokativer. Die ersten Singles von Pink Floyd handelten von Transvestiten, andere riefen unverhohlen zum Drogenkonsum auf. Der Phantasie waren keine Grenzen gesetzt und die Beatles schrieben mit ›Strawberry Fields Forever‹ eine Ode an ein neues Bewußtsein und Lebensgefühl.

Die Zeit der psychedelischen Musik war aber auch die der größten Konflikte der Rockmusik mit der Staatsmacht. Hand in Hand mit der Musik entstand die Hippie-Bewegung, die 1967 im »Summer of Love« gipfelte. Die Regierungen waren nicht gewillt, Drogen als bewußtseinserweiternde Mittel zu legalisieren. Ebensowenig wollten sie die Hippies generell akzeptieren, da diese alle traditionellen Gesellschaftsmuster und damit auch den Warenkonsum und die Erwirtschaftung des Lebensunterhalts durch regelmäßige Arbeit in Frage stellten. Viele Rockmusiker machten ihre eigenen Erfahrungen mit der Staatsmacht, als sie sich wegen unerlaubten Besitzes von Rauschgift in Gefängniszellen wiederfanden. Keine Probleme mit Drogen und den teilweise anarchischen Strukturen der Hippiebewegung hatte dagegen die Industrie, sie fand umgehend ein Konzept zur Vermarktung der neuen Musik. Da die Songs der psychedelischen Gruppen oft die Grenze von drei Minuten überschritten und somit zur Übertragung im Radio nicht mehr geeignet waren, erfand man die »Free Concerts«, um diese zu bewerben. Im Londoner Hyde Park fanden legendäre Konzerte der Rolling Stones oder der Blind Faith statt, für die kein Eintritt verlangt wurde, sondern die voll und ganz von der Musikindustrie finanziert wurden. Dadurch konnte man der Öffentlichkeit einen Verzicht auf Profit durch die ausbleibenden Eintrittsgelder vorgaukeln und hatte ein überaus wirksames Konzept zur Vermarktung der Rockmusik gefunden.

Ende der sechziger Jahre zollte die Rockmusik mit den überall stattfindenden großen Festivals ihrer immer größer werdenden Popularität Tribut. Die Festivals verliefen nicht selten über drei Tage und hatten bis zu 50 Gruppen im Programm. Auch hier ist der Gedanke der Vermarktung nicht zu übersehen. Man konnte in die angemieteten Fußballstadien und Sportarenen mehrere zehntausend Fans unterbringen, die man mit bekannten Namen lockte und denen man gleichzeitig eine ausgewogene Anzahl an »Newcomern« präsentierte, um so zum Kauf der Schallplatten zu animieren. Dieses Medium war zur Eintrittskarte der Gruppen in die Rockwelt geworden; ohne eine Schallplatte hatte die Industrie kein Interesse an den Gruppen, deren weitere Existenz mit den ausbleibenden Geldern mehr als fragwürdig war.

Nach dem Ausklingen der psychedelischen Musik Ende der sechziger Jahre blieb der Gedanke an eine bewußte Darbietung der Rockmusik als Kunstform erhalten. Mit dem progressiven Rock, auch »Progrock« genannt, entstand eine Stilrichtung, die sich deutlich von amerikanischen Trends absetzte und eine eigenständige europäische Form der Rockmusik etablierte. Mehr noch als die psychedelische Musik ist der Progrock – oder auch Art-Rock – mit den britischen Kunstschulen verbunden. Hier fanden sich Ende der sechziger Jahre auch junge Künstler wieder, die eine klassische Ausbildung an ihren Instrumenten genossen hatten und die erworbenen Fertigkeiten nun in ausufernd angelegten Kompositionen demonstrierten. Die Grenzen zur E-Musik waren nicht mehr genau auszumachen, und es kam zu Kooperationen wie zwischen dem französischen Avantgardisten Pierre Henry und der britischen Rockgruppe Spooky Tooth. Der künstlerische Anspruch des Progrock verdeutlichte sich aber nicht nur in der Musik, sondern auch in den Hüllen der Langspielplatten, die, oft mehrfach aufklappbar, phantasievolle Zeichnungen imaginärer Welten zeigten, wie auch die Texte des Progrock von Gestalten aus der europäischen Mythologie handelten. Künstler wie Roger Dean erlangten durch die Gestaltung von Schallplattenhüllen Weltruf.

Auch in Deutschland war der Progrock prominent und wurde durch Gruppen wie Can oder Kraftwerk einem internationalen Publikum vorgestellt – und gerade hier waren die Progressivsten der Progressiven zu hören. Avantgarde-Rocker wie Tangerine Dream und Popul Vuh schufen mit ihren rhythmisch unterlegten Soundcollagen den Grundstock für spätere Entwicklungen. Nicht zu übersehen war aber auch die Tatsache, daß der Progrock letztlich einer zahlenmäßig geringen Elite von Musikern und Zuhörern vorbehalten blieb, während eine ungleich größere Zahl das Fehlen der ursprünglichen Spontaneität und Rauheit bemängelte.

Neben dieser intellektuellen Ausrichtung der Rockmusik hatte sich aber auch eine eher puristische Fraktion gebildet, die sich dem originären Blues verbunden fühlte. Dieser als »Bluesrock« oder »weißer Blues« bezeichnete Zweig der Rockmusik besann sich auf die Tradition eines Alexis Korner und hatte sich neben der Aufarbeitung des Chicago Blues ein Repertoire an eigenständigem Material erarbeitet. Aufgrund der ungeheuren Popularität britischer Bluesrock-Gruppen in den USA fand der Blues so einen Weg zurück in sein Ursprungsland. Schwarze amerikanische Bluesmusiker hatten inzwischen auch den europäischen Markt erkannt und kamen immer häufiger zu Konzerten in die Alte Welt. Sie ließen sich dabei von Musikern aus dem Bluesrock-Umfeld begleiten. Prominenteste Vertreter dieser Richtung waren Fleetwood Mac, die später in die USA übersiedelten und dort zu einer überaus erfolgreichen Popgruppe wurden.

Daß die einzelnen Strömungen der Rockmusik nicht unabhängig voneinander zu sehen sind, wird in der Person von Jimi Hendrix deutlich, dessen Wurzeln im schwarzen R & B liegen. Nach seinem Wechsel auf die britische Insel versah er den Bluesrock mit psychedelischen Elementen und bot diese Mischung mit ungeheurer Virtuosität und theatralischen Showeinlagen dar. Seine provokante Intonierung der amerikanischen Nationalhymne sowie die Verbrennung der amerikanischen Flagge und seiner Gitarre auf der Bühne boten alles, was den rebellischen Ursprung der Rockmusik ausmachte.

Aus dem bodenständigen und eher braven Bluesrock entwickelte sich Anfang der siebziger Jahre der martialische Heavyrock und damit wieder eine Generation von Musik und Musikern, vor der die Eltern meinten warnen zu müssen. Erster prominenter Vertreter dieser Richtung war die Gruppe Led Zeppelin, die aber nicht eine simple Variante bot, sondern mit elaborierten Arrangements und einem enormen technischen Können die Grenzen zum Progrock verwischte. Andere Gruppen wie Black Sabbath dagegen pflegten ihr böses Image mit provokantem Auftreten und Anleihen an den Satanskult. Stilistische Merkmale waren die schweren, am Blues orientierten Riffs und Rhythmen, bombastische Arrangements mit ausgedehnten, oft endlosen Gitarrensoli, das Fehlen des Swing sowie ein charismatischer Sänger. Im absoluten Kontrast dazu war es aber gerade der Heavy- oder Hardrock, der der Rockmusik die gefühlvollsten Balladen bescherte. Von der Kritik oft als primitiv abgetan, führte gerade er die Spieltechnik der Gitarristen zu neuen Ufern.

Mit dem Heavyrock fand auch das sogenannte Merchandising, die Rundum-Vermarktung, einen ersten Höhepunkt. T-Shirts mit den Konterfeis der Musiker und mit eisernen Spitzen versehene Lederarmbänder, auf denen der Name der Gruppe zu lesen war, gehörten mit zu den Andenken, die man beim Kauf einer Langspielplatte oder beim Besuch eines Konzertes erwarb. Die Auftritte der Hardrocker waren gigantische Ereignisse, bei denen die Gruppen schon durch die Lautstärke in Konkurrenz zueinander traten. Der Hardrock wurde nicht einfach auf der Bühne dargeboten, sondern regelrecht inszeniert. Die Bühnen wurden oft bis ins Publikum gebaut, der Sänger entschwebte an unsichtbaren Seile in einer explodierenden Rauchwolke. Kommerzielle Speerspitze des Hardrock war der sogenannte Glamrock mit Gruppen wie T-Rex oder Kiss, von denen letztere nicht davor zurückschreckten, sogar Nazisymbole als provozierenden Schmuck zu verwenden.

Neben den lauten Tönen des Heavyrock existierten aber auch die leisen des Jazz- und Pubrock. Der Jazzrock hatte seine Ursprünge zwar auch Ende der sechziger Jahre, entfaltete sich aber richtig erst in den Siebzigern. Zwar hatte die Rockmusik immer ihre Anleihen beim Jazz gemacht, doch jetzt kam es zu personellen Überschneidungen. Gerade Musiker aus dem Progrock arbeiteten immer häufiger an Projekten von Jazzern mit und luden ihrerseits Jazzmusiker zu ihren Projekten ein. Gruppen wie Soft Machine oder Colosseum fanden zwar ihre Zuhörer und vor allem eine positive Aufnahme bei der Kritik, waren jedoch aus kommerzieller Sicht eher eine Randerscheinung. Etwas besser stellte sich die Situation des Pubrock dar, der eine bewußte Gegenbewegung zum Glamrock war. Pubrock ist letztendlich keine Richtung, der stilistische Merkmale zugrunde liegen; vereinend ist dabei eher das Streben nach dem Schlichten. Musiker wie Graham Parker oder Brinsley Schwarz spielten in kleinen Sälen oder Pubs – was der Musik den Namen gab. Ihnen lag mehr daran, mit ihrer Musik ernst genommen und gehört zu werden, als mit pompösen Auftritten durch die großen Arenen Europas zu hetzen.

Gerade als Mitte der siebziger Jahre die einzelnen Strömungen der Rockmusik in Lethargie zu versinken drohten, traf der Punkrock die britische Bevölkerung vollkommen unvorbereitet und überraschend. Malcolm McLaren, Inhaber einer Londoner Modeboutique, hatte die Zeichen der Zeit erkannt und entwarf auf dem Reißbrett das Konzept einer neuen Gruppe, der Sex Pistols. Aus seiner Kundschaft rekrutierte er die Musiker, die nicht nach musikalischen Kriterien ausgesucht wurden, sondern die entscheidenden Merkmale in Aussehen und Auftreten provokant verkörpern mußten. Punkrock war eine bewußte Gegenbewegung zu den ausgeklügelten Arrangements des Progrock. Nicht umsonst trugen die Sex Pistols T-Shirts mit der Aufschrift »I Hate Pink Floyd«. Punkrock war etwas vollkommen anderes als Disco und Softrock, die die Hitparaden erklommen; die Auftritte der Punkbands waren laut und von offener Gewalt durchsetzt. Nicht selten mußten die Shows abgebrochen werden, weil die aggressive Stimmung bei Bands und Publikum nicht mehr unter Kontrolle zu bringen war. Schnelles Tempo, lauter Gesang und laute Gitarren heizten die Zuhörer auf. Die Texte waren negativ und feindlich gegenüber der Außenwelt und dokumentierten den real vorhandenen Außenseiter-Status ihrer Akteure – wie schon deren Aussehen. Die ökonomische Situation der Jugendlichen hatte sich drastisch gegenüber der der Nachkriegsgeneration verändert.

War die Welt nach dem Zweiten Weltkrieg im Neuaufbau begriffen gewesen und hatte fast jedem Chancen geboten, so wuchs jetzt eine Generation heran, für die der Gang von der Schule auf das Arbeitsamt nicht ungewöhnlich war. Punkrock war der akustische Ausdruck der Unterprivilegierten und Asozialen, die die ursprünglich soziale Komponente der Rockmusik – eben daß sie von jedem spielbar sein müsse – wieder aufgriff. Die wiederum fehlende Kaufkraft seines Publikums führte aber auch dazu, daß der Punkrock keine entsprechende Förderung durch die Industrie erfuhr und er sich Anfang der achtziger Jahre letztlich überholt hatte, wenn es auch überlebende Gruppen gab, wie zum Beispiel Clash.

Mit dem Punk endet auch die Ära, in der man die Rockmusik als eine Ansammlung unterscheidbarer stilistischer Richtungen ausmachen konnte. Mehr noch als zuvor wurden künftige Etiketten von dem Gesichtspunkt der Vermarktung bestimmt, und musikalische Kriterien traten in den Hintergrund. Dem Punk folgte New Wave; ihm wurden pauschal alle Postpunk-Gruppen zugeordnet, seien es nun die B-52's oder die Talking Heads. Den britischen Alternative- und Independent-Gruppen war letztlich auch nur gemein, daß sie bei kleinen Firmen unterkamen, die ihnen ein gewisses Maß an Selbständigkeit bei professioneller Produktion und Vermarktung zusicherten.

Mit Ausnahme des Hardcore und Trash sowie des Techno fehlt den Strömungen der Rockmusik in den achtziger und neunziger Jahren eine sie begleitende Szene.

Hardcore und Trash stehen eindeutig in der Tradition des Punk, übernahmen sie doch dessen Tempo und Lautstärke. Sie konnten eine treue Gefolgschaft um sich versammeln, deren Mitglieder aus allen sozialen Schichten kamen. Auch die Themen der Hardcore-Shouter sind von unterschiedlichster Couleur. Hier finden sich neben Inhalten, die der linken politischen Bewegung zuzuordnen sind, gleichermaßen eindeutig rassistische Tendenzen. Techno ist dagegen wieder eher in der Tradition des Progrock zu sehen. Seine Macher tüfteln an ihren Computern über Sounds und Rhythmen, wobei die Melodie allzuoft in den Hintergrund gerät. Im Gegensatz zum Progrock ermöglicht der Computer es jedoch auch musikalischen Laien, eigene Songs und Sounds zu kreieren.

Wie alle bisherigen Richtungen der Rockmusik, fußt der Techno auf den Entwicklungen in den sechziger und siebziger Jahren. Bereits damals hatten vor allem deutsche Soundbastler die Grundsteine gelegt. Analog zur psychedelischen Musik verfügt Techno mit Ecstasy über eine ihn begleitende Droge. Die neue Sample-Technik, bei der Passagen fremder Aufnahmen in die eigenen Stücke eingebunden werden, bedient sich vorwiegend des Materials aus den Sechzigern. Bis heute können aber auch die Veteranen der Rockmusik auf ihr Publikum zurückgreifen. Einige Gruppen der älteren Generation haben dabei einen durchgreifenden Wandel vollzogen, wie zum Beispiel Genesis den von einer Progrock- zu einer gefälligen Popgruppe. Gerade der Blues- und der Hardrock bringen neben den alten Vertretern immer neue Interpreten hervor.

Ohne Zweifel waren die Sechziger und Siebziger die prägenden Dekaden der Rockmusik. Das soll nicht heißen, daß seitdem keine wichtigen Entwicklungen mehr passiert sind, sondern daß sich alle späteren Strömungen bis in diese Zeit zurückverfolgen lassen. Kontinuierlich sind hierbei mehrere Faktoren auszumachen. Zu den inneren Faktoren gehört die ständige Zunahme musikalischen Könnens sowie der Umstand, daß auf jede Entwicklung eine Gegenentwicklung folgt – laut auf leise oder komplex auf einfach. Immer wenn sich eine der stilistischen Richtungen der Rockmusik in ein zu elaboriertes Konzept verlief, folgte ihr eine Bewegung zurück zu den Wurzeln. Von mindestens gleicher Bedeutung sind aber auch eine Reihe äußerer Faktoren, wie zum Beispiel die sozialen Bedingungen, die Industrie, die Medien und der technologische Fortschritt.

Die Rockmusik hat sich immer aller technischen und musikalischen Trends bedient, derer sie habhaft werden konnte. So hat gerade sie den Synthesizer als Musikinstrument populär gemacht und dessen Benutzung so weit getrieben, daß auf manchen Aufnahmen neben elektronischen kein akustisches Instrument mehr zu hören ist. Sie hat den jamaikanischen Reggae, den afrikanischen Pop oder den Rap aufgesogen und in ihre Strukturen eingebaut. Unter der Bezeichnung »World Music« versteht man so heute eine Verschmelzung aller möglichen globalen musikalischen Äußerungen, die der Entwicklung der urbanen zu multikurellen Zentren entspricht.

Wenn an dieser Stelle auch die Geschichte der europäischen Rockmusik vorwiegend anhand Großbritanniens nachvollzogen wurde, so darf das nicht den Eindruck erwecken, daß die Rockmusik in den anderen europäischen Staaten ohne Bedeutung gewesen sei. In ganz Europa gründeten sich Ende der fünfziger Jahre Gruppen, die bis heute ihren eigenen Traditionen nachgehen. Ihre Entwicklung ist jedoch der ihrer britischen Kollegen vergleichbar. Zudem erlangten viele der europäischen Gruppen nur eine nationale Bedeutung, während die britischen über Jahre hinweg dominant waren. Dies änderte sich erst nachhaltig in den siebziger Jahren, als mit Abba eine skandinavische Gruppe die internationalen Hitparaden eroberte. Neben der international oder national orientierten Szene gibt es aber auch lokal agierende Rockgruppen, die auf regionale Besonderheiten reagieren. Ein einfaches Beispiel hierfür sind die Mundartgruppen, wie zum Beispiel die Kölsch singende Band BAP. Komplexer stellt sich die Situation dagegen dar, wenn mit der Musik eine ethnische Identität verbunden wird. So verbindet beispielsweise der Bretone Alan Stivell traditionelle Instrumente und Musik mit Elementen der Rockmusik.

Fälschlicherweise wird die Rockmusik häufig als Subkultur bezeichnet. Sie ist hingegen wesentlicher Bestandteil der europäischen Gesamtkultur mit den unterschiedlichsten Schattierungen, die aufgrund ihrer relativen Offenheit gegenüber neuen und fremden Elementen für jedermann zugänglich ist. Die Anhänger der Rockmusik finden sich in allen sozialen, ökonomischen und regionalen Schichtungen. Auf der anderen Seite kann Rockmusik, wie dies vielleicht beim Punk der Fall war, zu einer der künstlerischen Ausdrucksformen einer Subkultur werden, in der eigene soziale Normen und Werte transportiert werden.

»Kunst« – ein europäischer Begriff

Hajo Schiff

Kaum etwas anderes ist so geeignet, das europäische Selbstverständnis auszudrücken, wie die Kunst. Schon das Wort allein nötigt selbst jenen Achtung ab, die gar nichts mit dem damit bezeichneten Bereich zu tun haben. Zigtausend Bücher sind über die Kunst geschrieben worden, unzählige Kurse, Vorträge und Seminare befassen sich mit ihr. Sie hat eigene Akademien und Ministerien, steht in den Staatsverfassungen, bekommt seit über zwei Jahrhunderten große Museen gebaut, hat mit ›arte‹ einen eigenen Fernsehsender, und selbst die Politiker schmücken sich mit ihr. Allein, was denn die Kunst sei, das bleibt ungewiß.

Angesichts der Menge der Definitionen zunächst ein Blick auf das Wort selbst. Bezeichnet der auf den Landbau zurückgehende Begriff »Kultur« die Gesamtheit dessen, was eine Gesellschaft zur Vervollkommnung ihrer selbst dem Natürlichen hinzufügt, so ist das germanischstämmige Wort »Kunst« und das lateinische *ars* ursprünglich die Bezeichnung einer speziellen Fähigkeit. Etymologisch kommt »Kunst« von »Können« – doch hilft das nur wenig weiter, bleibt doch zu fragen, was denn gekonnt werden soll. Vielleicht ist das Wesentlichste, was die Kunst seit Jahrtausenden für die Gesellschaft leistet, dieses: Kunst ist die wichtigste Vergegenständlichung von Abstraktion, eine überlieferbare, ikonische Orientierung in der Welt. Über rituelle Formen und schmückende Funktion hinaus ist sie in Europa – und fast nur dort – zu einem hochgradig komplexen System ausdifferenziert worden.

Das Zusammenwachsen Europas ist ein langsamer und mühsamer Prozeß. In kleinen Schritten und in pragmatischer Glanzlosigkeit scheint die Vernetzung primär Eliten, Konzerne und Banken zu betreffen. Neues Geld soll die Verbindung schaffen, während den Historikern die Visionen ausgehen: Weder religiöse Eschatologie noch Nationalstaatenidee – keine gesellschaftliche Utopie kann mehr als Richtschnur dienen. Und die Kunst? Es sind Elemente gesamteuropäischer Baustile, die die neuen Geldscheine schmücken. Kann die Kunst außerdem noch Verbindendes anbieten? Unter »Internationaler Stil« gibt es im ›Lexikon der Kunstgeschichte‹ nur zwei Einträge: »Internationaler weicher Stil, eine späte Phase der Hochgotik, die um 1400 für vier Jahrzehnte in allen Ländern Europas für eine einheitliche Formsprache vor allem bei Gewandfiguren (Madonnen) festzustellen ist.« Und »die Richtung der modernen Architektur seit 1922, die formal durch stereometrische Grundformen, Ornamentlosigkeit, additive Kompositionsprinzipien, Rechtwinkligkeit und glatte, weiße Oberflächen charakterisiert ist.« Natürlich sind mit gewissen Verschiebungen auch die allseits bekannten Stilbegriffe von Romanik bis Romantik europaweit anzutreffen, aber immer mit einem künstlerisch-politischen Zentrum und einer vulgäreren Form an der Peripherie. Nicht nur politisch war Europa ja fast unvorstellbar zerteilt. So gab es allein in Mittelitalien im 14. Jahrhundert mehr selbständige Staaten als vor dem Zweiten Weltkrieg auf der ganzen Welt. Und je genauer man es betrachtet, desto stärker zerfällt auch die europäische Kunstgeschichte in Regionen: Weserrenaissance, römischer Barock, schwäbisches Rokoko, norddeutscher Klassizismus et cetera – die Vielfältigkeit ist Europas Tugend. Doch anders als beispielsweise bei der Disparatheit Afrikas und Amerikas hat das kulturelle Europa sich stets in einer übergeordneten Sprache verständigen können: Latein bis zur Renaissance als Wissenschafts- und Verwaltungssprache und weit darüber hinaus als Kirchensprache, Französisch als Sprache der Politik und Bildung im 17. bis 19. Jahrhundert, Italienisch als Bankensprache des 15. Jahrhunderts, Niederdeutsch als Handelssprache im Hansebereich im 13. bis 16. Jahrhundert, Hochdeutsch als überregionale Sprache Mitteleuropas und zeitweilig als Wissenschaftssprache im 19. Jahrhundert, und ebenfalls als überregionale Sprache seit dem 19. Jahrhundert bis heute Englisch.

Europa wurde aus Asien geraubt, so spiegelt es die griechische Mythologie und formuliert damit nicht nur den Lauf der Entwicklung zutreffend, sondern relativiert auch allzu frühe Überheblichkeit. Doch Europa, Erbe und Anhang Asiens, hat später wie zur Kompensation ein überwältigendes Gefühl eigener Überlegenheit entwickelt und in Jahrhunderten sein Primat in Politik, Wirtschaft, Wissenschaft und Kunst durchgesetzt. Trotz andauernder Selbstzerfleischung in endlosen Kriegen zwischen Ost und West, Nord und Süd hat es erst über seinen Kolonialismus und dann mit Hilfe seiner übermächtig gewordenen Exkolonie USA seine Kultur der ganzen Welt aufgezwungen. Nur das chinesische Asien und Teile des islamischen Kulturkreises können dieser Dominanz noch etwas entgegensetzen. Innerhalb dieser Entwicklung sind zahlreiche in Europa entwickelte Begriffe in alle Welt übertragen worden, ohne angemessen modifiziert zu werden. Das gilt auch für die besondere Stellung einer autonomen Kunst, was zu großen Mißverständnissen oder auch partiell zu teils originellen Ergebnissen führte. Leichter als durch definitorische Glanzleistungen läßt sich das Spezifische des europäischen Kunstbegriffs an dem festmachen, was in diesem Kontinent augenscheinlich nicht einfach als Kunst angesehen ist. Solche herablassende Mißachtung betrifft vor allem koloniale Kunst und die aus der Dritten Welt, konnte aber nach 1990 auch Kunst aus dem Ostblock treffen. Was ist mit einer Kultur, die jemanden an einer Kunstakademie in Afrika im europäischen Sinne ausbildet und ihn dann völlig mißachtet, wenn er dort entwickelte Kunst in Europa ausstellen will? Unter dem Fachbegriff »Westkunst« traut Europa relevante Kunst nur sich selbst und den vom Schüler zum Meister gewordenen USA zu. Und, als Ausnahme, Japan.

Das liegt nicht daran, daß anderen Völkern die Kunstfertigkeiten abgesprochen werden. Ihre Hervorbringungen werden sogar gesammelt, dies aber zum Beispiel in Völkerkundemuseen und eben nicht als Kunst. Das nämlich lassen das Primat des intellektuellen Konzepts seit 1450 und der spezifische Rezeptionskontext eines intellektuellen Bürgertums seit dem 19. Jahrhundert nicht zu. Kunst in diesem Sinne ist nicht etwas, das aus sich heraus spräche oder durch Fertigkeiten erreicht werden kann.

Europäische Kunst ist ein Kommunikationszusammenhang – und der behauptet als Bedingung die Zugehörigkeit zur Kommunikationsgemeinschaft. Wie Niklas Luhmann es ausdrückt: »Kunst ist ein operativ geschlossenes, autonomes System.« Das ist eine nicht nur den Systemtheoretiker befriedigende Definition für die Komplexität von Kunst; es liegt auch nicht weit vom generellen Kommunikationsverhalten der Menschen entfernt. Für Europa spezifisch aber ist besonders die Autonomie des Systems.

Ethnologisch wäre die Kunstwelt als *Tribe* zu beschreiben. Sie läßt Fremde nur nach langen Aufnahmeritualen zu. Die französische Leiterin der Documenta X von 1997, nach nichteuropäischer Kunst befragt, antwortete ohne jedes schlechte Gewissen, sie habe da wenig gefunden. Für ihren komplexen Argumentationszusammenhang hatte sie zwar Künstler und Denker aus Lateinamerika und Afrika im Boot, aber eben nur solche, die sich der eurozentrischen Position angepaßt haben – und sei es im kritischen Diskurs. Auch der Marxismus und die Befreiungstheologie sind schließlich europäische Ideen, auch ein Diskurs in Kuba, Brasilien oder Korea ist heute ab einem gewissen Abstraktionsniveau »europäisch«. Außerhalb dieses über alle Kontinente verbreiteten eurogenen Kunst-Diskurses ist alles andere nur Schamanismus, Folklore oder Airport-Art.

Euroamerikanische Kunst will keine religiöse Sinnstiftung außer im Selbstverweis, sie will keine Regionalität außer in individueller Spiegelung, und sie will kein Kunstgewerbe sein, aber durchaus *multiple* und verkäuflich. Euroamerikanische Kunst ist der Spiegel eines Selbstverständnisses der Ersten Welt, einer Primatkultur, einer Elite. Sie ist ein Spiel von komplexen, sozial gesetzten und historisch gewachsenen Bedeutungschichten, die mitunter sehr bewußt nicht erläutert werden (siehe auch die *accutezza racondita*, also das Ideal einer »versteckten Schärfe« im Manierismus). Euroamerikanische Kunst ist genuin undemokratisch. Wenn Fürst Vico Orsini in seinem »Park der Monster« in Bomarzo in der Mitte des 16. Jahrhunderts zu allegorischen Formen fand, die nur er und wenige ausgewählte Freunde überhaupt entschlüsseln konnten, kann das zwar bis heute eine wachsende Zahl von Touristen begeistern, aber diese sind nicht eingeweiht. Sie dürfen sich wundern, aber können nicht wissen. Europa wurde einst geraubt. Nachdem sie ihre Unschuld verlor, wurde sie ein Hure: Sie lockt verschwenderisch mit ihren Reizen, aber läßt sich teuer bezahlen und niemals besitzen.

Die Qualität von Kunst hat sich seit Fürst Vicos Zeit verändert, die Quantität ist gewaltig gestiegen, aber das Beharren auf gruppenspezifischer Verständnisarbeit ist geblieben. Kunst ist nicht primär ein Objektbereich, Kunst ist nur, was wirkt. Dabei lebt sie von feinsten Unterscheidungen; sie kann das nicht aufgeben, ohne sich selbst aufzugeben. Schließlich ist Kunst ganz und gar überflüssig – und alle sie anregende Kraft gewinnt sie paradoxerweise gerade daraus. Erst wenn eine Keramik nicht einmal mehr als Blumenvase zu gebrauchen ist, entfaltet sie die Fähigkeit, zum Denken anzuregen. Und Denkobjekte sind kulturgebunden – die Fähigkeit, über Objekte zu reflektieren, setzt eine spezifische Komplexität voraus.

Da die Produkte anderer Kulturen somit in ihrer Spezifik unvermittelt gar nicht verstehbar sind, wird für sie ein anderes Kriterium gefunden – sie sollen »authentisch« sein. Wenn dieser Kunst aber ein persönlicher Urheber abgesprochen wird, kann sie nur nach dem Grad des Ausdrucks einer kollektiven Identität beurteilt werden. Das Kriterium dabei ist aber ein von außen gesetztes: Die Echtheit verbürgt weder der Produzent noch der religiöse oder ästhetische Gebrauchszusammenhang vor Ort, sondern der Entdecker, Kolonialist oder Sammler. Für seinen neuen, europäischen Nutzen braucht dieser keine Mischformen, sondern etwas möglichst reines, um Platz für seine eigenen Interpretationen zu haben. Insofern ähnelt er dem europäischen Kunstkritiker. Doch der ist ein Teil desselben Systems wie die beurteilte Kunst, er bleibt überprüfbar eingebunden und kann nicht fast beliebige Rezeptionsschemata anwenden.

Tatsächlich gibt es an der Grenze von Kunstbetrachtung und Ethnographie zahlreiche Ansätze vollkommen spekulativer Rezeption, deren Thesen sich geradezu kontrafaktisch gegenüber wissenschaftlich kontextualisierten Erkenntnissen verhalten. Das ist im Rahmen einer Rezeptionsästhetik bis zu einem gewissen Grad legitim; ist es doch auch nicht möglich oder notwendig, in Erfahrung zu bringen, was ein europäischer Künstler sich bei seiner Kunstproduktion gedacht hat. Doch sollte man sich dringend davor hüten, künstlerische Wahrnehmungsleistungen und subjektive Bedeutungsfindungen mit Sachaussagen über Objekte und deren Kontext zu verwechseln. Das gilt natürlich nicht nur für außereuropäische Kunstproduktionen, doch nur bei diesen öffnet sich mangels Kontextkenntnis ein derart weites Feld der Spekulation.

Noch komplizierter wird es, wenn eine interpretierende Rezeption zu neuer Produktion führt. So wurden in China im 18. und 19. Jahrhundert viele »typisch chinesischen Kunstobjekte« in Akzeptanz der europäischen Sichtweise ausschließlich für den Export nach Europa produziert. Und die Bilder, die Gauguin aus Tahiti nach Paris schickte, zeigten ja nicht ein existierendes Tropenparadies, sondern eine angereicherte, bis ins Detail der Mal- und Denktradition europäische Paradiessehnsucht. Der Maler selbst war sich des Illusionscharakters bewußt, hielt aber wie ein guter Tourismusmanager für die Kunden den Realitätscharakter der Illusion aufrecht.

Es gibt in dem, was die Kunst kann und darf, nicht überall auf der Welt die gleichen Voraussetzungen. Tatsächlich ist der Kunstbegriff in seiner Emanzipation von Religion und Handwerk nicht in allen Kulturen in gleichem Maße und in manchen überhaupt nicht ausgeprägt worden. Macht jeder alles so gut, wie er nur kann, würde sich der Kunstbegriff auflösen, gleich ob in einer Ethnie oder im Sinne des Beuysschen Diktums »Jeder Mensch ein Künstler«. Auch da, wo es in Afrika unterscheidbare Produzenten gibt, ist es nie zu einer Wertschätzung individueller Abweichungen vom Traditionssystem gekommen wie in Europa: Der auf Kunst bezogene Geniekult ist anderen Kulturen weitgehend fremd. Noch die alten Griechen schätzten nur die *techne* (Technik), die handwerklichen Fähigkeiten. Der als Anekdote von Plinius überlieferte berühmte Malerwettstreit im alten Hellas handelt von einem Wettbewerb der Kunstfertigkeit. Zeuxis hatte seine Trauben so perfekt gemalt, daß die Vögel heranfliegen, um an ihnen zu picken. Parrhasios hält sein Bild hinter einem Vorhang verborgen, bis Zeuxis ungeduldig verlangt, er solle diesen endlich zu Seite ziehen. Eben jener aber war gemalt. Und so war er der Sieger, denn er hatte nicht nur Tiere, sondern einen Menschen getäuscht, gar einen Maler. Gegen die Absicht der Verherrlichung der Imitation läßt sich aus dieser Geschichte aber die spätere Aufspaltung in Kunst und Kunstgewerbe herauslesen: Zeuxis erfüllt zwar alle Kriterien guten Handwerks, Parrhasios hat seine Arbeit aber von vornherein konzeptuell und situationsbezogen angelegt. Ihm wird die Kunstfertigkeit zum Mittel eines intellektuellen Prozesses.

Tatsächlich ist die Intellektualisierung der Kunst im Italien des 15. Jahrhunderts Basis des europäischen Kunstverständnisses und Bedingung für ihren einzigartigen Siegeszug, der sie sogar zur Festschreibung in den Grundgesetzen europäischer Staaten geführt hat. Ausgerechnet die subjektive Kunst hat damit ihre autonomen Freiheitsrechte quasi naturrechtlich und voraussetzungslos festschreiben können – auf gleicher Ebene wie die Meinungsäußerung im Artikel 5 des Grundgesetzes. Im politisch zersplitterten Italien des 15. Jahrhunderts lag es im Interesse von Fürsten, Städten und Ordensgemeinschaften, ihren eigenen Machtanspruch zu legitimieren. Das Primat der Kirche war dazu nur begrenzt nutzbar, war der Kirchenstaat samt Papst doch selbst eine Partei im Spiel der Macht. Die Selbstbehauptung der Herrscher als genialisch und universalgebildet *(uomo universale)* brauchte einen darstellenden und interpretierenden Spiegel. Die Kunst wurde Propagandamittel, der Künstler zum Partner, der herausgelöst aus den Bindungen der Zünfte ebenbürtig autonom im Parallelreich des Schönen und Wahren herrschte und so im Wechselspiel seinen Auftraggebern um so überzeugender dienen konnte. »So schließt denn die Malerei jene hohe Auszeichnung in sich, daß der, welcher sie mit Meisterschaft ausübt, seine Werke verehrt sehen und sich selbst gleichsam wie einen Gott geschätzt hören wird«, verkündet der Künstler und Sportler, Theoretiker und Architekt Leon Battista Alberti 1435 in Florenz. Und die Künstler, die so inthronisiert wurden, haben bis heute einen guten Namen: Raffael, Michelangelo, Leonardo, später Tintoretto, Rubens, Velazquez und viele andere.

Der seitdem in unterschiedlich starkem Maß erhobene Absolutheitsanspruch des Künstlers auf umfassende Gestaltung aller Lebensbereiche in einem verbindlichen Vokabular korrespondiert mit dem absoluten Subjekt des Herrschers (oder der Partei) und hat Künstler immer wieder zu Komplizen der Macht gemacht. Je freier, je autonomer die Kunst positioniert wird, desto besser kann sie der Politik nutzen, gleich ob als Vorbild des europäischen Individualismus oder der kollektiven Verzückung. Ob Staatskunst oder Privatsammlung, im Prinzip gilt dieses Verhältnis bis heute. Aber: »Das wahre Kunstwerk ist eine Fleischwerdung des Geistes […] und im wahren Gestalter geschieht es, daß er Zeugender und Empfangender zugleich ist«, pathetisiert an dieser Stelle einer dazwischen, der in diesem Bild nicht nur christliche Heilslehren trivialisiert, indem er die Kunst als maximale Metaphysik des Abendmahlzaubers darstellt, sondern zugleich dem biologistischen Denken anhängt: Die Geburtsanalogie ähnelt dem Phantasma der männlichen Selbstzeugung. Der, der hier zur Eröffnung des Hauses der Kunst in München spricht, sah sich selbst durchaus auch als Künstler – Adolf Hitler. So eindeutig sich diese Kunstauffassung diskreditiert hat, so untergründig wirken solche Vorstellungen von metaphysisch inspirierter Künstlerschaft, die Unvorstellbares mit dem Pinsel bannt, noch heute fort. Ebenso endgültig wie ironisch rechnet der deutsche Maler Sigmar Polke 1969 mit allen Theorien transpersonaler Eingebung ab: »Höhere Wesen befahlen: Rechte obere Ecke schwarz malen!« steht auf einer Leinwand geschrieben, deren obere rechte Ecke schwarz gemalt ist.

Um die gleiche Zeit tritt aber ein anderer deutscher Künstler in seltsamen, schamanenhaften Ritualen auf, arbeitet mit Materialien wie Filz, Fett und Wärme und verkündet die sozialen Utopien seines »erweiterten Kunstbegriffes«. »Jeder Mensch ein Künstler«, sagt Joseph Beuys und meint dabei nicht, daß ein jeder am System Kunst teilhaben soll. Er fordert aber, daß alle menschlichen Tätigkeiten den Blickwinkel künstlerischer Autonomisierung verdienen. Künstlerische Utopien wie diese sind als Anzeiger für das auf der Erde mögliche notwendig. Doch jeder absolute Anspruch hat etwas Gefährliches; nur der Verzicht auf eindeutige Durchsetzung schützt vor dem Wahnsinn. Deshalb werden umfassend gedachte Phantasien in Kunst und Leben so erschreckend, wenn eine Gesellschaft ernsthaft erwägt, sie als Ganzes zu realisieren.

Die räumlich zersplitterte und zeitlich gebrochene europäische Geschichte hat uns vor einer chinesischen Mauer und vor Kanälen durch die Alpen, vor vollständig realisierten Idealstädten der Renaissance und vor Speers Welthaupstadt Germania beschützt. Der Gefahr des Totalitarismus begegnet gute Kunst durch Vergleichbarkeit, Modellhaftigkeit und Reflexion auf die subjektive Bedingtheit von Urheber und Werk. Doch hinter der einst als Freiheitsgewinn gefeierten Abwertung der normativen Universalien, der Tradition und der gruppenübergreifenden Regelsysteme dräut die relativistische Orientierungslosigkeit. Die eigene Kultur wird uns zunehmend fremder, und alte Bauernregeln oder die Ordnung eines historischen Festzuges – von den christlichen und humanistischen Allegorien oder den Ritualen schwarzgekleideter Eingeweihter im aktuellen Kunstbetrieb ganz zu schweigen – scheinen inzwischen rätselhafter als ein Indianertanz. Da kann die Kunst für ein humanes Europa nicht viel mehr bieten als einen anregenden Freiraum für Reflexion über die und Erkenntnis der Dinge. Beides, reine Unterhaltung und abweisendes Insidertum, sind unnütze Auswüchse. Doch Objekte und Räume der Kunst können immer noch die selbstbestimmte Konstitution von Weltaneignung durch Wahrnehmung bilden und präzisieren. Kunst wäre somit vor allem ein geistiger Raum und nicht eine Qualität eines Gegenstandes. Und solch ein Kunstbegriff ist dann auch fähig, sich Artefakten aus aller Welt zu öffnen, am besten aber in Achtung der Intentionen der Hersteller.

So schließt denn die Malerei jene hohe Auszeichnung in sich, daß der, welcher sie mit Meisterschaft ausübt, seine Werke verehrt sehen und sich selbst gleichsam wie einen Gott geschätzt hören wird. (Leon Battista Alberti formuliert 1435 die Apotheose des Geniebegriffs, wie er bis heute für einen Teil der Kunstrezeption noch gültig ist.)

Der Künstler, dankbar gegen die Natur, die auch ihn hervorbrachte, gibt ihr eine zweite Natur, aber eine gefühlte, eine gedachte, eine menschlich vollendete zurück. (Johann Wolfgang von Goethe formuliert 1798 nicht ohne reformerisches Pathos die Kunst als zweite, individuelle Schöpfung des Menschen.)

Es gibt keinen anderen Weg, den sinnlichen Menschen vernünftig zu machen, als daß man denselben zuvor ästhetisch macht. (Friedrich Schiller wird zum Kronzeugen pädagogischer Aufklärung.)

Das wahre Kunstwerk ist eine Fleischwerdung des Geistes. (Adolf Hitler betreibt anläßlich der Einweihung des Hauses der Kunst in München eine triviale Umdeutung christlicher Heilslehren: Kunst wird zur maximalen Metaphysik des Abendmahlzaubers. Zugleich ein Bild des biologistischen Denkens über Kunst als männliche Selbstzeugung.)

Kunst ist Formgebung des Ungeordneten, das stets Bedrohung bedeutet. (Fritz Baumgart psychologisiert 1972 in ›DuMont's kleiner Kunstgeschichte‹.)

Höhere Wesen befahlen: Rechte obere Ecke schwarz malen! (Sigmar Polkes ebenso endgültige wie ironische Abrechnung des deutschen Malers mit allen Theorien transpersonaler Eingebung auf einem Bild von 1969.)

Kunst ist ein operativ geschlossenes, autonomes System. (Eine nicht nur den Systemtheoretiker Niklas Luhmann befriedigende Basisdefinition für die Komplexität von Kunst.)

Jeder Mensch ein Künstler. (Joseph Beuys meint natürlich nicht, daß ein jeder teilhaben soll am System Kunst, vielmehr daß alle menschlichen Tätigkeiten den Blickwinkel künstlerischer Autonomisierung verdienen.)

Kunst = Kapital. (Joseph Beuys. Kunst ist das wirklich entscheidende Kapital, da es den kreativen Möglichkeitsschatz einer Gesellschaft bedeutet. Zugleich direkt ökonomisch lesbar: Kunst bedarf zu seiner Existenz und Durchsetzbarkeit im Kapitalismus eines Wertkorrelats in Geld.)

Kunst lebt heute nicht mehr in den Werken, sondern durch die Kommunikation über die Produktionen, die Werke genannt werden. Künstlerische Qualität ist dann abhängig von der Qualität der Kommunikationen. Verantwortlich sind gerade sie. (Michael Lingner, 1990.)

Naive Kunst

Sabine Beer

Naive Kunst ist nicht allein ein europäisches Phänomen, sie ist international. Wenngleich von der europäischen Kunstkritik geprägt, werden unter diesem Begriff ganz unterschiedliche, das heißt vielfältig divergierende, individuelle, in allen Erdteilen geortete bildnerische Äußerungen subsumiert. Wird er auf die umfangreiche Pluralität der naiven Ausdrucksweisen angewandt, so ergeben sich zwangsläufig grobe Vereinfachungen und Ungenauigkeiten, denn solch historische wie räumliche Ungleichartigkeit widersetzt sich – auch im europäischen Kontext – einer eindeutigen Definition. Darüber hinaus verbindet sich mit dem Begriff ein Knäuel von Vorstellungen, Konzeptionen, Ideologien und Klischees. Auf verlorenem Posten steht, wer sie vorab klären wollte. So ist sein diffuser Gehalt nur in der Art, wie darüber gesprochen wird, verständlich zu machen.

Was – zunächst – als faktisch konkreter Sachverhalt eigentlich nur feststellbar ist und als äußeres Merkmal naiver Kunst bezeichnet werden kann, ist die Tatsache, daß der naive Künstler seine künstlerische Tätigkeit nicht erlernt hat, also keine darauf ausgerichtete fachliche Ausbildung besitzt, und seine Werke infolgedessen unter dem Aspekt artifiziellen Könnens als rudimentär und seine Ausdrucksweise als unbeholfen gelten.[1] Selbst diese konkreten und konstanten Merkmale, die aus der Gegenüberstellung mit der akademischen Kunst resultieren, haben indessen genaugenommen auch nur eine relative Gültigkeit, denn ihnen zufolge wäre beispielsweise jeder unausgebildete Laie, der sich bildnerisch betätigt, ein naiver Künstler. Ebenso kann ein als naiv eingestufter Künstler sich Fertigkeiten aneignen und professionalisieren. Ein weiterer Orientierungspunkt für die Auseinandersetzung mit dem Komplex naiver Kunst bildet die Intention der Werke, die im ursprünglich positiven Wortsinn als »Inbegriff des Natürlichen, Kindlichen und Unverbildeten« und als »instinktive Kunst« gedeutet werden.

Wenn, trotz Bedenken, von diesen Gesamtcharakteristika naiver Kunst oder, andersherum, von ihrer Minimaldefinition ausgegangen wurde, dann, weil diese Fragen ihre Authentizität berühren – eine Authentizität, die »echte« naive Kunst von anderen Spielarten scheiden soll, wenngleich sie mit komplementären Kategorien wie Autodidakten, Sonntagsmalern, Laienkünstlern, Neuen Naiven, Primitive Kunst, Neoprimitive Kunst, Volkskunst, Art brut, Moderne Primitive etc. vielfältige Übergänge und Überschneidungen aufweist. Während der Begriff »Laienmaler« zu weit gespannt ist, ist der Begriff »Sonntagsmaler« nach Bihalji-Merin zu eng gefaßt, »denn er läßt nur an Freizeitgestaltung denken; er weist auf ein Hobby [...] hin, weniger auf eine innerlich notwendige, schöpferische Betätigung [...]«[2]. Die Kriterien, mit denen man bis heute bei der Beurteilung naiver Kunst operiert, stehen in einem zwar hinreichend thematisierten Entstehungszusammenhang, der ihre »Entdeckung« unter den Prämissen der Moderne erst ermöglichte; die Zeitgebundenheit der Kriterien wurde jedoch bislang nur sehr vage problematisiert.

Die Stunde der »Entdeckung« der naiven Kunst durch die Künstler der europäischen Avantgarde, am Anfang unseres Jahrhunderts, fällt nicht zufällig mit der gleichzeitigen Aufwertung von Kinderzeichnungen, der Kunst von sogenannten Geisteskranken, der Volkskunst und außereuropäischer »primitiver« Kunst zusammen. Auf der Suche nach neuen Ausdrucksweisen, neuen Botschaften und im Glauben, dem Anfänglichen und Ursprünglichen, der Archaik der Früh-, aber auch der Spätformen des Primitiven und Naiven begegnet zu sein (zuweilen nennt man die naiven Künstler auch »Primitive des 20. Jahrhunderts«), fühlten sich die Künstler des Expressionismus, Fauvismus und Kubismus durch die von ihnen begründeten »Wahlverwandtschaften«[3] bestätigt und ermutigt, alle Traditionen beiseite zu schieben und mit Sehgewohnheiten sowie bildnerischen Konventionen zu brechen. Paul Klee notierte 1912:

> »Es gibt nämlich auch noch Uranfänge von Kunst, wie man sie eher im ethnographischen Museum findet oder daheim in der Kinderstube (Lache nicht, Leser) [...] Parallele Erscheinungen sind die Zeichnungen Geisteskranker [...] Alles das ist in Wahrheit viel ernster zu nehmen als sämtliche Kunstmuseen, wenn es gilt, die heutige Kunst zu reformieren. So weit müssen wir zurück, um nicht einfach zu altertümeln.«

Vorbereitet durch die Kunst des späten 19. Jahrhunderts, durch Impressionismus und Neo-Impressionismus, war ein neues künstlerisches Weltbild entstanden, das die seit der klassischen Antike und der Renaissance wirksamen und gültigen Grundlagen der Kunst endgültig verwarf. Mit der Absage an die Nachahmung der Wirklichkeit und der Aufgabe der illusionistischen Mittel wurde auch dem Publikumsgeschmack der Kampf angesagt, gleichzeitig wurden unnaturalistische, pränaturalistische Kunstäußerungen aufgewertet; auch das vermeintlich Ungekonnte, das Unbeholfene geriet in den Blick.

Noch beeinflußt von der geistigen Strömung des Evolutionismus, aber auch von den Theorien Sigmund Freuds und C.G. Jungs, waren Sehnsucht und Suche nach den eigenen Wurzeln auch auffälliges Merkmal einer von Vernunft, Technik und gesellschaftlichen Werten enttäuschten Künstlergeneration. In dem gleichen kulturellen Klima, in dem sich Kubisten und Expressionisten an den Gestaltungsprinzipien »primitiver« afrikanischer Plastik orientierten und Surrealisten sich von dem Imaginativen und der Phantastik der Kunst Melanesiens und Mikronesiens inspirieren ließen und diese dem griechischen Klassizismus entgegensetzten, suchten viele zivilisationsmüde Künstler die vom Fortschritt noch unberührten Regionen ferner Länder. Gauguin bereiste Tahiti, Nolde beteiligte sich an einer ethnologischen Expedition nach Neuguinea (1913/14), Pechstein unternahm eine Reise zu den Palau-Inseln (1914), und Klee sowie Macke verbrachten einige Zeit in Tunesien.

Einen vergleichbaren Eskapismus, eine Suche nach argloser Naivität, nach ursprünglichen Ausdrucksmitteln, die nicht einer verordneten Kultur unterworfen waren, erkannte man insbesondere in den exotischen Motiven des Autodidakten Henri Rousseau (1844 bis 1910), mit dessen »Entdeckung« die Geschichte der naiven Kunst begann. In seinem wirklichkeitsnahen sachlichen Stil sah man eine Überwindung des vorherrschenden Manierismus, der sich aus dem intellektuellen Ansatz der »Kunst um der Kunst willen« entwickelt hatte; die archaische Monumentalität, der flächige Aufbau und die satte und unkonventionelle Farbgebung seiner Bilder begeisterten viele Künstler der Moderne – von Gauguin über Derain bis zu Picasso, Kandinsky und Delaunay. Gerade in Rousseaus unakademischer Arbeitsweise und seinem magischen, traumhaften Realismus erkannten später auch die Surrealisten sein Genie und reklamierten ihn als einen ihrer Vorläufer. Von der zeitgenössischen Kunstkritik als Dilettant bezeichnet, hegte Rousseau den zu Lebzeiten unerfüllt gebliebenen Traum, als akademischer Maler anerkannt zu werden. Sein Leben war daher auch geprägt von Inferioritätsgefühlen, verursacht durch das Auseinanderklaffen des vermeintlichen künstlerischen Ideals und des eigenen künstlerischen Potentials. Als Bewunderer der offiziellen Kunst seiner Zeit, dem perfektionierten Naturalismus, erkannte er nicht, daß er selber einer Künstlergeneration angehörte, die – ebenfalls von der Kunstkritik verspottet – diesem den historischen Todesstoß versetzte.[4] Mit Bauchant, Bombois, Vivin und Séraphine de Senlis zählt er mittlerweile zu den klassischen französischen Naiven, die unter der von Uhde 1947 geprägten Bezeichnung »Maler des heiligen Herzens« internationalen Ruhm erlangten.

Auch wenn Rousseaus Dschungelbilder nur einen geringen Teil seines Lebenswerks bilden, so begründeten sie doch sein Renommee. Malend steigerte er die Wirklichkeit des Jardin des Plantes, des Botanischen Gartens von Paris, der ihm als wichtige Inspirationsquelle diente, ins Phantastische. Seine Dschungelszenen sind Urwaldvisionen von hoher Künstlichkeit, in denen Farne die Dimension von Bäumen erhalten und selbst wilde Tiere domestiziert erscheinen. Anders als bei Gauguin war es aber nicht Zivilisationsflucht, die ihn in exotische Welten zog; es war kein Jean Jacques Rousseausches »zurück zur Natur« oder eine Sehnsucht zurück zu den Anfängen, die ihn antrieb. Selbst als ihn der Urwald lockte, widmete er sich weiter den Themen seiner unmittelbaren Umgebung, kleinstädtischen Straßenansichten von Paris, in die er zivilisatorische Objekte wie Flugmaschinen, Ballons, Fabrikschlote und Telegrafenmasten integrierte, sowie Porträts und figurenreiche Bilder mit allegorischer und zeithistorischer Thematik, wie Schmalenbach 1998 feststellt.

Mit diesem Beispiel soll verdeutlicht werden, daß bereits in der Rezeption von Rousseau, dem »Prototyp« des naiven Künstlers, eine Fehlinterpretation angelegt ist, die sich, sowohl bezogen auf die Farbigkeit als auch auf Inhalt und Thematik, als Slogan von der »heilen Welt« der naiven Kunst wie ein roter Faden durch die gesamte Naivenliteratur zieht und sie zu einer »idyllischen Kunst«, zu einem »letzten Paradies« verharmlost (Engels) und als spezifische Reaktion auf die technologische Zivilisation erklärt. Beispielhaft sei hier Bihalji-Merin zitiert: »Wird es möglich sein, eine Kunst, die wir selbst als Relikte des Natürlichen und Ursprünglichen in dieser Welt der Massenmedien und der sich rasch vollziehenden Wandlung empfinden, unberührt zu bewahren, oder werden auch die Naiven vom Strom der Zeit erfaßt werden?«[5]

Auf der gleichen Linie liegt die Behauptung von der scheinbar unkomplizierten und leicht zugänglichen naiven Kunst. Denn die scheinbare Klarheit und Vordergründigkeit der Werke verführt bisweilen dazu, diese zu unterschätzen. Auch bei der Betrachtung von Werken des »deutschen Rousseau« Adalbert Trillhaase (1859 bis 1936), der von dem avantgardistischen Düsseldorfer Kunstkreis des »Jungen Rheinlands« entdeckt wurde, dem unter anderem Jankel Adler, Otto Dix und Max Ernst angehörten, und der sich besonders Bildthemen zuwandte, in denen Angst, Mißtrauen, Hinterhältiges, Schrecken, Ungerechtigkeit und Unabwendbares zum Ausdruck kamen, werden »solch vermeintliche Charakteristika naiver Kunst schnell ad absurdum geführt«, konstatiert Engels 1981. Trillhase, der im Deutschland der zwanziger Jahre die Existenz naiver Kunst signalisierte, wurde wie die meisten seiner Künstlerfreunde zum »entarteten Künstler« abgestempelt. Er erhielt 1933 Malverbot und zog sich nach Königswinter zurück, wo er 1936 starb. In der Liste der von den Nationalsozialisten als »entartet« erklärten Kunstwerke, die aus den Museen in Berlin, Frankfurt und Kassel entfernt und vernichtet wurden, sind auch naive Klassiker wie Bombois, Dietrich und Vivin aufgeführt. »Ein naiver Künstler – ein entarteter Künstler – welch ein Anachronismus«, resümiert Dallmeier 1981. Vergegenwärtigt man sich jedoch die einerseits für Entartung und andererseits für naive Kunst zeichnenden Kriterien, werden auch die Motive für den Angriff der Nazis gegen die naive Kunst klar. Dieser richtete sich, nach Osterwold, gegen »die in jener Kunst innewohnende Urkraft des Menschen, die schöpferisch und kreativ verändernd angelegt ist, also Primitivität, Naivität, das Irrationale, Unbewußte, Unberechenbare in seiner Energie, das letztendlich nicht Beherrschbare im Menschen [...] die kreative Grundsubstanz im Menschen, die jegliches System bedrohen kann.«[6]

Vom Ende des 19. Jahrhunderts an, seit Henri Rousseau, der ihren Anfang markiert, und durch das ganze 20. Jahrhundert hindurch wird das Erscheinungsbild der naiven Kunst als unveränderlich charakterisiert. Während sich die moderne Kunst in einem permanenten dynamischen Entwicklungsprozeß befindet und in ihrer formalen Stilistik einem vielfältigen Wandel unterliegt – im Hinblick sowohl auf die Gesamtentwicklung als auch auf die Stilperioden der einzelnen Künstler –, wird naive Kunst als unabhängig von zeitlichen Einflüssen und ohne kommunikativen Kontakt zu dem Kunstgeschehen der Zeit gesehen. Damit ist zugleich impliziert, daß das Schaffen des naiven Künstlers sowohl von außen nicht beeinflußbar, als auch aus sich selbst heraus nicht wandelbar sei; aber auch, daß die Eigenart der persönlichen Bildsprache von Anfang an individuell und unverwechselbar ausgeprägt vorliegt und damit weder erlernbar noch lehrbar ist. Als reine Individualkunst, nur einem inneren Impuls folgend, gekennzeichnet durch einen Mangel an formaler Ausbildung und unbelastet von normativen Regeln des künstlerischen Gestaltens und akademischer Lehre, gibt der naive Künstler seinen Alltagserlebnissen, aber auch seinen Träumen und Wunschbildern mit Farbe und Leinwand oder in Holz und Stein Gestalt.

In seinem 1959 erschienenen Buch ›Das naive Bild der Welt‹ hat der Kunstkritiker Bihalji-Merin als erster die Künstler der Naive als »weltweit außerhalb von Geschichte und Stil Schaffende« definiert. Solcherart bestimmt und abgerückt von modernistischen Dogmen (wie beispielsweise dem »ewig Neuen«), lassen sich mit kunstgeschichtlichen Kriterien wie Stilentwicklung und Schaffensperioden, die für die Produktion »normaler« professioneller Künstler entwickelt wurden, wesentliche Anhaltspunkte für die Beurteilung naiver Kunst – als Außenseiterkunst – sicherlich nicht gewinnen.

Damit ist jedoch nicht gesagt, daß es nicht auch das jeweilige kulturelle Milieu ist, das die Bausteine der Inspirationen naiver Künstler liefert. Ein weiteres Mal sei hier Henri Rousseau angeführt, der nach eigenem Bekunden mit 40 Jahren, also um die Mitte der achtziger Jahre des 19. Jahrhunderts, ohne jegliche künstlerische Ausbildung zu malen begann. 1893 ließ er sich beim Pariser Zollamt pensionieren, um sich ausschließlich der Malerei zu widmen. In bescheidenen Verhältnissen aufgewachsen und verharrend, verließ Rousseau das kleinbürgerliche Viertel am Montparnasse, in dem er lebte, trotz häufiger Wohnungswechsel nie. Das Quartier bestimmte seinen Horizont, stellt Schmalenbach 1998 fest. Anders als seine Zeitgenossen, die Impressionisten, die in der großstädtischen Metropole ihre bevorzugten Motive fanden, porträtierte er Paris in kleinstädtischen Ansichten, wobei ihm häufig Ansichtskarten als Vorlage dienten. Der Botanische Garten von Paris wie auch eine Publikation aus dem Jahr 1845 über den Jardin des Plantes und ein Album des Warenhauses Lafayette mit dem Titel ›Betes sauvages – Environ deux cents illustrations amusantes de la vie des animaux‹ zählten ebenfalls zu den vielfältigen Quellen, aus denen Rousseau schöpfte. Schmalenbach merkt an, daß er jedoch erst etwa 1905 mit dem Bild ›Der hungrige Löwe‹ die kontinuierliche Reihe seiner Dschungelszenen begann. Diese späte Facette seiner Malerei belegt nicht nur eine Ausweitung seiner Thematik, sondern auch einen Wandel in der bildnerischen Komposition und damit zugleich, daß auch die persönliche Bildsprache eines naiven Künstlers durchaus einem Wandel unterliegen kann. Oder, müßte man hier fragen, ist Rousseau, die Galionsfigur der Naiven, an den Kriterien »authentischer naiver Kunst« gemessen, diesem Genre vielleicht gar nicht zuzurechnen? Oder andersherum: Bringt man Rousseau in Mißkredit, wenn man ihn zu den vielen »namenlosen« naiven Künstlern stellt?

An der Rezeption zweier späterer Künstler aus dem Bereich der deutschen Naiven traten auch innerhalb der deutschen Kunstkritik erste Zweifel an der Bestimmung naiver Kunst als zeitloser Kunst auf. Erich Bödeker (1904 bis 1971), dessen plastisches Œuvre als einzigartig in der Kunst der europäischen Naiven gilt, begann 1959 nach der krankheitsbedingten Aufgabe des Bergmannsberufes mit dem Schnitzen und später auch dem Formen von Figuren aus Beton, dem »Bauen«, wie er es nannte. Seinen Garten bevölkerten oft mehr als 100 farbig angestrichene tierische und menschliche Skulpturen. Zwischen Hunden, Elefanten, Katzen und Ziegenböcken tummelten sich die Großen der Zeit, Politiker, Künstler und Museumsleute, geformt in Beton oder lebendig – Willy Brandt, Hilda Heinemann, Arnold Bode, Schumacher, Mack, Uecker und viele mehr. Seine Porträt-Plastiken schuf Bödeker auf der Basis fotografischer Vorlagen, wobei diese in Variation eines gestalterischen Grundschemas die jeweiligen physiognomischen Charakteristika der Auftraggeber verdeutlichten. Gerne band er auch deren persönliche Utensilien in die Gestaltung ein. Auch von Ausstellungen, die Bödeker mit befreundeten Künstlern besuchte, ließ er sich inspirieren. Nach der Vorlage von Lehmbrucks Plastik ›Der Gestürzte‹ schuf er 1969 ›Die Stürzende‹, eine Gartenbank. Bödekers lebensgroße, bemalte Holz- und Zementskulpturen, mit denen er internationale Anerkennung und Kunstpreise erhielt, findet man heute in den Museen und bedeutenden Privatsammlungen der Welt. Nach eigener Schätzung hat er insgesamt etwa 1000 Figuren geschaffen; ihre Preise pflegte er mit dem Zollstock zu errechnen: pro Zentimeter eine Mark. Bödeker zählt wie die Gerlach-Brüder, Klewaka, Brandes und andere zu den als »malende Kumpels von der Ruhr« bekanntgewordenen naiven Künstlern, die auch durchaus gesellschaftskritische Themen nicht aussparten.

Als Josef Wittlich (1903 bis 1982) 1967 »entdeckt« wurde, rissen sich Künstler, Museumsleute, Sammler von Pop-Art und Galerien um seine Bilder. Er gehört damit zu den wenigen naiven Künstlern, deren Werke von der akademischen Kunstszene mit Superlativen bedacht, vorbehaltlos akzeptiert, ausgestellt und angekauft wurden. Ein Designer wurde auf Wittlichs Arbeiten bei einer Gruppenführung durch die Keramikfabrik aufmerksam, in der dieser als Hilfsarbeiter angestellt war. Er stieß auf an Decken, Wänden und Schränken aufgehängte großformatige, stark farbige, auf Papier gemalte Schlachtenbilder, die oft übermalt oder auch mit Fotos von Pin-up-Girls beklebt waren. Das Inventar seiner erdachten »Kriegsspiele« entnahm Wittlich Geschichtsbüchern und illustrierten Heften mit Bildberichten von Kriegen des vergangenen Jahrhunderts sowie des Ersten Weltkriegs. »Ob darin die Uniformen historisch genau wiedergegeben sind, ob man die nationale Zugehörigkeit seiner Bilder-Fahnen identifizieren kann, ist ihm gleichgültig. Er setzt die Farben und Attribute, wie und wo sie im Bild am besten zueinander passen, verändert unbedenklich oder ergänzt willkürlich, wenn seine Bilder dadurch eine Steigerung erfahren«, so charakterisiert ihn Grochowiak, dessen Buch ›Deutsche Naive Kunst‹ von 1976 als Standardwerk gilt. Nicht unerwähnt sollten auch die Bilder von Frauen, Szenen aus dem Leben des Hochadels (Ehrenparaden, Empfänge, Krönungsszenen etc.) sowie Städteansichten bleiben, die Wittlich nach seiner Entdeckung malte. Die Anregungen zu diesen Themen mit zeitgeschichtlichem Bezug entnahm er der Regenbogenpresse und Kaufhauskatalogen.[7]

Nicht unmaßgeblich für die Entdeckung beider Künstler ist sicher die zeitliche Nähe zur Pop-Art-Welle, die gerade einsetzte. Wie Warhol in seiner Kunst das Leben in absoluter Nüchternheit reproduzierte, hatte auch Bödeker ein ausgesprochenes Realitätsbewußtsein und war davon überzeugt, ein genaues Abbild des Gesehenen zu schaffen. Wittlich, der an die Welt der Medien und ihrer Stars glaubte, nahm – wie die Pop-Art, wenngleich mit anderer Intention, das Triviale anerkennend – Themen aus dem Angebot der Konsumgesellschaft auf. Hier wie dort werden keine Heilsbotschaften verkündet, es dominiert plakativ poppige Farbigkeit; Fotos dienen als Vorlage für verfremdete Abbild-Bilder. Bereits Rousseau hatte sich, ebenso wie viele andere große Künstler, fotografischer Vorlagen bedient und sie verändert. Die Pop-Art-Künstler erhoben nun die Aneignung der Themen und Bilder aus der Massenkultur zum Programm; auch sie schufen durch Isolation, Nachahmung und Hervorhebung neue Formen. Die Situation der Kunst um die Jahrhundertwende und in den sechziger Jahren ist nicht identisch, auch die naive Kunst hat sich mit ihnen gewandelt. Oder sind es nicht vielmehr einzelne naive Künstler, die, weil ihre Werke gerade dem Zeitgeist entsprachen, zu wahlverwandten Vorbildern der akademischen Kunst behauptet wurden und die darum eine verstärkte Rezeption erfuhren?

Im Zeitgeist der sechziger und siebziger Jahre, als auch die Pop-Art den Bildgegenstand rehabilitierte, hat sich die naive Kunst zu einem Mode- und Massenphänomen entwickelt. Galerien für naive Kunst schossen wie Pilze aus dem Boden; auch die Anzahl der künstlerischen und wissenschaftlichen Publikationen, die sich mit diesem Phänomen beschäftigten, stieg sprunghaft an. Auf starkes Publikumsinteresse stieß insbesondere die jugoslawische Bauernmalerei der Schule von Hlebine (Kroatien) und ihres bekannten Initiators, des ehemaligen Hirten und Bauern Ivan Generalić (geboren 1914). Der Zagreber Kunstmaler Krsto Hegedusić gründete 1929 mit einigen kroatischen Malern die Künstlergruppe »Zemlja« (Erde), mit der er die Kunst, die durch Auflösung des Menschen- und Naturbildes schwer verständlich wurde, dem Volke annähern wollte. Mit diesem sozial-ästhetischen Programm kam Hegedusić auch in das Dorf Hlebine. Hier wurde Ivan Generalić, der sich der von bäuerlichen Votivbildern bekannten Hinterglastechnik bediente, sein bekanntester Schüler. Das dörfliche Umfeld bildete das Repertoire seiner Bildinhalte und Darstellungen: Hochzeiten, Begräbnisse, Kirchenprozessionen, Jahrmärkte, Feldarbeit, ländliche Sitten und Gebräuche, Landschaften zu jeder Jahreszeit. Die ersten Ausstellungen Generalićs vor dem Zweiten Weltkrieg wurden von offizieller Seite kritisiert, da diese in aufrührerischen Szenen wie der Requisition (1934) oder dem Aufstand in Djelekovec (1939) die soziale Ungerechtigkeit, der die Bauern seiner Gegend ausgesetzt waren, widerspiegelten. Nach dem Krieg wurde Generalić nicht nur im eigenen Land geachtet, sondern weit über seine Grenzen hinaus bekannt. Die Popularität der naiven Malerei verdankt sich zu einem beträchtlichen Teil diesem Künstler und der Malerschule von Hlebine – und der an seinem Standard orientierten und in Massenproduktion überwiegend für den Export hergestellten Hinterglasbilder, von denen auch Hunderttausende als Reproduktionen in Kaufhäusern angeboten wurden.

Die Naiven-Konjunktur hat ihren Höhepunkt mittlerweile überschritten. Zur allgemeinen Unsicherheit und Verwirrung im Verständnis und in der Beurteilung der naiven Kunst hat sicher auch die mit der enormen Nachfrage einhergehende Vermarktung und Kommerzialisierung des Metiers beigetragen. 1981 hatte es sich die Kunsthalle Bielefeld daher zur Aufgabe gemacht, »in einer exemplarischen Demonstration zur klärenden Verdeutlichung dessen beizutragen, was mit Fug und Recht wirklich als naive Kunst bezeichnet werden kann« (Engels). Orientiert an den Kriterien authentischer naiver Kunst, wird den Nachfolgern Generalićs, den im Bewußtsein des Publikums »echten« Naiven, diese Bezeichnung im begleitenden Ausstellungskatalog aberkannt. Volker Dallmeier schlägt darin vor, statt dessen besser von Naivismus zu sprechen, da diese schulmäßig betriebene Kunstäußerung, in mehr oder weniger manieriertem Abklatschverfahren produziert, »ihre Ursprünglichkeit, Reinheit und Unbefangenheit durch den ›Prozeß des Wollens‹ verloren hat«. Hier wird offensichtlich, daß der einzige Wandel, der der naiven Kunst zugestanden wird, der Wandel zum Negativen ist – während hingegen im gleichen Zeitraum die Pop-Art, einhergehend mit einem Verzicht auf Originalität, die technische Reproduzierbarkeit nachahmte.

Mit der gleichen Intention unterscheidet man die nicht geringe Zahl akademisch, kunsthandwerklich oder sonst fachlich vorgebildeter Künstler, die sich Charakteristika naiver Ausdrucksweise aneignen und in ihre eigene Stilistik übersetzen. Unbeachtet ob ihrer Negativwertung als »Pseudo-Naive« (Engels) oder ins Positive gekehrt als »Bewußt-Naive« (Bihalji-Merin), stehen auch sie beim Publikum hoch im Kurs. Doch ist es gerade diese Ausrichtung auf den »modisch konformistischen Publikumsgeschmack« – man beachte die negative Besetzung der seit dem 19. Jahrhundert gängigen Termini –, die diese Spielart in Mißkredit bringt. Im Gegenzug sei als Beispiel für »gewollte Naivität« (Fuller) Milan Kunc genannt, der 1944 in Prag geboren wurde und heute in Köln lebt. Einfache Kompositionen, die Darstellung trivialer Kulturgüter, deutlich voneinander abgegrenzte Motive und klare Farben kennzeichnen seine Bilder. Bewußt verwendet er kitschige Motive wie Schwarzwalduhren, verschneite Bergkapellen, Mondenschein, Südseestrand und Rehe. In ›Schwarzwald‹, einem 1990 entstandenen Gemälde, haben Autoabgase, Radioaktivität und Jagd die Bäume zu Baumgerippen verkommen lassen; die Kuckucksuhr zeigt kurz vor zwölf: Durch die Umfunktionierung der Waldidylle prangert Kunc die Umweltzerstörung an.

Die naive Kunst befindet sich in einem doppelten Dilemma. Von der Kunstwissenschaft, die den Unterschied zwischen hoher und niedriger Kunst pflegt, weitgehend ignoriert – in keinem Werk über deutsche Kunst des 20. Jahrhunderts ist Adalbert Trillhaases Name erwähnt (Dallmeier) –, haben sich im Gegenzug insbesondere die Verfechter authentischer naiver Kunst eine Position zu eigen gemacht, die jedoch gerade in der Übernahme der Kriterien der Moderne (Ausbildungsform des Künstlers, Intention der Werke, Originalität, Publikumsgeschmack als negative Größe) die postulierten signifikanten Unterschiede zwischen eben dieser Moderne und der naiven Kunst manifestiert. Denn noch immer sucht man den »echten« naiven Künstler, der ohne formale Ausbildung im »Zustand der Unschuld« (Engels) agiert, den ursprünglich und bruchlos Naiven, der isoliert weniger Trends und finanziellen Zielen denn einer inneren Notwendigkeit folgt. Mit ihm sucht man eine Naivität, die nicht kultiviert oder kalkuliert, künstlerisch ambitioniert eingesetzt wird, sondern in latenter Form noch als »Urerlebnis« nachwirkt.

Auch die Mutmaßung, daß »die Geschichte der modernen Kunst [...] mit der Geschichte der naiven Kunst identisch« sei (Dallmeier), verfestigt letztendlich nur die mit dem Etikett »naiv« involvierten evolutionistisch und hierarchisch orientierten Modelle. Zwar haben beide in der einerseits programmatischen und andererseits unbeabsichtigten Deformierung und Verfremdung der natürlichen Wirklichkeit Berührungspunkte, und unbestritten ist auch die Tatsache, daß es maßgebliche Repräsentanten der modernen Kunst waren, die als erste die naiven Künstler entdeckt und gefördert haben und gelegentlich sogar von ihnen Anregungen für ihr eigenes Schaffen empfingen. Die Beziehungen und Korrespondenzen dieser unterschiedlichen Inspirationsquellen zur modernen Kunst, die zuweilen zu verblüffenden Übereinstimmungen führten, sind hinlänglich bemerkt und zuweilen auch überbewertet worden. Doch möchte ich hier nicht von gemeinsamen »Wurzeln« sprechen, denn auch die »primitive« afrikanische Plastik wurde lange Zeit mißverstanden, da man, evolutionistischen Denkschemata folgend, ihre Gestaltung als kindlich und als Primitivität des Anfangens mißdeutete. So kam die »Negerplastik« oder »Stammeskunst« als Absolutum nicht in den Blick. Man sah eher ein technisches Unvermögen in der Erfassung der Proportionen denn »eine bewußte Konzentration auf die Gestaltung der Dreidimensionalität am Werk«, dessen Entstehungszusammenhang hingegen weitgehend ignoriert bzw. auf den Kopf gestellt wurde, wie Heinrichs 1994 konstatiert.

Sicher ist, daß wir der naiven Kunst nicht mehr mit den seit Anfang des Jahrhunderts kaum noch erneuerten Kriterien gerecht werden können. Naive Kunst bleibt solange eine Außenseiterkunst, bis man die mit dem elitären Kunstbegriff der Moderne verbundenen Merkmale, insbesondere das an der Ausbildungsform der Künstler orientierte Kriterium, vielleicht gemeinsam mit diesem verschwommenen Begriff ad acta legt. Auch wird in der Auseinandersetzung mit naiver Kunst weitgehend übersehen, daß sich das europäische Kunstgeschehen durch seit den sechziger Jahren verstärkt einsetzende Tendenzen weitgehend von den Kriterien der Moderne verabschiedet hat. Der »erweiterte Kunstbegriff«, den Joseph Beuys verkündete, führte zu einem allgemeineren Verständnis des Künstlers – Jeder Mensch ist ein Künstler – und damit zu der Bestimmung prinzipiell jeder menschlichen Handlung als Kunstwerk. Bei ihm erhält diese unter anderem schon in der Pop-Art, dem Futurismus, dem Dadaismus und in der Fluxus-Bewegung bezogene Position eine neue Schärfe und Präzision in der Realisierung.

Bereits mit dem Aufbruch zur Moderne hatte sich in der europäischen Kunst die Vorstellung von dem, was als das Wichtige und Entscheidende in der Kunst angesehen wurde, verlagert. Es erfolgte eine immer stärkere Hinwendung zur Ursprünglichkeit und Unabhängigkeit des Schaffensprozesses von aller hergebrachten Tradition. Der unmittelbare, durch keinerlei Konvention verstellte Ausdruck eines Erlebnisses konnte – wie die Rezeption der Naiven zeigt – aber sehr wohl auch außerhalb des »Gelernten« zum Ereignis werden, so daß in der letzten Konsequenz bereits hier die Grenzen zwischen Laien und Berufskünstlern an Bedeutung hätten verlieren müssen.

Hier endet der Streifzug durch die Welt der europäischen Naiven, der sich, was in der Natur der Sache liegt, an Biographien und Werken von Künstlern orientiert, die aus der Anonymität hervorgetreten sind. Abschließend sei noch darauf hingewiesen, welche wesentliche Rolle die Traditionen, die Bedingungen des jeweiligen Landes bei der Einordnung dieser künstlerischen Erscheinung spielen. So existieren in Polen ähnliche künstlerische Zentren wie im kroatischen Hlebine. Hier wird, nach Jackowski, diese Art Kunst »mit ausgeprägten naiven Zügen jedoch Volkskunst« oder »moderne Volkskunst« genannt. Sie hat in der kulturellen Landschaft Polens einen ähnlichen Stellenwert wie die der Naiven in Jugoslawien. Neue Zentren der Hinterglasmalerei entstanden in Südpolen, womit diese Kunst nach 80 Jahren wieder zum Leben erweckt wurde; es bestehen auch Zentren der volkstümlichen Bildhauerei, so in dem kleinen Ort Paszyn, wo die künstlerische Betätigung der ärmlichen Gemeinde von ihrem Priester angeregt und gefördert wurde. Sie wurde von ihm zugleich als Form der Andacht aufgefaßt, daher ist die Themenwahl fast immer religiös. Daneben gibt es in Polen, verstreut über das ganze Land, eine Vielzahl von Schnitzern wie beispielsweise Adam Zegadło, der 1910 in Krzyźyka geboren wurde. In seinen Werken nimmt die Darstellung jüdischer Bräuche einen breiten Raum ein. Da das Gute und das Böse in seiner Vorstellungswelt streng voneinander getrennt sind, benutzt er auf seinem kleinen Hof zwei verschiedene Werkräume (Dallmeier und Pöschel), um Hexen- und Teufelsfiguren von den religiösen Plastiken fernzuhalten.

1 nach: Mathias T. Engels, Naive Kunst. In: Volker Dallmeier und Werner Pöschel (Hg.), Naive Kunst, Geschichte und Gegenwart. Bielefeld/Hamburg 1981. S. 5–12.

2 Oto Bihalji-Merin, Das Jahrhundert der naiven Kunst. In: Oto Bihalji-Merin und Nebojša-Bato Tomašević (Hg.), Weltenzyklopädie Naive Kunst. Stuttgart 1989 [1984]. S. 17–84.

3 William Rubin, Primitivismus in der Kunst des 20. Jahrhunderts. New York/München 1984.

4 Ausführungen zu Rousseau nach: Werner Schmalenbach, Henri Rousseau, Träume vom Dschungel. München 1998.

5 Bihalji-Merin, a.a.O.

6 Tilman Osterwold, Faszination und Zerstörung – Anpassung und Unterwerfung. In: Institut für Auslandsbeziehungen/Württembergischer Kunstverein (Hg.), Exotische Welten, Europäische Phantasien. Stuttgart 1987. S. 26-33.

7 Zu Bödeker und Wittlich siehe:
Volker Dallmeier, Naive Kunst – Moderne Kunst. Begegnungen, Wechselwirkungen, Parallelen. In: Dallmeier/Pöschel, a.a.O., S. 16–20.
Thomas Grochowiak, Naive Kunst in der Bundesrepublik Deutschland. In: Bihalji-Merin/Tomašević, a.a.O., S. 649–653.

Ländliche Kunst

Kincsö Verebélyi

Der Begriff der Volkskunst umfaßt in Europa die von der Folklore geprägte bildende Kunst und das Kunstgewerbe eher unter Berücksichtigung der Forschungstraditionen der jeweiligen Länder als auf der Grundlage gattungstheoretischer Kriterien. Ihre Entdeckung setzte überwiegend im letzten Drittel des 19. Jahrhunderts ein, in der Zeit nach der Weltausstellung in Wien. Die 1894 veröffentlichte Studie ›Volkskunst, Hausfleiß und Hausindustrie‹ des Wiener Kunsthistorikers Alois Riegl stellt den ersten Versuch zu einer theoretischen Klärung dieses Bereiches dar. In jenen Landstrichen Europas, in denen Volkskunst heute noch eine lebendige Praxis ist, nährte sich das Interesse aus mehreren Quellen. Die Forschung sollte zum einen dazu beitragen, daß durch Erlernen, Fortbestehen und Ausüben des Kunstgewerbes den verarmenden Schichten auf dem Lande, die aus der Agrarproduktion verdrängt worden waren, ein Broterwerb geboten wurde. Zum anderen erschienen die im Rahmen bäuerlicher Kultur entstandenen Gegenstände als Träger ästhetischer Qualitäten, die geeignet schienen, die Betrachtungsweise der professionellen Künste aufzufrischen, und galten somit als Quellen für die Nationalkultur und -kunst. Die Volkskunst als Element nationaler Kultur wurde Bestandteil des Unterrichts in den Grundschulen.

Die Auffassung, derzufolge die Volkskunst das Fundament, zumindest aber eine Komponente der nationalen Identität sei, taucht seit dem Ende des vergangenen Jahrhunderts immer wieder auf, wenngleich nicht immer und nicht überall mit der gleichen Intensität. Sie manifestiert sich in der zeitgenössischen Museen- und Ausstellungspraxis und in der Präsentation von Gegenständen, die der Volkskunst angehören. Eine ähnliche Auffassung kommt auch im Text- und Bildmaterial von Sammelbänden zum Tragen, die dazu bestimmt sind, die Ethnographie jeweils eines Volkes oder Landstriches vorzustellen. Durch diese Betrachtungsweise wurde anstelle der Wirklichkeit der bäuerlichen Kultur, Volkskunst inbegriffen, mit Hilfe von zweckentsprechend ausgewählten Gegenständen eine beschönigte und ins Zeitlose gewandelte bäuerliche Welt rekonstruiert. Das so zusammengetragene Material blieb bis heute Fundament und Maßstab der Kategorie »Volkskunst«.

Die Jahrzehnte nach der Jahrhundertwende vergingen mit Erhebungen über die Besonderheit der einzelnen Bereiche der Volkskunst, je nach Landstrichen und Nationen. Die zeitgenössische internationale Volkskunst-Forschung verband, in erster Linie im Gefolge von Arthur Haberlandt und L. Rütimeyer, die Volkskunst aufgrund ihres elementaren Ornamentikbestandes unmittelbar mit der prähistorischen Kunst. Zugleich wurden in ihr, neben den spezifisch ethnischen oder als solchen erscheinenden Zügen, auch die Spuren historischer Stile erkannt. Mitte dieses Jahrhunderts verlief ihre Erforschung in den einzelnen Ländern in sehr unterschiedlicher Intensität. Diese Ungleichmäßigkeit ist bis in heutige Tage spürbar, was einen Überblick über die europäische Volkskunst außerordentlich erschwert.

Innerhalb der Forschung begann sich eine bis heute wirkende Tendenz zu entfalten, die auf die Untersuchung der Volkskunst als Subsystem der jeweiligen Kultur, als ein im Zuge eines historischen Prozesses sich entwickelndes Phänomen gerichtet ist. Dieser Entwicklungsprozeß wird vom jeweiligen gesellschaftlich-kulturellen Umfeld, von der Produktions- und Verbrauchsstruktur, von den materiellen und den natürlichen Gegebenheiten sowie vom technischen Vorbereitungsstand beeinflußt. Das schöpferische Moment kann sich auf den verschiedenen Ebenen der von der Folklore geprägten bildenden Kunst zeigen.

In den letzten Jahrzehnten gebrauchen einige Forscher Begriffe wie »bäuerliche, bildkünstlerische Kultur« (R. Jerabek) oder »bäuerlicher Bildgebrauch« (V.A. Bringeus). In diesen Begriffen und Herangehensweisen wird die Rezeption und die Benutzung der künstlerisch anmutenden Stücke auch unter Erweiterung des kunstsoziologischen Hintergrunds akzentuiert. Eine andere, seit den zwanziger Jahren immer wieder virulente Tendenz ist die Betonung des symbolhaften Charakters der volkskünstlerischen Werke. Ihr wurde zahlreiche Kritik zuteil, doch sind solche Überlegungen in populärwissenschaftlichen Werken auch heutzutage noch aufzufinden. Neuerdings vermochten die ethnosemiotischen Untersuchungen substantielle Aussagen über den Signalcharakter der volkskünstlerischen Werke als speziellen Ausdruck sozialer Kommunikation zu machen.

Typische Hausaltarvitrine in einem ländlichen Wohnzimmer. Murteira, Portugal 1989

Die Anfänge der Volkskunst lassen sich, je nach konkretem gesellschaftlich-kulturellen Umfeld, zeitlich geringfügig abweichend bestimmen, doch die gegenständlichen Relikte selbst sind selten älter als aus dem 18. Jahrhundert. In Europa ist seit dem Auftreten der bürgerlichen Kultur das Phänomen zu beobachten, daß sich die Kultur der weniger privilegierten Gesellschaftsschichten, namentlich des Bauerntums, von der Kultur der elitären Schichten der Gesellschaft loslöst. Das Tempo und der Modus ihrer Entwicklung, das System ihrer Beziehung zur Elitekultur ist unter dem Einfluß lokaler Faktoren einem spezifischen Wandel unterworfen. Die Bedürfnisse des jahrhundertelang unter nahezu unveränderten Bedingungen lebenden Bauerntums, des Ackerbauers und Viehzüchters, seine Produktions- und Arbeitserfahrungen, seine Werkzeugbenutzung, die Art der Bedürfnisbefriedigung, seine Kultur- und Religionsumstände wandelten sich nur langsam und schienen geradezu unverändert *(longue durée)*. Dies ist ein Grund dafür, daß die Werke, je älter sie dem Entstehungsdatum nach sind, um so ähnlicher ausgeprägte Lösungen aufweisen, sowohl im Hinblick auf die Formung des Gegenstandes als auch auf dessen Verzierung.

Die bürgerliche Entwicklung, das Fortschreiten der industriellen Zivilisation, die Urbanisierung gingen in Europa je nach Region in sehr verschiedenem Tempo vor sich, und auch die Lage des Bauerntums gestaltete sich in Westeuropa anders als in Nord-, Ost- oder in Südeuropa. Die in peripherische soziale Lagen geratenen bäuerlichen Gemeinschaften waren in jeweils unterschiedlichen Entwicklungsphasen soweit, ihre Identität auch in Gegenständen, in Werken der Volkskunst zu formulieren.

Diese Phase – in Westeuropa Ende des 18. Jahrhunderts, in Richtung Osteuropa vom Beginn des 19. Jahrhunderts an immer später einsetzend – ist die erste Blütezeit der Volkskunst. Mehr oder weniger parallel dazu begannen Prozesse, die zur Herausbildung von regionalen und stilistischen Besonderheiten führen. Diese Gliederung kann auch auf verschiedenen Ebenen vor sich gehen und erstreckt sich auf kleinere und größere Bezirke. Als bedeutendere regional-typologische Besonderheiten können wir zum Beispiel betrachten, daß im französischen und deutschen Sprachgebiet einer der am reichsten entwickelten Zweige der Volkskunst die Möbelkunst ist, in Schweden die Holzwand-Malerei, in Osteuropa die Textilien zum Dekorieren der Wohnungswände, in Polen und in der Schweiz der Scherenschnitt.

Wir können nicht nur von einer geographisch bestimmten Gliederung sprechen, sondern auch eine Differenzierung in sozialem Sinne beobachten. Die Volkskunst ist nicht nur Teil der bäuerlichen Kultur, sondern weist innerhalb dieser Gesellschaftsklasse eine weitere Gliederung auf – auch auf der Ebene der künstlerischen Ausdrucksformen. Die Fachforschung unterscheidet die an bestimmte Berufe (Gesellschaftsgruppen) gebundenen Künste, wie die der Seefahrer als Küstenbewohner und die der Bergleute, Hirten etc. Unter Ausdehnung des Volkskunstbegriffs sprechen wir auch von urbaner Volkskunst, von künstlerisch geprägter Tätigkeit gewisser subkultureller Gruppen; seit A. Spamer und seiner bahnbrechenden Tätigkeit werden Bastelarbeiten, Handarbeit und sogar ein so neuer Kunstzweig wie Graffiti, ausgeübt auch von anderen kulturellen Gruppen, der Kategorie der Volkskunst zugerechnet.

Die volkskünstlerischen Tätigkeitsformen sind von der zweiten Hälfte des 19. Jahrhunderts an bis in unsere Tage in unterschiedlichem Tempo und unterschiedlicher Reihenfolge verschwunden. An die Stelle der Produkte von Hausindustrie und handwerklicher Kunst waren zuerst in Westeuropa großindustrielle Produkte getreten, während Mittel- und Osteuropa Ende des 19. Jahrhunderts die zweite Blüte der Volkskunst erleben konnte – und mancherorts Anfang des 20. Jahrhunderts sogar noch eine dritte, wie zum Beispiel in Ungarn.

Das Interesse für die Volkskunst, das mehr oder weniger mit ihrem teilweisen oder vollständigen Verschwinden zeitlich zusammenfiel, trug neben vielen anderen Faktoren auch dazu bei, daß einige ihrer Genres unter veränderten Umständen und Bedingungen fortbestanden. Der volkskünstlerische Folklorismus mochte die Trachten präferieren, wofür die österreichischen Trachtenvereine ein schönes Beispiel liefern. Die Untersuchung der Volkskunst beschränkte sich lange Zeit – und tut es manchmal heute noch – lediglich auf die Ornamentiken und sah davon ab, daß sie von Artefakten, also von Gebrauchsgegenständen getragen sind, bei deren Formung neben den ästhetischen Qualitäten auch praktische und andere Funktionen eine Rolle spielen. Eine determinierende Eigenart des volkskünstlerischen Gegenstandes ist gerade, daß er mehreren Funktionen gerecht werden kann. Das bedeutet auch, daß die dem Gegenstand zugeordneten Funktionen über die tägliche Praxis in einer hierarchischen Beziehung zueinander stehen. Neben der praktischen Funktion sind Gegenstände wie zum Beispiel Schüssel, Teller, Eßbesteck, Hirtenstäbe und ähnliches auch zur Erfüllung festlicher, feierlich-zeremonieller, ritueller, repräsentativer und Prestigefunktionen geeignet.

Die Dominanz der Geschenk-, Zier- und Souvenirfunktionen innerhalb der Funktionenhierarchie wird bei der Gestaltung und Verzierung des Gegenstandes dann berücksichtigt, wenn die zur Gestaltung des Ästhetischen erforderlichen technischen Fertigkeiten und materiellen Möglichkeiten gegeben sind. Zum technischen Verfahren werden mitunter elementare Gestaltungskunstgriffe verwendet, um die hervorzuhebende Funktion auszuprägen. Als solche gelten die Verkleinerung, Vergrößerung, Vervielfachung, Verdichtung sowie die Präferenz lebhafter Farben, die Schaffung von den besonderen Gesetzmäßigkeiten des Anblicks entsprechenden Kompositionen, die Vorliebe für Symmetrie und ähnliches. Beim Gegenstand der Volkskunst können die den Gegenstandsformen und Verzierungen historischer Stile analogen Elemente auf einer von der Hochkunst verschiedenen Weise gekoppelt werden. Die Stilelemente können überlappen, während sie sich den von kleineren oder größeren Gemeinschaften geformten lokalen Traditionen anpassen. Die Historizität erscheint folglich in diesem Register anders als im Falle der Hochkunst.

In der Volkskunst sind der Geschmack der Gemeinschaft, der Verbrauch bzw. die Rezeption das bestimmende Moment. Die langsamen Veränderungsprozesse werden zwar auch vom jeweiligen soziokulturellen, künstlerischen Umfeld beeinflußt, doch sind die Neuerungen – die vom gemeinschaftlichen Gebrauch gerechtfertigt werden – in der Regel nicht das Ergebnis einer inneren Entwicklung, sondern Veränderungen, die unter dem Einfluß von außerästhetischen Faktoren zumeist auf formaler Ebene entstehen. Wenngleich mit geringem Spielraum, konnten von der Blütezeit der Volkskunst an auch individuell kreative Initiativen zur Geltung kommen. Je mehr wir uns der Gegenwart nähern, desto mehr erweist sich nicht mehr die Gemeinschaft als Wahrerin volkskünstlerischen Wissens, sondern zunehmend sind es die Kenner des einstigen Gemeinschaftsgeschmacks und der Gemeinschaftsnorm – Einzelpersonen mit außergewöhnlichen Fertigkeiten und Fähigkeiten: die sogenannten kreativen Volkskünstler.

Die Tätigkeit heutiger Volkskünstler grenzt häufig an die naive Kunst. Die schöpferische Tätigkeit der naiven Künstler ist nichtsdestoweniger von jener der Volks-

Holzschnitzer. San Vincente de Alcantara, Spanien 1980

künstler zu unterscheiden. Denn im ersten Fall handelt es sich um die bildkünstlerische Tätigkeit von ungelernten (unausgebildeten) Menschen, im zweiten hingegen um Kunsthandwerk, das sogar das Niveau von Kunst erreichen kann. Beide haben ihre eigene bildungsgeschichtliche Vorgeschichte, ihren eigenen Aneignungsprozeß und ihre eigene gesellschaftliche Funktion. Die Volkskunstforschung ist in bezug auf Definierung und Abgrenzung der Genres keineswegs einheitlich. Um einen Begriff von Georg Lukács zu gebrauchen: Der Volkskunstgegenstand ist »ohne Welt«, daher ist es schwer, von inhaltlichen Kriterien zu sprechen. Da die Bedeutung des Gegenstandes, gleich seiner Funktion, vielerlei sein kann, nicht starr determiniert, sondern anlaßgebunden und mithin auch veränderlich, sind auch die Gesichtspunkte der deskriptiven Herangehensweise verschieden.

Das Hauptaugenmerk gilt zumeist den Grundstoffen und Herstellungstechniken bzw. deren Kombination. So können Gruppen und Genres definiert werden, die mit Gegenständen arbeiten, die unmittelbar in der Natur vorkommen, also Stein, Knochen, Horn, Holz und andere. Im Unterschied zu ihnen arbeiten andere mit Grundstoffen, die durch einen Arbeitsprozeß hergestellt wurden, wie Metall, Textilien, Keramik. Keiner besonderen theoretischen Hypothesen bedarf die Gliederung des Materials, bei der vom praktischen Gebrauch ausgegangen wird, wie zum Beispiel bei Trachten, Raumtextilien, Hauseinrichtung, Hausrat, Werkzeugen, Liebesgaben und dergleichen. Erschwert wird eine Klassifizierung dadurch, daß beim ursprünglichen Kreis der Benutzer in der Regel bei der Auswahl keine ästhetischen Kriterien

Holzschnitzereien. Alentejo, Portugal 1989

zugrunde lagen, sondern eine dem Gegenstand zugeordnete Funktion. In der bäuerlichen Kultur ist ein Gegenstand der Volkskunst kein Kunstgegenstand.

Auf der einen Seite haben die traditionellen volkskünstlerischen Werke in Europa ihren gemeinschaftlichen Hintergrund längst eingebüßt und funktionieren, gleichsam als Repräsentanten eines Stils, in einer nicht von der Folklore geprägten Umgebung als Ziergegenstände. Auf der anderen Seite erfüllen gewisse Phänomene und Elemente der Industriegesellschaft die einst von der Volkskunst ausgeübten Funktionen, auf einer den Funktionsprinzipien der einstigen Folklore ähnlichen Weise.

Augenlust und Materialgerechtigkeit

Zum schillernden Begriff »Kunstgewerbe«

Hajo Schiff

Der europäische Alltag lebt mit vielen Defiziten; eines davon heißt Kunstgewerbe. Es ist der dahinterstehende Gedanke der Ausgrenzung, der den Begriff so schwierig macht: Wenn »Kunstgewerbe« positiv besetzt ist, muß »Gewerbe« an sich wohl nicht ausreichend gut sein, so daß es der Veredelung zur Kunst bedarf. »Kunstgewerbe« und »-handwerk« sind ausnehmend defensive Begriffe, die aus tiefem Mißtrauen gegenüber der Industrieproduktion im 19. Jahrhundert geprägt sind. Es ging um die Aufwertung traditioneller Herstellungsweisen durch einen Individualitätsanspruch, der aus der künstlerischen Kreation übertragen wurde. Von den romantischen Weltverbesserungsmodellen eines Robert Morris in England bis zur selbstbestimmten Produktion knapp oberhalb des Bastelniveaus auf Wohltätigkeitsbasaren entsteht seitdem eine Flut schöner Anachronismen, mit handgetöpferten Seifenschalen und esoterischen Teetassen.

Anders als im Design geht es dem Kunsthandwerk nicht um optimierte Entwürfe, die anschließend perfekt industriell gefertigt werden können, sondern um Objekte, deren gesamter Erstellungsprozeß unter individueller Kontrolle bleibt. Wann wird Handwerk Kunst? Und wozu soll es Kunst werden? Ist Handwerk nicht immer ein individueller Prozeß, dessen Ergebnis mal gut und mal weniger gut ist? Da das Wissen des Meisters notwendig begrenzt ist, und um den Verlust des zünftigen Austausches zu kompensieren, stehen dem Handwerk seit rund 150 Jahren historische Sammlungen zur Anschauung früherer Könnerschaft zur Verfügung: die Kunstgewerbemuseen. Genaugenommen sind sie eigentlich Kolonialmuseen, denn wo die Museen der Völkerkunde vom kolonisierten Raum berichten, beweisen die Museen des Kunstgewerbes die Inbesitznahme der Dinge als Ware. Das ist weniger eine Aussage in neomarxistischer Ideologie als ein Verweis auf die Gründungsgedanken dieser Institute mit ihren bis heute teils exzellenten Sammlungen.

Als erstes Museum seiner Art wurde in London 1852, gleich nach der Kristallpalast-Weltausstellung, das South Kensington Museum samt Kunstgewerbeschule gegründet, das spätere Victoria- und Albert-Museum. 1863 folgte das kaiserliche Wien als erste Stadt auf dem Kontinent, und nur fünf Jahre später das preußische Berlin. Alle diese Sammlungen waren ganz direkt dafür gedacht, Handwerk und Industrie eine Mustersammlung von der Antike bis zur Gegenwart zur Verfügung zu stellen. Griechische Grabvasen und florentinische Kleinbronzen, italienische Majolika, Nürnberger Schreibschränke und besonders solche Objekte, die sich für die Konstruktion eines speziellen nationaltypischen Stils in Anspruch nehmen lassen konnten: Alles wurde als direkte Vorbilder für historische Produktion und nationale

Exportgewinne gesammelt. Im ›Goldenen Buch des deutschen Volkes an der Jahrhundertwende‹ wird das so beschrieben:

»Allein erst nach der Mitte des Jahrhunderts wurden für das, was wir heute unter Kunstgewerbe verstehen, der Bereich abgesteckt und dauernde Grundlagen gelegt. Bekanntlich gab die erste Weltausstellung, 1851 zu London abgehalten, den Anstoss. Hier trat es deutlich zu Tage, wie kläglich es um den Geschmack im Handwerk und in der Industrie durch ganz Europa hin stand. Einsichtige und thatkräftige Männer, darunter zwei Deutsche an hervorragender Stelle, der erlauchte Prinz Albert als machtvoller Förderer, Gottfried Semper als Künstler, Gelehrter und Schulmann, erkannten das Uebel und wussten die heilenden Kräfte zu organisieren. Die alten Vorbilder aus den Zeiten, da noch Handwerk und Kunst im innigen Bunde geschaffen hatten, wurden gesammelt und dem Studium zugänglich gemacht; die in diesem Museum beobachteten Grundsätze sollten in entsprechenden Schulen angewendet und eingeübt werden.«

Aus solchen Kunstgewerbeschulen sind dann oft in einer erneuten Aufspaltung zwischen angewandter und freier Kunst viele der heutigen Kunsthochschulen hervorgegangen, die nicht schon früher als Königliche Akademien gegründet worden waren. Andererseits sind es noch heute gerade diese Schatzhäuser der kunstgewerblichen Museen, die in ihren Städten oft den höchsten Zuspruch des Bildungsbürgertums genießen und die weitesten Kreise vermögender Mäzene haben.

Auch wenn Industrialisierung, Nationalismus und explosionsartig gewachsener Warenverkehr der zweiten Hälfte des 19. Jahrhunderts der Motor der Kunstgewerbebewegung waren, die grundlegenden Ideen dazu stammen bereits aus dem 18. Jahrhundert. Das Sammeln von Anschauungsmaterial ist ein typischer Gedanke der Enzyklopädisten in der französischen Aufklärung: 1000 Kupferstiche umfaßte die ›Descriptions des arts et métiers‹, in deutscher Übersetzung als ›Schauplatz der Künste und Handwerke‹ in 21 Bänden von 1762 bis 1805 erschienen. Archivierung und Geschmacksbildung in Kunst und Handwerk, als zwei getrennte Worte gut zu verstehen. Erst in der so deutschen Wortverschmelzung liegt zugleich das ideologische Programm und Problem.

Kunstgewerbe ist kein genau zu definierender eigener Bereich. Es ist vor allem eine spezielle Sichtweise auf die Produktion, ein spezieller, gehobener Anspruch auf Repräsentation als Objekteigenschaft, der vor seiner Rückprojektion auf die Kunstgeschichte nicht zurückschreckt. Es scheint allerdings wenig Sinn zu machen, vor der bewußten Herausstellung künstlerischen Individualstils in der Mitte des 15. Jahrhunderts Arbeiten zwischen Kunst, Kunsthandwerk und Handwerk zu differenzieren. Viele der erhaltenen antiken Kunstwerke sind zu ihrer Zeit in industrieller Anfertigung vergleichbaren Arbeitsprozessen hergestellt worden. Die sakrale Kunst der nachantiken Zeit hat sich als handwerkliche Dienstleistung zur Verherrlichung des Göttlichen verstanden. Dennoch sprechen wir auch im angewandten Bereich von Kunst. Erst mit der Serienproduktion von Waren gibt es überhaupt Dinge, auf die nicht die eigentlich selbstverständliche maximale Sorgfalt aufgewendet wird, und die

Differenzierung zwischen Massenprodukt und kunsthandwerklichem Gegenstand wird wenigstens solange sinnvoll, bis eben das Kunstgewerbe selbst zur Massenproduktion übergeht und im letzten Viertel des 19. Jahrhunderts eine schier unendliche Palette von Stilzitaten aus Zement und Zink, aus Gips, Pappe und neuen Imitatstoffen anbietet, der die Repräsentation über jeden Zweck geht. So entsteht das kunstgewerbliche Paradox, das für manchen auch negativen Beigeschmack des Wortes »Kunstgewerbe« verantwortlich ist: Im Anspruch, besonders wertvoll zu sein, ergibt sich gerade gegenüber den historischen Vorbildern nur noch wiedergekäute Minderwertigkeit bis hin zum Kitsch.

Idealiter ergibt sich folgende Vierteilung: Kunst schwebt zweckfrei im ästhetischen Bereich, Kunsthandwerk sorgt für die angewandte Schönheit des Lebens, Kunstgewerbe macht dies auch weniger vermögenden Kreisen zugänglich – und der Rest ist graue Notwendigkeit des Alltags (heute wird der letzte Punkt durch intelligentes Industriedesign aufgebessert).

Doch angesammelte Stilzitate von Neorenaissance-Erkern bis hin zu Hochzeitsstühlen stellten noch keine wirkliche Geschmacksbildung dar. In der Kritik allzu beliebiger Stil-Imitate wird ein neuer Naturbezug gesucht und der Jugendstil entwickelt; mit dem Anspruch angemessener Materialgerechtigkeit treten der Deutsche Werkbund und die Wiener Werkstätten auf den Plan. Um die letzte Jahrhundertwende führte die Kunstgewerbebewegung über die kommerzielle und nationale Indienstnahme hinaus und mündete in ganz Europa in einer Suche. Vom Jugendstil bis zum Bauhaus soll vom kleinsten Objekt bis zur Architektur, von der Schrift bis zur Kleidung das Leben künstlerisch durchgängig verfeinert werden, worin mitunter elitäres Sektierertum und ein totalitärer Anspruch sichtbar wird.

Noch heute sind die hier behandelten Begriffe, erweitert um das eingemeindete Wort »Design«, eher changierende Etiketten der Vermarktung als scharf begrenzt. Und unter »postmodernen« Vermischungsideen, die fast schon wieder einer Stilansammlung der letzten Jahre des vorigen Jahrhunderts entsprechen, werden sich auch nur noch die wenigsten in ihrem eigenen Umfeld in Wohnen und Lifestyle einem einzigen Geschmacksdiktat strikt unterwerfen: Das heutige Rezept lautet eher Bauhaussessel und Barocksekretär mit Indianermaske an Jugendstilspiegel. Unter veränderten Stilvorstellungen finden wir heute oft gerade in handwerklichen Objekten der ländlichen Peripherie Europas und der Dritten Welt, die ohne Kunstanspruch, aber traditionell gefertigt wurden, ein viel attraktiveres Design und einen interessanteren Umgang mit Form und Material als im heimischen Kunsthandwerk. Aber sogleich werden Dinge wie schlichte Bauernmöbel oder höchst einfache Terracotta in Kontextverschiebung von der Provinz zum Zentrum zum Artefakt erklärt und bald als neues Kunsthandwerk und in exklusivem Studiobetrieb vermarktet.

Der Gipfel der Sophistikation scheint allerdings erreicht, wenn ein exklusiver Inneneinrichter sich wieder schlicht »Der Tischler« nennt. Doch nehmen wir an, er bringt so zum Ausdruck, daß das gute Handwerk auch ohne so wohlig schillernde Worte wie »Kunst« oder »Design« einen höchsten Grad individueller Identität von Form, Material und Funktion erreichen kann.

Sakrale Kunst

Heinrich Pfeiffer

Die Hierophanie als formgebende Ursache sakraler Kunst

Schon bei Griechen und Römern, Ägyptern und anderen Völkern Vorderasiens hatte die Kunst in erster Linie eine sakrale Funktion. Sie diente dazu, Altäre und Tempel zu schmücken bzw. aus einem Gebäude das Heiligtum eines Gottes und aus einem Block einen Opferaltar zu machen. Im Gegensatz zu den Griechen, die einen öffentlichen, durch Kunst und Riten geheiligten Bereich und eine private Wohnsphäre unterschieden, ergriff bei den Römern die Sakralisierung auch die Wohngebäude und Gärten der Reichen. Wandgemälde, wie sie in Pompeji und Rom vorkamen, verwandelten Wohnungen in sakrale Zentren mit Ausblick in gottgeweihte Haine, mit Weihegaben und Tempelarchitekturen. Auch ließ sich die reiche Römerin gerne in Vollplastik als Venus in ihrem eigenen Garten aufstellen. Die Lebensräume des Alltags sollten durch sakrale Dekoration feiertäglich eingekleidet werden. Die zur Sakralisierung der Bauten, Räume und Gegenstände geeignete Formensprache entstammt zumeist dem Vorderen Orient, in dem Religionen zuerst einen künstlerischen Ausdruck gefunden hatten. Was eigentlich das Sakrale ausmacht, wenn es zu einer sichtbaren Formensprache wird, hat uns der Religionswissenschaftler Mircea Eliade neu sehen gelehrt. Das Sakrale, ein sakraler Bezirk, Raum oder Gegenstand sind das Ergebnis einer Hierophanie (Erscheinung des Göttlichen), die von oben, aus einem Bereich jenseits aller möglichen menschlichen Erfahrung, an einem bestimmten Ort eingewirkt und das Einerlei des kontinuierlich immer Gleichen und sich Wiederholenden un-

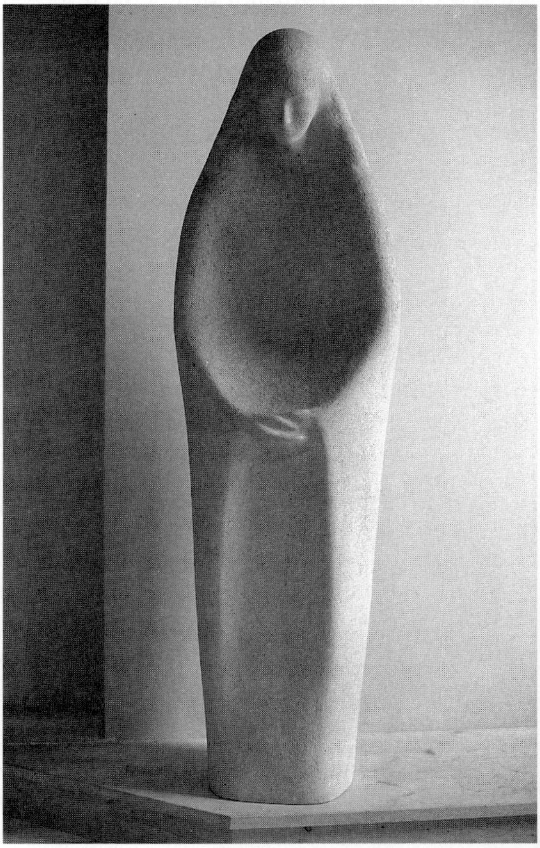

Mater Christi.
Pontificia Università Gregoriana, Rom

terbrochen hat. Das Ereignis der Hierophanie zu bezeichnen und es immer wieder den Menschen ins Gedächtnis zu rufen, diesem Zweck dient die sakrale Kunst.

Das Errichten eines Altares, das Abgrenzen eines heiligen Bereiches als *fanum*, als Zentrum inmitten der draußen im Chaos liegenden Welt, die sich als profane von diesem durch die Hierophanie bezeichneten Zentrum absetzt, ist stets die menschliche Antwort auf eine als übernatürlich empfundene Erfahrung. Das Übernatürliche solcher Erfahrung, die als Ereignis in einer ganz bestimmten Raumzeitstelle einbricht und die Tradition eines Kultes schafft, durch den auch spätere Zeiten an derselben Grunderfahrung teilhaben können, wird durch vier formale Elemente angezeigt:

- durch die für den Blick sichtbare räumliche Verbindung mit der Himmelskuppel
- durch das architektonische und dekorative Abbild des Himmelsgewölbes mit seinen Sternen
- durch das kostbare Material, das auch mittels seiner künstlerischen Gestaltung veredelt worden ist
- durch das Motiv der Unterbrechung, das eine Mitte betont, die entweder von einer Gestalt eingenommen wird oder leer bleibt.

Beginnen wir mit dem letzten, besonders wichtigen Prinzip, das sich bereits im Tempel von Jerusalem verwirklicht findet. Eine heilige Mitte wurde durch die Leere des Allerheiligsten als Raum und durch jene zwischen den beiden goldenen Cherubim auf der Deckplatte der Bundeslade bezeichnet. Als gefüllte Mitte, als materieller Block nimmt die Kaaba, der vom Himmel gefallene Riesenmeteorit in Mekka, das Zentrum des Heiligtums ein. Beide Male handelt es sich um ein durch himmlisches Eingreifen gegründetes Heiligtum, zu welchem die Gläubigen aus allen Himmelsrichtungen kommend pilgern. Die unterbrechende Mitte kann auch durch eine von zwei Tieren flankierte, stehende Gottheit bezeichnet werden, die wir schon von den Siegelzylindern Sumers aus dem dritten Jahrtausend kennen. So wurde eine Naturgöttin wiedergegeben, die sogenannte Herrin der Tiere, die bei den Griechen Artemis und bei den Römern Diana genannt wurde. Dieses Formschema sollte auf ganz neue Art und Weise auch die frühchristliche Kunst prägen.

Das erste Element, die sichtbar gewordene Verbindung mit dem blauen Himmel, ist durch die kreisrunde Öffnung im Zenit des Kuppelbaus des Pantheons in Rom zur Geltung gekommen. Aber schon in römischer Zeit können wir feststellen, daß durch jede Kuppel und Apsis der Himmel abbildhaft auf die Erde geholt und jedermann, dessen Standbild sich unter einer Apsishalbkuppel befand, als göttliches, himmlisches Wesen gekennzeichnet wird. Die Vergöttlichung der römischen Kaiser wurde so dem Volk sichtbar vor Augen geführt. In Kassettengewölben eingefügte Rosetten bedeuteten Sterne, gehörten also zur Erinnerung an die stets vom Himmel erfolgende Hierophanie als symbolhafte Andeutung des sichtbaren Himmelsgewölbes zur zweiten von uns genannten Gruppe der Formelemente. Jedes Detail des sichtbaren Himmels diente als Abbild der dem menschlichen Auge nicht zugänglichen himmlischen Welt. Jedes Gewölbe, jedes Rund hatte ursprünglich die Bedeutung, auf den für Menschen nicht zugänglichen, überirdischen Bereich hinzuweisen, aus dem sich einmal ein Gott kundgetan hat und aus dem sein immer wieder neues Einwirken in diese Welt erwartet wird.

Daß nun das kostbare Material und alle Kunstfertigkeit dazu dienen – damit mag auch das dritte Element sakraler Gestaltung hier eine kurze Erklärung finden –, die heiligen Bauten und Gegenstände von der übrigen profanen Welt abzugrenzen, springt ins Auge. Das sakrale Prinzip wird durch nichts so empfindlich gestört wie durch die Verwendung kostbarer Materialien und künstlerischen Genies zum Einsatz für menschliche Zwecke. Dazu gehören zum Beispiel die überdimensional großen Bauten, die jedem die Entsakralisierung unserer modernen Welt vor Augen führen, die sich von jeder religiösen Bindung losgesagt hat.

Die frühchristliche Zeit

Die neue Religion der Christen hatte zwar die heidnische Götterwelt abgelehnt, konnte sich aber nicht von der Formengrammatik ihrer sakralen Vergegenwärtigung freimachen. Das läßt sich bereits am Schema der »Herrin der Tiere« recht gut zeigen. So wird Daniel als stehende nackte Gestalt zwischen zwei kleinen Löwen wiedergegeben, die zu ihm aufblicken. Wie die Römer ihre Häuser, in denen sie lebten, sakral ausschmückten, so taten sie es auch mit ihren Grabräumen und Sarkophagen. Als sie Christen wurden, änderte sich die Thematik, nicht aber die formale Struktur. Wir finden so im Zenit des Gewölbes von je einem Kubikel der sogenannten Lucinagruft bei der Kallixtuskatakombe sowohl Daniel zwischen den Löwen als auch den guten Hirten zwischen den Schafen schon kurz vor der Mitte des 3. Jahrhunderts in Fresko gemalt. Beide Male sagt das sakrale Schema – entgegen der Meinung vieler Archäologen – ganz deutlich aus, daß an einen wunderbaren Eingriff göttlicher Macht vom Himmel erinnert werden soll. Sowohl Daniel hat die rettende Hand Gottes erfahren, als auch der gute Hirte, den der Vater vom Tode auferweckt, damit er seine Schafe in der Kirche zur Weide führe.

Mit dem Sieg der christlichen Religion nach 300 Jahren Verfolgungszeit können jetzt Gebäude und Gegenstände des neuen Kultes ihre kostbare und kunstvolle Form entsprechend der sakralen Funktion erhalten. Dem Auferstehungsglauben folgend, rückt außerdem ein neuer Gegenstand ins Zentrum der Aufmerksamkeit der Menschen und wird damit der künstlerischen Gestaltung würdig: die Reliquie. Nirgends hat diese für die Kunst eine so große Rolle gespielt wie im Christentum. Es gibt zwar auch Knochen von Buddha, die in kostbaren Reliquiaren gefaßt wurden – eine Stupa in Indien und eine Pagode in China bezeichnen oft einen solchen Ort, wo eine Reliquie des großen Erleuchteten hingebracht wurde –, aber weder in Anzahl noch in der ihnen zugeschriebenen Wirkung sind die Reliquien der buddhistischen Religion mit denen der Christen vergleichbar. Die weiterbewahrten materiellen Objekte der Passion Christi und die Gebeine der Heiligen haben das ganze europäische Mittelalter maßgeblich mitbestimmt.

Die christliche Reliquie wird als neuer Ort der Hierophanie erfahren. Schon Kaiser Konstantin hat prachtvolle Bauten von riesigem Ausmaß über Golgatha und dem Ort der Auferstehung Christi in Jerusalem sowie über den Apostelgräbern in Rom errichten lassen. Auch die von ihm erbaute Apostelkirche in der neuen Reichshauptstadt Konstantinopel – für das eigene Grab und das seiner Nachfolger – bedurfte für ihre volle Weihe der Gebeine des Apostels Andreas. Aber das Christentum als solches bringt eine Umwertung aller Werte mit sich. Wo der nicht vom Glauben erleuchtete Blick nur Tod und Niederlage sieht, da erblickt der Christ den Sieg, der alles, was in dieser Welt gilt, überwindet und umformt für eine neue Welt, die schon anfangshaft da ist und immer mehr hereinbricht.

Die wichtigste Wandlung, die in der Kunst eintritt, ist die Verwandlung des schrecklichsten aller Marterinstrumente, des Kreuzes, in ein Zeichen des Triumphes. Hat doch Konstantin vor der entscheidenden Schlacht an der Milvischen Brücke im Jahre 312 im Traum ein Kreuz gesehen und dabei gehört: »In diesem Zeichen wirst du siegen.« Stücke vom echten Kreuzesholz waren die kostbarsten aller Reliquien. Das erste Triumphkreuz ließ noch Konstantin auf dem Golgathahügel bei der Grabesbasilika und der Anastasisrotunde errichten. Später wurden Stücke des Holzes vom Kreuz Christi in kunstvoll gearbeitete, kostbare Metallkreuze eingelassen. Eines davon, aus dem Jahre 574, ist noch in der Sakristei von St. Peter in Rom erhalten. Die Staurotheken, Reliquienbehälter mit größeren oder kleineren Stücken des echten Kreuzesholzes, gehören zu den wertvollsten Arbeiten byzantinischer und abendländischer Goldschmiedekunst.

Das wichtigste Gebäude der neuen Religion wurde die Basilika, die mehrschiffige Königshalle mit ihrer Apsis, in deren Rund der Mosaik- oder Freskokünstler als vornehmste Aufgabe das monumentale Christus- oder Madonnenbild mit dem Christuskind zu gestalten hatte. Als die beiden wichtigsten hierophanen Ereignisse werden die Menschwerdung Gottes im Schoße Marias und der Kreuzestod Christi zusammen mit seiner Auferstehung erfahren. Das Haupt der Kirche, des Leibes aus lebendigen Gliedern, erscheint nun oft in riesigen Dimensionen vor den Gläubigen über dem Altar der irdischen, aber von Gottes Sohn selbst gestifteten Liturgie, in der die heiligen Geheimnisse seines Todes und seiner Auferstehung stets neu miterfahren werden.

Der Altarblock unter der Apsis bekommt in der Basilika für den Blick der Gläubigen die Rolle des Thronsitzes in der Königshalle, in welcher der im Apsisbilde sichtbar gemachte König des Himmels, dessen Kommen in Herrlichkeit für das Ende aller Zeiten erwartet wird, unsichtbar gegenwärtig bleibt. So hat die Kunst nun auch die Funktion der Vorausnahme der Wiederkunft des Herrn. Sie versucht, etwas von seiner überirdischen Herrlichkeit in der Materie aufscheinen zu lassen. Die unsichtbare Achse, die sich durch das Übereinander von Altar und Apsishalbrund für den Blick abzeichnet, verbindet den Himmel oben mit der Erde unten. So bedient sich die frühchristliche Architektur des zweiten von uns beschriebenen Elementes der hierophanen Struktur. Damit für den Blick der Gläubigen der Himmel stets mit der Erde verbunden bleibt, wird immer stärker die Vertikale betont.

Aber auch die Horizontale kommt zu ihrem Recht. Jede Hierophanie und die ihr entsprechende architektonische Struktur schafft ein Zentrum, zu dem die Gläubigen von allen Seiten kommend pilgern. Eine christliche Basilika ist wie der überbaute Raum des letzten Stückes eines Pilgerweges anzusehen, der sein Ziel im Altar und im

Apsishalbrund findet. Den Eingang des frühchristlichen Heiligtums bildet der Narthex, die Vorhalle, die gleichzeitig die Grenze zur profanen Welt darstellt. In der Mitte des Atriumgartens stand der Reinigungsbrunnen, um den Gläubigen daran zu erinnern, daß nur der ganz reine Mensch Zutritt zu der Königshalle Christi und den heiligen Mysterien des Gottesvolkes haben kann.

Um den Prozessionsweg zu betonen, werden wie in Santa Sabina in Rom schon im 5. Jahrhundert die horizontalen Architravblöcke über den die Schiffe trennenden Säulen durch Arkaden ersetzt. Der Mosaikschmuck an den Hochwänden über den Arkaden kann das Fortschreiten zum Ziel der Apsis durch die Wiedergabe von einer Reihe von Heiligen, die in Prozession feierlich voranschreiten, ebenfalls wirkungsvoll unterstreichen. Zwei solche Mosaikbänder finden wir in der Basilika S. Apollinare Nuovo in Ravenna, eingefügt um 540 nach Christus. Der Mosaikschmuck hat aber noch eine andere wichtige Funktion. Im Heiligtum angekommen, soll der Gläubige, der irdischen Wirklichkeit enthoben, den Lichtglanz des Himmels erfahren. Dadurch, daß die Wände der Kirchenräume oft ganz mit einer glänzenden Haut von Mosaiksteinchen überzogen sind, werden sie nicht mehr als mit schweren Steinen erbaut, sondern als Träger farbigen und goldenen Lichtes gesehen. Nirgends ist dieses Prinzip, den Himmel auf die Erde zu holen, so vollkommen verwirklicht worden wie in der Kuppelkirche der Hagia Sofia, die Justinian I. in Konstantinopel als Staats- und Palastheiligtum hat errichten lassen. Die geometrischen Formen des Kreises und des Quadrates bestimmen sowohl den Grund- als auch den Aufriß. Symbolisch wird die gesamte Welt, die sichtbare und unsichtbare, in der Innenarchitektur wiedergegeben, da diese riesige Kirche in eine obere, goldstrahlende und durchfensterte Lichtzone und in eine untere mit kostbaren Marmorplatten verkleidete Wandzone aufgeteilt ist.

Die Kunst hat dabei die Funktion, nicht nur symbolische Andeutungen des Unterschieds der beiden Bereiche zu geben, sondern geradezu, trotz der feinen Unterscheidung zwischen oben und unten, zwischen durchlichteter und beleuchteter Zone, die Grenzscheide zwischen der sichtbaren Welt der Erde und der unsichtbaren des Himmels darzulegen. Die Herrlichkeit des Himmels soll vom Gläubigen ästhetisch »vorverkostet« werden können. Der gleichen Aufgabe dient auch die Bilderwand mit Ikonen. Sie betont symbolisch die Grenze zwischen dem sichtbaren, irdischen Bereich und dem unsichtbaren himmlischen, hier aber nicht in der Vertikale, in einem Übereinander, sondern in der Horizontale, in einem Nacheinander. In der Ikone wird der dargestellte Heilige, aus der unsichtbaren Himmelswelt kommend, für den Gläubigen präsent. Die Kunst des Malers hat ihn so wiederzugeben, daß er in seinem himmlischen Glanz schon wie verklärt erscheint. Voll wirksam wird diese Funktion der Ikone, den Heiligen präsent zu machen, nur in der Liturgie der Ostkirche, die mit ihren Gesängen, Riten, kostbaren Gewändern und edelsteingeschmückten Gefäßen aus Gold die himmlische Herrlichkeit, die seit der Auferstehung Christi in die irdische Natur eingebrochen ist, vorwegnehmen will, wie es nur das von der Gnade durchdrungene und aufeinander bezogene Wirken der Priester und Künstler zu bewerkstelligen vermag.

Das lateinische Mittelalter

Hat das östliche christliche Europa in der Spätantike seine gesamten Kunstformen für ihre sakralen Funktionen schon voll entwickelt, kommt im durch die alte Reichshauptstadt Rom bestimmten Westen unter Führung der germanischen Völker, vor allem der Franken, erst mit der Kaiserkrönung Karls des Großen um 800 die sakrale Kunst auf allen Gebieten zu ihrer ersten vollen Entfaltung. Es sind die verschiedensten Einflüsse, die zu einer neuen Synthese führen. Die Langobarden benutzten in Italien das Flechtbandornament zur Zierde der Abschrankungsplatten und der in diesem sakralen Bereich gebrauchten Gegenstände. Die Kelten in Irland und im nördlichen England verschmolzen das Flechtbandornament mit figürlichem Detail und Spiralformen zu einer phantastischen Einheit, die die menschliche Person zu einem Wesen macht, das – in ein übernatürliches Kräftefeld geraten – nicht wert erscheint, seine äußere plastische Gestalt künstlerisch nachzuahmen.

Des weiteren werden die Erzeugnisse des christlichen Orients wie die griechischen, noch an die plastische Illusion der Körper gemahnenden Miniaturen und flächige, von jeder rundplastischen Form abstrahierende syrische Buchmalereien sowie byzantinische, nach geometrischen Prinzipien errichtete Kuppel- und Zentralbauten als Vorbild genommen. Schließlich versucht man vor allem die Kirchen Ravennas und Roms wie auch Bauformen und Inschriften der kaiserlichen, heidnischen Zeit nachzuahmen. Was sich nun aus all diesen verschiedenen Einflüssen als neuer Stil ergab, sollte dazu dienen, den germanischen Völkern die Überlegenheit der christlichen Religion, ihre himmlische Herkunft und ihre Funktion, die Menschen mit dem unsichtbaren Gott zu verbinden, eindrücklich vor Augen zu führen. Von diesem Zeitpunkt an ist in die westeuropäische Kunst eine Dialektik eingezogen, eine von antiken Einflüssen bestimmte naturnahe und plastische Darstellungsweise, eine von der natürlichen Erscheinung abstrahierende, vereinfachende und stilisierende Formensprache. Die Stilisierung der Gestalten weist auf das Einwirken der transzendenten, unsichtbaren Welt hin; die naturnahe Darstellung orientiert sich an der sichtbaren Welt.

Die staatliche Macht, die im Kaiser- und Königtum der verschiedenen europäischen Nachfolgestaaten des Römischen Reiches konzentriert war, wurde als etwas Heiliges, mit Gott Verbundenes erfahren. Die kaiserlichen Aufträge, nicht nur die, die im engeren Sinne sakralen Charakter hatten, sollten mit den Mitteln der Kunst die von Gott gegebene Macht erweisen. Solcherart sind die rheinischen Kaiserdome von Speyer, Mainz und Worms, die mit ihren vielen Türmen, dem doppelten Querschiff und doppelten Kuppeln wie Gottesburgen emporragen. Die zwischen die Türme eingefügten, weitgedehnten Schiffe sind von majestätischer Länge.

Das abendländische Kaisertum war abhängig vom Papst in Rom, denn nur der konnte und durfte seit Karl dem Großen dem neugewählten Machthaber über das Römische Reich die Krone aufsetzen. Und die geistliche Gewalt zählte mehr als die weltliche; sie allein kontrollierte alle sakralen Funktionen. Aber die weltliche Gewalt des Kaisers konnte sich eher durchsetzen als die geistliche. Das Spannungsverhältnis zwischen diesen beiden Gewalten kennzeichnet das ganze Mittelalter – beide, die kaiserliche, das *regnum*, und die päpstliche Gewalt, das *sacerdotium*, waren ständig miteinander im Austausch. So hatte Christus zwei Stellvertreter auf Erden, den Kaiser und den Papst. Die heute in der Weltlichen Schatzkammer in Wien aufbewahrte Kaiserkrone in ihrer achteckigen Form – acht ist die Christuszahl, die Zahl der neuen Schöpfung, die mit dem achten Tag der Auferstehung von den Toten beginnt – sollte ihren Träger als den irdischen Stellvertreter Christi, des Königs aller Könige, erweisen. Der Schmuck der goldenen Kroneplatten mit Emails, die auch die beiden alttestamentlichen Könige David und Salomo darstellen, gibt an, daß der Kaiser die Nachfolge dieser von Gott erwählten Herrscher übernimmt. Der Papst, dem als Bischof die Mitra und nicht die Krone zukommt, hat sich immer mehr auch als oberster weltlicher Herrscher verstanden, von dem alle Gewalt abhängt. Dieses Verständnis brachte er durch die Tiara, die Riesenkrone mit den drei Reifen, zum Ausdruck. Seiner nicht besonders starken realen Macht kamen die vielen Pilgerreisen zu den Gräbern der Apostelfürsten zugute.

Die Hüter aller antiken Kultur und damit auch aller sakralen Kunst waren im Mittelalter die Klöster. In ihnen wurde beinahe jede Gattung des antiken Handwerks weitergepflegt; die Mönche gaben das antike Wissen weiter. In den Klosterschulen wurden die Beamten des Kaiserreiches und der verschiedenen Königreiche Europas herangebildet. Im Klosterkreuzgang lebte das Peristyl der antiken Villen weiter. Durch seine vier überdachten Gänge, die sich gewöhnlich an das südliche Seitenschiff der großen Klosterkirche anlehnen, werden alle übrigen Gebäude, die rechtwinklig um den Klosterhof angeordnet sind, mit der Kirche verbunden, so daß die Mönche in ihrem durch die Regel geordneten Tagesablauf im bestimmten Rythmus von ihren Schlafstätten in den Chor der Kirche gehen können, ebenso in den Kapitel- und in den Speisesaal, ohne den Unbilden der Witterung ausgesetzt zu sein.

Das Klosterleben entfaltet sich immer in der Gemeinschaft und im steten Hin und Her zwischen der Kirche und den übrigen Gebäuden, verbunden durch den Kreuzgang. Dieser ist die Mitte des Klosters und in etwa die räumliche Darstellung der Spiritualität, die die Mönche in einer Gemeinschaft miteinander verbindet. Die durch die Regel des Heiligen Benedikt bestimmten Klöster wurden nicht nur immer wieder renoviert und standen zwischen Kaiser und Papst, im Spannungsfeld zwischen weltlicher und geistlicher Macht, sondern waren auch der wichtigste Ort, in dem die verschiedenen Zweige sakraler Kunst ihre Heimstatt finden konnten. Skulpturen und Fresken in Kirchen und Kreuzgängen, Steinmetzarbeiten an Portalen und den vielen Kapitellen, goldene Reliquienschreine, kostbare Kelche und Meßgewänder, künden von der Arbeit der Mönche und der von ihnen angeleiteten Laien, den Konversen, die ebenfalls im Kloster Beschäftigung und das Zentrum für ihr Leben fanden.

Was aber dem ganzen Abendland sein sakrales Gepräge gibt, ist der Kirchturm. Er verbindet die Erde mit dem Himmel und gibt das Zentrum einer Stadt oder eines Dorfes an. Von seiner Höhe aus rufen seit etwa dem 8. Jahrhundert die Glocken die Gläubigen von weither zum Gottesdienst. Eine ähnliche Bedeutung haben im Osten die vergoldeten Kirchenkuppeln für das Auge, das durch sie angeleitet wird, die Erde mit dem Himmel in einem Blick zu verbinden. Und dort, wo Europa nach dem Fall von Konstantinopel im Jahre 1453 islamisch geworden ist, sind es die an die Moscheen angelehnten, schmalen Minaretts, die in den Himmel ragen und von denen aus der Muezzin die muslimische Bevölkerung mehrmals am Tage zum Gebet aufruft, das jede Tätigkeit unterbricht und dem Tageslauf seine sakrale Weihe gibt.

In der zweiten Hälfte, der klassischen Zeit des lateinischen Mittelalters wurde das vertikale Prinzip das essentielle Element eines alle künstlerischen Bereiche durchprägenden Kunststiles, der Gotik. Es war der folgenschwerste Irrtum der ganzen abendländischen Geschichte mit positivem Ausgang, daß der in St. Denis bei Paris begrabene Märtyrerbischof für Dionysius Areopagita gehalten wurde, den Schüler des Apostels Paulus, von dem die Apostelgeschichte spricht, und gleichzeitig für den Autor der neuplatonischen, christlichen Schriften, der sich dasselbe Pseudonym zugelegt hat. Seine Schriften gehören bis zum heutigen Tag zu den bedeutendsten Texten der ganzen christlichen Theologie. So jedenfalls kam Suger, der Abt des Klosters St. Denis, auf die Idee, mit dem von ihm in der ersten Hälfte des 12. Jahrhunderts ins Werk gesetzten Neubau der Klosterkirche die in diesen Schriften enthaltenen theologisch-ästhetischen Prinzipien des Himmels in irdische Sichtbarkeit umzusetzen.

Nach dem Pseudo-Dionysius gelten für alle Ewigkeit drei Kategorien jeder Ästhetik: das reine Licht, die reinen Farben und die reinen geometrischen Verhältnisse. Dazu kommt, daß nicht die schwer lastende Wand, sondern der leicht nach oben zu streben scheinende Pfeiler zum Hauptelement dieses legendären Kirchenbaus wurde. Gegen alle irdische Schwere streben die aus völlig entmaterialisiert scheinenden Steinen aufgemauerten Pfeiler in schwindelnde Höhen. Zwischen sie wurden farbige Glasfenster eingespannt, die durchlichtet sind von einer bisher nicht gekannten farbigen Glut und Reinheit. Ihr steinernes Rahmenwerk gebraucht nur geometrische Formen: parallele Geraden und vor allem immer wieder abgewandelte, mit dem Zirkel hergestellte Kreis- und Rosettenformen. Daß es aber zu einer solchen Ausformung eines neuen Kunststiles kam, ist der Gegenwart des Dionysiusgrabes zu verdanken und damit einer Reliquie. Für das ganze Mittelalter ist der Reliquienkult schließlich, neben dem Spannungsverhältnis zwischen geistlicher und weltlicher Macht und neben dem Mönchstum, die dritte, alle Kunst bestimmende geistige Kraft. Wie zuvor die Abtei- und Pilgerkirchen des romanischen Stiles, so sind beinahe alle bedeutenden gotischen Bauten Hüter von Heiligengräbern und Reliquienschätzen.

Damit die Pilger, ohne den Gottesdienst zu stören, in Rom die Gebeine des Apostels verehren konnten, wurde ein neuer Bestandteil in den Kirchenbau eingeführt: die Krypta. Schon um 600 wurde in St. Peter in Rom das Presbyterium über dem Petersgrab erhöht und auf diesem Niveau ein Altar errichtet. Das Grab selbst wurde den Pilgern durch zwei am Apsishalbrund entlanggeführte Gänge und einen Stichgang vom Scheitel der Apsis aus zugänglich gemacht. Diese Form der Krypta wurde in den großen Abteikirchen nördlich der Alpen mit einem Heiligengrab übernommen, so zum Beispiel im Dom von Fulda. Von karolingischer Zeit an wurde die ursprüngliche Form der Ringkrypta zu einer ganzen Halle erweitert; immer nur, um dem Bedürfnis der Reliquienverehrung der Pilger entgegenkommen zu können. In gotischer Zeit wurden die Reliquien in kostbaren Schreinen geborgen und vor dem Hochaltar im Chor aufgestellt, wie etwa in Köln die Gebeine der Heiligen Drei Könige. So konnte man wieder auf die Krypta verzichten.

Während der Kreuzzüge kamen ganze Reliquiensammlungen ins Abendland. Die bedeutendste von ihnen war die der Pharoskapelle des byzantinischen kaiserlichen Bukoleonpalastes, die kurz vor der Mitte des 13. Jahrhunderts nach Paris übertragen worden war und für die man die Sainte Chapelle im Königspalast als architektonisches Reliquiar errichten ließ. Dort, wie auch in den großen Pilgerbasiliken in Rom, wurden über den Altären eigene Aufbauten errichtet, von wo aus man auf die kostbaren Reliquienbehälter schauen konnte und, wie etwa im Fall des Veronikatuches in St. Peter, von einem Schaubalkon herab die Reliquie dem Volke zeigen konnte. Bevor wir nun auf die sakrale Funktion der Kunst in der nachgotischen Zeit eingehen können, sind zunächst grundsätzlich die Geräte und Gewänder zu behandeln, die in der Liturgie gebraucht werden und in denen vor allem die Goldschmiede- und die Textilkunst die großartigsten Werke hervorgebracht hat.

Kunst im heiligen Dienst

Mittelpunkt jedes christlichen Gottesdienstes ist, sofern er nicht wie in späteren Zeiten weitgehend auf einen bloßen Wortgottesdienst reduziert worden ist, der nach und nach immer prächtiger ausgeschmückte Altar. Dem Künstler war dabei die Aufgabe gestellt, den Tisch, an dem das Abendmahl gefeiert wird, und den Opferblock, auf dem das blutige Kreuzesopfer auf unblutige Weise nachvollzogen wird, miteinander zu verbinden. Die einfachste Methode, aus einem Tisch einen Altarblock zu machen, war es, den Tisch mit herabreichenden Tüchern zu bedecken und somit einen Altar zu schaffen, wie er in den Mosaiken des Presbyteriums von San Vitale und von San Apollinare in Classe in Ravenna zu sehen ist. Die Tücher wurden bald durch kostbares Metall ersetzt, das von allen Seiten den Altarkasten oder den Altarblock bedeckt. Der alte Name, der eigentlich nur bei Stofftüchern Sinn gibt, Antependium, blieb jedoch beibehalten. Solche kostbaren, aus vergoldetem Silberblech bestehenden und mit Reliefszenen und Edelsteinen verzierten Altarverkleidungen aus dem 9. bis 13. Jahrhundert sind noch erhalten: beispielhaft stehen hier ein allseitiges, noch in karolingischer Zeit hergestelltes Exemplar in St. Ambrogio in Mailand wie auch der wohl aus Konstantinopel stammende Paliotto von San Marco in Venedig (in seinem Grundbestand aus dem 11. Jahrhundert) und das im Musée Cluny in Paris aufbewahrte Basler Antependium, das nur die Stirnseite des Altares der oberrheinischen Kathedrale geschmückt hat.

Als sich mehr und mehr die Stellung des Priesters am Altar änderte und dieser nicht mehr dem Volk zugewandt hinter ihm, sondern vor ihm stand, verdeckte sein Körper das Antependium mit den Figuren und Szenen. So wurde in gotischer Zeit das Retabel, der Altaraufsatz, entwickelt, als wandelbarer Flügelaltar im deutschen und als festgefügte Altararchitektur im romanischen, vor allem im iberischen Raum. Immer geht es darum, den Gläubigen die Szenen und Gestalten aus dem Evangelium in Skulptur und Malerei im engsten Verband mit dem Altartisch zu zeigen; so erscheint dieser beinahe nur noch wie ein Piedestal der Aufbauten, die in Deutschland in Schreinform geöffnet und geschlossen werden können und in Spanien in mehreren Stockwerken bis zum Gewölbescheitel emporragen. In der Ostkirche bleibt der Altar hinter der Bilderwand verborgen und wird nur während des Gottesdienstes sichtbar, wenn die Königstür, die mittlere der drei Türen der Ikonostas, geöffnet wird. Als Schauwand kommt dem Ikonostas aber eine ähnliche Funktion zu wie dem spätgotischen Flügelaltar und den spanischen Retabelaufbauten.

Das wichtigste Gerät für den unblutigen, christlichen Opfergottesdienst ist der Kelch, in dem der Opferwein in das Blut Christi gewandelt wird. Wie der christliche Altar im Kirchengebäude die zentrale sakrale Mitte bildet, so ist auch der Kelch nicht nur ein einfaches Trinkgefäß, sondern seiner sakralen Funktion entsprechend ein Gerät, dessen Form die Vertikale zur Geltung bringt. Deshalb besteht er gewöhnlich aus drei übereinander angeordneten Elementen, dem Fuß, dem Nodus und der Cuppa. Jedes der drei Elemente, ihr Verhältnis zueinander und ihr Schmuck wandeln sich im Laufe der Zeit. Bei den ganz frühen Kelchen, wie dem im Metropolitan Museum in New York aufbewahrten Kelch aus Antiochien aus dem 5. Jahrhundert, ist vor allem die große Cuppa betont und das sie überziehende Weinlaubrankenornament, in das die Figuren Christi und der Apostel eingefügt sind. Fuß und Nodus sind demgegenüber nicht sehr breit entwickelt.

In karolingischer Zeit – als Beispiel dient der von Thassilo gestiftete Kelch von Kremsmünster – finden wir den harmonischen Ausgleich zwischen den drei Elementen, die in ihrer Proportion aufeinander abgestimmt sind und ein wenig mehr die Vertikale als die Horizontale betonen. Geschmückt ist der Kelch mit Flechtbandornamentik und den stilisierten Bildern Christi und der Evangelistensymbole. Ein solcher Schmuck macht das kostbare Trinkgefäß erst zu einem sakralen Gegenstand. In romanischer Zeit wird die Cuppa sehr breit und halbkreisförmig gerundet, in gotischer Zeit wird die Form des Fußes und des Nodus von den Formen des zeitgenössischen architektonischen Stiles gebildet, und die Cuppa weist eher die Form einer nach oben offenen Parabel als die eines Halbkreises auf. Die stärkere vertikale Tendenz und die Architektonisierung des Trinkgerätes bringen in dieser Zeit erst seine sakrale Funktion, in der die Diskontinuität durch die mittlere, standfeste Position und die Öffnung nach oben hin betont wird, zur vollen Geltung.

Einen der wichtigsten Gegenstände der liturgischen Kunst stellt das Reliquiar dar. Die Gebeine der Märtyrer, die Instrumente der Passion Christi, seine Kleider und die Marias sind geheiligte Materie, die direkt mit dem Eingreifen Gottes in diese Welt in Kontakt gewesen ist. Das kunstvolle und kostbare Reliquiar bringt diesen theologischen Gedanken sichtbar zum Ausdruck. Seine älteste Form ist die der Burse, eines Kästchens mit einer Art Walm- oder Satteldach. Die Burse wird wohl mit der Form der jüdischen Ossuarien zusammenhängen, von denen nicht wenige noch aus dem 1. Jahrhundert erhalten sind. Die ältesten Bursen sind in das 7. Jahrhundert, in die merowingische Zeit zu datieren, so die almadin- und edelsteingeschmückte des inschriftlich bezeugten Priesters Theoderich im Schatz von St. Maurice d'Agaune im

Wallis. Auf die Burse folgen die Reliquiare, die der Reliquie entsprechen: ein Kopfreliquiar für einen Schädelknochen, ein Armreliquiar für eine Elle oder Speiche. Das kostbarste noch erhaltene Reliquiar überhaupt gibt eine thronende Gestalt in voller Größe wieder, es ist das der heiligen Fides in Conques im Massif central von Frankreich, entstanden um 980. Im Prinzip können alle Gefäße und Behälter aus kostbarem Material in Reliquiare umfunktioniert werden, wie etwa ein islamisches Trinkhorn aus Elfenbein, das aus Sizilien stammt und von dem sich ein Exemplar im Herzog-Anton-Ulrich-Museum in Braunschweig befindet.

Im 13. Jahrhundert wollten die Menschen die heilige Materie selbst sehen. So werden entweder Fenster in den Reliquiaren angebracht, selbst auf der Brust der Fides von Conques, oder es werden die Reliquien in Monstranzen gefaßt, die, den gotischen Kelchen ähnlich, einen Fuß und einen Nodus haben. Statt der Cuppa wurde auf den Nodus der eigentliche durchsichtige Reliquienbehälter aufgesetzt, der zumeist aus einem Zylinderglas besteht. Dem Schaubedürfnis der Gläubigen entsprechend, wurde aus der Reliquienmonstranz die Monstranz für die konsekrierte Hostie entwickelt, in der das Altarsakrament zur Anbetung präsentiert wird. Die ersten Ostensorien (Schaugeräte) dieser Art haben die Form einer quer geschnittenen, dreischiffigen gotischen Kirche, in deren Mittelschiff – in den ältesten Monstranzen noch im Glaszylinder – die runde Hostienscheibe gefaßt ist. In den Reliquiaren wurden die Knochenstücke in kostbare, alte Seidenstoffe zumeist sassanidischer Herkunft eingehüllt.

Das Beste aller mittelalterlichen Textilkunst finden wir aber in den liturgischen Gewändern. Die wichtigsten sind die Kasel (Meßgewand), die Dalmatika (Obergewand) und das Pluviale (Rauchmantel). Es galt, die sakrale Mitte und Funktion zu betonen und den Diakon, Priester und Bischof durch eine besondere, im Alltag nicht übliche kostbare Gewandung gegenüber dem Laienvolk hervorzuheben. Die Form dieser Gewänder entspricht solchen, die einmal in profanem, alltäglichem Gebrauch gewesen waren. Sie wurden in dem Augenblick sakrale Gewandformen, in dem der profane Gebrauch durch andere Moden ersetzt wurde – wenn wir nicht annehmen wollen, daß die Apostel die gleichen Kaseln getragen haben, die im 5. Jahrhundert vor Christus in Griechenland die gewöhnliche Kleidung der Reiter war. Die weiße, unter der Kasel getragene Albe ist die antike Tunika, ein hemdartiges Untergewand, das von Beamten des römischen Kaiserhofes knöchellang und mit sehr weiten Ärmeln getragen wurde. Die Dalmatika des Diakons unterschied sich ursprünglich in der Form von einer solchen Tunika allein dadurch, daß sie mit zwei senkrechten Clavi, schmalen Purpurstreifen, geziert war.

Im Mittelalter wurde der Stoff der Dalmatika an den Seiten und unter den Ärmeln aufgetrennt und beim Anziehen durch Schleifen geschlossen. Dann wurde sie gekürzt, so daß sie etwa vom 14. Jahrhundert an nur noch bis zu den Knien herabreichte. Die Kasel des Priesters und Bischofs, ursprünglich aus einem halbkreisförmig geschnittenen Stück Stoff entwickelt, hat ihre eigene Geschichte. Die ältesten Exemplare, die wir kennen, die sogenannten Glockenkaseln, entsprechen einem Viertelkreis, der dadurch entsteht, daß die beiden Enden des halbkreisförmigen Stoffes nach vorne umgeschlagen werden, bis sich die beiden Kanten miteinander berühren. Diese werden dann von unten nach oben so zusammengenäht, daß oben noch eine Öffnung für den Kopf des Priesters frei bleibt. Die Naht kann aber auch von oben bis unten reichen und die Kopföffnung erst nachträglich in den Stoff eingeschnitten worden sein. Wohl das schönste Beispiel einer solchen Glockenkasel ist das ganz aus goldgelbem Seidenstoff bestehende Meßgewand, in das der 1046 verstorbene Papst Clemens II. in seinem Grab im Bamberger Dom gehüllt war. Jetzt ist die Kasel im dortigen Dommuseum aufbewahrt. In der Folgezeit wird mehr und mehr an Stoff gespart. Auf der Vorderseite wurde der Rand über den Füßen beschnitten, die Viertelkreisform auf beiden Seiten zurückgedrängt, in gotischer Zeit darüber hinaus der Vorderseite eine spitz zulaufende Form gegeben. Seit dem 17. Jahrhundert etwa wird der Kasel eine baßgeigenähnliche Gestalt gegeben.

Vom 14. Jahrhundert an kennen wir die spezifische Verzierung der Meßgewänder durch Stickereien und Applikationen. Da der Priester jetzt gewöhnlich vor dem Altar steht und dem Volk den Rücken zuwendet, wird das Rückenteil der Kasel, die im 15. und 16. Jahrhundert sogar ein reliefartiges Profil erhalten kann, mit einem großen Kruzifix verziert. Damit soll angezeigt werden, daß der Priester *in persona Christi*, also ganz eins mit Christus, am Altar das Opfer der Messe vollzieht. Besonders kostbar verziert ist der Rauchmantel, der bei der Anbetung des in der Monstranz ausgesetzten Allerheiligsten gebraucht wird. Seine Form wird durch den gleichen Halbkreis gebildet, von dem aus auch die Glockenkasel entwickelt worden ist, nur daß die beiden Stoffenden nicht durch eine Naht, sondern durch eine Schließe aus Metall zusammengehalten werden. Auch das Pluviale war ursprünglich ein Reitermantel, dessen Kapuze, in schildartiger Form angedeutet, noch auf den Rauchmänteln in ihrer reduzierten Gestalt zu erkennen ist. Sowohl dieser Schild als auch der Mantel selbst ist häufig mit Goldbrokatstickereien verziert.

Nicht mit figürlichen Stickereien, sondern nur mit einfachen Ornamenten darf die Mitra des Bischofs verziert werden, die noch an die zwei Hörner der Kopfbedeckung des Aaron im Alten Testament erinnert. Auf die weitere besondere liturgische Kleidung des Bischofs, auf seine Schuhe und Handschuhe, auf das Pallium des Erzbischofs sowie auf das übrige liturgische Gerät, die Meßkännchen, das Weihrauchfaß und das Schiffchen und viele weitere Gegenstände, die im heiligen Dienst gebraucht werden, kann hier der Kürze halber nicht weiter eingegangen werden. Nur auf die wichtigsten Stücke aller liturgischen Kunst ist noch einmal zurückzukommen, wenn wir die Entwicklung bis in die Barockzeit und bis in die neueste Zeit verfolgen: auf den Altar, den Kelch und die Monstranz.

Die Zeit der Renaissance und des Barock

Außer der Reduktion auf die ideale Form des Kreises für Monstranzen und Kelche und die Konzentration auf den Zentralbau, der von einer mächtigen Kuppel überwölbt ist, hat die Renaissance nichts wesentlich Neues für die sakrale Kunst gebracht. Die alten, schon im Mittelalter entwickelten Formen leben weiter. Hier ist vor allem von drei Dingen zu sprechen: von dem zahlenmäßigen Anstieg der Kapellen, entsprechend dem Bedürfnis nach vielen Altären für die Seelenmessen, von Altarbaldachinen und den Grabmälern in den Kirchen.

Die Vermehrung der Altäre hat schon zur Zeit des Mittelalters nicht nur zur Anlehnung vieler Altäre an die Schiffspfeiler geführt – so finden sie sich schon um 820 im St. Galler Klosterplan eingezeichnet –, sondern auch zu verschiedenen charakteristischen Formen der Anordnung der Seitenkapellen. Zunächst werden sie, zum ersten Mal mit dem zweiten Kirchenbau in Cluny, im Grundriß gestaffelt gegeben: Zwei etwas zurückgesetzte Kapellen flankieren den Hauptchor, und das Querschiff wird auf der Ostseite auf mehrere Kapellen geöffnet. So ergab sich der charakteristische Staffelchor seit dem 11. Jahrhundert. Die andere Lösung der Kapellenerweiterung wurde in St. Martin in Tours gefunden, beim Bau einer der großen Pilgerkirchen. Das Schema des Halbkreisumgangs der Krypta wurde einfach auf den Chorbau über der Erde angewandt, und von diesem Umgang ausstrahlend, wurden radial Kapellen angefügt. So gelangte man zu dem Schema der Chorumgangskapellen.

Aber selbst diese Lösung reichte nicht aus. So wurde im südlichen Frankreich und in Spanien der Typus der Wandpfeilerkirche entwickelt, in der die Zwischenräume der Strebepfeiler zu Kapellen ausgebaut wurden. Auf jeder Seite des einzigen Schiffes entstand eine Serie von Kapellen, die in gerader Linie nebeneinander angeordnet sind. Später sollte diese Lösung mit der Errichtung der Mutterkirche der Gesellschaft Jesu, Il Gesù, das Raumbild aller Barockkirchen bestimmen. Um den Altar als Thron Christi zu betonen, wurde über ihm über vier Säulen ein Baldachin errichtet. Die ältesten bekannten Beispiele, die in Oberitalien, in Latium und in den Abruzzen noch erhalten sind, stammen aus dem Frühmittelalter. Als bedeutendstes Beispiel mag der Baldachin von St. Ambrogio in Mailand gelten. Es ist nicht ganz gewiß, ob schon das konstantinische Fastigium in der Laterankirche ein Baldachin gewesen ist.

Der Umbau von St. Peter unter Papst Gregor dem Großen führte zu einem Baldachin über dem Hochaltar auf dem Petrusgrab. Dabei wurden die schon von Konstantin für den Grabschutzbau eingesetzten gedrehten Weinlaubsäulen für die vier Stützen des Baldachins wiederverwandt. Der legendarischen Überlieferung nach kommt das Urexemplar, das den übrigen Säulen für den Grabbau zum Vorbild diente, aus der Halle des Salomo im Tempel von Jerusalem. Es war eine der wichtigsten Entscheidungen, diesen monumentalen Baldachin der neuen Peterskirche durch Gian Lorenzo Bernini errichten zu lassen. Nicht nur die gedrehte Weinlaubsäule, auch der Baldachin selbst wurde zum bestimmenden Element aller Barockaltäre. Selten wird der Baldachin als Ganzer in eine Barockkirche übernommen, wie in Val de Grâce in Paris, sondern meistens zusammen mit dem triumphalen Rahmen des Altarblattes zu einer Einheit verschmolzen, wie wir dies vor allem im süddeutschen Raum beobachten können. Wie keine andere Stadt der ganzen Welt wurde Rom zur Barockzeit zum künstlerischen Vorbild für viele kirchliche Bauten und dadurch auf eine ganz neue Weise zum sakralen Zentrum der christlichen Welt. Dieser Vorbildfunktion der Ewigen Stadt am Tiber konnten sich auch die wichtigsten neuerrichteten Bauten der reformierten Kirchen nicht ganz entziehen, wenn man bedenkt, daß die Londoner

Paulskirche von Christopher Wren auf den ersten Kuppelplan Bramantes für die Peterskirche zurückgreift, und daß in derselben Linie das Pantheon von Soufflot in Paris und selbst der profane Bau des Kapitols in Washington zu sehen sind.

Zur sakralen Funktion von Kunst gehört auch das Einfügen und Errichten von Gräbern in Kirchen. Auch hier hat das Mittelalter alle wesentlichen Formen entwickelt: das Bodengrab, auf dem der Verstorbene in voller Größe zu sehen ist, das Wandgrab, das oft ein sehr hoher Aufbau mit verschiedenen Figuren ist, und das Hochgrab im Chor für die Herrscherpersönlichkeit. All diese Grabformen wurden in der Renaissance weitergepflegt, so daß die Kirchen nach und nach mit Grabmälern so gefüllt waren, daß der Gottesdienst beengt wurde. Diese Situation änderte sich in Rom mit dem Auftreten des neuen Ordens der Gesellschaft Jesu, der zur Verwirklichung seines Zieles, der größeren Ehre Gottes, alle Mittel, auch die künstlerischen, konsequent einsetzte. Als bald nach der Mitte des 16. Jahrhunderts die Vorgängerkirche von Il Gesù, Santa Maria della Strada, für die Gottesdienste nicht mehr genug Raum bot, wurden die die Kirche einengenden Grabmäler der Adelsfamilie, die den Kirchenbau gestiftet hatte, kurzerhand entfernt. Il Gesù selbst kannte bis zur zeitweiligen Aufhebung des Ordens im Jahre 1773 nur eine einzige Ausnahme eines Grabmals, nämlich das von Gian Lorenzo Bernini errichtete Monument des heiligen Jesuitenkardinals Bellarmin, das bei der Neuausstattung des Chorraums der Kirche nach der Wiedereinführung der Gesellschaft Jesu nur noch die Büste des Heiligen selbst bewahrte. Nicht mit ihren Grabmälern, sondern nur mit Malereien, deren Inhalt von den Jesuiten genau festgelegt worden war, durften die Seitenkapellen geziert werden, deren Patronatsrechte von den Adelsfamilien erworben wurden.

Die Gräber, die in den Kirchen von 1600 an mit Vorzug zugelassen werden, sind die der fortan mit Seitenaltären verbundenen kanonisierten Seligen und Heiligen. Das großartigste Beispiel ist der Grabaltar des Heiligen Ignatius von Loyola in Il Gesù. Für die Barockkirchen nördlich der Alpen, wo die kanonisierten Heiligen fehlen, werden deren Gebeine aus den Katakomben besorgt und oft in Glassarkophagen unter der Mensa der Seitenaltäre zur Schau gestellt. Zukunftsweisend wurde die Kunst von den Jesuiten in der Ausgestaltung der Aufbauten für das Vierzigstundengebet in Anspruch genommen. Perspektivisch angeordnete Säulenarchitekturen führten den Blick der Gläubigen zur Monstranz mit dem ausgesetzten Allerheiligsten. Diese für wenige Tage bestimmten Aufbauten waren Schule für die Gestaltung der Chorräume und der Altararchitekturen des Barock. Auch die Monstranz selbst erhält jetzt eine neue Form, nämlich die der Sonne mit einem Strahlenkranz.

Inzwischen hatte das Konzil von Trient eine starke Einwirkung auf die kirchliche Kunst des katholischen Teils der Christenheit. Vor allem wurde nach diesem Konzil die eucharistische Frömmigkeit gefördert und deshalb der Hochaltar hervorgehoben. Die Lettnereinbauten, die den Blick auf ihn versperrten, wurden abgerissen. Auch das Priestertum wurde in seiner Beziehung auf die Eucharistie neu gesehen. Der einzelne Priester ist auf ganz individuelle Weise mit dem Meßopfer verbunden; diese neue Spiritualität kommt auch in der Form der Meßkelche zum Ausdruck. Wie in der Gotik bleibt die Vertikale stark betont, aber die Cuppa schließt sich noch enger zusammen, so daß ihre Wand eine beinahe senkrechte Form aufweist. Nodus, Cuppa und Fuß werden durch die Dekoration, die gleichsam alle drei Elemente des Kelches überwuchert, miteinander verschmolzen; dies ist für die Zeit des Barocks charakteristisch. In einer ekstatischen Erfahrung soll der Himmel mit der Erde verbunden werden. Das kommt in der bewegten Zwiebelform der Kuppeln und Turmhelme im Osten wie im Westen der Christenheit zum Ausdruck – aber vor allem im Ineinanderschwingen der Kuppelräume der barocken Kirchen Süddeutschlands. Man denke nur an die Meisterwerke von Vierzehnheiligen und Neresheim von Balthasar Neumann. Das alte Prinzip der sakralen Verbindung zwischen Himmel und Erde wird nun zu einem Ineinander gesteigert.

Die liturgische Erneuerung im 20. Jahrhundert

Mit der Französischen Revolution und den Napoleonischen Kriegen ereignete sich eine der folgenschwersten Unterbrechungen aller kirchlichen Tradition der ganzen Geschichte. Im Bereich der sakralen Kunst ist seitdem kein neuer Anstoß feststellbar. Man begnügte sich in der liturgischen Kunst damit, mittelalterliche und vor allem gotische Formen nachzuahmen und alle barocken als Irrweg hinzustellen. Von der zweiten Hälfte des Jahrhunderts an war im Empfinden aller Künstler die Basis für jegliche sakrale Kunst geschwunden, denn sie erlebten die Welt nicht mehr als einen dreidimensionalen und leeren Raum.

Nun braucht es aber zur bleibenden Darstellung der Hierophanie entweder die zweidimensionale materielle Oberfläche, die die Kunst Vorderasiens oder Ägyptens charakterisiert, oder die Illusion der zweidimensionalen Unterscheidung zwischen Vorder- und Hintergrund, wie etwa in der byzantinischen Kunst, oder eben den dreidimensionalen leeren Raum, denn sonst läßt sich keine Mitte fixieren. Aber die Künstler Europas bewegen sich seit etwa der Mitte des vergangenen Jahrhunderts nicht mehr in einer der zuvor genannten räumlichen Dimensionen. Mehr und mehr wird das Ineinander der bloßen Beziehungen gesucht, die sich in kein räumliches Schema mehr einordnen lassen. Auch sieht sich der Künstler des 19. und 20. Jahrhunderts nicht mehr als Teil einer einheitlichen Gesellschaft, sondern als Gruppe und als einzelner im Gegensatz zu ihr.

So hat erst das 20. Jahrhundert zu neuen Ansätzen für eine sakrale Funktion der Kunst geführt. Es war vor allem die liturgische Bewegung, die unmittelbar nach dem Ersten Weltkrieg den christlichen Altar ganz unabhängig von überkommenen Bauformen als neues Zentrum der Ausstrahlung göttlicher Energien sah. Man begann, etwa mit den Versuchen des Architekten Rudolf Schwarz und des Theologen Romano Guardini auf Burg Rothenfels, das Verhältnis des Kirchenbaues zum Altar grundsätzlich umzukehren. Bis jetzt war das Gebäude der Kirche in seinen Grundformen festgelegt, ob es nun eine Basilika oder ein Zentralbau war, und der Altar wurde vorne und zentral im Chor eingefügt. Nun beginnt man mit dem Altarblock, fragt nach der Stellung des Priesters und des Volkes in Beziehung zu diesem Block und dann erst, wie eine Raumschale um das Ganze zu errichten ist. Diese Raumschale ist in ihrer Form grundsätzlich beliebig und wird nur von den Funktionen definiert, die sich in ihr abzuwickeln haben. Der sakrale Mittelpunkt wird dabei einzig im Altar gesehen, das Sakrale wird sozusagen auf diesen einzigen Punkt reduziert. Alles übrige ist in einen Durchdringungsprozeß von profanen mit sakralen Motiven eingetreten. Moderne Kirchenbauten sind deshalb als solche von außen oft gar nicht mehr erkennbar. Sie geben dem Architekten die Gelegenheit, in beinahe zügelloser Phantasie mit allen Raumformen zu spielen und sich die Anregungen aus allen Bereichen der Natur und der vergangenen Kunst zu holen. Die Kapelle von Ronchamp des Architekten Le Corbusier mag symptomatisch diese Art des Vorgehens repräsentieren.

Auch innerhalb des Chorbereiches der Kirchen werden verschiedene Elemente – von außen gesehen scheinbar willkürlich – miteinander in Beziehung gesetzt und Altar, Priestersitz und Tabernakelstele in einem Dreieck angeordnet, in dem auch der Altar nicht unbedingt in der symmetrischen Achse des Kirchenraumes aufgestellt sein muß. Was für die Architektur gilt, gilt natürlich auch für das Altargerät, für die Kelche und Monstranzen, bei denen sich alte und neue Formen mischen, je nach Einfall des Künstlers.

Die Frage bleibt offen, wie die Kunst zu ihrer ursprünglichen sakralen Funktion finden kann, wenn grundsätzlich alles miteinander in Beziehung gesetzt werden kann: Altes mit Neuem, von der Tradition Geheiligtes mit dem Einfall des Augenblicks, Sakrales mit Profanem.

Die religiöse Bilderwelt Europas

Heinrich Pfeiffer

Grundlagen und Voraussetzungen

Mit der Renaissance wurden die Grundlagen für alle späteren Bildvorstellungen geschaffen, die im wesentlichen bis zur Französischen Revolution Ende des 18. Jahrhunderts, ja oft bis zum II. Vatikanischen Konzil (1962 bis 1965) ihre Geltung behielten. Es war das erste Mal, daß die antike Kultur mit ihrer Götterwelt nicht mehr als dem Christentum wesensfremd empfunden wurde. Vielmehr wurde in ihr eine neue Möglichkeit entdeckt, die christliche Botschaft ins Bild zu setzen und in einst zurückgewiesene Formen zu kleiden. Von der Antike lernte man, den menschlichen Körper in seiner Größe neu zu entdecken. Heilige wurden zu Helden antiken Zuschnitts. Bis zum heutigen Tag braucht der Heilige, um in der katholischen Kirche kanonisiert zu werden, »heroische« Tugenden.

Das Mittelalter hatte den plastischen Körper in seiner Materialität verneint und einem asketischen Ideal gehuldigt; die frühe christliche Zeit hatte gar das Bild nur in uneigentlichem Sinne als bloße Übersetzung des Wortes der Heiligen Schrift in ein anderes Medium zugelassen, und in der heidnischen Mythologie nur dort Anleihen gemacht, wo diese als unverfänglich anzusehen waren; jetzt aber wurden dem Christusbild Züge des Apollo verliehen und die Gestalt Marias der einer Göttin angeglichen. Zugleich stieß man in der Kunst im westlichen und südlichen Europa, vor allem in Flandern und in Italien, auf den leeren und dreidimensionalen Raum. Der einmal gefundene Sonderfall der Zentralperspektive, der Konstruktion der räumlichen Tiefe auf einen einzigen Augenpunkt bezogen – nach Vasari soll Brunelleschi dieses Verfahren erfunden haben –, wurde zur allgemeingültigen Regel.

Ein drittes Element trat hinzu: die Freude an der Natur, der Welt in ihrer Vielfalt. Seit dem Wirken der Jünger des Heiligen Franz von Assisi wurde sie nicht mehr als dem gläubigen Menschen feindlich und gefährlich empfunden. In einem Nebensatz formulierte der Heilige Bonaventura bereits im 13. Jahrhundert in seinem ›Itinerarium mentis ad Deum‹ (Weggeleit des Geistes zu Gott) das Prinzip, das als Ausgangspunkt aller weiteren westlichen Kunst und Wissenschaft gelten kann: »*cum ipsa universitas rerum sit scala ad Deum*« (»da die Gesamtheit der Dinge selbst eine Leiter zu Gott ist«). Dieses Prinzip erklärt auch das Interesse für alle Dinge der Schöpfung, die, möglichst genau in Gattung und Art in der bildenden Kunst beschrieben und in allegorisierender Weise ausgedeutet, zu Gott führen können.

Schließlich bildete sich zu Ende des Mittelalters, durch den Zustrom vieler Passionsreliquien aus dem Orient, vor allem aus Byzanz – dazu gehört auch das heutige

Grabtuch von Turin –, eine neue Frömmigkeit, die auf das bittere Leiden und Sterben Jesu ausgerichtet war und eine neue, wirklichkeitsnahe Passionsdarstellung bewirkte.

Der christliche Bilderkreis im Osten

Im wesentlichen unterscheiden diese vier Elemente die westliche religiöse Kunst von der des christlichen Ostens. Im östlichen Bilderkreis blieb das Antlitz Jesu, des Allherrschers, im Zentrum. In den Ikonen suchte der Künstler weder die Nähe zur sichtbaren Welt oder die Illusion des dreidimensionalen Raumes, noch griff er auf die plastische Körperwelt der Antike oder das gesteigerte religiöse Empfinden durch Vergegenwärtigung der realistischen und blutigen Aspekte der Passion Jesu zurück.

Der Glaube, daß das getreue Antlitz durch ein nicht von Menschenhand gemachtes Tuchbild durch die Jahrhunderte weiter tradiert werde, ging im orthodoxen Christentum nie verloren. Auch das Marienbild mit dem göttlichen Jesuskind, das auf Urbilder des Evangelisten Lukas zurückgeführt wird, blieb in seinem Grundtypus trotz einiger kompositioneller Varianten unverändert. Das gilt gar für die bildliche Wiedergabe der Engel und Heiligen, die mit ihrer frontalen Porträtansicht samt den sie rahmenden wichtigsten Lebensstationen auf den Ikonen weiter überliefert werden. Schließlich erhalten die 14 großen Feste, in deren Mittelpunkt ein Geheimnis aus dem Leben, Sterben und Auferstehen Christi steht, ihre für alle Zukunft gültige Fassung. Sowohl die Ausmalung wie die Ausstattung der Kirchen mit Mosaiken wurde im Osten nicht geändert. Der gesamte Bilderkreis wurde auf der Ikonostas, der das Presbyterium vom Raum der Gläubigen trennenden Bilderwand, versammelt. Das majestätische Christusbild, manchmal auch das Bild Marias mit dem Kinde, zierte die Hauptapsis. Die Hauptkuppel aber schmückte stets der Pantokrator (Christus als Herrscher über das All). Die innere Eingangswand erzählt, in Fresko gemalt oder in Mosaik gesetzt, das große Schlußdrama der Weltgeschichte: das Jüngste Gericht. Auf die beiden Flügel der Mitteltür der Ikonostas, die sich symbolisch genau an der Grenze zwischen dem sichtbaren irdischen und dem unsichtbaren ewigen Bereich öffnen und schließen, zeigt das östliche Christentum die Verkündigung.

Stets erblickt man die heiligen Gestalten vor einem einheitlichen, meist goldenen Hintergrund. Vor allem die dargestellten Gebäude auf den Ikonen, Fresken und Mosaiken erscheinen dreidimensional und plastisch. Aber die schrägen Linien führen nicht etwa wie im Westen in den Bildhintergrund, um eine unendliche räumliche Tiefe zu suggerieren, sondern auf den Betrachter zu, so daß man von einer »umgekehrten« Perspektive spricht.

Die Ursachen des Auseinandergehens östlicher und westlicher religiöser Kunst

Dieselbe umgekehrte Perspektive findet sich auch in den Werken der abendländischen Kunst bis in die Zeit des späten 14. Jahrhunderts. Eine ähnliche Festlegung der einzelnen Bildthemen auf bestimmte Plätze im Kirchenbau wie im christlichen Osten galt bis ins späte 13. Jahrhundert auch im Westen. Hier nahm das majestätische Christusbild, von ganz ähnlichem Typus wie im orthodoxen Bereich, stets die Apsis der Kirchen ein. Aber mit dem Aufkommen der gotischen Aufteilung der Gewölbe in einzelne Felder und mit den kleinteiligen Glasgemälden fand sich kein Platz mehr für die Wiedergabe eines thronenden Christus, der das gesamte Kircheninnere bestimmte.

Noch in einem anderen Punkte hat sich die westliche Kunstübung von der des Ostens getrennt. In Byzanz und in allen von dieser Kunstmetropole abhängigen Provinzen durften die heiligen Personen seit dem Ende des Bilderstreites im Jahre 843 nicht mehr schattenwerfend, also rundplastisch dargestellt werden; die äußerste Grenze war das Flachrelief. Auch durfte der Künstler seine Phantasie nicht frei walten lassen. Er hatte sich streng an die kirchlich gutgeheißenen Vorbilder zu halten, von denen man überzeugt war und ist, daß sie den Urbildern der Heiligen genau entsprechen. An solche Bestimmungen hatte sich der christliche Westen nie gehalten. So kennen wir im Mittelalter vor allem den rundplastisch ausgearbeiteten Kruzifixus und Madonnenskulpturen, die beide immer in engem Zusammenhang mit Altären oder dem ganzen Altarraum zu sehen sind.

Der überkommene Bilderkreis in der Renaissance

Ähnlich wie im Osten, nur anders gestaltet und akzentuiert, waren auch im Westen zu Beginn des 15. Jahrhunderts das Christus- und das Marienbild die immer wieder neu zu verwirklichenden bildnerischen Hauptthemen. Das Christusbild vergegenwärtigte meist den leidenden Heiland. Das Marienbild war eingebunden in das Weihnachtsmysterium. Der oft monumentale, überlebensgroße Kruzifixus betonte die Mittelachse im Altarbereich, wenn er nicht gar den Altaraufsatz krönte. Dieser Platz blieb ihm auch später bis zur liturgischen Reform des 20. Jahrhunderts in allen katholischen Kirchen vorbehalten. Der Kruzifixus sollte die Gläubigen auf das in der Messe nachvollzogene Kreuzesopfer hinweisen; das Madonnenbild, Mittelpunkt des Aufsatzes seit den Zeiten des frühen Mittelalters, war die Verbildlichung des Geheimnisses der Menschwerdung Gottes – die unumgängliche Voraussetzung des erlösenden Leidens durch den Gottessohn. Kruzifixus und Madonnenbild waren bildgewordene Ausformung und Sichtbarmachung der ohne die Arbeit des Künstlers unsichtbar bleibenden, aber gegenwärtigen Geheimnisse. Man muß sich das wie in einem Gleichnis vorstellen: Der Künstler hat dem Altarblock seine Fähigkeit geliehen, damit dieser in der Figur der Menschwerdung, nämlich der auf ihn gestellten Skulptur einer Madonna, erblühen könne.

Diese einst objektive, vom Gegenstand ausgehende Wirklichkeit des Kunstwerkes, das Kirche und Altar vervollkommnet, ohne mit einem irdischen Betrachter zu rechnen, ändert sich schon kurz vor dem Beginn der Renaissance in eine subjektive Perspektive. Jetzt will der Künstler dem gläubigen Betrachter etwas zu sehen geben, ihn mit seiner Kunst zum Staunen bringen. Erzählerische Züge werden so in die Bildwerke eingefügt, und Bildhauer und Maler brauchen fortan das Modell in Fleisch und Blut für die Wiedergabe Marias, Jesu und der Heiligen; sogar für Gott Vater, der eigentlich nur durch Jesus Christus – »Wer mich gesehen hat, hat den Vater gesehen« (Johannes 14, 9) – und durch keine andere menschliche Person dargestellt werden kann.

Die beiden Hauptgedanken, Passion und Menschwerdung, sind noch im späten Mittelalter oft miteinander verbunden worden. Dem Madonnenbild wird, nicht nur zur Darstellung der Menschwerdung, sondern auch als Hinweis auf das erlösende Leiden des Gottessohnes, als symbolisches Element ein Stieglitz mit rotem Blutflekken am Schnabel (Passion) oder ein Granatapfel beigegeben, der wie eine Wunde aufgebrochen ist, sowie Märtyrer und Märtyrerinnen im Gespräch mit Maria und dem Jesuskind, die mit ihrem gewaltsamen Tod das Erlösungsgeheimnis der Passion Jesu verkünden.

In diesen Bereich gehört vor allem die Pietà, in der sich beide Aspekte miteinander verbinden: das Geheimnis der Menschwerdung Gottes im Schoße Marias, in den der tote Sohn gelegt ist, und das des erlösenden Leidens Christi. Alle Madonnenbilder des christlichen Bilderkreises aber unterscheiden sich von der schlichten, oft banalen Wiedergabe eines Mutter-Kind-Verhältnisses dadurch, daß stets das Kind die Hauptperson, die jungfräuliche Mutter der Hintergrund ist. Nur anscheinend sind Gemälde und Skulpturen einzig allein Wiedergaben irdischer Wirklichkeit, wie man sie, auf den Menschen und seine zeitgenössische Umwelt blickend, studieren und nacherzählen kann. Das Eigentliche der Bildgestalt Marias, das dem oberflächlichen Betrachter entgeht, ist tief verwurzelt in den Figuren der Heiligen Schrift des Alten Testamentes. Sie ist das ganze Gottesvolk, das im Kirchengebäude, dem neuen Tempel, zum Ausdruck kommt. So kann sie Jan van Eyck als überlebensgroße Gestalt auf einer kleinen Berliner Tafel um 1425 in eine hohe gotische Kirche einfügen. Maria ist die Braut, von dem das Hohelied des Salomo singt. So stellt sie Michelangelo in seiner ersten Pietà in St. Peter in Rom jung und gleich alt mit ihrem Sohne dar. Maria ist das Paradies, wiedergegeben in den Gärten, die den Hintergrund zu Madonnen und Darstellungen der Verkündigung bilden.

Zum Christus- und Marienbild tritt das Bild der Engel und Heiligen. In der Darstellung der ersteren spiegelt sich die theologische Lehre der Kirchenväter und der mittelalterlichen Gelehrten wider. Die lebendigen Züge der letzteren werden für die künstlerische Wiedergabe den Legendensammlungen und den Lesungen des Stundengebetes entnommen. Beiden, den Heiligen und den Engeln, werden Attribute und bestimmte Kleiderfarben zugeschrieben. So ist eine Märtyrerin beinahe immer an ihrem roten Gewand und der von ihr wie ein Zepter getragenen Siegespalme zu erkennen; ein Engel läßt seinen Rang und seine besondere Sendung und Aufgabe an der Zugehörigkeit zu seinem Chor erkennen.

Die Heilige Katharina hat das zerbrochene Rad ihres Martyriums in der Hand, die Heilige Barbara den Turm, in den sie ihr Vater eingesperrt und in den sie zum Bekenntnis der Heiligen Dreifaltigkeit, dem heidnischen Vater zu trotzen, drei Fenster eingebrochen hat. Der heilige Erzengel Michael wird entweder im Kampf mit Luzifer oder mit der Seelenwaage dargestellt. Solche Details sind in der von dem Dominikanerbischof Jakobus von Varazze gegen Ende des 13. Jahrhunderts verfaßten ›Legenda aurea‹ nachzulesen.

Neu aufgekommene Themen und Darstellungsinhalte

Bleibt das Christusbild im wesentlichen seiner traditionellen Form treu, wie es dem einst in St. Peter in Rom aufbewahrten und den Gläubigen immer wieder gezeigten Tuchbild der Heiligen Veronika entspricht, werden dem Marienbild neue Züge verliehen. Es war vor allem die Diskussion um die von dem Franziskanertheologen Dun Skotus eingebrachte Wahrheit der unbefleckten Empfängnis Marias, die direkt zu dem neuen Bildtypus der Immaculata geführt und die Ausbildung der Darstellung der Aufnahme Marias in den Himmel mitbeeinflußt hat. Das Veronikabild, die Veronika (*vera eikon*: wahres Bildnis), fand ihren Platz auf dem mittleren Schlußstein der spätgotischen Netzgewölbe, denn Christus ist der Schlußstein, den die Bauleute als Verantwortliche des Volkes Israel verworfen haben (1. Petrus 2, 7f.), der aber trotzdem zum Schlußstein des Himmelsgewölbes geworden ist. Ebenso finden wir die Wiedergabe des echten, römischen Christusbildes auf dem Tuche oder im Mittelpunkt der Predella der Flügelaltäre, auf den Türen der später dort eingefügten Tabernakel. Damit wird die eucharistische Gegenwart Christi mit seinem wahren Bilde ergänzt und aufgezeigt.

Die Darstellung der Himmelfahrt Marias bildet das zentrale Motiv vieler Altäre der Renaissance und Barockzeit; es hat mehrere Wurzeln. Eine davon liegt in der Legende und Verehrung der Reliquie des Gürtels Marias begründet, der im toskanischen Prato gehütet wird. Die Antwort der Legende auf die Frage, wie der Apostel die leibliche Aufnahme Marias in den Himmel und das Verschwinden ihres Leichnams aus dem Grabe bemerkt haben konnte, wird auf der Ebene der Reliquien durch die himmlische Gürtelspende an den zum Sterben Marias zu spät eintreffenden Apostel Thomas bereichert. Eine zweite Wurzel ist volkstümlicher und ästhetischer Natur. Wenige Darstellungen können so eindrücklich die durch die Erlösung der Menschheit durch den Kreuzestod Jesu ermöglichte Verbindung von Erde und Himmel vor Augen führen wie die der Aufnahme Marias in den Himmel, können den Glauben an die allgemeine Auferstehung des Fleisches, wie schon in den ältesten Glaubensbekenntnissen formuliert, in einer dem Volksempfinden so nahekommenden Weise verdeutlichen.

Wichtig für die neue Mariendarstellung sind zwei Elemente: die über das leere Grab gebeugten Apostel und die in die Lüfte erhobene, von Engeln begleitete Maria, zu der die übrigen Apostel staunend emporblicken. Nicht selten wird die Aufnahme Marias mit einer schon im Mittelalter entwickelten Darstellung verbunden, nämlich der Krönung Marias im Himmel. Diese bezieht sich auf einen Vers des Hohenliedes der lateinischen Version der Vulgata: »Komm vom Libanon, meine Braut, komm vom Libanon, komm, du wirst gekrönt werden« (Hohelied 4, 8).

Eng mit der Wiedergabe der Himmelfahrt Marias verwandt ist die der Immaculata. Wahrscheinlich war sie zum ersten Mal in monumentalem Zusammenhang auf der Altarwand der Sixtinischen Kapelle dargestellt. Die Darstellung, wie sie noch in einer Zeichnung in der Albertina in Wien auf uns gekommen ist, folgte ganz dem Schema der Aufnahme Marias in den Himmel. Nur fehlt dort das leere Grab, und die Gestalt Marias ist kindlich klein wiedergegeben. Die *immaculata conceptio* meinte ursprünglich nicht die Empfängnis Marias im Schoße ihrer Mutter Anna oder die jungfäuliche Empfängnis Jesu in Marias Schoß. Sie meinte die Konzeption, die ewige Idee, die Gott von der Mutter seines Sohnes, der durch sie die menschliche Natur annehmen sollte, gefaßt hat. Nur in ihr kommt ganz rein die Braut zum Ausdruck, von der das Hohelied der Liebe singt. Der Begriff *immaculata* ist von dort entwickelt worden: *»Tota pulchra es et macula non est in te«* (Ganz schön bist du, und es ist kein Makel in dir – Hohelied 4, 7).

Von der Ewigkeit her von Gott gedacht, ist Maria als unbefleckte Braut das vollkommene Bild der Kirche. So wird sie von Murillo und vielen anderen Künstlern der Barockzeit in weiß-blauer Gewandung gemalt. Schon Philo von Alexandrien wußte im 1. Jahrhundert, daß die Kleidung des Hohenpriesters des alten Gottesvolkes in Blau und Weiß, in seiner bräutlich reinen (weiß) und himmlischen Schau (himmelblau) gefestigter Einigung mit Gott darzustellen war. In der Renaissancezeit werden auch die großen Bilderzyklen, die auf Pergamentblättern der Handschriften und Kirchenwänden dem gläubigen Betrachter Begebenheiten des Alten und Neuen Testamentes vor Augen führten, neu formuliert. Als die monumentalste Bilderbibel der Neuzeit sind die Fresken der Sixtinischen Kapelle anzusehen, die, mit modernen Methoden restauriert, in neuem Glanze erstrahlen. Eingefügt in Landschaften, werden Ereignisse des Lebens Mose solchen aus dem Leben Jesu auf den Längswänden der Kapelle gegenübergestellt. An der Decke hat Michelangelo die Geschichte des Noah und vor allem den Schöpfergott ganz neu interpretiert: Gott steht bei der Erschaffung der Welt nicht auf der Erde, sondern schwebt in den Lüften. Seine Gestalt verbindet die Weisheit des Alters mit jugendlicher Kraft.

Auch für die Pietà und den Kruzifixus hat Michelangelo neue Formen gefunden, die dann die spätere Kunst in Europa stark beeinflußt haben. Der tote Christus, wie ihn eine Londoner Zeichnung zu erkennen gibt, ist nicht mehr auf den Schoß Marias gelegt, sondern zwischen die Knie der Mutter eingefügt, so daß der Kopf des Toten gut zu sehen ist. Eine andere Zeichnung, die heute im British Museum aufbewahrt wird, zeigt Christus am Kreuz, der sich aufbäumend dem Vater zuwendet und seine Verlassenheit hinausschreit in die Einsamkeit. Solche Kruzifixe in der einsamen Nacht der Gottverlassenheit werden von Rubens, van Dyck und Velazquez im 17. Jahrhundert wieder aufgenommen. Im Umkreis des Michelangelo und dem der Florentiner Manieristen wird auch das Thema der Kreuzabnahme neu gestaltet. Rubens war es, der diesem Vorwurf, zusammen mit dem ihm entsprechenden der Kreuzaufrichtung, in der Kathedrale von Antwerpen in zwei Gemälden die vielleicht den Betrachter am stärksten ergreifende Fassung verliehen hat.

Seit Beginn des 16. Jahrhunderts werden die neuen Gestaltungen des Bilderkreises durch Kupferstiche und Radierungen über ganz Europa, seit der Mitte des Jahrhunderts über die ganze in die christliche Mission einbezogene Welt verbreitet. Zunächst war es nach dem Vorbild Martin Schongauers Albrecht Dürer, der mit seinen Stichen und Holzschnitten schon in den beiden ersten Jahrzehnten des 16. Jahrhunderts eine weite Verbreitung fand; vor allem tat er dies mit seinem ›Marienleben‹ und den Blättern der sogenannten kleinen und großen Passion.

Raffaels und Michelangelos Kompositionen, später die eines Federigo Barocci, der Caracci, des Reni und schließlich die des Rubens wurden durch gestochene Kopien weit über den Ort, in dem sie entstanden, hinaus bekannt. Alle bisher genannten religiösen Themen wurden in immer neuen Formen gestaltet: zunächst in den harmonisch ausgeglichenen der Hochrenaissance, den zerklüfteten und anscheinend wirren der Manieristen und in den ekstatisch und kraftvoll ausfahrenden des Barock, um schließlich in den spielerisch leichten Gestaltungen des Rokoko auszuklingen.

Das Schema der Darstellung von Natur und Übernatur

Von dem Augenblick an, da sich die Künstler der Wiedergabe der sichtbaren Welt zuwenden, ergibt sich das Problem der Darstellung der unsichtbaren übernatürlichen Wirklichkeiten. Vom frühen 15. Jahrhundert an beginnt die bildende Kunst immer mehr, den Bereich zwischen der sichtbaren, irdischen Welt von dem des Himmels als der unsichtbaren Welt durch ein Wolkenband zu scheiden. Der Künstler sagt damit implizit – und dies wird bei den Beschreibungen und Deutungen der Kunstwerke zu wenig beachtet –, daß der Betrachter eigentlich nur all das, was unter den Wolken wiedergegeben ist, sehen kann. Alles über den Wolken ist eigentlich unsichtbar, und was der Künstler aus diesem Bereich malt oder aus Stein meißelt, ist nur in einer uneigentlichen Weise in die Sichtbarkeit gebracht worden. Der Künstler will damit ausdrücken, daß die obere Hälfte der Welt nicht wirklich so aussieht, wie er sie sich vor- und im Bilde darstellt. Da aber auf dem Bild selber die obere genau wie die untere Hälfte aussieht und die dargestellten Personen nur eine Projektion irdischer Wirklichkeiten in den Himmel darstellen, geben derartige zweistöckige Kunstwerke zu Mißverständnissen Anlaß. Die ästhetisch einheitliche und gleichmäßige Durchgestaltung wird dem Inhalt nicht mehr gerecht, in dem eine sichtbare mit einer, von Visionen außernatürlichen Charakters abgesehen, wesensmäßig verschiedenen unsichtbaren Welt zusammenkomponiert wird.

So steht auf der New Yorker Weltgerichtstafel der Gebrüder van Eyck ein merkwürdig starres Chorgestühl im Himmel, auf dem die Apostel als Beisitzer des Gerichtes Platz genommen haben. Die harmonischste Lösung des Sitzens auf einer Wolkenbank, die einen offenen Halbkreis bildet, hat Raffael für seine Vertreter der Offenbarung des Alten und des Neuen Testamentes um 1509 auf seinem Disputafresko in der Stanza della Segnatura im Vatikan gefunden. Ästhetisch wird die Vision glaubhaft, der Wesensunterschied zwischen Himmel und Erde zu wenig betont. Erst als Tizian etwa ein Jahrzehnt später mit seiner himmelfahrenden Maria in der Frarikirche in Venedig in stürmischer Bewegung die ekstatisch nach oben schauenden Apostel mit der in den Himmel entschwebenden Gottesmutter verbunden hat, wird das ganze Bild wie eine Wiedergabe einer wirklichen Schau des Übergangs der Natur in die übernatürliche Sphäre erfahren. Es ist, als ob der Maler dem gläubigen Betrachter eine Schau gewähren könnte, die nur dem erreichbar ist, dem sie direkt von Gott gegeben ist, dem Mystiker unter den Heiligen.

Die Manieristen suchen das angedeutete Problem auf eine andere Weise zu lösen. Sie versuchen den irdischen Bereich auf so unnatürliche Art wie möglich in übersteigerter Perspektive zu geben, die Proportionen der Figuren nicht miteinander auszugleichen, sondern vielmehr ganz unterschiedlich hart nebeneinander zu zeigen, die Körper durch Gewandung und starken Schattenwurf scheinbar in einzelne Stücke zu zerlegen, so daß schon die sichtbare Welt wie durch das Einwirken übernatürlicher Faktoren verwandelt erscheint. Derart sind etwa die großen und bewegten Abendmahlsdarstellungen des Tintoretto in Venedig und die Gemälde des El Greco in Toledo. Deren Farbgebung zeichnet sich, leuchtend und flackernd, durch Tönungen aus, die so in der Natur nicht vorkommen, es sei denn als Gegenstände, die grell von Blitzen erhellt worden sind.

Kunstwerke der zweistöckigen Wirklichkeit und visionärer Welten sind nur in der katholischen Kirche zu finden. Die Reformatoren Zwingli und Calvin haben das religiöse Thema aus dem Kirchenraum verbannt und ihre Gläubigen zum Bildersturm veranlaßt, der, mehr noch als Kriege, große Lücken in den Bestand der europäischen Kunst gerissen hat. Luther hat, nach anfänglichen bilderstürmerischen Tendenzen, die religiöse bildende Kunst für katechetische Zwecke zugelassen. Solche Kunst der Lutheraner ist der zweistöckigen, geschweige denn der visionären Wiedergabe der Wirklichkeit ferngeblieben. Wenn in Cranachs Reformationsbild der Gekreuzigte mit Adam und Eva gezeigt wird, dann ist damit keine visionäre Verbindung zweier getrennter Welten gemeint, sondern eine katechetische Belehrung darüber, daß Christus der neue Adam ist, der die Menschheit von der Schuld des ersten Adam erlöst hat.

Wer im katholischen Süden um 1600 die zweistöckige Welt nur noch in seine Kompositionen miteinbezog und sie nicht mehr darstellte, war Caravaggio. Seine allzu irdischen und realistisch, freilich mit hinreißender künstlerischer Schau gemalten Altarbilder wurden wohl deshalb auch oft von den Auftraggebern abgelehnt, und er wurde zu einer zweiten, dezenteren Fassung desselben Themas gedrängt, wenn nicht gar gezwungen. Sein einziges übernatürliches Element, von gelegentlichen Engeldarstellungen auf Wolken abgesehen, ist das steil aus einem Bereich jenseits des Bildes einfallende Licht, das eine ganz harte Modellierung der religiösen Gestalten bewirkt. Für die religiöse Malerei Spaniens, Lothringens und der Niederlande wurde seine Bildauffassung zum zwingenden Vorbild. Das gilt für Velazquez und den Holländer Rembrandt. Der letztere hat das christliche Thema nicht nur realistisch in die irdische Natur versetzt, sondern ihm auch einen Ausdruck innerlichster Frömmigkeit verliehen, wie er bisher nicht gekannt war. Sein letztes Werk, die Heimkehr des verlorenen Sohnes in der St. Petersburger Eremitage, mag wohl als die großartigste und ergreifendste Wiedergabe des biblischen Gleichnisses gelten. Das Übernatürliche des Geschehens wird nicht mehr im Schema zweier Stockwerke zum Ausdruck gebracht, sondern durch die Beseelung der Gestalten von innen.

Die Schau des himmlischen Paradieses aus der Froschperspektive

Correggio hat mit seinen beiden Kuppelausmalungen im Dom und in San Giovanni Evangelista in Parma schon in den zwanziger Jahren des 16. Jahrhunderts den Weg gewiesen, der die Maler des Barock und Rokoko zur Verwandlung der Kirchengewölbe in Visionen des himmlischen Paradieses befähigte. In scharfer Untersicht gezeigt, werden die Heiligen auf Wolkenbänke gesetzt, die in konzentrischen Kreisen die Kuppeln einengen und doch den Eindruck einer Erweiterung und Erhöhung des Kuppelraumes vermitteln. Zwischen und über den Wolkenbänken schweben Engel, oder in der Mitte gar, wie in der Kuppel von San Giovanni Evangelista, der in die Höhe auffahrende heroische Christus.

Rubens hat in seinen 39 Deckengemälden der 1618 eingeweihten Jesuitenkirche von Antwerpen alle Probleme der Untersicht genauestens studiert. Der in Parma geborene Lanfranco hat 100 Jahre nach den Werken seines Landsmannes Correggio dessen Perspektivmalerei zuerst in Rom in Sant Andrea della Valle und in San Carlo ai Catinari und dann 1641 im Dom von Neapel in großartiger Ausgewogenheit der einzelnen Teile angewandt und zur Vollendung gebracht. Handelte es sich bei Rubens um einzelne, relativ kleine Gewölbefelder und bei Lanfranco um die Ausmalung von halbrunden Kuppelschalen, hat der Genuese Giovanni Battista Gaulli, der gewöhnlich in seinem heimatlichen Dialekt Baciccia genannt wird, in der Kirche Il Gesù in Rom zum ersten Mal ein ganzes riesiges Tonnengewölbefeld mit seiner Freskomalerei in eine einzige Vision des himmlischen Paradieses verwandelt. In diesem beten die Heiligen den als lichte Erscheinung gegenwärtigen Namen Jesu an, und Dämonen stürzen von dessen Glanz geblendet in die Tiefe.

Der Jesuitenbruder Andrea Pozzo hat einen weiteren Schritt gewagt und die illusionistisch in die Höhe fortgesetzte Architektur auf dem Gewölbefeld von Sant'Ignazio in Rom mit der Wolkenmalerei des Paradieses verbunden und gleichzeitig mit Hilfe von gemalten Strahlen alle Heiligen und Engel auf den im Zentrum des Gewölbes dargestellten Ordensgründer zentriert. Dieser wiederum ist durch einen Strahl mit den über ihm schwebenden Personen der Heiligen Dreifaltigkeit verbunden. Da der Betrachter den Unterschied zwischen der Scheinarchitektur und der in sie einbrechenden himmlischen Wolkenwelt als gradmäßig wesentlich verschieden nachvollziehen kann, wird in dem gläubigen Menschen die Teilhabe an der ekstatischen Erfahrung der Heiligen bewirkt. Freilich gelingt die perfekte Illusion nur von einem einzigen, im Boden des Kirchenschiffes bezeichneten Beobachtungspunkt aus.

Auch nördlich der Alpen, in der Schweiz, in Süddeutschland, in Österreich, Böhmen und Polen, wo immer die katholische Kirche ihre Territorien bewahren konnte, gehörte in der ganzen ersten Hälfte des 18. Jahrhunderts die durch die Maler nach römischem Vorbild gewährte Schau der Heiligen im himmlischen Wolkenparadies – vor allem durch den Einfluß des Buches von Andrea Pozzo über die Perspektive – zum Programm jedes Gewölbefeldes und der Kuppeln der zu erneuernden oder ganz neugebauten Kirchen. Ergänzt wurde die Vision durch die geschwungenen Stuckrahmen und die ekstatisch bewegten Skulpturen der Heiligen und Engel. Spanien und Frankreich haben in wesentlich geringerem Maße an dieser künstlerischen Bewegung, den Blick der Gläubigen auf das himmlische Paradies zu lenken, teilgenommen, von den Ländern und Gebieten der verschiedenen Glaubensreformen, England, Norddeutschland und Skandinavien, ganz zu schweigen. Zu den Ausnahmen gehören in Paris die Kuppel der Kirche Val de Grâce, die Pierre Mignard ausgemalt, und die Gewölbefelder der Kirche El Pilar in Zaragoza, die Bayeu mit Fresken versehen hat. Der durch den orthodoxen Glauben geprägte Osten und Südosten Europas blieb vom Einfluß der römischen und neapolitanischen Wolkenparadiese unberührt.

Der Verlust der Vorrangstellung der Kirche als Auftraggeberin

Schon kurz nach 1850, als Folge der Aufklärung, beginnt der Glaube an die himmlische Welt und deren ekstatische Vorauserfahrung in Deckengemälden von den Kirchen katholischer Konfession zu schwinden. Die vornehme, aber kühle Pracht der jetzt errichteten klassizistischen Kirchenräume, die der Darstellung der heiligen Personen und des göttlichen Wirkens nur ganz klar eingegrenzte Felder aufsparen, ist jeder ekstatischen Zurschaustellung der Heiligen und jeder Illusion eines nicht mit dem Verstande zu durchdringenden Raumes abhold. Auch jene jungen Künstler, die sich in Wien gegen den offiziellen Akademiebetrieb gewandt und den Lukasbund zur Erneuerung der christlichen Kunst gegründet hatten, wollten von einer Rückkehr zur barocken Ekstase nichts wissen. Nach Rom übergesiedelt und dort »Nazarener« genannt, nahmen sie die Maler der Renaissance, vor allem Fra Angelico, Raffael und Perugino, zum Vorbild. Ihr Wirken und ihr Stil hat im 19. Jahrhundert die kirchliche Kunst aller Konfessionen beeinflußt.

Aber inzwischen hatte sich ein neues Phänomen ausgebildet: Die großen Künstler hatten sich von allen Kirchen abgewandt und übernahmen nur ganz ausnahmsweise kirchliche Aufträge. Religion und Kultur sollten fortan, wie es Claudel in seiner Vorrede zu Cingrias Büchlein über den Verfall der sakralen Kunst formulierte, im Zustand der Scheidung leben. Dann und wann gab es noch einen Ansatz, der Kunst eine religiöse Dimension zurückzugewinnen. Da sind die symbolisch hintergründigen Landschaftsbilder und der Tetschener Altar des Lutheraners Caspar David Friedrich zu nennen sowie vor allem das malerische Werk von Philipp Otto Runge, und nicht zuletzt die Christusstatue, die Thorvaldsen für die Frue Kirk in Kopenhagen geschaffen hat. Auch der Spanier Goya im Erkunden des düster-magischen Aspektes der Religion und der Franzose Delacroix im Wiederauflebenlassen barocker Farbenfreude haben sich manchmal christlichen Themen zugewandt. Eine Breitenwirkung im kirchlichen Raum blieb ihnen allen versagt.

In England machten die Präraffaeliten von sich reden, die das christliche Ideal der Kunst in der Renaissance vor Raffael finden wollten. Eines ihrer Hauptwerke, der »Christus mit der Laterne« des Hunt, der das Jesuswort »Ich bin das Licht der Welt« (Johannes 8, 12) illustrieren sollte, fand sogar Eingang in die St. Pauls Cathedral in London. Freilich, wie der von ihnen verschmähte Raffael haben diese englischen Maler das zentrale Geheimnis des Christentums, Jesu Tod am Kreuz, als Bildgegenstand ausgeklammert. Erst nach den Schrecken des Zweiten Weltkrieges konnte der englische Maler Sutherland in der nach dem Bombenhagel wiedererrichteten Kathedrale von Coventry einen in künstlerischer und religiöser Hinsicht überzeugenden Gekreuzigten den Gläubigen vor Augen stellen.

Wer sich als Künstler zur Zeit der Restauration nach dem Sturz Napoleons in die enge Bindung eines kirchlichen Auftrages begab, war zumeist eine ängstlichere Natur, die die Auseinandersetzung auf dem freien Kunstmarkt scheute. In Deutschland beherrschten die Nazarener und deren Nachahmer das Feld. Darüber hinaus sind die kirchlichen Maler und Bildschnitzer nur noch gute Handwerker, die sehr bald durch die noch weniger qualitätvolle, aber viel preisgünstigere industrielle Massenproduktion sogenannter religiöser Kunstwerke abgelöst werden. Billige Öldrucke und Statuen aus Gips füllen nun die Kirchen und Privathäuser der Christen in der ganzen Welt. Große, von der katholischen Kirchenführung als übernatürlich anerkannte Ereignisse wie die Marienerscheinungen und Wunderheilungen in Lourdes finden in der bildenden Kunst zur Zeit der industriellen Massenproduktion kein entsprechend würdiges Echo mehr. Marienstatuen, die auf solche Ereignisse übernatürlicher Art eine bildhafte Antwort geben sollen, orientieren sich an den in der Zeit der Renaissance gefundenen harmonisierenden Prinzipien der Wiedergabe der Körperform und Gewandfalten. Die gefälligen Formen werden dem alten Vokabular entnommen und äußerlich nachbuchstabiert, aber nicht mit Leben erfüllt.

Die Weiterentwicklung der Ikonenkunst im christlichen Osten

Im Laufe des 16. Jahrhunderts haben Ikonenmaler in Rußland einen neuen Themenbereich erschlossen und sogenannte theologische Ikonen gemalt, die, meist mit winzigen Figuren übersät, in ihrer Zusammenstellung und meditativen Form in ein Geheimnis des christlichen Glaubens einführen sollen. Ansonsten werden alle immer mehr nachdunkelnden heiligen Bildtafeln mit Masken aus kostbarem Metall bedeckt, die nur die Hände und Gesichter der dargestellten Personen dem Blick freigeben. Mit Peter dem Großen werden die Maler heiliger Ikonen immer mehr verpflichtend auf die Kunstwerke der westlichen Christenheit hingewiesen. Die Maler versuchen nun, den Ikonen auch Dreidimensionalität und rundplastische Formen zu verleihen. Zumeist entstehen merkwürdige Zwitterformen, in denen eine gewisse Starrheit der Figuren sich mit schüchternen Versuchen verbindet, einen Tiefenraum vorzutäuschen. Es gab aber auch Maler in den Altgläubigendörfern um Palech, die sich den Weisungen des Zaren widersetzten und weiter in der alten Manier die heiligen Bilder malten. Dagegen versuchten die Herrscher, besonders Katharina II., die Russen durch großartige Ankäufe westlicher Kunst aller Schulen mit der Kunst ganz Europas vertraut zu machen. Die Eremitage in St. Petersburg ist noch heute, trotz vieler Bilderverkäufe in kommunistischen Zeiten, eine der bedeutendsten Galerien der religiösen Kunst.

Ein Thema ist im 18. und frühen 19. Jahrhundert verstärkt zur Geltung gekommen: das des wahren Bildnisses Christi. So finden sich seit etwa 1800 auf den Mandylion-Ikonen, auf drei Medaillons verteilt, die östliche und die westliche Legende, die sich mit der Entstehung des wahren Christusbildes verbindet. Im Osten war es der König Abgar von Edessa, der direkt von Christus das Bild erhalten hatte, das durch Abdruck eines Tuches auf Jesu Antlitz von diesem selbst hergestellt worden war. Dem Westen wird auf dem Kreuzweg der Veronika dasselbe von Christus ihrem Tuchschleier eingeprägte Bild zuteil.

Im Laufe des 19. Jahrhunderts kennt auch die Ikonenkunst eine dem Nazarenerstil ähnliche Entwicklung, so daß die auf den Ikonen wiedergegebenen heiligen Gestalten gefällig und empfindsam gemalt wirken und ihre ursprüngliche, feierliche Strenge verlieren. Erst gegen Ende des Jahrhunderts wird die alte Ikonenkunst wiederentdeckt. Von da an übt sie einen steigenden Einfluß auf das westliche Europa aus.

Das christliche Thema in der Kunst des 20. Jahrhunderts

Die moderne Kultur, allem zeitgenössischen religiösen Ausdruck abhold und von kirchlichen Auftraggebern getrennt, war kein günstiger Nährboden für die Entfaltung christlicher Themen in der bildenden Kunst. Trotzdem gab es schon zu Ende des 19. Jahrhunderts einige Ansätze zu einer neuen künstlerischen Fassung der christlichen Gehalte.

Van Gogh hat sich nur selten christlichen Gegenständen zugewandt und sich dabei Kompositionen Rembrandts und Delacroix' bedient. Gauguin konnte diesen Stoff, eingebunden in das Volkstum seiner bretonischen Heimat oder der polynesischen Wahlheimat, in einigen großartigen Gemälden umsetzen. Erinnert sei an sein gelbes Kruzifix in der Albright Knox Gallery in Buffalo und an die ›Geburt Christi‹ in der Münchener Neuen Pinakothek. Odilon Redon, der Hauptmeister unter den Symbolisten, versuchte den christlichen Gehalt in der Synthese zwischen abstrakt leuchtenden Farbjuwelen und einfachen, sich aus dem Bildgrund heraus verdichtenden Gestalten neu zu entwickeln. Alle Ergebnisse dieser Versuche fanden keinen Platz im Kirchenraum. Die großen Künstler, deren Werke heute in den öffentlichen Museen hängen, haben ihre religiösen Werke nicht für die Kirchengemeinden geschaffen. Sie blieben Ausdruck ihres individuellen Suchens.

Diese Situation ändert sich auch nicht, als sich nicht wenige Künstler vor allem unter den Expressionisten, erschüttert durch den Ersten Weltkrieg, christlichen Themen zuwandten. Es sind die Holzschnitte eines Schmidt-Rottluff, die aus solcher Erschütterung heraus im scharfen und aggressiven Schwarz-Weiß-Kontrast den Christen aufrütteln sollten. »Ist euch nicht Kristus erschienen« ist der bezeichnende, unter die Komposition des Antlitzes Christi mit dem Schnitzmesser eingekerbte Titel aus dem Jahre 1918, mit der aggressiven Abwandlung des Christusnamens. Das Antlitz ist den Formen polynesischer oder afrikanischer Masken nachgestaltet.

Nicht wenige der Künstler in Frankreich und Deutschland suchten in der Zeit vor und nach dem Ersten Weltkrieg bei Besuchen in den Sammlungen der Völkerkundemuseen ihre religiöse und künstlerische Inspiration. Der Bildhauer Ernst Barlach und der Maler Emil Nolde haben den christlichen Bilderkreis mit ausdrucksstarken plastischen Formen und der letztere mit auch grell gegeneinandergesetzten Farben bereichert. Beide suchten sich als gläubige evangelische Christen ihren ganz eigenen, individuellen Zugang zu den Inhalten des Evangeliums, ohne dabei in ihrer Kirchengemeinschaft und bei der Geistlichkeit ein Echo zu finden.

Noch kurz vor dem Beginn des Zweiten Weltkrieges wurde zum ersten Mal der Versuch gewagt, die oben angesprochene Situation der Scheidung zwischen Kultur und Religion rückgängig zu machen. Nun sollten die anerkannten Künstler der Pariser Schule ungeachtet ihres atheistischen oder materialistischen Glaubensbekenntnisses Aufträge von der katholischen Kirche bekommen. So wurde die vom Architekten Novarina nach dem Zweiten Weltkrieg erbaute Kirche von Assy in Savoyen zu einem wahren Museum der klassischen modernen Kunst Frankreichs. Fernand Léger setzte das Marienbild der Fassade in Mosaik. Lurçat zierte die Wand hinter dem Altar mit einem seiner Teppiche, auf dem er das Drama zwischen dem Drachen und der Frau nach dem 12. Kapitel der ›Apokalypse‹ schildert. Rouault steuerte zwei Glasgemälde bei und Matisse einen heiligen Dominikus in dunklen Umrißlinien auf gelben Kacheln. Chagall schuf für die Taufkapelle eine Komposition des Durchzugs der Israeliten durch das Rote Meer. Hinter diesem Aufgebot großer Künstlernamen standen zwei Dominikaner, die sich mit viel Mut für die Erneuerung der kirchlichen Kunst eingesetzt haben: Marie Alain Couturier und Pie Régamey.

Wie weit entfernt aber solche Kunst der Nachkriegszeit vom Fühlen des katholischen gläubigen Volkes und der damaligen Kirchenführung war, zeigte der um den dortigen, in ganz abstrakten Formen gefertigten Kruzifixus der Germaine Richier entbrannte Streit, der erst nach dem II. Vatikanischen Konzil beendet wurde. Das Suchen der Künstler nach neuen Ausdrucksformen für den christlichen Gegenstand fand kein Verständnis beim Kirchenvolk. Bis kurz nach Konzilsende mußte das abstrakte Kreuz dem Blick der Gläubigen entzogen werden. Darin spiegelt sich ein noch viel tieferliegender Konflikt der europäischen, einst von der christlichen Kultur geprägten Völker wider. Der Künstler sucht eine allgemein geltende Sprache. Das christliche Thema wird als zu partikuläre, nur für eine Sondergruppe der Menschheit gültige Form des religiösen Ausdrucks gesehen und gewertet. Einerseits bleibt der Künstler einer ganz subjektiven Sicht der Welt verhaftet, und doch ersehnt er für seine Werke eine objektive Geltung. Ähnliches gilt für die Vertreter der christlichen Religion. Einerseits verkünden sie den universalen Gott mit allgemeingültigem Anspruch. Auf der anderen Seite hat diese Verkündigung sich sowohl im byzantinisch geprägten Osten als auch im lateinischen Abendland einer ganz partikulären Kultur bedient.

Es gilt also, wenn weiterhin eine religiöse Bilderwelt geschaffen werden soll, diesen Konflikt zu überwinden. Eine Madonna darf nicht mehr nur als europäisch angesehen werden können. Und die subjektive Sicht der Künstler sollte sich zur universalen Geltung ausweiten. Dieses gelang dem evanglischen Feldarzt Reuter in extremer Situation mit seiner Stalingradmadonna. Solcherart sind auch die Statuen von Ave Cerquetti, die sich um den künstlerischen Ausdruck des in einer modernen religiösen Einheitsbewegung gegebenen Charismas bemüht, nämlich desjenigen der von Chiara Lubich gegründeten Bewegung der Fokolare (italienisch: Herd, Familie), deren Ziel die Einswerdung der Welt ist.

Ein weiterer Aspekt ist zu berücksichtigen: Die Welt wird heute nicht mehr als dreidimensionaler, unendlich weiter, leerer Raum aufgefaßt, sondern als ein Beziehungsgefüge, dessen einzelne Glieder nicht in einen weiteren Rahmen eingefügt werden können. Mit anderen Worten, der Betrachter kann das Kunstwerk nicht mehr von einem kritischen Abstand aus genießen und beurteilen, sondern er wird selbst zum einzelnen Werk in Beziehung gesetzt. Schon die Verdammten der Höllenpforte Rodins stürzen dem Betrachter entgegen. Der Christus im Limbus auf dem Gemälde Noldes im Städelschen Kunstinstitut in Frankfurt am Main kommt, weil in grellen, unvermischten Farben gemalt und da die Stirn vom Rahmen überschnitten wird, dem Betrachter gleichsam entgegen. Es ist, als ob der Betrachter sich mit diesem in der Unterwelt erscheinenden Christus zu durchdringen habe. Die Welt läßt sich jetzt nicht mehr in übereinanderliegende Stockwerke gliedern. Die Hölle ist nicht mehr unten, der Himmel nicht mehr oben; alles durchdringt sich. Der Künstler und der religiöse Mensch, beide sind in eine tiefe Krise geraten.

Den künstlerisch begabten Christen ist auch in der letzten Zeit der Dialog mit der Ikonenkunst des Ostens aufgegeben, die immer mehr an Einfluß gewinnt und keineswegs nur der Vergangenheit angehört. Eine weitere moderne Bewegung, die der Neokatechumenalen, ist von dem spanischen Künstler Kiko Argüello gegründet worden. Er bemüht sich, die Ikonenkunst studierend, um einen neuen Ausdruck für den christlichen Glauben. Nur sind seine Ikonen der Festtagsgeheimnisse nicht mehr auf einer Ikonostas aufgereiht, die die Grenzscheide zwischen der irdischen und der himmlischen Welt angibt, sondern, wie in San Bartolo in Tuto in Scandicci bei Florenz, so angeordnet, daß sie in einem Oval den ganzen Raum umschließen. Von überall her bricht so die jenseitige Welt in die diesseitige ein.

Umgekehrt hat sich ein Künstler aus Georgien, Irakli Parjiani, der 1991 mit 41 Jahren starb, als orthodoxer Christ mit der Malweise der modernen Kunst im Westen Europas auseinandergesetzt. Eine Ausstellung seiner Werke durchweg religiösen Inhalts war 1997 im Atrium der Pontificia Università Gregoriana in Rom zu sehen. In weißgrauen, nach unten verfließenden Farbstrukturen läßt sich der Gekreuzigte erkennen, der mit plattgedrücktem Körper und scharf nach vorne zum Betrachter und nach unten hin abgeknickten Haupt den noch fließend wirkenden Farben einvermählt scheint. Die noch wie zufällig zu einer Gestalt geronnene Malmaterie und der geistige, religiöse Gehalt durchdringen sich.

Ein Blick ist auch auf die Kunst der anderen Kontinente zu werfen. Mit ihrem letzten Konzil hat sich die Kirche grundsätzlich von der Bindung an eine einzige Kultur, an einen einzigen Kunststil losgesagt. Die Auseinandersetzung christlicher Künstler in Lateinamerika, Afrika, Indien und China mit den Kulturen dieser Länder hat erst begonnen. Stellvertretend mag der Chinese Lukas Cheng genannt werden, der als erster versuchte, christliche Themen auf chinesische Weise zum Ausdruck zu bringen und der auch zu den Opfern zu zählen ist, die die dortige Kulturrevolution gefordert hat. Nur langsam und sehr behindert kommt dieser neue Prozeß der Inkulturation des Christentums in den Kontinenten voran. Es ist aber kaum auszumachen, was der schon begonnene Dialog der Christen mit allen Religionen und Kulturen auf dem Felde der religiösen Bilderwelt an künstlerisch Neuem für Europa erbringen wird, wenn bei der heutigen globalen Schau die in den fernen Ländern anderer Kulturen gewonnenen Formen und Gehalte auf die Künstler des alten, vom Christentum entscheidend mitgeprägten Kontinents einmal zurückwirken werden.

Klassisches Theater

Walter Puchner

Die breite gemeinsame europäische Basis im Bereich des Theaters und seiner Theorie ist das Verständnis des Bühnengeschehens als Spiegelbild der Welt (Theatergleichnis der Renaissance und des Barock) bzw. der gesellschaftlichen Wirklichkeit (marxistische Theatertheorie). Es ist der Gedanke, daß die Welt nichts anderes ist als Theater, und die Menschen Schauspieler sind in einem Stück, das sie nicht kennen; daß der Vorhang fällt, bevor sie es kennenlernen, wie bei Shakespeare und Calderon deutlich ausgesprochen.

Diese Gedanken gehen auf den Kyniker Epiktet zurück und sind seitdem in Europa allgemeinverbreitetes Gedankengut. Dieser Theaterbegriff Europas ist eng an den jeweiligen Wirklichkeitsbegriff gebunden. In der Zweiteilung des Kosmos in der platonischen und nachplatonischen Philosophie – wie in christlicher Metaphysik in Jenseits und Diesseits – nimmt die Scheinhaftigkeit und »Wahrheit« des Theaters als Paradigma der Weltbefindlichkeit eine spezifische Funktion ein, das es in anderen Kulturen nicht hat. Dabei setzt sich in der Neuzeit eine sukzessive Diesseits-Orientiertheit durch. Die Welt ist so wirklich und scheinhaft wie das Theater. Darin gründet die Eurozentrik des Theaterbegriffes, wie wir ihn heute verwenden. Der Gedanke, daß alle Menschen Schauspieler sind, hat in der Sozialpsychologie des 20. Jahrhunderts gar zu einer Schule der Theater-Soziologie geführt, die gesellschaftliche Vorgänge mit Hilfe theatralischer Terminologie (Schauspieler, Zuschauer, Bühnenbild, Rollenspiel, Kostüm, Szene und Inszenierung) analysiert.

Ein Spezifikum europäischer Kulturdynamik, die auch das Theater betrifft, ist die Gegensätzlichkeit der Kulturepochen, das heißt die Tatsache, daß sich jede einzelne Epoche von der vorangegangenen zu distanzieren sucht, in vielen Punkten genau antithetisch vorgeht und erst aus historischem Abstand eventuell gemeinsame Züge erkennen läßt. Dies ist im Theater nicht anders: Das Regeldrama der Renaissance und die Einortbühne wenden sich gegen das »regellose« Mysterienspiel des Mittelalters mit seiner Mehrortbühne der *loci* und *mansiones*; die barocke Bewegungsbühne wendet sich gegen die starre Einortbühne der Renaissance; der überschaubare Bühnenraum der Aufklärung richtet sich seinerseits gegen die barocke Zentralachsenperspektive, deren Fluchtpunkt im Unendlichen liegt – die Reihung ließe sich fortführen. Bei all diesen antithetischen Entwicklungen sind häufig Bühnenraum und Dramenform aufeinander bezogen.

Manchmal stellt sich der Gegensatz auch erst auf Umwegen ein und geht nicht aus einer direkten theoretisch-programmatischen Konfrontation hervor. Das Barockdrama, das nicht mehr den aristotelischen drei Einheiten in ihrer strengen Auslegung

Gryphius, ›Catharina von Georgien‹, 1. Akt, 2. Szene.
Stich von Johann Using nach einer Aufführung von 1655 am Hof Herzog Christians von Wohlau

in den Renaissancepoetiken folgt, ist dadurch entstanden, daß die zwischen den Akten gespielten Intermedien, die den Beschränkungen der Regelhaftigkeit des Dramas nicht unterlagen, im Laufe des 16. Jahrhunderts so stark an Umfang und Bedeutung gewannen, daß das Regeldrama verschwand und sich die neue Dramenform auf der barocken Bewegungsbühne mit ihrer Maschinerie (wie den Schiebekulissen) etablieren konnte. Neben dieser antithetischen Epochendynamik tauchte im Laufe der Neuzeit auch eine andere wesentliche Problematik auf, die europaspezifisch zu sein scheint.

Das Problem der Klassikeraufführung

Der an sich unhistorische Begriff des »Klassikers« steht im kulturellen Wertekanon unangefochten an der Spitze und reicht über die Zeitgebundenheit der jeweiligen Kunstproduktion hinaus. Er entspringt paradoxerweise aber gerade dem Historismus des 19. Jahrhunderts und versammelte aus allen Epochen »das Beste« in einem ästhetischen Pantheon, das gleichermaßen außerhalb der Geschichte anzusiedeln ist.

Die Klassikerproblematik fußt auf einem anderen, sozusagen europäischen Spezifikum der Kulturdynamik. Jede Epoche interpretiert und bewertet vorangegangene Epochen auf ihre eigene spezifische Weise, so daß mit jedem Epochenwechsel eine Uminterpretierung der gesamten Kulturgeschichte eintritt. Dies ist leicht abzulesen am Beispiel des Antiken-Bildes. Wird sie im Mittelalter noch negativ bewertet, ist sie schon in der Renaissance unübertroffen positives Kulturvorbild, ambivalent und widersprüchlich im Barock, mit Winckelmann (»edle Einfalt, stille Größe«) aufklärerisch-klassizistisch interpretiert im 18. Jahrhundert, chaotisch-bedrohlich im 19. Jahrhundert durch Nietzsche, Burckhardt und Bachofen. Im 20. Jahrhundert ist das Abfolgemodell der Epochen schwieriger anzuwenden, da vieles Antithetische gleichzeitig vor sich geht und einheitliche Epochennenner aufgrund der Vielfalt der Avantgarde-Bewegungen schwer auszumachen sind.

Vor dem Hintergrund dieser Interpretationsdynamik ist auch die Klassikerproblematik im Theater zu sehen, und zwar unter einem zweifachen Aspekt: das Mißverstehen und die Fehlinterpretation klassischer Dramenwerke in vergangenen Epochen, sowie die Zeitgebundenheit der klassischen Werke, die eine Wiederaufführung vor allem im 20. Jahrhundert nur in mehr oder minder bearbeiteter oder aktualisierter Form zuläßt.

Als Beispiel für das Mißverstehen mag die deutsche Shakespeare-Rezeption bis zur Romantik dienen. Im 17. Jahrhundert wurde ›Hamlet‹ von fahrenden Truppen als Schauerdrama vom »Bestraften Brudermord« gespielt, im Zeitalter der sentimentalen Literatur im 18. Jahrhundert ›Romeo und Julia‹ in der Bearbeitung von Felix Weiße mit glücklichem Ausgang (am Wiener Burgtheater noch bis 1772).

Zur Zeitgebundenheit ist die gesamte Antikenrezeption im Theater des 20. Jahrhunderts zu nennen, die aufgrund der unterschiedlichen Produktions- und Rezeptionsverhältnisse – kein dionysischer Rahmen, kein Agon (Wettstreit um den Siegerkranz), unbekannte Musik und Tanz, Übersetzung oder Bearbeitung, meist keine Freilichtaufführung, künstliches Licht, andere Kostüme – zu sehr unterschiedlichen Kompromißlösungen findet. Dabei wird die Hierarchie der theatralischen Ausdrucksmittel oft auf den Kopf gestellt. Statt wie im 5. Jahrhundert akustische Mittel wie Dichterwort, Deklamation, Gesang, Akustik des Raumes an die Spitze zu stellen, setzt man im Zuge der Spektakularisierung des Theaters und der Visualisierung der gesamten Kultur auf optische Mittel. Im Altertum waren diese dagegen eher sekundär oder relativ primitiv, bedingt durch die zufälligen Lichtverhältnisse, den statischen Spielduktus, die Maske und die großen Gebärden aufgrund wechselnder Sichtverhältnisse.

In der Interpretationsweise der Theaterformen vergangener Epochen lassen sich zwei Extremhaltungen ablesen: der Rekonstruktionsversuch und die Parodie. Aus beiden Grundhaltungen konnten völlig neue Formen entstehen:

- Im Rahmen der archäologischen und philologischen Bemühungen der italienischen Renaissance um die Rekonstruktion des antiken Theaters ist gegen Ende des 16. Jahrhunderts die Oper entstanden. Sie war Produkt der (falschen) Hypothese eines Musikerkreises in Florenz, der sich das altgriechische Drama nur in eben dieser Form auf der antiken Bühne aufgeführt denken konnte. Die Geschichte des

Opernrepertoires ist nicht zufällig bis ins 18. Jahrhundert hinein völlig an die griechisch-römische Mythologie gebunden.

- Parodien sind vor allem im Volkstheater der Städte geläufig und haben zu völlig neuen Dramenformen geführt. So wurden im Théâtre de la Foire der Pariser Vororte des 18. Jahrhunderts die Lully-Opern parodiert, bis der Bühnendialog verboten wurde. Das führte zu den sogenannten *Pièces à la muette*. In denen erschien jeder Schauspieler, seinen Part auf ein großes Plakat um den Hals geschrieben, auf der Bühne, und das Publikum sang dessen Part – eine originelle Form der Publikumsaktivierung, die sich noch lange gehalten hat. Gegen Opern richteten sich auch die Antikenparodien des Wiener Volkstheaters vor und nach 1800. Im 19. Jahrhundert ist es dann die germanische Mythologie der Opern von Richard Wagner, an denen sich der Witz und Spott des Kleinbürgertums entzündet.

Die Kriterien für das, was auf dem Theater »klassisch« ist, sind keineswegs einheitlich, weder in ästhetischer noch in historischer Sicht. Ausschlaggebend scheint bloß eine weite Akzeptanz in einer gewissen Epoche zu sein. Auch die Klassikerbewertung in den einzelnen Nationalliteraturen ist im historischen Ablauf nicht unverrückbar und von Nation zu Nation unterschiedlich. Hier zeigt sich im Europa der Neuzeit eine durchaus internationale Dynamik. Die Größe Shakespeares etwa ist erst durch die deutsche Romantik und ihre Vorläufer erkannt worden; Voltaire sieht in ihm noch einen »regellosen« Barbaren. Die ästhetische Vorrangigkeit der altgriechischen vor der römischen Dramatik ist eine Einsicht der Weimarer Klassik, die sich nur zögernd durchgesetzt hat. Die Vorherrschaft der italienischen Oper ist noch bis tief ins 19. Jahrhundert hinein in ganz Europa unumschränkt, mit einer einzigen Ausnahme: Paris, in dem im ganzen 17. Jahrhundert nur vier italienische Opern aufgeführt worden sind.

Der ästhetische Modellcharakter des französischen Regeldramas des Klassizismus (Corneille, Racine, Molière) wird in Frankreich selbst erst im 19. Jahrhundert durch Victor Hugo angezweifelt, während dies in anderen Literaturen schon viel früher geschah (in Deutschland mit Lessings ›Hamburgischer Dramaturgie‹). Die Dynamik der Eigen- und Fremdbilder eigener und fremder Klassiker wird mit dem Einsetzen der Moderne nach 1880 ein Rezeptionsvorgang von schillernder Vielfalt, da sich die Schranken der »Nationalliteraturen« mit einem einheitlichen Wertekanon aufzulösen beginnen und die Klassiker gemeineuropäisch werden; dazu kommt im 20. Jahrhundert noch verstärkt die ästhetische Vorbildwirkung der asiatischen und amerikanischen, nach dem Zweiten Weltkrieg auch die anderer Breiten, wie die der afrikanischen und südamerikanischen Theaterkultur.

Die Interpretations- und Rezeptionsvorgänge werden komplexer und vielschichtiger: Brecht bearbeitet nicht die sophokleische ›Antigone‹, sondern die Übersetzung Hölderlins, die in sich schon eine Art Bearbeitung darstellt; das Ergebnis hat weder mit dem Klassiker Sophokles noch mit dem Klassiker Hölderlin viel zu tun, sondern mit dem Klassiker Brecht. Die fast gleichzeitige Vertonung der Hölderlinschen ›Antigone‹-Fassung durch Carl Orff wurde als Wiedergeburt der griechischen Tragödie gefeiert, was sich freilich aus heutiger Sicht ebenso als zeitgebundener Irrtum erweist.

Wer also sind die Klassiker?

Als gemeineuropäisches Erbe gilt die altgriechische Dramatik. Auch heute noch ist es Griechenland, in dem dieses Repertoire mit der größten Intensität gepflegt wird, gefolgt interessanterweise von den deutschen Landen. Aischylos, Sophokles, Euripides und Aristophanes (weniger Menander) sind ohne Zweifel die »schwierigsten« Klassiker für das heutige Publikum. Seit Max Reinhardt am Anfang des Jahrhunderts gezeigt hat, daß auch diese Tragödien und Komödien – allerdings in Bearbeitungen – zu Zugstücken und Kassenschlagern werden können, haben sie sich im zeitgenössischen Repertoire eingebürgert und stellen für jeden Regisseur in Form und Inhalt eine Herausforderung dar. Es gibt mittlerweile Regisseure wie Günter Heyme, die sich auf dieses Repertoire spezialisiert haben. Die Grundlinien der Interpretation im 20. Jahrhundert sind Spektakularisierung, Mystifizierung, Verlegung in die Vorgeschichte der Menschheit, Ritualisierung, und auf der anderen Seite radikale Aktualisierung.

Mit Peter Steins ›Orestie‹ setzt 1980 auch ein Zug zur Tiefenanalyse ein. Vielfach sind bedeutende Eingriffe in den Dramentext festzustellen (notwendigerweise etwa bei der »Parabasis« der Aristophanischen Komödien), oder es werden moderne Bearbeitungen erstellt, in denen die Aktualisierungen, Ironisierungen, Umdeutungen im Sinne der Tiefenpsychologie, des Marxismus, der Mutterrechtstheorie Bachofens, wie neuerer Mythenforschung oder Transferierungen in ein zeitgenössisches soziales Ambiente, schon vollzogen sind. Eine Sonderstellung nehmen die Festspiele in antiken Theaterbauten ein, in denen jährlich Teile des gesamten Repertoires zu sehen sind (freilich meist aus hellenistischer oder römischer Zeit). Diese finden in den Mittelmeerländern statt, vorwiegend in Griechenland selbst. Dazu kommen Veranstaltungen wie Tagungen in Delphi, auf denen jährlich bedeutende Teile der gesamten internationalen Produktion zum antiken Drama zu sehen sind.

Die römische Dramatik wird vorwiegend in Italien (Syrakus) aufgeführt, vor allem Komödien von Plautus und Terenz, kaum noch Seneca, dessen Tragödien für die Geschichte der europäischen Dramatik als ästhetisches Vorbild der Tragödie bis zur Barockzeit von größter Wichtigkeit waren. Griechische und römische Bühnenklassiker sind die einzigen, die in Übersetzungen gespielt werden (auch in Griechenland selbst sind altgriechische Aufführungen die Ausnahme). Nach dem Leitsatz *»tradutore – traditore«* sind Übersetzungen aus alten Sprachen häufig selbst schon Bearbeitungen, besonders bei Dramenwerken, die der Übersetzer sowohl in der Ausgangs- wie in der Zielsprache sozusagen inszeniert.

Die antiken Theaterklassiker waren bis zur Renaissancezeit Lesestoff in den Schulen, ihre Texte Sprach- und Stilübungen; ihr Theatercharakter wurde erst in jener Zeit wiedererkannt. Die Rezeption setzt mit der Eröffnung des Teatro Olimpico in Vicenza 1585 ein, in dem ›Oedipus rex‹ in italienischer Übersetzung gespielt wurde – nach zeitgenössischen Quellen das beste Theaterstück (nach Aristoteles) im schönsten Theatergebäude der damaligen Welt. Von einer eigentlichen Antikenrezeption kann man, außer bei vereinzelten Aufführungen in Lateinschulen, erst im Falle der Weimarer Klassik und der romantischen Aufführung der ›Antigone‹ im Potsdamer Schloßtheater 1840 durch Ludwig Tieck (mit der Musik von Felix Mendelssohn-Bartholdy), vor allem aber dann im 20. Jahrhundert sprechen.

Opernklassiker

Diese verzögerte Antikenrezeption wird durch die Opernentwicklung gedeckt. Nach der ersten Oper, ›Dafne‹ von Jacopo Peri 1594, und der nachfolgenden Opernentwicklung, der römischen Choroper, der venezianischen und Wiener Oper, der neapolitanischen Phase, den Libretto-Reformen von Apostolo Zeno und Pietro Metastasio und der Musikreform von Christoph Willibald Gluck, bestehen die Inhalte der Opernlibretti für mindestens zwei Jahrhunderte fast ausschließlich aus mythologischen Themen der Antike, die aus den Mythologie-Handbüchern der Zeit geschöpft werden. Insofern bildet auch die frühe Operngeschichte einen Teil der Antikenrezeption. Allein das 18. Jahrhundert hat mehr als ein Dutzend ›Antigone‹-Opern hervorgebracht.

Auf dem Gebiet der Oper ist Italien bis tief ins 19. Jahrhundert hinein führend und schulbildend, auch für Komponisten anderer Nationalität wie Lully oder Mozart. Erst mit Wagner, Gounod und anderen wird mit dieser Ausschließlichkeit gebrochen. Die Opernklassiker bieten auf modernen Bühnen wenig Probleme: Monteverdi wie Verdi finden ihr Publikum – und die Rezeptionschwierigkeit beim Übergang zu Strawinsky und Alban Berg ist mehr musikalischer denn theatralischer Natur.

Bühnenklassiker

Von der italienischen Renaissance sind kaum noch Bühnenklassiker geblieben. Zwar wird die ›Mandragola‹ von Kardinal Bibbiena oder eine Tragödie von Torquato Tasso noch hie und da gespielt, doch handelt es sich dabei eher um Repertoire-Raritäten. Ganz anders die Goldoni-Komödien des 18. Jahrhunderts, die europaweite Bühnenpflege noch während des gesamten 19. Jahrhunderts fanden. Anders auch verhält es sich mit den spanischen Klassikern. Zwar sind die Theaterstücke des bekanntesten Autors, Miguel de Cervantes, kaum aufgeführt, doch erfreuen sich Lope de Vega und Calderon de la Barca seit der Romantik stetigen Zuspruchs. Erst Federico García Lorca läuft ihnen im 20. Jahrhundert den Rang ab.

Unterschiedlich ist auch die Rezeption der französischen Klassiker. Die steife Deklamation der Alexandriner von Corneille und Racine in der Comédie Française störte die französischen Theaterleute schon um die Jahrhundertwende, doch Molière-Komödien bilden immer noch einen unverzichtbaren Bestandteil aller Repertoires. Voltaire wird eher gelesen denn gespielt, ebenso Victor Hugo. Die Thesenstücke der beiden Dumas', die Farcen von Labiche und Sardou konnten sich über die Zwischenkriegszeit hinaus auch in den Provinztheatern nicht halten. Auch die Theateravantgarde mit Zola, Maeterlinck, Rolland, später Gide, Cocteau, Anouilh, Giraudoux überschreiten die Klassikerschwelle nicht eigentlich; eher tun dies noch die Existenz-

Dramatiker Sartre und Camus, deren Beliebtheit mit der geistigen Mode des Existentialismus aber wieder abgenommen hat. Zu den Klassikern des 20. Jahrhunderts zählen jedoch in jedem Fall Eugène Ionesco und Samuel Beckett.

Unumstrittener Klassiker aller europäischen Bühnen ist, seit der Romantik, immer noch Shakespeare, der auch rein quantitativ die meisten Aufführungen erfahren dürfte. Es gehört zu den empirischen Erfahrungen des regelmäßigen Theaterbesuchers, daß seine Tragödien und Komödien eigentlich jegliche extreme Aktualisierungen oder Umdeutungen ohne größeren Schaden überstehen. Man könnte ihn vielleicht als den »zeitlosesten« aller europäischen Klassiker bezeichnen. Im 20. Jahrhundert folgen mit großem Abstand dann vor allem die Iren Bernard Shaw und Oscar Wilde.

Was den historischen, zeitlichen Abstand der Klassiker zur Gegenwart betrifft, folgt Deutschland an letzter, also spätester Stelle. Die Weimarer Klassik mit Goethe und Schiller steht an der Schwelle zur Romantik, der im 20. Jahrhundert so geschätzte Hölderlin gehört ihr voll an; Grillparzer in Österreich bildet schon den Übergang zum Realismus. Was die Anzahl der Bühnenerfolge betrifft, werden sie alle von dem heute unbekannten August von Kotzebue und seinen Rührstücken übertroffen, der in der ersten Hälfte des 18. Jahrhunderts der meistgespielte deutschsprachige Autor auf allen europäischen Bühnen war. Aufführungszahlen sind nicht immer entscheidend für das Klassikersein, sonst könnte man Hauptmann und Hofmannsthal nicht dazu rechnen, und statt Schnitzler müßte man Sudermann nennen. Vor dem Hintergrund der weltweiten intensiven Theaterrezeption von Bertolt Brecht, die ihn zum meistgespielten Klassiker des 20. Jahrhundert macht, ist dies eine nachrangige Frage.

Seit der Moderne sind es auch die kleinen oder peripheren europäischen Völker, die ihre Klassiker stellen: die Norweger Ibsen, die Schweden Strindberg, die bis dahin kaum in Erscheinung getretenen Russen Tschechow, Gorki und Majakowski, die Ungarn Imre Madach, die Rumänen Caragiale, die Serben Bronislav Nušić.

Die Klassikerproblematik als europäische Frage

Die Klassikerproblematik – wie sind solche Stücke einem heutigen Publikum nahezubringen? – stellt sich nicht in allen Fällen gleich. Sie hängt mit der historischen und kulturellen Distanz zur Gegenwart zusammen, mit Sprache und thematischer Zeitgebundenheit, mit Dramenform, Dialogführung, eventuell mit Versform, Versdeklamation und Rezeptionsverhältnissen. Bei einem Vergleich mit Theaterformen traditioneller Hochkulturen wie den asiatischen stellt sich heraus, daß diese Problematik eine spezifisch europäische ist. Im japanischen Nô-Spiel werden Klassiker nicht der Zeit angeglichen, die Tradition ist Norm auch für die Gegenwart. Die Kulturentwicklung folgt hier nicht in gleichem Maß dem Schema der antithetischen Epochenabfolge und der jeweiligen Uminterpretation der Vergangenheit. Es ist ein spezifischer Zeitbegriff, der das Europa der Neuzeit prägt, und ein spezifischer Wirklichkeitsbegriff, dem auch der Theaterbegriff als Spiegel der Realität und zugleich Symbol für die Welt verbunden ist.

»Was machen wir mit unseren Klassikern?« ist eine spezifisch europäische Frage, die die Moderne und Postmoderne (begriffen als Fortsetzung oder Gegensatz zur Moderne) beschäftigt. Ideologisierte Bildungsverpflichtung oder lebendiges Erbe? Pflichtlektüre des Alten Kontinents oder »Weltliteratur« im Sinne Goethes? Ein Muß der Repertoire-Politik oder zeitloses Theater? Eine geduldete Vergangenheitslast oder zukunftweisende Aktualität in historischem Gewand? Eine Endmoräne antiquierter Kulturauffassung oder wichtiger Nährboden ästhetischer Schulung? Mehr oder weniger Klassiker in den heutigen Repertoiren? Welcher Prozentsatz in welchen Theatern – in Stadttheatern, Nationalbühnen, Experimentbühnen? Das sind europäische Fragestellungen, die in dieser Form für andere traditionelle Hochkulturen kaum Gültigkeit besitzen.

Religiöses Theater im Volksbrauch

Bernd Schmelz

Zwischen Religion und Theater gab es schon immer, zumindest aus ethnologischer Sicht, einen engen Zusammenhang. Religiöse Normen, Empfindungen und Handlungen werden in den menschlichen Kulturen auf ganz unterschiedliche Weise gestaltet und gelebt. Für den Ethnologen sind, bezogen auf die in der Gemeinschaft vollzogene Religiosität, nicht nur Rituale und Gefühle oder soziale und politische Beziehungen interessant, sondern auch die bewußte und unbewußte Theatralität.

Nach dem Theaterwissenschaftler Richard Schechner zeichnet sich theatralische Realität durch eine ungewöhnliche Wirklichkeit aus, durch den Gebrauch von Masken, Kostümen, körperlichen Handlungen, die auf eine bestimmte Weise arrangiert oder nach vorher festgesetzten Regeln improvisiert werden. Während der Pionier der Theaterethnologie, Victor Turner, vor allem Ritual und »soziales Drama« im Blick hatte, faßt Schechner seinen Theaterbegriff wesentlich weiter und sieht ästhetisches Theater, religiöses Theater, weltliche Rituale, soziale Dramen, sportliche Veranstaltungen und vieles mehr als Forschungsgegenstand der Theaterethnologie an. Damit geht er auch über die Arbeitsinhalte von Erving Goffman hinaus, dessen Studie man als »dramaturgische Soziologie« bezeichnen kann. Goffman betrachtete die Gesamtgesellschaft als Theatervorstellung und leitete die von ihm verwendeten Begriffe, die ihm als metaphorische Modelle dienen, von der Dramaturgie ab. Die soziale Welt – Berufsleben, Familie, Freizeit – faßte er als soziale Bühne, mit Publikum, Darstellern, Außenseitern, Zuschauerraum und Hinterbühne auf.

Die Volkskundeforschung im deutschsprachigen Raum arbeitet dagegen mit wesentlich strengeren terminologischen Begriffen. Dort wird vom »Volkstheater« ganz klar das »Volksschauspiel« unterschieden. Unter letzterem versteht man nach Dietz-Rüdiger Moser »jene Arten eines von Laien für Laien in der Landessprache dargebotenen Rollenspiels, die inhaltlich oder von ihrer Verwendung her in den überlieferten Festkalender eingebunden sind«[1]. Das heißt, es handelt sich dabei um Darstellungen, die im Rahmen des traditionellen Brauchtums vollzogen werden. Unter »Volkstheater« versteht man dagegen die Darbietung fester Ensembles, die einstudierte oder mehr oder weniger improvisierte Aufführungen auf sogenannten Kleinkunstbühnen präsentieren. Darunter zählt man auch die »Festspiele«. Das Volksschauspiel kennt nach dieser Definition die für das Volkstheater typische funktionale Trennung zwischen Akteuren und Zuschauern nicht. Es beruht auf einem gemeinsamen Vollzug des darzustellenden Geschehens, nicht auf einer Auseinandersetzung mit den Spielinhalten durch ein rezipierendes Publikum.

Die innerhalb der Völkerkunde kulturvergleichend orientierte Theaterethnologie faßt ihren Theaterbegriff dagegen wesentlich weiter und allgemeiner. Vor allem Mark Münzel und Bettina Schmidt haben deutlich herausgestellt, daß »Theater« in außereuropäischen Gesellschaften nicht das gleiche wie in der europäischen Tradition meinen kann. Im allgemeinen Kulturvergleich kann der Begriff überhaupt nicht mehr für eine bestimmte, genau umrissene Aufführungsform verwendet werden. Für sie gehört zur Definition von »Theater« vor allem das Wechselspiel von Ernst und Spiel. So geht es ihnen bei der Theaterethnologie um »die ethnologische Annäherung an bewußt geplant inszenierte Aufführungen unterhaltsamen Charakters, die aber ernst gemeint sind, eben um die Dialektik von Spiel und Ernst in Aufführungen«[2].

In diesem Sinne sollen in diesem Beitrag religiös motivierte oder im weitesten Sinne mit Religion in Verbindung stehende Inszenierungen als religiöses Theater verstanden werden. Bis heute gibt es allerdings für Gesamteuropa keinen grundlegenden Überblick über gegenwärtige Verbreitungen und Ausformungen theatralischer Inszenierungen im Rahmen der Volksreligiosität. Zu den wichtigsten Stoffen gehören sicherlich die Weihnachts- und Krippenspiele – die besonders gut für Süddeutschland, Schlesien, Böhmen und Österreich dokumentiert sind –, die Nikolausinszenierungen (besonders spektakulär sind die pompösen Nikolausumzüge in Holland), die Sternsinger- und Dreikönigsspiele, die Passionsschauspiele zu Ostern sowie die zahlreichen Fastnachts-Gestaltungen. Und nicht zu vergessen sind die zahlreichen lokalen Varianten des religiösen Theaters, die stets auch ein Zeugnis von der jeweiligen volksreligiösen Vitalität ablegen. Ohne Zweifel sind viele Formen in unserer hochtechnisierten Gegenwart bereits verschwunden. Aber dennoch ist unbestritten, daß sich zahlreiche religiöse Inszenierungsformen bis heute nicht nur erhalten haben, sondern sogar größter Beliebtheit erfreuen.

Vor allem in Regionen mit einer ausgeprägten Volksreligiosität – wie in der Gegenwart im süddeutschen Raum, in den Alpenregionen, in Italien, Spanien oder Polen – kommt es zu einer besonders intensiven Ausgestaltung von theatralischen Inszenierungen im religiösen Festjahreskreislauf. Oft wird dabei ein ganzer Ort oder auch ein bestimmtes Gebiet außerhalb der Ortsgrenzen zur Bühne. Gläubige nehmen die Rollen von Schauspielern, zum Beispiel als Brauchtumsfiguren, und die Rollen von Zuschauern ein. Alle zusammen sind sie in den Festablauf oder das Ritual eingebunden. Auch bei Prozessionen sind sowohl die begleitenden Pilger als auch die zuschauenden Gläubigen aktive Teilnehmer am Geschehen. Reine »Zuschauer« sind dagegen heute oftmals nur die Touristen. Das religiöse Theater erfaßt in der Regel Menschen aller Altersstufen und Schichten. Eine Einschränkung gibt es allerdings bezüglich der Mitwirkung von Frauen, die erst seit Anfang des 18. Jahrhunderts allgemein üblich wurde, da bis dahin das alte augustinische Gebot, daß die Frau in der Kirche zu schweigen habe, ihre Mitwirkung im kirchen- und liturgienahen Spielbrauch verhindert hatte.

Die ältesten religiösen Schauspiele, die sich bis zur Gegenwart erhalten haben, reichen stofflich zumeist bis in die frühe Neuzeit zurück. Sie beruhen oft auf noch älteren Traditionen, so daß sich auch Verbindungen zu den Dramen des Mittelalters ergeben. Besonders Moser hat herausgearbeitet, »daß die Mehrheit der in Gebrauch stehenden Spiele jedoch als bedeutend jünger angesehen werden muß. Ein relativ großer Bestand rührt überhaupt erst aus dem 17. und 18. Jahrhundert her, so daß auch von hier aus vor der Annahme hohen Alters oder gar einer germanisch-romanischen Kontinuität gewarnt werden muß«[3].

Das romanische geistliche Schauspiel

Eine wichtige Grundlage für die Entwicklung des religiösen Theaters in der Neuzeit bildet das romanische geistliche Schauspiel des 15. und 16. Jahrhunderts. In ihm wurden der Teufel, der Henker, der Schriftgelehrte, das Naturgesetz oder die Synagoge lächerlich gemacht. Diese Elemente wurden als Symbole für eine feindliche Gesinnung gegenüber dem Christentum, gegen seine Kirche oder deren Lehre gesehen. Die auftretenden Figuren waren oft von äußerlicher Häßlichkeit und wurden als moralisch und seelisch defekt präsentiert; das Gute war dagegen seelisch und körperlich stets von größter Schönheit. Diese scharfe Kontrastierung des Guten und des Bösen, des Schönen und des Häßlichen wurde in größter Vollendung in spanischen religiösen Dramen der damaligen Zeit realisiert.

Im Zuge der spanischen Eroberung und Kolonisierung Amerikas bekam das romanische geistliche Schauspiel eine besondere Bedeutung als Missionstheater. Nach Bärbel Brinckmann war das Missionstheater eine Form des religiösen Theaters, die den Geistlichen dazu diente, die Missionierung zu erleichtern. Sie sah das Missionstheater vor allem unter den Aspekten der Belehrung, der Erbauung und der Evangelisierung oder Christianisierung. Es ist wichtig zu betonen, daß es ab dem 16. Jahrhundert in Hispanoamerika aber nicht nur spanisches religiöses Theater gab, sondern sich von Anfang an fast überall auch indianische Elemente etablierten.

Die Inszenierung des Bösen, vor allem durch die Figur des Teufels, geht ganz klar auf ältere Traditionen zurück und hatte bereits in den Mysterienspielen des Mittelalters seine Hochblüte. So trat er in diesen zum Beispiel in Frankreich in menschlicher Gestalt, aber mit abschreckenden Masken aus Wolfs- und Hundefellen, mit großem Rachen, schrecklichen Zähnen, Hörnern und langen Schwänzen auf. Er sollte Furcht und Schrecken bei den Zuschauern verbreiten. Besonders in Italien scheinen die teuflischen Inszenierungen mit zahlreichen obszönen Einlagen ausgeufert zu sein, da Papst Innocenz III. sich im Jahre 1210 gezwungen sah, dort den Gebrauch von Kirchen- und Meßgewändern und die Beteiligung von Priestern an den Mysterienspielen zu verbieten. Der Teufel als Schreckgestalt hat sich bis heute in vielen Formen des religiösen Theaters erhalten.

Religiöses Theater im Volksbrauch heute: Beispiel Südost-Polen

Im Südosten der Republik Polen liegt die Region Malopolska (Kleinpolen). Sie ist im Norden von Masowien und Podlasien, im Westen von Schlesien, im Süden von der Slowakischen Republik und im Osten von der Ukraine umgeben. Die politisch, wirtschaftlich und kulturell bedeutendste Stadt der Region ist die alte polnische Hauptstadt Krakau. Sie ist ohne Zweifel auch das religiöse Zentrum des Gebietes und in bezug auf religiöses Theater besonders wegen ihrer Passionsspiele zu Ostern berühmt, die auch im polnischen Fernsehen übertragen werden. Hier sollen als Streiflichter religiösen Theaters in kleinen Städten und Dörfern der Provinz, in der die religiösen Feste noch viel traditioneller gefeiert werden als in der Großstadt, einige Betrachtungen von 1994 vorgestellt werden.

Todfigur, Königsfigur, Teufelsfigur, Jude mit Talmud, Gebirgsbewohner. Krakau, Polen

Karfreitag gilt als ein großer Höhepunkt in der Osterwoche. Bereits am Gründonnerstag wird in den Kirchen der Region in einer stark abgedunkelten Nische das Grab Jesu aufgebaut. Der tote Jesus wird in Form einer figürlichen Darstellung (Gips, Holz und andere Materialien) aufgebahrt oder durch ein Gemälde repräsentiert. Auch das »Allerheiligste« befindet sich bis zur Auferstehung Jesu nicht im Tabernakel oder auf dem Altar, sondern wird ebenfalls am Gründonnerstag oder am frühen Morgen des Karfreitag zum Grab gebracht. Man gedenkt damit des Todes Jesu, trauert und betet für ihn. Fast immer trifft man am Karfreitag auf Menschen, die sich in stiller Andacht beim Grab Jesu aufhalten. Am Abend wird eine Kreuzweg-Messe zelebriert. In den meisten Orten der Region mit einer Kirche existiert eine Ehrenwache, die das Grab ununterbrochen vom Abend des Karfreitag bis zum Ostersonntag bewacht. Obwohl die Wachen meistens einen eigenen Namen führen, werden sie im Volksmund allgemein als »die Türken« bezeichnet. Eine historische Analyse der Entstehung, Verbreitung und damit auch Erklärung dieser Bezeichnung steht noch aus.

In dem kleinen Dorf Pruchnik lautet die offizielle Bezeichnung »Honorowa Jana Kilinskiego« (Ehrenwache am Grab, genannt nach Jan Kilinski). Ebenjener Schuster Kilinski war der Anführer von Aufständischen, die 1794 gegen die Russen in Warschau kämpften. Zum 100. Jahrestag dieser Erhebung wurde 1894, ihm zu Ehren, die Ehrenwache von Pruchnik gegründet. Das Statut der Gruppe, die man als »Laienbruderschaft« bezeichnen kann, läßt nur 25 Vollmitglieder zu. Jedes Mitglied besitzt eine eigene Uniform, die aus einer Kopfbedeckung aus Stoff, einem tunikaähn-

Parade der Grabwachen Jesu am Ostersonntag. Grodisko Dolne, Polen 1994

lichen Kleid, einer Jacke, Militärstiefeln und einem alten Säbel besteht. Die Ehrenwache ist im Dorf sehr beliebt, und es ist entsprechend schwierig, Mitglied zu werden. Die Trachten werden im Normalfall vom Vater auf den Sohn vererbt, der sich bereit erklärt, die Aufgaben der Mitgliedschaft zu übernehmen. Nur in seltenen Ausnahmefällen geht das Kostüm von einer Familie auf eine andere über. Frauen werden dabei nicht als Mitglieder zugelassen. Teile des Kostüms werden nur ausgetauscht, wenn sie sehr verbraucht sind. Die Gruppe wird von einem Kommandanten angeführt, der auch für den jeweiligen Wachwechsel verantwortlich ist. Die Wache am Grab Jesu wird immer zu zweit ausgeübt; nur am Abend des Karfreitag und am Ostersonntag bei der Auferstehungsfeier sind alle Mitglieder anwesend. Die Ehrenwache von Pruchnik tritt neben Ostern auch an Fronleichnam, bei Priesterweihen und bei der Beerdigung eines Mitglieds auf. Sowohl die Gruppe als Ganzes, als auch jeder einzelne genießt ein hohes Ansehen im Ort.

In einigen Ortschaften Polens wird bis heute in der Karwoche eine den Judas darstellende Strohpuppe im Rahmen einer theatralischen Inszenierung verurteilt und hingerichtet. Dies geschieht in den meisten Fällen zusätzlich zu dem Brauch, im Frühling eine Puppe, die ebenfalls überwiegend aus Stroh hergestellt wird, zu ertränken oder zu verbrennen. Diese symbolisiert den Tod oder den Winter und damit verbundenes Übel, das vernichtet oder vertrieben werden muß. Solche Bräuche gab es auch schon in vorchristlichen Zeiten. Auch in Pruchnik gilt die Judas-Verbrennung als eine alte Tradition, die seit mindestens 60 Jahren ausgeübt wird; allein in den sechziger Jahren soll das Schauspiel drei- oder viermal aus politischen Gründen nicht stattgefunden haben. Im Jahr 1994 wurde hingegen eine spektakuläre Judas-Verbrennung durchgeführt, von der auch die Presse mehrfach berichtete.

Der Judas wurde in der Nacht von Gründonnerstag auf Karfreitag gegen Mitternacht an einem Baum im Dorfzentrum in der Nähe des Gemeindehauses aufgehängt. Die Figur, die eine ungefähre Höhe von drei Metern hatte, war innen mit Stroh gefüllt und außen mit Stoffen alter Säcke in Form einer riesigen Puppe zusammengenäht. Sie trug eine Mütze auf dem Kopf und ein aufgemaltes Gesicht mit schwarzem Bart. An ihrer Seite war ein kleines Säckchen angenäht, das Münzen enthielt – das Verrätergeld. Die Figur wurde von Veteranen der Grabwache und einigen Mithelfern

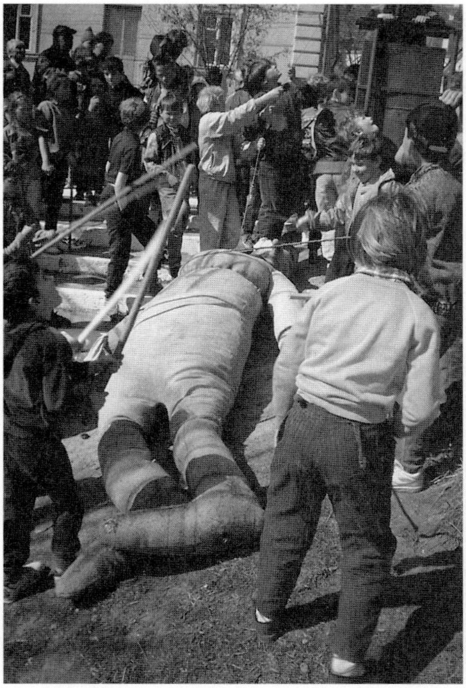
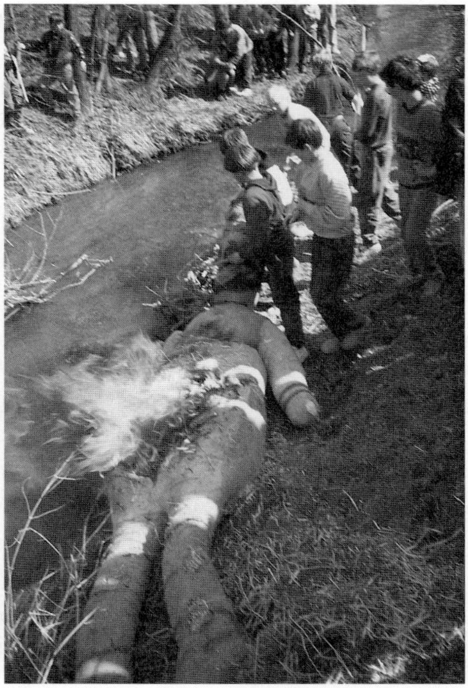

Karfreitag: Der am Boden liegende Judas wird verprügelt, in Brand gesteckt und in den Fluß geworfen. Pruchnik, Polen 1994

hergestellt; aufgehängt wurde sie jedoch von jüngeren Leuten. Der Vorgang des mitternächtlichen Aufhängens wurde nur von wenigen Beteiligten und vollkommen ohne Spektakel vollzogen; diese Aktion sollte eine Überraschung für die Bewohner sein, wenn sie am Morgen des Karfreitags aufstanden. Kurz nach Mittag hatten sich dann bereits unzählige Menschen um den baumelnden Judas versammelt, um das bevorstehende Schauspiel zu beobachten. Punkt 14 Uhr holte ein erwachsener Mann den Judas vom Baum herunter, wonach er sofort, am Boden liegend, von Kindern (vor allem von Jungen, aber auch einigen Mädchen) mit Stöcken geschlagen, mit Füßen getreten und mit Wasser bespritzt wurde. Nach wenigen Minuten wurde er mit seinem Strick um den Hals im Laufschritt zur auf einer Anhöhe liegenden Kirche des Dorfes gezogen, unterwegs weiterhin mit Stöcken malträtiert.

Kurz vor der Kirche wurde haltgemacht und über den Judas Gericht gehalten. Den Richter spielte ein erwachsener Mann des Dorfes in einem braunem Anorak mit Kapuze, der an eine Mönchskutte erinnerte. Er verurteilte den Judas zu 30 Schlägen, als Strafe für die 30 Silberlinge, für die er Jesus verraten hatte. Der Mann fungierte als Ankläger, Richter und Vollstrecker in einer Person. Die Schläge wurden von ihm und den Kindern, die den Judas herbeigeschleppt hatten, gemeinsam mit Stöcken vollzogen. Anschließend wurde die Figur von den Kindern im Laufschritt zum Dorfende gezogen und weiter zu einem kleinen Fluß, der durch Pruchnik fließt. Im Verlaufe des Wegs zerriß der Geldsäckel des Judas, die – älteren, nicht mehr im Gebrauch befindlichen – Münzen fielen nach und nach heraus und wurden von den Kindern aufgesammelt und einbehalten. Am Ufer angelangt, wurde dem Judas der Bauch aufgeschlitzt und das herausquellende Stroh angezündet. Zahlreiche Zuschauer, darunter auch einige Journalisten mit Kameras, beobachteten das Geschehen. In Flammen stehend, wurde der Judas in den Fluß geworfen, wo er brennend weitertrieb. Um 15 Uhr war das Schauspiel bereits beendet.

Die theatralische Verurteilung des Judas war vom Mittelalter bis ins 19. Jahrhundert in Europa weit verbreitet. Heute ist die Verbrennung des Judas neben einzelnen Ortschaften Ost- und Südeuropas besonders in Lateinamerika beliebt, wo sie im 16. Jahrhundert von den Spaniern eingeführt wurde. Efraín Subero, der eine umfassende Studie zum Judas-Thema in Venezuela veröffentlichte, konnte 1974 eine Verbreitung dieses Brauches in immerhin zwölf Ländern Hispanoamerikas feststellen.

Sehr häufig stellt die Figur des Judas eine politische, wirtschaftliche, gesellschaftliche oder auch kirchliche Autorität dar, auf die das Volk seinen Ärger und seine Wut überträgt und in symbolischer Form eine Selbstjustiz ausübt. Inwieweit dies auch für Pruchnik in Vergangenheit und Gegenwart zutrifft, kann nur in einer historisch-ethnographischen Untersuchung festgestellt werden. 1994 war dies offensichtlich nicht der Fall, wie die Befragung zahlreicher Beteiligter ergab. Dennoch kann man auch vom Judas in Pruchnik zumindest von dessen symbolischer Rolle als Sündenbock der Gemeinschaft ausgehen.

Am Ostersonntag finden in Polen zu Ehren der Auferstehung Jesu Paraden der Ehrenwachen statt. In Grodzisko Dolne wurde zunächst um elf Uhr in der Kirche das Hochamt gehalten. Die Kirche war bis auf den letzten Platz besetzt, und sogar auf dem Vorplatz lauschten Kirchgänger bei offenen Türen der Messe. Eine Stunde später begann die gemeinsame Parade der Ehrenwachen von Grodzisko Dolne und des Nachbardorfes Grodzisko Górne. Die Wache hatte sich zunächst in der Kirche formiert und begann ihren Umzug mit dem Verlassen der Kirche. Die Gruppe aus Grodzisko Dolne trug Säbel, die aus Grodzisko Górne Gewehre, die allerdings nur aus Holzattrappen bestanden. Einige alte Frauen erinnerten sich, daß die beiden Formationen schon seit Vorkriegszeiten gemeinsam auftreten. Früher hätten alle Säbel getragen, diese wären jedoch während des Krieges verboten worden, daher sei man auf Gewehrattrappen umgestiegen.

Der Umzug der beiden Ehrenwachen, die insgesamt aus 50 Personen bestanden, führte einmal um die Kirche herum und von dort zum Pfarrhaus, wo eine abschließende Parade stattfand. Normalerweise zieht dann noch eine kleinere Gruppe von Haus zu Haus, um dort jeweils weitere Paraden abzuhalten. In den Häusern werden die Beteiligten mit Kuchen, Kaffee und Wodka bewirtet; manchmal gibt es auch Geldspenden. 1994 fiel dieser Umzug jedoch wegen strömenden Regens aus.

Die Mitglieder der beiden Ehrenwachen müssen in diesen Orten mindestens 16 Jahre alt und unverheiratet sein. Die beiden Kommandanten können sich seit kurzer Zeit im Ehestand befinden, werden dann aber abgesetzt. Beide Gruppen tragen unterschiedliche Uniformen und Kopfputz. Der hochragende Helmschmuck besteht aus Pappmaché und Draht, an dem viele aus Papier hergestellte Blumen befestigt sind.

Diese Blüten werden von einigen darauf spezialisierten Frauen im Dorf hergestellt. Bei beiden Gruppen gibt es keine so strengen Aufnahmeregeln wie in Pruchnik. Jeder Mann, der dazugehören will und die Bedingungen erfüllt, kann sich eine Uniform besorgen, die geschenkt, geliehen, gekauft oder in der Familie selbst genäht werden kann. Beide Formationen sollen mindestens aus 24 Personen zuzüglich eines Kommandanten bestehen, es können aber auch mehr Mitglieder teilnehmen. Die beiden Ehrenwachen treten bei anderen Gelegenheiten normalerweise nicht auf, auch nicht bei anderen bedeutenden religiösen Festen. Einzige Ausnahme können herausragende patriotische Ereignisse sein.

Die Heiligen Drei Könige und Sternsinger in Buxtehude

Gemäß biblischer Überlieferung kamen aus dem Morgenland Magier nach Jerusalem, um den jüngst geborenen König der Juden zu ehren (Matthäus 2, 1–12). Sie hatten seinen Stern aufgehen sehen. Von Herodes wurden sie nach Bethlehem, dem Geburtsort des Messias gesandt. Der Stern ging ihnen auf dem Weg voraus und führte sie zu dem Kind. Seit etwa dem 4. Jahrhundert feiern Christen diese Ankunft der Magier bzw. der Weisen in Bethlehem. Als Tag des Festes hat sich der 6. Januar (Epiphanie) durchgesetzt. Erst etwa seit dem 6. Jahrhundert werden die Magier als Könige angesehen – wohl aufgrund ihrer auserlesenen Geschenke, Gold, Weihrauch und Myrrhe. In einigen Regionen Europas wie zum Beispiel Spanien *(Reyes Magos)*, Portugal *(Reis Magos)* und Italien *(Rei Magi)* wird die Verbindung Magier–Könige bis heute in ihrer Bezeichnung ausgedrückt. Im 9. Jahrhundert verbreiteten sich allgemein die

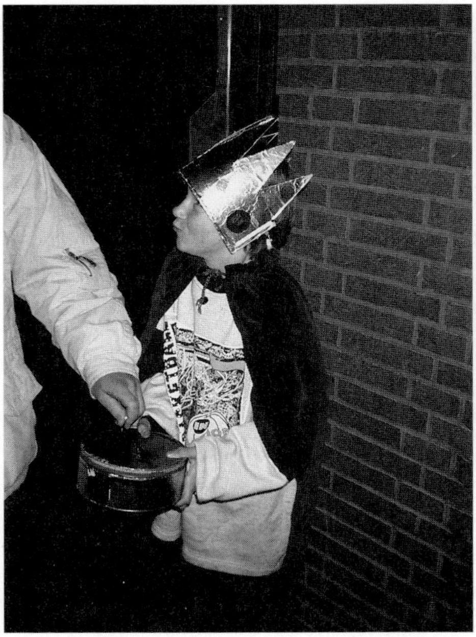

Auftritt der Heiligen Drei Könige.
Sternsinger beim Geldsammeln am
Dreikönigstag. Buxtehude 1997

Namen Caspar, Melchior und Balthasar. Einer von ihnen galt schon früh als »Mohr«. Besonders nach der feierlichen Überführung ihrer Reliquien von Mailand nach Köln im Jahr 1164 erlebte die Verehrung einen großen Aufschwung; ihr Grab im Kölner Dom bildet auch heute noch einen Anziehungspunkt.

Die biblische Geschichte über die Begegnung der Könige mit Herodes lieferte die Basis für eine vielfältige künstlerische Ausgestaltung dieser Figuren. So entstand im Laufe der Zeit die Legende, daß sie die drei Kontinente Afrika, Asien und Europa repräsentierten. Die vielschichtigen Legenden um sie führten in Europa – und auch in anderen christlichen Regionen der Welt – zu zahlreichen theatralischen Inszenierungen. Im Volksbrauch sind ihre figürlichen Darstellungen ein fester und nicht mehr wegzudenkender Bestandteil der weihnachtlichen Krippe.

Im Alpenraum entstand im 16. Jahrhundert in Verbindung mit den Heiligen Drei Königen der Brauch des sogenannten Sternsingens. Arbeitslose Handwerkergesellen, Soldaten und arme Kinder zogen singend und als Könige verkleidet mit einem oftmals drehbaren Stern von Haus zu Haus und von Dorf zu Dorf, um Almosen einzusammeln. Das Sternsingen an sich geht aber wahrscheinlich auf viel ältere Traditionen zurück, da es bereits im 8. Jahrhundert vom Heiligen Bonifatius erwähnt wurde. Vor allem im 20. Jahrhundert hat sich dieser Brauch gewandelt. Heute ziehen Kinder und Jugendliche in der Zeit zwischen Weihnachten und dem Dreikönigstag in Kostümen der Könige von Haus zu Haus, tragen weihnachtliche Lieder vor und erhalten dafür Spenden für karitative Zwecke, oftmals auch noch eine persönliche Belohnung in Form von Weihnachtsgebäck oder anderen Süßigkeiten. Diese Umzüge wurden im 20. Jahrhundert besonders durch das Päpstliche Missionswerk der Kinder gefördert. Das Aussenden der Sternsinger erfolgt offiziell von den jeweiligen katholischen Gemeinden. Zeichen ihrer Anwesenheit in einem Haus ist die am Eingang mit Kreide aufgemalte Segensformel »CMB« mit der entsprechenden Jahreszahl. CMB bedeutet eigentlich: *Christus mansionem benedicat* (Christus, schütze dieses Haus). Im Volksmund hat sich allerdings zumeist die Bedeutung Caspar, Melchior und Balthasar (C+M+B) durchgesetzt.

Im folgenden nun einige ethnographische Beobachtungen aus den Jahren 1994 und 1997 aus Buxtehude, einer Stadt, die im Landkreis Stade in Norddeutschland liegt. Buxtehude setzt sich aus einer überwiegend evangelischen Bevölkerung zusammen, die Katholiken bilden mit nur einer Kirche (St. Maria Himmelfahrt) eine klare Minderheit. Dennoch werden in der Kirchengemeinde nicht nur Messen, Taufen und Eheschließungen durchgeführt, sondern auch katholisches Brauchtum gepflegt. So gehört die Fronleichnamsprozession, die jährlich unter großem Zulauf durch die Stadt marschiert, zu den Höhepunkten des Festkalenders. Der Dreikönigstag ist in Deutschland nur noch in den Bundesländern Bayern, Baden-Württemberg, und Sachsen-Anhalt offizieller Feiertag. Fällt der 6. Januar auf einen Werktag, so findet die feierliche Messe, die in Buxtehude stets für eine volle Kirche sorgt, dort abends um 19 Uhr statt. 1994 waren während der Weihnachtszeit insgesamt 30 als Könige verkleidete Sternsinger jeweils in kleinen Gruppen in Buxtehude unterwegs, um in vielen Häusern und Wohnungen – zumeist auf Vorbestellung – weihnachtliche Lieder vorzutragen.

An der Messe nahmen fünf verkleidete Sternsinger im Alter von sechs bis zwölf Jahren teil. Der jüngste König war ein Mädchen und trug einen Stern an einem Holzstiel. Einer von ihnen war mit einem lila Gewand, einem weißen Turban und einem vollständig schwarz angemalten Gesicht als Mohr verkleidet. Die Könige saßen in der ersten Reihe und waren für die Fürbitten zuständig; ansonsten hatten sie während der Messe keine weiteren Funktionen. Am Ende zogen sie zum Eingang vor die Kirche und stellten sich dort in einer Reihe auf, um Geldspenden in Büchsen entgegenzunehmen. Zahlreiche Kirchgänger spendeten tatsächlich Geld – offensichtlich noch einmal zusätzlich zu dem, was schon während der Messe eingesammelt worden war. Gesungen wurde bei dieser Gelegenheit nicht mehr.

1997 fand die Dreikönigsmesse sogar mit 18 Sternsingern bzw. Königen statt. Zudem unterstützten in diesem Jahr sechs Ministrantinnen und Ministranten den Pfarrer. Die Könige, in einem Alter zwischen acht und zwölf Jahren, waren mit selbstgemachten Gewändern und goldenen Kronen aus Pappe verkleidet. Es waren vor allem diese 18, die während der gesamten Weihnachtszeit in Buxtehude von Haus zu Haus gezogen waren. Sammelzweck war 1997 eine karitative Unterstützung Ecuadors. Zu Beginn der Messe sangen alle Könige zusammen ein Dreikönigslied, im weiteren Verlauf kamen sie dann nur noch beim Verlesen der Fürbitten zum Einsatz. Beeindruckend war in diesem Jahr der spektakulär inszenierte Einmarsch der Könige in die Kirche, der an eine Prozession erinnerte. Die große Gruppe der Könige bildete gewissermaßen die Vorhut, auf sie folgten direkt die Ministranten und am Ende der Pfarrer. Nach der Messe zog man in derselben Reihenfolge wieder aus der Kirche aus. Einige Könige standen dann noch für Spenden an den Ausgängen bereit.

1 Dietz-Rüdiger Moser, Volksschauspielforschung. In: Rolf W. Brednich, Grundriß der Volkskunde. Berlin 1988. S. 447–466.

2 Mark Münzel und Bettina E. Schmidt, Einführung. In: Bettina E. Schmidt und Mark Münzel (Hg.), Ethnologie und Inszenierung. Marburg 1998. S. 11.

3 Moser, a.a.O., S. 458.

Zirkus

Berthold Lang

Der Zirkus, wie man ihn heute kennt, stammt aus Europa, trotzdem ist es keine leichte Aufgabe, seine Entstehung in aller Kürze zu beschreiben. Der *circus*, den uns die Römer überlieferten, bedeutet – abgeleitet vom griechischen Wort *kirkos* – lediglich »Kreis« und bezeichnete eine ovale Bahn für Wagenrennen. Der wohl bedeutendste Bau dieser Art war der Circus maximus in Rom. Die bauliche Anlage mit seinen amphitheaterartigen, ringsherum aufsteigenden Sitzreihen gab den Anlaß, daß die Bezeichnung »Circus« von den späteren Kunstreiterarenen übernommen wurde. Aber noch im Mittelalter war diese alte Bezeichnung unbekannt.

Vom Ende des 18. Jahrhunderts ist die Entstehung kleinerer und größerer reisender Kunstreitergesellschaften überliefert, die vorwiegend aus England kamen und als »Englische Reiter« bezeichnet wurden. In vielen europäischen Städten zeigten sie ihre Kunstfertigkeit als Reiter und Akrobaten. Auch Komiker begleiteten die Trupps, die sowohl ebenerdig als auch zu Pferde ihre Späße trieben. Der Begriff »Clown« war zu der Zeit, zumindest im deutschsprachigen Raum, noch unbekannt.

Antoinette Léjars, geborene Cuzent. Lithographie von Carl Goebel

Für den Begründer des modernen Zirkus hält man heute den Reiter Philipp Astley (1742 bis 1814), geboren im englischen Newcastle. Über ihn gibt es die Geschichte, daß er als Sergeant-Major im Siebenjährigen Krieg den verwundeten Kronprinzen von Braunschweig aus großer Gefahr rettete und bei dieser Gelegenheit sein Reittalent entdeckte. Nach seinem Ausscheiden aus dem Militärdienst gründete er zusammen mit anderen erstklassigen Reitern um 1770 in London eine Reitschule. Den Mitgliedern ging es darum, ihre außergewöhnlichen Fähigkeiten vorzuführen: Gewandtheit und Kühnheit, die Fertigkeit, sich im Sattel zu halten und dabei das Pferd perfekt zu führen. Diese Reitschule zeigte aber bereits eine der wichtigsten Besonderheiten des Zirkus: Die kreisförmig angeordneten Tribünen und auch das Programm entsprachen schon nach wenigen Jahren dem noch heute gültigen Bild einer Zirkusvorstellung.

Zuerst spielte sich noch alles unter freiem Himmel ab, doch einige Jahre später besaß Astley bereits einen richtigen Zirkusbau. Als dieser 1794 abbrannte, errichtete er, in Anlehnung an das von seinem Konkurrenten und ehemaligen Angestellten Charles Hughes 1782 erbaute Gebäude der Royal Circus and Equestrian Philharmonic Academy, einen Bau mit einer Bühne und einer Manege. Nach einem weiteren Brand schuf Astley 1803 dann sein berühmtes Amphitheater, in dem bis 1893 gespielt wurde. Astley war aber nicht nur in England tätig, sondern besuchte bereits 1774 Paris, wo er in der Manege des »Obersten Bereiters des sardinischen Königs« auftrat. Am 7. Juli 1782 eröffnete er in der Vorstadt Temple in einem Pariser Vergnügungszentrum sein Amphiethéatre Anglais du Faubourg du Temple, den ersten Zirkusbau auf dem europäischen Festland.

Die Synthese zwischen Zirkus und Schaustellerbuden wurde geradezu symbolisch und traf später – wie im Wiener Prater und in Budapest – immer öfter zusammen, denn der noch in seiner Entwicklung befindliche Zirkus, später »Theater des Volkes« genannt, benötigte neben dem Bürgertum und dem Adel auch das »gemeine Volk« als Publikum. Als Astley infolge der Revolution zu Beginn des Jahres 1793 Paris verlassen mußte, übernahm der Bürger Antoine Franconi das Gebäude und veranstaltete zur Wiedereröffnung ein »Revolutionsfest«. Seine beiden Söhne Lorenzo und Enrico eröffneten am 28. Dezember 1807 als würdige Nachfolger in Paris ihren neuen Cirque Olympique; damit trat das Wort »Zirkus« für diese Art der Unterhaltung seinen internationalen Siegeszug an.

Dies war kein reiner Zufall. Napoleon I. wollte seine geliebten »schönen Künste« schützen und sie vor einer Vermischung mit den »niederen« bewahren. Allein 1807 mußten 20 Theater schließen, weil sie eine Konkurrenz für die »guten Bühnen« darstellten. Bereits am 8. Juni 1806 wurde per Sondererlaß bekanntgegeben, daß sich »Aufführungen von Raritäten und Kuriositäten« nicht mehr als Theater bezeichnen durften. Auch das Amphitheater der Brüder Franconi, vom Volksmund »Pferdetheater« genannt, fiel unter diesen Erlaß. Der von ihnen gewählte Name »Zirkus« wurde somit bald überall gebräuchlich, und auch der aus dem Kurland stammende Kunstreiter Christoph De Bach benannte seinen am 6. Juli 1808 eröffneten Wiener Zirkusbau – ganz dem neuen Trend entsprechend – als »Circus Gymnasticus«. Es war der zweite Zirkusbau auf dem europäischen Kontinent. Bis zu diesem Zeitpunkt tra-

Der neue Circus von de Bach im Prater zu Wien.

Circus De Bach im Wiener Prater, erbaut von J. Kornhäusl 1852 bis 1908

ten in Wien Kunstreiter wie John Hyam, Charles Masson, Peter Mahyeu, Balp, Ciarini und Kolter nur in der k.u.k. Reitschule, im Hetzamphitheater oder in rasch zusammengezimmerten Holzhäusern auf.

Der Bann war gebrochen: Aus den vielen unter ganz verschiedenen Bezeichnungen reisenden Kunstreitergesellschaften wurden nach und nach Zirkusse. Es folgte eine Entwicklung, die Seiltänzer, Kunstreiter und Menagerien mehr und mehr unter diesem Begriff vereinigen sollte. Zu der Vorführung der Reitkünste kamen Pferde-Freiheitsdressuren und erste Raubkatzenschauen, Bären wurden in engen Käfigwagen vorgeführt, Elefanten und andere exotische Tiere der Menge präsentiert. Die Manege eines größeren, aktuellen Zeltzirkus hat einen Durchmesser von 13 Metern; kleinere Zirkusunternehmen haben, ihrem Spielzelt angepaßt, oft nur eine Manege von neun bis elf Metern. Sie soll in dieser Form, mit Sand und Sägespänen ausgestreut bzw. mit Kokosmatten ausgelegt, 1767 in Paris erstmals verwendet worden sein.

Der Zirkus nahm in seiner Blütezeit, dem 19. Jahrhundert, einen unerhörten Aufschwung. Überall, in fast allen nordischen, mittel- und osteuropäischen Ländern, besonders in Polen und Rußland, entstanden in wenigen Jahrzehnten phantastische Bauten, die meist die Namen ihrer berühmten Inhaber trugen – nach London, Paris, Wien und Sankt Petersburg nun auch in Deutschland. Die Wende trat schon im November 1788 ein, bald nach dem Tod Friedrichs des Großen, der am 4. März 1777 einen Erlaß gegen Gaukler, Seiltänzer und »anderes desgleichen schlechtes Zeugs« erlassen hatte. Der »königlich, spanische Bereiter Peter Mahyeu« (1750 in Lüttich geboren und ein Lehrmeister von De Bach, Guillaume und Tourniaire), der mit seinem Unternehmen in Potsdam sogar vor dem König Friedrich Wilhelm II. und dessen Gefolge auftreten durfte, spielte ab dem 22. November 1788 in Berlin und gab insgesamt 33 Vorstellungen. Ihm folgte 1806 De Bach, der in einem eigens errichteten Reitamphitheater auftrat. 1816 spielte De Bachs Stiefsohn Price mit seinem Circus Gymnasticus, einer offenen Arena, in Berlin.

Im Sommer 1821 wurde dann der erste feste Zirkusbau Berlins nach dem Vorbild des Circus De Bach in Wien von einem Berliner Zimmermeister errichtet und »Circus vor dem Brandenburger Tor« genannt. Nach dem Tod des Erbauers und dem damit verbundenen Besitzerwechsel wurde dieser erste fixe Zirkus Berlins und zugleich vierte Zirkusbau in Europa in »Circus Olympicus« unbenannt. In ihm gastierten viele bedeutende Zirkusse Europas wie Tourniaire, Hinné, Dietrich Gautier, die Gesellschaft Cuzent, Léjars und Loisset, Brilloff & Brandt und Eduard Wollschläger, der sich damals »Preußischer Circus« nannte. In seinem letzten Jahr stand der Zirkus leer, verwahrloste und wurde am 18. März 1848 durch Kampfeinwirkung ein Raub der Flammen.

Eduard Wollschläger (1811 bis 1875), ein deutscher Pionier des Circus, noch beeinflußt von der französischen Schule, war der größte Szenenreiter, den die Kunstreiterwelt hervorgebracht hat, und maßgebender Pionier in der Freiheitsdressur großer Pferdegruppen. Er war es auch, der den großartigen amerikanischen Clown und Trampolinspringer Lavater Lee, der einen Doppelsalto über 14 Pferde wagte, vorstellte. Er führte den rund um die Manege laufenden 40 Zentimeter breiten Rand ein, auf dem er die Hohe Schule ritt. Diese Neuerung hält sich bis heute.

Circus Busch im Wiener Prater, erbaut 1892 aus dem ehemaligen Panoramagebäude, 1945 bei den Kämpfen im Prater zerstört, die Reste wurden 1950 gesprengt.

Ernst Renz erwarb 1852 den Zirkusbau in der Friedrichstraße. Leider brannte dieser Bau bereits ein Jahr später ab. Vorübergehend spielte er dann im »Circus Theater« am Weinbergweg, reiste jedoch im Januar 1854 von Berlin über Dresden nach Wien, wo er seinen neu erbauten Circus Renz eröffnete. In Berlin errichtete 1855 der Zimmermeister Otto auf dem Platz in der Friedrichstraße ein neues Gebäude, in das Renz am 8. Dezember einzog. 1879 wurde der »Markthallenzirkus« frei, und Renz bezog dort seine letzte Berliner Spielstätte. Ernst Renz verstarb am 3. April 1892 in Berlin; sein Sohn Franz mußte das Unternehmen 1897 mit allen seinen Bauten in Berlin, Wien, Breslau und Hamburg aus wirtschaftlichen Gründen schließen. Der Berliner Bau wurde von Albert Schumann gemietet und ging nach dem Tod von Franz Renz ganz an diesen über.

Im Jahr 1891 errichtete Paul Busch seinen ersten Zirkus in Berlin. Nach dem Tod von Ernst Renz ließ er sich ganz in dieser Stadt nieder und eröffnete am 24. Oktober 1895 sein neues, eigenes Zirkusgebäude. 1935 wurde dieser Bau aber behördlich geschlossen und 1937 abgerissen. Auch der Zirkus Busch besaß in Wien, Breslau und Hamburg eigene große Bauten. Es war die Glanzzeit des Zirkus.

In St. Petersburg faßte 1824 Jacques Tourniaire Fuß. Der Franzose, ein Schüler von Astley, gründete um 1800 eine eigene Gesellschaft, die er »Amphitheater Tourniaire« nannte und die zu den besten und schönsten Wanderzirkussen dieser Zeit zählte. 1824 kam er erstmals nach St. Petersburg, mußte aber schon im November 1825 wegen des Todes von Alexander I. und der darauffolgenden Staatstrauer das Land wieder verlassen. 1827 kehrte er zurück und erbaute zusammen mit der Stadtverwaltung den »Olympischen Circus«. 1828 wurde dieser erste russische Zirkus von der Direktion des kaiserlichen Theaters übernommen und umgebaut unter dem Namen »Neues Theater« wiedereröffnet. Ausländische Schauspielertruppen und durchreisende Kunstreiter und Artisten traten in ihm auf. Es waren zunächst, außer der Truppe von De Bach, fast durchweg zweitrangige Unternehmen, die den Pariser Zirkus mit bescheideneren Mitteln nachahmten und so ihren Erfolg suchten. 1843 kam dann die angesehene Truppe von Louis Soulier nach Petersburg, 1845 folgte das erstklassige, in ganz Europa bekannte Ensemble von Alexander Guerra. Dieser hatte hier riesigen Erfolg und fand im russischen Adel einflußreiche Mäzene, die ihn sogar im Kampf gegen ein Konkurrenzunternehmen – Paul Cuzent und Jules Léjars – unterstützten. Die Direktion der Kaiserlichen Theater entschloß sich auf Grund der Erfolge der beiden Rivalen, einen eigenen Zirkus mit Bühne und Manege zu erbauen, der am 30. September 1847 Premiere hatte und zunächst von Paul Cuzent geleitet wurde. Der erste russische Staatszirkus war geboren.

In Italien erhielt der Zirkusbesitzer Gaetano Ciniselli vom König Victor Emmanuel den Titel eines Ehrenstallmeisters und stand in Konkurrenz zu den Familien Guerra, Truzzi, Pierantoni, Armato und Zavatta; in Frankreich gewannen ab den siebziger Jahren die Namen Fernando, Rancy, Houcke, Pinder, Loyal und Plége an Bedeutung; in Österreich-Ungarn wurden Unternehmen wie Beranek, Endres, Henry, Rebernigg, Jung, Könyöt, Krembser und Schneller berühmt.

Paul Cuzent, Wien 1845.
Lithographie von Carl Goebel

Die heute allgemeinbekannte Form des Zeltzirkus wurde in Amerika um 1840 durch Spalding und Rogers entwikkelt und nach unserer heutigen Kenntnis durch James Washington Myers (1824 bis 1893) via England nach Europa gebracht. Der damals sehr populäre Clown Myers kam 1851 aus den USA nach England, hatte kurze Engagements und gründete dann einen eigenen Zirkus, der vorerst in fixen Bauten und Hallen gastierte. Es war nicht der erste amerikanische Zirkus, der Europa eroberte, denn schon 1857 gastierte der New Yorker Circus von Miss Ella Stokes auf den Kontinent. Die gebotenen Reitkünste erreichten lediglich ein durchschnittliches Niveau, dafür aber gehörten die gymnastischen Darbietungen zum Besten, was man damals sehen konnte. Gelobt wurde das Glockenspiel mit 250 Glocken und die Elefantin Miss Betzi, die Posthorn und Mundharmonika spielte.

Der Zeltzirkus ist eine amerikanische Erfindung; Behauptungen, daß Renz in einem Zelt anfing bzw. Jacob Bates bereits 1764 oder 1767 in Moskau und Paris ein solches benutzte, sind nie bewiesen worden. Sicher ist, daß Heinrich Gotthelf Koschke (1858 bis 1935) mit seinem gemeinsam mit der Kunstreiterin von Pernitza 1888 gegründeten Zirkus Henry, der anfänglich als »I. Ungarischer Circus Henry und Henrys Tent Circus« firmierte, zu den ersten bedeutenden und größeren europäischen Zeltzirkussen gehörte. Sein Zelt hatte ein Fassungsvermögen von 3600 Personen. Das amerikanische Vorbild setzte sich sehr rasch durch, und bereits um 1900 reiste eine Unzahl europäischer Zirkusse nur noch mit ihren mächtigen Zeltanlagen. Selbst viele der reisenden Menagerien, die als erste in ihren Tierausstellungen Raubtierdressuren zeigten, stellten sich um. Sie erwarben das nötige Material – Zelte, Wagen und Pferde – und engagierten Artisten.

Der französische Tierlehrer Gilbert Houcke mit Tigern, Wiener Stadthalle 1968

Aus der bekannten Menagerie »Continental« wurde 1908 der »Circus Charles« (ab 1919 »Krone«); Anton Kludsky und sein Sohn Karl kauften 1903 den ungarischen Zirkus Endres und dessen Pferde und wurden innerhalb weniger Jahre der erste Großzirkus der österreichisch-ungarischen Monarchie, der vor allem in Ost- und Südeuropa reiste und von 1925 bis 1934 als »Kludsky's Monstre-Circus-Schau« mit drei Manegen weltweit Beachtung fand. Aber auch die deutschen Zirkusse Fischer und Barum sowie viele französische und italienische Unternehmen entstanden auf diese Weise. Gleiche Tendenzen waren in anderen europäischen Ländern zu beobachten.

Der Erste Weltkrieg brachte für die Unternehmen der kriegführenden Länder einen großen Rückschlag und führte vor allem in Deutschland und Österreich-Ungarn zu großen Einschränkungen. Artisten und Pferde wurden zum Militär eingezogen, viele Großtiere verhungerten. Doch bereits 1919/20, sofort nach dem Krieg und noch in der schwersten Krisenzeit, begann der Wiederaufbau und ein neuer Aufstieg. Der deutsche Großzirkus Krone erwarb in München ein Grundstück und errichtete einen Bau für 4000 Personen. Sieben Monate spielte der Zirkus in der Stadt, dann ging er auf die Reise. Seit 1920 kommt das Unternehmen jedes Jahr im Winter zu einem Gastspiel zurück. Hans Stosch Sarrasani (1873 bis 1934) kam aus einer bürgerlichen Familie, begann als Dressurclown und schuf bis zum Kriegsbeginn ein ansehnliches Großunternehmen. Während des Krieges spielte er in seinem 1912 errichteten modernen Zirkusgebäude in Dresden und verlor durch Beschlagnahme und Hunger viele

Tiere, konnte aber bald wieder auf Tournee gehen. Er liebte das Großartige, die Faszination seines Publikums und vor allem ein volles Haus, in dem er als Maharadscha mit seinen Elefanten brillieren konnte.

Mit der Machtübernahme Hitlers in Deutschland übernahm die Reichstheaterkammer die Oberaufsicht über alle bestehenden deutschen und österreichischen Zirkusunternehmen. Jüdische Betriebe erhielten Spielverbot, die einzelnen Tourneen mußten vorgelegt und bewilligt werden; von jüdischen Komponisten stammende Musik wurde verboten. Der tschechische, vormals österreichisch-ungarische Zirkusdirektor Rudolf Kludsky schrieb in einem Nachtrag zu seinen 1936 niedergeschriebenen und 1950 veröffentlichten Memoiren:

> »Seit dem Abschluß dieses Buches zogen die Kriegsfurien von Land zu Land. Blühende Städte versanken ins Nichts, mit ihnen sämtliche festen Zirkusgebäude. Von den prachtvollen Steinbauten der Zirkusse in Warschau, Breslau, Berlin, Hamburg, Essen, Dresden, Magdeburg, Wien usw. verblieben nur noch leere Ruinen und Reste der Vergangenheit. Aber der Zirkuswelt verblieben unsterbliche Erinnerungen alter Zirkuskunst.«

Nach dem Zweiten Weltkrieg gab es in Deutschland zunächst nur sehr wenige Zirkusse. Viele berühmte Namen waren verschwunden und fast alle Zirkusbauten durch Kriegseinwirkung zerstört. Vor allem die großen Tierbestände fehlten. Erst Mitte der fünfziger Jahre kam es zu einer Normalisierung. In den übrigen Ländern blühte die Zirkuskunst rasch wieder auf, fand aber bald in Film und Fernsehen eine harte Konkurrenz. In den kommunistischen Staaten wurden die privaten Zirkusunternehmer meistens enteignet und statt dessen Staatszirkusse gegründet, die sich in eigenen Zirkusschulen einen erstklassigen Nachwuchs sicherten.

Doch der Einfluß des Fernsehens wurde immer größer, der Publikumsschwund begann. Der Österreicher Bernhard Paul gründete zusammen mit André Heller 1976 den Zirkus Roncalli. Er schuf in einem zweiten Anlauf einen Musterbetrieb mit einer neuartigen, genau durchdachten Programmgestaltung. Der riesige Erfolg gab ihm recht und beeinflußte die gesamte Zirkusszene Europas. Keiner wollte ihm offiziell etwas nachmachen, aber überall veränderte sich ein Zirkusunternehmen nach dem anderen; fast jeder Zirkus wurde bunter und komfortabler. Und neue Ideen folgen, denn auch der kanadische »Cirque du Soleil!« mischte von nun an kräftig mit. Es lebe der Zirkus von morgen!

Stierkampf

Peter Dressendörfer

Nach einem der ältesten Klischees gehört der Stierkampf zu Spanien wie die Sonne und der Wein. Wie fast alle derartig unsinnigen Behauptungen enthält auch diese eine gewisse, wenn auch triviale Wahrheit. Der Stierkampf ist, obwohl nicht in Spanien entstanden, sicher so etwas wie ein Markenzeichen des Landes geworden.

Mit der Realität des Stierkampfes in der Gegenwart hat das jedoch nicht mehr viel zu tun. Dabei handelt es sich überwiegend um ein kommerzielles, degeneriertes Spektakel, das mit der *lidia*, der sogenannten klassischen Epoche des Stierkampfes, kaum noch etwas gemein hat und dessen Sinn, falls es einen solchen jemals gehabt hat, längst verlorengegangen ist. Das Kuriose ist, daß dies alle Beteiligten ganz selbstverständlich wissen: Von den Veranstaltern über die Toreros bis zu den Tierärzten, ohne deren Erlaubnis kein Stier in die Arena geschickt werden darf, sind sich alle darüber im klaren, daß fast jedes der zum Tode verurteilten Tiere entweder stark gedopt und an den empfindlichen Hörnernerven angesägt ist (*afeitado*, der abscheuliche Fachausdruck bedeutet »rasiert«) oder ganz einfach noch zu jung oder zu schwach. Auch die meisten fachkundigen Zuschauer geben auf Fragen hin zu, daß die Stierkämpfe völlig heruntergekommene Parodien geworden sind.

Die einzigen, denen diese Erkenntnis anscheinend noch verschlossen ist, sind zwei recht disparate Grüppchen: ausländische, meistens britische und amerikanische *aficionados*, was man hier am besten mit dem Paradox »fanatische Romantiker« übersetzt, und zum zweiten gewisse – keineswegs alle – Stierkampf-Journalisten, die ihren Lebensunterhalt aus der »Kritik« der einzelnen Darbietungen bestreiten. Sie haben dabei eine Sondersprache entwickelt, sozusagen einen Subdialekt des Spanischen, der die Schreiber als Experten ausweist und dem kundigen Leser das Gefühl vermittelt, zu einer kleinen Loge von eingeweihten Hütern einer Art liturgischen Geheimnisses zu gehören. Dabei handelt es sich keineswegs um eine Renaissance des spätantiken Mithras-Kults, in dessen Mittelpunkt bekanntlich ein Stieropfer stand, sondern um eine selbsthergestellte Hermetik mit allen Zeichen der Künstlichkeit. Neuerdings ist dieser Pseudofachjargon sogar parodiert worden, was in den einschlägigen Kreisen sicherlich als Blasphemie empfunden wurde. Aber gerade diese hat in Spanien eine ähnlich lange Tradition wie der Stierkampf.

Aus den riesigen Bibliotheksbeständen, die zu Ursprung und Geschichte des spanischen Stierkampfs verfaßt worden sind, lassen sich überraschenderweise nur wenig gesicherte Daten entnehmen, und selbst diese sind überwiegend negativ besetzt. Über die Ursprünge weiß man fast nichts, abgesehen davon, daß auf der Iberischen Halbinsel ein zoologischer Verwandter des eurasischen Urrinds, der *bos primigenius*, länger als anderswo überlebte. In anderen Gebieten Europas hatte man dieses gewaltige Tier schon im frühen Mittelalter weitgehend ausgerottet, da es sich so gut wie nicht zähmen ließ und als Zugtier für den Pflug völlig ungeeignet war. Aus Gründen, die wir nicht kennen, schlug man in Spanien einen anderen Weg ein. Vielleicht ist eine der Ursachen darin zu suchen, daß die Jagd auf den wilden Stier für die auf der Halbinsel früher als anderswo entstandene ritterliche Gesellschaft zu einer Art von Selbstbestätigung wurde. Kein anderes wildes Tier forderte im Kampf soviel an Mut und Geschicklichkeit. Daß sich aus der Gegenüberstellung von (zuvor eingefangenen) Wildstieren und adeligen Kämpfern zu Pferd ganz früh schon eine Art von Ritual entwickelte, ist zwar unzureichend belegt, aber recht wahrscheinlich. Gesichert ist, daß bereits 1080 im kastilischen Avila so etwas wie Stierkämpfe stattgefunden haben.

Aber die eigentliche Geschichte der *corrida* (das Wort bedeutet »Auftrieb«) beginnt wohl erst im 16. und 17. Jahrhundert, nach den großen Siegen der christlichen Spanier über die (keineswegs weniger spanischen) Mauren und deren Vertreibung aus dem größten Teil ihres Herrschaftsgebietes. Die spanischen Mauren, deren Geschichte recht gut dokumentiert ist, kannten den Stierkampf offensichtlich nicht, da sie ein völlig anderes Verhältnis zum Tier hatten als die Christen. Erst jetzt entstanden die Reales Maestranzas, eine Art von adeligen Sportclubs, die der *corrida* die erste Form gaben. 1617 ließ König Philipp III., der Enkel Kaiser Karls V., in Madrid die Plaza Mayor errichten. Dieser wunderbare Platz sollte den Rahmen für höfisches Zeremoniell und – sozusagen im informellen Teil – für religiöse Aufführungen und Stierkämpfe bilden. Dessen Protagonisten waren aber nicht etwa Adelige wie in der Feudalzeit, sondern Männer aus dem niederen Volk, die ihr Handwerk als Hirten bei den großen Viehherden des Nordens oder, hauptsächlich im Süden, als Schlachtergesellen erlernt hatten. Der Stierkampf zu Pferd wird danach langsam zur Ausnahme, und die ersten Regelwerke für den Stierkampf zu Fuß erscheinen.

In Spanien mit seiner früh zentralisierten Herrschaftsform hat man von jeher alles und jedes in Regeln und Vorschriftenlisten zu fassen versucht. Das geht von der Staatsverwaltung über die Marktordnungen bis hin zu den Vergnügungen – und nicht zuletzt den Sünden, die in der Beichte abgefragt wurden. Dies bedeutete nicht, daß sich jedermann ohne Murren an die Regeln hält, eher das Gegenteil ist der Fall. Im allgemeinen gilt der Satz: Je mehr Regeln alles bis ins kleinste zu ordnen versuchen, desto geringer ist der Grad ihrer Befolgung. Natürlich liegt das in der Sache selbst und kommt überall vor, aber in Spanien rückte die individuelle Verweigerung sozusagen zu einem nationalen Glaubensbekenntnis auf – und das bei einem Volk, das mit der Durchsetzung von Glaubensbekenntnissen seine halbe Geschichte verbracht hat.

Die Fixierung des sozusagen geregelten Stierkampfes in der frühen Neuzeit hat ein besonderes Merkmal, das auch das jammervolle Spektakel der Gegenwart bestimmt. Der Mittelpunkt des Geschehens ist nicht mehr das anfänglich angestrebte Kräftemessen mit der »Bestie«, sondern schlicht und ergreifend die gnadenlose Tötung des Tieres, das man durch eine Reihe ausgeklügelter Grausamkeiten vorher nahezu wehrlos gemacht hat. Der bei uns meistens »Torero« genannte Stierkämpfer heißt deswegen im Spanischen korrekterweise *matador*, und das bedeutet nichts anderes als

»Schlächter«, wobei die Entsprechung im Schlachthof nur mit einem anderen Suffix gebildet wird: *matarife*. Die entscheidende Neuerung ist nun, daß aus einem quasi sportlichen Zweikampf, dessen Ausgang ungewiß war und bei dem der Stier eine gewisse Chance zum Überleben hatte, eine Selbstdarstellung des Stierkämpfers wird. Der Stier wird dabei zum Requisit eines Schauspiels, bei dem die Rollen fest vergeben sind und das unter einer strengen Regie abläuft. Übrigens entspricht dies genau der Auffassung vom Theater, wie man sie in Spaniens »Goldener Zeit« hatte. Das Ritual, denn um nichts anderes handelt es sich hier, läuft nach einem nicht modifizierbaren Schema oder Drehbuch ab, und für Abweichungen ist so gut wie kein Platz mehr. Der Stierkämpfer wird danach beurteilt, in welcher »Reinheit« er das Schauspiel zelebriert; der Stier ist als *moriturus* höchstens Staffage, eine gesichtslose Bestie, die der Darstellung eines von vornherein programmierten Triumphs zu dienen hat.

Vorbild waren womöglich die prächtig angelegten religiösen Theateraufführungen derselben frühen Neuzeit, die Titel wie ›Triumph des Glaubens über die Ketzerei‹ trugen und bei denen man auch Verbrennungen von nichtbekehrungswilligen Mauren und Juden zu inszenieren pflegte. Nicht so bekannt ist, daß auch zu einigen Autodafés als unterhaltender Teil ein Stierkampf gehörte. Solche Parallelen darf man nicht überstrapazieren, aber der – nirgends ausformulierte – Grundgedanke ist nicht so verschieden. Nun wäre es freilich verkehrt anzunehmen, ganze Jahrhunderte in Spanien seien vom Stierkampf als der Volksbelustigung schlechthin besessen gewesen. Fest steht, daß es einige Landstriche gab – hauptsächlich Teile des (früher keltisch geprägten) Nordwestens und Kastiliens, dem Herzland der Halbinsel –, in denen man von *corridas* wenig oder nichts wußte.

Daß es heute auch dort Stierkampfplätze gibt, in denen während der lokalen Feste *corridas* stattfinden, ist eine eher moderne Entwicklung, die vor allem mit der von oben herab veranlaßten Wiederbelebung von »Folklore« seit den dreißiger Jahren dieses Jahrhunderts zu tun hat. Weitere Gründe sind der Tourismus, von dessen Geld der heutige »Stierkampf« überwiegend lebt, und ferner natürlich Prestige- und Kommerzinteressen. Nur deshalb ist Spanien heute von einem Ende zum anderen mit Stierkampfarenen gepflastert. Viele Orte wissen mit ihren zu groß geratenen, weil subventionierten Objekten inzwischen nicht mehr viel anzufangen. Als gewöhnliche Sportplätze eignen sie sich nicht, und Veranstalter großer Rock- und Pop-Konzerte suchen sich lieber akustisch besser geeignete Stadien. Aus diesem Grund verkommt ein Teil der Plätze, weil die Unterhaltskosten recht hoch sind. Besser ergeht es den Arenen der – inzwischen fast völlig zubetonierten – spanischen Sonnenküsten; den allerhöchsten Ertrag aller Plätze wirft heute bezeichnenderweise die Arena von Palma de Mallorca ab – eine Insel übrigens, auf der man den Stierkampf nicht kannte und ihn genauso wie den Talmi-Flamenco, den die Gäste angeblich wünschen, erst importieren mußte. Die Vereinheitlichung der »Nationalkultur«, ein Lieblingswort der Falange, der spanischen Spielart des italienischen Faschismus, ist damit sozusagen auf kaltem Wege vollzogen. Ganz nebenbei: Natürlich gibt es im anthropologischen Sinn keine Nationalkultur, sondern immer nur Regionalkulturen – erst recht in einem so stark gegliederten Teil Europas wie der Iberischen Halbinsel.

Bis 1975 hieß der Stierkampf in halboffiziellen und offiziellen Texten *fiesta nacional*, was mehr als einen Ausländer verwirrt hat. Für Verwirrung ist ohnehin gesorgt, und das macht zweifellos einen Teil des Reizes aus, den der Stierkampf insbesondere auf Nichtspanier ausübt. Selbst wenn man die Landessprache beherrscht, steht man vor der Fachterminologie der *corrida* wie der sprichwörtliche Ochse vor dem Scheunentor. Eine ganze Wissenschaft ist darum entstanden, wie eine korrekte *corrida* abzulaufen hat, was verboten ist – falls sich jemand daran hält – und was als besonders schön und gelungen gewertet werden kann.

Natürlich ist dies alles nur ein Ideal, und Ideale heißen deswegen so, weil sie selten oder gar nicht zu erreichen sind. Der Stierkampf selbst hat immer mehr vom Mythos seiner selbst gelebt als vom barbarischen Ritual der Abschlachtung eines aus vielen Wunden blutenden Tieres durch einen Metzgergesellen, der wie ein Pfau gekleidet ist und sich dementsprechend aufführt. Nach dem Mythos hat dieser Mann *arte y valor* zu verkörpern, die Einheit von Kunst und Mut, eine klassische Definition des idealen Stierkampfes – eine Absurdität, die in die Nähe von Zynismus rückt. Daß das provozierte Spiel mit dem Tod nach einem Ritual abläuft, überhöht es schließlich noch nicht zu dem Mythos, den zu verkörpern es vorgibt, das Ringen des Menschen mit der unvernünftigen Naturgewalt. Der Sieg des Verstandes und der athletischen Geschicklichkeit über die Bestie ist kein Naturgesetz, auch wenn es sich als solches darstellt, sondern bestenfalls eine theatralische Inszenierung. Dagegen wäre im Prinzip wenig zu sagen, wenn es beim Theater bliebe – wie beispielsweise bei der unblutig verlaufenden portugiesischen Spielart des Stierkampfes.

So wie die Dinge heute liegen, und nur darum kann es in der Diskussion um die Berechtigung des Stierkampfs gehen, die sehr wohl auch in Spanien geführt wird, ist die Berufung auf den Mythos, also auf den ideologischen Aspekt der *corrida*, nur mehr eine haltlose Ausflucht. Vom mythischen Gehalt ist nämlich in der brutalisierten Tierquälerei der zeitgenössischen *corrida* nichts geblieben. Die Tradierung der äußeren Formen ändert nichts daran, daß der Prozeß der Degenerierung des Spektakels bis zur Abscheulichkeit und Infamie scheinbar nicht mehr rückgängig zu machen ist.

Glanz und Schatten der Mode

Daniel Devoucoux

In Alexandro Bariccos Roman ›Seta‹ (Seide) erscheint der feine Stoff als Metapher der wahren Geheimnisse des Lebens. Er ist Teil der »weißen Musik«, seiner Geschichte, die sich zwischen einem kleinen Dorf des Vivarais und dem fernen Japan im 19. Jahrhundert abspielt. Die Verfeinerung der Beziehung zwischen Text und Textilien liefert aber nur einen Vorwand. Es geht nicht hauptsächlich um Textiles, wie es bei einer konsequenten Untersuchung der Mode auch nicht nur um Kleidung gehen kann.

Echt abgedreht

1996 und 1997 besetzte die italienische *Alta Moda* in der internationalen Presse- und Medienwelt dank Giorgio Armani und Gianni Versace einen neuen und für sie ungewöhnlichen Platz – den der Steuerhinterziehungs- und Bestechungsaffären. Im Juli 1997 registrierte die Modewelt eine Medienresonanz von bisher unbekanntem Ausmaß. Die Ermordung des Modestars Versace in Miami füllte die Titelseiten der Weltpresse. Selbst die Jahrhundert-Hochwasserkatastrophen in Mittel- und Osteuropa reichten nicht aus, um die Aufmerksamkeit der Medien von der Verfolgung des mutmaßlichen Mörders und Serienkillers abzulenken. Nur der ebenbürtig tragische Tod von Lady Di, der wohl berühmtesten Kundin und Werbeträgerin Versaces, konnte daran reichen. »Selbst im Tod«, so die ›Süddeutsche Zeitung‹, »bietet Gianni Versace noch eine Bühne [...] und er kann nicht verhindern, daß die Show weitergeht auf diesem gigantischen Laufsteg.« Kinovorstellung oder Bühnenwelt – ein in den Medien beliebtes und immer wiederkehrendes Bild für die Mode. Was erzählt uns, von nahem betrachtet, die *Alta Mode*, die Haute Couture, allgemeiner: die Mode?

Zum Begriff »Mode«

Der Begriff der Mode war schon im Französischen des 15. Jahrhunderts im Bereich der Musik und Grammatik, der Religion und Lebensart bekannt. Er verbreitete sich dann im 17. Jahrhundert, zunächst im allgemeinen Sinn von Art und Weise, Maß und Regel, dann im engeren, ausschließlich kleidungsbezogenen Verständnis. Eine berühmte Werbeträgerin dieser Kleidungsdynamik und ihrer neuen Semiotik stellte vor dem Schreckenshintergrund des Dreißigjährigen Krieges die Alamode-Silhouette der französischen Söldner dar: Trotz europaweiter heftiger moralischer Gegenreden wurde sie bald zur hoffähigen »Kavaliersfigur«. Die Details sind uns durch zeitgenössische Künstler wie Jacques Callot, Dirk Hals, Anthonis van Dyck oder Abraham Bosse vertraut; ein Pantalon (Röhrenhose) oder eine Pumphose, die an einem geschlitzten und mit angenestelten Schößen versehenen Wams angehakt war, dazu ein Schulterkragen, Becherstiefel, ein sogenannter Imponiermantel und ein Schlapphut, Handschuhe, Bandelier, Degen und anderweitige Verzierungen. Filmisch ist die Figur von Gérard Depardieu als Cyrano de Bergerac neu belebt worden. Der Kavalier war nicht nur eine Mode-, sondern vor allem eine pädagogische Figur, wie früher schon der Ritter und später der *Cortegiano*, der Hofmann, der *Honnête Homme* oder der *Gentleman*. Die Elite der Söldner wurde hier nicht zum ersten Mal zur Modegestalt. Die Landsknechte im 16. Jahrhundert boten bereits ein anderes Beispiel für diese virile Modevorstellung inmitten einer verwüsteten Kriegslandschaft. Die mittelalterliche Gesellschaft definierte den Adel als *Bellatores*, als Kriegergruppe. Die Kleidung des Adels war daher verständlicherweise auch militärisch orientiert, ohne daß dabei eine Trennung von »militärisch« und »zivil« einen Sinn ergibt, da beides im höfischen Leben und in der höfischen Kultur auf komplizierte Art miteinander verflochten war. Das Waffentragen gehörte zur aristokratischen Ethik, drückte ihre Legitimität aus. Daher hat die Gewohnheit, Kriegsbekleidung und zivile Kleidung als zwei völlig getrennte Bereiche zu kategorisieren, etwas Absurdes. Die Beziehung zwischen Krieg und Mode läßt sich allerdings nicht begrenzen und noch weniger als Ausnahme betrachten, sondern eher als Konstante.

Welche Rolle die Frauen in solch einer männlich geprägten Tradition spielten, ist einer gesonderten Betrachtung wert. In der Zeit des Dreißigjährigen Krieges entfernte sich die Frauenmode von der strengen spanischen Prägung, dennoch blieb sie modisch und moralisch eingesperrt. Die Schnürbrust oder das Mieder lockerten sich, bekamen aber dafür vorne eine spitze, steife Schneppe, was – auch aus der Sicht jener Zeit – nicht als Zeichen von Bequemlichkeit bewertet werden kann. Die Erotisierung, in der spanischen Mode geometrisch unterdrückt und verformt, gewann mit der Betonung der Hüften und der Brust durch das Dekolleté (am Hof) sowie den Bezeichnungen der Unterröcke wieder an Bedeutung. Der Moralkodex in dieser von äußerster Gewalt geprägten Umwelt lockerte sich aber keineswegs, sondern wurde immer subtiler. Der durch die Mode und die Kleidung formulierte Blick der Epoche gibt uns vielfältige Informationen über die Beziehungen zwischen den Geschlechtern: ein für uns grundlegender Schlüssel zum Verständnis einer Epoche.

Die Zeit der Civilité

Die Mode läßt sich nicht linear reduzieren. Oft wird eine bestimmte, vereinfachte Form in den Vordergrund gestellt und als Resultante des sogenannten Zeitgeistes betrachtet. Mit den Konzepten »konstruiert«, »dekonstruiert« und »rekonstruiert« versucht man, das Phänomen Mode neu zu analysieren. Ein Begriff illustriert den heutigen Stand: Komplexität. Er darf jedoch nicht mit »relativ« oder »kompliziert« verwechselt werden. Er verweist auf subtile und tiefgreifende Beobachtungsprinzipien und -methoden.

Man könnte anhand der Kostümliteratur den Eindruck gewinnen, über die Mode jener Zeit sei alles schon bekannt: ein voreiliger Eindruck! Mehrere Kulturzentren, vor allem Paris und London, diktierten nahezu die Mode des späten 17. und 18. Jahrhunderts. Der Hof blieb Kern des Repräsentationssystems, auch wenn die Hofleute der Rokokozeit im Frankreich immer mehr von der »Kaserne« (Versailles) in die Pariser Salons oder die Provinz flohen. Die puritanische Nüchternheit des englischen Adels und sein Geschmack für Einfachheit sowie die selbstbewußte Modehaltung des reichen Bürgertums erfuhren stärkere Resonanz auf dem Kontinent, nicht zuletzt dank einiger Philosophen wie John Locke und – auf seinen Spuren ein Jahrhundert später – Rousseau, der sich auch in bezug auf die Kleidung für die »freie Luft« aus England begeisterte. Die zwei anscheinend konträren Modetendenzen schlossen sich gegenseitig nicht aus, im Gegenteil.

Sicherlich sind die Modesilhouetten des Barock und des Rokoko leichter zu verfolgen als die des Mittelalters. Die Fülle an Informationen ermöglicht es uns, die Entwicklung des männlichen adligen dreiteiligen Kostüms in seinen vielen Varianten einigermaßen nachzuvollziehen: zunächst die vermutlich aus Holland stammende Hose/Rheingrafenhose, das Wams/Jäckchen und das Mäntelchen des Hochbarocks, dann später die Culotte, die Weste und der Justaucorps, der vom Habit und dem Frack des Rokoko ersetzt wurde. Das Hemd spielte dabei immer eine große Rolle, vor allem wenn es mit Handkrause, am Hals mit dem Jabot oder der Krawatte, der Steinkerke, dem Rabat oder dem Beffchen sichtbar getragen wurde. Der Seidenstrumpf, ob mit Jarretière, Canons, Strumpfbändern oder Gamaschen, war nicht weniger wichtig. Selbst die Schuhe konnten Privilegien verraten. Die Allongeperücke, die Haarfrisuren, der Zylinderhut mit Straußenfeder, der Biberhut und der Dreispitz weisen ihrerseits auf das vielseitige Erscheinungstheater dieser Epoche hin, ebenso wie die Accessoires, die oft auf den Soldatenbereich zurückgehen und Virilität andeuten, wie beispielsweise die um die Hüften gewundene Schärpe, das Baudrier quer über dem Oberkörper der Adligen, die »Brandenbourg« (Knopflochgarnitur) des Justaucorps, der Stock oder/und der Degen. Was die Allongeperücke für den Mann war, war die Frisur *à la Duchesse* oder die Fontange für die Frau.

Die Änderung des adligen Frauenkleides läßt sich parallel zwar an Rock und Mieder, *manteau* genannt, gut verfolgen, jedoch wird an dem selbständig gewordenen Korsett, an dem Stecker und an der Entwicklung des Paniers und Reifrocks deutlich, daß bei ihr eine ganz andere Körperpolitik betrieben wurde.

Es sind die Silhouetten, die wir mehr oder weniger kennen; sie machen auf einen europaweiten Handels- und Kommunikationsraum aufmerksam. Dazu gehören wohl auch die Neue Welt und die Kolonien, in denen die Mode eine zentrale und oft unterschätzte Rolle spielte. Sie machen das Wie der Modeverbreitung spürbar. Das Warum mag in der am Beispiel Versailles von Norbert Elias ausführlich untersuchten Hofetikette liegen. Es handelte sich dabei um einen funktionierenden Machtapparat, dessen Fangarmen man sich nicht entziehen konnte. Die Hofetikette bildete das Herz des

Modespiels, und die Modesilhouetten waren ihre Konstrukte. Wir haben es hier mit idealisierten oder stilisierten Konstruktionen zu tun, die wir vor allem aus Bildern entwickelt haben. Die Mode des Barock oder des Rokoko weist anhand der überlieferten Originaltextilien auf eine große Vielfältigkeit von Formen, Stoffen, Details, Farben und Schnitten hin. Die bildlichen und schriftlichen Zeugnisse deuten vor allem darauf, daß die Moden nicht ohne weiteres von allen Menschen gleichmäßig übernommen wurden.

Das Relief der Mode

Die Mode zeigt zwischen St. Petersburg und Lissabon so unterschiedliche höfische und städtische Formen, Rhythmen und Dynamiken, wechselhafte Einzelheiten und nicht zuletzt so unterschiedliche Begrifflichkeiten, daß jede Idealvorstellung schnell verschwindet und einer lokalen Ontologie Platz macht. Madrid setzte eine Etikette fort, der sonst nirgendwo so minutiös gefolgt wurde. Das Machtspiel zwischen den Granden (dem Hochadel) und der Krone wirkte bis in die kleinsten modischen Details hinein; das Tragen der Kopfbedeckung vor dem König signalisierte dies am deutlichsten. Wien blieb der spanischen Etikette offiziell treu, dennoch war die Wiener Mode zwischen spanischem und französischem Einfluß gespalten. Diese etwas bizarre spanisch-französische Mischung war an den meisten deutschen und mitteleuropäischen Königs- und Fürstenhöfen anzutreffen. Weder die autoritären Maßnahmen der Kaiserin Maria Theresia in Österreich noch die Modediktate Friedrich des Großen in Preußen konnten diese Bewegungen bremsen oder kanalisieren.

Italienische Städte wie Mailand, Rom oder Neapel adaptierten die Pariser Mode, nicht ohne den einheimischen Charakter durch leichte Stoffe und leuchtende Farben zu betonen. Dagegen dominierte die Farbe Schwarz die Kleidung des genuesischen, venezianischen und florentinischen Adels am Anfang des 18. Jahrhunderts. Versuche wie die des schwedischen Königs Gustav III., eine einheitliche »Nationaltracht« für alle Gesellschaftsschichten durchzusetzen, blieben ohne Erfolg.

Der Modewandel manifestierte in Sankt Petersburg und Moskau eindeutige Machtverhältnisse und Einstellungen gegenüber der Krone, wenn er, vor allem unter der Zarin Elisabeth (1741 bis 1761), westlichen Mustern folgte. Schon Elisabeths Vater Peter der Große (1682 bis 1725) wollte mit der russisch-byzantinischen Tradition brechen und Rußland europäisieren. Zu diesem Zweck ließ er Modepuppen, deren Kleidung als Vorbild zu dienen hatte, an den Stadttoren aufhängen. Der Moskauer Hof hatte schon früher die westliche Mode übernommen; so ließ er seine Kleidung bei den Schneidern der Nemeckaja Sloboda oder im Zeltlager des Kreml herstellen. Katharina II. (1762 bis 1796) dagegen, die Nachfolgerin Elisabeths, bevorzugte die russische Nationalkleidung und stand damit nicht allein. Entscheidend war gerade die ideologische Stellung des Bürgertums in Sachen Kleidung. Vor allem die selbstbewußte Kaufmannschaft wendete sich seit Anfang des 18. Jahrhunderts gegen die Europäisierung der Mode.

In Polen stellte der französische Geschmack keine Neuigkeit dar, er prägte schon zuvor das Hofleben unter Jan Sobieski. Der Provinzadel folgte allerdings lieber weiter der sarmatisch-ungarischen Modetradition mit Moskauer, türkischer und tatarischer Prägung. So trug er zum Beispiel unter dem Zupanrock die Kontusche mit geschlitzten Ärmeln. Der Begriff »Kontusche« kennzeichnete in Deutschland das Kleid *à la Française* oder die Hollandaise.

Fast jede große Kulturstadt bildete ein Modezentrum mit eigenem Charakter, dessen Dynamik zwar von Paris und London ausging, jedoch auch andere Komponenten mit einbezog. Kurz resumiert, zeigt sich eindeutig die Konfrontation zwischen lokal-kultureller Erbschaft und dem Druck der Modernität. Die zahlreichen Unterschiede wüchsen ins Unüberschaubare, wenn dabei die bürgerliche und ländliche Bekleidungswelt noch mit in die Betrachtung gezogen würde.

Das Spiel der Bedeutungen

Nicht nur Form, Detail, Farbe, Stoff und Schnitt sind für Modefragen wichtig, sondern auch das Spiel lokaler Bedeutungen, die mit ihnen verbunden sind. Damit wird die Sache komplexer. Kleidung allein, ihre Materialität, reicht zur Einschätzung nicht mehr aus: Informationen über Erziehung, Körperwahrnehmung, Hygienegepflogenheiten, Sexualität, Kultur, Konsumgewohnheiten, Technik, Sprache, Religion, Moralvorstellungen, geographische Lage, klimatische Besonderheiten und Institutionen werden zur wichtigen Grundlage, um die höfische Mode des 18. Jahrhunderts zu begreifen. Auch die Wahrnehmung der Kleidung ist schwer nachzuvollziehen, denn unsere Vorstellungen lassen sich nicht ohne weiteres auf jene des Barock übertragen. Wenn wir von ihnen ausgehen, werden wir Opfer einer retrospektiven Illusion. Anders formuliert: Sachkultur ist Geisteskultur. Dies bedeutet auch für die Modebeobachtung, daß die Beziehungen zwischen Umwelt – auch soziokultureller Natur –, Sprache, Körper und Kleidung untrennbar sind.

Die von Daniel Roche untersuchte allgemeine Entwicklung der Nachlaßinventare veranlaßt zu der Schlußfolgerung, daß eine deutliche Steigerung und Differenzierung des Konsums stattfand, der unterschiedlich ausgeprägt war und zwischen extremer Armut einerseits und absolutem Überfluß anderseits schwankte. Selbst die Kleidungsterminologie verweist auf eine Ausdehnung des Konsums in den mittleren Schichten. Prachtvoll farbige Kleidung des Adels des Spätrokoko/der Klassik einerseits, dunkel orientierte Kleidung des Bürgertums anderseits – diese programmatische Auffassung modelliert die Vorstellung der Kostümliteratur. Der fast propagandistische Charakter der Bilder, die für die Illustration oft verwendet werden, zeigt vor allem die proklamierten Wertvorstellungen der einen und der anderen.

So ist sicherlich auch die berühmt gewordene Darstellung der Versailler Prozession zum Heiligen Sakrament im Jahre 1789 zu verstehen. Das Bild sei jedoch selbst zu sehr zum Symbol geworden und zu bekannt, meint Daniel Roche, um nicht erwähnt zu werden. Es zeigt die drei in den Generalständen vertretenen Fraktionen:

dunkle Anzüge des dritten Standes, Pracht des Adels und schwarze/violette Soutanen der Geistlichkeit. Die Satiriker der Zeit, ob in Paris, Flandern, Genf, Zürich, Stockholm oder Prag, setzten allerdings andere Akzente, wenn sie den übertriebenen Luxus gerade der bürgerlichen Mittelschichten oder der reichen Bürger hervorhoben. Jedoch wurde die nüchterne Erscheinungsart zum Vorbild des mächtigen englischen Bürgertums und seiner kontinentalen Kollegen. Eine subtile Verdeutlichung der Unterschiede zwischen Adel und Bürgertum liefern uns die zahlreichen ironischen Paarbilder Daniel Chodowieckis in den von G.C. Lichtenberg veröffentlichten ›Göttinger Taschenkalendern‹ – und zwar mehr noch anhand ihrer Körpersprache als aufgrund ihrer Bekleidung.

Bei den Modeprozessen handelt es sich oft um europaweit wechselseitige Einflüsse, mal diskret, mal auffallend. Hier können die Begriffe ironischerweise täuschend sein. Es mag sein, daß der polnische Einfluß schon vor der Hochzeit Ludwig XV. mit Maria Leczinska sichtbar wurde. Die im Paris des Spätrokoko so beliebte Polonaise ist aber nie in Polen getragen worden. Die Dreiteilung des Kleides dürfte symbolisch wohl auf die Zerlegung Polens hinweisen, die die französische Öffentlichkeit empfindlich getroffen hatte: ein Zitat der Mode mit politischem Hintersinn. Allerdings lassen sich die begrifflichen Probleme nicht auf diesen Punkt reduzieren. Die Modebegriffe haben ihre eigene Dynamik, die nicht unbedingt jener der Formen folgt.

Die Umwälzung der Modesymbolik

Trotz englischer, amerikanischer und französischer Revolutionen sollte der Aufbau der bürgerlichen Gesellschaft weniger als harte Auseinandersetzung zwischen Adel und Bürgertum denn als Zusammenarbeit von beiden gesehen werden. Die politischen Dessins, die ihre Entwicklung prägten, oder die kulturellen Visionen, die in ihren neuen Vorstellungen mitwirkten, stammen nicht selten aus dem Adel. Viele Salons des Spätrokoko und der Klassik boten eine besondere Plattform. Auch die Presse, und nicht zuletzt die Modepresse, spielte dabei eine gewichtige Rolle.

Je nach Ort und Situation näherten oder trennten sich die Kleidungsvorstellungen beider Welten weniger radikal als oft behauptet, selbst nach der Französischen Revolution. Die Kleidungsänderungen scheinen nicht die abrupte Zäsur zu kennen, die später als Merkmal angegeben wurde. So trug selbst der jakobinische Robespierre in der Hochphase der Revolution noch eine gepuderte Perücke, ein Kleidungszeichen des sogenannten Ancien régime. Diese wiederum war bei vielen englischen Aristokraten schon seit langer Zeit abgeschafft. Die Röhrenhosen, Zeichen der beginnenden Moderne, waren schon vor der Revolution an vielen europäischen Höfen als Kinderkleid bekannt. Und es waren nicht erst die revolutionären Sans-Culottes, die für ihre Verbreitung sorgten, sondern die englische Armee und die ersten Dandies.

Für das Ancien régime markierte jedoch die Französische Revolution tatsächlich den Zusammenbruch seiner Symbolik. Der Großstadtmensch ersetzte den Hofmenschen. Weniger die Objekte selbst, die Kleidung an sich, als die Beziehung zu den Objekten und die Beziehungen überhaupt wurden anders beschrieben. Der Begriff »Zeichen« stieß in dieser Zeit auf ein zunehmendes Interesse, wie es Christian Garve 1788 in seinem Buch ›Über die Moden‹ bezeugte; die Umwälzung, auch die Modeumwälzung des späten 18. Jahrhunderts, läßt sich jedoch nicht auf eine Zeichenproblematik reduzieren. Der Sinn erschöpfte sich nicht in einer Differenz von Zeichen.

Das Vierteljahrhundert zwischen 1789 und dem Sturz Napoleons führte nicht dazu, die traditionellen Modezentren Paris und London zu ersetzen. Die Bedeutung Londons für die Männermode verstärkte sich sogar. Seit den vierziger Jahren des 18. Jahrhunderts entwickelte sich eine echte Begeisterung für die englische Mode, vor allem für die Männermode, so daß sich um 1760 der Begriff *Anglomania* überall auf dem Kontinent durchgesetzt hatte – hinter der Einfachheit ihrer Kleidung: »*Les Anglois sont magnifiques et comme il faut.*« Nicht nur für das Bürgertum stellte England ein Musterbeispiel dar, sondern zunehmend auch für jene Teile des Adels, die durch den Absolutismus von der Staatspolitik mehr oder weniger ausgeschlossen wurden. Die Blockade Napoleons gegen England änderte nicht viel an dieser Begeisterung, schon gar nicht in Frankreich. Jedoch strahlte die Männermode Anfang des 19. Jahrhunderts nicht mehr wie bisher vom Hof aus – trotz eines Prinzen von Wales –, sondern ging von einem neuen sozialen Kern aus, an dessen Eisbergspitze die Dandyfigur George Bryan Brummel auftauchte, der als »Beau Brummel« gefeierte Modeheld Londons. Für die Frauenmode konnte auch kein anderer Hof, nicht einmal Wien, die frühere Stellung Versailles' einnehmen. Paris blieb modeführend, und dies nicht nur zur Zeit Napoleons.

Die Textil- und Bekleidungswirtschaft ermöglichte den Prozeß der Moderne und setzte vor allem die industrielle Revolution durch. Manchester, die erste Industriestadt der Welt, war eine Textilstadt. Mode- und Textilindustrie prägten den Aufbau des modernen Handels, kurz: Sie stellten »des Kapitalismus liebstes Kind« dar, um die verbrauchte Formel Sombarts zu benutzen. Bis heute bleibt sie bahnbrechend in Sachen Technik, Wirtschaft und Finanzen. Ihre Methoden, ihre Wirkungen und Nebenwirkungen bergen allerdings noch andere Aspekte, wie den mit der Baumwollproduktion verbundenen Sklavenhandel, die äußerst billige Frauen- und Kinderarbeit, die Ausrottung ganzer Tierarten, die heutige Billiglohn-Politik und ein ungeheures Ausmaß an Umweltschäden – ganz abgesehen von den unzähligen Kriegen, die die Kontrolle über den Handel oder die Produktion von Luxusgütern als unausgesprochene Motive hatten. Die glänzende Phantasie der Mode hat hier regelrecht Friedhöfe erzeugt.

Industriezeitalter

Das 19. Jahrhundert war vor allem von der Industrialisierung gekennzeichnet. Die Großstädte wuchsen innerhalb kurzer Zeit zu Metropolen mit eigenem Charakter heran. Ihre unterschiedlichen Entwicklungen lassen sich nicht auf ein Grundmuster reduzieren.

Nicht nur in bezug auf ferne Länder und ihre Exotik – eine zerstörerische Faszination – blieb aber der Mensch/der Mann des 19. Jahrhunderts ein »Provinzmensch«, sondern auch innerhalb seines eigenen Netzes. Seine unbegrenzte Traumwelt schrumpfte prompt an der Taille eines Chagrinleders zusammen, wenn wir den Umgang mit seiner Partnerin näher betrachten. Sie macht uns anhand mehr oder weniger düsterer Details, auch stofflicher Art, auf eine andere Wirklichkeit aufmerksam. Ein anderer Mann taucht auf, eingesperrt in seine Klamotten, in seinen Kopf und seine Obsessionen.

Das Biedermeier griff auf das Mittelalter zurück, das zweite Rokoko auf das erste. Vor allem das Detail nahm geradezu enzyklopädische Züge an, ablesbar am Bismarckblau, an der Malakoff-Krinoline, dem Tannhäuser-Mantel, der Zuaven- oder Garibaldi-Jacke, dem spanischen Bolero, den grün-khaki-farbenen Tuchanzügen, der Rembrandt-Capeline, dem Tiepolo-Mantel. Daß die Mode historizistische Töne aufnahm und alles annektierte, was sie zu sehen bekam, war an sich kein typisches Merkmal des 19. Jahrhunderts, sondern ging weiter zurück. Daß die Mode aus Mode gemacht wurde, war jedoch ein vieldiskutiertes Thema der Zeit. Unbestritten bleibt, daß die Mode des 19. Jahrhunderts stark kompensatorische Züge besaß. Der Triumph der bürgerlichen Welt trug Akzente einer Märchenaristokratie, die spürbar blieb bis in die Kleidung des Dienstpersonals hinein.

Festgarderobe für Frauen und Kinder, 1864

Ein neues Konsumverhalten markierte das 19. Jahrhundert und modifizierte die Beziehungen zwischen den sozialen Gruppen und Geschlechtern. Die proklamierte dunklere Strenge und Einfachheit des männlichen Erscheinungsbildes wurde im 19. Jahrhundert zur ethischen Verpflichtung sowie zum Symbol des Willens, des Verzichtes, der Sparsamkeit, des Verdienstes und der Moral des Mannes, kurz: der Persönlichkeit. Ebenjene hatte sich zum Sozialprinzip entwickelt. Nur an wenigen Stellen wie an Weste und Gilet kamen noch Farbe und Phantasie zum Ausdruck. Das Detail der Kleidung, vor allem das sekundäre Detail, gewann eine neue Bedeutung und wurde sozusagen zum Spiegel dieser Persönlichkeit; eine Kontinuität zwischen Sein und Schein – fast wie die Griechen sie kannten – wurde hier laut formuliert. Die sogenannte Uniformierung der Erscheinungsformen verbarg aber neue Hierarchien.

Die Wertvorstellungen wurden zwar bürgerlich besetzt, jedoch nicht ohne Aristokratisierung der bürgerlichen Werte, besonders in bezug auf die Kleidung. Das Scheitern der 1848er Revolution in vielen Gegenden Europas mag dazu beigetragen haben. Der bürgerliche und aristokratische Wertekanon war jedoch nie völlig voneinander getrennt zu sehen.

Dies wird noch deutlicher, wenn wir die Frauenkleidung betrachten. Hier brachte die europaweite Restauration der zwanziger Jahre des 19. Jahrhunderts kulturell einen Teil der alten Kleidungsvorstellungen zurück. Gerade das Erscheinungsbild der Frau, meint Philippe Perrot, formulierte sozusagen *per procura* (als Sondervollmacht) den sozialen Status und die finanzielle Macht des Mannes, des Vaters, des Bruders oder des Liebhabers; die Frau fungierte als Fahnenträgerin. Zumindest wurde dies als Norm gepflegt und betrachtet. Dazu erhielt der Mann juristische, wissenschaftliche und politische Unterstützung, so daß seine Frau gesellschaftlich bald als Minderjährige angesehen wurde.

Die Diskrepanz in der Kleidung beider Geschlechter – ein drittes wurde nicht zugelassen – war seit dem 14. Jahrhundert nie wieder so extrem. Biegsame Korsetts/Mieder, eine Vielfalt an Unterröcken, bald durch die Krinoline und den darüber getragenen Reifrock ersetzt, dann die Tournüre-/Cul-de-Paris-Mode und die Überlagerung der Unterwäsche (Froufrou) und schließlich die S-Form-Mode: Der Körper der Frau wurde fast ein Jahrhundert lang wieder eingesperrt zu einer »Festung«, die im Sinne des militärischen Geistes der Epoche »erobert« sein wollte. Nur wenige Frauen widersetzten sich der anstrengenden materiellen Konstruktion; und wenn sie dies taten, dann radikal wie etwa George Sand, Amalia Blumer oder – auf einer ganz anderen Ebene – Louise Michel. Die Hose mit Bügelfalte schien die männlichen Bewegungen zu erleichtern, doch der Schein trog: Steif und streng in sein Sakko, seinen Frack oder Cutaway eingepackt, den Hals in einen Stehkragen oder Vatermörder eingezwängt und auf vielfältige Anstandsregeln angewiesen, verbarrikadierte auch der Mann seinen Körper. Merkmale dieser Verpanzerung sind: der dunkle Anzug und die Uniform. Diese Maßnahme beruht jedoch – im Gegensatz zu den Frauen – auf eigener Entscheidung.

Phantasmen und Zeitrhythmus

Ob Wilhelminismus, Viktorianismus, Josephinismus, Second Empire und Dritte Republik oder Spätzarismus – die eklatanten Widersprüche des späten 19. Jahrhunderts bildeten sich bis in die »privatesten« Bereiche ab: Moralpredigten, »weiße Weste« und Prüderie einerseits, doppelte Moral und Kleidungsfetischismus anderseits. Die Faszination für die Frauenunterwäsche erzählt uns soviel über die Ambivalenz der Zeit wie die Macht der Repräsentation über die wirkliche Welt. Die Obsession betraf nicht nur die weiße Wäsche. Ein moralischer Verhüllungswahn ergriff ab dem Biedermeier bzw. der Restaurationszeit die bürgerliche Welt: Gardinen am Fenster, Wandbehänge, Decken auf den Tischen, Deckchen unter den Nippfiguren, Möbelschoner, Schutzhüllen für die Füße des Klaviers – für alles gab es Verkleidungen.

Die weiße Wäsche selbst verweist auch auf eine andere Schlüsselvorstellung der Zeit: die Hygiene. Die Forschung hat uns gezeigt, wie eng die Gesellschaft des 19. Jahrhunderts Hygiene und Moral verband, auf denen sie ein weiteres Merkmal der Sozialhierarchie baute. Es gab nicht arme oder reiche Leute, sagte Nietzsche, sondern nur saubere und dreckige. Pariser Kommunard/innen wurden entsprechend des Verschmutzungsgrades ihrer Hände hingerichtet. Die Vorliebe der Zeit für das Weiß in der Kleidung kam nicht von ungefähr; ein kleiner Fleck an den Manschetten, am Kragen der Frauenchemisette oder an der Bluse machte bereits »gesellschaftsunfähig«.

Spazier-, Ball-, Straßen-, Morgen-, Tee-, Abend-, Sommer-, Strand-, Zeremonie-, Amazonen-/Jagdkleid – der Rhythmus des Anziehens und Umziehens folgte dem der verschiedenen Anlässe, sei es im Laufe des Tages, der Saison oder des Jahres. Ein überlanger Arbeitstag und harte Lebensbedingungen begrenzten das Spektrum der Gelegenheiten in den unteren Schichten drastisch. Das bedeutete nicht, daß sie frei von modischen Ansprüchen waren – so politisch engagiert sie auch sein mochten. Dies wußte sehr früh die Konfektionsindustrie zu schätzen, die ihnen die Türen des Konsums weiter öffnete. Dabei spielten, mit der Entwicklung der Techniken, die Kopien originaler Kleidung eine besondere Rolle – auch für die Dynamik des Originals selbst. Sie reaktivierten sozusagen das reproduzierte Modell.

Die Mode läßt sich nicht einfach mit einer Terminologie des »von oben nach unten« beschreiben, dies war sogar an einem so uniformierenden Kleidungsstück wie dem europaweit verbreiteten Matrosenanzug der Kinder gut zu verfolgen. Die Unterschiede betrafen die Stoffe, manchmal die Farbe und die Details, nicht mehr die Formen der Modelle. Die Nivellierung der Form mochte einen Bruch in der Tradition bedeuten, die Substitute schwächten aber keinesfalls die Begeisterung der oberen Schichten für den Anzug. Natürlich besaß jedes Land seine eigenen Musterstücke, und die Kopfbedeckung änderte sich von Hauptstadt zu Hauptstadt – die Grundprinzipien der Marinemode blieben aber ähnlich.

Auch die ländliche Kleidung wurde im 19. Jahrhundert von der Konfektionsindustrie eingeholt. Die herrschenden Kleidungsgesetze waren zwar an den internen dörflichen Institutionen und Strukturen orientiert, jedoch spielten außerdörfliche Elemente eine immer größere Rolle, mit unterschiedlichen Wirkungen je nach Ort. Das Bild des Bauern selbst baute sich auf Wechselwirkungen zwischen Innen- und Außenblick auf. Es wurde kulturell jetzt auch von der städtischen Welt einverleibt und, so Gabriele Mentges, entsprechend umstrukturiert und dadurch mit neuen Bedeutungen gefüllt. Die Beziehungen zur städtisch-bürgerlichen Welt, die immer schon vorhanden waren, wurden enger geknüpft – auf komplexe und differenzierte Art, und je nach Region verschieden. Manche örtliche Kleidungsstile bewahrten über einige Jahrzehnte eine bestimmte innere Dynamik wie beispielsweise in der Schwalm (Hessen), in der Bretagne, im Südbevelander (Holland), in Agueda (Portugal), in Lublin (Polen) oder in vielen Gegenden Rußlands (bei den Yakuten, Khaskassen, Altaissen, Kalmüken, Kirgisen, Turkmenen).

Das Phänomen »Couturier«

Mit Charles Frederick Worth tritt das Phänomen des Couturiers in Erscheinung. Worth ist vielfach in der Literatur dargestellt worden, so zum Beispiel bei Zola als der berühmte Worms. Was unterscheidet nun Worth von Rose Bertin und Madame Eloffe, den *Marchandes de Mode* der Königin Marie-Antoinette, von Hippolyte Leroy, dem Schneider der Josefine und Marie-Luise, oder von Victorine, die Balzac verehrte? Was differenzierte ihn von Madame Palmyre und Madame Vignon, die sich kurz vorher noch die Herstellung der *garde robe* der Kaiserin Eugénie teilten, bevor Pauline von Metternich mit ihrem Kleid Worth an einem einzigen Abend hoffähig machte? Gewiß brachte er neue Ideen mit. Er kreierte eine Serie von Grundmodellen – was später als Kollektion angesehen wurde –, die er seiner Kundin an einem lebenden Mannequin präsentierte; oft war es seine Frau Marie (Vernet). Zum Verständnis: Das französische Wort *mannequin* hieß eigentlich »Kleiderpuppe«. Und von hier aus ergänzte er das Modell, er individualisierte das gezeigte Kleid nach dem Geschmack der Kundin. So wurde jedes Kleid einmalig, ein Unikat. Er folgte dabei einer von Valentin Mannheimer im Bereich der Mäntel eingeführten Idee, weitete sie aber auf die gesamte Mode aus.

Modeprägend waren bis jetzt immer bestimmte Personen gewesen, die modisch erschienen. Der Schneider oder die Schneiderin waren sozusagen hintergründige Mithersteller der Mode. Neue Modelle waren unmittelbar verbunden mit den Frauen oder Männern, die sie trugen. So berühmt, wie sie auch gewesen sein mochten, nie betraten die Schneider/innen jemals die vordere Bühne. Ein Dandy wie Brummel verachtete, ja ruinierte sogar seinen Schneider.

Das Second Empire benötigte einen Konsens, der den bisherigen vergangenen Regierungen völlig fehlte. Das von Napoleon III. wieder eingeführte Hofleben, das allerdings nicht mehr auf einen Ort konzentriert war, stellte eine gezielte kulturelle und politische Machtstrategie des Prinz-Präsidenten dar. Die Kaiserin Eugénie von Montejo mag eine Vorliebe für die Mode der Königin Marie-Antoinette gepflegt haben, sie hat jedoch die Reifrock- oder Krinoline-Mode nicht eingeführt. Diese hatte die Biedermeierzeit mit der sich auf ganz Europa erstreckenden Restaurierung der Monarchie stufenweise entwickelt. Das Bild des Malers Winterhalter mit der Kaiserin Eugénie im Mittelpunkt stellte eher einen Wunsch als Wirklichkeit dar. Eugénie besaß sicher ein besonderes Gewicht im Kulturleben, aber es war nicht unbestritten und reichte nicht aus, um von allen akzeptiert zu werden oder als zentrale Referenz zu gelten.

Das Establishment um Napoleon III. war äußerst gespalten. In einem so bunt zusammengewürfelten Kontext war es ausgeschlossen, daß eine der Kasten einen dominierenden Einfluß auf die Mode ausüben konnte. Die Aufwertung des Couturiers hing daher auch ab von dem Drang der Zeitgenossen nach einer unabhängigen Figur, die außerhalb aller politischen Tendenzen stand und damit objektiv imstande war, eine sonst fehlende Einheit im Kapitel der Mode zu rekonstruieren. Daß Worth Engländer war, dürfte als zusätzlicher Vorteil gewertet worden sein. Der Couturier entwickelte sich so zum Symbol einer überparteilichen Pracht, die sogar über den politischen Gesellschaftssystemen stand.

Die Institutionalisierung des Phänomens Couturier schuf zwar nicht völlig den von Proust erwähnten »Clan-Effekt« ab, sorgte jedoch wirkungsvoll für die Verschmelzung und Nivellierung der politischen Unterschiede, meint Marylène Delbourg-Delphis. Der Übergang von der Krinolinen- zur Tournürenform, dann zur S-Form – oder der Wechsel von einem politischen System zum anderen – bremste in keiner Weise die Institutionalisierung des Couturiers, der jetzt als vollständiger Künstler betrachtet wurde. Im Gegenteil, der Beruf, inzwischen vielfältiger geworden durch Namen wie Doeuillet, Redfern, Paquin, Worth Söhne, Doucet, Laferrière, die Schwester Callot und andere, entwickelte sich mit aller Kraft und wurde in allen Haupt- und Großstädten Europas als solcher angenommen oder adaptiert. Die schweren Streiks des Mode-Couture-Personals im Jahre 1901, die praktisch alle bekannten Couturiers trafen, zeigen allerdings, daß die Mode Couture nicht für alle Beteiligten gleichermaßen glänzend war.

Massenware? Couture, Konfektion, Haute Couture?

Couture, Konfektion, Haute Couture – die Unterscheidung ist von Anfang an subtil. Die Kostümliteratur argumentiert daher zu undifferenziert, wenn sie die Vaterschaft der Haute Couture allein und ganz Charles Frederick Worth zuweist. Sie knüpft damit an eine beliebte mythologische Figur des 19. Jahrhunderts an: die des gründerzeitlichen heroisierten Schöpfers. Sicherlich spielte Worth eine entscheidende Rolle, jedoch braucht man damit nicht ein Modephänomen raumzeitlich abzugrenzen, das keinesfalls so deutlich markiert war. So verwendete Gaston Worth – Nachfolger seines Vaters – 1900 noch den Begriff der Konfektion für sein Haus, genau wie Doucet und etwa 40 andere Couturehäuser in Paris, unabhängig davon, ob die Stücke von »sehr hoher Qualität«, »Ehrenqualität« oder von »mehr oder weniger guter Qualität« waren.

Die Einteilung der Branche in zwei eindeutige Produktionssektoren spiegelte um 1910 jedoch die zur Realität gewordene Marktsituation wider: Die einen schnitten nach Maß und Qualität, die anderen zogen »Otto Normalverbraucher« an. Diese Entwicklung galt genauso für London, Berlin, Wien, Warschau oder Zürich, jedoch immer mit lokalen Modalitäten. So waren in Berlin die Mode Couture und die Konfektion nicht weniger hierarchisch organisiert, dafür aber enger ineinander verwikkelt. Modeführend war Berlin insofern, als die deutsche Hauptstadt in Sachen Mode für Köln, Leipzig oder Frankfurt das war, was London und Paris für Berlin waren. Die Berliner Modehäuser waren im ganzen Land bekannt, so zum Beispiel Gerson, Präger und Hausdorf sowie Goetz auf dem Kurfürstendamm, einem Treffpunkt der großen Schauspielerinnen, oder Kerten und Tuteur mit ihren exklusiven Modeschauen.

Der Attraktionseffekt gewann in den zwanziger Jahren noch an Bedeutung: »Berlin, Hauptstadt der zwanziger Jahre«, hieß es. Den Kern des Berliner Bekleidungssystems bildeten einerseits die Warenhäuser und anderseits ein Herstellungs- und Handelsraum ohnegleichen: der Hausvogteiplatz. Mehr als ein Ort war der Hausvogteiplatz ein Konzept, eine Art Markenzeichen, schreibt Brunhilde Dähn. Es war eine riesige Maschine, besser gesagt: ein Mosaik tausender komplexer Elemente, die in ihrer Gesamtheit jedoch ein flexibles Einheitsbild vermittelten. Die enge Verbindung des Hausvogteiplatzes mit dem großstädtischen Flair Berlins führte zu schöpferischen Tendenzen bei den Modeherstellern. So entwarfen 1910 schon 42 Mitglieder des Fachausschusses Konfektionsindustrie der Handelskammer ihre eigenen Kollektionen.

Modebild aus ›Der Bazar‹, September 1909

Ganz ohne Ambitionen gegenüber Paris und London war die Berliner Industrie nicht. So versuchte wohl die propagandistische Kriegsmaschine nach dem Ausbruch des Ersten Weltkrieges das nationale Gefühl gegen die französische »Modeherrschaft« zu mobilisieren. Dabei erhoffte sich die Konfektionsindustrie durch den Konflikt eine Verstärkung ihrer eigenen Position, wie es schon einmal 1870/71 passiert war, denn wieder war der deutsche Markt von Frankreich und England abgeschnitten. Doch war dieser Strategie wenig Erfolg beschieden. Auch der spätere Aufruf des Verbands der Deutschen Modeindustrie zum Boykott französischer Modewaren nach der französisch-belgischen Besetzung des Ruhrgebietes und des Rheinlandes 1923 enthielt selbstzerstörerische Züge und konnte daher nicht lange durchgehalten werden. Schon 1924 nahmen die Berliner Konfektionäre wieder ihre Reisen zu den Pariser und Londoner Modevorführungen auf.

Ein weiterer Grund, weshalb Berlin keine konkurrenzfähige Stellung einnahm, war der katastrophale Mangel an Textilien für die Konfektion. Erst ab 1924 konnte der Hausvogteiplatz einen neuen Aufschwung erleben. Tragisch wurde aber vor allem die Stärke der antisemitischen Welle in den zwanziger Jahren, die schließlich ab 1933 zur Vertreibung der Juden auch aus der Berliner Konfektion führte. Damit wurde, wie Uwe Westphal betont, eine fast hundertjährige Tradition vernichtet. Diese Zerstörung des Hausvogteiplatzes in den dreißiger Jahren stellte ein besonderes Kapitel in einer noch zu schreibenden »Weltgeschichte der Dummheit« dar. Einerseits wurde der Hausvogteiplatz »arisiert«, anderseits versuchte man später die französischen Modestrukturen und die Haute Couture von Paris nach Berlin zu holen – ganz abgesehen von den wirkungslosen Vorstellungen des »Deutschen Modeamts«, geleitet von Magda Goebbels und Hans Horst, im Jahre 1933/34.

Russisches Flair

Wie andere Länder Europas besaß Rußland eine reiche Oberschicht vor allem adeliger Prägung, die der Pariser, Londoner, Berliner oder Wiener Mode folgte. Poiret stellte Anfang des Jahrhunderts seine Kollektionen in Moskau und St. Petersburg vor. Der Konsum hatte sich auch in Rußland so entwickelt, daß sich der größte Teil der arbeitenden Bevölkerung in den Städten mit Produkten der Konfektionsindustrie versorgte. Die Bewegungen der ländlichen Bevölkerung standen allerdings unter strenger Kontrolle der zaristischen Staatsverwaltung und Polizei. Ob diese markierte Abgrenzung ein zusätzlicher Grund für das Fortleben der ländlichen lokalen Kleidungsweise war, bleibt offen. Die Innenlogik der ländlichen Kleidung war in Rußland – nicht viel anders als im restlichen Europa – an den dörflichen Institutionen orientiert, jedoch anscheinend mit geringerem städtischen Einfluß. Die Romantik und ihre Rückbesinnung brachte im 19. Jahrhundert europaweit eine neue Blüte der ländlichen und einheimischen Kleidung, die in Rußland durch die Stimmen der Slawophilen unterstützt wurde. Durch zaristischen Erlaß wurde sogar für die Hofempfänge die Tradition der Galaroben im russischen Stil bis 1917 fortgesetzt. So trugen zum Beispiel, wie Bilder belegen, die Töchter des letzten Zaren, Nikolaus II., diese Hofkleidung in Weiß.

Das russische Bürgertum war, prozentual gesehen, Anfang des Jahrhunderts wenig bedeutend, ohne wirkliche Macht, und es stand de facto auch ideologisch dem Adel fern. Das Modespiel blieb vor allem Sache der Aristokratie. So soll es nicht wundern, wenn die Umwälzung der Oktoberrevolution die westeuropäische Mode beinahe spurenlos verschwinden ließ, mit Ausnahme der Konfektion. Das äußerst klein gewordene Kommunikationsnetz und der Mangel an Industrieprodukten, ganz besonders an Textilien, verlieh dem lokalen Textilhandwerk und der lokalen Kleidungsweise eine Art zweiten Atem. Die safaranen Röcke, Hemdkleider, Kopftücher und Schürzen der Bäuerinnen gewannen ein neues Leben, vor allem in Gebieten, die nicht unmittelbar im Kontakt mit großen Städten standen oder in denen die Zentralmacht zunächst wenig zu spüren war. Ein offener Kleidungsprozeß läßt sich erst ab den dreißiger Jahren verfolgen. Politische Unruhen und Verfolgungen, Unsicherheit, Hungersnot und Mangel zwangen die städtische Bevölkerung, sparsam mit der Kleidung umzugehen. Nicht einmal die Rote Armee konnte vor 1921/22 ausreichend mit Uniformen versorgt werden.

Ab 1922 bis 1930 versuchte die politische Zentralgewalt die wirtschaftliche und technische Infrastruktur neu zu organisieren. Davon unmittelbar betroffen war auch die Konfektion. Vor 1917 nur für einen kleinen Teil der Bevölkerung zugänglich, verteilte sie sich jetzt in alle Gebiete des riesigen Territoriums. Avantgarde-Künstler und vor allem -Künstlerinnen sorgten für folgenreiche Anregungen. Im Unterschied zu westlichen Künstlergruppen – Blauer Reiter, Dada, Surrealisten – gehörten hier die Frauen zum Kern der Bewegung und genossen darin Bewegungsfreiheit ohnegleichen, die nicht einmal im Westen erreicht wurde. Im Gegensatz zur suprematistischen Reformkleidung wie von Olga Rozanowa stellten die bedingungslosen konstruktivistischen Entwürfe bei Popowa und Stepanowa Körperutopien egalitärer Geschlechterverhältnisse dar. In ihren Sportanzügen wurde die erotische Semantik teilweise zerstört, genauso wie die kulturelle Tradition, die das »Weibliche« kontrollierte. »Die ungestüme Stepanowa mit zarten Gefühlen«, wie es einmal Majakovskij formulierte, stand für die Vereinheitlichungstendenzen des Regimes.

Jedoch nicht alle Avantgardistinnen waren sich in ihren Entwürfen mit ihren männlichen Genossen einig. Während sich Alexej Gan mit ›Arbeit, Technik, Organisation‹ an einem deutlichen Normenprogamm orientierte, beugten sich Sonja Delaunays Simultanismus oder Nina Aisenbergs schnelle Kostümverwandlung keiner sozialen oder politischen Ideologie. Ihre Entwürfe für das Ballett, das Theater oder das Kino ebenso wie ihr meist unorthodoxes Verhalten waren vor allem Protest gegen den Status quo. Viele arbeiteten auch außerhalb der Bühne und konzipierten industriell hergestellte Textilien (Mäntel, Anzüge, Röcke und Jacken) für das allgemeine Publikum. Ein stimulierender eigener Stil konnte der russischen Mode besondere Anerkennung verschaffen, aber der Zustand der russischen Textilindustrie verhinderte dies. Dennoch zählen einige Beiträge der Konfektion zu den hervorragendsten dieser Zeit, so das funktionell-architektonische Konzept des Leon Bakst.

Darüber hinaus ging mit der großen Beliebtheit des Tangos und Foxtrotts in Rußland ein neues Kleidungsverhalten einher. Die Popowa, die in der Entwurfsabteilung der ersten staatlichen Stoffdruckfabrik auftrat, konnte ihre Begeisterung für Jazz und Tanz nicht verbergen; ihre Kompositionen gewannen dabei ein Flair von Op-Art. Jedoch alles in allem blieben es avantgardistische Versuche, die wenig Unterstützung fanden. Erst in den fünfziger Jahren griff die Industrie auf diese Experimente zurück und vermarktete sie, jedoch nicht in der Sowjetunion, sondern in westlichen Warenhäusern.

Die Konfektion lieferte in den dreißiger Jahren die einzige Kleidungsquelle der städtischen und ländlichen Bevölkerung. Selbst die islamischen Gebiete, die sich dieser Entwicklung lange Zeit widersetzten, waren jetzt betroffen. Riesige Textilkomplexe stellten bald nicht nur städtische Kleidung, sondern auch Kleidung nach Art der lokalen Traditionen her, jedoch an die moderne Lebensart angepaßt: so das Gewand der Kazakhen – eine Mischung aus typisch städtischen Anzügen und traditionellen Elementen.

Die russische Avantgarde war nicht die einzige Künstlerbewegung, die sich mit Mode beschäftigte: die Jugendstil-Künstler Henry van de Velde oder Gustav Klimt entwickelten eine ausgeprägte Sympathie für das Reformkleid, die männlich orientierten italienischen Futuristen einen exzessiven Farbenrausch, einige Dadaisten und Surrealisten entwarfen Modekompositionen, deren nichtstoffliche Werke von einem

Modedesigner – Jacques Doucet – oft gesponsert wurden. Für die Surrealisten waren Mode und Kleidung überhaupt ein Thema. Man Ray fotografierte sie, Max Ernst und Salvador Dali malten oder kreierten sie. Mit Vorliebe entwarf Dali Stoffdrucke für die Roben seiner Muse Gala. »Ich mag die Leute, die auf merkwürdige Art für sich auftreten, völlig anders in ihren Gesten, ihrer Klangfarbe und ihrer Kleidung«, schrieb Jacques Baron.

Der Fall Poiret

In der Kostümliteratur wird oft behauptet, die Couturiers seien in einigen Fällen ihrer Zeit voraus gewesen, und dabei wird nicht selten der Name Poiret als Beispiel zitiert. Es war in der Zeit um 1910, und die Belle Époque schwankte. Eine stürmische Orientwelle überflutete Europa. Poiret schwärmte für die orientalische Kleidung und kreierte entsprechende Motive; sichtbar wurde dies allein schon in seiner Leidenschaft für die Farben. Er erhöhte die Taille bis unter den Busen, entwarf gerade geschnittene Röcke, die flexibler und bequemer aussahen, Kimonos oder drapierte Mäntel. Dies sollte, meinte er, den immer mehr Druck ausübenden Frauenrechtlerinnen entgegenkommen. Poiret hatte seine eigene Meinung über die Emanzipation der Frauen: »Man kann sie nicht mehr so einfach in einen rosa infantilen Käfig einsperren.« Er wollte ihnen die »verlorene Sensualität« zurückgeben und dafür die gesamte Modeästhetik ändern. Die eingeschnürte Taille sowie die Betonung von Brust und Po verschwanden, statt dessen erfuhren letztere Körperregionen aber eine weitere Einengung. Er behauptete sogar, die Frauen vom Korsett befreit zu haben; in Wirklichkeit jedoch hatte er es nur – wie früher bereits in Deutschland oder in den angelsächsischen Ländern im Zuge der Reformbewegungen geschehen – modifiziert. Und wenn er Frauenhosen kreierte, was in dieser Zeit eine außerordentliche Leistung war, waren es Haremshosen. Was die Suffragetten von Poiret hielten, ist eindeutig: Sie haßten ihn und trugen statt dessen lieber Tailleur-Anzüge.

Ein Modell resumiert seine Einstellung. 1911 entwarf er ein kurzes, mit Goldfäden durchwirktes Ballkleid, das in Kniehöhe mit einem runden Metallreif endete und über einer Chiffon-Hose getragen wurde. Ergänzt wurde es durch einen Turban mit einer Aigrette (Federbusch) und einer großen Turquoise. Dieser breite und kurze Rock, erklärt R. Kitabgi, war direkt von den im persischen Harem getragenen Röcken inspiriert, wie sie in der Khadjar-Dynastie verwendet wurden. Der zeitgenössische persische Rock wiederum ging auf die Ballett-Tutus der Oper zurück, die Nasreddin Chah in Paris bewundert hatte. Poiret verwendete den Rock weiter in seinen Kollektionen, nur nicht zusammen mit der Hose – sie »funktioniert nicht« –, sondern mit einem weiteren darunter getragenen Rock (Jupe entravée), der derart eng war, daß frau damit kaum laufen konnte. So stand es um Poirets Emanzipation!

Schließlich machte er einen Kompromiß, um die Bewegungen zu erleichtern. Der Rock wurde unten geschlitzt, so daß die Beine bis zu den Halbwaden sichtbar wurden. Und das war seine eigentliche Revolution, weil ein solcher Anblick, ein solches Spektakel seit der Antike in Europa nicht mehr öffentlich geboten worden war. Ein talentierter Provokateur war Poiret sicherlich, das beweisen seine extravaganten Parties oder die provokativen Bilder, die er wirkungsvoll verbreitete, zum Beispiel in den frühen Kinos. Auch den Lebensstil hatte er auf seine Art früh erkannt. Nicht nur seine nationalistischen Äußerungen zeigen aber, daß er vor allem ein Mann seiner Zeit war.

Jahrhundert in Scheiben: die »goldenen« zwanziger Jahre

Im Einklang mit den Medien hat sich auch in der Kostümliteratur die Gewohnheit etabliert, das Jahrhundert in Dekaden-Zeitscheiben zu zerschneiden, eine freilich unbrauchbare Schematisierung. Die sogenannte goldene Epoche ist oft genug entmystifiziert worden, um sich hier weiter damit zu beschäftigen. Einige Punkte bleiben dennoch in bezug auf Mode anzudeuten. So werden die »emanzipatorischen« Züge der Beschäftigung in den Fabriken oder die Anzüge der militanten Suffragetten-Bewegung immer wieder gerne zitiert und hervorgehoben. Valerie Steele hat nachgewiesen, daß die Betonung einer voluptuösen Feminität und die Vorkriegskonstruktionen von Weiblichkeit noch dauerhaft und wirkungsvoll in der Frauenfigur der Nachkriegszeit erhalten sind. Die soziale und sexuelle Reife einiger Frauen »von Welt« und der in den Zeitungen abgebildeten Schauspielerinnen kontrastierten drastisch mit den strengen Kostümen/Anzügen des spätviktorianischen, wilhelminischen, josefinischen Stils. So erlangte nicht nur die Direktoire-Linie Poirets, sondern auch das ikonisch-karikaturale »Gibson Girl« des Vorkrieges einen echten Symbolwert mit weltweitem Publikum: Letztere verkörperten, so Jennifer Craik, die neuen Definitionen von Geschlecht und Lebensstil.

Der Versuch, die Massenproduktion und die Haute Couture bzw. die *haute culture* von vornherein zu trennen, ist irreführend. Eher könnte man meinen, daß die Modeeinstellung etwas Schizophrenes hatte. Mit dem Zugang eines immer breiteren Publikums zu den Bildern beliebter Trendsetter hatte man einerseits mit einer wahren Demokratisierung zu tun, anderseits war die Einführung und Orientierung neuer Stile wenigen Produzenten vorbehalten: Eine Art aristo-proletarische Kleidungskultur entwickelte sich. Die Garçonne-Modesilhouette Mitte der zwanziger Jahre war kein Massenereignis, sondern betraf ein auf große Metropolen (mit Ausnahme Rußlands) begrenztes Publikum. Zum ersten Mal gaben gleichwohl die Frauen der Mittelschichten den Ton in der Mode an, wie auch im Bereich der Musik und des Tanzes. Sportliche Jumper und Jackets, Topfhüte, leicht zu pflegende Bubiköpfe – die praktischen Neuerungen der Frauenmode verhinderten nicht, daß die Körperformen unter den Schönheitskanon der knabenhaft schlanken Linie gepreßt wurden. Der Druck verlagerte sich, aber er blieb. Hollywoods Kinowelt dürfte wohl auch dazu beigetragen haben: Filmbilder und Filmstars wie Louise Brooks ersetzten die Theatervorstellung und die Bühnenschauspielerinnen des 19. Jahrhunderts. Daß auch Bilder soziokulturelle Tatsachen sind, steht daher hier außer Zweifel. Dennoch repräsentieren sie nicht die ganze Wirklichkeit der Epoche. Die Kleidungsrealität der zwanziger Jahre – wie die des 20. Jahrhunderts überhaupt – trug eher fast surrealistische Züge.

Von besonderer Relevanz war auch die Sportkleidung seit Ende des 19. Jahrhunderts. Die Sportideologie, die sich massiv entwickelte, war zwar eng mit pädagogischen, militärischen und hygienischen Ansprüchen verbunden, gleichzeitig aber kündigte sie eine Umwälzung der Körperrepräsentation an. Sie lieferte reichliche Nahrung für die Auseinandersetzung um die Definition der Geschlechterrollen und bildete sich zu einer Art Toleranzzone heraus, die immer mehr Einfluß auf andere gesellschaftliche Räume gewann. Die sportliche Welle ließ sich um so weniger unter Kontrolle halten, als sie eine Vielfalt von Bereichen umfaßte. So beriefen sich Turnanzüge, Tenniskleidung, Badeanzüge, Reit-, Rad-, Cricketkleidung, Fechtanzüge, Berg- und Skikleider oder Flugkleidung vor allem für Frauen auf so unterschiedliche Werte und waren mit so verschiedenartigen Traditionen und Akzeptanzen verknüpft, daß es schwierig geworden war, sie einheitlich zu bekämpfen. Wie sich die Männerphantasie darauf stürzte, wurde vielfach durch Karikaturisten belegt.

Der faszinierte Konsument, die faszinierte Konsumentin

Der Aufschwung und die Bedeutung der europäischen Modepresse in den zwanziger und dreißiger Jahren hat dazu geführt, die Darstellung von Mode, fotografiert oder gezeichnet, als Zeugnis überhaupt für die Mode der Zeit anzunehmen. Diese Auffassung, die kaum Rücksicht auf die Unterschiede zwischen dargestellter und wirklich getragener Mode nimmt, ist unhaltbar. Heute muß für eine Modeuntersuchung ein breites Spektrum an Materialien herangezogen werden: fotografische Quellen, die Alltagspresse sowie literarische und schriftliche Darstellungen jeder Art, Filme, der gesamte Kunstbereich bis hin zu verbalen Zeugnissen.

Das bedeutet nicht, daß die Modepresse an Sinn verloren hat; sie wird nur anders bewertet. So kennzeichnet Elizabeth Wilson den Werdegang der Modepresse als Übergang von einer Information zu einer »Fata Morgana«, von der Didaktik zur Halluzinatorik. Der Begriff »Halluzination« ist hier insofern zutreffend, als in der heutigen Untersuchung von Kleidung und Mode als Medium dem Stichwort »Faszination« eine zentrale Rolle zusteht. Das Bild der Frau in bezug auf Kleidung wird durch viele Kanäle vermittelt. Dabei »lernt« frau nicht nur durch das wachsam auf sie gerichtete Auge ihres Publikums, sondern zunächst durch das Werbeimage anderer Frauen aus nächster Nähe, bemerkt Jane Gaines; dann auch aus Modeblättern oder Filmszenen. Der 25 Zentimeter über dem Knie getragene Rocksaum, der äußerst gelüftete Bananenanzug Josephine Bakers, das Hosen-Jacket oder die Sweater Djuna Barnes', Eileen Grays oder Marlene Dietrichs waren dabei mehr Köder als Realien, genauso die Brillantine im Haar oder die Schminke der Männer nach dem Ersten Weltkrieg.

Sex-Appeal war der unausgesprochene Schlüsselbegriff der Modepresse; ein weiterer war der Sport. Bis in die Großstädte Europas wurde der Knickerbocker getragen, eine mit der Golfwelle aus England verbreitete Mode. Vorher waren auf ähnliche

Weise schon Sweater und großkarierter Tweed bekanntgeworden. Coco Chanel, Jeanne Lanvin, Madeleine Vionnet und Madame Grès mögen den Markt der zwanziger und dreißiger Jahre beherrscht haben, doch gab es kein absolutes Monopol mehr und genug Platz für mehrere Richtungen, so Norman Hartnell, Elsa Schiaparelli, Mariano Fortuny oder Marcel Rochas.

Ende einer Epoche

Die Farbe Braun war tonangebend, zunächst in Deutschland und Italien, dann in ganz Europa. Bald entschieden Farben über Leben und Schicksale. Gelb, Rosa und Rot hatten im Konzentrationslager kaum eine Chance zu überleben: ein dunkles Kapitel unserer zivilisierten Geschichte, an der viele Menschen mitgeschrieben haben. Jedoch nicht die braune Farbe hatte das letzte Wort dabei, denn frivole Töne durchbrachen diese eiserne Epoche. Im besetzten faschistischen Europa entdeckten die jungen Leute von 16 Jahren auf einmal die aus Amerika kommende und in Europa verbotene Musik von Cab Calloway, von Dizzie Gillespie, Lionel Hampton und den mit ihr verbundenen Swing-Look. Eine Musik aus den schwarzen Gettos, gespielt in übergroßen Anzügen und Schlipsen, glänzendblanken Schuhen. Dies bedeutete mehr als einen Kulturschock, nämlich den Ausbruch einer völlig anderen Weltanschauung. Sogar im Herzen des Dritten Reiches wurden die Brillen der Kriegsfeinde und die übergroßen gestreiften oder karierten Hosen heimlich oder provozierend getragen, und dies in einer Zeit strenger Stoffrationierung. Mit Kriegsende verstärkte sich das Phänomen, und die Musik Benny Goodmans wurde bis nach Moskau vernehmbar. Zum ersten Mal auch stammte die Mode aus der Welt der Jugend.

Der Krieg war zu Ende

Millionen Menschen bewegten sich durch Europa; drastische Rationierung, Armut und Mangel an allem und jedem prägten den Alltag. Im Zentrum von Paris jedoch trugen die Studenten diese Armut regelrecht zur Schau. Schmutzige Schuhe wurden ebenso zum Modehit wie wochenlang getragene Rollkragenpullis: »Die Schlampigkeit der Sartre-Jugendlichen«, schimpfte die neugeborene Presse. »Stänker und Weißmacher«, der Konflikt zwischen ihnen wurde offen ausgetragen. Die blutigen Massaker der französischen Truppen in Madagaskar im Jahre 1947 radikalisierten ihn. Magazine wie ›Vogue‹, ›Harper's Bazaar‹ oder ›Life‹ fingen an, sich für die Existentialisten zu interessieren. »Exi« zu sein bedeutete natürlich auch bald, gegen Dior Stellung zu nehmen. Paris war vielfältig wieder in.

Die Nachkriegszeit war durch ihren permanenten Mobilisierungscharakter gekennzeichnet – Kalter Krieg verpflichtet. Die Nebenwirkungen dieser verpesteten Weltstimmung sind, was das stalinistische Osteuropa betrifft, teilweise bekannt. Jedoch blieb der Westen dabei nicht passiv und erzeugte schon direkt nach Kriegsende ein besonderes Präparat, das wir grob als McCarthy-Mischung auffassen können und ohne Zögern mit der Inquisition der frühen Neuzeit in Verbindung setzen dürfen. Der Schatten des McCarthyismus ließ sich bis nach Westeuropa aufspüren, und nicht zuletzt auch in den Bildern von der Frau. Hollywood und die Frauenpresse propagierten die neue Hausfrauen- und Sweetheart-Rolle als Leitbild. Zum Prototyp in den fünfziger Jahren wurde Doris Day, eine Charakterfrau, die sich vor allem für ihren Haushalt und ihr Zuhause engagierte.

Für dieses neuformulierte klassische Bild der Frau kam Diors New Look wie gerufen, besser gesagt: Er gehörte dazu. Die Modelinien – »Bleistift«, »Maiglöckchen«, »Tulpe«, »H«, »A«, »Pfeil«, »Y« – wurden zum Symbol Mode überhaupt. Auch die neuen »Wunderfasern« wurden zum Merkmal der Modernität. Der triumphale Erfolg Diors läßt vermuten, daß er weniger den Nerv der Zeit als den vieler Frauen getroffen hatte. Der Überfluß an Stoff schien eine Sehnsucht auszulösen, die den früheren Mangel zu bannen suchte. Dies ging nicht ohne Skandal in der amerikanischen Presse ab: »Eine Ohrfeige an unsere Soldaten«, »Aus jedem Pariser Rock könnte man zwei amerikanische Röcke schneidern«, »Und die Franzosen behaupten, sie seien arm«.

Eine wichtige Rolle dabei spielte die Demokratisierung des Konsums, der nach dem Zweiten Weltkrieg ein bis dahin unbekanntes Ausmaß annahm. Diors Erfolg beruhte nicht zuletzt darauf, daß er auch einfache Musterschnitte entwarf, die tausendfach an Serienproduzenten weiterverkauft und entsprechend geändert wurden, um billig produziert werden zu können. Das führte bald zum Lizenzspiel, das heißt zu dem Recht, gegen Geld ein Muster zu benutzen, was einen Schutz für die Designer gegen Plagiat und Fälschung darstellte.

In bezug auf Lizenzen galt auch das Parfüm als privilegiertes Nebenprodukt der Haute Couture; der Duft sollte in Zukunft astronomische Erträge bringen. Merkmal der neuen alten Weiblichkeitsvorstellung: Wespentaille und enge wie weite Röcke, dazu Stöckelschuhe, die vor allem gegen Ende der fünfziger und Anfang der sechziger Jahre getragen wurden. Jedoch sollte die Autonomie der Konsumentin nicht unterschätzt werden, denn es ist interessant zu sehen, wie die Frauen den New Look annahmen und umwandelten. Wenn Frauen Widerstand gegen die herrschende Ideologie leisteten, dann dies, so Angela Partington, gerade durch eine »falsche« Vorstellung, durch eine verkehrte, unangepaßte Anwendung des New Look. Die von den Designern getrennten Bereiche, das Praktische und das Glamouröse – einerseits funktionelle Hausfrau, anderseits repräsentatives Sexobjekt –, wurden von den Konsumentinnen wieder vereint. Dies könnte auch als eine völlig neue Definition der Modewerte interpretiert werden: Die Handlung selbst produzierte neuartige Bedeutungen, verbunden mit spezifischen Sozialautomatismen.

Mehr als der sozialpolitische bzw. der »Klassen«-Kontext modulierten am Ende der fünfziger Jahre kulturelle Ereignisse wie Musik und Kino die Sensibilität und führten vermutlich zu schnelleren Gruppenidentitäten oder -affinitäten. Sie verformten ganz besonders das Konsumverhalten und die durch die Vorstellungen der Jugendlichen entstandene sogenannte Subkultur. Dies bedeutete, daß sich die frühere Sozialerfahrung, die ihren Ausdruck in der Kultur fand, dramatisch wandelte. Ein Grund dafür war ohne Zweifel die Medienwelt, die auf den Trümmern des Zweiten Weltkriegs und auf dem Schweigen der Nachkriegsjahre aufbaute und tief in Familie, Schule und Arbeitswelt eindrang. Die Presse und vor allem die Fotografie hatten ihre Wirkungsmächtigkeit am Beispiel Holocaust besonders eindrucksvoll demonstriert. In der Modefotografie stellten Fotografen wie Irving Penn, Erwin Blumenfeld und später Richard Avedon Phantasiekörper nach Modetrends dar.

Ein »Klassen«-Bewußtsein existierte in den fünfziger Jahren weiter, es drückte sich aber durch völlig andere Wege aus, im Westen sogar in totaler Opposition zu traditionellen Formen. Die Untersuchungen über den Mythos des Jahrzehnts heben die aus dem Arbeitermilieu der großen Städte kommende männliche Komponente der jugendlichen Bewegung und ihr Aussehen hervor: Wind- oder Lederjacke, Jeans, Reißverschluß, Metallplättchen an den Schuhen oder an den Lederstiefeln – und im Kopf Kinobilder und Rockmusik. Die Frauen werden dabei, wenn überhaupt, nur sparsam erwähnt: schwarze enge Röcke oder Hosen, schwarze Strümpfe, Pumps mit Bleistiftabsätzen, dunkle Pullover. Der Trend wurde schnell in den USA, der Bundesrepublik, der Schweiz oder in Schweden von den rebellisch gewordenen Mittelschichtkindern in eine Art Partykultur umgesetzt.

Auch Italien avancierte zum Modeland schlechthin. In Mailand und Rom war alles viel billiger, und was die Männermode betraf, hatten die dortigen Schneider den besten Ruf der Welt. Die leichte Eleganz der jugendlichen Männermode, die Sakkos mit abgerundeten Schultern und die schmalen Hosen ohne Umschlag waren plötzlich in. Die Brioni-Modelle ersetzten die amerikanischen und englischen Anzüge, auch in den USA. Mit dem Florentiner Palazzo Pitti als Herz und mit Persönlichkeiten wie Emilio Pucci, Emilio Schuberth, Germana Marucelli oder Valentino gewann auch die *Alta Moda* an Bedeutung und wurde zur Konkurrentin der Pariser Haute Couture. Jedes Land, und darin jede Großstadt, besaß eigene Konturen, und Film, Funk und Fernsehen operierten mit unterschiedlichen Argumenten auf die Wunsch- und Wirklichkeitswelt, auch in bezug auf Mode. Nicht alle westlichen Länder reagierten wie die Bundesrepublik mit einem biedermeierlichen Rückzug in die private Sphäre des Alltags und einer strikten Abwendung von der Politik.

Ein wichtiges Vermittlungselement des amerikanischen Konsumtraums war die Werbebranche; in Osteuropa wurde jene durch die Propaganda-Maschine ersetzt, die andere Ziele verfolgte. Der Eiserne Vorhang zwischen Ost und West hatte noch keine materielle Form und war für diese Stimmung durchlässig. Darüber hinaus darf man sich nicht täuschen lassen, der Alltag war grau.

Die Rock'n'Roll-Epoche

Babyboom, Wunderjahre, Atompilze und Copacabana – die Welt war bieder wie eh und je, eine Mischung aus Selbstzufriedenheit, Naivität und Erinnerungsmangel, aus gutem Gewissen, Arroganz und unkritischer Selbstdarstellung. Der Riß kam zunächst aus der Konsumentenszene der Twens und Teens, aus der Mode- und Musikavantgarde, die sich jetzt nur symbiotisch auffassen ließen. Enge Trevirahosen und Stiefeletten gehörten zum Tanz. Der Rock'n'Roll änderte die Körpersprache und damit die Mode völlig. Bald sorgten Mary Quant und André Courrège mit dem Minirock für Aufregung. 1965 bekam John Bates die Palme des »*smallest dress in the world*«. Parallel zum Mini entwickelte sich die Strumpfhosenmode, die bisher eher im Bereich des Tanzes zu finden war. Mit den Beatles eroberte auch Mary Quant Amerika; ihre Models tanzten auf dem Laufsteg.

Dann kamen die kalifornischen Blumenkinder – zum ersten Mal traten sie im Herbst 1966 auf der Wiese des Golden-Gate-Parks in San Francisco in Erscheinung. Die Bewegung war von kurzer Dauer, löste aber eine weltweite Welle aus. Dann bereitete sich, tiefgreifender noch, aus einem bis heute unerforschten »schwarzen Loch«, bewohnt nur von ein paar unbequemen Künstlern – Lettristen, Kobra, Reflex und vor allem Situationisten –, ein Straßensturm von weltumspannendem Ausmaß vor. Ganz entgegen der Klischeevorstellungen trug die Revolution jedoch nicht nur Jeans. Der Riß war komplett.

In der Mode wendete sich der größte Widerstand nicht gegen den Minirock oder die langen Haare der Männer, sondern gegen das Hosentragen der Frauen. Ein solches Merkmal der männlichen Welt ließ sich nicht ohne weiteres anrühren, oder? Alte Gesetze wurden ausgegraben, um diese Bastion zu schützen, doch die Welle überrollte alles. Anfang der siebziger Jahre wurden in den westlichen Ländern Europas mehr Frauenhosen als Röcke verkauft.

Im Bereich der Mode und der Kleidung ist der Begriff »Rebellion« sehr relativ, und die Haute Couture läßt sich nicht ohne weiteres von der Straße distanzieren. Ende der sechziger und in den siebziger Jahre entwickelte eine »Krypto«-Mode oder »Antimode« ihre eigenen Spielregeln, zunächst auf dem Prinzip basierend, mit dem System nicht unter einer Decke zu stecken. Spießer und Revoluzzer, die Welt war musterhaft gespalten, *Cheap Chic* hieß es. Die zur Schau gestellte saloppe Lässigkeit verbarg allerdings eigene diffuse, jedoch strenge Gesetze. Wie bei ihren kleinbürgerlichen Feinden hing es von Subtilitäten ab, ob jemand von einer Gruppe akzeptiert wurde oder nicht. Einige Elemente dieser Mode erwiesen sich als dauerhaft, so bis fast zum Ende der siebziger Jahre der Poncho oder die indische Camis/Tunika.

Auch in der »angepaßten« Welt, im Westen wie im Osten, schienen die Menschen gespalten zu sein: in jene, die Ruhe und Ordnung um jeden Preis bewahren wollten, und in solche, die – wie Marylène Delbourg-Delphis schreibt – zwischen Anspruch und Wirklichkeit improvisierten, die zweifelten und erfanden. Dies galt auch für die Mode; einerseits gab es die vielseitigen, einfallsreichen, »blockfreien« und anderseits die offiziellen, kreativen, »angepaßten« Moden. Diese Auseinandersetzung machte die siebziger Jahre zu einer der ausdrucksreichsten Perioden des 20. Jahrhunderts: Mini, Midi, Maxi, Hippie-Mode, Mao-Mode oder sogenannte Unisex-Kleidung, Elefantenhosen und Nostalgiemode, Strickponcho und Hirtentaschen, Che-Guevara-Barett, Palästinensertuch und Jute-Ensemble, Arbeitskleidung, Second-Hand-Klamotten und Betsy Johnsons Wegwerfkleid. Es war die Epoche der Looks: Ethno, Western, Zigeuner, Büro, ländlich.

Nicht mehr die Modesilhouette selbst wurde zur Referenz, sondern das Neuigkeitsprinzip. Man sprach von »Basic«, ergänzt durch sozusagen neue Accessoires und Details. Die Tendenzen waren offen und psychologisch begründet, ob man/frau Lust hatte oder nicht. Steife Regeln gab es nicht mehr. Die Mode unterstrich den Geschmack an der Selbstinszenierung: das Image (von sich) wurde zum Prinzip. Ob dieses Bild allerdings unabhängig von der unmittelbaren Umwelt – Freundin, Bekannte, Medien – bleiben konnte, war eine andere Frage, und sie wurde nicht gestellt. Die Sprache der Werbung, die langsam die Welt der Kommunikation beherrschte, betonte die Individualität, die freie Wahl der Modekonsumenten, egal aus welchem Sozialmilieu sie kamen.

Selbst mit der Punkwelle wußte die Mode, unter anderen vertreten durch Vivienne Westwood und Malcolm Mac Laren, etwas anzufangen. ›Anarchy in the UK‹, brüllten 1976 die Sex Pistols, bevor sie die englische Königin in einem Lied provokativ in den Dreck zogen. Die neue »Ästhetik des Häßlichen« stellte alle vorher existierenden ästhetischen Muster in den Schatten. Mit Irokesenschnitten, nietenglänzender Lederkleidung, abgetragenen Jeans, Sicherheitsnadeln, Ketten im Ohr und stacheligen Hundehalsbändern lösten sie Empörung aus. *»If you like white, I'll be black, if you like black, I'll be yellow […] If you like peace and power, I'll going to carry knives and chains.«* Mit den Punks traten massiv die Frauen in die Rockszene ein. Sie hatten zwar die Spaltung weiblich/männlich nicht aufgehoben, jedoch trennte Nina Hagen eine ganze ideologische Ära von Patti Smith. Gewalt wurde gespielt. Dahinter verbarg sich eine der radikalsten, konsequentesten und humorvollsten Versuche, die Mauern in den Köpfen zu brechen.

Die klassische (funktionelle) Mode verlor dadurch nicht an Bedeutung, ganz im Gegenteil. Sie blieb (und bleibt) ein neutraler Boden, auf dem sich ein verunsichertes Publikum und Händler noch festhalten können, und sie bildet weiterhin einen immer wichtigeren Marktanteil. Sie konnte sogar mit »radikalen« Elementen ergänzt oder geschmückt werden. Man sprach von Autorenmode, egal woher sie kam. Ab Mitte der siebziger Jahre erzählte die Kleidung regelrechte Geschichten oder Märchen. Sie zitierte aus Comics, dem Kino, dem Krimi oder der Musik, aus der Kunst- oder der Technikwelt, spielte mit den Hierarchien nach Vorstellung des Autors oder der Autorin. Auch bei der Modefotografie erzählten die Bilder Geschichten. Allerdings wurde hier ein ambivalentes Verhältnis zur Performance aufgebaut und der weibliche Körper oft fetischisiert. Robert Cumming zeigte ironisch, wie die Inszenierung selbst funktionierte. Duane Michals verwies mit Klarheit auf konventionelle Vorstellungen männlicher Dominanz.

Die konservative Wende

Das achte Jahrzehnt begann mit der Retro-Mode der fünfziger Jahre – ironische Haltung der 16- bis 25jährigen, die sich das Bild ihrer 30- bis 40jährigen »kämpferischen« Geschwister oder Eltern aneigneten und es diesen wiederum spielerisch vor Augen führten? Die konservative Wende der achtziger Jahre brachte die elitäre Mode zurück. Die Mode der Reagan-Ära orientierte sich am amerikanischen »Hof« nach Vorbildern aus der europäischen Rokoko- und zweiten Rokokozeit. Diana Vreeland, Leiterin der Textilabteilung des Cosmopolitan Museum und »Hofmodistin«, gab sich – mit mächtiger Unterstützung Nancy Reagans – zumindest viel Mühe.

Dies war auch die Epoche der großen Dynastien im Fernsehen. Die amerikanischen Trends hatten einen kompensativen Nachgeschmack. Das traf zwar ein äußerst begrenztes Publikum, war jedoch mit einer bestimmten Vorstellung der Macht und der neuen Richtung der Marktwirtschaft verbunden. Daß die Kluft zwischen Armen und Reichen größer wurde als je zuvor, darf nicht als Zufall betrachtet werden; der Prozeß war weltweit zu beobachten. Werbefigur der Epoche war die junge Generation von Gewinnern, die einen bisher unbemerkten Körperteil, wie es Beate Lakotta so schön formuliert, in den Kopf verpflanzten: den Ellenbogen. Doch nicht nur diese Ellenbogenszenen, sondern jede Szene, bis tief in die Kelleretage der soziokulturellen Pyramide hinein, pflegte eine eigene »Labelmania«, was eine explosive Tendenz der Kopien- und Fälschungsherstellung zur Nebenfolge hatte.

Das Jahrzehnt hatte sich selbstgefällig als das des Designers gekennzeichnet. Aus dem Nichts bauten Leute wie Armani, Calvin Klein oder Ralph Lauren in einer Rekordzeit regelrechte Textilimperien auf, was in den siebziger Jahren noch unmöglich gewesen wäre. Nicht nur der entstaubte Kult der Persönlichkeit, sondern auch das Geld der Designer, schreibt Nicholas Coleridge, verhalf zur absoluten Anerkennung des Designers.

Mit der prachtfeindlichen Alternativkultur der Ökologie- und Friedensbewegung kam die moralische Kleiderordnung zurück. Die Mode sei eine ökologische Zeitbombe, hieß es. Von den mehr als 8000 verschiedenen Chemikalien, die allein für die Textilveredelung verwendet werden, bis zu den riesigen Pestizidmengen, die jedes Jahr auf die Baumwollfelder Ägyptens, Indiens oder Mittelasiens gespritzt werden – die Textilindustrie liefert tatsächlich einige Argumente für diese Ansicht. Erst dann, nach der hochgiftigen Mischung, wird Mode richtig schön. Die ›Zeitung für Umweltmedizin‹ mag warnen, soviel sie will, solange die Textilherstellung nicht zu deklarieren braucht, was in unserer schönen Kleidung steckt, können die Allergieexperten praktisch keine wirksamen Mittel entwickeln.

Warum die Ökomode eine eher begrenzte Resonanz erfuhr, ist eine andere Frage. Daran anschließend profilierte sich die nächste Welle, dieses Mal mit unzerstörbaren Materialien wie Kohle- oder Plastikfaser; einer ihrer Apostel war Helmut Lang. Eine Umstellung auf das Konzept des *sustainable developement*, das heißt auf eine zukunftsfähige Entwicklung, auf eine Produktionskette, die das Soziale, Humane und Ökologische mit einbezieht, war und ist bis heute nicht in Sicht. Im Gegenteil, schneller Profit und Zersplitterung der Verantwortung – Konsument/innen mit einbezogen, uns alle also – schließen jede Art Ethik aus. Allerdings erleben die biologisch angebauten Naturfasern wie Baumwolle, Leinen oder Hanf seit einigen Jahren einen Boom, und nicht nur die Textilindustrie interessiert sich dafür. Alles in allem repräsentieren sie jedoch zur Zeit nicht einmal ein Prozent der gesamten Produktion.

Anfang der achtziger Jahre dehnte sich eine Sportkleidungswelle aus. Leute jeden Alters streiften bald am Wochenende in knallfarbenen Jogginganzügen durch die Parks der europäischen, amerikanischen und asiatischen Großstädte; als Leitbegriff galt Bequemlichkeit. Kurz danach folgten, dank Jane Fonda und ihrem neuen Körpergefühl, zunächst die Aerobic-Leggins; später kamen die engen Radlerhosen. Der absolute Schlager jener Tage – man sprach noch nicht von der Erlebnis-, sondern von der Freizeitgesellschaft – war aber das Sweatshirt. Die Pariser Beurs mit ihrer Hip-Hop- und Rapper-Kultur und parallel die New Yorker Bronx-Kinder hatten es, meist mit Kapuze getragen, aus den Vororten eingeführt. Bald stürzten sich die Designer wie Armani und Gaultier darauf. Nichts bremste den Zug der Freizeitkleidung quer durch alle Gesellschaftsschichten; zum Schlüsselbegriff der Epoche wurde der »Lebensstil«. Gemeinsame Mode, Musik oder Eßgewohnheiten sorgten nicht nur bei Jugendlichen für einen kulturellen Überbau.

Um die so differenzierte Nachfrage zu beantworten, stellten die Hersteller den Lebensstil ins Zentrum ihrer Milieukonzeption und Markenstrategie. Es ging um bewegliche Kundschaft und letztlich um viel Geld. Kleider machten Szenen. Wichtig war zu wissen, wer, was, wie und wo. Allerdings verfügte die Textilindustrie über einige Druckmittel, um die Nachfrage etwas zu lenken.

Glasnost Design

Lange Zeit vor dem Mauerfall, jedoch mitten in der Glasnostperiode, versuchten russische Modedesigner/innen sich durchzusetzen. Wjatscheslaw Saizew zum Beispiel genoß keine schlechte Presse im Westen. Seine Schwerpunkte betrafen weniger die Form, die auf die russisch traditionelle ländliche Kleidung zurückgriff, »auf die Seele des russischen Volkes«, wie er damals sagte, als vielmehr die umfangreichen Details wie Schulterlinie, Taschen, Kragen, Verschlüsse, Gürtel, Rückengürtel, Säume, Revers, Garnitur, Besatz, Ornament, Gewebestruktur, Schals, Juwelen, Halstücher, Kopfbedeckungen, Accessoires und natürlich die Farbe. Die Modelle wurden romantisch-sportlich verformt, und sein Modehaus entwickelte eine eigene Ästhetik. Ähnliches ließ sich von Vaddis Celms sagen, der zum Manager des Designerzentrums Riga wurde, oder von Monika Rivkin, deren Entwürfe Gaultier und Mugler in ihren Kreationen zitierten.

Auch das Tallin Fashion Festival von 1989 erfuhr Anklang im Westen. Eingeladen von einer estnischen Werbeagentur, präsentierten sich die Top-Ten der sowjetischen Mode in der Weltöffentlichkeit: Hochwasserhosen bei Ivo Nikkolo, angesengte Plastikumhänge bei der Lettin Andra Treibaha, großzügige Blicke auf Bauch und Schenkel bei Vosiliene. Noch spielten die zentralen Modeplanungsinstitute die Hauptrolle, aber sie ließen immerhin auch Freiraum für verrückte Ideen. Die exklusiven Stücke wurden dennoch nicht an die Talliner Bevölkerung, sondern in den Westen verkauft. Die westlichen Designer hatten die Frische der heutigen Entwürfe und die hochmotivierte Kreativität der zeitgenössischen russischen Modekollegen nicht verpaßt. Sie richteten immer wieder einen Blick nach Moskau und St. Petersburg, um die Entwicklung zu verfolgen. Inzwischen teilen sich zahlreiche Designer den russischen und nichtrussischen Markt, darunter Anton Alferov, Valentin Udashkin, Elena Fedukova, Tatiana Parfenova, Yanovy, Vladimir Buhinnik und andere; sie folgen dabei manchmal Gesetzen, die dem internationalen Handel nicht immer vertraut sind.

SoHo's-Blues

Es verwundert daher nicht, daß die Designer auch in Richtung New York schauen, nicht nur in die Madison Avenue, sondern ebenso nach SoHo. Der Marktanteil der europäischen Mode in den USA ist kaum erwähnenswert. Amerika ist ein harter Markt; es geht für europäische Designer/innen, osteuropäische eingeschlossen, nicht nur um wirtschaftliche Gründe, sondern vor allem um das Image. »Zeitgemäße Mode ist eben kein Kostümball«, sagt der New Yorker Designer Isaac Mizrahi. Calvin Klein und seine minimalistischen Kampagnen mit Kate Moss in Unterhosen und T-Shirt markieren praktisch den Anfang dieser Tendenz. Lolita-Charme und Teenagersex, mit dieser unübersehbaren Provokation rückte der Körper ins Zentrum des Interesses und wurde wichtiger als die Kleidung. Jedoch werden nebenbei die Baumwollunterhosen mit bedrucktem Gummiband zu einem regelrechten Statussymbol: keine Schnitte also, sondern Menschentypen; ähnlich bei Donna Karan, deren Mode sofort mit einem modernen Frauentyp gleichgesetzt wird. »Amerikanische Mode«, sagt sie, »kommt von der Straße, ist weltlicher, einfacher und realistisch. Wir sprechen hier die Sprache der Jeans. New Yorker Mode ist zum Anfassen, für jeden verständlich und erreichbar; demokratische Mode, sozusagen.«

Pragmatisch war die amerikanische Mode immer: Jeans, Jogginghose, Turnschuhe oder T-Shirt bestätigen es. In den USA wird ein Buch geschrieben, um es zu verkaufen, meint Helmut Lang. Ähnlich verhält es sich mit der Mode. Diese enge Beziehung zur amerikanischen Wirtschaft hatte Tocqueville schon vor langer Zeit festgestellt. Illustriert wird das Phänomen heute durch Modemacher wie Karan, Klein oder Tommy und Andy Hilfiger.

Postmoderne Zeit?

›Déjà Vu‹, so der Titel einer Ausstellung, könnte als Leitmotiv der beginnenden neunziger Jahre gelten. Die Twiggy wird durch die androgyne Kindfrau ersetzt, Prototyp: Kate Moss. Die neue Silhouette wird zur Kultfigur der neuen Modepresse, so etwa bei der Zeitschrift ›Face‹. Das Remake der Hippie-Mode betritt jetzt die berühmtesten Laufstege, und das Patchwork wird von Katharine Hammett *»revisited«*.

Die Mode sei heute, so M.-E. Brunner, von der futuristischen Konstruktion zur Dekonstruktion als Weg zur autonomen Botschaft zu sehen. Hier ist vor allem von der italienischen *Alta Moda* die Rede. Ihr Anfang war schon mit den Motiven früherer Futuristen und deren Illusion der Bewegung verbunden. Mit dieser ideologisch belasteten künstlerischen Verbindung schminkt sich heute die Modewerbung, dabei hat die Mode inzwischen eine quasi literarisch-kinoartige Dimension erreicht. Sie soll nicht nur erzählen, sondern allgegenwärtiger Bestandteil einer Stimmung, einer Atmosphäre sein. Bei jedem Modeeinkauf – Szene verpflichtet – wird ein Stück Ideologie miterworben. Ist die Haute Couture mit John Galliano und Alexander Mac Queen cool geworden? Wird man sie bald im Hamburger Mojo-Club und anderen Clubwears finden?

Mode sei ihm gleichgültig, sagt der heutige Großstadtmensch. Eben gerade das ist bereits eine modische Bemerkung. Ich ziehe mich an, wie ich Lust habe, ergänzt er sofort. Damit wandelt sich der Ton radikal. Mode wie nie zuvor – jedoch nicht wie bisher! Betont junge Mode ist völlig out. Die Jungen haben das Problem ohnehin nicht, sagt Lagerfeld. Sie können fast alles anziehen. Der Begriff »jung«, meint er weiter, ist für Leute mittleren Alters erfunden worden. »Jung« und »alt«, das ist purer Rassismus, und er ist dagegen. »Erlaubt ist, was gefällt. Das Alter spielt keine Rolle.« Auch mit dem Begriff »Generation« können die neunziger Jahre nichts mehr anfangen.

Die Explosion der Mode verweist nicht nur auf das breite Spektrum der Szenen. Elizabeth Wilson sieht eine Parallele zwischen der Vielfältigkeit der Kritikfelder und der Entwicklung der unterschiedlichen Kleidungs-»Arenen«. Auf Lyotards Spuren bringt sie sogar das Ende der großen Mode mit dem postmodernen Ende der großen Erzählungen in Verbindung. Das Ende der großen Modeerzählungen? Dabei gewinnt das Spielerische in der Mode an Raum. Die Mode zitiert sich gern selbst, jedoch wird die Selbstreferenz auch zur Selbstironie, und dies nicht ohne Nostalgie. Wichtig ist nur die Idee der sechziger Jahre, nicht das Kleid, bemerkt Lagerfeld. Jede Szene schärft ihr eigenes Profil mit Gegen- oder Abschreckungsbildern, so die Clubwear mit dem Mainstream. Existiert dieser Mainstream überhaupt? Das Konzept ist nicht nur borniert, sondern unbrauchbar. Die Clubwears sind Selbstzitate mit Bauchnabelperspektive. Der Begriff »Mainstream«, mit ironischem Nachgeschmack von Provinzialität, wird ausschließlich zur Rechtfertigung der eigenen Sache verwendet.

Die groben Ähnlichkeiten in der Bekleidung der europäischen städtischen Jugendlichen bedeuten keineswegs, daß wir mit ähnlichen Phänomenen und weniger noch mit einem globalen Kulturprozeß konfrontiert sind. Die Berliner Love Parade der Raver, als szenische Folge des Mauerfalls, trägt trügerische Züge, wenn sie Leute aus ganz Europa (und darüber hinaus) für einen kurzen Moment sammelt. Die verrückte, schwarz dominierte Kleidung, die junge Leute im Herbst 1997 in Manchester oder Liverpool am Abend tragen, verweist auf Lebensintensitäten, die schon außerhalb der Stadt völlig unbemerkt oder unverständlich bleiben. Sie läßt sich nicht einfach mit den knallbunten Kleidern der ekstatischen Berliner Techno-Szene gleichsetzen oder mit jener der Pariser Vororte, weniger noch mit Moskauer oder Budapester Hip-Hop-Szenen. Trotz Ähnlichkeiten und einigen gemeinsamen Affinitäten in bezug auf Technik, auf anglo-amerikanische Produkte aller Art, wird in London, Kopenhagen, Paris, Mailand, Berlin oder Moskau teilweise auch andere Musik gehört, werden andere Filme gesehen, andere Bücher oder Comics gelesen, andere Bilder gepflegt, andere Gedanken verfolgt, andere Verhaltensmuster und Sensibilitäten entwickelt. Dazu kommt, daß eine Metropole mit ihrem Übereinander von individuellen und kollektiven Atmungen und Rhythmen einmalig bleibt und auf interkulturelle Beziehungen verweist, die weit über die Vorstellung einer multikulturellen Gesellschaft hinausgehen.

Die großen Veranstaltungen der Techno-Szene einerseits und die Schwulenszene anderseits bieten einen beweglichen Moderaum, der Kunst, Spaß und Politik verbindet. So fordern im Juli 1996 einige tausend Lesben in Leder und Strapsen, kurzberockte Schwule, Transvestiten mit gigantischen Lockenperücken und kurzen Tenniskleidern, Transsexuelle mit eindrucksvollen Brokatkleidern, Stelzenmänner und »venezianische Prinzessinnen« gleiche Rechte für Andersliebende. Die Modefotografie selbst folgt dem Zug der Modeinszenierung. Für Reizwäsche wird ein Autounfall realistisch in Szene gesetzt, mit Blutspur; auch Krieg oder Drogen können dabei verwendet werden. Bei den so unterschiedlichen Hip-Hop- und Techno-Kids hat der Markt lauter und schneller als bei den Beats zugeschlagen. Die Mayday-Party oder die Love Parade 1997 und 1998 haben dies eindeutig unterstrichen.

Die Hip-Hop- und die Techno-Bühnen dehnen sich inzwischen von London, Berlin, Amsterdam bis nach Moskau, Prag, Budapest oder Warschau aus. Die Selbstinszenierung nimmt hier fast autistische Akzente an, aber weder Sound, Beat, Sprache, Lebenshaltung noch Kleidung sind beiden Szenen gemeinsam. Während die Hip-Hop-Kultur eine Straßen-, Viertel- und Alltagskultur ist, die stark abgehärtet wirken will, ist die eher wortlose Techno-Kultur von einem fundamentalen Drang zur Selbstdarstellung erfüllt. Die eine ist aus den blutigen Straßenkämpfen rivalisierender amerikanischer Gangs hervorgegangen, die andere aus dem Vakuum am Brandenburger Tor nach dem Mauerfall. Jedoch haben beide neue Lebensbilder gebracht. Der Bezug zur Technik und ein »neues Lebensgefühl« einigten sie, ähnlich wie viele andere Szenen.

High-Tech ist jedoch nicht nur Sache der Subszenen; der richtige Wechsel in der Couturewelt kommt von den neuen Materialien. »Deshalb«, betont Lagerfeld, »wirkt auch die Mode der sechziger und siebziger Jahre neu, weil es jetzt Stoffe gibt, die es früher nicht gab.« High-Tech-Materialien gehören zur Ausrüstung der heutigen Designer und Stylisten, so die Glas- und Kohlefasern von Kostas Murkudis, die Nylonhosen mit Metalleffekten von Jil Sanders, die reißfeste Papierjacke von Colonna, die gummierte Schaumstoffhose von Atsuro Tayama und überhaupt die Mikrofasern, die so fein verarbeitet werden, daß sie wie Membranen wirken.

Krise der Mode?

Die sogenannte Krise der Textilindustrie wird mißverstanden, wenn sie als Anpassungprozeß an den globalen Markt gesehen wird. Sie ist eher eine Krise der Wirtschaftszweige, die diese Globalisierung am radikalsten durchgesetzt haben. Damit ist die Einführung neuer Technologien genauso wie eine Neustrukturierung der Produktions- und Distributionssektoren verbunden. Die immer kürzeren Produktionsketten und beschleunigten Rhythmen von Modellen und Mustern, angefordert vor allem von der Damen- und der jugendlichen Mode, verlangen immer mehr Flexibilität und informelle Arbeitsformen. Als wirtschaftliche Antwort auf alle Ansprüche entwickelt die Bekleidungsproduktion verschiedene Strategien: die entfernten Billiglohnländer, die lokalen Migranten und schnell reagierende Importeure, die ein besonderes Feeling für westeuropäische Trends haben wie etwa die Türkei, Italien oder China. In allen Fällen braucht sie nicht mehr die Mobilisierung der Ressourcen durch soziale Netzwerke zu fürchten.

Darüber hinaus bildet die Elektronik selbst eine weitere Konkurrenz. Sie ist heute schon in der Lage, millimetergenaue computer-maßgefertigte Kleidung anzuliefern. Nach dem *Square Deal*, dem *New Deal* und dem *Fair Deal* ergreift die Textil- und Modeindustrie der *Raw Deal*, das heißt ein äußerst brutaler Ökonomismus. Die krassen Diskrepanzen zeigen sich an zwei Beispielen sehr deutlich: Der Basketballspieler Michael Jordan erhielt 1992 für seine Nike-Werbung mehr Geld als die 30 000 indonesischen Arbeiter/innen zusammen, die diese Schuhe herstellten (circa 20 Millionen Dollar). Der Stundenlohn von Michael Eisner, des Vorstandsvorsitzenden von Disney, ist 325 000 mal größer als jener der haitianischen Arbeiter/innen, die die T-Shirts und Pyjamas nach Vorlage der letzten Disney-Verfilmungen produzieren. Andrew Ross, der diese Beispiele zitiert, unterstreicht weiter, daß in der Textil- und Bekleidungsindustrie praktisch alles erlaubt ist: Kinderarbeit, Lohnsklaverei und Grausamkeiten seitens der Arbeitgeber, kurz: ein Schaubild des Schreckens. In Indien verläuft der Weg der gekauften Mädchen zur Prostitution oft über die Teppichindustrie. Solche und ähnliche Beispiele könnten ein eigenes Buch füllen.

Die Architektur und die Möbel der Haute-Mode-Geschäfte sind heute Teil ihrer Argumentation. Der Raum der Präsentation wird genauso konstruiert wie die Mode selbst. Hier wird methodisch eine Stimmung erzeugt, sei es bei dem neuen, 14 000 Quadratmeter großen Geschäft von Ralph Lauren in London oder bei den dekonstruktivistischen Designern wie Martin Marghiela und seiner Recycling-Fashion oder Anne Demeulemester. Alltag wird bei den letzteren zum Synonym für Haute Couture. Der Raum war immer eine soziale Konstruktion, jetzt wird er je nach Art des Hauses und nach Werbemuster angerichtet. Sogar große Unternehmer außerhalb der Branche entwickeln ihr eigenes Kleidungsflair, so Bill Gates und Steve Jobs mit dem *Casual Day*, ihrem wöchentlichen Freizeitkleidungstag, an dem der steife Dreßanzug abgelegt und durch lockere Kleidung ersetzt wird. Allerdings wird an diesem Freitag nicht irgendeine legere Kleidung getragen; der Werbeslogan der Modeindustrie – *»Dress up for dress-down-go«* – setzt feine Unterschiede zwischen Freizeitkleidung und Easy-Friday-Kleidung. Der Trend hat inzwischen die stabilsten Festungen der White-Collar-Mentalität wie Ford oder IBM überrollt.

Mode als großer Frust? Die Herrschaft des Scheins

Der Schein hat in der Moderne einen unvergleichlichen Stellenwert inne. Die Mode ist heute irgendwo zwischen Kunst und Religion verankert, jedoch bleibt sie auch ein »Nexus«-Kleid, das, unersättlich, seine eigenen Anhänger verzehrt. Die Konsument/innen finden nicht, was sie sich wünschen, sondern wünschen sich wie eh und je, was sie finden. Die Mode kann aus verschiedenen Perspektiven betrachtet werden. Sie könnte, wie Elizabeth Wilson meint, tatsächlich die Auflösung der großen »Erzählungen« illustrieren. Sie könnte aber genauso die Diskontinuitäten der Moderne darstellen oder die Merkmale der Moderne selbst bzw. ihre radikalen Konsequenzen, wie sie Anthony Giddens kennzeichnet, ausdrücken, das heißt Geschwindigkeit des Wandels, Reichweite des Wandels und inneres Wesen der modernen Institutionen (Szenen mit inbegriffen). Sie weist vor allem darauf hin, daß unsere Epoche veraltet ist.

Bauernkleid und Nationalkostüm

Ländliche Trachten des 19. und 20. Jahrhunderts

Siegfried Becker

Am Ende des 19. Jahrhunderts schienen auch die letzten weißen Flecken der Welt entdeckt, erschlossen, vermessen zu sein; Technikeuphorie und imperialer Anspruch der europäischen Kolonialmächte trugen dazu bei, die fremden Erdteile erobern, unterwerfen, aufteilen zu wollen. Sehnsüchte und Ängste, Utopien und Illusionen formten die Phantasie über diese exotischen Welten, die die eigenen, europäischen Kulturen gleichzeitig herausforderten und beeinflußten. In den Bildern des Exotischen trat das Fremde dem Betrachter in farbenprächtigen Kostümen entgegen, Imagination und Dokumentation griffen im ethnographischen Kaleidoskop der Völkerschauen ineinander. Die Bilder der Ferne vermittelten morgenländisches Flair. Die bunten Gewänder der Orientalen standen für die Faszination durch das Archaische, Natürliche in den Sehnsuchtswelten westlicher Zivilisation. Mehr noch als in der Malerei aber wurden fremde Kulturen im neuen Medium, der Fotografie, durch ihre Kostüme repräsentiert. Ihre Verwendung für die Kostümierung ihrer europäischen Bewunderer läßt die Projektion erahnen, die in der eurozentrischen Sicht auf die Trachten der Völker angelegt war.

Diese Projektion hatte nicht allein Auswirkungen auf das Kleidungsverhalten in den beschriebenen Kulturen, sie wirkte auch zurück auf Entdeckung und Erfindung der Heimat, prägte die Perspektive auf das Eigene. Das Interesse an alten Trachten der Landbevölkerung hatte Konjunktur. Der mit Industrialisierung und Urbanisierung, Verkehrserschließung und Abwanderung von Arbeitskräften vom Land in die industriellen Zentren einhergehende gesellschaftliche und kulturelle Umbruch förderte die Hinwendung zu traditionellen Kulturformen als Kompensation. Er schuf eine agrarromantische Verklärung der alten bäuerlichen Welt. In farbenprächtigen Werken wurden Volkstrachten beschrieben; Versatzstücke des scheinbar Altartigen, Bodenständigen fügten sich zu einem Gegenbild zum Zeitdiktat der »nervösen Epoche«, das neue Formen der Kommunikation, des Stilempfindens, des Konsumverhaltens kreierte.

In den achtziger Jahren des letzten Jahrhunderts nutzte Albert Racinet die zu dieser Zeit schon vorliegenden nationalen Trachtendarstellungen, um in seinem großangelegten sechsbändigen Werk ›Le costume historique‹ von 1888 neben Trachten der Naturvölker, der Antike, der höfischen Moden des europäischen Mittelalters und der frühen Neuzeit sowie den Militäruniformen auch die Volkstrachten Europas darstellen zu können. Setzte die selektive Auswahl der besonders farbenfrohen, augenfälligen und festtäglichen Gewänder auch die vereinfachenden, generalisierenden Absichten der Vorlagen aus den nationalen Trachtenwerken fort, so kennzeichneten sie doch den Anspruch Racinets, Staaten und ethnische Gruppen wie auch soziale Schichten in ihren besonderen Kleidungsformen gleichberechtigt nebeneinanderzustellen. Dabei wählte er in der Zeit des Herausbildungsprozesses der modernen Nationalstaaten und zunehmender Nationalitätenkonflikte in Mitteleuropa die Volkstrachten ganz bewußt als Abschluß seiner Weltgeschichte der Kostüme aus. Racinet, der wie viele Kostümhistoriker des ausgehenden 19. Jahrhunderts der zeitgenössischen Kleidung keinen Reiz abgewinnen konnte und den häufig wechselnden Moden ablehnend gegenüberstand, wandte sich erst in der Spätphase seiner Arbeit den Trachten zu. Sie waren ihm Ausdruck und Versinnbildlichung der Tradition und regionaler Eigenheit. In seinen Überlegungen war die Vorstellung von »Trachtenlandschaften« angelegt.

Racinets Werk markiert eine Phase der Um- und Neubewertung in der Geschichte ländlicher Kleidungsformen und ihrer Verklärung. Es steht am Anfang einer Verwissenschaftlichung der Perspektiven auf bäuerliche Kleidung, die die Tracht zum Inbegriff regionaler Identifikationsmuster in den rückwärtsgewandten Utopien der industriellen Freizeitgesellschaft werden ließ. Und es beschreibt mit der Tracht als Teilelement der Volkskultur das Spät- und Endprodukt einer alteuropäischen Gesellschaftsentwicklung. Damit steht ›Le costume historique‹ beispielhaft für die Betrachtung des Phänomens ländlicher Trachten in Europa. Die kulturgeschichtlichen Faktoren ihrer Entstehung und Veränderung ebenso wie der Kontext der Funktionalisierung ihrer emblematischen und symbolischen Bedeutung können als aussagekräftige Indikatoren gesellschaftlicher und kultureller Prozesse verstanden werden.

Die Zeit der Revolutionen

Mit der Regierungszeit Ludwigs XIV. war Frankreich zum Zentrum der Kleidermoden in Europa geworden. Die kostümgeschichtliche Entwicklung an den Fürstenhöfen bestätigte diese kulturelle Vormachtstellung noch im 18. Jahrhundert, als in der Periode der Régence der Modenwechsel vom prunkvollen, behäbigen Barock zum gekünstelten, zieratreichen Rokoko vollzogen wurde. Zeremonie und Drapierung mit kostbaren Samt- und Brokatstoffen prägten das Bild höfischer Festkultur. Die Damenrobe schwelgte mit Manteau, Reifrock und Korsett in üppigen, textilreichen Formen, und die Galakleidung der Männer hatte mit Justeaucorps, Weste, Kniehose, Perücke und Jabot ihre aufwendigste und prächtigste Ausstattung erreicht.

Die Rokokomode war Höhepunkt in der historischen Entwicklung eines gesellschaftlichen Codes der Kleidersprache und doch zugleich ein Umbruch, der in den Nuancen des Details die Möglichkeit zur Gestaltung einräumte. Damit ebnete sie die Wege zur Ausprägung von Mode in der Moderne. Seit dem 13. Jahrhundert war die Verwendung von Stoffen, Accessoires und Farben der Kleidung in Europa von Luxusgesetzen und Kleiderordnungen geregelt worden. Das Feudalsystem wies mit dieser Sprache der Kleidung ihre Träger einem bestimmten Stand in der gesellschaftlichen Hierarchie zu. Diese Kommunikationsfunktion der Kleidung wurde nun in einem exzessiven und fein nuancierten Code differenziert, ein schneller modischer Wechsel schulte den Blick für die Zeichensprache der Kleidung. Die »feinen Unterschiede« wurden vom »Geschmack«, von den normativen Distinktionen der Gruppenzugehörigkeit, und nicht mehr durch reglementierende Ordnungen der ständischen Gesellschaft bestimmt.

Die Veränderungen im modischen Stilempfinden blieben nicht ohne Auswirkungen auf das ländliche Kleidungsverhalten. Hier konnte die Zuordnung nach Geschlecht, Konfession, Alter und sozialem Status, beruflicher und politischer Zugehörigkeit in den Merkmalen von Schnitt und Farbe, Material und Drapierung, Gestus und Schmuck feiner herausgearbeitet und ausgedrückt werden. Die Kostüme des Rokoko boten aber vor allem durch die breite Palette an Stoffen und Farben einen attraktiven Anreiz zur modischen Umgestaltung auch der bäuerlichen Kleidung. Und sie haben das Bild der regionalen Trachten des 19. Jahrhunderts wie kaum eine andere Epoche zuvor nachhaltig geprägt.

Bis zum Rokoko war es vor allem die spanische Mode des 16. Jahrhunderts, die in der bäuerlichen Kleidung bleibende Wirkung hinterlassen hatte. Ihre Schnitte boten die Voraussetzung, um die schweren Beiderwand- und Leinenstoffe, die gedeckten Farben und verhaltenen Schmuckelemente zu verarbeiten.

Frauenkleidung mit oft zusammengenähtem Mieder und Rock, mit Schoßjacke (Kamisol) und plissierter Schürze, verschiedenen schwarzen Hauben, Kragen und Koller blieben in vielen regionalen Trachten Europas erhalten. Auffällig war vor allem die Beibehaltung der Heuke, eines von den Männern über den Schultern getragenen knöchellangen Mantels und von den Frauen über dem Kopf getragenen schulterlangen, meist plissierten Mantelumhangs, der vor allem zu Leichenbegängnissen vereinzelt noch im 19. und 20. Jahrhundert gebräuchlich war. Als Bestandteil des feierlichsten Gewandes, der Abendmahlstracht, geriet er mit der Aufklärung in die Kritik der ländlichen Seelsorger. Im hessischen Hinterland, einer Enklave der Landgrafschaft Hessen-Darmstadt, in der die Frauen noch die alte, vorwiegend schwarze Tracht trugen, richtete 1769 Johann Andreas Beisenherz im Namen sämtlicher Pfarrer des Amtes eine Eingabe an das zuständige Konsistorium. Darin wollte er ein Verbot der sogenannten Weibermäntel beim Abendmahl erwirken, weil sie nicht nur der menschlichen Gestalt abträglich seien, sondern auch das Gesicht ganz verhüllten. Die bei Kirchenvisitationen vorgetragenen Belehrungen hätten nichts gefruchtet. Vielmehr würden die Mäntel nicht nur »zur Trauer allein, sondern auch bei allen Festen und Sonntagen von denen verheurateten getragen«. Die aufklärerischen Absichten sind klar erkennbar: Die Abkehr von den alten Kleidungsgewohnheiten wurden aus ethischen und hygienischen Gründen vorangetrieben. Vom pastoralen Standpunkt aus schien ein das Antlitz verhüllendes, Innerlichkeit und Weltabwendung förderndes Kleidungsstück für die Teilnahme am Gottesdienst ungeeignet.

Auch Haubenschnitte der spanischen und italienischen Renaissancemode, teilweise auch die an brabantische und burgundische Hauben des 15. Jahrhunderts, den Hennin, erinnernde Formen waren in vielen bäuerlichen Trachten des 18. und 19. Jahrhunderts noch nachweisbar. Schließlich zeigten die Schnürmieder ihre Herkunft aus frühneuzeitlichen Kleidungsmoden. Sie nahmen unter einer Spitzenband-Verschnürung Bruststücke (Stecker) auf, die oben vorstanden und mit ihrer reichen farbigen Stickerei oft die eigentlichen Zierstücke der sonst vorwiegend in Schwarz und Weiß gehaltenen Kleidung bildeten.

Martha Bringemeier hat diese Bedeutung der höfischen Kleidung um 1600 für die Herausbildung auch der jüngeren regionalen bäuerlichen Kleidungsformen auf den großen Einfluß der ständischen Ordnung auf das Alltagsleben zurückgeführt, auf die Kultur eines strenggegliederten und reglementierten, vertikal aufgebauten Sozialgefüges, das am auffälligsten in der »Tracht« sichtbar war, in einer Kleidungsweise, in der sich noch um 1600 das ganze Abendland zusammenfand. Die »spanische Tracht«, getragen von allen Ständen, wenn auch abgewandelt nach Zugehörigkeit und Repräsentationspflicht, wurde während des Dreißigjährigen Krieges in den oberen Ständen abgelöst durch Kleidung nach der »Mode«. Hierdurch wurde eine kulturelle Einheit aufgespalten, denn die Bevölkerung behielt die »spanische Tracht« in ihren wesentlichen Merkmalen bei.

In ihrer regionalen Differenzierung verweisen bäuerliche Kleidungsformen im Verlauf des 17. und 18. Jahrhunderts auf territoriale Einflüsse und die Repräsentation fürstlicher Gewalt. Mit dem Aufkommen der Rokokomode veränderte sich das Bild dieser derart bestimmten älteren Kleidungsstile grundlegend. Ausgehend von Innovationszentren wurden modische Schnitte, Stoffe und Accessoires, Bänder und Bordüren übernommen und für die Bedürfnisse der ländlichen Bevölkerung umgestaltet. Die weiten Röcke hielt ein am Leibchen angenähter Wulst, sie konnten nun mehrfach übereinander getragen werden. Damit war der Reifrock der höfischen Damenrobe nachempfunden und in die Zeichensprache der bäuerlichen Kleidung übersetzt. Auch in der Männerkleidung wurden mit Justeaucorps, Kniehose und Weste Elemente der höfischen Mode übernommen, weit konsequenter als in der Frauenkleidung. Diese bestand noch im 19. Jahrhundert häufig aus einem Nebeneinander von regional geprägten und mehr oder weniger traditionellen Kleidungsformen.

Es war die Herausbildung von Ungleichzeitigkeiten, das Festhalten an tradierten Kleidungsformen – wie im Gebiet um Palendier, dem Pays Palendier in der Bretagne – und eine rasche Übernahme von modischen Kleidungselementen wie in der gebirgigen Savoie, die das Bild der regionalen ländlichen Kleidung, das Bild von »Tracht« eben, im 19. Jahrhundert prägte.

Die Aufnahme neuer Stoffe und Farben, Bänder und Bordüren in die bäuerliche Kleidung markierte einen kulturellen und wirtschaftlichen Umbruch der Gesellschaftsstrukturen, der sich im 18. Jahrhundert anbahnte – der Beginn der modernen Welt im Zuge der Herausbildung europäischer Industrienationen. In dieser Phase des Transformationsprozesses war die Entwicklung der Sachkultur in den westeuropäischen Staaten geprägt von den prä- und protoindustriellen Einkommensmöglichkeiten einer ständig wachsenden und zunehmend verarmenden Bevölkerung. Die Epoche der kameralistischen Wirtschaftslenkung war gekennzeichnet durch eine Art der Gestaltung alltäglicher Gebrauchsgegenstände, die später der »Volkskunst« zugerechnet wurden, aber Ausdruck eines existentiell notwendigen »Hausfleißes« waren.

Dieses protoindustrielle Hausgewerbe stieg mit dem Bevölkerungswachstum bei gleichbleibendem Umfang verfügbaren Bodens ganz erheblich an. Entstehung und Vergrößerung der unterbäuerlichen Schichten auf dem Land, die über kein oder nur wenig Produktivvermögen verfügten, und die Verknappung der Ressourcen – der Fruchtbarkeit des Bodens und vor allem des Waldes als Energiequelle und Weideland – veränderten die Lebenssituation des einzelnen wie der Gesamtheit der Bevölkerung grundlegend. Vor allem in den Mittelgebirgsregionen entwickelte sich der Manufakturbetrieb in der Warenproduktion – Massenprodukte der Hausindustrie, die über das Verlagswesen ihren Konsumentenkreis nicht mehr in der unmittelbaren Umgebung, sondern weit darüber hinaus fanden.

Mit dem Anwachsen des Handels von Gütern des alltäglichen Gebrauchs fanden auch die im Manufakturbetrieb hergestellten Stoffe und Seidenbänder weite Verbreitung in Europa und damit Aufnahme in regionale Kleidungsstile. Sie ermöglichten auch auf dem Land, im Nachempfinden der Rokokomode sozialen Status und Vermögen über die Kleidung zu vermitteln, und trugen zur weiteren Differenzierung des gesellschaftlichen Codes der Kleidersprache bei.

Diese Sprache der Kleidung als Ausdruck einer die ganze Gesellschaft umfassenden Hierarchie des Absolutismus erfuhr mit der Französischen Revolution einen gravierenden Einschnitt. Der symbolische Ausdruck des Protestes gegen die bestehenden Herrschaftsverhältnisse des Ancien régime drückte sich nachhaltig gerade im Wechsel der Kleidermode aus. Die Beziehungen zwischen Kleidung und Gesellschaftsordnung wurden in symbolischen Formen der politischen Praxis hinterfragt. Die revolutionäre Kleidung drückte mit Kokarde, Trikoloreband und Jakobinermütze, aber auch mit schwarzem Frack und Zylinder das Bekenntnis zum dritten Stand aus. Vor allem aber bestimmte das Aufgeben der Culotte, der Kniehose, und die Adaption der Pantalons – weite lange Hosen, wie sie die Schiffer und Hafenarbeiter trugen – in der Sansculottentracht die modische Entwicklung und leitete mit der bequemeren Empirekleidung den raschen Wechsel in den Modeströmungen des 19. Jahrhunderts ein.

Die Auswirkungen der Französischen Revolution als einschneidendes gesamteuropäisches Ereignis auf die kostümgeschichtliche Entwicklung zeigt sich besonders deutlich in Südosteuropa. Hier hatte sich die türkisch-osmanische Mode ausbreiten können und war, von den Städten ausgehend, durch Vermittlung der Freischärler (Hajduken, Uskoken, Klephten, Panduren) als Ausdruck der Heldenverehrung auch auf dem Land üblich geworden. Mit modischen Einflüssen der Revolution änderten sich die Kleidungsgewohnheiten aber auch in den osmanisch beherrschten Gebieten des Balkans grundlegend; an Stelle des Turbans wurde der Fez *(aziziye fesi)* zu Redingote und engen Hosen in die Zivilkleidung eingeführt. Statt der Kaftantracht bevorzugte man Uniformen nach englischen und französischen Vorbildern. Die Frauen behielten zwar in der Straßenkleidung Kopfschleier *(yaşmak)* und Umhang *(ferace)* bei. Material, Gestaltung und Verzierung wurde jedoch den europäischen Modeströmungen angelehnt.

In den ländlichen Kleidungsformen Südosteuropas verbanden sich im 19. Jahrhundert Einflüsse der traditionellen türkisch-osmanischen Kleidung mit Einwirkungen des modischen Umbruchs nach der Französischen Revolution. Albert Racinet hat – wohl nicht zuletzt durch eine Renaissance des intellektuellen Interesses an der türkischen und orientalischen Kultur in den achtziger Jahren – die Trachten des »ottomanischen Kaiserreiches« verhältnismäßig detailliert beschrieben. Türkei, Griechenland und Bulgarien werden in zahlreichen Abbildungen vorgestellt; neben dem Fes hat er Wickelweste *(djamadan* und *yeleck)*, Jacke *(tchepken, dizliks)* und seidenen Umhang *(puskul)* wiederholt abgebildet. Es sind Reminiszenzen an die zu Racinets Zeit nicht mehr existenten politischen Einflüsse der Türkei in Südosteuropa, die er in den kulturellen Auswirkungen noch lebendig geblieben sah und die tatsächlich in den modischen Ausdrucksformen der Befreiungsbewegungen etwa in Bulgarien eine Rolle gespielt haben.

Mit der Französischen Revolution trat eine Zäsur ein, die in den Kleidungsformen der verschiedenen gesellschaftlichen Schichten eine Gleichzeitigkeit des typologisch Ungleichzeitigen schuf und den weithin noch von der Rokokomode beeinflußten ländlichen Trachten eine eigene Entwicklung ermöglichte.

Gegen Ende des 18. Jahrhunderts setzte eine Agrarkonjunktur ein, die in die »goldenen Jahre der kontinentalen Landwirtschaft« in den ersten Dezennien des 19. Jahrhunderts überging. In dieser zweiten Phase kultureller Neuerung, die maßgeblich durch die Agrarreformen getragen wurde, konnte sich in diesen Regionen eine repräsentative bäuerliche Kultur entfalten. In ihrer Folge kam es zu einer regen Bautätigkeit, prächtige Wohnhäuser und – mit der Einführung der Stallfütterung, steigenden Ernteerträgen bei verbesserter Düngung, veränderten Anbaumethoden und Pflanzensorten – auch größere Wirtschaftsgebäude wurden errichtet. Agrarwirtschaftliche Steuerungsmaßnahmen des Staates führten zu einer Verbesserung der Anbau- und insbesondere der Pflugtechnik und zur schnellen Verbreitung technischer Neuerungen in Zentraleuropa. In dieser Zeit konnten sich regionale Kleidungsformen zu einem wichtigen Ausdrucksmittel bäuerlicher Repräsentation entwickeln.

Gegenüber der bäuerlichen Wirtschaft, die durch Rationalisierungsmaßnahmen und relativ stabile Preise für Fleisch- und Milchprodukte von der Agrarkonjunktur profitierte und damit die Herausbildung einer ländlichen Kultur erst absichern konnte, waren für die breite Masse der unterbäuerlichen Bevölkerungsgruppen Lebensverhältnisse am Rande des Existenzminimums die Regel. Die Verarmung, die auch durch Aus- und Abwanderung nicht entschärft werden konnte, führte 1848 zu einem revolutionären Potential, das unter anderem auf den Ausgleich der Nutzungsrechte an den naturalen Ressourcen ausgerichtet war. Mit der Kapitalisierung der Agrarproduktion traten die bestehenden Abhängigkeiten deutlicher hervor, und im Anwachsen einer neuen Sozialschicht, der Tagelöhner, wurden die paternalistischen Beziehungsgeflechte auf dem Land erweitert. Sie bedurften einer symbolischen Codierung. Die Kleidung bot dafür ein werk- wie sonntäglich zur Schau getragenes, visuell faßbares Ordnungssystem.

Romantik, Restauration und Inszenierung

Im Zeitalter der Revolutionen war der Aufbruch in die Moderne verbunden mit der Suche nach ethnischer Herkunft: eine Rückwendung in die Geschichte, die ein »nationales Erwachen«, die Herausbildung einer nationalen Identifikation begleitete. Die großen politischen Umwälzungen, die mit den Napoleonischen Kriegen das Ende des alten feudalen Staatengefüges in Mitteleuropa, die Säkularisation und den Zerfall des Heiligen Römischen Reiches einleiteten und zur Neuordnung der politischen Strukturen und zum Prozeß der Nationenbildung führten, haben die Perspektiven auf ländliche Tracht als Objekt politischer und kultureller Projektion geprägt. Auf der Suche nach ethnischer Herkunft wurden die unteren Bevölkerungsschichten als Träger einer materiellen und geistigen Kultur entdeckt, vor allem als Trachtenträger, die in der romantischen Hinwendung zum Altertümlichen, Archaischen eine vermeintliche Kontinuität des »Volkscharakters« verkörperten. Aus der Französischen Revolution waren Idee und Bedeutung der Nation als politischer Begriff hervorgegangen. Die Gleichsetzung von Nation und Volk ließ nun nach augenfälligen Artefakten und symbolischen Formeln für die Konstruktion gemeinsamer geschichtlicher Erinnerung streben.

Es wurden Vorstellungen von Nationaltrachten entwickelt, die in den regionalen Kleidungsformen der bäuerlichen Bevölkerung den Schlüssel zum Verständnis der Volkskultur zu entdecken hofften. Insbesondere im Vielvölkerreich der Donaumonarchie wurde mit den Bestrebungen nach nationaler Souveränität eine politische Sprache der Kleidung formuliert, die in der Stilisierung des Bauernkleides zum Nationalkostüm den Anspruch auf nationale Eigenheit und Eigenständigkeit zu artikulieren versuchte. Im Neoabsolutismus der Metternich-Ära wurden solche Regungen nationalen Selbstbewußtseins aufmerksam beobachtet. Der Staat begegnete ihnen durch die Dokumentation ethnischer Vielfalt im Reich, führte im pittoresken Völkerreigen Genügsamkeit und Treue der Untertanen vor.

1821 legte Jaschke seine Bilder von Nationaltrachten und Ansichten von Ungarn, Kroatien, Slawonien, dem Banat, Siebenbürgen und der Bukowina vor: Volkslebensbilder, die in der bunten Zusammenschau festlicher Gewänder einer kameralistischen Bestandserfassung der Landeskultur glichen. An diese Übersicht über die transleithanischen Gebiete der Monarchie schlossen sich auch in den übrigen Kronländern des Kaisertums Österreich Dokumentationen der »Nationaltrachten« an – etwa die Serien von Johann Georg Schedler aus dem Jahre 1824 oder die völkertafelartigen Lithographien des Tiroler Genremalers Anton Falger von 1829 über Tirol und Vorarlberg. Sie bezogen sich auch auf die landständischen Uniformen der Befreiungskriege und gaben damit dem romantischen Konzept einer deutschen Nationalbewegung Ausdruck. Städtisch-bürgerliche Kreise entdeckten nun ihr Interesse an regionalen Kleidungsgewohnheiten des Bauernstandes, der in frühen grafischen Serien als Reiseandenken und häuslicher Schmuck vermarktet wurde. Es entstand ein Genre biedermeierlicher Trachtengrafik als romantische Abbildung der Topoi naturnahen Lebens, die in der Landbevölkerung die Projektionsfläche von Sehnsuchtswelten, die

Verkörperung des Einfachen, Unverfälschten sahen. Sie geriet zum Ausdruck natürlichen Lebens, zum Inbegriff von Volk und Nation.

Während Jacob und Wilhelm Grimm in ihren ›Altdeutschen Wäldern‹ zum mythischen Urgrund der nationalen Vergangenheit vordringen wollten und damit eine wissenschaftliche Verankerung romantischen Suchens nach der deutschen »Volksseele« begründeten, zeichnete der »Malerbruder« Ludwig Emil Grimm Mädchen in den alten Trachten Oberhessens und des Schwalmgrundes: anmutige Bilder, in die er seine Begeisterung, die Faszination des Altertümlichen und eine die Zeiten überdauernde Lebensfrische des einfachen Volkes hineinschrieb, Konstruktionen einer Kontinuität des Volkslebens, die aus der Natürlichkeit, der Nähe zum Ursprung schöpfte. Naturpoesie und Nationalpoesie, die für Wilhelm Grimm auswechselbare Begriffe waren, suchte die Romantik in der Volkskultur zu finden.

Die Entdeckung der Volkstrachten trug Züge der Befriedung in einer Zeit, als sich nur zögerlich die Umsetzung der in der Revolution in Frankreich angestoßenen Forderungen nach gesellschaftlichen und wirtschaftlichen Reformen auch in den anderen mitteleuropäischen Staaten abzuzeichnen begann. Als am 25. August 1844 in Darmstadt ein Monument zu Ehren des Großherzogs Ludwig enthüllt wurde, marschierte ein Festzug von Burschen und Mädchen in den farbenprächtigen Trachten der hessischen Provinzen auf, »Repräsentanten des Bauernstandes aus nahen wie entfernten Theilen des Großherzogthums [...] um auch an jenem Tage öffentlich darzuthun, wie sehr er die großen Wohlthaten zu schätzen weiß, welche ganz besonders dieser Stand dem höchstseligen Großherzoge Ludewig I. verdankt«.

Die Huldigung, von den zentraldirigistisch gelenkten landwirtschaftlichen Vereinen organisiert und demonstriert auf vorangetragenen Standarten, hatte ihre Entsprechungen in anderen Territorialstaaten. Auch die »Landesbrautzüge«, die anläßlich der Vermählung des Kronprinzen Maximilian von Bayern mit der Prinzessin Marie von Preußen 1842 in München stattfanden, und die großen Landwirtschaftsfeste 1835 in München und 1838 in Karlsruhe boten Gelegenheit, Trachtenaufzüge als Huldigung an die Landesfürsten zu inszenieren. Sie waren gedacht als Abbild des »gegenwärtigen Nationallebens«, als Repräsentation der »verschiedenen Volksstämme«, als Ausdruck regionaler Eigenheiten, die im größeren Ganzen des Fürstentums, des Staates, der Nation zusammenwachsen sollten. Ein »Nationalgefühl« galt es zu festigen, das in den Hungerkrisen und Brotunruhen des Vormärz die revolutionäre Stimmung kompensieren sollte.

In der Donaumonarchie hatten die »Völker des Reiches« während der Revolutionszeit in der Hoffnung auf nationale Selbstbestimmung eine kulturelle Inszenierung weitergeführt. Sie wurde besonders in der Entlehnung von Elementen der bäuerlichen Kleidung und historisierender Kostüme, in der Entwicklung von »Nationaltrachten« durch den Adel gepflegt. Diese Inszenierung ging in die Stereotypen der »ungarischen Tracht« ein. Auch Racinet hat die ungarische Magnatentracht in sein Trachtenwerk aufgenommen; die Abbildung eines ungarischen Adligen zeigt den Kucsma, eine prächtige, mit Adlerfedern geschmückte Kopfbedeckung aus Zobelfell und Samt, sowie reichverzierte Jacken, Dolmán und Attila, einen pelzbesetzten Samtmantel mit Silber- oder Türkisknöpfen und Seidenschlaufen. Das Tragen der Magnatentracht äußerte die antihabsburgische Stimmung in Ungarn, die mit der Niederschlagung des Kossuth-Aufstandes 1849 das Verhältnis zu Österreich belastete. Über die Vojvodina fand sie Verbreitung auch bei Serben und Rumänen und bestimmte nachhaltig das Bild der »ungarischen Tracht« in Europa. Sie war Ausdruck einer Nationalisierung von Kultur, die Identität und politische Orientierung signalisierte und in vielen europäischen Ländern eine Artikulation der Aufbruchstimmung in der Revolutionszeit erkennen läßt. Drei Aneignungsebenen lassen sich also feststellen, die in ihren Projektionen zur Herausbildung des Phänomens Tracht ganz entscheidend beigetragen haben.

Da ist zunächst die Aneignung von Tracht durch die Herrschenden. Sie läßt sich vor allem in der Entwicklung alpenländischer Landestrachten und ihrer Adaption durch Mitglieder des bayerischen Königshauses und der Habsburgerdynastie verfolgen. Was Erzherzog Johann noch als Flucht- und Protestbewegung in seiner Hinwendung zum steirischen Landvolk, als romantische Suche nach dem einfachen, natürlichen Leben vollzogen und in Loden gekleidet hatte, geriet nun bald zur repräsentablen Jagdkleidung der kaiserlichen Hoheiten, als Bekenntnis zur vaterländischen Geschichte und Kultur. Schon der junge Kaiser Franz-Joseph, dessen Regierungszeit mit der blutigen Niederschlagung der Revolution 1849 begann, gab sich in der Restauration gern volksverbunden; eine bekannte zeitgenössische Lithographie zeigt ihn 1854 in alpenländischer Tracht mit seiner auserwählten Braut Elisabeth und deren Vater, Herzog Maximilian in Bayern, bei einer Bootspartie auf dem Starnberger See.

Die Nähe von Krone und Tracht als Standesinsignien, die Aneignung folkloristischer Attribute im dynastischen Gepränge aber wird besonders deutlich in der Widmung einer Hochzeitsschatulle, die noch im gleichen Jahr der jungen Kaiserin Elisabeth überreicht wurde. Diese Hochzeit demonstrierte mit dem prunkvollen Zeremoniell in der Wiener Augustinerkirche am 24. April 1854 den Triumph des Neoabsolutismus, der es sich leisten konnte, anläßlich der Vermählung eine Amnestie für die Aufständischen des Jahres 1848 in Lemberg und der Unruhen in Galizien zu erlassen und in Ungarn, der Lombardei und Venetien den Belagerungszustand aufzuheben. Die Hochzeitsschatulle, von dem Verleger Carl Anton Spina entworfen und von Albert Decker ausgeführt, versammelte die Vielfalt der Völker des Reiches zur Einheit des Ganzen, nicht zuletzt in einer in den Einfluß der Braut gesetzten Hoffnung, das rigide Regime der Restauration mildern und den Völkern im »Völkerkerker« der Monarchie das Leben erträglicher gestalten zu können. Auch die Aquarelle dieser Hochzeitsschatulle zeichnen sich in ihrer Klischeebildung, in der Stereotypisierung von Landestrachten der verschiedenen Völker durch eine Suche nach nationaler Identifikation aus.

Mit den Feierlichkeiten zur Königskrönung 1867 wurden in Ungarn die erfolgreichen Ausgleichsverhandlungen, der entscheidende Schritt zur Durchsetzung einer konstitutionellen Regierung im Habsburgerstaat und die Einsetzung einer Verfassung abgeschlossen. Die Prachtentfaltung des ungarischen Adels, der in Nationalkleidung mit Attila und Kucsma, Wehrgehängen und Spangen auftrat, glich nach zeitgenössischen Berichten einer feudal-aristokratischen Heerschau. Königin Elisabeth, die sich energisch für ein Zustandekommen des Ausgleichs mit Ungarn eingesetzt hatte, trug zu ihrem Krönungsornat ein Kleid, das sich an die Kostüme der ungarischen Magnatenfrauen anlehnte. Ihrer Sympathie für die ungarischen Angelegenheiten hatte sie auch zuvor schon bei öffentlichen Auftritten durch das Tragen von Hauben und Gewändern der ungarischen »Nationaltracht« Ausdruck gegeben. Sie zeigte darin ihre Distanz zum habsburgischen Erzhause, ihre Verachtung der Kamarilla am Wiener Hof und ihr Aufbegehren gegen die Etikette des spanischen Hofzeremoniells. Die aufmerksame Beobachtung durch die Presseberichterstattung dürfte für Racinet Anlaß gewesen sein, in seine Galerie der ungarischen Trachten ein »Kostüm, das dem der Kaiserin von Österreich ähnelt«, aufzunehmen – eine Projektion der Projektion also, in der die Spiegelung der symbolischen Aneignungen und ihre Brechungen besonders deutlich werden. Auch das städtische Bürgertum adaptierte vielfach Elemente ländlicher Kleidung. Diese zweite Ebene der Aneignung war Ausdruck nationaler Identitätssuche oder Ausgleich von Zivilisationsflucht und Ängsten in der Industriegesellschaft.

Der Beginn der sechziger Jahre zeigte Versuche der bürgerlichen tschechischen Gesellschaft, nationalpolitische Aktivität und Selbstbewußtsein zu entfalten. Sie entwarf eine eigenständige tschechische Mode, die sich durch Einfachheit, slawischen Farbenreichtum und die Berufung auf traditionelle ländliche Vorbilder auszeichnen sollte. Die Kreation von kurzen *(čamárky)* und taillierten Jacken als Oberbekleidung *(čamary)* zeigten ebenso wie die Verwendung »slawischer Arabesken« aus der zeitgenössischen künstlerischen Ornamentik die Betonung einer eigenständigen Bekleidungskultur der böhmischen Länder als emanzipativen Anspruch. Im Kontext dieser »tschechischen Mode« wurde erstmals der Inhalt des tschechischen Begriffes *kroj* (Tracht) im Sinne einer traditionellen Volkskleidung formuliert. Sie hat die Vorstellungen einer »nationalen« Kleidung im Milieu der tschechischen Stadt für einige Generationen geprägt.

Die bürgerliche Hinwendung zur Tracht zeigte sich in der zweiten Hälfte des 19. Jahrhunderts vor allem in der vielerorts bevorzugten Einstellung von Dienstmädchen in ländlicher Kleidung. Auch hierin äußerte sich eine ambivalente Motivation der Vereinnahmung. Während von den landbürtigen Dienstmädchen aufgrund ihrer Sozialisation in einer streng hierarchisch gegliederten ländlichen Gesellschaft Gehorsam, Disziplin und Fügsamkeit erwartet werden konnte und die Tracht gewissermaßen äußeres Zeichen eines den Dienenden zugewiesenen sozialen Status war, drückten sich darin auch Ideal und Sentiment einer bürgerlichen Zuflucht zum einfachen Leben aus. In diese Projektion fügte sich auch die Auswahl von Ammen vom Land durch das städtische Bürgertum: Ammen in ländlicher Tracht, deren traditionelle Kleidung den Symbolgehalt des Gesunden, Aufrechten, Mütterlichen trug. Aus dem Spreewald etwa oder aus der hessischen Schwalm gingen sie in städtische Dienste, und die Kinder aus bürgerlichem Hause wurden für Erinnerungsbilder nicht selten in die heimatliche Tracht ihrer Amme gekleidet.

Überhaupt waren für die exzessive Nutzung der neuen fotografischen Technik Kostümierungen im Fotoatelier durchaus üblich. Nicht nur Kinder, sondern auch Erwachsene ließen sich in regionaler ländlicher Tracht ablichten. Diese Faszination des fremden Gewandes verdeutlicht auch das Unbehagen am Diktat des raschen Modewechsels in der bürgerlichen Kleidung, zeigt die Ambivalenzen im Gefühlsleben einer Epoche, die zur Kompensation des Neuen, der angestrebten Veränderungen im Alltagsleben durch wissenschaftlichen und technischen Fortschritt ein Wertebewußtsein des Bleibenden, eine Agrarromantik als bürgerliche Sehnsuchtswelt schuf.

Die dritte Ebene symbolischer Aneignung war die Rekultivierung der Tracht durch die bäuerliche Bevölkerung selbst. In den siebziger und achtziger Jahren deutete sich im Zusammenhang der Industrialisierung jene Ambivalenz bäuerlicher Kulturentfaltung an, die zwischen Tradition und Fortschritt, Idylle und Aufbruch vermittelte und gerade in Gebieten einer zügigen Technisierung der Agrarproduktion der Einführung von Dampf- und Dreschmaschinen die Beibehaltung und prunkvolle Ausstattung der Tracht gegenüberstellte, ja in einzelnen Teilen der Kleidung geradezu eine Hypertrophierung entwickelte. Es war die Zeit, in der die Modernisierungsprozesse im agrarischen und im industriellen Bereich zu korrespondieren begannen. Mit dem gewaltigen Ausbau des industriellen Arbeitsmarktes suchte die Landarmut durch Ab- oder Saisonwanderung hinreichendes Auskommen zu finden. Diese Abwanderung vom Land zwang, verschärft durch die Agrarkrise der siebziger Jahre, der agrarischen Produktion durch die Entlastung vom Bevölkerungsüberschuß und den Rückgang verfügbarer Arbeitskräfte technische Modernisierungs- und Rationalisierungsmaßnahmen auf. Durch relativ stabile Preise bei tierischen Veredelungsprodukten wurden die Viehzucht, insbesondere die Milchviehhaltung, deutlich intensiviert, Molkereien und neue Stallungen errichtet. Die bäuerliche Wohnkultur veränderte sich: Das Gesinde wurde separiert, erhielt eigene Kammern und Dienstbotenstuben. Im bäuerlichen Haushalt verwendete man besseres Geschirr, Steingut und Porzellan, sowie industriell gefertigtes Mobiliar. In diesem »Verbürgerlichungsprozeß« bäuerlicher Kultur wurden nicht nur in kleinbäuerlich geprägten Realteilungsgebieten mit der Herausbildung von arbeiterbäuerlichen Existenzbedingungen, sondern auch in vielen Agrargebieten die tradierten Formen bäuerlicher Kleidung abgelegt. Die Übernahme bürgerlich-städtischer Mode als symbolischer Ausdruck bäuerlichen Selbstbewußtseins, die Repräsentation eines Agrarkapitalismus durch die »Stehkragenbauern« läßt den kulturellen Umbruch deutlich werden.

Dort, wo regionale bäuerliche Kleidung beibehalten wurde, geschah auch dies als bewußte Weiterentwicklung und modische Veränderung tradierter Kleidungsformen, die dem bäuerlichen Repräsentationsbedürfnis Rechnung trugen und vor allem die gesellschaftlichen Unterschiede in der Auswahl der Stoffe und in den Accessoires deutlich hervorhoben. Einzelne Elemente der Kleidung wurden besonders betont; meist trug die Vergrößerung von Einzelteilen – Band- oder Schleifenhauben, Kragen oder Guimpenbesatz – zu überdimensionierten, kaum noch tragbaren Erscheinungsformen festtäglicher Gewänder bei.

In ihrem äußeren Erscheinungsbild wurden viele Trachten, vor allem Frauentrachten, durch Verlängerung der Röcke und die Auswahl gedeckter Farben an die bürgerlich-städtische Mode des ausgehenden 19. Jahrhunderts angelehnt. Mit der Funktion bäuerlicher Ehe- und Übergabeverträge als Regularien der Besitzverhältnisse, als Gewähr einer sozialen Absicherung und Ausdruck einer existentiellen Bedeutung des Grundbesitzes korrespondierte vor allem die Beibehaltung repräsentativer Kleidungsformen und ihrer Accessoires in den bäuerlichen Hochzeitstrachten. »Hut bei Schleier und Schleier bei Hut« war sprichwörtlicher Ausdruck einer sozialen Endogamie der Standesheiraten, in der die Mitgift zur Arrondierung des Besitzes beitrug und in der mit zeremonieller Kleidung verdeutlicht wurde, daß das »Werk« zueinander paßte.

Fund und Erfindung: die wissenschaftliche Entdeckung der Tracht

Die Wahrnehmung ländlicher Kleidung durch das städtische Bürgertum, die Entdekkung der »Volkstracht« als bürgerlicher Wert, war am Ende des 19. Jahrhunderts Bestandteil einer bürgerlichen Selbstvergewisserung, in der »Volkskultur« eine wichtige Projektionsfläche der Sehnsüchte und Wünsche abgab: Ihre Erfassung, Beschreibung und Bewahrung führte zu einem Prozeß der Verwissenschaftlichung, mit der die Volkskunde in den achtziger Jahren ihre organisatorische und institutionelle Grundlegung fand. Die fotografische Dokumentation der ›Österreichisch-ungarischen National-Trachten‹ 1881 bis 1888 unter Leitung des Malers Franz Graul und vor allem das großangelegte, 1870 erschienene farbige Werk Albert Kretschmers über die ›Deutschen Volkstrachten‹ haben hierin Maßstäbe gesetzt und regten an zu beflissenem Sammeln und Dokumentieren. Eine hektische Suche nach den alten Kleidungsformen der Landsleute als Vorbilder für nationale und regionale Trachtenwerke begann.

Doch die gemalten und fotografierten Trachtenstudien hielten nicht nur das getragene Gewand fest, sie zeigten auch und vor allem, was gesehen werden wollte – im Augenblick der Dokumentation gerannen die Abbildungen zu Wunschbildern einer statischen, »beharrenden« Volkskultur, wurden zum Ausdruck des Dauerhaften, Bleibenden. Wissenschaftler verschiedener akademischer Disziplinen wandten sich nun dem Studium der ländlichen Kultur zu, zeichneten, fotografierten und beschrieben in akribischer Manier die Volkstrachten, die ihnen zu Quellen wurden für ein geordnetes, das Altehrwürdige, Überlieferte achtende Volksleben als Grundlage des Staates. Junge Frauen wurden in den Gewändern ihrer Großmütter gezeichnet und damit der Ausdruck des Bleibenden, Archaischen im Bilde festgehalten. Selten nur und vielleicht auch eher unbewußt sind die Unterschiede zwischen den Generationen, der modische Wandel, aufgezeichnet worden, wie in den Bildern von Alois Melichar, der als ausgebildeter Geometer und Forstbeamter in der Umgebung von Benešov bei Prag in den neunziger Jahren des 19. Jahrhunderts Studien zur materiellen Volkskultur anfertigte.

Den bürgerlichen Aneignungen von Tracht entsprach vielmehr auch ihre wissenschaftliche Beschreibung, die im Sammeln der regionalen Besonderheiten die zeitliche

Dimension, die Dynamik modischer Veränderungen auch in der Tracht übersah. Sie verkörperte eben jene Ideale und Sehnsüchte einer bürgerlichen Zuflucht zum Lande, die in der Hinwendung zur Tracht ihre emblematische Stilisierung fand. In dieser Idealisierung der Dauer, der Kontinuität im Volksleben übersah die Dokumentation dabei freilich allzugerne und allzuoft die modischen Veränderungen der Trachten, ihre Anpassung an das Geschmacksempfinden der sie tragenden Generationen. Auf diese Weise konnten das Bild von ländlicher Tracht der städtischen Mode entgegengestellt und die Begrifflichkeit binärer Oppositionen von Mode und Tracht herausgebildet werden. Kostümgeschichtliche Akzellerationen mit ihrem als bedrohlich empfundenen raschen Modewechsel wurden mit einer idealisierten kulturellen Objektivation des Dauerhaften aufgewogen.

Racinet hat gerade mit diesem Dokumentationsinteresse angesetzt und seine völkertafelartigen Darstellungen der europäischen Volkstrachten geschaffen. Indem er seine Abbildungsvorlagen aus den regionalen und nationalen Trachtenwerken zusammentrug und kompilierte, führte er deren Methodik fort. Die Herkunft vieler Figuren auf seinen Bildern läßt sich leicht erkennen und bestimmen; die traditionellen Trachten aus Ziller- und Inntal, aus Ötz- und Sarntal sowie die Frauen in Altenburger Tracht etwa zeigen deutlich ihre Vorlagen im Kretschmerschen Trachtenwerk von 1870. In ihrer Zusammenstellung von Trachten aus Tirol, Sachsen und dem Schwarzwald kamen die Trachtentafeln Racinets jenen nationalen Stereotypen nach, die plakativ einige wenige ausgewählte Volkstrachten zu symbolischen Schaubildern der Nationen werden ließen. Dem entspricht, daß viele Trachten gar nicht einmal mehr korrekt zugeordnet wurden. Noch im Teilreprint des Werkes führten Namensähnlichkeiten der Regionen zu gravierenden Verwechslungen (Darmstadt im Großherzogtum Hessen statt Dannstedt in Sachsen, Passau statt Passeier in Tirol). Diese Fehler sind symptomatisch noch für die heutige Rezeption des Trachtenwerkes: Es sind Konstruktionen von Stereotypen, die austauschbar werden und kaum noch regionale oder soziale Differenzierungen zulassen; sie haben ihren räumlichen und gesellschaftlichen Kontext verloren.

Racinet hat also ausgewählt, in der notwendigen Beschränkung das jeweils Merkwürdige, Besondere, Eigentümliche hervorgehoben und zu einer Topographie des Nationalcharakters zusammengefügt. Die Schönheit des Tiroler Berglandes, die anziehende Tracht ihrer Bewohner, ihre Jagdkünste und ihre Lieder und Traditionen hat er als Gründe für den Ehrenplatz angeführt, der Tirol eingeräumt wurde. Damit hat er zugleich auch die Auswahl von sechs Tiroler Trachten als repräsentative Gewänder aus deutschen und deutsch-österreichischen Landschaften begründet. Die Stereotypisierung setzte sich fort in der Beschreibung der einzelnen Staaten und Nationen, fügte der Ungewißheit wechselnder politischer Staatenbündnisse und Machtkonstellationen im Europa des ausgehenden 19. Jahrhunderts ein Moment der Sicherheit, der Vergewisserung nationaler Ordnung und Gleichwertigkeit hinzu.

So wurden sie also geprägt, die Trachtenlandschaften Europas, jene Bilder der holländischen Fischersleute, der Mädchen in ihren feinen gesteiften Leinenhauben und roten Seidenbändern, der Burschen und Männer in blauen Jacken, weitgeschnittenen

Hosen und Holzpantinen, die Trachtenbilder der skandinavischen Länder mit reicher Stickerei der wollenen und ledernen Kleidung, der Fellmäntel, der Woll- und Leinenhauben, der farbenprächtigen Kleidung der Samen mit ihren Rentierschlitten. Von den elsässischen und lothringischen Trachten hat Racinet Frauenkleidung aus Straßburg, Colmar und Kochersberg ausgewählt: Fichu aus Musselin, bestickte Seiden- und Gold- und große Schleifenhauben, für die er einige Beispiele auch aus dem 17. Jahrhundert anführte, um die strenge ständische Kleiderordnung der elsässischen Gesellschaft in der frühen Neuzeit deutlich zu machen.

Repräsentativ für die spanischen Trachten wählte Racinet die Kleidung der Stierkämpfer mit Epauletten-Jacke, Kniehose und Schärpe sowie dem roten Cape, dem *muleta*, aus; die dargestellten Frauentrachten aus Salamanca, Avila und Asturien prägten in farbenfrohen, samtdrapierten Röcken den prunkvollen Eindruck Spaniens in Racinets Trachtenwerk. Das lange Kleid der italienischen Frauen, *camisa*, führte er – seiner Vorstellung von Kontinuität in der ländlichen Tracht folgend – auf ionischen Ursprung zurück, und auch hier drücken die farbenfrohen Muster der gewebten oder bestickten Leinenstoffe die Erwartungen eines mediterranen Schmuckbedürfnisses in den Darstellungen der Nationaltrachten Italiens aus.

Auch aus dem Zarenreich wählte Racinet adlige Kostüme des 17. und 18. Jahrhunderts mit Kaftan und zobelpelzgefütterter Pelisse und seidener Kopfbedeckung, *ferez*, aus; als nationale Besonderheiten fügte er Trachten der Tataren mit Schleier und pludrigen Pantalons an. Ganz ähnlich stellte er die polnischen Nationalkostüme – wohl in Ermangelung zugänglicher nationaler Trachtenwerke – durch adlige Kostüme des 16. und 17. Jahrhunderts mit Übergewand *(kontousch)*, Untergewand *(joupane)*, Haube *(kolpak)* und Umhang *(deliura)* dar.

Schottland wird bei Racinet hauptsächlich durch die Darstellung des schweren Wollstoffes *(tartan)* und seiner verschiedenen Muster in den Trachten der Clans vertreten und vor allem am Kilt *(phillibeg)* festgemacht. Er nahm damit Bezug auf das große Interesse an den Nationalkostümen der Schotten und Iren, an der Ausdruckskraft der Farben, die an die heideüberwucherten Landschaften des schottischen Hochlandes erinnern sollte, und das Interesse für die einfachen Schnittmuster von Kilt und Plaid *(breacan)*.

Leuchtende Farben und Bänder hat Racinet als pittoreske Eindrücke der schweizerischen Trachten herausgestellt, Zeichen jenes heiteren und strahlenden Kleidungsstils, der als Ausdruck des schweizerischen Nationalgefühls verstanden wurde. Schwarze Samtleibchen und gefältelte Hemdkleider *(plastrons)*, Satinkappen und schwarze Gazehauben bestimmen das Bild der ausgewählten Frauentrachten aus den Kantonen Appenzell, Fribourg und Luzern, Bern, Wallis und Schaffhausen.

Die Konstruktion nationaler Identitäten, die in der Schweiz wie in vielen anderen europäischen Staaten die Trachten – die ja Phänomene »temporärer Gruppenkleidung« waren, Ausdrucksformen zeitspezifischer bäuerlicher Kultur – nun in der Standardisierung zu Emblemen des Nationalgeistes stilisierte, führte hin zur Herausbildung jener nationalen Stereotypen, mit denen im 20. Jahrhundert die europäischen Nachbarn in Selbst- und Fremdbildern einander begegnen sollten.

Die politischen Intentionen volkskundlicher Arbeit, das Streben nach der Bewahrung kultureller Werte als Ausdruck konservativer bürgerlicher Kulturauffassung und nationaler Gesinnung fand ihren Niederschlag schließlich in der Musealisierung des Phänomens Tracht. Die Sammlungen der »materiellen Volkskultur« widmeten sich der Dokumentation der bäuerlichen Gewänder; umfangreiche Bestände an Hauben und Accessoires wurden zusammengetragen. Gerade die Haube als leicht aufzubewahrendes Einzelexponat ließ in ihrer Formenvielfalt den Überblick über die verschiedenen Kleidungsformen zu; als meist kostbar verzierte Accessoires waren zudem auch viele ältere Stücke erhalten und erlaubten den Rückblick auf »nationale Altertümer«. Die großen musealen Sammlungen zur Volkskultur am Ende des 19. Jahrhunderts zeichnen sich in der Regel durch umfangreiche Trachtenbestände aus.

Mit dem nationalen Pathos des jungen Deutschen Reiches wurde nach der Kaiserproklamation in Ermangelung griffiger Nationalsymbole von historischem Rang die Abgrenzung vom Habsburgerstaat in der Inszenierung nationaler Fest- und Feiertage, der Errichtung von Nationaldenkmälern und der Konstruktion historischer Kontinuitäten in der Organisation von Trachtenumzügen die Fürstenhuldigung des Vormärz wiederbelebt. In ihnen fanden die Attitüden bürgerlicher Werteinstellungen, historisierender Kultur- und Gesellschaftsentwürfe und nationaler Abgrenzung ihren Ausdruck. Sie setzten in ihren Inszenierungen um, was in den Trachtenwerken als Konstruktion des Dauerhaften, Bleibenden in der Volkskultur angelegt war. Vereine und Gesellschaften schrieben sich die Erhaltung und Pflege der Volkstrachten auf ihre Fahne und zeichneten für die Organisation und Durchführung der Feste und folkloristischen Umzüge verantwortlich.

Während die Vereinnahmung der Volkskultur im Deutschen Reich von einer durch Karl Weinhold geprägten nationalen Volkskunde in ethnozentrischer Perspektive entwickelt wurde und die Aufgabenstellung erhielt, kulturelle Ausdrucksformen bis zu ihren historischen Wurzeln, zum »Urgrund der Volksseele« zurückzuverfolgen, ging die Konzeption ethnographischer Arbeit im Habsburgerstaat auch andere Wege. Sie suchte in ihren Dokumentationen der Volkskultur, in der Sammlung ästhetisch ansprechender Exponate einen respektvollen Umgang mit dem Fremden zu vermitteln, einen vergleichenden Ansatz in der Betrachtung fremder Kulturen umzusetzen. 1885 wurde auf Initiative und unter dem Protektorat von Kronprinz Rudolf eine großangelegte Ethnographie und Landeskunde der ›Österreichisch-ungarischen Monarchie in Wort und Bild‹ begonnen, die als Volksbuch gedacht war und den Patriotismus wie die Identifikation aller Nationalitäten mit dem Vielvölkerstaat fördern sollte. Unter Beteiligung führender Gelehrter der Monarchie war das Werk konzipiert, den Völkern ein einigendes Staatsgefühl zu vermitteln, Wissen als Handreichung zur Versöhnung zu verstehen. Damit war dem Unterfangen eine Aufgabe zugedacht, die die verhängnisvolle Unfähigkeit der franzisko-josephinischen Regierung, ein spezifisches Österreich-Bewußtsein herauszubilden und der Propaganda des jungen Deutschen Reiches mit seiner militaristischen Staatsdoktrin ein kulturpolitisches Konzept entgegenzustellen, kompensieren sollte.

In der Zeit der eskalierenden Nationalitätenkonflikte, die nicht zuletzt auch ihren

Niederschlag in kulturwissenschaftlichen Arbeiten fanden, kam dem Projekt eine große kulturpolitische Aufgabe zu, die es freilich von seiner Verbreitung und Wirkung her nicht mehr einlösen konnte. Die große Bedeutung des »Kronprinzenwerkes« für die Fachgeschichte der ethnographischen Forschung, den aus dem Erzherzog-Johann-Kreis überkommenen Ausdruck »Volkskunde« offiziell für Teile der Landesbeschreibung eingeführt zu haben, korrespondiert mit der besonderen Würdigung, die gerade die Trachten der verschiedenen Völker des Habsburgerstaates im Gesamtwerk fanden. Seine politischen Absichten, in der nervösen Stimmung des Fin de siècle mit den eskalierenden Nationalitätenkonflikten die Werte eines gleichberechtigten Nebeneinanders der Völker und ihrer kulturellen Eigenheiten zu erhalten, zeigen sich in den Bildern als zeittypischen Betrachtungen des Ethnischen. Sie sind Dokument des Umgangs mit dem Fremden im eigenen Reich. Das Fremde wird humanisiert, gemildert: Imaginationen einer gemeinsamen Kultur über alle ethnischen Unterschiede hinweg. Valeria Heuberger hat gewissermaßen einen Extrakt dieser völkervergleichenden Perspektive zusammengestellt: Es sind gerade die Bilder der »Volkstypen«, der bunten Trachten, der Märkte und Hochzeiten, die in ihrer Idealisierung doch wieder das gleichberechtigte Neben- und Miteinander der Völker und ihre Einordnung im großen Kontext des Staates beschworen. Ganz ähnlich zeichneten auch in den anderen europäischen Staaten künstlerische Inszenierungen des Trachtenlebens jene Konnotationen von Harmonie und Genügsamkeit des Landlebens, in denen Armut veredelt und die »Volksseele« in der Tracht versinnbildlicht wird.

Gegen Ende des 19. Jahrhunderts wandte sich die volkskundliche Dokumentation ländlicher Kleidungsformen mehr und mehr den Menschen zu, die das Gewand trugen und ihm durch Habitus und Gestus Ausdruck gaben. Zwei Trachtenwerke, die in unmittelbarer Nachbarschaft und teilweise auch im gleichen Forschungsfeld entstanden sind, zeigen diese Entwicklung in volkskundlicher Perspektive auf Tracht deutlich auf. Versuche, die Menschen in den Gewändern zu berücksichtigen, finden sich schon in den Skizzen und Aquarellen des Marburger Orientalisten Ferdinand Justi, der in den letzten drei Jahrzehnten des 19. Jahrhunderts die oberhessischen Trachten zeichnete und ihr historisches Werden ergründete. Justi hat in penibler Detailarbeit die Einzelelemente der Trachten beschrieben, Trachtenträgerinnen und -träger als Personen festgehalten und benannt. Seine Trachtenstudien sind in ein Umfeld der Bauernstuben und Landschaften hineinkomponiert worden, in denen er das Eigentümliche, Besondere der bäuerlichen Kultur Oberhessens in der Zusammenstellung ausgewählter Einzelstücke zu rekonstruieren suchte.

Bei aller Präzision der Dokumentation kam es ihm doch vorrangig auf die Einzelheiten von Form und Material, Schnitt und Farbgebung der Gewänder an: ein methodischer Zugang, der den Weg zur geschichtlichen Urform erschließen sollte. Bereits Mathilde Hain hat auf diese Selbstbeschränkung in Justis Forschungsinteresse hingewiesen, das Tracht als Objekt, als eine kulturhistorische Erscheinung in den Mittelpunkt stellte und die Träger der Tracht in ihrer Einbindung in Sozialgruppen und kulturelle Normen nur insoweit berücksichtigte, als ihre seelische Eigenart die Gesetze des geschichtlichen Wandels der Tracht erklären half.

Im volkskundlichen Werk des Frankfurter Grafikers Rudolf Koch, der zu den Illustratoren von ›Brehms Tierleben‹ gehörte und um 1890 mit der zeichnerischen Dokumentation von Trachten aus Thüringen, Hessen und der Rotenburger Hege begann, finden sich dagegen in künstlerisch ansprechender Manier die Trägerinnen und Träger der Tracht als Persönlichkeiten gewürdigt. Sie werden als Individuen gekennzeichnet. Die betonte Berücksichtigung der Körperhaltung, das Interesse des Künstlers an Habitus und Gestus, läßt die zeitgenössische Entwicklung volkskundlicher Perspektiven auf die Tracht erkennen, die um die Jahrhundertwende zunehmend ein Verständnis von Tracht als getragener Kleidung ausdrückte. Und sie spiegelt damit in der Phase der Verwissenschaftlichung und organisatorischen Begründung der volkskundlichen und ethnographischen Forschung in Europa den Schritt von der musealen Sammlung von Einzelexponaten zur Interpretation der Sachgüter als Form personaler Ausdrucksmöglichkeiten, mithin als kulturelle Objektivation wider.

Das am Ende des 19. Jahrhunderts entwickelte Konzept von Tracht als Repräsentation kultureller und nationaler Identität wurde im Verlauf der letzten 100 Jahre immer wieder aufgenommen und weiterentwickelt. Die Aspekte einer kulturellen und politischen Vereinnahmung wurden immer wieder als Zeichen einer neuerrungenen Staatlichkeit, vor allem aber exzessiv in den Diktaturen des 20. Jahrhunderts, funktionalisiert. Die »Wesenszüge« des »Nationalcharakters«, des »Gemeinschaftsgeistes«, wurden am Bauernkleid abgelesen, die Kleidungsgewohnheiten des »bodenständigen Landvolks« dienten der nationalen Abgrenzung nach außen und der Stilisierung und Heroisierung nationaler Kultur nach innen. Und doch zeigen gerade die kulturpolitischen Zugriffe auf das Phänomen Tracht in der NS-Diktatur und in der Sowjetunion auch das gespannte Verhältnis der autoritären Systeme zur Tracht, die in ihrer historischen Genese auch die formelhaften Codierungen regionaler Identität und sozialer Gruppenzugehörigkeit transportierte und nur schwer in die ideologischen Konzepte ethnischer und rassischer Einheitlichkeit zu pressen war.

Gerade der Nationalsozialismus hat mit dem Versuch einer vorsichtigen Nivellierung regionaler Unterschiede im Alltag getragener bäuerlicher Kleidungsformen die Entwicklung einer »deutschen Tracht« intendiert, die eine Hervorhebung des Nationalstaates gegenüber dem Landesbewußtsein und regionalen Identitätsstrukturen beinhaltete. Die Gründung einer »Mittelstelle deutsche Tracht« im NS-Frauenbund hatte die Aufgabe, diese Entwicklung einer Verbreitung »typischer« Kleidungselemente im Kontext einer »Trachtenerneuerung« zu fördern und als Inbegriff einer »Volksgemeinschaft« im Bewußtsein zu verankern. Auch in den sozialistischen Staaten wurde die Pflege des »kulturellen Erbes« in Form folkloristischer Inszenierungen durch strenggeregelte Präsentationen politisch gefördert. Die Konzeption des Ethnos intendierte auch hier eine Angleichung der kulturellen Ausdrucksformen, eine »Bereinigung von Nationalismen« (und Regionalismen), die eine Einheit der sozialistischen Gesellschaft verdeutlichen sollte.

Der politische Folklorismus hatte auch nach 1945 einen hohen Stellenwert inne; die Konnotationen von Heimat und Identität haben zur Vereinnahmung von Tracht als (vermeintlich) unpolitischem Symbol regionaler Verortung in demokratischen wie nationalistischen Entwürfen geführt: Politiker nahezu aller Parteien zeigen sich nur zu gerne im Kreise trachtentragender Jugendlicher, und sie drücken darin symbolisch eine Sinngebung der Heimatverbundenheit und Volksnähe aus.

Trachten als Embleme tragen in den hochtechnisierten industriellen Gesellschaften den Ausdruck einer nativistischen Rückkehr in sich, einer Suche nach kultureller Verheimatung, die ein Gegengewicht zu den vielleicht auch unbewußt empfundenen Verlusterfahrungen und Orientierungsunsicherheiten der Moderne scheinbar ermöglichen. Mit der Zunahme der individuellen Mobilität und des Massentourismus in den fünfziger und sechziger Jahren konnten sie als folkloristische Attribute regionaler Identität funktionalisiert und kommerzialisiert werden. Sie dienten als Werbeträger der Urlaubsregionen ebenso wie der regionalen Kaschierung einer breiten industriellen Produktpalette. Während in den Regionen, in denen bis zum Zweiten Weltkrieg auch von jüngeren Frauen Tracht noch im Alltag getragen worden war, im Kontext des Demokratisierungsprozesses nun zunehmend die bäuerliche Kleidung als Zeichen gesellschaftlicher Hierarchie abgelegt wurde, wandten sich Trachten- und Volkstanzvereine wiederum dem folkloristischen Kostüm als Projektion von Heimat in einer Welle von Neuschaffungs- und Wiederbelebungsversuchen zu: Trachten als Bilder einer »heilen Welt«, die im internationalen Jugendaustausch nun auch dem Willen zur Völkerverständigung dienen sollten. Sie trugen bei zu einer Verklärung der Vergangenheit in romantischen Perspektiven, die einer Reflektion ideologischer Konstruktionen aus der nationalistischen Epoche im Wege stand. Erst eine intensivere Auseinandersetzung mit der Zeitgeschichte hat in den siebziger Jahren vielfach eine differenziertere Aufarbeitung auch der ländlichen Alltagskultur und ihre Rezeption in der Öffentlichkeit befördert.

In den späten achtziger und neunziger Jahren ist überall in Europa ein wiederum wachsendes Interesse an ländlichen Trachten zu verzeichnen, besonders deutlich auch im Vorfeld und als Nachwirkung des großen politischen Umbruchs in den Ländern Osteuropas. In musealen Ausstellungen und in der wissenschaftlichen Literatur, in der folkloristischen Inszenierung und Trachtenpflege, in Tourismusmanagement und Werbung wie auch in den Projekten des internationalen Jugendaustausches läßt sich eine neuerliche Hinwendung zum Phänomen Tracht im Spannungsfeld von Konstruktion und Identifikation feststellen. Ist nicht diese Renaissance einer Thematisierung ländlicher Trachten auch Symptom einer neuerlichen Reflektion von Heimat? Und ist nicht diese Reflektion von Heimat auch Ausdruck eines Schrittes in die Moderne, der mit dem Bedeutungsverlust der Nationalstaaten und der Hervorhebung kultureller Entwicklungskonzepte von Regionen im Prozeß eines Zusammenwachsens von Europa auch den Umgang mit Geschichte neu prägt und den Konstruktionen von »Identität« und von »Heimat« als modernen Homogenisierungsbegriffen neuen Sinngehalt verleiht?

Schmuck-Kulturen

Gabriele Mentges

Die Königin Marie-Antoinette habe ein Halsband getragen, das ganz ihrer kühlen Ausstrahlung entsprach. So äußerten sich die Brüder Goncourt in ihrer Darstellung über *die* Frau des 18. Jahrhunderts. Ihr Urteil ist allerdings eine Rückprojektion des bürgerlichen Blicks des 19. Jahrhunderts, der in der Wahl des Schmuckes und der Kleidung in erster Linie den Wunsch nach persönlicher Darstellung sah. Das Schmükken geriet darin zum Ausdruck einer subjektiven Befindlichkeit, die Schmuckstücke wurden mit individueller Bedeutung aufgeladen. Doch zeigt diese Bemerkung auch, wie sehr sich die Beziehung von Person und Schmuck symbolisieren läßt – oder vielmehr, aktiv gewendet, wie sehr sich im Schmücken menschliches Handeln und Selbstverständnis symbolisieren lassen.

Wenn hier von Schmuck die Rede ist, so ist vor allem der Primär- sowie der Sekundärschmuck gemeint. Nach der Einteilung von Gerhart Egger wird unter ersterem der Körper- und Gewandschmuck verstanden. Zum zweiten zählen im wesentlichen Accessoires wie Taschen, Beutel und andere selbständige Schmuckstücke. Einen Sonderbereich des Schmucks stellen die Insignien sowie der Zeremonialschmuck dar, die vor allem als Zeichen der Macht Verwendung finden. Zu ihnen gehören das Zepter, die Krone – die Brautkrone ließe sich als Variante begreifen –, Amtsketten oder Medaillen.

Körperschmuck umfaßt Objekte wie Arm- oder Halsband, Ring, Diadem oder andere Kopfaufsätze. Die Bezeichnung »Gewandschmuck« bezieht sich auf jene Stücke, die mit dem Kleid eng verbunden sind wie Gürtel und deren Schließen, Miederketten und -gehänge, Knöpfe und andere. Diese Trennungen lassen sich in der Realität nicht so eindeutig ziehen; vielfach finden sich die einzelnen Schmuckfelder eng miteinander kombiniert. Am Gürtel können gleichzeitig Accessoires getragen werden. In Norwegen finden sich im Umfeld regionaler Kleidungsstile in dieser Weise benutzte Gürtel aus dickem Leder mit gegossenen Zinnornamenten, an denen die Frauen Utensilien ihrer häuslichen Macht wie Schlüssel, Messer und Nähzeug heften, die Männer wiederum brachten Zunder, Messer und Feuersteine an.

Fast überall bleiben Kleid und Schmuck eng aufeinander bezogen. Wie dies im einzelnen praktiziert wird, orientiert sich am Schmuckverständnis und an den Kleidungsvorstellungen, die je nach Zeit, sozialer Gruppe, geographischem Raum und den jeweiligen Traditionssträngen unterschiedlich gestaltet sind. Vor allem in den Bekleidungsstilen ländlicher, zumeist agrarischer Bevölkerungsgruppen in der Zeit des 18. und des 19. Jahrhunderts ist der Schmuck eng auf das Kleid zugeschnitten und kann daher fast immer zugleich als eine Funktion der Kleidung betrachtet werden.

Aus der engen Verknüpfung von Körper und Bekleidung lassen sich bestimmte, fast in allen Kulturen wiederkehrende Formen und Körperorte für die Ausschmückung festmachen, die wiederum bestimmte Typen und Formen an Schmuckstücken hervorgebracht haben: Kopfschmuck, Arm- und Halsband, Ring, Gürtel, Besätze wie Schnüre und Ketten am Frauenmieder – der Fußring kommt im Unterschied zu anderen Kulturen in den europäischen Gesellschaften sehr selten vor. Aber selbst textile Elemente lassen sich hier einordnen wie Borten und Bänder, Schleifen und vor allem die Stickerei. Zwar gehören sie im Verständnis einer strengen Schmuckdefinition zu einem Grenzbereich, sie zeigen jedoch, wie eng der Vorgang des Schmückens mit dem Textilen verwoben ist, von einer gemeinsamen fundamentalen kulturellen Haltung ausgeht und einen gemeinsamen kulturellen Prozeß bezeichnet.

Für diese enge Verknüpfung lassen sich eindrucksvolle Beispiele aus der russischen Tradition aufzählen. Dafür steht eine Frauenhaube der altrussischen Festbekleidung, die von reichen Bauers- und Kaufmannsfrauen aufgesetzt wurde: die Kokoschnik. Überreich mit Flußperlen bestickt, wird sie wie ein Diadem getragen. Auch ansonsten war es im alten Rußland vor Peter dem Großen (1672 bis 1725) durchaus üblich, Edelsteine auf die prächtigen Roben der Geistlichkeit und des Adels zu nähen, um Macht und Aura der Gewänder hervorzuheben.

Schmuck und Körper

Als Gegenstand des Schmucks liefert der Körper die erste Dekorationsgrundlage. Dies beginnt bei Tätowierungen, die als eine der ältesten Schmuckformen überliefert sind. Aus kunsttheoretischer Perspektive bedeutet Dekorieren, dem Körper eine bestimmte Ordnung aufzuerlegen, eine Regel, die sich ebenso auf die textile Unterlage wie auf die Schmuckstücke übertragen läßt. Durch den Schmuck wird der Körper ge- und zergliedert, indem seine einzelnen Körperteile betont und herausgehoben werden. Schmücken gehört also zu jenen anthropologischen Grundbedürfnissen, durch deren Erfüllung der Mensch vergesellschaftet wird. Durch die Ausstattung mit den Zeichen der jeweiligen gesellschaftlichen und kulturellen Ordnung wird sein Leib in diese Ordnung eingeführt und kulturell kommunizierbar gemacht. Die Ausstattung mit weiteren eigenständigen Objekten wie dem Schmuck, die über Kleidung und Körper hinausweisen, läßt auf eine kulturelle Motivation eigener Art schließen, die sich von der der Bekleidung grundsätzlich unterscheidet und sich daher nicht bloß auf den semiotischen Aspekt reduzieren läßt.

> »Der Schmuck steigert oder erweitert den Eindruck der Persönlichkeit, indem er gleichsam als eine Ausstrahlung ihrer wirkt. Darum sind die glänzenden Metalle und die edlen Steine von jeher seine Substanz gewesen, sind im engeren Sinne ›Schmuck‹ als die Kleidung und die Haartracht, die doch auch ›schmücken‹.«

Für den hier zitierten Soziologen Georg Simmel sind die Schmuckstücke eine Quelle, die das Individuum befähigen, Subjekt einer Ausstrahlung zu werden. Dies geschieht nicht nur im Sinne des bloßen Gefallens, sondern vor allem als Zugewinn an Macht und Stärke, um sich seiner als Person bewußt zu werden und sich damit seiner Identität zu versichern.

Die Faszination der Materialien

Die Einschätzung Simmels ist zwar in vielem der bürgerlichen Sicht der Dinge und des Individuums verhaftet – darin ist er den Brüdern Goncourt nicht unähnlich –, aber er gewinnt dem Schmuck neue, zusätzliche Bedeutungsdimensionen ab. Das Schmükken ist demzufolge nicht nur als ein bloßes zweckgerichtetes rationales Handeln zu verstehen. Statt dessen kommen auch Sinnebenen zum Tragen, die der bürgerlichen Welt eigentlich fremd geworden sind und oft mit Ablehnung, aber zumeist – nicht immer zu Unrecht – mit Bedenken erwähnt werden. Sie stehen mit der besonderen Materialität des Schmucks in einem Zusammenhang, der vielfach symbolisch gedeutet wird.

Bereits in der Alten Welt des Orients und in der Antike wurde Edelsteinen und kostbaren Materialien wie Gold sowohl medizinische, magische und symbolische Eigenschaften zugeschrieben, die eine eigenständige Materialsemantik ausbilden. Das griechische Weltbild der Antike gruppierte die Weltepochen nach abnehmendem Rang der Metalle: Gold, Silber, Erz und Eisen. In dem Gold spiegelte sich mittelalterlicher Auffassung zufolge der göttliche Glanz wider, den Edelsteinen wurden heilbringende Kräfte, magische Ausstrahlungen und symbolische Qualitäten zugeschrieben. Amethyste sollten Trunkenheit verhindern, die Klarheit der Kristalle wurde mit Reinheit gleichgesetzt. Selbst der Halbedelstein Bernstein wurde seit Ausgang des Mittelalters als Schutz- und Heilmittel geschätzt. Auf die abwehrende Kraft des Steins wird gleichfalls bei der Koralle gebaut, weil ihre Farbe schon äußerlich dem Blut ähnelt. In populären Vorstellungen sollte sie als Schutzmittel gegen den bösen Blick wirken und fand folglich gerne im Amulettschmuck Verwendung. Ähnliche Bedeutungszuschreibungen gab es für die anderen Edel- und Halbedelsteine wie zum Beispiel Rubin, Saphir, Smaragd und Malachit. Medizinische Bedeutung wurde dem Bernstein in manchen Gegenden wie in Westfalen und Schaumburg zugesprochen. Hier, im ländlichen Milieu, wurden Bernsteinketten noch im 19. Jahrhundert als Schutz gegen Halskrankheiten getragen.

Was in den Augen der verschiedenen sozialen und kulturellen Gruppen den Wert eines Schmuckstückes ausmacht, hängt nicht unbedingt und zwangsläufig vom Materialwert und den ihm zugeschriebenen Eigenschaften ab, sondern von der Art und Weise, wann, wie, wo und zu welchem Zweck es verwendet wird. In den traditionalen Gesellschaften wie in den ländlich-agrarischen Milieus zum Beispiel galten bestimmte Schmuck- als Erbstücke, die von Generation zu Generation an den Hoferben weitergereicht wurden, als Symbol der Geschichte, Herkunft und des Prestiges. Als Erbstücke waren Bernsteinketten, die quasi zum Hofinventar zählten, im Schaumburger Land sehr beliebt. Viele Brautkronen des 19. Jahrhunderts wiederum, die in ihrem bunten Zierat und Flitter, bestehend aus Pailletten, geschickt gewundenen Metalldrähten, Spiegeln und Bändern, durchaus keinen hohen Materialwert besaßen, wurden als zeremonielle Beigaben stets sehr hoch geschätzt.

Bedeutungen sind nicht für alle Zeiten festgelegt, sondern ergeben sich jeweils aus dem kulturellen Dinggebrauch. Wie Gislinde Ritz in ihrer grundlegenden Untersuchung zum volkstümlichen Schmuck nachweist, haben viele, gerade in diesem Umfeld gebräuchliche Schmuckstücke zuerst rechtliche und zeremonielle Bedeutungen, die sich erst im nachhinein zu primären Dekorstücken verfestigten. Dies ändert nichts an dem Umstand, daß Schmuckstücke unmittelbar mit Reichtum, Prestige und Macht verbunden bleiben und daher immer einen wichtigen Beitrag zur jeweiligen Repräsentationskultur liefern. Dennoch kann sich selbst dann der Wert des Schmuckgegenstandes an anderen, eigenständigen Kriterien orientieren. In den europäischen Gesellschaften des 18., 19. und 20. Jahrhunderts lassen sich daher sehr verschiedene Zugänge zur Kultur des Schmuckes ausmachen.

Schmuck in traditionalen Milieus: die ländlich-kleinstädtische Gesellschaft vom 19. bis zum Beginn des 20. Jahrhunderts

In den traditionalen Gesellschaften, in denen sich eigenständige regionale Kleidungsstile ausgebildet haben – insbesondere im ländlichen und kleinstädtischen Bereich mit einer Bevölkerung, die sich vorwiegend durch Handwerk und von Landwirtschaft ernährte –, bildet Schmuck einen Bestandteil der Bekleidung. Das setzt gegen Ende des 18. Jahrhunderts ein, findet seine stärkste Ausdruckskraft im 19. Jahrhundert und verbindet sich allmählich mit dem Repräsentationsverständnis der Moderne.

Schmuckgegenstände aus diesem Umfeld werden zumeist im Zusammenhang mit Volkskunst genannt, die den Schmuck als Teil einer größeren und zusammenhängenden Dingkultur begreift, in der ähnliche Regeln der Ornamentik, der Formgestaltung und des sozialen Gebrauchs gelten und die sich dem üblichen kunsthistorischen Stilbegriff und -denken entziehen. Das heißt keineswegs, daß Veränderungen und bewußte Gestaltungen ausgeschlossen sind, aber sie verlaufen in einer anderen historischen Dimension. Die Ornamentik ist hier oft verbunden mit Stilvermischungen und -überlagerungen, die von älteren wie von zeitgenössischen Einflüssen gleichermaßen profitieren.

Dies läßt sich am Beispiel Schwedens illustrieren, in dem durch die Verwendung von alten Stanz- und Gießformen alte Stilformen länger konserviert wurden. Ausgesprochen barocke Züge behielten hier auch die runden, herzförmigen Silberschnallen am Gehrock des Mannes und am ausgeschnittenen Mieder der Frau. Vor allem die Verschlußformen an der Kleidung sind zu üppigen Dekorationen aus- oder umgestaltet. Seien es reichverzierte Gürtelschnallen, prachtvolle Hemdschließen und Metallknöpfe wie bei den polnischen Männern im Tatragebiet, seien es üppige Miedergehänge wie an manch bayrischen Frauenkleidungen oder talerartige Knöpfe an den Männerwesten im Württembergischen – sie alle zeigen, wie die »Schwelle« zwischen Öffnen und Schließen, zwischen dem Körper und dem Kleid durch Schmuck gezielt betont und aufgewertet werden. Die Pracht des Gehänges mit überdimensional ausgestalteten Schmuckteilen wie bei griechischen Regionalkleidungsstilen der Frauen, die auf Brust, Armen, Kopf und Taille eine große Anzahl von silbernen oder versilberten Schmuckstücken anlegen, demonstriert Stellung und Status der Frau.

Manch auffällige Schmuckstücke sind ehemalige, in reines Dekor umgewandelte Funktionsstücke; als Beispiel steht hier der Miederstecker bei vielen Frauentrachten in Mitteleuropa, mit seiner Hilfe wurden einst die Schnüre durch die Miederlöcher des Schnürmieders gezogen. Reichtum und Prestige pflegte man in der Regel in einer sehr unmittelbaren Form auszudrücken. Münzen waren beliebt und üblich als Teil eines Gehänges wie bei der Frauentracht aus Pec im serbischen Kosovo oder als Teil eines Gürtelschmucks. Sie konnten aber ebenso einen Teil einer Uhrkette bilden, die zu üblichen männlichen Schmuck-Accessoires in vielen Gegenden Europas, hauptsächlich in Mitteleuropa und Polen, gehörte. Die Anzahl der Schmuckgegenstände wie die Zahl der angelegten Bernsteinketten oder die Größe der jeweiligen Steine sprachen eine unmittelbar verständliche Sprache des Reichtums.

Stil und Ästhetik

Diese beiden Begriffe erklären das oft sehr Auffällige, Glänzende und die unmißverständliche Statusmanifestation in der Schmuckausstattung bei vielen regionalen Kleidungsstilen überwiegend ländlicher und kleinstädtischer Schichten. Es sei ein ästhetisches Empfinden, so hat es der Philosoph Walter Benjamin in seinem Vergleich von Kitsch und Volkskunst mit der sogenannten hohen Kunst formuliert, das den Menschen so anspricht, daß er es erwidern müsse. Es ist eine Unmittelbarkeit des Schmuckausdrucks, das dem subtilen ästhetischen Empfinden der bürgerlichen Milieus entgegenstand, da es zudem mit billigen, einfachen Materialien versuchte, den Glanz und Prunk echter Steine zu ersetzen. Glassteine vertraten hier die wertvollen Edelsteine. »Diamanten aus Aleçon« wurden in Frankreich die natürlichen Steine genannt, die man aus den Steinbrüchen der Region gewann und im Schmuck verwendete. Preiswert waren auch die vielen filigranen versilberten Schmuckstücke der Schwäbisch-Gmünder Produktionen, die trotz manufaktureller Herstellung mit äußerer Pracht aufwarten konnten.

Es handelt sich dabei nicht um eine Imitatkultur, sondern um ein traditionales, von der agrarischen, weitgehend vorindustriellen Welt bestimmtes Repräsentationsverständnis, das die Volkskundlerin Ingeborg Weber-Kellermann einmal als ein Denken in Quantitäten interpretiert hat. So, wie die Anzahl der Röcke Wohlstand signalisieren konnte, konnte sich in der Anzahl und Größe der Schmuckstücke der Besitz und der soziale Status der Träger/innen ausdrücken lassen. Es ging also weniger um subtile künstlerische Ausprägungen, technische Ausfeilungen, den materiellen Eigenwert der Steine und individuellen Geschmack, sondern um eine klare, unmißverständliche Repräsentationssprache mittels des Schmucks, der für ein jeweiliges gesellschaftliches und kulturelles Ensemble gedacht war.

Ästhetisches Empfinden war hier eng verbunden mit sozialer Anerkennung, mit dem richtigen Gefühl für soziale Stimmigkeiten. Die materielle Qualität des einzelnen Schmuckstücks fiel weniger ins Gewicht als die situations- und anlaßbedingte Schmuckausstattung. Ringe beispielsweise, die in allen europäischen Gesellschaften als Zeichen der Bindung zum festen Schenkritual gehören, besaßen eine feste, vorgegebene Ornamentik und Form, die sie für die jeweiligen Gelegenheiten auszeichnete. Ein sinnfälliges Beispiel dafür liefert ein Schmuckstück aus Frankreich, die *esclavage*, ein emailliertes Schild, das als traditionelle Gabe bei Verlobungen verschenkt wurde und die Unterwerfung der Gattin darstellen soll. Je nach Vermögenslage veränderte sich die Menge der Schilder und Ketten, manchmal wies ihre Anzahl sogar auf die Tausender der Mitgift hin.

Die Gegenstände stammten dabei vielfach aus dem städtischen Umfeld. Hergestellt wurden sie von Goldschmieden, die wie im Fall der *esclavage* in Paris tätig waren, oder aber sie wurden in Silbermanufakturen gefertigt wie bei den bekannten Schwäbisch-Gmünder Silberschmieden, deren Produkte im süddeutschen bis zum alpinen Raum starken Absatz fanden.

Gewandschmuck: Knöpfe – ein Beispiel

Wie eng Schmuck auf das Gewand bezogen ist und sich sogar erst aus der Verbindung mit ihm als Schmuckstück entfalten kann, läßt sich am Beispiel des Knopfes illustrieren, der bereits seit dem Hochmittelalter in – damals jedoch noch nicht sehr regem – Gebrauch ist. Als praktischer Verschluß erweisen sich die Knöpfe vor allem an den ersten Uniformen der stehenden Heere im ausgehenden 16. Jahrhundert, bei denen sie die umständlichen, aus damaliger Sicht unmodernen Schnürungen und Nesteln ersetzten. Bis ins 20. Jahrhundert hinein blieb der Knopf somit einer der wenigen verbliebenen Gegenstände des Prunks und Schmucks der einst im 18. Jahrhundert noch farbigen und prächtigen Männerkleidung. Im Adel pflegte man häufig sogar Edel- oder Halbedelsteine oder aufwendige bestickte Knöpfe zu verwenden. Russische Adlige und reiche Kaufleute glänzten im 18. Jahrhundert mit Goldknöpfen, die fast Eigröße besaßen. Ähnliche Aufmerksamkeit fand die Knopfgestaltung auch in bürgerlichen Kreisen, deren Pracht allerdings verhaltener war.

Eine regelrechte Knopfmanie herrschte gegen Ende des 18. Jahrhunderts, in der es eigens Knopfauktionen gab und Knöpfe *à la liberté nationale* getragen und zur Darstellung aufregender Zeitereignisse wie des Sturms auf die Bastille benutzt wurden. In ländlich-kleinstädtischen Schichten verbanden sich Verschluß und materieller Wert in einer unmittelbar ablesbaren Form. So war es an manchen Orten üblich, Silbermünzen, an die nur noch die Ösen angeheftet werden mußten, als Knöpfe an den Männerröcken zu verwenden. Längst war die ordentliche Anzahl auffälliger Metallknöpfe an Männerwesten und -röcken nicht mehr dem Zwecke des Schließens zugedacht; in erster Linie erfüllten sie den Zweck der Repräsentation von Reichtum und sozialem Status. Hier ließ der Schmuck nicht nur die männliche Brust äußerlich ›anschwellen‹, sondern diente zu ihrer Betonung als Ort der Würde, der Macht und des Prestiges.

Repräsentationskulturen: bürgerliche Schmuckstile und Entwicklungen im 20. Jahrhundert

Die Entwicklungen der Schmuckkultur in den europäischen Gesellschaften sind geprägt von vielerlei Faktoren. Bestimmend sind regionale und lokale Besonderheiten, die der Ausbildung eines Schmuckhandwerks und von Stilen sehr förderlich sind – ein Beispiel dafür ist Rußland mit seinem reichen Vorkommen an Edelsteinrohstoffen wie Diamanten – oder zu besonders markanten Schmuckhandwerken führen konnten. So konnten jene in Spanien und Portugal nicht nur von seinen Rohstoffen an Metallen und Steinen, sondern besonders von den Traditionen der muslimischen und jüdischen Goldschmiedekunst profitieren. Eine folgenreiche technische Innovation war die Erfindung von brillantähnlich geschliffenen Glassteinen, des Straß, eines Kompositglases, durch George Fréderic Stras (1701 bis 1773), der ihm auch den Namen gab. Der unwahrscheinliche Zuspruch, auf den dieses neuartige Schmuckmaterial stieß, läßt vermuten, daß er einem wachsenden und gewandelten Luxus- und Schmuckbedürfnis entgegenkam.

Aber entscheidender haben die historisch-gesellschaftlichen Veränderungen den Wandel in der Schmuckkultur geprägt. Die Verdrängung der Aristokratie als wirtschaftlich und kulturell dominante Schicht durch das Bürgertum seit Ende des 18. Jahrhunderts führte zu einem neuen Repräsentationsverständnis, das gerade im Bereich der Bekleidung und dadurch des Schmuckes andere Darstellungsmittel benutzte. Schränkten bis Ende des 18. Jahrhunderts die Kleiderordnungen die Schmuckarten ein – Gold- und Silberschmuck war dem vierten Stand, den Bauern und Handwerkern weitgehend untersagt –, so hing die Schmuckausstattung im 19. Jahrhundert vor allem von der individuellen Vermögenslage ab und von der Geschmackskultur der jeweiligen Milieus. Die Schmuckgestaltung folgte dem übrigen Kunsthandwerk, das der Stilvielfalt des Historismus unterlag, der mit seinen verschiedenen Richtungen von Neostilen eine facettenreiche Mischung an Schmuckstücken produzierte. In diese Zeit fällt auch die Ausbildung von Formen zum Beispiel des Memorial- und Freundschaftsschmucks. Schmuckstücke werden zum Träger von klar adressierten Botschaften wie der Freundschaft oder der Trauer.

Zahlreiche technische Verbesserungen und Erfindungen im Schmuckhandwerk, was Metallbearbeitung und die Nachahmung von edlen Steinen angeht – so die Erfindung einer Korallenimitation –, förderten zugleich den Schmuckkonsum und machten seinen Erwerb auch für breitere Schichten der ansonsten sozial sehr differenzierten Gesellschaften des 19. Jahrhunderts möglich.

Rußland nahm innerhalb dieser Entwicklungen künstlerisch eine Sonderrolle ein.

Hier wurden eigene Stilrichtungen wie der »Russische Stil« geprägt, der seit 1860 ältere russische Stiltraditionen beispielsweise der Volkskunst mit einer eigenwilligen naturalistischen Darstellungsweise verknüpfte. Einen Sonderweg schlugen später auch die Schmuckkünstler des Jugendstils um 1900 ein, die unter japanischem und skandinavischem Einfluß zu einer eigenen Richtung fanden, dem »russkij modern«. Internationales Renommé erwarb sich neben anderen das berühmte, von hugenottischen Einwanderern abstammende Juwelierhaus Fabergé (1842 bis 1918).

Maßgeblichen und nachhaltigen Einfluß auf die Entwicklungen im Schmuckverständnis übten die Veränderungen im Frauen- und Männerbild aus. In den bürgerlichen Schichten und ihrem kulturellen Umfeld wurde zunehmend die Frau zur visuellen Repräsentation verpflichtet und avancierte daher zur maßgeblichen Schmuckträgerin. In der Epoche der frühen Neuzeit, vor allem des prunkliebenden Barock, fanden noch die Männer ausgeprägten Gefallen an der Ausstattung mit Schmuck. War das Ohrgehänge bis gegen Ende des 18. Jahrhunderts als Männerschmuck beliebt und üblich, wobei Männer den Ohrschmuck zum Beispiel in Rußland oft nur an einem Ohr trugen, so kam es ab der Mitte des 19. Jahrhunderts bis in unsere Zeit hauptsächlich als Frauenschmuck zur Geltung – was sich derzeit schon wieder ändert.

Vor allem für die Frau gestalteten Schmuckkünstler wie René Lalique (1860 bis 1945) ihre erlesenen Kostbarkeiten und appellierten an ihr angeblich besonders entwickeltes Schmuckempfinden. Die Schmuckstücke, die Lalique in feinster Jugendstilornamentik schuf, galten selbst schon als eigene kleine Kunstskulpturen, deren zuweilen bizarre Schönheit sich erst bei genauer Sicht darbot. Insgesamt entwickelte sich auf europäischer Ebene gegen Ende des 19. Jahrhunderts bis 1914 ein wahrer Reichtum an Schmuckformen mit Motiven aus Flora und Fauna; selbst auf mystische und kosmische Gestaltungsformen wurde zurückgegriffen. Der Anblick dieser bestechenden Schmuck-Schönheiten mag den Soziologen Georg Simmel zu seiner Abhandlung über den Schmuck inspiriert haben, die er in diesem Zeitraum verfaßte.

Lalique selbst prägte und repräsentiert eine Tendenz, die sich seit Ende des 19. Jahrhunderts abzuzeichnen beginnt und im heutigen modernen Schmuck ausgeprägte Formen annimmt. Das Schmuckhandwerk löste sich aus seiner Abhängigkeit als Dekorstück der Kleidung – diese Eigenständigkeit machten manche Zeitgenossen schon Laliques kunstvollen Schmuckobjekten zum Vorwurf – und bildete zunehmend einen selbständigen Gestaltungsstil aus, der »Kunst-Stücke« produziert. So belegen die heutigen Tendenzen in der Schmuckkultur eigenwillige Stilrichtungen, in denen neue Materialien verwendet und kombiniert werden und mit neuen Formen experimentiert wird. Dieses edle Schmuckdesign setzt Geschmack voraus und verlangt nach kaufstarken Kunden.

Dennoch scheint es, als ob die Schmuckkultur grundsätzlich im Wandel begriffen ist. Die Tätowierung, eine sehr alte Technik des Körperschmucks, gewinnt an Beliebtheit, und das Piercing von Nase, Ohren, Augenbrauen und anderer Körperstellen wie unter anderem Bauchnabel und Lippen bringt eine neue Verbindung von Körper und Schmuck ins Spiel. Diese bindet, wie es Carrie Assmann nannte, das Zeichen zurück an den Körper. Damit wird zugleich neuen Bedeutungen die Tür geöffnet, die sich möglicherweise außerhalb des tradierten Schmuckverständnisses bewegen, vielleicht aber auch nie ganz verschwunden waren. Von ihnen machen gerne und häufig die aktuellen esoterischen Bewegungen wieder Gebrauch, wenn sie die »Macht der Steine« zitieren. So kommen vielleicht Ideen zum Schmuck wieder ins Spiel, die Barbara Maas bisher nur in extremen Situationen ausgemacht hat: »Er wird Talisman, Reliquie, Fetisch, Symbol der Hoffnung, Zeichen des Trostes, Manifest der Erinnerung. Er wird Medium der Beschwörung des Sieges, des Überlebens, des Schutzes und der Treue.«

Spielzeug

Gudrun Müller

Spielzeug interessiert und fasziniert nicht nur Kinder. Beim Erwachsenen weckt der Anblick mitunter nostalgische Erinnerungen an die eigene Kindheit. Für einen immer größer werdenden Kreis von Sammlern ist Spielzeug Freizeitvergnügen und Wertanlage, für mehrere Wissenschaftsdisziplinen ist es Forschungsgegenstand. Im folgenden soll ein kurzer kulturhistorischer Abriß der Entwicklung des Spielzeugs in Europa gegeben werden. Dabei wird dem 19. und frühen 20. Jahrhundert mehr Aufmerksamkeit gewidmet, nicht zuletzt deshalb, weil es die Zeugnisse dieser Zeit sind, die uns in musealen Sammlungen erhalten sind. Thematisiert werden Vielfalt und Funktion sowie Produktion und Verbreitung von Spielzeug.

Die Fähigkeit und Gelegenheit zu spielen ist für die Entwicklung eines Kindes von enorm großer Bedeutung. Spielend lernt das Kind seine Umgebung kennen, es ahmt nach und übt seine Fertigkeiten. Spielen ist für Kinder vor allem in den frühen Entwicklungsphasen weniger zerstreuende Unterhaltung als vielmehr ernsthafte Beschäftigung. Zu den meisten Spielen gehören Spielzeuge. Man kann wohl davon ausgehen, daß es in allen Epochen Spielzeug für Kinder gegeben hat. Aus der Zeit der Griechen und Römern wissen wir davon vor allem durch Darstellungen auf Vasen und in Reliefs: Zu sehen sind unter anderem kleine zweirädrige Wägelchen, Kreisel, Bälle und Reifen. Funde belegen Spielzeug aus den verschiedensten Materialien wie Knochen, Holz, Leder oder Ton. Ausgegraben wurden auch hölzerne Gliederpuppen sowie Puppen aus Ton, deren Gliedmaßen mit Bindfäden am Körper befestigt sind. Gefunden wurden sogar Puppen aus Stoff und kleine Bleisessel, die auf die Existenz von Puppenmöbeln hinweisen. Bei vielen dieser Funde weiß man allerdings nicht, ob es sich dabei wirklich um Spielzeug oder um Kultgegenstände handelte. Folgende Anekdote ist aber ganz sicher ein Beleg für Spielzeug: Von Sokrates wird berichtet, daß er von dem athenischen Staatsmann und Feldherrn Alkibiades dabei überrascht wurde, wie er mit seinen Kindern auf dem Steckenpferd ritt.

Über Spielzeug aus dem frühen und dem Hochmittelalter ist nicht viel überliefert, erst aus dem Spätmittelalter mit Beginn der Renaissance gibt es wieder Hinweise auf Spielzeug und Spielzeugmacher. So wissen wir, daß es in Nürnberg bereits um 1320 eine Zunft der Dockenmacher gab – »Docke« ist die alte Bezeichnung für Puppe. Wir kennen Holzschnitte aus dem späten 15. Jahrhundert, die Nürnberger Puppenmacher bei der Arbeit zeigen. Auf einer Randverzierung eines französischen Stundenbuches, ebenfalls aus dem 15. Jahrhundert, sind Windrädchen und Steckenpferd zu sehen. Aus dem 16. und 17. Jahrhundert sind zahlreiche Objekte und beschreibende Zeugnisse überliefert. Erhalten sind kunstvolle Puppen und Puppenhäuser aus europäischen Patrizier- und Adelskreisen, wobei die detailgetreuen Hausmodelle aber nicht als Kinderspielzeug gedacht waren. Zwei berühmte Bildnisse, die in der Spielzeugliteratur immer wieder abgebildet wurden, sind das 1577 von einem unbekannten Künstler gemalte Portrait der kleinen Lady Arabella Stuart, einer Kusine von Königin Elizabeth I., und das von Lucas Cranach dem Jüngeren gemalte Portrait der Prinzessin Marie von Sachsen. Beide Mädchen sind mit steif wirkenden Puppen im Arm abgebildet, die – wie sie selbst – in der damaligen höfischen Tracht gekleidet sind. Ein englischer Druck aus dem 16. Jahrhundert stellt Kinder mit Rasseln, Windrädchen und Steckenpferd dar. Das berühmteste Zeugnis aus dieser Zeit ist aber sicher das Bild ›Kinderspiele‹ von Pieter Bruegel dem Älteren aus dem Jahr 1560, das keine konkrete Spielsituation zeigt, sondern eine Palette typischer Kinderspiele und Spielgeräte dieser Zeit.

Steinbaukasten aus Rudolstadt/Bayern

Auf einem Gemälde von A. Erich aus der Zeit um 1630 sind die Kinder des Landgrafen Moritz von Hessen mit Stekkenpferd, Pfeil und Bogen, Trommel, Puppe und Rassel zu sehen. Das gleiche Spielzeug, wenn auch nicht so hochwertig, ist auf einem Stich zu entdecken, der einen Spielzeugstand auf einem holländischen Markt des späten 16. Jahrhunderts zeigt. Und diese Abbildung ähnelt wiederum sehr einem englischen Stich aus der Zeit um 1728, der eine Spielzeugbude auf der Bartholomew Fair (Bartholomäus-Kirchweih) in London wiedergibt.[1] Bereits hier wird deutlich, daß Spielzeug über Märkte und Messen durch ganz Europa reiste.

Im 18. Jahrhundert erweiterte sich die Vielfalt der Spielgeräte erheblich, was wiederum vor allem durch Bildzeugnisse belegt werden kann. Immer häufiger sieht man Familienportraits, auf denen die Kinder mit zahlreichen Spielsachen abgebildet sind. Das Schaukelpferd oder das Pferd auf einem Brett mit Rollen scheint das zumindest für Jungen für die Zeit typische Spielzeug schlechthin gewesen zu sein. Erkannte man die Jungen auf Gemälden früherer Epochen meist an ihrem Steckenpferd, so wurden jetzt mehr und mehr das Schaukelpferd und das Pferd auf Rollen als Spielrequisit abgebildet. Zusammen mit Wagen, Trommel und den sich immer mehr verbreitenden Spielzeugsoldaten, zumeist aus Zinn, übten sie früh die geschlechtsspezifischen ritterlich-kämpferischen Tugenden ein.

Das Jahrhundert brachte – wie auch schon die beiden Jahrhunderte zuvor – sehr reizvolle, zum Teil pompös ausgestattete Puppenhäuser hervor, von denen einige Berühmtheit erlangten. Mit der Fabrikation von Puppenhäusern beschäftigten sich gelegentlich sogar berühmte Designer wie die Engländer Adam Sheraton und Thomas Chippendale. Die Häuser gaben – meist mit etwas zeitlicher Verzögerung – den aristokratischen und großbürgerlichen Einrichtungsstil ihrer Zeit wieder. Sie waren auch zum Zeitpunkt ihrer Entstehung schon Luxusartikel, die sich nur wenige leisten konnten. Betrachtet man die in den Museen ausgestellten Häuser, so wird auch hier wieder deutlich, daß diese Objekte nicht wirklich zum Spielen gedacht, sondern idealisierte Demonstrationsobjekte waren, die die Organisation eines großen Hauses im Kleinen veranschaulichten. Ähnlich wenig zum Spielen geeignet wirken die meisten Puppen, die uns aus dieser Zeit erhalten sind. Es handelt sich in der Regel um kostbar gekleidete Puppendamen mit Köpfen aus Holz oder Wachs, die den Mädchen ihre spätere gesellschaftliche Rolle vorführten. Viele von ihnen waren gar nicht in erster Linie als Spielpuppen gedacht, sondern als Modepuppen, die vor allem von französischen Modehäusern nach England, Deutschland, Spanien oder Italien geschickt wurden, um Kollektionsentwürfe zu präsentieren.

Neben zum Teil kunstvoll bearbeiteten traditionellen Materialien wurde im 18. Jahrhundert Papier als Material für die Spielzeugproduktion immer wichtiger. Man stellte Bilderserien her mit Figuren und Motiven, die von den Kindern ausgeschnitten und auf Holz geklebt wurden; mit Hilfe von Fußbrettchen brachte man sie zum Stehen. Im Verlauf dieser Entwicklung wurden ganze Ausschneidebücher herausgegeben, die vor allem in Deutschland sehr beliebt waren und mit denen sich beispielsweise Puppenhäuser vollständig einrichten ließen. In Augsburg, dem Zentrum der Papierspielzeug-Produktion, wurden am Ende des 18. Jahrhunderts sogar dreidimensionale Papiermöbel für Puppenhäuser entwickelt, und selbst komplette Häuser aus Karton sind überliefert. Ein weiteres Ergebnis dieses Prozesses waren Papierpuppen, die man ausschneiden konnte, um dann immer wieder unterschiedliche Kleidungsstücke daran zu befestigen. Vorbilder für die Gestaltung solcher Puppen waren im 19. Jahrhundert sehr häufig berühmte europäische Schauspielerinnen und Tänzerinnen. Daneben gab es auf Bilderbögen Soldaten, Reiter, Schiffe und dergleichen mehr für Jungen. Diese papiernen Gegenstände waren nicht so kostspielig und wertvoll wie fellüberzogene Schaukelpferde mit Zaumzeug aus Leder oder die Puppenhäuser der Patrizier und Aristokraten – die daran gebundenen erzieherischen Ziele aber waren dieselben.

In dieser Epoche hat sich in Europa auch das Kasperltheater mit seinen Figuren entwickelt: Was im deutschen Sprachraum der Kasper ist, hat in Italien seine Entsprechung im Pulcinella, in Frankreich im Polichinelle und später im Guignol, in England im Punch; in Ungarn heißt die Figur Laslo Vitez, in Rußland Petruschka (Kleiner Peter) und in Holland Jan Klaassen. Eine ganz andere beliebte Spielfigur wurde der Hampelmann aus Papier und Pappe.

Zunehmender Beliebtheit erfreute sich auch die vermutlich schon im späten 16. Jahrhundert in Deutschland entstandene Arche Noah in Form eines Hausboots mit zahlreichen Tierpaaren aus Holz. Solches Spielzeug verbreitete sich nicht nur in

Europa, sondern wurde bis nach Amerika exportiert. Beliebt war die Arche sicher auch deshalb, weil sie eine Art »Sonntagsspielzeug« war, das heißt, daß Kinder in einem puritanisch-religiös geprägten Umfeld damit auch am Sonntag spielen durften, wenn alles »profane Spielzeug« weggeschlossen wurde.

Und noch eine weitere Entwicklung muß hier kurz erwähnt werden, nämlich die des mechanischen Spielzeugs. Automaten sind keine Erfindung des 18. Jahrhunderts. Schon für die Antike gibt es Hinweise auf Spielzeug, in das eine Art Uhrwerk eingebaut war, mit dem eine mechanische Bewegung ausgelöst werden konnte. Aber das 18. und auch das 19. Jahrhundert können als die Blütezeit der Laufpuppen, Tänzerinnen und Akrobaten, der mechanischen Musikanten und anderer Automaten bezeichnet werden, die in ihren Bewegungsmöglichkeiten immer raffinierter wurden. Die berühmtesten Automatenbauer des 18. Jahrhunderts arbeiteten in Frankreich, Italien und England. Ihre Produkte waren äußerst kostspielig und weniger für Kinderhände gedacht als vielmehr für das Vergnügen sehr wohlhabender Erwachsener. Das sollte sich im folgenden Jahrhundert ändern.

Das 19. Jahrhundert erlebte den Aufstieg des Bürgertums, und im Zuge dieser Entwicklung wurde es auch zum Jahrhundert des Spielzeugs. Neue Produktionstechniken und Materialien ermöglichten die Herstellung größerer Stückzahlen, und eine immer größere Vielfalt bediente einen bürgerlichen Markt, der neue Bedürfnisse entwickelt hatte. Der Prozeß der Industrialisierung hatte zur Trennung von Wohn- und Arbeitswelt geführt. Eine Folge davon waren veränderte Familienformen, verbunden mit einer veränderten Wertigkeit und Ausgestaltung des häuslichen Bereichs. Bürgerliche Kinder bekamen im Haus eine eigene, vom Erwachsenenbereich abgetrennte Spielwelt zugewiesen, die mit Spielzeug bestückt wurde, für dessen Übergabe neue Schenkrituale notwendig wurden. Gabenfeste wie Geburtstag und Weihnachten mit seinen Gabenbringern Weihnachtsmann und Christkind sind in der Form, wie wir sie heute kennen, Schöpfungen des 19. Jahrhunderts. Aus diesen Gründen und natürlich auch, weil die Spielgegenstände, die von Museen gesammelt werden konnten und die damit in großer Zahl als Anschauungsobjekte dienen können, aus dem 19. und frühen 20. Jahrhundert stammen, wird im folgenden auf Funktion und Produktion von einigen ausgewählten Spielzeugen aus dieser Zeit ausführlicher eingegangen.

Vor über 30 Jahren veröffentlichte der Franzose Roger Pinon in den ›Hessischen Blättern für Volkskunde‹ seinen Aufsatz ›Probleme einer europäischen Kinderspielforschung‹, in dem er Spielzeug in fünf Gruppen klassifiziert. Er unterscheidet zwischen »primären Spielzeugen«, worunter er für das Spielen vorgefertigte Objekte versteht; »sekundären Spielzeugen«, das heißt Spielsachen, die ursprünglich vor allem nützliche Objekte aus dem alltäglichen Leben waren; »zufälligen Spielzeugen« wie beispielsweise Schweinsblasen, die als Spielzeug von Bauernkindern auf alten Schlachtszenen-Darstellungen zu sehen sind; »lebenden« und »ideologischen Spielzeugen«. Diese Strukturierung läßt sich ohne weiteres auch auf frühere Epochen übertragen. Die entscheidende Entwicklung im 19. Jahrhundert besteht darin, daß der Anteil der primären Spielsachen enorm anwuchs.

Spielzeugmuseen und -ausstellungen zeigen vor allem handwerklich oder industriell gefertigtes Spielzeug aus dem 18., 19. und frühen 20. Jahrhundert. Es gibt aber auch Zeugnisse für zufälliges, sekundäres und selbstgefertigtes Spielzeug, in denen sich die materielle Umwelt des Kindes nicht nur im Dargestellten, sondern auch in den verwendeten Utensilien widerspiegelt. Größere Sammlungen von gebastelten Spielsachen und Lumpenpuppen besitzen beispielsweise das Spielzeugmuseum in Tartu in Estland, das Ethnographische Museum in Belgrad und das Altonaer Museum in Hamburg. Erwähnt werden soll in diesem Zusammenhang auch die Europa-Sammlung des Museums für Völkerkunde Hamburg, die unter anderem Bauernwagen aus Kork und aus Stroh sowie eine Anzahl kleiner, zum Teil gut erhaltener russischer Stoffpuppen enthält, die das Museum 1910 von dem Petersburger Museum »Peter I.« erwarb. Die Puppenkörper bestehen aus zusammengerollten Lappen und sind als Bauer, Bäuerin oder Bauernmädchen gekleidet.

Selbstgefertigte oder zufällige Spielsachen aus vergangenen Zeiten sind in unseren Museen deshalb relativ selten zu sehen, weil nicht viele überdauert haben: Rasseln aus Speiseröhren von Gänsen, Wollpuppen, papierne Windräder, Astwägelchen oder Kastanienketten wurden von ihren Besitzern oder deren Eltern weggeworfen, wenn sie ausgedient hatten oder kaputt waren. Das bedeutet, daß wir Geschichte und Entwicklung des Spielzeugs hauptsächlich an Spielsachen ablesen und interpretieren müssen, die in einem bestimmten historischen und gesellschaftlichen Kontext professionell für den Markt produziert, von Erwachsenen gekauft und Kindern zur Verfügung gestellt wurden. Das hat auch Vorteile.

Warum überhaupt stellen wir Spielsachen in unseren Museen aus? Sicher nicht nur, weil sie nett aussehen, inzwischen häufig recht wertvoll sind oder beim erwachsenen Betrachter nostalgische Gefühle wecken – obwohl noch in den siebziger Jahren genau das von Ausstellungsmachern erwartet wurde, was viele empörte Publikumsreaktionen auf eine Spielzeugausstellung im Marburger Universitätsmuseum zeigten, in der nicht nur hübsche alte Puppen präsentiert wurden, sondern auch die Situation der Kinder beleuchtet wurde, die in Heimarbeit dieses Spielzeug herstellen mußten.

Spielzeug – und hier gerade »primäres« Spielzeug – ist in mehrfacher Hinsicht ein Zeichen für Kindheit. Es zeigt die Einstellung der Erwachsenen gegenüber Kindheit, es verdeutlicht Erziehungsziele und ist damit auch Zeugnis für gesellschaftlichen Wandel. Es gibt Einblick in die materielle Umwelt der Zeit, in der es entstand und benutzt wurde; es spiegelt technische und wissenschaftliche Entwicklungen wider. Darüber hinaus ist es aber auch Zeugnis für die Möglichkeit oder die Unmöglichkeit zu spielen, für Freiräume und Zwänge.

Die vorgefertigten, käuflichen Spielsachen standen nicht allen Kindern zur Verfügung. Sie erreichten nur diejenigen, die Zeit zum Spielen hatten und deren Eltern sich den Kauf leisten konnten, und diese Zahl wurde gerade im 19. Jahrhundert immer kleiner. Arbeiterkinder mußten mit ihrem Verdienst oft mithelfen, die eigene Familien zu ernähren, viele Kinder auf dem Land hatten vor allem im Sommer umfangreiche Arbeitsaufgaben und im Winter lange Schulwege zu bewältigen oder waren in der hausindustriellen Produktion eingespannt. Für Kinder dieser gesellschaftlichen

Schichten gab es nur wenig Zeit und Raum zum Spiel, für die Mittel dazu mußten sie in der Regel selbst sorgen. Mit den teuren Puppen oder Baukästen spielten deshalb nur die Kinder aus besser situierten bürgerlichen Familien, und das waren zum Beispiel in England, dem Mutterland der Industrialisierung, um 1880 nur knapp 20 Prozent. Bezogen auf ganz Europa, lag die Zahl noch niedriger. »Morgen, Kinder, wird's nichts geben, nur wer hat, kriegt noch geschenkt, Mutter schenkte euch das Leben, das genügt, wenn man's bedenkt. Morgen kommt der Weihnachtsmann, allerdings nur nebenan«, textete Erich Kästner ein bekanntes deutsches Weihnachtslied um und beschrieb so die damalige Situation treffend.

Erziehungsziele in Verbindung mit Spielzeug bedeuteten im 19. Jahrhundert vor allem geschlechtsspezifische Vorbereitung auf die zukünftige Rolle als Ehefrau, Hausfrau und Mutter einerseits und als Oberhaupt und Ernährer einer Familie mit einem Arbeitsplatz außerhalb des eigenen Heimes andererseits. Schaukelpferd und Eisenbahn, Bauklötze, Trommel und Kinderhelm sowie Kaufläden, Puppen und Puppenhäuser, Puppenherd und Kochgeschirr sind kulturelle Vergegenständlichungen bürgerlicher Erziehungsideale. Zu diesen Idealen gehörte aber auch die frühe Vermittlung bürgerlicher Bildungsinhalte, wie sie sich in Spielen wie Dichterlottos und in Papiertheatern, in Zusammensetz- oder Brettspielen mit geographischen oder historischen Themen und ähnlichem niederschlagen. Und es waren auch gerade Brettspiele, die häufig mit moralisierenden Inhalten Teil der sittlich-moralischen Erziehung waren; hierzu zählen ebenfalls die Spiele mit religiösen Bezügen. Zu nennen sind in einem kurzen Überblick sicher auch die Bauernhöfe aus Holz, die den bürgerlichen Stadtkindern ein idealisiertes Bild vom Leben und Arbeiten auf dem Land vermittelten.

Mit Spielzeug Erziehung zu verbinden ist keine Erfindung des 19. Jahrhunderts – auch wenn Antonia Fraser von einem »Einbruch des belehrenden Spielzeugs« spricht[2] –, aber nie zuvor hatte es ein solches Angebot an vorgefertigten, das heißt »primären« Spielsachen gegeben wie damals, und bürgerliche Werte und Normen bestimmten Angebot und Nachfrage auf diesem Markt. Ingeborg Weber-Kellermann spricht in diesem Zusammenhang von einem »strukturellen Band«, das die Spielgegenstände umgab, und dieses Band war die »gleiche familiäre Denk- und Verhaltensweise, die gleiche Methode kindlicher Sozialisation«[3].

Es ist kaum möglich, im vorliegenden Rahmen eine Übersicht über den Spielzeugmarkt des 19. und frühen 20. Jahrhunderts zu geben, wie es für frühere Jahrhunderte zumindest ansatzweise noch möglich war. Dafür sei an dieser Stelle auf die zahlreichen, zum Teil reichillustrierten Fachbücher vor allem aus den sechziger bis achtziger Jahren unseres Jahrhunderts verwiesen, die auch viele Informationen über Hersteller und Formengeschichte enthalten. Im folgenden sollen stellvertretend einige wichtige Etappen in der Entwicklung der Puppe herausgegriffen werden, des typischen Mädchenspielzeugs schlechthin; die Entwicklung von Materialien und Form, von Funktion, Produktion und Verbreitung der Puppe soll nachgezeichnet werden.

»Eines der größten Probleme beim Schreiben einer ›Geschichte der Puppen‹ besteht im Aufzeigen des roten Fadens, den es dafür einfach nicht gibt«, schreibt Mary

Hillier.[4] Verschiedene Tendenzen lassen sich aber dennoch festmachen. Hölzerne Puppen hatte es, wie eingangs bereits erwähnt, schon in der Antike gegeben, und Holz blieb bis ins 20. Jahrhundert hinein beliebtes Material für Puppen. Produktionszentren waren naturgemäß die Schnitzer- und Drechslerorte in reichbewaldeten Gebieten. Die bekanntesten Zentren lagen in Deutschland und in Österreich, von wo aus viele Spielwaren in andere Länder Europas und nach Amerika exportiert wurden. Berühmt geworden ist das Südtiroler »Fatschenkind« in Gestalt eines bewegungsunfähigen Wickelkindes, das man auch als Jesuskind in Weihnachtskrippen wiederfindet. Zu den bekanntesten hölzernen Gliederpuppen-Typen gehört die »Dutch Doll« mit ihrem kugelrunden Kopf, schablonenhaftem Gesicht und streng gescheiteltem Haar, die entgegen ihrem Namen nicht aus Holland, sondern ursprünglich auch aus Tirol stammt. Die überlieferten Holzpuppen aus dem 18. und frühen 19. Jahrhundert hatten meist noch fein ausgearbeitete Gesichter wie beispielsweise der Typ der wahrscheinlich aus England stammenden »Queen-Anne-Puppe«. Aber für Feinheit und Weichheit der Gesichtszüge war seit dem 18. Jahrhundert Konkurrenz in Form anderer Materialien zum Holz auf dem Markt. Dazu zählte zunächst vor allem Wachs, aus dem Puppenköpfe und Gliedmaße gefertigt wurden, indem man das flüssige Wachs in Formen goß. Der Rumpf dieser teuren Puppen war meist aus Stoff. Ein Material, das etwa in den dreißiger Jahren des 19. Jahrhunderts für die Herstellung von Puppenköpfen entdeckt wurde und das Wachs allmählich ablöste, ist Porzellan mit seinen Varianten Biskuit und Parian. Führend in der Herstellung der wertvollen Porzellankopf-Puppen waren Deutschland, wo die Produktion ihren Anfang genommen hatte, und Frankreich. Ein anderes Material, das im Verlauf des 19. Jahrhunderts in der Puppenherstellung immer mehr Verwendung fand, war die Mischmasse Papiermaché. Dies war eine kinder(!)leicht herzustellende bildbare Masse aus Papier, Gips und Kleister, die in eine Hohlform gepreßt wurde. Sie konnte zusätzlich mit Wachs überzogen und bemalt werden. Die Puppenkörper waren meist aus Ziegenleder. Die meisten Hersteller dieser Puppen lebten und arbeiteten im Thüringer Wald, hauptsächlich in Sonneberg und dessen Umgebung.

»Zu Beginn des 20. Jahrhunderts beherrschten Deutschlands Puppen den Weltmarkt. Zwei Drittel der gesamten Produktion stammten aus deutschen Fabriken und Werkstätten, das entsprach etwa der Hälfte der gesamten Weltproduktion an Spielpuppen. Allein im Sonneberger Gebiet (Thüringen) waren 50 Prozent der Bevölkerung an die Spielzeugproduktion gebunden, davon arbeiteten 25 000 in der Puppenbranche«, schreibt Manfred Bachmann.[5] Um den stetig wachsenden Bedarf an Spielzeug auf dem nationalen und internationalen Markt zu befriedigen, hatte man in der führenden Spielzeugexport-Nation vor allem in der Holzspielzeug- und in der Puppenherstellung, in denen ein Maschineneinsatz unrentabel schien, die alte Produktionsweise der Heimindustrie wiederbelebt. Außer um Sonneberg lagen ihre Zentren im Erzgebirge, in Oberammergau und Berchtesgaden und im Grödner Tal in Tirol. Es waren Armutsgebiete, in denen die Menschen auf Nebenverdienste angewiesen waren. Als Folge der ständig steigenden Nachfrage wurde für viele die Spielzeugherstellung aber auch zum Hauptberuf. Wirtschaftlich befanden sie sich in völliger Abhängigkeit von sogenannten Verlegern, die ihnen die Aufträge vermittelten und die das Rohmaterial, für das die Heimarbeiter die Kosten vorstrecken mußten, zur Verfügung stellten. Später kauften ihnen diese Verleger die fertiggestellten Waren zu willkürlichen Stückpreisen ab, um sie dann auf den großen Messen mit hohem Gewinn weiterzuverkaufen.

Das Elend dieser Heimarbeiter ist durch zahlreiche biographische Zeugnisse, Berichte von Ärzten und Kommissionen, Bildzeugnisse und Fotos eindrucksvoll belegt. Um zu überleben, wurde unter schlechtesten Bedingungen oftmals vom frühen Morgen bis Mitternacht gearbeitet, und die Kinder – selbst vier- und fünfjährige – arbeiteten mit. Die Not der Heimarbeiter und damit auch ihrer Kinder erreichte zu Beginn des 20. Jahrhunderts ihren Höhepunkt. Die Gesetze zur Einschränkung der Kinderarbeit in der hausindustriellen Spielzeugindustrie konnten nicht greifen, solange die Eltern zur Sicherung eines Existenzminimums auf die Mitarbeit ihrer Kinder angewiesen waren.

Die Kinder, die mit dem Spielzeug spielten, wußten nichts vom Elend der anderen; sie lebten in einer behüteten Welt, und die Mädchen übten mit ihren Puppen ihre zukünftige Rolle. Bis weit ins 19. Jahrhundert hinein waren die Puppen – wie auch in den Jahrhunderten davor – in ihrem Aussehen damenhaft; sie waren wie Erwachsene gekleidet und frisiert. Dadurch wirken sie weniger wie die »Kinder« ihrer kleinen Besitzerinnen als vielmehr wie Anschauungsmaterial für die respektierte Hausfrau und Dame der besseren Gesellschaft, die diese einmal werden sollten. In der zweiten Hälfte des 19. Jahrhunderts bekamen die Puppen dann immer häufiger ein eher kindliches Aussehen und wurden damit im Spiel zum Stellvertreter des Kindes selbst. Zum einen ist das sicher ein Zeichen dafür, daß Spielzeug immer mehr mit dem Leben der Kinder verknüpft wurde, zum anderen spiegelt diese Entwicklung aber auch eine sich verändernde Einstellung gegenüber Kindern wider, die sich zum Ende des Jahrhunderts hin auch in romantisierenden Kinderdarstellungen auf Gemälden und Zeichnungen niederschlägt. Die Babypuppe ist eine weitere Erfindung dieser Zeit und erfreute sich sehr schnell großer Beliebtheit: Um die Jahrhundertwende waren Tausende von Babypuppen auf dem Markt. Das Rollenrepertoire der Mädchen beim Spiel mit der Puppe erweiterte sich entsprechend. Auch im Hinblick auf das Material wurden Puppen immer unempfindlicher gegen Beschädigungen und damit geeeigneter zum Spielen. Ein Schritt auf diesem Weg waren die Babypuppen aus Zelluloid der Firma Schildkröt, ein anderer die teuren Stoffpuppen von Madame Lenci in Italien und von Käthe Kruse in Deutschland, die vor dem Ersten Weltkrieg eine Serie von Baby- und Schlenkerpuppen auf den Markt brachte, sowie die Stoffpuppen von Margarete Steiff.

Während die Mädchen mit ihrem Spielzeug auf ihre Aufgaben im innerhäuslichen Bereich vorbereitet wurden und die Bandbreite der Spielsachen dadurch vergleichsweise klein war, stand Jungen – entsprechend dem größeren Betätigungsfeld, das sie erwartete – ein sehr viel breiteres Spektrum zur Verfügung: Da waren vor allem die neuen Wunderwerke der Technik wie Dampfmaschine, Hammerwerk und Eisenbahn in

Spielformat, es gab Konstruktions- und Geschicklichkeitsspiele, sie konnten Ritter spielen und mit Zinnsoldaten Schlachten schlagen, sie konnten ihre technischen Fähigkeiten üben und mit Bausteinen Häuser bauen. Autobiographischen Zeugnissen der Zeit zufolge war auch das Papiertheater eher ein Spielzeug für Jungen, zumal mit technisch-chemischem Erfindergeist geräuschvolle theatralische Spezialeffekte kreiert werden konnten. In der zweiten Hälfte des Jahrhunderts kamen die industriell gefertigten Massenprodukte aus Blech hinzu. Blech wurde nicht erst im 19. Jahrhundert erfunden, aber technische Entwicklungen wie neue Eisenwalzwerke, leistungsfähigere Schneidemaschienen, Pressen und Stanzen sowie die Erfindung des Metalldrückens hatten die Produktion im großen Stil möglich gemacht und aus den kleinen Familienproduktionsstätten ausgelagert. Das Angebot an mechanischem Blechspielzeug für Jungen reichte von Szenen und Motiven aus dem Arbeitsleben von Arbeitern, Handwerkern und Zirkusleuten über die ganze Palette der Transportmittel der damaligen Zeit bis zu Tieren aller Art, wobei Vögel, Affen und Mäuse besonders beliebt waren. Unter den Blechspielzeugen gab es auch sogenannte *penny-toys*, Spielzeuge, die für wenige Pfennige erstanden werden konnten. Auch wenn Blechspielzeug und mechanisches Spielzeug nicht automatisch identisch sind, so ist ihre Geschichte doch eng miteinander verknüpft, und am Anfang dieser Entwicklung standen jene kostbaren und komplizierten Automaten des 18. Jahrhunderts, die für das Vergnügen von Erwachsenen der Oberschicht erdacht worden waren.

Im Mittelpunkt fast der gesamten Literatur über Spielzeug steht immer wieder die deutsche Spielwarenproduktion, die ihre Produkte nicht nur europaweit vertrieb, sondern auch auf dem Weltmarkt lange Zeit die führende Stellung innehatte. Mit den billigen Produkten aus Deutschland konnten die Spielzeughersteller anderer Länder oft nicht konkurrieren. Aber natürlich gab es sie. Allgemeine Darstellungen der Geschichte des Spielzeugs aus aller Welt bringen außer den Beispielen aus Deutschland vor allem Beispiele aus England, Frankreich, Holland und Italien. Man kann in diesen Ländern unterschiedliche Schwerpunkte in der Spielwarenfabrikation erkennen, es gab auch unterschiedliche Blütezeiten einzelner Produktionszweige, aber grundsätzlich unterschieden sich die Spielzeuge nicht, denn die Hersteller in den einzelnen Länder produzierten für denselben Markt.

Ein kaum anderes Bild erschließt sich aus der Sekundärliteratur für die Herstellung von Holzspielzeug, vielfach als Hauptzweig des sogenannten Volksspielzeugs abgehandelt. Zu beobachten ist auch hier, daß relativ wenige Herstellungszentren auf dem Kontinent den europäischen Bedarf deckten. Die Konkurrenz der mitteleuropäischen Zentren im Erzgebirge, in Thüringen, Bayern und Tirol befand sich nach dem derzeitigen Kenntnisstand hauptsächlich in den waldreichen Gebieten Osteuropas und blickte zum Teil auf eine lange Tradition der Spielzeugherstellung zurück. Es waren Ortschaften in der Slowakei wie Štiavnická Baňa, die tschechischen Werkstätten in Skašov und Hlinsko, polnische Zentren wie Podhali, Lachowice oder die Gegend um Krakau, Lwow im Westen der Ukraine, Gebiete in Litauen, Lettland und im Ural, Orte um Moskau, wie zum Beispiel Sagorsk, oder Nischni Nowgorod und seine Umgebung, um nur einige Orte zu nennen, in denen sich die Produktion konzentrierte.

Die einzelnen Orte spezialisierten sich in der Regel auf wenige Spielzeugtypen. Es bildeten sich auch zahlreiche regionale Besonderheiten heraus, wie zum Beispiel Miniaturspielzeug, das ineinanderpaßt und eine Spezialität russischer Schnitzer war und in dessen Tradition die berühmte Matrjoschka-Figurengruppe steht, oder die bekannten Reifentiere aus Seiffen, die Teufelsfiguren aus Litauen und Lettland, oder besondere Verzierungen wie beispielsweise große Blüten, die sich vor allem auf Holzspielzeug aus dem Ural, aus Westrußland und Schweden wiederfinden. Aber dennoch ist insgesamt auch in diesem Zusammenhang eine große Ähnlichkeit der Formen, Typen und Motive zu beobachten. Alle regionalen und überregionalen Darstellungen zeigen zumindest in den Grundformen sehr ähnliche Holzdocken und Hampelmänner, Tiere aller Art, Fuhrwerke, zweirädrige Wagen mit sich drehenden Vögeln und andere Schiebe-, Zug- und Pendelspiele, Häuser und Bäume, Schiffe und Karussells, Klappern, Ratschen, Pfeifen und vieles andere mehr. Es ist offensichtlich, daß die einzelnen Zentren sich gegenseitig beeinflußten, mehr aber noch vom Markt beeinflußt wurden. Sie produzierten für den Markt, und Händler, die auf dem ganzen Kontinent umherzogen und die Waren aufkauften, sowie Kommissionshäuser der großen Verleger und ihre Kataloge informierten sie über die Nachfrage der Käufer.

Das 20. Jahrhundert war bis zum Einzug des Computers ins Kinderzimmer vor allem durch die Suche nach neuen Materialien für die Herstellung von Kinderspielzeug geprägt und weniger durch wirkliche Innovationen. Gefördert durch Pädagogen gewann weiches Spielzeug immer mehr an Bedeutung. Eine sehr viel billigere Version als die Stoffpuppen von Margarete Steiff, Käthe Kruse oder Madame Lenci war »Dean's Rag Doll« (die Lumpenpuppe) der Firma Dean & Son in London, die als Schnittmuster gekauft und dann selbst zusammengenäht und ausgestopft werden mußte. Daneben waren es hauptsächlich Tiere, die als Spielzeug zum Drücken angeboten wurden. Die Palette erweiterte sich vor allem durch die Ankunft des Teddybären auf dem Markt. Er wurde vermutlich durch eine Karikatur aus dem Jahr 1902 inspiriert, die Theodore (Ted) Roosevelt auf der Bärenjagd zeigt. In der Fachliteratur ist man sich nicht einig, ob man die Erfindung einem New Yorker Kaufmann namens Morris Michtom oder Margarete Steiff zuschreiben soll.

Vom zugrundeliegenden Prinzip her nicht neu, aber in Hinblick auf Bandbreite und Beliebtheit erschreckend war das durch die Weltkriege inspirierte Kriegsspielzeug. Es gab detailgetreue Spielzeugmodelle von Kriegsschiffen und Bombern, von U-Booten, Panzern und Kanonen, Puzzle-Spiele mit Kriegsmotiven, eine breite Palette von Kinderpistolen und -gewehren, naturalistisch nachgebildete Bleisoldaten in Kampfstellung oder die Einrichtung von kompletten Lazaretten. Erschreckend ist sicher auch, daß die Beliebtheit des Totschießen-Spielens in den Nachkriegsjahren nicht nachließ, wie Bilder von Straßenszenen zeigen. Möglicherweise verarbeiten die Kinder auf diese Weise das Erlebte. Mit den amerikanischen Western und ihren Cowboy-Helden kam dann die nächste Welle von Aggressionsspielzeug in Form von Spielzeugpistolen auf den Markt. Das neue Material war Plastik. Nach Zeiten des Experimentierens wurde es in den fünfziger Jahren zum Grundmaterial der Spielzeugproduktion. Von Beginn an waren Erzieher in der Einschätzung von Qualität,

Nutzen und Wert von Plastikspielzeug geteilter Meinung, doch ist es aus Kinderzimmern nicht mehr wegzudenken.

Betrachtet man die neueren Entwicklungen, so entsteht der Eindruck, daß sich die Kinderzimmer von heute wesentlich von denen des 19. und frühen 20. Jahrhunderts unterscheiden. Geändert haben sich aber nur die Erscheinungsformen. An anderer Stelle ist bereits gesagt worden, daß Spielzeug immer ein Spiegel der umgebenden Sachkultur ist, Erziehungsziele aufzeigt und gesellschaftliche Werte und Normen sowie deren Veränderungsprozesse verdeutlicht. Es bereitet auf zukünftige Anforderungen vor, reflektiert Zeitgeist und Lebensgefühl und nutzt technische Neuerungen. Daran hat sich im Prinzip nichts geändert. Es ist kein Widerspruch, wenn die Phantasiewelten und Horrorszenarien aus dem Fernsehen ebenso ihren Niederschlag im Kinderspiel finden wie das Thema Ökologie – zugrunde liegt dieselbe Logik. Daß Computer- und Videospielen mit ihren virtuellen Helden die Zukunft gehört, erscheint in diesem Zusammenhang konsequent; daß Puppen wie Barbie, Petra, Ken und ihre Nachfolgerinnen und Nachfolger nebst Accessoires die Welt der »Reichen und Schönen« als Vorbilder haben, ebenso, und wenn Mädchen heute Modellautos geschenkt bekommen, reflektiert das ein erweitertes Rollenverständnis. Schlachten werden in Kinderzimmern immer noch geschlagen, wenn auch nicht mit Zinnsoldaten: Zum Abschuß freigegeben sind virtuelle Armeen, und jetzt spielen die Mädchen mit.

Interessant und gleichfalls »Kinder« ihrer Zeit sind die pädagogisch oder nostalgisch motivierten Gegenbewegungen von heute, auch wenn sie nicht immer auf kindliche Gegenliebe stoßen. Konjunktur hat Spielzeug mit hohem pädagogischen Anspruch ebenso wie Holzspielzeug; manches findet sich im Kinderzimmer wieder, anderes – vor allem die alten Formen der erzgebirgischen Spielzeugproduktion – als kunsthandwerkliche Objekte im Wohnzimmer. Wieder aufgelegt werden auch alte Blechspielzeug-Serien, und historische Spiele erleben derzeit eine Renaissance – und das nicht nur im Museum.

1 Die Bildzeugnisse, auf die hier verwiesen wird, sind unter anderem abgebildet in:
Antonia Fraser, Spielzeug, Die Geschichte des Spielzeugs in aller Welt. Oldenburg/Hamburg 1966.
Mary Hillier, Puppen und Puppenmacher. Frankfurt am Main 1968.
Jeanette Hills, Das Kinderspiel von Pieter Bruegel d. A. (1560). Wien 1957.
Ingeborg Weber-Kellermann, Die Kindheit, Kleidung und Wohnen, Arbeit und Spiel. Frankfurt am Main 1989 (Neuauflage).

2 Fraser, a.a.O., S. 6.

3 Weber-Kellermann, a.a.O., S. 193.

4 Hillier, a.a.O., S. 71.

5 Manfred Bachmann und Karl Ewald Fritzsch, Deutsches Spielzeug. Leipzig 1971. S. 141.

Kriegsspielzeug

Broder-Heinrich Christiansen

Ein Bummel durch Spielwarengeschäfte in Europa hat den Betrachter stets mit Kriegsspielzeug konfrontiert, und dies ist auch heute noch der Fall. In Moskau kann der russische Junge im »Kaufhaus des Kindes« Modelle der Fahrzeuge der Roten Armee erwerben, wie der englische oder deutsche Junge in den jeweiligen nationalen Spielwarengeschäften aus einer Vielzahl von Bausätzen militärischer Fahrzeuge auswählen kann.

In den vergangenen Jahren ist häufig über die Rolle des deutschen Kriegsspielzeugs bei der vormilitärischen nationalsozialistischen Erziehung diskutiert worden. Unvergessen sind die zahlreichen Artikel in deutschen Zeitungen in den ersten Jahren nach dem Zweiten Weltkrieg, die ein sofortiges Verbot der Herstellung und des Vertriebes von Kriegsspielzeug forderten, da dieses letztlich zum Militarismus erzöge. »Wir stehen heute vor der furchtbarsten Katastrophe der deutschen Geschichte. Millionen einstmals hoffnungs- und lebensfreudiger junger Menschen liegen unter der Erde, Opfer ihres eigenen Machtinstinktes, der durch ein verbrecherisches Regime erweckt, gefördert und mißbraucht wurde. Opfer aber auch der Gedankenlosigkeit der älteren Generation, die die Vergiftung der jugendlichen Seelen widerspruchslos duldete.« (M. Röhling aus Brake in der Ausgabe des ›Weser-Kurier‹ vom 13. Oktober 1945).

Während ein Teil der Erwachsenen der Siegermächte nach wie vor Gefallen am Kriegsspielzeug fand – so gehörten beispielsweise deutsche Spielzeugpanzer und die Spielfiguren, mit denen das Schlachtfeld in die Kinderzimmer und Wohnstuben geholt werden konnte, zu den begehrtesten »Souvenirs« amerikanischer Truppenangehöriger –, überwog bei deutschen Eltern das Grauen vor derartigem Spielzeug.

Militärisches Spielzeug hat es nicht erst im 20. Jahrhundert gegeben. Die Geschichte dieser Spielwaren zeigt die enge Beziehung zwischen den Produzenten auf der einen und den Käufern sowie der Obrigkeit auf der anderen Seite. War es bis in die erste Hälfte des 19. Jahrhunderts in erster Linie den Kindern des Adels vorbehalten, mittels Spielfiguren und Kinderuniformen auf ihre spätere Rolle als Offizier und Feldherr vorbereitet zu werden, setzt mit den militärischen Auseinandersetzungen des 19. Jahrhunderts und der Errichtung von »Volksarmeen« auch eine verstärkte Produktion von militärischen Spielwaren ein. Im Verlauf des Deutsch-Französischen Krieges bevölkerten unzählige Heere aus Blei und Zinn die Wohnstuben oder Kinderzimmer, und auf den Straßen ritten kleine Reiter in voller Uniform auf dem Stekkenpferd umher. Heyde und Heinrichsen, um nur zwei der bekanntesten deutschen Hersteller von Blei- und Zinnfiguren zu nennen, produzierten nun keineswegs nur für die deutschen Kinder. Der Export derartiger Spielwaren beispielsweise ins russische

Zarenreich oder nach Großbritannien konnte auch in jenen Ländern dazu führen, daß Kinder historische Schlachten nachstellten und aktuelle Kriegsgeschehnisse nachspielten. Das Spiel mit diesen Figuren hat sicherlich patriotische Züge und kann bei einer vormilitärischen Erziehung der spielenden Kinder mitgeholfen haben.

In dem Buch des Schweden Ossian Elgström ›Wie man mit Zinnfiguren Krieg spielt‹, das 1916 auch in Deutschland veröffentlicht worden ist, werden eindrucksvoll die Möglichkeiten einer vormilitärischen Erziehung durch Spielfiguren beschrieben: »Es würde mich sehr freuen, wenn ihr an dieser Art Kriegführung Gefallen fändet, und gerade jetzt, wo die Großen im Kampfe miteinander ringen, ist es doch schön, auch selbst seine kleinen Gefechte zu haben [...] Selbst zieht man sich mit der Hauptstärke aus der Festung zurück und läßt ein kleineres, zum Tode verurteiltes Häuflein zurück, um den Feind ins Verderben zu locken [...] Bei den Waffen, die Euch zu Gebote stehen, werden die Verluste ohnehin furchtbar sein. Namentlich ist die Wirkung der Granatenkanone eine mörderische.« Wenige Jahre zuvor beschrieb der englische Romanautor H.G. Wells, wie Erwachsene und Kinder im Spiel mit Bleifiguren Inseln erobern, deren Völker unterwerfen und den Fortschritt der Zivilisation verbreiten könnten.

Hersteller von Kriegsspielzeug warben während des Ersten Weltkrieges offensiv für ihre Produkte, indem sie immer wieder auf deren Bedeutung beim kindlichen Spiel hinwiesen: »Die Jugend will ›militärisch‹ ausgerüstet sein, und diesem Umstande wurde in jeder Beziehung Rechnung getragen. Etwas ganz Gutes ist die Schnellfeuerpistole ›Hindenburg‹ mit dem Medaillon desselben [...] Mit Bagagewagen, Feldgeschützen mit Gespannen und anderem gestalten sich die ›Schlachtfelder‹ unserer Jugend naturgetreu.« – »Weit eindrucksvoller sind spannenlange Soldatenfigürchen, die Käthe Kruse, die Urheberin der Charakterpuppen, erfunden und in einem Gefangenenlager zusammengestellt hat. Diese Figürchen sind eine wesentliche und wertvolle Bereicherung des Spielzeugmarktes.« – »Das Kriegsspiel ›Artilla‹ – Ein frisch-fröhlicher Geschützkampf mit zwei Luftdruck-Kanonen wird für das laufende Kriegsjahr 1915 als Geschenkartikel für Jung und Alt die meiste Zugkraft besitzen.«

Während auf den Schlachtfeldern die Soldaten aller Nationen verbluteten und nur zu oft elendig krepierten, wurde in derartigen Anzeigen das »Kriegsjahr« als erfolgreiches Geschäftsjahr gesehen. Es waren sicherlich keine Kriegstreiber, die die vorangegangenen Anzeigen publiziert haben. Sie haben sich aber zumindest in den ersten Kriegsmonaten und -jahren an der allgemeinen Stimmung in der Bevölkerung orientiert. So stand ein Großteil der deutschen Bevölkerung am Straßenrand und jubelte den blumengeschmückten Soldaten zu, die gegen Frankreich marschierten. Solche Figuren wurden in den ersten Kriegsmonaten auch als Spielfiguren angeboten und zählen heute zu den großen Raritäten bei Sammlern von militärischem Spielzeug.

Aber nicht nur deutsche Spielwarenhersteller haben letztlich am Ersten Weltkrieg verdient. Um ein Beispiel zu nennen, sei an das englische Unternehmen »Britains« erinnert, das ebenfalls eine Vielzahl an Bleifiguren aus dem soldatischen Alltag produziert hat. Hier reichte die Produktionspalette von Figuren, die den Boxer-Aufstand darstellten, bis hin zu zahlreichen britischen Armeeangehörigen des Zweiten Welt-

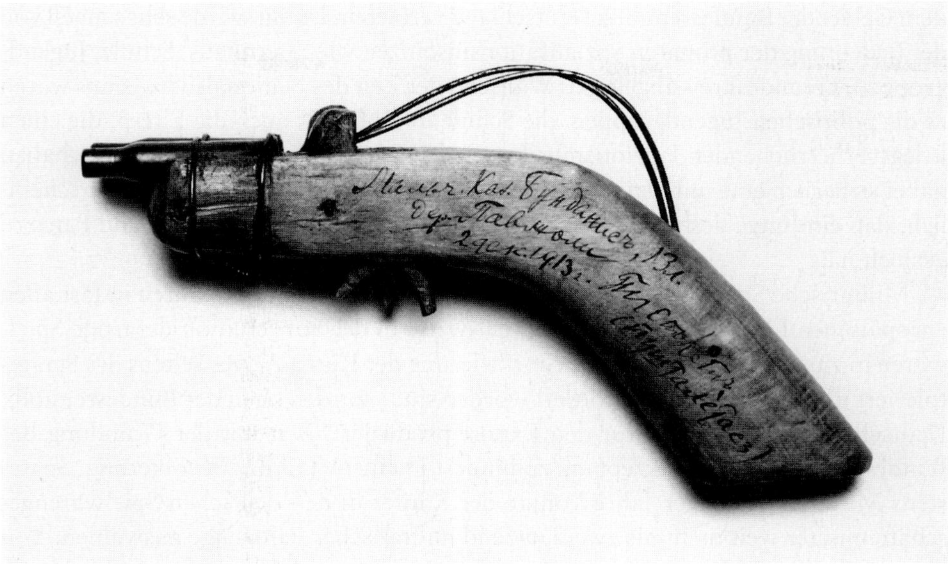

Spielzeugpistole aus Litauen

krieges. Nach 1945 wurden von diesem Hersteller zunehmend Zivilfiguren und Soldaten in Traditionsuniformen produziert.

Kriegsspielzeug erlangte in den dreißiger Jahren insbesondere in zwei Ländern Europas eine sehr große Bedeutung. Das Spielzeug, so ein Beschluß des ZK der KPdSU vom 26. August 1933, solle die Kinder zur Vaterlandsliebe erziehen. Die Produktion von Stoffpuppen und anderen Figuren, die Rotarmisten darstellten, sowie die Herstellung von Spielzeugwaffen wurde forciert. Wie in der Sowjetunion wurde auch in Deutschland von staatlicher Seite militärisches Spielzeug als eine wichtige Möglichkeit gesehen, Kinder vormilitärisch zu erziehen. So wurden beispielsweise die Hersteller von Kriegsspielwaren von den entsprechenden Stellen bei der Wehrmacht und den politischen Organisationen unterstützt. »Lieber Elastolin-Soldatenfreund! [...] Weil aber der Aufbau der Wehrmacht viele neue Uniformen und Waffengattungen gebracht hat, ist es schwer, alles zu überblicken und zu verstehen. Die nebenstehende Tafel und die Erläuterungen auf den folgenden Seiten sollen Euch helfen. Dann werdet Ihr mehr Freude an Euren Elastolin-Soldaten haben und mehr aus dem Spiele lernen [...]« – »Und es gibt auch richtig schießende Lineol-Soldaten, mit Knall und fliegendem Geschoß [...]«

Kriegsspielzeug wurde auch noch dann hergestellt, als für andere Zweige der Spielwarenindustrie schon Produktionseinstellungen verfügt worden waren. Der Käufer wurde allerdings darauf aufmerksam gemacht, daß die Spielwarenproduktion stark eingeschränkt werden mußte. »Der Ernstfall geht vor! Darum seltener: LINEOL Soldaten und Waffen.«

Man könnte es sich jetzt einfach machen und, wie der FDP-Abgeordnete Hütter im Jahr 1950, die Herstellung und den Vertrieb von Kriegsspielzeug jeglicher Art in dem Gebiet der Bundesrepublik Deutschland verbieten. Damit würde sehr schnell von der Bedeutung der primären Sozialisationsinstanzen wie Elternhaus, Schule, Jugendgruppen, Freundeskreis abgelenkt. Während der Zeit des Nationalsozialismus waren es die politischen Jugendgruppen, die Schule und oftmals auch die Eltern, die einen kriegsverherrlichenden Patriotismus forcierten. Die militärischen Spielwaren haben dabei sicherlich eine unterstützende Rolle gespielt. Es ist aber höchst unwahrscheinlich, daß ein Junge deshalb Soldat werden wollte, weil er mit Soldaten und Panzern gespielt hat.

Militärische Spielwaren gab es in den fünfziger und sechziger Jahren in fast allen europäischen Ländern. Während beispielsweise in der Sowjetunion derartige Spielwaren in Zusammenhang mit der Glorifizierung der Roten Armee seitens des Staates toleriert und zum Teil auch gefördert worden sind, wurden sie in der Bundesrepublik Deutschland zunächst nur für den Export produziert. Erst mit der Gründung der Bundeswehr wuchs die Akzeptanz zumindest in einem Teil der Bevölkerung. Spätestens Mitte der fünfziger Jahre konnte der Käufer in den deutschen Spielwarengeschäften unter weit mehr als zwei Dutzend militärischer Fahrzeuge auswählen. Von einem friktionsgetriebenen Panzer über einen solchen mit Fernsteuerung bis hin zu einem Panzer mit funktionsfähiger Kanone reichte das Angebot. Letztgenannter mit dem Namen »Gigant« sollte, so die Abbildungen auf der Verpackung, auf eine Zielscheibe schießen. Es bleibt der Phantasie des Leser überlassen, sich auszumalen, welche Ziele mit diesem Fahrzeug ebenfalls anvisiert werden konnten und wurden.

Gleichzeitig wurde die Diskussion über die Gefahren fortgesetzt, denen Kinder durch Kriegsspielzeug, aber auch durch kriegsverherrlichende Schriften ausgesetzt seien. Während bis 1945 der Anteil derjenigen Spielwarenfabrikanten, die Kriegsspielwaren jeglicher Art produzierten, zeitweilig über 70 Prozent lag, nahmen diese Produkte in den fünfziger und sechziger Jahren nur noch einen sehr kleinen Anteil an der Gesamtproduktion ein.

Die gegenwärtige europäische Herstellung von militärischen Spielwaren – hierzu zählen auch die Bausätze von Kampfrobotern und Raumschiffen – kann für den Betrachter einen äußerst zwiespältigen Eindruck hinterlassen. Zum einen hat der Anteil an Kriegsspielwaren nicht zugenommen. Während die Kinder sowohl des Ersten als auch des Zweiten Weltkrieges während des Spielens mit dem Tod konfrontiert worden sind – es gab als Spielfiguren beispielsweise eine Vielzahl von verwundeten und sterbenden Soldaten –, ist der Schrecken des Krieges für die heutigen Generationen nur noch schwer vorstellbar. Nicht nur die vielen Bausätze von Kriegsmaschinen jeglicher Art reduzieren den Krieg auf eine rein technische Auseinandersetzung. Das Angebot einiger europäischer Produzenten, die in den achtziger und neunziger Jahren militärische Spielwaren in der Bundesrepublik Deutschland anboten und anbieten, läßt die Grausamkeiten von zwei Weltkriegen vergessen: »Die Geschichtsbücher dieser Welt wurden durch die militärischen Errungenschaften von Ländern, Herrschern und Generälen geprägt. Um einige große Beispiele zu nennen: das Römische Reich, Napoleon und George Washington. Daher ist es nicht verwunderlich, daß Airfix solch eine große Anzahl Soldaten und Militärfahrzeuge bietet.« Zwar wird in diesem Text eines Kataloges des Jahres 1982 mit militärischen Geschehnissen vergangener Jahrhunderte geworben, im Angebot überwiegen aber Waffen und Soldaten des Zweiten Weltkrieges, ohne auf die Schrecken und das Leid jeglicher militärischen Auseinandersetzung einzugehen.

Die Bilder, die während des Golfkrieges über die Massenmedien in die Wohnstuben kamen, sahen oftmals eher nach einem spannenden Videospiel aus als nach tödlicher Realität. Die Faszination, die für viele Kinder und Jugendliche von moderner Technik – und natürlich auch von Kriegstechnik – ausgeht, mag für sich genommen in den Augen vieler Erwachsener noch nicht schlimm sein; eine Gefährdung von Kindern und Jugendlichen wird aber dann von derartigem Spielzeug ausgehen, wenn der Schrecken jedes Krieges, wenn das Leiden jedes verwundeten und sterbenden Menschen nicht mehr wahrgenommen wird. Möglicherweise könnte der Brief Umberto Ecos an seinen dreijährigen Sohn hier wertvolle Hinweise liefern:

> »So, lieber Stefano, werde ich Dir Gewehre schenken. Und Dich lehren, sehr komplexe Kriege zu spielen, in denen die Wahrheit nie bloß auf einer Seite zu finden ist […] Du wirst Dich austoben in Deinen jungen Jahren, Deine Ideen werden ein wenig durcheinandergeraten, aber langsam werden sich Überzeugungen in Dir bilden. Und später, wenn Du erwachsen bist, wirst Du glauben, daß alles nur ein Märchen gewesen war – Rotkäppchen, Aschenbrödel, die Gewehre und die Kanonen, der Mensch gegen den Menschen, die Hexe gegen die sieben Zwerge, die Armeen gegen die Armeen. Und sollten dann zufällig, wenn Du groß bist, die Monstergestalten Deiner Kinderträume noch nicht verschwunden sein […], wer weiß, vielleicht hast Du dann eine kritische Haltung zu Märchen gewonnen und gelernt, dich kritisch in der Wirklichkeit zu bewegen.«

Begleiten wir Umberto Eco und erziehen wir unsere Kinder, Patenkinder, Nichten und Neffen im Geiste der beiden nordirischen Friedensnobelpreisträger. Vielleicht wird es dann eines Tages militärisches Spielzeug nur noch in Museen als ein Relikt einer längst vergangenen Zeit geben.

Kartenspiele, Brettspiele, Geschicklichkeitsspiele

Marion Faber

Spielen macht frei vom Alltag, bringt Kontakt mit anderen Menschen, mobilisiert die eigene Feinfühligkeit und Wachsamkeit, fördert Intelligenz und Kreativität. Kaum jemand bezweifelt heute, daß die Fähigkeit zum Spiel eine der wichtigsten Verhaltensweisen des Menschen im Umgang mit der Welt ist. Das Spiel ist so alt wie die Menschheit, älter als Schreiben und Lesen. Im Laufe der Geschichte entstand eine unerschöpfliche, kaum mehr überschaubare Fülle von Spielen. Dabei wird deutlich, daß fast alle klassischen Spiele, die oft Jahrtausende überdauert haben, aus den Ländern kommen, deren Kultur am höchsten entwickelt war: aus China, Indien, Persien, Ägypten, Griechenland oder Rom. In Europa wurden sie weiterentwickelt, abgewandelt oder »neu erfunden«. So ist das indische Chaupad eines der Spiele, auf der die Spielkultur Europas basiert. Das Würfellaufspiel mit dem kreuzförmigen Spielplan bildete das Vorbild für die vereinfachten europäischen Varianten wie Eile mit Weile, Ludo oder Mensch-ärgere-dich-nicht.

Auch Kartenspiele, heute weltweit und massenhaft verbreitet, sind keine europäische Erfindung. Zwar liegen die Anfänge dieser Spiele, die Kopf und Herz, Verstand und Gefühl gleichermaßen fordern, im dunkeln, doch die ältesten Hinweise stammen aus dem China des 7. und 8. nachchristlichen Jahrhunderts. In Europa werden Karten das erste Mal im Jahr 1377 erwähnt, und zwar in Italien in Zusammenhang mit einem Spielverbot der Stadt Florenz. Da die europäischen Länder in der Geschichte im wesentlichen darauf bedacht waren, sich voneinander abzugrenzen, bildeten sich viele unterschiedliche Kartenbilder in den einzelnen Nationen heraus. Die meisten bestehen aus vier »Farben«, also vier unterschiedlichen Symbolen. So spielte und spielt man in Italien mit Schwertern und Stäben, Münzen und Kelchen. In den deutschsprachigen Ländern kennt man noch Eichel und Blatt, Herz und Schelle. Bei den Schweizer Farben treten zu den bekannten Eicheln und Schellen Blumen und Schilde. Weltweit durchgesetzt haben sich die französischen Farben: Treff (Kreuz) und Pik, Herz und Karo. Neben den Figurenkarten wie Bube, Dame, König, die vom Ursprung her eine gesellschaftliche Ordnung verkörpern, gibt es in allen Systemen figurenlose Zahlenkarten.

Frühe Kartenspiele wie das Pochen waren ausschließlich Glücksspiele um Geld, auf die weltliche und kirchliche Obrigkeiten häufig mit Spielverboten reagierten. Spielen mit Karten war im europäischen Mittelalter in allen sozialen Schichten beliebt und verbreitet. In höfischen Kreisen Italiens spielte man im 15. Jahrhundert besonders gern Tarock, eines der ältesten Kartenspiele überhaupt. Eigentümlich sind dabei die verwendeten Spielkarten. Über die 52 Figuren- und Zahlenkarten hinaus umfaßt ein

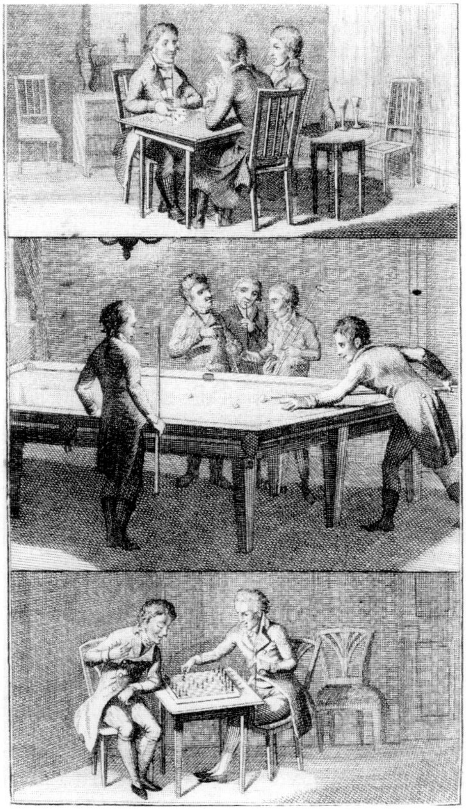

›Neuster Spielealmanach‹ für das Jahr 1800. Herausgegeben von Julius Cäsar, Berlin

Tarockblatt noch vier Reiter und 22 weitere Bildkarten wie den Papst, die Päpstin, das Glücksrad oder den Tod. Seit dem 16./17. Jahrhundert traten immer mehr Kartenspiele mit einem größeren Anteil an strategischen Elementen auf. Zu ihnen zählt das spanische Hombre, das französische Piquet oder das englische Whist. Anspruchsvolle Strategiespiele wie Skat, das seinen Ursprung im thüringischen Altenburg nahm, gewannen seit dem Beginn des 19. Jahrhunderts an Bedeutung. Aus dem einfach strukturierten Whist entwickelte sich Bridge, das wegen seiner spieltechnischen Vielfalt nicht nur in England zahlreiche Anhänger fand, sondern sich seit den zwanziger Jahren unseres Jahrhunderts über die ganze Welt verbreitete. Erst im 20. Jahrhundert kamen Rommé und Canasta auf.

Einige Kartenspiele entwickelten sich zu Nationalspielen mit enormer Popularität und überregionaler Verbreitung in ihren Ursprungsländern, wie Jass in der Schweiz oder Skat in Deutschland. Andere Spiele, Bridge oder Canasta, wurden international bekannt und führten zu einer Normierung der Regeln, nach denen Wettbewerbe und Meisterschaften auch in Europa durchgeführt werden. Die französische Stadt Lyon kann sich neben Frankfurt, Basel, München oder Wien rühmen, der bedeutendste Mittelpunkt für Spielkarten in Europa gewesen zu sein. Auch in Flandern, in Tournai, Antwerpen oder Brüssel, entstanden bis zum 18. Jahrhundert wahre Spielkartenzentren. Noch heute ist Belgien eines der wichtigsten Spielkartenländer der Welt mit Zentrum in Turnhout.

Neu ist die Spielidee der Sammelkartenspiele oder *Trading Cards*, deren Konzept in den USA entwickelt wurde, aber auch in Europa gerade bei Jugendlichen sehr gut ankommt. Man sammelt oder tauscht die Karten nicht nur in Serien, sondern kann damit auch spielen. Jede zusätzliche Karte erweitert somit den Handlungsspielraum und damit die Gewinnchancen.

Im Gegensatz zu Kartenspielen, die in größerem Umfang erst durch die Erfindung des Papiers und des Druckens möglich wurden, gehören Brettspiele zu den ältesten Beschäftigungen der Menschheit überhaupt. Höchstwahrscheinlich ist der Ursprung vieler von ihnen in Asien zu suchen. Erst im antiken Griechenland und Rom lassen sich zahlreiche Hinweise zu europäischen Brettspielen festmachen. Seit dem 13. Jahrhundert befaßt man sich in Europa auch damit, Brettspiele zu beschreiben. Die erste und wichtigste dieser Arbeiten ist ein unter Leitung von König Alfons X. von Kastilien und Léon 1283 zusammengestelltes Manuskript; es behandelt die damals in Spanien, England, Italien und Frankreich heimischen Brettspiele wie Mühle, Schach oder Trictrac (heute Backgammon). Zum ältesten Spielgut der Menschheit gehört das Mühlespiel. Erste Spuren über die Existenz des Spiels, das in fast allen frühen Weltkulturen zu Hause war, fand man in Europa, und zwar auf einem irischen Begräbnisplatz der Bronzezeit um 2000 vor Christi Geburt.

Kein anderes Spiel hat in der Literatur und im Kunstgewerbe der europäischen Länder so viele Spuren hinterlassen wie das Schachspiel. Im indischen Kulturkreis entstanden, kam es über Persien und Arabien vermutlich vor dem 8. Jahrhundert nach Europa und wurde im Mittelalter zunächst das bevorzugte Spiel des Adels und Klerus, dann auch des Bürgertums. Schach verkörpert in seinen Figuren eine militärisch-politische Hierarchie. Die wichtigste Figur im Spiel ist der König an der Spitze seines Heeres und Hofstaates. Aus dem Wesir des arabischen Kulturkreises ging im europäischen Mittelalter die Figur der Dame hervor. Türme, Läufer, Springer und Bauern stellten ursprünglich Truppenteile des alten indischen Heeres dar.

An spanischen und italienischen Fürstenhöfen fanden schon im 16. und 17. Jahrhundert internationale Schachturniere statt. Mitte des 18. Jahrhunderts wurde Frankreich mit seinem Meisterspieler Philidor zum bedeutendsten Land der Schachspielkultur. Nach 1840 entwickelte sich dann England zur führenden Schachnation in Europa. Zum ersten offiziellen Weltmeister qualifizierte sich 1886 der in Prag geborene Wilhelm Steinitz. Währenddessen wuchs die weltweite Popularität des Schachspiels weiter an; immer mehr, immer größere Turniere wurden organisiert. Nachdem der Deutsche Emanuel Lasker 1894 Weltmeister geworden war, konnte er den Titel 27 Jahre lang verteidigen. Die Gründung des Weltschachbundes FIDE (Fédération Internationale des Echecs) brachte ab 1924 die regelmäßige Austragung von Länderwettkämpfen und Schacholympiaden mit sich. Alexander Aljechin, der 1927 den Weltmeistertitel gewann, eröffnete die Vormachtstellung der russischen Schachspieler, die sich nach dem Zweiten Weltkrieg mit Michail Botwinnik, Wassilij Smyslow, Michail Tal, Tigran Petrosjan, Boris Spasski, Anatoli Karpow oder Garri Kasparow fortsetzte.

Auf dem Schachbrett wird auch Dame gespielt. Jede Partei hat zwölf Brettsteine, die in drei Reihen auf die schwarzen Felder gesetzt werden. Obwohl ein acht mal acht Felder messendes Brett benutzt wird, ist das Damespiel nicht aus dem Schach hervorgegangen. Schriftliche Belege und bildliche Darstellungen häufen sich erst seit etwa 1500 in Spanien und Frankreich. Die Regeln können sich je nach Land unterscheiden. So darf bei der englischen Version (Draughts) die Dame nach allen Richtungen schlagen. Die polnische Dame wird auf einem Brett mit zehn mal zehn Feldern gespielt. Weit verbreitet ist die polnische Dame in Frankreich, Belgien, Holland, Tschechien und Rußland; sie ist auch die Version, nach der die 1947 gegründete FIJD (Fédération Internationale du Jeu des Dames) ihre Turniere, Europa- und Weltmeisterschaften austrägt.

Während Schach und Dame zu den rein strategischen Brettspielen gehören, entscheiden bei Würfelbrettspielen wie Backgammon sowohl Taktik als auch Zufallselemente die Partie. Für Backgammon, dessen Vorläufer bei den Römern schon um 200 vor Christi Geburt gespielt wurde, gibt es viele Namen und Varianten. Um 1700 nannte man es in Deutschland »Verkehren«, später »Puff«, was soviel wie »Pasch« bedeutet. In Frankreich, wo es den Namen »Trictrac« erhielt, galt es unter anderem als Lieblingsspiel Ludwigs XVI. Seit Jahrhunderten ist es in den Ländern im östlichen Mittelmeer, beispielsweise in Griechenland, besonders populär, während es in Westeuropa, ausgehend von den USA, erst nach dem Zweiten Weltkrieg eine phänomenale Wiederkehr erlebte.

Kasten zur Aufbewahrung von Spielmarken. Archangelsk, Rußland

Ein sehr altes Grundmuster für Brettspiele bildet die Spirale, die in vielen Zivilisationen als Symbol der Unsterblichkeit gilt und auf Spielbrettern immer wieder auftaucht. Das über mehrere Jahrhunderte populärste Spirallaufspiel ist das Gänsespiel, das vor allem in Italien, Frankreich, England und Deutschland weit verbreitet war. Die Überraschungen, denen man auf den Ereignisfeldern im Spiel begegnet, legen einen Vergleich mit dem menschlichen Leben nahe, mitsamt den Gefahren, Zu- und Rückfällen, die das Erreichen eines Ziels verhindern. Das Wissen um die mystische und religiöse Symbolik ging im Laufe der Zeit verloren, und es erschienen seit dem 18. Jahrhundert viele neue Gesellschaftsspiele nach demselben Grundmuster wie beispielsweise das Affenspiel, Post- und Reisespiele oder andere thematisch bestimmte Spirallaufspiele aus den Bereichen Literatur, Geschichte, Geographie, Wissenschaft oder Technik.

Stehen bei Karten- und Brettspielen Glück und Verstand im Vordergrund, geht es bei der Gruppe der Geschicklichkeitsspiele darum, feinmotorische Fähigkeiten und körperliche Gewandtheit zu zeigen. Kugeln, Kegel und andere Gerätschaften prägen deren Struktur und Wesen. Manche sind seit Jahrhunderten bekannt und bis heute populär geblieben wie das Jo-Jo. Die kleine Doppelscheibe an der Schnur erfreute schon die spielfreudigen Griechen des Altertums, was durch antike Vasenbilder und erhaltene Jo-Jos jener Zeit belegt ist. Engländer und Franzosen sollen im 18. Jahrhundert unermüdliche Jo-Jo-Spieler gewesen sein. Sogar den Emigranten, die wegen der Revolution von 1789 aus Frankreich flüchten mußten, wird nachgesagt, daß sie vielfach im Reisegepäck ein Jo-Jo mit sich geführt haben, weshalb es auch den Namen »Emigranten-Spiel« erhielt.

Etwas aus der Mode gekommen sind Geschicklichkeitsspiele wie das Bilboquet, das Diabolo und auch das Feder- oder Zitterspiel. Das Bilboquet hat ein Alter von ungefähr 400 Jahren. Als Zeitvertreib von Königen und Höflingen kannte man es im 16. Jahrhundert. So spielte Heinrich III. von Frankreich gern Bilboquet, wenn er durch seine Paläste und Gärten spazierte. Die am Stab mit einer Schnur befestigte Kugel mußte vom Spieler entweder mit dem spitzen oder mit dem tellerförmigen Ende des Stabes aufgefangen werden. Ludwig XIV. fand im 17. Jahrhundert nicht mehr soviel Gefallen an dem harmlosen Vergnügen; er bevorzugte das Damespiel. Doch im 18. und teilweise auch im 19. Jahrhundert entsprach das Kugelfangspiel wieder dem Zeitgeschmack, und es wurden sogar Clubs gegründet, um sich unter Gleichgesinnten im Wettbewerb ganz dieser Handfertigkeit widmen zu können. Wie das Jo-Jo und das Bilboquet erlebte das aus China kommende Diabolo in der europäischen Spielkultur des 18. Jahrhunderts größere Bekanntheit. Nicht nur Kinder, sondern auch Erwachsene übten mit dem rollenden Doppelkegel die schwierigsten Kunststücke, im Wohnzimmer und im Freien.

Das später als Mikado bekannte Feder- oder Zitterspiel taucht in Europa in literarischen Belegen erst im 14. Jahrhundert auf, obwohl es ein uraltes indisches Spiel ist, das schon in den Dialogen des Buddha im 5. vorchristlichen Jahrhundert erwähnt wird. Im Gegensatz zu den allgemein üblichen runden Holzstäbchen des Mikado waren die Stäbchen der früheren Formen flach und aus Elfenbein gefertigt. Die aufwendigsten hatten die Gestalt von Gabeln, Sägen, Dreizacken, Tier- oder Menschenköpfen. Je schwieriger die Form, desto höher war der Wert, weil es nicht so einfach ist, einen kompliziert gestalteten Stab aus dem Haufen zu ziehen.

Für das Feder- oder Zitterspiel gibt es auch eine besonders liebenswerte russische Variante: Im Gebiet um Moskau, das berühmt war für sein gedrechseltes Spielzeug, stellten Handwerker die sogenannten Birjulkis her. Dabei handelt es sich um einen Satz gedrechselter Miniaturgegenstände – am häufigsten in Form eines Teegeschirrs – in einem Behältnis. Die Birjulkis wurden in einem Haufen auf den Tisch gestreut, und die Spieler fischten sie reihum mit speziellen kleineren Haken nacheinander heraus, ohne daß die anderen Birjulkis sich bewegen durften.

Den Deutschen sagt man eine besondere Neigung zum Kegelspiel nach. Es tritt im 13. Jahrhundert erstmals in einem mittelalterlichen Lehrgedicht auf, obwohl das Spielprinzip auch schon den alten Ägyptern bekannt war. Kegeln war von Anfang an ein Volksspiel, dem man auf Jahrmärkten und Festen begegnete. Nach dem Muster der großen Kegelspiele für Erwachsene gab es besonders seit dem 19. Jahrhundert kleinere Exemplare für die Kinderstube und auch Tischkegelspiele, die wenig Platz beanspruchten und dennoch kurzweiligen Zeitvertreib ermöglichten.

Den Weg vom Spiel im Freien zur sportlichen Betätigung in geschlossenen Räumen nahm auch das Billardspiel im Laufe seiner Entwicklung. Engländer und Franzosen zählen zu den Ahnen dieses eleganten Kugelspiels. Bei den ältesten Billardformen des 14. Jahrhunderts wurde in der Mitte des Tisches ein kleiner Bogen aufgestellt, durch den der Spieler mit einem Schläger eine Kugel auf einen gegenübergestellten König rollen lassen mußte. Regeln und Spielutensilien wandelten sich und bekamen im

19. Jahrhundert ihre heute bekannten perfekten Formen. Früher nur adligen und elitären Kreisen vorbehalten, wird das Spiel heute quer durch alle Bevölkerungsschichten in den Ländern Europas und rund um den Globus praktiziert. Billard verzeichnet mit der Vielfalt seiner Disziplinen sowohl im Freizeit- als auch im Leistungssportbereich immer noch hohe Zuwachsraten.

Aus den USA kamen in den fünfziger Jahren Flipper als erste elektromechanische Kugelspielgeräte nach Europa. Sie entwickelten sich aus dem einfachen Geschicklichkeitsspiel Bagatelle, das in Frankreich und England schon lange vorher in weiten Bevölkerungsschichten geschätzt war. Technische Neuerungen und stets neue Designs im Comicstil brachten dem Flipper in Kneipen, Spielhallen und auch daheim eine ständig wachsende Anhängerschaft bei der Jugend. Mitte der siebziger Jahre hielt die Elektronik Einzug bei den Flippergeräten und erhöhte damit Unterhaltungswert und Nachfrage beträchtlich.

Traditionelle Karten-, Brett- und Geschicklichkeitsspiele, die man meist in Gesellschaft spielt, treten am Ende des 20. Jahrhunderts zunehmend in Konkurrenz zu elektronischen Spielgeräten, die ersatzweise zum interaktiven Partner werden. Zwei Tendenzen bestimmen heute die Spielkultur in Europa. Einerseits ist die Beschäftigung mit anspruchsvollen, komplexen Gesellschaftsspielen herkömmlicher Machart zu einem ernstzunehmenden Hobby geworden. Andererseits gewinnen elektronische Medien im Alltag von Kindern und Jugendlichen gerade auch in diesem Bereich seit Jahren an Bedeutung und bestimmen heute ihre Lebenswelten entscheidend mit. Video- und Computerspiele, Gameboy und Tamagotchi sind aus keinem Kinderzimmer mehr wegzudenken. Reine Familienspiele, die Jung und Alt am runden Tisch vereinen, werden dagegen zurückgedrängt.

Je mehr sich die Welt der Computerspiele ausdehnt und Bereiche erschließt, die bisher anderen Unterhaltungsmedien wie Buch, Film und Fernsehen vorbehalten waren, desto unübersichtlicher wird das Angebot. Inhaltlich bietet sich alles: von Klassikern wie Pong und PacMan in immer neuen Variationen über Weltraumeroberung, Flug- und Fahrzeugsimulationen, Sport-, Abenteuer- und Ballerspielen bis hin zu abstrakten Denk- und Wirtschaftsspielen. Mit dem Computer wurde eine völlig neue Qualität von Realitätsmodellen erschaffen. Der Zeitpunkt ist nicht mehr fern, da auf dieser Ebene eine nahezu perfekte Simulation der realen Welt erreicht werden kann.

Traditionelle Sportarten und Spiele

Gundolf Krüger

Der Sport gehört zu den Grundformen menschlicher Bewegungskultur und ist ebenso wie das Spiel Ausdruck kultureller Werte, Normen und Einstellungen; er bildet innerhalb der gesellschaftlich akzeptierten Wertemuster als sinnstiftende Orientierung der Bewegung ein in seiner Ästhetik und Symbolik jeweils unverwechselbares System, das kulturell-dynamisch determiniert ist. Motor dieser Dynamik ist der gesellschaftlich-kulturelle Wandel: Durch ihn verschwinden Formen traditioneller Bewegungskultur und entstehen neue.

Im interkulturellen Kontext betrachtet, bedeutete dies in der Vergangenheit den Verlust indigener Sportarten und Spiele vornehmlich durch Innovationen von außen, also im Zuge eines exogen bedingten Kulturwandels. Mit der Assimilierung außereuropäischer Völker vor allem vor dem Hintergrund des Kolonialismus setzte jener Prozeß ein, der heute mit der sogenannten Globalisierung einen Höhepunkt erreicht. Nicht allein einzelne Sportarten oder Spiele wurden dem Wandel geopfert; die weltweite Übernahme europäischer Vorstellungen hat zu einem fundamentalen Wertewandel geführt. Diese starke Internationalisierung speziell des Sports brachte die Überbewertung einer begrenzten Anzahl von Disziplinen europäischer Provenienz mit sich und hat heute einen sehr hohen Grad der Nivellierung erreicht. Zentrale Wertekategorie ist dabei der im historischen Wandel der Gesellschaftsformationen Europas gewachsene Leistungsgedanke. Seine Bedeutung als sporthistorisch relevanter Gütemaßstab – denkt man zum Beispiel an das olympische Motto *citius, altius, fortius* und das damit verbundene Rekordstreben nach objektiv meßbarer Höchstleistung in Zentimeter, Gramm, Sekunde (c-g-s) – ist von der Sportwissenschaft hinlänglich untersucht worden. Volkstümliche Ausdrucksformen der Bewegungskultur ohne die erkennbare Zielsetzung vermeintlich objektiver Leistungsmessung, die gemeinhin als rückständig und ländlich-vorindustriell gelten, fanden jedoch bislang weniger wissenschaftliche Beachtung.

Seitdem im Zuge postmoderner Kritik aber traditionellen Elementen erhaltungswürdige Sinnstiftung zugeschrieben wird, haben Gesellschaften zunehmend damit begonnen, ein Bewußtsein für ihre eigenen kulturellen Ausdrucksformen zu entwickeln. Dies führte zum Beispiel bei der Bevölkerung der Kanarischen Inseln zur Rückbesinnung auf traditionelle Sportarten wie Lucha Canaria, eines Ringkampfs, der zu Feierlichkeiten und auch zur Beilegung von Weideland-Grenzstreitigkeiten betrieben wurde. Solche Wiederbelebung ist wie in anderen Teilen Europas als Antwort auf negative Tendenzen im modernen Sport, wie der Entpersonalisierung, des überzogenen Konkurrenzdenkens, des Fanatismus und Chauvinismus, zu verstehen.

Think global, act local war denn auch der Slogan jener ersten zwei Europa-Seminare, durchgeführt 1988 in Vila Real (Portugal) und 1990 in Leuven (Belgien), bei denen der Grundstein zur Erforschung traditioneller Sportarten und Spiele des eigenen Kontinents gelegt wurde. Große Beachtung fanden auch die zwei Welt-Festivals der Trimm and Fitness International Sport for All Association (TAFISA): Das erste wurde 1992 in Bonn unter dem Motto »Sportkulturen der Welt« und das zweite 1996 in Bangkok (Thailand) unter dem noch umfassenderen Thema »Zweites Welt-Festival traditioneller Sportarten und Spiele« durchgeführt. Die dritte Veranstaltung dieser Art wird im Jahr 2000 im Rahmen der Expo in Hannover stattfinden. Auf wissenschaftlich große Resonanz stieß auch der 1995 in Berlin von der International Society for the History of Physical Education and Sports (ISHPES) veranstaltete Kongreß »Welt der Spiele – Spiele der Welt.« Sieht man von regionalen Dokumentationsstellen und entsprechenden Spezialmuseen sowie der verbandsmäßigen Einbindung als Rahmenprogramm nationaler und kontinentaler Titelkämpfe ab, sind heutzutage insbesondere zwei Institutionen zentral damit beschäftigt, dieses Erbe zu erhalten oder wiederzubeleben: zum einen das Institut für Spielforschung und Spielpädagogik an der Hochschule »Mozarteum« Salzburg (Österreich) und zum anderen der Lehrstuhl für Sportgeschichte an der Universität Leuven (Belgien).

Eng verbunden mit der seit etwa 25 Jahren anhaltenden Diskussion um Alternativen zum modernen Sportkonzept ist dabei immer die Frage nach der Identität. Sie wurde innerhalb der Ethnologie zumeist in Verbindung mit dem Begriff »Ethnizität«, also im Kontext der Unterscheidung meist zwischen Weißen und Einheimischen oder ethnischer Minorität und kompakter Majorität in Nationalstaaten, erörtert. In der volkskundlichen Forschung bzw. europäischen Ethnologie hingegen wird eher die Vielfalt der Ebenen von Identität betont. Und in der Tat läßt sich keine essentialistisch geprägte Homogenität von Bewegungstraditionen eines einzigen Europa postulieren. Man erkennt viele Einzelmuster unterschiedlichster Überlieferungen von Sport und Spiel, von der lokalen über die regionale bis zur nationalen und sogar supranationalen Ebene. Das bedeutet, daß im folgenden nur eine Auswahl traditioneller Sportarten und Spiele berücksichtigt werden kann, die aufgrund ihrer Erscheinungsform typologisch mehr oder weniger zusammengehören und die von den Beteiligten selbst auf unterschiedlichen Ebenen als identitätsstiftend empfunden werden.

Bezogen auf den Sport sollen diejenigen Bewegungsformen als traditionell bezeichnet werden, die es bereits in ihrer Form gab, bevor der moderne, international organisierte Sport Einfluß zu nehmen begann. Diese Definition läßt zu Recht offen, in welcher Weise auch ältere Sportarten von den im modernen Sportkonzept wirksamen Gütemaßstäben, dem Grad der Säkularisierung, der Chancengleichheit, der Spezialisierung, der Rationalisierung, der Bürokratisierung, der Quantifizierung sportlicher Leistung und dem Rekordstreben, gekennzeichnet sind. Denn es fällt auf, daß auch die traditionelle Bewegungskultur heutzutage häufig modernen Leistungsmustern folgt, professionell betrieben wird und in starkem Maße vereins- und verbandsmäßig institutionalisiert ist. Um daneben im folgenden auch von Spielen reden zu können, bedarf es zudem eines historischen Begriffsvergleiches.

Beide Begriffe, »Sport« und »Spiel«, stimmen in ihrer Grundbedeutung nahezu überein: Die Bezeichnung »Sport« läßt sich zurückverfolgen über das altfranzösiche Wort *desport* (Erholung) bis zum mittellateinischen *disportare* (sich vergnügen); das Wort »Spiel« ist etymologisch verankert im althochdeutschen *spiliman* (Schautänzer) und zeigt vor allem in den romanischen Sprachen eine große Affinität zum Aspekt der Vergnügung, denn *jeu, gioco, jugando* entstammen den lateinischen Worten *jocari* (sich vergnügen) bzw. *jocus* (Scherz, Spaß, Zeitvertreib). Heutzutage häufig synonym verwendet, werden »Sport« und »Spiel« gleichermaßen im Sinne von Erholung, Zeitvertreib und Vergnügen der Arbeit gegenübergestellt. Eine solche »überhöhte Dichotomie«, wie Hans Kamphausen sagt, greift jedoch historisch weder innerhalb noch außerhalb Europas, auch wenn im Sport der »Ernst« stärker als im Spiel ausgeprägt zu sein scheint und insofern arbeitssaffine Muster häufiger im Sport als im Spiel auftreten.

Der Begriff »Sport« hat sich in seiner alltagspraktischen Verwendung von Großbritannien aus verbreitet. Etwa ab Mitte des 15. Jahrhunderts wurden dort Formen des Zeitvertreibs zusammengefaßt, die als Körperübungen vorzugsweise im Freien stattfanden. Die Cotswold Games, ein Volksfest, seit 1612 in der Pfingstwoche in Worcestershire durchgeführt, wurden als »Olympic Sports« gefeiert und von Dramatikern wie Ben Johnson in den ›Annalia Dubrensia‹ kommentiert. Ihre gesetzliche Legitimation erhielten sie im Rahmen der ›Declaration of Sports‹, die von König James I. im Jahr 1618 verkündet wurde. In ihr wurde gegen den heftigen Widerstand der Puritaner das Recht der Bevölkerung auf überlieferte »Wettbewerbe des Adels (Pferderennen, hunting by scent, coursing) [...] Wettbewerbe des Bürgertums (Quintanarennen, Barrierekampf, Stockfechten, Lauf, Sprung, Hammer-, Lanzen-, Wurfstab- und Wurfscheibenwerfen, shin-kicking und der Ringkampf), die seit Jahrhunderten zur Wehrertüchtigung gedient hatten, und die traditionellen Spiele volkstümlicher Kirchenfeste, wie Würfel-, Karten- und Kegelspiele, gemischte Tänze, Haschespiele, akrobatische Vorführungen, Hahnenkämpfe, Stierhetzen und maskenspielartige Einlagen«[1] festgeschrieben. Verpflichtet ist der Sportbegriff auch den *patronized sports*, jenen Übungen, insbesondere Laufwettbewerben, bei denen Angehörige des Volkes unter der Schirmherrschaft und im Auftrag des Adels miteinander wetteiferten. Mit der Integration von Mannschaftswettbewerben (Rudern, Fußball und Hockey) in das Unterrichtsprogramm der Public Schools um 1700 erweiterte sich das Potential der Übungen, die die Bezeichnung *sports* trugen. Den Übungen jener Zeit war gemein, daß sie nicht dem Streben nach Höchstleistungen, sondern primär der Ausbildung von *sportsmanship*, also dem Gentleman-Ideal der Fairneß gegenüber dem Gegner dienten. Mit der einsetzenden Industrialisierung und dem zunehmenden wirtschaftlichen und politischen Erstarken der Städte zu Beginn des 19. Jahrhunderts setzten das erstarkte Bürgertum und Teile der sich konstituierenden Arbeiterklasse dem reinen Amateursport der *gentry* jene Vorstellungen von Sport entgegen, die Wettkampf, Rekordstreben, quantitativ zu ermittelnde Leistung, Meisterschaft betonten. Mit der daraus resultierenden »Versportung« der Bewegungskultur begann der Prozeß, der zu unseren heutigen Auffassungen von Sport geführt hat.

Im Unterschied dazu sind die Assoziationen mit dem Phänomen »Spiel« weitaus vielschichtiger.

»Man denkt an Kinder, die sich traumhaft versunken ihren Imaginationen hingeben; aber man denkt auch an Roulette oder Glücksautomaten; man denkt an variable Gestaltungs- und Ausdrucksprozesse beim Bauen und Basteln, beim Schmücken und Darstellen; oder an die interaktiven Strategien und Taktiken des Zusammenspiels von Mannschaften, des Wettkampfs von Gegnern, wo bis zuletzt für Überraschungen alles offen ist; man denkt auch an die streng sich wiederholenden Abläufe geregelter Rituale. Hochdifferenziertes artistisches Können auf ästhetischem oder sportlichem Feld kann Spiel sein, aber auch Domino oder Mummenschanz oder das linkische Springen und Tapsen und Torkeln junger Katzen, denen man bewegliche Dinge vor Augen hält. So sind die Phänomene des Spiels angesichts ihrer Vielfalt auch von alters her Gegenstand unterschiedlicher Interpretationen gewesen, sei es der philosophischen Reflexion, sei es poetischer Betrachtungen, sei es wissenschaftlicher Definitionsversuche und Analysen.«[2]

Sackhüpfen. Belgien 1986

Beispiele für frühe Versuche einer enzyklopädischen Erfassung von Spielen, bei denen insbesondere gesundheitliche und pädagogische Aspekte betont werden, finden sich bereits in der Zeit der Renaissance und der Aufklärung: Sie reichen von den ärztlichen Empfehlungen Mercurialis' bis hin zu den philanthrophischen Anschauungen Vieths und Guts Muths'. Eine besonders gelungene bildliche Darstellung von Kinderspielen aus dem 16. Jahrhundert, bei dem auch der heutige Betrachter vielleicht noch einiges von dem wiederentdeckt, was er selbst aus seiner Kindheit kennt, stammt von Pieter Bruegel dem Älteren. In der ethnologischen Forschung des ausgehenden 19. Jahrhunderts wurden durch die Arbeiten von Edward Tylor (1873, 1883) und Richard Andree (1889) wichtige Beiträge zu einer vergleichenden Spielforschung geleistet. Der evolutionistischen Auffassung jener Zeit folgend, wurden Kinderspiele wie Klapper-, Puppen-, Murmel-, Kreisel-, Knall-, Ball-, Kugel-, Kegel-, Reifen-, Brett-, Würfel-, Rate-, Faden- und Steinchenspiele sowie Blindekuh, Sackhüpfen, Stelzenlaufen und Drachensteigen als »Überbleibsel« früherer Stufen der Menschheitsentwicklung betrachtet. Eine globale Gesamtdarstellung liefert Karl Weules ›Ethnologie des Sports‹ von 1926, in der das universelle Erbe von Kinderspielen eher im Sinne von *l'art pour l'art* berücksichtigt wird. Einen problemorientierten Überblick zur Erforschung traditioneller Kinderspiele in Europa bietet ein Aufsatz von Roger Pinon[3], der deutlich macht, wie schwierig es ist, das breite Spektrum ähnlich erscheinender Spiele für die einzelnen europäischen Regionen genau zu orten. Zwar lassen sich Spiele modellhaft klassifizieren, wie dies in Huizingas ›Homo ludens‹ (1956) oder in Caillois' Einteilung (1958) nach den Prinzipien Wettkampf *(agon)*, Chance *(alea)*, Nachahmung *(mimikry)* und Rausch *(ilinx)* sowie in Sutton-Smith's Schema »körperliche Fertigkeit / Glück und Strategie« von 1978 geschehen ist. Die Spiele aber genau geographisch abzugrenzen, ihre identitätsstiftende Bedeutung einzuschätzen und zu überprüfen, ob sie überhaupt noch aktiv ausgeübt werden, bedarf einer Vielzahl von Fallstudien in der weiteren Zukunft. Allein für Hüpfspiele gab es in Berlin um 1935 Hunderte von Namen und Formen, bei denen heute unklar ist, welche im einzelnen überdauert haben. Ähnlich verhält es sich mit Kinderspielzeug aus alter Zeit – wie innerhalb von Familien vererbte Zinnsoldaten oder Puppentheater –, mit dem reichen Schatz an Spielmotiven im Märchen – wie sie von der Arbeitsstelle »Enzyklopädie des Märchens« am Seminar für Volkskunde der Universität Göttingen erfaßt werden – und mit den Gesellschaftsspielen für Erwachsene: Ob Würfel-, Karten- oder Brettspiele, Verbreitungsstudien zeigen, daß Spielweise und Erscheinungsformen häufig auf engstem geographischen Raum divergieren. So finden sich verschiedenste Darstellungsweisen für Schachfiguren, die allein im Kreis einzelner Familien überlebt haben.

Besser lassen sich tradierte Spiele fassen, die eine starke Affinität zu den genannten Gütemaßstäben des Sports aufweisen; sie werden häufig als Sportspiele bezeichnet. Man sagt »Fußball ist ein Sport«, aber »heute ist ein Fußballspiel«. Der Begriff »Spiel« wird also allein auf die Ablaufform dieser Sportart angewandt, das heißt, »Spiel« kann verstanden werden als »eine Bewegungsform von besonderer Ablaufgestalt, auf die man durch Tätigkeiten verschiedener Art zwar Einfluß nimmt, die aber als ganze niemals in diesen Tätigkeiten aufgeht, sondern erst geglückt ist, wenn sie sich ihnen gegenüber verselbstständigt«[4].

Vor dem Hintergrund dieser Begriffsdefinition lassen sich in Anlehnung an die Untersuchungen von Sutton-Smith, Renson und De Vroede traditionelle Ball-, Kugel- und Kegelspiele, Wurfspiele, Schießen, Kampfspiele, Tierkämpfe, Laufen/Rennen/Fahren sowie akrobatische Übungen typologisch voneinander trennen.

Der heutige Sport wird weitgehend von modernen Ballspielen beherrscht, weltweit am populärsten ist Fußball. Daß darüber hinaus aber auch ein breites Spektrum traditioneller Ballspiele existiert, die mit Füßen, Händen – oder beidem – und zum Teil mit Schlägern (Racket, Keule, Stock) gespielt werden, ist häufig nur regional bekannt. Große Popularität genießt in Irland bis heute Hurling. Es ist seit Beginn des 17. Jahrhunderts aus dem englischen Cornwall gut dokumentiert als ungestümes, volkstümliches Treibballspiel, das man als Vorläufer von Fußball und Hockey gleichermaßen bezeichnen kann. In früheren Zeiten spielte man auf freiem Feld, entweder ohne feste Spielraumbegrenzungen oder auf Tore; oft nahmen ganze Dorfschaften daran teil. Als Antwort auf den modernen englischen Sport wurden Hurling und der sogenannte Gälische Fußball während der achtziger Jahre des letzten Jahrhunderts wiederbelebt und seitdem im Rahmen landesweit organisierter Meisterschaften durchgeführt. Die Spiele stehen dabei in einer ebenso hohen Publikumsgunst wie Fußballspiele. Beim Hurling wird heute mit Hilfe von Schlägern auf dem Boden ebenso wie durch die Luft zugespielt, beim Gälischen Fußball darf mit Händen und Füßen gespielt werden.

Geradezu nationalsportlichen Charakter trägt noch heute das in England überall verbreitete Cricket. Bei diesem Ballspiel mit Schlagkeulen versucht die Feldmannschaft *(fielding side)*, das Holztor *(wicket)* der Schlagmannschaft *(bating side)* einzuwerfen. Die Schlagmänner *(batsmen)* verteidigen also die *wickets* mit ihren Keulen und versuchen dabei, möglichst viele *runs* (gepunktete Läufe) zwischen den beiden *wickets* zurückzulegen, während der Ball im Spiel ist. Cricket verlangt von allen Spielern äußerste Fairneß, was sich auch in der allgemeinen Redewendung *»it's not cricket«* (das ist nicht in Ordnung) ausdrückt.

Aus Gotland in Schweden ist Pärkspel bekannt, das dort seit dem 17. Jahrhundert kontinuierlich gepflegt wird. Dabei wird ein Ball von etwa der doppelten Größe eines Tennisballs mit der Hand oder dem Fuß geschlagen. Es hat Ähnlichkeiten mit dem französischen Jeu de Paume, dem baskischen Pelota und dem niederländischen Kaatsen. Jeu de Paume ist ein altfranzösisches Rückschlagspiel, aus dem sich Tennis entwickelt hat. Es entspricht ganz der französischen Ballspielhaus-Tradition, in der Weise, daß nicht allein das Netz, sondern auch die Wände des Austragungsortes mit in das Spielgeschehen einbezogen werden. Beim baskischen Pelota wird ein Ball, der aus einem Wollkern mit Kautschukumwicklung besteht, mit der Faust, einem Lederhandschuh oder einem ovalen Fangschläger entweder im Freien oder in einer Halle gegen eine Wand gespielt. Dieses Spiel gehörte mehrfach zu den Demonstrationssportarten bei Olympischen Spielen und wird in Spanien, Lateinamerika und auf den Philippinen professionell betrieben. Bei der friesischen Form des Kaatsen spielen Dreiermannschaften gegeneinander. Beim Aufschlag wird ein kleiner Lederball mit der bloßen Hand gespielt und entweder direkt oder nach einmaligem Aufspringen retourniert.

Bei einem weiteren traditionellen Ballspiel in den Niederlanden, dem Korfball, spielen zwei Mannschaften mit je sechs männlichen und weiblichen Teilnehmer/innen auf einer 90 mal 40 Meter großen Rasenfläche und versuchen, einen großen Lederhohlball in einen in 3,50 Meter Höhe angebrachten Spankorb zu werfen. Das Feld besteht aus drei Abschnitten, in denen sich jeweils zwei Spieler befinden, je ein Mann und eine Frau. Bei anderen Ballspielen kommen entweder Stöcke zum Einsatz, wie zum Beispiel beim Crosse, einer Golfvariante in Nordfrankreich und Belgien, oder es werden Tamburinschläger benutzt, wie in Frankreich und Italien. Zudem kennt man Unterarm-Schutzvorrichtungen wie im italienischen Faustballspiel Pallone. Italien ist auch jenes Land, wo sich bis heute eine traditionelle Form des Fußballspielens erhalten hat: Beim Calcio, das in Florenz seit dem 15. Jahrhundert belegt ist, dient als Austragungsort bei jährlichen Festen jeweils eine ganze Piazza. Eine sehr volkstümliche Form des Schlagstockspiels ist das im deutschsprachigen Raum an verschiedenen Orten beheimatete Sautreiben, bei dem es darauf ankommt, daß der Hirte seinen Ball, die Sau, mit seinem Stock in eine der Gruben hineinbringt, die die Mitspieler mit ihren Ballstöcken verteidigen.

Eine herausragende Popularität besitzt ein in der Schweiz verbreitetes Schlagballspiel, das Hornussen. Ein Holzstamm wird dabei schief in die Erde gedrückt und am emporragenden Ende mit Lehm eine kleine Holzscheibe befestigt, die sogenannte Hornuß. Die eine Mannschaft schlägt mit einem Schlegel den Hornuß gegen das 200 bis 300 Meter entfernte Ziel, von wo aus die Gegenpartei versucht, die durch die Luft fliegende Holzscheibe mit Schindeln aufzuhalten. Besonders honoriert werden dabei auch Treffer gegen den Fänger, worauf die oft martialische Spielsprache hinweist: Ein ungeschickter Fänger »verliert sein Leben« bzw. »verreckt«. Höhepunkt sind die alle drei Jahre stattfindenden eidgenössischen Hornusserfeste. Vergleichbare Schlagballspiele finden sich auch in Kärnten und in der Steiermark (Österreich), im italienischen Aostatal und in Gestalt des »Spiels mit dem Klinkholz« in Schleswig-Holstein.

Im Bereich der Kugelspiele ist Krocket (französisch: *croquet*) als eine ehemals olympische (St. Louis 1904) und heute nahezu vergessene Sportart zu bezeichnen, bei der mit einem hammerähnlichen Holzschläger eine Holzkugel mit möglichst wenigen Schlägen durch insgesamt zehn Tore getrieben werden soll. Während dieses Spiel heute eher eine marginale Bedeutung hat, ist das südfranzösische Boule-Spiel aufgrund seines hohen Freizeitwertes mittlerweile derart beliebt geworden, daß man es heute in weiten Teilen der Erde kennt. Beim Boule, das mit dem italienischen Boccia eng verwandt ist, muß eine Spielkugel möglichst nah an eine Zielkugel geworfen werden. Wettkampfmäßig wird es zumeist von zwei Mannschaften mit je drei Spielern gespielt. Über größere Distanzen als beim Boule wird das in Friesland beheimatete Klootschießen bzw. Boßeln betrieben. Der Kloot ist eine aus Hartholz geformte Kugel mit Bohröffnungen, die mit beschwerendem Blei ausgegossen sind. Im Rahmen von Einzel- oder Mannschaftswettbewerben geht es darum, mit sowenig Würfen wie möglich eine festgesetzte Entfernung von sechs Kilometern zurückzulegen, wobei im Unterschied zum Boßeln beim Klootschießen auch die Wurfweiten mitbewertet werden. Dieses für Norddeutschland ebenso wie für die Niederlande repräsentative Kugelspiel ist ein bezeichnendes Beispiel für den Ausdruck regionaler Identität und das allgemeine, auch international wachsende Bewußtsein im Hinblick auf traditionelle Spiele. 1969 entstand eine internationale Kugelspielvereinigung, heute wird diese Spieltradition von über 50 000 in Verbänden organisierten aktiven Spielern gepflegt.

Als ähnlich bezüglich der Spielstruktur sind das schweizerische Potschen und das vor allem in den deutschen und österreichischen Alpen sehr beliebte Eisstockschießen zu bewerten. Dabei wird mit einer Wurfscheibe (Eisstock) versucht, über eine 100 Meter lange Eisbahn einen Zielwürfel (Daube) zu treffen. Dem Eisstockschießen am nächsten kommt das Curling, das aus Schottland stammt und dort bereits um 1400 bekannt war.

Boßeln. Friesland

Bei den Kegelspielen, die in ganz Europa weit verbreitet sind und insbesondere in Deutschland auf eine lange Tradition zurückblicken, sei auf zwei interessante Varianten hingewiesen: zum einen auf das Kegelspiel in Karelien (Finnland), wo anstelle der Kugel ein Stock geworfen wird (Stockkegeln), und zum anderen auf das ungarische Lengö-teke, bei dem eine Gruppe von neun Kegeln auf eine rautenförmige Holztafel gestellt wird. Dabei hängt die Kugel mit einer Schnur an einem Galgen und wird mit Schwung auf die Kegel abgezielt. Es handelt sich hierbei also um ein sogenanntes Pendelkegelspiel, wie es in Miniaturform auch aus anderen Teilen Europas bekannt ist. Dieses Spiel wird nicht vereinsmäßig, sondern zumeist bei Kirmesveranstaltungen oder Familienfesten betrieben.

Bei den Wurfspielen, zu denen im modernen Sport Speerwerfen, Kugelstoßen und Diskuswerfen gehören, fällt auf, daß besonders alte Übungen bis heute überdauert haben. Dazu zählt das Steinstoßen, das bereits in den nordischen Sagas, im Nibelungenlied sowie auch in neueren alpenländischen Volkssagen erwähnt wird und als Bestandteil volkstümlicher Kraftkultur sowie als Vorübung ritterlicher Turniere im Mittelalter fest verankert war. Noch heute gibt es Veranstaltungen in den Schweizer Alpen, bei dem die schweren »Sennensteine« gestoßen werden. Unter den schwedischen Gotland-Spielen sind diesbezüglich zwei Wurfübungen zu erwähnen: Beim Varpkastning wird eine etwa zehn Pfund schwere Stein- bzw. Metallplatte *(Varpa)* möglichst nah an einen Eisenstab geworfen, der sich in etwa 21 Meter Entfernung befindet; beim Stangsstärtning besteht das Gerät zum Weitwerfen aus einem Baumstamm, vergleichbar dem Tossing the caber der schottischen Highland-Games und dem Jogo do panco aus Portugal. Eine besondere Form des Speerwerfens, Barra genannt, ist aus Nordspanien bekannt: Hierbei werden 3,5 Kilogramm schwere Eisenstangen nach mehrmaliger Körperdrehung abgeworfen.

Eine lange Tradition besitzt ferner das im institutionellen Rahmen von Gilden und Bruderschaften entstandene Schützenwesen. Es ging aus den Übungen waffenfähiger Stadtbürger im 13. Jahrhundert hervor, zu denen neben dem Bogenschießen auch das Armbrustschießen gehörte. Mit dem Aufkommen der Feuerwaffen verlor das traditionelle Schießen zwar vorübergehend an Bedeutung, wurde aber in einigen Gebieten Europas wiederbelebt bzw. kontinuierlich erhalten. Manche der heutigen Armbrustvereine in Flandern können aufgrund ihres mittelalterlichen Ursprungs als erste Sportklubs Europas betrachtet werden.

Das in früherer Zeit im deutschsprachigen Raum weitverbreitete Bogenschießen oder Schießen nach dem Vogel, das vornehmlich im Rahmen von Mai- und Pfingstfesten – wie zum Beispiel auf der berühmten Dresdner Vogelwiese – durchgeführt wurde, ist nach wie vor in Flandern eine der populärsten traditionellen Sportarten und war 1920 in Antwerpen sogar olympisch. Hier wird auf einen oder mehrere mit bunten Federn geschmückte Holzvögel gezielt, die an einem Rahmen eines bis zu 27 Meter hohen Mastes befestigt sind. Auch in Italien gibt es eine »Traditionsinsel« für überlieferten Schießsport: Zwischen den umbrischen Städten Gubbio und Sansepolcro wird jährlich am letzten Wochenende im Mai ein Turnierfest nach mittelalterlicher Tradition durchgeführt, bei dem beim Palio della Balestra die Armbrustschützen beider Städte gegeneinander antreten.

Unter den Kampfspielen ist zweifellos das Ringen jene Zweikampfform, die unabhängig vom griechisch-römischen Ringen als olympische Disziplin heute noch Erinnerungen an eine ehemals volkstümliche Kraftkultur im Mittelalter wachhält. Jene beruhte im 15./16. Jahrhundert auf einer bäuerlichen Basis, und es ging im wesentlichen darum, bei dörflichen Kirchweihfesten die »stärksten Männer« zu ermitteln. Von diesen am männlichen Kraftideal orientierten Übungen haben sich neben dem bayerischen Fingerhakeln oder dem kanarischen Steineheben (Levantamiento y pulseo de la piedra) auch bestimmte traditionelle Formen des Kraftringens erhalten, bei denen ursprünglich die Grenzen zur Prügelei fließend waren. Weder Regulierung nach Gängen und Gewichtsklassen noch nach Zeit und Platzbegrenzung spielen eine große Rolle, sondern allein die Kraftentfaltung ist bestimmender Gütemaßstab. Bis in die Gegenwart besteht diese Kraftkultur in Form des Ringkampfes Borjda und des Faustkampfes Kulatschny boj in Rußland fort und findet sich auch im georgischen Kartuli tschidaoba, im armenischen Koch und im aserbeidschanischen Gülesch wieder.

Auch im Rahmen bäuerlicher Feste der Alpenländer ist das Ringen als sportlicher Zweikampf überliefert. Hier ist insbesondere das Schwingen der Schweizer Sennen zu nennen, das seinen festen Platz innerhalb jährlich stattfindender Volksfeste hat. Dabei wird der Gegner an der Schwinghose gepackt (Hosenlupf) und »geschwungen»; dieser Ringstil enthält ein eigenes Repertoire charakteristischer Griffe, wie sogenanntes Kurzziehen, Bodenlätz, Höck, Fliegendätsch, Gammen und Weiberhaken. Von überregionaler Bedeutung ist heutzutage Lucha Canaria, der traditionelle Standringkampf, der heute von Männern und Frauen gleichermaßen auf den Kanarischen Inseln ausgeübt wird. Zu den Meisterschaften werden auch Ringer ähnlicher Ringkampfformen anderer Nationen eingeladen, wie zum Beispiel aus Island und Korea. Im Jahr 1985 wurde sogar ein internationaler Verband für das keltische Ringen gegründet, unter dessen Dach das isländische Glima, das schottische Backhold und das bretonische Gouren vereinigt wurden.

Als Relikt des mittelalterlichen Turnierwesens ist das Rolandreiten, Ringelstechen und Fischerstechen in Frankreich und Deutschland zu bezeichnen. Darstellungen des Mittelalters zeigen, wie man zu Pferd, zu Fuß und auch im Boot nach einem »Rennpfahl« (Quintana) stach. Dieser hatte die Gestalt eines mit Schild und Schwert bzw. Lanze bewaffneten Mannes. Traf man den Schild, so drehte sich die Figur und versetzte dem Reiter mit der Waffe einen Schlag auf den Rücken, wenn er nicht schnell genug davonjagte. Beim holsteinischen Roland geht es darum, dessen Schild zu zertrümmern. Der, dem dies gelingt, ist König für ein Jahr bis zur nächsten Fastnacht und kann den Roland sichtbar am Haus aufbewahren.

Ein Blick auf die früher weitverbreiteten Tierkämpfe, zum Beispiel die Bärenhatz und Hahnenkämpfe, zeigt, daß abgesehen von Stierhetzen und den professionellen Stierkämpfen in Frankreich, Spanien und Portugal ein Wandel zu friedlicheren und faireren Wettkämpfen mit einzelnen Tierarten, wie Hunde- und Taubenrennen, stattgefunden hat. Sehr beliebt ist noch heute der Flugtaubensport, der in Deutschland im Ruhrgebiet eine große Anhängerschaft gefunden hat und in Belgien innerhalb des »Königlichen Belgischen Bundes der Taubenliebhaber« sogar 70 000 Mitglieder zählt. Dort genießen Tauben einen ganz besonderen Status, denn die Haltung der Tiere war ursprünglich ein »herrschaftliches Recht« des Adels, das erst mit der Französischen Revolution abgeschafft wurde. Seitdem finden noch jährlich Wettflugveranstaltungen statt, bei denen europaweite Distanzen zurückgelegt werden. Weit älter als der Taubensport in Westdeutschland ist das dort beheimatete Gänsereiten, eine sportliche Geselligkeitspflege, die jährlich am Rosenmontag im Wattenscheider Raum zahlreiche Menschen anlockt und amüsiert. Möglicherweise durch Spanier im 16. Jahrhundert eingeführt, gilt es, beim Gänsereiten einer toten Gans, die mit Schmierseife eingerieben und zwischen zwei Bäumen an einem Seil befestigt ist, im Ritt den Kopf abzureißen. Derjenige, dem dieses »Kunststück« gelingt, ist für ein Jahr »Gänsereiterkönig«.

Um Geschwindigkeit und Weite gruppieren sich traditionelle Sportarten und Spiele, die im Sinne von Laufen, Rennen, Springen zusammengefaßt werden können. Beim berühmten Palio von Siena in Italien, einem aus dem Mittelalter stammenden Pferderennen, geht es darum, einerseits kulturelle Muster vergangener Zeit zu reproduzieren und andererseits durch sportlichen Wettkampf der einzelnen Stadtbezirke *(contrade)* untereinander die soziale Vitalität der *commune* im ganzen jährlich zu erneuern.

In engem Zusammenhang mit den ökonomischen Grundlagen ihrer nomadisierenden Lebensweise steht bei den Samen in Lappland das traditionelle Rentier-Schlittenrennen. Diese Rennen über ein bis zwei Kilometer, die zumeist im Frühjahr auf den noch zugefrorenen Seen durchgeführt werden, sind in der Regel verknüpft mit Wettbewerben im Lassowurf. Das Lasso wird dabei aber nicht nach lebenden Rentieren geworfen, sondern nach fünf verschiedenen Rentierhornpaaren, die mit Zwischenabständen von einem Meter in einer Entfernung von elf bis 15 Metern angeordnet sind. Eher der reinen Belustigung dienen hingegen die Abfahrtsrennen mit Transportschlitten in den Alpenländern, die vor allem zur Fastnachtszeit durchgeführt werden. Eine vornehmlich touristische Attraktion ist heute das traditionelle Rodeln, »Ruscheln« genannt, das sich im Rahmen der seit mehr als 100 Jahren stattfindenden Berg- und Winterfeste in St. Andreasberg im norddeutschen Mittelgebirge Harz erhalten hat.

Der Skilauf im Sinne traditioneller Fortbewegung erlebt zur Zeit eine Wiederbelebung durch die aus Norwegen stammende traditionelle Telemark-Technik. Mittlerweile werden mit den eigens dafür gefertigten Skiern sogar Weltmeisterschaften ausgetragen. Eher verborgen bleibt dagegen die in Slowenien beheimatete Tradition des sogenannten Krainer Bauernskilaufs, die sich auf dem Hochplateau der Bloke kontinuierlich erhalten hat. Bis heute fertigen dort die Bewohner einen traditionellen Holzski, der ursprünglich von den um 600 nach Christi Geburt eingewanderten Slawen mitgebracht wurde und beim Kirchgang, zu Begräbnissen, bei Marktbesuchen sowie auch im Rahmen des Faschingstreibens in sportlicher Hinsicht Verwendung findet. Über eine solche lokale Bedeutung hinaus reicht die Popularität eines weiteren Wintersports: In den Niederlanden gehört das Schlittschuhlaufen zu den beliebtesten Sportarten überhaupt und hat dort eine jahrhundertealte Tradition. Während die ersten Schlittschuhe noch aus gespaltenen Tierknochen gefertigt wurden, setzten sich jene Holzschlittschuhe mit Eisenkufen im 16. Jahrhundert durch, die man auch heute noch gelegentlich beim größten Eislaufereignis, dem Friesischen Elf-Städte-Lauf, sehen kann.

Rentier-Schlittenrennen. Lappland

Während Laufspiele wie Geschicklichkeitswettbewerbe im Sackhüpfen oder Stelzenlaufen Gemeingut vieler Völker sind und in Europa vor allem im Rahmen von Frühlingsfesten und Kindergeburtstagen auch heute noch einen erheblichen Stellenwert haben, findet man nach wie vor noch zunftgebundene Laufwettbewerbe, die auf das Mittelalter zurückgehen. Dazu zählt zum Beispiel der Schäferlauf in Markgröningen (Baden-Württemberg), der alljährlich am 24. August, dem Bartholomäustag, von Schäfern und Schäferinnen des Schwarzwaldes und der Schwäbischen Alb durchgeführt und mit einem Festzug durch die Stadt in einer öffentlichen Siegerehrung gekrönt wird. Eine besondere Form des Laufspringens, die ähnlich wie das Stelzenlaufen in früheren Zeiten vor allem Hirten zum Überwinden von Hindernissen gedient haben dürfte, ist der auf den Kanarischen Inseln als traditioneller Wettbewerb durchgeführte Salto del pastor, bei dem mit Hilfe einer langen Holzstange unwegsames Gebiet übersprungen wird.

Die letzte Gruppe in der bereits genannten Typologie von Übungen bei Sutton-Smith, Renson und De Vroede ist charakterisiert durch Bewegungselemente, die sich einerseits in der modernen Sportgymnastik und dem modernen Turnen wiederfinden, aber andererseits als sportliche Leistung, Kunstfertigkeit und spielerische Geschicklichkeit in traditionellen Tänzen und akrobatischen Vorführungen ihren Ausdruck finden. Hierzu zählen die bereits in Tacitus' ›Germania‹ erwähnten Waffentänze, bei denen heute die Waffe lediglich dramaturgisches Verbindungsglied einer Kette ist, bei der aus Schritten, Drehungen und Sprüngen Figuren wie Kreise, Spiralen, Tore und Gassen gebildet werden bzw. aus den Waffen ein rosenartiges Geflecht geformt wird, das den Vortänzer trägt. Recht gut dokumentiert sind in diesem Zusammenhang die Schwertletänze der Rebleute in Überlingen am Bodensee.

Eine besondere Faszination geht von den spektakulären Sprüngen der Zbójnicki-Tänzer des Podhalen-Gebietes in der polnischen Tatra aus: Die Tänzer führen hier die legendären Taten des Räuberhauptmanns Janosik aus dem 18. Jahrhundert auf. Mit Schwingkeulen *(ciupaga)* versehen, bilden die Tänzer verschiedenste Figuren und wagen Formations- und Einzelsprünge, bei denen teilweise lodernde Lagerfeuer überwunden werden müssen. Aufgrund der in großer Zahl ins Ausland ausgewanderten Podhalen wird diese Tanztradition mit sportlichen Elementen noch heute an den verschiedensten Orten als Ausdruck polnischer Identität gepflegt.

Ein weiteres beeindruckendes Beispiel akrobatischer Darbietungen stellen die aus einer mittelalterlichen Tradition erwachsenen Menschenpyramiden (Castellers) in Katalonien dar. Diese auf Kraft und Balance basierenden Meisterwerke finden in unterschiedlichster Darbietungsform – als Burgen, Türme oder Säulen – ihren Höhepunkt bei den jährlich in Barcelona durchgeführten Castell-Wettbewerben und können als lebendiges Symbol katalanischer Identität betrachtet werden.

Die Auswahl der genannten Beispiele dürfte gezeigt haben, daß gerade im zusammenwachsenden Europa zunehmend Wert darauf gelegt wird, nicht nur Traditionen zu wahren oder wiederzubeleben, sondern kulturelle Eigenarten untereinander auch auszutauschen. Bei aller Europäisierung können also traditionelle Sportarten und Spiele als »Quelle der Selbstverwirklichung« und als »großartige Schule für das Miteinander«[5] dazu beitragen, daß nationale Grenzen nicht zu ernst genommen und statt dessen kulturelle Regionen neu definiert und stärker beachtet werden. Nicht nur ständig neu kreierte Formen der Bewegungskultur mit Hilfsmitteln wie Skateboards, BMX-Räder, Snowboards oder Inlineskates stellen mit Recht wünschenswerte Alternativen zum konventionellen Sport- und Spielangebot dar, sondern gerade die traditionellen Sportarten und Spiele könnten in der Zukunft Impulse für ein europäisches Selbstverständnis von der »Vielfalt in der Einheit« geben.

1 Joachim K. Rühl, Die »Olympischen Spiele« Robert Dovers. Annales Universitatis Saraviensis, 14. Heidelberg 1975. S. 220f.

2 Hans Scheuerl (Hg.), Das Spiel, Theorien des Spiels. Bd. 2. Weinheim 1997. S. 9.

3 Roger Pinon, Probleme einer europäischen Kinderspielforschung. In: Hessische Blätter für Volkskunde, 58, Sonderdruck. 1967. S. 9–43.

4 Scheuerl, a.a.O., S. 202.

5 Bahgat Elnadi und Rifaat Adel, Editorial. In: Unesco Kurier, Sport und Wettkampf. Bd. 12. 1992. S. 4.

Geschichte des modernen Massensports

Arnd Krüger

Der Zuschauersport

Mit der industriellen Revolution nahm in Großbritannien die Landflucht zu, und immer mehr Menschen strömten in die städtischen Ballungszentren. Ihnen gemeinsam war der Wunsch, ihre Sitten und Gebräuche aufrechtzuerhalten, um nicht vollständig von der alten Heimat, dem Landleben, von Wald, Feld, Spiel und Sport abgekoppelt zu sein. Während es »auf dem Land« genug Spielplatz gab, auf Wiesen und Weiden und abgeernteten Feldern, mußten in den neuen Städten gesonderte Plätze für Spiel und Sport erst geschaffen werden. Mit den industriellen Arbeitsbedingungen war auch die strikte räumliche Trennung von Arbeit, Wohnen und Freizeit verbunden, die es vorher in dieser Weise nicht gegeben hatte. Erstrebenswert war grundsätzlich alles, was entweder eine Sensation versprach, die Identifikation mit der alten Heimat barg oder die mit der neuen erleichterte.

In die Sparte »Sensation« fiel die frühe Leichtathletik – in Großbritannien und den USA angeheizt durch hohe Wetten. Ein Beispiel war der Sechs-Tage-Lauf, der dem Sechs-Tage-Rennen mit dem Fahrrad historisch nur wenig vorausging. Unter Berücksichtigung der Feiertagsheiligung von Sonntag Mitternacht bis Samstag Mitternacht wurde in der Halle um den Weltrekord gerungen. Wer eine Pause machte, war selber schuld. Die Aussicht auf Rekorde ließ die Kassen klingeln; 100 000 Zuschauer in sechs Tagen waren keine Seltenheit. Und die Spitzenleistungen des 19. Jahrhunderts konnten sich sehen lassen: Im Jahr 1888 lief George Littlewood mit 1003,676 Kilometern einen neuen Weltrekord im Sechs-Tage-Rennen, eine Leistung, die erst 100 Jahre später überboten wurde. Acht Jahre lang hatte sich eine internationale Langstreckenläufer-Elite an diese Spitzenleistung herangekämpft, ehe der Durchschnitt von 167 Kilometern pro Tag erreicht wurde. Als nach diesem Rekord die Bestleistungen ausblieben, kamen bald auch keine Zuschauer mehr, denn Läufer bis zur Erschöpfung im Kreis laufen zu sehen erinnerte zu viele Menschen an ihre eigene Arbeit.

Beim Fußball in den siebziger Jahren des 19. Jahrhunderts waren in England häufig mehr Spieler als Zuschauer auf dem Platz. Erst in den achtziger Jahren nahmen die Zahlen mit über 10 000 Zuschauern deutlich zu. 1882 war die erste Saison, in der dies bei mehr als zehn Spielen vorkam. Das Cup-Finale 1901 sahen bereits über 110 000 Zuschauer. Mehr sind es in Europa in Stadien bei einem einmaligen Ereignis kaum noch geworden.

Um dem regen Interesse gerecht zu werden und den Fans regelmäßig guten Sport bieten zu können, anerkannte der Englische Fußball-Verband (FA) bereits im Jahr

1885 Berufsspieler. Wenn dies zunächst auch noch Vertragsspieler waren, die von ihrem Arbeitgeber für Training und Spiele bei Lohnfortzahlung freigestellt wurden, gab es bald schon richtige Profis. Man erkannte: Wollte man regelmäßig entsprechende Zuschauermengen in Bewegung setzen, war man angewiesen auf einen Zusammenschluß der Interessenten, der Kontinuität sicherstellen konnte. Zum Markenschutz von Meisterschaften, zur Anerkennung von Rekorden und dem Erstellen eines gesicherten Terminkalenders brauchte man eine Autorität, der man eine gewisse Neutralität zutraute, eine Behörde – den Sport-Verband.

Vor dieser Situation standen alle europäischen Länder. Je nach Sportart wurde zunächst ein internationaler Verband und erst wesentlich später ein europäischer gegründet. Häufig fand ein funktionierender Sportverkehr zwischen England und den USA statt, dem britischen Mutterland und seinem überseeischen Empire (Australien, Kanada, Südafrika), lange bevor internationale Verbandsgründungen erfolgten. Dennoch trug man auch schon Europameisterschaften in vielen Sportarten aus; die ersten fanden 1891 im Eiskunst- und Eisschnellauf statt. Dazu war kein eigener Verband erforderlich, die internationale Organisation erledigte dies quasi nebenbei.

Erst die Nationalsozialisten versuchten 1941, zur Zeit ihrer größten Machtentfaltung, systematisch europäische Sportverbände zu gründen, die sich jedoch nur bis 1945 hielten. Erst in den sechziger Jahren setzte eine Neugründungswelle ein. Nun ging es um die Vermarktung des Begriffes »Europa«, der

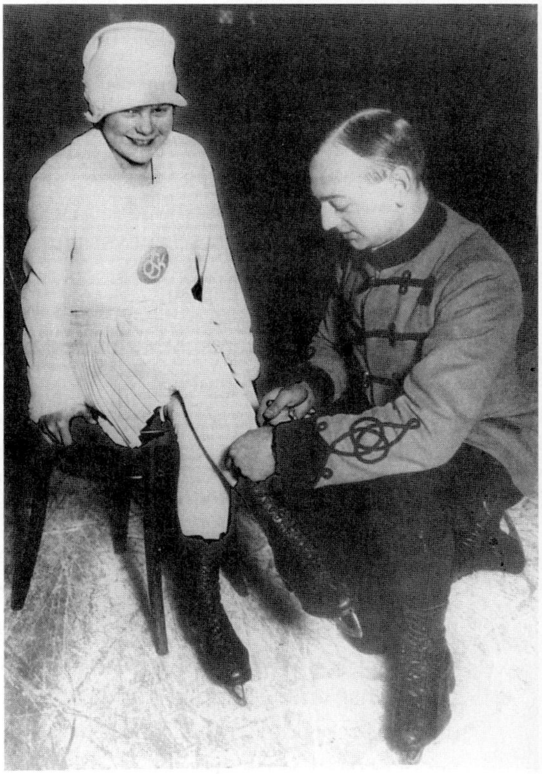

Der junge Max Schmeling
Sonja Henie, circa 1928

eine neue Identität aufzubauen half. Das Europa des Sports ist jedoch zu keiner Zeit das der EU gewesen, sondern verstand sich immer als eines aller europäischen Länder.

Gründungsjahre der internationalen Amateur-Sportverbände

Sportart	Großbritannien	Deutschland	International
Boxen – Profis	A. B. A. (1880)		I. B. U. (1911)
Boxen – Amateure		DRAB (1911)	F. I. B. A. (1920)
Eiskunstlauf	N. S. A. G. B. (1879)	DEU (1891)	I. S. U. (1892)
Fechten	A. F. A. (1902)	DFB (1911)	F. I. E. (1913)
Fußball	F. A. (1863)	DFB (1900)	F. I. F. A. (1904)
Leichtathletik	A. A. A. (1880)	DLV (1898)	I. A. A.F. (1913)
Olympische Spiele	BOC (1894)	NOK (1894)	IOC (1894)
Schwimmen	A. S. A. (1886)	DSV (1886)	F. I. N. A. (1908)
Rudern	A. R. A. (1882)	DRV (1883)	F. I. S. A. (1892)
Tennis	L. T. A. (1888)	DTB (1902)	I. L.T. F. (1913)
Turnen	A. G. A. (1890)	DTB (1848)	F. I. G. (1897)

Bereits vor dem Ersten Weltkrieg war die Internationalisierung des Spitzensports so weit fortgeschritten, daß die individuelle Freizeitgestaltung sich zu einer Konsumentenkultur gewandelt hatte. Hier wurden die Mythen geschaffen, die sich im modernen Spitzensport heute so gut vermarkten lassen. Die Schalker Knappen – »auf Kohle geboren« – verkörpern in Deutschland den Mythos des hart malochenden Mannes, der darüber hinaus in seiner Freizeit für Freunde und für seine Zeche da ist. Identifikation mit dem eigenen Stadtteil als Ersatz für die Identität im Dorf (St. Pauli) wurden begründet und gepflegt.

Anfänge der Kommerzialisierung lassen sich schon bei Pierre de Coubertin finden, der sich in der Ausgestaltung des olympischen Rituals an John Ruskin orientierte. Coubertins Ästhetisierung der Olympischen Spiele, mit der er diese von den übrigen Sportereignissen seiner Zeit abgrenzen und aufwerten wollte, seine bewußte Abwertung des Turnens, das mit seinem grauen Gleichklang sowohl dem Streben nach individueller Spitzenleistung als auch deren bunter Hervorhebung ablehnend gegenüberstand, ist Coubertins bewußtem Ruskinismus zuzuschreiben. John Ruskin, Professor für Kunstkritik in Oxford, hatte sich in seinem Spätwerk dem Zusammenhang von Kunst und Geld zugewandt und die Ästhetisierung der Objekte gefordert, um diese als reproduzierbare Kunst besser verkaufen zu können. Ruskin's Vater war einer der ersten Markenartikler Großbritanniens gewesen, der im Sherryhandel ein Vermögen verdient hatte, indem er systematisch ermittelte, in welcher Art von Flasche sich ein Produkt am besten verkaufen ließ. Das Werk des Sohnes beeinflußte Coubertin, der über ihn publizierte und in der Folge Flagge, Hymne sowie Medaillen entwarf und überlegte, welche zusätzlichen Ästhetisierungen wie beispielsweise Feuerwerke man mit den Olympischen Feiern noch verbinden könne. Es kann im Zusammenhang mit der Geschichte der Olympischen Spiele durchaus Sinn machen, sich mit der Geschichte der Ästhetik zu beschäftigen, denn ähnliche Entwicklungen wie durch Ruskin in England hat es zum Beispiel auch später mit dem Bauhaus und der Kunstgewerbebewegung in Deutschland gegeben. Die Olympischen Spiele von 1900 waren mit der Weltausstellung verbunden und sind durch ihre Bauten – unter anderem dem Eiffelturm – bis heute lebendig. Die Verbindung von Sport und Kultur lag durch die Ankopplung an die Weltausstellungen nahe, zumal teilweise dieselben Personen für beide Veranstaltungen zuständig waren.

Während die Olympischen Spiele sich rar machten und nur alle vier Jahre die Stadien füllen mußten, galt für die anderen Veranstalter das Wort Carl Diems, als dieser das Deutsche Stadion in Berlin 1913 einweihte: »Erst forderten wir das Stadion – jetzt fordert das Stadion uns.« Um die Stadien auszulasten, wurden Ligen gegründet, die einen regelmäßigen Spielbetrieb ermöglichten. Für punktuelle große Zuschauermengen waren Spitzenereignisse wie Pokalspiele nach dem KO-System ertragreich – aber für einen Veranstalter, der eine Hypothek für einen Stadionbau abbezahlen mußte, keine Geschäftsgrundlage. Zu groß war das Risiko, mit dem frühzeitigen Ausscheiden der Mannschaft die Einnahmequelle versiegen zu sehen. Ein anderes Problem lösten die Verbände durch einen ideologischen Trick. Durch die Einführung von Amateurregeln, die von den Verbänden überwacht wurden, konnte sichergestellt werden, daß die Zuschauereinnahmen nicht in die Taschen der Sportler, sondern in die der Funktionäre, Investoren und Organisatoren flossen.

Die Geschichte des Massensports kann man auch als Geschichte des Verteilungskampfes zwischen den Verbänden und den Sportlern um die Zuschauereinnahmen interpretieren. Bis heute haben sich hierbei in fast allen Sportarten, in denen größere Investitionen für die Anlagen erforderlich sind und man zudem eine Anzahl Sportler braucht, um die Zuschauer zu unterhalten, die Verbände durchgesetzt. Wurden die Sportler früher durch die Drohung unter Druck gesetzt, sie als Profis vom Wettkampfbetrieb auszuschließen – damit von Einnahmen und der Chance, zu Ruhm und Ehre zu gelangen –, so sind es heute die Dopingbestimmungen, die diese Funktion übernommen haben. Während in langen gesellschaftlichen Debatten die Selbstbestimmung über den eigenen Körper auch parlamentarisch durchgesetzt wurde – Selbstmord ist straffrei, Schwangerschaftsabbruch in Grenzen legal, freie Arztwahl gilt als gesichert –, müssen Sportler in der Abhängigkeit ihrer Verbände auf diese Errungenschaften der Neuzeit verzichten. Überall gilt die Unschuldsvermutung, Durchsuchungen finden nur auf richterliche Anordnung statt, und das auch nur im Einzelfall. Der Spitzensportler und die Spitzensportlerin müssen regelmäßig so öffentlich urinieren, daß die Betrachter sicher sein können, daß der Urin von ihnen stammt. Eine so weitgehende Einschränkung der Persönlichkeitsrechte wird sonst nur bei dringendem Tatverdacht im Fall von Kapitalverbrechen vorgenommen. So haben die Verbände es weiter in der Hand, daß sie die Einnahmen der Zuschauer im Stadion und inzwischen auch der Fernsehzuschauer verteilen können. Allein im Tennis und beim Golf sind es die Spielerverbände, die den Sport selbst organisieren und den Überschuß verteilen. Sie haben auch ihre eigenen Dopingbestimmungen, die sich an der Sicherheit der Sportler und nicht am Machterhalt der Funktionäre orientieren.

Der zweite Aufschwung des Zuschauersports kam in den zwanziger Jahren; nun waren es die Sportzeitungen, die diesen begünstigten. Teilweise traten die Zeitungen selbst als Veranstalter auf, um im Konkurrenzkampf besser bestehen zu können. So gründete 1903 die Zeitschrift ›L'Auto‹, die später in der ›L'Equipe‹ aufging, die Tour de France. Da die Zeitschrift als Erkennungsmerkmal auf gelbem Papier gedruckt wurde, bekam der Spitzenreiter der Tour jeweils ein gelbes Trikot. Schon wenig später übernahm die rosarote ›Gazetta dello Sport‹ die Idee und gründete den jährlichen Giro d'Italia, dessen jeweiliger Führender natürlich ein rosa Trikot tragen mußte.

Die Olympischen Spiele von 1936 in Berlin brachten in Europa den Durchbruch für flächendeckende Übertragungen von Sportereignissen im Rundfunk; und auch das nächste Medium der Massenkommunikation zeichnete sich bereits ab: Die ersten Fernsehbilder aus dem Stadion wurden in Fernsehstuben in die Stadt gesendet. Waren die Olympischen Spiele von Los Angeles (1932) die ersten mit mehr als einer Million Zuschauer, so wurde dieser Rekord in Berlin leicht übertroffen. Mehr als drei Millionen Menschen verfolgten den Sport im Stadion und an den vielen anderen Sportstätten. Große Sportereignisse haben die Verbreitung der Fernsehapparate enorm begünstigt. Die Fußballweltmeisterschaft 1954 in Bern hatte einen erheblichen Einfluß auf die Zunahme der Fernseher in Deutschland. Auch zur Einführung und Durchsetzung des späteren Farbfernsehens und der Globalisierung der Fernsehübertragungen haben Olympische Spiele und Fußballweltmeisterschaften ihren Beitrag geliefert.

Bis zur Beerdigung von Prinzessin Diana im Sommer 1997 war das Endspiel der Fußball-WM 1994 mit zwei Milliarden Zuschauern das größte Medienereignis der Welt. Daß dies nun von der Londoner Trauerfeier mit einem 2,5 Milliarden Menschen starken Publikum überflügelt wurde, ist zum einen damit begründbar, daß es inzwischen noch mehr Fernsehapparate gibt, aber auch mit der Besonderheit der Fußballzuschauer. Auch wenn Frauen inzwischen Fußball spielen, so hat diese Sportart noch immer nicht ihre Funktion verloren, gerade für Männer identitätsstiftend zu sein – während die Beerdigung der Prinzessin von Wales nun gerade für Frauen eine ähnliche mythologische Funktion übernahm.

Warum hat sich der moderne Sport zu einer solchen Konsumentenkultur entwikkeln können? Sportspektakel lassen sich immer besser als Events vermarkten. Mit Fan-Artikeln, einem eigenen Logo und Maskottchen aller Art wird die Identifikation mit der Mannschaft und dem Ereignis hergestellt. In einer postmodernen Zeit, in der es schwerfällt, sich mit übergreifenden Ideen zu identifizieren, wird die Verbindung zu einer Gruppe gesucht. Die mit den Sportarten verbundenen Mythen werden durch eine geschickte Werbung aufgerufen. Fußball war im Mittelalter noch eine Massenprügelei – der Mythos der Fußballorgie des Männerbundes hat sich bis heute gehalten. Es wird also nicht nur der Fan-Artikel verkauft, sondern zugleich ein Lebensstil: auf Kohle geboren, jugendlicher Held, sich nicht unterkriegen lassen, die verschworene Gemeinschaft ... Selbst die Fußball-Hooligans wurden vereinnahmt und in die Konsumentenkultur integriert. In den anderen Massensportarten sieht dies nicht anders aus. Der Mythos des Boxers ist der des Helden der Antike, der sich auch von den ärgsten Widersachern nicht besiegen läßt. Und die Formel 1 begeistert die Massen mit ihrer Technik und dem Geschwindigkeitsrausch.

Der Teilnehmersport

Der Deutsche Sportbund ist heute mit über 26 Millionen Mitgliedern die größte freiwillige Vereinigung von Menschen in Deutschland, größer als der Gewerkschaftsbund. Nur die Kirchen haben mehr Mitglieder. Neben dieser Einheitsorganisation des Sports, die lange Zeit als einzige Sportbedingungen zu einem angemessenen Preis sicherstellen konnte, gibt es heute zudem noch eine breite Szene an Freizeitsportlern, die in einem Fitneßstudio, bei der Volkshochschule, in einer privaten Judo- oder Tanzschule, bei anderen privaten Anbietern oder einfach auch nur für sich allein Sport treiben. Exakte Zahlen lassen sich nicht ermitteln, hierzu schwanken sie saisonal zu stark. Am häufigsten kommt es zudem vor, daß Sportinteressierte im Rahmen ihres persönlichen Lifestyles an ganz unterschiedlichen Orten Möglichkeiten sportlicher Betätigung suchen. Insgesamt kann man jedoch davon ausgehen, daß ein Drittel der deutschen Bevölkerung sportlich aktiv ist, ein weiteres Drittel sportinteressiert, und nur ein Drittel von Sport nichts wissen will. Im Laufe der Zeit hat es immer wieder Boom-Sportarten gegeben. Es läßt sich zeigen, daß die Produktzyklen dieser Sportarten immer kürzer werden.

Die Menge Sporttreibender ist inzwischen so groß geworden, daß die Sportstätten nicht mehr ausreichen. Während sich mit der industriellen Revolution der Sport von den frei verfügbaren Flächen in eigene Räume zurückzog, kann man von den siebziger Jahren unseres Jahrhunderts an sehen, daß eine umgekehrte Bewegung in Gang gekommen ist. Zunächst waren es die Dauerläufer, die die Straße und den Wald zurückeroberten. Radfahrer, Skiläufer, Kanuten und Skater beanspruchen wieder die freie Natur. Waren es früher nur die Straßenradfahrer und -läufer, die auf den ohnehin asphaltierten Wegen ins Freie strebten, so gelten die Mountainbike-Fahrer inzwischen als ein größeres Erosionsrisiko als Regenstürme – nur die Kraft der Eiszeit haben sie noch nicht erreicht.

So entstand die paradoxe Entwicklung, daß die Natursportarten sich zum Risiko für die Natur entwickelt haben. Bei Kanuwanderfahrten ist es möglich, sich der Natur besonders nahe und verbunden zu fühlen – und je mehr man in die Natur einrückt, um so mehr nimmt diese Schaden, da es sich längst nicht mehr um einzelne Fahrer handelt, sondern um eine ganze Invasion. Massensportarten wie der Skilauf haben zu solchen Naturzerstörungen in den Alpen geführt, daß es immer mehr Sperrgebiete gibt, in denen sich die Natur regenerieren soll. Auch hier hat die Industrie nachgeholfen und aus positiv besetzten Subkulturen sehr schnell Konsumentenkulturen gemacht. Es genügt längst nicht mehr, eine Ausstattung für eine Sportart zu haben. In jeder Saison gibt es neue Farben, neue Veränderungen an den Produkten, die es für den, der »in« sein will, erforderlich macht, nachzurüsten.

Zwischen Zuschauersport und Teilnehmersport besteht ein Zusammenhang. Dieser ist allerdings viel komplizierter, als meist angenommen wird. Die Mitgliederzahlen im Deutschen Tennisbund nahmen von etwa 200 000 auf über vier Millionen zu. Man spricht im Tennis vom »Boris-Becker-Boom«, dem gesteigerten Interesse am Eintritt in einen Tennisverein, nachdem Becker seinen ersten Wimbledon-Erfolg verbuchen konnte. Auf der anderen Seite ist Becker selbst ein Produkt des vorhergehenden, ersten Anstiegs der Mitgliederzahlen im DTB auf eine Million. Wären die Zahlen auch ohne ihn gestiegen? War es nicht auch ein »Steffi-Graf-Boom«?

Die Masse der Skiläufer kommt aus dem Hochland. Im Leistungskader Ski-Alpin des Deutschen Skiverbandes ist kein einziger Flachländer, und auch nur ganz selten wird einmal ein Läufer oder eine Läuferin aus dem Mittelgebirge in den alpinen Kader berufen. Längst aber ist es nicht nur der Sportmarkt selbst, den man mit Sport erreichen kann. Sportschuhe sind zu beliebten Straßenschuhen einer Generation geworden, Sporthemden und -jacken dominieren im Sommer das Straßenbild. So, wie der Sportler das gesicherte Terrain der Sportstätte verlassen hat und überall Sport treibt, so haben auch die Sportartikel die Turnhalle verlassen und beginnen die Gesellschaft zu versportlichen. Mit ihnen hält der sportliche Lebensstil Einzug; es folgt die Sportsprache und mit ihr das Denken. Sport ist längst nicht nur eine Sache der jungen männlichen Erwachsenen, ältere Menschen haben ihn als Jungbrunnen entdeckt. Für sie gilt Berno Wischmanns ›Altsein macht Spaß‹ und Wildor Hollmanns ›40 Jahre 40‹. Frauen vermittelt Sport eine größere körperliche Handlungsmöglichkeit und dadurch mehr Selbstbestimmung. Noch sind zwar Gruppensportformen in Deutschland üblich, aber in immer mehr Sportarten kommt der Personal-Trainer zum Zuge. Zur Individualisierung der Gesellschaft gehört die des Trainings. Es ist eines der Paradoxien der Postmoderne, daß diese Individualisierung am besten in einem Massensport erfolgen kann.

Vom weisen Seher zum Fernseher

Kommunikationsformen in Europa

Knut Hickethier

Um sich in der Welt zu behaupten, braucht der Mensch Wissen über sie, muß Kenntnisse über die Natur erwerben und die Fähigkeit, deren Erscheinungen richtig zu interpretieren. Dem vorwissenschaftlichen Denken blieben viele Geheimnisse der Natur verschlossen, Ratsuchende wandten sich an die Orakel, von denen sie das Wissen der Götter erwarteten. Priesterinnen und Priester waren Medien, durch die die Gottheiten sprachen, die Pythia des Delphischen Orakels saß über einer Erdspalte und atmete mystische Dämpfe ein, bevor sie ihre Weisheiten verkündete; andere Seherinnen lasen die Zukunft in den Eingeweiden von Tieren und im Wurf der Würfel oder deuteten Träume. Die keltischen Druiden und die germanischen heiligen Frauen sagten die Zukunft aus dem Flug der Vögel oder dem Wiehern der Rosse voraus. Das Wort der Seher und Seherinnen war für den alltäglichen Kommunikationsbedarf jedoch selten gedacht. Hier galten einfachere Medien.

Skulpturen veranschaulichten bei den Griechen Gottheiten, berühmte Persönlichkeiten und mythische Szenen. Historische Ereignisse wurden in Wandbildern, auf Vasen und Münzen dargestellt. Diese Bilder konnten immer wieder neu gedeutet und interpretiert werden. Sie vermittelten das Bild der eigenen Kultur an andere, wenn mit den Vasen und Münzen gehandelt wurde. Die Bilder der griechischen Kultur finden sich auf diese Weise nicht nur im gesamten Mittelmeerraum, sondern auch in den von den Römern eroberten Gebieten Europas.

In der vorhomerischen Zeit wurde das meiste Wissen oral, mündlich überliefert; es war an das menschliche Gedächtnis gebunden und wurde durch Sänger und Priester immer wieder weitergegeben, die für seine Speicherung eine spezifische Gedächtniskunst, die Mnemotechnik, entwickelten. Die mündliche Überlieferung paßte das Wissen jeweils den aktuellen Erfordernissen an, so daß es zu einer von uns heute als mythisch empfundenen Übereinstimmung von Wissen, Überlieferung und Welterfahrung kam. Der Streit um die Auslegung älterer Darstellungen entstand erst mit der Schrift und dem Text.

Orale und literale Informationsspeicherung

Mit der Erfindung der Schrift war das Wissen unabhängig vom menschlichen Gedächtnis speicherbar. Es konnte aufgeschrieben und damit dem individuellen Vergessen entzogen werden, die Schriftstücke ließen sich aufbewahren und nach Bedarf zu Rate ziehen. Inschriften in Steinen und Tontäfelchen, schließlich auf Papyrusrollen dienten als Träger. Die Schrift selbst kam über das phönizische Alphabet, das zunächst nur Zeichen für Konsonanten kannte, aus Kleinasien nach Griechenland und wurde dort um Zeichen für Vokale erweitert. Damit war eine mimetische Abbildung des gesprochenen Wortes möglich, und sie führte zu einer kulturellen Revolution. Denn mit der Schrift setzte nun auch ein Bewußtsein für Geschichte ein, weil das Geschriebene einen einmal erreichten Zustand in der Schrift festhielt und spätere Generationen sich zu diesen in den Texten festgelegten Beschreibungen verhalten konnten. In der Differenz zwischen der jeweils aktuellen Weltwahrnehmung und den in den Texten festgehaltenen Darstellungen wurde Geschichte als Vergehen der Zeit und als Entwicklung der Gesellschaft erfahren.

Mit der Schrift begann auch die Wissenschaft, wurde die Fixierung von Beobachtungen der Natur möglich und die wiederholte Kontrolle der aus den Beobachtungen gewonnenen Erkenntnisse. Die Philosophie, das Denken über das Denken, entfaltete sich. In Platons Schriften finden wir die Überlieferung des sokratischen Denkens, die noch der mündlichen Kultur zugerechnet werden muß, so wie auch die Homerischen Gesänge sich auf mündliche Überlieferungen stützen, aber in der Zeit des 6. Jahrhunderts vor Christi Geburt verschriftlicht wurden. Schriftliche Überlieferungen, sind sie nicht in Stein gehauen, wurden für die Überlieferung wieder und wieder abgeschrieben; ganze »Schreibbüros« entstanden schon in der Antike, und der Besitz von Schriftrollen war ein Zeichen des Reichtums. Die größte Bibliothek der antiken Welt soll sich in Alexandria befunden haben.

Mit dem Christentum ging die Überlieferung des schriftlich gespeicherten Wissens an die Klöster über, die christliche und andere Texte immer wieder kopierten. Durch dieses wiederholte Kopieren wurde ein Kanon des Wissens errichtet, in den allerdings auch nicht alle vorhandenen Texte aufgenommen wurden. Der Brand einer Bibliothek bedeutete deshalb eine Vernichtung unschätzbaren Wissens, und wieviel an kultureller Überlieferung dabei für immer verlorenging, zeigt uns heute in anschaulicher Weise Umberto Ecos Roman ›Der Name der Rose‹. So wie schon in der Antike das Lateinische eine übergreifende europäische Kultur geschaffen hatte, so bildete diese als Schriftkultur noch über das Mittelalter hinaus eine europäische Einheit. Dabei waren die geschriebenen Bücher häufig auch Träger einer Bildkommunikation, da die Schriften illustriert wurden. Denn Bilder konnten auch von Nicht-Lesekundigen verstanden werden.

Neben den Klöstern sorgten die entstehenden Universitäten für eine weitere Vervielfältigung des Schreibens und Lesens. Die Erfindung des Buchdrucks bedeutete deshalb mit der Einführung des Papiers als Trägermaterial eine weitere kulturelle Revolution, die die Vervielfältigung der Bücher beschleunigte und damit auch die Informationsvermittlung steigerte. Der Beginn des sogenannten Gutenberg-Zeitalters um 1500 hatte zahlreiche Auswirkungen in allen Lebensbereichen in Europa.

Kommunikation war natürlich im Mittelalter nicht auf das Buch beschränkt. Die damalige Gesellschaft hatte in ihren verschiedenen Lebenszusammenhängen unterschiedliche Kommunikationsformen entwickelt, von denen Schrift und Buch nur eine darstellte. Kennzeichnend war das Nebeneinander mündlicher und schriftlicher Formen, und selbst in der Universität ging es neben dem Kopieren und Schreiben von Büchern in Vorlesung, Disputation und Repetition immer auch um mündliche Tradierung des Wissens, jetzt aber in Verbindung mit dem Buch. Die oralen Kulturen, etwa bei den Bauern und Handwerkern, vermittelten bei Festen und bäuerlichen Spielen kulturelle Traditionen; Erzählerinnen und Erzähler gaben Geschichten und Märchen weiter. Der Hof kannte den Minnesänger, der oft von Ort zu Ort, von Hof zu Hof zog und dabei nicht nur sang, sondern auch andere Informationen vermittelte, sowie den Hofnarren, den wir uns als Entertainer und Ratgeber vorstellen müssen. Auch die Kirche bediente sich mündlicher Formen: in der Predigt ebenso wie der Liturgie, in den Gotteshäusern ebenso wie durch die herumziehenden Bettelmönche. Die mündliche Kommunikation war in den verschiedenen kulturellen Zusammenhängen vor allem deshalb weiterhin von Bedeutung, weil sie die direkteste Form der Verständigung darstellt und die Mehrheit der Menschen weder lesen und schreiben konnte.

Vom geschriebenen zum gedruckten Wort

Mit dem Bürgertum, das sich im Spätmittelalter zunächst als Handelskapital herausbildete, entstanden neue Kommunikationsformen. Der Kaufmann wollte wissen, welche Waren anderswo benötigt wurden, wie die politische Situation in einem fernen Lande aussah und wo es Kriege gab. Dazu bediente er sich des Korrespondenzwesens und tauschte mit Gütern auch Informationen aus. Das Handelshaus der Fugger unterhielt mit seinen Niederlassungen und Vertragspartnern ein weitgespanntes Informationsnetz und war auf diese Weise für seine geschäftlichen Unternehmungen immer gut informiert. Dabei wurden mit den Korrespondenzen nicht immer nur wirtschaftliche Nachrichten geliefert; viele Berichte waren oft unterhaltender Art und wurden an andere Interessierte weitergegeben: Meldungen über Erdbeben und Mißgeburten, über Fürstenheirat und gesellschaftliche Skandale. Neben den »Fugger-Zeitungen« vermittelten zahlreiche Flugblätter Nachrichten, und die vielen Einblattdrucke waren oft durch Holzschnitte illustriert. Denn neben der Schrift gab das Bild Kunde vom anderen, veranschaulichte eine Nachricht und erregte die Phantasie der Betrachter. Beschleunigung und Visualisierung sind deshalb seit der Renaissance die großen Triebkräfte der Entwicklung der Kommunikationsformen in Europa.

Die mündliche Kommunikation behielt jedoch ihre Bedeutung, und das Nebeneinander von unterschiedlichen Kommunikationsformen wurde zu einem dauerhaft prägenden Faktor der kulturellen Entwicklung. Als Teil der sich herausbildenden bürgerlichen Öffentlichkeit (Salon, Café, Verein) differenzierte sich die Presse aus. Zeitungen und Zeitschriften verbreiteten Literatur in der Form des Zeitungsromans und der Zeitschriften-Novellen, brachten Berichte aus dem kulturellen Leben und belehrende und erbauliche Beiträge zur Erziehung des Menschen. Mit der Etablierung der Massenpresse Anfang des 19. Jahrhunderts war ein weiterer Schritt zu modernen Gesellschaften getan. Die Familienzeitschriften kultivierten neue Illustrationstechniken:

vom Holzschnitt zum Holzstich, zum Stahlstich und zur Heliogravüre, zum Tiefdruckbild und zum Rasterfoto. Die visuelle Kommunikation machte aufgrund des großen Anschauungsbedarfs in den Journalen und in den Zeitungen im 19. Jahrhundert in ganz Europa rasche Fortschritte. Gerade die politische und kulturelle Vielfältigkeit des europäischen Raums begünstigte die Entstehung vielfältiger Kommunikationsformen. Sie ist wohl auch Ursache für die weitere Ausdifferenzierung der Medien und ihrer Formen sowie für die die Mediengeschichte vorantreibende Wunschkonstellation, immer mehr über die Welt zu erfahren und immer umfassender unterhalten zu werden.

Vom Kirchenfenster über die Laterna magica zum Kinematographen

Kommunikation bediente sich immer auch des Bildes, um ein Geschehen zu veranschaulichen. Schon die Kirche verwendete seit dem Mittelalter zur Vermittlung religiöser Inhalte Bilder und Plastiken und gestaltete in der Zeit der Gegenreformation den Kirchenraum ästhetisch zu einem »Erlebnisraum«, mit dem Ziel der sinnlichen Überwältigung der Besucher. Die visuelle Gestaltung der Glaubensinhalte brachte diese einem breiten Publikum erst nahe und bediente sich schon sehr früh in der Gestaltung der Kirchenfenster einer gezielten Lichtprojektion. Das farbige »Erglühen« der religiösen Figuren im durchscheinenden Tageslicht durch die hohen gotischen Kirchenfenster muß die Zeitgenossen stark beeindruckt haben.

Zwar hat es in Europa auch immer wieder Bilderverbote und -stürmerei gegeben, aber ein grundsätzliches Bilderverbot hat sich, anders als im Islam, im christlich geprägten Europa nie durchsetzen lassen. Zu sehr waren die Informationsbedürfnisse immer auch auf visuelle Veranschaulichung ausgerichtet, ging es den europäischen Kulturen immer auch um eine Kenntnis und Beherrschung des Menschen durch Bilder und Bildinszenierungen. Magisches Denken, nach dem sich zum Beispiel beim Fotografieren vom fotografierten Menschen eine Schicht ablöse, blieb allerdings randständig. Noch den französischen Schriftsteller Honoré de Balzac hatte diese Auffassung in eine tiefe Angst vor der Fotografie gestürzt. Der Drang, das Publikum durch auf geheimnisvolle Art erzeugte Bilder in Erstaunen zu setzen, hat wiederholt zur Erfindung neuer Apparaturen geführt. Vom Schattenspiel und dem mechanischen Theater ging die Entwicklung zur Camera obscura, die dem englischen Franziskanermönch Roger Bacon am Ende des 13. Jahrhunderts zugeschrieben wird und die vom Italiener Giovanni Baptista della Porta im 16. Jahrhundert verbessert wurde. Von dort war der Schritt zu den Projektionen der Laterna magica nicht mehr weit, mit der unter anderem Athanasius Kircher im 17. und 18. Jahrhundert die Welt in großartigen und oft verblüffenden Bildern dem Publikum vorführte.

Fahrende Schauspieler zogen mit solchen transportablen Geräten quer durch Europa und faszinierten damit ein Publikum, das solche Bilder kaum kannte. Durch den Einsatz mehrerer Projektoren wurden erste Bewegungseffekte erzeugt. Ende des

18. Jahrhunderts war die Projektionskunst weit entwickelt. Im 19. Jahrhundert entstanden riesige Panoramen, zunächst als großräumig gemalte Darstellungen und schließlich als die Bewegung simulierende Dioramen, in denen das Publikum in großen Rundsälen Massenschlachten oder auch nur dramatische Landschaften erleben konnte. Die Erfindung der Fotografie, die Weiterentwicklung zur Reihenfotografie und schließlich die Belichtung des Films waren weitere Schritte. Die Illusionierung des Publikums durch Projektionen fand ihren Höhepunkt in der Erfindung des Kinematographen durch die Brüder Lumière, die mit diesem Filmapparat verschiedene Techniken kombinierten und zur Serienreife entwickelten. 1895 führten sie den Kinematographen zum ersten Mal in Paris öffentlich vor.

Auch zu dieser Entwicklung eines neuen Mediums hatten, wie bei vielen anderen, zahlreiche Bastler und Tüftler in den verschiedenen Ländern beigetragen. Es bestand eine aufmerksame Kenntnisnahme dessen, was außerhalb des eigenen Landes in anderen europäischen Ländern technisch entwickelt wurde. Die einzelnen Medien verbreiteten sich rasch über die Grenzen der Nationalstaaten hinweg. Von Paris aus zog der Lumièresche Kinematograph in einem Siegeszug innerhalb weniger Jahre rund um den Globus. Er zeigte »lebende Bilder« aus der ganzen Welt. Die Firma Pathé schickte ihre Kinovorführer mit Apparaten und Filmen in zahlreiche Länder. Sie filmten dort, was sie sahen, und brachten auf diese Weise neue Filme mit zurück.

Der Film wurde zu einem ersten europäischen und bald auch internationalen Medium: völkerverbindend durch seine Bilder, seine Geschichten, und die Emotionen der Menschen berührend. Das 20. Jahrhundert wurde deshalb vielfach als das Jahrhundert des Films bezeichnet. Und es war nicht nur Hollywood, das dazu beitrug, sondern vor allem die breite und vielfältige europäische Filmtradition, zu der jedes Land seine eigenständige filmästhetische Ausformung lieferte. Europäisches Kino – das meint auch heute noch Vielfalt in der Einheit.

Zwischen Telegrafie und Fernsehen

Das 19. Jahrhundert ist jedoch nicht allein durch die Entwicklung verschiedener Illusionsapparaturen im Vorfeld des Films gekennzeichnet, sondern auch durch die Entdeckung der Elektrizität und die Erkundung ihrer Nutzbarmachung für die Kommunikation. Daß man elektrische Impulse durch ein Kabel weitergeben und zum Transport von Nachrichten nutzen konnte, beschleunigte die Informationsvermittlung drastisch. Nachdem seit der Mitte des 19. Jahrhunderts Kabel durch die Ozeane rund um den Globus gelegt wurden, brauchten Nachrichten aus Amerika nicht mehr per Segelschiff drei Wochen, um nach Europa zu gelangen, sondern konnten in Minutenschnelle durch die Ozeane telegrafiert werden. Schon Mitte des 19. Jahrhunderts entstanden die ersten Ideen, auch Bilder zu telegrafieren. 1843 entwarf der Schotte Alexander Bain einen Apparat für Bildtelegrafie.

Im Konkurrenzkampf der europäischen Mächte um Kolonien wurde die telegrafische Nachrichtenvermittlung unabdingbar; wie sonst sollte man schnell von Unruhen und Kriegen in fernen Kolonien erfahren und rechtzeitig Truppen in Bewegung setzen können? Der von Europa ausgehende Imperialismus war nicht ohne den Einsatz der neuen Kommunikationstechnologien durchsetzbar. Die Emser Depesche mit ihrer gefälschten Mitteilung wurde auf diese Weise 1870 zum Kriegsauslöser zwischen Deutschland und Frankreich; und für die Kriege des 20. Jahrhunderts galt es erst recht, daß in ihnen die neuen Informations- und Kommunikationstechnologien eine wesentliche, oft sogar entscheidende Rolle spielten.

Mit der Entdeckung der elektromagnetischen Wellen durch den in Hamburg geborenen Heinrich Hertz im Jahre 1886 waren die Voraussetzungen für das Entstehen des Rundfunks gelegt. Hinzu kamen die Radio-Übertragungsversuche zwischen England und Amerika des Italieners Guglielmo Marconi und zahlreiche weitere Erfindungen, nicht zuletzt auch die 1906 vom Österreicher Robert von Lieben entwickelte elektronische Verstärkerröhre. Diente der Funk zunächst im Ersten Weltkrieg nur militärischen Zwecken und der Übertragung von Wirtschaftsnachrichten, so kam es in den größeren europäischen Ländern zwischen 1922 und 1924 zur Einführung des Rundfunks als ein Programm-Medium, das sich »an alle« richtete.

1884 bereits skizzierte der deutsche Student Paul Nipkow einen Apparat zur Zerlegung eines Bildes in einzelne Lichtpunkte, und von dieser »Nipkow-Scheibe« führte die Entwicklung über zahlreiche technische Irrwege schließlich zum Fernsehen, zur elektronischen Aufnahme von Bewegungen, ihrer Vermittlung durch Radiowellen und ihrem Empfang auf einem Fernsehgerät. 1935 kam es in Deutschland, 1936 in Großbritannien zur Ausstrahlung erster Fernsehprogramme, doch als Massenmedium setzte sich das Fernsehen erst nach 1945 durch. Zwischen 1946 (bei der BBC) und 1955 wurde in den meisten europäischen Ländern ein Fernsehdienst aufgebaut, der entweder öffentlich-rechtlich (nach dem englischen) oder staatlich (nach dem französischen Vorbild) organisiert war. Innerhalb weniger Jahrzehnte wurde das Fernsehen zum zentralen Leitmedium. Fernsehen auch kommerziell zu betreiben führte erst das amerikanische Beispiel vor. So kam es mit den achtziger Jahren zu der heutigen europaweiten Vielzahl von Programmen, die von den Zuschauern neue Formen des Umgangs mit audiovisuellen Bildern notwendig machte.

Vom Fernsehen zum Internet

Obwohl das Fernsehen ein Geschehen live über große Distanzen hinweg miterlebbar machen kann, war das Medium zunächst national organisiert. Die »Eurovision« dient vor allem dem Sendungsaustausch zwischen den beteiligten Fernsehsystemen. Einer der ersten großen Erfolge war die Übertragung der Krönung von Elizabeth II. 1953 aus London auf den Kontinent, ein anderer 1969 die Übertragung der ersten Landung eines Menschen auf dem Mond. Ein »europäisches Fernsehprogramm«, seit den fünfziger Jahren immer wieder gefordert, kam aufgrund der Sprachunterschiede nie wirklich zustande. Auch der deutsch-französische Kulturkanal ›arte‹ blieb im wesentlichen auf die beiden Länder beschränkt.

Erst seit den achtziger Jahren internationalisierte sich mit dem Aufbau von Satellitensystemen auch das Fernsehen. Doch war es gerade die Vielfalt der europäischen Kulturen, die das Entstehen neuer Medien der Informationsvermittlung begünstigt und die innere Dynamik der mediengeschichtlichen Prozesse befördert hat. Am Ende des zweiten Jahrtausends unserer Zeitrechnung zeichnet sich die Entstehung eines neuen Mediums ab, mit dem noch schneller kommuniziert werden kann: der Computer, der sich aus der Tradition der Rechenmaschine entwickelt hat und als Endpunkt eines Netzes erlaubt, daß sich die Benutzer in sehr starkem Maße die von ihnen gewünschten Informationen selbst aussuchen. Aber hier ist nicht mehr Europa allein der Bezugspunkt, die Informationsvernetzung ist global angelegt.

Vom Hirtenhorn zum digitalen Telefon

Der Wandel in der Informationsvermittlung

Rüdiger Maulko

In der Entstehungs- und Entwicklungsgeschichte Europas spielt die Fernübermittlung von Informationen eine zentrale Rolle. In alten Kulturen wurden Nachrichten nahezu ausschließlich mündlich überliefert, bis etwa um 3000 vor unserer Zeitrechnung Schriften und Ziffernsysteme wesentliche Voraussetzungen für eine organisierte Informationsvermittlung schufen. Frühe »Nachrichtenwesen« überwanden Zeit und Raum vor allem mit akustischen Übertragungsmedien wie etwa Trommeln und Hörnern. Die optische Fernübermittlung von codierten Nachrichten gewann in der Antike an Bedeutung. So soll bereits 1184 vor Christi Geburt Agamemnon durch Signalfeuer seiner Gemahlin Klytämnestra den Fall Trojas von Kleinasien nach Griechenland mitgeteilt haben. Ungefähr 700 vor Christi Geburt entwickelte sich im griechisch-orientalischen Raum eine organisierte »Fackel- und Rauchzeichentelegrafie«, die für den Erhalt des Staatswesens und die Verbreitung militärischer Nachrichten sorgte.

Die differenziertere Informationsvermittlung durch Boten, die schon die Perser und Griechen einsetzten – unter ihnen der berühmte Läufer von Marathon –, perfektionierten die Römer um die Zeitenwende. Auf gut ausgebauten Straßennetzen betrieben sie einen Botendienst *(cursus publicus)*, der per Pferdepost in 24 Stunden eine Entfernung von 300 Kilometern überwand. Neben diesem frühen staatlichen Postverkehrssystem, das ausschließlich der Führungselite zur Verfügung stand, gab es in wohlhabenden spätrömischen Häusern bereits einfache »Haustelefonsysteme«.

Vom Buchdruck zur Presse

Im Mittelalter herrschte zunächst ein geringer Bedarf an hochentwickelten Informationswegen. Das Fehlen organisierter Zentralgewalten war ein wichtiger Grund für die Entfaltung dezentraler Botensysteme, die den Nachrichtenaustausch zwischen Kaufleuten, Universitäten und Klöstern abwickelten. Außerhalb der Institutionen befriedigten Wanderkaufleute und fahrendes Volk durch mündliche Überlieferung den alltäglichen Informationsbedarf der Menschen. Im Zuge des aufkeimenden frühen Finanz- und Handelskapitalismus, der sich seit dem 13. Jahrhundert von Oberitalien nach West- und Nordeuropa ausbreitete, entstanden neue Kommunikationswege. Treibende Kraft war das einflußreiche Bürgertum der wirtschaftlich starken Handelsstädte, das in zunehmendem Maße am Fernhandel verdiente. Informationen über wirtschaftliche und politische Entwicklungen in fernen Ländern transportierten zunächst vor allem »Privatbriefe«, später kamen die sogenannten Meßrelationen hinzu, Vorgänger der heutigen Periodika.

Der wohl folgenreichste mediengeschichtliche Einschnitt des Mittelalters vollzog sich um 1450 mit der Erfindung beweglicher Lettern aus Blei durch Johannes Gensfleisch zum Gutenberg. Der Buchdruck schuf nicht nur die Grundlage für eine Popularisierung des bis dahin elitären Mediums Buch. Die Möglichkeit zur schnellen Vervielfältigung von Texten ließ zahlreiche weitere Druckerzeugnisse entstehen, die das kirchliche und staatliche Monopol der Informationsverbreitung nachhaltig ins Wanken brachten. Neben Büchern wurden Einblattdrucke, Flug- und Druckschriften zu wichtigen Instrumenten der Reformation und sorgten in ganz Europa für die massenhafte Verbreitung von gesellschaftsverändernden Ideen.

Im gleichen Jahrhundert machte auch die Organisation des Postwesens wesentliche Fortschritte. Nach der Gründung des ersten modernen Postkurses mit regelmäßiger Zustellung zwischen Innsbruck und Mechelen in den Niederlanden durch Maximilian I. im Jahre 1490 begann die Familie Thurn und Taxis in kaiserlichem Auftrag mit dem Aufbau eines europaweiten Postwesens. Ein regelmäßiger Postverkehr, der Briefe zweimal in der Woche beförderte, etablierte sich in Preußen um 1700.

Der durch den Buchdruck ausgelöste schrittweise Wandel von einer eher oralen, personalen Kommunikation hin zu einer öffentlichen beschleunigte sich durch das Entstehen der Presse, zu deren Vorläufern unter anderem die Briefkorrespondenz, die illustrierten Plakate sowie die Flugschriften und geschriebenen Kaufmannszeitungen des 15. Jahrhunderts zählten, wie beispielsweise die »Fugger-Zeitungen«. Im Jahre 1609 entstanden mit dem ›Aviso‹ in Wolfenbüttel und der ›Relation‹ in Straßburg die ersten gedruckten und periodisch erscheinenden Zeitungen. Ab 1650 begann in Europa die Ausdifferenzierung von Zeitschriften und Zeitungen. Das europaweite Pressewesen entfaltete sich seit Anfang des 17. Jahrhunderts – begünstigt durch verbesserte Drucktechniken – insbesondere in den Städten. Hier bildete sich nach und nach ein Publikum heraus, das ein Interesse an regelmäßig erscheinenden Informationen hatte und zudem bereit war, für diese auch Geld zu bezahlen. Natürlich hatte die Presse von Anfang an in ganz Europa mit strikter Zensur zu kämpfen, da die Herrschenden bald das politische Potential des neuen Mediums erkannten und eine Gefährdung ihrer Macht befürchteten.

Optische und elektrische Telegrafie

Zwischen 1790 und 1900 wurden zahlreiche Technologien entwickelt, die auch heute noch die Kommunikation in Europa prägen. Während der Französischen Revolution begann mit dem Bau der ersten optischen Telegrafenlinie (1793/94) eine neue Epoche in der Informationsvermittlung. Auf der 225 Kilometer langen Strecke zwischen Paris und Lille, die unter der Leitung von Claude Chappe errichtet wurde, sollten 22 Flügeltelegrafen die Durchführung militärischer Operationen und staatlichadministrativer Aufgaben unterstützen. Bis Mitte des 19. Jahrhunderts wurde das französische Telegrafennetz auf über 500 Stationen ausgebaut. Insbesondere militärische Erwägungen führten auch in anderen europäischen Ländern, unter anderem in Großbritannien, Rußland und Spanien, zur Errichtung dauerhaft betriebener Fernmeldedienste.

Von 1832 bis 1849 entstand zwischen Berlin und Koblenz die damals längste Telegrafenlinie der Welt, die eine Depesche in nur 15 Minuten über eine 600 Kilometer lange Distanz transportieren konnte. Trotz dieser für die damaligen Verhältnisse unglaublichen Geschwindigkeit hatte die optische Telegrafie erhebliche Nachteile. So begrenzte das Tageslicht die Betriebsdauer, schwierige Witterungsverhältnisse wie Nebel konnten die Zuverlässigkeit der kostspieligen Technologie zudem erheblich beeinträchtigen. Aufgrund der unübersehbaren Mängel wurde die optische Fernübermittlung bis Mitte des Jahrhunderts nahezu vollständig durch eine neue, rund um die Uhr einsetzbare Variante der Telegrafie verdrängt. Diese basierte auf dem Prinzip der Elektrizität, mit deren Entdeckung die Voraussetzungen für eine neue Technikgeneration geschaffen wurden. Bereits um das Jahr 1730 demonstrierten die Engländer Stephen Gray und George Wheeler die Fortpflanzung der Elektrizität entlang eines Drahtes. 1750 formulierte der deutsche Physikprofessor Johann Heinrich Winkler erstmals die Idee der Verwendung von Elektrizität für die Nachrichtenübertragung. Von großer Bedeutung für die elektrische Telegrafie waren die Versuche des dänischen Physikers Christian Oersted, der 1820 als erster Magnetnadeln mit elektrischem Strom ablenkte; auf der Basis dieser Erkenntnisse bauten die deutschen Physiker Carl Friedrich Gauß und Wilhelm Weber 1833 einen Nadeltelegrafen. Zwischen ihren 1500 Meter entfernt liegenden Arbeitsstätten – Gauß leitete die Sternwarte, Weber das physikalische Kabinett der Universität Göttingen – tauschten sie fünf Jahre lang Daten über erdmagnetische Messungen aus. Das dabei erstmals dauerhaft erprobte Prinzip der Ablenkung von Zeigern und Nadeln durch den vom Stromfluß in einer Spule induzierten Magnetismus war Grundlage aller späteren Telegrafen, bis hin zu modernen Fernschreibmaschinen.

Eine wichtige Weiterentwicklung des Telegrafen von Gauß und Weber gelang Carl August Steinheil, der 1836 den ersten Druck- bzw. Schreibtelegrafen konstruierte. Die kommerzielle Durchsetzung der elektrischen Telegrafie initiierten in Europa William Fothergill Cooke und Charles Wheatstone. Am 12. Dezember 1837 erhielten sie das erste englische Patent für ihren bedienungsfreundlichen Nadeltelegrafen. Beim Bau der ersten Telegrafenleitungen für Eisenbahnen in England ab 1838 setzte sich mit dem Zwei-Nadel-Telegrafen eine ausgereiftere Version der Apparatur von Cooke/Wheatstone allgemein durch. In den vierziger Jahren gelangte die Technologie der Engländer auf den europäischen Kontinent.

Neben Cooke und Wheatstone, die unermüdlich immer neue Telegrafentypen entwickelten, war Samuel Morse erfolgreich. Im Juni 1840 erhielt er ein Patent auf seinen bahnbrechenden Telegrafen mit eigenem Zeichensystem und Zeichengeber, dem »Morse-Alphabet« und der »Morse-Taste«. Die erste Anlage mit Morsetelegrafen wurde 1844 entlang der 64 Kilometer langen Bahnstrecke von Washington nach Baltimore in Betrieb genommen. Drei Jahre später gelangte das leicht bedienbare und extrem zuverlässige Gerät nach Europa und verbreitete sich, technisch verbessert, ab 1850 auf der ganzen Welt.

Der durchschlagende Erfolg hatte viele Gründe. Nachdem die rasche technische Weiterentwicklung ab Ende der dreißiger Jahre besonders die Übertragungsgeschwindigkeit und Zuverlässigkeit der elektrischen Telegrafie erhöht hatte, erkannten vor allem Cooke und Morse das wachsende wirtschaftliche Potential der jungen Technologie. Zielstrebig erschlossen sich die autodidaktischen Techniker in Eigenregie neue Anwendungsbereiche und Geldquellen und etablierten mit ihrem profitorientierten Denken einen neuen Unternehmertypus, der mit den akademischen Erfindern früherer Jahre nur noch wenig gemein hatte und die Technologieentwicklung ab Mitte des 19. Jahrhunderts zunehmend bestimmen sollte. Finanzstarke Partner für die kommerzielle Verwertung der elektrischen Telegrafie fanden sich in erster Linie beim entstehenden Eisenbahnwesen, das in den dreißiger Jahren eine neue Epoche im Güter- und Personenverkehr einläutete. In einer Phase wachsender Industrialisierung stieg zudem der Nachrichtenbedarf der Börsen. Rasch nahm die Beliebtheit des Telegrafen als schnelles und zuverlässiges Medium zur Übermittlung von Kursentwicklungen zu.

Die Abschaffung der staatlichen Nutzungsmonopole in den vierziger Jahren, die vor allem der Förderung von Handel und Gewerbe dienen sollte, ermöglichte das Entstehen allgemein zugänglicher Netze. Ab 1848 existierte in England erstmals ein landesweiter Telegrafenverkehr für private Telegramme. Auch in Deutschland, Frankreich, Österreich und den Niederlanden erlangten Privatpersonen gegen Entgelt Zugang zum Telegrafenwesen. Die Freigabe der Nachrichtenverbindungen vollzog eine Entwicklung nach, die bereits mit den Lese- und Diskussionszirkeln des ausgehenden 18. Jahrhunderts begonnen hatte. Trotz gewisser staatlicher Kontrollmöglichkeiten (Zensur) konnte die entstehende bürgerliche Gesellschaft nun verstärkt über eine allgemein zugängliche Informationstechnologie verfügen, die im Zusammenspiel mit dem aufblühenden Pressewesen an der schrittweisen Herausbildung einer durch Massenkommunikation geprägten Öffentlichkeit beteiligt war. Die Entfaltung einer »Nachrichtenindustrie«, die Information primär als Ware betrachtete, wird am sinnfälligsten durch die Gründung weltweit operierender Nachrichtenagenturen: die Associated Press in New York 1848, das Telegrafische Correspondenz-Bureau 1849 in Berlin, Reuters in London anno 1851.

Seit Mitte des 19. Jahrhunderts nahm die grenzüberschreitende Vernetzung des Nachrichtenverkehrs Gestalt an. Ab 1851 verband ein Seekabel von Dover nach Calais die Britischen Inseln mit dem Festland. 15 Jahre später wurde die erste ständige Telegrafenverbindung zwischen Nordamerika und Europa in Betrieb genommen. Die zentrale Rolle der telegrafischen Informationsvermittlung bei der Durchsetzung kolonialer Machtansprüche verdeutlicht nicht zuletzt die Eröffnung einer Telegrafenlinie von London nach Kalkutta im Jahre 1869. Die 18 000 Kilometer lange Nachrichtenverbindung sollte die Kolonialmacht England möglichst umgehend über Unruhen in entfernten Regionen informieren und die Durchführung administrativer

Maßnahmen unterstützen. Den Bau der Linie leitete der Deutsche Werner von Siemens, der um 1847 mit der Erfindung der Guttaperchapresse die moderne Kabeltechnik begründet hatte.

Telefon und drahtloser Sprechfunk

Nachrichtenübermittlung und Individualkommunikation erhielten neue Impulse durch die Entwicklung des Telefons im ausgehenden 19. Jahrhundert. Sieben Jahre nach Charles Bourseul, der 1854 die technischen Grundlagen für die elektrische Fernübertragung von Sprache veröffentlichte, führte Johann Philipp Reis dem Physikalischen Verein zu Frankfurt den ersten Prototypen vor. »Das Pferd frißt keinen Gurkensalat« war angeblich der erste Satz, den der an der Funktionsweise des menschlichen Ohrs orientierte »Apparat zur Reproduktion von Tönen aller Art« übermittelte. Obwohl Reis drei Jahre später ein ausgereifteres Gerät präsentierte, konnte er weder Reichtum noch Weltruhm als Erfinder des Telefons erlangen.

Fernsprecher für das erste öffentliche Wahlamt Europas in Hildesheim, 1908

Dies gelang dem Taubstummenlehrer Alexander Graham Bell, der sein Gerät am 14. Februar 1876 in Boston zum Patent anmeldete. Als erster ging der gebürtige Schotte über das Prototypenstadium hinaus und sorgte für eine rasche Vermarktung des serienreifen Apparates. Die erste permanente, nach dem Bell-System funktionierende Telefonlinie nahm bereits am 4. April 1877 in Boston den Betrieb auf, weitere lokale Telefonnetze folgten. Trotz schneller Erfolge geriet Bell angesichts der beträchtlichen Investitionen in finanzielle Schwierigkeiten und bot seine Patente der damals größten Telegrafengesellschaft Western Union zum Preis von 100 000 Dollar an. Daß er eine klare Abfuhr erntete, war symptomatisch für die reservierte Haltung der Telegrafengesellschaften, die sowohl an der Rentabilität als auch am Nutzen des Telefons zweifelten. Eine Fehleinschätzung, denn nur wenige Jahre später stieg der Wert der Patente auf 25 Millionen Dollar.

In Europa verbreitete sich das Telefon langsamer als in den USA. Größeres öffentliches Interesse erregte das neue Medium erstmals 1881 bei der Internationalen Elektrizitätsausstellung in Paris, wo es – unter anderem durch das 1878 von D. E. Hughes erfundene Kohlemikrofon entscheidend verbessert – für Opernübertragungen eingesetzt wurde. Faszinieren konnte der Apparat vor allem deshalb, weil er die kollektive Wahrnehmung eines Live-Ereignisses mit dem Gefühl von direkter Teilhabe und Gleichzeitigkeit verband. Bis zum Ende des 19. Jahrhunderts wurde er nicht nur gelegentlich bei Weltausstellungen, sondern auch regelmäßig in den sogenannten Theatrophonen in Paris und Berlin für Musikübertragungen eingesetzt. Während das Telefon als radiophones Übertragungsmedium ohne Rückkanal immer beliebter wurde, bestand für seine Dialogfähigkeit zunächst kein weitverbreiteter Bedarf. Lediglich Geschäftsleuten sowie Angehörigen der Finanzwelt diente die Kommunikationsmaschine, die schneller und leistungsfähiger war als der elektrische Telegraf, für kurze mündliche Mitteilungen.

Die massenhafte Nutzung des Telefons im Sinne eines privaten Gesprächsmediums begann erst in den letzten Jahren des 19. Jahrhunderts. Sie wurde nicht nur durch die technische Verbesserung der Apparate, die Erhöhung der Übertragungsreichweiten und den Ausbau der Netze ermöglicht; mindestens ebenso wichtig waren die tiefgreifenden Auswirkungen einer unvermindert voranschreitenden Industrialisierung auf das Alltagsleben der Jahrhundertwende. Neben der Technisierung vieler Lebensbereiche begünstigten zum Beispiel das rasche Anwachsen der Städte und der Wandel familiärer Strukturen den Siegeszug des Telefons. Wie schnell die vollsynchrone Kommunikation mit Hilfe des allzeit bereiten und schnell verfügbaren Apparates zur Massenerfahrung wurde, belegen folgende Zahlen: Am 1. Januar 1910 waren weltweit zehn Millionen Fernsprecher an die Vermittlungsstellen angeschlossen, davon in Deutschland 941 000, in England 665 000, in Frankreich 212 000 Stück. Als Bell 1922 starb, existierten auf der Erde bereits rund 22 Millionen Fernsprecher.

Während Ende des 19. Jahrhunderts die Photo- und Kinematographie, der Phonograph und das elektrische Licht Einzug in den Alltag der Menschen hielten und die Erfindung der mechanischen Setzmaschine die technische Basis für die Entfaltung einer Massenpresse schuf, erweiterte die Funktechnik die Möglichkeiten telegrafischer und telefonischer Informationsvermittlung. Nachdem um 1860 der Engländer James Maxwell die theoretischen Grundlagen gelegt hatte, bestätigte der Deutsche Physiker Heinrich Hertz 1886/87 erstmalig experimentell die Maxwellsche Theorie durch das Aufspüren und Erzeugen von elektromagnetischen Wellen. Die bahnbrechende Demonstration der drahtlosen Telegrafie gelang 1897 dem Italiener Guglielmo Marconi. Zur kommerziellen Verwertung seiner Technologie gründete er rasch Drahtlostelegrafen-Gesellschaften in England und den USA und rüstete französische, britische und amerikanische Kriegsschiffe mit Marconi-Geräten und -Funkern aus. Auch die zivile Schiffahrt fand bald Verwendung für die Funktechnik.

Die Nützlichkeit der Technologie wurde einer breiten Öffentlichkeit unter anderem im Jahre 1912 beim Untergang der Titanic bewußt, da die Koordination der Rettungsarbeiten vor allem per Funk erfolgte. Damals nutzte man bereits die drahtlose Fernübermittlung von Sprache (Sprechfunk, Funktelefonie), die schon um die Jahrhundertwende Marconi und den Russen Alexander Popow beschäftigt hatte. Robert von Lieben und Lee De Forest erreichten Anfang des 20. Jahrhunderts mit der Entwicklung analoger Verstärkerröhren ebenso wichtige Fortschritte wie Reginald Fessenden, dem am 24. Dezember 1906 die Ausstrahlung der ersten Rundfunksendung der Geschichte über eine Distanz von 18 Kilometern glückte. Der Erste Weltkrieg wurde zum großangelegten Versuchs- und Anwendungsfeld für die Funktelegrafie und -telefonie. Bis in die dreißiger Jahre des 20. Jahrhunderts wurde die systematische Integration des drahtlosen Sprechfunks in die Telefonnetze zügig vorangetrieben. 1937 waren schon 80 Prozent der weltweit existierenden 40 Millionen Telefone über Kurzwellenstrecken miteinander verknüpft. Die immer effizienter werdende Funktechnik beschleunigte nicht nur den europa- und weltweiten Aufschwung der Telefonie, sondern auch die Verbreitung der Massenmedien Hörfunk und Fernsehen, die im 20. Jahrhundert ebenfalls die Alltagskultur der Menschen entscheidend beeinflußten. Mit dem Boom des Mobilfunks ab Ende der achtziger Jahre verließ das Telefon verstärkt den häuslichen Bereich.

Satelliten und Digitalisierung

Einen wichtigen Schritt machte die internationale Telekommunikation mit der Einführung der Satellitentechnologie. Der erste große Versuchssatellit namens »Telstar I« wurde von der NASA im Jahr 1962 gestartet. Die kommerzielle Nutzung begann 1965 mit »Intelsat I«, der alternativ 240 Telefongespräche oder ein Fernsehprogramm übertragen konnte. Den Telekommunikationssatelliten der sechziger und siebziger Jahre, die allesamt abwechselnd oder gleichzeitig für Telefon- oder Fernsehübertragungen genutzt wurden, folgten in den achtziger Jahren speziellere Satelliten mit bestimmten Anwendungsgebieten, zum Beispiel als Fernsehsatelliten.

Sowohl die Informationsvermittlung als auch die Individualkommunikation erleben im Europa des ausgehenden 20. Jahrhunderts einschneidende Veränderungen durch die Digitalisierung. Zu den wichtigsten digitalen Kommunikationsmitteln moderner Informationsgesellschaften gehört das Internet, das in den sechziger Jahren von amerikanischen Militärs entwickelt und durch das World Wide Web zu einem vermehrt multimedial und interaktiv genutzten Datennetz wurde. Mittlerweile können weltweit nahezu 100 Millionen User per E-Mail miteinander Kontakt aufnehmen, in Chat- und News-Groups diskutieren oder sich auf unzähligen Websites informieren. Immer mehr europäische Unternehmen betrachten das Internet als gewinnträchtigen Zukunftsmarkt und beteiligen sich an dessen Kommerzialisierung.

Zur Jahrtausendwende steht den Europäern ein ganzes Arsenal von analogen und digitalen Kommunikationstechnologien zur Verfügung: Telefax, digitales Telefon, digitaler Rundfunk, Pager, Handy heißen die modernen, hochgradig vernetzten Kommunikationsmittel, die nicht nur im geschäftlichen, sondern auch im häuslichen Bereich für beschleunigten Informationsfluß und permanente Erreichbarkeit sorgen. Angesichts solcher Informations- und Datenfülle erscheint die Auswahl und Gewichtung von Nachrichten und Informationen allerdings immer schwieriger.

Autoren

Prof. Dr. Hans-Jörg Albrecht, Direktor des Max-Planck-Instituts für ausländisches und internationales Strafrecht, Freiburg im Breisgau
Prof. Dr. Arnold Angenendt, Seminar für Mittlere und Neuere Kirchengeschichte, Katholisch-Theologische Fakultät, Westfälische Wilhelms-Universität Münster
Prof. Dr. Dr. Peter Antes, Seminar für Religionswissenschaft, Universität Hannover
Katrin Aue, Ethnologin, Hamburg
Dr. Jörg Baberowski, Institut für Osteuropäische Geschichte und Landeskunde, Universität Tübingen
Dr. Dagmar Bechtloff, FB Sozialwissenschaften/Studiengang Geschichte, Universität Bremen
Dr. Thomas Beck, Forschungsstiftung für vergleichende europäische Überseegeschichte, Universität Bamberg
Dr. Siegfried Becker, Institut für Europäische Ethnologie und Kulturforschung der Universität Marburg
Prof. Dr. Winfried Becker, Lehrstuhl für Neuere und Neueste Geschichte, Universität Passau
Sabine Beer, Museum für Völkerkunde Hamburg
Silja Behnken, Ethnologin und Indologin, Hamburg
Dr. Vera Bendt, Jüdisches Museum Berlin
Prof. Dr. Dieter A. Binder, Leiter der Abteilung für Kirchenrechtsgeschichte, Universität Graz, Österreich
Prof. Dr. Norbert Brieskorn S. J., Hochschule für Philosophie, München
Charlotte Brinkmann, Museum für Völkerkunde Hamburg
Prof. Dr. Marianne Bröcker, Ethnomusikologie — Volksmusik, Universität Bamberg
Dr. Broder-Heinrich Christiansen, Städtisches Museum Salzgitter
Otto Danwerth, Historiker, Hamburg
Prof. Dr. Christoph Daxelmüller, Institut für Volkskunde, Universität Regensburg
Prof. Dr. Mariano Delgado, Seminar für Kirchengeschichte, Universität Freiburg, Schweiz
Dr. Daniel Devoucoux, Institut für Textilgestaltung und ihre Didaktik/Kulturgeschichte der Textilien, Universität Dortmund
Prof. Dr. Peter Dinzelbacher, Historiker und Volkskundler, Universität Stuttgart
Dr. Heinz Joachim Domnick, Historisches Seminar, Universität Köln
Dr. Peter Dressendörfer, Romanisches Seminar, Universität Bonn
Oswald Dreyer-Eimbcke, Honorarkonsul von Island, Experte für Geschichte der Kartographie, Hamburg
Dr. Ina Ebert, Juristisches Seminar, Christian-Albrechts-Universität Kiel
Dr. Jörg Echternkamp, Militärgeschichtliches Forschungsamt, FB 2, Potsdam
Dr. Andreas Eckert, Seminar für Afrikawissenschaften, Humboldt-Universität Berlin

Prof. Dr. Rainer Elkar, Fakultät für Sozialwissenschaften, Universität der Bundeswehr München

Dipl. Ing. Wolfgang Engelhardt, Astro-Verlag, Raumfahrt-Wirtschaft/Informationsdienst für Politik, Industrie und Forschung, Köln

Dr. Marion Faber, Spielzeugmuseum/Museum Lydia Bayer, Nürnberg

Prof. Dr. Thomas Feltes, Rektor der Fachhochschule Villingen-Schwenningen, Hochschule für Polizei

Sabine Gans, Bundesministerium der Verteidigung, Bonn

Prof. Dr. Roland Girtler, Institut für Soziologie, Universität Wien, Österreich

Josef-Thomas Göller, Ethnologe und Journalist, Bonn

Alfred Gottwaldt, Leiter der Abteilung Eisenbahnwesen, Deutsches Technikmuseum Berlin

Wolfgang Guting, Ethnologe, Rock- und Popsammlung Bonn

Prof. Dr. Harald Haarmann, Sprachwissenschaftler, Helsinki, Finnland

Dr. Evelin Haase, Religionswissenschaftlerin, Braunschweig

Dr. Erika Haindl, Kulturanthropologin, Hofheim

Dr. Marco Heinz, Ethnologe, Lehrbeauftragter am Volkskundlichen Seminar, Universität Bonn

Ralph Herrmann, Agrar- und Freilichtmuseum Schloß Blankenhain, Crimmitschau – OT Blankenhain

PD Dr. Manfred Hettling, Fakultät für Geschichtswissenschaft, Universität Bielefeld

Prof. Dr. Knut Hickethier, Literaturwissenschaftliches Seminar, Medienwissenschaft, Universität Hamburg

Dr. Tamás Hoffmann, Ehemaliger Direktor des Ethnographischen Museums, Budapest, Ungarn

Prof. Dr. Otto Holzapfel, Deutsches Volksliedarchiv, Freiburg

Prof. Dr. Herbert Immenkötter, Kirchengeschichte des Mittelalters und der Neuzeit, Prodekan der Katholisch-Theologischen Fakultät, Universität Augsburg

FK Thorsten Kähler, Bundesministerium der Verteidigung, Bonn

Prof. Dr. Dr. Günther Kaiser, Ehemaliger Direktor des Max-Planck-Instituts für ausländisches und internationales Strafrecht, Freiburg

Dr. Claudia Kalka, Ethnologin, Ahrensburg

Prof. Dr. Rainer Kampling, Seminar für Katholische Theologie, Freie Universität Berlin

Prof. Dr. Felix Karlinger, Volkskundler und Märchenforscher, Kritzendorf, Österreich

Frank Beat Keller, Ethno-Expo, Bureau für Ethnologische & Kulturhistorische Ausstellungen, Zürich, Schweiz

Dr. Aviva Klein-Franke, Martin-Buber-Institut für Judaistik & Institut für Völkerkunde, Universität Köln

Dipl. Geogr. Jürgen Knauss, Direktor des Agrar- und Freilichtmuseum Schloß Blankenhain, Crimmitschau — OT Blankenhain

Eva M. König, Ethnologin, Bonn

Prof. Dr. Wulf Köpke, Direktor des Museums für Völkerkunde Hamburg
Prof. Dr. Karl-Heinz Kohl, Frobenius-Institut, Johann Wolfgang Goethe-Universität, Frankfurt am Main
Dr. h. c. Karlheinz Koppe, Friedensforscher, Bonn
Prof. Dr. Arnd Krüger, Institut für Sportwissenschaften, Georg-August-Universität Göttingen
Dr. Gundolf Krüger, Institut und Sammlung für Völkerkunde, Georg-August-Universität Göttingen
Prof. Berthold Lang, Direktor des Österreichischen Circus- und Clownmuseums, Wien, Österreich
Prof. Dr. Günter Lange, Lehrstuhl für Religionspädagogik und Katechetik, Katholisch-Theologische Fakultät, Ruhr-Universität Bochum
Klaus Lange, Institut für Fischereitechnik, Bundesforschungsanstalt für Fischerei, Hamburg
Prof. Manfred Lahnstein, Vorsitzender des Kuratoriums ZEIT-Stiftung Ebelin und Gerd Bucerius, Hamburg
Erika Laubacher, Ethnologin, Wien, Österreich
Dr. Aldo Legnaro, Ethnologe und Drogenexperte, Köln
Prof. Dr. Dr. h.c. Ursula Lehr, Direktorin des Instituts für Gerontologie, Ruprecht-Karls-Universität Heidelberg
Klemens Ludwig, Politologe, Gesellschaft für bedrohte Völker e.V., Göttingen
Henry Makowski, Naturforscher, Dahlem-Marienau
Rüdiger Maulko, Medienexperte, Literaturwissenschaftliches Seminar, Universität Hamburg
Prof. Dr. Gabriele Mentges, Institut für Textilgestaltung und ihre Didaktik/Kulturgeschichte der Textilien, Universität Dortmund
Prof. Dr. Wolfgang Mieder, Department of German and Russian, The University of Vermont, Burlington/Vermont, U.S.A.
Prof. Dr. Michael Mitterauer, Institut für Wirtschafts- und Sozialgeschichte, Universität Wien, Österreich
Prof. Dr. Dietz-Rüdiger Moser, Vorstand des Instituts für Bayerische Literaturgeschichte, Universität München
Dr. Johannes Moser, Institut für Kulturanthropologie und Europäische Ethnologie, Johann Wolfgang Goethe-Universität, Frankfurt am Main
Dr. Gudrun Müller, Museum für Völkerkunde Hamburg
Dr. Jürgen Müller, Historisches Seminar, Universität Köln
Stefan Neumann, Geschäftsführer »Politischer Arbeitskreis Schulen«, Bonn
Prof. Dr. Beate Neuss, Professur für Internationale Politik, Technische Universität Chemnitz
Prof. Dr. Jürgen Oelkers, Pädagogisches Seminar, Universität Bern, Schweiz
Prof. Dr. Horst W. Opaschowski, B.A.T. Freizeit-Forschungsinstitut, FB Erziehungswissenschaft, Universität Hamburg
Prof. Dr. Heinrich Pfeiffer S.J., Pontifica Univ. Gregoriana, Rom, Italien

Prof. Sidney Pollard, Department of History, University of Sheffield, Großbritannien
Prof. Dr. Walter Puchner, Theaterwissenschaftler, Athen, Griechenland
Prof. Dr. Peter Reinicke, Sozialpädagoge, Fachhochschule Berlin
Stefanie Ristow, Institut für Ethnologie, Universität Hamburg
Dr. Regina Römhild, Deutsches Institut für internationale pädagogische Forschung und Institut für Kulturanthropologie und Europäische Ethnologie, Frankfurt
Monika Rulfs, Ethnologin, Hamburg
Dr. Marianne Sammer, Institut für Bayerische Literaturgeschichte, Universität München
OTL i.G. Ingo Schadt, Bundesministerium der Verteidigung, Bonn
Caroline Schemmel, Museum für Völkerkunde Hamburg
Hajo Schiff, Kunsthistoriker und Journalist, Hamburg
Prof. Dr. Klaus Schleicher, Institut für Vergleichende Erziehungswissenschaften, Universität Hamburg
Dr. Bernd Schmelz, Leiter der Europa-Abteilung, Museum für Völkerkunde Hamburg
Dr. Adelheid Schrutka-Rechtenstamm, Volkskundliches Seminar, Universität Bonn
Gerd M. Schulz, Militärhistoriker, Gröbenzell
PD Dr. Jürgen Schulz-Grobert, Institut für Deutsche Philologie des Mittelalters, Philipps-Universität Marburg
Prof. Dr. Michael Sievernich S.J., Philosophisch-Theologische Hochschule Sankt Georgen, Frankfurt am Main
Dr. Uwe Spiekermann, Internationaler Arbeitskreis für Kulturforschung des Essens, Dr. Rainer Wild-Stiftung für Gesunde Ernährung, Heidelberg
Prof. Dr. Udo Steinbach, Direktor des Deutschen Orient-Instituts, Hamburg
Dr. Rudolf Suntrup, Abteilung Literatur des Mittelalters am Institut für Deutsche Philologie, Westfälische Wilhelms-Universität Münster
Maren Tomforde, Betreuerin des Hexenarchivs, Museum für Völkerkunde Hamburg
Melanie Unseld, Lehrbeauftragte Historische Musikwissenschaft, Universität Hamburg
Dr. Ana Verde Casanova, Museo de América, Madrid
Dr. Kincsö Verebélyi, Lehrstuhl für Folklore, Eötvös-Loránd-Universität, Budapest, Ungarn
Prof. Dr. Vilmos Voigt, Lehrstuhl für Folklore, Eötvös-Loránd-Universität, Budapest, Ungarn
Klaus Wehrs, Studiendirektor, Lüneburg
Dipl. Ing. Helmut Weinberg, Oberingenieur, Ingenieurbüro Balingen-Dürrwangen
Pastor Dietrich Wölfel, Jakobikirche Lübeck

Bildnachweis

77, 79 Fotos: Henry Makowski
89– 96 aus: Jean Baptiste Duroselle, Europa, Eine Geschichte seiner Völker. Gütersloh/München 1990 © Bertelsmann Lexikon Verlag
153 © British Museum
167 [Inv.-Nr. 6], *169* [88614], *171* [207], *174* [12702] © Museo de América, Madrid. Fotos: Joaquín Otero
212, 215 © Herzog August Bibliothek, Wolfenbüttel
234 [Inv.-Nr. C 4113] © Museum für Völkerkunde Hamburg. Foto: Brigitte Saal
262–276 Privatarchiv Gerd M. Schulz
300 Foto: Roland Girtler
311 © Deutsches Freimaurer Museum, Bayreuth
315 aus: Jacques LeGoff, Kultur des europäischen Mittelalters. München/Zürich 1979 © Benjamin Arthaud
317 aus: German Ruiperez, Die strukturelle Umschichtung der Verwandtschaftsbeziehungen im Deutschen. Marburg 1984 © N.G. Elwert Universitätsbuchhandlung und Verlag GmbH & Co
333 aus: Heiß und kalt, Die Jahre 1945–69. Berlin 1986 © Elefanten Press Verlag
339 © Bildarchiv Foto Marburg
341–-349 Fotos: Wulf Köpke
359 Foto: Juristisches Seminar, Christian-Albrechts-Universität Kiel
415 Privatarchiv Jörg Echternkamp
477 aus: Günter Lange, Kunst zur Bibel, 32 Bildinterpretationen. Graz 1988 © Akademische Druck- und Verlagsanstalt
478 [Clm 4454] © Bayerische Staatsbibliothek München
505 Foto: Erika Haindl
513 [Inv.-Nr. 96.7:6], *515* [1157:07], *528 links* [61.31:3; 61.31:2; 61.31:5], *528 rechts* [61.31:4; 28.139:1; 61.31:1], *529* [22.9.374; 17.6:1] © Museum für Völkerkunde Hamburg. Fotos: Brigitte Saal
563 Fotos: Bernd Schmelz
569–581 Abbildung im Hexenarchiv, Museum für Völkerkunde Hamburg
584 Abbildung im Europaarchiv, Museum für Völkerkunde Hamburg
589 links [Inv.-Nr. 14.62:73], *589 rechts* © Museum für Völkerkunde Hamburg. Fotos: Brigitte Saal
591–613 Fotos: Dietz-Rüdiger Moser
618 [Inv.-Nr. 97.38:24] © Museum für Völkerkunde Hamburg. Foto: Brigitte Saal
633 © Bibliothèque Municipale, Grenoble
634 aus: Ulrich Ernst, Petrus Bungus: Numerorum Mystria. Nachdruck der Ausgabe von Bergamo 1599. Hildesheim/Zürich/New York 1983 © Georg Olms Verlag
659 © Museo dell'Opera del Duomo, Florenz
663 © Museum für Völkerkunde Hamburg. Foto: Brigitte Saal
683, 685 Fotos: Erika Haindl
687 Fotos: Wulf Köpke
697 aus: Reallexikon für Antike und Christentum, Bd. XVII. Stuttgart 1941 © Anton Hiersemann Verlag
702–715 Fotos: Wulf Köpke
707 [Inv.-Nr. 40.34:32] © Museum für Völkerkunde Hamburg. Foto: Brigitte Saal
719 aus: Robert La Rive Box und Felix R. Paturi, Ein Jahrhundert Automobil. Stuttgart 1986 © Heinz R. Mindt
727 © Bildarchiv Preußischer Kulturbesitz
735 © Daimler-Benz Aerospace AG
738 © Europäische Südsternwarten ESO
744 [Inv.-Nr. V 4119; V 8209] *–747* © Agrar- und Freilichtmuseum Schloß Blankenhain
753–761 Fotos: Wulf Köpke
763 © Handwerkskammer Düsseldorf
764 Foto: Brigitte Saal
768–773 Fotos: Wulf Köpke
786 © Museum für Völkerkunde Hamburg. Sammlung Reinicke. Foto: Brigitte Saal

802, 807 Abbildungen: Dr. Rainer Wild-Stiftung, Stiftung für Gesunde Ernährung, Heidelberg
810, 811 Fotos: Wulf Köpke
812 © Leipziger Institut für Länderkunde
819, 823 Fotos: Wulf Köpke
828 Abbildung aus dem Archiv der Teuber Edition, Füssen
837 Fotos: Wulf Köpke
838, 839 aus: Irmgard Bitsch u.a. (Hg.), Essen und Trinken in Mittelalter und Neuzeit. Sigmaringen 1987 © Thorbecke Verlag
891, 893 Fotos: Wulf Köpke
912 aus: Harald Haarmann, Die Sprachenwelt Europas. Frankfurt/New York 1993 © Campus Verlag
934 aus: Harald Haarmann, Early civilization and literacy in Europa, Figure 189. Berlin 1995 © Mouton de Gruyter
935 aus: Harald Haarmann, Die Sprachenwelt Europas. Frankfurt/New York 1993 © Campus Verlag
963 Privatarchiv Wolfgang Mieder
971, 973 aus: Jelle Koopsmans und Paul Verhuyck, Ulenspiegel de sa vie des ses œuvres. Editions critique du plus ancien Ulespiègel français du XVIe siècle. Antwerpen/Rotterdam 1988
987 [Inv.-Nr. 14.13:1; 28.168:101; 13.233:29], *991* [13.172:15], *992* [13.233:29] Zeichnungen auf Karteikarten © Museum für Völkerkunde Hamburg
1013 Privatarchiv Melanie Unseld
1015 aus: Alan Kendall und Michael Raburn, Geschichte der Musik, Band 1. München 1993 © Droemer Knaur/Kindler Verlag
1063–1067 Fotos: Wulf Köpke
1071 Foto: Heinrich Pfeiffer
1103 © Theatermuseum München
1113 *Königsfigur* [Inv.-Nr. 83.31:77], *Teufelsfigur* [83.31:76], *Jude mit Talmud* [83.31:75], *Todfigur* [83.31:74], *Gebirgsbewohner* [83.31:73] © Museum für Völkerkunde Hamburg. Fotos: Brigitte Saal
1114–1117 Fotos: Bernd Schmelz
1120–1125 © Österreichisches Circus- und Clownmuseum, Wien
1138, 1143 Privatarchiv Daniel Devoucoux
1189 [Inv.-Nr. 86.130:1], *1201* [14.62:73] © Museum für Völkerkunde Hamburg. Fotos: Brigitte Saal
1205 © Spielzeugmuseum Nürnberg
1207 [Inv.-Nr. 19.17:1] © Museum für Völkerkunde Hamburg. Foto: Brigitte Saal
1213–1220 © Sportmuseum Vlannderen
1223 Foto: NISH-Bildkartei, Hoya
1240 © Museum für Post- und Kommunikation, Frankfurt am Main

I © Office International du Coin de Terre et des Jardins Ouvriers, Paris
II, III Fotos: Wulf Köpke
IV, V aus: Albert Racinet, Geschichte der Kostüme. Gekürzte Neuauflage mit einer Einführung von Aileen Ribeiro. Köln 1995 © Parkland Verlag
VI, VII Fotos: Wulf Köpke
VIII [Inv.-Nr. 13.50:4; D. 150; 85.15:1], *IX, X* [86.80:1; 17.6:1], *XI oben* [81.50:2] © Museum für Völkerkunde Hamburg. Fotos: Brigitte Saal
XI unten, XII Fotos: Dietz-Rüdiger Moser
XIII links oben, unten Fotos: Bernd Schmelz
XIII rechts oben Foto: Brigitte Saal
XIV oben © Oberhessisches Museum, Gießen
XIV unten [Inv.-Nr. 98.7:1], *XV oben* [24.49:252], *XV unten* [894:10; 10:893; 13.28:26; 10:965; 13.28:32], *XVI Düsenjäger* [77.39:58], *Maschinengewehr* [74.57:15], *Laser-Pistole* [77.39:60], *Kugelschreiber* [74.57:44], *Flinte* [14.62:74] © Museum für Völkerkunde Hamburg. Fotos: Brigitte Saal